PRISMA POCKETWOORDENBOEK

Nederlands Frans

Bewerking: André Abeling

prisma

Uitgeverij Unieboek | Het Spectrum bv, Houten

Pocketwoordenboek Nederlands-Frans

Oorspronkelijke auteur: drs. H.W.J. Gudde
Bewerking: André Abeling, dr. F. Melka
Omslagontwerp: Raak Grafisch Ontwerp
Typografie: M. Gerritse

Bijdrage Belgisch Nederlands:
prof. dr. W. Martin
prof. dr. W. Smedts

Auteurs van de bijlage Basisgrammatica Frans:
I. den Ouden
J. Zonnenberg

ISBN 978 90 491 0075 9
50 17
ISBN 978 90 003 4122 1 FLUO-editie
6 17

NUR 627

www.prisma.nl
www.prismawoordenboeken.be
www.unieboekspectrum.nl

Prisma maakt deel uit van Uitgeverij Unieboek | Het Spectrum bv
Postbus 97
3990 DB Houten

Welkom bij de Prisma Pockets

De Prisma pockets zijn al jaren **de meest gekochte en gebruikte woordenboeken** op scholen en daarbuiten. Ze hebben een uitstekende reputatie onder docenten, die deze woordenboeken al ruim een halve eeuw aanbevelen.

In geen ander pocketwoordenboek vind je zo veel **betrouwbare informatie**. De inhoud is samengesteld en gecontroleerd door ervaren lexicografen en vertalers. In alle Prisma pockets wordt de officiële spelling toegepast, volgens de regels van de Nederlandse Taalunie.

Dit woordenboek biedt **meer informatie** dan welk ander pocketwoordenboek ook: het bevat ruim 39.000 trefwoorden en duizenden voorbeeldzinnen: alles wat middelbare scholieren nodig hebben. Achterin hebben we bovendien een handige beknopte grammatica van de vreemde taal opgenomen.

Geen woordenboek zo **actueel** als de Prisma pockets: we vervangen voortdurend verouderde woorden en uitdrukkingen om plaats te maken voor nieuwe. De Prisma pockets verschijnen elk jaar in een nieuwe editie. Online actualiseren we ze zelfs elk kwartaal. Nodig, want talen zijn altijd in beweging.

Deze pocket is erg **helder en gebruiksvriendelijk** door de overzichtelijke indeling van betekenissen, voorbeeldzinnen en idiomen. De extra kleur en de letterliniaal zijn belangrijke hulpmiddelen waarmee je snel vindt wat je zoekt. We geven extra informatie die je helpt de juiste vertaling te kiezen, waar dat nodig is.

En tot slot: waarom zou je meer betalen? Prisma staat garant voor **voordelige kwaliteit**.

Heb je vragen of opmerkingen? Mail deze dan naar info@prisma.nl. Alvast hartelijk dank!

de Prisma redactie

Gebruiksaanwijzing

In dit woordenboek vind je veel **woorden met hun vertaling**. Soms heeft een trefwoord meerdere vertalingen. Een *bank* kan bijvoorbeeld een zitmeubel zijn, maar ook een geldinstelling. *Bij* kan een zelfstandig naamwoord zijn, maar ook een voorzetsel. Daarom geven we **extra informatie** als dat nodig is, bijvoorbeeld over de betekenis of over de grammatica. Of over hoe je een woord kunt combineren met andere woorden. Hieronder beschrijven we kort wat je kunt aantreffen.

Alle **trefwoorden** drukken we vet en blauw. Varianten erop en verwijzingen ernaar ook. Als een trefwoord meerdere **woordsoorten** heeft, geven we dat aan met blauwe romeinse cijfers. Zoek je bijvoorbeeld de vertaling van *laag* ('niet hoog'), controleer dan of je bij de goede woordsoort zit, het bijvoeglijk naamwoord (**II**), en niet bij (**I**) het zelfstandig naamwoord ('uitgespreide hoeveelheid').

Als een trefwoord meerdere **betekenissen** heeft, dan staan daar blauwe bolletjes voor met de betekenisnummers erin: ❷. Zoek je dus naar de vertaling van *pak* (in de betekenis 'kostuum'), dan kun je achter elk blauw bolletje controleren of je de juiste betekenis hebt, zodat je de juiste vertaling kiest (en niet die van 'pakket').

Bij een trefwoord vind je ook vaak **voorbeeldzinnen**. Deze laten zien hoe je het woord in een zin kunt gebruiken. Je kunt een werkwoord bijvoorbeeld combineren met een voorzetsel ('*afgaan* op'), of een zelfstandig naamwoord met een werkwoord ('het *anker* lichten').
Een apart type voorbeeldzin is het **idioom**: deze voorbeeldzinnen hebben niet de letterlijke betekenis, maar een meer idiomatische, zoals bv. 'voor aap staan'. Voorbeeldzinnen openen met een blauw sterretje, ★, idiomen met een blauw omgekeerd driehoekje, ▼.

Extra informatie over de betekenis van een woord geven we met **labels**: muz betekent dat het woord te maken heeft met muziek, min betekent dat het woord een minachtende lading heeft. Ook tussen geknikte **haakjes** vind je soms extra informatie, die je helpt de juiste vertaling te kiezen, bijvoorbeeld dat een vertaling alléén gebruikt wordt ⟨bij rugby⟩.

Op **pagina 10** kun je zien hoe dit alles er in het boek uitziet.

Extra tips

★ Als je op zoek bent naar de vertaling van een uitdrukking of idioom, kijk dan bij het **eerste zelfstandig naamwoord** dat daarin voorkomt. 'Goede raad was duur' vind je bij *raad*, niet bij *goed* of *duur*. Staan er meerdere zelfstandige naamwoorden in de zin, kijk dan eerst bij het eerste: 'race tegen de klok' vind je bij het trefwoord *race*.

Als je de gezochte vertaling niet bij het eerste zelfstandig naamwoord vindt, kijk dan bij het tweede, enzovoort.

★ Veel **voorzetsels** (*aan, bij, met, tegen, voor*) vind je bij de (werk)woorden waar ze vaak bij voorkomen: 'deelnemen aan' vind je bij *deelnemen*, niet bij *aan*. 'Dol zijn op' vind je bij *dol*, niet bij *op*.

★ Zoek bij de **hele vorm** van het woord, niet bij de vervoeging of verbuiging: 'gediskwalificeerd' vind je dus bij *diskwalificeren*. 'alle' vind je bij *al*.
NB een aantal woorden kun je op meer plekken zoeken: *gebroken* heeft als bijvoeglijk naamwoord een aparte betekenis, die weinig meer te maken heeft met het woord waarvan het is afgeleid: *breken*. Daarom hebben we *gebroken* en andere dergelijke gevallen als apart trefwoord opgenomen.

★ Een aantal woorden kun je op meerdere manieren uitspreken. *Rap* (zeg: 'rap') betekent 'snel' en *rap* (zeg: 'rep') is een muziekstijl. Deze woorden staan in het boek als afzonderlijke trefwoorden:

rap[1] snel [...]
rap[2] [rep] [...]

Hetzelfde geldt voor woorden met meerdere klemtonen:

voorkomen [...]
voorkomen [...]

★ Als je iets in het woordenboek niet begrijpt, zoek dan in de lijsten met **bijzondere tekens** en **afkortingen** hierna. Als die geen uitkomst bieden, mail ons dan: info@prisma.nl.

Franse basisgrammatica als bijlage achterin

Achter in dit woordenboek vind je een uitgebreide, overzichtelijke uitleg van de basisgrammatica van het Frans, in begrijpelijke taal.

Bijzondere tekens

Voorbeelden van het gebruik van onderstaande tekens worden gegeven op pagina 10.

I, II enz. Als een trefwoord meerdere woordsoorten heeft (bv. overgankelijk én onovergankelijk werkwoord), worden deze voorafgegaan door blauw gedrukte romeinse cijfers.

❷ Als een trefwoord meerdere betekenissen heeft, worden deze voorafgegaan door een blauw bolletje met het betekenisnummer erin. Ook vaste combinaties van het trefwoord met een voorzetsel worden gezien als een aparte betekenis.

★ Na een blauwe ster volgt een voorbeeldzin.

▼ Na een blauw driehoekje volgt een idiomatische uitdrukking.

[...] Tussen rechte haken staat extra grammaticale informatie.

⟨...⟩ Tussen geknikte haken staat extra uitleg over de betekenis of de vertaling daarvan.

~ Een tilde vervangt vaak het trefwoord in voorbeeldzinnen en zegswijzen.

/ Een schuine streep scheidt woorden die onderling verwisselbaar zijn.

≈ Een equivalentieteken geeft aan dat de vertaling een benadering is van het vertaalde. Een exactere vertaling is in dat geval niet te geven.

→ Een pijl verwijst voor meer informatie naar het erop volgende trefwoord.

h̲ Als een h geen liaison of élision toelaat, wordt deze onderstreept, bv. in *le Hollandais, la harpe*. Hier is geen verbinding mogelijk met het lidwoord: de *e* of *a* van het lidwoord blijft. In *les Hollandais* spreek je de *s* van *les* niet uit.

Lijst van gebruikte labels en redactionele afkortingen

aanw	aanwijzend
aardk.	aardrijkskunde
achterv	achtervoegsel
admin.	administratie
afk	afkorting
agrar.	agrarisch
anat.	anatomie
arch.	architectuur
a-v	audiovisueel
Belg.	Belgisch-Nederlands
BelgFr.	Belgisch Frans
Belg. ook	Belgisch-Nederlands, ook NL
betr	betrekkelijk
bez	bezittelijk
biol.	biologie
bn	bijvoeglijk naamwoord
bouw	bouw
bw	bijwoord
Can.	Canadees Frans
comm.	communicatie
comp.	computer
cul.	culinair
dans	dans
dicht.	dichterlijk
dierk.	dierkunde
drukk.	drukkerij
econ.	economie
elek.	elektronica
euf.	eufemistisch
ev	enkelvoud
fig.	figuurlijk
filos.	filosofie
fin.	financiën
form.	formeel
Fr.	Frans
gesch.	geschiedenis
gmv	geen mv
humor.	humoristisch
hww	hulpwerkwoord
id.	(verbuiging) identiek
iem.	iemand
indus.	industrie
inform.	informeel
iron.	ironisch
jeugdt.	jeugdtaal
jur.	juridisch
kunst	kunst
kww	koppelwerkwoord
lett.	letterlijk
letterk.	letterkunde
lidw	lidwoord
lit.	literatuur
luchtv.	luchtvaart
med.	medisch
media	media
mil.	militair
min.	minachtend
muz.	muziek
mv	meervoud
myth.	mythologie
natk.	natuurkunde
NL	Nederlands
o&w	onderwijs
o.t.t.	onvoltooid tegenwoordige tijd
o.v.t.	onvoltooid verleden tijd
omschr.	omschrijvend
onb	onbepaald
onov	onovergankelijk (zonder object)
onp	onpersoonlijk
onr.	onregelmatig
onv	onvervoegbaar
ook fig.	ook figuurlijk
oud.	ouderwets
ov	overgankelijk (met object)
p.	persoon
pers	persoonlijk
plantk.	plantkunde
plat	plat
pol.	politiek
psych.	psychologie
qc	quelque chose
qn	quelqu'un
recr.	recreatie
reg.	regionaal
rel.	religie
samentr	samentrekking
scheepv.	scheepvaart
scheik.	scheikunde
soc.	sociologie
sport	sport
sterrenk.	sterrenkunde
straatt.	straattaal
subj.	subjonctif (aanvoegende wijs)
taalk.	taalkunde
techn.	techniek
telw	telwoord
ton.	toneel
transp.	transport
tussenw	tussenwerpsel
uitr	uitroepend
v.	van
v.d.	van de
v.e.	van een
v.h.	van het
viss.	visserij
vnw	voornaamwoord
voegw	voegwoord
voetb.	voetbal
voorv	voorvoegsel
vr	vragend
vulg.	vulgair
vz	voorzetsel
wisk.	wiskunde
wkd	wederkerend
wkg	wederkerig
ww	werkwoord
www	internet
zn	zelfstandig naamwoord
Zwit.	Zwitsers

aan I *vz* ❶ [met meewerkend voorwerp] à ★ *iets aan iem. geven* donner qc à qn ❷ *naar een plaats toe* ★ *aan land gaan* débarquer ❸ *bij, op, in een plaats* à ★ *aan de kade* au bord du quai ★ *aan de muur* au mur ★ *aan de piano: Jamie Lidell* au piano: Jamie Lidell ★ *aan de Rijn* sur le Rhin ★ *aan het strand* à la plage ❹ *als gevolg van, door* par suite de ★ *aan koorts sterven* mourir de fièvre ❺ *wat betreft* de ★ *een gebrek aan vitaminen* un manque de vitamines ❻ *vlak naast of bij elkaar* ★ *twee aan twee* deux par deux ❼ *bezig met* ★ *aan het werk zijn* être en train de travailler ★ *aan het eten zijn* être en train de manger ▾ *het is niet aan mij om dat te zeggen* ce n'est pas à moi de dire cela II *bijw* ❶ *in werking* ★ *het vuur is aan* le feu est allumé ❷ *aan het lichaam* ★ *mijn jas is al aan* j'ai mis déjà mon manteau ▾ *er is niets aan* ⟨het is makkelijk⟩ c'est facile / simple comme tout ▾ *er is niets aan* ⟨het is saai⟩ c'est ennuyeux (comme la pluie) ▾ inform BN *er is niets van aan* il n'en est rien

trefwoorden en eventuele varianten zijn vet gedrukt

woordsoorten zijn cursief gedrukt

cijfers in blauwe bolletjes gaan vooraf aan de verschillende betekenissen van een trefwoord

Romeinse cijfers gaan vooraf aan een nieuwe woordsoort

blauwe sterretjes gaan vooaf aan voobeeldzinnen

omgekeerde blauwe driehoekjes gaan vooraf aan voorbeeldzinnen die minder letterlijk en meer uitdrukking zijn

aanbakken attacher, inform cramer
aanbellen sonner
aanbesteden lancer un appel d'offres pour, mettre en adjudication, ⟨gunnen⟩ adjuger
aanbesteding ⟨uitschrijving⟩ appel *m* d'offres, marché *m* par adjudication, ⟨gunning⟩ adjudication *v* ★ *een openbare / onderhandse ~* une adjudication publique / restreinte

tildes vervangen de vorm van het trefwoord

aanbetalen verser un acompte (**op** pour, sur)
aanbetaling acompte *m*, ⟨handgeld⟩ arrhes *v mv* ★ *een ~ doen* verser un acompte / des arrhes

tussen geknikte haken wordt extra informatie gegeven

aanbevelen recommander (**aan**, **bij** à; **voor** pour), ⟨aanprijzen⟩ préconiser ★ *warm aanbevolen* vivement recommandé ★ *ik houd me aanbevolen* je suis intéressé / preneur
aanbinden attacher, nouer ★ *schaatsen ~* chausser / mettre des patins

schuine strepen staan tussen uitwisselbare varianten

aanblazen ❶ fig *aanwakkeren* attiser ❷ muz emboucher ❸ taalk aspirer

onderstreepte labels geven extra informatie over stijl, herkomst of vakgebied

aanbrengen ❶ *plaatsen* poser, placer, mettre, ⟨van verf / kleuren⟩ appliquer ★ *een verandering ~* introduire une modification ❷ *aanleggen* installer ❸ *bevestigen* fixer ❹ *maken* faire, pratiquer ❺ *meebrengen* apporter, amener ❻ *verklikken* dénoncer (**bij** à) ❼ *werven* recruter, embaucher
aandacht attention *v* (**voor** à) ★ *de ~ afleiden* détourner l'attention ★ *dat heeft mijn volle ~* cela a toute mon attention ★ *de ~ richten op* fixer l'attention sur, se concentrer sur ★ *~ schenken aan* faire / prêter attention à ★ *de ~ trekken / opeisen* attirer / solliciter l'attention, appeler / attirer l'attention sur ★ *de ~ vasthouden* retenir l'attention ★ *met gespannen ~* avec une attention soutenue ★ *iets onder iemands ~ brengen* porter qc à l'attention de qn

voorzetsels die de betekenis van een trefwoord veranderen, zijn blauw gedrukt

aandachtig I *bnw* attentif [v: **attentive**] II *bijw* attentivement
aantonen ❶ *laten zien* montrer, indiquer

m en *v* geven het geslacht van de vertaling aan: mannelijk of vrouwelijk; *mv* duidt op meervoud

A

a ❶ *letter* a *m* ★ *van a tot z* de a à z ★ *de a van Anton* A comme Anatole ★ *wie a zegt, moet ook b zeggen* quand le vin est tiré, il faut le boire ★ *van a tot z lezen* lire jusqu'au bout ❷ *muzieknoot* la *m*

A ❶ *ampère* A ❷ *autoweg* A

aagje ★ *nieuwsgierig* ~ petite curieuse *v*, fouineur *m*

aai caresse *v*

aaien caresser, faire des caresses à ★ *iem. over de bol* ~ caresser la tête à qn

aak *boot* chaland *m*, péniche *v*

aal anguille *v* ★ *zo glad als een aal* malin comme un singe, roublard

aalbes ❶ *vrucht* groseille *v* ★ *zwarte ~sen* cassis *m mv* ❷ *struik* groseillier *m*

aalmoes aumône *v*, charité *v* ★ *(iemand) een ~ geven* faire l'aumône / la charité (à qn) ★ *om een ~ vragen* demander l'aumône

aalmoezenier aumônier *m*

aalscholver (grand) cormoran *m*, nigaud *m*

aambeeld ❶ *werkblok* enclume *v* ★ *steeds op hetzelfde ~ slaan* chanter toujours le même refrain ❷ *gehoorbeentje* enclume *v*

aambeien hémorroïdes *v mv*

aan I *vz* ❶ *bij, op, in een plaats* à ★ *aan de kade* sur le quai ★ *aan de muur* au mur ★ *aan de piano: Jamie Lidell* au piano: Jamie Lidell ★ *aan de Rijn* sur le Rhin ★ *aan het strand* à la plage / sur la plage ★ *aan zee wonen* habiter au bord de la mer ❷ *naar een plaats toe* ★ *aan land gaan* débarquer ★ *aan tafel gaan* se mettre à table ❸ [met meewerkend voorwerp] à ★ *iets aan iem. geven* donner qc à qn ★ *het is niet aan mij om dat te zeggen* ce n'est pas à moi de dire cela ❹ *als gevolg van, door* par suite de ★ *aan koorts sterven* mourir de fièvre ★ *ik zie het aan je gezicht* je le lis sur ton visage ❺ *wat betreft* de ★ *een gebrek aan vitaminen* un manque de vitamines ❻ *vlak naast of bij elkaar* ★ *twee aan twee* deux par deux ❼ *bezig met* ★ *aan het werk zijn* être en train de travailler ★ *aan het eten zijn* être en train de manger **II** *bw* ❶ *in werking* allumé ★ *de verwarming is aan* le chauffage est allumé ★ *het vuur is aan* le feu est allumé ❷ *aan het lichaam* ★ *mijn jas is al aan* j'ai mis déjà mon manteau ❸ *op zekere wijze* ★ *kalmpjes aan* doucement ▾ *er is niets aan* ⟨het is makkelijk⟩ c'est facile / simple comme tout, ⟨het is saai⟩ c'est ennuyeux (comme la pluie) ▾ inform BN *er is niets van aan* il n'en est rien

aanbakken attacher, inform cramer ★ *de aardappelen zijn aangebakken* les pommes de terre ont attaché

aanbellen sonner

aanbesteden lancer un appel d'offres pour, mettre en adjudication

aanbesteding ⟨handeling⟩ appel *m* d'offres, marché *m* par adjudication, ⟨opdracht⟩ adjudication *v* ★ *een openbare ~* une adjudication publique ★ *een onderhandse ~* une adjudication restreinte ★ *bij ~* par voie d'adjudication

aanbetalen verser un acompte (**op** pour, sur)

aanbetaling acompte *m*, ⟨handgeld⟩ arrhes *v mv* ★ *een ~ doen* verser un acompte / des arrhes

aanbevelen recommander (**aan**, **bij** à; **voor** pour), ⟨aanprijzen⟩ préconiser ★ *warm aanbevolen* vivement recommandé ★ *het is aan te bevelen...* il est recommandable..., il convient... ★ *ik houd me aanbevolen* je suis intéressé / preneur ★ *wij houden ons aanbevolen voor commentaar* tout commentaire sera le bienvenu

aanbevelenswaardig à conseiller, ⟨vaak bij ontkenning⟩ recommandable ★ *niet ~* peu recommandable

aanbeveling recommandation *v* ★ *een ~ doen* faire une recommandation ★ *op ~ van* sur (la) recommandation de ★ *dit strekt tot ~* c'est un avantage / atout, c'est apprécié

aanbevelingsbrief lettre *v* de recommandation

aanbiddelijk adorable

aanbidden adorer

aanbidder adorateur *m* [v: adoratrice], humor soupirant *m* ★ *een stille ~* un amoureux secret

aanbidding adoration *v* ★ *in stille ~* en adoration silencieuse

aanbieden offrir, proposer, présenter ★ *iem. een cadeau ~* offrir un cadeau à qn ★ *iets ter ondertekening ~* proposer qc à la signature ★ *je excuses ~ voor...* présenter ses excuses pour..., s'excuser de... ★ *zich ~* se proposer, se présenter ★ *te koop aangeboden* à vendre

aanbieder ⟨van product⟩ présentateur *m* [v: présentatrice], ⟨van internet⟩ fournisseur *m* (d'accès)

aanbieding (article *m* en) promotion *v*, offre *v* spéciale ★ *in de ~ zijn* être en promotion

aanbinden attacher, nouer ★ *schaatsen ~* chausser / mettre des patins

aanblazen ❶ *doen opvlammen* ook fig attiser ❷ muz emboucher ❸ taalk aspirer

aanblijven rester en place, conserver ses fonctions

aanblik ❶ *het zien* vue *v* ★ *bij de eerste ~* à première vue, au premier abord, de prime abord ❷ *wat gezien wordt* spectacle *m*, vue *v*, aspect *m* ★ *het was geen prettige ~* ce n'était pas agréable à voir

aanbod offre *v*, proposition *v* ★ *een ~ aannemen* accepter une offre ★ *een ~ afslaan* refuser / décliner une offre ★ *een ~ doen* faire une offre ★ *een ~ intrekken* retirer son offre

aanboren ❶ *doordringen tot* toucher à ★ *olie ~* rencontrer du pétrole ★ fig *nieuwe talenten bij jezelf ~* se trouver de nouveaux talents ❷ *borend openen* percer, ⟨van bron⟩ forer ★ *een nieuw vat ~* mettre un nouveau tonneau en perce

aanbouw ❶ *het (aan)bouwen* construction *v* ★ *in ~* en (cours de) construction, (mis) en chantier ❷ *aangebouwd deel* annexe *m*

aanbouwen ajouter, construire à côté

aanbraden faire revenir, saisir

aanbranden brûler, inform cramer ★ *aangebrand ruiken* sentir le brûlé ★ *de aardappelen zijn aangebrand* les pommes de terre ont attaché / brûlé

aanbreken I *ov ww, beginnen te gebruiken* entamer ★ *een pot jam ~* ouvrir un pot de confiture **II** *onov ww, beginnen* apparaître,

arriver ★ *de dag breekt aan* le jour se lève ★ *bij het ~ van de dag* au point du jour
aanbrengen ❶ *plaatsen* poser, placer, mettre, ⟨van verf / kleuren⟩ appliquer ★ *versieringen ~* mettre des ornements / décorations ★ *breng de lak in dunne lagen aan* appliquez le vernis en couches minces ★ *een verband ~* faire un pansement ★ *centrale verwarming ~* installer le chauffage central ★ *veranderingen ~* introduire des modifications ❷ *verklikken* dénoncer (**bij** à) ❸ *werven* recruter, embaucher ★ *iem. als lid ~* recruter qn comme membre ❹ *veroorzaken* amener ★ *deze halsketting brengt geluk aan* ce collier porte bonheur
aandacht attention *v* (**voor** à) ★ *~ schenken aan iets* faire / prêter attention à qc ★ *dat heeft mijn volle ~* cela a toute mon attention ★ *besteed er maar geen ~ aan* n'y prête pas attention ★ *de ~ richten op* fixer l'attention sur, se concentrer sur ★ *~ vragen voor* appeler / attirer l'attention sur ★ *de ~ trekken / opeisen* attirer / solliciter l'attention, appeler / attirer l'attention sur ★ *de ~ vasthouden* retenir l'attention ★ *de ~ afleiden* détourner l'attention ★ *met gespannen ~* avec une attention soutenue ★ *iets onder iemands ~ brengen* porter qc à l'attention de qn
aandachtig I *bn* attentif [v: attentive] **II** *bw* attentivement ★ *~ luisteren* écouter attentivement
aandachtsgebied centre *m* d'intérêt
aandachtspunt question *v* prioritaire, élément *m* de réflexion
aandeel ❶ *deel, bijdrage* part *v* (**in** de), participation *v* ★ *~ in de winst* participation *v* aux bénéfices ★ *een ~ hebben in iets* prendre part à qc, participer à qc, contribuer à qc ❷ econ action *v*, titre *m* ★ *aandelen in een bedrijf hebben* avoir des actions d'une société ★ *~ aan toonder* action au porteur ★ *~ op naam* action nominative ★ *beursgenoteerd ~* action cotée en Bourse ★ *preferent ~* action de priorité
aandeelhouder actionnaire *m/v* ★ *de ~s* l'actionnariat ★ *de kleine ~s* les petits porteurs
aandelenkapitaal capital *m* (par) actions, capital *m* social
aandelenkoers cours *m* des actions
aandelenmarkt marché *m* des actions
aandelenpakket paquet *m* d'actions
aandenken *souvenir* souvenir *m* ★ *een ~ aan ...* un souvenir de...
aandienen I *ov ww, de komst melden van* annoncer **II** *wkd ww* [**zich** ~] *op komst zijn* s'annoncer ★ *er dienen zich nieuwe mogelijkheden aan* il y a de nouvelles possibilités qui s'annoncent
aandikken ❶ *dikker maken* grossir, amplifier ❷ *overdrijven* grossir, exagérer, gonfler
aandoen ❶ *aantrekken* mettre ★ *zijn schoenen ~* mettre ses chaussures, se chausser ❷ *aansteken* allumer ★ *de televisie ~* allumer la télé ❸ *een indruk geven* faire ★ *dat doet me vreemd aan* ça fait bizarre, ça me fait une impression bizarre ❹ *bezoeken* s'arrêter à, ⟨van lijndienst⟩ desservir ★ *een haven ~* faire relâche dans un port, toucher un port ★ *een stad ~* faire un saut dans une ville ❺ *berokkenen* faire, causer ★ *iem. verdriet ~* faire de la peine à qn ★ *iem. een proces ~* faire / intenter un procès à qn ★ *zichzelf geweld ~* se faire violence
aandoening *kwaal* affection *v* ★ *een ~ aan de nieren* une affection rénale
aandoenlijk I *bn* touchant, attendrissant ★ *een ~ verhaal* une histoire émouvante **II** *bw* d'une manière touchante
aandraaien serrer, visser
aandragen ❶ *dragen* apporter ❷ *opperen* avancer ★ *komen ~ met iets* sortir qc ★ *nieuwe ideeën ~* avancer de nouvelles idées
aandrang ❶ *aandrift* impulsion *v* ★ *hij voelde een sterke ~ om weg te rennen* il était tout prêt à partir en courant ❷ *aansporing* instances *v mv*, instigation *v* ★ *met ~* avec instance / insistance ★ *op ~ van mijn broer* sur les instances de mon frère ★ *~ uitoefenen op* insister auprès de, faire pression sur ❸ *toevloed* poussée *v*, afflux *m* ★ *~ van bloed naar het hoofd* afflux de sang à la face ▼ *~ hebben* ⟨naar de wc moeten⟩ avoir un besoin pressant
aandraven ★ BN *komen ~ met iets* s'amener avec qc
aandrift impulsion *v*
aandrijfas arbre *m* moteur, arbre d'entraînement
aandrijfriem courroie *v* de transmission
aandrijven I *ov ww* ❶ techn actionner, ⟨voortstuwen⟩ propulser ❷ *aansporen* pousser (**tot** à), inciter (**tot** à) **II** *onov ww, drijvend aankomen* flotter, arriver en flottant
aandrijving mise *v* en marche, ⟨van machine⟩ entraînement *m*, ⟨voortstuwing⟩ propulsion *v*
aandringen insister (**bij** auprès de) ★ *op ~ van* sur les instances de ★ *~ op iets* demander instamment qc, préconiser qc, réclamer qc ★ *er bij iem. op ~ iets te doen* presser / solliciter qn de faire qc, insister pour que qn fasse qc
aandrukken presser, serrer ★ *zich tegen de muur ~* se serrer / se plaquer contre le mur ★ *tegen zich ~* serrer contre soi
aanduiden ❶ *aanwijzen* désigner, indiquer, signaler ❷ *betekenen* signifier ❸ BN *selecteren* sélectionner
aanduiding ❶ *aanwijzing* indication *v*, désignation *v* ★ *een nadere ~ geven* préciser ❷ *beschrijving* désignation *v*
aandurven ⟨iets⟩ oser (faire), se risquer dans, ⟨iemand⟩ oser tenir tête à ★ *alles ~* ne reculer devant rien ★ *het ~* oser, risquer le coup
aanduwen ❶ *aandrukken* tasser ❷ *vooruit duwen* pousser
aaneen ❶ *aan elkaar vast* ensemble ★ *dicht ~ staan* être serrés ❷ *ononderbroken* de suite, sans interruption, d'affilée ★ *twee dagen ~* deux jours de suite ★ *jaren ~* pendant de longues années
aaneengesloten ❶ *tegen elkaar geplaatst* serré ❷ *ononderbroken* ⟨in tijd⟩ ininterrompu
aaneenschakeling enchaînement *m*, suite *v*, succession *v* ★ *~ van ongelukken* une série noire
aanfluiting dérision *v*, ⟨van iets⟩ simulacre *m* (de)
aangaan I *ov ww* ❶ *betreffen* concerner ★ *wat ... aangaat* en ce qui concerne ..., pour ce qui est de ..., quant à ... ★ *wat mij aangaat* quant à moi ★ *het gaat mij niet aan* cela ne me regarde pas

★ inform *wat gaat jou dat aan?* qu'est-ce que ça peut te faire? ❷ *beginnen* engager, ⟨sluiten⟩ conclure ★ *een huwelijk ~* se marier ★ *een verbintenis ~* prendre un engagement, s'engager ★ *een lening ~* faire un emprunt ★ *een weddenschap ~* faire un pari **II** *onov ww* ❶ *heengaan* ★ *achter iem. ~* suivre qn ★ *achter iets ~* poursuivre qc ❷ *langsgaan (bij)* passer (chez) ★ *bij iem. ~* passer chez qn, faire un saut chez qn ❸ *beginnen te branden, functioneren* s'allumer ★ *het licht gaat aan* la lumière s'allume ❹ *behoren* convenir, être convenable ★ *het gaat niet aan hem te beschuldigen* il n'est pas convenable de l'accuser

aangaande à propos de ★ *~ dat onderwerp* à propos de ce sujet

aangapen regarder bouche bée, regarder comme une bête curieuse

aangebonden ★ *kort ~ zijn* avoir la tête près du bonnet

aangeboren inné, naturel [v: naturelle], med congénital [m mv: congénitaux] ★ *een ~ afwijking* une déformation de naissance ★ *~ talenten* des talents naturels

aangebrand ❶ *aangebakken* brûlé ❷ *boos* vexé ★ *gauw ~ zijn* se vexer pour un rien, être irascible / (une) soupe au lait ❸ BN ⟨van grappen e.d.⟩ *dubbelzinnig* osé

aangedaan ému, touché

aangelegd ★ *kunstzinnig ~ zijn* être doué pour l'art, avoir des dons / prédispositions artistiques ★ *ik ben niet romantisch ~* je ne suis pas du genre romantique

aangelegenheid affaire *v*, question *v*

aangenaam I *bn, plezierig* agréable ★ *het is hier ~* il fait bon ici, on est bien ici ★ *~ kennis te maken!* enchanté de faire votre connaissance ★ inform *~!* enchanté! **II** *bw* agréablement, avec plaisir

aangenomen ❶ *verworven* ★ *een ~ naam* un nom d'emprunt ★ *~ werk* du travail à forfait ❷ *geadopteerd* adoptif [v: adoptive]

aangeschoten ❶ *licht dronken* gris, éméché, inform pompette ❷ *verwond* blessé

aangeslagen ❶ *ontmoedigd* déconcerté, démoralisé, démonté ❷ *met aanslag bedekt* entartré

aangetekend I *bn* recommandé ★ *~e brief* lettre recommandée **II** *bw* ★ *iets ~ versturen* envoyer qc en recommandé

aangetrouwd apparenté par alliance ★ *~e kinderen* beaux-enfants *m mv* ★ *~e oom* oncle *m* par alliance

aangeven ❶ *aanreiken* passer ★ *het zout ~* passer le sel ❷ *aanduiden* indiquer, signaler ★ *de richting ~* ⟨auto⟩ mettre son clignotant ★ *als reden ~* donner comme raison ★ *de thermometer geeft 10 graden aan* le thermomètre indique 10 degrés ★ *ze heeft al eerder aangegeven dat ze niet herkiesbaar is* elle a déjà indiqué qu'elle ne brigue pas un nouveau mandat ❸ *melden bij een officiële instantie* déclarer (**bij** à), ⟨van dader⟩ dénoncer, porter plainte contre, ⟨van delict⟩ porter plainte pour ★ *(de geboorte van) een kind ~* déclarer (la naissance d')un enfant ★ *hebt u iets aan te geven?* vous n'avez rien à déclarer? ★ *de dader heeft zichzelf aangegeven* le coupable s'est constitué prisonnier

aangever déclarant [v: déclarante]

aangewezen ❶ *juist* indiqué ★ *de ~ persoon* l'homme *m* tout désigné, l'homme de circonstance ★ *het ~ middel* le moyen approprié ❷ BN *wenselijk* opportun ▼ *~ zijn op iets* être réduit à qc ▼ *~ zijn op iem.* dépendre de qn ▼ *~ zijn op zichzelf* ne devoir compter que sur soi-même

aangezicht visage *m*, figure *v*, face *v* ★ *van ~ tot ~ (met)* face à face (avec) ★ *in het ~ van de dood* regardant la mort en face, à l'article de la mort

aangezichtspijn névralgie *v* faciale

aangezien puisque, vu que, étant donné que [+ ind.]

aangifte déclaration *v* ★ *~ doen* déclarer (qc) ★ *~ doen van geboorte* déclarer une naissance ★ *~ doen van diefstal bij de politie* porter plainte pour vol, déposer une plainte pour vol ★ *~ doen van goederen* déclarer des marchandises ★ *~ doen van belasting* faire une déclaration d'impôts

aangiftebiljet déclaration *v* de revenus, inform feuille *v* d'impôts

aangrenzend avoisinant, voisin (**aan** de), geol limitrophe (**aan** de), ⟨belendend⟩ adjacent

aangrijpen ❶ *vastpakken* saisir ❷ *benutten* saisir ★ *de gelegenheid ~* saisir l'occasion ❸ *ontroeren* affecter, atteindre, toucher, émouvoir

aangrijpend émouvant, saisissant, touchant, ⟨schrijnend⟩ poignant

aangrijpingspunt point *m* d'application

aangroei accroissement *m*, ⟨aanslag⟩ croûte *v*

aangroeien ❶ *opnieuw groeien* repousser ❷ *toenemen* croître, augmenter, s'accroître

aanhaken I *ov ww, vastmaken* accrocher **II** *onov ww*, *~* **bij** enchaîner sur

aanhalen ❶ *vaster trekken* (res)serrer ★ *de teugels ~* serrer la bride ❷ *liefkozen* caresser, cajoler, câliner ❸ *citeren* citer ★ *ter aangehaalde plaatse* loc. cit.

aanhalig câlin, caressant, cajoleur [v: cajoleuse]

aanhaling citation *v*

aanhalingsteken guillemet *m* ★ *tussen ~s* entre guillemets ★ *~s openen / sluiten* ouvrir / fermer les guillemets

aanhang *steunende groep* partisans *m mv*, disciples *m mv*, ⟨v. leer⟩ adeptes *m mv*, ⟨leden⟩ adhérents *m mv*, sport supporters *m mv*, ⟨hele familie⟩ iron smala(h) *v* ★ *de politieke ~* la clientèle ★ *de beweging heeft een grote ~* le mouvement a beaucoup d'adhérents

aanhangen *steunen* adhérer à ★ *het katholieke geloof ~* adhérer au catholicisme

aanhanger ❶ *volgeling* partisan *m* [v: partisane], disciple *m/v*, fidèle *m/v*, ⟨van leer⟩ adepte *m/v*, ⟨lid⟩ adhérent *m* [v: adhérente], sport / pol. supporter *m* ❷ *aanhangwagen* remorque *v*

aanhangig pendant, en litige, en instance ★ *iets ~ maken* mettre qc en question ★ *een zaak ~ maken bij de rechtbank* saisir le tribunal d'une affaire ★ *een wetsontwerp ~ maken* soumettre une proposition de loi

aanhangsel ❶ *aanhangend deel* appendice *m* ★ anat *wormvormig ~* appendice vermiforme ❷ *bijlage* annexe *v*, ⟨bij boek⟩ appendice *m*

aanhangwagen remorque *v*

aa

aanhankelijk affectueux [v: affectueuse]
aanhebben *dragen* porter ★ *wat had ze aan?* elle était habillée comment?
aanhechten attacher, ⟨knopen⟩ nouer, ⟨naaien⟩ coudre
aanhechtingspunt (point *m* d')attache *v*
aanhef *begin van brief* en-tête *m* [mv: en-têtes]
aanheffen commencer, ⟨van lied⟩ entonner
aanhikken ~ tegen rechigner à, renâcler à
aanhoren ❶ *luisteren naar* écouter, entendre ★ *het is niet om aan te horen* c'est inécoutable ❷ *merken* ★ *het was hem aan te horen* sa voix l'a trahi
aanhouden I *ov ww* ❶ *niet uittrekken* ne pas quitter, garder ★ *zijn jas ~* garder son manteau ❷ *doen stoppen, arresteren* arrêter ★ *een verdachte ~* arrêter un suspect ❸ *laten voortduren* garder, prolonger, ⟨niet laten uitgaan⟩ laisser marcher / brûler ★ *een noot ~* tenir une note ★ *een kamer ~* garder une chambre ❹ *uitstellen* ajourner, remettre, reporter (**tot** à) ★ *een rechtszaak ~* ajourner un procès **II** *onov ww, voortduren* continuer, durer ★ *de regen houdt aan* la pluie continue (de tomber) ★ *de geruchten blijven ~* les rumeurs persistent
aanhoudend I *bn* continu, permanent ★ *~e periode van regen* une période de pluie qui persiste **II** *bw* continuellement, constamment, sans cesse
aanhouder ★ *de ~ wint* la persévérance vient à bout de tout, tout vient à point qui sait attendre
aanhouding arrestation *v* ★ *een bevel tot ~* un mandat d'arrêt
aanhoudingsmandaat BN *arrestatiebevel* mandat *m* d'arrêt
aanjagen ❶ *aandoen* provoquer ★ *iem. angst ~* faire peur à qn ★ *iem. schrik ~* effrayer qn ❷ *op gang brengen, versnellen* pousser
aanjager ❶ techn booster *m*, ⟨elektrisch⟩ survolteur *m* ❷ fig animateur *m* [v: animatrice]
aankaarten aborder, mettre sur le tapis ★ *een probleem / zaak ~ bij* aborder une question avec qn
aankijken ❶ *kijken naar* regarder ★ *elkaar ~* se regarder ★ *iem. strak ~* dévisager / fixer qn ★ *iem. brutaal ~* défier qn du regard ★ *schuin ~* regarder de travers ❷ *overdenken* ★ *de zaak nog eens ~* voir venir (les choses) ❸ **~ op** ★ *iem. ergens op ~* soupçonner qn de qc
aanklacht accusation *v*, plainte *v*, inculpation *v* ★ *een ~ indienen* porter plainte (**tegen** contre; **wegens** en / pour), déposer une plainte ★ *zijn ~ intrekken* retirer sa plainte
aanklagen ❶ jur accuser, inculper ★ *iem. ~ wegens ...* accuser / inculper qn de ..., déposer une plainte en ... contre qn ★ *iem. ~ wegens smaad* déposer une plainte en diffamation contre qn ❷ BN *afkeuren* condamner
aanklager jur plaignant *m* [v: plaignante], poursuivant *m* [v: poursuivante] ★ *openbaar ~* procureur *m* (de la République)
aanklampen accoster, aborder, raccrocher
aankleden ❶ *kleren aantrekken* habiller ★ *zich ~* s'habiller ❷ *inrichten* décorer, garnir
aankleding *het aankleden* présentation *v* ★ ton *de ~ van een stuk* la mise en scène, le décor d'une pièce
aanklikken comp cliquer sur
aankloppen ❶ *op deur kloppen* frapper à la porte ❷ **~ bij** ★ *bij iem. ~* frapper à la porte de qn ★ *bij iem. om hulp ~* appeler qn à l'aide
aanknopen I *ov ww* ❶ *vastknopen aan* nouer, lier, attacher ★ fig *er een dagje ~* prolonger son séjour d'un jour ❷ *beginnen* ★ *een gesprek ~* entamer / engager une conversation (avec), lier conversation (avec) ★ *contacten ~ (met)* nouer des contacts / relations (avec) **II** *onov ww*, **~ bij**, ★ *bij een vorige les ~* faire suite à un cours précédent
aanknopingspunt ⟨uitgangspunt⟩ point *m* de départ, ⟨houvast⟩ point *m* de repère
aankoeken coller, attacher, s'incruster
aankomen ❶ *arriveren, naderen* arriver, ⟨komen aanzetten⟩ inform s'amener, débarquer ★ *~ in* arriver à / dans ★ *Sinterklaas komt om elf uur aan* saint Nicolas arrive à 11 heures ★ *ik kom eraan* j'arrive ★ *ik kon het zien ~* je m'attendais à cela, je l'ai pressenti ★ *hij zal je zien ~!* il ne marchera pas! ❷ *raken, treffen* porter ★ *die klap kwam hard aan* ça a été un coup dur ❸ *aanraken* toucher ★ *niet ~!* ne pas toucher!, inform pas touche!, bas les pattes! ❹ *zwaarder worden* prendre du poids, engraisser ★ *zij is 10 kilo aangekomen* elle a pris dix kilos ❺ **~ op** *afhangen van, berusten op* ⟨gelden⟩ s'agir de, ⟨afhangen van⟩ dépendre de ★ *nu komt het erop aan* c'est le moment (ou jamais) ★ *het komt er op aan goed op te letten* il s'agit de faire bien attention ★ *het komt er niet op aan* peu importe ★ *op een paar euro's komt het (mij) niet aan* je n'en suis pas à quelques euros près ★ *het erop laten ~* risquer le coup ★ *hij laat alles op mij ~* il m'a refilé le bébé ❻ *opperen* ★ *~ met iets* sortir qc ★ *daar hoef je bij hem niet mee aan te komen* ça ne marchera pas avec lui
aankomend ❶ *aanstaand* prochain, ⟨toekomstig⟩ futur ★ *~e week* la semaine prochaine ❷ *beginnend* jeune, débutant ★ *een ~ onderwijzer* un jeune enseignant ★ *~ timmerman* apprenti *m* menuisier, menuisier *m* en herbe
aankomst arrivée *v*, ⟨v. goederen⟩ arrivage *m*, ⟨finish⟩ arrivée *v* ★ *bij ~* à l'arrivée
aankondigen annoncer, ⟨officieel⟩ notifier ★ *een huwelijk ~* faire part d'un mariage ★ *je komst van tevoren ~* prévenir de son arrivée
aankondiging ❶ *bekendmaking* annonce *v*, ⟨kennisgeving⟩ faire-part *m* [mv: id.], ⟨officieel⟩ notification *v* ★ *tot nadere ~* jusqu'à nouvel ordre ❷ BN *advertentie* annonce *v*
aankoop ❶ *het kopen* acquisition *v* ★ *bij ~ van X een Y cadeau* pour l'achat de X, Y est en prime ❷ *het gekochte* achat *m*, acquisition *v*
aankoopsom prix *m* d'achat
aankopen acheter, acquérir
aankruisen marquer d'une croix ★ *een hokje ~* cocher une case ★ *~ wat verlangd wordt* cocher la mention utile
aankunnen ❶ *sterk genoeg zijn voor* pouvoir se mesurer à, valoir ❷ *berekend zijn voor* être à même de faire ★ *hij kan veel drank aan* il supporte bien l'alcool ★ *hij kan het niet aan* il n'est pas à la hauteur (de la tâche)
aankweken cultiver
aanlanden ❶ *aan land komen* aborder, accoster

❷ *terechtkomen* arriver
aanlandig ★ *~e wind* vent *m* du large, vent de mer
aanleg ❶ *constructie* construction *v*, ⟨van verzameling⟩ constitution *v*, ⟨van tuin, park e.d.⟩ aménagement *m*, ⟨van leidingen⟩ installation *v*, pose *v* ★ *~ van een weg* la construction d'une route ★ *in ~ zijn* être en voie de construction ★ jur *in eerste ~* en première instance ❷ *talent* aptitudes *v mv*, dispositions *v mv*, don *m* ★ *~ hebben voor* être doué pour, avoir des dispositions naturelles pour ★ *~ voor talen* don *m* des langues ❸ *vatbaarheid* prédisposition *v* ★ *~ hebben voor* être prédisposé à ★ *~ tot depressiviteit* tendance *v* dépressive
aanleggen construire, ⟨van leidingen⟩ installer; poser, ⟨van vuur⟩ faire, ⟨van tuin, park e.d.⟩ aménager, ⟨van kanaal⟩ creuser, ⟨van lijst⟩ dresser, ⟨aandoen⟩ mettre ★ *het ~ van een weg* la construction d'une route ❶ *regelen* s'y prendre ★ *hoe zal ik dat ~?* comment m'y prendre? ★ *het zo ~ dat...* s'arranger pour que ... ★ *het met iem. ~* être de connivence avec qn, frayer avec qn ❷ *met een schietwapen* épauler, coucher en joue, ⟨richten (op)⟩ viser, braquer (**op** sur) ★ fig *het op iets ~* viser qc *aan de wal gaan liggen* accoster, aborder ★ *het ~ van een schip* l'accostage d'un navire
aanlegplaats débarcadère *m*, quai *m*
aanleiding occasion *v* ★ *naar ~ van* à l'occasion de, à propos de ★ *naar ~ van uw advertentie* suite à votre annonce ★ *~ geven tot* donner lieu à, provoquer ★ *~ geven tot geklets* faire jaser ★ *dat is een gerede ~ (om...)* il y a de quoi... ★ *bij de geringste ~* à la moindre occasion, pour un rien ★ *zonder enige ~* sans aucune raison
aanlengen délayer, diluer, ⟨van wijn⟩ couper, ⟨van saus⟩ allonger
aanleren ❶ ⟨een ander⟩ apprendre, enseigner ❷ ⟨zichzelf⟩ apprendre
aanleunen ~ **tegen** s'appuyer contre ▼ *zich iets laten ~* subir qc (avec résignation) ▼ *hij laat zich dat niet ~* il ne se laisse pas faire
aanleunwoning ≈ foyer-logement *m* [mv: foyers-logements], appartement *m* dans une résidence-service
aanlijnen ⟨van hond⟩ tenir en laisse
aanlokkelijk séduisant, attrayant, attirant
aanlokken attirer, séduire, tenter ★ *het lokt mij niet erg aan* cela ne me tente pas
aanloop ❶ sport élan *m* ★ *een ~ nemen* prendre son élan ❷ fig *voorbereidende fase* ★ *de ~ naar het wereldkampioenschap* les préliminaires du mondial ❸ *bezoek* monde *m*, visiteurs *m mv* ★ *veel ~ hebben* voir beaucoup de monde
aanloophaven (port *m* de) relâche *v*, escale *v*
aanloopkosten frais *m mv* initiaux
aanloopperiode période *v* de mise en œuvre, période de rodage, phase *v* de démarrage
aanlopen ❶ *naderen* arriver, ⟨haastig⟩ accourir ★ *komen ~* arriver ★ *~ op* marcher vers ★ *tegen iets ~* lett heurter qc, (se) heurter contre qc, fig tomber sur qc ★ *tegen iem. ~* lett se heurter contre qn, fig tomber sur qn ❷ *even langsgaan (bij)* passer (chez), faire un saut (chez) ❸ *een kleur krijgen* ★ *rood ~* devenir rouge ❹ *tegen iets aan schuren* frotter (**tegen** contre)
aanmaak fabrication *v*, production *v*, ⟨toebereiding⟩ confection *v*, préparation *v* ★ *in ~ zijn* être en voie de fabrication
aanmaakblokje allume-feu *m* [mv: allume-feu(x)]
aanmaakhout bois *m* d'allumage, petit bois *m*
aanmaken ❶ *toebereiden* préparer, ⟨mortel, kalk⟩ gâcher ★ *sla ~* assaisonner la salade ★ *een bestand ~* créer un fichier ❷ *aansteken* allumer
aanmanen sommer, jur mettre en demeure ★ *iem. ~ tot betaling* sommer qn de payer
aanmaning ⟨aansporing⟩ exhortation *v*, jur sommation *v*, ⟨belasting⟩ avertissement *m*
aanmatigen [**zich ~**] s'arroger, s'attribuer ★ *zich vrijheden ~* se permettre des libertés ★ *zich een oordeel ~* s'arroger le droit de juger
aanmatigend I *bn* arrogant, insolent, présomptueux [v: présomptueuse], prétentieux [v: prétentieuse] **II** *bw* d'un air arrogant / insolent
aanmelden ❶ *presenteren* annoncer ★ *zich ~* se présenter ❷ *opgeven* (faire) inscrire ★ *zich voor een examen ~* s'inscrire à un examen ❸ comp *inloggen* se connecter
aanmelding ❶ *inschrijving* inscription *v*, ⟨in register⟩ immatriculation *v* ❷ *aankondiging* annonce *v*
aanmeldingsformulier formulaire *m* d'inscription
aanmeldingstermijn délai *m* d'inscription
aanmeren amarrer
aanmerkelijk I *bn* considérable, notable **II** *bw* considérablement
aanmerken ❶ *beschouwen (als)* considérer (comme) ★ *hij wordt als lastig aangemerkt* il est considéré comme difficile ❷ *afkeurend opmerken* avoir à redire (**op** à) ★ *iets ~ op* faire une remarque sur, critiquer ★ *er valt niets op aan te merken* il n'y a rien à dire ★ *overal wat op aan te merken hebben* trouver à redire à tout
aanmerking ❶ *beschouwing* ★ *in ~ komen* entrer en considération ★ *in ~ komen voor* pouvoir prétendre à, être susceptible de ★ *in ~ nemen* considérer ★ *in ~ genomen* étant donné, compte tenu de ❷ *kritiek* remarque *v*, observation *v*, critique *v*, réflexion *v* ★ *~en maken op iets* faire des remarques sur qc, critiquer qc
aanmeten I *ov ww, de maat nemen* prendre les mesures de ★ *zich een pak laten ~* se faire faire un costume sur mesure **II** *wkd ww* [**zich ~**] *aanmatigen* ★ *zich een houding ~* prendre des airs ★ *zich een oordeel ~ over* se permettre de porter un jugement sur
aanmodderen patauger ★ *hij moddert maar wat aan* il fait n'importe quoi
aanmoedigen *aansporen* encourager ★ *een wielrenner ~* encourager un coureur cycliste ★ *iem. ~ tot deelname* encourager qn à participer
aanmoediging encouragement *m* ★ *onder ~ van collega's* encouragé par ses collègues
aanmonsteren s'enrôler, s'engager ★ *~ als matroos* s'enrôler comme matelot
aannaaien recoudre ★ *een knoop ~* recoudre un bouton ★ fig *iem. een oor ~* couillonner qn
aanname supposition *v*

aannemelijk ❶ *acceptabel* admissible, acceptable ❷ *geloofwaardig* plausible, crédible
aannemen ❶ *in ontvangst nemen* accepter, recevoir, prendre, ⟨van goederen⟩ prendre livraison de ★ *iemands jas ~* débarrasser qn de son manteau ★ *een boodschap ~* prendre un message ★ *de telefoon ~* répondre au téléphone ❷ *geloven, veronderstellen* croire, supposer, admettre ★ *neem dat maar van me aan* c'est moi qui te le dis ★ *aangenomen dat hij komt* en admettant / supposant qu'il vienne ❸ *accepteren* accepter, ⟨van wet⟩ voter ★ *een voorstel ~* accepter une proposition ★ *iets als vanzelfsprekend ~* trouver que qc va de soi ❹ *toelaten als werknemer, student, lid, enz.* ⟨in dienst nemen⟩ engager, embaucher, ⟨als lid⟩ admettre, ⟨in kerk⟩ confirmer ❺ *adopteren* adopter ★ *aangenomen kind* enfant *m* adoptif ❻ *eigen maken* adopter, ⟨van naam, gesteldheid⟩ prendre ★ *een houding ~* prendre un air ★ *een gewoonte ~* prendre une habitude ★ *een godsdienst ~* embrasser une religion ❼ *voor een bepaalde prijs uitvoeren* se charger (d'un travail) ★ *de bouw van een huis ~* se charger de la construction d'une maison
aannemer entrepreneur *m*, constructeur *m*
aanpak approche *v* ★ *dit vereist een harde ~* il faut utiliser la manière forte
aanpakken I *ov ww* ❶ *vastpakken* saisir, prendre ❷ *gaan behandelen* s'attaquer à, s'occuper de, aborder, prendre ★ *een probleem ~* s'attaquer à un problème ★ *niet weten hoe men iets zal ~* ne pas savoir comment s'y prendre ❸ *afstraffen* ★ *iem. eens goed ~* malmener qn **II** *onov ww, hard werken* mettre la main à la pâte ★ *hij weet van ~* il est dur à la peine / tâche
aanpalend avoisinant
aanpappen ~ met faire de la lèche à
aanpassen I *ov ww* ❶ *passen* essayer ❷ *geschikt maken* adapter (à), aligner (sur), régler (sur), ⟨van loon, prijzen e.d.⟩ (r)ajuster **II** *wkd ww* [**zich ~**] *zich conformeren* s'adapter (**aan** à), s'accommoder (**aan** à), s'aligner (**aan** à) ★ *je moet je weten aan te passen* il faut savoir s'adapter
aanpassing adaptation *v*, ajustement *m*, aménagement *m*
aanpassingsvermogen capacité *v* d'adaptation, flexibilité *v*
aanplakbiljet affiche *v*, placard *m*
aanplakken coller, afficher, placarder ★ *~ verboden!* défense *v* d'afficher!
aanplant ❶ *het aanplanten* plantation *v*, ⟨in bos⟩ peuplement *m* ❷ *het aangeplante* plantation *v*, plant *m* ★ *een nieuwe ~* une nouvelle plantation
aanplanten planter
aanporren BN *aansporen* pousser (**tot** à)
aanpoten ❶ *flink doorwerken* travailler d'arrache-pied ❷ *voortmaken* allonger le pas
aanpraten ⟨doen geloven⟩ faire (ac)croire ★ *iem. een kwaal ~* suggérer à qn qu'il est malade ★ *zich een dure computer laten ~* se faire coller un ordinateur cher
aanprijzen recommander, préconiser, prôner ★ *zijn waar ~* vanter sa marchandise
aanraakscherm écran *m* tactile
aanraden conseiller, recommander ★ *op ~ van* sur le(s) conseil(s) de ★ *dat is niet aan te raden* c'est peu recommandable ★ *iem. iets ~* conseiller qc à qn
aanrader chose *v* (vivement) recommandée, must *m* ★ *de tentoonstelling is een ~* c'est une exposition à ne pas manquer
aanraken toucher, ⟨rakelings⟩ effleurer, frôler ★ *verboden aan te raken* ne pas toucher
aanraking contact *m* ★ *in ~ komen met iets* entrer en contact avec qc ★ *met de politie in ~ komen* avoir des démêlés avec la police ★ *in ~ brengen met* mettre en contact avec
aanranden agresser, ⟨seksueel⟩ violer, ⟨schenden⟩ porter atteinte à ★ *er was een vrouw aangerand* on avait agressé une femme
aanrander *geweldpleger* agresseur *m*
aanranding agression *v*, ⟨seksueel⟩ viol *m*
aanrecht évier *m*, plan *m* de travail
aanreiken passer, tendre
aanrekenen ❶ *verwijten* imputer, reprocher, attribuer (**aan** à) ★ *iem. iets ~* reprocher qc à qn, blâmer qn de qc ★ *ik reken het je niet aan* je ne t'en veux pas ❷ BN *meerekenen, meetellen* compter, inclure (**bij** dans)
aanrichten causer ★ *schade ~* faire des dégâts
aanrijden I *ov ww, in botsing komen met* heurter, ⟨licht⟩ accrocher, ⟨omverrijden⟩ renverser ★ *zij werd aangereden* elle a été accrochée **II** *onov ww, rijdend naderen* rouler (**op** vers), aller (**op** vers) ★ *tegen iets ~* donner / heurter contre qc
aanrijding collision *v*, ⟨licht⟩ accrochage *m* ★ *een ~ hebben* entrer en collision
aanroepen ❶ *roepen naar* appeler, ⟨van taxi⟩ héler ❷ *hulp vragen* implorer ★ *God ~* invoquer Dieu
aanroeren ❶ *aanraken* toucher ❷ *ter sprake brengen* aborder ★ *een probleem ~* évoquer un problème ★ *een teer punt ~* toucher un point sensible
aanrukken ⟨militair⟩ s'approcher rapidement, avancer ★ *laten ~* faire venir
aanschaf achat *m*, acquisition *v*
aanschaffen acheter, se procurer, inform se payer
aanscherpen affiler, ook fig aiguiser ★ *de probleemstelling ~* reformuler le problème
aanschieten I *ov ww* ❶ *licht verwonden* blesser (légèrement), atteindre ❷ *gauw aantrekken* enfiler ★ *toen de bel ging, schoot zij snel haar jas aan* quand on sonnait, elle a enfilé son manteau ❸ *aanspreken* aborder ★ *ik zal haar even ~ en het vragen* je lui en toucherai deux mots **II** *onov ww, toesnellen* ★ *komen ~* accourir
aanschoppen ~ tegen donner un coup de pied à, fig attaquer, taper sur
aanschouwelijk vivant, clair, intelligible ★ *~ onderwijs* leçons de choses ★ *iets ~ maken* illustrer qc
aanschouwen voir, regarder, ⟨aandachtig⟩ contempler ★ *ten ~ van* en présence de, devant ★ *het levenslicht ~* voir le jour
aanschrijven notifier ★ *iem. over iets ~* notifier qc à qn ▾ *goed aangeschreven staan* être bien vu (de qn), avoir la cote (auprès qn)
aanschrijving notification *v*
aanschuiven I *ov ww, dichterbij brengen* pousser

★ *een stoel ~* approcher une chaise **II** *onov ww* ❶ *aan tafel komen zitten* s'asseoir ❷ BN *in de file staan* se mettre à la file

aanslaan I *ov ww* ❶ *kort raken* ‹van snaar, toets› frapper, ‹aantokkelen› pincer, ‹typen› taper ❷ *door aanslaan laten horen* ★ *een akkoord ~* plaquer un accord ❸ *belastingsom bepalen* imposer ❹ *bedrag op een kassa doen verschijnen* ★ *prijzen ~* saisir les prix ❺ *waarderen* estimer, évaluer ★ *iem. hoog ~* estimer qn, avoir une bonne / haute opinion de qn **II** *onov ww* ❶ *blaffen* se mettre à aboyer ❷ *starten van motor* se mettre en marche, démarrer ❸ *succes hebben* avoir du succès, prendre ❹ *beslaan* s'embuer

aanslag ❶ *aanval* attentat *m* (**op** contre) ★ *een ~ op iem. plegen* attenter à la vie de qn ❷ fig *inbreuk* atteinte *v* (**op** à) ★ *roken is een ~ op de gezondheid* fumer nuit la santé ❸ *belastingaanslag* imposition *v*, ‹biljet› feuille *v* d'impôt(s) ★ *voorlopige ~* acompte *m* provisionnel ❹ *indrukken v.e. toets* frappe *v* ★ *de ~ van een pianist* le toucher d'un pianiste ❺ *afzetting* dépôt *m*, incrustation *v*, ‹van damp› buée *v*, ‹van vuil› saleté *v*, ‹van kalk› tartre *m* ❻ *schietklare stand* ★ *het geweer in de ~ brengen* épauler le fusil ★ *zijn geweer in de ~ hebben* avoir le fusil en joue

aanslagbiljet avis *m* d'imposition, feuille *v* d'impôt(s)

aanslibben accroître par alluvions ★ *aangeslibde grond* terrain *m* alluvial, alluvions *m mv*

aansluiten I *ov ww, verbinden* relier (à), techn connecter (à), ‹van leiding, net› brancher (sur) **II** *onov ww, verbonden zijn, passen* joindre, ‹m.b.t. openbaar vervoer› correspondre ★ *de treinen sluiten goed aan* il y a une bonne correspondance des trains ★ *~!* serrez-vous! ★ *nauw ~ om de taille* mouler la taille ★ *de programma's sluiten niet op elkaar aan* les programmes sont peu concordants **III** *wkd ww* [**zich ~**] se joindre (à), s'associer (à), ‹lid worden› adhérer (à) ★ *zich bij een vereniging ~* adhérer à une association ★ *zich bij iemands mening ~* se ranger à l'avis de qn ★ *ik sluit me aan bij de vorige spreker* je suis du même avis que l'intervenant précédent

aansluiting jonction *v*, ‹m.b.t. openbaar vervoer› correspondance *v*, ‹op leiding, netwerk› raccordement *m*, branchement *m*, ‹per telefoon› communication *v*, ‹toetreding› adhésion *v* ★ *de ~ halen* avoir la correspondance ★ *de ~ missen* manquer la correspondance ★ *telefoon~* branchement du téléphone ★ *antenne~* prise *v* d'antenne ★ *de ~ op het elektriciteitsnet* le branchement sur le reseau ★ *~ zoeken bij iem.* chercher des contacts avec qn ★ *de ~ van Griekenland bij de EU* l'adhésion de la Grèce à l'UE ★ *in ~ op ons schrijven* suite à notre lettre, en nous référant à notre lettre

aansluitingstreffer sport but *m* de rattrapage

aansluitkosten frais *m mv* de raccordement

aansmeren ❶ *dichtsmeren* crépir ❷ *aanpraten* ★ *iem. iets ~* refiler / coller qc à qn

aansnellen accourir

aansnijden ❶ *afsnijden* entamer ❷ *aankaarten* entamer, aborder ★ *een onderwerp ~* aborder un sujet

aanspannen ❶ *vastmaken* atteler ❷ *strak trekken* tendre ❸ jur *beginnen* intenter ★ *een rechtszaak tegen iem. ~* faire / intenter un procès à qn

aanspelen sport donner une passe à, passer le ballon à

aanspoelen *aan land drijven* être jeté sur la plage / le rivage ★ *er is een lijk aangespoeld* un cadavre a été jeté sur le rivage

aansporen ❶ fig *stimuleren* stimuler, encourager, inciter (**tot** à) ★ *iem. ~ om te gaan werken* inciter qn à aller travailler ❷ lett ‹een paard› *de sporen geven* éperonner

aansporing stimulation *v*, encouragement *m*, incitation *v* ★ *op ~ van* à l'instigation de

aanspraak ❶ *sociaal contact* ★ *weinig ~ hebben* voir peu de monde, avoir peu de contacts ❷ *recht* droit *m*, titre *m*, prétention *v* (**op** à, sur), revendication *v* ★ *~ hebben op* avoir droit à ★ *~ maken op iets* prétendre à qc, réclamer qc, revendiquer qc ★ *zijn aanspraken doen gelden* faire valoir ses droits / prétentions

aansprakelijk responsable (**voor** de) ★ BN *burgerlijk ~* civilement responsable ★ *hoofdelijk ~* solidairement responsable ★ *wettelijk ~* civilement responsable ★ *iem. ~ stellen* rendre qn responsable ★ *zich ~ stellen* se porter garant (**voor** de)

aansprakelijkheid responsabilité *v* ★ *wettelijke ~* responsabilité civile

aansprakelijkheidsverzekering assurance *v* de responsabilité civile

aanspreekbaar abordable, accessible

aanspreektitel titre *m*

aanspreekvorm pronom *m* appellatif

aanspreken ❶ *het woord richten tot* adresser la parole à, s'adresser à, ‹aanklampen› aborder ★ *iem. met 'jij' ~* tutoyer qn ★ *iem. met 'u' ~* vouvoyer qn ★ *iem. met 'meneer' ~* donner du monsieur à qn ★ *iem. ~ over iets* en toucher un mot à qn ★ *iem. ~ op iets* attaquer qn sur qc ★ *ik voel me niet aangesproken* je ne me sens pas impliqué / en cause ❷ *gaan gebruiken* entamer, toucher à ★ *zijn kapitaal ~* entamer son capital ❸ *in de smaak vallen bij* plaire à, avoir du succès auprès de, inform brancher ★ *het spreekt mij niet aan* ce n'est pas mon genre

aanstaan ❶ *bevallen* plaire (à), convenir (à) ★ *het staat me helemaal niet aan* cela ne me plaît pas du tout ❷ *in werking zijn* être branché, être allumé, marcher ★ *de radio staat aan* le poste est allumé, la radio est allumée ❸ *op een kier staan* être entrouvert

aanstaande I *de, verloofde* fiancé *m* [v: fiancée], futur *m* [v: future] **II** *bn* ❶ *eerstkomend* prochain ★ *de ~ verkiezingen* les élections à venir ★ *~ vrijdag* vendredi prochain ★ *het feest is ~* la fête approche / est proche ❷ *toekomstig* futur ★ *de ~ moeder* la future maman ★ *mijn ~ echtgenoot* mon futur mari

aanstalten ★ *~ maken (om / voor)* s'apprêter (à) ★ *~ maken om weg te gaan* s'apprêter à partir

aanstampen enfoncer, ‹met stamper› tasser, damer, ‹met de voet› fouler

aanstaren regarder fixement, fixer, ‹monsterend› dévisager

aa

aanstekelijk ❶ *besmettelijk* contagieux [v: contagieuse] ❷ *gemakkelijk op anderen overgaand* communicatif [v: communicative] ★ *~e lach* un rire contagieux
aansteken ❶ *doen branden* allumer ★ *die brand is aangestoken* cet incendie a été provoqué / est criminel ❷ *besmetten* contaminer, infecter ★ *je steekt iedereen aan met je verkoudheid* tu vas passer ton rhume à tout le monde ★ *zijn vrolijkheid stak iedereen aan* sa gaieté était contagieuse
aansteker briquet *m*
aanstellen I *ov ww* ‹benoemen› nommer, ‹in dienst nemen› engager II *wkd ww* [**zich** ~] jouer la comédie, ‹kwasterig› faire du genre ★ *stel je niet (zo) aan!* ne fais pas tant de chichi(s)!
aansteller poseur *m* [v: poseuse]
aanstellerig I *bn* poseur [v: poseuse], affecté II *bw* d'une façon théâtrale
aanstellerij affectation *v*, comédie *v*, chichi(s) *m (mv)*, ‹aanstelleritis› simagrées *v mv*
aanstelling nomination *v*, désignation *v*, affectation *v* ★ *vaste ~* titularisation *v*, contrat *m* à durée indéterminée, CDI *m*
aansterken reprendre des forces
aanstichten tramer, causer, provoquer
aanstichter fauteur *m* [v: fautrice], instigateur *m* [v: instigatrice]
aanstippen ❶ *aankruisen* marquer d'un point ❷ *even aanraken* toucher, effleurer, ‹met geneesmiddel› badigeonner ❸ *even noemen* citer / relever en passant
aanstonds ‹straks› tout à l'heure, ‹terstond› tout de suite
aanstoot scandale *m* ★ *~ geven* faire scandale ★ *~ geven aan* scandaliser, choquer, offusquer ★ *~ nemen aan* s'offusquer de, se formaliser de
aanstootgevend scandaleux [v: scandaleuse], choquant
aanstoten pousser, heurter
aanstrepen marquer d'un trait, cocher ★ *~ wat verlangd wordt* cocher la mention utile
aanstrijken ❶ *doen ontbranden* ‹van lucifer› craquer, frotter, gratter ❷ muz frotter, ‹van snaar› faire vibrer
aansturen I *onov ww* ❶ *~* **op** *sturen naar* se diriger vers ❷ *~* **op** *streven naar* viser à, tendre à II *ov ww, leiding geven aan* piloter
aantal nombre *m*, quantité *v* ★ *een ~ schrijvers* un certain nombre d'écrivains ★ *gering in ~* peu nombreux ★ *in ~ overtreffen* être plus nombreux
aantasten *langzaam vernietigen* ronger, ‹van metalen› corroder ★ *het metaal is door zuur aangetast* le métal est rongé par l'acide, l'acide a mordu sur le métal ★ *zijn gezondheid is aangetast* sa santé est atteinte ★ *zijn goede naam is aangetast* sa réputation est ternie ★ *de grondslagen van iets ~* toucher au fondements (mêmes) de qc
aantasting *langzame vernietiging* ‹van metaal› corrosion *v*, ‹afbreuk› atteinte *v* ★ *een ~ van de rechtsorde* une atteinte à l'ordre juridique
aantekenboek carnet *m* de notes, calepin *m*
aantekenen I *ov ww* ❶ *opschrijven, opmerken* ‹opschrijven› noter, ‹opmerken› annoter, remarquer ★ *beroep ~* faire appel ★ *protest ~* protester ★ *ik wil hierbij ~ dat* je voudrais remarquer à ce sujet que ❷ *postzending laten registreren* ★ *een brief laten ~* recommander une lettre, envoyer une lettre en recommandé II *onov ww, in ondertrouw gaan* faire publier ses bans
aantekening ❶ *het aantekenen, notitie* note *v* ★ *~en maken* prendre des notes ★ *van ~en voorzien* annoter ★ *~ van een huwelijk* publication *v* des bans ❷ *verklaring op een diploma* mention *v*
aantijging imputation *v*
aantikken I *ov ww, even aanraken* toucher II *onov ww, oplopen* chiffrer ★ *dat tikt aan* ça chiffre, ça cube
aantocht ★ *in ~ zijn* approcher, (aller) arriver ★ *er is onweer in ~* il y a de l'orage dans l'air, le temps est à l'orage
aantonen montrer, indiquer ❶ *bewijzen* démontrer, prouver ★ *de test heeft overtuigend aangetoond dat ...* le test a démontré de façon convaincante que ... ❷ taalk → **wijs**
aantoonbaar I *bn* démontrable, ‹waarneembaar› décelable ★ *deze maatregel heeft geen ~ effect* il n'y a pas d'effet visible de cette mesure II *bw* manifestement ★ *deze zin is ~ fout* cette phrase est manifestement incorrecte
aantreden ❶ *zich verzamelen* se rassembler, se réunir, ‹in het gelid› se mettre en rang(s), se ranger ★ *laten ~* faire rassembler ❷ *beginnen* entrer en fonction(s)
aantreffen tomber sur, trouver ★ *iem. thuis ~* trouver qn chez lui ★ *ik trof een enorme puinhoop aan* j'ai trouvé la pagaille totale
aantrekkelijk attrayant, attirant, ‹verleidelijk› séduisant, ‹charmant› plein de charme ★ *een woest ~e man* un homme rudement séduisant
aantrekken I *ov ww* ❶ *aandoen* mettre, passer ★ *trek je schoenen aan!* met tes chaussures! ★ *andere kleren ~* se changer ❷ *naar zich toe halen* (at)tirer ★ *zich tot iets aangetrokken voelen* être attiré par qc ❸ *vasttrekken* serrer ❹ *werven* attirer, engager ★ *personeel ~* embaucher / engager du personnel, recruter II *onov ww, zich herstellen* se redresser, ‹van prijzen› (re)monter ★ *de economie trekt aan* l'économie se redresse III *wkd ww* [**zich** ~] *zich bekommeren om* se soucier de, se préoccuper de ★ *trek het je maar niet aan!* ne t'en fais pas! ★ *trek je van hem maar niets aan!* ne fais aucun cas de lui! ★ *zich iets persoonlijk ~* se sentir personnellement visé ★ *ze trekt zich dat erg aan* cela la préoccupe beaucoup ★ *hij trekt zich er niets van aan* il en fait peu de cas, inform il n'en a rien à faire
aantrekkingskracht ❶ natk (force *v* d')attraction *v* ❷ *aantrekkelijkheid* attraction *v*, attirance *v*, attrait *m*
aanvaardbaar acceptable, admissible
aanvaarden ❶ *beginnen* commencer, entreprendre ★ *een reis ~* entreprendre un voyage ❷ *op zich nemen* ★ *de verantwoordelijkheid ~* assumer la responsabilité ★ *een functie ~* entrer en fonction(s) ❸ *zich schikken in* accepter ❹ *aannemen* accepter ★ *een geschenk ~* accepter un cadeau ★ *direct te ~* clefs en main ❺ *zich akkoord verklaren* accepter ★ *een*

voorstel ~ accepter une proposition
aanvaarding acceptation *v* ★ *de ~ van zijn lot* l'acceptation de son sort ★ *de ~ van een erfenis* l'acceptation d'un héritage ★ *de ~ van een ambt* l'entrée *v* en fonction(s)
aanval ❶ *offensief* attaque *v* (**op** contre), ⟨stormloop⟩ assaut *m* ★ *een ~ doen op* attaquer ★ *de ~ inzetten* lancer une attaque ★ *een ~ afslaan* repousser une attaque ★ *in de ~ gaan* passer à l'attaque, donner l'assaut ★ *~ is de beste verdediging* l'attaque est la meilleure défense ❷ *uitbarsting* crise *v*, accès *m* ★ *epileptische ~* crise *v* d'épilepsie ★ *een ~ van koorts* un accès de fièvre ★ *een ~ van woede* un accès / coup de colère ❸ sport attaque *v* (**op** contre) ★ *het middenveld moet de ~ veel ballen toespelen* les milieux de terrain doivent fournir les attaquants de beaucoup de ballons
aanvallen I *ov ww, een aanval doen* attaquer, ⟨bestormen⟩ assaillir ★ *zich aangevallen voelen* se sentir agressé ★ *iem. op zijn standpunt ~* attaquer qn sur son opinion **II** *onov ww, afstormen op* se jeter sur, tomber sur ★ *op zijn eten ~* se jeter sur son repas
aanvallend I *bn* agressif [v: agressive], offensif [v: offensive] **II** *bw* agressivement, offensivement
aanvaller ❶ *persoon, groep die aanvalt* attaquant *m* [v: attaquante] ❷ sport attaquant *m* [v: attaquante]
aanvalsoorlog guerre *v* offensive
aanvalsspits sport attaquant *m*
aanvalswapen arme *v* offensive
aanvang commencement *m*, début *m* ★ *van de ~ af* dès le début, d'emblée ★ *bij de ~* à l'origine ★ *een ~ maken met* commencer ★ *een ~ nemen* commencer
aanvangen I *ov ww, beginnen met* commencer, débuter, entreprendre, se mettre à ★ *wat zullen we nu met hem ~?* que faire de lui? **II** *onov ww, beginnen* commencer
aanvangsdatum date *v* de commencement
aanvangssalaris salaire *m* initial [mv: salaires initiaux]
aanvangstijd ≈ horaire *m*
aanvankelijk I *bn* initial [m mv: initiaux] premier [v: première] **II** *bw* à l'origine, d'abord, au début, initialement ★ *~ weigerde ze alle hulp* d'abord elle a refusé toute aide
aanvaring ❶ lett *botsing* abordage *m* ★ *in ~ komen met* entrer en collision avec ❷ fig *botsing* ★ *in ~ komen met iem.* entrer en collision avec qn
aanvechtbaar discutable, contestable, attaquable
aanvechten contester ★ *een theorie ~* contester / critiquer une théorie
aanvechting envie *v*, tentation *v*, inform démangeaison *v* ★ *~ voelen om* avoir envie de
aanvegen balayer ★ *het tuinpaadje even ~* donner un coup de balai dans l'allée de jardin
aanverwant I *de* parent *m* **II** *bn* ❶ *aangetrouwd* apparenté ❷ *nauw betrokken bij* lié, voisin ★ *~e wetenschappen* sciences *v mv* connexes
aanvinken cocher
aanvliegen I *ov ww* ⟨heftig aanvallen⟩ se jeter sur **II** *onov ww* approcher
aanvliegroute couloir *m* / trajet *m* d'approche
aanvoegend taalk → **wijs**
aanvoelen I *ov ww, begrijpen* sentir, comprendre ★ *de stemming ~* bien saisir l'ambiance ★ *zij voelen elkaar goed aan* ils se comprennent intuitivement **II** *onov ww, bepaald gevoel geven* ★ *zacht ~* être doux au toucher
aanvoer ❶ *het aanvoeren* approvisionnement *m*, transport *m*, alimentation *v*, ⟨van water, gas⟩ adduction *v*, amenée *v* ❷ *het aangevoerde* arrivage *m*, provisions *v mv* ❸ *aanvoerleiding* conduite *v* d'alimentation ★ *de ~ is verstopt* la conduite est bouchée
aanvoerder chef *m*, ⟨gangmaker⟩ meneur *m*, sport capitaine *m/v*, mil commandant *m*
aanvoeren ❶ *leiden* diriger, mener, commander ★ *een leger ~* commander une armée ★ *een team ~* être le capitaine d'une équipe ★ *de ranglijst ~* être premier au classement ❷ *ergens heen brengen* transporter, amener, apporter ❸ *naar voren brengen* ⟨van argument, bewijs⟩ apporter, avancer, fournir, ⟨zich beroepen op⟩ invoquer, ⟨ter staving⟩ alléguer ★ *bewijzen ~* fournir des preuves
aanvoering direction *v*, ⟨bevel⟩ commandement *m* ★ *onder ~ van* sous la direction / houlette de
aanvraag demande *v* (**tot**, **voor** de) ★ *een ~ indienen* adresser / présenter une demande ★ *op ~* sur (simple) demande ★ *op ~ verkrijgbaar* sur demande
aanvraagformulier bulletin *m* de demande
aanvragen ❶ *(officieel) verzoeken* demander, solliciter ★ *een studiebeurs ~* solliciter une bourse ★ *ontslag ~* demander son congé ❷ *vragen om toe te sturen* demander, commander ★ *inlichtingen ~ over iets* demander des renseignements sur qc
aanvreten ❶ *aan iets vreten* ronger ❷ *aantasten* ronger, attaquer, ⟨van metaal⟩ corroder
aanvullen *volledig maken* compléter, ⟨van leemte, tekort⟩ combler ★ *elkaar ~* se compléter, être complémentaire ★ *het tekort ~* boucher, combler le déficit ★ *de voorraad ~* se réapprovisionner
aanvulling addition *v*, complément *m*, supplément *m*, ⟨toevoegsel⟩ ajout *m* ★ *ter ~ van* en complément de ★ *een ~ op iets zijn* être complémentaire de qc
aanvuren exciter, animer, encourager
aanwaaien ❶ *onverwacht langskomen* ★ *ergens komen ~* s'amener quelque part, débarquer quelque part ❷ *zonder moeite verkrijgen* ★ *dat komt haar gewoon ~* cela lui vient comme ça
aanwakkeren I *ov ww, doen toenemen* attiser, encourager, exciter ★ *het vuur ~* attiser / activer le feu ★ *verlangens ~* attiser des désirs **II** *onov ww, heviger worden* se ranimer, se raviver, ⟨van brand⟩ s'étendre, ⟨van wind⟩ s'élever, fraîchir
aanwas accroissement *m*, augmentation *v*, ⟨van water⟩ crue *v*, ⟨van land, bos⟩ accrue *v* ★ *de ~ van de bevolking* la croissance démographique
aanwenden *gebruiken* user de, employer, se servir de, utiliser, appliquer ★ *pogingen ~* faire des tentatives ★ *te eigen bate ~* détourner à son profit ★ *zijn invloed ~* user de son influence ★ *al zijn krachten ~* user de toutes ses forces ★ *alle*

beschikbare middelen ~ employer tous les moyens
aanwennen [**zich** ~] s'habituer à, prendre l'habitude de ★ *een gewoonte* ~ prendre une habitude
aanwensel (mauvaise) habitude *v*, ‹sterker› manie *v*
aanwerven ‹aannemen› embaucher, engager, ‹ronselen› recruter, enrôler, inform racoler
aanwezig ❶ *present* présent ★ ~ *zijn* être là ★ ~ *zijn bij* assister à ★ *nadrukkelijk* ~ *zijn* occuper le terrain ★ *de* ~*en* l'assemblée *v*, l'assistance *v* ❷ *beschikbaar* disponible, existant ★ *er zijn geen gelden* ~ il n'y a pas de fonds disponible ★ *de* ~*e voorraad* le stock
aanwezigheid *het er zijn* présence *v* ★ *in* ~ *van* en présence de, devant
aanwijsbaar démontrable, ‹waarneembaar› décelable
aanwijzen ❶ *laten zien* montrer, indiquer, désigner, ‹aangeven› marquer ❷ *bestemmen* désigner, affecter ★ *iem. als erfgenaam* ~ désigner qn comme héritier
aanwijzing ❶ *instructie* consigne *v*, instructions *v mv* ★ *iem.* ~*en geven* donner des instructions à qn ★ *op* ~ *van* sur les indications de ❷ *indicatie* indication *v*, ‹teken› indice *m* ★ *heeft de politie al* ~*en over de mogelijke dader?* est-ce que la police a des indices sur le suspect? ★ *er is geen enkele* ~ *dat...* rien ne porte à croire que...
aanwinst acquisition *v* ★ *welkome* ~ enrichissement *m* ★ *zij is een* ~ *voor de zaak* elle est un nouvel atout pour l'entreprise
aanwippen ~ **bij**, ★ *even bij iem.* ~ faire un saut chez qn
aanwonende riverain *m* [v: riveraine]
aanwrijven *verwijten* imputer ★ *iem. iets* ~ blâmer qn de qc
aanzeggen notifier ★ *iem. de wacht* ~ avertir qn
aanzet amorce *v*, ébauche *v* ★ *de (eerste)* ~ *geven tot* donner le branle à, initier
aanzetten I *ov ww* ❶ *vastmaken* mettre, ‹naaien› coudre, ‹vaster draaien› serrer ★ *een knoop* ~ (re)coudre un bouton ❷ *aansporen* pousser, animer, inciter (**tot** à) ★ *iem. tot iets* ~ inciter qn à qc ❸ *in werking zetten* mettre (en marche), allumer ❹ *slijpen* aiguiser, affiler **II** *onov ww* ❶ *dik maken* faire grossir ★ *chocolademousse zet ontzettend aan* la mousse au chocolat fait grossir énormément ❷ ‹met 'komen'› ★ *met iets komen* ~ ‹meebrengen› s'amener avec qc, ‹op de proppen komen› sortir qc ❸ *vastkoeken* attacher
aanzicht aspect *m*, vue *v*
aanzien I *het* ❶ *het bekijken* regard *m* ★ *het* ~ *niet waard* ne payant pas de mine ❷ *uiterlijk* air *m* ★ *dat geeft de zaak een ander* ~ ça donne un autre aspect aux choses ★ *een ander* ~ *krijgen* changer d'aspect, fig prendre un autre aspect ❸ *achting* considération *v*, estime *v*, prestige *m* ★ *in hoog* ~ *staan* être (tenu) en grande estime, être fort considéré ★ *een man van* ~ un homme considéré **II** *ov ww, beschouwen* regarder, ‹oplettend› contempler, considérer ★ *ten* ~ *van* à l'égard de, par rapport à ★ *dat is vreselijk om aan te zien* c'est terrible à voir ★ *hoe kunt u dat* ~*?* comment pouvez-vous souffrir cela? ★ *ik kan dat niet langer* ~ ça, je ne le supporte plus ★ *het is niet om aan te zien!* ça ne paye pas de mine ★ *laten we het nog even* ~ (attendons et) voyons venir les choses ★ *men ziet hem zijn leeftijd niet aan* il ne paraît pas son âge ★ *men kan het hem niet* ~ *dat hij zo rijk is* on ne le croirait pas si riche ★ *de zaak laat zich gunstig* ~ l'affaire se présente bien ★ *naar het zich laat* ~ selon toute apparence, apparemment ★ *zonder* ~ *des persoons* sans acception de personne ★ *iem. ergens op* ~ avoir des soupçons à l'égard de qn au sujet de qc ★ *iem. voor een ander* ~ prendre qn pour un autre ★ *waar zie je mij voor aan?* pour qui me prends-tu?
aanzienlijk I *bn* ❶ *groot* important, considérable, notable ★ *een* ~ *verlies* une perte considérable ❷ *voornaam* considéré, distingué, éminent ★ *een* ~ *man* un homme considéré **II** *bw, in hoge mate* considérablement, sensiblement ★ *de contributie is* ~ *verhoogd* la cotisation a été fortement augmentée
aanzitten *aan tafel zitten* être à table, être attablé ★ *de* ~*den* les convives
aanzoek demande *v* en mariage ★ *zijn* ~ *doen* faire sa demande ★ *een* ~ *krijgen* être demandé en mariage
aanzuigen aspirer
aanzuiveren acquitter, ‹van tekort› combler, form suppléer ★ *een tekort* ~ combler un déficit
aanzwellen se gonfler, s'enfler, s'amplifier ★ *een toon laten* ~ monter le ton crescendo ★ *de wind zwelt aan* le vent s'élève
aanzwengelen ❶ *op gang brengen* démarrer (à la manivelle) ❷ fig *ter sprake brengen* mettre en branle, lancer
aap *dier* singe *m* ★ *voor aap staan* avoir l'air d'un imbécile ★ *iem. voor aap zetten* se payer la tête de qn ★ BN *iem. voor de aap houden* se payer la tête de qn ★ *zich een aap lachen* se tordre de rire, se poiler ▾ *daar komt de aap uit de mouw* ≈ découvrir le pot aux roses ★ *zo trots als een aap* fier comme un pou ▾ *in de aap gelogeerd zijn* être dans de jolis draps
aar épi *m*
aard ❶ *inborst, karakter* nature *v*, caractère *m*, tempérament *m*, naturel *m* ★ *vrolijk van aard zijn* être gai de sa nature, être d'un naturel gai ★ *dat ligt niet in zijn aard* ce n'est pas son genre, ce n'est pas dans sa nature ★ *zijn ware aard tonen* se montrer sous son vrai jour ★ *iemands ware aard verloochent zich niet* chassez le naturel, il revient au galop ★ *dat is de aard van het beestje* c'est sa nature ★ *hij heeft een aardje naar zijn vaartje* tel père tel fils ❷ *soort* nature *v*, caractère *m* ★ *van allerlei aard* de toute nature, de toutes sortes ★ *van voorbijgaande aard* passager [v: passagère] ★ *van dien aard dat* tel que, de nature à ★ *niets van dien aard* rien de la sorte ★ *iets van dien aard* qc dans ce genre
aardappel pomme *v* de terre ★ *gebakken* ~*en* pommes (de terre) sautées ★ *gekookte* ~*en* pommes vapeur ★ *zoete* ~ patate *v* (douce) ★ fig *praten met een hete* ~ *in de keel* parler avec une pomme de terre dans la bouche, parler snob
aardappelmeel fécule *v* (de pomme de terre)
aardappelmesje éplucheur *m*, épluche-légumes

m [mv: épluche-légumes]
aardappelpuree culin purée *v* de pommes de terre
aardas axe *m* de la terre
aardbei ❶ *vrucht* fraise *v* ❷ *plant* fraisier *m*
aardbeienjam confiture *v* de fraises
aardbeving tremblement *m* de terre, séisme *m*
aardbodem surface *v* de la terre ★ *van de ~ verdwijnen* disparaître dans la nature
aardbol ❶ *planeet aarde* globe *m* (terrestre) ❷ *globe* globe *m* (terrestre)
aarde ❶ *aardbol* terre *v* ★ *hier op ~* sur cette terre, ici-bas ❷ *grond* terre *v* ★ *zich ter ~ werpen* se prosterner ★ *ter ~ bestellen* enterrer, inhumer ★ *ter ~* à terre, par terre ★ *in goede ~ vallen* être bien reçu ★ BN *dat zet geen ~ aan de dijk* ça ne casse pas des briques ❸ elek terre *v* ★ *~ maken* être (mis) à la masse
aardedonker tout noir, noir comme dans un four
aarden I *bn* de / en terre **II** *ov ww* elek mettre à la terre / masse **III** *onov ww* ❶ *wennen* se plaire (quelque part) ★ *hij kan hier niet ~* il ne se plaît pas ici ❷ *~* **naar** tenir de ★ *hij aardt naar zijn moeder* il tient de sa mère
aardewerk poterie *v*, ⟨geglazuurd⟩ faïence *v* ★ *Delfts ~* faïence de Delft
aardewerken de faïence, de céramique
aardgas gaz *m* naturel
aardig I *bn* ❶ *vriendelijk* gentil (**tegen** avec) [v: gentille], sympathique, aimable ★ *ik vind hem wel ~* je l'aime bien ★ *dat is erg ~ van u* vous êtes très aimable, c'est gentil à vous ❷ *nogal groot* joli ★ *een ~ bedrag* une jolie / coquette petite somme ❸ *aangenaam, wel leuk* joli, agréable ★ *een ~e film* un film sympa ★ *zij ziet er ~ uit* elle a l'air charmant **II** *bw, behoorlijk* pas mal, joliment ★ *zij zingt heel ~* elle ne chante pas mal ★ *~ wat geld kosten* coûter gros ★ *het gaat hem ~ goed* il va plutôt bien
aardigheid ❶ *plezier* plaisir *m* ★ *de ~ is eraf* ce n'est plus une partie de plaisir ★ *~ in iets hebben* se plaire à (faire) qc, prendre du plaisir à qc ❷ *grap* plaisanterie *v* ★ *voor de ~* par plaisanterie, pour rire
aardigheidje petit cadeau *m*, petit rien *m*
aarding prise *v* de terre, prise de masse
aardkorst écorce *v* / croûte *v* terrestre
aardleiding (prise *v* de) terre *v*
aardlekschakelaar disjoncteur *m* de prise de terre
aardnoot arachide *v*
aardolie pétrole *m* (brut)
aardrijkskunde géographie *v* ★ *sociale ~* géographie humaine
aardrijkskundig géographique
aards ❶ *van de aarde* terrestre ❷ *wereldlijk* mondain, temporel [v: temporelle] ★ *~e goederen* les biens de ce monde
aardschok secousse *v* sismique / tellurique
aardschol plaque *v* (litosphérique)
aardverschuiving ❶ lett glissement *m* de terrain ❷ fig séisme *m*, bouleversement *m*
aardwetenschappen sciences *v mv* de la terre
aardworm *pier* ver *m* de terre
Aarlen Arlon *m*
aars anus *m*
aartsbisdom archevêché *m*, archidiocèse *m*
aartsbisschop archevêque *m*
aartsengel archange *m*
aartshertog archiduc *m*
aartsleugenaar fieffé menteur *m*
aartslui archiparesseux [v: archiparesseuse]
aartsvader patriarche *m*
aartsvijand ennemi *m* mortel [v: ennemie mortelle], ennemi *m* juré [v: ennemie jurée]
aarzelen hésiter (**om** à; **over** sur; **tussen** entre) ★ *zonder ~* sans hésiter, résolument ★ *hij aarzelt of hij het moet doen of niet* il se demande si il doit le faire ou non
aarzeling hésitation *v*
aas I *de/het, speelkaart* as *m* **II** *het* ❶ *lokaas* appât *m*, amorce *v* ★ *aas aan de haak slaan* amorcer l'hameçon ❷ *dood dier* charogne *v*
aaseter saprophage *m*
aasgier ook fig charognard *m*
abattoir abattoir *m*
abc ❶ *alfabet* alphabet *m*, abc *m* ❷ *eerste beginselen* abc *m*
abces abcès *m*
ABC-wapens armes *v mv* NBC
abdij abbaye *v*
abdis abbesse *v*
abituriënt bachelier *m* [v: bachelière]
abject abject
abnormaal anormal [m mv: anormaux]
abominabel I *bn* abominable **II** *bw* abominablement
abonnee abonné *m* [v: abonnée]
abonneetelevisie (chaîne *v* de) télévision *v* payante / à péage
abonnement abonnement *m* (**op** à)
abonneren I *ov ww* abonner (**op** à) ★ ook humor *erop geabonneerd zijn* y être abonné **II** *wkd ww* [**zich** ~] s'abonner (**op** à) ★ *zich ~ op een tijdschrift* prendre un abonnement à un magazine
Aboriginal aborigène *m/v*
aborteren *zwangerschap afbreken* ★ *zich laten ~* se faire avorter
abortus ❶ *ingreep* avortement *m*, IVG *v* (interruption volontaire de grossesse) ★ *~ provocatus* avortement volontaire ❷ *miskraam* fausse couche *v*
abortuskliniek clinique *v* où l'on pratique l'avortement
abracadabra ❶ *toverspreuk* abracadabra *m* ❷ *wartaal* charabia *m* ★ *dat is ~ voor hem* c'est du chinois pour lui, das sind für ihn böhmische Dörfer
Abraham *eigennaam* Abraham ▼ *~ zien* atteindre la cinquantaine ▼ *weten waar ~ de mosterd haalt* connaître la musique
abri abri *m*, ⟨bushokje⟩ abribus *m*
abrikoos ❶ *vrucht* abricot *m* ❷ *boom* abricotier *m*
abrupt brusque, brutal [m mv: brutaux]
ABS *antiblokkeersysteem* ABS *m*, système *m* antiblocage
abscis abscisse *v*
abseilen descendre en rappel
absentie ❶ *afwezigheid* absence *v* ❷ *verstrooidheid* distraction *v*

absentielijst registre *m* des absences
absolutie absolution *v* ★ *~ verlenen* donner l'absolution
absoluut I *bn* absolu **II** *bw* absolument ★ *~ onmogelijk* physiquement / absolument impossible ★ *ik ben ~ niet bezorgd* je ne m'inquiète pas du tout
absorberen absorber ★ *~d middel* absorbant *m*
absorptie absorption *v*
abstract abstrait
abstractie abstraction *v* ★ BN *~ maken van iets* faire abstraction de qc
abstraheren abstraire
absurd I *bn* absurde, aberrant **II** *bw* de façon absurde
abt abbé *m*
Abu Dhabi Abu Dhabi *m*
abuis I *het* erreur *v*, méprise *v* ★ *per ~* par méprise, par erreur **II** *bn* erroné, faux [v: fausse] ★ *~ zijn* se tromper, se méprendre
abusievelijk par erreur, par méprise
acacia acacia *m*
academicus universitaire *m/v*, diplômé *m* d'Université [v: diplômée...]
academie ❶ *hogeschool* université *v*, école *v* ★ *militaire ~* École militaire ★ *pedagogische ~* institut *m* universitaire de formation des maîtres, oud école normale (primaire) ★ *sociale ~* ≈ institut *m* de formation de travailleurs sociaux **❷** *geleerd genootschap* académie *v* ★ *lid van een ~* académicien *m* [v: académicienne] ★ *de Academie van Wetenschappen* l'Académie des Sciences
academisch I *bn* **❶** *van of aan een academie of universiteit* universitaire ★ *~e graad* grade *m* universitaire **❷** *van theoretisch belang* académique ★ *een ~e kwestie* une question académique **❸** ⟨in de kunst⟩ *schools* académique ★ *een ~e stijl* un style académique **II** *bw* ★ *~ gevormd* sorti de l'université
acajou BN *mahoniehouten* en acajou
a capella a cappella
acceleratie accélération *v*
accelereren accélérer
accent[1] [aksaN] *leesteken* ★ *~ aigu* accent *m* aigu ★ *~ circonflexe* accent *m* circonflexe ★ *~ grave* accent *m* grave
accent[2] [aksent] **❶** taalk *klemtoon* accent *m* ★ *het ~ leggen op* mettre l'accent sur ★ *het ~ ligt op de tweede lettergreep* l'accent porte sur la deuxième syllabe **❷** *manier van spreken* accent *m* ★ *een zwaar Nederlands ~ hebben* avoir un fort accent néerlandais **❸** fig *nadruk* accent *m* ★ *het ~ leggen op* mettre l'accent sur
accentueren accentuer
acceptabel I *bn* acceptable **II** *bw* de façon acceptable
acceptatie acceptation *v*
accepteren *aannemen* accepter ★ *dat soort gedrag accepteer ik niet* je ne tolère pas ce comportement
acceptgiro ⟨aan brief vast⟩ titre *m* interbancaire de paiement, TIP *m*
accessoire accessoire *m*
accijns impôt *m* indirect, droit *m* / taxe *v* de consommation ★ *~ op tabak* impôt *m* sur le tabac
acclimatiseren ook fig s'acclimater, ook fig sich akklimatisieren
accommodatie logement *m*, (capacité *v* d')hébergement *m* ★ *een huisje met ~ voor 6 personen* une maison (de vacances) aménagée pour six personnes
accordeon accordéon *m*
account ❶ econ *klant / opdracht* account *m* **❷** econ *rekening* compte *m*
accountancy comptabilité *v*
accountant expert-comptable *m* [mv: experts-comptables]
accountantsverklaring certification *v* comptable
accountmanager account manager *m*, chargé *m* de clientèle grands comptes
accu accumulateur *m*, inform accu *m*, ⟨van auto⟩ batterie *v* ★ *de accu is leeg* la batterie est à plat ★ fig *de accu weer opladen* recharger ses batteries
accuklem borne *v*
acculader chargeur *m* (de batterie)
accumuleren accumuler
accuraat minutieux [v: minutieuse], consciencieux [v: consciencieuse]
accuratesse exactitude *v*, précision *v*, minutie *v*
ace sport ace *m*
aceton acétone *v*
acetyleen acétylène *m*
ach hélas, ah, tant pis ★ *ach en wee roepen* se lamenter, pousser des oh! et des ah! ★ *ach kom!* allons donc!
achilleshiel talon *m* d'Achille
achillespees tendon *m* d'Achille
acht I *telw* **❶** huit **❷** → **vier II** *de* **❶** *getal* huit *m*, ⟨schoolcijfer⟩ huit (sur dix), seize (sur vingt) ★ *de Holland acht* ⟨roeiteam⟩ le huit néerlandais **❷** *aandacht* ★ *in acht nemen* observer ★ *zich in acht nemen* se ménager ★ *zich in acht nemen voor* prendre garde à ★ *acht slaan op* faire attention à ★ *weinig acht slaan op* se soucier peu de, faire peu de cas de ★ *geef acht!* garde à vous!
achtbaan grand-huit *m* [mv: id.], montagnes *v mv* russes
achtbaar estimable, respectable, honorable
achteloos I *bn* nonchalant, négligent **II** *bw* nonchalamment, négligemment
achten ❶ *van oordeel zijn* croire, estimer, juger, tenir pour ★ *iem. tot iets in staat ~* croire qn capable de faire qc ★ *ik acht het mogelijk* je le crois possible ★ *het zijn plicht ~ om* croire de son devoir de ★ *geacht worden iets te doen* être censé faire qc **❷** *waarderen* estimer, considérer ★ *gering ~* faire peu de cas de, mépriser geacht
achter I *vz* derrière ★ *~ de boom* derrière l'arbre ★ *~ het bureau* à son bureau ★ *~ het stuur* au volant ★ *~ iem. om* dans le dos de qn, à l'insu de qn ★ *~ iem. staan* soutenir qn ★ *wij lopen ~ elkaar* nous marchons l'un derrière l'autre ★ *~ de waarheid komen* découvrir la vérité **II** *bw* **❶** *aan de achterkant* derrière, en arrière ★ *hij woont ~* il habite derrière ★ *~ in de auto* à l'arrière de la voiture ★ *~ in de gang* au fond du couloir ★ *~ in het boek* à la fin du livre ★ *iets van ~ naar voren kennen* savoir qc sur le bout du doigt ★ *hij is ~ in de dertig* il approche de la quarantaine **❷** *in*

achterstand en retard ★ *hij is ~ bij de anderen* il a un retard par rapport aux autres, il est en retard sur les autres ★ *~ zijn met werk* être en arrière pour son travail ★ *~ raken* perdre du terrain

achteraan ❶ *achter* derrière, en arrière ★ *~ uitstappen* descendre par l'arrière ★ *~ komen* arriver / être le dernier ★ *hij loopt ~* il marche derrière ❷ *achterheen* ★ *ergens ~ zitten* s'occuper activement / assidûment d'une affaire

achteraanzicht vue *v* de derrière

achteraf ❶ *naderhand* après coup ★ *~ beschouwd / bezien* avec le recul, rétrospectivement, a posteriori ❷ *afgelegen* à l'écart ★ *~ wonen* vivre à l'écart

achterbak coffre *m*

achterbaks **I** *bn* ⟨van zaken⟩ secret [v: secrète], sournois, ⟨van personen⟩ sournois, hypocrite ★ *~e streken* des sournoiseries *v mv* **II** *bw* en cachette, à la dérobée, sournoisement

achterban base *v* ★ *de ~ raadplegen* consulter la base

achterband pneu *m* arrière [mv: pneus arrière]

achterbank siège *m* arrière

achterblijven ❶ lett *niet meekomen* rester, demeurer en arrière, s'attarder ★ *~ bij de anderen* rester en arrière avec les autres ★ *niet willen ~ (bij de anderen)* ne pas vouloir demeurer en reste (avec les autres) ❷ fig *zich niet ontwikkelen* ★ *~ bij de anderen* être en retard / en retrait sur les autres, être inférieur aux autres ★ *achtergebleven zijn* être arriéré / attardé ★ *een achtergebleven gebied* une région sous-développée ❸ *achtergelaten worden* être laissé, rester sur place ★ *een koffer is achtergebleven* il est resté une valise ★ *drie kinderen blijven achter* il / elle a laissé trois enfants

achterblijver ❶ *wie blijft* celui qui reste ❷ *iem. die het tempo van de rest niet bijhoudt* retardataire *m/v*, ⟨treuzelaar⟩ traînard *m* [v: traînarde] ★ *in zijn klas behoort hij tot de ~s* dans sa classe il fait partie des cancres

achterbuurt quartier *m* pauvre, bas quartier *m*

achterdeur porte *v* de derrière ★ fig *door een ~tje* par la petite porte, par des voies détournées ★ fig *een ~tje openhouden* se ménager une porte de sortie, assurer ses arrières

achterdocht suspicion *v* (**jegens** à l'égard de), méfiance *v* ★ *~ hebben* se méfier, nourrir des soupçons ★ *~ wekken bij* éveiller les soupçons de

achterdochtig **I** *bn* soupçonneux [v: soupçonneuse], méfiant, suspicieux [v: suspicieuse] **II** *bw* avec méfiance

achtereen de suite, sans interruption, d'affilée ★ *maanden ~* plusieurs mois de suite, durant des mois ★ *jaren ~* pendant de longues années

achtereenvolgens successivement, consécutivement, de suite

achtereind ❶ *achterste deel* extrémité *v* ❷ *achterwerk* derrière *m*, postérieur *m* ★ *zo stom als het ~ van een varken* bête comme ses pieds

achteren ★ *naar ~* en arrière ★ *van ~* par-derrière, de derrière ★ *van ~ gezien* vu de dos ★ *van ~ naar voren* d'arrière en avant

achtergrond ❶ *verst weg gelegen deel* fond *m*, arrière-plan *m* [mv: arrière-plans] ★ *met een rode ~* sur (un) fond rouge ★ *op de ~ blijven* rester dans l'ombre / en retrait, s'effacer, garder un profil bas ★ *naar de ~ schuiven* reléguer au second plan ❷ *iemands verleden* passé *m* ★ *met een universitaire ~* formé à l'université ❸ *reden* dessous *m mv*, toile *v* de fond, causes *v mv* profondes ★ *tegen die ~ beschouwd* vu sous cette optique ★ *tegen de ~ van* à la lumière de ★ *de ~ van de beslissing* le contexte de la décision

achtergrondinformatie informations *v mv* sur le fond d'une question

achtergrondmuziek musique *v* de fond / d'ambiance, ⟨geluidsdecor⟩ fond *m* sonore

achterhaald daté, démodé, dépassé, périmé ★ *~ zijn* dater

achterhalen ❶ lett *te pakken krijgen* rattraper, rejoindre ★ *zij hebben de dief kunnen ~* on a pu rattraper le voleur ❷ fig *terugvinden* retrouver ★ *de waarheid ~* découvrir la vérité → **achterhaald**

achterheen ★ *ergens ~ zitten* s'occuper activement / assidûment d'une affaire ★ *ergens ~ gaan* s'occuper de qc

achterhoede ❶ mil arrière-garde *v* [mv: arrière-gardes] ❷ sport défense *v*, ligne *v* arrière ❸ *achterste deel van gezelschap* queue *v*

achterhoofd occiput *m* ★ fig *iets in het ~ hebben* avoir une idée (de) derrière la tête ★ fig *zij is niet op haar ~ gevallen* elle n'est pas née d'hier

achterhouden ❶ *bij zich houden* retenir, détenir, ⟨wederrechtelijk⟩ receler ❷ *geheimhouden* cacher, dissimuler, ⟨niet mededelen⟩ taire, passer sous silence ★ *informatie ~* cacher des informations

achterhuis ▾ *Het ~ - Dagboekbrieven van Anne Frank* l'Annexe - Lettres du journal

achterin au fond, à l'arrière

achterkant (côté *m*) arrière *m*, ⟨van stof⟩ envers *m*, ⟨van papier⟩ verso *m*, dos *m* ★ *aan de ~ van het huis* à l'arrière de la maison

achterklap médisance *m*, calomnie *v*, clabaudage

achterkleinkind ⟨jongen⟩ arrière-petit-fils *m*, ⟨meisje⟩ arrière-petite-fille *v* ★ *~eren* arrière-petits-enfants

achterklep ⟨v. auto⟩ hayon *m*

achterland ❶ *gebied erachter* arrière-pays *m* ❷ handel arrière-pays *m*, hinterland *m*

achterlangs par-derrière

achterlaten ❶ *verlaten* abandonner ❷ *laten achterblijven* laisser ★ *een boodschap voor iem. ~* laisser un message pour qn ★ *hij laat drie kinderen achter* (en mourant) il a laissé trois enfants ★ *sporen ~* laisser des traces

achterlicht feu *m* arrière [mv: feux arrière]

achterliggen ❶ lett suivre ★ *~ bij* être en arrière de ❷ fig être à la traîne

achterlijf arrière-train *m* [mv: arrière-trains], ⟨van insect⟩ abdomen *m*

achterlijk ❶ *achter in ontwikkeling* arriéré, demeuré ★ *~ doen* faire l'imbécile ❷ *raar* ringard ★ *ze droeg een ~e jurk* elle portait une robe ringarde

achterlopen ❶ *niet de juiste tijd aangeven* retarder ★ *mijn horloge loopt vijf minuten achter* ma montre retarde de cinq minutes ❷ *niet bij zijn* retarder (**op** sur) ★ *~ (op de feiten)* avoir un ac

train de retard
achterna après
achternaam nom *m* de famille
achternagaan ❶ *volgen* suivre ❷ *gaan lijken op* commencer à ressembler à ★ *zij gaat haar moeder achterna* elle suit les traces de sa mère
achternalopen ❶ lett suivre ❷ fig *verliefd zijn op* courir après
achternazitten ❶ *achtervolgen* poursuivre ❷ *controleren* surveiller de près
achterneef ❶ *zoon van neef / nicht* cousin *m* (issu de germain) ❷ *zoon van oom- / tantezegger* arrière-neveu *m* [mv: arrière-neveux], petit-neveu *m* [m mv: petits-neveux]
achternicht ❶ *dochter van neef / nicht* cousine *v* (issue de germain) ❷ *dochter van oom- / tantezegger* arrière-nièce *v* [mv: arrière-nièces], petite-nièce *v* [v mv: petites-nièces]
achterom par derrière
achteromkijken regarder derrière soi, tourner la tête
achteromlopen passer par derrière
achterop ❶ *achter* derrière ❷ *op de achterkant* derrière ★ ~ *zitten* être assis derrière
achterophinken ❶ BN lett *niet meekomen* rester à la traîne ❷ BN fig *zich niet ontwikkelen* rester à la traîne
achteropraken prendre du retard, perdre du terrain
achterover en arrière
achteroverdrukken détourner, escamoter
achteroverleunen se renverser (sur sa chaise)
achteroverliggen être couché
achteroverslaan **I** *ov ww, snel drinken* ★ *een glas wijn* ~ s'envoyer un verre de vin, faire cul sec ★ *een borrel* ~ faire cul sec **II** *onov ww, vallen* ★ fig *daar sla je steil van achterover* c'est à tomber à la renverse
achterovervallen tomber à la renverse, tomber sur le dos
achterplecht pont *m* arrière, gaillard *m* d'arrière
achterpoortje BN fig *achterdeurtje* porte *v* de sortie
achterpoot ⟨van meubel⟩ pied *m* de derrière, ⟨van dier⟩ patte *v* de derrière
achterruit vitre *v* arrière ★ *verwarmde* ~ vitre arrière chauffante
achterruitverwarming dégivrage *m* de la vitre arrière, dégivreur *m*
achterspeler sport (joueur *m*) arrière *m*
achterstaan sport ★ *Nederland staat met 2-0 achter* les Pays-Bas sont menés (par) deux (buts) à zéro ★ *we staan een doelpunt achter* on a un but de retard
achterstallig arriéré, impayé, en retard (de paiement) ★ *~e schuld* arriéré *m* ★ *~e huur* loyer *m* impayé ★ ~ *onderhoud* des travaux d'entretien *m* en retard
achterstand retard *m*, ⟨m.b.t. rente⟩ arrérages *m mv*, ⟨m.b.t. schuld⟩ arriéré *m* ★ *een ~ oplopen* prendre du retard ★ *een ~ inhalen* rattraper / combler un retard
achterstandswijk quartier *m* défavorisé / difficile
achterste ❶ *achterstuk* arrière *m* ★ fig *niet het ~ van zijn tong laten zien* cacher son jeu ❷ *zitvlak* derrière *m*, postérieur *m*
achterstellen désavantager, défavoriser (**bij** par rapport à) ★ *hij voelt zich achtergesteld* il se sent désavantagé ★ *hij wordt bij zijn broers achtergesteld* on lui préfère ses frères
achtersteven poupe *v*
achterstevoren à l'envers, (sens) devant derrière ★ *je hebt je trui ~ aan* tu as mis ton pull à l'envers
achtertuin jardin *m* derrière la maison
achteruit **I** *de* marche *v* arrière ★ *in zijn ~ zetten* mettre en marche arrière **II** *bw* en arrière, à reculons ★ *~!* reculez!
achteruitgaan ❶ *naar achteren gaan* reculer, ⟨van voertuig ook⟩ faire marche arrière ❷ *verslechteren* diminuer, se détériorer, rétrograder, ⟨achteruitboeren⟩ péricliter, être en perte de vitesse ★ *de resultaten gaan achteruit* les résultats sont en baisse ★ *haar gezondheid gaat snel achteruit* sa santé décline rapidement ★ *er in salaris op ~* perdre de son salaire
achteruitgang *uitgang* porte *v* / sortie *v* de derrière
achteruitgang *verslechtering* régression *v*, déclin *m*, baisse *v*, détérioration *v*
achteruitkijkspiegel rétroviseur *m*
achteruitrijden ⟨in de trein⟩ être assis dans le sens opposé à la marche
achtervoegsel suffixe *m*
achtervolgen ook fig poursuivre (**met** de), ⟨om te vangen⟩ traquer, talonner, fig hanter, obséder ★ *de gedachte achtervolgt me* cette idée me hante / poursuit ★ *het ongeluk achtervolgt me* le malheur s'acharne contre moi ★ *een misdadiger ~* traquer un criminel
achtervolger poursuivant *m*, sport poursuiteur *m*
achtervolging ook sport poursuite *v* ★ *de ~ inzetten* se lancer à la poursuite
achtervolgingswaan manie *v* de la persécution
achterwaarts **I** *bn* en arrière, rétrograde **II** *bw* en arrière
achterwege ★ ~ *blijven* ne pas se faire ★ ~ *laten* ne pas faire
achterwerk *zitvlak* derrière *m*
achterwiel roue *v* arrière
achterwielaandrijving traction *v* arrière, roues *v mv* arrière motrices
achterzijde (côté *m*) arrière *m*, ⟨keerzijde⟩ revers *m*, ⟨van stof⟩ envers *m*, ⟨van papier⟩ verso *m*, dos *m*
achthoekig octogonal [m mv: octogonaux]
achting estime *v*, considération *v*, égards *m mv* (**voor** pour) ★ *in iemands ~ dalen / stijgen* baisser / monter dans l'estime de qn ★ *met de meeste ~* Recevez, Monsieur / Madame, mes salutations distinguées ★ ~ *hebben voor iem.* avoir / tenir qn en estime
achtste huitième
achttien dix-huit → **vier**
achttiende dix-huitième → **vierde**
acne med acné *v*
acquireren acquérir
acquisiteur démarcheur *m* [v: démarcheuse], prospecteur *m* [v: prospectrice]

acquisitie acquisition *v*
acrobaat acrobate *m/v*
acrobatiek acrobatie *v*
acrobatisch acrobatique
acroniem acronyme *m*, sigle *m*
acryl acrylique *m* ★ *een trui van ~* un pull-over en acrylique
acrylverf peinture *v* acrylique
act numéro *m* ★ *een act opvoeren* faire son numéro
acteren ❶ *toneelspelen* jouer ❷ *doen alsof* jouer (la comédie)
acteur acteur *m*, comédien *m*
actie ❶ *handeling* action *v* ★ *in ~ komen* s'activer, agir, bouger ★ *~ en re~* action et réaction ❷ *protestactie* action *v* ★ *~ voeren voor beter onderwijs* militer pour l'amélioration de l'enseignement
actiecomité comité *m* d'action
actief I *bn* ❶ *in werking, werkend, bezig* actif [v: active] ❷ taalk ★ *een actieve zin* une phrase active **II** *bw* activement **III** *het, totale bezit* actif *m* ★ BN *iets op zijn ~ hebben* avoir qc à son actif
actiegroep groupe *m* d'action, militants *m mv*
actieradius rayon *m* d'action, ⟨vliegbereik⟩ autonomie *v* de vol, fig champ *m* d'activité
actievoerder militant *m* [v: militante], activiste *m/v*
actievoeren ★ *~ (tegen / voor)* mener une action (concertée), militer (contre / pour)
activa econ actifs *m mv*, masse *v* active ★ *~ en passiva* actifs et passifs
activeren activer
activist activiste *m/v*
activiteit activité *v* ★ *koortsachtige ~* activité fébrile
activiteitenbegeleider éducateur *m* spécialisé [v: éducatrice spécialisée]
actrice actrice *v*, comédienne *v*
actualiseren actualiser
actualiteit ❶ *het actueel zijn* actualité *v* ❷ *actueel onderwerp* actualité *v*
actualiteitenprogramma magazine *m* (d'actualités)
actueel actuel [v: actuelle] ★ *~ zijn* être d'actualité ★ *actuele gebeurtenis* événement d'actualité
acupunctuur acuponcture *v*, acupuncture *v*
acuut I *bn* ❶ med *plotseling opkomend* aigu [v: aiguë] ★ *acute blindedarmontsteking* appendicite *v* aiguë ❷ *dringend* pressant ★ *in ~ gevaar verkeren* être en danger immédiat **II** *bw* immédiatement
adagio I *het* adagio *m* **II** *bw* adagio
Adam *eigennaam* Adam *m*
adamsappel pomme *v* d'Adam
adamskostuum ▾ *in ~* dans le plus simple appareil
adapter adaptateur *m*
addendum addenda *m* ★ *addenda* addenda(s) *m mv*
adder vipère *v* ★ fig *een ~ aan zijn borst koesteren* réchauffer un serpent dans son sein ★ fig *er schuilt een ~tje onder het gras* il y a anguille sous roche
additief additif *m*
additioneel additionnel [v: additionnelle]
adel noblesse *v*, nobles *m mv* ★ *de lage(re) adel* la petite noblesse ★ *van adel* noble
adelaar *vogel* aigle *m*
adelborst aspirant *m* (de marine)
adellijk ❶ *van adel* noble, ⟨titel⟩ nobiliaire ★ *~ bloed* sang *m* bleu ❷ *bijna bedorven* faisandé
adelstand noblesse *v* ★ *in de ~ verheffen* anoblir
adem souffle *m*, ⟨lucht⟩ haleine *v* ★ *buiten adem* à bout de souffle, hors d'haleine ★ *buiten adem raken* perdre haleine, s'essouffler ★ *naar adem snakken / happen* être essoufflé ★ *op adem komen* reprendre haleine / son souffle ★ *de adem benemen* couper le souffle ★ *zijn adem inhouden* retenir son souffle ★ *een slechte adem hebben* avoir mauvaise haleine ★ *adem scheppen* respirer ★ *in één adem* d'une (seule) traite ★ fig *van lange adem* de longue haleine, prolixe ★ fig *iemands hete adem in de nek voelen* avoir qn à ses trousses ★ fig *de laatste adem uitblazen* rendre le dernier soupir
adembenemend I *bn* haletant ★ *een ~ spektakel* un spectacle à vous couper le souffle **II** *bw* prodigieusement
ademen ❶ *ademhalen* ook fig respirer ★ *lucht ~* respirer l'air ★ *zwaar ~* avoir la respiration lourde ❷ *lucht doorlaten* respirer
ademhalen respirer ★ *ruimer ~* respirer (librement), fig être soulagé
ademhaling respiration *v*, souffle *m*
ademhalingswegen voies *v mv* respiratoires
ademloos ❶ *buiten adem* hors d'haleine, tout essoufflé ❷ *heel stil* le souffle coupé
ademnood suffocation *v*, étouffement *m*, med dyspnée *v* ★ *een hevige ~* une crise d'étouffements ★ *in ~ verkeren* suffoquer
adempauze pause *v*, arrêt *m*, (moment *m* de) répit *m*
ademtest alco(o)test *m*
ademtocht ★ *tot de laatste ~* jusqu'au dernier souffle / soupir
adequaat adéquat
ader ❶ *bloedvat* veine *v* ★ *adertje* veinule *v* ❷ *bodemlaag* filon *m* ❸ *kronkelige streep* veine *v*
aderlaten ❶ *bloed aftappen* saigner ❷ fig *veel geld laten betalen* saigner
aderlating ❶ med saignée *v* ❷ fig *behoorlijk verlies* saignée *v*, ponction *v* ★ *een gevoelige ~* une saignée sensible
aderverkalking artériosclérose *v*
ADHD *Attention Deficit Hyperactivity Disorder* TDAH *m*, trouble *m* déficitaire de l'attention avec hyperactivité
adhesie ❶ natk adhérence *v* ❷ *instemming* adhésion *v* ★ *~ betuigen met* souscrire à
ad hoc ad hoc
ad-hocbeleid politique *v* à la petite semaine
adieu adieu
ad interim par intérim
adjectief I *het* adjectif *m* **II** *bn* adjectif [v: adjective]
adjudant ❶ *toegevoegd officier* aide *m* de camp ❷ *adjudant-onderofficier* adjudant *m* [v: adjudante]
adjunct adjoint *m* [v: adjointe], aide *m*
adjunct-directeur sous-directeur *m*, directeur *m*

adjoint
administrateur administrateur *m* [v: administratrice]
administratie ❶ *beheer* administration *v* ❷ *afdeling* administration *v*, (les) bureaux *m mv*, secrétariat *m* ❸ BN *overheidsdienst* Administration *v*, fonction *v* publique
administratief **I** *bn* administratif [v: administrative] ★ ~ *medewerker* employé *m* de bureau [v: employée...] **II** *bw* administrativement
administratiekantoor entreprise *v* de gestion, bureau *m* d'administration [mv: bureaux ...], ⟨bankiershuis⟩ société *v* fiduciaire
administratiekosten frais *m mv* d'administration / de gestion
administreren administrer, gérer
admiraal amiral *m* [mv: amiraux]
adolescent adolescent *m* [v: adolescente]
adolescentie adolescence *v*
adopteren ❶ *als eigen kind aannemen* adopter ❷ *onder zijn hoede nemen* prendre en charge
adoptie adoption *v*
adoptiefkind enfant *m* adoptif
adoptiefouder parent *m* adoptif
adoreren adorer
ad rem *gevat* prompt à la riposte ★ ~ *antwoorden* riposter ★ ~ *zijn* avoir de la repartie
adrenaline adrénaline *v*
adres adresse *v* ★ *per* ~... chez... ★ fig *aan het* ~ *van* à l'adresse de, adressé à ★ fig *je bent bij mij aan het verkeerde* ~ tu frappes à la mauvaise porte
adresboek répertoire *m* d'adresses, ⟨zakboekje⟩ carnet *m* d'adresses, ⟨telefoonboek⟩ annuaire *m*, bottin *m*
adresseren ⟨van adres voorzien⟩ mettre l'adresse sur, ⟨richten (aan)⟩ adresser (à) ★ *deze brief is geadresseerd aan de heer Janssen* cette lettre est adressée à M. Janssen
adreswijziging changement *m* d'adresse
Adriatische Zee mer *v* Adriatique
ADSL *Asymmetric Digital Subscriber Line* ADSL *m*
adv *arbeidsduurverkorting* RTT *v*, réduction *v* du temps de travail
advent Avent *m*
adverteerder annonceur *m*
advertentie annonce *v* ★ *een* ~ *plaatsen* insérer une annonce ★ *op een* ~ *reageren* répondre à une annonce
advertentiecampagne campagne *v* de publicité
adverteren faire de la publicité, insérer une annonce
advies conseil *m*, form avis *m* ★ ~ *geven* donner des conseils ★ *iem. om* ~ *vragen* prendre conseil / l'avis de qn, consulter qn ★ *iem. van* ~ *dienen* conseiller qn ★ *op* ~ *van* sur le(s) conseil(s) / l'avis de ★ *een bindend* ~ un avis contraignant
adviesbureau bureau *m* d'étude(s) [mv: bureaux ...]
adviesorgaan organisme *m* consultatif, conseil *m*
adviesprijs prix *m* conseillé / indicatif
adviseren conseiller ★ ~*de stem* voix *v* consultative ★ *iem. iets* ~ conseiller qc à qn
adviseur conseiller *m* [v: conseillère] ★ *een juridisch* ~ un avocat-conseil, un conseiller juridique ★ *een medisch* ~ un conseiller médical
advocaat ❶ *raadsman* avocat *m* [v: avocate] ★ *een* ~ *nemen* prendre un avocat ★ fig ~ *van kwade zaken* avocat *m* de mauvaises causes ★ fig ~ *van de duivel spelen* se faire l'avocat du diable ❷ *drank* ≈ liqueur *v* aux œufs
advocaat-generaal avocat *m* général
advocatencollectief cabinet *m* de groupe d'avocats
advocatenkantoor cabinet *m* d'avocats
advocatuur barreau *m*
aerobiccen pratiquer l'aérobic
aerobics aérobic *m*
aerodynamica aérodynamique *v*
aerodynamisch aérodynamique ★ ~*e vormgeving* profil *m* aérodynamique
af **I** *bn, voltooid* fini ★ *het werk is af* le travail est fini / terminé **II** *bw* ❶ *vandaan / weg* de ★ *ver van de weg af* loin de la route ★ *er is een poot af* il manque un pied ★ *af en aan lopen* aller et venir ❷ *naar beneden* de ★ *hij viel van het dak af* il tomba du toit ❸ *bevrijd / verlost van* délivré / débarrassé de ★ *daar ben ik van af!* bon débarras! ★ *zij is van hem af* elle est débarrassée de lui, elle n'est plus avec lui ▼ *af!* couché! ▼ *van nu af aan* dès maintenant, à partir de maintenant ▼ *af en toe* de temps à autre, de temps en temps ▼ fig *daar wil ik van af zijn* je ne sais pas trop ▼ *goed / slecht af zijn* être bien / mal loti ▼ *een bedankje kon er niet af* il /elle n'a même pas dit merci
afasie aphasie *v*
afbakenen délimiter, tracer, marquer, ⟨met palen⟩ jalonner, ⟨met bakens⟩ baliser, fig cerner ★ *een terrein* ~ jalonner un terrain ★ fig *een plan* ~ définir un projet
afbeelden représenter, figurer, peindre
afbeelding ⟨het afbeelden⟩ représentation *v*, ⟨plaat⟩ illustration *v*, image *v*, figure *v*
afbekken rabrouer, inform engueuler
afbellen *afzeggen* annuler (par téléphone)
afbestellen décommander, annuler
afbetalen ❶ *deels betalen* payer par acomptes ❷ *helemaal betalen* solder, acquitter ★ *zijn schuld* ~ s'acquitter d'une dette ★ *het huis is helemaal afbetaald* la maison est payée intégralement
afbetaling econ ⟨geheel⟩ paiement *m* (intégral), acquittement *m*, ⟨gedeeltelijk⟩ règlement *m* à tempérament ★ *op* ~ à crédit ★ *maandelijkse* ~ mensualité *v*
afbetalingstermijn terme *m*, échéance *v*
afbeulen crever, éreinter, inform esquinter ★ *zich* ~ s'éreinter
afbieden BN *afdingen* marchander
afbijten ❶ *bijtend wegnemen* mordre ★ fig *van zich* ~ se défendre, ne pas se laisser faire ❷ *verf wegnemen* décaper
afbijtmiddel décapant *m*
afbinden ❶ med ligaturer ❷ *losmaken* délier, détacher, ôter ★ *de schaatsen* ~ ôter / enlever les patins
afbladderen s'écailler
afblaffen fulminer contre, inform engueuler
afblazen ❶ *annuleren* annuler ❷ sport *eindsignaal geven* siffler la fin de
afblijven ★ *van iets* ~ ne pas toucher à qc, fig ne

pas se mêler de qc ★ *blijf (van me) af!* ne me touche pas!, inform bas les pattes! ★ *~!* inform pas touche!

afbluffen en mettre plein la vue à, épater, inform esbroufer, bluffer

afboeken ❶ *boeken* comptabiliser ❷ *afschrijven* prélever (**van** sur) ★ *een bedrag van een rekening ~* débiter un compte d'une somme

afborstelen brosser

afbouwen ❶ *afmaken* achever (de construire) ❷ *geleidelijk opheffen* mettre progressivement un terme à

afbraak ❶ lett *sloop* démolition *v* ❷ fig dégradation *v* ❸ scheik décomposition *v*

afbraakprijs prix *m* choc / sacrifié ★ *tegen ~* à vil prix

afbraakproduct produit *m* de décomposition

afbraakwerken BN *sloopwerken* chantier *m* de démolition

afbranden I *onov ww, door brand vernietigd worden* être détruit par un incendie, être réduit en cendres, inform cramer **II** *ov ww* ❶ *met een brander verwijderen* ‹van verf› décaper (au brûloir) ❷ *afkraken* éreinter, inform débiner, démolir

afbreekbaar scheik réductible ★ *biologisch ~* biodégradable

afbreken I *ov ww* ❶ *brekend losmaken* couper ★ *een tak ~* arracher une branche ❷ *weer uit elkaar halen* démonter, défaire ★ *een huis ~* démolir une maison ★ *een tent ~* démonter / plier une tente ❸ scheik décomposer ❹ fig *afkraken* éreinter ❺ *beëindigen* interrompre, ‹verbreken› rompre ★ *een partij ~* ajourner une partie **II** *onov ww, losgaan* se rompre, se casser

afbreking interruption *v*, ‹van woord› division *v*, coupure *v*

afbrekingsteken tiret *m*, division *v*

afbrengen *afleiden (van)* détourner (de), ‹doen afzien (van)› dissuader (de) ★ *iem. van zijn mening ~* faire changer qn d'avis ★ *iem. van de goede weg ~* détourner qn du droit chemin ★ *het er goed ~* s'en tirer bien ★ *het er slecht ~* s'en tirer mal ★ *het er levend ~* avoir la vie sauve

afbreuk ★ *~ doen aan iets* porter préjudice à qc, nuire à qc, faire tort à qc

afbrokkelen ook fig s'effriter, se désagréger

afbuigen dévier, obliquer, tourner ★ *de weg buigt naar links af* la route tourne à gauche

afdak auvent *m*, appentis *m*

afdalen descendre ★ *~de lijn / reeks* ligne *v* / progression *v* descendante ★ fig *~ in bijzonderheden* entrer dans le(s) détail(s)

afdaling descente *v*

afdanken ❶ *wegdoen* se défaire de, mettre au rancart / au rebut ❷ BN *ontslaan* congédier, inform virer

afdankertje défroque *v*, fripe *v*, vieilles frusques / fringues *v mv*

afdekken couvrir

afdeling division *v*, section *v*, ‹in een bedrijf› service *m*, ‹in het leger› corps *m*, ‹van winkel› rayon *m*, ‹v. ziekenhuis e.d.› service *m*, ‹v. museum e.d.› département *m*, ‹afgescheiden ruimte› compartiment *m* ★ *de plaatselijke ~ van de partij* la section locale du parti

afdelingschef chef *m* de service / de bureau, ‹in winkel› chef *m* de rayon

afdichten étancher

afdingen *minder bieden* marchander ★ *~ op de prijs* chipoter sur le prix ★ *daar valt niets op af te dingen* il n'y a pas à dire

afdoen ❶ *afnemen* enlever, ôter, retirer (**van** de) ★ *wat van de prijs ~* rabattre du prix ★ *dat zal er niets toe- of ~* cela n'y fera rien ★ *dat doet niets aan de waarde af* cela n'enlève rien à la valeur ❷ *afhandelen* terminer, arranger, régler ★ *een afgedane zaak* une affaire réglée / classée ★ *dat is afgedaan* c'est fini, c'est fait, ça y est ★ *iets met een grapje ~* s'en tirer avec une pirouette ❸ *niet meer nuttig zijn* ★ *hij heeft afgedaan* il a fait son temps, il est fini ★ fig *hij heeft voor mij afgedaan* j'ai perdu toute confiance en lui

afdoend ❶ *doeltreffend* efficace ❷ *beslissend* définitif [v: définitive], catégorique, concluant ★ *een ~ bewijs* une preuve concluante ★ *dat is ~e* c'est net

afdraaien ❶ *door draaien verwijderen* enlever, dévisser ❷ *afspelen* mettre, passer ❸ *opdreunen* ★ *een verhaal ~* ânonner une histoire

afdracht remise *v*

afdragen ❶ *afgeven* remettre, verser ❷ *verslijten* user, élimer

afdrijven I *ov ww* med avorter ★ *vrucht ~* provoquer un avortement **II** *onov ww, wegdrijven* dériver, aller à la dérive, ‹v. bui› s'éloigner, passer

afdrogen ❶ *droog maken* essuyer, sécher ❷ *een pak slaag geven* tabasser

afdronk fin *v* de bouche

afdruipen ❶ *druipend vallen* tomber goutte à goutte, dégoutter ❷ *weglopen* s'en retourner la queue entre les jambes

afdruiprek égouttoir *m*

afdruk ❶ *indruk, spoor* empreinte *v* ❷ *weergave* copie *v*, exemplaire *m*, ‹v. foto› épreuve *v*

afdrukken imprimer, tirer, ‹weergeven› reproduire ★ *een tekst ~* imprimer un texte ★ *een foto ~* tirer une épreuve

afdruksnelheid vitesse *v* d'impression

afdrukvoorbeeld comp aperçu *m* avant impression

afduwen pousser, repousser

afdwalen ❶ lett s'égarer ★ *van de weg ~* s'égarer du chemin ❷ fig ★ *~ van het onderwerp* s'écarter de la question, s'éloigner de son sujet

afdwingen ❶ *verkrijgen* extorquer (à), arracher (à) ★ *een bekentenis ~* extorquer des aveux ❷ ‹van respect enz.› commander, forcer ★ *iemands respect ~* forcer l'estime de qn

affabriekprijs prix *m* départ usine

affaire ❶ *kwestie* affaire *v*, histoire *v* ❷ *verhouding* liaison *v*

affect psych affect *m*

affectie affection *v*

affiche affiche *v* ★ BN *op de ~ staan* être à l'affiche

afficheren ❶ lett afficher ❷ fig afficher ★ *deze stad afficheert zich als cultureel centrum* cette ville se présente comme haut lieu de la culture

affiniteit affinité *v* (**met** avec)

affix affixe *m*

afgaan ❶ *naar beneden gaan* descendre, ‹snel› dévaler ★ *de trap* ~ descendre l'escalier ❷ *weggaan (van)* quitter, ‹loslaten› partir ★ *van school* ~ quitter l'école ❸ *het toneel verlaten* sortir de scène ❹ *weggenomen worden van geheel* ★ *er gaat 10 pond af* il faut en déduire dix livres ❺ *langsgaan* parcourir ★ *alle winkels* ~ courir les magasins ★ *een lijst* ~ parcourir une liste ❻ *afgeschoten worden, in werking treden* se déclencher, ‹van schot› partir ★ *het geweer is niet afgegaan* le fusil a raté ★ *de wekker ging af* le réveil a sonné ❼ *blunderen* faire piètre figure, inform chuter, foirer ❽ *op bepaalde manier gedaan worden* ★ *het gaat hem goed af* il s'en tire bien, il se débrouille bien ❾ ~ **op** *benaderen* s'approcher de, ‹optrekken naar› marcher sur, ‹aanklampen› aborder, accoster ★ *op iem.* ~ s'approcher de qn ★ *recht op zijn doel* ~ aller droit au but ❿ ~ **op** *vertrouwen op* se fier à, se guider sur ★ *op het uiterlijk* ~ se fier aux apparences

afgang échec *m*, fiasco *m*, déroute *v*, inform bide *m*, four *m* ★ *wat een* ~ quel bide

afgedaan ❶ *afgehandeld* réglé, classé ❷ → **afdoen**

afgeladen bondé, plein à craquer, ‹van zaal› (archi)comble

afgelasten annuler, décommander

afgelasting annulation *v*

afgeleefd usé, ‹van mensen› décrépit

afgelegen I *bn* éloigné, écarté, perdu **II** *bw* à l'écart

afgelopen I *bn* ❶ *jongstleden* dernier [v: dernière], passé, écoulé ★ ~ *jaar* l'année passée ★ ~ *zondag* dimanche dernier ❷ *voorbij* fini **II** *tussenw* fini, assez

afgemat épuisé, exténué, à bout de forces

afgemeten I *bn* ❶ *afgepast* réglé, mesuré ❷ *deftig, kortaf* compassé **II** *bw* d'un air compassé, en comptant ses mots

afgepast mesuré, compassé

afgepeigerd crevé, vidé, claqué

afgescheiden BN *met voorsprong* d'une façon détachée

afgesproken → **afspreken**

afgestompt ❶ *niet puntig* émoussé ❷ *stomp van geest* abruti

afgetraind entraîné, en pleine forme

afgetrapt éculé

afgevaardigde ❶ pol délégué *m* [v: déléguée], représentant *m* [v: représentante], ‹in de Kamers› député *m* [v: députée] ❷ BN *vertegenwoordiger* représentant *m* [v: représentante] ❸ BN pol *lid van een provincieraad* député *m*

afgeven I *ov ww* ❶ *overhandigen* remettre ★ *je kunt je jas bij de garderobe* ~ tu peux déposer ton manteau au vestiaire ★ *u moet uw paspoort* ~ vous devez remettre votre passeport ★ *een pakketje bij iem. thuis* ~ déposer un colis chez qn ★ *een vergunning* ~ délivrer un permis ★ *een verklaring* ~ faire / émettre une déclaration ❷ *verspreiden* répandre ★ *een sterke geur* ~ dégager / répandre une odeur forte ★ *warmte* ~ diffuser de la chaleur ❸ sport ★ *de bal* ~ passer le ballon **II** *onov ww* ❶ *kleurstof loslaten* déteindre ❷ ~ **op** *kritiek geven op* critiquer, chicaner sur ★ *op iem.* ~ critiquer qn **III** *wkd ww* [**zich** ~] ~ **met** ‹met mensen› se commettre avec, ‹met zaken› s'ingérer dans

afgezaagd rebattu, banal [m mv: banals] usé, éculé ★ *een* ~ *liedje* une rengaine

afgezant envoyé *m* [v: envoyée], émissaire *m*

afgezien ~ **van** sans parler de, abstraction faite de ★ ~ *daarvan* à part cela, à cela près

afgezonderd I *bn* isolé, solitaire, reclus **II** *bw* ❶ *apart* isolé, à l'écart ❷ *eenzaam* solitairement ★ ~ *leven* vivre retiré

Afghaan Afghan *m*

Afghaans *m.b.t. Afghanistan* afghan

Afghaanse Afghane *v*

Afghanistan l'Afghanistan *m* ★ *in* ~ en Afghanistan

afgieten ❶ *vocht weggieten* ‹v. groente› égoutter, ‹v. vocht› déverser ★ *de aardappels* ~ égoutter les pommes de terre ❷ *door gieten maken* mouler

afgietsel moulage *m*

afgifte remise *v*, ‹van papieren› délivrance *v* ★ *tegen* ~ *van* contre remise de ★ *een bewijs van* ~ un certificat de dépôt

afglijden ❶ *naar beneden glijden* glisser ❷ fig *afzakken* glisser ★ ~ *naar de criminaliteit* sombrer dans la criminalité

afgod ❶ *onechte god* divinité *v* ❷ *idool* idole *v*

afgoderij idolâtrie *v*

afgooien *naar beneden gooien* jeter (en bas)

afgraven ❶ *weggraven* déblayer ★ *veen* ~ extraire la tourbe, tourber ❷ *vlak maken* aplanir, égaliser

afgrendelen verrouiller, fig boucler

afgrijselijk I *bn* horrible, affreux [v: affreuse], ‹heel erg› atroce **II** *bw* horriblement, affreusement, ‹heel erg› atrocement

afgrijzen horreur *v* ★ *met* ~ *vervullen* horrifier

afgrond précipice *m*, abîme *m*, gouffre *m*

afgunst envie *v*, jalousie *v*

afgunstig I *bn* envieux [v: envieuse], jaloux [v: jalouse] ★ ~ *op* jaloux de **II** *bw* avec envie / jalousie, jalousement

afhaaldienst service *m* de ramassage

afhaalrestaurant restaurant *m* proposant des plats à emporter

afhaken I *ov ww, losmaken* décrocher **II** *onov ww, niet meer meedoen* se retirer, inform décrocher, ‹niet meer meekunnen› être largué, lâcher pied

afhakken couper, trancher

afhalen ❶ *meenemen* aller chercher, prendre ★ *iem. van het station* ~ attendre qn à la gare, aller chercher qn à la gare ❷ *van iets ontdoen* ★ *het bed* ~ défaire le lit ★ *sperziebonen* ~ éplucher des haricots ❸ BN ‹geld e.d.› *opnemen* retirer

afhameren ❶ *snel afhandelen* expédier ❷ *doen zwijgen* réduire au silence

afhandelen terminer, arranger, régler ★ *snel* ~ expédier

afhandig ★ *iem. iets* ~ *maken* ‹afnemen› dépouiller qn de qc, ‹ontfutselen› subtiliser qc à qn

afhangen ❶ *naar beneden hangen* pendre, retomber ❷ ~ **van** dépendre de ★ *dat hangt slechts van u af* cela ne tient qu'à vous ★ *dat hangt ervan af* cela dépend, c'est selon ★ *daar*

hangt veel van af c'est primordial
afhankelijk dépendant ★ *~ zijn van iets* dépendre de qc ★ *~ zijn van iem.* dépendre de qn ★ *het is ~ van het weer* ça dépend du temps
afhankelijkheid dépendance *v*
afhelpen ~ van délivrer de, débarrasser de, ⟨v. kwaal e.d.⟩ corriger de, guérir de ★ iron *iem. van zijn geld ~* délester qn de son argent
afhouden tenir à distance ★ *hij kan zijn ogen niet van haar ~* il ne la quitte pas des yeux ★ *de vijand van zich ~* tenir l'ennemi à distance ★ *iem. van de bal ~* faire de l'obstruction à qn ★ *iem. van zijn werk ~* détourner qn de son travail, empêcher qn de travailler
afhuren louer, prendre en location, ⟨charteren⟩ affréter
afjakkeren ❶ *uitputten* épuiser, éreinter, surmener ❷ *snel afleggen* ★ *een weg ~* foncer sur une route ❸ *afraffelen* expédier, bâcler
afkalven ❶ *afbrokkelen* s'ébouler, s'affouiller, se creuser ❷ fig *minder of kleiner worden* s'effriter
afkammen *kleineren* éreinter, inform débiner, démolir
afkappen ❶ *afhakken* couper, trancher, taalk élider ❷ *plotseling beëindigen* ★ *het gesprek ~* couper court à la discussion
afkatten envoyer sur les roses, houspiller
afkeer répugnance *v*, aversion *v*, dégoût *m*, répulsion *v* (**van** pour) ★ *een ~ hebben van* avoir en aversion, détester ★ *~ inboezemen* répugner, dégoûter
afkeren détourner, écarter, repousser, parer ★ *zich ~ van iem. of iets* se détourner de qn ou qc
afkerig dégoûté (**van** de) ★ *~ zijn van* avoir en aversion, répugner à ★ *ik ben er niet ~ van* ça ne me déplaît pas ★ *~ maken van* dégoûter de
afketsen I *ov ww, verwerpen* rejeter, faire échouer, refuser ★ *een voorstel ~* rejeter une proposition **II** *onov ww* ❶ *terugstuiten (op)* rebondir (sur), ricocher (sur) ❷ *verworpen worden* échouer, ne pas aboutir, inform rater ★ *daar is de zaak op afgeketst* c'est ce qui a fait échouer l'affaire
afkeuren ❶ *ongeschikt verklaren (voor)* déclarer impropre (à), ⟨onbekwaam⟩ déclarer inapte (à), ⟨v. soldaat⟩ réformer ❷ *niet goedkeuren* ⟨van gedrag⟩ désapprouver, condamner, ⟨verwerpen⟩ rejeter ★ *een doelpunt ~* refuser un but ★ *een idee ~* rejeter une idée
afkeurend désapprobateur [v: désapprobatrice]
afkeuring ❶ *het niet goedkeuren* ⟨v. gedrag⟩ désapprobation *v*, réprobation *v*, ⟨verwerping⟩ rejet *m* ★ pol *motie van ~* motion *v* de censure ❷ *het ongeschikt verklaren* mil réforme *v*
afkickcentrum centre *m* de désintoxication
afkicken se désintoxiquer, faire une cure de désintoxication / de sevrage
afkickverschijnselen symptômes *m mv* de désintoxication
afkijken I *ov ww* ❶ *leren door te kijken* copier ★ *dat heeft zij van haar zus afgekeken* elle a copié sur sa sœur ★ *de kunst van iem. ~* s'inspirer de qn ❷ *tot het einde toe bekijken* ★ *een film ~* regarder un film jusqu'au bout ❸ *ten einde zien* ★ *een laan ~* scruter une rue **II** *onov ww, spieken (bij)* copier (sur), inform pomper (sur) ★ *bij je buurman ~* copier sur son voisin
afkleden amincir
afkloppen ❶ *schoonkloppen* battre ❷ *onheil bezweren* toucher du bois ★ *~!* touchons du bois!
afkluiven ronger ★ *een bot ~* ronger un os
afknappen *knappend breken* se casser, se rompre ★ fig *ergens op ~* se lasser de qc ★ fig *op iem. ~* être dégoûté par qn
afknapper déception *v*, douche *v* (froide)
afkoelen I *ov ww, koeler maken* rafraîchir, refroidir, ⟨van drank⟩ frapper **II** *onov ww* ❶ *koeler worden* se rafraîchir, se refroidir ❷ fig *rustiger worden* se calmer
afkoeling refroidissement *m*
afkoelingsperiode ❶ lett *tijd waarin iets koel wordt* période *v* de refroidissement ❷ fig *tijd waarin iem. rustig wordt* délai *m* de réflexion
afkomen ❶ *voltooid worden* s'achever, finir ❷ **~ van** *afkomstig zijn van* venir de ❸ *naar beneden komen* descendre ★ *de trap ~* descendre l'escalier ❹ *aan iets ontsnappen* sortir de, se tirer de ★ *ergens goed van ~* se tirer d'affaire, l'échapper belle ★ *ergens heelhuids ~* sortir indemne de qc ★ *er met de schrik ~* en être quitte pour la peur ❺ **~ van** *kwijtraken* se débarrasser de ★ *zij kon niet van die kerel ~* elle ne pouvait se débarrasser de ce type ❻ **~ op** s'avancer vers ★ *op de vijand ~* marcher sur l'ennemi
afkomst origine *v* ★ *van hoge ~ zijn* être bien né ★ *van geringe ~* de basse naissance ★ *van Duitse ~ zijn* être d'origine allemande
afkomstig ~ van/uit ⟨vandaan komend⟩ (pro)venant de, ⟨geboortig⟩ originaire / natif de [v: native], ⟨voortkomend⟩ issu de, ⟨afgeleid⟩ dérivé de, ⟨uitgaand van⟩ émanant de ★ *dit doosje is ~ uit Parijs* cette boîte vient de Paris ★ *zij is uit Australië ~* elle est originaire de l'Australie ★ *dit woord is ~ uit het Engels* ce mot est dérivé de l'anglais ★ *van wie is dat idee ~?* de qui émane cette idée?
afkondigen annoncer, proclamer, ⟨uitvaardigen⟩ promulguer ★ *de staat van beleg ~* décréter l'état de siège ★ *een amnestie ~* annoncer une amnistie
afkondiging proclamation *v*, jur promulgation *v*
afkoopsom prix *m* de rachat, jur dédit *m*
afkopen racheter
afkoppelen décrocher, techn débrayer, ⟨van wagon⟩ dételer
afkorten *korter maken* raccourcir, écourter ★ *een woord ~* abréger un mot
afkorting abréviation *v*
afkraken éreinter, inform débiner, démolir
afkrijgen finir, terminer, achever
afkunnen ★ *het ~* (aller) y arriver, s'en sortir, se débrouiller
aflaat rel indulgence *v* ★ *volle ~* indulgence plénière
aflandig ★ *~e wind* vent *m* de terre / d'amont
aflaten *ophouden* arrêter (de), cesser (de) ★ *niet ~* ne pas cesser (de) ★ *een niet ~de stroom woorden* un interminable flot de mots
afleggen ❶ *uittrekken* ôter, enlever, ⟨neerleggen⟩ déposer ★ *zijn mantel ~* enlever son manteau ❷ *wegdoen, afdanken* se défaire de ★ *oude kleding ~* se débarrasser de vêtements usagés ❸ *volbrengen, doen* faire, accomplir ★ *een bezoek*

af

~ faire une visite, rendre visite (à qn) ★ *een eed ~* prêter serment ★ *een examen ~* passer un examen ★ *een bekentenis ~* passer aux aveux ❹ *zich over een bepaalde afstand verplaatsen* couvrir, franchir, parcourir ★ *een afstand ~* couvrir une distance ❺ *verzorgen van dode* faire la toilette de ★ *een dode ~* faire la toilette d'un mort ▾ *het ~* succomber ▾ *het tegen iem. ~* céder le pas à qn, avoir le dessous

afleiden ❶ *wegvoeren* détourner, dévier, ⟨van water⟩ dériver ★ *de bliksem ~* détourner la foudre ★ *de aandacht van iets ~* détourner l'attention de qc ❷ *ontspanning geven; storen* distraire ❸ ~ **uit** *concluderen uit* conclure de, déduire de, form inférer de ❹ taalk dériver (**uit** de)

afleiding ❶ *ontspanning* distraction v ★ *zij heeft ~ nodig* elle a besoin de distraction ❷ taalk dérivation v, ⟨afgeleid woord⟩ dérivé m

afleidingsmanoeuvre (manœuvre v de) diversion v

afleren ❶ ⟨een ander⟩ déshabituer de, corriger de ★ *ik zal hem dat wel ~* je lui en ferai passer l'envie ❷ ⟨zichzelf⟩ se déshabituer de ★ *een gewoonte ~* se corriger d'une habitude

afleveren ❶ *komen brengen* livrer, remettre ❷ BN ⟨diploma e.d.⟩ *uitreiken* remettre, form délivrer

aflevering ❶ *het afleveren* livraison v ❷ *deel van een reeks* ⟨van boekwerk⟩ fascicule m, livraison v, ⟨van uitzending⟩ épisode m

afleveringskosten frais m mv de livraison

afleveringstermijn délai m de livraison

aflezen ❶ *uit wijzerstand, gezicht e.d. opmaken* lire ★ *de temperatuur ~* lire la température ★ *de angst was van zijn gezicht af te lezen* la peur se lisait sur son visage ❷ *lezen* lire ★ *de namen ~* faire l'appel ★ *de nummers ~* proclamer les numéros

aflikken lécher

afloop ❶ *eindpunt* fin v, ⟨van termijn⟩ expiration v, échéance v, ⟨van tijdsduur⟩ terme m ★ *na ~ van* à l'issue de, à la sortie de ❷ *resultaat* issue v, résultat m, aboutissement m ★ *ongeluk met dodelijke ~* un accident mortel / fatal ★ *goede ~* issue heureuse, dénouement m heureux

aflopen I *ov ww, helemaal langslopen* (par)courir, faire ★ *de weg ~* parcourir le chemin **II** *onov ww* ❶ *naar beneden lopen* descendre, ⟨van vloeistof ook⟩ s'écouler ★ *de berg ~* descendre de la montagne ❷ *weglopen (van)* quitter ★ *je mag niet van je plaats ~* ne quitte pas ta place ❸ *eindigen* toucher à sa fin, se terminer ★ *het contract loopt af* le contrat va expirer ★ *goed ~* se passer bien, se terminer bien, finir en beauté ★ *slecht ~* tourner mal ★ *het is afgelopen* c'est fini / terminé ★ *het loopt af met hem* il touche à sa fin ★ *en daarmee afgelopen!* un point c'est tout! ★ *het afgelopen jaar* l'année passée ★ *het zal slecht met hem ~* il finira mal ❹ *hellen* descendre, aller / être en pente ❺ *rinkelen* sonner ★ *de wekker loopt af* le réveil sonne ❻ ~ **op** s'approcher de

aflossen ❶ *afbetalen* rembourser, s'acquitter de ★ *in termijnen ~* payer par traites / par versements échelonnés ❷ *vervangen* relayer, remplacer, ⟨v.d. wacht⟩ relever ★ *elkaar ~* se relayer ★ *iem. ~* prendre le relais (de qn)

aflossing ❶ *afbetaling* amortissement m, remboursement m ★ *vervroegde ~* remboursement anticipé ★ *maandelijkse / jaarlijkse ~* mensualité v / annuité v ❷ *vervanging* relève v, relais m ★ *~ van de wacht* relève de la garde

aflossingstermijn terme m de remboursement, échéance v

afluisterapparatuur appareils m mv d'écoute

afluisteren ★ *telefonisch afgeluisterd worden* être (mis / placé) sur écoute téléphonique

afmaken I *ov ww* ❶ *beëindigen* achever, terminer, finir ❷ *doden* achever, abattre ★ *een paard laten ~* faire abattre un cheval ❸ fig *heel negatief beoordelen* achever, écraser, ⟨afkraken⟩ éreinter **II** *wkd ww* [**zich ~**] ~ **van** ⟨ontdoen⟩ se débarrasser de, ⟨snel afdoen⟩ expédier, bâcler ★ *zich van iem. ~* se débarrasser de qn ★ *zich er met een grapje ~* s'en tirer par une pirouette, le tourner en plaisanterie

afmars départ m, ⟨aftocht⟩ retraite v

afmatten épuiser, exténuer ★ *zich ~* s'épuiser

afmelden ❶ *het vertrek melden* annoncer son départ ★ *zich ~* se faire excuser ❷ comp *uitloggen* se déconnecter

afmeren amarrer

afmeten mesurer ★ *iets ~ aan* mesurer qc à ★ *voordelen tegen elkaar ~* comparer les avantages

afmeting dimension v ★ *de ~en van het vertrek* les dimensions de la pièce

afmonsteren I *ov ww, ontslaan* licencier **II** *onov ww, ontslag nemen* débarquer

afname ❶ *vermindering* décroissance v, diminution v, baisse v ❷ *aankoop* achat m ❸ *afzet* vente v ★ *de ~ van exportgoederen* l'écoulement m de produits d'exportation

afneembaar ❶ *af te halen* démontable, amovible, ⟨van autodak⟩ décapotable, abnehmbar ❷ *afwasbaar* lavable

afnemen I *ov ww* ❶ *wegnemen* enlever, ôter, ⟨ontnemen⟩ prendre ★ *iem. bloed ~* faire une prise de sang à qn ❷ *afzetten* enlever, ôter ❸ *kopen* acheter (**van** à) ❹ *laten afleggen* soumettre (à) ★ *iem. de biecht ~* confesser qn ★ *iem. een eed ~* faire prêter serment à qn ★ *iem. een examen ~* faire passer un examen à qn ★ *een verhoor ~* procéder à un interrogatoire, faire subir une interrogatoire à qn ❺ *schoonpoetsen* nettoyer ★ *stof ~* dépoussiérer **II** *onov ww, (ver)minderen* diminuer ★ *de koorts neemt af* la fièvre baisse ★ *hun populariteit neemt af* leur popularité est en baisse

afnemer preneur m [v: preneuse], acheteur m [v: acheteuse], client [v: cliente]

afnokken ❶ *weggaan* se tirer, se barrer ❷ *ophouden* arrêter

aforisme aphorisme m

afpakken prendre, ⟨ontrukken⟩ arracher, ⟨in beslag nemen⟩ confisquer ★ *iem. iets ~* confisquer qc à qn

afpassen *afmeten* mesurer, compasser ★ *geld ~* faire l'appoint

afpeigeren éreinter, crever, inform esquinter

afperken *afgrenzen* délimiter, borner, ⟨beperken⟩ limiter ★ *iemands functie ~* délimiter les fonctions de qn

afpersen *afdwingen* arracher, ⟨van geld⟩

extorquer, ‹chanteren› faire chanter ★ *iem. geld* ~ extorquer de l'argent à qn
afperser maître *m* chanteur, racketteur *m*
afpersing extorsion *v*, chantage *m*, racket *m*
afpikken chiper, piquer ★ *iets van iem.* ~ piquer qc à qn
afplatten aplatir
afpoeieren renvoyer, éconduire, inform envoyer promener (sur les roses), larguer
afprijzen baisser le prix de, vendre au rabais, solder
afraden déconseiller, dissuader ★ *iem. iets* ~ déconseiller qc à qn, dissuader qn de qc
afraffelen bâcler
aframmelen ❶ *slaan* rosser, tabasser ❷ BN *afraffelen* bâcler
aframmeling rossée *v*, raclée *v*
afranselen rosser, tabasser
afrasteren grillager
afrastering treillage *m*, grillage *m*, claire-voie *v* [mv: claires-voies], clôture *v*
afreageren I *ov ww* ‹van gevoelens› décharger, passer, assouvir (**op** sur) **II** *wkd ww* [**zich** ~] se défouler (**op** sur)
afreizen I *ov ww, bereizen* parcourir ★ *het land* ~ parcourir le pays ★ *heel wat* ~ voir du pays **II** *onov ww, vertrekken* partir, se mettre en route
afrekenen payer, régler ★ *mag ik ~?* la note / l'addition s'il vous plaît ▼ *met iem.* ~ régler son compte à qn ▼ *daarmee heb ik afgerekend* j'en ai fini avec cela ▼ *iem. ~ op iets* juger qn selon qc
afrekening ❶ *betaling* règlement *m*, ‹afwikkeling› liquidation *v*, ‹nota› note *v* ❷ *wraakactie, moord* règlement *m* de compte(s)
afremmen I *ov ww, matigen* freiner **II** *onov ww, remmen* freiner, ralentir
africhten exercer, entraîner, ‹drillen› dresser, ‹van dier› dresser (**tot**, **voor** à)
afrijden I *ov ww* ❶ *langsrijden* parcourir ★ *de buurt* ~ parcourir le quartier ❷ BN ‹gras› *maaien* couper **II** *onov ww* ❶ *naar beneden rijden* descendre ★ *een heuvel* ~ descendre une colline ❷ *wegrijden* partir, ‹verlaten› quitter ★ *van het gazon* ~ sortir de la pelouse ❸ *rijexamen doen* passer son permis
Afrika l'Afrique *v* ★ *in* ~ en Afrique
Afrikaan *bewoner* Africain *m*
Afrikaans I *bn, m.b.t. Afrika* africain **II** *het, taal* afrikaans
Afrikaanse *bewoner* Africaine *v*
afrikaantje œillet *m* d'Inde, tagète *m*
afrit sortie *v*, ‹van autoweg ook› bretelle *v* (de sortie)
afritsbroek pantalon *m* transformable en pantacourt
afroep ★ *op* ~ sur demande ★ *op ~ beschikbaar zijn* être d'astreinte
afroepen *afkondigen* annoncer ★ *namen* ~ faire l'appel ★ *iets over zich* ~ s'attirer qc, encourir qc
afrokapsel coupe *v* afro
afrollen I *ov ww* ❶ *naar beneden rollen* descendre (en roulant) ❷ *uitrollen* dérouler, débobiner **II** *onov ww* ❶ *zich ontrollen* se dérouler ❷ *aftuimelen* débouler, dégringoler ★ *de trap* ~ débouler l'escalier
afromen ❶ lett écrémer ❷ fig écrémer ★ *de winst* ~ écrémer les bénéfices
afronden ❶ *rond maken* arrondir ★ *de hoeken* ~ arrondir les angles ❷ *beëindigen* conclure, finir ★ *een telefoongesprek* ~ conclure une conversation téléphonique ❸ wisk arrondir (**op** à) ★ *naar beneden* ~ arrondir vers le bas ★ *naar boven* ~ arrondir vers le haut ★ *de prijs op een euro naar beneden* ~ arrondir le prix à l'euro inférieur ★ *de prijs op een euro naar boven* ~ arrondir le prix à l'euro supérieur
afrossen ❶ *afranselen* rosser, tabasser ❷ *roskammen* étriller
afruimen ‹van tafel› débarrasser, form desservir
afrukken ❶ *met ruk aftrekken* arracher, enlever de force ❷ *masturberen* branler ★ *zich* ~ se branler
afschaffen ❶ *niet langer behouden* supprimer ★ *de doodstraf* ~ abolir la peine de mort ★ *een wet* ~ abroger une loi ❷ BN *laten vervallen* annuler ★ *de wedstrijd is afgeschaft* le match est annulé
afschampen effleurer, friser, frôler, glisser (**op** sur) ★ *de kogel schampt op de muur af* la balle frôle le mur
afscheid adieu(x) *m (mv)* ★ *~ nemen (van)* dire au revoir (à), prendre congé (de), faire ses adieux (à)
afscheiden ❶ *scheiding aanbrengen* séparer, ‹met tussenwand› cloisonner ★ *zich ~ van* se séparer de, rel faire scission de, pol faire sécession de ❷ *uitscheiden* biol sécréter, scheik dégager
afscheiding ❶ *het afscheiden* séparation *v*, ‹van partij e.d.› scission *v*, ‹van staat› sécession *v* ❷ *wat scheidt* séparation *v* ★ *de ~ tussen de twee kamers* la cloison entre les deux pièces ★ *de ~ tussen onze tuin en die van de buren* la clôture entre notre jardin et celui des voisins ❸ med *substantie* sécrétion *v*
afscheidingsbeweging mouvement *m* séparatiste
afscheidsfeest réception *v* d'adieu
afscheidsgroet adieu *m*
afscheidspremie BN *ontslagpremie* indemnité *v* de licenciement
afschepen renvoyer, éconduire, inform envoyer promener (sur les roses), larguer ★ *iem. met iets* ~ donner un os à ronger à qn, lâcher une misère à qn
afschermen ❶ *met scherm e.d. omgeven* masquer, ‹afschieten› cloisonner, ‹pantseren› blinder ❷ fig *beschermen tegen* protéger (de), retrancher (de) ★ *zijn kinderen ~ van de buitenwereld* isoler ses enfants du monde extérieur
afscheuren I *ov ww, lostrekken* arracher, déchirer, ‹van scheurstrook› détacher ★ *langs de perforatie* ~ détacher selon le pointillé **II** *onov ww, losscheuren* se déchirer **III** *wkd ww* [**zich** ~] BN *zich afscheiden* faire scission
afschieten I *ov ww* ❶ *doen afgaan* tirer, ‹van vuurwapen ook› décharger ★ *een geweer* ~ tirer un coup de fusil ❷ *doodschieten* abattre ★ fig *een voorstel* ~ torpiller une proposition ❸ *ruimte afscheiden* séparer (par une cloison), cloisonner ★ *een ruimte* ~ séparer une espace par une cloison **II** *onov ww*, ~ **op** se précipiter sur, s'élancer sur, foncer sur ★ *op iem.* ~ foncer sur qn

afschilderen ❶ *beschrijven* dépeindre, (re)présenter ★ *de toekomst somber* ~ noircir l'avenir ★ *iem.* ~ *als ...* faire passer qn pour... ❷ *schilderwerk afmaken* ★ *een huis* ~ achever de peindre une maison
afschilferen ⟨van verflaag⟩ s'écailler, ⟨van huid⟩ peler
afschminken démaquiller
afschrift copie *v*, double *m*, duplicata *m* [mv: id.], ⟨bankafschrift⟩ relevé *m* de compte ★ *voor eensluidend* ~ pour copie conforme, jur pour ampliation
afschrijven ❶ *afboeken* prélever (**van** sur) ★ *geld van een rekening* ~ déduire une somme d'un compte ❷ *boekwaarde verlagen* amortir ★ *de auto* ~ amortir la voiture ❸ *niet meer rekenen op* faire une croix sur, faire son deuil de ❹ *schrijven tot iets klaar is* ★ *een artikel* ~ achever un article
afschrijving ❶ *het afboeken* débit *m*, ⟨waardevermindering⟩ amortissement *m* ★ *een automatische* ~ un prélèvement automatique ❷ *bewijs van afboeking* avis *m* de débit
afschrikken effrayer, ⟨ontmoedigen⟩ rebuter, dissuader (**van** de) ★ *zich laten* ~ *door* être rebuté par
afschrikking dissuasion *v*
afschrikwekkend **I** *bn* effroyable, repoussant, ⟨ter afschrikking⟩ dissuasif [v: dissuasive], exemplaire **II** *bw* d'une manière effrayante / effroyable
afschroeven dévisser
afschudden ❶ *verwijderen door te schudden* secouer ❷ fig *zich bevrijden van* secouer ★ *een achtervolger van zich* ~ se débarrasser d'un poursuivant
afschuimen ❶ *schuim afscheppen* écumer ❷ *afzoeken* écumer ★ *een gebied* ~ écumer une région
afschuiven ❶ *wegschuiven* éloigner, pousser, reculer ❷ *afwentelen* se décharger de, ⟨schuld, verantwoordelijkheid⟩ rejeter, ⟨taak⟩ se débarrasser de ★ *de schuld op iem.* ~ rejeter la faute sur qn ★ *de verantwoordelijkheid op iem.* ~ rejeter la responsabilité sur qn ★ *een probleem op iem.* ~ refiler le bébé à qn
afschuw horreur *v*, aversion *v*, répulsion *v* ★ *een* ~ *hebben van* avoir horreur de, détester ★ *vervuld van* ~ horrifié
afschuwelijk **I** *bn* horrible, affreux [v: affreuse] ★ *een* ~*e misdaad* un crime atroce **II** *bw* horriblement, affreusement ★ ~ *saai* mortellement ennuyeux
afserveren ★ *iem.* ~ envoyer promener qn
afslaan **I** *ov ww* ❶ *wegslaan, terugslaan* repousser ★ *een aanval* ~ repousser une attaque ★ *van zich* ~ se défendre ★ *hij is niet van zijn boeken af te slaan* il est toujours collé sur ses livres ❷ *weigeren* refuser, rejeter, décliner ★ *dat sla ik niet af* cela n'est pas de refus, je ne dis pas non ❸ *in prijs verlagen* rabattre, baisser **II** *onov ww* ❶ *van richting veranderen* tourner ★ *rechts* ~ tourner / prendre à droite, bifurquer à droite ❷ *niet meer werken* ⟨van apparaten⟩ s'arrêter, ⟨van motor⟩ caler
afslachten ❶ ⟨mensen⟩ ook fig massacrer ❷ ⟨vee⟩ abattre
afslag ❶ *afrit* sortie *v* ❷ *prijsvermindering* rabais *m*, réduction *v* ❸ *veiling* ⟨het veilen⟩ vente *v* aux enchères descendantes, ⟨veilingplaats⟩ criée *v* ★ *bij* ~ *verkopen* vendre à la criée
afslanken **I** *onov ww* ❶ *slanker worden* perdre du poids, amincir ❷ *kleiner worden* diminuer, ⟨m.b.t. onderneming⟩ dégraisser **II** *ov ww* ❶ *slank maken* amaigrir, amincir ❷ *kleiner maken* réduire, ⟨m.b.t. onderneming⟩ dégraisser
afsluiten ❶ *ontoegankelijk maken* fermer ★ *een weg* ~ barrer une route ★ *de elektriciteit* ~ couper le courant ★ *het gas* ~ fermer le robinet du gaz, couper le gaz ★ *een tuin* ~ clôturer un jardin ★ *zich* ~ *van de wereld* s'isoler du monde, faire le vide autour de soi ❷ *op slot doen* fermer à clé ❸ *een eind maken aan* arrêter, clôturer ★ *een carrière* ~ mettre fin à une carrière ★ *een rekening* ~ clôturer un compte ❹ *overeenkomst sluiten* conclure ★ *een contract* ~ conclure un contrat ★ *een verzekering* ~ souscrire à une police d'assurance
afsluiting ❶ *het afsluiten* fermeture *v*, ⟨versperring⟩ barrage *m*, ⟨dichting⟩ obturation *v*, ⟨beëindiging⟩ clôture *v* ❷ *iets dat afsluit* ⟨omheining⟩ clôture *v*, ⟨versperring⟩ barrage *m*
afsluitprovisie commission *v*, frais *m mv* de dossiers
afsmeken implorer
afsnauwen rabrouer, inform engueuler
afsnijden ❶ *wegsnijden* couper ❷ *de weg verkorten* prendre un raccourci, couper (au plus court)
afsnoepen souffler, chiper ★ *iem. iets* ~ souffler qc à qn
afspeelapparatuur chaîne *v* (stéréo / hi-fi), platine *v*
afspelen **I** *ov ww* ❶ sport ⟨van bal⟩ passer ❷ *afdraaien* passer, mettre ★ *een cd* ~ passer un CD **II** *wkd ww* [**zich** ~] se passer, se dérouler, se produire ★ *het speelt zich af in* cela se déroule dans
afspiegelen ❶ *weerspiegelen* refléter, réfléchir ❷ *afschilderen* dépeindre, (re)présenter ★ *iem. als een schurk* ~ passer qn pour un bandit
afspiegeling reflet *m*, fig écho *m* ★ *een zwakke* ~ *zijn van iets* n'être qu'un faible écho de qc
afsplitsen **I** *ov ww* séparer, isoler (**van**, **uit** de) **II** *wkd ww* [**zich** ~] se séparer, se diviser, ⟨van weg, leiding⟩ bifurquer
afsplitsing ❶ *het afsplitsen* ⟨van weg, leiding⟩ bifurcation *v* ❷ *afgescheiden groep* groupe *m* scissionniste
afspoelen rincer, laver
afspraak ❶ *overeenkomst* accord *m*, form convention *v* ★ *zich aan de* ~ *houden* tenir parole ★ *zich niet aan de* ~ *houden* poser un lapin (à qn) ★ *tegen de* ~ contraire(ment) à ce qui était convenu ★ *volgens (de)* ~ comme convenu / prévu ❷ *ontmoeting* rendez-vous *m* ★ *een* ~*je hebben* avoir un rendez-vous galant ★ *een* ~ *met iem. maken* donner / fixer (un) rendez-vous à qn, ⟨met arts e.d.⟩ prendre (un) rendez-vous avec / chez qn
afspreken *overeenkomen* convenir de, se mettre d'accord sur, ⟨van plan⟩ concerter, ⟨vaststellen⟩ fixer ★ *met elkaar* ~ *om* s'entendre pour ★ *een*

dag ~ prendre date ★ *afgesproken!* entendu!, d'accord!, inform tope là! ★ *zoals afgesproken* comme convenu ★ fig *afgesproken werk* coup *m* monté

afspringen ❶ *springen* ⟨naar beneden⟩ sauter (du haut) (de), ⟨eropaf⟩ s'élancer (sur) ★ *van een boot* ~ sauter d'un bateau ★ *op iem.* ~ s'élancer sur qn, sauter sur qn ❷ fig *mislukken* échouer (**op** devant) ★ *de onderhandelingen sprongen af op bezwaren* les négociations ont échoué à cause d'obstacles

afstaan **I** *ov ww, (weg)geven* céder (**aan** à), abandonner **II** *onov ww* ★ *ver ~ van* être éloigné de

afstammeling descendant *m* [v: descendante] ★ *de ~en* la descendance

afstammen ❶ ~ **van** ⟨m.b.t. personen⟩ descendre / être issu de ❷ ~ **van** ⟨m.b.t. woorden, ideeën⟩ dériver de

afstamming descendance *v*, origine *v*

afstand ❶ *lengte tussen twee punten* distance *v*, ⟨verte⟩ éloignement *m*, ⟨tussenruimte⟩ écart *m*, intervalle *m*, ⟨weg⟩ trajet *m* ★ *een grote ~ afleggen* parcourir une grande distance ★ *op korte ~* à une faible distance ★ *iem. op een ~ houden* tenir qn à distance ★ *over een ~ van* sur une distance de ★ *van korte ~* à une faible distance ★ *~ houden* garder de la distance, fig garder ses distances, se tenir à l'écart ★ *~ nemen* fig prendre ses distances, prendre du recul ❷ *het afstaan* renonciation *v*, abandon *m*, jur cession *v* ★ *~ doen van* renoncer à, abandonner, jur céder, se désister de ★ *~ doen van de troon* abdiquer

afstandelijk **I** *bn* distant, réservé **II** *bw* avec réserve

afstandsbediening télécommande *v*, ⟨voor tv ook⟩ inform zappette *v* ★ *met ~* télécommandé

afstandsonderwijs onderw *onderwijs via media* enseignement *m* à distance, téléenseignement *m*

afstandsrit raid *m*

afstapje marche *v* ★ *denk om het ~* attention à la marche

afstappen ❶ *van een voertuig of een rijdier stappen* descendre (**van** de) ❷ ~ **op** s'approcher de ❸ ~ **van** fig renoncer à, abandonner ★ *van een onderwerp ~* quitter un sujet

afsteken **I** *ov ww* ❶ *aansteken* allumer ★ *vuurwerk ~* faire / tirer un feu d'artifice ❷ *uitspreken* prononcer, énoncer ★ *een toespraak ~* faire / prononcer un discours ❸ *een kortere weg nemen* couper (au plus court) **II** *onov ww*, ~ **bij, tegen** *duidelijk uitkomen tegen* contraster avec, trancher avec / sur, ressortir sur, se détacher sur ★ *dat steekt nog gunstig af bij de rest* par rapport au reste, ça passe encore

afstel délai *m*, ajournement *m* ★ *van uitstel komt ~* ≈ ne remets pas au lendemain ce que tu peux faire le jour même ★ *uitstel is geen ~* ce n'est que partie remise

afstellen mettre au point, régler, ajuster ★ *te voren afgesteld* prérégle

afstemmen ❶ *verwerpen* rejeter, repousser ❷ *instellen* régler (**op** sur), ⟨op zelfde golflengte⟩ accorder, syntoniser ❸ *aanpassen* aligner (**op** sur) ★ *kleuren op elkaar ~* assortir des couleurs

afstemming ❶ *verwerping* rejet *m* ❷ *afstelling van radio e.d.* réglage *m* ❸ *aanpassing* harmonisation *v*, alignement *m*

afstempelen estampiller, ⟨van postzegel⟩ oblitérer, ⟨van reisbiljet, met automaat⟩ composter

afsterven mourir, s'éteindre, ⟨van weefsel⟩ se nécroser ★ *het ~* med nécrose *v*

afstevenen ~ **op** cingler / se diriger vers, fig foncer sur ★ *ergens op af stevenen* se diriger vers qc, fig foncer sur qc

afstijgen mettre pied à terre ★ *van zijn paard ~* descendre de cheval

afstoffen épousseter, donner un coup de chiffon / plumeau à

afstompen **I** *ov ww* ❶ *stomp maken* émousser ❷ fig *ongevoelig maken* ⟨v.d. geest⟩ engourdir, ⟨van persoon⟩ abrutir, hébéter **II** *onov ww* ❶ *stomp worden* s'émousser ❷ *ongevoelig worden* ⟨v.d. geest⟩ s'engourdir, ⟨van persoon⟩ s'abrutir

afstoppen sport stopper

afstotelijk répugnant, repoussant

afstoten ❶ *wegstoten* ook nat repousser ❷ *wegdoen* se défaire de ★ *personeel ~* renvoyer / licencier du personnel, inform dégraisser les effectifs ★ *banen ~* supprimer des emplois ★ *een filiaal ~* se défaire d'une succursale ❸ fig *afkerig maken* repousser, dégoûter, rebuter ★ *hij stoot mensen af door zijn negatieve houding* son attitude négative rebute les gens ❹ med *niet accepteren* rejeter ★ *een donororgaan ~* rejeter un greffon

afstotend ❶ natk *niet opnemend* répulsif [v: répulsive] ❷ *afstotelijk* répugnant, repoussant

afstoting ❶ *het wegdoen* dégagement *m* ★ *~ van een dochtermaatschappij* vente *v* d'une filiale ★ *~ van arbeidsplaatsen* dégraissement *m* ❷ fig *afkeer* répulsion *v* ❸ med rejet *m* ❹ natk répulsion *v*

afstraffen ❶ *stevig straffen, terechtwijzen* punir ❷ sport sanctionner

afstraffing ❶ *scherpe terechtwijzing* correction *v*, punition *v* ❷ sport ★ *het elftal kreeg een ~* l'équipe a pris une raclée

afstralen **I** *ov ww, afgeven* diffuser, dégager ★ *de kachel straalt veel warmte af* le poêle dégage beaucoup de chaleur **II** *onov ww* ❶ *stralend van iets uitgaan* se dégager ★ *er straalt veel warmte van die kachel af* beaucoup de chaleur se dégage du poêle ❷ fig rayonner ★ *de blijdschap straalde van zijn gezicht af* il / son visage rayonnait de joie

afstrepen biffer

afstrijken ❶ *aansteken* frotter, gratter ★ *een lucifer ~* frotter / gratter une allumette ❷ *gelijk strijken* frotter ★ *een afgestreken eetlepel zout* une cuillère à soupe rase

afstropen ❶ *aftrekken van buitenste laag* dépouiller, ⟨villen⟩ écorcher ❷ ⟨van kleding⟩ *van het lichaam trekken* retirer ❸ *zoekend gaan door* écumer ★ *een gebied ~* écumer une région

afstudeerproject projet *m* de recherche de fin d'études

afstudeerscriptie mémoire *m* de fin d'études

afstuderen achever / finir ses études ★ *afgestudeerd zijn* être diplômé (d'université)

afstuiten ❶ *afketsen* rebondir (sur), ricocher (sur)

❷ ~ **op** ⟨tegengehouden worden⟩ se heurter à, buter contre / sur ★ *ieder plan stuit op hem af* il fait obstacle à chaque projet
aft aphte *m*
aftaaien se tirer, se casser, se barrer
aftakelen dépérir
aftakeling *achteruitgang* déchéance *v*, dépérissement *m*
aftakking (em)branchement *m*, bifurcation *v*, fourche *v*, ⟨van stroom⟩ dérivation *v*
aftands *afgeleefd* décrépit, usé, ⟨van persoon⟩ gâteux [v: gâteuse]
aftapkraan robinet *m* de vidange, purgeur *m*
aftappen ❶ *laten uitstromen* tirer ★ *afvalwater* ~ évacuer les eaux usées ★ *iem. bloed* ~ saigner qn, faire une saignée à qn ★ *vaten* ~ tirer / vider des tonneaux ★ *een waterleiding* ~ purger / vidanger une conduite d'eau ★ *een boom* ~ saigner une arbre ❷ *illegaal stroom e.d. uit een leiding halen* pirater ★ *elektriciteit* ~ pirater / soutirer de l'électricité ▼ *iemands telefoon* ~ mettre qn sur écoute
aftasten ❶ *(tastend) onderzoeken* tâter ★ *het terrein* ~ tâter le terrain ❷ fig *voorzichtig peilen* tâter ★ *ik zal eens* ~ *of hij interesse heeft* je le sonderai pour savoir s'il est intéressé
aftekenen I *ov ww* ❶ *voor gezien tekenen* signer, parafer, ⟨in de marge⟩ émarger, ⟨viseren⟩ viser ❷ *nauwkeurig aangeven* tracer, dessiner **II** *wkd ww* [**zich** ~] *zichtbaar worden* se dessiner, ⟨scherp⟩ se détacher (**tegen** sur), ressortir, ⟨scherper⟩ s'accentuer ★ *de toren tekende zich scherp af tegen de blauwe lucht* la tour se détachait sur le ciel bleu
aftellen compter, décompter ★ *de dagen* ~ compter les jours ★ *het* ~ *is begonnen* on a commencé le compte à rebours
afterparty after *m/v* [mv: id.]
aftershave après-rasage *m* [mv: après-rasages]
aftersun après-soleil *m* [mv: après-soleil(s)]
aftiteling générique *m*
aftocht retraite *v* ★ fig *de* ~ *blazen* battre en retraite
aftoppen ❶ plantk *top afhalen van* étêter, écimer ❷ fig *verminderen* écrêter
aftrainen *geleidelijk minder intensief gaan trainen* réduire progressivement l'entraînement
aftrap coup *m* d'envoi
aftrappen donner le coup d'envoi, engager
aftreden I *onov ww* démissionner, donner sa démission, ⟨van vorst⟩ abdiquer ★ *~d lid* membre *m* sortant **II** *het* démission *v*, ⟨van vorst⟩ abdication *v*
aftrek ❶ *vermindering* déduction *v*, ⟨van belasting ook⟩ rabattement *m*, ⟨op prijs⟩ rabais *m* ★ *(twee jaar celstraf) met* ~ *van voorarrest* (deux ans de prison) avec déduction de la détention préventive ★ *na* ~ *van* déduction faite de ❷ *vraag* demande *v*, débit *m* ★ ~ *vinden* trouver preneur ★ *gretig* ~ *vinden* être d'un débit facile, s'écouler facilement
aftrekbaar déductible
aftrekken ❶ *in mindering brengen (van)* déduire (de), wisk ôter (de), soustraire (de) ❷ *wegtrekken* retirer, enlever, arracher ★ fig *zijn handen van iem.* ~ laisser tomber qn ❸ *seksueel bevredigen* branler ★ *zich* ~ se branler
aftrekker BN *vloerwisser* raclette *v*
aftrekpost charges *v mv* déductibles, déduction *v*
aftreksel extrait *m*, ⟨thee-⟩ infusion *v*, ⟨afkooksel⟩ décoction *v* ★ *een* ~ *van kruiden maken* faire une tisane ★ fig *een slap* ~ *van* une pâle imitation de
aftreksom soustraction *v*
aftroeven ❶ *winnen met troefkaart* couper ❷ *te slim af zijn* ★ *iem.* ~ damer le pion à qn
aftroggelen escroquer, extorquer, soutirer, inform carotter (**van** à) ★ *iem. 100 euro* ~ délester qn de 100 euros
aftuigen ❶ *afranselen* rosser, tabasser ❷ *ontdoen van het tuig* ⟨van schip⟩ dégréer, ⟨van paard⟩ déharnacher, ⟨van kerstboom⟩ dégarnir
afvaardigen déléguer, envoyer (en mission)
afvaardiging délégation *v*, mission *v*
afvaart départ *m*
afval déchets *m mv*, ⟨vuilnis⟩ ordures *v mv* ★ *radioactief* ~ déchets radioactifs
afvalemmer poubelle *v*
afvallen I *onov ww* ❶ *niet meer meetellen* être éliminé ★ *dat plan viel af* ce projet a été rayé ❷ *vermageren* maigrir, perdre du poids ★ *drie kilo* ~ perdre trois kilos **II** *ov ww, ontrouw worden aan* abandonner, déserter, renier
afvallig infidèle (**aan**, **van** à)
afvallige infidèle *m/v*, renégat *m* [v: renégate], ⟨politiek⟩ dissident *m* [v: dissidente], rel apostat *m* [v: apostate]
afvalproduct sous-produit *m* [mv: sous-produits]
afvalstof déchet *m*
afvalverwerking traitement *m* de déchets
afvalwater eaux *v mv* usées
afvalwedstrijd épreuve *v* par élimination
afvegen ❶ *schoonmaken* nettoyer ★ *je handen* ~ s'essuyer les mains ❷ *weghalen* essuyer
afvinken cocher
afvloeien ❶ *wegstromen* s'écouler, couler ❷ fig *geleidelijk minder worden van personeel* être licencié / débauché ★ *door de fusie moeten vijftig werknemers* ~ à cause du fusionnement cinquante employés devront partir ★ *personeel laten* ~ débaucher du personnel, dégraisser les effectifs
afvloeiingsregeling plan *m* social (d'accompagnement)
afvoer ❶ *het afvoeren* évacuation *v*, ⟨van water⟩ écoulement *m*, ⟨uit reservoir⟩ vidange *v*, ⟨vervoer⟩ transport *m* ❷ *afvoerleiding* conduite *v* (d'eau), tuyau *m* d'évacuation
afvoeren ❶ *wegvoeren* transporter, emporter, ⟨van persoon⟩ emmener, ⟨naar beneden⟩ faire descendre, ⟨van vloeistof⟩ faire écouler, évacuer, ⟨van afvalwater⟩ vidanger ❷ *schrappen* rayer (**van** de) ★ *van de ledenlijst* ~ radier
afvoerkanaal canal *m* de dérivation, ⟨van meer⟩ émissaire *m*
afvoerpijp tuyau *m* d'évacuation
afvragen [**zich** ~] se demander, s'interroger sur ★ *ik vraag me af of hij vandaag komt* je me demande s'il viendra aujourd'hui
afvuren tirer, ⟨van vuurwapen ook⟩ décharger ★ *een kanon* ~ tirer un (coup de) canon ★ fig *vragen op iem.* ~ bombarder / mitrailler qn de

questions
afwachten *wachten* attendre ★ *een ~de houding aannemen* voir venir (les choses), pratiquer l'attentisme, form être / rester dans l'expectative ★ *~ maar!* on verra!
afwachting attente *v* ★ *in ~ (van)* en attendant ★ *in ~ van uw orders* dans l'attente de vos ordres ★ *in ~ van uw antwoord* dans l'attente de votre réponse
afwas ❶ *het afwassen* vaisselle *v* ★ *de ~ doen* faire la vaisselle ❷ *vuil serviesgoed* vaisselle *v*
afwasbaar lavable
afwasborstel brosse *v* à vaisselle
afwasmachine lave-vaisselle *m* [mv: id.]
afwasmiddel produit *m* pour la vaisselle
afwassen I *ov ww, met water schoonmaken* laver, nettoyer **II** *onov ww, afwas doen* faire la vaisselle
afwateren évacuer / déverser ses eaux (**op** dans)
afwatering écoulement *m*, évacuation *v*, ⟨drainage⟩ drainage *m*, égouttage *m*
afweer défense *v*, protection *v*
afweergeschut défense *v* antiaérienne, défense *v* contre avions, DCA *v*
afweermechanisme mécanisme *m* de défense
afweerstof anticorps *m*
afweersysteem système *m* immunitaire
afwegen ❶ *wegen* peser ★ *de suiker en de bloem ~* peser le sucre et la farine ❷ *overdenken* peser ★ *tegen elkaar ~* opposer ★ *de voor- en nadelen tegen elkaar ~* peser le pour et le contre
afwenden ❶ *wegdraaien* détourner ★ *zich van iem. ~* se détourner de qn ★ *zijn blik ~* détourner les yeux / son regard ★ *de ogen niet ~ van* ne pas quitter des yeux ❷ *tegenhouden* ⟨van onheil⟩ détourner, écarter, parer à, repousser, ⟨van slag⟩ parer ★ *een gevaar ~* parer au danger
afwennen *afleren* déshabituer de, corriger de, ⟨verleren⟩ se déshabituer de
afwentelen *afschuiven* détourner (**op** sur), ⟨van kosten, lasten⟩ répercuter (**op** sur) ★ *problemen op anderen ~* se décharger de ses problèmes sur les autres
afweren ❶ *tegenhouden* parer à, repousser, ⟨van slag⟩ parer ★ *een aanval ~* repousser une attaque ❷ fig *op een afstand houden* écarter, repousser, ⟨van onheil⟩ détourner
afwerken ❶ *voltooien* (par)achever, finir, mettre au point ❷ *afhandelen* terminer, arranger, régler
afwerking ❶ *het laatste werk aan iets* (par)achèvement *m*, mise *v* au point, techn finissage *m*, finitions *v mv* ❷ *kwaliteit van het voltooide* finition *v* ★ *fraaie ~* (beau) fini *m*
afwerpen jeter (en bas), ⟨droppen⟩ larguer, ⟨afdoen⟩ se défaire de ★ *het paard wierp de ruiter af* le cheval a désarçonné le cavalier ★ *het juk ~* rompre le joug ★ *vruchten ~* porter ses fruits
afweten ★ *het laten ~* ⟨afzeggen⟩ (se) décommander, ⟨niet opdagen⟩ faire défection, ⟨verzaken⟩ être en défaut, inform flancher
afwezig ❶ lett *absent* absent ★ *de ~en* les absents ❷ fig *verstrooid* absent, distrait ★ *een ~e blik* un regard distrait
afwezigheid ❶ *absentie* absence *v* ★ *bij ~ van* en l'absence de, à défaut de ★ *schitteren door ~* briller par son absence ❷ *verstrooidheid* absence *v*
afwezigheidslijst BN *presentielijst* feuille *v* de présence
afwijken ❶ *verschillen* différer (**van** de), ⟨van mening⟩ diverger ★ *~d gedrag* déviance *v*, écarts *m mv* de conduite ❷ *een andere richting nemen* ⟨van richting, bedoeling⟩ dévier (**van** de), s'écarter (**van** de), ⟨van wet⟩ déroger (**van** de) ★ *~ van de regel* déroger à la règle ★ *van de route ~* dévier de l'itinéraire
afwijking ❶ *het afwijken* différence *v*, écart *m*, ⟨van richting, bedoeling⟩ déviation *v*, ⟨van wet, voorschrift⟩ dérogation *v* (**van** à) ★ *in ~ van* contrairement à ❷ med anomalie *v* ★ *fysieke ~* handicap *m*, ⟨aangeboren⟩ malformation *v*
afwijzen ❶ *niet toelaten* ⟨als lid e.d.⟩ refuser, ⟨afschepen⟩ éconduire, renvoyer, ⟨voor examen⟩ ne pas recevoir, inform recaler ★ *een sollicitant ~* ne pas embaucher un postulant ★ *ik ben afgewezen voor de opleiding* je ne suis pas admis à la formation ❷ *niet aanvaarden* refuser ★ *zijn aanklacht werd afgewezen* il a été débouté de sa plainte ★ *een uitnodiging ~* refuser une invitation ★ *iedere verantwoordelijkheid ~* décliner toute responsabilité ★ *een ~d antwoord* une réponse négative ★ *een ~d gebaar* un geste de refus ★ *~d reageren* répondre défavorablement / par la négative ★ *ergens ~d tegenover staan* être défavorable à qc
afwijzing refus *m*, rejet *m*, jur débouté *m*
afwikkelen ❶ *afwinden* dévider, dérouler ❷ *afhandelen* régler, ⟨vereffenen⟩ liquider ★ *een zaak ~* régler une affaire
afwikkeling ❶ *van garen* dévidage *m* ❷ *van zaak* règlement *m*, jur liquidation *v*
afwimpelen décliner, refuser ★ *iem. ~* expédier qn
afwinden dévider, dérouler, ⟨van klos⟩ débobiner
afwisselen I *ov ww, beurtelings vervangen* alterner avec ★ *iem. ~* relayer qn ★ *zon en regen wisselen elkaar vandaag af* aujourd'hui, le soleil et la pluie se relaient / s'alternent **II** *onov ww, beurtelings wisselen* alterner (**met** avec), changer, varier ★ *bergen wisselen daar af met grote vlakten* la montagne alterne avec des plaines étendues
afwisselend I *bn* ❶ *beurtelings* alternatif [v: alternative], alternant ❷ *gevarieerd* varié, changeant **II** *bw* ❶ *beurtelings* alternativement, tour à tour, à tour de rôle ❷ *gevarieerd* d'une façon variée
afwisseling ❶ *variatie* changement *m*, variation *v*, ⟨verscheidenheid⟩ diversité *v*, variété *v* ★ *voor de ~* pour varier / changer ★ *~ brengen* produire du changement ❷ *beurtwisseling* alternance *v* ★ *bij ~* à tour de rôle
afzagen ❶ *met zaag afscheiden* scier ❷ *met zaag inkorten* scier
afzakken ❶ *naar beneden zakken* glisser, descendre, ⟨van kleren⟩ tomber ★ *zijn broek zakt af* il perd son pantalon ❷ *stroomafwaarts / zuidwaarts gaan* descendre ★ *een rivier ~* descendre un fleuve
afzeggen ❶ *meedelen dat men niet komt* décommander ★ *een afspraak ~* se décommander, annuler un rendez-vous ★ *iem. ~* décommander qn ❷ *annuleren* annuler ★ *een order ~* annuler une commande

afzegging ❶ *mededeling van niet komen* annulation *v* ❷ *annulering* annulation *v*
afzender expéditeur *m* [v: expéditrice], envoyeur *m* [v: envoyeuse] ★ *retour* ~ retour à l'expéditeur
afzet ❶ *verkoop* vente *v*, débit *m*, écoulement *m* ★ ~ *vinden* trouver des débouchés ❷ sport élan *m*
afzetgebied débouché *m*, marché *m*, créneau *m* [mv: créneaux]
afzetmarkt marché *m*, débouchés *m mv* ★ *een nieuwe* ~ *vinden* trouver de nouveaux débouchés
afzetten I *ov ww* ❶ *afdoen* enlever, ôter ❷ *afsluiten* délimiter, ⟨met omheining⟩ clôturer ★ *een weg* ~ barrer une route ❸ *oplichten* rouler, estamper (**voor** de) ❹ *iem. ergens heen brengen* déposer, descendre ❺ *amputeren* amputer ❻ *omboorden* galonner, border ★ *afgezet met bont* bordé de fourrure ★ *een mantel met goud* ~ border un manteau d'or ❼ *ontslaan* destituer, déposer ★ *een koning* ~ détrôner un roi ❽ *buiten werking stellen* arrêter, ⟨van radio / tv⟩ fermer, éteindre, ⟨van motor⟩ couper ❾ *verkopen* débiter, placer, écouler, vendre ★ *een partij koffie* ~ écouler un lot de café ❿ *kwijtraken* ★ *zij kon het idee niet van zich* ~ elle n'arrivait pas à chasser cette idée (de son esprit) ★ *alles van zich* ~ faire le vide (dans sa tête) *11doen bezinken,* déposer **II** *onov ww* ★ *komen* ~ *op* foncer sur **III** *wkd ww* [**zich** ~] ❶ sport prendre appel ❷ *bezinken* se déposer ❸ ~ **tegen** s'opposer contre, s'affirmer contre, se démarquer de
afzetter escroc *m*, voleur *m*
afzetterij escroquerie *v*, arnaque *v* ★ *wat een* ~*!* c'est du vol!
afzetting ❶ *uit ambt of functie zetten* destitution *v* ❷ *obstakel dat afsluit* barrage *m*, ⟨omheining⟩ clôture *v* ★ *de* ~ *werd doorbroken* on a forcé le barrage ❸ *wat zich afzet* dépôt *m*, sédiment *m*
afzichtelijk I *bn* affreux [v: affreuse], hideux [v: hideuse] **II** *bw* affreusement, hideusement
afzien ❶ *lijden* en baver, en voir de dures ★ *dat wordt* ~ ce sera dur ❷ ~ **van** renoncer à, jur se désister de ★ *van een plan* ~ abandonner un projet ★ *afgezien van* abstraction faite de, à part...
afzienbaar → **tijd**
afzijdig neutre ★ *zich* ~ *houden* se tenir à l'écart
afzoeken inspecter, fouiller, ⟨afturen⟩ scruter, ⟨uitkammen⟩ ratisser ★ *alles* ~ chercher dans tous les coins (et recoins)
afzonderen I *ov ww, afzonderlijk plaatsen* séparer, mettre de côte, ⟨van personen⟩ isoler **II** *wkd ww* [**zich** ~] s'isoler (**van** de)
afzondering isolement *m*, rel retraite *v* ★ *zijn leven in* ~ *doorbrengen* vivre retiré du monde ★ BN sport *in* ~ *gaan* s'isoler
afzonderlijk I *bn* séparé, à part, ⟨van gebouw⟩ indépendant, ⟨zonder anderen⟩ particulier [v: particulière], individuel [v: individuelle] ★ *op een* ~*e plaats* à part ★ ~ *geval* un cas individuel **II** *bw* séparément, à part ★ *iem.* ~ *spreken* avoir une entrevue particulière avec qn
afzuigen ❶ *door zuigen verwijderen* aspirer ❷ *seksueel bevredigen* sucer
afzuigkap hotte *v* (aspirante)
afzwaaien être démobilisé
afzwakken I *ov ww, zwakker maken* atténuer, affaiblir **II** *onov ww, zwakker worden* s'affaiblir, s'atténuer
afzwemmen passer son brevet de natation
afzweren renier, rel abjurer, ⟨opgeven⟩ renoncer à ★ *de drank* ~ renoncer à la boisson
agaat agate *v*
agenda ❶ *boekje* agenda *m*, ⟨zakboekje⟩ carnet *m* ❷ *lijstje van punten* ordre *m* du jour ★ *een punt op de* ~ point *m* à l'ordre du jour ★ *de* ~ *afhandelen* épuiser l'ordre du jour ★ *het staat hoog op de* ~ c'est un point principal (à l'ordre du jour) ★ *verborgen* ~ un agenda caché
agenderen inscrire à l'ordre du jour
agens agent *m*
agent ❶ *politieagent* agent *m* de police [v: femme policier], policier *m*, ⟨officieel⟩ gardien *m* de la paix [v: gardienne...] ★ ~*en in burger* des policiers en civil ❷ *vertegenwoordiger* agent *m*, représentant *m*, ⟨makelaar⟩ courtier *m* [v: courtière] ★ *een literair* ~ un agent littéraire ❸ *spion* ★ *geheim* ~ agent secret
agentschap ❶ *kantoor van vertegenwoordiger* agence *v* ❷ BN *makelaardij* agence *v* immobilière
ageren agir, ⟨ijveren tegen / voor⟩ militer (contre / pour) ★ *tegen iets* ~ militer contre qc ★ *tegen iem.* ~ mener une campagne contre qn
agglomeratie agglomération *v*, conurbation *v*
aggregaat agrégat *m*, aggloméráat *m*, ⟨voor stroom⟩ groupe *m* électrogène
aggregatie ❶ BN onderw *bevoegdheid voor het geven van tweedegraads onderwijs en hoger* agrégation *v* ❷ BN onderw *lerarenopleiding* agrégation *v*
agio prime *v* (d'émission)
agitatie ❶ *het opruien* agitation *v* ❷ *opwinding* agitation *v*
agiteren agiter
agnost agnostique *m/v*
agrariër agriculteur *m* [v: agricultrice]
agrarisch agricole, rural [m mv: ruraux] ⟨land(bezit)⟩ agraire
agressie agression *v*
agressief I *bn* agressif [v: agressive] **II** *bw* agressivement
agressiviteit agressivité *v*
agressor agresseur *m*
agronomie agronomie *v*
agronoom agronome *m/v*
aha-erlebnis déjà-vu *m*
ahorn érable *m*
aids sida *m*, syndrome *m* d'immunodéficience acquise
aidspatiënt malade *m/v* du sida, sidaïque *m/v*
aidsremmer médicament *m* antisida
aidstest test *m* de séropositivité, test *m* de dépistage du sida
aio onderw *assistent in opleiding* allocataire *m/v* de recherche
air airs *m mv*, manières *v mv* ★ *zich een air aanmeten* se donner des airs ★ *met het air van* en se donnant des airs de
airbag airbag *m*
airbrush aérographe *m*
airco clim *v*

airconditioning climatisation *v*, ⟨apparaat⟩ climatiseur *m* ★ *van ~ voorzien* climatisé
airhostess BN *stewardess* hôtesse *v* de l'air
airmile ≈ S'Mile *m*
A-kant face *v* A
akela chef *m* de meute / de louveteaux [v: cheftaine...]
akelig I *bn* désagréable ★ *een ~ mens* une femme désagréable ★ *~ weer* un sale temps ★ *daar word ik ~ van* cela me soulève le cœur **II** *bw* horriblement ★ *zich ~ voelen* se sentir / se trouver mal
Aken Aix-la-Chapelle *v*
akkefietje ❶ *onaangenaam karweitje* besogne *v*, corvée *v* **❷** *klein conflict* démêlé *m*
akker champ *m*, terre(s) *v (mv)* ▼ *op zijn dooie ~tje* doucement, tout plan-plan, à la papa
akkerbouw agriculture *v*
akkerland terres *v mv* cultivables, ⟨akker(s)⟩ champ(s) *m (mv)*
akkoord I *het* **❶** *overeenkomst* accord *m*, convention *v*, ⟨schikking⟩ arrangement *m*, accommodement *m* ★ *een ~ aangaan* conclure un accord ★ *voor ~* pour accord ★ *het op een ~je gooien (met)* s'arranger (avec), composer (avec), transiger (avec), parvenir à s'entendre ★ BN *interprofessioneel ~* CCT *v*, Convention *v* Collective du Travail **❷** muz accord *m* ★ *gebroken ~* arpège *m* ★ *een ~ aanslaan* plaquer un accord **II** *bn* en règle ★ *~ gaan met iets* être d'accord avec qc, consentir à qc ★ *iets ~ bevinden* approuver qc ★ *~!* d'accord!
akoestiek acoustique *v*
akoestisch acoustique
akte ❶ *officieel document* acte *m*, titre *m* ★ *notariële akte* acte notarié ★ *onderhandse akte* sous-seing *m* [mv: sous-seing(s)] ★ *akte van overlijden* acte de décès ★ *akte van verkoop* acte de vente ★ *een akte passeren* dresser / passer un acte ★ *waarvan akte* dont acte ★ *akte nemen van iets* prendre acte de qc **❷** *getuigschrift* brevet *m*, diplôme *m*, ⟨voor onderwijs⟩ certificat *m* d'aptitude, ⟨vergunning⟩ permis *m* ★ *akte van bekwaamheid* certificat *m* (d'aptitude), brevet *m* **❸** *deel van toneelstuk* acte *m* ★ *toneelstuk in vijf akten* pièce *v* en cinq actes
aktetas serviette *v*, porte-documents *m* [mv: id.]
al I *onb vnw* tout (les) [m mv: tous] [v: toute] [v mv: toutes] ★ *alle mensen* tous les hommes ★ *alle vier* tous (les) quatre ★ *al het werk* tout le travail ★ *al het mogelijke doen* faire tout son possible ★ *aan alle kanten* de tous côtés ★ *alle reden hebben om* avoir tout lieu de ★ *al wie* quiconque ★ *al met al* tout compte fait, après tout **II** *bw* **❶** *reeds* déjà ★ *vanavond al* dès ce soir ★ *hij is al lang dood* il est mort depuis longtemps ★ *is hij er al?* il est là déjà? **❷** *steeds* ★ *hij leest al maar door* il n'arrête pas de lire ★ *al kleiner en kleiner* de plus en plus petit ★ *al lopend* en marchant ★ *al doende leert men* c'est en forgeant qu'on devient forgeron **❸** *zeer* ★ *al te groot* (par) trop grand ★ *het is maar al te waar* ce n'est que trop vrai **❹** *wel* ★ *al of niet* oui ou non **III** *voegw*, ⟨tegenstellend⟩ quoique [+ subj.], bien que [+ subj.] ★ *al is hij rijk, hij is niet gelukkig* tout riche qu'il est, il n'est pas heureux, bien qu'il est riche, il n'est pas heureux
à la carte à la carte ★ *~ eten* manger à la carte
à la minute sur-le-champ
alarm ❶ *waarschuwing* alerte *v*, alarme *v* ★ *loos ~* fausse alerte ★ *groot ~* alerte générale ★ *~ slaan* donner l'alerte **❷** *alarminstallatie* (dispositif *m* d')alarme *v*
alarmcentrale ≈ service *m* (des messages) d'urgence
alarmeren ❶ *waarschuwen* alerter, avertir ★ *de brandweer ~* alerter les pompiers **❷** *ongerust maken* alarmer, consterner ★ *~de berichten* des nouvelles alarmantes
alarminstallatie (dispositif *m* d')alarme *v*
alarmklok tocsin *m* ★ *de ~ luiden* sonner le tocsin (over à cause de)
alarmnummer numéro *m* (d'appel) d'urgence
alarmtoestand état *m* d'alerte
Albanees I *bn, m.b.t. Albanië* albanais **II** *de, bewoner* Albanais *m* **III** *het, taal* albanais *m*
Albanese Albanaise *v*
Albanië l'Albanie *v* ★ *in ~* en Albanie
albast albâtre *m*
albatros albatros *m*
albino I *de* albinos *m/v* **II** *bn* albinos
album album *m*
alchemie alchimie *v*
alchemist alchimiste *m/v*
alcohol alcool *m*
alcoholcontrole alco(o)test *m*
alcoholgehalte teneur *v* en alcool, degré *m* alcoolique, ⟨promillage in bloed⟩ taux *m* d'alcoolémie
alcoholica I *de, drinkster* alcoolique *v* **II** *de mv, drank* boissons *v mv* alcoolisées
alcoholisch, alcoholhoudend alcoolique, alcoolisé ★ *~e dranken* boissons *v mv* alcoolisées
alcoholisme alcoolisme *m*
alcoholist, alcoholicus alcoolique *m/v*
alcoholpromillage (taux *m* d')alcoolémie *v*
alcoholvergiftiging intoxication *v* par l'alcool
alcoholvrij sans alcool, non alcoolisé
aldaar là, là-bas, à cet endroit ★ *de burgemeester ~* le maire local
aldoor tout le temps, continuellement, sans cesse
aldus ainsi ★ *de brief luidt ~* voici le contenu de la lettre, la lettre est conçue ainsi ★ *veiligheid staat voorop, ~ de woordvoerder* la sécurité est prioritaire, dixit le porte-parole
alert vif [v: vive], éveillé ★ *~ op iets zijn* rester attentif à qc
Alexandrië Alexandrie *v*
alfa ❶ *Griekse letter* alpha *m* **❷** *persoon* littéraire *m/v*
alfabet alphabet *m*
alfabetisch I *bn* alphabétique ★ *in ~e volgorde* par ordre alphabétique **II** *bw* alphabétiquement
alfabetiseren ❶ *alfabetisch rangschikken* classer par ordre alphabétique **❷** *leren lezen en schrijven* alphabétiser
alfahulp ≈ aide *v* familiale
alfanumeriek alphanumérique
alfastraling rayons *m mv* alpha
alfawetenschap ★ *~pen* ≈ sciences *v mv* humaines (et lettres)
alg algue *v*

algebra algèbre *v*
algeheel complet [v: complète], total [m mv: totaux] entier [v: entière], intégral [m mv: intégraux]
algemeen I *bn* général [m mv: généraux] universel [v: universelle], commun ★ *steeds algemener worden* se généraliser (de plus en plus) **II** *bw* généralement, universellement, communément ★ *een ~ ontwikkeld man* un homme cultivé **III** *het* ensemble *m* ★ *in het ~* en général ★ *in het ~ gesproken* généralement parlant ★ *over het ~* dans l'ensemble, en règle générale, généralement
algemeenheid ❶ *het algemeen zijn* généralité *v* ★ *in zijn ~* d'une façon générale, globalement ★ BN *met ~ van stemmen* à l'unanimité ❷ *vaag gezegde* généralité *v*
Algerije l'Algérie *v* ★ *in ~* en Algérie
Algerijn Algérien *m*
Algerijns *m.b.t. Algerije* algérien [v: algérienne]
Algerijnse Algérienne *v*
Algiers Alger *m*
algoritme algorithme *m*
alhier ici, en ce lieu, en cette ville, ⟨adres⟩ en ville (e.v.)
alhoewel quoique [+ subj.], bien que [+ subj.], encore que [+ subj.]
alias I *de* sobriquet *m*, comp alias *m* **II** *bw* autrement dit / nommé, dit, alias
alibi alibi *m* ★ *een ~ opgeven* fournir un alibi ★ *waterdicht ~* alibi en béton
alikruik bigorneau *m* [mv: bigorneaux]
alimentatie pension *v* alimentaire
alinea paragraphe *m*, alinéa *m*
alk pingouin *m* torda
alkali alcali *m*
alkalisch alcalin
alkaloïde alcaloïde *m*
alkoof alcôve *v*
Allah *eigennaam* Allah
allang depuis longtemps, inform depuis belle lurette
alle → **al**
allebei tous (les) deux *m mv* [v mv: toutes...], l'un *m* et l'autre [v: l'une ...]
alledaags ❶ *van elke dag* journalier [v: journalière], quotidien [v: quotidienne] ❷ *heel gewoon* ordinaire, commun, banal, normal [m mv: normaux]
alledag tous les jours ★ *het leven van ~* la vie de tous les jours, le quotidien
allee I *de* allée *v* **II** *tussenw* BN allez
alleen I *bn, zonder andere(n)* (tout) seul, ⟨als enige⟩ (le) seul [v: (la) seule] ★ *~ zijn* être seul ★ *ik laat u ~* je vous laisse ★ *~ slapen* faire lit à part **II** *bw* ❶ *enkel* seulement, simplement, ne ... que, ⟨uitsluitend⟩ uniquement ★ *niet ~ ... maar ook...* non seulement ... mais aussi / encore... ★ *~ maar om* à seule fin de, dans le seul but de ★ *en dat is het niet ~* et il n'y a pas que cela ★ *het idee ~ al* la seule pensée, rien que d'y penser ★ *hij leeft ~ voor zich* il ne vit que pour soi ★ *~ met een diploma word je toegelaten* un diplôme est exigé pour être admis ❷ *echter* mais
alleenheerschappij pouvoir *m* absolu, autocratie *v*, hégémonie *v*
alleenheerser souverain *m* absolu
alleenrecht jur droit *m* exclusif, monopole *m*
alleenstaand ❶ *zonder levenspartner* seul ★ *een ~e* une personne seule ★ *~e ouder* parent unique / isolé ❷ *losstaand* isolé
alleenverdiener soutien *m* de famille, ≈ foyer *m* à revenu unique
allegaartje méli-mélo *m* [mv: mélis-mélos], pêle-mêle *m* [mv: id.], fatras *m*
allegorie allégorie *v*
allegorisch allégorique
allegro allégro *m*
alleluja → **halleluja**
allemaal ❶ *alle(n)* tous *m mv* [v mv: toutes], tous ensemble ★ *wij ~* nous tous ★ *zij zijn ~ vertrokken* tous sont partis ★ *wij zijn er nu ~* nous sommes au (grand) complet ❷ *alles* tout ❸ inform *volledig* rien que ★ *~ onzin* ce ne sont que des bêtises, cela ne rime à rien
allemachtig I *bw* terriblement, prodigieusement **II** *tussenw* (juste) ciel!, bon sang!, ça alors!
allemansvriend ami *m* de tout le monde
allen tous, tout le monde ★ *~ die* tous ceux qui ★ *met zijn ~* (tous) ensemble → **al**
allengs peu à peu
aller- ❶ *meest* le plus ★ *allerhoogst* le plus haut ❷ *uiterst* très ★ *allervriendelijkst* très gentil, gentil comme tout, des plus gentils, on ne peut plus gentil
allerbest ★ *het ~e!* salut!
allereerst I *bn* tout premier [v: toute première] ★ *de ~e keer* la toute première fois **II** *bw* tout d'abord, avant tout
allergeen allergène *m*
allergie allergie *v* (**voor** à)
allergietest test *m* d'allergie
allergisch allergique ★ *~ voor aardbeien* allergique aux fraises
allerhande toutes sortes de
Allerheiligen (la) Toussaint ★ *met ~* à la Toussaint
allerijl ★ *in ~* en toute hâte, précipitamment
allerlaatst (tout) dernier [v: (toute) dernière], ultime ★ *op het ~* au plus tard ★ *tot het ~* jusqu'au bout
allerlei toutes sortes de ★ *~ mensen* toutes sortes de gens ★ *~ dingen* toutes sortes de choses
allermeest I *bn* le plus de ★ *op zijn ~* tout au plus **II** *bw* plus
allerminst I *bn, minst* ⟨van allen⟩ le moindre [v: la moindre], ⟨van alles⟩ le moins ★ *op zijn ~* au bas mot **II** *bw, helemaal niet* ne ... pas du tout ★ *dat bevalt me ~* ça ne me plaît pas du tout
Allerzielen Jour *m* des Morts
alles tout ★ *~ wat...* tout ce qui..., tout ce que... ★ *dat is ~* voilà tout ★ *is dat ~?* est-ce tout?, n'est-ce que cela? ★ *het is ~ of niets!* ça passe ou ça casse! ★ *~ op het spel zetten* jouer / tenter le tout pour le tout ★ *daarmee is ~ gezegd* un point c'est tout ★ *dit ~* tout ça ★ *~ tezamen genomen* à tout prendre ★ *van ~* de tout ★ *vóór ~* avant tout ★ fig *~ op ~ zetten* ⟨z'n best doen⟩ faire le maximum ★ BN fig *dat is beneden ~* c'est au-dessous de tout
allesbehalve tout sauf, nullement, aucunement ★ *hij is ~ vriendelijk* il est tout sauf aimable

allesbrander brûle-tout *m* [mv: id.]
alleseter omnivore *m/v* ★ *varkens zijn ~s* le porc est omnivore
allesomvattend complet [v: complète], intégral, ‹alzijdig› universel [v: universelle]
allesoverheersend prédominant
allesreiniger nettoie-tout *m* [mv: id.]
alleszins ❶ *in elk opzicht* à tous égards, sous tous les rapports, parfaitement ❷ BN *in elk geval* en tout cas, de toute façon
alliantie alliance *v*
allicht sûrement, évidemment ★ *~ niet* sûrement pas ★ *je kunt het ~ proberen* tu peux toujours essayer
alligator alligator *m*
all-in tout compris
all-inprijs forfait *m*
alliteratie allitération *v*
allochtoon I *de* immigré *m* [v: immigrée] **II** *bn* allochtone, ‹van persoon› issu de l'immigration
allooi ❶ *goud- / zilvergehalte* titre *m* ❷ fig *waarde / soort* aloi *m* ★ *van hetzelfde ~* de la même espèce ★ *van laag ~* de bas étage
allrisk tous risques
allriskverzekering assurance *v* tous risques
allround accompli, complet [v: complète], généraliste, polyvalent
allrounder généraliste *m/v*
allterrainbike *ATB* VTT *m*, vélo *m* tout-terrain
allure allure *v* ★ *plechtigheid met ~* une cérémonie prestigieuse ★ *van grote ~* de grand style ★ *~ hebben* avoir de l'allure, avoir de la classe ★ *de ~s aannemen van een filmster* prendre des airs d'une vedette du cinéma
allusie BN *zinspeling* allusion *v*
almaar → **alsmaar**
almacht toute puissance *v*, omnipotence *v*
almachtig tout-puissant [m mv: tout-puissants] [v: toute-puissante] [v mv: toutes-puissantes] omnipotent ★ *de Almachtige* le Tout-Puissant
almanak almanach *m*
aloë plantk aloès *m*
alom partout ★ *alom bekend* connu de tous
alomtegenwoordig omniprésent
alomvattend complet [v: complète], intégral, ‹alzijdig› universel [v: universelle]
aloud ancien [v: ancienne], ‹oeroud› immémorial [m mv: immémoriaux] ★ *mijn ~e vriend* mon ami de toujours
alp alpe *v*
alpaca I *de, dier* alpaga *m* **II** *het, wol* alpaga *m*
Alpen Alpes *v mv* ★ *in de ~* dans les Alpes
alpenweide alpage *m*, alpe *v*
alpien alpin
alpineskiën ski *m* alpin
alpinisme alpinisme *m*
alpinist alpiniste *m/v*
alpino béret *m* basque
als ❶ *zoals, gelijk* comme, aussi ... que, ‹na vergrotende trap› (plus / moins ...) que, ‹opsommend› tels que ★ *even groot als ik* aussi grand que moi ★ *zo wit als sneeuw* blanc comme la neige ★ *net als vroeger* tout comme autrefois ★ *als geëindigd beschouwen* considérer comme terminé ★ *heb uw naaste lief als uzelve* tu aimeras ton prochain comme toi-même ★ *als het ware* pour ainsi dire ★ *rijk als hij was* riche comme il était ❷ *indien* si, ‹voor 'il(s)'› s', ‹voorwaarde› pour peu que [+ subj.], pourvu que [+ subj.] ★ *als het regent, ga ik niet* s'il pleut, je n'irai pas ★ *als het mogelijk is* si possible ★ *als ik jou was, zou ik het niet doen* si j'étais toi, je ne le ferais pas ❸ *(telkens) wanneer* lorsque, quand ★ *telkens als* chaque fois que ★ *roep me als hij komt* appelle-moi quand il arrive ❹ *in de hoedanigheid van* comme, en (qualité de), en tant que, ‹bij wijze van› en guise de, à titre de ★ *als vertegenwoordiger van de firma, heet ik u welkom* en tant que représentant de la maison je vous souhaite la bienvenue ★ *als antwoord geven* donner en réponse ★ *als gevolg hebben* avoir pour effet
alsdan alors
alsjeblieft I *tussenw* ❶ *bij overhandigen* voici, voilà, tiens ★ *- mag ik de boter? - ~!* tu me passes le beurre? - voilà ❷ *bij verzoek* s'il te plaît ★ *houd er ~ mee op!* arrête cela, s'il te plaît! **II** *bw, graag* volontiers ★ *wil je koffie? ~!* tu veux du café? oui, volontiers
alsmaar continuellement, sans arrêt, sans cesse
alsmede ainsi que
alsnog ‹nog› encore, ‹toch nog› finalement ★ *je kunt het ~ doen* tu peux toujours le faire, il n'est pas trop tard pour le faire ★ *zij mocht ~ meedoen* elle a pu finalement participer
alsof ‹met imparfait› comme si ★ *doen ~* faire semblant (de) ★ *er uitzien ~* avoir l'air de ★ *~ je niet beter wist* comme si tu ne savais pas
alsook ainsi que
alstublieft I *tussenw* ❶ *bij overhandigen* voici, voilà, tenez ★ *~, hier is uw koffie* voici votre café ❷ *bij verzoek* s'il vous plaît ★ *geeft u mij dat boek even ~* passez-moi ce livre, s'il vous plaît **II** *bw, graag* volontiers ★ *Wilt u koffie? - Alstublieft!* Vous voulez du café? - Oui, volontiers!
alt ❶ *stem* alto *m*, contralto *m* ❷ *zanger* contralto *m*, alto *v*
altaar autel *m*
altaarstuk retable *m*
alter ego alter ego *m* [mv: id.]
alternatief I *het* variante *v*, alternative *v* **II** *bn* ❶ *de keus latend* alternatif [v: alternative] ★ *een alternatieve oplossing* une alternative, une autre solution ❷ *afwijkend* non-conformiste, peu conventionnel, ‹niet-officieel› parallèle ★ *alternatieve geneeswijze(n)* médecine *v* parallèle
alterneren alterner
althans du moins, (tout) au moins
altijd toujours ★ *nog ~* toujours, encore ★ *nog ~ niet* ne ... toujours pas ★ *voor ~* pour toujours, à (tout) jamais ★ *~ nog* toujours ★ *zij kwam ~ en eeuwig te laat* elle était tout le temps en retard ★ *eens en voor ~* une fois pour toutes
altijddurend perpétuel [v: perpétuelle]
altruïsme altruisme *m*
altruïst altruiste *m/v*
altsaxofoon saxophone *m* alto
altviool alto *m*
aluminium I *het* aluminium *m* **II** *bn* en aluminium
aluminiumfolie papier *m* d'aluminium, inform

papier alu
alvast déjà, en attendant, toujours ★ *hier heb je ~ honderd euro* en attendant voilà cent euros ★ *we zijn ~ begonnen* on a commencé déjà
alvleesklier pancréas *m*
alvorens avant que [+ subj.], avant de [+ inf.] ★ *~ te vertrekken* avant de partir
alweer de nouveau, encore (une fois) ★ *het is ~ drie maanden geleden* ça fait déjà trois mois
alwetend omniscient, qui sait tout, min docte
alzheimer maladie *v* d'Alzheimer, alzheimer *m*
a.m. *ante meridiem* a.m.
amai BN *och* ça alors!
amalgaam amalgame *m*
amandel ❶ *vrucht* amande *v* ❷ *boom* amandier *m* ❸ *klier* amygdale *v* ★ *zijn ~en laten knippen* se faire enlever les amygdales
amandelontsteking angine *v* rouge, amygdalite *v*
amandelspijs pâte *v* d'amandes
amanuensis préparateur *m* [v: préparatrice]
amaril émeri *m*
amaryllis amaryllis *v*
amateur ❶ *niet-professional* amateur *m* [v: amatrice] ❷ min *sukkel* amateur *m*
amateurisme amateurisme *m*
amateuristisch *door of van amateurs* amateur ★ *dat is ~ gemaakt* c'est un travail d'amateur, ça a été fait en dilettante
amateurvoetbal football *m* amateur
amazone *paardrijdster* amazone *v*, écuyère *v*
Amazone Amazone *v*
amazonezit ★ *in ~* en amazone
ambacht *nijverheid* artisanat *m*, ‹vak› métier *m* ★ *bij hem is het twaalf ~en en dertien ongelukken* ≈ il collectionne les échecs professionnels
ambachtelijk artisanal [m mv: artisanaux]
ambachtsman artisan *m*
ambassade ambassade *v*
ambassadeur ambassadeur *m*
ambassadrice ambassadrice *v*
amber *barnsteen* ambre *m*
ambetant BN *vervelend* embêtant
ambiance ambiance *v*, atmosphère *v*
ambiëren ambitionner, briguer, aspirer à
ambigu ambigu [v: ambiguë], équivoque
ambitie ‹eerzucht› ambition *v*, ‹ijver› ardeur *v*, zèle *m*, application *v*
ambitieus ‹ambitieus› ambitieux [v: ambitieuse], ‹ijverig› appliqué, zélé ★ *ambitieuze plannen* des projets ambitieux
ambivalent ambivalent
Ambon Amboine *v*
ambt poste *m*, fonction *v*, office *m* (public), rel ministère *m* ★ *een ambt aanvaarden* entrer en fonction(s) ★ *een ambt uitoefenen* exercer une fonction ★ *het ambt van rechter* la magistrature ★ *zijn ambt neerleggen* quitter ses fonctions
ambtelijk I *bn* administratif [v: administrative], officiel [v: officielle] ★ *de ~e weg volgen* passer par la filière administrative ★ *~e taal* jargon *m* officiel **II** *bw* officiellement, administrativement
ambteloos ★ *~ burger* simple citoyen *m*
ambtenaar fonctionnaire *m/v* ★ *~ van de burgerlijke stand* officier *m* de l'état civil ★ *hij is een echte ~* c'est un vrai bureaucrate
ambtenarenapparaat administration *v*, fonction *v* publique
ambtenarij ❶ *bureaucratie* bureaucratie *v*, fonctionnarisme *m* ❷ *de ambtenaren* fonctionnariat *m*
ambtgenoot confrère *m*, consœur *v*, ‹evenknie› homologue *m/v*
ambtsaanvaarding entrée *v* en fonctions
ambtseed serment *m* professionnel
ambtsgebied ressort *m*
ambtsgeheim secret *m* professionnel
ambtshalve d'office ★ *de belasting is ~ verhoogd* il y a une majoration d'office
ambtsketen chaîne *v*, collier *m*, ‹v. Franse burgemeester› écharpe *v*
ambtskledij habit *m* officiel
ambtstermijn (durée *v* d'un) mandat *m*
ambtswoning appartement *m* / logement *m* de fonction, résidence *v* (officielle)
ambulance ambulance *v*
ambulancier BN *verpleger op ambulance* auxiliaire *m* ambulancier, BelgFr ambulancier *m*
ambulant ‹zonder vaste plaats› ambulant, ‹op de been› ambulatoire
amechtig hors d'haleine, essoufflé
amen amen
amendement amendement *m* ★ *een ~ indienen / aannemen / verwerpen* déposer / adopter (voter) / rejeter un amendement
amenderen amender
Amerika l'Amérique *v* ★ *in ~* en Amérique
Amerikaan *bewoner* Américain *m*
Amerikaans *m.b.t. Amerika* américain
Amerikaanse Américaine *v*
amerikaniseren I *ov ww* américaniser **II** *onov ww* s'américaniser
amethist améthyste *v*
ameublement ameublement *m*, mobilier *m*
amfetamine amphétamine *v*
amfibie dierk (animal *m*) amphibie *m*
amfibievoertuig véhicule *m* amphibie
amfitheater amphithéâtre *m*
amfoor amphore *v*
amicaal amical [m mv: amicaux]
aminozuur acide *m* aminé
ammonia ammoniaque *v*
ammoniak (gaz *m*) ammoniac *m*
ammunitie munitions *v mv*
amnesie amnésie *v* ★ *lijdend aan ~* amnésique
amnestie amnistie *v* ★ *~ verlenen aan* amnistier
amoebe amibe *v*
amok ★ *amok maken* s'agiter comme un forcené, s'agiter comme un fou furieux
amoreel I *bn* amoral [m mv: amoraux] **II** *bw* de façon amorale
amorf amorphe
amoureus ❶ *verliefd* amoureux *m* [v: amoureuse] ❷ *liefdes-* sentimental [m mv: sentimentaux]
ampel I *bn* ample ★ *na ~ overleg* après mûres délibérations **II** *bw* amplement
amper à peine
ampère ampère *m*
ampersand esperluette *v*
amplitude amplitude *v*
ampul *buisje met injectiestof* ampoule *v*
amputatie amputation *v*

amputeren amputer ★ *iemands arm ~* amputer qn d'un bras
Amsterdam Amsterdam *m*
Amsterdammer Amstellodamien *m*, Amstellodamois *m*
amsterdammertje *paaltje* borne *v* antistationnement
Amsterdams amstellodamien [v: amstellodamienne]
Amsterdamse Amstellodamienne *v*
amulet amulette *v*, fétiche *m*
amusant I *bn* amusant, inform marrant **II** *bw* d'une façon amusante
amusement amusement *m*, divertissement *m*
amuseren I *ov ww* amuser, divertir **II** *wkd ww* [**zich** ~] s'amuser, se divertir
anaal anal [m mv: anaux]
anabool I *de* anabolisant *m* **II** *bn* ★ *anabole steroïden* stéroïdes *m mv* anabolisants
anachronisme anachronisme *m*
anagram anagramme *m*
analfabeet analphabète *m/v*, illettré *m* [v: illettrée]
analfabetisme analphabétisme *m*, illettrisme *m*
analist analyste *m/v*, ‹in lab› laborantin *m*
analogie analogie *v* ★ *naar ~ van* par analogie avec
analoog I *bn* ❶ *overeenkomstig* analogue ❷ *niet-digitaal* analogique **II** *bw* par analogie
analyse analyse *v*
analyseren analyser
analytisch I *bn* analytique **II** *bw* analytiquement
ananas ❶ *vrucht* ananas *m* ❷ *plant* ananas *m*
anarchie anarchie *v*
anarchisme anarchisme *m*
anarchist anarchiste *m/v*
anarchistisch anarchiste
anatomie anatomie *v*
anatomisch anatomique
anciënniteit ancienneté *v* ★ *naar ~* à l'ancienneté
andante andante *m*
ander ❶ *verschillend* autre ★ *een ~ land* un autre pays ★ *de ~e tien* les dix autres ★ *~e kleren aandoen* se changer ★ *ze heeft een ~* elle a qn d'autre (dans sa vie) ★ *geen ~* nul autre ★ *als geen ~* comme pas un ❷ *meer* ★ *niets ~s* rien d'autre ★ *onder ~e* entre autres ★ *onder ~en* entre autres ❸ *volgend* second ★ *om de ~e dag* tous les deux jours
anderendaags, 's anderendaags BN *de volgende dag* le lendemain
anderhalf un et demi ★ *~ uur* une heure et demie
andermaal de nouveau, encore une fois
andermans d'autrui ★ *~ zaken* les affaires d'autrui
anders I *bn* différent (**dan** de), autre (**dan** que) ★ *dat is wat ~* c'est différent, c'est autre chose ★ *iets ~* autre chose, qc d'autre ★ *niets ~* rien d'autre ★ *iem. ~* qn d'autre ★ *niemand ~* personne d'autre, nul autre ★ *ergens ~* autre part, ailleurs ★ *nergens ~* nulle part ailleurs ★ *~ dan anderen* pas comme les autres ★ *het is ~ dan ~* ça sort de l'ordinaire ★ *dat is eens wat ~ (dan)* ça change, voilà qui nous change (de) ★ *hij is ~ dan hij lijkt* il est autre qu'il ne paraît ★ *het is nu eenmaal niet ~* tant pis, c'est comme ça ★ *ik heb wel wat ~ te doen* j'ai d'autres chats à fouetter **II** *bw* ❶ *op andere wijze (dan)* autrement (que), différemment (de) ★ *het is ~ gelopen* les choses ont pris une autre tournure ★ *wat kan ik ~ doen dan wachten?* que faire, sinon attendre? ★ *ik kan niet ~* je n'ai pas le choix ★ *~ nog iets?* et avec ça? ❷ *op ander moment* d'habitude ★ *net als ~* comme d'habitude ❸ *zo niet, dan* sinon, sans quoi ★ *~ ga ik alleen* sinon j'y vais seul
andersdenkend dissident, non-conformiste ★ *het respect voor ~en* le respect des opinions différentes
andersom en sens inverse ★ *het is precies ~* c'est tout à fait l'inverse / le contraire ★ *ga ~ staan* tourne-toi ★ *dit wiel draait ~* cette roue tourne en sens inverse
andersoortig de nature différente
anderstalig allophone, non néerlandophone, non francophone (enz.)
anderszins autrement, d'une autre manière
anderzijds d'autre part
Andes les Andes *v mv*
andijvie chicorée *v*, scarole *v*
Andorra (principauté *v* d')Andorre *v* ★ *in ~* à / en Andorre
Andorra la Vella Andorre-la-Vieille *v*
Andorrees I *bn* andorran **II** *de* Andorran *m*
Andorrese Andorrane *v*
androgyn androgyne
anekdote anecdote *v*
anekdotisch anecdotique
anemie anémie *v*
anemoon anémone *v*
anesthesie anesthésie *v*
anesthesist anesthésiste *m/v*
angel ❶ biol dard *m*, aiguillon *m* ❷ *vishaak* hameçon *m*
Angelsaksisch anglo-saxon [m mv: anglo-saxons] [v: anglo-saxonne] ★ *de ~e landen* les pays anglophones
angina angine *v* ★ *~ pectoris* angine *v* de poitrine
anglicaans anglican
anglicisme anglicisme *m*
anglist angliciste *m/v*
Angola l'Angola *m* ★ *in ~* en Angola
Angolees angolais
angora ❶ *kat* angora *m* ❷ *wol* laine *v* angora
angst ‹vrees› peur *v* (**voor** de), crainte *v* (**voor** de), ‹angstgevoel› angoisse *v*, anxiété *v* ★ *in ~ zitten* être dans l'angoisse, inform avoir la trouille ★ *uit ~ voor* de / par peur de ★ *~en uitstaan* être dans l'angoisse ★ *hevige ~en uitstaan* avoir une peur bleue ★ *iem. ~ aanjagen* faire peur à qn ★ *~ is een slechte raadgever* la peur est mauvaise conseillère
angstaanjagend angoissant, terrifiant
angsthaas poltron *m* [v: poltronne], paniquard *m* [v: paniquarde], trouillard *m* [v: trouillarde], poule *v* mouillée
angstig I *bn* ❶ *angst voelend* angoissé, anxieux [v: anxieuse], ‹opgeschrikt› effrayé, effarouché ★ *het maakte me ~* cela m'a fait peur ❷ *angstuitdrukkend* ★ *een ~e blik* un regard angoissé ❸ *angstaanjagend* angoissant, terrifiant

★ ~*e tijden* des périodes troublées **II** *bw* anxieusement
angstvallig I *bn* scrupuleux [v: scrupuleuse], méticuleux [v: méticuleuse] **II** *bw* méticuleusement, scrupuleusement, ‹bedacht op› jalousement
angstwekkend angoissant, inquiétant
angstzweet sueur(s) *v (mv)* froide(s)
anijs *zaad* anis *m*
anijslikeur anisette *v*
animatie ❶ comp media animation *v* **❷** BN *activiteiten* animation *v* ★ *voor kinderen is er* ~ il y a de l'animation pour les enfants
animatiefilm film *m* d'animation, ‹tekenfilm› dessin *m* animé
animeren animer, encourager
animo ❶ *zin om iets te doen* enthousiasme *m*, entrain *m* ★ *zij werkte vol* ~ elle travaillait avec entrain ★ *er is veel* ~ *voor zijn plannen* ses projets ont suscité beaucoup d'enthousiasme **❷** *levendige stemming* entrain *m*, animation *v*
anjer œillet *m*
Ankara Ankara *v*
anker scheepv ancre *v* ★ *voor* ~ *gaan* mouiller, s'ancrer ★ *voor* ~ *liggen* être ancré, être amarré ★ *het* ~ *lichten* lever l'ancre ★ *het* ~ *uitwerpen* jeter l'ancre
ankeren *voor anker gaan* mouiller, s'ancrer
ankerplaats mouillage *m*, ancrage *m*
annalen annales *v mv* ★ *in de* ~ *bijschrijven* marquer dans les annales
annex annexe, joint ★ *huis* ~ *garage* maison *v* avec garage ★ *tabakszaak* ~ *tijdschriftenverkoop* tabac-journaux *m*
annexatie annexion *v*
annexeren annexer, fig s'annexer
anno en l'an ★ *anno Domini* en l'an de grâce
annoteren annoter
annuïteit annuité *v*
annuleren annuler
annulering annulation *v*
annuleringsverzekering assurance *v* de frais d'annulation
Annunciatie Annonciation *v*
anode anode *v*
anomalie anomalie *v*
anoniem I *bn* anonyme ★ ~ *blijven* garder l'anonymat **II** *bw* anonymement
anonimiteit anonymat *m*
anorak anorak *m*
anorectisch anorexique
anorexia nervosa, **anorexie** anorexie *v* (mentale)
anorganisch inorganique ★ ~*e scheikunde* chimie *v* minérale
ansichtkaart carte *v* postale
ansjovis anchois *m*
Antarctica l'Antarctique *v*
Antarctisch antarctique
antecedent ❶ *voorafgaand feit* antécédent *m* ★ *iemands* ~*en nagaan* faire une enquête sur les antécédents de qn **❷** taalk antécédent *m*
antedateren antidater
antenne ❶ techn antenne *v* ★ *centrale* ~ antenne collective ★ fig *hij heeft daar een* ~ *voor* il a un feeling / un sixième sens pour cela ★ BN media *op* ~ *zijn* être à / sur l'antenne **❷** biol antenne *v*
antiaanbaklaag revêtement *m* antiadhésif
antibacterieel antibactérien [v: antibactérienne]
antibioticum antibiotique *m*
antiblokkeersysteem *ABS* système *m* antiblocage, système ABS
anticiperen anticiper ★ *op iets* ~ anticiper sur qc, devancer qc
anticlimax ❶ *tegenvaller* déception *v* **❷** taalk gradation *v* décroissante
anticonceptie contraception *v*
anticonceptiepil pilule *v* (anticonceptionnelle)
antidateren → **antedateren**
antidepressivum antidépresseur *m*
antidrugseenheid brigade *v* des stupéfiants
antiek I *het* antiquités *v mv* ★ *een fraai stuk* ~ un bel objet antique **II** *bn* **❶** *oud* antique, ancien [v: ancienne], d'époque ★ *een* ~*e vaas* un vase antique **❷** *uit de oudheid* classique, antique ★ *de* ~*e beschaving* la civilisation antique
antiekbeurs foire *v* aux antiquités
antiekwinkel boutique *v* d'antiquités
antigeen I *het* antigène *m* **II** *bn* antigénique
antiglobalisme antimondialisme *m*
antiglobalist antimondialiste *m/v*, altermondialiste *m/v*
antiheld antihéros *m*
antihistamine antihistaminique *m*
anti-insectenspray bombe *v* insecticide
antilichaam anticorps *m*
Antillen (les) Antilles *v mv*
Antilliaan *bewoner* Antillais *m*
Antilliaans antillais
Antilliaanse Antillaise *v*
antilope antilope *v*
antimaterie antimatière *v*
antioxidant antioxydant *m*
antipathie antipathie *v*
antipode ❶ *tegenvoeter* antipode *m* **❷** fig opposé *m*, antithèse *v*
antiquaar marchand *m* de livres d'occasion [v: marchande ...], bouquiniste *m/v*
antiquair antiquaire *m/v*, marchand *m* d'antiquités [v: marchande ...]
antiquariaat librairie *v* ancienne
antiquarisch ancien [v: ancienne], ‹van boeken› d'occasion
antiquiteit objet *m* ancien ★ ~*en* des antiquités *v mv*
antireclame contre-publicité *v*
antirookcampagne campagne *v* anti-tabac
antisemiet antisémite *m/v*
antisemitisch antisémite
antisemitisme antisémitisme *m*
antiseptisch antiseptique
antislip antidérapant *m*
antistatisch antistatique
antistof anticorps *m* ★ ~ *vormend* antigénique
antiterreureenheid unité *v* antiterroriste
antithese antithèse *v*
antivirusprogramma (logiciel *m*) antivirus *m*
antivries antigel *m*
antoniem antonyme *m*
antraciet I *de/het, delfstof* anthracite *m* **II** *bn, donkergrijs* anthracite [onver.]
antropologie anthropologie *v* ★ *culturele* ~

anthropologie culturelle / sociale
antropologisch anthropologique
antropoloog anthropologue *m/v*
antroposofie anthroposophie *v*
Antwerpen Anvers *m*
Antwerpenaar Anversois *m*
Antwerps anversois
Antwerpse Anversoise *v*
antwoord réponse *v* (**op** à), ⟨repliek⟩ réplique *v* ★ *afwijzend ~* réponse *v* négative, refus *m* ★ *gevat ~* repartie *v*, riposte *v* ★ *in ~ op uw schrijven* en réponse à votre lettre, suite à votre lettre ★ *altijd met een ~ klaarstaan* avoir réponse à tout, avoir de la repartie ★ *ten ~* en / comme réponse ★ *~ geven* répondre ★ *~ krijgen* recevoir une réponse ★ *het ~ schuldig blijven* ne savoir que répondre, rester bouche bée
antwoordapparaat répondeur *m* (automatique)
antwoorden répondre (**op** à), ⟨gevat⟩ répliquer, riposter ★ *op een vraag ~* répondre à une question ★ *hij antwoordde dat zijn broer niet zou komen* il m'a répondu que son frère ne vient pas ★ *bevestigend / ontkennend ~* répondre par l'affirmative / par la négative
antwoordenvelop enveloppe-réponse *v* [v: enveloppes-réponses]
antwoordformulier formulaire-réponse *m* [mv: formulaires-réponses]
antwoordnummer numéro *m* d'autorisation
anus anus *m*
aorta aorte *v*
AOW ⟨wet⟩ ≈ (loi *v* générale sur l')assurance vieillesse *v*, ⟨uitkering⟩ pension *v* (de retraite), retraite *v*, ⟨premie⟩ cotisation *v* de retraite
AOW'er retraité *m* [v: retraitée]
Apache Apache *m/v*
apart I *bn* ❶ *afzonderlijk* à part, séparé, isolé ❷ *bijzonder* particulier [v: particulière], spécial [m mv: spéciaux] ★ *een ~ geval* un cas d'espèce ★ *dat is heel ~* ça sort de l'ordinaire, c'est très spécial **II** *bw* séparément, à part ★ *iem. ~ nemen* prendre qn à part ★ *iets ~ leggen* mettre qc de côté
apartheid apartheid *m*
apartheidswet loi *v* ségrégationniste
apathie apathie *v*
apathisch I *bn* apathique **II** *bw* apathiquement
apegapen ★ *op ~ liggen* être à la dernière extrémité
apennootje cacahuète *v*, cacahouète *v*
apenstaartje *het teken* @ ar(r)obase *v*
aperitief apéritif *m*, inform apéro *m*
apert I *bn* évident, notoire, manifeste ★ *een ~e leugen* un mensonge flagrant **II** *bw* notoirement, manifestement
apetrots fier comme un pou [v: fière...]
apezuur ★ *zich het ~ werken* se tuer au travail ★ *zich het ~ schrikken* avoir une peur bleue
apk, apk-keuring *algemene periodieke keuring* contrôle *m* technique (de véhicules automobiles) ★ *de auto is apk gekeurd* la voiture a passé le contrôle technique
apneu apnée *v*
apologie apologie *v*
apostel apôtre *m*
a posteriori *achteraf* a posteriori
apostolisch apostolique
apostrof apostrophe *v*
apotheek ❶ *winkel* pharmacie *v* ❷ *geneesmiddelen* pharmacie *v*
apotheker pharmacien *m* [v: pharmacienne]
apotheose apothéose *v*
app ❶ *applicatie* appli *v*, app *v* ❷ *bericht* WhatsApp *m*
Appalachen Appalaches *v mv*
apparaat ❶ *toestel* appareil *m*, machine *v*, instrument *m*, dispositif *m* ★ *huishoudelijke apparaten* des appareils (électro)ménagers ❷ *organisatie* appareil *m* ★ *het ambtelijk ~* la machine administrative
apparatuur appareillage *m*
appartement appartement *m*
appartementsgebouw BN immeuble *m*
appel *vrucht* pomme *v* ★ *een ~ schillen* éplucher une pomme ▾ *door de zure ~ heen bijten* passer un mauvais moment, avaler la pilule ▾ *voor een ~ en een ei* pour une bouchée de pain, pour trois fois rien ▾ *de ~ valt niet ver van de boom* tel père tel fils ▾ *een ~tje met iem. te schillen hebben* avoir maille à partir avec qn ▾ BN *iem. ~en voor citroenen verkopen* rouler qn dans la farine ▾ *een ~tje voor de dorst bewaren* garder une poire pour la soif ▾ *je kunt geen ~s met peren vergelijken* il faut comparer ce qui est comparable
appel ❶ *verzameling van alle aanwezigen* appel *m* ★ *~ houden* faire l'appel ★ *op het ~ ontbreken* manquer à l'appel ❷ jur *beroep* appel *m* ★ *~ aantekenen tegen* interjeter appel à ★ *in ~ gaan* faire appel
appelboom pommier *m*
appelboor vide-pomme *m* [mv: vide-pommes]
appelflap culin chausson *m* aux pommes
appelleren ❶ jur interjeter appel ❷ sport contester, réclamer une faute ❸ **~ aan** faire appel à, en appeler à ★ *aan het gezond verstand ~* en appeler au bon sens
appelmoes culin compote *v* de pommes
appelsap culin jus *m* de pommes
appelsien BN *sinaasappel* orange *v*
appelstroop mélasse *v* de pommes
appeltaart culin tarte *v* aux pommes
appen envoyer un / des WhatsApp
appendix ❶ *supplement* appendice *m* ❷ anat *aanhangsel van de blindedarm* appendice *m*
appetijt BN *eetlust* appétit *m*
appetijtelijk appétissant
applaudisseren applaudir
applaus applaudissements *m mv* ★ *het idee werd met ~ begroet* l'idée a soulevé des applaudissements ★ *een daverend / stormachtig ~* un tonnerre / une tempête d'applaudissements
applicatie ❶ *het toepassen* application *v* ❷ comp *programma* programme *m* d'application, progiciel *m*
applicatiecursus cours *m* de recyclage
apporteren rapporter
appreciëren apprécier ★ *iets weten te ~* savoir apprécier qc
après-ski après-ski *m*
april avril *m* ★ *1 ~* le premier avril
aprilgrap poisson *m* d'avril
aprils → **gril**

a priori a priori
à propos I *tussenw* à propos **II** *het* ★ *iem. van zijn ~ brengen* dérouter qn
aquaduct aqueduc *m*
aquajoggen faire du jogging aquatique
aquaplaning aquaplaning *m*, aquaplanage *m*
aquarel aquarelle *v*
aquarelleren *iets in waterverf schilderen* peindre à l'aquarelle
aquarium aquarium *m*
Aquitanië l'Aquitaine *v*
ar traîneau *m* [mv: traîneaux]
ara ara *m*
Arabië l'Arabie *v* ★ *in ~* en Arabie
arabier *paard* (cheval *m*) arabe *m*
Arabier Arabe *m/v*, ‹burger van Saoedi-Arabië› Saoudien *m*
Arabisch I *bn, m.b.t. Arabië* arabe **II** *het, taal* arabe *m*
Arabische Arabe *v*, ‹burger van Saoedi-Arabië› Saoudienne *v*
arachideolie huile *v* d'arachide
arak arac(k) *m*
arbeid travail *m* [m mv: travaux] ★ *passende ~* travail convenable ★ *ongeschoolde ~* travail non qualifié ★ *aan de ~ gaan* se mettre au travail, se mettre à l'œuvre
arbeiden travailler (**aan** à) ★ *de ~de klasse* la classe ouvrière
arbeider ouvrier *m* [v: ouvrière], travailleur *m* [v: travailleuse] ★ *geschoolde ~* ouvrier qualifié ★ *hooggeschoolde ~* ouvrier hautement qualifié ★ *los ~* journalier *m*, manœuvre *m/v*
arbeidersbeweging mouvement *m* ouvrier
arbeidersbuurt quartier *m* ouvrier
arbeidsaanbod potentiel *m* de main-d'œuvre
arbeidsbemiddeling placement *m*
arbeidsbesparend ★ *~e machines* machines *v mv* qui économisent le travail
arbeidsbureau pôle *m* emploi
arbeidsconflict conflit *m* du travail
arbeidscontract contrat *m* de travail ★ *een collectief ~* convention *v* collective de travail, CCT *v* ★ *tijdelijk ~* contrat de travail à durée déterminée, CDD *m* ★ *vast ~* contrat de travail à durée indéterminée, CDI *m*
arbeidsduurverkorting réduction *v* du temps de travail, RTT *v*
arbeidsgeneesheer BN *bedrijfsarts* médecin *m* du travail
arbeidsinspectie ❶ *toezicht* inspection *v* du travail **❷** *overheidsinstelling* inspection *v* du travail
arbeidsintensief coûteux en main d'œuvre, qui demande beaucoup de travail
arbeidskracht ouvrier *m* [v: ouvrière] ★ *~en* la main-d'oeuvre
arbeidsloon salaire *m*, paye *v*, paie *v*, ‹maakloon› (frais *m mv* de) main-d'œuvre *v*
arbeidsmarkt marché *m* du travail
arbeidsomstandigheden conditions *v mv* de travail
arbeidsongeschikt inapte au travail
arbeidsongeschiktheid incapacité *v* (de travail), ‹ernstig› invalidité *v*
arbeidsongeschiktheidsuitkering allocation *v* / prestations *v mv* de l'assurance invalidité
arbeidsovereenkomst contrat *m* de travail ★ *collectieve ~* convention *v* collective (de travail), CCT *v* ★ *tijdelijke / vaste ~* contrat à durée déterminée (CDD) / indéterminée (CDI)
arbeidsplaats emploi *m*
arbeidsproces ❶ *gang van zaken m.b.t. arbeid* vie *v* active **❷** *handelingen in productieproces* processus *m* de fabrication
arbeidsrecht jur droit *m* du travail
arbeidstherapie ergothérapie *v*
arbeidstijdverkorting réduction *v* du temps de travail, RTT *v*
arbeidsverleden passé *m* professionnel, antécédents *m mv* de travail
arbeidsvermogen capacité *v* productrice
arbeidsvoorwaarden conditions *v mv* de travail ★ *secundaire ~* avantages *m mv* non salariaux
arbeidzaam travailleur [v: travailleuse], laborieux [v: laborieuse], actif [v: active]
arbiter sport arbitre *m/v*
arbitrage ❶ sport arbitrage *m* **❷** econ jur arbitrage *m*
arbitragecommissie commission *v* d'arbitrage
arbitrair I *bn* arbitraire **II** *bw* arbitrairement
arbodienst ≈ organisme *m* d'encadrement et de réintégration de travailleurs malades
Arbowet ≈ loi *v* sur les conditions de travail
arcade ❶ *booggewelf* arcade *v* **❷** *bogengalerij* arcades *v mv*
arceren hachurer
archaïsch archaïque
archaïsme archaïsme *m*
archeologie archéologie *v*
archeologisch archéologique
archeoloog archéologue *m/v*
archetype archétype *m*
archief archives *v mv*
archipel archipel *m*
architect architecte *m/v*
architectonisch architectonique
architectuur architecture *v*
architraaf architrave *v*
archivaris archiviste *m/v*
archiveren archiver
arctisch arctique
Ardennen Ardennes *v mv*
Ardenner, Ardeens , Ardens ardennais
are are *m*
areaal superficie *v*, ‹verspreidingsgebied› aire *v* (de répartition)
arena arène *v*
arend aigle *m*
arendsblik yeux *m mv* d'aigle
argeloos I *bn* naïf [v: naïve], ingénu **II** *bw* naïvement, ingénument
Argentijn Argentin *m*
Argentijns argentin
Argentijnse Argentine *v*
Argentinië l'Argentine *v* ★ *in ~* en Argentine
arglistig I *bn* malicieux [v: malicieuse] **II** *bw* avec malice
argument argument *m* ★ *~en aanvoeren / opwerpen* apporter / invoquer des arguments (à l'appui) ★ *een doorslaggevend ~* un argument décisif ★ *de ~en voor en tegen* les arguments pour

et contre
argumentatie argumentation *v*
argumenteren argumenter
argusogen ★ *met ~* d'un œil vigilant / méfiant
argwaan méfiance *v*, suspicion *v* (**jegens** à l'égard de) ★ *~ wekken* éveiller des soupçons ★ *~ koesteren tegen iemand / iets* nourrir des soupçons à l'égard de qn / qc
argwanend I *bn* soupçonneux [v: soupçonneuse], méfiant, suspicieux [v: suspicieuse] **II** *bw* avec méfiance
aria aria *v*, air *m*
ariër Aryen *m* [v: Aryenne]
arisch aryen [v: aryenne]
aristocraat aristocrate *m/v*
aristocratie aristocratie *v*
aristocratisch I *bn* aristocratique **II** *bw* aristocratiquement
aritmetica arithmétique *v*
aritmie arythmie *v* (cardiaque)
ark arche *v* ★ *de ark van Noach* l'arche de Noé ★ rel *de Ark des Verbonds* l'arche d'alliance
arm I *de* ❶ *lichaamsdeel* bras *m* ★ *met de armen over elkaar* les bras croisés ★ *arm in arm* bras dessus bras dessous ★ *met open armen* à bras ouverts ★ *met een baby op de arm* un bébé dans les bras ★ *iem. een arm geven* donner le bras à qn ★ fig *de sterke arm* les forces *v mv* de l'ordre ★ fig *iem. in de arm nemen,* BN *iem. onder de arm nemen* avoir recours à qn ❷ *wat op een arm lijkt* ⟨ook van rivier⟩ bras *m*, ⟨van kandelaar⟩ branche *v*, ⟨van hijskraan⟩ flèche *v*, ⟨mouw⟩ manche *v* **II** *bn* ❶ *weinig bezittend* pauvre ★ *arm maken* appauvrir ★ *arm worden* s'appauvrir ★ *arm aan* pauvre en ❷ *meelijwekkend* pauvre ★ *och, dat arme beest* ah, pauvre bête
armatuur ❶ *wapening van constructie* armature *v* ❷ *draagconstructie lichtbron* armature *v*
armband ⟨om pols⟩ bracelet *m*, ⟨om arm⟩ brassard *m*
arme pauvre *m/v* ★ *de armen van geest* les pauvres en esprit
Armeens arménien [v: arménienne]
armelijk I *bn* pauvre, miséreux [v: miséreuse] **II** *bw* pauvrement
Armenië l'Arménie *v* ★ *in ~* en Arménie
armetierig misérable
armlastig indigent, nécessiteux [v: nécessiteuse]
armlengte longueur *v* d'un bras
armleuning bras *m*, accoudoir *m*
armoede, armoe pauvreté *v*, misère *v* ★ *bittere ~* misère noire ★ *stille ~* misère cachée ★ *tot ~ geraken* être réduit à la misère ★ *~ lijden* être / vivre dans la misère ★ *het is er armoe troef* c'est la misère qui règne ★ *de ~ van geest* la faiblesse d'esprit
armoedegrens seuil *m* de pauvreté
armoedig I *bn* pauvre, misérable **II** *bw* pauvrement, misérablement
armoedzaaier inform crève-la-faim *m/v*, [mv: id.] sans le sou *m/v* [mv: id.]
armsgat emmanchure *v*
armslag liberté *v* de manœuvre / d'action ★ *~ hebben* avoir les coudées franches
armzalig I *bn* ❶ *armoedig* misérable, pauvre, pitoyable ❷ *onbeduidend* misérable, malheureux [v: malheureuse] **II** *bw* misérablement
Arnhem Arnhem *m*
aroma ❶ *geur* arôme *m* ❷ *stof* arôme *m*
aromatisch aromatique ★ *~e middelen* substances *v mv* aromatiques
aromatiseren aromatiser
aronskelk arum *m*
arrangement *regeling* arrangement *m*, ⟨voor reis⟩ forfait *m*
arrangeren ❶ *regelen* arranger ❷ muz arranger
arrangeur arrangeur *m* [v: arrangeuse]
arrenslee traîneau *m* [mv: traîneaux]
arrest ❶ *hechtenis* garde *v* à vue, ⟨militair⟩ arrêts *m mv*, ⟨kwartierarrest⟩ consigne *v* ★ *licht ~* mil arrêts simples ★ *zwaar ~* mil arrêts forcés ★ *in ~ nemen* arrêter ★ *onder ~ staan* être arrêté, être en état d'arrestation ❷ *gerechtelijke uitspraak* arrêt *m* ❸ *beslaglegging* saisie *v*
arrestant détenu *m* [v: détenue], personne *v* arrêtée / écrouée
arrestatie arrestation *v* ★ *een ~ verrichten* procéder à une arrestation
arrestatiebevel mandat *m* d'arrêt
arrestatieteam groupe *m* d'intervention
arresteren arrêter
arriveren arriver
arrogant arrogant
arrogantie arrogance *v*, insolence *v*
arrondissement arrondissement *m*
arrondissementsrechtbank jur tribunal *m* de grande instance
arsenaal ❶ *wapenopslagplaats* arsenal *m* [mv: arsenaux] ❷ *flinke hoeveelheid* arsenal *m* [mv: arsenaux]
arsenicum arsenic *m*
art deco kunst Art *m* déco
artdirector directeur *m* artistique
arteriosclerose artériosclérose *v*
articulatie articulation *v*
articuleren articuler
artiest artiste *m/v*
artikel ❶ *voorwerp* article *m* ❷ *geschreven stuk* article *m* ❸ *wetsbepaling* article *m* ★ *~ 26 van de Grondwet* article 26 de la Constitution
artillerie artillerie *v*
artisanaal BN *handwerk-* artisanal [m mv: artisanaux]
artisjok artichaut *m*
artistiek I *bn* artistique, ⟨van persoon⟩ artiste **II** *bw* artistiquement, avec art
artritis arthrite *v*
artrose arthrose *v*
arts médecin *m*, docteur *m*, inform toubib *m* ★ *een vrouwelijke arts* une femme médecin ★ *apotheekhoudend arts* (médecin) propharmacien
arts-assistent médecin-assistant *m* [mv: médecins-assistants]
artsenbezoeker visiteur *m* médical [m mv: visiteurs médicaux] [v: visiteuse médicale]
artsenij médicament *m*, remède *m*
artwork ⟨grafisch ontwerp⟩ maquette *v*, ⟨beeldmateriaal⟩ iconographie *v*
Aruba Aruba *m*
Arubaan Arubais *m*

ar

Arubaans arubais
Arubaanse Arubaise *v*
as ❶ *verbrandingsresten* cendre(s) *v (mv)* ★ *uit de as herrijzen* renaître de ses cendres ★ *as is verbrande turf* avec des si on mettrait Paris dans une bouteille ★ *in de as leggen* réduire en cendres ❷ *spil* axe *m*, pivot *m*, ⟨van wagen⟩ essieu *m* [mv: essieux], ⟨van machine⟩ arbre *m* ★ *om zijn as draaien* pivoter ❸ muz la *m* bémol
ASA ASA
asbak cendrier *m*
asbest amiante *m*
asblond blond cendré
asceet ascète *m/v*
ascendant ascendant *m*
ascese ascétisme *m*, ascèse *v*
ascetisch I *bn* ascétique **II** *bw* ascétiquement
ascorbinezuur acide *m* ascorbique
aselect arbitraire ★ *~e steekproef* échantillon *m* aléatoire
aseptisch aseptique ★ *~ maken* aseptiser
asfalt asphalte *m*, bitume *m*
asfalteren asphalter, bitumer, goudronner
asgrauw couleur de cendre, cendré
asiel ❶ *toevluchtsoord* asile *m* ★ *politiek ~ vragen* demander l'asile politique ★ *politiek ~ verlenen* accorder le droit d'asile ❷ *dierenverblijf* fourrière *v* / refuge *m* (de la SPA)
asielprocedure procédure *v* de demande d'asile
asielzoeker demandeur *m* d'asile (politique) [v: demandeuse...]
asielzoekerscentrum centre *m* d'accueil (pour les demandeurs d'asile)
asjeblieft → **alsjeblieft**
asjemenou ça alors, (ça) par exemple
aso I *de* ≈ cas *m* social **II** *afk*, BN onderw *algemeen secundair onderwijs* enseignement *m* secondaire général
asociaal asocial [m mv: asociaux]
aspartaam aspartame *m*
aspect aspect *m* ★ *de ethische ~en* les aspects éthiques
asperge asperge *v* ★ *~s steken* ramasser / cueillir les asperges
asperger ★ *syndroom van Asperger* syndrome *m* d'Asperger
aspirant ❶ *kandidaat* aspirant *m*, candidat *m* ★ *~-onderofficier* candidat *m* sous-officier ★ *~-koper* preneur *m* ❷ *jonge sporter* junior *m/v*, minime *m/v*, cadet *m* [v: cadette]
aspiratie ❶ *aanblazing* aspiration *v* ❷ *ambitie* aspirations *v mv* ★ *hoge ~s hebben* avoir de grandes ambitions
aspirientje (cachet *m* d')aspirine *v*
aspirine aspirine *v*
assemblage assemblage *m*
assemblee assemblée *v*
assembleren assembler
assenkruis (système *m* de) coordonnées *v mv*
Assepoester Cendrillon *v*
assertief ≈ capable de s'affirmer / de s'imposer, qui a de l'assurance
assertiviteit affirmation *v* de soi
assessment évaluation *v*, ⟨van werknemer, student⟩ contrôle *m*
assimilatie assimilation *v* ★ *~ van minderheden* assimilation de minorités ★ taalk *~ van klanken* assimilation phonétique
assimileren I *ov ww, gelijkstellen* assimiler **II** *onov ww* taalk s'assimiler
assisenhof BN jur (cour *v* d')assises *v mv*
assistent assistant *m* [v: assistante], ⟨in ziekenhuis⟩ interne *m/v*, ⟨op laboratorium⟩ laborantin *m* [v: laborantine] ★ BN *maatschappelijk ~* assistant social [v: assistante sociale]
assistentie assistance *v*, aide *v*, secours *m* ★ *iem. ~ verlenen* prêter son assistance à qn
assisteren assister
associatie association *v*
associatief I *bn* associatif [v: associative] **II** *bw* par associations
associëren associer (**met** à) ★ *zich ~* s'associer
assortiment assortiment *m*
assuradeur assureur *m*
assurantie assurance *v*
aster aster *m*
asterisk astérisque *m*
astma asthme *m* ★ *aanval van ~* crise *v* d'asthme
astmaticus asthmatique *m/v*
astmatisch asthmatique
astraal astral [m mv: astraux]
astrologie astrologie *v*
astrologisch astrologique
astroloog astrologue *m/v*
astronaut astronaute *m/v*
astronomie astronomie *v*
astronomisch ❶ astron astronomique ❷ *enorm groot* astronomique
astronoom astronome *m/v*
Aswoensdag mercredi *m* des Cendres
asymmetrisch I *bn* asymétrique **II** *bw* de façon asymétrique
asymptoot asymptote *v*
asynchroon asynchrone
at [verl. td.] → **eten**
ATB *allterrainbike* VTT *m*, vélo *m* tout-terrain
atelier atelier, ⟨van fotograaf⟩ studio *m*
aten [verl. td.] → **eten**
Atheens athénien [v: athénienne]
atheïsme athéisme *m*
atheïst athée *m/v*
Athene Athènes *v*
atheneum ≈ lycée *m*
atjar achards *m mv*
Atlantisch atlantique
Atlantische Oceaan (océan *m*) Atlantique *m*
atlas ❶ *boek met kaarten* atlas *m* ❷ *halswervel* atlas *m*
atleet athlète *m/v*
atletiek athlétisme *m*
atletisch athlétique
atmosfeer ook fig atmosphère *v* ★ *een gespannen ~* une atmosphère tendue ★ *een bedompte ~* une atmosphère confinée
atmosferisch atmosphérique
atol atoll *m*
atomair atomique
atoom atome *m*
atoombom bombe *v* atomique
atoomgeleerde (savant *m*) atomiste *m/v* [v: savante...]

atoomgewicht poids *m* atomique
atoomtijdperk ère *v* atomique
atoomwapen arme *v* nucléaire / atomique
atrofie atrophie *v*
attaché attaché *m* ★ *de cultureel* ~ l'attaché culturel
attachékoffer attaché-case *m* [mv: attachés-cases], porte-documents *m* [mv: id.]
attachment comp fichier *m* joint, pièce *v* jointe
attaque med *beroerte* attaque *v* (d'apoplexie)
at-teken *het teken @* arobase *v*
attenderen ~ **op**, ★ *iem.* ~ *op iets* attirer l'attention de qn sur qc, signaler / faire remarquer qc à qn
attent I *bn* ❶ *opmerkzaam* attentif [v: attentive] ★ ~ *zijn op iets* être attentif à qc ★ *iem. op iets* ~ *maken* attirer l'attention de qn sur qc, signaler / faire remarquer qc à qn ❷ *vriendelijk* attentionné, prévenant, plein d'égards ★ *dat is zeer* ~ *van u* c'est très aimable à vous, vous êtes très aimable **II** *bw* ❶ *opmerkzaam* attentivement ❷ *vriendelijk* avec prévenance
attentie ❶ *aandacht* attention *v* ★ *ter* ~ *van X* à l'attention de X ★ ~ *alstublieft* (votre) attention s'il vous plaît ❷ *blijk van vriendelijkheid* attentions *v mv*, ⟨cadeau⟩ petit quelque chose
attest ❶ *certificaat* attestation *v*, certificat *m* ❷ BN onderw *overgangsdiploma* attestation *v*
attitude attitude *v*
attractie attraction *v*
attractief attrayant, attirant, attractif [v: attractive]
attractiepark parc *m* d'attractions / de loisirs
attributief taalk attributif [v: attributive]
attribuut attribut *m*
atv *arbeidstijdverkorting* RTT *v*, réduction *v* du temps de travail
atv-dag RTT *v* ★ *een* ~ *hebben* poser un jour de RTT
au aïe!
a.u.b. *alstublieft* s.v.p., s'il vous plaît
aubade aubade *v* ★ *iem. een* ~ *brengen* donner une aubade à qn
au bain-marie culin au bain-marie ★ *iets* ~ *verwarmen* chauffer qc au bain-marie
aubergine I *de* aubergine *v* **II** *bn* aubergine
audiëntie audience *v* ★ ~ *aanvragen* demander une audience ★ *iem.* ~ *verlenen* recevoir qn en audience ★ *op* ~ *gaan bij* avoir une entrevue avec
audioapparatuur équipement *m* audio
audiorack chaîne *v* hi-fi [mv: chaînes hi-fi]
audiovisueel audiovisuel [v: audiovisuelle]
auditeur-militair auditeur *m* général
auditie audition *v* ★ ~ *doen* passer une audition, auditionner ★ *iem.* ~ *laten doen* auditionner qn ★ ~ *laten doen* faire passer une audition
auditorium auditorium *m*
auerhoen coq *m* de bruyère, (grand) tétras *m*
augurk cornichon *m*
augustus août *m*
aula auditorium *m*, amphithéâtre *m* ★ *aula van de universiteit* l'auditorium de l'université
au pair fille *v* au pair ★ *als* ~ *werken* travailler au pair
aura *uitstraling* aura *v*
aureool ❶ *stralenkrans* auréole *v* ❷ fig *goede reputatie* ★ *een* ~ *van onkreukbaarheid* une auréole d'intégrité
auspiciën ★ *onder* ~ *van* sous les auspices de
ausputzer sport libéro *m*
Australië l'Australie *v* ★ *in* ~ en Australie
Australiër *bewoner* Australien *m*
Australisch *m.b.t. Australië* australien [v: australienne]
Australische Australienne *v*
autarkie autarcie *v*
auteur auteur *m* [v: auteure] [v: autrice], écrivain *m* ★ *de* ~ *van ons lesboek* l'auteur de notre manuel
auteursrecht droit *m* d'auteur, ⟨royalty's⟩ droits *m mv* d'auteur
authenticiteit authenticité *v*
authentiek authentique
autisme autisme *m*
autist autiste *m/v*
autistisch autiste
auto voiture *v*, auto(mobile) *v*, inform bagnole *v* ★ *met de auto (gaan)* (aller) en voiture
autobiografie autobiographie *v*
autobiografisch autobiographique
autobom voiture *v* piégée
autobus, BN **autocar** (auto)bus *m*, (auto)car *m*
autochtoon I *de* autochtone *m/v* **II** *bn* autochtone, natif [v: native], de souche
autocoureur pilote *m* de course, coureur *m* automobile
autodidact autodidacte *m/v*
autogas *lpg* gaz *m* de pétrole liquéfié, GPL *m*
autogordel ceinture *v* de sécurité
auto-immuunziekte maladie *v* auto-immune
auto-industrie (industrie *v*) automobile *v*
autokerkhof cimetière *m* de voitures, ⟨sloop⟩ casse *v*
autokostenvergoeding compensation *v* des frais d'auto
autokraker inform roulottier *m* [v: roulottière]
autoluw à faible circulation automobile
automaat ❶ *uit zichzelf functionerend apparaat* automate *m*, automate *m* ❷ *distributieapparaat* distributeur *m* (automatique) ❸ *auto* voiture *v* automatique
automatiek ≈ snackbar *m* comportant des distributeurs automatiques
automatisch I *bn, zelfwerkend* automatique ★ ~*e piloot* pilote *m* automatique **II** *bw* automatiquement
automatiseren automatiser
automatisering automatisation *v*, ⟨computerisering⟩ informatisation *v*
automatisme automatisme *m*
automobilist conducteur *m* [v: conductrice], automobiliste *m/v*
automonteur mécanicien *m* [v: mécanicienne]
autonomie autonomie *v*
autonoom autonome
auto-ongeluk accident *m* de voiture
autopapieren papiers *m mv* de la voiture
autopark parc *m* automobile
autopech panne *v* de voiture ★ ~ *hebben* tomber en panne
autoped trottinette *v*, patinette *v*

au

autopsie autopsie *v* ★ *~ verrichten (op)* autopsier
autoracen faire des courses automobiles
autoradio autoradio *m*
autorijden conduire (une voiture)
autorijschool auto-école *v* [mv: auto-écoles]
autorisatie autorisation *v*
autoriseren autoriser
autoritair I *bn* autoritaire **II** *bw* autoritairement
autoriteit autorité *v* ★ *de plaatselijke ~en* les autorités locales / municipales ★ *hij is een ~ op dat gebied* c'est une autorité en la matière
autoslaaptrein train *m* autos-couchettes
autosleutel clef *v* de voiture
autosloperij casse *v*
autosnelweg autoroute *v*, BelgFr autostrade *v* ★ *~ met tolheffing* autoroute *v* à péage
autosport sport *m* automobile, automobilisme *m*
autostoel transp siège-auto *m* [mv: sièges-autos]
autostop ★ BN *~ doen* faire de l'autostop, inform faire du stop
autostopper BN *lifter* auto-stoppeur *m* [m mv: auto-stoppeurs] [v: auto-stoppeuse]
autostrade BN *snelweg* autoroute *v*
autoverhuur location *v* de voitures
autoverzekering assurance *v* automobile
autovrij interdit à la circulation automobile
autoweg autoroute *v*
autozetel BN transp siège-auto *m* [mv: sièges-auto]
avance ★ *~s maken naar / jegens* faire des avances à
avant-garde avant-garde *v* [mv: avant-gardes]
avant-gardistisch avant-gardiste, d'avant-garde
avatar www avatar *m*
avenue avenue *v*
averechts I *bn* ❶ *andersom ingestoken* à l'envers ★ *~e steek* une maille à l'envers ❷ *verkeerd* à l'envers, à contresens, de travers ★ *dat heeft een ~ effect* cela produit l'effet inverse **II** *bw* ❶ *andersom ingestoken* à l'envers ★ *twee rechts, twee ~ breien* tricoter deux mailles à l'endroit, deux mailles à l'envers ❷ *verkeerd* gauchement, de travers ★ *~ uitwerken* produire un effet pervers
averij scheepv avarie *v* ★ *~ oplopen* subir des avaries
aversie aversion *v*, répulsion *v* (**tegen** contre, pour) ★ *een ~ tegen iets hebben* avoir qc en aversion
A-viertje feuille *v* A4
avocado avocat *m*
avond soir *m*, soirée *v*, ⟨m.b.t. uitgaan⟩ soirée ★ *de ~ tevoren* la veille au soir ★ *de volgende ~* le lendemain soir ★ *'s ~s* le soir ★ *om zeven uur 's ~s* à sept heures du soir ★ *op een ~* un soir ★ *het wordt ~* la nuit / le soir tombe ★ *fijne / prettige ~!* passe une bonne soirée!
avondeten dîner *m* ★ *het ~ nuttigen* dîner
avondjurk, BN **avondkleed** robe *v* du soir
avondkleding tenue *v* de soirée
avondklok couvre-feu *m* [mv: couvre-feux] ★ *de ~ instellen* instaurer le couvre-feu
avondkrant journal *m* du soir
Avondland occident *m*
avondmaal ❶ *avondeten* repas *m* du soir, dîner *m* ❷ rel Cène *v* ★ *het Laatste Avondmaal* la Cène
avondmens ★ *een ~ zijn* être du soir
avondrood *rode gloed* rougeur *v* du couchant
avondschool école *v* / cours *m mv* du soir
avondspits heures *v mv* de pointe du soir
avondverkoop (vente *v* en) nocturne *v*
avondvullend qui occupe toute la soirée
avondwinkel ≈ magasin *m* de nuit, magasin qui fait nocturne
avonturier aventurier *m* [v: aventurière]
avontuur aventure *v* ★ *avonturen beleven* vivre des aventures ★ *op ~ uitgaan* chercher l'aventure → **avontuurtje**
avontuurlijk I *bn* ❶ *vol avonturen* aventureux [v: aventureuse] ★ *een ~e reis* un voyage plein d'aventures ❷ *op zoek naar avonturen* aventureux [v: aventureuse] **II** *bw* aventureusement
avontuurtje amourette *v*, aventure *v* (sentimentale)
axioma axiome *m*
ayatollah ayatollah *m*
azalea azalée *v*
azen ❶ **~ op** *als aas zoeken* chasser ❷ **~ op** *graag willen* lorgner, guigner ★ *hij aast op die functie* il brigue ce poste ★ *op geld azen* reluquer l'argent
Azerbeidzjaans azerbaïdjanais
Azerbeidzjan l'Azerbaïdjan *m* ★ *in ~* en Azerbaïdjan
Aziaat *bewoner* Asiatique *m*
Aziatisch asiatique
Aziatische Asiatique *v*
Azië l'Asie *v* ★ *in Azië* en Asie
azijn vinaigre *m*
azijnzuur acide *m* acétique
Azoren Açores *v mv* ★ *op de ~* aux Açores
Azteeks aztèque
Azteken Aztèques *m mv*
azuren azuré
azuur azur *m*, bleu *m* ciel

B

b ❶ *letter* b *m* ★ *de b van Bernard* B comme Berthe ❷ *muzieknoot* si *m*
B2B econ *Business to Business* B2B
B2C *business to consumer* B2C
BA *Bachelor* BA
baai baie *v*, ⟨groot⟩ golfe *m*
baak scheepv balise *v*
baal *zak* balle *v*, ballot *m* ★ *een baal vodden* une balle de chiffons ▼ *ergens de balen van hebben* en avoir ras le bol de qc, en avoir marre de qc
baaldag ≈ jour *m* de flemme
baan ❶ *betrekking* emploi *m*, poste *m*, inform boulot *m* ★ *je baan verliezen* perdre son travail ★ *baan voor halve dagen* emploi à mi-temps ★ *een rustig baantje* une planque ★ *een baantje vinden* trouver un petit boulot ❷ *stuk weg of terrein* ⟨rijstrook⟩ voie *v*, ⟨busbaan e.d.⟩ couloir *m*, sport piste *v*, ⟨tennis⟩ court *m*, ⟨strook van parcours⟩ couloir *m*, ⟨ijsbaan⟩ patinoire *v*, ⟨glijbaan⟩ glissoire *v* ★ *van baan wisselen* changer de voie ★ *ruim baan!* du large! ★ *ruim baan maken* aplanir / ouvrir la voie, ⟨opzij gaan⟩ s'écarter, fig ouvrir un boulevard ★ *in goede banen leiden* canaliser ★ *iets op de lange baan schuiven* renvoyer qc aux calendes grecques, renvoyer qc sine die ★ *dat is van de baan* il n'en est plus question ★ *het plan is van de baan* le projet est abandonné / écarté / caduc ★ BN *over de baan kunnen met iem.* bien s'entendre avec qn ❸ *route* ⟨van hemellichaam⟩ orbite *v*, ⟨van projectiel⟩ trajectoire *v* ★ *iets in een baan om de aarde brengen* mettre qc en / sur orbite ★ *een ellipsvormige baan beschrijven* décrire une orbite elliptique ❹ *strook stof, behang* bande *v*, lé *m*, laize *v*, largeur *v* ★ *voor dit gordijn heb je twee banen stof nodig* pour ce rideau il faut deux laizes
baanbrekend (in)novateur [v: (in)novatrice] ★ *~ werk verrichten* faire un travail de pionnier
baanrecord record *m* de piste
baansport sport *m* pratiqué sur une piste, ⟨wielrennen⟩ cyclisme *m* sur piste
baantjesjager carriériste *m/v*
baanvak ❶ *gedeelte van spoor- of trambaan* section *v* / tronçon *m* de voie ❷ BN *rijstrook* voie *v*
baanwachter garde-voie *m* [mv: gardes-voie(s)]
baanwedstrijd course *v* / épreuve *v* sur piste
baar I *de* ❶ *draagbaar* civière *v*, brancard *m* ❷ *staaf edelmetaal* barre *v*, lingot *m* ★ *een baar goud* un lingot d'or ❸ *golf* vague *v*, lame *v* ★ *de woelige baren* les flots déchaînés **II** *bn, contant* comptant ★ *in baar geld betalen* payer en espèces
baard ❶ *haargroei* barbe *v* ★ *zijn ~ laten staan* laisser pousser sa barbe ★ *een volle ~ hebben* porter toute sa barbe ★ fig *de ~ in de keel krijgen* avoir la voix qui mue, muer ❷ *deel van sleutel* panneton *m* ❸ *van walvis* fanon *m*
baardgroei barbe *v* ★ *zware ~* forte pilosité *v*
baardig barbu
baarmoeder utérus *m*
baarmoederhalskanker cancer *m* cervical, cancer du col de l'utérus
baarmoederslijmvlies endomètre *m*
baars perche *v*, ⟨zeebaars⟩ bar *m*
baas ❶ *chef* patron *m*, chef *m* ★ *de baas is over tien minuten terug* le patron reviens dans dix minutes ★ *zij is de baas* c'est elle qui commande ★ *zijn eigen baas zijn* travailler pour son propre compte, être à son compte ★ *de baas spelen* faire la loi, régenter ★ *iem. de baas blijven* dominer qn, l'emporter sur qn, avoir raison de qn ★ *zijn zenuwen waren hem de baas* il ne pouvait plus contrôler / maîtriser ses nerfs ★ *ze konden de toestand niet meer de baas* ils étaient débordés par la situation ★ *je hebt altijd baas boven baas* ≈ on trouve toujours son maître ❷ *eigenaar van een huisdier* maître *m* ★ *de hond luisterde niet naar zijn baas* le chien n'a pas obéi son maître ❸ *man, jongen* bonhomme *m* ★ *een oud baasje* un petit vieux
baat ❶ *voordeel* avantage *m* ★ *hij heeft er baat bij gevonden* cela lui a fait du bien, cela lui a été bénéfique ★ *te baat nemen* profiter de, se servir de ★ *de gelegenheid te baat nemen* profiter de l'occasion ★ *ten bate van* au profit / bénéfice de ❷ *opbrengst* profit *m*, bénéfice *m* ★ *baten en lasten* ⟨van bedrijf⟩ actif et passif
babbel *praatje* causette *v* ★ *een ~tje maken* bavarder, papoter, faire un brin de causette ★ *~s hebben* la ramener ★ *een vlotte ~ hebben* avoir du bagou, avoir de la tchatche
babbelaar ❶ *kletskous* bavard [v: bavarde], commère *v* ❷ *snoep* ≈ (bonbon *m* au) caramel *m*
babbelbox site *m* de chat, salon *m*
babbelen *kletsen* bavarder, causer, papoter
babbelkous bavard *m* [v: bavarde], commère *v*
babe ≈ gonzesse *v*
babi pangang cullin ≈ porc *m* (laqué) à la sauce aigre-douce
baby bébé *m* ★ *een baby'tje verwachten* attendre un bébé
babyboom baby-boom *m*
babyboomer baby-boomer *m/v*
babyfoon babyphone *m*
babykleding vêtements *m mv* pour bébé
babypoeder poudre *v* pour bébé
babyshampoo shampo(o)ing *m* (pour) bébé
babyshower baby-shower *m* [mv: baby-showers]
babysitten faire du baby-sitting
babysitter baby-sitter *m/v* [mv: baby-sitters]
babyuitzet layette *v*
babyvoeding aliments *m mv* pour bébés
baccalaureaat onderw baccalauréat *m*, inform bac *m*
bachelor onderw ≈ licencié *m* [v: licenciée]
bacil bacille *m*
back sport *achterspeler* arrière *m/v*
backhand sport revers *m*
backslash barre *v* oblique inversée, antislash *m*
backspace comp retour *m* arrière
backspacetoets comp touche *v* de retour arrière, touche *v* de rappel
back-up comp (copie *v* de) sauvegarde *v*
back-upbestand comp copie *v* de sauvegarde ★ *een ~ maken* sauvegarder
bacon bacon *m*
bacterie bactérie *v*, microbe *m*

ba

bacteriedodend bactéricide
bacterieel bactérien [v: bactérienne]
bacteriologisch bactériologique
bad I *het* ❶ *badkuip* bain *m* ❷ *onderdompeling* bain *m* ★ *Turks bad* bain turc, hammam *m* ★ *een bad nemen* prendre un bain ★ *iem. in bad doen* baigner qn **II** *ww* [verl. td.] → **bidden**
badcel cabine *v* (de douche), salle *v* d'eau
badderen patauger, barboter
baden I *ov ww, in bad doen* baigner ★ *een kind ~* baigner un enfant **II** *onov ww* ❶ *een bad nemen* prendre un bain ❷ *~* **in** nager dans ★ *in weelde ~* nager dans l'opulence ★ *~ in het zweet* être trempé de sueur, être (tout) en nage ★ *~ in het geld* nager dans l'argent ★ *~d in bloed* baigné dans son sang **III** *ww* [verl. td.] → **bidden**
badgast baigneur *m* [v: baigneuse], estivant *m* [v: estivante], ⟨kuurgast⟩ curiste *m/v*
badge ❶ *naamkaartje* badge *m* ❷ mil *onderscheiding* insigne *m*
badgoed linge *m* de bain
badhanddoek serviette *v* de bain
badhuis établissement *m* de bains
badineren badiner ★ *het ~* le badinage
badjas peignoir *m* / sortie *v* de bain
badkamer salle *v* de bains, ⟨zonder bad⟩ salle *v* d'eau
badkuip baignoire *v*, bain *m*
badlaken drap *m* de bain, ⟨op strand⟩ drap *m* de plage
badmeester maître *m* nageur [v: maître nageuse]
badminton badminton *m*
badmintonnen jouer au badminton
badmuts bonnet *m* de bain
badpak maillot *m* de bain
badplaats ❶ *plaats aan zee* station *v* balnéaire ❷ *kuuroord* station *v* thermale, ville *v* d'eaux
badschuim mousse *v* de bain
badstof tissu-éponge *m*
badwater eau *v* du bain
badzout sels *m mv* de bain
bagage ❶ lett bagages *m mv* ❷ fig *persoonlijke eigenschap, kwaliteit* bagage *m*
bagagedepot consigne *v*
bagagedrager ❶ *fietsonderdeel* porte-bagage *m* [mv: porte-bagages] ❷ BN *imperiaal* galerie *v*
bagagekluis consigne *v* automatique
bagagerek ❶ *rek voor handbagage* porte-bagage(s) *m* [mv: porte-bagages] ❷ *imperiaal* galerie *v*
bagageruimte ⟨in auto⟩ coffre *m*, ⟨in schip / vliegtuig⟩ soute *v* à bagages
bagatel bagatelle *v*
bagatelliseren minimiser
Bagdad Bagdad *m*
bagel (pain *m*) bagel *m*
bagger vase *v*, boue *v*
baggeren I *ov ww, uit het water halen* draguer, curer **II** *onov ww, waden* ★ *door de modder ~* patauger dans la boue
baggermachine drague *v*
baggermolen drague *v*
bah be(u)rk!, beuh! ★ jeugdt *een kleine bah doen* faire pipi ★ jeugdt *een grote bah doen* faire caca
Bahama's Bahamas *v mv* ★ *op de ~* aux Bahamas
Bahamees bahamien [v: bahamienne]
bahco clé *v* à molette
Bahrein le Bahreïn ★ *in ~* au Bahreïn
Bahreins bahreïnien [v: bahreïnienne]
bajes taule *v* ★ *in de ~* en taule
bajesklant taulard *m* [v: taularde]
bajonet baïonnette *v*
bak ❶ *omhulsel* bac *m*, ⟨vat⟩ récipient *m*, ⟨kuip⟩ cuve *v*, ⟨kuipje⟩ bacquet *m*, godet *m* ★ *een bak koffie* une tasse de café ★ *een bakje troost* un jus ❷ *bajes* taule *v* ★ *de bak indraaien* aller en taule ❸ *mop* blague *v* ★ *dat is een goeie bak* elle est (bien) bonne ❹ BN *krat* caisse *v* ▼ *hij zal niet aan de bak komen* ce ne sera pas son tour, il restera sur la touche
bakbeest monstre *m*, mastodonte *m*, masse *v*
bakboord bâbord *m* ★ *aan ~* à bâbord
bakboter beurre *m* de cuisson
bakeliet® bakélite® *v*
baken ❶ scheepv balise *v* ★ *de ~s verzetten* changer de cap ❷ *zendstation op vliegvelden* balise *v*
bakermat berceau *m* [mv: berceaux]
bakerpraatje histoires *v mv*, conte *m* bleu
bakfiets triporteur *m*
bakkebaarden favoris *m mv*
bakkeleien ❶ *ruziën* se chamailler ❷ *vechten* se bagarrer
bakken I *ov ww* (faire) cuire, ⟨in vet⟩ (faire) frire, ⟨van aardewerk⟩ cuire ★ fig *er niets van ~* n'arriver à rien, s'y prendre comme un pied ★ fig *ze bruin ~* y aller (fort) ★ fig *ge~ zitten* être planqué ★ fig *dat zit ge~* c'est du tout cuit **II** *onov ww* ❶ *zonnebaden* se faire rôtir, lézarder, iron bronzer idiot ❷ BN onderw *zakken voor examen* être collé
bakkenist side-cariste *m/v*
bakker boulanger *m* [v: boulangère] ★ *warme ~* boulanger artisan ★ *loop jij nog even langs de ~ voor een stokbrood?* tu passes chez le boulanger chercher une baguette? ▼ *het is voor de ~* c'est réglé, c'est dans la poche
bakkerij boulangerie *v*
bakkes trogne *v*, gueule *v*, tronche *v* ★ *hou je ~!* ferme-la!
bakkie ❶ *zendapparatuur* émetteur *m* ❷ *kopje (koffie / thee)* ★ *~ leut* café *m*, inform jus *m*
bakmeel farine *v* ★ *zelfrijzend ~* farine levante / fermentante
bakpoeder levure *v* chimique
bakschieten BN *sjoelen* ≈ jouer aux palets
baksteen brique *v* ★ *zakken als een ~* échouer lamentablement ★ *zinken als een ~* couler à pic ★ *iem. als een ~ laten vallen* laisser tomber qn comme une vieille chaussette ★ BN *een ~ in de maag hebben* BelgFr avoir une brique dans le ventre
bakvet friture *v*
bakvis *meisje* ado *v*, gamine *v*
bakvorm moule *m* à gâteau
bakzeil ▼ *~ halen* faire marche arrière, en rabattre
bal I *de* ❶ sport ⟨klein⟩ balle *v*, ⟨groot⟩ ballon *m* ★ *probeer de bal zo ver mogelijk te gooien!* lance la balle aussi loin que possible! ★ *een balletje trappen* faire un peu de foot ★ *wie kaatst, moet de*

bal verwachten qui s'y frotte s'y pique ★ *een balletje ergens over opgooien* lancer un ballon d'essai ★ *elkaar de bal toespelen* renvoyer l'ascenseur ★ *de bal terugkaatsen* fig renvoyer l'ascenseur ★ *dat bracht de bal aan het rollen* cela a déclenché l'affaire, ça a été le déclic ★ *de bal ligt nu bij jou,* BN *de bal ligt nu in jouw kamp* la balle est dans ton camp ❷ *bolvormig voorwerp* boule v ★ *een bal gehakt* une boulette de viande hachée ❸ *testikel* couille v ★ *een trap in je ballen* un coup de pied dans les couilles ❹ *bekakte jongen* snobinard m, inform merdeux m ★ *allemaal rechtse ballen van de hockeyclub* tous des snobinards du club de hockey ▾ *er geen bal van snappen* ne piger que dalle ▾ *ik weet er de ballen van* je n'y connais que dalle **II** *het, dansfeest* bal m ★ *gemaskerd bal* bal masqué

balanceren se tenir en équilibre ★ fig *op de rand van de afgrond ~* être au bord du gouffre

balans ❶ *evenwicht* équilibre m ★ *uit ~ zijn* être en déséquilibre ★ *uit ~ raken* perdre son équilibre ★ *iem. uit ~ brengen* déséquilibrer qn ❷ *weegschaal* balance v ★ *de ~ doen doorslaan* faire pencher la balance ❸ econ bilan m ★ *de ~ opmaken* ook fig faire / dresser le bilan

balanswaarde admin valeur v comptable

baldadig déchaîné, vandale

baldadigheid surexcitation v, exubérance v, pétulance v

Balearen Baléares v mv ★ *op de ~* aux Baléares

balein I *de, stok, staafje* baleine v **II** *het, materiaal* baleine v

balen en avoir marre, en avoir ras le bol (**van** de) ★ *ik baal ervan!* prise de tête!

balie ❶ *toonbank* comptoir m ❷ *rechtbank* barre v ★ *voor de ~ verschijnen* (com)paraître à la barre ❸ *advocaten* barreau m ★ *lid zijn van de ~* être inscrit au barreau

baljurk robe v de bal

balk ❶ *stuk hout / metaal* poutre v, ‹dwars- / vloerbalk› solive v ★ fig *geld over de balk gooien* jeter l'argent par les fenêtres ❷ *dikke streep* bande v

Balkan (les) Balkans m mv ★ *op de ~* dans les Balkans

Balkanstaten États m mv balkaniques

balken ‹van ezel› braire ★ *het ~* le braiment

balkon ❶ *uitbouw* balcon m ❷ *ruimte in trein* plate-forme v [mv: plates-formes] ❸ *rang* (fauteuils m mv de) balcon m

ballade ballade v

ballast ❶ *nutteloze lading* ‹van (lucht)vaartuig› lest m ★ *~ uitwerpen* lâcher du lest, délester ❷ fig fardeau m

ballen I *ov ww, samenknijpen* ★ *de vuisten ~* serrer les poings **II** *onov ww, spelen met bal* jouer au ballon

ballenjongen ramasseur m de balles

ballerina ballerine v

ballet *artistieke dans* ballet m, danse v

balletdanser danseur m de ballet [v: danseuse ...]

balletgezelschap troupe v de danseurs, corps m de ballet

balletschoen chausson m, ‹spitze› pointe v

balling exilé m [v: exilée], banni m [v: bannie]

ballingschap exil m, bannissement m ★ *in ~* en exil, exilé ★ *in ~ gaan* s'exiler ★ *in ~ zenden* exiler, bannir

ballistisch balistique

ballon ❶ *speelgoed* ballon m ❷ *luchtballon* ballon m, montgolfière m ★ *een ~netje oplaten* lancer un ballon d'essai

ballonvaarder voyageur m en ballon [v: voyageuse...], pilote m/v de ballon

ballonvaart *het ballonvaren* voyage m en ballon

ballonvaren monter / naviguer en ballon

ballotage ≈ vote m (d'admission)

ballpoint stylo m (à) bille, bic m

ballroomdansen danse v de salon

bal masqué bal m masqué

balorig récalcitrant, enquiquinant

balpen stylo m (à) bille, bic m

balsahout balsa m

balsamicoazijn culin vinaigre m balsamique

balsem baume m

balsemen embaumer ★ *het ~* l'embaumement m

balspel jeu m de ballon [mv: jeux ...], ‹kleine bal› jeu de balle

balsport sport m de ballon

balsturig obstiné

Baltische Zee (mer v) Baltique v

balts parade v (nuptiale)

balustrade balustrade v, garde-fou m [mv: garde-fous]

balzaal salle v de bal

balzak bourses v mv, scrotum m

bamastelsel onderw *bachelor-masterstelsel* le schéma LMD, licence-master-doctorat

bamboe I *de/het* bambou m **II** *bn* en / de bambou

bami ≈ nouilles v mv chinoises ★ *bami goreng* nouilles sautées, bami goreng m

ban ❶ *verbanning* ban m, rel excommunication v ★ *in de ban doen* bannir, rel excommunier ❷ *betovering* charme m, fascination v ★ *in de ban zijn van iem.* être sous le charme de qn, être subjugué par qn

banaal I *bn* banal [m mv: banals] futile, quelconque **II** *bw* banalement

banaan ❶ *vrucht* banane v ★ *een tros bananen* un régime de bananes ❷ *boom* bananier m

banaliteit *platte, afgezaagde bewering* banalité v

bananenrepubliek république v bananière

bancair bancaire

band[1] I *de* ❶ *strook van bepaald materiaal* bande v, ‹om arm› brassard m, ‹om hoofd› bandeau m, ‹lint› ruban m ★ *de EHBO'ers dragen een rode band om hun arm* les secouristes portent un brassard rouge ★ *aan banden leggen* brider ★ *uit de band springen* se livrer à la débauche / à des excès ❷ *luchtband* pneu m, ‹binnenband› chambre v à air ★ *een lekke band* un pneu crevé ★ *een band plakken* réparer un pneu ❸ *transportband* tapis m roulant, chaîne v (de montage) ★ *aan de lopende band* à la chaîne, en série, fig sans arrêt ❹ *magneetband* bande v ★ *opnemen op de band* enregistrer ❺ *boekomslag* reliure v ★ *linnen band* reliure toilée ❻ *verbondenheid* lien m ★ *banden aanknopen* nouer des liens ★ *banden van vriendschap aanhalen* resserrer les liens d'amitié ★ *banden onderhouden* entretenir des liens ★ *de banden*

ba

verbreken rompre les liens ★ *een nauwe band hebben met* être très proche de **II** *het, lint* ruban *m* → **bandje**
band² [bend] muz orchestre *m*, ⟨popgroep⟩ groupe *m*
bandage bandage *m*
bandbreedte ❶ *breedte van een band* largeur *v* de bande, fig fourchette *v* ❷ *frequentiespreiding* bande *v* passante ❸ comp débit *m*
bandenlichter démonte-pneus *m* [mv: id.]
bandenpech crevaison *v* ★ ~ *hebben* avoir un pneu crevé
bandenspanning pression *v* des pneus, gonflage *m*
bandiet bandit *m*, brigand *m* ★ *eenarmige* ~ machine *v* à sous
bandje ❶ *cassettebandje* cassette *v* ❷ *schouderbandje* bretelle *v*
bandplooibroek pantalon *m* à pinces
bandrecorder magnétophone *m*
bandstoten jouer de bricole
banen frayer ★ *zich een weg* ~ se frayer un chemin ★ *de weg* ~ *voor* ouvrir la voie à ★ *gebaande weg* fig chemin battu
banenplan programme *m* de création d'emplois
bang anxieux [v: anxieuse], peureux [v: peureuse], craintif [v: craintive] ★ *bang zijn* avoir peur ★ *bang zijn voor* craindre, avoir peur de, appréhender, redouter ★ *ik ben bang voor hem* j'ai peur de lui, il me fait peur ★ *heel bang zijn* avoir une peur bleue, inform avoir la trouille ★ *ik ben bang dat je je vergist* je crains que tu ne te trompes ★ *bang maken* faire peur à, intimider, effrayer ★ *bang worden* prendre peur, s'inquiéter ★ *bange uren* des heures d'angoisse ★ *niet bang uitgevallen zijn* ne pas avoir froid aux yeux
bangelijk I *bn, angstig* peureux [v: peureuse], craintif [v: craintive] **II** *bw,* inform BN *zeer* très, fort
bangerd, bangerik peureux *m* [v: peureuse], ⟨angsthaas⟩ trouillard *m* [v: trouillarde]
Bangkok Bangkok *m*
Bangladesh le Bangladesh ★ *in* ~ au Bangladesh
bangmakerij intimidation *v*
banier bannière *v*, étendard *m*
banjeren *rondlopen* cavaler, déambuler
banjo banjo *m*
bank ❶ *zitmeubel* banc *m*, ⟨bekleed⟩ banquette *v*, ⟨in auto e.d.⟩ siège *m*, ⟨in huis⟩ canapé *m*, ⟨op tribune⟩ gradin *m* ★ *op een bankje in het park* sur un banc dans le parc ★ *de bank opnieuw laten bekleden* faire recouvrir le canapé ★ sport *de reserves zitten op de bank* les remplaçants sont sur le banc ❷ *geldinstelling* banque *v* ★ *een rekening openen bij een bank* ouvrir un compte bancaire ★ *geld op de bank hebben* avoir de l'argent à la banque ★ *bank van lening* mont-de-piété *m* ❸ *inzet* ★ *de bank laten springen* faire sauter la banque ▾ *door de bank genomen* en règle générale, en moyenne ❹ *plaats waar de zee ondiep is* banc *m* ★ *het schip liep vast op een bank* le navire s'est échoué sur un banc de sable
bankafschrift relevé *m* de compte
bankbiljet billet *m* de banque
bankbreuk ★ *bedrieglijke* ~ banqueroute *v* frauduleuse
bankcheque chèque *m* bancaire
bankdirecteur directeur *m* de banque [v: directrice ...]
banket ❶ *feestmaal* banquet *m* ❷ *gebak* pâtisserie *v* (fine)
banketbakker pâtissier *m* [v: pâtissière]
banketbakkerij pâtisserie *v*
banketletter ≈ gâteau *m* feuilleté à la pâte d'amandes en forme de lettre
bankgarantie caution *v* bancaire
bankgeheim secret *m* bancaire
bankier banquier *m* [v: banquière]
bankieren faire des opérations bancaires
bankkaart BN *bankpas* carte *v* bancaire
bankoverval hold-up *m* [mv: id.] braquage *m* (d'une banque)
bankpas carte *v* bancaire
bankrekening compte *m* bancaire, compte en banque
bankrekeningnummer numéro *m* de compte en banque
bankroet I *het* faillite *v*, banqueroute *v* **II** *bn* en faillite, ⟨van politiek e.d.⟩ en déroute ★ *een ~e firma* une société en faillite ★ ~ *gaan* faire faillite ★ ~ *zijn* être en faillite
bankroof cambriolage *m* d'une banque
banksaldo solde *m* en banque
bankschroef étau *m* [mv: étaux]
bankstel (ensemble *m* de) salon *m*
bankwerker ajusteur *m*
bankwezen banque(s) *v (mv)*, système *m* bancaire
banneling exilé *m* [v: exilée], banni *m* [v: bannie]
bannen bannir, exiler, ⟨van boze geesten⟩ exorciser ★ *iem. uit het land* ~ bannir qn du pays ★ *iets uit het geheugen* ~ chasser qn de son esprit
banner comp bandeau *m* [mv: bandeaux], bannière *v*
Bantoe *persoon* Bantou *m*
banvloek ook fig anathème *m* ★ *de ~ over iem. uitspreken* jeter l'anathème sur qn
baptist baptiste *m/v*
bar¹ I *de* ❶ *café* bar *m* ❷ *tapkast* comptoir *m* **II** *bn* ❶ *vreselijk* ★ *dat is (al te) bar* trop c'est trop ★ *bar en boos* abominable ❷ *dor* aride, stérile ★ *een barre landstreek* une région aride ❸ *guur, buiig* âpre, rude, rigoureux [v: rigoureuse] ★ *het is bar weer* il fait un temps épouvantable **III** *bw* terriblement, rudement ★ *het al te bar maken* aller trop loin
bar² [baar] natk *eenheid van druk* bar *m*
barak baraque *v*, baraquement *m*
barbaar barbare *m/v*
barbaars I *bn* ⟨onbeschaafd⟩ barbare, ⟨wreed⟩ cruel [v: cruelle] **II** *bw* en barbare, cruellement
Barbadiaans barbadien [v: barbadienne]
Barbados la Barbade
barbarisme emprunt *m*
barbecue ❶ *maaltijd* barbecue *m* ❷ *toestel* barbecue *m*
barbecueën faire un barbecue
barbeel barbeau *m* [mv: barbeaux]
Barbertje ▾ ~ *moet hangen* ≈ il faut une victime, ≈ il faut un bouc émissaire
barbiepop poupée *v* Barbie

Barcelona Barcelone *v*
barcode code *m* à barres
bard barde *m*
barema BN *loonschaal* barème *m*
baren ❶ *ter wereld brengen* accoucher de, enfanter, mettre au monde ❷ *veroorzaken* causer, produire, susciter ★ *opzien* ~ faire sensation ★ *zorgen* ~ inquiéter, causer du souci
barenswee contraction *v*
Barentszzee mer *v* de Barents
baret béret *m*, ‹van geestelijke› barrette *v*, ‹van professor› toque *v*
Bargoens I *het* argot *m* **II** *bn* argotique
bariton baryton *m*
bark *zeilschip* trois-mâts *m*
barkeeper barman *m* [mv: barmans / barmen] [v: barmaid / serveuse]
barkruk tabouret *m* de bar
barmhartig I *bn* miséricordieux [v: miséricordieuse], charitable ★ *de ~e Samaritaan* le bon Samaritain **II** *bw* charitablement, avec miséricorde
barmhartigheid miséricorde *v*, charité *v*
barnsteen ambre *m* jaune
barok I *de* baroque *m* **II** *bn* baroque
barometer baromètre *m* ★ *de ~ loopt terug / stijgt* le baromètre baisse / (re)monte
barometerstand hauteur *v* barométrique
baron baron *m*
barones baronne *v*
baroscoop baroscope *m*
barracuda barracuda *m*
barrel[1] ★ *aan ~s* en (mille) morceaux
barrel[2] *vat* baril *m*
barrevoets I *bn* nu-pieds, pieds nus **II** *bw* nu-pieds
barricade barricade *v* ★ *op de ~n staan* être sur la brèche
barricaderen barricader
barrière *hindernis* barrière *v*
bars I *bn* brusque, rude, bourru **II** *bw* rudement, avec brusquerie
barst fissure *v*, ‹in lip e.d.› gerçure *v*, ‹in glas› fêlure *v*, ‹in grond› crevasse *v*, ‹in muur› lézarde *v* ▼ *geen* ~ que dalle ▼ *het kan me geen ~ schelen* je m'en fous
barsten ❶ *barsten krijgen* se fissurer, se fendre, se fêler, ‹van huid› se gercer ❷ *uit elkaar springen* éclater, crever ★ *je kunt ~!* va te faire foutre! ★ *zich te ~ eten* se bourrer, se gaver ★ *~ van* crever de, être bourré de ★ *een ~de hoofdpijn* un mal de tête atroce ★ *iem. laten ~* laisser tomber qn
barstensvol plein à craquer, archiplein, ‹wemelend (van)› bourré (de) ★ *hij zat ~ ideeën* il débordait d'idées ★ *~ fouten* bourré de fautes
bas muz *stem, persoon, partij, instrument* basse *v*, ‹contrabas› contrebasse *v*
basaal ❶ *van de basis* basal [m mv: basaux] de base ❷ *fundamenteel* basique
basalt basalte *m*
base scheik base *v*
baseball base(-)ball *m*
Basel Bâle *v*
baseline ligne *v* de fond
baseren ~ **op** baser sur, fonder sur, appuyer sur ★ *zich ~ op* se baser sur ★ *gebaseerd zijn op* se baser sur, se fonder sur, reposer sur
basgitaar guitare *v* basse
basilicum culin basilic *m*
basiliek basilique *v*
basilisk *fabeldier* basilic *m*
basis ❶ *grondslag, fundament* base *v* ★ *de ~ leggen voor* jeter les bases de ★ *op ~ van* ‹bereid met› à base de, ‹uitgaand van› sur la base de, ‹steunend op› fondé sur ❷ wisk base *v* ❸ mil base *v*
basisbeurs bourse *v* de base
basisch basique
basiscursus cours *m* élémentaire
basisinkomen ❶ *gegarandeerd minimuminkomen* salaire *m* minimum ❷ *inkomen exclusief de toeslagen* salaire *m* / revenu *m* de base
basisloon salaire *m* de base
basisonderwijs onderw enseignement *m* primaire
basisopstelling sport sélection *v* de base
basisschool onderw école *v* primaire ★ *op de ~ zitten* aller à l'école primaire
basisspeler sport titulaire *m/v*
basisvak onderw discipline *v* de base
basisvorming ≈ tronc *m* commun, ‹onderbouw› premier cycle *m*
Bask Basque *m/v*
Baskenland le Pays basque ★ *in ~* au Pays basque
basketbal I *de, bal* ballon *m* de basket **II** *het, spel* basket(-ball) *m*
basketballen jouer au basket
Baskisch I *bn, m.b.t. Baskenland* basque **II** *het, taal* basque *m*
Baskische Basque *v*
bas-reliëf bas-relief *m* [mv: bas-reliefs]
bassin ❶ *waterbekken* bassin *m* ❷ *zwembad* bassin *m*
bassist bassiste *m/v*
bassleutel clé *v* de fa
bast ❶ *boomschors* écorce *v* ❷ *lijf* panse *v* ★ *in zijn blote bast* torse *m* nu
basta assez!, ça suffit!, fini!, basta! ★ *en daarmee ~!* (et puis) un point, c'est tout!
bastaard ❶ *onwettig kind* bâtard *m* [v: bâtarde] ❷ *kruising* bâtard *m*, ‹plant› hybride *m*
Bastenaken Bastogne *v*
basterdsuiker vergeoise *v*, sucre *m* roux
bastion bastion *m*
bat sport *slaghout* ‹tafeltennis› raquette *v*, ‹cricket› batte *v*
bataljon bataillon *m*
Batavier Batave *m/v*
batch comp lot *m*, batch *m*
bate → **baat**
baten servir (à), être utile (à) ★ *daarmee ben ik niet gebaat* cela ne m'avancera pas ★ *het mocht niet ~* c'est resté sans effet ★ *wat baat het?* à quoi bon? ★ *baat het niet, dan schaadt het niet* on ne risque rien à essayer
batig ★ *~ saldo* solde *m* positif / créditeur
batikken faire en batik
batterij ❶ *kleine energiebron* pile *v* ★ *op ~en werken* marcher à piles ❷ BN *accu* ‹motor, auto› batterie *v* ❸ *hoeveelheid* batterie *v*
bauxiet bauxite *v*
bavarois culin bavaroise *v*, glace *v* aux fruits

confits
baviaan babouin *m*
baxter BN med *infuus* perfusion *v*
bazaar ❶ *liefdadigheidsverkoop* kermesse *v*, vente *v* de charité ❷ *markt* bazar *m*
bazelen radoter
bazig I *bn* autoritaire, dominateur [v: dominatrice] **II** *bw* autoritairement
bazin *vrouwelijke chef* patronne *v*, ‹van dier› maîtresse *v*
bazooka bazooka *m*
BBQ *barbecue* BBQ *m*
beachvolleybal volley(-ball) *m* de plage, beach-volley *m*
beademen insuffler, med mettre / placer sous respiration artificielle
beademing insufflation *v*, med respiration *v* artificielle ★ *mond-op-mond~* bouche-à-bouche *m* ★ *kunstmatige ~* respiration artificielle
beagle beagle *m*
beambte employé *m* [v: employée], préposé *m* [v: préposée], fonctionnaire *m/v*
beamen approuver, être d'accord avec, confirmer
beamer vidéoprojecteur *m*, beamer *m*
beangstigen effrayer, angoisser
beantwoorden I *ov ww* répondre à ★ *een brief ~* répondre à une lettre **II** *onov ww*, *~* **aan** répondre à, correspondre à ★ *aan de verwachtingen ~* répondre à l'attente
bearnaisesaus culin sauce *v* béarnaise
beat (musique *v*) beat *m*
beatbox beatbox *m*, boîte *v* à rythmes
beatboxen faire le beatbox
beaujolais beaujolais *m*
beautycase vanity-case *m* [mv: vanity-cases]
beautyfarm ≈ centre *m* de bien-être
bebloed ensanglanté, en sang
beboeten infliger une amende à, ‹bekeuren› verbaliser contre
bebop muz be-bop *m*
bebossen boiser, ‹opnieuw› reboiser, repeupler
bebouwen ❶ *gebouwen neerzetten op* bâtir (sur), construire ❷ *gewassen kweken op* cultiver
bebouwing ❶ *het bouwen* construction *v* ❷ *gebouwen* construction *v* ★ BN *halfopen ~* maisons *v mv* jumelles
bechamelsaus culin sauce *v* béchamel
becijferen calculer, chiffrer
becommentariëren commenter
beconcurreren concurrencer, faire concurrence à
bed ❶ *slaapplaats* lit *m*, inform pieu *m* ★ *het bed opmaken* faire le lit ★ *naar bed gaan* se coucher ★ *naar bed brengen* mettre au lit, coucher ★ *naar bed!* au lit! ★ *met iem. naar bed gaan* ‹seks hebben› coucher avec qn ★ *het bed houden* garder le lit, rester au lit ★ *uit bed springen* sauter (à bas) du lit ★ *aan bed gekluisterd zijn* être cloué au lit ★ *dat is ver van mijn bed* je ne me sens pas vraiment concerné ★ *zijn bedje is gespreid* son avenir est assuré ★ fig *zalm op een bedje van groente* saumon *m* sur un lit de légumes ❷ *stuk grond voor gewassen* parterre *m*, platebande *v* ★ *een bed met aardbeien* une platebande de fraisiers
bedaagd d'un âge avancé
bedaard I *bn* calme, posé **II** *bw* calmement, posément
bedacht ❶ *voorbereid* ★ *op iets ~ zijn* s'attendre à qc, être préparé à qc, être soucieux de, viser qc ❷ *strevend naar* visant, soucieux de ★ *op eigen voordeel ~ zijn* ne chercher que son intérêt
bedachtzaam I *bn* réfléchi, circonspect, avisé, prudent **II** *bw* avec réflexion / circonspection ★ *~ handelen* agir avec prudence
bedankbrief lettre *v* de remerciement
bedanken I *ov ww*, *dank betuigen* remercier (**voor** de, pour) ★ *(hartelijk) bedankt!* merci (bien)! **II** *onov ww* ❶ *ontslag nemen* démissionner, donner sa démission ❷ *lidmaatschap of abonnement opzeggen* ‹lidmaatschap› se désaffilier, se retirer, ‹abonnement› se désabonner ❸ *afslaan* refuser, décliner ★ *voor de eer ~* décliner l'honneur ★ *voor een uitnodiging ~* décliner une invitation ★ *daar bedank ik (feestelijk) voor!* très peu pour moi!
bedankje ❶ *dankwoord* remerciement *m* ★ *er kon nog geen ~ af* il / elle n'a même pas dit merci ❷ *opzegging* résiliation *v*
bedankt merci ★ *hartelijk ~!* merci bien / beaucoup!
bedaren I *ov ww*, *tot rust brengen* apaiser, calmer **II** *onov ww*, *tot rust komen* se calmer, s'apaiser ★ *de vader bracht het kind tot ~* le père a apaisé l'enfant
bedbank canapé-lit *m* [mv: canapés-lits], clic-clac *m* [mv: id.]
beddengoed literie *v*
beddenlaken drap *m* (de lit)
bedding lit *m* ★ *droge ~* lit sec
bede *smeekbede* prière *v*, ‹dringend› instances *v mv*
bedeesd I *bn* timide **II** *bw* timidement
bedekken couvrir (**met** de), ‹overdekken› recouvrir
bedekking couverture *v*
bedekt ❶ *afgedekt* couvert ❷ *niet openlijk* couvert ★ *in ~e termen* à mots couverts
bedelaar mendiant *m*
bedelares, **bedelaarster** mendiante *v*
bedelarij mendicité *v*
bedelarmband bracelet *m* à breloques
bedelen mendier, inform faire la manche ★ *~ om iets* mendier qc, quémander qc
bedelen faire la part à, pourvoir (**met** de), ‹van armelui› assister ★ *rijkelijk bedeeld* bien pourvu ★ *iem. ruim ~* faire la part belle à qn ★ *de minst bedeelden* les plus défavorisés
bedelstaf ★ *tot de ~ brengen* réduire à la mendicité, mettre sur la paille, ruiner ★ *tot de ~ vervallen* être réduit à la mendicité
bedeltje breloque *v*
bedelven ❶ *helemaal bedekken* enfouir, ensevelir ★ *hij werd bedolven onder het zand* il était enseveli sous le sable ❷ fig *overstelpen* accabler (**met** de) ★ *bedolven onder het werk* accablé / submergé de travail ★ *iem. onder complimenten ~* accabler qn de compliments
bedenkelijk ❶ *twijfel uitdrukkend* hésitant ★ *~ kijken* prendre un air hésitant ❷ *zorgelijk* préoccupant, délicat, ‹dubieus› douteux

[v: douteuse] ★ *het ziet er ~ voor je uit* cela se présente mal pour toi, inform tu es mal barré ★ *dat ziet er ~ uit* c'est préoccupant ★ *een ~e situatie* une situation délicate

bedenken I *ov ww* ❶ *overwegen* considérer ★ *en dan te ~ dat* et dire que ★ *bedenk wel* notez bien ❷ *verzinnen* inventer, imaginer, concevoir ★ *ik heb iets leuks bedacht* j'ai eu une idée sympa **II** *wkd ww* [**zich ~**] *van gedachten veranderen* se raviser ★ *ik heb me bedacht* je me suis ravisé ★ *zich geen tweemaal ~* ne pas y regarder à deux fois

bedenking objection *v* ★ *~en hebben* avoir des réserves

bedenktijd temps *m* / délai *m* / marge *v* de réflexion ★ *ik geef u ... ~* je vous accorde un délai de ... ★ *een dag ~* un jour de réflexion

bederf ❶ *rotting* pourriture *v* ★ *aan ~ onderhevig* périssable ★ *tot ~ overgaan* se gâter ❷ *verslechtering* corruption *v*, perversion *v* ★ *het ~ van de zeden* la corruption des mœurs

bederfelijk périssable ★ *~e waar* denrées *v mv* périssables

bederven I *ov ww* ❶ *slechter maken* abîmer, ‹verknoeien› gâcher, gâter, ‹schaden› détériorer, ‹verderven› corrompre ★ *iemands plezier ~* gâcher le plaisir de qn ★ *zijn ogen ~* s'abîmer la vue ❷ *verwennen* gâter ★ *een kind ~* gâter un enfant **II** *onov ww, slecht, zuur of rot worden* se gâter, pourrir

bedevaart pèlerinage *m* ★ *op ~ gaan* aller en pèlerinage

bedevaartganger pèlerin *m* [v: pèlerine]

bedevaartplaats (lieu *m* de) pèlerinage *m*

bediende ❶ commis *m*, ‹in huis› domestique *m/v* ★ *jongste ~* apprenti *m* [v: apprentie], petit commis ❷ BN *werknemer op kantoor* employé *m* [v: employée]

bedienen I *ov ww* ❶ *helpen* servir ★ *een klant ~* servir un client, s'occuper d'un client ❷ *laten functioneren* manier, commander ★ *de geluidsapparatuur ~* s'occuper de la sono ❸ rel administrer **II** *wkd ww* [**zich ~**] ~ **van** *gebruik maken van* se servir de ★ *bedient u zich gerust* servez-vous!

bediening service *m* ★ *inclusief ~* service compris ★ *de ~ van dat apparaat is heel simpel* cet appareil est d'un maniement simple

bedieningspaneel tableau *m* / pupitre *m* de commande, console *v*

bedierf [verl. td.] → **bederven**

bedierven [verl. td.] → **bederven**

bedillen ❶ *zich bemoeien met* se mêler de ❷ *vitten op* chicaner, ergoter

beding condition *v*, stipulation *v* ★ *onder geen ~* à aucune condition, en aucun cas ★ *onder één ~* à une seule condition

bedingen ‹eisen› stipuler, ‹afspreken› négocier

bedisselen arranger, régler, ‹bekonkelen› manigancer

bedlegerig alité, cloué au lit ★ *~ worden* s'aliter

bedoeïen bédouin *m* [v: bédouine]

bedoelen ❶ *willen zeggen* vouloir dire ★ *wat bedoel je (daarmee)?* qu'est-ce que tu veux dire (par là)? ★ *wie bedoelt u?* à qui pensez-vous? ★ *hoe bedoelt u?* comment cela? ★ *de bedoelde persoon* la personne en question ❷ *als doel voor ogen hebben* viser à, avoir en vue ★ *deze informatie is niet bedoeld voor de pers* c'est une information à ne pas divulguer à la presse ★ *het is goed bedoeld* l'intention est bonne, cela part d'un bon sentiment ★ *ik heb er geen kwaad mee bedoeld* je n'y ai pas entendu malice ★ *het is niet serieus bedoeld* ce n'est pas sérieux

bedoeling intention *v*, but *m*, BelgFr dessein *m* ★ *het is de ~ dat iedereen meegaat* tout le monde est censé de venir ★ *met de ~ om* dans l'intention / le but de ★ *het ligt in mijn ~ om* j'ai l'intention de, j'envisage de ★ *met een goede ~* à bonne intention, bien intentionné ★ *zonder kwade ~* sans malice ★ *dat was niet de ~* ce n'était pas le but de l'opération ★ *wat is de ~?* qu'est-ce qu'on est censé faire?

bedoening affaire *v* ★ *het was een hele ~* c'était toute une affaire ★ *wat een saaie ~!* ce que c'est ennuyeux / rasant!, quelle barbe! ★ *een fraaie ~!* iron c'est du propre!

bedolf [verl. td.] → **bedelven**

bedolven [verl. td.] → **bedelven**

bedompt mal aéré, étouffant ★ *~ ruiken* sentir le renfermé ★ *een ~e kamer* une pièce qui sent le renfermé

bedonderd ❶ *gek* cinglé, dingue, malade ★ *ben je helemaal ~?* ça va pas la tête?, t'es malade ou quoi? ❷ *beroerd* fichu, minable, pourri ★ *er ~ uitzien* avoir une sale gueule / tête

bedonderen avoir, rouler, inform couillonner, arnaquer

bedorven I *bn* ❶ *slecht, zuur of rot* gâté, ‹lelijk geworden› abîmé, ‹van eetwaar› plus bon, avarié, ‹zuur, geschift› tourné, ‹rot› pourri, ‹van lucht› vicié, ‹van maag› dérangé, barbouillé ❷ *verwend* gâté **II** *ww* [volt. deelw.] → **bederven**

bedotten avoir, berner, duper ★ *bedot worden* se faire avoir

bedpan BN *ondersteek* bassin *m* (hygiénique)

bedplassen énurésie *v* / incontinence *v* nocturne, inform faire pipi au lit

bedraden câbler

bedrading ❶ *geheel van snoeren* câblage *m* ❷ *het aanleggen daarvan* câblage *m*

bedrag montant *m*, total *m*, somme *v* ★ *een flink ~ kunnen besteden* avoir un jolie somme à dépenser ★ *het resterende ~* le restant, le solde ★ *ten ~e van* d'un montant de ★ *tot een ~ van* jusqu'à concurrence de ★ *het ~ overmaken op* verser / virer le montant sur

bedragen I *onov ww* s'élever à, se chiffrer à, être de ★ *het verlies bedraagt 5000 euro* la perte est de 5000 euros **II** *ww* [volt. deelw.] → **bedragen**

bedreigen *gevaar vormen voor* menacer (**met** de) ★ *met iets bedreigd worden* être sous le coup de qc

bedreiging menace *v* (**met** de) ★ *onder ~ van* sous la menace de

bedremmeld I *bn* confus, embarrassé **II** *bw* d'une manière confuse

bedreven *vaardig (in)* habile (dans), expert (dans), fort (en), rompu (à), versé (dans) ★ *hij is ~ in het koken* il est bon cuisinier

bedriegen ❶ *misleiden* tromper, duper ★ *bedrogen uitkomen* être déçu (dans ses espoirs)

be

❷ *ontrouw zijn* tromper ★ *een bedrogen echtgenoot* un mari trompé, inform un cocu
bedrieger tricheur *m* [v: tricheuse], ⟨oplichter⟩ escroc *m* ★ *de ~ bedrogen* l'arroseur arrosé
bedrieglijk I *bn* trompeur [v: trompeuse], ⟨met bedrog⟩ frauduleux [v: frauduleuse] ★ *het weer is ~* le temps est trompeur **II** *bw* de manière trompeuse / frauduleuse ★ *er ~ veel op lijken* y ressembler à s'y tromper / méprendre
bedrijf ❶ *onderneming* entreprise *v*, firme *v*, ⟨agrarisch⟩ exploitation *v* ★ *voor een commercieel ~ werken* travailler dans une entreprise commerciale ❷ *werking* action *v* ★ *buiten ~!* hors (de) service! ★ *buiten ~ stellen* mettre hors (de) service ★ *in ~ zijn* fonctionner, être en marche ❸ *deel van toneelstuk* acte *m* ★ fig *tussen de bedrijven door* entre-temps
bedrijfsadministratie administration *v* de l'entreprise
bedrijfsarts médecin *m* du travail
bedrijfsauto transp voiture *v* de fonction
bedrijfschap ≈ association *v* professionnelle, syndicat *m*
bedrijfseconomie économie *v* d'entreprise
bedrijfseconoom économiste *m/v* d'entreprise
bedrijfsgeheim information *v* confidentielle, ⟨m.b.t. product⟩ secret *m* de fabrication
bedrijfskapitaal fonds *m* de roulement
bedrijfsklaar opérationnel [v: opérationnelle], prêt à l'emploi, ⟨van fabriek⟩ clefs *v mv* en main
bedrijfskunde gestion *v*, management *m*
bedrijfsleider chef *m* (d'entreprise), gérant *m* (d'affaires) [v: gérante]
bedrijfsleiding direction *v* d'entreprise
bedrijfsleven *de bedrijven* entreprises *v mv* ★ *projecten waarin overheid en ~ samenwerken* projets *m mv* publics-privés vie *v* économique ★ *werkzaam zijn in het ~* travailler dans une entreprise
bedrijfsongeval accident *m* du travail
bedrijfspand immeuble *m* d'exploitation
bedrijfsrevisor BN *registeraccountant* audit *m*, BelgFr réviseur *m* d'entreprise
bedrijfsspionage espionnage *m* industriel
bedrijfstak secteur *m* (industriel)
bedrijfsvereniging ≈ association *v* professionnelle sectorielle
bedrijfsvoering gestion *v*, management *m*
bedrijfszeker fiable
bedrijven faire, pratiquer, ⟨begaan⟩ commettre ★ *de liefde ~* faire l'amour ★ taalk *~de vorm* voix *v* active
bedrijvenpark zone *v* d'activité (ZA)
bedrijvig ⟨levendig⟩ animé, ⟨ijverig⟩ actif [v: active], dynamique, ⟨druk bezig⟩ affairé
bedrijvigheid ⟨levendigheid⟩ animation *v*, ⟨ijver⟩ activité *v*, affairement *m*
bedrinken [**zich ~**] s'enivrer, inform se soûler
bedroefd I *bn* triste, attristé, ⟨bekommerd (over)⟩ affligé (de), ⟨diep⟩ désolé (de), navré (de) **II** *bw* tristement
bedroeg [verl. td.] → **bedragen**
bedroegen [verl. td.] → **bedragen**
bedroeven attrister, affliger, chagriner, ⟨diep⟩ désoler, navrer
bedroevend I *bn* attristant, triste, ⟨zeer⟩ navrant **II** *bw* lamentablement ★ *~ slecht* lamentable
bedrog tromperie *v*, fraude *v*, imposture *v*, ⟨vals spel⟩ tricherie *v*, ⟨nep⟩ bidon *m* ★ *optisch ~* illusion *v* d'optique ★ *~ plegen* frauder, tricher
bedrogen I *ww* [verl. td.] → **bedriegen II** *ww* [volt. deelw.] → **bedriegen**
bedroog [verl. td.] → **bedriegen**
bedruipen I *ov ww* arroser **II** *wkd ww* [**zich ~**] se suffire
bedrukken ❶ *met inkt bewerken* imprimer ❷ *bedroeven* affliger
bedrukt ❶ *met inkt bewerkt* imprimé ★ *~e stof* tissu *m* imprimé, tissu à dessins, indienne *v* ❷ *neerslachtig* abattu, affligé, triste ★ *er ~ uitzien* avoir l'air triste
bedtijd heure *v* du coucher
beducht ★ *ik ben ~ voor zijn leven* je crains pour sa vie ★ *~ zijn voor* appréhender, redouter, craindre
beduiden ❶ *duidelijk maken* faire signe de [+ inf.] ❷ *betekenen* signifier, vouloir dire ★ *dat heeft niets te ~* cela n'a pas d'importance
beduidend I *bn* considérable **II** *bw* considérablement, nettement ★ *het gaat ~ beter* ça va nettement mieux
beduimelen tacher (en maniant) ★ *een beduimeld boek* un livre couvert de taches de doigts
beduusd déconcerté, interloqué ★ *ik was helemaal ~ van haar reactie* sa réaction m'a laissé interdit
beduvelen avoir, rouler, inform couillonner, arnaquer ★ *ze heeft me beduveld* elle m'a eu ★ *ben je beduveld?!* t'es malade ou quoi?
bedwang ★ *in ~ houden* maîtriser, contenir ★ *zich in ~ houden* se contenir, se dominer
bedwelmen étourdir, ook fig griser, enivrer ★ *~de middelen* stupéfiants *m mv*
bedwingen contraindre, réprimer, maîtriser, retenir ★ *zich ~* se contenir, se dominer ★ *zich niet langer kunnen ~* ne plus savoir se maîtriser ★ *zijn woede ~* réprimer sa colère ★ *zijn tranen ~* refouler ses larmes
beëdigen ❶ *eed laten afleggen* faire prêter serment à ★ *een beëdigd vertaler* un traducteur assermenté ❷ *door een eed bekrachtigen* confirmer / ratifier sous le sceau du serment, jurer ★ *een verklaring ~* confirmer une déclaration par serment
beëindigen finir, achever, terminer, mettre fin à ★ *zijn loopbaan ~* achever sa carrière
beëindiging fin *v*
beek ruisseau *m* [mv: ruisseaux]
beeld ❶ *afbeelding, voorstelling* image *v* ★ *het ~ is onscherp* l'image est floue ★ *schokkende ~en* images bouleversantes ★ *in ~* audio-vis dans le champ, fig en vue ★ *buiten ~* audio-vis hors champ, fig hors circuit ★ *iets in ~ brengen* montrer qc en images, visualiser qc ❷ *beeldhouwwerk* statue *v*, ⟨beeldje⟩ statuette *v* ★ *wassen ~* (figure *v* de) cire *v* ★ *een bronzen ~ gieten* mouler une statue en bronze ❸ *indruk, idee* image *v* ★ *een genuanceerd ~ schetsen* dresser un tableau nuancé de qc ★ *zich een ~ vormen van* se faire une idée de ❹ *mooi exemplaar* ★ *een ~ van een meisje* une fille belle comme le jour

★ *een ~ van een jurk* un amour de robe
beeldbuis ❶ techn tube *m* cathodique ❷ *televisie* petit écran *m*
beelddrager support *m* d'images
beeldend imagé, évocateur [v: évocatrice] ★ *~e kunsten* arts *m mv* plastiques, beaux(-)arts *m mv* ★ *~ kunstenaar* plasticien *m* [v: plasticienne] ★ *~ taalgebruik* un langage imagé
beeldenstorm *verwoesting* iconoclasme *m*
beeldhouwen *beelden maken* sculpter ★ *het ~* la sculpture
beeldhouwer sculpteur *m* ★ *beeldhouwster* femme *v* sculpteur
beeldhouwkunst sculpture *v*
beeldhouwwerk sculpture *v*
beeldig I *bn* ravissant **II** *bw* ★ *deze jurk staat haar ~* cette robe lui va à merveille
beeldmerk logo *m*
beeldplaat vidéodisque *m*, cd *m* / DVD *m* vidéo
beeldpunt point-image *m* [mv: points-images], ⟨van beeldscherm⟩ pixel *m*
beeldscherm écran *m*
beeldschoon de toute beauté, beau comme le jour [v: belle ...], ravissant ★ *zij is ~* elle est ravissante
beeldspraak langage *m* figuré, métaphore *m*, image *v*
beeldverbinding liaison *v* hertzienne
beeltenis portrait *m*, image *v*, effigie *v*
been ❶ *ledemaat* jambe *v* ★ *een been breken* se casser la jambe ★ *de benen strekken* se dégourdir / dérouiller les jambes ★ *je benen over elkaar slaan* croiser les jambes ★ *iem. beentje lichten* faire un croc-en-jambe à qn ★ *goed ter been zijn* être ingambe ★ *niet meer op zijn benen kunnen staan* ne plus tenir sur ses jambes ★ *met blote benen* les jambes nues ★ *met de benen over elkaar (geslagen)* les jambes croisées ★ *de benen nemen* prendre ses jambes à son cou, filer, se sauver ★ *zijn beste beentje voorzetten* faire de son mieux ★ *met het verkeerde been uit bed stappen* se lever du pied gauche ★ *met beide benen op de grond staan* avoir les (deux) pieds sur terre ★ *met één been in het graf staan* avoir un pied dans la tombe ★ *op eigen benen staan* être indépendant, se prendre en charge ★ *op zijn achterste benen gaan staan* monter sur ses grands chevaux ★ *geen been hebben om op te staan* avoir une position intenable ★ *iem. op het verkeerde been zetten* prendre qn à contre-pied ★ BN *ergens zijn benen onder tafel steken / schuiven* se mettre les pieds sous la table quelque part ★ BN *iets aan zijn been hebben* avoir qc sur les bras ★ *op de been zijn* être debout ★ *op de been brengen* mettre sur pied ★ *iem. op de been helpen* remettre qn sur pied ❷ *bot* os *m* ★ *de beenderen van een hond* les os d'un chien ★ *er geen been in zien om* ne pas hésiter à, ne se faire aucun scrupule de ❸ *deel van passer* branche *v*, jambe *v*
beenbreuk fracture *v* d'une jambe
beendergestel ossature *v*
beenham culin jambon *m* à l'os
beenhouwer BN *slager* boucher *m* [v: bouchère], ⟨v. varkensvlees⟩ charcutier *m* [v: charcutière]
beenhouwerij BN *slagerij* boucherie *v*
beenmerg moelle *v* osseuse
beenmergtransplantatie greffe *v* de moelle osseuse
beenruimte espace *m* pour les jambes
beenwarmer jambière *v*
beer ❶ *roofdier* ours *m* ★ *de Grote Beer* la Grande Ourse ★ *een ongelikte beer* un ours mal léché ★ *zo sterk als een beer* fort comme un bœuf, fort comme un Turc ★ *de beer is los* il y a de l'eau dans le gaz ❷ *varken* verrat *m* ❸ *drek* purin *m*, excréments *m mv*
beerput fosse *v* d'aisances, fig cloaque *m* ★ fig *de ~ opentrekken* inform remuer la merde
beest ❶ *dier* bête *v*, animal *m* [mv: animaux] ★ *wilde ~en* des bêtes sauvages ★ *het is bij de ~en af* c'est dégoûtant ★ *~je* bestiole *v* ★ *het ~je bij zijn naam noemen* appeler un chat un chat ★ BN *het is een mager ~je* ce n'est pas grand-chose, ce n'est pas fameux ❷ *ruw mens* brute *v*, monstre *m* ★ *de ~ uithangen* se conduire comme un débauché
beestachtig I *bn, als een beest* bestial [m mv: bestiaux] brutal [m mv: brutaux] **II** *bw* ❶ *ruw* bestialement ★ *~ tekeergaan* se démener comme un sauvage ❷ *in hoge mate* terriblement, horriblement ★ *hij is ~ lui* il est vachement paresseux
beestenboel pagaille *v* ★ *wat een ~ is dat hier!* quelle pagaille ici!
beestenweer temps *m* de chien
beet I *de* ❶ *het bijten* morsure *v*, coup *m* de dent ❷ *hap* bouchée *v* ❸ *wond* morsure *v*, ⟨van insect⟩ piqûre *v* **II** *ww* [verl. td.] → **bijten**
beetgaar à point
beethebben ❶ *vast hebben* tenir ★ ⟨bij het vissen⟩ *ik heb beet* ça mord ❷ *foppen* avoir, attraper, berner, mettre dedans ★ *had ik je daar even mooi beet!* je t'ai bien eu!
beetje (un) peu, ⟨vleugje⟩ soupçon *m* ★ *een klein ~* un petit peu ★ *een ~ suiker* un peu de sucre ★ *ik ben een ~ bang* j'ai un peu peur ★ *hij is een ~ moe* il est un peu fatigué ★ *zo'n ~* à peu près ★ *alle ~s helpen* les petits ruisseaux font les grandes rivières, plusieurs peu font (un) beaucoup ▼ *een ~ arts weet dat* un médecin qui se respecte le sait ▼ *maak het een ~!* non, mais des fois!
beetnemen ❶ *beetpakken* saisir ❷ *foppen* avoir, attraper, berner, mettre dedans, ⟨bedriegen⟩ duper, rouler, tromper ★ *ik laat me niet ~* on ne me la fait pas ★ *zich laten ~ door* se faire avoir par
beetpakken saisir, empoigner, prendre ★ *bij de kraag ~* prendre au collet
beetwortel betterave *v*
bef ❶ *vlek bij dier* collier *m* ❷ *kledingstuk* rabat *m*
befaamd fameux [v: fameuse], célèbre, réputé, renommé (**om** par, pour)
beffen brouter
begaafd doué, de talent, talentueux [v: talentueuse] ★ *~ met* doué de
begaafdheid talent *m*, dons *m mv*, moyens *m mv*
begaan I *bn* ★ *~ zijn met* compatir à ★ *ik ben met je ~* je suis désolé pour toi **II** *ov ww* ❶ *uitvoeren* faire, commettre ★ *een fout ~* commettre une erreur ❷ *betreden* emprunter **III** *onov ww, zijn gang gaan* ★ *iem. laten ~* laisser faire qn

begaanbaar praticable
begeerlijk désirable
begeerte désir *m* (**naar**, **om** de), appétit *m* (**naar** de), convoitise *v*
begeesteren enthousiasmer
begeleiden ❶ *meegaan met* accompagner, luchtv. / scheepv. convoyer, ⟨uitgeleide doen⟩ escorter ★ *de gasten naar hun zitplaats ~* conduire les invités à leurs places ❷ *ondersteunen* guider, suivre, ⟨van personeel / leerlingen⟩ encadrer ★ *alle stagiaires worden individueel begeleid* chaque stagiaire est encadré individuellement ❸ muz accompagner ★ *iem. op de piano ~* accompagner qn au piano
begeleider ❶ *iem. die meegaat* accompagnateur *m* [v: accompagnatrice] ❷ *adviseur* personne *v* qui guide, ⟨van kinderen⟩ moniteur *m* [v: monitrice] ❸ muz accompagnateur *m* [v: accompagnatrice]
begeleiding ❶ *het vergezellen* accompagnement *m*, mil escorte *v* ❷ *het ondersteunen* conseil *m*, assistance *v*, ⟨van personeel / leerlingen⟩ encadrement *m* ❸ muz accompagnement *m* (musical)
begenadigd qui a du génie, doué ★ *een ~ dichter* un poète de génie
begeren désirer, aspirer à, convoiter
begerenswaardig désirable, tentant
begerig avide (**naar** de), désireux (**naar** de) [v: désireuse], gourmand (**naar** de)
begeven **I** *wkd ww* [**zich ~**] *gaan* se rendre (**naar** à) ★ *zich onder het volk ~* se mêler au peuple **II** *ov ww, stukgaan* ⟨bezwijken⟩ céder, succomber, ⟨weigeren⟩ lâcher, tomber en panne, inform flancher ★ *de auto begaf het* la voiture a lâché ★ *ik voel dat mijn krachten het ~* je sens mes forces défaillir
begieten arroser
begiftigen doter (**met** de), gratifier (de), ⟨met eigenschap⟩ douer (de) ★ *met talent begiftigd* doté de talents
begijn béguine *v*
begijnhof béguinage *m*
begin début *m*, commencement *m* ★ *~ april* début avril ★ *in het ~* au début, au commencement ★ *van het ~ af aan* dès le début, d'emblée ★ *van het ~ tot het eind* du début à la fin, d'un bout à l'autre, de bout en bout ★ *alle ~ is moeilijk* il n'y a que le premier pas qui coûte, le tout c'est de s'y mettre ★ *een ~ maken met* entamer, commencer
beginfase phase *v* initiale
beginkapitaal *som geld* mise *v* de fonds, capital *m* de départ [mv: capitaux ...]
beginneling, **beginner** débutant *m* [v: débutante], novice *m/v*, ⟨in opleiding⟩ apprenti *m* [v: apprentie]
beginnen commencer, ⟨met onderwerp⟩ entamer, ⟨ondernemen⟩ entreprendre ★ *~ te huilen* se mettre à pleurer ★ *de les is begonnen* la classe a commencé ★ *het concert begint om half negen* le concert commence à 20h30 ★ *het begint te sneeuwen* il commence à neiger ★ *om te ~* pour commencer, tout d'abord ★ *te ~ met...* à commencer par... ★ *een gesprek ~ met iem.* engager la conversation avec qn ★ *over een ander onderwerp ~* changer de sujet ★ *over politiek ~* commencer à parler politique ★ *er is geen ~ aan* c'est la mer à boire ★ *waar ben ik aan begonnen?* qu'est-ce qui m'a pris? ★ *wat moet ik met haar ~?* que faire d'elle? ★ *we kunnen niets tegen hem ~* nous ne pouvons rien contre lui ★ *een zaak ~* monter une affaire ★ *voor jezelf ~* se mettre à son compte ★ *begin maar!* vas-y! ★ *daar begint het gedonder* nous y voilà ★ *het begint!* inform c'est parti! (mon kiki!) ★ *dat begint slecht* c'est mal parti, ça s'engage mal ★ *als je zo begint* si tu le prends sur ce ton ★ *daar begin ik niet aan* je ne marche pas
beginnerscursus stage *m* d'initiation
beginnersfout faute *v* de débutant
beginrijm allitération *v*
beginsel ❶ *elementaire eigenschap* principe *m* ★ *de (eerste) ~en* les principes, les rudiments, le b.a.-ba ★ *de ~en van de wiskunde* le b.a.-ba des mathématiques ★ *in ~* en principe, a priori ❷ *overtuiging* principe *m* ★ *het leidend ~* le principe directeur ★ *van een ~ uitgaan* partir d'un principe
beginselverklaring programme *m* de base, discours-programme *m*
beglazing vitrage *m* ★ *dubbele ~* doubles vitrages
begluren lorgner, épier
begoed BN *gegoed* aisé ★ *een ~e familie* une famille aisée
begon [verl. td.] → **beginnen**
begonia bégonia *m*
begonnen **I** *ww* [verl. td.] → **beginnen** **II** *ww* [volt. deelw.] → **beginnen**
begoochelen illusionner, leurrer
begraafplaats cimetière *m*
begrafenis enterrement *m*, funérailles *v mv*, ⟨plechtig⟩ obsèques *v mv* ★ BN *burgerlijke ~* enterrement civil
begrafenisonderneming pompes *v mv* funèbres
begrafenisstoet cortège *m* / convoi *m* funèbre
begraven ❶ *in de grond stoppen* enfouir, enterrer ❷ *in het graf leggen* enterrer, form ensevelir, inhumer ★ *hier ligt ~* ci-gît, ici repose
begreep [verl. td.] → **begrijpen**
begrenzen ❶ *de grens vormen van* borner, (dé)limiter ❷ fig *afbakenen, beperken* ⟨afbakenen⟩ délimiter, ⟨beperken⟩ limiter
begrenzing *het begrenzen* délimitation *v*
begrepen **I** *ww* [verl. td.] → **begrijpen** **II** *ww* [volt. deelw.] → **begrijpen**
begrijpelijk compréhensible, intelligible, ⟨duidelijk⟩ clair ★ *een ~e fout* une erreur compréhensible ★ *dat is ~* ça se comprend ★ *ik vind het ~ dat hij niet is gekomen* je comprends bien qu'il ne soit pas venu ★ *~ voor iedereen* à la portée de tous ★ *~ maken* rendre compréhensible
begrijpen ❶ *bevatten* comprendre, saisir, ⟨indenken⟩ concevoir ★ *verkeerd ~* mal comprendre ★ *begrepen?* compris? ★ *dat is te ~* cela se comprend ★ *hij begrijpt er niets van* il n'y comprend rien ★ *nu begrijp ik het* maintenant j'y suis ★ *daaruit begrijp ik dat ...* j'en déduis que ... ❷ *omvatten* contenir, comprendre ★ *daaronder begrepen* y compris ▼ *ik heb het niet op hem*

begrepen ⟨mag hem niet⟩ je ne le sens pas, ⟨vertrouw hem niet⟩ il ne m'inspire pas confiance

begrip ❶ *het begrijpen* compréhension *v*, ⟨inzicht⟩ entendement *m* ★ *~ voor iets kunnen opbrengen* (pouvoir) comprendre qc ★ *snel van ~ zijn* avoir l'esprit vif ★ *traag van ~ zijn* avoir l'esprit lent ★ *dat gaat mijn ~ te boven* cela me dépasse ★ *geen flauw ~ van iets hebben* ne pas avoir la moindre notion de qc ★ *~ tonen* se montrer compréhensif ❷ *denkbeeld* conception *v*, ⟨algemene voorstelling⟩ notion *v* ★ *een rekbaar ~* une notion élastique ★ *het ~ liefdadigheid* l'idée de charité ★ *die naam is een ~* ce nom est devenu une référence ★ *voor onze ~pen is dat te duur* à nos yeux c'est trop cher

begripsbepaling définition *v*

begripsverwarring confusion *v* des idées

begroeien couvrir ★ *begroeid zijn met* être (re)couvert de

begroeiing végétation *v*

begroeten ❶ *groet brengen* saluer, dire bonjour à ❷ *welkom heten* accueillir

begroeting salut *m*, ⟨ontvangst⟩ accueil *m*

begrotelijk (trop) cher [v: ... chère]

begroten évaluer (**op** à), estimer ★ *de totale kosten worden begroot op 1000 euro* les frais sont évalués à 1000 euros

begroting ⟨raming⟩ évaluation *v*, estimation *v* (budgétaire), ⟨stuk⟩ budget *m* ★ *een gat in / een tekort op de ~* un trou dans le budget, un déficit budgétaire ★ *een ~ maken* établir un budget, ⟨kostenraming⟩ faire un devis ★ *een ~ overschrijden* dépasser le budget ★ *een ~ sluitend maken* équilibrer un budget ★ *in de ~ opnemen* budgétiser, inscrire au budget

begrotingsjaar exercice *m* budgétaire

begrotingstekort déficit *m* budgétaire

begunstigde bénéficiaire *m/v*

begunstigen favoriser, avantager

begunstiger protecteur *m* [v: protectrice], bienfaiteur *m* [v: bienfaitrice]

beha soutien-gorge *m* [mv: soutiens-gorge(s)], inform soutif *m*

behaaglijk I *bn* agréable, confortable ★ *zich ~ voelen* être à son aise **II** *bw* agréablement, confortablement

behaagziek I *bn* coquet [v: coquette] ★ *~e vrouw* une (femme) coquette **II** *bw* coquettement

behaard velu, poilu, ⟨van hoofd⟩ chevelu

behagen I *het* plaisir *m* ★ *~ scheppen in* prendre plaisir à **II** *onov ww* plaire (**aan** à), être agréable (**aan** à)

behalen obtenir, ⟨van overwinning⟩ remporter, ⟨van prijs⟩ gagner, ⟨van winst⟩ réaliser ★ *in haar eerste studiejaar behaalde ze goede resultaten* en première année de ses études elle a eu de bons résultats

behalve ❶ *uitgezonderd* excepté, sauf, à l'exception de, à part ★ *iedereen was aanwezig, ~ Bart* tout le monde était là, sauf Bart ❷ *niet alleen* outre, en dehors de, en plus de ★ *~ arrogant is hij ook nog ijdel* il est non seulement arrogant, mais aussi prétentieux

behandelen ❶ *omgaan met* traiter, ⟨hanteren⟩ manipuler, manier ★ *als vriend ~* traiter en ami ★ *als gelijke ~* traiter d'égal à égal ★ *iets voorzichtig ~* manipuler qc avec précaution ❷ *bespreken* traiter ★ *dit onderwerp wordt in de plenaire vergadering behandeld* ce sujet sera traité en séance plénière ★ *wat wordt in dit boek behandeld?* de quoi traite ce livre? ❸ med soigner, traiter ★ *de ~d arts* le médecin traitant ★ *een zieke ~* soigner un malade ★ *een wond ~* soigner une blessure

behandeling ❶ *het omgaan met iets* maniement *m* ★ *in ~ nemen* examiner ★ *de klacht is in ~* la plainte est examiné ★ *in ~ komen* être à l'ordre du jour ❷ med *verzorging* traitement *m*, soins *m mv* (médicaux) ★ *zich onder ~ stellen van* se faire traiter par ❸ *bejegening* traitement *m* ★ *gelijke ~* égalité *v* de traitement

behandelkamer salle *v* de soins

behandelmethode méthode *v* de traitement

behang papier *m* peint

behangen ❶ *behang aanbrengen* tapisser ❷ *hangen aan* ★ *iem. ~ met* couvrir qn de

behanger tapissier *m* [v: tapissière]

behappen ★ *iets kunnen ~* être à la hauteur de qc, s'en sortir

beharing pilosité *v*

behartigen veiller à, gérer ★ *iemands belangen ~* veiller aux intérêts de qn

beheer ❶ *beherende instantie* administration *v*, direction *v* ❷ *het beheren* gestion *v* ★ *in eigen ~* ⟨van uitgave⟩ à compte d'auteur ★ *iets onder ~ hebben* avoir la gestion de qc

beheerder administrateur *m* [v: administratrice], ⟨van zaak⟩ gérant *m* [v: gérante], ⟨van landgoed⟩ régisseur *m* [v: régisseuse], ⟨van flat⟩ syndic *m* ★ BN *afgevaardigd ~* administrateur délégué

beheersen I *ov ww* dominer, contrôler, maîtriser, ⟨van vak⟩ connaître ★ *zijn emotie ~* maîtriser son émotion ★ *een taal ~* maîtriser / posséder une langue **II** *wkd ww* [**zich ~**] se dominer, se maîtriser

beheersing maîtrise *v*, contrôle *m*, domination *v*, ⟨van taal⟩ possession *v*, ⟨van vak⟩ connaissance *v*

beheerst maître de soi [v: maîtresse ...], ⟨van optreden⟩ contrôlé, ⟨van gevoel⟩ contenu ★ *op ~e toon* d'un ton posé, posément

beheksen ensorceler, jeter un sort à, envoûter

behelpen [**zich ~**] se débrouiller, employer les moyens du bord ★ *wij zullen ons ermee moeten ~* il faudra faire avec

behelzen contenir, impliquer, comprendre

behendig I *bn* adroit, habile, ⟨lenig⟩ agile **II** *bw* adroitement, habilement, agilement

behendigheid adresse *v*

behendigheidsspel jeu *m* d'adresse

behept ~ met marqué de, sujet à [v: sujette], entaché de ★ *met vooroordelen ~* plein de préjugés

beheren *besturen* administrer, gérer

behoeden garder, préserver (**voor** de), protéger (**tegen** contre) ★ *God behoede u ervoor* Dieu vous en préserve

behoedzaam I *bn* prudent, circonspect **II** *bw* avec précaution, prudemment, avec circonspection

behoefte *verlangen* besoin *m* (**aan**, **om** de) ★ ~

be

hebben aan iets avoir besoin de qc ★ *in een ~ voorzien* répondre à un besoin ★ *in iemands ~ voorzien* pourvoir / subvenir aux besoins de qn ★ *in de eigen ~n voorzien* se suffire ★ *er is dringend ~ aan voedsel* il y a un besoin urgent de vivres ▾ *zijn ~ doen* faire ses besoins
behoeftig indigent, nécessiteux [v: nécessiteuse]
behoeve ★ *ten ~ van* au bénéfice de, en faveur de, destiné à, pour
behoeven I *ov ww, nodig hebben* avoir besoin de **II** *onov ww,* form *nodig zijn* être nécessaire
behoorlijk I *bn* ❶ *vrij groot* respectable ★ *dat is een ~ eind lopen* c'est une bonne trotte ❷ *zoals het hoort* convenable, décent ★ *de beginselen van ~ bestuur* les principes de bonne administration / gouvernance **II** *bw* ❶ *naar behoren* convenablement, comme il faut ★ *de supporters hebben zich heel ~ gedragen* les supporters se sont plutôt bien comportés ❷ *in vrij grote mate* plutôt ★ *het was er ~ druk* il y avait pas mal de monde
behoren ❶ *betamen* falloir, devoir, être nécessaire, ⟨passend zijn⟩ convenir ★ *dat behoor je niet te zeggen* tu ne devrais pas dire cela ★ *naar ~* convenablement, dûment ❷ ~ **aan** appartenir à, être à ❸ ~ **tot** faire partie de ★ *dat behoort zeker tot de mogelijkheden* c'est certainement une possibilité ★ *hij behoort tot de besten* il compte parmi les meilleurs
behoud ❶ *het in stand houden* préservation *v*, conservation *v* ★ *het ~ van de natuur* la préservation de la nature ❷ *het blijven houden* maintien *m* ★ *met ~ van salaris* avec maintien de salaire
behouden I *bn* ⟨van mensen⟩ sain et sauf [v: saine et sauve], ⟨van zaken⟩ intact **II** *ov ww* garder, conserver, ⟨handhaven⟩ maintenir ★ *de overhand ~* avoir le dessus ★ *het oorspronkelijke karakter kan ~ blijven* son caractère original peut être maintenu
behoudend conservateur [v: conservatrice]
behoudens ❶ *behalve, op ... na* excepté, sauf, à l'exception de, à part ★ *~ enkele wijzigingen* à quelques modifications près ❷ *op voorwaarde van / dat* sous réserve de ★ *~ goedkeuring van de leiding* sous réserve de l'approbation de la direction
behoudsgezind BN *conservatief* conservateur [v: conservatrice]
behoudzucht conservatisme *m*
behuisd logé, installé ★ *klein ~* logé à l'étroit
behuizing ❶ *huisvesting, woongelegenheid* logement *m* ❷ *ombouw* boîte *v*, caisse *v*
behulp ★ *met ~ van* à l'aide de
behulpzaam serviable, obligeant ★ *iem. ~ zijn (bij iets)* aider qn (à faire qc)
beiaard carillon *m*
beiaardier carillonneur *m*
beide ❶ [bijvoeglijk] les deux ★ *~ antwoorden zijn correct* les deux réponses sont correctes ★ *ons ~r vriend* nôtre ami commun ❷ [zelfstandig] tous *m mv* (les) deux [v mv: toutes ...], l'un et l'autre ★ *~ zijn even duur* les deux ont le même prix ★ *wij ~n* nous deux ★ *een van ~n* l'un des deux, de deux choses l'une
beiderlei ★ *van ~ kunne* des deux sexes
beieren carillonner, ⟨luiden⟩ sonner
Beieren la Bavière ★ *in ~* en Bavière
Beiers bavarois
beige beige
beignet beignet *m*
Beijing → **Peking**
beijveren [zich ~] s'appliquer (**om**, **voor** à)
beïnvloeden influencer, influer sur ★ *hij is sterk beïnvloed door Picasso* il s'est beaucoup inspiré de Picasso
beïnvloeding fait *m* d'influencer, influence *v*
Beiroet Beyrouth *m*
beitel ciseau *m* [mv: ciseaux]
beitelen travailler au ciseau, ciseler
beits vernis *m* protecteur, teinture *v*, ⟨bruine notenbeits⟩ brou *m* de noix
beitsen passer au brou de noix, teinter
bejaard âgé
bejaarde personne *v* âgée, personne du troisième âge
bejaardentehuis maison *v* de retraite
bejaardenverzorgster infirmière *v* gériatrique
bejaardenwoning logement *m* pour personnes âgées
bejaardenzorg soins *m mv* aux personnes âgées, aide *v* sociale aux personnes âgées
bejegenen traiter, se conduire envers ★ *ruw ~* rudoyer, malmener ★ *iem. onheus ~* traiter qn de façon désobligeante
bejubelen applaudir, acclamer
bek ❶ *mond van dier* gueule *v*, bouche *v*, ⟨snavel⟩ bec *m* ❷ vulg *mond van een mens* gueule *v* ★ *bekken trekken* grimacer ★ *breek me de bek niet open!* parlez-en!, ne m'en parle pas! ★ *een grote bek hebben* avoir une grande gueule, être fort en gueule ★ *iem. een grote bek geven* ramener sa gueule devant qn ★ *op zijn bek gaan* ook fig se casser la gueule ★ *houd je bek!* ta gueule!
bekaaid ▾ *er ~ afkomen* en être pour ses frais
bekabelen câbler
bekaf crevé, claqué, vanné
bekakt affecté, prétentieux [v: prétentieuse] ★ *wat een ~e vent!* inform quel merdeux!
bekeerling converti *m* [v: convertie], prosélyte *m/v*
bekend ❶ *befaamd* célèbre, réputé, renommé (**om** par, pour) ★ *een tv-quiz met ~e Nederlanders* un jeu télévisé avec des célébrités hollandaises ★ *~ worden* acquérir la notoriété ❷ *gekend* connu, ⟨niet vreemd⟩ familier [v: familière] ★ *algemeen ~* connu de tous, notoire, de notoriété publique ★ *dat is algemeen ~* tout le monde sait cela ★ *het is algemeen ~ dat...* il est de notoriété publique que... ★ *dat is (wel)~* c'est bien connu, cela se sait ★ *voor zover mij ~* à ma connaissance, autant que je sache ★ *zoals ~* comme chacun sait ★ *dat was me niet ~* je n'étais pas au courant (de cela) ★ *~ staan om iets* être réputé pour qc ★ *hij komt mij ~ voor* j'ai l'impression de le connaître ★ *dat komt mij ~ voor* ça me dit qc ★ *zojuist is ~ geworden dat* on vient d'annoncer que ❸ *ervan wetend* informé (**met** de / sur), au courant (de) ★ *bent u hier ~?* vous connaissez le coin? ★ *ik ben enigszins ~ met boekhouden* j'ai des notions de comptabilité
bekende connaissance *v*

bekendheid ❶ *het op de hoogte zijn* connaissance *v* ★ *~ met* connaissance de ★ *~ geven aan iets* faire connaître qc ❷ *faam* notoriété *v*, réputation *v*, renommée *v*
bekendmaken annoncer, rendre public, ⟨van geheim⟩ révéler, divulguer ★ *zij maakten bekend dat ze gingen trouwen* ils ont annoncé leur mariage ★ *zich ~ aan* se faire connaître à
bekendmaking annonce *v*, publication *v*
bekendstaan être connu (**om** pour; **als** comme) ★ *goed / slecht ~* avoir (une) bonne / mauvaise réputation ★ *hij staat als gierig bekend* il est connu pour être radin
bekennen I *onov ww,* jur *zich schuldig verklaren* avouer, plaider coupable **II** *ov ww* ❶ *toegeven* avouer ★ *zijn ongelijk ~* reconnaître ses torts ❷ *bemerken* apercevoir ★ *hij is nergens te ~* il est introuvable ★ *er was geen mens te ~* il n'y avait pas âme qui vive
bekentenis aveu *m* [mv: aveux], ⟨het opbiechten⟩ confession *v* ★ *een ~ afleggen* passer aux aveux ★ *een ~ doen* faire un aveu
beker ❶ *mok* gobelet *m*, ⟨met voet⟩ coupe *v* ❷ *trofee* coupe *v*
bekeren convertir (**tot** à) ★ *zich ~* se convertir
bekerfinale finale *v* de la Coupe
bekering conversion *v*
bekerwedstrijd match *m* de coupe
bekeuren verbaliser contre, dresser une contravention à
bekeuring procès-verbal *m* [mv: procès-verbaux], inform p.-v. *m*, contravention *v*, amende *v*, ⟨op voorruit⟩ papillon *m* ★ *een ~ geven / krijgen* dresser / avoir un p.-v.
bekijken ❶ *kijken naar* regarder, ⟨zorgvuldig⟩ examiner ★ *de foto's aandachtig ~* regarder attentivement les photos ★ *van heel dichtbij ~* regarder de tout près ❷ *beschouwen* examiner, considérer ★ *achteraf bekeken hadden ze toch gelijk* après tout ils avaient raison ★ *iets van alle kanten ~* examiner qc sous toutes ses couleurs ▼ *het is zo bekeken* ça sera vite fait / fini ▼ *bekijk het maar!* débrouille-toi! ▼ *het voor bekeken houden* s'en lasser
bekijks ★ *veel ~ hebben* attirer les regards
bekisting coffrage *m*
bekken I *het* ❶ anat bassin *m*, pelvis *m* ❷ *kom* bassin *m*, vasque *v* ❸ *slaginstrument* ★ *~s* cymbales *v mv* ❹ *stroomgebied* bassin *m* **II** *onov ww, vlot uitspreekbaar zijn* ★ *die tekst bekt goed* ce texte sonne bien
beklaagde prévenu *m* [v: prévenue], accusé *m* [v: accusée], inculpé *m* [v: inculpée]
beklaagdenbank banc *m* des accusés
bekladden barbouiller ★ fig *iemands naam ~* salir la réputation de qn
beklag plainte *v* ★ *zijn ~ doen over iets bij iem.* se plaindre de qc auprès de qn
beklagen I *ov ww* ❶ *medelijden tonen* plaindre ★ *ik beklaag je* je te plains ❷ *betreuren* déplorer **II** *wkd ww* [**zich ~**] se plaindre ★ *zich ~ bij* se plaindre auprès de ★ *zich ~ over* se plaindre de
beklagenswaardig à plaindre, ⟨van zaken⟩ déplorable
bekleden ❶ *bedekken* revêtir, recouvrir, habiller (**met** de) ❷ *opdragen* ★ *iem. met een ambt ~* charger qn de fonctions ❸ *vervullen* occuper, remplir, exercer
bekleding revêtement *m*
beklemmen ❶ *vastknellen* serrer, coincer ❷ *benauwen* oppresser, accabler ★ *een ~d gevoel* un sentiment d'oppression
beklemtonen ❶ taalk *klemtoon toepassen* accentuer ❷ *benadrukken* souligner, insister sur ★ *het belang van iets ~* insister sur l'importance de qc
beklijven durer, subsister
beklimmen ⟨van boom⟩ grimper à / sur, ⟨van trap⟩ monter (sur), ⟨van helling⟩ gravir, escalader ★ *de Mont Blanc ~* faire l'ascension du Mont Blanc
beklinken conclure, arrêter ★ *de zaak is beklonken* l'affaire est réglée
beknellen lett coincer
beknibbelen lésiner (**op** sur), rogner (sur)
beknopt I *bn* bref [v: brève], concis, succinct, ⟨summier⟩ sommaire ★ *~ overzicht* précis *m*, sommaire *m* **II** *bw* brièvement, succinctement
beknotten restreindre, diminuer, réduire
bekocht dupé, refait ★ *ik voel me ~* j'ai l'impression d'avoir été roulé
bekoelen *koeler worden* ook fig se refroidir ★ *hun vriendschap is bekoeld* leur amitié s'est refroidie
bekogelen bombarder (**met** de) ★ *iem. met eieren ~* lancer des œufs sur qn
bekokstoven manigancer, concocter, mijoter
bekomen ❶ *uitwerking hebben (op)* (ne pas) convenir / réussir à ★ *het is hem goed ~* bien lui en a pris ★ *het is hem slecht ~* mal lui en a pris ★ *die vis is mij niet goed ~* j'ai mal digéré / supporté ce poisson ❷ *bijkomen (van)* se remettre (de)
bekommerd soucieux (**om** de) [v: soucieuse], préoccupé (de)
bekommeren [**zich ~**]~ **om/over** se soucier de, se préoccuper de
bekomst content *m* ★ *zijn ~ hebben van* en avoir assez de
bekonkelen manigancer, concocter
bekoorlijk I *bn* charmant, ravissant, séduisant **II** *bw* de façon charmante
bekopen payer ★ *iets met zijn leven ~* payer qc de sa vie ★ *ik heb mijn vergissing zwaar moeten ~* j'ai été sévèrement puni de mon erreur
bekoren charmer, enchanter, séduire ★ *dat kan mij niet ~* je ne suis pas ravi
bekoring charme *m*, séduction *v*, ⟨verleiding⟩ tentation *v* ★ *onder de ~ komen van* tomber sous le charme de
bekorten abréger, raccourcir, écourter
bekostigen payer
bekrachtigen ⟨bevestigen⟩ confirmer, ⟨geldig verklaren⟩ valider, ratifier, ⟨goedkeuren⟩ sanctionner ★ *een verdrag ~* ratifier un traité
bekrachtiging confirmation *v*, ratification *v*, validation *v*
bekritiseren critiquer
bekrompen étroit, borné, étriqué, mesquin
bekronen ❶ *een prijs toekennen* couronner ❷ *op geslaagde wijze afronden* couronner (**met** de) ★ *een inspanning ~* couronner un effort

bekroning ❶ *voltooiing* couronnement *m* ❷ *prijs* couronne *v*

bekruipen (sur)prendre ★ *de lust bekruipt me om* l'envie me prend de ★ *er bekroop hem een gevoel van angst* l'angoisse le saisit

bekvechten se chamailler, avoir une prise de bec, inform discutailler

bekwaam capable, ook jur compétent ★ *niet ~ zijn voor zijn taak* ne pas être à la hauteur de sa tâche ★ *~ zijn om* être à même de, être capable de ▾ *met bekwame spoed* avec promptitude

bekwaamheid capacités *v mv*, savoir-faire *m*, ook jur compétence *v*, ‹geschiktheid› aptitude *v* (**tot**, **voor** à)

bekwamen former (**in** dans, en), ‹bijscholen› perfectionner (**in** dans, en) ★ *zich ~ (in)* se perfectionner (en)

bel ❶ *klok- of halvebolvormig voorwerp* clochette *v*, ‹deurbel, knop› sonnette *v* ★ *op de bel drukken* appuyer sur la sonnette ★ *de bel gaat* on sonne ★ fig *aan de bel trekken* tirer la sonnette d'alarme ★ fig *dat deed een belletje rinkelen* ça a fait tilt ❷ *luchtbel* bulle *v* ★ *bellen blazen* faire des bulles ❸ *groot glas* ballon *m*

belabberd *slecht* fichu, minable, pourri, nul [v: nulle] ★ *wat een ~ weer* quel temps pourri ★ *dat ziet er ~ uit* cela s'annonce mal ★ *er ~ uitzien* avoir une sale gueule / tête

belachelijk I *bn* ridicule, grotesque, ‹pover› dérisoire ★ *~ maken* ridiculiser, tourner en ridicule **II** *bw* ridiculement

beladen I *bn* ★ *een ~ onderwerp* un sujet délicat / sensible **II** *ov ww* charger (**met** de), fig accabler (**met** de) ★ *met schulden ~ zijn* être criblé de dettes

belagen harceler, ‹bedreigen› menacer

belager poursuivant *m* [v: poursuivante], agresseur *m*

belanden arriver, ‹verzeild raken› atterrir ★ *waar zijn we nu weer beland?* où est-ce qu'on a atterri encore?

belang importance *v*, portée *v*, poids *m*, ‹voordeel› intérêt *m* ★ *van ~* considérable, important ★ *het is van ~ dat ...* il importe que ... [+ subj.] ★ *dat is niet van ~* cela n'a aucune importance ★ *~ hechten aan* prêter de l'importance à ★ *algemeen ~* intérêt *m* public ★ *~ hebben bij* avoir intérêt à ★ *het is in mijn ~ om* il est de mon intérêt de ★ *in je eigen ~* dans ton propre intérêt ★ *in het ~ van* dans l'intérêt de ★ *voor zijn ~en opkomen* défendre ses intérêts ★ *~en in een bedrijf hebben* avoir des intérêts dans une entreprise ★ *strijdige ~en* intérêts opposés, conflit *m* d'intérêts

belangeloos I *bn* désintéressé, bénévole **II** *bw* bénévolement, ‹gratis› gratuitement, à titre gratuit

belangenorganisatie organisation *v* syndicale

belanghebbend intéressé ★ *het ~ voorwerp* l'objet indirect ★ *de ~en* les parties / personnes intéressées

belangrijk I *bn* important, d'importance ★ *een ~e rol spelen in de onderhandelingen* jouer un rôle important dans les négociations ★ *het ~ vinden te* tenir à ★ *een ~e gast* un invité de marque ★ *dat is erg ~ voor hem* cela compte beaucoup pour lui **II** *bw* considérablement

belangstellen ~ in s'intéresser à

belangstellend I *bn* plein d'intérêt, intéressé **II** *bw* avec intérêt

belangstelling intérêt *m* (**voor** pour) ★ *~ voor iets hebben* s'intéresser à qc ★ *hij heeft nog geen ~ voor meisjes* il ne s'intéresse pas encore aux filles ★ *in de ~ staan* être au centre de l'intérêt ★ *we hebben uw voorstel met ~ bekeken* nous avons considéré votre proposition avec beaucoup d'intérêt ★ *met ~ vragen naar* s'intéresser vivement à ★ *ze werd begraven onder massale ~* son enterrement a attiré une foule immense

belangwekkend intéressant

belast chargé ★ *te zwaar ~* surchargé ★ *met hypotheek ~* hypothéqué ★ fig *erfelijk ~ zijn* avoir une tare ★ *~ zijn met een taak* être chargé d'une tâche

belastbaar ❶ econ *te belasten* imposable ❷ *te beladen* ★ *~ tot 1000 kilo* d'une capacité (de charge) de 1000 kilos

belasten ❶ *last leggen op* ook fig charger (**met** de) ★ *zich ~ met* se charger de, prendre en charge ★ *~de verklaring* témoignage accablant, témoignage à charge ❷ *belasting heffen op* imposer, taxer

belasteren calomnier, diffamer, médire de

belasting ❶ *last, druk* ook fig charge *v*, fig contrainte *v* ★ *maximale ~* maximum load ★ *erfelijke ~* tare *v* ❷ *verplichte bijdrage* impôt *m*, taxe *v* ★ *achterstallige ~ betalen* payer des arriérés d'impôt ★ *~ heffen* lever des impôts ★ *~ ontduiken* frauder le fisc ★ *van de ~ aftrekken* déduire des impôts

belastingaangifte déclaration *v* d'impôts

belastingaanslag ‹kennisgeving› feuille *v* d'impôts, ‹bedrag› imposition *v*

belastingadviseur conseiller *m* fiscal [v: conseillère fiscale]

belastingaftrek déduction *v* / réduction *v* d'impôt

belastingbetaler contribuable *m/v*

belastingbiljet feuille *v* (de déclaration) d'impôts

belastingconsulent conseiller *m* fiscal [v: conseillère fiscale]

belastingdienst fisc *m*

belastingdruk pression *v* fiscale

belastingfraude fraude *v* fiscale

belastingheffing imposition *v*

belastingjaar année *v* fiscale, exercice *m* fiscal

belastingontduiking fraude *v* fiscale

belastingontvanger percepteur *m*, receveur *m*

belastingparadijs paradis *m* fiscal [mv: paradis fiscaux]

belastingplichtig ‹van personen› assujetti à l'impôt, ‹van zaken› imposable

belastingplichtige contribuable *m/v*, redevable *m/v*

belastingschuld dette *v* fiscale, montant *m* de l'impôt

belastingteruggave restitution *v* d'impôt

belastingverhoging augmentation *v* d'impôt(s)

belastingverlaging réduction *v* d'impôt(s), allègement *m* fiscal

belastingvoordeel avantage *m* fiscal

belastingvrij exempt d'impôts, exonéré
belastingvrijheid exemption *v* d'impôts
belazerd ❶ *gek* cinglé, dingue, malade ★ *ben jij helemaal ~?* ça va pas la tête?, t'es malade ou quoi? ❷ *beroerd* fichu, minable ★ *ik voel me ~* je suis mal foutu
belazeren avoir, rouler, inform couillonner, arnaquer ★ *ik heb me laten ~* je me suis fait avoir
belcanto bel canto *m*
beleden I *ww* [verl. td.] → **belijden II** *ww* [volt. deelw.] → **belijden**
beledigen offenser, insulter, injurier, ⟨grof⟩ outrager ★ *~de woorden* des propos injurieux ★ *beledigd zijn over* être vexé de
belediging offense *v*, insulte *v*, affront *m*, ⟨zwaar⟩ outrage *m*
beleed [verl. td.] → **belijden**
beleefd I *bn* poli, courtois ★ *~ zijn tegen iem.* être poli envers qn **II** *bw* poliment
beleefdheid politesse *v*, courtoisie *v* ★ *uit ~* par politesse, de complaisance ★ *de ~ hebben om* avoir l'amabilité de ★ *de gewone ~ in acht nemen* observer la plus élémentaire des politesses
beleg ❶ culin *broodbeleg* ≈ de quoi mettre sur les tartines, garniture *v* ❷ *belegering* siège *m* ★ *de staat van ~ afkondigen* proclamer l'état de siège ★ *het ~ opbreken* lever le siège ★ *het ~ slaan voor* assiéger
belegen vieux [v: vieille], mûr ★ *~ kaas* du fromage fait / affiné ★ *jong ~ kaas* du fromage pas trop fait
belegeren assiéger, faire le siège de ★ *een belegerde stad* une ville assiégée
belegering siège *m*
beleggen ❶ *bedekken* couvrir (**met** de), garnir (**met** de) ★ *een belegd broodje* un sandwich ★ *brood ~* garnir un sandwich ❷ *investeren* placer, investir (**in** dans, en) ❸ *bijeenroepen* convoquer, organiser ★ *een vergadering ~* convoquer une réunion
belegger investisseur *m*
belegging *geldinvestering* placement *m*, investissement *m*
beleggingsfonds ❶ *instelling* société *v* d'investissement ❷ *effecten* fonds *m* de placements
beleggingsmarkt marché *m* des fonds
beleggingsobject (objet *m* d')investissement *m*
beleid ❶ *manier van besturen* politique *v*, stratégie *v* ★ *een ~ voeren* mener / suivre une politique ★ *nieuw monetair ~ ontwikkelen* élaborer une nouvelle politique monétaire ★ *bij ongewijzigd ~* à politique inchangée ❷ *tact* prudence *v*, circonspection *v* ★ *met ~ te werk gaan* agir avec discernement
beleidslijn ligne *v* d'action, politique *v*
beleidsmaker ≈ décideur *m*
beleidsmedewerker ≈ cadre *m* moyen
beleidsnota ≈ mémoire *m* d'orientation (politique)
belemmeren entraver, gêner, embarrasser, ⟨versperren⟩ encombrer, obstruer, ⟨verhinderen⟩ faire obstacle à ★ *het zicht ~* couper la vue
belemmering ❶ *het belemmeren* obstruction *v* ❷ *dat wat belemmert* obstruction *v*, entrave *v*, empêchement *m*, ⟨geestelijk⟩ embarras *m*, gêne *v*
belendend attenant, contigu [v: contiguë], adjacent, avoisinant, à côté ★ *de ~e percelen* les maisons attenantes
belenen engager, mettre en gage, gesch inféoder
belerend I *bn* doctoral [m mv: doctoraux] **II** *bw* doctoralement, en donneur de leçons
beletsel obstacle *m* (**voor** à), empêchement *m* ★ *een ~ uit de weg ruimen* lever un obstacle
beletselteken drukk points *m mv* de suspension
beletten empêcher, faire obstacle à ★ *iem. de doorgang ~* bloquer le passage à qn ★ *iem. ~ te werken* empêcher qn de travailler
beleven vivre, ⟨doormaken⟩ traverser, connaître, endurer, ⟨bijwonen⟩ assister à, voir ★ *spannende avonturen ~* vivre des aventures passionnantes ★ *daar zal hij veel plezier van ~* ça va lui procurer beaucoup de plaisir ★ *er valt hier werkelijk niets te ~* il n'y a vraiment rien à faire ici, c'est vraiment mort ici ★ *de film beleeft dit najaar zijn première* le film passera en première en automne ★ *hij beleeft wat met haar* elle lui en fait voir
belevenis événement *m*, expérience *v*
beleving ressenti *m*, perception *v*
belevingswereld univers *m* mental
belezen qui a une culture livresque, érudit, lettré
Belg Belge *m*
belgicisme belgicisme *m*
België la Belgique ★ *in ~* en Belgique
Belgisch belge ★ *de ~e kust* la côte belge
Belgische Belge *v*
Belgrado Belgrade *v*
belhamel ❶ *kwajongen* petit diable *m*, galopin *m* ❷ *ram* sonnailler *m*
belichamen matérialiser, incarner, personnifier
belichaming matérialisation *v*, incarnation *v*, personnification *v*
belichten ❶ *licht laten schijnen op* éclairer ❷ audio-vis exposer ❸ fig *verhelderen* éclairer
belichting ❶ *het belichten* éclairage *m* ❷ audio-vis exposition *v*
belichtingstijd temps *m* de pose
believen I *het* volonté *v* ★ *naar ~* à son gré, à sa guise **II** *ov ww* désirer
belijden ❶ *bekennen* confesser, avouer ★ *zijn zonden ~* confesser ses péchés ❷ *aanhangen* professer ★ *~d katholiek* catholique *m/v* pratiquant(e)
belijdenis *geloofsgetuigenis* profession *v*, confession *v* de foi ★ *~ doen* faire sa confession
Belizaans bélizien [v: bélizienne]
Belize le Belize ★ *in ~* au Belize
bellen appeler, téléphoner (à), inform passer un coup de fil (à) ★ *hij zit al een half uur te ~* ça fait une demi-heure qu'il est pendu au téléphone ★ *een taxi ~* appeler un taxi ★ *mag ik je straks terug~?* je peux te rappeler plus tard? ❶ *aanbellen* sonner ★ *er wordt gebeld* on sonne ❷ *geluid maken met een bel* sonner ★ *~ met je fietsbel* faire tinter la sonnette de son vélo
bellenblazen faire des bulles
belminuut minute *v* de communication
belofte promesse *v*, ⟨erewoord⟩ parole *v* ★ *een ~ doen* faire une promesse ★ *zijn ~ houden* tenir sa

be

promesse, tenir parole ★ *zijn ~ niet houden* manquer à sa promesse ★ *~ maakt schuld* chose promise, chose due

beloken → **Pasen**

belonen récompenser (**voor** de, pour) ★ *zijn geduld werd beloond* il était récompensé de sa patience

beloning récompense *v*, ‹geldelijk› rémunération *v* ★ *een ~ uitloven* promettre une récompense ★ *als ~ van / voor* en récompense de ★ *iets tegen ~ terugbezorgen* rapporter qc contre récompense

beloop cours *m*, train *m*, marche *v* ★ *iets op zijn ~ laten* laisser qc suivre son cours ★ *de zaak op zijn ~ laten* laisser tomber, laisser faire

belopen ❶ *lopend afleggen* parcourir, faire à pied ❷ *bedragen* s'élever à, se chiffrer à, être de

beloven promettre ★ *ze had beloofd dat ze zou komen* elle avait promis de venir ★ *je had het beloofd!* tu l'as promis! ★ *iets plechtig ~* promettre qc solennellement ★ *dat belooft wat!* c'est prometteur!, iron ça promet! ★ *de winter belooft streng te worden* l'hiver s'annonce rigoureux ★ fig *gouden bergen ~* promettre monts et merveilles, promettre la lune

beltegoed crédit *m* (d'unités) de communication, inform unités *v mv* ★ *zijn ~ opwaarderen* recharger son crédit

beltoon sonnerie *v*

beluisteren *luisteren naar* écouter

belust ~ op avide de, désireux de [v: désireuse] ★ *~ zijn op* avoir envie de, rechercher

belwinkel téléboutique *v*, taxiphone *m*

bemachtigen se procurer, s'emparer de ★ *ik heb kaartjes kunnen ~* j'ai pu me procurer des billets

bemalen épuiser, drainer

bemannen *van personeel / mensen voorzien* équiper ★ *een bemande (ruimte)vlucht* un vol habité

bemanning équipage *m*

bemanningslid membre *m* de l'équipage

bemerken s'apercevoir de, s'aviser de, remarquer ★ *hij bemerkte het gevaar te laat* il n'a pas vu venir le danger

bemesten fumer, engraisser, fertiliser

bemesting fumage *m*, fertilisation *v*

bemeten ★ *ruim ~ zijn* être spacieux

bemeubelen BN meubler

bemiddelaar médiateur *m* [v: médiatrice], intermédiaire *m/v*

bemiddeld aisé

bemiddelen *tussenbeide komen* servir de médiateur (**in** dans) ★ *~ in een conflict* intervenir dans un conflit

bemiddeling médiation *v*, conciliation *v* ★ *door ~ van* par l'intermédiaire / l'entremise de

bemind cher [v: chère], chéri, aimé

beminnelijk I *bn* aimable **II** *bw* aimablement

beminnen aimer, chérir, affectionner

bemoederen materner

bemoedigen encourager ★ *~d* encourageant

bemoeial ★ *hij is een ~* il se mêle de tout

bemoeien [**zich ~**] ❶ **~ met** *zich bezighouden met* s'occuper de, ‹ongevraagd› se mêler de, s'ingérer dans ★ *bemoei je er niet mee!* occupe-toi de tes oignons! ★ *waar bemoei je je mee?* de quoi tu te mêles? ★ *zich overal mee ~* fourrer son nez partout ❷ **~ met** *zich bekommeren om* s'occuper de

bemoeienis intervention *v*, ‹inmenging› ingérence *v* ★ *door zijn ~* grâce à lui ★ *daar heb ik geen ~ mee* ce n'est pas mon rayon

bemoeilijken rendre difficile, compliquer

bemoeiziek ≈ indiscret [v: indiscrète]

bemoeizucht ≈ indiscrétion *v*, manie *v* de se mêler de tout

benadelen faire tort à, nuire à ★ *zichzelf ~* se faire tort

benaderen approcher, s'approcher de ★ *een record ~* frôler un record ★ fig *een probleem anders ~* aborder un problème d'une autre façon ★ fig *iem. met een verzoek ~* adresser une demande à qn ★ fig *hij is door ons benaderd* nous l'avons pressenti

benadering ook fig approche *v*, wisk approximation *v* ★ *bij ~* approximativement

benadrukken accentuer, fig souligner, insister sur ★ *de dokter benadrukte dat deze behandeling noodzakelijk is* le médecin a insisté sur la nécessité de ce traitement

benaming dénomination *v*, nom *m*

benard critique, difficile, fâcheux [v: fâcheuse], embarrassant ★ *~e situatie* une situation délicate

benauwd ❶ *moeilijk ademend* oppressé ❷ *drukkend* oppressant, ‹door warmte› étouffant, suffocant ★ *het is hier ~* on étouffe ici ★ *het is ~ weer* le temps est lourd, il fait lourd ❸ *angstig* angoissé, anxieux [v: anxieuse] ★ *maak je daar maar niet ~ over* ne t'inquiète pas de ça

benauwen ❶ *de ademhaling belemmeren* oppresser, étouffer ❷ *beangstigen* angoisser, inquiéter ★ *die gedachte benauwt me* cette idée m'angoisse

bende ❶ *groep mensen* bande *v*, troupe *v*, horde *v*, clique *v* ❷ *groep misdadigers* bande *v* ★ *een ~ rovers* une bande de voleurs ❸ *wanorde* pagaille *v* ★ *wat een ~!* quelle pagaille! ❹ *(hele)boel* tas *m* (de) ★ *een ~ fouten* un tas de fautes

bendeleider chef *m* de bande, caïd *m*

bendeoorlog guerre *v* des gangs

beneden I *vz, lager dan, onder* au-dessous de, sous, ‹minder dan› inférieur à ★ *~ de tien jaar* au-dessous de dix ans, moins de dix ans **II** *bw, onder, omlaag* en bas ★ *~ aan / in* en bas de ★ *naar ~ brengen* descendre ★ *naar ~ gaan* descendre ★ *ze woont ~* elle habite en bas

benedenbuur voisin *m* d'en bas

benedenhuis rez-de-chaussée *m* [mv: id.]

benedenloop cours *m* inférieur, aval *m*

benedenverdieping étage *m* inférieur, ‹begane grond› rez-de-chaussée *m* [mv: id.]

Benedenwindse Eilanden îles *v mv* Sous-le-Vent

benedenwoning rez-de-chaussée *m* [mv: id.]

benefietconcert concert *m* de bienfaisance

benefietvoorstelling gala *m* de bienfaisance

benefietwedstrijd match *m* de bienfaisance

Benelux Benelux *m*

benemen ôter, priver de ★ *de eetlust ~* couper l'appétit ★ *iem. de moed ~* décourager qn ★ *zich het leven ~* se donner la mort ★ *het uitzicht ~* couper la vue ★ *de lust ~* faire passer l'envie ★ *de adem ~* couper le souffle

benen I *bn* en os, d'os II *onov ww* marcher d'un bon pas
benenwagen ▾ *met de ~ gaan* aller pedibus
benepen ❶ *benauwd* embarrassé, penaud, timoré ★ *met ~ stem* d'une petite voix ❷ *bekrompen* mesquin, étriqué
beneveld enivré, gris
benevens ainsi que
Bengaals, **Bengalees** bengali
bengel *deugniet* vaurien *m* [v: vaurienne], polisson *m* [v: polissonne]
bengelen *slingeren* pendiller
benieuwd curieux [v: curieuse] ★ *~ zijn naar iets* être curieux de connaître / savoir qc
benieuwen ★ *het zal mij ~ of* je suis curieux de savoir si
benig ❶ *waar been in zit* osseux [v: osseuse] ❷ *knokig* osseux [v: osseuse], ossu
benijden envier, être jaloux de [v: jalouse], jalouser ★ *iem. (om) iets ~* envier qc à qn ★ *hij is niet te ~* sa situation n'est guère enviable
benijdenswaardig I *bn* enviable II *bw* de façon enviable
Benin le Bénin ★ *in ~* au Bénin
Benins béninois
benjamin benjamin *m*, cadet *m*, petit dernier *m*
benodigd nécessaire
benodigdheden outillage *m*, nécessaire *m*, ⟨op kantoor⟩ fournitures *v mv*, ⟨gerei⟩ ustensiles *m mv*
benoemen ❶ *naam geven* dénommer ❷ *aanstellen (als)* désigner, nommer ★ *tot leraar ~* nommer professeur ★ *iem. tot erfgenaam ~* instituer qn héritier
benoeming ❶ *aanstelling* nomination *v* ★ *definitieve ~* titularisation *v* ★ *~ tot directeur* nomination en tant que directeur ❷ *naamgeving* dénomination *v*
benul notion *v* ★ *hij heeft er geen ~ van* il n'y entend rien, il n'en a pas la moindre notion
benutten utiliser, profiter de ★ *de gelegenheid ~* saisir l'occasion, profiter de l'occasion
benzedrine benzédrine *v*
benzeen benzène *m*
benzine essence *v* ★ *loodvrije ~* de l'essence sans plomb
benzinemotor moteur *m* à essence
benzinepomp ❶ *toestel* pompe *v* à essence ❷ *station* pompe *v* à essence
benzinestation station-service *v* [mv: stations-service]
benzinetank réservoir *m* d'essence ★ *zijn ~ volgooien* faire le plein
benzineverbruik consommation *v* d'essence
beo mainate *m*
beoefenaar ⟨van wetenschap⟩ homme *m* de science [v: femme ...], ⟨van muziek⟩ musicien *m* [v: musicienne], ⟨van sport⟩ sportif *m* [v: sportive]
beoefenen pratiquer ★ *een sport ~* pratiquer un sport, faire du sport
beogen viser à, poursuivre, rechercher ★ *het beoogde resultaat* l'effet *m* désiré / voulu
beoordelen juger, ⟨inschatten⟩ estimer, apprécier ★ *voor zover men kan ~* autant qu'on puisse en juger
beoordeling jugement *m*, ⟨inschatting⟩ estimation *v*, appréciation *v*, ⟨kritiek⟩ critique *v*, ⟨cijfer⟩ note *v*
bepaald I *bn* ❶ *vastgesteld, welomschreven* ⟨vastgesteld⟩ fixé, ⟨welomschreven⟩ déterminé, spécifique ★ *in dat ~e geval* dans ce cas spécifique ★ *~ lidwoord* article *m* défini ★ *de wettelijk ~e hoeveelheid* la quantité fixée par la loi ❷ ⟨niet nader omschreven⟩ certain ★ *~e mensen* certains ★ *in ~e gevallen* dans certains cas II *bw, zeker* certainement, décidément ★ *het gesprek was ~ onaangenaam* l'entretien était vraiment désagreable ★ *niet ~ slim* pas précisément / vraiment malin
bepakking charge *v*, mil paquetage *m*
bepakt ★ *~ en bezakt* tout équipé, prêt à partir, avec armes et bagages
bepalen I *ov ww, vaststellen* fixer, déterminer ★ *de boete werd bepaald op 100 euro* le montant de l'amende a été fixé à 100 euros ★ *bij de wet bepaald* prévu par la loi ★ *ik bepaal wat er hier gebeurt* c'est moi qui décide ici ★ *met gps je exacte positie ~* déterminer sa position exacte à l'aide du GPS II *wkd ww* [**zich ~**] *~* **tot** se borner à, se limiter à ★ *de assistent bepaalt zich tot het maken van afspraken* l'assistant ne fait que prendre des rendez-vous
bepaling ❶ *vaststelling* détermination *v*, ⟨vastlegging⟩ fixation *v* ❷ *voorschrift* disposition *v* ❸ *beding* condition *v*, stipulation *v*, clause *v* ❹ taalk complément *m* ★ *bijvoeglijke ~* attribut *m* ★ *bijwoordelijke ~* complément circonstanciel
beperken limiter, restreindre (**tot** à), ⟨inkrimpen⟩ réduire ★ *snelheid ~* limiter la vitesse ★ *de uitgaven ~* restreindre les dépenses ★ *dat beperkt de mogelijkheden* cela réduit les possibilités ★ *iets tot een minimum ~* limiter / réduire qc au minimum ★ *zich ~ tot* se borner à, se limiter à ★ *de notaris beperkt zich tot het geven van advies* le notaire ne fait que donner des conseils
beperking ❶ *grens* limitation *v*, restriction *v*, limite *v* ★ *zijn ~en kennen* connaître ses limites ❷ *inkrimping* réduction *v*
beperkt réduit, limité, restreint ★ *~ houdbaar* périssable ★ *een ~e oplage* un tirage limité / restreint
beplanten planter (**met** de)
beplanting *gewassen* plantation *v*
bepleiten plaider ★ *vrijspraak ~* plaider l'acquittement
bepraten ❶ *bespreken* discuter de, inform causer de ❷ *overhalen* raisonner ★ *zich laten ~* se laisser convaincre
beproefd éprouvé ★ *een ~ middel* un remède efficace
beproeven ❶ *proberen* essayer, tenter (**te** de), ⟨testen⟩ tester ★ *een nieuw apparaat ~* tester un nouvel appareil ❷ *op de proef stellen* mettre à l'épreuve, éprouver ★ *zwaar beproefd* mis à rude épreuve ★ *zijn geluk ~* tenter sa chance
beproeving épreuve *v* ★ *~en doorstaan* subir des épreuves
beraad délibération *v* ★ *iets in ~ nemen* prendre qc en considération ★ *na rijp ~* après mûre réflexion ★ *iets in ~ houden* réserver sa décision sur qc

be

beraadslagen délibérer (**met** avec; **over** sur)
beraadslaging délibération *v*
beraden [**zich** ~] réfléchir (**op**, **over** sur) ★ *zich nader* ~ réexaminer la question
beramen ❶ *ontwerpen* préparer, méditer, tramer ★ *een aanslag* ~ préparer un attentat ❷ *begroten* évaluer (**op** à)
berber *tapijt* (tapis *m*) berbère *m*
Berber *lid van volk* Berbère *m/v*
berde ▾ *iets te* ~ *brengen* mettre qc sur le tapis, avancer qc
bere- rudement, vachement
berechten ❶ jur juger ❷ BN inform *de laatste sacramenten toedienen* administrer (les derniers sacrements)
beredderen arranger, ⟨van boedel⟩ liquider
bereden *te paard* monté ★ *de* ~ *politie* la police montée
beredeneren raisonner
beregelen normer, soumettre à des règles
beregoed **I** *bn* vachement bon [v: ... bonne] **II** *bw* vachement bien
bereid *genegen (tot / te)* disposé (à), prêt (à) ★ ~ *zijn om* être prêt à ★ *tot alles* ~ *zijn* être prêt à tout ★ *iem. tot iets* ~ *vinden* trouver qn disposé à faire qc
bereiden préparer, apprêter, ⟨van eten ook⟩ faire, accommoder, confectionner ★ *een maaltijd* ~ préparer un repas ★ *iem. een verrassing* ~ réserver une surprise à qn
bereidheid bonne volonté *v*
bereiding préparation *v* ▾ BN med *magistrale* ~ préparation magistrale
bereidwillig **I** *bn* obligeant, serviable, coopératif [v: coopérative] **II** *bw* très volontiers, de grand cœur
bereik ❶ *gebied binnen reikwijdte* portée *v*, ⟨actieradius⟩ champ *m* (d'action) ★ *binnen mijn* ~ à ma portée ★ *binnen het* ~ *van ieders beurs* d'un prix abordable ★ *buiten* ~ hors d'atteinte, hors de portée ❷ *verbinding met het mobiele telefoonnet* ★ *ik heb geen* ~ il n'y a pas de réseau
bereikbaar ⟨plaats⟩ accessible, ⟨doel⟩ réalisable, abordable, ⟨persoon⟩ joignable ★ *gemakkelijk* ~ d'(un) accès facile
bereiken ❶ *aankomen te / komen tot* atteindre, arriver à, gagner, parvenir à ★ *het hotel is eenvoudig te* ~ l'hôtel est d'accès facile ★ *een plaats* ~ arriver à un endroit ★ *uw brief heeft mij niet bereikt* votre lettre ne m'est pas parvenue ❷ *komen tot iets* atteindre, arriver à, parvenir à ★ *een doel* ~ atteindre un but ★ *niets* ~ n'arriver à rien ★ *zo bereik je niets* ça ne mène à rien ❸ *contact maken* joindre ★ *ik heb hem nog niet kunnen* ~ je n'ai pas pu le joindre ★ *hoe bent u te* ~*?* comment puis-je vous joindre?
bereisd qui a beaucoup voyagé, qui a vu du pays
berekend ~ **op** fait pour, propre à, prévu pour ★ *de zaal is* ~ *op 500 personen* la salle peut recevoir jusqu'à 500 personnes
berekenen ❶ *uitrekenen* calculer, chiffrer ❷ *in rekening brengen* compter
berekenend calculateur [v: calculatrice]
berekening calcul *m*, compte *m* ★ *uit* ~ par calcul ★ *naar menselijke* ~ humainement parlant ★ *volgens een ruwe* ~ approximativement
berenklauw plantk acanthe *v*, ⟨familie⟩ berce *v*
berenmuts bonnet *m* à poils
beresterk balèze
berg ❶ *grote heuvel* montagne *v*, geol mont *m* ★ *in de bergen* à la montagne ★ *langs berg en dal* par monts et par vaux ★ *naar de bergen gaan* aller à la montagne ★ *bergen verzetten* soulever les montagnes ★ *de haren rezen me te berge* mes cheveux se dressaient sur la tête ★ *ergens als een berg tegenop zien* appréhender (de faire) qc, se faire une montagne de qc ★ *gouden bergen beloven* promettre monts et merveilles ❷ *hoop* tas *m* ★ *een berg huiswerk* un tas de devoirs
bergachtig montagneux [v: montagneuse]
bergafwaarts ❶ lett en descendant, en descente ❷ fig de mal en pis ★ *het gaat* ~ *met hem* il est sur une mauvaise pente
bergbeklimmen faire de la montagne, faire de l'alpinisme
bergbeklimmer alpiniste *m/v*, inform grimpeur *m* [v: grimpeuse]
bergbewoner montagnard *m* [v: montagnarde]
bergen ❶ *ruimte bieden aan* contenir, recevoir ★ *deze zaal kan 500 bezoekers* ~ cette salle peut recevoir jusqu'à 500 personnes ❷ *opbergen* ranger ❸ scheepv ★ *een schip* ~ ramener un navire
Bergen *in België* Mons *m*
Bergenaar Montois *m*
bergetappe sport étape *v* de montagne
berggeit chamois *m*
berghelling versant *m*, côte *v*, flanc *m*
berghok débarras *m*, remise *v*
berghut refuge *m*
berging ❶ *het bergen* ⟨van goederen⟩ sauvetage *m*, ⟨van scheepswrak⟩ renflouage *m*, ⟨van ruimtecapsule⟩ récupération *v* ❷ *berghok* débarras *m*, remise *v*
bergingsoperatie sauvetage *m*
bergkam crête *v*, arête *v*
bergketen chaîne *v* de montagnes
bergkristal cristal *m* de roche, quartz *m*
bergloon indemnité *v* de sauvetage
bergmassief massif *m* (montagneux)
bergmeubel (meuble *m* de) rangement *m*
bergopwaarts ❶ lett *de berg op* en montant ❷ fig *beter* de mieux en mieux
bergpas col *m*
bergplaats débarras *m*, remise *v*
Bergrede rel Sermon *m* sur la montagne
bergrug *bergkam* crête *v*, arête *v*
bergruimte ❶ *hok* débarras *m*, remise *v* ❷ *capaciteit* espace *m*
bergschoen chaussure *v* de montagne
bergsport alpinisme *m*
bergtop sommet *m*, cime *v*
bergweide alpe *v*
beriberi béribéri *m*
bericht annonce *v*, communication *v*, message *m*, ⟨kennisgeving⟩ avis *m*, ⟨nieuwtje⟩ nouvelle *v*, information *v* ★ *volgens de laatste* ~*en* aux dernières nouvelles ★ ~ *krijgen van iets* être informé de qc, apprendre qc ★ *u krijgt* ~ on vous notifiera ★ *een* ~ *je voor iem. achterlaten* laisser un message pour qn ★ ~ *van overlijden / huwelijk, e.d.* faire-part *m* [mv: id.] ★ *een* ~ *van ontvangst*

un accusé de réception ★ *gemengde ~en* faits *m mv* divers ★ *tot nader ~* jusqu'à nouvel ordre
berichten annoncer, informer de, avertir de, faire savoir ★ *iem. over iets ~* informer qn de qc
berichtgeving information *v*
berijden ❶ *rijden op* monter ❷ *rijden over* rouler sur, circuler sur
berin ourse *v*
Beringstraat détroit *m* de Béring
berispen réprimander, form blâmer
berisping réprimande *v*, form blâme *m*
berk bouleau *m* [mv: bouleaux]
Berlijn Berlin *m*
Berlijner Berlinois *m*
Berlijns berlinois
Berlijnse Berlinoise *v*
berm accotement *m*, bas-côté *m* [mv: bas-côtés] ★ *zachte berm* accotement non stabilisé
bermbom mil engin *m* explosif improvisé, bombe *v* artisanale
bermtoerisme ≈ tourisme *m* de bord de route
bermuda bermuda(s) *m (mv)*
Bermuda-eilanden Bermudes *v mv* ★ *op de ~* aux Bermudes
Bern Berne *v*
Berner bernois
beroemd célèbre, illustre, réputé, fameux (**om** pour) [v: fameuse] ★ *de ~ste zangeres ter wereld* la cantatrice la plus célèbre du monde ★ *de schilder is ~ om zijn portretten* le peintre est célèbre pour ses portraits
beroemdheid ❶ *het beroemd zijn* célébrité *v*, notoriété *v* ❷ *beroemd persoon* célébrité *v*
beroemen [zich ~]~ **op** se vanter de, se glorifier de ★ *hij beroemt zich op zijn slimheid* il se vante d'être malin
beroep ❶ *vak* profession *v*, ⟨ambacht⟩ métier *m* ★ *een ~ uitoefenen* exercer une profession ★ *timmerman van ~* menuisier de son état ★ *wat is hij van ~?* qu'est-ce qu'il fait dans la vie? ★ *vrije ~en* professions libérales ❷ *oproep* appel *m* ★ *een ~ doen op iemands gezonde verstand* en appeler au bon sens de qn ★ *een ~ doen op iem.* faire appel à qn, solliciter qn ❸ jur appel *m* ★ *tegen een vonnis in hoger ~ gaan* faire appel d'un jugement
beroepen [zich ~]~ **op** ⟨gezag inroepen⟩ se référer à, ⟨iemand⟩ se recommander de, ⟨aanvoeren⟩ invoquer, arguer de, ⟨als voorwendsel⟩ s'autoriser de ★ *zich ~ op artikel ...* invoquer l'article ...
beroeps professionnel [v: professionnelle], inform pro
beroepsbevolking population *v* active
beroepsdeformatie déformation *v* professionnelle
beroepsethiek déontologie *v* (professionnelle)
beroepsgeheim secret *m* professionnel
beroepsgroep catégorie *v* professionnelle
beroepshalve à titre professionnel
beroepsinstantie instance *v* d'appel, instance de recours
beroepskeuze choix *m* d'une profession, orientation *v* professionnelle
beroepskeuzeadviseur conseiller *m* d'orientation professionnel [v: conseillère ...], orienteur *m* (professionnel) [v: orienteuse ...]
beroepsleger armée *v* de métier
beroepsmatig professionnellement, à titre professionnel
beroepsmilitair militaire *m* de carrière
beroepsonderwijs onderw enseignement *m* professionnel
beroepsopleiding formation *v* professionnelle
beroepsschool BN onderw *vakschool* école *v* professionnelle
beroepssporter (sportif *m*) professionnel *m* [v: (sportive) professionnelle], pro *m*
beroepsverbod interdiction *v* professionnelle
beroepsvoetbal football *m* professionnel
beroepsziekte maladie *v* professionnelle
beroerd I *bn* ⟨slecht⟩ minable, ⟨vervelend⟩ embêtant, ⟨onwel⟩ mal fichu ★ *ik word er ~ van* ça me rend malade ★ fig *hij is nog te ~ om ...* il n'est même pas foutu de ... ★ fig *nooit te ~ zijn om te helpen* être toujours prêt à rendre service **II** *bw* mal ★ *er ~ aan toe zijn* être mal barré ★ *er ~ uitzien* avoir une sale mine / tête ★ *zich ~ voelen* se sentir mal fichu
beroeren ❶ *even aanraken* effleurer, toucher ❷ *verontrusten* troubler, ⟨hevig⟩ bouleverser
beroering agitation *v*, émoi *m*, ébullition *v* ★ *in ~ brengen* troubler, ⟨hevig⟩ bouleverser
beroerte med attaque *v* (d'apoplexie), apoplexie *v* ★ *een ~ krijgen* être frappé d'apoplexie
berokkenen causer, faire ★ *iem. schade ~* porter préjudice à qn, faire du tort à qn ★ *iem. leed ~* causer du chagrin à qn
berooid pauvre, inform fauché, sans le sou
berouw repentir *m*, regret(s) *m (mv)*, remords *m mv* (**over** de), rel contrition *v* ★ *~ hebben over* se repentir de, regretter
berouwen ★ *dat zal je ~* tu le regretteras
berouwvol repentant, repenti, contrit
beroven ❶ *bestelen* dévaliser ★ *iem. van iets ~* voler / dérober qc à qn ❷ ~ **van** *wegnemen van* priver de, ⟨erafhalen⟩ dépouiller de, ⟨inkorten⟩ amputer de ★ *iem. van zijn vrijheid ~* priver qn de sa liberté ★ *iem. van het leven ~* prendre la vie de qn ★ *zich van het leven ~* se donner la mort
beroving vol *m*, ⟨overval⟩ hold-up *m* [mv: id.]
berucht mal famé, redouté (**om** pour), tristement célèbre
berusten ❶ ~ **in** *zich schikken in* se résigner à ★ *in zijn lot ~* se résigner à son sort ❷ ~ **bij** être entre les mains de ★ *die plicht berust bij u* ce devoir vous incombe ❸ ~ **op** reposer sur, être fondé sur ★ *op waarheid ~* être conforme à la vérité, être véridique
berusting résignation *v*
bes ❶ *vrucht* baie *v* ★ *zwarte bessen* des cassis *m mv* ★ *rode bessen* des groseilles *v mv* rouges ❷ muz *muzieknoot* si *m* bémol ❸ *oude vrouw* petite vieille *v*
beschaafd I *bn* ❶ *geestelijk ontwikkeld* civilisé, cultivé ★ *het algemeen ~ Frans* le bon usage du français ❷ *goed opgevoed* poli, bien élevé ★ *~e manieren* de bonnes manières *v mv* ★ *in ~e termen* en termes courtois **II** *bw* poliment, courtoisement
beschaamd honteux (**over** de) [v: honteuse] ⟨verlegen⟩ confus, embarrassé ★ *iem. ~ maken*

be

be

faire honte à qn
beschadigen endommager, détériorer, ⟨van koopwaar⟩ avarier
beschadiging ❶ *het beschadigen* dégradation *v*, endommagement *m*, détérioration *v* ❷ *kapotte plek* dégâts *m mv*, dommage *m*
beschamen ❶ *schaamte doen voelen* faire rougir, rendre honteux [v: honteuse], faire honte à ❷ *teleurstellen* décevoir, trahir ★ *de verwachtingen ~* décevoir l'attente ★ *iemands vertrouwen ~* trahir la confiance de qn
beschamend honteux [v: honteuse] ★ *een ~e vertoning* une affaire honteuse
beschaving ❶ *cultuur* civilisation *v*, culture *v* ❷ *goede manieren* éducation *v*
bescheiden **I** *bn* ❶ *niet opdringerig* modeste, discret [v: discrète] ★ *naar mijn ~ mening* à mon humble avis ❷ *matig* modeste ★ *een ~ bedrag* une somme modique ★ *een ~ optrekje* un modeste pied-à-terre **II** *bw* ❶ *niet opdringerig* discrètement ❷ *matig* modestement
bescheidenheid modestie *v*, discrétion *v*, ⟨eenvoud⟩ simplicité *v* ★ *die ~ siert hem* cette modestie l'honore ★ *in alle ~* en toute modestie
beschermeling protégé *m* [v: protégée]
beschermen protéger (**tegen** de, contre), ⟨beschutten (tegen)⟩ abriter (de), mettre à l'abri (de), retrancher (de) ★ *zich ~ tegen* se protéger contre ★ *deze injectie beschermt je minstens vijf jaar tegen tetanus* cette piqûre antitétanique vous protège pendant au moins cinq ans ★ *~de laag* couche *v* protectrice ★ *een beschermde opvoeding* une jeunesse protégée
beschermengel ange *m* gardien
beschermer protecteur *m* [v: protectrice]
beschermheer protecteur *m*, patron *m*
beschermheilige patron *m* [v: patronne]
bescherming protection *v*, défense *v* ★ *iem. in ~ nemen* prendre la défense de qn ★ *onder ~ van* protégé par, sous la protection de, sous l'égide de ★ BN *Civiele Bescherming* protection civile
beschermingsfactor indice *m* de protection
beschermvrouwe protectrice *v*
bescheuren [**zich ~**] se tordre (de rire) ★ *het is om je te ~!* c'est tordant!
beschieten ❶ *schieten op* tirer sur, bombarder ❷ *betimmeren* revêtir, lambrisser, ⟨met hout⟩ boiser ★ *met planken ~* planchéier
beschieting fusillade *v*, bombardement *m*
beschijnen éclairer, illuminer, luire sur
beschikbaar disponible ★ *iem. iets ~ stellen* mettre qc à la disposition de qn ★ *zich ~ stellen voor een functie* poser sa candidature ★ *de nieuwe versie is nog niet ~ voor klanten* la nouvelle version n'est pas encore disponible pour les clients ★ *tijd ~ hebben* avoir du temps disponible ★ *~ komen* devenir disponible
beschikbaarheid disponibilité *v*
beschikken ❶ *~* **over** ⟨bezitten⟩ disposer de, ⟨genieten⟩ jouir de ★ *over veel geld ~* avoir beaucoup d'argent ★ *u kunt over het bedrag ~* vous pouvez disposer de la somme ❷ *beslissen* disposer ★ *gunstig ~ op* disposer favorablement de, accorder ★ *afwijzend ~ op een verzoek* rejeter une demande
beschikking ❶ ★ *de ~ hebben over* disposer de ★ *ter ~ stellen van* mettre à la disposition de ❷ *besluit* arrêté *m* ★ *een ministeriële ~* arrêté ministériel
beschilderen peindre
beschimmelen moisir ★ *beschimmeld* moisi
beschimpen injurier, insulter
beschoeiing revêtement *m*, ⟨paalwerk⟩ palée *v*, palplanches *v mv*, ⟨rijshout⟩ clayonnage *m*, paillage *m*
beschonken ivre ★ *in ~ toestand* en état d'ivresse
beschoren réservé ★ *hem was geen lang leven ~* il n'a pas vécu vieux ★ *het lot dat hem ~ was* le sort qui lui était réservé
beschot revêtement *m*, lambris *m*, boiserie *v*, ⟨afscheiding⟩ cloison *v* ★ *waterdicht ~* cloison étanche
beschouwen ❶ *bezien* considérer, regarder ★ *alles wel beschouwd* après tout, tout compte fait ★ *op zichzelf beschouwd* en soi ❷ *~* **als** considérer comme ★ *iedereen beschouwt hem als de leider van de groep* tout le monde le considère comme le meneur du groupe ★ *ik beschouw dit als een voordeel* je vois cela comme un avantage, j'y vois un avantage
beschouwend contemplatif [v: contemplative]
beschouwing ❶ *overdenking* considération *v*, ⟨bezien⟩ examen *m* ★ *bij nadere ~* à y regarder de plus près ★ *buiten ~ laten* ne pas prendre en considération, négliger, faire abstraction de ❷ *bespreking* exposé *m* ★ *de algemene ~en* ≈ pol discussion *v* budgétaire, débat *m* sur la politique générale (du gouvernement)
beschrijven ❶ *schrijven op* écrire sur ★ *het blaadje is aan beide kanten beschreven* le feuillet est rédigé recto verso ★ *een dicht beschreven bladzijde* une page dense ❷ *omschrijven* décrire, dépeindre ★ *uitgebreid beschreef hij hoe je moest rijden* il a indiqué en détail le chemin à emprunter ★ *een cirkel ~* décrire un cercle ❸ BN *een verkoopakte opmaken* dresser
beschrijving ❶ *het beschrijven* description *v* ❷ *hoe iets beschreven is* ★ *dat tart elke ~* cela défie toute description
beschroomd timide, timoré
beschuit biscotte *v*, toast *m* brioché
beschuitje culin biscotte *v*
beschuldigde accusé *m* [v: accusée], inculpé *m* [v: inculpée], prévenu *m* [v: prévenue]
beschuldigen accuser (**van** de), jur inculper (de) ★ *iem. van iets ~* accuser qn de qc ★ *vals ~* accuser faussement
beschuldiging accusation *v*, ⟨aanklacht⟩ inculpation *v* ★ *in staat van ~ stellen* mettre en accusation ★ *aangehouden op ~ van* arrêté sous l'inculpation de ★ *een ~ inbrengen / uiten tegen* porter / proférer une accusation contre
beschut abrité ★ *~ tegen* à l'abri de
beschutten abriter (**tegen** de), mettre à l'abri (de), protéger (contre)
beschutting abri *m*, protection *v* ★ *~ zoeken* chercher à s'abriter
besef conscience *v*, notion *v* ★ *tot het ~ komen dat* réaliser que ★ *geen enkel ~ hebben* ne pas avoir idée de ★ *een juist ~ hebben van* avoir une notion claire de
beseffen être conscient de, se rendre compte de

★ *hij beseft het niet* il ne se rend pas compte
besje → **bes**
beslaan I *ov ww* ❶ *innemen* occuper, prendre ❷ *bekleden met metaal* garnir (**met** de), ⟨met ijzer⟩ ferrer, ⟨met spijkers⟩ clouter ★ *een paard* ~ ferrer un cheval **II** *onov ww, vochtig worden* s'embuer, se couvrir de buée ★ *de ruiten zijn beslagen* les vitres sont embuées
beslag ❶ *deeg* pâte *v* ★ ~ *maken voor pannenkoeken* faire de la pâte à crêpes ❷ *metalen bekleedsel* garniture *v*, ⟨van ijzer⟩ ferrure *v*, ⟨hoefijzers⟩ fers *m mv* ★ *versierd met koperen* ~ à garniture(s) de cuivre ❸ *het in bezit nemen* jur saisie *v* ★ *dat neemt veel tijd in* ~ cela prend beaucoup de temps ★ *de studie neemt me helemaal in* ~ les études m'accaparent complètement ★ ~ *leggen op* s'approprier, confisquer, jur saisir, ⟨bezighouden⟩ occuper, absorber, accaparer, ⟨van ruimte, tijd⟩ prendre ★ ~ *leggen op iem.* occuper qn ▼ *zijn* ~ *krijgen* se réaliser, aboutir
beslagen ❶ BN *onderlegd* ferré (**in** en) ❷ → **beslaan**
beslaglegging saisie *v*, confiscation *v*
beslapen coucher dans / sur
beslechten régler, arranger, liquider, trancher
beslissen ❶ *besluiten* décider (**over** de), jur arrêter, ⟨de knoop doorhakken⟩ trancher ★ *je moet nu* ~ il faut te décider maintenant ★ *de directie beslist volgende week over de reorganisatie* la semaine prochaine la direction tranchera sur la réorganisation ❷ *de uitkomst bepalen* décider de ★ *dat doelpunt besliste de wedstrijd* ce but a décidé du match
beslissend décisif [v: décisive], déterminant ★ ~*e stem* voix *v* prépondérante ★ *een* ~ *moment* un moment critique ★ *de* ~*e partij spelen* jouer la belle
beslisser décideur *m* [v: décideuse]
beslissing décision *v* ★ *een* ~ *nemen* prendre une décision, se décider ★ *een moeilijke* ~ une décision difficile ★ *de definitieve* ~ *valt in het voorjaar* la décision définitive sera prise en printemps
beslissingsbevoegd décisionnaire, décideur [v: décideuse]
beslissingswedstrijd match *m* de barrage, belle *v*
beslist I *bn, resoluut* ferme, décidé, déterminé ★ *een* ~ *antwoord* une réponse catégorique **II** *bw, absoluut* certainement, sûrement
beslommering souci *m*, ⟨kopzorgen⟩ tracas *m mv* ★ *de dagelijkse* ~*en* les soucis quotidiens
besloten ❶ *niet openbaar* privé ★ ~ *zitting* séance *v* à huis clos ❷ *vast van plan* ★ ~ *tot* décidé à, résolu à
besluipen s'approcher à pas de loup de
besluit ❶ *einde* conclusion *v*, fin *v* ★ *tot* ~ pour conclure ❷ *beslissing* décision *v*, résolution *v*, ⟨van overheid⟩ arrêté *m* ★ *een* ~ *nemen* prendre une décision, se décider ★ *mijn* ~ *staat vast* j'ai pris ma décision ★ *bij Koninklijk Besluit* par arrêté royal ❸ *conclusie* conclusion *v*
besluiteloos I *bn* irrésolu, indécis ★ ~ *zijn* hésiter, balancer **II** *bw* sans pouvoir se décider
besluiten I *ov ww* ❶ *het besluit nemen te* décider de, se décider à, se résoudre à ★ *we hebben besloten om er voorlopig niets aan te doen* on a décidé de ne rien y faire pour le moment ★ *iem. doen* ~ *om* décider / résoudre qn à ❷ ~ **met** *eindigen met* finir par, terminer par ★ *de bijeenkomst werd besloten met een gebed* la réunion s'est terminée par une prière **II** *onov ww, beslissen* se décider (**te** à)
besluitvaardig qui a l'esprit de décision, résolu
besluitvorming processus *m* de décision
besmeren enduire (**met** de), ⟨met boter⟩ beurrer, ⟨met vet⟩ graisser ★ *een boterham* ~ tartiner une tranche de pain
besmettelijk ❶ *op anderen overgaand* ook fig contagieux [v: contagieuse] ❷ *gauw vuil wordend* salissant
besmetten infecter, ook fig contaminer ★ *iem. met een verkoudheid* ~ passer son rhume à qn ★ *besmet met* contaminé par
besmettingsgevaar danger *m* de contagion
besmettingshaard foyer *m* d'infection
besmeuren souiller, salir ★ *iemands goede naam* ~ salir / ternir la réputation de qn
besmuikt I *bn* sournois **II** *bw* sournoisement
besneeuwd enneigé, neigeux [v: neigeuse]
besnijden ❶ *snijden in* tailler, couper ❷ *besnijdenis toepassen* circoncire
besnijdenis ⟨bij mannen⟩ circoncision *v*, ⟨bij vrouwen⟩ excision *v*
besnoeien I *ov ww* ❶ *snoeien* tailler ❷ fig *beperken* réduire, diminuer **II** *onov ww, beperken* rogner ★ *op de uitgaven* ~ rogner sur les dépenses
besodemieterd cinglé, dingue, malade ★ *ben je* ~*?* ça va pas la tête?, t'es malade ou quoi?
besodemieteren avoir, rouler, inform couillonner, arnaquer
besogne occupation *v*, besogne *v* ★ *veel* ~*s hebben* être très occupé
bespannen ❶ *trekdieren spannen voor* atteler ❷ *iets spannen op* tendre (**met** de), ⟨met snaren⟩ muz monter ★ *met doek* ~ entoiler ★ *een racket* ~ corder une raquette
besparen ❶ *uitsparen* économiser (**op** sur), épargner, faire l'économie de ❷ *achterwege laten* ★ *ik zal je de details* ~ je te ferai grâce des détails ★ *bespaar je de moeite* épargne-toi la peine
besparing ❶ *het sparen* économie *v* ❷ *het gespaarde* épargne *v*, économies *v mv*
bespelen muz jouer de ★ *het orgel* ~ jouer de l'orgue ★ fig *een publiek* ~ jouer pour la galerie
bespeuren s'apercevoir de, découvrir, discerner ★ *een lichte ergernis* ~ percevoir une certaine irritation ★ *onraad* ~ flairer / pressentir le danger
bespieden guetter, épier, espionner
bespiegelen spéculer
bespiegeling spéculation *v*, contemplation *v*
bespioneren espionner, épier
bespoedigen accélérer, activer, précipiter
bespottelijk I *bn* ridicule, grotesque ★ *zich* ~ *maken* se ridiculiser **II** *bw* ridiculement
bespotten ridiculiser, se moquer de, tourner en dérision
bespraakt éloquent
bespreekbaar dont on peut discuter,

be

‹onderhandelbaar› qui peut se débattre, négociable

bespreekbureau bureau *m* de location [mv: bureaux ...]

bespreken ❶ *spreken over* parler de, discuter (de) ★ *het voorstel is uitgebreid besproken* on a discuté en détail la proposition ★ *iets onder vier ogen ~* discuter de qc en tête-à-tête ★ *een boek ~* faire la critique d'un livre ❷ *reserveren* retenir, réserver ★ *een tafel voor vier personen ~* réserver une table pour quatre personnes ★ *we hebben nog geen camping besproken* on n'a pas encore réservé un camping

bespreking ❶ *gesprek* discussion *v*, entretien *m*, conversation *v*, délibération *v* ★ *in ~ zijn* être en conférence, être en réunion ★ *~en voeren* être en pourparlers ❷ *recensie* compte-rendu *m* [mv: comptes-rendus], critique *v*

besprenkelen asperger (**met** de), cul arroser ★ *met wijwater ~* asperger d'eau bénite

bespringen ❶ *springen op* sauter sur ❷ *dekken* monter, saillir, ook vulg sauter

besproeien ❶ *begieten met water* arroser ❷ *irrigeren* irriguer

bespuiten arroser

bessensap culin ‹van aalbessen› jus *m* de groseilles

bessenstruik groseillier *m*

best I *bn* ❶ *overtreffende trap van goed* (le) meilleur, ‹m.b.t. kwaliteit› excellent ★ *in zijn beste kleren* habillé en dimanche ★ *er het beste van hopen* espérer que tout ira pour le mieux ★ *het beste ervan maken* faire ce qu'on peut, en tirer le meilleur parti ★ *het beste van het beste* ce qu'il y a de mieux, le nec plus ultra ★ *het beste is dat ...* le meilleur serait de ... ★ *zingen als de beste* chanter comme pas un ★ *zoiets kan de beste overkomen* ça peut arriver aux meilleurs ❷ *goedhartig* brave ★ *een (bovenste) beste kerel* un brave type, un chic type, un gars bien ❸ ‹als aanspreekvorm› cher [v: chère] ★ *beste Bart* cher Bart ❹ *goed* très bon [v: très bonne], excellent ★ *niet best* pas fameux ★ *ik vind het best* ça me va, parfait ★ *het beste!* bonne chance!, ‹beterschap› un prompt rétablissement! **II** *bw* ❶ *overtreffende trap van goed* le mieux ★ *ik ken mezelf het best* je me connais le mieux moi-même ❷ *uitstekend* très bien ★ *ik vermaak me best* je m'amuse très bien ❸ *tamelijk* assez, plutôt ★ *ik vind je best dik* je te trouve assez gros ★ *ik vind hem best lief* je l'aime bien, moi ❹ *vast* certainement, assurément ★ *het is best mogelijk* c'est bien possible ★ *we redden het best* nous nous en tirerons sans problème **III** *tussenw* bien ★ *mij best, hoor* c'est bon pour moi, ça me va **IV** *het* mieux *m* ★ *zijn best doen om* s'employer à, s'appliquer à ★ *zijn best doen* faire de son mieux ★ *zijn uiterste best doen* faire tout son possible, ne pas ménager ses efforts ★ *op zijn best* ‹hooguit› (tout) au plus, (tout) au mieux, ‹op dreef› dans son élément ▾ *ten beste geven* faire une démonstration de, ‹opdissen› débiter

bestaan I *onov ww* ❶ *leven, zijn* exister, être ★ *spoken ~ niet* les fantômes n'existent pas ★ *er bestaat geen reden tot ongerustheid* il n'y a pas de quoi s'inquiéter ★ *hij bestaat niet meer voor mij* il n'existe plus pour moi ★ *blijven ~* subsister, persister ★ *~ uit* se composer de, comprendre ★ *de cursus bestaat uit 10 lessen* le cours comprend dix leçons ★ *er goed van kunnen ~* avoir de quoi vivre, bien gagner sa vie ★ *daar kun je niet van ~* ça (ne) nourrit pas son homme ❷ *mogelijk zijn* être possible ★ *hoe bestaat het!* comment est-ce possible? ★ *dat bestaat niet!* c'est impossible! **II** *het* existence *v*, vie *v* ★ *het honderdjarig ~* le centenaire ★ *de strijd om het ~* la lutte pour la (sur)vie, la concurrence vitale

bestaansminimum minimum *m* vital

bestaansrecht ‹v. persoon› droit *m* à l'existence, ‹v. zaak› raison *v* d'être

bestaansreden raison *v* d'être

bestaanszekerheid assurance *v* du lendemain

bestand I *het* ❶ *verzameling gegevens* fichier *m* ❷ *wapenstilstand* trêve *v*, armistice *m* **II** *bn* ★ *~ tegen hitte* résistant à la chaleur ★ *tegen die verleiding was hij niet ~* il n'a pas pu résister à la tentation

bestanddeel élément *m*, composant *m*, partie *v* constituante, ‹van gerecht› ingrédient *m*

bestandsbeheer gestion *v* / tenue *v* de fichiers

bestandsnaam nom *m* de fichier

besteden ❶ *uitgeven* dépenser (**aan** à) ★ *hoeveel heb je besteed aan benzine?* combien d'argent tu as dépensé en essence? ★ *zijn geld goed ~* faire (un) bon usage de son argent ❷ *gebruiken, aanwenden* employer (**aan** à), ‹wijden› consacrer (**aan** à), ‹van aandacht› prêter (**aan** à), ‹van zorg› apporter (**aan** à) ★ *zijn tijd nuttig ~* faire un bon emploi de son temps ★ *veel aandacht ~ aan* prêter beaucoup d'attention à ★ *veel zorg ~ aan iets* apporter beaucoup de soin à qc ★ *dat is aan hem niet besteed* il y est insensible, c'est peine perdue

besteding dépense *v* ★ *bij ~ van 20 euro* pour un achat de 20 euros

bestedingsbeperking réduction *v* des dépenses, ‹beleid› politique *v* de rigueur

bestedingspatroon comportement *m* de dépenses / consommation

besteedbaar ★ *~ inkomen* revenu *m* net

bestek ❶ *eetgerei* couvert *m* ❷ *kader* ★ *binnen het ~ van* dans le cadre de ★ *in kort ~* sommairement ❸ *bouwplan* cahier *m* des charges ❹ scheepv point *m* ★ *~ opmaken* faire le point ❺ BN *prijsopgave* devis *m*

bestekbak range-couvert *m* [mv: id.]

bestel ordre *m*, structure *v* ★ *het maatschappelijk ~* l'ordre social

bestelauto camionnette *v*

bestelbon bon *m* / bulletin *m* de commande

bestelen voler ★ *help, ik ben bestolen!* au voleur!

bestelformulier bulletin *m* de commande, ordre *m* d'achat

bestellen ❶ *iets laten komen, reserveren* commander, faire venir, ‹van personen› appeler ★ *koffie ~* commander un café ★ *wij willen graag ~* on voudrait commander ❷ *thuis bezorgen* livrer, ‹van post› distribuer

besteller ❶ *bezorger* livreur *m* [v: livreuse], porteur *m* [v: porteuse], ‹van post› facteur *m* [v: factrice], ‹besteldienst› messagerie(s) *v (mv)* ❷ *opdrachtgever* acheteur *m*

bestelling ❶ *het bestellen* ordre *m*, commande *v* ★ *op ~* sur commande ★ *een ~ doen* passer une commande ❷ *bestelde goederen* commande *v* ❸ *bezorging van post* distribution *v*
bestelnummer (numéro *m* de) référence *v*
bestelwagen camionnette *v*
bestemmen destiner (**voor** à), affecter (**voor** à)
bestemming ❶ *eindpunt* destination *v* ★ *met ~ Parijs* à destination de Paris ★ *op de plaats van ~ aankomen* arriver à destination ❷ *bedoeling, doel* destination *v* ★ *het gebouw heeft een nieuwe ~ gekregen* la destination de l'édifice a changé ★ *wat is onze ~ in het leven?* quelle est notre destination dans la vie?
bestemmingsplan plan *m* d'aménagement, ⟨lokaal⟩ plan local d'urbanisme ★ *het ~ wordt opnieuw gewijzigd* il y aura encore une modification du plan local d'urbanisme
bestemmingsverkeer circulation *v* locale
bestempelen ❶ *een stempel drukken op* timbrer, tamponner ❷ *aanduiden als* qualifier de, traiter de, taxer de ★ *iem. ~ als* qualifier qn de
bestendig I *bn* stable, durable, ⟨van weer⟩ au beau fixe ★ *~ weer* du temps stable **II** *bw* constamment, durablement
bestendigen faire durer, pérenniser
besterven I *ov ww* ★ *het ~ van het lachen* mourir de rire **II** *onov ww*, ⟨van woorden⟩ ★ *dat woord ligt hem in de mond bestorven* il n'a que ce mot à la bouche, c'est son mot favori ★ *de woorden bestierven op zijn lippen* les paroles se figèrent sur ses lèvres
bestijgen ⟨van rijdier⟩ monter sur, ⟨van helling⟩ gravir, escalader
bestoken ❶ *aanvallen* attaquer, ⟨beschieten⟩ bombarder ❷ fig *lastigvallen* harceler (**met** de), assaillir (**met** de)
bestormen ❶ *een heftige aanval doen op* donner l'assaut à, assaillir ❷ fig *massaal bezoeken* se ruer sur
bestorming ❶ *aanval* assaut *m*, charge *v* ❷ fig *stormloop* ruée *v*
bestraffen *iem. straf geven* punir (**voor** pour), ⟨berispen⟩ réprimander
bestraffing punition *v*, correction *v*
bestralen med irradier ★ *hij wordt bestraald* il fait des séances de rayons
bestraling rayonnement *v*, med irradiation *v*, radiothérapie *v*
bestralingstherapie radiothérapie *v*
bestraten paver
bestrating ❶ *het bestraten* pavage *m* ❷ *wegdek* pavé *m*
bestrijden ❶ *bevechten* combattre, lutter contre ★ *de misdaad ~* lutter contre la criminalité ❷ *tegenspreken, aanvechten* contester ★ *de onkosten ~* couvrir les frais
bestrijding ❶ combat *m* (contre), lutte *v* (contre) ★ *ter ~ van de criminaliteit* pour combattre la criminalité ❷ *het tegenspreken, aanvechten* - ★ *ter ~ van de kosten* pour couvrir les frais
bestrijdingsmiddel pesticide *m*, ⟨tegen onkruid⟩ herbicide *m*, ⟨tegen insecten⟩ insecticide *m*
bestrijken ❶ *besmeren* enduire (**met** de) ★ *een muur met verf ~* appliquer de la peinture sur un mur ❷ *omvatten* couvrir ★ *dit boek bestrijkt alle onderwerpen van het vak* ce livre couvre toutes les matières
bestrooien (par)semer (**met** de), couvrir (**met** de), ⟨met blaadjes, bloemen⟩ joncher (**met** de), ⟨met suiker, zout e.d.⟩ saupoudrer (**met** de), ⟨met zand⟩ sabler, ⟨bepoederen⟩ poudrer
bestseller best-seller *m* [mv: best-sellers], succès *m* de librairie
bestuderen ❶ onderw étudier ❷ *onderzoeken* examiner
bestuiven poudrer, biol féconder ★ *het ~* biol la pollinisation
besturen ❶ *sturen, bedienen* conduire, manœuvrer, ⟨vliegtuig, raceauto⟩ piloter, ⟨draadloos⟩ télécommander ❷ *leiding geven aan* diriger, administrer, ⟨regeren⟩ gouverner
besturing ❶ *het besturen* conduite *v*, ⟨van vliegtuig, raceauto⟩ pilotage *m*, ⟨van schip⟩ navigation *v* ❷ *stuurinrichting* commande *v*
besturingssysteem, **besturingsprogramma** comp système *m* d'exploitation
bestuur ❶ *het leiding geven* direction *v*, ⟨vereniging⟩ bureau *m* [mv: bureaux], ⟨bedrijf⟩ gestion *v*, ⟨land⟩ administration *v*, ⟨land⟩ gouvernement *m* ★ *dit is geen zaak voor het gemeentelijk, maar voor het provinciaal ~* cela ne relève pas de la compétence des autorités locales, mais des autorités régionales ❷ *groep leidinggevenden* conseil *m* d'administration, comité *m* directeur ★ *dagelijks ~* bureau *m* exécutif ★ *in het ~ zitten* être membre du bureau / comité ★ *plaatselijk ~* autorités *v mv* locales
bestuurder ❶ *leidinggevende* directeur *m* [v: directrice], administrateur *m* [v: administratrice], ⟨leider⟩ dirigeant *m* [v: dirigeante] ★ *lokale ~s* autorités *v mv* locales ★ BN *afgevaardigd / gedelegeerd ~* administrateur *m* délégué ❷ *voertuigbestuurder* conducteur *m* [v: conductrice], chauffeur *m* ★ *niet spreken met de ~ tijdens de rit* ne parlez pas au conducteur lorsqu'il conduit
bestuurlijk administratif [v: administrative] ★ *~e vernieuwing* réforme *v* administrative
bestuursapparaat administration *v*
bestuurscollege conseil *m* d'administration
bestuurskunde sciences *v mv* administratives
bestuurslid membre *m* du bureau / comité ★ *twee van de aftredende bestuursleden zijn herkiesbaar* deux membres sortants sont rééligibles
bestuursrecht jur droit *m* administratif
bestuurssecretaris BN *hoofdambtenaar bij een overheidsdienst* ≈ haut fonctionnaire *m*, BelgFr secrétaire *m/v* d'administration
bestwil ▾ *het is voor je eigen ~* c'est pour ton bien
bèta ❶ *Griekse letter* bêta *m* ❷ *persoon* scientifique *m/v*
betaalautomaat caisse *v* / guichet *m* automatique
betaalbaar *financieel haalbaar* payable, ⟨niet duur⟩ abordable ★ *~ aan toonder* payable au porteur ★ *voor iedereen ~* à la portée de toutes les bourses
betaald ★ *~ voetbal* le football professionnel ★ *~e liefde* amour *m* vénal ★ *~ parkeren* le

stationnement payant ▾ *dat zal ik hem ~ zetten!* il me le paiera!
betaalmiddel moyen *m* de paiement ★ *een wettig ~* une monnaie légale
betaalpas, BN **betaalkaart** carte *v* bancaire
betaaltelevisie télévision *v* cryptée / payante / à péage
betaal-tv télévision *v* cryptée / payante / à péage
bètablokker bêtabloquant *m*
betalen I *ov ww, de kosten voldoen* payer, ⟨afrekenen⟩ régler ★ *tien euro voor iets ~* payer qc dix euros ★ *kan ik ~?* l'addition s'il vous plaît ★ *contant ~* payer comptant ★ *~ met je pinpas* payer avec sa carte bancaire ★ *met goud ~* payer en or ★ *dat is niet te ~!* c'est hors de prix ★ *vooruit ~* payer d'avance ★ *iets met zijn leven ~* payer qc de sa vie **II** *onov ww, opleveren* ★ *dat betaalt slecht* ça paie mal, c'est mal payé
betaler payeur *m* [v: payeuse]
betaling paiement *m*, règlement *m* ★ *~ in termijnen* paiement par traites / par versements échelonnés ★ *tegen ~ van...* moyennant...
betalingsachterstand arriéré *m*
betalingsbalans balance *v* des paiements
betalingsopdracht ordre *m* de virement
betalingstermijn terme *m*, échéance *v*
betalingsverkeer transactions *m mv* financières
betalingsvoorwaarden conditions *v mv* de paiement
betamelijk convenable, décent
betamen convenir, être convenable ★ *dat is niet zoals het betaamt* ce n'est pas comme il faut
betasten toucher, tâter, palper
bètastraling rayons *m mv* bêta
bètawetenschap ★ *~pen* sciences *v mv* exactes
betekenen ❶ *als betekenis hebben* signifier, vouloir dire, ⟨inhouden⟩ impliquer ★ *wat betekent dat?* qu'est-ce que cela signifie? ★ *wat moet dat ~?* qu'est-ce que ça veut dire? ★ *dat betekent niet veel goeds* cela ne promet rien de bon ★ *deze tegenvaller betekent het faillissement voor het bedrijf* cette mésaventure signifie la faillite de l'entreprise ❷ *waarde hebben* avoir de l'importance ★ *dat heeft niets te ~* cela n'a aucune importance ★ *haar werk betekent alles voor haar* pour elle, son travail passe avant tout ★ *iets voor iem. ~* avoir de l'importance pour qn ★ *dat lijkt niets te ~* cela n'a l'air de rien
betekenis ❶ *inhoud, bedoeling* signification *v*, sens *m* ★ *in de letterlijke ~ van het woord* au sens propre du mot ❷ *belang, strekking* importance *v*, portée *v* ★ *ik hecht daar weinig ~ aan* c'est peu important pour moi ★ *een zaak van ~* une affaire d'importance, une affaire importante ★ *dat is van geen ~* cela n'a aucune importance ★ *van doorslaggevende ~* prépondérant
betekenisleer sémantique *v*
beten [verl. td.] → **bijten**
beter I *bn* ❶ *vergrotende trap van goed* meilleur ★ *zij is ~ in wiskunde dan haar broer* elle est meilleure en maths que son frère ★ *dat is ~* cela vaut mieux ★ *~ worden* s'améliorer ★ *ik heb wel wat ~s te doen* j'ai mieux à faire, j'ai d'autres chats à fouetter ★ *hij wordt er ~ van* il y gagne ❷ *gezond* guéri, rétabli ★ *~ worden* guérir, se rétablir ★ *~ maken* guérir ❸ *van bepaald niveau* ★ *de ~e boekhandels* les bonnes librairies **II** *bw* mieux ★ *ze danst ~ dan ze zingt* elle danse mieux qu'elle ne chante ★ *het gaat ~ met hem* il va mieux ★ *je kunt maar ~ ...* tu ferais mieux de ... ★ *des te ~* tant mieux
beteren I *ov ww, beter maken* améliorer ★ *zich / zijn leven ~* s'amender, se racheter ★ *God betere het!* Dieu (me pardonne)! **II** *onov ww, beter worden* aller mieux
beterschap ❶ *lichamelijk herstel* rétablissement *m* ★ *~ gewenst!* je vous souhaite un prompt rétablissement! ❷ *alg. verbetering* amélioration *v* ★ *~ beloven* promettre de s'amender
beteugelen brider, refréner, ⟨bedwingen⟩ réprimer ★ *zijn enthousiasme ~* brider son enthousiasme
beteuterd déconfit, penaud
betichten accuser (**van** de) ★ *van wangedrag ~* accuser qn d'inconduite
betijen ★ *iem. laten ~* laisser faire qn ★ *de dingen laten ~* laisser agir le temps
betimmeren boiser, lambrisser, ⟨betengelen⟩ latter
betitelen qualifier (**als** de), traiter (**als** de), taxer (**als** de)
betoeterd cinglé, malade ★ *ben je ~?* t'es malade ou quoi?
betogen I *ov ww, beredeneren* argumenter **II** *onov ww, demonstreren* manifester
betoger manifestant *m* [v: manifestante]
betoging manifestation *v* ★ *een ~ houden tegen* manifester contre
beton béton *m* ★ *van ~* de / en béton ★ *gewapend ~* béton armé ★ *~ storten* couler du béton
betonen I *ov ww* manifester, témoigner ★ *dankbaarheid ~* se montrer reconnaissant **II** *wkd ww* [**zich ~**] se montrer, se révéler ★ *zich genegen ~ te* se montrer disposé à
betonijzer (acier *m* d')armature *v*
betonmolen bétonneuse *v*, bétonnière *v*
betonrot corrosion *v* du béton
betonvlechter ferrailleur *m*
betoog argumentation *v*, ⟨uiteenzetting⟩ explication *v* ★ *het behoeft geen ~ dat* il est évident que [+ ind.] ★ *een ~ houden* argumenter, ⟨toespraak⟩ faire un discours
betoveren ❶ *beheksen* ensorceler ❷ *bekoren* enchanter ★ *ik was betoverd door haar* j'étais sous son charme ★ *ze is ~d mooi* elle est belle à ravir, elle est ravissante
betovergrootmoeder trisaïeule *v*
betovergrootvader trisaïeul *m* [mv: trisaïeux]
betovering ❶ *beheksing* ensorcellement *m*, enchantement *m* ❷ *bekoring* enchantement *m*
betrachten pratiquer ★ *geduld ~* user de patience ★ *zijn plicht ~* faire son devoir ★ *de regels ~* observer les règles ★ *zuinigheid ~* être économe
betrappen attraper (**op** à), surprendre (**op** à) ★ *betrapt!* je t'y prends! ★ *iem. op leugens ~* surprendre qn à mentir ★ *op een fout ~* prendre en faute / en défaut
betreden mettre le pied sur, form fouler, ⟨binnengaan⟩ entrer dans ★ *het speelveld ~* entrer sur le terrain
betreffen ❶ *betrekking hebben op* concerner ★ *het*

betreft hier een boek uit 1725 il s'agit d'un livre qui date de 1725 ★ *waar het nieuwe technologie betreft* en ce qui concerne les nouvelles technologies ❷ *aangaan* concerner ★ *wat mij betreft* en ce qui me concerne, pour ma part ★ *wat zijn gezondheid betreft* en ce qui concerne sa santé ★ *wat dat betreft* pour ce qui est de cela, quant à cela

betreffend concerné ★ *de ~e personen* les personnes concernées, les personnes en question

betreffende concernant ★ *~ dat onderwerp* concernant ce sujet

betrekkelijk I *bn, relatief* relatif [v: relative] ★ *~ voornaamwoord* pronom *m* relatif ★ *dat is ~* ça dépend **II** *bw, tamelijk* relativement

betrekken I *ov ww* ❶ *laten meedoen (met)* associer (**in** à), mêler (**in** à), impliquer (**in** dans) ★ *ergens bij betrokken zijn* être impliqué dans qc ★ *hij is er niet bij betrokken* il n'y est pour rien ★ *iem. in een gesprek ~* faire participer qn à la conversation ★ *alles op jezelf ~* tout ramener à soi ★ *we proberen ook jongeren te ~* nous essayons d'impliquer également les jeunes ❷ *gaan bewonen* s'installer dans ★ *een nieuw huis ~* s'installer dans une nouvelle maison, emménager ❸ *koopwaar afnemen* acheter ★ *het restaurant betrekt groenten van boeren in de buurt* le restaurant achète ses légumes aux agriculteurs du coin **II** *onov ww, bewolkt worden* se couvrir ★ *de lucht betrekt* le ciel se couvre ★ fig *zijn gezicht betrok* son front s'obscurcit

betrekking ❶ *band, verband* rapport *m*, relation *v*, lien *m* ★ *met ~ tot* par rapport à, relatif à [v: relative à] en matière de ★ *~ hebben op* se rapporter à, porter sur ★ *goede ~en onderhouden met* entretenir de bons rapports avec ★ *de hierop ~ hebbende gegevens* les données relatives à ce sujet ❷ *baan* emploi *m*, poste *m*, situation *v* ★ *naar een ~ solliciteren* poser sa candidature à un poste ★ *een tijdelijke ~* un emploi temporaire ★ *zonder ~* sans emploi

betreuren ❶ *treurig zijn over* déplorer ❷ *spijt / ontevredenheid voelen* regretter ★ *ik betreur het dat ik niet kan komen* je regrette de ne pas pouvoir venir

betreurenswaardig regrettable

betrokken ❶ *die te maken heeft met iets* concerné, ‹in iets verwikkeld› impliqué, en cause ★ *de ~ partijen* les parties concernées / intéressées ❷ *die zich verbonden voelt* ★ *deze arts is erg ~ bij zijn patiënten* ce médecin est très dévoué à ses patients ❸ *bewolkt* couvert ★ *een ~ lucht* un ciel couvert ❹ *somber* triste, morose, sombre ★ *een ~ gezicht* un visage assombri

betrokkenheid ❶ *engagement* engagement *m* ❷ *verwikkeling* implication *v* (**in, bij** dans)

betrouwbaar fiable, digne de confiance, sérieux [v: sérieuse], ‹van berichten› crédible, ‹van zaken› sûr, fiable ★ *uit betrouwbare bron* de source sûre

betrouwbaarheid fiabilité *v*

betten tamponner

betuigen témoigner, manifester, exprimer ★ *dank ~* remercier ★ *zijn leedwezen ~* exprimer ses regrets

betuiging témoignage *m*, démonstration *v*

betuttelen ergoter sur, pinailler sur, ‹bevoogden› traiter paternellement

betweter pédant *m* [v: pédante], donneur *m* de leçons [v: donneuse ...]

betwijfelen douter de ★ *ik betwijfel of hij komt* je doute qu'il vienne

betwistbaar discutable, contestable

betwisten contester

beu ★ *iets beu zijn* être dégoûté de qc, être las de qc [v: lasse ...] ★ *ik ben het beu* j'en ai assez, inform j'en ai marre

beugel ❶ *afsluitring* anneau *m* [mv: anneaux], fermeture *v*, ‹van tas› fermoir *m* ❷ *tandbeugel* appareil *m* (orthodontique) ▼ *dat kan niet door de ~* cela dépasse les bornes

beugel-bh soutien-gorge *m* à armature

beuk ❶ *boom* hêtre *m* ❷ *harde klap* ★ *de beuk erin!* on fonce!

beuken I *bn* de / en hêtre **II** *ov ww, hard slaan* cogner

beukenhout (bois *m* de) hêtre *m*

beukennootje faîne *v*, faine *v*

beul ❶ *uitvoerder van lijfstraf* bourreau *m* [mv: bourreaux] ❷ fig *wreedaard* bourreau *m* [mv: bourreaux]

beunhaas ❶ *prutser* bricoleur *m* ❷ *zwartwerker* clandestin *m*, travailleur *m* au noir

beuren toucher, empocher

beurs I *de* ❶ econ Bourse *v*, ‹handel› place *v* (financière) ★ *naar de ~ gaan* s'introduire en Bourse ★ *op de ~* en Bourse ❷ *toelage* bourse *v* (d'études) ★ *van een ~ studeren* être boursier ★ *een ~ aanvragen* solliciter une bourse ❸ *portemonnee* bourse *v* ★ *maatregelen die de kleine ~ ontzien* mesures *v mv* qui ménagent les bourses modestes ★ *een transactie met gesloten beurzen* une acquisition sans bourse délier salon *m*, foire *v* **II** *bn, van fruit* blet [v: blette] ★ *~e bananen* bananes *v mv* blettes ★ *~ worden* blettir

beursbericht bulletin *m* de la Bourse

beursgang introduction *v* en Bourse

beursgenoteerd coté en Bourse

beursindex indice *m* boursier

beurskoers cours *m* de la Bourse

beurskrach krach *m* (boursier)

beursmakelaar agent *m* de change, boursier *m*

beursnotering *koers* cote *v* / cotation *v* en Bourse

beursstudent boursier *m* [v: boursière]

beurswaarde valeur *v* en bourse, prix *m* coté en bourse

beurt tour *m* ★ *jij bent aan de ~* c'est (à) ton tour, c'est à toi (de jouer) ★ *wie is aan de ~?* à qui le tour? ★ *om ~en* alternativement, tour à tour ★ *om de ~* à tour de rôle, tour à tour ★ *ieder op zijn ~* chacun à son tour ★ *voor zijn ~ gaan* resquiller ★ *zijn ~ afwachten* attendre son tour ★ *je krijgt je ~ wel* tu ne perdras rien pour attendre ★ onderw *iem. een ~ geven* interroger qn ★ vulg *iem. een ~ geven* se taper qn ★ *de keuken een grote ~ geven* nettoyer à fond la cuisine ★ *grote ~* révision *v* périodique ★ *een goede ~ maken* marquer un bon point ★ *een slechte ~ maken* faire piètre figure ★ *aan iem. te ~ vallen* échoir à qn

beurtelings alternativement, à tour de rôle

be

beurtrol ★ BN *volgens* ~ à tour de rôle
beuzelarij ❶ *kleinigheid* niaiserie *v* ❷ *kletspraat* fadaise *v*
bevaarbaar navigable
beval [verl. td.] → **bevelen**
bevalen [verl. td.] → **bevelen**
bevallen ❶ *in de smaak vallen (bij)* plaire (à) ★ *dat bevalt me* cela me plaît ★ *het bevalt mij hier* je me plais ici ★ *dat zal u wel* ~ vous m'en direz des nouvelles ★ *je gedrag bevalt me niet* ton comportement ne me plaît pas ❷ *baren* accoucher ★ *zij is* ~ *van een zoon* elle a accouché d'un garçon
bevallig I *bn* gracieux [v: gracieuse] II *bw* gracieusement
bevalling accouchement *m* ★ *voortijdige* ~ accouchement prématuré, accouchement avant terme ★ *het was een zware* ~ c'était un accouchement difficile, fig c'était laborieux
bevallingsverlof BN congé *m* de maternité
bevangen I *bn, verlegen* timide, inhibé II *ov ww* prendre, saisir ★ *door de kou* ~ saisi par le froid, transi (de froid) ★ *door paniek* ~ gagné par la panique ★ *door de warmte* ~ *zijn* avoir un coup de chaleur
bevaren naviguer sur
bevattelijk I *bn* ❶ *duidelijk* compréhensible ❷ *vlug van begrip* intelligent, d'un esprit vif II *bw* de façon intelligible
bevatten ❶ *in zich houden* contenir, comporter, renfermer ★ *deze drank bevat geen alcohol* cette boisson ne contient pas d'alcool ★ *de website bevat nauwelijks informatie* le site web apporte très peu d'information ❷ *begrijpen* concevoir, saisir ★ *de omvang van het heelal is nauwelijks te* ~ l'étendue de l'univers est à peine concevable
bevattingsvermogen compréhension *v* ★ *dat gaat mijn* ~ *te boven* cela me dépasse
bevechten ❶ *vechten tegen* combattre, lutter contre ❷ *vechtend verkrijgen* conquérir, ‹behalen› remporter, décrocher ★ *een zwaar bevochten overwinning* une victoire durement remportée
beveiligen protéger (**tegen** contre), ‹beschutten› abriter (de)
beveiliging ❶ *het beveiligen* protection *v*, mise *v* en sûreté, sauvegarde *v* ❷ *middel* protection *v*, ‹systeem› (dispositif *m* de) sécurité *v*
beveiligingsbeambte vigile *m/v*
beveiligingsdienst service *m* de sécurité
beveiligingssysteem dispositif *m* de sécurité
bevel ❶ *opdracht* ordre *m* ★ ~ *tot inhechtenisneming* mandat *m* d'arrêt ★ *op* ~ *van* sur l'ordre de ❷ *bevelvoering* commandement *m* ★ *onder* ~ *van* sous les ordres de ★ *het* ~ *voeren (over)* commander
bevelen ordonner
bevelhebber commandant *m*
bevelschrift ordre *m*, mandat *m*
bevelvoering commandement *m*
beven trembler, frémir, ‹huiveren› frissonner ★ ~ *van kou* grelotter ★ ~*de stem* voix *v* tremblante
bever *dier* castor *m*
beverig tremblotant, tremblant, ‹rillerig› frissonnant, ‹van schrift, toon› tremblé
bevestigen ❶ *vastmaken* attacher (**aan** à), fixer ★ *je fiets met een ketting aan een hek* ~ enchaîner son vélo à une grille ❷ *zeggen dat iets juist is* confirmer ★ *de minister bevestigde dat...* le ministre a confirmé que... ★ *de directie wil het gerucht* ~ *noch ontkennen* la direction ne veut ni confirmer ni infirmer la rumeur ★ *bevestig het door u gekozen wachtwoord* confirmez / validez le mot de passe choisi ★ *de ontvangst* ~ *van* accuser réception de
bevestigend I *bn* affirmatif [v: affirmative] ★ *een* ~ *antwoord* une réponse affirmative II *bw* ★ ~ *antwoorden* répondre affirmativement, répondre par l'affirmative
bevestiging ❶ *het vastmaken* fixation *v* ❷ *het zeggen dat iets juist is* confirmation *v* ★ *ter* ~ *van* pour confirmer ❸ *officiële aanstelling in een functie* installation *v*, rel confirmation *v*
bevinden I *ov ww, vaststellen* trouver, constater ★ *schuldig bevonden* jugé / reconnu coupable ★ *goed* ~ approuver ★ *gezien en goed bevonden* lu et approuvé II *wkd ww* [**zich** ~] *zijn* se trouver, être ★ *waar* ~ *zich de toiletten?* où sont les toilettes? ★ *zich in Utrecht* ~ se trouver à Utrecht ★ *zich in gevaar* ~ être en danger
bevinding ❶ *uitkomst* constatation *v*, conclusion *v* ❷ *ervaring* expérience *v*
beving tremblement *m*
bevlekken ❶ lett tacher, souiller ❷ fig entacher, salir
bevlieging engouement *m*, caprice *m*, coup *m* de tête
bevloeien irriguer
bevlogen enthousiaste ★ *een* ~ *kunstenaar* un artiste inspiré
bevochtigen humecter, mouiller
bevoegd ‹gerechtigd› autorisé, compétent, jur habilité (**te**, **tot** à), ‹bekwaam› qualifié, compétent ★ *een* ~ *arts* un médecin qualifié ★ *de* ~*e autoriteiten* les instances *v mv* compétentes ★ ~ *verklaren* déclarer compétent ★ ~ *zijn tot / om* être qualifié pour
bevoegdheid ‹recht› compétence *v*, ‹bekwaamheid› compétence *v*, qualité *v*, aptitude *v* ★ *dat ligt buiten mijn* ~ cela n'est pas de mon ressort
bevoelen toucher, tâter, palper
bevolen [volt. deelw.] → **bevelen**
bevolken peupler
bevolking population *v* ★ *de plaatselijke* ~ *informeren* informer la population locale ★ *het vrouwelijk deel van de* ~ la population féminine ★ BN *actieve* ~ population *v* active
bevolkingscijfer chiffre *m* de la population
bevolkingsdichtheid densité *v* de la population
bevolkingsexplosie explosion *v* démographique
bevolkingsgroei croissance *v* démographique
bevolkingsgroep groupe *m* de population, ‹etnisch› groupe *m* ethnique, ethnie *v*
bevolkingsonderzoek med dépistage *m*
bevolkingsoverschot excédent *m* démographique
bevolkingsregister ★ *uittreksel uit het* ~ bulletin *m* d'état civil
bevoogden *betuttelen* traiter paternellement, traiter avec paternalisme, tenir en tutelle
bevoordelen avantager, favoriser (**boven** par

rapport à)
bevooroordeeld plein de préjugés, prévenu (**jegens** à l'égard de; **tegen** contre), partial
bevoorraden ravitailler, approvisionner
bevoorrecht privilégié
bevoorrechten privilégier (**boven** par rapport à)
bevorderen ❶ *begunstigen* favoriser, encourager, stimuler, activer ❷ *promoveren* promouvoir, ⟨tot een rang⟩ élever (à) ★ *hij is tot kapitein bevorderd* il est passé / promu capitaine ★ *de leerling is bevorderd* l'élève est passé (dans la classe supérieure)
bevordering ❶ *begunstiging* avancement *m* ❷ *promotie* promotion *v* ❸ BN sport *vierde klasse in het voetbal* promotion *v*
bevorderlijk favorable (**voor** à) ★ ~ *voor de gezondheid* bon pour la santé
bevrachten *vracht laden* charger
bevragen I *ov ww* ★ *te ~ bij* (pour tous renseignements) s'adresser à **II** *wkd ww* [**zich** ~] BN inform *zich informeren* se renseigner
bevredigen ❶ *tevreden stellen* contenter, satisfaire ❷ *seksuele voldoening geven aan* satisfaire
bevredigend satisfaisant
bevrediging satisfaction *v*
bevreemden étonner, surprendre ★ *~d* surprenant
bevreemding étonnement *m* ★ ~ *wekken* étonner
bevreesd craintif [v: craintive] ★ ~ *zijn voor* appréhender, redouter, craindre
bevriend ami, lié d'amitié (**met** avec) ★ ~ *zijn met* être lié d'amitié avec ★ *ze zijn dik ~* ils sont très amis, inform ils sont copains comme cochons
bevriezen I *ov ww* ❶ *zeer koud maken* geler, ⟨invriezen⟩ congeler ❷ fig *blokkeren* geler, bloquer ★ *het ~ van de lonen* le gel des salaires **II** *onov ww, zeer koud worden* geler, ook fig se glacer, ⟨doodvriezen⟩ mourir gelé ★ *de rivier is bevroren* la rivière est prise (par les glaces), la rivière a gelé ★ *bevroren ruiten* vitres givrées ★ *bevroren voeten* pieds *m mv* gelés ★ *het is hier om te ~* on gèle ici
bevrijden délivrer (**van** de), ⟨vrij maken⟩ libérer (**van**, **uit** de), ⟨uit slavernij⟩ affranchir, ⟨afhelpen (van)⟩ débarrasser (de), soulager (de) ★ *iem. van een last ~* soulager qn d'un fardeau
bevrijding libération *v*, fig délivrance *v*
Bevrijdingsdag jour *m* de la Libération
bevruchten féconder ★ *kunstmatig ~* inséminer artificiellement
bevruchting *conceptie* fécondation *v*, conception *v*, ⟨kunstmatig⟩ insémination *v* (artificielle)
bevuilen salir, souiller
bewaarder *bewaker* surveillant *m* [v: surveillante], gardien *m* [v: gardienne]
bewaarmiddel BN (agent *m*) conservateur *m*
bewaken garder, surveiller
bewaker surveillant *m* [v: surveillante], gardien *m* [v: gardienne], ⟨van bedrijf⟩ vigile *m*
bewaking surveillance *v*, garde *v* ★ *onder ~ staan* être sous surveillance ★ *onder strenge ~* étroitement surveillé
bewakingsdienst gardiennage *m*
bewandelen fig suivre ★ *de ambtelijke weg ~* suivre la filière administrative
bewapenen armer, équiper (**met** de) ★ *zwaarbewapend* armé jusqu'aux dents
bewapening armement *m*
bewapeningswedloop course *v* aux armements
bewaren ❶ *tijdelijk wegbergen, niet weggooien* conserver, garder ❷ *in acht nemen* garder, respecter, observer ★ *het stilzwijgen ~* garder le silence ❸ *in stand houden* garder ★ *de orde ~* maintenir l'ordre ★ *een geheim ~* garder un secret ❹ *behoeden* garder (**voor** de), préserver (**voor** de) ★ *God bewaar me!* juste ciel! ★ *God beware mij daarvoor!* Dieu m'en préserve!
bewaring garde *v*, conservation *v* ★ *in ~ geven* déposer, mettre en dépôt, ⟨van bagage⟩ mettre en consigne ★ *iem. in verzekerde ~ nemen* écrouer qn
beweegbaar mobile
beweeglijk ❶ *te bewegen* mobile ❷ *levendig* vif [v: vive], remuant
beweegreden motif *m*, jur mobile *m*
bewegen I *onov ww, beweging vertonen* bouger ★ *er beweegt iets tussen de struiken* il y a qc qui bouge dans les broussailles ★ *het slachtoffer bewoog nog* la victime bougeait encore **II** *ov ww* ❶ *in beweging brengen* mouvoir, remuer, bouger ★ *hij bewoog zijn handen* il bougeait les mains ★ *beweeg de hendel nu langzaam naar voren* puis avancez doucement la manette ❷ *overhalen (tot)* convaincre (de), persuader (de) ❸ *aanzetten (tot)* inciter (à), amener (à) ★ *wat bewoog hem daartoe?* qu'est-ce qui l'a amené à faire cela? **III** *wkd ww* [**zich** ~] *omgang hebben met* fréquenter ★ *zij beweegt zich in hoge kringen* elle fréquente la haute société
beweging ❶ *verandering van plaats* mouvement *m*, ⟨gebaar⟩ geste *m*, ⟨lichaamsbeweging⟩ exercice *m* ★ *een onverwachte ~ maken* faire un mouvement brusque ★ *in ~ brengen* mettre en mouvement ★ *in ~ zijn* ⟨van personen⟩ être en mouvement, ⟨van trein⟩ être en marche, ⟨in ontwikkeling⟩ évoluer ★ *zich in ~ zetten* se mettre en mouvement / en marche ★ *met een vloeiende ~* d'un mouvement souple ★ *omtrekkende ~* débordement *m* ★ *de zaak in ~ brengen* faire bouger les choses ★ *uit eigen ~* de sa propre initiative, de son propre chef / mouvement, spontanément ❷ *groep mensen* mouvement *m* ★ *een religieuze ~* un mouvement religieux
bewegingsmelder détecteur *m* d'approche
bewegingsruimte ❶ lett espace *m* libre ❷ fig champ *m* de manoeuvre
bewegingstherapie kinésithérapie *v*
bewegingsvrijheid liberté *v* de mouvement, fig liberté *v* d'action, marge *v* de manœuvre
bewegwijzering signalisation *v*
beweren prétendre, affirmer, soutenir ★ *hij heeft niet veel te ~* il n'a pas grand-chose à dire
bewering assertion *v*, affirmation *v*
bewerkelijk qui demande beaucoup de travail
bewerken ❶ *behandeling laten ondergaan* travailler, façonner ★ *het land ~* travailler /

cultiver la terre ★ *liederen bewerkt voor de piano* des chants arrangés pour piano ★ *een roman ~ voor het toneel* adapter un roman pour la scène ★ *een verhaal ~ voor kinderen* remanier une histoire pour les enfants ❷ *beïnvloeden* travailler, manipuler ❸ *teweegbrengen* provoquer, causer

bewerking ❶ *het bewerken* travail *m*, ⟨van land⟩ culture *v*, labourage *m*, ⟨chemisch⟩ traitement *m*, ⟨herziening⟩ révision *v* ★ *in ~ zijn* être en (voie de) préparation ❷ *resultaat* adaptation *v*, muz arrangement *m* ★ *een ~ voor film* une adaptation cinématographique, une adaptation à l'écran

bewerkstelligen effectuer, réaliser, accomplir

bewijs ❶ *iets dat aantoont dat iets waar is* preuve *v*, ⟨bewijsvoering⟩ démonstration *v*, ⟨voorwerp⟩ pièce *v* à conviction, ⟨blijk⟩ marque *v*, témoignage *m* ★ *bewijzen aanvoeren* apporter / fournir des preuves ★ *het ~ leveren dat* prouver que ★ *ten bewijze hiervan* en foi de quoi ❷ *document* certificat *m*, attestation *v*, ⟨bewijsstuk⟩ pièce *v* justificative ★ *schriftelijk ~* preuve *v* écrite ★ *~ van eigendom* titre *m* de propriété ★ *~ van goed gedrag* certificat *m* de bonne vie et mœurs ★ *~ van lidmaatschap* carte *v* d'adhérent / de membre ★ *~ van ontvangst* accusé *m* de réception, récépissé *m*, reçu *m* ★ *~ van overlijden* acte *m* de décès

bewijsgrond argument *m*

bewijskracht force *v* probante

bewijslast charge *v* de la preuve ★ *de ~ omkeren* renverser la charge de la preuve

bewijsmateriaal pièces *v mv* à conviction, pièces à l'appui

bewijsstuk pièce *v* justificative, ⟨voorwerp⟩ pièce *v* à conviction

bewijsvoering démonstration *v*, jur argumentation *v*

bewijzen ❶ *aantonen* prouver, démontrer ★ *met je rijbewijs ~ dat je al achttien bent* présenter un permis de conduire pour justifier de sa majorité ★ *tot het tegendeel bewezen is* jusqu'à preuve du contraire ★ *een bewezen feit* un fait avéré ★ *~ dat men twee jaar een beroep heeft uitgeoefend* justifier de deux ans de vie professionnelle ★ fig *zich ~* faire ses preuves ❷ *betuigen* témoigner (de) ★ *iem. een dienst ~* rendre service à qn ★ *eer ~* rendre hommage

bewind ⟨regering⟩ régime *m*, gouvernement *m*, ⟨beheer⟩ administration *v* ★ *aan het ~ komen* arriver au pouvoir ★ *het ~ voeren over* ⟨besturen⟩ gouverner, ⟨beheren⟩ administrer, gérer

bewindsman ministre *m*, membre *m* du gouvernement

bewindspersoon ministre *m/v*, membre *m* du gouvernement

bewindvoerder administrateur *m* [v: administratrice]

bewogen I *bn* ❶ *ontroerd* ému, touché ★ *sociaal ~* engagé ★ *tot tranen toe ~* ému jusqu'aux larmes ❷ *veelbewogen* mouvementé, agité II *ww* [verl. td.] → **bewegen** III *ww* [volt. deelw.] → **bewegen**

bewolking nuages *m mv*, nébulosité *v*

bewolkt couvert (de nuages), nuageux [v: nuageuse] ★ *wisselend ~* nuages intermittents

bewonderaar admirateur *m* [v: admiratrice]

bewonderen admirer (**om** pour)

bewonderenswaardig admirable

bewondering admiration *v* ★ *vol ~ voor* en admiration devant

bewonen habiter ★ *een heel huis ~* occuper une maison entière ★ *een huis ~* habiter une maison

bewoner habitant *m* [v: habitante], occupant *m* [v: occupante], ⟨eiland⟩ insulaire *m/v* ★ *alle ~s van de flat werden geëvacueerd* tous les habitants de l'immeuble ont été évacués ★ *aan de ~s van dit pand* aux occupants de cet immeuble

bewoning occupation *v*

bewoog [verl. td.] → **bewegen**

bewoordingen termes *m mv* ★ *in duidelijke ~* en termes clairs

bewust ❶ *wetend* conscient (**van** de) ★ *zich ~ worden van iets* prendre conscience de qc, se rendre compte de qc ★ *ik ben me van geen kwaad ~* je n'ai rien à me reprocher, j'ai bonne conscience ❷ *betreffende* en question ★ *de ~e persoon* la personne en question ★ *die ~e dag* ce jour-là, ⟨veelbesproken⟩ ce fameux jour ❸ *doelbewust* délibéré, intentionnel [v: intentionnelle] ★ *een ~e keuze voor...* un choix délibéré de... ★ *een ~ ongehuwde moeder* ≈ une mère célibataire volontaire

bewusteloos sans connaissance, évanoui, inconscient ★ *~ raken* s'évanouir, perdre connaissance

bewusteloosheid inconscience *v*, ⟨kortdurend⟩ évanouissement *m*

bewustmaking sensibilisation *v*

bewustwording prise *v* de conscience

bewustzijn conscience *v* ★ *bij ~* conscient ★ *buiten ~* sans connaissance, évanoui ★ *weer tot ~ komen* reprendre connaissance ★ *het ~ verliezen* perdre conscience ★ *in het volle ~ van* pleinement conscient de

bewustzijnsvernauwing rétrécissement *m* de la conscience, psychonévrose *v*

bewustzijnsverruimend psychédélique

bezaaien ❶ *inzaaien* semer (**met** de), ensemencer, ⟨met graan ook⟩ emblaver ❷ *bestrooien* (par)semer (de) ★ *bezaaid met* parsemé de, couvert de

bezadigd I *bn* pondéré, posé, ⟨van geest⟩ rassis II *bw* avec pondération

bezatten [**zich ~**] se soûler, prendre une cuite

bezegelen ❶ *van een zegel voorzien* sceller ❷ *bekrachtigen* sceller, confirmer

bezeilen naviguer sur ★ *er valt geen land mee te ~* on ne sait pas par quel bout le prendre

bezem balai *m* ★ ook fig *de ~ erdoorheen halen* donner un (bon) coup de balai ★ *nieuwe ~s vegen schoon* ≈ tout nouveau, tout beau

bezemsteel manche *m* à balai

bezemwagen voiture-balai *v* [mv: voitures-balais]

bezeren I *ov ww* faire mal à, blesser II *wkd ww* [**zich ~**] se faire mal, se blesser

bezet occupé ★ *~!* occupé!, il y a qn! ★ *een goed ~te zaal* une salle bien garnie ★ *dan ben ik ~* là, je suis pris ★ *een druk ~te week* une semaine bien chargée ★ *een goed ~te dag* une journée bien remplie ★ *een druk ~ man* un homme très occupé ★ *een sterk ~ toernooi* un tournoi qui

présente une belle affiche
bezeten ❶ *krankzinnig* possédé ★ *van de duivel ~ zijn* avoir le diable au corps ★ *als een ~e* comme un fou / possédé ❷ **~ van** fou de [v: folle], épris de ★ *~ van een idee* obsédé par une idée
bezetten ❶ *innemen* occuper ★ *een stad ~* occuper une ville ❷ *bedekken* garnir (**met** de)
bezetter occupant *m* [v: occupante]
bezetting ❶ *het bezetten* occupation *v* ❷ *spelers* ⟨van toneel⟩ distribution *v* (des rôles), muz effectif *m* orchestral ★ *met volle ~* au grand complet
bezettingsgraad taux *m* d'occupation
bezettoon ≈ tonalité *v* (d'une ligne occupée) ★ *de ~ klinkt* ça sonne occupé
bezichtigen visiter
bezichtiging visite *v*, ⟨inspectie⟩ inspection *v*
bezield ❶ *een ziel hebbend* animé ❷ *geestdriftig* passionné, inspiré
bezielen *inspireren* animer, inspirer ★ *~de woorden* des propos *m mv* inspirants ★ *wat bezielt je toch?* quelle mouche te pique?, qu'est-ce qui te prend?
bezieling enthousiasme *m*, passion *v*, feu *m*
bezien ❶ *bekijken* regarder ❷ *denken over* voir, considérer ★ *zo ~* (vu) sous cet angle, de ce point de vue ★ *het valt nog te ~ of* reste à savoir si
bezienswaardig qui vaut le détour
bezienswaardigheid curiosité *v*, chose *v* à voir
bezig occupé, actif [v: active] ★ *druk ~* très occupé, affairé ★ *~ zijn aan iets* être occupé à qc, travailler à qc ★ *~ zijn te* être en train de ★ *ik ben nog even ~ met opruimen* je suis en train de ranger encore un peu
bezigen user de, employer
bezigheid occupation *v*, activité *v* ★ *veel bezigheden hebben* être fort occupé
bezigheidstherapie ergothérapie *v*
bezighouden I *ov ww* occuper ★ *wil jij de kinderen even ~?* tu veux bien occuper les enfants un petit moment? ★ *het houdt mij voortdurend bezig* cela me préoccupe ★ *aangenaam ~* distraire **II** *wkd ww* [**zich ~**] **~ met** *aandacht besteden aan* s'occuper de ★ *met zulke onzin houd ik me niet bezig* je ne m'occupe pas de telles futilités
bezingen chanter
bezinken ❶ *naar bodem zakken* se déposer, scheik se précipiter ❷ *helder worden* (se) rasseoir, (se) décanter ★ *de wijn laten ~* laisser reposer le vin ❸ *tot rust komen* se décanter ★ *iets laten ~* décanter qc ★ *dit moet even ~* ça demande réflexion
bezinking *het bezinken* sédimentation *v*
bezinksel résidu *m*, sédiment *m*, dépôt *m*
bezinnen I *onov ww, nadenken* ★ *bezint, eer gij begint* (il faut) réfléchir avant d'agir **II** *wkd ww* [**zich ~**] *nadenken* réfléchir (**op, over** sur)
bezinning réflexion *v* ★ *tot ~ komen* revenir à la raison, reprendre ses esprits, se ressaisir
bezit ❶ *het bezitten* possession *v* ★ *iets in ~ nemen* s'approprier qc ★ *in ~ hebben* être en possession de, posséder ★ *in het ~ zijn van* être en possession de ★ *in het ~ komen van iets* entrer en possession de qc ★ *in het ~ stellen van iets* mettre en possession de qc ❷ *bezitting* possession *v*, propriété *v*, bien *m* ★ *mijn hele ~* tout ce que je possède
bezittelijk possessif [v: possessive]
bezitten posséder, avoir, ⟨genieten⟩ jouir de ★ *de ~de klasse* la classe possédante
bezitter possesseur *m*, ⟨eigenaar⟩ propriétaire *m/v*, ⟨houder⟩ détenteur *m* [v: détentrice]
bezitterig possessif [v: possessive]
bezitting possession *v*, propriété *v*, bien *m* ★ *~en* biens
bezoedelen ook fig souiller, entacher, salir ★ *iemands goede naam ~* entacher / salir la réputation de qn
bezoek ❶ *het bezoeken* visite *v* ★ *op ~ gaan bij iem.* rendre visite à qn, aller voir qn ★ *op ~* en visite ❷ *personen* visite *v*, visiteur(s) *m (mv)* ★ *daar heb je het ~ al!* voilà déjà la visite qui arrive! ★ *oma krijgt nog maar weinig ~* grand-mère ne voit plus grand monde ★ *~ hebben* avoir du monde
bezoeken aller à, ⟨regelmatig⟩ fréquenter, ⟨bijwonen⟩ assister à, ⟨bezichtigen⟩ visiter, ⟨iemand⟩ visiter, ⟨als gast⟩ rendre visite à, aller voir ★ *we hebben twee musea bezocht* on a visité deux musées ★ *de voorstelling wordt goed bezocht* le spectacle attire un grand public
bezoeker visiteur *m* [v: visiteuse], ⟨gast⟩ invité *m* [v: invitée] ★ *een onverwachte ~ verwelkomen* accueillir une visite inattendue ★ *de tentoonstelling heeft tienduizenden ~s getrokken* l'exposition a attiré des dizaines de milliers de visiteurs ★ *vaste ~* habitué *m* [v: habituée] ★ *de ~s* le public
bezoeking épreuve *v*, châtiment *m*
bezoekrecht jur droit *m* de visite
bezoekregeling dispositions *v mv* sur le droit de visite
bezoektijd heures *v mv* de visite
bezoekuur heure *v* de(s) visite(s) ★ *tijdens bezoekuren* aux heures de visite
bezoldigen rémunérer, rétribuer ★ *een bezoldigde functie* une fonction rémunérée
bezoldiging salaire *m*, rémunération *v*, ⟨van ambtenaren⟩ traitement *m*
bezon [verl. td.] → **bezinnen**
bezondigen [**zich ~**] **~ aan** se rendre coupable de ★ *zich ~ aan luiheid* pécher par paresse
bezonken réfléchi, pondéré
bezonnen I *bn* pondéré, posé **II** *ww* [verl. td.] → **bezinnen III** *ww* [volt. deelw.] → **bezinnen**
bezopen ❶ *dronken* soûl, bourré ❷ *idioot* dingue
bezorgd *ongerust* inquiet (**om** de) [v: inquiète], soucieux(**om** de) [v: soucieuse], préoccupé (**om** de) ★ *~ zijn over* craindre pour ★ *zich ~ maken* se faire du souci ★ *zich ~ maken over* s'inquiéter de
bezorgdheid inquiétude *v*, souci *m*, préoccupation *v*
bezorgdienst service *m* de livraison
bezorgen ❶ *afleveren* livrer, porter, ⟨overhandigen⟩ remettre ★ *de post ~* distribuer le courrier ★ *de bestellingen worden gratis aan huis bezorgd* on livre gratuitement à domicile ❷ *verschaffen* procurer, fournir, ⟨veroorzaken⟩ causer ★ *iem. een baantje ~* procurer un job à qn, caser qn ★ *iem. moeilijkheden ~* causer des ennuis à qn

bezorger *besteller* livreur *m* [v: livreuse], porteur *m* [v: porteuse], ‹van post› facteur *m* [v: factrice]
bezorging livraison *v* ★ *~ aan huis* livraison à domicile
bezuinigen économiser, faire des économies (**op** sur) ★ *op de uitgaven ~* réduire les dépenses
bezuiniging économie *v*, réduction *v* des dépenses ★ *drastische ~en doorvoeren* réaliser des économies rigoureuses ★ *dit levert een grote ~ op* cela permet une réduction considérable des dépenses
bezuinigingsmaatregel mesure *v* d'économie
bezuren ★ *dat zal je ~* tu t'en repentiras
bezwaar ❶ *beletsel* inconvénient *m* ★ *de grote afstand is een ~* la distance importante pose problème ★ *dat is geen ~* cela ne pose aucun problème ★ *~ opleveren* présenter un inconvénient ★ *ik zie er geen ~ in dat...* je ne vois pas d'inconvénient que [+ subj.] ★ *onoverkomelijke bezwaren* des obstacles *m mv* insurmontables ❷ *bedenking* objection *v* (**omtrent**, **tegen** à) ★ *verklaring van geen ~* déclaration *v* de non-objection ★ *~ hebben tegen* s'opposer à ★ *~ maken* faire / soulever des objections, émettre des réserves ★ *als niemand er ~ tegen heeft* si personne n'y voit d'objection
bezwaard tourmenté, préoccupé, gêné ★ *zich ~ voelen* avoir des préoccupations
bezwaarlijk I *bn* difficile, gênant **II** *bw* difficilement ★ *ik kan het ~ geloven* j'ai du mal à le croire
bezwaarschrift plainte *v*, réclamation *v* ★ *een ~ indienen* faire une réclamation
bezwaren ❶ econ *belasten* charger ★ *met hypotheek bezwaard* grevé d'une hypothèque, hypothéqué ❷ psych *belasten* peser sur, gêner, oppresser
bezweek [verl. td.] → **bezwijken**
bezweet en sueur, ‹hevig› (tout) en nage
bezweken I *ww* [verl. td.] → **bezwijken II** *ww* [volt. deelw.] → **bezwijken**
bezweren ❶ *plechtig / onder ede verklaren* jurer ★ *hij bezwoer dat hij de waarheid zei* il m'a juré de dire la vérité ❷ *smeken* supplier, adjurer, conjurer ★ *ik bezweer je dat niet te doen* je te supplie de ne pas le faire ❸ *in zijn macht brengen* conjurer ★ *slangen ~* charmer des serpents ★ fig *een gevaar ~* conjurer un danger
bezwering conjuration *v*
bezwijken ❶ *sterven* succomber ★ *aan een ziekte ~* succomber à la suite d'une maladie ❷ *niet bestand zijn tegen* céder, succomber, ‹instorten› crouler, s'écrouler ★ *voor de verleiding ~* céder / succomber à la tentation
bezwijmen s'évanouir
B-film film *m* de série B
b.g.g. *bij geen gehoor* en cas d'absence
bh *bustehouder* soutien-gorge *m* [m mv: soutiens-gorge(s)]
Bhutaans bhoutanais
Bhutan le Bhoutan ★ *in Bhoetan* au Bhoutan
bi I *de, biseksueel* bi *m/v* **II** *bn, biseksueel* bi, inform à voile et à vapeur
biatleet biathlète *m/v*
biatlon sport biathlon *m*
bib BN *bibliotheek* bibli *v*
bibberen ‹angst› frissonner, ‹kou› grelotter, trembloter
bibbergeld BN indemnité *v* de risque
bibliografie bibliographie *v*
bibliografisch bibliographique
bibliothecaris bibliothécaire *m/v*
bibliotheek bibliothèque *v* ★ *de openbare ~* la bibliothèque publique
bic BN inform *balpen* bic *m*
biceps biceps *m*
bicommunautair BN *van / in Vlaanderen en Wallonië* bicommunautaire
bidden ❶ *gebed doen* prier, dire ses prières ★ *(tot) God ~* prier Dieu ★ *voor / na het eten ~* r-k dire le bénédicité, dire les grâces, prot faire la prière ❷ *smeken* prier, supplier, ‹smeken om› implorer ★ *na lang ~ en smeken* à force de prier et de supplier
bidet bidet *m*
bidon bidon *m*
bidprentje ❶ *prentje ter nagedachtenis* mémento *m* ❷ *heiligenprentje* image *v* pieuse
bidsprinkhaan mante *v* (religieuse)
bieb *bibliotheek* bibli *v*
biecht confession *v* ★ *te ~ gaan* aller à confesse ★ *iem. de ~ afnemen* confesser qn ★ fig BN *uit de ~ klappen* vendre la mèche
biechten I *ov ww* confesser **II** *onov ww* se confesser
biechtgeheim secret *m* de la confession
biechtstoel confessionnal *m* [mv: confessionnaux]
bieden ❶ *aanbieden, geven* offrir, présenter ★ *de mogelijkheid ~* donner / offrir la possibilité ★ *Slovenië heeft weinig te ~ aan strandtoerisme* la Slovénie a peu de tourisme de plage à offrir ❷ *een bod doen* offrir, faire une offre (de) ★ *ik bied vijftig euro voor dat boek* j'offre cinquante euros pour ce livre ★ *hoger ~ dan een ander* enchérir (sur qn), surenchérir ★ *wie biedt meer?* qui dit mieux? ❸ *bij kaartspel* annoncer
bieder enchérisseur [v: enchérisseuse] ★ *de hoogste ~* le plus offrant
biedkoers *inloopkoers* cours *m* acheteurs, cours *m* demandé
biedprijs offre *v*
biefstuk culin bifteck *m*, steak *m* ★ *~ van de haas* romsteck *m* ★ *bijna rauwe / weinig doorbakken / tamelijk doorbakken / goed doorbakken ~* bifteck bleu / saignant / à point / bien cuit ★ BN *gepelde ~* steak pelé
biels traverse *v*
bier culin bière *v* ★ *alcoholvrij bier* bière sans alcool ★ *blond bier* bière blonde ★ *bruin bier* bière brune ★ fig BN *dat is geen klein bier* ça n'est pas rien → **biertje**
bierblikje canette *v* de bière
bierbrouwerij brasserie *v*
bierbuik *buik* bedaine *v*
bierglas verre *m* à bière
bierkaai ▼ *vechten tegen de ~* jouer / partir perdant ▼ *dat is vechten tegen de ~* c'est perdu d'avance
biertje culin bière *v*, demi *m* ★ *twee ~s!* deux bières!, deux demis!
bierviltje carton *m*, rond *m* de bière

bies ❶ *oeverplant* jonc *m* ❷ *boordsel* liséré *m*, galon *m*, passepoil *m* ★ fig *zijn biezen pakken* décamper, plier bagage, filer, prendre ses cliques et ses claques
bieslook culin ciboulette *v*
biest premier lait *m*, ⟨van moeder⟩ colostrum *m*
biet betterave *v* ▼ *dat interesseert me geen biet* je m'en tape ▼ *geen biet!* que dalle!
bietsen mendier ★ *een appel bij iem.* ~ taper / taxer qn d'une pomme
biezen I *bn* de jonc, en paille ★ *een* ~ *mandje* une corbeille de jonc II *ov ww* lisérer
bifocaal bifocal [m mv: bifocaux]
big porcelet *m* ★ *Guinees biggetje* cochon *m* d'Inde, cobaye *m*
bigamie bigamie *v*
bigband big band *m*
big bang big bang *m*
biggelen dégouliner ★ *de tranen biggelden hem langs de wangen* les larmes coulaient sur ses joues
biggen ≈ mettre bas
bij I *vz* ❶ *in de omgeving van* près de ★ *bij het station* près de la gare ★ *bij de muur* près du mur ❷ *in aanwezigheid van* chez ★ *logeren bij familie* loger chez des parents ★ *iets bij zich hebben* avoir qc (sur soi) ❸ *samen met* avec ❹ *aan, op* ★ *zij nam hem bij de hand* elle le conduisit par la main ★ *iem. bij de schouders pakken* prendre qn aux épaules ❺ *gelijktijdig met* ★ *bij het ontbijt* au petit déjeuner ★ *bij aankomst* à l'arrivée ❻ *omstreeks* près de ★ *het is bij zessen* il est près de six heures ❼ *in het geval van* en cas de ★ *bij brand* en cas d'incendie ❽ *maal* sur ★ *zes bij zes meter* six mètres sur six ❾ *met* ⟨een hoeveelheid⟩ par ★ *bij honderden* par centaines ★ *bij duizenden* par milliers ❿ *vergeleken met* auprès de ★ *dat is bij het belachelijke af* ça frôle le ridicule II *bw* ❶ *bij bewustzijn* conscient ★ *hij is nog niet bij* il n'a pas encore repris connaissance ★ *ik was er* ⟨geestelijk⟩ *niet bij* j'étais ailleurs / absent ❷ *zonder achterstand* à jour ★ *ik ben bij* je suis à jour ❸ *op de hoogte* à la page, ⟨schrander⟩ futé, éveillé ★ *hij is goed bij* il est intelligent III *de, insect* abeille *v* ★ *een zwerm bijen* un essaim d'abeilles ★ fig *een bezige bij* une fourmi
bijbaan à-côté *m* [mv: à-côtés]
bijbal épididyme *m*
bijbedoeling arrière-pensée *v* [mv: arrière-pensées] ★ *zonder ~en* sans arrière-pensées
bijbehorend annexe, ⟨bijpassend⟩ assorti (à) ★ *een pak met ~e stropdas* un costume avec cravate assortie
bijbel *exemplaar van de Bijbel* bible *v*
Bijbel *heilig geschrift* Bible *v*
Bijbels biblique, de la Bible ★ *~e geschiedenis* histoire *v* sainte
Bijbeltekst texte *m* biblique
Bijbelvast versé dans la Bible
Bijbelvertaling traduction *v* de la Bible
bijbenen suivre, suivre le rythme de ★ *ik kan het niet meer* ~ fig je suis dépassé (par les événements)
bijbetalen payer en / un supplément
bijbetekenis connotation *v*
bijbeunen avoir des à-côtés
bijblijven ❶ *niet achter raken* suivre ❷ *in herinnering blijven* rester dans la mémoire ★ *deze dag zal me altijd* ~ ce jour restera gravé dans ma mémoire ★ *dat is hem bijgebleven* il en a gardé le souvenir
bijbrengen ❶ *leren* apprendre ❷ *tot bewustzijn brengen* faire revenir à soi
bijdehand dégourdi, éveillé, futé
bijdehandje dégourdi [v: dégourdie], petit futé [v: petite futée]
bijdetijds moderne, à la page
bijdraaien ❶ *toegeven* ne pas persister dans son opinion, filer doux, céder ★ *hij draait wel weer bij* ça lui passera ❷ scheepv se mettre en panne
bijdrage contribution *v* ★ *een financiële ~ leveren aan...* apporter une contribution financière à... ★ *eigen* ~ apport *m* personnel, ⟨bij sociale verzekering⟩ ticket *m* modérateur
bijdragen contribuer (**aan**, **tot** à), ⟨in kosten⟩ participer (à) ★ *iedereen die heeft bijgedragen aan dit evenement, bedankt!* merci à tous ceux qui ont participé à cet événement! ★ ~ *naar draagkracht* contribuer selon ses moyens
bijeen réunis *m mv* [v mv: réunies], ensemble ★ *we zijn hier vandaag ~ om...* aujourd'hui, nous sommes réunis pour... ★ *dicht ~ staan* être les uns sur les autres
bijeenblijven rester ensemble
bijeenbrengen réunir, rassembler, ⟨van zaken⟩ (r)amasser
bijeenkomen se réunir, se rassembler, se rejoindre
bijeenkomst réunion *v*, assemblée *v*, ⟨samenkomst, ontmoeting⟩ rencontre *v*, rendez-vous *m* [mv: id.] ★ *een feestelijke ~ organiseren* organiser une réunion festive ★ *de ~ is afgelast* la réunion a été annulée
bijeenrapen *met moeite bijeenbrengen* ramasser ★ *al zijn moed* ~ rassembler tout son courage ★ fig *bijeengeraapt zootje* un ramassis
bijeenroepen convoquer, rassembler
bijeenzijn I *onov ww* être réunis II *het* réunion *v*
bijeenzoeken rassembler (en cherchant)
bijenhouder apiculteur *m* [v: apicultrice]
bijenkast ruche *v*
bijenkoningin reine *v* (des abeilles)
bijenkorf ruche *v*
bijensteek piqûre *v* d'abeille
bijenteelt apiculture *v*
bijfiguur personnage *m* secondaire
bijgaand ci-joint [v: ci-jointe], ci-inclus [v: ci-incluse] ★ *zie ~e brief* voir lettre ci-jointe
bijgebouw dépendance *v*, annexe *v* ★ *~en* communs *m mv*
bijgedachte ❶ *bijbedoeling* arrière-pensée *v* [mv: arrière-pensées] ❷ *associatie* association *v* (d'idées)
bijgeloof superstition *v*
bijgelovig superstitieux [v: superstitieuse]
bijgenaamd surnommé, dit
bijgerecht culin plat *m* d'accompagnement
bijgeval par hasard
bijgevolg par conséquent, donc
bijholte sinus *m*
bijholteontsteking sinusite *v*

bijhouden ❶ *dichtbij houden* (r)approcher ❷ *bijbenen* suivre (le rythme de) ❸ *blijven werken aan* tenir (à jour), entretenir ★ *de boekhouding ~* tenir les livres ★ *de tuin ~* entretenir le jardin ★ *ontwikkelingen ~* se tenir au courant des développements
bijkans presque, à peu près
bijkantoor succursale *v*, agence *v*, antenne *v*
bijkeuken arrière-cuisine *v* [mv: arrière-cuisines]
bijklussen avoir des à-côtés
bijkomen ❶ *komen bij* s'ajouter à ★ *er komt nog bij dat ...* ajoutez à cela que ... ★ *dat moest er nog ~!* il ne manquait plus que cela ❷ *bij bewustzijn komen* revenir à soi, reprendre connaissance ★ *zij kwam weer bij* elle a repris connaissance ★ fig *niet meer ~ van het lachen* être mort de rire ❸ *weer beter worden* reprendre, récupérer, se remettre
bijkomend ❶ additionnel [v: additionnelle], complémentaire, supplémentaire ★ *een ~ probleem* un problème annexe ❷ BN *extra* supplémentaire
bijkomstig accessoire, secondaire, annexe
bijkomstigheid élément *m* accessoire, ⟨bijverschijnsel⟩ à-côté *m* [mv: à-côtés], ⟨bijzaak⟩ chose *v* secondaire, détail *m*
bijl hache *v* ★ fig *het bijltje erbij neerleggen* jeter le manche après la cognée, quitter la partie ★ fig *ik heb wel vaker met dat bijltje gehakt* je connais la musique ★ fig *voor de bijl gaan* (devoir) y passer ★ fig *de botte bijl hanteren* ne pas y aller de main morte
bijlage *bijgesloten document* annexe *v*, pièce *v* jointe, ⟨van blad⟩ supplément *m*, ⟨in blad⟩ encart *m*, ⟨aanhangsel⟩ appendice *m*
bijleggen ❶ *bijbetalen* ajouter ★ *ik moet erop ~* j'en suis de ma poche ❷ *goedmaken* régler, arranger, liquider ★ *een geschil ~* régler un différend ★ *het ~* se réconcilier
bijles leçon *v* particulière, cours *m* privé
bijlichten éclairer
bijltjesdag chasse *v* aux collabos, fig jour *m* de la vengeance
bijna presque, à peu près, ⟨voor getal ook⟩ près de ★ *we zijn er ~* on est presque arrivé ★ *het is alweer ~ kerst* Noël approche déjà ★ *hij is ~ verdronken* il a failli se noyer ★ *pas op, je was ~ overreden* attention, un peu plus, tu serais écrasé ★ *ik viel ~* j'ai failli tomber ★ *~ niet* à peine ★ *~ niets* pratiquement rien
bijnaam surnom *m*, ⟨spottend⟩ sobriquet *m*
bijna-doodervaring expérience *v* de mort imminente
bijna-ongeluk presque accident *m*, accident *m* évité de justesse
bijnier glande *v* surrénale
bijnierschors cortex *m* surrénal
bijou bijou *m* [mv: bijoux]
bijouterie bijouterie *v*
bijpassen faire l'appoint
bijpassend assorti (**bij** à) ★ *een pak met ~e stropdas* un costume avec cravate assortie
bijpraten se raconter des choses, faire le point
bijproduct sous-produit *m* [mv: sous-produits], dérivé *m*
bijrijder aide-conducteur *m* [v: aide-conductrice], ⟨bij rallye⟩ copilote *m*
bijrol rôle *m* secondaire
bijschaven *beter maken* perfectionner, parfaire, peaufiner, ⟨van stijl e.d.⟩ ciseler, polir
bijscholen recycler, perfectionner
bijscholing recyclage *m*, perfectionnement *m*
bijschrift légende *v*
bijschrijven *inschrijven* inscrire ★ *een bedrag op een rekening ~* créditer un compte d'une somme
bijslaap coït *m*
bijsluiter notice *v* (explicative / d'emploi)
bijsmaak (petit) goût *m*, arrière-goût *m* [mv: arrière-goûts], fig pointe *v*
bijspijkeren *bijwerken* ⟨iemand⟩ faire rattraper (son retard), ⟨iets⟩ reprendre, se rattraper en, ⟨verbeteren⟩ perfectionner ★ *zijn kennis ~* compléter ses connaissances
bijspringen aider, venir en aide à, ⟨financieel ook⟩ renflouer
bijstaan I *ov ww, helpen* assister, secourir ★ *elkaar ~* s'entraider **II** *onov ww, herinneren* ★ *er staat me vaag iets van bij* je m'en souviens vaguement
bijstand ❶ *hulp* assistance *v*, soutien *m* ★ *~ verlenen* prêter secours ★ *rechtskundige ~* assistance juridique ❷ *uitkering* RSA *m*, revenu *m* de solidarité active ★ *in de ~ zitten* toucher le RSA ❸ *de instantie die uitkering verstrekt* Aide *v* sociale
bijstandsmoeder ≈ mère *v* célibataire qui touche le RSA
bijstandsuitkering RSA *m*, revenu *m* de solidarité active ★ *in de bijstand lopen* toucher le RSA
bijstandtrekker bénéficiaire *m/v* du RSA
bijstellen ❶ *in juiste stand brengen* ajuster, régler, mettre au point ❷ *aanpassen* adapter
bijstelling ❶ *het bijstellen* ajustement *m* ❷ taalk apposition *v*
bijster I *bn* ★ *het spoor ~ zijn* ook fig s'être égaré ★ *het spoor ~ worden* ook fig s'égarer **II** *bw* très ★ *hij is niet ~ slim* il n'est pas très / vraiment intelligent
bijsturen ❶ *de juiste richting geven* corriger (la déviation) ❷ *licht wijzigen* corriger, ajuster ★ *de plannen ~* rectifier le tir
bijt ≈ trou *m* dans la glace
bijtanken ❶ *brandstof bijvullen* prendre du carburant ❷ *energie opdoen* recharger les accus
bijtekenen se rengager
bijten I *ov ww, tanden zetten in* mordre ★ *in iets ~* mordre dans qc ★ *in een appel ~* croquer (dans) une pomme ★ *~ op* mordre à ★ *op zijn nagels ~* se ronger les ongles ★ fig *van zich af ~* se défendre, ne pas se laisser faire **II** *onov ww, inbijten (in)* mordre (sur)
bijtend ❶ *vinnig* mordant, caustique, incisif [v: incisive] ★ *een ~ antwoord* une réponse acerbe ❷ *scherp inwerkend* mordant, caustique, incisif [v: incisive] ★ *~e vloeistoffen* des liquides corrosifs ★ *een ~e kou* un froid mordant
bijtgaar à point
bijtijds ❶ *op tijd* à temps ★ *~ maatregelen nemen* intervenir à temps ❷ *vroeg* de bonne heure ★ *~ opstaan* se lever de bonne heure
bijtreden BN *steunen* se ranger du côté de
bijtrekken ❶ *beter worden* se remettre ★ *dat trekt*

wel bij ça s'arrangera ❷ *niet meer kwaad zijn* ★ *ze trekt wel weer bij* ça lui passera

bijtring anneau *m* de dentition [mv: anneaux ...]

bijvak matière *v* secondaire

bijval approbation *v*, ⟨applaus⟩ applaudissements *m mv* ★ *onder luide ~* sous les acclamations du public ★ *~ vinden bij* être bien accueilli / reçu par, être applaudi par, avoir du succès auprès de ★ *algemene ~ oogsten* remporter tous les suffrages, être plébiscité, faire l'unanimité

bijvallen *steunen* ⟨iemand⟩ adhérer à, se ranger du côté de, ⟨iets⟩ approuver

bijverdienen ★ *wat ~* arrondir ses fins de mois

bijverdienste à-côté *m* [mv: à-côtés], ressources *v mv* d'appoint

bijverschijnsel effet *m* secondaire

bijverzekeren contracter une couverture complémentaire

bijvoeding alimentation *v* supplémentaire

bijvoegen ajouter (**bij** à), joindre (**bij** à) ★ *bijgevoegd vindt u het stuk* veuillez trouver ci-joint le document

bijvoeglijk I *bn* adjectif [v: adjective] ★ *~ naamwoord* adjectif *m* **II** *bw* comme adjectif, adjectivement

bijvoegsel supplément *m*, ⟨bijlage⟩ annexe *v*, pièce *v* jointe

bijvoorbeeld par exemple ★ *kersen ~ kun je niet lang bewaren* les cerises, par exemple, ne se gardent pas longtemps ★ *we willen in de vakantie naar de zon, naar Italië ~* on veut des vacances au soleil, en Italie par exemple

bijvullen remplir

bijwerken ❶ *in orde maken* mettre au point, ⟨actualiseren⟩ mettre à jour, ⟨van foto / schilderij⟩ retoucher ★ *de boeken ~* mettre à jour les livres ★ *de make-up ~* rafraîchir son maquillage, inform faire un raccord ❷ *bijspijkeren, bijschaven* reprendre, perfectionner ★ *een leerling ~* faire rattraper un élève ★ *zijn Nederlands ~* rattraper son retard en néerlandais

bijwerking med effet *m* secondaire

bijwonen assister à, ⟨van lessen⟩ suivre, ⟨meemaken⟩ être témoin de ★ *de mis ~* entendre la messe

bijwoord taalk adverbe *m*

bijwoordelijk I *bn* adverbial [m mv: adverbiaux] **II** *bw* adverbialement

bijzaak chose *v* de moindre importance, détail *m* ★ *dat is maar ~* ce n'est qu'accessoire

bijzettafel table *v* d'appoint, table volante

bijzetten ❶ *zetten bij* ajouter ❷ *begraven* inhumer, déposer dans un caveau ❸ *toevoegen, verlenen* donner, ajouter ★ *iets kracht ~* appuyer qc

bijziend myope

bijziendheid myopie *v*

bijzijn présence *v* ★ *in het ~ van* devant, en présence de

bijzin (proposition *v*) subordonnée *v*

bijzonder I *bn* ❶ *ongewoon* particulier [v: particulière], spécial [m mv: spéciaux] ⟨eigenaardig⟩ singulier [v: singulière] ★ *een ~ geval* un cas particulier ★ *~e omstandigheden* des circonstances particulières ★ *iets ~s* qc de spécial ★ *niets ~s* pas grand-chose ❷ *niet van de overheid* privé ★ *~ onderwijs* enseignement *m* libre ★ *~e school* école *v* libre **II** *bw* ⟨zeer⟩ très, ⟨vooral⟩ spécialement, particulièrement ★ *iem. ~ graag mogen* être très attaché à qn **III** *het* ★ *in het ~* en particulier, notamment ★ *ik heet iedereen van harte welkom, in het ~ de burgemeester* bienvenue à tout le monde, en particulier monsieur / madame le maire

bijzonderheid ❶ *detail* détail *m* ★ *in bijzonderheden treden* entrer dans le(s) détail(s) ★ *tot in de kleinste bijzonderheden* dans le moindre détail ★ *(nadere) bijzonderheden* précisions *v mv* ❷ *iets bijzonders* particularité *v*

bikini bikini *m*

bikinilijn maillot *m*

bikkel *gehard persoon* dur *m* à cuire ★ *zo hard als een ~* dur comme le roc

bikkelhard dur comme le fer ★ *hij is ~ als het om zaken gaat* en affaires, il est impitoyable

bikken ❶ *afhakken* piquer, ⟨ketelsteen⟩ détartrer ❷ *eten* bouffer ★ *heb je wat te ~?* tu as de quoi bouffer?

bil ❶ fesse *v*, ⟨bilstuk van rund⟩ culotte *v* ★ *een kind een pak voor zijn billen geven* donner une fessée à un enfant ★ *wie zijn billen brandt moet op de blaren zitten* qui casse les verres les paie ★ *met de billen bloot moeten* annoncer la couleur ❷ BN *dij* cuisse *v*

bilateraal bilatéral [m mv: bilatéraux]

biljard million *m* de milliards

biljart ❶ *spel* billard *m* ❷ *tafel* billard *m*

biljartbal bille *v* (de billard) ★ *zo kaal als een ~* chauve comme une bille / un œuf

biljarten jouer au billard

biljet ❶ *kaartje* billet *m* ❷ *bankbiljet* billet *m*

biljoen billion *m*

billboard panneau *m* d'affichage

billenkoek fessée *v*

billijk I *bn* ❶ *rechtvaardig* juste, équitable ★ *dat is niet meer dan ~* rien de plus juste, ce n'est que justice ❷ *redelijk* raisonnable ★ *een ~e prijs* un prix raisonnable / modique **II** *bw* avec raison, comme de raison

billijken approuver ★ *dat valt te ~* c'est justifiable

bilspleet, **bilnaad** raie *v* des fesses

bimetaal bilame *m/v*

binair binaire

binden ❶ lett *vastmaken* lier (**aan** à), attacher (à) ❷ fig *doen samenhangen* lier (**aan** à) ★ *klanten ~* fidéliser la clientèle ❸ culin *dik maken* lier, épaissir ❹ ⟨boek⟩ *inbinden* relier

bindend jur *verplichtend* contraignant, impératif [v: impérative], obligatoire ★ *een ~e overeenkomst* un accord contraignant ★ *~ advies* avis *m* contraignant

binding ❶ *band* lien *m*, ⟨gehechtheid⟩ attache(s) *v (mv)* ❷ sport *skiband* fixation *v*

bindmiddel liant *m*, cul liaison *v*, fig ciment *m*

bindvlies conjonctive *v*

bindvliesontsteking conjonctivite *v*

bindweefsel tissu *m* conjonctif

bingo loto *m*

bink costaud *m*, malabar *m* ★ *de bink uithangen* jouer les durs, jouer les gros bras

binnen I *vz* ❶ *in* dans, à l'intérieur de ★ *~ de*

muren van het kasteel dans l'enceinte du château ★ *~ de grenzen van de stad* intra-muros ★ *~ het budget blijven* ne pas dépasser le budget ★ *~ mijn bereik* à ma portée ★ *te ~ schieten* revenir à l'esprit ❷ *in minder dan* avant ★ *~ een week* dans les huit jours, sous huit jours, d'ici une semaine **II** *bw* dedans, à l'intérieur ★ *~ in de cirkel* au-dedans du cercle ★ *hij liep naar ~* il entrait ★ *van ~ naar buiten* de l'intérieur vers l'extérieur ★ *de deur van ~ sluiten* fermer la porte de l'intérieur ★ *is nummer 8 al ~?* est-ce que le numéro huit est déjà arrivé? ★ *ze is nog ~* elle est encore dedans ★ *~!* entrez! ★ *~ zonder kloppen* entrez sans frapper ★ fig *hij is ~* ⟨gefortuneerd⟩ il est à l'abri ★ fig *~ is ~!* c'est toujours ça (de pris / gagné)

binnenbaan ❶ *binnenste baan* couloir *m* intérieur ❷ sport *overdekte baan* piste *v* couverte, ⟨tennis⟩ court *m* couvert

binnenbad piscine *v* couverte

binnenband chambre *v* à air

binnenbocht intérieur *m* du virage

binnenbrand feu *m* d'appartement

binnenbrengen *binnenshuis brengen* (r)entrer ★ fig *het nodige geld ~* faire rentrer l'argent

binnendoor ❶ *via kortere weg* ★ *ik ben ~ gereden* j'ai pris un raccourci ❷ *niet buitenom* par l'intérieur

binnendringen pénétrer (dans), faire irruption dans, envahir ★ *het ~* la pénétration, l'irruption *v*

binnendruppelen arriver au compte-gouttes

binnengaan entrer (dans) ★ *de kamer ~* entrer dans la pièce

binnenhalen rentrer

binnenhaven port *m* fluvial [mv: ports fluviaux], ⟨bij zeehaven⟩ arrière-port *m* [mv: arrière-ports]

binnenhuisarchitect architecte *m/v* / décorateur *m* d'intérieur [v: décoratrice ...]

binnenin au(-)dedans, à l'intérieur

binnenkant dedans *m*, intérieur *m*

binnenkomen ❶ *binnengaan* entrer (dans) ★ *kom binnen!* entre! ❷ *geïnd worden* rentrer ★ *mijn salaris is binnengekomen* j'ai reçu / touché mon salaire ★ *er zijn klachten binnengekomen* on a reçu des plaintes

binnenkomer entrée *v* en matière

binnenkomst entrée *v*

binnenkort sous peu, d'ici peu, prochainement ★ *het boek verschijnt ~* le livre doit paraître prochainement ★ *het zal ~ wel duidelijk worden* d'ici peu, on y verra plus clair

binnenkrijgen ❶ *ontvangen* recevoir, ⟨van geld⟩ encaisser ★ *de nieuwe collectie ~* recevoir la nouvelle collection ❷ *inslikken* avaler, absorber ★ *water ~* ⟨van zwemmer⟩ boire la tasse

binnenland ❶ *het eigen land* intérieur *m* ★ *in het ~* à l'intérieur ★ *in binnen- en buitenland* à l'intérieur et à l'étranger ❷ *ver van de kust of grens* ⟨v. kust⟩ arrière-pays *m*, ⟨v. grens⟩ intérieur *m* du pays ★ *de ~en van Afrika* les régions reculées de l'Afrique

binnenlands intérieur ★ *~e markt* marché *m* intérieur

binnenlaten faire entrer

binnenloodsen ❶ *in de haven brengen* faire entrer au port ❷ *iets met moeite binnenkrijgen* réussir à introduire

binnenlopen ❶ *lopend binnengaan* ⟨bij iem.⟩ passer chez ❷ *binnenkomen* entrer (dans) ★ *een haven ~* entrer au port ❸ fig *rijk worden* faire fortune

binnenplaats cour *v* (intérieure)

binnenpretje ★ *een ~ hebben* rire intérieurement

binnenrijm rime *v* intérieure

binnenroepen crier (à quelqu'un) d'entrer

binnenscheepvaart navigation *v* intérieure / fluviale, batellerie *v*

binnenschipper batelier *m*, marinier *m*

binnenshuis à l'intérieur, chez soi

binnenskamers fig en secret, dans les coulisses

binnensmonds entre ses dents

binnenspiegel rétroviseur *m* intérieur

binnensport sport *m* en salle

binnenstad centre-ville *m* [m mv: centres-villes], cité *v* ★ *de oude ~* la vieille ville

binnenste I *het* intérieur *m*, cœur *m* ★ *in zijn ~ gaf hij mij gelijk* dans son for intérieur il me donnait raison, au fond de soi-même il me donnait raison **II** *bn* (le plus à l')intérieur, central [m mv: centraux] ★ *de ~ rijbaan* le couloir intérieur

binnenstebuiten à l'envers ★ *~ keren* retourner

binnenvaart navigation *v* intérieure / fluviale, batellerie *v*

binnenvallen ❶ *onverwacht bij iem. op bezoek komen* entrer en coup de vent ★ *bij iem. komen ~* débarquer chez qn ❷ *binnendringen* pénétrer (dans), envahir ★ *een land ~* envahir un pays

binnenvetter introverti *m* [v: introvertie]

binnenwaarts vers l'intérieur

binnenwater eaux *v mv* intérieures

binnenweg chemin *m* de traverse

binnenwerk ❶ *inwendige delen* intérieur *m*, mécanisme *m*, ⟨van sigaar⟩ tripe *v* ❷ *werk binnenshuis* travail *m* d'intérieur

binnenwippen *aanwippen* faire un saut (chez)

binnenzak poche *v* intérieure

binnenzee mer *v* intérieure

bint poutre *v*

bintje bintje *v*

bioafval déchets *m mv* végétaux / biodégradables, biodéchet *m*

biobak conteneur *m* vert / de biodéchets

biochemie biochimie *v*

biodynamisch biodynamique

bio-energie bioénergie *v*

biofysica biophysique *v*

biogas biogaz *m*

biograaf biographe *m/v*

biografie biographie *v*

biografisch biographique

bio-industrie bio-industrie *v*, élevage *m* industriel

bio-ingenieur BN *ingenieur in de biowetenschappen* ingénieur *m/v* agronome

biologeren magnétiser

biologie biologie *v*, ⟨schoolvak⟩ sciences *v mv* naturelles

biologisch I *bn* ❶ biologique ★ *~e ouders* parents *m mv* biologiques / génétiques ❷ *milieu- en diervriendelijk* biologique, bio [mv: bio(s)] **II** *bw* ★ *~ afbreekbaar* biodégradable ★ *~ geteeld*

biologique, bio [mv: bio(s)]
bioloog biologiste *m/v*
biomassa biomasse *v*
biopsie biopsie *v*, prélèvement *m*
bioritme biorythme *m*
bios *bioscoop* ciné *m*, cinoche *m*
bioscoop (salle *v* de) cinéma *m* ★ *naar de ~ gaan* aller au cinéma
biosfeer biosphère *v*
biotechnologie biotechnologie *v*
biotoop biotope *m*
biowetenschappen biosciences *v mv*
bips fesses *v mv*
Birma la Birmanie ★ *in ~* en Birmanie
Birmees birman
bis I *de, muz muzieknoot* si *m* dièse **II** *bw* ❶ *toegevoegd* bis ❷ *nog eens* bis, encore ★ *bis roepen* crier / demander bis
bisamrat rat *m* musqué
biscuit biscuit *m*
biscuitje gâteau *m* sec [mv: gâteaux secs]
bisdom évêché *m*
biseksualiteit bisexualité *v*
biseksueel bisexuel [v: bisexuelle], inform bi, à voile et à vapeur
bisschop évêque *m* ★ *de ~pen* l'épiscopat *m*
bisschoppelijk épiscopal [m mv: épiscopaux]
bissectrice bissectrice *v*
bissen BN onderw redoubler (une classe)
bisser BN onderw redoublant *m* [v: redoublante]
bistro bistro(t) *m*, petit restaurant *m*
bit I *de comp* bit *m* **II** *het, mondstuk* mors *m*
bitch salope *v*
bits I *bn* mordant, aigre, âcre **II** *bw* sèchement, brusquement
bitter I *bn* ❶ *scherp van smaak* amer [v: amère], ⟨van chocola⟩ noir ❷ fig *hard, smartelijk, moeilijk te verdragen* amer [v: amère], douloureux [v: douloureuse] ★ *~e noodzaak* dure nécessité ★ *~e haat* haine féroce / meurtrière ★ *~e armoede* misère noire ★ *~e kou* un froid âpre / mordant ★ *het is mij ~e ernst* je suis on ne peut plus sérieux **II** *bw, in hoge mate* amèrement ★ *~ weinig* dérisoire ★ *het is ~ koud* il fait un froid glacial, inform ça pince dur
bitterbal croquette *v* de hachis
bittergarnituur amuse-gueule *m* [mv: id.]
bitterkoekje culin macaron *m*
bitterzoet doux-amer [v: douce-amère]
bitumen bitume *m*
bivak bivouac *m*
bivakkeren ❶ *in open lucht logeren* bivouaquer ❷ *tijdelijk wonen* camper
bivakmuts cagoule *v*
bizar bizarre, fantasque
bizon bison *m*
B-kant face *v* B
blaadje → **blad**
blaag polisson *m* [v: polissonne]
blaam blâme *m* ★ *hem treft geen ~* il n'est pas à blâmer, il n'est pas en cause ★ *zich van alle ~ zuiveren* se disculper ★ *iem. van alle ~ zuiveren* laver qn de tout soupçon, blanchir / innocenter qn
blaar ❶ *zwelling* ampoule *v*, cloque *v* ❷ *witte plek op dierenkop* étoile *v*
blaarkop vache *v* marquée au front
blaas ❶ *orgaan* vessie *v*, ⟨blaasje⟩ vésicule *v* ❷ *luchtbel* bulle *v*, ⟨in verf e.d.⟩ cloque *v*
blaasaandoening affection *v* vésicale
blaasbalg soufflet *m*
blaasinstrument instrument *m* à vent
blaaskaak fanfaron *m*, vantard *m*
blaaskapel fanfare *v*
blaasmuziek musique *v* de fanfare
blaasontsteking cystite *v*
blaaspijpje *instrument alcoholtest* alcootest *m* ★ *in het ~ blazen* souffler dans le ballon
blabla blabla(bla) *m*
black-out passage *m* à vide, ⟨geheugenverlies⟩ trou *m* (de mémoire), blanc *m*, med syncope *v*, absence *v*
blad ❶ *deel van plant / boom* feuille *v* ★ *de afgevallen bladeren bijeen harken* ratisser les feuilles mortes ★ *hij is omgedraaid als een blad aan de boom* il a retourné sa veste ❷ *plat en breed voorwerp* plaque *v*, tablette *v*, ⟨van tafel⟩ plateau *m*, dessus *m* (de table), ⟨van snij-, hakwerktuig⟩ lame *v*, ⟨van roeiriem, propeller⟩ pale *v* ★ *een blad met kopjes en glazen* un plateau chargé de tasses et de verres ★ *blaadjes gelatine* des feuilles de gélatine ❸ *vel papier* feuille *v* ★ *aantekeningen maken op losse bladen* prendre des notes sur des feuilles volantes ★ *van het blad spelen* jouer à vue ★ *het blad omslaan* tourner la page, ne pas mâcher ses mots ★ *een onbeschreven blad zijn* être novice / inexpérimenté ❹ *tijdschrift* revue *v*, journal *m* ★ *de literaire bladen* les revues *v mv* littéraires ★ *het blad wordt gratis huis aan huis verspreid* c'est un journal gratuit distribué au porte-à porte
bladderen s'écailler
bladerdeeg pâte *v* feuilletée
bladeren ★ *in een boek ~* feuilleter un livre
bladgoud or *m* en feuilles ★ *met ~ verguld* doré à la feuille
bladgroen chlorophylle *v*
bladgroente légumes *m mv* verts
bladluis puceron *m*
bladmuziek partition *v*
bladspiegel format *m* d'une page
bladstil sans un souffle (de vent)
bladverliezend à feuilles caduques
bladvulling remplissage *m*
bladwijzer ❶ *boekenlegger* marque-page *m* [m mv: marque-page(s)], signet *m* ❷ *inhoudsopgave* table *v* des matières
bladzijde page *v* ★ *de ~ omslaan* tourner la page ★ fig *een zwarte ~ in de geschiedenis* une page noire de l'histoire ★ fig *de ~ omslaan* tourner la page
blaffen ❶ *geluid maken* aboyer ★ *het ~* l'aboiement *m* ❷ *hoesten* tousser ❸ *tekeergaan* aboyer
blaken ❶ *branden* brûler ❷ *~* **van** brûler de ★ *~ van zelfvertrouwen* déborder de confiance ★ *~d van gezondheid* rayonnant / resplendissant de santé
blaker bougeoir *m*
blakeren flamber, griller
blamage honte *v* ★ *hij voelde dat als een ~* il se sentait diminué

bl

bl

blameren compromettre ★ *zich* ~ se discréditer
blancheren blanchir
blanco I *bn* blanc [v: blanche] ★ ~ *cheque* chèque en blanc **II** *bw* en blanc ★ ~ *laten* laisser en blanc ★ ~ *stemmen* voter blanc
blancokrediet crédit *m* en blanc
blancovolmacht blanc-seing *m* [m mv: blancs-seings], fig plein(s) pouvoir(s) *m (mv)*, carte *v* blanche
blank ❶ *helder, licht, zonder verflaag* blanc [v: blanche] ★ ~ *hout* bois *m* naturel **❷** *met lichte huidskleur* blanc [v: blanche] **❸** *onder water* ★ ~ *staan* être inondé
blanke blanc *m* [v: blanche]
blasé blasé (**van** de, sur)
blasfemie blasphème *m*
blaten bêler ★ *het* ~ le bêlement
blauw I *bn* bleu, ⟨hemelsblauw⟩ azuré ★ *een ~e overall* un bleu *m* (de travail) ★ *blond haar en ~e ogen* des cheveux blonds et des yeux bleus ★ *~e plek* bleu *m* ★ ~ *oog* œil poché, inform coquart *m* ★ ~ *verven* teindre en bleu ★ ~ *maken / worden* bleuir **II** *het* bleu *m* ★ *Delfts* ~ delft *m*
blauwbekken cailler, peler (de froid) ★ *staan te ~* se geler
blauwblauw ▾ *iets ~ laten* passer qc sous silence
blauwdruk ❶ *tekening* bleu *m* **❷** fig *voorlopig ontwerp, plan* projet *m*
blauweregen glycine *v*
blauwgrijs gris bleu
blauwgroen bleu vert
blauwhelm Casque *m* bleu
blauwrood rouge bleu
blauwtje ▾ *een ~ lopen* essuyer un refus, inform ramasser une pelle / une veste
blauwzuur acide *m* cyanhydrique
blauwzwart bleu noir / nuit
blazen I *onov ww* **❶** *met kracht uitademen* souffler ★ fig *beter hard ge~ dan de mond gebrand* ≈ mieux vaut prévenir que guérir ★ BN *warm en koud tegelijk ~ (over iets)* souffler le chaud et le froid (sur qc) **❷** ⟨van kat⟩ *sissen* feuler **❸** *bespelen* ★ *op de trompet* ~ jouer / sonner de la trompette **II** *ov ww* **❶** *met uitademen maken* souffler ★ *glas ~* souffler le verre **❷** *bespelen* ▾ *het is wachten ge~* il est urgent d'attendre
blazer[1] muz joueur *m* d'instrument à vent [v: joueuse ...] ★ *de ~s* muz les vents
blazer[2] [blezer] *jasje* blazer *m*
blazoen blason *m*, armes *v mv*, armoiries *v mv*, ⟨schild⟩ écusson *m*
bleef [verl. td.] → **blijven**
bleek I *bn* pâle, ⟨vaalbleek⟩ blême, ⟨flets⟩ terne ★ ~ *en mager* hâve ★ ~ *worden* pâlir, devenir tout pâle, ternir, blêmir **II** *de* **❶** *het bleken* blanchissage *m* **❷** *bleekmiddel* ★ *in de ~ zetten* tremper dans l'eau de Javel **III** *ww* [verl. td.] → **blijken**
bleekgezicht visage *m* pâle
bleekjes pâlot [v: pâlotte]
bleekmiddel agent *m* blanchissant, décolorant *m*
bleekneus personne *v* pâlotte / chétive
bleekselderij céleri *m* à côtes
bleekwater eau *v* de Javel, inform javel *v*
bleekzucht med anémie *v*

bleken I *ov ww* blanchir, ⟨blonderen⟩ décolorer ★ *het ~* le blanchissage **II** *ww* [verl. td.] → **blijken**
blèren ❶ *blaten* bêler **❷** *luid huilen* brailler
bles ❶ *witte plek* étoile *v* **❷** BN *haarlok over het voorhoofd* mèche *v* sur le front
blesseren blesser
blessure blessure *v*
blessuretijd sport arrêts *m mv* de jeu, temps *m* additionnel ★ *in ~* dans les arrêts de jeu
bleu ❶ *bedeesd* timide **❷** *blauw* bleu (clair)
bleven [verl. td.] → **blijven**
bliep bip *m*
blies [verl. td.] → **blazen**
blieven avoir envie de, désirer
bliezen [verl. td.] → **blazen**
blij I *bn* content, heureux [v: heureuse] ★ *blij zijn met iets* se réjouir de qc ★ *iem. ergens blij mee maken* faire plaisir à qn avec qc ★ *zo blij als een kind zijn* être heureux comme un enfant ★ *blij zijn om* se féliciter de, se réjouir de ★ *ik ben blij voor hem* je suis content pour lui ★ *ik ben blij dat je geslaagd bent* je suis ravi que tu soies réussi ★ *blij toe!* tant mieux! ★ *een blijde gebeurtenis* un heureux évènement ★ *blije dag* heureux jour ★ *we zagen er alleen maar blije gezichten* on n'a vu que de visages heureux **II** *bw* gaiement, avec joie
blijdschap joie *v*, plaisir *m*
blijf ▾ BN *geen ~ weten met iets* ne savoir que faire de qc
blijf-van-mijn-lijfhuis centre *m* (d'accueil) pour femmes victimes de violences (conjugales), ≈ foyer *m* SOS femmes battues
blijheid joie *v*
blijk marque *v*, preuve *v*, témoignage *m* ★ *als ~ van* en témoignage de ★ ~ *geven van* faire preuve de, manifester
blijkbaar I *bn* manifeste **II** *bw, kennelijk* manifestement, apparemment
blijken ★ ~ *te zijn* s'avérer, se révéler, se trouver ★ *het blijkt dat* il se trouve que, il s'avère que, il apparaît que ★ *hij blijkt schuldig / een leugenaar te zijn* il s'est avéré coupable / que c'est un menteur ★ *laten ~* manifester, montrer ★ *niets laten ~* ne faire semblant de rien ★ *het blijkt mij dat* je constate que ★ *uit alles blijkt dat ...* tout porte à croire que ... ★ *daaruit blijkt dat* il en ressort que, c'est la preuve que ★ *het moet nog ~ of* reste à prouver si, c'est à voir si ★ *dat is wel gebleken* cela a été démontré, c'est manifeste
blijmoedig I *bn* joyeux [v: joyeuse] **II** *bw* joyeusement
blijspel comédie *v*
blijven I *onov ww* **❶** *voortduren* durer, ⟨doorgaan met⟩ continuer à / de, persister à ★ ~ *staan* ⟨stoppen⟩ s'arrêter, ⟨niet gaan zitten⟩ rester debout ★ ~ *eten* rester (à) dîner ★ *jong ~* rester jeune ★ *ernstig ~* garder son sérieux ★ *goed ~* se conserver **❷** *niet weg- of doorgaan* rester, demeurer ★ *blijft het feit dat* il reste que ★ *waar blijft hij toch?* qu'est-ce qu'il fait / fabrique? ★ *waar is mijn pen gebleven?* où est passé mon stylo? ★ *waar zijn wij gebleven?* où en sommes-nous restés? **❸** ~ **bij** ⟨volharden in⟩ persister dans, maintenir, ⟨zich houden aan⟩ s'en tenir à, ⟨talmen met⟩ rester sur ★ *ik blijf erbij!* je

persiste et signe! ★ *daar zal het niet bij ~* cette affaire n'en restera pas là ❹ ~ **in** *sterven* ★ *hij is erin gebleven* il y est resté **II** *kww* rester, demeurer

blijvend permanent, durable ★ *een ~e indruk maken* faire une impression ineffaçable ★ *gelijk ~* constant

blik I *de* ❶ *oogopslag* coup *m* d'œil, regard *m* ★ *de blik neerslaan* baisser les yeux ★ *de blik opslaan* lever les yeux ★ *een blik werpen op* jeter / lancer un regard sur ❷ *manier van kijken* regard *m* ★ *een doordringende blik* un regard perçant ★ *een blik van verstandhouding* un regard de connivence ❸ *kijk op iets* vues *v mv* ★ *een ruime blik hebben* voir grand, avoir de larges vues ★ *zijn blik verruimen* élargir son horizon **II** *het* ❶ *metaal* fer-blanc *m* ★ *vroeger werden die dingen van blik gemaakt, nu van plastic* avant, ces trucs étaient en fer-blanc, maintenant ils sont en plastique ❷ *bus* boîte *v*, ⟨blikje drank⟩ canette *v* ★ *een blikje cola* une canette de coca ★ *soep uit blik* soupe *v* en boîte ★ *vlees in blik* viande de conserve / en boîte ❸ *stofblik* pelle *v* (à poussière) ★ *probeer alle scherven op het blik te vegen* essaie de ramasser tous les éclats dans la pelle

blikgroente légumes *m mv* en boîte

blikje → **blik**

blikken I *bn* en / de fer-blanc **II** *onov ww* ★ fig *zonder ~ of blozen* sans sourciller

blikkeren briller, étinceler

blikopener ouvre-boîte(s) *m*

blikschade ≈ dégâts *m mv* matériels, tôle *v* froissée

bliksem foudre *v*, ⟨flits, schicht⟩ éclair *m* ★ *de ~ is in de toren geslagen* la foudre est tombée sur la tour ★ fig *als door de ~ getroffen zijn* être comme frappé par la foudre, être comme foudroyé ★ *luie ~* un fainéant ★ *geen ~* que dalle ★ *als de (gesmeerde) ~* illico (presto)!, plus vite que ça! ★ *naar de ~ helpen* foutre en l'air ★ *loop naar de ~!* (va-t-en) au diable! ★ *naar de ~ zijn* être fichu ★ *op zijn ~ geven* donner son paquet

bliksemactie action *v* éclair

bliksemafleider paratonnerre *m*

bliksemcarrière carrière *v* éclair

bliksemen I *onp ww* ★ *het dondert en bliksemt* il y a de l'orage et des éclairs **II** *onov ww, flitsen* fulgurer ★ *~d* foudroyant

bliksemflits éclair *m*

blikseminslag foudre *m*, foudroiement *m*

bliksemoorlog guerre *v* éclair

bliksems I *bn* sacré, sale **II** *bw* sacrément **III** *tussenw* tonnerre!, bigre!

bliksemschicht éclair *m*

bliksemsnel I *bn* rapide comme l'éclair, foudroyant **II** *bw* comme la foudre

bliksemstart démarrage *m* en trombe

bliksemstraal *flikkering* éclair *m*

blikvanger ≈ objet *m* qui accroche l'attention, ⟨reclame⟩ accroche *v*

blikveld champ *m* visuel / de vision ★ fig *zijn ~ verruimen* élargir son horizon

blikvoer conserves *v mv*

blind I *bn* ❶ *zonder zicht* aveugle ★ *~ worden* perdre la vue ❷ fig *zonder inzicht* aveugle, inconditionnel [v: inconditionnelle] ★ *~ vertrouwen* confiance *v* aveugle ★ *ziende ~ zijn* n'y voir que du feu ★ *in den ~e* à l'aveuglette ❸ *zonder opening / loos* ★ *~e muur* mur aveugle / orbe ★ *~e deur* fausse porte, porte condamnée ★ *~e steeg* impasse *v* ★ *~ schot* coup à blanc **II** *bw* ★ *~ typen* taper au toucher ★ *~ schaken* jouer en aveugle, jouer à l'aveugle **III** *het, vensterluik* volet *m*

blind date rendez-vous *m* (arrangé) avec un(e) inconnu(e)

blinddoek bandeau *m* [m mv: bandeaux]

blinddoeken bander les yeux à

blinde aveugle *m/v*, non-voyant *m* [v: non-voyante], ⟨bij kaartspel⟩ mort *m*

blindedarm appendice *m* (vermiforme)

blindedarmontsteking appendicite *v*

blindelings ❶ *zonder te kijken* les yeux fermés ★ *~ de weg weten* connaître son chemin les yeux fermés ❷ *zonder nadenken* aveuglément, les yeux fermés ★ *iem. ~ vertrouwen* avoir une confiance aveugle en qn

blindemannetje colin-maillard *m* ★ *~ spelen* jouer à colin-maillard

blindengeleidehond chien *m* (guide) d'aveugle

blindenschrift *brailleschrift* braille *m*

blinderen ❶ *afsluiten voor licht* parementer ❷ *pantseren* blinder

blindganger obus *m* / engin *m* non éclaté

blindheid cécité *v*, fig aveuglement *m* ★ *met ~ geslagen* ook fig aveugle, fig aveuglé

blindstaren [zich ~] ~ **op** s'aveugler sur, ne voir que

blindvaren ~ **op** avoir une confiance aveugle en

bling, blingbling bling-bling *m*

blinken reluire, briller, resplendir

blits I *de* ▼ *de ~ met iets maken* en jeter (avec qc) **II** *bn* branché, in, tendance

blocnote bloc-notes *m* [m mv: blocs-notes]

bloed sang *m* ★ fig *gemengd ~* sang mêlé ★ fig *~ vergieten* faire couler du sang ★ *er heeft ~ gevloeid* le sang a coulé ★ fig *baden in het ~* baigner dans une mare de sang ★ *tot ~ens toe* au sang ★ fig *vers ~* du sang frais ★ fig *blauw ~ hebben* être de sang bleu ★ fig *iem. het ~ onder de nagels vandaan halen* exaspérer / excéder qn ★ fig *het ~ kruipt waar het niet gaan kan* c'est la voix du sang, bon sang ne peut mentir ★ fig *het ~ doen stollen* glacer le sang ★ fig *kwaad ~ zetten bij* agacer ★ fig *dat zit hem in het ~* il a ça dans le sang, c'est dans ses gènes ★ fig *in koelen ~e* de sang-froid → **bloedje**

bloedarmoede anémie *v*

bloedbaan vaisseaux *m mv* (sanguins), appareil *m* circulatoire ★ *dat komt direct in de ~* cela passe directement dans le sang

bloedbad bain *m* de sang, tuerie *v*, carnage *m*, massacre *m*, boucherie *v*

bloedbank banque *v* du sang

bloedbezinking med sédimentation *v* sanguine

bloedblaar ampoule *v* remplie de sang

bloedcel globule *m* du sang ★ *rode / witte ~* globule rouge / blanc

bloeddonor donneur *m* de sang [v: donneuse ...]

bloeddoorlopen injecté de sang

bloeddoping doping *m* sanguin

bloeddorstig I *bn* sanguinaire, féroce **II** *bw*

bl

férocement
bloeddruk tension v (artérielle) ★ *hoge ~* hypertension v ★ *hoge ~ hebben* faire de la tension ★ *lage ~* hypotension v ★ *de ~ opnemen / meten* prendre la tension
bloeddrukmeter med tensiomètre m
bloeddrukverlagend hypotenseur [v: hypotenseuse]
bloedeigen ★ *mijn ~ kind(eren)* la chair de ma chair
bloeden ❶ *bloed verliezen* saigner ★ *hevig ~d* tout en sang ★ *iem. tot ~s toe slaan* frapper qn (jusqu')au sang ❷ *boeten voor* ★ *daar heeft hij voor moeten ~* il l'a payé cher
bloederig sanglant, ensanglanté
bloederziekte hémophilie v
bloedgang ★ *met een ~* à un train d'enfer
bloedgeld ❶ *loon voor misdaad* argent m souillé de sang ❷ *hongerloon* salaire m de famine
bloedgroep groupe m sanguin
bloedheet brûlant
bloedhekel ★ *een ~ hebben aan* haïr comme la peste, détester
bloedhond ❶ *hond* limier m ❷ *wreedaard* bourreau m [m mv: bourreaux]
bloedig I *bn, bloederig* sanglant, ensanglanté **II** *bw, in hoge mate* durement
bloeding hémorragie v, saignement m ★ *inwendige ~* hémorragie interne
bloedkanker leucémie v, cancer m du sang
bloedkleurstof hémoglobine v
bloedkoraal corail m rouge [m mv: coraux ...]
bloedlichaampje globule m (du sang)
bloedlink ❶ *riskant* casse-gueule [onver.] ❷ *boos* furax
bloedmooi bien foutu, canon
bloedneus saignement m de nez ★ *een ~ hebben* saigner du nez
bloedonderzoek analyse v de sang
bloedplaatje plaquette v (sanguine)
bloedplasma plasma m sanguin
bloedproef prise v de sang
bloedprop caillot m
bloedschande inceste m
bloedserieus on ne peut plus sérieux, inform sérieux comme un pape [v: sérieuse ...]
bloedserum sérum m (sanguin)
bloedsinaasappel sanguine v
bloedsomloop circulation v sanguine
bloedspiegel taux m sanguin
bloedstollend ❶ *bloed stollend* qui glace le sang, coagulant ❷ *spannend* à vous tourner le(s) sang(s)
bloedstolling coagulation v
bloedstolsel ⟨prop⟩ caillot m (de sang), med trombus m
bloedstroom flot m de sang
bloedsuiker glucose m du sang, inform sucre m
bloedsuikerspiegel (taux m de) glycémie v
bloedtransfusie transfusion v sanguine
bloeduitstorting hématome m, ⟨blauwe plek⟩ bleu m
bloedvat vaisseau m sanguin [mv: vaisseaux sanguins]
bloedverdunnend anticoagulant
bloedvergieten effusion v de sang, ⟨bloedbad⟩ bain m de sang, tuerie v, carnage m, massacre m ★ *zonder ~* sans effusion de sang
bloedvergiftiging septicémie v, empoisonnement m du sang
bloedverlies perte v de sang
bloedverwant parent m [v: parente] ★ *van / tussen ~en* consanguin
bloedverwantschap consanguinité v, parenté v
bloedvlek tache v de sang
bloedworst culin boudin m (noir)
bloedwraak vendetta v
bloedzuiger ❶ *dier* sangsue v ❷ *uitbuiter* exploiteur m [v: exploiteuse]
bloedzuiverend dépuratif [v: dépurative]
bloei ❶ plantk floraison v ★ *in ~* en fleur(s), fleuri ★ *in ~ staan* fleurir ❷ fig *ontplooiing* essor m, prospérité v, floraison v ★ *in de ~ van zijn jaren* dans la fleur de l'âge ★ *tot ~ komen* s'épanouir, fleurir ★ *tot ~ brengen* faire fleurir, faire prospérer
bloeien ❶ plantk fleurir, être en fleur(s) ❷ fig *floreren* prospérer, fleurir ★ *~d* en fleur(s), fleuri, fig florissant, prospère ★ *een ~d bedrijf* une entreprise en pleine expansion / en plein essor
bloeiperiode ❶ plantk floraison v ❷ fig *succesperiode* âge m d'or
bloeiwijze inflorescence v
bloem ❶ plantk fleur v ★ *~en plukken* cueillir des fleurs ★ *plastic ~en* des fleurs en plastique ★ fig *de ~ der natie* la fine fleur de la nation ★ *de ~etjes buiten zetten* faire la fête / java ★ *iem. in de ~etjes zetten* fêter qn ★ *geen ~en!* ni fleurs ni couronnes! ❷ *meel* farine v ★ *zeef de ~ boven een kom* tamisez la farine dans un bol ❸ *bloemen* ⟨ijsaanslag⟩ ★ *~en op de ruiten* vitres givrées → **bloemetje**
bloembak jardinière v
bloembed parterre m de fleurs, plate-bande v [v mv: plates-bandes], ⟨border⟩ massif m
bloembol bulbe m, oignon m (à fleurs)
bloemencorso corso m fleuri
bloementeelt floriculture v
bloemenvaas vase m
bloemenwinkel (magasin m de) fleuriste m
bloemetje *bos bloemen* (bouquet m de) fleurs v mv → **bloem**
bloemig farineux [v: farineuse]
bloemist fleuriste m/v
bloemisterij ❶ *winkel* (magasin m de) fleuriste m ❷ *bedrijf* floriculture v
bloemknop bouton m, ⟨v. boom⟩ bourgeon m
bloemkool chou-fleur m [m mv: choux-fleurs]
bloemlezing anthologie v, morceaux m mv choisis, florilège m
bloemperk parterre m de fleurs
bloempot pot m de fleurs
bloemschikken composition v florale
bloemstuk composition v florale
bloemsuiker BN *poedersuiker* sucre m glace
bloes blouse v, chemise v, ⟨van dames⟩ chemisier m
bloesem fleurs v mv
blog www blog m
bloggen bloguer
blogger www blogueur m [v: blogueuse]
blok ❶ *recht stuk* bloc m, ⟨speelgoed⟩ cube m,

(van beul / slager) billot *m*, (brandhout) bûche *v*, (metaalblok) saumon *m* ★ *iem. voor het blok zetten* mettre qn au pied du mur, coincer qn ★ *een blok aan het been zijn* être un boulet à traîner ★ *slapen als een blok* dormir comme une masse ❷ *huizenblok* bloc *m* / pâté *m* de maisons, îlot *m* ★ *een blokje om lopen* faire un petit tour ❸ *samenwerkende groep* bloc *m*, econ cartel *m* ★ *één blok vormen tegen* faire bloc / front contre

blokfluit flûte *v* à bec

blokhut cabane *v* en rondins

blokkade blocus *m*

blokken bûcher

blokkendoos jeu *m* de construction / de cubes

blokkeren I *ov ww* ❶ *toegang afsluiten* bloquer, (afstoppen) contrer ❷ *onttrekken van gebruik* bloquer, faire opposition à **II** *onov ww, niet meer kunnen bewegen* se bloquer ★ *de wielen ~* les roues sont bloquées

blokletter capital *m* d'imprimerie [mv: capitaux ...]

blokletteren BN *in grote krantenkoppen schrijven* annoncer en gros titres

blokpolis BN assurance *v* copropriété

blokuur bloc *m* de cours

blond blond

blonderen décolorer, oxygéner, blondir

blondine blonde *v*

blondje blonde *v* ★ *dom ~* bimbo *v* blonde

blonk [verl. td.] → **blinken**

blonken [verl. td.] → **blinken**

blooper blooper *m*

bloot ❶ *onbedekt* nu, découvert ★ *op de blote huid dragen* porter à même la peau ❷ *louter* simple, pur (et simple) ❸ *zonder hulpmiddel* ★ *met blote handen* à main(s) nue(s)

blootblad magazine *m* de cul

blootgeven [zich ~] ❶ *zich blootstellen aan gevaar* s'exposer ❷ *zwakheid tonen* se découvrir, jeter le masque

blootje ★ *in je ~* tout nu, à poil

blootleggen ❶ *van bedekking ontdoen* mettre à nu ★ *de fundamenten ~* dégager les fondations ❷ *onthullen* mettre à nu, dévoiler, révéler ★ *zijn ziel ~* mettre son coeur à nu, ouvrir son coeur

blootshoofds nu-tête, (la) tête nue

blootstaan ~ aan être exposé à, (als mikpunt) être en butte à

blootstellen ~ aan exposer à

blootsvoets nu-pieds, pieds nus

blos teint *m* vif, (schaamrood) rougeur *v* ★ *een blos krijgen* rougir

blotebillengezicht (face *v* de) lune *v*

blowen fumer un joint

blowtje joint *m* ★ *een ~ draaien* rouler un joint

blozen rougir (van de) ★ *~d* rouge, rougissant ★ *tot achter de oren ~* rougir jusqu'aux oreilles, inform piquer un fard

blubber *modder* boue *v*, bourbe *v*

blues blues *m*

bluf *opschepperij* bluff *m*

bluffen bluffer

blufpoker poker *m* menteur

blunder gaffe *v*, bévue *v*, bourde *v* ★ *een ~ begaan* faire une gaffe

blunderen commettre une bévue, faire une gaffe, gaffer, se planter

blusapparaat extincteur *m*

blusboot bateau-pompe *m* [m mv: bateaux-pompes]

blussen *doven* éteindre, cul mouiller ★ *een brand ~* éteindre un incendie ★ *zijn enthousiasme was snel geblust* son enthousiasme est vite retombé

blusvliegtuig canadair *m*

blut fauché, à sec, raide

blutsen (kneuzen) meurtrir, (deuken) bosseler

B-merk sous-marque *v*

BMI *body mass index* IMC *m*, indice *m* de masse corporelle

bmr-prik *inenting tegen bof, mazelen, rodehond* vaccination *v* contre les oreillons, la rougeole et la rubéole

BN'er célébrité *v* hollandaise ★ *de ~s* les people hollandais

bnp econ *bruto nationaal product* PNB *m* (produit national brut)

boa ❶ *slang* boa *m* ❷ *halskraag* boa *m*

board panneau *m* de fibres de bois

bob Sam *m*, conducteur *m* désigné

bobbel ❶ *bultje* bosse *v* ❷ *blaasje* bulle *v*

bobbelen (se) gondoler

bobijn BN *spoel* bobine *v*

bobo inform grosse légume *v*, gros bonnet *m*, pol cacique *m*

bobslee bob(sleigh) *m*

bobsleeën faire du bob(sleigh)

bochel bosse *v*

bocht I *de, buiging* courbe *v*, courbure *v*, boucle *v*, sinuosité *v*, (van kust) baie *v*, (van weg) virage *m*, tournant *m* ★ *in een ~ van de weg* au détour / au tournant du chemin ★ *uit de ~ vliegen* manquer le virage ★ *een ~ afsnijden* couper le virage ★ *de weg maakt een ~ naar links* la route tourne / fait virage à gauche ★ *een ~ nemen* prendre un virage ★ *dat is wat kort door de ~* c'est réducteur / un raccourci / un peu court, tu vas un peu vite ★ *zich in (allerlei) ~en wringen* se contorsionner **II** *het, troep* (van wijn) piquette *v*, (vooral van bier) bibine *v*

bochtig tortueux [v: tortueuse], sinueux [v: sinueuse], qui va en serpentant

bockbier culin bock *m*

bod ❶ econ *prijsvoorstel* offre *v* ★ *vast bod* offre ferme ★ *een bod doen op* faire une offre pour ★ *een hoger bod* une surenchère ★ *zijn bod verhogen* surenchérir ★ *vrijblijvend bod* offre sans engagement ★ *het hoogste bod doen* être le plus offrant ★ *uiterste bod* dernier prix ❷ *beurt* ★ *aan bod komen* avoir son tour, avoir sa chance, être évoqué ★ *wie is er aan bod?* c'est à qui?

bode ❶ *boodschapper* messager *m* [v: messagère], (bodedienst) messagerie(s) *v (mv)*, (koerier) coursier *m* [v: coursière] ❷ *bediende* (bij rechtbank e.d.) huissier *m*

bodega chai *m*, débit *m* de vin et de liqueur

bodem ❶ *grondvlak* fond *m*, (van fles) cul *m* ★ *op de ~ van de zee* au fond de la mer ★ *een ~pje wijn* un fond (de bouteille) ★ fig *dubbele ~* double sens *m* ★ *iets tot de ~ uitzoeken* examiner qc à fond ★ *zijn hoop werd de ~ ingeslagen* ces espoirs étaient anéantis ❷ *grond* sol *m*, terre *v* ★ *van eigen ~* du terroir, made in France, de chez nous

bodemgesteldheid nature *v* du sol
bodemkunde pédologie *v*
bodemloos sans fond, ‹onpeilbaar› abyssal [m mv: abyssaux], ‹onverzadigbaar› insatiable ★ fig *een bodemloze put* un gouffre ★ fig *een ~ vat* un panier percé
bodemmonster échantillon *m* de terrain, ‹boormonster› carotte *v*
bodemonderzoek prospection *v*
bodemprijs prix *m* plancher
bodemprocedure jur ≈ procédure *v* normale / sur le fond
bodemsanering décontamination *v* du sol
bodemschatten richesses *v mv* naturelles, ressources *v mv* minières
bodemverontreiniging pollution *v* du sol
boden [verl. td.] → **bieden**
Bodenmeer lac *m* de Constance
body ❶ *lichaam* physique *m* ❷ *bodystocking* body *m* ❸ *inhoud* consistance *v*
bodybuilder culturiste *m*, bodybuilde(u)r *m*
bodybuilding musculation *v*, culturisme *m*, bodybuilding *m*, inform gonflette *v* ★ *aan ~ doen* faire du culturisme / du bodybuilding
bodyguard garde *m* du corps
bodylotion lait *m* corporel / de beauté
body mass index indice *m* de masse corporelle
bodystocking body *m*, collant *m*
bodysuit body *m*
bodywarmer doudoune *v* (sans manches)
boe hou!, ‹van koe› meuh!, ‹bah› pouah! ★ fig *boe noch ba zeggen* ne souffler mot
Boedapest Budapest *m*
Boedapests budapestois
boeddha *beeldje* bouddha *m*
Boeddha *eigennaam* Bouddha *m*
boeddhisme bouddhisme *m*
boeddhist bouddhiste *m/v*
boeddhistisch bouddhique, bouddhiste
boedel ❶ *bezit* biens *m mv* ★ *een ~ beschrijven* faire l'inventaire ❷ *nalatenschap* succession *v*, jur masse *v* (successorale) ★ *een ~ aanvaarden* accepter une succession ★ *een ~ beredderen* liquider une succession ★ *een ~ weigeren* répudier une succession
boedelscheiding séparation *v* des biens, ‹van erfenis› partage *m* (d'une succession)
boef bandit *m*, truand *m*, voyou *m*
boeg proue *v* ★ fig *een schot voor de boeg* un coup de semonce ★ *het over een andere boeg gooien* ook fig virer de bord, changer de cap ★ fig *ik heb nog jaren voor de boeg* j'en ai encore pour des années ★ fig *wat we nog voor de boeg hebben* ce qui nous attend, ce que nous avons devant nous
boegbeeld ook fig figure *v* de proue
boegeroep huées *v mv*, tollé *m*
boegspriet beaupré *m*
boei ❶ *kluister* ‹handboei› menotte *v*, gesch chaîne *v* ★ *iem. in de boeien slaan* gesch enchaîner qn, ‹handboeien› menotter qn ★ *de boeien afwerpen* fig briser les fers ❷ *baken* bouée *v* ★ *een kleur als een boei krijgen* devenir rouge comme une écrevisse / pivoine / tomate, inform piquer un fard ❸ *reddingsgordel* bouée *v*
boeien ❶ *in de boeien slaan* passer les menottes à, menotter, gesch enchaîner ❷ *fascineren* captiver, ‹hevig› passionner
boeiend captivant, entraînant, passionnant, prenant, palpitant
boek livre *m*, inform bouquin *m* ★ *een boek lezen* lire un livre ★ *een stapel boeken* une pile de livres ★ *de boeken bijhouden* tenir les livres (de comptes) ★ *altijd in de boeken zitten* pâlir sur les livres ★ *een boekje metrokaartjes* un carnet de métro ★ *volgens het boekje* dans les règles (de l'art), en bonne et due forme ★ *hij is een open boek* on lit en lui comme dans un livre ouvert ★ *dat is een gesloten boek voor mij* c'est du chinois pour moi ★ *buiten zijn boekje gaan* excéder / outrepasser ses pouvoirs, aller trop loin ★ *een boekje opendoen over iem.* en conter de belles sur qn ★ *te boek staan als* avoir la réputation d'être, être connu pour être
Boekarest Bucarest *m*
Boekarests bucarestois
boekbespreking critique *v* de livre(s)
boekbinden la reliure *v*
boekbinder relieur *m* [v: relieuse]
boekdeel ‹boek› volume *m*, ‹deel› tome *m* ★ fig *dat spreekt boekdelen* cela en dit long
boekdrukkunst imprimerie *v*, art *m* typographique
boeken ❶ *reserveren* réserver, retenir, prendre ❷ *in- / opschrijven* noter, enregistrer, inscrire ❸ *behalen* obtenir, remporter ★ *winst ~* faire des bénéfices
boekenbeurs ❶ *tentoonstelling* salon *m* du livre ❷ *ruilhandel in boeken* bourse *v* aux livres
boekenbon chèque-livre *m* [m mv: chèques-livres]
boekenclub club *m* du livre
boekenkast bibliothèque *v*
boekenlegger marque-page *m* [m mv: marque-page(s)], signet *m*
boekenlijst catalogue *m*, ‹voor aanschaf› liste *v* de livres
boekenplank rayon *m*, étagère *v*
boekenrek étagère *v* (à livres)
boekensteun serre-livres *m* [mv: id.]
Boekenweek semaine *v* du livre
boekenwijsheid savoir *m* livresque
boekenwurm bouquineur *m* [v: bouquineuse], rat *m* de bibliothèque
boeket *bloemen* bouquet *m*
boekhandel ❶ *winkel* librairie *v* ❷ *bedrijfstak* commerce *m* du livre
boekhandelaar libraire *m/v*
boekhouden tenir les livres ★ *het ~* la comptabilité ★ *dubbel ~* comptabilité en partie double, ‹frauduleus› double comptabilité
boekhouder comptable *m/v*
boekhouding ❶ *het boekhouden* comptabilité *v* ❷ *afdeling* service *m* de comptabilité
boekhoudkundig comptable
boeking ❶ admin écriture *v*, imputation *v* ❷ *bespreking* réservation *v*
boekjaar exercice *m* (comptable)
boekomslag couverture *v*, ‹los› jaquette *v*
boekstaven enregistrer
boekwaarde valeur *v* comptable
boekweit sarrasin *m*, blé *m* noir
boekwerk livre *m*, ‹groot› ouvrage *m*

boekwinkel librairie *v*
boekwinst bénéfice *m* comptable
boel ❶ *grote hoeveelheid* tas *m*, masse *v* ★ *een boel mensen* un tas de gens, plein de gens, beaucoup de monde ★ fig *zijn boeltje pakken* plier bagage ❷ *toestand* les choses *v mv* ★ *wat een saaie boel!* ce que c'est ennuyeux / rasant!, quelle barbe! ★ *de boel op stelten zetten* semer la pagaille ★ fig *de boel de boel laten* laisser aller les choses ★ iron *dat is ook een mooie boel!* en voilà du propre!
boem boum!
boeman croque-mitaine *m* [m mv: croque-mitaines], épouvantail *m*
boemel ▾ *aan de ~ zijn* faire la java / la fête
boemelen *pret maken* faire la java / la fête
boemeltje *trage trein* inform tortillard *m*
boemerang boomerang *m* ★ *als een ~ werken* faire (un effet) boomerang, être une arme à double tranchant
boender brosse *v*, frottoir *m*, ‹machine› cireuse *v*
boenen frotter, laver, ‹met was› cirer, astiquer
boenwas encaustique *v*, ‹voor parket› cire *v*
boer ❶ *agrariër* fermier *m*, paysan *m* ★ *hij wil boer worden in Noorwegen* il veut s'installer en Norvège en tant que fermier ★ *de boer opgaan* aller sur le terrain, aller chez les gens ★ *kamperen bij de boer* faire du camping à la ferme ❷ *lomperik* paysan *m*, rustre *m* ❸ *speelkaart* valet *m* ★ *bij dit kaartspel is de boer de hoogste kaart* dans ce jeu de cartes, le valet est la carte maîtresse ❹ *oprisping* rot *m* ★ *een boer(tje) laten* roter
boerderij *woning* (corps *m* de) ferme *v* ★ *een achttiende-eeuwse ~* une ferme du dix-huitième siècle
boeren ❶ *boer zijn* être fermier, ‹m.b.t. landbouw› cultiver la terre ★ *hij heeft goed geboerd* il a bien mené sa barque ❷ *een boer laten* roter
boerenbedrijf exploitation *v* agricole
boerenbedrog attrape-nigaud *m*
boerenbont ❶ *stof* tissus *m mv* à carreaux, vichy *m* ❷ *aardewerk* ≈ poterie *v* rustique
boerenbruiloft noces *v mv* villageoises / de village
boerenbuiten ▾ BN *op de ~* à la campagne
boerenjongens culin ≈ raisins *m mv* secs à l'eau de vie
boerenkaas culin fromage *m* fermier
boerenkinkel plouc *m*, péquenot *m*, rustre *m*
boerenkool chou *m* frisé [m mv: choux frisés]
boerenverstand jugeote *v*, bon sens *m* ★ *daar kan ik met mijn ~ niet bij* c'est trop compliqué pour ma petite tête
boerin ❶ *vrouwelijke boer* fermière *v*, paysanne *v* ❷ *vrouw van de boer* fermière *v*, paysanne *v*
boerka burqa *v*
boerkini burkini *m*
boers I *bn* ❶ *plattelands* rural [m mv: ruraux] campagnard ❷ *lomp* grossier [v: grossière], rustaud, rustre II *bw* ❶ *plattelands* à la paysanne ❷ *lomp* grossièrement
boete ❶ *geldstraf* amende *v* ★ *een ~ krijgen* encourir une amende ★ *een ~ opleggen* infliger une amende ❷ *straf* pénitence *v* ★ *~ doen* faire pénitence
boetedoening pénitence *v*, expiation *v*
boetekleed haire *v* ★ fig *het ~ aantrekken* porter la haire (et le cilice)
boeten expier, ‹goedmaken› racheter, ‹bekopen› payer ★ *daar zul je voor ~* tu me le paieras!
boetiek boutique *v*
boetseerklei pâte *v* à modeler
boetseren I *ov ww, met kneedbaar materiaal maken* modeler II *onov ww, met kneedbaar materiaal werken* faire du modelage
boetvaardig I *bn* repenti, pénitent II *bw* par contrition
boevenbende bande *v* de truands
boezem ❶ *borst(en)* poitrine *v* ★ *een zware ~* une forte poitrine ★ *iem. aan de ~ drukken* serrer qn sur son cœur ★ *de hand in eigen ~ steken* faire son auto-critique ❷ *hartholte* oreillette *v* ❸ aardk *van polder* bassin *m* / retenue *v* de rétention
boezemfibrilleren med fibrillation *v* auriculaire
boezemvriend ami *m* intime / de cœur [v: amie ...]
bof ❶ *ziekte* oreillons *m mv* ❷ *gelukje* veine *v*, chance *v*, inform (coup *m* de) bol *m* / pot *m* ★ *wat een bof!* quelle veine!
boffen avoir de la chance / de la veine, inform avoir du bol / du pot ★ *ontzettend ~* avoir une chance de cocu
bofkont veinard *m* [v: veinarde], chançard *m* [v: chançarde]
bogen I *onov ww,* ~ **op** se vanter de II *ww* [verl. td.] → **buigen**
Boheems bohémien [v: bohémienne]
Bohemen la Bohème
bohemien bohème *m/v*
boiler chauffe-eau *m* [mv: id.]
bok ❶ *mannetjesdier* bouc *m* ❷ *gymnastiektoestel* cheval *m* (d'arçons) ❸ *hijstoestel* chèvre *v*, bigue *v* ★ *drijvende bok* grue *v* flottante ❹ *zitplaats van koetsier* siège *m* ❺ *schraag* chevalet *m*, tréteau *m* ❻ *flater* ★ *een bok schieten* faire une gaffe
bokaal ❶ *beker* coupe *v* ❷ BN *glazen pot of fles* bocal *m* [mv: bocaux]
bokjespringen jouer à saute-mouton
bokken ❶ *springen als een bok* cafouiller, ‹van paard› ruer ❷ *nukkig zijn* faire la tête
bokkenpoot ❶ *poot van bok* pied *m* de bouc ❷ *teerkwast* pied-de-biche *m* [m mv: pieds-de-biche]
bokkenpruik ▾ *de ~ op hebben* être de mauvais poil
bokkensprong ★ fig *~en maken* faire des folies / extravagances
bokkig têtu, buté, rétif [v: rétive], cabochard
bokking hareng *m* saur
boks BN *vuistslag* coup *m* de poing
boksbal punching-ball *m* [m mv: punching-balls]
boksbeugel coup-de-poing *m* (américain) [m mv: coups-de-poing (américains)]
boksen faire de la boxe, boxer ▾ *iets voor elkaar ~* venir à bout de qc
bokser *vechter* boxeur *m* [v: boxeuse]
bokshandschoen gant *m* de boxe
bokspringen → **bokjespringen**
bokswedstrijd match *m* de boxe
bol I *de* ❶ *bolvormig voorwerp* boule *v*, ‹van hoed› fond *m* ★ *glazen bol* boule de cristal ❷ *broodje*

petit pain *m* rond ❸ *hoofd* ★ *het hoog in de bol hebben* se croire sorti de la cuisse de Jupiter, ne plus se sentir, avoir la grosse tête ★ *het is haar in haar bol geslagen* elle a perdu la boule ★ *uit zijn bol gaan* péter les plombs, s'éclater ❹ *bloembol* bulbe *m*, oignon *m* à fleur(s) **II** *bn, bolvormig* bombé, ‹van lens› convexe, ‹opgezwollen› gonflé ★ *met bolle wangen* joufflu, rebondi ★ fig *bol staan van de fouten* être bourré de fautes

bolbliksem éclair *m* en boule

bolderkar chariot *m*

boleet bolet *m*

bolero *jasje* boléro *m*

bolero *dans* boléro *m*

bolgewas plante *v* bulbeuse / à bulbe

bolhoed (chapeau *m*) melon *m*

bolide bolide *m*

Bolivia la Bolivie ★ *in ~* en Bolivie

Boliviaan Bolivien *m*

Boliviaans bolivien [v: bolivienne]

Boliviaanse Bolivienne *v*

bolleboos as *m*, fort *m* en thème

bollen bouffer, se gonfler, bomber

bollenveld champ *m* de fleurs

bolletje → **bol**

bolletjesslikker avaleur *m* de capsules de drogues, inform mule *v*

bolletjestrui sport maillot *m* à pois

bolrond sphérique, globulaire, rond, ‹bol› bombé

bolsjewiek bolcheviste *m/v*

bolsjewisme bolchévisme *m*

bolster ❶ *bast van noten enz.* ‹van noot› brou *m*, écale *v*, ‹van kastanje› bogue *v*, fig écorce *v* ❷ *schil van peulvruchten, granen e.d.* ★ fig *ruwe ~, blanke pit* ≈ sous la rude écorce se cache un cœur d'or, mauvaise tête mais bon cœur

bolvormig sphérique, globulaire, rond

bolwassing BN savon *m* ★ *iem. een ~ geven* laver la tête à qn ★ *een ~ krijgen* se faire réprimander

bolwerk ❶ mil bastion *m* ❷ fig bastion *m*, rempart *m*

bolwerken venir à bout de ★ *het (kunnen) ~* y arriver, s'en sortir

bom I *de* ❶ *explosief* bombe *v* ★ *als een bom inslaan* faire l'effet d'une bombe ★ *de bom is gebarsten* la bombe a éclaté ❷ *groot voorwerp, grote hoeveelheid* ★ *een bom duiten* un paquet de fric ★ *zure bom* ≈ cornichon au vinaigre ❸ → **bommetje II** *afk, bewust ongehuwde moeder,* → **bommoeder**

bomaanslag attentat *m* à la bombe

bomalarm alerte *v* à la bombe

bombardement bombardement *m*

bombarderen ❶ mil *bestoken* bombarder (**met** de) ❷ fig bombarder (**met** de) ❸ ~ **tot** iron *benoemen tot* ★ *hij is tot directeur gebombardeerd* il a été bombardé / propulsé chef

bombarie tapage *m*, fracas *m*, tam-tam *m*

bombast emphase *v*, boursouflure *v*, enflure *v*, style *m* ampoulé ★ *tot ~ vervallen* donner dans le pathos, pérorer

bombastisch I *bn* emphatique, boursouflé, ronflant **II** *bw* avec emphase, pompeusement

Bombay → **Mumbai**

bomberjack bombardier *m*

bombrief lettre *v* piégée

bomen I *ov ww* scheepv pousser au moyen d'une perche **II** *onov ww, praten* bavarder, tailler une bavette

bomexplosie explosion *v* d'une bombe

bomma BN *oma* mémé *v*, mamie *v*

bommelding alerte *v* à la bombe

bommen ▾ *het kan me niet ~* je m'en balance

bommentapijt tapis *m* de bombes

bommenwerper bombardier *m*

bommetje *grote plons* bombe *v* ★ *een ~ maken* faire la / une bombe

bommoeder *bewust ongehuwde moeder* ≈ mère *v* célibataire volontaire

bompa BN *opa* pépé *m*, papi *m*, papy *m*

bomtrechter entonnoir *m*

bomvol ‹afgeladen› plein à craquer / comme un œuf, (archi)plein, bondé

bon ❶ *betalingsbewijs* reçu *m*, ticket *m* ❷ *waardebon* bon *m*, coupon *m* ❸ *bekeuring* procès-verbal *m* [m mv: procès-verbaux], p.-v. *m*, contravention *v*, amende *v*

bonafide sérieux [v: sérieuse]

Bonaire Bonaire *m* ★ *op ~* à Bonaire

bonbon (bonbon *m* au) chocolat *m*

bond I *de* ❶ *vereniging* union *v*, ligue *v*, association *v*, pol (con)fédération *v*, ‹verbond› alliance *v* ★ *de christelijke bond voor ouderen* le syndicat chrétien du troisième âge ❷ *vakbond* syndicat *m* ★ *de bonden onderhandelen met de overheid* les syndicats sont en pourparlers avec le gouvernement ★ *je aansluiten bij de bond* se syndiquer **II** *ww* [verl. td.] → **binden**

bonden [verl. td.] → **binden**

bondgenoot allié *m* [v: alliée]

bondgenootschap *verbond* alliance *v*, coalition *v*

bondig I *bn* concis, succinct, bref [v: brève] **II** *bw* d'une façon concise, succinctement

bondscoach sélectionneur *m* national

bondskanselier chancelier *m* [v: chancelière]

bondsrepubliek république *v* fédérale

bondsstaat État *m* fédéral, confédération *v*

bonenkruid sarriette *v*

bonenstaak ❶ *stok* rame *v* ❷ *mager mens* perche *v*

bongo bongo *m*

boni BN econ *positief saldo* solde *m* positif / créditeur

bonje bagarre *v* ★ *~ hebben (met)* se bagarrer (avec) ★ *~ maken / zoeken* chercher la bagarre / des histoires ★ *daar komt ~ van* ça va barder, il va y avoir du grabuge

bonk ❶ *brok* gros morceau *m* [m mv: gros morceaux] ★ fig *één bonk zenuwen* un paquet de nerfs ❷ *lomperik* rustre *m*

bonken cogner

Bonn Bonn *m*

bonnefooi ▾ *op de ~* au petit bonheur, à l'aventure

bons ❶ *plof* boum *m* ★ fig *iem. de bons geven* plaquer qn ★ fig *de bons krijgen* se faire plaquer ❷ *baas* bonze *m*, grosse légume *v*, gros bonnet *m*

bonsai bonsaï *m*

bont I *het* fourrure *v* ★ *met bont gevoerd* fourré **II** *bn* ❶ *veelkleurig* bigarré, multicolore, ‹van paard, rund› pie [onver.], ‹van was› de couleur ★ *iem. bont en blauw slaan* tabasser qn ❷ *afwisselend* varié, hétéroclite ★ *een bont geheel* un méli-mélo ★ fig *het te bont maken* aller trop loin

bontjas manteau *m* de fourrure [m mv: manteaux ...]

bontwerker pelletier *m* [v: pelletière]

bonus boni *m*, bonification *v*

bonusaandeel action *v* gratuite

bonus-malusregeling bonus-malus *m* [mv: id.]

bonze bonze *m*, grosse légume *v*, gros bonnet *m*

bonzen *hard slaan / stoten* cogner, ‹van hart ook› battre la chamade, palpiter ★ ~ *tegen* se cogner contre, heurter

boobytrap engin *m* piégé

bood [verl. td.] → **bieden**

boodschap ❶ *bericht* message *m* ★ *spreek een ~ in na de piep* laissez un message après le bip sonore ★ *de blijde ~* la bonne nouvelle ★ fig *daar heb ik geen ~ aan* ce n'est pas mon affaire ★ fig *oppassen is de ~* il s'agit de faire attention ❷ *het inkopen* course *v*, commission *v* ★ *~pen doen* faire les courses ★ *zet de ~pen maar even op het aanrecht* tu peux déposer les courses sur le plan de travail ★ fig *hem kun je wel om een ~ sturen* il sait se débrouiller ❸ *stoelgang* ★ *een grote ~ doen* faire une grosse commission ★ *een kleine ~ doen* faire une petite commission

boodschappendienst service *m* de livraison, ‹per telefoon› messagerie *v* (vocale)

boodschappenkarretje chariot *m*, caddie *m*

boodschappenlijstje liste *v* (des courses)

boodschappenmandje panier *m* à provisions

boodschapper messager *m* [v: messagère]

boog I *de* ❶ *kromme lijn* courbe *v*, wisk arc *m* ★ fig *met een boog om iets heen lopen* éviter qc (soigneusement) ❷ *bouwwerk* arc *m*, arceau *m* [m mv: arceaux], ‹van brug› arche *v* ❸ *wapen* arc *m* ★ *de boog kan niet altijd gespannen zijn* ≈ après l'effort, la détente **II** *ww* [verl. td.] → **buigen**

boogbal voetb frappe *v* lobée, ballon *m* en cloche

boogbrug pont *m* à arches

boogiewoogie boogie-woogie *m*

booglamp lampe *v* à arc

boogschieten tir *m* à l'arc

boogschutter *boogschieter* archer *m*, gesch arbalétrier *m*

Boogschutter *dierenriemteken* Sagittaire *m*

bookmaker bookmaker *m*

bookmark comp *markering* signet *m*, marque-page *m* [mv: id.]

bookmarken comp marquer d'un signet

boom[1] [boem] *sterke stijging* boom *m*

boom[2] ❶ *gewas* arbre *m* ★ *bomen planten* planter des arbres ★ *een boom omhakken* abattre un arbre ★ *een boom van een kerel* un gaillard ★ *je ziet door de bomen het bos niet meer* les arbres cachent la forêt ★ fig *een boom opzetten* tailler une bavette ❷ *paal ter afsluiting* barrière *v* ★ *wacht tot de bomen helemaal geopend zijn* attendez que les barrières soient complètement relevées

boomdiagram (diagramme *m* en) arbre *m*

boomgaard verger *m*, (jardin *m*) fruitier *m*

boomgrens limite *v* des arbres

boomklever sittelle *v*

boomkruiper grimpereau *m* (des jardins)

boomkweker pépiniériste *m/v*

boomkwekerij *bedrijf* pépinière *v*

boomschors *schors van bomen* écorce *v*

boomstam tronc *m* (d'arbre)

boomstronk souche *v*, chicot *m*

boon haricot *m*, fève *v* ★ *witte boon* haricot blanc ★ *bruine boon* haricot rouge ▾ *blauwe boon* pruneau *m* ▾ *ik ben een boon als ...* je veux être pendu si ... ▾ *in de bonen zijn* avoir perdu la boussole

boontje haricot *m* ▾ *een heilig ~* un petit saint, une sainte nitouche, inform un cul béni ▾ *~ komt om zijn loontje* ≈ on est puni par où on a péché ▾ *zijn eigen ~s doppen* se débrouiller tout seul ▾ BN *een ~ hebben voor iets* ‹voorliefde hebben› avoir un faible pour qc ▾ BN *een ~ hebben voor iem.* ‹een zwak hebben› avoir qn à la bonne

boor ❶ *boortoestel* perceuse *v*, ‹handboor› chignole *v* ❷ *boorijzer* foret *m*, ‹boortje› mèche *v*

boord ❶ *halskraag* col *m* ★ *een blauw overhemd met een witte ~* une chemise bleue au col blanc ★ *opstaande ~* col droit ★ *liggende ~* col rabattu ★ *stijve ~* col dur ❷ scheepv bord *m* ★ *aan ~ gaan* monter à bord, (s')embarquer ★ *buiten ~* hors bord ★ *van ~ gaan* débarquer, descendre ★ BN *iets aan ~ leggen* venir à bout de qc

boordcomputer ordinateur *m* de bord

boordevol rempli jusqu'au bord, plein (à ras bras), comble, ‹barstensvol› plein à craquer / comme un œuf, (archi)plein

boordwerktuigkundige mécanicien *m* de bord [v: mécanicienne ...], inform mécano *m*

booreiland plate-forme *v* (pétrolière / de forage) [v mv: plates-formes ...]

boorkop tête *v* de perceuse, ‹klauw› mandrin *m*

boormachine perceuse *v*

boorplatform plate-forme *v* (pétrolière / de forage) [v mv: plates-formes ...]

boortoren tour *v* (de forage), derrick *m*

boos ❶ *kwaad* fâché, en colère, vexé ★ *boze bui* (mauvaise) humeur *v* ★ *boze blik* regard *m* noir / indigné ★ *boos zijn op iem.* être fâché contre qn, inform être fâché après qn, en vouloir à qn ★ *boos worden* se fâcher (de), se vexer (de), s'indigner (de) ❷ *kwaadaardig, slecht* méchant, mauvais

boosaardig I *bn* ❶ *gemeen* méchant, malveillant ❷ *gevaarlijk* malin [v: maligne] **II** *bw* méchamment

boosdoener malfaiteur *m* [v: malfaitrice]

boosheid ❶ *woede* colère *v* ❷ *slechtheid* méchanceté *v*

boot bateau *m* [m mv: bateaux], navire *m*, ‹klein› barque *v* ★ *je kunt er alleen per boot komen* on ne peut y aller que par bateau ★ *met de boot gaan* prendre le bateau ★ *de boot missen* inform rater le coche ★ *de boot afhouden* se dérober, ne pas marcher ★ *de boot ingaan* échouer ★ *iem. in de boot nemen* mettre qn dedans ★ *uit de boot vallen* rester sur la touche ★ *nu is de boot aan* il y a de l'eau dans le gaz

booten comp *computer opstarten* (faire)

démarrer
boothals décolleté *m* bateau
bootsman maître *m* d'équipage
boottocht promenade *v* en bateau
boottrein train *m* assurant la correspondance avec un bateau
bootvluchteling ★ *~en* boat people *m mv*
bootwerker débardeur *m*, docker *m*
bop muz bop *m*
bord ❶ *etensbord* assiette *v* ★ *een stapel borden* une pile d'assiettes ★ *plat bord* assiette plate ★ *diep bord* assiette creuse ★ *dat krijg ik op mijn bordje* on me l'a refilé ❷ *plaat met naam of mededeling* plaque *v*, ‹groot› pancarte *v*, ‹mededelingenbord› tableau *m* [mv: tableaux], panneau *m* [mv: panneaux] ★ *een bord 'verboden toegang'* une pancarte 'entrée interdite' ★ *de bordjes zijn verhangen* le vent a tourné ★ *een bord voor zijn kop hebben* être bouché (à l'émeri) ❸ *schoolbord* tableau *m* (noir) ★ *op het bord schrijven* écrire au tableau ★ *voor het bord moeten komen* devoir passer au tableau ❹ *verkeersbord* panneau *m* [mv: panneaux] ★ *volg de borden 'Utrecht'* suivre les panneaux Utrecht ❺ *speelbord* ‹dambord› damier *m*, ‹schaakbord› échiquier *m* ★ *zet jij de stukken alvast op het bord?* tu commences à placer les pièces sur l'échiquier?
bordeaux I *de, wijn* bordeaux *m* **II** *bn, paarsrood* bordeaux [onver.]
bordeel bordel *m*, maison *v* close
bordenwasser inform plongeur *m* [v: plongeuse]
border plate-bande *v* [v mv: plates-bandes]
borderline ★ *~ persoonlijkheid* personnalité *v* borderline
bordes perron *m*
bordspel jeu *m* de table [m mv: jeux ...]
borduren ‹op stof› broder, ‹op gaas› faire de la tapisserie
borduursel broderie *v*
boren I *ov ww, met boor maken* creuser, percer, forer ★ *een tunnel ~* creuser un tunnel **II** *onov ww* ❶ *met boor werken* forer ★ *~ naar olie* effectuer des forages pétroliers, forer un / des puits de pétrole ❷ *gaan door* percer
borg I *de* ❶ *onderpand* caution *v* ★ *een borg stellen* fournir caution ❷ *persoon* garant *m*, caution *v* ★ *zich borg stellen voor iem.* se porter garant pour qn, cautionner qn ★ *zich borg stellen voor iets* se porter garant de qc ★ *voor iets borg staan* garantir qc, répondre de qc **II** *ww* [verl. td.] → **bergen**
borgen [verl. td.] → **bergen**
borgpen goupille *v* d'arrêt
borgsom caution *v*
borgstelling ‹waarborg› cautionnement *m*, ‹som geld› caution *v*
borgtocht ❶ *waarborgsom* caution *v* ★ *op ~* sous caution ❷ *overeenkomst* cautionnement *m*
borium bore *m*
borrel ❶ *drankje* petit verre *m*, ‹voor het eten› apéritif *m*, inform apéro *m* ★ *een ~ drinken* prendre un verre / un apéro ❷ *het samen drinken* pot *m*, ‹receptie› vin *m* d'honneur ★ *een ~ geven* faire un pot
borrelen ❶ *bubbelen* bouillonner, former des bulles d'air ★ *het ~* le bouillonnement ❷ *borrels drinken* prendre un verre, ‹voor de maaltijd› prendre l'apéro
borrelgarnituur amuse-gueule *m* [mv: id.]
borrelhapje amuse-gueule *m* [mv: id.]
borrelpraat histoires *v mv* de bistro, discussions *v mv* de café de commerce
borst ❶ *lichaamsdeel* ‹van mens› poitrine *v*, ‹van dier› poitrail *m* ★ *het op de ~ hebben* souffrir de la poitrine ★ *aan de ~ drukken* embrasser, presser sur son cœur ★ fig *uit volle ~* à pleins poumons, à gorge déployée ★ fig *zich op de ~ kloppen* bomber le torse ★ fig *dat stuit mij tegen de ~* cela me dégoûte ★ fig *maak je ~ maar nat!* prépare-toi au pire! ★ fig *een hoge ~ opzetten* se rengorger ❷ *vrouwenborst* sein *m* ★ *de ~ geven* donner le sein, allaiter ★ *de ~ krijgen* téter ★ *van de ~ nemen* sevrer
borstamputatie mammectomie *v*, mastectomie *v*
borstbeeld buste *m*
borstbeen sternum *m*
borstcrawl crawl *m*
borstel ❶ *werktuig* brosse *v*, techn balai *m* ❷ BN *bezem* balai *m* ★ BN *er met de grove ~ doorgaan* ne pas faire dans la dentelle ❸ BN *verfkwast* brosse *v*
borstelen brosser, ‹van schoenen ook› décrotter
borstelig hérissé, hirsute, ‹van kapsel› en brosse, ‹van wenkbrauwen› broussailleux [v: broussailleuse]
borstholte cavité *v* thoracique
borstkanker cancer *m* du sein
borstkas thorax *m*
borstkolf tire-lait *m* [mv: tire-lait(s)]
borstomvang tour *m* de poitrine
borstplaat *snoepgoed* fondant *m*
borstpomp tire-lait *m* [mv: tire-lait(s)]
borstprothese prothèse *v* mammaire
borstslag brasse *v*
borststem voix *v* de poitrine
borststuk culin *vlees* poitrine *v*
borstvlies plèvre *v*
borstvliesontsteking pleurésie *v*
borstvoeding allaitement *m* au sein, ‹het drinken› tétée *v* ★ *~ geven* nourrir au sein
borstwering ❶ *verdedigingsmuur* parapet *m* ❷ *balustrade* balustrade *v*, garde-fou *m* [mv: garde-fous]
borstzak poche *v* poitrine
bos I *de, bundel* botte *v* ★ *bos bloemen* bouquet *m* de fleurs, gerbe *v* ★ *bos hout* fagot *m* ★ *bos wortelen* botte *v* de carottes ★ *bos haar* touffe *v* ★ *bos sleutels* trousseau *m* **II** *het* ‹natuurlijk› forêt *v*, ‹aangelegd› bois *m* ★ *midden in het bos* en plein forêt ★ *een wandeling in het bos* une promenade au bois ★ *iem. het bos in sturen* envoyer promener qn
bosachtig boisé
bosbeheer exploitation *v* des forêts
bosbes ‹blauw› myrtille *v*, ‹rood› airelle *v*
bosbouw sylviculture *v*
bosbrand incendie *m* de forêt
bosje ❶ *bundeltje* bouquet *m*, touffe *v* ★ *~ bloemen* bouquet de fleurs ★ *~ haar* touffe de

cheveux ★ *bij ~s* à la pelle ★ *bij ~s sterven* tomber comme des mouches ❷ *struikgewas* buisson *m*, fourré *m* → **bos**
Bosjesman Boschiman *m*
bosklas BN onderw classe *v* verte
bosneger nègre *m* marron
Bosnië la Bosnie
Bosnië-Herzegovina la Bosnie-Herzégovine ★ *in ~* en Bosnie-Herzégovine
Bosniër *bewoner* Bosniaque *m*
Bosnisch *m.b.t. Bosnië* bosniaque
Bosnische Bosniaque *v*
bospad sentier *m* forestier
bosrand lisière *v* du bois
bosrijk boisé
bosschage bosquet *m*
bosuil (chouette *v*) hulotte *v*
bosviooltje plantk violette *v* des bois
bosvruchten fruits *m mv* des bois
boswachter (garde *m*) forestier *m*
bot I *bn* ❶ *stomp* émoussé ❷ *lomp* grossier [v: grossière] **II** *bw* grossièrement **III** *het, been* os *m* ★ *tot op het bot* jusqu'aux os ▼ *botje bij botje leggen* (se) cotiser **IV** *de, vis* flet *m* ▼ *bot vangen* faire chou blanc, rentrer bredouille
botanicus botaniste *m/v*
botanie botanique *v*
botanisch botanique
botbreuk fracture *v*
boter culin beurre *m* ★ *met ~ besmeren* beurrer ★ fig *dat is ~ aan de galg gesmeerd* c'est un cautère sur une jambe de bois, c'est peine perdue ★ fig *~ bij de vis* payer rubis sur l'ongle ★ fig *~ op het hoofd hebben* avoir un poids sur la conscience
boterbloem bouton-d'or *m* [m mv: boutons-d'or]
boterbriefje ★ *een ~ halen* ≈ convoler
boteren ★ *het botert niet tussen hen* ils ne s'entendent pas très bien
boterham ❶ culin *snee brood* tartine *v*, ⟨belegd⟩ sandwich *m* ★ *~ met boter* tartine de beurre ★ *~ met jam* tartine de confiture ❷ *levensonderhoud* ★ *daar zit een dik belegde ~ in* ça nourrit bien son homme ★ fig *dat krijg ik op m'n ~* ça retombe sur moi
boter-kaas-en-eieren morpion *m*
boterkoek ❶ culin gâteau *m* au beurre [m mv: gâteaux ...] ❷ BN *zacht koffiebroodje, vaak met rozijnen* brioche *v*
boterletter culin ≈ gâteau *m* feuilleté à la pâte d'amande en forme de lettre [m mv: gâteaux feuilletés ...]
botervloot beurrier *m*
boterzacht qui fond dans la bouche
botheid grossièreté *v*
botkanker sarcome *m* des os
Botnische Golf golfe *m* de Botnie
botontkalking ostéoporose *v*
botsautootje auto *v* tamponneuse
botsen ❶ *hard raken* se heurter ★ *tegen een boom ~* rentrer dans un arbre, percuter un arbre ❷ *in strijd komen* se heurter, entrer en conflit ★ *hun karakters ~* ils / elles ont des caractères incompatibles ★ *~de belangen* des intérêts opposés, un conflit d'intérêts
botsing ❶ *het botsen* heurt *m*, choc *m*, collision *v*, ⟨van schepen⟩ abordage *m* ★ *in ~ komen met* entrer en collision avec, tamponner ❷ *strijd* collision *v*, conflit *m*, ⟨treffen⟩ affrontement *m* ★ *in ~ komen met* entrer en conflit avec
Botswaans botswanais
Botswana le Botswana ★ *in ~* au Botswana
bottelen mettre en bouteilles
bottenkraker chiropraticien *m* [v: chiropraticienne]
botter ≈ barge *v*, péniche *v*, cotre *m*
botterik *lomperd* butor *m*
bottleneck fig goulot *m* d'étranglement
bottom-up ★ *een ~ benadering* une approche ascendante
botulisme botulisme *m*
botvieren donner libre cours à, assouvir
botweg crûment, tout net, carrément
boud hardi
bougie bougie *v*
bougiekabel elek techn transp câble *m* d'allumage
bougiesleutel clé *v* à bougie
bouillon bouillon *m* (gras) ★ *heldere ~* consommé *m*
bouillonblokje tablette *v* de bouillon (concentré), bouillon *m* cube
boulevard boulevard *m*, ⟨aan zee⟩ front *m* de mer, promenade *v*
boulevardblad journal *m* à sensation, tabloïd *m*
boulevardpers presse *v* à sensation
boulimia, **boulimie** boulimie *v*
bourgeois I *de* bourgeois *m* **II** *bn* bourgeois
bourgeoisie bourgeoisie *v*
bourgogne *wijn* bourgogne *m*
Bourgondië aardk la Bourgogne ★ *in ~* en Bourgogne
bourgondisch *overvloedig* épicurien [v: épicurienne]
Bourgondisch *van / uit Bourgondië* bourguignon [v: bourguignonne]
bout ❶ *staaf, pin* boulon *m* ❷ *strijkbout* fer *m* à repasser ❸ culin *stuk vlees* ⟨schaap⟩ gigot *m*, ⟨gevogelte⟩ cuisse *v*, ⟨wild⟩ cuissot *m*
bouvier bouvier *m* (des Flandres)
bouw ❶ *het bouwen* construction *v*, ⟨bouwvak⟩ (industrie *v* du) bâtiment *m*, construction *v* ★ *in de bouw werken* travailler dans le bâtiment ★ *tijdens de bouw van de parkeergarage* pendant la construction du parking ❷ *manier waarop iets gebouwd is* structure *v*, ⟨lichaamsbouw⟩ morphologie *v* ★ *de bouw van het menselijk lichaam* la morphologie humaine
bouwbedrijf ❶ *bedrijfstak* (industrie *v* du) bâtiment *m*, construction *v* ❷ *onderneming* entrepreneur *m* (de bâtiment)
bouwdoos ⟨spel⟩ jeu *m* / boîte *v* de construction, ⟨bouwpakket⟩ prêt-à-monter *m* [mv: prêts-à-monter], kit *m*
bouwen ❶ *construeren* construire, bâtir ★ *een huis ~* construire / bâtir une maison ★ *duurzaam ~* réaliser des constructions durables ★ fig *tenger gebouwd* de taille fine ★ fig *stevig gebouwd* solidement charpenté ❷ ~ **op** *vertrouwen op* compter sur ★ *op hem kun je ~* on peut compter sur lui
bouwer constructeur *m*, bâtisseur *m*

bo

bouwgrond ❶ *bouwterrein* terrain *m* à bâtir, terrain constructible ❷ *akkerland* terres *v mv* cultivables
bouwheer BN maître *m* d'ouvrage
bouwjaar année *v* de construction
bouwkeet baraque *v* de chantier
bouwkunde architecture *v*
bouwkundig architectonique ★ *~ ingenieur* ingénieur *m* architecte
bouwkundige architecte *m/v*
bouwkunst architecture *v*
bouwland terres *v mv* cultivables
bouwmateriaal [vaak mv] matériau *m* de construction [m mv: matériaux ...]
bouwnijverheid (industrie *v* du) bâtiment *m*, construction *v*
bouwpakket prêt-à-monter *m* [m mv: prêts-à-monter], kit *m*
bouwplaat découpage *m*
bouwplaats chantier *m*
bouwplan plan *m* (de construction)
bouwpromotor BN promoteur *m* (immobilier)
bouwput puits *m* de fondation
bouwrijp viabilisé ★ *~ maken* viabiliser
bouwsector (industrie *v* du) bâtiment *m*, construction *v*
bouwsel construction *v*, min bâtisse *v*, ‹stapel› échafaudage *m*
bouwsteen ❶ *steen* pierre *v* (de construction) ❷ fig élément *m* constitutif
bouwstijl style *m* (architectural)
bouwstof composantes *v mv*, fondements *m mv*, matériaux *m mv*, éléments *m mv*
bouwtekening plan *m* (de construction)
bouwterrein chantier *m*
bouwvak I *de* ‹vakantie› congés *m mv* dans le bâtiment **II** *het* (industrie *v* du) bâtiment *m*, construction *v*
bouwvakker ouvrier *m* du bâtiment
bouwval ruine(s) *v (mv)*
bouwvallig délabré, en ruine, vétuste
bouwvergunning permis *m* de construire ★ *terrein met ~* terrain constructible
bouwwerf BN *bouwplaats* chantier *m*
bouwwerk bâtiment *m*, construction *v*, édifice *m*
boven I *vz* ❶ *hoger dan* au-dessus de ★ *~ het huis* au-dessus de la maison ❷ *hoger in rang* ★ *~ iem. staan* être le supérieur de qn ❸ *meer dan* plus de ★ *toegang ~ de twaalf jaar* accès aux plus de douze ans ★ *een prijs ~ de 100 euro* un prix supérieur à cent euros ❹ *ten noorden van* ★ *net ~ Utrecht* juste au-dessus d' Utrecht **II** *bw, hoger, hoogst* en haut, au-dessus ★ *naar ~* vers le haut, en haut ★ *naar ~ brengen* monter ★ *naar ~ gaan* monter ★ *van ~* d'en haut ★ *van ~ naar beneden* de haut en bas ★ *van ~ tot onder* de haut en bas ★ *zie ~* voir ci-dessus ★ *te ~ gaan* surpasser, dépasser, être au-dessus de ★ *iets te ~ komen* surmonter qc
bovenaan en haut, en tête ★ *~ op de bladzijde* en haut de la page
bovenaanzicht vue *v* aérienne
bovenaards ❶ *hemels* surnaturel [v: surnaturelle] ❷ *bovengronds* de surface, aérien [v: aérienne]
bovenal surtout, avant tout
bovenarm (partie *v* supérieure du) bras *m*
bovenarms ▾ BN *het zit er ~ op* le torchon brûle
bovenbeen cuisse *v*
bovenbouw ❶ bouw superstructure *v* ❷ *hogere klassen op school* second cycle *m*, classes *v mv* terminales, lycée *m*
bovenbuur voisin *m* d'en haut / du dessus
bovendien en outre, de / en plus ★ *hij heeft geen rijbewijs en ~ was hij dronken* il n'a pas le permis et en plus il était ivre ★ *de camping is duur en ligt ~ vlak langs de snelweg* non seulement le camping est cher, mais il est situé au bord de l'autoroute
bovendrijven ❶ *aan oppervlakte drijven* surnager ★ *er is een lijk komen ~* un corps a fait surface ★ fig *komen ~* émerger ❷ *overhand hebben / krijgen* prédominer, l'emporter
bovengenoemd (cité / mentionné) ci-dessus
bovengrens limite *v* supérieure, plafond *m*
bovengronds aérien [v: aérienne], de surface, ‹van ontginning› à ciel ouvert ★ *~e metro* métro aérien
bovenhand ▾ BN *de ~ krijgen* l'emporter, avoir le dessus
bovenhands le(s) bras levé(s) ★ *~e service* service *m* haut
bovenhuis ≈ appartement *m* à l'étage
bovenin dans le haut, en haut
bovenkaak mâchoire *v* supérieure
bovenkamer ★ fig *het mankeert hem in zijn ~* il lui manque une case
bovenkant côté *m* supérieur, dessus *m*, haut *m*
bovenkleding vêtements *m mv* (de dessus)
bovenkomen ❶ *naar hogere verdieping komen* monter ★ *laat hem maar ~* fais-le monter ❷ *aan oppervlakte komen* (re)faire surface, (re)monter à la surface, ook fig resurgir ★ *allerlei herinneringen kwamen boven* toutes sortes de souvenirs ont refait surface, plein de souvenirs ont réapparu
bovenlaag couche *v* supérieure ★ *de ~ van de samenleving* la classe supérieure de la société
bovenlader machine *v* à chargement par le dessus
bovenlangs par en haut
bovenleiding câble *m* aérien, ‹van trein e.d.› caténaire *v*
bovenlichaam torse *m*, buste *m*
bovenlicht ❶ *licht* jour *m* d'en haut ❷ *raam* imposte *v*
bovenlijf torse *m*, buste *m* ★ *met ontbloot ~* torse nu
bovenlip lèvre *v* supérieure
bovenloop cours *m* supérieur
bovenmate excessivement, outre mesure
bovenmatig I *bn* excessif [v: excessive], démesuré **II** *bw* excessivement, démesurément, outre mesure
Bovenmeer lac *m* Supérieur
bovenmenselijk surhumain
bovennatuurlijk surnaturel [v: surnaturelle]
bovenop ❶ *op de bovenkant* (au-)dessus, en haut ★ *~ liggen* être dessus ★ fig *er pal ~* aussitôt, aussi sec ❷ *hersteld* ★ *iem. er (weer) ~ helpen* remettre à flot qn ★ *er weer ~ komen* se rétablir, se remettre, reprendre le dessus / du poil de la bête
bovenst le plus haut, supérieur, de dessus, du

haut
bovenstaand ci-dessus, ⟨bovengenoemd⟩ (cité / mentionné) ci-dessus, admin susdit, jur ledit [v: ladite]
bovenstukje haut *m*, soutien-gorge *m*
boventallig surnuméraire ★ *~ personeel ontslaan* licencier le surplus de personnel
boventoon *toon die overal bovenuit komt* (son *m*) harmonique *m* ★ fig *de ~ voeren* dominer, donner le ton, tenir le haut du pavé
bovenuit au-dessus ★ *ergens ~ steken / klinken* dominer
bovenverdieping étage *m* (supérieur)
bovenvermeld (cité / mentionné) ci-dessus, admin susdit, jur ledit [v: ladite]
bovenwinds ★ *de Bovenwindse Eilanden* les îles *v mv* du Vent
Bovenwindse Eilanden îles *v mv* du Vent
bovenwoning ≈ appartement *m* à l'étage
bovenzijde côté *m* supérieur, dessus *m*, haut *m*
bovenzinnelijk transcendant, ⟨buitenzintuiglijk⟩ extrasensoriel [v: extrasensorielle]
bowl *drank* ≈ punch *m*
bowlen jouer au bowling
bowling I *het, het bowlen* bowling *m* **II** *de, hal* bowling *m*
box ❶ *kinderbox* parc *m* **❷** *luidspreker* enceinte *v*, baffle *m* **❸** *afgescheiden ruimte* box *m* [m mv: box(es)], ⟨van paard ook⟩ stalle *v*, ⟨berghok⟩ débarras *m* **❹** *belastingbox* ≈ tranche *v* (du barème)
boxer *hond* boxer *m*
boxershort caleçon *m*, boxer *m*
boycot boycottage *m*, boycott *m*
boycotten boycotter
boze ▾ *uit den boze* inadmissible, mauvais
braadboter beurre *m* de cuisson
braadde [verl. td.] → **braden**
braadden [verl. td.] → **braden**
braadpan poêle *v* (à frire), sauteuse *v*
braadslee lèchefrite *v*
braadspit broche *v*
braadworst culin saucisse *v* (rôtie)
braaf I *bn* honnête, brave, sage ★ *een brave borst* un brave type ★ *brave hond!* sage! **II** *bw* sagement
braak I *de, inbraak* effraction *v* ★ *diefstal met ~* vol *m* avec effraction **II** *bn, onbebouwd* en friche, ⟨tijdelijk⟩ en jachère, au repos ★ *~ liggen* ook fig être en friche ★ *~ laten liggen* ook fig laisser en friche
braakbal pelote *v* (de régurgitation)
braakmiddel vomitif *m*
braaksel vomissure *v*, inform vomi *m*
braam ❶ *vrucht* mûre *v* **❷** *ruwe rand* ébarbure *v*, morfil *m*, barbes *v mv*
Brabander Brabançon *m*
Brabant le Brabant
Brabants brabançon [v: brabançonne]
Brabantse Brabançonne *v*
brabbelen bredouiller, ⟨koeterwalen⟩ baragouiner, ⟨van kind⟩ babiller ★ *het ~* le bredouillage, le babil
brabbeltaal ⟨koeterwaals⟩ charabia *m*
bracht [verl. td.] → **brengen**
brachten [verl. td.] → **brengen**
braden I *ov ww* (faire) cuire, ⟨aan het spit⟩ rôtir, ⟨op rooster⟩ griller, ⟨in koekenpan⟩ (faire) frire ★ *ge~ vlees* rôti *m* **II** *onov ww* rôtir
braderie braderie *v*
brahmaan brahmane *m*
braille braille *m*
braindrain exode *m* des cerveaux
brainstormen faire du remue-méninges
brainwave inspiration *v*, trait *m* de génie
brak I *bn* **❶** *half zout* saumâtre, salin **❷** *katerig* patraque **II** *de, hond* braque *m* **III** *ww* [verl. td.] → **breken**
braken I *ov ww, overgeven* vomir **II** *ww* [verl. td.] → **breken**
brallen fanfaronner, brasser du vent, la ramener
brancard brancard *m*, civière *v*
branche branche *v*, secteur *m*
brancheorganisatie interprofession *v*
branchevreemd qui n'est pas de la branche
brand incendie *m*, feu *m* ★ *uitslaande ~* feu qui gagne / se propage ★ *in ~ staan* être en feu / flammes ★ *in ~ steken* mettre le feu à, incendier ★ *in ~ vliegen* prendre feu ★ *~!* au feu! ★ *er is ~* il y a le feu ★ *de ~ is bedwongen* le feu est circonscrit / maîtrisé ★ fig *iem. uit de ~ helpen* tirer qn d'embarras, inform dépanner qn ★ fig BN *uit de ~ slepen* décrocher, (r)emporter ★ fig *uit de ~ zijn* être tiré d'affaire
brandalarm alerte *v* d'incendie
brandbaar combustible, inflammable
brandbeveiligingssysteem dispositions *v mv* anti-incendie
brandblaar cloque *v*
brandblusser extincteur *m*
brandbom bombe *v* incendiaire
brandbrief ≈ lettre *v* pressante / instante, sollicitation *v*
branden I *onov ww* **❶** *in brand staan* brûler, ⟨fel⟩ flamber **❷** *gloeien* brûler ★ *~d heet* brûlant **❸** *licht / warmte uitstralen* brûler, ⟨van lamp e.d.⟩ être allumé **❹** *brandend gevoel geven* brûler ★ *~d* brûlant, ardent, ⟨prikkend⟩ piquant, cuisant ★ fig *~ van verlangen* brûler / mourir de désir ★ fig *~de kwestie* question brûlante **II** *ov ww* **❶** *met vuur bewerken* brûler, ⟨van aardewerk, gips⟩ cuire, ⟨van cacao, koffie⟩ griller ★ fig *zij is (er) niet weg te ~* elle s'est enracinée **❷** *verwonden* ★ *zijn tong ~* se brûler la langue ★ fig *in de herinnering gebrand* gravé dans la mémoire **❸** comp ★ *een cd ~* graver un CD
brander *gastoestel* brûleur *m*, ⟨bek⟩ bec *m* (à gaz)
branderig ❶ *prikkelend, ontstoken* irrité ★ *een ~ gevoel* une sensation de brûlé ★ *~e ogen* des yeux irrités, des yeux qui piquent **❷** *als van brand* ★ *een ~e lucht* une odeur de brûlé ★ *het ruikt hier ~* ça sent le brûlé ici
brandewijn culin eau-de-vie *v* [v mv: eaux-de-vie]
brandgang coupe-feu *m* [mv: id.], ⟨brandsingel⟩ pare-feu *m* [mv: id.]
brandglas loupe *v*
brandhaard ❶ lett foyer *m* d'incendie **❷** fig point *m* chaud
brandhout bois *m* de chauffage, ⟨al gedeeltelijk verbrand⟩ tison *m*
branding ressac *m*, déferlement *m* (des vagues)
brandkast coffre-fort *m* [m mv: coffres-forts]

br

brandkraan bouche *v* / borne *v* d'incendie
brandladder *brandtrap* échelle *v* (d'incendie / de pompiers)
brandlucht odeur *v* de brûlé / de roussi
brandmeester lieutenant *m* des pompiers
brandmelder avertisseur *m* / détecteur *m* d'incendie
brandmerk ❶ *ingebrand merk* marque *v* (au fer rouge) ❷ fig *blijvende schande* stigmate *m*
brandmerken ❶ *een brandmerk geven* marquer au fer rouge ❷ fig *stigmatiseren* stigmatiser
brandnetel ortie *v*
brandpreventie prévention *v* des incendies
brandpunt ❶ *punt waar stralen samenkomen* foyer *m* ❷ *middelpunt* foyer *m*
brandschade dégâts *m mv* / dommages *m mv* causés par le feu
brandschatten rançonner, fig mettre à sac
brandschilderen peindre sur verre, ‹van hout› pyrograver ★ *gebrandschilderd raam* vitrail *m* [m mv: vitraux], ‹groot› verrière *v*
brandschoon ❶ *helemaal schoon* propre comme tout, impeccable ★ *een brandschone auto* une voiture propre comme tout ❷ *onschuldig* blanc comme (la) neige, irréprochable ★ *een brandschone reputatie* une réputation sans tache
brandsingel pare-feu *m* [mv: id.]
brandslang manche *v* à incendie, boyau *m* à incendie [m mv: boyaux ...], tuyau *m* à incendie [m mv: tuyaux ...]
brandspuit lance *v* / pompe *v* à incendie
brandstapel bûcher *m*
brandstichten incendier, allumer un incendie
brandstichter incendiaire *m/v*, pyromane *m/v*
brandstichting incendie *m* criminel / volontaire
brandstof combustible *m*, ‹voor verbrandingsmotoren› carburant *m*
brandstofverbruik consommation *v* de carburant
brandtrap escalier *m* de secours
brandveilig à l'épreuve du feu, résistant au feu, ‹onbrandbaar› incombustible
brandverzekering assurance *v* (contre l')incendie
brandvrij à l'épreuve du feu, résistant au feu, ‹brandvrij gemaakt› ignifuge, ‹onbrandbaar› incombustible
brandweer (sapeurs-)pompiers *m mv* ★ *de ~ rukte voor niets uit* les pompiers sont sortis pour rien ★ *ze is bij de vrijwillige ~* elle est pompier volontaire
brandweerkorps corps *m* des sapeurs-pompiers
brandweerman (sapeur-)pompier *m* [m mv: (sapeurs-)pompiers]
brandweerwagen fourgon-pompe *m* [m mv: fourgons-pompes]
brandwerend ignifuge
brandwond brûlure *v*
brandwondencentrum centre *m* (hospitalier) pour grands brûlés
brandy brandy *m*
brandzalf onguent *m* contre les brûlures
branie ❶ *lef* aplomb *m*, bravoure *v*, ‹kouwe drukte› frime *v*, chiqué *m* ❷ *branieschopper* frimeur *m*, m'as-tu-vu *m* [mv: id.] ★ *de ~ uithangen* crâner, frimer, se la jouer
branieschopper frimeur *m*
brasem brème *v*
brassen *zuipen* faire ripaille, s'empiffrer
Bratislava Bratislava *v*
bravo bravo
bravoure bravoure *v*, aplomb *m*
Braziliaan Brésilien *m*
Braziliaans brésilien [v: brésilienne]
Braziliaanse Brésilienne *v*
Brazilië le Brésil ★ *in ~* au Brésil
break break *m*
break-evenpunt seuil *m* de rentabilité
breakpoint sport balle *v* de break
breed I *bn* ❶ *niet smal* large ★ *brede straten* des rues larges ★ *breder maken* élargir ★ *breder worden* s'élargir ★ *het is twee meter ~* c'est large de deux mètres ❷ *ruim* large ★ *het niet zo ~ hebben* vivre petitement, ne pas rouler sur l'or ★ fig *wie het ~ heeft, laat het ~ hangen* ≈ on n'a pas tous les mêmes moyens, on ne se refuse rien ★ fig *iets ~ zien* voir les choses en large, faire la part des choses II *bw* largement ★ *zich ~ maken* s'étaler
breedband www haut débit *m*
breedbandverbinding connexion *v* (à) haut débit
breedbeeldscherm écran *m* 16 / 9
breedbeeldtelevisie *toestel* téléviseur *m* 16 / 9
breedsprakig I *bn* prolixe, verbeux [v: verbeuse], diffus II *bw* verbeusement
breedte largeur *v*, aardk latitude *v* ★ *in de ~* dans le sens de la largeur
breedtecirkel parallèle *m*
breedtegraad degré *m* de latitude
breeduit ❶ *in volle breedte* dans toute sa largeur ★ *~ gaan zitten* s'étaler ❷ *voluit* ouvertement ★ *~ lachen* être tout sourire
breedvoerig I *bn* détaillé, circonstancié II *bw* amplement, en détail
breekbaar fragile
breekijzer pied-de-biche *m* [m mv: pieds-de-biche], levier *m*, ‹van inbreker› pince-monseigneur *m* [v mv: pinces-monseigneur]
breekpunt ❶ *breuk* point *m* de rupture ❷ *kritisch punt* point *m* de rupture
breien tricoter ★ *het ~* le tricotage
brein ook fig cerveau *m* [m mv: cerveaux] ★ *het ~ achter de organisatie* le cerveau de l'organisation
breinaald aiguille *v* à tricoter
breipen aiguille *v* à tricoter
breiwerk tricot *m*, ouvrage *m*
breken I *ov ww* ❶ *stuk maken* casser, rompre, vaak fig briser ★ *doormidden ~* casser en deux ★ *een kopje ~* casser une tasse ★ *het brood ~* rompre le pain ★ *een been ~* se casser la jambe ★ *een record ~* battre un record ★ *de val ~* amortir la chute ★ *een belofte ~* manquer à une promesse ★ *zijn woord ~* manquer à sa parole ❷ *ontspanning, afwisseling geven* couper II *onov ww* ❶ *stuk gaan* (se) casser ★ *de ruit is gelukkig niet gebroken* heureusement la vitre n'est pas cassée ★ *de golven ~* les vagues se brisent ❷ *~ met* rompre avec ★ *~ met iem.* rompre avec qn ❸ ★ *de zon breekt door de wolken* le soleil perce à travers les nuages

breker *golf* vague *v* déferlante
breking natk réfraction *v*
brekingsindex indice *m* de réfraction
brem genêt *m*
brengen ❶ *vervoeren* ⟨dragen⟩ porter, ⟨naar spreker⟩ apporter, ⟨iemand⟩ amener, ⟨leiden⟩ conduire, mener ★ *iem. naar huis ~* ramener qn chez lui ★ *de bagage naar boven ~* monter les bagages ★ *een glas aan de lippen ~* porter un verre à ses lèvres / à sa bouche (ap)porter ★ *een programma ~* proposer un programme ★ *geluk ~* porter bonheur ★ *hulde ~* rendre hommage (à) ★ *wat zal de toekomst ~?* qu'est-ce que l'avenir nous réserve? ❷ *presenteren* présenter ★ *je had je kritiek wat tactischer kunnen ~* tu aurais pu formuler tes critiques avec plus de tact ★ *iets onder woorden ~* exprimer qc ★ *iets naar voren ~* avancer qc ★ *een product op de markt ~* lancer un produit (sur le marché) ❸ *doen geraken* mettre ★ *iem. ertoe ~ iets te doen* amener / porter qn à faire qc ★ *hij is er niet toe te ~* on ne peut le persuader ★ *wat brengt u hier?* qu'est-ce qui vous amène?, quel bon vent vous amène? ★ *dat bracht hen weer tot elkaar* cela les a rapproché ★ *iem. aan het lachen ~* faire rire qn ★ *iem. in moeilijkheden ~* causer des ennuis à qn ★ *het tot minister ~* s'élever au grade de ministre ★ *het ver ~* aller loin
bres brèche *v* ▾ *in de bres springen voor iets / iem.* monter au créneau pour qc / prendre le parti de qn
Bretagne la Bretagne ★ *in ~* en Bretagne
bretel bretelle *v*
Bretons **I** *bn, m.b.t. Bretagne* breton *m* [v: bretonne] **II** *het, taal* breton *m*
breuk ❶ *scheur* cassure *v*, ⟨barst⟩ fissure *v*, aardk fracture *v* ❷ fig *verwijdering* rupture *v* ❸ med *botbreuk* fracture *v* ★ *gecompliceerde ~* fracture compliquée ★ *een ~ zetten* réduire une fracture ❹ med *hernia* hernie *v* ★ *beklemde ~* hernie étranglée ★ *zich een ~ tillen aan iets* se donner / faire un tour de reins ❺ wisk fraction *v* ★ *repeterende ~* fraction *v* périodique ★ *een ~ vereenvoudigen* réduire une fraction
breukvlak plan *m* de cassure / de fracture
brevet brevet *m*
brevier rel bréviaire *m*
bridge bridge *m*
bridgen jouer au bridge
brie brie *m*
brief lettre *v* ★ *een handgeschreven ~* une lettre manuscrite ★ *ingezonden brieven* courrier des lecteurs ★ *open ~* lettre ouverte ★ *per ~* par écrit → **briefje**
briefen briefer
briefgeheim secret *m* postal
briefhoofd en-tête *m* [m mv: en-têtes]
briefing briefing *m*
briefje ❶ *berichtje* petit mot *m*, billet *m* ★ fig *dat geef ik je op een ~* je te le promets ❷ *bankbiljet* billet *m*
briefkaart carte *v* postale
briefopener coupe-papier *m* [mv: id.]
briefpapier papier *m* à lettres
briefwisseling correspondance *v*
bries brise *v*
briesen ⟨van paard⟩ s'ébrouer, ⟨van mens⟩ rugir, tempêter
brievenbus boîte *v* aux lettres
brievenbusfirma société(-)écran *v* [v mv: sociétés(-)écran]
brigade brigade *v* ★ *luchtmobiele ~* brigade *v* d'intervention aéroportée
brigadier brigadier *m*
brij ❶ *pap* bouillie *v* ★ fig *om de hete brij heen draaien* tourner autour du pot ❷ fig *warboel* cataplasme *m* ★ *een brij van woorden* un verbiage
brik **I** *de* ❶ *rijtuig* break *m*, ⟨kar⟩ bagnole *v* ❷ *schip* brick *m* **II** *de/het,* BN *pak* ⟨melk, sap⟩ brique *v*
briket brique *v*, ⟨brandstof⟩ briquette *v*
bril ❶ *glazen in montuur* lunettes *v mv* ★ *twee brillen* deux paires de lunettes ★ fig *alles door een roze bril zien* voir tout en rose ❷ *wc-bril* abattant *m* de W.-C.
brildrager porteur *m* de lunettes [v: porteuse ...], inform binoclard *m*
briljant **I** *de, diamant* brillant *m* **II** *bn* brillant **III** *bw* brillamment
brillenkoker étui *m* à lunettes
brilmontuur monture *v* de lunettes
brilslang serpent *m* à lunettes
brink ❶ *dorpsplein* ≈ place *v* publique ❷ *met gras begroeid erf* enclos *m*
Brit *bewoner* Britannique *m*
brits lit *m* de camp
Brits *m.b.t. Groot-Brittannië* britannique ★ *de spellingcontrole staat ingesteld op ~ Engels* le vérificateur d'orthographe anglais britannique est activé
Britse Britannique *v*
broccoli brocoli *m*
broche broche *v*
brochure brochure *v*
broddelwerk bousillage *m*, travail *m* bâclé ★ *dat is ~* ce n'est ni fait ni à faire
broeden ❶ *ei doen uitkomen* couver ★ *de kip broedt op haar eieren* la poule couve ses oeufs ❷ **~ op** fig couver ★ *op iets zitten te ~* couver / mijoter qc ★ *op een oplossing ~* réfléchir sur une solution
broeder ❶ *broer* frère *m* ❷ *verpleger* infirmier *m* ❸ rel frère *m*
broederlijk **I** *bn* fraternel [v: fraternelle] ★ *~e liefde* amour *m* fraternel **II** *bw* fraternellement, en frère(s) ★ *~ omgaan met* fraterniser avec
broedermoord fratricide *m*
broederschap ❶ rel communauté *v*, congrégation *v* ❷ prot communauté *v*, congrégation *v* ❸ *vereniging van vakgenoten* corporation *v*, confrérie *v* ❹ *het voor elkaar opkomen als broers* fraternité *v* ★ *vrijheid, gelijkheid, ~* liberté, égalité, fraternité
broedgebied aire *v* de couvaison
broedmachine couveuse *v* (artificielle)
broedplaats ❶ dierk (lieu *m* de) nidification *v* ❷ fig bouillon *m* de culture
broeds ★ *een ~e kip* une (poule) couveuse
broedsel couvée *v*, nichée *v*, ⟨van insecten⟩ couvain *m*
broeien s'échauffer ★ *het hooi broeit* les foins fermentent ★ fig *er broeit wat* il se mijote qc, il y

a qc dans l'air

broeierig lourd, étouffant, orageux [v: orageuse] ★ ~ *weer* du temps lourd ★ fig *een ~e sfeer* une ambiance torride

broeikas serre *v* (chaude)

broeikaseffect effet *m* de serre

broeikasgas gaz *m* à effet de serre

broeinest ❶ dierk couvoir *m* ❷ fig foyer *m* ★ *een ~ van criminaliteit* un foyer de criminalité

broek *kledingstuk* ⟨lang⟩ pantalon *m*, ⟨kort⟩ short *m*, culotte(s) *v (mv)* ★ fig *voor zijn ~ geven / krijgen* donner / recevoir une fessée ★ fig *iem. achter de ~ zitten* être sur le dos de qn ★ ook fig *het in zijn ~ doen* faire dans son froc, faire dans sa culotte ★ fig *een boete aan de ~ krijgen* écoper (d')une amende ★ fig *zij heeft de ~ aan* c'est elle qui porte la culotte ★ fig BN *zijn ~ scheuren aan iets* subir une perte ★ fig *daar zakt mijn ~ van af* j'en reste sur le cul, j'hallucine

broekje ❶ *ondergoed* culotte *v* ❷ *onervaren persoon* novice *m/v*

broekpak tailleur-pantalon *m* [m mv: tailleurs-pantalons]

broekriem ceinture *v* ★ fig *de ~ aanhalen* se serrer la ceinture

broekrok jupe-culotte *v* [v mv: jupes-culottes]

broekzak ★ *als zijn ~ kennen* connaître comme sa poche

broer frère *m*, inform frangin *m* ★ *mijn ~ is twee jaar ouder dan ik* mon frère est mon aîné de deux ans ★ *het zijn ~s* ils sont frères ★ *~tje* (petit) frère *m*, ⟨jongere broer⟩ frère *m* cadet ▼ *een ~tje dood hebben aan iets* détester qc

brok ❶ *brokstuk* ook fig morceau *m*, [mv: morceaux] fragment *m* ★ *de brokken lijmen* recoller les morceaux ★ *met de brokken zitten* payer les pots cassés ★ *dan zit je met de brokken!* bonjour les dégâts! ★ *een brok in de keel hebben* avoir la gorge serrée ❷ *hoeveelheid* ★ *een brok ervaring* une bonne dose d'expérience ★ *één brok energie* un paquet d'énergie

brokaat brocart *m*

brokkelen **I** *ov ww, breken* morceler, émietter, rompre en petits morceaux **II** *onov ww, uiteenvallen* s'effriter

brokkelig friable, cassant

brokkenmaker brise-tout *m* [mv: id.]

brokkenpiloot brise-tout *m* [mv: id.]

brokstuk morceau *m* [m mv: morceaux], fragment *m*, débris *m*, bribe *v*

brombeer grognon *m* [v: grognonne], ronchon *m* [v: ronchonne]

bromelia plantk bromélia *m*

bromfiets mobylette *v*, inform mob *v*, form cyclomoteur *m*

bromfietser cyclomotoriste *m/v*

bromium brome *m*

brommen ❶ *geluid maken* ronfler, ronronner ❷ *grommen* gronder ❸ *mopperen* ★ ~ *op iem.* gronder qn ❹ *gevangen zitten* faire de la tôle ★ *hij moet een jaar ~* il en a pour un an ❺ *bromfietsen* rouler en mobylette

brommer mobylette *v*, inform mob *v*, form cyclomoteur *m*

bromtol toupie *v* à musique

bromvlieg mouche *v* bleue, grosse mouche *v*

bron ❶ *opwellend water* source *v*, fontaine *v* ★ *we volgen het beekje tot de bron* on remonte le ruisseau jusqu'à la source ★ *warme bronnen* eaux / sources thermales ❷ fig *oorsprong* source *v*, origine *v* ★ *bron van inkomsten* source de revenus ❸ *informatiebron* ★ *uit betrouwbare / welingelichte bron* de source sûre

bronchiën bronches *v mv*

bronchitis bronchite *v*

bronchoscopie bronchoscopie *v*

broncode comp code *m* source

brons bronze *m*

bronst rut *m*, chaleur *v*

bronstig en rut, en chaleur

bronstijd âge *m* du bronze

bronsttijd rut *m*, (époque *v* des) chaleurs *v mv*

brontaal langue *v* source

brontosaurus brontosaure *m*

bronvermelding référence *v*

bronwater eau *v* minérale / de source, ⟨warm⟩ eaux *v mv* thermales

bronzen en / de bronze ★ *een ~ medaille* une médaille de bronze

brood ❶ culin *gebakken deegwaar* pain *m* ★ *bruin ~* pain bis / complet ★ *op water en ~* au pain sec et à l'eau ★ *ik krijg het op mijn ~* ça retombe sur moi ★ BN *dat is gesneden ~* c'est du gâteau ❷ *levensonderhoud* ★ *zijn ~ verdienen* gagner sa vie / son pain ★ *daar is geen droog ~ mee te verdienen* ça ne nourrit pas son homme ★ *~ op de plank brengen / hebben* faire bouillir la marmite, avoir de quoi vivre ★ *ik zie er geen ~ in* je n'en vois pas l'intérêt ★ *wiens ~ men eet, diens woord men spreekt* ≈ être la voix de son maître ❸ → **broodje**

broodbeleg ≈ de quoi mettre sur les tartines, garniture *v* (sur le pain)

broodheer boss *m*

broodje culin petit pain *m* ★ *~ ham* sandwich *m* au jambon ★ fig *zoete ~s bakken* filer doux ★ fig *als warme ~s verkocht worden* se vendre comme des petits pains ★ fig BN *je ~ is gebakken* tu es à l'abri

broodjeszaak sandwicherie *v*

broodkorst croûte *v* de pain

broodmaaltijd repas *m* froid (sandwich)

broodmager maigre comme un clou

broodmes couteau *m* à pain [m mv: couteaux ...]

broodnijd jalousie *v* de métier

broodnodig indispensable

broodnuchter ❶ *zonder iets gegeten te hebben* absolument sobre ❷ *heel kalm* qui a les pieds sur terre

broodplank planche *v* à pain

broodroof ★ ~ *plegen aan iem.* ôter le pain de la bouche à qn

broodrooster grille-pain *m* [mv: grille-pain(s)]

broodschrijver écrivailleur *m* [v: écrivailleuse]

broodtrommel *bewaartrommel* boîte *v* à pain

broodwinning gagne-pain *m* [mv: id.]

broom ❶ *bromium* brome *m* ❷ *broomkali* bromure *m* de potassium

broos fragile, frêle, fig précaire

bros cassant, friable, ⟨krokant⟩ croustillant

brosser élève *m/v* qui sèche un cours, BelgFr brosseur *m* [v: brosseuse]

brousse BN brousse *v*
brouwen ❶ *bereiden* brasser, fig préparer ★ *bier ~* brasser de la bière ★ *hij heeft er niets van ge~* il a complètement foiré ❷ *veroorzaken* machiner, comploter
brouwer *biermaker* brasseur *m*
brouwerij brasserie *v*
brouwsel *drankje* breuvage *m*
brownie culin brownie *m*
browsen comp naviguer
browser comp navigateur *m* (Web)
brr brrr!
brug ❶ *verbinding* pont *m* ★ *er wordt een nieuwe brug gebouwd over de rivier* on construit un nouveau pont sur la rivière ★ *een brug slaan (over)* jeter un pont (sur) ★ *over de brug komen* s'exécuter, ‹dokken› casquer, se fendre (de) ★ BN *de brug maken* faire le pont ❷ *commandobrug* passerelle *v* ❸ *gymnastiektoestel* barres *v mv* parallèles ★ *de onderdelen vloer, brug en ringen zijn al geweest* les épreuves sol, barres parallèles et anneaux sont terminées ❹ *gebitsprothese* bridge *m* ★ *bruggen worden niet vergoed door de basisverzekering* les bridges ne sont pas remboursés par l'assurance maladie obligatoire
Brugge Bruges *v*
Bruggeling Brugeois *m*
Bruggelinge Brugeoise *v*
bruggenhoofd ❶ *steun waar brug op rust* butée *v* ❷ mil tête *v* de pont
brugklas onderw ≈ sixième *v*
brugleuning garde-fou *m* [m mv: garde-fous], ‹stenen› parapet *m*
brugpensioen BN *vervroegd pensioen* retraite *v* anticipée, préretraite *v*
brugpieper omschr élève *m/v* de sixième
Brugs brugeois
brugwachter pontier *m*
brui ▼ *de brui geven aan iets* laisser tomber qc, décrocher qc, flancher qc
bruid ‹voor trouwdag› fiancée *v*, future *v*, ‹op trouwdag› (nouvelle) mariée *v* ★ *~ en ~egom* (les) jeunes mariés *m mv*
bruidegom ‹voor trouwdag› fiancé *m*, futur *m*, ‹op trouwdag› (nouveau) marié *m*
bruidsboeket bouquet *m* de mariée
bruidsdagen ≈ temps *m* des fiançailles
bruidsjapon robe *v* de mariée
bruidsjonker garçon *m* d'honneur
bruidsmeisje demoiselle *v* d'honneur
bruidspaar ‹op trouwdag› (les) jeunes mariés *m mv*
bruidsschat dot *v*
bruidssluier ❶ *sluier* voile *m* de mariée ❷ *plant* gypsophile *v*
bruidssuiker dragée *v*
bruikbaar utile, utilisable, pratique, ‹geschikt (voor)› propre (à), ‹deugdelijk› valable
bruikbaarheid utilité *v*
bruikleen prêt *m* à usage ★ *in ~ van* prêté par
bruiloft mariage *m*, ‹feest› noces *v mv* ★ *zijn gouden ~ vieren* célébrer / fêter ses noces d'or ★ *op de ~ zijn* être de (la) noce
bruin I *bn, bruin van kleur* marron, ‹donker› brun, ‹van haar› châtain, ‹zongebruind› bronzé ★ *~ worden* ‹in de zon› bronzer ★ *een ~ leventje leiden* mener une vie pépère ★ *hij bakt ze weer ~* il fait encore des siennes ★ *het te ~ maken* en faire trop **II** *het, kleur* brun *m*
bruinachtig brunâtre
bruinbrood culin pain *m* bis / complet
bruinen I *ov ww, bruin maken* bronzer, brunir, cul faire roussir / rissoler / revenir **II** *onov ww, bruin worden* bronzer, brunir
bruinkool lignite *m*
bruinvis marsouin *m*
bruisen ❶ *van drank hoorbaar schuimen* écumer, ‹van drank› mousser, pétiller ★ *de champagne bruist* le champagne pétille ★ *~de golven* des vagues *v mv* écumantes ❷ *levendig zijn* bouillonner ★ *een ~de stad* une ville pétillante de vie ★ *~d van energie* bouillonnant d'énergie
bruistablet comprimé *m* effervescent
brulaap ❶ *aap* singe *m* hurleur ❷ *schreeuwlelijk* braillard *m* [v: braillarde]
brulboei bouée *v* sonore / à sifflet
brullen ‹van leeuw› rugir, ‹van mens› hurler, ‹loeien› mugir ★ *het ~* le rugissement, le hurlement, le mugissement ★ *~ van het lachen* hurler de rire
brunch brunch *m*
Brunei Brunei *m*
brunette brune *v*, brunette *v*
Brussel Bruxelles *v*
Brusselaar Bruxellois *m*
Brussels bruxellois
Brusselse Bruxelloise *v*
brutaal I *bn* ‹onbeschaamd› impertinent, insolent (**tegen** avec, envers), ‹ongegeneerd› effronté, éhonté, désinvolte ★ *een brutale opmerking* une remarque insolente ★ *zo ~ als de beul* insolent en diable, inform gonflé à bloc, culotté ★ *de brutalen hebben de halve wereld* la fortune sourit aux audacieux **II** *bw* insolemment, effrontément, sans gêne, sans vergogne
brutaaltje petit insolent *m* [v: petite insolente]
brutaliteit impertinence *v*, insolence *v*, ‹lef› toupet *m*
bruto brut
brutogewicht poids *m* brut
brutoloon salaire *m* brut
brutowinst bénéfice *m* brut, profit *m* brut
bruusk I *bn* brusque **II** *bw* brusquement
bruut I *de* sauvage *m/v*, brute *v* **II** *bn* brutal [m mv: brutaux] ★ *brute kracht* force *v* brutale ★ *met ~ geweld* en employant la violence
BSE *boviene spongiforme encefalopathie, gekkekoeienziekte* ESB *v*, encéphalopathie *v* spongiforme bovine
BSN *burgerservicenummer* ‹fiscaal› numéro *m* fiscal, ‹sociaal› numéro de Sécurité social
bso BN onderw *beroepssecundair onderwijs* enseignement *m* secondaire professionnel
btw *belasting op de toegevoegde waarde* TVA *v* (taxe sur la valeur ajoutée) ★ *exclusief btw* hors taxe(s), H.T. ★ *inclusief btw* TTC (toutes taxes comprises)
bubbelbad bain *m* à remous
bubbelen faire des bulles
buddy bénévole *m/v* d'accompagnement
budget budget *m* ★ *binnen het ~ blijven* ne pas dépasser le budget

budgetbewaking contrôle *m* budgétaire
budgetoverschrijding dépassement *m* budgétaire
budgettair budgétaire
budgetteren budgétiser
buffel buffle *m*
buffer tampon *m*
buffergeheugen mémoire *v* tampon
bufferstaat État-tampon *m* [m mv: États-tampons]
buffervoorraad stock *m* de sécurité
bufferzone zone *v* tampon
buffet ❶ *meubel* buffet *m* ❷ *tapkast* comptoir *m* ❸ *maaltijd* buffet *m* ★ *koud ~* buffet froid ★ *lopend ~* buffet dînatoire
bug comp bogue *m*, bug *m*
buggy poussette *v*
bühne scène *v*, planches *v mv*
bui ❶ *regenbui* averse *v* ★ *maartse buien* giboulées *v mv* de mars ★ fig *de bui zien hangen* sentir venir passer l'orage ★ fig *de bui laten overdrijven* laisser passer l'orage ❷ *humeur* humeur *v*, ⟨aanval⟩ accès *m*, saute *v* d'humeur, ⟨nuk⟩ caprice *m* ★ *een goede bui hebben* être de bon poil ★ *een kwade bui hebben* être de mauvais poil ★ *hij is in een bui om...* il est d'humeur à... ★ *bij buien* par accès
buidel ❶ *zak* bourse *v* ❷ *huidplooi* poche *v* (ventrale)
buideldier marsupial *m* [m mv: marsupiaux]
buigbaar flexible, pliable
buigen I *ov ww, krom maken* plier, courber ★ *de knieën ~* fléchir / plier les genoux ★ *het hoofd ~* baisser / incliner la tête ★ fig *zich over een probleem ~* se pencher sur un problème **II** *onov ww* ❶ *afbuigen, doorbuigen* ⟨afbuigen⟩ dévier, ⟨doorbuigen⟩ se courber, fléchir ★ *de weg buigt naar rechts* la route fait une courbe vers la droite ❷ *buiging maken* s'incliner, faire une révérence ❸ **~ voor** ⟨zwichten⟩ céder / se plier à, s'incliner devant ★ *het is ~ of barsten* ça passe ou ça casse
buiging ❶ *het buigen* révérence *v*, ⟨van hoofd⟩ inclination *v* ★ *een ~ maken* s'incliner ❷ taalk flexion *v*
buigingsuitgang désinence *v* (flexionnelle)
buigzaam ❶ *buigbaar* flexible, souple ❷ *meegaand* flexible ★ *een ~ karakter* un caractère accommodant
buigzaamheid ook fig flexibilité *v*, souplesse *v*
buiig *regenachtig* pluvieux [v: pluvieuse] ★ *het is ~ weer* le temps est à la pluie
buik ❶ *lichaamsdeel* ventre *m* ★ *een dikke buik* un gros ventre, inform un (gros) bide ★ *(plat) op de buik liggen* être couché à plat ventre ★ *zijn buikje rond eten* se remplir le ventre, manger à sa faim / (tout) son content, inform s'empiffrer, s'en mettre plein la panse ★ *ik heb er mijn buik van vol* j'en ai ras le bol ★ *schrijf dat maar op je buik* tu peux te l'accrocher / mettre une croix dessus ❷ *bol gedeelte* ventre *m*, ⟨van fles ook⟩ panse *v*, ⟨van zeil⟩ creux *m* → **buikje**
buikdans danse *v* du ventre
buikdansen faire la danse du ventre
buikdanseres danseuse *v* orientale
buikgriep grippe *v* intestinale
buikholte cavité *v* abdominale
buikje inform bide *m*, bedaine *v* ★ *een ~ krijgen* prendre du ventre, prendre de l'embonpoint ★ *een ~ hebben* avoir du ventre, avoir de l'embonpoint
buiklanding atterrissage *m* sur le ventre
buikloop diarrhée *v*
buikpijn mal *m* de ventre ★ *~ hebben* avoir mal au ventre
buikriem *riem* ventrière *v* ★ fig *de ~ aanhalen* se serrer la ceinture
buikspieroefening ★ *~en doen* faire des abdominaux
buikspreken être ventriloque
buikspreker ventriloque *m/v*
buikvlies péritoine *m*
buikvliesontsteking péritonite *v*
buikwand paroi *v* abdominale
buil ❶ *bult* bosse *v* ★ fig *daar kun je je geen buil aan vallen* ça vaut le coup ❷ *zakje* sachet *m*
building BN *flatgebouw* immeuble *m*
buis ❶ *pijp* tuyau *m* [mv: tuyaux], tube *m*, ⟨leidingbuis⟩ canal *m* [mv: canaux], conduit *m* ★ *een buisje aspirine* un tube d'aspirine ★ *buis van Eustachius* trompe *v* d'Eustache ❷ *televisie* petit écran *m* ★ *wat komt er op de buis?* qu'est-ce qui passe à la télé? ❸ BN *onvoldoende* note *v* en dessous de la moyenne
buiswater embruns *m mv*
buit butin *m*, ⟨van dieren⟩ proie *v* ★ *een vette buit* un lourd butin ★ fig *met de buit gaan strijken* emporter le morceau ★ fig *de buit is binnen* c'est dans la poche
buitelen culbuter, faire la culbute
buiteling culbute *v*
buiten I *vz* ❶ *niet binnen* ⟨een plaats⟩ en dehors de, hors (de), à l'extérieur de ★ *~ Europa* hors Europe ★ *~ de stad* en dehors de la ville ❷ *niet betrokken bij* hors (de), en dehors de, étranger à ★ *laat mij daar ~* ne m'implique pas dans cette affaire ★ *er ~ staan* n'avoir rien à voir là-dedans, n'y être pour rien, être à l'écart ❸ *behalve, zonder* ⟨zonder⟩ hors de, sans, ⟨behalve⟩ excepté, à part ★ *ik kan niet ~ mijn fiets* je ne peux me passer de mon vélo ★ *~ haar vriendin wist niemand ervan* à part son amie personne n'était au courant **II** *bw* ❶ *niet binnen* dehors ★ *~ op straat* dehors ★ *kom je ~ spelen?* tu viens jouer dehors? ★ *naar ~* (en) dehors ★ *naar ~ gaan* sortir ★ *van ~* ⟨gezien⟩ au(-)dehors, à l'extérieur ★ *van ~ naar binnen* de l'extérieur à l'intérieur ❷ *op het platteland* à la campagne ★ *iem. van ~* ⟨vreemdeling⟩ qn de l'extérieur ▼ *zich te ~ gaan aan iets* abuser de qc ▼ *iets van ~ leren* apprendre qc par cœur ▼ *iets van ~ kennen* connaître qc par cœur **III** *het, landgoed* propriété *v* ★ *een riant ~ aan de Vecht* une propriété confortable au bord du Vecht **IV** *de*, BN *platteland* campagne *v* ★ *gastenverblijven op de ~* gîtes ruraux
buitenaards extraterrestre ★ *~e wezens* extraterrestres
buitenaf ★ *van ~* du dehors, de l'extérieur
buitenbaan ❶ *buitenste baan* couloir *m* extérieur ❷ sport *onoverdekte baan* court *m* en plein air
buitenbaarmoederlijk extra-utérin
buitenbad piscine *v* découverte
buitenband pneu *m*

buitenbeentje phénomène *m*, cas *m*, type *m* à part
buitenbocht extérieur *m* du virage
buitenboordmotor hors-bord *m* [mv: id.] ★ *boot met ~* hors-bord *m*
buitendeur porte *v* extérieure
buitendienst service *m* extérieur, réseau *m*
buitenechtelijk extra-conjugal [m mv: extra-conjugaux] ‹van kind› illégitime
buitengaats au large
buitengewoon I *bn, ongewoon* extraordinaire, exceptionnel [v: exceptionnelle], ‹heel bijzonder› hors du commun, peu commun **II** *bw, zeer* extrêmement
buitenissig excentrique
buitenkans aubaine *v*
buitenkant extérieur *m*, dehors *m*
buitenlamp lampe *v* extérieure
buitenland étranger *m*, extérieur *m* ★ *een jaar studeren in het ~* passer un an à l'étranger pour faire des études ★ *naar het ~* à l'étranger
buitenlander étranger *m* [v: étrangère]
buitenlands extérieur, étranger [v: étrangère] ★ *de ~e handel* le commerce extérieur ★ *de ~e politiek* la politique étrangère ★ *een ~e reis* un voyage à l'étranger ★ *~ nieuws* nouvelles *v mv* de l'étranger ★ *~e zaken* affaires *v mv* étrangères
buitenleven vie *v* à la campagne
buitenlucht ★ *in de ~* en plein air, au grand air
buitenmens *iem. die graag buiten is* amateur *m* de grand air
buitenmodel hors-série
buitenom par l'extérieur
buitenparlementair extra-parlementaire
buitenplaats ❶ *landgoed* propriété *v* ❷ *uithoek* (re)coin *m* ★ *ik noem maar een ~* voilà un exemple parmi d'autres
buitenschools onderw périscolaire, parascolaire, extrascolaire
buitenshuis (au) dehors, à l'extérieur ★ *~ eten* dîner en ville ★ *~ slapen* découcher
buitensluiten ❶ *niet binnenlaten* ★ *hij heeft zichzelf buitengesloten* il s'est enfermé dehors ❷ fig *niet toelaten* exclure (**van** de) ★ *hij voelde zich buitengesloten* il se sentait exclu
buitenspel I *het* hors-jeu *m* [mv: id.] **II** *bw* hors-jeu ★ ook fig *~ staan* être hors-jeu ★ ook fig *iem. ~ zetten* mettre qn hors-jeu ★ fig *~ blijven* rester sur la touche
buitenspeler sport ailier *m*
buitenspiegel rétroviseur *m* extérieur
buitensporig I *bn* extravagant, exorbitant **II** *bw* excessivement
buitensport sport *m* de plein air
buitenstaander non-initié *m* [v: non-initiée], ‹leek› profane *m/v*, ‹derde› tiers *m* ★ *als ~* (vu) de l'extérieur
buitenverblijf propriété *v* à la campagne
buitenwaarts vers l'extérieur
buitenwacht (monde *m*) extérieur *m*, non-initiés *m mv*
buitenwereld ❶ *de mensen om ons heen* monde *m* extérieur *m* ★ *voor de ~* pour le monde extérieur ★ *afgesneden van de ~* isolé du (reste du) monde ❷ *wereld om ons heen* monde *m* extérieur
buitenwijk faubourg *m* ★ *de ~en* la banlieue
buitenwipper BN *uitsmijter* videur *m*
buitenzijde extérieur *m*, dehors *m*
buitmaken prendre, s'emparer de, mil capturer
buizen BN onderw *zakken* être recalé, BelgFr être busé
buizerd buse *v*
bukken ❶ *buigen* se baisser, se courber ❷ fig *zwichten* céder / se plier (**voor** à), s'incliner (**voor** devant) ★ fig *gebukt gaan onder* être accablé de
buks carabine *v*
bul *oorkonde* diplôme *m*, ‹pauselijk› bulle *v*
bulderen ❶ *dreunen* tonner, ‹v.d. zee› mugir, ‹v.d. wind› hurler, rugir, ‹van geschut› gronder ★ *het ~* le rugissement, le grondement ★ *~ van het lachen* hurler de rire ❷ *brullen* hurler, tonitruer ★ *met ~de stem* d'une voix de tonnerre
buldog bouledogue *m*
Bulgaar *bewoner* Bulgare *m*
Bulgaars I *bn, m.b.t. Bulgarije* bulgare **II** *het, taal* bulgare *m*
Bulgaarse Bulgare *v*
Bulgarije la Bulgarie ★ *in ~* en Bulgarie
bulk vrac *m* ★ *graan in bulk* du grain en vrac
bulken ❶ *loeien* beugler ❷ *~* **van** ★ *~ van het geld* remuer l'argent à la pelle
bulkgoederen marchandises *v mv* en vrac
bulldozer bulldozer *m*
bullebak tyran *m*, bourru *m*, gueulard *m*
bulletin bulletin *m*
bult ❶ *buil* bouton *m* ❷ *oneffenheid* bosse *v* ❸ *bochel* bosse *v* ★ *zich een bult lachen* se tordre de rire, rire comme un bossu
bumper pare-chocs *m* [mv: id.] ★ *~ aan ~* inform queue à queue
bumperkleven coller
bumperklever inform voiture *v* qui colle au cul, col-au-cul *m* [mv: id.]
bundel ❶ *pak* ‹pakje› ballot *m*, paquet *m*, ‹bos› botte *v* ★ *een ~ papieren* une liasse de papiers ★ *een ~ takken* un fagot (de bois) ❷ *boekje* recueil *m*
bundelen faire un paquet de, fig rassembler, (ré)unir, grouper ★ *de krachten ~* conjuguer les forces, joindre les efforts
bungalow bungalow *m*
bungalowpark village *m* de bungalows / de vacances, village-club *m*
bungalowtent tente *v* bungalow
bungeejumpen I *het* saut *m* à l'élastique, benji *m* **II** *onov ww* sauter à l'élastique
bungelen pendouiller ★ fig *er maar wat bij ~* compter pour du beurre
bunker ❶ *verdedigingswerk* blockhaus *m*, bunker *m* ❷ *brandstofruim* soute *v* (à combustible) ❸ *op golfterrein* bunker *m*
bunkeren ❶ *veel eten* s'empiffrer ❷ *brandstof innemen* s'avitailler
bunsenbrander bec *m* Bunsen
bunzing putois *m*
bups *santenkraam* bataclan *m* ★ *de hele bups* tout le bazar
burcht ❶ *kasteel* château *m* fort [mv: châteaux forts], citadelle *v* ❷ *dierenhol* terrier *m*
bureau ❶ *schrijftafel* bureau *m* [mv: bureaux] ★ *achter zijn ~ zitten* être assis à son bureau

bu

❷ *bedrijf* bureau *m* ★ *ik verbind u door met ~ voorlichting* je vous passe le service renseignements ★ *een extern ~ inschakelen* faire appel à un bureau externe
bureaublad comp bureau *m* [m mv: bureaux] ★ *extern ~* bureau à distance
bureaucratie bureaucratie *v*
bureaucratisch bureaucratique
bureaulamp lampe *v* de bureau
bureaustoel fauteuil *m* de bureau
buren → **buur**
burengerucht tapage *m* (nocturne)
burgemeester maire *m*, ‹buiten Frankrijk ook› bourgmestre *m* ★ *(college van) ~ en wethouders* le maire et ses adjoints, l'équipe municipale, BN collège *m* échevinal
burger ‹staatsburger› citoyen *m* [v: citoyenne], ‹niet-militair› civil *m* ★ *er zijn vijf militairen en twintig ~s omgekomen* cinq militaires et vingt civils ont trouvé la mort ★ *de kloof tussen ~ en overheid* le fossé entre les citoyens et les pouvoirs publics ★ *in ~* en civil ★ *dat geeft de ~ moed* c'est bon pour le moral
burgerbevolking population *v* civile
burgerij ❶ *bevolking* population *v* ❷ *stand* bourgeoisie *v* ★ *de gegoede ~* la haute bourgeoisie ★ *de kleine ~* la petite bourgeoisie
burgerkleding ★ *in ~* en civil
burgerlijk **I** *bn* ❶ *voor, van de burgers* bourgeois, ‹niet-adellijk› roturier [v: roturière], ‹van de staatsburger; niet-militair› civil, ‹van plichten, rechten› civique ★ *~e autoriteiten* autorités *v mv* civiles ❷ *kleinburgerlijk* (petit-)bourgeois [v: (petite-)bourgeoise] ★ *~ worden* s'embourgeoiser **II** *bw* bourgeoisement, en (petit-)bourgeois
burgerluchtvaart aviation *v* civile
burgerman (petit-)bourgeois *m* [v: (petite-)bourgeoise]
burgeroorlog guerre *v* civile
burgerplicht devoir *m* civique / du citoyen
burgerrecht jur droit *m* civique, fig droit de cité ★ *~ verkrijgen* acquérir droit de cité
burgerservicenummer ‹fiscaal› numéro *m* fiscal, ‹sociaal› numéro de Sécurité sociale
burgerslachtoffer victime *v* civile
burgervader maire *m*, ‹in België› bourgmestre *m*
burgerwacht garde *v* civique, milice *v*
burgerzin civisme *m*, sens *m* civique, citoyenneté *v*
Burkina Faso le Burkina Faso ★ *in ~* au Burkina Faso
burn-out épuisement *m* professionnel, burn-out *m*
burrito burrito *m*
Burundi le Burundi ★ *in ~* au Burundi
bus ❶ *autobus* (auto)bus *m*, ‹interlokaal› car *m* ★ *met de bus gaan* prendre le bus ★ *in de bus zitten* être dans le bus ❷ *trommel* boîte *v*, ‹collectebus› tronc *m*, boîte à collecte(s) ★ *een bus beschuit* une boîte de biscottes ★ *het was een lastige wedstrijd, maar hij is als winnaar uit de bus gekomen* le match était dur, mais il en est sorti vainqueur ★ *dat klopt als een bus!* il n'y a rien à redire, inform c'est pile-poil ❸ *brievenbus* boîte *v* aux lettres ★ *een brief op de bus doen* mettre une lettre à la poste, poster une lettre
busbaan couloir *m* d'autobus
buschauffeur chauffeur *m* d'autobus
busdienst service *m* d'autobus
bush *rimboe* brousse *v*, jungle *v*
bushalte arrêt *m* d'autobus
bushokje abribus *m*
businessclass classe *v* affaires
buskaart billet *m* / ticket *m* d'autobus
buskruit poudre *v* (à canon) ★ fig *hij heeft het ~ niet uitgevonden* il n'a pas inventé la poudre, il n'a pas inventé le fil à couper le beurre
buslichting levée *v*
busstation gare *v* routière
buste ❶ *boezem* poitrine *v* ❷ *borstbeeld* buste *m*
bustehouder soutien-gorge *m* [m mv: soutiens-gorge(s)], inform soutif *m*
butagas (gaz *m*) butane *m*
butler majordome *m*
buts *deuk* bosse *v*, creux *m*
button badge *m*
buur voisin *m* [v: voisine] ★ *goede buren hebben* être bien avec ses voisins, vivre en bon voisinage
buurjongen petit voisin *m*
buurland pays *m* voisin / limitrophe
buurman voisin *m* ★ fig *al te goed is ~s gek* qui se fait brebis, le loup le mange, inform trop bon, trop con
buurmeisje petite voisine *v*
buurt ❶ *wijk* quartier *m* ★ *klachten over overlast in de ~* plaintes *v mv* pour nuisances dans le quartier ★ *de rosse ~* le quartier chaud / rouge ★ *hij is iem. uit de ~* il est du coin ❷ *omgeving* voisinage *m* ★ *hier in de ~* dans le coin ★ *vlak in de ~* à deux pas (d'ici), à proximité ★ *in de ~ van* aux environs de ★ *in de ~ van het station* pas loin de la gare ★ *ver uit de ~* loin d'ici ★ *uit de ~ blijven van* se tenir à l'écart de, éviter
buurtbewoner habitant *m* du quartier
buurtcafé café *m* du coin
buurten fréquenter les voisins
buurthuis ≈ centre *m* socioculturel
buurtpreventie dispositif(s) *m (mv)* de sécurité dans un quartier
buurtwerk animation *v* (socioculturelle) de quartier
buurtwinkel commerce *m* de proximité
buurvrouw voisine *v*
buxus buis *m*
buzzer bip *m*, bipe(u)r *m*
bv *besloten vennootschap* SARL *v*, société *v* à responsabilité limitée
bv. *bijvoorbeeld* par exemple
BV BN *Bekende Vlaming* célébrité *v* flamande ★ *de BV's* les people flamands
bvba BN *besloten vennootschap met beperkte aansprakelijkheid* SARL *v*, société *v* à responsabilité limitée
B-weg chemin *m* vicinal, petite route *v*
bypass pontage *m*
bypassoperatie med pontage *m*
byte octet *m*, byte *m*
Byzantijns byzantin
Byzantium Byzance *v*

C

c ❶ *letter* c *m* ★ *de c van Cornelis* C comme Camille ❷ *muzieknoot* c *m*, do *m*, ut *m* ★ *de hoge c* le do six
C *Celsius* C
cabaret ≈ spectacle *m* de chansonniers
cabaretier ≈ comique *m/v*, chansonnier *m* [v: chansonnière]
cabine ❶ *hokje* cabine *v* ❷ *stuurhut* cabine *v* ❸ *passagiersruimte* ⟨van voer- / vaartuig⟩ habitacle *m*, ⟨van vliegtuig⟩ carlingue *v*
cabriolet cabriolet *m*
cacao ❶ *boon* cacao *m* ❷ *drank, poeder* cacao *m*
cacaoboter culin beurre *m* de cacao
cachegeheugen comp (mémoire *v*) cache *v*
cachet cachet *m* ★ *dat geeft de zaak extra ~* ça donne un certain style
cachot cachot *m*
cactus cactus *m*
CAD I *het, consultatiebureau voor alcohol en drugs* dispensaire *m* de désintoxication **II** *afk, computer-aided design* CAO *v*, conception *v* assistée par ordinateur
cadans cadence *v*
caddie sport caddie *m*
cadeau cadeau *m* [mv: cadeaux] ★ *iem. iets ~ geven / doen* faire cadeau de qc à qn ★ *iets ~ krijgen* recevoir qc en cadeau ★ ⟨winkelpersoneel⟩ *is het een ~tje?* est-ce pour offrir? ★ fig *ik krijg het niet ~* ça ne me tombe pas du ciel
cadeaubon chèque-cadeau *m* [mv: chèques-cadeaux]
cadet ❶ mil élève *m/v* officier, saint-cyrien *m* [mv: saint-cyriens] ❷ BN *jonge sporter* cadet *m* [v: cadette]
cadmium scheik cadmium *m*
café café *m*, bar *m*, bistro(t) *m* ★ *naar het café gaan* aller au bistrot
caféhouder patron *m* (de café)
cafeïne caféine *v*
cafeïnevrij décaféiné, inform déca
café-restaurant brasserie *v*
cafetaria cafétéria *v*
cahier cahier *m*
Caïro le Caire ★ *in ~* au Caire
caissière caissière *v*, hôtesse *v* de caisse
caisson ❶ *damconstructie* caisson *m* ❷ *duikersklok* caisson *m*
caissonziekte maladie *v* des caissons
cake cake *m*
calamiteit calamité *v*, catastrophe *v*
calcium calcium *m*
calculatie calcul *m*
calculator ❶ *rekenmachine* calculateur *m*, ⟨klein⟩ calculatrice *v* ❷ *beroep* calculateur *m* [v: calculatrice]
calculeren calculer
caleçon BN *legging* caleçon *m*
caleidoscoop kaléidoscope *m*
callcenter centre *m* d'appel(s), call-center *m*
callgirl call-girl *v* [mv: call-girls]
calloptie option *v* d'achat
calorie calorie *v*
caloriearm pauvre en calories
calorierijk riche en calories
calvarietocht BN lit calvaire *m*, ⟨om iets te bereiken⟩ parcours *m* du combattant
calvinisme calvinisme *m*
calvinist ❶ rel *gelovige* calviniste *m/v* ❷ fig *sober persoon* rigoriste *m/v*
calvinistisch ❶ rel calviniste ❷ fig rigoriste
cambio BN *wisselkantoor* bureau *m* de change [mv: bureaux ...]
Cambodja le Cambodge ★ *in ~* au Cambodge
Cambodjaan Cambodgien *m*
Cambodjaans cambodgien [v: cambodgienne]
Cambodjaanse Cambodgienne *v*
camcorder caméscope *m*
camee camée *m*
camembert camembert *m*
camera ⟨foto⟩ appareil *m* photo, ⟨film⟩ caméra *v*
cameraman opérateur *m*, caméraman *m*, cadreur *m*
cameraploeg équipe *v* de tournage
camion BN *vrachtwagen* camion *m*
camioneur BN camionneur *m*, ⟨trucker⟩ routier *m*
camouflage camouflage *m*
camoufleren camoufler
campagne campagne *v* ★ *een ~ voeren voor / tegen* mener une campagne pour / contre
camper camping-car *m* [mv: camping-cars]
camping (terrain *m* de) camping *m*
campingstoel chaise *v* de camping
campingvlucht vol *m* sec
campingwinkel magasin *m* du camping
campus campus *m*
Canada le Canada ★ *in ~* au Canada
Canadees I *bn, m.b.t. Canada* canadien [v: canadienne] **II** *de, bewoner* Canadien *m*
Canadese Canadienne *v*
canapé canapé *m*
Canarische Eilanden (îles *v mv*) Canaries *v mv* ★ *op de ~* aux Canaries
cancelen annuler
canon ❶ *meerstemmig lied* canon *m* ❷ *erkende verzameling* canon *m*
canoniek canonique
cantate cantate *v*
cantharel girolle *v*, chanterelle *v*
cantorij maîtrise *v*, chapelle *v*, chœur *m*
canvas toile *v*
canyoning sport canyoning *m*
cao *collectieve arbeidsovereenkomst* CCT *v*, convention *v* collective de travail
capabel capable
capaciteit ❶ *vermogen* capacité *v* ❷ *bekwaamheid* capacité *v* ★ *leidinggevende ~en* (bonnes) capacites de mener une équipe
cape cape *v*, pèlerine *v*
capitulatie capitulation *v*
capituleren capituler
cappuccino cappuccino *m*
capriool cabriole *v* ★ *rare capriolen uithalen* faire des siennes
capsule capsule *v*, ⟨geneesmiddel⟩ gélule *v*
captain ❶ *gezagvoerder* commandant *m* de bord ❷ sport *aanvoerder* capitaine *m/v*

capuchon capuchon *m*, capuche *v*
cara *chronische aspecifieke respiratoire aandoeningen* broncho-pneumopathie *v* chronique obstructive
caracole BN escargot *m*, BelgFr caracole *v*
Caraïben, Caraïbische Eilanden (les) Caraïbes *v mv*
Caraïbisch caraïbe
carambole carambolage *m*
caravan caravane *v*
carbolineum coaltar *m*
carbonaat carbonate *m*
carbonpapier (papier *m*) carbone *m*
carburateur, carburator carburateur *m*
carcinoom carcinome *m*
cardanas cardan *m*
cardiogram cardiogramme *m*
cardiologie cardiologie *v*
cardioloog cardiologue *m/v*
cargadoor affréteur *m*, chargeur *m*
cargo cargaison *v*
Caribisch → **Caraïbisch**
cariës carie *v*
carillon carillon *m*
carkit kit *m* mains libres
carnaval carnaval *m* [mv: carnavals] ★ *~ vieren* fêter le carnaval
carnavalsoptocht défilé *m* de carnaval
carnivoor carnivore *m/v*
carpoolen faire du covoiturage
carport auvent *m* à voiture(s), abri *m* à voiture(s)
carré carré *m*
carrière carrière *v* ★ *een schitterende ~* une brillante carrière ★ *~ maken* faire carrière ★ *zijn ~ mislopen* rater sa carrière
carrièrejager carriériste *m/v*, arriviste *m/v*
carrièreplanning plan *m* de carrière
carrosserie carrosserie *v*, inform caisse *v*
carter carter *m*
cartografie cartographie *v*
cartoon cartoon *m*, dessin *m* humoristique
cartridge cartouche *v*
casco *romp* carcasse *v*, inform caisse *v*
cascoverzekering ‹schip› assurance *v* sur corps, ‹auto› assurance *v* dommages au véhicule, assurance *v* tierce collision
cash I *de* liquide *m*, cash *m* **II** *bw* en espèces, en liquide, cash ★ *cash betalen* payer en espèces
cashewnoot noix *v* de cajou
cashflow cash-flow *m* [mv: cash-flows]
casino ❶ *gokhuis* casino *m* **❷** *brood* pain *m* de mie
cassatie cassation *v* ★ *in ~ gaan* se pourvoir en cassation
casselerrib ≈ côte *v* de porc fumée
cassette ❶ *doos* coffret *m* **❷** *cassettebandje* cassette *v*, inform K7 *v*
cassettebandje cassette *v*
cassettedeck platine *v* (à) cassettes
cassetterecorder lecteur *m* de cassettes, platine *v* (à) cassettes
cassis sirop *m* de cassis
cast *rolbezetting* distribution *v*
castagnetten castagnettes *v mv*
castratie castration *v*
castreren châtrer, castrer
catacombe catacombe *v*
catalogiseren cataloguer
catalogus catalogue *m*
catamaran catamaran *m*
cataract med cataracte *v*
catastrofaal catastrophique
catastrofe catastrophe *v*
catechese catéchèse *v*
catechisatie catéchisme *m*
catechismus catéchisme *m*
categorie catégorie *v* ★ *onderverdeeld in vier ~ën* subdivisé en quatre catégories ★ *een col van de tweede ~* un col de deuxième catégorie
categorisch, BN **categoriek I** *bn* catégorique **II** *bw* catégoriquement
categoriseren catégoriser
catering restauration *v* (collective / à domicile), service *m* de traiteur
catharsis catharsis *v*
catwalk podium *m* de défilé de mode
causaal causal [m mv: causals / causaux] ★ *er is een ~ verband tussen de twee zaken* il y a un rapport de cause à effet entre les deux choses
cavalerie cavalerie *v*
cavia cobaye *m*
cayennepeper culin poivre *m* de Cayenne
CBS *Centraal Bureau voor de Statistiek* INSEE *m*, Institut *m* national de la statistique et des études économiques
cc ❶ *copie conform* cc, (pour) copie *v* conforme **❷** *inhoudsmaat* cm^3
c-cedille c cédille *m*
cc'en envoyer en cc ★ *een mailtje ~ aan iem.* envoyer un mail en cc à qn
cd *compact disc* CD *m*
cd-bon ≈ chèque-CD *m* [mv: chèques-CD]
cd-brander graveur *m* (de CD)
cd-r CD-R *m*
cd-rom CD-ROM *m*, cédérom *m*
cd-romspeler lecteur *m* de CD-ROM
cd-speler lecteur *m* de CD, platine *v* laser
cd-winkel magasin *m* de CD
ceder cèdre *m*
cederhout (bois *m* de) cèdre *m*
cedille cédille *v*
ceel *opslagbewijs* warrant *m*
ceintuur ceinture *v*
cel ❶ *hokje* cellule *v* ★ *een nachtje in de cel doorbrengen* passer la nuit en cellule ★ *een natte cel* une salle d'eau **❷** anat *onderdeel van organisme* cellule *v* ★ *de grijze cellen laten werken* faire travailler sa matière grise **❸** biol *kamer in honingraat* alvéole *v* **❹** *groep samenwerkende mensen* cellule *v* ★ *leden van terroristische cel gearresteerd* arrestation de membres d'une cellule terroriste **❺** BN jur *speciaal politieteam* cellule *v*
celdeling division *v* cellulaire
celgenoot compagnon *m* de cellule [v: compagne ...]
celibaat célibat *m*
celibatair I *bn* célibataire **II** *bw* en célibataire
cellist violoncelliste *m/v*
cello violoncelle *m*
cellofaan I *het* cellophane *v* **II** *bn* en cellophane
cellulitis cellulite *v*

celluloid celluloïd *m* ★ *van ~* en celluloïd
cellulose cellulose *v*
Celsius Celsius ★ *20 graden ~* vingt degrés Celsius, vingt centigrades
celstof cellulose *v*
cement ciment *m*
cementmolen bétonneuse *v*, bétonnière *v*
censureren censurer
censuur censure *v* ★ *onder ~ stellen* soumettre à la censure, censurer
cent *muntstuk* cent *m*, ⟨in Frankrijk ook⟩ centime *m* ★ *dat is geen cent waard* ça ne vaut pas un clou ★ *geen rooie cent hebben / geen cent te makken hebben* être sans le sou, être fauché ★ *op de centen zijn* être près de ses sous ★ *tot de laatste cent* jusqu'au dernier sou ★ *voor geen cent minder* pas un sou de moins ★ *ik vertrouw hem voor geen cent* il ne m'inspire aucune confiance ★ *iedere cent omkeren* regarder à la dépense ★ *een aardige cent verdienen* bien gagner sa vie ★ *geen centje pijn* sans mal, haut la main
centaur centaure *m*
centercourt (court *m*) central *m*
centiliter centilitre *m*
centimeter ❶ *maat* centimètre *m* ★ *vierkante ~* centimètre carré ★ *kubieke ~* centimètre cube ❷ *meetlint* centimètre *m*
centraal I *bn* central [m mv: centraux] ★ *centrale ligging* position *v* centrale ★ *het centrale thema van de conferentie* le thème principal de la conférence ★ *het ~ station* la gare centrale **II** *bw* d'un point central ★ *iets ~ stellen* mettre qc au premier plan, donner la priorité à qc
Centraal-Afrikaans centrafricain
Centraal-Afrikaanse Republiek République *v* centrafricaine
centrale ❶ *bedrijf* centrale *v* ★ *elektrische ~* centrale électrique ❷ *telefooncentrale* central *m*, ⟨in bedrijf e.d.⟩ standard *m*
centralisatie centralisation *v*
centraliseren centraliser
centralistisch centralisateur [v: centralisatrice]
centreren centrer
centrifugaal centrifuge
centrifuge centrifigeuse *v*, ⟨voor wasgoed⟩ essoreuse *v*
centrifugeren centrifuger, ⟨wasgoed⟩ essorer
centripetaal centripète
centrum ❶ *middelpunt* centre *m* ★ *~ van de stad* centre-ville *m* ★ *hij staat in het ~ van de belangstelling* tous les yeux sont braqués sur lui ❷ *instelling* centre *m* ★ *cultureel ~* centre culturel
CEO *chief executive officer* P.D.G. *m*, président-directeur *m* général
ceramiek céramique *v*
ceremonie cérémonie *v*
ceremonieel I *het* cérémonial *m* **II** *bn* cérémoniel [v: cérémonielle], solennel [v: solennelle] ★ *een ceremoniële gebeurtenis* un évènement solennel
ceremoniemeester maître *m* de cérémonie
certificaat ❶ *getuigschrift* certificat *m* ★ *~ van oorsprong* certificat d'origine ❷ *waardepapier* certificat *m* ★ *~ van aandeel* certificat d'action
cervelaatworst culin cervelas *m*
cessie jur cession *v*
cesuur césure *v*
cfk *chloorfluorkoolstof* CFC *m*, chlorofluorocarbone *m*
chachacha cha-cha-cha *m*
chador tchador *m*
chagrijn ❶ *persoon* grincheux *m* [v: grincheuse] ★ *een stuk ~* une espèce de râleur ❷ *humeurigheid* humeur *v* grincheuse, hargne *v*
chagrijnig I *bn* grincheux [v: grincheuse] ★ *~ zijn* être de mauvais poil **II** *bw* hargneusement
chalet chalet *m*
champagne champagne *m*
Champagne la Champagne
champignon champignon *m* de Paris
Chanoeka Hanoukka *v*
chanson chanson *v*
chantage chantage *m* ★ *~ plegen* faire du chantage
chanteren ★ *iem. ~* faire chanter qn, faire du chantage à qn
chaoot brouillon *m* [v: brouillonne]
chaos chaos *m*
chaotisch chaotique
charcuterie BN culin charcuterie *v*
charge ❶ charge *v* ★ *een ~ uitvoeren op betogers* charger des manifestants ❷ → **getuige**
chargeren charger
charisma charisme *m*
charismatisch charismatique
charitatief charitable ★ *geld inzamelen voor charitatieve doeleinden* faire une collecte dans un but caritatif
charlatan charlatan *m*
charmant charmant
charme charme *m*
charmeren charmer, faire du charme à ★ *gecharmeerd zijn van* être sous le charme de ★ *daar ben ik niet zo van gecharmeerd* ça ne me plaît trop, ça ne me ravit pas
charmeur charmeur *m*
charter *vlucht* charter *m*
charteren ❶ *afhuren* affréter ★ *een schip ~* affréter un bateau ❷ *hulp inroepen* faire appel à, mobiliser ★ *iem. ~ voor iets* mettre qn à contribution pour qc
chartermaatschappij compagnie *v* charter
chartervliegtuig charter *m*, avion *m* nolisé
chartervlucht (vol *m*) charter *m*
chassis châssis *m*
chat chat *m*
chatbox site *m* de chat, salon *m*
chatten chatter, inform tchatcher
chauffage BN *centrale verwarming* chauffage *m* (central)
chaufferen conduire
chauffeur chauffeur *m*, ⟨van personenauto⟩ conducteur *m* [v: conductrice]
chauvinisme chauvinisme *m*
chauvinist chauvin *m* [v: chauvine]
chauvinistisch chauvin
check vérification *v*
checken contrôler, vérifier
checklist check-list *v*, liste *v* de contrôle
check-up med check-up *m*, bilan *m* de santé ★ *een ~ laten doen* faire / passer un bilan de santé

cheddar cheddar *m*
cheeta dierk guépard *m*
chef chef *m*
chef-kok chef *m* cuisinier, maître-cuisinier *m* [mv: maîtres-cuisiniers]
chef-staf chef *m* d'état-major
chemicaliën produits *m mv* chimiques
chemicus chimiste *m/v*
chemie chimie *v*
chemisch chimique ★ *~ toilet* W.-C. chimiques ★ *~ wapen* arme *v* chimique
chemokar ≈ camionnette *v* pour le ramassage des déchets toxiques
chemotherapie chimiothérapie *v*
cheque chèque *m* ★ *~ aan toonder* chèque au porteur ★ *een ~ uitschrijven* faire un chèque ★ *blanco ~* chèque en blanc ★ *ongedekte ~* chèque sans provision, chèque en bois ★ *~ op naam* chèque nominatif
cherubijn chérubin *m*
chic I *bn, elegant* chic [onver.] ★ *de chique mensen* les gens chic, le beau monde ★ *een chique tent* une boîte chic ★ *een chique buurt* un quartier chic **II** *bw, elegant* avec élégance, (avec) chic **III** *de* ❶ *elegantie* chic *m*, élégance *v* ❷ *mensen* beau monde *m*
chihuahua chihuahua *m*
Chileen Chilien *m*
Chileens chilien [v: chilienne]
Chileense Chilienne *v*
chili cul ★ *~ con carne* chili *m* con carne
Chili le Chili ★ *in ~* au Chili
chillen ≈ relaxer
chimpansee chimpanzé *m*
China la Chine ★ *in ~* en Chine
chinees *restaurant* (restaurant *m*) chinois *m* ★ *zullen we ~ halen?* on va chercher des plats à emporter chez le chinois?
Chinees I *bn, m.b.t. China* chinois **II** *de, bewoner* Chinois *m* **III** *het,* taalk *taal* chinois *m*
Chinese Chinoise *v*
Chinese Zee mer *v* de Chine
chinezen ❶ *Chinese maaltijd gebruiken* manger chinois ❷ *heroïne snuiven* priser de l'héroïne
chino ❶ *sterk geweven katoenen stof* chino *m* ❷ *broek van die stof* (pantalon *m*) chino *m*
chip ❶ comp puce *v* ❷ → **chips**
chipkaart carte *v* à puce(s)
chipknip (carte *v*) moneo *m*
chipolatapudding ≈ bavarois *m* / pudding *m* garni
chippen *betalen met chipknip* ≈ payer par carte bancaire
chips chips *m mv* ★ *een zakje ~* un sachet de chips
chiropractor chiropracteur *m*
chirurg chirurgien *m* [v: chirurgienne]
chirurgie chirurgie *v* ★ *plastische ~* chirurgie plastique / esthétique
chirurgisch chirurgical [m mv: chirurgicaux]
chlamydia chlamydia *v*
chloor chlore *m*, ⟨chloorwater⟩ eau *v* de Javel, javel *v*
chloorwaterstof scheik acide *m* chlorhydrique
chloride chlorure *m*
chloroform chloroforme *m*
chlorofyl chlorophylle *v*
chocolaatje chocolat *m*
chocolade, chocola chocolat *m* ★ *pure ~* chocolat noir
chocoladeletter lettre *v* en chocolat
chocolademelk culin chocolat *m* ★ *warme ~* chocolat chaud
chocoladereep barre *v* de chocolat
chocomel® boisson *v* chocolatée
chocopasta pâte *v* à tartiner au chocolat
choke starter *m* ★ *de ~ gebruiken* mettre le starter
cholera choléra *m*
cholesterol cholestérol *m*
cholesterolgehalte taux *m* de cholestérol, ⟨in bloed⟩ cholestérolémie *v*
choqueren choquer, offusquer
choreograaf chorégraphe *m/v*
choreografie chorégraphie *v*
chorizo chorizo *m*
chowchow chow-chow *m*
christelijk I *bn* chrétien [v: chrétienne] ★ *de ~e leer* le (doctrine du) christianisme *m* ★ *~e feestdagen* fêtes *v mv* chrétiennes **II** *bw* chrétiennement
christen chrétien *m* [v: chrétienne]
christendemocraat démocrate-chrétien *m* [v: démocrate-chrétienne] [m mv: démocrates-chrétiens], chrétien-démocrate *m*
christendemocratisch chrétien-démocrate *m* [v: chrétienne-démocrate]
christendom christianisme *m*
Christus le Christ, ⟨protestants: zonder lidwoord⟩ Christ ★ *na ~* après Jésus-Christ / J.-C. ★ *voor ~* avant Jésus-Christ / J.-C.
Christusbeeld christ *m*
chromosoom chromosome *m*
chronisch I *bn* chronique ★ *~e bronchitis* bronchite *v* chronique **II** *bw* chroniquement ★ *~ ziek zijn* avoir une maladie chronique, traîner une maladie
chronologie chronologie *v*
chronologisch I *bn* chronologique ★ *in ~e volgorde* par ordre chronologique **II** *bw* chronologiquement
chronometer chronomètre *m*, inform chrono *m*
chroom chrome *m*
chrysant chrysanthème *m*
ciabatta ciabatta *v*
cichorei chicorée *v*
cider cidre *m*
cijfer ❶ *teken* chiffre *m* ★ *het ~ vier* le chiffre quatre ★ *ronde ~s* des chiffres ronds ★ *Romeinse ~s* des chiffres romains ★ *in de rode ~s staan* être dans le rouge ❷ *beoordeling* note *v* ★ *hoge ~s halen* obtenir de bonnes notes ★ *een ~ geven aan / voor* mettre une note à, noter
cijfercode chiffre *m*
cijferen chiffrer, calculer
cijferlijst bulletin *m* de notes
cijfermateriaal chiffres *m mv*
cijferslot (serrure *v* / cadenas *m* à) combinaison *v*
cilinder cylindre *m*
cilinderinhoud cylindrée *v*
cilinderslot serrure *v* à cylindre
cilindrisch cylindrique

cineast réalisateur *m* [v: réalisatrice], cinéaste *m/v*
cinema *bioscoop* cinéma *m*
cipier gardien *m* de prison [v: gardienne ...], form geôlier *m* [v: geôlière]
cipres cyprès *m*
circa environ, à peu près ★ *er zijn ~ duizend mensen* il y a quelque mille personnes ★ *~ 1850* environ 1850
circuit ❶ *netwerk* circuit *m* ★ *gesloten ~* circuit fermé ❷ *renbaan* circuit *m* ❸ *wereldje* circuit *m*
circulaire circulaire *v*
circulatie circulation *v* ★ *in ~ brengen* mettre en circulation ★ *uit de ~ nemen* retirer de la circulation
circuleren circuler ★ *laten ~* faire circuler
circus cirque *m* ★ *wat een ~!* quel cirque!
circusnummer numéro *m* de cirque
circustent chapiteau *m* (de cirque) [mv: chapiteaux ...]
cirkel cercle *m* ★ *in een ~* circulairement, en cercle ★ *halve ~* demi-cercle ★ *vicieuze ~* cercle vicieux ★ *de ~ is (weer) rond* la boucle est bouclée
cirkelen tourner en rond, tournoyer
cirkelredenering raisonnement *m* circulaire
cirkelzaag scie *v* circulaire
cirrose cirrhose *v*
cis muz do *m* dièse
citaat citation *v*, passage *m*
citadel citadelle *v*
citer cithare *v*
citeren citer
citroen ❶ *vrucht* citron *m* ❷ *boom* citronnier *m*
citroengeel (jaune) citron
citroenmelisse citronnelle *v*
citroensap culin jus *m* de citron
citroenzuur acide *m* citrique
citruspers presse-agrumes *m* [mv: id.]
citrusvrucht ★ *~en* agrumes *m mv*
civiel *burgerlijk* civil ★ *een ~e zaak* une procédure civile ★ *in ~* en civil ★ *~e partij* partie *v* civile
civielrechtelijk jur civil ★ *iem. ~ vervolgen* poursuivre qn au civil
civilisatie civilisation *v*
civiliseren civiliser
cl *centiliter* cl
claim ❶ *aanspraak* réclamation *v*, revendication *v* ★ *een ~ indienen* déposer une réclamation ❷ *voorkeursrecht* titre *m* de préférence, option *v*
claimen réclamer, revendiquer
clan ❶ *stam* clan *m* ❷ *hechte groep* clan *m*
clandestien I *bn* clandestin ★ *~e handel* marché *m* noir ★ *~e zender* (émetteur *m*) pirate *m* **II** *bw* clandestinement
classicisme classicisme *m*
classicus ≈ diplômé *m* ès lettres classiques [v: diplômée ...]
classificatie classification *v*, classement *m*
classificeren classer, classifier
claustrofobie claustrophobie *v*
clausule clause *v*, stipulation *v*
claxon klaxon *m*
claxonneren klaxonner, donner un coup de klaxon
clean ❶ *zuiver* clean [onver.], propre ❷ *zakelijk* direct ❸ *afgekickt* clean
clematis clématite *v*
clementie clémence *v*
clerus clergé *m*
cliché ❶ *gemeenplaats* cliché *m* ❷ drukk *drukplaat* cliché *m*
clichématig stéréotypé
cliënt ❶ *klant* client *m* [v: cliente] ❷ jur client *m*
clientèle, BN **cliënteel** clientèle *v*
cliffhanger épisode *m* à suspense
climax apogée *v*, ‹stijlleer› gradation *v*
clinch ▾ *in de ~ gaan / raken met iem.* être aux prises avec qn, être en bisbilles avec qn, s'accrocher avec qn
clinic stage *m*
cliniclown clown *m* hospitalier
clip ❶ *videoclip* clip *m* (vidéo) ❷ *paperclip* trombone *m* ❸ *haarclip* clip *m*
clitoris clitoris *m*
close uni (**met** avec), proche (**met** de) ★ *ze zijn heel ~* ils sont comme les deux doigts de la main
closet toilettes *v mv*, W.-C. *m mv*, cabinets *m mv*
closetpapier papier-toilette *m*, papier *m* hygiénique
closetrol rouleau *m* de papier hygiénique
close-up gros plan *m* ★ *in ~* en gros plan
clou (point *m*) essentiel *m*, ‹het fijne v.d. zaak› le fin mot (de l'histoire), ‹ontknoping› chute *v*
cloud comp nuage *m* (informatique), cloud *m*
cloud computing comp informatique *v* en nuage(s), cloud-computing *m*
clown clown *m* ★ *de ~ uithangen* faire le clown, faire le pitre
clownesk clownesque
club ❶ *vereniging* club *m*, cercle *m* ★ *je lidmaatschap van de club opzeggen* se retirer du club ❷ *groep vrienden* bande *v*, inform clique *v* ★ *we gaan met de hele club* on y va avec toute la bande ❸ *golfstick* club *m* ★ *ik mag de clubs van mijn vader gebruiken* je peux prendre le club de mon père
clubhuis foyer *m*
cluster agglomérat *m*, cluster *m*
clusterbom mil bombe *v* à sous-munitions
clusteren grouper
CO_2-neutraal, **CO2-neutraal** neutre en CO_2 / carbone
coach coach *m*, entraîneur *m* [v: entraîneuse] ★ *volgend seizoen krijgen we een nieuwe ~* la saison prochaine on aura un nouveau coach ★ *elke cliënt krijgt een persoonlijke ~* chaque client a son coach personnel
coachen entraîner, inform coacher
coalitie coalition *v* ★ *een ~ vormen* former une coalition
coalitiepartner ≈ parti *m* de la majorité
coassistent ≈ interne *m/v* (des hôpitaux)
coauteur coauteur *m*
coaxkabel elek câble *m* coaxial
cobra cobra *m*
cocaïne cocaïne *v*
cockpit cockpit *m*, poste *m* de pilotage
cocktail cocktail *m*
cocktailbar bar *m* à cocktail(s)
cocktailjurk robe *v* de cocktail
cocktailparty cocktail *m*
cocktailprikker bâtonnet *m*

cocon cocon *m*
cocoonen cocooner
code ❶ *tekensysteem* code *m* ❷ *geheimschrift* code *m* ★ *in code* codé, chiffré ★ *een code breken* déchiffrer un code ❸ *set gedragsregels* code *m*
codeïne codéine *v*
codenaam nom *m* de code
coderen coder
codicil codicille *m*
coëfficiënt coefficient *m*
co-existentie coexistence *v* ★ *vreedzame ~* coexistence pacifique
coffeeshop coffeeshop *m*
coffeïne caféine *v*
cognac cognac *m*
cognitief cognitif [v: cognitive]
coherent I *bn* cohérent **II** *bw* de façon cohérente
coherentie cohérence *v*, cohésion *v*
cohesie cohésion *v*
coiffure coiffure *v*
coïtus coït *m*
coke ❶ *cocaïne* coke *v*, coco *v* ★ *een lijntje coke* une ligne de coke ❷ *cola* coca *m*
cokes coke *m*
col ❶ *rolkraag* col *m* roulé ❷ *bergpas* col *m*
cola culin coca *m*
cola-tic ≈ gin-coca *m*
colbert veste *v*, veston *m*
collaborateur collaborateur *m* [v: collaboratrice], inform collabo *m/v*
collaboratie collaboration *v*
collaboreren *de vijand steunen* collaborer
collage collage *m*
collectant quêteur *m* [v: quêteuse]
collect call ★ *~ bellen* téléphoner en PCV
collecte quête *v*, collecte *v* ★ *een ~ voor een goed doel houden* faire une collecte pour une bonne cause
collectebus boîte *v* à collecte(s), ⟨in kerk⟩ tronc *m*
collecteren quêter, faire la quête
collectie collection *v*
collectief I *bn* collectif [v: collective] ★ *het collectieve geheugen* la mémoire collective ★ *een collectieve arbeidsovereenkomst* une convention collective de travail ★ *de collectieve sector* le secteur (semi-public et) public **II** *bw* collectivement **III** *het* collectif *m* ★ *een ~ van kunstenaars en vrijwilligers* un collectif d'artistes et de bénévoles
collector's item pièce *v* de collection
collega collègue *m/v*, ⟨ambtgenoot⟩ confrère *m*, consœur *v* ★ *mijn ~'s op school* mes collègues d'école, mes collegues professeurs ★ *de ministers ontmoetten hun buitenlandse ~'s* les ministres ont rencontré leurs homologues étrangers
college ❶ *les* cours *m* ★ *~ geven* faire un cours ★ *~ lopen / volgen* suivre des cours ❷ *bestuurslichaam* collège *m* ★ *rechterlijk ~* juridiction *v* ★ *~ van burgemeester en wethouders* le maire et ses adjoints, l'équipe municipale, BN collège *m* échevinal ★ *~ van bestuur* conseil *m* d'administration ❸ *school* collège *m*
collegedictaat notes *v mv* (de cours)
collegegeld frais *m mv* de scolarité
collegekaart carte *v* d'étudiant
collegezaal amphithéâtre *m*, inform amphi *m*
collegiaal I *bn* confraternel [v: confraternelle], ⟨van leiding⟩ collégial [m mv: collégiaux] **II** *bw* confraternellement ★ *~ met elkaar omgaan* être de bons collègues
collegialiteit confraternité *v*
collier collier *m*
colofon colophon *m*
Colombia la Colombie ★ *in ~* en Colombie
Colombiaan Colombien *m*
Colombiaans colombien [v: colombienne]
Colombiaanse Colombienne *v*
colonne colonne *v*
coloradokever doryphore *m*
colportage colportage *m*, porte-à-porte *m*
colporteren colporter, faire du porte-à-porte
colporteur colporteur *m* [v: colporteuse]
coltrui pull *m* à col roulé
column rubrique *v*
columnist chroniqueur *m* [v: chroniqueuse]
coma coma *m* ★ *in coma liggen* être dans le coma ★ *in coma raken* tomber dans le coma ★ *uit een coma ontwaken* sortir du coma
comapatiënt comateux *m* [v: comateuse]
combi camionnette *v*
combimagnetron four *m* à micro-ondes combiné
combinatie *verbinding* combinaison *v* ★ *een ~ van factoren* une combinaison de facteurs ★ *verschillende ~s uitproberen* essayer plusieurs ensembles
combinatieslot (serrure *v* à) combinaison *v*
combinatietang pince *v* universelle
combineren combiner, associer
combo combo *m*
comeback rentrée *v*, come-back *m* [mv: id.]
comedy sitcom *m/v*
comfort confort *m* ★ *van alle ~ voorzien* tout confort
comfortabel confortable
comfortzone zone *v* de confort
coming-out coming-out *m* [mv: id.], outing *m*
comité comité *m*
commandant commandant *m*
commanderen ❶ *bevelen* commander ★ *ik laat me door niemand ~* je n'ai d'ordres à recevoir de personne ❷ *het bevel voeren* commander
commando I *het* ❶ *bevel* ordre *m* ❷ *bevelvoering* commandement *m* ★ *het ~ overnemen* prendre le commandement ★ *het ~ voeren* exercer le commandement ❸ *gevechtseenheid* commando *m* **II** *de, soldaat* commando *m* ★ *de ~'s* les commandos, les troupes de choc
commandotroepen commandos *m mv*, troupes *v mv* de choc
commentaar commentaire *m* ★ *~ leveren op* commenter ★ *~ overbodig* cela se passe de commentaire, sans commentaires
commentaarstem voix *v* off
commentariëren commenter
commentator commentateur *m* [v: commentatrice]
commercial spot *m* publicitaire, inform pub *v*
commercialisering commercialisation *v*
commercie commerce *m*
commercieel commercial [m mv: commerciaux]

★ *commerciële zenders* chaînes *v mv* commerciales ★ *uit commerciële overwegingen* pour des raisons commerciales

commissariaat ❶ *ambt* commissariat *m* ❷ *bureau* commissariat *m*

commissaris ❶ *gemachtigde* commissaire *m* ★ *~ van politie* commissaire de police ★ *~ van de Koning(in)* ≈ préfet *m* ★ *de Hoge Commissaris voor Vluchtelingen van de VN* le Haut-Commissaire des Nations unies aux réfugiés ❷ *lid raad v. commissarissen* membre *m* du conseil d'administration, administrateur *m*

commissie ❶ *groep personen* commission *v*, comité *m* ★ *~ van advies* commission consultative, comité consultatif ★ *~ van onderzoek* commission d'enquête ★ *in een ~ zitten* être membre d'une commission / d'un comité ★ *als ik lieg, lieg ik in ~* je ne fais que répéter ce qu'on m'a dit ❷ *vergoeding voor een handelaar* commission *v* ★ *15% ~ krijgen* toucher 15% de commission ❸ BN inform *boodschap in winkel* commission *v*

commissionair commissionnaire *m/v* ★ *een ~ in effecten* un agent de change

commode commode *v*

commotie agitation *v*, tumulte *m*, émoi *m* ★ *die benoeming gaf veel ~* la nomination a provoqué beaucoup d'émoi ★ *~ veroorzaken* provoquer de l'émoi, mettre (qc) en émoi

communautair communautaire

commune communauté *v*

communicant communiant *m* [v: communiante]

communicatie communication *v*

communicatief communicatif [v: communicative] ★ *communicatieve vaardigheden* aptitudes *v mv* à communiquer

communicatiemiddel moyen *m* de communication

communicatiesatelliet satellite *m* de (télé)communication

communicatiestoornis problème *m* de communication

communicatiewetenschap science *v* de la communication

communiceren I *onov ww* ❶ *in verbinding staan* communiquer ❷ *ter communie gaan* communier **II** *ov ww* communiquer

communie communion *v* ★ *zijn eerste ~ doen* faire sa première communion ★ *ter ~ gaan* aller communier

communiqué communiqué *m* ★ *een ~ uitgeven* faire un communiqué

communisme communisme *m*

communist communiste *m/v*

communistisch communiste

community www communauté *v*

Comorees comorien [v: comorienne]

Comoren les Comores *v mv* ★ *op de ~* aux Comores

compact compact, serré, dense

compact disc disque *m* compact, compact-disc *m*

compagnie compagnie *v* ★ *Verenigde Oost-Indische Compagnie* Compagnie des Indes Orientales

compagnon ❶ *vennoot* associé *m* [v: associée] ❷ *makker* compagnon *m*

compartiment compartiment *m*

compatibel compatible

compendium compendium *m*, abrégé *m* ★ *grammaticaal ~* abrégé de grammaire

compensatie compensation *v* ★ *ter / als ~ van* en compensation de, pour compenser

compenseren compenser

competent ❶ *bekwaam* compétent ❷ *bevoegd* compétent

competentie compétence *v*

competitie ❶ sport championnat *m* ★ *de landelijke ~* le championnat national ❷ *wedijver* compétition *v*, émulation *v* ★ *de ~ tussen collega's* la compétition entre collègues

competitief compétitif [v: compétitive] ★ *~ ingesteld zijn* avoir un esprit de compétition

compilatie compilation *v*

compiler comp compilateur *m*

compileren compiler

compleet I *bn* complet [v: complète], intégral [m mv: intégraux] ★ *de legpuzzel is niet meer ~* le puzzle n'est plus complet ★ *we zijn ~, dus we kunnen vertrekken* nous sommes au complet, donc on peut partir **II** *bw* complètement, intégralement ★ *~ vergeten* complètement oublié

complement ❶ *aanvullend deel* complément *m* ★ *zij vormen elkaars ~* ils sont complémentaires ❷ wisk complément *m*

complementair complémentaire

completeren compléter

complex I *het* ❶ *geheel* ensemble *m*, complexe *m* ❷ psych complexe *m* **II** *bn, ingewikkeld* complexe, compliqué

complicatie *factor die iets moeilijker maakt* complication *v* ★ *~s bij een ziekte* complications d'une maladie

compliceren compliquer

compliment *prijzende opmerking* compliment *m* ★ *iem. een ~ maken over iets* faire des compliments à qn sur qc ★ *naar een ~je vissen* rechercher les compliments ★ *scheutig zijn met ~en* ne pas être avare de compliments

complimenteren complimenter (**met** sur, pour), féliciter (**met** de), faire des compliments à

complimenteus flatteur [v: flatteuse], complimenteur [v: complimenteuse]

complot complot *m* ★ *een ~ smeden* tramer un complot, comploter

complottheorie théorie *v* de complot

component composant *m*, fig composante *v*

componeren composer

componist compositeur *m* [v: compositrice]

compositie composition *v*

compositiefoto photo-robot *v* [mv: photos-robots], portrait-robot *m* [mv: portraits-robots]

compost compost *m*

compote compote *v*

compressie compression *v*

compressor compresseur *m*

comprimeren comprimer

compromis compromis *m* ★ *een ~ sluiten* faire un compromis, s'arranger, transiger

compromitteren I *ov ww* compromettre **II** *wkd ww* [**zich ~**] se compromettre

compromitterend compromettant ★ *~e documenten* des documents compromettants
computer ordinateur *m* ★ *in de ~ zetten* entrer dans l'ordinateur
computeranimatie animation *v* en images de synthèse, infographie *v*
computerbestand fichier *m* informatique
computeren être devant son ordinateur, travailler sur ordinateur
computerfraude fraude *v* informatique, cyberfraude *v*
computergestuurd commandé par ordinateur
computerisering informatisation *v*
computerkraak piratage *m* informatique, déplombage *m*
computerkraker pirate *m/v* informatique, hacker *m/v*
computernetwerk réseau *m* informatique [mv: réseaux informatiques]
computerondersteund assisté par ordinateur
computerprogramma programme *m* informatique, logiciel *m*
computerspel jeu *m* vidéo [mv: jeux vidéo]
computerstoring panne *v* d'ordinateur
computertaal langage *m* de programmation
computervirus virus *m* informatique
concaaf concave
concentraat concentré *m*
concentratie concentration *v*
concentratiekamp camp *m* de concentration
concentratieschool BN onderw *school met veel allochtone leerlingen* école à forte concentration d'enfants issus de l'immigration, BelgFr école *v* de concentration
concentreren I *wkd ww* [**zich ~**] se concentrer (**op** sur) ★ *zich op een onderwerp ~* se concentrer sur un sujet **II** *ov ww* ❶ *samenbrengen* concentrer ★ *troepen ~* concentrer des troupes ❷ *sterker maken* concentrer ★ *een geconcentreerde oplossing* une solution concentrée
concentrisch concentrique
concept ❶ *ontwerp* ébauche *v*, plan *m* (général) ❷ *begrip* concept *m*
conceptie ❶ *bevruchting* conception *v* ❷ *denkbeeld* conception *v*
conceptovereenkomst projet *m* de contrat
conceptueel conceptuel [v: conceptuelle]
concern groupe *m* (industriel / financier)
concert concert *m* ★ *naar een ~ gaan* aller au concert ★ *een ~ voor piano en orkest* un concerto pour piano
concertganger ≈ auditeur *m* [v: auditrice]
concertgebouw salle *v* de concert, auditorium *m*
concertmeester premier violon *m*
concessie ❶ *het toegeven* concession *v* ★ *~s doen* faire des concessions, lâcher du lest ❷ *vergunning* concession *v* ★ *~ aanvragen* solliciter une concession ★ *een ~ verlenen* accorder une concession
conciërge gardien *m* (d'immeuble) [v: gardienne], concierge *m/v*
concilie concile *m*
concipiëren concevoir, ⟨schriftelijk⟩ rédiger
conclaaf conclave *m* ★ *in ~ gaan* se réunir en conclave
concluderen *tot besluit komen* conclure (**uit** de) ★ *eruit ~ dat ...* en conclure que ..., en tirer la conclusion que ...
conclusie conclusion *v* ★ *voorbarige ~s trekken* tirer des conclusions hâtives ★ *tot de ~ komen dat...* en arriver à la conclusion que... ★ *er ~s uit trekken* en tirer des conclusions
concours concours *m* ★ *~ hippique* concours hippique
concreet I *bn* concret [v: concrète] ★ *een ~ voorstel* une proposition concrète ★ *een ~ geval* un cas concret ★ *~ bewijs* preuve *v* matérielle **II** *bw* concrètement
concretiseren concrétiser, matérialiser
concubine concubine *v*
concurrent concurrent *m* [v: concurrente]
concurrentie concurrence *v* ★ *moordende / oneerlijke ~* concurrence rude / déloyale ★ *~ met iem. aangaan* faire concurrence à qn ★ *groeiende ~ ondervinden* subir une concurrence grandissante
concurrentiebeding clause *v* de non-concurrence
concurrentieslag concurrence *v* meurtrière, ≈ guerre *v* des prix ★ *de ~ overleven* faire face à la concurrence
concurreren faire concurrence (**met** à), concurrencer ★ *met iem. ~* être en concurrence avec qn
concurrerend compétitif [v: compétitive], concurrentiel [v: concurrentielle]
condens condensation *v*, ⟨wasem⟩ buée *v*
condensatie condensation *v*
condenseren I *ov ww, vloeibaar maken* condenser ★ *gecondenseerde melk* du lait concentré / condensé **II** *onov ww, vloeibaar worden* se condenser
conditie ❶ *toestand* condition *v* ❷ biol *fitheid* condition *v*, forme *v* ★ *een goede ~ hebben* être en bonne condition, être en forme ★ *in blakende ~* en pleine forme ★ *in ~ blijven* garder la forme ❸ *voorwaarde* condition *v* ★ *gunstige ~s* des conditions favorables
conditietraining mise *v* en forme, mise en condition
conditioner démêlant *m*, conditionneur *m*
conditioneren ❶ psych *in toestand houden* conditionner ❷ *voorwaarde stellen* stipuler
condoleance condoléances *v mv*
condoleanceregister registre *m* de condoléances
condoleren présenter ses condoléances à ★ *iem. ~* présenter ses condoléances à qn ★ *gecondoleerd met het verlies van je vader* toutes mes condoléances pour ton père
condoom préservatif *m*, condom *m*, inform capote *v* (anglaise)
condor condor *m*
conducteur contrôleur *m*
conductrice contrôleuse *v*
confectie confection *v*, ⟨kleding⟩ prêt-à-porter *m* [mv: prêts-à-porter]
confederatie confédération *v*
conference *voordracht* sketch *m* [mv: sketch(e)s]
conferencier ≈ comique *m/v*, chansonnier *m* [v: chansonnière]

conferentie conférence *v* ★ *een ~ houden* tenir une conférence

confessioneel confessionnel [v: confessionnelle], ⟨van onderwijs⟩ ≈ libre

confetti confetti(s) *m (mv)*

confidentieel confidentiel [v: confidentielle]

configuratie configuration *v*

confisqueren confisquer, saisir

confituur BN *jam* confiture *v*

conflict conflit *m* ★ *in ~ komen met* entrer en conflit avec ★ *een gewapend ~* un conflit armé

conflictstof source *v* de conflits, point(s) *m (mv)* litigieux

conform I *vz* conformément à ★ *~ de eis* conformément à la demande **II** *bn* conforme ★ *een ~e beslissing* une décision conforme

conformeren conformer (**aan** à), aligner (**aan** sur) ★ *zich ~ aan iemand / iets* s'aligner sur qn / qc

conformisme conformisme *m*, traditionalisme *m*

conformistisch conformiste

confrontatie confrontation *v*, ⟨treffen⟩ affrontement *m*

confronteren *tegenover elkaar plaatsen* confronter (**met** avec) ★ *geconfronteerd worden met* être opposé / confronté à

confuus confus, ⟨beduusd⟩ déconcerté, interloqué ★ *iem. ~ maken* troubler qn

congé congé *m* ★ *iem. zijn ~ geven* donner son congé à qn ★ *hij kreeg zijn ~* il a été renvoyé

conglomeraat conglomérat *m*

Congo le Congo ★ *in ~* au Congo

Congolees congolais

congregatie congrégation *v*

congres congrès *m*

congresgebouw palais *m* des congrès

congruent ❶ *overeenstemmend* concordant ❷ wisk égal [m mv: égaux] coïncident

congruentie concordance *v*, wisk coïncidence *v*

conifeer conifère *m*

conjunctief subjonctif *m*

conjunctureel conjoncturel [v: conjoncturelle] ★ *conjuncturele schommelingen* fluctuations *v mv* conjoncturelles

conjunctuur conjoncture *v* ★ *dalende ~* conjoncture difficile ★ *opgaande ~* conjoncture favorable

connectie ❶ *verband, aansluiting* relation *v* ❷ *verbonden persoon* relation *v* ★ *hij heeft uitstekende ~s* il a des relations ★ *hij heeft overal ~s* il a ses entrées partout

conrector proviseur *m* adjoint

consciëntieus I *bn* consciencieux [v: consciencieuse] **II** *bw* consciencieusement

consensus consensus *m* ★ *op ~ berustend* consensuel

consequent I *bn* conséquent, logique ★ *~ zijn* aller jusqu'au bout de ses idées **II** *bw* de façon conséquente

consequentie ❶ *gevolg* conséquence *v*, suite *v* ★ *de ~s aanvaarden* assumer (les conséquences) ❷ *standvastigheid* esprit *m* de suite, logique *v*

conservatief I *de* conservateur *m* [v: conservatrice] **II** *bn* conservateur [v: conservatrice]

conservator conservateur *m* [v: conservatrice]

conservatorium conservatoire *m*

conserven conserves *v mv*

conservenblik boîte *v* de conserve

conserveren conserver ★ *groente ~* faire des conserves de légumes ★ *ze is (nog) goed geconserveerd* inform elle a de beaux restes

conserveringsmiddel, conserveermiddel (agent *m*) conservateur *m*

consideratie ❶ *respect* considération *v*, égards *m mv* ★ *uit ~ voor* par égard pour ❷ *toegeeflijkheid* indulgence *v* ★ *~ hebben met iem.* être indulgent avec qn, ménager qn ❸ *overweging* considération *v*

consistent ❶ *coherent* cohérent ❷ *stevig* consistant

consistentie ❶ *coherentie* cohérence *v* ❷ *stevigheid* consistance *v*

consolidatie consolidation *v*

consolideren consolider

consonant *medeklinker* consonne *v*

consorten consorts *m mv*

consortium consortium *m*, syndicat *m* (financier)

constant I *bn* constant, ⟨van zaken⟩ durable ★ *~e snelheid* vitesse *v* constante ★ *een ~e dreiging* une menace permanente **II** *bw* constamment ★ *zij valt me ~ lastig* elle n'arrête pas de me déranger

constante constante *v*

constateren constater ★ *ik constateer tot mijn genoegen dat...* je dois constater, à mon grand plaisir, que... ★ *we ~ een toename van het aantal overtredingen* on constate une augmentation des infractions

constatering constatation *v*, constat *m*

constellatie ❶ sterrenk constellation *v* ❷ *toestand* configuration *v*

consternatie consternation *v* ★ *dat was een hele ~* cela a jeté la consternation

constitutie ❶ *grondwet* constitution *v* ❷ *gestel* constitution *v*

constitutioneel I *bn* constitutionnel [v: constitutionnelle] **II** *bw* constitutionnellement

constructeur constructeur *m* [v: constructrice]

constructie ❶ *het construeren* construction *v* ❷ *het geconstrueerde* construction *v*

constructief constructif [v: constructive]

constructiefout défaut *m* / vice *m* de construction

construeren *bouwen* construire

consul consul *m*

consulaat consulat *m*

consulair consulaire

consulent consultant *m* [v: consultante]

consult consultation *v* ★ *~ volgens afspraak* consultation sur rendez-vous

consultancy bureau *m* d'étude(s) [mv: bureaux ...]

consultatie consultation *v*

consultatiebureau dispensaire *m*, service *m* de consultation ★ *~ voor (aanstaande) moeders* centre de consultation pour femmes enceintes ou allaitantes ★ *~ voor zuigelingen* service de consultation pour nourrissons

consulteren consulter ★ *een dokter ~* consulter un médecin, aller voir un médecin

CO

consument consommateur *m* [v: consommatrice]
consumentenbond union *v* / association *v* de consommateurs
consumentenelektronica électronique *v* grand public, ‹huishoudapparaten› électroménager *m*
consumeren consommer
consumptie ❶ *verbruik van goederen* consommation *v* ★ *de binnenlandse ~* la consommation intérieure ❷ *verbruik van levensmiddelen* consommation *v* ★ *de ~ van alcohol* la consommation d'alcool ❸ *eten / drinken* consommation *v* ★ *twee gratis ~s* deux consommations gratuites / offertes
consumptiebon ticket *m* pour une consommation
consumptiegoederen articles *m mv* / biens *m mv* de consommation
consumptie-ijs glace *v*
consumptiemaatschappij société *v* de consommation
contact ❶ *verbinding* contact *m* ★ *in ~ komen met* entrer en contact avec ★ *in ~ brengen met iem.* mettre en contact avec qn ★ *~ opnemen met iem.* contacter qn ★ *wisselende seksuele ~en* partenaires sexuels multiples ★ *regelmatig ~ onderhouden met* avoir / entretenir des contacts réguliers avec ❷ *persoon* contact *m* ★ *ons ~ in Estland haalt ons op van het vliegveld* notre contact en Estonie vient nous chercher à l'aéroport ❸ *elektrische verbinding* contact *m* ★ *het sleuteltje in het ~ steken* mettre le contact
contactadres ≈ adresse *v* où écrire, contact *m*
contactadvertentie annonce *v* de rencontre
contactdoos prise *v* (de courant) ★ *meervoudige ~* multiprise *v*
contacteren BN *contact opnemen met* contacter
contactgestoord ayant des difficultés de communication, inform autiste
contactlens lentille *v* / verre *m* de contact ★ *zachte ~* lentille souple
contactlensvloeistof solution *v* (d'entretien) pour lentilles
contactlijm colle *v* (de) contact
contactpersoon intermédiaire *m/v*, ‹geheim› contact *m*
contactsleutel clé *v* de contact
contactueel ★ *met goede contactuele eigenschappen* ayant le contact facile / le goût du contact, inform ayant un bon relationnel
container conteneur *m*, container *m*
containerpark BN *afvalscheidingsstation* déchetterie *v*
containerschip porte-conteneur(s) *m* [mv: porte-conteneurs]
contant I *bn* comptant ★ *~e betaling* paiement *m* en liquide / en espèces ★ *~ geld* du liquide **II** *bw* (au) comptant ★ *~ betalen* payer en espèces / en liquide, inform payer cash
contanten espèces *v mv*, liquide *m*, cash *m* ★ *in ~* en espèces
content[1] content (**met** de) ★ *~ met iets zijn* être content de qc
content[2] comp contenu *m*
contentmanagementsysteem système *m* de gestion de contenu
context contexte *m* ★ *uit de ~ gelicht* isolé / sorti de son contexte
continent continent *m*
continentaal continental [m mv: continentaux] ★ *~ stelsel* blocus *m* continental ★ *~ plat* plateau *m* continental
continu I *bn* continu **II** *bw* continuellement, sans arrêt
continubedrijf *bedrijf, industrie* entreprise *v* à travail continu
continudienst service *m* / travail *m* continu (24 h / 24)
continueren ❶ *voortzetten* continuer ❷ *handhaven* maintenir
continuïteit continuité *v*
conto compte *m* ★ *iets op iemands ~ schrijven* imputer qc à qn
contour contour *m*
contra I *vz* contre **II** *het* → **pro**
contra-alt contralto *m*
contrabas contrebasse *v*
contraceptie contraception *v*
contract contrat *m* ★ *volgens ~* conformément au contrat ★ *een ~ aangaan* conclure / passer un contrat ★ *een tijdelijk ~ sluiten met* conclure un contrat de travail temporaire avec ★ *mijn ~ wordt niet verlengd* mon contrat ne sera pas renouvelé ★ *bij ~ vastleggen* stipuler par contrat ★ *de spits staat nog onder ~ bij...* l'attaquant est encore sous contrat avec...
contractbreuk rupture *v* de contrat
contracteren ❶ *in dienst nemen* engager ★ sport *een speler ~* engager un joueur ❷ *contract sluiten* stipuler par contrat
contractueel I *bn* contractuel [v: contractuelle] **II** *bw* contractuellement, par contrat ★ *~ gebonden zijn* être lié par contrat **III** *de*, BN *ambtenaar met een tijdelijk contract* contractuel *m* [v: contractuelle]
contra-expertise contre-expertise *v*
contra-indicatie contre-indication *v*
contramine ★ *in de ~ zijn* être d'humeur contrariante ★ *hij is altijd in de ~* c'est un esprit contrariant
contraproductief contre-productif [v: contre-productive]
contrapunt contrepoint *m*
contrareformatie contre-réforme *v*
contraspionage contre-espionnage *m*
contrast contraste *m* ★ *een ~ vormen met* faire contraste avec, contraster avec
contrastekker elek fiche *v* / prise *v* femelle
contrasteren contraster, faire contraste (**met** avec)
contrastvloeistof fluide *m* de contraste
contrastwerking effet *m* contrastant
contreien parages *m mv*
contributie cotisation *v*
controle ❶ *beheersing* contrôle *m* ★ *iets onder ~ hebben* maîtriser qc ❷ *toezicht* contrôle *m* ★ *onder strenge ~* sous stricte surveillance ★ *sociale ~* contrôle social ★ *~ uitoefenen op iets* exercer un contrôle sur qc ★ *een totaal gebrek aan ~* un manque total de contrôle
controleerbaar contrôlable, vérifiable
controlekamer salle *v* de contrôle

controleren ❶ *nagaan* contrôler, vérifier ★ *een tekst ~ op spelfouten* contrôler l'orthographe d'un texte ❷ *toezien* contrôler ★ *er wordt streng gecontroleerd* les contrôles sont rigoureux ★ *~d geneesheer* médecin-conseil *m* ❸ *beheersen* contrôler ★ *de drugsmaffia controleert de lokale politie* les narcotrafiquants contrôlent la police locale
controleur contrôleur *m* [v: contrôleuse]
controverse controverse *v*
controversieel controversable, controversé
conventie ❶ *verdrag* convention *v* ❷ *afspraak* conventions *v mv* ★ *in strijd zijn met de ~s* ne pas respecter les conventions
conventioneel conventionnel [v: conventionnelle]
convergent convergent
convergeren converger
conversatie conversation *v*
converseren *een gesprek voeren* converser, inform causer ★ *met zijn gasten ~* converser avec ses invités
conversie conversion *v*
converteren convertir
convex convexe
cookie www cookie *m*
cool cool
coöperant BN *ontwikkelingswerker* coopérant *m* [v: coopérante]
coöperatie ❶ *samenwerking* coopération *v* ❷ *vereniging* (société *v*) coopérative *v*
coöperatief ❶ *bereid samen te werken* coopératif [v: coopérative] ❷ *samenwerkend* coopératif [v: coopérative] ★ *coöperatieve vereniging* coopérative *v*
coöptatie cooptation *v*
coöpteren coopter
coördinaat coordonnée *v* ★ *coördinaten uitzetten* construire des coordonnées ★ BN *coördinaten* ⟨persoonlijke gegevens⟩ coordonnées *v mv*
coördinatenstelsel (système *m* de) coordonnées *v mv*
coördinatie coordination *v*
coördinator coordinateur *m* [v: coordinatrice]
coördineren coordonner
co-ouder coparent *m*
co-ouderschap coparentalité *v*
COPD *chronic obstructive pulmonary disease* BPCO *v*, bronchopneumopathie *v* chronique obstructive
copieus I *bn* copieux [v: copieuse] ★ *een copieuze maaltijd* un repas copieux **II** *bw* copieusement
copiloot copilote *m/v*
coproductie coproduction *v*
copuleren copuler, s'accoupler
copyright copyright *m*, droit *m* d'auteur
copywriter rédacteur *m* publicitaire [v: rédactrice ...]
cordon bleu *kalfsvlees met ham en kaas ertussen* cordon-bleu *m* [mv: cordons-bleus]
cordon sanitaire cordon *m* sanitaire
corduroy I *het* velours *m* côtelé / à côtes **II** *bn* en velours côtelé ★ *een ~ broek* un pantalon en velours côtelé
cornedbeef corned-beef *m*
corner corner *m* ★ *een ~ nemen* tirer un corner
cornflakes corn-flakes *m mv*
corporatie corporation *v*
corps ≈ corporation *v* d'étudiants ★ *~ diplomatique* corps *m* diplomatique
corpsbal omschr étudiant *m* snob
corpulent corpulent, obèse
corpulentie corpulence *v*, embonpoint *m*
correct I *bn* correct ★ *politiek ~* politiquement correct **II** *bw* correctement ★ *~ handelen* agir de façon correcte
correctie *verbetering* correction *v*
correctievloeistof liquide *m* correcteur
corrector correcteur *m* [v: correctrice]
correlatie corrélation *v*
correleren I *onov ww* corréler **II** *ov ww* corréler (**met** avec)
correspondent correspondant *m* [v: correspondante], ⟨op kantoor⟩ correspondancier *m* [v: correspondancière] ★ *onze ~ in Madrid* notre correspondant à Madrid
correspondentie correspondance *v* ★ *~ voeren met* entretenir une correspondance avec ★ *de ~ voeren* faire la correspondance
correspondentieadres adresse *v* postale
corresponderen ❶ *schrijven* correspondre (**met** avec) ❷ *overeenstemmen* correspondre (**met** à), concorder (**met** avec)
corrigeren ❶ *verbeteren* corriger ★ *een opstel ~* corriger une rédaction ❷ *berispen* corriger ★ *kinderen ~* corriger des enfants
corrosie corrosion *v*
corrumperen corrompre
corrupt *omkoopbaar* corrompu, min vénal [m mv: vénaux]
corruptie corruption *v*
corsage *opgespelde bloem* (fleur(s) *v (mv)* de) boutonnière *v*
Corsica la Corse ★ *op ~* en Corse
Corsicaans corse
corso corso *m*
corvee corvée *v* ★ *~ hebben* être de corvée
coryfee coryphée *m*
coschap ≈ internat *m* ★ *~pen lopen* faire un stage hospitalier
cosinus cosinus *m*
cosmetica produits *m mv* de beauté
cosmetisch cosmétique ★ *de ~e industrie* l'industrie *v* cosmétique / des cosmétiques
Costa Rica le Costa Rica ★ *in ~* au Costa Rica
Costa Ricaan Costaricain *m*
Costa Ricaans costaricain
Costa Ricaanse Costaricaine *v*
Côte d'Azur Côte *v* d'Azur
couchette couchette *v*
coulant I *bn* arrangeant, accommodant, souple ★ *een ~e houding* une attitude accommodante **II** *bw* ★ *hij heeft mij ~ behandeld* il m'a traité avec indulgence
coulisse coulisse *v* ★ *achter de ~n hebben gekeken* avoir vu le dessous des cartes ★ *achter de ~n* dans les coulisses
counter sport *tegenaanval* contre *m*
counteren sport contrer, riposter
country muz country *m/v*
country-and-western muz country *m/v*

coup coup *m* d'Etat ★ *een coup plegen* faire un coup d'État
coupe ❶ *haardracht* coupe *v* ★ *~ soleil* balayage *m* ❷ *beker* coupe *v*
coupé ❶ *treindeel* compartiment *m* ❷ *personenauto* coupé *m*
couplet couplet *m*, strophe *v*
coupon *lap stof* coupon *m*
coupure ❶ *deelwaarde* coupure *v* ❷ *weglating in film* coupure *v*
courant courant ★ *~e effecten* valeurs *v mv* en cours ★ *~e maten* tailles *v mv* courantes
coureur coureur *m* [v: coureuse], ‹van auto› pilote *m/v* de course
courgette courgette *v*
couscous couscous *m*
couvert ❶ *eetgerei* couvert *m* ★ *diners van veertig euro per ~* menus de quarante euros par personne ❷ *envelop* ★ *een geschenk onder ~* une enveloppe *v*
couveuse couveuse *v*
couveusekind (enfant *m*) prématuré *m*
cover ❶ muz reprise *v* ❷ *omslag* couverture *v*, ‹van plaat, cd› pochette *v* ★ *op de ~ staan* faire la couverture
coverartikel article *m* en couverture / qui fait la une
coveren *opnieuw uitvoeren* faire une reprise de, reprendre
cowboy cow-boy *m* [mv: cow-boys]
cowboyfilm western *m*
crack ❶ *drug* crack *m* ❷ *uitblinker* crack *m*
cracker cracker *m*
cranberry *plant / bes* canneberge *v*
crank *v. fiets* manivelle *v*
crash ❶ *ernstig ongeluk* crash *m* ❷ comp panne *v*
crashen ❶ *van voertuigen* s'écraser, inform se planter ❷ comp se planter
crawl crawl *m*
crawlen nager le crawl, crawler
creatie création *v*
creatief I *bn* créatif [v: créative] ★ *~ taalgebruik* langage *m* créatif **II** *bw* d'une façon créative ★ *~ boekhouden* comptabilité *v* truquée
creativiteit créativité *v*
creatuur créature *v*
crèche crèche *v*
credit crédit *m*
creditcard carte *v* de crédit, carte *v* bleue
crediteren ❶ *bijschrijven* créditer ★ *~ voor* créditer de ❷ *als schuld boeken* créditer
crediteur *schuldeiser* créancier *m* [v: créancière], admin créditeur *m* [v: créditrice]
creditnota note *v* de crédit
creditrente intérêts *m mv* d'un solde créditeur
credo credo *m*
creëren créer ★ *ze weet een speciale sfeer te ~* elle sait créer une ambiance particulière ★ *draagvlak ~ voor je plannen* créer un consensus sur ses projets
crematie incinération *v*, crémation *v*
crematorium crématorium *m*
crème I *de* ❶ *zalf* crème *v* ❷ *room* crème *v* ★ *~ fraîche* crème fraîche ▼ *~ de la ~* crème *v*, gratin *m* **II** *bn* crème
cremeren incinérer
creool créole *m/v*
creools I *het* créole *m* **II** *bn* créole
crêpe ❶ *materiaal* crêpe *m* ❷ *flensje* crêpe *v*
crêpepapier papier *m* crépon
creperen crever ★ *~ van de honger* crever de faim
crescendo muz crescendo
cricket cricket *m*
cricketen jouer au cricket
crime calamité *v*, plaie *v* ★ *het is een ~!* c'est une horreur!
criminaliseren donner un caractère criminel à
criminaliteit criminalité *v*
crimineel I *de* criminel *m* [v: criminelle] ★ *een groep jeugdige criminelen* un groupe de jeunes délinquants **II** *bn* délinquant ★ *infiltreren in een criminele organisatie* s'infiltrer dans une organisation criminelle
criminologie criminologie *v*
crisis crise *v* ★ *de diepe economische ~* la crise économique profonde ★ *een ~ doormaken* traverser une crise, être en (pleine) crise ★ *de ~ te boven zijn* avoir surmonté la crise
crisiscentrum ❶ *opvangcentrum* centre *m* d'accueil ❷ *coördinatiecentrum* cellule *v* de crise
crisisteam état-major *m* de crise [mv: états-majors ...]
criterium ❶ *maatstaf* critère *m* ★ *de geldende criteria* les critères en vigueur ★ *een ~ hanteren* appliquer un critère ★ *aan criteria voldoen* être conforme aux critères ❷ sport critérium *m*
criticus critique *m/v*, ‹tegenstander› détracteur *m*
croissant culin croissant *m*
croque-monsieur BN *tosti* croque-monsieur [mv: id.]
cross cross *m*
crossen ❶ *aan cross meedoen* faire du cross ❷ *racen* foncer
crossfiets vélo *m* de cross, bicross *m*, vélocross *m*
croupier croupier *m* [v: croupière]
crouton culin croûton *m*
crowdfunding www financement *m* participatif, crowdfunding *m*
crowdsurfen crowdsurfing *m*
cru I *de, wijnklasse* cru *m* **II** *bn* cru ★ *dat klinkt een beetje cru* ça paraît un peu cru **III** *bw* crûment
cruciaal crucial [m mv: cruciaux]
crucifix crucifix *m*
cruise croisière *v*
cruisecontrol régulateur *m* de vitesse
cruisen *cruise maken* partir en croisière
crux point *m* / problème *m* crucial, nœud *m*
crypte crypte *v*
cryptisch obscur, énigmatique
cryptogram ≈ mots *m mv* croisés (cryptés)
c-sleutel clé *v* d'ut
CT-scan scanographie *v*
Cuba Cuba *m* ★ *op Cuba* à Cuba
Cubaan Cubain *m*
Cubaans cubain
Cubaanse Cubaine *v*
culinair culinaire
culmineren culminer
culpabiliseren BN *schuld leggen bij* culpabiliser
cultfilm film *m* culte

cultiveren cultiver
cultureel I *bn* culturel [v: culturelle] ★ *culturele verschillen* différences *v mv* culturelles ★ *~ centrum* centre *m* culturel **II** *bw* culturellement
cultus culte *m*
cultuur ❶ *beschaving* civilisation *v*, culture *v* ★ *de westerse ~* la civilisation occidentale ★ *bezuinigingen op ~* réduction *v* des dépenses culturelles ★ *er heerst een ~ van angst en achterdocht* la peur et la méfiance règnent ❷ *bebouwing met gewas* culture *v* ★ *grond in ~ brengen* défricher une terre
cultuurbarbaar béotien *m* [v: béotienne], inculte *m/v*
cultuurdrager ≈ pilier *m* de la culture
cultuurgeschiedenis histoire *v* de la civilisation
cultuurgewas plantes *v mv* cultivées
cultuurpessimist Cassandre *v* de la civilisation
cultuurschok choc *m* culturel
cultuurvolk peuple *m* civilisé
cum laude avec mention très bien, form avec distinction
cumulatie cumul *m*
cumulatief cumulatif [v: cumulative]
cumuleren ❶ *opeenhopen* cumuler ❷ BN pol *meerdere ambten uitoefenen* cumuler
cup ❶ *beker* coupe *v* ❷ *deel van beha* bonnet *m*
cupcake cupcake *m*
cupwedstrijd match *m* de coupe
Curaçao Curaçao *m* ★ *op ~* à Curaçao
Curaçaoër Curaçaoan *m*
Curaçaos curaçaoan [v: curaçaoanne]
Curaçaose Curaçaoane *v*
curatele tutelle *v*, curatelle *v* ★ *onder ~ stellen* placer sous tutelle / curatelle ★ *onder ~ staan* être sous tutelle / curatelle
curator ❶ *toezichthouder* curateur *m*, ⟨faillissement⟩ liquidateur *m* judiciaire ❷ *lid van raad van toezicht* membre *m* du conseil de gestion
curettage med curetage *m*
curieus I *bn* curieux [v: curieuse], bizarre **II** *bw* curieusement
curiositeit curiosité *v*
curiositeitenkabinet cabinet *m* de curiosités
curriculum vitae curriculum vitae *m* [mv: curriculum(s) vitae]
curry ❶ *gerecht* curry *m* ❷ *saus* curry *m*
cursief I *de* italique *m* **II** *bn* (en) italique ★ *cursieve letter* lettre *v* italique
cursiefje chronique *v*
cursist participant *m* à un cours [v: participante ...], ⟨praktisch⟩ stagiaire *m/v*
cursiveren imprimer en italique
cursor curseur *m*
cursus ⟨lessenreeks⟩ cours *m (mv)*, ⟨praktisch⟩ formation *v*, stage *m* ★ *schriftelijke ~* cours par correspondance ★ *een ~ geven* donner des cours ★ *een ~ volgen* suivre des cours
cursusgeld droits *m mv* d'inscription
curve courbe *v*
custard ≈ crème *v* anglaise en poudre
cv I *afk* [de] *centrale verwarming* chauffage *m* central **II** *afk* [het] *curriculum vitae* CV *m* [mv: id.]
CV econ *Commanditaire Vennootschap* société *v* en commandite
cv-ketel chaudière *v* (de chauffage central)
CVS *chronischevermoeidheidssyndroom* syndrome *m* de fatigue chronique
cyaankali cyanure *m* de potassium
cyanide cyanure *m*
cybercafé cybercafé *m*
cyberspace cyberespace *m*, cybermonde *m*
cyclaam cyclamen *m*
cyclisch cyclique
cycloon cyclone *m*
cycloop cyclope *m*
cyclus ❶ *zich herhalend geheel* cycle *m* ❷ BN onderw *leergang* cycle *m*
cynicus cynique *m/v*
cynisch I *bn* cynique **II** *bw* cyniquement
cynisme cynisme *m*
Cyprioot *bewoner* C(h)ypriote *m*
Cypriotisch c(h)ypriote
Cypriotische C(h)ypriote *v*
Cyprus Chypre *v* ★ *op ~* à Chypre
cyste kyste *m*

D

d ❶ *letter* d *m* ★ *de d van Dirk* D comme Désiré ❷ *muzieknoot* ré *m*
daad action *v*, acte *m* ★ *een goede daad* une bonne action, une B.A. ★ fig *de daad bij het woord voegen* joindre le geste à la parole ★ *een daad stellen* faire un geste
daadkracht dynamisme *m*, volontarisme *m*
daadwerkelijk **I** *bn* réel [v: réelle], effectif [v: effective] **II** *bw* effectivement, réellement, de fait
daags ❶ *per dag* par jour ★ *driemaal ~ in te nemen* à avaler trois fois par jour ❷ *op de dag* le jour ★ *~ tevoren* la veille ★ *~ daarna* le lendemain
daar **I** *bw* là, ⟨ginds⟩ là-bas ★ *daar, achter die boom* là-bas, derrière l'arbre ★ *daar hebben we het* nous y voilà ★ *daar zijn ze* les voilà ★ *daar komt de trein aan!* voilà le train! ★ *daar niet van* je ne dis pas le contraire ★ *dat is (nog) tot daar aan toe* passe (encore), ça peut (encore) passer ★ *als de tijd daar is* quand le moment sera venu **II** *voegw*, form *s* parce que, comme ★ *daar hij ziek is, kan hij niet komen* comme il est malade, il ne pourra pas venir, étant malade, il ne pourra pas venir
daaraan à cela ★ *wat heb ik ~!* à quoi cela me sert-il? ★ *~ heb ik genoeg* cela me suffit ★ *~ valt niks te veranderen* il n'y a rien à faire, c'est comme ça ★ *ik denk ~* j'y pense
daarachter (là-)derrière ★ *wat steekt ~?* qu'y a-t-il là-dessous?
daarbij ❶ *bij dat* auprès, à côté ★ *dat hoort ~* cela en fait partie ★ *hoe kom je ~?* qu'est-ce qui te fait dire / penser cela? ❷ *tevens* en outre, de / en plus ★ *~ komt dat hij nooit een boek openslaat* ajoutez à cela qu'il n'ouvre jamais un livre
daarbinnen (là-)dedans
daarbuiten (là-)dehors ★ *blijf ~!* ne t'en mêle pas!
daardoor ❶ *daar doorheen* par là ★ *bovenin zit een gat; ~ moet de draad* en haut il y a un trou et c'est par là que passe le fil ❷ *door die oorzaak* de ce fait, ainsi ★ *ik ben ziek; ~ kan ik niet komen* je suis malade; de ce fait je ne peux pas venir ★ *mede ~ ontstond er gevaar voor brand* cela a augmenté le risque d'incendie
daardoorheen par là
daarenboven en outre, de / en plus
daarentegen en revanche, par contre
daarginds (là-)bas, ⟨in de hoogte⟩ là-haut
daarheen y, là, de ce côté-là ★ *morgen gaan wij ~* demain nous y allons ★ *daar gaan wij heen* c'est là que nous irons
daarin ❶ *in iets* (là-)dedans ★ *doe dat maar ~* mets ça là-dedans ❷ *wat dat betreft* en cela, sur ce point ★ *~ heb je gelijk* sur ce point tu as raison, là tu as raison
daarlangs par là
daarlaten ★ *dit daargelaten* à part cela, à cela près, sans compter cela ★ *uitzonderingen daargelaten* les exceptions mises à part ★ *nog daargelaten dat ...* mis à part que ...
daarmee ❶ *met iets* avec (cela) ★ *~ kun je de airconditioning regelen* on peut régler le climatiseur avec (ça) ★ *wat wil je ~ zeggen?* qu'est-ce que tu veux dire par là? ★ *ik zou ~ naar de rector stappen* faudrait soumettre ce cas au proviseur ★ *~ eindigt het verhaal* voilà la fin de l'histoire ❷ *als gevolg van iets* ★ *~ is de zaak afgedaan* on en reste là
daarna ensuite, puis, après (cela) ★ *eerst nog wat zon, ~ buien* d'abord un peu de soleil, après il y aura des averses ★ *kort ~* peu après ★ *het jaar ~* l'année d'après
daarnaast ❶ *naast iets* à côté ★ *links staat mijn zusje en ~ sta ik* à gauche, il y a ma sœur et à côté c'est moi ❷ *daarenboven* en outre, de / en plus ★ *~ is het nog duur ook* et en plus c'est cher
daarnet tout à l'heure
daarom ❶ *om die reden* c'est pourquoi, voilà pourquoi, c'est pour cela que ★ *ik was vanmorgen laat, dus ~ werk ik wat langer door* j'étais en retard ce matin, c'est pourquoi je travaille encore un peu ★ *waarom niet? ~!* pourquoi pas? parce que! ❷ *desondanks* ★ *oké, je bent kwaad, maar ~ hoef je nog niet te gaan slaan* tu es fâché, d'accord, mais ce n'est pas une raison de taper dessus
daaromheen (tout) autour
daaromtrent ❶ *betreffende iets* à ce sujet ❷ *in die omgeving, buurt* dans les environs ★ *Hoorn of ~* Hoorn ou dans les environs ★ *dertig jaar of ~* environ trente ans
daaronder ❶ *onder iets* (là-)dessous, au-dessous ❷ *onder meer* ⟨mensen en dieren⟩ parmi eux [v mv: parmi elles], ⟨dingen⟩ parmi ces choses
daarop ❶ *op dat* (là-)dessus, sur cela ★ *pas op, ~ kun je niet staan!* attention, on ne peut pas marcher dessus! ★ *wat is uw antwoord ~?* quelle est votre réponse à ce sujet? ❷ *daarna* puis ★ *kort ~* peu après
daaropvolgend **I** *bn* suivant **II** *bw* après
daarover ❶ *over dat (heen)* par-dessus ★ *afdekken met planken en ~ een laag zand* recouvrir de planches et une couche de sable par-dessus ❷ *daaromtrent* sur cela, en, y ★ *spreek ~ met uw kinderen* parlez-en avec vos enfants ★ *denk ~ na* réfléchissez-y
daaroverheen par-dessus
daarstraks tout à l'heure
daartegen contre cela ★ *~ helpt niets* il n'y a pas de remède à cela, c'est sans remède
daartegenover ❶ *tegenover iets* en face ★ *de begraafplaats met het café ~* le cimetière avec le café en face ❷ *daarentegen* par contre, en contrepartie, en revanche ★ *~ staat dat je comfortabeler reist* par contre on voyage plus confortablement
daartoe y, à cela, pour cela, à cet effet ★ *~ ontbreekt mij de tijd* je n'en ai pas le temps ★ *tot ~* jusque-là
daartussen entre les deux, au milieu, ⟨te midden van⟩ parmi ces objets, parmi eux ★ *het pad loopt ~* entre les deux il y a le sentier ★ *wat is het verschil ~* c'est quoi la différence? ★ *~ stond een lange slungel* parmi eux se trouvait une grande perche
daaruit de là, en ★ *~ volgt...* il en résulte...
daarvan en, de cela ★ *~ wordt schuimrubber gemaakt* on en fait du caoutchouc mousse ★ *wat weet jij ~?* qu'est-ce que tu en sais? ★ *wat zeg je*

~? qu'est-ce que tu en penses?
daarvandaan de là
daarvoor ❶ *geplaatst vóór dat* devant ❷ *eerder dan dat* d'avant, auparavant ★ *de week ~* la semaine d'avant ❸ *vanwege dat* pour cela ❹ *ten behoeve van dat* pour cela
daarzo là
daas I *de, steekvlieg* taon *m* II *bn, verward* égaré, hébété
dacht [verl. td.] → **denken**
dachten [verl. td.] → **denken**
dadel datte *v*
dadelijk I *bn, onmiddellijk* immédiat II *bw* ❶ *meteen* tout de suite, aussitôt, immédiatement ❷ *straks* tout de suite, tout à l'heure ★ *ik kom zo ~* j'arrive dans un instant
dadelpalm dattier *m*
dadendrang allant *m*, dynamisme *m*
dader auteur *m*, coupable *m/v*
dag I *de* jour *m*, journée *v* ★ *zeven dagen per week open* ouvert sept jours sur sept ★ *de dag des Heren* le jour du Seigneur ★ *Dag van de Arbeid* fête *v* du Travail ★ *de grote dag* le grand jour, le jour J ★ *de hele dag* toute la journée ★ *open dag* journée portes ouvertes ★ *vrije dag* jour de congé ★ *de dag daarna* le lendemain ★ *de dag tevoren* la veille ★ *bij dag* le jour, de jour ★ *op een (zekere / goede) dag* un (beau) jour, un jour ou l'autre ★ *op klaarlichte dag* en plein jour, ⟨openlijk⟩ au grand jour ★ *van de ene op de andere dag* du jour au lendemain ★ *van dag tot dag* au jour le jour ★ *voor halve dagen* à la demi-journée ★ *de dag vóór ...* la veille de ... ★ *halve dagen werken* travailler à mi-temps ★ *het is dag* il fait jour ★ *ik verwacht hem iedere dag* je l'attends d'un jour à l'autre ★ *ik heb mijn dag niet* ce n'est pas mon jour, c'est un jour sans ★ *aan de dag komen* être révélé / découvert, se faire jour ★ *aan de dag leggen* faire preuve de, manifester, montrer ★ *zo klaar als de dag* clair comme le jour ★ *als de dag van gisteren* comme si c'était hier ★ *in onze dagen* de nos jours ★ *op de dag (af)* jour pour jour ★ *op zijn oude dag* sur ses vieux jours ★ *er zijn van die dagen* il y a des journées comme ça ★ *van dag tot dag* de jour en jour ★ *voor dag en dauw* de grand matin, avant le jour ★ *voor de dag halen* sortir ★ *voor de dag komen* se montrer ★ *goed voor de dag komen* donner une bonne impression ★ *voor de dag komen met* proposer, montrer ★ *vandaag de dag*, BN *de dag van vandaag* au jour d'aujourd'hui, à l'heure actuelle ★ *prijs de dag niet voor het avond is* il y a loin de la coupe aux lèvres ★ *het is kort dag* le temps presse ★ *dag in, dag uit* jour après jour II *tussenw, goedendag* inform salut, ⟨bij aankomst⟩ bonjour, bonsoir, ⟨tot ziens⟩ au revoir ★ *nou dag, ik ga* salut, je m'en vais ★ *dag allemaal, fijn dat jullie er zijn* salut tout le monde, ça fait plaisir de vous voir
dagafschrift relevé *m* de compte
dagbehandeling traitement *m* de jour
dagblad quotidien *m*, journal *m* [mv: journaux]
dagboek journal *m* (intime) [mv: journaux (intimes)], ⟨logboek⟩ journal de bord, livre journal *m* ★ *een ~ bijhouden* tenir un journal
dagdeel demi-journée *v* [mv: demi-journées] ★ *een parttimebaan van 4 dagdelen* un emploi à temps partiel qui prend la forme de quatre demi-journées
dagdienst service *m* de jour
dagdromen rêvasser
dagdroom rêverie *v*
dagelijks I *bn* quotidien [v: quotidienne], journalier [v: journalière] ★ *de ~e files* les embouteillages quotidiens ★ *in het ~ leven* dans la vie quotidienne, dans la vie de tous les jours ★ *voor ~ gebruik* d'usage courant II *bw* tous les jours, quotidiennement, ⟨per dag⟩ par jour
dagen I *ov ww, dagvaarden* citer, assigner ★ *iem. voor het gerecht ~* traduire qn en justice II *onp ww* ❶ *dag worden* commencer à faire jour ❷ *voor de geest komen* ★ *langzaam begon het hem te ~* il commençait à y voir (plus) clair
dagenlang I *bn* qui dure des journées entières ★ *~e besprekingen* des journées de pourparlers II *bw* des journées entières, de longues journées ★ *het heeft ~ geregend* il pleuvait des journées entières
dageraad aube *v*, aurore *v*, point *m* du jour
dagindeling emploi *m* du temps
dagjesmensen promeneurs *m mv* du dimanche
daglicht jour *m* ★ *bij ~* à la lumière du jour, fig en plein jour ★ *het (eerste) ~ zien* voir le jour ★ fig *in een kwaad ~ staan* être mal famé ★ fig *in een kwaad ~ stellen* jeter le discrédit sur ★ fig *in een gunstig ~ stellen* montrer sous un jour favorable, faire valoir (la marchandise) ★ fig *dat kan het ~ niet verdragen* cela ne doit pas être exposé au grand jour
dagloner journalier *m* [v: journalière]
dagloon salaire *m* journalier, journée *v*
dagmars étape *v* (d'un jour)
dagmenu plat *m* du jour
dagpauwoog paon-de-jour *m* [mv: paons-de-jour]
dagretour ≈ alller et retour *m* valable pour la journée
dagschotel culin plat *m* du jour
dagtaak ★ *daar heb ik een ~ aan* j'en ai pour toute la journée
dagtarief tarif *m* de jour
dagtekening date *v*
dagtocht excursion *v* (d'une journée)
dagvaarden citer, assigner (à comparaître)
dagvaarding jur citation *v*, assignation *v*
dagverblijf ❶ *personenverblijfplaats* foyer *m*, ⟨zaal⟩ salle *v* commune, ⟨voor kinderen⟩ garderie *v* ❷ *dierenverblijfplaats* cage *v* extérieure
dagwaarde valeur *v* du jour, valeur vénale / marchande
dagwerk ❶ *dagelijks werk* journée *v*, tâche *v* journalière ❷ *hoeveelheid werk* ★ *daar heb je ~ aan* on n'en finirait pas, on y passerait la journée
dahlia dahlia *m*
daim BN daim *m*
dak toit *m*, ⟨dakwerk⟩ toiture *v*, fig abri *m* ★ *plat dak* toit plat, toit (en) terrasse ★ *met open dak* à toit ouvrant, ⟨afneembaar⟩ décapotable ★ *onder één dak* sous le même toit ★ *onder dak zijn* avoir un toit / abri, être logé, fig être casé ★ fig *dat krijg ik op mijn dak* ça retombe sur moi, je l'ai sur le dos ★ fig *iem. iets op zijn dak schuiven*

coller qc à qn ★ fig *dat viel me koud / rauw op mijn dak* ça m'a fait l'effet d'une douche froide ★ fig *uit zijn dak gaan* ⟨zich uitleven⟩ s'éclater, ⟨beheersing verliezen⟩ péter les plombs ★ fig *van de daken schreeuwen* crier sur les toits, claironner ★ fig *het ging van een leien dakje* ça marchait comme sur des roulettes, ça marchait tout seul
dakgoot gouttière *v*
dakje taalk *accent circonflexe* (accent *m*) circonflexe *m*
dakkapel lucarne *v*
dakloos *zonder onderdak* sans abri ★ ~ *raken* se retrouver sans abri
dakloze sans-abri *m/v* [mv: id.], SDF *m/v* (sans domicile fixe) [mv: id.]
daklozenkrant journal *m* des sans-abri / SDF [mv: journaux ...]
dakpan tuile *v*
dakpansgewijs enchevauché
dakraam lucarne *v*, velux® *m*
dakterras terrasse *v* sur le toit, toit (en) terrasse
daktuin jardin-terrasse *m*
dal ❶ *laagte* vallée *v* ❷ fig *dieptepunt* dépression *v*, crise *v*, econ creux *m* ★ *door een diep dal gaan* traverser une crise
dalai lama dalaï-lama *m*
dalen ❶ *omlaag gaan* descendre ❷ *verminderen* être en baisse, baisser ★ *de temperatuur daalt* la température est en baisse ★ *in iemands achting ~* baisser dans l'estime de qn ★ *zijn stem laten ~* baisser sa voix
daling ❶ *het omlaag gaan* descente *v* ❷ *vermindering* baisse *v*, ⟨van waarde⟩ diminution *v*
dalmatiër dalmatien *m*
daltononderwijs onderw système *m* d'éducation selon le plan Dalton
daluren heures *v mv* creuses
dam ❶ *waterkering* digue *v*, barrage *m* ★ fig *een dam opwerpen tegen iets* élever un rempart contre qc, endiguer qc ❷ *dubbele damschijf* dame *v* ★ *een dam halen* aller à dame
damast damas *m* ★ *van ~* damassé
dambord damier *m*
dame ❶ *vrouw* dame *v* ★ *twee oudere dames* deux dames d'un certain âge ★ *dames en heren!* mesdames et messieurs!, inform messieurs dames! ★ *de dames en heren* les dames et les messieurs ★ *enkele jonge dames* quelques demoiselles ❷ *schaakstuk* dame *v* ★ *een dame halen* aller à dame
damesblad magazine *m* féminin
damesfiets vélo *m* / bicyclette *v* de dame
dameskapper coiffeur *m* pour dames
dameskleding vêtements *m mv* de femmes
damesmode mode *v* féminine
damestoilet toilettes *v mv* pour dames
damesverband serviettes *v mv* hygiéniques
damhert daim *m*
dammen jouer aux dames
damp ❶ *wasem* buée *v*, scheik exhalaison *v*, natk vapeur *v* ❷ *rook* fumée *v*
dampen ❶ *damp afgeven* dégager des vapeurs ❷ *roken* fumer
dampkap BN hotte *v* (aspirante)
dampkring atmosphère *v*
damschijf pion *m*
damspel (jeu *m* de) dames *v mv*
dan I *bw* ❶ *op die tijd* alors, ⟨daarna⟩ puis, ensuite ★ *tot dan!* à bientôt!, inform à la prochaine!, à plus! ★ *en dan?* et alors? ❷ *in dat geval* alors, (dans ce cas-)là ★ *en wat dan nog?* et alors?, et puis (après / quoi)? ★ *en dan nog!* et encore! ❸ *toch* donc, alors ★ *antwoord dan toch!* répondez donc! ★ *hij is dan ook niet gekomen* aussi n'est-il pas venu **II** *voegw* ❶ ⟨bij vergelijking⟩ que, ⟨na bepaalde hoeveelheid⟩ de ★ *meer dan ik* plus que moi ★ *meer dan honderd* plus de cent ❷ *of* ou (bien) ★ *al dan niet* oui ou non ❸ ⟨na ontkenning⟩ que ★ *niets dan ...* rien que ... ❹ ⟨na 'ander(s)'⟩ (autre) que, (différent) de
dandy dandy *m*
danig I *bn* énorme, terrible **II** *bw* énormément, terriblement ★ *zich ~ vergissen* se tromper cruellement
dank gratitude *v*, reconnaissance *v* ★ *dank betuigen* témoigner sa reconnaissance ★ *hartelijk dank!* merci beaucoup! ★ *duizendmaal dank!* mille remerciements / mercis! ★ *dank voor de informatie* merci du renseignement ★ *geen dank!* je vous en prie!, il n'y a pas de quoi!, de rien! ★ *iem. iets niet in dank afnemen* en vouloir à qn de qc
dankbaar I *bn* ❶ *dank voelend* reconnaissant (**voor** de; **jegens** à, envers) ❷ *voldoening gevend* gratifiant ★ *~ werk* un travail gratifiant **II** *bw* avec reconnaissance
dankbaarheid reconnaissance *v*, gratitude *v* ★ *uit ~ voor* en reconnaissance de
dankbetuiging remerciements *m mv* ★ *onder ~* avec mes remerciements
danken I *ov ww, bedanken* remercier (**voor** de, pour), rel rendre grâce à ★ *ik dank u voor uw aandacht* je vous remercie de votre attention ★ *dank je / u wel* merci (bien) ★ *dank je / u zeer* merci beaucoup ★ *nee, dank je / u* non, merci ★ *niets te ~* je vous en prie, il n'y a pas de quoi, de rien ★ *dank je feestelijk!* (grand) merci!, inform très peu pour moi! ★ *aan iem. iets te ~ hebben* devoir qc à qn **II** *onov ww, bidden* rendre grâce, dire les grâces ★ *zullen we even ~?* on dit les grâces?
dankjewel, form **dankuwel** remerciement *m*, merci *m* ★ *er kon nog geen ~ af* on n'a même pas dit merci → **danken**
dankwoord (discours *m* de) remerciement *m*
dankzeggen remercier
dankzegging remerciement *m*, rel action *v* de grâces ★ *onder ~ voor bewezen diensten* en guise de remerciements pour services rendus
dankzij grâce à, à l'aide de ★ *~ onze sponsors konden we de prijs laag houden* grâce à nos partenaires, nous sommes en mesure de vendre à bas prix ★ *~ zijn ijver* grâce à son application
dans danse *v* ★ *iem. ten dans vragen* inviter qn à danser ★ fig *de dans ontspringen* l'échapper belle
dansen danser, ⟨huppelen⟩ sautiller ★ *van blijdschap ~* sauter de joie
danser danseur *m*
danseres danseuse *v*
dansles cours *m* de danse
dansorkest orchestre *m* de danse

dansschool école *v* / académie *v* de danse
dansvloer piste *v* (de danse)
danszaal salle *v* de danse
dapper I *bn* courageux [v: courageuse], brave, vaillant **II** *bw* courageusement, bravement, vaillamment
dapperheid courage *m*, bravoure *v*, vaillance *v*
dar faux-bourdon *m* [mv: faux-bourdons]
darkroom darkroom *v*, chambre *v* noire
darm intestin *m*, ⟨van dieren⟩ boyau *m* [mv: boyaux] ★ *dikke darm* gros intestin, côlon *m* ★ *dunne darm* intestin grêle ★ *twaalfvingerige darm* duodénum *m*
darmflora flore *v* intestinale
darmkanaal tube *m* digestif
darmklachten troubles *m mv* intestinaux
darmontsteking entérite *v*
dartel *speels* folâtre, joueur [v: joueuse], pétulant, ⟨huppelig⟩ gambadant, ⟨frivool⟩ frivole
dartelen folâtrer, ⟨huppelen⟩ gambader, caracoler, ⟨stoeien⟩ s'ébattre
darts (jeu *m* de) fléchettes *v mv*
darwinisme darwinisme *m*
darwinistisch darwinien [v: darwinienne]
das ❶ *dier* blaireau *m* [mv: blaireaux] **❷** *sjaal* écharpe *v* ★ *dat deed hem de das om* cela a été sa perte, c'était le coup de grâce pour lui **❸** *stropdas* cravate *v*
dashboard tableau *m* de bord [mv: tableaux ...]
dashboardkastje boîte *v* à gants
dashond basset *m*, teckel *m*
dasspeld épingle *v* de cravate
dat I *aanw vnw* ⟨bijvoeglijk⟩ ce [v: cette] [vóór klinker of stomme h: cet], ⟨zelfstandig⟩ celui-là [v: celle-là], cela, inform ça ★ *dat huis* cette maison ★ *dát huis* cette maison-là ★ *dit huis of dat* cette maison-ci ou celle-là ★ *dat alleen* rien que cela ★ *is dat uw zus?* c'est votre sœur? ★ *is me dat een weer!* quel temps! ★ *dat is nog eens zingen* voilà ce qui s'appelle chanter!, ça, c'est chanter! ★ *dat zijn mijn ouders* ce sont mes parents ★ *wie is dat?* qui est-ce? ★ *dat wat je zegt* ce que tu dis ★ *het is niet je dat* ce n'est pas vraiment ça ★ *dat en dat* ça et ça ★ *dat is dat!* ça y est!, voilà qui est fait! ★ *niet dat!* pas ça! **II** *betr vnw* ⟨als onderwerp⟩ qui, ⟨als lijdend voorwerp⟩ que, ⟨als meewerkend voorwerp⟩ à qui ★ *het huis dat je ziet* la maison que tu vois **III** *voegw* que ★ *het feit dat ...* le fait que ... ★ *de dag dat ...* le jour où ... ★ *de reden dat ...* la raison pour laquelle ... ★ *in het geval dat* au cas où ...
data données *v mv* ★ *data invoeren* entrer des données ★ *data opslaan* mémoriser / sauvegarder des données ★ *data oproepen / opvragen* sortir des données
databank banque *v* / base *v* de données
datacommunicatie télématique *v*
datatransmissie transmission *v* de données
datatypist claviste *m/v*
date rendez-vous *m* (galant)
daten avoir / chercher des rencontres, chercher une rencontre (avec)
dateren I *ov ww, van datum voorzien* dater ★ *een brief ~* dater une lettre **II** *onov ww,* ~ **van, uit** *stammen van* dater de ★ *~ uit de 12e eeuw* dater du douzième siècle
datgene ce (que), ce (qui) ★ *~ wat je wilt, kan niet* ce que tu veux est impossible ★ *je neemt ~ wat het dichtst bij is* tu prends ce qui est le plus proche ★ *~ wat je doet, daar gaat het om* ce qui compte c'est ce que tu fais
datief taalk datif *m*
dato ▾ *de dato* en date du ▾ *de dato 1 augustus* en date du premier août, daté du premier août ▾ *twee maanden na dato* à deux mois après (cette) date
datum date *v* ★ *ze trouwen in april, maar de exacte ~ ligt nog niet vast* ils vont se marier en avril, mais la date exacte n'est pas encore fixée ★ *op de geplande ~* au jour fixé ★ *de volgende data zijn nog vrij* voici les dates disponibles ★ *~ van ingang* date d'effet ★ *van oude / van recente ~* de longue (vieille) / de fraîche date
datumgrens ligne *v* de changement de date
datumstempel (timbre *m*) dateur *m*, ⟨afdruk⟩ cachet *m*
datzelfde ce même [v: cette même], le même [v: la même]
dauw rosée *v* ▾ BN *leven van de hemelse dauw* vivre d'amour et d'eau fraîche
dauwtrappen ≈ se balader au petit matin
daver ▾ BN *iem. de ~ op het lijf jagen* ficher / flanquer la trouille à qn
daveren retentir
daverend retentissant ★ *een ~ succes* un succès éclatant ★ *er was een ~ applaus* il y eut un tonnerre d'applaudissements, un tonnerre d'applaudissements a éclaté
davidster étoile *v* de David, étoile jaune
DDR gesch *Duitse Democratische Republiek* RDA *v*, République *v* démocratique allemande ★ *in de DDR* en RDA
de le *m* [m mv: les], la *v* [v mv: les], ⟨voor klinker⟩ l' *m/v*
deactiveren désactiver
deadline date *v* butoir, dernière limite *v*
deal marché *m*, deal *m* ★ *een deal sluiten* conclure un marché
dealen trafiquer, dealer ★ *~ in harddrugs* faire du trafic de drogues dures
dealer ❶ *vertegenwoordiger* concessionnaire *m/v* **❷** *handelaar in drugs* trafiquant *m* [v: trafiquante], dealer *m* [v: dealeuse]
debacle débâcle *v*
debat débat *m*, discussion *v* ★ *in ~ gaan met iem.* engager le débat avec qn ★ *een fel ~ voeren* discuter âprement
debatteren débattre, engager le débat (**over** de, sur)
debet econ débit *m* ★ *~ en credit* débit et avoir ★ *op uw ~ brengen* porter à votre débit, vous débiter de ★ *~ staan* être dans le rouge ▾ *hij is er ~ aan* c'est de sa faute
debetnota note *v* de débit
debetrente intérêts *m mv* débiteurs
debetzijde débit *m*, doit *m*
debiel I *de* débile *m* mental [m mv: débiles mentaux] [v: débile mentale], handicapé *m* mental [v: handicapée mentale] **II** *bn* débile, arriéré
debiteren ❶ econ *als debet boeken* débiter ★ *voor 1000 euro ~* débiter de 1000 euros **❷** *vertellen*

de

débiter ★ *een grap* ~ raconter une blague
debiteur débiteur *m* [v: débitrice]
deblokkeren débloquer
debriefen débriefer
debutant débutant *m* [v: débutante], novice *m/v*
debuteren débuter, faire ses débuts
debuut débuts *m mv*
deca- déca- ★ *decaliter* décalitre *m*
decaan ❶ *faculteitsvoorzitter* doyen *m* [v: doyenne] ❷ *studieadviseur* ‹voor scholieren› conseiller *m* (principal) d'éducation, CPE *m*
decadent décadent
decadentie décadence *v*
decafé déca
decatlon sport décathlon *m*
december décembre *m*
decennium décennie *v*
decent I *bn* décent **II** *bw* décemment
decentraliseren décentraliser
deceptie déception *v*
decharge → **getuige**
decibel décibel *m*
deciliter décilitre *m*
decimaal I *de* décimale *v* **II** *bn* décimal [m mv: décimaux] ★ ~ *stelsel* système *m* décimal
decimeren décimer
decimeter décimètre *m* ★ *vierkante* ~ décimètre carré ★ *kubieke* ~ décimètre cube
declamatie récitation *v*
declameren déclamer, réciter
declaratie ❶ *onkostennota* note *v* de frais ★ *een* ~ *indienen* présenter une note de frais ❷ *aangifte* déclaration *v*
declareren ❶ *in rekening brengen* déclarer ★ *reiskosten* ~ déclarer ses frais de déplacement ❷ *aangifte doen* déclarer
declasseren ❶ *in lagere klasse zetten* déclasser ❷ *overklassen* surclasser
declinatie taalk déclinaison *v*
declineren décliner
decoder décodeur *m*
decoderen décoder
decolleté décolleté *m*
decompressie décompression *v*
deconfiture ❶ *mislukking* déconfiture *v* ❷ *bankroet* faillite *v*
decor ❶ ton *bouwsel op toneel* décor *m* ❷ *omgeving* décor *m*
decoratie ❶ *versiering* décoration *v* ❷ *onderscheiding* décoration *v*
decoratief décoratif [v: décorative], ornemental [m mv: ornementaux]
decoreren décorer
decorstukken pièces *v mv* du décor
decorum décorum *m* ★ *het* ~ *bewaren* observer le décorum
decoupeerzaag scie *v* sauteuse
decreet décret *m* ★ *regeren per* ~ gouverner par décret(s)
decrescendo decrescendo, décrescendo
dedain dédain *m* (**voor** de, pour)
deden [verl. td.] → **doen**
deduceren déduire (**uit** de)
deductie déduction *v*
deed [verl. td.] → **doen**
deeg pâte *v*
deegroller rouleau *m* à pâtisserie [mv: rouleaux ...]
deegwaren pâtes *v mv* (alimentaires)
deejay disc-jockey *m*, D.J. *m*
deel I *het* ❶ *gedeelte* partie *v*, portion *v*, ‹van muziekstuk› mouvement *m*, ‹aandeel› part *v* ★ *een deel van de tekst is onleesbaar* le texte est en partie illisible ★ *deeltje* particule *v* ★ *een achtste deel* un huitième ★ *voor het grootste deel* en grande partie, pour la plupart ★ *ten dele* en partie ★ *deel uitmaken van* faire partie de ★ *de edele delen* les parties (nobles) ★ *iem. ten deel vallen* échoir à qn, revenir à qn ★ *ieder zijn deel* à chacun son dû ❷ *boekdeel* tome *m*, volume *m* ★ *deel 1 gaat over haar jeugd, deel 2 over haar carrière* le tome 1 traite de sa jeunesse, le tome 2 traite de sa carrière **II** *de, dorsvloer* aire *v* ★ *de voormalige deel is nu de woonkeuken* l'ancienne aire est transformée en cuisine-séjour
deelachtig ★ ~ *worden* obtenir ★ *iem. iets* ~ *maken* faire participer qn à qc
deelbaar divisible ★ *8 is* ~ *door 4* 8 est divisible par 4
deelgebied secteur *m*
deelgemeente ≈ arrondissement *m*
deelgenoot partenaire *m/v*, associé *m* [v: associée] ★ *iem.* ~ *maken van zijn vreugde* associer qn à sa joie ★ *iem.* ~ *maken van een geheim* mettre qn dans le secret
deelhebben ~ **aan** avoir part à, participer à
deellijn bissectrice *v*
deelname ❶ *het meedoen* participation *v* ❷ BN *aandeel* participation *v*
deelnemen ❶ *meedoen* prendre part (**aan** à), participer (**aan** à) ★ ~ *aan een wedstrijd* participer à une compétition ❷ ~ **in** *meevoelen met* compatir à, partager ★ *in iemands verdriet* ~ partager la douleur de qn
deelnemer participant *m* [v: participante], ‹in wedstrijd ook› concurrent *m* [v: concurrente] ★ *alle* ~*s hebben de finish gehaald* tous les participants ont pu terminer la course
deelneming ❶ *het meedoen* participation *v* ❷ *medeleven* compassion *v*, sympathie *v*, ‹bij rouw› condoléances *v mv* ★ *zijn* ~ *betuigen* présenter ses condoléances
deelraad ≈ conseil *m* d'arrondissement
deelregering BN pol gouvernement *m* local
deels en partie, partiellement, à moitié
deelstaat État *m* fédéré
deelstreep (barre *v* de) division *v*
deeltal dividende *m*
deelteken wisk points *m mv* / signe *m* de division, ‹trema› tréma *m*
deeltijd ★ *in* ~ *werken* travailler à temps partiel
deeltijdarbeid travail *m* à temps partiel
deeltijdbaan emploi *m* à temps partiel
deeltijder, **deeltijdwerker** employé *m* à temps partiel, travailleur *m* à mi-temps
deeltijds à temps partiel
deeltjesversneller accélérateur *m* de particules
deelverzameling sous-ensemble *m* [mv: sous-ensembles]
deelwoord participe *m* ★ *tegenwoordig* ~ participe présent ★ *voltooid* ~ participe passé
deemoed humilité *v*, soumission *v*

deemoedig I *bn* humble, soumis **II** *bw* humblement, avec humilité
Deen *bewoner* Danois *m*
Deens I *het, taal* danois *m* **II** *bn, m.b.t. Denemarken* danois
Deense Danoise *v*
deerlijk I *bn, jammerlijk, heel erg* pitoyable, triste, grave **II** *bw, in hoge mate* très, fort, gravement ★ *zich ~ vergissen* se tromper lourdement
deernis commisération *v*
deerniswekkend pitoyable
defaitisme défaitisme *m*
defect I *het* défaut *m*, ⟨in het functioneren⟩ panne *v* **II** *bn* défectueux [v: défectueuse], cassé, ⟨in het functioneren⟩ en panne ★ *~ raken* tomber en panne
defensie défense *v* ★ *bezuinigen op ~* réduire le budget de la Défense ★ *minister van Defensie* ministre *m/v* de la Défense
defensief I *het* défensive *v* ★ *in het ~ zijn* être sur la défensive, sport être dominé **II** *bn* défensif [v: défensive] **III** *bw* défensivement
defibrilleren med réaliser une défibrillation
deficiëntie déficience *v*, med carence *v*
defilé défilé *m*
defileren défiler
definiëren définir
definitie définition *v*
definitief I *bn* définitif [v: définitive] ★ *een definitieve regeling* une disposition définitive ★ *de definitieve versie van het rapport* la version définitive du rapport **II** *bw* définitivement ★ *~ weggaan* partir définitivement, partir pour de bon
deformatie déformation *v*
deformeren déformer
deftig I *bn* distingué ★ *~e buurt* quartier bourgeois / chic **II** *bw* d'une façon distinguée, dignement ★ *~ doen* se donner de grands airs
degelijk I *bn* solide, ⟨betrouwbaar⟩ sérieux [v: sérieuse] ★ *een ~e maaltijd* un repas substantiel ★ *~ werk leveren* faire du bon travail ★ *een saaie, ~e ambtenaar* un fonctionnaire ennuyeux et sérieux **II** *bw* solidement, bien ★ *wel ~* (bel et) bien, absolument ★ *zij heeft hem wel ~ ontmoet* elle l'a bel et bien rencontré
degen épée *v* ▼ *de ~s kruisen met* croiser le fer avec
degene celui *m* [m mv: ceux] [v: celle] [v mv: celles] ★ *~ die dat gedaan heeft, moet gestraft worden* celui qui a fait cela doit être puni ★ *is zij ~ die dat gedaan heeft?* c'est elle qui l'a fait? ★ *~n die te laat komen, mogen er niet meer in* ceux qui arrivent en retard ne seront pas admis
degeneratie dégénérescence *v*
dégénéré dégénéré *m* [v: dégénérée]
degenereren dégénérer
degradatie dégradation *v*, rétrogradation *v*, sport relégation *v*
degradatiewedstrijd match *m* de maintien
degraderen I *ov ww, in rang verlagen* dégrader, rétrograder ★ *iem. ~ tot* dégrader qn au rang de **II** *onov ww, rang verliezen* être dégradé, sport être relégué, descendre ★ *deze club is gedegradeerd naar de tweede divisie* ce club a été relégué en deuxième division
degusteren BN *proeven* déguster
dehydratie déshydratation *v*
deinen ⟨op de golven⟩ être bercé (par la houle), ⟨wiegen⟩ (se) balancer
deining ❶ *golfbeweging* houle *v*, bercement *m* ★ *er is veel ~* la mer est houleuse ★ *zware ~* ⟨van zee⟩ mer houleuse, grosse mer ❷ *opschudding* agitation *v*, remous *m mv* ★ *grote ~ veroorzaken* provoquer de grands remous
déjà vu déjà-vu *m*
dek ❶ *bedekking* couverture *v* ❷ *scheepsvloer* pont *m* ★ *aan dek* à bord
dekbed couette *v*, duvet *m*
dekbedovertrek housse *v* de couette
deken ❶ *textiele bedekking* couverture *v* ★ *elektrische ~* couverture chauffante ❷ *overste* doyen *m* [v: doyenne]
dekhengst étalon *m* (reproducteur)
dekken I *ov ww* ❶ *bedekken* couvrir, ⟨overdekken⟩ recouvrir ★ *de tafel ~* mettre la table ★ *~ voor vijf personen* mettre cinq couverts ❷ *vergoeden* couvrir ★ *gedekt zijn tegen diefstal* être assuré contre le vol ❸ *beschermen* couvrir, protéger ❹ *paren met* couvrir, saillir, monter ❺ sport marquer **II** *onov ww,* ⟨verf, kleur⟩ couvrir ★ *~de verf* peinture couvrante
dekking ❶ *beschutting* abri *m* ★ *~ zoeken* se mettre à l'abri ❷ *bevruchting* saillie *v* ❸ *(geld)middelen* ⟨bij verleend krediet⟩ couverture *v*, ⟨met betrekking tot cheques⟩ provision *v* ❹ sport marquage *m*
deklaag ⟨verf⟩ couche *v* de finition
dekmantel couverture *v* ★ *onder de ~ van* sous le couvert de
dekolonisatie décolonisation *v*
deksel couvercle *m*
dekstoel transat *m*
dekzeil bâche *v*
del salope *v*, garce *v*
delegatie délégation *v*
delegeren ❶ *afvaardigen* déléguer ❷ *overdragen* déléguer ★ *taken ~* déléguer des tâches
delen I *ov ww* ❶ *in stukken, porties delen* partager, diviser ★ *in drieën ~* partager en trois ★ *iets met iem. ~* partager qc avec qn ★ *iets samen ~* se partager qc ★ *samen ~!* part à deux! ❷ wisk diviser ★ *8 ~ door 2* diviser 8 par 2 ❸ *gemeen hebben* partager ★ *een mening ~* partager un point de vue **II** *onov ww,* ~ **in** partager, prendre part à ★ *~ in de winst* participer aux bénéfices
deler wisk diviseur *m* ★ *grootste gemene ~* le plus grand commun diviseur
deleteknop comp touche *v* d'effacement
deleten comp effacer
delfde [verl. td.] → **delven**
delfden [verl. td.] → **delven**
delfstof minéral *m* [mv: minéraux]
delgen amortir
delibereren délibérer
delicaat I *bn* ❶ *teer, gevoelig, verfijnd* délicat ❷ *netelig* délicat **II** *bw* délicatement, avec tact
delicatesse ❶ *lekkernij* régal *m*, délice *m* ❷ *tact* délicatesse *v*, tact *m*
delicatessenwinkel épicerie *v* fine
delict délit *m*

de

deling ❶ *het (ver)delen* partage *m* ★ ~ *in de winst* participation *v* aux bénéfices ❷ wisk division *v*
delinquent délinquant *m* [v: délinquante]
delirium délirium *m*, délire *m*
delta ❶ *Griekse letter* delta *m* ❷ *riviermonding* delta *m*
deltavliegen faire du deltaplane
Deltawerken travaux *m mv* du plan Delta
delven ❶ *opgraven* extraire ★ *kolen* ~ extraire de la houille ❷ *graven* creuser ★ *zijn eigen graf* ~ creuser sa tombe
demagogie démagogie *v*
demagogisch démagogique
demagoog démagogue *m*
demarcatielijn ligne *v* de démarcation
demarrage sport échappée *v*
demarreren s'échapper, démarrer
dement sénile, gâteux *v* [v: gâteuse]
dementeren *dement worden* être atteint de démence sénile
dementie démence *v* (sénile)
demilitariseren démilitariser
demissionair démissionnaire
demo *monster* (bande *v* / CD *m*) démo *v*
demobiliseren ❶ *de mobilisatie opheffen* démobiliser ❷ *ontslaan uit de krijgsdienst* démobiliser
democraat démocrate *m/v*
democratie démocratie *v* ★ *de parlementaire* ~ la démocratie parlementaire ★ *westerse ~ën* démocraties occidentales
democratisch I *bn* démocratique ★ *~e besluitvorming* processus *m* démocratique de décision ★ *twijfels over het ~ gehalte van het regime* des doutes *v mv* sur l'esprit démocratique du régime **II** *bw* démocratiquement
democratiseren démocratiser
demografie démographie *v*
demografisch démographique
demon ❶ *bovennatuurlijk wezen* démon *m* ❷ *slechterik* démon *m*
demonisch démoniaque
demoniseren pol diaboliser
demonstrant manifestant *m* [v: manifestante]
demonstratie ❶ *het tonen* démonstration *v*, ‹vertoning› exhibition *v* ★ *een ~ geven* faire une démonstration ❷ *betoging* manifestation *v* ★ *een ~ tegen zinloos geweld* une manifestation contre la violence gratuite
demonstratief I *bn* démonstratif [v: démonstrative] **II** *bw* démonstrativement ★ ~ *weglopen* quitter ostensiblement les lieux
demonstreren I *ov ww, aantonen* démontrer, ‹van apparaat› faire la démonstration de ★ ~ *hoe iets werkt* faire la démonstration du fonctionnement de qc **II** *onov ww, betoging houden* manifester ★ ~ *tegen iets* manifester contre qc
demontabel démontable
demontage démontage *m*
demonteren démonter, ‹van bom e.d.› désamorcer
demoraliseren démoraliser
demotie rétrogradation *v*
demotiveren démotiver
dempen ❶ *dichtgooien* combler ★ *een gracht* ~ combler un canal ❷ *onderdrukken* étouffer ★ *gedempt licht* lumière *v* tamisée ★ *gedempt geluid* bruit feutré / amorti ★ *met gedempte stem* à mi-voix, à voix basse ★ *gedempte kleur* demi-teinte *v* ★ *zijn stem* ~ baisser la voix
demper muz sourdine *v*, ‹van toetsinstrument› étouffoir *m*
den pin *m* ★ *zo slank als een den* mince comme du papier à cigarettes
denappel pomme *v* de pin
Den Bosch Bois-le-Duc *m*
denderen trépider ★ *de vrachtwagen denderde voorbij* le camion passa avec un bruit fracassant
denderend formidable ★ *niet* ~ pas terrible
Denemarken le Danemark ★ *in* ~ au Danemark
Den Haag La Haye
denigrerend I *bn* dénigrant ★ *een ~e opmerking* une réflexion méprisante **II** *bw* de façon dénigrante, par dénigrement ★ ~ *over iem. spreken* dénigrer qn
denim denim *m*, jean *m*
denkbaar concevable, imaginable, possible
denkbeeld idée *v* ★ *zich een ~ vormen van* se faire une idée de
denkbeeldig imaginaire
denkelijk I *bn* probable **II** *bw* probablement
denken I *onov ww* ❶ *nadenken* penser (**aan**, **om** à), réfléchir (**over** à, sur) ★ *ik denk veel aan je* je pense beaucoup à toi ★ *hardop* ~ penser tout haut ★ *ruim* ~ être large d'esprit ★ *dat geeft te* ~ ça donne à réfléchir ★ *doen ~ aan* faire penser à ❷ *van mening zijn* ★ *zó denk ik erover* c'est mon point de vue ❸ *van plan zijn* songer à, penser ★ *ik denk morgen te vertrekken* je compte partir demain ★ *geen ~ aan!* il n'en est pas question! ★ *ik moet er niet aan ~!* rien que d'y penser! ❹ *niet vergeten* penser ★ *daar heb ik niet aan gedacht* je n'y ai pas pensé ★ *denk eraan!* penses-y!, n'oublie pas! ★ *denk erom!* attention! ★ *denk om het afstapje* attention à la marche ★ *denk erom dat je nog boodschappen doet* n'oublie pas de faire les courses **II** *ov ww* ❶ *van mening zijn* penser (**van**, **over** de), croire ★ *bij zichzelf* ~ penser en soi-même, se dire ★ *wat denk je ervan?* qu'en penses-tu? ★ *ik denk er het mijne van* j'ai ma petite idée là-dessus ❷ *vermoeden* penser, croire ★ *ik denk het niet* je ne pense pas ★ *ik denk van niet* je pense que non ★ *je zou ~ dat* ... on dirait que ... ★ *ik dacht dat je weg was* je te croyais parti ★ *dacht ik het niet?* je m'en doutais!, je m'y attendais! ★ *wie had dat gedacht?* qui aurait pu le penser? ❸ *zich voorstellen* s'imaginer ★ *wie denk je wel dat je bent?* pour qui tu te prends? ★ *dat had je gedacht!* penses-tu! ❹ *van plan zijn* ★ *ik denk dat ik morgen wegga* je compte partir demain **III** *het* pensée *v*
denker penseur *m*
denkfout raisonnement *m* faux, erreur *v* de raisonnement
denkpatroon façon *v* de penser, pensée *v*
denksport sport *m* cérébral [mv: sports cérébraux]
denktank cellule *v* de réflexion, laboratoire *m* d'idées
denkvermogen faculté *v* de penser
denkwereld univers *m* mental

denkwijze façon *v* de penser, pensée *v*
dennenappel pomme *v* de pin
dennenboom pin *m*
dennennaald aiguille *v* de pin
denotatie dénotation *v*
dentaal taalk dental [m mv: dentaux]
deo *deodorant* déo *m*
deodorant déodorant *m*
deontologie BN déontologie *v* (professionnelle)
depanneren ❶ BN *repareren* dépanner ❷ BN *uit de nood helpen* dépanner ★ *iem.* ~ dépanner qn
departement ❶ *bestuursgebied* département *m* ❷ *ministerie* ministère *m* ❸ BN *subfaculteit* département *m*
depersonalisatie dépersonnalisation *v*
depolitiseren dépolitiser
deponeren ❶ *neerleggen, in bewaring geven* déposer ❷ *indienen* ⟨handelsmerk, fabrieksmerk⟩ déposer ★ *gedeponeerd handelsmerk* marque *v* déposée
deportatie déportation *v*
deporteren déporter
deposito dépôt *m* ★ *in* ~ en dépôt
depositorekening compte *m* (de) dépôt
depot ❶ *bewaarplaats* dépôt *m* ★ *in* ~ en dépôt ❷ *wat bewaard wordt* dépôt *m*
deppen tamponner
depressie ❶ *lagedrukgebied* dépression *v* ❷ psych dépression *v* (nerveuse) ❸ econ dépression *v*
depressief dépressif [v: dépressive]
depri *depressief* déprimé
deprimeren déprimer
deputatie députation *v* ★ BN *Bestendige Deputatie* Députation permanente
der I *lidw, van de* du [v: de la] [mv: des] [vóór klinker of stomme h: de l'] **II** *bw, daar* ★ *her en der* ça et là → **her**
derailleren dérailler
derailleur dérailleur *m*
derby sport derby *m*
derde I *telw* ❶ troisième ★ *een* ~ *(deel)* un tiers ★ *twee* ~ (les) deux tiers ★ *ten* ~ troisièmement ❷ → **vierde II** *de* tiers *m* ★ *de lachende* ~ le troisième larron
derdegraads de troisième degré
derdegraadsverbranding brûlure *v* au troisième degré
derderangs bas de gamme ★ ~ *spul* de la camelote, de la pacotille
derdewereldland pays *m* du tiers-monde
dereguleren déréglementer
deregulering déréglementation *v*, dérégulation *v*
deren gêner, nuire à ★ *dat deert me niet* cela ne (me) fait rien
dergelijk semblable, tel [v: telle], pareil [v: pareille], de ce genre, de la sorte ★ *~e opmerkingen worden hier niet getolereerd* on ne tolère pas ce genre de propos ici ★ *en ~e* et autres choses de ce genre, et ainsi de suite ★ *iets ~s* (une) chose pareille, qc dans ce genre, qc comme ça
derhalve par conséquent, donc
derivaat *wat afgeleid is* dérivé *m*
dermate tellement, à tel point
dermatologie dermatologie *v*
dermatoloog dermatologue *m/v*
derrie *viezigheid* gadoue *v*
derrière derrière *m*
dertien treize → **vier**
dertiende treizième → **vierde**
dertig trente → **vier, veertig**
dertiger personne *v* dans la trentaine
dertigste trentième → **vierde, veertigste**
derven être privé de, manquer de ★ *winst* ~ subir un manque à gagner, subir une perte de bénéfice
derving perte *v*, manque *m*
des I *de muz* ré *m* bémol **II** *bw* ★ *des te beter* tant mieux ★ *des te erger* tant pis ★ *des te minder* d'autant moins ★ *des te meer omdat* d'autant plus que
desalniettemin néanmoins, malgré cela, toutefois
desastreus désastreux [v: désastreuse]
desbetreffend en question, concerné, relatif à ce sujet [v: relative ...]
descriptief descriptif [v: descriptive]
desem levain *m*
deserteren déserter
deserteur déserteur *m*
desertie désertion *v*
desgevallend BN le cas échéant
desgevraagd sur demande
desgewenst si vous le désirez, sur demande
design I *de/het, het ontwerpen* design *m* **II** *bn* ★ ~ *meubels* meubles design
designer designer *m/v*
desillusie désillusion *v*
desinfectans désinfectant *m*
desinfecteermiddel désinfectant *m*
desinfecteren désinfecter
desinformatie désinformation *v*, inform intox(e) *v*
desintegratie désintégration *v*
desintegreren se désintégrer
desinteresse désintérêt *m*
desktop, desktopcomputer comp ordinateur *m* (de bureau)
desktoppublishing comp publication *v* assistée par ordinateur, PAO *v*
deskundig expert (**in** dans, en) ★ ~ *op het gebied van cv-techniek* expert en matière de systèmes de chauffage central, spécialiste du chauffage central ★ ~ *advies* conseil *m* d'expert
deskundige expert *m* ★ *een* ~ *inschakelen* faire appel à un expert
deskundigheid compétence *v*
desnoods au besoin, si nécessaire, à la rigueur
desolaat *troosteloos* désolé
desondanks cependant, malgré tout, malgré cela
desoriëntatie désorientation *v*
despoot despote *m* ★ *verlicht* ~ despote éclairé
despotisch despotique
dessert dessert *m*
dessertwijn culin vin *m* de dessert
dessin dessin *m*
destabiliseren déstabiliser
destijds en ce temps-là, alors, à l'époque ★ ~ *gingen we op de fiets met vakantie* en ce temps-là, on passait nos vacances en vélo ★ *het hotel is* ~

gebouwd als klooster à l'époque, l'hôtel a été construit comme monastère
destilleren → **distilleren**
destructie destruction *v*
destructief destructif [v: destructive]
detachement détachement *m*
detacheren détacher
detail détail *m* ★ *in ~s treden* entrer dans le(s) détail(s) ★ *(tot) in ~* en détail, par le menu
detailhandel *handelsvorm* commerce *m* de détail
detailleren détailler
detaillist détaillant *m* [v: détaillante]
detailopname ≈ prise *v* de vue d'un détail
detecteren détecter
detectie détection *v*
detectiepoortje portique *m* / portail *m* de détection, portique détecteur
detective ❶ *persoon* détective *m* ❷ *roman* (roman *m*) policier *m*, inform polar *m* ❸ *film* film *m* policier, inform polar *m*
detector détecteur *m*
detentie détention *v*
determineren déterminer
determinisme déterminisme *m*
detineren détenir
detoneren ❶ *vals klinken* détonner ❷ *uit de toon vallen* détonner
deuce sport égalité *v*, quarante-A
deugd vertu *v* ▾ *dat doet me ~* ça (me) fait du bien ▾ BN *~ beleven aan* prendre plaisir à
deugdelijk I *bn, degelijk* solide, ⟨gegrond⟩ valable **II** *bw* dûment, solidement, bien
deugdzaam I *bn* vertueux [v: vertueuse], sage **II** *bw* vertueusement, sagement
deugen ❶ *geschikt zijn* être bon [v: être bonne] ★ *hij deugt nergens voor* il n'est bon à rien, il ne vaut rien ★ *hij deugt niet voor dat vak* il n'est pas fait pour ce métier ★ *dat deugt niet* ça ne vaut rien ★ *dat deugt nergens voor* ça ne sert à rien ❷ *braaf zijn* se conduire bien ★ *een vent die deugt* un type bien ★ *hij deugt niet* il est méchant
deugniet vaurien *m*, ⟨guit⟩ coquin *m* [v: coquine]
deuk ❶ *buts* bosse *v* ❷ fig coup *m* ★ *een deuk oplopen* prendre un coup ★ *in een deuk liggen* se tordre de rire
deuken I *ov ww, deuken maken* cabosser, bosseler ★ *gedeukt zijn* être cabossé / bosselé **II** *onov ww, deuken krijgen* être cabossé / bosselé
deun refrain *m*, air *m* ▾ *een deuntje zitten huilen* pleurnicher
deur porte *v*, ⟨van auto⟩ portière *v* ★ *de deur naar de tuin* la porte qui donne / ouvre sur le jardin ★ *laat de deur maar openstaan* tu peux laisser la porte ouverte ★ *dubbele deur(en)* une porte à deux battants ★ *openslaande deuren* des portes-fenêtres ★ *buiten de deur komen* mettre le nez dehors ★ *in de deur staan* être sur le pas de la porte ★ *langs de deuren gaan* faire du porte-à-porte ★ *met de deuren slaan* claquer les portes ★ *de deur uitgaan* sortir ★ *de deur achter iem. dichtdoen* fermer la porte sur qn ★ fig *buiten de deur eten* dîner en ville ★ fig *iets buiten de deur houden* tenir qc éloigné ★ fig *niet samen door één deur kunnen* ne pas pouvoir se sentir ★ fig *met gesloten deuren* à huis clos ★ fig *met de deur in huis vallen* ne pas y aller par quatre chemins ★ fig *dat is naast de deur* c'est à deux pas d'ici ★ fig *voor de deur staan* être à la porte, approcher, être imminent ★ fig *een open deur intrappen* enfoncer une porte ouverte ★ fig *iem. de deur wijzen* montrer la porte à qn, mettre qn à la porte ★ fig *de deur bij iem. platlopen* être toujours fourré chez qn, inform squatter chez qn ★ fig *dat doet de deur dicht* c'est le comble, la mesure est comble ★ fig *de deur gesloten vinden (bij iemand)* trouver porte close, se casser le nez à la porte (de qn) ★ fig BN *iem. aan de deur zetten* mettre qn à la porte
deurbel sonnette *v*
deurdranger ferme-porte *m* [mv: id.]
deurknop bouton *m* de porte, poignée *v* de porte
deurmat paillasson *m*
deuropening embrasure *v*, baie *v*
deurpost montant *m*
deurwaarder huissier *m*
deuvel goujon *m*
deux-chevaux deux-chevaux *v* [mv: id.]
deux-pièces deux-pièces *m* [mv: id.]
devaluatie dévaluation *v*
devalueren I *ov ww, minder waard maken* dévaluer **II** *onov ww, minder waard worden* se dévaluer
device appareil *m* ★ *een mobiel ~* un appareil mobile
devies ❶ *stelregel* devise *v* ❷ *betaalmiddel* ★ *deviezen* devises *v mv*
deviezenhandel marché *m* du change, marché des changes
deviezenreserve réserve *v* de / en devises
devoot ❶ *vroom* dévot ❷ *toegewijd* dévoué
devotie dévotion *v*
dextrose dextrose *m*
deze ⟨bijvoeglijk⟩ ce [v: cette] [mv: ces] [vóór klinker of stomme h: cet], ⟨zelfstandig⟩ celui-ci [m mv: ceux-ci] [v: celle-ci] [v mv: celles-ci] ★ *deze keer lukt het wel* cette fois ça y est ★ *deze huizen* ces maisons ★ *déze huizen* ces maisons-ci ★ *bij dezen* par la présente ★ *in dezen* sur ce point ★ *deze of gene* ⟨persoon⟩ quelqu'un ★ *deze of gene* ⟨zaak⟩ quelque chose
dezelfde le même [v: la même] [mv: les mêmes] ★ *we hebben op ~ universiteit gezeten* on a fait nos études à la même université ★ *~n (als)* les mêmes personnes (que)
dia diapositive *v*, inform diapo *v*
diabetes diabète *m*
diabeticus diabétique *m/v*
diabolo diabolo *m*
diacones diaconesse *v*
diadeem diadème *m*
diafilm film *m* pour diapos
diafragma *lensopening* diaphragme *m* ★ *groter ~ nemen* ouvrir le diaphragme
diagnose med diagnostic *m* ★ *de ~ stellen* faire le diagnostic
diagnosticeren diagnostiquer
diagnostisch diagnostique
diagonaal I *de* diagonale *v* **II** *bn* diagonal [m mv: diagonaux] **III** *bw* en diagonale
diagram diagramme *m*, ⟨grafiek⟩ graphique *m*

diaken ❶ *katholiek* diacre *m* ❷ *protestant* diacre *m*
diakritisch diacritique
dialect dialecte *m*, patois *m*
dialoog dialogue *m*
dialyse dialyse *v*
diamant I *de* diamant *m* II *het* diamant *m*
diamantair diamantaire *m/v*
diamanten de diamant(s)
diameter diamètre *m*
diametraal I *bn* diamétral [m mv: diamétraux] II *bw* ★ ~ *tegenover elkaar* ook fig diamétralement opposés
diapositief diapositive *v*
diaprojector projecteur *m* (de diapositives)
diaraampje cadre *m* pour diapositive
diarree diarrhée *v*
dicht I *bn* ❶ *gesloten* fermé, clos, ‹geen vloeistof doorlatend› étanche, ‹verstopt› bouché ★ *de deur was en bleef* ~ la porte était fermée et restait fermée ★ *het museum is op maandag* ~ le musée est fermé le lundi ★ *mondje* ~*!* bouche cousue! ❷ *opeen* dense, compact, ‹dicht ineen› épais [v: épaisse], serré ★ ~*e mist* du brouillard épais / dense II *bw* ❶ *dichtbij* près (de), proche (de) ★ ~ *bij huis* près de chez nous ★ ~ *bij elkaar* l'un près de l'autre ❷ *opeen* dru ★ *sta niet zo* ~ *op elkaar* ne mettez-vous pas les uns sur les autres
dichtbegroeid touffu, dru
dichtbevolkt très peuplé ★ *een* ~ *gebied* une région populeuse, une région à population dense
dichtbij (tout) près ★ *het strand is heel* ~ la plage est tout près d'ici ★ *van* ~ de près ★ ~ *komen* se rapprocher tout près
dichtbinden ficeler, nouer
dichtbundel recueil *m* de poèmes
dichtdoen fermer
dichtdraaien fermer
dichten ❶ *in dichtvorm schrijven* écrire (des poèmes), faire (des vers) ❷ *dichtmaken* fermer, ‹van gat, lek› boucher, colmater, ‹van (tocht)kier› calfeutrer, ‹opvullen / dempen› combler, remplir, obturer, ‹waterdicht maken› étancher ★ *een gat* ~ boucher un trou
dichter poète *m*
dichterbij I *bn* plus proche II *bw* plus près ★ ~ *komen* s'approcher
dichteres (femme *v*) poète *m*, ook pej poétesse *v*
dichterlijk poétique ★ ~*e vrijheid* licence *v* poétique
dichtgaan (se) fermer
dichtgooien ❶ *met klap dichtdoen* ★ *de deur* ~ claquer la porte ❷ *dichtmaken* combler ★ *een sloot* ~ combler un fossé
dichtheid densité *v*, ‹van mist e.d.› épaisseur *v*
dichtklappen I *ov ww, hard dichtdoen* claquer, fermer d'un coup sec II *onov ww* ❶ *hard dichtgaan* claquer, se fermer d'un coup sec ❷ *zich niet uiten* se renfermer, se replier sur soi
dichtknijpen pincer ★ *hij mag zijn handen* ~ il peut se frotter les mains ★ *zijn neus* ~ se boucher le nez ★ fig *een oogje* ~ fermer les yeux
dichtknopen boutonner
dichtkunst poésie *v*, art *m* poétique
dichtmaken fermer, ‹van gat› boucher, ‹van sloot› combler, ‹met knopen› boutonner
dichtnaaien (re)coudre
dichtplakken coller, ‹van envelop› cacheter
dichtregel vers *m*
dichtslaan I *ov ww* claquer, fermer d'un coup sec II *onov ww* se fermer d'un coup sec, claquer ★ *de deur sloeg dicht* la porte s'est fermée d'un coup sec
dichtslibben s'envaser
dichtspijkeren clouer
dichtstbijzijnd le plus proche ★ *de* ~*e supermarkt* le supermarché le plus proche
dichtstoppen fermer, ‹van gat, lek› boucher, colmater, ‹van kier› calfeutrer
dichttimmeren fermer avec des clous, boucher
dichttrekken I *ov ww, dichtdoen* fermer ★ *de deur achter zich* ~ fermer la porte derrière soi II *onov ww, bewolkt worden* se couvrir
dichtvriezen (se) geler, (se) prendre ★ *de rivieren zijn dichtgevroren* les fleuves sont pris (par les glaces)
dichtwerk ❶ *groot gedicht* poème *m* ❷ *gedichten* œuvre *v* poétique
dichtzitten ❶ *gesloten zijn* être fermé ★ *mijn oren zitten dicht* j'ai les oreilles bouchées ❷ *niet zichtbaar zijn door mist* être bouché
dictaat ❶ *aantekeningen* notes *v mv* (de cours) ❷ *opgelegde regeling* diktat *m*
dictafoon dictaphone *m*
dictator dictateur *m* [v: dictatrice]
dictatoriaal dictatorial [m mv: dictatoriaux]
dictatuur dictature *v*
dictee dictée *v*
dicteerapparaat dictaphone *m*
dicteren dicter ★ *de vredesvoorwaarden* ~ imposer les conditions de la paix ★ *het gedicteerde opschrijven* écrire sous la dictée
dictie diction *v*
didactiek didactique *v*, pédagogie *v*
didactisch didactique
didgeridoo muz didgeridou *m*
die I *aanw vnw* ‹bijvoeglijk› ce [v: cette] [mv: ces] [vóór klinker of stomme h: cet], ‹zelfstandig› celui-là [m mv: ceux-là] [v: celle-là] [v mv: celles-là] ★ *die deur* cette porte ★ *die Marco toch!* sacré Marco! ★ *díe deur* cette porte-là ★ *die en die* (un) tel ★ *die broek vind ik mooi, maar die rode bevalt me nog meer* j'aime bien ce pantalon, mais j'aime mieux le rouge ★ *die of die* tel ou tel ★ *Piet, die vergeet alles* Pierre, il oublie tout ★ *die is goed!* elle est bonne! ★ *niet deze maar die* pas celui-ci mais celui-là ★ *mijnheer Die-en-Die* Monsieur Untel ★ *en wat dies meer zij* et ainsi de suite II *betr vnw* ‹als onderwerp› qui, ‹als lijdend voorwerp› que, ‹na voorzetsel› qui, form lequel [m mv: lesquels] [v: laquelle] [mv: lesquelles]
dieet régime *m* ★ ~ *houden* faire / suivre un régime ★ *op* ~ *zijn* être au régime ★ *een streng* ~ *volgen* suivre un régime sévère
dief voleur *m* [v: voleuse] ★ *houdt de dief!* au voleur! ★ *dan ben ik een dief van mijn eigen portemonnee* ≈ j'en serais de ma poche ★ *als een dief in de nacht* comme un voleur
diefstal vol *m* ★ ~ *met braak* vol avec effraction
diegene celui (qui) [m mv: ceux] [v: celle] [v mv: celles] ★ ~*n die* ceux qui

diehard dur *m* (de dur), jusqu'au-boutiste *m/v*
dienaangaande à ce sujet, sur ce point
dienaar serviteur *m* [v: servante]
dienblad plateau *m* [mv: plateaux]
dienen I *onov ww* ❶ ~ **te** falloir, devoir ★ *dat dient gezegd te worden* il faut le dire ❷ ~ **als** servir de ★ *dit vertrek dient als keuken* cette pièce sert de cuisine, servir à ❸ ~ **toe/tot** servir de ★ *dat dient nergens toe* cela ne sert à rien ★ *tot voorbeeld* ~ servir d'exemple ❹ ~ **voor** servir à ❺ jur *behandeld worden* être jugé **II** *ov ww* ❶ ~ **van** ★ *iem. van advies* ~ conseiller qn ★ *(iemand) van repliek* ~ répliquer qc (à qn) ▾ *daarvan ben ik niet gediend!* je ne l'apprécie guère ❷ *soldaat zijn* servir ★ ~ *bij de marine* servir dans la marine
dienovereenkomstig en conséquence
diens son *m* [v: sa] [mv: ses]
dienst ❶ *het dienen, het werken voor* service *m* ★ *in* ~ *hebben* employer ★ *in* ~ *nemen* engager, embaucher ★ *in* ~ *treden* entrer en fonction(s) ★ *in vaste* ~ *zijn* avoir un CDI, avoir un poste fixe, être titulaire ★ *in (militaire)* ~ *zijn* faire son service (militaire) ★ *de* ~ *uitmaken* commander, être le patron ★ *in* ~ *van* au service de ★ *buiten* ~ hors service ★ ~ *hebben* être de service, ⟨weekend- / nachtdienst⟩ être de garde / permanence ★ BN ~ *inbegrepen* service compris ★ BN ~ *na verkoop* service *m* après-vente ❷ *instelling* service *m* ★ *de technische* ~ le service technique ★ *sociale* ~ service social ★ *geheime* ~ service secret ❸ *godsdienstoefening* service *m*, office *m*, ⟨protestants⟩ culte *m*, ⟨rooms-katholiek⟩ messe *v* ★ *een* ~ *houden* célébrer le culte / la messe ★ *een* ~ *bijwonen* assister au culte ❹ *behulpzame daad* service *m* ★ *iem. een* ~ *bewijzen* rendre service à qn ★ *iem. een slechte* ~ *bewijzen* desservir qn ★ *iem. van* ~ *zijn* servir à qn, rendre service à qn ★ *tot uw* ~ à votre service ★ *wat is er van uw* ~*?* que puis-je pour vous?, puis-je vous aider? ★ *de ene* ~ *is de andere waard* un service en vaut un autre, inform renvoyer l'ascenseur ❺ *nut* ★ *ten* ~*e staan van* être à la disposition de ❻ *geregelde verbinding vervoermiddelen* ★ *deze* ~ *is vorig jaar opgeheven* ce service a été supprimé l'année dernière
dienstauto voiture *v* de fonction
dienstbaar ❶ *dienend* serviable ❷ *nuttig* utile ★ ~ *maken aan* mettre à profit de
dienstbetrekking ❶ *het in dienst zijn* service *m* (salarié), engagement *m* ❷ *functie* emploi *m* ★ *een* ~ *hebben* avoir un emploi, être employé
dienstbevel mil ordre *m*
dienstbode bonne *v*, femme *v* de ménage
dienstdoen ~ **als** servir de ★ *dit schoteltje doet dienst als asbak* cette soucoupe sert de cendrier
dienstdoend de service, ⟨weekend- / nachtdienst⟩ de garde / de permanence
dienstencentrum centre *m* d'aide sociale
dienstensector secteur *m* tertiaire
dienster serveuse *v*
dienstgeheim secret *m* professionnel
dienstig utile (**voor** à), bon (**voor** pour) [v: bonne]
dienstjaar ❶ *jaar dat men in dienst is* année *v* de service / d'ancienneté, ⟨pensioenjaar⟩ annuité *v* ❷ *begrotingsjaar* exercice *m*
dienstklopper fayot *m* ★ *een* ~ *zijn* faire un excès de zèle
dienstmededeling communication *v* de service
dienstmeisje bonne *v*, femme *v* de ménage
dienstplicht service *m* obligatoire / national ★ *zijn* ~ *vervullen* faire son service militaire
dienstplichtig ★ ~ *zijn* être astreint au service militaire ★ ~ *soldaat* appelé *m* ★ *de* ~*e leeftijd* l'âge de l'appel, l'âge du service militaire
dienstplichtige appelé *m*
dienstregeling horaire *m*, ⟨boekje⟩ indicateur *m*
dienstreis déplacement *m* (professionnel), mission *v* ★ *op* ~ *zijn* être en déplacement
diensttijd ❶ mil service *m* (militaire) ❷ *arbeidsjaren* (temps *m* de) service *m*
dienstvaardig serviable
dienstverband service *m* (salarié), engagement *m*
dienstverlenend prestataire de services ★ *de* ~*e sector* le secteur tertiaire
dienstverlener prestataire *m* de services
dienstverlening (prestations *v mv* de) service *m*
dienstweigeraar objecteur *m* de conscience
dienstweigeren ❶ mil refuser de faire son service militaire ❷ *niet functioneren* ★ *mijn benen weigerden dienst* mes jambes ont lâché
dienstweigering insubordination *v*, ⟨van dienstplicht⟩ objection *v* de conscience
dienstwoning logement *m* de fonction
dientengevolge par conséquent
diep I *bn* ❶ ⟨van plaats⟩ *laag, achter* profond ★ *een diep bord* une assiette creuse ★ *vijf meter diep* profond de cinq mètres, à cinq mètres de profondeur ★ *hoe diep is ...* quelle est la profondeur de ... ❷ fig profond, intense, vif [v: vive], ⟨van geluiden⟩ grave ★ *diepe duisternis* une obscurité épaisse ★ *diepe rouw* grand deuil *m* ★ *een diepe stem* une voix grave ★ *de diepere oorzaak* la cause profonde ★ *in het diepste geheim* dans le plus grand secret ★ *uit het diepst van mijn hart* du fond de mon cœur **II** *bw* ❶ ⟨van plaats⟩ *laag, achter* profondément ★ *dat schip gaat drie meter diep* ce navire tire trois mètres (d'eau) ★ *diep door de knieën zakken* plier les genoux à fond ★ *diep doordringen in* s'enfoncer dans ★ *diep in* au cœur de, (tout) au fond de, au fin fond de ❷ fig profondément ★ *diep beledigd* gravement offensé, outragé ★ *diep gekwetst* blessé au vif ★ *diep bedroefd* profondément attristé ★ *diep geroerd* profondément touché ★ *diep gezonken* tombé (bien) bas ★ *diep inademen* respirer à fond ★ *diep in de schulden zitten* être criblé de dettes ★ *diep medelijden hebben met* ressentir une vive pitié pour ★ *diep in gedachten verzonken* plongé dans ses pensées ★ *diep in de nacht* au milieu de la nuit, en pleine nuit **III** *het, vaargeul* canal *m*
diep- ★ *diepblauw* d'un bleu profond ★ *dieprood* d'un rouge vif ★ *dieptreurig* navrant
diepdruk héliogravure *v*
dieperik ▾ BN *de* ~ *ingaan* s'enfoncer, couler
diepgaand I *bn* approfondi, ⟨ingrijpend⟩ profond ★ ~ *onderzoek* étude *v* / enquête *v* approfondie **II** *bw* en profondeur, profondément, à fond
diepgang ❶ fig profondeur *v* ❷ lett tirant *m* d'eau

diepgeworteld enraciné, viscéral [m mv: viscéraux]
dieplader camion *m* surbaissé
diepliggend profond, (r)enfoncé, scheepv à grand tirant d'eau ★ *~e ogen* des yeux enfoncés
diepte ❶ *het diep zijn* profondeur *v* ★ *de ~ van een meer* la profondeur d'un lac ★ *een schilderij met veel ~* une peinture pleine de profondeur ★ *op vijf meter ~* à cinq mètres de profondeur ❷ *diepe plaats, afgrond* enfoncement *m*, fond *m* ★ *hij stortte in de ~* il se précipitait dans le vide
diepte-interview interview *v* en profondeur
dieptepass sport passe *v* en profondeur
dieptepsychologie psychologie *v* des profondeurs
dieptepunt ❶ *slechtste toestand* fond *m* ★ *het ~ bereiken* être au plus bas, être dans le creux (de la vague), toucher le fond ❷ *laagste punt* fond *m* ★ *het ~ bereiken* être au plus bas
diepvries ❶ *vriezer* congélateur *m* ❷ *het diepvriezen* congélation *v* ❸ *diepvriesproducten* (produits *m mv*) surgelés *m mv*
diepvriesmaaltijd repas *m* surgelé
diepvriezen congeler, surgeler
diepvriezer congélateur *m*
diepzee grands fonds *m mv* (océaniques)
diepzeeduiken plongée *v* sous-marine
diepzinnig profond, perspicace
dier *beest* animal *m* [mv: animaux], bête *v* ★ *een wild dier* une bête féroce ★ *bang zijn voor dieren* avoir peur des animaux
dierbaar cher [v: chère], ‹ding› précieux [v: précieuse]
dierenactivist activiste *m/v* défenseur des animaux
dierenarts vétérinaire *m/v*
dierenasiel refuge *m* (pour animaux), fourrière *v*
Dierenbescherming *organisatie voor dierenbescherming* Société *v* protectrice des animaux, SPA *v*
dierenbeul bourreau *m* d'animaux [mv: bourreaux ...]
dierendag journée *v* (mondiale) des animaux
dierenriem zodiaque *m* ★ *de tekens van de ~* les signes du zodiaque
dierenrijk règne *m* animal
dierentemmer dompteur *m* [v: dompteuse]
dierentuin jardin *m* zoologique, zoo *m*
dierenvriend ami *m* des bêtes
dierenwelzijn bien-être *m* des animaux
dierenwinkel animalerie *v*
diergeneeskunde médecine *v* vétérinaire
dierkunde zoologie *v*
dierlijk animal [m mv: animaux] ★ *~e vetten* graisses *v mv* animales ★ *het ~e in de mens* la bête humaine
dierproef expérimentation *v* animale, expérience *v* sur des animaux
diersoort espèce *v* animale
dies[1] ▾ *en wat dies meer zij* et ainsi de suite
dies[2] (jour *m*) anniversaire *m*
diesel ❶ *olie* gazole *m*, gasoil *m* ❷ *voertuig* diesel *m*, ‹trein ook› autorail *m*
dieselmotor moteur *m* diesel
dieselolie gazole *m*, gasoil *m*
diëtetiek diététique *v*
diëtist diététicien *m* [v: diététicienne]
diets ▾ BN *iem. iets ~ maken* ‹wijsmaken› faire accroire qc à qn, ‹duidelijk maken› faire comprendre qc à qn
dievegge voleuse *v*
dievenklauw goujon *m* (antivol)
dievenpoortje portique *m* / portail *m* de détection, portail antivol
diezelfde le même [v: la même] [mv: les mêmes]
differentiaal différentielle *v*
differentiaalrekening calcul *m* différentiel
differentiatie différenciation *v*, econ diversification *v*
differentieel différentiel *m*
differentiëren ‹onderscheid aanbrengen (tussen)› faire la distinction (entre), econ diversifier, wisk différencier
diffuus diffus
difterie diphtérie *v*
digestief I *het, drankje* digestif *m* **II** *bn* digestif [v: digestive]
diggelen ★ *aan ~ vallen* tomber en (mille) morceaux
digibeet ≈ nul *m* en informatique [v: nulle ...]
digitaal numérique ★ *digitale camera* appareil *m* numérique
digitaliseren comp digitaliser, numériser
dij cuisse *v*
dijbeen fémur *m*
dijenkletser histoire *v* tordante
dijk digue *v* ★ fig *iem. aan de dijk zetten* balancer qn ★ fig *een dijk van een kaart* un jeu du tonnerre
dijkdoorbraak rupture *v* de digue
dijkgraaf ≈ surintendant *m* des digues
dik I *bn* ❶ *met grote omvang, veel inhoud* ‹niet-dun› épais [v: épaisse], ‹fors, zwaarlijvig› gros [v: grosse], ‹omvangrijk› volumineux [v: volumineuse], ‹gezwollen› enflé ★ *een dikke buik* un gros ventre ★ *een vinger dik* d'un doigt d'épaisseur ★ *dik worden* grossir ★ *dik maken* (faire) grossir ★ fig *zich dik maken* s'énerver, s'emballer ★ fig *maak je niet dik* ne t'en fais pas ❷ *dicht op elkaar* épais [v: épaisse], dense ★ *dikke mist* du brouillard épais ★ *door dik en dun* envers et contre tout ❸ *ruim* grand ★ *een dik uur* une bonne heure, plus d'une heure ★ *een dik jaar geleden* il y a une bonne année ❹ fig *groot* ★ *ze zijn dikke vrienden* ils sont très amis, inform ils sont amis comme cochons **II** *bw* ❶ *dicht* épais, dru ★ *dik gekleed* habillé chaudement ❷ *zeer* très ★ *dik tevreden* très satisfait ★ *het is dik aan tussen hen* ils filent le parfait amour ★ *het er dik bovenop leggen* en rajouter, en faire des kilos, forcer la dose ★ *het ligt er dik (boven)op* c'est cousu de fil blanc, c'est gros comme une maison ★ *dat zit er dik in* il y a de fortes chances ★ *dik doen* frimer, faire l'important, faire du genre
dikdoenerij frime *v*, chichi(s) *m (mv)*
dikhuidig ❶ anat pachyderme ❷ fig *ongevoelig* blindé
dikkerd gros *m* [v: grosse], ‹propje› boulot *v* [v: boulotte]
dikkop ❶ dierk *kikkervisje* têtard *m* ❷ *stijfkop* entêté *m* [v: entêtée], tête *v* de mule
diksap jus *m* de fruits concentré

di

dikte ❶ *het dik zijn* corpulence *v*, embonpoint *m* ❷ *afmeting* ⟨v.e. laag⟩ épaisseur *v*, ⟨van iets ronds⟩ grosseur *v* ★ *de ~ van een plank* l'épaisseur d'une planche ❸ *dichtheid* épaisseur *m* ★ *de ~ van de mist* la densité du brouillard
dikwijls souvent, fréquemment ★ *hoe ~* combien de fois
dikzak gros *m* [v: grosse], boulot *m* [v: boulotte]
dildo gode(miché) *m*
dilemma dilemme *m* ★ *iem. voor een ~ plaatsen* enfermer qn dans un dilemme ★ *voor een ~ staan* être devant un dilemme, être (enfermé) dans un dilemme
dilettant dilettante *m/v*, amateur *m*
dille culin aneth *m*
dimensie dimension *v*
dimlicht feux *m mv* de croisement, codes *m mv*
dimmen ❶ *licht dempen* baisser, ⟨van auto⟩ se mettre en code ❷ *inbinden* la mettre en veilleuse ★ inform *effe ~!* cool Raoul!, du calme!
dimmer gradateur *m* / variateur *m* de lumière
diner ❶ *maaltijd* dîner *m* ❷ *feestmaal* dîner *m*
dineren dîner
ding ❶ *zaak / voorwerp* chose *v*, objet *m*, inform machin *m*, truc *m* ★ *wat is dat voor een ding?* qu'est-ce que c'est que ce truc? ★ *zijn ding doen* faire son truc ★ *de dingen bij hun naam noemen* appeler les choses par leur nom ❷ *feit* chose *v* ★ *over die dingen moet je niet praten* ce sont des choses dont on ne parle pas ★ *er zijn rare dingen gebeurd* il s'est passé des drôles de choses ❸ *jong meisje* petite *v*, (une) jeunesse ★ *lekker ding* belle plante *v*
dingen ~ naar prétendre à, briguer
dinges chose *v*, machin *m*, truc *m*, bidule *m* ★ *mijnheer / mevrouw Dinges* monsieur / madame Machin
dinosaurus dinosaure *m*
dinsdag mardi *m* ★ *'s ~s* le mardi
dinsdagavond mardi *m* soir
dinsdagmiddag mardi *m* après-midi
dinsdagmorgen, **dinsdagochtend** mardi *m* matin
dinsdagnacht mardi *m* nuit
dinsdags I *bw* le mardi **II** *bn* du mardi
diocees diocèse *m*
diode diode *v*
dioxine dioxine *v*
dip ❶ psych *depressie* coup *m* de déprime, passage *m* à vide ★ *in een dip zitten* avoir le cafard ❷ econ baisse *v* (de régime)
diploma diplôme *m*, brevet *m*
diplomaat ❶ *ambassadeur* diplomate *m/v* ❷ *tactvol persoon* diplomate *m/v*
diplomatenkoffertje attaché-case *m* [mv: attachés-cases], porte-documents *m* [mv: id.]
diplomatie diplomatie *v*
diplomatiek diplomatique ★ *langs ~e weg* par la voie diplomatique ★ *heel ~ zijn* être très diplomate
diplomeren diplômer ★ *een gediplomeerde verpleegster* une infirmière diplômée
dippen tremper
dipsaus culin sauce *v* apéro
direct I *bn* direct ★ *~e verbinding* communication *v* en direct ★ *~e uitzending* émission en direct ★ *zij is heel ~* elle est très directe **II** *bw* immédiatement, tout de suite ★ *dat niet ~!* pas vraiment! ★ *zo ~* tout de suite ★ *hij vertrekt ~* il va partir dans un instant
directeur directeur *m* [v: directrice], ⟨bedrijfshoofd⟩ chef *m* d'entreprise, PDG *m*, président-directeur *m* général ★ *de financieel ~* le directeur financier ★ *of je even bij de ~ wilt komen* tu es convoqué chez le directeur
directeur-generaal directeur *m* général
directie ❶ *leiding* direction *v* ★ *de ~ en het personeel* la direction et le personnel ❷ *het leiden* direction *v* ★ *het koor staat onder ~ van* le choeur est (placé) sous la direction de
directielid membre *m* de la direction
directiesecretaresse secrétaire *v* de direction
direct mail mailing *m*, publipostage *m*
directory comp répertoire *m*
dirigeerstok baguette *v* (de chef d'orchestre)
dirigent chef *m* d'orchestre
dirigeren ❶ *orkest leiden* diriger, conduire ❷ *sturen* diriger, conduire
dis[1] ❶ *tafel waaraan men eet* table *v* ❷ *maaltijd* table *v*
dis[2] [dies] muz ré *m* dièse
discipel disciple *m/v*
disciplinair disciplinaire
discipline ❶ *regels en bevelen* discipline *v* ❷ *vak* discipline *v*
disclaimer avertissement *m* (légal), avis *m* / clause *v* de non-responsabilité
disco ❶ *discotheek* discothèque *v*, boîte *v* ❷ *muziek* disco *m*
discografie discographie *v*
disconteren escompter, faire l'escompte de
disconto escompte *m* ★ *in ~ nemen* escompter
discotheek ❶ *dansgelegenheid* discothèque *v* ❷ *platenverzameling* discothèque *v*
discount discount *m*, rabais *m*
discountzaak (magasin *m*) discount *m*, discounter *m*
discreet I *bn* discret [v: discrète] **II** *bw* discrètement
discretie ❶ *kiesheid* discrétion *v* ❷ *geheimhouding* discrétion *v* ★ *~ verzekerd* discrétion assurée ❸ *goeddunken* discrétion *v*
discriminatie discrimination *v*
discrimineren faire de la discrimination (envers), discriminer ★ *~d* discriminatoire
discus disque *m*
discussie discussion *v*, débat *m* ★ *in ~ treden met* entrer en discussion avec ★ *iets ter ~ stellen* mettre qc en cause / en question ★ *ter ~ staan* être à débattre, être en cause
discussieleider animateur *m* [v: animatrice]
discussiepunt point *m* de discussion
discussiëren discuter (**over** de, sur)
discussiestuk projet *m* soumis à la discussion, note *v* de réflexion
discuswerpen (le) lancer du disque
discutabel discutable ★ *ik vind die argumenten ~* ces arguments me sembles discutables
discuteren discuter (**over** de, sur)
disgenoot convive *m/v*
disharmonie muz discordance *v*, disharmonie *v*
disk disque *m* magnétique

diskdrive lecteur *m* de disquettes
diskette disquette *v*
diskjockey disc-jockey *m* [mv: disc-jockeys]
diskrediet discrédit *m* ★ *iem. in ~ brengen (bij)* discréditer qn (auprès de), jeter le discrédit sur qn ★ *in ~ raken* tomber dans le discrédit, se discréditer
diskwalificatie disqualification *v*
diskwalificeren disqualifier
dispensatie dispense *v*, exemption *v* ★ *~ verlenen van* dispenser de, exempter de
dispenser distributeur *m*, doseur *m*
dispersie dispersion *v*
display ❶ *beeldscherm* visuel *m*, écran *m*, afficheur *m* ❷ *uitstalkast e.d.* présentoir *m*, display *m*
disputeren discuter, disputer (**over** de, sur)
dispuut ❶ *discussie* débat *m*, dispute *v* ❷ *studentenclub* ≈ cercle *m* (de débats) d'étudiants
diss *beledigende rap* diss *m*
dissel *disselboom* timon *m*
dissen inform *rappend beledigen* disser
dissertatie ❶ *proefschrift* thèse *v* ❷ *verhandeling* dissertation *v*
dissident **I** *de* dissident *m* [v: dissidente] **II** *bn* dissident
dissonant **I** *de* dissonance *v* **II** *bn* dissonant
distantie distance *v*
distantiëren [**zich ~**]**~ van** prendre ses distances par rapport à, se démarquer de
distel chardon *m*
distillaat distillat *m*
distillatie distillation *v*
distilleerderij distillerie *v*
distilleren distiller
distinctie distinction *v*
distribueren distribuer
distributie ❶ *verdeling* distribution *v*, ⟨van publicaties⟩ diffusion *v* ❷ *rantsoenering* rationnement *m*
distributiekanaal canal *m* de distribution
district district *m*
dit ⟨bijvoeglijk⟩ ce [v: cette] [vóór klinker of stomme h: cet], ⟨zelfstandig⟩ celui-ci [v: celle-ci], ceci ★ *dit zijn jouw schoenen* ce sont tes chaussures ★ *dit huis* cette maison ★ *dít huis* cette maison-ci
ditmaal cette fois-ci
dito idem, de même ★ *de moeder was knap en de dochter dito* la mère était belle et la fille, idem
diva diva *v*
divan divan *m*
divergent divergent
divergentie divergence *v*
divergeren diverger
divers ❶ *verschillend* divers ★ *er worden ~e aspecten behandeld* plusieurs aspects sont traités ★ *een ~ aanbod* une offre variée ❷ *meerdere* plusieurs ★ *~e mogelijkheden* plusieurs possibilités ★ *er zijn ~e gegadigden* il y a plusieurs intéressés ★ *~e kaassoorten* fromages assortis
diversen (objets *m mv*) divers *m mv*
diversifiëren diversifier
diversiteit diversité *v*
dividend dividende *m* ★ *~ uitkeren* distribuer un dividende
dividenduitkering distribution *v* de dividendes
divisie ❶ *afdeling* division *v* ❷ sport division *v* ❸ mil division *v*
dixieland dixieland *m*
dizzy étourdi ★ *zich ~ voelen* avoir la tête qui tourne
dj *diskjockey / deejay* dj *m*
djellaba djellaba *v*
djembé djembé *m*
Djibouti Djibouti *m*
Djiboutiaans djiboutien [v: djiboutienne]
dl *deciliter* dl
dm *decimeter* dm
DNA ADN *m*, acide *m* désoxyribonucléique
DNA-profiel empreinte *v* génétique, profile *m* ADN
do muz do *m*
dobbelbeker cornet *m* à dés
dobbelen jouer aux dés
dobbelsteen dé *m* ★ *de dobbelstenen gooien* jeter les dés
dobber bouchon *m*, flotteur *m* ▼ *hij zal een harde ~ hebben om* il aura du mal à
dobberen flotter
dobermann, **dobermann pincher** dierk doberman *m*
docent enseignant *m* [v: enseignante], professeur *m*, inform prof *m/v*
docentenkamer salle *v* des professeurs
doceren **I** *ov ww, lesgeven in* enseigner **II** *onov ww, lesgeven* enseigner, donner des cours
doch mais, cependant
dochter fille *v* ★ *onze oudste ~ is twaalf* notre fille aînée a douze ans
dochteronderneming filiale *v*
dociel **I** *bn* docile **II** *bw* docilement
docking station station *v* d'accueil
doctor docteur *m* ★ *vrouwelijke ~* (femme) docteur *v* ★ *~ in de godgeleerdheid* docteur en théologie ★ *~ in de letteren* docteur ès lettres
doctoraal ≈ maîtrise *v* ★ *zijn ~ doen* passer sa maîtrise
doctoraalstudent onderw étudiant *m* qui prépare la maîtrise
doctoraat doctorat *m*
doctorandus ≈ titulaire *m/v* d'une maîtrise, diplômé *m* [v: diplômée], ⟨in België⟩ licencié *m* [v: licenciée]
doctoreren BN onderw *promoveren* passer son doctorat, soutenir sa thèse, être reçu docteur
doctrinair doctrinaire
doctrine doctrine *v*
docudrama docudrame *m*
document ❶ *officieel schrijven* document *m* ❷ comp document *m*
documentaire documentaire *m*
documentatie documentation *v*
documenteren documenter
dode mort *m* [v: morte], défunt *m* [v: défunte] ★ *er vielen doden* il y a eu des morts
dodehoekspiegel rétroviseur *m* (d')angle mort
dodelijk **I** *bn, dood veroorzakend* mortel [v: mortelle], fatal [m mv: fatals] ★ *~ ongeluk* accident *m* mortel ★ *~e dosis* dose *v* létale ★ *~e haat* une haine mortelle **II** *bw* mortellement, à

mort ★ ~ *vermoeid* mort de fatigue ★ ~ *saai* ennuyeux à mourir ★ *zich* ~ *vervelen* mourir d'ennui, s'ennuyer à mourir
doden *doodmaken* tuer
dodencel cellule *v* de condamné
dodendans danse *v* macabre
dodenherdenking commémoration *v* des morts
dodenlijst ❶ *lijst van overledenen* liste *v* des victimes, nécrologie *v* ❷ *lijst van te vermoorden mensen* liste *v* noire
dodenmasker masque *m* mortuaire
dodenmis messe *v* des morts
dodenrijk royaume *m* des morts
dodenrit course *v* à la mort
dodensprong saut *m* de la mort
dodenstad nécropole *v*
dodental nombre *m* de morts
dodenwake veillée *v* funèbre / mortuaire
Dode Zee mer *v* Morte
doedelzak cornemuse *v*, ⟨Bretons⟩ biniou *m*
doe-het-zelfzaak magasin *m* de bricolage
doe-het-zelven bricolage *m*
doe-het-zelver bricoleur *m* [v: bricoleuse]
doei salut, à plus
doek I *de, lap stof* morceau *m* de tissu [mv: morceaux ...], linge *m*, ⟨poets- / stofdoek⟩ chiffon *m*, ⟨omslagdoek⟩ châle *m* ★ *zijn arm in een doek dragen* porter le bras en écharpe ★ *zo wit als een doek* blanc comme un linge ★ BN *iem. in de doeken doen* mettre qn dedans ★ *iets uit de doeken doen* expliquer qc, exposer qc ★ *een doekje voor het bloeden* de quoi faire passer la pilule ★ *er geen doekjes om winden* ne pas mâcher ses mots, mettre les pieds dans le plat **II** *het* ❶ *stof* toile *v* ❷ *schilderslinnen* toile *v* ❸ *schilderij* toile *v* ❹ *projectiescherm* (grand) écran *m* ★ *op het witte doek* à l'écran ❺ *toneelgordijn* rideau *m* [mv: rideaux] ★ *het doek gaat op* le rideau se lève ★ *het doek valt* ook fig le rideau tombe ★ *het vallen van het doek* la chute du rideau
doel ❶ *bedoeling, streven* objectif *m*, but *m*, objet *m*, fin *v* ★ *zijn doel bereiken* parvenir à ses fins ★ *recht op zijn doel afgaan* aller droit au but, ne pas y aller par quatre chemins ★ *doel van een reis* destination *v* ★ *het is voor een goed doel* c'est pour une bonne cause ★ *met het doel om* dans le but de ★ *ten doel hebben* avoir pour but / objet ★ *zich ten doel stellen om* se proposer de ★ *het doel heiligt de middelen* la fin justifie les moyens, inform tous les moyens sont bons ❷ sport *goal* but *m* ★ *een schot op het doel* un tir au but ★ *in eigen doel (schieten)* marquer contre son camp ★ *doel treffen* marquer (un but) ★ *een schot voor open doel* ≈ une occasion immanquable / en or, un succès *m* facile
doelbewust I *bn* conscient, calculé ★ *een ~e keuze* un choix délibéré **II** *bw* consciemment, volontairement
doeleinde but *m*, fin *v* ★ *voor allerlei ~n* à usages multiples, multifonction
doelen ~ **op** viser à, faire allusion à ★ *waarop doelt hij?* qu'est-ce qu'il veut dire?
doelgebied surface *v* de but
doelgemiddelde goal average *m*, moyenne *v* de buts
doelgericht I *bn* direct, ciblé, sport cadré **II** *bw* d'une façon pertinente
doelgroep (groupe *m*) cible *v* ★ *op een ~ gericht* ciblé
doellijn ligne *v* de but
doelloos I *bn* sans but **II** *bw* sans but, au hasard
doelman gardien *m* de but [v: gardienne ...]
doelmatig I *bn* efficace **II** *bw* efficacement
doelpunt but *m* ★ *een ~ maken* marquer (un but)
doelsaldo différence *v* de buts
doelstelling objectif *m* ★ *de ambitieuze ~ is gehaald* l'objectif ambitieux est atteint
doeltaal langue *v* cible
doeltrap, doelschop coup *m* de pied de but
doeltreffend I *bn* efficace **II** *bw* efficacement
doelwit *mikpunt* cible *v*, but *m*
Doema douma *v*
doemdenken défaitisme *m*, sinistrose *v*, catastrophisme *m*
doemdenker défaitiste *m/v*
doemen condamner (**tot** à) ★ *gedoemd te sterven* condamné à mourir ★ *tot mislukken gedoemd* voué à l'échec
doen faire ★ *al doende leert men* c'est en forgeant qu'on devient forgeron ★ *ertoe doen* compter ★ *wat doet het ertoe?* qu'importe?, peu importe, inform qu'est-ce ça peut faire? ★ *dat doet er niet toe* ça ne fait rien ★ *met iets doende zijn* s'occuper de qc ★ *niets aan te doen* rien à faire ★ *veel te doen hebben* être très occupé ★ *wat is hier te doen?* qu'y a-t-il? ★ *hij heeft het meer gedaan* il n'en est pas à son coup d'essai ★ *zoiets doe je niet* cela ne se fait pas ★ *als je iets voor hem kunt doen* si tu peux qc pour lui ★ *hij wil me iets doen!* il veut me faire du mal! ★ *niet doen!* arrête!, as-tu fini! ★ *ik kan er niets aan doen* je n'y peux rien ★ *doe maar wat je niet laten kunt* fais comme tu veux ★ *daar moeten we iets aan doen* il faudra qu'on fasse qc, il faudra qu'on trouve une solution ★ *je moet er wat aan laten doen* il faut soigner ça ★ *wat heeft hij nu weer gedaan?* qu'est-ce qu'il a fabriqué encore? ★ *met 50 euro zal ik het wel kunnen doen* cinquante euros feront l'affaire ★ *iets gedaan krijgen* en venir à bout de qc, y arriver, ⟨van iem.⟩ obtenir qc (de qn) ★ *dat doet me wat* cela me fait qc, cela me touche ★ *wat heb je ermee gedaan?* qu'est-ce que tu en as fait? ★ *hij kan het er (goed) van doen* il a les moyens ★ *dat doet het hem* tout est là(-dedans) ★ *ik doe het zonder* je m'en passe ★ *hij doet het erom* il le fait exprès ★ *wat te doen?* que faire? ★ *daar is het hem om te doen* c'est ça qu'il veut, c'est pour cela ★ *ik had met hem te doen* il me faisait de la peine ★ BN *zich niet laten doen* ne pas se laisser faire ❶ *functioneren* marcher, fonctionner ★ *mijn machine doet het niet* ma machine ne marche pas ★ *die bloemen zouden het daar beter doen* ces fleurs feraient mieux là ❷ *plaatsen* poser, mettre ★ *zout in de soep doen* mettre du sel dans la soupe ★ *erbij doen* ajouter faire ★ *de was doen* faire la lessive ★ *de kamer doen* ranger la pièce ❸ *berokkenen* faire ★ *iem. verdriet doen* faire de la peine à qn ★ *dat doet je goed* cela fait du bien ❹ *ertoe brengen* faire ★ *iem. doen lachen* faire rire qn **I** *onov ww* ❶ *zich gedragen* faire, agir ★ *schijnheilig doen* faire

l'hypocrite ★ *gewichtig doen* faire l'important ★ *doen alsof* faire semblant ★ *je doet maar!* fais comme tu veux!, vas-y! ❷ ~ **aan** ★ *aan sport doen* pratiquer un sport, faire du sport ★ *niets aan zijn godsdienst doen* ne pas être pratiquant ★ *zij doet aan de lijn* elle surveille sa ligne ❸ ~ **in** ★ *in textiel doen* être dans le textile ❹ ~ **over** ★ *er een uur over doen (om)* mettre une heure (à) **II** *het* ★ *iemands doen en laten* les faits et gestes de qn ★ *dat is geen doen* c'est infaisable ★ *in goeden doen zijn* vivre dans l'aisance, être aisé ★ *uit zijn (gewone) doen zijn* ne pas être soi-même / dans son assiette ★ *van doen hebben met* avoir à faire avec ★ *voor zijn doen* ≈ à son niveau

doenbaar BN faisable

doener homme *m* d'action

doenlijk réalisable, faisable, possible ★ *niet ~* pas faisable, infaisable

doetje chiffe *v* molle

doezelen *dommelen* somnoler

doezelig ❶ *slaperig* somnolent ❷ *vaag* vague

dof I *bn* ‹niet-helder› terne, mat, ‹gedempt› sourd ★ *een doffe stem* une voix voilée ★ *dof worden* se ternir, se voiler **II** *bw* sans éclat, ‹gedempt› sourdement

doffer pigeon *m* mâle

dog dogue *m* ★ *Deense dog* danois *m*

dogma dogme *m*

dogmatisch I *bn* dogmatique **II** *bw* dogmatiquement

dogmatiseren dogmatiser

dojo sport dojo *m*

dok bassin *m*, dock *m*, carénage *m*, ‹droogdok› cale *v* sèche / de radoub ★ *drijvend dok* dock flottant

doka chambre *v* noire

doken [verl. td.] → **dulken**

dokken ❶ *betalen* casquer, cracher ❷ *in dok brengen* mettre en cale sèche

dokter médecin *m*, docteur *m*, inform toubib *m* ★ *naar de ~ gaan* aller voir un médecin

dokteren ❶ *als dokter optreden* pratiquer ❷ *rommelen* bricoler

doktersadvies avis *m* médical

doktersassistente secrétaire *v* médicale

doktersverklaring attestation *v* du médecin, ‹attest› certificat *m* médical

dokwerker docker *m*, ‹losser› débardeur *m*

dol I *bn* ❶ *gek* fou [v: folle] [vóór klinker of stomme h: fol], ‹woest› furieux [v: furieuse], frénétique, ‹hondsdol› enragé ★ *ik word er dol van* ça me rend fou / dingue ★ *dat is te dol* c'est trop fort ★ *niets is hem te dol* il ne recule devant rien ★ *door het dolle heen zijn* être déchaîné / dans tous ses états ❷ ~ **op** *verzot op* fou de [v: folle de] ★ *dol zijn op iets* être fou de qc, raffoler de qc, adorer qc ★ *dol zijn op iem.* adorer qn ❸ *van slag* ‹van wijzer(instrument)› fou ★ *de schroef is dol* la vis foire **II** *bw* follement **III** *de, roeipen* tolet *m*

dol- *in hoge mate* ★ *dolverliefd* amoureux fou [v: amoureuse folle]

dolblij fou de joie [v: folle ...], ravi

doldraaien ❶ *controle verliezen* disjoncter, inform péter les plombs ❷ *niet pakken van schroeven* foirer

doldriest téméraire, risque-tout [onver.]

dolen errer, fig s'égarer

dolf [verl. td.] → **delven**

dolfijn dauphin *m*

dolfinarium bassin *m* aux dauphins

dolgelukkig fou de joie [v: folle ...], ravi ★ *~ zijn met iets* être ravi de qc

dolgraag bien volontiers ★ *ik zou ~ willen* je serais ravi

dolk poignard *m* ★ *met een dolk steken* donner un coup de poignard, poignarder

dolkstoot coup *m* de poignard

dollar dollar *m*

dollarcent cent *m*

dollekoeienziekte BN maladie *v* de la vache folle

dolleman forcené *m*, enragé *m* ★ *als een ~ tekeergaan* se démener comme un possédé

dollemansrit course *v* folle

dollen *zich vermaken* faire le fou ★ *zonder ~* blague à part

Dolomieten Dolomites *v mv*

dolven [verl. td.] → **delven**

dom I *bn, niet slim* bête, stupide, ‹onwetend› ignorant ★ *domme streek* bêtise *v* ★ *zich van de domme houden* faire l'innocent / l'ignorant **II** *de, kerk* cathédrale *v*, dôme *m*

domein ❶ *terrein* domaine *m* ❷ *geestelijk terrein* domaine *m* ❸ comp *site* domaine *m*

domeinnaam comp nom *m* de domaine

domesticeren domestiquer

domheid ❶ *het dom zijn* bêtise *v* ❷ *domme daad* bêtise *v* ★ *een ~ begaan* faire une bêtise

domicilie domicile *m* ★ *~ kiezen* élire domicile

dominant I *bn* dominant, prépondérant ★ *een ~ figuur* un type dominant **II** *de* ‹kleur / toon› dominante *v*

dominee pasteur *m* ★ fig *er gaat een ~ voorbij* un ange passe

domineren (pré)dominer

Dominica la Dominique

dominicaan rel dominicain *m*

Dominicaans dominiquais

Dominicaanse Republiek République *v* dominicaine

domino *spel* dominos *m mv* ★ *~ spelen* jouer aux dominos

dominosteen domino *m*

dominostekker BN elek fiche *v* domino

dommekracht ❶ *hefwerktuig* vérin *m*, cric *m*, ‹hefboom› levier *m* ❷ *persoon* armoire *v* à glace

dommelen somnoler

domoor, domkop , dommerik âne *m*, sot *m* [v: sotte], nigaud *m* [v: nigaude], ‹sterker› crétin *m* [v: crétine], idiot *m* [v: idiote], imbécile *m/v*, ‹sukkel› andouille *v*, ‹dommerdje› petite tête *v*

dompelaar *verwarmingsstaaf* thermoplongeur *m*

dompelen ❶ *onder laten gaan* plonger, immerger ❷ *doen verzinken* ★ *het land is in rouw gedompeld* le pays est plongé dans le deuil

domper ❶ fig *iets dat de stemming bederft* douche *v* (froide) ★ *een ~ zetten op de feestvreugde* jouer les trouble-fête ❷ lett *kapje* éteignoir *m*

dompteur dompteur *m* [v: dompteuse]

domweg tout bêtement

donateur donateur *m* [v: donatrice]

do

donatie donation *v*, don *m*
Donau Danube *m*
donder ❶ *gerommel bij onweer* tonnerre *m* ❷ *persoon* ★ *arme ~* pauvre diable *m* ★ *luie ~* glandeur *m* ▼ *als de ~!* illico (presto)!, plus vite que ça! ▼ *iem. op zijn ~ geven* engueuler qn ▼ *daar kun je ~ op zeggen* je te le promets!, c'est sûr et certain! ▼ *naar de ~ helpen* foutre en l'air ▼ *op zijn ~ krijgen* se faire engueuler ▼ *het kan me geen ~ schelen* je n'en ai rien à foutre
donderbui *onweer* (pluie *v* d')orage *m*
donderdag jeudi *m* ★ *'s ~s* le jeudi ★ *Witte Donderdag* Jeudi saint
donderdagavond jeudi *m* soir
donderdagmiddag jeudi *m* après-midi
donderdagmorgen, **donderdagochtend** jeudi *m* matin
donderdagnacht jeudi *m* nuit
donderdags I *bw* le jeudi **II** *bn* du jeudi
donderen I *ov ww, gooien* flanquer, ficher **II** *onov ww* ❶ *vallen* dégringoler ★ *van de trap ~* dégringoler dans l'escalier ❷ *geluid als onweer maken* ★ *een ~de stem* une voix tonitruante ▼ *dat dondert niet* je m'en fiche ▼ BN *te dom zijn om te helpen ~* être bête comme ses pieds **III** *onp ww, onweren* tonner, gronder ★ *het dondert* il y a du tonnerre ★ *hij keek alsof hij het in Keulen hoorde ~* il était là comme frappé de la foudre
donderjagen chahuter, déconner, inform foutre le bordel
donderpreek admonestation *v* ★ fig *een ~ houden* fulminer
donders I *bn* sacré, sale **II** *bw* ★ *dat weet hij ~ goed* il le sait parfaitement bien **III** *tussenw* tonnerre!, bigre!
donderslag coup *m* de tonnerre, coup de foudre ★ *als een ~ bij heldere hemel komen* faire l'effet d'une bombe
dondersteen *brutaaltje* sacré gamin *m* [v: sacrée gamine], garnement *m*, garce *v*
donderwolk nuage *m* orageux
dong [verl. td.] → **dingen**
dongen [verl. td.] → **dingen**
donjuan don *m* Juan [mv: don(s) Juan(s)]
donker I *bn* ❶ *duister* sombre, obscur, noir ★ *een ~e hoek* un coin obscur ★ *het is ~* il fait nuit ★ *het is ~ als de nacht* il fait noir comme dans un four, il fait nuit noire ★ *het is hier ~* il fait noir ici ★ *het wordt ~* le jour baisse ★ *de lucht wordt ~* le ciel s'assombrit ★ *~ maken* obscurcir foncé, sombre, ⟨v. haar / huid⟩ brun ★ *een ~e kleur rood* un rouge foncé ★ *~ haar* des cheveux foncés ★ *een ~ pak* un costume sombre ❷ *triest* sombre, triste, noir **II** *het* obscurité *v* ★ *in het ~* dans le noir, dans l'obscurité ★ *vóór het ~* avant la nuit
donker- foncé ★ *donkerrood* rouge foncé
donkerblond blond foncé, brun
donor donneur *m* [v: donneuse]
donorcodicil carte *v* de donneur (d'organes)
donquichot don *m* Quichotte [mv: don(s) Quichotte(s)]
dons ❶ *fijne veertjes* duvet *m* ❷ *fijne haartjes* duvet *m*
donut donut *m*, beignet *m*
donzen en duvet ★ *~ dekbed* couette *v* (en duvet), duvet *m*
donzig duveteux [v: duveteuse]
dood I *de* mort *v* ★ *ter dood brengen* mettre à mort, donner la mort à ★ *een natuurlijke dood sterven* mourir de mort naturelle, mourir de sa belle mort ★ *ter dood veroordelen* condamner à mort ★ *de zwarte dood* la peste noire ★ *als de dood voor iets zijn* craindre qc comme la peste ★ *om de dooie dood niet* jamais de la vie ★ *ten dode opgeschreven zijn* être un homme mort ★ *duizend doden sterven* souffrir mille morts ★ *de dood in de ogen zien* regarder la mort en face ★ *de een zijn dood is de ander zijn brood* le malheur des uns fait le bonheur des autres **II** *bn* ❶ *niet levend* mort, décédé ★ *dood of levend* mort ou vif [v: morte ou vive] ★ *op sterven na dood* à l'article de la mort ★ *zich dood houden* faire le mort ★ BN *dood van de honger* mort de faim, affamé ★ BN *dood van de dorst* très assoiffé ❷ *niet meer functionerend* mort ★ *de telefoonlijn is dood* la ligne est morte
doodbloeden ❶ *sterven* perdre tout son sang ❷ *aflopen* s'éteindre (doucement), tourner en eau de boudin
dooddoener cliché *m*, lieu *m* commun, banalité *v*
doodeenvoudig I *bn* simple comme bonjour / comme tout ★ *om de ~e reden dat* pour la très simple raison que **II** *bw* tout simplement
doodeng terrifiant
doodergeren [**zich ~**] être agacé (**aan** de)
doodgaan mourir, inform crever ★ *~ van de honger* crever de faim
doodgeboren mort-né [v: mort-née]
doodgewoon I *bn* très banal [m mv: ... banals / banaux] très ordinaire, quelconque **II** *bw* tout simplement ★ *dat is ~ bedrog* c'est de la tromperie pure et simple
doodgooien *overstelpen* ★ *doodgegooid worden met reclame* être submergé de pub ★ *~ met* inonder de
doodgraver ❶ *grafdelver* fossoyeur *m* ❷ *kever* nécrophore *m*
doodkalm I *bn* imperturbable **II** *bw* imperturbablement
doodkist cercueil *m*
doodlachen [**zich ~**] se tordre de rire
doodleuk sans avoir l'air de rien
doodlopen *nergens heen leiden* aboutir à une impasse, ne mener à rien ★ *een ~de straat* une rue sans issue, une impasse, un cul-de-sac
doodmaken tuer, ⟨van bal⟩ sport amortir
doodmoe mort de fatigue, épuisé, rompu, inform crevé, claqué ★ *opeens ~ zijn* avoir le coup de barre
doodop crevé, claqué
doodrijden I *ov ww* écraser **II** *wkd ww* [**zich ~**] se tuer en voiture
doods ❶ *niet levendig* mort, ⟨verlaten⟩ désert, ⟨saai⟩ morne ❷ *akelig* lugubre, sinistre ★ *~e stilte* un silence de mort
doodsangst ❶ *angst voor de dood* angoisse *v* / affres *v mv* de la mort ❷ *grote angst* ★ *~en uitstaan* être dans les transes, avoir une peur bleue
doodsbang terrifié, mort de peur ★ *~ zijn voor iets* avoir une peur bleue de qc

doodsbed lit *m* de mort
doodsbenauwd *angstig* terrifié, mort de peur ★ *hij was ~* il avait une peur bleue
doodsbleek livide, blême, pâle comme la mort
doodschamen [**zich ~**] mourir de honte
doodschieten abattre, fusiller ★ *zich ~* se brûler la cervelle
doodschrikken [**zich ~**] être mort de peur
doodseskader escadron *m* de la mort
doodsgevaar danger *m* de mort
doodshoofd tête *v* de mort
doodsimpel I *bn* simple comme bonjour / comme tout **II** *bw* tout simplement
doodskist cercueil *m*
doodslaan tuer, frapper à mort, assommer ▾ *al sla je me dood ...* qu'est-ce que j'en sais?
doodslag jur homicide *m*
doodsnood ❶ *stervensnood* agonie *v* ★ *in ~* à l'agonie ❷ *hevige nood* détresse *v* ★ *in ~ zitten* être en détresse
doodsschrik frayeur *v* mortelle, peur *v* bleue
doodsstrijd agonie *v*
doodsteek ❶ lett coup *m* mortel ❷ fig coup *m* de grâce ★ *dat gaf hen de ~* ça les a achevé
doodsteken poignarder
doodstil ⟨geluidloos⟩ sans le moindre bruit, ⟨bewegingloos⟩ immobile ★ *het was ~* il régnait un silence de mort ★ *allen zaten ~* personne ne bougeait
doodstraf peine *v* de mort, peine *v* capitale ★ *de veroordeling tot de ~* la condamnation à mort
doodsverachting mépris *m* de la mort
doodsvijand ennemi *m* mortel / juré [v: ennemie ...]
doodtij morte-eau *v* [mv: mortes-eaux]
doodvallen ❶ *dodelijke val maken* faire une chute mortelle ❷ *doodblijven* tomber raide (mort) ★ *val dood!* tu peux crever! ★ *ik mag ~ als ...* je veux être pendu si ...
doodverklaren ignorer, form ostraciser
doodvervelen [**zich ~**] s'ennuyer à mourir
doodvonnis arrêt *m* de mort, condamnation *v* à mort
doodwerken [**zich ~**] se tuer au travail
doodziek ❶ *ernstig ziek* gravement malade ❷ fig ★ *ik word ~ van al dat lawaai* j'en ai ras le bol de tout ce bruit
doodzonde I *de, zonde* péché *m* mortel ★ *een ~ begaan* pécher mortellement **II** *bn* ★ *het is ~!* quel dommage!, c'est malheureux!
doodzwijgen faire le silence sur, escamoter
doof sourd (**voor** à) ★ *doof aan één oor* sourd d'une oreille
doofheid surdité *v*
doofpot ▾ *in de ~ stoppen* étouffer, enterrer
doofstom sourd-muet [m mv: sourds-muets] [v: sourde-muette] [v mv: sourdes-muettes]
dooi dégel *m* ★ *de dooi valt in* il commence à dégeler, c'est le dégel
dooien dégeler ★ *het dooit* le temps est au dégel, c'est le dégel
dooier jaune *m* (d'œuf)
dook [verl. td.] → **duiken**
dool ▾ BN *op de dool zijn* errer
doolhof labyrinthe *m*, dédale *m*
doop ❶ *het dopen* baptême *m* ★ *ten doop houden* tenir sur les fonts baptismaux, faire baptiser ❷ BN *ontgroening* bizutage *m*
doopceel acte *m* de baptême ▾ *iemands ~ lichten* en dire de belles sur qn
doopnaam nom *m* de baptême
doopsel baptême *m* ★ *het ~ toedienen* administrer le baptême
doopsgezind (ana)baptiste
doopsuiker BN dragées *v mv* (de baptême)
doopvont fonts *m mv* baptismaux ▾ BN *iets boven de ~ houden* porter qc sur les fonts baptismaux
door I *vz* ❶ *van a naar b* à travers, par ★ *door de week* pendant la semaine, en semaine ❷ *door ... heen* à travers, par ★ *door het raam* par la fenêtre ★ *ergens niet door kunnen* ne pas pouvoir passer ❸ ⟨gevolgd door de maker / doener⟩ par ★ *dit is gemaakt door Jan* c'est fait par Jan ❹ *dankzij* grâce à, par ★ *door jouw hulp* grâce à ton aide ❺ *vanwege* à cause de, par ❻ *door middel van* au moyen de, par ★ *door te trainen word je sterk* en s'entraînant, on devient fort ❼ *in* dans ★ *wat doe jij door de sla?* qu'est-ce que tu mets dans la salade? **II** *bw* ❶ *van a naar b* ★ *de kamer door lopen* traverser la chambre ★ *het hele jaar door* toute l'année, l'année durant ★ fig *dat kan ermee door* ça peut aller ★ *door en door* foncièrement, à fond ★ *door en door koud* glacé jusqu'aux os ★ *iem. door en door kennen* connaître qn à fond ❷ *versleten* usé, troué
doorbakken bien cuit
doorberekenen répercuter (**in** sur) ★ *de kosten in de prijs ~* répercuter les frais sur le prix de vente
doorbetalen ★ *doorbetaalde vakantie* congés *m mv* payés
doorbijten I *ov ww, door iets heen bijten* mordre **II** *onov ww, doorzetten* s'accrocher
doorbladeren feuilleter, parcourir, entrapercevoir
doorbloed trempé de sang, ⟨van vlees⟩ saignant
doorborduren ★ *op iets ~* épiloguer sur qc, développer / élaborer un thème
doorboren *dringen door* (trans)percer, perforer ★ *een ~de blik* un regard perçant
doorbraak ❶ *het doorbreken* percée *v*, ⟨breuk⟩ rupture *v* ❷ *ommekeer* tournant *m* ❸ *topprestatie* percée *v*
doorbranden *stukgaan* griller, ⟨van zekering⟩ sauter
doorbreken I *ov ww, stukbreken* rompre, casser **II** *onov ww* ❶ *stukgaan* se rompre, se casser ★ *de dijken breken door* les digues cèdent ★ *de blaar brak door* l'ampoule a crevé ❷ *erdoor komen* percer ★ *de zon breekt door* le soleil commence à percer ❸ *aan de top komen* percer
doorbreken *weg banen* rompre, percer ★ *de linies ~* percer les lignes
doorbrengen *besteden* passer (**met** à [+ inf.])
doordacht réfléchi, (bien) pesé ★ *wel ~e bewoordingen* des termes bien pesés
doordat du fait que, comme ★ *dat komt ~ ...* c'est dû au fait que ..., c'est parce que ...
doordenken *diep denken* réfléchir mûrement
doordenken *overwegen* calculer, peser
doordenkertje ★ *dat is een ~* c'est à prendre au deuxième degré

do

doordeweeks ★ *een ~e dag* un jour de semaine ★ *~e kleren* des vêtements de tous les jours

doordouwen I *ov ww, doordrukken* ★ *plannen ~* faire accepter / passer des projets **II** *onov ww, doorzetten* s'accrocher

doordraaien I *ov ww* ❶ handel *uit de verkoop halen* retirer de la vente ❷ *verkwisten* dilapider ★ *hij heeft zijn salaris er in één dag doorgedraaid* il a dilapidé son salaire en un seul jour **II** *onov ww* ❶ *verder, te ver draaien* ⟨slippen⟩ patiner, ⟨van schroef⟩ foirer ❷ psych *overspannen raken* disjoncter, inform péter les plombs ★ *doorgedraaid zijn* être surmené

doordrammen I *ov ww, doordrukken* imposer ★ *hij weet altijd zijn zin door te drammen* il a le chic pour imposer sa volonté **II** *onov ww, blijven drammen* pousser, s'obstiner

doordraven *wild redeneren* pérorer, parler à tort et à travers ★ *wat draaf je weer door* comme tu y vas!

doordrenken tremper, imbiber

doordrijven *dwingend opleggen* imposer, faire accepter ★ *zijn zin / wil ~* imposer sa volonté

doordringen ❶ *binnendringen* pénétrer (**in, tot** dans), ⟨diep⟩ s'enfoncer (**in, tot** dans) ❷ **~ tot** *zich kenbaar maken bij* ★ *het drong niet tot me door* je ne m'en rendais pas compte

doordringen ~ van *overtuigen van* convaincre de ★ *doordrongen van* imprégné de

doordringend pénétrant, ⟨scherp⟩ perçant

doordrukken I *ov ww, dwingend opleggen* faire accepter, imposer ★ *een plan ~* faire accepter un projet **II** *onov ww, een doordruk maken* passer à travers

doordrukstrip plaquette *v* (à alvéoles)

dooreen pêle-mêle, en désordre

doorgaan ❶ *verdergaan* continuer ★ *~ met lezen* continuer à lire ★ *laten we ~!* allez, continuons! ★ *als het zo doorgaat...* au train où vont les choses ... ★ *moet dat zo ~?* est-ce qu'on n'en finira jamais? ★ *dit kan zo niet ~* ça ne peut pas durer avoir lieu ★ *de wedstrijd ging niet door* le match a été annulé ★ *gaat het nog door?* ça tient toujours? ★ *dat plan gaat niet door* ce projet a été abandonné, ce projet n'est pas retenu ❷ *gaan door iets* passer ★ *het park ~* traverser le parc ★ *gaan we door Parijs?* on passe par Paris? ★ *we zijn de hele stad doorgegaan* nous avons parcouru la ville de long en large ❸ **~ voor** *beschouwd worden als* passer pour, faire figure de ★ *voor een genie ~* passer pour un génie

doorgaand continu ★ *~e reizigers* voyageurs *m mv* en transit ★ *~ verkeer* ⟨op verkeersbord⟩ toutes directions ★ *~e trein* train *m* direct

doorgaans généralement, en règle générale

doorgang ❶ *weg erdoor* passage *m* ★ *geen ~!* passage interdit ❷ *het plaatsvinden* ★ *~ vinden* avoir lieu

doorgangskamp camp *m* de transit

doorgedreven BN *intensief* poussé

doorgeefluik passe-plat *m* [mv: passe-plats]

doorgeven ❶ *verder geven* faire passer, faire circuler ★ *kun je het zout even ~?* passe-moi le sel, s'il te plaît ❷ *overbrengen* passer, transmettre ★ *een boodschap ~* passer un message ★ *ik zal het hem ~* je lui passerai le message

doorgewinterd rodé, chevronné

doorgronden pénétrer, approfondir

doorhalen ❶ *erdoor trekken* (faire) passer ❷ *schrappen* rayer, biffer

doorhaling *geschrapte tekst* rature *v*

doorhebben deviner, comprendre, saisir ★ *iem. ~* voir venir qn ★ *iets ~* comprendre qc ★ *hij heeft niets door* il ne se méfie de rien

doorheen à /au travers ★ *je moet er ~* il faut y passer ★ *zich er ~ slaan* s'accrocher, se débrouiller, s'en tirer ★ fig *er ~ zitten* être dans une mauvaise passe ★ fig *ik zit er ~* je n'en peux plus

doorkiesnummer ligne *v* directe

doorkijk échappée *v*, trouée *v*

doorkijken I *ov ww, vluchtig inzien* ⟨v.e. les⟩ repasser, ⟨v.e. tekst⟩ parcourir, feuilleter, ⟨vluchtig doornemen⟩ survoler ★ *zijn post ~* dépouiller son courrier **II** *onov ww, door iets kijken* regarder (à travers)

doorklieven fendre

doorkneed ★ *~ zijn in ...* être rompu à ..., être ferré en ...

doorknippen couper (en deux)

doorkomen ❶ *door iets heen komen* passer, ⟨doorbreken⟩ percer, ⟨succesvol⟩ réussir ★ *zijn tanden komen door* ses dents percent ★ *de zon komt door* le soleil perce ★ *er is geen ~ aan* ⟨te veel mensen⟩ il n'y a pas moyen de passer, ⟨te veel werk⟩ on n'en voit pas la fin ★ *de winter ~* passer l'hiver ★ *een examen ~* réussir un examen, être reçu (à un examen) ❷ *waarneembaar worden* être perceptible ★ *die zender komt goed door* la réception de cette station est bonne

doorkrassen biffer, rayer

doorkruisen biffer d'une croix

doorkruisen ❶ *rondtrekken* parcourir, sillonner ❷ *dwarsbomen* contrecarrer, contrarier

doorlaatpost poste *m* de contrôle

doorlaten laisser passer ★ *geen water ~* être imperméable

doorleefd vécu ★ *een ~ gezicht* un visage marqué

doorlekken percer, filtrer

doorleren continuer ses études

doorleven *doormaken* vivre, passer, traverser

doorlezen I *ov ww, doornemen* ⟨v.e. les⟩ repasser, ⟨v.e. tekst⟩ parcourir, ⟨vluchtig doornemen⟩ survoler ★ *de krant vluchtig ~* parcourir le journal, feuilleter le journal ★ *zijn post ~* dépouiller son courrier **II** *onov ww, verder lezen* continuer à lire

doorlichten ❶ *onderzoeken* examiner ★ *een bedrijf ~* faire l'audit d'une entreprise ❷ *met röntgenstralen onderzoeken* radiographier, faire passer à la radio(scopie)

doorliggen avoir des escarres

doorlopen I *onov ww* ❶ *verder lopen* continuer ★ *~!* allongez le pas!, ⟨wegwezen!⟩ circulez! ❷ *niet onderbroken worden* continuer ❸ *lopen door* traverser, passer à travers ★ *we zijn de hele stad doorgelopen* on a traversé toute la ville ❹ *overvloeien* ⟨van kleuren⟩ couler, se mêler **II** *ov ww,* ⟨een tekst⟩ parcourir, ⟨vluchtig doornemen⟩ survoler

doorlopen ❶ ⟨een opleiding⟩ passer par ★ *een school ~* passer par une école ❷ *lopend gaan door*

parcourir
doorlopend continu, ininterrompu, continuel [v: continuelle], suivi ★ ~ *krediet* crédit permanent *m* ★ ~*e voorstelling* séance *v* permanente
doorloper ❶ *puzzel* grille *v* muette ❷ *schaats* patin *m* de course
doormaken vivre, traverser, passer par, connaître ★ *een moeilijke tijd* ~ être dans une mauvaise passe
doormidden en deux
doormodderen patauger
doorn épine *v*, piquant *m* ▼ *dat is hem een* ~ *in het oog* ça lui est insupportable
doornat trempé jusqu'aux os
doornemen ❶ *doorkijken* parcourir, ⟨vluchtig⟩ survoler, entrapercevoir ★ *een artikel vluchtig* ~ parcourir un article ❷ *bespreken* traiter, parler de ★ *iets met elkaar* ~ parler ensemble de qc
doornig épineux [v: épineuse]
Doornroosje la Belle au bois dormant
doorploeteren gratter
doorpraten I *ov ww, bespreken* discuter (à fond) **II** *onov ww, verder praten* continuer à parler
doorprikken ❶ *openen door te prikken* percer ❷ *ontzenuwen* ★ *een illusie* ~ détruire un mythe, bousculer une idée reçue
doorregen entrelardé ★ ~ *spek* lard maigre ★ ~ *vlees* de la viande persillée
doorreis passage *m* ★ *op* ~ *zijn* être de passage
doorrijden ❶ *verder rijden* continuer (sa route) ★ *de bus reed door zonder te stoppen* le bus a passé l'arrêt sans stopper ★ *het* ~ *na een ongeluk* le délit de fuite ❷ *sneller rijden* accélérer ★ *rijd een beetje door!* accélère un peu ★ *als je doorrijdt, haal je het in een uur* si tu roules vite, tu mettras une heure seulement
doorrijhoogte hauteur *v* maximale
doorrookt pénétré de fumée
doorschakelen ⟨telefoon⟩ connecter, ⟨auto⟩ passer ses vitesses
doorschemeren ▼ *iem. iets laten* ~ laisser entendre qc à qn
doorschieten ❶ *te ver doorgaan* filer, fig exagérer ❷ *te ver doorgroeien* monter en graine
doorschieten *doorboren* ★ *met kogels* ~ (trans)percer / cribler de balles
doorschijnend translucide, diaphane, ⟨doorzichtig⟩ transparent
doorschuiven I *ov ww* ❶ *verder schuiven* pousser ❷ *doorgeven* refiler **II** *onov ww* ❶ *schuivend verder gaan* glisser ❷ *opschuiven* bouger
doorseinen transmettre
doorslaan I *ov ww, stukslaan* casser **II** *onov ww* ❶ *vocht doorlaten* suinter ❷ *overhellen* ⟨van balans⟩ trébucher ★ *de balans doen* ~ fig faire pencher la balance ❸ fig *te ver gaan, overdrijven* dérailler, divaguer ❹ *kortsluiten* sauter, griller ★ *er is een stop doorgeslagen* un plomb a sauté ❺ *bekennen* lâcher le morceau, se mettre à table
doorslaand décisif [v: décisive], concluant ★ *een* ~ *succes* un grand succès
doorslag *kopie* double *m*, copie *v* ▼ *de* ~ *geven* faire pencher la balance, être décisif
doorslaggevend décisif [v: décisive]
doorslikken avaler
doorsmeren graisser, ⟨van auto⟩ faire le graissage
doorsnede ❶ *diameter* diamètre *m* ❷ *vlak* intersection *v* ❸ *tekening* section *v*
doorsnee I *de, gemiddelde* ★ *in* ~ en moyenne **II** *bn* moyen [v: moyenne] ★ *de* ~ *leerling* l'élève moyen(ne)
doorsnijden couper, sectionner, trancher
doorsnijden traverser, ⟨doorklieven⟩ fendre
doorspekken (entre)larder (**met** de), truffer (**met** de)
doorspelen *doorgeven* passer (**aan** à), refiler (**aan** à)
doorspoelen ❶ *reinigen* rincer, purger ★ *de wc* ~ tirer la chasse d'eau ❷ *doordraaien* avancer
doorspreken *grondig bespreken* discuter
doorstaan ⟨ondergaan⟩ supporter, subir, souffrir, passer par, essuyer, ⟨dóórkomen⟩ réussir, franchir, s'en sortir, ⟨bestand zijn tegen⟩ résister à ★ *een storm* ~ essuyer une tempête
doorstart ❶ techn *nieuwe start* remise *v* des gaz ❷ fig *nieuw begin* redémarrage *m*, relance *v*
doorsteken I *ov ww* ❶ *erdoor steken* faire passer ❷ *openen* percer ❸ *ontstoppen* déboucher, curer **II** *onov ww, kortere weg nemen* prendre un raccourci
doorsteken *doorboren* transpercer
doorstoten faire une percée ★ ~ *naar de top* percer au plus haut niveau
doorstrepen rayer, biffer
doorstromen *stromen door* parcourir
doorstromen ❶ *verder bewegen* ≈ évoluer, passer, econ se renouveler ★ ~ *naar een hogere functie* avancer / monter en grade ❷ *verder stromen* s'écouler ★ ~*d verkeer* circulation *v* fluide
doorstuderen poursuivre ses études
doorsturen réexpédier, faire suivre, comp transférer, ⟨verwijzen (naar)⟩ renvoyer (à)
doortastend énergique, dynamique ★ ~ *optreden* intervenir avec fermeté
doortimmerd charpenté, bien structuré, élaboré ★ *een hecht* ~ *verhaal* une histoire bien structurée
doortocht ❶ *het doortrekken* traversée *v* ★ *op* ~ de passage ❷ *doorgang* passage *m* ★ *de* ~ *versperren* barrer le passage
doortrapt rusé, malin [v: maligne], fieffé ★ *een* ~*e schurk* un salaud fini
doortrekken *doordringen* imprégner, imbiber (**met** de)
doortrekken I *ov ww* ❶ *wc doorspoelen* ★ *de wc* ~ tirer la chasse d'eau ❷ *verlengen* prolonger **II** *onov ww, gaan door* traverser, parcourir
doortrokken imbibé (de), fig imbu (de)
doorvaart passage *m*, passe *v*, détroit *m*
doorverbinden passer la communication ★ *kunt u mij* ~ *met meneer X?* pouvez-vous me passer Monsieur X? ★ *ik verbind u door met ...* je vous passe ...
doorverkopen revendre
doorvertellen propager, divulguer, ⟨verklikken⟩ rapporter
doorverwijzen renvoyer ★ ~ *naar* renvoyer à
doorvoed bien nourri
doorvoer transit *m*

do

doorvoeren ❶ *ten uitvoer brengen* appliquer ★ *een maatregel* ~ mettre en œuvre une mesure ❷ *transporteren* transiter
doorvoerhaven port *m* de transit
doorvoerrecht jur droit *m* de transit
doorvorsen explorer
doorvragen insister
doorwaadbaar guéable ★ *doorwaadbare plaats* gué *m*
doorwaakt ★ *een ~e nacht* une nuit blanche
doorweekt trempé, ‹van grond› détrempé
doorwegen BN *de doorslag geven* peser dans la balance
doorwerken I *ov ww, geheel bestuderen* étudier à fond **II** *onov ww* ❶ *hard werken* travailler d'arrache-pied, ne pas chômer ❷ *invloed hebben* ★ ~ *op* se faire sentir dans, se répercuter sur
doorworstelen venir péniblement à bout de ★ *hij worstelde het boek door* il venait péniblement à bout du livre
doorwrocht charpenté, bien structuré, élaboré ▼ *een ~ betoog* un exposé bien charpenté
doorzagen I *ov ww* ❶ *in tweeën zagen* scier (en deux) ❷ *ondervragen* ★ *iem. ~ over iets* rabattre les oreilles de qn avec qc **II** *onov ww, doorzeuren* rabâcher, radoter
doorzakken ❶ *verzakken* s'affaisser ❷ *lang / veel drinken* lever le coude, faire la noce ★ *een avondje* ~ se prendre une bonne cuite le soir
doorzetten I *ov ww, laten doorgaan* aller jusqu'au bout de, ne pas abandonner **II** *onov ww* ❶ *volhouden* persévérer, s'accrocher, ne pas démordre ★ *nog even ~!* encore un petit effort! ❷ *krachtiger worden* s'intensifier, aller en augmentant
doorzetter personne *v* tenace, accrocheur *m* [v: accrocheuse], battant *m* [v: battante]
doorzettingsvermogen ténacité *v*
doorzeven ★ *doorzeefd met kogels* criblé de balles
doorzichtig ❶ *doorschijnend* transparent ❷ fig *te doorgronden* cousu de fil blanc, téléphoné
doorzien ‹v.e. boek e.d.› parcourir, feuilleter, ‹vluchtig› survoler ★ *een boek even* ~ parcourir un livre
doorzien *het ware ontdekken* pénétrer, percevoir, ‹doorhebben› deviner, comprendre ★ *iem.* ~ voir venir qn
doorzoeken fouiller, ‹door de autoriteiten› perquisitionner
doorzonwoning ≈ habitation *v* à double exposition
doos ❶ *bak* boîte *v*, ‹van karton› carton *m*, ‹foedraal› étui *m* ★ *uit de oude doos* vieux jeu ★ *de doos van Pandora* la boîte de Pandore ❷ inform *wc* petit coin *m*
dop ❶ *dekseltje* bouchon *m*, capsule *v*, ‹van pen› capuchon *m* ❷ *omhulsel* ‹peul› cosse *v*, gousse *v*, ‹schaal› coquille *v*, coque *v* ★ fig *een kunstenaar in de dop* un artiste en herbe ★ fig *pas uit de dop* novice ★ fig *kijk uit je doppen!* tu es aveugle ou quoi?
dope doping *m*, ‹goedje› dopant *m* ★ *dope gebruiken* se doper
dopen ❶ *de doop toedienen* baptiser ★ *iem. Hugo* ~ baptiser qn sous le nom de Hugues ❷ *indompelen* tremper
Doper ▼ *Johannes de* ~ Jean-Baptiste
doperwt petit pois *m*, petit-pois *m*
dopheide bruyère *v* (cendrée)
doping ❶ *het toedienen* dopage *m*, doping *m* ❷ *middel(en)* dopant *m* ★ ~ *gebruiken* se doper
dopingcontrole test *m* antidopage, contrôle *m* antidoping
doppen éplucher, ‹van noten› écaler, ‹van peulvruchten› écosser
dopplereffect effet *m* Doppler
dopsleutel clé *v* à douille
dor ❶ *verdroogd* sec [v: sèche], desséché, ‹van grond / streek› aride ★ *dorre bladeren* des feuilles *v mv* mortes ❷ *saai* mort, terne
dorp village *m*
dorpel *drempel* seuil *m*
dorpeling villageois *m* [v: villageoise]
dorps I *bn* campagnard, villageois, rural [m mv: ruraux] **II** *bw* comme à la campagne
dorpsbewoner villageois *m* [v: villageoise]
dorpsgek idiot *m* du village
dorpshuis *gemeenschapshuis* ≈ salle *v* des fêtes, mairie *v*
dorsen battre (le blé)
dorsmachine batteuse *v*
dorst I *de* ❶ *behoefte aan drinken* soif *v* ★ ~ *hebben* avoir soif ★ *zijn ~ lessen* se désaltérer ❷ fig *sterk verlangen* soif *v* ★ *de ~ naar goud* la soif de l'or **II** *ww* [verl. td.] → **durven**
dorsten I *onov ww*, ~ **naar** avoir soif de, être avide / assoiffé de **II** *ww* [verl. td.] → **durven**
dorstig assoiffé ★ ~ *maken* donner soif
dorsvlegel fléau *m* [mv: fléaux]
dorsvloer aire *v* (de battage)
doseren doser ★ *het* ~ le dosage
dosering dosage *m*
dosis dose *v*, ‹klein› dosette *v* ★ *een flinke* ~ une bonne dose
dossier dossier *m* ★ *een ~ aanleggen* constituer un dossier
dot ❶ *plukje* touffe *v*, ‹van watten / katoen› tampon *m* ★ *een dot haar* une touffe de cheveux ❷ *iets kleins, schattigs* amour *m* ★ *een dot van een kind* un amour d'enfant! ★ *een dot van een hoed* un amour de chapeau
dotatie BN *overheidssubsidie* subvention *v* de l'Etat, BN dotation *v*
dotcom *internetbedrijf* dotcom *v*
dotterbehandeling med angioplastie *v* coronaire (par ballonnet)
dotterbloem populage *m*
dotteren med pratiquer l'angioplastie coronaire
douane ❶ *dienst* douane(s) *v (mv)* ❷ *grenspost* douane *v* ❸ *beambte* douanier *m* [v: douanière]
douanebeambte douanier *m* [v: douanière]
douanier douanier *m* [v: douanière]
doublé I *het* doublé *m* **II** *bn* en doublé
doubleren ❶ *verdubbelen* doubler ❷ *blijven zitten* redoubler (une classe)
douceurtje petit extra *m*
douche *stortbad* douche *v* ★ *een ~ nemen* prendre une douche ★ fig *een koude* ~ une douche froide
douchecel (cabine *v* de) douche *v*
douchegordijn rideau *m* de douche [mv: rideaux ...]

douchekop douchette *v*
douchen prendre une / sa douche, se doucher
douchestang barre *v* de douche
douw inform → **duw**
douwen inform → **duwen**
dove sourd *m* [v: sourde] ▾ *voor doven preken* prêcher dans le désert
dovemansoren ▾ *dat is niet aan ~ gezegd* ce n'est pas tombé dans l'oreille d'un sourd ▾ BN *dat valt in ~* c'est comme si on parlait à un sourd
doven I *ov ww, vuur uitmaken* éteindre **II** *onov ww, uitgaan* ook fig s'éteindre
dovenetel lamier *m* ★ *gele / witte ~* ortie *v* jaune / blanche ★ *purperen ~* ortie rouge
doventolk interprète *m/v* en langue des signes, interprète pour les sourds
down ❶ *depressief* déprimé, démoralisé ★ *down zijn* avoir le cafard, avoir un coup de déprime ❷ comp *buiten werking* ★ *down gaan* (se) planter
downgraden déclasser
download comp téléchargement *m*
downloaden comp télécharger
downsyndroom trisomie *v* (21), mongolisme *m*
dozijn douzaine *v* ★ *per ~* à la douzaine ★ *zo gaan er dertien in een ~* on en trouve (treize) à la douzaine
draad ❶ *dunne gesponnen (textiel)vezel* fil *m* ★ *~je* filet *m* ★ *een ~ in de naald steken* enfiler une aiguille ★ *aan een zijden ~je hangen* ne tenir qu'à un fil ★ *tot op de ~ versleten* usé jusqu'à la corde ★ *voor de ~ komen met iets* s'expliquer sur qc ★ *er zit bij hem een ~je los* il lui manque une case ★ *ik heb geen droge ~ aan het lijf* je n'ai plus un poil de sec ❷ *lengterichting van textielvezels* ★ *met de ~ mee* dans le fil ★ *tegen de ~ in* à contre-fil ★ *zij is altijd tegen de ~ in* elle a l'esprit de contradiction ❸ *iets duns en langwerpigs* fibre *v*, filament *m* ★ *metalen ~* fil métallique ❹ *samenhang* fil *m* ★ *de ~ (van het verhaal) kwijtraken* perdre le fil ★ *de ~ weer opvatten* reprendre le fil ★ *de rode ~* le fil conducteur / rouge ❺ *schroefdraad* filet *m* (de vis) ❻ BN elek *snoer* fil *m* électrique
draadloos *via radiogolven* sans fil ★ *draadloze telefoon* téléphone *m* sans fil ★ *draadloze muis* souris *v* sans fil ★ *draadloze besturing* téléguidage *m*, télécommande *v*
draadnagel clou *m*, pointe *v*
draadtang bec-de-corbeau *m*, bec-de-corbin *m*
draagbaar I *de* brancard *m*, civière *v* **II** *bn* portable, portatif [v: portative]
draagberrie BN *brancard* brancard *m*, civière *v*
draagkarton pack *m*
draagkracht moyens *m mv* (financiers) ★ *naar ~* selon ses moyens ★ *het gaat mijn ~ te boven* c'est au-dessus de mes moyens
draagkrachtig qui a les moyens, aisé ★ *de minder ~en* les économiquement faibles
draaglijk supportable, tolérable
draagmoeder mère *v* porteuse
draagraket fusée *v* porteuse
draagstoel chaise *v* à porteurs
draagtas sac *m* (en plastique)
draagtijd gestation *v*
draagvermogen charge *v* admissible, techn force *v* portative, ⟨van balk⟩ portée *v*, ⟨laadvermogen⟩ capacité *v* de charge
draagvlak ❶ *vlak* surface *v* portante, ⟨van vliegtuig⟩ plan *m* de sustentation ❷ *ondersteunende groep* base *v* ★ *een breed maatschappelijk ~* un large consensus social ★ *een breed ~* un large consensus, une large adhésion
draagwijdte ❶ *bereik* portée *v* ❷ fig *gevolgen* portée *v* ★ *de ~ van deze beslissing* la portée de cette décision
draai ❶ *draaiing* tour *m*, ⟨van weg⟩ tournant *m*, courbe *v* ★ fig *ergens een ~ aan geven* aborder qc sous un autre angle ★ fig *zijn ~ niet kunnen vinden* ne pas être dans son assiette ★ fig *ergens zijn ~ vinden* faire son trou quelque part, trouver ses marques quelque part ❷ *klap* ★ *een ~ om de oren* une gifle
draaibaar tournant
draaibank tour *m*
draaiboek ❶ *scenario* scénario *m* ❷ fig *werkplan* scénario *m*
draaicirkel ⟨van auto⟩ rayon *m* de braquage
draaideur porte *v* à tambour
draaideurcrimineel multirécidiviste *m/v*
draaien I *ov ww* ❶ *in het rond doen gaan* (faire) tourner ★ fig *zich eruit ~* tirer son épingle du jeu ❷ *keren / wenden* (re)tourner ★ BN *hoe je het ook draait of keert* on peut tourner et retourner la question, il n'y a pas à tortiller ❸ *draaiend vervaardigen* tourner ★ *een sjekkie ~* rouler une cigarette ★ *een film ~* tourner un film, ⟨vertonen⟩ passer un film ★ *een plaatje ~* passer un disque ★ *een telefoonnummer ~* composer / faire un numéro **II** *onov ww* ❶ *in het rond gaan* tourner, ⟨om een as⟩ pivoter ★ *het draait me (voor de ogen)* j'ai la tête qui tourne ★ *eromheen ~* tourner autour du pot, tourner autour de la question ❷ *wenden* tourner, ⟨scheep- / luchtvaart⟩ virer ★ *naar links ~* tourner à gauche ❸ *functioneren* marcher ★ *met ~de motor* (avec) le moteur tournant ★ *onder Windows ~* fonctionner sous Windows ★ *de zaak ~de houden* faire tourner la boutique ❹ *~ om* **als kern hebben** ★ *het draait allemaal om geld* c'est une affaire de gros sous ★ *daar draait alles om* ⟨kern van de zaak⟩ c'est là le nœud de l'affaire, ⟨spil⟩ c'est la cheville ouvrière ★ *alles draait om haar* tout tourne autour d'elle ❺ *vertoond worden* passer ❻ *uitvluchten zoeken* chercher des faux-fuyants ★ *hij liegt en draait om zijn positie te behouden* menteur et girouette, il fait tout pour rester en place
draaierig ★ *ik ben wat ~* j'ai le vertige, j'ai la tête qui tourne
draaiing *het draaien* rotation *v*
draaikolk tourbillon *m*
draaikont faux cul *m*, faux jeton *m*
draaimolen manège *m*
draaiorgel orgue *m* de Barbarie
draaipunt pivot *m*
draaischijf ❶ *kiesschijf* cadran *m* ❷ *draaitafel* plateau *m* ❸ *pottenbakkersschijf* tour *m*
draaitafel muz platine *v*
draaitol ❶ *tol* toupie *v* ❷ *persoon* girouette *v*
draak ❶ *beest* dragon *m* ❷ *akelig mens* plaie *v* ❸ *voorwerp* horreur *v* ❹ *melodrama* mélodrame *m* ▾ *ergens de ~ mee steken* se moquer de qc

dr

dr

drab ❶ *bezinksel* dépôt *m*, ‹van koffie› marc *m*, ‹van wijn› lie *v* ❷ *derrie* gadoue *v*
dracht ❶ *drachtig zijn* portée *v* ❷ *kleding* costume *m*, habits *m mv*
drachtig pleine
draconisch draconien [v: draconienne]
draf *snelle gang* trot *m* ★ *op een drafje* au trot, en courant ★ *in (gestrekte / korte) draf* au (grand / petit) trot
drafsport courses *v mv* de trot (attelé)
dragee ❶ *geneesmiddel* dragée *v* ❷ *snoep* dragée *v*
dragen I *ov ww* ❶ *opgetild houden, ondersteunen* porter ❷ ‹kleding enz.› *aan- / omhebben* porter ★ *kleding ~* porter des vêtements ★ *dat wordt veel ge~* cela se porte beaucoup ★ *een bril ~* porter des lunettes ❸ *op zich nemen, verdragen* porter, assumer, supporter ★ *de kosten ~* supporter les frais ★ *de verantwoordelijkheid ~* porter la responsabilité ★ *zorg ~ voor* avoir soin de ❹ *zwanger zijn* porter **II** *onov ww, reikwijdte hebben* porter ★ *zijn stem draagt ver* il a une voix qui porte
drager ❶ *iem. die iets draagt* porteur *m* [v: porteuse] ❷ *voorwerp* support *m*, portant *m*
dragline dragline *m*, pelleteur *m*
dragon estragon *m*
dragonder *soldaat te paard* dragon *m*
drain drain *m*
draineren assainir, ook med drainer
dralen tarder, temporiser ★ *zonder ~* sans délai, sur-le-champ, sans tergiverser
drama drame *m*
dramatiek ❶ *toneelkunst* art *m* dramatique ❷ *het dramatische* dramatique *m*
dramatisch I *bn* dramatique **II** *bw* dramatiquement ★ *~ doen* en faire un drame
dramatiseren dramatiser
dramaturg dramaturge *m/v*
drammen *zaniken* pousser, s'obstiner
drammer casse-pieds *m/v* [mv: id.]
drammerig tenace, obstiné, casse-pieds [mv: id.]
drang ❶ *druk* poussée *v*, pression *v* ★ *onder de ~ van de publieke opinie* sous la pression de l'opinion publique ★ *onder de ~ van de omstandigheden* par la force des choses ❷ *aandrang* impulsion *v*, ‹aandrift› pulsion *v*, instinct *m* ★ *de ~ tot stelen* l'impulsion à commettre des vols
dranger ferme-porte *m* [mv: id.]
dranghek barrière *v* (mobile / métallique)
drank ❶ *vocht* boisson *v* ❷ *alcoholische drank* boisson *v* alcoolisée, alcool *m* ★ *aan de ~ zijn* boire, être alcoolique, être adonné à la boisson
drankje ❶ *glaasje drank* (petit) verre *m* ★ *een ~ aanbieden* offrir un verre ❷ *geneesmiddel* potion *v*, breuvage *m* ★ *zijn ~ innemen* prendre sa potion
drankmisbruik abus *m* de l'alcool
drankorgel soiffard *m* [v: soiffarde]
draperen draper
drassig marécageux [v: marécageuse] ★ *~ land* marécage *m*
drastisch drastique, rigoureux [v: rigoureuse]
draven trotter, aller au trot, fig courir
draver trotteur *m* [v: trotteuse]
draverij course *v* de trot (attelé)
dreadlocks dreadlocks *v mv*, rastas *m mv*
dreef I *de, laan* allée *v* ▾ *op ~ komen* se mettre en train ▾ *niet op ~ zijn* ne pas être dans son assiette, ne pas être en forme, ne pas être en verve ▾ *iem. op ~ helpen* mettre qn en train **II** *ww* [verl. td.] → **drijven**
dreg grappin *m*
dreggen (re)pêcher
dreigbrief lettre *v* comminatoire, lettre de menaces
dreigement menace *v*
dreigen I *ov ww, bedreigen* menacer (**met** de) ★ *~ met een pistool* menacer (qn) avec un pistolet / d'un pistolet ★ *de bonden ~ met acties* les syndicats brandissent la menace d'actions ★ *hij dreigde hem te gaan slaan* il menaçait de le frapper **II** *onov ww, staan te gebeuren* menacer, risquer ★ *er dreigt gevaar* un danger menace, il y a un danger imminent ★ *ik dreigde te vallen* j'ai cru que j'allais tomber ★ *~ in te storten* menacer de s'écrouler, menacer ruine ★ *het dreigt te gaan regenen* la pluie menace
dreigend menaçant, ‹te gebeuren› imminent ★ *~e woorden* des propos *m mv* menaçants ★ *~ gevaar* un péril imminent ★ *~ aankijken* menacer du regard
dreiging menace *v*
dreinen pleurnicher, geindre
drek merde *v*
drempel ❶ *verhoging* seuil *m* ★ *over de ~ stappen* franchir le seuil ★ fig *op de ~ van* au seuil de ❷ *barrière* barrière *v* ★ *een ~ vormen* être une barrière
drempelvrees ≈ appréhension *v*, fig peur *v* de l'inconnu
drempelwaarde seuil *m* (absolu)
drenkeling noyé *m* [v: noyée]
drenken ❶ *nat maken* tremper, imbiber (**in** de) ★ *iets in een vloeistof ~* tremper qc dans un liquide ❷ *drinken geven* abreuver, donner à boire
drentelen flâner, traîner, se balader ★ *het ~* la flânerie
Drenthe la Drenthe
Drents drenthien [v: drenthienne]
drenzen pleurnicher, geindre
dresseren dresser (**tot**, **voor** à) ★ *gedresseerde hond* un chien savant
dressing assaisonnement *m*
dressoir buffet *m*
dressuur dressage *m*
dreumes petit *m* [v: petite], petit bout *m* (de chou), môme *m/v*, mouflet *m* [v: mouflette]
dreun ❶ *dof geluid* grondement *m*, ‹knal› boum *m* ❷ *eentonig geluid* ronron *m*, air *m* monotone ❸ *klap* gifle *v*
dreunen *weerklinken* ‹daveren› gronder, ‹ronken› ronronner, ‹schudden› trépider, être ébranlé
drevel poinçon *m*
dreven [verl. td.] → **drijven**
dribbel dribble *m*
dribbelen ❶ *lopen* trottiner ★ *het ~* le trottinement ❷ sport dribbler
drie I *telw* ❶ trois ❷ → **vier II** *de* trois *m*
driebaansweg route *v* à trois voies
driedaags de trois jours

driedelig ★ ~ *pak* costume *m* trois-pièces
driedeursauto voiture *v* (à) trois portes
driedimensionaal à trois dimensions, tridimensionnel [v: tridimensionnelle]
driedubbel **I** *bn* triple ★ *een ~e salto* un triple saut périlleux **II** *bw* triplement
drie-eenheid trinité *v* la sainte Trinité, the Blessed / Holy Trinity
driehoek *wiskundig figuur* triangle *m*
driehoekig triangulaire
driehoeksruil échange *m* triangulaire / tripartite
driehoeksverhouding ménage *m* à trois
driekamerflat trois-pièces *m* [mv: id.], F3 *m*
drieklank ❶ muz triple accord *m* ❷ taalk triphtongue *v*
driekleur (drapeau *m*) tricolore *m* [mv: (drapeaux) tricolores]
Driekoningen Épiphanie *v*, fête *v* des Rois
driekwart trois quarts ★ ~ *van* les trois quarts de
driekwartsmaat trois-quatre *m* [mv: id.]
drieledig triple, ⟨drietallig⟩ ternaire
drieling *drie kinderen* triplés *m mv*, triplées *v mv*
drieluik triptyque *m*
driemaal trois fois
driemaandelijks **I** *bn* trimestriel [v: trimestrielle] **II** *bw* trimestriellement
driemanschap triumvirat *m*
driemaster trois-mâts *m*
driepoot *voorwerp met drie poten* trépied *m*
driespan attelage *m* à trois
driesprong carrefour *m* de trois chemins
driestemmig à trois voix
driesterrenhotel hôtel *m* trois étoiles
drietal trois *m*, trio *m* ★ *een ~ boeken* trois livres
drietalig trilingue
drietand trident *m*
drietonner (camion *m*) trois-tonnes *m*
drietrapsraket fusée *v* à trois étages
drievoud triple *m* ★ *in ~* en triple, en trois exemplaires
drievoudig triple
Drievuldigheid rel Trinité *v*
driewegstekker elek prise *v* triple, multiprise *v*
driewieler tricycle *m*
driezitsbank canapé *m* à trois places
drift ❶ *woede* colère *v*, emportement *m* ★ *in ~* dans un accès de colère ❷ *aandrang* pulsion *v*, instinct *m*, ⟨lust⟩ passion *v*, ardeur *v* ❸ *het afdrijven* dérive *v* ★ *op ~ raken* aller à la dérive ★ *op ~ zijn* être à la dérive
driftbui accès *m* de colère
driftig **I** *bn, opvliegend* coléreux [v: coléreuse], emporté, en colère, furieux [v: furieuse] ★ ~ *worden* se mettre en colère, s'emporter ★ ~ *maken* mettre en colère ★ ~ *van aard zijn* être d'un tempérament coléreux **II** *bw, heftig* impétueusement ★ *ze stond ~ te gebaren* elle gesticulait violemment
driftkop tête *v* chaude
drijfgas gaz *m* propulseur
drijfhout bois *m* flottant
drijfijs glaces *v mv* flottantes
drijfjacht battue *v* ▾ *een ~ houden op* traquer
drijfkracht force *v* motrice
drijfnat tout mouillé, trempé, ⟨druipend⟩ dégoulinant, ⟨van zweet⟩ en nage
drijfnet filet *m* dérivant
drijfveer *beweegreden* motif *m*, jur mobile *m*
drijfzand sables *m mv* mouvants ★ *in ~ wegzinken* s'enliser ★ fig *op ~ gebouwd* bâti sur le sable
drijven **I** *ov ww* ❶ *voortdrijven* mener, pousser, ⟨terugdrijven⟩ repousser, ⟨van wild⟩ traquer, rabattre ★ *uit elkaar ~* disperser ❷ *aandrijven* pousser (à), inciter (à) ★ *tot waanzin ~* pousser à la folie ★ *te ver ~* pousser trop loin, exagérer ★ *hij is de ~de kracht* il est le moteur / le pilier ❸ *uitoefenen* ★ *een zaak ~* tenir un commerce, tenir boutique ★ *handel ~* faire du commerce ❹ *hameren* ⟨van metaal⟩ ciseler, bosseler, ⟨van spijker⟩ enfoncer **II** *onov ww* ❶ *niet zinken* flotter, ⟨bovendrijven⟩ surnager, ⟨wegdrijven⟩ dériver ❷ *zweven, stromen* flotter ❸ *kletsnat zijn* être inondé, ⟨van personen⟩ être trempé, ⟨van zweet⟩ être en nage
drijver ❶ *opjager* rabatteur *m*, traqueur *m* ❷ *voorwerp dat drijft* flotteur *m*
drilboor foret *m*
drillen ❶ *africhten* dresser, exercer ❷ *boren* forer
dringen **I** *onov ww, krachtig voortgaan* pousser ★ *door de menigte ~* se frayer un passage dans la foule ★ fig *de tijd dringt* le temps presse **II** *ov ww, duwen* pousser ★ *iem. in een hoek ~* pousser qn dans un coin ★ *zich op de voorgrond ~* se mettre en avant
dringend **I** *bn* ❶ *met aandrang* pressant ★ *een ~ verzoek* une demande pressante ★ *op ~ verzoek van* sur les instances de ❷ *urgent* urgent, pressant ★ *~e omstandigheden* des circonstances *v mv* impérieuses ★ *het is ~* il y a urgence **II** *bw* ❶ *met aandrang* avec insistance, instamment ❷ *met spoed* d'urgence, urgemment ★ ~ *nodig* urgent, impératif [v: impérative]
drinkbaar buvable, ⟨niet schadelijk⟩ potable
drinken **I** *ov + onov ww* ❶ boire ★ *thee ~* prendre le thé ★ *wat wil je ~?* qu'est-ce que tu veux prendre / boire? ★ *uit de fles ~* boire à (même) la bouteille, boire au goulot ★ *uit een glas ~* boire dans un verre ★ *wat ~* boire un coup, prendre un verre ❷ *alcohol* ★ *stevig ~* avoir une bonne descente ★ ~ *op iemands gezondheid* boire / trinquer à la santé de qn ★ *daar moet op gedronken worden* ça s'arrose **II** *het* boisson *v*, de quoi boire
drinkgelag beuverie *v*
drinkgeld pourboire *m*
drinklied chanson *v* à boire
drinkwater eau *v* potable
drinkyoghurt culin yaourt *m* à boire
drive sport drive *m*, ⟨bridge⟩ tournoi *m*
drive-inwoning ≈ maison *v* avec garage incorporé
droef triste, attristé, affligé
droefenis affliction *v*, désolation *v*
droefgeestig **I** *bn* mélancolique, morose ★ *een ~e stemming* une ambiance morose **II** *bw* avec mélancolie, mélancoliquement
droeg [verl. td.] → **dragen**
droegen [verl. td.] → **dragen**
droesem dépôt *m*, ⟨van wijn of bier⟩ lie *v*, ⟨van koffie⟩ marc *m*

dr

droevig I *bn* ❶ *verdrietig* triste, attristé, affligé ❷ *bedroevend* attristant, triste, navrant **II** *bw* tristement
drogbeeld illusion *v*, chimère *v*
drogen I *ov ww, droog maken* sécher, essuyer ★ *zijn handen ~* s'essuyer les mains ★ *zijn haar ~* se sécher les cheveux **II** *onov ww, droog worden* sécher ★ *te ~ hangen* mettre à sécher, étendre
droger séchoir *m*
drogeren I *ov ww* droguer, doper **II** *wkd ww* [**zich** ~] se droguer, se doper
drogist ❶ *verkoper* droguiste *m/v* ❷ *winkel* droguerie *v*
drogisterij droguerie *v*
drogreden sophisme *m*
drol ❶ *keutel* crotte *v* ❷ spreekt *mens van niks* couillon *m* ★ *wat een drolletje!* la petite crotte!
drom foule *v*, multitude *v*, cohue *v* ★ *in drommen* en rangs serrés, en masse
dromedaris dromadaire *m*
dromen I *ov ww, in verbeelding beleven* rêver ★ *ik kan die tekst wel ~* je connais ce texte par cœur ★ *wie had dat kunnen ~?* qui aurait pu imaginer cela?, on rêve! ★ *dat had je gedroomd!* tu rêves! **II** *onov ww* ❶ *droom hebben* rêver (**van** de) ★ *ik heb akelig gedroomd* j'ai fait un mauvais rêve ❷ *mijmeren* rêver, rêvasser
dromenland pays *m* des rêves / songes ★ *in ~ zijn* être au pays des songes
dromer rêveur *m* [v: rêveuse]
dromerig I *bn* rêveur [v: rêveuse] **II** *bw* rêveusement, pensivement
drommel ▾ *arme ~* pauvre diable / bougre *m* ▾ *om de ~ niet* sûrement pas
drommen se bousculer, se ruer
drone drone *m*
drong [verl. td.] → **dringen**
drongen [verl. td.] → **dringen**
dronk I *de* ▾ *een kwade / vrolijke / sombere ~ hebben* avoir le vin mauvais / gai / triste **II** *ww* [verl. td.] → **drinken**
dronkaard, dronkenman ivrogne *m/v*
dronken I *bn* ❶ *bedwelmd* ivre, soûl, inform bourré ★ *iem. ~ voeren* soûler qn ★ *~ worden* s'enivrer, se soûler ❷ ~ **van** ivre de ★ *~ van vreugde* ivre de joie **II** *ww* [verl. td.] → **drinken**
dronkenman, dronkenlap ivrogne *m/v*, inform soûlard *m* [v: soûlarde]
dronkenschap ivresse *v* ★ *in staat van ~ verkeren* form être en état d'ébriété
droog ❶ *niet nat* sec [v: sèche], ‹van grond / streek› aride ★ *de was is nog niet ~* le linge n'est pas sec ★ *het is ~* il ne pleut pas ★ *~ worden* sécher ★ *~ maken* sécher ★ *~ bewaren!* tenir au sec, ‹opschrift› craint l'humidité ★ *~ brood* du pain sec ❷ *saai* assommant, ennuyeux [v: ennuyeuse] ★ *een droge opsomming van cijfers* une énumération fastidieuse de chiffres ❸ *schijnbaar ongewild grappig* pince-sans-rire [onver.] ★ *droge humor* humour *m* à froid ❹ *niet zoet* sec ★ *droge wijn* du vin sec
droogbloem fleur *v* séchée
droogdoek torchon *m*
droogdok cale *v* sèche, bassin *m* de radoub
droogje ▾ *op een ~ zitten* ne pas / plus avoir à boire
droogkap casque *m* (sèche-cheveux)
droogkloot ❶ *saai mens* type *m* pas drôle ❷ *droogkomiek* pince-sans-rire *m/v* [mv: id.]
droogkomiek pince-sans-rire *m/v* [mv: id.]
droogkuis BN *stomerij* pressing
droogkuisen BN nettoyer à sec
droogleggen ❶ *droogmaken* mettre à sec, ‹van moeras e.d.› assécher, ‹met buizen› drainer ★ *een meer ~* assécher un lac ❷ *alcoholverkoop verbieden* mettre au régime sec ★ *het ~* la prohibition
drooglijn corde *v* à linge, étendoir *m*
droogmaken sécher, mettre à sec
droogmolen séchoir *m* (parapluie)
droogpruim type *m* pas drôle
droogrek séchoir *m* à linge
droogstaan ❶ *geen melk meer geven* ‹van koe› être tarie ❷ *zonder water zijn* être à sec, ‹zonder drank / benzine› être en panne sèche ❸ *geen alcohol meer drinken* avoir cessé de boire
droogstoppel béotien *m*
droogte ❶ *het droog zijn* sécheresse *v*, ‹van grond / klimaat› aridité *v* ❷ *periode* sécheresse *v*
droogtrommel sèche-linge *m* [mv: id.]
droogvallen ‹van zandbank› se découvrir, ‹van bron› (se) tarir
droogzwemmen ❶ lett *leren zwemmen* entraînement *m* à sec pour apprendre à nager ❷ fig *oefenen* faire son apprentissage, se faire la main
droogzwierder BN essoreuse *v*
droom rêve *m* ★ *een (boze) ~ hebben* faire un (mauvais) rêve ★ *een ~ van een huis* une maison de rêve ★ *iem. uit de ~ helpen* détromper qn, démystifier qn ★ fig *uit de ~ ontwaken* revenir sur terre ★ *dromen zijn bedrog* songes, mensonges ★ fig *natte ~* une éjaculation nocturne
droombeeld vision *v*, fig illusion *v*, rêve *m*, phantasme *m*
droomreis voyage *m* de rêve
droomwereld royaume *m* du rêve, fig monde *m* imaginaire / onirique
droop [verl. td.] → **druipen**
drop I *de/het, snoep* réglisse *m* **II** *de, druppel* goutte *v*
dropen [verl. td.] → **druipen**
dropje pastille *v* de réglisse
dropkick sport drop *m*, demi-volée *v*
drop-out marginal *m* [mv: marginaux]
droppen ❶ *achterlaten* déposer ★ *een tas bij iem. ~* laisser un sac chez qn ★ *zal ik je hier ~?* je te dépose ici? ❷ ‹uit de lucht› parachuter, larguer, droper
dropping ❶ *spel* droppage *m* ❷ *het uit een vliegtuig werpen* parachutage *m*
dropshot sport amorti *m*
drubbelen ❶ drukk *nog net op tijd ontvluchten* échapper de justesse ❷ culin *wijn drinken* boire du vin
drug drogue *v*, form stupéfiant *m*, inform came *v* ★ *drugs gebruiken* se droguer
druggebruiker toxicomane *m/v*, drogué *m* [v: droguée], inform accro *m/v*, camé *m* [v: camée]
drugsbaron baron *m* de la drogue

drugsbestrijding lutte *v* antidrogue
drugshandel trafic *m* de (la) drogue
drugshandelaar trafiquant *m* (de drogue), ‹dealer› dealer *m*, revendeur *m* de drogue(s)
drugsscene milieu *m* de la drogue / came
drugsverslaafde toxicomane *m/v*, drogué *m* [v: droguée], inform accro *m/v*, camé *m* [v: camée]
drugsverslaving toxicomanie *v*
druïde druide *m* [v: druidesse]
druif ❶ *vrucht* raisin *m* ★ *blauwe* ~ raisin noir ★ *witte* ~ raisin blanc ★ *één* ~ un grain de raisin ★ *een tros druiven* une grappe de raisin ❷ *persoon* ★ *een rare* ~ un drôle de coco
druilen **I** *onov ww, zeuren* être maussade **II** *onp ww, motregenen* crachiner ★ *het druilt* il fait gris
druilerig ❶ *regenachtig* maussade ❷ *lusteloos* morne
druiloor mollasson *m* [v: mollassonne]
druipen ❶ *druppelen* couler, dégoutter, ‹hevig› dégouliner, ruisseler (**van** de) ★ *het zweet druipt van zijn gezicht* son front est ruisselant de sueur ❷ *nat zijn* être trempé ★ *zijn kleren* ~ *van de regen* ses vêtements sont trempés de pluie
druiper *gonorroe* chaude-pisse *v* [mv: chaudes-pisses]
druipnat tout mouillé, trempé, ‹druipend› dégoulinant
druipneus nez *m* qui coule
druipsteen ‹hangend› stalactite *v*, ‹staand› stalagmite *v*
druivensap culin jus *m* de raisin
druivensuiker glucose *m*, dextrose *m*
druiventros grappe *v* (de raisin)
druk **I** *de* ❶ natk pression *v* ★ *lage druk* basse pression ★ *hoge druk* haute pression ★ *onder druk staan* être sous pression ★ fig *de druk is van de ketel* ça se décrispe ★ *met een druk op de knop* en appuyant sur le bouton ❷ psych pression *v*, ‹spanning(en)› tension *v* ★ *onder druk* sous pression, ‹gedwongen› sous la contrainte ★ *onder druk staan* être sous pression ★ *iem. onder druk zetten* faire pression sur qn ❸ *oplage* édition *v*, tirage *m* ★ *eerste druk* première édition ★ *herziene druk* édition revue et corrigée ❹ *het boekdrukken* impression *v* ★ *in druk verschijnen* paraître ❺ *vol bezigheden* (très) occupé, ‹drukbezet› pris, ayant un emploi du temps chargé, ‹druk bezig› affairé, actif [v: active] ★ *een drukke baan* un emploi exigeant ★ *drukke uren* des heures d'affluence / de pointe ★ *een drukke dag* une journée (bien) chargée ★ *een druk programma* un emploi du temps (bien) chargé ★ *druk, druk, druk!* (je suis) débordé! ❻ *vol met mensen* animé, ‹drukbezocht› très fréquenté, ‹straat› passant ★ *het was er erg druk* il y avait du monde, il y avait foule ★ *druk verkeer* une circulation dense ❼ *opgewonden* excité, ‹van kinderen› turbulent ★ *hij is erg druk* il ne tient pas en place ★ *zich druk maken* s'agiter, s'énerver, ‹bezorgd› se faire du souci, se faire du mauvais sang ★ *maak je niet druk!* ‹bezorgd› ne t'en fais pas! ★ *zich niet druk maken* ne pas s'en faire, se la couler douce **II** *bw* ❶ *intensief* intensément ★ *druk bezig zijn met iets* être très occupé à faire qc ★ *druk in de weer zijn* s'affairer ★ *het druk hebben* être (très) occupé ★ *het razend druk hebben* être débordé ❷ *luidruchtig* bruyamment
drukdoenerij chichi(s) *m (mv)*
drukfout faute *v* d'impression, coquille *v*
drukinkt encre *v* d'imprimerie
drukken **I** *ov ww* ❶ *duwen* presser, pousser, ‹knellen› serrer ★ *elkaar de hand* ~ se serrer la main ★ *iem. iets in de hand* ~ glisser qc dans la main de qn ★ *zich dicht* ~ *tegen* se serrer contre ❷ *afdrukken* imprimer ❸ *doen dalen* (faire) baisser ★ *de kosten* ~ baisser les frais **II** *onov ww* ❶ *kracht uitoefenen* faire pression, appuyer ★ *op een knop* ~ appuyer sur un bouton ★ *tegen iets* ~ (s')appuyer contre qc ❷ fig *als iets zwaars liggen* faire pression (**op** sur), peser (**op** sur) ❸ *poepen* faire caca **III** *wkd ww* [**zich** ~] tirer au flanc, se défiler
drukkend ❶ *bezwarend* lourd, écrasant, accablant ★ *een* ~ *gevoel* une sensation oppressante ❷ *drukkend warm* étouffant, orageux [v: orageuse] ★ *~e warmte* une chaleur étouffante ★ ~ *weer* un temps lourd
drukker ❶ *boekdrukker* imprimeur *m* ❷ *drukknop* bouton-poussoir *m* [mv: boutons-poussoirs]
drukkerij imprimerie *v*
drukkingsgroep BN groupe *m* de pression
drukknoop bouton-pression *m* [mv: boutons-pression]
drukkunst imprimerie *v*, typographie *v*
drukmiddel moyen *m* de pression
drukpers presse *v* ▾ *vrijheid van* ~ liberté *v* de la presse
drukproef épreuve *v*
drukte ❶ *veel werk* occupations *v mv* ❷ *leven, bedrijvigheid* agitation *v*, animation *v*, remue-ménage *m*, affairement *m*, ‹gedrang› cohue *v* ❸ *ophef* (grand) bruit *m*, tapage *m* ★ *kouwe* ~ chichis *m mv* ★ *veel* ~ *om iets maken* faire toute une affaire de qc ★ ~ *maken om niets* faire beaucoup de bruit pour rien
druktechniek technique *v* d'imprimerie, procédé *m* d'impression
druktemaker fanfaron *m* [v: fanfaronne], esbroufeur *m* [v: esbroufeuse], frimeur *m* [v: frimeuse]
druktoets touche *v*
drukverband bandage *m* compressif
drukwerk ❶ *gedrukt stuk* imprimé *m* ❷ *wat gedrukt is* imprimés *m mv*
drum ❶ *instrument* batterie *v* ❷ *vat* fût *m*
drumband fanfare *v*
drummen ❶ *drums bespelen* jouer de la batterie ❷ BN *dringen* pousser
drummer batteur *m*
drums batterie *v*
drumstel batterie *v*
drumstick culin pilon *m*
drup goutte *v*
druppel goutte *v* ▾ *een* ~ *op een gloeiende plaat* une goutte d'eau dans la mer / l'océan ▾ *op elkaar lijken als twee ~s water* se ressembler comme deux gouttes d'eau ▾ *de* ~ *die de emmer doet overlopen* la goutte d'eau qui fait déborder le vase
druppelen **I** *ov ww, in druppels laten vallen*

dr

verser goutte à goutte ★ *zijn oog ~* se mettre des gouttes dans l'œil **II** *onov ww, druipen* couler / tomber goutte à goutte, dégoutter ★ *het water druppelt naar beneden* des gouttes d'eau dégoulinent
druppelflesje compte-gouttes *m* [mv: id.]
druppelsgewijs ❶ *druppel voor druppel* goutte à goutte ❷ *beetje voor beetje* au compte-gouttes ★ *~ binnenkomen* arriver au compte-gouttes
druppen dégoutter, ⟨lekken⟩ goutter
dtp *desktoppublishing* PAO *v*, publication *v* assistée par ordinateur
D-trein train *m* direct (à supplément)
duaal dual [m mv: duals]
dualistisch dualiste
Dubai Dubaï *m*
Dubais dubaïote
dubbel I *bn* ❶ *tweevoudig* double ★ *~ glas* doubles-vitrages *m mv* ★ *het ~e van de prijs betalen* payer le double du prix ★ *~e exemplaren* des exemplaires en double ★ *er een ~e moraal op nahouden* avoir deux poids deux mesures ★ *een ~e whisky* un double whisky ❷ *tweeslachtig* double **II** *bw* double, en double, ⟨tweemaal⟩ deux fois, doublement ★ *~ betalen* payer le double du prix, payer deux fois plus ★ *~ hebben* avoir en double ★ *~ tellen* compter double ★ *~ zien* (y) voir double ★ *~ en dwars,* BN *~ en dik* largement ★ *~ liggen* être plié en deux ★ *~ liggen van het lachen* se tordre de rire **III** *het* sport double *m* ★ *gemengd ~* double mixte → **dubbeltje**
dubbelalbum double album *m*
dubbel-cd double CD *m*
dubbeldekker ❶ *bus* autobus *m* à étage ❷ *trein* train *m* à étage ❸ *vliegtuig* biplan *m*
dubbeldeks ⟨van schip⟩ à deux ponts
dubbelen ❶ sport *dubbelspel spelen* jouer un double ❷ BN onderw *doubleren* redoubler (une classe)
dubbelganger sosie *m*, double *m*
dubbelhartig double, hypocrite, faux [v: fausse]
dubbelklik double-clic *m* [mv: doubles-clics]
dubbelklikken double-cliquer
dubbelleven ★ *een ~ leiden* mener une double vie
dubbelop ★ *dat is ~* ça fait double emploi, c'est (une fois) de trop
dubbelrol ★ *een ~ spelen* jouer un double rôle
dubbelspel sport double *m* ★ *gemengd ~* double mixte
dubbelspion agent *m* double
dubbelspoor double voie *v*
dubbeltje pièce *v* de dix cents ▾ *zo plat als een ~* plat comme une galette ▾ *voor een ~ op de eerste rij zitten* ≈ vouloir le beurre et l'argent du beurre ▾ *je weet nooit hoe een ~ rollen kan* tout finit par arriver, il ne faut jurer de rien ▾ *het is een ~ op zijn kant* c'est aléatoire, ça tient à peu de chose, ça peut basculer d'un côté ou de l'autre
dubbelvouwen plier en deux
dubbelzijdig I *bn* bilatéral [m mv: bilatéraux] double ★ *~ plakband* de l'adhésif double face **II** *bw* ★ *~ bedrukt* impression *v* recto verso
dubbelzinnig ❶ *met meerdere betekenissen* ambigu [v: ambiguë], équivoque, à double sens ★ *dat is ~* c'est ambigu ❷ *gewaagd* ★ *een ~e opmerking* une plaisanterie équivoque
dubbelzout sel *m* double
dubben *weifelen* hésiter ★ *na lang ~* après bien des hésitations
dubieus douteux [v: douteuse]
dubio ▾ *in ~ staan* être indécis / partagé
Dublin Dublin *m*
Dublins dublinois
duchten craindre, redouter, appréhender
duchtig I *bn* fort, bon [v: bonne] **II** *bw* ferme, de la belle manière, ⟨ruw⟩ vertement
duel duel *m*, ⟨treffen⟩ rencontre *v* ★ *duel op de degen* duel à l'épée
duelleren se battre en duel
duet duo *m* ★ *een duet zingen* chanter en duo
duf ❶ *suf* vaseux [v: vaseuse], hébété ★ *ik voel me duf* je me sens vaseux ❷ *saai* morne, terne, ⟨geestdodend⟩ abrutissant ★ *wat een duffe boel is het hier* c'est mort ici!
dug-out banc *m* / abri *m* de touche
duidelijk clair, net [v: nette], évident ★ *iem. iets ~ maken* expliquer qc à qn, expliciter qc à qn ★ *~er worden* se préciser, s'accentuer clairement, distinctement, nettement
duidelijkheid clarté *v*, netteté *v*
duiden I *ov ww, verklaren* interpréter, expliquer **II** *onov ww, ~* **op** *een aanwijzing zijn voor* suggérer, indiquer ★ *alles duidt erop dat ...* tout porte à croire que ... ★ *erop ~ dat* faire présumer que, donner à penser que
duif pigeon *m* ★ *witte duif* colombe *v* ★ fig *onder iemands duiven schieten* aller sur les brisées de qn ★ fig *wachten tot de gebraden duiven je in de mond vliegen* attendre que les alouettes tombent toutes rôties
duig douve *v* ▾ *in duigen vallen* échouer
duik ❶ *het duiken* plongeon *m* ★ *een duik nemen* plonger, inform piquer une tête ❷ *duikvlucht* piqué *m*
duikboot sous-marin *m* [mv: sous-marins]
duikbril lunettes *v mv* de plongée
duikelaar ⟨speelgoed⟩ poussah *m* ▾ *slome ~* limace *v*, mollasson *m* [v: mollassonne]
duikelen faire la culbute, ⟨vallen⟩ dégringoler
duiken ❶ *een duik maken* plonger ★ *de keeper dook naar de bal* le gardien plongea sur le ballon ❷ *duiksport beoefenen* faire de la plongée ❸ *snel naar beneden schieten* piquer, ⟨wegkruipen⟩ s'enfouir ❹ *zich verdiepen (in)* se plonger (dans)
duiker ❶ *persoon* plongeur *m* [v: plongeuse] ❷ *zwemvogel* (oiseau *m*) plongeur *m* ❸ *watergang* ponceau *m* [mv: ponceaux]
duikerklok cloche *v* à plongeur
duikerpak combinaison *v* de plongée, ⟨luchtdicht⟩ scaphandre *m*
duikersziekte maladie *v* des caissons
duikplank plongeoir *m*
duiksport plongée *v* (sous-marine)
duikuitrusting équipement *m* de plongeur
duikvlucht (descente *v* en) piqué *m* ★ *in ~* en piqué
duim *vinger* pouce *m* ★ *de duim opsteken* lever le pouce ★ fig *onder de duim houden* tenir en bride ★ fig *op zijn duimpje kennen* savoir / connaître sur le bout du doigt ★ fig *iets uit zijn duim zuigen*

inventer qc de toutes pièces ★ BN *de duimen leggen voor iem.* mettre les pouces devant qn, céder le pas à qn ▾ *Klein Duimpje* le Petit Poucet *m*

duimbreed ▾ *geen ~ wijken* ne pas céder d'un pouce, camper sur ses positions

duimen ❶ *duimzuigen* sucer son pouce ❷ *geluk afdwingen* ≈ croiser les doigts ★ *ik duim voor je!* je penserai à toi! ★ *duim voor me!* dis une petite prière pour moi!, pense à moi!

duimendik ▾ *het ligt er ~ bovenop* c'est cousu de fil blanc, c'est gros comme une maison

duimendraaien se tourner les pouces

duimgreep onglet *m*

duimschroef ★ *iem. de duimschroeven aandraaien* mettre qn sur la sellette

duimstok mètre *m* pliant

duimzuigen ❶ *zuigen* sucer son pouce ❷ *fantaseren* inventer de toutes pièces

duin **I** *de* dune *v* **II** *het* dunes *v mv*

duindoorn argousier *m*

Duinkerken Dunkerque *v*

duinlandschap paysage *m* de dunes

duinpan cuvette *v* dans les dunes

duister **I** *het* obscurité *v* ★ *in het ~ tasten* nager (en plein mystère), tâtonner, être dans le brouillard / le noir **II** *bn* ❶ *donker* obscur, sombre, ténébreux [v: ténébreuse], noir ❷ fig *onduidelijk* obscur ★ *~e toekomst* un avenir incertain ★ *een ~ zaakje* une affaire louche

duisternis obscurité *v*, nuit *v*, ténèbres *v mv* ★ *volslagen ~* une nuit noire

duit fig *geld* sou *m* ★ *een lieve duit* une coquette somme ★ *een bom duiten* un paquet de fric ★ fig *een duit in het zakje doen* placer son mot

Duits **I** *bn, m.b.t. Duitsland* allemand **II** *het, taal* allemand *m*

Duitse Allemande *v*

Duitser *bewoner* Allemand *m*

Duitsland l'Allemagne *v* ★ *in ~* en Allemagne

Duitstalig germanophone

duivel diable *m*, démon *m*, Satan ▾ BN *tekeergaan als een ~ in een wijwatervat* se démener comme le diable dans un bénitier ▾ *tevoorschijn schieten als een ~tje uit een doosje* surgir comme un diable d'une boîte ▾ *het is alsof de ~ ermee speelt* comme (par) un fait exprès ▾ *des ~s zijn* être (fou) furieux, voir rouge ▾ *loop naar de ~!* que le diable t'emporte!, (va-t'en) au diable! ▾ *iem. naar de ~ wensen* envoyer qn au diable ▾ *als je van de ~ spreekt, trap je hem op zijn staart* quand on parle du loup, on en voit la queue ▾ *voor de ~ niet bang zijn* ne craindre ni Dieu ni diable ▾ *waar voor de ~...?* où diable ...? ▾ *te dom zijn om voor de ~ te dansen* être bête à manger du foin ▾ BN *iem. de ~ aandoen* exaspérer / excéder qn ▾ *de ~ schijt altijd op de grootste hoop* l'eau va toujours à la rivière ▾ *dat is de ~ verzoeken* c'est tenter le diable ▾ *de ~ is in hem gevaren* il a le diable au corps

duivel-doet-al BN *manusje-van-alles* homme *m* à tout faire

duivelin diablesse *v*

duivels ❶ *heel slecht, gemeen* diabolique ❷ *vervelend, ellendig* infernal [m mv: infernaux] ★ *die ~e jongen!* diable de garçon! ❸ *woedend* furieux [v: furieuse], enragé

duivelskunstenaar ❶ *tovenaar* magicien [v: magicienne] ❷ *alleskunner* homme-orchestre *m* [mv: hommes-orchestres]

duivenmelker colombophile *m/v*

duiventil pigeonnier *m*

duizelen ★ *het duizelt me* j'ai la tête qui tourne ★ *doen ~* donner le vertige

duizelig pris de vertige ★ *ik word ~* j'ai la tête qui tourne ★ *gauw ~ worden* avoir facilement la tête qui tourne ★ *je maakt me ~* tu me donnes le tournis ★ *~ zijn* être pris de vertige, avoir des vertiges

duizeling étourdissement *m*, vertige *m*

duizelingwekkend ❶ *duizelig makend* vertigineux [v: vertigineuse] ❷ fig *enorm* vertigineux [v: vertigineuse] ★ *~e bedragen* des sommes *v mv* astronomiques

duizend mille, ⟨in jaartallen⟩ mil ★ *~en mensen* des milliers de gens ★ fig *hij is er een uit ~en* il n'y en a pas deux comme lui, c'est une perle rare

Duizend-en-een-nacht les Mille et Une Nuits

duizendkunstenaar *alleskunner* homme-orchestre *m* [mv: hommes-orchestres]

duizendmaal mille fois

duizendpoot ❶ *dier* mille-pattes *m* [mv: id.] ❷ *alleskunner* homme-orchestre *m* [mv: hommes-orchestre]

duizendschoon œillet *m* de poète

duizendste millième → **vierde**

duizendtal millier *m*

dukdalf duc-d'albe *m* [mv: ducs-d'albe]

dulden ❶ *verdragen* supporter ❷ *toelaten* tolérer, endurer, supporter ★ *dat duldt geen uitstel* cela ne souffre aucun délai

dummy ❶ *demonstratiemodel* maquette *v* ❷ *domoor* nul *m*

dump ❶ *handel* magasin *m* de surplus, ⟨prijsbreker⟩ discount(er) *m* ❷ *opslagplaats* dépôt *m*

dumpen ❶ *verkopen* faire du dumping, vendre à perte, ⟨tegen stuntprijs⟩ vendre à prix-choc(s) ❷ *storten* décharger ❸ *zich ontdoen van* larguer, ⟨kappen met⟩ plaquer

dumping ❶ *lozing* déchargement *m* ❷ econ dumping *m*

dumpprijs prix *m* choc / sacrifié ★ *goederen tegen dumpprijzen verkopen* vendre des articles à vil prix, casser les prix

dun ❶ *niet dik* fin, mince, ⟨rank⟩ svelte, ⟨ragfijn⟩ délié, ténu, ⟨spichtig⟩ grêle, ⟨karig⟩ maigre ★ *dunner maken* (a)mincir ★ *dunne draad* un fil ténu ★ *dunne armen* des bras minces ❷ *niet dicht opeen* clairsemé ★ *dun haar* des cheveux clairsemés ❸ *zeer vloeibaar* liquide, clair ★ *dunne stroop* du sirop (très) liquide ★ *aan de dunne zijn* avoir la chiasse / courante

dunbevolkt peu / faiblement peuplé

dundruk impression *v* sur papier bible

dungezaaid plutôt rare

dunk ❶ *mening* opinion *v* ★ *een hoge dunk hebben van* avoir une haute opinion de, penser du bien de ★ *een lage / geringe dunk hebben van* avoir une mauvaise opinion de, penser du mal de ❷ sport dunk *m*

dunken ★ *mij dunkt dat ...* il me semble que ..., je

du

pense que ... ★ *me dunkt!* c'est le cas de le dire!
dunnetjes légèrement, ⟨karig⟩ chichement ▾ *het nog eens ~ overdoen* recommencer de plus belle, remettre ça
dunschiller *mes* (couteau *m*) économe *m*
duo I *het, twee personen* couple *m* **II** *de, duozitting* tansad *m*
duobaan ≈ poste *m* de travail occupé par deux travailleurs à temps partiel, inform travail *m* en binôme
duopassagier passager *m* [v: passagère]
dupe ▾ *de dupe zijn* être dupe ▾ *de dupe zijn van iets* faire les frais de qc, inform trinquer
duperen duper, faire tort à ★ *gedupeerd zijn* être victime
duplexwoning, **duplex** BN *appartement met twee verdiepingen* duplex *m*
duplicaat double *m*, duplicata *m* [mv: id.]
duplo ▾ *in ~* en double
duren durer ★ *het festival duurt drie dagen* le festival dure trois jours ★ *lang ~* durer (longtemps), être long ★ *het duurt lang voor hij komt* il tarde à venir ★ *hoe lang duurt het?* combien de temps cela prendra-t-il? ★ *het duurde een week voor ik vertrok* j'ai mis une semaine à partir
durf courage *m*, audace *v*
durfal risque-tout *m* [mv: id.]
durfde [verl. td.] → **durven**
durfden [verl. td.] → **durven**
durven oser ★ *ik durf dit risico niet te nemen* je n'ose pas prendre le risque, je ne m'y risquerai pas ★ *iets ~ (te) zeggen* oser dire qc ★ *jij durft!* tu n'as pas froid aux yeux!
dus donc, alors, par conséquent ★ *zij heeft afgezegd, dus ze komt niet* elle s'est décommandée, alors elle ne viendra pas ★ *dat is dus afgesproken* c'est entendu alors
dusdanig I *bw* de telle sorte (que), si bien (que) ★ *het was ~ koud, dat...* il faisait tellement froid que ... **II** *aanw vnw* tel [v: telle], pareil [v: pareille] ★ *de situatie was ~ dat...* la situation était telle que ...
duster peignoir *m*, robe *v* de chambre
dusver ▾ *tot ~* jusqu'ici, jusque-là
dutje ★ *een ~ doen* faire un (petit) somme
dutten faire un somme, sommeiller
duur I *de* durée *v* ★ *van korte duur* de courte durée ★ *niet van lange duur zijn* ne pas durer, ne pas faire long feu ★ *op den duur* avec le temps, à la longue **II** *bn* cher [v: chère], coûteux [v: coûteuse] ★ *een dure vakantie* des vacances *v mv* coûteuses ★ *duur zijn* coûter cher ★ *hoe duur is dat?* ça coûte / vaut combien? ★ *dat wordt me te duur* ce n'est pas dans mes prix ★ *wat is dat duur!* ce n'est pas donné!, c'est hors de prix! ★ *duurder worden* augmenter **III** *bw* cher ★ *zijn waren duur verkopen* vendre cher ses marchandises ★ fig *het kwam haar duur te staan* ça lui a coûté cher
duurloop course *v* d'endurance
duursport sport *m* d'endurance
duurte cherté *v*
duurzaam I *bn* ❶ *lang durend, lang goed blijvend* durable, stable ❷ *milieuvriendelijk* renouvelable ★ *duurzame energie* énergie(s) *v (mv)* renouvelable(s) **II** *bw* longtemps, durablement
duvel → **duivel** ▾ *op zijn ~ krijgen* se faire engueuler
duw coup *m*, poussée *v* ★ *iem. een duw geven* bousculer qn ★ *iem. een duwtje geven* fig donner un coup de pouce à qn
duwen pousser, ⟨wegdringen⟩ bousculer ★ *iem. opzij ~* bousculer qn ★ *opzij ~* écarter
duwvaart poussage *m*
dvd *Digital Versatile Disk* DVD *m*
dvd-recorder graveur *m* (de) DVD
dvd-speler lecteur *m* (de) DVD
dwaalleer hérésie *v*
dwaallicht *vlam* feu *m* follet
dwaalspoor fausse piste *v* ★ *op een ~ raken* s'égarer ★ *iem. op een ~ brengen* induire qn en erreur, dérouter qn ★ *op een ~ zitten* faire fausse route
dwaas I *de* fou *m* [v: folle], idiot *m* [v: idiote] **II** *bn* fou [v: folle] [vóór klinker of stomme h: fol], idiot, sot [v: sotte] **III** *bw* sottement, follement
dwaasheid stupidité *v*, bêtise *v*, folie *v*
dwalen ❶ *dolen* errer, ⟨rondlopen⟩ rôder ❷ *zich vergissen* se tromper
dwaling erreur *v*, fig égarement *m*
dwang contrainte *v*, ⟨drang⟩ pression *v* ★ *~ uitoefenen* user de contrainte ★ *onder ~ handelen* agir sous la contrainte ★ *onder ~* sous / par la contrainte, forcé ★ *zachte ~* douce violence
dwangarbeid travaux *m mv* forcés
dwangarbeider forçat *m*
dwangbevel sommation *v*
dwangbuis camisole *v* de force
dwangmaatregel mesure *v* coercitive, sanction *v*
dwangmatig compulsif [v: compulsive]
dwangneurose névrose *v* obsessionnelle, trouble *m* obsessionnel compulsif
dwangsom astreinte *v*
dwangvoorstelling obsession *v*
dwarrelen voltiger, tourbillonner
dwars I *bn* ❶ *haaks erop* transversal [m mv: transversaux] ⟨scheef⟩ de travers, oblique ❷ *onwillig* récalcitrant, bourru **II** *bw, haaks* en travers, transversalement, ⟨scheef⟩ en oblique, de travers ★ *~ door* à travers, au travers de ★ *~ door het bos* à travers le bois ★ *~ door een gebied trekken* traverser une région ★ *~ tegen iets ingaan* s'opposer radicalement à qc ★ *~ over* en travers de
dwarsbalk traverse *v*, (poutre *v*) transversale *v*
dwarsbomen contrecarrer, contrarier, faire obstacle à
dwarsdoorsnede ❶ lett coupe *v* transversale, profil *m* ❷ fig échantillon *m* ★ *een ~ van de bevolking* un échantillon de la population
dwarsen BN *kruisen* traverser
dwarsfluit flûte *v* traversière
dwarskijker fouineur *m*
dwarskop forte tête *v*
dwarslaesie interruption *v* médullaire
dwarsliggen se mettre en travers (de), faire obstacle
dwarsligger ❶ *biels* traverse *v* ❷ *dwarsdrijver* forte tête *v*, empêcheur *m* de tourner en rond
dwarsligging med position *v* transversale

dwarsstraat rue *v* transversale ▾ *ik noem maar een ~* je prends un exemple au hasard, pour ne citer que ça
dwarsverband ❶ arch liaison *v* transversale ❷ fig *onderlinge samenhang* connexion *v*, lien *m* ★ *~en leggen tussen* établir des connexions entre
dwarszitten contrarier, gêner ★ *dat zit me dwars* voilà qui me contrarie
dweepziek fanatique, exalté
dweil ❶ *lap* serpillière *v* ❷ *slons* loque *v*
dweilen *schoonmaken* passer la serpillière (sur) ▾ *dat is ~ met de kraan open* c'est un cautère sur une jambe de bois
dwepen ~ met se passionner pour, s'engouer de
dweper exalté *m* [v: exaltée], fanatique *m/v*
dwerg ❶ *klein mens* nain [v: naine] ❷ *sprookjesfiguur* nain *m* [v: naine]
dwergachtig nain, lilliputien [v: lilliputienne]
dwingeland tyran *m*, despote *m*
dwingelandij despotisme *m*, tyrannie *v*
dwingen forcer (**tot** à), obliger (**tot** à), contraindre (**tot** à) ★ *iem. ~ tot / om* forcer qn à ★ *zich gedwongen zien te* se voir obligé à ★ *gedwongen lachen* rire jaune ★ *op ~de toon* d'un ton impératif
dwong [verl. td.] → **dwingen**
dwongen [verl. td.] → **dwingen**
dynamica dynamique *v*
dynamiek ❶ muz dynamique *v* ❷ *vaart* dynamique *v*
dynamiet dynamite *v*
dynamisch dynamique
dynamo dynamo *v*
dynastie dynastie *v*
dysenterie dysenterie *v*
dyslectisch dyslexique
dyslexie dyslexie *v*
dystrofie dystrophie *v*

E

e ❶ *letter* e *m* ★ *de e van Eduard* E comme Eugène ❷ *muzieknoot* mi *m*
e.a. ❶ *en andere* et autres ❷ *en anderen* et autres
eau de cologne eau *v* de Cologne
eb *laag tij* marée *v* basse ★ *eb en vloed* flux et reflux ★ *bij eb* à marée basse ★ *het is eb* la marée est basse
ebbenhout (bois *m* d')ébène *v*
ebbenhouten d'ébène, en ébène
ebola (maladie *v* d')Ébola *v*
e-book *electronic book* livre *m* électronique / numérique, e-book *m*
e-business e-business *m*, e-commerce *m*
ECB *Europese Centrale Bank* BCE *v*, Banque centrale européenne
ecg *elektrocardiogram* ECG *m*, électrocardiogramme *m*
echec échec *m* ★ *een ~ lijden* subir / essuyer un échec, échouer
echelon échelon *m* ★ *het hoogste ~* l'échelon le plus élevé
echo ❶ *nagalm* écho *m* ❷ med échographie *v*, écho *v*
echoën faire écho
echografie échographie *v*
echolood (écho)sondeur *m*
echoput puits *m* sonore
echoscopie échografie *v*
echt I *bn* ❶ *onvervalst* véritable, vrai, ⟨authentiek⟩ authentique, ⟨oprecht⟩ sincère ★ *echt goud* de l'or pur ★ *echte kleur* couleur authentique ★ *deze kunstbloemen zijn net echt* ces fleurs artificielles sont plus vraies que nature ★ *een echte pionier* un vrai pionnier ★ *een echte vriendin* une véritable amie ❷ *wettig* légitime ★ *echte en onechte kinderen* des enfants légitimes et illégitimes **II** *bw* ❶ *werkelijk* vraiment ★ *ik weet dat echt niet* je ne sais vraiment pas ★ *nu gaat hij echt weg* maintenant il part pour de bon ★ *echt?* c'est vrai? ❷ *typerend* ★ *dat is echt Frans* c'est typiquement français ★ *dat is echt iets voor hem* c'est bien lui **III** *de, huwelijk* ★ *in de echt verbinden* marier ★ *in de echt treden* se marier
echtbreuk adultère *m* ★ *~ plegen* commettre l'adultère, être adultère
echtelijk conjugal [m mv: conjugaux] ★ *~e plicht* devoir *m* conjugal
echter cependant, pourtant, toutefois ★ *ik veronderstel ~ dat...* je suppose toutefois / cependant que... ★ *dit is een mooie stoel, hij is ~ ongemakkelijk* cette chaise est belle, mais inconfortable
echtgenoot époux *m*, mari *m*
echtgenote épouse *v*, femme *v*
echtheid *het echt zijn* authenticité *v*
echtpaar couple *m*, conjoints *m mv*
echtscheiden divorcer
echtscheiding divorce *m* ★ *~ aanvragen* demander le divorce
eclectisch éclectique
eclips éclipse *v*
ecologie écologie *v*

ec

ecologisch écologique ★ ~ *verantwoord* respectueux de l'environnement
e-commerce e-commerce *m*, e-business *m*
econometrie économétrie *v*
economie ❶ *economisch stelsel* économie *v* ★ *de lokale ~ trekt aan* l'économie locale reprend / se redresse ★ *geleide ~* économie dirigée ★ *de ~ leeft op* l'économie reprend / se redresse ★ *de ~ loopt terug* l'économie ralentit ❷ *schoolvak* science *v* économique, économie *v* politique ★ *hij studeert ~* il fait de l'économie politique ★ *zij geeft ~* elle est prof d'économie
economisch I *bn* ❶ *met betrekking tot economie* économique ★ *~e hervormingen doorvoeren* réaliser des réformes économiques ❷ *zuinig* économique ★ *de meest ~e oplossing* la solution la plus économique II *bw* économiquement
economyclass classe *v* économique
econoom économiste *m/v*
ecosysteem écosystème *m*
ecotaks écotaxe *v*
ecotoerisme écotourisme *m*
ecru écru
ecstasy *xtc* ecstasy *v*
Ecuador l'Équateur *m* ★ *in ~* en Équateur
Ecuadoriaan Équatorien *m*
Ecuadoriaans équatorien [v: équatorienne]
eczeem eczéma *m* ★ *last van ~ hebben* être atteint d'eczéma
e.d. *en dergelijke* etc., et tutti quanti
Edam Edam *m*
Edammer culin *kaas* édam *m*
ede → **eed**
edel I *bn* ❶ *adellijk* noble ★ *van edele geboorte* de sang noble ❷ *zeer goed* noble, généreux [v: généreuse] ★ *hij is een edel mens* c'est un homme d'une grande générosité II *bw* noblement
edelachtbaar honorable ★ *edelachtbare!* Monsieur (le juge)!
edele noble *m*
edelgas gaz *m* rare
edelhert cerf *m*
edelman noble *m*, gesch gentilhomme *m* [mv: gentilshommes]
edelmetaal métal *m* précieux [mv: métaux précieux]
edelmoedig I *bn* généreux [v: généreuse], magnanime II *bw* généreusement
edelmoedigheid générosité *v*, magnanimité *v*
edelsmid orfèvre *m/v*
edelsteen pierre *v* précieuse ★ *een geslepen ~* une pierre taillée
edelweiss edelweiss *m*
edict édit *m*
editen ❶ comp éditer ❷ *redigeren* rédiger
editie édition *v* ★ *extra ~* édition spéciale
editor rédacteur *m* [v: rédactrice], comp éditeur *m*
educatie éducation *v*, formation *v* ★ *permanente ~* éducation permanente
educatief éducatif [v: éducative]
eed serment *m* ★ *een eed op de Bijbel* un serment sur la bible ★ *eed van trouw* serment de loyauté ★ *onder ede staan* témoigner sous serment, être assermenté ★ *een eed afleggen (op)* prêter serment (sur), jurer (sur) ★ *iem. een eed afnemen* faire prêter serment à qn ★ *een eed breken* rompre / violer un serment ★ *ergens een eed op doen* jurer de qc ★ *een dure / heilige eed zweren* jurer solennellement, jurer ses grands dieux ★ *ergens een eed op durven doen* jurer de qc
eeg *elektro-encefalogram* EEG *m*, électroencéphalogramme *m*
EEG CEE *v*, Communauté *v* économique européenne
eega conjoint *m* [v: conjointe]
eekhoorn écureuil *m*
eekhoorntjesbrood cèpe *m*
eelt cal(s) *m (mv)*, ⟨plek⟩ callosité *v* ★ *eelt op je ziel hebben* être blindé
een[1] [één] I *telw* un ★ *het is een uur* il est une heure ★ *een januari* le premier janvier ★ *niet een* pas un ★ *nog een (extra)* un autre ★ *een voor een* un à un ★ *een op de vier* un sur quatre ★ *een van hen* l'un d'eux, l'un d'entre eux ★ *een en dezelfde persoon* une seule et même personne ★ *een zijn met ...* faire corps avec ... ★ *een of twee boeken* un livre ou deux ★ *Willem I* Guillaume Ier ★ *dat is me er een!* c'est un phénomène / un cas! ★ *een en al ...* tout ... ★ BN *in een, twee, drie* en deux temps, trois mouvements ★ *er nog eentje nemen* boire encore un coup II *de* ❶ *cijfer* un [mv: id.] ❷ *entiteit* ★ *de een of ander* quelqu'un ★ *de een na de ander* l'un après l'autre ★ *een of ander(e) ...* quelque ... ★ *op een of andere manier* d'une façon ou d'une autre III *het* ★ *het een en ander* ceci et cela ★ *van het een komt het ander* ceci explique cela
een[2] [un] I *onb vnw* un ★ *een meneer Janssen heeft gebeld* un (certain) monsieur Janssen a appelé II *lidw* un [v: une] ★ *ik geef u een voorbeeld* je vous donne un exemple ★ *om een uur of zes* à trois heures environ
eenakter pièce *v* en un acte
eencellig unicellulaire
eend ❶ *watervogel* canard, ⟨wijfje⟩ cane *v*, ⟨jonge eend⟩ caneton *m* ★ *wilde eend* canard *m* colvert ★ *het lelijke jonge eendje* le vilain petit canard ★ *een vreemde eend in de bijt* un intrus [v: une intruse] ❷ *auto* deux-chevaux *v*
eendagsvlieg ❶ *insect* éphémère *m/v* ❷ *tijdelijk iets of iem.* phénomène *m* éphémère
eendelig en une pièce, d'une pièce, ⟨boek⟩ en un volume
eendenkooi canardière *v*
eendenkroos lentilles *v mv* d'eau
eender I *bn* pareil [v: pareille] ★ *het is mij ~* cela m'est indifférent / égal II *bw* pareillement
eendracht concorde *v*, harmonie *v*, union *v* ★ *~ maakt macht* l'union fait la force
eendrachtig I *bn* unanime, uni II *bw* unanimement
eenduidig univoque, sans équivoque
eeneiig univitellin
eenennegentig quatre-vingt-onze
eenennegentigste quatre-vingt-onzième
eenentachtig quatre-vingt-un
eenentachtigste quatre-vingt-unième
eenentwintig vingt et un
eenentwintigen jouer au vingt-et-un
eenentwintigste vingt et unième

eenenzeventig soixante et onze

eenenzeventigste soixante et onzième

eengezinswoning maison *v* individuelle, pavillon *m*

eenhedenstelsel système *m* d'unités

eenheid ❶ *geheel* unité *v* ★ *de ~ herstellen* rétablir l'unité ★ *de ~ verbreken* rompre l'unité ★ *~ brengen in* unifier ❷ *maat, grootheid* unité *v* ★ *~ van gewicht* unité de poids ★ *eenheden en tientallen* unités et dizaines ❸ *groep* unité *v* ★ *mobiele ~* ≈ CRS *v mv*

eenheidsprijs ❶ *prijs per artikel* prix *m* unitaire ❷ *gelijke prijs* prix *m* unique

eenheidsworst grisaille *v*

eenhoorn licorne *v*

eenieder (tout un) chacun

eenjarig ❶ *een jaar oud* d'un an ★ *het ~ bestaan vieren* célébrer le premier anniversaire ❷ *een jaar durend* d'une année, plantk annuel [v: annuelle] ★ *een ~e verbintenis* un contrat d'une année

eenkennig farouche, sauvage

eenling ❶ *eenzelvig persoon* solitaire *m/v* ❷ *enkeling* individu *m*

eenmaal ❶ une fois ★ *~, andermaal, voor de derde maal, verkocht!* une fois, deux fois, trois fois, adjugé! ★ *als hij ~ geslaagd is ...* une fois qu'il aura réussi ... ❷ *daaraan is niets te veranderen* ★ *dat is nu ~ zo* le fait est là, c'est comme ça ★ *als hij ~ op dreef is ...* une fois lancé ... ★ *hij is nu ~ ...* le fait est qu'il est ... ★ *zo is hij nu ~* il est ainsi

eenmalig I *bn* unique ★ *~ gebruik* usage *m* unique **II** *bw* (pour) une seule fois

eenmanszaak entreprise *v* individuelle / unipersonnelle

een-na-laatst avant-dernier [v: avant-dernière]

eenoog → **land**

eenoudergezin famille *v* monoparentale

eenpansmaaltijd repas *m* à plat unique, gros plat *m*

eenparig I *bn* ❶ *gelijkmatig* uniforme ★ *~e beweging* mouvement *m* uniforme ❷ BN *eenstemmig* unanime, d'un commun accord ★ *met ~e stemmen* à l'unanimité **II** *bw* ❶ *gelijkmatig* uniformément ★ *~ versneld / vertraagd* uniformément accéléré / retardé ❷ BN *eenstemmig* unanimement

eenpersoons- à une personne, individuel [v: individuelle] ★ *eenpersoonsbed* lit *m* à une place ★ *eenpersoonskamer* chambre *v* individuelle

eenrichtingsverkeer (circulation *v* à) sens *m* unique ★ *straat met ~* rue à sens unique

eens I *bn, akkoord* d'accord ★ *het eens worden* tomber d'accord, s'arranger ★ *het eens worden over de prijs* convenir du prix ★ *het eens zijn (met)* être d'accord (avec) ★ *het eens zijn met iem.* être de l'avis de qn ★ *daar ben ik het niet mee eens* je ne suis pas d'accord, ça ne me va pas ★ *het eens zijn over iets* être d'accord sur qc **II** *bw* ❶ *één keer, ooit* une fois, un jour ★ *er was eens...* il était une fois ... ★ *eens gegeven blijft gegeven* donné, c'est donné ★ *een eens machtig land* un pays autrefois puissant ★ *voor eens en voor altijd* une fois pour toutes ★ *dat is eens, maar nooit weer* c'est la première et la dernière fois ★ *meer dan eens* plus d'une fois ★ *nu eens ... dan weer* tantôt ... tantôt ❷ *als versterking* ★ *hij is nog niet eens zo slecht* il n'est pas si mal que ça ★ *luister eens* écoute (un peu) ★ *antwoord nou eens!* répond à la fin! ★ *dat is nog eens moedig!* voilà qui est courageux! ★ *kijk maar eens* regarde plutôt ★ *als je het hem eens vroeg* si tu le lui demandes

eensgezind I *bn* unanime ★ *~ zijn* être unanime **II** *bw* unanimement, à l'unanimité, d'un commun accord ★ *~ handelen* agir de concert

eensgezindheid unanimité *v*

eensklaps tout à coup, soudain, subitement

eenslachtig unisexué

eensluidend conforme ★ *~ afschrift* copie *v* conforme

eenstemmig I *bn* ❶ muz à une voix ❷ *unaniem* unanime **II** *bw* unanimement, d'une seule voix, muz à l'unisson ★ *zij verklaren ~ dat* ils sont unanimes à déclarer que

eentalig monolingue

eentje un [v: une] ★ *in zijn ~* tout seul ★ *laten we er ~ nemen* on boit un coup? ★ *dat is me er ~!* c'est un phénomène / un cas!

eentonig I *bn* monotone **II** *bw* d'une voix monotone

eentonigheid monotonie *v*

een-tweetje ❶ sport une-deux *m* [mv: id.] ❷ *onderonsje* tête-à-tête *m* [mv: id.]

eenverdiener soutien *m* de famille, ≈ foyer *m* à revenu unique

eenvormig uniforme

eenvoud ❶ *ongecompliceerdheid* simplicité *v* ★ *de ~ van de inrichting* la simplicité / sobriété de l'aménagement ❷ *soberheid* simplicité *v* ★ *in alle ~* en toute simplicité

eenvoudig I *bn* ❶ *ongecompliceerd* simple ★ *een klusje* un petit boulot facile, une bricole ★ *een ~e oplossing is er niet* il n'y a pas de solution simple ★ *kinderlijk ~* simple comme bonjour ★ *zo ~ is dat niet* ce n'est pas si simple que ça ★ *dit maakt de zaak een stuk ~er* ça simplifie nettement les choses ❷ *bescheiden* simple ★ *een ~e maaltijd* un repas frugal **II** *bw* simplement ★ *dat is ~ belachelijk* c'est tout simplement ridicule

eenvoudigweg tout bonnement, (purement et) simplement

eenwieler monocycle *m*

eenwording unification *v*, union *v* ★ *Europese ~* l'unification de l'Europe

eenzaam ❶ *alleen* seul, solitaire ★ *zich ~ voelen* se sentir seul ❷ *afgezonderd* isolé, désert, ⟨desolaat⟩ désolé

eenzaamheid ❶ *alleenheid* solitude *v*, isolement *m* ❷ *afzondering* isolement *m*

eenzaat BN *eenzelvig persoon* solitaire *m/v*

eenzelfde un pareil [v: une pareille]

eenzelvig solitaire, replié sur soi-même, sauvage ★ *~ persoon* sauvage *m/v*

eenzijdig I *bn* ❶ *van / aan één zijde* unilatéral [m mv: unilatéraux] ★ *~e ontwapening* désarmement *m* unilatéral ❷ *partijdig* partial [m mv: partiaux] **II** *bw* ❶ *van / aan één zijde* unilatéralement ❷ *partijdig* d'une manière partiale

eer I *de* honneur *m* ★ *met militaire eer* avec les honneurs militaires ★ *met ere* honorablement

ee

★ *met de eer gaan strijken* ≈ récolter les lauriers ★ *ter ere van ...* en l'honneur de ..., en hommage à ... ★ *in ere houden* respecter, ‹doen voortduren› perpétuer ★ *iem. in zijn eer herstellen* réhabiliter qn ★ *in ere herstellen* restaurer ★ *iem. in zijn eer aantasten* attaquer / blesser l'honneur de qn ★ *het strekt hem tot eer* c'est (tout) à son honneur ★ *voor de eer bedanken* décliner l'honneur ★ *de eer aan zichzelf houden* sauver la face ★ *iem. eer bewijzen* rendre hommage à qn ★ *de eer hooghouden* sauver l'honneur ★ *eer inleggen met* tirer honneur / gloire de ★ *er een eer in stellen om* mettre son point d'honneur à, tenir à honneur de, s'honorer de ★ *zijn naam eer aandoen* faire honneur à son nom ★ *de eer is gered* l'honneur est sauf ★ *in alle eer en deugd* en tout bien tout honneur ★ *iem. de laatste eer bewijzen* rendre les derniers honneurs à qn ★ *naar eer en geweten,* BN *in eer en geweten* en son âme et conscience ★ *ere wie ere toekomt* à tout seigneur tout honneur ★ *dat is mijn eer te na* j'y mets un point d'honneur **II** *voegw* avant que [+ subj.], avant de [+ inf.] ★ *het duurde nog twee uur eer we terug waren* ça nous a pris deux heures pour rentrer

eerbaar *fatsoenlijk* respectable, honnête, honorable

eerbetoon honneur(s) *m (mv)*, hommage *m*

eerbewijs honneur(s) *m (mv)*, hommage *m*

eerbied respect *m*, considération *v*, form déférence *v* ★ *uit ~ voor* par respect pour ★ *~ voor de wet* respect de la loi ★ *gebrek aan ~* irrévérence *v* ★ *~ afdwingen* imposer le respect

eerbiedig I *bn* respectueux [v: respectueuse] ★ *op ~e afstand* à distance respectueuse **II** *bw* respectueusement

eerbiedigen respecter, rel vénérer

eerbiedwaardig respectable, vénérable

eerdaags un de ces jours, prochainement

eerder I *bn* antérieur, précédent ★ *een ~e poging* une tentative précédente **II** *bw* ❶ *vroeger* plus tôt, avant, auparavant ★ *hoe ~ hoe beter* le plus tôt sera le mieux ★ *ik had haar ~ al ontmoet* je l'avais déjà vu ❷ *liever* plutôt ★ *dat zou ik ~ doen* je préférerais faire cela ❸ *waarschijnlijker* plutôt ★ *hij is ~ lui dan dom* il est plutôt paresseux que bête

eergevoel (sens *m* de l')honneur *m*, dignité *v* ★ *op iemands ~ werken* en appeler à l'honneur de qn

eergisteren avant-hier

eerherstel réhabilitation *v*

eerlijk I *bn, oprecht* honnête, sincère, franc [v: franche] ★ *~ spel* fair-play *m* ★ *dat is niet ~* ce n'est pas juste, ‹vals spel› ce n'est pas de / du jeu ★ *~ duurt het langst* ≈ la vérité comme l'huile vient au-dessus ★ *~ is ~* ce n'est que justice **II** *bw* franchement, honnêtement ★ *~ delen!* partager équitablement! ★ *~ spelen* être fair-play ★ *het ~ menen* être sincère ★ *~ gezegd* à vrai dire, (à parler) franchement ★ *~ waar* vraiment, inform c'est la vérité vraie ★ *~ verdiend* bien gagné ★ *iem. ~ zijn mening zeggen* être franc avec qn, parler franchement à qn

eerlijkheid *oprechtheid* franchise *v*, sincérité *v* ★ *in alle ~* en toute sincérité ★ *de ~ gebiedt me te zeggen dat...* la vérité m'oblige à dire que...

eerlijkheidshalve par souci d'honnêteté

eerroof BN jur *smaad* diffamation *v*, propos *m mv* diffamatoires

eerst I *bw* ❶ *eerder dan wie of wat ook* en premier, ‹voor iets anders› d'abord ★ *~ ben jij aan de beurt, dan zij* d'abord c'est ton tour, après c'est le sien ❷ *in het begin* au début, ‹vroeger› avant ★ *~ ging alles goed* au début tout allait bien **II** *het* ★ *het ~ aankomen* arriver le premier ★ *voor het ~* pour la première fois ★ *wie het ~ komt, het ~ maalt* premier venu, premier servi ★ *wie het ~ boven is!* c'est le premier qui arrive en haut qui a gagné!

eerstdaags sous peu

eerste premier [v: première] ★ *het ~* la première chose ★ *de ~ zes* les six premiers ★ *de ~ van de maand* le premier du mois ★ *ten ~* premièrement, tout d'abord ★ *voor de ~ keer* pour la première fois ★ *de ~ de beste* le premier venu ★ *bij de ~ de beste gelegenheid* à la première occasion ★ *hij is niet de ~ de beste* il n'est pas n'importe qui

eerstegraads ★ *~ verbranding* brûlure *v* du premier degré ★ *~ lesbevoegdheid* CAPES *m* ★ *~ vergelijking* équation *v* linéaire

eerstehulppost infirmerie *v*

eerstejaars I *de* onderw étudiant *m* de première année **II** *bn* onderw de première année

eersteklas *uitstekend* de premier ordre ★ *van ~ kwaliteit* de première qualité ★ *~ hotel* hôtel *m* de classe ★ *een ~ kok* un fin cuisinier ★ *~ reizen* voyager en première (classe)

eerstelijns primaire ★ *~ gezondheidszorg* médecine *v* générale

eersterangs de (tout) premier ordre ★ *~ hotel* hôtel *m* de première catégorie

eerstkomend prochain ★ *de ~e dagen* (dans) les prochains jours

eerstvolgend prochain, suivant ★ *de ~e jaren* (dans) les années à venir

eervol honorable ★ *~le vermelding* mention *v* honorable ★ *~ ontslag* démission *v* (honorable)

eerwraak crime *m* d'honneur

eerzaam honnête, honorable, respectable ★ *eerzame lieden* des gens bien

eerzucht ambition *v*

eerzuchtig I *bn* ambitieux [v: ambitieuse] **II** *bw* ambitieusement

eetappel BN pomme *v* à couteau

eetbaar mangeable, bon (à manger), comestible

eetcafé brasserie *v*

eetgelegenheid restaurant *m*, bistrot *m*

eetgerei couvert *m*

eethoek ❶ *plaats* coin-repas *m* [mv: coins-repas] ❷ *meubels* coin-repas *m*

eethuis restaurant *m*, bistrot *m*

eetkamer salle *v* à manger

eetlepel cuillère *v* (à soupe), ‹inhoudsmaat› cuillerée *v* ★ *een ~ suiker* une cuillerée de sucre

eetlust appétit *m* ★ *de ~ opwekken* éveiller l'appétit ★ *de ~ benemen* couper l'appétit

eetstokje baguette *v*

eetstoornis trouble *m* (de comportement) alimentaire

eettent resto *m*

eetwaar denrées *v mv* alimentaires
eetzaal salle *v* à manger, ⟨klooster, school⟩ réfectoire *m*, ⟨bedrijf, school⟩ cantine *v*
eeuw *periode van 100 jaar* siècle *m* ★ *in de 18e eeuw* au XVIIIème siècle ★ *de Gouden Eeuw* le siècle d'or, l'âge d'or ★ *de eeuw van de verlichting* le siècle des lumières ★ *ik heb je in geen eeuwen gezien* il y a des siècles / une éternité que je ne t'ai vu
eeuwenlang I *bn* séculaire ★ *een ~e strijd* des siècles de lutte **II** *bw* pendant des siècles ★ *al ~ bestaan* exister depuis des siècles
eeuwenoud séculaire
eeuwfeest centenaire *m*
eeuwig I *bn* éternel [v: éternelle], perpétuel [v: perpétuelle] ★ *voor ~* pour toujours, à (tout) jamais ★ *~e sneeuw* neiges éternelles ★ *de ~e jachtvelden* les prairies éternelles **II** *bw* éternellement, pour toujours ★ *altijd en ~* sempiternellement ★ *~ zonde* terriblement dommage
eeuwigdurend éternel [v: éternelle]
eeuwigheid éternité *v* ★ *ik heb je in geen ~ gezien* il y a une éternité que je ne t'ai vu ★ *het duurde een ~* cela a duré une éternité ★ *tot in de ~* à tout jamais ★ *de ~ ingaan* entrer dans l'éternité
eeuwigheidswaarde valeur *v* éternelle
eeuwwisseling ★ *rond de ~* au tournant du siècle
effect ❶ *uitwerking* effet *m* ★ *~ hebben* avoir de l'effet ★ *een averechts ~ hebben* produire l'effet inverse ★ *dat heeft geen ~ gehad* cela est resté sans effet ★ *op ~ berekend* à effet **❷** econ titre *m*, effet *m* (de commerce) ★ *een makelaar in ~en* un agent de change **❸** sport effet *m* ★ *een bal ~ geven* brosser une balle
effectbal balle *v* (bien) travaillée
effectenbeurs Bourse *v* des valeurs
effectenmakelaar agent *m* de change
effectenmarkt marché *m* des valeurs
effectief I *bn* **❶** *doeltreffend* effectif [v: effective], efficace ★ *~ middel* moyen *m* efficace **❷** *daadwerkelijk* effectif [v: effective], réel [v: réelle] ★ *in effectieve dienst* en service actif **❸** BN jur ⟨van straf⟩ *onvoorwaardelijk* ferme **II** *bw* effectivement
effen I *bn* **❶** *vlak* égal [m mv: égaux] ★ *~ terrein* terrain *m* égal **❷** *eenkleurig* uni ★ *~ blauw* bleu uni **❸** *zonder uitdrukking* impassible, fermé ★ *met een ~ gezicht* sans sourciller ★ *een ~ gezicht* un air impassible **II** *bw*, inform *eventjes* un instant
effenen *glad maken* égaliser, aplanir, lisser ★ *de weg ~ voor iem.* ouvrir / préparer la voie à qn
efficiënt efficace
efficiëntie efficacité *v*
eg herse *v*
EG *Europese Gemeenschap* CE *v*, Communauté *v* européenne
egaal ❶ *vlak* égal [m mv: égaux] **❷** *eenkleurig* uni ★ *egale kleur* couleur *v* unie
egaliseren *effenen* égaliser
egard égard *m* ★ *iem. met ~s behandelen* traiter qn avec beaucoup d'égards
Egeïsche Zee mer *v* Egée
egel hérisson *m*
eggen herser
ego ego *m*, ⟨eigenwaarde⟩ amour-propre *m* ★ *alter ego* alter ego *m* ★ *iemands ego strelen* flatter l'amour-propre de qn
egocentrisch I *bn* égocentrique **II** *bw* d'une façon égocentrique
egoïsme égoïsme *m*
egoïst égoïste *m/v*
egoïstisch égoïste
egotrip ≈ égotisme *m*, nombrilisme *m*
egotrippen se croire le centre du monde
egotripper égotiste *m/v*, nombriliste *m/v*
Egypte l'Égypte *v* ★ *in ~* en Égypte
Egyptenaar Égyptien *m*
Egyptisch égyptien [v: égyptienne]
Egyptische Égyptienne *v*
EHBO I *afk, Eerste Hulp Bij Ongelukken* secourisme *m* **II** *de, dienst* service *m* des urgences
EHBO-doos trousse *v* de secours
EHBO'er secouriste *m/v*
ei I *het* **❶** biol œuf *m* ★ *gebakken ei* un œuf sur le plat ★ *geklutste eieren* des œufs brouillés ★ *gekookt ei* un œuf dur ★ *gepocheerd ei* un œuf poché ★ *zachtgekookt ei* un œuf à la coque ★ *hardgekookt ei* un œuf dur ★ *eieren leggen* pondre (des œufs) ★ *eieren voor zijn geld kiezen* mettre de l'eau dans son vin ★ *beter een half ei dan een lege dop* mieux vaut peu que rien du tout ★ *op eieren lopen* marcher sur des œufs ★ *zijn ei niet kwijt kunnen* se sentir frustré ★ *dat is het hele eieren eten* ce n'est pas plus compliqué que ça ★ BN *een eitje te pellen hebben met* avoir maille à partir avec ▾ *het ei van Columbus* la solution toute trouvée, l'œuf de Colomb **❷** *doetje* cloche *v* ★ *zacht ei(tje)* mollasson *m*, chiffe *v* molle **❸** → **eitje II** *bw* ▾ BN *ei zo na* à un cheveu près ★ *de thuisploeg wist ei zo na gelijk te stellen* l'équipe recevante a failli égaliser
eicel ovule *m*
eidereend eider *m* (à duvet)
eierdooier jaune *m* d'œuf
eierdoos boîte à œufs
eierdop ❶ *schaal* coquille *v* d'œuf **❷** *kopje* coquetier *m*
eierkoek culin gâteau *m* aux œufs
eierschaal coquille *v* d'œuf
eierstok ovaire *m*
eierwekker minuteur *m*
Eiffeltoren tour *v* Eiffel
eigeel jaune *m* d'œuf ★ *met ~ bestrijken* dorer
eigen ❶ *van iem. of iets* propre, à soi ★ *~ weg* voie *v* privée ★ *voor ~ gebruik* à usage personnel ★ *uit ~ beweging* de son propre chef ★ *een ~ huis hebben* être propriétaire d'une maison **❷** *vertrouwd* familier [v: familière] ★ *zich iets ~ maken* se familiariser avec qc, assimiler qc **❸ ~ aan** *kenmerkend voor* propre à
eigenaar propriétaire *m/v* ★ *de rechtmatige ~ opsporen* rechercher le propriétaire légitime ★ *van ~ verwisselen* changer de propriétaire, changer de mains
eigenaardig I *bn* **❶** *kenmerkend* particulier [v: particulière], caractéristique **❷** *zonderling* curieux [v: curieuse] **II** *bw* d'une façon bizarre / particulière
eigenaardigheid ❶ *vreemde eigenschap* particularité *v*, singularité *v* **❷** *eigenheid* particularité *v*

ei

eigenbaat égoïsme *m*
eigenbelang intérêt *m* (personnel) ★ *uit ~* par intérêt, par calcul ★ *alleen op ~ uit zijn* ne chercher que son intérêt
eigendom *object* propriété *v* ★ *in ~ hebben* avoir en propriété ★ *iets in ~ verkrijgen* acquérir qc ★ *dat huis is mijn ~* cette maison m'appartient
eigendunk présomption *v*, suffisance *v* ★ *veel ~ hebben* être présomptueux
eigengebakken (fait) maison ★ *~ brood* du pain maison
eigengemaakt (fait) maison ★ *~e jam* de la confiture maison
eigengereid entêté ★ *~ zijn* n'en faire qu'à sa tête
eigenhandig I *bn* de sa propre main, ⟨geschreven⟩ autographe, ⟨van testament⟩ olographe **II** *bw* ★ *~ geschreven brief* lettre écrite de sa propre main ★ *iem. ~ buiten de deur zetten* mettre qn dehors de ses propres mains
eigenheimer ❶ *persoon* obstiné [v: obstinée] **❷** *aardappel* eigenheimer *m*
eigenliefde amour-propre *m* ★ *gekrenkte ~* une blessure d'amour-propre
eigenlijk I *bn* véritable, proprement dit ★ *het ~e centrum* le centre proprement dit ★ *de ~e betekenis* le sens propre ★ *de ~e reden* la véritable raison ★ *zijn ~e naam is Marco* son vrai nom est Marco **II** *bw* au fond, à vrai dire ★ *~ heeft hij gelijk* au fond il a raison ★ *zij wist ~ niet wat ze moest doen* elle ne savait pas trop que faire ★ *daarvoor kom ik ~ niet* ce n'est pas vraiment pourquoi je suis venu ★ *wat is dat ~?* qu'est-ce que c'est au juste?
eigenmachtig I *bn* arbitraire **II** *bw* arbitrairement, de son (propre) chef ★ *~ optreden* agir d'une façon arbitraire, agir de son propre chef
eigennaam nom *m* propre
eigenschap ⟨van dingen⟩ propriété *v*, caractéristique *v*, ⟨van mensen⟩ trait *m* de caractère ★ *goede ~* qualité *v* ★ *slechte ~* défaut *m*
eigentijds contemporain
eigenwaan suffisance *v*
eigenwaarde amour-propre *m* ★ *gevoel van ~* respect *m* de soi, dignité *v*
eigenwijs I *bn* pédant, ⟨koppig⟩ entêté **II** *bw* avec suffisance
eigenwoningforfait valeur *v* locative cadastrale
eigenzinnig I *bn* volontaire, entêté, obstiné, opiniâtre **II** *bw* obstinément
eik chêne *m*
eikel ❶ *vrucht* gland *m* **❷** *deel van penis* gland *m* **❸** *kluns* abruti *m*, inform couillon *m*
eiken en (bois de) chêne, de chêne ★ *een massief ~ keuken* une cuisine en chêne massif
eikenhout (bois *m* de) chêne *m*
eiland île *v* ★ *~je* îlot *m* ★ *op een ~* dans une île ★ *onbewoond ~* île déserte
eilandengroep archipel *m*
eilander insulaire *m/v*
eileider ⟨mensen⟩ trompe *v* (utérine / de Fallope), ⟨dieren⟩ oviducte *m*
eind ❶ ⟨in tijd⟩ *laatste deel* fin *v*, terme *m* ★ *eind mei* fin mai ★ *aan het eind van de week* à la fin de la semaine ★ *aan zijn einde komen* trouver sa fin ★ *aan alles komt een eind* tout a une fin ★ *bij het einde van* à la fin de, au bout de ★ *ten einde brengen* mener à terme ★ *ten einde lopen* tirer / toucher à sa fin ★ *ten einde zijn* être fini ★ *mijn geduld is ten einde* je suis à bout de patience ★ *tot een goed einde brengen* mener à bonne fin / à bout ★ *tot het einde (toe)* jusqu'au bout ★ *een eind maken aan* en finir avec, mettre un terme à ★ *een eind aan zijn leven maken* mettre fin à ses jours ★ *er komt geen einde aan* cela n'en finit pas, on n'en voit pas la fin ★ *er moet een einde aan komen* il faut en finir ★ *een einde nemen* prendre fin, finir ★ *het einde betekenen van* sonner le glas de ★ *het eind van het liedje was dat* le fin mot de l'histoire, c'est que ★ *eind goed, al goed* tout est bien qui finit bien ★ *dat is het einde!* inform c'est le pied! **❷** ⟨in plaats⟩ *laatste stuk* bout *m*, extrémité *v* ★ *van het ene naar het andere eind* d'un bout à l'autre ★ *aan het eind van de straat* au bout de la rue ★ *aan het andere eind van de wereld* au bout du monde ★ *ten einde raad zijn* être en désespoir de cause, ne savoir à quel saint se vouer ★ *aan het eind van zijn Latijn / krachten zijn* être à bout de force(s) ★ *aan het kortste eind trekken* avoir le dessous ★ *aan het langste eind trekken* avoir le dessus ★ *het bij het rechte eind hebben* avoir raison ★ *het bij het verkeerde eind hebben* avoir tort ★ *tot het bittere eind (doorgaan)* (aller) jusqu'au bout **❸** *afstand* ★ *een heel eind* un bout de chemin, une bonne trotte ★ *eindje* bout *m* ★ *een eindje lopen* faire un tour ★ *een eind weg* un bout de chemin ★ *een eindje met iem. oplopen* faire un bout de chemin avec qn ★ *iem. een eindje wegbrengen* reconduire qn ★ *een eindje verderop* un peu plus loin ★ *een eind in de 30 zijn* avoir la trentaine bien sonnée **❹** *stuk van bepaalde lengte* bout *m* ★ *eind touw* bout *m* de ficelle ★ *de eindjes aan elkaar knopen* joindre les deux bouts
eindbedrag total *m*
eindbestemming ❶ lett terminus *m* **❷** fig destination *v*
eindcijfer ❶ *uitkomst* total *m* **❷** *beoordeling* note *v* globale
einddiploma diplôme *m* de fin d'études, ⟨van vwo⟩ diplôme de bachelier
einddoel but *m* final
einde → **eind**
eindejaarsuitkering, BN **eindejaarspremie** prime *v* de fin d'année
eindelijk finalement, à la fin, enfin ★ *~ kwam hij het te weten* il a découvert enfin le fin mot de l'histoire ★ *kom je nou ~?* tu viens à la fin?
eindeloos I *bn* **❶** *zonder einde* infini, sans fin, ⟨onophoudelijk⟩ interminable **❷** *geweldig* super [onver.] **II** *bw* **❶** *zonder einde* interminablement ★ *~ duren* s'éterniser **❷** *zeer* infiniment ★ *die film is ~ goed* ce film est super
einder horizon *m*
eindexamen onderw examen *m* de fin d'études, ⟨vwo⟩ baccalauréat *m*, inform bac *m* ★ *~ doen* passer son bac ★ *voor het ~ slagen* être reçu au bac
eindexamenklas onderw (classe *v*) terminale *v*
eindfase *laatste fase* dernière phase *v*, ⟨van ziekte⟩ phase *v* terminale

eindig ❶ *beperkt* limité ★ *het leven is ~* la vie n'est pas éternelle ❷ wisk fini ★ *de ~e getallen* les nombres finis
eindigen I *onov ww, ophouden* finir, se terminer, prendre fin ★ *de wedstrijd eindigde in gelijkspel* la rencontre c'est terminée par un match nul ★ *op een klinker ~* se terminer par une voyelle ★ *de werkwoorden die op -er ~* les verbes qui se terminent en -er ★ *als derde ~* finir troisième ★ *~ met* finir par ★ *de brief eindigt met de woorden...* la lettre finit par les mots... ★ *de lessen ~ om één uur* la sortie des classes se fait à treize heures II *ov ww, beëindigen* ★ *ze eindigde haar brief met een verzoek* elle a conclu / fini sa lettre par une demande
eindje → **eind**
eindklassement classement *m* final
eindproduct produit *m* fini
eindpunt terme *m*, fin *v*, ⟨openbaar vervoer⟩ terminus *m*
eindrapport ❶ *eindverslag* rapport *m* final ❷ onderw *schoolrapport* bulletin *m* (scolaire) de fin d'année
eindredactie ❶ *laatste redactie* rédaction *v* (définitive) ❷ *afdeling* bureau *m* de rédaction
eindrijm rime *v* finale
eindsprint sprint *m*
eindstadium *laatste stadium* dernière phase *v*, ⟨van ziekte⟩ phase *v* terminale
eindstand score *m* final ★ *de ~ is 3-0 voor Utrecht* le score final est de trois à zéro pour Utrecht
eindstation ❶ *eindhalte* (gare *v*) terminus *m* ❷ *uiteindelijk doel* destination *v* finale
eindstreep ligne *v* d'arrivée ★ *als eerste over de ~ gaan* franchir le premier la ligne d'arrivée ★ *de ~ halen* réussir
eindstrijd sport finale *v*
eindwerk BN *afstudeerscriptie* mémoire *m* de fin d'études
eis ❶ *het dwingend verlangde* exigence *v*, ⟨aanspraak⟩ revendication *v*, ⟨voorwaarde⟩ condition *v* ★ *eisen stellen* poser des conditions ★ *te hoge eisen stellen* être trop exigeant ★ *aan de eisen voldoen* satisfaire aux exigences ★ *de eisen van het vak* les contraintes du métier ❷ *vordering* jur demande *v* (**tot** en), ⟨van Openbaar Ministerie⟩ réquisitoire *m* ★ *een eis toewijzen* accorder une demande ★ *iemands eis afwijzen* débouter qn de sa demande ★ *een eis tot echtscheiding indienen* introduire une demande en divorce ★ *de eis luidt vier jaar gevangenisstraf* le procureur a requis quatre ans de prison ferme ★ *een eis tot schadevergoeding instellen* demander / réclamer des dommages-intérêts
eisen ❶ *dwingend verlangen* exiger, ⟨claimen⟩ revendiquer, réclamer ★ *de overvallers eisten contant geld* les braqueurs ont réclamé du cash ❷ *vergen* demander, nécessiter, jur requérir ★ *de rellen hebben doden geëist* les troubles ont fait des morts ❸ jur requérir ★ *~de partij* demandeur *m* ★ *schadevergoeding ~* demander des dommages-intérêts ★ *het Openbaar Ministerie eiste vier maanden gevangenisstraf* le procureur a requis quatre mois de prison ferme
eisenpakket liste *v* de revendications, programme *m* revendicatif
eiser jur demandeur *m*, [v: demanderesse] partie *v* civile, ⟨in strafzaak⟩ plaignant *m* [v: plaignante]
eisprong ovulation *v*
eitje *makkelijk karwei* ★ *dat is een (zacht) ~* c'est du gâteau, c'est fastoche → **ei**
eivol plein à craquer / comme un œuf, (archi)plein
eiwit ❶ *wit van ei* blanc *m* d'œuf ❷ *proteïne* protéine *v*, albumen *m*
eiwitrijk riche en protéines
ejaculatie éjaculation *v*
ejaculeren éjaculer
EK *Europees Kampioenschap* championnat(s) *m (mv)* d'Europe
EKO-keurmerk ≈ label *m* A, ≈ écolabel *m*
ekster pie *v* (bavarde) ★ *klappen als een ~* ⟨veel praten⟩ jacasser (comme une pie)
eksteroog cor *m* ★ *last van eksterogen hebben* souffrir de cors au pied
el aune *v*
elan élan *m*, entrain *m*
eland élan *m*, ⟨Canadese⟩ orignal *m* [mv: orignaux]
elasticiteit élasticité *v*
elastiek I *het, rubber bandje* élastique *m* II *bn* élastique
elastisch élastique
elders ailleurs, autre part ★ *de hotelgasten worden ~ ondergebracht* les pensionnaires seront relogés ailleurs ★ *overal ~* partout ailleurs ★ *naar ~* ailleurs ★ *van ~* d'ailleurs
eldorado eldorado *m*
electoraal électoral [m mv: électoraux]
electoraat électorat *m*
elegant I *bn* élégant II *bw* élégamment
elegantie élégance *v*
elektra ❶ *stroom* électricité *v* ❷ *apparaten* appareils *m mv* électriques
elektricien électricien *m* [v: électricienne]
elektriciteit électricité *v* ★ *door waterkracht opgewekte ~* hydroélectricité
elektriciteitsbedrijf compagnie *v* d'électricité
elektriciteitscentrale centrale *v* (électrique)
elektriciteitsmast pylône *m* électrique
elektriciteitsnet secteur *m*
elektrisch I *bn* électrique II *bw* électriquement, à l'électricité
elektrocardiogram électrocardiogramme *m*
elektrocuteren électrocuter
elektrocutie électrocution *v*
elektrode électrode *v*
elektro-encefalogram électroencéphalogramme *m*
elektrolyse électrolyse *v*
elektromagneet électroaimant *m*
elektromagnetisch électromagnétique
elektromonteur monteur *m* électricien
elektromotor moteur *m* électrique
elektron natk électron *m*
elektronica électronique *v*
elektronisch électronique ★ *~ betalen* paiement *m* électronique
elektroshock électrochoc *m*
elektrotechniek électrotechnique *v*
element ❶ scheik élément *m* ★ *lucht bestaat*

voornamelijk uit de ~en stikstof en zuurstof l'air est composé principalement des éléments azote et oxygène ❷ *bestanddeel* élément *m* ★ *flexibiliteit is een cruciaal ~ in ons project* la flexibilité est un élément crucial de notre projet ★ *een storend ~ in het uitzicht* un élément qui gâche un peu la vue ★ *de ~en trotseren* ⟨weersomstandigheden⟩ braver les éléments ▾ *in zijn ~ zijn* être dans son élément
elementair élémentaire ★ ~ *onderwijs* cours *m* élémentaire ★ *~e kennis* connaissance *v* de base, connaissanes élémentaires ★ ~ *deeltje* particule *v* élémentaire
elf I *telw* onze **II** *de, sprookjesfiguur* elfe *m*
elfde onzième → **vierde**
elfendertigst ★ *op zijn ~* (tout) plan-plan
elftal onze *m (mv)* ★ *het Nederlands ~* l'équipe nationale néerlandaise ★ *nationaal ~* équipe *v* nationale, ⟨Frans⟩ les bleus
eliminatie élimination *v*
elimineren éliminer
elitair élitiste
elite élite *v*
elixer élixir *m*
elk ⟨zelfstandig⟩ chacun, tout le monde, ⟨bijvoeglijk⟩ chaque, tout ★ *elke week* chaque semaine, toutes les semaines ★ *hij kan elk ogenblik komen* il peut venir d'un moment à l'autre
elkaar se, l'un l'autre [m mv: les uns les autres] [v: l'une l'autre] [v mv: les unes les autres] mutuellement ★ *zij zijn ~s vrienden* ils sont amis ★ *zij keken ~ aan* ils se regardaient ★ ~ *helpen* s'entraider ★ *achter ~* ⟨van plaats⟩ l'un après l'autre ★ *achter ~* ⟨in tijd⟩ de suite, d'affilée ★ *achter ~ lopen* marcher en file (indienne) ★ *bij ~* ensemble, réunis ★ *bij ~ brengen* réunir, rassembler ★ *bij ~ komen* se joindre, se réunir ★ *door ~ liggen* être en désordre / pêle-mêle, être mélangé ★ *in ~ leggen / zetten* monter ★ *goed in ~ zitten* être bien fait ★ *met ~* ensemble ★ *naast ~* côte à côte ★ *zij hebben het onder ~ verdeeld* ils l'ont partagé entre eux ★ *onder ~ spreken zij Frans* ils parlent français entre eux ★ *op ~* l'un sur l'autre ★ *met de armen over ~* les bras croisés ★ *uit ~ gaan* se séparer ★ *uit ~ halen / nemen* démonter ★ *niet uit ~ kunnen houden* confondre ★ *uit ~ houden* distinguer (l'un de l'autre) ★ *ze houden van ~* ils s'aiment ★ *gescheiden van ~* séparés l'un de l'autre ▾ *iets voor ~ hebben / krijgen* y arriver ▾ *het is voor ~* voilà qui est fait / arrangé, ça y est
elleboog coude *m* ★ *op de ellebogen leunen* s'accouder ★ *versleten ellebogen hebben* avoir les coudes troués ★ *met de ellebogen werken* jouer des coudes ★ *het achter de ellebogen hebben* être sournois
ellende misère *v* ★ *doffe ~* misère noire ★ *van ~ uit elkaar vallen* être prêt de s'écrouler, être vétuste ★ *de ~ met hem is dat ...* l'ennui avec lui, c'est que ... ★ ~ *over zich afroepen* s'attirer des ennuis ★ *een diepe bron van ~* une vraie source d'ennuis ★ *dan is de ~ niet te overzien* ça va causer beaucoup d'ennuis, inform bonjour les dégâts!
ellendeling misérable *m/v*
ellendig I *bn* misérable ★ *een ~e toestand* une situation fâcheuse ★ *zich ~ voelen* se sentir misérable ★ *een ~ schouwspel* un spectacle navrant **II** *bw* misérablement
ellenlang interminable
ellepijp cubitus *m*
ellips ellipse *v*
elliptisch elliptique ★ *een ~e zin* une phrase elliptique
elpee trente-trois tours *m* [mv: id.], album *m*
els aune *m*, aulne *m*
El Salvador le Salvador ★ *in ~* au Salvador
Elzas l'Alsace *v* ★ *in de ~* en Alsace
email émail *m*
e-mail e-mail *m*, mail *m*, courrier *m* / messagerie *v* électronique, form courriel *m*
e-mailadres adresse *v* électronique, adresse e-mail
e-mailbericht mail *m*, message *m* électronique
e-mailen envoyer par e-mail, envoyer un e-mail
emailleren émailler
emancipatie émancipation *v*
emancipatorisch émancipateur [v: émancipatrice]
emanciperen émanciper
emballage emballage *m*
embargo ❶ *uitvoerverbod / beslag op schip* embargo *m* ★ *een ~ opleggen op* mettre l'embargo sur ★ *een ~ opheffen op* lever l'embargo sur ❷ *publiceerverbod* ★ *dit persbericht is nog onder ~* ce communiqué de presse est encore sous le coup d'un embargo
embleem *onderscheidingsteken* emblème *m*
embolie embolie *v*
embouchure muz embouchure *v*
embryo embryon *m*
embryonaal embryonnaire ★ *in embryonale toestand* à l'état embryonnaire
emeritaat retraite *v* ★ *met ~ gaan* prendre sa retraite
emeritus en retraite ★ ~ *hoogleraar* professeur *m* honoraire
emfyseem emphysème *m*
emigrant émigrant *m* [v: émigrante]
emigratie émigration *v*
emigreren émigrer (**naar** en, dans)
eminent I *bn* éminent **II** *bw* éminemment
eminentie éminence *v* ★ *grijze ~* éminence grise
emir émir *m*
emiraat émirat *m* ★ *Verenigde Arabische Emiraten* Émirats *m mv* arabes unis
emissie ❶ *van aandelen* émission *v* ❷ *uitstoot* émission *v*
emissiekoers cours *m* / taux *m* d'émission
emitteren ❶ econ émettre ❷ *uitstralen* émettre
emmentaler emmenthal *m*
emmer seau *m* [mv: seaux] ★ *alsof je een ~ leeggooit* c'est le coup de bambou
emmeren être rasant
emoe émeu *m*, émou *m*
emolumenten ≈ rémunérations-extrasalariales *v mv*, inform à-côtés *m mv*
emoticon émoticon *m*
emotie émotion *v* ★ *zijn ~s bedwingen* maîtriser ses émotions ★ *~s oproepen / losmaken* susciter des émotions

el

emotionaliteit émotivité *v*
emotioneel ⟨vatbaar voor emoties, gevoels-⟩ émotif [v: émotive], ⟨vol emotie⟩ plein d'émotion ★ *uit de emotionele sfeer halen* dépassionner
empathie empathie *v*
empathisch empathique
empirisch I *bn* empirique ★ ~ *onderzoek* recherches expérimentales ★ ~*e wetenschappen* sciences expérimentales **II** *bw* empiriquement
emplacement site *m*, ⟨spoorwegen⟩ voies *v mv*
emplooi emploi *m* ★ *zonder* ~ sans emploi ★ ~ *vinden* trouver de l'emploi
employé employé *m* [v: employée]
EMU *Economische en Monetaire Unie* UEM *v*, Union *v* économique et monétaire
emulgator émulsifiant *m*
en et ★ *vader en zoon* père et fils ★ *twee en twee is vier* deux plus deux font quatre ★ *en wat dan nog?* et alors?, et puis après ★ *en?* alors? ★ *nou en?* et alors? ★ *en Jan en ik* et Jean et moi ★ *groter en groter* de plus en plus grand
encefalogram encéphalogramme *m*
enclave enclave *v*
encycliek encyclique *v*
encyclopedie encyclopédie *v* ★ *een wandelende* ~ une encyclopédie vivante
encyclopedisch encyclopédique
end inform → **eind**
endeldarm rectum *m*
endemisch endémique
endorfine endorphine *v*
ene *een* un certain [v: une certaine] ★ *ene meneer Jansen* un (certain) monsieur Jansen, jur un nommé Jansen
enenmale ★ *ten* ~ absolument
energetica énergétique *v*
energetisch énergétique
energie énergie *v* ★ *duurzame* ~ énergies renouvelables ★ *met zonnepanelen voorzien we gedeeltelijk in onze eigen* ~ les panneaux solaires nous permettent d'être partiellement autonomes en énergie ★ *de reis heeft hem nieuwe* ~ *gegeven* le voyage lui a donné un regain d'énergie ★ *veel* ~ *stoppen in je eigen bedrijf* s'investir beaucoup dans sa propre entreprise
energiebedrijf compagnie *v* distributrice d'énergie
energiebesparend qui économise l'énergie, à économie d'énergie
energiebesparing économie *v* d'énergie
energiebron source *v* d'énergie
energiek énergique, ⟨van persoon⟩ dynamique, plein d'entrain
energieneutraal énergétiquement neutre
energieverbruik consommation *v* énergétique / d'énergie
enerverend énervant ★ *een* ~*e reis* un voyage mouvementé
enerzijds d'une part ★ ~ ... *anderzijds* ... d'une part ... d'autre part ..., d'un côté ... de l'autre ...
enfin enfin
eng ❶ *beangstigend* sinistre, angoissant ★ *een enge vent* un sale type ❷ *nauw* étroit ★ *eng behuisd zijn* être (logé) à l'étroit
engagement ❶ *betrokkenheid* engagement *m* ❷ econ *contract* engagement *m* ★ *hij heeft een* ~ il a un engagement
engageren I *ov ww* engager **II** *wkd ww* [**zich** ~] BN *zich verplichten* ★ *zich* ~ *om* s'engager à
engel ange *m* ★ ~*tje* angelot *m*, chérubin *m* ★ *gevallen* ~ ange déchu ★ *reddende* ~ sauveur *m*
engelachtig angélique
Engeland l'Angleterre *v* ★ *in* ~ en Angleterre
engelbewaarder ange *m* gardien
engelengeduld patience *v* d'ange
engelenhaar cheveux *m mv* d'ange
Engels I *bn, m.b.t. Engeland* anglais ★ ~*e drop* bonbons *m mv* anglais **II** *het, taal* anglais *m*
Engelse Anglaise *v*
Engelsman *bewoner* Anglais *m*
Engelstalig anglophone
engerd horreur *v* ★ *hij is een* ~ c'est un type affreux
engte étroitesse *v*, ⟨op zee⟩ détroit *m*, ⟨in bergen⟩ défilé *m*
engtevrees claustrophobie *v*
enig I *bn* ❶ *enkel* unique, seul ★ *enig kind* enfant unique ★ *enig in zijn soort* unique en son genre, sans pareil ★ *enig erfgenaam* légataire *m* universel ★ *het enige* la seule chose ★ *de enige* le seul ❷ *leuk* formidable, inform chouette ★ *ze hebben twee enige kindertjes* ils ont deux petits enfants mignons comme tout ★ *wat enig!* chouette! ★ *die jurk staat je enig* cette robe te va très bien **II** *onb vnw* quelque, ⟨bij ontkenning⟩ aucun ★ *zonder enige reden* sans aucune raison ★ *over enige maanden* dans quelques mois ★ *als enige verontschuldiging* pour toute excuse
enigerlei quelconque, quelque ★ *op* ~ *wijze* de quelque façon que ce soit
enigermate quelque peu
enigma énigme *v*
enigszins *enigermate* un peu, quelque peu ★ *zodra ik maar* ~ *kan* dès que je pourrai ★ *indien* ~ *mogelijk* dans la mesure du possible, si possible
enkel I *de* cheville *v* ★ *je* ~ *verstuiken* se fouler la cheville **II** *bw* ❶ ne ... que, seulement, juste ★ *er waren* ~ *wat souvenirwinkels en verder niks* il y avait juste quelques magasins de souvenirs, c'était tout ★ ~ *en alleen* uniquement ★ ~ *en alleen om* ... dans le seul but de ... ❷ seul ★ ~*e* quelques ★ ~*en* quelques-uns ★ ~*e personen* quelques personnes ★ *geen* ~ pas un (seul) ★ *geen* ~*e kans* aucune chance ★ *geen* ~*e keer* pas une seule fois
enkeling individu *m* ★ *het gaat maar een* ~ *aan* ça ne concerne que quelques personnes
enkelspel simple *m* ★ *dames*~ simple dames
enkelspoor voie *v* unique
enkeltje aller *m* simple ★ *een* ~ *Tilburg alstublieft* un aller simple pour Tilburg, s'il vous plaît
enkelvoud singulier *m* ★ *in het* ~ au singulier
enkelvoudig ❶ taalk au singulier ❷ *niet samengesteld* simple
enorm I *bn* énorme, immense ★ *een* ~*e toename* une augmentation énorme ★ *een* ~*e hoeveelheid afval* d'énormes quantités de déchets ★ ~*e investeringen* investissements *m mv* immenses **II** *bw* énormément ★ *we hebben* ~ *genoten* on s'est énormément amusés, on s'est régalés
enormiteit énormité *v*

en

en

enquête enquête *v*, ‹opinieonderzoek› sondage *m* ★ *een ~ houden naar* faire une enquête sur
enquêteren ❶ *enquête houden* enquêter ❷ *ondervragen* enquêter
enquêteur enquêteur *m* [v: enquêtrice]
ensceneren mettre en scène
enscenering mise *v* en scène
ensemble ❶ *groep* ensemble *m* ❷ *dameskostuum* ensemble *m*
ent greffe *v*, greffon *m*
enten plantk greffer
enteren ook fig aborder
entertainen amuser, divertir
entertainment divertissement *m*, variétés *v mv*
entertoets touche *v* (d')entrée
enthousiasme enthousiasme *m*
enthousiasmeren enthousiasmer
enthousiast I *bn* enthousiaste ★ *een ~e menigte* une foule enthousiaste ★ *~ maken* enthousiasmer ★ *wild ~ zijn over iets* être follement enthousiaste pour qc, s'emballer pour qc **II** *bw* avec enthousiasme ★ *~ op iets reageren* réagir avec enthousiasme
enthousiasteling fana *m/v*
entiteit entité *v*
entourage entourage *m*
entrecote entrecôte *v*
entree ❶ *het binnentreden* entrée *v* ★ *zijn ~ maken* faire son entrée ❷ *ingang* entrée *v* ❸ *toegangsprijs* entrée *v*, prix *m* d'entrée ★ *vrij ~* entrée libre ❹ *voorgerecht* entrée *v*
entreegeld entrée *v*, prix *m* d'entrée
entreeprijs entrée *v*, prix *m* d'entrée
entstof vaccin *m*
E-nummer additif *m* E, numéro *m* UE
envelop, enveloppe ❶ *briefomslag* enveloppe *v* ★ *een brief in een ~ stoppen* mettre une lettre sous enveloppe ★ *~ met venster* enveloppe à fenêtre ★ *een ~ met inhoud* une enveloppe ❷ BN *budget* enveloppe *v*
enz. *enzovoorts* etc.
enzovoort, enzovoorts et ainsi de suite, et cetera, etc.
enzym enzyme *m/v*
epaulet épaulette *v*
EPD med *Elektronisch Patiëntendossier* DMI *m*, dossier *m* médical informatisé
epicentrum épicentre *m*
epidemie épidémie *v* ★ *er brak een ~ uit* une épidémie s'est déclarée
epidemisch épidémique
epiek poésie *v* épique
epigoon épigone *m*
epilepsie épilepsie *v* ★ *een aanval van ~ krijgen* avoir une attaque / crise d'épilepsie
epilepticus épileptique *m/v*
epileptisch épileptique
epileren épiler
epiloog épilogue *m*
episch épique ★ *~e poëzie* poésie *v* épique
episcopaat épiscopat *m*
episode épisode *m*
epistel épître *v*, iron missive *v*
epitaaf épitaphe *v*
epitheel med épithélium *m*
epo *erytroproëtine* EPO *v*, érythroproïétine *v*
epos épopée *v*, poème *m* épique
epoxyhars résine *v* époxy
equator équateur *m*
equatoriaal équatorial [m mv: équatoriaux]
Equatoriaal Guinee la Guinée équatoriale
Equatoriaal Guinees équato-guinéen [v: équato-guinéenne]
equipe équipe *v*
equiperen équiper (**met** de)
equivalent I *het* équivalent *m* **II** *bn* équivalent (**aan, met** à)
er I *bw* ❶ *daar* y, là ★ *hij was er* il était là ★ *ik ben er ook geweest* j'y ai été aussi ★ *we kunnen er met zijn vijven in* nous y tiendrons à cinq ★ *we zijn er* nous y sommes ❷ ‹zonder betekenis› ★ *er is...* il y a... ★ *er zijn...* il y a... ★ *er was / er waren* il y avait... ★ *wie komt er vanavond?* qui vient ce soir? ★ *hij ziet er moe uit* il a l'air fatigué ★ *er komt regen* on va avoir de la pluie ★ *wat is er?* qu'y a-t-il?, qu'est-ce qu'il y a? ★ *is er iets?* il y a qc (qui ne va pas)? ★ *wat is er gebeurd?* qu'est-ce qui s'est passé? ★ *er wordt gebeld* on sonne ★ *er was eens ...* il était une fois ★ *ik heb er nog twee* j'en ai deux encore **II** *pers vnw* en ★ *er zijn er vijf* il y en a cinq
eraan y ★ *kijk eens wat een pruimen ~ hangen!* regarde toutes les prunes qui y sont accrochées! ★ *wat kan ik ~ doen?* que voulez-vous que j'y fasse?, je n'y peux rien ★ *ik zal ~ denken* j'y penserai ★ *ik kom ~!* j'arrive! ★ *~ gaan* (devoir) y passer ★ *je gaat ~!* tu es fini!
erachter derrière ★ *~ zijn* avoir compris, y être
eraf *los* détaché ★ *de lol is eraf* ce n'est plus drôle du tout ★ *de knoop is eraf* le bouton manque / est parti ★ *eraf zijn* ‹ervan bevrijd› en être libéré / débarrassé
erbarmelijk lamentable, pitoyable ★ *onder ~e omstandigheden* dans des circonstances lamentables
erbarmen I *het* pitié *v* (**met** de) **II** *wkd ww* [**zich ~**]~ **over** avoir pitié de, prendre soin de
erbij présent, ‹m.b.t. zaken› y ★ *~ zijn* être de la partie ★ *is de brief ~?* y a-t-il la lettre? ★ *water ~ doen* ajouter de l'eau ★ *dat hoort ~* ça va avec ★ *kun je ~?* ‹pakken› tu y arrives?, ‹begrijpen› tu piges? ★ *het ~ laten* en rester là ★ *ik blijf ~ dat het correct is* je maintiens que c'est correct ★ *dat hoort er nu eenmaal bij* c'est la vie ▼ *hoe kom je ~!* qu'est-ce qui te fait dire / penser cela? ▼ *~ lopen als een zwerver* avoir l'air d'un vagabond ▼ *nu ben je er bij!* ‹betrapt› je te tiens!, tu es cuit / fichu!
erboven au-dessus ★ *~ staan* être au-dessus de cela
erdoor ★ *iets ~ krijgen* faire passer qc ★ *zij is ~* elle a réussi (à son examen) ★ *laat me ~* laisse-moi passer ▼ *~ zitten* n'en pouvoir plus
ere → **eer**
e-reader liseuse *v*
erebaan poste *m* honoraire
ereburger citoyen *m* d'honneur
erectie érection *v*
eredame BN *winnares van de tweede of derde prijs* dame *v* d'honneur
eredienst culte *m*
eredivisie première division *v*
eredoctoraat doctorat *m* honoris causa

erekwestie question *v* d'honneur

erelid membre *m* d'honneur

ereloon BN honoraires *m mv*

eremetaal médaille *v*

eren honorer (**met** de) ★ *de doden eren* commémorer les morts

ereplaats place *v* d'honneur

erepodium podium *m*

ereprijs ❶ *prijs* prix *m* d'honneur ❷ *plant* véronique *v*

ereschuld dette *v* d'honneur

eretitel titre *m* honorifique / d'honneur

eretribune tribune *v* d'honneur

erewacht garde *v* d'honneur

erewoord parole *v* d'honneur ★ *op mijn ~!* parole (d'honneur)! ★ *zijn ~ geven* donner sa parole d'honneur ★ *op zijn ~ vrijlaten* libérer sur parole

erf *grond* ‹grondbezit› fonds *m* (de terre), ‹van boerderij› cour *v*

erfdeel ❶ jur (part *v* d')héritage *m*, portion *v* ★ *wettelijk ~* réserve *v* légale, part *v* légitime ❷ fig patrimoine *m* ★ *cultureel ~* patrimoine culturel

erfelijk héréditaire ★ *~ belast zijn* avoir une tare ★ *~ bepaald zijn* être génétique

erfelijkheid hérédité *v*

erfelijkheidsleer génétique *v*

erfenis héritage *m*, succession *v* ★ *een ~ aanvaarden* accepter une succession ★ *door ~ verkrijgen* recueillir par voie de succession, hériter

erfgenaam héritier *m* [v: héritière] ★ *universeel ~* légataire *m/v* universel(le) ★ *tot ~ benoemen* faire héritier ★ *wettig ~* héritier légal

erfgoed bien *m* héréditaire, héritage *m* ★ *het culturele ~* le patrimoine culturel

erflater testateur *m* [v: testatrice]

erfopvolger successeur *m*

erfopvolging succession *v*

erfpacht *gebruiksrecht* bail *m* emphytéotique, jur emphytéose *v* ★ *grond in ~ uitgeven* donner un fonds à bail

erfrecht ❶ jur *rechtsregels* droit *m* successoral ❷ jur *recht om te erven* droit *m* héréditaire

erfstuk objet *m* hérité ★ *dit schilderij is een ~* c'est un tableau de famille

erfvijand ennemi *m* héréditaire

erfzonde péché *m* originel

erg I *bn* ❶ *zeer vervelend* mal, fâcheux [v: fâcheuse] ★ *een erge misdaad* un crime abominable ★ *het is meer dan erg* c'est une honte ★ *dat is te erg!* trop c'est trop! ★ *wat erg!* quel malheur! ★ *vind je het erg als ik ga?* ça te dérange que je m'en aille? ★ *het is niet (zo) erg* ce n'est pas grave, ce n'est rien ★ *het ergste vrezen* craindre le pire ★ *er erg aan toe zijn* être bien mal ★ *erger maken / worden* empirer ★ *wat erger is* pire encore, qui pis est ❷ *heftig* grave ★ *een erge vergissing* une grave erreur ★ *ik heb erge honger* j'ai très faim ★ *zijn ergste vijand* son pire ennemi **II** *bw* très ★ *erg goed* très bien ★ *het spijt me erg* je suis désolé ★ *ik hou erg van hem* je l'aime beaucoup **III** *het* ★ *zonder erg* sans y entendre malice, involontairement ★ *ik had er geen erg in* je ne me rendais pas compte ★ *zonder er erg in te hebben* sans s'en rendre compte

ergens ❶ *op een plaats* quelque part ★ *~ anders* ailleurs, autre part ★ *daar ~* quelque part là-bas ❷ *in enig opzicht* d'une certaine façon, quelque part ❸ *iets* ★ *~ naar zoeken* chercher qc ★ *zij stond ~ naar te kijken* elle regardait qc

ergeren I *ov ww* agacer, énerver, contrarier **II** *wkd ww* [**zich ~**] s'irriter (**aan** de), s'énerver (**aan** de) ★ *zich aan iets ~* s'indigner de qc ★ *zich aan iem. ~* s'indigner contre qn ★ *zich groen en geel ~* s'exaspérer, inform en faire une jaunisse

ergerlijk *irritant* agaçant, énervant, vexant

ergernis irritation *v*, agacement *m* ★ *~ geven* irriter ★ *tot ~ van* au grand mécontentement de

ergonomie ergonomie *v*

ergonomisch ergonomique

ergonoom ergonome *m/v*

ergotherapie ergothérapie *v*

erheen y ★ *~ gaan* y aller ★ *op de weg ~* en cours de route ★ *ga je ~?* tu y vas?

erin y, dedans ★ *staat het erin?* c'est dedans? ★ *kom erin!* entre! ★ *erin lopen* marcher, se laisser prendre ★ *iem. erin luizen* avoir qn ▾ *erin blijven* y rester ▾ *dat zit er niet in* c'est pas possible

Eritrea l'Érythrée *v*

Eritrees érythréen [v: érythréenne]

erkend ❶ *algemeen bekend* reconnu, avéré ★ *een ~ gegeven* un fait avéré ❷ *officieel toegestaan* agréé ★ *de ~e godsdienst* la religion officielle ★ *een ~ beroep* une profession agréée

erkennen ❶ *inzien, toegeven* reconnaître, admettre ★ *volmondig / ruiterlijk ~* reconnaître sans réserve ★ *zijn fout ~* reconnaître ses torts, avouer ses torts ❷ *als wettig aanvaarden* reconnaître ★ *iem. als zijn meerdere ~* trouver son maître

erkenning reconnaissance *v* ★ *tot de ~ komen dat* arriver à la conclusion que

erkentelijk reconnaissant (**jegens** à; **voor** de) ★ *zich ~ tonen jegens iem.* témoigner sa reconnaissance à qn

erkentelijkheid reconnaissance *v* ★ *~ betuigen* exprimer sa reconnaissance ★ *uit ~ voor haar steun* en reconnaissance de son soutien

erker bow-window *m* [mv: bow-windows]

erlangs par là ★ *een rivier met bomen ~* une rivière bordée d'arbres ★ *ik wil ~* je veux passer ★ *~ gaan* (y) passer

ermee avec ★ *kun je ~ snijden?* on peut couper avec? ★ *wat doen we ~?* qu'en ferons-nous? ▾ *het kan ~ door* ça peut aller ▾ *je hebt jezelf ~* tu seras le seul à en souffrir

erna après ★ *drie weken erna* trois semaines plus tard ★ *het jaar erna* l'année d'après

ernaar y ★ *ze hebben het ~ gemaakt* ils l'ont (bien) cherché / voulu ★ *dat is ~* c'est à l'avenant ★ *hij kijkt ~* il le regarde

ernaast à côté ★ *de keeper greep ~* le gardien a raté le ballon ★ fig *~ zitten* se tromper, inform être à côté de la plaque, se gourer

ernst ❶ *serieusheid* sérieux *m* ★ *in ~* sérieusement ★ *~ ermee maken* s'y mettre sérieusement ★ *het wordt nu ~* ça devient sérieux, inform ça va chauffer ★ *het is mij (bittere) ~* je suis (on ne peut plus) sérieux, je ne plaisante pas ❷ *zwaarte* gravité *v* ★ *de ~ van de toestand* la gravité de la

er

situation
ernstig I *bn, serieus* sérieux [v: sérieuse] ★ *een ~e man* un homme sérieux ★ *met een ~ gezicht* d'un air sérieux ★ *~e zaak* affaire *v* sérieuse ★ *~ ongeluk* accident grave ★ *een ~e ziekte* une maladie grave **II** *bw* ❶ *serieus* sérieusement ★ *iets ~ opnemen* prendre qc au sérieux ★ *niets ~ nemen* prendre tout à la légère ★ *~ blijven* garder son sérieux ❷ *zeer* gravement, sérieusement ★ *~ ziek* gravement malade ★ *~ gewond* grièvement blessé

eroderen éroder
erogeen érogène
eromheen autour ★ *een huis met een tuin ~* une maison entourée d'un jardin ★ *~ draaien* tourner autour du pot ★ *zonder ~ te draaien* sans ambages
eronder (là-)dessous, en dessous ★ *het boek ligt ~* le livre est dessous ★ *zich niet ~ laten krijgen* ne pas se laisser faire ★ *iem. ~ houden* tenir qn en bride
erop ❶ *op iets* dessus ★ *iets erop doen* mettre qc ★ *ik sta erop!* j'insiste! ★ *erop slaan* taper dessus ★ *mijn naam staat erop* mon nom est écrit dessus ★ *erop of eronder* ça passe ou ça casse ★ *met alles erop en eraan* avec toute la panoplie ★ *hoe kwam je erop?* qu'est-ce qui t'a donné cette idée? ★ *het zit erop* c'est fini, ça y est ❷ *volgend* suivant ★ *de maand erop* le mois suivant / d'après
eropaan ★ *nu komt het ~* maintenant ça devient sérieux ★ *het ~ laten komen* risquer le coup ★ *~ kunnen* pouvoir compter dessus
eropaf ★ *~ gaan* y aller
eropna ★ lett *~ houden* avoir, disposer de ★ fig *~ houden* ⟨ideeën enz.⟩ avoir
eropuit ★ *~ zijn* vouloir, chercher (**om** à)
erosie érosion *v*
erotiek érotisme *m*
erotisch érotique
erover par-dessus ★ *een taart met slagroom ~* un gâteau à la crème ★ *zand ~* on passe l'éponge ★ *~ praten* en parler ★ *~ gaan* ⟨leiding hebben⟩ être responsable, être en charge
eroverheen par-dessus
erratum erratum *m* ★ ⟨lijst⟩ *errata* errata *m*
ertegen contre ★ *ik kan er niet meer tegen* je n'en peux plus ★ *ik ben ~* je suis contre
ertegenin contre ★ *~ gaan* s'y opposer
ertegenop ⟨omhoog⟩ contre, ⟨tegenin⟩ à contre-courant ★ *~ zien* appréhender ★ *niet ~ kunnen* ne pas être à la hauteur
ertegenover en face ★ *de winkel ~* le magasin d'en face ★ *hoe staat hij ~?* qu'est-ce qu'il en pense?
ertoe en, y ★ *wat doet het ~?* qu'est-ce que ça peut faire?, qu'importe? ★ *de moed ~ hebben* en avoir le courage ★ *~ in staat zijn* en être capable ★ *iem. ~ bewegen / brengen iets te doen* amener qn à faire qc ★ *het zwijgen ~ doen* garder le silence
erts minerai *m* ★ *erts winnen* extraire du minerai
ertussen ⟨twee⟩ entre les deux, ⟨meer dan twee⟩ parmi eux [v mv: parmi elles] ★ *hij probeert ~ te komen* il essaye de placer un mot ★ *ik hoop dat ik ~ zit* j'espère être là-dedans ★ *iem. ~ nemen* mener qn en bateau
ertussendoor entre les deux, à travers ★ *je kunt ~ tu peux passer* ★ *dat doen we ~* on fera ça entre-temps
ertussenin entre les deux
ertussenuit ★ *met moeite kwam ik ~* j'ai réussi à m'en sortir ★ *~ gaan* changer d'air ★ *~ knijpen* s'éclipser
erudiet érudit
eruit dehors ★ *~!* dehors! ★ *die blindedarm moet ~* l'appendice doit être enlevé ★ *je hemd hangt ~* ta chemise dépasse ★ *iem. ~ gooien* mettre qn dehors ★ *~ komen* ⟨oplossing vinden⟩ en sortir, ⟨opstaan⟩ se lever ★ *de kosten ~ halen* rentrer dans ses frais ★ *bij iem. ~ liggen* ne plus avoir la cote auprès de qn ★ *~ opmaken (dat)* en déduire (que) ★ *even twee dagen ~* deux jours pour changer d'air
eruitzien ❶ *voorkomen hebben* avoir l'air ★ *~ als* avoir l'air de ★ *er gezond uitzien* avoir l'air bien ★ *wat zie jij eruit!* tu as l'air de quoi! ★ *wat ziet de kamer eruit!* quel désordre, cette pièce! ★ *hoe ziet hij eruit?* il est comment? ★ *hij ziet er jonger uit dan hij is* il ne paraît pas son âge ★ *er goed uitzien* avoir bonne mine ★ *er slecht uitzien* avoir mauvaise mine ★ *er moe uitzien* avoir l'air fatigué ★ *dat ziet er niet uit!* ça ne ressemble à rien!, ça ne paie pas de mine! ❷ *de indruk wekken te* ★ *het ziet er slecht uit* ça se présente mal ★ *het ziet ernaar uit dat het gaat regenen* on dirait qu'il va pleuvoir ★ *het ziet er wel naar uit* ça en a tout l'air
eruptie éruption *v*
ervan en
ervandaan en ★ *ik kom ~* j'en viens, je viens de là
ervandoor ★ *~ gaan* filer, inform se sauver ★ *~ gaan met het geld* se tirer avec l'argent
ervanlangs ★ *iem. ~ geven* donner une raclée à qn, ⟨berisping⟩ passer un savon à qn ★ *~ krijgen* recevoir une bonne raclée
ervaren I *bn* expérimenté, expert (**in** en), form versé (**in** dans) ★ *een ~ leraar* un prof expérimenté ★ *~ zijn in* s'y connaître en **II** *ov ww, ondervinden* éprouver, faire l'expérience de, voir ★ *je zou het zelf een keer moeten ~* il te faudrait faire l'expérience ★ *zij heeft dat als heel naar ~* elle l'a très mal vécu, elle l'a ressenti comme une expérience pénible **III** *ww* [volt. deelw.] → **ervaren**
ervaring expérience (**met** de) ★ *ik spreek uit ~* je suis payé pour le savoir ★ *uit ~* par expérience ★ *volgens mijn ~* d'après ce que j'ai pu constater ★ *de ~ leert dat* l'expérience (dé)montre que ★ *~ opdoen* acquérir de l'expérience ★ *seksuele ~en* expériences sexuelles
erven I *ov ww, door erfenis verkrijgen* hériter, faire un héritage ★ *iets ~* hériter de qc ★ *iets van iem. ~* hériter qc de qn ★ *die neus heeft hij van zijn vader geërfd* il a hérité ce nez de son père **II** *de* héritiers *m mv* ★ *de ~ Jansen* les héritiers Jansen
ervoer [verl. td.] → **ervaren**
ervoeren [verl. td.] → **ervaren**
ervoor ⟨plaats⟩ devant, ⟨bestemming⟩ pour, ⟨tijd⟩ (d')avant, ⟨in ruil⟩ à la place, en échange ★ *op de dag ~* le jour précédent / d'avant ★ *alleen ~ staan* devoir se débrouiller tout seul ★ *~ en erna* avant

et après ★ ~ *opdraaien* faire les frais ★ *ik vrees ~, dat* ... je crains que ... ★ *ik ben ~* je suis pour ★ *wat krijg ik ~ terug?* qu'est-ce que je reçois en échange? ★ *dat dient ~ om* ... ça sert à ...
erwt pois *m* ★ *grauwe erwten* pois chiches
erwtensoep culin soupe *v* aux pois
es ❶ *boom* frêne *m* ❷ *muzieknoot* mi *m* bémol
escalatie escalade *v* ★ *een ~ van geweld* un engrenage / une surenchère de violences
escaleren s'aggraver, aller en s'aggravant
escapade escapade *v*
escapetoets touche *v* d'échappement, touche Échap
escort escorte *v*
escortbureau agence *v* d'escortes
escorte escorte *v*
escorteren escorter
esculaap *embleem* caducée *m*
esdoorn érable *m*
eskader escadre *v*
eskadron escadron *m*
Eskimo Esquimau *m* [m mv: Esquimaux] [v: Esquimaude]
esoterie ésotérisme *m*
esoterisch ésotérique
esp (peuplier *m*) tremble *m*
espadrille espadrille *v*
Esperanto espéranto *m*
esplanade esplanade *v*
espresso (café *m*) express *m*, expresso *m*
espressoapparaat percolateur *m*, cafetière *v* expresso ★ ~ *voor twee kopjes* cafetière expresso 2 tasses
essay essai *m*
essayist essayiste *m/v*
essence essence *v*
essenhout (bois *m* de) frêne *m*
essentie essence *v* ★ *in ~* dans son essence, essentiellement
essentieel essentiel [v: essentielle] ★ *van ~ belang* d'une importance essentielle, vital
Est → **Estlander**
establishment establishment *m*, ordre *m* établi
estafette (course *v* de) relais *m*
estafetteloper relayeur *m* [v: relayeuse]
estafetteploeg équipe *v* de relais
ester scheik ester *m*
estheet esthète *m/v*
esthetica esthétique *v*
esthetiek esthétique *v*
esthetisch esthétique ★ *~e chirurgie* chirurgie *v* esthétique ★ *een ~e natuur hebben* avoir le sens de l'esthétique
Estland l'Estonie *v* ★ *in ~* en Estonie
Estlander Estonien *m*
Estlands, Ests estonien [v: estonienne]
Estlandse, Estse Estonienne *v*
ETA *Euskadi Ta Askatasuna* ETA *v*
etablissement établissement *m*
etage étage *m* ★ *op de eerste ~* au premier
etagère étagère *v*
etalage vitrine *v*
etalagepop mannequin *m*
etaleren étaler, ⟨pronken met⟩ faire étalage de, afficher ★ *zijn kennis ~* étaler ses connaissances
etaleur étalagiste *m/v*
etappe étape *v* ★ *in ~s / ~n* par étapes
etappezege victoire *v* d'étape
etc. etc.
et cetera et c(a)etera
eten I *ov* + *onov ww* manger, inform bouffer, ⟨'s middags⟩ déjeuner, ⟨'s avonds⟩ dîner, ⟨'s avonds laat⟩ souper ★ *eet smakelijk!* bon appétit! ★ *wat eten we?* qu'est-ce qu'on mange? ★ *niet te eten* immangeable ★ *uit eten gaan* dîner en ville ★ *hij kan flink eten* il a un bon coup de fourchette ★ *te eten geven* donner à manger, nourrir ★ *te eten vragen* inviter à dîner ★ *heerlijk eten* se régaler ★ *eten voor drie* manger comme quatre **II** *het* ❶ *voedsel* nourriture *v*, manger *m* ★ *we hadden geen eten bij ons* on n'avait rien amené à manger ❷ *maaltijd* repas *m* ★ *het warme eten* le repas chaud ★ *onder het eten* pendant le repas ★ *het eten klaarmaken* préparer à manger ★ *het eten is opgediend* le dîner est servi ★ *houden van lekker eten* form aimer la bonne chère
etensresten rogatons *m mv*, restes *m mv*, inform rab(iot) *m*
etenstijd heure *v* du repas
etenswaar nourriture *v*, denrée *v*, aliments *m mv*
etentje (petit) dîner *m* ★ *iem. voor een ~ uitnodigen* inviter qn à dîner
eter ❶ *iem. die (veel) eet* mangeur *m* [v: mangeuse] ★ *een grote eter* un gros mangeur ★ *een flinke eter zijn* être un gros mangeur, avoir un joli coup de fourchette ★ *een kleine eter zijn* manger comme un moineau ❷ *gast* invité *m* [v: invitée], convive *m/v* ★ *vanavond hebben we eters* on a du monde à dîner ce soir
ethaan éthane *m*
ethanol éthanol *m*
ether éther *m* ★ *in de ~ zijn* être sur les ondes (hertziennes)
etherpiraat pirate *m* des ondes
etherreclame publicité *v* radiotélévisée
ethiek éthique *v*, ⟨beroeps⟩ déontologie *v*
Ethiopië l'Éthiopie *v* ★ *in ~* en Éthiopie
Ethiopiër Éthiopien *m*
Ethiopisch éthiopien [v: éthiopienne]
Ethiopische Éthiopienne *v*
ethisch éthique ★ ~ *verantwoord* moralement correct
ethyl éthyle *m*
etiket étiquette *v* ★ *iem. een ~ opplakken* mettre une étiquette à qn
etiketteren étiqueter
etiquette étiquette *v* ★ *de ~ in acht nemen* respecter l'étiquette
etmaal (espace *m* de) vingt-quatre heures *v mv*, jour *m* ★ *binnen een ~* dans les 24 heures
etniciteit ethnicité *v*
etnisch ethnique ★ *~e minderheden* des minorités *v mv* ethniques
ets gravure *v*, eau-forte *v* [mv: eaux-fortes] ★ *droge ets* pointe *v* sèche
etsen graver (à l'eau-forte)
et-teken *het &-teken* esperluette *v*
ettelijke plusieurs ★ ~ *mensen* plusieurs personnes
etter ❶ *pus* pus *m* ❷ *naarling* emmerdeur [v: emmerdeuse]

et

etterbuil ❶ *gezwel* abcès *m* ❷ *rotzak* emmerdeur *m*
etteren ❶ *etter afscheiden* suppurer ★ *~d* purulent ❷ *klieren* être enquiquinant
etude étude *v*
etui étui *m*, ⟨school⟩ trousse *v*
etymologie étymologie *v*
etymologisch étymologique
EU *Europese Unie* UE *v*, Union *v* européenne
eucalyptus eucalyptus *m*
eucharistie eucharistie *v* ★ *de ~ vieren* célébrer l'eucharistie
eucharistieviering (célébration *v* de l')eucharistie *v*
eufemisme euphémisme *m*
eufemistisch euphémique
euforie euphorie *v*
euforisch I *bn* euphorique **II** *bw* en pleine euphorie
Eufraat Euphrate *m*
eugenetica, **eugenese** eugénisme *m*
EU-ingezetene habitant *m* de l'UE [v: habitante de l'UE]
eunuch eunuque *m*
Euratom Euratom *m*
Eurazië l'Eurasie *v*
euro euro *m* ★ *zes euro* six euros
eurocent centime *m* (d')euro, (euro)cent *m*
euroland pays *m* de la zone euro
euromarkt marché *m* commun (européen)
euromunt euromonnaie *v*, eurodevise *v*
Europa l'Europe *v* ★ *in ~* en Europe
Europarlement Parlement *m* européen
Europarlementariër eurodéputé *m* [v: eurodéputée]
Europeaan *bewoner* Européen *m* [v: Européenne]
Europees européen [v: européenne]
Europese Européenne *v*
eurovignet eurovignette *v*
eustachiusbuis trompe *v* d'Eustache
euthanaseren euthanasier
euthanasie euthanasie *v* ★ *~ plegen* pratiquer l'euthanasie
euvel I *het* mal *m*, défaut *m* ★ *een ~ verhelpen* remédier à un inconvénient ★ *aan hetzelfde ~ mank gaan* avoir le même défaut **II** *bn* ★ *de ~e moed hebben om* avoir l'impudence de, <u>inform</u> avoir le culot de ★ *iem. iets ~ duiden* en vouloir à qn de qc
Eva Ève *v*
evacuatie évacuation *v*
evacué évacué *m* [v: évacuée]
evacueren évacuer
evaluatie évaluation *v*
evalueren évaluer
evangelie évangile *m* ★ *het ~ van Johannes* l'Évangile selon saint Jean ★ *het ~ prediken* répandre l'Évangile
evangelisatie évangélisation *v*
evangelisch évangélique
evangelist ❶ *schrijver* évangéliste *m* ❷ *prediker* évangéliste *m/v*
even I *bn, deelbaar door twee* pair ★ *de even zitplaatsen* les places à numéro pair ★ *vier is een even getal* quatre est un nombre pair ★ *even of oneven* pair ou impair **II** *bw* ❶ *net zo* aussi, également ★ *hij is even oud als ik* il a le même âge que moi ★ *even groot als* aussi grand que ★ *al even erg* tout aussi grave ❷ *een korte tijd* un instant, un moment ★ *even telefoneren* donner un coup de fil ★ *wacht even* attends un peu, un instant! ★ *het duurt nog wel even* ce ne sera pas de si tôt, ce n'est pas pour demain ★ *(maar) even langskomen* ne faire que passer ★ *terwijl ik me even omkleed* le temps de me changer ★ *als het maar even kan dan...* dans la mesure du possible... ❸ *versterkend* ★ *hoor eens even!* écoute un peu! ★ *was me dat even schrikken!* j'ai eu une de ces peurs! ★ *is dat even mooi!* voilà qui est beau! ❹ *amper / een weinig* à peine, un peu ★ *even over tienen* juste après dix heures ★ *even in de dertig zijn* avoir une trentaine d'années ▼ *het is mij om het even* peu m'importe, cela m'est égal
evenaar *equator* équateur *m*
evenals de même que, ainsi que, (tout) comme ★ *~ voorgaande jaren* tout comme les années précédentes
evenaren égaler (**in** en) ★ *niet te ~* inégalable
evenbeeld image *v*, portrait *m* ★ *naar Gods ~* à l'image de Dieu ★ *hij is het ~ van zijn vader* il est tout le portrait de son père, <u>inform</u> c'est son père tout craché
eveneens également, de même, aussi
evenement événement *m* ★ *een jaarlijks ~ organiseren* organiser un événement annuel
evengoed ❶ *net zo goed* aussi bien, autant (**als** que) ★ *hij is ~ schuldig als zij* il est tout aussi fautif qu'elle ★ *je kunt ~ opnieuw beginnen* autant recommencer ❷ *toch* pour autant ★ *ik had geen zin, maar ben ~ gekomen* je n'avais pas envie, et pourtant je suis venu
evenknie pareil *m* [v: pareille], égal *m* [v: égale], ⟨tegenhanger⟩ homologue *m/v* ★ *iemands ~ zijn* être l'égal de qn ★ *hij heeft zijn ~ gevonden* il a trouvé son homme
evenmin non plus, pas davantage ★ *~ als* ne ... pas plus que ★ *ik ga niet en mijn vrienden ~* je n'y vais pas et mes amis non plus
evenredig I *bn* proportionnel [v: proportionnelle] ★ *de ~e vertegenwoordiging* la (représentation) proportionnelle ★ *~ (aan)deel* quote-part *v* ★ *omgekeerd ~ zijn aan* être inversement proportionnel à ★ *recht ~ zijn aan* être directement proportionnel à **II** *bw* proportionnellement (**met** à)
evenredigheid <u>ook wisk</u> proportion *v* ★ *in ~ met* en proportion avec ★ *naar ~ van* proportionnellement à, au prorata de
event événement *m*
eventjes *een moment* un instant, un peu ★ *kom ~ hier* viens ici un moment
eventualiteit éventualité *v*
eventueel I *bn* éventuel [v: éventuelle] ★ *bij eventuele problemen* en cas de problèmes **II** *bw* éventuellement, le cas échéant ★ *jullie kunnen ~ blijven slapen* si vous voulez, vous pouvez rester dormir ★ *mocht hij ~ weigeren* au cas où il refuserait
evenveel (tout) autant (**als** que) ★ *jullie krijgen allemaal ~* chacun de vous aura autant
evenwel cependant, pourtant, toutefois

evenwicht équilibre *m* ★ *in ~ brengen* équilibrer ★ *in ~ houden* tenir en équilibre, contrebalancer ★ *iem. uit z'n ~ brengen* déséquilibrer qn ★ *het ~ bewaren* garder l'équilibre ★ *het ~ herstellen* rééquilibrer ★ *zijn ~ hervinden* retrouver son équilibre ★ *het ~ verliezen* perdre l'équilibre ★ BN econ *een begroting in ~* un budget *m* en équilibre
evenwichtig équilibré ★ *een ~ karakter* une nature pondérée
evenwichtsbalk poutre *v* d'équilibre
evenwichtsleer statique *v*
evenwichtsorgaan organe *m* équilibreur
evenwichtsstoornis trouble *m* de l'équilibre
evenwijdig **I** *bn* parallèle ★ *een ~e lijn* une (ligne) parallèle **II** *bw* parallèlement (**aan** à) ★ *~ lopen aan* être parallèle à
evenzeer également, (tout) autant (**als** que) ★ *jij bent ~ schuldig als hij* tu es tout aussi fautive que lui
evenzo de la même manière, de même
evergreen classique *m*, incontournable *m*
everzwijn sanglier *m*
evident **I** *bn* évident **II** *bw* à l'évidence
evolueren évoluer
evolutie évolution *v*
evolutieleer théorie *v* évolutionniste, évolutionnisme *m*
ex ex *m/v* ★ *zijn ex* son ex, son ex-mari
ex- ancien [v: ancienne], ex- ★ *ex-directeur* ancien directeur *m* ★ *ex-echtgenoot* ex-mari *m*
exact **I** *bn* exact ★ *~e wetenschappen* sciences *v mv* exactes **II** *bw* exactement
ex aequo ex aequo
examen onderw examen *m* ★ *mondeling ~* épreuves *v mv* orales, oral *m* ★ *schriftelijk ~* épreuves *v mv* écrites, écrit *m* ★ *vergelijkend ~* concours *m* ★ *een ~ afleggen / doen* passer un examen ★ *~ afnemen* faire passer un examen ★ *voor een ~ opgaan* se présenter à un examen ★ *voor een ~ slagen* être reçu à un examen ★ *voor een ~ zakken* échouer / être refusé à un examen, inform être recalé
examenperiode onderw période *v* d'examens, session *v*
examenvrees psych trac *m*
examinator examinateur *m* [v: examinatrice]
examineren faire passer un examen
excellent **I** *bn* excellent **II** *bw* excellemment
excellentie excellence *v* ★ *Hare Excellentie* Son Excellence ★ *Zijne Excellentie* Son Excellence
excentriek excentrique ★ *zij gedraagt zich ~* elle a une conduite excentrique
exces excès *m*
excessief **I** *bn* excessif [v: excessive] **II** *bw* à l'excès
exclusief **I** *bn* exclusif [v: exclusive] ★ *een ~ feestje* une soirée mondaine ★ *de exclusieve rechten hebben* avoir l'exclusivité **II** *bw, niet inbegrepen* non compris, hors ★ *~ de bediening* service non compris ★ *~ (de) wijn* vin en supplément ★ *~ btw* hors taxes
exclusiviteit exclusivité *v*
excommunicatie excommunication *v*
excommuniceren excommunier
excursie excursion *v* ★ *op ~ gaan* partir en excursion, faire une excursion
excuseren excuser ★ *zich ~ voor iets* s'excuser de qc ★ BN *excuseer* pardon, excuse-moi
excuus ❶ *verontschuldiging* excuse *v* ★ *zijn excuses maken* présenter ses excuses ★ *om ~ vragen* s'excuser ❷ *reden* excuse *v* ★ *een geldig ~* une excuse valable ★ *als ~ aanvoeren* invoquer
executeren ❶ *terechtstellen* exécuter ❷ jur exécuter
executeur exécuteur *m* [v: exécutrice], ⟨van testament⟩ exécuteur *m* testamentaire
executie ❶ *terechtstelling* exécution *v* ❷ jur exécution *v* ★ *bij ~ verkopen* engager une vente judiciaire
executiewaarde valeur *v* en vente forcée
exegese exégèse *v*
exemplaar exemplaire *m*, iron spécimen *m*, numéro *m*
exemplarisch **I** *bn* exemplaire **II** *bw* exemplairement
exerceren *uitvoeren* faire l'exercice
exercitie exercice *m*
exhibitionisme exhibitionnisme *m*
exhibitionist exhibitionniste *m/v*
existentialisme existentialisme *m*
existentie existence *v*
existentieel existentiel [v: existentielle]
exit exit *m*, sortie *v*
exodus exode *m*
exorbitant **I** *bn* exorbitant **II** *bw* d'une façon exorbitante
exotisch exotique
expansie expansion *v*
expansiedrang expansionnisme *m*
expansievat vase *m* d'expansion
expat expatrié *m* [v: expatriée]
expatriëren **I** *ov ww* expatrier **II** *onov ww* s'expatrier
expediteur transporteur *m*, ⟨besteldienst⟩ messagerie(s) *v (mv)*
expeditie ❶ *tocht* expédition *v* ★ *dat was een hele ~* c'était tout une expédition ❷ *verzending* expédition *v*
experiment expérience *v*
experimenteel **I** *bn* expérimental [m mv: expérimentaux] **II** *bw* expérimentalement
experimenteren expérimenter ★ *~ met* faire des expériences sur
expert expert *m* (**in** en, dans)
expertise expertise *v* ★ *~ uitbrengen* produire un rapport d'expertise
expliciet **I** *bn* explicite **II** *bw* explicitement, expressément
expliciteren expliciter
exploderen faire explosion, exploser
exploitant exploitant *m* [v: exploitante]
exploitatie ❶ *het winstgevend maken* exploitation *v* ❷ *uitbuiting* exploitation *v*
exploitatiekosten frais *m mv* d'exploitation
exploiteren ❶ *winstgevend maken* exploiter ❷ *uitbuiten* exploiter
exploratie exploration *v*
exploreren explorer
explosie explosion *v*
explosief **I** *het* explosif *m* **II** *bn* explosif

ex

ex

[v: explosive] ★ *explosieve stof* explosif *m* **III** *bw* de façon explosive
exponent ❶ wisk exposant *m* ❷ *vertegenwoordiger* représentant *m*
exponentieel exponentiel [v: exponentielle]
export exportation *v*
exportdocumenten documents *m mv* d'exportation
exporteren exporter
exporteur exportateur *m*
exportland pays *m* exportateur
exportvolume volume *m* des exportations
exposé exposé *m* ★ *een ~ geven* faire un exposé
exposeren exposer
expositie *tentoonstelling* exposition *v*
expres I *bw* ❶ *met opzet* exprès, délibérément ★ *hij heeft het ~ gedaan* il l'a fait exprès ❷ *speciaal* exprès, spécialement ★ *ze zijn ~ gekomen om ...* ils sont venus exprès pour ... **II** *de, trein* express *m*
expresbrief lettre *v* exprès / prioritaire
expresse *brief* exprès *m* ★ *per ~* en / par exprès, par messagerie, par Chronopost
expressie expression *v* ★ *zonder ~* inexpressif [v: inexpressive]
expressief expressif [v: expressive] ★ *een ~ gezicht* un visage expressif
expressionisme expressionnisme *m*
extase extase *v* ★ *in ~* en extase ★ *in ~ raken (over)* s'extasier (devant / sur)
extatisch extatique, extasié, en extase
extensie ❶ *omvang* extension *v* ❷ comp extension *v*
exterieur I *het* extérieur *m* **II** *bn* extérieur
extern ❶ *van buiten komend* extérieur, externe ❷ *uitwonend* externe
extra I *bn* supplémentaire ★ *met een beetje ~ inspanning* avec un petit effort supplémentaire ★ *de ~ kosten* les frais *m mv* supplémentaires ★ *~ editie* édition spéciale *v* ★ *~ bagage* excédent *m* de bagages ★ *iets ~'s* qc en plus ★ *~ trein* train *m* supplémentaire ★ *~ moeite doen* redoubler d'efforts **II** *bw* en supplément, en (sur)plus ★ *~ berekenen* compter en supplément ★ *iem. iets ~'s geven* donner un petit extra à qn ★ *~ fijn* extrafin ★ *~ sterk* extrafort ★ *het is juist nu ~ nodig* aujourd'hui, c'est plus nécessaire que jamais
extraatje *kleine toeslag* petit extra *m*, ⟨toeslag⟩ boni *m*, rallonge *m*, ⟨meevaller⟩ aubaine *v* ★ *als ~ krijgt u ... erbij* et en plus vous recevrez ...
extract ❶ *aftreksel* extrait *m*, essence *v* ❷ *uittreksel* extrait *m*
extramuraal ★ *extramurale gezondheidszorg* soins *m mv* médicaux hors de l'hôpital
extranet comp extranet *m*
extraneus candidat *m* libre
extrapoleren extrapoler
extravagant I *bn* extravagant **II** *bw* d'une façon extravagante
extravert extraverti, extroverti
extreem I *bn* extrême **II** *bw* à l'extrême, extrêmement
extreemlinks d'extrême gauche
extreemrechts d'extrême droite
extremis BN ★ *in ~ op het nippertje* in extremis
extremisme extrémisme *m*
extremist extrémiste *m/v*
extremistisch extrémiste
extrovert → **extravert**
eyecatcher ≈ objet *m* qui accroche l'attention, ⟨reclame⟩ accroche *v*
eyeliner eye-liner *m* [mv: eye-liners]
eyeopener déclic *m*, révélation *v* ★ *dat was een ~ voor mij* ça a été le déclic pour moi
ezel ❶ *dier* âne *m* [v: ânesse] ★ *jonge ezel* ânon *m*, bourricot *m* ★ *een ezel stoot zich in het gemeen geen tweemaal aan dezelfde steen* un homme averti en vaut deux ★ *zo koppig als een ezel* têtu comme une mule ❷ *domoor* âne *m* ❸ *schildersezel* chevalet *m*
ezelsbruggetje astuce *v*, truc *m*, pense-bête *m*
ezelsoor *omgekrulde hoek* corne *v* ★ *met ezelsoren* écorné
e-zine e-zine *m*

F

f ❶ *letter* f *m* ★ *de f van Ferdinand* F comme François ❷ *muzieknoot* fa *m*
fa fa *m*
fa. *firma* Ets, Établissements *m mv*
faalangst peur *v* de l'échec, trac *m*
faam réputation *v*, renommée *v* ★ *te goeder naam en faam bekend staan* jouir d'une bonne réputation ★ *internationale faam genieten* jouir d'une notoriété internationale
fabel ❶ *vertelling* fable *v* ❷ *verzinsel* mythe *m*, conte *m* bleu ★ *dat is een ~tje* c'est inventé de toutes pièces, ce sont des histoires / de pures imaginations
fabelachtig I *bn* ❶ *als in fabels* fabuleux [v: fabuleuse] ❷ *ongelofelijk* fabuleux [v: fabuleuse] **II** *bw* fabuleusement
fabricaat ❶ *makelij* fabrication *v* ★ *eigen ~* produit *m* (fait) maison ★ *Frans ~* fabrication *v* française ❷ *product* produit *m* manufacturé ★ *Engelse fabricaten* produits anglais
fabricage fabrication *v*
fabriceren ❶ *vervaardigen* fabriquer ★ *auto's ~* fabriquer des voitures ❷ fig *in elkaar zetten* fabriquer ★ *verhalen ~* forger des histoires
fabriek usine *v*, ‹klein› fabrique *v* ★ *een rondleiding door de ~* une visite guidée de l'usine ★ *prijzen af ~* prix *m mv* départ usine
fabrieksfout défaut *m* de fabrication
fabrieksgeheim secret *m* de fabrication
fabrieksmatig industriel [v: industrielle], de série
fabrieksprijs prix *m* de fabrique
fabrikant ❶ *fabriekseigenaar* industriel *m* ❷ *producent* fabricant *m* [v: fabricante]
fabuleus fabuleux [v: fabuleuse]
façade ❶ *voorgevel* façade *v* ❷ *uiterlijke schijn* façade *v* ★ *achter een ~ schuilgaan* avoir des apparences trompeuses
facelift ❶ *chirurgische ingreep* lifting *m* ★ *een ~ ondergaan* se faire lifter ❷ fig *verfraaiing* ★ *dit gebouwencomplex heeft een ~ ondergaan* cet immeuble a fait peau neuve
facet ❶ *geslepen vlak* facette *v* ❷ *aspect* facette *v* ★ *alle ~ten van iets bekijken* considérer qc sous tous les angles
facetoog œil *m* à facettes [mv: yeux ...]
facilitair ≈ logistique, utilitaire
faciliteit ❶ *voorziening* équipement *m* ★ BN pol *~en* ‹voor een taalminderheid› facilités ❷ econ *tegemoetkoming* facilité *v*
faciliteren faciliter
facsimile fac-similé *m* [mv: fac-similés]
factie faction *v*
factor ❶ *medeoorzaak* facteur *m* ❷ wisk facteur *m*
factoranalyse analyse *v* factorielle
factureren facturer
factuur facture *v*
facultair facultaire
facultatief facultatif [v: facultative], optionnel [v: optionnelle]
faculteit ❶ *deel universiteit* faculté *v* ★ *~ der geneeskunde* la faculté de médecine ❷ wisk factorielle *v*
fade-out film (fermeture *v* en) fondu *m*
Faeröer îles *v mv* Féroé
fagot basson *m*
Fahrenheit ★ *20 graden ~* 20 degrés Fahrenheit
failliet I *het, faillissement* faillite *v* **II** *bn* en faillite ★ *~e boedel* masse *v* de la faillite ★ *~ gaan* faire faillite ★ *~ verklaard worden* être déclaré en faillite
faillissement faillite *v*, liquidation *v* judiciaire ★ *~ aanvragen* déposer son bilan ★ *in staat van ~ verkeren* être en faillite
faillissementsaanvraag dépôt *m* de bilan
fair fair-play [onver.], juste ★ *fair play* fair-play *m* [onver.] ★ *dat is niet fair* inform ce n'est pas de / du jeu
faken feindre, simuler
fakir fakir *m*
fakkel flambeau *m* [mv: flambeaux], torche *v*
falafel falafel *m*
falen I *onov ww* échouer, subir un échec, être en défaut ★ *de poging faalde* la tentative a échoué **II** *het* échec *m*
falie ▾ *op zijn ~ krijgen* recevoir une raclée
faliekant carrément, franchement ★ *ergens ~ tegen zijn* être carrément contre qc ★ *het is ~ misgegaan* inform ça a foiré
Falklandeilanden (îles *v mv*) Malouines *v mv*
fallisch phallique
fall-out retombées *v mv* radioactives
fallus phallus *m*
falset ❶ *stemregister* fausset *m* ❷ *zanger* fausset *m*
falsificatie *vervalsing* falsification *v*
falsificeren ❶ *vervalsen* falsifier ❷ *weerleggen* falsifier
fameus ❶ *befaamd* fameux [v: fameuse] ❷ *verbazend* fabuleux [v: fabuleuse]
familiaal ❶ *huiselijk* familial [m mv: familiaux] ❷ BN jur *het gezin betreffend* familial
familiair I *bn* ❶ *vertrouwelijk* familier [v: familière] ★ *~ met iem. zijn* avoir des rapports familiers avec qn ❷ *vrijpostig* (trop) familier ★ *een ~e toon aanslaan* prendre un ton familier **II** *bw* familièrement
familie ❶ *gezin* famille *v* ❷ *alle verwanten* famille *v*, parents *m mv* ★ *naaste ~* des proches, parent(s) proche(s) ★ *verre ~* parent(s) éloigné(s) ★ *van goede ~* de bonne famille ★ *zij is ~ van me* elle est de ma famille ★ *zij zijn ~ van* ils sont apparentés à, ils sont parents avec ★ *het zit in de ~* c'est (un trait) de famille ★ *van je ~ moet je het hebben* on n'est jamais trahi que par les siens ★ *met zijn hele ~* inform avec toute sa smala / tribu ❸ biol famille *v*
familiebedrijf entreprise *v* familiale
familieberichten carnet *m* mondain
familiegraf caveau *m* de famille [mv: caveaux ...]
familiehotel hôtel *m* familial
familiekring cercle *m* familial ★ *in ~* en famille
familielid parent *m* [v: parente], membre *m* de la famille
familienaam nom *m* de famille, patronyme *m*
familieomstandigheden ★ *wegens ~* pour (des) raisons de famille
familiestuk objet *m* de famille
familieziek ≈ très famille, accro à sa famille

fan ❶ *liefhebber* fan *m/v* ❷ *ventilator* ventilateur *m*
fanaat **I** *de* fana *m/v* **II** *bn* fanatique
fanaticus fanatique *m/v*
fanatiek fanatique
fanatiekeling fanatique *m/v*
fanatisme fanatisme *m*
fanclub fan-club *m* [mv: fan-clubs]
fancy fair bazar *m* / vente *v* de charité
fanfare fanfare *v*
fanmail courrier *m* d'admirateurs
fantaseren **I** *ov ww, verbeelden, verzinnen* inventer, imaginer **II** *onov ww, zich aan fantasie overgeven* s'adonner à son imagination ★ *ergens over ~* rêver à qc

fa

fantasie *verbeeldingskracht* imagination *v*
fantasieloos dépourvu d'imagination
fantasievol imaginatif [v: imaginative]
fantast mythomane *m/v*
fantastisch ❶ *schitterend* fantastique ❷ *verzonnen* fantastique
fantoom fantôme *m*
fantoompijn membre *m* fantôme
FAQ www *frequently asked questions* FAQ *v*, foire *v* aux questions
farao pharaon *m*
farce farce *v*
farizeeër pharisien *m*
farmaceutica produits *m mv* pharmaceutiques, médicaments *m mv*
farmaceutisch pharmaceutique
farmacie pharmacie *v*
farmacologie pharmacologie *v*
fascinatie fascination *v*
fascineren fasciner
fascinerend fascinant, passionnant
fascisme fascisme *m*
fascist fasciste *m/v*
fascistisch fasciste
fase phase *v* ★ *fase 1: de voorbereiding* première phase: la préparation ★ *in drie fasen* triphasé ★ *de ziekte is in een kritieke fase gekomen* la maladie est entrée dans une phase critique
faseren échelonner, répartir
fastfood fast-food *m*
fastfoodrestaurant fast-food *m* [mv: fast-foods], restauration *v* rapide
fataal fatal [m mv: fatals] ★ *die val werd hem ~* cette chute lui fut fatale
fatalisme fatalisme *m*
fatalistisch fataliste
fata morgana mirage *m*
fatsoen ❶ *goede manieren* savoir-vivre *m*, décence *v* ★ *zijn ~ houden* se conduire comme il faut ★ *met goed ~* décemment ★ *houd een beetje je ~* un peu de tenue! ★ *de regels van het ~* les bienséances, les convenances ❷ *vorm* ★ *uit zijn ~* défait ★ *een hoed in ~ brengen* rendre sa forme à un chapeau
fatsoeneren *in fatsoen brengen* rajuster, ‹opknappen› rafraîchir
fatsoenlijk **I** *bn* convenable, décent ★ *~e mensen* des gens bien ★ *hij ziet er heel ~ uit* il a l'air très bien **II** *bw* convenablement, décemment
fatsoensrakker moraliste *m/v*, moralisateur *m* [v: moralisatrice]
fatwa rel fatwa *v*
fauna faune *v*
fauteuil *meubel* fauteuil *m*
favoriet **I** *de* favori *m* **II** *bn* favori [v: favorite], préféré
fax ❶ *bericht* fax *m* ❷ *apparaat* fax *m*, télécopieur *m*
faxen faxer
faxnummer numéro *m* de fax
fazant faisan *m* [v: faisane]
februari février *m*
federaal ❶ *een federatie betreffend* fédéral [m mv: fédéraux] ❷ BN *op nationaal, Belgisch niveau* fédéral [m mv: fédéraux]
federalisme fédéralisme *m*
federatie fédération *v*
fee fée *v*
feedback feed-back *m* [mv: id.], rétroaction *v*
feeëriek féerique
feeks mégère *v*, chipie *v*
feeling feeling *m*, flair *m*, sens *m* (**voor** de) ★ *ergens ~ voor hebben* avoir du feeling pour qc
feest ❶ *partij* fête *v* ★ *een ~ geven* donner une fête ★ ook fig *het ~ gaat niet door* ça ne marchera pas ❷ *viering* fête *v* ★ *religieuze ~en* fêtes religieuses ★ BN *Feest van de Arbeid* fête *v* du Travail
feestartikelen accessoires *m mv* de cotillon
feestavond soirée *v*
feestdag ❶ *gedenkdag, vrije dag* jour *m* férié ★ *christelijke ~* fête *v* chrétienne ★ *officiële ~*, BN *wettelijke ~* fête légale ❷ *dag waarop feest gevierd wordt* (jour *m* de) fête *v*
feestelijk de fête ★ *alles zag er ~ uit* tout avait un air de fête ★ *iem. ~ onthalen* faire fête à qn ★ iron *dank je ~!* merci bien!, (grand) merci!, inform très peu pour moi!
feesten faire la fête, festoyer
feestganger participant *m* (à la fête), convive *m/v*
feestmaal festin *m*, banquet *m*
feestneus ❶ *masker* faux nez *m* ❷ *persoon* fêtard *m* [v: fêtarde]
feestnummer ❶ *iem. die graag feestviert* fêtard *m* [v: fêtarde] ❷ *blad* numéro *m* spécial
feestvarken héros *m* de la fête
feestvieren faire la fête, festoyer
feestvreugde allégresse *v* ★ *de ~ verstoren* troubler la fête
feilbaar faillible
feilen *falen* faillir
feilloos infaillible, sans faute
feit fait *m* ★ *strafbaar feit* délit *m* ★ *voldongen feit* fait accompli ★ *in feite* en fait ★ *het is een feit dat* le fait est que ★ *de feiten onder ogen zien* voir les choses en face, se rendre à l'évidence ★ fig *achter de feiten aan lopen* être dépassé par les événements, avoir un train de retard
feitelijk **I** *bn* réel [v: réelle] ★ *de ~e situatie* l'état de fait **II** *bw* en fait, à vrai dire
fel **I** *bn* ❶ *sterk van licht of kleur* vif [v: vive] ★ *een felle kleur* une couleur vive ★ *in de felle zon* sous un soleil de plomb ❷ *intens* intense, violent, ‹verwoed› acharné, farouche ★ *een felle kou* un froid vif ★ *een felle pijn* une douleur aiguë ★ *een fel protest* une protestation violente ★ *een felle strijd* un combat violent ★ *een felle winter* un

rude hiver **II** *bw* âprement, farouchement, intensément, violemment ★ *daar ben ik fel op tegen* je m'y oppose absolument
felbegeerd désiré ardemment
felicitatie félicitations *v mv*
feliciteren ❶ féliciter (**met** de), complimenter (**met** sur, pour) ❷ → **gefeliciteerd**
felrood rouge vif
feminien féminin
feminisme féminisme *m*
feministe féministe *m/v*
feministisch féministe
feniks phénix *m* ★ *als een ~ uit de as herrijzen* renaître de ses cendres
fenomeen phénomène *m*
fenomenaal phénoménal [m mv: phénoménaux]
feodaal ❶ *volgens het leenstelsel* féodal [m mv: féodaux] ★ *~ stelsel* régime *m* féodal, féodalisme *m* ❷ fig *achterhaald* féodal
feodalisme féodalisme *m*
ferm I *bn* ferme ★ *een ferme houding* une attitude ferme **II** *bw* avec fermeté ★ *ferm optreden* ne pas y aller de main morte
fermenteren fermenter
fervent I *bn* fervent **II** *bw* avec ferveur
festijn ❶ *feest* fête *v* ❷ *feestmaal* festin *m*, banquet *m*
festival festival *m* [mv: festivals]
festiviteit fête *v*, festivité *v*
feston feston *m*
feta feta *v*, féta *v*
fêteren fêter
fetisj fétiche *m*
fetisjisme fétichisme *m*
fetisjist fétichiste *m/v*
feuilleton feuilleton *m*
feut bizut(h) *m*
fez fez *m*
fiasco fiasco *m* ★ *een ~ zijn* faire fiasco, échouer, tomber à plat
fiat accord *m*, autorisation *v* ★ *zijn fiat aan iets verlenen* donner le feu vert pour qc
fiatteren autoriser, approuver
fiber fibre *v*
fiberglas fibre *v* de verre
fiche ❶ *speelpenning* fiche *v* ❷ *systeemkaart* fiche *v*
fictie ❶ *soort literatuur* fiction *v* ❷ *verzinsel* fiction *v*
fictief I *bn* fictif [v: fictive] **II** *bw* fictivement
fictioneel fictionnel [v: fictionnelle]
ficus ficus *m*
fideel ❶ *sympathiek* sympa [onver.], chic ★ *een fidele vent* un chic type ❷ *trouwhartig* honnête
fiducie confiance *v* ★ *geen ~ hebben in* se méfier de
fier I *bn* fier [v: fière] **II** *bw* fièrement
fiets vélo *m*, bicyclette *v*, inform bécane *v* ★ *een ~ huren* louer un vélo ★ *mijn ~ is gestolen* on m'a volé mon vélo ★ *met de ~* à bicyclette, en vélo ★ *op de ~* à vélo ★ fig inform *wat heb ik nou aan mijn ~ hangen?* qu'est-ce que c'est que ça?
fietsen faire du vélo, monter en vélo, ‹ergens heen› aller en vélo ★ *3 km ~* faire 3 km à / de vélo, rouler 3 km
fietsenmaker réparateur *m* de bicyclettes [v: réparatrice ...]
fietsenrek ❶ *voor fietsen* râtelier *m* à vélos ❷ *gebit* ≈ dents *v mv* écartées
fietsenstalling garage *m* de cycles, garage à vélos, ‹hok› hangar *m* à vélos
fietser cycliste *m/v*
fietspad piste *v* cyclable
fietspomp pompe *v* à vélo
fietsslot antivol *m*
fietstas sacoche *v*
fietstaxi pousse(-pousse) *m* [mv: id.], cyclo-pousse *m* [mv: id.], vélotaxi *m*
fietstocht randonnée *v* en vélo, promenade *v* à bicyclette
fietsvakantie cyclotourisme *m*
fiftyfifty ★ *~ delen met iem.* faire / partager moitié-moitié avec qn
figurant ❶ *acteur* figurant *m* [v: figurante] ★ *de ~en* la figuration ❷ *onbetekenend persoon* figurant *m*
figuratief ❶ *beeldend* figuratif [v: figurative] ★ *figuratieve kunst* arts *m mv* figuratifs ❷ *versierend* décoratif [v: décorative]
figureren ❶ *optreden als* faire fonction de ❷ *figurant zijn* figurer, faire de la figuration
figuur I *de, personage* personnage *m*, figure *v*, inform type *m* **II** *het* ❶ *gestalte, vorm van lichaam* ligne *v*, formes *v mv* ★ *een slank ~ hebben* être mince ★ *zij heeft een goed ~tje* elle est bien faite ★ *een goed ~ slaan* faire bonne figure ★ *een slecht ~ slaan* faire piètre figure ❷ *schematische afbeelding* figure *v*
figuurlijk I *bn* figuré **II** *bw* au (sens) figuré
figuurzaag scie *v* à chantourner, scie à découper
figuurzagen ★ *het ~* le découpage
Fiji-eilanden îles *v mv* Fidji
fijn I *bn* ❶ *prettig* agréable ★ *een fijn boek* un livre agréable (à lire) ★ *een fijne meid* une chouette fille ★ *een fijne vent* un chic type ★ *ik vind het hier fijn* je me plais ici ❷ *mooi, sierlijk, deftig* fin, délicat ❸ *niet grof, dun, in kleine deeltjes* fin ★ *fijn zand* sable *m* fin ★ *fijn schuurpapier* papier *m* émeri fin ❹ *zuiver* fin ❺ fig *scherp onderscheidend, precies* fin, délicat, subtil ★ *het fijne van de zaak willen weten* vouloir savoir le fin mot de l'affaire, vouloir connaître le(s) dessous **II** *tussenw* chouette, épatant, inform cool ★ *komt John ook? o, fijn* John vient aussi? chouette!
fijnbesnaard délicat
fijngebouwd de taille fine, svelte et gracile
fijngevoelig délicat, sensible
fijnhakken hacher (fin / menu)
fijnkauwen bien mâcher
fijnknijpen écraser
fijnmaken ‹tot poeder› réduire en poudre, ‹fijnhakken› écraser, broyer
fijnmalen moudre (fin), réduire en poudre
fijnproever gourmet *m*, connaisseur *m*
fijnschrijver (feutre *m* à) pointe *v* fine
fijnstof particules *v mv* fines
fijntjes I *bn, nogal fijn* fin, ‹teer› délicat **II** *bw* ❶ *op fijne wijze* finement, délicatement ❷ *op slimme wijze* finement, subtilement ★ *~ glimlachen* sourire d'un air entendu

fi

fi

fijnwasmiddel lessive *v* (pour) linge délicat
fijnzinnig subtil
fijt panaris *m*
fik ❶ *brand* feu *m* ★ *in de fik staan* être en flammes ★ *in de fik steken* foutre le feu à ❷ *hond* loulou *m* ★ *geef mijn portie maar aan fikkie* très peu pour moi
fikken I *de, vingers* pattes *v mv* ★ *blijf er met je ~ van af* pas touche **II** *onov ww* cramer
fiks I *bn* fort, robuste, vigoureux [v: vigoureuse], ⟨aanzienlijk⟩ gros, de taille ★ *een fiks pak slaag* une bonne raclée ★ *een fikse verkoudheid* un rhume carabiné **II** *bw* fermement
fiksen goupiller, arranger
filantroop philanthrope *m/v*
filantropisch philanthropique
filatelie philatélie *v*
filatelist philatéliste *m/v*
file¹ [fiele] *rij* embouteillage *m*, bouchon *m* ★ *in de file staan* se trouver dans un embouteillage ★ *in file parkeren* faire un créneau
file² [fajl] comp *bestand* fichier *m*
filenieuws point *m* sur la circulation
fileparkeren faire un créneau
fileren *tot filet snijden* découper en filets
filerijden circulation *v* en accordéon
filet filet *m*
filevorming ralentissement *m*, circulation *v* en accordéon
filevrij fluide
filharmonisch philharmonique
filiaal succursale *v*
filiaalhouder gérant *m* de succursale [v: gérante ...], ⟨van bank⟩ responsable *m/v* d'agence
filigraan filigrane *m*
Filippijn Philippin *m*
Filippijnen Philippines *v mv* ★ *op de ~* aux Philippines
Filippijns philippin
Filippijnse Philippine *v*
filistijnen ▾ *naar de ~ gaan* être foutu
film ❶ *bewegende beelden* film *m*, ⟨filmkunst⟩ cinéma *m* ★ *korte film* court métrage *m* ★ *stomme film* film muet ★ *naar de film gaan* aller au cinéma ★ *de film draait in de bioscoop* le film passe au cinéma ★ *zullen we een film gaan kijken?* on va voir un film? ❷ *fotorolletje* pellicule *v*
filmacademie ≈ École *v* nationale supérieure des métiers de l'image et du son
filmcamera caméra *v*
filmen filmer, tourner (un film) ★ *het ~* le filmage, le tournage
filmer réalisateur *m* [v: réalisatrice], cinéaste *m/v*
filmfestival festival *m* de cinéma
filmhuis ciné-club *m* [mv: ciné-clubs]
filmkeuring censure *v* de films
filmkritiek critique *v* cinématographique
filmmaker cinéaste *m/v*, réalisateur *m* [v: réalisatrice]
filmmuziek musique *v* de film, ⟨soundtrack⟩ bande *v* sonore
filmopname prise *v* de vues
filmploeg équipe *v* de tournage
filmregisseur réalisateur *m* [v: réalisatrice]
filmrol ❶ *rol in een film* rôle *m* (au cinéma) ❷ *band* bobine *v* de film
filmster vedette *v* du cinéma / de l'écran, star *v* ★ *~retje* starlette *v*
filmstudio studio *m* de cinéma
filosoferen philosopher
filosofie philosophie *v*
filosofisch I *bn* philosophique **II** *bw* philosophiquement
filosoof philosophe *m/v*
filter filtre *m* ★ ⟨van sigaretten⟩ *met ~* avec filtre
filteren *laten doorsijpelen* filtrer
filterhouder porte-filtres *m* [mv: id.]
filterkoffie café-filtre *m*
filtersigaret cigarette *v* (à) filtre
filterzakje filtre *m* / cornet *m* (à café)
filtraat filtrat *m*
filtratie filtration *v*, filtrage *m*
filtreren filtrer
Fin *bewoner* Finlandais *m*
finaal I *bn* ❶ *uiteindelijk* final [m mv: finaux / finals] ❷ *algeheel* total [m mv: totaux] **II** *bw* ❶ *volkomen* totalement, carrément ❷ BN *uiteindelijk* finalement
finale ❶ sport *slotwedstrijd* finale *v* ★ *in de ~ komen* arriver en finale ★ *halve ~* demi-finale ❷ *laatste deel* muz finale *m* ★ *de ~ van het concert* le finale du concert
finaleplaats ★ *een ~ bereiken* arriver en finale
finalist finaliste *m/v*
financieel I *bn* financier [v: financière], pécuniaire ★ *financiële verplichtingen aangaan* s'engager financièrement **II** *bw* financièrement ★ *iem. ~ bijstaan* soutenir financièrement qn
financiën finances *v mv*, état *m* des finances ★ *minister van ~* ministre *m/v* des Finances
financier *geldbeheerder* financier *m*
financieren financer
financiering financement *m*
financieringsplan montage *m* financier
financieringstekort impasse *v* budgétaire
fineer placage *m*
fineliner (feutre *m* à) pointe *v* fine
fineren ❶ *met dun hout beplakken* plaquer ❷ *houtlaagjes op elkaar lijmen* plaquer
finesse finesse *v* ★ *in ~s treden* entrer dans le détail
fingeren simuler, ⟨verzinnen⟩ inventer (de toutes pièces) ★ *gefingeerd* fictif [v: fictive]
fingerspitzengefühl feeling *m*, flair *m*, antennes *v mv*
finish ❶ *eindstreep* arrivée *v* ★ *door de ~ gaan* franchir la ligne d'arrivée ❷ *aankomst* finish *m* ★ *het was een spannende ~* c'était serré jusqu'au bout
finishen arriver
finishing touch dernière touche *v*, touche *v* finale, finition *v*
Finland la Finlande ★ *in ~* en Finlande
Fins I *het, taal* finlandais *m* **II** *bn, m.b.t. Finland* finlandais
Finse Finlandaise *v*
Finse Golf golfe *m* de Finlande
FIOD ≈ brigade *v* financière
firewall comp pare-feu *m*
firma *handelszaak* maison *v*, firme *v*, société *v*, ⟨naam⟩ raison *v* sociale ★ *~ X* les établissements

X, Éts X
firmament firmament *m* ★ *een nieuwe ster aan het ~* une étoile est née
firmawagen BN voiture *v* de fonction
fis muz fa *m* dièse
fiscaal fiscal [m mv: fiscaux]
fiscus fisc *m*
fistel fistule *v*
fit en (bonne) forme
fitness fitness *m*, mise *v* en condition
fitnesscentrum centre *m* de (re)mise en forme / de fitness, espace-forme *m*, gymnase-club *m*
fitnessen faire du fitness
fitting ❶ *houder van een gloeilamp* douille *v* ★ *gloeilamp met smalle ~* ampoule à petit culot *v* ❷ *verbindingsstuk* raccord *m*
fixatie psych fixation ★ *~ op het verleden* fixation sur le passé
fixeerbad (bain *m*) fixateur *m*
fixeren ❶ *vastmaken / -stellen* fixer (**op** sur) ★ *een datum ~* fixer une date ❷ *strak aankijken* fixer ★ *op iem. gefixeerd zijn* faire une fixation sur qn ❸ audio-vis fixer
fjord fiord *m*, fjord *m*
flacon flacon *m*
fladderen ❶ *vliegen* voleter ★ *door het leven ~* papillonner (dans la vie) ❷ *wapperen* flotter ★ *een ~de jurk* une robe qui flotte au vent
flageolet flageolet *m*
flair flair *m*
flakkeren ‹van vlam› vaciller, ‹van beelden› trembler
flamberen *brandend serveren* flamber
flamboyant flamboyant
flamenco flamenco *m*
flamingant flamingant *m*
flamingo flamant *m* (rose)
flanel flanelle *v* ★ *van ~* de / en flanelle
flaneren flâner ★ *het ~* la flânerie
flank flanc *m* ★ *de vijand in de ~ aanvallen* prendre l'ennemi de flanc ★ *links uit de ~* par le flanc gauche
flankeren flanquer ★ *geflankeerd door* flanqué de
flansen bâcler ★ *in elkaar ~* bricoler ★ *ertussen geflanst* intercalé
flap ❶ *omgeslagen deel* ‹van boek› rabat *m* (de la jaquette) ❷ *bankbiljet* biffeton *m*
flapdrol couillon *m*, péteux *m*
flapoor oreille *v* décollée, oreille en feuille de chou
flappen ▾ *iets eruit ~* lâcher qc
flappentap DAB *m*, distributeur *m* automatique de billets
flaptekst texte *m* publicitaire
flapuit bavard *m* [v: bavarde]
flard ❶ *lap* lambeau *m* [mv: lambeaux], loque *v* ★ *aan ~en scheuren* mettre en lambeaux / en loques ❷ *fragment* bribe *v*, ‹sliert› traînée *v* ★ *~en van een gesprek* des bribes de conversation
flashback flash-back *m* [mv: id.], retour *m* en arrière
flat ❶ *flatgebouw* immeuble *m* ❷ *etagewoning* appartement *m*
flater gaffe *v*, bourde *v* ★ *een ~ slaan* faire une gaffe, gaffer
flatgebouw immeuble *m*
flatteren flatter, embellir, ‹bedrieglijk› maquiller ★ *een geflatteerd portret* un portrait *m* avantageux / flatteur ★ *die jurk flatteert je* cette robe est à ton avantage
flatteus flatteur [v: flatteuse]
flauw I *bn* ❶ *niet grappig, vervelend* pas drôle, insipide, ‹kinderachtig› puéril ❷ *met weinig smaak* fade, insipide, inform fadasse ❸ *licht gebogen* ★ *een ~e bocht* un léger virage ★ *een ~e helling* une pente douce ❹ *slap, niet krachtig* faible, ‹flets› pâle, ‹mat› terne, ‹pover› piètre, ‹vaag› vague ★ *~ zijn van de honger* avoir la fringale **II** *bw* ❶ *kinderachtig* ★ *~ doen* faire l'enfant ★ *doe niet zo ~!* allez, sois sympa! ❷ *zwak* faiblement, fadement, vaguement
flauwekul foutaise *v*, fadaises *v mv*, histoires *v mv*, salades *v mv*, (du) pipeau *m* ★ *dat is ~!* c'est n'importe quoi! ★ *hou op met die ~!* arrête ton char!
flauwerd mauvais plaisant *m*, ‹lafaard› poltron *m* [v: poltronne]
flauwiteit fadaise *v*, niaiserie *v*
flauwte malaise *m*, évanouissement *m*, défaillance *v* ★ *een ~ krijgen* s'évanouir
flauwtjes faiblement, vaguement ★ *zich ~ herinneren* se souvenir vaguement ★ *~ glimlachen* ébaucher / esquisser un sourire
flauwvallen s'évanouir, inform tomber dans les pommes
fleece polaire *m*
flegma flegme *m*
flegmatiek flegmatique
flemen flatter, dire des cajoleries
flensje crêpe *v*
fles bouteille *v*, ‹flesje› flacon *m*, fiole *v*, ‹zuigfles› biberon *m*, ‹buikfles› bonbonne *v* ★ fig *op de fles gaan* faire la culbute ★ BN *op flessen trekken* mettre en bouteilles ★ BN fig *iem. op flessen trekken* arnaquer qn
flesopener ouvre-bouteille(s) *m* [mv: ouvre-bouteilles], décapsuleur *m*
flessen escroquer, rouler, avoir
flessenrek porte-bouteille(s) *m* [mv: porte-bouteilles]
flessentrekker escroc *m*
flessentrekkerij escroquerie *v*
flesvoeding allaitement *m* au biberon ★ *~ geven* nourrir au biberon
flets ❶ *niet helder* terne, ‹verlept› flétri ★ *~e kleuren* des couleurs passées ❷ BN *flauw* ‹van smaak enz.› fade ❸ *ongezond* pâle, blême ★ *er ~ uitzien* ‹bleek› être pâle
fleur *bloei* fraîcheur *v* ★ fig *de ~ is eraf* c'est défraîchi ★ fig *de fine ~* la (fine) fleur
fleurig ❶ *bloeiend* florissant, bien portant ❷ *fris / vrolijk* gai, pimpant
Flevoland Flevoland *m*
Flevolands flévolandais
flexibel ❶ *buigbaar* flexible ❷ fig *zich makkelijk aanpassend* flexible ★ *~e werktijden* des horaires flexibles / variables
flexibiliteit ❶ *buigzaamheid* flexibilité *v* ❷ *meegaandheid* flexibilité *v*
flexie flexion *v*
flexwerk travail *m* flexible
flexwerker employé *m* au travail flexible,

employé *m* à horaire flexible
flierefluiter noceur *m* [v: noceuse]
flik ❶ *chocolaatje* pastille *v* de chocolat ❷ BN *agent* flic *m*
flikflooien ❶ *vleien* amadouer, enjôler ★ ~ *met* passer de la pommade à ❷ *liefkozen* peloter, tripoter ★ *met elkaar zitten te* ~ être en train de se peloter
flikken ❶ *klaarspelen* arranger, goupiller ★ *iets goed* ~ bien se débrouiller (pour faire qc) ★ *het* ~ réussir son coup, s'en tirer ★ *hoe heb je 'm dat geflikt?* comment tu t'y es pris? ❷ *een streek leveren* jouer un tour (à), monter un coup (à) ★ *iem. iets* ~ jouer un tour à qn ★ *als je me dat nog eens flikt* si tu me refais ce coup-là
flikker *homo* pédé *m* ▼ *iem. op zijn* ~ *geven* casser la gueule à qn ▼ *geen* ~ *doen* ne rien foutre ▼ *het kan me geen* ~ *schelen* je m'en fous complètement
flikkeren I *ov ww, smijten* flanquer, ficher ★ *iem. de deur uit* ~ flanquer qn à la porte **II** *onov ww* ❶ *schitteren* scintiller, ⟨van licht⟩ vaciller ❷ *vallen* dégringoler ★ *van de trap af* ~ dégringoler dans l'escalier
flikkering scintillement *m*, étincellement *m*, vacillement *m*
flikkerlicht feu *m* clignotant
flink I *bn* ❶ *groot, stevig* ⟨behoorlijk⟩ gros [v: grosse], bon [v: bonne], considérable, de taille, ⟨stevig⟩ solide, fort, ferme, robuste ★ *een ~e dosis* une bonne dose ★ *een ~e som geld* une somme considérable ★ *een* ~ *eind* un bout de chemin ★ *een* ~ *pak slaag* une bonne raclée ❷ *moedig* ferme, vaillant, courageux [v: courageuse] ★ ~ *zijn!* du courage! **II** *bw* bien, ferme, ⟨duchtig⟩ de la belle manière ★ *iem.* ~ *de waarheid zeggen* dire à qn ses quatre vérités ★ ~ *werken* travailler dur / ferme ★ ~ *optreden tegen* ne pas y aller de main morte à l'égard de ★ ~ *doen* jouer les durs
flinter tranche *v* très fine
flinterdun très mince, pelliculaire
flip-over flip-chart *m* [mv: flip-charts]
flippen ❶ *onwel worden door drugs* flipper ❷ fig flipper ★ *zij is geflipt op haar baas* son chef l'a fait flipper
flipperen jouer au flipper
flipperkast flipper *m*
flirt ❶ *het flirten* flirt *m* ❷ *persoon* flirteur *m* [v: flirteuse]
flirten flirter (**met** avec)
flits ❶ *licht* éclair *m* ❷ audio-vis *flitslicht* flash *m* [mv: flash(e)s] ❸ *kort moment* ★ *in een* ~ comme un éclair, subitement
flitsen I *ov ww, fotografisch bekeuren* flasher **II** *onov ww* ❶ audio-vis *flitser gebruiken* flasher ❷ *snel bewegen* passer comme un éclair
flitsend ❶ *blits* branché, in, tendance ★ *wat zie je er* ~ *uit!* tu as un look d'enfer! ❷ *wervelend* étourdissant ★ *een ~e carrière* une carrière brillante
flitser audio-vis flash *m*
flitslamp (lampe *v*) flash *m*
flitslicht flash *m*
flitspaal radar *m* automatique
flodder *losse patroon* ★ *losse* ~ cartouche *v* à blanc ★ *met losse ~s schieten* tirer à blanc
flodderen ❶ *slordig zitten* flotter, goder ❷ *slordig werken* faire du bricolage, bâcler
flodderig I *bn* ❶ *te ruim zittend* flottant, ⟨slonzig⟩ débraillé ❷ *slordig, onverzorgd* bousillé, bâclé **II** *bw* ❶ *te ruim* de manière flottante ❷ *slordig, onverzorgd* de manière débraillée
floep plouf!, vlan!
floepen ⟨opduiken⟩ jaillir, ⟨glippen⟩ glisser
floers ❶ *waas* voile *m*, nuage *m* ❷ *stof* crêpe *m*
flonkeren étinceler, ⟨blinken⟩ resplendir
flonkering étincellement *m*
floot [verl. td.] → **fluiten**
flop *mislukking* flop *m*, bide *m*, ⟨theater⟩ four *m*
floppen faire un flop, faire un four, tomber à plat
floppydisk, **floppy** disquette *v*
floppydrive comp lecteur *m* de disquettes
flora flore *v*
Florence Florence *v*
floreren être florissant, prospérer
florissant florissant ★ *dat ziet er niet zo* ~ *uit* ça s'annonce plutôt mal
flossdraad fil *m* dentaire
flossen se nettoyer les dents avec un fil dentaire
floten [verl. td.] → **fluiten**
fluctueren fluctuer, flotter
fluim ❶ *speeksel* crachat *m* ❷ *vent van niks* enflure *v*
fluimen cracher
fluistercampagne campagne *v* d'insinuations
fluisteren chuchoter, ⟨stiekem⟩ souffler ★ *iem. iets in het oor* ~ glisser qc à l'oreille de qn ★ *men fluistert dat...* le bruit court que ...
fluistertoon ★ *iets op* ~ *zeggen* chuchoter qc
fluit ❶ *muziekinstrument* flûte *v* ★ ~ *spelen* jouer de la flûte ❷ *signaalfluit* sifflet *m* ★ *op een ~je blazen* donner un coup de sifflet ★ *geen* ~ que dalle ★ *dat maakt geen* ~ *uit* qu'est-ce que ça peut bien faire?
fluitconcert ❶ *concert* concerto *m* pour flûte ❷ *afkeurend gefluit* sifflets *m mv* ★ *iem. op een* ~ *trakteren* accueillir qn par des sifflets
fluiten I *ov ww* ❶ *roepen* siffler ❷ sport arbitrer **II** *onov ww* ❶ *fluitgeluid maken* siffler, ⟨zacht⟩ siffloter, ⟨van vogel⟩ chanter ★ *daar kun je naar* ~ tu peux (toujours) te brosser ❷ *op fluit spelen* jouer de la flûte
fluitenkruid persil *m* sauvage
fluitist flûtiste *m/v*
fluitje ❶ *signaal* coup *m* de sifflet ❷ → **fluit** ▼ *een* ~ *van een cent* simple comme bonjour, du gâteau, enfantin
fluitketel bouilloire *v* à sifflet
fluor fluor *m*
fluoresceren fluorescer
fluorescerend fluorescent
fluoride fluorure *m*
flut- *waardeloos* de rien (du tout), foireux [v: foireuse], nul [v: nulle] ★ *een flutkrantje* un torchon
fluweel velours *m* ★ fig *hij zit op* ~ il joue sur le / du velours
fluweelzacht velouté
fluwelen de velours
fluwelig velouté

flyer *strooibiljet* tract *m*, flyer *m*
flyeren distribuer des tracts
fnuikend funeste (**voor** à)
fobie phobie *v* ★ *~ voor water* phobie de l'eau
focaal focal [m mv: focaux]
focus foyer *m*
focussen ❶ ~ **op** audio-vis *scherpstellen op* focaliser sur ❷ fig focaliser ★ *~ op een onderwerp* se focaliser sur un sujet
foedraal étui *m*
foefelen BN *rommelen* tripoter
foefje truc *m*, combine *v*
foei c'est vilain!, iron c'est du beau!
foeilelijk hideux [v: hideuse], affreux [v: affreuse], laid à faire peur
foerageren fourrager
foeteren râler, pester (**op** contre)
foetsie volatilisé, disparu dans la nature
foetus fœtus *m*
foeyonghai culin omelette *v* chinoise
föhn ❶ *haardroger* sèche-cheveux *m* [mv: id.] ❷ *wind* foehn *m*
föhnen sécher (les cheveux) ★ *het ~* le brushing
fok ❶ *voorzeil* foc *m*, misaine *v* ❷ *bril* binocles *m mv*
fokdier reproducteur *m*, étalon *m*
fokken élever ★ *het ~* l'élevage *m*
fokkenmast mât *m* de misaine
fokker éleveur *m* [v: éleveuse]
fokkerij ❶ *het fokken* élevage *m* ❷ *fokbedrijf* station *v* d'élevage
fokstier taureau *m* étalon / reproducteur
folder ❶ *blaadje* dépliant *m* ❷ comp répertoire *m*
folderen distribuer des dépliants
folie feuille *v*
foliumzuur acide *m* folique
folk (musique *v*) folk *m*
folklore folklore *m*
folkloristisch folklorique
follikel follicule *m*
follow-up *vervolg* suite *v*, ⟨nazorg⟩ suivi *m*
folteraar tortionnaire *m/v*
folteren ❶ *pijnigen* torturer ❷ fig tourmenter
foltering ❶ *pijniging* torture *v*, tourment *m* ❷ fig supplice *m*, tourment *m*
folterwerktuig instrument *m* de torture
fondant ❶ *suikergoed* fondant *m* ❷ BN *pure chocolade* chocolat *m* noir
fonds ❶ *middelen t.b.v. uitkeringen* fonds *m mv*, ⟨stichting⟩ fonds *m*, caisse *v* ★ *subsidie uit een particulier ~* une dotation d'un fonds particulier ★ *~en werven* collecter / réunir des fonds ★ *het Internationaal Monetair Fonds* le Fonds monétaire international ❷ *boeken bij uitgever* fonds *m* ★ *uw boek past niet in ons ~* votre livre ne correspond pas à notre ligne éditoriale
fondsenwerving collecte *v* de fonds
fondslijst catalogue *m* d'éditeur
fondue fondue *v*
fonduen faire une fondue
fonduestel service *m* à fondue
fonetiek phonétique *v*
fonetisch I *bn* phonétique II *bw* phonétiquement
fonkelen étinceler, scintiller ★ *het ~* le scintillement
fonkelnieuw flambant neuf [v: flambant neuve]
font *typografie* fonte *v*
fontanel fontanelle *v*
fontein fontaine *v*, jet *m* d'eau
fonteintje petit lavabo *m*
foodprocessor robot *m* (ménager)
fooi pourboire *m*, fig aumône *v*, misère *v* ★ *een euro fooi geven* donner un euro de pourboire
fooienpot tirelire *v* à pourboire
foor BN ⟨jaarmarkt⟩ foire *v*, ⟨kermis⟩ fête *v* foraine
fopartikel ★ *~en* farces et attrapes *v mv*
foppen avoir, attraper, berner, mettre dedans
fopspeen tétine *v*, sucette *v*
forceren ❶ *door geweld openen* forcer ❷ *beschadigen* forcer ★ *zijn stem ~* se casser la voix ❸ *doordrijven* forcer
forehand coup *m* droit
forel truite *v*
forens ≈ banlieusard *m* [v: banlieusarde]
forensisch médicolégal [m mv: médicolégaux] ★ *~e geneeskunde* médecine *v* légale
forenzen faire la navette (pour se rendre à son travail)
forfait forfait *m* ▼ BN sport *~ geven* déclarer forfait, faire défection
forfaitair BN *vast, overeengekomen* forfaitaire, à forfait
formaat format *m*, taille *v*, fig stature *v* ★ *in groot ~* de grand format ★ fig *iem. van ~* qn d'envergure
formaliseren formaliser
formalisme formalisme *m*
formaliteit formalité *v* ★ *aan de ~en voldoen* remplir les formalités
format format *m*
formateur pol formateur *m* (du gouvernement) [v: formatrice...]
formatie ❶ *vorming* formation *v* ★ *de ~ van het kabinet* la constitution / formation du gouvernement ❷ *groep mensen* formation *v*
formatieplaats poste *m* (organique)
formatteren comp formater
formeel I *bn* ❶ *de vorm betreffend* formel [v: formelle] ❷ *officieel* officiel [v: officielle] II *bw* formellement, officiellement
formeren former
formica formica *m*
formidabel formidable
formule formule *v* ★ *een scheikundige ~* une formule chimique ★ *een geslaagde ~* une formule réussie ★ auto *~ 1* formule 1
formuleren formuler, exprimer
formulering formulation *v*, termes *m mv*
formulier formulaire *m*, ⟨vragenlijst⟩ questionnaire *m* ★ *een ~ invullen* remplir un formulaire
fornuis cuisinière *v*
fors I *bn* ❶ *stevig, groot* robuste, solide, de taille ★ *een forse man* un homme robuste, inform un homme costaud ★ *een forse korting* une réduction importante ❷ *krachtig* considérable, important ★ *forse kritiek* critique *v* sévère II *bw* fortement, vigoureusement ★ *fors bezuinigen* réduire considérablement les dépenses
forsythia forsythia *m*
fort[1] *vesting* fort *m*, ⟨groot⟩ forteresse *v*

fort² [fòòr] *sterke eigenschap* fort *m*
fortuin **I** *de, (nood)lot* fortune *v* ★ *de ~ lacht hem toe* la chance lui sourit **II** *het* ❶ *mogelijkheid, wisselvalligheid* fortune *v* ❷ *geluk* fortune *v*, chance *v* ❸ *vermogen* fortune *v* ★ *~ maken* faire fortune
fortuinlijk ⟨geluk hebbend⟩ chanceux [v: chanceuse], ⟨voorspoedig⟩ heureux [v: heureuse] ★ *~ zijn* avoir de la chance
fortuinzoeker aventurier *m* [v: aventurière]
forum ❶ *deskundigen* panel *m* ❷ *discussiebijeenkomst* forum *m*, réunion-débat *v* [mv: réunions-débats], colloque *m*, fig tribune *v* ★ *iets voor het ~ brengen* débattre qc en public ❸ comp forum *m*
forumdiscussie réunion-débat *v* [mv: réunions-débats]
forwarden comp transférer, réexpédier, faire suivre
fosfaat phosphate *m*
fosfaatvrij sans phosphate(s)
fosfor phosphore *m*
fosforesceren être phosphorescent
fosforhoudend phosphoré, phosphorique
fossiel **I** *het* fossile *m* **II** *bn* fossile ★ *~e brandstoffen* combustibles *m mv* fossiles
foto photo *v* ★ *een foto nemen van hem* le prendre en photo, prendre sa photo ★ *een foto nemen* prendre une photo ★ *foto's op je website zetten* mettre des photos sur son site
fotoalbum album *m* de photos
fotoautomaat photomaton *m*
foto-elektrisch photoélectrique
fotofinish photo-finish *v* [mv: photos-finish]
fotogeniek photogénique
fotograaf photographe *m/v*
fotograferen photographier, prendre en photo ★ *aan ~ doen* faire de la photographie
fotografie photographie *v*
fotografisch photographique
fotohandelaar photographe *m/v*
fotojournalist reporter *m* photographe, photojournaliste *m/v*
fotokopie photocopie *v*
fotokopieerapparaat photocopieur *m*, photocopieuse *v*
fotokopiëren photocopier
fotomodel modèle *m*
fotomontage photomontage *m*
fotoreportage reportage *m* photographique
fotorolletje pellicule *v* photo
fotoshoot séance *v* photo
fotosynthese photosynthèse *v*
fototoestel appareil *m* photo
fotozaak magasin *m* de photo ★ *naar de ~ gaan* aller chez le photographe
fouilleren fouiller
foulard *halsdoekje* foulard *m*
foundation *crème* fond *m* de teint
fourneren ❶ *verschaffen* fournir ❷ *geld storten* fournir
fournituren fournitures *v mv*
fout **I** *de* ❶ *onjuistheid* faute *v*, erreur *v* ★ *een fout maken in een berekening* faire une erreur de calcul ★ *een foutje verbeteren* corriger une petite faute ★ *de fout bij zichzelf zoeken* s'en prendre à soi-même, faire son autocritique ★ *in de fout gaan* faire une erreur ★ *de fout ligt bij hem* c'est (de) sa faute, c'est lui qui est en tort ★ *de adreslijst stikt van de fouten* la liste d'adresses est bourrée de fautes ❷ *iets wat slecht is* défaut *m*, vice *m*, imperfection *v* ★ *weer in de oude fout vervallen* récidiver **II** *bn* ❶ *verkeerd, niet juist* inexact, faux [v: fausse] ★ *een foute beslissing van de scheidsrechter* une erreur de l'arbitre ★ *dat is fout* c'est une erreur, ce n'est pas bien ❷ *slecht* mauvais ★ *hij was fout in de oorlog* il a collaboré, inform il était collabo **III** *bw* mal ★ *dat loopt fout* ça tourne mal ★ *het zit fout* ça ne va pas ★ *hij zat fout* il était en faute / dans son tort ★ *iets fout rekenen* compter une faute (pour qc)
foutief **I** *bn* faux [v: fausse], erroné **II** *bw* fautivement
foutloos **I** *bn* correct **II** *bw* sans fautes, correctement
foutmelding comp message *m* d'erreur
foutparkeren ★ *het ~* le stationnement gênant / illégal
foxterriër fox-terrier *m* [mv: fox-terriers]
foxtrot fox-trot *m* [mv: id.]
foyer foyer *m*
fraai **I** *bn, mooi* beau [m mv: beaux] [v: belle] [vóór klinker of stomme h: bel], joli ★ *een ~e kopbal* une jolie tête ★ *~ zomerweer* un beau temps d'été ★ iron *dat is ~* en voilà du propre, c'est du joli **II** *bw* joliment
fractie ❶ pol groupe *m* (parlementaire) ★ *de liberale ~s in het Europees parlement* le groupe libéral du Parlement européen ❷ *onderdeel* fraction *v* ★ *in een ~ van een seconde* en une fraction de seconde, en un rien de temps
fractieleider chef *m* du groupe (parlementaire)
fractuur fracture *v*
fragiel fragile
fragment fragment *m*
fragmentarisch fragmentaire
fragmentatiebom bombe *v* à fragmentation
fragmenteren fragmenter
framboos ❶ *vrucht* framboise *v* ❷ *struik* framboisier *m*
frame techn cadre *m*, châssis *m* ★ *een stalen ~* un châssis en acier ★ *het ~ van een fiets* le cadre d'une bicyclette
Française *bewoonster* Française *v*
franchise franchise *v*
franchisegever franchiseur *m*
franchisenemer franchisé *m*, agent *m* en franchise
franciscaan franciscain *m* [v: franciscaine]
franciscaner **I** *bn* franciscain **II** *de* franciscain *m* [v: franciscaine]
franco franco, franc de port, en port payé ★ *~ zending* envoi *m* en port payé
francofiel **I** *de* francophile *m/v* **II** *bn* francophile
francofoon francophone
franje ❶ *versiering* frange *v* ★ *met ~* avec des franges ❷ *bijzaken* fioritures *v mv*
frank **I** *de, munt* franc *m* ★ fig BN *een ~ in tweeën bijten* être près de ses sous **II** *bn* ★ *~ en vrij* en toute franchise
frankeermachine machine *v* à affranchir
frankeren affranchir ★ *in een gefrankeerde*

envelop sous enveloppe timbrée, au tarif lettre
frankering affranchissement *m*
Frankisch franc [v: franque]
Frankrijk la France ★ *in ~* en France
frans ★ *wat een vrolijke ~!* quel gai luron!
Frans I *bn, m.b.t. Frankrijk* français ★ *typisch ~* franco-français ★ *~Duits* franco-allemand **II** *het, taal* français *m* ★ *in het ~* en français ★ *~ spreken* parler français
Frans-Guyana la Guyane française
Fransman *bewoner* Français *m*
Frans-Polynesië la Polynésie française
Franstalig francophone
frappant frappant, ⟨verbluffend⟩ troublant
frapperen *indruk maken* frapper
frase phrase *v* ★ *fig holle ~n* phrases (creuses), phraséologie *v*, paroles *v mv* en l'air
fraseren phraser
frater frère *m*
frats frasque *v*, farce *v* , tour *m* ★ *hij haalt weer ~en uit* il fait encore les siennes
fraude fraude *v* ★ *~ plegen* commettre une fraude, frauder
fraudebestendig à l'épreuve des fraudes
frauderen frauder, commettre une fraude
fraudeteam brigade *v* chargée de la répression de fraudes
fraudeur fraudeur *m* [v: fraudeuse]
frauduleus I *bn* frauduleux [v: frauduleuse] **II** *bw* frauduleusement, en fraude
freak ❶ *fanatiekeling* fana *m/v* ★ *auto~* fana de voitures ❷ *zonderling persoon* marginal *m* [mv: marginaux]
freelance (en) free-lance
freelancen travailler en free-lance
freelancer free-lance *m/v* [mv: id.]
frees fraise *v*
freewheelen ❶ *het kalm aan doen* aller son petit train, lever le pied ❷ *in vrijloop fietsen* être en roue libre
fregat frégate *v*
frêle frêle, fragile
frequent I *bn* fréquent **II** *bw* fréquemment
frequenteren fréquenter, côtoyer
frequentie fréquence *v*
fresco fresque *v*
fresia freesia *m*, frésia *m*
fret *dier* furet *m*
freudiaans freudien [v: freudienne] ★ *~e verspreking* lapsus *m*
freule demoiselle *v*, mademoiselle *v*
frezen fraiser
fricandeau fricandeau *m* [mv: fricandeaux]
fricassee BN culin ≈ *ragout* fricassée *v*
frictie friction *v*
friemelen ★ *aan iets ~* tripoter / patouiller qc
fries frise *v*
Fries I *bn, m.b.t. Friesland* frison [v: frisonne] **II** *de, bewoner* Frison *m* **III** *het, taal* frison *m*
Friesland la Frise
friet frites *v mv* ★ *zakje ~* cornet *m* de frites
frietketel BN *friteuse* friteuse *v*
frietkot BN → **frietkraam**
frietkraam, **friettent** friterie *v*
frietsaus culin sauce *v* (pommes) frites
Friezin *bewoonster* Frisonne *v*
frigide frigide
frigo BN *koelkast* frigo *m*
frigobox BN *koelbox* glacière *v*
frik pédant *m* [v: pédante], cuistre *m*
frikadel saucisse *v* / boulette *v* de viande hachée
fris I *de/het, frisdrank* rafraîchissement *m* **II** *bn* ❶ *koel* frais [v: fraîche] ★ *het is fris* il fait frais ❷ *helder* frais [v: fraîche] ❸ *zuiver, niet benauwd* frais [v: fraîche] ★ *frisse lucht* l'air frais ★ *een frisse neus halen* prendre un bol d'air, prendre l'air ❹ *onbedorven* ★ *een frisse kijk op de zaak* un regard nouveau sur l'affaire ★ *dat is geen fris zaakje* c'est un peu louche ❺ *nieuw en vers* ★ *met frisse moed opnieuw beginnen* recommencer de plus belle ❻ *die geen vermoeidheid voelt* ★ *ik voel me zo fris als een hoentje* je suis tout frais et dispos **III** *bw* fraîchement
frisbee frisbee *m*
frisbeeën jouer au frisbee
frisco BN *chocolade-ijsje* esquimau *m* [mv: esquimaux]
frisdrank culin rafraîchissement *m*
frisheid fraîcheur *v*
frisjes frisquet [v: frisquette] ★ *het is ~* il fait frisquet
frites → **friet**
friteuse friteuse *v*
frituren faire frire
friturist BN *frietkraamhouder* ≈ vendeur *m* de frites [v: vendeuse ...]
frituur ❶ BN *gefrituurd voedsel* friture *v* ❷ BN *patatkraam* friterie *v*
frituurpan friteuse *v*
frituurvet (huile *v* à) friture *v*
frivool frivole
fröbelen bricoler
frommelen I *ov ww, verkreukelen* friper, froisser ★ *hij frommelde het papier op* il froissait le bout de papier **II** *onov ww, friemelen* tripoter, patouiller ★ *hij frommelde aan zijn das* il tripotait sa cravate
frons ride *v*, pli *m*
fronsen froncer, ⟨van voorhoofd⟩ plisser ★ *de wenkbrauwen ~* froncer les sourcils, sourciller ★ *het voorhoofd ~* plisser le front
front ❶ *voorste linie* front *m* ★ *aan het ~* au front, sur le front ★ *naar het ~ gaan* aller au front ★ *~ maken tegen* faire front contre ★ *één ~ vormen tegen* faire bloc contre ★ *op alle ~en* à tous les niveaux, sur toute la ligne ❷ *verschijnsel m.b.t. weer* front *m* ❸ *voorkant* devant *m*, avant *m* ★ *~je* plastron *m*
frontaal frontal [m mv: frontaux] ★ *frontale botsing* collision *v* frontale ★ *~ op elkaar botsen* se percuter de front, se heurter de plein fouet ★ *een frontale aanval* une attaque de front
frontlijn ligne *v* de front / feu
frontlinie ligne *v* de front / feu
frontsoldaat soldat *m* de front
fructose fructose *m*
fruit fruits *m mv* ★ *Turks ~* du loukoum
fruitautomaat machine *v* à sous
fruitboom arbre *m* fruitier
fruiten faire revenir, rissoler
fruithapje cocktail *m* de fruits
fruitig fruité

fr

fruitmes couteau *m* à fruits [mv: couteaux ...]
fruitsalade culin salade *v* de fruits
fruitsap BN culin *vruchtensap* jus *m* de fruits
fruitschaal compotier *m*
frunniken ★ *aan iets ~* tripoter qc
frustratie frustration *v*
frustreren ❶ *ongelukkig maken* frustrer ❷ *moeilijk maken* frustrer ★ *onderhandelingen ~* frustrer des négociations
frutselen tripoter
f-sleutel clé *v* de fa
fte *full-time equivalent* ETP *m*, équivalent *m* temps plein
fuchsia ❶ *plant* fuchsia *m* ❷ *roze kleur* rose *m* fuchsia
fuck putain ▼ *geen fuck* que dalle
fuga fugue *v*
fuif fête *v*, boum *v*
fuifnummer fêtard *m* [v: fêtarde]
fuik nasse *v* ★ fig *in de fuik lopen* se faire piéger
fuiven faire la noce, festoyer
full colour en couleur
full speed à toute allure
fulltime à plein temps
fulmineren fulminer (**tegen** contre)
functie ❶ *werking* fonction *v* ★ *de oorspronkelijke ~ van een mobieltje is telefoneren* la fonction première d'un téléphone portable est de téléphoner ★ BN *in ~ van* en fonction de ❷ *betrekking* fonction *v*, poste *m* ★ *een leidinggevende ~ vervullen* occuper une fonction de cadre, faire partie des cadres ★ *in ~* en exercice ★ *in ~ treden* entrer en fonction(s) ★ *een hoge ~ bekleden* occuper un poste important ★ *zijn ~ neerleggen* donner sa démission, quitter ses fonctions ❸ wisk fonction *v*
functieomschrijving description *v* de poste
functietoets touche *v* de fonction
functionaris responsable *m/v*, officiel *m*
functioneel fonctionnel [v: fonctionnelle]
functioneren fonctionner ★ *goed ~* bien fonctionner
functioneringsgesprek entretien *m* d'appréciation / d'évaluation
fundament ❶ *fundering* fondation(s) *v (mv)* ❷ *grondslag* fondement *m*
fundamentalisme fondamentalisme *m*, intégrisme *m*
fundamentalist intégriste *m/v*, fondamentaliste *m/v*
fundamentalistisch fondamentaliste, intégriste
fundamenteel fondamental [m mv: fondamentaux]
funderen ❶ *fundering aanbrengen* jeter les fondations de ❷ *baseren (op)* fonder (sur)
fundering ❶ *het funderen* creusement *m* des fondations ❷ *fundament* fondation *v* ❸ *grondslag* fondement *m*
funest funeste (**voor** à), néfaste
fungeren ❶ *in functie zijn* être en fonction ★ *~d* ⟨waarnemend⟩ intérimaire ❷ *dienst doen (als)* faire fonction (de)
funk funk *m*
furie ❶ *feeks* furie *v*, mégère *v* ❷ *woede* furie *v*
furieus I *bn* furieux [v: furieuse] II *bw* furieusement
furore ★ *~ maken* faire fureur
fuseren, BN **fusioneren** fusionner
fusie fusion *v*, fusionnement *m* ★ *een ~ aangaan met* fusionner avec
fusilleren fusiller, passer par les armes
fust *vat* fût *m*, barrique *v* ★ *de fusten* la futaille ★ *wijn op fust* du vin en fût
fut force *v*, énergie *v*, ressort *m* ★ *vol fut zijn* être plein d'allant / d'entrain, inform avoir la pêche ★ *ik heb de fut niet om ...* je n'ai pas le courage de ..., inform j'ai la flemme de ...
futiel futile
futiliteit ❶ *nietigheid* futilité *v* ❷ *onbeduidende zaak* futilité *v*, vétille *v*
futloos mollasse, sans entrain, languissant, inform flagada
futurisme futurisme *m*
futuristisch I *bn* ❶ *behorende tot het futurisme* futuriste ❷ *m.b.t. toekomst* futuriste II *bw* de façon futuriste
fuut grèbe *m* (huppé)
fysica physique *v*
fysicus physicien *m* [v: physicienne]
fysiek I *bn, lichamelijk* physique II *bw, lichamelijk* physiquement III *het* physique *m*
fysiologie physiologie *v*
fysiotherapeut ❶ *iem. die fysiotherapie toepast* kinésithérapeute *m/v*, inform kiné *m/v* ❷ BN *revalidatiearts* médecin *m* rééducateur
fysiotherapie kinésithérapie *v*
fysisch physique ★ *~e chemie* physicochimie *v*

G

g ❶ *letter* g *m* ★ *de g van Gerard* G comme Gaston ❷ *muzieknoot* sol *m*

gaaf ❶ *ongeschonden* intact, sain, sans défaut, ‹volledig› entier [v: entière] ★ *een gaaf gebit* une dentition saine ❷ *prachtig* super, impec [onver.] ★ *onwijs gaaf* terrible

gaai geai *m*

gaan I *onov ww* ❶ *in beweging zijn* aller, ‹voorbijgaan / doorgaan› passer, ‹lopend› marcher ★ *ga erheen* vas-y ★ *van X naar Y gaan via Z* aller de X à Y en passant par Z ★ *we gaan over Utrecht* on passe par Utrecht ★ *naar huis gaan* rentrer ★ *te voet gaan* aller à pied ★ *met de boot gaan* prendre le bateau ★ *gaan door* traverser, passer (par) ★ *gaan in* entrer dans / en ★ *naar de dokter gaan* aller voir un médecin, aller chez le médecin ★ *het gerucht gaat* le bruit court ★ *laat maar gaan* laisse! ★ *hij liet zich gaan* il s'est laissé aller ★ *dat gaat er bij mij niet in* je refuse de le croire ★ *er gaat niets boven ...* rien ne vaut ... ★ *eraan gaan* y passer ❷ *weggaan* s'en aller, partir ★ *de boot gaat pas over een kwartier* le bateau ne part que dans un quart d'heure ★ *er gaan geen treinen meer vanavond* il n'y a plus de trains ce soir ★ *u kunt gaan* vous pouvez disposer ★ *ervandoor gaan* filer ★ *er stilletjes vandoor gaan* partir en catimini ★ *kom, ik ga ervandoor* bon, je me sauve ★ *gaan wandelen* sortir se promener ★ *gaan vissen* aller / partir à la pêche ★ *het was een komen en gaan* il y avait beaucoup de va-et-vient ★ *ik zie je liever gaan dan komen* moins je te vois, mieux je me porte ★ *daar gaat 'ie dan!* c'est parti! ❸ *beginnen met* commencer à, se mettre à, aller ★ *gaan slapen* aller se coucher ★ *aan het werk gaan* se mettre au travail ★ *gaan wandelen* aller se promener ★ *gaan liggen* se coucher, ‹van wind› tomber ★ *gaan staan* se lever ★ *gaan zitten* s'asseoir ★ *sneller gaan lopen* doubler le pas ★ *gaan huilen* se mettre à pleurer ★ *ga je wassen* va te laver ❹ *functioneren* marcher, fonctionner ★ *de bel gaat* on sonne ❺ *gekleed zijn* ★ *in het rood gaan* porter du rouge ❻ *passen* ★ *er gaan 1000 mensen in dit theater* ce théâtre peut accueillir 1000 personnes ★ *er gaat een liter in dat glas* ce verre peut contenir un litre ❼ ~ **met** sortir avec ★ *Jurjen gaat met Rosa* Jurjen sort avec Rosa ❽ ~ **over** *als onderwerp hebben* traiter de ★ *over wie gaat het?* de qui s'agit-il? ★ *het gaat over een prins* il s'agit d'un prince ★ *het boek gaat over Napoleon* le livre parle de Napoléon ❾ ~ **over** *beslissen over* ★ *hier ga ik niet over* ceci n'est pas mon rayon ❿ ~ **voor** *voorrang hebben boven* passer avant ★ *voor alles gaan* passer avant tout *11*~ **voor** *zich inzetten voor* ★ *we gaan er helemaal voor* on en veut! **II** *onp ww* ❶ *gesteld zijn* aller ★ *hoe gaat het?* (comment) ça va?, form comment allez-vous? ★ *het gaat* ça ne va pas trop mal, comme ci, comme ça, ça peut aller ★ *het gaat goed* ça va bien ★ *het ga je goed!* bonne chance! ★ *het gaat goed met hem* il va bien, il se porte bien ★ *het gaat niet langer zo* ça ne peut pas durer ★ *gaat het?* ça va aller? ❷ *gebeuren* aller ★ *dat gaat vanzelf* cela va tout seul ★ *zo gaat het altijd* c'est toujours la même histoire ★ *het is mij ook zo gegaan* j'en ai vu autant ★ *zo gaat het in het leven* c'est la vie, ainsi va le monde ❸ *lukken* être possible ★ *gaat het?* ça va aller? ❹ ~ **om** s'agir de ★ *het gaat om je leven* il y va de ta vie ★ *daar gaat het (niet) om* c'est / ce n'est pas là la question, il s'agit / il ne s'agit pas de cela

gaande ❶ *in beweging* en mouvement ★ *het gesprek ~ houden* alimenter la conversation ★ *~ houden* continuer ❷ *aan de gang* ★ *wat is er ~?* que se passe-t-il?

gaandeweg peu à peu, au fur et à mesure

gaap bâillement *m*

gaar ❶ *voldoende toebereid* cuit (à point) ★ *te gaar* trop cuit ★ *goed gaar* bien cuit ❷ *duf* abruti, nase

gaarkeuken soupe *v* populaire

gaarne volontiers, de bon cœur ★ *~ zien wij uw bericht tegemoet* merci de bien vouloir répondre ★ *ik ben ~ bereid om het te doen* je le ferai avec plaisir

gaas ❶ *weefsel* gaze *v*, voile *m* ❷ *vlechtwerk van metaal* grillage *m*, treillis *m*

gaasje compresse *v* (de gaze)

gaatje ❶ *gat in tand* cavité *v* (d'une dent), carie *v* ❷ → **gat**

gabber ❶ *vent* type *m* ❷ *makker* pote *m*

Gabon le Gabon ★ *in ~* au Gabon

Gabonees gabonnais

gadeslaan observer

gadget gadget *m*

gading ★ *zit er iets van je ~ bij?* il y a qc qui te plaît / te convient? ★ *dat is niet van mijn ~* cela ne fait pas mon affaire ★ *iets / iem. van zijn ~ vinden* trouver chaussure à son pied

gadsie be(u)rk!

gadver be(u)rk!

gadverdamme be(u)rk!

gaf [verl. td.] → **geven**

gaffel ❶ *gereedschap* fourche *v* ❷ scheepv corne *v*

gage cachet *m*

gaine BN gaine *v*

gajes racaille *v*

gal *vloeistof* bile *v*, ‹van dieren› fiel *m* ★ fig *zijn gal spuwen* épancher sa bile

gala ❶ *feest* (soirée *v* de) gala *m* ❷ *kleding* ★ *in gala* en tenue de gala / d'apparat, en grande tenue

galabal (grand) bal *m* officiel

galactisch galactique

galakostuum tenue *v* de gala / d'apparat

galant I *bn, hoffelijk* galant **II** *bw* galamment

galapremière grande première *v*, gala *m*

galavoorstelling représentation *v* de gala

galblaas vésicule *v* biliaire

galei galère *v*

galerie kunst galerie *v*

galeriehouder, BN **galerijhouder** galeriste *m/v*

galerij ❶ *overdekte gang* galerie *v*, ‹v. flat› coursive *v* ❷ *tribune in theater* balcon *m* ❸ BN kunst *galerie* galerie *v*

galerijflat immeuble *m* à coursives

galg gibet *m*, potence *v* ▼ *ze groeien op voor galg en rad* c'est de la mauvaise graine

galgenhumor humour *m* noir / macabre

galgenmaal ❶ *laatste maal van ter dood veroordeelde* (dernier) repas *m* du condamné ❷ *afscheidsmaal* repas *m* d'adieu
galgje ❶ *spelletje* pendu *m* ★ *~ spelen* jouer au pendu ❷ → **galg**
galjoen *zeilschip* galion *m*
Gallië la Gaule
Galliër Gaulois *m* [v: Gauloise]
gallisch ▾ *daar word ik ~ van* ça m'écœure
Gallisch gaulois
galm ❶ *klank* résonance *v* ❷ *echo* résonance *v*
galmen I *ov ww, zingen* chanter à pleine voix **II** *onov ww* ❶ *luid klinken* retentir ❷ *weerkaatsen* résonner
galop galop *m* ★ *in (gestrekte) ~* au (grand) galop
galopperen galoper, aller au galop
galsteen calcul *m* biliaire
galvanisch galvanique
galvaniseren galvaniser
galzuur acide *m* stéroïde
gamba gamba *v*
Gambia la Gambie ★ *in ~* en Gambie
Gambiaans gambien [v: gambienne]
game ❶ sport *wedstrijdonderdeel* jeu *m* [mv: jeux] ❷ *computerspel* jeu *m* vidéo [mv: jeux vidéo]
gamen jouer aux jeux vidéo
gamer comp adepte *m/v* des jeux vidéo
gamma I *de, letter* gamma *m* **II** *het* ❶ *reeks* gamme *v* ❷ BN *assortiment* gamme *v*
gammastraling rayons *m mv* gamma
gammawetenschap science *v* sociale
gammel ❶ *niet stevig* déglingué, ‹wankel› bancal [m mv: bancals], branlant ★ *een ~e stoel* une chaise bancale ❷ *slap, lusteloos* patraque, vaseux [v: vaseuse]
gang ❶ *doorloop* couloir *m*, corridor *m*, ‹doorgang› passage *m*, ‹onderaards› galerie *v* ★ *halverwege de gang links* à gauche, à mi-chemin dans le couloir ❷ *manier van gaan* allure *v*, ‹tred› (dé)marche *v*, ‹vaart› allure *v*, train *m* ★ *een soepele gang* une démarche légère ❸ *verloop* cours *m*, marche *v* ★ *de gang van zaken* le cours des choses, ‹werkwijze› la procédure ★ *de normale gang van zaken* le cours normal des choses ❹ *deel van menu* plat *m* ★ *een menu met vijf gangen* un menu cinq plats ❺ *beweging* marche *v* ★ *aan de gang zijn* être en cours ★ *hier is iets aan de gang* il se passe qc ici ★ *hij is weer aan de gang* il fait encore des siennes ★ *aan de gang zijn met* être en train de [+ inf.] ★ *aan de gang blijven* continuer ★ *aan de gang brengen* mettre en marche ★ *aan de gang gaan met* se mettre à ★ *in volle gang zijn* battre son plein ★ *op gang brengen* démarrer, lancer, fig mettre en route ★ *op gang komen* se mettre en marche, démarrer ★ *goed op gang zijn* être bien lancé ★ *gang maken* prendre de la vitesse ❻ *m.b.t. gedrag, handelen* ★ *zijn gang gaan* aller son chemin ★ *alles gaat gewoon zijn gang* tout va son petit bonhomme de chemin ★ *ga je gang* vas-y, je t'en prie ★ *zijn eigen gang gaan* aller son chemin, ‹eigenzinnig› n'en faire qu'à sa tête ★ *vrij zijn gang kunnen gaan* avoir quartier libre ★ *iem. zijn gang laten gaan* laisser faire qn ★ *iemands gangen nagaan* suivre les allées et venues de qn → **gangetje**
gangbaar ❶ *gebruikelijk* courant ★ *een gangbare uitdrukking* une expression usuelle ★ *gangbare ideeën* des idées reçues ❷ econ *in omloop* courant ★ *een gangbare munt* une monnaie courante ❸ econ *veel gekocht* courant
gangboord coursive *v*
gangenstelsel réseau *m* de couloirs [mv: réseaux ...], galeries *v mv* ★ *ondergronds ~* réseau souterrain
gangetje ❶ *snelheid* allure *v* ★ *er een aardig ~ in hebben* aller bon train ❷ *voortgang* ★ *alles gaat z'n ~* tout va son petit bonhomme de chemin ★ *hoe gaat het? z'n ~* ça va? comme ci, comme ça
gangmaker ❶ sport entraîneur *m*, ‹hardlopen› lièvre *m* ❷ fig animateur *m* [v: animatrice], boute-en-train *m* [mv: id.] ★ *hij was de ~ van het feest* il était le boute-en-train de la soirée
gangpad passage *m*, couloir *m*
gangreen med gangrène *v*
gangstarap muz gangsta-rap *m*
gangster gangster *m*
gangsterfilm film *m* policier
gans I *de* ❶ *vogel* oie *v* ★ *grauwe gans* oie cendrée ❷ fig *persoon* nunuche *v* ★ *wat een domme gans!* quelle nunuche! **II** *bn* BN tout, entier [v: entière] **III** *bw* entièrement
ganzenbord jeu *m* de l'oie
ganzenlever foie *m* d'oie, foie *m* gras
ganzenpas mil *paradepas* pas *m* de l'oie ★ *in ~* à la queue leu leu, en file indienne
ganzerik ❶ plantk herbe *v* aux oies ❷ *mannetjesgans* jars *m*
gapen ❶ *geeuwen* bâiller ❷ *dom toekijken* bâiller, bâiller aux corneilles, regarder bouche bée ❸ *dreigend geopend zijn* ★ *~de afgrond* gouffre béant ★ *een ~de wond* une plaie béante
gappen chiper, piquer, faucher (**van** à)
garage ❶ *autostalling* garage *m* ★ *in de ~ stallen* rentrer au garage ❷ *werkplaats* garage *m* ★ *mijn auto moet naar de ~* ma voiture doit passer au garage
garagehouder, BN **garagist** garagiste *m/v*
garanderen garantir, se porter garant de ★ *gegarandeerd!* sûrement!, sûr et certain!
garant garant *m* [v: garante] ★ *zich ~ stellen voor* se porter garant de
garantie garantie *v* ★ *met een jaar ~* avec un an de garantie, garanti un an ★ *~ op iets geven* donner une garantie sur qc ★ *er zit ~ op* c'est sous garantie
garantiebewijs certificat *m* de garantie
garantiefonds fonds *m* de garantie
garde ❶ *keukengerei* fouet *m* ❷ *lijfwacht* garde *v* ★ *de oude ~* la vieille garde
garderobe ❶ *klerenbewaarplaats* vestiaire *m* ❷ *kleren* garde-robe *v* [mv: garde-robes]
gareel *halsjuk* collier *m*, ‹tuig› harnais *m*, ‹keurslijf› fig carcan *m* ▾ *in het ~ lopen* marcher droit, se plier ▾ *iem. weer in het ~ brengen* remettre qn au pas ▾ *weer in het ~ komen* rentrer dans le rang
garen I *het* fil *m* ★ fig *goed ~ spinnen bij iets* faire son beurre de qc **II** *bn* de fil, en fil
garnaal dierk crevette *v* ▾ min BN *kleine ~* avorton *m*, demi-portion *v* [mv: demi-portions]

ga

garnalencocktail cocktail *m* de crevettes
garneren garnir (**met** de)
garnering garniture *v*
garnituur ❶ *garneersel* garniture *v*, ⟨opschik⟩ parure *v* ❷ *set voorwerpen* garniture *v* ▼ *van het tweede ~* inférieur, de second plan
garnizoen ❶ *legerafdeling* garnison *v* ❷ *standplaats* garnison *v* ★ *in ~ liggen* être en garnison
gas gaz *m* ★ *vloeibaar gas* gaz liquéfié ★ *op gas koken* cuisiner au gaz ★ *het gas aandoen* allumer le gaz ★ *vol gas* pleins gaz ★ *gas geven* appuyer sur l'accélérateur, inform mettre les gaz ★ *gas terugnemen / minderen* ook fig lever le pied
gasaansteker ⟨voor fornuis⟩ allume-gaz *m* [mv: id.], ⟨voor sigaret⟩ briquet *m* à gaz
gasbedrijf compagnie *v* du gaz, ⟨in Frankrijk⟩ GDF *m* (Gaz de France)
gasbel poche *v* de gaz
gasbrander ❶ *op mondstuk van gasbuis* brûleur *m* à gaz, feu *m* [mv: feux] ❷ *kooktoestel* bec *m* à gaz
Gascogne Gascogne *v*
gasexplosie explosion *v* de gaz
gasfabriek usine *v* à gaz
gasfitter plombier(-zingueur) *m* [mv: plombiers(-zingueurs)]
gasfles bouteille *v* / bonbonne *v* de gaz
gasfornuis cuisinière *v* à gaz
gaskachel poêle *m* à gaz
gaskamer *executieruimte* chambre *v* à gaz
gaskraan robinet *m* du gaz
gasleiding conduite *v* de gaz
gaslek fuite *v* de gaz
gasmasker masque *m* à gaz
gasmeter compteur *m* à gaz
gasolie gas(-)oil *m*, gazole *m*
gasoven four *m* à gaz
gaspedaal accélérateur *m*, inform champignon *m*
gaspit ❶ *vlam* feu *m* [mv: feux] ❷ *brander* feu *m* [mv: feux]
gasslang tuyau *m* à gaz [mv: tuyaux ...]
gasstel réchaud *m* à gaz
gast ❶ *bezoeker* hôte *m/v*, ⟨genodigde⟩ invité *m* [v: invitée], ⟨voor het eten⟩ convive *m/v*, ⟨klant⟩ client *m* [v: cliente] ★ *hoge gasten* des invités de marque ★ *ongenode gasten* des intrus ★ *te gast zijn bij* être l'invité de ★ *gasten hebben* avoir des invités / du monde ❷ *gozer* individu *m*, type *m* ▼ BN *halve gast* apprenti *m* [v: apprentie] ▼ BN *volle gast* ouvrier *m* qualifié
gastarbeider travailleur *m* immigré
gastcollege conférence *v* d'un professeur invité
gastdocent ≈ professeur *m* invité
gastenboek ❶ *ter herinnering* livre *m* d'or ❷ *ter registratie* registre *m*
gastenverblijf hôtellerie *v*, ⟨van klooster⟩ hospice *m*
gastgezin famille *v* d'accueil
gastheer hôte *m*, sport équipe *v* qui reçoit ★ *zijn plicht als ~ vervullen* faire les honneurs de la maison
gasthuis hôpital *m* [mv: hôpitaux], Hôtel-Dieu *m* [mv: Hôtels-Dieu], ⟨voor ouden van dagen⟩ hospice *m*
gastland pays *m* d'accueil
gastmaal banquet *m*
gastoevoer amenée *v* de gaz
gastoptreden invité *m* spécial
gastouder parent *m* d'accueil
gastrol rôle *m* invité
gastronomie gastronomie *v*
gastronomisch gastronomique
gastspreker conférencier *m* [v: conférencière]
gastvrij I *bn* hospitalier [v: hospitalière], accueillant **II** *bw* avec hospitalité
gastvrijheid hospitalité *v*, ⟨onthaal⟩ accueil *m*
gastvrouw hôtesse *v*
gasvlam flamme *v* de gaz
gasvormig gazeux [v: gazeuse]
gasvuur BN *gasfornuis* cuisinière *v* à gaz
gat ❶ *opening* trou *m*, ouverture *v*, ⟨holte⟩ creux *m*, cavité *v*, ⟨in muur⟩ brèche *v* ★ *een gat in het dak maken* faire un trou dans le toit ★ *een gat boren in de muur* percer un trou dans le mur ★ *zwart gat* sterrenk trou noir, psych vide *m* ★ *sokken met gaten* des chaussettes trouées ★ *de riem een gaatje aanhalen* serrer la ceinture d'un cran ★ *een gat / gaten maken in* trouer ★ *ik had nul gaatjes!* je n'avais aucune carie! ★ *een gat in de markt* un créneau ★ *een gat in de dag slapen* faire la grasse matinée ★ *een gat in de lucht springen* sauter de joie ★ *hij heeft een gat in zijn hand* l'argent lui fond dans les mains ★ *er geen gat meer in zien* ne plus voir d'issue ★ *niet voor één gat te vangen zijn* avoir plus d'un tour dans son sac ★ *het ene gat met het andere dichten* faire un trou pour en boucher un autre ★ *iets in de gaten hebben* s'apercevoir de qc ★ *ze heeft niets in de gaten* elle n'y voit que du bleu ★ *in de gaten houden* surveiller ★ *in de gaten krijgen* s'apercevoir de ★ *in de gaten lopen* tirer l'œil ❷ *gehucht* trou *m* ★ *een saai gat* un trou / bled perdu ❸ *achterwerk* cul *m* ★ BN *met zijn gat in de boter vallen* arriver à pic, avoir du bol ★ BN *geen zittend gat hebben* avoir la bougeotte → **gaatje**
gatenkaas culin fromage *m* à trous, fig passoire *v*
gatenplant philodendron *m*
gauw I *bn* rapide, form prompt **II** *bw* ❶ *snel* vite, form promptement ★ *het al gauw begrijpen* ne pas tarder à comprendre ★ *zo gauw als hij komt* dès qu'il arrive ❷ *binnenkort* vite, bientôt ★ *tot gauw* à bientôt ★ *niet zo gauw* pas de sitôt
gauwdief filou *m*
gauwigheid ★ *in de ~* à la hâte, inform entre deux portes
gave ❶ *talent* don *m*, talent *m* ★ *de gave van het woord* le don de la parole, l'éloquence *v* ❷ *geschenk* don *m* ★ *gulle gaven* des dons généreux
gaven [verl. td.] → **geven**
gay I *de* gay *m/v*, gai **II** *bn* gay [onver.], gai
gaybar bar *m* gay / spécialisé
Gaza Gaza *m*
Gazastrook bande *v* de Gaza
gazelle gazelle *v*
gazon pelouse *v*, gazon *m*
GB *gigabyte* Go, gigaoctet *m*
ge → **gij**
geaard ❶ *met aardleiding* mis à la terre ❷ *van*

aard de sa nature ★ *zo ben ik nu eenmaal ~* c'est dans ma nature
geaardheid nature *v*, naturel *m* ★ *seksuele ~* orientation *v* sexuelle
geacht respecté, estimé ★ *~e heer* (cher) Monsieur
geadresseerde destinataire *m/v*
geaffecteerd I *bn* affecté **II** *bw* avec affectation
geagiteerd I *bn* agité, fébrile **II** *bw* avec agitation
geallieerden Alliés *m mv*
geamuseerd (d'un air) amusé
geanimeerd animé, plein d'entrain ★ *een ~ gesprek* une discussion animée
gearmd bras dessus, bras dessous
geavanceerd *vooruitstrevend* avancé
gebaar ❶ *beweging* geste *m* ★ *gebaren maken* gesticuler **❷** *uitdrukking* geste *m* ★ *een vriendelijk ~ maken* faire un beau geste
gebak gâteaux *m mv*, pâtisserie *v*
gebakje gâteau *m* [mv: gâteaux], pâtisserie *v*
gebakken [volt. deelw.] → **bakken**
gebakstel service *m* à gâteaux
gebaren I *ov ww, duidelijk maken* faire signe (de) **II** *onov ww, gebaren maken* gesticuler
gebarentaal langage *m* gestuel ★ *in ~ uitdrukken* mimer
gebarsten [volt. deelw.] → **barsten**
gebed prière *v* ★ *zijn ~ opzeggen* dire sa prière, prier ★ fig *het is een ~ zonder einde* on n'en verra jamais la fin, ça s'éternise
gebeden [volt. deelw.] → **bidden**
gebedsgenezer ≈ guérisseur *m* [v: guérisseuse]
gebeente os *m mv*, ossature *v*, ⟨van lijk⟩ ossements *m mv* ▼ *wee je ~!* gare à toi!
gebeiteld ▼ *ik zit ~* j'ai trouvé une bonne planque, je suis planqué ★ *dat zit ~* c'est dans la poche
gebekt ▼ *goed ~ zijn* avoir la langue bien pendue
gebelgd vexé (**over** de)
gebenedijd → **woord**
gebergte montagne(s) *v (mv)* ★ *in het ~* à la montagne
gebeten I *bn* ▼ *~ zijn op iem.* avoir une dent contre qn ▼ *hij is erop ~ om...* il est avide de... **II** *ww* [volt. deelw.] → **bijten**
gebeuren I *onov ww* **❶** *plaatsvinden* arriver, se passer, se faire ★ *wat er ook gebeurt* quoi qu'il arrive ★ *er is een ongeluk gebeurd* il est arrivé / il y a eu un accident ★ *wat gebeurt er?* que se passe-t-il? ★ *wat gebeurd is, is gebeurd* ce qui est fait est fait ★ *alsof er niets gebeurd was* comme si de rien n'était ★ *dat gebeurt niet!* cela ne se fera pas!, pas question! ★ *dat moest wel ~* c'était écrit / obligatoire, ça n'a pas manqué ★ *het is met hem gebeurd* il est fini, c'en est fait de lui **❷** *overkómen* arriver (à) ★ *wat is er met jou gebeurd?* qu'est-ce qui t'est arrivé? ★ *het zal je maar ~* quelle histoire! ★ *dat zal me niet weer ~* on ne m'y reprendra plus **❸** *gedaan worden* se faire ★ *wat moet er ~?* qu'est-ce qu'on doit faire? ★ *het is zo gebeurd* ce sera vite fait, c'est l'affaire d'une minute **II** *het* événement *m*, fait *m* ★ *een feestelijk ~* un événement festif
gebeurtenis événement *m*, fait *m* ★ *een onverwachte ~* un événement inattendu ★ *een blijde ~* un heureux événement
gebied ❶ *streek* région *v* ★ *een dichtbevolkt ~* une région populeuse, une région à population dense **❷** *grondgebied* territoire *m*, terrain *m*, zone *v* ★ *overzeese ~en* territoires *m mv* d'outre-mer **❸** *kennisterrein* domaine *m* ★ *op administratief ~* sur le plan administratif ★ *dat behoort niet tot mijn ~* ce n'est pas de mon domaine / ressort ★ *op het ~ van* en matière de, dans le domaine de, sur le plan de
gebieden I *ov ww* **❶** *gelasten te* commander (de), ordonner (de) ★ *waakzaamheid is geboden* la vigilance s'impose ★ *de eerlijkheid gebiedt mij te zeggen dat ...* la vérité m'oblige de dire que ... ★ *op ~de toon* d'un ton impérieux / autoritaire **❷** taalk → **wijs II** *onov ww, heersen* commander
gebit *tanden en kiezen* dentition *v* ★ *vals ~* dentier *m*
gebitsverzorging hygiène *v* dentaire
geblaat bêlement *m*
gebladerte feuillage *m*
geblazen [volt. deelw.] → **blazen**
gebleken [volt. deelw.] → **blijken**
geblèr ❶ ⟨van mens⟩ beuglement *m* **❷** ⟨van schaap⟩ bêlement *m*
geblesseerd blessé
gebleven [volt. deelw.] → **blijven**
gebloemd à fleurs, fleuri
geblokt à carreaux, en damier
geblonken [volt. deelw.] → **blinken**
gebocheld bossu ★ *een ~e* un(e) bossu(e)
gebod ordre *m*, commandement *m*, ⟨voorschrift⟩ précepte *m* ★ *de tien ~en* les dix commandements
geboden [volt. deelw.] → **bieden**
gebodsbord panneau *m* obligatoire [mv: panneaux obligatoires]
gebogen I *bn* voûté, courbé, wisk courbe ★ *met ~ hoofd* la tête basse ★ *met ~ rug* le dos rond **II** *bw* ★ *~ lopen* marcher (le dos) courbé **III** *ww* [volt. deelw.] → **buigen**
gebonden I *bn* **❶** *gehouden* tenu, lié ★ *aan regels ~* soumis à des règles **❷** *ingebonden* relié **❸** *niet dun* lié **II** *ww* [volt. deelw.] → **binden**
geboorte ❶ *het geboren worden* naissance *v*, rel Nativité *v* ★ *bij de ~* à la naissance, en naissant **❷** *afkomst* ★ *Nederlander van ~ zijn* être Néerlandais de naissance / de souche
geboorteakte acte *m* de naissance
geboortebeperking limitation *v* des naissances, planning *m* familial
geboortebewijs extrait *m* de naissance
geboortecijfer (taux *m* de) natalité *v*
geboortedag jour *m* de naissance
geboortedaling dénatalité *v*, baisse *v* de la natalité
geboortedatum date *v* de naissance
geboortegolf poussée *v* démographique, baby-boom *m* [mv: baby-booms]
geboortehuis maison *v* natale
geboortejaar année *v* de naissance
geboortekaartje faire-part *m* de naissance [mv: id.]
geboorteoverschot excédent *m* des naissances
geboorteplaats lieu *m* de naissance
geboorterecht jur droit *m* du sang
geboorteregeling planning *m* familial, contrôle *m* / régulation *v* des naissances

geboorteregister registre *m* des naissances
geboren ❶ *ter wereld gebracht* né (**uit** de) ★ ~ *worden* naître ★ ~ *en getogen zijn in Utrecht* être né et avoir grandi à Utrecht ★ *een* ~ *Fransman* un Français de naissance / de souche ★ ~ *in Utrecht* né à / natif de Utrecht ★ *hij is* ~ *in Utrecht* il naquit à Utrecht ★ *te vroeg* ~ né avant terme, prématuré ❷ *van nature* ★ *een* ~ *redenaar zijn* être né orateur, être un orateur-né ★ ~ *voor* né pour
geborgen I *bn* en sécurité, à l'abri, ⟨onder dak⟩ casé ★ *iem. een* ~ *gevoel geven* sécuriser qn **II** *ww* [volt. deelw.] → **bergen**
geborgenheid sécurité *v*
geborneerd borné
gebouw bâtiment *m*, ⟨groot⟩ édifice *m*, ⟨flat⟩ immeuble *m* ★ *een leegstaand* ~ un bâtiment inoccupé ★ *een houten* ~*tje* une construction en bois
gebraad rôti *m*
gebracht [volt. deelw.] → **brengen**
gebraden [volt. deelw.] → **braden**
gebrand ▾ ~ *zijn op* être avide de ▾ *daar ben ik niet op* ~ je n'en raffole pas, ça ne m'emballe pas
gebrek ❶ *gemis* manque *m* (**aan** de) ★ *een nijpend* ~ une pénurie ★ *bij* ~ *aan* faute de, à défaut de ★ *bij* ~ *aan beter* faute de mieux ★ ~ *hebben aan* manquer de ★ ~ *lijden* être dans le besoin, vivre dans la misère ★ *daar is geen* ~ *aan* ça ne manque pas ❷ *mankement* défaut *m*, imperfection *v*, ⟨lichamelijk⟩ infirmité *v* ★ *een verborgen* ~ un vice caché ★ *in* ~*e blijven* être en défaut ★ jur *in* ~*e stellen* mettre en demeure
gebrekkig I *bn* ❶ *onvolkomen* défectueux [v: défectueuse], imparfait ★ ~*e kennis* des connaissances sommaires ❷ *invalide* infirme **II** *bw* défectueusement, mal ★ ~ *Frans spreken* parler mal le français
gebroeders frères *m mv* ★ *de* ~ *Dupont* les frères Dupont, ⟨handel⟩ Dupont Frères
gebroken I *bn* ❶ *kapot* cassé, brisé, rompu ★ *een* ~ *been* une jambe cassé ❷ *niet in een geheel* interrompu, coupé ★ ~ *getal* nombre fractionnaire ★ *een* ~ *lijn* une ligne brisée ❸ *gebrekkig* ★ *in* ~ *Frans* en mauvais français ★ *hij praat* ~ *Engels* il baragouine / écorche l'anglais ❹ *uitgeput* rompu, ⟨psychisch⟩ brisé ❺ *niet zuiver* ★ ~ *wit* blanc cassé **II** *ww* [volt. deelw.] → **breken**
gebruik ❶ *het benutten* emploi *m*, usage *m*, utilisation *v* ★ *buiten* ~ *raken* tomber en désuétude ★ *buiten* ~ *stellen* mettre hors (de) service ★ *buiten* ~ *zijn* être hors d'usage ★ *in* ~ *nemen* mettre en service ★ *in* ~ *zijn* être en usage, être utilisé ★ *voor eigen* ~ à usage personnel ★ *voor het* ~ *schudden* agiter avant l'utilisation ★ BN *wegens dubbel* ~ cause double emploi ❷ *het consumeren* consommation *v*, usage *m* ★ *voor inwendig* ~ à usage interne ★ *voor uitwendig* ~ à usage externe ❸ *gewoonte* usage *m*, coutume *v* ★ *in* ~ *komen* entrer dans l'usage ★ *in* ~ *zijn* être d'usage ★ *volgens oud* ~ comme il est de tradition
gebruikelijk habituel [v: habituelle], usuel [v: usuelle], d'usage ★ *het is* ~ *dat* il est d'usage / de tradition que ★ *zoals te doen* ~ comme c'est l'usage, comme d'habitude ★ *dat is algemeen* ~ c'est un usage bien établi ★ *dat is bij ons* ~ c'est l'usage chez nous
gebruiken ❶ *benutten* utiliser, employer, se servir de ★ *gebruik een scherp mes* prenez un couteau tranchant ★ *zijn hersens* ~ réfléchir ★ *iets weten te* ~ savoir se servir de qc ★ *dat kunnen we niet* ~ on n'a pas besoin de cela ★ *dat kan ik wel* ~ cela pourra me servir, cela me sera bien utile ★ *ik voel me gebruikt* je me sens manipulé ★ *een tactiek* ~ employer / utiliser une tactique ❷ *consumeren* prendre ★ *een drankje* ~ prendre un verre ★ *de auto gebruikt veel benzine* la voiture consomme beaucoup d'essence ★ *wilt u iets* ~*?* puis-je vous offrir qc?
gebruiker ❶ *benutter* ⟨van voorziening⟩ usager *m*, ⟨van voorwerp⟩ utilisateur *m* [v: utilisatrice] ❷ *consument* consommateur *m* [v: consommatrice]
gebruikersnaam www identifiant *m*
gebruikersvriendelijk facile d'emploi, facile à manier, ⟨m.b.t. computer⟩ convivial [m mv: conviviaux]
gebruikmaken ~ **van** se servir de, utiliser, ⟨benutten⟩ profiter de, ⟨bezigen⟩ employer, user de ★ *mag ik even van uw toilet* ~*?* puis-je utiliser vos toilettes, s'il vous plaît? ★ ~ *van iemands aanbod* accepter l'offre de qn
gebruikmaking ▾ *met* ~ *van* en utilisant
gebruiksaanwijzing mode *m* d'emploi
gebruiksklaar prêt à l'emploi
gebruiksvoorwerp objet *m* d'usage courant
gebruiksvriendelijk facile d'emploi, facile à manier, ⟨van computer⟩ convivial [m mv: conviviaux]
gebruind bronzé
gecertificeerd certifié
gecharmeerd ~ **van** sous le charme de
geciviliseerd civilisé
gecommitteerde ❶ *gevolmachtigde* délégué *m* [v: déléguée] ❷ *toeziener* délégué *m* [v: déléguée]
gecompliceerd compliqué ★ ~*e breuk* fracture *v* compliquée
geconcentreerd ❶ *sterk* concentré ★ ~ *appelsap* jus *m* de pommes concentré ❷ *aandachtig* concentré ★ ~ *werken* se concentrer sur son travail
geconditioneerd conditionné
gedaagde jur assigné *m* [v: assignée], ⟨verweerder⟩ défendeur *m* [v: défenderesse], ⟨in hoger beroep⟩ intimé *m* [v: intimée]
gedaan I *bn* ❶ *klaar* achevé, fait ★ *iets* ~ *krijgen* en venir à bout de qc ★ BN ~ *zijn* être prêt ★ *het is met hem* ~ il est fichu ★ *dat is niets* ~ ça ne va pas du tout ★ *het is niets* ~ *met hem* rien ne va plus pour lui ★ *iets van iem.* ~ *krijgen* obtenir qc de qn ❷ *beëindigd* fini ★ *dan is het met het gezag* ~ alors il n'y aura plus d'autorité **II** *ww* [volt. deelw.] → **doen**
gedaante ❶ *uiterlijk* aspect *m* ★ *van* ~ *veranderen* se métamorphoser ★ *de* ~ *aannemen van* prendre la forme de ★ *in de* ~ *van* sous la forme de ★ *zich in zijn ware* ~ *tonen* se montrer sous son vrai jour ❷ *verschijning* forme *v* ★ *een spookachtige* ~ une silhouette fantomatique
gedaanteverandering métamorphose *v*
gedacht [volt. deelw.] → **denken**

gedachte pensée *v*, idée *v* ★ *de ~ aan* la pensée de ★ *in zijn ~n* dans sa pensée, en esprit ★ *iets in ~n hebben* avoir qc en esprit / dans la tête ★ *iets in ~n houden* penser à qc ★ *in ~n verzonken* absorbé dans ses pensées ★ *zijn ~n over iets laten gaan* réfléchir à / sur qc ★ *er niet met zijn ~n bij zijn* avoir la tête ailleurs ★ *iem. op een ~ brengen* donner / suggérer l'idée à qn ★ *op de ~ komen om* avoir l'idée de ★ *ik kwam op de ~ om* l'idée m'est venue de ★ *iem. tot andere ~n brengen* amener qn à changer d'avis ★ *van ~n veranderen* se raviser, changer d'avis ★ *iemands ~n lezen* lire dans la pensée de qn ★ *de ~ alleen al* rien que d'y penser, la seule pensée
gedachtegang raisonnement *m*
gedachtegoed idées *v mv*
gedachtekronkel manière *v* biscornue de penser
gedachteloos **I** *bn* irréfléchi, étourdi **II** *bw* d'une manière irréfléchie, machinalement ★ *~ voor zich uitkijken* regarder dans le vide
gedachtenis ❶ *nagedachtenis* mémoire *v*, souvenir *m* ★ *ter ~ van* en mémoire de ❷ *aandenken* souvenir *m*
gedachtepuntje point *m* de suspension
gedachtesprong ★ *een ~ maken* passer du coq à l'âne
gedachtestreep tiret *m*
gedachtewereld univers *m* mental, pensée *v*
gedachtewisseling échange *m* d'idées
gedachtig ★ *~ aan* en pensant à ★ *~ zijn aan* se souvenir de
gedag ★ *iem. ~ zeggen* dire au revoir à qn
gedateerd ❶ *met datum* daté ★ *een brief ~ 11 april* une lettre datée du 11 avril ❷ *ouderwets* qui date, daté ★ *een ~ standpunt* un point de vue périmé
gedecideerd **I** *bn* décidé **II** *bw* d'une manière décidée
gedeelte partie *v*, part *v* ★ *voor een ~* en partie ★ *in ~n* en parties ★ *voor het grootste ~* pour la plupart ★ *voor een groot ~* en grande partie
gedeeltelijk **I** *bn* partiel [v: partielle] ★ *~e betaling* paiement *m* partiel **II** *bw* partiellement, en partie
gedegen *degelijk* solide ★ *zij heeft een ~ kennis van moderne kunst* elle a des connaissances approfondies de l'art moderne
gedeisd ▾ *zich ~ houden* garder un profil bas, inform s'écraser
gedekt ❶ *niet fel* ★ *een ~e kleur* une couleur discrète, une demi-teinte ❷ *gevrijwaard tegen risico* couvert ★ *zich ~ houden* garder un profil bas, inform s'écraser
gedelegeerde *afgevaardigde* délégué *m* [v: déléguée]
gedenkboek mémorial *m* [mv: mémoriaux], annales *v mv*
gedenkdag (jour *m*) anniversaire *m*
gedenken ❶ *herdenken* commémorer ❷ *niet vergeten* se souvenir de ★ *iem. in zijn testament ~* coucher qn sur son testament
gedenksteen pierre *v* commémorative
gedenkteken monument *m*, mémorial *m* [mv: mémoriaux]
gedenkwaardig mémorable
gedeprimeerd déprimé
gedeputeerde député *m* [v: députée]
gedesillusioneerd désillusionné
gedesoriënteerd désorienté ★ *~ raken* être désorienté
gedetailleerd **I** *bn* détaillé **II** *bw* en détail
gedetineerde détenu *m* [v: détenue]
gedicht poème *m*, ⟨kort⟩ poésie *v* ★ *een ~ voordragen* réciter un poème
gedichtenbundel recueil *m* de poésies
gedienstig **I** *bn* serviable, empressé, obligeant **II** *bw* avec empressement, obligeamment
gedijen ⟨van plant / dier⟩ bien pousser, ⟨van zaken⟩ prospérer
geding ❶ *rechtszaak* procès *m* ★ *een kort ~ aanspannen* engager une procédure en référé ★ *in kort ~ uitspraak doen* juger en référé ★ *kort ~* (procédure *v* en) référé *m* ❷ *geschil* ★ *in het ~ zijn* être en cause
gediplomeerd diplômé
gedisciplineerd discipliné
gedistilleerd **I** *bn* distillé **II** *het* spiritueux *m mv*
gedistingeerd distingué
gedoe ❶ *toestand* agissements *m mv*, manigances *v mv*, ⟨druk⟩ remue-ménage *m* ★ *wat een ~!* quelles histoires! ❷ *geregel* ★ *het is nog een heel ~ geweest* c'était toute une affaire / histoire
gedoemd → **doemen**
gedogen tolérer, souffrir
gedoken [volt. deelw.] → **duiken**
gedolven [volt. deelw.] → **delven**
gedomicilieerd BN domicilié ★ *~ te* domicilié à
gedonder ❶ *geluid* tonnerre *m* ❷ *gedoe* embêtements *m mv*, vulg emmerdement(s) *m (mv)* ★ *daar heb je het ~* voilà les histoires ★ *daar komt ~ van* ça va faire des étincelles, il y a de l'eau dans le gaz
gedongen [volt. deelw.] → **dingen**
gedoodverfd désigné à l'avance ★ *de ~e winnaar* le grand favori
gedoogbeleid politique *v* de tolérance
gedrag comportement *m*, conduite *v* ★ *van onbesproken ~* sans histoires ★ *agressief ~ vertonen* avoir / présenter un comportement agressif ★ *wegens goed ~* pour bonne conduite
gedragen **I** *bn* ❶ *plechtstatig* solennel [v: solennelle] ❷ *al eerder gebruikt* usagé **II** *bw, plechtig* solennellement **III** *wkd ww* [**zich** ~] se comporter, se conduire ★ *zich goed weten te ~* être bien élevé ★ *zich slecht ~* se conduire mal ★ *gedraag je!* un peu de tenue! **IV** *ww* [volt. deelw.] → **dragen**
gedragsgestoord (d'un comportement) déviant
gedragslijn ligne *v* de conduite
gedragspatroon type *m* de comportement
gedrang ❶ *het dringen* bousculade *v* ★ fig *in het ~ komen* être compromis ❷ *mensenmassa* foule *v*, cohue *v*
gedreven **I** *bn* passionné, fanatique ★ *een ~ wetenschapper* un savant passionné **II** *ww* [volt. deelw.] → **drijven**
gedrocht monstre *m*
gedrongen **I** *bn* ❶ *kort en breed* trapu, ramassé ❷ *summier* concis, serré ★ *~ stijl* un style serré **II** *ww* [volt. deelw.] → **dringen**
gedronken [volt. deelw.] → **drinken**

gedropen [volt. deelw.] → **druipen**

geducht **I** *bn* ❶ *gevreesd* redoutable ★ *een ~e tegenstander* un rude adversaire ❷ *flink* formidable ★ *een ~ pak slaag krijgen* prendre une bonne raclée **II** *bw* formidablement, ferme

geduld patience *v* ★ *~ hebben* patienter, user de patience ★ *zijn ~ verliezen* perdre patience, s'impatienter ★ *iemands ~ op de proef stellen* mettre la patience de qn à l'épreuve ★ *even ~ alstublieft* un instant s'il vous plaît ★ *een eindeloos ~* des trésors de patience ★ *mijn ~ is op* je suis à bout de patience

geduldig **I** *bn* patient **II** *bw* patiemment

gedurende pendant ★ *~ de oorlog* pendant la guerre ★ *~ zes dagen* pendant six jours

gedurfd **I** *bn* osé, audacieux [v: audacieuse] **II** *ww* [volt. deelw.] → **durven**

gedurig **I** *bn* ❶ *voortdurend* permanent ❷ *telkens weer* continuel [v: continuelle] **II** *bw, voortdurend* continuellement, sans cesse, sans relâche

geduvel *gedoe* emmerdement(s) *m (mv)* ★ *daar begint het ~ weer!* et rebelote!

gedwee **I** *bn* docile ★ *~ als een lam* doux comme un agneau **II** *bw* docilement

gedwongen **I** *bn* ❶ *verplicht* forcé, contraint ★ *~ huwelijk* mariage *m* forcé ★ *~ verkoop* vente *v* forcée / judiciaire ❷ *gekunsteld* forcé, affecté ★ *een ~ glimlach* un sourire forcé **II** *ww* [volt. deelw.] → **dwingen**

geef ▾ *dat is te geef* c'est donné

geëigend approprié (**voor** à), adéquat

geel **I** *bn* jaune ★ *geel maken / worden* jaunir **II** *het* ❶ *kleur* jaune *m* ❷ *eigeel* jaune *m*

geelkoper laiton *m*

geeltje *plakkend geel papiertje* post-it® *m* [onver.]

geelzucht jaunisse *v*

geëmancipeerd émancipé, libéré

geëmotioneerd **I** *bn* ému **II** *bw* avec émotion

geen ne ... pas de, ne ... pas un ★ *ik heb geen brood* je n'ai pas de pain ★ *zij heeft geen bloemen meer* elle n'a plus de fleurs ★ *ik heb er geen* je n'en ai pas ★ *nog geen vijf minuten* même pas cinq minutes ★ *op geen enkele wijze* en aucune façon ★ *geen van allen* aucun d'entre eux ★ *geen van beiden* ni l'un ni l'autre, aucun des deux ★ *het is geen gemakkelijke zaak* ce n'est pas chose facile ★ *geen enkele keer* aucune fois ★ *nog geen tien* même pas dix

geëngageerd *betrokken* engagé

geenszins nullement, aucunement ★ *ik ben ~ tevreden* je ne suis pas content du tout

geest ❶ *onstoffelijk wezen* esprit *m*, ⟨spook⟩ revenant *m*, spectre *m* ★ *boze ~en* des démons ★ *de Heilige Geest* le Saint-Esprit ★ *je ziet er uit als een ~* tu as l'air d'un fantôme ❷ *ziel* âme *v* ★ *de ~ geven* rendre l'âme ❸ *vermogen om te denken, voelen, willen* esprit *m*, ⟨verstand⟩ intelligence *v* ★ *zich iets voor de ~ halen / roepen* évoquer qc ★ *het staat me voor de ~* je l'ai à l'esprit ★ *de ~ krijgen* être inspiré ★ *de ~ is gewillig, maar het vlees is zwak* l'esprit est prompt, la chair est faible ★ *hoe groter ~, hoe groter beest* grand esprit, grand appétit ❹ *denker* ★ *een grote ~* un grand esprit / cerveau ❺ *denkwijze, sfeer* esprit *m* ★ *de ~ van de wet* l'esprit de la loi ★ *in de ~ van* ⟨bedoeling⟩ dans l'esprit de, ⟨trant⟩ à la manière de, dans la lignée de, inspiré de ★ *in de ~ van het verdrag* dans l'esprit de l'accord ★ *die roman ademt een moderne ~* ce roman respire un air moderne

geestdodend abrutissant

geestdrift enthousiasme *m*, ardeur *v* ★ *in ~ raken* s'enthousiasmer ★ *tot ~ brengen* enthousiasmer

geestdriftig **I** *bn* enthousiaste **II** *bw* avec enthousiasme

geestelijk **I** *bn* ❶ *mentaal* intellectuel [v: intellectuelle], moral [m mv: moraux] mental [m mv: mentaux] ★ *~e gezondheid* santé *v* mentale ❷ *godsdienstig* religieux [v: religieuse], spirituel [v: spirituelle] ★ *~e gezangen* des cantiques *m mv* (spirituels) ★ *~ leven* vie *v* spirituelle ★ *een ~ leider* un guide spirituel ❸ *kerkelijk* religieux [v: religieuse] ★ *intreden in de ~e stand* entrer dans les ordres **II** *bw* ❶ *mentaal* intellectuellement ★ *~ gehandicapt* handicapé mental ★ *een ~ gestoorde* un déséquilibré, un malade mental ❷ *godsdienstig* spirituellement

geestelijke ecclésiastique *m*, prêtre *m*, ⟨protestants⟩ pasteur *m* ★ *de ~n* le clergé

geestelijkheid clergé *m*

geestesgesteldheid ❶ *stemming* état *m* d'esprit ❷ *wijze van denken* mentalité *v*

geesteskind œuvre *v*, conception *v*

geestesoog ★ *iets aan zijn ~ zien voorbijtrekken* faire défiler qc dans l'esprit

geestesproduct œuvre *v*, conception *v*

geesteswetenschappen sciences *v mv* humaines

geestesziek atteint de troubles mentaux

geestesziekte maladie *v* mentale

geestgrond ≈ lande *v* sablonneuse

geestig **I** *bn, grappig* spirituel [v: spirituelle], plein d'esprit, drôle ★ *een ~e inval* un trait d'esprit ★ *een ~ man* un homme d'esprit ★ *~ zijn / doen* avoir / faire de l'esprit **II** *bw* spirituellement

geestigheid ❶ *het geestig zijn* esprit *m* ❷ *geestige opmerking* plaisanterie *v*, bon mot *m*

geestkracht (force *v* de) caractère *m*, volonté *v*

geestrijk ❶ *geestig* spirituel [v: spirituelle] ❷ *alcoholrijk* spiritueux [v: spiritueuse]

geestverruimend psychédélique ★ *~e middelen* des drogues *v mv* psychédéliques

geestverschijning vision *v*, apparition *v*

geestverwant **I** *de* partisan *m* (de la même doctrine), proche *m/v*, pol ami *m* politique, rel coreligionnaire *m/v* **II** *bn* apparenté, proche

geestverwantschap affinité *v* d'esprit, affinité *v* intellectuelle

geeuw bâillement *m*

geeuwen bâiller

geeuwhonger fringale *v*, faim *v* de loup

gefeliciteerd mes félicitations ★ *hartelijk ~* toutes mes félicitations ★ *~ met je verjaardag* bon anniversaire

gefingeerd fictif [v: fictive]

gefixeerd fixe ★ *~ zijn op* ne penser qu'à

geflatteerd flatteur [v: flatteuse]

geflikflooi ❶ *het vleien* flagorneries *v mv* ❷ *het vrijen* pelotage *m*

gefloten [volt. deelw.] → **fluiten**

geforceerd **I** *bn* ❶ *ingespannen* forcé

ge

❷ *gekunsteld* forcé, affecté ★ *een ~e vergelijking* une comparaison tirée par les cheveux ★ *een ~ lachje* un rire forcé / pincé **II** *bw* d'une manière forcée
gefortuneerd fortuné, aisé, riche
gefrustreerd I *bn* frustré ★ *~e idealen* des idéaux contrariés **II** *bw* de manière frustrée
gefundeerd fondé ★ *goed ~* bien assis / fondé
gegaan [volt. deelw.] → **gaan**
gegadigde *belangstellende* intéressé *m* [v: intéressée], amateur *m*, preneur *m* [v: preneuse]
gegarandeerd I *bn* garanti ★ *~e kwaliteit* qualité *v* garantie **II** *bw* sûrement ★ *ik kom ~* je viendrai, c'est sûr et certain

gegeerd BN *in trek* demandé, recherché
gegeten [volt. deelw.] → **eten**
gegeven I *het* ❶ *feit, geval* donnée *v* ★ *het ~ dat hij het slachtoffer kende ...* le fait qu'il a connu la victime ... ★ *nadere ~s* précisions *v mv* ★ *persoonlijke ~s* identité *v*, coordonnées *v mv* ★ *de technische ~s* la fiche technique ❷ *onderwerp* thème *m* ❸ wisk donnée *v* ★ *twee ~s en een onbekende* deux données et une inconnue **II** *bn, bepaald* donné ★ *op een ~ ogenblik* à un moment donné ★ *in de ~ omstandigheden* étant donné les circonstances ★ *~ een gelijkbenige driehoek* soit un triangle isocèle **III** *ww* [volt. deelw.] → **geven**
gegevensbank banque *v* / base *v* de données
gegevensinvoer entrée *v* de données
gegijzelde otage *m*
gegleden [volt. deelw.] → **glijden**
geglommen [volt. deelw.] → **glimmen**
gegoed aisé ★ *een ~e familie* une famille aisée ★ *~e burgerij* grande bourgeoisie
gegolden [volt. deelw.] → **gelden**
gegoten [volt. deelw.] → **gieten**
gegraven [volt. deelw.] → **graven**
gegrepen [volt. deelw.] → **grijpen**
gegroefd rayé ★ *een ~ gezicht* un visage sillonné de rides
gegrond fondé, juste, légitime ★ *een ~ bezwaar* une objection légitime ★ *om ~e redenen* pour cause, non sans raison
gehaaid roublard, futé, roué
gehaast I *bn* pressé **II** *bw* à la hâte
gehaat haï, détesté
gehad [volt. deelw.] → **hebben**
gehakt viande *v* hachée ★ *~ van iem. maken* ne faire qu'une bouchée de qn
gehaktbal boulette *v* de viande hachée
gehaktmolen hache-viande *m* [mv: id.]
gehalte ❶ *hoeveelheid* ⟨v. mengsel⟩ titre *m*, ⟨percentage⟩ teneur *v* (**aan** en) ❷ *kwaliteit* valeur *v*, mérite *m*
gehandicapt med handicapé ★ *geestelijk ~*, BN *mentaal ~* handicapé mental ★ *lichamelijk ~* handicapé physique
gehandicapte med handicapé *m* [v: handicapée] ★ *geestelijk ~*, BN *mentaal ~* handicapé mental ★ *lichamelijk ~* handicapé physique
gehandicaptenzorg protection *v* des handicapés
gehangen [volt. deelw.] → **hangen**
gehannes *geknoei* bricolage *m*
gehard endurci, ⟨m.b.t. staal⟩ trempé ★ *~ tegen de kou* aguerri au froid
geharrewar chamailleries *v mv*
gehavend endommagé, abîmé ★ *deerlijk ~* en piteux état, rudement amoché
gehecht ~ aan attaché à
geheel I *het* tout *m*, ensemble *m*, ⟨totaal⟩ totalité *v* ★ *de studiegids was een onoverzichtelijk ~* le livre de l'étudiant était peu clair dans son ensemble ★ *in het ~* au total ★ *in zijn ~* dans son ensemble, intégralement ★ *in het ~ niet* pas du tout, nullement ★ *een ~ vormen* former un tout ★ *over het ~ genomen* dans l'ensemble **II** *bn* tout, complet [v: complète], entier [v: entière] ★ *het gehele land* tout le pays ★ *de gehele wereld* le monde entier ★ *een ~ getal* un (nombre) entier **III** *bw* tout (à fait), complètement, entièrement ★ *~ en al* tout à fait
geheelonthouder abstinent *m* [v: abstinente]
geheelonthouding abstinence *v*
geheid I *bn* certain **II** *bw* à coup sûr, absolument ★ *dat gaat ~ fout* ça va mal tourner, c'est sûr et certain
geheim I *het* secret *m*, ⟨mysterie⟩ mystère *m* ★ *een ~ bewaren* garder un secret ★ *in het ~* en secret, secrètement ★ *er geen ~ van maken* ne pas s'en cacher ★ *publiek ~* secret de Polichinelle ★ *het ~ van de smid* la recette (du chef), le truc ★ *in het diepste ~* dans le plus grand secret **II** *bn, verborgen* caché, secret [v: secrète] ★ *de ~e dienst* le service secret ★ *~ telefoonnummer* numéro *m* confidentiel, numéro qui figure sur la liste rouge ★ *een ~ agent* un agent secret ★ *op een ~e plaats* dans un lieu tenu secret
geheimhouden ❶ *stilhouden* tenir secret ❷ *verbergen* cacher
geheimhouding secret *m* ★ *onder ~* sous le sceau du secret ★ *onder de striktste ~* avec la plus grande discrétion
geheimhoudingsplicht secret *m* imposé
geheimschrift code *m* (secret), écriture *v* chiffrée, cryptographie *v*
geheimtaal langage *m* chiffré
geheimzinnig I *bn* mystérieux [v: mystérieuse] **II** *bw* mystérieusement ★ *(erg) ~ doen over iets* faire (grand) mystère de qc
geheimzinnigheid ❶ *raadselachtigheid* mystère *m* ❷ *stiekem gedrag* cachotteries *v mv*
gehemelte palais *m* ★ *het zachte ~* le palais mou, le voile du palais
gehesen [volt. deelw.] → **hijsen**
geheten [volt. deelw.] → **heten**
geheugen ❶ psych mémoire *v* ★ *zich iets in het ~ prenten* graver qc dans sa mémoire ★ *het ligt me nog vers in het ~* c'est tout frais dans ma mémoire ★ *iemands ~ opfrissen* rafraîchir la mémoire de qn ★ *een ~ als een zeef* une mémoire comme une passoire ★ *in het ~ gegrift staan* être gravé dans la mémoire ★ *in het ~ houden* garder dans sa mémoire ★ *een ~ als van een olifant* une mémoire d'éléphant ★ *als mijn ~ mij niet bedriegt* si j'ai bonne mémoire ❷ comp mémoire *v* ★ *in het ~ opslaan* mémoriser
geheugenkaart comp carte *v* (à) mémoire
geheugensteuntje pense-bête *m* [mv: pense-bêtes], mémento *m*

geheugenverlies amnésie *v*, perte(s) *v (mv)* de mémoire
geheven [volt. deelw.] → **heffen**
gehoefd [volt. deelw.] → **hoeven**
gehoeven [volt. deelw.] → **hoeven**
geholpen [volt. deelw.] → **helpen**
gehoor ❶ *het horen* audition *v* ★ *op het ~ spelen* jouer d'oreille ★ *ten gehore brengen* exécuter ★ *ik krijg geen ~* ça ne répond pas ★ *bij geen ~* en cas d'absence ❷ *geluid* son *m* ★ *dat is geen ~!* ça m'écorche les oreilles!, c'est inécoutable! ❸ *zintuig* ouïe *v* ★ *absoluut ~* oreille *v* absolue ★ *een scherp ~ hebben* avoir l'ouïe fine ★ *een zuiver ~ hebben* avoir l'oreille musicale ★ *goed in het ~ liggen* être facile à retenir ❹ *aandacht* ★ *~ geven aan* écouter, prêter l'oreille à ★ *aan een verzoek ~ geven* donner suite à une demande ★ *~ vinden bij* se faire entendre par ❺ *toehoorders* auditoire *m*, auditeurs *m mv*, public *m* ★ *een aandachtig ~* un auditoire / public attentif
gehoorapparaat appareil *m* auditif, ‹achter het oor› contour *m* d'oreille
gehoorbeentje osselet *m* (de l'oreille), ossicule *m*
gehoorbeschadiging perte *v* d'audition
gehoorgang conduit *m* auditif
gehoorgestoord malentendant
gehoororgaan organe *m* auditif
gehoorsafstand ★ *binnen ~* à portée de voix
gehoorzaal auditorium *m*, salle *v* de concert / de conférences
gehoorzaam obéissant (**aan** avec), docile
gehoorzaamheid obéissance *v*, rel obédience *v*
gehoorzamen obéir (à) ★ *niet ~* désobéir
gehorig sonore ★ *het is hier erg ~* c'est très mal insonorisé ici
gehouden I *bn* tenu (**te** de; **tot** à), obligé (**te** de) **II** *ww* [volt. deelw.] → **houden**
gehouwen [volt. deelw.] → **houwen**
gehucht hameau *m* [mv: hameaux]
gehumeurd ★ *goed / slecht ~ zijn* être de bonne / mauvaise humeur
gehuwd marié ★ *~e staat* état *m* conjugal
geigerteller compteur *m* Geiger
geijkt ❶ *voorzien van ijkmerk* étalonné ❷ *gebruikelijk* d'usage ★ *een ~e term* un terme consacré, une expression toute faite
geil I *bn, wellustig* lubrique, inform chaud ★ *ik ben geil op die meid* cette fille me fait bander **II** *bw* lubriquement, lascivement
geilen ~ **op**, ★ *daar geil ik op* ça me fait bander
geïllustreerd illustré
gein rigolade *v* ★ *voor de gein* pour rigoler ★ *gein hebben* rigoler, se marrer
geinig marrant, rigolo [v: rigolote]
geinponem petit rigolo *m* [v: petite rigolote]
geïnteresseerd ❶ *belangstellend* intéressé ★ *ik ben erin ~* ça m'intéresse ❷ *belanghebbend* intéressé
geintje blague *v* ★ *~s maken* faire des farces ★ *geen ~s!* pas d'histoires! ★ *~!* je rigole!
geiser ❶ *warme bron* geyser *m* ❷ *toestel* chauffe-eau *m* [mv: id.], ‹v. bad› chauffe-bain *m* [mv: chauffe-bains]
geisha geisha *v*
geit *dier* chèvre *v* ★ *geitje* chevrette ★ *de kool en de geit sparen* ménager la chèvre et le chou ★ fig *vooruit met de geit!* en route (mauvaise troupe)!
geiten ricaner
geitenbok bouc *m*
geitenkaas culin fromage *m* de chèvre
geitenmelk lait *m* de chèvre
gejaagd I *bn* agité ★ *~ leven* vie *v* agitée **II** *bw* avec agitation ★ *~ ademhalen* avoir la respiration haletante
gejammer gémissements *m mv*
gejuich acclamations *v mv*, hourra *m* ★ *in ~ uitbarsten* pousser des cris de joie
gek I *de* fou *m* [v: folle] ★ *welke gek doet nou zoiets?* faut être malade pour faire une chose pareille ★ *iem. voor de gek houden* se moquer de qn, inform se payer la tête de qn ★ *iem. voor gek zetten* ridiculiser qn ★ *de gek uithangen* faire le fou ★ *voor gek staan* avoir l'air d'un imbécile ★ *rennen als een gek* courir comme un fou **II** *bn* ❶ *krankzinnig* fou [v: folle] [vóór klinker of stomme h: fol], dément ★ *ben je gek?* t'es fou (ou quoi)?, ça va pas (la tête)? ★ *het is om gek van te worden* c'est affolant ★ *ik word er gek van* ça me rend fou ★ *ik ben me daar gek!* je ne suis pas fou! ★ *dat is lang niet gek* c'est pas mal du tout ★ *(dat is) te gek!* (c'est) le pied!, super!, terrible! ★ *niet gek* pas mal ★ *dat wordt me te gek* trop c'est trop ★ *dat is te gek om los te lopen* c'est trop bête, c'est insensé, inform c'est dingue ❷ *zonderling, raar* bizarre, drôle ★ *beloof me dat jullie geen gekke dingen gaan doen* promettez-moi de ne pas faire de bêtises ★ *een gekke gedachte* une drôle d'idée ❸ ~ **op** *verzot op* fou de ★ *hij is gek op zijn vrouw* il aime sa femme à la folie ★ *zij is gek op chocola* elle raffole du chocolat, elle adore le chocolat **III** *bw* ❶ *bespottelijk* comme un fou ★ *gek doen* faire le fou, inform déconner ★ *doe niet zo gek!* ne fais pas l'idiot / l'imbécile! ❷ *raar* ★ *het klinkt misschien gek, maar...* ça a l'air bizarre, mais ... ★ *lang niet gek gedaan* pas mal du tout ❸ *erg* ★ *niet gek duur* même pas si cher
gekant ▼ *~ zijn tegen iets* s'opposer à qc, être hostile à qc
gekeken [volt. deelw.] → **kijken**
gekend BN *bekend, vertrouwd* connu
gekerfd [volt. deelw.] → **kerven**
gekeven [volt. deelw.] → **kijven**
gekheid ❶ *dwaasheid* folie *v*, sottise *v* ❷ *grapje* plaisanterie *v*, raillerie *v* ★ *~ maken* plaisanter ★ *uit ~* pour rire ★ *zonder ~* sans blague, sérieusement ★ *alle ~ op een stokje* blague à part, trêve de plaisanteries
gekkekoeienziekte maladie *v* de la vache folle
gekkenhuis ❶ *psychiatrische inrichting* asile *m* ❷ fig *drukte* maison *v* de fous
gekkenwerk folie *v* ★ *dat is ~!* c'est de la folie!
gekleed ❶ *met kleren aan* habillé ★ *netjes ~* bien mis ❷ *keurig* habillé ★ *een geklede japon* une robe habillée ★ *het staat ~* ça fait habillé
geklets *gebabbel* bavardage *m* ★ *~ in de ruimte* balivernes *v mv*
gekleurd ❶ *met bepaalde kleur* coloré, de couleur ★ *~ glas* du verre coloré ❷ *niet neutraal* tendancieux [v: tendancieuse] ★ fig *alles door een ~e bril zien* avoir des idées toutes faites ★ fig *er ~ op staan* faire piètre figure

ge

gekliefd [volt. deelw.] → **klieven**

geklommen [volt. deelw.] → **klimmen**

geklonken [volt. deelw.] → **klinken**

gekloven I *ww* [volt. deelw.] → **kluiven II** *ww* BN, [volt. deelw.] → **klieven**

geknepen [volt. deelw.] → **knijpen**

geknipt ▾ *~ zijn voor...* être fait / taillé pour... ▾ *zij zijn ~ voor elkaar* c'est un couple bien assorti

geknoei ❶ *gepruts* bousillage *m*, gâchis *m* ❷ *bedrog* magouille *v* ❸ *het gemors* barbouillage *m*

gekocht [volt. deelw.] → **kopen**

gekomen [volt. deelw.] → **komen**

gekonkel intrigues *v mv*, machination(s) *v (mv)*, manigance *v*

gekorven [volt. deelw.] → **kerven**

gekostumeerd costumé ★ *een ~ bal* un bal costumé

gekozen [volt. deelw.] → **kiezen**

gekrakeel chamaillerie *v*

gekregen [volt. deelw.] → **krijgen**

gekrompen [volt. deelw.] → **krimpen**

gekropen [volt. deelw.] → **kruipen**

gekruid ❶ *met kruiden* assaisonné ❷ *pikant* relevé ★ *~ verhaal* une histoire corsée

gekscheren plaisanter, badiner ★ *~d iets zeggen* dire qc en plaisantant

gekte folie *v*

gekunsteld I *bn* affecté, artificiel [v: artificielle], feint, forcé **II** *bw* artificiellement, d'une façon affectée / maniérée

gekwalificeerd ❶ *gerechtigd* qualifié ★ *een ~ advocaat* un avocat qualifié ❷ *bekwaam* qualifié ★ *een ~ timmerman* un menuisier qualifié

gekweten [volt. deelw.] → **kwijten**

gel I *het, geleiachtige stof* gel *m* **II** *de, brillantine* gel *m*

gelaagd *in lagen* stratifié, ‹dun› feuilleté, ‹v. hout› contreplaqué

gelaarsd → **kat**

gelaat visage *m*, figure *v*

gelaatskleur teint *m* ★ *met een donkere / lichte ~* d'un teint foncé / clair

gelaatstrekken traits *m mv* ★ *scherpe / zachte ~* des traits accentués / doux

gelaatsuitdrukking physionomie *v*, expression *v*, mine *v*

gelach rires *m mv*, éclats *m mv* de rire ★ *bulderend ~* des éclats *m mv* de rire

gelachen [volt. deelw.] → **lachen**

geladen I *bn* ❶ *voorzien van lading* chargé ❷ *gespannen* fig tendu, ‹nijdig› remonté, ‹vol elan› gonflé à bloc ★ *een ~ sfeer* une ambiance tendue / lourde **II** *ww* [volt. deelw.] → **laden**

gelag ▾ *het is een hard ~* c'est dur (à avaler) ▾ *het ~ betalen* en faire les frais, trinquer

gelagkamer salle *v* (de café)

gelasten ordonner ★ *iem. ~ iets te doen* ordonner à qn de faire qc

gelaten I *bn, berustend* résigné **II** *bw, berustend* avec résignation **III** *ww* [volt. deelw.] → **laten**

gelatenheid *berusting* résignation *v*

gelatine gélatine *v*

gelazer emmerdement(s) *m (mv)*

geld argent *m*, ‹muntgeld› monnaie *v*, inform fric *m* ★ *heb jij geld bij je?* tu as de l'argent sur toi? ★ *buitenlands geld* devises *v mv* ★ *contant geld* du liquide ★ *eigen geld* des fonds *m mv* propres ★ *los geld* (menue) monnaie *v* ★ *oud geld* une ancienne fortune, fig les anciennes fortunes ★ *zwart geld* de l'argent noir, argent sale ★ *voor half geld* à demi-tarif ★ *te gelde maken* monnayer, réaliser ★ *zonder geld zitten* être sans argent, inform être en panne d'argent ★ *dat is geen geld* c'est donné ★ *je geld of je leven!* la bourse ou la vie! ★ *dat brengt geld in het laatje* ça rapporte (des sous) ★ *daar heb ik geen geld voor* je n'ai pas les moyens ★ *op zijn geld zitten* être près de ses sous ★ *voor hetzelfde geld* (tout) aussi bien ★ *voor geld is alles te koop* l'argent fait tout ★ *voor geen geld (ter wereld)* pour rien au monde ★ *geld als water verdienen*, BN *geld als slijk verdienen* gagner des mille et des cents ★ *het geld groeit me niet op de rug* je ne roule pas sur l'or ★ *geld over de balk smijten* jeter l'argent par les fenêtres ★ *geld maakt niet gelukkig* l'argent ne fait pas le bonheur ★ *geld stinkt niet* l'argent n'a pas d'odeur ★ *geld zoekt geld* l'eau va toujours à la rivière

geldautomaat *automaat om geld op te nemen* distributeur *m* automatique de billets, DAB *m*, point *m* (d')argent

geldbelegging placement *m*, investissement *m*

geldboete amende *v*, peine *v* pécuniaire

geldcirculatie circulation *v* de l'argent

geldelijk I *bn* pécuniaire, financier [v: financière] ★ *~ voordeel* avantage *m* financier, bénéfice *m* **II** *bw* financièrement

gelden ❶ *van kracht / geldig zijn* être en vigueur ★ *die regel geldt hier niet* cette règle n'est pas en vigueur ici ★ *dat geldt niet* cela ne compte pas ★ *dat geldt ook voor jou* il en est / va de même pour toi ★ *dat geldt voor iedereen* cela vaut pour tout le monde, cela s'applique à tout le monde ★ *zich doen ~* se faire valoir, s'affirmer ★ *zijn recht laten ~* faire valoir son droit ❷ *~* **als** *beschouwd worden als* être considéré comme, passer pour ★ *dat geldt als gevaarlijk* c'est considéré comme dangereux

Gelderland la Gueldre

Gelders gueldrois

geldgebrek manque *m* d'argent

geldig valable, légitime, ‹reglementair› régulier [v: régulière] ★ *~e redenen* des raisons valables ★ *~ verklaren* valider

geldigheid validité *v*

geldigheidsduur durée *v* de validité

geldingsdrang besoin *m* de s'affirmer / s'imposer

geldkoers ❶ *rentestand* taux *m* de l'argent ❷ *wisselkoers* taux *m* de change

geldkraan ★ *de ~ dichtdraaien* fermer le robinet, fig couper les vivres

geldmarkt marché *m* monétaire

geldmiddelen fonds *m mv*, moyens *m mv*, ressources *v mv*

geldnood pénurie *v* d'argent ★ *in ~ zitten* manquer d'argent

geldomloop circulation *v* de l'argent

geldontwaarding inflation *v*, dépréciation *v*

geldschieter bailleur *m* de fonds

geldsom somme *v* d'argent

geldsoort monnaie *v*

geldstroom flux *m* monétaire

geldstuk pièce *v* (de monnaie)

geldtransport convoi *m* / transport *m* de fonds

geldverkeer circulation *v* de l'argent

geldverspilling gaspillage *m* d'argent

geldwezen finance *v*

geldwisselautomaat changeur *m* (de monnaie)

geldwolf grippe-sou *m* [mv: grippe-sou(s)]

geldzorgen soucis *m mv* financiers ★ *~ hebben* avoir des ennuis d'argent

geldzucht soif *v* de l'argent, avidité *v*

geleden I *bw* ★ *het is lang ~* il y a longtemps ★ *niet lang ~* il n'y a pas longtemps ★ *lang ~* il y a longtemps ★ *hoe lang ~?* il y a combien de temps? ★ *twee jaar ~* il y a deux ans, voici deux ans ★ *pas ~* il y a peu, récemment **II** *ww* [volt. deelw.] → **lijden**

gelederen → **gelid**

geleding ❶ *verbindingsplaats, gewricht* articulation *v*, jointure *v* **❷** *deel* partie *v* ★ *maatschappelijke ~en* couches *v mv* de la société ★ *in alle ~en* à tous les niveaux

geleed articulé

geleedpotig arthropode

geleerd I *bn, erudiet* savant, érudit, iron docte ★ *dat is mij te ~* cela me dépasse **II** *bw* savamment, iron doctement

geleerde savant *m*

geleerdheid savoir *m*, érudition *v*

gelegen I *bn* **❶** *liggend* situé ★ *gunstig ~* bien situé ★ *op het zuiden ~* orienté au sud ★ *als het zo ~ is* s'il en est ainsi **❷** *geschikt* opportun ★ *je komt juist ~* tu arrives à propos ★ *dat komt me ~* cela me convient / m'arrange, ça tombe bien ▼ *daar is mij veel aan ~* j'y tiens beaucoup ▼ *hij laat zich er weinig aan ~ liggen* il ne s'en soucie guère, il en fait peu de cas **II** *ww* [volt. deelw.] → **liggen**

gelegenheid ❶ *gebeurtenis* occasion *v*, circonstance *v* ★ *bij bijzondere gelegenheden* dans les grandes occasions ★ *ter ~ van* à l'occasion de ★ *voor de ~* pour marquer l'occasion **❷** *gunstige toestand* occasion *v*, opportunité *v* ★ *bij ~* ⟨soms, ooit⟩ à l'occasion, en temps et lieu ★ *bij de eerste ~* à la première occasion ★ *bij elke ~* chaque fois que l'occasion se présente, à tout propos ★ *gebruikmaken van de ~* profiter de l'occasion ★ *in de ~ stellen om* permettre de ★ *in de ~ zijn om* être en mesure de, avoir l'occasion de ★ *de ~ aangrijpen* profiter de l'occasion, saisir l'occasion, sauter sur l'occasion ★ *de ~ laten voorbijgaan* laisser passer l'occasion, inform rater le coche ★ *er is geen ~ om* il n'y a pas moyen de ★ fig *de ~ maakt de dief* l'occasion fait le larron ★ *op eigen ~* par ses propres moyens **❸** *eet- / slaapgelegenheid* endroit *m*, ⟨m.b.t. horeca⟩ restaurant *m*, café *m*

gelegenheidsdrinker buveur *m* occasionnel

gelegenheidskleding habits *m mv* de circonstance

gelei gelée *v*

geleide ❶ *het vergezellen* conduite *v* ★ *ten ~* avant-propos *m* **❷** *personen* escorte *v* ★ *onder ~* sous escorte ★ *zonder ~ geen toegang* pas d'accès sans accompagnement

geleidehond chien *m* d'aveugle

geleidelijk I *bn* graduel [v: graduelle], progressif [v: progressive] ★ *een ~e overgang* une transition graduelle **II** *bw* graduellement, progressivement, peu à peu, de fil en aiguille ★ *~ aan* peu à peu

geleiden ❶ *begeleiden* accompagner, escorter **❷** natk conduire, transmettre

geleider ❶ *begeleider* guide *m* **❷** natk (corps *m*) conducteur *m* ★ *koper is een goede ~* le cuivre est un bon conducteur

geleiding ❶ *het geleiden* guidage *m* **❷** natk conduction *v* ★ *elektrische ~* conduction électrique

geleken [volt. deelw.] → **lijken**

Gele Rivier fleuve *m* Jaune

geletterd lettré

geleuter bavardage *m*

Gele Zee mer *v* Jaune

gelezen [volt. deelw.] → **lezen**

gelid ❶ *gewricht* articulation *v*, jointure *v* **❷** *rij* rang *m* ★ *de gelederen sluiten* serrer les rangs ★ *in het ~ gaan staan* se ranger, se mettre en rang(s) ★ *in het voorste ~* au(x) premier(s) rang(s), en tête ★ *uit het ~ treden* sortir du rang ★ *in gesloten gelederen* en rangs serrés

geliefd ❶ *bemind* chéri, cher [v: chère] **❷** *favoriet* favori [v: favorite], préféré ★ *een ~ onderwerp* un sujet favori

geliefde ❶ *beminde* bien-aimé *m* [m mv: bien-aimés] [v: bien-aimée] **❷** *minnaar* amant *m*, ⟨minnares⟩ maîtresse *v*

geliefkoosd favori [v: favorite], préféré

gelieven vouloir, daigner ★ *gelieve* veuillez ★ *gelieve mij te volgen* veuillez me suivre

gelig jaunâtre

gelijk I *het* raison *v* ★ *iem. ~ geven* donner raison à qn ★ *zijn ~ halen* enfoncer le clou ★ *~ hebben* avoir raison ★ *je hebt groot ~* tu as parfaitement raison ★ *~ krijgen* obtenir gain de cause **II** *bn* **❶** *hetzelfde* égal (**aan** à) [m mv: égaux], pareil (**aan** à) [v: pareille], ⟨soortgelijk⟩ semblable (**aan** à), ⟨identiek⟩ identique (**aan** à), (le / la) même ★ *~ zijn aan* être égal à, valoir, wisk égaler ★ *het is mij ~* cela m'est égal ★ *in ~e porties verdelen* partager en portions égales ★ *van ~e leeftijd* du même âge ★ *veertig ~* sport quarante partout ★ *de klok staat ~* l'horloge est à l'heure **❷** *vlak* égal [m mv: égaux] ⟨effen⟩ uniforme, uni ★ *de grond is niet ~* le sol / terrain n'est pas égal ★ *met de grond ~maken* ⟨verwoesten⟩ raser **III** *bw* **❶** *hetzelfde* pareillement, de la même façon **❷** *meteen* tout de suite, immédiatement ★ *ze kwam te laat en werd ~ de klas uitgestuurd* elle est arrivée en retard en cours et tout de suite elle été expulsée **❸** *tegelijkertijd* en même temps **❹** *gelijkelijk* également ★ *~ op gaan met* aller de pair avec ★ *~ delen* partager à parts égales / équitablement

gelijkaardig BN similaire, semblable

gelijkbenig wisk isocèle

gelijkberechtiging jur égalité *v* (de droits)

gelijke égal *m* [m mv: égaux] [v: égale], pareil *m* [v: pareille], ⟨naaste⟩ semblable *m/v* ★ *het heeft zijns ~ niet* il n'a pas son égal ★ *als ~ behandelen* traiter d'égal à égal ★ *zich de ~ wanen van* se croire l'émule de

gelijkelijk pareillement, également

gelijken ressembler (**op** à) ★ *een goed ~d portret* un portrait ressemblant
gelijkenis ❶ *overeenkomst* ressemblance *v*, similitude *v*, rel image *v* ★ *een sprekende ~* une ressemblance frappante ❷ *parabel* parabole *v*
gelijkgerechtigd jur jouissant des mêmes droits
gelijkgericht convergent
gelijkgestemd de mêmes opinions ★ *~ zijn* être du même bord ★ *~en* des âmes *v mv* sœurs
gelijkgezind sympathisant, du même bord
gelijkheid égalité *v* ★ *op voet van ~* sur un pied d'égalité
gelijklopen ❶ *de juiste tijd aanwijzen* être à l'heure ★ *het horloge loopt gelijk* la montre est à l'heure / est juste ❷ *evenwijdig zijn* être parallèle (**met** à) ★ *~de lijnen* des lignes *v mv* parallèles
gelijkluidend ❶ *hetzelfde klinkend* ⟨v. woorden⟩ homonyme ❷ *overeenstemmend* concordant, ⟨conform⟩ conforme ★ *voor ~ afschrift* pour copie conforme
gelijkmaken ❶ *egaliseren* égaliser, niveler ❷ sport égaliser
gelijkmaker but *m* égalisateur
gelijkmatig I *bn* égal [m mv: égaux] régulier [v: régulière] ★ *een ~e beweging* un mouvement uniforme ★ *een ~ karakter* un caractère égal / serein **II** *bw* uniformément
gelijkmoedig I *bn* d'humeur égale, serein, placide **II** *bw* avec sérénité
gelijknamig de même nom, wisk de même dénominateur
gelijkschakelen ❶ techn connecter à un même circuit électrique ★ *beeld en geluid ~* synchroniser les images et le son ❷ *op dezelfde wijze behandelen* niveler, aligner ❸ *monddood maken* mettre au pas, soumettre, museler
gelijksoortig similaire, semblable, analogue
gelijkspel match *m* nul ★ *1-1 ~* match nul 1 à 1
gelijkspelen faire match nul
gelijkstaan ❶ *overeenkomen met* être égal (à), équivaloir (à) ❷ *evenveel punten hebben* être à égalité
gelijkstellen assimiler (**met** à), mettre sur le même plan (**met** que) ★ *zich ~ met* se mettre au niveau de
gelijkstroom courant *m* continu
gelijktijdig I *bn* simultané **II** *bw* simultanément, en même temps (**met** que)
gelijktrekken ❶ *op gelijk niveau brengen* rajuster ★ *salarissen ~* rajuster / niveler les salaires ❷ *recht trekken* rajuster ★ *een rok ~* rajuster une jupe
gelijkvloers I *bn, op dezelfde verdieping* au rez-de-chaussée, de plain-pied, ⟨v. kruising⟩ à niveau **II** *het,* BN *benedenverdieping* rez-de-chaussée *m* [mv: id.]
gelijkvormig *van gelijke vorm* uniforme, wisk semblable
gelijkwaardig équivalent (**aan** à), de même valeur, wisk équipollent ★ *~ tegenstander* un adversaire à sa taille
gelijkzetten régler (**met** sur) ★ *zijn horloge ~* régler sa montre
gelijkzijdig équilatéral [m mv: équilatéraux]
gelikt léché
gelinieerd ligné
geloei ❶ *geluid van runderen* mugissement *m*, beuglement *m* ❷ *gierend, huilend geluid* hurlement *m*
gelofte vœu *m* [mv: vœux] ★ *de ~ doen om* faire vœu de
gelogen [volt. deelw.] → **liegen**
geloof ❶ *overtuiging* foi *v*, croyance *v* (**aan** à, **in** en) ★ *~ aan iets hechten* ajouter foi à qc, accorder crédit à qc ★ *zijn ~ in iem. verliezen* ne plus croire en qn ❷ *vertrouwen* foi *v* ★ *op goed ~* de confiance ★ *geen ~ vinden* ne pas être cru ❸ rel religion *v*, confession *v* ★ *het ~ in God* la croyance en Dieu ★ *van zijn ~ afvallen* apostasier ★ *zijn ~ verliezen* perdre la foi
geloofsartikel article *m* de foi
geloofsbelijdenis confession *v* / profession *v* (de foi)
geloofsbrief lettre *v* de créance ★ *zijn geloofsbrieven aanbieden* présenter ses lettres de créance
geloofsleer doctrine *v*, dogmatique *v*
geloofsovertuiging conviction *v* religieuse
geloofsvrijheid liberté *v* de conscience / de culte
geloofwaardig crédible, digne de foi
geloofwaardigheid crédibilité *v*
gelopen [volt. deelw.] → **lopen**
geloven I *ov ww* ❶ *vertrouwen, voor waar houden* croire ★ *ik geloof hem op zijn woord* je le crois sur parole ★ *het is niet te ~!* c'est incroyable!, on croit rêver! ★ *als men hem ~ mag* à l'en croire ★ *zijn ogen niet kunnen ~* ne pas en croire ses yeux ★ *ik geloof er niks van* je n'en crois pas un mot ★ *geloof dat maar niet!* détrompe-toi! ★ *dat geloof ik graag* je veux bien le croire ★ *ik geloof het (verder) wel!* j'en reste là!, je m'en lasse!, laisse tomber! ❷ *menen* penser, croire ★ *ik geloof van wel* je crois que oui **II** *onov ww* ❶ *gelovig zijn* être croyant ★ *sinds mijn vijftiende geloof ik niet meer* à quinze ans, j'ai perdu la foi ❷ *~* **in** croire en / à ★ *ik geloof er niet in* je n'y crois pas ★ *in God ~* croire en Dieu ❸ *~* **aan** ★ *hij zal eraan moeten ~* il devra y passer
gelovig croyant ★ *de ~en* les croyants, les fidèles ★ *~ zijn* avoir la foi
geluid son *m*, bruit *m*, ⟨klank⟩ sonorité *v* ★ *~ geven* émettre un son ★ *sneller dan het ~* supersonique ★ *vreemde ~en* des bruits bizarres ★ fig *dat is een heel ander ~* voilà un tout autre son de cloche
geluiddemper silencieux *m*
geluiddicht insonorisé, ⟨dempend⟩ insonore ★ *~ maken* insonoriser
geluidloos silencieux [v: silencieuse], muet [v: muette]
geluidsband bande *v* sonore
geluidsbarrière mur *m* du son
geluidseffect effet *m* sonore ★ *~en* bruitage *m*
geluidsgolf onde *v* sonore
geluidshinder nuisance *v* / gêne *v* sonore
geluidsinstallatie sono(risation) *v*, ⟨afspeelapparatuur⟩ chaîne *v* (stéréo / hi-fi), platine *v*
geluidsisolatie insonorisation *v*
geluidskaart comp carte *v* son
geluidsmuur BN mur *m* du son

geluidsoverlast nuisance *v* sonore
geluidssnelheid vitesse *v* du son
geluidswagen voiture-radio *v* [mv: voitures-radios]
geluidswal mur *m* antibruit [mv: murs ...]
geluidwerend antibruit
geluimd ★ *goed* ~ de bonne humeur
geluk ❶ *gunstig toeval, omstandigheid* chance *v*, ⟨gelukje⟩ aubaine *v* ★ *zijn* ~ *beproeven* tenter sa fortune / sa chance ★ ~ *brengen* porter bonheur ★ ~ *hebben* avoir de la chance ★ *het was stom* ~ c'était un coup de chance ★ *het* ~ *is met de dommen* aux innocents les mains pleines ★ *dat is een* ~ *bij een on*~ ça fait passer la pilule ★ *meer* ~ *dan wijsheid* plus de chance que de mérite ★ *op goed* ~ au hasard, au petit bonheur ★ *hij mag van* ~ *spreken* il peut s'estimer heureux ❷ *blijheid* bonheur *m* ★ *veel* ~*!* bonne chance! ★ *zijn* ~ *niet op kunnen* être comblé, être au comble du bonheur ★ *voor het* ~ *geboren zijn* être né coiffé
gelukkig I *bn* ❶ *intens tevreden* heureux [v: heureuse] ★ *dan ben je nog niet* ~ tu ne vas pas être à la fête ❷ *fortuinlijk* heureux [v: heureuse] ★ *zich* ~ *prijzen* se féliciter ★ ~ *in het spel, on*~ *in de liefde* heureux au jeu, malheureux en amour ❸ *gunstig* heureux [v: heureuse] ★ *een* ~ *toeval* un coup de chance **II** *bw* ❶ *tot vreugde van* heureusement ★ ~ *niet* inform heureusement que non ❷ *op gelukkige wijze* ★ ~ *leven* vivre une vie heureuse
geluksdag jour *m* faste / de chance
geluksgetal chiffre *m* porte-bonheur
geluksgevoel sentiment *m* de bonheur
gelukstreffer coup *m* de chance
geluksvogel veinard *m* [v: veinarde], chançard *m* [v: chançarde]
gelukwens vœux *m mv*, félicitations *v mv*
gelukwensen féliciter (**met** de), complimenter (**met** sur, pour) ★ *iem.* ~ *met* féliciter qn de ★ *iem.* ~ *met zijn verjaardag* souhaiter un bon anniversaire à qn ★ *gelukgewenst!* (toutes) mes félicitations!
gelukzalig bienheureux [v: bienheureuse]
gelukzoeker aventurier *m* [v: aventurière]
gelul conneries *v mv*
gemaakt I *bn* artificiel [v: artificielle], affecté ★ ~ *lachje* sourire forcé / préfabriqué **II** *bw, gekunsteld* artificiellement, d'une façon affectée / maniérée
gemaal I *de, echtgenoot* époux *m* **II** *het, pomp* pompe *v* d'épuisement
gemaald [volt. deelw.] → **malen**
gemachtigde fondé *m* de pouvoir, mandataire *m/v*
gemak ❶ *moeiteloosheid* aisance *v* ★ *met* ~ facilement, sans peine ★ *met het grootste* ~ haut la main ❷ *kalmte* aise *v* ★ *op zijn* ~ *zijn* être à l'aise ★ *niet op zijn* ~ *zijn* être mal à l'aise ★ *iem. op zijn* ~ *stellen* mettre qn à son aise ★ *op zijn (dooie)* ~ doucement, plan-plan, à l'aise ★ BN *op zijn duizenden* ~*jes* tout plan-plan, à la papa ★ *houd je* ~ ne t'énerve pas, doucement, du calme ❸ *gerief* confort *m*, commodité *v* ★ *voor het* ~ pour plus de facilité ★ *van alle* ~*ken voorzien* (muni de) tout confort ★ *daar heb ik veel* ~ *van* c'est très commode ★ *er zijn* ~ *van nemen* prendre ses aises
gemakkelijk I *bn* ❶ *niet moeilijk* facile, aisé ★ *een* ~*e opgave* une épreuve facile ★ *hij is niet* ~ *in de omgang* il n'est pas commode / facile (à vivre) ★ *zo* ~ *als wat* facile comme tout ★ *iets* ~*(er) maken* faciliter qc ❷ *geriefelijk* commode, confortable ★ *een* ~*e stoel* une chaise confortable **II** *bw* ❶ *niet moeilijk* facilement, aisément ★ ~ *praten* avoir la parole facile ★ *jij hebt* ~ *praten* c'est facile à dire ★ ~ *verdiend geld* de l'argent *m* facile ★ *er* ~ *van afkomen* s'en tirer à bon compte ❷ *geriefelijk* confortablement ★ *maak het je* ~*!* mets-toi à ton aise!, fais comme chez toi! ★ ~ *zitten* être confortablement assis
gemakshalve pour plus de commodité
gemakzucht indolence *v*, paresse *v*
gemakzuchtig indolent ★ ~*e oplossing* solution de facilité / de paresse
gemalen [volt. deelw.] → **malen**
gemalin épouse *v*
gemanierd ❶ *zich correct gedragend* poli, bien élevé ❷ *geaffecteerd* maniéré
gemankeerd manqué, raté
gemaskerd masqué ★ ~ *bal* bal *m* masqué
gematigd I *bn, zonder uitersten* modéré, tempéré **II** *bw* avec modération, modérément
gember gingembre *m*
gemberkoek culin gâteau *m* au gingembre
gemeden [volt. deelw.] → **mijden**
gemeen I *bn* ❶ *laag, vals* méchant, vilain, ignoble, bas [v: basse] ★ *gemene streek* coup *m* bas, inform sale coup ★ fig ~ *weer* un vilain temps, inform un sale temps ★ fig *gemene wond* sale blessure *v* ❷ *gemeenschappelijk* commun ★ *niets* ~ *hebben met* n'avoir rien en commun avec **II** *bw* ❶ *slecht, vals* bassement, ignoblement ★ *doe niet zo* ~ ne sois pas vache comme ça ❷ *zeer* rudement ★ *het is* ~ *koud* il fait rudement froid
gemeend I *bn* sincère **II** *bw* sincèrement ★ *zijn woorden klonken* ~ il avait l'air sincère
gemeengoed bien *m* commun ★ ~ *worden* tomber dans le domaine public, fig être banalisé / vulgarisé / répandu ★ *dat is* ~ ça court les rues
gemeenplaats lieu *m* commun
gemeenschap ❶ *groep, maatschappij* communauté *v*, ⟨samenleving⟩ société *v* ★ *op kosten van de* ~ aux frais de la société ❷ *omgang* relations *v mv* ★ *seksuele* ~ *hebben* avoir des rapports (sexuels) ❸ *het gemeenschappelijk hebben* communauté *v* ★ *in* ~ *van goederen trouwen* se marier sous le régime de la communauté (de biens) ❹ BN pol *elk van de drie delen van België* communauté *v*
gemeenschappelijk I *bn* commun, collectif [v: collective] ★ ~ *eigendom* copropriété *v* ★ ~*e keuken* une cuisine collective ★ ~*e actie* une action concertée ★ ~*e rekening* compte *m* joint **II** *bw* en commun
gemeenschapsonderwijs BN onderw enseignement *m* communautaire
gemeenschapszin sens *m* civique, civisme *m*
gemeente ❶ *bestuurlijke eenheid* commune *v*, municipalité *v* ★ *de* ~ *Utrecht* la commune d'Utrecht ❷ *gelovigen* communauté *v*, (les) fidèles

m mv
gemeenteambtenaar fonctionnaire *m* municipal [mv: fonctionnaires municipaux]
gemeentearchief archives *v mv* municipales
gemeentebedrijf régie *v* communale
gemeentebestuur municipalité *v*
gemeentehuis mairie *v*
gemeentelijk municipal [m mv: municipaux] communal [m mv: communaux] ★ *de ~e autoriteiten* les autorités *v mv* municipales
gemeentepils Château-la-Pompe *m*
gemeenteraad conseil *m* municipal [mv: conseils municipaux] ★ *verkiezingen voor de ~* élections *v mv* municipales
gemeentereiniging voirie *v*
gemeentesecretaris secrétaire *m/v* de mairie
gemeenteverkiezingen élections *v mv* municipales
gemeenteverordening arrêté *m* municipal [mv: arrêtés municipaux]
gemeentewerken travaux *m mv* publics
gemêleerd *gemengd* mêlé ★ *een ~ gezelschap* une assistance mêlée
gemelijk I *bn* morose, maussade **II** *bw* de façon maussade
gemenebest communauté *v*, ‹m.b.t. Groot-Brittannië› commonwealth *m*
gemenerik crapule *v*
gemeten [volt. deelw.] → **meten**
gemiddeld I *bn* moyen [v: moyenne] ★ *de ~e snelheid* la vitesse moyenne **II** *bw* en moyenne ★ *het komt ~ op twee uur per dag* ça fait en moyenne deux heures par jour
gemiddelde moyenne *v* ★ *onder het ~* au-dessous de la moyenne ★ *het ~ bepalen / nemen van* prendre la moyenne de, moyenner
gemier ❶ *geleuter* rabâchage *m* **❷** *gepruts* bricolage *m*
gemis manque *m*, absence *v*, ‹verlies› perte *v* ★ *dat voel ik als een groot ~* ça me manque énormément ★ *bij ~ aan* faute de
gemoed cœur *m*, âme *v* ★ *met bezwaard ~* le cœur gros ★ *werken op het ~ van iem.* prendre qn par les sentiments ★ *zijn ~ luchten* s'épancher
gemoedelijk cordial [m mv: cordiaux] bonhomme ★ *een ~e sfeer* une ambiance *v* bon enfant / conviviale
gemoederen ★ *de ~ waren verhit* les esprits étaient échauffés ★ *de ~ tot bedaren brengen* calmer les esprits ★ *de ~ in beroering brengen* échauffer les esprits → **gemoed**
gemoedsaandoening émotion *v*
gemoedsrust sérénité *v*
gemoedstoestand état *m* d'âme
gemoeid ★ *er is veel geld mee ~* il y a beaucoup d'argent en jeu, il s'agit de beaucoup d'argent ★ *zijn leven is er mee ~* il y va de sa vie
gemoeten [volt. deelw.] → **moeten**
gemogen [volt. deelw.] → **mogen**
gemolken [volt. deelw.] → **melken**
gemotoriseerd motorisé
gems chamois *m*, ‹in de Pyreneeën› isard *m*
gemunt ▾ *het op iem. ~ hebben* chercher / viser qn, avoir qn dans le collimateur
gemutst ★ *goed / slecht ~* de bonne / mauvaise humeur

ge

gen gène *m* ★ *het zit in de genen* c'est dans les gènes
genaamd nommé, appelé, ‹bijnaam› dit
genade grâce *v* ★ *aan iemands ~ overgeleverd zijn* être à la merci de qn ★ *weer in ~ aangenomen worden* obtenir son pardon, être pardonné ★ *om ~ smeken* crier grâce ★ *iem. ~ schenken* pardonner qn ★ *~ voor recht laten gelden* se montrer clément / indulgent ★ *~ vinden in iemands ogen* trouver grâce devant qn ▾ *grote / goeie ~!* bonté divine!
genadebrood pain *m* de charité
genadeloos sans merci, impitoyable
genadeslag coup *m* de grâce ★ *dat gaf hem de ~* c'était le coup de grâce pour lui
genadig I *bn* **❶** *vol genade* clément, indulgent, ‹barmhartig› miséricordieux [v: miséricordieuse] ★ *een ~e straf* une peine légère **❷** *neerbuigend* condescendant **II** *bw* avec clémence ★ *hij is er ~ afgekomen* il l'a échappé belle
gênant gênant
genas [verl. td.] → **genezen**
genazen [verl. td.] → **genezen**
gendarme gendarme *m/v*
gender genre *m*
gene celui-là [m mv: ceux-là] [v: celle-là] [v mv: celles-là] ★ *aan gene zijde van* au delà de, de l'autre côté de
gêne gêne *v*
genealogie généalogie *v*
geneesheer médecin *m* ★ *behandelende ~* médecin traitant
geneesheer-directeur médecin-chef *m* [mv: médecins-chefs]
geneeskrachtig médicinal [m mv: médicinaux] médicamenteux [v: médicamenteuse] ★ *~e kruiden* herbes *v mv* officinales
geneeskunde médecine *v*
geneeskundig I *bn* médical [m mv: médicaux] ★ *~e dienst* le service de santé ★ *~e verklaring* certificat *m* médical **II** *bw* médicalement
geneesmiddel médicament *m*, remède *m*
geneesmiddelenindustrie industrie *v* pharmaceutique
geneeswijze thérapie *v* ★ *alternatieve ~n* médecines *v mv* douces
genegen I *bn* **❶** *geneigd* disposé (**tot** à), enclin (**tot** à) **❷** *goedgezind* dévoué ★ *iem. ~ zijn* être bien disposé envers qn **II** *ww* [volt. deelw.] → **nijgen**
genegenheid *goedgezindheid* affection *v* (**voor** pour) ★ *~ voor iem. opvatten* prendre qn en affection
geneigd enclin (**te, tot** à), porté (**te, tot** à) ★ *ik ben ~ om* j'incline à
geneigdheid inclination *v*, tendance *v*
generaal I *de* général *m* [mv: généraux] **II** *bn* général [m mv: généraux]
generalisatie généralisation *v*
generaliseren généraliser
generatie génération *v* ★ *toekomstige ~s* les générations à venir ★ *een nieuwe ~ smartphones* une nouvelle génération de smartphones
generatiekloof fossé *m* des générations
generator génératrice *v*, générateur *m*
generen [**zich ~**] se gêner ★ *geneer je niet* ne te

gêne pas! ★ *zich gegeneerd voelen* se sentir gêné / embarrassé
genereren générer
genereus généreux [v: généreuse] ★ *een ~ gebaar* un geste généreux
generiek I *bn* générique **II** *de,* BN media *aftiteling* générique *m*
generlei aucun
genetica génétique *v*
genetisch génétique ★ *~ gemodificeerd gewas* plante *v* transgénique, OGM *m* (organisme génétiquement modifié)
Genève Genève *v*
genezen I *ov ww, beter maken* guérir **II** *onov ww, beter worden* guérir (**van** de), recouvrer la santé, se rétablir [v: une convalescente] **III** *ww* [volt. deelw.] → **genezen**
genezing guérison *v*
geniaal I *bn* de génie, génial [m mv: géniaux] ★ *een ~ mens* un (homme de) génie ★ *een ~ idee* une idée de génie **II** *bw* avec génie
genialiteit génie *m*, génialité *v*
genie I *het* ❶ *persoon* génie *m* ❷ *begaafdheid* génie *m* **II** *de* mil génie *m*
geniep ▾ *in het ~* à la dérobée
geniepig I *bn* sournois ★ *een ~e streek* une fourberie **II** *bw* sournoisement, à la dérobée
genieten I *ov ww* ❶ *ontvangen, bezitten* jouir de ★ *een goede opvoeding ~* recevoir une bonne éducation ★ *een goede gezondheid ~* jouir d'une bonne santé ❷ *meemaken in de omgang* ★ *niet te ~ zijn* être insupportable **II** *onov ww, vreugde beleven* jouir (**van** de), se régaler (**van** de) ★ *volop ~ van het mooie weer* se régaler du beau temps ★ *ik heb genoten* je me suis régalé, ça m'a plu beaucoup
genitaliën organes *m mv* génitaux
genocide génocide *m*
genodigde invité *m* [v: invitée]
genoeg I *onb vnw* assez, suffisamment ★ *~ geld* assez d'argent ★ *dat vind ik ~* cela me suffit ★ *~ hebben om van te leven* avoir de quoi vivre ★ *één is ~* un seul suffira ★ *er maar niet ~ van kunnen krijgen* ne pas s'en lasser ★ *daar krijg ik nooit ~ van* je ne m'en lasse pas ★ *daar heb ik voorlopig wel ~ aan* cela me suffit pour le moment ★ *ik heb er ~ van* j'en ai assez ★ *er schoon ~ van hebben* en avoir assez, inform en avoir marre ★ *zo is het ~!* ça suffit (comme ça)!, (c'en est) assez! **II** *bw* assez ★ *vreemd ~ zei hij dat...* chose étrange, il a dit que... ★ *ben ik duidelijk ~?* suis-je assez clair?
genoegdoening satisfaction *v* ★ *~ eisen* demander réparation
genoegen ❶ *plezier* plaisir *m* ★ *met ~* avec plaisir ★ *tot ~!* au plaisir (de vous revoir)! ★ *iem. een ~ doen* faire plaisir à qn ★ *met wie heb ik het ~?* à qui ai-je l'honneur? ★ *ik heb het ~ u mede te delen* j'ai le plaisir de vous informer ★ *~ scheppen in* prendre plaisir à ★ *het is mij een waar ~* c'est un véritable plaisir pour moi ❷ *voldoening, tevredenheid* satisfaction *v*, contentement *m* ★ *~ nemen met* se contenter de ★ *naar ieders ~* à la satisfaction générale
genoeglijk I *bn* agréable **II** *bw* agréablement
genoegzaam I *bn* suffisant **II** *bw* suffisamment
genomen [volt. deelw.] → **nemen**
genoot [verl. td.] → **genieten**
genootschap société *v*, association *v*, compagnie *v* ★ *een geleerd ~* une société savante
genot *genoegen* délice *m*, plaisir *m* ★ *onder het ~ van...* en savourant ... ★ *het is een ~ voor het oog* c'est un plaisir pour les yeux ★ *~ scheppen in* se délecter de
genoten I *ww* [verl. td.] → **genieten II** *ww* [volt. deelw.] → **genieten**
genotmiddel stimulant *m*, form denrée *v* voluptuaire
genotzucht soif *v* de jouissance, hédonisme *m*
genotzuchtig avide de jouissances / de plaisirs
genre genre *m* ★ *niet mijn ~* pas mon genre ★ *in dat ~* dans ce genre
Gent Gand *m*
gentechnologie génie *m* / ingénierie *v* génétique
Gentenaar Gantois *m*
gentherapie med thérapie *v* génique
gentiaan plantk gentiane *v*
gentleman gentleman *m*
gentlemen's agreement gentlemen's agreement *m*
Gents gantois
Gentse Gantoise *v*
Genua Gênes *v*
genuanceerd I *bn* nuancé **II** *bw* de manière nuancée ★ *~ (over iets) denken* avoir des opinions nuancées (sur qc)
genus genre *m*
geodriehoek wisk équerre *v* rapporteur
geoefend bien entraîné, exercé, expérimenté ★ *een ~ zwemmer* un nageur expérimenté
geograaf géographe *m/v*
geografie géographie *v* ★ *sociale ~* géographie humaine
geografisch géographique
geologie géologie *v*
geologisch géologique
geoloog géologue *m/v*
geometrie géométrie *v*
geoorloofd permis ★ *~e middelen* des moyens légitimes
Georgië la Géorgie ★ *in ~* en Géorgie
Georgisch géorgien [v: géorgienne]
geotagging www géolocalisation *v*
geouwehoer inform blabla *m*
geowetenschappen sciences *v mv* géologiques / de la Terre
gepaard par couples, deux par deux ★ *~ gaan met* s'accompagner de, ⟨tot gevolg hebben⟩ entraîner
gepakt ▾ *~ en gezakt* tout équipé, prêt à partir, avec armes et bagages
gepassioneerd passionné
gepast I *bn* ❶ *afgepast* juste ★ *met ~ geld betalen* faire l'appoint ❷ *geschikt* approprié (**voor** à), convenable **II** *bw* ❶ *afgepast* ★ *~ betalen a.u.b.* prière de faire l'appoint ❷ *geschikt* convenablement, comme il faut
gepeins méditation *v*, réflexion(s) *v (mv)* ★ *in ~ verzonken* absorbé dans ses pensées
gepensioneerd en retraite, à la retraite
gepensioneerde retraité [v: retraitée]
gepeperd ❶ culin poivré, ook fig pimenté ❷ fig

duur ★ *een ~e rekening* une note salée
gepeupel populace *v*
gepikeerd piqué au vif, offusqué, vexé (**over** de) ★ *gauw ~ zijn* être susceptible
geplaatst ▾ BN *goed ~ zijn om ...* être bien placé pour ...
gepleegd [volt. deelw.] → **plegen**
geploeter *gezwoeg* efforts *m mv* stériles
geplogenheid BN *gewoonte* habitude *v*
geplozen [volt. deelw.] → **pluizen**
gepokt ★ *~ en gemazeld* chevronné, rodé
geprezen [volt. deelw.] → **prijzen**
geprijsd [volt. deelw.] → **prijzen**
geprikkeld irrité, agacé
geprononceerd prononcé, ‹van gelaatstrekken› (bien) accusé

ge

geproportioneerd proportionné ★ *goed ~ zijn* être bien proportionné
geraakt ❶ *ontroerd* touché ❷ *gepikeerd* piqué au vif, offusqué, vexé (**door** de)
geraamte ❶ *skelet* squelette *m* ❷ *constructie* squelette *m*, charpente *v*, ossature *v*
geraas vacarme *m*, fracas *m*
geradbraakt I *bn* courbaturé, brisé ★ *na de lange reis was zij ~* ce long voyage l'a brisée II *bw* d'un air courbaturé
geraden I *bn* prudent, recommandé, opportun ★ *dat is je ~!* je te le conseille!, inform il y a intérêt! II *ww* [volt. deelw.] → **raden**
geraffineerd ❶ *verfijnd* raffiné, subtil, sophistiqué ❷ *gezuiverd* raffiné ★ *~e suiker* du sucre raffiné ❸ *doortrapt* rusé ★ *~e leugenaar* un fieffé menteur
geraken → **raken**
geranium géranium *m*
gerant ❶ *beheerder van restaurant* gérant *m* [v: gérante] ❷ BN *filiaalhouder* gérant *m* de succursale [v: gérante ...], ‹van bank› responsable *m/v* d'agence
gerbera gerbera *m*
gerecht I *het* ❶ culin *eten* plat *m*, mets *m* ★ *vegetarisch ~* plat végétarien ❷ jur *rechtbank* cour *v*, tribunal *m* [mv: tribunaux] ★ *voor het ~ verschijnen* comparaître (devant le tribunal), passer en justice ★ *voor het ~ brengen* porter devant le tribunal, saisir le tribunal de ★ *voor het ~ dagen* traduire en justice II *bn* juste
gerechtelijk I *bn* jur judiciaire ★ *~e dwaling* une erreur judiciaire ★ *~e geneeskunde* médecine *v* légale II *bw* par voie de justice, en justice ★ *iem. ~ vervolgen* poursuivre qn en justice
gerechtigd jur autorisé, jur habilité (**tot** à) ★ *~ zijn tot* avoir droit à, être autorisé à
gerechtigheid jur justice *v* ★ *iem. ~ doen wedervaren* faire justice à qn
gerechtsgebouw jur palais *m* de justice
gerechtshof jur *hogere rechtbank* cour *v* (de justice / d'appel) ★ *Internationaal Gerechtshof* Cour *v* Internationale de Justice
gerechtvaardigd I *bn* légitime ★ *~e twijfel* un doute justifié II *bw* légitimement
gereden [volt. deelw.] → **rijden**
gereed ❶ *klaar (met iets)* prêt ★ *~ zijn* être prêt ❷ *klaar (voor iets)* prêt ★ *~ voor vertrek* prêt pour le départ, prêt à partir ★ *~ voor het gebruik* prêt à l'emploi
gereedheid ★ *in ~ brengen* préparer
gereedkomen être achevé ★ *~ met iets* achever qc
gereedmaken préparer ★ *zich ~ om* se préparer pour
gereedschap outils *m mv* ★ *een stuk ~* un outil
gereedschapskist caisse *v* à outils
gereedstaan *beschikbaar zijn* ★ *voor iem. ~* être prêt à rendre service à qn ★ *~ om* être prêt à
gereformeerd rel réformé, calviniste
gereformeerde calviniste *m/v*
geregeld I *bn* ❶ *regelmatig* régulier [v: régulière] ★ *een ~e bezoeker van* un habitué de ❷ *ordelijk* ordonné ★ *een ~ leven leiden* mener une vie réglée II *bw, regelmatig* régulièrement
geregen [volt. deelw.] → **rijgen**
gerei outils *m mv*, ustensiles *m mv*
geremd inhibé, complexé, inform coincé
gerenommeerd renommé
gereserveerd ❶ *besproken* réservé ❷ *terughoudend* réservé
gereten [volt. deelw.] → **rijten**
gerezen [volt. deelw.] → **rijzen**
geriatrie gériatrie *v*
geriatrisch gériatrique
gericht I *het* ★ *het jongste ~* le Jugement dernier II *bn* ponctuel [v: ponctuelle], ciblé ★ *een ~e vraag stellen* poser une question ponctuelle III *bw* ponctuellement ★ *~ schieten* viser
gerief ❶ *genot* commodité *v*, confort *m*, plaisir *m* ★ *aan zijn ~ komen* jouir, inform prendre son pied ❷ BN *gerei, spullen* ustensiles *m mv*
gerieflijk I *bn* confortable, commode II *bw* confortablement
gerieven être utile à
gering petit, faible, de peu d'importance ★ *een ~e hoeveelheid* une faible quantité ★ *de opkomst was ~* le taux de participation était faible ★ *om het minste of ~ste* pour un rien ★ *van ~e waarde* de peu de valeur ★ *dat is niet ~!* ce n'est pas rien!
geringschatten dédaigner, faire peu de cas de
geringschattend I *bn* méprisant, dédaigneux [v: dédaigneuse] II *bw* avec dédain
Germaan *lid van volk* Germain *m* [v: Germaine]
germanisme germanisme *m*
geroepen [volt. deelw.] → **roepen**
geroezemoes brouhaha *m*
geroken I *ww* [volt. deelw.] → **rieken** II *ww* [volt. deelw.] → **ruiken**
gerommel *rommelend geluid* grondement *m*, ‹van buik› gargouillement *m*, ‹van motor› vrombissement *m*
geronnen coagulé, ‹van melk› caillé
geroutineerd expérimenté, rodé
gerst orge *v*
gerstenat cervoise *v*
gerucht ❶ *praatje* bruit *m*, rumeur *v* ★ *het ~ gaat dat...* le bruit court que... ★ *bij ~e* par ouï-dire ❷ *geluid* bruit *m*
geruchtmakend sensationnel [v: sensationnelle], retentissant
geruim → **tijd**
geruis *geluid* bruissement *m*, murmure *m*, ‹v. zijde e.d.› froufrou *m*
geruisloos ❶ *onhoorbaar* silencieux [v: silencieuse] ❷ *zonder ophef* sans (faire de)

bruit ★ *het voorstel verdween ~ van tafel* la proposition a été balayée
geruit à carreaux, ⟨van papier⟩ quadrillé
gerust I *bn* tranquille, serein ★ *ik ben er ~ op dat ..., BN ik ben er ~ in dat ...* je suis confiant que ... ★ *ik ben er nog niet ~ op dat..., BN ik ben er nog niet ~ in dat ...* je ne suis pas rassuré que ... **II** *bw, zonder vrees* sans crainte ★ *doe het ~* vas-y, n'hésite pas ★ *je kunt het ~ nemen* tu peux le prendre sans inconvénient
geruststellen rassurer ★ *stel je gerust!* ne t'inquiète pas! ★ *~d* rassurant
geruststelling ★ *dat is een ~* c'est rassurant, c'est un soulagement
geschapen [volt. deelw.] → **scheppen**
geschéerd [volt. deelw.] → **scheren**
gescheiden [volt. deelw.] → **scheiden**
geschenen [volt. deelw.] → **schijnen**
geschenk cadeau *m* [mv: cadeaux], don *m*, présent *m* ★ *iem. iets ten ~e geven* faire cadeau de qc à qn ★ fig *een ~ uit de hemel* un don du ciel ★ fig BN *een vergiftigd ~* un cadeau empoisonné
geschenkverpakking emballage-cadeau *m*
geschept [volt. deelw.] → **scheppen**
gescheten [volt. deelw.] → **schijten**
geschieden *gebeuren* arriver, se passer, se faire ★ *het kwaad is al geschied* le mal est fait déjà ★ *Uw wil geschiede* que votre volonté soit faite ★ rel *wat gij niet wilt dat u geschiedt, doe dat ook een ander niet* ne fais pas à autrui ce que tu ne voudrais pas qu'on te fit
geschiedenis ❶ *historie* histoire *v* ★ *algemene ~* histoire universelle ★ *Bijbelse ~* histoire sainte ★ *oude ~* histoire ancienne ★ *nieuwe ~* histoire moderne ★ *nieuwste ~* histoire contemporaine ★ *de ~ herhaalt zich* l'histoire se répète **❷** *voorval* histoire *v* ★ *een rare ~* une drôle d'histoire ★ *het is (weer) de oude ~* c'est toujours la même histoire
geschiedkundig historique ★ *~e* historien *m* [v: historienne]
geschiedschrijver historien *m* [v: historienne], ⟨officieel⟩ historiographe *m/v*
geschiedvervalsing falsification *v* de l'histoire
geschift ❶ *bedorven* tourné **❷** *getikt* toqué, cinglé
geschikt ❶ *bruikbaar* propre (**voor** à), apte (**voor** à), approprié (**voor** à) ★ *een uitermate ~e locatie* un site idéal ★ *hij is niet ~ voor dit vak* il n'est pas fait pour ce métier ★ *de ~e man daarvoor* l'homme qui convient, l'homme de la situation ★ *het ~e moment* le moment convenable **❷** *aardig* agréable, sympa ★ *hij was heel ~* il était fort aimable
geschil différend *m*, jur litige *m* ★ *een ~ bijleggen* régler un différend
geschillencommissie commission *v* du contentieux
geschilpunt point *m* litigieux
gescholden [volt. deelw.] → **schelden**
gescholen [volt. deelw.] → **schuilen**
geschonden [volt. deelw.] → **schenden**
geschonken [volt. deelw.] → **schenken**
geschoold onderw qualifié ★ *~e arbeiders* ouvriers *m mv* qualifiés
geschoren [volt. deelw.] → **scheren**
geschoten [volt. deelw.] → **schieten**
geschoven [volt. deelw.] → **schuiven**
geschreden [volt. deelw.] → **schrijden**
geschreeuw cris *m mv*, clameur *v* ▼ *veel ~ en weinig wol* beaucoup de bruit pour rien
geschreven [volt. deelw.] → **schrijven**
geschrift écrit *m*, document *m*
geschrokken [volt. deelw.] → **schrikken**
geschubd écailleux [v: écailleuse]
geschuild [volt. deelw.] → **schuilen**
geschut artillerie *v* ★ *een stuk ~* une pièce d'artillerie ★ fig *grof ~ inzetten* employer les grands moyens
gesel ❶ *zweep / stok* fouet *m* **❷** *plaag* fléau *m* [mv: fléaux]
geselen *slaan* fouetter, ook fig flageller, fustiger
geseling *het slaan* flagellation *v*
gesetteld en place, bien établi
gesitueerd situé ★ *goed ~ zijn* jouir d'une situation aisée ★ *de beter ~en* les classes *v mv* aisées
geslaagd réussi
geslaagde onderw candidat *m* reçu [v: candidate reçue]
geslacht ❶ *soort* genre *m* ★ *het menselijk ~* le genre humain **❷** *familie* famille *v*, maison *v*, ⟨nakomelingschap⟩ lignée *v* ★ *een oud ~* une famille ancienne **❸** *generatie* génération *v* ★ *van ~ tot ~* d'âge en âge **❹** *sekse* sexe *m* ★ *het schone / zwakke ~* le beau sexe, le sexe faible **❺** *geslachtsorgaan* sexe *m* **❻** taalk genre *m*
geslachtelijk I *bn* sexuel [v: sexuelle] **II** *bw* sexuellement
geslachtloos ❶ *zonder geslachtelijk kenmerk* asexué **❷** *aseksueel* asexuel [v: asexuelle]
geslachtsdaad acte *m* sexuel, coït *m*
geslachtsdeel ★ *geslachtsdelen* parties *v mv* génitales
geslachtsdrift instinct *m* sexuel, libido *m*
geslachtsgemeenschap rapports *m mv* sexuels
geslachtshormoon hormone *v* sexuelle
geslachtsorgaan organe *m* génital
geslachtsrijp pubère
geslachtsverkeer rapports *m mv* sexuels ★ *~ hebben* avoir des rapports (sexuels)
geslachtsziekte maladie *v* vénérienne, ⟨soa⟩ MST *v* (maladie sexuellement transmissible)
geslagen [volt. deelw.] → **slaan**
geslapen [volt. deelw.] → **slapen**
geslepen I *bn* **❶** *sluw* fin, rusé **❷** *scherp* aiguisé **II** *ww* [volt. deelw.] → **slijpen**
gesleten [volt. deelw.] → **slijten**
geslonken [volt. deelw.] → **slinken**
geslopen [volt. deelw.] → **sluipen**
gesloten I *bn* **❶** *dicht* fermé ★ *achter ~ deuren* à huis clos **❷** *in zichzelf gekeerd* fermé, renfermé ★ *een ~ karakter* un caractère réservé ★ *zo ~ als het graf* muet comme la tombe **❸** *ononderbroken* ★ *~ circuit* circuit *m* fermé ★ *~ gelederen* rangs *m mv* serrés **II** *ww* [volt. deelw.] → **sluiten**
gesluierd voilé
gesmaakt BN *gewaardeerd* apprécié
gesmeerd bien huilé ★ *het liep ~* ça a marché comme sur des roulettes
gesmeten [volt. deelw.] → **smijten**
gesmolten [volt. deelw.] → **smelten**
gesneden [volt. deelw.] → **snijden**

gesnoten [volt. deelw.] → **snuiten**
gesnoven [volt. deelw.] → **snuiven**
gesnurk ronflement *m*
gesodemieter emmerdements *m mv*
gesofisticeerd BN *geavanceerd* sophistiqué
gesorteerd ❶ *ruim voorzien* assorti ★ *ruim ~ zijn in* être bien assorti en ❷ *in diverse soorten* assorti
gesp boucle *v*
gespannen I *bn, intens* tendu ★ *op ~ voet staan met iem.* avoir des rapports tendus avec qn ★ *met ~ aandacht* avec une attention soutenue ★ *~ verwachting* de grandes espérances **II** *ww* [volt. deelw.] → **spannen**
gespeend ~ **van** dépourvu de ★ *zij was ~ van talent* elle était dépourvue de talents
gespen boucler
gespeten [volt. deelw.] → **spijten**
gespierd ❶ *met sterke spieren* musclé ❷ fig *krachtig* musclé
gespikkeld tacheté, moucheté ★ *zwart ~* tacheté de noir
gespitst ❶ ~ **op** attentif à [v: attentive à] ❷ *in vorm* ★ fig *met ~e oren* l'oreille tendue
gespleten I *bn, met een spleet* fendu ▼ *~ persoonlijkheid* dédoublement *m* (de la personnalité) **II** *ww* [volt. deelw.] → **splijten**
gespogen [volt. deelw.] → **spugen**
gesponnen [volt. deelw.] → **spinnen**
gespoten [volt. deelw.] → **spuiten**
gesprek conversation *v*, entretien *m* ★ *~ onder vier ogen* tête-à-tête *m* ★ *dat is het ~ van de dag* c'est la nouvelle du jour, on ne parle que de ça ★ *in ~ zijn met* avoir une conversation avec, s'entretenir avec, ‹telefonisch› être en communication / ligne avec ★ ‹telefonisch› *in ~* occupé ★ *hij is* ‹telefonisch› *in ~* la ligne est occupée ★ *het ~ brengen op* amener la conversation sur
gespreksgroep groupe *m* de discussion
gesprekskosten coût *m* de la communication
gespreksonderwerp sujet *m* de conversation
gesprekspartner interlocuteur *m* [v: interlocutrice]
gespreksstof sujets *m mv* de conversation
gesproken [volt. deelw.] → **spreken**
gesprongen [volt. deelw.] → **springen**
gesproten [volt. deelw.] → **spruiten**
gespuis racaille *v*, vermine *v*
gestaag I *bn* constant ★ *in een ~ tempo* à une cadence soutenue **II** *bw* constamment
gestaan [volt. deelw.] → **staan**
gestalte ❶ *gedaante* forme *v* ★ *~ krijgen* prendre forme ★ *~ geven* donner corps à ❷ *lichaamsbouw* stature *v*, formes *v mv* ★ *klein van ~* de petite taille
gestand → **belofte, woord**
Gestapo gesch Gestapo *v*
geste geste *m* ★ *een aardige ~* un beau geste
gesteente pierre *v*, roche *v*
gestegen [volt. deelw.] → **stijgen**
gestel ❶ *lichaamsgesteldheid* constitution *v* ★ *een ijzeren ~* une santé de fer ❷ *samengesteld geheel* construction *v*, composition *v*
gesteld I *bn* ❶ *toestand* ★ *hoe is het met de zieke ~?* comment va le malade?, où en est le malade? ★ *het is slecht met hem ~* il va mal ★ *het is daarmee ~ als met* il en est de cela comme de ❷ *aangewezen* ★ *binnen de ~e tijd* dans les délais (voulus / convenus) ❸ ~ **op** ★ *~ zijn op* tenir à, aimer ★ *ik ben heel erg op hem ~* je suis très attaché à lui ★ *daar ben ik niet op ~* je ne l'apprécie guère **II** *bw* ★ *~ dat* en supposant que [+ subj.]
gesteldheid état *m*, condition *v* ★ *lichamelijke ~* condition physique
gestemd *in bepaalde stemming* disposé ★ *goed / slecht ~ zijn* être de bonne / mauvaise humeur
gesternte ❶ *de sterren* étoiles *v mv* ❷ *stand van de sterren* constellation *v* ★ *onder een gelukkig ~ geboren zijn* être né sous une bonne étoile
gesteven [volt. deelw.] → **stijven**
gesticht *psychiatrische inrichting* asile *m*
gesticuleren gesticuler
gestijfd [volt. deelw.] → **stijven**
gestoken [volt. deelw.] → **steken**
gestolen [volt. deelw.] → **stelen**
gestonken [volt. deelw.] → **stinken**
gestoord psych dérangé ★ *een geestelijk ~e* un déséquilibré, un malade mental
gestorven [volt. deelw.] → **sterven**
gestoten [volt. deelw.] → **stoten**
gestoven [volt. deelw.] → **stuiven**
gestreden [volt. deelw.] → **strijden**
gestreept rayé, à rayures ★ *rood ~* rayé de rouge
gestreken [volt. deelw.] → **strijken**
gestress stress *m*
gestrest stressé
gestroomlijnd ❶ *aerodynamisch* aérodynamique, ‹van auto› caréné ❷ *soepel verlopend* ★ *een ~e organisatie* une organisation bien rodée
getaand basané ★ *een ~ gezicht* un visage basané
getailleerd ajusté à la taille, resserré à la taille
getal nombre *m* ★ *geheel ~* nombre entier ★ *ronde ~len* des chiffres *m mv*ronds ★ *in groten ~e* en (grand) nombre, en force ★ *ten ~e van* au nombre de
getalenteerd talentueux [v: talentueuse], de (grand) talent
getalsterkte force *v* numérique, effectifs *m mv*
getand ❶ *met tanden* denté ❷ *met insnijdingen* dentelé, en dents de scie
getapt populaire
geteisem racaille *v*
getekend ❶ *misvormd* marqué ★ *voor het leven ~* marqué pour la vie ❷ *gegroefd* marqué ❸ *een bepaald patroon hebbend* ★ *die kat is mooi ~* ce chat a une peau d'un beau dessin
getijde, getij marée *v*
getijdenenergie énergie *v* marémotrice
getikt *gek* toqué, cinglé
getint ❶ *gekleurd* teinté ★ *~ glas* verre *m* teinté ★ *een ~e huidskleur* un teint basané ❷ fig ★ *communistisch ~* de tendance communiste
getiteld ‹van boek› intitulé, ‹van mensen› titré
getogen I *bn* → **geboren II** *ww* [volt. deelw.] → **geboren**
getourmenteerd tourmenté
getouw ★ BN *iets op het ~ zetten* mettre qc sur le métier, monter qc
getralied grillagé ★ *een ~ hek* une grille
getrapt ❶ *met trappen* par degrés, ‹v. raket› à

étages ❷ *indirect* indirect ★ *~e verkiezingen* des élections *v mv* au sufffrage indirect
getreden [volt. deelw.] → **treden**
getroffen [volt. deelw.] → **treffen**
getrokken [volt. deelw.] → **trekken**
getroosten [**zich ~**] *doorstaan* s'imposer ★ *zich veel moeite ~* se donner beaucoup de peine
getrouw I *bn* ❶ *trouw* fidèle, loyal [m mv: loyaux] ❷ *nauwkeurig* fidèle ★ *een ~e vertaling* une traduction fidèle **II** *bw* fidèlement, loyalement
getrouwd marié ★ *een pas ~ stel* des jeunes mariés ★ *zo zijn we niet ~!* faut pas se gêner!
getto ghetto *m*
gettoblaster ghettoblaster *v*, grosse radiocassette *v*
gettovorming ghettoïsation *v*
getuige I *de* ❶ *aanwezige ter bevestiging* témoin *m* ★ *de ~n van een huwelijk* les témoins du mariage ❷ *toeschouwer* témoin *m* ★ *~ zijn van* être témoin de, assister à ★ *stille ~* témoin muet ❸ jur témoin *m* ★ *~ à charge* témoin *m* à charge ★ *~ à decharge* témoin *m* à décharge ★ *iem. tot ~ roepen* prendre qn à témoin **II** *vz* témoin ★ *~ je diploma kun je best goed leren* à en juger par ton diplôme, tu as des facilités pour apprendre
getuigen I *ov ww, verklaren* témoigner, attester **II** *onov ww* ❶ *blijk geven* témoigner (**van** de), être signe (**van** de) ★ *het getuigt van grote moed* cela fait preuve d'un grand courage ❷ *getuigenis afleggen* témoigner, déposer ★ *~ tegen* déposer contre ❸ *pleiten* parler ★ *de feiten ~ tegen hem* les faits parlent contre lui
getuigenis ❶ *getuigenverklaring* témoignage *m*, déposition *v* ★ *~ afleggen van* témoigner de, attester ★ *valse ~ afleggen* faire un faux témoignage ❷ *bewijs* témoignage *m*
getuigenverhoor audition *v* des témoins ★ *een ~ afnemen* entendre les témoins
getuigenverklaring témoignage *m*, déposition *v* (du témoin)
getuigschrift certificat *m*, attestation *v* ★ *van goede ~en voorzien* ayant de bonnes références
getver → **gadver**
getverderrie be(u)rk!
geul ❶ *gleuf* rainure *v*, ⟨goot⟩ caniveau *m* [mv: caniveaux] ❷ *smal en diep water* chenal *m* [mv: chenaux]
geur odeur *v*, parfum *m* ★ fig *in geuren en kleuren vertellen* raconter par le menu
geuren ❶ *ruiken* sentir bon ★ *naar iets ~* fleurer / sentir qc ❷ *pronken* faire étalage / parade (**met** de)
geurig parfumé, qui sent bon
geurstof aromatisant *m*
geurtje ❶ *reukwater* sent-bon *m* [mv: id.] ❷ → **geur**
geurvreter désodorisant *m*
geus gesch gueux *m*
gevaar danger *m*, form péril *m* ★ *buiten ~ zijn* être hors de danger ★ *in ~ brengen* mettre en danger, compromettre ★ *met ~ voor eigen leven* au risque de sa vie ★ *op het ~ af...* au risque de.... ★ *~ lopen* être en danger ★ *~ lopen om...* risquer de... ★ *groot ~ lopen te...* risquer fort de..., être sous le coup / la menace de... ★ *het ~ bestaat, dat ...* il y a un risque que...
gevaarlijk I *bn* dangereux [v: dangereuse] ★ *deze slang is niet ~* ce serpent n'est pas dangereux **II** *bw* dangereusement ★ *ze stond ~ dicht bij de rand* elle se trouvait dangereusement près du bord
gevaarte masse *v* (énorme), colosse *m*
geval ❶ *toestand* cas *m* ★ *in dat ~* dans ce cas ★ *in elk ~* en tout cas, de toute façon ★ *in geen ~* en aucun cas ★ *in ~ van nood* en cas d'urgence, si nécessaire ★ *in het beste ~* au mieux, dans le meilleur des cas ★ *in het ergste ~* au pire ★ *in het uiterste ~* à la limite ★ *in voorkomende ~len* le cas échéant ★ *voor het ~ dat...* au cas où... ★ *een op zichzelf staand ~* un cas isolé ★ *elk ~ op zichzelf beoordelen* juger au cas par cas ❷ *voorval* cas *m* ❸ *toeval* hasard *m* ★ *het ~ wil dat...* le hasard veut que...
gevallen [volt. deelw.] → **vallen**
gevangen I *bn* prisonnier [v: prisonnière], jur détenu ★ *zich ~ geven* se constituer prisonnier **II** *ww* [volt. deelw.] → **vangen**
gevangenbewaarder gardien *m* de prison [v: gardienne...], form geôlier *m* [v: geôlière]
gevangene ❶ *gevangen genomen persoon* prisonnier *m* [v: prisonnière] ❷ *gedetineerde* détenu [v: détenue]
gevangenhouden détenir
gevangenis ❶ *bajes* prison *v* ★ *de ~ ingaan* aller en prison ★ *in de ~ zetten* mettre en prison, incarcérer ★ *vrijkomen uit de ~* être libéré ★ *ontsnappen uit de ~* s'évader ❷ *gevangenschap* captivité *v*
gevangenisstraf peine *v* de prison, jur réclusion *v* ★ *levenslange ~* réclusion à perpétuité ★ *een ~ uitzitten* purger sa peine ★ *tot ~ worden veroordeeld* être condamné à une peine de prison. ★ *zes jaar ~* six ans de prison
gevangeniswezen régime *m* pénitentiaire
gevangennemen arrêter, appréhender
gevangenschap captivité *v*, ⟨in gevangenis⟩ détention *v*
gevangenzetten ★ *iem. gevangen zetten* mettre qn en prison
gevangenzitten être détenu, être en prison
gevaren [volt. deelw.] → **varen**
gevarendriehoek triangle *m* de présignalisation
gevarenzone zone *v* dangereuse
gevarieerd varié ★ *een ~ aanbod* une offre variée
gevat prompt à la riposte, à propos ★ *een ~ antwoord* une repartie ★ *~ antwoorden* riposter
gevecht combat *m* ★ *~en tussen betogers en politie* des combats entre des manifestants et la police ★ *buiten ~ stellen* mettre hors de combat ★ *een ~ van man tegen man* un corps à corps
gevechtsklaar prêt au combat
gevechtspak tenue *v* de combat
gevechtsvliegtuig avion *m* de combat
gevechtszone zone *v* de combat
gevederd emplumé ★ *onze ~e vrienden* le peuple aérien
geveinsd ❶ *niet gemeend* feint, dissimulé ❷ *huichelachtig* hypocrite
gevel façade *v*
gevelsteen plaque *v* commémorative
geveltoerist cambrioleur *m* [v: cambrioleuse]
geven I *ov ww* ❶ *aanreiken, aangeven* donner

★ *kun je me het zout even ~?* tu me passes le sel, s'il te plaît? ★ ⟨m.b.t. telefoon⟩ *ik geef u mijn broer* je vous passe mon frère ❷ *bezorgen, veroorzaken* donner ★ *warmte ~* répandre de la chaleur ★ *dat geeft te denken* cela donne à penser ❸ *schenken, bieden* donner ★ *iets cadeau ~* faire cadeau de qc ★ *iem. iets te eten ~* donner à manger à qn ★ *hoeveel geef jij ervoor?* combien tu en donnes? ★ *eens ge~ blijft ge~* donné c'est donné ★ *het is niet iedereen ge~ om...* il n'est pas donné à tout le monde de... ▾ *iets eraan ~* renoncer à qc, abandonner qc ❹ *toekennen* donner ★ *welke leeftijd geef je mij?* tu me donnes quel âge? **II** *onov ww* ❶ *hinderen* ★ *wat geeft het?* qu'est-ce que cela fait? ★ *het geeft niets* cela ne fait rien ❷ ~ **om** être attaché à, tenir à ★ *om iets ~* tenir beaucoup à qc ★ *om iem. ~* tenir beaucoup à qn ★ *ik geef er niets om* cela m'est égal **III** *wkd ww* [**zich** ~] se donner

ge

gever donneur *m* [v: donneuse], ⟨schenker⟩ donateur *m* [v: donatrice] ★ *de gulle ~* le généreux donateur

gevestigd ❶ *vaststaand* établi ★ *zij heeft een ~e reputatie* elle a une réputation bien assise ❷ *geruime tijd bestaand* établi ★ *de ~e orde* l'ordre *m* établi ★ *~e belangen* des intérêts *m mv* établis ❸ ~ **te/in** *wonend te / in* domicilié à ★ *~ zijn te* être domicilié à, ⟨van bedrijf⟩ avoir son siège à

gevierd célèbre, illustre

gevlamd ⟨v. aardewerk⟩ flammé, ⟨v. hout⟩ veiné, ⟨van stoffen⟩ moiré

gevlekt tacheté, moucheté ★ *een ~e koe* une vache mouchetée

gevleugeld ailé ★ *~e woorden* des paroles *v mv* célèbres

gevlij ▾ *bij iem. in het ~ komen* gagner les bonnes grâces de qn

gevlochten [volt. deelw.] → **vlechten**

gevlogen [volt. deelw.] → **vliegen**

gevochten [volt. deelw.] → **vechten**

gevoeglijk sans inconvénient ★ *dat zouden we ~ kunnen doen* cela peut se faire sans aucun inconvénient

gevoel ❶ *zintuig* toucher *m* ★ *op het ~* à tâtons, inform au pif ❷ *lichamelijke gewaarwording* sensation *v* ★ *een pijnlijk ~* une sensation de douleur ★ *het ~ hebben alsof* avoir la sensation comme si ❸ *innerlijke gewaarwording* sentiment *m* ★ *ik heb het ~ dat* j'ai le sentiment que ★ *naar mijn ~* à mon sens ❹ *emotie* sentiment *m* ★ *met ~ spelen* jouer avec âme ★ *op iemands ~ werken* prendre qn par les (bons) sentiments ❺ *begrip* sens (**voor** de) ★ *~ voor humor* sens de l'humour

gevoelen sentiment *m* ★ *met gemengde ~s* avec des sentiments mêlés

gevoelig I *bn* ❶ *die de kleinste indrukken waarneemt* sensible (**voor** à) ★ *~ voor kritiek* sensible à la critique ★ *~e plaat* plaque *v* sensible ★ *uiterst ~* ultrasensible ❷ *sentimenteel* sensible ❸ *pijnlijk* sensible ★ *~e huid* peau *v* délicate ★ *een ~ verlies* une perte cruelle ★ *een ~e slag* un rude coup ★ *iem. op een ~e plek raken* toucher qn dans un point sensible **II** *bw* ❶ *met veel gevoel* d'une manière touchante, ⟨gevoelvol⟩ avec âme ❷ *op heftige wijze* sensiblement ❸ *pijnlijk* ★ *dat ligt ~* c'est une question délicate

gevoeligheid ❶ *het gevoelig zijn* sensibilité *v* ❷ *lichtgeraaktheid* susceptibilité *v*

gevoelloos I *bn* ❶ *fysiek ongevoelig* insensible (**voor** à), engourdi ★ *~ maken* insensibiliser ❷ *hardvochtig* insensible, impassible **II** *bw* impassiblement

gevoelloosheid ❶ *fysieke ongevoeligheid* insensibilité *v* ❷ *hardvochtigheid* insensibilité *v*, impassibilité *v*

gevoelsarm pauvre en sentiments

gevoelsleven vie *v* affective / sentimentale

gevoelsmatig I *bn* instinctif [v: instinctive] **II** *bw* instinctivement

gevoelsmens émotif *m* [v: émotive], affectif *m* [v: affective]

gevoelswaarde ❶ *affectieve waarde* valeur *v* affective ❷ *emotionele betekenis van een woord* connotation *v*

gevogelte ❶ *vogels* oiseaux *m mv* ❷ *eetbare vogels* volaille *v*

gevolg ❶ *resultaat* conséquence *v*, effet *m*, suite *v* ★ *tot ~ hebben* avoir pour conséquence / pour effet, entraîner ★ *ten ~e van* à la suite de, par suite de ★ *het ~ zijn van* résulter de ★ *die beslissing zal verstrekkende / ernstige ~en hebben* cette décision sera lourde de conséquences / aura de graves répercussions ★ *ergens de ~en van ondervinden* se ressentir de qc ★ *met goed ~* avec succès ★ *~ geven aan een verzoek* donner suite à une demande ❷ *personen* suite *v*, cortège *m*

gevolgtrekking conclusion *v* ★ *een ~ maken* tirer une conclusion

gevolmachtigd délégué ★ *~e* fondé *m* de pouvoir, plénipotentiaire *m/v*

gevonden [volt. deelw.] → **vinden**

gevorderd avancé ★ *verder ~ dan* en avance sur ★ *beginners en ~en* débutants et initiés ★ *op ~e leeftijd* d'un âge avancé ★ *het ~e uur* l'heure avancée

gevouwen [volt. deelw.] → **vouwen**

gevraagd [volt. deelw.] → **vragen**

gevreeën [volt. deelw.] → **vrijen**

gevreesd redouté

gevreten [volt. deelw.] → **vreten**

gevrijd [volt. deelw.] → **vrijen**

gevroren [volt. deelw.] → **vriezen**

gevuld ❶ *met vulling* rempli, culin farci ★ *~e bonbons* des bonbons *m mv* fourrés ★ *~e tomaten* tomates *v mv* farcies ❷ *dik, mollig* plein, rondelet [v: rondelette] ★ *~e lippen* des lèvres *v mv* charnues

gewaad vêtements *m mv*, habit *m*

gewaagd ❶ *overmoedig* osé, audacieux [v: audacieuse] ❷ *seksueel getint* osé ★ *een ~e grap* une plaisanterie osée / leste ▾ *zij zijn aan elkaar ~* ils se valent

gewaaid [volt. deelw.] → **waaien**

gewaardeerd apprécié

gewaarworden apercevoir, découvrir

gewaarwording sensation *v*, perception *v* ★ *een vreemde ~* une sensation étrange

gewag mention *v* ★ *~ maken van iets* faire mention de qc ★ *geen ~ maken van iets* ne pas mentionner

gewapend ❶ *bewapend* armé ★ *een ~e overval* une attaque à main armée ❷ *versterkt* armé (**met** de; **tegen** contre) ★ fig ~ *zijn tegen de kou* être armé contre le froid

gewas ❶ *plant* plante *v* ❷ plantk *begroeiing* végétation *v*

gewassen [volt. deelw.] → **wassen**

gewatteerd matelassé, ouaté ★ *~e deken* couverture *v* matelassée

geweer fusil *m* ★ *het ~ in de aanslag brengen* épauler le fusil ★ *het ~ presenteren* présenter les armes ▾ *in het ~ komen (tegen)* entrer en action (contre), s'insurger (contre)

geweerschot coup *m* de fusil

geweervuur fusillade *v*, coups *m mv* de feu

geweest I *ww* [volt. deelw.] → **zijn** II *ww* [volt. deelw.] → **wezen**

gewei bois *m mv*, ramure *v*

geweken [volt. deelw.] → **wijken**

geweld violence *v* ★ *zinloos ~* violence gratuite ★ *seksueel ~* violences sexuelles ★ *met ~* de force, par la force, violemment ★ *met ~ openen* forcer ★ *iem. ~ aandoen* faire violence à qn ★ *~ plegen* user de violence ★ fig *zichzelf ~ aandoen* se faire violence, se contraindre ▾ *met alle ~* absolument, à tout prix

gewelddaad (acte *m* de) violence *v*

gewelddadig I *bn* violent II *bw* violemment, de force

geweldenaar ❶ *sterk persoon* géant *m*, ⟨krachtpatser⟩ hercule *m* ❷ *iem. die geweld gebruikt* despote *m*

geweldig ❶ *hevig, groot* énorme, formidable ★ *een ~e schok* un choc brutal ★ *een ~e storm* une violente tempête ★ *een ~ succes* un succès formidable ★ *een ~e fout* une énormité ❷ *erg goed* formidable ★ *hij was ~* il était formidable ⟨hevig⟩ violemment, ⟨zeer⟩ énormément, ⟨goed⟩ superbement

geweldloos non-violent

geweldpleging violence *v* ★ *openbare ~* un acte de violence sur la voie publique

geweldsspiraal engrenage *m* de violences

gewelf voûte *v* ★ *onderaards ~* souterrain *m*

gewelfd ❶ *met gewelf* voûté ❷ *gebogen* galbé ★ *~ voorhoofd* front *m* bombé

gewend habitué (**aan** à), accoutumé (**aan** à) ★ *ik ben eraan ~* j'ai l'habitude ★ *~ raken aan* s'accoutumer à, se faire à ★ *~ zijn te* avoir l'habitude de

gewennen I *ov ww, gewoon maken* accoutumer (**aan** à), habituer (**aan** à) II *onov ww, gewoon worden* s'habituer (**aan** à)

gewenning accoutumance *v*

gewenst ❶ *wenselijk* désirable, souhaitable ★ *iets ~ achten* estimer qc souhaitable ❷ *verlangd* voulu, désiré ★ *een ~e zwangerschap* une grossesse désirée

gewerveld vertébré ★ *~e dieren* vertébrés *m mv*

gewest ❶ *landstreek, gebied* région *v*, contrée *v*, ⟨provincie⟩ province *v* ❷ BN pol *elk van de drie delen van België* région *v*

gewestelijk ❶ *van een bepaalde streek, gebied* régional [m mv: régionaux] ❷ BN *van / uit één der Belgische gewesten* régional

geweten I *het* conscience *v* ★ *een zuiver / gerust ~ hebben* avoir bonne conscience, avoir la conscience nette / tranquille ★ *een slecht ~ hebben* avoir mauvaise conscience ★ *een ruim ~ hebben* avoir la conscience élastique ★ *om zijn ~ gerust te stellen* par acquit de conscience ★ *iets op zijn ~ hebben* avoir qc sur la conscience II *ww* [volt. deelw.] → **weten** III *ww* [volt. deelw.] → **wijten**

gewetenloos sans scrupules

gewetensbezwaar scrupule *m*, ⟨van dienstplichtige⟩ objection *v* de conscience

gewetensbezwaarde objecteur *m* de conscience

gewetensnood détresse *v* morale ★ *in ~ zijn* avoir une crise de conscience

gewetensvol consciencieux [v: consciencieuse]

gewetensvraag cas *m* de conscience

gewetenswroeging remords *m* ★ *~ hebben* avoir des remords

gewetenszaak cas *m* de conscience ★ *een ~ maken van* se faire scrupule de

gewettigd légitime, justifié

geweven [volt. deelw.] → **weven**

gewezen I *bn* ancien [v: ancienne], ex- ★ *haar ~ echtgenoot* son ex-mari II *ww* [volt. deelw.] → **wijzen**

gewicht ❶ *zwaarte* poids *m* ★ *soortelijk ~* poids spécifique ★ *bij het ~ verkopen* vendre au poids ★ *zijn ~ in goud waard zijn* valoir son pesant d'or ❷ *voorwerp* poids *m* ★ *maten en ~en* poids et mesures ★ *dat legt ~ in de schaal* ça pèse dans la balance ❸ *belang* importance *v*, poids *m* ★ *~ hechten aan* attacher de l'importance à ★ *een man van ~* un homme de poids

gewichtheffen (faire des) poids et haltères, haltérophilie *v*

gewichtheffer haltérophile *m/v*

gewichtig I *bn* important, considérable ★ *een ~ persoon* un haut personnage II *bw* d'un air important ★ *~ doen* faire l'important

gewichtigdoenerij prétention *v*, inform frime *v*, chichi(s) *m (mv)*

gewichtloos en état d'apesanteur

gewichtsklasse catégorie *v* de poids

gewichtsverlies perte *v* de poids

gewiekst déluré, roublard, futé

gewijd ❶ *geheiligd* sacré, ⟨heilig⟩ saint ★ *~e aarde* terre *v* sainte ❷ *met betrekking tot liturgie* ★ *~e muziek* musique *v* sacrée, musique spirituelle

gewild I *bn* ❶ *in trek* demandé, recherché, en vogue ❷ *gekunsteld* artificiel [v: artificielle] II *ww* [volt. deelw.] → **willen**

gewillig I *bn* ⟨gedwee⟩ docile, ⟨bereidwillig⟩ complaisant, (bien) disposé II *bw* docilement, de plein gré ★ *~ meegaan* suivre de son plein gré

gewin gain *m*, bénéfice *m* ★ *groot ~* bénéfice *m* important ★ *eigen ~ nastreven* ne chercher que son avantage

gewis I *bn* certain II *bw* certainement

gewoel ❶ *het woelen* agitation *v*, tumulte *m* ❷ *drukte* cohue *v*, remue-ménage *m*, ⟨gedrang⟩ bousculade *v*

gewogen [volt. deelw.] → **wegen**

gewond blessé ★ *~ aan de arm* blessé au bras ★ *~ raken* être blessé

gewonde blessé *m* [v: blessée] ★ *een licht ~* un blessé léger ★ *een ernstig ~* un grand blessé

gewonden [volt. deelw.] → **winden**

gewonnen [volt. deelw.] → **winnen**
gewoon I *bn* ❶ *gebruikelijk* habituel [v: habituelle], d'usage ★ *op de gewone tijd* a l'heure habituelle ❷ *alledaags* ordinaire, commun, normal [m mv: normaux] ★ *een gewone dag* un jour ordinaire ❸ *gewend* habitué (à), accoutumé (à) ★ ~ *zijn (om) te* avoir l'habitude de ★ ~ *zijn aan* être habitué à ★ *zoals hij* ~ *was* selon son habitude **II** *bw* ❶ *normaal* normalement, comme à l'ordinaire ★ *doe maar* ~ fait comme tout le monde, ne cherche pas à te faire remarquer ❷ *gewoonweg* (tout) simplement, franchement ★ *het is* ~ *niet te geloven* c'est tout simplement incroyable ★ *het is* ~ *vreselijk* franchement, c'est terrible ★ *het is me* ~ *niet mogelijk om* je suis tout simplement dans l'impossibilité de
gewoonlijk ordinairement, normalement ★ *zoals* ~ comme d'habitude ★ *minder dan* ~ moins que d'habitude
gewoonte ❶ *wat men gewend is* habitude *v* ★ *uit* ~ par habitude ★ *een* ~ *aanleren* prendre une habitude ★ *een* ~ *afleren* quitter une habitude ★ *de* ~ *hebben om* avoir l'habitude de ★ *dat is mijn* ~ *niet* ce n'est pas dans mes habitudes ❷ *(traditioneel) gebruik* coutume *v*, usage *m* ★ *het is de* ~ *om* ... il est d'usage de ...
gewoontedier ≈ (esprit *m*) routinier *m*, esclave *m/v* de ses habitudes
gewoontedrinker buveur *m* invétéré [v: buveuse invétérée]
gewoontegetrouw fidèlement à ses habitudes
gewoonterecht jur droit *m* coutumier
gewoontjes (tout) simple
gewoonweg ❶ *eenvoudigweg* comme ça, simplement ★ *hij wil* ~ *niet luisteren* il ne veut rien entendre, c'est simple! ❷ *ronduit* tout bonnement, (tout) simplement, franchement ★ *het is* ~ *belachelijk* c'est franchement ridicule ★ *het is* ~ *vreselijk* franchement, c'est terrible
geworden [volt. deelw.] → **worden**
geworpen [volt. deelw.] → **werpen**
geworteld ❶ *met wortels* enraciné ❷ fig enraciné ★ *diep~ wantrouwen* une méfiance profondément enracinée
geworven [volt. deelw.] → **werven**
gewraakt *bekritiseerd* incriminé ★ *het ~e artikel* l'article *m* incriminé
gewreven [volt. deelw.] → **wrijven**
gewricht articulation *v*, jointure *v*
gewroken [volt. deelw.] → **wreken**
gewrongen I *bn* ❶ *verdraaid* tordu ❷ *onnatuurlijk* artificiel [v: artificielle], recherché ★ *een* ~ *stijl* un style tourmenté ★ *een* ~ *glimlach* un sourire forcé **II** *ww* [volt. deelw.] → **wringen**
gewuifd [volt. deelw.] → **wuiven**
gezag ❶ *macht* pouvoir *m* ★ *op eigen* ~ de son (propre) chef ★ *het* ~ *handhaven* faire respecter la loi ★ *het* ~ *voeren over* commander ❷ *autoriteit* autorité *v* ★ ~ *hebben* faire autorité ★ *op* ~ *van* sur la foi de ★ *met* ~ en maître
gezaghebbend autorisé ★ ~ *zijn* faire autorité ★ *~e kringen* des milieux autorisés
gezaghebber, **gezagsdrager** autorité *v*, officiel *m* ★ *de ~s* les autorités
gezagsgetrouw fidèle (au pouvoir), loyaliste
gezagsverhoudingen rapports *m mv* hiérarchiques
gezagvoerder ❶ scheepv capitaine *m/v* ❷ luchtv commandant *m* de bord
gezamenlijk I *bn* collectif [v: collective], commun ★ ~ *belang* intérêt *m* commun ★ *~e inspanningen* efforts *m mv* conjugués ★ *een ~e actie* une action concertée ★ *voor ~e rekening* à frais communs **II** *bw* ensemble, collectivement ★ *we hebben het* ~ *besloten* on a pris la décision ensemble
gezang ❶ *het zingen* chant *m* ❷ *lied* chant *m*, rel cantique *m* ★ *een* ~ *aanheffen* entonner un chant
gezanik rabâchage *m* ★ *hou op met dat ~!* tu me casses les pieds!
gezant envoyé *m* [v: envoyée], émissaire *m* ★ *de pauselijke* ~ le légat, le nonce ★ *gevolmachtigd* ~ plénipotentiaire *m/v*
gezantschap ❶ *legatie* légation *v* ❷ *gebouw* légation *v*
gezapig mollasse, informe pépère
gezegd [volt. deelw.] → **zeggen**
gezegde ❶ *zegswijze* expression *v*, locution *v*, dicton *m* ❷ *uitlating* dires *m mv*, paroles *v mv* ❸ taalk prédicat *m* ★ *werkwoordelijk* ~ prédicat verbal ★ *naamwoordelijk* ~ prédicat nominal
gezegend heureux [v: heureuse] ★ *hij overleed in de ~e ouderdom van negentig jaar* il est mort à l'âge respectable de quatre-vingt-dix ans
gezeglijk docile
gezeikt [volt. deelw.] → **zeiken**
gezeken [volt. deelw.] → **zeiken**
gezel ❶ *makker* compagnon *m* ❷ *leerling-vakman* compagnon *m*
gezellig I *bn* ⟨van persoon⟩ agréable, sociable, ⟨v. plek⟩ accueillant, ⟨knus⟩ douillet [v: douillette], ⟨v. sfeer⟩ convivial ★ *een ~e vrouw* une femme agréable ★ *een* ~ *huisje* une petite maison accueillante / chaleureuse ★ ~ *avondje* une soirée conviviale / intime ★ *het is hier* ~ on est bien ici, il y a beaucoup d'ambiance ici **II** *bw, aangenaam* ⟨van sfeer enz.⟩ agréablement
gezelligheid ambiance *v* (agréable / conviviale), convivialité *v* ★ *voor de* ~ pour la convivialité ★ *hij houdt van* ~ il aime être en société
gezelligheidsdier ≈ personne *v* sociable
gezellin *vrouwelijke metgezel* compagne *v*
gezelschap ❶ *samenzijn* compagnie *v* ★ *iem.* ~ *houden* tenir compagnie à qn ★ *in* ~ *van* en compagnie de, accompagné de ❷ *groep* compagnie *v*, société *v* ★ *een besloten* ~ un cercle (privé), un club (privé) ★ *in goed* ~ *zijn* être en bonne compagnie ★ *een vrolijk* ~ une joyeuse assemblée ★ *slecht* ~ *mijden* éviter les mauvaises fréquentations
gezelschapsspel jeu *m* de société [mv: jeux ...]
gezet ❶ *vastgesteld, geregeld* déterminé ★ *op ~te tijden* à heure fixe ❷ *dik* corpulent
gezeten I *bn* ❶ *met vaste woonplaats* établi, sédentaire ❷ *welgesteld* aisé ★ *de* ~ *burgerij* la bourgeoisie aisée **II** *ww* [volt. deelw.] → **zitten**
gezeur rabâchage *m*
gezicht ❶ *gelaat* visage *m*, figure *v*, ⟨uiterlijk⟩ mine *v*, air *m* ★ *je* ~ *wassen* se laver la figure ★ *een bekend* ~ une figure de connaissance ★ *een vol* ~ un visage rond / rebondi ★ *een lang* ~ *zetten* avoir une mine allongée ★ *hij trok me een ~!* la

tête qu'il faisait! ★ *een ernstig ~ zetten* prendre un air grave / sérieux ★ *(rare) ~en trekken* faire des grimaces ★ *ik heb haar recht in het ~ gezegd dat* je lui ai carrément dit que ★ *iem. in zijn ~ uitlachen* rire au nez / à la face de qn ★ *ik ken hem van ~* je le connais de vue ★ *even zijn ~ laten zien* montrer le (bout de son) nez, faire acte de présence ★ *dat geeft scheve ~en* ça fait des jaloux ★ *zijn ware ~ tonen* se montrer sous son vrai jour, lever le masque ★ *zijn ~ verliezen* perdre la face ★ *zijn ~ redden* sauver la face ❷ *zintuig* vue *v* ★ *het tweede ~* la seconde vue ❸ *aanblik* vue *v* ★ *op het eerste ~* à première vue, de prime abord ★ *uit het ~ verdwijnen* disparaître de la vue ★ *uit het ~ verliezen* perdre de vue ★ *het was een aardig ~* c'était agréable à voir ★ *het is geen ~* ça ne paie pas de mine

gezichtsafstand ❶ *reikwijdte* portée *v* de vue ★ *op ~* à la portée de vue ❷ *oogafstand* distance *v* visuelle

gezichtsbedrog illusion *v* d'optique, trompe-l'œil *m*

gezichtsbruiner solarium *m* visage

gezichtshoek ❶ lett angle *m* optique ❷ fig angle *m*, optique *v*, point *m* de vue

gezichtsmasker masque *m* de beauté

gezichtspunt point *m* de vue, optique *v*

gezichtsuitdrukking physionomie *v*, expression *v*, mine *v*

gezichtsveld champ *m* visuel

gezichtsverlies ❶ *verlies van gezichtsvermogen* perte *v* de la vue ❷ *verlies van prestige* ★ *~ lijden* perdre la face

gezichtsvermogen vue *v*

gezien I *bn* bien vu / apprécié (**bij** de, auprès de) ★ *zij is zeer ~ bij haar collega's* elle est très populaire auprès de ses collègues **II** *vz* vu ★ *~ zijn staat van dienst* vu son état de service **III** *ww* [volt. deelw.] → **zien**

gezin famille *v*, (huishouden) ménage *m*, foyer *m* ★ *een ~ stichten* fonder une famille ★ *een groot ~* une famille nombreuse

gezind I *bn* disposé, intentionné ★ *hij is u goed ~* il vous veut du bien ★ *vijandig ~* malintentionné ★ *iem. goed ~ zijn* vouloir du bien à qn ★ *iem. slecht ~ zijn* vouloir du mal à qn **II** *ww* [volt. deelw.] → **zinnen**

gezindheid ❶ *houding* disposition *v* ❷ *overtuiging* opinions *v mv*, convictions *v mv*

gezindte confession *v*, secte *v*, appartenance *v* (religieuse)

gezinsauto familiale *v*

gezinsfles flacon *m* familial

gezinshereniging regroupement *m* familial

gezinshoofd chef *m* de famille

gezinshulp ❶ *hulpverlening* aide *v* sociale / à domicile ❷ *hulpverlener* aide *v* familiale

gezinsleven vie *v* familiale, vie de famille

gezinsplanning planning *m* familial

gezinsuitbreiding agrandissement *m* de la famille

gezinsverpakking emballage *m* familial

gezinsverzorgster aide *v* familiale

gezinszorg aide *v* (sociale) à la famille

gezocht I *bn* ❶ *gewild* recherché, en vogue, demandé ❷ *gekunsteld* (trop) recherché ★ *een ~e beeldspraak* une métaphore (trop) poussée **II** *ww* [volt. deelw.] → **zoeken**

gezoden [volt. deelw.] → **zieden**

gezogen [volt. deelw.] → **zuigen**

gezond I *bn* ❶ *niet ziek* bien portant, en bonne santé ★ *~e kinderen* des enfants *m mv* en bonne santé ★ *~ en wel* (heelhuids) sain et sauf [v: saine et sauve], (fit) vaillant ★ *~ van lichaam en geest* sain d'esprit et de corps ★ *~ zijn* être en bonne santé ★ *(weer) ~ worden* se rétablir ★ *er ~ uitzien* avoir bonne mine ★ *als we maar ~ zijn!* tant qu'on a la santé! ★ *het bedrijf is financieel ~* l'entreprise est financièrement saine ❷ *heilzaam* sain, salutaire, (v. omgeving) salubre ★ *~e voeding* alimentation *v* saine ★ *een ~ klimaat* un climat salubre ★ *dat is ~ voor je* cela te fera du bien, c'est bon pour la santé ★ *een ~e eetlust* un bon appétit **II** *bw* sainement ★ *~ wonen* habiter dans un endroit salubre ★ *~ eten* manger sainement

gezonden [volt. deelw.] → **zenden**

gezondheid I *de* (van persoon) santé *v*, (van omgeving) salubrité *v* ★ *in goede ~* en bonne santé ★ *op iemands ~ drinken* boire à la santé de qn ★ *op je ~!* à ta santé! ★ *een goede ~ hebben* jouir d'une bonne santé ★ *~ is de grootste schat* la santé est le plus précieux des biens **II** *tussenw* (bij niesen) à tes / vos souhaits, (bij proosten) à la tienne, à la vôtre

gezondheidscentrum centre *m* médicosocial [mv: centres médicosociaux]

gezondheidsredenen ★ *om ~* pour des raisons de santé

gezondheidszorg santé *v* publique ★ *nationale ~* Santé publique ★ *de ~ is uitstekend* le système de santé publique est excellent

gezongen [volt. deelw.] → **zingen**

gezonken [volt. deelw.] → **zinken**

gezonnen [volt. deelw.] → **zinnen**

gezopen [volt. deelw.] → **zuipen**

gezouten [volt. deelw.] → **zouten**

gezusters ★ *de ~ Dubois* Dubois sœurs

gezwegen [volt. deelw.] → **zwijgen**

gezwel ❶ *zwelling* enflure *v* ❷ *woekering van weefsel* tumeur *v* ★ *een goedaardig ~* une tumeur bénigne ★ *een kwaadaardig ~* une tumeur maligne

gezwolgen [volt. deelw.] → **zwelgen**

gezwollen I *bn, hoogdravend* emphatique **II** *ww* [volt. deelw.] → **zwellen**

gezwommen [volt. deelw.] → **zwemmen**

gezworen I *bn* ★ *een ~ vijand* un ennemi juré / mortel ★ *~ kameraden* des amis à la vie et à la mort **II** *ww* [volt. deelw.] → **zweren**

gezworene juré *m* [v: jurée]

gezworven [volt. deelw.] → **zwerven**

gft-afval déchets *m mv* biodégradables, biodéchet *m*

gft-bak *biobak* boîte *v* à déchets biodégradables, conteneur *m* vert

Ghana le Ghana ★ *in ~* au Ghana

Ghanees ghanéen [v: ghanéenne]

ghb *gammahydroxybutyraat* GHB *m*

ghostwriter nègre *m*

Gibraltar Gibraltar *m* ★ *in ~* à Gibraltar

gids ❶ *persoon* guide *m* ★ *iemands gids zijn* guider

qn ❷ *object* guide *m* ★ BN *de Witte Gids®* l'annuaire *m* téléphonique, bottin *m* ★ *de Gouden Gids®* les pages *v mv* jaunes
gidsen guider
giebelen rire tout bas, ricaner, glousser
giechelen rire tout bas, ricaner, glousser
giek ❶ *roeiboot* yole *v* ❷ *dwarsmast* gui *m*
gier I *de* [mv: +en] *vogel* ook fig vautour *m* ★ *vale gier* vautour fauve **II** *de* [gmv] *mest* purin *m*
gieren ❶ *brullen, gillen, loeien* hurler ★ *de wind giert om het huis* le vent mugit autour de la maison ★ *het is om te ~* c'est à hurler (de rire) ❷ *razend voortgaan* foncer ★ *de zenuwen ~ door mijn keel* je suis à bout de nerfs ❸ *bemesten* fumer au purin
gierig avare, inform radin
gierigaard avare *m/v*
gierigheid avarice *v*
gierst millet *m*
gierzwaluw martinet *m* (noir)
gietbui averse *v*, ondée *v*
gieten I *ov ww* ❶ *schenken* verser ★ *vol ~* remplir ❷ *vormgeven* couler, fondre, mouler ★ *die jurk zit me als gegoten* cette robe me va comme un gant **II** *onp ww* pleuvoir à verse ★ *het giet* il pleut à seaux
gieter *waterkan* arrosoir *m* ▾ *afgaan als een ~* ramasser une veste ▾ BN *(zo) fier als een ~* fier comme un coq / pou
gieterij fonderie *v*
gietijzer fonte *v*
gif poison *m*, ⟨van dieren / planten⟩ venin *m*, scheik (substance *v*) toxique *m* ▾ *daar kun je gif op innemen* je te le promets, c'est sûr et certain
gifbeker coupe *v* empoisonnée ★ *de ~ drinken* boire la ciguë
gifbelt décharge *v* de produits toxiques
gifgas gaz *m* toxique
gifgroen vert cru, vert criard
gifgrond terrain *m* pollué
gifkikker râleur *m* [v: râleuse]
gifklier glande *v* à venin
gifslang serpent *m* venimeux
gifstof (substance *v*) toxique *m*
gift *schenking* don *m*, ⟨geld⟩ donation *v*
giftig ❶ *vergiftig* ⟨v. stof⟩ toxique, ⟨v. plant⟩ vénéneux [v: vénéneuse], ⟨v. dier⟩ venimeux [v: venimeuse], ⟨vergiftigd⟩ empoisonné ❷ *venijnig* venimeux [v: venimeuse], ⟨nijdig⟩ remonté
gifwolk nuage *m* toxique
gigabyte gigaoctet *m*, Go
gigant géant *m*
gigantisch gigantesque
gigolo gigolo *m*
gij ❶ BN *jij* ⟨onderwerp⟩ tu, ⟨beklemtoond⟩ toi ❷ form *u* vous
gijzelaar otage *m/v*
gijzelen prendre en otage, ⟨gerechtelijk⟩ contraindre par corps
gijzeling ❶ *terreurdaad* prise *v* d'otage(s) ★ *iem. in ~ houden* tenir qn en otage ❷ jur contrainte *v* par corps
gijzelnemer preneur *m* d'otage(s), ⟨ontvoerder⟩ ravisseur *m* [v: ravisseuse]
gil cri *m* (perçant) ★ *een gil geven* pousser un cri
gilde guilde *v*, corporation *v*, corps *m* de métier
gilet gilet *m*
gillen *schreeuwen* crier, hurler, pousser des cris ★ fig *het is om te ~* c'est à hurler (de rire)
giller ★ *wat een ~!* c'est à hurler de rire!
gimmick truc *m*, gimmick *m*
gin gin *m*
ginder *daar* là, là-bas
ginderachter inform BN *daar ergens* là-bas
ginds là-bas, là
ging [verl. td.] → **gaan**
gingen [verl. td.] → **gaan**
ginnegappen ricaner
gips *materiaal* plâtre *m* ★ *mijn been zit in het gips* j'ai la jambe plâtrée, j'ai la jambe dans le plâtre
gipsen en plâtre
gipskruid gypsophile *m*
gipsplaat plaque *v* en plâtre
gipsverband plâtre *m*
gipsvlucht vol *m* spécial pour les accidentés sur les pistes
giraffe, giraf girafe *v*
giro ❶ *girorekening* CCP *m* (compte-chèques postal) ❷ *overschrijving* virement *m* (postal) ★ *per giro betalen* payer par virement postal
giromaat point *m* (d') argent, distributeur *m* de billets (de banque)
giromaatpas carte *v* bancaire / bleue
gironummer numéro *m* de compte (CCP)
giropas carte *v* bancaire / bleue
girorekening CCP *m*, compte-chèques *m* postal
gis[1] [gies] muz sol *m* dièse
gis[2] **I** *de, giswerk* conjectures *v mv*, hypothèses *v mv* ★ *op de gis* à l'estime, au jugé, inform au pif **II** *bn, slim* futé, déluré
gissen deviner ★ *~ naar iets* conjecturer qc ★ *enkel kunnen ~* se perdre en conjectures
gissing *veronderstelling* supposition *v*, estimation *v*, conjecture *v* ★ *naar ~* d'après ce qu'on peut supposer
gist levure *v*
gisten ❶ lett fermenter ❷ fig fermenter, s'agiter
gisteravond hier soir ★ *~ zijn we naar de film geweest* hier soir on est allé au cinéma
gisteren hier ★ *~ was het een stuk kouder dan vandaag* hier il faisait bien plus froid qu'aujourd'hui ★ fig *ik ben niet van ~* je ne suis pas né d'hier
gistermiddag hier après-midi
gistermorgen hier matin
gisternacht hier dans la nuit
gisting fermentation *v*
git jais *m*
gitaar guitare *v*
gitarist guitariste *m/v*
gitzwart noir comme jais, de jais
G-krachten forces *v mv* G
glaceren *glanzend maken* glacer
glad I *bn* ❶ *effen* lisse, ⟨onbehaard⟩ glabre, ⟨kortharig⟩ ras ★ *gladde zee* mer *v* plate ★ *glad als een spiegel* lisse comme un miroir ❷ *glibberig* glissant ★ *het is hier glad* ça glisse ici ❸ *vlot, gemakkelijk* aisé ★ *een gladde tong hebben* avoir la langue bien pendue ★ *dat is nogal glad* c'est évident, ça crève les yeux ❹ *sluw* rusé, déluré, roublard ★ *zo glad als een aal* malin comme un

singe ★ *een gladde jongen* un malin **II** *bw* ❶ *makkelijk* facilement ★ *het gaat hem glad af* il s'en sort sans peine ★ *dat zat hem niet glad* il était déçu, mal lui en a pris ★ *glad verlopen* marcher comme sur des roulettes ❷ *totaal* carrément, tout simplement ★ *hij is het glad vergeten* il l'a tout à fait oublié
gladgeschoren rasé de près
gladharig à poil lisse
gladheid ❶ *effenheid* aspect *m* lisse ❷ *glibberigheid* état *m* glissant
gladiator gladiateur *m*
gladiool ❶ *bloem* glaïeul *m* [mv: glaïeuls] ❷ *persoon* ★ *achterlijke* ~ andouille *v*
gladjanus faux jeton *m*, roublard *m*
gladjes I *bn* ❶ *nogal glibberig* (assez) glissant ❷ *slim, sluw* malin [v: maligne] ❸ *gemakkelijk* facile **II** *bw* ❶ *nogal glibberig* en glissant ❷ *slim, sluw* avec ruse ❸ *met gemak* ⟨vlot⟩ facilement, ⟨probleemloos⟩ sans encombre ★ ~ *verlopen* marcher comme sur des roulettes
gladmaken lisser
gladstrijken ❶ lett lisser, défroisser ❷ fig aplanir
gladweg carrément, tout simplement ★ *iets ~ vergeten* oublier totalement qc
glamour glamour *m*
glans ❶ *(weer)schijn* éclat *m*, ⟨schijnsel⟩ lueur *v*, ⟨weerglans⟩ poli *m*, brillant *m* ★ ~ *aan iets geven* faire briller qc, polir qc ★ *de ~ op zijn gezicht* son visage radieux ❷ fig éclat *m*, splendeur *v* ★ *met ~ slagen* être reçu brillamment ★ *van zijn ~ beroofd* terni ★ ~ *bijzetten / verlenen aan* rehausser l'éclat de
glansmiddel lustre *m*
glanspapier papier *m* glacé
glansrijk I *bn* brillant, éclatant, splendide ★ *een ~e overwinning* une victoire éclatante **II** *bw* brillamment, haut la main
glansrol rôle *m* de premier rang
glansverf peinture *v* brillante
glanzen briller, resplendir, (re)luire ★ *zijn ogen glansden* il avait les yeux qui brillent ★ *~d* ⟨v. fotopapier⟩ brillant
glas I *het* [gmv] *materiaal* verre *m* ★ *kogelvrij glas* verre pare-balles ★ *gewapend glas* verre armé ★ *glas in lood* vitrail *m* ★ *achter glas* sous verre ★ *zo hard als glas* dur comme le fer **II** *het* [mv: glazen] ❶ *drinkglas* verre *m* ★ *uit een glas drinken* boire dans un verre ★ *een glas water* un verre d'eau ★ *een glaasje drinken* prendre un (petit) verre / un pot, boire un coup ★ *te diep in het glaasje gekeken hebben* avoir un coup dans le nez ❷ *ruit* vitre *v*, carreau *m* [mv: carreaux] ★ *zijn eigen glazen ingooien* gâter son affaire, se desservir, se tirer une balle dans le pied
glasbak conteneur *m* à verre / à bouteilles
glasblazen souffler le verre
glasblazer verrier *m*
glasfiber fibre *v* de verre
glashard I *bn* dur comme le fer, froid **II** *bw* ★ ~ *ontkennen* nier froidement / sans vergogne
glashelder I *bn* ❶ *doorzichtig* clair (comme du cristal), limpide ❷ *duidelijk* clair comme le jour / comme de l'eau de roche **II** *bw* clairement
glas-in-loodraam, BN **glasraam** vitrail *m* [mv: vitraux], ⟨groot⟩ verrière *v*
glasplaat plaque *v* de verre
glasschade bris *m* de glaces
glastuinbouw (horti)culture *v* en serres
glasverzekering assurance *v* contre les bris de glace
glasvezel fibre *v* de verre, ⟨optisch⟩ fibre *v* optique
glaswerk ❶ *glazen* verrerie *v* ❷ *ruiten* vitrage *m*
glaswol laine *v* de verre
glazen de / en verre, ⟨met ruiten⟩ vitré ★ ~ *dak* verrière *v*
glazenwasser *persoon* laveur *m* de carreaux [v: laveuse ...]
glazig I *bn* vitreux [v: vitreuse] ★ *~e blik* regard *m* vitreux ★ *~e aardappel* pomme *v* de terre (à texture) vitreuse **II** *bw* ★ *iem. ~ aankijken* regarder qn d'un air hébété
glazuren émailler, vernir
glazuur ❶ *glasachtige laag* vernis *m*, glaçure *v* ❷ *tandglazuur* émail *m* ❸ *taartglazuur* glace *v*
gleden [verl. td.] → **glijden**
gleed [verl. td.] → **glijden**
gletsjer glacier *m* ★ *van de ~s* glaciaire
gletsjerdal vallée *v* glaciaire
gleuf ❶ *spleet* fente *v*, rainure *v* ❷ *vagina* fente *v*, tirelire *v*
glibberen glisser
glibberig *glad* glissant, ⟨slijmerig⟩ visqueux [v: visqueuse]
glijbaan ❶ *speeltuig* toboggan *m* ❷ *baan van ijs* glissoire *v*
glijden glisser (**over** sur) ★ *iets in zijn zak laten ~* glisser qc dans sa poche
glijmiddel lubrifiant *m*
glijvlucht vol *m* plané
glimlach sourire *m* ★ *een brede ~* un large sourire
glimlachen sourire (**om** de; **tegen** à) ★ *breed ~* être tout sourire
glimmen ❶ *glanzen* (re)luire, briller ★ *~de schoenen* des chaussures bien cirées ❷ *glunderen* rayonner ★ ~ *van trots* rayonner de fierté ★ *hij glom van plezier* il était rayonnant (de joie)
glimp lueur *v* ★ *een ~ opvangen van* entrevoir ★ *een ~ van iets laten zien* laisser entrevoir qc ★ *een ~je hoop* une lueur / ombre d'espoir
glimworm ver *m* luisant, lampyre *m*
glinsteren étinceler, briller, scintiller
glinstering étincellement *m*, éclat *m*
glippen ❶ *wegglijden* glisser, ⟨ontglippen⟩ échapper ❷ *stiekem ergens naar binnen gaan of ergens vandaan gaan* ★ *naar binnen ~* se glisser / faufiler à l'intérieur ★ *naar buiten ~* s'éclipser
glitter ❶ *iets dat glinstert* paillettes *v mv* ★ *~jurk* robe *v* pailletée ❷ *schone schijn* paillettes *v mv*, ⟨klatergoud⟩ clinquant *m* ★ ~ *en glamour* paillettes et glamour
globaal I *bn* ❶ *ruw* approximatif [v: approximative], global [m mv: globaux] ❷ BN *totaal* global [m mv: globaux] **II** *bw* approximativement, grosso modo
globaliseren mondialiser
globalisering mondialisation *v*
globe globe *m*
globetrotter globe-trotter *m* [m mv: globe-trotters] [v: globe-trotteuse]
gloed ❶ *schijnsel, warmte* lueur *v*, ⟨rood⟩

gl

rougeoiement *m*, ⟨hitte⟩ ardeur *v* ★ *de ~ van het vuur* le brasier ★ *de ~ van de zon* l'ardeur du soleil ❷ *bezieling* ardeur *v*, ferveur *v*, feu *m* ★ *iets met ~ verdedigen* défendre qc avec passion ★ *in ~ (doen) raken* (s')embraser

gloednieuw flambant neuf [v: flambant neuf / neuve]

gloedvol I *bn* enflammé, passionné **II** *bw* avec flamme

gloeien ❶ *branden zonder vlam* être ardent / incandescent, ⟨rood⟩ rougeoyer, rougir ★ *het hout gloeit nog* les tisons sont rougeoyants ❷ *stralen van hitte* rougir ★ *zijn wangen ~* il a les joues brûlantes

gloeiend I *bn* ❶ *in gloed staande, heet* brûlant, ardent, rouge ❷ fig *hartstochtelijk* ardent ★ *een ~e hekel aan iem. hebben* détester qn cordialement **II** *bw* ❶ *zodat het gloeit* ★ *het zand is ~ heet* le sable est brûlant ❷ *in hoge mate* ★ *zich ~ vervelen* s'ennuyer à mourir ★ *er ~ bij zijn* être cuit, être grillé

gloeilamp ampoule *v*

glom [verl. td.] → **glimmen**

glommen [verl. td.] → **glimmen**

glooien descendre / aller en pente ★ *een ~d landschap* un paysage vallonné ★ *~d* en pente

glooiing pente *v*, ⟨talud⟩ talus *m* ★ *een zachte ~* une pente douce

gloren *aanbreken* luire, ⟨v.d. ochtend⟩ poindre ★ *bij het ~ van de ochtend* à l'aube ★ *de ochtend begint te ~* l'aube commence à poindre

glorie ❶ *roem* gloire *v* ★ *tot meerdere ~ van* pour la (plus grande) gloire de ❷ *pracht* ★ *vergane ~* splendeur *v* passée ★ *in volle ~* dans toute sa splendeur

glorietijd ⟨kort⟩ heure *v* de la gloire, apogée *m*, ⟨lang⟩ âge *m* d'or, grands jours *m mv*

glorieus glorieux [v: glorieuse]

glossarium glossaire *m*

glossy I *bn*, ⟨van tijdschriften⟩ ★ *~ tijdschrift* magazine *m* sur papier glacé **II** *de, tijdschrift* magazine *m* sur papier glacé

glucose glucose *m*

glühwein vin *m* chaud

gluiperd sournois *m* [v: sournoise], fourbe *m/v*

gluiperig I *bn, vals, geniepig* sournois **II** *bw* sournoisement

glunderen rayonner (**van** de)

gluren épier, guetter ★ *~ in / naar* guigner

gluten gluten *m*

gluurder voyeur *m* [v: voyeuse]

glycerine glycérine *v*

gniffelen rire sous cape

gnoe gnou *m*

gnoom gnome *m*

gnuiven rire sous cape

goal ❶ *doel* but *m* ❷ *doelpunt* but *m* ★ *een goal scoren* marquer (un but) ★ *de beslissende goal maken* marquer le but décisif ★ *een eigen goal maken* marquer contre son camp

gobelin *wandtapijt* tapisserie *v*

gocart BN *skelter* kart *m*

god *godheid* dieu *m* [mv: dieux] ★ *grote goden!* bonté *v* divine! ★ *de goden verzoeken* tenter Dieu, tenter le diable

God Dieu ★ *in Gods naam* au nom de Dieu ★ *God geve dat ...* Dieu veuille que ..., plaise à Dieu que ... ★ *God zij dank* Dieu merci ★ *God zij met ons!* que Dieu soit avec nous ★ *God mag het weten* Dieu (seul) le sait ★ *van God los zijn* être cinglé / dingue ★ *Gods water over Gods akker laten lopen* laisser faire, laisser (tout) courir ★ *God noch gebod vrezen* vivre sans foi ni loi ★ *leven als God in Frankrijk* vivre comme un coq en pâte ★ *mijn / goeie God!* mon Dieu! ★ *ieder voor zich en God voor ons allen* chacun pour soi et Dieu pour tous ★ *God zegene de greep!* à-Dieu-va!

goddank Dieu merci

goddelijk I *bn* ❶ *van een god* divin ❷ *verrukkelijk* divin **II** *bw* divinement

goddomme (sacré) nom de Dieu

godendom panthéon *m*

godgans ★ *de ~e dag* toute la sainte journée

godgeklaagd scandaleux [v: scandaleuse] ★ *het is ~!* c'est une honte!

godgeleerdheid théologie *v*

godheid divinité *v*

godin déesse *v*

godsdienst religion *v* ★ *een ~ aanhangen* adhérer à une foi / religion ★ fig gesch *~ is opium voor het volk* la religion est l'opium du peuple

godsdienstig ❶ *religieus* religieux [v: religieuse] ❷ *vroom* pieux [v: pieuse]

godsdienstoefening culte *m*, service *m*, office *m*

godsdienstoorlog guerre *v* de religion

godsdienstvrijheid liberté *v* des cultes

godsdienstwaanzin fanatisme *m* religieux

godsgeschenk don *m* divin / du ciel

godsgruwelijk I *bn* atroce **II** *bw* atrocement

godshuis église *v*, ⟨protestants⟩ temple *m*

godslasteraar blasphémateur *m* [v: blasphématrice]

godslastering blasphème *m*

godslasterlijk blasphématoire, sacrilège

godsnaam ▾ *doe in ~ niet zo moeilijk* pour l'amour de Dieu, ne fais pas le difficile ▾ *hoe is het in ~ mogelijk?* est-il Dieu possible?

godswonder miracle *m*

godverdomme nom de Dieu

godvergeten *erg* infâme

godvruchtig dévot, pieux [v: pieuse]

godzijdank Dieu merci

goed I *bn* ❶ *kwalitatief hoog* bon [v: bonne] ★ *deze tv is nog goed* cette télé est encore en bon état ★ *een goed idee* une bonne idée ★ *daar ben ik niet (zo) goed in* ce n'est pas mon fort ★ *goed zo!* (très) bien!, bravo! ★ *zij zijn goed in Engels* ils sont bons / forts en anglais ★ *zeer goed* très bien ★ *in goede staat verkeren* être en bon état ★ *alles goed thuis?* ça va bien chez vous? ❷ *correct* bon ★ *het goede antwoord* la bonne réponse ❸ *zoals voorgeschreven* bon [v: bonne] ★ *goed fatsoen* bonnes manières *v mv* ★ *de goede smaak* le bon goût ❹ *geschikt* bon ❺ *gunstig* ★ *het is maar goed dat* heureusement que ★ *goede afloop* issue *v* heureuse ★ *met goed gevolg examen doen* passer un examen avec succès, être reçu à un examen ★ *een goede indruk maken* faire bonne impression ★ *waar is dat goed voor?* à quoi (est-ce que) ça sert? ★ *dat is nergens goed voor* ça ne sert à rien ★ *het is maar goed dat...* encore heureux que... ❻ *deugdzaam, vriendelijk* bon ★ *een goed mens* qn de bien ★ *goede daad* bonne action *v* ★ *wees zo goed om...* veuillez... ★ *al te goed is buurmans gek* inform trop bon, trop con ❼ *gezond, onbedorven* bon ★ *dat is goed voor je* ça te fera du bien ★ *in goede gezondheid* en bonne santé ★ *daar word ik niet goed van* ça me rend malade, ça m'écœure ★ *lang goed blijven* bien se conserver ❽ *ruim* ★ *een goed uur* une bonne heure, un peu plus d'une heure ★ *een goede tien minuten* dix bonnes minutes ★ *hij is een goede dertiger* il a la trentaine bien sonnée ❾ *waard zijnde* ★ *goed voor twee consumpties* bon pour deux consommations ★ *hij is goed voor een miljoen* il vaut un million ❿ *bepaald* ★ *op een goede dag* un (beau) jour ▾ *net goed (voor hem)!* bien fait (pour lui)! ▾ ⟨na grap⟩ *die is goed!* elle est bien bonne, celle-là! ▾ ⟨instemmend⟩ *dat is goed* je veux bien ▾ *ook goed* comme vous voulez ▾ *zo goed als* pratiquement, quasiment ▾ *zo goed als niets* autant dire rien, presque rien ▾ *zo goed als nieuw* comme neuf ▾ *het werk is zo goed als klaar* le travail est fait ou peu s'en faut ▾ *alles goed en wel, maar ...* c'est bien beau / joli, mais ... **II** *bw* ❶ *in hoge / grote mate* bien ★ *dat is goed te zien* cela se voit très bien ★ *dat kan heel goed* c'est parfaitement possible ❷ *kwalitatief hoog* ★ *zeer goed* très bien ★ *zo goed ik kon* de mon mieux ★ *zo goed mogelijk* le mieux possible ★ *zo goed en zo kwaad als het gaat* tant bien que mal ★ *die broek staat je goed* ce pantalon te va bien ❸ *correct* bien ★ *als ik het goed heb* si je ne me trompe, si je ne m'abuse, sauf erreur ❹ *zoals voorgeschreven* bien ★ *je goed gedragen* se conduire bien ★ *goed en wel aangekomen ...* à peine arrivé ... ❺ *gunstig, aangenaam* ★ *je zou er goed aan doen om* tu ferais bien de, tu serais bien avisé / inspiré de ★ *dat doet me goed* ça me fait du bien ★ *het goed hebben* bien vivre ❻ *gezond, onbedorven* ★ *ze maken het goed* ils vont bien ★ *ik voel me niet goed* je ne me sens pas bien ★ culin *goed houden* conserver ★ *hou je goed!* tiens-toi bien! ★ *zich goed houden* retenir ses larmes **III** *het* ❶ *wat goed is; nut, voordeel* bien *m* ★ *goed en kwaad* le bien et le mal ★ *ik wens je veel goeds* je te souhaite tout le bien (possible) ★ *ik kan geen goed bij hem doen* il m'en veut, je n'ai plus la cote auprès de lui ★ *dat is te veel van het goede* trop c'est trop ★ *wie goed doet, goed ontmoet* qui sème le bien récolte le bien ★ *de goeden moeten onder de kwaden lijden* les bons pâtissent pour les mauvais ★ *verandering ten goede* changement *m* en bien / en mieux, amélioration *v* ★ *zich te goed doen aan* se régaler de ★ *ten goede komen aan* profiter à, servir à ★ *houd me ten goede, maar ...* il ne faut pas m'en vouloir, mais ..., excusez-moi, mais ... ❷ *bezit* bien(s) *m (mv)* ★ *onroerend goed* biens immobiliers, jur biens *m mv* immeubles ❸ *spullen* choses *v mv*, affaires *v mv*, ⟨waren⟩ marchandise(s) *v (mv)* ★ *gestolen goed gedijt niet* bien mal acquis ne profite pas ❹ *kleren* vêtements *m mv* ★ *schoon goed* (linge *m* de) rechange *m* ❺ *krediet* ★ *ik heb nog honderd euro van je tegoed* tu me dois (encore) 100 euros ★ *dat houden we nog tegoed* c'est encore à venir, ça n'est que partie remise

goedaardig I *bn* ❶ *goedig* doux [v: douce] ❷ med bénin [v: bénigne] **II** *bw* gentiment

goeddeels en bonne partie

goeddoen faire du bien ★ *dat doet me goed* ça me fait du bien

goeddunken I *het* gré *m*, guise *v* ★ *naar eigen ~ handelen* agir à sa guise **II** *onov ww* sembler bon, plaire (**aan** à) ★ *hij doet wat hem goeddunkt* il fait ce qui lui plaît

goedemiddag bonjour

goedemorgen bonjour

goedenacht bonne nuit ★ *iem. ~ wensen* souhaiter une bonne nuit à qn

goedenavond bonsoir

goedendag ❶ *hallo* bonjour ❷ *tot ziens* au revoir ★ inform *~ zeg!* ça alors!

goederen ❶ *bezittingen* biens *m mv* ❷ *koopwaar* marchandises *v mv* ★ *een partij ~* un lot de marchandises

goederenlift monte-charge *m* [mv: monte-charge(s)]

goederentrein train *m* de marchandises

goederenverkeer transport *m* des marchandises, trafic *m*

goederenwagon wagon *m* de marchandises

goedgebekt ★ *~ zijn* avoir la langue bien pendue

goedgeefs généreux [v: généreuse]

goedgehumeurd de bonne humeur

goedgelovig crédule

goedgemutst de bonne humeur

goedgezind ❶ *welwillend* favorable, bien intentionné ❷ BN *goed gehumeurd* de bonne humeur

goedgunstig I *bn* bienveillant, favorable **II** *bw* avec bienveillance

goedhartig I *bn* ayant bon cœur, bon [v: bonne] **II** *bw* avec bonté

goedheid bonté *v* ★ *hij is de ~ zelve* il est la bonté en personne ★ *grote ~!* bonté divine!

goedig I *bn* doux [v: douce], bonhomme **II** *bw* avec bonhomie

goedje *stof* substance *v*

goedkeuren ⟨in orde bevinden⟩ accepter, ⟨geschikt bevinden⟩ juger apte (**voor** à), ⟨instemmen met⟩ approuver, ⟨bekrachtigen⟩ sanctionner ★ *medisch goedgekeurd worden* réussir un examen médical ★ *de auto is goedgekeurd* la voiture a passé le contrôle technique ★ *officieel goedgekeurd* homologué ★ *de notulen ~* approuver le procès-verbal ★ *een ~d gebaar* un geste approbateur

goedkeuring approbation *v*, ⟨van verdrag⟩ ratification *v* ★ *ter ~ voorleggen* soumettre à l'approbation ★ *zijn ~ hechten aan* approuver

goedkoop I *bn* ❶ *niet duur* (à) bon marché [onver.], pas cher [v: pas chère] ★ *die broek was ~* ce pantalon était bon marché ★ *goedkoper* (à) meilleur marché [onver.], moins cher [v: moins chère] ★ *~st* le moins cher ★ *goedkoper worden* diminuer, baisser de prix ★ *goedkope editie* édition à bon marché ★ *goedkope rommel* de la camelote ★ *een goedkope winkel* un magasin pas cher ★ *~ is duurkoop* ≈ la qualité se paie ❷ *flauw,*

gemakkelijk facile ★ *goedkope grappen* des plaisanteries à deux balles ★ *een ~ argument* un argument gratuit **II** *bw* ★ *er ~ afkomen* s'en tirer à bon compte
goedlachs rieur [v: rieuse], enjoué
goedmaken ❶ *ongedaan maken* réparer, compenser, racheter, rattraper ★ *het weer ~ (met)* se racheter (auprès de), ‹bijleggen› se réconcilier (avec) ★ *om het weer goed te maken* pour se faire pardonner ❷ *kosten dekken* couvrir
goedmakertje réparation *v*
goedmoedig I *bn, goedig* bonhomme [onver.], doux [v: douce] **II** *bw* avec bonhomie
goedpraten justifier ★ *het is niet goed te praten* c'est inexcusable

goedschiks de bon gré ★ *~ of kwaadschiks* bon gré, mal gré, de gré ou de force
goedvinden I *ov ww* consentir à, agréer, approuver **II** *het* approbation *v*, ‹toestemming› permission *v* ★ *met ~ van* avec le consentement de ★ *met onderling ~* par consentement mutuel ★ *met wederzijds ~* de gré à gré
goedzak bonne pâte *v*, brave cœur *m*
goegemeente Monsieur *m* Tout-le-Monde
goeierd brave cœur *m*, bonne pâte *v*
goeroe gourou *m*
goesting BN *zin, trek* envie *v* ★ *zijn ~ doen* faire à sa guise
gok ❶ *speculatie, onzekere onderneming* pari *m*, coup *m* de dés ★ *het is een gok* c'est un coup de dés ★ *een gokje doen* parier ❷ *gissing* supposition *v* ★ *doe een gok* devine ★ *op de gok* au jugé, au hasard, inform au pif ❸ *grote neus* pif *m*
gokautomaat machine *v* à sous
gokken ❶ *om geld spelen* jouer ★ *~ op* miser sur, jouer ❷ *speculeren* spéculer (**op** sur) ★ *daar gok ik op* je tente le coup ❸ *gissen* deviner
goklust amour *m* du jeu
goktent maison *v* de jeu(x)
gokverslaafde joueur *m* (invétéré) [v: joueuse invétérée], inform accro *m/v* des jeux de hasard
gokverslaving addiction *v* aux jeux de hasard, démon *m* du jeu
gold [verl. td.] → **gelden**
golden [verl. td.] → **gelden**
golden retriever golden retriever *m*
golf[1] ❶ *waterbeweging* vague *v* ❷ natk onde *v* ★ *lange golf* grandes ondes (GO) ★ *korte golf* ondes courtes (OC) ❸ *wat op een golf lijkt* vague *v*, ‹stroom› flot *m* ★ *een golf van geweld* une vague de violence ★ *groene golf* feux *m mv* synchronisés ❹ *baai* golfe *m*
golf[2] ['golf' met de g van 'goal'] sport golf *m* ★ *golf spelen* jouer au golf
golfbaan (terrain *m* de) golf *m*
golfbeweging ondulation *v*, fig fluctuation *v*
golfbreker brise-lames *m* [mv: id.]
golfclub ❶ *golfstok* club *m* ❷ *vereniging* club *m* de golf
golfen faire du golf, golfer
golfer golfeur *m* [v: golfeuse]
golfkarton carton *m* ondulé
golflengte ook fig longueur *v* d'onde ▾ *op dezelfde ~ zitten* être sur la même longueur d'onde
golflijn ❶ *golvende lijn* ondulation *v* ❷ natk onde *v*
golfplaat tôle *v* ondulée
golfslag ❶ *het slaan van golven* déferlement *m* ❷ *deining* houle *v*
golfslagbad piscine *v* à remous / à vagues
golfspeler golfeur *m* [v: golfeuse]
golfstaat pays *m* du Golfe
Golf van Biskaje golfe *m* de Gascogne
golven ❶ *golvend op en neer gaan* onduler, form ondoyer ★ *~d haar* cheveux ondulés ★ *~d terrein* terrain *m* vallonné ❷ *in golven stromen* jaillir
gom ❶ *lijmstof* gomme *v* ❷ *vlakgom* gomme *v*
gommen ❶ *met gom bedekken* gommer ❷ *uitvegen met een gom* gommer
gondel ‹boot› gondole *v*, ‹v. luchtballon› nacelle *v*
gondelier gondolier *m* [v: gondolière]
gong gong *m*
gongslag coup *m* de gong
goniometrie goniométrie *v*
gonorroe gonorrhée *v*
gonzen bourdonner ★ *het ~* le bourdonnement ★ fig *het gonst van de geruchten* les rumeurs vont bon train
goochelaar prestidigitateur *m* [v: prestidigitatrice]
goochelen ❶ *toveren* faire des tours de passe-passe, faire de la magie ❷ *handig omspringen met* jongler (**met** avec) ★ *~ met cijfers* jongler avec les chiffres
goocheltruc tour *m* de magie, tour *m* de passe-passe
goochem futé, finaud, malin [v: maligne]
goodwill *goede naam* sympathie *v*, bienveillance *v* ★ *~ (willen) kweken* faire une offensive de charme
googelen www faire des recherches sur Google®, inform googler, googliser
gooi jet *m*, lancement *m* ▾ *een gooi doen naar* ‹gissen› deviner (au hasard), ‹dingen naar› briguer
gooien jeter, lancer ★ *met stenen ~* lancer des pierres ★ *het ~* le jet ★ *met de deur ~* claquer la porte ★ *alles eruit ~ zijn hart luchten* vider son sac ★ *iem. eruit ~* ficher / flanquer qn à la porte ★ *er geld tegenaan ~* y mettre de l'argent ★ *iets / de schuld op iem. ~* mettre la faute sur le dos de qn
gooi-en-smijtwerk ≈ gags *m mv* burlesques
goor ❶ *onsmakelijk* dégoûtant ❷ *vuil* sale, inform dégueulasse ★ fig *gore taal uitslaan* tenir des propos grossiers
goot I *de* ❶ *afvoerbuis* conduit *m* (d'écoulement), ‹geul› rigole *v* ❷ *straatgoot* caniveau *m* [mv: caniveaux], ruisseau *m* [mv: ruisseaux] ★ *uit de goot opgeraapt* tiré du ruisseau ❸ *dakgoot* gouttière *v* **II** *ww* [verl. td.] → **gieten**
gootsteen évier *m*
gordel ❶ *riem* ceinture *v*, ‹militair› ceinturon *m* ❷ *middel* ★ *een stoot onder de ~ geven* donner un coup bas ❸ *kring* ceinture *v* ❹ geogr zone *v*
gordeldier tatou *m*
gordelroos zona *m*
gordijn rideau *m* [mv: rideaux], ‹deurgordijn› portière *v* ★ *de ~en open- / dichttrekken* ouvrir / fermer les rideaux ★ fig *het ijzeren ~* le rideau de

fer
gordijnrail (tringle *v* à) glissière *v*
gordijnroe tringle *v* (à rideaux)
gorgelen se gargariser
gorgonzola gorgonzola *m*
gorilla gorille *m*
gors I *de, vogel* bruant *m* **II** *de/het, aangeslibd land* terrains *m mv* d'alluvions
gort ‹gebroken› gruau *m*, ‹gepeld› orge *m*
gortdroog ❶ *droog* archisec [v: archisèche] **❷** *saai* aride
gortig ▾ *het al te ~ maken* dépasser les bornes, aller trop loin
GOS *Gemenebest van Onafhankelijke Staten* CEI *v*, Communauté *v* des États indépendants
gospel gospel *m*
gospelmuziek gospel(s) *m (mv)*
goten [verl. td.] → **gieten**
Gotenburg Göteborg *m*
Gotenburgs gothembourgeois
gothic I *de* **❶** *persoon* gothique *m/v* **❷** *muziek* musique *v* gothique **II** *bn* gothique
gotiek gothique *m*
gotisch gothique ★ *~ schrift* gothique *v*
gotspe culot *m*
gouache gouache *v*
goud or *m* ★ *een kies met goud vullen* aurifier une dent ★ *goud op snee* doré sur tranche ★ fig *het is niet alles goud wat er blinkt* tout ce qui brille n'est pas or ★ fig *zo eerlijk als goud* franc comme l'or ★ fig *voor geen goud in de wereld* (pas) pour tout l'or du monde ★ fig *hij is (zijn gewicht in) goud waard* il vaut de l'or ★ fig *het zwarte goud* l'or noir
goudader filon *m* d'or, gîte *m* aurifère
goudblond blond doré [onver.]
goudbruin mordoré
goudeerlijk franc comme l'or [v: franche ...]
gouden ❶ *van goud* d'or, en or ★ *~ munten* pièces *v mv* d'or ★ *een ~ medaille* une médaille d'or **❷** *goudkleurig* doré ★ *de ~ koets* le carrosse doré
goudenregen plantk cytise *m*
goudhaantje ❶ *vogel* roitelet *m* **❷** *kever* chrysomèle *v*
goudkleurig doré
goudkoorts fièvre *v* de l'or
goudmijn ❶ *mijn* mine *v* d'or **❷** *iets dat voordeel oplevert* mine *v* d'or, affaire *v* en or **❸** *onuitputtelijke bron* mine *v*
goudprijs prix *m* (de l')or
goudrenet (pomme *v* de) reinette *v*
Gouds de Gouda
goudsbloem souci *m*
goudschaaltje → **woord**
goudsmid orfèvre *m*
goudstuk pièce *v* d'or
goudvink bouvreuil *m*
goudvis poisson *m* rouge
goudzoeker ❶ *goudgraver* chercheur *m* d'or **❷** *gelukzoeker* aventurier *m* [v: aventurière]
goulash goulasch *m*
gourmetstel ≈ réchaud *m* à raclette
gouvernement gouvernement *m*
gouverneur ❶ *bestuurder* gouverneur *m* **❷** BN *hoofd van een provincie* gouverneur *m*
gozer gars *m*, mec *m*, type *m*
gps *global positioning system* GPS *m*
graad ❶ *meeteenheid* degré *m* ★ *het is vijf graden onder nul* il fait cinq degrés au-dessous de zéro, il fait moins cinq (degrés) ★ *37 graden Celsius* 37 degrés Celsius, 37 centigrades **❷** wisk degré ★ *een hoek van 90 graden* un angle de 90 degrés ★ *een vergelijking van de tweede ~* une équation du second degré **❸** *rang, trap* grade *m* ★ *academische ~* grade universitaire **❹** *mate* degré *m* ★ *de ~ van bezetting* le taux d'occupation ★ *~ van verwantschap* degré de parenté ★ *in de hoogste ~* au dernier degré ★ *nog een ~je erger* un tantinet pire
graadmeter fig indicateur *m* ★ *ergens een ~ voor zijn* être un indicateur de qc
graaf comte *m*
graafmachine excavateur *m*
graafschap comté *m*
graag ❶ *met plezier* volontiers, avec plaisir ★ *dat doe ik ~ voor je* ça me fait plaisir de te rendre service ★ *~ hebben* aimer, vouloir bien ★ *~ zingen* aimer chanter ★ *~ mogen* aimer bien ★ *~ of niet* c'est à prendre ou à laisser ★ *heel ~!* (il n'y a) pas de quoi!, je vous en prie! ★ *niet ~* à contrecœur ★ *ik zou ~ ophouden* je voudrais bien en finir ★ *~ gezien* apprécié **❷** ‹bij verzoek› volontiers, de bon cœur ★ *twee bier, ~* deux bières / demis, s'il vous plaît
graagte avidité *v* ★ *met ~ iets aannemen* accepter qc avec plaisir
graaien *grijpen* farfouiller, ‹een graai doen› piocher (**in** dans)
graal Graal *m*
graan ❶ *gewas* blé *m*, ‹soort› céréale *v* **❷** *koren* grain *m* ★ fig *een ~tje meepikken* avoir sa part du gâteau, en tirer profit
graanoogst ❶ *het oogsten* moisson *v* **❷** *opbrengst* moisson *v*, récolte *v*
graanschuur ❶ agrar grange *v* à blé **❷** fig *graan producerend land* grenier *m*
graansilo silo *m* (à blé)
graat arête *v* ▾ *zij zijn niet zuiver op de ~* ils ne sont pas (très) nets, ils sont un peu louches ▾ *van je ~ vallen* mourir de faim ▾ BN *ergens geen graten in zien* ne se faire aucun scrupule de qc
grabbel ▾ *iets te ~ gooien* dégrader qc, galvauder qc
grabbelen ‹rommelen› (far)fouiller, fourrager, ‹een graai doen› piocher (**in** dans)
grabbelton ≈ pêche *v* miraculeuse
gracht ❶ *waterweg* canal *m* [mv: canaux], ‹rond vesting› fossé *m*, douve *v* **❷** *straat langs gracht* quai *m* ★ *over de ~en lopen* se balader sur les quais
grachtenpand maison *v* au bord d'un canal
gracieus I *bn* gracieux [v: gracieuse] **II** *bw* avec grâce, gracieusement
gradatie gradation *v*
gradenboog rapporteur *m*
gradueel I *bn* graduel [v: graduelle] ★ *een ~ verschil* une différence de degrés **II** *bw* par degrés, graduellement
graf tombe *v*, ‹kuil› fosse *v*, ‹tombe› tombeau *m* [mv: tombeaux], form sépulcre *m* ★ *eeuwig graf* concession *v* à perpétuité ★ *het Heilige Graf* le Saint-Sépulcre ★ fig *zijn eigen graf graven* creuser

sa tombe, se perdre ★ fig *zich in zijn graf omkeren* se retourner dans sa tombe ★ fig *zwijgen als het graf* être muet comme une tombe ★ fig *iets meenemen in het graf* emporter qc dans la tombe
graffiti graffitis *m mv*, tags *m mv*
graffitispuiter bombeur *m* [v: bombeuse], tagueur *m* [v: tagueuse]
graficus graphiste *m/v*, dessinateur *m* [v: dessinatrice]
grafiek ❶ *grafische voorstelling* graphique *m* ❷ kunst graphique *v*
grafiet graphite *m*
grafisch graphique ★ ~ *ontwerper* graphiste *m/v* ★ ~*e voorstelling* graphique *m*

gr

grafkelder caveau *m* [mv: caveaux]
grafkist cercueil *m*
grafologie graphologie *v*
grafoloog graphologue *m/v*
grafrede oraison *v* funèbre
grafschennis profanation *v* de sépulture
grafschrift épitaphe *v*
grafsteen pierre *v* tombale
grafstem voix *v* caverneuse
graftombe tombeau *m* [mv: tombeaux]
grafzerk pierre *v* tombale
gram I *de* ★ *zijn gram halen* assouvir sa rage **II** *het* gramme *m*
grammatica grammaire *v*
grammaticaal grammatical [m mv: grammaticaux]
granaat I *de* ❶ *projectiel* grenade *v*, ⟨van kanon⟩ obus *m* ❷ *boom* grenadier *m* **II** *het, delfstof* grenat *m*
granaatappel ❶ *vrucht* grenade *v* ❷ *boom* grenadier *m*
grand café grand café *m* [mv: grands cafés]
grandioos I *bn* grandiose **II** *bw* superbement
graniet granit *m*
granieten de / en granit, granitique
grap *geintje* farce *v*, plaisanterie *v*, ⟨mop⟩ blague *v* ★ *flauwe grap* mauvaise plaisanterie ★ *grappen maken* plaisanter ★ *een misplaatste grap* une mauvaise plaisanterie ★ *voor de grap* pour rire, par plaisanterie, inform pour rigoler ★ *grappen uithalen* faire des farces ★ fig *dat is een dure grap* ça douille
grapefruit pamplemousse *m/v*
grapjas blagueur *m* [v: blagueuse], farceur *m* [v: farceuse], ⟨lolbroek⟩ rigolo *m* [v: rigolote], plaisantin *m*
grappenmaker farceur *m* [v: farceuse]
grappig I *bn, vermakelijk* amusant, drôle, comique, ⟨geinig⟩ marrant, rigolo [v: rigolote] ★ *het ~e is dat...* le drôle de l'histoire, c'est que... **II** *bw* comiquement, plaisamment
gras *gewas* herbe *v* ★ *iem. het gras voor de voeten wegmaaien* couper l'herbe sous le(s) pied(s) de qn ★ *ergens geen gras over laten groeien* ne pas laisser refroidir qc
grasduinen *neuzen* (far)fouiller, fouiner
grasland pâturage *m*, pré *m*, prairie *v*
grasmaaien tondre l'herbe, tondre le gazon
grasmaaier tondeuse *v* (à gazon)
grasmat pelouse *v*
grasperk pelouse *v*, gazon *m*
graspol motte *v* d'herbe
grasspriet brin *m* d'herbe
grasveld gazon *m*, pelouse *v*
grasvlakte plaine *v* herbeuse, prairie *v*
graszode plaque *v* de gazon
gratie ❶ *gunst* grâce *v* ★ *bij de ~ van* par la grâce de ★ *in de ~ komen bij iem.* gagner les bonnes grâces de qn ★ *in de ~ zijn bij iem.* avoir la cote auprès de qn ★ *uit de ~ raken bij iem.* tomber en disgrâce auprès de qn ★ *uit de ~ zijn bij iem.* être en disgrâce auprès de qn, inform ne plus avoir la cote auprès de qn ❷ jur *genade* grâce *v* ★ *~ verlenen* gracier ❸ *sierlijkheid* grâce *v*
gratieverzoek recours *m* en grâce
gratificatie gratification *v*
gratineren gratiner
gratis I *bn* gratuit ★ ~ *toegang* entrée *v* gratuite / libre ★ *een ~ informatienummer* un numéro vert **II** *bw* gratuitement, à titre gracieux / gratuit, gratis
gratuit gratuit
grauw gris, grisâtre, ⟨van gezicht⟩ blême
graveerkunst gravure *v*
gravel terre *v* battue
graven *spitten* creuser ★ *een tunnel ~* percer un tunnel ★ *een kuil ~* creuser un trou ★ *niet dieper ~* fig rester à la surface
graveren graver
graveur graveur *m* [v: graveuse]
gravin comtesse *v*
gravure gravure *v*
grazen paître, brouter (l'herbe) ★ *het schaap graasde in de wei* le mouton était en train de brouter dans le pré ★ fig *te ~ nemen* ⟨beetnemen⟩ avoir, ⟨toetakelen⟩ malmener
grazig herbeux [v: herbeuse]
greep I *de* ❶ *graai* prise *v* ★ *een ~ doen in* piocher dans ★ *een ~ naar de macht doen* saisir le pouvoir ❷ *houvast* prise *v* (**op** sur), ⟨vat / invloed⟩ emprise *v* (**op** sur) ★ *zijn ~ op iets verliezen* perdre son emprise sur qc ★ *in de ~ van de vorst* sous l'emprise du gel ★ *iem. in een ijzeren ~ houden* tenir qn entre ses griffes ❸ *handvat* poignée *v* ❹ muz doigté *m* ❺ *keus* ★ *ik doe maar een ~* pour n'en citer que quelques-uns **II** *ww* [verl. td.] → **grijpen**
gregoriaans grégorien [v: grégorienne] ★ *de ~e zang* le chant grégorien, le plain-chant
grein fig *minieme hoeveelheid* ★ *geen ~tje verstand* pas un grain de bon sens
Grenada la Grenade ★ *in ~* en Grenade
Grenadaans grenadien [v: grenadienne]
grenadier grenadier *m*
grenadine grenadine *v*
grendel verrou *m*, ⟨knip⟩ targette *v* ★ *de ~ op de deur doen* verrouiller la porte
grendelen verrouiller
grenen en pin
grens ❶ aardk *scheidingslijn* frontière *v* ★ *de Duits-Nederlandse ~* la frontière entre la Hollande et l'Allemagne ★ *over de ~ zetten* conduire à la frontière ❷ fig *limiet* limite *v* ★ *de grenzen van het mogelijke* les limites du possible ★ *binnen zekere grenzen blijven* ne pas franchir certaines limites, rester dans les limites ★ *nu is de ~ bereikt* esto es el límite ★ *de grenzen te buiten gaan*

dépasser les bornes ★ *zijn grenzen verleggen* se dépasser ★ *de grenzen verleggen* reculer les bornes ★ *er zijn grenzen!* il y a des limites (à tout)!, trop c'est trop!
grensbewoner frontalier *m* [v: frontalière]
grensconflict conflit *m* frontalier
grensdocument document *m* douanier
grensgebied ❶ lett zone *v* frontalière ❷ fig frange *v*
grensgeval cas *m* limite
grenskantoor bureau *m* de douane
grenslijn ligne *v* de démarcation
grensovergang poste *v* frontière
grenspost poste *m* de douane
grensrechter sport juge *m* de touche, arbitre *m* assistant
grensstreek zone *v* frontalière
grensverleggend qui ouvre de nouvelles voies, (in)novateur [v: (in)novatrice]
grenswisselkantoor bureau *m* de change frontalier
grenzeloos I *bn* infini, illimité, sans bornes **II** *bw* infiniment
grenzen ❶ lett ★ ~ *aan* avoisiner, toucher à, être limitrophe de ❷ fig friser ★ *dat grenst aan het wonderbaarlijke* cela tient du prodige ★ *dat grenst aan onbeschaamdheid* cela frise l'impertinence
grepen [verl. td.] → **grijpen**
greppel fossé *m*, ‹klein› rigole *v*
gretig I *bn* avide (**naar** de) **II** *bw* avec empressement, avidement
gribus ❶ *buurt* bas quartier *m* ❷ *woning* taudis *m*
grief grief *m*
Griek *bewoner* Grec *m*
Griekenland la Grèce ★ *in* ~ en Grèce
Grieks I *bn, m.b.t. Griekenland* grec [v: grecque] **II** *het, taal* grec *m*
Griekse Grecque *v*
Grieks-orthodox rel orthodoxe grec [v: orthodoxe grecque]
griend *uiterwaard* oseraie *v*
grienen pleurnicher
griep grippe *v* ★ ~ *hebben* avoir la grippe
grieperig grippé
griepprik vaccin *m* / piqûre *v* antigrippe
griesmeel semoule *v*
griet ❶ *meid* nana *v*, gonzesse *v* ★ *een lekker ~je* une belle gonzesse ❷ *vis* barbue *v*
grieven blesser, offenser, vexer, ‹diep› ulcérer ★ *~d* blessant, vexant, cuisant
griezel ❶ *engerd* horreur *v* ❷ *afkeer* horreur *v*
griezelen frissonner, avoir des frissons ★ *het is om van te* ~ c'est à vous donner le frisson / la chair de poule
griezelfilm film *m* d'épouvante
griezelig sinistre, angoissant
griezelverhaal ≈ histoire *m* fantastique / d'épouvante
grif *vlot* promptement
griffen graver ★ *dat staat in mijn geheugen gegrift* c'est gravé dans ma mémoire
griffie greffe *m* ★ *ter* ~ au greffe
griffier greffier *m* [v: greffière]
grijns grimace *v*, rictus *m*, ricanement *m*
grijnzen grimacer, ricaner
grijpen I *ov ww, pakken* saisir, prendre, attraper, empoigner, ‹aangrijpen› saisir ★ *iem. in zijn kraag* ~ coincer qn ★ *dat ligt voor het* ~ cela (sur)abonde, il y en a à la pelle ★ *bij de arm* ~ prendre / saisir par le bras ★ *de macht* ~ prendre / saisir le pouvoir ★ *door iets gegrepen zijn* être ému par qc ★ *door een trein gegrepen* happé par un train **II** *onov ww,* ook fig *tastende beweging maken* saisir ★ *naar iets* ~ tendre la main vers qc ★ *naar de macht* ~ saisir le pouvoir ★ *naar de wapens* ~ (re)courir aux armes ★ *de raderen* ~ *in elkaar* les pignons s'engrènent ★ *te hoog gegrepen* visé trop haut, au-dessus de ses moyens ★ *hij heeft ernaast gegrepen* il l'a raté, cela lui est passé sous le nez ★ *om zich heen* ~ se propager
grijper *grijparm van machine* grappin *m*, ‹v. kraan› benne *v* preneuse
grijpstuiver *klein bedrag* sou *m* ★ *ik heb er een ~ voor gegeven* j'ai payé trois fois rien
grijs I *bn* ❶ *kleur* gris, ‹van haar› blanc ★ ~ *worden* grisonner, blanchir ❷ *oud* ★ *in een ~ verleden* à une époque bien reculée ❸ *niet geheel legaal* ★ *het grijze circuit* le circuit / marché parallèle **II** *het* gris *m*
grijsaard vieillard *m*
grijsblauw bleu gris
grijsrijden ≈ resquiller
grijzen grisonner
gril *bevlieging* caprice *m* ★ *een gril van het lot* un caprice du hasard ★ BN *aprilse grillen* caprices d'avril
grill gril *m*, rôtissoire *v*
grillbakoven four *m* combiné
grillen I *ov ww, grilleren* griller **II** *onov ww, huiveren* frissonner
grillig I *bn* ❶ *wispelturig* capricieux [v: capricieuse], fantasque ❷ *onregelmatig* biscornu, bizarre, tourmenté **II** *bw* ❶ *wispelturig* capricieusement ❷ *onregelmatig* bizarrement
grilligheid ❶ *wispelturigheid* caprice *m* ❷ *onregelmatigheid* bizarrerie *v*
grimas grimace *v*, singerie *v* ★ *~sen maken* grimacer, faire des grimaces
grime maquillage *m*
grimeren maquiller, grimer
grimeur maquilleur *m* [v: maquilleuse]
grimmig I *bn* ‹boos› hargneux [v: hargneuse] ‹v. blik› noir, torve, ‹bitter› âpre, ‹akelig› sinistre **II** *bw* hargneusement
grind gravier *m* ★ *grof* ~ pierraille *v*
grinniken ricaner
grip ❶ *greep* poignée *v*, ‹v. racket› manche *m* ❷ *houvast* adhérence *v*, ‹vat› prise *v* (**op** sur) ★ *geen grip op iets kunnen krijgen* n'avoir aucune prise sur qc ★ *grip op de weg* adhérence à la route
grissen arracher, inform rafler ★ *iem. iets uit de hand* ~ arracher qc des mains de qn
groef I *de* ❶ *gleuf* rainure *v*, cannelure *v*, ‹v. plaat› sillon *m* ❷ *rimpel* ride *v* **II** *ww* [verl. td.] → **graven**
groei ❶ *het groeien* croissance *v* ★ *in de ~ zijn* être en pleine croissance ★ *de ~ bevorderen* favoriser la croissance ★ *iets op de ~ kopen* acheter qc à l'avantage ❷ fig *toename* croissance *v*, expansion

gr

v ★ *de ~ van de economie* la croissance économique
groeien ❶ *groter worden* ⟨v. plant⟩ pousser, ⟨v. mens / dier⟩ grandir ★ *de struik is flink gegroeid* l'arbuste a bien poussé ★ *hij is uit zijn kleren gegroeid* il est devenu trop grand pour ses vêtements ★ *~ als kool* pousser comme une mauvaise herbe, inform bien profiter ★ *zijn baard laten ~* se laisser pousser la barbe ★ fig *ergens overheen ~* s'y faire ❷ fig *toenemen* augmenter, croître, s'accroître ★ *de omzet groeit jaarlijks met vijf procent* le chiffre d'affaires augmente de 5 pour cent par an ★ *iem. boven het hoofd ~* dépasser qn
groeihormoon hormone v de croissance
groeikern *groeiende stad* zone v d'aménagement concerté (ZAC)
groeimarkt marché *m* porteur / en expansion
groeistuip crise v de croissance
groeizaam *goed voor de groei* fécond, fertile
groen I *bn* ❶ *kleur* vert ★ *~ maken / worden* verdir ★ *het licht staat op ~* le feu est vert ★ *het wordt hem ~ en geel voor de ogen* la tête lui tourne ★ *zich ~ en geel ergeren* s'exaspérer, inform en faire une jaunisse ❷ *milieuvriendelijk* vert, écolo(giste) ★ *~e energie* énergie v verte ❸ *onervaren* vert, jeunet [v: jeunette] ★ *nog zo ~ als gras* novice, jeunet [v: jeunette] **II** *het* ❶ *kleur* vert *m* ★ *op ~ springen* passer au vert ❷ *gebladerte* verdure v ★ *openbaar ~* espaces *m mv* verts
groenblijvend persistant
groene *lid van milieupartij* ★ *de Groenen* les Verts, les écolos
Groenland le Groenland ★ *in ~* au Groenland
Groenlands groenlandais
groenstrook espace *m* vert
groente légume *m* ★ *jonge ~n* primeurs *v mv* ★ *~(n)* des légumes
groenteboer ❶ *persoon* marchand *m* de légumes / de primeurs ❷ *winkel* magasin *m* de (fruit et) légumes
groentesoep culin soupe v aux légumes, julienne v
groentetuin jardin *m* potager
groentje bleu *m*, novice *m/v*, ⟨feut⟩ bizut(h) *m*
groenvoer fourrage *m* vert
groenvoorziening espaces *m mv* verts
groep ❶ *meerdere personen / dingen* groupe *m* ★ *een ~je kinderen* un petit groupe d'enfants ★ *iets in de ~ gooien* mettre qc sur le tapis ★ *in ~jes van drie of vier* par groupes de trois ou quatre ★ *in ~en* par groupes ❷ *leerjaar* ★ *~ 3* ≈ cours *m* préparatoire (CP) ★ *~ 4 / 5* ≈ cours *m* élémentaire (CE1 / CE2) ★ *~ 6 / 7* ≈ cours *m* moyen (CM1 / CM2)
groeperen grouper
groepering ❶ *groep* groupement *m* ❷ *het groeperen* groupement *m*
groepsfoto photo v de groupe
groepsgeest esprit *m* d'équipe
groepsgesprek conversation v en groupe
groepspraktijk cabinet *m* de groupe
groepsreis voyage *m* organisé
groepstaal jargon *m* (de métier)
groepstherapie thérapie v de groupe
groepsverband ★ *in ~* en équipe
groet salutation(s) v *(mv)*, salut *m* ★ *de ~en* salut! ★ *met vriendelijke ~* amicalement, bien à vous, ⟨hartelijk⟩ cordialement ★ *~en aan iedereen!* dis bonjour à tout le monde! ★ *doe hem de ~en van mij* dis-lui bonjour de ma part ★ *je moet de ~en van hem hebben* tu as le bonjour de lui
groeten saluer ★ *zonder ~ weggaan* filer à l'anglaise, brûler la politesse (à qn) ★ *gegroet!* salut! ★ *groet je vader van mij* dis à ton père bonjour de ma part
groetjes ❶ salut, ciao ❷ → **groet**
groeve ❶ *grafkuil* fosse v ❷ *afgraving* carrière v
groeven I *ov ww* graver, canneler, ⟨rimpelen⟩ creuser / sillonner (de rides) **II** *ww* [verl. td.] → **graven**
groezelig malpropre, sale ★ *~ wasgoed* du linge d'une propreté douteuse ★ *een ~e jurk* une robe défraîchie
grof I *bn* ❶ *niet fijn, ruw* gros [v: grosse], grossier [v: grossière] ★ *in grove trekken* à grands traits ★ *grof geld verdienen* gagner gros ★ *om grof geld spelen* jouer gros ★ *grof geschut gebruiken* employer les grands moyens ❷ *ongemanierd* grossier [v: grossière], fruste ★ *grof iem.* un type grossier, un rustre ❸ *ernstig* grave ★ *een grove fout* faute v grave / grossière **II** *bw* ❶ *in het groot* ★ *grof spelen* jouer gros ❷ *ongemanierd* grossièrement ★ *iem. grof behandelen* brusquer qn
grofgebouwd qui a une grosse ossature
grofheid ❶ *het grof zijn* grossièreté v ❷ *lompheid* grossièreté v
grofvuil (objets *m mv*) encombrants *m mv*
grofweg grossièrement, grosso modo
grog grog *m*
grol bouffonnerie v, drôlerie v
grommen I *ov ww, morren* grogner **II** *onov ww, geluid maken* gronder, ⟨van dieren⟩ grogner, ⟨brommen⟩ grommeler
grond ❶ *aarde, land, bodem* terre v, sol *m*, ⟨onder water⟩ fond *m* ★ *vruchtbare ~* terre v fertile ★ *begane ~* rez-de-chaussée *m* ★ *vaste ~* terre v ferme ★ *vaste ~ onder de voeten hebben* avoir trouvé ses marques ★ *vaste ~ verliezen* perdre pied ★ *aan de ~ lopen* (s')échouer ★ *aan de ~ zitten* être au plus bas, toucher le fond ★ *ik stond als aan de ~ genageld* j'étais (comme) cloué sur place ★ *boven de ~* en surface ★ *onder de ~* sous terre ★ *op de ~* à terre, par terre ★ *tegen de ~ gaan* tomber (par terre), ⟨van bokser⟩ aller au tapis ★ *door de ~ willen zinken* vouloir rentrer sous terre ★ *te ~e gaan* échouer, se perdre ★ *te ~e richten* ruiner, perdre ★ *van de koude ~* de pleine terre, fig à la manque ★ *van de ~ komen* ook fig décoller ★ *~ voelen* avoir / prendre pied ★ *met de ~ gelijkmaken* raser ★ *uit de ~ stampen* créer de toutes pièces ★ *de ~ in boren* couler, fig achever ★ *iem. de ~ in stampen* enfoncer qn ★ *van de ~ af* du fond ❷ *beginsel, het diepste of voornaamste* base v, fondement *m* ★ *in de ~ (van de zaak)* au fond ★ *uit de ~ van mijn hart* du fond du cœur ❸ *reden, argument* raison v, motif *m* ★ *op goede ~en* à juste titre ★ *op losse ~en* sans fondement, à la légère ★ *op ~ van* en raison de, à / pour cause de, ⟨krachtens⟩ en vertu de ★ *op ~ daarvan* de ce

fait, pour cette raison ★ *op medische ~en* pour (des) raisons médicales ★ *er is goede ~ om* il y a tout lieu de ★ *die bewering mist elke ~* cette affirmation est dénuée de tout fondement
grondbeginsel principe *m*
grondbegrip idée *v* fondamentale, notion *v* de base ★ *~pen van een wetenschap* l'abc *m* d'une science
grondbelasting (impôt *m*) foncier *m*
grondbetekenis ❶ *oorspronkelijke betekenis* sens *m* originel ❷ *hoofdbetekenis* sens *m* principal
grondbezit propriété *v* foncière, fonds *m*
grondeigenaar propriétaire *m* foncier
gronden ❶ *baseren op* fonder (**op** sur), baser (**op** sur) ★ *gegrond zijn op* se fonder sur ★ *~ op* baser sur ❷ *grondverven* mettre la première couche sur
grondgebied territoire *m*, domaine *m*
grondig I *bn* solide, approfondi, ⟨ingrijpend⟩ profond ★ *een ~ onderzoek* une enquête approfondie ★ *ergens een ~e hekel aan hebben* avoir une profonde aversion pour qc **II** *bw* solidement, en profondeur, profondément ★ *~ bestuderen* approfondir, examiner de près
grondlaag ❶ *onderste laag* couche *v* inférieure ❷ *eerste verflaag* couche *v* de fond
grondlegger fondateur *m* [v: fondatrice]
grondlegging fondation *v*
grondoffensief offensive *v* de l'armée de terre
grondoorzaak cause *v* initiale
grondpersoneel personnel *m* non navigant / au sol, inform rampants *m mv*
grondrecht ❶ jur *mensenrechten* droits *m mv* de l'homme ❷ jur *rechtssysteem* droit *m* fondamental
grondregel ❶ *belangrijke regel* règle *v* fondamentale / de base ❷ *principe* principe *m*
grondslag fondement *m*, base *v*, ⟨v. berekening⟩ assiette *v* ★ *ten ~ liggen aan* être à la base de ★ *de ~ leggen voor* jeter les bases de
grondstewardess hôtesse *v* non navigante / au sol
grondstof ❶ *hoofdbestanddeel* composant *m* principal ❷ *materiaal* matière *v* première
grondtal nombre *m* de base
grondtoon muz tonique *v*
grondverf peinture *v* de fond, couche *v* de fond ★ *in de ~ zetten* appliquer la couche de fond sur
grondvesten I *de mv* ★ *op zijn ~ schudden* être ébranlé ★ fig *iets op zijn ~ doen schudden* ébranler qc **II** *ov ww* établir (**op** sur), fig fonder
grondvlak base *v*
grondvorm *oudste vorm* prototype *m*
grondwater eaux *v mv* souterraines, nappe *v* phréatique
grondwet constitution *v*
grondwettelijk constitutionnel [v: constitutionnelle]
grondwoord mot *m* primitif
grondzeil tapis *m* de sol
Groningen ❶ *stad* Groningue *v* ❷ *provincie* la Groningue *v*
Groninger Groningois *m*
Gronings groningois
Groningse Groningoise *v*
grooming sollicitation *v* de mineurs à des fins sexuelles sur Internet
groot I *bn* ❶ *van zekere omvang* grand, gros [v: grosse], ⟨ruim⟩ vaste ★ *een ~ gezin* une famille nombreuse ★ *een ~ complex* un vaste complexe ★ *een grote appel* une grosse pomme ★ *een grote man* un homme grand ★ *grote groepen* de groupes nombreux ★ *een ~ huis* une grande maison ★ *de grote massa* la masse ★ *even ~* de (la) même taille ★ *driemaal zo ~ als* trois fois aussi grand que... ★ *groter maken* agrandir ❷ *belangrijk* grand ★ *een ~ man* un grand homme ★ *de grote mogendheden* les grandes puissances ★ *in grote lijnen* dans les grandes lignes, à grands traits ★ *Karel de Grote* Charlemagne ❸ *intens* ★ *~ verdriet* une peine immense ★ *je hebt ~ gelijk* tu as parfaitement raison ❹ *oud(er)* adulte, grand ★ *als je eenmaal ~ bent* quand tu seras grand ★ *de grote mensen* les grandes personnes, les grands, les adultes ★ *mijn grote zus* ma grande sœur ★ *~ worden* grandir ❺ muz *majeur* ★ *in A ~* en A majeur **II** *het* ★ *in het ~* en grand, handel en gros
grootbeeld grand écran *m*
grootboek grand-livre *m* [mv: grands-livres]
grootbrengen élever
Groot-Brittannië la Grande-Bretagne ★ *in ~* en Grande-Bretagne
grootdoenerij grands airs *m mv*, inform frime *v*
grootgrondbezit grande propriété *v* (foncière)
grootgrondbezitter grand propriétaire *m* (foncier)
groothandel ❶ *bedrijf* commerce *m* de / en gros ❷ *handelsvorm* commerce *m* de / en gros
groothandelaar grossiste *m/v*, négociant *m* [v: négociante]
groothandelsprijs prix *m* de gros
grootheid ❶ *het groot zijn* grandeur *v* ❷ wisk quantité *v*, grandeur *v* ★ *een onbekende ~* une inconnue ❸ *persoonlijkheid* grand personnage *m* ★ *een onbekende ~* un illustre inconnu
grootheidswaan mégalomanie *v*
groothertog grand-duc *m* [mv: grands-ducs]
groothertogdom grand-duché *m* [mv: grands-duchés]
groothoeklens grand-angle *m* [mv: grands-angles]
groothouden [zich ~] *zich flink houden* tenir bon
grootindustrieel chef *m* de grande entreprise
grootje mamie *v*, mémé *v*, ⟨besje⟩ petite vieille *v* ★ *je ~!* et ta sœur! ★ *maak dat je ~ wijs* à d'autres ▾ *iets naar zijn ~ helpen* déglinguer qc
grootkapitaal econ grand capital *m*
grootmeester grand maître *m*
grootmoeder grand-mère *v* [mv: grand(s)-mères]
grootmoedig I *bn* généreux [v: généreuse], magnanime **II** *bw* généreusement
grootouder ★ *~s* grands-parents *m mv*
groots I *bn* grandiose, ⟨grootscheeps⟩ de grande envergure, tous azimuts **II** *bw* superbement
grootschalig à grande échelle
grootscheeps I *bn* de grande envergure, tous azimuts **II** *bw* en grand
grootspraak vantardise *v*, fanfaronnade *v*
grootsteeds (à l'échelle) des grandes villes
grootte grandeur *v*, ⟨omvang⟩ dimension(s) *v* *(mv)*, étendue *v*, ampleur *v*, ⟨dikte⟩ grosseur *v*, ⟨maat⟩ taille *v* ★ *naar ~ rangschikken* classer pas

ordre de dimension ★ *op ware ~* grandeur nature ★ *ter ~ van* gros comme [v: grosse comme] ★ *van gelijke ~* de même taille
grootvader grand-père *m* [mv: grands-pères]
grootverbruiker grand consommateur *m*
grootwarenhuis BN grand magasin *m*
grootwinkelbedrijf ⟨bedrijfstak⟩ grande distribution *v*, ⟨bedrijf⟩ succursaliste *m*, grande surface *v*
grootzeil grand-voile *v* [mv: grand(s)-voiles]
gros ❶ *12 dozijn* grosse *v* ❷ *merendeel* gros *m*, majorité *v*, plupart *v*
grossier grossiste *m/v*
grossieren ▾ *ze grossiert in ongelukkige liefdes* elle collectionne les déceptions sentimentales
grot grotte *v*

gr

grotendeels en grande / majeure partie
Grote Oceaan (océan *m*) Pacifique *m*
groterdanteken wisk symbole *m* 'est supérieur à'
grotesk grotesque
grotschildering peinture *v* rupestre
groupie groupie *m/v*
gruis débris *m mv*, ⟨van kolen⟩ poussier *m* ★ *tot ~ slaan* pulvériser
grut I *het, kinderen* marmaille *v*, mômes *m/v mv* **II** *de* ❶ *gort* ★ *grutten* gruau *m* ▾ *goeie grutten!* zut! ❷ *kleinigheden* babioles *v mv*, bricoles *v mv*
grutto barge *v* (à queue noire)
gruwel ❶ *gruwelijke daad* atrocité *v* ❷ *afkeer* horreur *v* ★ *dat is mij een ~* j'ai horreur de ça
gruweldaad atrocité *v*
gruwelen être horrifié ★ *van iets ~* avoir horreur de qc
gruwelijk I *bn, afschuwwekkend* horrible, atroce ★ *een ~e daad* une atrocité ★ *een ~e hekel aan iem. hebben* détester qn cordialement ★ *een ~ onrecht* une cruelle injustice **II** *bw, in erge mate* horriblement, atrocement ★ *zich ~ vervelen* s'ennuyer à mourir
gruwen frémir d'horreur ★ *~ van* avoir horreur de, avoir en horreur
gruzelementen débris *m mv* ★ *aan ~ slaan* casser en mille morceaux
g-sleutel clé *v* de sol
gsm® **I** *de, gsm-telefoon* (téléphone *m*) portable *m* **II** *afk, Global System for Mobile Communication* GSM® *m*
gsm-toestel (téléphone *m*) portable *m*
Guatemala le Guatemala ★ *in ~* au Guatemala
guerrilla *manier van strijden* guérilla *v*
guerrillabeweging mouvement *m* de guérilla
guerrillaoorlog guérilla *v*
guerrillastrijder guérillero *m*, guérilléro
guillotine guillotine *v*
Guinee la Guinée ★ *in ~* en Guinée
Guinee-Bissau la Guinée-Bissau ★ *in ~* en Guinée-Bissau
Guinees guinéen [v: guinéenne]
guirlande guirlande *v*
gul I *bn* ❶ *vrijgevig* généreux [v: généreuse], large ★ *gul zijn* avoir la main large ❷ *hartelijk* cordial [m mv: cordiaux] ★ *een gulle lach* un rire franc **II** *bw* ❶ *vrijgevig* généreusement ❷ *hartelijk* cordialement
gulden I *de* florin *m* **II** *bn* d'or, en or
gulheid ❶ *vrijgevigheid* générosité *v*, libéralité *v* ❷ *hartelijkheid* cordialité *v*
gulp ❶ *sluiting* braguette *v* ❷ *straal* flot *m*
gulpen couler à flots
gulzig I *bn* glouton [v: gloutonne], goulu, avide **II** *bw* gloutonnement, goulûment, avidement
gulzigaard glouton *m* [v: gloutonne]
gum gomme *v*
gummen gommer
gummi I *het* caoutchouc *m* **II** *bn* de / en caoutchouc
gummiknuppel matraque *v*
gunnen ❶ *verlenen* accorder (**aan** à), ⟨toewijzen⟩ adjuger (**aan** à) ★ *zich geen rust ~* ne s'accorder aucun répit ❷ *toewensen* ★ *ik gun het hem* je suis content pour lui ★ *het zij hem gegund* il l'a bien mérité, tant mieux pour lui ★ *iem. alle goeds ~* vouloir du bien à qn ★ *iem. het licht in de ogen niet ~* ne pas pouvoir voir qn en peinture
gunst ❶ *goede gezindheid* faveur *v*, grâce *v* ★ *in de ~ komen bij* gagner la faveur de ★ *naar iemands ~ dingen* solliciter la faveur de qn ★ *uit de ~ raken* tomber en disgrâce ★ *uit de ~ zijn* être en disgrâce ★ *bij iem. in de ~ staan* être dans les bonnes grâces de qn, inform avoir la cote auprès de qn ❷ *weldaad* faveur *v* ★ *iem. een ~ bewijzen* faire / accorder une faveur à qn ★ *iem. om een ~ vragen* demander une faveur à qn ★ *ten ~e van* en faveur de ★ *bij wijze van ~* par faveur
gunstig I *bn* ❶ *goedgezind, welwillend* favorable (**aan** à) ★ *een ~ onthaal vinden* trouver un bon accueil ★ *een ~ antwoord* une réponse favorable / positive ❷ *voordelig* avantageux [v: avantageuse], propice (**voor** à), favorable (**voor** à), ⟨heuglijk⟩ heureux [v: heureuse] ★ *~e prijs* prix *m* avantageux ★ *een ~ toeval* un heureux hasard ★ *in het ~ste geval* dans le meilleur des cas **II** *bw* ❶ *goedgezind, welwillend* favorablement, bien ★ *~ over iem. denken* avoir bonne opinion de qn ★ *iem. ~ gezind zijn* être favorable à qn, être bien disposé envers qn ❷ *voordelig* ★ *de dingen ~ voorstellen* montrer les choses sous un jour favorable ★ *~ bekendstaan* avoir bonne réputation ★ *zich ~ laten aanzien* s'annoncer bien ★ *~ gelegen* bien situé
guppy guppy *m*
guts ❶ *beitel* gouge *v* ❷ *plens* giclée *v*
gutsen I *ov ww, werken met een guts* gouger **II** *onov ww, plenzen* gicler, jaillir
guur rude, âpre ★ *guur weer* un froid âpre
Guyana la Guyane ★ *in ~* en Guyane
Guyanees guyanien [v: guyanienne]
gym I *de, gymnastiek* gym *v* **II** *het, gymnasium* ≈ lycée *m*
gymles onderw sport cours *m* de gym
gymmen faire de la gym
gymnasiast ≈ lycéen *m* [v: lycéenne]
gymnasium ≈ lycée *m*
gymnastiek gymnastique *v*, inform gym *v*
gympie tennis *m/v*
gymschoen chaussure *v* de gym, tennis *m/v*
gymzaal gymnase *m*, salle *v* de gym
gynaecologie gynécologie *v*
gynaecoloog gynécologue *m/v*
gyros gyros *m*

H

h h *m* ★ *de h van Hendrik* H comme Henri
haag haie *v*
Haags haguenois
Haagse Haguenoise *v*
haai *vis* ook fig requin *m* ★ *naar de haaien gaan* être fichu ★ *naar de haaien zijn* être fichu
haaibaai gendarme *v*, virago *v*
haaienvinnensoep culin potage *m* aux ailerons de requin
haak ❶ *gebogen voorwerp* croc *m*, crochet *m*, ‹v. kapstok› patère *v*, ‹vleeshaak› cheville *v* ★ *er zitten haken en ogen aan* il y a des risques de complications, il y a des cactus, c'est une affaire épineuse ★ *dat is niet in de haak* il y a qc qui cloche, ce n'est pas comme il faut ❷ *bevestigingshaak* ‹aan kledingstuk› agrafe *v* ❸ *vishaak* hameçon *m* ★ *een vis aan de haak slaan* hameçonner un poisson ★ *iem. aan de haak slaan* mettre le grappin sur qn ★ *schoon aan de haak* ≈ poids net ❹ *telefoonhaak* ★ *de hoorn van de haak nemen* décrocher ★ *de hoorn op de haak leggen* raccrocher ❺ *leesteken* ‹vierkant› crochet *m*, ‹rond› parenthèse *v* ★ *iets tussen haakjes zetten* mettre qc entre parenthèses ★ fig *tussen (twee) haakjes* entre parenthèses, au fait ★ *haakjes openen / sluiten* ouvrir / fermer la parenthèse
haaknaald crochet *m*
haakneus nez *m* crochu
haaks I *bn* wisk perpendiculaire **II** *bw* ❶ wisk perpendiculairement ★ *~ op* d'équerre avec, en travers de ★ *niet ~ staan* ne pas être en équerre ❷ fig *tegengesteld* ★ *~ op elkaar staan* être en contradiction avec ★ *~ op* à l'encontre de ★ *mijn mening staat ~ op de zijne* lui et moi, nous sommes d'une opinion opposée ▾ *hou je ~!* tiens-toi bien!
haakwerk (ouvrage *m* au) crochet *m*
haal ❶ *het halen / trekken* coup *m*, ‹teug› trait *m*, ‹aan sigaret› bouffée *v* ★ *hij gaf een haal aan het touw* il a tiré sur la corde d'un coup sec ★ *aan de haal gaan* décamper, se sauver ★ *aan de haal gaan met* subtiliser ❷ *streep* trait *m*
haalbaar faisable, réalisable ★ *dat voorstel is niet ~* cette proposition n'est pas réaliste
haalbaarheid faisabilité *v*
haan ❶ *dier* coq *m* ★ *daar kraait geen haan naar* ni vu ni connu ★ *hij is een echt haantje* c'est le coq du village ❷ *weerhaan* girouette *v* ❸ *pal in wapen* chien *m* ★ *de haan spannen* armer son fusil
haantje-de-voorste ▾ *~ zijn* être un meneur, être le chef de bande
haar I *de* ‹van lichaam› poil *m*, ‹hoofdhaar› cheveu *m* [mv: cheveux] ★ *haar lange blonde haren* ses cheveux blonds et longs ★ *elkaar in de haren vliegen* se crêper le chignon ★ *iets met de haren erbij slepen* tirer qc par les cheveux ★ *op een haar na* à un cheveu / poil près ★ *iem. tegen de haren in strijken* prendre qn à contre-poil ★ *zijn wilde haren verliezen* s'assagir ★ *iem. geen haar krenken* ne pas toucher (à) un cheveu de qn ★ *zich de haren uit het hoofd trekken* s'arracher les cheveux ★ *het scheelde geen haar (of)* ... il s'en est fallu d'un poil / d'un cheveu (que) ... ★ *geen haar op mijn hoofd die eraan denkt* jamais de la vie ★ *de haren rijzen mij te berge* mes cheveux se dressent sur la tête **II** *het* ‹v. lichaam› poils *m mv*, ‹hoofdhaar› chevelure *v*, cheveux *m mv*, ‹v. varken› soie *v*, ‹v. paard› crin *m*, ‹vacht› poil(s) *m (mv)* ★ *los haar* cheveux flottants ★ *zijn haar kammen* se peigner ★ *haar op de tanden hebben* avoir bec et ongles ★ BN *ik ken hem van haar noch pluimen* je ne le connais ni d'Eve ni d'Adam ★ BN *iets bij het haar trekken* tirer qc par les cheveux **III** *pers vnw* la [lijdend voorwerp], l' [voor klinker of stomme h], lui [meewerkend vw], elle [na voorzetsel] ★ *hij sloeg haar* il l'a battu ★ *ik heb het haar gegeven* je le lui ai donné ★ *het is van haar* c'est à elle **IV** *bez vnw* son [voor mannelijk zn], sa [voor vrouwelijk zn], ses [voor mv] ★ *haar ouders hebben haar vriend ontmoet* ses parents ont rencontré son ami ★ *de / het hare* le sien, la sienne
haarband serre-tête *m* [mv: serre-tête(s)], bandeau *m* [mv: bandeaux], ‹lint› ruban *m*
haarbreed ★ *geen ~ wijken* ne pas céder d'un pouce, camper sur ses positions
haard ❶ *stookplaats* poêle *m*, form âtre *m* ★ *open ~* cheminée *v* ★ *(gezellig) bij de open ~* au coin du feu ★ *eigen ~ is goud waard* ≈ rien ne vaut son petit chez-soi ★ *huis en ~* le foyer ❷ *middelpunt* foyer *m*, ‹van verzet› poche *v*, îlot *m* ★ *de ~ van de opstand* le foyer de l'insurrection ★ *~ van besmetting* foyer d'infection
haardos chevelure *v*, inform toison *v*
haardracht coiffure *v*
haardroger sèche-cheveux *m* [mv: id.]
haardvuur feu *m* (de la cheminée)
haarfijn I *bn* ❶ lett *zeer fijn* ténu ❷ fig *gedetailleerd* ténu **II** *bw*, fig *tot in detail* par le menu, en détail ★ *iets ~ uitleggen* expliquer qc dans les moindres détails
haargroei pousse *v* des cheveux
haarkloverij *muggenzifterij* chicane *v*
haarlak laque *v*
haarlok mèche *v*
haarnetje résille *v*, filet *m* à cheveux
haarscherp très net [v: très nette], précis ★ *iets ~ zien* distinguer qc très clairement
haarscheurtje ‹oppervlakkig› craquelure *v*, ‹diep› fissure *v*
haarspeld épingle *v* à cheveux
haarspeldbocht virage *m* en épingle à cheveux
haarspray laque *v*
haarstukje postiche *m*
haaruitval chute *v* des cheveux, med alopécie *v*
haarvat (vaisseau *m*) capillaire *m* [mv: vaisseaux ...]
haarversteviger fixatif *m*
haarverzorging soins *m mv* des cheveux
haarwortel ★ *blozen tot in zijn ~s* rougir jusqu'aux oreilles
haarzakje follicule *m* pileux
haarzelf ❶ [meewerkend] elle-même ❷ [lijdend] elle-même
haas ❶ *dier* lièvre *m* ★ *als een haas* dare-dare ❷ *lendenvlees* filet *m* ★ *biefstuk van de haas* romsteck *m* ❸ sport lièvre *m* ▾ *het haasje zijn* être

le dindon de la farce, trinquer ▾ *mijn naam is haas* je n'y suis pour rien
haasje-over ★ ~ *spelen* jouer à saute-mouton
haaskarbonade côte *v* première (de porc)
haast I *de* ❶ *drang tot spoed* urgence *v* ★ ~ *hebben (om)* être pressé (de) ★ *er is* ~ *bij* c'est urgent ★ *er is geen* ~ *bij* rien ne presse, iron il n'y a pas le feu ❷ *snelheid* hâte *v*, précipitation *v*, empressement *m* ★ *in alle* ~, BN *in zeven* ~*en* en toute hâte, dare-dare ★ ~ *maken om* se dépêcher de, se presser de ★ ~ *maken* faire vite ★ ~ *zetten achter* hâter, précipiter ★ BN ~ *en spoed is zelden goed* ≈ qui va doucement va loin **II** *bw, bijna* presque ★ ~ *nooit* presque jamais ★ *ik viel* ~ j'ai failli tomber
haasten I *wkd ww* [**zich** ~] se dépêcher, se hâter, se précipiter ★ *hij haast zich met zijn werk* il se dépêche de finir son travail ★ *haast je wat!* dépêche-toi un peu! ★ *haast je langzaam* hâte-toi lentement **II** *ov ww* presser, bousculer
haastig I *bn, gehaast* hâtif [v: hâtive], précipité **II** *bw* précipitamment, à la hâte ★ *niet zo* ~ doucement
haastje-repje dare-dare
haastklus travail *m* urgent [mv: travaux urgents]
haastwerk ❶ *urgent werk* travail *m* urgent ❷ *haastig gedaan werk* travail *m* exécuté à la hâte
haat haine *v* (**jegens** de, pour) ★ *haat koesteren* avoir / éprouver de la haine ★ *haat en nijd* hargne ★ *blinde haat* une haine aveugle ★ *haat zaaien* semer la haine
haatdragend haineux [v: haineuse] rancunier [v: rancunière]
haat-liefdeverhouding rapport *m* amour-haine
habbekrats ★ *voor een* ~ pour une bouchée de pain, pour une misère
habijt froc *m*, habit *m*
hachee ≈ ragoût *m* de bœuf
hachelijk délicat, précaire, périlleux [v: périlleuse] ★ *een* ~*e situatie* une situation précaire
hachje peau *v* ★ *zijn* ~ *redden / wagen* sauver / risquer sa peau ★ *het* ~ *erbij inschieten* y laisser sa peau
hacken comp www pirater
hacker pirate *m*, hacker *m*, fouineur *m*
had [verl. td.] → **hebben**
hadden [verl. td.] → **hebben**
hagedis lézard *m*
hagel ❶ *neerslag* grêle *v* ❷ *jachthagel* plomb *m*, ⟨grof⟩ chevrotine *v* ★ *een schot* ~ un coup de plomb
hagelbui giboulée *v* de grêle
hagelen grêler ★ *het hagelt* il grêle
hagelslag culin *broodbeleg* ≈ granulés *m mv* (de chocolat / sucre)
hagelsteen grêlon *m*
hagelstorm bourrasque *v* de grêle
hagelwit blanc comme neige [v: blanche ...]
Hagenaar Haguenois *m*
haiku haïku *m*
Haïti Haïti *m* ★ *op* ~ en Haïti
Haïtiaans haïtien [v: haïtienne]
hak ❶ *hiel* talon *m* ❷ *deel van schoen* talon *m* ★ *met hoge / lage hakken* à talons hauts / plats ★ *met de hakken over de sloot* de justesse ❸ *gereedschap* hoyau *m* [mv: hoyaux] pioche *v* ▾ *iem. een hak zetten* jouer un tour à qn ▾ *iem. op de hak nemen* berner qn ▾ *van de hak op de tak springen* passer du coq à l'âne
hakbijl hachette *v*
hakblok billot *m*
haken I *onov ww* ❶ *vastzitten* s'accrocher (**aan** à) ★ *blijven* ~ *aan* se prendre à ❷ *handwerken* faire du crochet **II** *ov ww* ❶ *vastmaken* accrocher (**aan** à) ★ *pootje* ~ faire un croche-pied à ❷ *handwerken* faire au crochet
hakenkruis croix *v* gammée
hakhout taillis *m*
hakje sport talonnade *v*
hakkelen bredouiller
hakken I *ov ww* ❶ *stuk / los hakken* couper, tailler, ⟨omhakken⟩ abattre, ⟨fijnhakken⟩ hacher, ⟨kloven⟩ fendre ★ *hout* ~ fendre du bois ★ *in stukken* ~ couper en morceaux ❷ sport talonner **II** *onov ww* ❶ *houwen* donner des coups de hache (**in** dans), tailler (**in** dans) ★ *dat hakt erin* ⟨uitgave⟩ c'est une vraie saignée, ⟨besnoeiing⟩ c'est une coupe sombre ★ *waar gehakt wordt, vallen spaanders* on ne fait pas d'omelette sans casser des œufs ❷ *vitten* taper (**op** sur)
hakkenbar talon-minute *m* [mv: talons-minute]
hakmes hachoir *m*, couperet *m*
hal ❶ *vestibule* entrée *v* ❷ *zaal* hall *m*, ⟨verkoopruimte⟩ halle *v*, sport salle *v*
halal rel halal [onver.]
halen ❶ *op- / afhalen* (aller) chercher ★ *ze komen me* ~ on vient me chercher ★ *komen* ~ venir prendre ★ *de dokter laten* ~ envoyer chercher le médecin, faire venir le médecin ★ *geld van de bank* ~ retirer de l'argent de la banque ★ *iem. van de trein* ~ aller chercher qn à la gare ★ *daar valt niets te* ~ il n'y a rien à en (re)tirer ★ *alles door elkaar* ~ tout mélanger, bouleverser tout ★ *eruit* ~ *wat erin zit* en tirer le maximum ★ *hij haalt het niet bij...* il n'arrive pas à la cheville de... ❷ *naar zich toetrekken* tirer (**uit** de), ⟨pakken⟩ prendre (**uit** dans), sortir (**uit** de) ★ *geld uit zijn tas* ~ prendre de l'argent dans son sac ★ *naar beneden* ~ descendre ★ *een kind* ~ ⟨verlossen⟩ accoucher une femme ❸ *bereiken* atteindre ★ *de trein* ~ attraper le train ★ *de trein niet* ~ rater le train ★ *de eindstreep* ~ arriver à la ligne d'arrivée ★ *het einde van de maand* ~ arriver à terminer le mois ★ *de zieke zal de morgen niet* ~ le malade ne passera pas la nuit ★ *de pers* ~ faire parler de soi dans la presse ★ *dat haalt het niet bij* cela n'est rien auprès de ★ *het* ~ ⟨erbovenop komen⟩ en revenir, s'en sortir ❹ *behalen* obtenir, ⟨winnen⟩ remporter, décrocher, ⟨v. examen⟩ réussir à, ⟨v. cijfer⟩ avoir ★ *een diploma* ~ obtenir un diplôme
half I *bn* ❶ *de helft vormend* demi(-) ★ *een halve liter* un demi-litre ★ *halve dagen werken* travailler à mi-temps ★ *baan voor halve dagen* poste à mi-temps ★ *half koper, half tin* moitié cuivre moitié étain, mi-cuivre mi-étain ★ *voor de halve prijs* à moitié prix ❷ *halverwege* demi(-) ★ *half een* midi et demie, ⟨'s nachts⟩ minuit et demie ★ *half vier* trois heures et demie ★ *het slaat half* la demie sonne ★ *tien over half acht* huit heures

moins vingt ★ *half juni* la mi-juin **II** *bw* à moitié, à demi ★ *half open* entrouvert ★ *half zo groot* deux fois plus petit ★ *half zo duur* (de) moitié moins cher ★ *half en half* un peu, presque
halfbakken *gebrekkig* ★ ~ *geleerde* demi-savant *m*, soi-disant savant *m*
halfbloed ❶ *mens* métis *m* [v: métisse] ❷ *paard* demi-sang *m* [mv: id.]
halfbroer demi-frère *m* [mv: demi-frères], ⟨van vaderszijde⟩ frère *m* consanguin, ⟨van moederszijde⟩ frère *m* utérin
halfdonker I *het* pénombre *v*, demi-obscurité *v*, demi-jour *m* **II** *bn* à moitié obscur
halfdood à moitié mort, comme mort
halfedelsteen pierre *v* semi-précieuse [mv: pierres semi-précieuses]
halffabricaat produit *m* semi-fini, demi-produit *m*
halfgaar ❶ *niet helemaal gaar* à moitié cuit, ⟨van vlees⟩ saignant ❷ *niet goed wijs* (un peu) toqué, cinglé
halfgeleider semi-conducteur *m* [mv: semi-conducteurs]
halfgod demi-dieu *m* [mv: demi-dieux]
halfhartig sans conviction
halfjaar six mois *m mv*, semestre *m*
halfjaarlijks *elk half jaar* semestriel [v: semestrielle]
halfje ★ *een ~ wit* la moitié d'un pain de mie
halfleeg à moitié vide
halfpension demi-pension *v* ★ *in ~* en demi-pension
halfpipe halfpipe *m*
halfrond I *het* ❶ aardk hémisphère *m* ★ *zuidelijk ~* hémisphère *m* Sud ★ *noordelijk ~* hémisphère *m* Nord ❷ BN pol *vergaderzaal van parlement* hémicycle *m* **II** *bn* semi-circulaire [mv: semi-circulaires]
halfslachtig sans conviction, ambigu [v: ambiguë] ★ *een ~ antwoord* une réponse ambiguë
halfstok (mis) en berne ★ *de vlaggen hangen ~* les drapeaux sont en berne ★ *de vlag ~ hangen* mettre le drapeau en berne
halftijds à mi-temps
halftime à mi-temps
halfuur demi-heure *v* [mv: demi-heures] ★ *om het ~* toutes les demi-heures
halfvol ❶ *half gevuld* à moitié plein ❷ *half vet* ★ *~le melk* du lait demi-écrémé
halfweg à mi-chemin
halfzacht ❶ *tussen hard en zacht* ⟨van ei⟩ à la coque ❷ *verwijfd, slap* mou [v: molle] [vóór klinker of stomme h: mol]
halfzuster, inform **halfzus** demi-sœur *v* [mv: demi-sœurs], ⟨van vaderszijde⟩ sœur *v* consanguine, ⟨van moederszijde⟩ sœur *v* utérine
halleluja alléluia
hallo ⟨als groet⟩ salut, ⟨als je de telefoon opneemt⟩ allô ★ *~, met wie spreek ik?* allô, qui est à l'appareil?
Halloween Halloween *v*
hallucinatie hallucination *v*
hallucineren avoir des hallucinations ★ *~d effect* effet *m* hallucinatoire
halm tige *v*, ⟨stro- / grashalm⟩ brin *m*
halo halo *m*
halogeen halogène *m*
halogeenlamp lampe *v* à halogène
hals ❶ *lichaamsdeel* cou *m*, ⟨keel⟩ gorge *v*, ⟨nek⟩ nuque *v* ★ *de hals omdraaien* tordre le cou (à) ★ *iem. om de hals vliegen* se jeter au cou de qn ★ *iem. iets op de hals schuiven* coller qc à qn ★ *zich iets op de hals halen* s'attirer qc, encourir qc ❷ *halsopening* encolure *v* ★ *blote hals* cou *m* dégagé ★ *met hoge hals* montant ❸ *dun gedeelte* col *m*, ⟨v. fles⟩ goulot *m*, ⟨v. tand⟩ collet *m*, ⟨v. viool⟩ manche *m* ❹ *sukkel* nigaud *m* [v: nigaude], niais *m* [v: niaise] ★ *onnozele hals* andouille *v*
halsband collier *m*
halsbrekend périlleux [v: périlleuse], à se casser le cou ★ *~e toeren uithalen* jouer les casse-cou
halsdoek fichu *m*, foulard *m*
halsketting *sieraad* collier *m*, chaîne *v*
halsmisdaad crime *m* capital [mv: crimes capitaux]
halsoverkop ⟨snel⟩ précipitamment, dare-dare, ⟨blindelings⟩ à corps perdu, tête baissée ★ *~ vertrekken* partir en catastrophe
halsreikend ★ *ergens ~ naar uitzien* attendre qc avec impatience
halsslagader carotide *v*
halssnoer collier *m*
halsstarrig I *bn* obstiné, opiniâtre **II** *bw* obstinément, opiniâtrement ★ *~ vasthouden aan* s'obstiner à
halster licou *m*
halswervel vertèbre *v* cervicale
halszaak cas *m* pendable, iron affaire *v* d'État
halt I *het* halte *v* ★ *halt houden* faire halte, stopper ★ *iem. een halt toeroepen* arrêter qn ★ *iets een halt toeroepen* mettre un frein à qc, inform mettre le holà à qc, ⟨indammen⟩ enrayer qc, juguler qc **II** *tussenw* halte!
halte arrêt *m* ★ *vaste ~* arrêt obligatoire ★ *~ op verzoek* arrêt facultatif
halter haltère *m* ★ *met de ~s werken* faire des haltères
haltertop ≈ débardeur *m* (dos-nu)
halvarine culin margarine *v* allégée
halvegare taré *m* [v: tarée]
halvelings BN plus ou moins
halvemaan croissant *m*
halveren ❶ *in tweeën delen* partager / diviser en deux ❷ *tot de helft verminderen* réduire de moitié
halveringstijd demi-vie *v* [mv: demi-vies]
halverwege I *vz, op de helft van* à mi-chemin de, à la moitié de, au milieu de ★ *~ het boek* au milieu du livre **II** *bw* ❶ *op de helft van de weg* à mi-chemin (**tussen** entre) ❷ *midden in een bezigheid* au (beau) milieu
ham jambon *m* ★ *Ardenner ham* jambon d'Ardennes ★ *gekookte ham* jambon blanc / cuit
Hamburg Hambourg *m*
hamburger hamburger *m* ★ *broodje ~* hamburger
Hamburgs hambourgeois
hamer ❶ *werktuig* marteau *m* [mv: marteaux], ⟨v. hout⟩ maillet *v* ★ *onder de ~ brengen* mettre aux enchères ★ *de man met de ~* le coup de pompe ❷ anat *gehoorbeentje* marteau *m*

hameren I *ov ww, met hamer slaan* marteler, travailler au marteau ★ *spijkers in de muur ~* enfoncer des clous dans le mur ★ *iets erin ~ bij iem.* enfoncer qc dans le crâne de qn **II** *onov ww,* **~ op** insister sur ★ *steeds maar op hetzelfde blijven ~* chanter toujours le même refrain

hamerstuk *agendapunt* ≈ proposition *v* acceptée sans discussion préalable

hamerteen orteil *m* en marteau

hamlap tranche *v* de porc

hamster hamster *m*

hamsteren stocker, ⟨speculatie⟩ accaparer

hamstring tendon *m* du jarret

hamvraag question *v* à mille balles / euros

hand ❶ *lichaamsdeel* main *v* ★ *handen omhoog!* haut les mains! ★ *handen thuis!* bas les pattes! ★ *de vlakke / holle hand* le plat / le creux de la main ★ *bij de hand houden* tenir par la main ★ *in de hand* à la main, ⟨gesloten⟩ dans la main ★ *hand in hand* la main dans la main ★ *zich in de handen wrijven* se frotter les mains ★ *met de hand gemaakt* fait (à la) main ★ *met de hand geschreven* écrit à la main ★ *op handen en voeten* à quatre pattes ★ *de pen ter hand nemen* fig prendre la plume ★ *uit de hand eten* fig manger dans la main ★ *iem. de hand drukken / een hand geven* serrer la main à qn, donner une poignée de main à qn ★ *een vaste hand hebben* avoir la main sûre ★ *iem. de hand lezen* lire (dans) les lignes de la main de qn ★ *de hand leggen op* mettre la main sur, ⟨inpikken⟩ faire main basse sur ★ *een advocaat de zaak in handen geven* remettre l'affaire à un avocat ★ *in de hand hebben* maîtriser, avoir en main ★ *in handen hebben* avoir en mains ★ *iem. iets in handen spelen* livrer qc à qn ★ *in handen vallen van* tomber entre les mains de ★ *in goede handen zijn* être en bonnes mains ★ *in verkeerde handen zijn* être en mauvaises mains ★ *iem. naar je hand zetten* manipuler qn ★ *iem. iets ter hand stellen* remettre qc à qn (en mains propres), remettre qc entre les mains de qn ★ *uit de hand lopen* dégénérer, déraper ▾ fig BN *een onschuldige hand* ⟨het onpartijdige lot⟩ une main innocente ▾ *handje contantje* (payer) de la main à la main ▾ *aan de hand van die gegevens* sur la base de ces données, ces données à l'appui ▾ *iem. iets aan de hand doen* procurer qc à qn, ⟨idee⟩ suggérer une idée à qn ▾ *wat is er aan de hand?* que se passe-t-il?, qu'y a-t-il? ▾ *er is iets aan de hand* il se passe qc ▾ *alsof er niets aan de hand is* comme si de rien n'était ▾ *aan de beterende hand zijn* être convalescent, être en voie de guérison ▾ *aan handen en voeten gebonden* pieds et poings liés ▾ *iets achter de hand hebben* avoir qc en réserve ▾ *iets bij de hand hebben* avoir qc sous la main ▾ *dat heb ik vaker bij de hand gehad* je connais la musique ▾ *hand in hand gaan* ⟨samengaan⟩ aller de pair ▾ *iets in de hand werken* aider / inciter à qc, favoriser qc ▾ *met lege handen* les mains vides ▾ *met kwistige hand* généreusement, sans compter ▾ *met zachte hand* avec douceur ▾ *met de handen in het haar zitten* ne savoir à quel saint se vouer ▾ *iets met beide handen aangrijpen* saisir l'occasion ▾ *met hand en tand verdedigen* défendre bec et ongles ▾ *met de hand op het hart* la main sur le cœur, franchement, en bonne conscience ▾ BN *met handen en voeten* (faire) des pieds et des mains ▾ *(met) de hand over het hart strijken* se montrer indulgent ▾ *iets onder handen hebben* s'occuper de qc ▾ *iets onder handen nemen* s'occuper de qc ▾ *zwaar op de hand* d'une nature sombre, pas gai ▾ *iem. op handen dragen* aduler qn ▾ *op handen zijn* approcher, être imminent ▾ *op iemands hand zijn* être du côté de qn, soutenir qn, inform rouler pour qn ▾ *hand over hand toenemen* aller en augmentant ▾ *hand over hand* de plus en plus ▾ *uit de losse hand (getekend)* à main levée ▾ *iets uit de eerste / tweede hand hebben* tenir qc de première / seconde main ▾ *iem. werk uit handen nemen* débarrasser / décharger qn d'un travail ▾ *van de hand doen* se défaire de, ⟨van waren⟩ écouler ▾ BN *van de hand Gods geslagen zijn* être comme frappé par la foudre, être comme foudroyé ▾ *van de hand wijzen* refuser, rejeter, décliner ▾ *van de hand in de tand leven* vivre au jour le jour ▾ *voor de hand liggen* être évident / manifeste ▾ *de hand houden aan* (faire) respecter ▾ *de laatste hand leggen aan iets* mettre la dernière main à ▾ *de hand aan zichzelf slaan* attenter à ses jours ▾ *iem. de hand boven het hoofd houden* couvrir / protéger qn ▾ *de hand in eigen boezem steken* faire son auto-critique ▾ *hij heeft er de hand in gehad* il y est pour qc ▾ *de handen in de schoot leggen* baisser les bras ▾ *je kunt er geen hand voor ogen zien* il fait noir comme dans un four ▾ *ik zou mijn hand ervoor in het vuur steken* j'y mettrais ma main au feu ▾ *zijn handen in onschuld wassen* s'en laver les mains ▾ *de handen ineenslaan* unir ses efforts, agir de concert ▾ *je mag je handen / handjes dichtknijpen* tu peux te frotter les mains ▾ *de hand lichten met* transiger avec / sur, déroger à ▾ *zijn handen zitten los* il a la main leste / prompte ▾ *de hand opheffen tegen* lever la main sur ▾ *je hand overspelen* viser trop haut ▾ *geen hand uitsteken* ne pas remuer le petit doigt ▾ *de hand op de knip houden* être près de ses sous ▾ *het zijn twee handen op één buik* ils sont comme les deux doigts de la main, les deux font la paire, ce sont deux têtes sous un bonnet ▾ *de handen aftrekken van* renoncer à ▾ *daar heeft hij een handje van* il a le chic pour faire cela, c'est une manie à lui, c'est plus fort que lui ▾ *daar draait hij zijn hand niet voor om* il le fait haut la main ▾ *geen hand voor ogen kunnen zien* n'y voir goutte ▾ *hand erop!* tope (là)! ▾ *ik heb er mijn handen vol aan* ça m'occupe largement ▾ *de handen vrij hebben* avoir les mains libres ▾ *iem. de vrije hand geven* donner carte blanche à qn, laisser le champ libre à qn ▾ *iem. een handje helpen* prêter main-forte à qn, tendre une main secourable à qn, donner un coup de main à qn ▾ *handen te kort komen* être débordé ▾ *de hand ophouden* tendre la main, faire la manche ▾ *zijn handen niet thuis kunnen houden* avoir les mains baladeuses ❷ *handschrift* écriture *v* ★ *een mooie hand hebben* avoir une belle main

handappel pomme *v* à couteau

handarbeider travailleur *m* manuel [v: travailleuse manuelle]

handbagage bagage(s) *m (mv)* à main

handbal *balspel* hand(-)ball *m*
handballen jouer au hand(-)ball
handballer joueur *m* de hand(-)ball [v: joueuse...]
handbediening commande *v* manuelle
handbereik ▾ *binnen / onder* ~ à portée de la main, sous la main ▾ *buiten* ~ hors de portée
handboei ★ *~en* menottes *v mv* ★ *iem. ~en omdoen* menotter qn
handboek manuel *m*
handborstel BN *stoffer* balayette *v*
handbreed largeur *v* de la main ★ *geen* ~ *wijken* ne pas céder d'un pouce, camper sur ses positions
handcrème crème *v* pour les mains
handdoek serviette *v* (de toilette) ▾ *de* ~ *in de ring werpen* jeter l'éponge
handdruk *geven van een hand* poignée *v* de main ★ *gouden* ~ parachute *m* doré / en or
handel ❶ *in- en verkoop* commerce *m* (**in** de; **op** avec), échange *m*, ⟨onwettig / louche⟩ trafic *m* ★ *vrije* ~ libre échange ★ *zwarte* ~ marché *m* noir, trafic *m* ★ ~ *in blanke slavinnen* la traite des blanches ★ *in de* ~ *brengen* mettre sur le marché / en vente, lancer ★ *niet in de* ~ hors commerce ★ *uit de* ~ *nemen* retirer du commerce ★ ~ *drijven in* faire le commerce de ★ *iemands* ~ *en wandel* les faits et gestes de qn ❷ *handelswaar* marchandise *v*, ⟨spullen⟩ affaires *v mv*, attirail *m* ★ *de hele* ~ tout le bazar ❸ *zaak* commerce *m*
handelaar marchand *m* (**in** de), ⟨in het groot⟩ négociant *m* (**in** de), commerçant *m*, min trafiquant *m* (**in** de)
handelbaar ❶ *handzaam* maniable ❷ *meegaand* maniable
handelen I *onov ww* ❶ *handel drijven* faire du commerce, ⟨in iets⟩ faire le commerce (**in** de) ★ *in vuurwapens* être trafiquant d'armes à feu ❷ *te werk gaan* agir ★ *eigenmachtig* ~ agir de son propre chef ★ *het ogenblik van* ~ le moment d'agir ★ *~d optreden* agir, passer à l'action ❸ ~ **over** traiter de **II** *het* action *v* ★ *vrijheid van* ~ liberté *v* d'action ★ *tot* ~ *overgaan* entrer en action
handeling ❶ *daad* acte *m*, action *v*, opération *v* ★ *~en verrichten* faire des manipulations ★ *eenheid van* ~ unité *v* d'action ★ *de Handelingen der Apostelen* les Actes des Apôtres ❷ *verslag* ★ *~en* compte *m* rendu, ⟨v. congres / genootschap⟩ actes *m mv* ★ *Handelingen van de Tweede Kamer* Compte rendu des débats de l'Assemblée nationale
handelingsbekwaam capable
handelsakkoord accord *m* commercial
handelsbalans balance *v* commerciale ★ *actieve* ~ balance commerciale excédentaire ★ *passieve* ~ balance commerciale déficitaire
handelsbetrekkingen relations *v mv* commerciales
handelsboycot boycottage *m* commercial
handelscentrum centre *m* d'affaires
handelscorrespondentie correspondance *v* commerciale
handelsembargo embargo *m* (commercial)
handelsgeest esprit *m* du commerce
handelshuis BN *winkelpand* commerce *m*
handelsingenieur BN *bedrijfseconoom* économiste *m/v* d'entreprise
handelsmaatschappij société *v* / compagnie *v* commerciale
handelsmerk marque *v* (commerciale) ★ *gedeponeerd* ~ marque déposée
handelsmissie mission *v* commerciale
handelsonderneming entreprise *v* / société *v* commerciale
handelsoorlog guerre *v* commerciale
handelsregister registre *m* du commerce
handelsreiziger représentant *m* de commerce
handelsverdrag traité *m* commercial
handelsverkeer commerce *m*, échanges *m mv* (commerciaux)
handelsvloot marine *v* / flotte *v* marchande
handelswaar marchandise *v*
handelswetenschappen BN économie *v* d'entreprise
handelszaak BN fonds *m* de commerce, firme *v*
handeltje ❶ *handel op kleine schaal* petit commerce *m* ★ *hij heeft een* ~ *in antiek* il a un petit commerce d'antiquités ❷ *spullen* attirail *m*
handelwijze façon *v* d'agir, conduite *v*, form procédé(s) *m (mv)*
handenarbeid ❶ *werk met de handen* travail *m* manuel ❷ *schoolvak* travaux *m mv* manuels
hand-en-spandiensten besognes *v mv*, petits travaux *m mv* ★ ~ *verrichten* prêter la main
handenwringend en se tordant les mains
handgebaar geste *m* de la main
handgeklap applaudissements *m mv*
handgeld arrhes *v mv*, acompte *m*
handgemaakt fait (à la) main
handgemeen corps à corps *m*, ⟨v. groep⟩ mêlée *v* ★ ~ *raken* en venir aux mains
handgeschreven écrit à la main, manuscrit
handgranaat grenade *v* (à main)
handgreep ❶ *handvat* poignée *v* ❷ *handigheid* coup *m* de main, ⟨truc⟩ tour *m* de main
handhaven I *ov ww* maintenir, défendre ★ *de orde* ~ maintenir l'ordre ★ *het gezag* ~ faire respecter la loi **II** *wkd ww* [**zich** ~] se maintenir ★ *tamme konijnen kunnen zich in het wild niet* ~ le lapin domestiqué ne peut pas subsister à l'état sauvage
handicap handicap *m*
handig I *bn* ❶ *vaardig* habile (**in** à), adroit, ⟨bijdehand⟩ débrouillard ❷ *gemakkelijk te hanteren* maniable, pratique, commode ★ ~ *formaat* format *m* compact **II** *bw* habilement, adroitement
handigheid ❶ *het handig zijn* adresse *v*, habileté *v*, dextérité *v* ★ *ergens* ~ *in krijgen* commencer à savoir s'y prendre ❷ *foefje* truc *m*, ⟨kneepje⟩ astuce *v*
handigheidje astuce *v*
handjeklap ❶ handel ★ ~ *spelen* ⟨gesjoemel⟩ être de mèche (avec) ❷ *kinderspel* ★ ~ *spelen* jouer à la main chaude
handjevol poignée *v*
handkar charrette *v* à bras
handkus ★ *een* ~ *geven* faire le baisemain (à)
handlanger ❶ *medeplichtige* complice *m/v*, homme *m* de main ❷ *ondergeschikte helper* larbin *m*
handleiding ❶ *gebruiksaanwijzing* notice *v*

ha

(explicative / technique), instructions *v mv* ❷ *leerboek* manuel *m*
handlezen chiromancie *v*
handmatig I *bn* manuel [v: manuelle] **II** *bw* à la main
handomdraai ▾ *in een ~* en un tour de main
handoplegging imposition *v* des mains
handopsteken ★ *met ~* à main levée
handpalm paume *v*
handreiking *hulp* coup *m* de main, aide *v*
handrem frein *m* à main
hands sport main *v* ★ *aangeschoten ~* main involontaire
handschoen gant *m* ★ *zijn ~en aantrekken* mettre ses gants, se ganter ★ *een paar ~en* une paire de gants ★ *iem. de ~ toewerpen* jeter le gant à qn ★ *met de ~ trouwen* se marier par procuration ★ *iem. met fluwelen ~en aanpakken* prendre des gants avec qn
handschoenenkastje transp vide-poche [mv: vide-poches]
handschrift ❶ *manier van schrijven* écriture *v* ❷ *tekst* manuscrit *m* ★ *oude ~en* des manuscrits anciens
handsfree ★ *~ bellen* téléphoner mains libres
handsfreeset kit *m* mains-libres
handstand arbre *m* droit, équilibre *m* (sur les mains)
handtas sac *m* à main
handtastelijk tripoteur [v: tripoteuse] ★ *~ worden* se permettre des privautés, inform avoir les mains baladeuses, peloter, ⟨slaags⟩ en venir aux mains
handtastelijkheid ⟨vrijpostigheid⟩ privauté *v*, inform pelotage *m*, ⟨handgemeen⟩ corps à corps *m*
handtekening signature *v* ★ *zijn ~ zetten (onder)* signer ★ *~en verzamelen* ⟨als actie⟩ faire signer une pétition
handvaardigheid ❶ *schoolvak* travaux *m mv* manuels ❷ *bedrevenheid* adresse *v*, habileté *v*, dextérité *v*
handvat poignée *v*, ⟨steel⟩ manche *m*, ⟨oor⟩ anse *v*, ⟨hendel⟩ manette *v*
handvest charte *v*
handvol poignée *v*
handwas lessive *v* à la main
handwerk ❶ *wat met de hand gemaakt is* ouvrage *m* artisanal / fait (à la) main ★ *dat is ~* c'est fait (à la) main ❷ *ambacht* métier *m* (manuel), travail *m* manuel ❸ *naaldwerk* ⟨werkstuk⟩ ouvrage *m*, ⟨bezigheid⟩ travaux *m mv* d'aiguille
handwerken faire un ouvrage (de dames)
handwoordenboek dictionnaire *m* compact
handzaam ❶ *handelbaar* maniable ❷ *praktisch* commode
hanenbalk ★ *onder de ~en* sous les combles
hanenkam ❶ *kam van haan* crête *v* de coq ❷ *kapsel* crête *v*
hanenpoot *handschrift* ★ *hanenpoten* pattes *v mv* de mouche, griffonnage *m*
hang penchant *m* (**naar** pour; **tot** à)
hangar ❶ *vliegtuigonderkomen* hangar *m* ❷ BN *loods* hangar *m*
hangborst ★ *~en* seins *m mv* tombants
hangbrug *brug* pont *m* suspendu
hangbuik bedaine *v*, panse *v*
hangen I *ov ww, bevestigen* accrocher (**aan** à), (sus)pendre (**aan** à) ★ *een schilderij aan de muur ~* accrocher un tableau au mur **II** *onov ww* ❶ *af- / neerhangen* pendre (**aan** à), ⟨bungelen⟩ pendouiller, ⟨v. haar, schouders e.d.⟩ tomber ★ *aan de muur ~* être accroché au mur ★ *uit het raam ~* se pencher par la fenêtre ★ *vol ~ met* être chargé / couvert de ★ *~de tuinen* jardins *m mv* suspendus ★ *scheef / slap ~* pencher, être penché ★ *blijven ~* rester accroché ★ *het hoofd laten ~* baisser la tête ❷ *als straf opgehangen zijn* être pendu ★ *hij hangt* ⟨is de klos⟩ il est cuit / fichu ★ *ik mag ~ als ...* je veux être pendu si ... ❸ *vastzitten* être accroché / suspendu (**aan** à) ★ *blijven ~ aan* rester accroché à, s'accrocher à ★ *aan iem. ~* être attaché à qn, tenir à qn ★ *aan de telefoon ~* être pendu au téléphone ★ *van leugens aan elkaar ~* être un tissu de mensonges, être inventé de toutes pièces ★ *aan iemands lippen ~* être (sus)pendu aux lèvres de qn ❹ *onbeslist zijn* être pendant / en suspens ★ *die zaak hangt nog* la question reste en suspens ★ *het hangt erom* ça tient à peu de chose, ce n'est pas gagné (d'avance) ❺ *rondhangen* traîner, traînasser, ⟨lummelen⟩ glander ★ *bij iem. blijven ~* s'attarder chez qn ❻ *blijven zweven* flotter ★ *de lucht blijft ~* l'odeur persiste ❼ *~* **naar** ⟨verlangen⟩ aspirer à ▾ *met ~ en wurgen* à grand-peine, péniblement, inform ric-rac
hangende pendant ★ *~ het onderzoek* pendant l'enquête
hang-en-sluitwerk serrurerie *v*
hanger ❶ *sieraad* ⟨voor oor⟩ pendant *m*, ⟨aan ketting⟩ pendentif *m* ❷ *kleerhaak* cintre *m*
hangerig apathique, indolent, inform gnangnan
hangglider deltaplane *m*
hangijzer crémaillère *v* ▾ *een heet ~* un problème épineux, un point chaud
hangjongere ≈ jeune *m/v* qui traîne (dans la rue)
hangkast *klerenkast* penderie *v*
hangklok horloge *v* murale, pendule *v*
hanglamp suspension *v*
hangmap dossier *m* suspendu
hangmat hamac *m*
hangplant plante *v* retombante
hangplek omschr coin *m* où les jeunes traînent
hangslot cadenas *m* ★ *met een ~ sluiten* cadenasser
hangsnor moustaches *v mv* (re)tombantes
hangtiet ★ *~en* des nichons *m mv* qui pendouillent
hangwang bajoue *v*
hanig *agressief* agressif [v: agressive], teigneux [v: teigneuse] ★ *een ~e man* un macho, le coq du village
hannes empoté *m*, andouille *v*
hannesen patauger
hansop ≈ salopette *v*
hansworst polichinelle *m*, ⟨pias⟩ pitre *m*
hanteerbaar maniable
hanteren ❶ *met de handen gebruiken* manier, manipuler ★ *een zaag ~* manier une scie ❷ *omgaan met* manier ★ *een norm ~* appliquer une norme

hap ❶ *beet* coup *m* de dent ❷ *afgehapt stuk* bouchée *v* ★ *een hap nemen* prendre une bouchée, ⟨bijtend⟩ mordre dedans, croquer un bout ❸ fig *gedeelte* morceau *m* [mv: morceaux] ❹ *boel mensen / dingen* ★ *de hele hap* tout le bazar, ⟨iedereen⟩ toute la bande ★ *de ouwe hap* la vieille garde ❺ → **hapje**

haperen ❶ *blijven steken* ⟨bij spreken⟩ bafouiller, ⟨horten⟩ brouter, ⟨kuren hebben⟩ inform déconner ★ *zonder ~* sans bafouiller ★ *het gesprek haperde* la conversation traînait ★ *de motor hapert* le moteur a des ratés ❷ *mankeren* inform clocher ★ *wat hapert eraan?* qu'est-ce-qui ne va pas? ★ *er hapert iets* il y a qc qui cloche

hapje *maaltje* morceau *m*, casse-croûte *m* [mv: casse-croûte(s)] ★ *lekker ~* bon morceau ★ *een ~ eten* manger un bout, se restaurer, casser la croûte

hapjespan sauteuse *v*

hapklaar prêt à croquer, fig tout fait

happen ❶ *bijten* mordre ★ *~ in* mordre (à belles dents) dans, ⟨van dieren⟩ happer picar ❷ *reageren* mordre (à l'hameçon)

happening happening *m*

happig ~ op avide de ★ *ik ben er niet ~ op* ça ne me tente pas

happy heureux [v: heureuse] ★ *ergens niet ~ mee zijn* ne pas être ravi de qc

hapsnap I *bn* ★ *~ beleid* politique *v* à la petite semaine **II** *bw* au petit bonheur

haptonomie haptonomie *v*

haptonoom haptonome *m/v*

harakiri hara-kiri *m* ★ *~ plegen* s'éventrer

haram rel haram

hard I *bn* ❶ *niet week* dur, ferme ★ *hard worden* (se) durcir ★ *op de harde grond slapen* coucher sur la dure ★ *een hard ei* un œuf dur ❷ *luid* fort, haut ❸ ⟨van kleur, licht⟩ *fel* ★ *harde kleuren* des couleurs crues ❹ *hevig* dur, fort, rude ★ *een harde wind* un vent fort ❺ *streng, ruw* dur, rude, sévère, cruel [v: cruelle] ★ *harde discussie* discussion *v* serrée ★ *een harde straf* une punition sévère ★ *harde woorden* des mots durs ★ *een harde strijd* un rude combat ★ *je bent hard voor hem* tu es dur avec lui ★ *een harde winter* un hiver rigoureux ★ *de harde werkelijkheid* la réalité crue ❻ *vaststaand* certain, sûr, concret [v: concrète] ★ *harde afspraken maken* s'engager ferme(ment) ★ *harde gegevens* données *v mv* sûres / irréfutables ★ *harde bewijzen* des preuves irréfutables ❼ *kalkrijk* dur, calcaire **II** *bw* ❶ *hevig* fort, ferme, ⟨ingespannen⟩ dur ★ *hard studeren* étudier avec ardeur ★ *hard werken* travailler dur ★ *het regent hard* il pleut à verse ★ *het hard nodig hebben* en avoir grand(ement) besoin ★ *hard aankomen bij iem.* être un coup dur pour qn ❷ *snel* vite ★ *hard lopen* courir (vite) ★ *harder rijden* rouler plus vite, accélérer ★ *om het hardst* à qui mieux mieux ❸ *luid* fort ★ *hard spreken* parler haut ★ *hard schreeuwen* crier fort, hurler ❹ *streng, ruw* dur(ement), sévèrement ★ *hard neerkomen* tomber lourdement ★ *het hard hebben* avoir la vie dure ★ *het gaat hard tegen hard* c'est une lutte sans merci, on ne se fait pas de cadeaux

hard- cru ★ *hardblauw* bleu cru ★ *hardgeel* jaune cru

hardboard panneau *m* (de fibres) dur

harddisk disque *m* dur

harddrug drogue *v* dure

harden ❶ *hard maken* durcir, ⟨v. staal⟩ tremper, ⟨v. persoon⟩ endurcir, aguerrir ★ *gehard zijn tegen* être endurci à, être aguerri à ★ *zich ~* s'endurcir, s'aguerrir ❷ *uithouden* souffrir, supporter, endurer ★ *niet te ~* intenable ★ *ik kon het niet langer ~* je n'y tenais plus

harder mulet *m*

hardgekookt ⟨v. ei⟩ dur

hardhandig I *bn* brutal [m mv: brutaux] ★ *~ zijn* avoir la main dure **II** *bw* brutalement, en employant la manière forte

hardheid ❶ *het niet week zijn* dureté *v*, ⟨van stoffen⟩ résistance *v* ❷ *strengheid, ruwheid* rudesse *v* ❸ *luidheid* intensité *v* ❹ *kalkgehalte* dureté *v*

hardhorend dur d'oreille, malentendant

hardhout bois *m* dur

hardleers ❶ *eigenwijs* têtu ★ *~ zijn* avoir la tête dure ❷ *moeilijk lerend* lent d'esprit, obtus

hardlopen I *onov ww* courir **II** *het* course *v* à pied

hardloper coureur *m* [v: coureuse] ★ *~s zijn doodlopers* ≈ qui va doucement va loin

hardmaken ⟨bewijzen⟩ prouver

hardnekkig I *bn* ❶ *koppig* obstiné, opiniâtre ❷ *aanhoudend* persistant, tenace, ⟨verbeten⟩ acharné ★ *een ~ gerucht* une rumeur tenace **II** *bw* obstinément, avec acharnement ★ *~ volhouden* s'obstiner / s'acharner (à faire qc)

hardop tout haut, à haute voix ★ *~ denken* penser tout haut

hardrijden course *v* ★ *het ~ op de schaats* le patinage de vitesse

hardrijder coureur *m* [v: coureuse]

hardrock hard-rock *m*

hardvochtig I *bn* dur, impitoyable ★ *~ zijn* être impitoyable **II** *bw* sans pitié, impitoyablement

hardware hardware *m*, matériel *m*

harem harem *m*

harig poilu, velu, ⟨met hoofdhaar⟩ chevelu

haring ❶ *vis* hareng *m* ★ BN *droge ~* hareng *m* saur ★ *nieuwe ~* du hareng frais ★ *~ kaken* caquer le hareng ★ *als ~en in een ton* serré(s) comme des sardines ❷ *pin van tent* piquet *m*

hark ❶ *gereedschap* râteau *m* [mv: râteaux] ❷ *stijf persoon* ★ *stijve hark* manche *m* à balai

harken ratisser, râteler

harkerig raide, gauche

harlekijn arlequin *m*

harmonica ❶ *trekharmonica* accordéon *m* ❷ *mondharmonica* harmonica *m*

harmonicadeur porte *v* (en) accordéon

harmonie ❶ muz harmonie *v* ❷ fig *eendracht* harmonie *v* ❸ *orkest* harmonie *v*

harmoniemodel ≈ esprit *m* consensuel

harmonieorkest harmonie *v*

harmoniëren s'harmoniser (**met** avec), ⟨van kleuren⟩ s'accorder (**met** avec)

harmonieus I *bn* harmonieux [v: harmonieuse] **II** *bw* harmonieusement

harmonisatie harmonisation *v*

harmonisch I *bn* harmonique **II** *bw*

harmoniquement
harmoniseren *harmonisch maken* harmoniser
harnas armure *v*, ‹borstharnas› cuirasse *v* ★ *iem. tegen zich in het ~ jagen* se mettre qn à dos ★ *in het ~ sterven* mourir debout
harp harpe *v*
harpist harpiste *m/v*
harpoen harpon *m*
harpoeneren harponner
harpoengeweer fusil *m* à harpon
harrewarren se chamailler, être en bisbilles
hars plantk résine *v*
harsen épiler à la cire
hart ❶ *orgaan* cœur *m* ★ *een gezond hart* un cœur solide ★ *een zwak hart* un coeur faible ★ *het aan zijn hart hebben* souffrir du cœur ★ *mijn hart bonst* mon cœur palpite ❷ *zetel gevoelsleven* cœur *m* ★ *van harte gefeliciteerd!* mes félicitations! ★ *van ganser harte* de bon / tout cœur ★ *niet van harte* à contrecœur ★ *het gaat niet van harte* le cœur n'y est pas ★ *in zijn hart was hij het ermee eens* au fond il était d'accord ★ *in haar hart is zij Franse* elle est Française de cœur ★ *een goed hart hebben* avoir du cœur, avoir bon cœur, être un homme de cœur ★ *het komt uit een goed hart* l'intention est bonne ★ *iemands hart breken* briser le cœur à qn ★ *mijn hart breekt* mon cœur se brise ★ *zijn hart luchten / uitstorten bij iem.* ouvrir son cœur à qn ★ *zijn hart aan iets verpanden* être épris de qc, être pris de passion pour qc ★ *waar het hart van vol is, loopt de mond van over* de l'abondance du cœur la bouche parle ★ *het hart niet hebben om...* ne pas avoir le cœur / courage de... ★ *met hart en ziel* de tout (son) cœur ★ *zich met hart en ziel aan iets wijden* se donner corps et âme, s'investir dans qc ★ *hart hebben voor zijn werk* prendre son travail à cœur, avoir du cœur à l'ouvrage ★ *zijn hart eraan ophalen* s'en donner à cœur joie ★ *iem. een warm hart toedragen* vouloir du bien à qn, tenir à cœur qn ★ *iem. een hart onder de riem steken* remettre du cœur au ventre à qn ★ *dat ging mij aan het hart* cela m'a été droit au cœur ★ *het ligt me na aan het hart* cela me tient à cœur ★ *in hart en nieren* dans l'âme ★ *een man naar mijn hart* un homme selon mon cœur / comme je l'aime ★ *op het hart drukken* recommander vivement ★ *iets op het hart hebben* avoir qc sur le cœur ★ *iets ter harte nemen* prendre qc à cœur ★ *uit het diepst van mijn hart* du fond du cœur ★ *het is me uit het hart gegrepen* c'est exactement mon sentiment ★ *dat moet me van het hart* je tiens à le dire ★ *van zijn hart geen moordkuil maken* dire ce qu'on a sur le cœur ★ *zijn hart kromp ineen* son cœur se serra ★ *iemands hart stelen* gagner le cœur de qn ★ BN *iets niet aan zijn hart laten komen* ne pas se faire du souci pour qc ★ BN *van zijn hart geen steen maken* dire ce qu'on a sur le cœur ❸ *kern* cœur *m* ★ *het kloppend hart van de muziekindustrie* le centre de l'industrie de la musique ★ *in het hart van het land* au centre du pays, en pleine campagne ★ *hartje winter* au cœur de l'hiver, en plein hiver
hartaandoening affection *v* cardiaque, maladie *v* de cœur
hartaanval crise *v* cardiaque
hartbewaking ❶ *controle* surveillance *v* continue ❷ *afdeling* (unité *v* de) réanimation *v*
hartboezem oreillette *v*
hartbrekend déchirant, navrant
hartchirurg chirurgien *m* cardiologue
hartelijk **I** *bn* chaleureux [v: chaleureuse], cordial [m mv: cordiaux] affectueux [v: affectueuse] ★ *met ~e groeten* cordialement **II** *bw* cordialement, de tout cœur ★ *~ lachen* rire de bon cœur ★ *~ bedankt* merci beaucoup
harteloos sans cœur, qui manque de cœur
harten cœur *m*
hartenaas as *m* de cœur
hartenboer valet *m* de cœur
hartenbreker bourreau *m* des cœurs [mv: bourreaux...]
hartendief amour *m*, ange *m*, chéri *m*
hartenheer roi *m* de cœur
hartenjagen chasse-cœur *m*
hartenkreet cri *m* du cœur
hartenlust ▾ *naar ~* à cœur joie
hart- en vaatziekten maladies *v mv* cardiovasculaires
hartenvrouw dame *v* de cœur
hartenwens désir *m* le plus cher ★ *naar ~* à souhait
hartgrondig **I** *bn* cordial, profond ★ *een ~e hekel hebben aan iets* détester qc cordialement, inform haïr qc comme la peste **II** *bw* profondément, cordialement
hartig ❶ *zout* relevé, ‹sterk gezouten› salé ★ *~e hapjes* du salé ❷ *krachtig* pimenté ★ *ik zal eens een ~ woordje met hem spreken* je vais lui dire deux mots
hartinfarct infarctus *m* (du myocarde)
hartkamer ventricule *m*
hartklachten troubles *m mv* cardiaques
hartklep valvule *v* cardiaque
hartklopping palpitation *v*
hartkwaal affection *v* cardiaque, maladie *v* de cœur
hart-longmachine cœur-poumon *m* artificiel [mv: cœurs-poumons artificiels]
hartmassage massage *m* cardiaque
hartoperatie opération *v* cardiaque, opération *v* du cœur
hartpatiënt cardiaque *m/v*
hartritmestoornis arythmie *v* (cardiaque), dérèglement *m* du rythme cardiaque
hartroerend **I** *bn* émouvant, touchant, pathétique **II** *bw* pathétiquement
hartruis souffle *m* au cœur
hartsgeheim *diep geheim* secret *m* intime
hartslag battement(s) *m (mv)* du cœur, med pulsation *v*, ‹pols(slag)› pouls *m*
hartspier myocarde *m*
hartstikke rudement, drôlement ★ *dat vind ik ~ leuk* chouette! ★ *~ bedankt* un grand merci ★ *~ dood* raide mort ★ *~ mooi* beau comme tout
hartstilstand arrêt *m* cardiaque
hartstocht passion *v* ★ *zijn ~en bedwingen* maîtriser ses passions ★ *zich door zijn ~en laten meeslepen* se laisser entraîner par ses passions ★ *een ~ voor toneel* une passion pour le théâtre
hartstochtelijk **I** *bn* passionné ★ *~ muziekliefhebber* un passionné de musique, un

mélomane **II** *bw* passionnément

hartstoornis trouble *m* cardiaque

hartstreek région *v* précordiale, région du cœur

hartsvriend ami *m* intime / de cœur

hartsvriendin amie *v* intime / de cœur

harttransplantatie greffe *v* du cœur

hartvergroting cœur *m* hypertrophié

hartverlamming paralysie *v* cardiaque

hartveroverend adorable, enchanteur [v: enchanteresse]

hartverscheurend déchirant, bouleversant

hartversterking *borrel* (petit) remontant *m*

hartverwarmend réconfortant, qui chauffe le cœur

hashtag hashtag *m*

hasj hasch *m*, haschisch

hasjhond chien *m* dressé à détecter le haschisch

haspel dévidoir *m*, enrouleur *m*

haspelen I *ov ww* ❶ *op haspel winden* enrouler, ⟨van garen⟩ bobiner, ⟨afhaspelen⟩ dévider ❷ *verwarren* embrouiller, confondre **II** *onov ww, stuntelen* s'y prendre mal

Hasselt Hasselt *m*

Hasselts hasseltois

hatchback transp coupé *m* à hayon arrière

hatelijk I *bn* odieux [v: odieuse], méchant **II** *bw* odieusement, méchamment

hatelijkheid ❶ *het hatelijk zijn* méchanceté *v* ❷ *opmerking* méchanceté *v*

haten haïr, détester ★ *ik haat hem* je le hais, je le déteste ★ *zich gehaat maken (bij)* se rendre odieux (à), se faire haïr (de)

hatsjie, **hatsjoe** atchoum

hattrick sport hat-trick *m*

hausse hausse *v* ★ *à la ~ speculeren* spéculer à la hausse ★ *er is een ware ~ ontstaan* il y a un vrai boom

hautain I *bn* hautain **II** *bw* hautainement

haute couture haute couture *v*

Havanna la Havane

have biens *m mv* ★ *levende have* cheptel *m* (vif), bétail *m* ★ *have en goed* tous ses biens

haveloos ❶ *sjofel* misérable, miteux [v: miteuse], minable, ⟨in lompen⟩ déguenillé, dépenaillé ❷ *vervallen* délabré ❸ *berooid* miséreux [v: miséreuse]

haven port *m* ★ *een ~ aandoen* faire escale dans un port ★ *rondom de oude ~* autour du vieux port ★ *in veilige ~ zijn* être hors de danger ★ *in veilige ~ aankomen* arriver à bon port

havenarbeider docker *m*, débardeur *m*

havengeld droits *m mv* de port

havenhoofd jetée *v*

havenkantoor capitainerie *v*

havenmeester, BN **havenkapitein** capitaine *m* / directeur *m* de port

havenstad port *m*, ville *v* portuaire

havenstaking grève *v* des dockers

havenwijk quartier *m* du port

haver avoine *v* ★ *wilde ~* folle avoine ★ *van ~ tot gort* de bout en bout, de A à Z ★ *iem. van ~ tot gort kennen* connaître qn comme sa poche

haverklap ▾ *om de ~* à tout propos

havermout ❶ *haver* flocons *m mv* d'avoine ❷ *pap* bouillie *v* d'avoine

havik ❶ *vogel* autour *m* ❷ pol faucon *m*

haviksneus nez *m* aquilin / crochu

haviksogen yeux *m mv* d'aigle

havo *hoger algemeen voortgezet onderwijs* ≈ enseignement *m* du second degré

Hawaï (Îles *v*) Hawaï *m*, Hawaii *m*

Hawaïaans hawaïen [v: hawaïenne], hawaiien [v: hawaiienne]

hazelaar noisetier *m*, coudrier *m*

hazelnoot noisette *v*

hazenlip bec-de-lièvre *m* [mv: becs-de-lièvre]

hazenpad ▾ *het ~ kiezen* décamper, se sauver, filer, déguerpir

hazenpeper culin civet *m* de lièvre

hazenrug râble *m* de lièvre

hazenslaapje sommeil *m* de lièvre, roupillon *m* ★ *een ~ doen* faire un petit somme

hazewindhond, **hazewind** lévrier *m* [v: levrette]

hbo *hoger beroepsonderwijs* ≈ enseignement *m* professionnel supérieur

hdtv *high-definition television* TVHD *v*, télévision *v* haute définition

hé hé

hè oh, ah, ⟨nietwaar?⟩ hein?

headbangen headbanging *m*

headhunter chasseur *m* de têtes

heao ≈ enseignement *m* économique et administratif supérieur

heat sport manche *v*

heavy metal heavy metal *m*

hebbedingetje gadget *m*

hebbelijkheid (mauvaise) habitude *v*, ⟨sterker⟩ manie *v*

hebben I *ov ww* ❶ *bezitten* avoir ★ *ik heb geen handschoenen* je n'ai pas de gants ★ *zij ~ drie kinderen* ils ont trois enfants ★ *iets bij zich ~* avoir qc sur soi ★ *hier heb je het* tiens ★ *willen ~* vouloir, désirer ★ *terug willen ~* réclamer ★ *nou heb ik het!* j'y suis! ★ *ik heb dat van X* ⟨gehoord⟩ je tiens cela de X, ⟨gekregen⟩ c'est X qui me l'a donné ❷ *in een toestand zijn* ★ *het armoedig ~* vivre misérablement ★ *het goed / slecht ~* vivre bien ★ *het koud ~* avoir froid ❸ *ondervinden* ★ *iets niet willen ~* ne pas vouloir qc ★ *liever ~ dat* préférer que ★ *graag ~* aimer ★ *nu zul je het ~!* nous y voici! ★ *wat zullen we nu ~?* qu'est-ce que c'est que ça? ★ *hij heeft iets aan zijn voet* il a mal au pied ❹ *praten* ★ *het ~ over* parler (de) ★ *het over iem. ~* parler de qn ★ *iedereen heeft het erover* tout le monde en parle ★ *heb je het tegen mij?* c'est à moi que tu parles? ❺ *verdragen* supporter ★ *zij kan zoiets niet ~* elle ne peut pas supporter ça ★ *hij had het niet meer van de pijn* il n'en pouvait plus de douleur ❻ *aantreffen* ★ *je hebt er overal bos* il y a la forêt partout ★ *zoiets heb je hier niet* cela ne se trouve pas ici ★ *daar heb je hem* le voilà ★ *hij wil het zo ~* il le veut ainsi ❼ **~ aan** ★ *daar ~ we niet veel aan* cela ne nous sert pas à grand-chose, cela ne nous avance à rien ★ *wat heb je daaraan?* à quoi ça sert? ❽ **~ te** *[+ inf.]* ★ *ik heb niet te klagen* je n'ai pas à me plaindre ★ *je hebt te gehoorzamen* tu n'as qu'à obéir ❾ **~ van** *lijken op* ★ *hij heeft niet veel (weg) van zijn vader* il ne ressemble pas beaucoup à son père ★ *het heeft er veel van weg dat we..* on dirait que nous..., tout porte à croire que nous... ▾ *wel heb ik ooit!* ça alors! ▾ *niet meer weten hoe*

he

men het heeft ne plus savoir où l'on en est / sur quel pied danser ▾ *iets ~ met iem.* avoir des rapports avec qn ▾ *ik heb het niet erg op hem* je ne le sens pas ▾ *iets over zich ~* avoir un certain air ▾ *zij moet niets van hem ~* elle ne veut pas de lui, elle ne l'aime pas ▾ *daar moet ik niets van ~* très peu pour moi ▾ *het moeten ~ van* en être réduit à ▾ *dat heb je ervan!* voilà ce qui arrive! ▾ *~ is ~, maar krijgen is de kunst* mieux vaut tenir que courir ▾ *een klap van heb ik jou daar* un de ces coups, un coup comme ce n'est pas permis **II** *hww* ★ *hij heeft gelogen* il a menti ★ *hij heeft zich gewassen* il s'est lavé ★ *gelachen dat we ~!* qu'est-ce qu'on a ri! **III** *het* ★ *met zijn hele ~ en houden* avec armes et bagages, avec ses cliques et ses claques

hebberd égoïste *m/v*

hebberig avide, égoïste ★ *hij is ontzettend ~* il est très rapace

he

hebbes ça y est!, et voilà!

Hebreeuws I *het* hébreu *m* **II** *bn, m.b.t. de Hebreeërs* hébraïque, hébreu [m mv: hébreux]

Hebriden (îles *v mv*) Hébrides *v mv* ★ *op de ~* aux Hébrides

hebzucht cupidité *v*, avidité *v*

hebzuchtig avide, égoïste, form cupide

hecht I *bn* ❶ *solide, vast* solide ❷ fig *onverbrekelijk* solide ★ *een ~e vriendschap* une solide amitié ★ *een ~e samenwerking* une étroite collaboration ★ *~e vrienden* de grands amis **II** *bw* solidement

hechtdraad fil *m* de suture

hechten I *ov ww* ❶ *vastmaken* attacher (**aan** à), fixer (**aan** à, sur), med suturer, (re)coudre ★ *een wond ~* (re)coudre une plaie ❷ *toekennen* accorder ★ *zijn goedkeuring ~ aan* approuver ★ *waarde ~ aan* accorder / attacher de la valeur à **II** *onov ww* ❶ *vastkleven* tenir (**aan** à), adhérer (**aan** à) ★ *het hecht niet* ça ne tient pas ❷ *~* **aan** *gesteld zijn op* tenir à ★ *daar hecht ik erg aan* j'y tiens beaucoup **III** *wkd ww* [**zich ~**] *~* **aan** s'attacher à

hechtenis détention *v* ★ *voorlopige ~* détention provisoire ★ *in ~ nemen* arrêter ★ *in ~ zijn* être détenu ★ *in ~ houden* détenir

hechting ❶ *het hechten* suture *v* ❷ *draad waarmee gehecht is* suture *v* ★ *~en aanbrengen* faire des points de suture ★ *de ~en verwijderen* retirer les points de suture

hechtpleister sparadrap *m*

hectare hectare *m*

hectiek agitation *v*

hectisch agité, fiévreux [v: fiévreuse], survolté

hectogram hectogramme *m*

hectoliter hectolitre *m*

hectometer hectomètre *m*

heden I *het* présent *m* **II** *bw* aujourd'hui, à présent, actuellement ★ *~ ten dage* de nos jours ★ *tot op ~* jusqu'à présent ★ *vanaf ~* à partir d'aujourd'hui ★ *~avond* ce soir

hedendaags d'aujourd'hui, contemporain, moderne, actuel [v: actuelle]

hee *hallo, hoi* salut

heel I *bn* ❶ *geheel* tout, entier [v: entière] ★ *de hele dag* toute la journée ★ *de hele wereld* le monde entier ★ *hele dagen werken* travailler à plein temps ★ *zijn hele leven* toute sa vie ❷ *niet kapot* entier [v: entière], intact, en bon état, ⟨genezen⟩ guéri ★ *de ruit is nog heel* le carreau n'est pas cassé ★ *niets heel laten van* ook fig démolir ❸ *veel, groot* ★ *het is een hele geschiedenis* c'est toute une histoire ★ *het was nog een heel gedoe* c'était tout une affaire **II** *bw* ❶ *zeer, erg* très, fort ★ *heel klein* tout petit ★ *heel wat sympathieker* bien plus sympathique ★ *heel mooi* très beau ★ *heel wat mensen* bien du monde ❷ *in hoge mate* complètement ★ *heel wat anders* tout autre chose

heelal univers *m*

heelhuids sain et sauf [v: saine et sauve], indemne ★ *er ~ afkomen* s'en tirer indemne, l'échapper belle, avoir la vie sauve

heelkunde chirurgie *v*

heelmeester chirurgien *m* ▾ *zachte ~s maken stinkende wonden* aux grands maux les grands remèdes

heemraadschap ≈ district *m* de l'administration des eaux

heen ★ *heen en terug* aller et retour ★ *waar ga je heen?* où est-ce-que tu vas? ★ *nergens heen* nulle part ★ *heen en weer gaan* aller et venir ★ *heen en weer reizen* faire la navette ★ *overal heen* partout ★ *er heen gaan* y aller ★ *over de muur heen* par-dessus le mur ★ *ik begrijp waar u heen wilt* je vois où vous voulez en venir, je vois à quoi vous faites allusion ★ *heen en weer lopen* faire les cent pas ★ *zij is nog steeds niet over die klap heen* il ne s'est toujours pas remis de ce coup ★ *heen zijn* être parti ★ *waar moet dat heen?* où allons-nous? ★ *ver heen zijn* être bien loin

heen-en-weer ★ *krijg het ~!* va te faire voir! ★ *ik krijg het ~ van haar* elle me donne la colique

heengaan ❶ *weggaan* s'en aller, partir ❷ *sterven* décéder ★ *van ons is heengegaan ...* ... nous a quitté ❸ *verstrijken* passer ★ *er ging veel tijd mee heen* cela a pris beaucoup de temps

heenkomen ▾ *een goed ~ zoeken* se sauver

heenreis aller *m* ★ *op de ~* à l'aller

heenronde BN sport *eerste helft van de competitie* match(e)s *m mv* aller

heenweg ★ *op de ~* à l'aller

heer ❶ form *man* monsieur *m* [mv: messieurs], homme *m* ★ *de heer X* M. X ★ *Geachte heer* Monsieur ★ *mijne heren* Messieurs ★ *de heer en mevrouw X* monsieur et madame X ★ iron *de hoge heren* les gros bonnets ★ *het heertje zijn* ⟨piekfijn⟩ être impeccable, ⟨zorgeloos⟩ être (père) peinard ❷ *meester* maître *m*, ⟨begeleider van dame⟩ cavalier *m*, ⟨landsheer⟩ seigneur *m* ★ *de heer des huizes* le maître de maison ★ *ergens heer en meester zijn* être le maître / celui qui commande quelque part, avoir la haute main sur qc ❸ *figuur in kaartspel* roi *m* ★ *een hand vol lage kaarten en één heer* une main de petites carte et un seul roi

Heer *God* Seigneur *m*

heerlijk I *bn* ❶ *lekker* délicieux [v: délicieuse] ❷ *prachtig, aangenaam* superbe, magnifique **II** *bw* délicieusement, magnifiquement ★ *het smaakt ~* c'est délicieux, c'est un régal

heerlijkheid ❶ *iets heerlijks* délice *m* ❷ *gelukzaligheid* délices *v mv* ★ *de hemelse ~* la gloire (éternelle) ❸ *gebied van landsheer*

seigneurie *v*
heerschap min individu *m*, type *m*, hurluberlu *m* ★ *een vreemd ~* un drôle de type
heerschappij pouvoir *m*, domination *v*, autorité *v*, empire *m* ★ *~ hebben over* régner sur
heersen ❶ *regeren* régner (**over** sur), gouverner, ⟨de overhand hebben⟩ (pré)dominer ❷ *aanwezig zijn* régner, ⟨v. plaag e.d.⟩ sévir ★ *er heerst griep* la grippe sévit ★ *er heerst hongersnood* la famine règne ★ *er heerste stilte* le silence régnait ★ *er heerst veel werkloosheid* il y a beaucoup de chômage ★ *de ~de denkbeelden* les idées qui sont à la mode ★ *de ~de mode* la mode du jour
heerser maître *m* [v: maîtresse], ⟨vorst⟩ souverain *m* [v: souveraine]
heerszuchtig dominateur [v: dominatrice], dictatorial [m mv: dictatoriaux]
hees I *bn* ⟨van persoon⟩ enroué, ⟨van stem⟩ rauque, enroué, éraillé ★ *hees worden* s'enrouer ★ *zich hees schreeuwen* s'égosiller ★ *met hese stem* d'une voix enrouée II *ww* [verl. td.] → **hijsen**
heester arbuste *m*
heet I *bn* ❶ *warm* très chaud, brûlant, ⟨kokend⟩ bouillant ★ *ik heb het erg heet* j'ai très chaud ★ *hete luchtstreek* zone *v* torride ★ *de grond wordt me te heet onder de voeten* ≈ ça devient trop chaud ici pour moi ★ *je bent heet* ⟨spel⟩ tu brûles! ★ *in het heetst van de strijd* dans le feu de l'action ❷ *scherp* piquant, pimenté ❸ *hitsig* chaud ★ *een hete bliksem* un chaud lapin II *bw* ❶ *warm* ★ *heet drinken / eten* boire / manger chaud ❷ *heftig* ★ *het ging er heet aan toe* ça a chauffé, ça a fait des étincelles
heetgebakerd emporté, irascible
heethoofd soupe *v* au lait, tête *v* chaude / brûlée, emporté *m* [v: emportée]
heette [verl. td.] → **heten**
heetten [verl. td.] → **heten**
hefboom *werktuig* levier *m*
hefbrug ❶ *brug bij scheepvaart* pont *m* levant ❷ *platform in garage* pont *m* élévateur
heffen ❶ *tillen* lever, élever ★ *een gewicht ~* soulever un poids ★ *het glas ~* lever le verre ❷ *opleggen* lever, ⟨innen⟩ percevoir, ⟨afhouden⟩ prélever (**op** sur) ★ *belasting ~* lever des impôts ★ *te veel geheven bedrag* somme *v* trop perçue
heffing *vordering* levée *v*, ⟨inning⟩ perception *v*, ⟨inhouding⟩ prélèvement *m*, taxe *v* ★ *~ bij de bron* retenue *v* à la source
heft manche *m* ▼ *het heft in handen hebben* tenir les rênes ▼ *het heft in handen nemen* prendre les rênes
heftig I *bn* ❶ *onstuimig* violent, vif [v: vive], ⟨fel⟩ intense ❷ *hevig* fort II *bw* ❶ *onstuimig* violemment, vivement ❷ *hevig* fortement
heftruck chariot *m* élévateur
hefvermogen puissance *v* de levage
heg haie *v* ★ *de heg snoeien* tailler la haie ★ *ergens heg noch steg weten* ne pas s'y retrouver quelque part, être perdu quelque part
hegemonie hégémonie *v*, suprématie *v*
heggenschaar sécateur *m* (à haie)
hei ❶ *vlakte* bruyère *v*, lande *v* ❷ *plant* bruyère *v*
heibel ❶ *ruzie* bagarre *v* ❷ *lawaai* boucan *m*
heiblok mouton *m* de sonnette
heide ❶ *plant* bruyère *v* ❷ *gebied* bruyère *v*, lande *v*
heidebloem fleur *v* de bruyère
heiden païen *m* [v: païenne], ⟨Bijbel⟩ gentil *m* ▼ *aan de ~en overgeleverd zijn* ≈ ne pas être à la fête
heidens ❶ *niet-christelijk* païen [v: païenne] ❷ *ontzettend* infernal [m mv: infernaux] ★ *een ~ karwei* un travail monstre ★ *een ~ lawaai* un bruit infernal
heien enfoncer (des pilotis à la sonnette)
heiig vaporeux [v: vaporeuse], brumeux [v: brumeuse]
heikel délicat
heikneuter *pummel* plouc *m*, péquenot *m*, rustre *m*
heil ❶ *welzijn* bonheur *m*, félicité *v* ★ *ik zie er geen heil in* cette histoire, je n'en vois pas l'intérêt ★ *tot heil van* en faveur de ❷ *redding* salut *m* ★ *zijn heil zoeken in de drank* s'adonner à la boisson
Heiland Sauveur *m*
heilbot flétan *m*
heildronk toast *m* ★ *een ~ uitbrengen op* porter un toast à, boire / trinquer à la santé de
heilig I *bn* ❶ *zonder zonde* saint ★ *iem. ~ verklaren* canoniser qn ❷ *gewijd* sacré, saint ★ *de ~e Elisabeth* Sainte-Elisabeth ★ *bij al wat ~ is* par tout ce qu'il y a de plus sacré ★ *dat is er nog ~ bij* par rapport au reste, ça passe encore ★ *niets is hem ~* rien n'est sacré pour lui II *bw* ★ *~ beloven* promettre solennellement ★ *zich ~ voornemen om* être fermement décidé de
heiligbeen sacrum *m*
heiligdom *plaats* sanctuaire *m*
heilige saint *m* [v: sainte] ★ *het is geen ~* iron ce n'est pas un enfant de chœur
heiligen ❶ *wijden* consacrer ★ *geheiligde relikwieën* reliques *v mv* sacrées ❷ *eerbiedigen* sanctifier ★ *de sabbat ~* sanctifier / observer le sabbat
heiligenleven vie *v* de saint, hagiographie *v*
heiligschennis sacrilège *m*, profanation *v*
heiligverklaring canonisation *v*
heilloos I *bn* ❶ *geen geluk brengend* funeste, fatal ❷ *verderfelijk* infâme II *bw* fatalement
heilsoldaat salutiste *m/v*
heilstaat pays *m* idéal, Utopie *v*
heilzaam ❶ *geneeskrachtig* salutaire ❷ *weldadig* bienfaisant, bénéfique, salubre ★ *een heilzame werking hebben* avoir un effet bénéfique
heimelijk I *bn* secret [v: secrète], inavoué ★ *een ~e blik* un regard furtif ★ *een ~ verlangen* un désir secret II *bw* secrètement, ⟨stiekem⟩ en cachette
heimwee mal *m* du pays, nostalgie *v* (**naar** de) ★ *~ krijgen naar* être pris de la nostalgie de ★ *~ hebben naar* avoir la nostalgie de
Hein ▼ *magere Hein* la camarde
heinde ▼ *van ~ en verre* de tous côtés, de partout
heipaal pilotis *m*, pilot *m*
heisa tintouin *m*, tracas *m* ★ *het is een hele ~* c'est toute une affaire
hek ❶ *omheining* clôture *v*, barrière *v*, ⟨van metaal⟩ grille *v* ❷ *deur* grille *v* ★ *het hek openmaken* ouvrir la grille ★ *het hek is van de dam* c'est la porte ouverte à tous les excès ❸ → **hekje**

hekel aversion *v* ★ *een ~ hebben aan* détester, avoir horreur de ★ *een gloeiende ~ hebben aan* haïr comme la peste ★ *een ~ krijgen aan iem.* prendre qn en grippe ▾ *iem. over de ~ halen* déchirer qn à belles dents
hekeldicht poème *m* satirique
hekelen *bekritiseren* critiquer vivement, fustiger
hekje *het teken #* dièse *m*
hekkensluiter dernier *m* (en file) [v: dernière...], lanterne *v* rouge
heks ❶ *tovenares* sorcière *v* ❷ *akelige, lelijke vrouw* sorcière *v*
heksen ★ *ik kan niet ~* je ne suis pas sorcier!
heksenjacht chasse *v* aux sorcières ★ *een ~ op communisten* une chasse aux sorcières contre les communistes
heksenketel *drukke toestand* tohu-bohu *m*, pandémonium *m*

heksenkring rond *m* de sorcières
heksentoer tour *m* de force ★ *het is geen ~ (om)* ce n'est pas sorcier / le diable (pour)
hekserij sorcellerie *v*
hekwerk grillage *m*, treillage *m*
hel I *de* enfer *m* ★ *door een hel gaan* en voir des vertes et des pas mûres ★ *loop naar de hel!* va te faire foutre! ★ *de hel brak los* c'était l'enfer, c'était le déchaînement général **II** *bn* vif [v: vive] ★ *hel rood* rouge vif
hela holà
helaas I *bw* malheureusement ★ *er ontbreekt ~ een bladzijde* malheureusement il manque une page **II** *tussenw* hélas! ★ *~, het ging niet door* c'était annulé, hélas!
helblauw bleu vif
held ❶ *dapper iem.* héros *m* [v: héroïne] ★ *held op sokken* poule *v* mouillée ★ *hij is een held in* il est fort en, il excelle à ❷ *hoofdpersoon* héros *m* [v: héroïne]
heldendaad exploit *m*, haut fait *m*, action *v* héroïque
heldendicht poème *m* épique, épopée *v*
heldenmoed héroïsme *m*
heldenrol rôle *m* principal
helder I *bn* ❶ *duidelijk* clair ★ *een ~ stemgeluid* un timbre clair ★ *een ~e uitleg* une explication claire / limpide ❷ *licht* clair, ⟨v. kleur⟩ vif [v: vive], ⟨v. hemel⟩ clair, serein ❸ *schoon, zuiver* propre ★ *zo ~ als glas* clair comme du cristal, limpide ❹ *scherpzinnig* lucide ★ *een ~ ogenblik* un moment de lucidité **II** *bw* ❶ *duidelijk* clair(ement) ❷ *licht* clair(ement), vivement ★ *~ verlicht* vivement éclairé ❸ *schoon, zuiver* proprement ❹ *scherpzinnig* lucidement
helderheid ❶ *duidelijkheid* clarté *v* ❷ *lichtheid van kleur* clarté *v* ❸ *zindelijkheid* propreté *v* ❹ *scherpzinnigheid* lucidité *v*
helderziend clairvoyant, extralucide
helderziende (clair)voyant *m* [v: (clair)voyante]
heldhaftig I *bn* héroïque **II** *bw* héroïquement
heldin héroïne *v*
heleboel ★ *een ~...* un tas (de) ..., une masse / quantité (de) ... ★ *er zijn er een ~* il y en a des tas (et des tas)
helemaal entièrement, complètement, tout (à fait) ★ *~ niet!* pas du tout!, aucunement! ★ *niet ~* pas tout à fait ★ *~ niets* rien du tout ★ *~ bovenin* tout en haut ★ *~ naar Spanje* tout le chemin vers l'Espagne ★ *~ niet slecht* pas mal du tout ★ *ben je nu ~?* ça va pas la tête? ★ *kom je ~ daarvandaan?* tu as fait tout ce chemin?
helen I *ov ww, gestolen goederen kopen* receler **II** *onov ww, genezen* guérir, se cicatriser
heler receleur *m* [v: receleuse]
helft ❶ *elk van twee gelijke delen* moitié *v*, ⟨van wedstrijd⟩ mi-temps *v* ★ *op de ~*, BN *in de ~* à mi-chemin, à la moitié, au milieu ★ *we zijn op de ~* nous sommes à mi-chemin ★ *voor de ~* à demi, à moitié ★ *voor de ~ van de prijs* (à) moitié prix ★ *de ~ duurder* plus cher de moitié ❷ *een groot deel* moitié *v* ★ *de ~ is gelogen* c'est moitié mensonge ★ *de grootste ~ van* la plus grande partie de ★ *mijn betere ~* ma moitié
helikopter, heli hélicoptère *m* ★ *per ~ vervoerd* héliporté
heling ❶ *genezing* guérison *v*, cicatrisation *v* ❷ *kopen van gestolen goed* recel *m*
helium hélium *m*
hellen ❶ *schuin aflopen* être / aller en pente ★ *een ~d vlak* un plan incliné ★ *zich op een ~d vlak bevinden* être sur une mauvaise pente ❷ *overhangen* pencher, s'incliner ❸ *neigen* incliner / tendre (**naar** à), pencher (**naar** pour) ★ *hij helt naar mijn standpunt* il penche vers mon point de vue
helling ❶ *het hellen* inclinaison *v* ❷ *glooiing* pente *v*, côte *v*, ⟨schuine oprit⟩ rampe *v*, ⟨van berg / dak⟩ versant *m* ★ *tegen de (berg)~ aan* à flanc de coteau ★ *tegen een ~ opgaan* monter / gravir une côte ★ *iets op de ~ zetten* remettre qc en question ❸ BN *talud* talus *m*
hellingproef démarrage *m* en côte
hellingsgraad degré *m* d'inclinaison
hellingspercentage pourcentage *m* d'inclinaison
helm ❶ *hoofddeksel* casque *m* ★ *zonder helm rijden* rouler sans casque ★ fig *met de helm geboren zijn* ⟨een geluksvogel zijn⟩ être né coiffé ❷ *duingras* oyat *m*
helmgras oyat *m*
helmstok barre *v*
help au secours! ▾ *lieve help!* juste ciel!
helpdesk (service *m* d')assistance *v* téléphonique, aide *v* en ligne
helpen ❶ *bijstaan* aider (**met, te** à [+ inf.]), ⟨in nood⟩ secourir, ⟨assisteren⟩ assister, ⟨verzorgen⟩ soigner ★ *iem. met iets ~* aider qn à faire qc ★ *elkaar ~* s'entraider ★ *iem. iets ~ onthouden* rappeler qc à qn ★ *iem. aan iets ~* procurer qc à qn ★ *iem. aan een baantje ~* pistonner qn ★ *iem. erdoorheen ~* tirer qn d'affaire ★ *iem. uit de auto ~* aider qn à descendre de la voiture ★ *iem. uit zijn jas ~* débarrasser qn de son manteau ★ *ik help het je hopen* je te le souhaite ★ *ik kan het niet ~* ce n'est pas de ma faute, je n'y peux rien ❷ *bedienen* servir ★ *wordt u al geholpen?* on s'occupe de vous? ❸ *baten* aider, être efficace, faire son effet ★ *wat helpt het?* à quoi bon? ★ *dat middel heeft hem geholpen* ce remède lui a fait du bien ★ *niets hielp* rien n'y faisait ★ *dat helpt tegen hoofdpijn* c'est bon pour / contre les maux de tête ★ *niet ~* rester sans effet ★ *daarmee ben ik niet geholpen* cela ne m'avancera pas

helper aide *m/v*
helpscherm fenêtre *v* d'aide
helpster ▾ BN *familiale* ~ aide *v* familiale
helrood rouge vif
hels I *bn* ❶ *van, uit de hel* infernal [m mv: infernaux] ★ *helse machine* machine *v* infernale ❷ *afschuwelijk* infernal ★ *een hels kabaal* un tapage d'enfer ❸ *woedend* furieux [v: furieuse], inform furax ★ *hels worden* se fâcher tout rouge, enrager **II** *bw* de façon infernale, furieusement
Helsinki Helsinki *m*
hem ‹lijdend voorwerp› le, ‹voor klinker of stomme 'h'› l', ‹meewerkend voorwerp› lui, ‹met nadruk / na voorzetsel› lui ★ *ik zie hem* je le vois ★ *dit is voor hem* c'est pour lui ★ *hij sloeg hem* il l'a battu ★ *hij gaf het hem* il le lui a donné ★ *dat is van hem* c'est à lui ★ *dat is hem* c'est lui ★ *hem zijn* ‹bij tikkertje› être le chat ▾ *dat is het 'm* c'est là la question, tout est là ▾ *hem om hebben* être bourré
hemd ❶ *onderhemd* maillot *m* de corps ★ *nat tot op het hemd* trempé / mouillé jusqu'aux os ★ *in zijn hemd staan* avoir l'air idiot / ridicule, être la risée ★ *iem. in zijn hemd zetten* bafouer qn, ridiculiser qn ★ *iem. het hemd van het lijf vragen* tirer les vers du nez à qn ★ fig *iem. tot op het hemd uitkleden* plumer qn ★ *het hemd is nader dan de rok* charité bien ordonnée commence par soi-même ❷ *overhemd* chemise *v*
hemdsmouw ★ *in zijn ~en* en bras / manches de chemise
hemel ❶ *uitspansel* ciel *m* [mv: cieux] ★ *een heldere ~* un ciel clair ★ *aan de ~* dans le ciel ★ *de sterren staan aan de ~* le ciel est étoilé ★ *onder de blote ~* à la belle étoile ★ *~ en aarde bewegen* remuer ciel et terre ❷ *hiernamaals* ciel *m* [mv: cieux] ★ *in de ~* au ciel ★ *naar de ~ gaan* aller / monter au ciel ★ *door de ~ gezonden* tombé du ciel ★ *lieve ~!* bon Dieu! ★ *in de zevende ~ zijn* être aux anges / au septième ciel ★ *iem. de ~ in prijzen* porter qn aux nues
hemelbed lit *m* à baldaquin
hemelbestormer ≈ personne *v* qui veut refaire le monde
hemelhoog qui s'élève jusqu'au ciel ★ *iem. ~ prijzen* porter qn aux nues
hemellichaam astre *m*, corps *m* céleste
hemelpoort porte *v* du paradis / du ciel
hemels I *bn* ❶ *van de hemel* céleste ❷ *goddelijk* divin **II** *bw* divinement
hemelsblauw bleu *m* ciel
hemelsbreed I *bn, zeer groot* immense, énorme, du tout au tout **II** *bw* ❶ *in rechte lijn* à vol d'oiseau ❷ *enorm* immensément, énormément ★ *~ verschillen* être comme le jour et la nuit
hemelsnaam ▾ *in 's ~!* au nom du ciel!
hemeltergend révoltant, criant
Hemelvaartsdag, Hemelvaart (jour *m* de l')Ascension *v*
hemisfeer hémisphère *m*
hemofilie hémophilie *v* ★ *~patiënt* hémophile *m/v*
hemzelf lui-même
hen I *de* poule *v* **II** *pers vnw* ❶ *na voorzetsel* eux [v mv: elles] ★ *een oom van hen* un oncle à eux ★ *deze auto is van hen* cette voiture est à eux ★ *wat heeft hij aan hen gegeven?* qu'est-ce qu'il leur a donné? ❷ *lijdend voorwerp* les ★ *hij slaat hen regelmatig* il les bat régulièrement ★ *ik zie hen* je les vois
hendel levier *m*, manette *v* ★ *de ~ overhalen* tourner la manette
hendrik ▾ *een brave ~* un petit saint
Hendrik Henri
Henegouwen le Hainaut
Henegouws hainuyer [v: hainuyère]
hengel canne *v* à pêche
hengelaar pêcheur *m* (à la ligne) [v: pêcheuse...]
hengelen ❶ *vissen* pêcher (à la ligne) ❷ *~* **naar** quêter, quémander ★ *naar complimentjes ~* rechercher les compliments
hengelsport pêche *v* à la ligne
hengsel ❶ *beugel* ‹van kist› portant *m*, ‹van koffer / tas› poignée *v*, ‹van emmer / mand› anse *v* ❷ *scharnier* gond *m*, ‹plat› penture *v*
hengst ❶ *paard* étalon *m* ❷ *harde klap* beigne *v*, baffe *v* ★ *iem. een ~ verkopen* filer une baffe à qn
hengsten *hard slaan* cogner
henna henné *m*
hennep chanvre *m*
hens ▾ *alle hens aan dek!* tout le monde sur le pont! ▾ *in de hens vliegen* prendre feu
henzelf eux-mêmes [v: elles-mêmes]
hepatitis hépatite *v* ★ *~ A / B* hépatite A / B
her I *het, herexamen* (examen *m* de) rattrapage *m* **II** *bw* ❶ *geleden* ★ *van jaren her* depuis des années ❷ *hier* ★ *her en der* par-ci par-là, ça et là ★ *van hot naar her rennen* courir à droite et à gauche
herademen reprendre haleine, respirer
heraldiek héraldique *v*
heraldisch héraldique
herbebossen reboiser
herbenoemen renommer
herberg auberge *v*
herbergen ❶ *huisvesten* héberger, loger ❷ *bevatten* contenir
herbergier aubergiste *m/v*
herbewapenen réarmer
herbivoor herbivore *m*
herboren ★ *~ worden* renaître ★ *ik voelde me ~* je me sentais renaître
herdenken ❶ *memoreren* commémorer ★ *een held ~* célébrer la mémoire d'un héros ❷ *terugdenken aan* remémorer
herdenking commémoration *v* ★ *ter ~ van* en commémoration de
herdenkingsdag journée *v* de commémoration
herdenkingsdienst office *m* commémoratif
herder ❶ *dierenhoeder* berger *m* [v: bergère] ★ *de Goede Herder* le Bon Berger ❷ *hond* (chien *m* de) berger *m* ★ *Duitse ~* berger allemand ★ *Mechelse ~* malinois *m*
herderlijk pastoral [m mv: pastoraux] ★ *~ schrijven* lettre *v* pastorale
herdershond (chien *m* de) berger *m*
herderstasje bourse-à-pasteur *v* [mv: bourses-à-pasteur]
herdruk nouvelle édition *v*, réimpression *v* ★ *in ~ zijn* être en réimpression
herdrukken rééditer, réimprimer

heremiet ermite *m*
heremietkreeft bernard-l'ermite *m* [mv: id.]
herenakkoord gentlemen's agreement *m* [mv: gentlemen's agreements]
herenboer gros fermier *m*, gentleman-farmer *m* [mv: gentlemen-farmers]
herenfiets bicyclette *v* d'homme
herenhuis hôtel *m* (particulier), maison *v* bourgeoise
herenigen réunir, pol réunifier, mil rallier
hereniging réunion *v*, mil ralliement *m*, ⟨van afgescheiden gebied⟩ réunification *v*
herenkapper coiffeur *m* pour hommes
herenkleding vêtements *m mv* homme, ⟨mode⟩ mode *v* masculine
herenmode mode *v* masculine
herentoilet toilettes *v mv* pour hommes, ⟨opschrift⟩ 'messieurs'
herexamen onderw (examen *m* de) rattrapage *m* ★ *mondeling ~ doen* passer l'oral de rattrapage
herformuleren reformuler
herfst automne *m* ★ *in de ~* en automne ★ *in de ~ van het leven* dans l'automne de la vie
herfstblad feuille *v* d'automne
herfstdag jour *m* /journée *v* d'automne
herfstkleur couleur *v* d'automne
herfstmaand mois *m* d'automne
herfststorm tempête *v* automnale
herfsttint ton *m* automnal
herfstvakantie onderw vacances *v mv* d'automne / de (la) Toussaint
hergebruik ❶ *het opnieuw gebruiken* réemploi *m* ❷ *recycling* recyclage *m*
hergroeperen regrouper, ⟨herenigen⟩ rallier
herhaald répété, renouvelé, réitéré ★ *~e malen* à plusieurs reprises, plusieurs fois
herhaaldelijk à plusieurs reprises ★ *~ voorkomen* se produire fréquemment
herhaaltoets touche *v* de répétition
herhalen I *ov ww, opnieuw doen* répéter, form réitérer, ⟨v. leerstof⟩ réviser ★ *kort ~* résumer, récapituler **II** *wkd ww* [**zich ~**] *opnieuw gebeuren* se reproduire, se répéter ★ *de geschiedenis herhaalt zich* l'histoire se répète
herhaling ❶ *het opnieuw iets doen* répétition *v*, form réitération *v*, muz reprise *v* ★ *bij ~* plus d'une fois ★ *in ~en vervallen* se répéter ★ *op ~ zijn* mil faire une période d'instruction ★ *niet voor ~ vatbaar* à ne pas recommencer ❷ media *herhaalde uitzending* rediffusion *v*
herhalingsoefening mil période *v* (d'instruction)
herhalingsrecept ordonnance *v* à renouveler
herindelen procéder à une nouvelle répartition de, ⟨herinrichten⟩ réaménager
herindeling nouvelle répartition *v*, ⟨herinrichting⟩ réaménagement *m*
herinneren I *wkd ww* [**zich ~**] se souvenir de, se rappeler ★ *ik kan me er niets van ~* je n'en ai aucun souvenir ★ *als ik mij goed herinner* si j'ai bonne mémoire ★ *zich ~ dat* se souvenir que **II** *ov ww* rappeler, faire penser à ★ *iem. aan iets ~* rappeler qc à qn ★ *dat herinnert me aan ...* cela me rappelle... ★ *iem. aan een belofte ~* rappeler sa promesse à qn ★ *help me eraan ~ dat* fais-moi penser à / que ★ *je herinnert me aan mijn tante* tu me rappelles ma tante
herinnering ❶ *het herinneren* souvenir *m* (**aan** de), ⟨vaag⟩ réminiscence(s) *v (mv)* (**aan** de) ★ *ter ~ aan* en souvenir / mémoire de ★ *de ~ aan haar* son souvenir ❷ *wat men herinnert* souvenir *m* ★ *goede ~en bewaren aan* garder de bons souvenirs de ★ *~en ophalen* évoquer des souvenirs ❸ *souvenir* souvenir *m* ★ *deze ring is een ~ aan mijn moeder* cette bague me rappelle ma mère ❹ *geheugen* mémoire *v* ★ *iets in ~ brengen* rappeler qc ❺ *herhaalde oproep* rappel *m* ★ *een ~ dat je contributie nog niet betaald is* un rappel pour cotisation impayée
herintreden se réinsérer
herintreder personne *v* qui se réinsère dans le monde du travail
herkansing repêchage *m* ★ *een ~ krijgen* avoir droit au repêchage
herkauwen ❶ *opnieuw kauwen* ruminer ❷ *herhalen* rabâcher, ⟨piekeren over⟩ ruminer, remâcher
herkauwer ruminant *m*
herkenbaar reconnaissable (**aan** à)
herkennen I *ov ww* reconnaître (**aan** à), identifier ★ *iem. uit duizenden ~* reconnaître qn entre mille **II** *wkd ww* [**zich ~**]**~ in** se reconnaître / retrouver dans
herkenning reconnaissance *v*
herkenningsmelodie indicatif *m*
herkeuring nouvel examen *m*
herkiesbaar rééligible ★ *zich ~ stellen* solliciter le renouvellement de son mandat, être candidat à sa propre succession
herkiezen réélire
herkomst origine *v*, provenance *v* ★ *land van ~* pays *m* d'origine
herleidbaar réductible (**tot** à)
herleiden ❶ *terugvoeren* réduire (**tot** à), convertir (**tot** en) ❷ BN *verminderen* réduire (**tot** à)
herleven revivre, renaître ★ *doen ~* ranimer, ⟨ophalen⟩ raviver ★ *~d nationalisme* nationalisme *m* renaissant
herleving renaissance *v*
hermelijn hermine *v*
hermetisch I *bn* hermétique **II** *bw* hermétiquement ★ *~ afgesloten* fermé hermétiquement
hernemen ❶ *terugnemen* reprendre ❷ *hervatten* reprendre ★ *hij hernam zijn verhaal* il reprit son histoire
hernia ❶ *rugaandoening* hernie *v* discale ❷ *breuk* hernie *v*
hernieuwen renouveler, ⟨weer opvatten⟩ renouer ★ *de vriendschap ~* renouer l'amitié ★ *met hernieuwde kracht* redoublant d'énergie ★ *hernieuwde poging* nouvelle tentative *v*
heroïek héroïsme *m*
heroïne héroïne *v* ★ *aan ~ verslaafde* héroïnomane *m/v*
heroïnehoer prostituée *v* toxicomane
heroïsch héroïque
herontdekken redécouvrir
heropenen rouvrir
heropvoeden rééduquer
heropvoeding rééducation *v*
heroriëntatie réorientation *v*

heroriënteren réorienter
heroveren reconquérir (**op** sur), ‹herwinnen› regagner, reprendre ★ *verloren terrein ~* regagner du terrain
herovering reconquête *v*
heroverwegen reconsidérer
herpes herpès *m* ★ *~ genitalis* herpès génital
herrie ❶ *lawaai* tapage *m*, boucan *m*, vacarme *m*, ‹keet› chahut *m* ★ *~ maken / schoppen* faire du boucan / tapage, casser les vitres, ‹keten› chahuter ❷ *ruzie* bagarre *v*
herrieschopper tapageur *m* [v: tapageuse], ‹in klas› chahuteur *m* [v: chahuteuse]
herrijzen se relever, ressusciter
herrijzenis résurrection *v*
herroepen ‹v. besluit› révoquer, ‹v. uitlating› désavouer, rétracter ★ *zijn woorden ~* se dédire, se rétracter
herscheppen refaire, recréer, transformer (**in** en)
herschikken réarranger, ajuster, ‹van schuld› rééchelonner
herscholen recycler
herscholing recyclage *m*, rééducation *v*
herschrijven réécrire, ‹omwerken› remanier
hersenbeschadiging lésion *v* cérébrale
hersenbloeding hémorragie *v* cérébrale
hersenbreker casse-tête *m* [mv: casse-tête(s)]
hersendood coma *m* dépassé, mort *v* cérébrale
hersenen, hersens ❶ *orgaan* cerveau *m*, ‹substantie› cervelle *v* ★ *kleine ~* cervelet *m* ★ *grote ~* cerveau ❷ *verstand* cerveau *m* ★ *jij hebt een goed stel ~* tu as de la tête ★ *zijn hersens pijnigen* se creuser la tête ★ *hoe haal je het in je hersens?* qu'est-ce qui te prend? ❸ inform *hersenpan* crâne *m* ★ *iem. de ~ inslaan* casser la tête à qn
hersengymnastiek gymnastique *v* cérébrale
hersenhelft hémisphère *m* cérébral
hersenkronkel *gedachtekronkel* raisonnement *m* tortueux
hersenkwab lobe *m* du cerveau
hersenletsel lésion *v* cérébrale
hersenpan boîte *v* crânienne, crâne *m*
hersens → **hersenen**
hersenschim chimère *v*, vision *v* ▼ *~men najagen* caresser des chimères / des projets chimériques
hersenschudding commotion *v* cérébrale
hersenspinsel chimère *v*
hersenspoelen bourrer le crâne à
hersenspoeling lavage *m* de cerveau
hersentumor tumeur *v* cérébrale
hersenvlies méninge *v*
hersenvliesontsteking méningite *v*
herstel ❶ *beterschap* rétablissement *m*, ‹economie› reprise *v*, redressement *m* ★ *~ van krachten* récupération *v* (des forces) ❷ *reparatie* réparation *v*, remise *v* en état ❸ *het weer instellen* rétablissement *m* ★ *~ van eer* réhabilitation *v* ❹ *vergoeding* réparation *v*
herstelbetaling ★ *~en* réparations *v mv*
herstellen I *ov ww* ❶ *repareren* réparer, remettre en état ★ *kleding ~* raccommoder des vêtements ★ *de schade ~* réparer les dégâts ❷ *goedmaken* réparer, ‹corrigeren› rectifier ★ *een fout ~* réparer une faute ★ *het vertrouwen ~* restaurer la confiance ❸ *in de oude staat brengen* rétablir, form restaurer ★ *de orde ~* rétablir l'ordre ★ *in zijn eer ~* réhabiliter **II** *onov ww, genezen* guérir, se rétablir, se remettre (**van** de) ★ *~ van een ziekte* se remettre d'une maladie ★ *~de zijn* être convalescent ★ *de zieke herstelt voorspoedig* le malade est en bonne voie de guérison **III** *wkd ww* [**zich ~**] *in de oude toestand komen* se rétablir, ‹opleven› se redresser, ‹zelfbeheersing hervinden› se ressaisir ★ *de economie herstelt zich* l'économie se redresse
herstellingsoord maison *v* de santé
herstelwerkzaamheden travaux *m mv* de réfection
herstructureren restructurer
herstructurering restructuration *v*
hert cerf *m*, ‹ree› chevreuil *m* ★ *jong hert* faon *m* ★ *vliegend hert* ‹kever› cerf-volant *m* [mv: cerfs-volants]
hertenkamp parc *m* aux cerfs
hertenleer daim *m*
hertog duc *m*
hertogdom duché *m*
hertogin duchesse *v*
hertrouwen se remarier
hertz hertz *m*
heruitgave réédition *v*
hervatten reprendre ★ *het gesprek ~* reprendre la conversation
herverdelen redistribuer
herverkaveling remembrement *m*
herverkiezing réélection *v*
herverzekeren réassurer
hervormd réformé ★ *de ~e kerk* l'Église réformée
hervormen réformer
hervorming ❶ *het hervormen* réforme *v* ★ *sociale ~en doorvoeren* réaliser des réformes sociales ❷ rel Réforme *v*
herwaarderen *opnieuw waarderen* revaloriser, réévaluer
herwinnen I *ov ww* ❶ *heroveren* regagner, reprendre ❷ *uit recycling verkrijgen* récupérer ★ *ijzer ~ uit afval* récupérer du fer à partir de déchets **II** *wkd ww* [**zich ~**] se ressaisir ★ *hij wist zich te ~* il a su se ressaisir
herzien revoir, réviser ★ *zijn mening ~* se raviser ★ *~e uitgave* édition *v* revue et corrigée
herziening *het herzien* révision *v* ★ *~ van de grondwet* révision de la constitution
hes blouse *v*, veste *v*
hesen [verl. td.] → **hijsen**
hesp BN *ham* jambon *m*
het I *pers vnw* ‹als onderwerp› ce [vóór klinker of stomme h: c'], ‹als lijdend voorwerp› le [v: la] [vóór klinker of stomme h: l'], ‹als meewerkend voorwerp› lui ★ *ik zie het* je le vois ★ *ik heb het afgemaakt* je l'ai fini ★ *hij is het* c'est lui ★ *daar heb je het (al)* ça y est ★ inform *het doen* ‹seks hebben› faire la chose ▼ *dat is je van het* c'est le fin du fin **II** *onb vnw* il, ‹aanwijzend vnw› ça ★ *het regent* il pleut ★ *het moet* il le faut ★ *het sneeuwt* il neige ★ *het is mooi weer* il fait beau ★ *het is donker* il fait noir ★ *hoe laat is het?* quelle heure est-il? ★ *hoe gaat het?* comment ça va? **III** *lidw* le [v: la], ‹voor klinker of stomme 'h'› l' ★ *van het begin tot het eind* du début à la fin

he

★ *hét moment* le moment propice ★ *dat is hét antwoord* c'est la bonne réponse ★ *Italië is hét land van de tegenstellingen* l'Italie est le pays des contradictions par excellence ★ *dat is echt het huis voor ons* cette maison est faite pour nous ★ *het eerst* le premier ★ *het mooist* le plus beau
heteluchtballon montgolfière *v*
heteluchtkachel calorifère *m* à air chaud
heteluchtoven four *m* à chaleur pulsée
heten ❶ *een naam dragen* s'appeler, ‹van boek› être intitulé, s'intituler ★ *hoe heet hij?* comment s'appelle-t-il? ★ *hij heet naar zijn opa* il porte le nom de son grand-père ★ *hij heet Jan* il s'appelle Jean ★ *hoe heet dat?* comment ça s'appelle? ★ *zo waar als ik ... heet* aussi vrai que je m'appelle... ❷ *beweerd worden* ★ *wat heet!* tu parles!, c'est le moins qu'on puisse dire ★ *naar het heet* comme on dit ★ *het heet dat hij onschuldig is* on le dit innocent ★ *zoals het heet* comme on dit ★ *het mag een wonder ~ dat ik nog leef* ça tient du miracle que je sois vivant
heterdaad ▾ *iem. op ~ betrappen* prendre qn sur le fait, prendre qn en flagrant délit, inform prendre qn la main dans le sac
hetero I *de* hétéro *m/v* II *bn* hétérosexuel [v: hétérosexuelle]
heterofiel I *de* hétérosexuel *m* [v: hétérosexuelle] II *bn* hétérosexuel [v: hétérosexuelle]
heterogeen hétérogène
heteroseksueel I *de* hétérosexuel *m* [v: hétérosexuelle] II *bn* hétérosexuel [v: hétérosexuelle]
hetgeen ‹als onderwerp› ce qui, ‹als lijdend voorwerp› ce que ★ *~ ik niet verwachtte* ce à quoi je ne m'attendais pas ★ *~ ik nodig had* ce dont j'avais besoin ★ *~ je zegt is waar* ce que tu dis, c'est vrai
hetze campagne *v* (de diffamation) ★ *een ~ voeren tegen* mener une campagne de diffamation contre
hetzelfde le même [v: la même], ‹zelfstandig› la même chose ★ *~ papier* le même papier ★ *het is mij ~* cela m'est égal ★ *op ~ neerkomen* revenir au même ★ *dat is voor hen ~* c'est pareil pour eux ★ *~ doen* en faire autant ★ *van ~!* (vous) de même!
hetzij soit ★ *~ ... ~* soit ... soit
heug ▾ *tegen heug en meug* à contrecœur
heugen ★ *het heugt me dat* je me souviens que ★ *dat zal je ~* tu t'en souviendras ★ *dat zal hem nog lang ~!* il ne risque pas de l'oublier!
heuglijk ❶ *verheugend* heureux [v: heureuse] ★ *~e gebeurtenis* heureux événement *m* ❷ *onvergetelijk* mémorable ★ *~ feit* fait *m* mémorable
heulen ~ **met** collaborer avec, être d'intelligence avec ★ *~ met de vijand* être d'intelligence avec l'ennemi
heup hanche *v* ★ *het op de heupen hebben* avoir sa crise, être déchaîné ★ *met zijn heupen wiegen* rouler des hanches
heupbroek pantalon *m* (à) taille basse
heupdysplasie med dysplasie *v* de la hanche
heupfles flasque *v*
heuptasje inform banane *v*
heupwiegen se dandiner, rouler des hanches
heupwijdte tour *m* de hanches
heupzwaai mouvement *m* de hanche
heus I *bn* ❶ *echt* vrai, véritable ★ *een heuse edelsteen* une véritable pierre précieuse ★ *een heuse gravin* une vraie comtesse ❷ *beleefd* poli II *bw, echt* vraiment, pour de bon ★ *het is heus waar* je vous assure que c'est vrai ★ *ik bewonder hem, heus!* je l'admire, mais beaucoup! ★ *heus?* c'est vrai?, vraiment? ★ *maar niet heus!* c'est pas pour de vrai! ★ *meen je dat heus?* tu es sérieux?
heuvel colline *v*, ‹klein› butte *v*
heuvelachtig vallonné, accidenté
heuvelland région *v* vallonnée
hevel siphon *m*
hevig I *bn* ❶ *intens* fort, vif [v: vive], intense ★ *~e pijn* douleur aiguë, vive douleur ❷ *heftig* violent, fort ★ *een ~e storm* une forte tempête II *bw* violemment, fortement, vivement ★ *~ verliefd* follement amoureux ★ *~ transpireren* transpirer à grosses gouttes
hiaat lacune *v*, omission *v*, manque *m* ★ *een ~ in zijn kennis* une lacune dans ses connaissances
hief [verl. td.] → **heffen**
hiel talon *m* ★ *de hielen lichten* tourner les talons ★ *iem. op de hielen zitten* serrer qn de près, être sur les talons de qn, talonner qn ★ *iemands hielen likken* cirer / lécher les bottes à qn
hield [verl. td.] → **houden**
hielden [verl. td.] → **houden**
hielenlikker lèche-bottes *m* [mv: id.], fayot *m*
hielp [verl. td.] → **helpen**
hielpen [verl. td.] → **helpen**
hielprik med test *m* de Guthrie
hier I *bw, op deze plaats* ici ★ *hier ergens* (quelque part) par ici ★ *tot hier* jusqu'ici ★ *hier ben ik* me voici ★ *hier rust...* ici repose..., ci-gît... ★ *hij is niet van hier* il n'est pas d'ici, il n'est pas du coin ★ *hier aanwezig* ci-présent ★ *hier op aarde* ici-bas ★ *hier (heb je het)!* tiens, voici ★ *het zit me tot hier!* j'en ai jusque-là! ★ *hier en daar* par-ci, par-là, par endroits II *tussenw, alsjeblieft* tiens ★ *hier heb je je boek* tiens, voici ton livre
hieraan à ceci, à cela, y, en ★ *denk ~* pensez-y ★ *~ valt niet te twijfelen* il n'y a pas de doute là-dessus
hierachter derrière ▾ *wat zit / steekt ~?* qu'y a-t-il derrière tout cela?, qu'y a-t-il là-dessous?
hiërarchie hiérarchie *v*
hiërarchisch I *bn* hiérarchique II *bw* hiérarchiquement
hierbij ‹in brief› par la présente, ‹hierbij ingesloten› ci-joint, ci-inclus, sous ce pli ★ *wij zullen het ~ laten* nous en resterons là ★ *~ deel ik u mede* par la présente je vous informe ★ *~ komt nog* à cela s'ajoute ★ *dat hoort niet ~* cela ne va pas avec
hierbinnen à l'intérieur, dedans
hierboven au-dessus ★ *zie ~* voir ci-dessus / plus haut
hierbuiten à l'extérieur, dehors
hierdoor ❶ *door deze oorzaak* de ce fait, ainsi ★ *~ kwam hij te laat* de ce fait il est arrivé en retard ❷ *hier doorheen* par ici, par là ★ *u ziet een poortje, u gaat ~ en dan naar links* vous voyez une petite porte, vous passez par là et vous tournez à droite
hierheen par ici, de ce côté-ci

hierin ❶ *in deze plaats* ici, (là-)dedans ❷ *wat dit betreft* sur ce point, en cela
hierlangs par ici ★ *de rivier loopt ~* le fleuve passe par ici
hiermee avec ceci, avec cela ★ *u ontvangt een code en ~ kunt u het programma activeren* vous recevrez un code avec lequel vous pouvez activer le programme ★ *wat moet ik ~?* que veux-tu que j'en fasse?
hierna après cela, ensuite ★ *~ te noemen / ~ volgend* ci-après ★ *de dag ~* le lendemain
hiernaast à côté, ⟨in tekst⟩ ci-contre
hiernamaals au-delà *m*, autre monde *m*
hiëroglief hiéroglyphe *m*
hierom ❶ *om deze reden* c'est pourquoi ❷ *hier omheen* autour
hieromheen (tout) autour
hieromtrent *hierover* à cet égard, à ce sujet ★ *wij verzoeken u ons ~ in te lichten* veuillez nous renseigner à ce sujet
hieronder ❶ *onder het genoemde* ★ *wat verstaat u ~* qu'entendez-vous par là? ❷ *onder deze plaats* en-dessous, au-dessous ★ *zie ~* voir plus bas, voir ci-dessous ❸ *verderop* ci-dessous, plus loin ❹ *erbij zijnd* parmi eux [v: parmi elles] ★ *~ bevinden zich vele ...* parmi eux il y a beaucoup de...
hierop ❶ *bovenop dit* là-dessus, sur ★ *wat heb je ~ te zeggen?* qu'est-ce que tu répondrais là-dessus? ❷ *hierna* après, là-dessus, ensuite ★ *~ zei hij* sur ce, il a dit
hierover ❶ *hier overheen* là-dessus ★ *leg het zeil maar ~* tu peux mettre la bâche là-dessus ❷ *omtrent* à ce sujet
hiertegen contre cela ★ *zich ~ verzetten* s'y opposer
hiertegenover ❶ *tegenover deze plaats* en face ❷ *tegenover deze zaak* par contre, en contrepartie, en revanche
hiertoe *tot dit doel* pour cela, à cet effet
hiertussen entre ceux-ci, entre les deux
hieruit ❶ *uit deze plaats* d'ici, de là, en ★ *het gas komt ~* le gaz sort d'ici ❷ *uit het genoemde* d'ici, de là, en ★ *~ volgt dat* il en résulte que
hiervan en, de cela ★ *~ heb ik nog nooit gehoord* je n'en ai jamais entendu parler ★ *vooral scholieren en studenten profiteren ~* ce sont surtout les lycéens et les étudiants qui en profitent
hiervandaan d'ici
hiervoor ❶ *in ruil voor* en échange, pour cela ❷ *vóór het genoemde* ⟨plaats⟩ devant, ⟨in tekst⟩ ci-dessus, plus haut, ⟨tijd⟩ auparavant, avant ★ *zoals ik ~ gezegd heb* comme je l'ai dit plus haut, comme je l'ai dit avant ❸ *hiertoe* pour cela, à cet effet ★ *hij is niet de man ~* il n'est pas l'homme de la circonstance
hieuw [verl. td.] → **houwen**
hieuwen [verl. td.] → **houwen**
hieven [verl. td.] → **heffen**
hifi hi-fi [onver.]
hifi-installatie chaîne *v* hi-fi
hifitoren tour *v* hi-fi
high ★ *high worden* décoller ★ *high zijn* planer
high society haute société *v*
hightech I *de* high-tech *m*, technologie *v* de pointe **II** *bn* high-tech [onver.]
hij I *pers vnw* il, ⟨met nadruk⟩ lui ★ *hij heeft het gedaan* c'est lui qui l'a fait ★ *hij start niet* ⟨van auto⟩ elle ne démarre pas ★ *hij die* celui qui **II** *de* mâle *m*, ⟨v. jongen⟩ garçon *m*
hijgen haleter, souffler
hijger omschr obsédé *m* sexuel tenant des propos obscènes au téléphone
hijs ❶ *het hijsen* guindage *m* ❷ *trek aan sigaret* taffe *v* ❸ *zware taak* ★ *het is een hele hijs* c'est un sacré boulot
hijsblok poulie *v*
hijsen ❶ *omhoog trekken* hisser ❷ *stevig drinken* lever le coude, picoler
hijskraan grue *v*
hijzelf lui-même ★ *~ zal het moeten doen* c'est à lui-même de le faire
hik hoquet *m* ★ *de hik hebben* avoir le hoquet
hikken avoir le hoquet ▼ *ergens tegenaan ~* rechigner / renâcler à qc
hilarisch ⟨vrolijk⟩ hilare, ⟨komisch⟩ hilarant
hilariteit hilarité *v*
Himalaya Himalaya *m*
hinde biche *v*
hinder gêne *v*, embarras *m*, ⟨overlast⟩ dérangement *m* ★ *~ van iets hebben / ondervinden* être gêné par qc
hinderen ⟨belemmeren⟩ gêner, embarrasser, ⟨storen⟩ déranger ★ *hinder ik?* je te / vous dérange? ★ *dat hindert niet* ça ne fait rien ★ *dat mag niet ~* qu'à cela ne tienne
hinderlaag embuscade *v*, ⟨valstrik⟩ guet-apens *m* [mv: guets-apens], piège *m* ★ *iem. in een ~ lokken* attirer qn dans une embuscade ★ *in een ~ lopen / vallen* tomber dans une embuscade ★ *in ~* en embuscade
hinderlijk I *bn* ❶ *belemmerend* gênant, embarrassant ❷ *storend* ennuyeux [v: ennuyeuse], gênant, ⟨irritant⟩ agaçant **II** *bw* de façon gênante / agaçante
hindernis lett obstacle *m* ★ *wedren met ~sen* course *v* d'obstacles ★ *een ~ nemen* franchir un obstacle ★ *~sen uit de weg ruimen* écarter des obstacles
hindernisbaan parcours *m* d'obstacles
hindernisloop course *v* d'obstacles
hinderpaal obstacle *m*, entrave *v*
Hinderwet ≈ législation *v* sur les nuisances
hindoe rel hindou *m* [v: hindoue], hindouiste *m/v*
hindoeïsme hindouisme *m*
hing [verl. td.] → **hangen**
hingen [verl. td.] → **hangen**
hinkelen aller / sauter à cloche-pied, ⟨spel⟩ jouer à la marelle
hinken ❶ *mank gaan* boiter, clopiner ★ *al ~d* clopin-clopant ★ *op twee gedachten ~* ne savoir sur quel pied danser, hésiter entre deux partis ❷ *hinkelen* sauter à cloche-pied
hinkepoot boiteux *m* [v: boiteuse]
hink-stap-sprong sport triple saut *m*
hinniken hennir
hint suggestion *v*, ⟨tip⟩ tuyau *m* [mv: tuyaux], ⟨verkapt verzoek⟩ appel *m* du pied, invite *v* ★ *iem. een hint geven* tuyauter qn
hip branché, in
hiphop hip-hop *m*

hippen sautiller
hippie hippie *m/v*, baba cool *m/v*
hipster hipster *m/v*
historicus historien *m* [v: historienne]
historie *geschiedenis* histoire *v* ★ *natuurlijke ~* histoire naturelle
historieschilder peintre *m* d'histoire
historisch I *bn* historique ★ *~e roman* roman *m* historique **II** *bw* historiquement
hit ❶ *succesvol nummer* tube *m* ★ *met dit nummer heeft hij een hit gescoord* il a fait une tube avec cette chanson **❷** *treffer op internet* occurrence *v* ★ *onze site heeft al duizend hits* notre site a eu mille visites déjà **❸** *paard* bidet *m*
Hitlergroet salut *m* hitlérien
hitlijst top *m* cinquante, hit-parade *m* [mv: hit-parades]
hitparade hit-parade *m* [mv: hit-parades] top *m* cinquante

hitsig lubrique, chaud ★ *een ~ type* un chaud lapin
hitte ❶ *hete warmte* chaleur *v* **❷** *heftigheid* ardeur *v* ★ *in de ~ van de strijd* dans le feu de l'action
hitteberoerte coup *m* de chaleur
hittebestendig réfractaire, résistant à la chaleur, techn thermorésistant
hittegolf vague *v* de chaleur, canicule *v*
hitteschild bouclier *m* thermique
hiv *human immunodeficiency virus* HIV *m*, VIH *m*, virus *m* de l'immunodéficience humaine
ho holà, halte-(là)!, non mais (des fois)! ★ *zeg maar 'ho'* ‹bij het inschenken› dis 'stop'
hoax comp hoax *m*
hobbel ❶ *oneffenheid* bosse *v* **❷** fig *obstakel* obstacle *m* ★ *een ~ nemen* surmonter un obstacle
hobbelen cahoter
hobbelig cahoteux [v: cahoteuse], raboteux [v: raboteuse]
hobbelpaard cheval *m* à bascule
hobbezak ❶ *kledingstuk* vêtement *m* informe **❷** *persoon* personne *v* fagotée comme un sac
hobby hobby *m*, passe-temps *m* [mv: id.] loisirs *m mv*, passion *v*
hobo hautbois *m* ★ *hobo spelen* jouer du hautbois
hoboïst hautboïste *m/v*
hockey hockey *m* ★ *~ spelen* jouer au hockey
hockeyen jouer au hockey
hockeyer hockeyeur *m* [v: hockeyeuse]
hockeystick crosse *v* de hockey
hocus pocus I *tussenw* abracadabra, passez muscade **II** *de* abracadabra *m*
hoe I *bw* **❶** *op welke wijze* comment, de quelle manière ★ *hoe heet je?* comment tu t'appelles? ★ *hoe dan ook* de toute façon ★ *hoe weinig ook* si peu que ce soit ★ *hoe het ook zij* quoi qu'il en soit ★ *hoe komt het dat ...* comment se fait-il que [+ subj.] **❷** *in welke mate* combien, à quel point, comme ★ *hoe oud is hij?* quel âge a-t-il? ★ *hoe laat is het?* quelle heure est-il? ★ *hoe ver is het naar Y?* combien y a-t-il d'ici à Y? ★ *hoe hij ook studeert* il a beau étudier ★ *hoe lang is ...* de quelle longueur est ... ★ *hoe lang is het geleden dat ...* il y a combien de temps que ... ★ *hoe lang woont u hier al?* depuis combien de temps habitez-vous ici? ★ *hoe rijk hij ook is* si riche qu'il soit **❸** *als voegwoord* comment ★ *hoe eerder hoe beter* le plus tôt sera le mieux ★ *het gaat hoe langer hoe beter* ça va de mieux en mieux ★ *hoe langer hoe erger* de pire en pire ★ *hoe langer hoe meer* de plus en plus ★ *hoe langer hoe minder* de moins en moins ★ *hoe langer hoe slechter* de plus en plus mal, de mal en pis ★ *hoe meer ..., des te meer ...* plus ..., plus ... **II** *het* ★ *het hoe en waarom willen weten* chercher le pourquoi et le comment
hoed chapeau *m* [mv: chapeaux], ‹bolhoed› melon *m* ★ *hoge hoed* haut-de-forme *m* [mv: hauts-de-forme] ★ *zijn hoed afzetten* se découvrir ★ *zijn hoed opzetten* mettre son chapeau ★ *daar neem ik mijn hoed voor af!* (je tire mon) chapeau!, chapeau bas! ★ *onder één hoedje spelen met iem.* être de mèche avec qn ★ *onder een hoedje te vangen zijn* être tout penaud ★ *iets uit de hoge hoed toveren* faire sortir qc comme par magie ★ *zich een hoedje schrikken* avoir une peur bleue ★ *hij weet van de hoed en de rand* il connaît la musique
hoedanigheid qualité *v* ★ *in mijn ~ van* en qualité de
hoede garde *v* ★ *onder zijn ~ hebben* avoir sous sa garde ★ *iem. onder zijn ~ nemen* prendre qn sous sa garde, se charger de qn ★ *onder de ~ van* sous la garde de ★ *op zijn ~ zijn* se tenir sur ses gardes, se méfier
hoeden I *ov ww* garder ★ *het vee ~* garder le bétail **II** *wkd ww* [**zich ~**] se méfier (**voor** de), se garder (**voor** de)
hoedenplank porte-chapeaux *m* [mv: id.], ‹in auto› plage *v* arrière
hoef sabot *m*
hoefde [verl. td.] → **hoeven**
hoefden [verl. td.] → **hoeven**
hoefdier ongulé *m*
hoefgetrappel piétinement *m*
hoefijzer fer *m* (à cheval)
hoefsmid maréchal-ferrant *m* [mv: maréchaux-ferrants], ferreur *m*
hoegenaamd ❶ *volstrekt* absolument ★ *~ niet* absolument pas, (ne ...) guère ★ *~ niets* absolument rien **❷** *nauwelijks* ★ *~ niemand* pratiquement personne
hoek ❶ *ruimte* coin *m* ★ *uit die hoek* de ce côté ★ *iem. in de hoek drijven,* BN *iem. in de hoek drummen* coincer qn ★ *zich niet in de hoek laten drijven,* BN *zich niet in de hoek laten drummen* ne pas se laisser acculer ★ *in alle hoeken en gaten* dans tous les coins et recoins ★ *hij zit in de hoek waar de klappen vallen* c'est lui qui trinque ★ *grappig uit de hoek komen* faire un mot d'esprit ★ *weten uit welke hoek de wind waait* savoir d'où vient le vent ★ *iem. alle hoeken van de kamer laten zien* en faire voir de toutes les couleurs à qn **❷** *kant of punt* coin *m* ★ *om de hoek* juste après le coin ★ *de hoek omslaan* tourner le coin, tourner au coin de la rue ★ *op de hoek van de straat* au coin de la rue ★ *het huis op de hoek* la maison du coin ★ fig *het hoekje omgaan* casser sa pipe **❸** wisk angle *m* ★ *dode hoek* angle mort ★ *met / onder een hoek van 90°* à un angle de 90 degrés ★ *aanliggende / overstaande hoek* angle adjacent / opposé (par le sommet) ★ *platte / rechte / scherpe / stompe hoek*

angle plat / droit / aigu / obtus ★ *een hoek vormen / maken met* faire angle avec ❹ *hoekstoot* crochet *m* ★ *een linkse hoek* un crochet du gauche
hoekhuis maison *v* qui fait l'angle
hoekig anguleux [v: anguleuse]
hoekpunt sommet *m* (d'un angle)
hoekschop corner *m* ★ *een ~ nemen* tirer un corner
hoeksteen ❶ *steen op de hoek* pierre *v* angulaire ❷ fig *fundament* pierre *v* angulaire, clé *v* de voûte ★ *~ van de samenleving* pilier *m* de la société
hoektand canine *v*
hoekwoning maison *v* qui fait l'angle
hoelang combien de temps ★ *tot ~?* jusqu'à quand? ★ *~ duurt dat?* ça dure combien de temps? ★ *~ gaan jullie met vakantie?* vous partez en vacances pour combien de temps?
hoen poule *v* ★ *vetgemest hoentje* poularde *v* ★ *zo fris als een hoentje* frais et dispos
hoenderhok poulailler *m*
hoepel cerceau *m* [mv: cerceaux], cercle *m* ★ *door een ~ springen* sauter à travers un cerceau
hoepelen jouer au cerceau
hoepelrok crinoline *v*
hoepla hop!
hoer putain *v*, pute *v* ★ *naar de hoeren gaan* aller voir les putes
hoera hourra ★ *driewerf ~!* un triple hourra
hoerenbuurt quartier *m* chaud / rouge
hoerenjong *onwettig kind* fils *m* de pute
hoerenloper baiseur *m* de putes
hoerenmadam maquerelle *v*
hoerig I *bn* qui fait pute, de pute ★ *~e laarzen* des bottes de pute **II** *bw* comme une pute
hoes housse *v*, ‹van plaat / cd› pochette *v*
hoeslaken drap-housse *m* [mv: draps-housses]
hoest toux *v* ★ *droge ~* toux sèche
hoestbui accès *m* / quinte *v* de toux
hoestdrank sirop *m* pectoral, sirop contre la toux
hoesten tousser ▾ *zich de longen uit het lijf ~* tousser comme un malade
hoestpastille comprimé *m* contre la toux
hoestsiroop sirop *m* pectoral, sirop contre la toux
hoeve ferme *v*
hoeveel combien ★ *~ boeken?* combien de livres? ★ *~ kost deze?* combien celui-ci coûte-t-il? ★ *met ~ zijn we?* on est combien? ★ *met z'n hoevelen waren jullie?* vous étiez combien?
hoeveelheid quantité *v* ★ *enorme hoeveelheden afval* d'énormes quantités de déchets ★ *de ~ alcohol in het bloed* le taux d'alcool dans le sang, l'alcoolémie *v*
hoeveelste combien ★ *de ~ is het vandaag?* le combien sommes-nous? ★ *de ~ keer is dit?* ça fait combien de fois? ★ *het ~ deel van* quelle partie de
hoeven I *ov ww, moeten* devoir ★ *ik hoef niet te gaan* je ne suis pas obligé d'y aller ★ *dat had je niet ~ doen* tu n'aurais pas dû te déranger ★ *je hoeft het maar te vragen* tu n'as qu'à demander **II** *onov ww, nodig zijn* être nécessaire ★ *het hoeft niet* ce n'est pas la peine ★ *voor mij hoeft het niet meer* j'ai déjà donné
hoeverre ▾ *in ~* à quel point, dans quelle mesure
hoewel quoique [+ subj.], bien que [+ subj.] ★ *~ ...!* quoique ...!, encore que ...!
hoezeer I *voegw* bien que [+ subj.], quoique [+ subj.] ★ *~ het mij ook spijt* bien que je sois désolé **II** *bw* à quel point, combien
hoezo comment ça? ★ *~ moeilijk?* comment ça, difficile?
hof I *het* ❶ *rond vorst* cour *v* ★ *aan het hof* à la cour ▾ *iem. het hof maken* faire la cour à qn ❷ jur *gerechtshof* cour *v* ★ *hof van justitie* cour de justice ★ BN *hof van appel / beroep* cour d'appel ★ BN *hof van assisen* (cour *v* d')assises *v mv* ★ BN *Hof van Cassatie* cour de cassation **II** *de, tuin* jardin *m*, cour *v* ★ *de hof van Eden* jardin d'Éden
hofdame dame *v* d'honneur
hoffelijk I *bn* courtois ★ *overdreven ~* obséquieux [v: obséquieuse] **II** *bw* courtoisement
hoffelijkheid courtoisie *v* ★ *overdreven ~* obséquiosité *v*
hofhouding cour *v*
hofje ❶ *groep woningen* ≈ hospice *m* (organisé autour d'une cour) ❷ *binnenplaats* cour *v*
hofleverancier fournisseur *m* de la cour
hofmeester maître *m* d'hôtel, steward *m*
hofnar bouffon *m* du roi
hoge ❶ *duikplank* grand plongeoir *m* ❷ *persoon* grand *m*, inform grosse légume *v*
hogedrukgebied anticyclone *m*
hogedrukpan autocuiseur *m*, cocotte-minute *v* [mv: cocottes-minute]
hogedrukreiniger nettoyeur *m* haute pression
hogedrukspuit pistolet *m* haute pression
hogepriester grand prêtre *m*
hogerhand ▾ *van ~* d'en haut, en haut lieu
Hogerhuis Chambre *v* haute, Chambre des pairs
hogerop ❶ *op een hoger gelegen plaats* plus haut ❷ *tot een hogere plaats in rangorde* ★ *het ~ zoeken* s'adresser en haut lieu, jur se pourvoir ★ *~ willen* vouloir monter
hogeschool onderw école *v* supérieure, ‹dressuur› haute école
hogesnelheidslijn ligne *v* à grande vitesse
hogesnelheidstrein train *m* à grande vitesse, TGV *m*
hoi ❶ *hallo* salut ❷ *hoera* bravo!
hok ❶ *bergplaats* cagibi *m*, remise *v*, débarras *m* ❷ *krot / hol* taudis *m* ❸ *dierenhok* cabane *v*, cage *v*, ‹v. hond› niche *v*, ‹van kippen› poulailler *m*
hokje ❶ *vakje* case *v* ★ *kleur het ~ rood* cochez en rouge la case ★ *een ~ aankruisen* cocher une case ❷ *klein hok* cabine *v* ★ *iem. in een ~ duwen* mettre une étiquette à qn
hokjesgeest (esprit *m* de) cloisonnement *m*
hokken *samenwonen* vivre ensemble / maritalement ★ *bij elkaar ~* faire bande à part
hol I *het* ❶ *schuilplaats* repaire *m* ❷ *verblijf van dier* tanière *v*, ‹van muis› trou *m*, ‹van leeuw› antre *m*, ‹van konijn› terrier *m* ★ *zich in het hol van de leeuw wagen* se jeter dans la gueule du loup ❸ *grot* caverne *v*, grotte *v* ❹ *kont* cul *m* ★ *het kan me geen hol schelen* je n'en ai rien à foutre **II** ★ *op hol slaan* ook fig prendre le mors aux dents, s'emballer **III** *bn* ❶ *leeg* creux [v: creuse], vide ❷ *niet bol* creux, ‹van lens›

ho

concave ★ *holle weg* chemin *m* creux ❸ *leeg klinkend* ★ *holle stem* voix *v* caverneuse ★ *holle woorden* des paroles en l'air ▾ *in het holst van de nacht* au milieu de la nuit, en pleine nuit **IV** *bw* ★ *hol klinken* sonner creux
holbewoner homme *m* des cavernes, troglodyte *m*
holding holding *m*
hold-up BN hold-up *m*
holebi BN *homoseksueel, lesbisch of biseksueel* holebi
Holland ❶ *de provincies* la Hollande ❷ *Nederland* la Hollande ★ *in ~* en Hollande
Hollander Hollandais *m* ★ *de Vliegende ~* le vaisseau-fantôme
Hollands hollandais
Hollandse Hollandaise *v*
hollen *rennen* courir ★ *achter iem. aan ~* courir après qn ★ *het is met hem ~ of stilstaan* il passe d'une extrémité à l'autre ★ *de inflatie* inflation *v* galopante
holletje → **hol** ▾ *op een ~* au pas de course, au trot
Holocaust holocauste *m*
hologram hologramme *m*
holrond concave
holster gaine *v*, ⟨van zadel⟩ fonte *v*
holte ❶ *holle ruimte* creux *m*, cavité *v*, ⟨oogholte⟩ orbite *v* ❷ *uitholling* excavation *v*
hom laite *v*, laitance *v*
home BN *tehuis* foyer *m*, BelgFr home *m*
homeopaat homéopathe *m/v*
homeopathie homéopathie *v*
homeopathisch I *bn* homéopathique **II** *bw* par l'homéopathie
homepage comp page *v* d'accueil
homerun home-run *m* [mv: home-runs]
hometrainer vélo *m* d'appartement, home-trainer *m* [mv: home-trainers]
hommage hommage *m*
hommel bourdon *m*, ⟨dar⟩ faux bourdon
hommeles embêtement *m* ★ *het is ~* le torchon brûle ★ *dat wordt ~* ça va barder, bonjour les dégâts!
homo *homoseksueel* homo *m*
homobar bar *m* gay / spécialisé
homobeweging mouvement *m* gay
homo-erotisch homoérotique
homofiel I *de* homosexuel *m* [v: homosexuelle] **II** *bn* homosexuel [v: homosexuelle]
homofilie homosexualité *v*
homofoob homophobe
homogeen homogène
homohaat homophobie *v*
homohuwelijk mariage *m* entre homosexuels
homoscene milieux *m mv* gay
homoseksualiteit homosexualité *v*
homoseksueel I *de* homosexuel *m* [v: homosexuelle] **II** *bn* homosexuel [v: homosexuelle], inverti
homp gros morceau *m* [mv: gros morceaux], ⟨brood⟩ quignon *m* de pain
hond *dier* chien *m* [v: chienne] ★ *de hond uitlaten* sortir / promener son chien ★ *geen hond* pas un chat ★ *blaffende honden bijten niet* chien qui aboie ne mord pas ★ *bekendstaan als de bonte hond* être connu comme le loup blanc ★ BN *welkom zijn als een hond in een kegelspel* arriver comme un chien dans un jeu de quilles ★ *de gebeten hond zijn* être le souffre-douleur, porter le chapeau, écoper ★ *je moet geen slapende honden wakker maken* il ne faut pas réveiller le chat qui dort, man soll keine schlafenden Hunde wecken ★ *de hond in de pot vinden* ≈ danser devant le buffet ★ *daar lusten de honden geen brood van* comme ce n'est pas permis ★ *wie een hond wil slaan, vindt altijd wel een stok* qui veut noyer son chien l'accuse de la rage, tous les prétextes sont bons ★ *als twee honden vechten om een been, loopt de derde ermee heen* (c'est) le troisième larron ★ *er zijn meer honden die Fikkie heten* il y a plus d'un âne à la foire qui s'appelle Martin ★ *commandeer je hondje (en blaf zelf)!* je ne suis pas ton chien! ★ *zo ziek als een hond zijn* être malade comme un chien
hondenasiel fourrière *v*, ⟨kennel⟩ chenil *m*
hondenbaan métier *m* de chien, sale métier *m*
hondenbelasting taxe *v* sur les chiens
hondenbrokken croquettes *v mv*
hondenhok niche *v*, ⟨kennel⟩ chenil *m*
hondenleven vie *v* de chien
hondenpenning *belastingplaatje* médaille *v* de chien
hondenpoep crotte(s) *v (mv)* de chien
hondentrimmer toiletteur *m* pour chiens [v: toiletteuse...]
hondenweer temps *m* de chien
honderd I *telw* cent ★ *~en mensen* des centaines de gens ★ BN *vijf ten ~* ⟨5 procent⟩ cinq pour cent **II** *het* ★ *alles loopt in het ~* tout va à vau-l'eau, tout s'embrouille, rien ne va plus ★ *alles in het ~ sturen* faire tout échouer
honderdduizend cent mille ★ *~en* des centaines de milliers
honderdduizendste ❶ cent millième ❷ → **vierde**
honderdeneen ❶ cent un ❷ → **vier**
honderdje billet *m* de cent (euros)
honderdste ❶ centième ❷ → **vierde**
honderduit ▾ *~ praten* ne pas arrêter de parler ▾ *~ vragen* poser mille questions
honds I *bn* de chien ★ *een ~e manier van doen* un comportement de chien **II** *bw* insolemment ★ *iem. ~ behandelen* traiter qn comme un chien
hondsberoerd malade comme un chien, patraque
hondsbrutaal grossier [v: grossière], effronté, gonflé
hondsdagen canicule *v*
hondsdolheid med rage *v* ★ *tegen de ~* antirabique
hondsdraf lierre *m* terrestre
hondsmoe crevé
Honduras le Honduras ★ *in ~* au Honduras
Hondurees hondurien [v: hondurienne]
honen bafouer, outrager
honend sarcastique, narquois, railleur [v: railleuse], outrageant
Hongaar Hongrois *m*
Hongaars I *bn, m.b.t. Hongarije* hongrois **II** *het, taal* hongrois *m*
Hongaarse Hongroise *v*
Hongarije la Hongrie ★ *in ~* en Hongrie

honger ❶ *behoefte aan eten* faim *v* ★ *~ hebben* avoir faim ★ *grote ~ hebben* avoir très faim, avoir grand-faim, être affamé ★ *~ hebben als een paard* avoir une faim de loup ★ *~ lijden* souffrir de la faim ★ *zijn ~ stillen* assouvir sa faim ★ *rammelen van de ~* avoir une faim de loup ★ *sterven van ~* mourir de faim ★ *~ maakt rauwe bonen zoet* il n'est sauce que d'appétit ❷ *begeerte* soif *v* ★ *~ naar macht* soif de pouvoir ★ BN *op zijn ~ blijven* rester sur sa faim
hongerdood ★ *de ~ sterven* mourir de faim
hongeren ❶ *honger lijden* avoir faim, être affamé ❷ *verlangen* ★ *~ naar* aspirer à, être avide de
hongerig ❶ *honger hebbend* affamé ★ *~ zijn* avoir faim ❷ *begerig* affamé (**naar** de)
hongerklop fringale *v*
hongerlijder ❶ *iem. die honger lijdt* affamé *m* ❷ *armoedzaaier* crève-la-faim *m/v* [mv: id.], miséreux *m*
hongerloon salaire *m* de misère / de famine
hongeroedeem œdème *m* de dénutrition
hongersnood famine *v* ★ *er brak een ~ uit* la famine a éclaté
hongerstaking grève *v* de la faim ★ *in ~ gaan* faire la grève de la faim
Hongerwinter hiver *m* de disette
Hongkong Hong Kong *m*, Hongkong
Hongkongs hongkongais
honing miel *m* ★ *~ winnen* butiner ★ *iem. ~ om de mond smeren* passer de la pommade à qn ★ *het land van melk en ~* le pays d'abondance ★ *zo zoet als ~* fig mielleux [v: mielleuse]
honingraat rayon *m*
honingzoet I *bn* ❶ *zeer zoet* miellé, sucré ❷ *vleierig* mielleux [v: mielleuse] II *bw* mielleusement
honk ❶ *thuis* chez soi *m* ❷ sport base *v* ★ *een honk stelen* voler une base
honkbal base-ball *m*
honkbalknuppel batte *v* de base-ball
honkballen jouer au base-ball
honkvast casanier [v: casanière], sédentaire
honnepon mignon *m* [v: mignonne]
honneurs *eerbewijzen* honneurs *m mv* ★ *de ~ waarnemen* faire les honneurs de la maison
honorair honoraire
honorarium honoraires *m mv*
honoreren ❶ *belonen* rémunérer ❷ ★ *een verzoek ~* honorer une demande
hoofd ❶ *lichaamsdeel* tête *v* ★ *het ~ schudden* hocher la tête ★ *het ~ stoten* se cogner la tête, fig se casser le nez ★ *met opgeheven ~* la tête haute ★ *op zijn ~ staan* faire le poirier ★ *een ~ groter zijn dan iem.* dépasser qn d'une tête ★ *veel aan het ~ hebben* avoir beaucoup de choses en tête ★ *niet goed bij het ~ zijn* ne pas avoir toute sa tête ★ *ben je wel goed bij je ~?* ça va pas la tête? ★ *dat maalt / spookt me door het ~* cela me hante ★ *het is mij door het ~ gegaan* cela m'est complètement sorti de la tête, cela m'est passé par la tête ★ *dat schoot haar door het ~* cela lui a traversé l'esprit ★ *zich iets in het ~ halen* se mettre qc dans la tête ★ *hoe haal je het in je ~?!* qu'est-ce qui te prend?! ★ *hij is er met zijn ~ niet bij* il a la tête ailleurs, il n'est pas à ce qu'il fait ★ *iets uit het ~ kennen* savoir qc par cœur ★ *iets uit het ~ leren* apprendre qc par cœur ★ *uit het ~ rekenen* faire du calcul mental ★ *iets uit het ~ zetten* ôter qc de la tête, oublier qc ★ *het ~ gebruiken* réfléchir ★ *zich het ~ breken (over)* se casser la tête (sur) ★ *iem. boven het ~ groeien* dépasser qn ★ *dat hangt ons boven het ~* c'est à quoi on peut s'attendre, c'est ce qui nous menace, inform ça nous pend au nez ★ *naar het ~ stijgen* monter à la tête ★ *iem. iets naar het ~ slingeren* jeter / lancer qc à la tête de qn ★ *over het ~ zien* ne pas remarquer ★ *ik heb dat over het ~ gezien* cela m'a échappé ★ *je kon er over de ~en lopen* il y avait foule ★ *uit ~e van* en vertu de, du fait de ★ *uit dien ~e* de ce chef ★ *iem. voor het ~ stoten* offenser qn, rebuter qn ★ *iem. het ~ op hol brengen* tourner la tête à qn ★ *het ~ laten hangen* baisser les bras ★ *de ~en bij elkaar steken* se concerter ★ *het ~ verliezen* perdre la tête ★ *het ~ bieden aan* tenir tête à, faire face à ★ *mijn ~ staat er niet naar* je n'ai pas la tête / l'esprit à cela ★ *een hard ~ hebben* avoir la tête dure ★ *er een hard ~ in hebben* être pessimiste, avoir des doutes, être / rester sceptique ★ *mijn ~ loopt om* je ne sais où donner de la tête ★ *het ~ boven water houden* tenir (bon), se maintenir, ne pas sombrer, surnager ❷ *bestuurder* chef *m* ★ *~ van het gezin* chef de famille ★ *~ van een school* directeur *m* d'école ★ *aan het ~ staan van* être à la tête de ❸ *persoon* ★ *per ~* par tête, par personne ★ *per ~ van de bevolking* par habitant ★ *zoveel ~en, zoveel zinnen* autant de têtes, autant d'avis ❹ *voorste / bovenste gedeelte* tête *v*, ⟨briefhoofd⟩ en-tête *m* [mv: en-têtes] ★ *aan het ~ van de tafel zitten* présider la table ★ *zich aan het ~ zetten van* se mettre à la tête de
hoofdagent *politieagent* brigadier *m*
hoofdartikel ❶ *redactioneel stuk* éditorial *m* [mv: éditoriaux] ❷ *voornaamste handelsartikel* article *m* principal
hoofdberoep emploi *m* principal
hoofdbestuur direction *v* générale
hoofdbewoner locataire *m* principal
hoofdbrekens ▾ *het kost me veel ~* c'est vraiment un casse-tête
hoofdbureau siège *m* central [mv: sièges centraux], bureau *m* principal [mv: bureaux principaux] ★ *het ~ van politie* le commissariat de police
hoofdcommissaris commissaire *m* principal
hoofdconducteur chef *m* de train
hoofddeksel couvre-chef *m* [mv: couvre-chefs]
hoofddocent ≈ maître *m* de conférences
hoofddoek foulard *m*
hoofdeinde tête *v*, ⟨bed⟩ tête *v* du lit, chevet *m* ★ *aan het ~ (van de tafel)* au haut bout (de la table)
hoofdelijk par tête, individuel [v: individuelle] ★ *~e stemming* vote *m* nominal ★ *~e aansprakelijkheid* responsabilité *v* solidaire
hoofdfilm grand film *m*
hoofdgebouw corps *m* de bâtiment
hoofdgerecht culin plat *m* principal, plat de résistance
hoofdhaar I *het* chevelure *v* II *de* cheveu *m* [mv: cheveux]
hoofdhuid ★ *behaarde ~* cuir *m* chevelu

hoofdingang entrée *v* principale
hoofdinspecteur inspecteur *m* général [v: inspectrice générale], ‹v. politie› commissaire *m*
hoofdkantoor ‹v. bedrijf› siège *m* (social) [mv: sièges (sociaux)]
hoofdkraan robinet *m* d'arrêt, robinet *m* principal [mv: robinets principaux]
hoofdkussen oreiller *m*
hoofdkwartier ❶ *verblijf van de legerleiding* quartier *m* général [mv: quartiers généraux], QG *m* ❷ *belangrijkste vestiging* quartier général, siège *m*
hoofdleiding conduite *v* principale
hoofdletter majuscule *v* ★ *in ~s* en majuscules ★ *~ A* A majuscule
hoofdlijn ★ *in ~en* dans les grandes lignes
hoofdmacht gros *m* (de l'armée)
hoofdmoot (la) plus grande part *v*
hoofdofficier officier *m* supérieur
hoofdpersoon personnage *m* principal [mv: personnages principaux], héros *m* [v: héroïne]
hoofdpijn mal *m* de tête ★ *schele ~* migraine *v* ★ *~ hebben* avoir mal à la tête
hoofdprijs premier prix *m*, ‹in loterij› gros lot *m* ★ *de ~ winnen* gagner le gros lot
hoofdredacteur rédacteur *m* en chef [v: rédactrice ...]
hoofdrekenen calculer de tête, calcul *m* mental
hoofdrol rôle *m* principal [mv: rôles principaux], premier rôle *m* ★ *de ~ spelen* jouer le premier rôle ★ *een ~ spelen* fig être au premier plan
hoofdrolspeler premier rôle *m*, fig protagoniste *m/v*
hoofdschotel culin plat *m* principal, plat de résistance
hoofdschuddend (en) hochant la tête
hoofdstad ‹van land› capitale *v*, ‹van departement / kanton› chef-lieu *m* [mv: chefs-lieux] ★ *de culturele ~ van Europa* la capitale culturelle européenne
hoofdstedelijk métropolitain
hoofdstel bride *v*
hoofdsteun appui-tête *m* [mv: id.]
hoofdstraat rue *v* principale, grande rue *v*
hoofdstuk chapitre *m* ★ *het laatste ~ is heel spannend* le dernier chapitre est captivant ★ *voor de toets moet je ~ 5 en 6 leren* pour l'interrogation, il faut étudier les chapitres 5 et 6 ▾ *dat is een ~ apart* c'est une (tout) autre histoire ▾ *dat is een afgesloten ~* c'est une page tournée
hoofdtelefoon casque *m*, écouteurs *m mv*
hoofdtelwoord nombre *m* cardinal [mv: nombres cardinaux]
hoofdvak matière *v* principale
hoofdweg route *v* principale
hoofdwond blessure *v* à la tête
hoofdzaak (le) principal *m*, (l')essentiel *m* ★ *in ~* sur l'essentiel, au fond, en gros, en substance
hoofdzakelijk essentiellement, principalement, surtout
hoofdzin proposition *v* principale
hoofs courtois ★ *een ~e dichter* un poète courtois ★ *~e liefde* l'amour courtois
hoog I *bn* ❶ *plaats / getal* haut, élevé ★ *hoge prijzen* des prix *m mv* élevés ★ *een hoge toren* une grande / haute tour ★ *hoge temperatuur* température *v* élevée ★ *hoge koorts* forte fièvre *v* ★ *hoge leeftijd* âge *m* avancé ★ *hoge snelheid* grande vitesse *v* ★ *hoge tonen* des sons *m mv* aigus ★ *een hoog inkomen* un revenu élevé ★ *hoger dan* supérieur à ★ *twee meter hoog* haut de deux mètres, (de) deux mètres de hauteur ★ *hij woont één hoog* il habite au premier ★ *het hoge noorden* le Grand Nord ★ *bij hoog en laag volhouden* soutenir mordicus, ne pas en démordre ★ *bij hoog en laag zweren* jurer ses grands dieux ❷ *aanzienlijk* grand, élevé, haut ★ *een hoge functie* une fonction élevée ★ *een hoge ambtenaar* un haut fonctionnaire ★ *hogere dieren* animaux *m mv* supérieurs ★ *het hogere* le spirituel ★ *het hoogste goed* le bien suprême II *bw* ❶ *plaats / getal* haut, hautement ★ *hoog zingen* chanter haut ★ *de verwarming staat te hoog* le chauffage est trop fort ★ *hoog en droog zitten* être à l'abri ★ *iem. hoog hebben zitten* avoir bonne opinion de qn ★ *dat zit mij hoog* ‹laat me niet los› ça me préoccupe, ‹kan ik niet verkroppen› j'en ai gros sur le cœur ❷ *aanzienlijk* ★ *hoog staan* atteindre un niveau élevé ★ *dat gaat mij te hoog* ça me dépasse
hoogachten estimer, considérer
hoogachtend veuillez agréer, Madame / Monsieur, l'expression de mes sentiments distingués
hoogachting estime *v*, considération *v*, respect *m* ★ *met de meeste ~* avec l'expression de ma considération distinguée
hoogbegaafd surdoué
hoogbejaard fort âgé
hoogblond blond doré
hoogbouw immeubles *m mv*
hoogconjunctuur conjoncture *v* favorable, boom *m*, essor *m* (économique)
hoogdravend I *bn* pompeux [v: pompeuse], emphatique, ‹stijl / toon› déclamatoire II *bw* avec emphase
hoogdringend BN de toute urgence
hooggeacht très estimé ★ *~e heer* Monsieur
hooggebergte haute montagne *v*
hooggeëerd très honoré
hooggeleerd très savant
hooggeplaatst haut placé
hooggerechtshof jur haute cour *v* (de justice)
hooggespannen ★ *~ verwachtingen* de grandes espérances
hooggewaardeerd très apprécié
hoogglanslak vernis *m* brillant
hooghartig I *bn* supérieur, arrogant, hautain II *bw* d'un air arrogant, de haut
hoogheemraadschap ≈ syndicat *m* / district *m* d'administration des eaux et des digues
hoogheid *titel* altesse *v* ★ *Zijne / Hare Koninklijke Hoogheid* Son Altesse Royale
hooghouden ❶ sport ★ *de bal ~* faire des jongles ❷ *in ere houden* respecter
hoogland massif *m* montagneux, hautes terres *v mv* ★ *de Schotse ~en* les Highlands
hoogleraar professeur *m* de faculté / d'université
Hooglied Cantique *m* des Cantiques
hooglijk extrêmement

hooglopend violent ★ *een ~e ruzie* une querelle violente
hoogmis grand-messe *v* [mv: grand(s)-messes]
hoogmoed orgueil *m*, arrogance *v*, hauteur *v* ▾ *~ komt voor de val* l'orgueil précède la chute
hoogmoedig I *bn* orgueilleux [v: orgueilleuse], hautain **II** *bw* orgueilleusement
hoogmoedswaanzin mégalomanie *v*
hoognodig I *bn* ⟨dringend⟩ urgent, ⟨broodnodig⟩ indispensable, pressant ★ *het ~e* le strict nécessaire / minimum **II** *bw* d'urgence ★ *iets ~ hebben* avoir grand besoin de qc
hoogoplopend violent ★ *~e ruzie* dispute *v* violente ★ *~e prijzen* des prix *m mv* qui montent en flèche
hoogoven haut fourneau *m* [mv: hauts fourneaux]
hoogrendementsketel chaudière *v* à haut rendement, chaudière *v* à haute performance
hoogschatten estimer
hoogseizoen (haute) saison *v*
hoogslaper lit *m* surélevé, lit mezzanine
hoogspanning haute tension *v*
hoogspanningskabel elek câble *m* / ligne *v* à haute tension
hoogspanningsmast pylône *m* (à haute tension)
hoogspringen faire du saut en hauteur
hoogst I *bn* ❶ ⟨in getal⟩ le plus élevé ❷ *aanzienlijkst* le plus haut, suprême ★ *de ~e instantie* l'instance *v* suprême **II** *bw, in hoge mate* au plus haut point, extrêmement ★ *~ onwaarschijnlijk* fortement improbable ★ *~ gewichtig* de la dernière importance, de la plus haute importance **III** *het* ⟨beste⟩ mieux *m*, ⟨top⟩ point *m* culminant, ⟨van berg⟩ sommet *m*, ⟨meest⟩ maximum *m* ★ *op het ~* à son comble ★ *ten ~e* tout au plus
hoogstaand éminent, sublime, noble
hoogstandje prouesse *v*, exploit *m* ▾ *een intellectueel ~* de la haute voltige intellectuelle
hoogsteigen ★ *in ~ persoon* en chair et en os
hoogstens (tout) au plus
hoogstpersoonlijk en personne
hoogstwaarschijnlijk I *bn* très probable **II** *bw* selon toute probabilité
hoogte ❶ *peil, niveau* niveau *m* [mv: niveaux], ⟨afmeting⟩ hauteur *v* ★ *in de ~* en haut ★ *in de ~ gaan* monter ★ *op een ~ van 300 meter* à 300 m de hauteur ★ *de ~ van de stoel is verstelbaar* la chaise est réglable en hauteur ★ *tot grote ~ reiken* arriver à une hauteur considérable ★ *de prijzen schieten in de ~* les prix montent en flèche ★ *iem. op de ~ brengen van iets* mettre qn au courant de qc ★ *iem. op de ~ houden* tenir qn au courant ★ *op eenzame ~ staan* être de loin supérieur ★ *zich op de ~ stellen van iets* se renseigner sur qc ★ *goed op de ~ zijn van iets* être bien informé de / sur qc ★ *tot op zekere ~* jusqu'à un certain point ★ *iem. uit de ~ behandelen* traiter qn d'un air hautain / de haut (en bas) ★ *ik kan er geen ~ van krijgen* je n'y vois pas clair ★ *ik kan geen ~ van die man krijgen* je n'arrive pas à saisir le personnage ❷ *klank* hauteur *v* ❸ geogr altitude *v* ★ *op geringe ~* à basse altitude ★ *op grote ~* en altitude ★ *ter ~ van Utrecht* à la hauteur d'Utrecht, au niveau d'Utrecht ❹ *verheffing* hauteur *v*
hoogtelijn ❶ wisk hauteur *v* ❷ geogr courbe *v* de niveau
hoogtepunt ❶ wisk point *m* culminant, sommet *m* ❷ *climax* apogée *v*, summum *m*, point *m* / temps *m* fort ★ *het ~ bereiken* culminer ★ *op het ~ van zijn roem* à l'apogée / au sommet / au zénith de sa gloire
hoogteverschil dénivellation *v*
hoogtevrees ★ *~ hebben* avoir le vertige
hoogtezon lampe *v* à rayons ultraviolets, lampe à bronzer ★ *onder de ~ gaan* (aller) bronzer sous une lampe à UV
hoogtij âge *m* d'or ▾ *~ vieren* triompher, régner, battre son plein
hooguit (tout) au plus, inform à tout casser
hoogverraad haute trahison *v*
hoogvlakte plateau *m* [mv: plateaux]
hoogvlieger fort *m* en thème ★ *hij is geen ~* ce n'est pas un aigle
hoogwaardig ❶ *van hoge waarde* de qualité supérieure ❷ *zeer verheven* éminent ★ *Hoogwaardige Excellentie* Excellence
hoogwaardigheidsbekleder (haut) dignitaire *m*
hoogwater ❶ *vloed* marée *v* haute ❷ *hoge waterstand in rivier enz.* crue *v*
hoogwerker camion *m* (élévateur) à nacelle
hoogzwanger à terme
hooi foin *m* ▾ *men moet niet te veel hooi op zijn vork nemen* qui trop embrasse, mal étreint ▾ *te veel hooi op zijn vork nemen* avoir les yeux plus gros que le ventre ▾ *te hooi en te gras* de temps à autre, par à-coups
hooiberg meule *v* de foin
hooien faire les foins
hooikoorts rhume *m* des foins
hooimijt tas *m* de foin, meule *v*
hooivork fourche *v*
hooiwagen ❶ *kar* charrette *v* à foin ❷ *spinachtig dier* faucheur *m*
hooizolder grenier *m* à foin, fenil *m*
hooligan hooligan *m*, houligan *m*
hoon dérision *v*
hoongelach ricanement *m*, rire *m* moqueur
hoop ❶ *verwachting* espoir *m*, espérance *v* (**op** de) ★ *de hoop op een goed resultaat* l'espoir d'un bon résultat ★ *de hoop opgeven* perdre l'espoir ★ *zijn hoop is vervlogen* son espoir s'est évanoui ★ *hoop geven* donner de l'espoir ★ *hoop koesteren* caresser un espoir ★ *een sprankje hoop* une lueur d'espoir ★ *goede hoop hebben* avoir bon espoir ★ *zijn hoop vestigen op iemand / iets* mettre son espoir en qn / dans qc ★ *in de hoop dat / te* dans l'espoir de / que, en espérant de / que ★ *geen hoop meer hebben dat* désespérer que [+ subj.] ★ *tussen hoop en vrees dobberen* ballotter entre la crainte et l'espoir ★ *hoop doet leven* l'espoir fait vivre ★ *op hoop van zegen* à la grâce de Dieu, à-Dieu-va, advienne que pourra ★ *zolang er leven is, is er hoop* tant qu'il y a de la vie... ❷ *stapel* amas *m* ★ *al zijn kleren lagen op een hoop* tous ses vêtements étaient entassés ★ *bij hopen* à la pelle, en masse ★ *alles op één hoop gooien* jeter tout en vrac, fig tout mettre dans le même sac

★ *een hoop stenen* un tas de pierres ★ *op een hoop zetten* entasser, empiler ★ *een zielig hoopje (mens)* une loque (humaine) ❸ *grote hoeveelheid* un tas (de), une masse (de), une multitude (de) ★ *een hoop mensen* un tas de gens ★ *hij weet een hoop* il sait un tas de choses ★ *te hoop lopen* se masser, s'attrouper ★ BN *hoop en al* (tout) au plus ❹ *drol* crotte *v* ★ *in een hoop trappen* marcher dans une crotte ★ *een hoop doen* faire sa crotte

hoopgevend qui donne de l'espoir, encourageant ★ *dat klinkt ~* c'est encourageant

hoopvol ⟨optimistisch⟩ plein d'espoir, confiant, ⟨veelbelovend⟩ prometteur [v: prometteuse]

hoor I *het* ★ *met hoor en wederhoor* contradictoire, en entendant les deux parties **II** *tussenw* tu sais, hein ★ *nee hoor!* mais non! ★ *ja hoor!* mais oui! ★ *ik begrijp je wel, hoor* je te comprends, va

hoorapparaat appareil *m* auditif

hoorbaar audible, perceptible, distinct

hoorcollege cours *m* magistral [mv: cours magistraux]

hoorn I *de* ❶ *uitsteeksel aan kop* corne *v* ★ *op de ~s nemen* encorner ★ *~s opzetten* faire cocu ❷ *blaasinstrument* cor *m*, ⟨militair⟩ clairon *m* ★ *op de ~ blazen* sonner du cor ★ *~ van overvloed* corne *v* d'abondance ❸ *van telefoon* récepteur *m* ★ *de ~ opnemen / neerleggen* décrocher / raccrocher ★ *de ~ op de haak gooien* raccrocher au nez de qn **II** *het* corne *v*

hoorndol dingue ★ *ik word er ~ van!* ça me rend dingue!

hoornen de / en corne

hoornlaag couche *v* cornée

hoornvlies cornée *v*

hoornvliesontsteking kératite *v*

hoorspel pièce *v* radiophonique

hoorzitting séance *v* (publique) d'audition

hoos trombe *v*

hoosbui douche *v*, averse *v*

hop I *de* ❶ *vogel* huppe *v* ❷ *plant* houblon *m* **II** *tussenw* hop

hopelijk j'espère (que), espérons que ★ *~ wel / niet* espérons que oui / non

hopeloos I *bn, uitzichtloos* désespéré, sans espoir, ⟨waardeloos⟩ nul [v: nulle] ★ *een hopeloze situatie* une situation désespérée **II** *bw* désespérément ★ *~ verliefd* éperdument amoureux

hopen *wensen* espérer ★ *laten we het ~* espérons ★ *ik hoop het* je l'espère bien, espérons ★ *ik hoop dat hij komt* j'espère qu'il vient ★ *~ dat* espérer que [+ ind.] ★ *op iets ~* espérer qc ★ *ik hoop van niet* j'espère que non ★ *ik hoop van wel* je l'espère bien

hopman chef *m* scout

hor moustiquaire *v*

horde ❶ *bende* bande *v*, horde *v*, meute *v* ★ *hele ~n toeristen* des masses de touristes ❷ sport haie *v* ★ *de honderd meter ~n* le 100 mètres haies

hordeloop course *v* de haies

hordelopen pratiquer la course de haies

horeca hôtellerie-restauration *v*

horen I *ov ww* ❶ *met gehoor waarnemen* entendre ★ *ik had dit nummer nog nooit gehoord* je n'avais jamais entendu cette chanson ★ *moet je ~ wie het zegt* écoute (un peu)! ★ *een geluid laten ~* émettre un son ★ *moeilijk ~* être dur d'oreille ★ *~ en zien vergaat je* il fait un bruit assourdissant ★ *als je hem zo hoort ...* à l'entendre ... ★ *ik heb hem ~ zingen* je l'ai entendu chanter ★ *zo mag ik het ~!* ça, c'est parler! ❷ *vernemen* entendre, apprendre ★ *hij wil daar niet van ~* il ne veut pas en entendre parler, il ne l'entend pas de cette oreille ★ *moet je ~!* écoute! ★ *ik heb ervan gehoord* j'en ai entendu parler ★ *iets van zich laten ~* donner de ses nouvelles, se manifester ★ *van ~ zeggen* par ouï-dire ★ *dat heb ik gehoord* je l'ai entendu dire ★ *je hoort nog van me!* tu auras de mes nouvelles! ★ *wie niet ~ wil, moet maar voelen* vous l'aurez voulu! ❸ *verhoren* entendre, interroger ★ jur *getuigen ~* entendre les témoins ★ *het ~ van getuigen* l'audition des témoins **II** *onov ww* ❶ *passen, behoorlijk zijn* convenir ★ *zoals het hoort* comme il faut ★ *dat hoort niet* ça ne se fait pas ★ *hij hoort hier niet* il n'a pas sa place ici ★ *voor wat hoort wat* un service en vaut un autre, donnant donnant, inform renvoyer l'ascenseur ❷ ~ **bij** aller avec, appartenir à ★ *bij elkaar ~* être assorti ★ *dat hoort er niet bij* ça ne va pas avec **III** *de* → **hoorn**

horizon ❶ aardk horizon *m* ★ *aan de ~* à l'horizon ❷ fig ★ *zijn ~ verbreden* élargir son horizon

horizontaal I *bn* horizontal [m mv: horizontaux] **II** *bw* horizontalement

hork rustre *m*, plouc *m*

horkerig rustre, grossier [v: grossière]

horloge montre *v* ★ *op zijn ~ kijken* regarder sa montre, regarder l'heure ★ *een ~ dragen* porter une montre

horlogebandje bracelet *m* de montre

hormonaal hormonal [m mv: hormonaux]

hormoon hormone *v*

hormoonpreparaat préparation *v* hormonale

horoscoop horoscope *m* ★ *iemands ~ trekken* établir / faire l'horoscope de qn

horrelvoet pied *m* bot

horror épouvante *v*

horrorfilm film *m* d'épouvante / d'horreur

hort heurt *m*, choc *m* ▼ *met horten en stoten* par saccades, par à-coups ▼ *de hort opgaan* partir en vadrouille

horten ⟨schudden⟩ cahoter, ⟨haperen⟩ avoir des ratés, bafouiller, brouter ★ *~d en stotend* par saccades ★ *~d spreken* bégayer

hortensia hortensia *m*

hortus botanicus jardin *m* botanique

horzel ⟨vlieg⟩ taon *m*, ⟨wesp⟩ frelon *m*

hospes logeur *m*

hospita logeuse *v*

hospitaal hôpital *m* [mv: hôpitaux]

hospitant (professeur *m/v*) stagiaire *m/v*

hospiteren ❶ ⟨als aanstaande leraar⟩ faire son stage (pédagogique), assister à une leçon ❷ ⟨voor studentenkamer⟩ se proposer comme locataire-candidat

hossen *dansen* gambader ★ *een ~de menigte* une foule sautillante

host comp hébergeur *m*

hosten comp héberger

hostess ❶ *gastvrouw* hôtesse *v* ❷ *stewardess* hôtesse *v*

hostie hostie *v*
hot I *bn* chaud ★ *hot issue / item* sujet *m* d'une actualité brûlante **II** *bw* ★ *van hot naar her rennen* courir à droite et à gauche
hotdog hot-dog *m*
hotel hôtel *m* ★ *in een ~ logeren* loger à l'hôtel
hotelaccommodatie parc *m* hôtelier
hoteldebotel ❶ *stapelgek* foldingue ❷ *verliefd* foldingue
hotelgast client *m* (d'hôtel)
hotelhouder hôtelier *m* [v: hôtelière]
hôtelier form → **hotelhouder**
hotelkamer chambre *v* d'hôtel
hotelketen chaîne *v* d'hôtels
hotel-restaurant hôtel-restaurant *m* [mv: hôtels-restaurants]
hotelschakelaar va-et-vient *m* [mv: id.]
hotelschool onderw école *v* hôtelière
hotemetoot grosse légume *v*
hotline ligne *v* rouge
hotpants mini-short *m* [mv: mini-shorts]
hotspot site *m*, sport spot *m* ★ *een ~ voor surfliefhebbers* un spot de surf ★ *wifi-~* borne *v* wifi, point *m* wifi, hotspot *m*
houdbaar ❶ *te bewaren* qui se garde, qui se conserve, non périssable ★ *beperkt ~* qui a une durée limitée de conservation ★ *ten minste ~ tot...* date *v* limite de consommation... ❷ *verdedigbaar* défendable ★ *houdbare theorie* une théorie soutenable
houdbaarheidsdatum date *v* limite de conservation / de consommation ★ *uiterste ~* date *v* d'expiration, échéance *v*
houden I *ov ww* ❶ *vast-, tegenhouden* tenir, sport ⟨v. schot⟩ arrêter ★ *bij de hand ~* tenir par la main ★ *hij kon zijn lachen niet ~* il ne pouvait s'empêcher de rire ❷ *behouden* garder, ⟨niet kwijtraken⟩ conserver, retenir ★ *je mag het boek ~* tu peux garder le livre ★ *zijn kleren droog ~* ne pas mouiller ses vêtements ★ *goed ~* conserver ★ *warm ~* garder au chaud ★ *in leven ~* maintenir en vie ❸ *erop na houden* avoir, tenir ★ *duiven ~* élever des pigeons ❹ *handhaven* maintenir, tenir ★ *contact ~ met iem.* garder le contact avec qn, rester en contact avec qn ★ *toezicht ~* surveiller ★ *zijn woord ~* tenir parole ★ *een belofte ~* tenir sa promesse ❺ *in toestand laten blijven* ★ *rechts ~* serrer à droite ★ *het bed ~* garder le lit, rester au lit ❻ *doen plaatsvinden* faire, ⟨uitspreken⟩ prononcer ★ *een rede ~* faire un discours ★ *spreekuur ~* recevoir, ⟨van arts⟩ consulter ★ *een vergadering ~* tenir une réunion ❼ *uithouden* tenir ★ *ik houd het niet meer!* je ne tiens plus! ❽ *~* **aan** ★ *je moet je aan de regels ~* il faut respecter les règles ★ *zich niet aan zijn woord ~* ne pas tenir parole ★ *iem. aan zijn woord ~* prendre qn au mot ★ *zich ~ aan* ⟨blijven bij⟩ s'en tenir à, ⟨nakomen⟩ respecter, observer ❾ *~* **op** ★ *ik houd het erop dat...* je considère que... ❿ *~* **voor** prendre / tenir pour, considérer comme, ⟨achten⟩ croire ★ *ik houd het voor onmogelijk* ça me semble impossible ★ *waar houdt u mij voor?* vous me prenez pour qui? ▾ *er was geen ~ meer aan* c'était le déchaînement général ▾ *iem. eronder ~* tenir qn en bride ▾ *uit elkaar ~* distinguer (l'un de l'autre) ▾ *iets vóór zich ~* taire qc, garder qc pour soi ▾ *het met iem. ~* ⟨omgaan⟩ fréquenter qn, ⟨heulen⟩ être de connivence avec qn ▾ *laten we het daarbij ~* restons-en là **II** *onov ww* ❶ *niet stukgaan* tenir ★ *die knoop houdt het niet* ce bouton va lâcher ★ *het ijs houdt nog niet* la glace ne tient pas ❷ *~* **van** *liefhebben* aimer ★ *veel van iem. ~* aimer beaucoup qn, adorer qn ★ *ik hou van je* je t'aime ★ *zij houdt van hem* elle l'aime ❸ *~* **van** *graag willen hebben* aimer ★ *zij houdt meer van broeken dan van rokken* elle préfère les pantalons aux jupes ★ *van grapjes ~* aimer la plaisanterie ★ *ik houd niet van wijn* je n'aime pas le vin **III** *wkd ww* [**zich ~**] ❶ *blijven* se tenir ★ *zij wist zich niet langer goed te ~* elle n'a pas pu se retenir ★ *hou je goed!* tiens bon!, courage! ★ *zich stil ~* ne pas souffler mot, garder le silence ★ *zich goed ~* tenir bon, ⟨zich inhouden⟩ se retenir ★ *zich kalm ~* rester calme ❷ *schijn aannemen* ★ *zich doof ~* faire le sourd ★ *zich dood ~* faire le mort ★ *hij houdt zich maar zo* il fait semblant
houder ❶ *voorwerp om iets vast te houden* support *m* ★ *spons~* porte-éponge *m* [onver.] ❷ *beheerder* ⟨v. document⟩ porteur *m* [v: porteuse], ⟨van winkel e.d.⟩ gérant *m* [v: gérante], ⟨van recht / postrekening e.d.⟩ titulaire *m/v*, ⟨van aandelen / record⟩ détenteur *m* [v: détentrice], ⟨bewaarder⟩ dépositaire *m/v*
houdgreep clé *v*, fig griffe *v* ★ *iem. in de ~ hebben / nemen* tenir / prendre qn entre ses griffes
houding ❶ *lichaamshouding* position *v*, attitude *v*, posture *v* ★ *een goede ~ hebben* avoir une bonne position (du corps) ★ *in de ~ gaan staan* se mettre au garde-à-vous ❷ *gedragslijn* attitude *v*, comportement *m*, conduite *v*, ⟨voorkomen⟩ contenance *v*, air *m* ★ *zich een ~ geven* se donner une contenance ★ *een afwachtende ~ aannemen* voir venir (les choses), pratiquer l'attentisme ★ *een dreigende ~ aannemen* prendre un air menaçant ★ *zich geen ~ weten te geven* être embarrassé de sa personne
houdoe salut, ciao
house house (music) *v*
houseparty rave *v*
housewarming pendaison *v* de la crémaillère
hout bois *m* ★ *van hout* de / en bois ★ *dood hout* bois mort ★ *hout hakken* fendre du bois ★ *hout sprokkelen* ramasser du bois mort ★ *uit hetzelfde hout gesneden zijn* être de la même trempe ★ *hij is uit het goede hout gesneden* il est de la bonne trempe ★ *van dik hout zaagt men planken* on n'a pas fait dans la dentelle ★ *dat snijdt geen hout* ça ne tient pas debout, ça ne tient pas la route ★ *alle hout is geen timmerhout* il y a fagot et fagot ★ BN *niet meer weten van welk hout pijlen te maken* ne (plus) savoir de quel bois faire flèche, ne savoir à quel saint se vouer
houtblazer muz joueur *m* d'instrument à vent en bois ★ *de ~s* les bois
houtduif (pigeon *m*) ramier *m*, palombe *v*
houten de / en bois ★ *~ vloer* plancher *m*
houterig I *bn* raide, gauche ★ *een ~e manier van doen* des manières guindées **II** *bw* avec raideur ★ *zich ~ bewegen* être raide dans ses mouvements

houtgravure gravure *v* sur bois
houthakken abattre des arbres
houthakker bûcheron *m*
houthandel ❶ *bedrijf* commerce *m* de bois ❷ *bedrijfstak* commerce *m* du bois
houthoudend ligneux [v: ligneuse]
houtje morceau *m* / bout *m* de bois [mv: morceaux ...] ▾ *op eigen ~* de son propre chef ▾ *iets op eigen ~ doen* faire cavalier seul ▾ *op een ~ moeten bijten* n'avoir rien à se mettre sous la dent
houtje-touwtjejas duffel-coat *m* [mv: duffel-coats]
houtkap ★ *illegale ~* abattage *m* illégal de bois, coupe *v* forestière illégale
houtlijm colle *v* à bois
houtskool charbon *m* de bois, ⟨gloeiend⟩ braise *v*, ⟨om te tekenen⟩ fusain *m*

ho

houtskooltekening (dessin *m* exécuté au) fusain *m*
houtsnijwerk sculpture *v* sur bois
houtsnip *vogel* bécasse *v* des bois
houtvester (garde *m*) forestier *m*
houtvesterij ❶ *toezicht* garderie *v* ❷ *woning* maison *v* forestière
houtvrij sans lignine
houtwal talus *m* boisé
houtwerk ❶ *houten delen* boiserie *v* ❷ *constructie* charpente *v*
houtwol fibre *v* / laine *v* de bois
houtworm perce-bois *m* [mv: id.]
houtzagerij scierie *v*
houvast ❶ lett *steunpunt* point *m* d'appui, prise *v* ★ *~ hebben aan* avoir prise sur ❷ fig point *m* de repère
houw ❶ *slag* coup *m* ❷ *snee* entaille *v*, ⟨in gezicht⟩ balafre *v*
houweel pioche *v*, pic *m*
houwen ❶ *hakken* couper, trancher ❷ *vormen* ⟨van steen⟩ tailler, ⟨van beeld⟩ sculpter
houwitser obusier *m*
hoveling courtisan *m* [v: courtisane]
hovenier jardinier *m* [v: jardinière]
hovercraft aéroglisseur *m*
hozen **I** *ov ww* écoper **II** *onp ww* ★ *het hoost* il pleut à verse
hr-ketel chaudière *v* à haut rendement, chaudière *v* à haute performance
HTML *Hypertext Markup Language* HTML *m*
hufter plouc *m*
huichelaar hypocrite *m/v*, inform faux jeton *m*
huichelachtig **I** *bn* hypocrite **II** *bw* hypocritement
huichelarij hypocrisie *v*
huichelen **I** *ov ww, veinzen* feindre **II** *onov ww, zich anders voordoen* faire l'hypocrite
huid ❶ *vel* peau *v* [mv: peaux], ⟨opperhuid⟩ épiderme *m* ★ *met huid en haar* tout cru, tout entier ★ *een dikke huid hebben* être blindé ★ *iem. op zijn huid geven* tanner le cuir à qn ★ *iem. de huid vol schelden* engueuler qn, traiter qn de tous les noms ★ *iem. op de huid zitten* s'acharner contre qn ★ *in iemands huid kruipen* se mettre dans la peau de qn ❷ *pels* peau *v* ★ *huiden looien* tanner des peaux ★ *zijn huid duur verkopen* vendre cher sa peau, vendre chèrement sa vie ★ *je moet de huid niet verkopen voor je de beer geschoten hebt* il ne faut pas vendre la peau de l'ours avant de l'avoir tué
huidaandoening maladie *v* de la peau, med dermatose *v*
huidarts dermatologue *m/v*
huidcrème crème *v* pour la peau
huidig présent, actuel [v: actuelle] ★ *tot op de ~e dag* jusqu'à présent, jusqu'à aujourd'hui ★ *de ~e president* le président actuel ★ *de ~e situatie* la situation actuelle
huidkanker cancer *m* de la peau
huidmondje stomate *m*
huidskleur, huidkleur couleur *v* de la peau, ⟨van gezicht⟩ teint *m*
huidtransplantatie greffe *v* de (la) peau
huiduitslag éruption *v*, ⟨van puistjes⟩ acné *v*
huidverzorging soins *m mv* de la peau
huidziekte affection *v* cutanée, med dermatose *v*
huif bâche *v*
huifkar charrette *v* bâchée / à bâche
huig luette *v* ★ taalk *met de huig gevormd* uvulaire
huilbui crise *v* de larmes
huilebalk pleurnicheur *m* [v: pleurnicheuse]
huilen ❶ *wenen* pleurer, inform chialer ★ *het ~ stond me nader dan het lachen* j'étais au bord des larmes ★ *in ~ uitbarsten* fondre en larmes ★ *het ~* pleurs *m mv*, larmes *v mv* ★ *om te ~* à (faire) pleurer ★ *het is ~ met de pet op* c'est lamentable ❷ *janken* hurler ★ *~ met de wolven in het bos* hurler avec les loups
huilerig **I** *bn* ❶ *als iem. die huilt* larmoyant ❷ *geneigd tot huilen* pleurnicheur [v: pleurnicheuse] **II** *bw* d'une manière larmoyante
huis ❶ *woning* maison *v* ★ *dit huis wordt binnenkort gesloopt* cette maison sera démolie bientôt ★ *eigen huis* maison, domicile *m*, demeure *v* ★ *huisje* maisonnette *v* ★ *tweede huis* résidence *v* secondaire ★ *huis aan huis verkopen* faire du porte-à-porte ★ *aan huis bezorgen* livrer à domicile ★ *bij iem. aan huis komen* être un familier de la maison, fréquenter qn ★ *naar huis gaan* rentrer ★ *ten huize van* chez ★ *van huis gaan* sortir ★ *iem. het huis uitzetten* mettre qn à la porte ★ *huis van bewaring* maison *v* d'arrêt ★ *het Witte Huis* la Maison Blanche ★ *glazen huis* maison de verre ★ *open huis* (journée *v*) portes *v mv* ouvertes ★ *huis en haard* foyer *m* ★ *huis noch haard hebben* n'avoir ni feu ni lieu ★ *ieder huisje heeft zijn kruisje* chacun porte sa croix ★ *heilige huisjes omverwerpen* bousculer les tabous / les idées reçues ★ *het is niet om over naar huis te schrijven* ça ne casse pas de briques ★ *dan zijn we nog verder van huis* ça serait encore pire ★ *van huis uit* d'origine ★ *het huis was te klein* il monta sur ses grands chevaux ★ *er is geen huis met hem te houden* il n'y a rien à faire avec lui, il est impossible ★ *je kunt huizen op hem bouwen* on peut faire fond sur lui ★ BN *daar komt niets van in huis* cela n'aboutit à rien ❷ *geslacht* maison *v*, famille *v* ★ *van goeden huize* de bonne famille ★ *het Koninklijk Huis* la famille royale ❸ *handelshuis* maison *v* ★ BN *huis van*

vertrouwen maison de confiance
huis-aan-huisblad ≈ journal *m* de petites annonces
huisadres adresse *v* personnelle
huisapotheek pharmacie *v* familiale
huisarrest résidence *v* surveillée ★ *onder ~* assigné à résidence
huisarts (médecin *m*) généraliste *m/v*
huisbaas propriétaire *m/v*, inform proprio *m*
huisbezoek visite *v* à domicile
huisdeur porte *v* d'entrée
huisdier animal *m* domestique [mv: animaux domestiques]
huiseigenaar *bezitter* propriétaire *m/v*
huiselijk ❶ *het huis betreffend* domestique ★ *~e bezigheden* travaux *m mv* domestiques, soins *m mv* du ménage ★ *~ leven* la vie domestique ★ *in de ~e kring* au sein de la famille ❷ *graag thuis zijnd* casanier [v: casanière] ❸ *gezellig* familial [m mv: familiaux]
huisgenoot *medebewoner* colocataire *m/v*
huisgezin famille *v*
huishoudbeurs salon *m* des arts ménagers
huishoudboekje livre *m* de comptes
huishoudelijk ❶ *het huishouden betreffend* de maison, ménager [v: ménagère], domestique ★ *~e apparaten* appareils (électro)ménagers ★ *~e artikelen* articles *m mv* de ménage ★ *voor ~ gebruik* à usage domestique ★ *~ werk* travaux *m mv* ménagers ❷ *dagelijkse zaken betreffend* ★ *~ reglement* règlement *m* intérieur
huishouden I *het* ❶ *huishouding* ménage *m* ★ *het ~ doen* faire le ménage ❷ *gezin* ménage *m*, foyer *m* ★ *eenpersoons ~* ménage de célibataire ★ *~ van Jan Steen* bazar *m*, foutoir *m* **II** *onov ww* ❶ *de huishouding doen* tenir la maison ❷ *tekeergaan* faire rage, sévir
huishoudgeld argent *m* du ménage
huishouding *huishouden* ménage *m* ★ *de ~ doen* tenir le ménage ★ *hoofd van de ~* majordome *m* ★ *hulp in de ~* aide *m/v* ménagère
huishoudschool onderw ≈ enseignement *m* ménager
huishoudster aide-ménagère *v*, femme *v* de ménage
huisjesmelker marchand *m* de sommeil
huiskamer (salle *v* de) séjour *m*, living *m*, salon *m*
huisknecht domestique *m*, valet *m* de chambre
huisman homme *m* au foyer
huismeester *conciërge* concierge *m/v*
huismerk marque *v* maison
huismiddel remède *m* de bonne femme
huismijt acarien *m*
huismoeder mère *v* de famille
huismus ❶ *vogel* moineau *m* (domestique) [mv: moineaux] ❷ *persoon* ★ *een ~ zijn* fig être casanier
huisnummer numéro *m* de maison
huisraad meubles *m mv*, mobilier *m*
huisregel ★ *de ~s* le règlement de la maison, le règlement interne
huisschilder peintre *m* en bâtiment(s)
huissleutel clé *v* de la maison
huisstijl style *m* / genre *m* maison
huisvader père *m* de famille
huisvesten loger, héberger ★ *gehuisvest zijn* être logé
huisvesting ❶ *het huisvesten* logement *m* ❷ *verblijf* logement *m* ★ *~ vinden* trouver à se loger
huisvlijt ouvrages *m mv* à domicile, bricolage *m*
huisvredebreuk violation *v* de domicile
huisvriend ami *m* de la maison
huisvrouw femme *v* au foyer
huisvuil ordures *v mv* ménagères ★ *gescheiden inzameling van ~* collecte *v* sélective, tri *m* sélectif
huiswaarts à la maison ★ *~ keren* rentrer (chez soi)
huiswerk ❶ *schoolwerk* devoirs *m mv* ★ *zijn ~ maken* faire ses devoirs ★ *zijn ~ overdoen* ook fig revoir sa copie ❷ *huishoudelijk werk* travaux *m mv* ménagers
huiswijn culin vin *m* du patron
huiszoeking perquisition *v* ★ *~ doen* perquisitionner
huiszwaluw hirondelle *v* de fenêtre
huiveren ❶ *rillen* frissonner, frémir ❷ *terugschrikken* hésiter / reculer (**voor** devant)
huiverig ❶ *rillerig* tremblotant, tremblant ❷ *angstig* hésitant, frileux [v: frileuse] ★ *~ zijn iets te doen* hésiter à faire qc
huivering ❶ *rilling* frisson *m* ❷ *aarzeling* hésitation *v*, appréhension *v*
huiveringwekkend I *bn* effrayant, terrifiant **II** *bw* épouvantablement
huizen demeurer, habiter, inform nicher
huizenblok bloc *m* / pâté *m* de maisons, îlot *m*
huizenhoog haut comme une montagne ★ *~ tegen iets opzien* se faire une montagne de qc
huizenmarkt (marché *m* de) l'immobilier *m*
hulde hommage *m* ★ *~ brengen aan* rendre hommage à
huldebetoon hommages *m mv*
huldeblijk gage *m* de respect, hommage *m* ★ *als ~ aanbieden* offrir en hommage
huldigen ❶ *eren* rendre hommage à ★ *de sportkampioen werd gehuldigd* on a rendu hommage au champion ❷ *aanhangen* ★ *een opvatting ~* souscrire à une opinion, avoir une opinion ★ *een principe ~* adhérer à un principe, avoir pour principe
hullen I *ov ww*, *~* **in** envelopper dans ★ *in duisternis gehuld* plongé dans l'obscurité ★ *in nevelen gehuld* brumeux [v: brumeuse] **II** *wkd ww* [**zich** *~*] ★ *zich in stilzwijgen ~* garder le silence
hulp ❶ *het helpen* aide *v*, assistance *v*, ⟨in nood⟩ secours *m*, ⟨bij pech⟩ dépannage *m* ★ *eerste hulp* premiers secours *m mv* ★ *eerste hulp verlenen* (ap)porter / donner les premiers secours ★ *medische hulp* soins *m mv* médicaux ★ *met Gods hulp* Dieu aidant, avec l'aide de Dieu ★ *om hulp roepen* appeler au secours ★ *iem. te hulp komen* venir en aide à qn, ⟨in nood⟩ secourir qn ★ *te hulp roepen* appeler à l'aide, appeler au secours ★ *iem. te hulp schieten* voler au secours de qn ★ *hulp bieden* apporter de l'aide, aider ❷ *persoon* aide *m/v* ★ *hulp in de huishouding* une aide-ménagère
hulpbehoevend ⟨gebrekkig⟩ infirme, ⟨behoeftig⟩

nécessiteux [v: nécessiteuse]
hulpbron ressource *v* ★ *natuurlijke ~nen* ressources naturelles
hulpdienst service *m* de secours / d'urgence, ⟨helpdesk⟩ assistance *v* téléphonique ★ *technische ~* service de dépannage ★ *medische ~ voor spoedgevallen* SAMU *m*, Service d'aide médicale d'urgence
hulpeloos ⟨machteloos⟩ impuissant, ⟨weerloos⟩ sans défense, désarmé, ⟨verlaten⟩ délaissé, ⟨verloren⟩ perdu, ⟨ontredderd⟩ désemparé
hulpmiddel moyen *m*, outil
hulporganisatie organisation *v* d'aide (humanitaire)
hulppost *post waar men hulp biedt* poste *m* de secours
hulpstuk accessoire *m*
hulpvaardig serviable, empressé
hulpverlener ≈ assistant *m* social [v: assistante sociale], ⟨vrijwilliger⟩ bénévole *m/v*, ⟨geestelijke zorg⟩ thérapeute *m/v*
hulpverlening ❶ *het verlenen van hulp* secours *m*, ⟨zorg⟩ aide *v*, ⟨vrijwilligerswerk⟩ bénévolat *m* ❷ *zorgsector* aide *v* sociale
hulpwerkwoord (verbe *m*) auxiliaire *m*
huls ❶ *omhulsel* enveloppe *v*, ⟨koker⟩ manchon *v* ❷ *patroonhuls* douille *v*
hulst houx *m*
hum I *het* humeur *v* ★ *uit zijn hum* mal luné ★ *in zijn hum* bien luné **II** *tussenw* hum, hem
humaan I *bn* humain **II** *bw* humainement
humaniora BN onderw humanités *v mv*
humanisme humanisme *m*
humanist humaniste *m/v*
humanistisch humaniste
humanitair humanitaire
humbug bluff *m*, ⟨nep⟩ bidon *m*, frime *v*, balivernes *v mv*
humeur humeur *v* ★ *uit zijn ~ zijn* avoir ses humeurs, inform être de mauvais poil ★ *in een goed / slecht ~ zijn* être de bonne / mauvaise humeur
humeurig *grillig* de mauvaise humeur
hummel petit *m* [v: petite], petit bout *m* (de chou), môme *m/v*
humor humour *m* ★ *gevoel voor ~ hebben* avoir le sens de l'humour
humorist humoriste *m/v*
humoristisch ⟨m.b.t. zaken⟩ humoristique, ⟨m.b.t. personen⟩ plein d'humour
humus humus *m*, terreau *m* ★ *rijk aan ~* riche en humus, humifère
humuslaag couche *v* humifère, couche d'humus
hun I *pers vnw* ⟨meewerkend voorwerp⟩ leur ★ *ik heb het hun gegeven* je le leur ai donné **II** *bez vnw* leur [mv: leurs] ★ *het is hun vader* c'est leur père ★ *hun ouders* leurs parents
Hun Hun *m*
hunebed ≈ dolmen *m*, ≈ tumulus *m* mégalithique
hunkeren aspirer (à), être avide (de), ⟨missen⟩ s'ennuyer (de) ★ *~ naar roem* être avide de gloire
hunzelf eux-mêmes [v: elles-mêmes]
hup allez
huppeldepup Machin *m* (Chouette)
huppelen sautiller, gambader
huren louer (**van** à) ★ *ik heb een kamer gehuurd van mijn buurvrouw* j'ai loué une chambre chez ma voisine
hurken I *onov ww* s'accroupir **II** *de* ★ *op zijn ~ zitten* être accroupi
hurktoilet toilettes *v mv* à la turque
hurkzit accroupissement *m* ★ *in ~* à croupetons
husselen mélanger, remuer, touiller ★ *kaarten ~* mélanger les cartes ★ *herinneringen door elkaar ~* confondre des souvenirs
hut ❶ *huisje* cabane *v*, hutte *v*, ⟨strohut⟩ paillote *v* ❷ *cabine op schip* cabine *v*
hutkoffer malle *v*
hutspot ❶ *stamppot* ≈ hochepot *m* (aux carottes) ❷ *mengelmoes* méli-mélo *m*
huur ❶ *het huren* location *v* ★ *te huur* à louer ❷ *huursom* loyer *m* ★ *kale huur* loyer sans (les) charges
huurachterstand arriéré(s) *m (mv)* de loyer
huurauto voiture *v* de location
huurbescherming maintien *m* dans les lieux
huurcommissie commission *v* des loyers
huurcontract bail *m* (à loyer)
huurder locataire *m/v*
huurhuis maison *v* en location
huurkoop location-vente *v*, location avec option d'achat
huurleger armée *v* de mercenaires
huurling mercenaire *m*
huurmoordenaar tueur *m* à gages [v: tueuse ...]
huurovereenkomst bail *m* (à loyer)
huurprijs prix *m* de location, loyer *m*
huurschuld arriéré(s) *m (mv)* de loyer
huursubsidie allocation *v* (de) logement
huurverhoging augmentation *v* de loyer
huurwoning logement *m* en location
huwbaar mariable, form nubile ★ *de huwbare leeftijd hebben* être en âge de se marier
huwelijk ❶ *verbintenis* mariage *m* ★ *burgerlijk ~* mariage civil ★ *kerkelijk ~* mariage religieux ★ *voorgenomen ~* prochain mariage ★ *in het ~ treden* se marier ★ *iem. ten ~ vragen* demander qn en mariage ★ *kind uit het eerste ~* enfant *m* du premier lit ★ *een ~ ontbinden* dissoudre un mariage ★ *een ~ sluiten* ⟨voltrekken⟩ conclure un mariage, ⟨trouwen⟩ se marier ❷ *huwelijksvoltrekking* mariage *m*, noce(s) *v (mv)* ★ *de dag van het ~* le jour du mariage
huwelijks → **staat, voorwaarde**
huwelijksaankondiging faire-part *m* de mariage [mv: id.]
huwelijksaanzoek demande *v* en mariage ★ *iem. een ~ doen* demander qn en mariage
huwelijksadvertentie annonce *v* matrimoniale
huwelijksbootje ▾ *in het ~ stappen* convoler en justes noces
huwelijksbureau agence *v* matrimoniale
huwelijksfeest noces *v mv*
huwelijksgeschenk cadeau *m* de mariage [mv: cadeaux...]
huwelijksnacht nuit *v* de noces
huwelijksreis voyage *m* de noces
huwelijksvoltrekking mariage *m*, rel célébration *v* du mariage
huwen se marier avec, épouser
huzaar hussard *m*

hu

huzarensalade culin ≈ salade *v* russe
huzarenstukje exploit *m*
hyacint *bolgewas* jacinthe *v*
hybride **I** *de* hybride *m* **II** *bn* hybride
hydrateren hydrater
hydraulisch hydraulique ★ *~e pers* presse *v* hydraulique
hydrocultuur hydroculture *v*
hyena hyène *v*
hygiëne hygiène *v*
hygiënisch **I** *bn* hygiénique **II** *bw* hygiéniquement
hymne hymne *m*
hype battage *m* (publicitaire), bulle *v* (médiatique)
hypen faire du battage (médiatique) autour de
hyperactief hyperactif [v: hyperactive]
hyperbool ❶ wisk hyperbole *v* ❷ taalk hyperbole *v*
hypercorrectie hypercorrection *v*
hyperlink comp hyperlien *m*
hypermodern ultramoderne
hypertext comp hypertexte *m*
hyperventilatie med hyperventilation *v*
hypnose hypnose *v* ★ *onder ~* en état d'hypnose ★ *iem. onder ~ brengen* hypnotiser qn
hypnotiseren hypnotiser
hypnotiseur hypnotiseur *m* [v: hypnotiseuse]
hypoallergeen hypoallergénique
hypochonder hypocondriaque *m/v*
hypocriet **I** *de* hypocrite *m/v* **II** *bn* hypocrite **III** *bw* hypocritement
hypocrisie hypocrisie *v*
hypotenusa wisk hypoténuse *v*
hypothecair hypothécaire ★ *~e schuld* dette *v* hypothécaire
hypotheek hypothèque *v*, ‹lening› prêt *m* / crédit *m* immobilier ★ *een ~ aflossen* rembourser un crédit immobilier, ‹in termijnen› payer les traites (de sa maison) ★ *vrij van ~* libre d'hypothèque ★ *belast met ~* grevé d'une hypothèque, hypothéqué ★ *een ~ nemen* prendre un crédit immobilier ★ *er rust een zware ~ op* une lourde hypothèque pèse là-dessus
hypotheekbank banque *v* hypothécaire
hypotheekrente intérêts *m mv* de crédit immobilier
hypothese hypothèse *v* ★ *uitgaand van de ~ dat* en partant de l'hypothèse que ★ *de ~ toetsen dat* ... vérifier l'hypothèse que...
hypothetisch **I** *bn* hypothétique **II** *bw* hypothétiquement
hystericus hystérique *m/v*
hysterie hystérie *v*
hysterisch hystérique

I

i i *m* ★ *de i van Izaak* I comme Irma
ia ‹van ezel› hi-han
IBAN *International Bank Account Number* IBAN *m*
Iberisch ibérique
Iberisch Schiereiland la péninsule Ibérique
ibis ibis *m*
Ibiza Ibiza *v*
icoon icône *v*
ICT *Informatie- en Communicatietechnologie* ≈ NTIC, nouvelles technologies *v mv* de l'information et de la communication
ICT'er comp informaticien *m* [v: informaticienne]
ideaal **I** *het* idéal *m* [mv: idéals / idéaux] ★ *een onbereikbaar ~* un idéal irréalisable ★ *je ~ verwezenlijken* réaliser son idéal **II** *bn* idéal [m mv: idéals / idéaux] ★ *ideale omstandigheden* conditions *v mv* idéales ★ *de ideale oplossing voor het probleem* la solution idéale du problème ★ *deze oplossing is niet ~* cette solution n'est pas parfaite
ideaalbeeld idéalisation *v*, idéal *m*
idealiseren idéaliser
idealisme idéalisme *m*
idealist idéaliste *m/v*
idealistisch **I** *bn* idéaliste **II** *bw* avec idéalisme, en idéaliste
idealiter idéalement, dans l'idéal
idee **I** *het* ❶ *inval, plan* idée *v* ★ *een goed idee* une bonne idée, inform un bon plan ★ *iem. op een idee brengen* suggérer une idée à qn ★ *hoe kom je op het idee?* tu n'y penses pas! ★ *hij kwam op het idee om* il a eu l'idée de, l'idée lui est venue de ❷ *voorstelling, gedachte* idée *v* ★ *ik heb het idee dat ...* j'ai idée que ... ★ *ik heb geen flauw idee!* je n'en ai pas la moindre idée! ★ *het idee alleen al* la seule pensée ★ *naar mijn idee* à mon avis **II** *de, (filosofisch) denkbeeld, principe* idée *v*
ideëel ❶ *denkbeeldig* idéel [v: idéelle] ❷ *voor een goed doel* ≈ non commercial [m mv: non commerciaux]
ideeënbus boîte *v* à idées / suggestions
idee-fixe idée *v* fixe
idem idem ★ *idem dito* idem
identiek identique (**aan** à)
identificatie identification *v*
identificatieplicht obligation *v* de justifier de son identité
identificeren ❶ *identiteit vaststellen* identifier ★ *zich ~* justifier de son identité ❷ *vereenzelvigen* identifier ★ *zich ~ met* s'identifier à /avec
identiteit identité *v*
identiteitsbewijs pièce *v* d'identité, carte *v* d'identité
identiteitscrisis crise *v* d'identité
identiteitskaart carte *v* / pièce *v* d'identité
ideologie idéologie *v*
ideologisch idéologique
idiomatisch idiomatique
idioom idiome *m*
idioot **I** *de* idiot *m* [v: idiote], fou *m* [v: folle] **II** *bn* idiot **III** *bw* ★ *doe niet zo ~* ne fait pas l'idiot ★ *dat is ~ duur* c'est vachement cher

id

idioterie idiotie *v*
ID-kaart carte *v* d'identité
idolaat idolâtre (**van** de) ★ *~ zijn van iem.* idolâtrer qn
idool idole *v*
idylle idylle *v*
idyllisch idyllique
ieder I *onb vnw, iedereen* chacun [v: chacune] ★ *~ van hen* chacun d'eux, chacun d'entre eux ★ *~ voor zich* chacun pour soi **II** *bn* chaque, tout ★ *hij kan ~ moment komen* il peut venir d'un moment à l'autre ★ *~e dag* chaque jour, tous les jours
iedereen tout le monde, tous [v: toutes], ‹ieder afzonderlijk› chacun [v: chacune], ‹onverschillig wie› n'importe qui ★ *~ was aanwezig* tous étaient présents ★ *~ die* tous ceux qui
iel ténu, fluet [v: fluette], ‹schriel› grêle
iemand ‹bevestigend› quelqu'un, ‹ontkennend› (ne ...) personne ★ *heeft ~ mijn bril soms gezien?* personne n'a vu mes lunettes? ★ *~ anders* qn d'autre, un autre ★ *is daar ~?* il y a qn? ★ *een zeker ~* un quidam ★ *een eerlijk ~* qn d'honnête ★ *hij is echt ~ in die wereld* il est vraiment qn dans ce monde
iep orme *m*
Ieper Ypres *v*
Iepers yprois
Ier *bewoner* Irlandais *m*
Ierland l'Irlande *v* ★ *in ~* en Irlande
Iers *m.b.t. Ierland* irlandais
Ierse Irlandaise *v*
Ierse Zee mer *v* d'Irlande
iet ▾ BN *iet of wat* un peu, quelque peu
iets I *bw* un peu ★ *iets meer* un peu plus ★ *iets groter* un peu plus grand **II** *onb vnw* quelque chose, ‹ontkennend› rien ★ *iets goeds* qc de bon ★ *dat is iets anders* c'est autre chose ★ *iets te eten* de quoi manger ★ *zonder iets te doen* sans rien faire ★ *zonder iets te zeggen* sans rien dire ★ *iets anders* autre chose, qc d'autre ★ *iets is beter dan niets* un tiens vaut mieux que deux tu l'auras ★ *anders nog iets?* et avec ça?
ietsje (un) rien *m* de, (un) brin *m*, (un) soupçon ★ *een ~ water* un doigt d'eau
ietwat quelque peu, un peu
iglo igloo *m*, iglou *m*
i-grec i *m* grec
ijdel I *bn* ❶ *pronkzuchtig* vaniteux [v: vaniteuse] ❷ *vergeefs* vain ★ *~e hoop* vain espoir *m* **II** *bw, vergeefs* vainement
ijdelheid *zelfingenomenheid* vanité *v*
ijdeltuit vaniteux *m* [v: vaniteuse]
ijken *keuren* étalonner
ijkpunt (point *m* de) référence *v*, étalon *m*
ijkwezen administration *v* des poids et mesures
ijl *dun* ténu ★ *ijle lucht* air *m* raréfié ★ *ijler worden* se raréfier
ijlbode courrier *m* spécial, estafette *v*
ijlen ❶ *onzin uitkramen* délirer, divaguer, ‹bij koorts› avoir un délire ❷ *haasten* se dépêcher
ijlings au plus vite, en toute hâte, promptement
ijltempo ★ *in ~* à toute allure
ijs ❶ *bevroren water* glace *v* ★ *met ijs gekoeld* frappé ★ *zich op glad ijs wagen* s'engager sur un terrain glissant ★ *goed beslagen ten ijs komen* être bien préparé ★ *het ijs breken* rompre la glace ★ *hij gaat niet over één nacht ijs* il ne s'engage pas à la légère ★ *ijs en weder dienende* sauf contretemps, si le temps le permet ❷ *lekkernij* glace *v* ★ *een portie ijs* une glace ★ *ijs met aardbeiensmaak* glace à la fraise
ijsafzetting givrage *m*
ijsbaan patinoire *v*, piste *v* de patinage
ijsbeer ours *m* blanc
ijsberen faire les cent pas, tournailler
ijsberg iceberg *m* ▾ *het topje van de ~* la partie visible de l'iceberg
ijsbergsla laitue *v* iceberg, batavia *v*
ijsbloemen arborisations *v mv* de givre, cristaux *m mv* de givre
ijsblokje glaçon *m*
ijsbreker *schip* brise-glace(s) *m* [mv: id.]
ijscoman marchand *m* de glaces
ijscoupe coupe *v* de glace
ijselijk I *bn* atroce **II** *bw* atrocement
ijsgang débâcle *v*
ijsheiligen saints *m mv* de glace
ijshockey hockey *m* sur glace
ijshockeyen faire du hockey sur glace
ijshockeyer joueur *m* de hockey sur glace [v: joueuse ...]
ijsje glace *v*, ‹hoorntje› cornet *m* de glace, ‹op stokje› bâtonnet *m* (glacé), ‹choco› esquimau *m* [mv: esquimaux]
ijskap calotte *v* glaciaire
ijskast réfrigérateur *m*, frigidaire *m*, inform frigo *m* ★ fig *iets in de ~ zetten* mettre qc au placard
ijsklomp bloc *m* de glace
ijsklontje glaçon *m*
ijskoud I *bn* ❶ *zeer koud* glacial [m mv: glacials / glaciaux] glacé ❷ *emotieloos* glacial, de glace **II** *bw, emotieloos* froidement, ‹gemoedereerd› sans sourciller
ijskristal cristal *m* de glace
IJsland l'Islande *v* ★ *in ~* en Islande
IJslander *bewoner* Islandais *m*
IJslands I *het, taal* islandais *m* **II** *bn, m.b.t. IJsland* islandais
IJslandse Islandaise *v*
ijslolly glace *v* (à l'eau)
ijspegel glaçon *m*, stalactite *v* de glace
ijssalon ≈ pâtissier-glacier *m* [mv: pâtissiers-glaciers]
ijsschots glace *v* flottante
IJssel IJssel *v*
IJsselmeer IJsselmeer *m*, lac *m* de l'IJssel
ijstaart culin gâteau *m* glacé [mv: gâteaux glacés]
ijsthee culin thé *m* glacé
ijstijd période *v* glaciaire, glaciation *v*
ijsvogel martin-pêcheur *m* [mv: martins-pêcheurs], alcyon *m*
ijsvrij I *bn, zonder ijs* qui n'est pas pris (par les glaces), libre de glace **II** *het, vakantiedag* ★ *~ krijgen* être en congé de patinage
ijswater eau *v* glacée
ijszee ★ *Noordelijke IJszee* océan *m* Arctique ★ *Zuidelijke IJszee* océan *m* Antarctique
ijszeilen faire de la voile sur glace
ijver zèle *m*, assiduité *v*, application *v* ★ *blinde ~* un excès de zèle
ijveren ★ *~ voor* militer pour ★ *~ tegen* militer

contre
ijverig I *bn* zélé, assidu **II** *bw* avec zèle, avec application, assidûment
ijzel verglas *m* ★ *met ~ bedekt* verglacé
ijzelen ★ *het ijzelt* il y a du verglas
ijzen être glacé d'effroi, frémir ★ *ik ijs ervan* ça me fait frémir
ijzer ❶ *metaal* fer *m* ★ *oud ~* de la ferraille ★ *handelaar in oud ~* ferrailleur *m* ★ fig *men kan geen ~ met handen breken* à l'impossible nul n'est tenu ★ fig *men moet het ~ smeden als het heet is* il faut battre le fer pendant qu'il est chaud ❷ *voorwerp van dat metaal* ★ fig *meer ~s in het vuur hebben* avoir plus d'une corde à son arc
IJzer Yser *m*
ijzerdraad fil *m* de fer
ijzeren ❶ *van ijzer* de fer ❷ *erg sterk* de fer ★ *een ~ wil* une volonté de fer
ijzererts minerai *m* de fer
ijzerhandel ❶ *winkel* quincaillerie *v* ❷ *bedrijfstak* quincaillerie *v*
ijzerhoudend ferrugineux [v: ferrugineuse], ⟨van erts⟩ ferreux [v: ferreuse]
ijzersterk très solide, incassable, inusable, ⟨geweldig⟩ très fort, inform du tonnerre
ijzertijd âge *m* du fer
ijzervijlsel limaille *v* de fer
ijzervreter dur *m* à cuire, baroudeur *m*
ijzerwaren quincaillerie *v*
ijzerzaag scie *v* à métaux
ijzig I *bn* ❶ *ijskoud* glacial [m mv: glacials / glaciaux] glacé ❷ *ongevoelig* glacial ★ *een ~e blik* un regard glacial **II** *bw, ijskoud* d'une manière glaciale
ijzingwekkend terrifiant, épouvantable
ik I *pers vnw* ⟨onderwerp⟩ je, ⟨met nadruk⟩ moi ★ *ik ben het* c'est moi ★ *ik kom eraan!* j'arrive! ★ *ik ook* moi aussi ★ *ikzelf* moi-même ★ *ikke ikke en de rest kan stikken* ma gueule d'abord **II** *het* moi *m*, ego *m* ★ *mijn tweede ik* mon alter ego
ik-figuur narrateur *m* [v: narratrice]
ikzelf moi-même
Île-de-France l'Île-de-France *v*
illegaal I *bn* ❶ *wat niet mag volgens de wet* illégal [m mv: illégaux] illicite ★ *illegale handel in ivoor* trafic *m* d'ivoire ❷ *zonder de juiste papieren* en situation irrégulière ★ *illegale vreemdelingen* des sans-papiers ★ *hij is hier ~* il est ici en situation irrégulière **II** *de* clandestin *m* [v: clandestine], sans-papiers *m/v* [mv: id.] ★ *dakloze illegalen* des sans-papiers sans abri
illegaliteit ❶ *het illegaal zijn* illégalité *v*, clandestinité *v* ❷ *het stiekem bezig zijn met verboden zaken* clandestinité *v*
illusie illusion *v* ★ *zich geen ~s meer maken over* ne plus se faire d'illusions sur ★ *de ~ was verstoord* le charme était rompu
illusionist *goochelaar* illusionniste *m/v*
illusoir illusoire
illuster illustre
illustratie illustration *v* ▼ *ter ~* à titre d'illustration
illustratief illustratif [v: illustrative]
illustrator illustrateur *m* [v: illustratrice]
illustreren ❶ *van afbeeldingen voorzien* illustrer ❷ *toelichten* illustrer
image *imago* image *v* de marque ★ *zijn ~ cultiveren* soigner son image
imagebuilding ★ *aan ~ doen* soigner son image (de marque)
imaginair imaginaire
imago image *v* de marque
imam imam *m*
imbeciel I *de* ❶ *dom persoon* imbécile *m/v* ❷ oud *zwakzinnige* arriéré *m* mental [m mv: arriérés mentaux] [v: arriérée mentale] **II** *bn* ❶ *dom* imbécile ❷ oud *zwakzinnige* imbécile
IMF *Internationaal Monetair Fonds* FMI *m*, Fonds *m* monétaire international
imitatie imitation *v*
imitatieleer similicuir *m*
imitator imitateur *m* [v: imitatrice]
imiteren imiter, ⟨nadoen⟩ copier
imker apiculteur *m* [v: apicultrice]
immaterieel immatériel [v: immatérielle], incorporel [v: incorporelle] ★ *immateriële schade* préjudice *m* moral
immens I *bn* immense **II** *bw* immensément
immer toujours ★ *voor ~* à jamais
immers ❶ *toch* puisque ★ *ik ben toch ~ je vriendje* puisque je suis ton ami, je suis ton ami, n'est-ce pas? ❷ *want* car, c'est que
immigrant immigrant *m* [v: immigrante], ⟨allochtoon⟩ immigré *m* [v: immigrée]
immigratie immigration *v*
immigratiebeleid politique *v* d'immigration
immigreren immigrer
immobiliënkantoor BN agence *v* immobilière
immoreel immoral [m mv: immoraux]
immuniseren immuniser
immuniteit immunité *v*
immuun ❶ *onvatbaar* immunisé ★ *~ zijn voor difteritis* être immunisé contre la diphtérie ★ *~ maken tegen* immuniser contre ❷ *onschendbaar* inviolable ❸ *ongevoelig* insensible ★ *~ zijn voor beledigingen* être insensible aux insultes, inform être blindé contre des insultes
immuunsysteem med système *m* immunitaire
impact impact *m*, retentissement *m* (**op** sur)
impasse impasse *v* ★ *zich in een ~ bevinden* être dans une impasse ★ *de ~ doorbreken* rompre l'impasse
imperatief I *de* impératif *m* **II** *bn* impératif [v: impérative]
imperfectum taalk imparfait *m*
imperiaal *bagagerek* galerie *v*
imperialisme impérialisme *m*
imperialist impérialiste *m/v*
imperialistisch impérialiste
imperium empire *m*
impertinent I *bn* impertinent **II** *bw* avec impertinence
implantaat implant *m*
implanteren med implanter
implementatie mise *v* en application, comp implémentation *v*
implementeren mettre en application, comp implémenter
implicatie implication *v*
impliceren impliquer
impliciet I *bn* implicite **II** *bw* implicitement
imploderen imploser

im

im

implosie implosion *v*
imponeren impressionner, en imposer à ★ *~d* impressionnant
impopulair impopulaire
import importation *v*
importeren importer
importeur importateur *m* [v: importatrice]
imposant impressionnant, imposant
impotent impuissant
impotentie impuissance *v*
impregneren imprégner, imbiber
impresariaat *kantoor* agence *v* (d'imprésario)
impresario imprésario *m*
impressie impression *v*
impressionisme impressionnisme *m*
impressionist impressionniste *m/v*
impressionistisch impressionniste
improductief improductif [v: improductive]
improvisatie improvisation *v*
improviseren improviser ★ *een geïmproviseerd dak* un abri de fortune
impuls ❶ *stimulans* impulsion *v* ★ *een nieuwe ~ geven aan* donner un nouvel élan à ❷ *opwelling* impulsion *v* ★ *in een ~ handelen* agir impulsivement ❸ natk impulsion *v*
impulsaankoop achat *m* d'impulsion, achat spontané
impulsief impulsif [v: impulsive]
impulsiviteit impulsivité *v*
in I *vz* ❶ *op een bepaalde plaats* à, en, dans ★ *in de stad* en ville ★ *in bed* au lit ★ *in huis* à la maison ★ *in een kist* dans une caisse ★ *in Nederland* aux Pays-Bas ★ *in Utrecht* à Utrecht ★ *ik woon in de Dorpsstraat* j'habite Dorpsstraat ❷ *op / binnen een bepaalde tijd* ★ *in de zomer* en été ★ *in 2050* en 2050 ★ *in het begin* au début ★ *in een week of twee* dans 15 jours ❸ *toestand* ★ *in slechte staat* en mauvais état ❹ *gevolg* ★ *in stukken vallen* tomber en morceaux ❺ *hoeveelheid* ★ *in de veertig (jaar) zijn* avoir 40 ans bien sonnés ▾ *dag in, dag uit* jour après jour **II** *bw* ❶ *binnen* dans ★ *zij loopt het huis in* elle entre dans la maison ★ *er zit niets in* il n'y a rien dedans ❷ *populair* branché, in, tendance ▾ *in zijn voor iets* être partant pour qc
in- ❶ *uitermate* extrêmement, fort, comme tout ★ *indom* bête à pleurer ★ *ingelukkig* heureux comme tout ★ *intriest* navrant ❷ *on-* in- ★ *inacceptabel* inacceptable, inakzeptabel ★ *inactief* inactif
inachtneming observation *v* ★ *met ~ van* fidèle à
inactief inactif [v: inactive]
inademen I *ov ww, naar binnen ademen* aspirer, respirer **II** *onov ww, ademhalen* respirer, aspirer
inadequaat inadéquat
inauguratie inauguration *v*, ‹in ambt› installation *v*
inaugureel inaugural [m mv: inauguraux] ★ *inaugurele rede* discours *m* inaugural
inaugureren inaugurer, ‹in ambt› installer
inbaar encaissable, percevable, recouvrable, exigible
inbedden encastrer, ‹van weg / rivier› encaisser
inbeelden [**zich ~**] ❶ *verkeerde voorstelling maken* s'imaginer ★ *dat beeld je je in!* tu te fais des idées! ❷ *hoge dunk hebben van* ★ *wat beeldt hij zich wel in?* pour qui se prend-il? ★ *hij beeldt zich heel wat in* il se croit qc, il se croit sorti de la cuisse de Jupiter, inform il se la joue
inbeelding ❶ *hersenschim* imagination *v*, illusion *v* ❷ *verwaandheid* prétention *v*, présomption *v*
inbegrepen compris ★ *bediening ~* service *m* compris ★ *alles ~* tout compris, t.t.c., toutes taxes comprises
inbegrip ▾ *met ~ van* y compris, inclus
inbeslagneming saisie *v*
inbewaringstelling prise *v* de corps
inbinden I *ov ww, in band binden* relier **II** *onov ww, zich matigen* baisser le ton, en rabattre
inblazen insuffler ★ *iets nieuw leven ~* donner un second souffle à qc
inblikken *in blik doen* ook fig mettre en conserve
inboedel *huisraad* mobilier *m*
inboedelverzekering assurance *v* mobilier
inboeten ~ aan perdre ★ *aan kwaliteit ~* perdre de sa qualité ★ *aan kracht ~* s'affaiblir ★ *aan belang ~* perdre de son intérêt
inboezemen inspirer ★ *afkeer ~* dégoûter ★ *ontzag ~* imposer le respect ★ *iem. angst ~* angoisser qn
inboorling indigène *m/v*
inborst naturel *m*, nature *v* ★ *een zachtzinnige ~ hebben* être d'un naturel doux
inbouwapparatuur appareillage *m* encastrable
inbouwen ❶ *in of om iets anders bouwen* incorporer, ‹in muur› encastrer (**in** dans) ★ *ingebouwde kast* placard *m* ❷ fig *erbij opnemen* inclure, intégrer
inbouwkeuken cuisine *v* intégrée
inbraak cambriolage *m*, inform casse *m*
inbraakpreventie (protection *v*) antivol *m*
inbranden ‹van merkteken› marquer au fer rouge, ‹brandschilderen› pyrograver
inbreken ~ bij/in cambrioler, comp pirater ★ *er is vannacht ingebroken* il y a eu un cambriolage cette nuit
inbreker cambrioleur *m* [v: cambrioleuse]
inbreng contribution *v*, apport *m* (**in** à), ‹aan kapitaal› mise *v* (de fonds) ★ *een ~ hebben* y mettre du sien
inbrengen ❶ *in het lichaam brengen* rentrer, introduire ❷ *bijdragen* contribuer, ‹als partner› apporter ❸ *zeggen, naar voren brengen* avancer ★ *wat heb je hiertegen in te brengen?* qu'as-tu à objecter à cela? ★ *hij had niets in te brengen* il n'avait pas voix au chapitre ★ *daar valt niets tegen in te brengen* il n'y a rien à (re)dire ★ *een beschuldiging ~ tegen iem.* porter une accusation contre qn
inbreuk ~ op infraction *v* à, violation *v* de, atteinte à ★ *~ maken op* empiéter sur, violer, porter atteinte à
inburgeren I *onov ww* ‹van personen› s'intégrer, s'acclimater, ‹van zaken› entrer / passer dans l'usage, s'implanter ★ fig *ingeburgerd* entré / passé dans l'usage **II** *ov ww* (faire) intégrer
inburgering intégration *v* (sociale / républicaine)
inburgeringscursus ≈ formation *v* civique et linguistique
inburgeringsexamen, **inburgeringstoets** ≈ examen *m* civique, test *m* d'intégration (civique)
Inca *bewoner* Inca *m/v*
incalculeren ❶ *in de berekening opnemen* calculer

(**in** dans) ❷ *in overweging opnemen* tenir compte de, prévoir
incapabel inapte, incompétent
incasseren ❶ *geld innen* encaisser ❷ *moeten verduren* encaisser
incasseringsvermogen ★ *een groot ~ hebben* savoir encaisser
incasso encaissement *m*, recouvrement *m* ★ *automatische ~* prélèvement *m* automatique
incassobureau agence *v* de recouvrement
incassokosten frais *m mv* de recouvrement
incest inceste *m*
incestueus incestueux [v: incestueuse]
inch pouce *m*
incheckbalie guichet *m* d'enregistrement (des bagages)
inchecken se faire enregistrer
incident incident *m*
incidenteel I *bn* ❶ *nu en dan* occasionnel [v: occasionnelle] ❷ *terloops* fortuit **II** *bw* ❶ *nu en dan* occasionnellement ❷ *terloops* en passant
inciviek BN *zonder burgerzin* peu civique
incluis y compris, inclusivement ★ *de kinderen ~* y compris les enfants
inclusief inclusivement, (y) compris ★ *~ bediening* service compris
incognito I *bw* incognito **II** *het* incognito *m*
incoherent I *bn* incohérent **II** *bw* de façon incohérente
incompatibel incompatible
incompatibiliteit incompatibilité *v*
incompetent incompétent
incompleet incomplet [v: incomplète]
in concreto concrètement
incongruent inégal [m mv: inégaux]
inconsequent I *bn* inconséquent, incohérent **II** *bw* sans esprit de suite
inconsistent inconsistant
incontinent incontinent
incontinentie incontinence *v*
incorporeren incorporer (**in** à, dans)
incorrect ❶ *onjuist* incorrect ❷ *ongepast* incorrect
incrowd sérail *m*, clan *m*, coterie *v*
incubatietijd (période *v* d')incubation *v*
indachtig se souvenant de ★ *iets ~ zijn* se souvenir de qc
indammen ❶ *met dam insluiten* endiguer ❷ *inperken* endiguer
indekken [**zich ~**] assurer ses arrières ★ *zich ~ tegen* se préserver de, se mettre à couvert de
indelen ❶ *in delen of groepen splitsen* diviser (en), répartir (en) ★ *zijn tijd goed ~* (bien) s'organiser ★ *zijn werk ~* s'organiser ❷ *in een deel of een groep onderbrengen* incorporer (dans), affecter (à), ⟨bij klasse⟩ classer (parmi) ★ *iem. ~ bij de besten* classer qn parmi les meilleurs
indeling ❶ *rangschikking* répartition *v*, division *v*, ⟨in categorieën⟩ classification *v* ★ *de ~ van een flat* la disposition d'un appartement ❷ *(het) onderbrengen (bij)* incorporation *v* (dans), affectation *v* (à)
indenken [**zich ~**] s'imaginer, concevoir ★ *denk je eens in!* tu t'imagines! ★ *zich in iemands situatie ~* se mettre à la place de qn
inderdaad effectivement, en effet ★ *woon je in Assen? ~* tu habites Assen? effectivement ★ *het is ~ geen gezicht* ça ne paie pas de mine, en effet
inderhaast à la hâte, précipitamment
indertijd dans le temps, à l'époque
indeuken I *ov ww, een deuk maken* cabosser, bosseler **II** *onov ww, een deuk krijgen* être bosselé
index ❶ *inhoudsopgave* index *m* ❷ *cijfer / teken* indice *m* ★ *~ van de kosten van levensonderhoud* l'indice du coût de la vie
indexcijfer indice *m*
indexeren ❶ *in een index opnemen* indexer, répertorier ❷ *koppelen aan indexcijfer* indexer
India l'Inde *v* ★ *in ~* en Inde
indiaan Indien *m* [v: Indienne]
Indiaas indien [v: indienne]
indianenverhaal histoire *v* à dormir debout
Indiase Indienne *v*
indicatie indication *v*, ⟨teken / bewijs⟩ indice *m* ★ *op medische ~* sur avis médical ★ *abortus op medische ~* avortement thérapeutique ★ *ter ~* à titre indicatif
indicatief indicatif *m*
indicator indicateur *m*
indien si, ⟨voor 'il(s)'⟩ s'
indienen présenter, déposer ★ *een aanvraag ~* présenter une demande ★ *een klacht ~* déposer une plainte ★ *zijn ontslag ~* donner sa démission
indiensttreding entrée *v* en fonctions
Indiër Indien *m*
indigestie indigestion *v*
indigo *kleur* indigo *m*
indijken endiguer
indikken *dik worden* épaissir, ⟨van saus e.d.⟩ réduire
indirect I *bn* indirect **II** *bw* indirectement
Indisch indien [v: indienne]
Indische Indienne *v*
Indische Oceaan océan *m* Indien
indiscreet I *bn* indiscret [v: indiscrète] **II** *bw* indiscrètement
indiscretie indiscrétion *v*
individu individu *m*
individualiseren individualiser
individualisme individualisme *m*
individualist individualiste *m/v*
individualistisch individualiste
individueel I *bn* individuel [v: individuelle] ★ *individuele begeleiding van patiënten* suivi *m* individuel des patients ★ *aandacht voor de individuele leerling* attention *v* individuelle pour chaque élève **II** *bw* individuellement
indo ≈ Eurasien *m* [v: Eurasienne]
indoctrinatie endoctrinement *m*, bourrage *m* de crâne
indoctrineren endoctriner
indommelen s'assoupir
Indonesië *gebied* l'Indonésie *v* ★ *in ~* en Indonésie
Indonesiër, inform **Indo** Indonésien *m*
Indonesisch, inform **Indo** indonésien [v: indonésienne]
Indonesische Indonésienne *v*
indoor- en salle, ⟨overdekt⟩ couvert ★ *indoorsport* sport *m* en salle
indraaien I *ov ww, in iets draaien* visser **II** *onov ww, ingaan* entrer (dans) ★ fig *de bak ~* aller en

taule
indringen **I** *onov ww, binnendringen* pénétrer (dans) ★ *de kamer ~* pénétrer dans la chambre **II** *wkd ww* [**zich ~**] *zich opdringen* s'insinuer
indringend ❶ *doordringend* pénétrant, ‹aangrijpend› saisissant, ‹wervend› accrocheur [v: accrocheuse] ❷ *diepgaand* profond
indringer intrus *m* [v: intruse]
indrinken boire avant une soirée (pour se mettre en jambe)
indruisen ~ tegen être contraire à, aller à l'encontre de ★ *tegen de goede zeden ~* être contraire aux bonnes moeurs
indruk ❶ *impressie* impression *v*, sensation *v* ★ *een ~ krijgen van* se faire une idée de ★ *~ maken* faire (de l')effet ★ *de ~ maken te* avoir l'air de ★ *onder de ~ zijn van* être impressionné par ★ *~ maken op iem.* faire impression sur qn, impressionner qn ★ *een goede ~ maken op iem.* faire (une) bonne impression sur qn ★ *een slechte ~ maken op iem.* faire (une) mauvaise impression sur qn ★ *dat maakt op mij de ~ van …* cela me fait l'effet de … ❷ *spoor* marque *v*, empreinte *v*
indrukken appuyer sur ★ *ingedrukt blijven* rester enclenché ★ *een opstand de kop ~* réprimer une révolte
indrukwekkend impressionnant, imposant
induceren induire
inductie induction *v*
inductiemotor moteur *m* à induction
inductiestroom courant *m* induit
industrialisatie industrialisation *v*
industrialiseren industrialiser
industrie industrie *v* ★ *de farmaceutische ~* l'industrie pharmaceutique ★ *zware ~* industrie lourde
industrieel **I** *de* industriel *m* **II** *bn* industriel [v: industrielle]
industrieland pays *m* industrialisé
industrieterrein zone *v* industrielle, ZI *v*
indutten s'assoupir
ineen ❶ *in elkaar* l'un dans l'autre ❷ *dichter naar elkaar toe* ensemble
ineenduiken se recroqueviller, se blottir
ineengedoken recroquevillé, blotti
ineenkrimpen *samentrekken* se recroqueviller, ‹v.d. pijn› se tordre, tressaillir
ineens ❶ *opeens* soudain, tout à coup ★ *hij begon ~ te huilen* il s'est mis tout à coup à pleurer ❷ *in één keer* en une fois, d'un seul coup ★ *~ geraden* deviné tout de suite
ineenschrompelen *schrompelend samentrekken* se ratatiner
ineenschuiven emboîter
ineenstorten s'effondrer, s'écrouler
ineenstorting effondrement *m*
ineenzakken s'affaisser
ineffectief sans effet
inefficiënt inefficace
inenten vacciner (**tegen** contre)
inenting vaccination *v* ★ *een ~ tegen tetanus* une vaccination antitétanique
inentingsbewijs certificat *m* de vaccination
inert **I** *bn* inerte **II** *bw* avec inertie
infaam infâme, ignoble
infaden apparaître en fondu
infanterie infanterie *v* ★ *bij de ~* dans l'infanterie
infanterist fantassin *m*
infantiel **I** *bn* infantile **II** *bw* de manière infantile
infarct infarctus *m*
infecteren infecter
infectie infection *v*
infectiehaard foyer *m* d'infection
infectieus infectieux [v: infectieuse]
infectieziekte maladie *v* infectieuse / contagieuse
inferieur ❶ *ondergeschikt* inférieur (**aan** à) ❷ *minderwaardig* inférieur ★ *een ~ product* un produit de qualité inférieure
inferno enfer *m*
infiltrant personne *v* qui s'infiltre, ‹indringer› intrus *m* [v: intruse], ‹spion› taupe *v*
infiltratie infiltration *v*
infiltreren s'infiltrer
infinitesimaalrekening calcul *m* infinitésimal
infinitief infinitif *m*
inflatie inflation *v*
inflatiecorrectie ajustement *m* pour l'inflation
inflatoir inflationniste
inflexibel inflexible
influenza influenza *v*
influisteren ❶ *fluisterend zeggen* glisser à l'oreille, chuchoter, ‹souffleren› souffler ❷ *suggereren* insinuer, suggérer
info info(s) *v (mv)*
infomercial infomercial *m*
informant informateur *m* [v: informatrice]
informateur BN informateur *m* [v: informatrice]
informatica informatique *v*
informaticus informaticien *m* [v: informaticienne]
informatie information *v*, renseignements *m mv* ★ *~ inwinnen (over)* se renseigner (sur), s'informer (de), prendre des renseignements ★ *iem. ~ verstrekken (over)* renseigner qn (sur)
informatiebalie accueil *m*, renseignements *m mv*
informatiedrager support *m* d'information
informatief informatif [v: informative]
informatiestroom circulation *v* de l'information
informatietechnologie informatique *v*, technologie(s) *v (mv)* de l'information
informatieverwerking traitement *m* de données
informatisering informatisation *v*
informeel **I** *bn* informel [v: informelle] **II** *bw* de façon informelle, ‹onofficieel› à titre non officiel
informeren **I** *ov ww, inlichten* renseigner, informer ★ *iem. ~ over iets* renseigner qn sur qc, informer qn de qc ★ *we waren slecht geïnformeerd over de mogelijkheden* on était mal informés des possibilités **II** *onov ww, inlichtingen inwinnen* s'informer, se renseigner ★ *~ naar iem.* demander des nouvelles de qn ★ *~ naar iets* s'informer de qc, se renseigner sur qc ★ *informeert u even bij de servicebalie of dat kan* pour savoir si c'est possible, renseignez-vous à l'accueil
infotainment information-spectacle *v*
infrarood infrarouge
infrastructuur infrastructure *v*

in

infuus med perfusion *v* ★ *aan een ~ liggen* être sous perfusion

ingaan ❶ *binnengaan* entrer dans ★ *de bergen ~* aller en montagne ★ *een bocht ~* amorcer / prendre un virage ★ *dat gaat er wel in!* ça passe comme une lettre à la poste! ❷ *beginnen* commencer, ⟨van kracht worden⟩ prendre effet ★ *de huur gaat op 1 januari in* le bail prend effet le premier janvier ❸ **~ op** ⟨reageren⟩ réagir à, ⟨inwilligen⟩ donner suite à, accéder à ★ *dieper op iets ~* entrer dans les détails ★ *ik zal er verder niet op ~* je n'insisterai pas là-dessus ★ *~ op een voorstel* souscrire à une proposition ❹ **~ tegen** s'opposer à, réagir contre ★ *tegen zijn principes ~* renier ses principes

ingang ❶ *toegang* entrée *v*, accès *m* ❷ *begin* ★ *met ~ van* à partir de ★ *met ~ van 1 april* à partir du premier avril ★ *met onmiddellijke ~* dès maintenant ❸ *trefwoord* entrée *v* ❹ fig *toegang* ★ *~ vinden* s'implanter, faire son chemin, entrer dans les mœurs ★ *~ doen vinden* faire accepter, introduire

ingangsexamen BN onderw examen *m* d'admission / d'entrée

ingebakken inhérent, inné

ingebeeld ❶ *denkbeeldig* imaginaire ❷ *verwaand* prétentieux [v: prétentieuse]

ingebrekestelling mise *v* en demeure

ingebruikneming mise *v* en service

ingeburgerd bien intégré, fig entré / passé dans l'usage

ingenieur ingénieur *m/v* ★ BN *burgerlijk ~* ingénieur civil ★ *civiel ~* ingénieur du génie civil ★ *elektrotechnisch ~* ingénieur électrotechnicien ★ *werktuigbouwkundig ~* ingénieur mécanicien

ingenieus **I** *bn* ingénieux [v: ingénieuse] **II** *bw* astucieusement

ingenomen ★ *~ met* content de, satisfait de ★ *met zichzelf ~* satisfait / infatué / imbu de sa personne ★ *~ tegen* prévenu contre

ingesleten usé, fig enraciné, ancré

ingespannen **I** *bn* intensif [v: intensive], ⟨geconcentreerd⟩ concentré, tendu **II** *bw* intensivement, ⟨geconcentreerd⟩ avec concentration

ingesprektoon ~ tonalité *v* (d'une ligne occupée) ★ *de ~ klinkt* ça sonne occupé

ingesteldheid BN *mentaliteit* mentalité *v*

ingetogen **I** *bn* réservé, modeste **II** *bw* modestement, posément

ingeval au cas où [+ subj.]

ingeven ❶ *doen innemen* faire prendre / avaler ❷ *in gedachten geven* inspirer, suggérer

ingeving inspiration *v*, idée *v* ★ *een ~ krijgen* avoir une idée soudaine ★ *als bij ~* comme par inspiration

ingevoerd ▾ *goed ~ zijn* ⟨in materie⟩ s'y connaître, être expert en la matière, ⟨in kringen⟩ avoir ses entrées

ingewanden intestins *m mv*, cul tripes *v mv*, fig entrailles *v mv*

ingewijde initié *m* [v: initiée]

ingewikkeld compliqué ★ *~ maken* compliquer

ingeworteld enraciné, ancré, ⟨ingekankerd⟩ invétéré

ingezetene habitant *m* [v: habitante], ⟨buitenlands⟩ résident *m* [v: résidente]

ingooi sport remise *v* en jeu, (remise *v* en) touche *v*

ingooien ❶ *erin gooien* sport remettre en jeu ❷ *kapotgooien* casser, briser

ingraven *begraven* enterrer, enfouir ★ *zich ~* se terrer

ingrediënt ingrédient *m*

ingreep ❶ *het ingrijpen, maatregel* intervention *v* ❷ *medische handeling* intervention *v*

ingrijpen intervenir (**in** dans) ★ *diep ~ in* bouleverser

ingrijpend profond, radical [m mv: radicaux] drastique ★ *~e verandering* bouleversement *m*

ingroeien *in iets vastgroeien* ★ *ingegroeide nagels* ongles *m mv* incarnés

inhaalmanoeuvre dépassement *m*

inhaalrace effort *m* de rattrapage

inhaalstrook voie *v* de dépassement

inhaalverbod interdiction *v* de dépasser

inhaken ❶ *een arm geven* se prendre par les bras, aller bras dessus, bras dessous ❷ BN *telefoongesprek beëindigen* raccrocher ❸ **~ op** *reageren op* ★ *op een opmerking ~* enchaîner à la suite d'une remarque

inhakken **I** *ov ww, hakkend inslaan* enfoncer à coups de hache **II** *onov ww, hakkend inslaan* ★ *erop ~* taper dessus ★ fig *dat hakt er aardig in* c'est une vraie saignée

inhalen ❶ *naar binnen halen* rentrer, ⟨intrekken⟩ retirer, ⟨van net / zeil⟩ amener ★ *het ~ van een visnet* la levée d'un filet ❷ *verwelkomen* recevoir (solennellement), accueillir (en grande pompe) ❸ *gelijk komen met, achterstand wegwerken* rattraper, rejoindre ★ *de achterstand ~* combler le retard ★ *de schade ~* se rattraper ★ *werkuren ~* récupérer des heures de travail ★ *het ~* le rattrapage ❹ *voorbijgaan* doubler, dépasser ★ *het ~* le dépassement

inhaleren inhaler, avaler la fumée

inhalig avide, form cupide

inham ❶ *baai* anse *v*, crique *v*, baie *v* ❷ *insnijding* renfoncement *m*, découpure *v*, ⟨in hoofdhaar⟩ tempe *v* dégarnie

inhechtenisneming arrestation *v*

inheems indigène, du pays ★ *~e ziekte* maladie *v* endémique

inherent inhérent (**aan** à)

inhoud ❶ *wat in iets zit* contenu *m* ★ *de ~ van je tas wordt gecontroleerd* le contenu des sacs est verifié ⟨wat erin kan⟩ capacité *v*, volume *m* ★ *een kofferbak met grote ~* un coffre volumineux ❷ *de informatie* contenu *m*, sujet *m*, matière *v*, ⟨bewoordingen⟩ teneur *v*, ⟨betekenis⟩ sens *m*, signification *v* ★ *de ~ van de brief was vertrouwelijk* le continu de la lettre était confidentiel ★ *korte ~* résumé *m* ★ *vorm en ~* la forme et le fond

inhoudelijk du contenu ★ *~e opmerkingen* des remarques *v mv* portant sur le contenu

inhouden **I** *ov ww* ❶ *bevatten, behelzen* ⟨bevatten⟩ contenir, renfermer, ⟨betekenen⟩ vouloir dire, ⟨behelzen⟩ impliquer ❷ *bedwingen* retenir, contenir ★ *de adem ~* retenir son souffle ❸ *achterhouden, niet uitbetalen* retenir (de / sur), déduire (de), retrancher (de) **II** *wkd ww* [**zich ~**] se

contenir, se retenir
inhouding ❶ *handeling* retenue *v* ❷ *bedrag* prélèvement *m*, retenue *v*
inhoudsmaat mesure *v* de capacité
inhoudsopgave table *v* des matières, index *m*
inhuldigen ❶ *de ambtsaanvaarding vieren van* installer, ‹van koning› sacrer, introniser ❷ BN *feestelijk in gebruik nemen* inaugurer
inhuldiging installation *v*, ‹van koning› intronisation *v*, sacre *m*
inhuren engager ★ *daar ben ik niet voor ingehuurd!* je ne suis pas payé pour ça
initiaal initiale *v*
initialiseren initialiser
initiatie initiation *v*
initiatief initiative *v* ★ *het ~ nemen tot* prendre l'initiative de ★ *op ~ van* à / sur l'initiative de ★ *op eigen ~* de sa propre initiative
initiatiefnemer initiateur *m* [v: initiatrice]
initieel initial [m mv: initiaux]
initiëren ❶ *invoeren, beginnen* introduire ❷ *inwijden* initier

injecteren injecter
injectie ❶ med injection *v*, piqûre *v* ★ *iem. een ~ geven* faire une piqûre à qn ❷ *materiële hulp* injection *v* ★ *de economie een ~ geven* relancer / booster l'économie
injectiemotor moteur *m* à injection
injectienaald aiguille *v*
injectiespuit seringue *v*
inkapselen envelopper, ook fig emmailloter
inkeer ★ *tot ~ komen* se repentir, revenir à de meilleurs sentiments ★ *iem. tot ~ brengen* amener qn à de meilleurs sentiments
inkeping *inkerving* encoche *v*, entaille *v*
inkijk ★ *~ hebben* être exposé aux regards
inkijken *doorbladeren* parcourir
inkjetprinter imprimante *v* à jet d'encre
inklappen I *ov ww, naar binnen vouwen* rabattre **II** *onov ww, in(een)storten* s'effondrer
inklaren dédouaner
inklaring dédouanement *m*
inkleden *in een vorm gieten* présenter, formuler, tourner ★ *een verzoek ~* formuler une demande
inkleuren colorier
inkoken I *ov ww, dikker maken* réduire **II** *onov ww, dik(ker) worden* se réduire
inkom BN *toegang(sprijs)* entrée *v*
inkomen I *het* revenu *m* ★ *een goed ~ hebben* avoir un revenu confortable ★ BN *gewaarborgd ~* minimum *m* garanti ★ BN *kadastraal ~* valeur *v* locative cadastrale **II** *onov ww* entrer (dans) ★ *ingekomen stukken* courrier *m* reçu
inkomensafhankelijk en fonction des revenus
inkomensgrens *grens van het loonbedrag* ‹i.v.m. premie› plafond *m* (de la Sécurité sociale)
inkomensgroep catégorie *v* salariale
inkomsten revenu(s) *m (mv)*, ‹uit vermogen› rentes *v mv*, ‹geïnd geld› rentrées *v mv*
inkomstenbelasting impôt *m* sur le revenu
inkomstenbron source *v* des revenus
inkomstenderving manque *m* à gagner
inkoop ❶ *het inkopen* achat *m* ★ *inkopen doen* faire des achats, s'approvisionner ❷ *inkoopprijs* prix *m* d'achat
inkoopprijs prix *m* d'achat
inkopen ❶ *kopen* acheter ❷ *rechthebbende worden op* racheter ★ *zich ~ in* prendre des parts de
inkoper acheteur *m* [v: acheteuse]
inkorten lett raccourcir, ‹bekorten› abréger, écourter, ‹verminderen› réduire, diminuer
inkrimpen I *ov ww, geringer maken* réduire **II** *onov ww* ❶ *krimpen* se rétrécir, se contracter ❷ *geringer worden* diminuer
inkrimping ❶ *samentrekking* rétrécissement *m* ❷ *afname* réduction *v*
inkt *vloeistof om mee te schrijven* encre *v* ★ *Oost-Indische inkt,* BN *Chinese inkt* encre de Chine ★ fig *heel wat inkt doen vloeien* faire couler beaucoup d'encre
inktcartridge cartouche *v* d'encre
inktpatroon cartouche *v* d'encre
inktvis seiche *v*, ‹achtarmig› pieuvre *v*, poulpe *m*
inktvlek tache *v* d'encre, pâté *m*
inktzwart noir comme de l'encre, d'encre
inkuilen ensiler
inkwartieren cantonner, fig loger
inkwartiering logement *m*
inladen *beladen* charger, embarquer
inlander indigène *m/v*
inlands *van eigen bodem* indigène ★ *~e bevolking* la population indigène
inlassen ❶ *invoegen* intercaler, insérer ★ *een nieuwsuitzending ~* insérer un flash d'informations ★ *een pauze ~* faire / marquer une pause ❷ *met een las invoegen* emboîter
inlaten I *ov ww, binnenlaten* faire entrer **II** *wkd ww* [**zich** ~] ~ **met** s'ingérer dans, s'occuper de, ‹m.b.t. personen› se commettre avec, frayer avec ★ *zich ~ met duistere praktijken* s'occuper d'affaires louches
inleg *ingelegd geld* ‹bij spel› mise *v*, enjeu *m*, ‹bij bank› dépôt *m*, ‹als partner› apport *m*
inleggen ❶ *invoegen* insérer ❷ *versieren* incruster (**met** de) ★ *ingelegde tafel* table *v* marquetée ❸ *voedsel inmaken* mettre en conserve, conserver ❹ *geld inbrengen* ‹bij bank› déposer, ‹bij spel› miser, ‹als partner› apporter
inlegkruisje protège-slip *m* [mv: protège-slips]
inlegvel feuille *v* intercalaire, encart *m*
inlegzool semelle *v*
inleiden ❶ *naar binnen leiden* introduire ❷ *beginnen te behandelen* introduire ❸ med *(een bevalling) opwekken* déclencher (un accouchement)
inleiding ❶ *korte globale weergave* introduction *v* ★ *in de ~ van dit boek* dans l'introduction de ce livre ❷ *begin* préambule *m* ★ *het conflict vormde de ~ tot de oorlog* le conflit a déclenché la guerre ❸ *bijbrengen van beginselen* introduction *v* ★ *een ~ in de grammatica* un abrégé de grammaire
inleven [**zich** ~] ★ *zich ~ in* vivre ★ *zich ~ in een persoon* se mettre dans la peau de qn ★ *zich in een rol ~* se mettre dans la peau de son personnage
inleveren ❶ *afgeven* remettre, rendre ❷ *minder verdienen* faire des sacrifices, y perdre
inlevering ★ *tegen ~ van* contre remise de
inlevingsvermogen empathie *v*
inlezen I *ov ww* comp mémoriser **II** *wkd ww* [**zich** ~] se familiariser avec un sujet par la lecture

inlichten informer, renseigner, mettre au courant (**omtrent** de) ★ *je bent slecht ingelicht* tu es mal renseigné ★ *iem. ~ over iets* informer qn de qc, renseigner qn sur qc
inlichting renseignement *m*, ⟨informatie⟩ information *v* ★ *iem. ~en verstrekken over iets* renseigner qn de qc ★ *~en inwinnen over iets* se renseigner sur qc, s'informer de qc, prendre des renseignements ★ *voor ~en kunt u zich richten tot* pour tous renseignements s'adresser à
inlichtingendienst ❶ *informatiedienst* bureau *m* de renseignements ❷ *geheime dienst* service *m* secret, service de renseignements
inlijsten encadrer
inlijven incorporer (dans), ⟨van gebied⟩ annexer
inlikken [**zich ~**] faire de la lèche
inloggen se connecter (**op** à, sur), inform se loguer
inlopen I *ov ww* ❶ *inhalen* rattraper ★ *(op) iem. ~* remonter qn ❷ *beter doen passen* ★ *je moet ze ~* tu vas les faire, elles vont se faire **II** *onov ww* ❶ *binnenlopen* entrer dans ★ fig *er ~* donner / tomber dans le panneau ★ fig *hij loopt er niet in* il ne se fait pas avoir ❷ **~ op** *inhalen* ★ *op iem. ~* remonter qn
inlossen ❶ *aflossen* dégager ❷ *nakomen* ★ *zijn belofte ~* tenir parole, tenir sa promesse
inloten ★ *ingeloot zijn voor een studie* être admis à une faculté par tirage au sort
inluiden ❶ *het begin markeren van* inaugurer, préluder à ★ *een nieuw tijdperk ~* annoncer une ère nouvelle, marquer un tournant ❷ *door klokgelui aankondigen* carillonner
inmaken ❶ *inleggen* mettre en conserve, conserver, ⟨in zout⟩ saler, ⟨van vruchten⟩ confire ❷ sport écraser
in memoriam ★ *~ X* à la mémoire de X
inmengen [**zich ~**] **~ in** intervenir dans, s'ingérer dans, s'immiscer dans
inmenging ingérence *v*, immixtion *v*, intervention (**in** dans) *v*
inmiddels en attendant, entre-temps ★ *ze is ~ overleden* entre-temps, elle est décédée
innaaien *in omslag naaien* brocher
innemen ❶ *doorslikken* prendre, avaler ★ *heb je je pillen al ingenomen?* tu as pris les comprimés? ❷ ⟨kleren⟩ *kleiner maken* rétrécir ❸ *beslaan, bezetten* occuper, prendre, tenir ★ *veel plaats ~* prendre beaucoup de place ★ *een hoge positie ~* avoir une position / situation haut placée ❹ *veroveren* prendre, conquérir ★ *de vijand nam de stad in* l'ennemi a pris la ville ★ fig *iem. voor zich ~* gagner la sympathie de qn, conquérir qn ★ fig *iem. tegen zich ~* prévenir qn contre soi, se mettre qn à dos ❺ *binnenhalen* rentrer, ⟨inladen⟩ prendre, charger
innemend engageant, avenant, aimable
innen encaisser, toucher, recouvrer, ⟨van belasting⟩ percevoir
innerlijk I *bn, van binnen* interne, ⟨in het gemoed⟩ intérieur, ⟨intrinsiek⟩ intrinsèque ★ *~e monoloog* monologue intérieur ★ *~e overtuiging* conviction *v* intime **II** *bw* intérieurement, intimement **III** *het* intérieur *m*, cœur *m*
innig I *bn* ⟨diep gevoeld⟩ profond, sincère, ⟨intiem⟩ intime, tendre ★ *een ~e vriendschap* une amitié tendre ★ *een ~e wens* un désir profond **II** *bw* intimement, profondément, tendrement
inning ❶ *het innen* encaissement *m*, recouvrement *m*, ⟨van belasting⟩ perception *v* ❷ sport tour *m* (de batte)
innovatie innovation *v*
innovatief innovateur [v: innovatrice]
innoveren innover
in optima forma en règle, en due forme, à l'état pur
inox BN *roestvrij staal* inox *m*
inpakken emballer, ⟨pakje maken⟩ empaqueter ★ *de koffers ~* faire ses valises ★ *~ en wegwezen* plier bagage ★ *zich goed ~ tegen de kou* s'emmitoufler contre le froid ★ fig *zich laten ~* se faire embobiner, se faire avoir
inpakpapier papier *m* d'emballage
inpalmen ❶ *zich toe-eigenen* s'emparer de, confisquer ❷ *voor zich winnen* faire du charme à, ⟨inpakken⟩ enjôler, mettre dans sa poche, embobiner ★ *iem. ~* enjôler qn
inpandig incorporé
inparkeren faire un créneau
inpassen insérer (**in** dans)
inpeperen ★ *ik zal het je ~* tu me le paieras
inperken restreindre, limiter, réduire
in petto ▾ *iets ~ hebben* avoir qc en réserve, avoir préparé qc
inpikken ❶ *stiekem pakken* chiper, ratiboiser, faire main basse sur ❷ **~ op** BN *inhaken op* répondre à, tenir compte de
inplakken coller
inplannen prévoir (dans le planning)
inplanten ❶ *planten* planter ❷ med *aanbrengen* implanter
inpolderen poldériser, transformer en polder
inpoldering poldérisation *v*
inpraten **~ op** (chercher à) convaincre, raisonner
inprenten inculquer, graver dans la mémoire
input input *m*, comp entrée *v*, saisie *v*
inquisitie inquisition *v*
inregenen ★ *het regent in* la pluie pénètre
inrekenen ⟨arresteren⟩ arrêter, inform pincer, ⟨gevangenzetten⟩ écrouer
inrichten ❶ *klaarmaken voor gebruik, bewoning* aménager (**als** en), arranger, ⟨meubileren / stofferen⟩ décorer, meubler, ⟨aanleggen⟩ installer, ⟨indelen⟩ agencer ★ *een huis ~* installer une maison ★ *de kantine tot werkruimte ~* aménager la cantine en lieu de travail ★ *zich ~* s'installer ★ *ingericht zijn* être installé ★ *ingericht zijn op* être aménagé / prévu pour ❷ *regelen* régler, organiser ★ *je leven ~* organiser sa vie ★ *het zo ~ dat* faire en sorte que [+ subj.]
inrichting ❶ *aankleding* ⟨v. huis e.d.⟩ aménagement *m*, arrangement *m*, décoration *v*, ⟨indeling⟩ agencement *m* ❷ *instelling* institution *v*, établissement *m* ★ *psychiatrische ~* hôpital *m* psychiatrique
inrijden I *ov ww* ❶ *naar binnen rijden* rentrer ❷ *geschikt maken* ⟨van paard⟩ accoutumer, ⟨van auto⟩ roder ★ *de auto wordt ingereden* la voiture est en rodage **II** *onov ww, rijdend naar binnen gaan* entrer dans ★ *je moet die weg ~* tu dois t'engager dans ce chemin
inrit entrée *v*

inroepen invoquer ★ *iemands hulp ~* faire appel à qn, demander à qn de venir aider

inroesten ▾ *ingeroeste gewoonten* des habitudes *v mv* bien ancrées

inroosteren introduire dans l'horaire

inruil ‹v. artikel› reprise *v*

inruilen échanger, changer ★ *~ voor / tegen* échanger contre, changer pour ★ *het ~ van een auto* la reprise d'une voiture

inruilwaarde (valeur *v* de) reprise *v*

inruimen *vrijmaken* ★ *voor iem. een plaats ~* céder la place à qn ★ *plaats ~ voor* faire place à

inrukken ❶ *binnentrekken* pénétrer dans ★ *de stad ~* pénétrer dans la ville ❷ *afmarcheren* rompre les rangs, ‹weggaan› décamper ★ *ingerukt, mars!* rompez!

inschakelen ❶ *in werking stellen* mettre en marche, ‹aansluiten› mettre le contact, mettre en circuit, brancher, enclencher ★ *de stroom ~* ouvrir le circuit, mettre le courant ❷ *doen meewerken* faire appel à, mettre à contribution, ‹opnemen› intégrer ★ *hulp ~* se faire aider

inschalen insérer dans la grille des salaires

inschatten estimer, évaluer, ‹(kunnen) plaatsen› situer ★ *verkeerd ~* méjuger ★ *het verkeerd ~* faire une erreur d'appréciation

inschatting appréciation *v*, évaluation *v*

inschattingsfout erreur *v* d'appréciation

inschenken ‹gieten› verser, ‹vullen› remplir, ‹serveren› servir (à boire)

inschepen embarquer ★ *zich ~* s'embarquer

inscheuren se déchirer ★ *mijn nagel is ingescheurd* je me suis fendu l'ongle

inschieten ❶ *verliezen* ★ *iets erbij ~* y perdre qc ★ *zijn leven erbij ~* y laisser la vie ★ *zijn geld erbij ~* en être pour son argent, en être de sa poche ★ *mijn vakantie is erbij ingeschoten* j'ai dû renoncer aux vacances ❷ *met vaart binnengaan* se précipiter dans

inschikkelijk I *bn* accommodant, conciliant **II** *bw* avec complaisance

inschikken ❶ *inschuiven* se serrer ❷ *toegeven* faire preuve de complaisance

inschoppen ❶ *stuk schoppen* enfoncer à coups de pied ★ *de deur ~* défoncer la porte ❷ *schoppen in iets* envoyer (dans) ★ *de bal het doel ~* envoyer le ballon dans le but

inschrijfformulier fiche *v* / bulletin *m* d'inscription

inschrijfgeld droits *m mv* / frais *m mv* d'inscription

inschrijven I *ov ww* ❶ *optekenen* inscrire ❷ *aanmelden* (faire) inscrire, enregistrer ★ *zich ~* se faire inscrire, s'inscrire **II** *onov ww* ❶ *intekenen op iets* souscrire (**op** à) ❷ *prijsopgave doen* soumissionner (**voor** à) ★ *~ op een werk / aanbesteding* soumissionner un ouvrage / à un appel d'offres

inschrijving ❶ *registratie* inscription *v*, enregistrement *m* ★ *~ aan de universiteit* inscription à l'université ★ *de ~ in een register* inscription au registre ❷ *intekening* souscription *v*, ‹voor aanbesteding› soumission *v*

inschrijvingsbewijs BN *kentekenbewijs* carte *v* grise

inschuiven I *ov ww, naar binnen schuiven* rentrer, fermer **II** *onov ww, inschikken* se serrer

inscriptie inscription *v*

insect insecte *m*

insectenbeet piqûre *v* d'insecte

insectendodend insecticide

insecticide insecticide *m*

inseinen alerter, prévenir, tuyauter

inseminatie insémination *v* ★ *kunstmatige ~* insémination artificielle

insemineren inséminer

ins en outs les tenants et (les) aboutissants

insgelijks pareillement, de même

insider initié *m* [v: initiée]

insigne insigne *m*, badge *m*

insinuatie insinuation *v*

insinueren *beschuldigend zinspelen op* insinuer

inslaan I *ov ww* ❶ *erin slaan* enfoncer, planter ❷ *stukslaan* enfoncer, briser ★ *een ruit ~* briser une vitre ❸ *in voorraad nemen* faire provision de, s'approvisionner en **II** *onov ww* ❶ *ingaan* prendre, emprunter, s'engager dans ★ *een zijstraat ~* s'engager dans une rue transversale ❷ *met kracht doordringen* frapper, ‹van bliksem› tomber (**in** sur) ★ *de bliksem is ingeslagen* la foudre est tombée ❸ *indruk maken* avoir de l'effet (sur), faire impression (sur) ★ *~ als een bom* faire l'effet d'une bombe ★ *niet ~* tomber à plat

inslag ❶ *het inslaan* impact *m*, ‹van bliksem› foudroiement *m* ❷ *karakter(trek)* tendance *v* ❸ *dwarsdraad* trame *v* ❹ *zoom* ourlet *m*, rempli *m*

inslapen ❶ *in slaap vallen* s'endormir ❷ *sterven* s'éteindre ★ *laten ~* endormir, ‹van dier› faire piquer

inslikken avaler ★ *zijn trots ~* ravaler sa fierté ★ *zijn woorden ~* ‹slecht uitspreken› avaler / manger ses mots, fig ‹herroepen› ravaler ses paroles

insluimeren *in slaap vallen* s'assoupir

insluipen ❶ lett se glisser (dans), se faufiler (dans) ❷ fig ★ *er is een fout ingeslopen* il s'est glissé une erreur dans le texte

insluiper cambrioleur *m* [v: cambrioleuse]

insluiten ❶ *opsluiten* enfermer, mettre sous clé ❷ *omgeven* encercler, cerner, ‹omringen› entourer, ceindre, environner, ‹omsluiten› enclaver ❸ *bijsluiten* joindre (à), inclure (dans), ajouter (à) ★ *(hierbij) ingesloten* ci-inclus, ci-joint ❹ *inhouden* comprendre, englober ★ *dat sluit in, dat* cela implique que

insmeren enduire (de), ‹met vet› graisser, ‹met olie› huiler, ‹met zeep› savonner

insneeuwen ★ *ingesneeuwd zijn* être enneigé, être bloqué par la neige

insnijden inciser, ‹griffen› graver

insnoeren resserrer, sangler

insolvent insolvable

inspannen I *ov ww* ❶ *trekdier voor wagen spannen* atteler ❷ *moeite geven* ★ *al zijn krachten ~* faire tout son possible ★ *zijn hersens ~* tendre son esprit, faire un effort mental ❸ BN jur *beginnen* intenter ★ *een rechtszaak tegen iem. ~* faire / intenter un procès à qn **II** *wkd ww* [**zich ~**] faire des efforts ★ *zich tot het uiterste ~* faire tout son possible ★ *zich ~ om* s'efforcer de

inspannend fatiguant, épuisant

inspanning effort *m* ★ *lichamelijke ~* dépense *v* physique ★ *met ~ van alle krachten* en faisant un violent effort
inspecteren inspecter, ‹van troepen› passer en revue
inspecteur inspecteur *m* [v: inspectrice] ★ *~ van politie* inspecteur de police
inspecteur-generaal inspecteur *m* général [m mv: inspecteurs généraux] [v: inspectrice générale]
inspectie ❶ *het inspecteren* inspection *v*, ‹van troepen› revue *v* ★ *~ houden* faire une inspection ❷ *de instantie* inspection *v*
inspelen ❶ *vooraf oefenen* ★ *ingespeeld zijn op elkaar* être bien rodé ❷ *~* **op** *reageren op* répondre à, tenir compte de ★ *~ op een behoefte* répondre à un besoin
inspiratie inspiration *v*
inspirator inspirateur *m* [v: inspiratrice]
inspireren *bezielen* inspirer ★ *geïnspireerd door / op* inspiré de
inspraak participation *v* ★ *~ hebben* avoir voix consultative ★ *de ~ van het geweten* la voix de la conscience
inspraakprocedure (processus *m* de) concertation *v*
inspreken ❶ *tekst inspreken* enregistrer ★ *een boodschap ~* laisser un message ❷ *inboezemen* ★ *iem. moed ~* encourager qn
inspringen ❶ *erin springen* sauter (dans) ❷ *invallen* ★ *voor iem. ~* remplacer qn ❸ *terugwijken* être en retrait ★ *~de regel* alinéa *m* ★ *een regel laten ~* renfoncer une ligne ★ *~de hoek* angle *m* rentrant ★ *~de muur* renfoncement *m* ❹ *~* **op** répondre à
inspuiten I *ov ww, inbrengen* injecter **II** *onov ww, naar binnen komen* gicler ★ *het water spoot de kelder in* l'eau gicla dans la cave
instaan *~* **voor** garantir, répondre de, se porter garant de ★ *ik sta niet langer voor mezelf in* je ne réponds plus de rien
instabiel instable
instabiliteit instabilité *v*
installateur installateur *m*
installatie ❶ *het monteren* ‹ook van software› installation *v* ❷ *apparatuur* installation *v* ★ *we hebben een nieuwe stereo~* nous avons une nouvelle chaîne ❸ *plechtige bevestiging in een ambt* installation *v*
installeren ❶ *in een ambt bevestigen* installer ❷ *monteren* ‹ook v. software› installer ❸ *vestigen* installer ★ *zich behaaglijk ~* s'installer confortablement
instampen ❶ *erin stampen* enfoncer ❷ *inprenten* fourrer / faire entrer dans la tête
instandhouding maintien *m*, préservation *v*
instantie instance *v*, organisme *m* ★ *zich tot de hoogste ~s wenden* s'adresser en haut lieu ▾ *in eerste ~* de prime abord, (tout) d'abord ▾ *in laatste ~* en dernier ressort
instantkoffie café *m* instantané
instapkaart carte *v* d'embarquement
instappen ❶ *stappend ingaan* entrer (**in** dans), ‹in een voertuig› monter (**in** dans) ★ *niet ~!* montée *v* interdite! ❷ *gaan meedoen* se joindre (à)
insteek approche *v*
insteekkaart comp (module *m* d')extension *v*, plug-in *m* [mv: id.]
insteken *plaatsen* introduire (dans) ★ *de draad (in de naald) ~* enfiler l'aiguille
instellen ❶ *oprichten* instituer, créer, établir ★ *een commissie ~* créer une commission ❷ *beginnen* engager ★ *een onderzoek ~* ouvrir une enquête ★ *een vervolging ~* engager / entamer des poursuites ★ *een eis ~ tot ...* demander ..., réclamer ... ❸ *afstellen* mettre au point, régler, ajuster ★ *de zenders ~ op je televisie* régler les chaînes sur le téléviseur ★ *op Engeland ingesteld* orienté vers l'Angleterre ★ *de school is niet ingesteld op kinderen met een verstandelijke beperking* l'école n'est pas équipée pour les enfants ayant une déficience intellectuelle ★ *zich op iets ~* se préparer à qc
instelling ❶ ‹m.b.t. apparatuur› mise *v* au point, réglage *m* ★ *de ~ van het belvolume van je mobiel* le réglage du volume de la sonnerie de son portable ❷ *mentaliteit* mentalité *v*, attitude *v*, ‹geneigdheid› esprit *m*, tendance(s) *v (mv)* ❸ *instituut* institution *v*, établissement *m*, organisme *m* ★ *openbare ~en* établissements publics ★ *een culturele ~* un organisme culturel ★ *~ voor hoger onderwijs* établissement d'enseignement supérieur
instemmen ★ *~ met* être d'accord avec, se ranger à l'avis de, ‹toestemmen in› donner son accord à, consentir à
instemmend approbateur [v: approbatrice] ★ *~ knikken* approuver de la tête
instemming adhésion *v* (**met** à), ‹goedvinden› accord *m*, consentement *m*, ‹goedkeuring, bijval› approbation *v* ★ *zijn ~ betuigen* manifester son approbation ★ *met ~ begroeten* accueillir favorablement ★ *met algemene ~* à l'unanimité ★ *algemene ~ vinden* faire l'unanimité
instigatie instigation *v* ★ *op ~ van* à / sur l'instigation de
instinct instinct *m* ★ *het ~ tot zelfbehoud* l'instinct de conservation
instinctief I *bn* instinctif [v: instinctive] **II** *bw* instinctivement, d'instinct
instinken ★ *er ~* donner / tomber dans le panneau, se faire rouler dans la farine ★ *iem. erin laten stinken* rouler qn dans la farine
instinker piège *m*
institutionaliseren institutionnaliser
institutioneel institutionnel [v: institutionnelle]
instituut ❶ *instelling (voor onderwijs, verpleging enz.)* institut *m* ❷ *institutie* institution *v*
instoppen ❶ *indoen* fourrer (dans) ❷ *toedekken* border
instorten ❶ *in elkaar vallen* s'écrouler, s'effondrer, ‹van terrein› s'ébouler, ‹bezwijken› crouler ★ *op ~ staan* menacer ruine ❷ fig *in slechte toestand raken* s'effondrer ★ *de economie stort in* l'économie s'effondre ❸ med *terugvallen* ‹geestelijk› craquer, ‹een terugval hebben› rechuter
instorting ❶ *het in elkaar vallen* écroulement *m*, effondrement *m*, ‹van terrein› éboulement *m* ❷ med *terugval* rechute *v*
instroom afflux *m*
instructeur instructeur *m* [v: instructrice],

‹opleider› moniteur *m* [v: monitrice]
instructie ❶ *onderricht* instruction *v* ❷ *aanwijzing* consigne *v*, instructions *v mv* ❸ jur ★ *rechter van ~* juge *m/v* d'instruction
instructief instructif [v: instructive]
instrueren ❶ *instructies geven* donner des consignes / instructions (**aan** à) ❷ *onderrichten* instruire
instrument ❶ *hulpmiddel, gereedschap* instrument *m* ❷ *muziekinstrument* instrument *m* ★ *een ~ bespelen* jouer d'un instrument
instrumentaal instrumental [m mv: instrumentaux]
instrumentalist instrumentiste *m/v*
instrumentarium instrumentation *v*, instruments *m mv*
instrumentenpaneel tableau *m* de bord
instrumentmaker fabricant *m* d'instruments
instuderen étudier, répéter, travailler ★ *een muziekstuk ~* travailler un morceau de musique ★ *een rol ~* étudier un rôle
instuif surprise-partie *v* [mv: suprises-parties]
insturen envoyer
insubordinatie insubordination *v*
insuline insuline *v*
intact intact
intakegesprek ≈ entretien *m* préliminaire, entretien d'admission
intapen bander
inteelt union *v* consanguine, form endogamie *v*, inform consanguinité *v*
integendeel au contraire
integer intègre
integraal I *bn* intégral [m mv: intégraux] **II** *bw* intégralement
integraalhelm casque *m* intégral
integraalrekening calcul *m* intégral
integratie intégration *v*
integreren I *onov ww, in geheel opgaan* s'intégrer **II** *ov ww, in geheel onderbrengen* intégrer (**in** dans, à) **III** *wkd ww* [**zich ~**] BN *in geheel opgaan* s'intégrer
integriteit intégrité *v*
intekenen I *ov ww, inschrijven* inscrire **II** *onov ww, zich verplichten* souscrire (**op** à) ★ *~ op een boek* souscrire à un livre
intekenlijst liste *v* de souscription
intekenprijs prix *m* de souscription
intellect ❶ *verstand* intellect *m* ❷ *intellectuelen* intellectuels *m mv*, intelligentsia *v*
intellectueel I *de* intellectuel *m* [v: intellectuelle] **II** *bn* intellectuel [v: intellectuelle] **III** *bw* intellectuellement
intelligent I *bn* intelligent **II** *bw* intelligemment
intelligentie intelligence *v* ★ *emotionele / sociale ~* l'intelligence émotionnelle / sociale
intelligentiequotiënt quotient *m* intellectuel
intelligentietest test *m* d'intelligence
intelligentsia intelligentsia *v*
intens I *bn* intense **II** *bw* intensément
intensief I *bn* intensif [v: intensive] ★ *~ overleg* concertation *v* intense ★ *bij ~ gebruik* en cas d'usage intensif **II** *bw* intensivement
intensiteit intensité *v*
intensive care ❶ med *afdeling* (unité *v* de) réanimation *v* ❷ med *intensieve bewaking* (service *m* de) réanimation *v*
intensiveren intensifier
intentie intention *v*
intentieverklaring déclaration *v* d'intention
intentioneel intentionnel [v: intentionnelle]
interactie interaction *v*
interactief interactif [v: interactive]
interbancair interbancaire
interbellum entre-deux-guerres *m* [mv: id.]
intercedent intermédiaire *m/v*, ‹van uitzendbureau› agent *m* d'intérim
intercity ≈ train *m* rapide
intercom interphone *m*
intercommunaal BN *tussen gemeenten* intercommunal [m mv: intercommunaux]
intercontinentaal intercontinental [m mv: intercontinentaux]
intercultureel interculturel [v: interculturelle]
interdependentie interdépendance *v*
interdisciplinair interdisciplinaire
interen diminuer ★ *op zijn kapitaal ~* manger son capital, vivre sur ses réserves
interessant I *bn* intéressant ★ *een ~ boek* un livre intéressant ★ *een ~ aanbod* une offre intéressante **II** *bw* de façon intéressante ★ *~ doen* faire son petit intéressant, faire l'intéressant, frimer
interesse intérêt *m* (**voor** pour) ★ *gebrek aan ~* désintérêt *m*, indifférence *v* ★ *~ hebben voor* s'intéresser à
interesseren I *ov ww* intéresser (**voor, in** à) ★ *het interesseert me niet* cela ne m'intéresse pas, ‹maakt me niets uit› ça m'est égal ★ *iem. voor iets ~* intéresser qn à qc ★ *geïnteresseerd zijn in* s'intéresser à **II** *wkd ww* [**zich ~**] **~ voor, in** s'intéresser à
interest intérêt *m* ★ *samengestelde ~* intérêt composé ★ *tegen ~* à intérêt
interface comp interface *v*
interfaculteit faculté *v* pluridisciplinaire
interferentie ❶ *tussenkomst* interférence *v* ❷ *gelijktijdige werking van krachten* interférence *v*
interfereren ❶ *tussenbeide komen* interférer ❷ *op elkaar inwerken* interférer
interieur intérieur *m*
interim I *de* ❶ *tijdelijke werkkracht* intérimaire *m/v* ❷ BN *tijdelijke baan* intérim *m* **II** *het, tussentijd* → **ad interim**
interim- provisoire, intérimaire, ‹waarnemend› par intérim ★ *~manager* manager *m* par intérim
interimkantoor BN *uitzendbureau* agence *v* d'intérim
interkerkelijk interecclésiastique, œcuménique
interland rencontre *v* internationale
interlinie *ruimte tussen regels* interligne *m*
interlokaal interurbain ★ *een ~ telefoongesprek* une communication interurbaine
intermediair I *de, bemiddelaar* intermédiaire *m/v* **II** *bn, bemiddelend* intermédiaire
intermenselijk (inter)humain
intermezzo ook fig intermède *m*
intern ❶ *inwendig* interne ★ *~e geneeskunde* la médecine interne ❷ *binnen organisatie* interne ★ *~e aangelegenheden* des questions internes ❸ *inwonend* interne ★ *~e leerling* interne *m/v*
internaat internat *m*

internationaal international [m mv: internationaux] ★ ~ *geldverkeer* circulation *v* internationale de l'argent ★ *een ~ telefoongesprek* une communication internationale ★ sport *een internationale wedstrijd* une rencontre internationale ★ *C. is ~ doorgebroken* C. a percé au niveau international
international sport international *m* [mv: internationaux]
interneren interner
interneringskamp camp *m* d'internement
internet Internet *m*, l'internet
internetaansluiting comp accès *m* à (l')internet
internetbankieren faire des opérations bancaires en ligne
internetcafé cybercafé *m*
internetprovider fournisseur *m* d'accès (à Internet)
internetten surfer / naviguer / être sur l'internet
internetter internaute *m/v*
internetverbinding connexion *v* (à) Internet ★ *ik heb hier geen ~* je n'ai pas de connexion / réseau Internet ici
internist interniste *m/v*
interpellatie interpellation *v*
interpelleren interpeller
interpretatie ❶ *uitleg* interprétation *v* ❷ *vertolking* interprétation *v*
interpreteren interpréter
interpunctie ❶ *plaatsing van leestekens* ponctuation *v* ❷ *leestekens* ponctuation *v*
interrumperen interrompre
interruptie *onderbreking* interruption *v*
interval intervalle *m*
intervaltraining entraînement *m* fractionné / par intervalles
interveniëren intervenir
interventie intervention *v*
interventiemacht force *v* d'intervention
interventietroepen forces *v mv* d'intervention
interview interview *v* ★ *een ~ geven* accorder une interview
interviewen interviewer
interviewer interviewe(u)r *m* [v: intervieweuse]
intiem I *bn* intime ★ *een ~e vraag* une question intime ★ *~e mededeling* communication *v* confidentielle ★ *~ met iem. zijn* être intime avec qn **II** *bw* intimement
intifada Intifada *v*
intimidatie intimidation *v* ★ *seksuele ~* harcèlement *m* sexuel
intimideren intimider
intimiteit ❶ *intiem, vertrouwd contact* intimité *v* ★ *ongewenste ~en* harcèlement *m* sexuel ❷ *intieme, huiselijke sfeer* intimité *v* ★ BN *in alle ~* dans la plus stricte intimité
intocht entrée *v*
intoetsen introduire, inform taper, ⟨van code⟩ composer
intolerant intolérant
intolerantie intolérance *v*
intomen refréner, brider
intonatie intonation *v*
intranet comp intranet *m*
intransitief I *bn* intransitif [v: intransitive] **II** *bw* intransitivement
intrappen ❶ *duwen op* ★ *de rem ~* donner un coup de frein ★ *het gaspedaal ~* appuyer sur l'accélérateur ❷ *kapot trappen* enfoncer ★ *de deur ~* défoncer la porte ▼ *ergens ~* tomber dans le piège, se faire avoir
intraveneus intraveineux [v: intraveineuse]
intrede ❶ *plechtige binnenkomst* entrée *v* ❷ *begin* début *m* ★ *zijn ~ doen* faire son apparition
intreden ❶ *beginnen* commencer, ⟨zich voordoen⟩ se produire, ⟨plotseling⟩ survenir ❷ *non / monnik worden* entrer dans les ordres
intrek ★ *zijn ~ nemen bij / in* s'installer chez / dans, ⟨logeren⟩ descendre chez / à
intrekken I *ov ww* ❶ *naar binnen trekken* retirer, ⟨van nagels e.d.⟩ rétracter, rentrer ★ *zijn buik ~* rentrer le ventre ❷ *terugnemen* retirer, ⟨ongedaan maken⟩ supprimer, annuler, jur abroger ★ *een belofte ~* revenir sur une promesse ★ *een bevel ~* annuler un ordre ★ *het rijbewijs ~* retirer le permis de conduire ★ *zijn woorden ~* se dédire, se rétracter **II** *onov ww* ❶ *binnentrekken* entrer dans, pénétrer (dans) ❷ *gaan inwonen* s'installer (**bij** chez)
intrigant intrigant *m* [v: intrigante]
intrige ❶ *slinks plan* intrigue *v* ❷ *plot* intrigue *v*
intrigeren I *ov ww, boeien* intriguer **II** *onov ww, samenzweren* intriguer
intro intro *v*
introducé invité *m* [v: invitée]
introduceren ❶ *voorstellen* introduire ★ *iem. ~ bij* introduire qn auprès de ❷ *invoeren* introduire ★ *iets nieuws ~* lancer une nouveauté
introductie introduction *v*
introductieprijs prix *m* de lancement
introductieweek semaine *v* d'introduction
introeven couper
introspectie introspection *v*
introvert introverti
intubatie med tubage *m*
intuinen tomber dans le panneau, se faire avoir
intuïtie intuition *v* ★ *bij ~ weten* savoir par intuition, savoir intuitivement
intuïtief I *bn* intuitif [v: intuitive] **II** *bw* intuitivement
intussen en attendant, entre-temps ★ *de laatste bus was ~ vertrokken* entre-temps, le dernier bus était parti ★ *ze zijn ~ alweer drie jaar getrouwd* voilà déjà trois ans qu'ils sont mariés
intypen taper
Inuit Inuit *m/v*
inval ❶ *het binnenvallen* invasion *v*, ⟨van politie⟩ descente *v* ★ *een ~ doen* envahir, ⟨van politie⟩ faire une descente ★ *het is daar de zoete ~* les portes y sont grandes ouvertes ❷ *idee* idée *v*, inspiration *v* ★ *geestige ~* un trait d'esprit
invalide I *de* invalide *m/v*, handicapé *m* (physique) [v: handicapée...] **II** *bn* handicapé, infirme, invalide
invalidenwagen fauteuil *m* roulant
invaliditeit invalidité *v*
invalkracht intérimaire *m/v*
invallen ❶ *instorten* s'écrouler ❷ *binnenvallen* envahir, faire irruption dans ❸ *mager, hol worden* ★ *ingevallen wangen* joues *v mv* creuses ❹ *in gedachte komen* venir à l'esprit, revenir ❺ *beginnen* commencer, ⟨v.d. nacht⟩ tomber ★ *bij*

het ~ van de duisternis à la tombée de la nuit / du jour ❻ muz entrer ❼ *vervangen* ★ *voor iem. ~* remplacer qn
invaller remplaçant *m* [v: remplaçante]
invalshoek ❶ *gezichtshoek* angle *m*, point *m* de vue ❷ natk angle *m* d'incidence
invalsweg (voie *v* d')accès *m*
invasie invasion *v*, ⟨van 1944⟩ débarquement *m*
inventaris inventaire *m* ★ *de ~ opmaken* faire l'inventaire
inventarisatie inventaire *m*
inventariseren inventorier, faire l'inventaire de
inventief inventif [v: inventive]
invers inverse
inversie inversion *v*
investeerder investisseur *m*
investeren investir (**in** dans) ★ *studeren is ~ in je toekomst* faire des études, c'est investir dans ton avenir
investering investissement *m* ★ *deze strategie vergt forse ~en* cette stratégie exige des investissements importants ★ *je ~ in zonnepanelen verdien je in tien jaar terug* ton investissement dans les panneaux solaires sera amorti en dix ans
investeringsbank banc *m* d'investissement
invetten graisser
invitatie invitation *v*
inviteren inviter (**voor, tot** à)
in-vitrofertilisatie fécondation *v* in vitro
invliegen I *ov ww, vliegend binnenbrengen* faire venir par avion **II** *onov ww* ▼ BN *er eens ~* en mettre un (bon) coup
invloed influence *v* (**op** sur), ⟨uitwerking⟩ effet *m* (**op** sur), impact *m* (**op** sur) ★ *het heeft geen ~ op je cijfer* cela n'a pas d'incidence sur ta note ★ *~ uitoefenen op* influencer, influer sur ★ *zijn ~ aanwenden* user de son influence ★ ook fig *onder ~ van* sous l'influence de, ⟨uitwerking⟩ sous l'effet de ★ fig *onder ~ van verdovende middelen* sous l'empire / l'emprise de stupéfiants ★ *onder ~ autorijden* conduire en état d'ébriété / d'ivresse ★ *van ~ zijn op* influer sur
invloedrijk influent, puissant
invloedssfeer zone *v* / sphère *v* d'influence
invoegen I *ov ww, inlassen* intercaler, insérer **II** *onov ww, tussenvoegen bij verkeer* ⟨na inhalen⟩ se rabattre, ⟨weg oprijden⟩ s'engager, s'insérer
invoegstrook bretelle *v* d'accès, voie *v* d'accélération
invoelingsvermogen empathie *v*, antennes *v mv*
invoer ❶ *import* importation *v* ❷ comp *input* entrée *v*, saisie *v*
invoerbelasting taxe *v* à l'importation
invoeren ❶ *importeren* importer ❷ *instellen* établir, instaurer ❸ *in werking laten gaan* introduire, lancer ❹ comp entrer, saisir → **ingevoerd**
invoerrecht droit *m* d'entrée, droit de douane
invoerverbod interdiction *v* d'importation
invorderbaar encaissable, percevable, recouvrable, exigible
invorderen *innen* encaisser, recouvrer, ⟨van belasting⟩ percevoir
invreten ronger, corroder
invriezen *conserveren* congeler, surgeler
invrijheidstelling mise *v* en liberté, libération *v*
invullen remplir ★ *een formulier ~* remplir un formulaire
invulling ❶ *het invullen* remplissage *m* ❷ *interpretatie* interprétation *v*
invuloefening exercice *m* à trous
inwaarts vers l'intérieur, en dedans
inweken (faire) tremper
inwendig I *bn* intérieur, interne ★ *voor ~ gebruik* à usage interne ★ *~ letsel* lésion *v* interne ★ *het ~e* l'intérieur *m* **II** *bw* intérieurement
inwerken I *ov ww* initier (**in** à), former (**in** dans) ★ *zich ~ in* s'orienter dans ★ *goed ingewerkt* bien rodé **II** *onov ww* agir (**op** sur), influer (**op** sur), faire son effet (**op** sur), ⟨aanvreten⟩ ronger, attaquer ★ *iets op je laten ~* décanter qc ★ *de realiteit op zich laten ~* digérer la réalité ★ *op elkaar ~* interagir, ⟨nadelig⟩ interférer
inwerking action *v*
inwerkingtreding entrée *v* en vigueur
inwerktijd période *v* de rodage
inwerpen ❶ *naar binnen werpen* ⟨van munt⟩ introduire ❷ sport remettre en jeu
inwijden ❶ ⟨een persoon⟩ *initiëren* initier (**in** à) ❷ ⟨een gebouw e.d.⟩ *in gebruik nemen* inaugurer, ⟨kerk e.d.⟩ consacrer
inwijding ❶ *initiatie* initiation *v* ❷ *ingebruikneming* inauguration *v*, rel consécration *v*
inwijkeling BN immigré *m* [v: immigrée]
inwijken BN immigrer
inwilligen consentir à, accorder, agréer ★ *een verzoek ~* agréer une demande, accéder à une demande
inwilliging consentement *m*, assentiment *m*
inwinnen ★ *inlichtingen ~* se renseigner, s'informer ★ *advies bij iem. ~* consulter qn
inwisselbaar convertible
inwisselen changer (**voor** contre, pour), convertir (**voor** en)
inwonen habiter (**bij** chez), loger (**bij** chez)
inwonend ★ *~e kinderen* des enfants habitant chez leur parents ★ *~e leerling* interne *m/v*
inwoner habitant *m* [v: habitante], ⟨buitenlands⟩ résidant *m* [v: résidante] ★ *onze gemeente telt ruim 100.000 ~s* notre commune compte plus de 100.000 habitants
inwonertal nombre *m* d'habitants
inwoning → **kost**
inworp ❶ *het inwerpen* ⟨van munt⟩ introduction *v* ❷ sport remise *v* en jeu, (remise *v* en) touche *v*
inwrijven ❶ *insmeren* frictionner, ⟨poetsen⟩ frotter, cirer ❷ fig *goed laten merken* ★ *het nog eens flink ~* enfoncer le clou
inzaaien semer (**met** de), ensemencer, ⟨met graan ook⟩ emblaver
inzage communication *v* ★ *~ geven in* communiquer ★ *ter ~ zenden* envoyer pour information ★ *aldaar ter ~ gelegd* à consulter sur place
inzake en matière de, concernant ★ *~ uw situatie* en ce qui concerne votre situation
inzakken ❶ *in elkaar zakken* s'affaisser, s'effondrer ❷ fig *lager worden* s'effondrer
inzamelen ⟨vergaren⟩ recueillir, ⟨ophalen⟩

collecter ★ *giften* ~ faire la quête
inzameling collecte *v*, quête *v* ★ *een* ~ *houden* faire une collecte ★ *gescheiden* ~ collecte sélective, tri *m* sélectif
inzamelingsactie collecte *v*
inzegenen bénir, consacrer
inzegening bénédiction *v*
inzenden envoyer ★ *ingezonden brieven* courrier *m* des lecteurs
inzending *het ingezondene* envoi *m*, ⟨op tentoonstelling⟩ œvre *v*
inzepen savonner
inzet ❶ *inleg bij spel* mise *v*, ⟨wat op het spel staat⟩ ook fig enjeu *m* ★ *de* ~ *verhogen* relancer le jeu ★ *de hele* ~ *winnen* gagner la poule ❷ *toewijding, aandacht* dévouement *m*, engagement *m*, effort(s) *m (mv)* ★ *zijn* ~ *voor ons bedrijf* son dévouement pour notre entreprise ★ *de belangeloze* ~ *van de vrijwilligers* le travail désinteressé des bénévoles
inzetbaar opérationnel [v: opérationnelle], disponible ★ *hij is overal* ~ il est polyvalent
inzetten I *ov ww* ❶ *erin zetten* mettre, poser, ⟨van diamant⟩ monter, enchâsser ★ *ingezet stuk* pièce *v* rapportée ★ *een ruit* ~ poser une vitre ❷ *in actie brengen* engager ★ *de politie werd ingezet tegen de demonstranten* la police est intervenue contre les manifestants ★ *een extra trein* ~ dédoubler un train ❸ *beginnen* amorcer, ⟨ontketenen⟩ déclencher, lancer ★ *de achtervolging* ~ se lancer à la poursuite ★ *het koor zette een lied in* le choeur a entonné un chant ❹ ook fig *op het spel zetten* jouer (**op** sur), miser (**op** sur) ★ *twintig euro* ~ *op het favoriete paard* miser vingt euros sur le cheval favori **II** *wkd ww* [**zich** ~] se dépenser, se donner ★ *zich voor een zaak* ~ militer pour une cause
inzicht ❶ *begrip* compréhension *v* (**in** de), notion *v* (**in** de) ★ *tot* ~ *komen* prendre conscience ★ *tot het* ~ *komen dat* se rendre compte que, en arriver à la conviction que ★ ~ *hebben in* (y) voir clair ❷ *mening* opinion *v*, vue *v* ★ *verschil van* ~ différence *v* d'opinions ★ *naar zijn* ~ à son avis ★ *naar eigen* ~ *handelen* agir à sa guise
inzichtelijk compréhensible
inzien I *het* ★ *bij nader* ~ réflexion faite ★ *mijns* ~*s* à mon avis **II** *ov ww* ❶ *inkijken* voir, ⟨doorbladeren⟩ parcourir, ⟨raadplegen⟩ consulter, examiner ❷ *beseffen* comprendre, s'apercevoir de, être conscient de ❸ *beoordelen* ★ *het somber* ~ voir les choses en noir ★ *alles rooskleurig* ~ voir tout en rose
inzinken fig *verslappen, achteruitgaan* s'affaisser
inzinking fig *verslapping, achteruitgang* med rechute *v*, econ dépression *v*, baisse *v*, malaise *m*, psych dépression *v* (nerveuse), inform coup *m* de déprime, ⟨terugval⟩ passage *m* à vide
inzitten ❶ ~ **over** s'inquiéter de ★ *ik zit erg over die zaak in* cela me préoccupe beaucoup ★ *zit er maar niet over in* ne t'en fais pas ❷ ~ **met** ★ *ergens lelijk mee* ~ être très gêné par qc ▼ *daar zit wat in* il y a du vrai là-dedans
inzittende passager *m* [v: passagère], occupant *m* [v: occupante]
inzoomen zoomer (**op** sur)
inzwachtelen bander, emmailloter
ion ion *m*
Ionische Zee mer *v* Ionienne
ioniseren ioniser
IQ *intelligentiequotiënt* QI *m*
Iraaks irakien [v: irakienne]
Iraans iranien [v: iranienne]
Iraanse Iranienne *v*
Irak l'Irak *m* ★ *in Irak* en Irak
Irakees I *de* Irakien *m* **II** *bn* irakien [v: irakienne]
Irakese Irakienne *v*
Iran l'Iran *m* ★ *in Iran* en Iran
Iraniër Iranien *m*
iris ❶ *bloem* iris *m* ❷ *deel van oog* iris *m*
iriscopie iridologie *v*
irisscan scan *m* / scanographie *v* de l'iris
ironie ironie *v* ★ *de* ~ *van het noodlot* l'ironie du sort
ironisch I *bn* ironique **II** *bw* ironiquement
irrationeel irrationnel [v: irrationnelle]
irreëel irréel [v: irréelle]
irrelevant non pertinent
irrigatie irrigation *v*
irrigator irrigateur *m*
irrigeren irriguer
irritant irritant, agaçant, crispant
irritatie ❶ *ergernis* irritation *v* ❷ *lichamelijk ongemak* irritation *v*
irriteren irriter, agacer
IS *Islamitische Staat* EI *m*, État *m* islamique
ischias sciatique *v*
ISDN *Integrated Service Digital Network* RNIS *m*, Réseau *m* numérique à intégration de services
isgelijkteken signe *m* d'égalité
ISIL *Islamitische Staat in Irak en de Levant* EIIL *m*, État *m* islamique en Irak et au Levant
ISIS *Islamitische Staat in Irak en Syrië* EIIS *m*, État *m* islamique en Irak et en Syrie
islam islam *m*
islamiet musulman *m* [v: musulmane]
islamisering islamisation *v*
islamist islamiste *m/v*
islamitisch islamique
ISO *International Standardization Organization* ISO *v*, Organisation *v* internationale de standardisation
isobaar isobare *v*
isolatie ❶ *het isoleren of het geïsoleerd-zijn* isolation *v* ❷ *isolerend materiaal* isolant *m*
isolatieband ruban *m* isolant
isolatielaag couche *v* isolante
isolatiemateriaal (matériau *m*) isolant *m*
isolator isolateur *m*
isoleercel cellule *v* disciplinaire, cellule d'isolement, ⟨opsluiting⟩ isolement *m* cellulaire
isoleerkan thermos *m*
isolement isolement *m* ★ *iemand / zich in een* ~ *plaatsen* faire le vide autour de qn / de soi
isoleren *afzonderen* isoler (**van** de)
isotoon isotonique
isotoop scheik isotope *m*
Israël Israël *m*, l'État *m* hébreu ★ *in* ~ en Israël
Israëli Israélien *m* [v: Israélienne]
Israëliër Israélien *m*
Israëliet Israélite *m/v*
Israëlisch israélien [v: israélienne]
Israëlische Israélienne *v*

is

Israëlitisch israélite
issue question *v* (actuelle)
Istanboel, **Istanbul** Istanbul *m*
IT *informatietechnologie* informatique *v*, technologie(s) *v (mv)* de l'information
Italiaan Italien *m*
Italiaans I *bn, m.b.t. Italië* italien [v: italienne] **II** *het, taal* italien *m*
Italiaanse Italienne *v*
Italië l'Italie *v* ★ *in ~* en Italie
item question *v*, point *m* ▼ *een hot item* une question brûlante
IT'er informaticien *m* [v: informaticienne]
ivf med *in-vitrofertilisatie* FIV *v*, fécondation *v* in vitro
ivoor ❶ *materiaal* ivoire *m* ❷ *kleur* ivoire *m*
Ivoorkust la Côte-d'Ivoire
ivoren d'ivoire, en ivoire ★ fig *in een ~ toren zitten / leven* vivre dans une tour d'ivoire
Ivoriaans ivorien [v: ivorienne]
Ivriet hébreu *m*

is

J

j j *m* ★ *de j van Johan* J comme Jean
ja I *tussenw* oui, ⟨na ontkenning⟩ si ★ *ga je mee? - ja graag* tu viens avec moi / nous? - oui, avec plaisir ★ *o ja?* vraiment?, ah bon? ★ *o ja!* (mais) j'y pense! ★ *o ja, nu begrijp ik het* ah oui, je vois ★ *ja knikken* faire signe que oui, faire oui de la tête ★ *ze knikte van ja* elle faisait oui de la tête ★ *een vraag met ja beantwoorden* répondre par l'affirmative ★ *ja ja!* c'est ça, oui! ★ *maar ja...* enfin..., ⟨echter⟩ seulement voilà... ★ *nou ja...* enfin... ★ *och ja* mais oui ★ *op alles ja en amen zeggen* dire amen / oui à tout, inform être béni-oui-oui ★ *wel ja!* dis donc!, non mais! **II** *het* oui *m*
jaap entaille *v*, ⟨in gezicht⟩ balafre *v* ★ *iem. een jaap geven* balafrer qn
jaar an *m*, année *v* ★ *de laatste jaren* pendant ces dernières années ★ *dit jaar* cette année ★ *jaar in, jaar uit* d'année en année ★ *anderhalf jaar* un an et demi ★ *de jaren vijftig* les années cinquante ★ *hij is vijftig jaar* il a cinquante ans, il est âgé de cinquante ans ★ *in het jaar 2050* en 2050 ★ *in het jaar onzes Heren* en l'an de grâce ★ *met de jaren* avec le temps / l'âge ★ *op zijn achttiende jaar* à dix-huit ans ★ *over een jaar* dans un an ★ *eenmaal per jaar* une fois par an ★ *sinds een jaar* depuis un an ★ *nog vele jaren!* tous mes vœux! ★ *de magere jaren* les années de vaches maigres ★ *de vette jaren* les années de vaches grasses ★ *op jaren komen* prendre de l'âge ★ *op jaren zijn* être âgé ★ *sinds jaar en dag* depuis des lustres ★ *uit het jaar nul* qui date de Mathusalem ★ *de jaren des onderscheids,* BN *de jaren van verstand* l'âge de raison ★ BN *in het jaar één, als de uilen preken* à la saint-glinglin
jaarbeurs ❶ *tentoonstelling* salon *m*, foire *v* ❷ *gebouw* palais *m* des expositions
jaarboek ❶ *kroniek* annuaire *m* ❷ *annalen* annales *v mv*
jaarcijfers chiffres *m mv* annuels
jaarclub ≈ promotion *v*
jaarcontract contrat *m* annuel
jaargang année *v*, ⟨van wijn⟩ millésime *m*
jaargenoot ❶ *studiegenoot* camarade *m/v* de fac / de promotion ❷ *leeftijdsgenoot* personne *v* du même âge
jaargetijde saison *v*
jaarkaart carte *v* annuelle
jaarlijks I *bn* annuel [v: annuelle] ★ *~e aflossing* annuité *v* ★ *een ~e bijdrage* une cotisation annuelle **II** *bw* annuellement, tous les ans, chaque année ★ *een ~ terugkerend evenement* un événement annuel ★ *~ wordt er een collecte gehouden* chaque année on fait une collecte
jaarmarkt foire *v*
jaaropgaaf relevé *m* annuel
jaarring cerne *m*, cercle *m* annuel
jaarsalaris salaire *m* annuel
jaartal date *v*, année *v*, ⟨op munt e.d.⟩ millésime *m*
jaartelling ère *v* ★ *christelijke ~* l'ère chrétienne
jaarvergadering assemblée *v* annuelle

jaarverslag compte *m* rendu annuel ★ *financieel ~* rapport *m* financier annuel

jaarwisseling ≈ nouvel an *m* ★ *bij de ~* au tournant de l'année ★ *prettige ~!* joyeuses fêtes de Nouvel An!

jacht **I** *de* ❶ *het jagen* chasse *v* (**op** à) ★ *op ~ gaan* aller à la chasse ★ *~ maken op* pourchasser ❷ *het najagen* poursuite *v* (**naar** de) ★ *~ maken op iets* courir après qc ★ *de ~ naar roem* la recherche de la célébrité **II** *het* yacht *m* ★ *een zeewaardig ~* un yacht qui tient la mer

jachten se presser, (ne pas arrêter de) courir

jachtgebied (terrain *m* de) chasse *v*

jachtgeweer fusil *m* de chasse

jachthaven port *m* de plaisance

jachthond chien *m* de chasse

jachtig **I** *bn* agité ★ *een ~ leven leiden* mener une vie agitée **II** *bw* avec agitation ★ *~ in de weer zijn* s'agiter

jachtluipaard guépard *m*

jachtopziener garde-chasse *m* [mv: gardes-chasse(s)]

jachtschotel culin ≈ hachis *m* Parmentier

jachtseizoen (saison *v* de la) chasse *v*

jachtvliegtuig avion *m* de chasse

jack blouson *m*, ⟨windjack⟩ anorak *m*

jacket med jaquette *v*

jackpot jackpot *m*

jackrussellterriër *hond* Jack Russell Terrier *m*

jacquet jaquette *v*

jacuzzi jacuzzi *m*

jade **I** *het* jade *m* **II** *bn* de / en jade

jagen **I** *ov ww* ❶ *jacht maken op* chasser ★ *konijnen ~* chasser / courir le lapin ❷ *voortdrijven* pousser, presser, ⟨verjagen⟩ chasser ★ *iem. op de vlucht ~* mettre qn en fuite ★ *uit elkaar ~* disperser ★ *iem. uit huis ~* chasser qn de la maison ★ *zijn geld erdoor ~* claquer son argent ★ *hij joeg de hele erfenis erdoor* il a claqué tout l'héritage ★ *een wet erdoor ~* expédier un projet de loi **II** *onov ww* ❶ *proberen te vangen* chasser ★ *op herten ~* chasser le cerf ❷ *streven naar* courir après, poursuivre ★ *op een baantje ~* courir après un poste ❸ *snel bewegen* courir, filer ★ *de wolken ~ langs de hemel* les nuages courent dans le ciel

jager ❶ *iem. die jaagt* chasseur *m* ★ *~ op groot wild* chasseur de gros gibier ❷ *jachtvliegtuig* chasseur *m* ❸ *schip* chasseur *m*

jaguar jaguar *m*

jak **I** *het, overjasje* blouson *m* **II** *de, buffel* ya(c)k *m*

Jakarta Djakarta *v*, Jakarta *v*

jakhals *roofdier* chacal *m* [mv: chacals]

jakkeren *snel gaan* foncer, filer ★ *over de weg ~* foncer sur la route

jakkes be(u)rk

jaknikker ❶ *volgzaam iem.* béni-oui-oui *m* [mv: id.] ❷ *pomp* chevalet *m* de pompage

jakob ▾ *de ware ~* le prince charmant

jakobsschelp coquille *v* Saint-Jacques

jaloers **I** *bn* jaloux (**op** de) [v: jalouse] ★ *~ zijn op iem.* envier qn ★ *~ maken* rendre jaloux ★ *~ worden* être pris de jalousie **II** *bw* avec jalousie

jaloezie ❶ *jaloersheid* jalousie *v* ★ *uit ~* par jalousie ★ *iemands ~ opwekken* susciter la jalousie de qn ★ *verteerd worden door ~* être rongé de jalousie ❷ *zonwering* store *m*

jam culin confiture *v*

Jamaica la Jamaïque ★ *op ~* à la Jamaïque

Jamaicaans jamaïcain ★ *zij is een ~e* elle est Jamaïcaine

jamboree jamboree *m*

jammen faire une jam-session

jammer dommage ★ *wat ~!* (quel) dommage!, c'est malheureux! ★ *het is ~ dat hij niet komt* c'est dommage qu'il ne vienne pas ★ *het is ~ van het geld* c'est dommage pour l'argent ★ *~ voor* dommage pour ★ *~ genoeg* malheureusement ★ *~ dan!* tant pis!

jammeren se lamenter, gémir

jammerklacht lamentations *v mv*

jammerlijk lamentable, misérable, pitoyable ★ *~ einde* une fin tragique ★ *~ om het leven komen* avoir une fin tragique ★ *~ mislukken* échouer lamentablement

jampot pot *m* à confiture

jamsessie jam-session *v*

jan ▾ BN *de grote jan uithangen* faire l'important

Jan Jean ▾ *Jan Klaassen* Guignol ▾ *Jan Lul* jean-foutre *m* ▾ *Jan Modaal* les revenus moyens ▾ *Jan Rap en z'n maat* la populace ▾ *Jan en alleman* tout le monde ▾ *Jan Salie* chiffe *v* molle ▾ *hij is boven Jan* ⟨uit de zorgen⟩ il s'en est sorti / tiré, ⟨binnen⟩ il est à l'abri

janboel pagaille *v*, inform bordel *m* ★ *het is hier een echte ~!* c'est un vrai chantier ici!

janboerenfluitjes ▾ *op z'n ~* à la va comme je te pousse

janet BN min *mannelijke homo* tante *v*, tapette *v*

janken glapir, hurler ★ *de hond jankt* le chien glapit ★ *ik kon wel ~* c'était à en pleurer ★ *zit niet zo te ~* arrête de chialer

jantje-van-leiden ▾ *zich er met een ~ van afmaken* s'en tirer par une pirouette

januari janvier *m*

jan-van-gent fou *m* (de Bassan)

Japan le Japon ★ *in ~* au Japon

Japanner *bewoner* Japonais *m*

Japans **I** *bn, m.b.t. Japan* japonais **II** *het, taal* japonais *m*

Japanse Japonaise *v*

Japanse Zee mer *v* du Japon

japon robe *v*

jappenkamp camp *m* de concentration japonais

jarenlang **I** *bn* de plusieurs années ★ *~e ervaring* de longues années d'expérience ★ *~e onderdrukking* oppression *v* qui a duré des années ★ *~e afwezigheid* absence *v* de plusieurs années **II** *bw* pendant des années, pendant plusieurs années ★ *~ je ergernis opkroppen* ravaler son irritation pendant des années

jargon jargon *m*

jarig ★ *het ~e kind trakteerde* l'enfant qui fêtait son anniversaire a offert des friandises ★ *ik ben vandaag ~* aujourd'hui c'est mon anniversaire ★ *dan ben je nog niet ~* tu ne vas pas être à la fête

jarige personne *v* qui fête son anniversaire

jarretelle jarretelle *v*

jas ❶ *kledingstuk* manteau *m* [mv: manteaux] ❷ *colbert* veste *v*, veston *m* ★ *iets in een nieuw jasje steken* rafraîchir qc ★ *in een nieuw jasje*

ja

gestoken worden faire peau neuve ★ *iem. aan zijn jasje trekken* tirer qn par la manche
jasbeschermer filet *m* de roue arrière
jasmijn jasmin *m*
jassen *schillen* éplucher ★ *piepers ~* éplucher les patates ★ *zijn geld er doorheen ~* claquer son argent
jaszak poche *v* (de manteau)
jatten I *ov ww,* inform *stelen* chiper, piquer, faucher (**van** à) **II** *de mv,* inform *handen* pattes *v mv* ★ *blijf er met je ~ vanaf!* pas touche!, bas les pattes!
jawel si, affirmatif ★ *en ~!* et voilà!
jawoord consentement *m* ★ *het ~ geven* dire (le grand) oui
jazz jazz *m*
jazzballet (danse *v*) jazz *m*
jazzband jazz-band *m* [mv: jazz-bands]
jazzclub club *m* de jazz
jazzdance dance *v* jazz *m*
je I *pers vnw* ⟨onderwerp⟩ tu, ⟨geen onderwerp⟩ te, ⟨voor klinker⟩ t', ⟨na voorzetsel⟩ toi ★ *waar ga je heen?* où tu vas? ★ *wie heeft je dit gegeven?* qui t'a donné cela? ★ *ik heb iets voor je* j'ai qc pour toi **II** *wkd vnw* te, ⟨na gebiedende wijs⟩ toi **III** *bez vnw* ⟨voor mannelijk zn⟩ ton, ⟨voor vrouwelijk zn⟩ ta, ⟨voor mv⟩ tes ★ *je zoon heeft je auto gewassen* ton fils a lavé ta voiture ★ *je reinste onzin* une pure idiotie **IV** *onb vnw, men* on ★ *je went eraan* on s'y habitue ★ *zoiets doe je niet* ça ne se fait pas, on ne fait pas ce genre de choses ★ *je hebt van die mensen* il y a des gens... ★ *dat is je van het!* c'est le nec plus ultra, c'est le fin du fin, inform c'est le pied
jeans jean(s) *m*, blue-jean *m*
jeansvest BN *spijkerjack* blouson *m* en jean
jee zut!, bon sang!
jeep jeep *v*
jegens envers
Jemen le Yémen ★ *in ~* au Yémen
Jemenitisch yéménite
jenever genièvre *m*
jeneverbes ❶ *bes* baie *v* de genièvre ❷ *struik* genévrier *m*
jengelen pleurnicher, ook fig geindre
jennen chambrer, harceler
jeremiëren se lamenter
jerrycan jerrycan *m*, jerrican(e) *m*
jersey jersey *m*
Jeruzalem Jérusalem *v*
jet I *de* [mv: jets] jet *m*, avion *m* à réaction **II** *de* [mv: jetten] ★ *de jarige jet* celle qui fête son anniversaire ▾ *geef hem van jetje!* vas-y!, hardi!
jetlag (troubles *m mv* dus au) décalage *m* horaire
jetset jet-set *m* [mv: jet-sets]
jetski jet-ski *m* [mv: jet-skis], scooter *m* des mers
jeu ★ *de jeu is eraf* le charme s'est envolé
jeu de boules jeu *m* de boules
jeugd ❶ *jonge leeftijd* jeunesse *v* ★ *in mijn prille ~* dans ma plus tendre enfance ★ *tweede ~* seconde jeunesse ★ *van zijn vroegste ~ af* dès son plus jeune âge ★ *de eeuwige ~ hebben* avoir la jeunesse éternelle ★ *hij heeft een ongelukkige ~ gehad* il a eu une jeunesse malheureuse ❷ *jonge mensen* jeunes *m mv*, jeunesse *v* ★ *de ~ van tegenwoordig* les jeunes d'aujourd'hui ★ *wie de ~ heeft, heeft de toekomst* l'avenir est aux jeunes
jeugdcriminaliteit criminalité *v* juvénile
jeugdherberg auberge *v* de jeunesse
jeugdherinnering souvenir *m* d'enfance
jeugdig I *bn* jeune, juvénile ★ *dat staat ~* ça fait jeune **II** *bw* (de façon) jeune
jeugdliefde amour *m* de jeunesse
jeugdpuistje ★ *~s* acné *v* juvénile, boutons *m mv*
jeugdrechter BN jur juge *m* des enfants
jeugdsentiment souvenirs *m mv* de jeunesse
jeugdwerkloosheid chômage *m* des jeunes
jeugdzonde erreur *v* de jeunesse
jeuk démangeaison(s) *v (mv)* ★ *jeuk hebben* j'ai une démangeaison, ça démange
jeuken *jeuk veroorzaken* ook fig démanger ★ *mijn vingers ~* les doigts me démangent ★ *het jeukt* ça (me) démange, inform ça me gratte ★ *mijn handen ~ om te slaan* les mains me démangent de frapper
jewelcase boîtier *m* CD, jewelcase *v*
jezelf ❶ [meewerkend] toi-même, ⟨beleefde vorm⟩ vous-même, ⟨in algemene zin⟩ soi-même ★ *kijk naar ~* regarde toi-même ★ *je hebt het aan ~ te danken* c'est de ta (propre) faute ❷ [lijdend] ★ *zo straf je ~* comme ça tu te punis toi-même
jezus mon Dieu
Jezus Jésus ★ *~ Christus* Jésus-Christ ★ *~ van Nazareth* Jésus le Nazaréen
jicht goutte *v*
Jiddisch I *het* yiddish *m*, judéo-allemand *m* **II** *bn* yiddish
jihad (d)jihad *m*
jihadist (d)jihadiste *m/v*
jij ⟨onderwerp⟩ tu, ⟨beklemtoond⟩ toi ★ *heb jij dat gedaan?* c'est toi qui l'a fait? ★ *iem. met jij en jou aanspreken* tutoyer qn ★ *en wat denk jíj er nu van?* et toi, qu'en penses-tu? ★ *dat moet jij nodig zeggen!* c'est toi qui le dit!
jijen ★ *~ en jouen* (se) tutoyer
jijzelf toi-même ★ *~ zal het moeten doen* il faudra le faire toi-même
jingle jingle *m*
jive swing *m*
job[1] ▾ *de jarige job* celui qui fête son anniversaire
job[2] job *m*, boulot *m*
Job Job ▾ *zo arm als Job* pauvre comme Job ▾ *zo geduldig zijn als Job* avoir une patience d'ange
jobhoppen changer souvent d'emploi
jobhopper personne *v* qui change souvent d'emploi
jobstudent BN *werkstudent* ≈ étudiant occupant un emploi occasionnel [v: étudiante...], BelgFr (étudiant *m*) jobiste *m/v*
joch, jochie gosse *m*
jockey jockey *m*
jodelen jodler, iodler
jodendom ❶ *geloof* judaïsme *m* ❷ *volk* peuple *m* juif
Jodenster étoile *v* de David, ⟨in WO II⟩ étoile *v* jaune
Jodenvervolging persécution *v* des juifs
jodin *gelovige* juive *v*
Jodin *lid van het Joodse volk* juive *v*
jodium iode *m*
joeg [verl. td.] → **jagen**
joegen [verl. td.] → **jagen**

joekel monstre *m*, mastodonte *m* ★ *een ~ van een fout* une erreur colossale / de taille
joelen pousser des cris, ⟨jouwend⟩ huer
jofel I *bn* chouette, sympa **II** *bw* super bien
joggen faire du jogging
jogger joggeur *m* [v: joggeuse]
joggingpak survêtement *m*, jogging *m*
joint joint *m* ★ *een ~ draaien* rouler un joint
joint venture joint-venture *v*, form coentreprise *v*
jojo yo-yo *m* [mv: id.]
jojoën faire du yo-yo
joker joker *m* ★ *voor ~ staan* avoir l'air d'un imbécile ★ *iem. voor ~ zetten* ridiculiser qn
jokken mentir, inform raconter des salades
jol yole *v*
jolig I *bn* gai **II** *bw* gaiement
Jom Kipoer rel Yom Kippour *m*
jonassen ≈ balancer
jong I *het* petit *m* ★ *jongen krijgen* faire des petits ★ *een worp jongen* une portée ★ *dat jong van hiernaast* le petit d'à côté **II** *bn* jeune ★ *jonge kinderen* des enfants en bas âge ★ *de jonge mensen* les jeunes ★ *jong en oud* les jeunes et les vieux ★ *zij is de jongste van de groep* elle est la cadette du groupe ★ *mijn jongere broer* mon frère cadet ★ *mijn jongere zuster* ma sœur cadette ★ *hij is drie jaar jonger dan ik* il a trois ans de moins que moi, il est mon cadet de trois ans ★ *hij lijkt jonger dan hij is* il ne fait / paraît pas son âge ★ *niet meer de jongste zijn* ne plus être tout jeune, être d'un certain âge ★ *iem. jonger maken* rajeunir qn, mourir jeune ★ *van jongs af aan* dès l'enfance ★ *in zijn jonge jaren* quand il était jeune ★ *jonge wijn* du vin nouveau ★ *jonge kaas* du fromage jeune ★ *de jongste berichten* les dernières nouvelles ★ *het jongste verleden* le passé (très) récent
jonge I *de, jenever* genièvre *m* jeune **II** *tussenw, verbaasde uitroep* eh bien!, dis donc!, ça alors!
jongedame demoiselle *v*
jongeheer ❶ *jongeman* jeune homme *m* **❷** *penis* quéquette *v*
jongelui jeunes gens *m mv*, jeunes *m/v mv*
jongeman jeune homme *m*
jongen I *de* garçon *m* ★ *is het een ~ of een meisje?* c'est un garçon ou une fille? ★ *een slimme ~* un malin ★ *onze ~s doen het goed* nos gars se défendent bien ★ *ouwe ~!* mon vieux! ★ *zware ~* truand *m* ★ *hallo ~s!* salut les gars! **II** *onov ww* faire des petits, mettre bas ★ *onze kat heeft vannacht gejongd* notre chatte a fait des petits cette nuit
jongensachtig I *bn* de garçon, gamin, ⟨van meisje⟩ garçonnière **II** *bw* comme un garçon
jongensboek livre *m* pour garçons
jongensgek coureuse *v*
jongere jeune *m/v* ★ *werkende ~n* jeunes travailleurs *m mv* ★ *een oudere ~* ≈ un(e) trentenaire qui se veut jeune
jongerejaars jeune étudiant *m*
jongerencentrum maison *v* des jeunes, MJC *v*
jongerentaal langage *m* des jeunes
jongerenwerk encadrement *m* des jeunes
jongleren jongler
jongleur jongleur *m* [v: jongleuse]
jongstleden dernier [v: dernière] ★ *~ vrijdag* vendredi dernier ★ *26 augustus ~* le 26 août dernier
jonk jonque *v*
jonker gentilhomme *m*, noble *m*
jonkheer jonkheer *m*, gentilhomme *m*
jonkie ❶ *mens* jeunot *m* **❷** *dier* petit *m*
jonkvrouw demoiselle *v*, ⟨aanspreekvorm⟩ mademoiselle
jood *gelovige* juif *m* ★ *orthodoxe joden* juifs orthodoxes
Jood *lid van het Joodse volk* juif *m* ★ *Joden en Palestijnen* les juifs et les Palestiniens
joods *m.b.t. het joodse geloof* juif [v: juive], judaïque ★ *de ~e spijswetten* les lois alimentaires juives
Joods *m.b.t. het Joodse volk* juif [v: juive], judaïque ★ *het ~e volk* le peuple juif
Joost ▾ *~ mag het weten* Dieu seul le sait
Jordaan Jourdain *m*
Jordaans jordanien [v: jordanienne]
Jordaanse Jordanienne *v*
Jordanië la Jordanie ★ *in ~* en Jordanie
Jordaniër Jordanien *m*
jota iota *m* ★ *er geen jota van snappen* n'y rien comprendre ★ *geen jota* que dalle
jou te, ⟨voor klinker⟩ t', ⟨met nadruk / na vz⟩ toi ★ *voor jou* pour toi ★ *ik heb het tegen jou* c'est à toi que je parle ★ *jóú wil ik hier niet meer zien* toi, je ne veux plus te voir ici ★ *als ik jou was ...* si je serais toi... ★ *ik geef het jou* je te le donne ★ *is dit huis van jou?* cette maison est à toi?
joule joule *m*
journaal ❶ *nieuws* journal *m*, actualités *v mv*, inform infos *v mv* ★ *het ~ van 22.00 uur* le journal de 20 heures **❷** *dagboek* journal *m* (intime) [mv: journaux], scheepv journal de bord
journalist journaliste *m/v* ★ *als ~ werken op de sportredactie* être journaliste de la rédaction sportive
journalistiek I *de* journalisme *m* **II** *bn* journalistique
jouw ⟨voor mannelijk zn⟩ ton, ⟨voor vrouwelijk zn⟩ ta, ⟨voor mv⟩ tes ★ *was dit jouw kopje?* c'était ta tasse? ★ *de / het jouwe* le tien *m*, la tienne *v* ★ *jouw vader* ton père ★ *het is jóúw taak* c'est à toi de le faire ★ *jouw boeken* tes livres
jouwen huer
jouzelf form → **jezelf**
joviaal jovial [m mv: joviaux]
jovialiteit jovialité *v*
joyriden faire une virée (dans une voiture volée)
joystick manette *v* (de jeu), joystick *m*
jubelen jubiler, pousser des cris de joie, exulter
jubelstemming jubilation *v*, euphorie *v* ★ *in ~* en liesse
jubeltenen orteils *m mv* retroussés
jubilaris personne *v* qui fête l'anniversaire (de quelque chose), héros *m* de la fête
jubileren célébrer / fêter un anniversaire
jubileum anniversaire *m*, ⟨vijftigjarig⟩ jubilé *m* ★ *honderdjarig ~* centenaire *m* ★ *gouden ~* jubilé *m* ★ *zijn zilveren ~ vieren* fêter le vingt-cinquième anniversaire, ⟨bruiloft⟩ fêter ses noces d'argent
juchtleer cuir *m* de Russie
judassen agacer, faire enrager

judo judo *m*
judoën faire du judo
judoka judoka *m/v*
juf *onderwijzeres* maîtresse *v*
juffrouw ❶ *ongetrouwde vrouw* demoiselle *v*, ⟨aanspreekvorm⟩ mademoiselle ❷ *onderwijzeres* maîtresse *v*
juichen pousser des cris de joie, ⟨dolblij zijn⟩ exulter, jubiler (**om**, **over** de) ★ *te vroeg ~* crier victoire trop tôt
juist I *bn* juste ★ *~!* exactement! ★ *het ~e antwoord* la bonne réponse ★ *~ gedrag* un comportement correct ★ *het ~e bedrag* le montant exact ★ *een ~e opmerking* une observation juste ★ *de ~e man op de ~e plaats* l'homme de circonstance, l'homme de la situation ★ *op het ~e ogenblik* au bon moment **II** *bw* ❶ *correct* correctement ★ *~ handelen* bien agir, faire ce qu'il faut ❷ *precies* juste, justement, exactement ★ *~ daarom!* exactement pour cette raison! ★ *dat is het ~* c'est justement ça ★ *~ niet!* tout au contraire! ★ *~ zoals* tout comme ★ *~ toen …* à l'instant même où ❸ *net, zojuist* à l'instant ★ *ze zijn ~ aangekomen* ils viennent d'arriver ★ *ik wilde je ~ bellen* j'allais (juste) te téléphoner
juistheid justesse *v*
juk joug *m* ★ *onder het juk van de dictatuur* sous le joug de la dictature ★ *het juk afwerpen* rompre le joug
jukbeen pommette *v* ★ *hoge ~deren* pommettes saillantes
jukebox jukebox *m* [mv: id.]
juli juillet *m*
jullie I *pers vnw* vous, ⟨met nadruk⟩ vous autres ★ *júllie zijn schuldig!* c'est vous qui êtes coupables! ★ *komen ~?* vous venez? ★ *hij ziet ~* il vous voit ★ *ik ga met ~ mee* je viens avec vous **II** *bez vnw* ⟨enkelvoud⟩ votre, ⟨meervoud⟩ vos ★ *is dat ~ huis?* c'est votre maison?, cette maison est à vous?
jumbojet gros-porteur *m*, jumbo-jet *m* [mv: jumbo-jets]
jungle jungle *v*, brousse *v* ★ *de wet van de ~* la loi de la jungle, la loi du plus fort
juni juin *m*
junior I *de* junior *m* **II** *bn* junior [onver.], jeune, ⟨zoon⟩ fils ★ *de heer Janssen ~* M. Janssen fils
junk, junkie junkie *m*, camé *m* [v: camée]
junkfood malbouffe *v*
junkmail comp *e-mail* spam *m*, Can pourriel *m*
junta junte *v*
Jura Jura *m*
jureren ⟨jurylid zijn⟩ être juré, ⟨beoordelen⟩ juger
juridisch I *bn* juridique ★ *~e faculteit* faculté *v* de droit **II** *bw* juridiquement
jurist *rechtsgeleerde* juriste *m/v*
jurk robe *v*
jury ❶ *beoordelingscommissie* jury *m* ❷ jur jury *m*, (les) jurés *m mv*
jurylid juré *m* [v: jurée], membre *m* du jury
juryrapport rapport *m* du jury
juryrechtbank jur ≈ (cour *v* d')assises *v mv*
jus ❶ *vleessaus* sauce *v*, jus *m* de viande ❷ *vruchtensap* jus *m*, ⟨v. sinaasappel⟩ jus *m* d'orange
jus d'orange jus *m* d'orange
juskom saucière *v*
justitie ❶ *rechtswezen* justice *v* ❷ *rechterlijke macht* justice *v* ★ *in aanraking komen met ~* avoir des démêlés avec la justice
justitieel judiciaire
justitiepaleis BN jur palais *m* de justice
Jut ▾ *Jut en Jul* un drôle de couple
jute jute *m*
jutezak sac *m* de jute
jutten ≈ écumer (la plage), ramasser des objets rejetés par la mer
jutter pilleur / ramasseur *m* d'épaves
juweel ❶ *sieraad* bijou *m* [mv: bijoux], joyau *m* [mv: joyaux] ❷ *prachtexemplaar* perle *v*, bijou *m* ★ *zij is een ~ van een vrouw* cette femme est une perle
juwelenkistje coffret *m* à bijoux, écrin *m*
juwelier ❶ *persoon* bijoutier *m* [v: bijoutière], joaillier *m* [v: joaillière] ❷ *winkel* bijouterie *v*

K

k k *m* ★ *de k van Karel* K comme Kléber

ka ❶ *vogel* choucas *m* ❷ *bazig persoon* gendarme *m*

kaaiman caïman *m*

kaak ❶ *kaakbeen* mâchoire *v* ★ *zijn kaken op elkaar houden* ne pas desserrer les dents ❷ *wang* joue *v* ★ *met beschaamde kaken staan* être tout honteux / penaud ❸ *schandpaal* ★ *iets aan de kaak stellen* dénoncer qc

kaakbeen (os *m*) maxillaire *m*

kaakchirurg chirurgien-dentiste *m*

kaakchirurgie chirurgie *v* dentaire

kaakholte cavité *v* / sinus *m* maxillaire

kaakje biscuit *m*

kaakslag ❶ lett gifle *v* ❷ BN fig gifle *v*

kaal ❶ *zonder hoofdhaar, veren, etc.* nu, ⟨zonder hoofdhaar⟩ chauve ★ *een kale plek* un endroit usé / élimé, un clair ★ *kaal worden* ⟨haar verliezen⟩ perdre ses cheveux, devenir chauve, ⟨van hoofd⟩ se dégarnir ★ *de bomen worden kaal* les arbres se dépouillent ★ *een kale vlakte* une plaine aride / nue ★ *kale rotsen* des rochers nus ❷ *zonder bedekking, versiering, armoedig* nu, ⟨armoedig⟩ chiche ★ *een kale ruimte* un espace nu

kaalheid ❶ *het onbedekt zijn* nudité *v*, ⟨kaalhoofdigheid⟩ calvitie *v* ❷ *armelijkheid, armoede* misère *v*

kaalknippen raser, tondre les cheveux, couper ras

kaalkop (crâne *m*) chauve *m*, pelé *m*

kaalplukken ❶ *van veren ontdoen* plumer ❷ fig *van bezit ontdoen* plumer, dépouiller

kaalscheren raser

kaalslag ❶ *het vellen van bomen* blanc-étoc *m*, coupe *v* rase, déboisement *m* ❷ *woningafbraak* démolition *v* ❸ fig *het afbreken, kapotmaken van iets* coupe *v* sombre

kaalvreten ronger

kaap ❶ aardk *landpunt* cap *m* ❷ BN fig *mijlpaal* cap *m*

Kaap de Goede Hoop cap *m* de Bonne-Espérance

Kaap Hoorn cap *m* Horn

Kaapstad Le Cap

Kaapstads capétonien [v: capétonienne]

Kaapverdië → **Kaapverdische eilanden**

Kaapverdisch cap-verdien [v: cap-verdienne]

Kaapverdische eilanden îles *v mv* du Cap-Vert ★ *op de ~* aux îles du Cap-Vert

kaars bougie *v*, ⟨van vet⟩ chandelle *v*, ⟨in kerk⟩ cierge *m* ★ *een ~ snuiten* moucher une bougie ★ *je mag wel een ~je voor hem branden* tu lui dois une fière chandelle

kaarslicht ★ *bij ~* à la bougie, aux chandelles

kaarsrecht droit comme un cierge, droit comme un i

kaarsvet ⟨talk⟩ suif *m*, ⟨was⟩ cire *v*, ⟨druipsel⟩ coulures *v mv*

kaart ❶ carte *v* ★ *de gele ~* le carton jaune ★ *de rode ~* le carton rouge ★ *groene ~* carte verte ★ *als ik op vakantie ben, stuur ik je een ~* je t'enverrai une carte postale de mon lieu de vacances ❷ *toegangsbewijs* billet *m* ★ *heb je de ~jes bij je?* tu as les billets sur toi? ❸ *speelkaart* carte *v* (à jouer) ★ *een spel ~en* un jeu de cartes ★ *de ~en schudden* battre les cartes ★ *een goede ~ hebben* avoir (un) bon jeu ★ *open ~ spelen* jouer cartes sur table ★ *alles op één ~ zetten* mettre tous ses œufs dans le même panier, jouer le tout pour le tout ★ *het is doorgestoken ~* c'est un coup monté ★ *iem. in de ~ kijken* voir clair dans le jeu de qn ★ *zich in de ~ laten kijken* ne pas savoir cacher son jeu ★ *zich niet in de ~ laten kijken* cacher son jeu ★ *iem. in de ~ spelen* faire le jeu de qn ★ *dat is geen haalbare ~* c'est irréalisable ★ *de ~en zijn geschud* les jeux sont faits ★ *iem. de ~ leggen* tirer les cartes à qn ★ *zo liggen de ~en* voilà la situation, voilà ce qu'il en est ★ *zijn ~en op tafel leggen* abattre ses cartes / son jeu ★ BN *de ~ van X trekken* jouer la carte de X ❹ *geografische tekening* carte *v* (géographique), ⟨plattegrond⟩ plan *m* ★ *dit weggetje staat helemaal niet op de ~* ce chemin ne figure même pas sur la carte ★ *de ~ van Denemarken* la carte du Danemark ★ *een gebied in ~ brengen* dresser la carte d'une région ★ fig *gegevens in ~ brengen* inventorier des données ★ *van de ~ vegen* rayer de la carte ★ *van de ~ zijn* avoir perdu les pédales, être décontenancé ★ *op de ~ zetten* donner un certain poids à, mettre en relief ❺ *menukaart* menu *m*, carte *v* ★ *buiten de ~ om hebben we vandaag asperges* en dehors de la carte, on vous propose aujourd'hui des asperges ❻ comp ★ *grafische ~* carte *v* graphique

kaarten jouer aux cartes

kaartje ❶ *plaats- / toegangsbewijs* billet *m*, ⟨van openbaar vervoer⟩ ticket *m* ★ *~s reserveren* réserver des places ★ *~ enkele reis* un aller simple ❷ *visitekaartje* carte *v* (de visite) ★ *je ~ afgeven bij iem.* laisser sa carte (chez qn)

kaartlezen I *onov ww* lire les cartes **II** *het* lecture *v* des cartes

kaartspel ❶ *spel met speelkaarten* jeu *m* de cartes [mv: jeux ...] ❷ *stel speelkaarten* jeu *m* de cartes [mv: jeux ...]

kaartverkoop vente *v* des billets

kaas culin fromage *m* ★ *Edammer kaas* édam *m* ★ *geraspte kaas* fromage râpé ★ *Goudse kaas* gouda *m* ★ *jongbelegen kaas* fromage mi-vieux ★ BN *platte kaas* fromage *m* blanc ★ *zachte kaas* fromage à pâte molle ★ fig *zich de kaas niet van het brood laten eten* ne pas se laisser marcher sur les pieds ★ fig *daar heb ik geen kaas van gegeten* je ne m'y connais pas

kaasboer fromager *m*

kaasbroodje culin sandwich *m* au fromage

kaasburger culin hamburger *m* au fromage, cheeseburger *m*

kaasfondue culin fondue *v* savoyarde

kaasfonduen faire une fondue savoyarde

kaaskop min ≈ Batave *m/v*

kaasschaaf raclette *v* à fromage

kaassoufflé soufflé *m* au fromage

kaasstolp cloche *v* à fromage

kaatsen I *het* sport paume *v*, ⟨Baskisch⟩ pelote *v* **II** *onov ww* ❶ sport jouer à la paume ❷ *terugstuiten* rebondir ★ *deze bal kaatst slecht* ce

ballon rebondit à peine ★ *wie kaatst, moet de bal verwachten* qui s'y frotte s'y pique
kabaal tapage *m*, boucan *m*, vacarme *m* ★ *een hels ~ maken* faire un tapage d'enfer
kabbelen clapoter ★ *het gesprek kabbelt rustig verder* la conversation va son train-train
kabel ❶ *dikke draad* câble *m* ❷ *kabeltelevisie / -internet* câble *m* ★ *op de ~ aangesloten* câblé
kabelaansluiting media techn raccordement *m* au réseau câblé
kabelbaan téléphérique *m*, télécabine *v*
kabelexploitant media câblo-opérateur *m* [mv: câblo-opérateurs]
kabeljauw morue *v* ★ *verse ~* morue fraîche, cabillaud *m* ★ *gepocheerde ~* brandade *v* de morue
kabelkrant media journal *m* câblé
kabelnet ❶ elek *elektriciteitsnet* réseau *m* électrique [mv: réseaux électriques] ❷ media *kabeltelevisienet* réseau *m* câblé [mv: réseaux câblés]
kabelslot câble *m* antivol
kabeltelevisie media (télévision *v* par) câble *m*, câblodistribution *v*, télédistribution *v*
kabeltouw câble *m*
ka
kabinet ❶ *regering* gouvernement *m* ★ *een demissionair ~* un gouvernement démissionnaire ❷ *meubel* cabinet *m*
kabinetsberaad conseil *m* des ministres
kabinetsbesluit décision *v* du conseil des ministres
kabinetscrisis crise *v* ministérielle
kabinetsformateur formateur *m* de gouvernement [v: formatrice ...]
kabinetsformatie formation *v* gouvernementale
Kaboel, Kabul Kaboul *m*
kabouter lutin *m*
kachel I *de* poêle *m* ★ *de ~ aanzetten* allumer le poêle ★ fig *de ~ met iem. aanmaken* malmener qn **II** *bn* inform bourré
kadaster cadastre *m*
kadaver cadavre *m*, charogne *v*
kade *stenen oever* quai *m* ★ *het schip ligt aan de kade* le bateau est amarré, le bateau est à quai
kader ❶ lett *lijst, raamwerk* cadre *m* ❷ fig *verband* cadre *m* ★ *in het ~ van ...* dans le cadre de ... ★ *buiten het ~ vallen* sortir du cadre ★ *binnen het ~ vallen van ...* s'inscrire dans ... ❸ *stafpersoneel* cadres *m mv* ★ *het hogere ~* les cadres supérieurs ❹ BN *omgeving* cadre *m* ★ *vakantiehuisjes in het mooie ~ van een natuurpark* des gîtes dans le joli cadre d'un parc naturel
kaderen ~ in BN *passen bij* cadrer dans
kadetje petit pain *m*
kadreren encadrer
kaduuk déglingué, foutu, nase, mort
kaf balle *v* ★ fig *het kaf van het koren scheiden* séparer le bon grain de l'ivraie
kafkaiaans, kafkaësk kafkaïen [v: kafkaïenne]
kaft couverture *v*, ⟨van papier⟩ chemise *v*
kaften recouvrir
kaftpapier papier *m* à recouvrir
kajak kayak *m*
kajakken faire du kayak
kajuit cabine *v*

kak ❶ *poep* merde *v* ❷ *kapsones* chichis *m mv* ★ *kouwe kak hebben* (vouloir) péter plus haut que son cul
kakelbont bariolé, bigarré
kakelen ❶ *geluid (als) van kip maken* caqueter ❷ *kwebbelen* caqueter
kakelvers frais pondu
kaken caquer
kaketoe cacatoès *m*
kaki I *het* ❶ *kleur* kaki *m* ❷ *stof* kaki *m* **II** *bn, groengrijs* kaki [onver.]
kakken chier ★ *te ~ zetten* se payer la tête de
kakkerlak cafard *m*, blatte *v*
kakofonie cacophonie *v*
kalebas calebasse *v*
kalend (au crâne) dégarni, avec un début de calvitie
kalender calendrier *m*
kalenderjaar année *v* civile
kalf *dier* veau *m* [mv: veaux] ★ fig *als het kalf verdronken is, dempt men de put* il est trop tard pour fermer l'écurie quand les chevaux sont dehors ★ fig *als de kalveren op het ijs dansen* quand les poules auront des dents ★ fig *het gouden kalf aanbidden* adorer le veau d'or
kalfslapje escalope *v* / tranche *v* de veau
kalfsleer (cuir *m* de) veau *m*, vélin *m*
kalfsoester escalope *v* de veau (panée)
kalfsvlees veau *m*
kaliber ❶ *diameter* calibre *m* ★ *van groot ~* de gros calibre ❷ *formaat, aard* carrure *v*, envergure *v* ★ *een man van zijn ~* un homme de son envergure ★ *van hetzelfde ~* de la même trempe
kalief calife *m*
kalifaat califat *m*
kalium potassium *m*
kalk ❶ *steensoort* chaux *v* ❷ *bouwmateriaal* plâtre *m*, crépi *m* ★ *gebluste kalk* chaux éteinte ★ *ongebluste kalk* chaux vive
kalkaanslag dépôt *m* calcaire, tartre *m*
kalkafzetting ❶ *proces* entartrage *m* ❷ *resultaat v. proces* dépôt *m* calcaire
kalken ❶ *pleisteren* plâtrer, ⟨witten⟩ blanchir (à la chaux) ❷ *schrijven* gribouiller
kalkhoudend calcaire
kalkoen ⟨haan⟩ dindon *m*, ⟨hen⟩ dinde *v*, culin dinde *v*
kalkrijk riche en calcaire
kalksteen calcaire *m*
kalm I *bn* calme, tranquille ★ *kalm blijven* rester calme, garder son calme ★ *houd je kalm!* du calme! **II** *bw* tranquillement, calmement ★ *kalm aan!* ⟨doe rustig!⟩ du calme! ★ *kalmpjes aan* ⟨geleidelijk⟩ doucement
kalmeren I *ov ww, kalm maken* calmer, apaiser ★ *~d middel* calmant *m* **II** *onov ww, kalm worden* se calmer
kalmeringsmiddel sédatif *m*, calmant *m*
kalmpjes calmement, ⟨vredig⟩ paisiblement ★ *~ leven* mener une vie pépère ★ *het ~ aan doen* y aller doucement ★ *het ~ aan gaan doen* inform se mettre en veilleuse, lever le pied
kalmte calme *m*, ⟨gemoedsrust⟩ sérénité *v* ★ *zijn ~ bewaren* garder son calme
kalven ❶ *een kalf werpen* vêler ❷ *afbrokkelen* s'affouiller

kalverliefde ≈ amours *v mv* enfantines
kam ❶ *haarkam* peigne *m* ★ *een kam door zijn haar halen* se donner un coup de peigne ★ *alles over één kam scheren* mettre tout dans le même panier / sac ❷ techn *radtand* came *v* ❸ muz *brug* chevalet *m* ❹ dierk *lob* crête *v* ❺ *bergkam* crête *v*
kameel chameau *m* [mv: chameaux], ⟨wijfje⟩ chamelle *v*
kameleon ❶ *boomhagedis* caméléon *m* ❷ *iem. die steeds van mening of partij verandert* caméléon *m*
kamer ❶ *vertrek* pièce *v*, ⟨ruim⟩ salle *v*, ⟨slaapkamer⟩ chambre *v*, ⟨werkkamer⟩ bureau *m* [mv: bureaux], ⟨huiskamer⟩ (salle *v* de) séjour *m* ★ *donkere* ~ chambre noire ★ ~ *vrij* chambres à louer ★ *op zijn* ~ dans sa chambre ★ *op ~s wonen* vivre en foyer, habiter un studio ★ *~s verhuren* louer des chambres ★ *een huis met zes ~s* une maison de six pièces ❷ *holte in vuurwapen* chambre *v* ❸ *hartholte* ventricule *m*
Kamer pol Chambre *v* ★ *Eerste* ~ Sénat *m* ★ *Tweede* ~ Chambre *v* des députés, Assemblée *v* nationale ★ BN ~ *van Volksvertegenwoordigers* Chambre *v* des députés ★ ~ *van Koophandel* Chambre *v* de commerce (et d'industrie)
kameraad ❶ *vriend, makker* camarade *m/v*, copain *m* [v: copine] ★ *gezworen kameraden* des amis à la vie et à la mort ❷ pol *partijgenoot* camarade *m/v*
kameraadschappelijk **I** *bn* de camarades **II** *bw* en (bons) camarades ★ ~ *omgaan met* être amical avec
kamerbewoner locataire *m/v*
kamerbreed ★ ~ *tapijt* moquette *v*
Kamerdebat débat *m* parlementaire
Kamerfractie groupe *m* parlementaire
kamergeleerde homme *m* de cabinet, théoricien *m*
kamergenoot camarade *m* de chambre, mil camarade *m* de chambrée
kamerheer ⟨van vorst⟩ chambellan *m*, rel camérier *m*
kamerjas robe *v* de chambre
Kamerlid pol député *m* [v: députée]
Kamermeerderheid majorité *v* parlementaire
kamermeisje femme *v* de chambre
kamermuziek musique *v* de chambre
Kameroen le Cameroun ★ *in* ~ au Cameroun
Kameroens camerounais
kamerplant plante *v* d'appartement
Kamerreces pol vacances *v mv* parlementaires
kamerscherm paravent *m*
kamertemperatuur température *v* ambiante ★ *op* ~ ⟨van wijn⟩ chambré
kamerverhuur location *v* de chambres
Kamerverkiezing ★ *~en* (élections *v mv*) législatives *v mv*
Kamerzetel siège *m*
Kamerzitting ⟨van Tweede Kamer⟩ séance *v* de l'Assemblée nationale, ⟨van Eerste Kamer⟩ séance *v* du Sénat
kamikaze kamikaze *m*
kamille camomille *v*
kamillethee culin (tisane *v* de) camomille *v*
kammen peigner ★ *wol* ~ peigner de la laine ★ *zijn haar* ~ se peigner
kamp ❶ *tijdelijk verblijf* camp *m*, campement *m* ★ *kampen voor vluchtelingen langs de grens* des camps de réfugiés à la frontière ★ *het kamp opbreken* lever le camp ★ *het kamp opslaan* dresser le camp ★ *de scholieren gaan op kamp* les élèves partent en colo ❷ *partij* camp *m* ★ *hij behoort tot het socialistische kamp* il appartient au camp socialiste ★ *het kamp van de Groenen* le camp des Verts
kampbeul bourreau *m* de camp [mv: bourreaux de camp]
kampeerartikelen matériel *m* de camping
kampeerauto camping-car *m* [mv: camping-cars]
kampeerboerderij camping *m* à la ferme
kampeerbus camping-car *m* [mv: camping-cars]
kampeerder campeur *m* [v: campeuse]
kampeerterrein (terrain *m* de) camping *m*
kampement camp(ement) *m*
kampen lutter ★ *te* ~ *hebben met* être aux prises avec, se colleter avec, se débattre contre / avec ★ *met moeilijkheden te* ~ *hebben* devoir faire face à des difficultés
kamperen faire du camping ★ *het* ~ le camping
kamperfoelie chèvrefeuille *m*
kampioen *winnaar* champion *m* [v: championne] ★ *olympisch* ~ *discuswerpen* champion olympique du lancer du disque
kampioenschap ❶ *wedstrijd* championnat *m* ★ *tijdens de nationale ~pen* pendant les championnats nationaux ★ *open* ~ open *m* ❷ *titel* titre *m* (de champion) ★ *het* ~ *behalen* remporter le championnat
kampleiding direction *v* du camp
kampvuur feu *m* de camp
kampwinkel magasin *m* du camping
kan pot *m*, pichet *m* ★ fig *het onderste uit de kan willen* être trop gourmand, vouloir le beurre et l'argent du beurre ★ fig *wie het onderste uit de kan wil hebben, krijgt het lid op de neus* qui veut tout, n'a rien ★ fig *de zaak is in kannen en kruiken* l'affaire est dans le sac
kanaal ❶ *gegraven water* canal *m* [mv: canaux] ❷ *televisie- of radiozender* chaîne *v* ❸ fig *weg, middel* canal *m* [mv: canaux] ★ *langs diplomatieke kanalen* par la voie diplomatique
Kanaal (la) Manche *v*
Kanaaleilanden îles *v mv* Anglo-Normandes ★ *op de* ~ aux îles Anglo-Normandes
Kanaaltunnel tunnel *m* sous la Manche
kanaliseren ❶ *voorzien van kanalen* canaliser ❷ *met stuwen reguleren* canaliser ❸ *in goede banen leiden* canaliser
kanarie, kanariepiet canari *m*
kanariegeel jaune canari
kandelaar chandelier *m*
kandidaat candidat *m* [v: candidate] ★ *iem.* ~ *stellen* présenter qn comme candidat ★ *zich* ~ *stellen voor* se porter candidat à, poser sa candidature à, se présenter pour
kandidaats ≈ licence *v*
kandidatenlijst liste *v* de(s) candidats
kandidatuur candidature *v* ★ *zijn* ~ *intrekken* se désister
kandij sucre *m* candi
kandijkoek culin gâteau *m* au sucre candi
kaneel culin cannelle *v*

kaneelpijp bâton *m* de cannelle
kangoeroe kangourou *m*
kanis inform *hoofd* caboche *v*, caillou *m* ★ *houd je ~!* (ferme) ta gueule!
kanjer ❶ *groot exemplaar* monstre *m*, mastodonte *m* ★ *een ~ van een vis* un poisson énorme ❷ *aantrekkelijk persoon* canon *m* ❸ *uitblinker* as *m* ❹ *geweldenaar* géant *m*
kanker ❶ *ziekte* cancer *m* ❷ fig *woekerend kwaad* cancer *m*
kankeraar rouspéteur *m* [v: rouspéteuse], râleur *m* [v: râleuse]
kankerbestrijding lutte *v* contre le cancer
kankeren ❶ *foeteren* rouspéter, râler (**op** contre) ❷ *voortwoekeren* proliférer, pulluler
kankergezwel tumeur *v* cancéreuse, carcinome *m*
kankerlijer min chieur *m*
kankerpatiënt cancéreux *m* [v: cancéreuse]
kankerverwekkend cancérigène
kannibaal *menseneter* cannibale *m/v*
kannibalisme cannibalisme *m*
kano ❶ *rank bootje* canoë *m* ❷ *amandelgebakje* ≈ barquette *v* fourrée à la pâte d'amande
kanoën faire du canoë
kanon canon *m*
kanonnade canonnade *v*
kanonnenvlees chair *v* à canon
kanonnier mil canonnier *m*
kanonschot coup *m* de canon
kanonskogel boulet *m* (de canon)
kanovaarder canoéiste *m/v*
kanovaren faire du canoë
kans chance *v*, ⟨vooruitzicht⟩ chances *v mv*, ⟨risico, gok⟩ risque *m* ★ *daar is weinig kans op* c'est peu probable ★ *de kans is groot dat* il y a de fortes chances que [+ subj.] ★ *de kans lopen om* risquer de ★ *kans lopen te zakken* risquer d'échouer ★ *een kans wagen* tenter sa chance ★ *de kans waarnemen* saisir l'occasion ★ *de kans is verkeken* l'occasion est perdue ★ *iem. de kans geven om* donner sa chance à qn de ★ *de kansen zijn gekeerd* la chance a tourné ★ *kans zien om* trouver moyen de ★ *ik zie er geen kans toe* je ne vais pas y arriver, inform pas moyen! ★ *zijn kans schoon zien* profiter de l'occasion ★ *gemiste kans* ook sport occasion *v* manquée ★ *de kans laten lopen* laisser passer l'occasion, inform rater le coche
kansarm défavorisé
kansel chaire *v* ★ *de ~ betreden* monter en chaire ★ *vanaf de ~* du haut de la chaire
kanselier chancelier *m* [v: chancelière]
kanshebber favori *m* [v: favorite] ★ *hij is een ~* il est parmi les favoris ★ *de grootste ~* le grand favori, le mieux placé
kansloos sans aucune chance de réussite ★ *(bij voorbaat) ~ zijn* partir perdant
kansrekening calcul *m* des probabilités
kansrijk prometteur [v: prometteuse], ⟨van persoon⟩ qui a de bonnes chances
kansspel jeu *m* de hasard [mv: jeux ...]
kant I *de* ❶ *zijde* côté *m* ★ *aan die kant* de ce côté ★ *hij woont aan de andere kant van de straat* il habite de l'autre côté de la rue ★ *de goede kant* le bon côté ★ *de verkeerde kant* le mauvais côté ★ *aan de grote kant* plutôt grand ★ *aan de veilige kant blijven* garder une marge de sécurité ★ *op zijn kant zetten* mettre de chant, mettre sur le côté ★ *iets niet over zijn kant laten gaan* ne pas laisser passer qc ★ *iemands kant kiezen* se ranger du côté de qn ★ *ik van mijn kant* moi, de mon côté, je ★ *het moet wel van twee kanten komen* il faut une certaine réciprocité, c'est à sens unique ★ *van de verkeerde kant* ⟨homo⟩ pédé ❷ *rand* bord *m*, côté *m* ★ *aan de kant!* du large!, écarte-toi!, inform pousse-toi (de là)! ★ *aan de kant van de weg* au bord de la route ★ *het was kantje boord* c'était tangent / ric-rac, c'était tout juste, on a eu chaud ★ *dat is op het kantje* c'est limite ★ *het was op het kantje af* c'était tangent, c'était tout juste ★ *de kantjes eraf lopen* tirer au flanc ★ *de scherpe kantjes eraf halen* arrondir les angles ❸ *richting* direction *v*, côté *m* ★ *de kant van Utrecht op* en direction d'Utrecht ★ *deze kant op* par ici ★ *welke kant op?* (par) où? ★ *alle kanten op* dans tous les sens ★ *welke kant gaan jullie op?* vous allez où? ★ *we gaan de kant van het stadion op* on se dirige vers le stade ★ *dat gaat de goede kant op* ça va dans le bon sens, cela se présente bien ★ *dat gaat de verkeerde kant op* ça tourne mal ★ *je kunt veel kanten op met rechten* le droit offre de nombreux débouchés ★ *van alle kanten* de tous (les) côtés, de toutes parts, de partout ★ *van welke kant?* d'où?, de quel côté? ★ *de andere kant uit kijken* regarder de l'autre côté ★ *het kan nog alle kanten op* rien n'est joué, les paris sont ouverts ★ *geen kant meer op kunnen* être acculé / coincé ❹ *aspect* côté *m*, aspect *m* ★ *aan de ene kant ..., aan de andere (kant) ...* d'une part ..., d'autre part ..., d'un côté ..., de l'autre ... ★ *iets van de vrolijke kant bekijken* voir le bon côté d'une chose ★ *de zaak van alle kanten bekijken* considérer la chose sous tous les angles, faire le tour de la question ★ *hij heeft zijn goede kanten* il y a du bon chez lui ★ *zich van zijn beste kant laten zien* se montrer sous son meilleur jour ❺ *oever* rive *v*, bord *m* ★ *naar de kant varen* se diriger vers le bord ★ *dat raakt kant noch wal* cela ne rime à rien ▾ *de kamer aan kant maken* ranger la pièce, mettre de l'ordre dans la pièce ▾ *zich van kant maken* se supprimer ▾ *iem. van kant maken* tuer qn, supprimer qn, trucioler qn **II** *de/het, weefsel* dentelle *v* ★ *een trouwjurk van kant* une robe de mariée en dentelle
kanteel créneau *m* [mv: créneaux] ★ *met kantelen* à créneaux, crénelé
kantelen I *ov ww, omdraaien* retourner, basculer, (ren)verser **II** *onov ww, omvallen* verser, basculer, ⟨van schip⟩ chavirer
kantelraam fenêtre *v* basculante
kanten I *bn* de / en dentelle ★ *een ~ kraagje* une collerette en dentelle **II** *wkd ww* [**zich ~**] **~ tegen** s'opposer à
kant-en-klaar tout prêt [m mv: tout prêts] [v: toute prête] ⟨pasklaar⟩ fig tout fait [v: toute faite] ★ *~maaltijden* plats *m mv* cuisinés ★ *kant-en-klare maaltijden* plats *m mv* cuisinés ★ *~pakket* kit *m* ★ *alles is ~* tout est (fin) prêt
kant-en-klaarmaaltijd plat *m* cuisiné
kantine cantine *v*, ⟨dranklokaal⟩ buvette *v*
kantlijn *marge* marge *v* ★ *in de ~* dans la marge

kanton canton *m*
kantongerecht jur tribunal *m* d'instance [mv: tribunaux ...]
kantonrechter jur juge *m* d'instance
kantoor bureau *m* [mv: bureaux], ⟨van advocaat⟩ cabinet *m*, ⟨van notaris⟩ étude *v* ★ *zij werkt op een ~* elle travaille dans un bureau ★ *naar ~ gaan* aller au bureau ★ *het bedrijf opent een ~ in Singapore* l'entreprise ouvre un bureau à Singapour ★ *~ houden te* avoir ses bureaux / son siège social à
kantoorbaan emploi *m* de bureau
kantoorbehoeften fournitures *v mv* de bureau, ⟨machines⟩ bureautique *v*
kantoorboekhandel papeterie *v*
kantoorgebouw immeuble *m* de bureaux
kantoorpand immeuble *m* de bureaux
kantoortijd heures *v mv* de bureau
kantoortuin bureau *m* paysagé / paysager [mv: bureaux ...]
kanttekening ❶ *opmerking* observation *v* ★ *~en maken* faire des observations ★ *daarbij heb ik de volgende ~* je voudrais faire un commentaire là-dessus ❷ *aantekening* annotation *v*, ⟨marginaal⟩ apostille *v*
kantwerk dentelle *v*
kap ❶ *het kappen* abattage *m*, coupe *v* ❷ *bedekking, bovenstuk* ⟨van huis⟩ comble(s) *m (mv)*, toiture *v*, ⟨van auto⟩ capote *v*, ⟨van lamp⟩ abat-jour *m*, ⟨van schoorsteen⟩ capuchon *m*, ⟨huif⟩ bâche *v* ★ *met open kap* décapotable ★ *twee onder één kap* maisons *v mv* jumelles ❸ *hoofdbedekking* capuchon *m*, ⟨van vrouw⟩ coiffe *v*
kapel ❶ *gebedshuis* chapelle *v* ❷ *muziekkorps* musique *v*, fanfare *v*, rel chapelle *v* ❸ *vlinder* papillon *m*
kapelaan rel vicaire *m*, ⟨huiskapelaan⟩ chapelain *m*
kapelmeester mil chef *m* de musique
kapen ❶ *overmeesteren* détourner ★ *een vliegtuig ~* détourner un avion ❷ *gappen* chiper, piquer
kaper ❶ *zeerover* pirate *m* ★ fig *er zijn ~s op de kust* il y a de la concurrence ❷ *ontvoerder* ⟨van vliegtuig⟩ pirate *m* de l'air
kaping détournement *m*
kapitaal I *de, hoofdletter* capitale *v* **II** *het* econ capital *m* [mv: capitaux], ⟨gelden⟩ fonds *m mv* ★ *geplaatst ~* capital placé / souscrit ★ *vast ~* capital fixe **III** *bn, zeer groot* formidable, fastueux [v: fastueuse] ★ *kapitale misdaad* crime *m* capital ★ *kapitale fout* erreur *v* monumentale ★ *van ~ belang* primordial [m mv: primordiaux]
kapitaalgoederen biens *m mv* d'équipement
kapitaalkrachtig disposant de moyens financiers importants, financièrement solide
kapitaalmarkt marché *m* des capitaux
kapitaalvlucht fuite *v* des capitaux, évasion *v* de capitaux
kapitalisme capitalisme *m*
kapitalist capitaliste *m/v*
kapitalistisch capitaliste
kapitein ❶ scheepv *gezagvoerder* capitaine *m/v* ★ *~ op de grote vaart,* BN *~ ter lange omvaart* capitaine au long cours ❷ mil *officier* capitaine *m/v*
kapitein-ter-zee capitaine *m/v* de vaisseau
kapittel ❶ *hoofdstuk* chapitre *m* ❷ *vergadering* chapitre *m* ★ fig *een stem in het ~ hebben* avoir voix au chapitre
kapje ❶ *hoofddeksel* capuche *v*, chaperon *m*, ⟨kalotje⟩ calotte *v* ❷ *uiteinde van brood* entame *v*
kaplaars botte *v*
kapmeeuw mouette *v* rieuse
kapmes machette *v*, ⟨hakmes⟩ hachoir *m*
kapoen BN *deugniet* coquin *m* [v: coquine]
kapot ❶ *stuk* cassé, ⟨beschadigd⟩ abîmé, ⟨gescheurd⟩ déchiré, ⟨defect⟩ en panne, ⟨met gaten⟩ troué, ⟨kaduuk⟩ déglingué, foutu ★ *de lift is ~* l'ascenseur est en panne ★ *zijn kleren waren helemaal ~* ses vêtements étaient tout abîmés ❷ *doodmoe* mort de fatigue, crevé ★ *hij is niet ~ te krijgen* il est increvable ❸ *ontzet* bouleversé, retourné (**van** par) ★ fig *ik ben er niet ~ van* ça ne m'emballe pas
kapotgaan ❶ *breken* (se) casser, s'abîmer, ⟨het begeven⟩ lâcher, tomber en panne ❷ fig *sterven* crever ★ *daar ga ik aan kapot* ça me tue
kapotgooien briser, casser
kapotje capote *v* (anglaise)
kapotlachen [**zich ~**] se tordre de rire
kapotmaken ❶ *beschadigen* casser, abîmer ❷ *doodmaken* refroidir, bousiller
kapotslaan briser, casser
kapottrekken casser, déchirer
kapotvallen tomber en morceaux
kapotwerken [**zich ~**] s'éreinter, se crever au travail
kappen I *ov ww* ❶ *hakken* couper, ⟨omhakken⟩ abattre ★ *bomen ~* abattre des arbres ❷ *haar opmaken* coiffer ★ *zich ~* se coiffer **II** *onov ww, ~* **met** *ophouden met* ⟨iets⟩ arrêter, ⟨iemand⟩ rompre avec ★ *kap daarmee!* arrête!
kapper coiffeur *m* [v: coiffeuse]
kappertje câpre *v*
kapsalon salon *m* de coiffure
kapseizen chavirer
kapsel *haardracht* coiffure *v*, coupe *v*
kapsones chichis *m mv*, frime *v* ★ *~ hebben* ne plus se sentir, avoir la grosse tête
kapstok portemanteau *m* [mv: portemanteaux]
kapucijner ❶ *erwt* pois *m* gris ❷ *monnik* capucin *m*
kar charrette *v*, ⟨auto⟩ bagnole *v* ★ *de kar trekken* faire la plus grande partie du boulot ★ *iem. voor zijn karretje spannen* se servir de qn
karaat carat *m* ★ *18 ~s goud* de l'or à dix-huit carats
karabijn carabine *v*
Karachi Karachi *m*
karaf carafe *v*, ⟨klein⟩ pichet *m*
karakter ❶ *aard* caractère *m* ★ *een zonnig ~ hebben* être d'une nature rayonnante ★ *het middeleeuwse ~ van de binnenstad* le caractère médiéval du centre-ville ❷ *letterteken* caractère *m* ★ *Chinese ~s* des caractères chinois
karakteriseren caractériser
karakteristiek caractéristique (**voor** de)
karaktertrek trait *m* de caractère
karamel ❶ *gebrande suiker* caramel *m* ❷ *snoepje* caramel *m*
karamelliseren caraméliser

karaoke karaoké *m*
karate karaté *m*
karateka sport karatéka *m/v*
karavaan caravane *v*
karbonade culin côtelette *v*, côte *v* ★ BN *Vlaamse ~* carbonnades *v mv* flamandes
kardinaal I *de* cardinal *m* [mv: cardinaux] **II** *bn* cardinal [m mv: cardinaux] ★ *het kardinale punt* le point crucial
karig I *bn* chiche ★ *een ~ maal* un repas frugal ★ *een ~ loon* un maigre salaire ★ *~e gegevens* de rares données ★ *~ zijn met complimenten* être avare / chiche de compliments **II** *bw* chichement, maigrement
karikaturaal caricatural [m mv: caricaturaux]
karikaturiseren caricaturer
karikatuur caricature *v*
karkas ❶ anat *geraamte* carcasse *v*, squelette *m* **❷** fig *gestel* carcasse *v*, squelette *m* ★ *het ~ van een schip* la carcasse d'un navire
karma karma *m*
karnemelk culin babeurre *m*
karnen baratter ★ *boter ~* battre du beurre
karos carrosse *m*
Karpaten Carpates *v mv* ★ *op de ~* dans les Carpates
karper carpe *v*
karpet carpette *v*, tapis *m*
karren ❶ *rijden* rouler **❷** *fietsen* pédaler
karrenvracht charretée *v*, ook fig cargaison *v*
kart kart *m*
kartel *kerving* cannelure *v*
kartel econ *samenwerking* cartel *m*
kartelen I *ov ww, kartels maken* entailler, ‹uittanden› denteler, ‹van munt› créneler **II** *onov ww, kartels hebben / krijgen* ★ *gekartelde bladeren* feuilles *v mv* crénelées / dentelées
kartelrand crénelure *v*, dentelure *v*, ‹van munt› crénelage *m*, ‹van breiwerk› feston *m*
kartelvorming cartellisation *v*
karten karting *m*, kart *m*
karton carton *m* ★ *gegolfd ~* carton ondulé
kartonnen en / de carton ★ *~ doos* (boîte *v* en) carton *m*
karwats cravache *v*
karwei travail *m* [mv: travaux], ouvrage *m*, ‹als taak› tâche *v*, besogne *v*, ‹klein› bricole *v*, ‹vervelend› corvée *v*, inform boulot *m* ★ *het is een heel ~* c'est toute une affaire
karwij ❶ *plant* carvi *m* **❷** *kummel* cumin *m*
kas ❶ *geld(bergplaats)* caisse *v* ★ *geld in kas* de l'argent en caisse ★ *de kas beheren* tenir la caisse ★ *de kas opmaken* faire la caisse ★ *de kas spekken* remplir la caisse ★ *goed bij kas zijn* être en fonds, inform avoir de quoi ★ *krap bij kas zitten* être à court d'argent, inform être fauché **❷** *omhulsel* caisse *v* ★ *kas van een horloge* boîtier *m* d'une montre **❸** *holte* ‹voor edelsteen› chaton *m*, ‹v. oog› orbite *v*, ‹v. tand› alvéole *v* **❹** *broeikas* serre *v*
kasboek livre *m* de caisse
kasbon BN bon *m* de caisse
kasgeld encaisse *v*, espèces *v mv*
kashba casbah *v*
kasjmier cachemire *m*
kaskraker ‹van film, toneelstuk› film *m* / pièce *v* à succès ★ *een ~ zijn* inform faire un tabac
Kaspische Zee mer *v* Caspienne
kasplant ❶ lett plante *v* de serre **❷** fig *kwetsbaar persoon* plante *v* de serre
kassa caisse *v*, ‹betaalloket› guichet *m* ★ *~!* bingo! ★ fig *de ~ laten rinkelen* se faire de l'argent
kassabon ticket *m* de caisse
kassaldo encaisse *v*
kassei pavé *m*
kassier caissier *m* [v: caissière]
kassierster BN caissière *v*
kasstroom econ cash-flow *m*
kassucces ‹van film, toneelstuk› film *m* / pièce *v* à succès ★ *een ~ zijn* inform faire un tabac
kast ❶ *meubel* armoire *v*, ‹vast› placard *m* ★ *bergmeubel met kastjes* rangement *m* à casiers ★ *iem. op de kast jagen* chambrer qn ★ *op de kast zitten* être remonté ★ *alles uit de kast halen* (y) mettre le paquet ★ *uit de kast komen* faire son outing **❷** *omgebouwd omhulsel* caisse *v* ★ *de kast van een piano* la caisse d'un piano **❸** *groot bouwsel* ★ *een kast van een huis* un château, inform une grosse baraque → **kastje**
kastanje ❶ *vrucht* ★ *tamme ~* châtaigne *v* ★ *wilde ~* marron *m* ★ *gepofte ~* marron grillé ★ fig *de ~s uit het vuur halen* tirer les marrons du feu **❷** *boom* ‹tam› châtaigner *m*, ‹wild› marronier *m*
kastanjebruin marron [onver.], ‹van haar› châtain
kaste caste *v*
kasteel *burcht* château *m* [mv: châteaux]
kastekort déficit *m* de caisse
kastelein *herbergier* aubergiste *m/v*, cafetier *m*
kasticket BN *kassabon* ticket *m* de caisse
kastijden châtier
kastje ❶ *kleine kast* petite armoire *v*, cabinet *m* ★ fig *iem. van het ~ naar de muur sturen* envoyer qn d'un service à un autre ★ fig *van het ~ naar de muur gestuurd worden* se faire balader (à droite et à gauche) **❷** *televisie* ★ *~ kijken* regarder la télé
kat ❶ *huisdier* chat *m* [v: chatte] ★ *cyperse kat* chat tigré ★ *perzische kat* chat persan ★ *de gelaarsde kat* le chat botté ★ *als kat en hond leven* être comme chien et chat ★ *als een kat in een vreemd pakhuis* dépaysé ★ *als de kat van huis is, dansen de muizen op tafel* le chat parti, les souris dansent ★ *de kat in het donker knijpen* cacher son jeu, faire des sournoiseries ★ *een kat in het nauw maakt rare sprongen* la faim fait sortir le loup du bois ★ *een kat in de zak kopen,* BN *een kat in een zak kopen* acheter (un) chat en poche ★ *de kat op het spek binden* enfermer le loup dans la bergerie ★ *de kat uit de boom kijken* voir d'où vient le vent ★ *de kat de bel aanbinden* attacher le grelot ★ *maak dat de kat wijs!* à d'autres! ★ *kat en muis spelen* ≈ jouer au chat et à la souris ★ BN *een kat een kat noemen* appeler un chat un chat ★ BN *andere katten te geselen hebben* avoir d'autres chats à fouetter ★ BN *zijn kat sturen* poser un lapin (à qn) ★ BN *nu komt de kat op de koord* nous y voici ★ BN *er was geen kat* il n'y avait pas un chat **❷** *snibbige vrouw* chipie *v* **❸** *bitse opmerking* pique *v*, vanne *v* ★ *iem. een kat geven* lancer / envoyer une vanne à qn → **katje**
katachtig félin ★ *de ~en* les félins

ka

katalysator catalyseur *m*, ⟨van auto⟩ pot *m* catalytique
katapult ❶ *kinderschiettuig* lance-pierre(s) *m* [mv: id.] ❷ *belegeringswapen* catapulte *v*
kat-en-muisspel jeu *m* du chat et de la souris
katenspek lard *m* fumé
kater ❶ *mannetjeskat* matou *m* ❷ *gevolg van drankgebruik* ★ *een ~ hebben* avoir la gueule de bois ❸ *teleurstelling* ★ *er een ~ aan overhouden* avoir du mal à le digérer
katern cahier *m*
katheder *spreekgestoelte* chaire *v*
kathedraal cathédrale *v*
katheter cathéter *m*, sonde *v* ★ *een ~ inbrengen* cathétériser
katheteriseren med cathétériser
kathode cathode *v*
katholicisme catholicisme *m*
katholiek I *de* rel catholique *m/v* **II** *bn* ❶ rel catholique ★ *een ~e opvoeding* une éducation catholique ❷ BN inform *rechtschapen* catholique
katje ❶ *jonge kat* chaton *m* ★ fig *zij is geen ~ om zonder handschoenen aan te pakken* avec elle, il faut prendre des gants ❷ *bloeiwijze* chaton *m*
katoen coton *m* ▾ *iem. van ~ geven* malmener qn ▾ *geef 'm van ~!* vas-y!, hardi! ▾ BN *~ geven* y aller
katoenen de / en coton
katrol poulie *v*
kattebelletje *briefje* bafouille *v*, petit mot *m*
katten lancer des vannes
kattenbak ❶ *bak voor de kat* caisse *v* (du chat) ❷ *ruimte in auto* spider *m*
kattenbakstrooisel litière *v*
kattenbrokken croquettes *v mv*
kattenkop garce *v*, chipie *v*
kattenkwaad malice *v*, polissonnerie *v* ★ *~ uithalen* faire des bêtises
kattenluikje chatière *v*
kattenoog ❶ *oog van kat* œil *m* de chat [mv: yeux ...] ❷ *lichtreflector* catadioptre *m*, réflecteur *m* ❸ *siersteen* œil-de-chat *m* [mv: œils-de-chat]
kattenpis ▾ *dat is geen ~* ce n'est pas de la rigolade
katterig ❶ *een kater hebbend* qui a la gueule de bois ❷ *beroerd* patraque ★ *ik voel me een beetje ~* je me sens un peu patraque
kattig I *bn* hargneux [v: hargneuse] **II** *bw* hargneusement
katzwijm ★ *in ~ vallen* tomber dans les pommes
Kaukasus Caucase *m*
kauw choucas *m*
kauwen ~ op mâcher, ⟨traag⟩ mâchonner
kauwgom chewing-gum *m* [mv: chewing-gums]
kauwgombal boule *v* de chewing-gum
kavel ❶ *stuk land* lot *m* ❷ *partij goederen* lot *m*
kavelen lotir
kaviaar caviar *m*
Kazachstaans kazakh
Kazachstan le Kazakhstan ★ *in ~* au Kazakhstan
kazerne caserne *v*
KB, kB *kilobyte* Ko *m*, kilo-octet *m*
kebab culin kébab *m*
keef [verl. td.] → **kijven**
keek [verl. td.] → **kijken**
keel gorge *v* ★ *zijn keel schrapen* s'éclaircir la voix ★ *iem. naar de keel vliegen* sauter à la gorge de qn ★ fig *hij praat met een aardappel in de keel* il parle snob ★ fig *het hangt me de keel uit* j'en ai par-dessus la tête, j'en ai marre ★ fig *een keel opzetten* crier à tue-tête ★ fig *het mes op de keel zetten* mettre le couteau sur la gorge (à qn) ★ fig *de woorden bleven hem in de keel steken* les mots s'étranglaient dans sa gorge ★ fig *dat krijg ik niet door m'n keel* ça ne passe pas
keel-, neus- en oorarts otorhinolaryngologiste *m/v*, inform ORL *m/v*
keelgat gosier *m* ★ *het is me in het verkeerde ~ geschoten* j'ai avalé de travers, inform j'ai avalé par le trou du dimanche, fig cette histoire, je n'ai pas pu l'avaler
keelholte pharynx *m*
keelklank son *m* guttural [mv: sons gutturaux]
keelontsteking angine *v*
keelpastille pastille *v* pour la gorge
keelpijn mal *m* de gorge ★ *~ hebben* avoir mal à la gorge
keep *inkeping* encoche *v*, entaille *v*
keepen défendre le but
keeper gardien *m* de but [v: gardienne ...]
keer ❶ *maal* fois *v* ★ *dit / deze keer* cette fois-ci ★ *de eerste keer* la première fois ★ *een enkele keer* une fois ou deux ★ *één enkele keer* une seule fois ★ *in één keer* en une fois, d'un seul coup ★ *op een keer* un jour ★ *keer op keer* coup sur coup ★ *negen van de tien keer,* BN *negen keren op de tien* neuf fois sur dix ★ *voor deze keer* passe pour cette fois ★ *drie keer vier is twaalf* trois fois quatre font douze ★ *twee keer per jaar* deux fois l'an ★ *(wel) honderd keer* trente-six fois ★ *binnen de kortste keren* en moins de rien ❷ *wending* ★ *gedane zaken nemen geen keer* ce qui est fait est fait
keerkring tropique *m*
keerpunt ❶ lett *plek waarop je omkeert* tournant *m* ❷ fig *beslissend ogenblik* tournant *m*
keerzijde ❶ lett *achterkant* revers *m*, envers *m*, ⟨van papier⟩ verso *m*, dos *m* ❷ fig *onaangename zijde* inconvénient *m* ★ *de ~ van de medaille* le revers de la médaille
keeshond loulou *m*
keet ❶ *schuurtje* baraque *v* ❷ *chaos* pagaille *v* ★ *keet schoppen* faire du chahut, chahuter
keffen japper, glapir
keffertje jappeur *m*
kegel ❶ wisk cône *m* ❷ *voorwerp* cône *m* ❸ *figuur in kegelspel* quille *v* ★ *~s omgooien* abattre des quilles ❹ *slechte adem* ★ *een ~ hebben* puer / empester l'alcool
kegelbaan bowling *m*, jeu *m* de quilles
kegelen I *onov ww* sport jouer aux quilles, jouer au bowling **II** *ov ww, smijten* flanquer ★ *iem. eruit ~* flanquer qn à la porte
kei ❶ *steen* caillou *m* [mv: cailloux], ⟨straatsteen⟩ pavé *m* ★ fig *op de keien staan* être sur le pavé ★ fig *op de keien gezet worden* être mis sur le pavé ❷ *uitblinker* as *m*, crack *m* ★ *een kei zijn in wiskunde* être un crack en maths
keihard I *bn* ❶ *heel hard* dur comme (le) fer, dur comme (la) pierre, ⟨hevig⟩ violent, ⟨luid⟩ étourdissant ❷ fig dur comme un roc, implacable, ⟨onaandoenlijk⟩ de marbre ★ *de ~e feiten* la réalité cruelle ★ *~e onderhandelingen* des

négociations acharnées ★ *hij is een ~e* c'est un dur (de dur) **II** *bw* ❶ *heel hard* ‹hevig› violemment, ‹luid› à tue-tête, ‹snel› à toute allure, à fond de train ★ *de muziek ~ zetten* mettre la musique à pleins tubes ★ *~ voorbijrijden* passer à toute allure ❷ fig implacablement, ‹onaandoenlijk› froidement ★ *~ zeggen waar het op staat* ne pas mâcher ses mots

keikop BN *koppig persoon* entêté *m* [v: entêtée], tête *v* de mule

keilbout cheville *v* à expansion

keilen ❶ *langs het wateroppervlak gooien* ★ *steentjes over het water ~* faire ricocher des cailloux sur l'eau, faire des ricochets ❷ *smijten* flanquer

keizer empereur *m*

keizerin impératrice

keizerlijk impérial [m mv: impériaux]

keizerrijk empire *m*

keizersnede césarienne *v*

keken [verl. td.] → **kijken**

kelder cave *v* ★ fig *naar de ~ gaan* couler

kelderen I *onov ww* ❶ *vergaan* couler ❷ *in waarde dalen* dégringoler, chuter ★ *de prijzen zijn gekelderd* les prix ont chutés **II** *ov ww* ❶ *doen zinken* couler ★ *een schip ~* couler un navire ❷ BN *doen mislukken* couler

keldertrap escalier *m* qui descend à la cave

kelen égorger

kelk ❶ *beker* coupe *v*, rel calice *m* ❷ plantk calice *m*

kelner serveur *m* [v: serveuse], garçon *m*

Kelt *lid van volk* Celte *m/v*

Keltisch I *het, taal* celtique *m*, celte *m* **II** *bn, m.b.t. de Kelten* celtique, celte

kelvin natk kelvin *m*

kemphaan ❶ *vogel* combattant *m* ❷ *ruziezoeker* bagarreur *m* [v: bagarreuse] ★ *als kemphanen tegenover elkaar staan* être à couteaux tirés

kenau virago *v*, gendarme *m*

kenbaar (re)connaissable ★ *~ maken* exprimer, faire connaître ★ *zijn wensen ~ maken* exprimer ce qu'on souhaite ★ *zijn bedoelingen ~ maken* faire connaître ses intentions

kengetal *netnummer* indicatif *m*, préfixe *m*

Kenia le Kenya ★ *in ~* au Kenya

Keniaan Kényan *m*

Keniaans kényan

Keniaanse Kényane *v*

kenmerk ❶ *kenteken* caractéristique *v*, signe *m* (distinctif), marque *v* ❷ *referentie* référence *v*

kenmerken caractériser, marquer

kenmerkend caractéristique (**voor** de), propre (**voor** à)

kennel ❶ *hondenfokkerij* chenil *m* ❷ *hondenhok* chenil *m*

kennelijk I *bw* manifestement, apparemment ★ *het is ~ zijn bedoeling om* apparemment il a l'intention de ★ *hij is ~ vergeten hoe laat het is* il a dû oublier l'heure **II** *bn* manifeste ★ *met de ~e bedoeling* manifestement dans l'intention (de) ★ *in ~e staat* en état d'ébriété

kennen ❶ *vertrouwd zijn met* connaître ★ *leren ~* connaître ★ *elkaar leren ~* se connaître ★ *zich laten ~* se trahir ★ *iem. van naam ~* connaître qn de nom ★ *iem. van gezicht ~* connaître qn de vue ★ *je moet hem ~* il gagne à être connu ★ *ik ken hem totaal niet* je ne le connais ni d'Ève, ni d'Adam ★ *zich doen ~ als* s'avérer ★ *zich niet laten ~* tenir bon, garder le sourire ★ *te ~ geven* signifier, exprimer, manifester ★ *dat (verhaal) ~ we* on connaît la chanson ★ *geen vrees ~* ne pas connaître la peur ❷ *weten, beheersen* connaître ★ *zijn vak ~* connaître son métier ★ *Nederlands ~* connaître le néerlandais ★ *niet ~* ignorer ★ *uit het hoofd ~* connaître par cœur ❸ *herkennen* connaître ★ *iem. ~ aan zijn stem* reconnaître qn à sa voix ❹ **~ in** ★ *iem. in iets ~* informer qn de qc ★ *zonder mij erin te ~* à mon insu

kenner connaisseur *m* [v: connaisseuse], ‹deskundige› spécialiste *m/v*

kennis ❶ *bewustzijn* connaissance *v* ★ *bij ~ zijn* avoir toute sa connaissance ★ *bij ~ komen* reprendre connaissance ★ *iem. weer bij ~ brengen* ranimer qn ★ *buiten ~ zijn* être sans connaissance ★ *buiten ~ raken* perdre connaissance ❷ *het weten* connaissance *v*, ‹kundigheid› connaissances *v mv*, savoir *m* ★ *met ~ van zaken* en connaissance de cause ★ *mijn ~ van het Engels* mes connaissances de l'anglais ★ *~ en ervaring opdoen tijdens een stage* acquérir des connaissances et de l'expérience en faisant un stage ★ *~ is macht* savoir, c'est pouvoir ★ *~ van zaken hebben* s'y connaître ❸ *bekendheid met* ★ *~ geven* faire part de, informer de ★ *iem. ~ geven van iets* informer qn de qc ★ *iem. van iets in ~ stellen* informer qn de qc ★ *~ krijgen van iets* être informé de qc, apprendre qc ★ *ik zal je met haar in ~ brengen* je te la présenterai, je te mettrai en contact avec elle ★ *iets ter ~ brengen van iem.* communiquer qc à qn ★ *~ hebben van iets* être au courant de qc ★ *buiten mijn ~* à mon insu ❹ *bekende* connaissance *v* ★ *een ~ van mij* une de mes connaissances

kenniseconomie économie *v* de la connaissance

kennisgeving avis *m*, communication *v*, ‹aankondiging› faire-part *m* [mv: id.] ★ *iets voor ~ aannemen* prendre acte de qc

kennismaken faire connaissance (**met** avec) ★ *hebt u al met hem kennisgemaakt?* vous le connaissez déjà? ★ *aangenaam kennis te maken* enchanté / ravi de faire votre connaissance ★ *~ met de wetenschap* prendre connaissance de la science

kennismaking première rencontre *v* ★ *ter ~* à titre de lancement ★ *bij nadere ~ valt hij mee* il gagne à être connu

kennisnemen ~ van apprendre, prendre connaissance de

kennissenkring connaissances *v mv*, relations *v mv*

kenschetsen caractériser, peindre

kenteken ❶ *kenmerk* caractéristique *v*, signe *m* (distinctif), marque *v* ❷ *registratienummer van voertuig* numéro *m* d'immatriculation

kentekenbewijs carte *v* grise

kentekenplaat plaque *v* d'immatriculation

kenteren ❶ geol *draaien* tourner ❷ fig *veranderen* changer ❸ *kapseizen* chavirer

kentering ❶ fig *verandering* revirement *m*, tournant *m*, retournement *m* ★ *er treedt een ~ op*

il y a un revirement (de situation) ❷ geol *draaiing* renversement *m*
keper I *de, weefpatroon* chevron *m* ★ fig *op de ~ beschouwd* tout bien considéré ★ fig *op de ~ beschouwen* passer au crible **II** *het, stof* tissu *m* croisé
kepie BN *uniformpet* képi *m*
keppeltje calotte *v*, kippa *v*
keramiek céramique *v*
keramisch I *bn* céramique ★ *~e kookplaten* plaques *v mv* vitrocéramiques **II** *bw* culin ★ *~ koken* cuisiner sur des plaques vitrocéramiques
kerel inform type, individu *m*, inform mec *m* ★ *een goede ~* un brave type ★ *wat moet die ~?* qu'est-ce qu'il veut, ce mec? ★ *een flinke ~* ⟨fors⟩ un gaillard, ⟨stoer⟩ un homme
keren I *ov ww* ❶ *omdraaien* (re)tourner ★ *de auto ~* faire demi-tour (en voiture) ★ *per ~de post* par retour du courrier ★ *ondersteboven ~* mettre sens dessus dessous ❷ *tegenhouden* parer, ⟨stuiten⟩ arrêter, enrayer, ⟨afwenden⟩ détourner ★ *het water ~* barrer / endiguer l'eau **II** *onov ww, omkeren, veranderen* tourner ★ *het tij keert* fig il y a un retournement de la situation ★ *de kansen zijn gekeerd* la chance a tourné ★ *de wind is gekeerd* le vent a tourné ★ *in zichzelf gekeerd* introverti ★ BN *het ~ van de jaren* ⟨de menopauze⟩ le retour *m* d'âge **III** *wkd ww* [**zich ~**] *zich in een richting wenden* se tourner ★ *zich tot iem. ~* se tourner vers qn ★ *zich tegen iem. ~* se retourner contre qn ★ *zich ten goede ~* s'arranger
kerf coche *v*, entaille *v*
kerfde [verl. td.] → **kerven**
kerfden [verl. td.] → **kerven**
kerfstok ★ fig *hij heeft veel op zijn ~* il a un casier judiciaire bien chargé ★ fig *iets op zijn ~ hebben* avoir qc à cacher
kerk ❶ *gebouw* église *v*, ⟨protestants⟩ temple *m* ★ *naar de kerk gaan* aller à l'église, aller à la messe ★ *een romaans kerkje* une petite église romane ❷ *kerkgenootschap* Église *v* ★ *de rooms-katholieke kerk* l'Église catholique ★ *de Waalse kerk* l'Église wallone
kerkdienst service *m* religieux, office *m* (divin), ⟨protestants⟩ culte *m*, ⟨rooms-katholiek⟩ messe *v* ★ *een ~ houden* célébrer le culte
kerkelijk I *bn* ecclésiastique ★ *een ~ huwelijk* un mariage religieux ★ *~e plechtigheid* cérémonie *v* religieuse **II** *bw* religieusement ★ *een huwelijk ~ inzegenen* bénir un mariage
kerkenraad consistoire *m*, conseil *m* presbytéral
kerker cachot *m*, geôle *v*
kerkfabriek BN rel (conseil *m* de) fabrique *v*
kerkganger fidèle *m/v*, pratiquant *m* [v: pratiquante]
kerkgenootschap Église *v*, ⟨geloof⟩ confession *v* ★ *tot geen ~ behorend* sans confession
kerkhof cimetière *m* ★ fig *de dader ligt op het ~* le coupable a disparu dans la nature
kerkklok ❶ *uurwerk* horloge *v* (d'église) ❷ *luiklok* cloche *v* (d'église)
kerkkoor choeur *m*
kerkmuziek musique *v* sacrée
kerkprovincie province *v* ecclésiastique
kerks pratiquant
kerktoren tour *v* (de l'église), ⟨klokkentoren⟩ clocher *m*
kerkuil effraie *v* (des clochers)
kermen gémir ★ *niemand reageerde op zijn ~* personne ne répondait à ses gémissements
kermis fête *v* foraine, ⟨ook fig.⟩ foire *v*, ⟨in Benelux⟩ kermesse *v* ★ fig *van een koude ~ thuiskomen* rentrer tout penaud ★ fig *het is ~ in de hel* c'est le diable qui bat sa femme et qui marie sa fille ★ fig *het is niet alle dagen ~* ce n'est pas tous les jours fête
kermisattractie attraction *v* foraine
kern ❶ *binnenste* núcleo *m*, noyau *m* [mv: noyaux], centre *m*, cœur *m*, ⟨van pit⟩ amande *v* ★ *de kern van de aarde* le centre de la terre ★ fig *harde kern* noyau *m* dur ❷ *essentie* (point *m*) essentiel *m*, substance *v*, essence *v* ★ *tot de kern van de zaak doordringen* entrer au vif du sujet ★ *een kern van waarheid* un fond de vérité, du vrai ★ *in de kern van de zaak* au fond des choses
kernachtig I *bn* concis, lapidaire ★ *een ~ betoog* une explication claire et nette **II** *bw* de façon concise
kernafval déchets *m mv* nucléaires
kernbom bombe *v* atomique
kerncentrale centrale *v* nucléaire
kerndeling biol mitose *v*
kernenergie (énergie *v*) nucléaire *m*
kernfusie fusion *v* (thermo)nucléaire
kernfysica physique *v* nucléaire
kernfysicus (physicien *m*) atomiste *m/v*
kerngezond en pleine santé ★ *er ~ uitzien* respirer la santé
kernmacht puissance *v* nucléaire
kernoorlog guerre *v* nucléaire
kernploeg sélection *v* de base
kernproef essai *m* nucléaire
kernpunt point *m* essentiel, ⟨crux⟩ problème *m* crucial, nœud *m*
kernraket missile *m* nucléaire
kernreactor réacteur *m* nucléaire
kernwapen arme *v* nucléaire ★ *proef met ~* expérience *v* nucléaire
kerosine kérosène *m*
kerrie curry *m*
kerriepoeder curry *m* (en poudre)
kers ❶ *vrucht* cerise *v* ❷ *boom* cerisier *m* ★ *Oost-Indische kers* capucine *v*
kerselaar BN *kersenboom* cerisier *m*
kersenbonbon culin bouchée *v* cerise
kersenboom, BN **kerselaar** cerisier *m*
kersenhout (bois *m* de) cerisier *m*
kersenjam culin confiture *v* de cerises
kerst Noël *m* ★ *met de ~* à Noël ★ *een witte ~* un Noël sous la neige
kerstavond veille *v* / réveillon *m* de Noël
kerstboom arbre *m* / sapin *m* de Noël
kerstdag ⟨eerste⟩ (jour *m* de) Noël *m*, ⟨tweede⟩ le lendemain de Noël ★ *prettige ~en* joyeux Noël
kerstdiner repas *m* de Noël, ⟨kerstavond⟩ réveillon *m*
kerstenen christianiser ★ *het ~* christianisation *v*
kerstfeest (fête *v* de) Noël *m* ★ *vrolijk ~!* joyeux Noël!
kerstgratificatie ≈ prime *v* de fin d'année

kerstkaart carte *v* de Noël
Kerstkind *Jezus* Enfant *m* Jésus
kerstlied chant *m* de Noël, noël *m*
Kerstman (le) Père Noël
kerstmarkt marché *m* de Noël
Kerstmis Noël *m* ★ *gelukkig ~* joyeux Noël ★ *met ~* à Noël
kerstnacht nuit *v* de Noël
kerststal crèche *v* (de Noël)
kerstster ❶ *kerstversiering* étoile *v* (de Noël) ❷ *plant* poinsettia *m*
kerststronk BN culin *kerstgebak* bûche *v* de Noël
kerststukje arrangement *m* floral pour Noël
kerstvakantie onderw vacances *v mv* de Noël
kersvers I *bn* tout frais [v: toute fraîche] ★ *~ van school* frais émoulu de l'école **II** *bw* tout juste
kervel culin cerfeuil *m*
kerven entailler, ‹griffen› graver
ketchup ketchup *m*
ketel ❶ *kookketel* chaudron *m*, ‹waterketel› bouilloire *v* ❷ *stoomketel* chaudière *v*
ketelsteen tartre *m*, scheik incrustation *v*
keten I *de* ❶ *zware ketting* chaîne *v* ★ *in de ~en slaan* ook fig enchaîner ❷ *reeks* chaîne *v* **II** *onov ww* faire du chahut
ketenen ❶ *met ketens vastmaken* enchaîner ❷ *aan banden leggen* enchaîner
ketjap sauce *v* de soja
ketsen ❶ *afstuiten* ricocher (**op** sur), rebondir ❷ *niet afgaan* s'enrayer, rater
ketter hérétique *m/v* ★ fig *roken als een ~* fumer comme un pompier ★ fig *vloeken als een ~* jurer comme un charretier ★ fig *zuipen als een ~* boire comme un trou
ketterij hérésie *v*
ketters hérétique
ketting chaîne *v*, ‹klein› chaînette *v*, ‹halssnoer› collier *m* ★ *aan de ~ leggen* enchaîner, ‹van schip› mettre l'embargo sur
kettingbotsing carambolage *m*, collision *v* en chaîne
kettingbrief (lettre *v* en) chaîne *v*
kettingkast carter *m*
kettingpapier papier *m* en continu / en accordéon
kettingreactie réaction *v* en chaîne
kettingroker ≈ grand fumeur *m* [v: grande fumeuse]
kettingslot (chaîne *v*) antivol *m*
kettingzaag scie *v* articulée, tronçonneuse *v*
keu *biljartstok* queue *v*
keuken ❶ *plaats* cuisine *v* ❷ *kookstijl* cuisine *v* ★ *de Franse ~* la cuisine française ★ fig BN *interne ~* cuisine interne
keukenblok bloc-cuisine *m* [mv: blocs-cuisines], bloc-évier *m*
keukengerei ustensiles *m mv* de cuisine
keukenhanddoek BN torchon *m*
keukenkastje placard *m* de cuisine
keukenmachine robot *m* (ménager)
keukenpapier essuie-tout *m* [mv: id.], sopalin *m*
keukenrol essuie-tout *m* [mv: id.], sopalin *m*
keukentrap escabeau *m* [mv: escabeaux]
keukenzout sel *m* de cuisine
Keulen Cologne *v* ★ fig *~ en Aken zijn niet op één dag gebouwd* Paris ne s'est pas fait en un jour
★ fig *staan te kijken, of men het in ~ hoort donderen* en rester (tout) ébahi
keur ❶ *keuze* choix *m* ❷ *waarmerk* poinçon *m*
keuren ❶ *onderzoeken* contrôler, ook med examiner ★ *medisch gekeurd worden* subir un examen médical ❷ *achten* ★ *iem. geen blik waardig ~* ne pas daigner regarder qn
keurig I *bn* impeccable ★ *een ~ handschrift* une écriture soignée ★ *een ~e man* un homme très correct ★ *~e manieren* bonnes manières *v mv* ★ *een ~e vertaling* une traduction correcte **II** *bw* très bien, (très) comme il faut ★ *zij schrijft ~ netjes* elle a une écriture nette (et propre) ★ *de keuken zag er ~ netjes uit* la cuisine était impeccable ★ *zij is altijd ~ op tijd* elle est très ponctuelle ★ *zij was ~ gekleed* elle était habillée très comme il faut
keuring examen *m*, contrôle *m*, ‹van film› censure *v*, ‹van voedsel› inspection *v* ★ *medische ~* examen médical ★ *technische ~* contrôle technique ★ *de ~ van de auto* le contrôle technique de la voiture
keuringsarts médecin *m* contrôleur
keuringsdienst ★ *~ van waren* inspection *v* des denrées alimentaires
keurmeester contrôleur *m* [v: contrôleuse], ‹van voedingswaar› inspecteur *m* [v: inspectrice], ‹van goud› essayeur *m* [v: essayeuse]
keurmerk ‹stempel› poinçon *m*, ‹label› label *m*
keurslijf ook fig carcan *m* ★ *in een ~ zitten* avoir les mains liées, être coincé
keurstempel marque *v*, poinçon *m*
keus ❶ *het kiezen* choix *m* ★ *een keus maken* faire son choix ★ *aan jou de keus* (c'est) à toi de choisir, tu as le choix ★ *uit vrije keus* librement ★ *voor een keus staan* devoir choisir ★ *vakken naar keuze* des matières au choix ★ *je hebt geen keus* tu n'as pas le choix ★ *naar eigen keus* au choix, à votre choix ❷ *wat gekozen is* ★ *tweede keus* (articles *m mv*) de second choix, articles bas de gamme ★ *zijn keus laten vallen op* fixer / porter son choix sur, jeter son dévolu sur ❸ *waaruit men kan kiezen* ★ *er is keus te over* il y a le choix, on (n')a (que) l'embarras du choix ★ *weinig keus* peu de choix, un choix limité ★ *er is geen keus* on n'a pas le choix, il n'y a pas d'alternative
keutel ❶ *drolletje* crotte *v* ❷ *dreumes* petit bout *m* (de chou)
keuterboer petit exploitant *m*
keuvelen faire la causette, causer
keuze → **keus**
keuzemenu ❶ cul menu *m* à la carte ❷ comp menu *m*
keuzemogelijkheid option *v*
keuzepakket ‹v. leervakken› matières *v mv* à option, ‹v. tv-kanalen› bouquet *m* (de programmes)
keuzevak matière *v* à option
keven [verl. td.] → **kijven**
kever ❶ *insect* scarabée *m*, biol coléoptère *m* ❷ *auto* coccinelle *v*
keyboard ❶ muz clavier *m* ❷ comp clavier *m*
kg *kilogram* kg
kibbelen se chamailler
kibbeling cul joue *v* de cabillaud

kibboets kibboutz *m* [mv: kibboutz(im)]
kick ★ *ergens een kick van krijgen* prendre son pied
kickboksen kickboxing *m*
kickeren BN *tafelvoetbal spelen* jouer au baby-foot
kidnappen kidnapper
kidnapper kidnappeur *m* [v: kidnappeuse]
kids inform *kinderen* gosses *m/v mv*
kiekeboe coucou ★ ~ *spelen* jouer à cache-cache
kiekendief busard *m*
kiekje photo *v*
kiel ❶ scheepv quille *v* ❷ *kledingstuk* blouse *v*
kielhalen faire subir la grande cale à
kielzog sillage *m*, remous *m* ★ fig *in het ~ van* dans le sillage de, à la remorque de
kiem germe *m* ★ *in de kiem smoren* étouffer dans l'œuf
kiemen germer
kien ❶ *pienter* malin [v: maligne], futé ★ *een kien jochie* un gamin éveillé ❷ ~ **op** ⟨verzot op⟩ épris de, ⟨gespitst op⟩ attentif à
kiep ▾ sport *vliegende kiep* gardien *m* (de but) volant
kiepauto véhicule *m* à benne basculante, tombereau *m* [mv: tombereaux]
kiepen I *ov ww, neergooien* balancer ★ *iets op de grond ~* balancer qc par terre **II** *onov ww, vallen* basculer ★ *het bord is van de tafel gekiept* l'assiette est tombé de la table
kieperen I *ov ww, smijten* balancer, flanquer **II** *onov ww, tuimelen* dégringoler
kier fente *v*, ⟨van deur / raam⟩ entrebaîllement *m* ★ *op een kier zetten* entrebâiller, entrouvrir ★ *de deur op een kier laten staan* laisser la porte entrouverte ★ *op een kier staan* être entrouvert
kierewiet dingue
kies I *de* molaire *v*, dent *v* ★ *holle kies* dent *v* creuse ★ *bij iem. een kies trekken* extraire une dent à qn ★ *zijn kiezen op elkaar houden* ne pas desserrer les dents ★ *heel wat achter de kiezen hebben* en avoir avalé ★ *voor zijn kiezen krijgen* essuyer, ramasser **II** *bn* ❶ *fijngevoelig* délicat ❷ *kieskeurig* délicat, difficile **III** *bw* délicatement
kiesdeler quotient *m* électoral
kiesdistrict circonscription *v* (électorale)
kiesdrempel seuil *m* électoral, barre *v*
kiesgerechtigd jur pol ayant le droit de vote ★ *~e leeftijd* âge *m* électoral
kieskeurig délicat, difficile (**op** sur), regardant (**op** sur), exigeant
kieskring circonscription *v* (électorale)
kiespijn mal *m* de dents ★ ~ *hebben* avoir mal aux dents ★ fig *ik kan hem missen als ~* un de perdu, dix de retrouvés ★ fig *lachen als een boer die ~ heeft* rire jaune
kiesrecht jur pol droit *m* de vote ★ *algemeen ~* suffrage *m* universel
kiestoon tonalité *v*
kietelen *kriebelen* chatouiller
kieuw branchie *v*, ouïes *v mv*
Kiev Kiev *m*
kieviet vanneau *m* [mv: vanneaux]
Kievs kiévien [v: kiévienne]
kiezel I *de, steen* caillou *m* [mv: cailloux] **II** *het* ❶ *grind* gravillon *m*, gravier *m* ❷ *silicium* silicium *m*
kiezelpad chemin *m* caillouté
kiezelsteen caillou *m* [mv: cailloux]
kiezelstrand plage *v* de galets
kiezen I *ov ww* ❶ *keus doen* choisir (**tussen**, **uit** entre, parmi), form opter pour ★ *als voorbeeld ~* choisir comme / pour modèle ★ *het voor het ~ hebben* avoir le choix, n'avoir que l'embarras du choix ★ *het is ~ of delen* c'est à prendre ou à laisser, il faut qu'une porte soit ouverte ou fermée ❷ *door keuze benoemen* élire ★ *iem. tot voorzitter ~* élire qn président **II** *onov ww* ❶ *keus maken* choisir, faire son choix ★ ~ *uit* choisir parmi ❷ *stemmen* voter (**voor** pour)
kiezer électeur *m* [v: électrice] ★ *de ~s* le corps *m* électoral, l'électorat *m* ★ *zwevende ~s* l'électorat *m* flottant
kift form jalousie *v* ★ *het is allemaal de kift!* c'est la jalousie qui parle!
kiften se chamailler
kijf ★ *dat staat buiten kijf* cela ne fait aucun doute, c'est sans conteste
kijk ❶ *het kijken* vue *v* ★ *te kijk staan* être exposé (aux regards), se donner en spectacle ★ *iem. te kijk zetten* tourner qn en ridicule ★ *te kijk lopen met iets* se donner en spectacle ★ *tot kijk!* salut! ❷ *vooruitzicht* ★ *daar is geen kijk op* il ne faut pas y compter ❸ *inzicht* optique *v*, point *m* de vue, ⟨visie⟩ vision *v* (**op** de) ★ *kijk op het leven* vision *v* de la vie ★ *zij heeft daar geen kijk op* elle ne s'y connaît pas ★ *ik begin er kijk op te krijgen* je commence à y voir clair ★ *een andere kijk op iets hebben* voir qc sous un autre jour
kijkcijfers taux *m* d'audience / d'écoute, audimat *m* ★ *hogere ~ halen* augmenter sa part d'audience
kijkdag (jour *m* d')exposition *v*
kijkdichtheid taux *m* d'audience / d'écoute, audimat *m* ★ *een onderzoek naar ~* un sondage d'audience ★ *deze uitzending heeft een hoge ~* cette émission a un taux d'audience élevé
kijken I *ov ww* regarder ★ *winkels ~* faire du lèche-vitrine ★ *zullen we een film gaan ~?* on va voir un film? **II** *onov ww* regarder ★ *laat eens ~* fais voir ★ *kijk eens!* regarde!, viens voir! ★ *op zijn horloge ~* regarder l'heure (à sa montre) ★ *uit het raam ~* regarder par la fenêtre ★ *naar de televisie ~* regarder la télé ★ ~ *naar een schilderij* regarder un tableau ★ *om zich heen ~* regarder autour de soi ★ *voor zich ~* regarder devant soi ★ *laten we 'ns ~* voyons ★ ~ *of* voir si ★ *hij stond ervan te ~* il en était stupéfait, il n'en revenait pas ★ *bang ~* avoir l'air effrayé ★ *kijk niet zo dom!* ne regarde pas aussi bêtement! ★ *kijk op www.prisma.nl* regardez sur www.prisma.nl ★ *daar komt heel wat bij ~* cela ne se fait pas tout seul, c'est toute une affaire ★ *niet op een cent ~* ne pas regarder à la dépense ★ *hij kijkt niet op een honderd euro* il n'en est pas à cent euros près ★ ~ *kost niets* regarder n'engage à rien ★ *hij kijkt niet zo nauw* il n'y regarde pas de si près ★ *hij komt pas ~* il sort de l'œuf ★ *kijk naar jezelf!* tu ne t'es pas regardé! ★ *laat naar je ~* fait-toi examiner ★ *kijk (aan)!* tiens! ★ *raar staan te ~* rester baba, tomber de son haut, tomber des nues
kijker ❶ *verrekijker* jumelles *v mv* ★ fig *iem. in de*

~ *hebben* avoir qn dans le collimateur ★ fig *in de ~ lopen* attirer l'attention ❷ *persoon* spectateur *m* [v: spectatrice], ⟨televisie⟩ téléspectateur *m* ❸ *oog* mirette *v* ★ *grote bruine ~s* grandes mirettes noisette
kijkgeld redevance *v* (télé) ★ *kijk- en luistergeld* redevance audiovisuelle
kijkje coup *m* d'œil ★ *een ~ gaan nemen* jeter un coup d'œil, voir un peu ce qui se passe ★ *een ~ achter de schermen* un coup d'œil dans les coulisses
kijkoperatie endoscopie *v*
kijkwoning BN *modelwoning* maison-témoin *v*
kijven se quereller
kik ★ *geen kik geven* ⟨zwijgen⟩ ne pas piper, ⟨niet klagen⟩ ne pas broncher
kikken ★ *niet ~* ne pas piper (mot) ★ *niet durven ~* n'oser piper mot ★ *je hoeft maar te ~ en ik kom* tu n'as qu'un mot à dire et j'arrive
kikker grenouille *v* ★ fig *een opgeblazen ~* hâbleur *m*, frimeur *m* ★ fig *een ~ in de keel hebben* avoir un chat dans la gorge ★ fig *een koude ~ zijn* être de marbre
kikkerbad pataugeoire *v*
kikkerbilletjes cuisses *v mv* de grenouille
kikkerdril œufs *m mv* / frai *m* de grenouille
kikkeren sautiller à croupetons
kikkererwt pois *m* chiche
kikkervisje têtard *m*
kikvorsman homme-grenouille *m* [mv: hommes-grenouilles]
kil I *bn* ❶ *fris* frais [v: fraîche] ❷ *onhartelijk* glacial ★ *een kille blik* un regard glacial **II** *bw* froidement
kilo kilo *m*
kilobyte kilo-octet *m*, Ko *m*
kilocalorie kilocalorie *v*
kilogram kilogramme *m*
kilohertz kilohertz *m*
kilojoule kilojoule *m*
kilometer kilomètre *m* ★ *we hebben ongeveer zestig ~ gefietst* on a fait environ soixante kilomètres de vélo ★ *vierkante ~* kilomètre carré ★ *vijftig ~ per uur* cinquante kilomètres à l'heure
kilometerpaal borne *v* kilométrique
kilometerteller compteur *m* (kilométrique)
kilometervergoeding indemnité *v* kilométrique
kilowatt kilowatt *m*
kilowattuur kilowattheure *m*
kilt kilt *m*
kilte ❶ *frisheid* fraîcheur *v* ❷ *onhartelijkheid* froideur *v*
kim horizon *m*
kimono kimono *m*
kin menton *m* ★ *dubbele kin* double menton ★ fig *iem. onder de kin strijken* passer de la pommade à qn
kind ❶ *jeugdig persoon* enfant *m/v*, inform gosse *m/v* ★ *spelende kinderen* des enfants qui sont en train de jouer ★ *van kind af aan* dès l'enfance ★ *als kind* durant l'enfance ★ *kleine kinderen worden groot* petit poisson deviendra grand ★ *het kind van de rekening zijn* être le dindon de la farce ★ *dat ziet een kind!* ça crève les yeux! ★ rel *Onnozele Kinderen* les (saints) Innocents *m mv* ★ *een kind kan de was doen* c'est enfantin ★ *het kind met het badwater weggooien* jeter le bébé avec l'eau du bain ★ *geen kind aan iem. hebben* avoir qn dans sa poche ❷ *nakomeling* enfant *m/v* ★ *een kind verwachten* attendre un enfant ★ *een kind krijgen* accoucher ★ *een natuurlijk kind* un enfant naturel.. ★ *een buitenechtelijk kind* un enfant illégitime ★ *ik krijg er een kind van!* ça me fait mal aux seins! ★ *wie zijn kind liefheeft, kastijdt het* qui aime bien châtie bien ★ *ergens kind aan huis zijn* être un familier de la maison ★ *een kind van zijn tijd zijn* être de son temps ★ *kind noch kraai hebben* être sans famille, être seul au monde ★ *kinderen zijn hinderen* inform faites des gosses!
kinderachtig I *bn* ❶ *als kind* d'enfant ❷ *flauw* enfantin, puéril ★ *wat ben jij ~!* que tu es enfant! ★ *doe niet zo ~* ne fais pas l'enfant ★ *ergens niet ~ in zijn* ne pas être regardant sur qc ★ *dat is niet ~* ce n'est pas rien **II** *bw* puérilement, comme un enfant ★ *~ doen* faire l'enfant
kinderarbeid travail *m* des enfants / mineurs
kinderarts pédiatre *m/v*
kinderbescherming protection *v* de l'enfance ★ *Raad voor de Kinderbescherming* ≈ Aide *v* sociale à l'enfance
kinderbijbel bible *v* pour les enfants
kinderbijslag allocations *v mv* familiales
kinderboek livre *m* pour enfants
kinderboerderij ferme *v* pour enfants
kinderdagverblijf halte-garderie *v* [mv: haltes-garderies] crèche *v*
kindergeld BN *kinderbijslag* allocations *v mv* familiales
kinderhand menotte *v* ★ fig *een ~ is gauw gevuld* ≈ on se contente de peu
kinderhoofdje *bolle steen* pavé *m*
kinderjaren enfance *v*
kinderkaartje ticket *m* à tarif réduit pour enfants
kinderkamer chambre *v* d'enfant
kinderkleding vêtements *m mv* d'enfants
kinderkoor chœur *m* d'enfants
kinderlijk I *bn* ❶ *als (van) een kind* enfantin, d'enfant, ⟨jegens ouders⟩ filial [m mv: filiaux] ❷ *naïef* ingénu, naïf [v: naïve] **II** *bw* ❶ *als (van) een kind* ★ *~ eenvoudig* enfantin ❷ *naïef* naïvement
kinderlokker ≈ pédophile *m/v*
kinderloos (resté) sans enfants
kindermeisje nurse *v*
kindermenu menu *m* pour enfants
kindermoord infanticide *m*
kinderoppas nourrice *v*, ⟨gediplomeerd⟩ assistante *v* maternelle, ⟨babysitter⟩ baby-sitter *m/v* [mv: baby-sitters]
kinderopvang garderie *v*
kinderporno pornographie *v* pédophile
kinderpsychiater pédopsychiatre *m/v*
kinderrechter jur juge *m* des enfants
kinderschoen chaussure *v* d'enfant ★ fig *nog in de ~en staan* être encore aux balbutiements, être encore dans les langes ★ fig *de ~en ontgroeid zijn* être sorti de l'enfance
kinderslot (serrure *v* de) sécurité *v*
kinderspel ❶ *spel voor kinderen* jeu *m* d'enfant ❷ *eenvoudige zaak* jeu *m* d'enfant ★ *dat is ~ voor*

ki

ons ce n'est qu'un jeu d'enfant pour nous
kindersterfte mortalité *v* infantile
kinderstoel chaise *v* d'enfant
kindertehuis home *m* d'enfants, foyer *m* de la DDASS
kindertelefoon *hulplijn* ≈ SOS *m* enfants
kindertijd enfance *v*
kindertuin BN *crèche* jardin *m* d'enfants
kinderverlamming med poliomyélite *v*, inform polio *v*
kindervoeding nutrition *v* des enfants
kinderwagen landau *m* [mv: landaus], ⟨wandelwagentje⟩ poussette *v*
kinderwens ❶ *wens kinderen te krijgen* désir d'avoir des enfants ❷ *wens van een kind* rêve *m* d'enfants
kinderziekenhuis hôpital *m* d'enfants [mv: hôpitaux ...]
kinderziekte ❶ lett *ziekte* maladie *v* infantile ❷ fig *beginproblemen* ratés *m mv* du démarrage
kinderzitje siège-enfant *m* [mv: sièges-enfant]
kinds gâteux [v: gâteuse], inform gaga ★ ~ *worden* retomber en enfance
kindsbeen ▾ *van ~ af* dès l'enfance
kindsdeel part *v* d'enfant
kindsheid *het kinds zijn* sénilité *v*, gâtisme *m*
kindsoldaat enfant-soldat *m* [mv: enfants-soldats]
kindveilig à l'épreuve des enfants ★ *~e sluiting* fermeture *v* de sécurité (pour) enfants
kindveiligheid sécurité *v* enfants
kindvriendelijk adapté aux enfants
kinesist BN *fysiotherapeut* kinésithérapeute *m/v*, inform kiné *m/v*
kinesitherapie, inform **kine** BN *fysiotherapie* kinésithérapie *v*
kinetisch cinétique
kingsize (en) grand format ★ *een ~ sigaret* une cigarette extra-longue
kinine quinine *v*
kink nœud *m* ★ fig *er is een kink in de kabel gekomen* il y a qc qui cloche ★ fig *een kink in de kabel* un incident de parcours, inform un hic, un pépin
kinkel lourdaud *m*, rustre *m*
kinkhoest coqueluche *v*
kinky vicelard
kinnebak mâchoires *v mv*
kiosk kiosque *m*
kip ❶ *dier* poule *v* ★ *jonge kip* poulet *m* ★ fig *er was geen kip* il n'y avait pas un chat ★ fig *redeneren als een kip zonder kop* raisonner comme une pantoufle, dire n'importe quoi ★ fig *de kip met de gouden eieren slachten* tuer la poule aux œufs d'or ★ fig *dat is de vraag van de kip en het ei* c'est comme l'oeuf et la poule ★ fig *er als de kippen bij zijn* sauter sur l'occasion ★ fig *met de kippen op stok gaan* se coucher avec / comme les poules ★ inform *kip, ik heb je* je t'ai ❷ culin poulet *m*
kipfilet blanc *m* de poulet
kiplekker frais et dispos ★ *ik voel me ~* je me porte comme un charme
kippenbil BN culin *kippenbout* cuisse *v* de poulet
kippenborst ❶ *vlees* blanc *m* de poulet ❷ *misvorming* ≈ poitrine *v* rachitique
kippenbout cuisse *v* de poulet
kippeneindje petit bout *m* de chemin
kippenfokkerij ❶ *het fokken* aviculture *v* ❷ *fokbedrijf* élevage *m* de poules
kippengaas grillage *m*, treillis *m*
kippenhok poulailler *m*
kippenlever foie *m* de poulet
kippenren parquet *m*
kippensoep culin potage *m* au poulet
kippenvel fig chair *v* de poule ★ *daar krijg ik ~ van* cela me donne la chair de poule
kippenvlees poulet *m*
kippig bigleux [v: bigleuse], myope
Kirgizië le Kirghizstan ★ *in ~* au Kirghizstan
Kirgizisch kirghiz
Kiribati Kiribati *v*
kirren ❶ *geluid maken* ⟨van duiven⟩ roucouler ❷ *giechelen* ⟨van mensen⟩ glousser
kissebissen se chamailler, discutailler
kist ❶ *bak / doos* caisse *v*, boîte *v*, ⟨meubel⟩ coffre *m* ❷ *doodkist* cercueil *m*
kisten ★ fig *laat je niet ~* ne te laisse pas faire
kistje *kleine kist* boîte *v*, coffret *m*
kit I *de/het, kleefmiddel* mastic *m* II *de, set / bouwpakket* kit *m*
kitchenette kitchenette *v*, cuisinette *v*
kitesurfen faire du kitesurf
kits ★ *alles kits?* ça baigne?, ça gaze?
kitsch kit(s)ch *m*
kitscherig kit(s)ch [onver.]
kittelaar clitoris *m*
kitten mastiquer
kittig I *bn* pimpant ★ *een ~ dametje* une petite bonne femme pimpante II *bw* vivement
kiwi ❶ plantk *vrucht* kiwi *m* ❷ *vogel* kiwi *m*
klaaglijk I *bn* plaintif [v: plaintive] II *bw* plaintivement
Klaagmuur mur *m* des Lamentations
klaagzang ❶ *klaaglied* élégie *v*, complainte *v* ❷ *jammerklacht* lamentations *v mv* ★ *een ~ aanheffen* se répandre en lamentations
klaar ❶ *gereed, af* prêt (**om**, **voor** à), ⟨afgewerkt⟩ fini, achevé ★ *het schip is ~ om te vertrekken* le navire est prêt à partir ★ *~ voor de start? af!* prêt? partez! ★ *hij heeft altijd een antwoord ~* il a réponse à tout, il a de la repartie ★ *~ om te gebruiken* prêt à l'emploi ★ *met iets ~ zijn* avoir fini (de faire) qc ★ *ik ben zo ~* j'ai bientôt fini, j'en ai pour deux secondes ★ *~ terwijl u wacht* service *m* minute ★ *~ is Kees* voilà qui est fait!, ça y est!, (et) le tour est joué! ★ *daar ben je (mooi) ~ mee!* la belle avance!, te voilà propre ❷ *helder, duidelijk* clair, limpide ★ *klare taal spreken* être éloquent
klaarblijkelijk I *bn* évident, manifeste II *bw* évidemment, manifestement
klaarheid fig *duidelijkheid* clarté *v* ★ *~ in een zaak brengen* tirer une affaire au clair
klaarkomen ❶ *gereedkomen* être achevé ★ *~ met* finir, achever ❷ *orgasme krijgen* jouir
klaarleggen préparer
klaarlicht → **dag**
klaarliggen être prêt
klaarmaken ❶ *voorbereiden* préparer ★ *het eten ~* préparer le repas ★ *zich ~* se préparer ❷ *presteren* ★ *niets ~* n'arriver à rien ❸ *tot orgasme brengen* faire jouir

kl

klaar-over ≈ chargé *m* de la circulation à la sortie des écoles [v: chargée ...]
klaarspelen venir à bout de, arranger ★ *hoe heb je dat klaargespeeld?* comment as-tu réussi à le faire? ★ *het ~* y arriver, s'en sortir, réussir (son coup)
klaarstaan *gereedstaan* être prêt (**om te**, **voor** à), ‹van persoon› se tenir prêt ★ *~ om* être fin prêt à ★ *~ voor iem.* être prêt à rendre service à qn, être serviable
klaarstomen fig préparer intensivement ★ *iem. voor een examen ~* faire bachoter qn pour un examen
klaarwakker bien réveillé
klaarzetten préparer
klaas ▾ *een houten ~* un manche à balai
Klaas Vaak le marchand de sable
klacht ❶ *uiting van misnoegen, pijn, ongemak* plainte *v* ★ *~en uiten* se plaindre ★ *de dokter vroeg wat zijn ~en waren* le médecin lui a demandé ce qui ne va pas ★ *vage ~en* plaintes imprécises ❷ *aanklacht* plainte *v* ★ *een ~ indienen tegen iem.* porter plainte contre qn, déposer une plainte contre qn
klachtenboek cahier *m* des réclamations
klachtenlijn numéro *m* (vert) pour les réclamations
klad I *de* ★ *ergens de klad in brengen* gâter qc ★ *de klad zit erin* ça se gâte ★ *iem. bij de kladden pakken* prendre qn au collet, coincer qn **II** *het* brouillon *m* ★ *een brief in het klad schrijven* faire le brouillon d'une lettre → **kladje**
kladblaadje brouillon *m*
kladblok cahier *m* / bloc *m* de brouillon
kladden I *ov ww, slordig schrijven of schilderen* barbouiller, ‹m.b.t. schrijven› gribouiller **II** *onov ww, kliederen, knoeien* barbouiller, ‹vlekken maken› faire des taches
kladderen ❶ *slordig schrijven* barbouiller ❷ *slecht schilderen* barbouiller
kladje ❶ *kladblaadje* brouillon *m* ❷ *voorlopig ontwerp* brouillon *m*
kladpapier brouillon *m*, papier *m* (de) brouillon
kladschrijver gâcheur *m* de papier [v: gâcheuse ...]
klagen I *ov ww, als klacht uiten* ★ *iem. zijn nood ~* s'épancher auprès de qn, se confier à qn **II** *onov ww* ❶ *een klacht uiten* se plaindre (**bij** à, auprès de; **over** de) ★ *over rugpijn ~* avoir mal au dos ★ *ik heb niet te ~* je n'ai pas à me plaindre ❷ jur porter plainte
klager ❶ *iem. die klaagt* plaignant *m* [v: plaignante] ❷ jur plaignant [v: plaignante]
klagerig geignard, ‹klagend› plaintif [v: plaintive]
klak BN *pet* casquette *v*
klakkeloos I *bn* gratuit **II** *bw* ‹zomaar› comme ça, ‹zonder grond› gratuitement ★ *iets ~ geloven* avaler qc, inform gober qc ★ *iets ~ overnemen* copier qc, inform pomper qc
klakken claquer ★ *met de tong ~* faire claquer sa langue
klam moite ★ *klam zweet* sueurs *v mv* froides
klamboe moustiquaire *v*
klamp patte *v*
klandizie clientèle *v* ★ *veel ~ hebben* avoir une grosse clientèle ★ *weinig ~ hebben* avoir peu de clientèle
klank son *m*, ‹wijze van klinken› sonorité *v*, ‹toonkleur› timbre *m* ★ *een warme ~* un timbre chaud ★ *haar naam heeft een goede ~* elle a bonne réputation
klankbodem caisse *v* de résonance, fig écho *m*
klankbord abat-voix *m* [mv: id.]
klankkast caisse *v* de résonance
klankkleur timbre *m*
klant ❶ *koper* client *m* [v: cliente] ★ *~en* la clientèle ★ *vaste ~* client fidèle, fig habitué *m* ★ *de ~ is koning* le client est roi, le client a toujours raison ❷ *kerel* client *m*, type *m* ★ *een vrolijke ~* un type enjoué, un joyeux luron
klantenbinding fidélisation *v* ★ *aan ~ doen* fidéliser la clientèle
klantenkaart carte *v* de fidélité
klantenkring clientèle *v*
klantenservice service *m* après-vente
klantenwerving prospection *v*
klantgericht ciblé sur le client, orienté vers le client
klantvriendelijk personnalisé
klap ❶ *slag* coup *m*, claque *v* ★ *klappen krijgen* en prendre des coups ★ *een klap om de oren* une gifle ★ *een klap uitdelen* flanquer une gifle ★ *er vielen klappen* on en venait aux coups / aux mains ★ *in één klap* d'un (seul) coup ★ *dat was een klap in zijn gezicht* c'était une vraie gifle pour lui ★ *de eerste klap is een daalder waard* ≈ chose bien commencée est à demi achevée ★ *een klap van de molen gehad hebben* être un peu toqué ★ *hij voert geen klap uit* il n'en fiche pas une (rame) ❷ *tegenslag* coup *m* (dur) ★ *zijn dood is een klap voor de Nederlandse popmuziek* son décès est un coup dur pour le pop néerlandais ❸ *fel geluid* coup *m*, ‹van deur› claquement *m* ★ *het boek viel met een doffe klap op de grond* le livre tombait parre terre avec un bruit sourd ★ *de deur met een klap dichtslaan* claquer la porte ★ *met een klap neerkomen* tomber lourdement ★ *de klap op de vuurpijl* le bouquet (final)
klapband crevaison *v*
klapdeur porte *v* battante
klaphekje portillon *m*
klaplong pneumothorax *m*
klaplopen parasiter
klaploper parasite *m*, pique-assiette *m* [mv: pique-assiette(s)]
klappen ❶ *uiteenspringen* éclater ★ *in elkaar ~* s'effondrer ★ *uit elkaar ~* éclater ❷ *geluid maken* claquer, ‹met handen› battre des mains, ‹als applaus› applaudir ★ *in zijn handen ~* battre des mains ★ *met een zweep ~* faire claquer un fouet
klapper ❶ *vuurwerk* pétard *m* ❷ fig *uitschieter* succès *m* monstre ★ *een ~ maken* réussir un gros coup, gagner le gros lot ★ *een ~ zijn* faire un malheur / un carton ❸ *agenda, map, register* répertoire *m*, index *m* alphabétique, ‹ordner› classeur *m*
klapperen claquer
klapperpistool pistolet *m* à amorces
klappertanden claquer des dents
klappertje amorce *v*
klaproos coquelicot *m*

kl

klapschaats patin *m* clap
klapstoel strapontin *m*, ‹vouwstoel› chaise *v* pliante
klapstuk ❶ *vlees* plat *m* de côte ❷ fig *hoogtepunt* clou *m*
klaptafel table *v* pliante
klapwieken battre des ailes
klapzoen bise *v* sonore
klare genièvre *m*, schiedam *m* ★ *oude* ~ du vieux genièvre
klaren ❶ *helder maken* clarifier ❷ *in orde krijgen* venir à bout de, arranger ★ *hij zal het wel* ~ il va s'en sortir
klarinet clarinette *v*
klarinettist clarinettiste *m/v*
klas ❶ onderw *groep leerlingen* classe *v* ★ *voor de klas staan* enseigner ★ *de beste van de klas* le premier de (la) classe ❷ onderw *leerjaar* année *v*, classe *v* ★ *in de eerste klas* en première année, ‹basisschool› en CP (cours préparatoire), ‹middelbare school› en sixième ★ *in de derde klas zitten* ‹basisschool› être en CE2, ‹middelbare school› être en quatrième ❸ onderw *lokaal* (salle *v* de) classe *v* ★ *de klas uit gestuurd worden* être expulsé du cours ❹ *kwaliteit* classe *v* ★ *eerste klas reizen* voyager en première
klasgenoot onderw camarade *m/v* de classe
klaslokaal onderw (salle *v* de) classe *v*
klasse ❶ *kwaliteit* classe *v* ★ ~ *hebben* avoir de la classe, inform être classe ★ ~*!* super!, la classe! ❷ *maatschappelijke laag* classe *v* ★ *de werkende* ~ la classe laborieuse ❸ *afdeling van sportcompetitie* ★ BN *eerste* ~ ‹hoogste klasse voetbal› première division *v* ★ BN *tweede* ~ ‹op één na hoogste klasse voetbal› seconde division *v*
klasse *geweldig* ...qui a de la classe, inform ...très classe ★ ~*auto* voiture *v* de grande classe
klassement classement *m* ★ *algemeen* ~ classement général
klassenavond onderw soirée *v* de classe
klassenjustitie justice *v* de classe
klassenleraar onderw professeur *m* principal, BelgFr titulaire *m/v* de classe
klassenstrijd lutte *v* des classes
klassenvertegenwoordiger onderw délégué *m* de classe [v: déléguée ...]
klasseren classer ★ *zich* ~ se qualifier
klassering classement *m*
klassiek ❶ *de klassieke oudheid betreffend* classique, antique ★ ~*e talen* langues *v mv* classiques ❷ *traditioneel* classique ★ ~*e muziek* musique *v* classique ❸ *van duurzame waarde* classique ★ *een* ~ *middel* un remède classique ★ *een* ~ *voorbeeld* un exemple classique
klassieken classiques *m mv*
klassieker ❶ *bekend werk* classique *m* ❷ sport *wedstrijd* (épreuve *v*) classique *v*
klassikaal I *bn* onderw (fait) en classe, collectif [v: collective] ★ ~ *onderwijs* instruction *v* en classe II *bw* onderw en classe, collectivement ★ *iets* ~ *behandelen* traiter qc en classe
klateren bruire, ‹van donder› rouler ★ ~*d applaus* un tonnerre d'applaudissements ★ *zacht* ~*d* murmurant
klauteren grimper, escalader ★ *over de muur* ~ escalader le mur ★ *in een boom* ~ grimper dans / sur un arbre
klauw ❶ *poot van roofdier* griffe *v*, ‹van vogel ook› serre *v* ★ *zijn* ~*en uitslaan* sortir ses griffes ❷ *hand* patte *v* ★ *iem. in zijn* ~*en krijgen* mettre le grappin sur qn ★ *blijf er met je* ~*en af!* bas les pattes! ★ *in de* ~*en vallen van* tomber entre les griffes de ★ *uit de* ~*en lopen* déraper ❸ *schram* coup *m* de griffe ❹ techn *haak* griffe *v*, patte *v*
klauwhamer marteau *m* à dents [mv: marteaux ...]
klavecimbel clavecin *m*
klaver ❶ *plant* trèfle *m* ❷ *figuur in kaartspel* trèfle *m*
klaveraas as *m* de trèfle
klaverblad ❶ *blad van klaver* feuille *v* de trèfle ❷ *wegkruising* échangeur *m*
klaverboer valet *m* de trèfle
klaverheer roi *m* de trèfle
klaverjassen ≈ jouer à la belote
klavertjevier trèfle *m* à quatre feuilles
klavervrouw dame *v* de trèfle
klavier ❶ *instrument* piano *m* ❷ *toetsenbord* clavier *m*
kledderen *knoeien* barbouiller, ‹spatten› éclabousser
kleddernat tout mouillé, trempé
kleden habiller, vêtir ★ *in het zwart gekleed* habillé de / en noir ★ *als een dame gekleed* vêtue comme une dame, ‹van man› déguisé en femme ★ *zich in het zwart* ~ s'habiller en noir ★ *netjes gekleed* bien mis, inform bien sapé ★ *slecht gekleed* inform mal ficelé ★ *geklede jas* manteau *m* habillé ★ *zich warm* ~ s'habiller chaudement
klederdracht costume *m*
kledij vêtements *m mv*, ‹wijze van kleden› tenue *v*, mise *v*
kleding vêtements *m mv*, habits *m mv*
kledingstuk vêtement *m*
kledingzaak magasin *m* de vêtements
kleed ❶ *bedekking* ‹tapijt› tapis *m*, ‹overtrek› couverture *v* ❷ BN *jurk* robe *v* ★ fig BN *iets in een nieuw* ~*je steken* faire faire peau neuve à qc
kleedgeld ≈ frais *m mv* d'habillement
kleedhokje cabine *v*
kleedkamer vestiaire *m*, ‹in theater› loge *v*
kleedster habilleuse *v*
kleefpasta pâte *v* adhésive, colle *v*
kleerborstel brosse *v* à habits
kleerhanger cintre *m*
kleerkast, klerenkast ❶ *kast voor kleren* armoire *v*, ‹hangkast› penderie *v* ❷ *grote gespierde man* armoire *v* à glace
kleermaker tailleur *m*
kleermakerszit ★ *in* ~ (assis) en tailleur
kleerscheuren ▼ *er zonder* ~ *afkomen* s'en tirer à bon compte, l'échapper belle
klef ❶ *kleverig* pâteux [v: pâteuse], ‹papperig› collant, ‹klam› moite ❷ *hinderlijk aanhalig* peloteur [v: peloteuse] ★ *wat een klef stelletje!* ils sont toujours collés ensemble!
klei argile *v*, ‹boetseerklei› pâte *v* à modeler ★ *uit de klei getrokken* mufle, rustre ★ *uit de klei getrokken zijn* être un péquenaud / plouc
kleiduivenschieten ball-trap *m*
kleien faire du modelage
kleigrond sol *m* argileux

klein I *bn* ❶ *niet groot* petit ★ *een ~ tafeltje* une petite table ★ *heel ~* tout petit, minime ★ *in ~e stukjes hakken* hacher menu ★ *deze schoenen zijn me te ~* ces chaussures sont trop étroites pour moi ★ *~ van stuk* de petite taille ★ *~ maar dapper* petit de taille, grand de cœur ★ *~ maar fijn* c'est dans les petits flacons qu'on trouve les meilleurs parfums ★ *~e details* menus détails ★ *tot in de ~e uurtjes doorgaan* continuer jusqu'au petit matin ❷ *jong* ★ *mijn ~e zusje* ma petite soeur ★ *~ kind* petit enfant *m*, petit *m* ★ *de ~e* le petit ❸ *niet voornaam, onaanzienlijk* petit ★ *de ~e man* les petites gens, form le menu peuple ★ *~ van geest* mesquin ❹ *niet geheel* ★ *een ~ uur* une petite heure ★ *een ~ jaar* à peine un an ★ *een ~e honderd auto's* quelque cent voitures **II** *bw* petitement ★ *~ beginnen* commencer petit ★ *~ wonen* être logé à l'étroit ★ *~ schrijven* écrire menu **III** *het* ★ *in het ~* en petit, en miniature ★ *wie het ~e niet eert, is het grote niet weerd* ≈ Il n'y a pas de petites économies ★ *~ en groot* petit et grand ★ *in het ~ verkopen* vendre au détail
Klein-Azië l'Asie *v* Mineure
kleinbedrijf petites entreprises *v mv*
kleinbehuisd logé petitement, logé à l'étroit
kleinburgerlijk petit-bourgeois [m mv: petits-bourgeois] [v: petite-bourgeoise]
kleindochter petite-fille *v* [mv: petites-filles]
Kleinduimpje *sprookjesfiguur* le Petit Poucet
kleinerdanteken wisk symbole *m* 'est inférieur à'
kleineren rabaisser, déprécier, ⟨van prestatie⟩ diminuer
kleingeestig mesquin, petit
kleingeld (petite) monnaie *v* ★ *heb je voor 3 euro ~?* tu as 3 euros en petite monnaie?
kleinigheid ❶ *geschenk* petite chose *v*, ⟨fooi⟩ pièce *v* ★ *een ~je meebrengen* apporter un petit qc ❷ *iets onbelangrijks* bagatelle *v*, rien *m*, babiole *v*, inform bricole *v* ★ *dat is geen ~!* ce n'est pas une mince affaire!
kleinkind ⟨jongen⟩ petit-fils *m*, ⟨meisje⟩ petite-fille *v* ★ *~eren* petits-enfants *m mv*
kleinkrijgen réduire à l'obéissance, mater ★ *we zullen hem wel ~* il finira par nous obéir
kleinkunst variétés *v mv*
kleinmaken ❶ *iets klein maken* réduire en morceaux, ⟨hakken⟩ hacher menu ❷ *geld wisselen* faire la monnaie de ❸ *vernederen* ★ *zich ~* se faire tout petit
kleinschalig à petite échelle ★ *~ denken* voir petit
kleintje ❶ *klein mens of dier* petit *m* [v: petite] ★ *een ~ krijgen* avoir un bébé ❷ *klein ding* petit *m* [v: petite] ★ *een ~ koffie* un petit café ★ *een ~ pils* un petit verre de bière ★ fig *op de ~s letten / passen* regarder à la dépense ★ fig *voor geen ~ vervaard zijn* ne pas avoir froid aux yeux ★ fig *vele ~s maken één grote* les petits ruisseaux font les grandes rivières
kleinvee petit bétail *m*
kleinzerig douillet [v: douillette]
kleinzielig mesquin, petit, borné
kleinzoon petit-fils *m* [mv: petits-fils]
klem I *de* ❶ *klemmend voorwerp* pince *v*, ⟨val⟩ piège *m* ★ fig *in de klem zitten* être dans l'embarras ❷ *nadruk* emphase *v*, force *v* ★ *zijn woorden klem bijzetten* appuyer ses propos ★ *met klem vragen* demander instamment / avec instance / avec insistance **II** *bn* ★ *klem zitten* être coincé ★ *iem. klemrijden* coincer qn
klembord ❶ admin presse-papiers *m* [mv: id.] ❷ comp presse-papiers *m* [mv: id.], clipboard *m*
klemmen I *ov ww, drukken* serrer, coincer ★ *iem. tegen zich aan ~* serrer qn contre soi ★ *ik heb mijn vinger geklemd* je me suis coincé le doigt ★ *de kiezen op elkaar ~* serrer les dents **II** *onov ww, knellen* (se) coincer, être bloqué ★ *de deur klemt* la porte coince
klemtoon accent *m* ★ *de ~ leggen op* accentuer ★ *de ~ is op de eerste lettergreep* l'accent tombe sur la première syllabe
klemvast ❶ *zeer vast* bien serré ❷ sport ★ *een ~e keeper* un gardien qui a une bonne prise de balle ★ *de keeper had de bal ~* le gardien a saisi le ballon avec une bonne prise de balle
klep ❶ *deksel, sluitstuk* ⟨deksel⟩ couvercle *v*, ⟨luik⟩ volet *m*, ⟨schuifje⟩ trappe *v*, muz clé *v*, ⟨ventiel⟩ clapet *m*, valve *v*, soupape *v*, ⟨van hart⟩ valvule *v* ❷ *deel van pet* visière *v* ❸ *flap* rabat *m* ❹ *mond* clapet *m* ★ *houd je klep!* ferme ta boîte!
klepel battant *m*
kleppen ❶ *klepperen* claquer, ⟨van klok⟩ tinter ❷ *kletsen* jacasser
klepper *klaphoutje* claquette *v*
klepperen claquer, ⟨van ooievaar⟩ craqueter, claqueter
kleptomaan cleptomane *m/v*, kleptomane *m/v*
klere ▾ plat *krijg de ~!* va te faire foutre!
klere- foutu, sale, de merde ★ *klereweer* sale temps *m*, temps pourri
klerelijer ordure *v*
kleren vêtements *m mv*, habits *m mv*, inform fringues *v mv* ★ *iem. in de ~ steken* habiller qn ★ *uit de ~ gaan* se mettre à poil ★ *~ maken de man* la belle plume fait le bel oiseau ▾ *dat gaat je niet in de koude ~ zitten* ça ne vous laisse pas froid
klerenhanger cintre *m*
klerenkast → **kleerkast**
klerikaal clérical [m mv: cléricaux]
klerk clerc *m*, employé *m*, commis *m*
klets ❶ *klap* claque *v*, gifle *v* ❷ *geklets* balivernes *v mv*, commère *v* ★ *allemaal ~!* c'est de la tchatche! ❸ *kletskous* bavard *m* [v: bavarde], commère *v*
kletsen ❶ *klinkend klappen* claquer ❷ *(gezellig) praten, babbelen* bavarder, papoter ❸ *onzin praten* ★ *~ over iem.* jaser sur qn
kletskoek balivernes *v mv*, ⟨flauwekul⟩ foutaise *v*, fadaises *v mv*
kletskous bavard *m* [v: bavarde], commère *v*
kletsnat tout mouillé, trempé
kletspraat balivernes *v mv*
kletspraatje ❶ *babbel* causette *v* ❷ *roddel* ragot *m*, commérage *m*
kletteren cliqueter, ⟨van regen e.d.⟩ fouetter ★ *de hagel klettert tegen de ruiten* la grêle fouette les vitres
kleumen être transi (de froid), inform cailler, peler (de froid)
kleur ❶ *wat het oog ziet* couleur *v* ★ *de primaire*

kl

~en les couleurs fondamentales ★ *leverbaar in acht ~en* disponible en huit couleurs ★ *300 pagina's in ~* 300 pages en couleur ❷ *gelaatskleur* teint *m*, couleurs *v mv* ★ *een ~ krijgen* rougir ★ *van ~ verschieten* changer de couleur, pâlir ★ *een gezonde ~ hebben* avoir de belles couleurs ★ *weer ~ krijgen* reprendre des couleurs ❸ *politieke tendens* couleur *v*, tendance *v* ★ *seksuele geaardheid of politieke ~ spelen geen rol* l'orientation sexuelle ou la tendance politique ne jouent aucun rôle ❹ *figuur in kaartspel* couleur *v* ★ *~ bekennen* jouer (dans) la couleur, fig annoncer la couleur

kleurboek album *m* à colorier

kleurdoos boîte *v* de couleurs

kleurecht grand teint, inaltérable

kleuren I *ov ww, kleur geven aan* colorer, ⟨inkleuren⟩ colorier, ⟨van stof / haar⟩ teindre ★ *de leerlingen kleurden de kaart van Europa* les enfants ont coloré la carte d'Europe ★ *het ~* coloriage *m* ★ *gekleurde glazen* verres colorés, verres de couleur ★ fig *een gekleurde versie van de gebeurtenissen* une version dénaturée / tendancieuse des événements ★ fig *hij staat er gekleurd op* il est dans le collimateur **II** *onov ww* ❶ *kleur krijgen* se colorer, changer de couleur ❷ *blozen* rougir

kleurenblind daltonien [v: daltonienne]

kleurendruk ★ *in ~* (imprimé) en couleurs

kleurenfilm film *m* en couleurs, ⟨fotorolletje⟩ pellicule *v* couleurs

kleurenfoto photo *v* en couleurs

kleurenprinter imprimante *v* couleur(s)

kleurenscala gamme *v* de couleurs

kleurentelevisie télé *v* (en) couleur(s)

kleurig coloré, multicolore

kleurkrijt craie *v* de couleur

kleurling homme *m* de couleur [v: femme ...]

kleurloos ❶ *zonder kleur* incolore ❷ fig *neutraal* terne

kleurplaat coloriage *m*

kleurpotlood crayon *m* de couleur

kleurrijk ❶ *met veel kleur* coloré, ⟨bont⟩ multicolore, bigarré ❷ *afwisselend* ⟨van mensen⟩ haut en couleur, ⟨van zaken⟩ coloré, chatoyant ★ *een ~ gezelschap* une assemblée hétéroclite

kleurschakering nuance *v*, teinte *v*

kleurshampoo shampooing *m* colorant

kleurspoeling coloration *v*, shampooing *m* colorant

kleurstof colorant *m*, ⟨pigment⟩ pigment *m*

kleurtje ❶ *potlood* crayon *m* de couleur ❷ *blos* couleurs *v mv* ★ *een ~ krijgen* rougir

kleurversteviger renforçateur *m* de couleur

kleuter petit *m* [v: petite]

kleuterdagverblijf crèche *v*

kleuterklas onderw (classe *v*) maternelle *v*

kleuterleidster maîtresse *v* d'école maternelle

kleuterschool onderw (école *v*) maternelle *v*

kleven ❶ *blijven plakken* coller (**aan** à) ★ *blijven ~ aan* s'attacher à ★ *er kleeft bloed aan zijn handen* il a du sang sur les mains ★ fig *er kleeft een bezwaar aan* cela présente un inconvénient ❷ *met de auto vlak achter iem. rijden* plat coller au cul

kleverig ❶ *klevend* poisseux [v: poisseuse], collant, gluant, ⟨stroperig⟩ visqueux [v: visqueuse] ❷ *opdringerig* collant ★ *een ~e kerel* un type collant

kliederboel barbouillage *m*

kliederen barbouiller, faire des saletés

kliefde [verl. td.] → **klieven**

kliefden [verl. td.] → **klieven**

kliek ❶ *etensrestjes* restes *m mv*, inform rabiot *m* ★ *een ~je opwarmen* réchauffer des restes, faire du réchauffé ❷ *groep* clan *m*, bande *v*, clique *v*

kliekjesgeest esprit *m* de chapelle

klier ❶ *orgaan* glande *v* ❷ *akelig persoon* emmerdeur *m* [v: emmerdeuse]

klieren être enquiquinant, emmerder le monde

klieven fendre

klif falaise *v*, récif *m*

klik ❶ *geluid* déclic *m* ❷ comp clic *m* ❸ *prettig contact* ★ *een klik met iem. hebben* avoir des atomes crochus avec qn ★ *er was meteen een klik tussen hen* ils ont tout de suite sympathisé, le courant passait entre eux

klikken I *onov ww* ❶ *geluid maken* cliqueter ★ *de sleutel klikt in het slot* la clef fait clic dans la serrure ❷ comp *aanklikken* cliquer (**op** sur) ★ *op 'zoeken' ~* cliquer sur 'rechercher' ★ *dubbel ~ (op)* double-cliquer sur ❸ *verklappen* rapporter, moucharder **II** *onp ww, goed contact hebben* coller ★ *het klikte meteen tussen hen* ils ont tout de suite sympathisé, le courant passait entre eux

klikspaan rapporteur *m* [v: rapporteuse]

klim montée *v* ★ *het is een hele klim* ⟨lang⟩ c'est toute une montée, ⟨steil⟩ ça grimpe!, ça monte dur!

klimaat ❶ *gemiddelde weersgesteldheid* climat *m* ★ *aan een ~ wennen* s'acclimater ❷ fig *sfeer* climat *m* ★ *het politieke ~* le climat politique

klimaatneutraal I *bn* climatiquement neutre, qui n'affecte pas le climat **II** *bw* ★ *iets ~ produceren* produire qc en respectant le climat

klimaatregeling climatisation *v*

klimaatverandering changement *m* climatique

klimatologisch climatique

klimhal salle *v* d'escalade

klimmen ❶ *klauteren* grimper (**in** à, sur), monter ★ *uit het raam ~* passer par la fenêtre ★ *in een boom ~* grimper dans / sur un arbre ★ *~ over* escalader ★ *over de muur ~* escalader le mur ★ *~ op* escalader ❷ *toenemen* monter, grimper ★ *met het ~ der jaren* avec l'âge, en vieillissant

klimmer grimpeur *m* [v: grimpeuse], ⟨bergsport⟩ alpiniste *m/v*

klimop lierre *m*

klimpartij grimpée *v*, ⟨geklauter⟩ escalade *v*

klimplant plante *v* grimpante

klimrek échelle *v* murale, ⟨wandrek⟩ espalier *m*, ⟨in speeltuin⟩ cage *v* à écureuils

klimwand mur *m* d'escalade, structure *v* artificielle d'escalade (SAE)

kling lame *v* ★ fig *over de ~ jagen* passer au fil de l'épée

klingelen tintinnabuler

kliniek clinique *v*

klinisch clinique ★ *~ dood* cliniquement mort

klink *deurkruk* loquet *m*, poignée *v*, ⟨pal⟩ clenche *v* ★ *op de ~ doen* fermer au loquet

klinken I *ov ww, vastmaken* riveter, ook fig river

II *onov ww* ❶ *geluid maken* sonner, ⟨weerklinken⟩ résonner, retentir ★ *hol ~* sonner creux ★ *goed ~* sonner bien ★ *een Frans ~de naam* un nom à consonance française ❷ fig *een bepaalde indruk geven* paraître ★ *dat klinkt heel aannemelijk* cela a l'air plausible ★ *dat klinkt me vreemd in de oren* cela me paraît bizarre ★ *een ~de naam* un nom prestigieux ★ *een ~de overwinning* une victoire éclatante ❸ *toosten* trinquer (**op** à) ★ *laten we ~ op de overwinning* trinquons à la victoire
klinker ❶ taalk voyelle *v* ❷ *baksteen* brique *v*
klinkklaar pur (et simple) ★ *dat is klinkklare onzin* cela ne rime à rien
klinknagel rivet *m*
klip *rots* ook fig écueil *m* ★ *op de klippen lopen* donner sur les écueils, fig échouer ★ fig *een klip omzeilen* éviter un écueil ★ fig *tegen de klippen op* comme ce n'est pas permis ▾ *klip en klaar* clair et net
klipper clipper *m*
klis ❶ *klit* nœud *m* ❷ *plant* bardane *v*
klit ❶ *knoop* nœud *m* ★ *er zitten allemaal klitten in mijn haar* j'ai les cheveux tout emmêlés ❷ *knop van de klis* capitule *m* ❸ inform *clitoris* clito *m*
klitten ❶ ook fig *aan elkaar kleven* être collant ★ *die twee ~ erg aan elkaar* les deux sont comme cul et chemise, les deux sont pendus aux basques l'un de l'autre ★ *bij elkaar ~* faire bande à part ❷ *klitten vormen* s'emmêler
klittenband autoagrippant *m*, Velcro® *m*
klodder ⟨klad⟩ tache *v*, ⟨spat⟩ éclaboussure *v*
klodderen barbouiller ★ *met verf ~* barbouiller avec de la peinture
kloek I *de* dierk mère *v* poule **II** *bn* ⟨flink⟩ ferme, ⟨fors⟩ robuste ★ *een ~ besluit* une décision énergique / ferme **III** *bw* fermement
klojo cloche *v*
klok ❶ *uurwerk* pendule *v*, ⟨groot⟩ horloge *v* ★ *staande klok* horloge à gaine ★ *op de klok af* montre en main ★ *de klok slaat tien uur* dix heures sonnent ★ *de klok rond slapen* faire le tour du cadran ★ *biologische klok* horloge biologique ★ *met de klok mee* dans le sens des aiguilles ★ *tegen de klok in* dans le sens contraire des aiguilles ★ *hij is een man van de klok* il est réglé comme une horloge ★ *de klok achteruit zetten* revenir en arrière ★ *het is al ... wat de klok slaat* c'est ... par-ci ... par-là ★ *daar kun je de klok op gelijkzetten* cela arrive immanquablement ❷ *bel* cloche *v* ★ *iets aan de grote klok hangen* mettre qc au grand jour, crier qc sur les toits ★ *dat klinkt als een klok* c'est épatant ★ *hij heeft de klok horen luiden, maar weet niet waar de klepel hangt* ≈ il n'a entendu qu'un son de cloche
klokgelui tintement *m*, sonnerie *v* ★ *onder ~* au son des cloches
klokhuis trognon *m*, cœur *m*
klokje ❶ plantk campanule *v*, cloche(tte) *v* ❷ → **klok**
klokken I *ov ww, tijd opnemen* chronométrer, ⟨met prikklok⟩ pointer **II** *onov ww* ❶ *geluid maken* ⟨van kalkoen / vloeistof⟩ glouglouter, ⟨van kip⟩ glousser ❷ *klokvormig zijn* ★ *een ~de jurk* une robe cloche
klokkenluider ❶ lett *iem. die klokken luidt* carillonneur *m*, sonneur *m* ❷ fig *iem. die misstanden aan kaak stelt* lanceur *m* d'alerte
klokkenspel *beiaard* carillon *m*
klokkentoren clocher *m*
klokkijken regarder l'heure
klokradio radio-réveil *m* [mv: radios-réveils]
klokslag coup *m* de cloche ★ *(om) ~ vier uur* à quatre heures pile / sonnantes /tapantes, sur le coup de quatre heures
klokzeel ▾ BN *iets aan het ~ hangen* mettre qc au grand jour, crier qc sur les toits
klom [verl. td.] → **klimmen**
klommen [verl. td.] → **klimmen**
klomp ❶ *houten schoen* sabot *m* ★ fig *nu breekt mijn ~* je suis stupéfait, ça alors ★ fig *dat kun je op je ~en aanvoelen* c'est cousu de fil blanc ❷ *brok* masse *v*, ⟨kluit⟩ motte *v*, ⟨deeg⟩ boulette *v*, ⟨goud⟩ pépite *v*
klompvoet pied *m* bot
klonen cloner ★ *het ~* le clonage
klonk [verl. td.] → **klinken**
klonken [verl. td.] → **klinken**
klont morceau *m* [mv: morceaux], ⟨klonter⟩ grumeau *m* [mv: grumeaux]
klonter grumeau *m* [mv: grumeaux], ⟨bloed⟩ caillot *m*
klonteren ⟨van pap⟩ se grumeler, ⟨van melk⟩ se cailler, ⟨van bloed⟩ se coaguler
klonterig grumeleux [v: grumeleuse], caillé
klontje ❶ *suikerklontje* morceau *m* de sucre [mv: morceaux...] ❷ *kleine klont* noisette *v* ▾ *zo klaar als een ~* clair comme de l'eau de roche, clair comme deux et deux font quatre
kloof I *de* ❶ *spleet* fente *v*, ⟨ravijn⟩ crevasse *v*, ⟨barst⟩ fissure *v*, ⟨in huid⟩ gerçure *v* ❷ *verwijdering* abîme *m*, fossé *m* (**tussen** entre) ★ *de ~ overbruggen tussen A en B* combler le fossé entre A et B ★ *er gaapt een ~ tussen hen* un abîme les sépare **II** *ww* [verl. td.] → **kluiven III** *ww* BN[verl. td.] → **klieven**
klooien ❶ *prutsend bezig zijn* patauger ❷ *vervelend doen, zeuren, zaniken* être rasant
kloon clone *m*
klooster couvent *m*, cloître *m*, monastère *m* ★ *in het ~ gaan* entrer au couvent
kloosterling religieux *m* [v: religieuse], moine *m* [v: moniale]
kloostermop brique *v* de grand format
kloosterorde ordre *m* religieux / monastique
kloot vulg couille *v* ▾ *naar de kloten zijn* être foutu
klootjesvolk populo *m*, populace *v*
klootzak *schoft* con *m*
klop *doffe tik* coup *m*, ⟨klopje⟩ tape *v* ★ *klop op de deur* coup à la porte ★ *klop! klop!* toc! toc! ★ fig *klop krijgen* être battu ★ fig BN *een klop van de hamer krijgen* avoir le coup de barre
klopboor perceuse *v* à percussion
klopgeest esprit *m* frappeur
klopjacht ❶ *drijfjacht* battue *v* ❷ fig *grootscheepse vervolging* rafle *v* ★ *een ~ houden op* traquer
kloppen I *ov ww* ❶ *slaan* battre ★ *slagroom ~* fouetter la crème ★ *eieren ~* battre des oeufs ★ *een kleed ~* secouer un tapis ★ *iem. geld uit de zak ~* soutirer de l'argent à qn ❷ *verslaan* battre **II** *onov ww* ❶ *hoorbaar slaan* frapper, ⟨hard⟩ cogner, ⟨zacht⟩ taper, ⟨van het hart⟩ battre,

kl

⟨bonzen⟩ palpiter ★ *het ~ van de motor* le cliquetis du moteur ★ *op de schouder ~* taper dans le dos ★ *op de deur ~* frapper à la porte ❷ *overeenstemmen* concorder (**met** avec), cadrer (**met** avec), ⟨juist zijn⟩ être juste / exact, ⟨van rekening⟩ être bon ★ *er klopt iets niet* il y a qc qui ne colle / va pas, il y a qc qui ne tourne pas rond ★ *dat klopt niet* ⟨van aantal⟩ le compte n'y est pas ★ *ja, dat klopt* oui, c'est exact ★ *dat klopt als een bus* il n'y a rien à redire, c'est pile-poil

klopper *deurklopper* heurtoir *m*, marteau *m* [mv: marteaux]

klos ❶ *spoel* bobine *v*, ⟨bij het spinnen⟩ fuseau *m* [mv: fuseaux] ★ *een klosje garen* une bobine de fil ❷ *stukje hout* billot *m* ▾ *de klos zijn* être le dindon de la farce, trinquer

klossen I *ov ww, op klos winden* (em)bobiner **II** *onov ww, plomp lopen* marcher à pas lourds

klote con [v: conne] ★ *zwaar ~* (nul) à chier ★ *zich ~ voelen* être mal fichu

klote- foutu, sale, de merde ★ *kloteweer* temps merdique

klotsen clapoter

kloven I *ov ww, klieven* fendre, ⟨van diamant⟩ cliver, ⟨van huid⟩ gercer **II** *onov ww, barsten* se fendre **III** *ww* [verl. td.] → **kluiven IV** *ww* BN[verl. td.] → **klieven**

klucht ❶ *blijspel* farce *v* ❷ fig *schertsvertoning* farce *v*

kluchtig bouffon [v: bouffonne], drôle, comique

kluif ❶ *bot met vlees* os *m* à ronger ❷ fig *karwei* os *m* à ronger ★ *het is een hele ~* c'est un sacré boulot

kluis coffre *m*, ⟨brandkast⟩ coffre-fort *m* [mv: coffres-forts], ⟨in een bank⟩ chambre *v* forte, ⟨voor bagage⟩ consigne *v* automatique

kluisteren enchaîner

kluit ❶ *klont* motte *v* ★ *een ~je boter* une motte de beurre ★ *een ~ aarde* une motte de terre ❷ *groepje* tas *m* ★ *op een ~je* les uns sur les autres ▾ *flink uit de ~en gewassen* costaud ▾ *iem. met een ~je in het riet sturen* envoyer qn promener

kluiven ronger ★ *~ aan / op een bot* ronger un os

kluizenaar ermite *m*

klungel empoté *m*, maladroit *m*

klungelen s'y prendre mal

klungelig I *bn* godiche, empoté **II** *bw* de manière godiche, inform comme un pied

kluns empoté *m*, maladroit *m*

klunzen s'y prendre mal

klunzig godiche, empoté

klus (gros) travail *m*, ⟨vervelend⟩ besogne *v*, inform boulot *m* ★ *dat is een hele klus* c'est toute une affaire ★ *een klusje* un petit travail, une bricole ★ *een klusje opknappen* bricoler

klusjesman homme *m* à tout faire

klussen ❶ *repareren* bricoler ❷ *zwart bijverdienen* travailler au noir, arrondir ses fins de mois

kluts ▾ *de ~ kwijtraken* perdre les pédales

klutsen battre ★ *eieren ~* battre des oeufs ★ *geklutste eieren* des oeufs brouillés

kluwen ❶ *opgewonden garen, wol enz.* pelote *v* ★ *een ~ ontwarren* démêler un écheveau ❷ *verwarde opeenhoping* pêle-mêle *m* [mv: id.]

klysma lavement *m*

km *kilometer* km *m*, kilomètre

kmo BN econ *kleine of middelgrote onderneming* PME *v*, petites et moyennes entreprises

km/u *kilometer per uur* km / h, kilomètre(s)-heure

knaagdier rongeur *m*

knaap ❶ *jongen* garçon *m*, inform gars *m* ❷ *kanjer* monstre *m* ★ *een ~ van een vis* un poisson énorme

knaapje *kleerhanger* cintre *m*

knabbelen grignoter ★ *~ aan / op iets* grignoter qc

knäckebröd knäckebröd *m*, pain *m* croquant suédois

knagen ❶ *bijten* ronger ★ *~ aan* ronger ❷ *kwellen* ronger ★ *zijn geweten knaagde* il était rongé de remords, il avait mauvaise conscience ★ *een ~de pijn* une douleur lancinante

knak ❶ *geluid* craquement *m*, crac *m* ❷ *knik* brisure *v* ❸ *verzwakking* coup *m* ★ *een lelijke knak krijgen* recevoir un rude coup

knakken I *ov ww, breken* (faire) craquer, fig briser **II** *onov ww* ❶ *geluid maken* craquer ★ *zijn vingers laten ~* faire craquer ses doigts ❷ *een knak krijgen* craquer

knakworst culin saucisse *v* de Francfort

knal ❶ *slag* coup *m* ★ *iem. een knal voor zijn kop geven* donner une gifle à qn ❷ *geluid* coup *m*, ⟨van vuurwapen⟩ détonation *v* ★ *een knal geven* faire (un grand) boum, péter

knal- ⟨van kleur⟩ vif, éclatant ★ *knalgeel* jaune éclatant / vif ★ *knalgroen* vert perroquet, vert cru ★ *knalrood* rouge vif, rouge flamboyant, ⟨van gezicht⟩ rouge coquelicot ★ *knalroze* rose bonbon ★ *een knalfeest* une soirée d'enfer

knallen ❶ *een knal geven* péter, ⟨ontploffen⟩ détoner, ⟨van zweep⟩ claquer, ⟨van kurk⟩ sauter ★ *het ~* l'éclatement *m*, la détonation, le claquement ❷ *botsen* cogner ★ *~ tegen* s'écraser contre

knaller succès *m* fou ★ *het is een ~* ça fait un tabac

knalpot pot *m* d'échappement, silencieux *m*

knap I *bn* ❶ *goed uitziend* bien fait, joli, beau [m mv: beaux] [v: belle] [vóór klinker of stomme h: bel] ★ *een knappe jongen* un beau garçon ❷ *intelligent* intelligent, ⟨begaafd⟩ doué, ⟨geleerd⟩ savant ★ *knap zijn in* être fort en ★ *een knappe kop* un cerveau ★ *knap werk!* du beau travail!, inform bravo l'artiste! **II** *bw, nogal* plutôt ★ *knap lastig* plutôt difficile

knappen ❶ *breken* craquer ❷ *geluid geven* craqueter, ⟨van vuur⟩ crépiter

knapperd ❶ *mooi mens* bel homme *m*, beauté *v* ❷ *slim mens* tête *v*, cerveau *m*

knapperen craqueter, ⟨van vuur⟩ pétiller

knapperig croustillant

knapzak havresac *m*, musette *v*

knarsen *piepen* grincer, crisser ★ *met ~de remmen* ... les freins grinçants ...

knarsetanden grincer des dents ★ *~d* en grinçant des dents

knauw ❶ *harde beet* coup *m* de dents ❷ *knak* coup *m* ★ *een lelijke ~ krijgen* en prendre un sale coup ★ *het heeft hem een ~ gegeven* ça a été un coup dur pour lui

knauwen ❶ *stevig kauwen* ronger ❷ *woorden afbijten* manger ses mots

knecht valet *m*, domestique *m*, ⟨in winkel⟩ garçon *m*

kneden ❶ lett pétrir ★ *deeg ~* pétrir la pâte ❷ fig façonner ★ *iemands karakter ~* façonner le caractère de qn

kneedbaar ❶ *gemakkelijk te kneden* malléable ❷ fig *handelbaar* malléable

kneedbom (bombe *v* au) plastic *m*

kneep I *de* ❶ *het knijpen* pincement *m*, ⟨indruk⟩ pinçon *m* ★ *~jes geven* effectuer des petits pincements ❷ *handigheidje* truc *m*, combine *v* ★ *daar zit hem de ~* voilà le hic ★ *de ~jes van het vak* les ficelles du métier ★ *de fijne ~jes kennen* connaître toutes les finesses **II** *ww* [verl. td.] → **knijpen**

knel I *de* ★ fig *in de knel zitten* être dans l'embarras ★ fig *in de knel komen / raken* être compromis **II** *bn* ★ lett *knel zitten* être bloqué / coincé

knellen I *ov ww, stevig drukken* serrer ★ *zijn vingers ~* se pincer les doigts **II** *onov ww* ❶ *klemmen* gêner, serrer ★ *mijn schoen knelt* ma chaussure me serre le pied, ma chaussure est trop étroite ❷ fig *beklemmen* être oppressant

knelpunt ⟨bottleneck⟩ goulot *m* / goulet *m* d'étranglement, ⟨opstopping⟩ bouchon *m*, ⟨moeilijkheid⟩ point *m* chaud

knepen [verl. td.] → **knijpen**

knerpen grincer

knersen grincer, crisser

knetteren pétiller, crépiter, grésiller, ⟨van motor⟩ pétarader, ⟨van geluidsapparatuur⟩ crachoter

knettergek fou à lier [v: folle ...] ★ *ik word ~ van deze muziek!* cette musique me rend dingue!

kneus *mislukkeling* raté *m*

kneuterig popote

kneuzen meurtrir, ⟨kwetsen⟩ froisser, med contusionner

kneuzing meurtrissure *v*, med contusion *v* ★ *een inwendige ~* une lésion interne

knevel ❶ *snor* moustache *v* ❷ *staafje, stokje* garrot *m*

knevelen ❶ *binden, boeien* ligoter, garrotter ❷ fig *onderdrukken* garrotter, bâillonner ★ *de pers ~* museler la presse

knibbelen lésiner (**op** sur) ★ *~ op de uitgaven* lésiner / rogner sur les dépenses

knie ❶ *gewricht* genou *m* [mv: genoux] ★ *op de knieën* à genoux, ⟨bij iem.⟩ sur les genoux ★ *op zijn knieën vallen* s'agenouiller ★ *tot aan de knieën* jusqu'aux genoux ★ *met knikkende knieën* (ayant) les jambes qui flageolent ★ *over de knie leggen* donner une fessée à ★ fig *door de knieën gaan (voor)* plier (devant) ❷ *kromming* coude *m*, jarret *m* ▾ *iets onder de knie hebben* maîtriser qc

knieband ❶ *pees* ligament *m* (rotulien) ❷ *kniebeschermer* genouillère *v*

kniebeschermer genouillère *v*

knieblessure blessure *v* au genou

kniebroek knickers *m mv*

kniebuiging *knieval* génuflexion *v* ★ *~en maken* faire des flexions des genoux

knieholte creux *m* du genou

kniekous mi-bas *m* [mv: id.]

knielen se mettre à genoux, s'agenouiller ★ *voor iem. ~* s'agenouiller devant qn

kniereflex réflexe *m* rotulien

knieschijf rotule *v*

kniesoor rabat-joie *m* [mv: id.], pisse-froid *m* [mv: id.] ★ *een ~ die daar op let!* on ne va pas en faire un fromage!

kniestuk ⟨lap⟩ genouillère *v*, ⟨in buis⟩ coude *m*

knietje ❶ sport *geblesseerde knie* blessure *v* au genou ❷ *stoot met knie* coup *m* de genou ★ *iem. een ~ geven* donner un coup de genou à qn

knieval génuflexion *v*, prosternation *v* ★ fig *een ~ doen voor* s'agenouiller devant, s'incliner devant

kniezen broyer du noir, ⟨mokken⟩ bouder

knijpen serrer, ⟨in vel⟩ pincer ★ *iem. in de wang ~* pincer la joue de qn ▾ *'m ~* avoir la trouille ▾ *er tussenuit ~* filer (en douce), s'éclipser

knijper *instrument* pince *v*, ⟨voor was⟩ pince *v* à linge

knijpkat (lampe *v*) torche *v* dynamo

knijptang tenailles *v mv*

knik ❶ *breuk* brisure *v* ❷ *kromming* coude *m* ❸ *hoofdbuiging* signe *m* de tête, mouvement *m* de la tête

knikkebollen dodeliner de la tête

knikken I *ov ww, knakken* fléchir ★ *geknikte boord* col *m* cassé **II** *onov ww* ❶ *buigen* fléchir ★ *met ~de knieën* (ayant) les jambes qui flageolent ❷ *hoofdbeweging maken* faire un signe de tête ★ *ja ~* faire signe que oui, faire oui de la tête

knikker ❶ *stuiter* bille *v* ★ fig *het gaat niet om de ~s, maar om het spel* l'important est de participer ❷ *hoofd* ★ *kale ~* bille *v* de billard

knikkeren I *onov ww, spelen* jouer aux billes **II** *ov ww, gooien* ★ *iem. eruit ~* flanquer qn à la porte, virer qn

knip ❶ *het knippen* coup *m* ★ *een knip met de schaar* un coup de ciseaux ★ *een knip met de vingers* une chiquenaude ★ *geen knip voor de neus waard zijn* ne pas valoir un pet de lapin ❷ *val, klem* piège *m* ❸ *grendel* verrou *m* [mv: verrous], ⟨schuifje⟩ targette *v* ★ *de deur op de knip doen* verrouiller la porte ❹ *sluiting* fermoir *m* ❺ *portemonnee* bourse *v*

knipkaart ≈ carte *v* d'abonnement

knipmes canif *m* ★ fig *buigen als een ~ (voor iemand)* faire des courbettes (à / devant qn)

knipogen cligner des yeux ★ *naar iem. ~* faire un clin d'œil à qn, ⟨lonken⟩ faire des œillades à qn

knipoog clin *m* d'œil ★ *iem. een ~ geven* faire un clin d'œil à qn

knippen I *ov ww, in- / afknippen* couper, ⟨van stof⟩ tailler, ⟨van kaartje⟩ poinçonner, ⟨snoeien⟩ tailler ★ *zijn haar heel kort laten ~* se faire tondre, se faire couper les cheveux en brosse ★ *zijn nagels ~* se couper les ongles **II** *onov ww* ❶ *snijden* couper ❷ *oogbeweging maken* cligner (des yeux) ❸ *met vingers geluid maken* claquer (les doigts)

knipperen ❶ *aan- en uitgaan van licht* clignoter, ⟨met koplampen⟩ faire des appels de phares ❷ *knippen met ogen* clignoter (les yeux), battre des paupières

knipperlicht (feu *m*) clignotant *m* [mv: (feux) clignotants]

knipsel ❶ *uitgeknipt bericht* coupure *v* ❷ *wat uitgeknipt is* rognures *v mv* de papier

kn

knipseldienst agence *v* de coupures de presse
knipselkrant recueil *m* de coupures de presse
kniptang ⟨voor kaartjes⟩ poinçonneuse *v*
knisperen grésiller, ⟨van papier⟩ se froisser
kno-arts ORL *m/v*, form otorhinolaryngoliste *m/v*
knobbel ❶ *verdikking* bosse *v*, biol tubercule *m*, med nodule *m* ★ *een ~tje in de borst* une grosseur au sein ❷ *natuurlijke aanleg* bosse *v* (**voor** de) ★ *een talen~* une bosse des langues
knobbelig noueux [v: noueuse]
knock-out I *de* knock-out *m* [mv: id.], K.-O. *m* [mv: id.] ★ *technisch ~* K.-O. technique **II** *bn* ★ *iem. ~ slaan* mettre qn K.-O.
knoedel ❶ *knot garen* pelote *v* ❷ *haarknot* chignon *m*
knoei ★ *in de ~ zitten* être dans le pétrin
knoeiboel ❶ *smeerboel* saleté *v* ❷ *slecht, slordig werk* gâchis *m*
knoeien ❶ *morsen* barbouiller, faire des saletés ★ *eten zonder te ~* manger sans en mettre partout ★ *~ met verf* barbouiller avec de la peinture ❷ *slordig werken* faire du bousillage, ⟨prutsen⟩ bricoler ❸ *bedrog plegen* tripoter, magouiller ★ *in de boeken ~* truquer les comptes ★ *met wijn ~* frelater du vin
knoeier ❶ *morsend persoon* barbouilleur *m* [v: barbouilleuse] ❷ *prutser* bousilleur *m* [v: bousilleuse], ⟨beunhaas⟩ bricoleur *m* [v: bricoleuse] ❸ *bedrieger* magouilleur *m* [v: magouilleuse]
knoeipot barbouilleur *m* [v: barbouilleuse]
knoeiwerk bousillage *m*, travail *m* bâclé
knoert *kanjer* monstre *m*
knoest nœud *m*
knoet ❶ *soort zweep* knout *m* ★ fig *onder de ~ zitten* être sous le joug (de qn) ★ fig *de ~ erover leggen* employer la manière forte ❷ *haarknot* chignon *m*
knoflook culin ail *m* ★ *een rist / bolletje / teentje ~* une tresse / tête / gousse d'ail
knoflookpers presse-ail *m* [mv: id.]
knoflooksaus culin sauce *v* à l'ail
knokig *mager* osseux [v: osseuse]
knokkel jointure *v*
knokken ❶ lett *vechten* se bagarrer ❷ fig *hard werken* se bagarrer ★ *voor iets ~* se bagarrer pour qc
knokpartij bagarre *v*
knokploeg hommes *m mv* de main, commando *m*
knol ❶ *worteldeel* tubercule *m* ❷ *raap* navet *m* ★ *iem. knollen voor citroenen verkopen* rouler qn dans la farine ❸ *paard* canasson *m*
knolgewas plante *v* tubéreuse
knolraap chou-rave *m* [mv: choux-raves]
knolselderie céleri-rave *m*
knoop ❶ *dichtgetrokken strik* nœud *m* ★ *een ~ leggen* faire un nœud ★ *in de ~ zitten* être emmêlé, fig être dans une impasse ★ *in de ~ raken* s'enchevêtrer, fig s'emberlificoter ★ *uit de ~ halen* ⟨losknopen⟩ dénouer, ⟨ontwarren⟩ démêler ★ fig *de ~ doorhakken* trancher ❷ *sluiting* bouton *m* ★ *een ~ aanzetten* coudre un bouton ❸ scheepv *afstand* nœud *m* ★ *18 knopen varen* filer dix-huit nœuds
knoopbatterij pile *v* bouton
knooppunt ⟨van wegen⟩ nœud *m*, ⟨spil⟩ plaque *v* tournante
knoopsgat boutonnière *v* ★ fig BN *ik ben een zanger van het zevende ~* je suis un chanteur de rien (du tout)
knop ❶ *bolvormig voorwerp* bouton *m* ★ *op de knop drukken* appuyer sur le bouton ★ *de knop omdraaien* ouvrir / fermer le bouton ★ *met een druk op de knop* en appuyant sur le bouton ❷ plantk ⟨van bloem⟩ bouton *m*, ⟨van boom / plant⟩ bourgeon *m* ★ *knoppen krijgen* bourgeonner ★ *in de knop* en bouton(s), fig en herbe foutu
knopen nouer, faire un nœud à ★ *een das ~* nouer une cravate ★ *twee touwen aan elkaar ~* nouer deux cordes ★ *een geknoopt tapijt* un tapis noué (à la main)
knorren ❶ *geluid maken* grogner ★ *met ~de maag* l'estomac creux, l'estomac qui gargouille ❷ *mopperen* grogner ★ *op iem. ~* gronder qn
knorrepot ronchon *m* [v: ronchonne]
knorrig I *bn* grognon [v: grognonne] **II** *bw* d'un ton bourru, d'un air grognon
knot ❶ *bol wol of draad* pelote *v* ❷ *haarknot* chignon *m*
knots I *de* ❶ *knuppel* massue *v*, casse-tête *m* [mv: casse-tête(s)], ⟨bij gymnastiek⟩ mil *m* ❷ *joekel* monstre *m* **II** *bn* dingue ★ *hij is helemaal ~* il est foldingue **III** *bw* comme un dingue
knotten ❶ *van top ontdoen* écimer, étêter, ⟨van kegel⟩ tronquer ❷ *inperken* rabattre
knotwilg saule *m* ravalé, (saule *m*) têtard *m*
knowhow savoir-faire *m*
knudde ★ *dat is ~* c'est nul, c'est de la gnognote
knuffel ❶ *speelgoedbeest* peluche *v*, ⟨beer⟩ nounours *m* ❷ *liefkozing* câlin *m* ★ *iem. een ~ geven* faire un câlin à qn
knuffelbeest, knuffeldier (animal *m* en) peluche *v* [mv: animaux ...]
knuffelen faire des câlins (à)
knuist patte *v*, ⟨vuist⟩ poing *m*
knul gars *m* ★ *hij is een goede knul* c'est un brave type
knullig godiche
knuppel ❶ *korte stok* matraque *v*, gourdin *m*, ⟨slaghout⟩ batte *v* ★ *de ~ in het hoenderhok gooien* jeter un pavé dans la mare ❷ *klungel* pataud *m*, empoté *m*
knus I *bn* douillet [v: douillette], ⟨gezellig⟩ agréable ★ *een knus huisje* une petite maison douillette **II** *bw* bien agréablement ★ *knus bij elkaar zitten* être agréablement ensemble
knutselaar bricoleur *m* [v: bricoleuse]
knutselen I *ov ww, in elkaar zetten* ★ *kerstversiering ~* fabriquer des décorations de Noël ★ *iets in elkaar ~* bricoler qc **II** *onov ww, uit liefhebberij maken* bricoler
knutselwerk bricolage *m*
k.o. *knock-out* K.-O. ★ *iem. k.o. slaan* mettre qn K.-O.
koala koala *m*
kobalt cobalt *m*, ⟨kleur⟩ bleu *m* (de) cobalt
kocht [verl. td.] → **kopen**
kochten [verl. td.] → **kopen**
koddig I *bn* drôle, comique, bouffon

[v: bouffonne] **II** *bw* comiquement
koe vache *v* ★ *een gevlekte koe* une vache pie ★ *koeien van fouten* des énormités *v mv* ★ *wat een koe!* ⟨domkop⟩ quel imbécile! ★ *oude koeien uit de sloot halen* remuer le passé ★ *de koe bij de hoorns vatten* prendre le taureau par les cornes ★ *je weet nooit hoe een koe een haas vangt* il ne faut jurer de rien ★ *over koetjes en kalfjes praten* parler de la pluie et du beau temps ★ *heilige koe* la vache sacrée, fig une chose sacrée
koehandel marchandage *m* ★ ~ *drijven* marchander
koeienletter lettre *v* énorme
koeienmelk lait *m* de vache
koeienvlaai bouse *v* de vache
koeioneren houspiller, malmener
koek ❶ culin *gebak* gâteau *m* [mv: gâteaux] ★ *iets voor zoete koek slikken* avaler / gober qc ★ *het is koek en ei tussen hen* ils sont comme les deux doigts de la main ★ *dat is andere koek* c'est une autre paire de manches ★ *dat is gesneden koek voor jou* c'est du gâteau pour toi ★ *de koek is op* finie la fête ★ *dat gaat erin als koek* ça passe comme une lettre à la poste ★ *oude koek* du réchauffé ★ *zijn deel van de koek krijgen* avoir sa part du gâteau ❷ *dikke massa* croûte *v*, masse *v* → **koekje**
koekeloeren *gluren* bigler, épier, reluquer
koekenbakker *knoeier* bricoleur *m*, bousilleur *m*
koekenpan sauteuse *v*, poêle *v* (à frire)
koekhappen omschr chercher à mordre un gâteau suspendu
koekje culin gâteau *m* (sec) [mv: gâteaux secs], biscuit *m* ★ fig *iem. een* ~ *van eigen deeg geven* rendre à qn la monnaie de sa pièce
koekjestrommel, **koektrommel** boîte *v* à biscuits
koekoek *vogel* coucou *m* ★ *dat haal je de* ~*!* tu parles!
koekoeksklok coucou *m*
koel I *bn* ❶ *fris* frais [v: fraîche] ★ *het is koel* il fait frais ★ *koel bewaren* craint la chaleur, tenir au frais ★ *koele drank* boisson *v* rafraîchissante ❷ *niet hartelijk* froid ❸ *bedaard* ★ *het hoofd koel houden* garder son sang-froid **II** *bw* froidement
koelbloedig I *bn* froid, impassible **II** *bw* de / avec sang-froid ★ ~ *om het leven gebracht* tué de sang-froid
koelbox glacière *v*
koelcel chambre *v* frigorifique
koelelement élément *m* réfrigérant
koelen I *ov ww* ❶ *koel maken* rafraîchir, refroidir, ⟨van waren⟩ réfrigérer, ⟨van drank⟩ frapper ❷ *afreageren* décharger, assouvir ★ *zijn woede* ~ *op* assouvir sa colère sur **II** *onov ww* ▼ BN *het zal wel* ~ *zonder blazen* tout finira par s'arranger, ça ira
koeler refroidisseur *m*, réfrigérant *m*, ⟨ijsemmer⟩ seau *m* à champagne [mv: seaux ...]
koelhuis entrepôt *m* frigorifique
koeling *het koelen* refroidissement *m*
koelkast frigidaire *m*, réfrigérateur *m*, inform frigo *m*
koelmiddel fluide *m* frigorigène
koelruimte frigorifère *m*
koeltas sac *m* isotherme
koelte ❶ *koudheid, frisheid* fraîcheur *v*, frais *m* ★ *het briesje bracht wat* ~ la petite brise était rafraîchissante ❷ *koele plaats* ★ *in de* ~ au frais ★ *de* ~ *opzoeken* chercher le frais
koeltjes I *bn, koud* frisquet [v: frisquette] **II** *bw, onhartelijk* froidement ★ *nogal* ~ *reageren* réagir avec réserve
koelvitrine vitrine *v* réfrigérée
koelvloeistof liquide *m* de refroidissement
koelwater liquide *m* de refroidissement
koemest bouse *v* de vache
koepel *dak* coupole *v*, dôme *m*, ⟨geschutskoepel⟩ tourelle *v*
koepeltent tente *v* coupole, tente dôme
koer BN cour *v*
Koerd Kurde *m*
Koerdisch kurde
Koerdische Kurde *v*
Koerdistan le Kurdistan
koeren roucouler ★ *het* ~ le roucoulement
koerier courrier *m*
koeriersdienst (service *m* de) messageries *v mv*
koers ❶ *richting* direction *v*, route *v*, ⟨gedragslijn⟩ ligne *v* ★ ~ *zetten naar* mettre le cap sur ★ *uit de* ~ *raken* dévier ★ ~ *houden* tenir son cap ★ *de* ~ *verleggen* ook fig changer de cap, changer d'orientation ★ *een harde* ~ *volgen* suivre une ligne dure ❷ *wisselwaarde* cours *m* ★ *tegen de* ~ *van* au cours de ★ *hoe hoog is de* ~ *van ...?* à quel prix est coté ...? ★ *stijgende* ~*en van de aandelen* hausse *v* des cours des actions ❸ *snelheidswedstrijd* course *v* ★ *alle* ~*en zijn afgelast vanwege het noodweer* toutes les courses sont annulées pour cause d'intempéries
koersdaling baisse *v* des cours
koersen ❶ *de koers richten* ★ ~ *naar* se diriger vers ❷ sport courir
koersfiets BN *racefiets* vélo *m* de course
koersstijging hausse *v* des cours
koest I *bn* ★ *zich* ~ *houden* se tenir coi [v: ... coite] ★ *houd je* ~*!* du calme! **II** *tussenw* tout beau!, ⟨tegen hond⟩ couché!
koesteren ❶ *behoeden* choyer, fig chérir ★ *een kind* ~ choyer un enfant ★ *zijn vrijheid* ~ chérir sa liberté ❷ *verwarmen* réchauffer ★ *zich* ~ *in de zon* se chauffer au soleil ❸ *in zich hebben* avoir, caresser, nourrir ★ *hoop* ~ caresser / nourrir l'espoir ★ *haat* ~ *jegens* nourrir de la haine à l'égard de ★ *argwaan* ~ se méfier ★ *het voornemen* ~ avoir l'intention (de), envisager (de)
koeterwaals baragouin *m*, charabia *m*
koets carrosse *m*
koetsier cocher *m*
koevoet pied-de-biche *m* [mv: pieds-de-biche], ⟨van inbreker⟩ pince-monseigneur *v* [mv: pinces-monseigneur]
Koeweit le Koweït ★ *in* ~ au Koweït
Koeweiti Koweïtien *m*
Koeweits koweïtien [v: koweïtienne]
Koeweitse Koweïtienne *v*
koffer *reistas* valise *v*, ⟨groot⟩ malle *v* ★ *zijn* ~*s pakken* faire ses valises ★ fig *met iem. de* ~ *induiken* se pieuter avec qn
kofferbak coffre *m*
kofferruimte coffre *m*
koffie ❶ *drank* café *m* ★ *slappe* ~ café léger

★ *sterke* ~ café serré ★ *zwarte* ~ café noir ★ ~ *met melk* café crème ★ ~ *verkeerd* café au lait ★ ~ *zetten* faire du café ★ ~ *drinken* prendre le café ❷ *koffiebonen* café *m* ★ *ongemalen* ~ café en grains ★ *dat is geen zuivere* ~ il y a qc de pas net là-dedans, c'est un peu louche ❸ *het koffiedrinken* ★ *op de* ~ *komen* venir prendre le café
koffieautomaat distributeur *m* de café
koffieboon grain *m* de café
koffiebroodje culin ≈ petit pain *m* de luxe
koffiedik marc *m* de café ★ fig *dat is zo helder als* ~ c'est la bouteille à l'encre ★ fig *ik kan geen* ~ *kijken* je ne suis pas devin
koffiefilter filtre *m* à café
koffiehuis café *m*
koffiekamer foyer *m*
koffiekan cafetière *v*
koffieleut grand buveur *m* de café [v: grande buveuse ...] ★ *een* ~ *zijn* carburer au café
koffiemelk culin ≈ lait *m* concentré
koffiemolen moulin *m* à café
koffiepad dosette *v* (de) café
koffiepauze pause-café *v* [mv: pauses-café]
koffiepot cafetière *v*
koffieshop coffeeshop *m*
koffiezetapparaat cafetière *v* (électrique), ⟨percolator⟩ percolateur *m*
kogel ❶ *bal, bol* bille *v* ❷ *projectiel* balle *v*, ⟨van kanon⟩ boulet *m* ★ *verdwaalde* ~ balle perdue ★ *zich een* ~ *door het hoofd jagen* se loger une balle dans la tête ★ *de* ~ *is door de kerk* le sort en est jeté, inform la messe est dite ★ *de* ~ *krijgen* être fusillé
kogellager roulement *m* à billes
kogelrond sphérique
kogelstoten lancement *m* du poids, lancer du poids
kogelvrij pare-balles [onver.] ★ ~ *vest* gilet *m* pare-balles
kok cuisinier *m* ★ fig *het zijn niet allen koks die lange messen dragen* l'habit ne fait pas le moine
koken I *ov ww* ❶ *tot kookpunt verwarmen* faire bouillir ❷ culin *voedsel bereiden* (faire) cuire ★ *soep* ~ faire de la soupe **II** *onov ww* ❶ *op kookpunt zijn* bouillir ★ *zijn bloed kookte* son sang bouillait ★ ~ *van woede* bouillonner de rage ❷ culin *bereid worden* cuire ★ *zachtjes laten* ~ faire mijoter, faire mitonner ❸ culin *voedsel bereiden* faire la cuisine ★ *zij kan goed* ~ elle est bonne cuisinière
kokendheet bouillant
koker ❶ *houder, huls* étui *m*, fourreau *m* [mv: fourreaux], gaine *v*, ⟨huls⟩ manchon *m* ★ fig *uit wiens* ~ *komt dat?* qui a inventé cela? ❷ *buis* tuyau *m* [mv: tuyaux], tube *m*, ⟨schacht⟩ cage *v*
koket I *bn, ijdel* coquet [v: coquette] **II** *bw* coquettement
kokhalzen ❶ *bijna gaan braken* avoir des haut-le-cœur ❷ *walgen* être écoeuré ★ *ik moest ervan* ~ ça me soulevait le cœur
kokkerellen cuisiner (de bons petits plats)
kokkin cuisinière *v*
kokmeeuw mouette *v* rieuse
kokos ❶ *vruchtvlees* (noix *v* de) coco *m* ❷ *vezel* (fibre *v* de) coco *m*
kokosbrood culin garniture *v* de tartine à la noix de coco
kokosmakroon culin macaron *m* à la noix de coco
kokosmat paillasson *m* en coco
kokosmelk culin lait *m* de coco
kokosnoot noix *v* de coco
kokospalm cocotier *m*
koksmaat aide-cuisinier *m* [mv: aides-cuisiniers]
koksmuts toque *v* blanche
koksschool onderw école *v* hôtelière
kolder *dwaasheid* loufoquerie *v* ★ fig *de* ~ *in de kop hebben* faire sa crise
kolencentrale centrale *v* au charbon
kolendamp (mon)oxyde *m* de carbone
kolenmijn houillère *v*
kolere → **klere**
kolf ❶ *fles* cornue *v*, ⟨bol⟩ ballon *m* ❷ *handvat van vuurwapen* crosse *v* ★ *dat is een kolfje naar mijn hand* ça me va comme un gant, inform c'est mon truc ❸ plantk épi *m*
kolibrie colibri *m*
koliek colique *v*
kolk ❶ *draaikolk* tourbillon *m* ❷ *sluisruimte* chambre *v* (d'écluse)
kolken tourbillonner
kolom ❶ *pilaar* colonne *v* ❷ *vak met tekst / cijfers* colonne *v*
kolonel colonel *m*
koloniaal I *bn* colonial [m mv: coloniaux] ★ *het koloniale tijdperk* l'ère *v* du colonialisme, l'époque *v* colonialiste **II** *de* colonial *m* [mv: coloniaux]
kolonialisme colonialisme *m*
kolonialistisch colonialiste
kolonie colonie *v* ★ *de Italiaanse* ~ *in Utrecht* la colonie italienne à Utrecht
kolonisatie colonisation *v*
koloniseren coloniser
kolonist colon *m*
kolos colosse *m* ★ *een* ~ *van een kerel* un colosse, un géant
kolossaal I *bn* colossal [m mv: colossaux] **II** *bw* énormément
kolven *melk afnemen* tirer le lait
kom ❶ *bak, schaal* saladier *m*, ⟨kopje⟩ bol *m*, ⟨viskom⟩ bocal *m* [mv: bocaux] ★ *mijn arm is uit de kom geschoten* je me suis démis l'épaule ❷ *komvormige diepte of laagte* bassin *m*, cuvette *v* ❸ *deel van gemeente* ★ *bebouwde kom* agglomération *v*
komaan allons!, voyons!
komaf origine *v* ★ *van goede* ~ de bonne famille ★ *van hoge* ~ bien né ★ *van lage* ~ d'origine modeste ▼ BN ~ *maken met iets* en finir avec qc
kombuis coquerie *v*
komediant ❶ *acteur* comédien *m* [v: comédienne] ❷ *aansteller* comédien *m* [v: comédienne]
komedie ❶ *blijspel* comédie *v* ❷ *schijnvertoning* comédie *v* ★ *hij speelt altijd* ~ il joue toujours la comédie, il fait toujours son cinéma
komeet comète *v* ★ fig *als een* ~ *omhoogschieten* faire une carrière fulgurante / météorique
komen ❶ *zich begeven* venir, ⟨gaan⟩ aller ★ *kom hier!* viens (ici)!, inform amène-toi! ★ *ik kom zo!*

j'arrive! ★ *komt u ook?* serez-vous des nôtres?, serez-vous de la partie? ★ *daar komt hij* le voilà (qui arrive) ★ *hij kwam aan tafel zitten* il est venu s'installer à table ★ *bij elkaar ~* se (re)joindre, se rencontrer ★ *dichter bij iets ~* s'approcher de qc ★ *boven ~* monter ★ *in bepaalde kringen ~* fréquenter certains milieux ★ *uit het huis ~* sortir de la maison ★ *ik kom van huis* je viens de chez moi ★ *A komt voor B* A précède B ★ *laten ~* faire venir ★ *ik kom de boeken afhalen* je viens chercher les livres ★ *kom daar nog eens om!* c'est du passé, hélas! ★ *het ~ en gaan* le va-et-vient ❷ *afkomstig zijn* venir (**uit** de), ⟨van zaken⟩ (pro)venir (**uit** de) ★ *dat woord komt uit het Nederlands* ce mot vient du néerlandais ❸ *in genoemde toestand raken* ★ *er ~* ⟨het redden⟩ se débrouiller ★ *hij komt er wel* il fera son chemin ★ *zo kom je er nooit* ça ne mène à rien ★ *erdoor ~* passer ★ *erin ~* ⟨binnenkomen⟩ entrer, ⟨wennen⟩ se roder ★ fig *daar kan ik in~* ça, je le comprends bien, je m'imagine ★ fig *daar komt niets van in* il n'en sera rien ★ *eruit ~* ⟨oplossing vinden⟩ s'en sortir ★ *ik kom er niet uit* je ne m'en sors pas ★ *er goed van af~* bien s'en sortir ★ *daarmee ~ we niet veel verder* cela ne nous avance guère ★ *dat komt wel goed* ça va s'arranger, ça ira ❹ *gebeuren, beginnen* arriver, se produire ★ *er komt regen* il va y avoir de la pluie, nous aurons de la pluie ★ *wat niet is, kan nog ~* tout peut arriver ❺ *veroorzaakt zijn* ★ *dat het hier stinkt, komt door de hond* si ça sent mauvais ici, c'est à cause du chien ★ *dat komt doordat* c'est (parce) que ★ *hoe komt dat?* comment ça se fait? ★ *hoe komt het dat...* comment se fait-il que ... [+ subj.] ★ *dat komt van het vallen* cela vient de la chute, cela a été causé par la chute ❻ ~ **aan** *aanraken* toucher à ★ *als je aan haar komt, breek ik je botten!* si tu la touches je te démolis! ❼ ~ **aan** *verkrijgen* trouver, se procurer ★ *hoe kom je aan dat geld?* où as-tu trouvé cet argent? ★ *hoe ben je eraan ge~?* comment tu l'as eu? ★ *daar ben ik goedkoop aan ge~* je l'ai eu bon marché ❽ ~ **achter** découvrir ★ *ik ben erachter ge~ dat ...* j'ai découvert que ... ★ *achter de waarheid ~* découvrir la vérité, découvrir le pot aux roses ❾ ~ **bij** s'ajouter à ★ *daar komt nog bij dat* à cela s'ajoute que ★ *dat moest er nog bij ~!* il ne manquait plus que cela! ★ *hoe kom je erbij?* qu'est-ce qui te fait dire / penser cela? ❿ ~ **op** *zich herinneren* se rappeler ★ *ik kan er niet op ~* cela m'échappe, j'ai un trou de mémoire ★ *ik kan niet op die naam ~* ce nom ne me revient pas *11~* **op** *bedenken* penser à ★ *hoe kom je daar nu op?* qu'est-ce qui te fait penser cela? *12~* **op** *aanroeren* aborder ★ *op een onderwerp ~* aborder un sujet *13~* **op** *bedragen* revenir à ★ *op hoeveel komt een pond tomaten?* une livre de tomates, ça revient à combien? *14~* **op** *in de openbaarheid komen* ★ *op de tv ~* passer à la télé *15~* **te**, [+ inf.] ★ *~ te overlijden* venir à mourir ★ *~ te vallen* tomber *16~* **tot**, arriver à, parvenir à, ⟨geraken⟩ en venir à ★ *hij komt niet tot een besluit* il n'arrive pas à se décider ★ *tot zichzelf / bezinning ~* revenir à soi ★ *het kwam tot een gevecht* on en est venu aux mains *17~* **van** *als uitkomst hebben* résulter de ★ *dat komt ervan* voilà ce que c'est, voilà ce qui arrive ★ *daar ~ ongelukken van* ça va mal se terminer ★ *komt er nog wat van?* c'est pour aujourd'hui ou pour demain?, inform accouche! ★ *er is niets van ge~* cela n'a mené à rien

komend prochain, à venir ★ *de ~e jaren* dans les années à venir

komfoor réchaud *m*

komiek **I** *de* comique *m/v* **II** *bn* comique **III** *bw* comiquement

komijn cumin *m*

komijnekaas culin fromage *m* au cumin

komijnzaad cumin *m*

komisch comique

komkommer concombre *m*

komkommersalade culin salade *v* de concombre(s)

komkommertijd morte-saison *v*

komma virgule *v* ★ fig *nul ~ nul* zéro, nul

kommer peine *v*, misère *v* ★ fig *~ en kwel* enchaînement *v* de malheurs

kompas boussole *v*, scheepv compas *m* ★ fig *op iemands ~ varen* s'aligner sur qn

kompasnaald aiguille *v* (aimantée)

kompres compresse *v*

komst venue *v*, arrivée *v*, rel avènement *m* ★ *er is storm op ~* il y a de la tempête dans l'air ★ *de lente is op ~* le printemps s'approche ★ *ik wacht op de ~ van de postbode* j'attends l'arrivée du facteur

komvormig creux [v: creuse]

kon [verl. td.] → **kunnen**

konden [verl. td.] → **kunnen**

konfijten confire ★ *gekonfijte vruchten* des fruits confits

konijn lapin *m* [v: lapine], ⟨jong⟩ lapereau *m* [mv: lapereaux] ★ *dat is bij de wilde ~en af* ça te la coupe

konijnenhok cage *v* à lapins, clapier *m*

konijnenhol terrier *m* de lapin

koning ❶ *vorst* roi *m* ★ rel *de Drie Koningen* les Rois mages ★ fig *de ~ te rijk zijn* être heureux comme un roi ❷ *speelkaart* roi *m* ❸ *schaakstuk* roi *m*

koningin ❶ *vorstin* reine *v* ★ *~ Beatrix trad af in 2013* la reine Beatrix a abdiqué en 2013 ❷ *schaakstuk* dame *v* ★ *een ~ halen* aller à dame

koningin-moeder reine *v* mère

Koninginnedag fête *v* de la reine

koningsarend aigle *m* royal

koningsgezind royaliste

koningshuis maison *v* royale

koninklijk **I** *bn* royal [m mv: royaux] ★ *het ~ paar* le couple royal ★ *een ~e ontvangst* un accueil royal **II** *bw* royalement

koninkrijk royaume *m* ★ *het Koninkrijk der Nederlanden* le Royaume des Pays-Bas

konkelen manigancer, manœuvrer

kont cul *m* ★ *in zijn blote kont* à poil ★ *iem. een kontje geven* faire la courte échelle à qn ★ fig *de kont tegen de krib gooien* ruer dans les brancards

kontlikker lécheur *m* [v: lécheuse]

kontzak poche *v* arrière, poche-revolver *v*

konvooi convoi *m* ★ *in ~* en convoi

kooi ❶ *dierenhok* cage *v*, ⟨van schapen⟩ bergerie *v* ❷ *slaapplaats* couchette *v*, inform pieu *m* ★ *naar*

kooi gaan aller au pieu, se pieuter
kooien mettre en cage
kook ébullition *v* ★ *aan de kook brengen* faire bouillir ★ fig *van de kook zijn* être décontenancé
kookboek livre *m* de cuisine
kookcursus cours *m* de cuisine
kookeiland îlot *m* de cuisine
kookkunst cuisine *v*, art *m* culinaire
kooknat eau *v* de cuisson
kookplaat plaque *v* chauffante, ‹met meer branders› plaque *v* / table *v* de cuisson ★ ~ *met 4 gaspitten* plaque de cuisson (à) quatre feux
kookpot marmite *v*
kookpunt point *m* d'ébullition
kookwekker minuteur *m*
kool ❶ *groente* chou *m* [mv: choux] ★ *witte kool* chou blanc ★ *groene kool* chou vert ★ *rode kool* chou rouge ★ fig *iem. een kool stoven* jouer un tour à qn ★ fig *groeien als kool* pousser comme une mauvaise herbe, inform bien profiter ★ fig *de kool en de geit sparen* ménager la chèvre et le chou ❷ *steenkool* charbon *m*, ‹als delfstof› houille *v* ★ *gloeiende kolen* braise *v* ★ fig *op hete kolen zitten* être sur des charbons (ardents)
kooldioxide scheik dioxyde *m* de carbone
koolhydraat hydrate *m* de carbone
koolmees mésange *v* charbonnière
koolmonoxide (mon)oxyde *m* de carbone
koolmonoxidevergiftiging intoxication *v* oxycarbonée
koolraap chou-navet *m* [mv: choux-navets]
koolrabi chou-rave *m* [mv: choux-raves]
koolstof carbone *m*
koolvis colin *m*
koolwaterstof hydrocarbure *m*
koolwitje piéride *v* (du chou)
koolzaad ❶ *plant* colza *m* ❷ *zaad* colza *m*
koolzuur acide *m* carbonique, ‹sneeuw› mousse *v* carbonique, ‹gas› gaz *m* carbonique
koolzuurhoudend gazeux [v: gazeuse]
koon pommette *v*
koop ‹aankoop› acquisition *v*, ‹het gekochte› achat *m*, ‹overeenkomst› marché *m* ★ *een goede koop* une (bonne) affaire ★ *te koop* à vendre, ‹in de handel› en vente ★ *te koop aanbieden / zetten* mettre en vente ★ *te koop staan / zijn* être à vendre ★ *te koop gevraagd* on demande ... ★ *een koop sluiten* conclure un marché ★ fig *op de koop toe* par-dessus le marché, par surcroît, en prime ★ fig *iets op de koop toe nemen* assumer qc ★ fig *te koop lopen met iets* afficher qc, faire étalage de qc
koopakte acte *m* de vente
koopavond nocturne *v*
koopcontract contrat *m* de vente ★ *voorlopig* ~ promesse *v* de vente
koophandel commerce *m*
koophuis ‹te koop› maison *v* à vendre ★ *in een* ~ *wonen* être propriétaire
koopje occasion *v*, inform occase *v*, ‹goede koop› (bonne) affaire *v* ★ *dat is 'n* ~ c'est donné ★ *op een* ~ à peu de frais, inform pour pas cher ★ *daar heb ik een* ~ *aan gehad* c'était une affaire ★ ~*s jagen* courir après les bonnes affaires
koopkracht pouvoir *m* d'achat
koopkrachtig ayant les moyens (financiers)
kooplustig dépensier [v: dépensière]
koopman commerçant *m* [v: commerçante], marchand *m* [v: marchande], ‹van groothandel› négociant *m* [v: négociante]
koopovereenkomst contrat *m* de vente
koopsom prix *m* d'achat
koopsompolis assurance *v* vie à prime forfaitaire
koopvaardij marine *v* marchande
koopvaardijschip navire *m* marchand
koopwaar marchandise(s) *v (mv)*
koopwoning econ logement *m* en propriété
koopziek dépensier [v: dépensière]
koopzondag omschr ouverture *v* des magasins le dimanche
koor chœur *m* ★ *een gemengd koor* un chœur mixte ★ *in koor* en chœur
koord corde *v*, ‹klein› cordon *m*, ‹sierkoord› torsade *v* ★ *het slappe* ~ la corde raide
koorddansen danser sur la corde
koorddanser funambule *m/v*, équilibriste *m/v*
koorde corde *v*
koorknaap ❶ *koorzanger* jeune choriste *m* ❷ *misdienaar* enfant *m* de chœur
koormuziek musique *v* de chœur
koorts ook fig fièvre *v* ★ *gele* ~ fièvre jaune ★ *ijlende* ~ fièvre délirante ★ ~ *hebben* avoir de la fièvre ★ *40 graden* ~ *hebben* avoir 40 de fièvre ★ *lichte* ~ *hebben* avoir de la température ★ *hoge* ~ *hebben* avoir une forte fièvre
koortsachtig I *bn, zeer gejaagd* fiévreux [v: fiévreuse], fébrile ★ ~*e bedrijvigheid* activité *v* fébrile **II** *bw* fiévreusement, fébrilement
koortsig I *bn* fiévreux [v: fiévreuse], fébrile **II** *bw* fiévreusement, fébrilement
koortsthermometer thermomètre *m* médical
koortsuitslag bouton *m* de fièvre
koortsvrij sans fièvre
koos [verl. td.] → **kiezen**
koosjer ❶ rel cas(c)her [onver.] ❷ fig *in orde* ★ *niet* ~ pas très catholique
koosnaam petit nom *m*
kootje phalange *v*
kop ❶ *bovenste, voorste deel* tête *v* ★ *de kop van een lucifer* la tête d'une allumette ★ *kop van een golf* crête *v* ★ *de kop van een pier* le musoir d'une jetée ★ *aan de kop van het peloton* à la tête du peloton ★ *op kop liggen* mener, être en tête ❷ *hoofd* tête *v* ★ *een hond over zijn kop aaien* caresser la tête d'un chien ★ *een rooie kop krijgen* piquer un fard ★ *de koppen tellen* compter les têtes ★ *iets op de kop tikken* dénicher qc ★ *op de kop af* tout juste ★ *het is op de kop af tien uur* il est dix heures précises / pile ★ *de kop is eraf* c'est parti ★ *houten kop* gueule *v* de bois ★ *kop op!* haut la tête!, courage! ★ *iets bij de kop vatten* s'attaquer à qc ★ *de zaal stond op zijn kop* la salle était déchaînée ★ *al ga je op je kop staan* tu auras beau faire (des pieds et des mains) ★ *alles op zijn kop zetten* mettre tout sens dessus dessous ★ *iem. op zijn kop zitten* tyranniser qn ★ *zich niet op zijn kop laten zitten* ne pas se laisser faire ★ *iem. op zijn kop geven* passer un savon à qn ★ *op zijn kop krijgen* se faire engueuler ★ *over de kop gaan* ‹van voertuig› faire un tonneau, fig faire la culbute ★ *zich over de kop werken* se surmener

★ BN *van kop tot teen* des pieds à la tête ★ *de koppen bij elkaar steken* se concerter ★ inform *houd je kop!* ta gueule! ★ *de kop opsteken* réapparaître ★ *iem. een kopje kleiner maken* décapiter qn, inform raccourcir qn ★ *dat kost je de kop niet* ce n'est pas la mort ★ *mijn kop eraf!* j'en donnerais ma tête à couper! ★ *de kop indrukken* réprimer, étouffer (dans l'œuf) ★ *zonder kop of staart* sans queue ni tête ★ *zijn kop in het zand steken* faire l'autruche ★ *er gaan koppen rollen* des têtes vont tomber ★ *kopjes geven* faire des frôlements ❸ *verstand* ★ *je moet je kop erbij houden* faut pas avoir la tête ailleurs ★ *een knappe kop* un cerveau ★ *hij heeft een goede kop* il a de la tête ❹ *kom* tasse *v* ★ *kop en schotel* tasse et soucoupe ★ *een kopje thee* une tasse de thé ❺ *opschrift* titre *m*, ⟨vet⟩ gros titre *m* ★ *een pakkende kop* un titre accrocheur ★ *in grote koppen schrijven* écrire en gros titres ❻ *zijde van munt* face *v* ★ *kop of munt gooien* jouer à pile ou face

kopbal tête *v*

kopen acheter (**van** à), ⟨een kaart / steen pakken⟩ piocher ★ *iets van iem.* ~ acheter qc à qn ★ *iets ~ voor vijftig euro* payer qc cinquante euros ★ fig *wat koop ik ervoor?* ça me fait une belle jambe!

Kopenhaags copenhag(u)ois

Kopenhagen Copenhague *v*

koper I *de* acheteur *m* [v: acheteuse], acquéreur *m* ★ *een ~ vinden* trouver preneur **II** *het* ❶ *metaal* cuivre *m* ❷ muz cuivres *m mv*

koperblazer ★ *de ~s* les cuivres

koperdraad fil *m* de cuivre

koperen *van koper* de cuivre, en cuivre ▼ *~ bruiloft* noces *v mv* de cuivre

kopermijn mine *v* de cuivre

koperpoets pâte *v* à cuivre

koperwerk cuivres *m mv*

kopgroep tête *v* de la course, peloton *m* de tête

kopie ❶ *duplicaat* copie *v* ★ *illegale ~* copie illégale ❷ *fotokopie* photocopie *v* ★ *een ~ maken* faire une photocopie

kopieerapparaat photocopieur *m*, photocopieuse *v*

kopieermachine photocopieur *m*, photocopieuse *v*

kopieerpapier papier *m* à copier

kopiëren copier, photocopier, ⟨audio⟩ repiquer

kopij copie *v* ★ *daar zit ~ in* cela pourrait faire un bon sujet d'article

kopjeduikelen → **koppeltjeduikelen**

kopje-onder (la tête) sous l'eau ★ *~ gaan* boire une tasse

koplamp phare *m* ★ *de ~en dimmen* se mettre en code

koploper leader *m* ★ *de ~ in de competitie* le leader du championnat

koppel I *de, riem* ceinturon *m* **II** *het* ❶ *paar* couple *m* ❷ *zwerm* vol *m*

koppelaar marieur *m* [v: marieuse], inform entremetteur *m* [v: entremetteuse]

koppelen ❶ *vastmaken* (ac)coupler, ⟨aanspannen⟩ atteler, ⟨van motor⟩ embrayer ❷ *samenbrengen* relier ★ *twee mensen proberen te ~* s'entremettre pour rapprocher deux personnes

koppeling ❶ *verbinding* accouplement *m*, ⟨van wagons⟩ attelage *m*, ⟨in ruimtevaart⟩ amarrage *m*, arrimage *m* ❷ *auto-onderdeel* embrayage *m* ★ *de ~ op laten komen* embrayer ★ *de ~ intrappen* débrayer

koppelingsplaat disque *m* d'embrayage

koppelteken trait *m* d'union, tiret *m*

koppeltjeduikelen faire un roulé-boulé, faire la culbute, culbuter

koppelverkoop vente *v* combinée, package *m*

koppelwerkwoord copule *v*

koppen ❶ *met het hoofd spelen* sport faire une tête ❷ *als kop voeren* titrer ❸ ⟨m.b.t. planten en bomen⟩ *van de kop ontdoen* écimer

koppensnellen ❶ *onthoofden* chasser des têtes ❷ *krantenkoppen lezen* parcourir le journal

koppensneller ❶ *moordenaar* chasseur *m* de têtes ❷ *krantenlezer* ≈ personne *v* qui survole les gros titres

koppiekoppie I *tussenw* il y en a là-dedans, pas folle la guêpe **II** *het* ★ *~ hebben* être futé

koppig I *bn* ❶ *halsstarrig* têtu, entêté, obstiné ★ *~ als een ezel* têtu comme une mule ❷ *sterk* ★ *~e wijn* vin capiteux *m* **II** *bw* obstinément ★ *~ volhouden* s'obstiner (à)

koppigaard BN entêté *m* [v: entêtée]

koppigheid entêtement *m*, obstination *v*

koppijn mal *m* de crâne ★ *~ hebben* avoir mal au crâne

kopregel ligne *v* de tête

koprol roulé-boulé *m* [mv: roulés-boulés]

kops ★ *een kopse steen* une (pierre) boutisse

kopschuw farouche ★ *~ maken* effaroucher

kopspijker clou *m*, ⟨klein⟩ broquette *v*

kop-staartbotsing télescopage *m*

kopstation tête *v* de ligne

kopstem voix *v* de tête

kopstoot *stoot met het hoofd* coup *m* de tête, ⟨kopbal⟩ tête *v*

kopstuk *belangrijk persoon* sommité *v*, bonze *m*, cacique *m*, ténor *m* ★ *de ~ken van de partij* les éléphants du parti

kopt Copte *m/v*

koptelefoon casque *m*, écouteurs *m mv*

koptisch copte

Koptisch taalk *taal* copte *m*

kop-van-jut ❶ *kermisattractie* tête *v* de Turc ❷ fig *zondebok* tête *v* de Turc

kopzorg tracas *m mv*, tintouin *m*

koraal ❶ muz choral *m* [mv: chorals] ❷ biol corail *m* [mv: coraux]

koraalrif récif *m* corallien

koralen ❶ *van koraal vervaardigd* de / en corail ❷ *kleur* rouge corail

koran *exemplaar van de Koran* coran *m*

Koran *heilig geschrift* Coran *m* ★ *van de ~* coranique

kordaat I *bn* résolu, ferme, énergique **II** *bw* résolument, fermement

kordon cordon *m*

Korea la Corée (du Nord / du Sud) ★ *in ~* en Corée

Koreaans coréen [v: coréenne]

koren blé *m* ★ *dat is ~ op zijn molen* cela apporte de l'eau à son moulin, cela fait son affaire

korenaar épi *m*

korenblauw bleu *m* barbeau

korenbloem bleuet *m*
korenschuur grange *v*
korf I *de* corbeille *v*, panier *m*, ⟨op de rug⟩ hotte *v* **II** *ww* [verl. td.] → **kerven**
korfbal ≈ balle *v* au panier, korfball *m*
korfballen ≈ jouer à la balle au panier
Korfoe Corfou *m* ★ *op ~* à Corfou
korhoen tétras-lyre *m* [mv: tétras-lyres]
koriander coriandre *v*
kornet ❶ muz cornet *m* ❷ mil aspirant *m*
kornuit camarade *m/v*, copain *m*, inform pote *m*
korporaal caporal *m* [mv: caporaux]
korps ❶ *groep personen* corps *m* ❷ *gevechtseenheid* ★ *~ mariniers* infanterie *v* de marine ❸ *letterformaat* corps *m*
korpsbeheerder préfet *m* de police
korpscommandant chef *m* de corps
korrel grain *m* ★ fig *iets met een ~tje zout nemen* ne pas prendre qc au sérieux, ne pas prendre qc pour argent comptant ▼ *iem. op de ~ nemen* viser qn, prendre qn pour cible
korrelig granuleux [v: granuleuse], grenu
korset corset *m*
korst croûte *v*, ⟨van ovengerecht⟩ gratin *m*
korstmos lichen *m*
kort I *bn* ❶ *niet uitgestrekt van afmeting* court, ⟨van gestalte⟩ petit ★ *voor korte afstanden neem ik de fiets* pour les petites distances, je prends le vélo ★ *korter maken* raccourcir ★ *korter worden* raccourcir ★ *zijn haar kort laten knippen* faire couper court ses cheveux ★ *een kortere weg* un raccourci ★ *iem. kort houden* serrer la bride à qn ★ *kort en klein slaan* réduire en miettes, casser ❷ *niet lang durend* court, bref [v: brève] ★ *na een korte pauze* après une brève pause ★ *sinds kort* depuis peu ★ *tot voor kort* il y a (encore) peu de temps ★ *kort geleden* il y a peu (de temps), dernièrement ★ *kort voor* peu (de temps) avant, juste avant ★ *kort na elkaar* à brefs intervalles ★ *ik zal het kort maken* je n'en aurai pas pour longtemps ★ *maak het kort!* soyez bref! ❸ *beknopt* bref [v: brève], concis, succinct ★ *kort en bondig* de façon succincte ★ *kort en goed* pour tout dire ★ *kort maar krachtig* sans détour, carrément ★ *in het kort* (en) bref, en deux mots ★ *om kort te gaan* (pour être) bref, pour abréger **II** *bw* brièvement ★ *er is twee euro te kort* il (nous) manque deux euros
kortaangebonden ⟨nors⟩ bourru, ⟨opvliegend⟩ emporté ★ *~ zijn* inform être soupe au lait
kortademig poussif [v: poussive] ★ *~ zijn* avoir le souffle court
kortaf I *bn* brusque, bref [v: brève] **II** *bw* sèchement, d'un ton sec
kortebaanwedstrijd sprint *m*
kortegolfontvanger récepteur *m* à ondes courtes
korten ❶ *korter maken* raccourcir ★ *de tijd ~* tuer le temps ❷ fig *inhouden* diminuer, rogner (sur) ★ *~ op loon* diminuer le salaire, rogner sur le salaire ★ *met 20 procent ~* réduire de 20 pour cent
kortetermijngeheugen psych mémoire *v* à court terme
kortetermijnplanning planification *v* à court terme
kortetermijnpolitiek politique *v* à la petite semaine
kortharig ⟨van dier⟩ à poil ras, ⟨van mens⟩ à cheveux courts, ⟨kortgeknipt⟩ ras
korting ❶ *aftrek, vermindering* diminution *v*, ⟨inhouding⟩ retenue *v* ★ *met ~ verkocht* vendu au rabais ❷ *bedrag* réduction *v*, remise *v*, ⟨bij manco⟩ rabais *m*, ⟨bij contante betaling⟩ escompte *m* ★ *25 % ~ op alle prijzen* rabais de 25 pour cent sur tous les prix ★ *~ geven* faire une réduction ★ *~ krijgen* avoir une réduction
kortingkaart carte *v* de réduction
kortingsbon bon *m* de réduction
kortlopend à court terme
kortom bref, en un mot
Kortrijk Courtrai *m*
Kortrijks courtraisien [v: courtraisienne]
kortsluiten court-circuiter, fig se concerter sur
kortsluiting court-circuit *m* [mv: courts-circuits] ★ *~ maken* provoquer un court-circuit
kortstondig momentané, passager [v: passagère], de courte durée, éphémère
kortweg ❶ *kort gezegd* (en) bref ❷ *eenvoudigweg* tout simplement
kortwieken *vleugel knippen* ook fig rogner les ailes à
kortzichtig borné, imprévoyant, ⟨van handelwijze⟩ à la petite semaine
korven [verl. td.] → **kerven**
korvet mil *oorlogsschip* corvette *v*
korzelig ⟨humeurig⟩ irrité, ⟨lichtgeraakt⟩ irascible
kosmisch cosmique
kosmonaut cosmonaute *m/v*
kosmopoliet cosmopolite *m/v*
kosmopolitisch cosmopolite
kosmos cosmos *m*, univers *m*
Kosovaar Kosovar *m*
Kosovaars kosovar
Kosovaarse Kosovare *v*
Kosovo le Kosovo ★ *in ~* au Kosovo
kost ❶ *voedsel* nourriture *v*, inform bouffe *v* ★ *stevige kost* un repas substantiel ★ *slappe kost* fadasserie *v* ★ fig *dat is zware kost* c'est costaud, c'est indigeste ★ fig *dat is andere kost* c'est une autre paire de manches ★ *zijn ogen de kost geven* se rincer l'œil ❷ *dagelijkse voeding* ★ *kost en inwoning* / BN *inwoon* le vivre et le couvert ★ *kost en inwoning hebben* être logé et nourri ★ *bij iem. in de kost zijn* être en pension chez qn ❸ *levensonderhoud* ★ *de kost verdienen* gagner sa vie ★ *wat doet hij voor de kost?* qu'est-ce qu'il fait dans la vie? ★ *zijn kostje is gekocht* il est à l'abri (du besoin) ★ *ten koste van* aux dépens de, au détriment de ★ *ten koste van zijn leven* au prix de sa vie ★ *de kost gaat voor de baat uit* pour gagner de l'argent, il faut en dépenser
kostbaar ❶ *duur* coûteux [v: coûteuse], onéreux [v: onéreuse] ★ *een kostbare vaas* un vase onéreux ❷ *veel waard* précieux [v: précieuse] ★ *een ~ bezit* un bien précieux
kostbaarheden objets *m mv* précieux
kostelijk I *bn, voortreffelijk* précieux [v: précieuse], ⟨heerlijk⟩ délicieux [v: délicieuse], ⟨grappig⟩ savoureux [v: savoureuse], impayable **II** *bw* ★ *zich ~ vermaken* s'amuser royalement,

inform s'éclater
kosteloos **I** *bn* gratuit **II** *bw* gratuitement, gratis
kosten **I** *onov ww* coûter, valoir, revenir à, ⟨vergen⟩ exiger ★ *wat kost dat?* combien ça coûte?, prendre du temps ★ *het kost me veel moeite* ça me demande de grands efforts ★ *het kost je niets om aardig te zijn* ça ne coûte rien d'être gentil ★ *het zal je de kop niet ~* ce n'est pas la mort ★ *dat kost hem de kop* il va y laisser sa peau ★ *dat kostte hem het leven* ça lui a coûté la vie ★ *koste wat het kost* coûte que coûte, à tout prix **II** *de mv* coût *m*, ⟨onkosten⟩ frais *m mv*, jur dépens *m mv* ★ *de ~ van het levensonderhoud* le coût de la vie ★ *~ en baten* les frais et les bénéfices ★ *~ koper* frais à la charge de l'acheteur ★ *op eigen ~* à ses propres frais ★ *op iemands ~ leven* vivre aux dépens de qn ★ *op ~ van de staat* aux frais de l'État, inform aux frais de la princesse ★ *iem. op ~ jagen* pousser qn à la dépense ★ *op hoge ~ zitten* avoir des charges élevées ★ *tegen geringe ~* à moindres frais ★ *tegen hoge ~* à grands frais ★ *de ~ eruithalen* rentrer dans ses frais ★ *iemands ~ vergoeden* indemniser qn ★ *~ maken* se mettre en frais ★ *~ in rekening brengen* facturer les frais ★ *~ noch moeite sparen* mettre tout en œuvre, ne pas ménager / épargner sa peine
kostenbesparing économie *v*
kostendaling diminution *v* des frais
kostendekkend qui couvre les frais, qui rentre dans ses frais
kostenstijging augmentation *v* des frais
koster sacristain *m* [v: sacrist(a)ine]
kostganger pensionnaire *m/v*
kostgeld pension *v*
kostprijs prix *m* de revient ★ *tegen ~* à prix coûtant
kostschool onderw pensionnat *m*, internat *m*
kostuum *pak* costume *m* ★ *driedelig ~* costume trois-pièces ★ *heren~* complet *m*
kostwinner soutien *m* de famille
kot ❶ *krot, hok* ⟨krot⟩ taudis *m*, ⟨varkenshok⟩ porcherie *v* ❷ BN *(studenten)kamer* thurne *v*, BN kot *m*
kotbaas BN *hospes* logeur *m*
kotelet côte *v*, côtelette *v*
koter môme *m/v*
kotmadam BN *hospita* logeuse *v*
kots dégueulis *m*
kotsen ❶ *braken* dégueuler ❷ *walgen* ★ *het is om van te ~* c'est dégueulasse ★ *daar kots ik van* ça me fait gerber
kotsmisselijk ★ *~ zijn* avoir envie de gerber ★ fig *ik word ~ van zijn grappen* je suis écœuré de ses plaisanteries
kotter cotre *m*
kou ❶ *koude* froid *m* ★ *een bittere kou* un froid de canard ★ *kou lijden* geler ★ fig *in de kou laten staan* laisser en plan, laisser en rade, ⟨laten verkommeren⟩ laisser pour compte ★ fig *de kou is uit de lucht* l'horizon s'est éclairci ❷ *verkoudheid* rhume *m* ★ *een kou op de blaas* une inflammation de la vessie ★ *een kou oplopen* prendre froid, attraper un rhume
koud **I** *bn* ❶ *niet warm* froid ★ *het is koud* il fait froid, inform ça caille, ⟨in huis⟩ c'est une glacière ici ★ *ik heb het koud* j'ai froid ★ *koude voorgerechten* entrées froides ★ *koud worden* (se) refroidir ★ *ik heb koude vingers* j'ai froid aux mains, j'ai les doigts gelés ★ *koud zijn* être froid ★ fig *ik word er koud van* ça me fait froid dans le dos ❷ *zonder gevoel* froid ★ *dat laat me koud* cela ne me fait ni chaud ni froid ❸ *dood* ★ *iem. koud maken* refroidir qn **II** *bw* ❶ *niet warm* froidement ★ *koud eten* manger froid ★ *hij reageert koud en onverschillig* il réagit avec froideur et indifférence ❷ *nauwelijks* à peine ★ *we waren koud thuis, of ...* on était à peine rentré que ...
koudbloedig à sang froid
koude → **kou**
koudegolf vague *v* de froid
koudgeperst pressé à froid
koudvuur gangrène *v* ★ *aangetast door ~* gangreneux [v: gangreneuse]
koudwatervrees fig *ongegronde angst* frilosité *v*
koufront front *m* froid
koukleum frileux *m* [v: frileuse] ★ *een ~ zijn* être frileux / frileuse
kous bas *m* ★ *een ladder in een kous* une maille filée, un bas qui s'est démaillé ★ *(geld in een) oude kous* bas de laine ▼ *de kous op de kop krijgen* ramasser une veste ▼ *daarmee is de kous af!* l'affaire est close, point final!
kousenvoet pied *m* de bas ★ lett en fig *op ~en lopen* marcher à pieds de bas
koutje rhume *m* ★ *een ~ vatten* prendre froid, attraper un rhume, catch a cold
kouvatten prendre froid, attraper un rhume, s'enrhumer
kouwelijk **I** *bn* frileux [v: frileuse] **II** *bw* frileusement
Kozak *lid van volk* cosaque *m*
kozen [verl. td.] → **kiezen**
kozijn encadrement *m*, châssis *m*
kraag col *m*, collet *m* ★ *zijn ~ neerslaan / opzetten* rabattre / relever le col ★ *iem. bij de ~ grijpen* prendre qn au collet, coincer qn ★ fig *hij heeft een stuk in zijn ~* il a pris une cuite
kraai *vogel* corneille *v* (noire)
kraaien ❶ *kukeleku roepen* chanter, faire cocorico ★ *geen haan zal er naar ~* ni vu ni connu ❷ *kreetjes uiten* pousser des petits cris de joie
kraaiennest ❶ *nest van kraai* nid *m* de corneille ❷ scheepv *uitkijkpost* nid-de-pie *m* [mv: nids-de-pie]
kraaienpootjes pattes-d'oie *v mv*
kraak *inbraak* casse *m* ★ *een ~ zetten* faire un casse ▼ *daar zit ~ noch smaak aan* c'est sans goût ni saveur
kraakbeen cartilage *m*
kraakhelder propre comme tout, inform nickel [onver.]
kraakpand squat *m*, immeuble *m* squatté
kraal *bolletje* perle *v* ★ *een snoer kralen* un collier de perles
kraam *verkooptent* ⟨op markt⟩ étal *m* [mv: étals], ⟨op beurs⟩ stand *m*, ⟨op kermis⟩ baraque *v* (foraine) ★ fig *dat komt in zijn ~ te pas* cela l'arrange, voilà qui fait son affaire
kraamafdeling maternité *v*
kraambed ★ *in het ~ liggen* être en couches
kraambezoek ≈ visite *v* rendue à l'accouchée

kraamhulp ❶ *kraamverzorgster* infirmière *v* obstétricienne ❷ *kraamverpleging* soins *m mv* postnatals
kraamkamer chambre *v* de l'accouchée
kraamkliniek clinique *v* d'accouchement
kraamverpleegster infirmière *v* obstétricienne
kraamverzorgster ≈ aide *v* familiale qui dispense les soins postnatals
kraamvisite ≈ visite *v* rendue à l'accouchée
kraamvrouw accouchée *v*
kraamzorg soins *m mv* postnatals
kraan ❶ *tap* robinet *m* ★ *de ~ dichtdraaien* ook fig fermer le robinet ★ *dweilen met de ~ open* (c'est) un cautère sur une jambe de bois ❷ *hijskraan* grue *v* ★ *drijvende ~* grue flottante ★ *rijdende ~* grue roulante ❸ *kraanvogel* grue *v*
kraandrijver grutier *m* [v: grutière]
kraanleertje joint *m* (de robinet)
kraanmachinist grutier *m* [v: grutière]
kraanvogel grue *v*
kraanwagen dépanneuse *v*
kraanwater, BN **kraantjeswater** eau *v* du robinet
krab ❶ *schaaldier* crabe *m* ❷ *schram* griffure *v*
krabbel ❶ *haal met pen of potlood* trait *m* ❷ *korte aantekening* glose *v*, ⟨briefje⟩ petit mot *m* ★ *even een ~ om je te zeggen dat* juste un petit mot pour te dire que
krabbelen I *ov ww, slordig schrijven* griffonner II *onov ww* ❶ *krabben* gratter ❷ *onbeholpen bewegen* aller en chancelant ★ *overeind ~* se hisser, fig se remettre
krabben gratter, ⟨fel⟩ griffer ★ *zich achter de oren ~* se gratter l'oreille ★ *zich op het hoofd ~* se gratter la tête ★ *~ aan* gratter, ⟨afschrapen⟩ racler
krabber grattoir *m*, racloir *m*
krabpaal grattoir *m*, arbre *m* à chats
kracht ❶ *sterkte, geweld, werking* force *v* ★ *met ~ verdedigen* défendre avec force, défendre énergiquement ★ *met alle ~* de toutes ses forces ★ *met vereende ~en* en conjuguant les forces ★ *in de ~ van mijn leven* dans la force de l'âge ★ *op eigen ~* par ses propres moyens, à la force du poignet ★ *op halve ~* au ralenti ★ *op volle ~* à toute vapeur ★ *(weer) op ~en komen* se remettre, récupérer, reprendre ses forces ★ *~ putten uit* puiser sa force dans ★ *zijn ~en verzamelen* rassembler ses forces ★ *zijn woorden ~ bijzetten (met)* ponctuer ses paroles (de) ★ *van ~ zijn* être en vigueur ★ *van ~ worden* entrer en vigueur, prendre effet ★ *met terugwerkende ~* à effet rétroactif ★ *de stille ~* le(s) pouvoir(s) *m (mv)* occulte(s) ❷ *medewerker* employé [v: employée] ★ *een betaalde ~* un salarié ★ *een goede ~* un bon élément
krachtbron source *v* d'énergie
krachtcentrale centrale *v* (électrique)
krachtdadig énergique
krachtig I *bn* vigoureux [v: vigoureuse], fort, puissant ★ *een ~e wind* un vent fort ★ *met ~e hand* d'une main ferme II *bw* vigoureusement, fort(ement), énergiquement ★ *~ optreden* agir avec fermeté
krachtmeting bras *m* de fer, épreuve *v* de force
krachtpatser armoire *v* à glace, malabar *m*
krachtproef épreuve *v* de force
krachtsinspanning effort *m* (physique)
krachtsport sport *m* de force
krachtstroom courant *m* triphasé
krachtterm gros mot *m*, juron *m*
krachttoer tour *m* de force
krachttraining musculation *v*
krachtveld ook fig champ *m* de forces
krachtvoer fourrage *m* concentré
krak I *de, krakend geluid* craquement *m* II *tussenw* crac
Krakau Cracovie *v*
Krakaus cracovien [v: cracovienne]
krakelen se quereller, se chamailler
krakeling ≈ craquelin *m*
kraken I *ov ww* ❶ *openbreken* casser ❷ fig *afkraken* éreinter ❸ *huis binnendringen* squatter ★ *in een gekraakt pand wonen* habiter dans un squat ❹ *inbreken* cambrioler ★ *de brandkast ~* forcer / percer le coffre-fort ★ *een computer ~* pirater un ordinateur ★ *een code ~* déchiffrer un code ❺ scheik ⟨van olie⟩ craquer II *onov ww, geluid maken* craquer, ⟨knarsen⟩ grincer, crisser, ⟨van geluidsapparatuur⟩ cracher ★ *de deur kraakt* la porte grince ★ *met ~de stem* d'une voix de perroquet ★ *~de wagens lopen het langst* les pots fêlés durent longtemps
kraker ❶ *huisbezetter* squatte(u)r *m* [v: squatteuse] ❷ *chiropractor* chiropraticien *m* [v: chiropraticienne] ❸ *inbreker* cambrioleur *m*, comp pirate *m*, hacker *m* ❹ *hit* tube *m*
krakkemikkig déglingué, bancal [m mv: bancals] branlant
kralengordijn rideau *m* de perles [mv: rideaux ...]
kralensnoer collier *m* de perles
kram crampon *m*, med agrafe *v* ★ fig BN *uit zijn krammen schieten* sortir de ses gonds
kramiek BN culin pain *m* aux raisins
kramp crampe *v* ★ *ik kreeg ~ in mijn kuit* j'ai eu des crampes au mollet ★ *~ hebben* avoir des crampes
krampachtig I *bn* ❶ lett *in een kramp* convulsif [v: convulsive], crispé ❷ fig crispé ★ *~e poging* effort *m* désespéré, forcing *m* II *bw* fig convulsivement ★ *(zich) ~ vasthouden aan* se cramponner à
kranig I *bn* vaillant, ferme ★ *~e kerels zijn* être des mecs vaillants II *bw* ★ *zich ~ weren* bien se défendre ★ *zich ~ houden* tenir bon, ne pas fléchir
krankjorum dingue, ⟨v. zaken⟩ dément
krankzinnig I *bn* ❶ *geestesziek* dément ❷ *onzinnig* dément ★ *een ~ verhaal* une histoire de fous II *bw* comme un fou
krankzinnigengesticht asile *m* (d'aliénés)
krans ❶ *gevlochten ring* couronne *v*, ⟨bij een graf⟩ gerbe *v* ★ *een ~ leggen* déposer une gerbe ❷ *vriendenkring* cercle *m*
kranslegging dépôt *m* d'une gerbe
kransslagader artère *v* coronaire
krant journal *m* [mv: journaux] ★ *de ~ wordt altijd voor 7 uur bezorgd* le journal est toujours distribué avant 7 heures ★ *het staat in de ~* c'est dans le journal / les journaux ★ humor *dat mag wel in de ~!* c'est à marquer d'une pierre

kr

blanche!, inform (demain) il va pleuvoir!
krantenartikel article *m* de journal
krantenbericht nouvelle *v* de journal
krantenjongen porteur *m* de journaux [v: porteuse ...]
krantenknipsel coupure *v* de journal
krantenkop titre *m*, ⟨vet⟩ gros titre *m*
krantenwijk ★ *een ~ hebben* distribuer les journaux à domicile
krap I *bn, nauw, niet ruim* étroit, (un peu) juste ★ *zijn pak is wat te krap* son costume est un peu juste ★ *zij hebben het krap* ils vivent chichement **II** *bw* ❶ *nauw, niet ruim* juste, étroitement, à l'étroit ★ *dat jasje zit te krap* cette veste serre trop ★ *krap behuisd* logé à l'étroit ★ *krap bij kas zitten* être à court d'argent, inform être fauché ★ *krap in zijn tijd zitten* manquer de temps ❷ *amper* (tout) juste, à peine ★ *het is krap aan* c'est tout juste
kras I *de, haal* rayure *v*, éraflure *v* **II** *bn* ❶ *vitaal* vert ★ *nog kras zijn* avoir bon pied, bon œil ❷ *krachtig, streng* fort ★ *een krasse maatregel* une mesure rigoureuse ★ *dat is wat kras* c'est un peu fort ★ *dat is kras!* elle est raide celle-là!
kraslot ticket *m* à gratter
krassen I *ov ww* graver **II** *onov ww* ❶ *krassen maken* faire des rayures ★ *~ op* gratter ❷ *geluid maken* crisser, ⟨van kraai⟩ croasser, ⟨van uil⟩ chuinter
krat caisse *v*, ⟨voor fruit⟩ cageot *m* ★ *een krat bier* une caisse de bière
krater cratère *m*
krediet ❶ *uitstel van betaling / kapitaalverschaffing* crédit *m* ★ *~ geven* faire crédit ★ *iem. een ~ verlenen* accorder un crédit à qn ★ *op ~* à crédit ★ *blanco ~* crédit en blanc ★ *doorlopend ~* crédit renouvelable ❷ *vertrouwen* crédit *m* ★ *~ bij iem. genieten* avoir du crédit auprès de qn
kredietbank banque *v* de crédit
kredietcrisis crise *v* de crédit
kredietwaardig solvable ★ *~ zijn* être solvable
kreeft écrevisse *v*, ⟨zeekreeft⟩ homard *m* ★ *zo rood als een ~* rouge comme une pivoine, cramoisi
Kreeft *dierenriemteken* Cancer *m*
Kreeftskeerkring tropique *m* du Cancer
kreeg [verl. td.] → **krijgen**
kreek crique *v*, anse *v*
kreet ❶ *gil* cri *m* ★ *een ~ slaken* pousser un cri ★ *een rauwe ~* un cri déchirant ★ *~ van vreugde* cri de joie ❷ *leus* slogan *m* ★ *een loze ~* formule *v* (toute faite) ★ *loze kreten slaken* lancer des paroles en l'air ★ *holle kreten* phrases *v mv* (creuses), paroles *v mv* en l'air
kregen [verl. td.] → **krijgen**
krekel grillon *m*, inform cricri *m*
kreng ❶ *kadaver* charogne *v* ❷ *rotding* saleté *v* ❸ *rotmens* charogne *v*, teigne *v*, ⟨vrouw⟩ (petite) peste *v*
krenken *kwetsen* vexer, blesser, offenser ★ *diep gekrenkt* piqué / touché au vif ★ *iem. geen haar ~* ne pas toucher (à) un cheveu de qn
krenking *belediging* froissement *m*
krent ❶ *druif* raisin *m* de Corinthe, raisin sec ★ *de ~en uit de pap halen* se tailler la meilleure part du gâteau ❷ *gierigaard* pingre *m/v* ❸ *zitvlak* cul *m*
krentenbol ≈ petit pain *m* aux raisins
krentenbrood culin pain *m* aux raisins
krentenkakker grippe-sou *m* [mv: grippe-sous]
krenterig I *bn* pingre, radin ★ *~ zijn* être radin **II** *bw* avec mesquinerie
Kreta la Crète ★ *op ~* en Crète
Kretenzisch crétois
kreukel (faux) pli *m* ★ *in de ~s* défoncé
kreukelen I *ov ww, kreukels maken* chiffonner, froisser, friper **II** *onov ww, kreukels krijgen* se chiffonner, se froisser
kreukelig ❶ *vol kreuken* froissé, fripé ❷ *gauw kreukend* froissable
kreukelzone zone *v* déformable
kreuken I *ov ww, kreukels maken* chiffonner, froisser **II** *onov ww, kreukels krijgen* se chiffonner, se froisser
kreukherstellend défroissable
kreukvrij infroissable
kreunen gémir
kreupel *mank* ook fig boiteux [v: boiteuse] ★ *~ lopen* boiter ★ *~ maken* estropier
kreupelhout taillis *v mv*, broussailles *v mv*
krib, kribbe ❶ *voederbak* mangeoire *v* ❷ *bedje van Jezus* crèche *v*
kribbig I *bn* hargneux [v: hargneuse] teigneux [v: teigneuse] **II** *bw* hargneusement
kriebel fourmillement *m*, picotement *m* ★ *~ in zijn benen hebben* avoir des fourmis dans les jambes ★ *de ~s hebben* ook fig avoir des fourmis ★ *de ~s krijgen* être hérissé ★ *daar krijg ik de ~s van* ça me fout les boules, ça m'énerve
kriebelen I *ov ww* ❶ *kietelen* chatouiller ❷ *klein schrijven* gribouiller **II** *onov ww, jeuken* démanger
kriebelhoest toux *v* sèche
kriebelig ❶ *klein geschreven* gribouillé ★ *hij heeft een erg ~ handschrift* il écrit en pattes de mouches, il écrit comme un chat ❷ *kietelend* chatouilleux [v: chatouilleuse] ★ *een ~ gevoel* des chatouillements ★ *een ~e trui* un pull qui pique ❸ *geprikkeld, snel geïrriteerd* chatouilleux, hérissé
kriegel de mauvais poil
kriek ❶ *kers* guigne *v* ★ fig *zich een ~ lachen* se tordre de rire, se gondoler ❷ *bier* (bière *v*) kriek *v*
krieken *aanbreken* poindre ★ *bij het ~ van de dag* à l'aube
kriel *klein mens* demi-portion *v* [mv: demi-portions]
krielaardappel grenaille *v*
krielkip poule *v* naine
krieltje grenaille *v*
krijgen ❶ *ontvangen* recevoir (**van** de), ⟨innen⟩ toucher ★ *ik heb een pen van mijn broer gekregen* mon frère m'a donné un stylo ★ *vijf jaar ~* prendre / écoper cinq ans ★ *hoeveel krijgt u van me?* je vous dois combien? ❷ *verkrijgen* obtenir, (aller) avoir ★ *ergens te ~ zijn* se trouver quelque part, ⟨te koop⟩ être en vente quelque part ★ *ze heeft een kind gekregen* elle a eu un enfant ★ *we ~ regen* on va avoir de la pluie ★ *weer hoop ~* reprendre espoir ❸ *oplopen* attraper ★ *griep ~* attraper la grippe ★ *daar krijg ik de rillingen van*

ça me donne le frisson ★ *een ongeluk ~* avoir un accident ★ *daar zul je het ~* nous y voici ★ fig *ik krijg er wat van!* ça m'énerve! ❹ *in toestand komen* (commencer à) avoir ★ *ik krijg het koud* je commence à avoir froid, j'ai froid ★ *een kleur ~* rougir ★ *natte voeten ~* se mouiller les pieds ★ *ik krijg dorst* j'ai soif ★ *slaap ~* (commencer à) avoir sommeil ▾ *wat ~ we nou?* qu'est-ce que c'est que ça? ❺ *in toestand brengen* ★ *het voor elkaar ~* y arriver ★ *ik zal je wel ~* je t'aurai!, tu auras de mes nouvelles! ★ *te pakken ~* mettre la main sur ★ *ik heb haar niet te pakken kunnen ~* je n'ai pas réussi à l'avoir / à la joindre ★ *ik kan de koffer niet dicht ~* je n'arrive pas à fermer la valise ★ *iets uit iem. ~* tirer qc de qn ★ *iem. ergens toe ~* amener qn à faire qc ★ *aan het lachen ~* faire rire ★ *bij elkaar ~* réunir, collecter

krijger guerrier *m* [v: guerrière]

krijgertje ❶ *spel* ★ *~ spelen* jouer à chat ❷ inform *cadeau* cadeau *m*

krijgsdienst service *m* militaire

krijgsgevangene prisonnier *m* (de guerre) [v: prisonnière ...]

krijgsgevangenschap captivité *v* ★ *in ~ geraken* être fait prisonnier (de guerre), être mis en captivité

krijgshaftig I *bn* guerrier [v: guerrière], martial [m mv: martiaux] **II** *bw* d'un air martial, de façon guerrière

krijgsheer seigneur *m* de guerre

krijgslist stratagème *m*

krijgsmacht force *v* armée

krijgsraad ❶ *militaire rechtbank* tribunal *m* militaire [mv: tribunaux ...] ★ *voor de ~ komen* être traduit devant le tribunal militaire ❷ *vergadering* ★ *~ houden* tenir un conseil de guerre

krijgszuchtig I *bn* belliqueux [v: belliqueuse] ★ *een ~ persoon* un va-t-en-guerre **II** *bw* de façon belliqueuse

krijsen *schel schreeuwen* crier, ⟨janken⟩ glapir

krijt ❶ *kalksteen* craie *v* ★ *bij iem. in het ~ staan* avoir une ardoise chez qn ❷ *periode* crétacé *m*

krijtje *schrijfgerei* bâton *m* de craie

krijtlijn ★ BN fig *de ~en van een plan* les grandes lignes d'un projet, l'ébauche d'un projet

krijtstreep ❶ *streep van krijt* trait *m* de craie ❷ *witte streep op donkere stof* rayure *v* (fine) ★ *een kostuum met een ~je* un costume rayé

krijttekening crayon(nage) *m*

krijtwit livide, blême

krik cric *m*

krill krill *m*

Krim la Crimée

krimi polar *m*

krimp *het krimpen* rétrécissement *m* ★ *iets op de ~ kopen* acheter qc ample ▾ *geen ~ geven* ne pas céder, tenir bon

krimpen (se) rétrécir ★ *~ van de pijn* se tordre de douleur ★ *de wind krimpt* le vent tourne

krimpfolie film *m* rétractable

krimpvrij irrétrécissable

kring ❶ *cirkel* cercle *m*, rond *m*, ⟨lichtkring⟩ halo *m* ★ *in een ~ zitten* faire un cercle, être assis en rond ★ *dat maakt ~en op de tafel* ça fait des auréoles sur la table ★ *~etjes blazen* faire des ronds (de fumée) ★ *~en onder de ogen hebben* avoir les yeux cernés, avoir des cernes (sous les yeux) ★ fig *in een ~etje ronddraaien* tourner en rond ❷ *sociale groep* milieu *m* [mv: milieux], cercle *m*, monde *m* ★ *in besloten ~* en petit comité, dans la plus stricte intimité ★ *in de huiselijke ~* en famille, dans l'intimité ★ *in politieke ~en* dans les milieux politiques ★ *in de betere ~en verkeren* fréquenter la haute société ★ *de hoogste ~en* la haute société ★ *volgens welingelichte ~en* de source bien informée

kringelen tournoyer

kringgesprek table *v* ronde

kringloop ❶ *cyclus* cycle *m* ★ *de ~ van de natuur* le cycle de la nature ★ *~proces* cycle *m* ❷ *het gaan in een kring* mouvement *m* circulaire

kringlooppapier papier *m* recyclé

kringloopwinkel dépôt-vente *m* [mv: dépôts-ventes]

kringspier muscle *m* orbiculaire

krioelen ❶ *door elkaar bewegen* fourmiller, grouiller ❷ *~* **van** fourmiller de, grouiller de ★ *het krioelt er van de mensen* ça grouille de monde

kris criss *m*

kriskras pêle-mêle ★ *~ door elkaar gooien* jeter en vrac ★ *~ door elkaar lopen* marcher dans tous les sens, marcher en désordre

kristal cristal *m* [mv: cristaux]

kristalhelder cristallin, ook fig limpide

kristallen de / en cristal

kristalliseren (se) cristalliser

kristalsuiker sucre *m* cristallisé

kritiek I *de* ❶ *oordeel* critique *v* ★ *felle ~ uiten op ...* critiquer violemment, ereinter ★ *afbrekende ~* critique(s) négative(s) ★ *beneden alle ~* au-dessous de toute critique ★ *~ uitoefenen* critiquer ❷ *oordelend verslag* critique *v* ★ *lovende ~en* de bonnes critiques **II** *bn, gevaarlijk, beslissend* critique ★ *de toestand is ~* la situation est critique ★ *op het ~e ogenblik* au moment crucial

kritisch I *bn* critique ★ *ergens ~ tegenover staan* se montrer critique à l'égard de qc ★ *een ~e instelling* un esprit critique ★ natk *~e temperatuur* température *v* critique **II** *bw* de façon critique ★ *iets ~ lezen* lire qc d'un oeil critique

kritiseren critiquer

Kroaat *bewoner* Croate *m*

Kroatië la Croatie ★ *in ~* en Croatie

Kroatisch I *bn* croate **II** *het* croate *m*

Kroatische Croate *v*

krocht antre *m*, ⟨crypt⟩ crypte *v*

kroeg bistro(t) *m*

kroegbaas patron *m* (de bistro)

kroegentocht tournée *v* des bistro(t)s

kroegloper pilier *m* de bistro(t)s

kroelen câliner

kroep croup *m*

kroepoek beignets *m mv* de crevettes / de poisson

kroes I *de, beker* gobelet *m* **II** *bn, fijn gekruld* frisé, crépu

kroeshaar cheveux *m mv* crépus

kroeskop ⟨persoon⟩ tête *v* crépue, ⟨kapsel⟩ cheveux *m mv* crépus

kroezen frisotter, crêper
krokant croustillant
kroket croquette *v*
krokodil crocodile *m*
krokus crocus *m*
krokusvakantie onderw vacances *v mv* de février
krols en chaleur
krom I *bn* ❶ *gebogen* courbe, ⟨verdraaid⟩ tordu, ⟨van neus / vingers⟩ crochu, ⟨van lichaam⟩ courbé ★ *kromme rug* dos *m* voûté ★ *kromme benen* jambes *v mv* arquées ❷ *gebrekkig* boiteux [v: boiteuse] ★ *krom Engels* de l'anglais estropié ★ *kromme redenering* raisonnement *m* tordu **II** *bw* ❶ *gebogen* de façon courbée / tordue, ⟨scheef⟩ de travers ★ *krom lopen* marcher (le dos) courbé ★ *krom groeien* se déformer, se déjeter ★ *zich krom lachen* se tordre de rire ★ *zich krom werken* s'esquinter (à travailler) ❷ *gebrekkig* mal ★ *krom spreken* baragouiner la langue
kromliggen ⟨zuinig leven⟩ se saigner (aux quatre veines), ⟨van het lachen⟩ être écroulé
kromme wisk *lijn* courbe *v*
krommen I *ov ww, krom maken* courber, cambrer ★ *de rug* ~ se courber, se voûter **II** *onov ww, krom worden* se courber
kromming courbure *v* ★ *bij de ~ van de weg* dans la courbe du chemin
kromp [verl. td.] → **krimpen**
krompen [verl. td.] → **krimpen**
kromtrekken gauchir, (s')arquer
kronen couronner ★ *iem. tot koning* ~ couronner qn roi
kroniek ❶ *jaarboek* chronique *v* ❷ *rubriek* chronique *v*
kroning couronnement *m*
kronkel ❶ *bocht* courbe *v*, ⟨lus⟩ lacet *m*, ⟨in rivier⟩ méandre *m* ❷ *gedachtekronkel* idée *v* biscornue ★ *een ~ in de hersens hebben* avoir le cerveau fêlé
kronkelen se tordre, s'entortiller, ⟨van weg / rivier⟩ serpenter ★ ~ *van de pijn* se tordre de douleur
kronkelig tortueux [v: tortueuse], sinueux [v: sinueuse]
kronkeling sinuosité *v*, (en)tortillement *m*
kroon ❶ *hoofdbedekking* couronne *v* ★ *de ~ spannen* l'emporter, iron décrocher le pompon ★ *dat spant de ~!* c'est le bouquet!, c'est le pompon! ★ *iem. naar de ~ steken* rivaliser avec qn ★ *dat zet de ~ op het werk* c'est le couronnement, cela couronne l'œuvre ❷ *de regering* couronne *v* ❸ *munt* couronne *v* ❹ *bovenste deel* couronne *v*, ⟨van boom⟩ cime *v*, faîte *m* ❺ *deel v. tand, ook tandprothese* couronne *v*
kroongetuige témoin-clé *m* [mv: témoins-clés], ⟨crimineel⟩ témoin *m* repenti
kroonjaar lustre *m*
kroonjuweel joyau *m* de la couronne [mv: joyaux ...]
kroonkurk capsule *v*
kroonlijst arch corniche *v*
kroonluchter lustre *m*
kroonprins prince *m* héritier, ook fig dauphin *m*
kroonsteentje domino *m*
kroop [verl. td.] → **kruipen**
kroos lentilles *v mv* d'eau
kroost progéniture *v*, rejetons *m mv*
kroot betterave *v* rouge
krop ❶ *stronk groente* pomme *v* ★ *krop sla* laitue *v* ❷ *ziekte* goitre *m*, ⟨gezwel⟩ tumeur *v* goitreuse ❸ dierk *wijde slokdarm* jabot *m*
kropen [verl. td.] → **kruipen**
kropsla laitue *v* pommée
krot taudis *m*
krottenwijk bidonville *m*
kruid ❶ *plant* herbe *v* ★ *geneeskrachtige ~en* herbes médicinales ★ *daar is geen ~ tegen gewassen* il n'y a pas de remède à cela, on n'y peut rien ❷ *specerij* épice *v*, condiment *m* ★ *~en* fines herbes
kruiden ❶ épicer, assaisonner ★ *sterk gekruid* relevé ❷ fig épicer, pimenter ★ *een verhaal gekruid met anekdotes* un récit pimenté d'anecdotes
kruidenazijn vinaigre *m* aux (fines) herbes
kruidenbitter bitter *m* aux herbes aromatiques
kruidenboter culin beurre *m* persillé
kruidendokter guérisseur *m* [v: guérisseuse]
kruidenier épicier *m* [v: épicière], ⟨winkel⟩ épicerie *v*
kruidenierswaren épicerie *v*
kruidenierswinkel épicerie *v*
kruidenthee culin infusion *v*, tisane *v*
kruidentherapie phytothérapie *v*
kruidentuin jardin *m* de plantes aromatiques
kruidig épicé, ⟨pittig⟩ relevé
kruidje-roer-mij-niet ❶ *plantje* sensitive *v* ❷ *persoon* soupe *v* au lait
kruidkoek culin pain *m* d'épice
kruidnagel culin (clou *m* de) girofle *m*
kruien I *ov ww, vervoeren* brouetter **II** *onov ww, breken van ijs* être charrié, ⟨van rivier⟩ débâcler ★ *het ijs begint te ~* les glaçons commencent à flotter
kruier porteur *m* [v: porteuse]
kruik ❶ *kan* cruche *v*, jarre *v* ★ fig *de ~ gaat zo lang te water tot ze breekt* tant va la cruche à l'eau qu'à la fin elle se brise ❷ *warmwaterzak* bouillotte *v*
kruim ❶ *kruimel* miette *v* ❷ *binnenste van brood* mie *v* ▼ BN *het ~ van...* la (fine) fleur de ...
kruimel miette *v*
kruimeldeeg pâte *v* brisée
kruimeldief ❶ *persoon* chapardeur *m* [v: chapardeuse] ❷ *handstofzuiger* ramasse-miettes *m* [mv: id.]
kruimeldiefstal larcin *m*, chapardage *m*
kruimelen I *ov ww, tot kruimels maken* émietter **II** *onov ww, tot kruimels worden* s'émietter
kruimelvlaai culin tarte *v* recouverte de pâte brisée
kruimelwerk bricoles *v mv*
kruimig farineux [v: farineuse]
kruin ❶ *bovendeel hoofd* sommet *m*, calotte *v* ❷ *top* sommet *m*, cime *v*, ⟨van boom⟩ faîte *m*, ⟨van dijk / golf⟩ crête *v*
kruipen ❶ *zich voortbewegen* ramper (**over** sur) ★ *op handen en voeten ~* marcher à quatre pattes ★ *onder de lakens ~* se pieuter ❷ *langzaam gaan* se traîner, avancer lentement ★ *de tijd kruipt* le temps n'en finit pas ❸ *langs de grond groeien* ramper ★ *~de planten* plantes *v mv* rampantes

kr

❹ *onderdanig zijn* s'aplatir (**voor** devant), ramper (**voor** devant)
kruiper *te onderdanig mens* lèche-bottes *m* [mv: id.]
kruiperig rampant, servile
kruippakje grenouillère *v*
kruipruimte vide *m* sanitaire
kruis ❶ *figuur van twee lijnen* croix *v* ★ *aan het ~ slaan* crucifier ★ *een ~ slaan* se signer, faire le signe de la croix ★ BN *een ~ maken over iets* faire une croix sur qc ★ *het Rode Kruis* la Croix-Rouge ❷ muz *verhogingsteken* dièse *m* ❸ *lichaamsdeel; deel van broek* ⟨lichaamsdeel⟩ parties *v mv*, ⟨van dier⟩ croupe *v*, ⟨van broek⟩ entrejambe *m* ★ *zich in het ~ getast voelen* être vexé, vulg se sentir baisé ❹ *zijde van munt* face *v* ★ *~ of munt gooien* jouer à pile ou face ❺ *beproeving* croix *v*, calvaire *m*
kruisband ligament *m* croisé ★ *de ~en scheuren* se faire une déchirure des ligaments croisés
kruisbeeld crucifix *m*
kruisbes groseille *v* à maquereau
kruisbestuiving pollinisation *v* croisée
kruisboog ❶ *schietboog* arbalète *v* ❷ bouw croisée *v* d'ogives
kruiselings I *bn* croisé **II** *bw* en croix ★ *de benen ~ over elkaar geslagen* les jambes croisées
kruisen I *ov ww* ❶ *dwars voorbijgaan* croiser ★ *elkaar ~* se croiser ★ *met gekruiste armen* les bras croisés ❷ biol croiser **II** *onov ww, heen en weer varen* croiser, ⟨laveren⟩ louvoyer
kruiser ❶ *oorlogsschip* croiseur *m* ❷ *jacht* cruiser *m*
kruisigen crucifier, mettre en croix
kruisiging crucifixion *v*
kruising ❶ *kruispunt* intersection *v*, croisement *m* ★ *een ~ naderen* approcher d'un croisement ❷ *bevruchting* croisement *m* ❸ *resultaat van bevruchting* hybride *m*
kruiskopschroevendraaier tournevis *m* cruciforme
kruispunt carrefour *m*, intersection *v*
kruisraket missile *m* de croisière
kruisridder croisé *m*
kruissleutel clé *v* en croix
kruissnelheid vitesse *v* de croisière
kruisspin épeire *v* diadème
kruissteek point *m* de croix
kruisteken signe *m* de (la) croix ★ *een ~ maken* se signer
kruistocht ook fig croisade *v* ★ *op ~ gaan* partir en croisade ★ *een ~ tegen discriminatie* une campagne antidiscriminatoire
kruisvaarder croisé *m*
kruisvereniging ≈ organisation *v* de soins à domicile
kruisverhoor interrogatoire *m* contradictoire, ⟨scherp verhoor⟩ interrogatoire *m* serré ★ *iem. een ~ afnemen* fig mettre qn sur la sellette
kruisweg rel chemin *m* de (la) Croix
kruiswoordpuzzel mots *m mv* croisés
kruit poudre *v* ★ *zijn ~ droog houden* se réserver ★ *al zijn ~ verschoten hebben* avoir brûlé ses dernières cartouches, être en panne sèche
kruitdamp fumée *v* de la poudre, fig mêlée *v* (générale)
kruiwagen ❶ *kar* brouette *v* ❷ *nuttige relatie* piston *m* ★ *een ~ hebben* se faire pistonner
kruk ❶ *steunstok* béquille *v* ★ *op krukken lopen* marcher avec des béquilles ❷ *klink* poignée *v* ❸ *stoeltje* tabouret *m* ❹ *sukkel* cloche *v*
krukas vilebrequin *m*, arbre *m* coudé
krukkig I *bn* maladroit **II** *bw* maladroitement
krul ❶ *haarlok* boucle *v* ★ *krullen zetten* friser ❷ *houtsnipper* frison *m*, ⟨spaanders⟩ copeaux *m mv* ❸ *versiering* fioriture *v*
krulandijvie scarole *v* frisée
krulhaar cheveux *m mv* frisés / bouclés
krullen I *ov ww, krullen vormen* boucler, friser **II** *onov ww, krullen hebben / krijgen* boucler, friser
krullenbol tête *v* bouclée
krulspeld bigoudi *m*
krultang fer *m* à friser
kso BN onderw *kunstsecundair onderwijs* enseignement *m* secondaire artistique
kst pscht!
kubiek ⟨van inhoud⟩ cube ★ *~e meter* mètre *m* cube ★ *2 ~e meter* 2 mètres cubes
kubus cube *m*
kuch *droge hoest* (petite) toux *v*, toussotement *m*
kuchen toussoter
kudde ❶ *troep dieren* troupeau *m* [mv: troupeaux] ❷ fig *menigte* masse *v* ★ *met de ~ meelopen* suivre comme un mouton
kuddedier ❶ *dier* animal *m* grégaire [mv: animaux grégaires] ❷ *persoon* mouton *m* (de Panurge), suiviste *m/v* ★ *de mens is een ~* l'homme est un mouton, l'homme est moutonnier
kuieren faire un tour, se balader, flâner
kuif houppe *v*, ⟨op voorhoofd⟩ toupet *m*, ⟨van vogel⟩ h(o)uppe *v*, ⟨pluim⟩ aigrette *v* ★ fig *in de kuif gepikt* piqué au vif, vexé
kuiken ❶ *kip* poussin *m* ❷ *persoon* andouille *v*
kuil fosse *v*, trou *m*, creux *m*, ⟨in wegdek⟩ nid-de-poule *m* [mv: nids-de-poule] ★ fig *wie een kuil graaft voor een ander, valt er zelf in* tel est pris qui croyait prendre, l'arroseur arrosé
kuiltje petit trou *m*, ⟨in wang / kin⟩ fossette *v*
kuip cuve *v*, baquet *m*
kuipje barquette *v*
kuipstoel (siège *m*) baquet *m*
kuis I *bn, zedelijk rein* chaste, pudique **II** *de,* BN *schoonmaak* nettoyage *m*
kuisen ❶ *censureren* châtier, expurger ❷ BN *schoonmaken* nettoyer
kuisheid chasteté *v*, pudeur *v*
kuisvrouw BN femme *v* de ménage
kuit ❶ *deel van onderbeen* mollet *m* ❷ *viseitjes* œufs *m mv*, frai *m*
kuitbeen péroné *m*
kuitschieten pondre des œufs ★ *het ~* le frai
kuitspier muscle *m* soléaire
kukeleku cocorico
kukelen *tuimelen* dégringoler
kul foutaise *v*, fadaises *v mv*, salades *v mv*
kumquat kumquat *m*
kunde compétence *v*, savoir *m*, capacités *v mv*
kundig capable, versé (**in** en) ★ *ter zake ~* expert en la matière
kundigheid *bekwaamheid* compétence *v*,

capacité *v*
kungfu kung-fu *m*
kunnen I *hww, mogelijk / wenselijk zijn* pouvoir ★ *hij kan de afspraak vergeten zijn* il est possible qu'il ait oublié le rendez-vous ★ *dat kon wel eens verkeerd aflopen* cela risque de mal tourner ★ *het kan zijn dat* il se peut que ★ *~ zwemmen* savoir nager ★ *hij kan goed dansen* il danse bien ★ *hij kan goed rekenen* il est bon en calcul **II** *ov ww, het vermogen hebben* pouvoir, ⟨in staat zijn⟩ être capable de, ⟨in de gelegenheid zijn⟩ être en mesure de, ⟨vaardigheid hebben⟩ savoir ★ *iets ~* pouvoir faire qc, savoir faire qc ★ *ik kan niet meer* je n'en peux plus ★ *ik kan er niet bij* ⟨bereiken⟩ je ne peux pas l'atteindre, ⟨begrijpen⟩ cela me dépasse ★ *ertegen ~* ⟨verdragen⟩ (pouvoir) le supporter, ⟨bestand zijn⟩ y résister, tenir le coup ★ *ik kan er niet over uit* je n'en reviens pas ★ *hij kan er wat van* il sait s'y prendre, il est fort **III** *onov ww, mogelijk zijn* être possible, se pouvoir ★ *kan het dan misschien morgen?* demain alors, ce serait possible? ★ *dat kan nu niet* ce n'est pas le moment ★ *het kan er niet in* cela ne rentre pas ★ *ergens van op aan ~* pouvoir compter sur qc, pouvoir se fier à qc ★ *u kunt ervan op aan* vous pouvez compter dessus ★ *dat kan niet* c'est impossible, cela ne se peut pas ★ *het kan niet anders* il ne peut en être autrement ★ *het kan ermee door* ça peut aller, ça passe ★ *we ~ er met ons vijven in* nous y tiendrons à cinq ★ *je kan me wat* va te faire voir **IV** *het* capacités *v mv* ★ *op de toppen van zijn ~* en pleine possession de ses moyens
kunst ❶ *vaardigheid* art *m* ★ *de ~ van het vissen* l'art de la pêche ★ *de ~ verstaan om* savoir [+ inf.], avoir l'art (et la manière) de ★ *iem. de ~ afkijken* s'inspirer de qn ★ *uit de ~!* c'est du grand art!, bravo l'artiste! ★ *de zwarte ~* la magie noire **❷** *creatieve activiteit* art *m* ★ *de schone ~en* les beaux-arts ★ *de beeldende ~en* les arts plastiques ★ *~ met een grote K* l'art avec un grand A ★ *~en en wetenschappen* les sciences et les arts ★ *vrije ~en* arts libéraux **❸** *product van creatieve activiteit* ★ *~ verzamelen* collectionner des objets d'art ★ *moderne ~* l'art moderne **❹** *iets moeilijks wat iem. kan* art *m* ★ *dat is geen ~* ce n'est pas bien malin, ce n'est pas sorcier ★ *dat is juist de ~!* tout (le secret) est là! ★ *daar is geen ~ aan* ce n'est pas (bien) malin / sorcier ★ *zijn ~en vertonen* ⟨vaardigheden⟩ montrer son savoir-faire ★ *~en maken* faire des tours ★ fig *~en uithalen* ⟨fratsen⟩ faire des simagrées, faire des siennes ★ *een hond ~jes leren* apprendre des tours à son chien **❺** *namaak, niet echt* du factice ★ *is deze kerstboom echt of ~?* ce sapin est-il vrai ou artificiel?
kunstacademie école *v* des Beaux-Arts
kunstboek livre *m* d'art
kunstbont fourrure *v* synthétique
kunstcollectie collection *v* d'objets d'art
kunstenaar artiste *m/v* ★ *ze is beeldend ~ van beroep* elle est artiste plasticienne de son état
kunst- en vliegwerk ★ *met ~* avec les moyens du bord, avec bien du mal
kunstgebit prothèse *v* (dentaire), dentier *m*
kunstgeschiedenis histoire *v* de l'art
kunstgreep ❶ *vaardigheid, handigheid* tour *m* (de main) **❷** *handig trucje* artifice *m*, astuce *v*
kunsthandel ❶ *winkel* galerie *v* (d'art) **❷** *bedrijfstak* commerce *m* d'objets d'art
kunsthars résine *v* synthétique
kunstig I *bn* (fait) avec art, ingénieux [v: ingénieuse] **II** *bw* habilement
kunstijs glace *v* artificielle
kunstijsbaan patinoire *v* (artificielle)
kunstje astuce *v*, truc *m*, tour *m* (d'adresse / de passe-passe) ★ *dat is een koud ~* c'est simple comme bonjour ★ *iem. een ~ flikken* jouer un (sale) tour à qn
kunstleer similicuir *m*
kunstlicht lumière *v* artificielle
kunstmaan satellite *m* (artificiel)
kunstmatig I *bn* artificiel [v: artificielle], ⟨onecht⟩ factice ★ *~e beademing toepassen* administrer de la respiration artificielle ★ *~e inseminatie* insémination *v* artificielle **II** *bw* artificiellement
kunstmest engrais *m* chimique, fertilisant *m*
kunstnijverheid arts *m mv* appliqués / décoratifs, artisanat *m* d'art ★ *~sschool* école *v* des arts décoratifs
kunstpatrimonium BN *openbaar kunstbezit* patrimoine *m* culturel
kunstrijden patinage *m* artistique
kunstschaats patin *m* (à figures)
kunstschaatsen I *het* patinage *m* artistique **II** *onov ww* faire du patinage artistique
kunstschilder artiste *m* peintre
kunstsneeuw neige *v* artificielle
kunststof I *de* matière *v* synthétique **II** *bn* synthétique
kunststuk *knappe prestatie* exploit *m*, prouesse *v*
kunstuitleen artothèque *v*
kunstverlichting éclairage *m* artificiel
kunstverzameling collection *v* d'objets d'art
kunstvezel fibre *v* synthétique
kunstwerk œuvre *v* d'art, ⟨brug e.d.⟩ ouvrage *m* d'art
kunstzijde rayonne *v*
kunstzinnig I *bn, artistiek* artistique **II** *bw* d'une manière artistique
kunstzwemmen natation *v* artistique
kür sport figures *v mv* libres
kuren faire une cure
kurk I *de, stop* bouchon *m* ★ *naar de kurk smaken* sentir le bouchon ★ fig *de kurk waarop iets drijft* le pilier / le moteur de l'affaire **II** *het, materie* liège *m*
kurkdroog archisec [v: archisèche]
kurken I *bn* de / en liège **II** *ov ww* boucher ★ *het ~* le bouchage
kurkentrekker tire-bouchon *m* [mv: tire-bouchons]
kurkuma curcuma *m*
kus baiser *m*, inform bise *v* ★ *een dikke kus* une grosse bise
kushand ★ *~jes geven* envoyer des baisers
kussen I *het* coussin *m*, ⟨hoofdkussen⟩ oreiller *m* ★ fig *op het ~ komen* arriver au pouvoir **II** *ov ww* ⟨iemand⟩ embrasser, ⟨iets⟩ baiser ★ *iem. de hand ~* baiser la main de qn ★ *iem. op de wang ~* embrasser qn sur la joue ★ *elkaar ~* s'embrasser, inform se faire la bise
kussengevecht bataille *v* de polochons

ku

kussensloop taie *v* (d'oreiller)
kust côte *v*, rivage *m* ★ *aan de kust* au bord de la mer, sur la côte ★ *onder de kust* près de la côte ★ *onder de kust varen* longer la côte ★ fig *de kust is veilig* pas de danger à l'horizon ▾ *te kust en te keur* à volonté, en abondance
kustgebied littoral *m*, zone *v* côtière / littorale
kustlijn ligne *v* côtière
kustprovincie province *v* côtière
kuststreek littoral *m*
kustvaarder *schip* caboteur *m*
kustvaart navigation *v* côtière, cabotage *m*
kustwacht garde *v* côtière
kustwateren eaux *v mv* territoriales
kut I *de* chatte *v* **II** *bn* con [v: conne], merdique **III** *tussenw* merde, putain
kut- foutu, sale, de merde ★ *kutweer* temps *m* de merde
kuub mètre *m* cube ★ *twee kuub* deux mètres cubes
kuur ❶ *geneeswijze* cure *v* ★ *een kuur doen* faire une cure **❷** *gril* caprice *m*, lubie *v* ★ *kuren hebben* inform déconner
kuuroord station *v* thermale
kwaad I *bn* **❶** *boos* fâché, en colère, vexé ★ *~ op iem. zijn* être fâché contre qn ★ *~ worden* se fâcher **❷** *slecht* mauvais, ⟨kwaadaardig⟩ méchant ★ *hij is de ~ste niet* il a un bon fond ★ *daar heb je een kwaaie aan* c'est un(e) dur(e) à cuire **II** *bw* **❶** *slecht* mal ★ *hij meent het niet zo ~* il a dit cela sans malice ★ *het (even) te ~ hebben* avoir un pincement au cœur, être gagné par l'émotion **❷** *boos* ★ *iem. ~ aankijken* regarder qn d'un air fâché **III** *het* mal *m*, ⟨nadeel⟩ tort *m* ★ *goed en ~* le bien et le mal ★ *een noodzakelijk ~* un mal nécessaire ★ *ten kwade* en mal ★ *iem. iets ten kwade duiden* en vouloir à qn de qc ★ *van geen ~ weten* agir en toute innocence ★ *van ~ tot erger vervallen* aller de mal en pis ★ *~ doen* faire du mal ★ *het ~ is geschied* le mal est fait ★ *dat kan geen ~* il n'y a pas de mal à cela, ça ne gâte rien ★ *hij kon geen ~ bij haar doen* il avait la cote auprès d'elle ★ *~ met ~ vergelden* rendre le mal pour le mal ★ *(men moet) van twee kwaden het minste kiezen* de deux maux, il faut choisir le moindre ★ *het ~ straft zichzelf* méchanceté porte sa peine
kwaadaardig I *bn* **❶** *boosaardig* méchant, malveillant **❷** med malin [v: maligne] ★ *een ~ gezwel* une tumeur maligne **II** *bw* méchamment
kwaadheid colère *v*, fureur *v*
kwaadschiks bon gré mal gré
kwaadspreken médire (**over** de), dire du mal (**over** de) ★ *~ van iem.* dire du mal de qn
kwaadwillig malintentionné, malveillant
kwaal ❶ *ziekte* mal *m* [mv: maux] **❷** fig *gebrek* trouble *m*
kwab anat lobe *m*, ⟨van hals⟩ fanon *m*, ⟨vetrol⟩ bourrelet *m*
kwadraat ❶ *tweede macht* carré *m* ★ *in het ~ verheffen* élever / mettre au carré **❷** *vierkant* carré *m*
kwadrant quadrant *m*
kwajongen ⟨kind⟩ gamin *m*, ⟨deugniet⟩ garnement *m*
kwajongensstreek gaminerie *v*
kwak ❶ *geluid* plouf *m* **❷** *neergeworpen massa* tas *m* (de), paquet *m* (de)
kwaken ❶ *geluid (als) van eend of kikker maken* ⟨van eend⟩ cancaner, jeugdt dire coin-coin, ⟨van kikker⟩ coasser **❷** *luid en druk praten* caqueter
kwakkel BN *vals bericht* canard *m*
kwakkelen ❶ *sukkelen* être maladif [v: ... maladive] **❷** ⟨m.b.t. het weer⟩ être chancelant [v: être chancelante]
kwakkelweer temps *m* instable
kwakkelwinter ≈ hiver *m* de gel et de dégel
kwakken I *ov ww, smijten* flanquer **II** *onov ww, vallen* tomber lourdement, s'écraser
kwakzalver ❶ gesch *nepdokter* charlatan *m* **❷** *onvakkundig persoon* charlatan *m*
kwakzalverij ❶ *onbevoegde geneeskundige behandeling* charlatanisme *m* **❷** *doorzichtig bedrog* charlatanisme *m*
kwal ❶ *dier* méduse *v* **❷** *persoon* enflure *v*
kwalificatie ❶ *betiteling* qualification *v* **❷** *bevoegdheid* qualification *v* **❸** sport qualification *v* ★ *de ~ voor het Europees kampioenschap* la qualification pour les championnats d'Europe
kwalificatietoernooi tournoi *m* éliminatoire
kwalificatiewedstrijd (épreuve *v*) éliminatoire *v*
kwalificeren ❶ *benoemen* ★ *iem. ~ als* qualifier qn de ★ *iem. ~ als leugenaar* traiter qn de menteur **❷** *geschikt maken* qualifier ★ *zich ~ voor iets* se qualifier pour qc ★ *gekwalificeerd zijn (voor)* être qualifié (pour)
kwalijk I *bn* fâcheux [v: fâcheuse], mauvais ★ *dat is een ~e zaak* c'est une fâcheuse affaire ★ *de ~e gevolgen van de economische crisis* les méfaits de la crise économique **II** *bw, slecht* mal ★ *iem. iets ~ nemen* en vouloir à qn de qc ★ *neem me niet ~* pardon, excuse-moi ★ *neemt u mij niet ~* excusez-moi
kwalitatief I *bn* qualitatif [v: qualitative] **II** *bw* qualitativement
kwaliteit ❶ *eigenschap* qualité *v* ★ *deze wijn is van goede ~* ce vin est de bonne qualité ★ *eerste ~ vlees* morceaux *m mv* de choix ★ *waar van goede ~* marchandises *v mv* de (bonne) qualité ★ *zij heeft vele goede ~en* elle a beaucoup de qualités **❷** *hoedanigheid* qualité *v* ★ *in zijn ~ van* en sa qualité de
kwaliteitsbewaking contrôle *m* de qualité
kwaliteitscontrole contrôle *m* de qualité
kwaliteitsproduct produit *m* de qualité, produit haut de gamme
kwallenbeet piqûre *v* de méduse
kwam [verl. td.] → **komen**
kwamen [verl. td.] → **komen**
kwantiteit quantité *v*
kwantum ❶ *hoeveelheid* quantité *v* **❷** natk quantum *m* [mv: quanta]
kwantumkorting remise *v* sur achat en quantité
kwark culin fromage *m* blanc
kwarktaart culin gâteau *m* au fromage blanc [mv: gâteaux ...]
kwart I *het* **❶** *vierde deel* quart *m* ★ *een ~ liter* un quart de litre ★ *drie ~ van de gasten was weggegaan* les trois quarts des hôtes étaient partis **❷** *kwartier* quart *m* ★ *het is ~ voor tien* il est

dix heures moins (le) quart ★ *het is ~ over tien* il est dix heures et quart **II** *de* muz ⟨interval⟩ quarte *v*, ⟨3e toon na grondtoon⟩ quarte *v*, ⟨kwartnoot⟩ noire *v*

kwartaal trimestre *m* ★ *per ~ betalen* payer trimestriellement

kwartaalcijfers chiffres *m mv* trimestriels

kwartel caille *v* ★ fig *zo doof als een ~* sourd comme un pot

kwartet ❶ *spel* jeu *m* des sept familles, ⟨vier kaarten⟩ famille *v* ❷ muz quatuor *m* ★ *~ voor strijkers* quatuor à cordes

kwartetspel jeu *m* des sept familles

kwartetten jouer au jeu des sept familles

kwartfinale quart *m* de finale

kwartier ❶ *kwart uur* quart *m* d'heure ❷ *maanfase* quartier *m* ★ *eerste ~* premier quartier ❸ *huisvesting van militairen* quartier *m* ★ *~ maken* prendre ses quartiers, pourvoir aux logements

kwartje ≈ pièce *v* de 25 cents ★ *het ~ is gevallen* ça a fait tilt

kwartnoot muz noire *v*

kwarts quartz *m*

kwartslag quart *m* de tour ★ *een ~ draaien* faire un quart de tour

kwast ❶ *verfkwast* brosse *v*, ⟨penseel⟩ pinceau *m* [mv: pinceaux] ❷ *franje* houppe *v* ❸ *aansteller* prétentieux *m*, pédant *m* ❹ *in hout* nœud *m*

kwatong BN *lasteraar* mauvaise langue *v*

kwebbel ❶ *kletskous* bavard *m* [v: bavarde] ❷ *mond* clapet *m* ★ *houd je ~!* ferme ta boite!

kwebbelen papoter

kweek ❶ *het kweken* culture *v*, ⟨van dieren⟩ élevage *m* ❷ med *bacteriekweek* culture *v* (microbienne), ensemencement *m* ★ *een ~je maken van* mettre en culture

kweekbak bâche *v*

kweekreactor (réacteur *m*) régénérateur *m* ★ *snelle ~* réacteur surgénérateur

kweekvijver ❶ lett alevinier *m* ❷ fig pépinière *v* ★ *een ~ voor jong talent* une pépinière de jeunes talents

kweepeer coing *m*

kweet [verl. td.] → **kwijten**

kwekeling normalien *m* [v: normalienne]

kweken ❶ *planten of bloemen laten groeien* cultiver ❷ *fokken* élever ★ *het ~ van vis* la pisciculture ❸ fig *doen ontstaan* engendrer, créer ★ *haat ~* engendrer la haine

kweker cultivateur *m* [v: cultivatrice]

kwekerij ❶ *voor planten* pépinière *v* ❷ *voor dieren* élevage *m*

kwekken ❶ *kwebbelen* papoter ❷ *kwaken* ⟨van eend⟩ cancaner, ⟨van kikker⟩ coasser

kwelen ⟨van mens⟩ roucouler, ⟨van vogel⟩ gazouiller

kwellen tourmenter, ⟨zorg geven⟩ tracasser ★ *zich ~* se tourmenter ★ *gekweld door onzekerheid* rongé par l'incertitude ★ *~de herinneringen* des souvenirs lancinants

kwelling supplice *m*

kwestie ❶ *vraagstuk* question *v* ★ *een juridische ~* une question juridiqe ★ *de ~ is...* le fait est... ★ *dat is juist de ~* tout est là ❷ *aangelegenheid* question *v*, affaire *v* ★ *het is een ~ van tien minuten* c'est l'affaire de dix minutes ★ *het is een ~ van tijd* c'est une question de temps ★ *een ~ van smaak* une affaire de goût ★ *de persoon in ~* la personne en question

kweten [verl. td.] → **kwijten**

kwetsbaar vulnérable (**voor** à) ★ *zich ~ opstellen* (oser) montrer sa vulnérabilité

kwetsen blesser, ⟨krenken⟩ vexer

kwetteren babiller

kwiek I *bn* vif [v: vive], fringant **II** *bw* de façon fringante

kwijl bave *v*

kwijlen *kwijl uit de mond laten lopen* baver

kwijnen ❶ *verzwakken* dépérir ❷ *achteruitgaan* dépérir ★ *~de handel* commerce *m* languissant ★ *~de belangstelling* intérêt *m* faiblissant

kwijt ❶ *verloren* ★ *ik ben mijn sleutels ~* j'ai perdu / égaré mes clés ★ *een koffer ~ zijn* ne plus retrouver une valise ★ *ik ben zijn naam ~* j'ai oublié son nom ❷ *verlost van* débarrassé de ★ *ik ben hem liever ~ dan rijk* je me passerais bien de lui, moins je le vois, mieux je me porte ★ *die zijn we ~!* bon débarras! ★ *iets ~ willen* vouloir se débarrasser de qc, ⟨willen zeggen⟩ vouloir dire qc

kwijten I *ov ww, voldoen* accomplir, ⟨betalen⟩ acquitter, payer ★ *een schuld ~* acquitter une dette **II** *wkd ww* [**zich ~**] **~ van** s'acquitter de ★ *zich van zijn taak ~* s'acquitter de sa tâche

kwijtraken, BN **kwijtspelen** ❶ *verliezen* perdre ★ *ik ben mijn portemonnee kwijtgeraakt* j'ai perdu mon portemonnaie ❷ *afkomen van* se débarrasser de, se défaire de ★ *zij kon hem maar niet ~* elle n'arrivait pas à se débarrasser de lui

kwijtschelden *als voldaan beschouwen* ⟨straf⟩ remettre, lever, ⟨schuld⟩ donner quittance de ★ *iem. iets ~* faire grâce de qc à qn

kwijtschelding ⟨schuld, straf⟩ remise *v*

kwik mercure *m* ★ *het kwik stijgt* le thermomètre / baromètre monte

kwikstaart bergeronnette *v*, hochequeue *m* ★ *grote gele ~* bergeronnette des ruisseaux

kwikzilver mercure *m*

kwintet quintette *v*

kwispelen frétiller de la queue, remuer la queue

kwispelstaarten frétiller de la queue, remuer la queue

kwistig I *bn* prodigue ★ *~ met iets zijn* prodiguer qc, être prodigue de qc ★ *met ~e hand* généreusement **II** *bw* généreusement

kwitantie quittance *v*, reçu *m* ★ *een ~ uitschrijven* établir une quittance

kw

L

l I *de, letter* l *m* ★ *de l van Lodewijk* L comme Louis II *afk, liter* l
la ❶ *lade* tiroir *m* ❷ *muzieknoot* la *m*
laadbak ⟨van vrachtauto⟩ benne *v*
laadbrief manifeste *m* de cargaison
laadbrug transbordeur *m*
laadde [verl. td.] → **laden**
laadden [verl. td.] → **laden**
laadklep trappe *v* de chargement
laadruim soute *v*
laadvermogen capacité *v* de charge
laag I *de* ❶ *uitgespreide hoeveelheid* couche *v*, geogr strate *v*, ⟨afzetting⟩ geogr gisement *m*, ⟨vliesje⟩ film *m* ★ *een dikke laag sneeuw* une épaisse couche de neige ★ *een laag olie* une couche d'huile ▼ *iem. de volle laag geven* donner son paquet à qn ▼ *de volle laag krijgen* en prendre pour son grade, inform en prendre plein la gueule ❷ *sociale klasse* couche *v*, classe *v* ★ *in alle lagen van de bevolking* dans toutes les couches sociales II *bn* ❶ *niet hoog* bas [v: basse] ★ *een lage stoel* une chaise basse ★ *lage temperaturen* basses températures ★ *de Lage Landen* les Pays-Bas ★ *lager maken* baisser ★ *lager worden* baisser ❷ *diep, zwaar* bas [v: basse] ★ *een lage stem* une voix grave ★ *een lage noot* une note grave ❸ *gering* faible, modeste ★ *een laag inkomen* un revenu modeste ★ *tegen lage prijs* à bas prix ★ *lager dan* inférieur à ❹ *niet hoog in bep. rangorde* bas [v: basse], modeste ★ *de lagere dieren en planten* les espèces animales et végétales inférieures ★ *lager onderwijs* enseignement *m* primaire ★ *de lagere standen* les classes inférieures / modestes ❺ *gemeen* bas [v: basse] ★ *een lage streek* un coup bas III *bw* bas [v: basse], ⟨gemeen⟩ bassement ★ *laag vliegen* voler bas, voler à basse altitude
laag-bij-de-gronds ⟨alledaags⟩ terre à terre [onver.], banal [m mv: banals] ⟨platvloers⟩ de bas étage, qui vole bas
laagbouw *het laag gebouwde* construction(s) *v (mv)* basse(s)
laagbouwwijk quartier *m* pavillonnaire
laagdrempelig ❶ *eenvoudig te begrijpen* à la portée de tous ❷ ⟨van voorzieningen⟩ accessible à tous
laaggeschoold onderw peu qualifié
laaghartig I *bn* bas [v: basse], infâme II *bw* bassement, d'une façon infâme
laagland plaine *v*
laagseizoen basse saison *v*
laagspanning basse tension *v*
laagte ❶ *het laag zijn* niveau *m* peu élevé, ⟨geringheid⟩ modicité *v* ❷ *laag terrein* terrain *m* bas ★ *in de ~* en bas
laagvlakte plaine *v* (basse)
laagwater ❶ *eb* marée *v* basse ★ *bij ~* pendant les eaux basses ❷ *lage waterstand in rivier enz.* étiage *m*
laaien brûler
laaiend I *bn* ❶ *woedend* furibond ★ *zijn moeder was ~* sa mère était furibonde / furieuse ❷ *hevig* fort, vif [v: vive], intense ★ *een ~e ruzie* une dispute violente II *bw, hevig* ★ *~ enthousiast zijn* être follement enthousiaste
laakbaar I *bn* blâmable, répréhensible II *bw* de façon blâmable
laan allée *v*, avenue *v* ★ fig *iem. de laan uit sturen* virer qn
laars botte *v* ★ *nieuwe ~jes* des bottines neuves ▼ *dat lap ik aan mijn ~* je n'en ai rien à cirer
laat I *bn* tard, ⟨verlaat⟩ tardif [v: tardive] ★ *hoe laat is het?* quelle heure est-il? ★ *op de late avond* à une heure tardive ★ *het is laat* il est tard ★ *ik ben wat laat* je suis un peu en retard ★ *laat worden* se faire tard ★ *het wordt te laat voor mij* il se fait tard pour moi ★ *ik weet al hoe laat het is* je vois bien de quoi il en retourne ★ *het is weer zo laat!* ça recommence!, et rebelote! ★ *weten hoe laat het is* savoir l'heure qu'il est II *bw* tard, tardivement ★ *hoe laat kom je?* tu viens à quelle heure? ★ *hoe laat?* à quelle heure? ★ *hoe laat heb je 't?* quelle heure as-tu? ★ *te laat komen* arriver en retard ★ *tot laat in de nacht* jusque tard dans la nuit ★ *een uur te laat aankomen* avoir une heure de retard, être en retard d'une heure ★ *pas laat* sur le tard ★ *beter laat dan nooit* mieux vaut tard que jamais
laatbloeier ❶ *plant* plante *v* tardive ❷ *persoon* personne *v* qui s'épanouit sur le tard
laatdunkend I *bn* dédaigneux [v: dédaigneuse] II *bw* avec dédain ★ *zich ~ over iets uitlaten* parler avec dédain de qc
laatkomer retardataire *m/v*
laatst I *bn* dernier [v: dernière] ★ *de ~e trein* le dernier train ★ *op het ~e ogenblik* au dernier moment ★ *zijn ~e boek* son dernier livre ★ *een ~e poging* un ultime effort ★ *de ~e mode* la dernière mode, le dernier cri ★ *er is de ~e jaren veel gebeurd* il s'est passé beaucoup de choses ces dernières années II *bw* ❶ *onlangs* dernièrement, l'autre jour ★ *ik kwam hem ~ tegen op straat* l'autre jour je suis tombé sur lui dans la rue ❷ *meest laat* ★ *de ~ aangekomene* le dernier venu ★ *hij kwam het ~* il était / arrivait le dernier ★ *op het ~* à la fin ★ *ten ~e* ⟨tot slot⟩ finalement ★ *op zijn ~*, BN *ten ~e* ⟨uiterlijk⟩ au plus tard ★ *tot het ~* jusqu'au bout ★ *voor het ~* pour la dernière fois
laatstejaars étudiant *m* en dernière année [v: étudiante...]
laatstgenoemde ce dernier *m* [v: cette dernière]
laattijdig BN → **laat**
lab inform labo *m*
label ❶ *kaartje* étiquette *v* ❷ *merk* label *m* ❸ *informatie in woordenboek* rubrique *v*
labelen label(l)iser
labeur BN labeur *m*
labiel instable
laborant laborantin *m* [v: laborantine]
laboratorium, inform BN **labo** laboratoire *m*
labrador-retriever labrador *m* (retriever)
labyrint labyrinthe *m*
lach rire *m* ★ *in de lach schieten* éclater de rire ★ *hij heeft de slappe lach* il a le fou rire ★ *een parelende lach* un rire perlé
lachbui accès *m* de (fou) rire ★ *een ~ krijgen* éclater de rire
lachebek rigolo *m* [v: rigolote], inform

déconneur *m* [v: déconneuse]
lacheding ★ BN *dat is geen* ~ on ne plaisante pas avec ça, inform ça ne rigole pas
lachen I *onov ww* rire (**om, over** de), inform rigoler ★ *hartelijk* ~ rire de bon coeur ★ *iem. aan het* ~ *maken* faire rire qn ★ *in zichzelf* ~ rire tout seul, rire dans sa barbe ★ ~ *tegen iem.* sourire à qn ★ *in* ~ *uitbarsten* éclater de rire ★ ~*de ogen* des yeux *m mv* rieurs ★ *ik moest* ~ ça me faisait rire ★ *zich dood (krom, slap, ziek, e.d.)* ~ s'écrouler de rire, se tordre de rire ★ *het is om je dood (krom, slap, ziek e.d.) te* ~ c'est tordant ★ *wie het laatst lacht, lacht het best* rira bien qui rira le dernier ★ *laat me niet* ~*!* tu me fais rire!, à d'autres! ★ *daar lach ik om!* je m'en moque! ★ BN *daar valt niet mee te* ~ on ne plaisante pas avec ça, inform ça ne rigole pas ★ BN *groen* ~ rire jaune **II** *het* rire(s) ★ *zijn* ~ *niet kunnen houden* ne pouvoir s'empêcher de rire
lacher ★ *de* ~*s op zijn hand krijgen* avoir / mettre les rieurs de son côté, amuser la galerie
lacherig I *bn* rieur [v: rieuse] **II** *bw* en riant
lachertje plaisanterie *v*
lachfilm film *m* comique
lachgas gaz *m* hilarant
lachsalvo explosion *v* de rires
lachspiegel miroir *m* déformant
lachspieren ★ *dat werkt op de* ~ cela prête à rire, cela fait rire
lachstuip rire *m* convulsif
lachwekkend risible, ⟨belachelijk⟩ ridicule
laconiek imperturbable
lactose lactose *m*
lactovegetariër végétalien *m* [v: végétalienne]
lacune lacune *v* ★ *een* ~ *aanvullen* combler une lacune
ladder ❶ *klimtoestel* échelle *v* ★ fig *maatschappelijke* ~ l'échelle sociale **❷** *haal in kous* ★ *er zit een* ~ *in je kous* ton bas est filé
ladderen ⟨van kous⟩ filer
ladderwagen voiture *v* à échelle
ladderzat bourré, déchiré
lade tiroir *m* ★ *de lade lichten* partir avec la caisse
ladekast commode *v*
laden ❶ *bevrachten* charger ★ ~ *en lossen* charger et décharger ★ *een schip* ~ charger un navire ★ *iets op zich* ~ assumer qc, endosser qc **❷** *voorzien van* charger ★ *een geweer* ~ charger un fusil ★ *een accu* ~ charger une batterie
lading ❶ *last* charge *v*, scheepv cargaison *v* **❷** *elektrische lading* charge *v* **❸** *munitie, explosief* charge *v* **❹** fig *betekenis* portée *v*
ladykiller bourreau *m* des cœurs [mv: bourreaux ...]
ladyshave épilateur *m* (électrique)
laf I *bn* **❶** *niet moedig* lâche ★ *een laffe kerel* un lâche **❷** *niet eerlijk, flauw* piètre ★ *een laf excuus* un mauvais prétexte, un faux-fuyant **❸** *zonder zout* fade **II** *bw* lâchement
lafaard lâche *m/v*, ⟨bangerd⟩ peureux *m* [v: peureuse]
lafhartig I *bn* lâche **II** *bw* lâchement
lafheid *het laf zijn* lâcheté *v*
lag [verl. td.] → **liggen**
lagedrukgebied dépression *v* (atmosphérique)
lagelonenland pays *m* à faibles revenus
lagen [verl. td.] → **liggen**
lager I *de* techn coussinet *m*, palier *m* **II** *het, bier* bière *v* blonde
Lagerhuis Chambre *v* basse
lagerwal côte *v* sous le vent ★ fig *aan* ~ *raken* tomber bien bas
lagune lagune *v*
lak ❶ *mengsel van hars* laque *v* **❷** *verf* peinture *v* laquée ▼ *ik heb er lak aan* je m'en fiche, je n'en ai rien à cirer
lakei laquais *m*
laken I *het* [mv: +s] *bedbedekking* drap *m* ★ *tussen de* ~*s kruipen* se mettre au plumard ★ *de* ~*s uitdelen* faire la pluie et le beau temps ★ BN *het* ~ *naar zich toe trekken* prendre le dessus, l'emporter **II** *het* [gmv] *stof* drap *m* ★ *dat is van hetzelfde* ~ *een pak* c'est du pareil au même ★ *van hetzelfde* ~ *een pak krijgen* être traité de la même façon ★ BN *van hetzelfde* ~ *een broek krijgen* être traité de la même façon ★ *het groene* ~ le tapis vert **III** *ov ww, afkeuren* condamner
lakken vernir, laquer, ⟨van auto⟩ peindre ★ *het* ~ le vernissage ★ *nagels* ~ se vernir les ongles
lakmoes tournesol *m*
lakmoesproef ❶ scheik réaction *v* au (papier de) tournesol **❷** *definitieve proef* test *m* décisif
laks I *bn* indolent, mou [v: molle] [vóór klinker of stomme h: mol], apathique **II** *bw* mollement
lakschoen chaussure *v* vernie
laksheid indolence *v*, apathie *v*, ⟨toegeeflijkheid⟩ laxisme *m*
lakverf peinture *v* laquée
lallen ≈ bredouiller
lam I *het* agneau *m* [mv: agneaux] [v: agnelle] ★ *lammetje* agnelet *m* ★ *het lam Gods* l'Agneau de Dieu ★ *zo mak als een lammetje* doux comme un agneau ★ *onschuldig als een pasgeboren lammetje* blanc comme neige **II** *bn* **❶** *verlamd* paralytique, ook fig paralysé ★ *zich lam werken* se tuer au travail ★ *zich lam schrikken* avoir une peur bleue ★ *ik heb een lamme arm van het schrijven* j'ai le bras mort d'avoir tant écrit **❷** *stukgedraaid* fou [v: folle] [vóór klinker of stomme h: fol], mort ★ *deze veer is lam* le ressort est mort ★ *een lamme schroef* un vis qui tourne à vide **❸** *stomdronken* ivre mort
lama ❶ *dier* lama *m* **❷** *priester* lama *m*
lambrisering lambris *m*
lamel lamelle *v*, ⟨van hout⟩ latte *v* ★ *parket in* ~*len* du parquet en lames
lamenteren se lamenter
lamheid paralysie *v* ★ *met* ~ *geslagen* paralysé
laminaat aggloméré *m* stratifié
laminaatparket parquet *m* stratifié
lamineren ❶ *met plasticfolie overtrekken* laminer **❷** *gelaagd maken* contreplaquer
lamleggen paralyser ★ *het verkeer werd lamgelegd* la circulation était paralysée
lamlendig I *bn* **❶** *lusteloos* gnangnan, veule, ⟨slapjes⟩ flagada ★ *hij is te* ~ *om dat te doen* il n'est même pas foutu de le faire **❷** *beroerd* misérable ★ ~ *weer* un temps de chien **II** *bw* **❶** *lusteloos* sans énergie **❷** *beroerd* misérablement
lamme paralytique *m/v* ★ fig *de* ~ *leidt de blinde* c'est l'aveugle et le paralytique, l'aveugle

conduit l'aveugle

lamp ❶ *verlichtingstoestel* lampe *v* ★ *staande lamp* lampadaire *m* ★ *tegen de lamp lopen,* BN *tegen de lamp vliegen* se faire attraper ❷ *gloeilamp* ampoule *v*, ⟨controlelichtje⟩ voyant *m*, témoin *m* ★ *een lamp indraaien* remplacer une ampoule ★ *er gaat bij hem een lampje branden* il commence à y voir clair, inform ça a fait tilt (dans son esprit)

lampenkap abat-jour *m* [mv: id.]

lampetkan broc *m*

lampion lampion *m*, lanterne *v* vénitienne

lamsbout culin gigot *m* d'agneau

lamsvlees (viande *v* d')agneau *m*

lamswol agneline *v*

lanceerbasis base *v* de lancement, ⟨platform⟩ rampe *v* de lancement

lanceren ❶ *afvuren* lancer ★ *een raket ~* lancer une fusée ❷ *werpen, gooien* ★ *bij de botsing werd ze uit de auto gelanceerd* le choc l'a projeté hors de la voiture ❸ *in omloop of in de mode brengen* lancer ★ *een nieuw idee ~* lancer une idée ★ *een nieuwe kledinglijn ~* lancer une gamme de vêtements

lancet lancette *v*

land ❶ *vaste grond* terre *v* ★ *aan land komen* ⟨aan wal⟩ débarquer, mettre pied à terre, ⟨landen⟩ aborder ★ *aan land zetten* débarquer ★ *over land* par voie de terre ★ *te land, ter zee en in de lucht* sur terre, sur mer et dans l'air ★ *er is geen land met hem te bezeilen* on ne sait pas par quel bout le prendre ▼ *het land hebben aan iets / iemand* avoir qc / qn en horreur ❷ *staat* pays *m* ★ *de Scandinavische landen* les pays scandinaves ★ *iem. het land uitzetten* expulser qn ★ *het Beloofde Land* la Terre promise ★ *land van herkomst* pays d'origine ★ *in het land der blinden is eenoog koning* au royaume des aveugles les borgnes sont rois ★ *'s lands wijs, 's lands eer* autant de pays, autant de coutumes, à Rome comme à Rome ★ *een land van melk en honing* un pays d'abondance ❸ *grond* terre *v* ★ *stuk land* terrain *m* ★ *land bezitten* posséder des terres ❹ *platteland* campagne *v* ★ *op het land* à la campagne, au vert ❺ *akkerland* terres *v mv* cultivables ★ *op het land werken* travailler aux champs

landbouw agriculture *v* ★ *biologische ~* agriculture biologique ★ *~ en veeteelt* agriculture et élevage

landbouwbedrijf exploitation *v* agricole

landbouwbeleid politique *v* agricole

landbouwer agriculteur *m* [v: agricultrice]

landbouwkunde agronomie *v*

landbouwschool onderw école *v* d'agriculture

landbouwuniversiteit école *v* supérieure agronomique

landbouwwerktuig outil *m* agricole

landdier animal *m* terrestre

landelijk I *bn* ❶ *nationaal* national [m mv: nationaux] ★ *~e verkiezingen* élections *v mv* nationales ★ *een ~e krant* un quotidien national ❷ *plattelands* rural [m mv: ruraux] ★ *in een ~e omgeving* dans un cadre rural **II** *bw* au niveau national

landen atterrir, ⟨op water⟩ amerrir, ⟨op de maan⟩ alunir, ⟨van troepen⟩ débarquer

landengte isthme *m*

landenwedstrijd rencontre *v* internationale

landerig I *bn* indolent, amorphe, inform gnangnan **II** *bw* d'une façon morose

landerijen terres *v mv*

landgenoot compatriote *m/v*

landgoed propriété *v*, terres *v mv*, domaine *m*

landhuis maison *v* de campagne, ⟨groot⟩ manoir *m*

landijs inlandsis *m*

landing ❶ *het landen* ⟨van vliegtuig⟩ atterrissage *m* ★ *een zachte ~* un atterrissage en douceur ❷ *het aan land gaan* ⟨van schip⟩ débarquement *m* ★ *de ~ van de geallieerden* le débarquement des Alliés

landingsbaan piste *v* d'atterrissage

landingsgestel train *m* d'atterrissage

landingsstrip bande *v* d'atterrissage

landingstroepen troupes *v mv* de débarquement

landingsvaartuig navire *m* de débarquement

landinwaarts à / vers l'intérieur des terres

landkaart carte *v* géographique

landklimaat climat *m* continental

landloper vagabond *m* [v: vagabonde]

landmacht armée *v* de terre

landmeten arpenter

landmijn mine *v* terrestre

landnummer indicatif *m* du pays

landsaard caractère *m* national

landsbelang intérêt *m* national

landschap paysage *m* ★ *een glooiend ~* un paysage vallonné ★ *ze schildert vooral ~pen* elle peint surtout des paysages ★ fig *het politieke ~* le paysage politique

landschildpad tortue *v* terrestre

landsgrens frontière *v* (du pays)

landskampioen champion *m* national

landstreek contrée *v*, région *v*

landtong langue *v* de terre

landverhuizing émigration *v*

landverraad haute trahison *v*

landweg ❶ *weg over land* route *v* de campagne ❷ *niet-verharde weg* chemin *m* de terre

landwind vent *m* de terre, vent d'amont

landwinning poldérisation *v*

lang I *bn* ❶ *van lengte* long [v: longue], ⟨van gestalte⟩ grand ★ *tien meter lang* long de dix mètres ★ *er staat een lange rij* il y a une longue queue ★ *de jongens zijn even lang* les garçons ont la même taille ★ *langer maken* rallonger ★ *langer worden* s'allonger ★ *op z'n langst* (tout) au plus, au maximum ★ *de dames moeten in het lang komen* pour les dames la robe du soir est de rigueur ★ *het is zo lang als het breed is* cela revient au même ★ *een lang gezicht zetten* avoir la mine allongée ❷ *van tijd* long [v: longue] ★ *een lange vakantie* de longues vacances ★ *een vrij lange afwezigheid* une absence prolongée **II** *bw* ❶ *gedurende een bepaalde of geruime tijd* longtemps, ⟨breedvoerig⟩ longuement ★ *een uur lang wachten* attendre (pendant) une heure ★ *drie jaar lang* trois ans durant, pendant trois ans ★ *zijn leven lang* sa vie durant, (durant) toute sa vie ★ *sinds lang* depuis longtemps ★ *we zijn er* *nog lang niet* nous sommes loin d'être arrivés ★ *niet lang daarna* peu après ★ *zo lang als* tant que ★ *hij bleef lang weg* il était long à rentrer ★ *hij zal het niet lang meer maken* il n'en a plus pour longtemps, inform ça sent le sapin ★ *hoe langer hoe erger* de pire en pire ★ *dat is lang geleden* ça fait longtemps ★ *hoe lang is het geleden dat ...?* ça fait combien de temps que ...? ★ *ergens lang over doen* mettre beaucoup de temps à faire qc ★ *wat duurt dat lang!* que c'est long! ★ *het lang maken* être long ★ *geen dag langer* pas un jour de plus ★ *zo kan het niet langer* ça ne peut pas durer ★ *we hebben het er lang en breed over gehad,* BN *we hebben het er in het lang en in het breed over gehad* on en a discuté en long et en large ❷ *helemaal* ‹met ontkenning› ★ *dat is lang niet slecht* ce n'est pas mal du tout ★ *hij is lang niet gek* il est loin d'être bête ★ *hij speelde lang niet zo goed als vorige week* il était loin de jouer aussi bien que la semaine dernière ★ *bij lange na niet* il s'en faut de beaucoup

langdradig I *bn* prolixe ★ *een ~ verhaal* une histoire qui n'en finit pas **II** *bw* longuement

langdurig I *bn* de longue durée, prolongé ★ *een ~e kwestie* une affaire de longue haleine ★ *een ~e vriendschap* une amitié durable ★ *een ~e afwezigheid* une absence de longue durée **II** *bw* longuement

la

langeafstandsraket missile *m* intercontinental

langeafstandsvlucht vol *m* (de) longue distance

langetermijngeheugen mémoire *v* à long terme

langetermijnplanning planning *m* à long terme

langgerekt ❶ *lang en smal* étiré ❷ *lang aangehouden* prolongé ★ *een ~e toon* une note tenue

langharig aux cheveux longs, ‹van dieren› à poil long

langlaufen faire du ski de fond

langlopend à long terme ★ *~ krediet* crédit *m* à long terme

langoustine langoustine *v*

langparkeerder ≈ voiture *v* en stationnement prolongé

langs I *vz* ❶ *in de lengte naast* le long de, au bord de ★ *~ het huis* le long de la maison ★ *~ de kust varen* longer la côte ★ *vlak ~ de grond* au ras du sol ★ *een kroeg ~ de weg* un bistrot au bord de la route ★ *liggen / staan ~* border, longer ★ *~ de weg staan bomen* la route est bordée d'arbres ★ *ze praten ~ elkaar heen* c'est un dialogue de sourds ★ *het is ~ me heen gegaan* cela a glissé sur moi ❷ *via, door* par ★ *~ de regenpijp omhoog* en montant par le tuyau de descente ★ *~ een andere weg* par un autre chemin **II** *bw* ❶ *voorbij* ★ *(ga) de kerk ~ en dan rechts* vous passez devant l'église et vous tournez à droite ★ *de boot vaart ~* le bateau passe ❷ *in de lengte naast* ★ *de weg loopt er ~* la route passe par là

langsgaan ❶ *voorbij komen* passer devant ❷ *op bezoek gaan* ★ *bij iem. ~* passer voir qn, faire un saut chez qn

langskomen ❶ *voorbij bewegen* passer ❷ *bezoeken* passer (chez qn) ★ *kom eens bij ons langs* passe nous voir à l'occasion

langslaper lève-tard *m/v* [mv: id.]

langspeelplaat trente-trois tours *m* [mv: id.]

langsrijden ❶ *voorbij iets rijden* passer ❷ *toegaan naar* passer (chez qn) ★ *rijd je even bij hem langs?* tu veux bien passer chez lui?

langst le plus long [v: la plus longue] ★ *de ~e weg* le plus long chemin ★ *het kan op zijn ~ een uur duren* ça va prendre une heure tout au plus

langszij bord à bord ★ *~ komen* accoster

languit de tout son long ★ *~ liggen* être étendu de tout son long

langverwacht longtemps / tant attendu

langwerpig oblong [v: oblongue]

langzaam I *bn* lent ★ *met langzame bewegingen* d'un mouvement lent **II** *bw* lentement ★ *~ rijden* rouler au pas ★ *langzamer gaan rijden* ralentir ★ *kunt u wat langzamer spreken?* parlez moins vite, s'il vous plaît ★ *~ maar zeker* lentement mais sûrement

langzaamaan petit à petit, peu à peu ★ *~!* doucement! ★ *het ~ doen* y aller doucement

langzaamaanactie grève *v* du zèle, opération *v* escargot

langzamerhand graduellement, progressivement, peu à peu ★ *ik heb er zo ~ genoeg van* je commence à en avoir assez

lankmoedig I *bn* indulgent, patient **II** *bw* avec patience

lans lance *v* ★ fig *een lans breken voor iem.* prendre fait et cause pour qn

lantaarn lanterne *v*, ‹lantaarnpaal› réverbère *m*, ‹op schip› fanal *m* [mv: fanaux] ★ fig *die moet je met een ~tje zoeken* ça ne court pas les rues

lantaarnpaal réverbère *m*

lanterfanten fainéanter, inform glander

Laos le Laos ★ *in Laos* au Laos

Laotiaans, Laotisch laotien [v: laotienne]

lap ‹stuk stof› tissu *m*, ‹poetslap› chiffon *m*, ‹stuk, reep› pièce *v*, morceau *m* [mv: morceaux] ★ *een lapje grond* un lopin de terre ★ *een lap vlees* une tranche de viande ★ *dat werkt op hem als een rode lap op een stier* ça lui fait monter la moutarde au nez ★ fig *iem. voor het lapje houden* mettre qn dedans

Lap Lapon *m*

lapjeskat chat *m* bigarré

Lapland la Laponie ★ *in ~* en Laponie

Laplands → **Laps**

laplet tablette *v* hybride

lapmiddel palliatif *m*, pis-aller *m* [mv: id.]

lappen ❶ *herstellen* raccommoder, rapiécer ❷ *schoonmaken* nettoyer ★ *de ramen ~* faire les vitres ❸ inform *betalen* se cotiser (**voor** pour) ❹ *klaarspelen* arranger, goupiller ★ *hij heeft het hem gelapt* il y est arrivé ▼ *iem. erbij ~* moucharder qn, balancer qn ▼ *wie heeft me dat gelapt?* qui m'a joué ce tour?

lappendeken ❶ *deken* couverture *v* en patchwork ❷ fig *onsamenhangend geheel* mosaïque *v*

lappenmand ▼ *in de ~ zijn* être patraque

Laps lapon [v: lapone]

Lapse Lapone *v*

laptop (ordinateur *m* / PC *m*) portable *m*

lapwerk rafistolage *m*

lapzwans chiffe v molle

larderen ook fig (entre)larder (**met** de)

larie foutaise v, fadaises v mv, (du) pipeau m ★ allemaal ~! ça n'a aucun sens!

lariks mélèze m

larve larve v

las I de ❶ plaats waar gelast is soudure v ❷ tussenzetsel joint m **II** ww [verl. td.] → **lezen**

lasagne lasagne v

lasapparaat soudeuse v

lasbril lunettes v mv de soudeur

laser laser m

laserprinter imprimante v laser

laserstraal rayon m laser

lassen souder, ⟨verbinden⟩ assembler, ⟨invoegen⟩ insérer

lasser soudeur m [v: soudeuse]

lasso lasso m ★ met een ~ au lasso

last ❶ vracht, lading charge v, ook fig poids m ★ bezwijken onder de last succomber sous le poids ★ een last op zich nemen prendre qc en charge, se charger de qc ★ iem. iets ten laste leggen imputer qc à qn ❷ hinder embarras v, gêne v, ⟨overlast⟩ nuisance(s) v (mv) ★ last hebben van iem. être gêné / incommodé par qn ★ ik heb geen last van hem il ne me gêne pas ★ last hebben van je hart avoir des troubles cardiaques ★ last hebben van kiespijn souffrir d'un mal de dents ★ iem. tot last zijn, iem. last bezorgen, BN iem. last verkopen incommoder qn, causer de l'embarras à qn, causer des ennuis à qn ★ nu is Leiden in last le torchon brûle ❸ verplichting charge v ★ sociale lasten charges sociales ★ vaste lasten charges fixes ★ op hoge lasten zitten avoir de lourdes charges ★ ten laste van de koper à la charge de l'acheteur ★ ten laste komen van iem. incomber à qn ❹ bevel charge v ★ op last van par ordre de ★ last geven tot ordonner

lastdier bête v de somme, bête de charge

lastenboek BN bouw opdrachtbeschrijving voor offerte cahier m des charges

lastendruk poids m des charges

lastenverlichting diminution v des charges

laster calomnie v, diffamation v

lasteraar calomniateur m [v: calomniatrice]

lastercampagne campagne v de diffamation

lasteren calomnier, diffamer, rel blasphémer

lasterlijk I bn calomnieux [v: calomnieuse], diffamatoire **II** bw calomnieusement

lasterpraat propos m mv calomniateurs

lastgever commettant m [v: commettante], mandant m [v: mandante]

lastig I bn ❶ moeilijk difficile, pénible, ⟨netelig⟩ délicat, ⟨ongelegen⟩ importun ★ een ~e klus toute une affaire ★ een ~ parket une situation embarrassante, un sale pétrin ❷ hinderlijk gênant, embarrassant, pénible ★ het iem. ~ maken rendre la vie difficile à qn ★ een ~ kind un enfant difficile **II** bw ❶ moeilijk difficilement ❷ hinderlijk péniblement

lastigvallen ★ iem. ~ importuner qn, déranger qn, ⟨hinderlijk volgen⟩ harceler qn

last minute de dernière minute

lastpost enquiquineur m [v: enquiquineuse]

lat latte v ★ de bal kwam tegen de lat le ballon a touché la (barre) transversale ★ de lange latten les planches ★ zo mager als een lat maigre comme un clou, sec (comme un hareng) ★ de lat hoger leggen placer la barre plus haut ★ de lat ligt hoog la barre est mise très haut ★ BN de lat gelijk leggen tenir la balance égale

laten I ov ww ❶ toestaan laisser ★ een plan ~ varen abandonner un projet ★ laat me gaan! laisse-moi partir! ★ ~ begaan laisser faire ❷ ertoe brengen faire ★ laat hem binnenkomen! faites-le entrer ★ ~ zien montrer ★ iem. ~ wachten faire attendre qn ★ een brug ~ bouwen faire construire un pont ★ iem. ~ halen envoyer chercher qn ❸ nalaten s'abstenir de ★ het roken ~ s'abstenir de fumer ★ hij kan het niet ~ om il ne peut s'empêcher de ★ laat dat! arrête! ★ ik kan het niet ~ c'est plus fort que moi ★ dat zal ik wel ~! je m'en garderai bien! ★ dat zal ik niet ~! je vais me gêner! ❹ in toestand laten laisser ★ waar heb je de sleutels ge~? où est-ce que tu as mis les clés? ★ alles bij het oude ~ laisser les choses en l'état ★ we zullen het daar maar bij ~ nous en resterons là ★ het daarbij niet ~ ne pas s'en tenir là ★ wil je dat eens ~! as-tu (bientôt) fini! ★ laat maar! laisse!, inform laisse tomber! ★ laat ze maar! laisse-les (faire)! ★ het laat me koud ça ne me fait ni chaud ni froid ❺ niet inhouden ★ winden ~ lâcher des vents, inform péter ★ tranen ~ verser des larmes ★ een boer ~ avoir un renvoi, roter **II** hww ★ ~ we gaan allons-y, on y va? ★ laat het waar zijn, (en dan nog ...) même si c'était vrai, ...

latent I bn latent, sous-jacent ★ ~e kennis connaissances v mv passives **II** bw à l'état latent ★ ~ aanwezig latent, en puissance

later I bn ultérieur ★ in ~e jaren ultérieurement, dans les années qui suivent **II** bw plus tard, ultérieurement ★ enige tijd ~ quelque temps après, après quelque temps ★ tot ~! à plus! ★ vroeger of ~ tôt ou tard ★ ik kom ~ nog wel terug je reviendrai plus tard

lateraal ❶ van terzijde latéral [m mv: latéraux] ❷ BN sport over de breedte van het veld latéral [m mv: latéraux]

latertje ★ dat wordt een ~ on va rentrer très tard

latex latex m

latexverf peinture v au latex

Latijn latin m ★ in het ~ en latin ▼ aan het eind van zijn ~ zijn ⟨het niet meer weten⟩ y perdre son latin, ⟨niet meer kunnen⟩ être au bout du rouleau ▼ BN zijn ~ steken in iets se consacrer à qc

Latijns latin

Latijns-Amerika l'Amérique v latine ★ in ~ en Amérique latine

Latijns-Amerikaans m.b.t. Latijns-Amerika latino-américain [m mv: latino-américains]

latino latino m/v

latrelatie relation v à temps partiel ★ een ~ hebben ≈ vivre en couple séparément

latrine latrines v mv

latwerk ❶ hekwerk treillage m ❷ raamwerk lattis m

laureaat BN onderw geslaagde lauréat m [v: lauréate]

laurier laurier m

laurierblad feuille v de laurier

laurierboom laurier m

laurierdrop ≈ réglisse m au goût de laurier

lauw I *bn* ❶ *halfwarm* tiède ★ *lauw maken / worden* tiédir ❷ fig *mat* tiède ★ *een lauwe reactie* une réaction tiède **II** *bw* tièdement ★ *lauw reageren* réagir avec tiédeur
lauweren lauriers *m mv* ★ fig *op zijn ~ rusten* se reposer / s'endormir sur ses lauriers ★ fig *~ oogsten* cueillir des lauriers
lauwerkrans couronne *v* de lauriers
lava lave *v*
lavabo BN *wastafel* lavabo *m*
lavastroom coulée *v* de lave
laveloos ivre mort
laven rafraîchir ★ *zich ~ aan* se réconforter avec
lavendel lavande *v*
laveren ❶ scheepv louvoyer ❷ *wankelend lopen* louvoyer ❸ fig *schipperen* louvoyer
lawaai bruit *m*, ‹herrie› tapage *m*, boucan *m*, vacarme *m* ★ *~ maken* faire du bruit ★ *~ schoppen* faire du boucan ★ *hels ~* tapage d'enfer
lawaaierig I *bn* bruyant **II** *bw* bruyamment
lawaaischopper tapageur *m* [v: tapageuse]
lawine ook fig avalanche *v* ★ *een ~ van verdachtmakingen* une avalanche d'insinuations
lawinegevaar risque *m* d'avalanche
laxeermiddel laxatif *m*
laxeren purger ★ *een ~d middel* un laxatif
lay-out mise *v* en pages
lay-outen mettre en pages
lazaret lazaret *m*
lazarus bourré
lazen [verl. td.] → **lezen**
lazer ▾ *iem. op zijn ~ geven* engueuler qn ▾ *op zijn ~ krijgen* se faire engueuler
lazeren I *ov ww, smijten* flanquer, ficher ★ *iem. eruit ~* flanquer qn à la porte **II** *onov ww, vallen* dégringoler ★ *van de trap ~* dégringoler dans l'escalier
lbo *lager beroepsonderwijs* ≈ enseignement *m* professionnel secondaire du premier cycle
lcd-scherm écran *m* LCD, écran *m* à cristaux liquides
leadzanger chanteur *m* (du groupe) [v: chanteuse ...]
leaseauto, inform **leasebak** voiture *v* (louée) en leasing
leasen louer / acheter en leasing
lebberen siroter
lector maître *m* de conférences
lectuur lecture(s) *v (mv)*
ledematen → **lidmaat**
leden [verl. td.] → **lijden**
ledenadministratie gestion *v* des adhérents
ledenbestand fichier *m* des adhérents, ‹aantal› nombre *m* d'adhérents
ledenpas carte *v* de membre
ledenstop suspension *v* des adhésions (nouvelles)
ledental nombre *m* de membres / d'adhérents
ledenwerving recrutement *m* d'adhérents
leder form → **leer**
lederen form → **leren**
lederwaren maroquinerie *v*
ledigen vider
ledigheid *nietsdoen* oisiveté *v* ★ fig *~ is des duivels oorkussen* l'oisivité est la mère de tous les vices
ledikant lit *m*
ledlamp lampe *v* (à) LED, ampoule *v* (à) LED
leed I *het* douleur *v*, peine *v*, souffrance *v* ★ *iem. leed aandoen* faire du mal à qn ★ *het leed is weer geleden* le plus dur est passé, ce n'est plus qu'un mauvais souvenir **II** *ww* [verl. td.] → **lijden III** *bn* → **oog**
leedvermaak joie *v* maligne, malin plaisir *m*
leedwezen regrets *m mv* ★ *tot mijn ~* à mon grand regret ★ *zijn ~ betuigen* exprimer ses regrets
leefbaar vivable
leefbaarheid qualité *v* de vie
leefgemeenschap communauté *v*
leefklimaat cadre *m* de vie
leefloon BN ≈ RMI *m*, revenu *m* minimum d'insertion, BelgFr revenu *m* vital
leefmilieu environnement *m*, habitat *m*
leefnet vivier *m*
leefomstandigheden conditions *v mv* de vie
leefregel règle *v* (de vie)
leefruimte espace *m* vital
leeftijd âge *m* ★ *op twintigjarige ~* à (l'âge de) vingt ans ★ *van middelbare ~* entre deux âges ★ *hij is van mijn ~* il a mon âge ★ media *voor alle ~en* tous publics ★ *de ~ hebben om* être en âge de ★ *jij ziet er jong uit voor je ~* tu ne fais pas ton âge ★ *op ~ zijn* être âgé / d'un âge avancé, être sur l'âge
leeftijdgenoot ★ *wij zijn leeftijdgenoten* nous sommes du même âge, nous sommes de la même génération
leeftijdsdiscriminatie âgisme *m*
leeftijdsgrens limite *v* d'âge
leeftijdsklasse classe *v* / tranche *v* d'âge
leeftocht vivres *m mv*
leefwijze (mode *m* / style *m* de) vie *v*
leeg *zonder inhoud* vide ★ *lege flessen inleveren* remettre des bouteilles vides ★ *een lege accu* une batterie à plat ★ *met lege handen staan* se retrouver les mains vides ★ *met een lege maag* l'estomac vide ★ *mijn pen is leeg* mon stylo est vide
leegdrinken vider ★ *in één keer ~* inform faire cul sec
leeggieten vider
leeggoed BN *lege flessen, kratten enz.* bouteilles *v mv* vides / consignées, BelgFr vidanges *v mv*
leeggooien vider
leeghalen *leegmaken* vider
leeghoofd écervelé *m* [v: écervelée] ★ *hij is een ~* il n'a rien dans le crâne
leegloop dépeuplement *m*, exode *m*
leeglopen ❶ *leegstromen* se vider, ‹van gebied› se dépeupler, ‹van luchtband› se dégonfler ❷ *nietsdoen* fainéanter
leegloper fainéant *m* [v: fainéante]
leegmaken vider
leegstaan être vide, être inoccupé ★ *dat huis staat leeg* cette maison est inhabitée
leegstand inoccupation *v*
leegstromen se vider
leegte ❶ *het leeg-zijn* vide *m* ★ *de ~ van het bestaan* le vide de l'existence ❷ *lege plaats* vide *m* ★ *hij liet een grote ~ achter* il a laissé un grand vide
leek I *de* ❶ *niet-vakman* profane *m/v* (**in** en)

❷ *niet-geestelijke* laïc *m*, laïque *m/v* **II** *ww* [verl. td.] → **lijken**
leem terre *v* glaise, argile *v*, limon *m*
leemte lacune *v*, omission *v*, manque *m* ★ *in een ~ voorzien* combler une lacune
leen *het lenen* ★ *te leen* à titre de prêt ★ *te leen geven (aan)* prêter (à) ★ *te leen krijgen (van)* emprunter (à) ★ *iem. iets te leen vragen* demander à qn de prêter qc
leenauto ★ *kan ik een ~ krijgen?* vous pouvez me prêter une voiture?
leenwoord (mot *m* d')emprunt *m*
leep déluré, roublard, roué, futé
leer I *het, leder* cuir *m*, peau *v* ▼ *van leer trekken tegen* fulminer contre **II** *de* ❶ *les* ★ *in de leer zijn* être en apprentissage ★ *bij iem. in de leer gaan* (aller) faire son apprentissage chez qn ❷ *doctrine* théorie *v*, doctrine *v*, dogme *m* ★ *vast / zuiver / recht in de leer* orthodoxe
leerboek manuel *m*
leergang ❶ *cursus* cours *m* ★ *een ~ volgen* suivre un cours ❷ *methode* méthode *v*
leergeld frais *m mv* de scolarité ★ fig *~ betalen voor iets* apprendre qc à ses dépens
leergierig I *bn* studieux [v: studieuse], curieux [v: curieuse] **II** *bw* avec curiosité
leerjaar année *v* d'apprentissage, ⟨schooljaar⟩ année *v* scolaire
leerkracht enseignant *m* [v: enseignante]
leerling ❶ *iem. die les krijgt* élève *m/v*, ⟨beginneling⟩ apprenti *m* [v: apprentie] ★ *een klas met 30 ~en* une classe de trente élèves ❷ *volgeling* disciple *m/v*
leerlingenraad conseil *m* des élèves
leerling-verpleegster élève *v* infirmière
leerlingwezen apprentissage *m*
leerlooien tanner
leerlooier tanneur *m*
leermeester maître *m* [v: maîtresse]
leermiddelen matériel *m* pédagogique
leermoment leçon *m*, expérience *v* instructive
leernicht gay *m* en cuir
leerplan programme *m* (des études)
leerplicht scolarité *v* / instruction *v* obligatoire
leerplichtig en âge scolaire ★ *~e leeftijd* l'âge scolaire
leerplichtwet loi *v* sur la scolarité (obligatoire)
leerrijk I *bn* instructif [v: instructive] **II** *bw* de façon instructive
leerschool fig école *v* ★ *hij heeft een harde ~ gehad* il a été à rude école
leerstelling dogme *m*, doctrine *v*
leerstoel chaire *v* ★ *bijzondere ~* chaire extraordinaire ★ *een ~ bekleden* être titulaire d'une chaire
leerstof matière(s) *v (mv)*
leertje morceau *m* de cuir, techn joint *m*
leervak matière *v*, discipline *v*
leerweg onderw filière *v*
leerzaam *leerrijk* instructif [v: instructive]
leesbaar ❶ *wat te lezen is* lisible ★ *een duidelijk ~ handschrift* une écriture bien lisible ❷ *aangenaam om te lezen* agréable à lire ★ *een ~ boek* un livre agréable à lire
leesblind dyslexique
leesboek ❶ *boek om te lezen* livre *m* (à lire) ❷ *boek om te leren lezen* livre *m* de lecture
leesbril lunettes *v mv* pour lire
leeslamp lampe *v* (de lecture), ⟨klein⟩ liseuse *v*
leeslint signet *m*
leesmap ≈ choix *m* de revues / magazines d'un service de prêt
leesonderwijs onderw enseignement *m* de la lecture
leespen lecteur *m* de codes-barres, douchette *v*
leesportefeuille ≈ choix *m* de revues / magazines d'un service de prêt
leest *vorm voor schoen* forme *v* ★ *op een andere ~ schoeien* remanier, reformater ★ *op dezelfde ~ geschoeid* fait sur le même moule, du même gabarit
leesteken signe *m* de ponctuation ★ *de ~s* la ponctuation ★ *~s plaatsen* ponctuer
leesvaardigheid compréhension *v* écrite
leesvoer littérature *v* de gare
leeszaal salle *v* de lecture
leeuw *dier* lion *m* ★ fig *iem. voor de ~en gooien* jeter qn dans la fosse aux lions
Leeuw *dierenriemteken* Lion *m*
Leeuwarden Leeuwarden *m*
leeuwenbek plantk gueule-de-loup *v* [mv: gueules-de-loup]
leeuwendeel part *v* du lion ★ *het ~ opeisen* se tailler la part du lion
leeuwentemmer dompteur *m* de lions [v: dompteuse ...]
leeuwerik alouette *v*
leeuwin lionne *v*
lef culot *m*, toupet *m* ★ *wat een lef!* quel culot!, il / elle est culotté(e) / gonflé(e) ★ *een meid met lef* une fille qui a du culot ▼ *heb het lef eens!* ose un peu!
lefgozer m'as tu vu *m* [mv: id.]
leg ponte *v* ★ *aan de leg zijn* pondre ★ *de kippen zijn van de leg* les poules ne pondent plus
legaal I *bn* légal [m mv: légaux] **II** *bw* légalement
legaat I *de, pauselijk gezant* légat *m* **II** *het, erflating* legs *m* ★ *algemeen ~* legs universel
legaliseren légaliser
legbatterij batterie *v* (de ponte) ★ *kippen in een ~* poules pondeuses en batterie
legen vider
legenda légende *v*
legendarisch légendaire, entré dans la légende
legende *overgeleverd verhaal* légende *v*
leger ❶ mil armée *v* ★ *het ~ wordt ingezet om de dijken te versterken* on fait intervenir l'armée pour renforcer les digues ★ *Leger des Heils* Armée *v* du Salut ❷ *grote menigte* armée *v*, foule *v* ★ *het groeiende ~ werklozen* l'armée toujours grandissante de chômeurs ❸ *rustplaats van dier* gîte *m*
legerbasis base *v* militaire
legercommandant commandant *m* (d'armée)
legeren mil *onderbrengen* cantonner, camper ★ *zich ~* camper
legeren ❶ *samensmelten* allier ❷ *legateren* léguer
legergroen vert kaki
legering campement *m*
legering *samensmelting* alliage *m*
legerkamp camp *m* (militaire)
legerleider commandant *m* (en chef)

legerleiding commandement *m*
legerplaats camp *m*
leges jur droits *m mv* (d'expédition) ★ *vrij van ~* exempt de droits
leggen mettre, poser, placer, ⟨doen liggen⟩ coucher ★ *een kabel ~* poser un câble ★ *leg het maar in de keuken* tu peux le mettre dans la cuisine ★ *eieren ~* pondre (des œufs) ★ *een knoop ~* faire un nœud ★ *een vloer ~* poser un plancher, ⟨parket⟩ poser un parquet ★ *iem. iets ten laste ~* imputer qc à qn
legging leggings *v mv*, collant(s) *m (mv)*
legio ★ *de mogelijkheden zijn ~* les possibilités sont légion ★ *~ fouten* une kyrielle de fautes ★ *~ zijn* être légion ★ *er zijn ~ mogelijkheden* il y a une multitude de possibilités
legioen ❶ *legerafdeling* légion *v* ★ *het Legioen van Eer* la Légion d'honneur ❷ *grote menigte* légion *v* ★ *het Feyenoord~* les supporters de Feyenoord
legionair légionnaire *m*
legionella med ⟨ziekte⟩ légionellose *v*, ⟨bacterie⟩ légionelle *v*
legislatuur ❶ *wetgevende macht* législatif *m* ❷ BN pol *regeerperiode* législature *v*, ⟨v. vorst⟩ règne *m*
legitiem légitime
legitimatie ❶ *het (zich) legitimeren* justification *v* de son identité ❷ *bewijs* pièce *v* d'identité
legitimatiebewijs pièce *v* d'identité, papiers *m mv*
legitimatiepapieren papiers *m mv*, pièce *v* d'identité
legitimatieplicht obligation *v* de justifier de son identité
legitimeren I *ov ww, wettig verklaren* légitimer **II** *wkd ww* [**zich** ~] *zich identificeren* justifier de son identité, montrer ses papiers
legpuzzel puzzle *m*
leguaan iguane *m*
lei I *de, schrijfbordje* ardoise *v* ★ fig *met een schone lei beginnen* repartir à zéro, faire table rase **II** *het, leisteen* ardoise *v*
leiband BN *lijn* laisse *v* ★ fig *aan de ~ lopen* être mené à la baguette
leiden I *ov ww* ❶ *doen gaan* mener, conduire, ⟨begeleiden⟩ guider ★ *zich laten ~ door* prendre pour guide, se régler sur ★ *een gesprek ~* animer un débat ★ *hij leidde haar bij de hand* il la menait par la main ★ *de ~de gedachte* l'idée directrice ❷ *aan het hoofd staan van* diriger ★ *een onderneming ~* diriger une entreprise ★ *geleide economie* économie *v* dirigée ❸ *doorbrengen* mener ★ *een losbandig leven ~* mener une vie dissolue, vivre dans la débauche ★ *zijn eigen leven ~* vivre sa vie ❹ *voorstaan* mener ★ *Oranje leidt met 2-1* les Pays-Bas mènent 2 à 1 **II** *onov ww, in een bepaalde richting gaan* mener (**naar, tot** à) ★ *deze trap leidt naar het souterrain* cet escalier mène au sous-sol ★ *dat leidt tot niets* cela ne mène à rien, cela n'aboutit à rien
Leiden Leyde *v* ★ fig *dan is ~ in last* il y aura de l'eau dans le gaz
leider ❶ *leidinggevende* dirigeant *m* [v: dirigeante], responsable *m/v*, ⟨van beweging⟩ chef *m* de file ★ *de ~ van een politieke partij* le chef de file d'un parti politique ★ *de geestelijke ~* le guide spirituel ★ *hij is een geboren ~* c'est un meneur d'hommes ❷ *koploper* leader *m* ★ *de ~ in het klassement* le leader du classement
leiderschap direction *v*, mil commandement *m*, ⟨politiek⟩ leadership *m*
leiderstrui sport maillot *m* de leader
leiding ❶ *het leiden / besturen* direction *v*, sport tête *v* ★ *de ~ hebben* être en charge, sport mener ★ sport *de ~ nemen* prendre la tête ★ *~ geven aan* mener ★ *onder ~ van* sous la direction de, ⟨aanvoering⟩ sous la conduite / houlette de ★ *de dagelijkse ~ is in handen van de filiaalhouder* le gérant assure la direction de la succursale ★ sport *aan de ~ gaan* mener ❷ *bestuur* direction *v* ★ *klagen bij de ~* se plaindre auprès de la direction ❸ *buis, kabel* conduite *v*, conduit *m*, ⟨lijn⟩ ligne *v* ★ *de oude loden ~en worden vervangen door kunststof* les vieilles conduites de plomb seront remplacées par une matière synthétique
leidinggevend dirigeant ★ *~e positie / functie* fonction *v* de cadre ★ *~e functionarissen* cadres *m mv*, responsables *m/v mv*
leidinggevende responsable *m/v*
leidingwater eau *v* du robinet
leidraad ❶ *richtsnoer* fil *m* conducteur ★ *als ~ dienen* servir de guide ❷ *handleiding* guide *m*
Leids leydois
leien en ardoise, d'ardoise ★ fig *dat gaat van een ~ dakje* ça marche comme sur des roulettes
leisteen schiste *m*, ardoise *v*
leitmotiv leitmotiv *m* [mv: leitmotiv(e)], thème *m* conducteur
lek I *het* ❶ *gat* fuite *v*, ⟨van schip⟩ voie *v* d'eau ★ *een lek krijgen* avoir une fuite (d'eau) ★ *een lek dichten* colmater une fuite ❷ *verklikker* fuite *v* **II** *bn* percé, qui fuit ★ *een lekke band* un pneu crevé, un pneu à plat, une crevaison ★ *lek zijn* fuir, ⟨van schip⟩ faire eau ★ *het dak is lek* le toit fuit, il y a des fuites dans le toit ★ *zo lek als een zeef* (percé comme) une passoire
Lek Lek *m*
leken [verl. td.] → **lijken**
lekenbroeder frère *m* convers
lekkage fuite *v*
lekken ❶ *vocht of gas doorlaten* fuir ★ *het dak lekt* il y a des fuites dans le toit ★ *een ~de kraan* un robinet qui fuit ★ *het lekt* il y a une fuite ❷ *informatie doorspelen* ébruiter des informations, inform faire fuiter des informations ★ *iem. heeft naar de pers gelekt* il y a eu des fuites dans la presse
lekker I *bn* ❶ *prettig voor de smaak, de reuk, het gevoel* agréable, ⟨smakelijk⟩ bon [v: bonne] ★ *deze wijn is heel ~* ce vin est très bon ★ *het is ~ weer* on a du beau temps, il fait beau ★ *ik vind het ~* j'aime ça ★ *wil je koffie? ja, ~* tu veux un café? je veux bien! ★ *een ~e stoel* une chaise confortable ★ inform *~ mokkel* belle plante *v*, nana *v* bien roulée ★ *iem. ~ maken* mettre qn en appétit ❷ *gezond* ★ *hij is niet ~* il ne se sent pas bien ★ *ben jij wel helemaal ~?* ça (ne) va pas la tête? **II** *bw* ❶ *prettig voor de smaak, de reuk, het gevoel* bon, ⟨goed⟩ bien ★ *het smaakt ~* c'est bon ★ *heb je ~ gegeten?* tu as bien mangé? ★ *graag ~ eten* aimer la bonne chère ★ *dat ruikt ~* ça sent bon ★ *dat zit me niet ~* voilà qui me contrarie, ça me

le

travaille ★ *slaap* ~ dors bien ❷ *gezond* ★ *ik voel me niet* ~ je ne me sens pas bien, je ne suis pas dans mon assiette ❸ ⟨in uitingen van leedvermaak of plagerij⟩ ★ *ik zeg het* ~ *niet* je ne le dirai pas, na!
lekkerbek gourmand *m* [v: gourmande]
lekkerbekje ≈ morceau *m* d'aiglefin frit
lekkernij délice *m*, régal *m* ★ ~*en* friandises *v mv*
lekkers friandises *v mv*
lel ❶ *mep* baffe *v* ★ *iem. een lel geven* donner une baffe à qn ★ *de bal een lel geven* tirer un boulet ❷ *vel* ⟨van oor⟩ lobe *m*, ⟨van hoender⟩ fanon *m*
lelie lis *m* ★ *Franse* ~ fleur *v* de lis
lelieblank blanc comme un lis
lelietje-van-dalen muguet *m*
lelijk I *bn* ❶ *niet aangenaam voor de zintuigen* laid, inform moche ★ ~ *worden* enlaidir ★ ~ *maken* enlaidir ★ *zo* ~ *als de nacht* laid à faire peur ❷ *gemeen* vilain, sale ★ *een* ~ *gezicht zetten* faire une grimace ❸ *slecht* mauvais ★ *een* ~*e wond* une vilaine plaie **II** *bw* ❶ *gemeen* vilainement, salement ★ *iem.* ~ *aankijken* regarder qn de travers ★ ~ *doen tegen* être désagréable / méchant avec ❷ *slecht* ★ *het ziet er* ~ *uit* ça se présente mal ★ *er* ~ *aan toe zijn* être dans de jolis draps ❸ *danig* joliment ★ *hij heeft zich* ~ *vergist* il s'est joliment / lourdement trompé
lelijkerd ❶ *lelijk persoon* mocheté *v*, horreur *v* ❷ *gemeen persoon* vilain *m* [v: vilaine]
lellebel traînée *v*, salope *v*
lemen en limon, d'argile, ⟨van hut / muur⟩ en torchis ★ *een* ~ *muur* un mur en torchis
lemma *trefwoord* entrée *v*, article *m*
lemmet ❶ *snijdend deel van mes* lame *v* ❷ *kaarsen- / lampenpit* mèche *v*
lemming lemming *m*
lende reins *m mv*, cul longe *v* ★ ~*nen* reins
lendenbiefstuk culin faux-filet *m* [mv: faux-filets]
lendendoek pagne *m*
lenen I *ov ww* ❶ *uitlenen* prêter (**aan** à) ★ *iets aan iem.* ~ prêter qc à qn ❷ *te leen krijgen* emprunter (**van** à) ★ *mag ik dat boek van je* ~*?* tu me prêtes ce livre? **II** *wkd ww* [**zich** ~] ~ **voor** se prêter à ★ *deze kamer leent zich daar niet voor* cette pièce n'est pas faite pour cela
lengen s'allonger ★ *de dagen* ~ les jours (s')allongent
lengte ❶ *afstand in ruimte of tijd* longueur *v*, ⟨van personen⟩ taille *v* ★ *in zijn volle* ~ dans toute sa longueur, ⟨languit⟩ de tout son long ★ *tot in* ~ *van dagen* (pour) de longues années ❷ *langste kant* longueur *v* ★ *in de* ~ en longueur, dans le sens de la longueur, longitudinalement ★ *over de hele* ~ *van* tout du long de ★ *het moet uit de* ~ *of uit de breedte komen* ≈ il faut bien avoir les moyens ❸ aardk longitude *v*
lengteas axe *m* longitudinal [mv: axes longitudinaux]
lengtecirkel méridien *m*
lengtegraad longitude *v*
lengtemaat mesure *v* de longueur
lengterichting ★ *in de* ~ longitudinalement
lenig I *bn* souple, flexible, agile **II** *bw* avec souplesse
lenigen lénifier, soulager
lening ⟨aan iem.⟩ prêt *m*, ⟨van iem.⟩ emprunt *m* ★ *persoonlijke* ~ crédit *m* à la consommation ★ *een* ~ *aflossen* rembourser un crédit ★ *een* ~ *afsluiten* faire un emprunt ★ *een* ~ *verstrekken* consentir / faire un prêt
lens I *de* ❶ *voorwerp* lentille *v* ★ *de lens van een fototoestel* l'objectif *m* d'un appareil photo ❷ *contactlens* lentille *v* (de contact) ★ *zachte lens* lentille souple, soft lens ★ *harde lens* lentille dure ★ *je lenzen indoen* mettre ses lentilles ❸ *ooglens* cristallin *m* **II** *bn, lam* nase ★ *iem. lens slaan* rouer qn de coups
lente printemps *m* ★ *in de* ~ au printemps ★ *van 18* ~*s* de 18 printemps ★ *de Arabische* ~ le printemps arabe ★ fig *de* ~ *in het hoofd hebben* avoir l'humeur printanière
lentedag journée *v* printanière
lentemaand (mois *m* de) mars *m*
lente-uitje oignon *m* nouveau
lentezon soleil *m* printanier
lenzenvloeistof liquide *m* de lentille
lepel ❶ *stuk bestek* cuiller *v*, cuillère *v* ❷ *hoeveelheid* cuillerée *v* ★ *voeg twee* ~*s azijn toe* ajoutez deux cuillerées de vinaigre
lepelaar *vogel* spatule *v*
lepelen ❶ *eten, opscheppen* manger à la cuiller ❷ sport jouer (le ballon) en cloche
leperd rusé *m*
lepra med lèpre *v*
lepralijder lépreux *m* [v: lépreuse]
leraar professeur *m*, inform prof *m* ★ ~ *wiskunde* professeur de maths
lerarenopleiding formation *v* de(s) professeurs
lerares professeur *m*, inform prof *v*
leren I *bn* de / en cuir ★ *een* ~ *tas* un sac en cuir **II** *ov ww* ❶ *kennis verwerven* apprendre, ⟨(be)studeren⟩ étudier ★ ~ *lezen* apprendre à lire ★ ~ *zingen* apprendre à chanter ★ *Frans* ~ apprendre le français ★ *een vak* ~ apprendre un métier ★ *iets uit het hoofd* ~ apprendre qc par coeur ★ *zijn huiswerk* ~ réviser ★ *iem.* ~ *kennen* connaître qn ★ *wij hebben elkaar in Utrecht* ~ *kennen* nous nous sommes connus à Utrecht ★ *je bent nooit te oud om te* ~ on apprend / s'instruit à tout âge ❷ *onderrichten* apprendre, enseigner ★ *iem.* ~ *zwemmen* apprendre à nager à qn ★ *de praktijk leert ons* l'expérience nous enseigne ★ *dat zal je* ~*!* ça t'apprendra! **III** *onov ww, studeren* étudier ★ *goed kunnen* ~ avoir des facilités (pour apprendre) ★ *voor arts* ~ faire des études de médecine
lering ★ ~ *uit iets trekken* tirer la leçon de qc
les ❶ *onderricht* leçon *v*, ⟨lesuur⟩ classe *v*, cours *m* ★ *les hebben bij* prendre des leçons avec ★ *les hebben van 9 tot 11* avoir cours de 9 h à 11 h ★ *Franse les* cours de français ★ *onder / tijdens de les* pendant le(s) cours, en classe ❷ *leerstof* leçon *v* ★ *de les overhoren* faire réciter la leçon ★ *de les opzeggen* réciter sa leçon ❸ fig *verhelderende tegenslag* leçon *v* ★ *dat is een goede les voor hem* cela lui servira de leçon ★ *iem. de les lezen*, BN *iem. de les spellen* passer un savon à qn
lesauto voiture-école *v* [mv: voitures-écoles]
lesbevoegdheid CAPES *m*, certificat *m* d'aptitude à l'enseignement ★ *leraar met* ~ professeur *m* qualifié

le

lesbienne lesbienne *v*, inform gouine *v*
lesbisch lesbien [v: lesbienne]
lesgeld frais *m mv* des cours
lesgeven enseigner ★ *les geven in Frans* enseigner le français
lesmateriaal matériel *m* pédagogique
Lesothaans lesothan
Lesotho le Lesotho ★ *in ~* au Lesotho
lesrooster emploi *m* du temps
lessen *stillen* assouvir, ⟨van dorst⟩ étancher ★ *zijn dorst ~* se désaltérer
lessenaar pupitre *m*
lest ★ fig *lest best* aux derniers les bons ▼ *ten langen leste* à la fin
lesuur onderw heure *v* de cours
lesvliegtuig avion-école *m* [mv: avions-école]
leswagen voiture-école *v* [mv: voitures-écoles]
Let Letton *m*
lethargie léthargie *v*
Letland la Lettonie ★ *in ~* en Lettonie
Letlands → **Lets**
Lets I *bn* letton [v: lettone] **II** *het* letton *m*
Letse Lettonne *v*
letsel blessure *v*, lésion *v* ★ *lichamelijk ~* dommage(s) *m (mv)* corporel(s) ★ *er zonder ~ afkomen* en sortir indemne ★ *~ oplopen* se blesser, subir des dommages corporels ★ *iem. ~ toebrengen* blesser qn ★ jur *toegebracht ~* coups et blessures
letselschade dommages *m mv* corporels
letten I *onov ww*, *~* **op**, faire attention à, ⟨passen op⟩ surveiller ★ *let op mijn woorden!* je te le promets! ★ *let op!* attention! ★ *op de kinderen ~* surveiller les enfants ★ *gelet op* étant donné que ★ *let wel* remarque!, note(z) bien! **II** *ov ww*, *beletten* empêcher ★ *wat let je?* qu'est-ce qui t'en empêche?
letter ❶ *teken* lettre *v*, ⟨drukletter⟩ caractère *m* ★ *grote ~* majuscule *v* ★ *kleine ~* minuscule *v* ★ *met vette ~s gedrukt* imprimé en caractères gras ★ fig *geen ~* pas un iota **❷** *letterlijke inhoud* lettre *v* ★ *de kleine ~tjes* ≈ les clauses dissimulées ★ *naar de ~* à la lettre, au pied de la lettre, littéralement ★ fig *een dode ~ blijven* rester lettre morte
letteren lettres *v mv* ★ *doctor in de ~* docteur *m* ès lettres ★ *student in de ~* étudiant en lettres
lettergreep syllabe *v*
letterkunde littérature *v*, lettres *v mv*
letterkundig I *bn* littéraire **II** *bw* littérairement ★ *~ ontwikkeld* lettré
letterkundige littéraire *m*, ⟨beoefenaar⟩ homme *m* / femme *v* de lettres
letterlijk I *bn* littéral [m mv: littéraux] ⟨woordelijk⟩ textuel [v: textuelle] ★ *een ~e vertaling* une traduction littérale ★ *de ~e tekst* le verbatim ★ *~ en figuurlijk* au (sens) propre et au (sens) figuré **II** *bw* **❶** *in woordelijke zin* littéralement, mot à mot ★ *iets ~ vertalen* traduire qc littéralement ★ *zij heeft al zijn beloften ~ genomen* elle a pris toutes ses promesses à la lettre ★ *iets ~ opnemen* prendre qc au pied de la lettre **❷** *volkomen* littéralement ★ *er is ~ niets aan te doen* il n'y a littéralement rien à faire
lettertang pince *v* à marquer
letterteken caractère *m*
letterwoord sigle *m*, acronyme *m*
leugen mensonge *m* ★ *een ~tje om bestwil* un pieux mensonge ★ *iem. op een ~ betrappen* surprendre qn à mentir ★ *~s verkopen* débiter des mensonges ★ *al is de ~ nog zo snel, de waarheid achterhaalt haar wel* la vérité comme l'huile vient au-dessus ★ *hij is niet in zijn eerste ~ gestikt* il ment comme il respire
leugenaar menteur *m* [v: menteuse] ★ *voor ~ uitmaken* traiter de menteur ★ *hij is een geboren ~* il ment comme il respire
leugenachtig ❶ *vaak liegend* menteur [v: menteuse] ★ *~ zijn* être un menteur **❷** *onwaar* mensonger [v: mensongère] ★ *een ~ verhaal* un récit mensonger
leugendetector détecteur *m* de mensonges
leuk plaisant ★ *leuk boek* livre *m* agréable à lire ★ *ik vind je blog erg leuk* j'aime bien ton blog ★ *wat een leuke jas!* joli, ce manteau!, inform chouette, ce manteau! ★ *een leuk meisje* une jolie fille ★ *leuk, dat je gekomen bent* sympa d'être venu ★ *zij is leuk om te zien* elle est mignonne à voir ★ iron *dat kan nog leuk worden* on va s'amuser! ★ *dat is niet erg leuk* ce n'est pas très drôle ★ *die is leuk!* elle est bonne! ★ *iets leuk vinden* aimer qc ★ *het staat haar leuk* ça lui va bien
leukemie med leucémie *v*
leukerd rigolo *m* [v: rigolote]
leukoplast sparadrap *m*
leunen s'appuyer (**op** sur; **tegen** à, contre), ⟨met de rug⟩ s'adosser, ⟨op ellebogen⟩ s'accouder ★ *tegen de muur ~* s'appuyer contre le mur
leuning ⟨rugleuning⟩ dos *m*, dossier *m*, ⟨armleuning⟩ bras *m*, accoudoir *m*, ⟨van trap⟩ rampe *v*, ⟨balustrade⟩ balustrade *v*
leunstoel fauteuil *m*
leurderskaart BN *vergunning voor straathandel* licence *v* de colportage
leuren *venten* ★ *~ met iets* colporter qc
leurhandel BN *straathandel* démarchage *m*
leus devise *v*, slogan *m*
leut ❶ *pret, lol* rigolade *v* ★ *voor de leut* pour rire ★ *leut hebben* rigoler **❷** *koffie* jus *m* ★ *een bakkie leut* un bon jus, un caoua
leuteren radoter, parler pour ne rien dire
leuterkous radoteur *m* [v: radoteuse]
Leuven Louvain *m*
Leuvenaar Louvainiste *m*
Leuvens louvainiste
Leuvense Louvainiste *v*
leven I *het* **❶** *bestaan* vie *v* ★ *in ~ blijven* survivre, rester en vie ★ *hij is niet meer in ~* il n'est plus en vie ★ *iem. om het ~ brengen* tuer qn ★ *om het ~ komen* trouver la mort ★ *een strijd op ~ en dood* un combat à mort ★ *weer tot ~ brengen* ranimer, raviver ★ *zich van het ~ beroven* se donner la mort ★ *voor hun ~s wordt gevreesd* leurs jours sont en danger ★ *~ geven aan* animer, vivifier ★ *er het ~ bij laten* y perdre la vie ★ *het ~ schenken aan* donner la vie à, donner le jour à ★ *zolang er ~ is, is er hoop* tant qu'il y a de la vie, il y a de l'espoir ★ *zijn eigen ~ leiden* vivre sa vie ★ *zo is het ~* c'est la vie ★ *nooit van mijn ~!* jamais de la vie ★ *wel heb ik van mijn ~!* a-t-on

jamais vu ça! ★ *bij / tijdens zijn ~* de son vivant ★ *voor het ~ benoemen* nommer à vie ★ *een losbandig ~ leiden* mener une vie dissolue, vivre dans la débauche ★ *een prettig ~tje leiden* se la couler douce ★ *een lekker / lui ~tje* une vie oisive / peinarde ★ *zijn ~ béteren* s'améliorer, se racheter ★ *een nieuw ~ beginnen* refaire sa vie ★ *bij het ~* ⟨hevig⟩ à mort ★ *bij ~ en welzijn* si Dieu me / nous prête vie ★ *iets in het ~ roepen* créer qc ★ *iem. naar het ~ staan* attenter à la vie de qn ★ *iets nieuw ~ inblazen* donner un second souffle à qc, ranimer qc, ressusciter qc ★ *dat is een eigen ~ gaan leiden* cela a pris de l'ampleur ★ *je bent er je ~ niet zeker* on y risque sa peau ★ *ik heb mijn hele ~ in Utrecht gewoond* j'ai vécu toute ma vie à Utrecht ❷ *werkelijkheid* vie *v* ★ *het dagelijkse ~* la vie quotidienne, la vie de tous les jours ★ *naar het ~ getekend* dessiné d'après nature ★ *uit het ~ gegrepen* pris sur le vif, une tranche de vie, vécu ★ *het culturele ~ in Utrecht* la vie culturelle à Utrecht ❸ *levendigheid* vie *v*, animation *v* ★ *~ in de brouwerij brengen* mettre un peu d'ambiance / d'entrain ❹ *lawaai* bruit *m*, tapage *m* **II** *onov ww, in leven zijn* vivre, ook fig être vivant / animé ★ *na het ongeluk heeft hij nog een paar uur geleefd* il a succombé quelques heures après l'accident ★ *naar iets toe ~* attendre qc avec impatience ★ *het is hier goed ~* on vit bien ici ★ *en zij leefden nog lang en gelukkig* et ils furent heureux et eurent beaucoup d'enfants ★ *~ en laten ~* vivre et laisser vivre ★ *leve de vakantie!* vive(nt) les vacances! ★ *stil gaan ~* se retirer des affaires ★ *wie dan leeft, die dan zorgt* qui vivra verra ★ *met die man is niet te ~* cet homme est invivable ★ *je moet ermee zien te ~* il faudra bien s'y faire ★ *van de bijstand ~* vivre de l'aide social ★ *daar kun je niet van ~* ça ne nourrit pas son homme ★ *zij heeft genoeg om van te ~* elle a de quoi vivre

levend I *bn* vivant, en vie, vif [v: vive] ★ *in ~en lijve* en chair et en os, en personne ★ *~ wezen* être *m* vivant ★ *de ~en* les vivants ★ *een herinnering ~ houden* perpétuer un souvenir **II** *bw* ★ *~ verbranden* brûler vif ★ *het er ~ van afbrengen* avoir la vie sauve

levendig I *bn* vif [v: vive], ⟨druk⟩ animé ★ *~e ogen* des yeux pétillants ★ *~e kleuren* des couleurs vives ★ *een ~e straat* une rue animée / très fréquentée ★ *een ~ meisje* une fille pleine de vie ★ *een ~e discussie* une discussion animée ★ *~e fantasie* une vive imagination **II** *bw* vivement ★ *zich iets ~ herinneren* garder des souvenirs nets de qc ★ *dat kan ik me ~ voorstellen* je peux très bien me l'imaginer

levenloos ❶ *dood, zonder leven* inanimé, sans vie ❷ fig *zonder levendigheid, mat* morne

levensbedreigend menaçant la vie

levensbehoefte ★ *eerste ~n* articles *m mv* de première nécessité ★ *~n* besoins *m mv* vitaux

levensbelang ★ *van ~* vital, primordial

levensbeschouwing philosophie *v*, conception *v* de la vie

levensbeschrijving biographie *v*

levensboom arbre *m* de vie

levensduur longévité *v*, ⟨van apparaat⟩ durée *v* de vie

levensecht réaliste, fidèle

levenseinde terme *m* de la vie

levenservaring expérience *v* de la vie, vécu *m*

levensfase phase *v* de la vie

levensgenieter bon vivant *m*

levensgevaar danger *m* de mort ★ *buiten ~ zijn* être hors danger ★ *hij verkeert in ~* ses jours sont en danger

levensgevaarlijk I *bn* périlleux [v: périlleuse] ★ *een ~e weg* une route meurtrière, une route où on risque sa vie **II** *bw* au péril de sa vie ★ *hij is ~ gewond* ses jours sont en danger

levensgezel compagnon *m* (de vie) [v: compagne...]

levensgroot ❶ *op ware grootte* grandeur nature [onver.] ★ *een levensgrote afbeelding* une représentation grandeur nature ❷ *zeer groot* énorme ★ *een ~ probleem* un problème de taille

levenshouding attitude *v* (devant la vie)

levenskunst savoir-vivre *m*

levenskunstenaar ≈ bon vivant *m*

levenslang I *bn* à vie, perpétuel [v: perpétuelle] ★ *~e gevangenisstraf* réclusion *v* perpétuelle ★ *~ krijgen* être condamné à perpétuité ★ *tot ~ veroordeelde* condamné *m* à perpétuité **II** *bw* perpétuellement, toute la vie

levenslicht vie *v*, jour *m* ★ *het ~ aanschouwen* voir le jour

levenslied chanson *v* réaliste

levensloop cours *m* de la vie, carrière *v*

levenslust joie *v* de vivre

levenslustig gai

levensmiddelen denrées *v mv* alimentaires, vivres *m mv*, ⟨etenswaar⟩ nourriture *v*, comestibles *m mv* ★ *van ~ voorzien* approvisionner, ravitailler

levensmiddelenindustrie industrie *v* alimentaire

levensmoe las de vivre [v: lasse ...]

levensomstandigheden conditions *v mv* de vie

levensonderhoud subsistance *v* ★ *in zijn ~ voorzien* subvenir à ses besoins, gagner sa vie ★ *in iemands ~ voorzien* entretenir qn

levensovertuiging convictions *v mv*

levenspad (chemin *m* de la) vie *v*

levensstandaard niveau *m* de vie

levensteken signe *m* de vie ★ *een ~ geven* donner signe de vie

levensvatbaar viable ★ *levensvatbare vrucht* foetus *m* viable

levensverhaal récit *m* d'une vie ★ *zijn / haar ~* son histoire *v*

levensverwachting *te verwachten duur* espérance *v* de vie ★ *de gemiddelde ~* la longévité moyenne

levensverzekering assurance-vie *v*

levensvreugde joie *v* de vivre

levenswandel vie *v* ★ *iem. van onbesproken ~* personne *v* d'une conduite irréprochable, personne sans histoires

levenswerk œuvre *v* de toute une vie

lever foie *m* ★ fig *iets op zijn ~ hebben* avoir qc sur le cœur ★ fig *fris van de ~* à cœur ouvert ★ BN fig *dat ligt op mijn ~* ça me reste sur l'estomac

leverancier fournisseur *m* [v: fournisseuse]

leverantie livraison *v*, fourniture *v*

leverbaar livrable, (voorradig) en stock, (voorradig) disponible ★ *uit voorraad ~* livrable de stock
levercirrose cirrhose *v* du foie
leveren ❶ *bezorgen, verschaffen* fournir, (afleveren) livrer ★ *aan huis ~* livrer à domicile ★ *goed werk ~* faire du bon travail ★ *het 'm ~* (klaarspelen) réussir son coup ★ *een bijdrage ~* apporter sa contribution, contribuer ★ *het bewijs ~* fournir la preuve ★ *commentaar ~* faire un commentaire, commenter ★ *kritiek ~* critiquer ❷ *doen plaatsvinden* ★ *slag ~* livrer bataille
levering livraison *v*, fourniture *v*
leveringstermijn délai *m* de livraison
leveringsvoorwaarde condition *v* de livraison
leverontsteking hépatite *v*
leverpastei pâté *m* de foie
levertijd délai *m* de livraison
levertraan huile *v* de foie de morue
leverworst culin saucisson *m* de pâté de foie
lexicograaf lexicographe *m/v*
lexicografie lexicographie *v*
lexicon lexique *m*
lezen ❶ *tekst doornemen* lire ★ *~ leren ze in groep 3* on apprend à lire en CP ★ *de krant ~* lire le journal ★ *veel ge~ schrijver* écrivain *m* populaire ★ *over iets heen ~* manquer un passage ★ *jouw handschrift is niet te ~* ton écriture est illisible ❷ *interpreteren* lire ★ *angst in iemands ogen ~* lire la peur dans les yeux de qn ★ *angst stond op zijn gezicht te ~* la peur se lisait sur son visage ★ *iemands gedachten ~* lire dans la pensée de qn
lezer lecteur *m* [v: lectrice], (techniek) lecteur *m* ★ *een trouwe ~* un lecteur assidu
lezing ❶ *het lezen* lecture *v* ★ *ter ~* en lecture, à lire ★ *bij eerste ~* en première lecture ❷ *interpretatie* version *v* ★ *er een geheel andere ~ van geven* en donner toute une autre version ❸ *verhandeling* conférence *v* ★ *een ~ geven / houden* faire / donner une conférence
liaan liane *v*
Libanees libanais
Libanon le Liban ★ *in ~* au Liban
libel, libelle libellule *v*
liberaal I *de* libéral *m* [mv: libéraux] ★ *een jonge ~* un jeune libéral **II** *bn* libéral [m mv: libéraux] ★ *een liberale opvatting* un point de vue libéral
liberaliseren libéraliser
liberalisering libéralisation *v*
liberalisme libéralisme *m*
Liberia le Liberia ★ *in ~* au Liberia
Liberiaans libérien [v: libérienne]
libero sport libéro *m*
libido libido *v*
Libië la Libye ★ *in ~* en Libye
Libisch libyen [v: libyenne]
libretto livret *m*
licentiaat I *de,* BN onderw *persoon,* licencié *m* [v: licenciée] **II** *het,* BN onderw *graad* licence *v*
licentie ❶ *overeenstemming* licence *v* ★ *in ~* sous licence ❷ BN onderw *opleiding tot licentiaat* licence *v*
licentiehouder concessionnaire *m/v*
lichaam ❶ *lijf* corps *m* ★ *het menselijk ~* le corps humain ❷ *voorwerp* corps *m* ★ *het glasachtig ~ in het oog* le corps vitré de l'oeil ★ *vreemd ~* corps étranger ★ *vast ~* solide *m* ❸ *vereniging* corps *m*, organisme *m* ★ *openbaar ~* organisme public
lichaamsbeweging exercice *m* ★ *~ nemen* prendre de l'exercice
lichaamsbouw anatomie *v*, morphologie *v*
lichaamsdeel membre *m*, partie *v* du corps
lichaamsholte cavité *v*
lichaamskracht force *v* physique, vigueur *v*
lichaamstaal langage *m* du corps
lichaamsverzorging hygiène *v* corporelle
lichamelijk I *bn* physique, corporel [v: corporelle] ★ *~e opvoeding* éducation *v* physique ★ *~ letsel* dommage(s) *m (mv)* corporel(s) ★ *~e arbeid* travail *m* physique **II** *bw* physiquement ★ *~ gehandicapt* handicapé physique
licht I *het* ❶ *schijnsel* lumière *v* ★ *zwak ~* lueur *v* ★ *je staat in mijn ~* tu me caches la lumière ★ *niet genoeg ~ hebben om te kunnen lezen* manquer de lumière pour lire ★ *tegen het ~ houden* tenir à contre-jour ★ *~ geven* éclairer ★ fig *iets tegen het ~ houden* regarder qc de (plus) près ❷ *lichtbron* lumière *v* ★ *groot ~* phares *m mv* ★ *met gedoofd ~* les feux éteints ★ *er brandt ~* la lumière est allumée ★ *het ~ aandoen* allumer (la lumière) ★ *het ~ uitdoen* éteindre la lumière ★ *door het rode ~ rijden* griller le feu (rouge) ★ *groen ~ geven* donner le feu vert ★ *iem. het ~ in de ogen niet gunnen* ne pas pouvoir voir qn en peinture ❸ *openbaarheid* ★ *iets aan het ~ brengen* mettre au jour qc, révéler qc ★ *aan het ~ komen* être découvert, éclater au grand jour ❹ *opheldering, inzicht* ★ *nu gaat me een ~je op!* je commence à y voir clair! ★ *nieuw ~ werpen op* jeter un nouveau jour sur ★ *zijn ~ bij iem. opsteken* se renseigner auprès de qn ★ *in het ~ van* à la lumière de ★ *in dit ~ gezien* (vu) sous cet angle / sous ce jour ❺ *intelligent mens* ★ *hij is geen ~* ce n'est pas une lumière ❻ *levenslicht* ★ *het ~ zien* voir le jour **II** *bn* ❶ *niet donker* clair ★ *een ~e kamer met veel ramen* une pièce lumineuse avec beaucoup de fenêtres ★ *het wordt ~* il commence à faire jour ❷ *weinig wegend* léger [v: légère] ★ *een lekker ~e rugtas* un sac à dos bien léger ★ fig *te ~ bevonden zijn* ne pas faire le poids ★ fig *iem. 1000 euro ~er maken* délester qn de 1000 euros, j'ai la tête qui tourne ❸ *minder heftig* léger ★ *~er maken* faciliter ★ *een ~e hartaanval* une légère crise cardiaque **III** *bw* ❶ *gemakkelijk* facilement, aisément ★ *~ verteerbaar* facile à digérer ★ *iets ~ opnemen* prendre qc à la légère ❷ *enigszins* légèrement ★ *~ gezouten* légèrement salé
lichtbak rampe *v*, (lichtreclame) enseigne *v* lumineuse
lichtblauw bleu clair, bleu pâle [onver.]
lichtblond blond clair, blond pâle [onver.]
lichtboei balise *v* lumineuse
lichtbron source *v* lumineuse, source de lumière
lichtbruin brun clair [onver.], (van haar) châtain clair [onver.]
lichtbundel faisceau *m* lumineux [mv: faisceaux lumineux]
lichtdruk phototypie *v*
lichtelijk légèrement ★ *~ verbaasd* un peu surpris
lichten I *ov ww* ❶ *optillen* lever, (opheffen) soulever, (wegnemen) enlever ★ *een schip ~*

renflouer un navire ★ *een stuk uit een dossier ~* retirer une pièce d'un dossier ❷ *ledigen* lever ★ *de brievenbus ~* faire la levée **II** *onov ww, licht geven* briller, luire, ‹van de zee› être phosphorescent, brasiller, ‹weerlichten› faire des éclairs

lichterlaaie ★ *in ~ staan* être en flammes, être en feu

lichtflits éclair *m*

lichtgelovig crédule

lichtgeraakt irritable, susceptible, irascible

lichtgevend lumineux [v: lumineuse], phosphorescent

lichtgevoelig fotogr (photo)sensible

lichtgevoeligheid (photo)sensibilité *v*

lichtgewicht I *het,* sport *klasse* poids *m mv* légers **II** *de* ❶ sport *bokser* poids *m* léger ❷ *incapabel persoon* médiocre *m*

lichtgewond légèrement blessé

lichting ❶ *groep van mensen* contingent *m*, levée *v* ★ *de ~ '66* la classe de 1966 ❷ *postlichting* levée *v* ❸ *het omhooghalen* renflouage *m*

lichtinstallatie (installation *v* d')éclairage *m*

lichtjaar année-lumière *v* [mv: années-lumière]

lichtjes ❶ *zonder drukken* légèrement ★ *ergens ~ over heen gaan* effleurer qc ❷ *niet zwaar, ernstig* légèrement ★ *het ~ nemen* le prendre à la légère ❸ *in geringe mate* légèrement ★ *~ beschadigd* légèrement endommagé

lichtknop interrupteur *m*

lichtkogel fusée *v* éclairante, balle *v* traçante

lichtkrant journal *m* lumineux

lichtmast mât *m* d'éclairage, lampadaire *m*

lichtmatroos apprenti *m* matelot

lichtmetalen ★ *~ velgen* des jantes en métal léger

lichtnet réseau *m* (électrique), secteur *m*

lichtpen crayon *m* optique, photostyle *m*

lichtpunt ❶ *lichtend punt* point *m* lumineux ❷ fig *iets hoopgevends* lueur *v* d'espoir

lichtreclame publicité *v* / enseigne *v* lumineuse

lichtschip bateau-phare *m* [mv: bateaux-phares]

lichtshow spectacle *m* lumineux, son *m* et lumière

lichtsignaal signal *m* lumineux, ‹met koplampen› appel *m* de phares

lichtstad ville *v* lumière

lichtsterkte luminosité *v*

lichtstraal rayon *m* de lumière

lichtvaardig I *bn* léger [v: légère], étourdi **II** *bw* à la légère, étourdiment

lichtval éclairage *m*

lichtvoetig I *bn* léger [v: légère] ★ *een ~ deuntje* un air frivole **II** *bw* légèrement

lichtzinnig I *bn* léger [v: légère] **II** *bw* à la légère

lid ❶ *persoon* membre *m*, ‹v. partij / vereniging› adhérent *m* [v: adhérente] ★ *nieuwe leden werven voor een club* recruter des nouveaux membres d'un club ★ *lid van de Tweede Kamer* député *m* ★ *lid worden van* adhérer à ★ *bedanken als lid* démissionner ★ *de leden van de familie* les membres de la famille ❷ *lichaamsdeel* membre *m* ★ *mannelijk lid* membre *m* (viril) ★ *een ziekte onder de leden hebben* couver une maladie ❸ *gewricht* articulation *v*, ‹geleding› jointure *v* ★ *uit het lid* déboîté ❹ *paragraaf* alinéa *m* ★ *volgens artikel 14, lid 2* aux termes de l'article 14, alinéa 2 ❺ *deksel* ★ *hij kreeg het lid op de neus* ça lui est retombé sur le nez

lidgeld BN *contributie* cotisation *v*

lidkaart BN *ledenpas* carte *v* de membre, carte d'adhérant

lidmaat ❶ anat ★ *ledematen* membres *m mv* ❷ *lid van kerkgenootschap* membre *m*

lidmaatschap appartenance *v*, affiliation *v* (**van** à) ★ *bewijs van ~* carte *v* de membre ★ *het ~ opzeggen* se désaffilier

lidstaat État *m* membre, pays *m* membre

lidwoord article *m* ★ *(on)bepaald ~* article (in)défini

Liechtenstein le Liechtenstein ★ *in ~* au Liechtenstein

Liechtensteiner Liechtensteinois *m*

Liechtensteins liechtensteinois

Liechtensteinse Liechtensteinoise *v*

lied chanson *v*, chant *m*, air *m*, ‹geestelijk lied› cantique *m*, hymne *m/v* ★ *een lied zingen* chanter une chanson

lieden gens *m mv*, personnes *v mv* ★ *er zijn ~ die beweren* il y en a qui disent

liederenbundel recueil *m* de chants

liederlijk I *bn, losbandig* débauché **II** *bw* ★ *zich ~ gedragen* se comporter comme un débauché

liedje chanson *v* ★ fig *het is weer het oude ~* c'est toujours le même refrain / la même chanson ★ fig *het eind van het ~ was dat ...* à la fin de l'histoire...

lief I *bn* ❶ *aardig* gentil [v: gentille], mignon [v: mignonne], charmant ★ *je bent lief* tu es adorable ★ *dat is lief van je* c'est gentil de ta part ❷ *dierbaar* cher [v: chère] ★ *lieve vriendin* (ma) chère amie ★ *dat is me boven alles lief* j'aime ça avant tout ❸ *gewenst, graag* cher [v: chère] ★ *iets voor lief nemen* s'accommoder de qc, s'arranger de qc ★ *mijn liefste wens* mon vœu le plus cher mignon, mignonne ★ *ze heeft een lief gezichtje* elle a une jolie frimousse ▼ *een lieve duit* une coquette somme **II** *bw* ❶ *aardig* gentiment ★ *lief tegen iem. doen* être gentil avec qn ❷ *graag* ★ *ik zou het net zo lief niet doen* j'aimerais autant ne pas le faire **III** *het* ❶ *geliefd persoon* bien-aimé *m* [m mv: bien-aimés] [v: bien-aimée] ❷ *wat lief is, geluk* ★ *in lief en leed* pour le meilleur et pour le pire

liefdadig bienfaisant, charitable ★ *een ~e instelling* une œuvre (de bienfaisance), une association caritative

liefdadigheid bienfaisance *v*, charité *v*, (bonnes) œuvres *v mv*

liefdadigheidsinstelling œuvre *v* (de bienfaisance), association *v* caritative

liefde ❶ *gevoel* amour *m/v* ★ *met ~* ‹liefdevol› avec amour ★ *met ~* ‹met plezier› avec plaisir ★ *uit ~ tot* par amour de ★ *~ voor het vaderland* l'amour de la patrie ★ *onbeantwoorde ~* amour malheureux ★ *ware ~* l'amour vrai ★ *~ op het eerste gezicht* coup *m* de foudre ★ *hoe gaat het met de ~?* comment vont les amours? ★ *de ~ bedrijven* faire l'amour ★ *muziek was zijn grote ~* la musique était sa passion ★ *~ maakt blind* l'amour est aveugle ★ *oude ~ roest niet* on revient toujours à ses premières amours ★ *de ~ van de*

man gaat door de maag on tient un homme par le ventre ❷ *geliefde* amour *m* ★ *ik heb de ~ van mijn leven ontmoet* j'ai rencontré l'amour de ma vie ★ *grote ~* grand amour ★ *eerste ~* premier amour
liefdeleven vie *v* sentimentale
liefdeloos I *bn* peu affectueux [v: peu affectueuse], froid **II** *bw* sans cœur, froidement
liefdesaffaire affaire *v* / aventure *v* (amoureuse)
liefdesbrief lettre *v* d'amour
liefdesgeschiedenis ❶ *relatie* histoire *v* d'amour ❷ *roman* histoire *v* d'amour
liefdeslied chanson *v* d'amour
liefdesscène scène *v* d'amour
liefdesverdriet chagrin *m* d'amour
liefdevol I *bn* affectueux [v: affectueuse], tendre, doux [v: douce] **II** *bw* affectueusement, tendrement, avec douceur
liefdewerk bénévolat *m* ▾ *het is ~ oud papier* c'est (fait) pour l'amour de Dieu
liefelijk I *bn* doux [v: douce], charmant **II** *bw* avec douceur
liefhebben aimer ★ *je ~de zoon* ton fils qui t'aime
liefhebber ❶ *enthousiasteling* amateur *m* [v: amatrice] ❷ BN *amateurbeoefenaar* amateur *m* [v: amatrice]
liefhebberij hobby *m* [mv: hobbies] passe-temps *m* [mv: id.], loisirs *m mv* ★ *~ in iets hebben* aimer faire qc ★ *uit ~* par goût, en (simple) amateur
liefje ❶ *geliefde* petit ami *m* [v: petite amie] ❷ *aanspreekvorm* chéri *m* [v: chérie]
liefkozen caresser, câliner
liefkozing caresse *v*
lieflijk I *bn* doux [v: douce], charmant **II** *bw* avec douceur
liefs ★ *veel ~* je t'embrasse
liefst I *bn* ‹dierbaarst› le plus cher [v: la plus chère] **II** *bw, meest graag* de préférence ★ *het ~ willen* préférer ★ *het ~ hebben dat* préférer que [+ subj.] ★ *welke heb je het ~?* lequel préfères-tu? ★ *dit eet ik het ~* c'est mon plat préféré ★ *naar wat voor plaat luister je het ~?* tu préfères écouter quel disque? ★ *~ niet* plutôt pas ★ *~ vóór morgen* plutôt / de préférence avant demain ▾ *maar ~* pas moins de, iron ... rien que ça! excusez du peu! ▾ *maar ~ 100 euro* pas moins de 100 euros
liefste ❶ *geliefde* amour *m*, ‹liefje› petit ami *m* [v: petite amie] ❷ *aanspreekvorm* chéri [v: chérie] ★ *mijn ~* mon chéri, ma chérie
lieftallig I *bn* gracieux [v: gracieuse], charmant ★ *~e echtgenoot* époux *m* charmant **II** *bw* gracieusement, d'une façon charmante
liegbeest jeugdt gros menteur *m* [v: grosse menteuse]
liegen mentir (**tegen** à; **over** sur) ★ *hij liegt dat hij zwart ziet / dat het gedrukt staat* il ment comme un arracheur de dents ★ *dat is van a tot z gelogen* c'est complètement faux, c'est inventé de toutes pièces ▾ *dat liegt er niet om* ‹niet mis› ce n'est pas rien, ‹duidelijk› c'est clair et net
liep [verl. td.] → **lopen**
liepen [verl. td.] → **lopen**
lier ❶ *hijswerktuig* treuil *m* ❷ *muziekinstrument* lyre *v* ▾ *zijn lier aan de wilgen hangen* décrocher
lies *lichaamsdeel* aine *v*
liesbreuk hernie *v* inguinale, hernie de l'aine
liesje ★ plantk *vlijtig ~* impatiente *v*
lieslaars cuissarde *v*
liet [verl. td.] → **laten**
lieten [verl. td.] → **laten**
lieveheersbeestje coccinelle *v*, bête *v* à bon Dieu
lieveling ❶ *schat* chéri *m* [v: chérie] ❷ *favoriete persoon* préféré *m* [v: préférée], ‹van de leraar› inform chouchou *m*, [v: chouchoute] ‹idool› coqueluche *v*
lievelingseten plat *m* préféré
lievelingskleur couleur *v* préférée
liever plutôt, de préférence ★ *ik drink ~ wijn dan bier* je préfère le vin à la bière ★ *ik praat ~ dan ik schrijf* je préfère parler (plutôt) qu'écrire ★ *~ niet* je préfère que non, inform plutôt pas, non merci ★ *~ hebben / willen* aimer mieux, préférer ★ *ik ga nog ~ dood* plutôt mourir ★ *of ~ (gezegd)* ou plutôt ★ *hoe eerder hoe ~* le plus tôt sera le mieux ★ *ik wil niets ~* je ne demande que ça, je ne demande pas mieux ★ *ik doe niets ~ dan sporten* je ne demande qu'à faire du sport
lieverd amour *m*, chéri *m* [v: chérie]
lieverdje chouchou *m* [v: chouchoute] ★ *hij is het ~ van zijn grootmoeder* il est le chouchou de sa grand-mère ★ iron *het is me een ~* ce n'est pas un enfant de cœur
lieverlede, lieverlee ★ *van ~* peu à peu, insensiblement
lievig I *bn* doucereux [v: doucereuse] **II** *bw* d'une manière doucereuse
liflafje ≈ garniture *v* ★ *lekkere ~s* gourmandises *v mv*
lift ❶ *hijstoestel* ascenseur *m* ★ fig *in de lift zitten* avoir le vent en poupe, ‹stijgen› être en hausse ❷ *het meerijden* auto-stop *m*, inform stop *m* ★ *iem. een lift geven* prendre qn en (auto-)stop ★ *een lift krijgen* être pris en auto-stop
liften faire de l'auto-stop, inform faire du stop ★ *naar Parijs ~* aller à Paris en stop
lifter auto-stoppeur *m* [m mv: auto(s)-stoppeurs] [v: auto-stoppeuse]
liftkoker cage *v* d'ascenseur
liga ligue *v*
ligbad baignoire *v*
ligbank divan *m*
ligfiets vélo *m* couché, vélo horizontal
liggeld droits *m mv* d'amarrage
liggen ❶ *zich bevinden* se trouver, être, ‹gelegen zijn› être situé ★ *waar ligt Utrecht?* où se trouve la ville d'Utrecht? ★ *de krant ligt op de grond* le journal est par terre ★ *de klemtoon ligt op de voorlaatste lettergreep* l'accent tombe sur l'avant-dernière syllabe ★ *aan zee ~* être situé au bord de la mer ★ *op het noorden ~* être exposé / orienté au nord ★ *het ligt voor je neus* c'est sous ton nez ★ *iets laten ~* laisser (en place) qc ★ *een kans laten ~* manquer une occasion ★ *eruit ~* ne plus avoir la cote ★ *daarin ligt zijn kracht* c'est ce qui fait sa force ❷ *uitgestrekt rusten* être couché ★ *in bed ~* être au lit, être couché ★ *gaan ~* se coucher, s'allonger, s'étendre ★ *languit ~* être étendu de tout son long ★ *blijven ~* rester couché ★ *ga ~!* couché! ★ *hij lag met griep in bed* il était (cloué) au lit avec une grippe ★ *het kind ligt*

heerlijk te slapen l'enfant est en train de dormir comme une souche ★ fig *dubbel ~ van het lachen* se tordre de rire ★ *hier ligt X* ‹begraven zijn› ici repose X, form ci-gît X ❸ *bedaren* ★ *de wind gaat ~* le vent tombe ❹ ~ **aan** ‹afhangen van› dépendre de, tenir à, ‹de schuld zijn van› être (de) la faute de ★ *aan mij zal het niet ~* cela ne sera pas de ma faute ★ *dat ligt eraan* cela dépend ★ *waar ligt het aan?* à quoi est-ce que cela tient? ★ *daaraan ligt het niet* le problème n'est pas là ❺ *zijn* ★ *dat ligt niet zo eenvoudig* ce n'est pas si simple que ça ★ *zo ~ de zaken* il en est ainsi ❻ *passen* ★ *dat ligt mij niet* cela ne me convient pas, inform ce n'est pas mon truc ★ *zij ~ elkaar niet* ils ne s'entendent pas ▾ *er is me veel aan gelegen* j'y tiens beaucoup ▾ *er is hem niets aan gelegen* il en fait peu de cas ▾ *zich nergens iets aan gelegen laten ~* n'en faire qu'à sa tête

ligging situation *v*, position *v*

light *caloriearm* light [onver.], allégé ★ *~product* produit *m* allégé

lightrail tram-train m

ligplaats ‹in trein› couchette *v*, ‹van schip› mouillage *m*

ligstoel chaise *v* longue, ‹dek- / tuinstoel› transat *m*

Ligurische Zee mer *v* Ligurienne

liguster troène *m*

ligweide pelouse *v*

lij côté *m* sous le vent ★ *aan / in lij* sous le vent

lijdelijk I *bn, passief* passif [v: passive] ★ *~ verzet* résistance *v* passive **II** *bw* passivement, avec résignation ★ *~ toezien* rester les bras croisés

lijden I *het* souffrance *v* ★ *een dier uit zijn ~ verlossen* abréger les souffrances d'un animal ★ *het ~ van Christus* la Passion du Christ ★ *eindelijk was hij uit zijn ~ verlost* enfin, il ne souffrait plus **II** *ov ww* ❶ *ondervinden* subir ★ *armoe ~* être / vivre dans la misère ★ *honger ~* souffrir de la faim ★ *schade ~* subir un préjudice ★ *schipbreuk ~* faire naufrage ★ *zware verliezen ~* subir / essuyer de lourdes pertes ★ *een nederlaag ~* essuyer une défaite, être battu ❷ *verdragen, dulden* supporter, endurer ★ *ik mag hem graag ~* je l'aime bien ★ *ik kan hem niet ~* je ne peux pas le souffrir ★ *ik mag ~ dat het waar is* j'espère que c'est vrai ★ *het kan wel wat ~!* il n'y a pas l'argent qui manque! **III** *onov ww* souffrir ★ *hevig ~* souffrir le martyre ★ *te ~ hebben van* souffrir de, ‹gevolgen ondervinden› se ressentir de ★ *zijn gezondheid leed eronder* sa santé s'en est ressentie ★ *zij lijdt aan een ziekte* elle est atteinte d'une maladie

lijdend ❶ *last hebbend* souffrant ★ *de ~e partij* la partie lésée ❷ taalk ★ *de ~e vorm* la voix passive ★ *~ voorwerp* complément *m* d'objet direct

lijdensweg ❶ rel chemin *m* de la croix ❷ fig *martelgang* calvaire *m*, ‹om iets te bereiken› parcours *m* du combattant

lijder *zieke* personne *v* qui souffre, ‹patiënt› malade *m/v*

lijdzaam I *bn* résigné **II** *bw* avec résignation ★ *~ toezien* regarder les bras croisées

lijdzaamheid résignation *v* ★ *zijn ziel in ~ bezitten* prendre son mal en patience

lijf ❶ *lichaam* corps *m*, inform panse *v*, carcasse *v* ★ *in levenden lijve* en chair et en os, en personne ★ *het vege lijf redden* sauver sa peau ★ *blijf van mijn lijf!* bas les pattes! ★ *te lijf gaan* ‹iemand› se jeter sur, ‹iets› s'attaquer à ★ *dat heeft niet veel om het lijf* ça ne va pas loin ★ *iem. tegen het lijf lopen* tomber sur qn ★ *zich iem. van zijn lijf houden* tenir qn à distance ★ *dat is hem op het lijf geschreven* c'est fait (sur mesure) pour lui ★ *iets aan den lijve ondervinden* apprendre qc à ses dépens ❷ *deel van kledingstuk* corsage *m*

lijfarts médecin *m* personnel / attitré

lijfblad journal *m* préféré

lijfeigene serf *m* [v: serve]

lijfelijk I *bn* corporel [v: corporelle] **II** *bw* corporellement, physiquement ★ *~ aanwezig zijn* être là en personne

lijfrente viager *m*, rente *v* viagère ★ *iets op ~ zetten* mettre qc en viager, placer qc à fonds perdu

lijfsbehoud salut *m* ★ *uit ~* pour se sauver

lijfspreuk devise *v*

lijfstraf peine *v* corporelle, ‹zwaar› supplice *m*

lijfwacht ‹persoon› garde *m* du corps

lijk cadavre *m*, ‹van mens› corps *m* ▾ *oud lijk* vieux clou *m* ▾ *levend lijk* cadavre *m* ambulant, zombi(e) *m* ▾ *over lijken gaan* être prêt à tout, être prêt à tuer père et mère ▾ *over mijn lijk!* jamais de la vie!, plutôt mourir! ▾ *een lijk in de kast* un cadavre dans le placard

lijkauto corbillard *m*

lijkbleek livide, blême, pâle comme la mort ★ *zij is ~* elle est blême

lijken ❶ ~ **op** *overeenkomen* ressembler (à) ★ *op elkaar ~* se ressembler ★ *de zoon lijkt sprekend op zijn vader* le fils est tout le portrait de son père ★ *ze ~ op elkaar als twee druppels water* ils se ressemblent comme deux gouttes d'eau ★ *vaag ~ op* avoir un faux air de ★ *iets dat er op lijkt* qc d'approchant ★ *dat lijkt er niet naar / op* ce n'est pas du tout ça ★ *het begint er op te ~* ce n'est déjà pas si mal ❷ *de indruk wekken dat* sembler, paraître, avoir l'air ★ *het lijkt wel of* on dirait que ★ *ouder ~* faire plus âgé ★ *jonger ~* faire plus jeune ★ *het lijkt wel een feest* on dirait une fête ★ *het lijkt me verstandig* ça me semble raisonnable ★ *je lijkt wel gek* tu es fou ou quoi? ★ *dat lijkt maar zo* c'est une simple apparence ★ *hij lijkt aardig, maar is het niet* il a l'air sympa, mais il ne l'est pas ★ *dat lijkt me wel wat* cela me va, cela me convient ★ *dat lijkt nergens naar* ça ne ressemble à rien ★ *dat lijkt me niet* il me semble que non ★ *het lijkt me dat hij bang is* j'ai l'impression qu'il a peur

lijkenhuis morgue *v*

lijkkist cercueil *m*

lijkrede éloge *m* / oraison *v* funèbre

lijkschennis mutilation *v* de cadavre

lijkschouwer médecin *m* légiste

lijkschouwing autopsie *v*

lijkwade linceul *m*, suaire *m* ★ *de ~ van Turijn* le suaire de Turin

lijkwagen corbillard *m*

lijkzak sac *m* de cadavre

lijm colle *v*

lijmen ❶ lett *plakken* coller ★ *de brokken ~* recoller les morceaux ❷ fig *overhalen* ★ *zich door*

iem. laten ~ se laisser entortiller par qn ★ *zich niet laten ~* ne pas marcher
lijmsnuiver renifleur *m* de colle
lijmtang serre-joint *m* [mv: serre-joints]
lijn ❶ *streep* ligne *v*, ‹in gezicht› trait *m* ★ *gebogen lijn* (ligne *v*) courbe *v* ★ *een lijn trekken* tracer une ligne, tirer un trait ★ *een lijntje cocaïne* une ligne de cocaïne ★ *op één lijn zitten (met)* être sur la même ligne (que), être en phase (avec) ★ *op één lijn stellen* mettre sur le même plan ★ *mensen op een lijn zien te krijgen* accorder ses violons ★ *één lijn trekken* agir de concert ★ *in rechte lijn* en droite ligne, en ligne directe ★ *de harde lijn* la ligne dure, la politique du bâton ★ *dat ligt in zijn lijn* cela lui ressemble ★ *geheel in de lijn van* dans le droit fil de ★ *in grote lijnen* dans les grandes lignes, à grands traits ★ *er zit een stijgende lijn in* ça va en s'améliorant ★ *dat ligt in de lijn (der verwachting)* c'est probable ★ *aan de (slanke) lijn doen* garder la ligne ❷ *touw* corde *v*, ‹draad› fil *m* ★ *honden aan de lijn, a.u.b.* prière de tenir les chiens en laisse ★ *de was aan de lijn hangen* étendre le linge ★ *iem. aan het lijntje houden* faire lanterner qn ★ *langzaamaan, dan breekt het lijntje niet* vas-y mollo, hâte-toi lentement ligne *v* ★ *de lijn is bezet* ça sonne occupé ★ *wie is er aan de lijn?* qui est à l'appareil? ★ *ik heb Albers aan de lijn* j'ai Albers au bout du fil ★ *blijft u aan de lijn a.u.b.* ne quittez pas ★ *lijn 2 nemen* prendre le deux ❸ *serie producten* ligne *v*, gamme *v*
lijndienst service *m* régulier, ligne *v*
lijnen faire un régime
lijnolie huile *v* de lin
lijnrecht I *bn* rectiligne, en ligne droite II *bw* ★ *~ tegenover elkaar staan* être diamétralement opposés ★ *~ met iets in strijd zijn* être en opposition totale avec qc
lijnrechter sport juge *m* de ligne
lijntoestel avion *m* de ligne
lijntrekken tirer au flanc
lijnverbinding (ligne *v* de) communication *v*
lijnvlucht vol *m* de ligne
lijnzaad graine *v* de lin
lijs ❶ *slome* mollasson *m* ❷ *slungel* ★ *lange lijs* (grande) perche *v*
lijst ❶ *rand, omlijsting* ‹van foto, schilderij› cadre *m*, ‹omlijsting› encadrement *m*, ‹rand› moulure *v* ★ *een brede, witte ~* un cadre blanc et large ★ *een foto in een ~ zetten* encadrer une photo ❷ *opsomming* liste *v*, répertoire *m* ★ *je kunt je naam op de ~ zetten* tu peux inscrire ton nom sur la liste ★ *zwarte ~* liste noire, index *m*
lijstaanvoerder ❶ *lijsttrekker* tête *v* de liste ❷ sport leader *m* du classement
lijstduwer ≈ candidat *m* de soutien
lijstenmaker encadreur *m* [v: encadreuse]
lijster grive *v*
lijsterbes ❶ *vrucht* sorbe *v* ❷ *boom* sorbier *m*
lijsttrekker tête *v* de liste
lijvig ‹gezet› corpulent, ‹van geschrift› épais [v: épaisse], volumineux [v: volumineuse] ★ *een ~ rapport* un rapport volumineux
lijzig I *bn* ‹slepend› traînant, ‹sloom› lent, mou [v: molle] [vóór klinker of stomme h: mol] II *bw* ‹van stem› d'une voix traînante ★ *~ praten* parler d'une voix traînante
lijzijde côté *m* sous le vent
lik ❶ *haal met de tong* ★ *een lik geven* lécher ★ fig *lik op stuk geven* répondre du tac au tac ★ fig *lik op stuk krijgen* en prendre pour son grade ★ fig *lik om de oren* gifle *v* ❷ *kleine hoeveelheid* un coup (de) ★ *een lik verf* un coup de pinceau ★ fig *iem. een lik uit de pan geven* lancer une vanne à qn ❸ *nor* taule *v*
likdoorn cor *m*
likdoornpleister coricide *m*
like www j'aime *m*, like *m*
liken www aimer, liker
likeur culin liqueur *v*, crème *v*
likkebaarden s'en lécher les babines / doigts
likken *met tong bewegen* lécher ★ *~ aan een ijsje* lécher une glace
likmevestje ▾ *van ~* de quatre sous, nul [v: nulle]
lik-op-stukbeleid comparution *v* immédiate
lila I *bn* lilas II *het* lilas *m*
lillen palpiter
lilliputter lilliputien *m* [v: lilliputienne]
Limburg le Limbourg ★ *in ~* dans le Limbourg
Limburger Limbourgeois *m*
Limburgs limbourgeois
Limburgse Limbourgeoise *v*
limerick limerick *m*
limiet limite *v* ★ *een ~ stellen aan* fixer une limite à
limiteren limiter ★ *~ tot* limiter à ★ *een gelimiteerde oplage* un tirage limité
limoen limon *m*
limonade ≈ diabolo *m*, ‹prik› limonade *v*
limonadesiroop sirop *m*
limousine limousine *v*
linde tilleul *m*
lindebloesem fleurs *v mv* de tilleul
lineair linéaire
linea recta directement, tout droit
lingerie lingerie *v*
lingeriewinkel magasin *m* de lingerie
liniaal règle *v*
linie ❶ mil ligne *v* ★ *de vijandelijke ~s doorbreken* enfoncer / percer les lignes ennemies ★ fig *over de hele ~* sur toute la ligne ❷ *verwantschap* ligne *v*
liniëren régler
link I *de* ❶ *verband* rapport *m* ★ *de missing link* le chaînon manquant ★ *een link leggen tussen twee gebeurtenissen* établir un rapport entre deux événements ❷ comp lien *m* II *bn* ❶ *slim* rusé, combinard ★ *een linke jongen* un malin ❷ *riskant* risqué ★ *dat is linke soep* ça craint ❸ inform *erg kwaad* ★ *toen werd ik echt link* alors là j'ai piqué une de ces colères
linker (de) gauche
linkerhand main *v* gauche ★ *aan mijn ~* sur ma gauche ★ *aan uw ~* à (main) gauche ★ fig *hij heeft twee ~en* il n'est même pas capable de planter un clou
linkerkant (côté *m*) gauche *v* ★ *hij loopt aan de ~ van de straat* il marche sur le côté gauche de la rue
linkerrijstrook voie *v* de gauche
linkervleugel ❶ dierk aile *v* gauche ❷ pol aile *v* gauche
links I *bn* ❶ *aan de linkerkant* de gauche ★ *~ van*

de straat à (la) gauche de la rue ★ *niet rechts maar* ~ gauche et pas droite ★ ~ *inhalen* dépasser par la gauche ★ *verkeer van* ~ circulation *v* venant de gauche ❷ *linkshandig* gaucher [v: gauchère] ❸ pol de gauche ★ ~*e partij* parti *m* de gauche ★ ~ *zijn* être de gauche ★ *extreem* ~ d'extrême gauche **II** *bw* ❶ *aan de linkerkant* à gauche ★ ~ *afslaan* prendre à gauche ★ ~ *(aan)houden* tenir sa gauche ★ *iem.* ~ *laten liggen* ignorer qn, négliger qn, bouder qn ❷ *linkshandig* ★ ~ *schrijven* écrire de la main gauche, être gaucher ❸ pol ★ ~ *stemmen* voter à gauche **III** *het* pol la gauche

linksaf à gauche, vers la gauche ★ ~ *gaan* prendre / tourner à gauche

linksback arrière *m* gauche

linksbuiten ailier *m* gauche

linksdraaiend scheik lévogyre

links-extremistisch d'extrême gauche

linkshandig gaucher [v: gauchère]

linksom à gauche ★ ~ *of rechtsom* ⟨hoe dan ook⟩ d'une manière ou d'une autre

linnen I *het* ❶ *weefsel* toile *v*, lin *m* ❷ *linnengoed* linge *m* **II** *bn* de / en lin, en toile ★ *in* ~ *band* toilé

linnengoed linge *m*

linnenkast armoire *v* à linge

linoleum I *het* linoléum *m* **II** *bn* en / de linoléum

linoleumsnede gravure *v* sur linoléum, linogravure *v*

linolzuur acide *m* linoléique

lint ruban *m* ▾ *door het lint gaan* péter les plombs

lintje ❶ *ridderorde* décoration *v* ★ *een* ~ *krijgen* recevoir une décoration, se faire décoré ❷ → **lint**

lintjesregen pluie *v* de décorations

lintmeter BN mètre *m* à ruban

lintworm ver *m* solitaire, ténia *m*

linze lentille *v*

lip *rand van de mond* lèvre *v* ★ *dunne lippen* des lèvres minces ★ *gesprongen lippen* lèvres gercées ★ *een glas aan de lippen brengen* porter un verre à ses lèvres, porter un verre à sa bouche ★ *met dikke lippen* lippu ▾ *aan iemands lippen hangen* être (sus)pendu aux lèvres de qn ▾ *zich op de lippen bijten* se mordre les lèvres ▾ *iem. op de lip zitten* être collé aux baskets de qn ▾ *iets niet over de lippen krijgen* ne pas arriver pas à dire qc ▾ *er kwam geen woord over zijn lippen* il n'a pas desserré les dents ▾ *tussen neus en lippen (door)* en passant ▾ *de lippen (stijf) op elkaar houden* serrer les lèvres ▾ *zijn lippen laten hangen* faire la moue

lipide lipide *m*

liplezen lire sur les lèvres ★ *het* ~ lecture *v* sur les lèvres

liposuctie liposuccion *v*

lippenbalsem baume *m* pour les lèvres

lippencrème crème *v* pour les lèvres

lippendienst ★ ~ *bewijzen aan iets* approuver qc en paroles

lippenpotlood crayon *m* à lèvres

lippenstift rouge *m* à lèvres ★ ~ *opdoen* mettre du rouge (à lèvres)

liquidatie ❶ econ liquidation *v* ❷ *moord* liquidation *v*

liquide liquide ★ ~ *middelen* liquidités *v mv*

liquideren ❶ *opheffen* liquider ❷ *vermoorden* liquider

liquiditeit ❶ *liquide middelen* liquidité *v* ❷ *mogelijkheid tot vereffening* liquidité *v*

lire lire *v*

lis iris *m* (des marais)

lispelen I *ov ww, fluisteren* chuchoter **II** *onov ww, slissen* zézayer

Lissabon Lisbonne *v*

Lissabons lisbonnin

list ruse *v*, ⟨krijgslist⟩ stratagème *m* ★ *list en bedrog* ruse et tromperie ★ *listen en lagen* embûches *v mv*, inform combines *v mv* ★ *een list gebruiken* ruser, user de ruse

listig I *bn* rusé **II** *bw* avec ruse

litanie litanie(s) *v (mv)*

liter litre *m* ★ *een halve* ~ un demi-litre

literair littéraire

literatuur littérature *v* ★ *geraadpleegde* ~ ouvrages *m mv* consultés

literatuurgeschiedenis histoire *v* de la littérature

literatuurlijst bibliographie *v*

literatuuronderzoek analyse *v* littéraire

literatuurwetenschap science *v* de la littérature, lettres *v mv*

literfles litre *m*

literprijs prix *m* au litre

lithium lithium *m*

litho inform *product* litho *v*

lithografie lithographie *v*

Litouwen la Lituanie ★ *in* ~ en Lituanie

Litouwer Lituanien *m*

Litouws I *bn* lituanien [v: lituanienne] **II** *het* lituanien *m*

Litouwse Lituanienne *v*

lits jumeaux lits *m mv* jumeaux

litteken cicatrice *v*

littekenweefsel tissus *m mv* cicatrisés, med tissu *m* cicatriciel

liturgie liturgie *v*

liturgisch liturgique

live I *bn* ❶ *gelijktijdig* ⟨van uitzending⟩ en direct ★ *het is live* c'est du live ❷ *voor publiek* en public, ⟨v. muziek⟩ live **II** *bw, voor publiek* ★ *hij treedt live op* il fait du live

live- ❶ *gelijktijdig* en direct ★ ~*uitzending* émission *v* en direct ❷ *met publiek* en public ★ *liveopname* enregistrement *m* en public

living BN *woonkamer* (salle *v* de) séjour *m*, living *m*

Ljubljana Ljubljana *v*

lob ❶ biol lobe *m* ❷ voetb lob *m*

lobbes ❶ *hond* bon gros toutou *m* ❷ *persoon* pépère *m*, bonne pâte *v*

lobby ❶ *hal* hall *m* ❷ *pressiegroep* lobby *m* [mv: lobbies / lobbys]

lobbyen faire du lobbying, faire du lobbysme

lobelia lobélie *v*

locatie ❶ *plaats* emplacement *m*, site *m* ❷ *plaats buiten de studio's* ★ *op* ~ *filmen* tourner en extérieur

locker casier *m* automatique

locoburgemeester premier adjoint *m* (au maire)

locomotief locomotive *v*

lodderig I *bn* somnolent **II** *bw* d'un air

somnolent
lodderoog regard *m* ensommeillé
loden *van lood* de / en plomb
loeder teigne *v*
loef lof *m*, côté *m* du vent ▾ *iem. de loef afsteken* damer le pion à qn
loeien ❶ *koeiengeluid maken* beugler ❷ *huilen* mugir, ⟨van wind / sirene⟩ hurler
loeihard ❶ *snel* à fond de train, inform à plein(s) tube(s) ❷ *oorverdovend* assourdissant
loempia ≈ pâté *m* impérial [mv: pâtés impériaux], nem *m* ★ *Vietnamese ~* nem *m*
loens I *bn* bigleux [v: bigleuse] II *bw* ★ *~ kijken* bigler
loensen loucher (**naar** sur), inform bigler
loep loupe *v* ▾ *onder de loep nemen* regarder à la loupe, examiner (de près), scruter
loepzuiver d'une pureté parfaite, inform pur jus
loer ▾ *op de loer liggen* être aux aguets / à l'affût ▾ *iem. een loer draaien* jouer un sale tour à qn, faire une crasse à qn
loeren ❶ *scherp uitkijken* épier, être à l'affût ★ *door het sleutelgat ~* regarder par le trou de la serrure ★ *naar iem. ~* guigner qn ❷ *~* **op** guetter, ⟨azen op⟩ lorgner, guigner ★ *de kat loert op de muis* le chat guette le souris
lof I *de, lofbetuiging* louanges *v mv*, éloge *m* ★ *alle lof!* (tous) mes compliments! ★ *boven alle lof verheven* au-dessus de tout éloge ★ *met lof geslaagd* reçu avec mention très bien ★ *vol lof zijn* être plein d'éloges ★ *iem. lof toezwaaien* faire l'éloge de qn ★ *men was één en al lof* il y avait un concert de louanges ★ *de lof zingen van* faire l'éloge de II *het, witlof* endive(s) *v (mv)*
loffelijk louable, méritoire ★ *een ~ streven* un effort louable
loflied hymne *m* (**op** à)
lofrede éloge *m*, panégyrique *m* ★ *een ~ houden op* faire l'éloge de
loftrompet ★ *de ~ over iem. steken* chanter les louanges de qn
loftuiting louanges *v mv*
lofzang ⟨in kerk⟩ hymne *m* ★ *een ~ op iem. houden* chanter les louanges de qn
log I *bn* lourd, pesant II *bw* lourdement, pesamment III *de* scheepv loch *m*
logaritme logarithme *m*
logboek journal *m* / livre *m* de bord
loge ❶ *zitplaats* loge *v* ❷ *portiershokje* loge *v*
logé hôte *m/v* ★ *logés hebben* avoir du monde
logeerbed lit *m* d'appoint
logeerkamer chambre *v* d'amis
logement auberge *v*, gîte *m*
logen I *ov ww* lessiver II *ww* [verl. td.] → **liegen**
logeren loger ★ *een vriend te ~ hebben* loger / héberger un ami ★ *bij iem. ~* être / loger chez qn ★ *gaan ~ bij / in* descendre chez / à
logger lougre *m*
logheid lourdeur *v*, pesanteur *v*
logica logique *v*
logies logement *m* ★ *gratis ~* séjour *m* gratuit ★ *~ en ontbijt* ≈ chambre *v* d'hôte ★ *~ vinden* trouver à se loger
logisch I *bn* logique ★ *dat is nogal ~* c'est évident II *bw* logiquement ★ *~ nadenken* penser rationnellement
logischerwijs logiquement, en toute logique
logistiek I *de* logistique *v* II *bn* logistique
logo logo *m*
logopedie orthophonie *v*
logopedist orthophoniste *m/v*
loipe piste *v* de ski de fond
lok mèche *v*, boucle *v* ★ *weelderige lokken* chevelure *v* abondante
lokaal I *het, vertrek* salle *v*, local *m* [mv: locaux] ★ *in dit ~ wordt altijd scheikunde gegeven* dans cette salle de classe il y a des cours de chimie II *bn* local [m mv: locaux] ★ *hier en daar een lokale bui* quelques averses locales ★ *~ gesprek* appel *m* local ★ *lokale tijd* heure *v* locale
lokaas ❶ *aas* appât *m* ❷ fig *lokmiddel* appât *m*
lokaliseren ❶ *plaats bepalen* localiser ❷ *tot plaats beperken* localiser ❸ *software vertalen en aanpassen* localiser
lokaliteit local *m*, salle *v*
loket ❶ *informatie- / verkooppunt* guichet *m* ❷ *opbergvakje* casier *m*
lokettist guichetier *m* [v: guichetière]
lokken ❶ *verleiden te komen* attirer, tenter ★ *in de val ~* tendre un piège à, piéger ❷ *aantrekkingskracht hebben* attirer, séduire ★ *deze manifestatie lokt veel volk* cette manifestation attire beaucoup de monde
lokkertje appât *m*, carotte *v*
lokroep appel *m*
lokvogel appeau *m* [mv: appeaux], chanterelle *v*, fig leurre *m*
lol rigolade *v* ★ *lol hebben* se marrer ★ *lol trappen* se marrer ★ *voor de lol* pour rigoler ▾ *doe me een lol* sois gentil ▾ *zijn lol wel op kunnen* ne pas être à la fête
lolbroek rigolo *m* [v: rigolote]
lolletje *pleziertje* rigolade *v* ★ *dat is geen ~* ce n'est pas la joie, ce n'est pas une partie de plaisir
lollig rigolo [v: rigolote], marrant
lolly sucette *v*
lombok piment *m*
lommerd mont-de-piété *m*, inform ma tante ★ *naar de ~ brengen* inform mettre au clou
lommerrijk *schaduwrijk* ombragé
lomp I *bn* grossier [v: grossière] II *bw* lourdement, grossièrement III *de* haillon *m* ★ *in lompen gehuld* en haillons, loqueteux [v: loqueteuse] dépenaillé
lomperd lourdaud *m*, ⟨pummel⟩ butor *m*
Londen Londres *m*
Londens londonien [v: londonienne]
lonen récompenser, payer ★ *dat loont de moeite* cela vaut la peine ★ *dat loont de moeite niet* cela ne vaut pas la peine ★ *misdaad loont niet* le crime ne paie pas ★ *dat is niet ~d* ce n'est pas rentable
long poumon *m* ★ *over de longen roken* avaler (la fumée) ▾ *zich de longen uit het lijf schreeuwen* s'époumoner ▾ *zich de longen uit het lijf hoesten* tousser comme un malade ▾ *groene long* poumon *m* ▾ *ijzeren long* poumon d'acier
longarts pneumologue *m/v*
longdrink long-drink *m* [mv: long-drinks]
longemfyseem emphysème *m* pulmonaire
longkanker cancer *m* du poumon
longontsteking pneumonie *v*

lonken faire des œillades (**naar** à)

lont mèche *v* ★ *een kort lontje hebben* être soupe au lait ▾ *lont ruiken* éventer la mèche, flairer qc ▾ *de lont in het kruitvat werpen* mettre le feu aux poudres

loochenen nier ★ *niet te ~* indéniable

lood ❶ *metaal* plomb *m* ★ *het is lood om oud ijzer* c'est bonnet blanc et blanc bonnet ★ *met lood in de schoenen* avec réticence, traînant les pieds ❷ arch *schietlood* plomb *m* ★ *in het lood* à plomb ★ *uit het lood staan* être en surplomb ★ *uit het lood geslagen* décontenancé, démoralisé

loodgieter plombier *m*

loodgietersbedrijf plomberie *v*

loodgrijs plombé

loodje ❶ *stukje lood* plomb *m* ★ *het ~ leggen* ‹het begeven› flancher, ‹doodgaan› y passer, ‹verliezen› avoir le dessous ★ *de laatste ~s* la dernière ligne droite ★ *de laatste ~s wegen het zwaarst* ≈ il faut tenir jusqu'au bout ❷ *ter verzegeling* plomb *m*

loodlijn perpendiculaire *v* ★ *een ~ neerlaten / oprichten* abaisser / élever une perpendiculaire

loodrecht I *bn* perpendiculaire **II** *bw* perpendiculairement (**op** à), d'aplomb (**op** sur) ★ *~ staan op iets* être d'aplomb sur qc

loods ❶ *persoon* pilote *m* ❷ *keet* baraque *v*, hangar *m*

loodsboot bateau-pilote *m* [mv: bateaux-pilotes]

loodsen ❶ scheepv piloter ❷ fig *leiden* piloter, guider ★ *iem. de zaal uit ~* amener qn vers la sortie de la salle ★ *een wetsvoorstel door de Kamer ~* faire passer une proposition de loi à l'Assemblée

loodsmannetje viss poisson-pilote *m* [mv: poissons-pilotes]

loodswezen pilotage *m*

loodvergiftiging saturnisme *m*

loodvrij sans plomb ★ *~e benzine* sans-plomb *m*

loodzwaar lourd comme du plomb, fig de plomb, accablant

loof feuillage *m*, verdure *v*, ‹van wortelen e.d.› fane(s) *v (mv)*

loofboom (arbre *m*) feuillu *m*

loofbos bois *m* / forêt *v* de feuillus

loofhout bois *m* de feuillu

Loofhuttenfeest fête *v* des Tabernacles

loog I *het* ❶ *bijtende vloeistof, reinigingsmiddel* soude *v* (du commerce) ❷ scheik *base* lessive *v*, solution *v* alcaline **II** *ww* [verl. td.] → **liegen**

looien tanner ★ *het ~* le tannage

looizuur acide *m* tannique, tanin *m*

look[1] ❶ *plantengeslacht* ail *m* ❷ BN *knoflook* ail *m*

look[2] [loek] *uiterlijk* look *m* ★ *een nieuwe look hebben* être relooké

lookalike *persoon* sosie *m*

loom I *bn* ‹traag› lent, ‹futloos› mollasse, languissant, ‹van weer› lourd **II** *bw* lentement, lourdement

loon ❶ *beloning* récompense *v* ★ *dat is zijn verdiende loon!* il n'a que ce qu'il mérite!, c'est bien fait pour lui! ❷ *salaris* paye *v*, salaire *m* ★ *loon trekken* être salarié ★ *zwart loon* paye au noir

loonadministratie comptabilité *v* des salaires

loonbelasting ≈ impôt *m* sur le salaire, ≈ tiers *m* provisionnel

loonbriefje BN fiche *v* / feuille *v* de paye

loondienst ★ *in ~* salarié

looneis revendication *v* salariale

loongrens ❶ *grens van het loonbedrag* limite *v* barémique ❷ *welstandsgrens* plafond *m* (de la Sécurité sociale) (de la Sécurité sociale)

loonheffing retenue *v* sur le salaire

loonkosten charges *v mv* salariales

loonlijst ★ *op de ~ staan* figurer sur les cadres, être employé / salarié

loonronde augmentation *v* générale des salaires

loonschaal échelle *v* des salaires, ‹tabel› grille *v* des salaires, barème *m*

loonspecificatie bulletin *m* de paye

loonstop blocage *m* des salaires

loonstrookje fiche *v* / feuille *v* de paye

loonsverhoging augmentation *v* de salaire

loonsverlaging réduction *v* de salaire

loontrekker salarié *m* [v: salariée]

loop[1] ❶ *het lopen* marche *v*, ‹ren› course *v* ★ *op de loop gaan* se sauver, décamper, filer ★ *op de loop zijn* être en fuite ❷ *manier van lopen* démarche *v*, allure *v* ★ *hij heeft een vreemd loopje* il a une drôle de démarche ❸ *voortgang* cours *m*, déroulement *m* ★ *in de loop van* dans le cours de, au cours de ★ *in de loop van de tijd* avec le temps ★ *in de loop der tijden* à travers les âges ★ *in de loop van het jaar* au cours de l'année ★ *in de loop der jaren* au fil des années ★ *iets de vrije loop laten* donner libre cours à qc ★ *de loop der gebeurtenissen* le cours des événements ★ *zijn loop hebben / nemen* suivre son cours ★ *een andere loop nemen* prendre une autre tournure ❹ *deel van wapen* canon *m*, ‹van kanon› tube *m*

loop[2] boucle *v* (itérative)

loopafstand ★ *op ~ van* à deux pas de

loopbaan *carrière* carrière *v*

loopbaanadviseur conseiller *m* d'orientation professionnelle [v: conseillère ...]

loopbaanplanning plan *m* de carrière

loopbrug ❶ *brug* passerelle *v* ❷ *loopplank* passerelle *v*

loopgips plâtre *m* de marche

loopgraaf tranchée *v*

loopgravenoorlog guerre *v* de tranchées

loopje muz trait *m* ▾ *een ~ met iem. nemen* se moquer de qn

loopjongen coursier *m*, fig lampiste *m*, larbin *m*

looplamp baladeuse *v*

loopneus nez *m* qui coule

looppas pas *m* de course ★ *in (de) ~* au pas de course

loopplank passerelle *v*

looprek déambulateur *m*

loops en chaleur, en rut

looptijd durée *v*, ‹van wissel› échéance *v* ★ *met een ~ van hoogstens 6 maanden* dont l'échéance n'excède pas 6 mois

loopvlak ‹van luchtband› chape *v*

loopvogel (oiseau *m*) coureur *m*

loos ❶ *leeg* vide ★ *loze ruimte* espace *m* perdu ❷ *onecht* faux [v: fausse], creux [v: creuse] ★ *loze beloften* des promesses *v mv* en l'air ★ *loos gebaar* geste *m* vide de sens ★ *loze kreten* phrases *v mv* creuses, paroles en l'air ★ *loze woorden* des

lo

paroles *v mv* en l'air ★ *een loze deur* une fausse porte ▾ *wat is er loos?* qu'est-ce qu'il se passe?

loot ❶ plantk *scheut* pousse *v* ❷ fig *telg* rejeton *m*

lopen I *onov ww* ❶ *te voet gaan, zich voortbewegen* marcher, aller à pied, ⟨snel⟩ courir ★ *op slippers ~* porter des sandalettes ★ *achter iem. aan ~* suivre qn, fig courir après qn ★ *~ door* traverser, passer à travers ★ *door een bos ~* se promener dans un bois ★ *heen en weer ~* aller et venir, ⟨ijsberen⟩ faire les cent pas ★ *naar beneden ~* descendre ★ *naar boven ~* monter ★ *over de brug ~* passer sur le pont ★ *het is een half uur ~* c'est une demi-heure de marche ★ *we moeten nog drie uur ~* nous en avons encore pour trois heures de marche ★ *komen ~* arriver à pied ★ *een eindje gaan ~* faire un petit tour ★ *op een mijn ~* sauter sur une mine ★ *iem. laten ~* laisser aller qn, relâcher qn ★ fig *erin ~* se laisser prendre, marcher ★ *in de WW ~* être au chômage ★ *over zich (heen) laten ~* se laisser faire, se laisser marcher sur les pieds ★ fig *een kans laten ~* laisser passer une occasion ★ fig *gevaar ~* courir un danger, être en danger ❷ *functioneren* marcher, ⟨draaien⟩ tourner, ⟨rijden⟩ rouler ★ *de motor loopt op benzine* c'est un moteur à essence ★ *het boek loopt goed* le livre se vend bien ★ *deze winkel loopt goed* ce magasin marche bien ★ *deze zin loopt niet* cette phrase cloche, cette phrase est boiteuse ❸ *verlopen* aller, marcher ★ *de zaak loopt gesmeerd* ça marche comme sur des roulettes ★ *het loopt verkeerd* ça va mal, ça tourne mal ★ *het liep anders* les choses tournaient autrement ★ *ten einde ~* toucher à sa fin ❹ *zich uitstrekken* ⟨in ruimte⟩ s'étendre, ⟨in tijd⟩ courir, durer ★ *deze weg loopt naar Utrecht* ce chemin mène à Utrecht ★ *die weg loopt niet verder* ce chemin s'arrête là ★ *er loopt een balkon om het huis* il y a un balcon autour de la maison ★ *de huur loopt tot 1 mei* le bail expire le premier mai ★ *dit project loopt over drie jaar* ce projet va prendre trois ans ★ *het loopt in de miljoenen* ça se chiffre par millions, ça va chercher dans les millions ★ *het loopt tegen twaalven* il est près de douze heures ★ *tegen de zestig ~* aller sur ses soixante ans ❺ *stromen* couler ★ *de tranen liepen over haar wangen* les larmes coulaient sur ses joues ❻ BN *rennen* courir ★ *afwisselend vijf minuten ~ en vijf minuten stappen* courir cinq minutes, puis marcher cinq minutes, de façon alternée ❼ **~ te** *bezig zijn met* être en train de ★ *~ te zingen* (être en train de) chanter **II** *ov ww, te voet afleggen* ★ *de marathon ~* courir le marathon

lopend ❶ *te voet gaand* à pied ❷ *voortbewegend* mobile, ⟨ambulant⟩ ambulant ❸ *actueel* courant, en cours ★ *~e zaken* affaires *v mv* courantes ★ *het ~e jaar* l'année en cours

loper ❶ *sleutel* passe-partout *m* [mv: id.] ❷ *tapijt* ⟨van gang / tafel / trap⟩ tapis *m* (de couloir / de table / d'escalier) ★ *de rode ~ voor iem. uitleggen* dérouler le tapis rouge pour qn ❸ *schaakstuk* fou *m* ❹ *boodschapper* coursier *m* [v: coursière]

lor ❶ *vod* chiffon *m*, loque *v* ❷ *prul* inform cochonnerie *v* ▾ *het kan hem geen lor schelen* il s'en fiche ▾ *dat interesseert me geen lor* je n'en ai rien à faire ▾ *hij weet er geen lor van* il n'en sait pas un traître mot ▾ *geen lor* que dalle

lorrie lorry *m* [mv: lorries / lorrys]

los I *bn* ❶ *niet vast* détaché, ⟨losgeraakt⟩ défait, ⟨afneembaar⟩ amovible, détachable ★ *een losse schroef* une vis desserrée ★ *een losse tand* une dent qui bouge ★ *alles wat los en vast zit* tout et n'importe quoi ❷ *niet strak* peu serré, lâche ★ *mam, mogen mijn vlechtjes wat losser?* maman, tu peux desserrer mes nattes? ★ *los zand* du sable meuble ❸ *apart* détaché, séparé, mobile, ⟨op zichzelf staand⟩ isolé, ⟨onverpakt⟩ en vrac, au poids ★ *losse onderdelen* des pièces *v mv* détachées ★ *een losse zin* une phrase isolée ★ *los verkrijgbaar* en vente à l'unité ★ *losse letters* caractères *m mv* mobiles ★ *los van* à part, sans parler de ★ *los daarvan* à part cela ❹ *ongedwongen* libre, désinvolte, dégagé, détaché ★ *een losse stijl* un style dégagé ★ *losse zeden* moeurs *v mv* dissolues **II** *bw* ❶ *niet vast* librement ❷ *niet strak* lâchement ❸ *apart* séparément, isolément (**van** de) ❹ *ongedwongen* avec détachement ❺ *lichtzinnig* ▾ *erop los!* allons-y! ▾ *erop los gaan* y aller ▾ *erop los leven* vivre au jour le jour ▾ *erop los slaan* taper dessus / dans le tas ▾ *erop los schieten* tirer dessus ▾ *erop los praten* parler à tort et à travers

losbandig I *bn* débauché, libertin ★ *een ~ leven leiden* vivre dans la débauche, faire la noce **II** *bw* licencieusement, dans la débauche

losbarsten éclater, se déchaîner ★ *het onweer barstte los* l'orage a éclaté

losbladig à feuillets mobiles ★ *~e uitgave* ouvrage *m* présenté sous forme de feuillets mobiles, ouvrage présenté en classeur

losbol fêtard *m* [v: fêtarde]

losbranden *beginnen* se déchaîner ★ *brand maar los!* vas-y!

losbreken I *ov ww, door breken losmaken* rompre, détacher **II** *onov ww* ❶ *door breken losgaan* se détacher ❷ *uitbarsten* se déchaîner ★ *de hel is losgebroken* c'est le déchaînement général ❸ *vrijkomen* se détacher, ⟨uit gevangenis⟩ s'évader

los- en laadbedrijf entreprise *v* de chargement et de déchargement

loser perdant *m* [v: perdante]

losgaan se détacher, se défaire

losgeld rançon *v* ★ *~ betalen* payer une rançon ★ *~ eisen* réclamer une rançon

losgeslagen déchaîné

losgooien lâcher ★ *de trossen ~* larguer les amarres

losjes ❶ *niet vast* peu solidement ★ *iets ~ vastmaken* fixer qc sans trop serrer ❷ *luchthartig* avec désinvolture, d'un air détaché ★ *iets ~ opnemen* prendre qc à la légère

loskomen ❶ *losraken* se détacher, ⟨van vliegtuig⟩ décoller ★ *het slijm komt los* les mucosités se décollent / se détachent ❷ *vrijkomen* se dégager, ⟨vrijgelaten worden⟩ être mis en liberté ❸ *zich uiten* se dégourdir

loskopen racheter

loskoppelen déconnecter, ⟨loshaken⟩ décrocher

loskrijgen ❶ *los / vrij weten te krijgen* retirer ❷ *in bezit krijgen* obtenir (**van** de), ⟨aftroggelen⟩ soutirer (**van** à) ★ *geld van iem. ~* soutirer de

l'argent à qn ★ *toezeggingen* ~ obtenir des promesses
loslaten I *ov ww, vrijlaten, laten gaan* lâcher ★ *laat me los!* lâche-moi! ★ *de hond op iem.* ~ lâcher le chien contre qn ★ *de traditie* ~ abandonner la tradition ★ *de gedachte laat me niet los* cette idée me hante (l'esprit) ★ *hij laat niets los* il ne trahit rien, il ne desserre pas les dents **II** *onov ww, niet meer vastzitten* se détacher ★ *de lijm heeft weer losgelaten* la colle n'a pas tenu encore ★ fig *hij laat niet los* il n'en démord pas
loslippig bavard, peu discret [v: peu discrète]
loslopen être en liberté, ‹van hond› être détaché ★ *honden mogen hier niet* ~ il faut tenir les chiens en laisse ici ▼ *dat is te gek om los te lopen* c'est insensé, c'est abusé ▼ *het zal wel* ~ tout finira par s'arranger, ça ira
losmaken ❶ *maken dat iets / iemand los wordt* défaire, détacher, ‹loshaken› décrocher, ‹losschroeven› dévisser, ‹minder strak maken› desserrer, ‹van grond› aérer, ameublir, ‹ontspannen› détendre, assouplir ★ *zijn veters* ~ défaire ses lacets ★ *de hond* ~ détacher le chien ★ *het haar* ~ défaire les cheveux ★ *de spieren* ~ relâcher les muscles ★ *zich* ~ *van* se détacher de ★ *ik kan me niet* ~ *van het idee* je n'arrive pas à me défaire de l'idée ★ *zich van zijn ouders* ~ se détacher de ses parents ❷ *oproepen* susciter ★ *emoties* ~ susciter des émotions ★ *dat heeft heel wat bij hem losgemaakt* cela lui a rappelé pas mal de souvenirs
losprijs rançon *v*
losraken ❶ *vrijkomen* se détacher ❷ *ongemerkt losgaan* se défaire
losrukken arracher ★ *zich uit iemands armen* ~ s'arracher des bras de qn
löss loess *m*
losscheuren I *ov ww, losmaken* arracher, déchirer ★ *zich* ~ *van* s'arracher de **II** *onov ww, losgaan* se détacher
losschieten se détacher brusquement, sauter
losschroeven dévisser
lossen I *ov ww* ❶ *uitladen* décharger ❷ *afschieten* tirer, décharger ★ *een schot* ~ tirer (un coup de feu), sport tirer ❸ *loslaten* lâcher ★ *de duiven werden gelost* les pigeons étaient lâchés **II** *onov ww* ★ *de wielrenner moest bij de beklimming* ~ le coureur se faisait lâcher lors de la montée
losslaan I *onov ww, losraken* se détacher (brusquement) **II** *ov ww, losmaken* détacher (d'un coup)
losstaand isolé
los-vast ❶ lett mal fixé ❷ fig inconstant ★ *een ~e relatie* une relation peu poussée
losweg sans trop réfléchir, comme ça
losweken décoller
loswerken *met moeite losmaken* dégager, libérer
loszitten branler, être mal fixé ★ *zijn handen zitten (nogal) los* il a la main leste / prompte
lot ❶ *lotsbestemming* sort *m*, destin *m*, destinée *v* ★ *iem. aan zijn lot overlaten* abandonner qn à son sort ★ *het lot is ons gunstig gezind* le sort nous est favorable ★ *het lot tarten* défier le destin ★ *zich het lot van iem. aantrekken* se soucier du sort de qn ★ *zijn lot was bezegeld* son destin était scellé ❷ *loterijbriefje* billet *m* de loterie ★ BN *het groot lot* le gros lot ★ fig *dat is een lot uit de loterij* c'est une aubaine, c'est le gros lot
loten tirer au sort ★ *laten we erom* ~ on tire au sort
loterij loterie *v* ★ *in de* ~ *spelen* jouer à la loterie ★ *de* ~ *winnen* gagner à la loterie
lotgenoot compagnon *m* d'infortune
lotgeval aventure *v*, péripétie *v*
Lotharingen la Lorraine
loting tirage *m* au sort ★ *bij / door* ~ (par tirage) au sort
lotion lotion *v*
lotje ★ *van* ~ *getikt zijn* être timbré
lotsbestemming destin *m*
lotto loto *m*
lottoformulier bulletin *m* de loto, grille *v*
lotus lotus *m*
louche louche, pas très net [v: ... nette]
lounge hall *m*, ‹van boot› salon *m*
louter I *bn* pur ★ ~ *goud* de l'or pur ★ *hij doet het uit* ~ *medelijden* il le fait par pure pitié **II** *bw* purement, rien que ★ *dat zijn* ~ *leugens* rien que des mensonges ★ ~ *bij toeval* par un pur hasard ★ ~ *voor de lol* juste pour rire
louteren *moreel beter maken* purifier, épurer ★ *door tegenslag gelouterd* épuré par l'adversité
loutering épuration *v*
lovegame sport jeu *m* blanc
loven I *ov ww, prijzen* louer ★ *~de woorden spreken* parler en termes élogieux ★ *God zij geloofd* Dieu soit loué ★ *iem. om iets* ~ louer qn de / pour qc **II** *onov ww, prijs vragen* ★ ~ *en bieden* marchander
lovenswaardig louable, méritoire
lover feuillage *m*, form ramée *v*
loverboy ≈ jeune proxénète *m*
low budget à budget réduit
lowbudgetfilm film *m* à budget réduit
loyaal I *bn* loyal [m mv: loyaux] **II** *bw* loyalement
loyaliteit, BN **loyauteit** loyauté *v*
lozen ❶ *doen wegvloeien* évacuer, déverser, lâcher ★ *afval op zee* ~ déverser des déchets dans la mer ❷ fig *wegwerken* se débarrasser de, inform larguer ★ *iem.* ~ se débarrasser de qn
lozing évacuation *v*
lp trente-trois tours *m* [mv: id.], album *m*
lpg GPL *m*, gaz *m* de pétrole liquéfié
lsd *lyserginezuurdiëthylamide* LSD *m*
lubberen goder, pocher ★ *die trui lubbert* ce pull est informe
lucht ❶ *atmosferisch gas* air *m* ★ *frisse* ~ l'air frais ★ *naar* ~ *happen* être essoufflé ★ *weer* ~ *krijgen* reprendre haleine, respirer ★ *dat is gebakken* ~ c'est du vent, c'est de la fumisterie ★ *van de* ~ *leven* vivre de l'air du temps ★ ~ *geven aan* exprimer ★ *doen alsof iem.* ~ *is* faire comme si qn n'existait pas, inform ignorer qn royalement ★ *hij is* ~ *voor mij* il n'existe pas pour moi ❷ *hemel* ciel *m* ★ *heldere* ~ ciel clair ★ *in de* ~ dans l'air, ‹omhoog› en l'air ★ *in de open~* en plein air ★ *in de* ~ *gooien* lancer en l'air ★ *de bal uit de* ~ *plukken* attraper la balle au vol ★ *het is helemaal uit de* ~ *gegrepen* c'est inventé de toutes pièces ★ *er hangt iets in de* ~ il se prépare qc ★ *dat hangt in de* ~ c'est dans l'air (du temps)

★ *uit de ~ komen vallen* tomber du ciel ★ *in de ~ vliegen* sauter, exploser ★ *in de ~ laten vliegen* faire sauter ★ *in de ~ zijn* ⟨uitzenden⟩ être sur les ondes ★ *het gelach was niet van de ~* on n'entendait que des rires ❸ *geur* odeur *v* ★ *een vieze ~* une mauvaise odeur ★ *~ krijgen van iets* flairer qc, éventer la mèche

luchtaanval attaque *v* aérienne, raid *m* aérien

luchtafweer défense *v* / artillerie *v* antiaérienne

luchtalarm alerte *v* aérienne ★ *~ geven* donner l'alerte aérienne

luchtballon ballon *m*, ⟨heteluchtballon⟩ montgolfière *v*

luchtbed matelas *m* pneumatique

luchtbehandeling climatisation *v*

luchtbel bulle *v* d'air

luchtbrug *vliegtuigverbinding* pont *m* aérien

luchtcirculatie circulation *v* de l'air

luchtdicht I *bn* étanche, hermétique **II** *bw* hermétiquement ★ *~ verpakt* emballé sous vide ★ *~ afgesloten* fermé hermétiquement

luchtdoelgeschut artillerie *v* antiaérienne

luchtdoelraket missile *m* antiaérien

luchtdruk pression *v* atmosphérique

luchten ❶ *ventileren* aérer ★ *het huis ~* aérer la maison ❷ *uiten* exprimer, donner libre cours à, ⟨tentoonspreiden⟩ faire étalage de ★ *zijn hart ~* s'épancher ★ *hij luchtte zijn kennis* il a fait étalage de ses connaissances ▼ *iem. niet kunnen ~ of zien* ne pas pouvoir souffrir / sentir qn

luchter ❶ *kroonluchter* lustre *m* ❷ *kandelaar* candélabre *m*

luchtfilter filtre *m* à air

luchtfoto photo *v* / vue *v* aérienne

luchtgekoeld refroidi par air ★ *~e motor* moteur *m* à refroidissement par air

luchtgevecht combat *m* aérien

luchthartig I *bn* léger [v: légère], frivole **II** *bw* légèrement, à la légère

luchthaven aéroport *m*

luchthavenbelasting taxe *v* d'aéroport

luchthaventerminal aérogare *v*

luchtig I *bn* ❶ *fris* aéré ★ *een ~e kamer* une pièce bien aérée ❷ *licht* léger [v: légère] ★ *~ gebak* de la pâtisserie légère ❸ ⟨van kleding⟩ *die los en gemakkelijk zit* ★ *een ~ jurkje* une robe légère / vaporeuse ❹ *luchthartig* frivole **II** *bw* ❶ *licht* légèrement ★ *~ gekleed* en tenue légère ❷ *luchthartig* à la légère, légèrement ★ *iets ~ opvatten* prendre qc à la légère

luchtje ❶ *beetje lucht* ★ *een ~ scheppen* prendre l'air ❷ *geur, parfum* parfum *m*, inform sent-bon *m* [mv: id.] ★ *zij heeft een lekker ~ op* elle sent bon ★ *vieze ~s* mauvaises odeurs *v mv* ★ *daar zit een ~ aan* ça sent mauvais, il y a du louche là-dedans → **lucht**

luchtkasteel ★ *luchtkastelen bouwen* construire des châteaux en Espagne

luchtkoeling refroidissement *m* par air

luchtkoker conduit *m* d'aération

luchtkussen *kussen* coussin *m* pneumatique

luchtlaag couche *v* atmosphérique

luchtledig vide ★ *een ruimte ~ maken* faire le vide

luchtledige ★ fig *in het ~ praten* parler dans le vide, parler en l'air

luchtmacht armée *v* de l'air, forces *v mv* aériennes

luchtmachtbasis base *v* aérienne

luchtmatras BN *luchtbed* matelas *m* pneumatique

luchtmobiel → **brigade**

luchtoffensief attaque *v* aérienne

luchtpijp anat ⟨anatomie⟩ trachée *v*

luchtpost poste *v* aérienne ★ *per ~* par avion

luchtreclame publicité *v* aérienne

luchtreis voyage *m* aérien

luchtruim airs *m mv*, espace *m* aérien ★ *het ~ schenden* violer l'espace aérien ★ *het ~ kiezen* prendre l'air

luchtschip dirigeable *m*, aérostat *m*

luchtslag bataille *v* aérienne

luchtspiegeling mirage *m*

luchtsprong cabriole *v*, gambade *v*, inform galipette *v*

luchtstreek zone *v* climatique, climat *m*

luchtstroom courant *m* atmosphérique, ⟨tocht⟩ courant *m* d'air

luchttoevoer arrivée *v* d'air

luchttransport transports *m mv* aériens

luchtvaart aviation *v*

luchtvaartindustrie aviation *v*, industrie *v* aéronautique

luchtvaartmaatschappij compagnie *v* aérienne

luchtvaartuig aéronef *m*

luchtverdediging défense *v* antiaérienne

luchtverfrisser désodorisant *m*

luchtverkeer trafic *m* aérien

luchtverkeersleiding contrôle *m* de la navigation aérienne

luchtverontreiniging pollution *v* de l'air, pollution atmosphérique

luchtverversing aération *v*

luchtvochtigheid humidité *v* de l'air

luchtvracht fret *m* aérien

luchtweerstand résistance *v* de l'air

luchtwegen voies *v mv* respiratoires

luchtzak *valwind* trou *m* d'air

luchtziek ★ *~ zijn* avoir le mal de l'air

lucifer allumette *v* ★ *een ~ afstrijken* frotter / gratter / allumer une allumette

luciferdoosje boîte *v* d'allumettes

lucratief I *bn* lucratif [v: lucrative], profitable **II** *bw* d'une façon lucrative

ludiek ludique

luguber lugubre

lui I *de, mensen* gens *m mv* ★ *hallo luitjes* salut la compagnie, salut les gars **II** *bn* paresseux [v: paresseuse] ★ *hij is liever lui dan moe* il a peur de se fatiguer, il a un poil dans la main **III** *bw* paresseusement

luiaard ❶ *persoon* paresseux *m* [v: paresseuse], fainéant *m* [v: fainéante] ❷ *dier* aï *m*, paresseux *m*

luid I *bn* fort ★ *met luide stem* à haute voix **II** *bw* fort ★ *luid spreken* parler fort

luiden I *ov ww, doen klinken* sonner ★ *de klok ~* sonner la cloche **II** *onov ww* ❶ *klinken* sonner ★ *de klok luidt alle hele uren* la cloche sonne toutes les heures ❷ *behelzen* être conçu ★ *het antwoord luidt als volgt* et voici la réponse ★ *het verhaal luidt als volgt* l'histoire va comme suit

luidkeels à tue-tête ★ ~ *lachen* rire à gorge déployée
luidruchtig I *bn, lawaaierig* bruyant **II** *bw* bruyamment
luidspreker haut-parleur *m* [mv: haut-parleurs] ‹box› baffle *m*, enceinte *v*
luier couche *v*, ‹broekje› couche-culotte *v* ★ *een schone ~ omdoen* changer, langer
luieren paresser, inform fainéanter, flemmarder
luieruitslag érythème *m* fessier
luifel auvent *m*
luiheid paresse *v*
luik ❶ *opening* ‹in raam› volet *m*, ‹in vloer› trappe *v*, scheepv panneau *m* [mv: panneaux] **❷** BN *onderdeel van formulier* volet *m*
Luik Liège *v*
Luikenaar Liégeois *m*
Luiks liégeois
Luikse Liégeoise *v*
luilak paresseux *m* [v: paresseuse], fainéant *m* [v: fainéante]
Luilekkerland pays *m* de cocagne
luim ❶ *humeur* humeur *v* **❷** *gril* lubie *v*, saute *v* d'humeur, caprice *m* **❸** *scherts* plaisanterie *v*
luipaard léopard *m*
luis pou *m* [mv: poux], ‹bladluis› puceron *m* ★ fig *een luis in de pels* un gêneur
luister éclat *m*, splendeur *v* ★ ~ *bijzetten* donner de l'éclat à, rehausser (l'éclat de)
luisteraar auditeur *m* [v: auditrice]
luisterboek audiolivre *m*
luisterdichtheid indice *m* d'écoute ★ *uur met grote ~* heure(s) *v (mv)* de grande écoute
luisteren I *onov ww* **❶** *toehoren* écouter ★ ~ *naar* écouter ★ *naar de radio ~* écouter la radio ★ *luister eens!* écoute! **❷** *gehoorzamen* écouter, obéir (à) ★ *de hond luistert voor geen meter* le chien n'obéit pas du tout, il ne veut rien entendre ★ *naar iem. ~* obéir à qn ▾ *dat luistert nauw* il faut le faire avec précision **II** *ov ww, beluisteren* écouter
luistergeld redevance *v* (radio)
luisterlied chanson *v* (à textes)
luisterrijk I *bn* **❶** *met pracht en praal* splendide **❷** *van veel aanzien* glorieux [v: glorieuse] ★ *een ~e naam* un nom célèbre **II** *bw* glorieusement, splendidement
luistertoets test *m* de compréhension orale
luistervaardigheid compréhension *v* orale
luistervink ≈ écouteur *m* (aux portes) [v: écouteuse ...] ★ ~ *spelen* être aux écoutes
luit luth *m*
luitenant lieutenant *m* ★ *tweede ~* sous-lieutenant *m*
luitenant-generaal général *m* de corps d'armée
luitenant-kolonel lieutenant-colonel *m* [mv: lieutenants-colonels]
luitenant-ter-zee mil capitaine *m/v* de corvette
luiwammes paresseux *m* [v: paresseuse], fainéant *m* [v: fainéante]
luizen épouiller ▾ *iem. erin ~* avoir qn ▾ *erin ~* se faire avoir
luizenbaan planque *v*, boulot *m* peinard
luizenkam peigne *m* fin
luizenleven vie *v* peinarde ★ *een ~tje leiden* vivre comme un coq en pâte
lukken réussir à, arriver à ★ *het lukt me wel* j'y arriverai ★ *dat zal wel ~* ça va aller ★ *het wil maar niet ~* ça ne marche pas ★ *het lukt me niet* je n'y parviens pas ★ *lukt het?* ça va aller?, ça marche? ★ *het is hem gelukt* il a réussi (son coup), il a réussi à le faire
lukraak I *bn* fait au hasard, ‹ongegrond› gratuit ★ *lukrake opmerkingen* des remarques *v mv* décousues **II** *bw* au hasard, comme ça, ‹in het wilde weg› à tort et à travers, n'importe comment, ‹van slaan / schieten› dans le tas ★ ~ *antwoorden* répondre au hasard
lul ❶ *penis* bite *v*, queue *v* **❷** *persoon* ‹rotzak› con *m*, connard *m*, ‹sul› couillon *m* ★ *de lul zijn* se faire baiser ★ *iem. voor lul zetten* se foutre de la gueule de qn ★ *voor lul staan* être là comme un con
lulkoek conneries *v mv*
lullen ‹kletsen› tchatcher, ‹onzin praten› déconner, sortir des conneries
lullig ❶ *klungelig* con [v: conne] ★ *een ~e reden* une raison à la con ★ *het is een ~ gezicht* ça fait con **❷** *gemeen, vervelend* chiant ★ *doe niet zo ~!* ne fais pas le con!, tu me fais chier!
lumineus lumineux [v: lumineuse], brillant ★ *een ~ idee* une idée lumineuse
lummel ❶ *slap persoon* lourdaud *m* **❷** *bij (bal)spelen* mort *m*
lummelen fainéanter, traîner, inform glander
lummelig I *bn* empoté **II** *bw* comme un pied
lumpsum somme *v* forfaitaire
lunch déjeuner *m*, lunch *m*
lunchconcert déjeuner-concert *m* [mv: déjeuners-concerts]
lunchen déjeuner
lunchpakket casse-croûte *m* [mv: casse-croûte(s)]
lunchpauze pause *v* déjeuner
lunchroom salon *m* de thé
luren ★ fig *iem. in de ~ leggen* rouler qn dans la farine
lurken *sabbelen* ★ ~ *aan / op* téter
lurven ★ *iem. bij de ~ pakken* prendre qn au collet, coincer qn
lus *knoop* boucle *v*, ‹van kledingstuk / handdoek› ganse *v*, ‹in tram› poignée *v* ★ *het vliegtuig beschreef een lus* l'avion a décrit une boucle
lust ❶ *zin, verlangen* envie *v* ★ *lust hebben om* avoir envie de ★ *dat zal je de lust wel doen vergaan* ça te fera passer l'envie, il y a de quoi être dégoûté ★ *de lust vergaat me* l'envie m'en passe ★ *iem. de lust tot iets benemen* dégoûter qn de qc, faire passer l'envie de qc à qn **❷** *seksuele begeerte, zin in seks* désir *m* ★ *vleselijke lusten* appétits *m mv* charnels ★ *hij laat zich leiden door zijn lusten* il se laisse guider par ses passions **❸** *plezier* plaisir *m*, délice *m* ★ *de lusten en de lasten* les avantages et les inconvénients ★ *hij werkt dat het een lust is* il travaille en y mettant tout son cœur ★ *het is een lust voor het oog* c'est un régal pour les yeux ★ *het is zijn lust en zijn leven* c'est sa passion, c'est sa vie
lusteloos I *bn* apathique, indolent **II** *bw* indolemment, sans entrain
lusten aimer ★ *lust jij vis?* tu aimes le poisson? ★ *lust je nog wat?* encore un peu? ★ *ik lust dit eten niet* je n'aime pas ce plat ★ *ik lust niet meer*

je n'en veux plus ★ *eten zoveel je lust* manger à sa faim ▾ *ik lust hem rauw!* je n'en ferai qu'une bouchée! ▾ *je zult ervan ~!* tu vas en baver! ▾ *zo lust ik er nog wel eentje!* à d'autres!
lusthof ❶ *tuin* jardin *m* d'agrément ❷ *paradijs* Eden *m*
lustig I *bn* ❶ *monter* gai ★ *een ~ lied* une chanson gaie ❷ *flink* ferme **II** *bw, flink* ferme(ment) ★ *er ~ op los slaan* frapper ferme
lustmoord crime *m* sadique
lustmoordenaar sadique *m/v*
lustobject objet *m* de désir ★ *de vrouw als ~* la femme-objet
lustrum ❶ *vijfjarig bestaan* lustre *m* ❷ *viering* lustre *m*
lutheraan rel luthérien *m* [v: luthérienne]
luthers, lutheraans rel luthérien [v: luthérienne]
luttel petit, peu ★ *voor het ~e bedrag van twaalf euro* pour la modeste somme de douze euros ★ *in ~e uren* en quelques heures
luw ❶ *uit de wind* à l'abri du vent ★ *een luwe plaats* un endroit abrité ❷ *vrij warm* doux [v: douce]
luwen ❶ *verminderen van de wind* se calmer, s'apaiser, tomber ❷ fig *minder worden* se calmer
luwte *plaats* lieu *m* abrité (du vent) ★ *in de ~* à l'abri (du vent)
luxe I *de* luxe *m* ★ *zich de luxe permitteren om* s'offrir le luxe de **II** *bn* luxueux [v: luxueuse] ★ *een luxe appartement* un appartement luxueux ★ *een luxe leventje* une vie de luxe
luxeartikel article *m* de luxe
Luxemburg ❶ *hertogdom* le Luxembourg ★ *in ~* au Luxembourg ❷ *stad* Luxembourg *m*
Luxemburger Luxembourgeois *m*
Luxemburgs I *bn, m.b.t. Luxemburg* luxembourgeois **II** *het, taal* luxembourgeois *m*
Luxemburgse Luxembourgeoise *v*
luxueus I *bn* luxueux [v: luxueuse] **II** *bw* luxueusement ★ *~ leven* vivre dans le luxe
L-vormig en forme de L
lyceïst BN onderw ≈ lycéen *m* [v: lycéenne]
lyceum BN onderw ≈ lycée *m*
lychee litchi *m*
lycra lycra *m*
lymfe lymphe *v*
lymfklier ganglion *m* lymphatique
lynchen lyncher
lynx lynx *m*
Lyon Lyon *m*
lyriek lyrisme *m*, lyrique *v*
lyrisch I *bn* ❶ *in literatuur* lyrique ★ *~ dichter* poète *m* lyrique ❷ *enthousiast* lyrique ★ *hij was helemaal ~ over zijn cadeau* il était ravi de son cadeau **II** *bw* avec lyrisme

lu

M

m m *m* ★ *de m van Marie* M comme Marcel
ma maman *v*
MA *Master* MA
maag estomac *m* ★ *mijn maag knort* j'ai l'estomac creux, j'ai l'estomac qui gargouille, j'ai l'estomac dans les talons ★ *zijn maag is van streek* il a l'estomac dérangé ★ *op de nuchtere maag* à jeun ★ *iem. iets in de maag splitsen* coller / refiler qc à qn ★ *in de maag zitten met iets* être bien ennuyé de qc, avoir qc sur les bras ★ *dat ligt me zwaar op de maag* ça me reste sur l'estomac, ça me pèse
maagaandoening maladie *v* de l'estomac
maagbloeding hémorragie *v* stomacale
maagd *persoon die nog geen geslachtsverkeer heeft gehad* vierge *m/v*
Maagd ❶ *dierenriemteken* Vierge *v* ❷ ★ *de Heilige ~* la Sainte Vierge
maag-darmkanaal tractus *m* gastro-intestinal
maag-darmontsteking med gastroentérite *v*
maagdelijk I *bn* ❶ *van een maagd* vierge, virginal [m mv: virginaux] ❷ fig *ongerept* vierge ★ *~ oerwoud* forêt *v* vierge **II** *bw,* fig *ongerept* ★ *~ witte sneeuw* de la neige d'une blancheur virginale
maagdelijkheid virginité *v*
Maagdeneilanden îles *v mv* Vierges ★ *op de ~* aux îles Vierges
maagdenvlies hymen *m*
maagklachten troubles *m mv* gastriques
maagkramp crampe *v* d'estomac
maagkwaal maladie *v* de l'estomac
maagpatiënt gastrique *m/v* ★ *hij is ~* il souffre de l'estomac
maagpijn douleurs *v mv* d'estomac
maagsap suc *m* gastrique
maagwand paroi *v* de l'estomac
maagzuur acidité *v* gastrique ★ *last van brandend ~ hebben* avoir des brûlures / aigreurs (d'estomac)
maagzweer ulcère *m* à l'estomac ★ *ik krijg er een ~ van* j'en suis ulcéré
maaien I *ov ww, afsnijden* couper, ⟨van gazon⟩ tondre **II** *onov ww, wilde beweging maken* ★ *~ met de armen* faire des moulinets avec ses bras
maaier faucheur *m* [v: faucheuse], ⟨voor de oogst⟩ moissonneur *m* [v: moissonneuse]
maaimachine ⟨voor het gazon⟩ tondeuse *v*, ⟨voor de oogst⟩ moissonneuse *v*
maaiveld ★ *boven het ~ uitsteken* sortir de la masse, se démarquer
maak *het produceren* ★ *in de maak zijn* être en préparation
maakbaar faisable
maakloon façon *v*, main-d'œuvre *v*
maaksel ❶ *product* ouvrage *m*, produit *m*, iron machin *m* ❷ *manier waarop iets gemaakt is* fabrication *v*, façon *v*
maakwerk *op bestelling gemaakt werk* ouvrage *m* de commande
maal I *de, keer* fois *v* ★ *voor de eerste maal* pour la première fois ★ *2 maal 2 is 4* deux fois deux font quatre **II** *het, maaltijd* repas *m*, ⟨feestmaal⟩ festin

m ★ *een stevig maal* un repas substantiel
maalstroom ❶ *draaikolk* tourbillon *m*, maelström *m* ❷ fig tourbillon *m* ★ *een ~ van gebeurtenissen* un tourbillon d'événements
maalteken signe *m* de multiplication
maaltijd repas *m* ★ *de ~ gebruiken* prendre le repas
maan ❶ *hemellichaam bij aarde* lune *v* ★ *wassende maan* croissant *m* (de lune) ★ *volle maan* pleine lune ★ *afnemende maan* lune décroissante ★ *nieuwe maan* nouvelle lune ★ *halve maan* croissant *m* ★ *de maan schijnt* la lune brille ★ *loop naar de maan!* va te faire foutre! ★ *naar de maan zijn* être fichu ❷ *hemellichaam bij andere planeet* satellite *m*
maand mois *m* ★ *de ~ juni* le mois de juin ★ *in de ~ juni* au mois de juin, en juin ★ *over een paar ~en* dans quelques mois, d'ici quelques mois
maandabonnement abonnement *m* mensuel
maandag lundi *m* ★ *'s ~s* le lundi ★ *hij is daar een blauwe ~ geweest* il n'a fait qu'entrer et sortir
maandagavond lundi *m* soir
maandagmiddag lundi *m* après-midi
maandagmorgen, **maandagochtend** lundi *m* matin
maandagnacht lundi *m* nuit
maandblad mensuel *m*, revue *v* mensuelle
maandelijks I *bn* mensuel [v: mensuelle] ★ *~e bijeenkomsten* réunions *v mv* mensuelles II *bw* tous les mois, par mois ★ *het blad verschijnt ~* c'est une publication mensuelle, c'est un mensuel
maandenlang I *bn* de plusieurs mois ★ *~e afwezigheid* absence *v* de plusieurs mois II *bw* pendant des mois ★ *zij was ~ ziek* elle a été malade pendant des mois
maandgeld mois *m*, mensualité *v*
maandkaart carte *v* mensuelle
maandloon salaire *m* mensuel
maandsalaris salaire *m* mensuel
maandverband serviette(s) *v (mv)* hygiénique(s)
maanlander module *m* lunaire
maanlanding alunissage *m*
maanlicht clarté *v* de la lune, clair *m* de lune ★ *bij ~* au clair de (la) lune
maansikkel croissant *m* (de lune)
maansverduistering éclipse *v* de lune, éclipse lunaire
maanvis dierk scalaire *m*
maanzaad graine *v* de pavot / d'œillette
maanzaadbrood culin pain *m* au pavot
maar I *voegw, echter, daarentegen* mais ★ *arm maar gelukkig* pauvre, mais heureux ★ *hij wist het, maar hij heeft het niet gezegd* il le savait et pourtant il n'a rien dit ★ *niet alleen..., maar ook...* non seulement... mais (aussi / encore)... II *bw* ❶ *slechts, enkel* seulement, ne (+ ww) que, ‹alleen maar› juste ★ *het kost maar drie dollar* ça ne coûte que trois dollars ★ *dat zijn alleen maar woorden* ce ne sont que des mots ★ *je hoeft het maar te zeggen* tu n'as qu'à le dire, il (te) suffit de le dire ★ *zonder ook maar een enkel voorbeeld* sans aucun exemple ❷ ‹zonder duidelijke betekenis› ★ *dat is maar al te waar* ce n'est que trop vrai ★ *was het maar waar* si seulement c'était vrai ★ *als het maar niet regent* pourvu qu'il ne pleuve pas ★ *je doet maar* vas-y!, débrouille-toi! ★ *wacht maar!* attends un peu! III *het* mais *m* ★ *er is één maar bij* il y a un mais ★ *geen maren!* pas de mais!
maarschalk maréchal *m* [mv: maréchaux]
maart mars *m*
maarts de mars ★ *~e buien* giboulées *v mv* de mars
maas *opening in net* maille *v* ★ *door de mazen van de wet kruipen* (con)tourner la loi
Maas Meuse *v*
Maastricht Maastricht *m*
Maastrichtenaar Maastrichtien *m*
Maastrichts maastrichtien [v: maastrichtienne]
Maastrichtse Maastrichtienne *v*
maat ❶ *meeteenheid* mesure *v* ★ *maten en gewichten* poids et mesures ★ *met twee maten (BN en gewichten) meten* avoir deux poids, deux mesures ★ *de maat is vol* la mesure est comble, trop c'est trop ★ *onder de maat zijn* être insuffisant, ‹van persoon› ne pas faire le poids ❷ *afmeting* mesure *v*, ‹van kleding› taille *v*, ‹van (hand)schoen / hoed› pointure *v* ★ *wat voor kledingmaat heeft u?* quelle taille faites-vous? ★ *ik heb schoenmaat 43* je chausse / fais du 43 ★ *iem. de maat nemen* prendre les mesures de qn ★ *op maat gemaakt* fait sur mesure ❸ *hoeveelheid* ★ *in hoge mate* considérablement ★ *in meerdere of mindere mate* plus ou moins ★ *in zekere mate* dans une certaine mesure ★ *in die mate dat* à ce point que ★ BN *in de mate van het mogelijke* dans la mesure du possible ★ *met mate* avec modération, modérément ❹ muz mesure *v* ★ *de maat slaan / aangeven* marquer la cadence / mesure ★ *in de maat lopen* marcher en cadence, marcher en mesure ★ BN *een maat voor niets* un coup d'épée dans l'eau ❺ *makker* copain *m* [v: copine], inform pote *m*, ‹deelgenoot› compagnon *m*, partenaire *m* ★ *zij zijn dikke maatjes* ils sont copains comme cochons
maatbeker verre *m* gradué, techn mesure *v*
maatgevend décisif [v: décisive]
maatgevoel sens *m* de la mesure
maatglas verre *m* gradué, techn éprouvette *v*
maathouden ❶ muz garder la mesure ❷ *zich niet te buiten gaan* faire preuve de modération
maatjesharing hareng *m* vierge
maatkleding vêtements *m mv* sur mesure
maatkostuum costume *m* sur mesure
maatregel mesure *v* ★ *zijn ~en nemen / treffen* prendre ses dispositions / mesures ★ *geen halve ~en nemen* ne pas faire les choses à moitié, ne pas prendre des demi-mesures
maatschap société *v* (civile)
maatschappelijk *sociaal* social [m mv: sociaux] ★ *~e plichten* devoirs *m mv* de citoyen ★ *~ werk* assistance *v* sociale ★ *~ werker* assistant *m* social
maatschappij ❶ *samenleving* société *v* ★ *de burgerlijke ~* la société civile ❷ *genootschap* société *v*, ‹handel› compagnie *v* ★ *~ op aandelen* société par actions
maatschappijkritisch contestataire
maatschappijleer instruction *v* civique
maatstaf critère *m* ★ *als ~ nemen* prendre pour référence ★ *een ~ aanleggen / aannemen* appliquer / adopter un critère

maatwerk ★ *het is* ~ c'est du sur-mesure
macaber **I** *bn* macabre **II** *bw* d'un air macabre
macadam macadam *m*
macaroni macaronis *m mv*
Macedonië la Macédoine ★ *in* ~ en Macédoine
Macedonisch **I** *bn, m.b.t. Macedonië* macédonien [v: macédonienne] **II** *het, taal* macédonien *m*
mach mach *m*
machiavellisme machiavélisme *m*
machinaal **I** *bn* ❶ *met machines* mécanique, fait à la machine ❷ *werktuiglijk* machinal [m mv: machinaux] **II** *bw* ❶ *met machines* mécaniquement ❷ *werktuiglijk* machinalement
machine machine *v*, inform bécane *v*
machinebankwerker ajusteur-mécanicien *m* [mv: ajusteurs-mécaniciens]
machinegeweer mitrailleuse *v*
machinekamer salle *v* des machines, machinerie *v*
machinepark machinerie *v*
machinepistool pistolet *m* mitrailleur
machinerie ❶ lett machinerie *v* ❷ fig rouages *m mv*
machinetaal comp langage *m* machine
machinist mécanicien *m* [v: mécanicienne]
macho **I** *de* macho *m* ★ *zich als een* ~ *gedragen* avoir une attitude macho, faire preuve de machisme **II** *bn* macho
machogedrag machisme *m*
macht ❶ *capaciteit, vermogen* pouvoir *m*, ⟨kracht⟩ force *v* ★ *bij ~e zijn om* être en état de, être à même de ★ *dat ligt niet in mijn* ~ ce n'est pas en mon pouvoir ★ *uit alle* ~ de toutes ses forces ❷ *heerschappij, controle* pouvoir *m* (**over** sur), puissance *v*, ⟨gezag⟩ autorité *v*, ⟨overwicht⟩ empire *m* (**over** sur) ★ *aan de* ~ *zijn* être au pouvoir ★ *de* ~ *over leven en dood* le droit de vie et de mort ★ *de* ~ *over het stuur verliezen* perdre le contrôle de sa voiture ★ *uit de ouderlijke* ~ *ontzetten* déchoir de l'autorité parentale ❸ *gezaghebbende instantie* puissance *v* ★ *de wetgevende* ~ le (pouvoir) législatif ★ *de rechterlijke* ~ le pouvoir judiciaire ★ *de uitvoerende* ~ le pouvoir exécutif, l'exécutif ★ *de gewapende* ~ les forces armées ❹ wisk puissance *v* ★ *de tweede* ~ le carré ★ *de derde* ~ le cube ★ *twee tot de vierde* ~ deux puissance quatre ★ *tot de derde* ~ *verheffen* élever au cube / à la puissance trois, cuber
machteloos ❶ *zonder capaciteit, vermogen* impuissant ❷ *zonder heerschappij, controle* impuissant, désarmé ★ ~ *zijn* rester impuissant, être réduit à l'impuissance ★ *machteloze woede* une rage impuissante
machthebber *persoon met macht* détenteur *m* du pouvoir, maître *m*, dirigeant *m*
machtig **I** *bn* ❶ *veel macht hebbend* puissant ★ *een* ~ *man* un homme puissant ❷ *beheersend* ★ *een taal* ~ *zijn* maîtriser une langue ❸ *moeilijk te verteren* lourd, ⟨zeer⟩ écœurant ★ *dit toetje is erg* ~ ce dessert pèse sur l'estomac ★ *het werd me te* ~ c'en était trop pour moi **II** *bw, in hoge mate, krachtig, zeer* fort, énormément
machtigen autoriser (à), jur habiliter (à), mandater (pour)
machtiging autorisation *v*, ⟨volmacht⟩ mandat *m*, pouvoir *m* ★ ~ *tot betaling* mandat *m* de paiement ★ *iem.* ~ *verlenen* mandater qn
machtsevenwicht équilibre *m* des forces
machtsgreep prise *v* de pouvoir, coup *m*
machtsmiddel pouvoir *m*, moyen *m* de pression
machtsmisbruik abus *m* de pouvoir
machtsovername prise *v* de pouvoir
machtspositie position *v* de force
machtsstrijd lutte *v* pour le pouvoir
machtsverheffen wisk élever à une puissance
machtsverheffing wisk élévation *v* à une puissance
machtsverhouding rapport *m* de forces
machtsvertoon déploiement *m* de forces
machtswellust despotisme *m*
macramé macramé *m*
macro comp macro(-instruction) *v*
macro- macro-
macrobiotiek macrobiotisme *m*
macrobiotisch macrobiotique
macro-economie macro-économie *v*
macrokosmos macrocosme *m*
Madagaskar Madagascar ★ *op* ~ à Madagascar
Madagaskisch, **Madagassisch** malgache
madam ❶ *vrouw* bonne femme *v*, ⟨nuf⟩ chochotte *v* ★ *de* ~ *uithangen* jouer à la grande dame ❷ *bordeelhoudster* tenancière *v* de bordel, inform maquerelle *v*
made ver *m*, asticot *m*
Madeira Madère *v* ★ *op* ~ à Madère
madeliefje pâquerette *v*
madera madère *m*
madonna madone *v*
Madrid Madrid *m*
madrigaal madrigal *m* [mv: madrigaux]
Madrileens madrilène
maf *gek* dingue
maffen inform roupiller, coincer la bulle ★ *gaan* ~ se pieuter
maffia maf(f)ia *v*
maffioso maf(f)ieux *m*, maf(f)ioso *m*
mafkees fada *m/v*, dingue *m/v*
magazijn ❶ *opslagplaats* magasin *m*, dépôt *m*, entrepôt *m* ❷ *patroonruimte van geweer* magasin *m*
magazijnbediende, BN **magazijnier** manutentionnaire *m/v*
magazijnmeester, BN **magazijnier** magasinier *m* [v: magasinière]
magazine ❶ *tijdschrift* magazine *m* ❷ *rubriek* magazine *m*
magenta **I** *bn* magenta [onver.] **II** *het* magenta *m*
mager **I** *bn* ❶ *dun* maigre ★ *hij is* ~ *geworden* il a maigri ❷ *niet vet* maigre ❸ *pover* maigre **II** *bw* maigrement
magertjes ❶ lett maigre ❷ fig chiche ★ *de opkomst vanavond was een beetje* ~ l'assistance était peu nombreuse ce soir
maggiblokje cube *m* de bouillon
Maghreb aardk Maghreb *m*
magie magie *v* ★ *zwarte* ~ magie noire
magiër ❶ *tovenaar* magicien *m* [v: magicienne] ❷ *oosterse wijze* mage *m*
magisch magique ★ ~ *realisme* réalisme *m* magique
magistraal magistral [m mv: magistraux]

magistraat magistrat *m*
magistratuur magistrature *v* ★ *staande ~* magistrature debout ★ *zittende ~* magistrature assise
magma magma *m*
magnaat magnat *m*
magneet aimant *m*
magneetkaart comp carte *v* magnétique, badge *m*
magneetnaald aiguille *v* aimantée
magneetschijf disque *m* magnétique
magneetstrip bande *v* /piste *v* magnétique
magnesium magnésium *m*
magnesiumcarbonaat carbonate *m* de magnésium
magnetisch ook fig magnétique, ⟨gemagnetiseerd⟩ aimanté ★ *~ veld* champ *m* magnétique
magnetiseren ook fig magnétiser
magnetiseur magnétiseur *m* [v: magnétiseuse]
magnetisme magnétisme *m*
magnetron four *m* à micro-ondes
magnifiek I *bn* magnifique **II** *bw* magnifiquement
magnolia magnolia *m*
mahonie I *het, houtsoort* acajou *m* **II** *bn* ❶ *van hout* en acajou ❷ *van kleur* acajou [onver.]
mahoniehouten en acajou
mail mail *m*
mailbox boîte *v* aux lettres
mailen I *ov ww* envoyer par mail ★ *een document aan iem. ~* envoyer un document par mail à qn **II** *onov ww* envoyer un mail
mailing mailing *m*, publipostage *m*
mailinglist liste *v* de diffusion
maillot collant *m*
mailtje mail *m*
mainframe comp ordinateur *m* central, macro-ordinateur *m*
maïs maïs *m*
maïskolf épi *m* de maïs
maïskorrel grain *m* de maïs
maisonnette duplex *m*
maïsveld champ *m* de maïs
maîtresse maîtresse *v*
maïzena farine *v* de maïs, maïzena *v*
majesteit majesté *v* ★ *Zijne Majesteit* Sa Majesté ★ *Hare Majesteit* Sa Majesté ★ *Uwe Majesteit* Votre Majesté
majesteitsschennis (crime *m* de) lèse-majesté *v*
majestueus I *bn* majestueux [v: majestueuse] **II** *bw* majestueusement
majeur (mode *m*) majeur *m* ★ *in ~* en majeur
majoor *hoofdofficier* commandant *m*
majoraan marjolaine *v*
majorette majorette *v*
mak ❶ *tam* apprivoisé ❷ *meegaand* docile ★ *zo mak als een lammetje* doux comme un agneau
makelaar agent *m*, courtier *m* [v: courtière] ★ *beëdigd ~* ≈ agent immobilier agréé ★ *~ in onroerend goed* agent immobilier ★ *~ in effecten* agent de change
makelaardij ❶ *bedrijf* agence *v* immobilière ❷ *branche* immobilier *m*
makelaarskantoor agence *v* immobilière
makelaarsloon courtage *m*
makelij fabrication *v* ★ *van eigen ~* de ma / sa façon, (fait) maison ★ *van Chinese ~* de fabrication chinoise
maken ❶ *doen ontstaan, tot stand brengen* faire, créer ★ *van hout gemaakt* (fait) en bois ★ *cider wordt van appels gemaakt* le cidre se fait avec des pommes ★ *een sprong ~* sauter ★ *een doelpunt ~* marquer (un but) ★ *een einde ~ aan* en finir avec, mettre un terme à ★ *veel geld ~* se faire beaucoup d'argent ★ *het (helemaal) ~* faire un malheur ★ *hij heeft het ernaar gemaakt* il l'a bien cherché / voulu ★ *wat moet ik hiervan ~?* je n'arrive pas à m'expliquer ★ *er weinig van ~* s'y prendre mal ❷ *in toestand brengen* faire, ⟨met bijvoeglijk naamwoord⟩ rendre ★ *mogelijk ~* permettre, rendre possible ★ *zich gehaat ~* se rendre odieux ★ *maakt u het zich gemakkelijk!* mettez-vous à l'aise! ★ *iem. gelukkig ~* rendre qn heureux ★ *iem. boos ~* mettre qn en colère ★ *iem. aan het lachen ~* faire rire qn ★ *iem. tot voorzitter ~* faire / nommer qn président ❸ *herstellen* réparer ★ *zijn horloge laten ~* donner sa montre à réparer ★ fig *ik kan hem ~ en breken* il est à ma merci ★ *ik weet het goed gemaakt* j'ai une proposition honnête ❹ *doen, verrichten* ★ *maak dat je weg komt!* file! ★ *maak het nou!* holà!, t'es fou ou quoi?, ça ne va pas (la tête)? ★ *dat kun je niet ~!* tu ne peux pas faire ça! ★ *hij kan me niets ~* il ne peut rien contre moi ★ *je hebt hier niets te ~* tu n'as rien à faire ici ★ *met iem. te ~ hebben / krijgen* avoir affaire à qn ★ *met iets te ~ hebben / krijgen* avoir à faire avec qc ★ *wat heeft dat ermee te ~?* je ne vois pas le rapport ★ *daar heb je niks mee te ~* ça ne te regarde pas, ce n'est pas ton affaire ★ *dat heeft daarmee niets te ~* ça n'a rien à voir, ça n'a aucun rapport ★ *ik heb daarmee niets te ~* cela ne me regarde pas, ⟨onschuldig⟩ je n'y suis pour rien ❺ *in toestand zijn* ★ *hoe maakt u het?* comment allez-vous? ★ *het goed ~* aller bien, se porter bien ★ *het slecht ~* aller mal, se porter mal ★ *hij zal het niet lang meer ~* il n'en a plus pour longtemps
maker *vervaardiger* fabricant *m* [v: fabricante], auteur *m* ★ *de ~ van het doelpunt* le marqueur (du but), le buteur
make-up maquillage *m* ★ *~ verwijderen* se démaquiller ★ *~ aanbrengen* se maquiller
makkelijk → **gemakkelijk**
makken ★ *niets / geen cent te ~ hebben* ne pas avoir un radis
makker copain *m*, camarade *m/v*, compagnon *m*
makkie ★ *dat is een ~* c'est fastoche, c'est du gâteau ★ *een ~ hebben* être peinard
makreel maquereau *m* [mv: maquereaux]
mal I *de, model* moule *m* **II** *bn, dwaas* sot [v: sotte], farfelu, un peu fou [v: un peu folle] ★ *ben je mal?* ça va pas non?, t'es fou ou quoi? ★ *iem. voor de mal houden* se moquer de qn
malafide véreux [v: véreuse]
malaise ❶ *gedrukte stemming* malaise *m* ❷ *economische neergang* malaise *m*, marasme *m*
Malakka Malacca *m*
malaria paludisme *m*, malaria *v*
malariamug anophèle *m*
Malawi le Malawi ★ *in ~* au Malawi
Malawisch malawite

Malediven Maldives *v mv* ★ *op de ~* aux Maldives
Maledivisch maldivien [v: maldivienne]
Maleis I *bn* malais **II** *het* malais *m*
Maleisië la Malaisie ★ *in ~* en Malaisie
malen I *ov ww* [o.v.t.: maalde; volt. deelw.: gemalen] ❶ *fijnmaken* moudre, ⟨vermalen⟩ broyer ★ *ge~ koffie* café *m* moulu ❷ *pompen* pomper, ⟨droogleggen⟩ assécher **II** *onov ww* [o.v.t.: maalde; volt. deelw.: gemaald] *piekeren* ruminer ★ *dat maalt maar door mijn hoofd* ça me hante (l'esprit) ★ *ik maal er niet om* je m'en moque ★ *~de zijn* ⟨gek zijn⟩ divaguer
mali BN *negatief saldo* déficit *m*
Mali le Mali ★ *in Mali* au Mali
maliënkolder cotte *v* de mailles
Malinees malien [v: malienne]
maling ★ *iem. in de ~ nemen* se payer la tête de qn ★ *ik heb er ~ aan* je m'en moque
mallemoer ★ *naar zijn ~ zijn* être foutu ★ *het interesseert me geen ~* je n'en ai rien à foutre ★ *geen ~* que dalle
malligheid sottise *v*, bêtise *v* ★ *dat is ~!* c'est une blague!
malloot clown *m*, guignol *m*
Mallorca (l'île *v* de) Majorque *v* ★ *op ~* à Majorque
mals ❶ *zacht* ⟨van vlees, gras⟩ tendre, ⟨sappig⟩ succulent, ⟨van regen⟩ doux [v: douce] ❷ *zachtzinnig* doux [v: douce], tendre ★ *de kritiek was niet mals* la critique n'était pas tendre
malt ❶ *bier* bière *v* pur malt, bière *v* sans alcool ❷ *whisky* (whisky *m*) pur malt *m*
Malta Malte *v* ★ *op ~* à Malte
maltbier culin bière *v* pur malt, bière sans alcool
Maltees I *bn, m.b.t. Malta* maltais **II** *de, bewoner* Maltais *m*
Maltese Maltaise *v*
maltraiteren maltraiter, mettre à mal
malversatie malversation *v*
mama, mamma maman *v*
mambo mambo *v*
mammoet mammouth *m*
mammoettanker superpétrolier *m*
mammografie mammographie *v*
man ❶ *mannelijk persoon* homme *m*, inform mec *m* ★ *hij is er de man niet naar om ...* il n'est pas homme à ..., ce n'est pas son genre de ... ❷ *echtgenoot* mari *m* ★ *man en vrouw* mari et femme ★ *aan de man komen* trouver à se marier ★ *aan de man brengen* caser homme *m* ★ *op de man af* sans détours ★ *... per man ...* par personne, ... par tête ★ *een gesprek van man tot man* un tête-à-tête ★ *een gevecht van man tegen man* un corps à corps ★ *de gewone man* l'homme de la rue, le commun des mortels, monsieur Tout-le-monde ★ *man en paard noemen* appeler les choses par leur nom ★ *een man een man, een woord een woord* un homme d'honneur n'a qu'une parole ★ *aan de man brengen* ⟨van koopwaar⟩ trouver preneur pour, écouler ★ *als één man* comme un seul homme ★ *met man en macht* d'un commun effort ★ *met man en muis vergaan* périr corps et biens ★ *op de man spelen* viser la personne ★ *er is geen man overboord* ce n'est pas tragique → **mannetje**
management ❶ *leidinggevend personeel* direction *v*, cadres *m mv* ❷ *het besturen* gestion *v*, management *m*
managementteam équipe *v* dirigeante
manager ❶ *bedrijfsleider* manager *m*, ⟨in horeca⟩ gérant *m* ❷ *zakelijk vertegenwoordiger* ⟨van sporter⟩ manager *m*, ⟨van artiest⟩ imprésario *m*
manche manche *v*
manchet *mouwboord* manchette *v*
manchetknoop bouton *m* de manchette
manco déficit *m*, manque *m*
mand corbeille *v*, ⟨met hengsels⟩ panier *m*, ⟨op de rug⟩ hotte *v* ★ *door de mand vallen* se montrer sous son vrai jour, se trahir
mandaat ❶ *volmacht* mandat *m* ❷ *opdracht* mandat *m* ★ *zijn ~ neerleggen* déposer son mandat ★ BN *~ tot aanhouding* mandat *m* d'arrêt ❸ BN econ *postwissel* mandat *m*
mandaatgebied région *v* sous mandat
mandarijn ❶ *vrucht* mandarine *v*, clémentine *v* ❷ *Chinese ambtenaar* mandarin *m*
Mandarijn taalk *officieel Chinees* mandarin *m*
mandataris BN *bestuursfunctionaris* mandataire *m/v*
mandekker sport marqueur *m* individuel
mandekking marquage *m* (individuel)
mandoline mandoline *v*
manege *rijschool* manège *m*
manen I *de mv* crinière *v* **II** *ov ww* ❶ *aansporen* exhorter (à) ★ *iem. tot kalmte ~* demander à qn de garder son calme ❷ *herinneren* sommer (de) ★ *iem. om geld ~* sommer qn de payer
maneschijn clair *m* de lune
maneuver BN → **manoeuvre**
manga manga *m*
mangaan manganèse *m*
mangat trou *m* individuel
mangel calandre *v*, ⟨van was⟩ essoreuse *v* ★ *iem. door de ~ halen* malmener qn
mangelen calandrer, fig sandwicher
mango mangue *v*
mangrove mangrove *v*
manhaftig I *bn* vaillant **II** *bw* vaillamment
maniak maniaque *m/v*
maniakaal maniaque
manicure ❶ *handverzorging* manucure *v* ❷ *handverzorger* manucure *m/v*
manicuren manucurer
manie manie *v*
manier ❶ *wijze* façon *v*, manière *v* ★ *weet jij een ~ om dit te verhelpen?* tu sais comment y remédier? ★ *op die ~* de cette façon / manière ★ *op een of andere ~* d'une façon ou d'une autre ★ *de ~ waarop* la façon / manière dont ★ *~ van doen* méthode *v*, ⟨gedrag⟩ façons *v mv* ★ *dat is zo zijn ~ van doen* c'est sa façon de faire ★ *dat is geen ~ (van doen)* cela ne se fait pas ❷ ⟨alleen mv⟩ *omgangsvormen* manières *v mv* ★ *geen ~en hebben* ne pas savoir se conduire ★ *hij heeft goede ~en* il a du savoir-vivre
maniërisme maniérisme *m*
maniertje ❶ *foefje* truc *m* ❷ *gekunsteldheid* ★ *~s hebben* faire des manières / du genre
manifest I *het* manifeste **II** *bn* manifeste
manifestatie ❶ *verschijning* manifestation *v* ❷ *openbare bijeenkomst* manifestation *v* ❸ *betoging* manifestation *v*

manifesteren [**zich** ~] se manifester
Manilla la Manille
Manillees manillais
manipulatie manipulation *v* ★ *genetische ~* manipulation génétique
manipulator manipulateur *m* [v: manipulatrice]
manipuleren manipuler ★ *de publieke opinie ~* manipuler l'opinion (publique)
manisch maniaque
manisch-depressief maniacodépressif [v: maniacodépressive]
manjaar productivité *v* d'un homme par an, homme-année *m* [mv: hommes-années]
mank ook fig boiteux [v: boiteuse] ★ *mank lopen* boiter ★ *die vergelijking gaat mank* cette comparaison est boiteuse
mankement défaillance *v*, défaut *m* ★ *~ aan de motor* panne *v* (de moteur)
manken BN *mank lopen* boiter
mankeren ❶ *ontbreken* manquer ★ *er mankeert een knoop aan mijn jasje* il manque un bouton à ma veste ★ *zonder ~* sans faute ★ *dat mankeerde er nog maar aan!* il ne manquait plus que ça ❷ *schelen* avoir ★ *wat mankeert je?* qu'est-ce-que tu as? ★ *wat mankeert eraan?* qu'est-ce qui ne va pas?
mankracht ❶ *menselijke kracht* force *v* humaine ★ *met ~* à bras, ⟨handmatig⟩ à la main ❷ *hoeveelheid arbeidskrachten* main-d'oeuvre *v*, mil effectifs *m mv*, ⟨helpers⟩ bras *m mv* ★ *tekort aan ~* manque *m* de personnel
manmoedig I *bn* vaillant **II** *bw* vaillamment
manna manne *v*
mannelijk I *bn* ❶ *behorend tot een man* mâle ❷ *als van mannen* viril ★ *~ gedrag* comportement *m* viril ❸ taalk masculin **II** *bw* virilement
mannengek dragueuse *v*, allumeuse *v*
mannenkoor chœur *m* d'hommes, chorale *v* masculine
mannentaal ★ *dat is ~!* voilà ce qui est parler!
mannequin ❶ *persoon* mannequin *m* ❷ *etalagepop* mannequin *m*
mannetje ❶ *kleine man* petit bonhomme *m* ★ *zijn ~ staan* ne pas se laisser faire, (savoir) se défendre ❷ *mannelijk dier* mâle *m*
mannetjesputter *sterk iem.* ⟨man⟩ hercule *m*, ⟨vrouw⟩ costeaude *v*
manoeuvre manœuvre *v* ★ *op ~* en manœuvres
manoeuvreerbaarheid manœuvrabilité *v*
manoeuvreren I *ov ww* manœuvrer ★ *een auto door het verkeer ~* manœuvrer en voiture dans la circulation ★ fig *iets zo ~ dat ...* manoeuvrer de telle sorte que ... **II** *onov ww* manœuvrer
manometer manomètre *m*
mans ★ *mans genoeg zijn om* être de taille à ★ *heel wat mans zijn* avoir de l'étoffe / du punch
manschappen hommes *m mv*, troupes *v mv*
manshoog à hauteur d'homme
mantel *jas* manteau *m* [mv: manteaux] ★ *iem. de ~ uitvegen* passer un savon à qn ★ *iets met de ~ der liefde bedekken* tirer un voile sur qc, fermer les yeux sur qc
mantelpak tailleur *m*
mantelzorg ≈ soins *m mv* / aide *v* de proximité, ≈ bénévolat *m*
mantra mantra *m*
manueel manuel [v: manuelle] ★ *manuele therapie* thérapie *v* manuelle
manufacturen étoffes *v mv*, tissus *m mv*
manuscript manuscrit *m*
manusje-van-alles homme *m* à tout faire
manuur heure *v* de travail, heure-homme *v*
manwijf virago *v*, gendarme *m*
manziek nymphomane
maoïsme maoïsme *m*
map ❶ *omslag* chemise *v*, ⟨ordner⟩ classeur *m* ❷ comp *groep documenten* dossier *m*, répertoire *m*
maquette maquette *v*
maraboe marabout *m*
marathon marathon *m* ★ *een ~ lopen* courir le marathon
marathonloper coureur *m* de marathon [v: coureuse ...]
marathonzitting séance-marathon *v* [mv: séances-marathons]
marchanderen marchander
marcheren *lopen* marcher au pas
marconist radionavigant *m*, inform radio *m*
marechaussee *korps* ≈ gendarmerie *v*
maren avoir des mais, (trouver à) redire ★ *niets te ~!* pas de mais!
maretak gui *m*
margarine culin margarine *v*
marge *ruimte in kantlijn* marge *v* ★ *in de ~* en marge
marginaal ❶ *in de kantlijn* marginal [m mv: marginaux] ❷ *onbeduidend* marginal [m mv: marginaux] ★ *marginale opbrengst* revenu *m* marginal ★ *marginale groep* groupe *m* marginal
marginaliseren marginaliser
margriet marguerite *v*
Maria Marie
Mariabeeld madone *v*
Maria-Boodschap l'Annonciation *v*
Maria-Hemelvaart l'Assomption *v*
Mariaverering culte *m* marial / de la Vierge (Marie)
marihuana marijuana *v*, marihuana *v*
marinade marinade *v*
marine *zeemacht, oorlogsvloot* marine *v*
marinebasis base *v* navale
marineblauw I *het* bleu *m* marine **II** *bn* bleu marine [onver.]
marineren (faire) mariner
marinier fusilier *m* marin, marine *m* ★ *Korps Mariniers* infanterie *v* de marine
marionet ❶ *pop* marionnette *v* ❷ *stroman* marionnette *v*
marionettenspel (théâtre *m* de) marionnettes *v mv*
maritiem maritime
marjolein culin marjolaine *v*
mark *munt* mark *m*
markant frappant, marquant
markeerstift, **marker** surligneur *m*, marqueur *m*
markeren marquer, ⟨afbakenen⟩ délimiter ★ *een stuk tekst ~* marquer un texte
marketing marketing *m*
markies ❶ *edelman* marquis *m* ❷ *zonnescherm* marquise *v*, store *m*

markiezin marquise *v*
markt ❶ *verkoopplaats* marché *m* ★ *naar de ~ gaan* aller au marché ★ *van alle ~en thuis zijn* s'y connaître dans tous les domaines, être un personnage à toutes mains ★ BN *het niet onder de ~ hebben* ramer ❷ *handel* marché *m* ★ *vrije ~* marché libre ★ *zwarte ~* marché noir ★ *goed in de ~ liggen* ook fig avoir la cote ★ *iets op de ~ brengen* lancer qc ★ *op de ~ komen* paraître sur le marché ❸ *vraag* marché *m* ★ *voor dat product is wel een ~* il y a bien des débouchés pour ce produit
marktaandeel part *v* de marché
marktanalyse étude *v* du marché
markteconomie économie *v* de marché
marktkoopman marchand *m* (forain)
marktkraam étal *m*, éventaire *m*
marktleider leader *m*
marktonderzoek econ étude *v* de marché, prospection *v*
marktplein place *v* du marché
marktpositie position *v* sur le marché
marktprijs prix *m* courant / du marché
marktstrategie stratégie *v* commerciale
marktverkenning prospection *v*
marktwaar marchandises *v mv*
marktwaarde valeur *v* marchande / vénale
marktwerking mécanisme *m* du marché
marmelade marmelade *v*
marmer marbre *m*
marmeren I *bn* de / en marbre **II** *ov ww* marbrer ★ *gemarmerd papier* papier *m* marbré
marmot marmotte *v* ★ *slapen als een ~* dormir comme un loir
Marokkaan *bewoner* Marocain *m*
Marokkaans marocain
Marokkaanse Marocaine *v*
Marokko le Maroc ★ *in ~* au Maroc
mars I *de* ❶ *voettocht* marche *v* ★ *op mars gaan* se mettre en marche ❷ muz marche *v* ▾ *veel in zijn mars hebben* être très fort / calé, avoir de l'étoffe ▾ *niet veel in zijn mars hebben* ne pas avoir grand-chose dans le ventre **II** *tussenw* ★ *voorwaarts mars!* en avant, marche!
Mars Mars
marsepein massepain *m*
Marshalleilanden îles *v mv* Marshall ★ *op de ~* aux îles Marshall
marskramer colporteur *m* [v: colporteuse]
marsmannetje Martien *m* [v: Martienne]
marsmuziek musique *v* militaire, marche *v*
marsorder feuille *v* de route
martelaar *gemartelde* martyr *m* [v: martyre]
martelaarschap martyre *m*
marteldood martyre *m* ★ *de ~ sterven* mourir sous la torture
martelen ❶ *folteren* torturer ❷ fig *kwellen* torturer
martelgang calvaire *m*
marteling ook fig supplice *m*, torture *v*
marteltuig instrument(s) *m (mv)* de torture
marter *dier* martre *v*
martiaal martial [m mv: martiaux]
martini martini *m*
Martinique (île *v* de la) Martinique *v*
marxisme marxisme *m*
marxist marxiste *m/v*
marxistisch marxiste
mascara mascara *m*
mascarpone mascarpone *m*
mascotte mascotte *v*
masculien masculin
masker ook fig masque *m* ★ *het ~ afleggen* ôter / jeter son masque
maskerade mascarade *v*
maskeren masquer, dissimuler
masochisme masochisme *m*
masochist masochiste *m/v*
masochistisch masochiste
massa ❶ natk masse *v* ★ *kritische ~* masse critique ❷ *grote hoeveelheid* masse *v*, foule *v* ★ *bij ~'s* en foule ★ *een ~ dingen* un tas de choses ★ *een ~ water* plein d'eau ❸ *volk* ★ *de grote ~* les masses, la foule
massa- de masse
massaal I *bn* ❶ *een groot geheel vormend* massif [v: massive] ★ *een ~ gebouwencomplex* un complexe massif ❷ *met veel mensen* en masse ★ *een massale betoging* une manifestation massive **II** *bw* en masse, massivement
massacommunicatie communication *v* de masse
massacultuur culture *v* de masse
massage massage *m*
massageolie huile *v* de massage
massagraf fosse *v* commune, charnier *m*
massamedium ★ *massamedia* (mass) media *m mv*, mass-médias *m mv*
massamoord massacre *m*, tuerie *v*
massaontslag licenciement *m* collectif
massaproductie production *v* en (grande) série
massaregie mise *v* en scène des mouvements de foule
massatoerisme tourisme *m* de masse
massavernietigingswapen arme *v* de destruction massive
masseren *lichaam kneden* masser
masseur masseur *m* [v: masseuse]
massief I *het* massif *m* **II** *bn* ❶ *stevig* massif [v: massive] ❷ *niet hol* massif [v: massive] ★ *van ~ zilver* d'argent plein, en argent massif
mast ❶ *scheepsmast* mât *m* ❷ *paal* poteau *m* [mv: poteaux], ⟨elektriciteits- / zendmast⟩ pylône *m*, ⟨voor mastklimmen⟩ mât *m* de cocagne
master master *m*
masterclass muz master class *v* [mv: id.], master classe *v*
masterdiploma onderw master *m*
masteropleiding onderw master *m*
masturbatie masturbation *v*
masturberen se masturber
mat I *de*, *kleed* tapis *m*, ⟨deurmat⟩ paillasson *m* ★ *een ruige mat* un tapis-brosse ★ fig *de groene mat* la pelouse → **matje II** *bn* ❶ *dof* mat, ⟨flauw / flets⟩ terne ★ *matte huid* peau *v* mate ❷ *vermoeid, lusteloos* amorphe, terne ★ *matte stem* voix *v* terne / éteinte ❸ *schaakmat* échec et mat ★ *iem. mat zetten* faire échec et mat (à qn) **III** *ww* [verl. td.] → **matje**
matador *stierenvechter* matador *m*
match *wedstrijd* match *m*, rencontre *v*
matchen *bij elkaar passen* aller (bien) ensemble

matchpoint sport balle *v* de match
mate → **maat**
mateloos I *bn* démesuré, immense **II** *bw* démesurément ★ *zich ~ vervelen* s'ennuyer à mourir
maten [verl. td.] → **meten**
materiaal ❶ *grondstof* matériaux *m mv*, matière *v* ★ *brandbaar ~* matière inflammable **❷** *gegevens* matériel *m* ★ *educatief ~ ontwikkelen* développer du matériel éducatif **❸** *gereedschap* matériel *m* ★ *goed ~ hebben om mee te werken* avoir du bon matériel pour travailler
materialisme matérialisme *m*
materialist matérialiste *m/v*
materialistisch matérialiste
materie matière *v*
materieel I *het* matériel *m* ★ *rollend ~* (parc du) matériel roulant **II** *bn* matériel [v: matérielle] ★ *materiële schade* dégâts *m mv* matériels
matglas verre *m* dépoli
matheid ❶ *dofheid* matité *v* **❷** *vermoeidheid* lassitude *v*
mathematicus mathématicien *m* [v: mathématicienne]
mathematisch mathématique
matig I *bn* **❶** *sober* modéré, mesuré, ⟨van hoeveelheid⟩ modique, ⟨van eten en drinken⟩ sobre, frugal [m mv: frugaux] **❷** *middelmatig* médiocre **II** *bw* **❶** *sober* sobrement, frugalement **❷** *middelmatig* modérément, médiocrement
matigen I *ov ww, intomen* modérer, ⟨verminderen⟩ diminuer, ⟨temperen⟩ tempérer ★ *snelheid ~* réduire la vitesse, ralentir **II** *wkd ww* [**zich ~**] se restreindre, se modérer
matiging modération *v*, retenue *v*, sobriété *v*
matinee matinée *v*
matineus matinal [m mv: matinaux] ★ *~ zijn* être lève-tôt
matje ❶ *kapsel* ≈ coupe *v* paillasson **❷** → **mat** ★ *op het ~ moeten komen* devoir rendre des comptes, se faire rappeler à l'ordre
matrak BN *wapenstok* matraque *v*
matras matelas *m*
matriarchaal matriarcal [m mv: matriarcaux]
matriarchaat matriarcat *m*
matrijs matrice *v*
matrix *schema* matrice *v*
matrone ❶ *deftige oudere dame* matrone *v* **❷** *bazige vrouw* matrone *v*
matroos matelot *m*
matrozenpak costume *m* marin
matse pain *m* azyme
matsen être sympa avec (quelqu'un) ★ *ik zal je ~* je te ferai une fleur
matten I *ov ww, van matten voorzien* ⟨van stoel⟩ empailler **II** *onov ww, vechten* se bagarrer
mattenklopper tapette *v*
Mauritanië la Mauritanie ★ *in ~* en Mauritanie
Mauritanisch mauritanien [v: mauritanienne]
Mauritiaans mauricien [v: mauricienne]
Mauritius l'île *v* Maurice ★ *op ~* dans l'île Maurice
mausoleum mausolée *m*
mauwen miauler
mavo *middelbaar algemeen voortgezet onderwijs* ≈ enseignement *m* général secondaire
m.a.w. *met andere woorden* autrement dit
maximaal I *bn* maximal [m mv: maximaux] maximum [onver.] ★ *de maximale dosering* la dose maximale ★ *de maximale belasting* le maximum de charge, la charge maximale **II** *bw* au maximum ★ *je mag hier ~ 80 km per uur rijden* il y a une limitation de vitesse de 80 km / h ici
maximaliseren, maximeren ❶ *zo groot mogelijk maken* maximaliser, maximiser **❷** comp ⟨een scherm⟩ *beeldvullend maken* maximaliser
maximum maximum *m* [mv: maximums / maxima] ★ *een ~ stellen aan* fixer un maximum à
maximumsnelheid ⟨mogelijk⟩ vitesse *v* maximale, ⟨toegestaan⟩ limitation *v* de vitesse
maximumtemperatuur température *v* maximum
Maya Maya *m/v*
mayonaise culin mayonnaise *v*
mazelen rougeole *v*
mazen remailler
mazout BN *stookolie* mazout *m*, gazole *m*, fuel *m*
mazzel I *de, geluk* (coup *m* de) bol *m*, pot *m* ★ *~ hebben* avoir du bol, avoir du pot **II** *tussenw* ★ *(de) ~!* salut!, à plus!
mazzelaar chançard *m* [v: chançarde]
mazzelen avoir du bol / du pot
MB *megabyte* Mo, mégaoctet *m*
MBA *Master of Business Administration* MBA *m*
mbo *middelbaar beroepsonderwijs* ≈ enseignement *m* secondaire professionnel
MC muz *Master of Ceremonies* MC *m/v*
me me, m', ⟨benadrukt, na voorzetsel⟩ moi ★ *hij gaf me het boek* il m'a donné le livre ★ *hij slaat me* il me frappe
ME ❶ *Mobiele Eenheid* ≈ CRS *v mv*, Compagnies *v mv* républicaines de sécurité **❷** *middeleeuwen* Moyen-Age *m* **❸** med *myalgische encefalomyelitis* syndrome *m* de fatigue chronique
meander *rivierbocht* méandre *m*
meanderen *kronkelen* serpenter
mecanicien BN mécanicien *m* [v: mécanicienne]
mecenaat mécénat *m*
mecenas mécène *m*
mechanica mécanique *v*
mechaniek mécanisme *m*
mechanisch mécanique
mechaniseren mécaniser
mechanisme mécanisme *m*
Mechelen Malines *v*
Mechels malinois
medaille médaille *v*
medaillon médaillon *m*
mede également, aussi ★ *dat geldt mede voor u* il en est de même pour vous
mede- co- ★ *medegevangene* codétenu
medeaansprakelijk coresponsable
medebeslissingsrecht jur (droit *m* de) participation *v*, cogestion *v*
medeburger concitoyen *m* [v: concitoyenne]
mededeelzaam communicatif [v: communicative], expansif [v: expansive]
mededelen → **meedelen**
mededeling *bericht* annonce *v*, communication *v* ★ *een ~ doen* faire une annonce
mededelingenbord tableau *m* d'affichage,

(elektronisch) tableau *m* de téléaffichage
mededinger concurrent *m* [v: concurrente], rival *m* [m mv: rivaux] [v: rivale]
mededinging concurrence *v* ★ *buiten ~* hors concours
mededogen compassion *v* (**met** pour), sympathie *v*
medeklinker consonne *v*
medeleven compassion *v*, sympathie *v* ★ *~ betuigen met het overlijden van* témoigner sa sympathie à l'occasion du déces de
medelijden pitié *v* ★ *~ hebben met iem.* avoir pitié de qn ★ *om ~ mee te hebben* à faire pitié, pitoyable ★ *uit ~* par pitié ★ *~ wekken* faire pitié (à qn), apitoyer (qn)
medelijdend I *bn* compatissant ★ *een ~e blik* un regard de compassion **II** *bw* avec pitié, avec compassion
medemens prochain *m*, semblable *m/v*
medemenselijkheid humanité *v*
meden [verl. td.] → **mijden**
medeplichtig complice (**aan** de)
medeplichtige complice *m/v*
medestander partisan *m* [v: partisane]
medewerker collaborateur *m* [v: collaboratrice] ★ *we zoeken een ~ voor de administratie* on cherche un adjoint administratif
medewerking collaboration *v*, concours *m* ★ *dankzij de belangeloze ~ van onze vrijwilligers* grace au travail désintéressé des bénévoles ★ *zijn ~ verlenen* collaborer ★ *met ~ van* avec la participation de, en collaboration avec
medeweten ★ *buiten zijn ~* à son insu ★ *met zijn ~* lui étant au courant
medezeggenschap participation *v*, (in bedrijf) cogestion *v*
media *communicatiemiddel* médias *m mv*
mediageniek médiatique
mediatheek médiathèque *v*, infothèque *v*
mediator médiateur *m* [v: médiatrice]
medicament médicament *m*
medicatie médication *v*
medicijn ❶ *geneesmiddel* médicament *m* ★ *~en gebruiken* prendre des médicaments **❷** *geneeskunde* ★ *~en studeren* faire des études de médecine ★ *student in de ~en* étudiant en médecine
medicijnflesje fiole *v*
medicijnkastje (armoire *v* à) pharmacie *v*
medicijnman guérisseur *m*
medicinaal médicinal [m mv: médicinaux]
medicus *arts* médecin *m*
mediëvistiek médiévisme *m*
medio mi- ★ *~ november* à la mi-novembre
medisch *geneeskundig* médical [m mv: médicaux] ★ *de ~e faculteit* la faculté de médecine ★ *een ~ onderzoek ondergaan* subir une visite médicale, se faire faire un examen médical
meditatie méditation *v*
mediteren méditer
mediterraan méditerranéen [v: méditerranéenne]
medium¹ ❶ *communicatiemiddel* média *m* ★ *de sociale media* les médias sociaux **❷** *persoon* médium *m* ★ *kan een ~ contact leggen met overledenen?* est-ce que les médiums peuvent communiquer avec les défunts?
medium² [miediejum] (van vlees) à point, (van kleren) moyen [v: moyenne] ★ *voor mij graag de biefstuk, ~ alstublieft* pour moi le steak, à point s'il vous plaît ★ *hebt u dit T-shirt ook in ~?* vous avez ce tee-shirt en taille M?
mee ❶ *(samen) met* avec ★ *hij wil met ons mee* il veut nous accompagner, il veut venir avec nous ★ *dat kan nog lang / jaren mee* cela peut faire de l'usage / des années ★ *ergens mee wachten* attendre (pour faire qc) ★ *daar spreekt u mee* c'est lui-même / elle-même ★ *dat heeft er niets mee te maken* ça n'a rien à voir (avec l'affaire) ★ *met de stroom mee* dans le sens du courant **❷** *ten gunste* ★ *zijn lengte mee hebben* avoir l'avantage de sa taille ★ *de wind mee hebben* avoir le vent arrière / dans le dos ★ *hij heeft alles mee om* il a tout pour lui pour, il est bien placé pour
meebrengen ❶ *meenemen* apporter, (van wat niet draagbaar is) amener, (bij terugkomst) rapporter, ramener ★ *een cadeau ~* rapporter un cadeau **❷** *inherent zijn aan* comporter, (tot gevolg hebben) entraîner ★ *de problemen die dit met zich meebracht* les problèmes que cela a entraîné
meed [verl. td.] → **mijden**
meedelen I *ov ww, laten weten* informer (quelqu'un) de, communiquer, faire savoir ★ *hierbij deel ik u mee dat ...* par la présente je vous informe que ... **II** *onov ww, deel hebben* participer (**in** à) ★ *~ in de winst* participer aux bénéfices ★ *iem. laten ~ in* faire participer qn à
meedenken réfléchir (avec quelqu'un)
meedingen concourir (**naar** pour)
meedoen (aan iets) participer (à), (met iem.) s'associer (à) ★ *mag ik ~?* je peux jouer avec vous? ★ *niet meer ~* se retirer, inform décrocher ★ *ik doe mee* j'en suis, je suis de la partie ★ *doe je mee?* tu es partant? ★ *daar doe ik niet aan mee* inform je ne marche pas (là-dedans) ★ *voor spek en bonen ~* compter pour du beurre
meedogend apitoyé
meedogenloos impitoyable
meedraaien ❶ *meedoen* être de la partie ★ *hij draait al een tijd mee* ça fait pas mal de temps qu'il travaille ici **❷** *samen draaien* tourner avec
meedragen porter avec soi
mee-eter ❶ *iem. die mee-eet* convive *m/v* **❷** *verstopte porie* point *m* noir
meegaan ❶ *vergezellen* aller avec, accompagner ★ *ga je mee?* tu viens? ★ *ga je met me mee?* tu viens avec moi? ★ *met iem. ~* accompagner qn **❷** *instemmen (met)* suivre, être d'accord (avec) ★ *ik ga met je mee* je suis d'accord avec toi **❸** *bruikbaar blijven* durer ★ *lang ~* inform faire de l'usage
meegaand (inschikkelijk) accommodant, (gedwee) docile
meegeven I *ov ww, geven* donner ★ *iets te eten ~* donner de quoi manger **II** *onov ww, geen weerstand bieden* céder, être flexible ★ *de deur gaf een beetje mee* la porte cédait un peu ★ *niet ~* résister
meehelpen aider
meekomen ❶ *bijblijven* suivre ★ *hij kan niet ~* il ne peut pas suivre **❷** *samen komen* venir avec,

me

accompagner ★ *komt u met mij mee* venez avec moi
meekrijgen ❶ *overhalen* persuader, gagner ★ *de meerderheid van het parlement* ~ obtenir le soutien de la majorité des députés ❷ *ontvangen* recevoir ★ *ik kreeg het geld mee* j'ai reçu l'argent ★ fig *zij heeft niets meegekregen van die cursus* ce stage ne lui a rien apporté ★ fig *ik heb iets meegekregen van die nieuwe plannen* j'ai entendu parler de ces nouveaux projets
meel farine *v*
meeldauw mildiou *m*
meeldraad étamine *v*
meeleven ⟨met iets⟩ compatir (à), ⟨met iem.⟩ ≈ être avec (quelqu'un) ★ ~ *met iemands verdriet* partager la douleur de qn
meeliften ~ **op** s'associer à, profiter de
meelijwekkend pitoyable
meelokken entraîner (avec soi)
meelopen ❶ *meegaan* accompagner (qn) ★ *met iem.* ~ accompagner qn ★ *hij loopt hier al lang mee* humor il fait partie des meubles ❷ fig *meedoen* suivre ★ *met de grote massa* ~ suivre la masse
meeloper suiviste *m/v*, mouton *m*
meemaken *beleven* vivre, voir, connaître, ⟨bijwonen⟩ assister à ★ *dat zal hij wel niet meer* ~ il ne sera plus là (pour le voir) ★ *heb je ooit zoiets meegemaakt?* as-tu déjà vu une chose pareille? ★ *hij heeft de oorlog meegemaakt* il a fait la guerre ★ *hij heeft veel meegemaakt* il en a vu des vertes et des pas mûres, il a vécu
meenemen *met zich nemen* prendre, emporter, ⟨van wat niet draagbaar is⟩ emmener, ⟨meebrengen⟩ apporter, amener ★ *eten om mee te nemen* plat à emporter ★ *dat is mooi meegenomen* c'est toujours ça (de pris / de gagné)
meepikken ❶ *stelen* piquer ❷ *iets extra doen* faire par la même occasion ★ *die cursus pik ik ook nog wel even mee* dans la foulée, je vais suivre ces cours-là
meepraten ❶ *samen praten* ★ *daar kan ik van* ~ je suis payé pour le savoir, j'en sais qc, je suis passé par là ❷ *napraten* ★ *met iem.* ~ abonder dans le sens de qn
meer I *het* lac *m* ★ *midden op het meer sloegen we om* nous avons chaviré en plein lac **II** *telw, in grotere hoeveelheid* plus, davantage ★ *meer mensen* plus de gens ★ *meer niet* rien de plus, c'est tout ★ *niemand meer?* personne n'en veut plus? ★ *wat wil je nog meer?* qu'est-ce que tu veux de plus? ★ *meer dan* ⟨hoeveelheid⟩ plus de, ⟨vergelijking⟩ plus que ★ *meer dan honderd* plus de cent ★ *meer dan ooit* plus que jamais ★ *geen woord meer* plus un mot ★ *onder meer* entre autres ★ *zonder meer* ⟨zomaar⟩ comme ça, ⟨zeker⟩ certainement **III** *bw* ❶ *in hogere mate* plus (**dan** que) ★ *het is niet meer dan billijk* rien de plus juste, ce n'est que justice ★ *dat heeft hij meer gedaan* il n'en est pas à son début ★ *meer en meer* de plus en plus ❷ *veeleer* plutôt ★ *meer dood dan levend* plus mort que vif ❸ *verder* plus, ⟨nog erbij⟩ de plus ★ *zij zingt niet meer* elle ne chante plus ★ *hij heeft niets meer* il n'a plus rien ★ *nooit meer* (ne ...) plus jamais ★ *hij is niet meer* il n'est plus
ME'er ≈ CRS *m* [onver.], Compagnies *v mv* Républicaines de Sécurité
meerdaags de / pour plusieurs jours
meerdelig en plusieurs parties
meerdere I *de* supérieur *m* ★ *een soldaat moet zijn* ~*n groeten* le soldat est tenu de saluer ses supérieurs ★ *ik moet in hem mijn* ~ *erkennen* avec lui, j'ai trouvé mon maître ★ *iemands* ~ *zijn* être supérieur à qn, l'emporter sur qn **II** *telw* plusieurs ★ ~ *malen* plusieurs fois
meerderen *vermeerderen* augmenter
meerderheid majorité *v* ★ *de* ~ *was ertegen* la majorité était contre ★ *de zwijgende* ~ la majorité silencieuse ★ *de numerieke* ~ la supériorité du nombre ★ *in de* ~ *zijn* être supérieur en nombre, pol être majoritaire ★ *bij* ~ *van stemmen* à la majorité des voix
meerderheidsbelang participation *v* majoritaire
meerderjarig majeur
meerderjarige majeur *m* [v: majeure]
meerderjarigheid majorité *v*
meerduidig ambigu [v: ambiguë]
meerijden ★ ~ *met iem.* accompagner qn ★ *iem. laten* ~ ramener qn
meerjarenplan plan *m* pluriannuel
meerjarig de plusieurs années ★ ~*e planten* des plantes vivaces
meerkamp sport épreuve comportant plusieurs exercices
meerkeuzetoets test *m* / questionnaire *m* à choix multiple (QCM)
meerkeuzevraag question *v* à choix multiple
meerkoet foulque *v*
meerling naissance *v* multiple
meermaals plus d'une fois, plusieurs fois
meeroken ★ *het* ~ le tabagisme *m* passif
meeropbrengst rendement *m* marginal
meerpaal poteau *m* d'amarrage [mv: poteaux ...], bitte *v*
meerpartijensysteem pluripartisme *m*
meerprijs econ supplément *m* (de prix) ★ *tegen* ~ *leverbaar* disponible moyennant supplément
meerstemmig à plusieurs voix, polyphonique ★ ~ *gezang* polyphonie *v*
meertalig polyglotte, plurilingue
meerval dierk silure *m*
Meer van Genève lac *m* Léman
meervoud pluriel *m* ★ *in het* ~ au pluriel
meervoudig multiple, taalk au pluriel ★ ~ *onverzadigde vetzuren* polyinsaturés *m mv*
meerwaarde plus-value *v* [mv: plus-values]
meerwerk econ bouw travaux *m mv* non prévus
mees mésange *v*
meesjouwen trimbaler
meeslepen ❶ *meenemen* entraîner ★ *een tas* ~ trimballer un sac ★ fig *ik moest hem gewoon* ~ *naar het stuk* j'ai dû le traîner au théâtre ❷ *in vervoering brengen* entraîner, emporter ★ *zich door zijn drift laten* ~ se laisser emporter par sa colère ★ *zich door de muziek laten* ~ se laisser entraîner par la musique ★ *het publiek* ~ enthousiasmer le public
meeslepend entraînant
meesleuren entraîner

meespelen ❶ *meedoen* prendre part au jeu, se prêter au jeu ❷ *van belang zijn* jouer un rôle
meespreken ❶ *meedoen aan gesprek* ★ fig *daar kan ik van ~* je suis payé pour le savoir, j'en sais qc ❷ *meebeslissen* avoir son mot à dire ★ *mag ik ook een woordje ~?* moi aussi, j'ai mon mot à dire? ❸ *meetellen* jouer (un rôle)
meest I *telw, de grootste hoeveelheid* la plupart de, ⟨vergelijkend⟩ le plus de ★ *het ~e geld* la plus grande partie de l'argent ★ *de ~en* la plupart ★ *in de ~e gevallen* dans la majorité des cas ★ *de ~e mensen* la plupart des gens **II** *bw, in hoogste mate* le plus ★ *wat ik het ~e mis* ce qui me manque le plus ★ *de ~ angstaanjagende verhalen* des histoires absolument épouvantables ★ *het ~ gelezen tijdschrift* le magazine le plus lu
meestal généralement, en général, le plus souvent ★ *~ ga ik met de fiets* en général je prends le vélo
meestbiedende (le) plus offrant *m*
meester ❶ *baas* chef *m*, patron *m* ★ *zich van iets ~ maken* s'emparer de qc ★ *een taal ~ zijn* maîtriser une langue ★ *zichzelf ~ zijn* se maîtriser ★ *zichzelf niet langer ~ zijn* perdre le contrôle de soi ★ *de situatie niet (meer) ~ zijn* être dépassé par les événements ★ *iets ~ worden / zijn* maîtriser qc, ⟨overwinnen⟩ avoir raison de qc ❷ *onderwijzer* maître *m* d'école ❸ *kundig persoon* maître *m* ★ *de hand van de ~* la main de maître ★ *een ~ in zijn vak zijn* être passé maître dans sa profession ❹ *afgestudeerd jurist* ≈ juriste *m/v*, titulaire *m/v* du mastère en droit, ⟨aanspreektitel van advocaat⟩ maître *m*
meesterbrein cerveau *m*
meesteres ❶ *bazin* patronne *v* ❷ *zeer kundige vrouw* maîtresse *v*
meesterhand main *v* de maître
meester-kok chef *m* cuisinier
meesterlijk I *bn* parfait, supérieur, magistral [m mv: magistraux] ★ *een ~e zet* un coup de maître **II** *bw* magistralement, parfaitement, supérieurement
meesterproef chef-d'œuvre *m*
meesterschap maîtrise *v*, maestria *v*
meesterstuk *voortreffelijk werk* chef-d'œuvre *m* [mv: chefs-d'œuvre]
meesterwerk chef-d'œuvre *m* [mv: chefs-d'œuvre]
meet ❶ *beginpunt* marque *v* ★ *van meet af aan* dès le début ❷ BN sport *eindpunt* (ligne *v* d')arrivée *v* ★ *op de meet geklopt* coiffé (au poteau)
meetapparatuur appareils *m mv* de mesure
meetbaar mesurable
meetellen I *ov ww, erbij rekenen* compter, inclure (**bij** dans) ★ *... niet meegeteld* sans compter... **II** *onov ww, van belang zijn* compter ★ *niet ~* compter pour zéro, inform compter pour du beurre ★ *niet meer ~* être hors circuit ★ *de leeftijd gaat ~* l'âge se fait sentir
meeting meeting *m*
meetkunde géométrie *v* ★ *vlakke ~* planimétrie *v* ★ *analytische / euclidische ~* géométrie analytique / euclidienne
meetkundig géométrique
meetlat règle *v* (graduée)
meetlint mètre *m* à ruban
meetronen entraîner
meeuw mouette *v*, ⟨grote zeemeeuw⟩ goéland *m*
meevallen *beter zijn / aflopen dan verwacht* être mieux que prévu, ⟨van moeilijkheid⟩ être moins dur que prévu, ⟨van prijs⟩ être moins cher que prévu ★ *het valt wel mee* ce n'est pas si grave que ça, ça aurait pu être pire ★ *hij valt (bij nadere kennismaking) wel mee* il gagne à être connu
meevaller aubaine *v*, bonne surprise *v*, coup *m* de chance
meevoelen compatir (**met** à)
meewarig I *bn* compatissant **II** *bw* avec compassion
meewerken ❶ *samenwerken* coopérer (**aan** à), collaborer (**aan** à) ★ *~ aan een project* participer à un projet ❷ *bijdragen* contribuer (**aan** à) ★ *je moet wel een beetje ~* montre-toi un peu plus coopératif ★ *het weer heeft meegewerkt* le temps a été favorable
meezinger rengaine *v*
meezitten être favorable ★ *het zit ons niet mee* on n'a pas de chance ★ *als alles meezit* si tout va bien
megabioscoop multiplexe *m*
megabyte mégaoctet *m*, Mo
megafoon mégaphone *m*
megahertz mégahertz *m*
megalomaan mégalomane
megapixel audio-vis mégapixel *m*
megaster mégastar *v*
mei mai *m* ★ *de eerste mei* le premier mai
meid ❶ *meisje* fille *v*, inform nana *v*, jeugdt meuf *v* ❷ *dienstbode* bonne *v*
meidengroep muz groupe *m* féminin, girls band *m*
meidoorn aubépine *v*, épine *v* blanche
meikever hanneton *m*
meineed parjure *m*, faux *m* serment ★ *~ plegen* se parjurer
meisje ❶ *jonge vrouw* fille *v*, jeune fille *v* ❷ *vriendin, verloofde* petite amie *v*, copine *v*
meisjesachtig I *bn* de (jeune) fille, gamine **II** *bw* comme une (jeune) fille
meisjesboek livre *m* de filles
meisjesnaam ❶ *voornaam* (pré)nom *m* de fille ❷ *familienaam* nom *m* de jeune fille
mejuffrouw form mademoiselle *v* [mv: mesdemoiselles]
mekaar inform → **elkaar**
Mekka La Mecque
mekkeren ❶ *blaten* bêler ❷ *zaniken* bêler ★ *loop niet zo te ~!* tu me casses les oreilles!
melaats lépreux [v: lépreuse]
melaatsheid lèpre *v*
melancholie mélancolie *v*
melancholiek mélancolique
Melanesië la Mélanésie
Melanesisch mélanésien [v: mélanésienne]
melange mélange *m*
melanoom mélanome *m*
melasse mélasse *v*
melden I *ov ww, iets laten weten* annoncer, faire savoir, ⟨schriftelijk⟩ notifier, ⟨vermelden⟩ mentionner ★ *de aankomst ~ van* annoncer l'arrivée de ★ *niets te ~* rien à signaler **II** *wkd ww*

[**zich** ~] *aanmelden* se présenter ★ *zich ~ bij de receptie* se présenter à la réception ★ *zich bij de politie ~* se présenter au commissariat ★ *zich ziek ~* se (faire) porter malade, inform se (faire) porter pâle
melding *vermelding* ★ *~ maken van* faire mention de
meldingsplicht obligation *v* de se présenter
meldkamer permanence *v* téléphonique, ‹voor noodgevallen› service *m* (des messages) d'urgence
meldpunt ★ *telefonisch ~* permanence *v* téléphonique
melig ❶ *meelachtig* farineux [v: farineuse] ❷ *flauw en grappig* insipide, inform raseur [v: raseuse] ★ *in een ~e stemming* dans une ambiance un peu bébête
melisse mélisse *v*
melk lait *m* ★ *gecondenseerde melk* lait condensé / concentré ★ *halfvolle melk* lait demi-écrémé ★ *magere melk* lait écrémé ★ *volle melk* lait entier ★ *niets in de melk te brokkelen hebben* ne pas avoir voix au chapitre
melkachtig laiteux [v: laiteuse]
melkboer laitier *m* [v: laitière]
melkbrood culin pain *m* au lait
melkchocolade, **melkchocola** culin chocolat *m* au lait
melken I *ov ww* ❶ *van melk ontdoen* traire ❷ *fokken* ★ *duiven ~* élever des pigeons **II** *onov ww, zeuren* casser les oreilles (à qn)
melkfabriek, BN **melkerij** laiterie *v*
melkfles bouteille *v* à lait
melkgebit dents *v mv* de lait
melkglas ❶ *drinkglas* verre *m* à lait ❷ *glassoort* verre *m* opale, opaline *v*
melkklier glande *v* mammaire
melkkoe ❶ *dier* vache *v* laitière, vache *v* à lait ❷ fig *bron van voordeel* vache *v* à lait
melkmachine trayeuse *v*
melkmuil blanc-bec *m* [mv: blancs-becs]
melkpoeder culin lait *m* en poudre
melkproduct produit *m* laitier
melksuiker lactose *m*
melktand dent *v* de lait
melkvee bêtes *v mv* laitières
Melkweg voie *v* lactée, ‹stelsel› galaxie *v*
melkzuur acide *m* lactique
melodie mélodie *v*
melodieus mélodieux [v: mélodieuse]
melodisch ❶ *melodie betreffend* mélodique ❷ *melodieus* mélodieux [v: mélodieuse]
melodrama mélodrame *m*
melodramatisch mélodramatique, inform mélo
meloen melon *m*
membraan membrane *v*
memo ❶ *notitieblaadje* bout *m* de papier ❷ *korte nota* note *v* de service
memoblok bloc-notes *m* [mv: blocs-notes]
memoires mémoires *m mv*
memorandum ❶ *nota* mémorandum *m*, note *v* ❷ *notitieboek* mémorandum *m*
memoreren rappeler, form remémorer
memorie ❶ *geheugen* mémoire *v* ★ *kort van ~ zijn* avoir la mémoire courte ★ *pro ~* pour mémoire ❷ *geschrift* mémoire *m* ★ *~ van toelichting* exposé *m* des motifs ★ *~ van antwoord* mémoire en réponse
memoriseren mémoriser
men on, ‹na 'et', 'ou' e.d.› l'on ★ *men zegt* on dit ★ *men moet* il faut ★ *dat doet men niet* cela ne se fait pas
menagerie ménagerie *v*
meneer monsieur *m* [mv: messieurs] ★ *~ García* monsieur García, M. García ★ *goedemiddag ~, wat kan ik voor u doen?* bonjour monsieur, que puis-je faire pour vous? ★ *een hele ~* un grand monsieur
menen ❶ *denken* croire, penser ★ *ik meen van wel* je crois que oui ★ *ik meen te weten dat ...* je crois savoir que ... ★ *hij meende hem te kennen* il croyait le connaître ❷ *serieus bedoelen* entendre, vouloir dire ★ *het niet kwaad ~* ne pas y entendre malice ★ *het goed met iem. ~* vouloir du bien à qn ★ *meent u dat echt?* tu es sérieux?, sérieusement? ★ *dat meent u niet* ce n'est pas sérieux ★ *het (ernstig) ~* parler sérieusement, ne pas plaisanter ★ *daar meen je geen woord van* tu n'en penses pas un mot, tu veux rire
menens ★ *het wordt ~* ça devient sérieux, inform ça va chauffer / barder, ça se corse
mengeling mélange *m*
mengelmoes méli-mélo *m* [mv: mélis-mélos], pêle-mêle *m* [mv: id.]
mengen I *ov ww* ❶ *door elkaar doen* mélanger (**met** à, avec), mêler (**met** à, de) ★ *kleuren ~* mélanger des couleurs ❷ ~ **in** *betrekken bij* mêler à **II** *wkd ww* [**zich** ~] ❶ ~ **in** *zich bemoeien met* se mêler de, s'immiscer dans ❷ *zich voegen bij* se mêler à
mengkleur couleur *v* composée
mengkraan mélangeur *m*, mitigeur *m*
mengpaneel console *v* / table *v* de mixage
mengsel mélange *m*, ‹samenstel› composé *m*, scheik mixture *v*, mixtion *v*, ‹van metalen› alliage *m*
mengsmering mélange *m* (carburant)
menhir menhir *m*
menie minium *m*
meniën passer au minium
menig bien de(s), plusieurs, (bon) nombre de ★ *~ keer* maintes fois, à maintes reprises
menigeen plus d'un
menigmaal plusieurs fois
menigte multitude *v*, tas *m*, ‹van mensen› foule *v* ★ *in ~* en foule
mening opinion *v* (**over** sur), avis *m* ★ *een duidelijke ~ hebben over* avoir une opinion tranchée sur ★ *bij zijn ~ blijven* rester sur ses positions ★ *in de ~ dat ...* (en) croyant que ... ★ *naar mijn ~* à mon avis ★ *van ~ veranderen* changer d'avis ★ *van ~ verschillen met iem.* ne pas être d'accord avec qn ★ *van ~ zijn dat ...* être d'avis que ..., penser que ... ★ *zijn ~ geven* donner son avis ★ *voor zijn ~ uitkomen* exprimer son opinion ★ *de ~en lopen uiteen* les avis sont partagés
meningitis méningite *v*
meningsuiting ★ *vrijheid van ~* liberté *v* d'expression
meningsverschil désaccord *m*, différend *m*
meniscus ménisque *m*, ‹blessure› lésion *v*

méniscale
mennen mener, conduire
menopauze ménopause *v*
Menorca Minorque *v*
mens I *de* homme *m*, personne *v* ★ *de mens* l'homme ★ *mensen* des gens *m mv*, monde *m* ★ *de mensen* les gens ★ *veel mensen* bien du monde ★ *de meeste mensen hebben geen idee* la plupart des gens n'ont pas la moindre idée ★ *niet veel mensen* pas grand monde ★ *geen mens* personne ★ *vijf mensen* cinq personnes ★ *een goed mens* qn de bien ★ *de grote mensen* les grandes personnes *v mv*, les grands *m mv* ★ *onder de mensen komen* voir du monde ★ *het zag (er) zwart van de mensen* c'était noir de monde, il y avait foule ★ *zich een ander mens voelen* se sentir renaître ★ *de mens wikt, God beschikt* l'homme propose, Dieu dispose ★ *de inwendige mens versterken* se restaurer ★ *maar een half mens zijn* ne pas être soi-même / dans son assiette ★ *ik ben ook maar een mens* je ne suis que (trop) humain ▾ *alle mensen!* bon sang!, ça alors! **II** *het, vrouw* (bonne) femme *v* ★ *dat mens van hiernaast* cette bonne femme d'à côté
mensa restaurant *m* universitaire
mensaap (singe *m*) anthropoïde *m*
mensdom genre *m* humain, humanité *v*
menselijk humain ★ *het ~ lichaam* le corps humain ★ *vergissen is ~* l'erreur est humaine
menselijkerwijs ★ *~ gesproken* humainement parlant
menselijkheid *menslievendheid* humanité *v*
menseneter cannibale *m/v*, anthropophage *m/v*
mensengedaante forme *v* humaine ★ *in ~* sous la forme humaine
mensenhater misanthrope *m/v*
mensenheugenis ★ *sinds ~* de mémoire d'homme
mensenkennis ★ *~ hebben* avoir de la psychologie
mensenleven vie *v* humaine
mensenmassa foule *v* (de gens)
mensenrechten jur droits *m mv* de l'homme
mensenrechtenactivist militant *m* de droits de l'homme
mensenschuw sauvage, farouche
mensensmokkel trafic *m* d'êtres humains
mensenwerk travail *m* humain
mens-erger-je-niet (jeu *m* des) petits chevaux *m mv*
mens-erger-je-nieten jouer au jeu des petits chevaux
mensheid ❶ *het mens-zijn* humanité *v* ❷ *alle mensen* genre *m* humain
mensjaar productivité *v* d'un homme par an, homme-année *m* [mv: hommes-années]
menslievend humain, philanthropique
mensonterend dégradant
mensonwaardig avilissant, inhumain
menstruatie menstruation *v*
menstruatiecyclus cycle *m* menstruel
menstruatiepijn douleur *v* menstruelle
menstrueren avoir ses règles
menswaardig digne
menswetenschappen sciences *v mv* humaines
mentaal mental [m mv: mentaux]
mentaliteit mentalité *v*
menthol menthol *m* ★ *met ~ bereid* mentholé
mentor *studiebegeleider* tuteur *m*
menu ❶ *maaltijd* menu *m* ❷ *menukaart* menu *m* ★ *op het menu staan* être au menu ❸ comp menu *m*
menuet menuet *m*
menukaart menu *m*, carte *v*
mep baffe *v*, claque *v* ▾ *de volle mep* le tout
meppen gifler, taper
meranti méranti *m*
merchandising merchandising *m*, form marchandisage *m*, ⟨producten⟩ produits *m mv* dérivés
Mercurius Mercure *m*
merel merle *m* (noir) ★ BN *een witte ~* un merle blanc
meren scheepv amarrer
merendeel plupart *v*, plus grande partie *v* ★ *voor het ~* en majorité
merendeels pour la plupart
merengue *dans* merengue *m*
merg biol moelle *v* ★ *door merg en been* jusqu'à la moelle des os ★ *in merg en been* jusqu'au bout (des ongles)
mergel marne *v*, ⟨aarde⟩ sol *m* marneux
mergpijp *mergbeen* os *m* à moelle
meridiaan méridien *m*
meringue *gebak* meringue *v*
merk ❶ *herkenningsteken* marque *v*, ⟨keurmerk⟩ poinçon *m*, ⟨merkje⟩ griffe *v* ❷ *handelsmerk* marque *v*
merkartikel produit *m* de marque
merkbaar perceptible, sensible ★ *~ worden door* se traduire par
merken ❶ *bemerken* s'apercevoir de, remarquer, sentir ★ *laten ~* montrer, manifester ★ *niets laten ~* ne faire semblant de rien ★ *zonder iets te ~* sans se douter de rien ★ *men kan er niets meer van ~* il n'y paraît plus ❷ *van merk voorzien* marquer ★ *alle koeien zijn gemerkt met een oorlabel* toutes les vaches sont marquées aux oreilles
merkkleding vêtements *m mv* griffés
merknaam marque *v* (déposée), ⟨beeldmerk⟩ logo *m*, enseigne *v*
merkteken marque *v*, repère *m*
merkwaardig I *bn, eigenaardig, opmerkelijk* curieux [v: curieuse], remarquable **II** *bw, eigenaardig, opmerkelijk* remarquablement, curieusement
merkwaardigerwijs curieusement
merkwaardigheid curiosité *v*
merrie jument *v*
mes couteau *m* [mv: couteaux] ★ *een mes slijpen* aiguiser un couteau ★ *een bot mes* un couteau émoussé ★ *met het mes op tafel* le couteau sur la table ★ *onder het mes gaan* passer sur le billard ★ *het mes snijdt aan twee kanten* c'est à double tranchant ★ *het mes er inzetten* trancher dans le vif ★ *iem. het mes op de keel zetten* mettre le couteau sous la gorge à qn, faire du forcing
mesjogge cinglé
mespunt *hoeveelheid* ★ *een ~je zout* une pincée / pointe de sel
mess mess *m*
messcherp aiguisé

me

messentrekker bagarreur *m* au couteau
Messias Messie *m*
messing I *het* laiton *m*, cuivre *m* jaune **II** *de* languette *v*
messteek coup *m* de couteau
mest ❶ *van uitwerpselen* engrais *m*, ‹drek› fumier *m* **❷** *uit andere stoffen* engrais *m*
mesten ❶ *bemesten* engraisser, fumer **❷** *vetmesten* engraisser
mesthoop (tas *m* de) fumier *m*
mestkever bousier *m*
mestvaalt (tas *m* de) fumier *m*
mestvee bétail *m* à l'engrais
mestvork fourche *v* à fumier
met ❶ *voorzien van, in gezelschap van* avec, à ★ *een huis met een tuin* une maison avec jardin ★ *koffie met melk* café au lait ★ *een meid met lef* une fille qui a du culot ★ *met blijdschap* avec joie ★ *ik ga met hem op vakantie* je pars en vacances avec lui **❷** *door middel van* avec, à, de ★ *schrijven met een pen* écrire au stylo ★ *met de hand geschreven* écrit de la main ★ *met de fiets gaan* aller à bicyclette, aller en vélo ★ *met de trein gaan* prendre le train **❸** *voor wat betreft* (pour ce qui est) de ★ *stoppen met roken* cesser de fumer ★ *het gaat goed met het werk* le travail va bien **❹** ‹tijdstip› à ★ *met kerst* à Noël ★ *met de jaren* avec le temps **❺** ‹getal› ★ *met z'n vieren zijn* être (à) quatre ★ *winnen met 3-0* gagner par trois à zéro
metaal I *het, stof* métal *m* [mv: métaux] **II** *de, bedrijfstak* métallurgie *v*
metaalachtig métallique
metaalarbeider métallurgiste *m*
metaaldetector détecteur *m* de métaux
metaaldraad I *de* fil *m* métallique **II** *het* fil *m* métallique
metaalindustrie, **metaalnijverheid** métallurgie *v*
metaalmoeheid fatigue *v* des métaux
metafoor métaphore *v*
metaforisch métaphorique
metafysica métaphysique *v*
metafysisch métaphysique
metalen ❶ *gemaakt van metaal* de / en métal, métallique **❷** *als van metaal* métallique
metallic métallisé
metamorfose métamorphose *v* ★ *een ~ ondergaan* se métamorphoser
meteen ❶ *direct erna* tout de suite, aussitôt, immédiatement ★ *we hebben ~ een ambulance gebeld* on a aussitôt appelé l'ambulance ★ *zo ~* dans un instant **❷** *tegelijk* en même temps ★ *~ ook boodschappen doen* faire les courses en même temps
meten I *ov ww, grootheid bepalen* mesurer, ‹van terrein› arpenter, ‹peilen› sonder ★ *de temperatuur ~* prendre la température ★ *hemelsbreed ge~* à vol d'oiseau ★ *iem. met zijn blik ~* mesurer qn des yeux, toiser qn **II** *onov ww, afmeting hebben* mesurer, ‹van schip› jauger, se mesurer (**met** à, avec)
meteoor météore *m*
meteoriet météorite *v*
meteorietinslag chute *v* de météorites
meteorologie météorologie *v*
meteorologisch météorologique
meteoroloog météorologue *m/v*
meter ❶ *lengtemaat* mètre *m* ★ *vierkante ~* mètre carré ★ *kubieke ~* mètre cube ★ *per strekkende / BN lopende ~* au mètre courant ★ *drie ~ lang zijn* être trois mètres de long, faire trois mètres ★ fig *dat klopt voor geen ~* ça ne rime à rien, c'est n'importe quoi **❷** *meettoestel* compteur *m*, ‹van inhoud› jauge *v* ★ *een paneel met allerlei ~tjes en lampjes* un tableau plein de compteurs et voyants ★ *de ~ opnemen* relever le compteur **❸** *peettante* marraine *v* ★ *de peter en de ~* le parrain et la marraine
meterkast placard *m* à compteurs
meteropnemer releveur *m* (de compteurs) [v: releveuse ...]
meterstand chiffre *m* du compteur
metgezel compagnon *m* [v: compagne]
methaan méthane *m*
methadon méthadone *v*
methanol méthanol *m*
methode méthode *v* ★ *statistische ~s toepassen* appliquer des méthodes statistiques ★ *alternatieve ~n voor dierproeven* méthodes alternatives en expérimentation animale
methodiek méthodologie *v*
methodisch méthodique
methodologie méthodologie *v*
methodologisch méthodologique
Methusalem ★ *zo oud als ~* vieux comme Mathusalem
methyl méthyle *m*
meting mesurage *m*, ‹van terrein› arpentage *m*, ‹van inhoud› jaugeage *m*, ‹peiling› sondage *m*
metonymie métonymie *v*
metriek ★ *het ~e stelsel* le système métrique
metrisch métrique
metro métro *m*
metronoom métronome *m*
metropool métropole *v*
metroseksueel métrosexuel *m*
metrostation station *v* de métro
metrum mètre *m*
metselaar maçon *m*
metselen, BN **metsen** maçonner, ‹inmetselen› sceller
metselwerk *gemetseld werk* maçonnerie *v*
metten ★ *korte ~ maken met iem.* ne pas y aller par quatre chemins avec qn
metterdaad effectivement, de fait
mettertijd avec le temps, à la longue
metworst culin ≈ saucisson *m*
meubel meuble *m* ★ BN *de ~s redden* sauver les meubles
meubelboulevard ≈ quai *m* des meubles
meubelmaker ébéniste *m/v*, menuisier *m*
meubelplaat contreplaqué *m*, latté *m*
meubilair mobilier *m* ★ humor *hij hoort bij het ~* il fait partie des meubles / du décor
meubileren meubler ★ *gemeubileerde kamer* chambre *v* meublée, meublé *m*
meug ★ *ieder zijn meug* chacun ses goûts
meute ❶ *troep mensen* foule *v* **❷** *troep honden* meute *v*
mevrouw ❶ *vrouw, dame* dame *v* ★ *er is een ~ voor u* il y a une dame pour vous **❷** *aanspreektitel*

me

madame ★ *geachte ~, ...* Madame, ...
Mexicaan Mexicain *m*
Mexicaans mexicain
Mexicaanse Mexicaine *v*
Mexico *land* le Mexique ★ *in ~* au Mexique
Mexico-Stad Mexico *m*
mezelf inform → **mijzelf**
mi ❶ *Chinese vermicelli* vermicelle *m* chinois ❷ muz mi *m*
miauw miaou
miauwen miauler
mica mica *m*
Michiganmeer lac *m* Michigan
micro BN → **microfoon**
microbe microbe *m* ★ BN *gebeten zijn door de sport~* être un mordu de sport
microfilm microfilm *m*
microfoon microphone *m*, inform micro *m*
microgolfoven BN *magnetron* four *m* à micro-ondes
microkosmos microcosme *m*
microkrediet econ microcrédit *m*
Micronesië la Micronésie
Micronesisch micronésien [v: micronésienne]
micro-organisme micro-organisme *m*
microprocessor comp microprocesseur *m*
microscoop microscope *m*
microscopisch microscopique
middag ❶ *namiddag* après-midi *m/v* [mv: id.] ★ *'s ~s* dans l'après-midi ★ *om vier uur 's ~s* à quatre heures de l'après-midi ★ *een vrije ~* un(e) après-midi de libre ❷ *midden van de dag* midi *m* ★ *tussen de ~,* BN *op de ~* à midi, entre midi et deux
middagdutje sieste *v* ★ *een ~ doen* faire la sieste
middageten déjeuner *m*
middagpauze pause *v* de midi
middaguur ❶ *12 uur 's middags* midi *m* ❷ *de eerste uren na 12 uur 's middags* ★ *in de middaguren* dans l'après-midi
middel ❶ *taille* taille *v*, ⟨omvang⟩ tour *m* de taille ★ *tot aan je ~* à mi-corps ❷ *hulpmiddel* moyen *m*, ⟨redmiddel⟩ ressource *v*, ⟨product⟩ produit *m* ★ *door ~ van* au moyen de, par ★ *een beproefd / probaat ~* un remède efficace ★ *~en van vervoer* moyens de transport ★ *alle ~en aanwenden* mettre tout en œuvre ★ *het ~ is erger dan de kwaal* le remède est pire que le mal ❸ scheik *stof* remède *m*, médicament *m* ★ *kalmerende ~en* calmants *m mv* ★ *verdovende ~en* stupéfiants *m mv* ★ *(verboden) ~en gebruiken* se droguer, se doper ❹ econ *geldmiddelen* [in het mv] moyens *m mv*, ressources *v mv* ★ *~en van bestaan* ressources, moyens de subsistance
middelbaar moyen [v: moyenne]
middeleeuwen Moyen-Age *m* ★ *de vroege ~* le haut Moyen-Age ★ *de late ~* le bas Moyen-Age
middeleeuws ❶ *van de middeleeuwen* médiéval [m mv: médiévaux] ❷ *achtergebleven* moyenâgeux [v: moyenâgeuse] ★ *~e opvattingen* des idées moyenâgeuses
middelen I *ov ww, gemiddelde berekenen* calculer la moyenne de **II** *de mv* → **middel**
middelgroot moyen [v: moyenne]
Middellandse Zee Méditerranée *v*
middellang moyen [v: moyenne] ★ *raketten voor de ~e afstand* missiles *m mv* de portée intermédiaire ★ *op ~e termijn* à moyen terme ★ sport *~e afstand* demi-fond *m* [onver.]
middellijn wisk *lijn* diamètre *m*
middelloodlijn wisk médiatrice *v*
middelmaat moyenne *v*
middelmatig I *bn* ❶ *gemiddeld* moyen [v: moyenne] ❷ *niet bijzonder* médiocre **II** *bw* moyennement, médiocrement
middelmatigheid médiocrité *v*
Middelnederlands I *het* moyen *m* néerlandais **II** *bn* moyen néerlandais
middelpunt centre *m* ★ *in het ~ van de belangstelling staan* être au centre de l'intérêt / attention ★ *hij staat in het ~ van de belangstelling* tous les regards sont braqués sur lui
middelpuntvliedend centrifuge
middelst du milieu, central [m mv: centraux]
middelvinger majeur *m* ★ *opgestoken ~* humor doigt *m* d'honneur
midden I *het* ❶ *middelpunt, middelste deel* milieu *m*, ⟨centrum⟩ centre *m* ★ *iem. uit ons ~* qn d'entre nous ★ *in ons ~* parmi nous ★ *te ~ van* au milieu de, parmi laisser qc de côté ★ fig *dat blijft in het ~* la question reste posée, la question reste en suspens ★ fig *iets in het ~ brengen* avancer qc ★ *het ~ houden tussen* tenir à la fois de, être à mi-chemin entre ❷ BN *kring, milieu* [vaak mv] milieu *m* ★ *de lagere sociaaleconomische ~s* les couches socioéconomiques inférieures, les milieux défavorisés **II** *bw* ★ *~ in de winter* en plein hiver ★ *~ in de rivier* au milieu du fleuve ★ *zij is ~ in de dertig* elle a la trentaine bien sonnée ★ *~ op de dag* en plein jour ★ *~ april* à la mi-avril
Midden-Amerika l'Amérique *v* centrale
Midden-Amerikaans centraméricain
middenberm terre-plein *m* central [mv: terre-pleins centraux]
middendoor en deux
midden- en kleinbedrijf (les) petites et moyennes entreprises (les PME) *v mv*
middengewicht sport *klasse* poids *m* moyen
middengolf ondes *v mv* moyennes, petites ondes *v mv* ★ *op de ~* sur les petites ondes
middenhandsbeentje métacarpien *m*
middenin au milieu, en plein milieu
middeninkomen revenu *m* moyen
middenkader cadres *m mv* moyens
middenklasse classe *v* moyenne, ⟨m.b.t. prijs⟩ milieu *m* de gamme
middenklasser ⟨auto⟩ voiture *v* (de) milieu de gamme
middenlijn sport ligne *v* médiane
middenmoot ≈ moyenne *v*, sport milieu *m* du classement
middenoor oreille *v* moyenne
middenoorontsteking otite *v* moyenne
Midden-Oosten le Moyen Orient ★ *in het ~* au Moyen Orient
middenrif diaphragme *m*
middenschip ⟨van kerk⟩ nef *v* principale
middenschool onderw ≈ collège *m*
middenstand ⟨winkeliers⟩ commerçants *m mv*
middenstander commerçant *m* [v: commerçante] ★ *de kleine ~* le petit

commerçant
middenstandsdiploma ≈ certificat *m* d'aptitude professionnelle (CAP)
middenstip sport point *m* d'engagement
middenstreep ⟨van weg⟩ ligne *v* (blanche / jaune)
middenveld ❶ *deel van sportveld* milieu *m* de terrain ❷ *spelers* milieux *m mv* de terrain
middenvelder milieu *m* de terrain [mv: milieux ...]
middenweg ★ *de gulden ~ bewandelen* garder le juste milieu
middernacht minuit *m* ★ *om ~* à minuit
middernachtelijk de minuit ★ *het ~ uur* l'heure de minuit
midgetgolf minigolf *m*
midlifecrisis crise *v* de la quarantaine, démon *m* de midi
midscheeps central [m mv: centraux]
midvoor avant-centre *m* [mv: avants-centres]
midweek période *v* du lundi à vendredi
midweekarrangement forfait *m* (de) milieu de semaine
midwinter milieu *m* de l'hiver
midzomer milieu *m* de l'été
mier fourmi *v*
mieren ❶ *peuteren* vasouiller ❷ *zeuren* rabâcher
miereneter fourmilier *m*
mierenhoop fourmilière *v*
mierenneuker enculeur *m* de mouches
mierikswortel raifort *m*
mierzoet ≈ écœurant
mieter ★ *iem. op zijn ~ geven* flanquer une raclée à qn ★ *geen ~* que dalle
mieteren *gooien* flanquer
mietje ❶ *homo* pédale *v* ❷ *slappeling* chiffe *v* molle ★ *laten we elkaar geen ~ noemen* appelons un chat un chat
miezeren bruiner, pleuvioter
miezerig ❶ *druilerig* maussade ★ *het is ~ weer* il fait un temps maussade ❷ *nietig* minable, misérable ★ *een ~ mannetje* un petit minable
migraine migraine *v*
migrant migrant *m* [v: migrante]
migratie migration *v*
migreren migrer
mihoen vermicelle *m* chinois
mij me, ⟨voor klinker⟩ m', ⟨met nadruk / na voorzetsel⟩ moi ★ *hij gaf het aan mij* il me l'a donné ★ *hij slaat mij* il me frappe ★ *ga je met mij mee?* tu viens avec moi? ★ *dat is van mij* c'est à moi ★ *een vriend van mij* l'un de mes amis
mijden éviter ★ *~ als de pest* fuir comme la peste
mijl lieue *v* ★ *mijlen achter liggen* être à des kilomètres derrière ★ *Engelse mijl* mille *m* (anglais) ★ *dat is een mijl op zeven* pourquoi faire simple quand on peut faire compliqué?
mijlenver à des kilomètres ★ *~ boven iem. uitsteken* dépasser qn de loin ★ *ik zag dat al van ~ aankomen* je m'y attendais depuis longtemps
mijlpaal ❶ lett *markeerpaal* borne *v* ❷ fig *belangrijk moment* date-clé *v* ★ *een ~ vormen* marquer un tournant, faire date
mijmeren rêvasser, rêver
mijmering rêverie *v*
mijn I *de* ❶ *winplaats* mine *v* ★ *open mijn* mine à ciel ouvert ★ *in de mijn afdalen* descendre dans la mine ❷ *bom* mine *v* ★ *op een mijn lopen* sauter sur une mine ★ *mijnen leggen / vegen* poser / draguer des mines **II** *bez vnw* ⟨voor mannelijk zn⟩ mon [vóór klinker of stomme h: mon], ⟨voor vrouwelijk zn⟩ ma, ⟨voor mv⟩ mes ★ *dat is mijn boek* c'est mon livre ★ *mijn huis* ma maison ★ *mijn boeken* mes livres ★ *de / het mijne* le mien [v: la mienne] ★ *ik moet er het mijne van hebben* je veux en avoir le cœur net ★ *mijns inziens* à mon avis
mijnbouw exploitation *v* minière / des mines
mijnenlegger poseur *m* de mines
mijnenveger dragueur *m* de mines
mijnenveld champ *m* de mines
mijnerzijds de mon côté, pour ma part
mijnheer ❶ *aanspreekvorm voor een volwassen man* monsieur *m* [mv: messieurs] ★ *~ de voorzitter* monsieur le président ❷ *belangrijk man* ★ fig *de grote ~ uithangen* faire le grand seigneur
mijnschacht puits *m* (de mine)
mijnstreek région *v* minière
mijnwerker mineur *m*
mijt ❶ *insect* mite *v*, ⟨huismijt⟩ acarien *m* ❷ *stapel* tas *m*, ⟨houtmijt⟩ pile *v* de bois
mijter mitre *v* ★ *met een ~* mitré
mijzelf ❶ [meewerkend] moi-même ★ *ik heb ~ een cadeautje gegeven* je me suis offert un petit cadeau ❷ [lijdend] moi-même ★ *op die manier straf ik ~* ce serait me punir moi-même
mik *brood* ≈ miche *v* ★ *het is dikke mik tussen die twee* ils sont comme cul et chemise
mikado *spel* mikado *m*
mikken I *ov ww, gooien* balancer **II** *onov ww* ❶ *richten* viser ★ *~ op* viser ❷ *streven naar* ★ *hoog ~* viser haut ★ *~ op* viser, ⟨dingen naar⟩ briguer
mikmak bazar *m* ★ *de hele ~* tout le bataclan
mikpunt cible *v*, point *m* de mire ★ *iem. tot ~ maken* prendre qn pour cible ★ *het ~ van kritiek zijn* être la cible de critiques, être visé
Milaan Milan *m*
mild I *bn* ❶ *zacht* doux [v: douce] ❷ *zachtaardig, welwillend* indulgent, ⟨van straf⟩ léger [v: legère] ★ *milde kritiek* une critique indulgente **II** *bw* ❶ *zacht* doucement ❷ *zachtaardig* avec indulgence
milderen BN *afzwakken* modérer
mildheid ❶ *zachtheid* douceur *v* ❷ *welwillendheid* clémence *v* ❸ *gulheid* générosité *v*, largesse *v*
milieu ❶ *leefklimaat* environnement *m* ★ *vervuiling van het ~* pollution *v* ❷ *sociale kring* milieu *m* ★ *een kansarm ~* un milieu défavorisé ★ *uit een ander ~* issu d'un autre milieu
milieuactivist écologiste *m/v*, inform écolo *m/v*
milieubeheer conservation *v* de l'environnement
milieubelasting *heffing* écotaxe *v*
milieubescherming protection *v* / sauvegarde *v* de l'environnement, écologie *v*
milieubewust écocitoyen [v: ecocitoyenne], écologiste, inform écolo
milieugroep écologistes *m mv*
milieuheffing écotaxe *v*
milieuhygiëne ❶ *milieuzorg* protection *v* de l'environnement ❷ *toestand van het milieu* état *m*

environnemental
milieukunde onderw écologie *v*
milieupark *afvalscheidingstation* déchetterie *v*
milieuramp catastrophe *v* écologique
milieustraat déchetterie *v*
milieuverontreiniging, milieuvervuiling pollution *v*
milieuvriendelijk non polluant, écologique, écoresponsable, ‹van energie› vert
militair I *de* militaire *m* ★ *drie ~en zijn omgekomen* trois militaires ont trouvé la mort **II** *bn* militaire ★ *~e dienst* service *m* militaire ★ *~e operaties* opérations *v mv* militaires ★ *de ~e academie* l'école *v* militaire
militant I *bn* militant **II** *de*, BN *actief lid* militant *m* [v: militante]
militarisme militarisme *m*
militaristisch militariste
militie milice *v*
miljard I *telw* milliard ★ *twee ~ mensen* deux milliards de gens **II** *het* milliard *m*
miljardair milliardaire *m/v*
miljardste milliardième → **vierde**
miljoen I *telw* million *m* ★ *twee ~ mensen* deux millions de gens **II** *het* million *m* ★ *er is voor ~en schade aangericht* les dégâts se chiffrent en millions
miljoenennota projet *m* de loi de finances
miljoenenschade dégâts *m mv* se chiffrant à plusieurs millions
miljoenenstad ville *v* de plus d'un million d'habitants
miljoenste millionième → **vierde**
miljonair millionnaire *m/v*
milkshake milk-shake *m*
mille *duizendtal* mille *m* ★ *per / pro ~* pour mille
millennium millénaire *m*
millibar millibar *m*
milligram milligramme *m*
milliliter millilitre *m*
millimeter millimètre *m*
millimeteren couper ras
milt rate *v*
miltvuur charbon *m*
mime pantomime *v*, ‹speler› mime *m/v*
mimen mimer
mimespeler mime *m/v*
mimiek mimique *v*
mimosa mimosa *m*
min I *bn* ❶ *weinig* ★ *zo min mogelijk* le moins possible ❷ *onbeduidend* médiocre ★ *ben ik te min?* je ne fais pas le poids? ❸ *gemeen* bas [v: basse], vilain ★ *een minne streek* un coup bas, un sale tour **II** *bw* ❶ *weinig* ★ *min of meer* plus ou moins ★ *hij weet het net zo min als ik* il en sait aussi peu que moi ❷ *geringschattend* ★ *er niet te min over denken* ne pas le mésestimer ❸ *onder nul* moins ★ *het is min 10 graden* il fait moins dix ❹ *verminderd met* moins ★ *vijf min drie is twee* cinq moins trois font deux **III** *de, minteken* moins *m* ★ *in de min staan* être en déficit, avoir un découvert
minachten mépriser, dédaigner
minachtend I *bn* méprisant, dédaigneux [v: dédaigneuse] **II** *bw* dédaigneusement
minachting mépris *m*, dédain *m*
minaret minaret *m*
minarine BN culin margarine *v* allégée
minder I *telw, een kleinere hoeveelheid* moins ★ *~ worden* diminuer, baisser ★ *steeds ~ klanten* de moins en moins de clients ★ *~ vrienden* moins d'amis ★ *~ dan* ‹hoeveelheid› moins de, ‹vergelijkend› moins que ★ *niet ~ dan 100* pas moins de cent **II** *bn, kleiner, onbelangrijker, slechter* ‹geringer› moindre, ‹kleiner / lager› inférieur (à), ‹slechter› moins bien ★ *van ~ betekenis* de moindre importance, moins important ★ *in ~e mate* à un degré moindre ★ *van ~e kwaliteit* de moindre qualité, d'une qualité inférieure ★ *niemand ~ dan de burgemeester* le maire en personne **III** *bw, in geringere mate* moins ★ *hoe ~ ... hoe meer ...* moins ..., (et) plus ... ★ *100 euro ~* 100 euros de moins
mindere subalterne *m/v* ★ *(verre) iemands ~ in iets zijn* être (très) inférieur à qn en qc
minderen I *ov ww, verminderen* diminuer, réduire ★ *vaart ~* ralentir **II** *onov ww, minder worden* diminuer
minderhedenbeleid politique *v* des minorités
minderheid *kleiner aantal* minorité *v* ★ *in de ~ zijn* être minoritaire, être en minorité
minderheidsgroep groupe *m* minoritaire
minderheidskabinet gouvernement *m* minoritaire
minderheidsstandpunt avis *m* minoritaire
mindering *het minderen* diminution *v*, ‹korting› déduction *v* ★ *in ~ brengen* déduire (de)
minderjarig mineur
minderjarige mineur *m* [v: mineure]
minderjarigheid minorité *v*
mindervalide semi-valide, à mobilité réduite
minderwaardig inférieur, ‹laag› bas [v: basse] ★ *~e praktijken* des pratiques honteuses
minderwaardigheid infériorité *v*
minderwaardigheidscomplex complexe *m* d'infériorité
minderwaardigheidsgevoel sentiment *m* d'infériorité
mindfulness pleine conscience *v*
mineola, minneola min(n)eola *m*
mineraal I *het* minéral *m* [mv: minéraux] **II** *bn* minéral [m mv: minéraux]
mineraalwater eau *v* minérale
mineur ❶ muz (mode *m*) mineur *m* ★ *in ~* en mineur ❷ *stemming* ★ *in ~ zijn* être morose
mini (mode *v*) mini *m*
miniatuur miniature *v* ★ *in ~* en miniature
miniatuurformaat format *m* miniature
miniatuurtrein train *m* miniature
miniem I *bn* minime, infime **II** *de*, BN sport junior *m*
minigolf minigolf *m*
minima ‹minimumloners› smicards *m mv*
minimaal I *bn, zeer klein* minime, infime, ‹zo klein mogelijk› minimal [m mv: minimaux], minimum [onver.] ★ *een ~ verschil* une différence minime **II** *bw, minstens, op zijn minst* au minimum ★ *~ twee keer* deux fois au minimum
minimaliseren minimiser
minimum minimum *m* [mv: minimums / minima] ★ *tot een ~ beperken* réduire au

minimum
minimumeis minimum *m* exigé
minimuminkomen bas revenu *m*
minimumjeugdloon SMIC-jeunes *m*
minimumleeftijd âge *m* minimum
minimumloon salaire *m* minimum, ⟨wettelijk⟩ SMIC *m*, salaire *m* minimum interprofessionnel de croissance
minirok minijupe *v*
minister ministre *m/v* ★ *volgens de toenmalige ~* selon le ministre de l'époque ★ *eerste ~* premier ministre ★ *~ van Binnenlandse Zaken* ministre de l'Intérieur ★ *~ van Buitenlandse Zaken* ministre des Affaires étrangères ★ *~ van Defensie* ministre de la Défense ★ *~ van Financiën* ministre (de l'Économie et) des Finances ★ *~ van Justitie* ministre de la Justice, garde *m* des Sceaux ★ *~ van Onderwijs* ministre de l'Éducation nationale → **ministerie**
ministerie pol ministère *m* ▼ jur *Openbaar Ministerie* ministère public ★ *Ministerie van Binnenlandse Zaken en Koninkrijksrelaties* ministère de l'Intérieur ★ *~ van Buitenlandse Zaken* ministère des Affaires étrangères ★ *~ van Defensie* ministère de la Défense ★ *~ van Financiën* ministère (de l'Économie et) des Finances ★ *~ van Onderwijs, Cultuur en Wetenschap* ministère de l'Éducation nationale ★ *~ van Veiligheid en Justitie* ministère de la Justice ★ vroeger *~ van Verkeer en Waterstaat* ministère des Transports
ministerieel ministériel [v: ministérielle] ★ *ministeriële crisis* crise *v* gouvernementale
minister-president premier ministre *m*
ministerraad conseil *m* des ministres
ministerspost fonction *v* ministérielle
mink I *de, dier* vison *m* **II** *het, bont* vison *m*
minkukel minus *m*
minnaar amant *m*
minnares maîtresse *v*
minne ★ *iets in der ~ schikken* arranger qc à l'amiable
minnekozen se cajoler, inform se faire des mamours
minnen *beminnen* aimer, chérir
minnetjes I *bn* ❶ *nogal zwak* bien faible ❷ *verachtelijk* bien bas [v: bien basse] **II** *bw* ❶ *nogal zwak* assez faiblement ❷ *verachtelijk* assez bassement
minpool pôle *m* négatif
minpunt élément *m* négatif, mauvais point *m*
minst I *telw* ❶ *de kleinste hoeveelheid* moindre ★ *bij het ~e geruis* au moindre bruit ★ *bij het ~e of geringste* pour un rien ★ *niet het ~e idee hebben* n'avoir aucune idée ★ *dat is wel het ~e!* c'est la moindre des choses! ★ *het ~e dat je kunt doen* le moins que tu puisses faire ❷ *het kleinste aantal* le moins (de) **II** *bw, in de kleinste mate* le moins ★ *niet in het ~* pas le moins du monde ★ *op zijn ~* au moins ★ *op zijn ~ gezegd* pour le moins ★ *ten ~e honderd euro* au moins cent euros
minstens au moins ★ *het duurt ~ drie weken* ça va prendre au moins trois semaines
minstreel ménestrel *m*
minteken (signe *m*) moins *m*
mintgroen
minus moins ★ *12 ~ 4* 12 moins 4
minuscuul minuscule
minuterie BN *tijdschakelaar* minuterie *v*, temporisateur *m*
minutieus I *bn* minutieux [v: minutieuse] **II** *bw* minutieusement
minuut minute *v* ★ *een ~je* une minute, un instant ★ *het is vijf minuten voor tien* il est dix heures moins cinq ★ *een voorsprong van ruim vier minuten* plus de quatre minutes d'avance
minzaam I *bn* ❶ *vriendelijk* affable, aimable ❷ *neerbuigend* condescendant **II** *bw* ❶ *vriendelijk* aimablement ❷ *neerbuigend* avec condescendance
miraculeus miraculeux [v: miraculeuse]
mirakel miracle *m*
mirre myrrhe *v*
mirte myrte *m*
mis I *bn* ❶ *niet raak* manqué ★ *het schot was mis* le coup a raté (son but) ❷ *onjuist* faux [v: fausse] ★ *het mis hebben* se tromper, inform se gourer, avoir faux ★ *het is mis* inform c'est cuit ★ *wat is er mis?* qu'est-ce qui ne va pas? ★ *mis poes!* ⟨mislukt⟩ raté!, ⟨fout⟩ faux! ❸ *gering* ★ *dat is niet mis* ce n'est pas rien **II** *bw* ★ *in niet mis te verstane termen* en termes clairs **III** *de* messe *v* ★ *tijdens de mis* pendant la messe ★ *stille mis* messe basse ★ *de mis lezen* dire la messe ★ *de mis vieren* célébrer la messe ★ *naar de mis gaan* aller à la messe
misantroop misanthrope *m/v*
misbaar vacarme *m* ★ *~ maken* faire du bruit ★ *met veel ~* à grand fracas
misbaksel ❶ *wanproduct* mocheté *v* ❷ *naarling* salaud *m*, salope *v*
misbruik abus *m* ★ *~ van vertrouwen* un abus de confiance ★ *~ maken van* abuser de ★ *~ wordt gestraft* tout abus sera puni
misbruiken ❶ *oneerlijk gebruiken* abuser de ❷ *verkrachten* abuser de
miscommunicatie mauvaise communication *v*
misdaad crime *m* ★ *een ~ begaan* commettre un crime ★ *~ loont niet* le crime ne paie pas
misdaadbestrijding lutte *v* contre la délinquance / criminalité
misdaadroman roman *m* policier
misdadig criminel [v: criminelle]
misdadiger criminel *m* [v: criminelle], malfaiteur *m*
misdeeld défavorisé, déshérité
misdienaar acolyte *m*, ⟨kind⟩ enfant *m* de chœur
misdoen ★ *wat heb ik misdaan?* qu'ai-je fait de mal?
misdragen [zich ~] mal se conduire
misdrijf délit *m* ★ *een ~ begaan* commettre un crime
misdruk exemplaire *m* fautif, maculature *v*
mise-en-scène mise *v* en scène
miserabel misérable
misère misère *v*, détresse *v* ★ *in de ~ zitten* être dans la misère
miserie BN *ellende* misère *v*
misgaan *verkeerd gaan* tourner mal, se gâter, ⟨mislukken⟩ échouer, inform foirer ★ *de zaak gaat mis* ça tourne mal ★ *op het kruispunt zijn we misgegaan* au carrefour on s'est trompé de route

misgreep bévue *v*, erreur *v*
misgrijpen ❶ lett manquer sa prise ❷ fig manquer son coup ★ *hij wilde die baan maar greep net mis* il voulait ce poste, mais il l'a raté de justesse
misgunnen envier ★ *iem. iets ~* envier qc à qn
mishagen déplaire (**aan** à)
mishandelen maltraiter, malmener
mishandeling violences *v mv*, sévices *m mv*, maltraitance *v*
miskennen ❶ *niet erkennen* méconnaître ★ *het valt niet te ~* c'est indéniable ❷ *onderwaarderen* méconnaître ★ *een miskend genie* un génie méconnu
miskenning ❶ *verloochening* méconnaissance *v* ★ *de ~ van het belang van goed onderwijs* la méconnaissance de l'importance d'un enseignment de qualité ❷ *onderwaardering* méconnaissance *v* ★ *de ~ van zijn talenten* la méconnaissance de ses talents
miskleun gaffe *v*, bévue *v*
miskleunen gaffer, se planter
miskoop mauvais achat *m*
miskraam fausse couche *v* ★ *een ~ hebben* faire une fausse couche
misleiden tromper, form induire en erreur
misleidend trompeur [v: trompeuse], mystifiant ★ *~e reclame* publicité *v* mensongère
misleiding mystification *v*, tromperie *v*
mislopen I *ov ww* ❶ *niet krijgen* rater ★ *zijn promotie ~* ne pas obtenir sa promotion ❷ *niet treffen* manquer, inform louper **II** *onov ww, mislukken* tourner mal, se gâter ★ *dat loopt mis* cela se gâte
mislukkeling raté *m* [v: ratée]
mislukken *niet lukken* échouer, rater, ne pas réussir, ‹floppen› tomber à plat ★ *de oogst is mislukt* la récolte a été mauvaise ★ *een mislukte foto* une photo *v* manquée / ratée ★ *mijn taart is mislukt* j'ai raté mon gâteau ★ *de onderhandelingen zijn mislukt* les négociations ont échoués
mislukking échec *m* ★ *het is op een ~ uitgelopen* cela s'est soldé par un échec
mismaakt difforme
mismanagement mauvaise gestion *v*
mismoedig I *bn* découragé **II** *bw* d'un air abattu
misnoegd I *bn* mécontent **II** *bw* d'un air mécontent
misnoegen mécontentement *m*
misoogst mauvaise récolte *v*
mispel ❶ *vrucht* nèfle *v* ❷ *boom* néflier *m*
misplaatst déplacé ★ *~e grap* mauvaise plaisanterie
misprijzen I *het* mépris *m* **II** *ov ww* désapprouver ★ *een ~de blik* un regard désapprobateur
mispunt (petite) peste *v*
misrekenen [**zich ~**] ❶ *zich vergissen* faire une erreur de calcul, se tromper ❷ *teleurgesteld uitkomen* faire un mauvais calcul ★ *zich in iets ~* faire un mauvais calcul en matière de qc
misrekening ❶ *fout* erreur *v* (de calcul) ❷ *teleurstelling* mauvais calcul *m*, mécompte *m*
Miss Miss *v*
misschien peut-être ★ *het gaat ~ regenen vanmiddag* peut-être il va pleuvoir cet après-midi ★ *het is ~ een domme vraag, maar ...* c'est peut-être une question bête, mais ... ★ *hebt u ~ een euro?* auriez-vous un euro? ★ *~ wel* cela se peut bien, peut-être bien
misselijk I *bn* ❶ *onpasselijk* ★ *ik ben ~* j'ai mal au cœur, j'ai la nausée ❷ *walgelijk* dégoûtant, sale ★ *een ~e grap* une plaisanterie de bas étage ★ *dat is niet ~!* ce n'est pas rien! **II** *bw, walgelijk* de façon dégoûtante / écœurante
misselijkheid *onpasselijkheid* mal *m* de cœur, nausée *v*
missen I *ov ww* ❶ *niet treffen* manquer, rater, inform louper ★ *de trein ~* manquer / rater le train ★ *een gemiste kans* une occasion manquée ★ fig *dat kan niet ~* c'est obligatoire ❷ *ontberen* manquer de, être dénué de ★ *ik kan dat niet ~* je ne saurais m'en passer ★ *ik zal je ~* tu vas me manquer **II** *onov ww, ontbreken* manquer ★ *er ~ twee bladzijden* il manque deux pages
misser ❶ *mislukte poging* bévue *v* ❷ sport coup *m* manqué ★ *wat een ~!* loupé!
missie ❶ *doelstelling* mission *v* ★ *~ volbracht* mission accomplie ❷ rel *predikende organisatie* mission *v*
missionaris missionnaire *m/v*
misslaan frapper a côté, rater le coup ▼ *de plank ~* être à côté de la plaque, se gourer
misslag ❶ *niet-rake slag* coup *m* manqué ❷ *vergissing* bévue *v*, erreur *v* ★ *een ~ begaan* commettre une bévue
misstaan ❶ *niet staan van kleding* aller mal ★ *geel misstaat je niet* jaune te va bien ❷ *niet staan van gedrag* ne pas convenir
misstand abus *m*
misstap ❶ *verkeerde stap* faux pas *m* ❷ fig *fout* faux pas *m* ★ *een ~ begaan* faire un faux pas
misstappen faire un faux pas
missverkiezing concours *m* de beauté
mist brouillard *m*, ‹nevel› brume *v* ★ *zware / dichte mist* brouillard épais ★ *de mist trekt op* le brouillard se dissipe ★ *de mist ingaan* foirer
mistbank nappe *v* de brouillard
misten faire du brouillard, faire de la brume ★ *het mist* il fait du brouillard, il y a du brouillard
misthoorn corne *v* de brume
mistig ❶ *nevelig* brumeux [v: brumeuse] ★ *het is ~* il fait du brouillard ❷ *vaag* nébuleux [v: nébuleuse] ★ *~e gedachten* des idées *v mv* brumeuses
mistlamp phare *m* antibrouillard
mistletoe gui *m*
mistral mistral *m*
mistroostig maussade, morne
misvatting méprise *v*
misverstaan ne pas bien comprendre
misverstand malentendu *m* ★ *een ~ ophelderen / rechtzetten* dissiper un malentendu
misvormd difforme
misvormen défigurer, déformer
misvorming déformation *v*, défiguration *v*
miszeggen dire de travers
mitella écharpe *v* ★ *zijn arm in een ~ dragen* avoir le bras en écharpe
mitrailleur mitrailleuse *v*
mits à condition que, pourvu que [+ subj.]

mix mélange *m*, ‹van geluid› mixage *m* (sonore)
mixdrank prémix *m*
mixen mélanger, mixer
mixer mixeur *m*, ‹handmixer› batteur *m*
mkb econ *midden- en kleinbedrijf* PME *v mv*, petites et moyennes entreprises
MKZ *mond-en-klauwzeer* fièvre *v* aphteuse
mmm hum, ‹heerlijk› miam, mmm
mms *Multimedia Messaging Service* MMS *m*
mms'en faire du MMS
mobiel I *de, telefoon* (téléphone *m*) portable *m*, mobile *m* **II** *bn* mobile ★ *~ nummer* numéro *m* mobile **III** *bw* ★ *~ bellen* appeler avec / depuis son portable
mobile *beweeglijk sierhangsel* mobile *m*
mobilhome BN *camper* mobil(e)-home *m* [mv: mobil(e)-homes]
mobilisatie mobilisation *v*
mobiliseren ❶ *mobiel maken* mobiliser ❷ ‹militair› *gevechtsklaar maken* mobiliser
mobiliteit mobilité *v*
mobilofoon mobilophone *m*
mocht [verl. td.] → **mogen**
mochten [verl. td.] → **mogen**
modaal ❶ *gemiddeld* moyen [v: moyenne] ★ *modale werknemer* employé *m* moyen ★ *~ inkomen* ≈ revenus *m mv* moyens ❷ *taalkunde / muziek* modal [m mv: modaux]
modaliteit ❶ taalk modalité *v* ❷ BN *voorwaarde* modalité *v*
modder boue *v* ★ *door de ~ halen* traîner dans la boue
modderen ❶ *baggeren* patauger ❷ *knoeien, prutsen* patauger
modderfiguur ★ *een ~ slaan* faire piètre figure
moddergevecht ❶ *gevecht in de modder* combat *m* dans la boue ❷ fig *discussie vol roddel en beledigingen* échange *m* de calomnies
modderig boueux [v: boueuse]
modderpoel bourbier *m*
modderstroom coulée *v* de boue
moddervet gros comme un cochon [v: grosse ...]
mode ❶ *publieke smaak* mode *v* ★ *in de mode zijn* être à la mode ★ *in de mode komen* devenir à la mode ★ *uit de mode raken* se démoder ★ *het is mode om* c'est de bon ton de ★ *met de mode meedoen* suivre la mode ★ *volgens de nieuwste mode* d'après la dernière mode, (du) dernier cri ❷ *kleding* mode *v* ★ *toonaangevende mode* les tendances *v mv* phares de la mode
modeartikel nouveauté *v*, article *m* de mode
modebewust toujours à la page, inform branché
modeblad revue *v* de mode
modegril caprice *m* de la mode
modehuis maison *v* de mode / de couture
modekleur couleur *v* /coloris *m* à la mode
model ❶ *type product* modèle *m*, type *m* ❷ *voorbeeld* modèle *m* ★ *~ staan voor* servir d'exemple pour ★ *een democratie naar westers ~* une démocratie selon le modèle occidental ❸ *persoon* modèle *m* ★ *zij werkt als ~* elle travaille comme modèle ❹ *ontwerp* modèle *m* ★ *(weer) in ~ brengen* rajuster, ‹opknappen› rafraîchir ★ *uit (zijn) ~* défait
modelbouw modélisme *m*
modelleren *in model brengen* modeler, façonner
modelvliegtuig maquette *v* d'avion, avion *m* miniature
modelwoning maison *v* témoin
modem modem *m*
modeontwerper couturier *m*
moderator ❶ www modérateur *m* [v: modératrice] ❷ BN *gespreksleider* modérateur *m* [v: modératrice]
modern ❶ *hedendaags* moderne ★ *~e kunst* l'art *m* moderne ❷ *tot de nieuwere tijd behorend* ★ *de ~e talen* les langues vivantes
moderniseren moderniser
modernisme modernisme *m*
modeshow défilé *m* de mode
modeverschijnsel phénomène *m* de mode
modewoord mot *m* à la mode
modezaak boutique *v* de mode
modieus I *bn* à la mode ★ *zeer ~* très mode, très tendance **II** *bw* à la mode
modificeren modifier
modulair modulaire
module module *m*
moduleren moduler
modus mode *m*
moe ❶ *vermoeid* fatigué ★ *moe worden* fatiguer ★ *moe maken* fatiguer ❷ *beu* dégoûté de, las de [v: lasse ...]
moed ❶ *dapperheid* courage *m* ★ *moed bijeenrapen* rassembler son courage ★ *de moed hebben om* avoir le cœur de ★ *hij heeft de moed niet om* il n'a pas le courage de ❷ *goede hoop* courage *m* ★ *vol goede moed* plein de courage, serein, confiant ★ *houd moed!* courage! ★ *de moed erin houden* garder le moral ★ *iem. moed inspreken* encourager qn, remonter le moral à qn ★ *iem. de moed ontnemen (om)* décourager qn (de) ★ *moed vatten* (re)prendre courage ★ *de moed verliezen* perdre courage ★ *de moed zonk me in de schoenen* j'ai perdu courage ★ *met frisse moed opnieuw beginnen* recommencer de plus belle
moedeloos découragé ★ *~ worden* se décourager
moeder mère *v*, maman *v* ★ *een aanstaande ~* une future maman ★ *een alleenstaande ~ met drie kinderen* une mère célibataire avec trois enfants ★ *~ de vrouw* bobonne *v*, la patronne ★ *Moeder Aarde* notre mère la terre ★ *Moeder de Gans* ma Mère l'Oie ★ *niet ~s mooiste zijn* être un remède contre l'amour
moederbedrijf maison *v* / société *v* mère
Moederdag fête *v* des mères
moederen ★ *over iem. ~* materner qn
moederhuis BN med *kraaminrichting* maternité *v*
moederinstinct instinct *m* maternel
moederkoek placenta *m*
moederland mère *v* patrie, ‹van kolonie› métropole *v*
moederlijk I *bn* maternel [v: maternelle] **II** *bw* maternellement
moedermelk lait *m* maternel
moeder-overste (mère *v*) supérieure *v*
moederschap maternité *v*
moederschip (navire *m*) ravitailleur *m*
moederskant ★ *van ~* (du côté) maternel

moederskind ❶ *lievelingskind van moeder* chouchou *m* de sa maman [v: chouchoute...] ❷ *kind dat veel aan moeder hangt* enfant *m* de sa maman
moedertaal *van jongsaf aangeleerde taal* langue *v* maternelle
moedervlek grain *m* de beauté
moederziel ★ *~ alleen* tout seul [v: toute seule]
moedig I *bn* courageux [v: courageuse], form vaillant, brave **II** *bw* courageusement, vaillamment, bravement
moedwil malveillance *v*, méchanceté *v* ★ *met ~* exprès
moedwillig I *bn* malveillant, méchant **II** *bw* exprès, délibérément, par méchanceté ★ *~ iets vernielen* dégrader qc délibérément
moeheid ❶ *het moe zijn* fatigue *v*, lassitude *v* ❷ *materiaalmoeheid* ‹van grond› épuisement *m*, ‹van metaal› fatigue *v*
moeilijk I *bn* difficile, pénible, ‹netelig› délicat, ‹zwaar› dur ★ *~e taak* une tâche *v* difficile ★ *~e tijden* des temps *m mv* durs ★ *~ geval* un cas *m* compliqué ★ *een ~ mens* un caractériel ★ *het is ~ te begrijpen* c'est dur à comprendre ★ *het is ~ te zeggen* c'est difficile à dire ★ *het (nodeloos) ~ maken* compliquer les choses, faire le difficile ★ *zo ~ is het niet* ce n'est pas bien malin **II** *bw* difficilement, avec difficulté ★ *iets ~ kunnen geloven* avoir de la peine / du mal à croire qc ★ *je kunt hem dat toch ~ zeggen* tu ne peux tout de même pas lui dire cela ★ *~ doen* faire des chichis ★ *~ opvoedbare kinderen* des enfants à problèmes
moeilijkheid difficulté *v* ★ *iem. in moeilijkheden brengen* causer des ennuis à qn ★ *in moeilijkheden komen* s'attirer des ennuis ★ *daar zit de ~* voilà le problème, c'est là que le bât blesse ★ *hij maakt moeilijkheden* il fait des histoires
moeite ❶ *inspanning* peine *v*, effort *m* ★ *vergeefse ~* peine perdue ★ *in één ~ door* dans la foulée, par la même occasion ★ *met ~* avec peine, péniblement ★ *met grote ~* à grand-peine ★ *~ doen* s'efforcer, se donner du mal ★ *doet u geen ~* ne vous dérangez pas ★ *het is maar een kleine ~* c'est la moindre des choses ★ *zich ~ geven* se donner du mal ★ *de ~ nemen om* se donner la peine de ★ *~ kosten* demander des efforts, être dur ★ *het kost veel ~* cela demande beaucoup d'effort ★ *dat is de ~ niet waard* ça ne vaut pas la peine ❷ *problemen* mal *m* ★ *~ hebben om* avoir du mal à
moeiteloos I *bn* sans peine, sans effort **II** *bw* aisément, haut la main
moeizaam I *bn* laborieux [v: laborieuse], pénible ★ *moeizame onderhandelingen* des négociations *v mv* pénibles **II** *bw* laborieusement, péniblement ★ *~ op gang komen* démarrer laborieusement
moer ❶ *schroefmoer* écrou *m* ❷ *bezinksel* lie *v*, marc *m* ▼ *dat kan me geen moer schelen* je m'en fous royalement
moeras marais *m*, marécage *m*
moerasgebied marécage *m*
moerassig marécageux [v: marécageuse]
moerbei ❶ *moerbes* mûre *v* ❷ *boom* mûrier *m*
moeren bousiller, déglinguer
moersleutel clé *v* à écrous
moerstaal ★ *spreek je ~* parle normalement
moes purée *v*, ‹van fruit› compote *v* ★ *tot moes en bouillie*, en compote ★ *iem. tot moes slaan* mettre qn en bouillie
moesappel pomme *v* à cuire
moesson mousson *v*
moest [verl. td.] → **moeten**
moesten [verl. td.] → **moeten**
moestuin (jardin *m*) potager *m*
moeten I *ov ww* ❶ *mogen, aardig vinden* ★ *ik moet hem niet* je ne l'aime pas, je ne le sens pas ❷ *verlangen, willen* vouloir ★ *moet je nog koffie?* encore un café? ★ *hij moest en zou komen* il voulait venir coûte que coûte ★ *wat moet je hier?* qu'est-ce que tu fous ici? qu'est-ce que ça veut dire? ❸ BN *verschuldigd zijn* devoir ★ *hoeveel moet ik u?* je vous dois combien? **II** *onov ww*, BN *hoeven* être nécessaire ★ *meer moet dat niet zijn* c'est tout ce qu'il faut **III** *hww* ❶ *verplicht zijn, noodzakelijk zijn* devoir, falloir ★ *ik moet naar huis* je dois rentrer ★ *nodig ~* avoir un besoin pressant ★ *hij moet weggaan* il faut qu'il parte ★ *je moet er maar op komen* il fallait y penser ★ *wat moet ik daarmee?* que veux-tu que j'en fasse? ★ *het moet* il le faut ❷ *behoren* devoir, falloir ★ *je had niet ~ weggaan* tu as eu tort de t'en aller ★ *dat moet gezegd* il convient de le dire ★ *je moest je schamen* tu devrais avoir honte ❸ *aannemelijk zijn* devoir ★ *hij moet steenrijk zijn* il doit être très riche ❹ *onvermijdelijk zijn* ★ *ik moest lachen* je n'ai pu m'empêcher de rire ★ *het heeft zo ~ zijn* ça devait arriver, c'était écrit ★ *het moet dan maar* tant qu'à faire ★ *ik moest wel* je n'avais pas le choix, ‹kon het niet laten› c'était plus fort que moi ❺ BN *zullen, kunnen* ★ *moest het zo zijn, dan...* si le cas se présente, (alors) ...
moetje *huwelijk* mariage *m* forcé
Moezel Moselle *v*
moezelwijn culin vin *m* de la Moselle
mof ❶ *warm kledingstuk dat beide handen bedekt* manchon *m* ❷ *recht verbindingsstuk van buizen* manchon *m* ❸ min *Duitser* boche *m/v*
mogelijk I *bn* ❶ *te verwezenlijken* possible ★ *het is ~ dat* il est possible que [+ subj.] ★ *het is niet ~* c'est impossible ★ *zo ~* si possible ★ *voor zover ~* dans la mesure du possible ★ *~ maken* permettre ★ *alle ~e moeite doen* faire tout son possible ❷ *denkbaar* possible ★ *in alle ~e kleuren* en toutes sortes de couleurs ★ *bij ~e moeilijkheden* en cas de difficultés **II** *bw* peut-être ★ *~ gaat het helemaal niet door* cela pourrait ne pas se faire du tout ★ *zo spoedig ~* le plus tôt possible ★ *zoveel ~* autant que possible ★ *zo goed ~* le mieux possible ★ *zij studeert zo goed ~* elle étudie de son mieux
mogelijkerwijs peut-être, éventuellement
mogelijkheid *het mogelijk zijn* possibilité *v*, éventualité *v* ★ *een fusie behoort tot de mogelijkheden* le fusionnement est une des possibilités à envisager ★ *een ~ nader onderzoeken* examiner une possibilité de plus près ★ *de ~ krijgen om ...* avoir l'occasion de ★ *ik kan met geen ~ komen* il m'est impossible de venir ★ *de ~ bestaat dat* il est possible que [+ subj.]
mogen I *ov ww, waarderen* aimer ★ *ik mag hem*

je l'aime bien ★ *iem. niet ~* ne pas trop aimer qn **II** *hww* ❶ *toestemming hebben* pouvoir, avoir la permission / le droit de, ⟨geoorloofd zijn⟩ être permis ★ *mag ik binnenkomen?* je peux entrer? ★ *mag ik de boter?* passez-moi le beurre, s'il vous plaît ★ *mag ik?* est-ce-que je peux?, vous permettez? ★ *dat mag wel* allez-y ★ *hij mag niet van zijn vader* son père ne le permet pas ★ *je mag het houden* tu peux le garder, je te le laisse ❷ *wenselijk zijn* ★ *hij mag wel oppassen* il devrait faire attention ❸ *kunnen* pouvoir ★ *je mag erop rekenen* tu peux y compter il n'est pas mal ❹ *veronderstellen* ★ *hoe rijk hij ook zijn mag* tout riche qu'il est ★ *mocht je hem zien...* si (jamais) tu le vois...

mogendheid puissance *v* ★ *grote ~* grande puissance

mohair mohair *m*

Mohammed Mahomet *m*

mohammedaan musulman *m* [v: musulmane]

mohammedaans musulman

Mohikaan ★ *de laatste der Mohikanen* le dernier des Mohicans

mok ≈ gobelet *m*, jatte *v*

moker masse *v*

mokerslag ❶ lett coup *m* de masse / de massette ❷ fig coup *m* de massue

mokka ❶ *koffie* moka *m* ❷ *room* crème *v* au café

mokkel nana *v*, gonzesse *v*

mokken bouder

mol ❶ *dier* taupe *v* ❷ *infiltrant* taupe *v* ❸ muz *verlagingsteken* bémol *m*

Moldavië la Moldavie ★ *in ~* en Moldavie

Moldavisch moldave

moleculair moléculaire

molecule molécule *v*

molen moulin *m*, ⟨van werphengel⟩ moulinet *m* ★ *hij heeft een tik van de ~ (gekregen)* il est toqué ★ *de ambtelijke ~(s)* les rouages de l'administration, les lenteurs de la bureaucratie ★ *het zit in de ~* on s'en occupe

molenaar meunier *m* [v: meunière]

molensteen meule *v*

molenwiek aile *v* (de moulin)

molesteren molester

molestverzekering ≈ assurance *v* contre les actes de vandalisme

molière richelieu *m*

molk [verl. td.] → **melken**

molken [verl. td.] → **melken**

mollen ❶ *kapot maken* bousiller, déglinguer ❷ *doden* refroidir

mollig I *bn* moelleux [v: moelleuse], ⟨van lichaam⟩ potelé, inform enrobé, grassouillet [v: grassouillette] **II** *bw* moelleusement

molm *vezels* ⟨van turf⟩ débris *m mv*, ⟨van hout⟩ vermoulure *v*

molotovcocktail cocktail *m* Molotov

molshoop taupinière *v*

molton molleton *m* ★ *met ~ voeren* molletonner

Molukken (archipel *m* des) Moluques *v mv*

Molukker *bewoner* Moluquois *m*

Moluks *m.b.t. de Molukken* moluquois

Molukse Moluquoise *v*

mom ★ *onder het mom van* sous le couvert de

moment moment *m* ★ *een ~, alstublieft* une seconde, s'il vous plaît ★ *op dit ~* en ce moment ★ *precies op het juiste ~* à point nommé ★ *op een gegeven ~* à un moment donné ★ *op het laatste ~* in extremis ★ *op hetzelfde ~* au même moment, en même temps

momenteel I *bn, huidig* actuel [v: actuelle] ★ *de momentele terugloop van de omzet* la baisse actuelle du chiffre d'affaires **II** *bw, nu* pour le moment ★ *de vereniging telt ~ 8000 leden* l'association compte actuellement 8000 membres

momentopname ❶ audio-vis instantané *m* ❷ fig ≈ aperçu *m* aléatoire

mompelen *binnensmonds zeggen* marmonner

Monaco Monaco *m* ★ *in ~* à Monaco

Monaco-Ville Monaco-Ville *m*

monarch monarque *m*

monarchie monarchie *v*

monarchist monarchiste *m/v*

mond ❶ *orgaan* bouche *v* ★ *een droge mond hebben* avoir la bouche sèche ★ *niet met een volle mond praten!* ne parle pas la bouche pleine! ★ *met open mond naar iem. kijken* regarder qn bouche bée ★ *zijn mond houden* se taire ★ *mond houden!* tais-toi!, vulg ferme-la! ★ *geen mond opendoen* ne pas desserrer les dents ★ *een grote mond hebben* avoir une grande gueule, être fort en gueule ★ *een grote mond tegen iem. opzetten* ramener sa gueule devant qn ★ *zij weet haar mondje te roeren* elle a la langue bien pendue ★ *iem. de mond snoeren* réduire qn au silence, inform clouer le bec à qn ★ *ieder heeft er de mond vol van* on ne parle que de ça, c'est sur toutes les lèvres ★ *zijn mond voorbijpraten* en dire trop, jaser ★ *bij monde van* par la voix de ★ *iem. iets in de mond leggen* faire dire qc à qn, prêter des propos à qn ★ *met de mond vol tanden staan* en rester bouche bée ★ *iem. naar de mond praten* caresser qn dans le sens du poil, inform faire de la lèche à qn ★ *van mond tot mond gaan* se répandre de bouche à oreille ★ *een aardig mondje Frans spreken* se débrouiller pas mal en français ★ *mondje dicht!* pas un mot!, (motus et) bouche cousue! ★ *niet op zijn mondje gevallen zijn* ne pas avoir sa langue dans sa poche ❷ *riviermonding* bouche *v*, embouchure *v* ❸ *opening* bouche *v*, gueule *v*, orifice *m* ★ *de mond van een kanon* la gueule d'un canon ★ *de mond van de maag* le cardia

mondain mondain, inform huppé ★ *~e kringen* le beau monde

monddood ★ *~ maken* museler ★ *iem. ~ maken* réduire qn au silence

mondeling I *bn* oral [m mv: oraux] verbal [m mv: verbaux] **II** *bw* oralement, verbalement **III** *het* oral *m* [mv: oraux]

mond-en-klauwzeer fièvre *v* aphteuse

mondharmonica harmonica *m*

mondhoek commissure *v* des lèvres

mondholte cavité *v* buccale

mondhygiënist hygiéniste *m/v* (bucco)dentaire

mondiaal mondial [m mv: mondiaux]

mondig émancipé, mature ★ *kinderen zijn tegenwoordig veel ~er dan vroeger* les enfants d'aujourd'hui sont bien plus matures qu'autrefois

mo

mondigheid majorité *v*
monding embouchure *v*, bouche *v*
mondjesmaat au compte-gouttes, ⟨karig⟩ avec parcimonie ★ *~ bedeeld* réduit à la portion congrue ★ BN *met ~* ⟨bij beetjes⟩ au compte-gouttes, ⟨karig⟩ avec parcimonie
mond-op-mondbeademing bouche-à-bouche *m*
mondstuk ❶ *deel* ⟨van pijp⟩ embout *m*, ⟨van blaasinstrument⟩ embouchure *v* ❷ *bit* mors *m*
mond-tot-mondreclame bouche-à-oreille *m*
mondverzorging soins *m mv* buccaux
mondvol *zoveel als in de mond gaat* ⟨hap⟩ bouchée *v*, ⟨slok⟩ gorgée *v*
mondvoorraad provisions *v mv*, vivres *m mv*
Monegask *bewoner* Monégasque *m*
Monegaskisch monégasque
Monegaskische Monégasque *v*
monetair monétaire
Mongolië la Mongolie ★ *in ~* en Mongolie
Mongools mongol
monitor techn moniteur *m*
monitoraat BN onderw encadrement *m* des études
monitoren surveiller
monkelen BN *gnuiven* rire sous cape
monnik moine *m* ★ *gelijke ~en, gelijke kappen* ≈ à travail égal salaire égal
monnikenwerk travail *m* de bénédictin
monnikskap plantk aconit *m*, napel *m*
mono mono
monochroom monochrome
monocle monocle *m*
monofoon monophonique
monogaam monogame
monogamie monogamie *v*
monogram monogramme *m*
monokini monokini *m*
monolithisch monolithe, monolithique
monoloog monologue *m* ★ *een ~ houden* monologuer
monomaan obsédé
monomanie névrose *v* obsessionnelle
monopolie monopole *m*
monopoliepositie position *v* de monopole
monopoly monopoly *m*
monorail monorail *m*
monoski monoski *m*
monotheïsme monothéisme *m*
monotoon monotone
monovolume BN transp monospace *m*
monster ❶ *gedrocht* monstre *m* ❷ *proefstuk* échantillon *m* ★ *een ~ nemen* prélever un échantillon ★ *~s trekken (uit)* échantillonner, prélever des échantillons ★ *op ~ kopen* acheter sur échantillon ★ *~ zonder waarde* échantillon sans valeur
monster- *uitermate groot* monstre, énorme, gigantesque ★ *monsterzege* victoire *v* monstre
monsterachtig I *bn* monstrueux [v: monstrueuse] **II** *bw* monstrueusement
monsteren I *ov ww, keuren* examiner, inspecter, mil passer en revue, ⟨aankijken⟩ toiser **II** *onov ww* scheepv s'enrôler
monsterlijk I *bn* monstrueux [v: monstrueuse] **II** *bw* monstrueusement
monstrans ostensoir *m*
monstrueus monstrueux [v: monstrueuse]
monstruositeit monstruosité *v*
montage montage *m*
montagebouw préfabriqué *m*
montagefoto jur photo-robot *v* [mv: photos-robots]
Montenegrijn Monténégrin *m*
Montenegrijns monténégrin
Montenegrijnse Monténégrine *v*
Montenegro le Monténégro ★ *in ~* au Monténégro
monter I *bn* enjoué, gai **II** *bw* gaiement
monteren monter
montessorischool onderw école *v* montessorienne
monteur mécanicien *m* [v: mécanicienne], monteur *m*
Montevideo Montevideo *m*
montuur monture *v*
monument monument *m* ★ *een ~ oprichten* ériger un monument
monumentaal I *bn* monumental [m mv: monumentaux] ★ *een ~ pand* un bâtiment monumental **II** *bw* de façon monumentale
monumentenzorg ≈ protection *v* des monuments historiques ★ *onder ~ staan* être classé monument historique
mooi I *bn* ❶ *aangenaam voor de zintuigen* beau [m mv: beaux] [v: belle] [vóór klinker of stomme h: bel] ★ *een mooi vogeltje* un beau petit oiseau ★ *het wordt morgen mooi weer* demain il fera beau ★ *zich mooi maken* se faire beau / belle, se pomponner ★ *iets mooi maken* embellir qc, enjoliver qc ❷ *goed* beau [v: belle] ★ *een mooi schoolrapport* de bonnes notes ★ *een mooie dag voor een fietstocht* un beau jour pour faire une promenade en vélo ★ *het mooiste (van de zaak) is dat...* le plus beau de l'histoire c'est que... ★ *dat is niet mooi van je* ce n'est pas gentil ★ *te mooi om waar te zijn* trop beau pour être vrai ★ iron *wel nu nog mooier!* ça alors! ★ iron *dat is me wat moois!* c'est du joli!, c'est du propre! ★ iron *jij bent ook een mooie!* tu es un cas, toi! ★ iron *nu is het mooi geweest* ça suffit comme ça **II** *bw* ❶ *aangenaam voor de zintuigen* joliment ★ *hij kan heel mooi zingen* il chante très bien ❷ *goed* bien ★ *mooi zo!* très bien!, bravo! ❸ *flink* ★ *daar zit je mooi mee!* te voilà propre! ★ *dat is mooi meegenomen* c'est toujours ça (de pris / de gagné)!
mooipraten *gunstiger voorstellen* embellir
mooiprater beau parleur *m*
moonboot après-ski *m* [mv: après-ski(s)]
Moor Maure *m/v*
moord meurtre *m*, assassinat *m* ★ *een ~ plegen* commettre un meurtre ★ *de ~ op de koning* l'assassinat du roi ★ *de perfecte ~* le crime parfait ★ *~ en brand schreeuwen* crier comme un putois
moordaanslag attentat *m* (**op** contre) ★ *een ~ plegen* commettre un attentat, attenter à la vie de qn
moorddadig ❶ *moordend* meurtrier [v: meurtrière] ★ *een ~ type* un individu meurtrier ❷ *erg* terrible ★ *~e honger* faim *v* de

mo

loup, faim terrible
moorden assassiner, tuer
moordenaar meurtrier *m* [v: meurtrière], assassin *m*
moordend ❶ *moorddadig* meurtrier [v: meurtrière] ❷ *slopend* mortel [v: mortelle] ★ *~e concurrentie* concurrence *v* acharnée / rude ★ *~e hitte* chaleur *v* mortelle
moordkuil → **hart**
moordpartij tuerie *v*, massacre *m*
moordwapen arme *v* du crime
moorkop ≈ religieuse *v* au chocolat
moot tranche *v*, ⟨van grote vis⟩ darne *v* ★ *in mootjes hakken* tailler en pièces, mettre en charpie
mop blague *v* ★ *een schuine mop* une plaisanterie leste ★ *wat een mop!* elle est (bien) bonne! ★ *moppen tappen* raconter des blagues ★ *een mop met een baard* une plaisanterie éculée
mopperaar grognon *m*, râleur *m* [v: râleuse]
mopperen grogner, râler (**op** contre)
mopperkont grognon *m*
mopperpot grognon *m*
mopsneus nez *m* camard
moraal ❶ *zedenleer* morale *v* ★ *dubbele ~* double système *m* de valeurs, inform morale à deux vitesses ★ *een dubbele ~ hebben* avoir deux poids deux mesures ★ *de christelijke ~* la morale chrétienne ❷ *wijze les* morale *v* ★ *de ~ van het verhaal* la morale de l'histoire
moraalridder moralisateur *m* [v: moralisatrice]
moraliseren moraliser
moralisme moralisme *m*
moralist moraliste *m/v*
moratorium moratoire *m* ★ *een ~ op kernproeven* un moratoire nucléaire
morbide morbide ★ *een ~ gevoel voor humor* un (sens de l')humour morbide
moreel I *het* moral *m* ★ *het ~ hooghouden* soutenir le moral **II** *bn* moral [m mv: moraux] **III** *bw* moralement
morel ❶ *kers* griotte *v* ❷ *boom* griottier *m*
mores mœurs *v mv* ★ *iem. ~ leren* passer un savon à qn
morfine morphine *v*
morfologie morphologie *v*
morgen I *de* matin *m*, ⟨tijdsduur⟩ matinée *v* ★ *'s ~s* le matin ★ *'s ~s vroeg* au petit matin ★ *de volgende ~* le lendemain matin ★ *op zekere ~* un beau matin ★ *van de vroege ~ tot de late avond* du matin au soir **II** *bw* demain ★ *tot ~!* à demain! ★ *~ vroeg* demain matin ★ *~ is het zaterdag* demain on est le samedi ★ *vanaf ~* dès demain ★ *~ is er weer een dag* demain il fera jour
morgenavond demain soir
Morgenland Orient *m*
morgenmiddag demain après-midi
morgenochtend demain matin
morgenrood aurore *v*
Morgenster *planeet* étoile *v* du berger, étoile *v* du matin
morgenstond aurore *v* ★ *de ~ heeft goud in de mond* ≈ le monde appartient à ceux qui se lèvent tôt
mormel horreur *v*, ⟨hond⟩ cabot
mormoon mormon *m* [v: mormone]
mormoons mormon
morning-afterpil pilule *v* du lendemain
morrelen trifouiller
morren grogner, murmurer ★ *zonder ~* sans broncher, inform sans moufter
morsdood raide mort
morse morse *m*
morsen I *ov ww, laten vallen* renverser, répandre ★ *saus op zijn kleren ~* faire des taches de sauce sur ses vêtements **II** *onov ww, knoeien* faire des taches / des saletés ★ *met water ~* renverser de l'eau ★ *met suiker ~* faire tomber du sucre ★ *~ op* salir, tacher
morseteken signe *m* morse
morsig malpropre, miteux [v: miteuse]
mortel mortier *m*
mortier mortier *m*
mortuarium ❶ *lijkenkamer in ziekenhuis e.d.* morgue *v* ❷ *rouwcentrum* funérarium *m*
mos mousse *v* ★ *met mos begroeid* moussu
mosgroen vert mousse
moskee mosquée *v*
Moskou Moscou *m*
Moskous moscovite
Moskouse Moscovite *v*
Moskoviet *bewoner* Moscovite *m*
moslim musulman *m* [v: musulmane]
moslima musulmane *v*
moslimextremisme extrémisme *m* islamiste
mossel moule *v* ★ BN *~ noch vis* ni chair ni poisson, mi-figue, mi-raisin
mosselbank moulière *v*
most moût *m*
mosterd moutarde *v* ★ *als ~ na de maaltijd komen* arriver après la bataille
mosterdgas gaz *m* moutarde
mosterdzaad graine *v* de moutarde
mot I *de* [mv: +ten] *insect* teigne *v*, ⟨in kleding⟩ mite *v* ★ *de mot zit erin* c'est mangé aux mites, c'est mité **II** *de* [gmv] *ruzie* querelle *v* ★ *mot zoeken* chercher querelle ★ *zij hebben mot* ils sont fâchés
motel motel *m*
motie motion *v* ★ *~ van afkeuring* motion de censure ★ *een ~ van wantrouwen indienen* déposer une motion de censure
motief ❶ *beweegreden* motif *m*, jur mobile *m* ★ *motieven aanvoeren* avancer des motifs ★ *wat was het ~ van de dader?* quel était le mobile de l'auteur? ❷ *patroon* motif *m* ★ *een geruit ~* motif à carreaux ❸ *onderwerp, thema* motif *m* ★ *een terugkerend ~* un motif répété, un leitmotiv
motivatie motivation *v*
motiveren ❶ *beredeneren* motiver ★ *een beslissing ~* motiver une décision ❷ *stimuleren* encourager ★ *gemotiveerd zijn* être motivé
motivering motivation *v*
motor ❶ *machine* ook fig moteur *m* ★ *de ~ slaat aan* le moteur démarre ★ *de ~ slaat af* le moteur cale ★ *de ~ ronkt* le moteur ronfle ★ *de ~ aanzetten* mettre le contact ★ *de ~ afzetten* couper le contact ★ *er zit een heel zuinige ~ in* il / elle a un moteur très économique ❷ *motorfiets* moto *v* ★ *op de ~* à moto ★ *~ met zijspan* side-car *m* [mv: side-cars] ★ *een zware ~* un gros cube
motoragent motard *m*

motorblok bloc-moteur *m* [mv: blocs-moteurs]
motorboot canot *m* à moteur, ⟨patrouilleboot⟩ vedette *v*
motorcross motocross *m*
motorfiets moto *v* ★ ~ *met zijspan* side-car *m* [mv: side-cars]
motoriek motricité *v*
motorisch moteur [v: motrice] ★ ~ *gehandicapte* handicapé *m* moteur
motoriseren motoriser
motorkap capot *m*
motorpech panne *v* (de moteur) ★ ~ *hebben* être en panne
motorracen faire des courses de motos
motorrijden faire de la moto
motorrijder motocycliste *m/v*, motard *m*
motorrijtuig véhicule *m* automobile / à moteur
motorrijtuigenbelasting taxe *v* sur les véhicules à moteur
motorsport motocyclisme *m*
motorvoertuig véhicule *m* à moteur
motregen bruine *v*
motregenen bruiner, pleuvioter
mottenbal boule *v* antimite / de naphtaline ★ *iets uit de ~len halen* ressortir qc
mottig ❶ *door mot beschadigd* mangé des mites, mité ❷ ⟨van het weer⟩ bruineux [v: bruineuse]
motto devise *v* ★ *onder het ~ van* sous le prétexte de
mountainbike VTT *m*, vélo *m* tout-terrain
mountainbiken faire du VTT
moussaka moussaka *v*
mousse mousse *v*
mousseren mousser
mousserend mousseux [v: mousseuse] ★ *~e wijn* (vin *m*) mousseux *m*
mout malt *m*
mouw *armstuk* manche *v* ★ *de mouwen opstropen* ook fig retrousser ses manches ★ *de handen uit de mouwen steken* mettre la main à la pâte ★ *iem. iets op de mouw spelden* raconter des bobards à qn ★ *daar is wel een mouw aan te passen* ça peut s'arranger, on peut se débrouiller ★ *iets uit de mouw schudden* s'improviser qc, sortir qc (de son chapeau) ★ *iem. aan de mouw trekken* tirer qn par la manche ★ BN *dat is een ander paar mouwen* c'est une autre paire de manches
mouwveger BN *vleier* flatteur *m* [v: flatteuse], BelgFr frotte-manche *m/v* [mv: frotte-manches]
moven bouger, filer ★ *~, joh!* on file!
mozaïek mosaïque *v*
Mozambikaans mozambicain
Mozambique le Mozambique ★ *in ~* au Mozambique
mozzarella mozzarella *v*
mp3 I *de,* comp *bestand* MP3 *m* **II** *het,* comp *compressietechniek* MP3 *m*
mp3-bestand fichier *m* MP3
mp3-speler lecteur *m* MP3, ⟨draagbaar⟩ baladeur *m* MP3
mpeg comp *bestand* MPEG *m*
MRI-scan IRM *v*, imagerie *v* par résonance magnétique
msn MSN *m*
msn'en faire du MSN
MT *managementteam* équipe *v* dirigeante
mud hectolitre *m*
mudvol plein à craquer
muesli muesli *m*, musli *m*
muf ❶ *onfris* qui sent le moisi / le renfermé ★ *het ruikt hier muf* ça sent le renfermé ❷ *saai* morne ★ *wat een muffe boel!* quelle barbe!, c'est mort!
mug I *de* moustique *m* ★ *van een mug een olifant maken* faire d'une mouche un éléphant ★ *met een kanon op een mug schieten* ≈ employer des moyens démesurés **II** *afk,* BN *mobiele urgentiegroep* ≈ service *m* des urgences
muggenbeet piqûre *v* de moustique
muggenbult piqûre *v* de moustique
muggenolie huile *v* contre les moustiques
muggenziften chicaner, ergoter
muggenzifter chicaneur *m* [v: chicaneuse]
muil ❶ *bek* gueule *v* ★ *houd je muil!* (ferme) ta gueule!, ferme-la! ❷ *schoen* mule *v*
muildier mulet *m* [v: mule]
muilezel bardot *m*
muilkorf muselière *v*
muilkorven ❶ *muilkorf aandoen* museler ❷ *monddood maken* museler
muilpeer marron *m*, gifle *v*
muiltje → **muil**
muis ❶ *dier* souris *v* ★ fig *dat muisje zal nog wel een staartje hebben* l'affaire n'en restera pas là ❷ comp souris *v* ❸ *deel van hand* thénar *m*, gras *m* de la main
muisarm med syndrome *m* de la souris
muisgrijs gris souris
muisjes culin ≈ perles *v mv* d'anis
muismat tapis *m* de souris
muisstil ★ ~ *zijn* ne souffler mot ★ *het is ~* on entendrait voler une mouche
muiten se mutiner, s'insurger
muiter mutin *m*
muiterij mutinerie *v*, insurrection *v*
muizen comp utiliser la souris ★ BN *er vanonder ~* filer (en douce), s'éclipser
muizenis souci *m*, tracas *m mv* ★ *zich ~sen in het hoofd halen* se tracasser (pour un rien)
muizenval souricière *v*
mul I *bn* meuble ★ *mul zand* sable *m* fin **II** *de, zeevis* surmulet *m*
mulat mulâtre *m* [v: mulâtresse]
multicultureel multiculturel [v: multiculturelle]
multidisciplinair multidisciplinaire
multifocaal multifocal [mv: multifocaux]
multifunctioneel polyvalent, à multiples usages, multifonction
multimediaal multimédia [onver.]
multimiljonair multimillionnaire *m/v*
multinational multinationale *v*
multipel multiple
multiple choice à choix multiple
multiplechoicetest test *m* / questionnaire *m* à choix multiple
multiplechoicevraag question *v* à choix multiple
multiple sclerose sclérose *v* en plaques
multiplex contreplaqué *m*
multitasken faire du multitâche
multomap classeur *m* (à anneaux)
mum ★ *in een mum van tijd* en un rien de temps,

en moins de rien
Mumbai Mumbai *m*
mummelen marmonner
mummie momie *v*
mummificeren momifier
München Munich *v*
municipaal municipal [m mv: municipaux]
munitie munitions *v mv*
munitiedepot dépôt *m* de munitions
munt ❶ *geldstuk* pièce *v* (de monnaie) ★ *munten* monnaies ★ *munten slaan* battre monnaie ★ fig *munt slaan uit* tirer profit de ★ *in klinkende munt* en espèces *v mv* sonnantes ❷ *penning* médaille *v*, ⟨voor automaat⟩ jeton *m* ❸ *munteenheid* monnaie *v* ★ fig *iem. met gelijke munt terugbetalen* rendre la pareille / la monnaie de sa pièce à qn ❹ *waardestempel* face *v* ★ *kop of munt* pile ou face ❺ *muntgebouw* (Hôtel *v* de la) Monnaie *v* ❻ culin *plant* menthe *v* ❼ → **muntje**
munteenheid unité *v* monétaire
munten monnayer ★ *geld* ~ battre monnaie → **gemunt**
muntje BN *pepermuntje* bonbon *m* à la menthe
muntstuk pièce *v* de monnaie
muntthee thé *m* à la menthe
murmelen I *ov ww, zachtjes, onduidelijk praten* murmurer ★ *hij murmelde iets onverstaanbaars* il a murmuré qc entres ses dents II *onov ww, zacht ruisen* ruisseler
murw ❶ *zacht, slap* tendre, ⟨van fruit⟩ blet [v: blette] ❷ fig *krachteloos* lessivé, éreinté, brisé ★ *iem. murw maken* venir à bout de qn ★ *iem. murw slaan* casser la gueule à qn ★ *murw zijn* être cuit ★ *iem. murw praten* casser les oreilles à qn
mus moineau *m* [mv: moineaux] ★ *het is zo heet dat de mussen van het dak vallen* il fait une chaleur accablante ★ *iem. blij maken met een dode mus* faire une fausse joie à qn
museum musée *m*, ⟨van nat. hist.⟩ muséum *m* ★ *op maandagen is het ~ dicht* le musée est fermé le lundi ★ *een ~ voor moderne kunst* un musée de l'art moderne
museumstuk pièce *v* de musée
musical comédie *v* musicale
musiceren faire de la musique
musicoloog musicologue *m/v*
musicus musicien *m* [v: musicienne]
muskaatnoot BN culin *nootmuskaat* noix *v* muscade
musketier mousquetaire *m*
muskiet moustique *m*
muskietennet moustiquaire *v*
muskus musc *m*
muskusrat rat *m* musqué
must must *m*, chose *v* à ne pas manquer ★ *dat is een must* ça s'impose
mutatie ❶ *verandering* mutation *v* ★ *interne ~s* mutations internes ★ *~ van het personeel* mouvements *m mv* dans le personnel ❷ biol mutation *v* ★ *~ in de genen* mutation génique
muts ❶ *hoofddeksel* bonnet *m* ❷ min *vrouw* chieuse *v*
mutualiteit BN *ziekenfonds* mutualité *v*
muur mur *m*, ⟨van vesting⟩ muraille *v* ★ *een bakstenen muurtje* un petit mur de briques ★ *vier kale witte muren* quatre murs blancs et nus ★ *de Chinese muur* la Grande Muraille (de Chine) ★ *dragende muur* mur portant / porteur ★ *een muur van onwil* un mur de refus ★ *iem. tegen de muur zetten* ⟨fusilleren⟩ coller qn au mur ★ *het is alsof je tegen een muur praat* c'est comme si on parlait à un mur ★ *tussen vier muren zitten* être mis à l'ombre ★ *de muren hebben oren* les murs ont des oreilles ★ *de muren komen op me af* j'étouffe entre mes quatre murs
muurbloempje ★ *een ~ zijn* faire tapisserie
muurkrant journal *m* mural [mv: journaux muraux]
muurschildering fresque *v*, peinture *v* murale
muurvast ❶ lett inébranlable ❷ fig immobilisé ★ *de onderhandelingen zitten ~* les négociations sont au point mort
muurverf peinture *v* murale
muzak muzak *v*, musique *v* de fond
muze muse *v*
muziek musique *v* ★ *luisteren naar je favoriete ~* écouter sa musique favorite ★ *lichte ~* musique légère, variétés *v mv* ★ *~ van het blad spelen* jouer à vue, jouer avec une partition ★ *op ~ zetten* mettre en musique ★ *een leuk ~je* un joli air ★ fig *daar zit ~ in* ça promet ★ fig *dat klinkt als ~ in de oren* c'est ce que je voulais entendre ★ fig *hij is met de ~ mee* il s'est volatilisé
muziekbibliotheek bibliothèque *v* musicale
muziekblad *blad papier* feuille *v* de musique
muziekcassette musicassette *v*
muziekdoos boîte *v* à musique
muziekfestival festival *m* de musique
muziekinstrument instrument *m* de musique
muziekkapel musique *v*
muziekkorps fanfare *v*
muzieknoot note *v* (de musique)
muziekpapier papier *m* à musique
muziekschool école *v* de musique
muziekstandaard pupitre *m* à musique
muziekstuk composition *v*, ⟨kort⟩ morceau *m* (de musique) [mv: morceaux ...]
muziektent kiosque *m* à musique
muziektheater *genre* salle *v* de concerts
muziekwetenschap musicologie *v*
muzikaal musical [m mv: musicaux] ⟨van persoon⟩ musicien [v: musicienne], doué pour la musique ★ *zij is ~* elle est (très) musicienne ★ *een ~ gehoor hebben* avoir l'oreille musicale ★ *een showband zorgt voor de muzikale omlijsting* un showband assure l'accompagnement musical
muzikant musicien *m* [v: musicienne]
Myanmar Myanmar *m*
Myanmarees myanmarais
mysterie mystère *m* ★ *een ~ onthullen* dévoiler un mystère
mysterieus I *bn* mystérieux [v: mystérieuse] II *bw* mystérieusement
mystiek I *de* mystique *v* II *bn* mystique
mythe mythe *m* ★ *~n en legenden* mythes et légendes
mythisch mythique
mythologie mythologie *v*
mythologisch mythologique
mytylschool onderw ≈ école *v* pour handicapés physiques

N

n n *m* ★ *de n van Nico* n comme Noémie
na I *vz* ❶ *achter* ⟨van plaats⟩ après ★ *(ga) na de kerk rechtsaf* après l'église, prendre à droite ★ *na u!* après vous! ❷ *aansluitend op* ⟨van tijd⟩ après, dans, au bout de ★ *na het feest* après la fête ★ *na een jaar* au bout d'un an ★ *week na week* semaine après semaine ★ *het is na tienen* il est dix heures passées **II** *bw* ❶ *later* ★ *(fruit) na* ⟨als dessert⟩ des fruits comme dessert ❷ *na- / dichtbij* près ★ fig *iem. te na komen* offenser qn ★ *dat ligt me na aan het hart* cela me tient à cœur ❸ *behalve* ★ *allen op één na* tous sauf un ★ *op twee na de grootste* le plus grand à deux près ★ *op mijn zuster na* sauf ma sœur, à part ma sœur
naad joint *m*, ⟨van kleren⟩ couture *v*, ⟨lasnaad⟩ soudure *v* ★ *het naadje van de kous willen weten* vouloir connaître le fin mot (de l'histoire) ★ *zich uit de naad werken* travailler comme un fou
naadloos ❶ *zonder naad* sans couture ❷ fig sans problème ★ *~ aansluiten op* s'accorder parfaitement avec
naaf moyeu *m* [mv: moyeux]
naaidoos boîte *v* à ouvrage / à coudre
naaien ❶ *met draad vastmaken* coudre ❷ plat *neuken* baiser ❸ plat *belazeren* baiser ★ *zich genaaid voelen* se sentir baisé
naaigaren fil *m* à coudre
naaigarnituur trousse *v* à couture
naaimachine machine *v* à coudre
naaister couturière *v*
naaiwerk (ouvrage *m* de) couture *v*
naakt I *bn* ❶ *ongekleed* nu, inform à poil [onver.] ★ *~ zwemmen* se baigner tout nu ❷ fig ★ *de ~e waarheid* la vérité toute nue ★ *de ~e feiten* les simples faits **II** *het* nu *m* ★ *naar het ~ tekenen* dessiner des nus
naaktfoto photo *v* de nu
naaktloper nudiste *m/v*
naaktmodel modèle *m* (qui pose) nu, académie *v*
naaktslak limace *v*
naaktstrand plage *v* pour nudistes
naald ❶ *gereedschap* aiguille *v* ★ *de draad in de ~ steken* enfiler l'aiguille ★ *een ~ in een hooiberg zoeken* chercher une aiguille dans une botte de foin ★ *dat is heet van de ~* c'est tout chaud ★ BN *van ~je tot draadje* par le menu ❷ *wijzer* aiguille *v* ❸ *van platenspeler* saphir *m* ❹ plantk aiguille *v*
naaldboom conifère *m*
naaldbos bois *m* de conifères
naaldhak talon *m* aiguille ★ *schoen met ~* chaussure *v* à talons (aiguille)
naaldhout bois *m* de conifères
naam ❶ *benaming* nom *m* ★ *dubbele naam* ⟨met 'van' ('de')⟩ nom à particule ★ *mijn naam is X* je m'appelle X ★ *zij voert haar eigen naam* elle porte son nom de jeune fille ★ *een naam geven aan* (dé)nommer, baptiser ★ *zijn naam noemen* dire son nom, décliner son identité ★ *de dingen bij de naam noemen* appeler un chat un chat, appeler les choses par leur nom ★ *luisteren naar de naam X* répondre au nom de X ★ *op naam van X* au nom de X ★ *vrij op naam* (frais) à la charge du vendeur ★ *ten name van X* au nom de X ★ *iem. van naam kennen* connaître qn de nom ★ *dat mag geen naam hebben* ce n'est rien ★ *mijn naam is haas* je n'y suis pour rien ★ *in naam is hij de chef* il est le chef nominal ★ *in naam van* au nom de ★ *in naam der wet* au nom de la loi ★ *met name* notamment, en particulier ★ *iets op zijn naam hebben staan* avoir qc à son actif ★ *uit mijn naam* en mon nom ★ *uit naam van* au nom de ❷ *reputatie* réputation *v* ★ *een goede naam hebben* avoir bonne réputation ★ *een slechte naam hebben* avoir mauvaise réputation ★ *iemands goede naam aantasten* ternir la réputation de qn ★ *een man van naam* un homme de renom ★ *naam maken* se faire un nom ★ *zijn naam eer aandoen* faire honneur à sa réputation ★ *te goeder naam en faam bekend staan* jouir d'une bonne réputation
naambord plaque *v*
naamdag fête *v* ★ *mijn ~* ma fête
naamgenoot homonyme *m*
Naams namurois
naamval cas *m* ★ *eerste ~* nominatif *m* ★ *tweede ~* génitif *m* ★ *derde ~* datif *m* ★ *vierde ~* accusatif *m*
naamwoord nom *m* ★ *bijvoeglijk ~* adjectif *m* ★ *zelfstandig ~* substantif *m*, nom *m*
naamwoordelijk nominal [m mv: nominaux] ★ *het ~ deel van het gezegde* l'attribut *m*
na-apen copier, singer ★ *het werk van een ander ~* pomper sur qn
naar I *vz* ❶ *in de richting van* à, pour, vers ★ *naar het huis* à / vers la maison ★ *naar huis lopen* rentrer ★ *de trein naar Utrecht* le train pour Utrecht, le train à destination d'Utrecht ★ *naar Utrecht gaan* aller à Utrecht ★ *naar Frankrijk vertrekken* partir pour la France ★ *naar iem. toe gaan* aller chez qn ❷ *volgens* d'après, selon ★ *naar de natuur geschilderd* peint d'après nature ★ *naar zijn wil* selon sa volonté ★ *hij is er niet de man naar om ...* il n'est pas l'homme à... **II** *bn* ❶ *onsympathiek* désagréable ★ *wat een nare jongen* quel garçon déplaisant! ★ *een nare kerel* un type désagréable ❷ *onwel* ★ *ik word er naar van* cela me soulève le cœur ★ *hij voelt zich naar* il se sent mal ★ *er naar aan toe zijn* être mal en point ❸ *akelig* triste, désagréable ★ *een nare geschiedenis* une sombre histoire ★ *naar weer* un temps maussade **III** *voegw* ★ *naar het schijnt* à ce qu'il semble ★ *naar men zegt* d'après ce qu'on dit, à ce qu'on dit
naargeestig triste, sombre, maussade ★ *~ weer* un temps maussade
naargelang au fur et à mesure que ★ *~ je ouder wordt* avec l'âge, en vieillissant ▾ *~ van de omstandigheden* selon les circonstances
naarmate à mesure que ★ *~ je ouder wordt* avec l'âge, en vieillissant
naarstig I *bn* appliqué, assidu **II** *bw* avec application, assidûment ★ *~ op zoek zijn naar iets* chercher partout pour trouver qc
naast I *vz* ❶ *terzijde van* à côté de, (tout) près de ★ *~ het huis* à côté de la maison ★ *het huis ~ het park* la maison près du parc ★ *~ elkaar* côte à côte ★ *~ iem. gaan zitten* s'asseoir à côté de qn

n

❷ *in aanvulling op* en plus de, outre ★ ~ *frisdrank hebben we ook thee* à part les raffraîchissements on a du thé **II** *bn* ❶ *dichtstbij* (le plus) proche ★ *de ~e buren* les voisins immédiats / d'à côté ❷ *intiemst* proche ★ *de ~e familieleden* les proches ▼ *ten ~e bij* approximativement **III** *bw, mis* à côté ★ ~ *schieten* manquer le but, tirer à côté ★ *er lelijk / ver ~ zitten* être bien à côté de la plaque
naaste prochain *m* [v: prochaine] ★ *heb uw ~ lief als uzelf* tu aimeras ton prochain comme toi-même
naastenliefde amour *m* du prochain, rel charité *v*
naastgelegen voisin, adjacent
nabehandelen continuer de traiter, effectuer un suivi du traitement
nabehandeling soins *m mv* complémentaires, ⟨na operatie⟩ traitement *m* postopératoire
nabeschouwing analyse *v*, évaluation *v* ★ *een ~ houden* faire le point, faire un commentaire ★ *tijdens de ~ zagen we het doelpunt nogmaals* pendant les analyses on a revu le but
nabespreken évaluer
nabespreking commentaire *m*, évaluation *v*
nabestaande proche parent *m* [v: proche parente], proche *m/v* (survivant) ★ *de ~n* les proches survivants
nabestellen faire une commande supplémentaire de ★ *foto's ~* commander des photos supplémentaires
nabestelling commande *v* supplémentaire
nabezorging livraison *v* après la distribution normale
nabij I *bn* proche ★ *in de ~e toekomst* dans un proche avenir ★ *de meest ~e stad* la ville la plus proche ★ *iem. van ~ kennen* connaître qn de près **II** *vz* près de ★ ~ *het huis* près de la maison ★ *om en ~ de veertig* autour de quarante ans
nabijgelegen voisin, proche
nabijheid proximité *v* ★ *in de ~ van* à proximité de
nablijven être en retenue, inform être collé ★ *laten ~* mettre en retenue
nablussen noyer un feu ★ *het ~ duurde tot de ochtend* le feu a été circonscrit vers le matin
nabootsen imiter, copier
nabootsing imitation *v*
naburig voisin
nacho nacho *m*
nacht nuit *v* ★ *de afgelopen ~* la nuit dernière ★ *komende ~* la nuit prochaine ★ *een slapeloze / doorwaakte ~* une nuit blanche ★ *het is ~* il fait nuit ★ *het wordt ~* la nuit tombe ★ *'s ~s* la nuit ★ *bij het vallen van de ~* à la tombée de la nuit ★ *'s ~s reizen* voyager de nuit ★ *de ~ doorbrengen in* passer la nuit dans ★ *tot diep in de ~* jusqu'à tard dans la nuit ★ *in de ~ van vrijdag op zaterdag* dans la nuit de vendredi à samedi ★ *zo lelijk als de ~* laid à faire peur ★ *zo zwart als de ~* noir comme dans un four ★ *niet over één ~ ijs gaan* ne pas se risquer à la légère ★ *bij ~ en ontij* à des heures indues ★ *ik zal er een ~je over slapen* la nuit portera conseil
nachtblind héméralope
nachtbraken ❶ *'s nachts feesten* faire la noce ❷ *'s nachts werken* travailler la nuit
nachtbraker noceur *m* [v: noceuse]
nachtbus bus *m* de nuit, ⟨in de Parijse regio⟩ noctilien *m*
nachtclub boîte *v* (de nuit)
nachtcrème crème *v* de nuit
nachtdienst service *m* de nuit ★ ~ *hebben* être de service de nuit
nachtdier nocturne *m*
nachtegaal rossignol *m*
nachtelijk nocturne ★ *een ~e aanval* une attaque nocturne
nachtfilm film *m* qui passe après minuit
nachthemd chemise *v* de nuit
nachtkaars ★ *uitgaan als een ~* s'en aller en eau de boudin
nachtkastje table *v* de nuit / de chevet
nachtkijker lunette *v* de nuit
nachtkleding habits *m mv* de nuit
nachtlampje veilleuse *v*
nachtleven noctambulisme *m*, vie *v* nocturne
nachtmerrie cauchemar *m*
nachtmis messe *v* de nuit, ⟨met kerst⟩ messe *v* de minuit
nachtploeg équipe *v* de nuit
nachtpon chemise *v* de nuit
nachtportier portier *m* de nuit
nachtrust sommeil *m*, nuits *v mv*
nachtschade solanacée *v*
nachtslot ★ ⟨de deur⟩ *op het ~ doen* fermer à double tour
nachtstroom courant *m* de nuit
nachttarief tarif *m* de nuit
nachttrein train *m* de nuit
nachtuil BN *nachtbraker* noceur *m* [v: noceuse]
nachtverblijf logis *m*
nachtvlinder ❶ *dier* papillon *m* de nuit ❷ fig *mens* noctambule *m/v*
nachtvlucht vol *m* de nuit
nachtvorst gelées *v mv* nocturnes
Nachtwacht ★ *de ~* ⟨van Rembrandt⟩ la Ronde de nuit
nachtwaker gardien *m* de nuit, ⟨van bewakingsbedrijf⟩ vigile *m*
nachtzoen ≈ bisou *m* (pour la nuit)
nachtzuster infirmière *v* de nuit
nacompetitie sport matches *m mv* de barrage
nadagen déclin *m*, ⟨van bewind⟩ fin *v* de règne ★ *in zijn ~ zijn* être sur son déclin
nadat après que [+ ind.] ★ ~ *ik vertrokken was* après être parti, après mon départ
nadeel désavantage *m*, ⟨bezwaar⟩ inconvénient *m*, ⟨benadeling⟩ préjudice *m* ★ *ten nadele van* au détriment de ★ *in het ~ zijn* être désavantagé ★ *de voor- en nadelen* le pour et le contre ★ *iem. ~ berokkenen* faire (du) tort à qn, nuire à qn
nadelig I *bn, schadelijk* nuisible (à), préjudiciable (à), ⟨ongunstig⟩ désavantageux [v: désavantageuse] ★ ~ *zijn voor* nuire à, être mauvais pour ★ ~ *voor de gezondheid* qui nuit à la santé ★ *~e gevolgen* conséquences *v mv* fâcheuses, séquelles *v mv* **II** *bw* ★ ~ *werken op* être nuisible à
nadenken réfléchir (**over** à, sur) ★ *dat stemt tot ~* cela donne à réfléchir ★ *even ~!* laisse-moi réfléchir un peu! ★ *zonder na te denken* sans

réfléchir ★ *ik zal er nog eens goed over ~* j'y réfléchirai sérieusement
nadenkend I *bn* pensif [v: pensive], réfléchi **II** *bw* de manière réfléchie
nader I *bn, preciezer* plus précis ★ *~ bericht* communication *v* ultérieure ★ *~e bijzonderheden* précisions *v mv*, de plus amples détails / renseignements *m mv* ★ *tot ~ order* jusqu'à nouvel ordre ★ *bij ~ inzien* à la réflexion ★ *tot ~ bericht* jusqu'à nouvel ordre ★ *~e informatie* complément *m* d'information ★ *bij ~e beschouwing* en y regardant de plus près **II** *bw* ❶ *dichterbij* plus près (**bij**, **tot** de) ★ *~ komen* s'approcher ★ *~ tot elkaar komen* se rapprocher ❷ *uitvoeriger* plus précisément ★ *~ met iem. kennismaken* faire plus ample connaissance avec qn ★ *~ ingaan op* entrer dans les détails de ★ *~ onderzoeken* examiner de plus près ★ *~ aanduiden* spécifier ★ *~ overeen te komen* à débattre ★ *~ bekijken* voir de plus près
naderbij plus près ★ *~ komen* se rapprocher ★ *~ brengen* rapprocher
naderen approcher, s'approcher de ★ *de verkiezingen ~* les élections sont proches ★ *hij nadert de veertig* il approche de la quarantaine, il va sur ses quarante ans ★ *met rasse schreden ~* approcher à grands pas
naderhand plus tard, après (coup)
nadien depuis, dès lors ★ *kort ~* peu après
nadoen imiter, copier, ⟨scherts⟩ singer ★ *dat zul je hem niet ~* tu n'en feras pas autant
nadorst bouche *v* pâteuse
nadruk ❶ *klemtoon* accent *m* ★ *de ~ leggen op iets* accentuer qc ★ *de ~ ligt op de tweede lettergreep* l'accent tombe sur la deuxième syllabe ❷ fig *krachtige bevestiging* insistance *v* ★ *de ~ leggen op iets* insister sur qc ★ *met ~* avec insistance ❸ *herdruk* réimpression *v* ★ *~ verboden* reproduction *v* interdite
nadrukkelijk I *bn* formel [v: formelle], explicite ★ *tegen zijn ~ verbod in* malgré son interdiction formelle **II** *bw* explicitement, formellement, avec insistance ★ *iem. ~ waarschuwen* prévenir qn avec insistance ★ *~ aanwezig zijn* être très présent, occuper le terrain
nagaan ❶ *controleren* contrôler, vérifier ★ *wil je dat even ~?* tu veux bien vérifier cela? ★ *een mogelijkheid ~* étudier une possibilité ★ *iemands gangen ~* suivre les allées et venues de qn ★ *de rekeningen ~* contrôler les comptes ★ *voor zover we kunnen ~* autant qu'on puisse le voir ❷ *overdenken* considérer, voir ★ *als ik dat alles naga* quand j'y pense ★ *van tevoren ~* réfléchir d'avance sur ★ *je kunt wel ~ dat...* tu peux t'imaginer que... ★ *ga maar bij jezelf na* regarde toi-même ★ *kun je ~!* tu imagines!, pour te dire!
nagalm résonance *v*, écho *m*
nageboorte placenta *m*
nagedachtenis mémoire *v*, souvenir *m* ★ *ter ~ van* à la mémoire de ★ *iemands ~ in ere houden* honorer la mémoire de qn
nagel ❶ *v. voet of hand* ongle *m* ★ *zijn ~s knippen* se couper les ongles ★ *op zijn ~s bijten* se ronger les ongles ★ *geen ~ hebben om zijn gat te krabben* être fauché comme les blés ❷ *spijker* clou *m* ★ *dat is een ~ aan mijn doodkist* quelle plaie! ★ BN *de ~ op de kop slaan* mettre le doigt dessus
nagelbijten se ronger les ongles
nagelen clouer ★ *als aan de grond genageld* (comme) cloué sur place, pétrifié
nagelkaas fromage *m* aux clous de girofle
nagellak vernis *m* à ongles
nagelriem ≈ envies *v mv*
nagelschaar ciseaux *m mv* à ongles
nageltang coupe-ongle(s) *m* [mv: coupe-ongles]
nagelvijl lime *v* à ongles
nagenieten savourer encore
nagenoeg à peu (de chose) près ★ *~ niets* presque rien
nagerecht culin dessert *m*
nageslacht ❶ *kinderen* descendance *v* ★ *~ verwekken* assurer sa descendance ❷ *mensen na ons* postérité *v* ★ *voor het ~ bewaard* passé à la postérité
nageven accorder ★ *dat moet ik hem ~* c'est une justice que je dois lui rendre ★ *men moet hem ~ dat hij...* il faut reconnaître qu'il...
nagloeien avoir un reste d'incandescence
naheffing imposition *v* complémentaire, redressement *m* (fiscal)
naheffingsaanslag avis *m* de redressement
naïef I *bn* ❶ *argeloos* naïf [v: naïve] ❷ kunst ★ *naïeve schilderkunst* peinture *v* naïve **II** *bw* naïvement
naïeveling naïf *m* [v: naïve], ⟨sul⟩ niais *m* [v: niaise]
na-ijver envie *v*, jalousie *v*
naïviteit naïveté *v*
najaar automne *m* ★ *in het ~* en automne
najaarscollectie collection *v* d'automne
najaarsklassieker sport classique *v* d'automne
najaarsmode mode *v* d'automne
najaarsstorm tempête *v* d'automne
najaarszon soleil *m* d'automne
najagen ❶ *vervolgen* poursuivre ❷ *nastreven* aspirer à, courir après, ⟨van doel⟩ poursuivre ★ *succes ~* courir après le succès ★ *hersenschimmen ~* caresser des chimères
nakaarten épiloguer ★ *~ over iets* épiloguer sur qc
nakend BN *nabij* proche
nakie ★ *in zijn ~* à poil
nakijken ❶ *kijken naar* suivre des yeux ★ *iem. lang ~* suivre qn des yeux pendant un long moment ★ *het ~ hebben* être le dindon de la farce ❷ *controleren* contrôler, vérifier, ⟨van motor / leerstof⟩ réviser, ⟨corrigeren⟩ corriger ★ *een proefwerk ~* corriger une interrogation écrite ★ *drukproeven ~* corriger les épreuves ★ *iets in een boek ~* chercher qc dans un livre ★ *zijn tanden laten ~* passer un contrôle dentaire ★ *laat je ~!* va te faire soigner!
naklinken résonner
nakomeling descendant *m* [v: descendante]
nakomen I *ov ww, naleven* observer, respecter, ⟨van verplichting⟩ s'acquitter de, ⟨van plicht⟩ remplir, ⟨van belofte⟩ tenir ★ *zijn verplichtingen ~* faire face à ses obligations ★ *een afspraak ~* tenir parole ★ *zijn afspraken niet ~* manquer à ses engagements ★ *een belofte ~* tenir une promesse **II** *onov ww, later komen* suivre, venir après ★ *nagekomen stukken* documents *m mv*

na

subséquents
nakomertje petit dernier *m* [v: petite dernière]
nalaten ❶ *achterlaten* laisser, ⟨als erfdeel⟩ léguer ★ *diepe sporen ~* laisser des traces profondes ★ *een fortuin ~* laisser une fortune ★ *een nagelaten werk* une œuvre posthume ❷ *niet doen* manquer de, négliger de, omettre ★ *niet ~ om* ne pas manquer de ★ *ik kon het niet ~ te...* je n'ai pas pu m'empêcher de... ★ *niets ~ om* ne rien négliger pour, tout faire pour
nalatenschap héritage *m*, jur succession *v*
nalatig négligent, nonchalant
nalatigheid négligence *v*, nonchalance *v*
naleven suivre, observer ★ *de wetten ~* respecter les lois ★ *een contract ~* remplir son contrat ★ *een voorschrift ~* observer le règlement
naleving observation *v*
nalezen ❶ *overlezen* relire ★ *~ op fouten* relire pour corriger les fautes ❷ *nazoeken* vérifier, consulter ★ *in een studieboek ~* vérifier dans un manuel
nalopen ❶ *achternalopen* suivre, courir après ❷ *controleren* vérifier
nam [verl. td.] → **nemen**
namaak contrefaçon *v*, ⟨nep⟩ bidon *m* ★ *~ verboden* reproduction interdite ★ *dat is ~* c'est du bidon
namaken ❶ *maken volgens model* imiter, copier ❷ *bedrieglijk nabootsen* contrefaire, falsifier
name → **naam**
namelijk ❶ *te weten* à savoir, c'est-à-dire ❷ *immers* en effet ★ *er is ~ iets gebeurd* c'est qu'il s'est passé qc
namen [verl. td.] → **nemen**
Namen Namur *m*
namens de la part de, au nom de ★ *~ alle aanwezigen* au nom de tous les présents
nameten vérifier, remesurer
Namibië la Namibie ★ *in ~* en Namibie
Namibisch namibien [v: namibienne]
namiddag après-midi *m/v* [mv: id.] ★ *om 2 uur in de ~* à 14 heures ★ *in de ~* dans l'après-midi
nanotechnologie nanotechnologie *v*
naoorlogs d'après-guerre
nap bol *m*
NAP *Normaal Amsterdams Peil* le niveau zéro de nivellement d'Amsterdam
Napels Naples *v*
napluizen éplucher
Napolitaans napolitain
nappa I *het* agneau *m* **II** *bn* en agneau
napraten I *ov ww, nazeggen* répéter ★ *iem. ~* répéter (comme un perroquet) tout ce que dit qn **II** *onov ww, na afloop blijven praten* rester à causer
napret plaisir *m* qui suit, joie *v* après coup
nar fou *m* [v: folle], gesch bouffon *m* [v: bouffonne]
narcis narcisse *m*, ⟨geel⟩ jonquille *v*
narcisme narcissisme *m*
narcist narcissique *m/v*
narcistisch narcissique
narcose anesthésie *v* ★ *onder ~ brengen* anesthésier
narcoticabrigade brigade *v* des stupéfiants
narcoticum narcotique *m*, ⟨drug⟩ stupéfiant *m*
narcotiseur anesthésiste *m/v*
narekenen vérifier, contrôler
narigheid ennuis *m mv* ★ *in de narigheden zitten* avoir des ennuis ★ *daar komt ~ van!* ça va mal tourner! ★ *iem. ~ bezorgen* causer des ennuis à qn
naroepen interpeller
narrig I *bn* maussade **II** *bw* d'un air maussade
nasaal I *bn* nasal [m mv: nasaux] **II** *bw* ★ *~ praten* nasiller
naschok réplique *v*
nascholing recyclage *m*
naschools onderw postscolaire ★ *~e opvang* ≈ accueil *m* périscolaire
naschrift ⟨in brief⟩ post-scriptum *m* [mv: id.], ⟨in boek⟩ postface *v*
naseizoen arrière-saison *v* [mv: arrière-saisons]
nasi ≈ riz *m* cuit à l'indonésienne, ≈ riz cantonais ★ *nasi goreng* ≈ riz sauté
nasibal ≈ croquette *v* de riz
naslaan ⟨opzoeken⟩ chercher (dans), ⟨raadplegen⟩ consulter ★ *er een woordenboek op ~* consulter un dictionnaire
naslagwerk ouvrage *m* de référence
nasleep suites *v mv*, séquelles *v mv* ★ *als ~ hebben* laisser comme séquelles, engendrer
nasmaak arrière-goût *m* [mv: arrière-goûts] ★ *van alle gebeurtenissen heb ik een nare ~* tout ça m'a laissé un arrière-goût amer
naspel ❶ *stuk na afloop* épilogue *m*, muz postlude *m* ❷ *nasleep* épilogue *m*, suites *v mv* ❸ *liefdesspel* jeux *m mv* amoureux après le coït
naspelen *spelend nadoen* reproduire ★ *op het gehoor ~* reproduire d'oreille
naspeuren rechercher, faire des recherches sur
nasporen suivre les traces de
nastaren suivre des yeux
nastreven (re)chercher, aspirer à, ⟨van doel⟩ poursuivre
nasynchroniseren doubler
nat I *bn* ❶ *niet droog* mouillé, ⟨vochtig⟩ humide ★ *nat worden* se mouiller ★ *door en door nat* trempé ★ *natte verf* peinture fraîche ❷ *regenachtig* humide, pluvieux [v: pluvieuse] ▾ *nat gaan* kaartsp chuter **II** *het* liquide *m* ▾ *het is allemaal één pot nat* c'est bonnet blanc et blanc bonnet
natafelen s'attarder à table
natekenen dessiner (d'après le modèle)
natellen (re)compter, (re)calculer
natie ❶ pol *staat* nation *v* ★ *Verenigde Naties* (les) Nations unies ❷ BN *opslagbedrijf* société *v* d'entreposage
nationaal *van de natie* national [m mv: nationaux] ★ *de nationale kampioenschappen* les championnats nationaux ★ *het ~ belang vereist ...* l'intérêt national demande ...
nationaalsocialisme national-socialisme *m*
nationaalsocialist national-socialiste *m/v* [mv: nationaux-socialistes]
nationaalsocialistisch national-socialiste [m mv: nationaux-socialistes]
nationaliseren nationaliser
nationalisme nationalisme *m*
nationalist nationaliste *m/v*

nationalistisch nationaliste
nationaliteit nationalité *v* ★ *de Nederlandse ~ verkrijgen* obtenir la nationalité néerlandaise
natje ★ *zijn ~ en zijn droogje* le boire et le manger
natmaken mouiller
natrappen ❶ lett donner un coup de pied par derrière ❷ fig donner un coup de pied par derrière
natregenen être mouillé / trempé (par la pluie)
natrekken ❶ *nagaan* contrôler ★ *een zaak ~* faire des vérifications ❷ *overtrekken* calquer
natrium sodium *m*
natriumcarbonaat carbonate *m* de sodium
nattevingerwerk estimation *v* à la louche, approximation *v* ★ *het is ~* c'est approximatif
nattig humide
nattigheid *vocht* humidité *v* ★ *~ voelen* flairer la combine, se méfier
natura ▾ *in ~* en nature
naturalisatie naturalisation *v*
naturaliseren naturaliser ★ *zich laten ~* se faire naturaliser
naturalisme naturalisme *m*
naturel naturel [v: naturelle] ★ *~ lak* vernis *m* blanc / naturel
naturisme naturisme *m*
naturist naturiste *m/v*
naturistenstrand plage *v* naturiste
naturistenvereniging association *v* naturiste
natuur ❶ *natuurlijke omgeving* nature *v* ★ *ongerepte ~* nature vierge ★ *in de vrije ~* à la campagne, au grand air ★ *naar de ~ geschilderd* peint d'après nature ❷ *aard* naturel *m*, nature *v* ★ *de menselijke ~* la nature humaine ★ *van nature* de nature, par nature ★ *tweede ~* seconde nature
natuurbad piscine *v* en pleine nature
natuurbehoud préservation *v* de la nature
natuurbescherming protection *v* de la nature
natuurfilm film *m* sur la nature
natuurgebied région *v* naturelle
natuurgeneeskunde naturopathie *v*, médecine *v* douce
natuurgenezer naturopathe *m/v*
natuurgetrouw fidèle
natuurhistorisch d'histoire naturelle
natuurkunde physique *v*
natuurkundig physique
natuurkundige physicien *m* [v: physicienne]
natuurlijk I *bn* ❶ *vanzelfsprekend* naturel [v: naturelle] ★ *een ~e zaak* une chose toute naturelle ❷ *van / volgens de natuur* naturel [v: naturelle] ★ *een ~e dood sterven* mourir de sa belle mort ★ *~e selectie* sélection *v* naturelle ❸ wisk naturel [v: naturelle] ★ *~ getal* nombre naturel **II** *bw* ❶ *vanzelfsprekend* naturellement, évidemment ★ *~ gaan we op de fiets!* on prend le vélo, évidemment! ❷ *van / volgens zijn natuur* naturellement ★ *zich heel ~ gedragen* être très naturel naturellement, bien sûr, évidemment ★ *~, ik ga mee* bien sûr que non
natuurlijkerwijs naturellement
natuurmonument site *m* classé ★ *Vereniging tot Behoud van Natuurmonumenten* ≈ Réserves *v mv* naturelles de France
natuurpark parc *m* naturel
natuurproduct produit *m* naturel
natuurramp catastrophe *v* naturelle
natuurreservaat réserve *v* naturelle
natuurschoon beautés *v mv* de la nature
natuursteen pierre *v* de taille
natuurtalent talent *m* authentique
natuurverschijnsel phénomène *m* naturel
natuurwetenschap sciences *v mv* naturelles
nautisch nautique
nauw I *bn* ❶ *krap* étroit, serré ★ *de nauwe straten in het oude centrum* les ruelles étroites du vieux centre ★ *nauwer maken* rétrécir ★ *nauwer worden* se rétrécir ★ *te nauwe schoenen* des chaussures trop justes / qui serrent ❷ *innig* étroit ★ *de vriendschapsbanden nauwer aanhalen* resserrer les liens d'amitié ★ *nauwe banden* des liens étroits **II** *bw* ❶ *krap* étroitement, à l'étroit ★ *nauw zitten* être serré, être à l'étroit ★ *nauw behuisd* logé à l'étroit ★ *nauw opeen* très serré ❷ *innig* ★ *nauw samenwerken met de politie* travailler en étroite collaboration avec la police ★ *nauw verbonden zijn* être intimement lié(s), être très proche(s) ❸ *precies* avec précision ★ *hij neemt het niet zo nauw* il n'y regarde pas de si près ★ *dat luistert heel nauw* il faut le faire avec précision ★ *dat steekt niet zo nauw* ça n'a pas tant d'importance ❹ *nauwelijks* ★ *nauw verholen* à peine dissimulé **III** *het* ❶ ★ *iem. in het nauw drijven* mettre qn au pied du mur, acculer qn, inform coincer qn ★ *in het nauw gedreven* pris de court, inform coincé ★ *in het nauw zitten* être dans le pétrin ❷ *zeestraat* détroit *m* ★ *het Nauw van Calais* le pas de Calais
nauwelijks ❶ *bijna niet / geen* à peine ★ *het is ~ te geloven* on a du mal à le croire ★ *het was ~ te lezen* c'était à peine lisible ❷ *net wel* à peine ★ *hij was ~ gearriveerd of...* il était à peine arrivé que...
nauwgezet I *bn* exact, scrupuleux [v: scrupuleuse] ★ *pijnlijk ~* méticuleusement **II** *bw* scrupuleusement
nauwkeurig I *bn* exact, précis ★ *~e inlichtingen* des informations *v mv* exactes ★ *tot op de millimeter ~* au millimètre près **II** *bw* avec précision, soigneusement ★ *~ overeenstemmen* être en parfait accord ★ *~ vertellen* raconter en détail
nauwlettend I *bn* attentif [v: attentive] **II** *bw* attentivement ★ *~ toezien* surveiller de près
nauwsluitend ajusté, ⟨van kleding⟩ collant, moulant
Nauw van Calais Pas *m* de Calais
navel anat nombril *m*, ombilic *m*
navelsinaasappel navel *v*
navelstaren faire du nombrilisme ★ *het ~* nombrilisme *m*
navelstreng cordon *m* ombilical
naveltruitje ≈ petit haut *m* court
navertellen redire, répéter ★ *hij heeft het niet kunnen ~* il n'est plus là pour en parler
navigatie navigation *v*
navigatiesysteem système *m* de navigation
navigator navigateur *m* [v: navigatrice]
navigeren ❶ *besturen* naviguer ❷ *schipperen* naviguer
NAVO *Noord-Atlantische Verdragsorganisatie* OTAN *v*, Organisation *v* du Traité de l'Atlantique

Nord
navolgen imiter, suivre ★ *een voorbeeld* ~ suivre un exemple
navolging imitation *v* ★ *in* ~ *van* à l'exemple de, à l'instar de ★ ~ *vinden* faire école ★ ~ *verdienen* être un exemple à suivre
navordering imposition *v* complémentaire, redressement *m* (fiscal)
navraag enquête *v* ★ ~ *doen naar* s'informer de ★ *bij* ~... renseignements pris...
navragen s'informer de, se renseigner sur
navullen recharger, remplir
navulverpakking recharge *v*
naweeën *pijn achteraf* ★ ~ *hebben* avoir des contractions après l'accouchement ★ *de* ~ *van de crisis* les séquelles *v mv* de la crise
nawerken ❶ *achteraf nog invloed hebben* se faire sentir ★ *zijn invloed werkt nog na* son influence se sent toujours ❷ *overwerken* faire des heures supplémentaires
nawerking suites *v mv*, contrecoup *m*, effet(s) *m (mv)* ★ *de* ~ *ondervinden van* subir le contrecoup de
nawijzen montrer du doigt
nawoord postface *v*, épilogue *m*
nazaat descendant *m* [v: descendante]
nazeggen redire, répéter ★ *iem. iets* ~ répéter qc après qn
nazenden faire suivre, ⟨opschrift⟩ prière de faire suivre
nazi nazi *m* [v: nazie]
nazicht BN *controle* contrôle *m*
nazi-Duitsland l'Allemagne sous le régime nazi
nazien ❶ *volgen met de blik* suivre des yeux ❷ *controlerend nagaan* contrôler, vérifier, ⟨van motor / leerstof⟩ réviser, ⟨corrigeren⟩ corriger ★ *de bagage wordt nagezien* les bagages sont inspectés
nazisme nazisme *m*
nazistisch nazi
nazitten poursuivre
nazoeken ❶ *opzoeken* vérifier ★ *iets in een boek* ~ vérifier qc dans un livre ❷ *onderzoeken* fouiller
nazomer fin *v* de l'été, ⟨warm⟩ été *m* indien
nazorg suivi *m*
NB *nota bene* NB
neanderthaler homme *m* de Néandertal
necrologie nécrologie *v*
nectar nectar *m*
nectarine nectarine *v*, brugnon *m*
nederig I *bn, bescheiden* humble, modeste **II** *bw* humblement
nederigheid ❶ *bescheidenheid* humilité *v*, modestie *v* ❷ *onaanzienlijkheid* insignifiance *v*
nederlaag défaite *v* ★ *een* ~ *toebrengen* infliger une défaite ★ *een* ~ *lijden* essuyer une défaite, se faire battre ★ *een gevoelige* ~ une raclée ★ *uitgeschakeld na een 3-0* ~ éliminé après une défaite par 3-0
Nederland les Pays-Bas *m mv* ★ *in* ~ aux Pays-Bas
Nederlander *bewoner* Néerlandais *m*
Nederlands I *bn, m.b.t. Nederland* néerlandais **II** *het, taal* néerlandais *m*
Nederlandse Néerlandaise *v*
Nederlandse Antillen Antilles *v mv* néerlandaises
Nederlandstalig néerlandophone ★ *een ~e* un néerlandophone
nederwiet cannabis *m* néerlandais
nederzetting implantation *v*, établissement *m*, ⟨kolonie⟩ colonie *v*
nee I *het* non *m* ★ *nee heb je, ja kun je krijgen* ça ne coûte rien d'essayer ★ *daar zeg ik geen nee tegen* ce n'est pas de refus ★ *nee verkopen* ne pas satisfaire la demande ★ *nee schudden* faire non de la tête ★ *geen nee kunnen zeggen* ne pas savoir dire non, être incapable de refuser **II** *tussenw* non ★ *koffie? nee, dank je* un café? non, merci ★ *nee maar!* ça alors!
neef ❶ *zoon van oom of tante* cousin *m* ★ *volle neef* cousin germain ★ *verre neef* cousin éloigné ★ *ze zijn neef en nicht* ils sont cousin et cousine ❷ *zoon van broer of zus* neveu *m* [mv: neveux]
neeg [verl. td.] → **nijgen**
neer *naar beneden* en bas ★ *op en neer* de haut en bas
neerbuigend I *bn* condescendant **II** *bw* avec condescendance
neerdalen descendre
neergaan descendre, ⟨van bokser⟩ aller au tapis ★ *in ~de lijn* sur une pente
neergang déclin *m*
neergooien ❶ *naar beneden gooien* jeter par terre ❷ *ophouden met* ★ *het boeltje er bij* ~ envoyer tout promener
neerhalen ❶ *naar beneden halen* (a)baisser, ⟨strijken⟩ amener ❷ *slopen* démolir, abattre ★ *een gebouw* ~ raser un bâtiment ❸ *afkammen* (r)abaisser ❹ *neerschieten* descendre ★ *een vliegtuig* ~ descendre un avion
neerkijken ❶ *naar beneden kijken* regarder en bas ❷ ~ **op** regarder de haut, mépriser, snober ★ *op iem.* ~ regarder qn de haut
neerkomen ❶ *dalend terechtkomen* se poser, ⟨vallend⟩ (re)tomber, ⟨met kracht⟩ s'abattre (**op** sur) ❷ ~ **op** *tot last komen van* retomber sur ★ *alles komt op mij neer* tout retombe sur moi ❸ ~ **op** *betekenen* revenir à ★ *het komt op hetzelfde neer* cela revient au même, c'est tout comme ★ *het komt hierop neer* cela se résume ainsi
neerlandicus néerlandiciste *m/v*
neerlandistiek langue *v* et littérature *v* néerlandaises
neerlaten descendre, baisser, ⟨van loodlijn⟩ abaisser
neerleggen I *ov ww* ❶ *plaatsen* poser, mettre, déposer, ⟨languit⟩ coucher ★ *iets naast zich* ~ passer outre à qc ❷ *afstand doen van* déposer ★ *het werk* ~ cesser le travail ★ *de wapens* ~ déposer les armes ★ *zijn ambt* ~ quitter ses fonctions ❸ *neerschieten* descendre **II** *wkd ww* [**zich** ~] ~ **bij** ★ *zich bij iets* ~ se résigner à qc, en prendre son parti
neerploffen s'affaler ★ *in een stoel* ~ s'affaler dans un fauteuil
neerschieten I *ov ww, schietend neerhalen* abattre, descendre **II** *onov ww, omlaag storten* s'abattre
neerslaan I *ov ww* ❶ *tegen de grond slaan* assommer, terrasser ★ *een opstand* ~ écraser / réprimer une révolte ❷ *omlaag doen* rabattre,

baisser ★ *de ogen* ~ baisser les yeux **II** *onov ww* ❶ scheik se déposer, se précipiter ❷ *naar beneden vallen* s'abattre
neerslachtig abattu, découragé, déprimé
neerslag ❶ *regen* précipitations *v mv* ❷ *resultaat* produit *m*, retombées *v mv* ❸ *bezinksel* précipité *m* ★ *radioactieve* ~ retombées *v mv* radioactives
neerslaggebied région *v* des précipitations
neerslagmeter pluviomètre *m*
neersteken poignarder
neerstorten tomber, ‹van vliegtuig› s'écraser
neerstrijken ❶ *neerdalen* se poser ❷ *gaan zitten* s'installer ★ *we streken op een terrasje neer* on s'est installé à une terrasse ❸ *zich vestigen* s'installer
neertellen payer, inform débourser
neervallen tomber ★ *op een stoel* ~ s'affaler sur une chaise ★ *als een blok* ~ tomber comme une masse ★ *werken tot je er bij neervalt* travailler jusqu'à l'épuisement
neervlijen poser doucement ★ *zich* ~ s'étendre
neerwaarts I *bn* descendant ★ *een ~e beweging* un mouvement descendant **II** *bw* en bas
neerwerpen jeter (par terre) ★ *zich* ~ se jeter par terre
neerzetten ❶ *plaatsen* (dé)poser, mettre ★ *zich* ~ s'asseoir ★ *zet de stoelen hier neer* met les chaises ici ❷ *uitbeelden* camper ★ *een personage overtuigend* ~ camper un personnage avec justesse ❸ *realiseren* réaliser ★ *een goede tijd* ~ réaliser un bon temps
neerzien ❶ *naar beneden kijken* regarder en bas ❷ ~ **op** regarder de haut, mépriser, snober
neet lente *v* ★ *hij is zo arm als de neten* il n'a pas un radis ★ *kale neet* crève-la-faim *m/v* [mv: id.]
nefast BN *funest* néfaste (**voor** à)
negatief négatif [v: négative] med négatif ★ *de uitslag van de aidstest was gelukkig* ~ heureusement, le résultat du test VIH était négatif **I** *bw* négativement ★ *een vraag* ~ *beantwoorden* répondre par la négative **II** *het* fotogr négatif *m* ★ *negatieven afdrukken* tirer des négatifs
negen I *telw* neuf **II** *de* ❶ *getal* neuf *m* ❷ onderw *schoolcijfer* neuf sur dix ★ *ik heb nog nooit een* ~ *gehaald* je n'ai jamais eu (un) neuf sur dix **III** *ww* [verl. td.] → **nijgen**
negende ❶ neuvième ❷ → **vierde**
negentien ❶ dix-neuf ❷ → **vier**
negentiende ❶ dix-neuvième ❷ → **vierde**
negentig ❶ quatre-vingt-dix, Zwit BelgFr nonante ❷ → **vier, veertig**
negentigste ❶ quatre-vingt-dixième ❷ → **vierde, veertigste**
neger noir *m* [v: noire], inform black *m*, min nègre *m* [v: négresse]
negeren brimer
negeren ignorer, ‹van iets› négliger, snober ★ *goede raad* ~ ne pas écouter les bons conseils
negerzoen tête *v* de nègre
negligé déshabillé *m*, négligé *m*
negroïde négroïde
neigen ❶ *hellen* pencher, incliner ❷ *voelen voor* tendre ★ ~ *tot* tendre à ★ *geneigd zijn tot* avoir tendance à, être enclin à ★ *men is geneigd te geloven dat...* on a tendance à croire que...
neiging tendance *v* (**om** à), ‹hang› penchant *m* (**naar, tot** pour, à) ★ *vreemde ~en* des inclinations bizarres ★ *hij heeft de* ~ *dik te worden* il a tendance à grossir
nek cou *m*, nuque *v* ★ *zijn nek breken* se casser le cou ★ *stijve nek* torticolis *m* ★ *iem. de nek omdraaien* tordre le cou à qn ★ *nek aan nek* coude à coude ★ *het hoofd in de nek gooien* se redresser ★ *iem. met de nek aankijken* regarder qn de haut, regarder qn avec dédain ★ *iem. op zijn nek zitten* être sur le dos de qn ★ *uit zijn nek kletsen* dire n'importe quoi, déconner ★ *zijn nek uitsteken* se mouiller ★ *daar ga ik van over m'n nek* ça me débecte, ça me donne envie de vomir ★ BN *een dikke nek hebben* avoir la grosse tête
nek-aan-nekrace course *v* très serrée, coude-à-coude *m*
nekken ❶ *doden* tordre le cou à ❷ fig *kapotmaken* casser, ruiner ★ *dat nekte hem* cela l'a démoli
nekkramp méningite *v* (cérébrospinale)
nekslag ❶ *genadeslag* coup *m* de grâce ★ *iem. een* ~ *geven* donner le coup de grâce à qn ❷ *dodelijke slag* coup *m* sur la nuque
nekvel peau *v* du cou ★ *iem. bij zijn* ~ *pakken / grijpen* attraper qn par la peau des fesses
nekwervel vertèbre *v* cervicale
nemen ❶ lett en fig *pakken* prendre ★ *neem nog maar een koekje* vas-y, prend un autre gâteau ★ *iem. bij de hand* ~ prendre qn par la main ★ *iets uit de kast* ~ prendre qc dans l'armoire ★ *iets uit elkaar* ~ démonter qc ★ *alles bij elkaar genomen* somme toute ★ *een taxi* ~ prendre un taxi ★ *een dag vrij* ~ prendre un jour de congé ★ *het er (goed) van* ~ se la couler douce ★ *iets letterlijk* ~ prendre qc au pied de la lettre ★ *een hindernis* ~ franchir un obstacle ★ *een schaakstuk* ~ prendre une pièce ★ *iets op zich* ~ se charger de qc, assumer qc ❷ *aanvaarden* ★ *dat neem ik niet* je ne l'accepte pas, je ne me laisse pas faire ★ *het leven* ~ *zoals het is* prendre les choses comme elles sont ❸ *beetnemen* ★ *iem. ertussen* ~ avoir qn, faire marcher qn ★ *zich genomen voelen* se sentir trompé / dupé
neoklassiek néoclassique
neologisme néologisme *m*
neon néon *m*
neonazi néonazi *m* [v: néonazie]
neonbuis tube *m* fluorescent
neonlicht lumière *v* au néon
neonreclame publicité *v* / enseigne *v* lumineuse
nep *onecht* bidon [onver.] ★ *het is allemaal nep* tout ça, c'est du bidon
Nepal le Népal ★ *in* ~ au Népal
Nepalees népalais
neppen rouler, arnaquer ★ *ze hebben je flink genept met die auto* tu t'es fait arnaquer acec cette voiture
Neptunus *eigennaam* Neptune
nerd nerd *m/v*
nerf ❶ plantk nervure *v* ❷ *houtvezel* nervure *v*
nergens ❶ *op geen enkele plaats* (ne...) nulle part ★ ~ *anders* nulle part ailleurs ★ *hij kan* ~ *zijn boek vinden* il ne trouve son livre nulle part ★ *zonder woordenboek ben ik* ~ sans dictionnaire je suis perdu ★ *dan ben je* ~ c'est la fin (des haricots), on

serait perdu ❷ *niets* ★ *zich ~ mee bemoeien* ne se mêler de rien ★ *~ om geven* se soucier de rien ★ *dat dient ~ toe* ça ne sert à rien ★ *ze weten ~ iets van* ils n'en savent rien du tout ★ *dat slaat ~ op* ça ne rime à rien
nering *handel* commerce *m*
nerts I *de, dier* vison *m* **II** *het, bont* vison *m*
nerveus I *bn* nerveux [v: nerveuse], ⟨onrustig⟩ agité **II** *bw* nerveusement
nervositeit nervosité *v*
nest ❶ dierk *broedplaats* nid *m* ★ *een nestje bouwen* faire son nid ★ *zijn eigen nest bevuilen* cracher dans la soupe ❷ *worp* nichée *v* ★ *hij komt uit een goed nest* il est de bonne famille ❸ inform *bed* pieu *m* ★ *naar zijn nest gaan* se pieuter ★ *zij ligt nog in d'r nest* elle est encore au pieu ❹ *nuffig meisje* chipie *v* ★ *vervelend nest* petite peste *v* ★ *verwend nest* petite gâtée, gâtée pourrie ❺ *schuilhol* nid *m*, repaire *m* ▾ *zich in de nesten werken* se mettre dans de beaux draps ▾ *in de nesten zitten* être dans le pétrin
nestelen I *onov ww* faire son nid **II** *wkd ww* [**zich ~**] se nicher, ⟨zich vlijen⟩ se blottir ★ *zij nestelde zich bij het vuur* elle s'est installée au coin du feu
nestkastje nichoir *m*
nestor doyen *m*
nestwarmte chaleur *v* du foyer
net I *het* ❶ *weefsel met mazen* filet *m* ★ *achter het net vissen* rater le coche, rentrer bredouille ★ *iem. in zijn netten strikken* attirer qn dans ses filets ❷ *netwerk* réseau *m* [mv: réseaux] ★ BN onderw *het vrije net* le réseau libre ❸ *internet* Net *m*, Toile *v* ❹ *televisiezender* chaîne *v* ★ *op het eerste net* sur la première chaîne ❺ *nette versie* ★ *in het net schrijven* mettre au propre **II** *bn* ❶ *proper* propre, ⟨keurig⟩ soigné ❷ *fatsoenlijk* convenable, comme il faut, décent ★ *op een nette manier* d'une façon correcte ★ *een nette kamer* une pièce bien rangée ★ *een nette man* un homme bien / convenable ★ *nette manieren* de bonnes manières *v mv* ★ *een nette buurt* un quartier bien **III** *bw* ❶ *precies* exactement, précisément ★ *net echt* à s'y tromper ★ *net zo groot als* aussi grand que ★ *net het tegenovergestelde* tout le contraire ★ *net iets voor hem* ⟨typerend⟩ cela lui ressemble bien, c'est bien lui ★ *net of* comme si ★ *net klein genoeg om* juste assez petit pour ★ *net goed!* bien fait! ★ *net zo goed* (tout) autant ★ *net als* tout comme ★ *zij is net haar moeder* elle a tout de sa mère ★ *ik wilde je net bellen* j'allais (juste) te téléphoner ❷ *zojuist* à l'instant ★ *hij is net weg* il vient de sortir
netel ortie *v*
netelig épineux [v: épineuse], critique ★ *~e kwestie* question *v* épineuse ★ *~e positie* position *v* délicate
netelroos urticaire *v*
netheid ❶ *ordelijkheid* propreté *v* ❷ *fatsoenlijkheid* correction *v*, probité *v*
netjes I *bn* ❶ *ordelijk* propre, rangé ★ *het is er ~* tout y est propre ❷ *fatsoenlijk* correct, poli ★ *dat is niet ~* cela ne se fait pas ★ *het is niet ~ om te wijzen* il est laid de montrer du doigt **II** *bw* ❶ *ordelijk* proprement ❷ *fatsoenlijk* bien, convenablement ★ *~ gekleed* bien habillé ★ *zich ~ gedragen* se conduire bien
netkous bas *m* résille
netnummer indicatif *m*, préfixe *m*
netspanning tension *v* du réseau
netto I *bn* net [v: nette] ★ *~ maandsalaris* salaire *m* mensuel net **II** *bw* net
nettoloon salaire *m* net
netto-omzet chiffre *m* d'affaires net
nettowinst bénéfice *m* net
netvlies rétine *v*
netvliesontsteking rétinite *v*
netvoeding alimentation *v* secteur
netwerk ⟨van hout of metaal⟩ treillis *m*, ⟨van draad⟩ filet *m*, ⟨organisatie⟩ réseau *m* [mv: réseaux] ★ *sociaal ~* réseau social / relationnel, carnet *m* d'adresses
netwerken ≈ cultiver son réseau relationnel, inform faire du relationnel, réseauter
neuken I *onov ww, vrijen* baiser **II** *ov ww, vrijen met* ★ *een vrouw ~* baiser une femme
neuriën fredonner
neurochirurg neurochirurgien *m* [v: neurochirurgienne]
neurochirurgie neurochirurgie *v*
neurologie neurologie *v*
neuroloog neurologue *m/v*
neuroot névrosé *m*
neurose névrose *v*
neurotisch névrotique
neus ❶ *reukorgaan* nez *m* ★ *door je neus praten* parler du nez ★ *uit je neus bloeden* saigner du nez ★ *je neus ophalen* renifler ★ *zijn neus loopt* il a le nez qui coule ★ *een wassen neus* ⟨formaliteit⟩ une simple formalité, ⟨schijn⟩ de la frime ★ *het neusje van de zalm* le fin du fin ★ *dat zal ik jou niet aan je neus hangen* ça ne te regarde pas ★ *iem. bij de neus nemen* jouer un tour à qn ★ *iem. iets door de neus boren* passer qc sous le nez de qn ★ *iets langs zijn neus weg zeggen* dire qc en passant ★ *met zijn neus in de boter vallen* arriver à pic, avoir du bol ★ *iem. met zijn neus op de feiten drukken* forcer qn à voir les choses en face ★ *iem. iets onder de neus wrijven* jeter qc à la figure de qn ★ *op zijn neus kijken* faire un (long) nez, être tout penaud ★ *tussen neus en lippen door* en passant ★ *pal voor mijn neus* sous mon nez ★ *iets voor iemands neus wegkapen* souffler qc au nez à qn ★ *doen alsof zijn neus bloedt* faire l'innocent ★ *een frisse neus halen* prendre le frais / un bol d'air ★ *een fijne neus hebben voor iets* avoir du nez / du flair pour qc ★ *een lange neus maken naar iem.* faire un pied de nez à qn ★ *zijn neus voor iets ophalen / optrekken* dédaigner qc ★ *wie zijn neus schendt, schendt zijn aangezicht* ≈ il faut laver son linge sale en famille ★ *onze neuzen staan dezelfde kant op* nos violons sont accordés ★ *overal zijn neus in steken* fourrer son nez partout ★ *zijn neus stoten* se casser le nez ★ *het komt me de neus uit* j'en ai plein le dos ★ *dat gaat zijn neus voorbij* cela lui est passé sous le nez ★ *niet verder kijken dan zijn neus lang is* ne pas regarder plus loin que (le bout de) son nez ❷ *reukzin* nez *m* ❸ *punt* nez *m*
neusademhaling respiration *v* par le nez
neusamandel amygdale *v* pharyngienne
neusbeen os *m* nasal, épine *v* nasale
neusbloeding hémorragie *v* nasale

neusdruppels gouttes *v mv* pour le nez
neusgat narine *v*, ⟨van dier⟩ naseau *m* [mv: naseaux]
neusholte fosse *v* nasale
neushoorn rhinocéros *m*
neus-keelholte rhinopharynx *m*
neus-keelholteontsteking rhinopharyngite *v*
neusklank nasale *v*
neuslengte ★ *met een ~ voorsprong winnen* gagner d'une tête
neuspeuteren fourrer ses doigts dans le nez, se curer le nez
neusspray spray *m* nasal
neustussenschot cloison *v* nasale
neusverkouden enrhumé
neusverkoudheid rhume *m* de cerveau
neusvleugel aile *v* du nez
neut petit verre *m*, goutte *v*
neutraal ❶ *niet afwijkend, gemiddeld* neutre ★ *een neutrale kleur* une couleur neutre ❷ *onpartijdig* neutre ★ *een neutrale waarnemer* un observateur neutre / impartial ★ *een neutrale opmerking* une remarque neutre ★ *op ~ terrein* sur (un) terrain neutre
neutraliseren neutraliser
neutraliteit neutralité *v*
neutron neutron *m*
neutronenbom bombe *v* à neutrons
neuzelen ❶ *onzin uitkramen* rabâcher ❷ *door de neus praten* nasiller
neuzen fureter ★ *in iets ~* fourrer son nez dans qc
nevel *dunne mist* brume *v*, brouillard *m* ★ *zich in ~en hullen* s'envelopper de mystère
nevelig ❶ *met nevel* brumeux [v: brumeuse] ❷ *onduidelijk* nébuleux [v: nébuleuse]
nevelvorming formation *v* de la brume
nevenactiviteit activité *v* annexe
neveneffect effet *m* secondaire
nevenfunctie fonction *v* annexe
nevengeschikt coordonné
neveninkomsten à-côtés *m mv*
nevens BN à côté de, (tout) près de
nevenschikkend taalk de coordination
nevenschikking taalk coordination *v*
nevenwerkzaamheden travaux *m mv* annexes
newfoundlander terre-neuve *m* [mv: id.]
new wave nouvelle vague *v*, new wave *v*
New York New York *m*
New Yorker New-Yorkais *m*
New Yorks new-yorkais
New Yorkse New-Yorkaise *v*
Niagarawatervallen chutes *v mv* du Niagara
Nicaragua le Nicaragua ★ *in ~* au Nicaragua
Nicaraguaan Nicaraguyen *m*
Nicaraguaans nicaraguyen [v: nicaraguyenne]
Nicaraguaanse Nicaraguyenne *v*
niche econ niche *v*
nicht ❶ *dochter van oom / tante* cousine *v* ★ *volle ~* cousine germaine ❷ *dochter van broer / zus* nièce *v* ❸ *mannelijke homo* tante *v*, folle *v*
nichterig efféminé
Nicosia Nicosie *v*
Nicosiaans nicosien [v: nicosienne]
nicotine nicotine *v*
nicotinevergiftiging tabagisme *m*
nicotinevrij sans nicotine
niemand (ne...) personne ★ *~ anders* personne d'autre ★ *ik heb ~ gezien* je n'ai vu personne ★ *~ heeft mij gezien* personne ne m'a vu ★ *ik ken hier nog ~* je ne connais encore personne ici ★ *~ van hen* aucun d'entre eux ★ *~ minder dan X* X en personne
niemandsland no man's land *m*
niemendal (ne ...) absolument rien
niemendalletje *onbeduidend iets* ★ *het is een ~* ⟨middelmatig⟩ c'est très quelconque, ⟨kleinigheid⟩ c'est une broutille
nier ❶ *orgaan* rein *m* ★ *wandelende nier* rein flottant ★ fig *in hart en nieren* dans l'âme ❷ *gerecht* rognon *m*
nierbekken bassinet *m* du rein
nierbekkenontsteking pyélite *v*
nierdialyse dialyse *v* rénale
niergruis able *m* rénal
nierpatiënt néphrétique *m/v*
niersteen calcul *m* rénal [mv: calculs rénaux]
niertransplantatie greffe *v* du rein
nierziekte maladie *v* rénale
niesbui accès *m* d'éternuement
niesen éternuer
niespoeder poudre *v* sternutatoire
niesziekte rhinite *v* infectieuse
niet I *bw* (ne...) pas ★ *niet alleen, maar ...* non seulement ... mais (aussi / encore) ... ★ *niet doen!* arrête! ★ *ook niet* ne ... pas non plus, ni ... non plus ★ *ik ook niet* moi non plus ★ *helemaal niet* pas du tout ★ *niet eens* même pas ★ *niet dat ik weet* pas que je sache ★ *komt hij? ik niet* vient-il? moi, pas ★ *hij drinkt niet meer* il ne boit plus ★ *dat niet* pas cela ★ *hij wil niet eten of drinken* il ne veut ni boire ni manger ★ *niet dat hij ...* ce n'est pas qu'il ... **II** *onb vnw* ★ *om niet* pour rien **III** *het* ★ *in het niet vallen bij* pâlir devant
niet-aanvalsverdrag pacte *m* de non-agression
nieten agrafer
nietes mais non!, faux!
niet-EU-land pays *m* non affilié à l'Union européenne
niet-gebonden pol non-aligné
nietig ❶ *onbeduidend* futile, vain, ⟨schriel⟩ chétif [v: chétive] ❷ *niet van kracht* nul [v: nulle] ★ *~ verklaren* annuler, infirmer
nietigverklaring annulation *v*
niet-ingezetene non-résident *m*
nietje agrafe *v*
niet-lid non-adhérent *m*
nietmachine agrafeuse *v*
niet-ontvankelijkverklaring forclusion *v*
nietpistool pistolet *m* agrafeur
niet-roken- non-fumeurs ★ *niet-rokencoupé* compartiment *m* non-fumeurs
niet-roker non-fumeur *m* [v: non-fumeuse]
niets I *onb vnw* (ne...) rien ★ *~ te eten hebben* n'avoir rien à manger ★ *~ te danken!* de rien!, il n'y a pas de quoi! ★ *alsof het ~ is* comme ça, comme rien ★ *daar is ~ aan te doen* il n'y a rien à faire ★ *zich boos maken om ~* se fâcher pour un rien ★ *~ goeds* rien de bon ★ *~ anders* rien d'autre ★ *hij doet ~ meer* il ne fait plus rien ★ *dat geeft ~* ça ne fait rien ★ *dat is ~ voor mij* ce n'est pas mon genre ★ *~ doen* se tourner les pouces ★ *daar heb je ~ mee te maken* cela ne te regarde pas

ne

★ *helemaal* ~ rien du tout ★ ~ *daarvan!* pas question! ★ *verder* ~? c'est tout? ★ *een ... van* ~ un(e) ... de rien (du tout) ★ *een vent van* ~ un rien du tout ★ *dat wordt* ~ ça ne va rien donner ★ *er valt* ~ *te lachen* il n'y a pas de quoi rigoler ★ *ze doet* ~ *dan huilen* elle ne fait que pleurer, elle n'arrête pas de pleurer ★ *voor* ~ pour rien ★ *ik weet van* ~ je ne suis au courant de rien **II** *het* néant *m*, vide *m* ★ *in het* ~ *verdwijnen* se volatiliser ★ *in het* ~ *verdwenen* disparu dans la nature
nietsbetekenend insignifiant, négligeable
nietsdoen inaction *v* ★ *het zalig* ~ le dolce farniente
nietsnut bon *m* à rien [v: bonne à rien]
nietsontziend impitoyable
nietsvermoedend qui ne se doute de rien
nietszeggend vide (de sens) ★ ~*e woorden* des paroles en l'air ★ *een* ~ *gezicht* un visage sans expression
niettegenstaande malgré ★ ~ *het verlies* malgré la perte
niettemin toutefois, néanmoins, cependant
nietwaar n'est-ce pas, pas vrai ★ *zij zijn het er mee eens,* ~? ils sont d'accord, n'est-ce pas?
nieuw I *bn* ❶ *pas ontstaan* nouveau [m mv: nouveaux] [v: nouvelle] [vóór klinker of stomme h: nouvel], ⟨ongebruikt⟩ neuf [v: neuve] ★ *de* ~*ste mode* la dernière mode ★ *een* ~*e fiets* un vélo neuf ★ *iets* ~*s* qc de nouveau, une nouveauté ★ *dat is iets* ~*s* c'est nouveau ★ *als* ~ comme neuf ★ *het* ~*ste van het* ~*ste* ⟨modern⟩ le dernier cri, ⟨ongekend⟩ de l'inédit ❷ *volgend op iets / iemand* nouveau, autre ★ *het* ~*e jaar* le nouvel an ★ *ik zoek een* ~*e baan* je cherche un autre emploi ★ *ons* ~*e huis is gebouwd in 1980* notre nouvelle maison a été construite en 1980 ★ *een* ~*e hoed* un nouveau chapeau ★ *de* ~*e geschiedenis* l'histoire *v* moderne ★ *een* ~*e richting in de kunst* une nouvelle tendance artistique ★ *er is niets* ~*s onder de zon* plus ça change, plus c'est la même chose **II** *bw* nouvellement ★ ~ *gebouwd* nouvellement bâti **III** *het* ★ *zich in het* ~ *steken* s'habiller de neuf
nieuwbakken ❶ *vers* tout frais [v: toute fraîche] ❷ *pas geworden* de fraîche date ★ *onze* ~ *directeur* notre nouveau directeur
nieuwbouw ❶ *het bouwen* construction *v* neuve ❷ *nieuwe gebouwen* constructions *v mv* neuves ★ *in de* ~ *wonen* habiter un quartier neuf
nieuwbouwwijk quartier *m* neuf, ⟨complex⟩ grand ensemble *m*, ⟨groep huizen⟩ lotissement *m*
nieuwbouwwoning logement *m* neuf
nieuweling nouveau *m* [m mv: nouveaux] [v: nouvelle], ⟨beginner⟩ novice *m/v*
nieuwerwets I *bn* moderne **II** *bw* d'après la dernière mode
Nieuwgrieks grec *m* moderne, néogrec *m*
Nieuw-Guinea la Nouvelle-Guinée ★ *op* ~ en Nouvelle-Guinée
nieuwigheid ❶ *het nieuwe* innovation *v* ❷ *iets nieuws* nouveauté *v* ★ *een* ~ *op het gebied van ...* une nouveauté dans le domaine de ...
Nieuwjaar nouvel an *m* ★ *gelukkig* ~ bonne année! ★ *een gelukkig* ~ *wensen* souhaiter la bonne année
nieuwjaarsdag jour *m* de l'an
nieuwjaarskaart carte *v* de bonne année
nieuwjaarsreceptie réception *v* du jour de l'an
nieuwjaarswens vœux *m mv* de bonne année
nieuwkomer nouveau venu *m* [v: nouvelle venue]
nieuwlichter novateur *m* [v: novatrice]
nieuwprijs prix *m* client
nieuws ❶ *berichten* nouvelles *v mv* ★ *gemengd* ~ faits *m mv* divers ★ *het laatste* ~ les dernières nouvelles, ⟨rubriek⟩ dernière heure ★ *dat is oud* ~ c'est de l'histoire ancienne, inform c'est du réchauffé ★ *in het* ~ *zijn* défrayer la chronique ★ *is er nog* ~? quoi de neuf? ★ *geen* ~, *goed* ~ pas de nouvelles, bonnes nouvelles ❷ *nieuwsuitzending* journal *m*, actualités *v mv*, infos *v mv* ★ *het* ~ *van 20.00 uur* les infos de 20 heures ★ *wil je het* ~ *nog zien?* tu veux regarder les actualités?
nieuwsagentschap agence *v* de presse
nieuwsbericht nouvelle *v* ★ *de* ~*en* le bulletin d'informations, les informations
nieuwsblad journal *m* [mv: journaux]
nieuwsbrief bulletin *m* d'information, www newsletter *v*
nieuwsdienst service *m* d'information / de presse
nieuwsfeit nouvelle *v*
nieuwsgierig I *bn* curieux [v: curieuse] ★ *erg* ~ *zijn* être très curieux ★ *ik ben* ~ *naar / of...* je suis curieux de savoir... ★ *ik ben* ~ *wat hij zal doen* je me demande ce qu'il va faire ★ ~ *zijn om te horen* être curieux d'apprendre ★ ~ *maken* intriguer **II** *bw* avec curiosité
nieuwsgierigheid curiosité *v* ★ *zijn* ~ *bedwingen* retenir sa curiosité
nieuwsgroep www forum *m* (de discussion), newsgroup *m*
nieuwslezer présentateur *m* (du journal) [v: présentatrice]
nieuwsoverzicht les titres *m mv* de l'actualité
nieuwsrubriek rubrique *v* d'actualités
nieuwsuitzending (bulletin *m* d')informations *v mv*, ⟨journaal⟩ journal *m*, actualités *v mv*, infos *v mv*
nieuwtje ❶ *nieuwigheid* nouveauté *v* ❷ *actueel bericht* nouvelle *v*
nieuwwaarde valeur *v* à l'état neuf
Nieuw-Zeeland la Nouvelle-Zélande ★ *in* ~ en Nouvelle-Zélande
Nieuw-Zeelands néo-zélandais
niezen → **niesen**
Niger *land* le Niger ★ *in* ~ au Niger
Nigerees nigérien [v: nigérienne]
Nigeria le Nigeria ★ *in* ~ au Nigeria
Nigeriaan Nigérian *m*
Nigeriaans nigérian
Nigeriaanse Nigériane *v*
nihil nul [v: nulle]
nihilisme nihilisme *m*
nijd ❶ *afgunst* envie *v*, jalousie *v* ★ *scheel zien van nijd* en faire une jaunisse ❷ *woede* hargne *v*
nijdig ❶ *boos* fâché, en colère, inform remonté ★ *zich* ~ *maken* se fâcher ★ ~ *zijn op* être fâché contre ❷ *venijnig* hargneux [v: hargneuse] ★ ~*e*

blik regard *m* noir
nijgen *buigen* faire la révérence, s'incliner
nijging révérence *v*
Nijl Nil *m*
nijlpaard hippopotame *m*
Nijmeegs de Nimègue
Nijmegen Nimègue *v*
nijpend cuisant, perçant ★ *~e armoede* misère *v* noire ★ *~e koude* froid *m* pénétrant ★ *~ tekort* pénurie *v* (aiguë)
nijptang tenaille *v* [meestal mv]
nijver I *bn* diligent, laborieux [v: laborieuse] **II** *bw* diligemment
nijverheid industrie *v*
nikab niqab *m*
nikkel nickel *m*
niks rien (du tout), ⟨noppes⟩ que dalle ★ *we hebben niks gekocht* on n'a rien acheté ★ *alsof het niks is!* comme un rien! ★ *niks daarvan!* pas question! ★ *ballet, dat is toch niks voor jou* la dance, ce n'est pas ton truc ★ inform *klassieke muziek vind ik niks aan* la musique classique, ça ne me dit rien du tout ★ *'n vent van niks* un rien du tout ★ *dat is niet niks* ça n'est pas rien
niksen se tourner les pouces, inform ne pas ficher une rame, inform glander
niksnut bon *m* à rien [v: bonne à rien]
nimf nymphe *v*
nimmer jamais ★ *nooit ofte ~* jamais, au grand jamais
nippel raccord *m* à vis, douille *v*
nippen siroter ★ *~ van* siroter
nippertje ▾ *op het ~* de justesse, in extremis ▾ *het was op het ~* c'était tangent
nipt tangent ★ *een nipte overwinning* une courte victoire
nirwana nirvana *m*
nis niche *v*
nitraat nitrate *m*
nitriet nitrite *m*
nitwit jean-foutre *m* [mv: id.]
niveau niveau *m* [mv: niveaux] ★ *leerlingen van alle ~s* des élèves de tout niveau ★ *op ~* de haut niveau ★ *op departementaal ~* à l'échelon des ministères ★ *van hoog ~* de haut niveau
niveauverschil ⟨van terrein⟩ dénivellation *v*
nivelleren niveler
nobel I *bn* noble, généreux [v: généreuse] **II** *bw* noblement, généreusement
Nobelprijs prix *m* Nobel ★ *de ~ voor de vrede* le prix Nobel de la paix
noch ni ★ *het een noch het ander* ni l'un ni l'autre ★ *hij kan lezen noch schrijven* il ne sait ni lire ni écrire
nochtans toutefois, cependant
no-claim bonus *m*
no-claimkorting bonus *m*
noden ❶ *uitnodigen* inviter (**tot** à) ❷ *tot iets uitlokken* inviter (à)
nodig I *bn* ❶ *noodzakelijk* nécessaire ★ *indien / zo ~* au besoin, si nécessaire, à la rigueur, s'il le faut ★ *iets ~ hebben* avoir besoin de qc ★ *dat heb ik (hard) ~* j'en ai (grand) besoin, il me le faut (absolument) ★ *twee uur ~ hebben om...* mettre deux heures à... ★ *~ maken* nécessiter ★ *het ~ vinden om* trouver nécessaire de... ★ *dringend ~ zijn* être urgent, s'imposer ★ *dat is niet ~* ce n'est pas la peine ★ *er is grote moed voor ~ om...* il faut beaucoup de courage pour... ★ *de ~e aandacht krijgen* être dûment pris en considération ❷ iron *gebruikelijk* habituel [v: habituelle] ★ *met de ~e ophef* avec le tam-tam habituel **II** *bw, dringend* absolument ★ *~ naar het toilet moeten* avoir un besoin pressant ★ *het moet ~ hersteld worden* une réparation s'impose ★ *dat moet jij ~ zeggen* ce qu'il ne faut pas entendre! ★ *moet dat nou zo ~?* c'est vraiment nécessaire?
nodigen inviter, convier
noedels nouilles *v mv*
noemen ❶ *een naam geven* appeler ★ *iem. bij zijn voornaam ~* appeler qn par son prénom ★ *hoe noem je dat?* comment ça s'appelle? ★ *X genoemd* nommé X ★ *~ naar* donner le nom de ★ *iem. laf / een lafaard ~* traiter / qualifier qn de lâche ★ *zich schilder ~* se dire peintre ★ *dat noem ik nog eens werken!* voilà qui s'appelle travailler! ❷ *met name vermelden* citer ★ *om een voorbeeld te ~* pour donner un exemple ★ *geen namen willen ~* ne pas vouloir citer de noms ★ *hij wordt genoemd als kandidaat* il / son nom est cité comme candidat ★ *het genoemde hoofdstuk* le chapitre cité
noemenswaardig notable, digne d'être mentionné ★ *het verschil is niet ~* la différence est négligeable
noemer dénominateur *m* ★ fig *onder één ~ brengen* grouper sous un dénominateur commun
noest I *bn* laborieux [v: laborieuse] ★ *een ~e werker* un bourreau de travail, un gros travailleur ★ *met ~e vlijt* avec assiduité **II** *de* nœud *m*
nog ❶ *tot nu* encore ★ *het regent nog* il pleut toujours ★ *nog niet* pas encore ★ *tot nog toe* jusqu'à présent ★ *dat ontbrak er nog maar aan!* il ne manquait plus que ça! ★ *weet je nog?* tu t'en souviens? ★ *nog altijd* toujours ★ *hij is nog niet thuis* il n'est pas encore rentré ★ *vandaag nog* aujourd'hui même ★ *gisteren nog* pas plus tard qu'hier ★ *al is men nog zo voorzichtig* on a beau être prudent ❷ *vanaf nu* encore ★ *het festival duurt nog twee dagen* le festival dure encore deux jours ★ *we zijn er nog lang niet* nous sommes loin d'être arrivés ★ *nog slechts twee dagen* plus que deux jours ★ *hoe lang nog?* combien de temps encore? ❸ *bovendien, meer* encore ★ *mag ik nog een ijsje?* je peux avoir une autre glace? ★ *nog eens* encore (une fois), une fois de plus ★ *nog twee bier* deux autres bières ★ *nog beter* encore mieux ★ *anders nog iets?* ⟨in winkel⟩ et avec ça? ★ *nog een sigaar?* un autre cigare? ★ *en wat dan nog?* et puis après?, et alors? ★ *dat is nog eens mooi* voilà qui est beau ★ *100 euro en nog wat* 100 euros et des poussières
noga nougat *m*
nogal assez ★ *ik vind dit ~ duur* je trouve que c'est plutôt cher ★ *dat lijkt me ~ logisch* cela me semble évident ★ *het gaat ~* ça peut aller ★ *~ eens* assez souvent
nogmaals de nouveau, encore (une fois) ★ *~ doornemen* revoir

ni

no-iron ⟨op etiket⟩ ne pas repasser
nok ❶ *deel van dak* faîte *m* ★ *tot de nok toe gevuld* plein à craquer ❷ scheepv bout *m*
nokken stopper
nomade nomade *m/v*
nomadisch nomade
nominaal nominal [m mv: nominaux] ★ *nominale waarde* valeur *v* nominale
nominatie ⟨benoeming⟩ nomination *v*, ⟨voordracht⟩ liste *v* de candidats ★ *op de ~ staan* être proposé, être au nombre des candidats
nomineren ★ *genomineerd zijn voor...* être nominé pour...
non religieuse *v*, sœur *v* ★ *non worden* prendre le voile
non-actief en disponibilité ★ *op ~ stellen* mettre en non-activité ★ *op ~ staan* être en disponibilité
non-alcoholisch non alcoolisé, sans alcool
nonchalance nonchalance *v*
nonchalant **I** *bn* nonchalant **II** *bw* nonchalamment
non-conformistisch non-conformiste
non-fictie ≈ essais *m mv*
non-food non-alimentaire
nonkel BN *oom* oncle *m*
nonnenklooster couvent *m* de religieuses
nonnenschool onderw couvent *m*
no-nonsense ≈ pragmatique, réaliste ★ *~politiek* politique *v* pragmatique
non-profit sans but lucratif ★ *een ~organisatie* un organisme sans but lucratif
non-proliferatieverdrag pol traité *m* de non-prolifération
nonsens non-sens *m*, absurdité *v* ★ *~!* n'importe quoi!
non-stop non-stop [onver.]
non-stopvlucht vol *m* non-stop / sans escale
non-verbaal non-verbal [m mv: non-verbaux]
nood ❶ *behoefte / noodzakelijkheid* nécessité *v*, besoin *m* ★ *uit nood* par nécessité ★ *iem. uit de nood helpen* tirer qn d'affaire ★ *hoge nood hebben* avoir un besoin pressant ★ *van de nood een deugd maken* faire de nécessité vertu ★ *in nood leert men zijn vrienden kennen* c'est dans le malheur qu'on reconnaît les (vrais) amis ★ *nood breekt wet* nécessité fait loi ★ *als de nood aan de man komt* en cas de besoin ★ BN *nood hebben aan iets* avoir besoin de qc ❷ *gevaar* danger *m*, détresse *v* ★ *in geval van nood* en cas d'urgence, si nécessaire ★ *in nood verkeren* être en danger ★ *een schip in nood* un navire en détresse ★ *geen nood!* pas de problème! ❸ BN *tekort* pénurie *v*, manque *m* ★ *er is een grote nood aan woningen* il y a une pénurie de logements
noodaggregaat groupe *m* électrogène
noodbrug pont *m* provisoire
noodgebied *rampgebied* région *v* sinistrée
noodgedwongen **I** *bn* forcé **II** *bw* par la force des choses
noodgeval (cas *m* d')urgence *v*
noodhulp *hulp in geval van nood* aide *v* d'urgence
noodklok tocsin *m* ★ *de ~ luiden* sonner le tocsin / l'alarme
noodkreet cri *m* de détresse
noodlanding atterrissage *m* forcé
noodlijdend ❶ *behoeftig* indigent ❷ *niet renderend* en souffrance ★ *een ~ bedrijf* une entreprise en difficulté
noodlot destin *m*, fatalité *v*
noodlottig fatal [m mv: fatals] ★ *dat werd haar ~* cela lui a été fatal
noodmaatregel mesure *v* d'urgence
noodplan plan *m* d'urgence
noodrantsoen ration *v* de réserve
noodrem signal *m* d'alarme ★ *aan de ~ trekken* ook fig tirer le signal d'alarme
noodsignaal signal *m* de détresse
noodsprong fig pis-aller *m* [mv: id.]
noodstop arrêt *m* d'urgence
noodtoestand état *m* d'urgence / d'alerte ★ *de ~ afkondigen* déclarer l'état d'urgence
nooduitgang sortie *v* de secours
noodvaart ★ *met een ~* à fond de train
noodverband pansement *m* provisoire, fig palliatif *m*
noodverlichting éclairage *m* de secours
noodvulling plombage *m* provisoire
noodweer **I** *de, zelfverdediging* légitime défense *v* ★ *uit ~ handelen* agir en état de légitime défense **II** *het, onstuimig weer* tempête *v*
noodzaak nécessité *v* ★ *uit ~* par nécessité
noodzakelijk ❶ *beslist nodig* nécessaire ★ *reserveren is ~* réservation nécessaire ★ *het is dringend ~* il y a urgence ★ *het strikt ~e* le strict nécessaire ❷ *onontkoombaar* nécessaire, inévitable ★ *een ~ gevolg* une conséquence inévitable / nécessaire
noodzakelijkerwijs nécessairement, forcément
noodzaken obliger, forcer ★ *~ tot* contraindre à ★ *zich genoodzaakt zien om* se voir obligé de
nooit (ne...) jamais ★ *ik heb nog ~ varkensvlees gegeten* je n'ai jamais mangé du porc ★ *~ iets* (ne...) jamais rien ★ *~ meer* (ne...) plus jamais ★ *dat ~!* ça jamais! ★ *~ ofte nimmer* jamais, au grand jamais! ★ *~ van mijn leven!* jamais de la vie! ★ *bijna ~* presque jamais ★ *eens, maar ~ meer* (c'est) la première et la dernière fois ★ *nu of ~* c'est l'occasion ou jamais ★ *dat lukt je ~* tu n'y arriveras jamais ★ *ik heb haar ~ gezien* je ne l'ai jamais vu ★ *je weet maar ~* on ne sait jamais
noor patin *m* de course
Noor Norvégien *m*
noord nord
Noord-Amerika l'Amérique *v* du Nord ★ *in ~* en Amérique du Nord
Noord-Amerikaan Nord-Américain *m* [mv: Nord-Américains]
Noord-Amerikaans nord-américain
Noord-Amerikaanse Nord-Américaine *v*
Noord-Brabant le Brabant-Septentrional
Noord-Brabants brabançon [v: brabançonne]
noordelijk **I** *bn, uit / van het noorden* septentrional [m mv: septentrionaux] ⟨van wind⟩ du nord **II** *bw, naar het noorden* vers le nord ★ *we varen ~, richting zee* on navigue vers le nord, vers la mer
Noordelijke IJszee océan *m* Arctique
noorden ❶ *windstreek* nord *m* ★ *ten ~ van* au nord de ★ *op het ~ liggen* être exposé au nord ❷ *gebied* Nord *m* ★ *het ~ van Italië* le nord de l'Italie ★ *het hoge ~* le Grand Nord ▼ BN *er het ~*

bij verliezen perdre les pédales, être déboussolé
noordenwind vent *m* du nord
noorderbreedte latitude *v* nord
noorderbuur voisin *m* du nord
noorderkeerkring tropique *m* du Cancer
noorderlicht aurore *v* boréale
noorderling Nordique *m/v*
noorderzon ▾ *met de ~ vertrekken* mettre la clé sous la porte
Noord-Europa l'Europe *v* du Nord ★ *in ~* en Europe du Nord, dans l'Europe du Nord
Noord-Europees de l'Europe du Nord
Noord-Holland la Hollande-Septentrionale
Noord-Hollands de la Hollande-Septentrionale
Noord-Ierland l'Irlande *v* du Nord ★ *in ~* en Irlande du Nord
Noord-Iers de l'Irlande du Nord
Noordkaap cap *m* Nord
Noord-Korea la Corée du Nord ★ *in ~* en Corée du Nord
Noord-Koreaans nord-coréen [v: nord-coréenne]
noordkust côte *v* nord
noordoosten nord-est *m*
noordpool ❶ *noordelijk uiteinde* pôle *m* Nord ❷ *pluspool van magneet* pôle *m* nord
Noordpool pôle *m* Nord
noordpoolcirkel cercle *m* polaire arctique
Noordpoolexpeditie expédition *v* dans le Grand Nord
noordpoolgebied région(s) *v (mv)* arctique(s)
noords du Nord, nordique
noordwaarts I *bn* au nord **II** *bw* vers le nord
noordwesten nord-ouest *m*
Noordzee mer *v* du Nord
Noorman Normand *m*
Noors I *bn, m.b.t. Noorwegen* norvégien [v: norvégienne] **II** *het, taal* norvégien *m*
Noorse Norvégienne *v*
Noorse Zee mer *v* de Norvège
Noorwegen la Norvège ★ *in ~* en Norvège
noot ❶ *nootvrucht* noix *v* ★ *noten kraken* casser des noix ★ *een harde noot om te kraken* un problème épineux, eine harte Nuss zu knacken haben ❷ *muzieknoot* note *v* ★ *hele noot* ronde *v* ★ *halve noot* blanche *v* ★ *achtste noot* croche *v* ★ *valse noot* fausse note ★ *noten kunnen lezen* savoir déchiffrer ★ *veel noten op zijn zang hebben* être fort exigeant ★ *voor de vrolijke noot zorgen* y mettre une note de gaieté ❸ *aantekening* note *v* ★ *verklarende noot* annotation *v* ★ *er een kritische noot bij plaatsen* émettre des réserves
nootmuskaat culin noix *v* muscade
nop nope *v*, ⟨op matras⟩ nœud *m*, ⟨op schoenzool⟩ crampon *m*
nopen *noodzaken* contraindre (**tot** à) ★ *genoopt om / tot* contraint / obligé de
nopjes ▾ *in zijn ~ zijn* boire du petit-lait
noppes que dalle ★ *voor ~* pour des prunes
nor taule *v*, tôle *v*, bloc *m* ★ *in de nor stoppen* fourrer au bloc, envoyer en taule ★ *in de nor zitten* faire de la taule
nordic walking sport marche *v* nordique
norm norme *v* ★ *aan de norm voldoen* être dans les normes ★ *de wettelijke norm overschrijden* dépasser la norme légale ★ *normen en waarden* normes et valeurs
normaal I *bn* normal [m mv: normaux] ★ *onder normale omstandigheden* dans des conditions normales ★ *een ~ mens doet zoiets niet* qn de normal ne ferait pas une chose pareille ★ *alles verliep verder ~* pour le reste, tout s'est passé normalement ★ *~ gesproken* normalement ★ *doe eens ~!* arrête tes chichis! **II** *de* ❶ *loodlijn* normale *v* ❷ *normale waarde* ★ *boven ~* au-dessus de la normale
normaalschool BN onderw ≈ *pabo* ≈ Institut *m* universitaire de formation des maîtres (IUFM), oud école *v* normale
normalisatie normalisation *v*
normaliseren ❶ *regelmatig maken* normaliser ❷ *weer normaal maken* normaliser ★ *de betrekkingen met een land ~* normaliser les relations avec un pays
normaliter normalement
Normandië la Normandie ★ *in ~* en Normandie
Normandisch normand
normatief normatif [v: normative]
normbesef sens *m* de la norme, moralité *v*
normvervaging perte *v* de valeurs
nors I *bn* bourru, brusque **II** *bw* de manière bourrue
nostalgie nostalgie *v*
nostalgisch I *bn* nostalgique **II** *bw* avec nostalgie
nota ❶ *rekening* note *v* ❷ *memo, kennis* note *v*, mémoire *m* ★ *nota nemen van iets* prendre bonne note de qc
nota bene tenez-vous bien, figurez-vous ★ *hij is ~ weggegaan* figurez-vous qu'il est parti
notariaat ❶ *ambt* notariat *m* ❷ *praktijk* étude *v* de notaire
notarieel I *bn* notarial [m mv: notariaux] ⟨van akte⟩ notarié **II** *bw* devant notaire
notaris notaire *m/v*
notariskantoor étude *v* de notaire
notatie notation *v*
notebook ordinateur *m* portable / bloc-notes
noten ❶ *van notenhout* de / en noyer ❷ *nootkleurig* noyer [onver.]
notenbalk portée *v*
notenboom noyer *m*
notenbrood culin pain *m* aux noix
notendop *bolster* coquille *v* de noix ▾ *in een ~* en bref, en quelques mots
notenhout noyer *m*
notenhouten de / en noyer
notenkraker *knijptang* casse-noisettes *m* [mv: id.]
notenleer BN onderw éducation *v* / formation *v* musicale
notenschrift notation *v* musicale
noteren ❶ *opschrijven* noter, marquer, ⟨opnemen⟩ relever ★ *een afspraak in de agenda ~* noter / inscrire un rendez-vous sur l'agenda ★ *een order ~* prendre / noter une commande ❷ ⟨m.b.t. de beurs⟩ coter ★ *aan de beurs genoteerd zijn* être coté en Bourse
notering ❶ *het noteren* notation *v* ❷ *koers* cotation *v*, cote *v*
notie ❶ *begrip, denkbeeld* notion *v* ★ *geen ~ van iets hebben* ne pas avoir la moindre idée de qc ❷ BN *kennis* notion *v*
notitie ❶ *aantekening* note *v* ★ *~s maken* prendre

des notes ❷ *aandacht* ★ *~ nemen van* prendre acte / note de ★ *geen ~ nemen van* ignorer
notitieboekje carnet *m*, calepin *m*
notoir notoire
notulen procès-verbal *m* [mv: procès-verbaux], compte *m* rendu ★ *in de ~ opnemen* consigner au compte rendu ★ *de ~ maken* rédiger le compte rendu ★ *de ~ goedkeuren* approuver le compte rendu
notuleren I *ov ww, in notulen opnemen* consigner au compte rendu **II** *onov ww, notulen maken* rédiger le compte rendu
notulist secrétaire *m/v* de séance
nou I *bw* maintenant ★ *en nou wil ik het weten* maintenant je veux savoir ★ *wat moeten we nou doen?* et maintenant? ★ *komt ze nou?* alors, elle vient? ★ *waar is hij nou gebleven?* où est-il donc passé? **II** *tussenw* ★ *nou, dat was het dan* voilà, c'est tout ★ *nou en?* et alors? ★ *nou moe!* ça alors! ★ *nou en of!* et comment! ★ *nou nou!* dis donc!, ça alors! ★ *nou ja* enfin ★ *nou, ik weet het niet* eh bien, je ne sais pas
novelle *korte roman* nouvelle *v*
november novembre *m*
novice novice *m/v*
noviciaat noviciat *m*
noviteit nouveauté *v*
novum fait *m* nouveau
nozem blouson *m* noir
NT2 *Nederlands als tweede taal* ≈ le néerlandais, langue étrangère
nu I *bw, op het ogenblik* maintenant, à présent ★ *nu of nooit* maintenant ou jamais, c'est l'occasion ou jamais ★ *wat nu?* et maintenant? ★ *wat nu weer?* qu'est-ce qu'il y a encore? ★ *nu eens X, dan weer Y* tantôt X, tantôt Y ★ *tot nu toe* jusqu'ici, jusqu'à présent, jusqu'à maintenant ★ *van nu af (aan)* à partir de maintenant, désormais ★ *nu en dan* de temps en temps, de temps à autre **II** *voegw* maintenant que, ⟨omdat⟩ puisque ★ *nu ik dat weet, ben ik gerust* maintenant que je le sais, je suis rassuré **III** *tussenw* eh bien, alors, donc
nuance nuance *v*
nuanceren nuancer ★ *een mening ~* nuancer son point de vue
nuchter ❶ *nog niet gegeten hebbend* à jeun ★ *op de ~e maag* à jeun ❷ *niet dronken* sobre ★ *~ worden* dessoûler ❸ *realistisch* pragmatique, terre à terre, (pourvu) de bon sens ★ *het ~e feit* le simple fait, le fait actuel ★ *de ~e waarheid* la vérité toute nue ★ *een ~e opmerking* une réflexion de bon sens ★ *ergens ~ onder blijven* rester lucide
nucleair nucléaire
nudisme nudisme *m*
nudist nudiste *m/v*, naturiste *m/v*
nuf mijaurée *v*
nuffig I *bn* chochotte **II** *bw* avec des airs
nuk caprice *m*, lubie *v* ★ *nukken hebben* avoir des lubies, être capricieux
nukkig capricieux [v: capricieuse]
nul I *telw* ❶ zéro ★ *nul fouten* zéro faute ★ *twee graden onder nul* deux degrés au-dessous de zéro ★ *twee graden boven nul* deux degrés au-dessus de zéro ★ sport *zes-nul* six (buts) à zéro ❷ → **vier II** *de* ❶ *cijfer* zéro *m* ★ *je moet eerst een nul draaien* il faut d'abord faire le zéro ★ *uit het jaar nul* antédiluvien [v: antédiluvienne] ❷ *onbeduidend persoon* zéro *m*, nullité *v*, minus *m/v*
nulmeridiaan méridien *m* d'origine
nulpunt (point *m*) zéro *m* ★ *het absolute ~ bereiken* fig être au plus bas
numeriek numérique
nummer ❶ *getal* numéro ★ *een ~ van acht cijfers* un numéro de huit chiffres ★ *op ~ 6 wonen* habiter au 6 ★ *de ~ 1 van de wereld* le numéro un mondial ★ *brieven onder ~* lettres sous référence ★ fig *iem. op zijn ~ zetten* remettre qn à sa place ★ fig *op zijn ~ gezet worden* en prendre pour son grade ❷ *telefoonnummer* numéro *m* ★ *gratis ~*, BN *groen ~* numéro vert ★ *mobiel ~* numéro mobile ★ *vast ~* numéro fixe ★ *een ~ draaien* composer un numéro ★ *het verkeerde ~ draaien* se tromper de numéro ❸ *programmaonderdeel* numéro *m* ★ *een verplicht ~* un exercice imposé ❹ *aflevering* numéro *m* ★ *losse ~s* publications *v mv* vendues au numéro ❺ *liedje* chanson *v*, titre *m*, ⟨muziekstukje⟩ morceau *m* ❻ humor *persoon* numéro *m* ★ *een mooi ~* un sacré numéro ❼ → **nummertje**
nummerbord plaque *v* d'immatriculation ★ *met Frans ~* immatriculé en France
nummeren numéroter
nummerherhaling rappel *m* automatique
nummering numérotage *m*, ⟨van bladzijden⟩ pagination *v*
nummertje ❶ *volgnummer* ★ *een ~ trekken* tirer un numéro ❷ *geslachtsdaad* coup *m* ★ *een ~ maken* tirer un / son coup, baiser ❸ *staaltje* bel exemple *m* ★ *een ~ weggeven* faire une démonstration, faire son numéro
nummerweergave présentation *v* du numéro
nuntius nonce *m*
nurks I *bn* grincheux [v: grincheuse], maussade **II** *de* rabat-joie *m* [mv: id.]
nut utilité *v* ★ *de nieuwe aanpak heeft zijn nut al bewezen* la nouvelle approche a déjà fait ses preuves ★ *zich iets ten nutte maken* profiter de qc, faire son profit de qc ★ *tot algemeen nut* d'utilité publique ★ *van nut zijn* être utile ★ *het heeft geen nut* c'est inutile, ça ne sert à rien ★ *ik zie er het nut niet van in* je ne vois pas l'intérêt
nutsbedrijf ★ *de openbare nutsbedrijven* les entreprises reconnues d'utilité publique
nutsvoorzieningen équipements *m mv* d'utilité publique
nutteloos ❶ *onbruikbaar* inutile ❷ *vergeefs* inutile, vain
nuttig I *bn* utile ★ *~ zijn voor* être utile à qc, servir à qc ★ *zich ~ maken* se rendre utile ★ *het ~e met het aangename verenigen* joindre l'utile à l'agréable **II** *bw* utilement ★ *iets ~ besteden* mettre à profit qc
nuttigen consommer, prendre ★ *een drankje ~* prendre un verre
nv *naamloze vennootschap* SA *v*, société *v* anonyme
nylon I *het* nylon *m* **II** *de* bas *m* nylon
nylonkous bas *m* nylon
nymfomaan nymphomane
nymfomane nymphomane *v*, inform nympho *v*

O

o I *de o m* ★ *de o van Otto* O comme Oscar **II** *tussenw* oh, ah ★ *o ja?* vraiment?, ah bon? ★ *o jee!* zut!
o.a. *onder andere(n)* e.a., entre autres
oase oasis *v* ▾ *oase van rust* havre *m* de paix
obductie med autopsie *v*
obelisk obélisque *m*
O-benen jambes *v mv* arquées
ober serveur *m*, garçon *m* ★ *ober, de rekening graag!* Monsieur, l'addition s'il vous plaît!
obesitas obésité *v*
object ❶ *voorwerp* objet *m* ❷ taalk complément *m* d'objet
objectief I *het* ❶ *lenzenstelsel* objectif *m* ❷ BN *doelstelling* objectif *m* **II** *bn* objectif [v: objective] ★ *een ~ oordeel geven* juger objectivement **III** *bw* objectivement
objectiveren objectiver
objectiviteit *het objectief zijn* objectivité *v*
obligaat obligé, obligatoire ★ *obligate woorden* des propos de circonstance
obligatie obligation *v* ★ *~s uitgeven* émettre des obligations
obligatiehouder obligataire *m/v*
obligatielening emprunt *m* obligataire
obligatoir obligatoire
oblong oblong [v: oblongue]
obsceen obscène ★ *obscene gebaren* des gestes obscènes
obsceniteit obscénité *v*
obscuur ❶ *weinig bekend* obscur ❷ *ongunstig bekend* louche ★ *een ~ zaakje* une affaire pas très nette ★ *een obscure kroeg* un bistro mal famé ★ *een ~ steegje* une ruelle louche
obsederen obséder, hanter
observatie observation *v* ★ *ter ~ opnemen* placer en observation ★ *in ~* en observation
observatiepost poste *m* d'observation
observatorium observatoire *m*
observeren observer
obsessie obsession *v*, idée *v* fixe ★ *dat wordt een ~* cela tourne à l'obsession
obsessief obsessionnel [v: obsessionnelle]
obstakel obstacle *m*
obstinaat obstiné ★ *~ worden* s'obstiner
obstipatie constipation *v*
obstructie obstruction *v*
occasion, BN **occasie** ❶ *tweedehands auto* occasion *v* ❷ *koopje* occasion *v*
occidentaal occidental [m mv: occidentaux]
occult occulte
oceaan *wereldzee* océan *m*
Oceanië l'Océanie *v*
oceanologie océanologie *v*
och ah!, oh! ★ *och kom!* allons donc!
ochtend matin *m* ★ *'s ~s* le matin ★ *'s ~s vroeg* tôt le matin, au petit matin
ochtendblad journal *m* du matin [mv: journaux ...]
ochtendeditie édition *v* du matin
ochtendgloren aube *v*
ochtendgymnastiek gymnastique *v* matinale
ochtendhumeur mauvaise humeur *v* au réveil
ochtendjas peignoir *m*, robe *v* de chambre
ochtendmens personne *v* matinale
ochtendploeg équipe *v* du matin
ochtendrood aurore *v*
ochtendspits heure *v* de pointe du matin
OCR *optical character recognition* ROC *v*, reconnaissance *v* optique de caractères
octaaf octave *v*
octaan octane *m*
octaangehalte indice *m* d'octane
octet octuor *m*
octopus pieuvre *v*
octrooi brevet *m* (d'invention) ★ *~ aanvragen* présenter une demande de brevet ★ *~ verlenen* accorder un brevet
octrooigemachtigde mandataire *m/v* agréé auprès de l'Office des brevets
octrooihouder breveté *m* [v: brevetée]
oculair I *bn* oculaire **II** *het* oculaire *m*
ode ode *v* (**aan** à) ★ *iem. een ode brengen* faire l'éloge de qn
odyssee odyssée *v*
oecumene *wereldkerk* œcuménisme *m*
oecumenisch œcuménique
oedeem œdème *m*
oedipuscomplex complexe *m* d'Œdipe
oef ouf!
oefenen exercer (**in** à), entraîner (**in** à) ★ *Spaans ~* s'exercer en espagnol ★ *zich in iets ~* s'exercer à qc ★ *op iets ~* travailler qc ★ *geduld ~* prendre patience, patienter
oefengranaat grenade *v* d'entraînement
oefening exercice *m* ★ *~en voor arm- en beenspieren* exercices pour les muscles des bras et des jambes ★ *lichamelijke ~* éducation *v* physique ★ *een ~ maken* faire un exercice ★ *~ baart kunst* c'est en forgeant qu'on devient forgeron
oefenmateriaal matériel *m* d'entraînement
oefenmeester entraîneur *m*
oefenterrein mil champ *m* de manœuvre
oefenwedstrijd match *m* d'entraînement
Oeganda l'Ouganda *m* ★ *in ~* en Ouganda
Oegandees ougandais
oehoe *vogel* grand-duc *m* (d'Europe)
oei ouille!
Oekraïens ukrainien [v: ukrainienne]
Oekraïne l'Ukraine *v* ★ *in ~* en Ukraine
oelewapper andouille *v*
oen andouille *v*
oer- ❶ *oorspronkelijk* primitif [v: primitive], originaire, d'origine ★ *oerbos* forêt *v* vierge ★ *oertaal* langue *v* primitive ❷ *zeer* archi- ★ *oersaai* terriblement ennuyeux [v: ... ennuyeuse] ★ *oer-Hollands* typiquement néerlandais ★ *oerdegelijk* archisolide ★ *oerdom* bête comme ses pieds
Oeral Oural *m*
oerknal big-bang *m*
oermens homme *m* primitif
oeroud immémorial [m mv: immémoriaux] très ancien [v: très ancienne]
oertijd temps *m mv* préhistoriques
oerwoud forêt *v* vierge
OESO *Organisatie voor Economische*

Samenwerking en Ontwikkeling OCDE *v*, Organisation *v* de Coopération et de Développement Economique
oester huître *v*
oesterbank banc *m* d'huîtres
oesterkweker ostréiculteur *m*
oesterkwekerij huitrière *v*
oesterzwam pleurote *m*
oestrogeen oestrogène *m*, estrogène *m*
oeuvre œuvre *m*
oever bord *m*, ‹van meer, grote rivier› rive *v*, ‹zeeoever› rivage *m*, ‹hoog› berge *v* ★ *buiten zijn ~s treden* sortir de son lit ★ *aan de ~ van het meer* au bord du lac
oeverloos fig sans fin, interminable ★ *een oeverloze discussie* une discussion sans fin
oeverplant plante *v* fluviatile
oeververbinding liaison *v* entre deux rives
Oezbeeks ouzbek [v: ouzbèke]
Oezbekistan l'Ouzbékistan *m* ★ *in ~* en Ouzbékistan
of ❶ *bij tegenstelling* ou, ou bien, ‹hetzij› soit ★ *hij of ik* lui ou moi ★ *min of meer* plus ou moins ★ *goed of fout* bon ou faux ★ *een of twee boeken* un livre ou deux ❷ *ofwel* sinon, ou alors ★ *hou op, of je krijgt een klap!* arrête, sinon tu prends une claque! ★ *er uit of...!* sortez sinon...! ❸ *ongeacht* ★ *of je wilt of niet* que tu le veuilles ou non ★ *of je nu nog zo aandringt ...* tu as beau insister ... ❹ *bij twijfel* que, si ★ *vragen of* demander si ★ *weet je of hij komt?* sais-tu s'il viendra? ★ *ik twijfel of zij komt* je doute qu'elle vienne ★ *de vraag is of* reste à savoir si ❺ *alsof* comme si ★ *hij doet of hij slaapt* il fait semblant de dormir ★ *het lijkt wel of* on dirait que ❻ *bevestigend* ★ *nou en of!* et comment! ❼ *na ontkenning* que ★ *nauwelijks waren we thuis of het begon te regenen* à peine étions nous rentrés qu'il s'est mis à pleuvoir ★ *het scheelde weinig of het was hem gelukt* il s'en est fallu de peu qu'il n'ait réussi ❽ *duidt een benadering aan* ★ *een stuk of twintig* une vingtaine ★ *een euro of zes* environ six euros
offday jour *m* sans, mauvais jour *m*
offensief I *het* offensive *v* ★ *een ~ inzetten* déclencher / lancer une offensive **II** *bn* offensif [v: offensive] ★ *een offensieve strategie* une stratégie offensive
offer ❶ *gave* offrande *v* ❷ fig *opoffering* sacrifice *m* ★ *~s brengen* faire des sacrifices ▾ *ten ~ vallen aan* être victime de
offerande ❶ *offer* offrande *v* ❷ *dankgebed* offertoire *m*
offeren ❶ *als offer aanbieden* sacrifier ❷ fig *opofferen* sacrifier
offerte offre *v*, devis *m* ★ *een ~ (aan)vragen* demander un devis
official officiel *m* [v: officielle]
officieel I *bn* ❶ *erkend* officiel [v: officielle] ★ *officiële feestdag* fête *v* légale ❷ *formeel* officiel [v: officielle] **II** *bw* officiellement
officier officier *m* ★ *de bevelvoerend ~* l'officier commandant ★ *eerste ~* scheepv second *m* ★ *~ van justitie* procureur *m* (de la République), BN procureur du Roi ★ *~ in de orde van ...* officier de l'ordre du / de la ...
officieus I *bn* officieux [v: officieuse] **II** *bw* officieusement
offline hors ligne, non connecté
offreren offrir
offset offset *m*
offshore offshore [onver.]
offside hors jeu
ofschoon quoique [+ subj.], bien que [+ subj.] ★ *~ erg vriendelijk, is hij toch ...* bien qu'il soit très aimable, il est ...
oftewel ou (bien), ‹anders gezegd› autrement dit, soit ★ *syntaxis, ~ zinsstructuur* la syntaxe, soit la structure des phrases
ofwel ou, ou bien
ogen *eruitzien* ★ *jong ogen* avoir l'air jeune
ogenblik ❶ *korte tijd* moment *m*, instant *m* ★ *een ~je alstublieft* une seconde, s'il vous plaît, ‹aan telefoon› ne quittez pas ★ *in een ~* en un clin d'œil ❷ *tijdstip* moment *m* ★ *op het juiste ~* au moment voulu ★ *juist op het ~ toen* à l'instant même où ★ *hij kan ieder ~ komen* il peut arriver d'un moment à l'autre ★ *ieder ~* à tout moment ★ *op het laatste ~* in extremis ★ *op dit ~* en ce moment ★ *op dat ~* à ce moment ★ *op het ~ dat* au moment où ★ *voor het ~* pour le moment / l'instant ★ *in een onbewaakt ~* dans un moment d'inattention
ogenblikkelijk I *bn, onmiddellijk* immédiat ★ *hij eist haar ~e ontslag* il demande qu'elle soit licenciée sur-le-champ **II** *bw* immédiatement, tout de suite ★ *~ na zijn komst* juste après son arrivée
ogenschijnlijk I *bn* apparent **II** *bw* apparemment, en apparence
ogenschouw ▾ *iets in ~ nemen* considérer qc, examiner qc, voir qc
ohm ohm *m*
oké O.K., inform d'acc
oker ocre *v*
oksel *lichaamsdeel* aisselle *v*
okselhaar poils *m mv* des aisselles
oktober octobre *m*
oldtimer *antieke auto* voiture *v* ancienne / d'époque
oleander laurier-rose *m* [mv: lauriers-roses]
olie huile *v*, ‹aardolie› pétrole *m*, ‹stookolie› mazout *m* ★ *bakken in plantaardige olie* faire frire dans de l'huile végétale ★ *afgewerkte olie* huile usée ★ *naar olie boren* effectuer des forages pétroliers, forer un puits de pétrole ★ *ruwe olie* pétrole *m* brut ★ *olie verversen* faire la vidange d'huile ★ fig *olie op het vuur gooien* jeter de l'huile sur le feu
oliebol ≈ beignet *m*
oliebron *vindplaats* gisement *m* de pétrole, ‹aangeboord› puits *m* de pétrole
olieconcern groupe *m* pétrolier
oliecrisis crise *v* du pétrole
oliedom bête comme un pied
olie-embargo embargo *m* pétrolier
olie-en-azijnstel huilier *m*
oliefilter filtre *m* à huile
oliejas ciré *m*
oliekachel poêle *m* à mazout
oliën huiler, ‹smeren› graisser ▾ *goed geolied* bien huilé / rodé

oliepeil niveau *m* d'huile ★ *het ~ controleren* vérifier le niveau d'huile
olieraffinaderij raffinerie *v* de pétrole
oliesel ★ *heilig ~* extrême onction *v*
olietanker pétrolier *m*
olieverf peinture *v* à l'huile
olievervuiling pollution *v* par le pétrole, ‹op strand / zee› marée *v* noire
olievlek nappe *v* de pétrole ▾ *het breidde zich als een ~ uit* ça a fait tache d'huile
olifant éléphant *m*
olifantshuid peau *v* d'éléphant
oligarchie oligarchie *v*
olijf ❶ *vrucht* olive *v* ❷ *boom* olivier *m*
olijfboom olivier *m*
olijfgroen vert olive
olijfolie huile *v* d'olive
olijftak branche *v* d'olivier
olijk I *bn* espiègle **II** *bw* avec espièglerie
olm orme *m*
olympiade olympiades *v mv*
olympisch olympique ★ *de Olympische Spelen* les Jeux olympiques ★ *een ~ record* un record olympique
om I *vz* ❶ *rond(om)* autour de ★ *om de tafel* autour de la table ★ *om het huis heen* autour de la maison ★ *een reis om de wereld* le tour du monde ❷ **~ te**[+ inf.] pour, afin de ★ *dat doet hij om op te vallen* il le fait pour se faire remarquer ★ *ik heb geen tijd om je te helpen* je n'ai pas le temps de t'aider ❸ *vanwege* pour ★ *om die reden* pour cette raison ❹ ‹van tijd› à ★ *om vier uur* à quatre heures ❺ *afwisselend* ★ *om de (andere) dag* tous les deux jours ▾ *om en nabij* autour de ..., aux environs de ... ▾ *hij is om en nabij de veertig* il a la quarantaine, il a quelque quarante ans **II** *bw* ❶ *voorbij* ★ *de tijd is om* l'heure est passée, c'est l'heure ❷ *eromheen* ★ *een sjaal om hebben* porter une écharpe ❸ *van mening veranderd* ★ *hij is om* il s'est ravisé, il a viré de bord ❹ *langer* ★ *dat is zeker een uur om* c'est un détour d'au moins une heure ▾ *'m om hebben* ‹dronken zijn› être bourré ▾ *om en om* alternativement
oma mémé *v*, mamie *v*
Oman l'Oman *m* ★ *in Oman* en Oman
Omanitisch omanais
omarmen ❶ *de armen slaan om* prendre dans ses bras, embrasser ★ *zij omarmden elkaar* ils / elles se sont embrassés ❷ *graag aannemen* bien accueillir, embrasser ★ *hij omarmde het voorstel* il a adhéré à la proposition
omblazen renverser en soufflant
ombouw ≈ construction *v* autour, ‹behuizing› boîte *v*, caisse *v*
ombouwen transformer (**tot** en)
ombrengen *doden* tuer
ombudsman médiateur *m* [v: médiatrice] ★ *nationale ~* Défenseur *m* des droits
ombuigen I *ov ww* ❶ *verbuigen* plier, (re)courber ❷ *veranderen* infléchir **II** *onov ww, buigen* se plier, se courber
ombuiging ❶ *het ombuigen* courbure *v* ❷ *beleidswijziging* infléchissement *m*, réorientation *v*
omcirkelen encercler, entourer
omdat parce que, ‹voor hoofdzin; aangezien› comme, puisque, étant donné que ★ *~ hij ziek was geweest* parce qu'il a été malade
omdoen mettre ★ *zijn veiligheidsriem ~* mettre la ceinture
omdopen rebaptiser
omdraaien I *ov ww, van stand doen veranderen* tourner, ‹omkeren› retourner, ‹verdraaien› tordre, ‹verwisselen› inverser ★ *de rollen ~* inverser les rôles ★ *iem. de nek ~* tordre le cou à qn **II** *onov ww* ❶ *zijn lichaam draaien* ★ *zich ~* se (re)tourner ❷ *draai maken om* tourner ❸ *omkeren* retourner, faire demi-tour
omduwen renverser
omega oméga *m*
omelet omelette *v* ▾ BN *je kunt geen ~ bakken zonder eieren te breken* on ne fait pas d'omelette sans casser des oeufs
omfloerst voilé, ‹van trom› drapé
omgaan ❶ *rondgaan* tourner autour de, faire le tour de ★ *de hoek ~* tourner au coin ❷ *zich afspelen* se passer ★ *wat gaat er in hem om?* qu'est-ce qu'il se passe dans sa tête? ❸ *verstrijken* passer ❹ **~ met** ‹iets› manier, ‹iemand› fréquenter, ‹bejegenen› traiter, se comporter envers ★ *hij kan slecht ~ met kritiek* il supporte mal la critique ★ *ga je een beetje voorzichtig met mijn camera om?* tu y vas doucement avec mon appareil? ★ *vriendschappelijk met iem. ~* entretenir des rapports amicaux avec qn ★ *weten om te gaan met* savoir s'y prendre avec
omgaand ★ *per ~e antwoorden* répondre par retour du courrier
omgang ❶ *sociaal verkeer* fréquentation *v* ★ *~ hebben met* fréquenter ★ *seksuele ~* rapports *m mv* (sexuels) ★ *gemakkelijk in de ~* sociable ★ *aangenaam in de ~ zijn* être de bonne compagnie, être facile à vivre ❷ *processie* procession *v*
omgangsrecht jur droit *m* de visite
omgangsregeling dispositions *v mv* sur le droit de visite
omgangstaal langage *m* courant, langue *v* parlée
omgangsvormen savoir-vivre *m*, formes *v mv*
omgekeerd I *bn* inverse, renversé, ‹tegenovergesteld› inversé, contraire ★ *in ~e volgorde* en sens inverse ★ *in ~e richting* dans le sens opposé ★ *in het ~e geval* dans le cas contraire ★ *de ~e wereld* le monde à l'envers ★ *precies ~* tout le contraire **II** *bw* à l'inverse, à l'envers, inversement ★ *~ evenredig zijn aan* être inversement proportionnel à
omgeven entourer (**met** de), environner
omgeving ❶ *omstreken* environs *m mv*, alentours *m mv* ★ *in de ~ van* aux environs / alentours de ★ *in de naaste ~* dans le voisinage immédiat ❷ *kring van mensen* entourage *m*, cadre *m* ★ *ken je iem. in je naaste ~ die Italiaans spreekt?* il y a qn dans ton entourage immédiat qui parle l'italien?
omgooien ❶ *omvergooien* renverser ❷ *omdoen* jeter sur les épaules ❸ *vlug draaien* pousser, renverser ❹ *veranderen* bouleverser
omhaal ❶ ★ *met veel ~ van woorden* par circonlocutions ★ *zonder ~ van woorden* sans détours ❷ voetb retourné *m*, ‹vallend› bicyclette

v
omhakken abattre
omhalen ❶ *omvertrekken* abattre, renverser ❷ BN *collecteren* collecter
omhanden ★ *iets ~ hebben* avoir qc à faire ★ *niets ~ hebben* n'avoir rien à faire
omhangen *hangen om* mettre
omheen (tout) autour ★ *ergens ~ lopen* faire le tour de qc, contourner qc ▼ *ergens ~ draaien* tourner autour du pot ▼ *daar kun je niet ~* ‹niet onderuit› il n'y a pas à tortiller, ‹must› ça s'impose
omheinen clôturer
omheining clôture *v*, enclos *m*
omhelzen ❶ *omarmen* prendre dans ses bras, embrasser ★ *elkaar ~* s'embrasser ❷ *aannemen* embrasser ★ *een standpunt ~* embrasser / adopter un point de vue ★ *een godsdienst ~* embrasser une religion
omhelzing enlacement *m*, embrassement *m*, ‹krachtig› étreinte *v*, ‹plechtig› accolade *v*
omhoog ❶ *naar boven* en haut, dans le ciel ❷ *in de hoogte* en hauteur, en l'air ★ *naar ~* vers le haut ★ *van ~* d'en haut ★ *handen ~!* haut les mains!
omhooggaan monter ★ *de weg gaat omhoog* la route monte ★ *de prijzen zijn omhooggegaan* les prix ont monté / augmenté
omhoogkijken regarder en haut
omhoogschieten ❶ *snel omhooggaan* s'élever rapidement ★ *de raket schoot omhoog* la fusée s'est élancée dans les airs ❷ *snel groeien* ★ *de planten schieten omhoog* les plantes poussent vite
omhoogtrekken remonter
omhoogwerken [zich ~] s'élever
omhoogzitten être embarrassé (**met** de)
omhullen envelopper, couvrir
omhulsel enveloppe *v* ★ *stoffelijk ~* dépouille *v* mortelle
omissie omission *v*
omkadering BN *personele bezetting* effectifs *m mv*
omkeerbaar réversible, ‹van stelling› convertible
omkeren I *ov ww, omdraaien* retourner, ‹van situatie› renverser ★ *zich ~* se retourner ★ *het hoofd ~* tourner la tête **II** *onov ww, keren* faire demi-tour ★ *laten we toch maar ~* allez, faisons demi-tour
omkijken ❶ *achter zich kijken* tourner la tête, se retourner ❷ **~ naar** *zoeken naar* chercher ❸ **~ naar** *zich bekommeren om* s'occuper de, s'intéresser à ★ *daar heb je geen ~ naar* ça marche tout seul
omklappen rabattre
omkleden *andere kleren aantrekken* changer ★ *zich ~* se changer
omkleden ❶ *bedekken* revêtir (**met** de) ❷ fig envelopper ★ *met redenen ~* motiver
omklemmen serrer, étreindre
omkomen ❶ *ergens omheen komen* tourner ★ *de hoek ~* tourner le coin ❷ *sterven* mourir, périr
omkoopbaar vénal [m mv: vénaux] corruptible
omkopen acheter, corrompre, payer des pots-de-vin à ★ *zich laten ~* se vendre
omkoperij corruption *v*, ‹van ambtenaar› jur trafic *m* d'influence
omlaag en bas ★ *~ doen* baisser ★ *~ gaan* baisser ★ *met het hoofd ~* tête baissée, ‹van schaamte› la tête basse
omlaaghalen ❶ *neerhalen* abaisser, descendre ★ *de vlag ~* baisser le drapeau ❷ *in aanzien doen dalen* rabaisser, nuire à ★ *iem. ~* discréditer qn
omleggen ❶ *anders leggen* retourner, ‹van verkeer› dévier ★ *de weg is omgelegd* la route est déviée ★ *een matras ~* retourner un matelas ❷ *om iets leggen* entourer de, mettre autour de ★ *een ketting ~* (re)monter une chaîne ★ *iem. een verband ~* mettre un pansement à qn ❸ *doden* descendre
omlegging déviation *v*, détournement *m*
omleiden détourner ★ *het verkeer ~* dévier la circulation
omleiding déviation *v* ★ *~sroute* itinéraire *m* de délestage
omliggend environnant, avoisinant
omlijnen *afbakenen* délimiter ★ *duidelijk omlijnd* bien défini
omlijsten encadrer
omlijsting ❶ *het omlijsten* encadrement *m* ❷ *kader* encadrement *m* ★ fig *met muzikale ~ van* avec fond musical de
omloop ❶ *circulatie* circulation *v* ★ *in ~ brengen* mettre en circulation ★ *valse berichten in ~ brengen* faire circuler de fausses informations ❷ *omwenteling* tour *m*, ‹om eigen as› rotation *v*, ‹volgens een baan› révolution *v* ❸ BN sport *wielerkoers* course *v* cycliste
omloopsnelheid ‹van geld› vitesse *v* de circulation, ‹van hemellichaam› vitesse *v* de révolution
omlopen I *ov ww, omverlopen* renverser (au passage) **II** *onov ww* ❶ *omweg maken* faire un détour ❷ *rondlopen* faire un (petit) tour
ommekeer retournement *m*, ‹kentering› renversement *m*
ommetje tour *m* ★ *een ~ maken* faire un tour
ommezien ★ *in een ~* en un clin d'œil
ommezijde verso *m* ★ *zie ~* voir au verso
ommezwaai revirement *m*, volte-face *v* [mv: id.]
ommuren entourer de murs, murer
omnibus ≈ recueil *m*
omniumverzekering BN assurance *v* tous risques
omnivoor biol omnivore *m*
omploegen *ploegen* labourer
ompraten faire changer d'avis, convaincre, raisonner, inform retourner
omrastering *heining van rasterwerk* clôture *v*, ‹van hout› palissade *v*, ‹van metaal› grillage *m*
omrekenen convertir (**in** en)
omrekeningskoers cours *m* / taux *m* de conversion / de change
omrijden I *ov ww, omverrijden* renverser **II** *onov ww, omweg maken* faire un détour
omringen ❶ lett entourer (**met** de) ★ *door vijanden omringd* entouré d'ennemis ❷ fig *omgeven* entourer ★ *iem. met zorg ~* entourer qn de soins, être aux petits soins pour qn
omroep ❶ *omroepvereniging* société *v* de radiotélévision, ‹zender› chaîne *v* (hertzienne)

★ *commerciële* ~ chaînes *v mv* privées ★ *publieke* ~ chaînes *v mv* publiques ❷ *het uitzenden* radiotélévision *v*, ‹bestel› (paysage *m*) audiovisuel *m* (français) (PAF)

omroepbestel paysage *m* audiovisuel

omroepen annoncer, communiquer ★ *iem. laten* ~ faire appeler qn par haut-parleur

omroeper media speaker *m* [v: speakerine]

omroepgids magazine *m* de radiotélévision

omroeren *mengen* remuer

omruilen échanger (**tegen** contre)

omschakelen I *ov ww* techn commuter, ‹v. stroom› inverser **II** *onov ww, zich aanpassen* changer, s'adapter, ‹m.b.t. beroep› se reconvertir ★ ~ *van X naar Y* passer de X à Y

omschakeling ❶ techn ‹van stroom› inversion *v* ❷ *aanpassing* reconversion *v*, réorientation *v* ★ *de verhuizing was voor de kinderen een grote* ~ le déménagement a entraîné de grands changements dans la vie des enfants

omscholen recycler, reconvertir

omscholing recyclage *m*, reconversion *v*

omschrijven définir, ‹met eigen woorden weergeven› paraphraser

omschrijving définition *v*, description *v*, ‹met eigen woorden› paraphrase *v*

omsingelen encercler, cerner, ‹militair› investir

omslaan I *ov ww* ❶ *omverslaan* abattre, renverser ❷ *omdraaien* tourner, ‹omvouwen› rabattre, ‹opstropen› retrousser ❸ *omdoen van kleren* mettre / jeter sur les épaules ❹ *verdelen* répartir (**over** entre) ★ *de kosten hoofdelijk* ~ répartir les frais entre les participants **II** *onov ww* ❶ *kantelen* se renverser, tomber à la renverse, ‹van voertuig› capoter, ‹kapseizen› chavirer ❷ *veranderen* changer brusquement, ‹van weer› se gâter ★ ~ *in* se changer / se transformer en ❸ *om iets heen gaan* tourner

omslachtig I *bn* compliqué, long [v: longue], ‹wijdlopig› prolixe ★ ~ *systeem* système *m* compliqué **II** *bw* prolixement, d'une façon compliquée ★ ~ *te werk gaan* se compliquer les choses

omslag I *de* ❶ *verandering* changement *m* brusque, basculement *m*, ‹van wind, humeur› saute *v* ❷ *gedoe* embarras *m* ★ *zonder* ~ sans façon(s) / cérémonies ❸ *verdeling van kosten* répartition *v*, ‹aandeel› quote-part *v* [v mv: quotes-parts] ★ *hoofdelijke* ~ répartition (individuelle) **II** *de/het* ❶ *omgeslagen rand* revers *m*, rebord *m* ❷ *kaft* chemise *v*, ‹van boek / tijdschrift› couverture *v*, ‹stofomslag› jaquette *v* ★ BN *onder* ~ sous pli

omslagartikel article *m* en couverture / qui fait la une

omslagboor vilebrequin *m*

omslagdoek châle *m*

omsluiten ❶ *omvatten* renfermer ❷ *geheel insluiten* entourer, enclaver

omsmelten refondre

omspannen ❶ lett *omvatten* entourer ❷ fig *behelzen* embrasser

omspitten bêcher, retourner

omspoelen *omgeven* ★ *het water omspoelt het huis* la maison baigne dans l'eau

omspoelen *schoonspoelen* rincer, laver à grande eau

omspringen ~ **met** s'y prendre avec, ‹hanteren› manier, ‹bejegenen› traiter

omstander personne *v* présente ★ *de* ~*s* l'assistance *v*, les spectateurs *m mv*

omstandig I *bn* détaillé, circonstancié **II** *bw* en détail ★ *iets* ~ *uitleggen* expliquer qc en détail

omstandigheid *toestand* circonstance *v* ★ *onvoorziene omstandigheden* circonstances imprévues ★ *verzachtende omstandigheden* circonstances atténuantes ★ *naar omstandigheden* compte tenu des circonstances ★ *in de gegeven omstandigheden* étant donné les circonstances ★ *onder moeilijke omstandigheden* dans des conditions difficiles ★ *wegens omstandigheden* pour convenances personnelles

omstoten renverser, faire tomber

omstreden controversé, contesté

omstreeks I *vz, ongeveer op de tijd / plaats van* vers ★ ~ *kerst* vers Noël **II** *bw, ongeveer* environ ★ *een kind van* ~ *tien jaar* un enfant d'une dizaine d'années

omstreken environs *m mv*, alentours *m mv*

omstrengelen enlacer

omtoveren changer d'un coup de baguette, métamorphoser (**in** en)

omtrek ❶ *contour* contour *m* ❷ *afmeting* périmètre *m*, ‹van cirkel› circonférence *v* ❸ *omgeving* alentours *m mv*, périphérie *v* ★ *binnen een* ~ *van één kilometer* dans un rayon d'un kilomètre ★ *in de* ~ *van A.* aux alentours de A.

omtrekken ❶ *omvertrekken* renverser (en tirant) ❷ *natekenen* délinéer, calquer

omtrekkend → **beweging**

omtrent ❶ *omstreeks* vers ★ ~ *Pasen* vers Pâques ❷ *betreffende* à propos de, au sujet de ★ *een verklaring* ~ *het onderzoek* un éclaircissement au sujet de l'investigation

omturnen faire changer d'avis

omvallen ❶ *vallen* se renverser, tomber ★ ~ *van het lachen* se tordre de rire ★ ~ *van de slaap* dormir debout ★ ~ *van verbazing* tomber à la renverse ❷ *failliet gaan* faire la culbute

omvang ‹omtrek› tour *v*, ‹grootte› dimension *v*, ampleur *v*, volume *m* ★ *de* ~ *van de boom* la grosseur de l'arbre ★ *de* ~ *van de schade* l'ampleur / l'étendue des dégâts ★ *de* ~ *van de invoer* le volume des importations ★ *de* ~ *van de ramp* l'ampleur de la catastrophe ★ *van grote* ~ vaste ★ *gezien de beperkte* ~ *van de school...* vu la taille modeste de l'école... ★ *in de volle* ~ dans toute son ampleur

omvangrijk étendu, considérable, volumineux [v: volumineuse], vaste

omvatten ❶ *inhouden* comprendre, englober, renfermer ★ *de cursus omvat een theoretisch en een praktisch deel* les cours comprennent une partie théorique et une partie pratique ❷ *omsluiten* entourer, embrasser

omver à terre, par terre

omverwerpen ❶ *omgooien* renverser ★ *een stoel* ~ renverser une chaise ❷ *een einde maken aan* renverser ★ *een regering* ~ renverser un gouvernement

omvliegen ❶ *om iets heen vliegen* ★ *de hoek* ~

tourner le coin à toute vitesse ❷ *snel verstrijken* passer vite, s'envoler ★ *de tijd is omgevlogen* on n'a pas vu le temps passer
omvormen transformer (**tot** en)
omvouwen plier
omweg ❶ *langere weg* détour *m* ★ *een ~ maken* faire un détour ★ *dat is een ~!* ça nous rallonge! ❷ *omslachtiger manier* biais *m* ★ *zonder ~en* sans détours ★ *langs een ~* par une voie détournée
omwentelen I *ov ww* ❶ *ronddraaien* faire tourner ❷ *omkeren* inverser **II** *onov ww, om as draaien* tourner
omwenteling ❶ *ommekeer* révolution *v* ★ *een ~ teweegbrengen in* provoquer une révolution dans, bouleverser ❷ *draaiing* tour *m*, rotation *v*, révolution *v* ★ *~ van de aarde om haar as* rotation de la terre autour de son axe
omwerken ❶ *herzien* remanier, retravailler ❷ *omploegen* retourner, labourer
omwerpen renverser
omwikkelen envelopper (**met** de)
omwille ▾ *~ van ...* pour ..., dans l'intérêt de ...
omwisselen *tegen elkaar ruilen* (é)changer (**tegen** contre)
omwonend voisin, ⟨aanwonend⟩ riverain ★ *de ~en* les riverains *m mv*
omzeggens BN *nagenoeg* pour ainsi dire, à peu (de chose) près
omzeilen ❶ *vermijden* contourner, éviter ★ *de moeilijkheden ~* contourner les difficultés ★ *een vraag ~* éluder une question ❷ *zeilen om* contourner, éviter ★ *een kaap ~* doubler un cap
omzendbrief BN circulaire *v*
omzet ❶ *opbrengsten* chiffre *m* d'affaires ★ *een jaarlijkse ~* un chiffre d'affaires annuel ★ *een ~ van een miljard per jaar* un chiffre d'affaires d'un milliard par an ★ *veel ~ maken* inform faire du chiffre ❷ *verkochte goederen* ventes *v mv*, ⟨van winkel⟩ débit *m* ★ *zijn ~ vergroten* augmenter son volume de ventes
omzetbelasting taxe *v* sur le chiffre d'affaires, ⟨btw⟩ TVA *v*
omzetsnelheid vitesse *v* de rotation, débit *m*
omzetten ❶ *verhandelen* vendre, débiter ★ *twee miljoen ~* faire / réaliser un chiffre d'affaires de 2 millions ❷ *veranderen* transformer (**in** en), ⟨herleiden⟩ convertir (**in** en), ⟨vertalen⟩ mettre (**in** en), ⟨transponeren⟩ transposer ★ *beloften in daden ~* mettre des promesses en pratique ★ *in geld ~* convertir en argent ❸ *verplaatsen* changer (de position), ⟨verwisselen⟩ intervertir
omzichtig I *bn* prudent, circonspect **II** *bw* prudemment, avec circonspection ★ *~ te werk gaan* inform y mettre les formes
omzien ❶ *omkijken* se retourner, tourner la tête, regarder en arrière ❷ *uitkijken naar* chercher ❸ *zorgen voor* avoir soin de, s'occuper de
omzomen *met een zoom omgeven* border
omzwaaien *v. studie* changer d'orientation
omzwerving pérégrination *v*, errance *v*, périple *m*
onaandoenlijk I *bn* insensible, impassible **II** *bw* insensiblement, impassiblement
onaangedaan froid, impassible
onaangekondigd I *bn* non annoncé ★ *~ bezoek* une visite surprise **II** *bw* ★ *hij kwam ~ binnen* il est arrivé à l'improviste, inform il a débarqué sans prévenir
onaangenaam I *bn* désagréable ★ *een ~ persoon* un individu désagréable **II** *bw* désagréablement
onaangepast inadapté
onaangeroerd ★ *iets ~ laten* ne pas toucher à qc, fig ne pas évoquer qc
onaangetast *ongeschonden* intact, entier [v: entière], inaltéré, ⟨m.b.t. metaal⟩ non corrodé
onaanvaardbaar inacceptable
onaanzienlijk ❶ *gering* peu important ★ *niet ~* assez considérable ★ *voor een niet ~ bedrag* pour une somme assez considérable ❷ *zonder aanzien* humble
onaardig I *bn* peu aimable, désagréable ★ *~ tegen iem. zijn* être peu aimable avec qn ★ *een ~e opmerking* une remarque désobligeante ★ *dat is niet ~* c'est pas mal **II** *bw* désagréablement, de façon peu aimable / désagréable
onachtzaam I *bn, achteloos* négligent, inattentif [v: inattentive], nonchalant **II** *bw* négligemment, nonchalamment
onaf inachevé
onafgebroken I *bn, zonder onderbreking* ininterrompu, continuel [v: continuelle] **II** *bw* continuellement, sans interruption ★ *tien uur ~ werken* travailler dix heures d'affilée
onafhankelijk I *bn* indépendant ★ *een ~ bestaan leiden* mener une vie indépendante ★ *financieel ~ zijn* être financièrement indépendant ★ *~ van* indépendant de **II** *bw* de manière indépendante ★ *~ van de omstandigheden* indépendamment des circonstances
onafhankelijkheid indépendance *v*
onafhankelijkheidsoorlog guerre *v* d'indépendance
onafhankelijkheidsverklaring déclaration *v* d'indépendance
onafscheidelijk inséparable
onafwendbaar inéluctable, inévitable
onafzienbaar I *bn* immense **II** *bw* à perte de vue
onaneren se masturber
onanie onanisme *m*
onbaatzuchtig I *bn* désintéressé ★ *een ~e daad* un acte / geste désinteressé **II** *bw* avec désintéressement
onbarmhartig I *bn, meedogenloos* impitoyable ★ *~e kritiek* critique *v* impitoyable **II** *bw* impitoyablement
onbeantwoord resté sans réponse ★ *~e liefde* amour *m* malheureux / non partagé
onbedaarlijk incoercible ★ *~ gelach* fou rire *m*
onbedachtzaam I *bn* irréfléchi, inconsidéré ★ *een onbedachtzame opmerking* une remarque irréfléchie **II** *bw* sans réfléchir, de manière irréfléchie ★ *~ handelen* agir sans réfléchir
onbedekt I *bn* ❶ *niet bedekt* non couvert, découvert, nu ❷ *openlijk* franc [v: franche] **II** *bw* ❶ *openlijk* franchement ❷ *niet bedekt* à découvert
onbedoeld involontaire
onbedorven ❶ lett intact, frais [v: fraîche] ❷ fig innocent, pur, candide
onbeduidend insignifiant, de peu d'importance, futile, dérisoire, ⟨niet opvallend⟩ banal [m mv: banals] ★ *~ bedrag* une somme dérisoire

onbegaanbaar inaccessible, impraticable

onbegonnen irréalisable ★ *dat is ~ werk* c'est mission impossible

onbegrensd *grenzeloos* illimité

onbegrijpelijk ❶ *niet te begrijpen* incompréhensible, ⟨raadselachtig⟩ inexplicable ★ *ik vind het ~ dat* je n'arrive pas à m'expliquer que [+ subj.] ❷ *onvoorstelbaar* incroyable, inconcevable

onbegrip incompréhension *v*

onbehaaglijk déplaisant, désagréable ★ *een ~ gevoel* un sentiment de malaise ★ *zich ~ voelen* se sentir mal à l'aise

onbehagen malaise *m*

onbehandeld ★ *~ hout* du bois non-traité

onbeheerd abandonné, jur vacant

onbeheerst I *bn* incontrôlé II *bw* ★ *zij gedraagt zich ~* elle ne sait pas se contrôler

onbeholpen I *bn* maladroit, gauche, inform godiche II *bw* maladroitement, gauchement ★ *zich ~ bewegen* se déplacer maladroitement

onbehoorlijk I *bn* incorrect, inconvenant ★ *~ gedrag* un comportement incorrect ★ *op een ~e tijd* à une heure indue II *bw* de manière incorrecte / inconvenante ★ *zich ~ gedragen* se conduire mal, manquer de tenue

onbehouwen I *bn, lomp* fruste, mal dégrossi, grossier [v: grossière] ★ *~ gedrag* manières *v mv* frustes / grossières ★ *~ vent* malotru *m*, rustre *m* II *bw* grossièrement

onbekend inconnu (**bij** à, de) ★ *dat is mij ~* j'ignore cela, j'en suis ignorant, j'en suis pas au courant ★ *zij is mij ~* je ne la connais pas ★ *ik ben hier ~* je ne suis pas d'ici, je ne suis pas du coin ★ *~ maakt onbemind* ≈ on gagne à être connu ★ *een wasmiddel van een ~ merk* une lessive d'une marque inconnue

onbekende inconnu *m* [v: inconnue], wisk inconnue *v*

onbekendheid ignorance *v* ★ *~ met* ignorance de

onbekommerd I *bn* insouciant, sans souci ★ *een ~ bestaan* une vie sans souci II *bw* sans souci, sans se faire de soucis ★ *~ leven* vivre dans l'insouciance

onbekwaam incapable, incompétent ★ *~ voor* inapte à

onbelangrijk sans importance, négligeable

onbelast ❶ *vrij van lasten* exonéré, sans charges ❷ *vrij van gewicht* vide

onbeleefd I *bn* impoli, mal élevé II *bw* impoliment

onbeleefdheid impolitesse *v*

onbelemmerd I *bn* dégagé, libre ★ *~ uitzicht hebben op* avoir une vue dégagée sur ★ *~ doorgang verlenen* livrer passage (à) II *bw* librement, sans entraves ★ *zij wil ~ haar werk doen* elle veut faire son travail sans contraintes

onbemand sans équipage, ⟨van vliegtuig⟩ sans pilote, ⟨van ruimtevaartuig⟩ inhabité

onbemiddeld sans ressources, sans moyens ★ *niet ~ zijn* être aisé

onbemind impopulaire, peu aimé

onbenul nullité *v*, minus *m* ★ *stuk ~* nullité

onbenullig ❶ *onbeduidend* insignifiant ★ *een ~ antwoord* une réponse insignifiante ❷ *dom* nul [v: nulle], bête, stupide ★ *doe niet zo ~!* ne fais pas l'imbécile!

onbepaald ❶ *niet vastgelegd* indéfini, vague ★ *voor ~e tijd* sine die ❷ taalk indéfini ★ *het ~ lidwoord* l'article indéfini

onbeperkt I *bn* illimité ★ *~ vertrouwen* confiance *v* absolue II *bw* sans restrictions, à volonté ★ *~ houdbaar* durée *v* de conservation illimitée

onbeproefd ★ *niets ~ laten* ne rien négliger, faire feu de tout bois

onberaden irréfléchi, étourdi

onbereikbaar ❶ *niet te bereiken* inaccessible, ⟨van persoon⟩ injoignable ★ *het dorpje was dagenlang ~* durant quelques jours le village était inaccessible ★ *hij was gisteren telefonisch ~* hier il était injoignable ❷ *niet verkrijgbaar* hors d'atteinte ★ *een ~ doel* un objectif irréalisable

onberekenbaar ❶ *wisselvallig* imprévisible ★ *~ gedrag* comportement *m* imprévisible ★ *een onberekenbare tegenstander* un adversaire imprévisible ❷ *niet te berekenen* incalculable ★ *onberekenbare schade* des dégâts *m mv* incalculables

onberispelijk I *bn* impeccable, irréprochable ★ *~ gedrag* comportement *m* irréprochable II *bw* impeccablement, irréprochablement

onberoerd ❶ *onaangedaan* impassible ★ *dat liet me niet ~* cela m'a (vraiment) touché ❷ *niet aangeraakt* non touché, ⟨kalm⟩ calme

onbeschaafd I *bn* ❶ *zonder beschaving* barbare, non civilisé ❷ *onbeleefd* grossier [v: grossière], vulgaire II *bw* ❶ *zonder beschaving* de façon barbare ❷ *onbeleefd* grossièrement

onbeschaamd I *bn* impertinent, effronté, insolent II *bw* impertinemment, insolemment

onbescheiden indiscret [v: indiscrète]

onbeschoft I *bn* impertinent, insolent ★ *~ zijn tegen iem.* être insolent avec qn II *bw* impertinemment, insolemment

onbeschreven blanc [v: blanche] ★ *een ~ vel* une feuille vierge

onbeschrijfelijk indescriptible, inexprimable

onbeslist indécis ★ *~ blijven* rester en suspens, sport se solder par un match nul

onbespoten non traité, bio(logique)

onbesproken *onberispelijk* ★ *van ~ gedrag* d'une conduite irréprochable

onbestelbaar sujet à non-distribution [v: sujette ...]

onbestemd vague, indéfini, indistinct

onbestendig changeant, instable, variable ★ *~ weer* temps *m* variable

onbesuisd fougueux [v: fougueuse]

onbetaalbaar ❶ *niet te betalen* hors de prix, inabordable ★ *de huizen zijn op dit moment ~* les maisons sont hors de prix en ce moment ❷ *kostelijk* impayable, ⟨onschatbaar⟩ inestimable ★ *een onbetaalbare grap* une blague impayable

onbetamelijk I *bn* incorrect, indécent, inconvenant ★ *~ gedrag* comportement *m* incorrect II *bw* incorrectement, indécemment, avec inconvenance

onbetekenend insignifiant, négligeable

onbetrouwbaar peu fiable, ⟨van zaken⟩ sujet à caution [v: sujette ...], ⟨van personen⟩ véreux [v: véreuse]

onbetuigd ▾ *zich niet ~ laten* payer de sa personne
onbetwist incontesté
onbetwistbaar I *bn* incontestable II *bw* incontestablement
onbevangen I *bn* ❶ *vrijmoedig* spontané, ‹argeloos› candide ❷ *zonder oordeel vooraf* impartial [m mv: impartiaux] non averti II *bw* ❶ *vrijmoedig* spontanément, franchement, sans complexe ❷ *zonder oordeel vooraf* sans préjugés, sans parti pris
onbevlekt immaculé, sans tache
onbevoegd I *bn* incompétent, non autorisé, ‹zonder getuigschrift› non qualifié ★ *verboden voor ~en* accès interdit aux personnes non-autorisées, entrée interdite II *bw* sans qualification, sans compétence ★ *het ~ uitoefenen van de geneeskunde* l'exercice *m* illégal de la médecine
onbevooroordeeld sans préjugés, sans parti pris
onbevredigd insatisfait, inapaisé
onbevredigend peu satisfaisant
onbewaakt non surveillé ★ *~e overweg* passage *m* à niveau non gardé ▾ *in een ~ ogenblik* dans un moment d'inattention
onbeweeglijk ❶ *roerloos* inerte, immobile ❷ *onwrikbaar* inflexible, inébranlable
onbewogen ❶ *onaangedaan* impassible ★ *~ blijven bij* rester impassible devant ★ *met ~ gezicht* le visage impassible ❷ *onbeweeglijk* immobile
onbewolkt clair, dégagé
onbewoonbaar inhabitable ★ *~ verklaren* déclarer insalubre
onbewoond inhabité ★ *~ eiland* île *v* déserte
onbewust I *bn* ❶ *niet bewust* inconscient (**van** de) ❷ *onwillekeurig* involontaire II *bw, niet bewust* inconsciemment
onbezoldigd ❶ *die geen loon krijgt* non rétribué, bénévole ❷ *wat geen loon oplevert* non rémunéré, bénévole
onbezonnen irréfléchi, étourdi
onbezorgd I *bn, zonder zorgen* insouciant, sans souci II *bw* avec insouciance
onbillijk I *bn* injuste, inéquitable II *bw* injustement, d'une manière inéquitable
onbreekbaar incassable
onbruik ★ *in ~ raken* tomber en désuétude ★ *in ~ geraakt* vieilli, obsolète
onbruikbaar inutilisable, ‹van persoon› inutile, inapte, ‹van apparaat› hors service
onbuigzaam ❶ *niet te buigen* rigide ❷ *koppig* inflexible
onchristelijk ❶ *niet christelijk* non chrétien [v: non chrétienne] ❷ *ergerlijk* ★ *op een ~ vroeg tijdstip* à une heure indue
oncologie oncologie *v*, cancérologie *v*
ondank ingratitude *v* ▾ *~ is 's werelds loon* ≈ le monde est ingrat ▾ *zijns ~s* malgré lui
ondankbaar I *bn, niet dankbaar* ingrat ★ *wat een ~ type!* quel ingrat, ce type! ★ *een ondankbare taak* une tâche ingrate, un travail peu satisfaisant II *bw* avec ingratitude
ondanks malgré ★ *~ waarschuwingen ging ze gewoon door* elle a tout simplement continué malgré les avertissements ★ *~ alles* malgré tout ★ *~ het feit dat hij een strafblad heeft ...* bien qu'il ait un casier judiciaire ...
ondeelbaar I *bn, niet deelbaar* indivisible II *bw* ★ *~ klein* infiniment petit, infime
ondefinieerbaar indéfinissable
ondenkbaar inconcevable
onder I *vz* ❶ *lager dan* sous, au-dessous de ★ *~ het huis* sous la maison ★ *~ de brug door* sous le pont ❷ *minder dan* inférieur à, au-dessous de ★ *kinderen ~ de twaalf* les moins de douze ans ❸ *ten zuiden van* au-dessous de ★ *net ~ Utrecht* juste au-dessous d'Utrecht ❹ *lager in rang* ★ *hij staat ~ mij* je suis son supérieur, il est sous mes ordres ❺ *te midden van* au milieu de, parmi, entre ★ *~ de aanwezigen* parmi les présents ★ *~ andere* entre autres ★ *~ anderen* entre autres ❻ *tijdens* pendant ★ *~ het praten* en parlant ★ *~ de les* pendant le cours, en classe ❼ *samen met* sous ★ *~ een kopje koffie* en buvant une tasse de café II *bw* en bas ★ *naar ~* vers le bas ★ *van ~ naar boven* de bas en haut ★ *van ~* d'en bas ★ *de derde regel van ~* la troisième ligne d'en bas ★ *zij woont ~* elle habite en bas ★ *de zon is ~* le soleil s'est couché ★ *zie ~* voir ci-dessous ★ *ten ~ gaan* sombrer ★ *~ aan de bladzij* en bas de la page ★ *~ in mijn zak* au fond de ma poche ★ *helemaal ~ zitten met ...* ‹bedekt› être couvert de ...
onderaan en bas ★ *~ staan* être le dernier
onderaannemer sous-traitant *m* [m mv: sous-traitants]
onderaanzicht vue *v* de dessous
onderaards souterrain
onderaf d'en bas ▾ *van ~ beginnen* commencer par en bas
onderarm avant-bras *m* [mv: id.]
onderbelichten ❶ audio-vis sous-exposer ❷ fig négliger ★ *de kwestie is onderbelicht gebleven* la question n'a pas reçu l'attention qu'elle mérite
onderbetalen sous-payer ★ *onderbetaald werk* inform travail *m* au rabais
onderbewust subconscient, subliminal [m mv: subliminaux] ★ *het ~e* le subconscient
onderbewustzijn subconscient *m*
onderbezet qui manque d'effectifs
onderbezetting sous-effectif *m* [mv: sous-effectifs]
onderbinden chausser
onderbouw ❶ *lagere klassen op school* premier cycle *m* ❷ bouw *basis bouwwerk* soubassement *m*, fondations *v mv*
onderbouwen étayer
onderbreken interrompre, ‹af en toe› entrecouper
onderbreking interruption *v* ★ *zonder ~* sans relâche, non-stop
onderbrengen ❶ *onderdak verlenen* héberger, loger ❷ *indelen* classer ★ *in een categorie ~* classer / ranger dans une catégorie
onderbroek slip *m*, ‹voor mannen ook› caleçon *m*, ‹voor vrouwen ook› culotte *v*
onderbroekenlol plaisanteries *v mv* de corps de garde
onderbuik bas-ventre *m* [m mv: bas-ventres] ★ *~gevoelens* sentiments *m mv* bas
onderdaan *staatsburger* sujet *m*, ressortissant *m*

onderdak abri *m* ★ *~ verlenen* abriter, loger ★ *~ vinden* trouver à se loger
onderdanig **I** *bn* docile, soumis, humble, ⟨onderworpen⟩ servile **II** *bw* docilement, humblement, servilement
onderdeel partie *v*, mil unité *v* ★ *losse onderdelen* pièces *v mv* détachées ★ *~ van een programma* partie d'un programme ★ *een wezenlijk ~ vormen van ...* faire partie intégrante de ... ★ *onderdelen van een machine* pièces détachées d'une machine
onderdeurtje microbe *m*
onderdirecteur directeur *m* adjoint, sous-directeur *m* [m mv: sous-directeurs] [v: sous-directrice]
onderdoen **I** *ov ww, aantrekken* ★ *de schaatsen ~* mettre les patins ★ *ski's ~* chausser des skis **II** *onov ww, de mindere zijn* ★ *~ voor* être inférieur à ★ *niet voor iem. ~* valoir qn, ne pas être en reste avec qn ★ *in niets ~ voor* ne le céder en rien à
onderdompelen plonger, immerger
onderdoor par en-dessous, par-dessous ▼ *er ~ gaan* aller à sa perte, n'en pouvoir plus
onderdoorgang passage *m* souterrain
onderdrukken ❶ *ondergeschikt houden* opprimer ★ *een volk ~* opprimer un peuple ❷ *tegenhouden* réprimer, étouffer ★ *zijn gevoelens ~* refouler ses sentiments ★ *een opstand ~* étouffer / réprimer une révolte
onderdrukker oppresseur *m*, tyran *m*
onderdrukking répression *v*, oppression *v*
onderduiken ❶ *zich schuilhouden* se cacher, inform se planquer, ⟨in oorlog⟩ passer dans la clandestinité ❷ *duiken* plonger
onderduiker clandestin *m*
onderen ★ *naar ~* vers le bas ★ *van ~* (d')en bas ▼ *van ~!* ≈ attention, en dessous!
ondergaan ❶ *zinken* couler, ⟨vergaan⟩ sombrer, ⟨van zon⟩ se coucher ★ *de ~de zon* le soleil couchant ❷ *tenietgaan* décliner, sombrer, périr
ondergaan *verduren* subir
ondergang ❶ *het ondergaan* chute *v*, ⟨van zon⟩ coucher *m* ❷ *het tenietgaan* déclin *m*, ruine *v* ★ *de ~ van de wereld* la fin du monde ★ *zijn ~ tegemoet gaan* courir à sa perte
ondergeschikt ❶ *onderworpen aan* subalterne, inférieur, subordonné (**aan** à) ❷ *van minder belang* secondaire ★ *van ~ belang* d'intérêt secondaire ★ *een ~e zin* une proposition subordonnée
ondergeschikte subordonné *m* [v: subordonnée], inférieur *m* [v: inférieure], subalterne *m/v*
ondergeschoven jur *vervalst* faux [v: fausse] ▼ *een ~ kindje* un enfant substitué
ondergetekende ★ *(de) ~* je soussigné(e), humor ma petite personne
ondergoed sous-vêtements *m mv*, ⟨voor vrouwen⟩ dessous *m mv*, lingerie *v*
ondergraven ❶ fig *verzwakken* saper, miner ★ *iemands gezag ~* saper l'autorité de qn ❷ *graven onder* creuser
ondergrens limite *v* inférieure
ondergrond ❶ *onderliggende laag* sous-sol *m* ★ *een zanderige ~* un sous-sol sableux ❷ *grondslag* base *v* ★ *de ~ was niet stevig genoeg* la base était trop faible
ondergronds ❶ *onder de grond* souterrain ★ *een ~e parkeergarage* un parking souterrain ❷ *clandestien* clandestin, illégal [m mv: illégaux] ★ *het ~e verzet* la résistance, le maquis ★ *~ gaan* passer dans la clandestinité
ondergrondse ❶ *metro* métro *m* ❷ *verzetsbeweging* résistance *v*, maquis *m*
onderhand entre-temps
onderhandelaar négociateur *m* [v: négociatrice]
onderhandelen négocier ★ *~ over* négocier, traiter (sur)
onderhandeling négociation *v*, pourparlers *m mv* ★ *~en aanknopen* engager des négociations ★ *~en voeren* mener des négociations ★ *tijdens de moeizame ~en* pendant les négociations pénibles
onderhands ❶ *zonder tussenpersoon* ⟨van akte⟩ sous seing privé, ⟨van aanbesteding / koop⟩ de gré à gré ❷ *geheim* en sous-mains ❸ sport ★ *een ~e service* un service bas
onderhavig présent, en question ★ *in het ~e geval* en l'occurrence, jur en l'espèce
onderhemd maillot *m* de corps
onderhevig sujet (à) [v: sujette (à)] ★ *aan bederf ~* périssable ★ *aan twijfel ~* sujet à des doutes, douteux ★ *aan geen twijfel ~ zijn* être hors de doute, être indubitable
onderhoud ❶ *verzorging* entretien *m* ★ *achterstallig ~* des travaux d'entretien en retard ★ *in goede staat van ~* en bon état d'entretien ❷ *levensonderhoud* vie *v* ★ *in zijn eigen ~ voorzien* se suffire ★ *in iemands ~ voorzien* pourvoir aux besoins de qn ❸ *gesprek* entretien *m* ★ *een persoonlijk ~* un entretien privé ★ *een ~ hebben met iem.* avoir un entretien avec qn
onderhouden **I** *ov ww* ❶ *verzorgen* soigner, nourrir ★ *een gezin ~* nourrir une famille ❷ *in goede staat houden* entretenir ❸ *naleven* observer ★ *de tien geboden ~* observer les commandements ❹ *aangenaam bezighouden* amuser, distraire ❺ *aanspreken* entretenir (**over** de) **II** *wkd ww* [**zich ~**] *spreken* s'entretenir (**met** avec)
onderhoudend **I** *bn* agréable, divertissant **II** *bw* agréablement
onderhoudsbeurt révision *v* (d'entretien)
onderhoudswerkzaamheden travaux *m mv* d'entretien / de maintenance
onderhuids ❶ med sous-cutané ★ *een ~e bloeding* une hémorragie sous-cutanée ❷ fig *verborgen* imperceptible, sous-jacent ★ *~e spanningen* tensions *v mv* sous-jacentes
onderhuren sous-louer
onderhuur sous-location *v* ★ *in ~* en sous-location
onderhuurder sous-locataire *m/v*
onderin au fond
onderjurk combinaison *v*, fond *m* de robe
onderkaak mâchoire *v* inférieure
onderkant dessous *m*, partie *v* inférieure
onderkennen ❶ *herkennen* distinguer ❷ *beseffen* reconnaître
onderkin double menton *m*
onderklasse ❶ biol sous-classe *v* ❷ soc classe(s) *v*

(mv) inférieure(s) (de la société)
onderkoeld ❶ med *afgekoeld* en hypothermie ❷ fig *zonder emoties* impassible, distant
onderkoeling hypothermie *v*
onderkomen abri *m*, toit *m* ★ *een ~ vinden* trouver à se loger
onderkoning vice-roi *m* [m mv: vice-rois]
onderkruipsel avorton *m*, demi-portion *v* [v mv: demi-portions]
onderlaag ❶ *onderste laag* couche *v* inférieure ❷ *steunlaag* fond *m*
onderlangs par en bas
onderlegd formé, instruit, versé (**in** en)
onderlegger ❶ *op bed* protège-matelas *m* [mv: id.], alaise *v* ❷ *op bureau* dessous *m*, sous-main *m* [mv: sous-main(s)]
onderliggen ❶ *de mindere zijn* avoir le dessous ❷ *liggen* être en dessous ★ *~d* sous-jacent ★ *~de problemen* problèmes *m mv* sous-jacents
onderlijf ❶ *onderlichaam* bas *m* du corps ❷ *onderbuik* bas-ventre *m*
onderling I *bn* réciproque, mutuel [v: mutuelle] ★ *~e strijd* lutte *v* interne ★ *met ~ goedvinden* par consentement mutuel ★ *een ~e verzekering* une assurance mutuelle ★ *~e hulp* entraide *v* **II** *bw* réciproquement, mutuellement ★ *iets ~ afspreken* convenir d'une chose ensemble ★ *iets ~ regelen* régler qc entre soi ★ *zij zijn ~ verdeeld* ils sont divisés entre eux ★ *~ afhankelijk* interdépendant
onderlip lèvre *v* inférieure
onderlopen être inondé
ondermaats ❶ *te klein* au-dessous du format exigé, trop petit ★ *~e vis* (menu) fretin *m* ❷ *van mindere kwaliteit* inférieur, médiocre ★ *~e prestaties* performances *v mv* médiocres
ondermijnen ❶ fig *verzwakken* miner, saper ★ *de gezondheid ~* miner la santé ★ *~de activiteiten* activités *v mv* subversives ❷ mil *mijn leggen onder* miner
ondernemen *gaan doen* entreprendre, faire
ondernemend entreprenant
ondernemer entrepreneur *m* [v: entrepreneuse], chef *m* d'entreprise ★ *een kleine ~* un petit entrepreneur
ondernemerschap fonction *v* d'entrepreneur
onderneming ❶ *bedrijf* entreprise *v* ★ *een multinationale ~* une (entreprise) multinationale ❷ *karwei* entreprise *v* ★ *een riskante ~* une entreprise dangereuse ★ *het lijkt me een hele ~* cela me semble tout un travail
ondernemingsraad comité *m* d'entreprise
ondernemingsrecht jur droit *m* des entreprises
onderofficier sous-officier *m*
onderonsje *gesprek* aparté *m* ★ *een ~ hebben met iem.* s'entretenir en aparté avec qn, inform faire des messes basses avec qn
onderontwikkeld sous-développé
onderop (au-)dessous
onderpand gage *m* ★ *tot ~ geven* mettre en gage ★ *op ~ lenen* prêter sur gage(s)
onderpastoor BN rel vicaire *m*, ⟨huiskapelaan⟩ chapelain *m*
onderricht enseignement *m*, instruction *v*
onderrichten *lesgeven* instruire
onderschatten sous-estimer
onderscheid distinction *v*, différence *v* ★ *~ maken tussen* faire le partage entre ★ *zonder ~* sans distinction, indistinctement ★ *een fijn ~* une nuance, le distinguo
onderscheiden I *bn, verschillend* distinct, différent **II** *ov ww* ❶ *waarnemen* discerner ❷ *als ongelijksoortig bezien* distinguer, différencier (**van** de) ❸ *een onderscheiding verlenen* décorer **III** *wkd ww* [**zich ~**] se distinguer (**van** de; **door** par)
onderscheiding ❶ *het van elkaar onderscheiden* distinction *v* ❷ *ereteken* décoration *v*
onderscheidingsteken ❶ *ereteken* décoration *v*, ⟨rangteken⟩ insigne *m* ❷ *herkenningsteken* marque *v* distinctive
onderscheidingsvermogen discernement *m*
onderscheppen ❶ *onderweg in handen krijgen* intercepter ❷ BN *(heimelijk) vernemen* intercepter
onderschikkend taalk subordonnant, de subordination
onderschikking subordination *v*
onderschrift *wat onder iets staat* légende *v*
onderschrijven *beamen* souscrire à, approuver
ondershands → **onderhands**
ondersneeuwen ❶ *door sneeuw bedekt worden* se couvrir de neige ❷ *uit de belangstelling geraken* être noyé
onderspit ▾ *het ~ delven* avoir le dessous
onderst inférieur
onderstaan être inondé
onderstaand ci-dessous, ci-après
ondersteboven ❶ *op zijn kop* sens dessus dessous, à l'envers ★ *iets ~ houden* tenir qc à l'envers ❷ *overhoop* sens dessus dessous ★ *~ halen* mettre en désordre, mettre sens dessus dessous ❸ *overstuur* bouleversé
ondersteek bassin *m* (hygiénique)
onderstel châssis *m*, support *m*, ⟨van voertuig⟩ train *m*
ondersteunen ❶ *van onderen steunen* soutenir ❷ *helpen* soutenir ❸ *onderschrijven* appuyer ★ *een voorstel ~* appuyer une proposition ❹ comp *een applicatie laten werken* supporter
ondersteuning ❶ *het steun geven* soutien *m*, appui *m* ★ *ter ~ van* à l'appui de ❷ *hulp* aide *v*, soutien *m* ★ *hij krijgt extra ~ op school* il bénéficie d'un soutien scolaire personnalisé
onderstrepen ❶ *streep zetten onder* souligner ★ *fouten ~* souligner les fautes ❷ *met nadruk zeggen* souligner ★ *het belang van iets ~* souligner l'importance de qc
onderstroom ❶ aardk courant *m* sous-marin [m mv: courants sous-marins] ❷ fig courant *m* sous-jacent [m mv: courants sous-jacents], tendance *v* sous-jacente
onderstuk partie *v* inférieure, support *m*
ondertekenaar signataire *m/v*
ondertekenen signer
ondertekening ❶ *het ondertekenen* signature *v* ❷ *handtekening* signature *v*
ondertitel ❶ audio-vis *vertaling* sous-titre *m* [m mv: sous-titres] ❷ drukk *tweede titel* sous-titre *m* [m mv: sous-titres]
ondertitelen sous-titrer
ondertiteling *ondertitels* sous-titrage *m*
ondertoezichtstelling (mise *v* sous) tutelle *v*
ondertoon ❶ muz harmonique *m* inférieur

❷ *bijbetekenis* pointe *v* ★ *met een ~ van ergernis* avec une pointe d'agacement ★ *een trieste ~* une tristesse sous-jacente
ondertrouw publication *v* du mariage / des bans ★ *in ~ gaan* faire publier les bans
ondertussen ❶ *in tussentijd* entre-temps, en attendant ★ *als jij kookt, dan dek ik ~ de tafel* si tu fais la cuisine, pendant ce temps-là je mettrai la table ❷ *maar toch* en attendant, cependant ★ *zij heeft ~ wel gelijk* toujours est-il qu'elle a raison ★ *~ krijg ik de schuld* en attendant, c'est moi qui porte le chapeau
onderuit *met de benen gestrekt* affalé ★ *~ zitten / liggen in een stoel* être affalé dans un siège ▼ *we kunnen er niet ~* (il n'y a) pas moyen d'y échapper, il n'y a pas à tortiller
onderuitgaan ❶ *vallen* tomber (les quatre fers en l'air) ❷ *falen* se casser le nez
onderuithalen ❶ sport faucher ❷ *met woorden* tacler
ondervangen *wegnemen* parer à ★ *een moeilijkheid ~* parer à une difficulté ★ *bezwaren ~* parer aux inconvénients
onderverdelen subdiviser
onderverdeling subdivision *v*
onderverhuren sous-louer
ondervertegenwoordigd sous-représenté
ondervinden éprouver, faire l'expérience de, ressentir, connaître ★ *grote moeilijkheden ~* connaître / éprouver de grandes difficultés ★ *iets aan den lijve ~* apprendre qc à ses dépens ★ *de gevolgen ~ van* se ressentir de
ondervinding expérience *v* (**met** de) ★ *spreken uit ~* parler par expérience
ondervoed sous-alimenté
ondervoeding sous-alimentation *v*, med dénutrition *v*
ondervragen ❶ *verhoren* interroger, questionner ❷ BN onderw interroger
ondervraging interrogation *v*, ⟨verhoor⟩ interrogatoire *m*
onderwaarderen sous-évaluer
onderwatersport plongée *v* sous-marine
onderweg en cours de route, ⟨op komst⟩ en route ★ *~ zijn naar* être en chemin vers ★ *ze is ~ naar het ziekenhuis* elle est en route pour l'hôpital ★ *de brief is ~* la lettre est en route ★ *hij is ~ ziek geworden* durant le trajet il est tombé malade
onderwereld ❶ *misdadigerswereld* milieu *m* ❷ *dodenrijk* enfers *m mv*, royaume *m* des morts
onderwerp ❶ *wat behandeld wordt* sujet *m*, thème *m* ★ *het ~ van gesprek* le sujet de la conversation ★ *een ~ aansnijden* entamer un sujet ★ *de kerk is vaak ~ van spot* l'Église est fréquemment un objet de risée ❷ taalk sujet *m* ★ *het ~ van de zin* le sujet de la proposition
onderwerpen ❶ *onder gezag brengen* soumettre (**aan** à) ❷ *~ aan laten ondergaan* soumettre à ❸ *~ aan voorleggen aan* soumettre à
onderwijl entre-temps, en attendant
onderwijs onderw enseignement *m*, instruction *v* ★ *lager ~ / BN primair ~* enseignement primaire ★ *middelbaar / voortgezet ~ / BN secundair ~* (enseignement) secondaire *m* ★ BN *algemeen secundair ~* enseignement secondaire général ★ BN *beroepssecundair ~* enseignement secondaire professionnel ★ *bijzonder / BN vrij ~* enseignement privé ★ *hoger ~* enseignement supérieur ★ BN *kunstsecundair ~* enseignement secondaire artistique ★ *openbaar / BN officieel ~* enseignement public ★ *schriftelijk ~* enseignement par correspondance ★ BN *technisch secundair ~* enseignement secondaire technique ★ *Engelstalig ~* enseignement en langue anglaise ★ *~ geven* enseigner
onderwijsbevoegdheid onderw certificat *m* d'aptitude à l'enseignement (CAPES)
onderwijsinspectie onderw inspection *v* de l'enseignement
onderwijskunde onderw didactique *v*
onderwijsmethode onderw méthode *v* d'enseignement
onderwijzen onderw ⟨iets⟩ enseigner, apprendre (**aan** à), ⟨iemand⟩ instruire ★ *~d personeel* corps *m* enseignant
onderwijzer onderw instituteur *m* [v: institutrice], inform instit *m/v*, form professeur *m* des écoles
onderworpen ❶ *ondergeschikt* soumis ❷ *onderdanig* soumis ❸ *~* **aan** *onderhevig aan* soumis à
onderzeeboot sous-marin *m*
onderzeeër sous-marin *m*
onderzetter *voorwerp* dessous-de-plat *m* [mv: id.]
onderzoek examen *m*, ⟨bestudering⟩ étude *v*, analyse *v*, ⟨nasporing⟩ recherche *v*, jur enquête *v*, ⟨vooronderzoek⟩ instruction *v*, information *v*, med examen *m* ★ *een gerechtelijk ~* une enquête / information judiciaire ★ *wetenschappelijk ~* recherche (scientifique) ★ *geneeskundig ~* examen *m* médical ★ *deskundig ~* expertise *v* ★ *~ doen* ⟨research⟩ faire de la recherche, ⟨nasporing⟩ enquêter (sur) ★ *een ~ instellen naar iets* faire une enquête sur qc ★ jur *een ~ instellen* ouvrir une enquête / information (**naar** sur) ★ *~ heeft uitgewezen dat* des recherches ont montré que ★ *in ~ zijn* être à l'examen / à l'étude ★ *bij nader ~* vérification faite
onderzoeken examiner, étudier, ⟨nasporen⟩ rechercher, ⟨toetsen⟩ tester, ⟨verifiëren⟩ vérifier ★ *~ op* tester sur ★ *op juistheid ~* vérifier ★ *nauwkeurig ~* examiner à fond ★ *~de blik* regard *m* scrutateur ★ *een zieke ~* examiner un malade
onderzoeker chercheur *m* [v: chercheuse] ★ *wetenschappelijk ~* chercheur *m*
onderzoeksresultaat résultat *m* des recherches
ondeugd ❶ *slechte eigenschap* vice *m* ❷ *ondeugendheid* malice *v* ❸ *deugniet* garnement *m* [v: garce]
ondeugdelijk **I** *bn* ❶ *van slechte kwaliteit* défectueux [v: défectueuse] ❷ *gebrekkig* défectueux [v: défectueuse] **II** *bw* peu solidement
ondeugend **I** *bn* ❶ *stout* vilain, méchant ❷ *schalks* polisson [v: polissonne], malicieux [v: malicieuse], ⟨gewaagd⟩ osé, grivois **II** *bw* ❶ *stout* de façon insupportable ❷ *schalks* malicieusement
ondiep peu profond ★ *~e plek* bas-fond *m* ★ *het ~e* le petit bassin

ondiepte *ondiepe plaats* bas-fond *m* [m mv: bas-fonds]
ondier monstre *m*
onding *prul* camelote *v*, inform cochonnerie *v*
ondoelmatig inefficace
ondoenlijk infaisable
ondoordacht I *bn* irréfléchi, inconsidéré **II** *bw* inconsidérément, sans réfléchir
ondoordringbaar impénétrable
ondoorgrondelijk impénétrable, ‹raadselachtig› insondable
ondraaglijk insupportable, intolérable
ondubbelzinnig explicite, sans équivoque
onduidelijk I *bn* imprécis, vague, pas clair ★ *de situatie is ~* la situation n'est pas claire ★ *een ~ verhaal* une histoire confuse **II** *bw* vaguement, de façon imprécise ★ *~ schrijven* écrire de façon illisible ★ *~ spreken* ne pas parler distinctement
onecht ❶ *niet echt* faux [v: fausse], ‹gekunsteld› factice **❷** *onwettig* illégitime, naturel [v: naturelle] ★ *een ~ kind* un enfant illégitime / naturel
oneens en désaccord (**met** avec; **over** sur), divisé
oneerbaar I *bn* indécent ★ *een ~ voorstel doen* faire une proposition indécente **II** *bw* indécemment
oneerbiedig irrespectueux [v: irrespectueuse]
oneerlijk I *bn* malhonnête, ‹onbillijk› pas juste ★ *~e concurrentie* concurrence *v* déloyale **II** *bw* malhonnêtement
oneffen raboteux [v: raboteuse], inégal [m mv: inégaux]
oneffenheid ❶ *het niet egaal zijn* inégalité *v* **❷** *onvolkomenheid* défaut *m*
oneigenlijk I *bn* **❶** *niet zoals het bedoeld is* impropre **❷** *figuurlijk* figuré **II** *bw* **❶** *niet zoals het bedoeld is* improprement **❷** *figuurlijk* au figuré
oneindig I *bn, zonder einde* infini ★ *het ~e* l'infini ★ *tot in het ~e* à l'infini **II** *bw* infiniment
oneindigheid ‹van duur› éternité *v*, ‹van aantal› infinité *v*, ‹van ruimte› infini *m*
oneliner petite phrase *v*
onemanshow one man show *m*, (spectacle *m*) solo *m*
onenigheid ❶ *meningsverschil* désaccord *m*, dissension(s) *v (mv)* ★ *politieke onenigheden* dissensions politiques **❷** *ruzie* brouille *v*, ‹tweedracht› discorde *v* ★ *~ hebben* être brouillés ★ *~ zaaien* semer la discorde
onervaren inexpérimenté, sans expérience
onervarenheid inexpérience *v*
onesie combinaison *v*
onesthetisch inesthétique
oneven impair
onevenredig disproportionné (**met** à)
onevenwichtig déséquilibré
onfatsoenlijk I *bn, ongemanierd* pas convenable, indécent **II** *bw, ongemanierd* d'une façon peu convenable, indécemment ★ *hij nam een ~ groot stuk taart* il a pris une part démesurée de gâteau
onfeilbaar infaillible
onfortuinlijk malchanceux [v: malchanceuse]
onfris ❶ *niet fris* d'une propreté douteuse, douteux [v: douteuse] ★ *~ ruiken* sentir mauvais **❷** *dubieus* louche, pas très net(te)
ongaarne à regret, à contrecœur
ongans ★ *zich ~ eten* s'empiffrer
ongeacht malgré ★ *~ uw mening* quelle que soit votre opinion
ongebonden ❶ *los* non relié **❷** *vrij* libre, indépendant ★ *de ~ landen* les pays non alignés **❸** *losbandig* libertin, dissolu
ongeboren à naître ★ *het ~ leven* la vie foetale
ongebreideld I *bn* effréné, sans frein **II** *bw* sans retenue
ongebruikelijk inhabituel [v: inhabituelle]
ongecompliceerd simple, pas compliqué
ongedaan ★ *iets ~ laten* ne pas faire qc ★ *iets ~ maken* réparer qc, remédier à qc ★ *een koop ~ maken* annuler un marché ★ *niets ~ laten* ne rien négliger, tout tenter ★ *dat is niet meer ~ te maken* ce qui est fait est fait
ongedeerd indemne, sain et sauf [v: saine et sauve]
ongedierte vermine *v*
ongedisciplineerd indiscipliné, dissipé
ongeduld impatience *v* ★ *trappelen van ~* brûler d'impatience
ongeduldig I *bn* impatient ★ *~ worden* s'impatienter **II** *bw* impatiemment
ongedurig I *bn* agité, incapable de tenir en place **II** *bw* sans pouvoir tenir en place
ongedwongen I *bn* **❶** *vrijwillig* libre **❷** *losjes* naturel [v: naturelle], ‹van houding› décontracté, désinvolte ★ *een ~ sfeer* une ambiance décontractée **II** *bw* **❶** *vrijwillig* librement **❷** *losjes* avec naturel
ongeëvenaard I *bn* inégalé, sans égal, sans pareil ★ *een ~ succes* un succès sans pareil **II** *bw* incomparablement
ongegeneerd I *bn* sans gêne, désinvolte **II** *bw* sans se gêner
ongegrond I *bn* gratuit, sans fondement, dénué de (tout) fondement ★ *~e beschuldigingen* accusations *v mv* sans fondement **II** *bw* sans raison ★ *iem. ~ beschuldigen* accuser qn sans raison
ongehinderd I *bn* libre **II** *bw* librement
ongehoord inouï ★ *een ~ hoog bedrag* une somme exorbitante
ongehoorzaam désobéissant, indiscipliné ★ *~ zijn aan* désobéir à
ongehoorzaamheid désobéissance *v* ★ *burgerlijke ~* désobéissance civile
ongehuwd I *bn* célibataire ★ *~e staat* célibat m **II** *bw* ★ *~ samenwonen* vivre en union libre
ongein fadaise *v*
ongekend I *bn* sans précédent, jamais vu ★ *~e mogelijkheden* possibilités *v mv* inespérées **II** *bw* ★ *~ hoge prijzen* prix *m mv* exorbitants
ongekunsteld I *bn* naturel [v: naturelle], simple **II** *bw* avec naturel, simplement
ongeldig non valable, nul [v: nulle] ★ *~ maken / verklaren* invalider, annuler
ongelegen I *bn* inopportun ★ *een ~ moment* un moment inopportun **II** *bw* à contretemps, mal à propos ★ *~ komen* déranger (qn), tomber mal à propos ★ *kom ik ~?* est-ce que je vous dérange?
ongeletterd *met weinig opleiding* inculte
ongelijk I *het* tort *m* ★ *~ hebben* avoir tort ★ *niet helemaal ~ hebben* ne pas avoir tout à fait tort ★ *~ geven* donner tort ★ *ik geef je geen ~* tu as

bien raison ★ *zijn ~ bekennen* reconnaître ses torts **II** *bn* ❶ *verschillend* inégal [m mv: inégaux] ⟨ongelijksoortig⟩ disparate ❷ *oneffen* inégal **III** *bw* inégalement
ongelijkbenig wisk non isocèle
ongelijkheid ❶ *het ongelijk zijn* inégalité *v* ★ *de strijd tegen ~* la lutte contre les inégalités ★ *de sociale ~* l'inégalité sociale ❷ *oneffenheid* inégalité *v*
ongelijkmatig I *bn* irrégulier [v: irrégulière], inégal [m mv: inégaux] ★ *~ van humeur* d'humeur inégale **II** *bw* irrégulièrement
ongelijkvloers ★ *~e kruising* saut-de-mouton *m* [m mv: sauts-de-mouton], échangeur *m*
ongelikt → **beer**
ongelimiteerd illimité
ongelofelijk, ongelooflijk I *bn* incroyable ★ *het is ~!* c'est incroyable! **II** *bw* incroyablement
ongelood sans plomb
ongeloof incrédulité *v*, rel incroyance *v*
ongeloofwaardig invraisemblable, peu crédible
ongelovig I *bn* ❶ *ongodsdienstig* incroyant, athée ❷ *iets niet gelovend* incrédule **II** *bw, iets niet gelovend* avec incrédulité
ongeluk I *het* [gmv] *tegenspoed* malheur *m*, malchance *v* ★ *~ brengen* porter malheur ★ *per ~* par mégarde, sans faire exprès **II** *het* [mv: +ken] *ongeval* accident *m* ★ *een ~ krijgen* avoir un accident ★ *bij een ~ omkomen* être tué dans un accident ★ *een ~ begaan* faire un malheur à qn ★ *zich een ~ werken* travailler comme un fou / malade ★ *een ~ komt zelden alleen* un malheur n'arrive jamais seul, c'est la loi des séries ★ *een ~ zit in een klein hoekje* un malheur est si vite arrivé ★ *daar komen ~ken van* ça va mal se terminer! → **ongelukje**
ongelukje ❶ *klein ongeluk* petit accident *m*, accident *m* de parcours ❷ *onvoorzien kind* accident *m*
ongelukkig I *bn* ❶ *niet gelukkig* malheureux [v: malheureuse] ❷ *jammerlijk* fâcheux [v: fâcheuse] ★ *een ~e liefde* une déception sentimentale ❸ *met lichaamsgebrek* infirme **II** *bw* malheureusement ★ *~ getrouwd* mal marié ★ *hij zal ~ aan zijn eind komen* il finira mal ★ *~ spelen* ne pas avoir de chance ★ *dat komt ~ uit* ça tombe mal
ongelukkigerwijs malheureusement, par malheur
ongeluksgetal chiffre *m* porte-malheur [m mv: chiffres ...]
ongeluksvogel malchanceux *m*, malchanceuse *v*
ongemak ⟨hinder⟩ gêne *v*, ⟨ongerief⟩ désagrément *m*, ⟨kwaal⟩ mal *m* [mv: maux] ★ *de ~ken van de ouderdom* les désagréments de la vieillesse ★ *iem. ~ bezorgen* déranger qn
ongemakkelijk I *bn* ❶ *ongerieflijk* incommode, inconfortable ❷ *lastig* gênant, pénible, ⟨van persoon⟩ difficile, incommode **II** *bw* ❶ *ongerieflijk* incommodément ❷ *lastig* péniblement ❸ *niet op je gemak* ★ *zich ~ voelen* ne pas être à l'aise
ongemanierd I *bn* mal élevé **II** *bw* impoliment, grossièrement
ongemeen I *bn* peu commun **II** *bw* singulièrement, extraordinairement

ongemerkt I *bn* ❶ *niet bemerkt* inaperçu ❷ *zonder merk* non marqué **II** *bw, niet bemerkt* sans se faire remarquer, discrètement, en douce ★ *~ wegglippen* filer en douce, s'éclipser
ongemoeid ★ *iem. ~ laten* laisser qn en paix ★ *iets ~ laten* ne pas toucher à qc
ongenaakbaar inaccessible, inabordable
ongenade ★ *in ~ vallen (bij)* tomber en disgrâce (auprès de)
ongenadig I *bn* formidable, terrible ★ *iem. een ~ pak slaag geven* flanquer une belle raclée à qn **II** *bw* formidablement, terriblement
ongeneeslijk incurable ★ *~ ziek* condamné
ongenietbaar insupportable
ongenoegen ❶ *misnoegen* déplaisir *m*, mécontentement *m* ★ *zijn ~ uiten over* exprimer / manifester son mécontentement de ❷ *onenigheid* différend *m* ★ *~ krijgen met* se brouiller avec ★ *in ~ leven* vivre en mauvaise entente
ongeoorloofd interdit, défendu, illicite
ongepast I *bn* ⟨misplaatst⟩ déplacé, inconvenant, ⟨onbehoorlijk⟩ incorrect ★ *een ~e grap* une plaisanterie déplacée ★ *~ gedrag* comportement *m* incorrect **II** *bw* ★ *~ nieuwsgierig* d'une curiosité indiscrète
ongepastheid inconvenance *v*, incongruité *v*
ongerechtigheid ❶ *onrechtvaardigheid* injustice *v* ❷ *onvolkomenheid* défaut *m*, ⟨vuiltje⟩ impureté *v*
ongerede ▾ *in het ~ raken* se détraquer
ongeregeld ❶ *onregelmatig* irrégulier [v: irrégulière] ★ *een ~ leven leiden* mener une vie désordonnée ❷ *ordeloos* désordonné, irrégulier [v: irrégulière] ★ *wat een zooitje ~!* quel méli-mélo!
ongeregeldheden ❶ *wanordelijkheden* irrégularités *v mv* ❷ *oproer* troubles *m mv*
ongeremd I *bn* effréné **II** *bw* sans retenue
ongerept intact ★ *de ~e natuur* la nature vierge ★ *~e sneeuw* de la neige immaculée / vierge
ongerief désagrément *m*
ongerijmd absurde ★ *uit het ~e* par l'absurde
ongerust inquiet [v: inquiète] ★ *zich ~ maken (over)* s'inquiéter (de), se faire du souci (pour), se préoccuper (de) ★ *~ maken* inquiéter ★ *~ worden* s'inquiéter
ongerustheid inquiétude *v*
ongeschikt ❶ *niet geschikt* impropre (**voor** à), ⟨onbekwaam⟩ inapte (**voor** à), ⟨ongepast⟩ inapproprié, inopportun ★ *hij is ~ voor dat vak* il n'est pas fait pour ce métier ❷ *onaardig* désagréable
ongeschonden intact, entier [v: entière]
ongeschoold onderw non qualifié, sans qualification
ongeslagen sport invaincu
ongesteld *menstruerend* ★ *ik ben ~* j'ai mes règles
ongesteldheid *menstruatie* règles *v mv*
ongestoord I *bn* tranquille **II** *bw* tranquillement, sans être dérangé ★ *zij wil ~ kunnen werken* elle veut travailler sans être dérangée
ongestraft I *bn* impuni **II** *bw* impunément
ongetrouwd célibataire ★ *~ samenwonen* vivre en union libre
ongetwijfeld sans aucun doute, certainement

on

ongeval accident *m* ★ *dodelijk ~* mort *v* accidentelle
ongevallenverzekering assurance *v* contre les accidents
ongeveer à peu près, environ ★ *het duurt ~ tien minuten* cela va prendre environ dix minutes ★ *dat kost ~ de helft* c'est à peu près moitié prix ★ *~ zes maanden* quelque six mois ★ *zo ~* plus ou moins
ongeveinsd I *bn* sincère, franc [v: franche] **II** *bw* sincèrement, franchement
ongevoelig I *bn* ❶ *onaangedaan* insensible (**voor** à), impassible ★ *~ overkomen* avoir l'air impassible ★ *~ voor kritiek* insensible aux critiques ❷ *verdoofd* insensible ★ *~ maken* insensibiliser **II** *bw* d'un air impassible
ongevraagd I *bn* spontané ★ *~ advies* conseil non demandé **II** *bw* spontanément, sans être incité, ⟨van gast⟩ sans être invité
ongewapend ❶ *zonder wapen* sans armes ❷ *zonder versterking* non armé ★ *~ beton* du béton non armé
ongewenst indésirable ★ *een ~ kind* un enfant non désiré
ongewild ❶ *ongewenst* indésirable ❷ *onbedoeld* involontaire
ongewisse incertitude *v* ★ *in het ~ laten / verkeren* laisser / être dans l'incertitude
ongewoon ❶ *zeldzaam* peu commun, insolite ❷ *niet gewoon* inhabituel [v: inhabituelle]
ongezeglijk indiscipliné, dissipé, indocile
ongezellig ⟨van persoon⟩ peu sociable, peu aimable, ⟨van plaats⟩ peu confortable, peu accueillant, ⟨van sfeer⟩ peu convivial, sans ambiance, morne
ongezien I *bn, niet gezien* inaperçu **II** *bw* ❶ *ongemerkt* sans être vu ★ *hij wist ~ te vertrekken* il a su s'éclipser ❷ *zonder te zien* les yeux fermés
ongezond I *bn* ❶ *ziek* en mauvaise santé, maladif [v: maladive] ❷ *slecht voor de gezondheid* malsain, ⟨van lucht e.d.⟩ insalubre ❸ fig *slecht* maladif [v: maladive] **II** *bw* d'une manière malsaine
ongezouten I *bn* ❶ *zonder zout* non salé ❷ *onverbloemd* cru **II** *bw* crûment ★ *iem. ~ de waarheid zeggen* dire à qn ses quatre vérités
ongrijpbaar insaisissable
ongrondwettig I *bn* inconstitutionnel [v: inconstitutionnelle] **II** *bw* inconstitutionnellement
ongunstig I *bn* ❶ *nadelig* désavantageux [v: désavantageuse], défavorable ★ *een ~ jaar* une mauvaise année ★ *een ~ moment* un moment inopportun ❷ *slechte indruk gevend* défavorable **II** *bw* défavorablement, désavantageusement ★ *~ bekendstaan* avoir mauvaise réputation, être mal famé
onguur ❶ *ruw* rude, âpre ★ *~ weer* temps *m* rude ❷ *eng en gevaarlijk* sinistre, louche ★ *een ~ type* un individu louche
onhandelbaar ❶ *ontzettend lastig* récalcitrant ★ *onhandelbare kinderen* enfants *m mv* indociles ❷ *slecht bestuurbaar* peu manoeuvrable ★ *de vrachtwagen is ~* ce camion est peu manoeuvrable
onhandig I *bn* ❶ *stuntelig* maladroit, gauche ❷ *niet handzaam* incommode, peu maniable **II** *bw* maladroitement
onhandigheid maladresse *v*
onhebbelijk I *bn* odieux [v: odieuse], insolent, désagréable **II** *bw* grossièrement
onhebbelijkheid grossièreté *v*
onheil malheur *m*, désastre *m* ★ *~ stichten* semer le malheur
onheilspellend sinistre, lugubre, de mauvais augure, lourd de menaces
onheilsprofeet prophète *m* de malheur
onherbergzaam inhospitalier [v: inhospitalière], peu accueillant
onherkenbaar méconnaissable
onherroepelijk I *bn* irrévocable **II** *bw* irrévocablement
onherstelbaar I *bn* irréparable, irrémédiable **II** *bw* irréparablement, irrémédiablement ★ *~ beschadigd* endommagé et irréparable
onheuglijk immémorial [m mv: immémoriaux]
onheus I *bn* désobligeant **II** *bw* d'une manière désobligeante ★ *~ bejegenen* faire (du) tort à, rudoyer
onhoudbaar ❶ *niet te verdedigen* insoutenable, indéfendable ❷ *niet te harden* insupportable, intenable ★ *de situatie is ~* la situation est intenable ❸ sport imparable
onjuist I *bn* faux [v: fausse], inexact, erroné, incorrect **II** *bw* inexactement, incorrectement
onjuistheid ❶ *fout* erreur *v* ❷ *het onjuist zijn* inexactitude *v*
onkies indélicat
onklaar *defect* détraqué ★ *~ raken* ne plus fonctionner, se détraquer
onkosten frais *m mv*
onkostendeclaratie note *v* de frais
onkostenvergoeding indemnité *v*, remboursement *m* des frais
onkreukbaar ❶ *niet kreukend* infroissable ❷ *integer* intègre, incorruptible
onkruid mauvaises herbes *v mv* ▾ *~ vergaat niet* mauvaise herbe croît toujours
onkuis I *bn* impudique **II** *bw* impudiquement
onkunde ignorance *v* ★ *uit ~* par ignorance
onkundig ignorant ★ *~ zijn van iets* ignorer qc
onlangs récemment, l'autre jour ★ *~ is bekend geworden dat ...* on a appris récemment que... ★ *in een ~ verschenen artikel ...* dans un article récemment paru...
onledig ▾ *zich ~ houden met* s'occuper à
onleesbaar illisible ★ *een ~ handschrift* une écriture illisible / indéchiffrable ★ *een ~ boek* un livre illisible
online en ligne
onlogisch I *bn* illogique **II** *bw* illogiquement
onloochenbaar indéniable
onlosmakelijk ★ *~ verbonden met* indissociable de
onlusten soc désordres *m mv*, troubles *m mv*
onmacht ❶ *machteloosheid* impuissance *v* ❷ *flauwte* défaillance *v* ★ *in ~ vallen* s'évanouir
onmachtig impuissant (**om** à)
onmatig I *bn* immodéré, excessif [v: excessive] **II** *bw* immodérément
onmens monstre *m*, brute *v*
onmenselijk I *bn, wreed* inhumain, cruel

on

[v: cruelle] **II** *bw* inhumainement, cruellement

onmetelijk I *bn* immense **II** *bw* infiniment ★ ~ *groot* immense

onmiddellijk I *bw, meteen* tout de suite, immédiatement ★ *ik kom* ~ j'arrive dans un instant ★ ~ *na zijn dood* aussitôt après sa mort **II** *bn* ❶ *meteen* immédiat ★ *met ~e ingang* dès maintenant ❷ *zonder tussenruimte* direct, immédiat ★ *in de ~e nabijheid van* à proximité de

onmin désaccord *m*, brouille *v* ★ *in ~ leven met* être brouillé / en mauvais termes avec

onmisbaar indispensable

onmiskenbaar I *bn* indéniable, incontestable **II** *bw* indéniablement, incontestablement

onmogelijk I *bn* ❶ *niet mogelijk* impossible ★ *het is ~ om* c'est impossible de, il n'y a pas moyen de ★ *een ~e opdracht* une mission impossible ★ *iem. iets ~ maken* mettre qn dans l'impossibilité de faire qc ★ *iets ~s willen* vouloir l'impossible ❷ *onverdraaglijk* impossible ❸ *belachelijk* impossible, invraisemblable **II** *bw* ★ *dat kan ik ~ doen* il m'est impossible de faire cela ★ *dat kan ~ kloppen* il est impossible que ce soit vrai ★ *zich ~ gedragen* se conduire de façon impossible

onmogelijkheid impossibilité *v*

onmondig ❶ *niet mondig* ≈ tenu sous tutelle ❷ *minderjarig* mineur

onnadenkend I *bn* irréfléchi, étourdi **II** *bw* ★ *iets ~ doen* faire qc sans réfléchir

onnatuurlijk I *bn* ❶ *niet natuurlijk* contre nature ❷ *gekunsteld* artificiel [v: artificielle], affecté, sophistiqué **II** *bw* ❶ *niet natuurlijk* contre nature ❷ *gekunsteld* artificiellement

onnauwkeurig I *bn* inexact **II** *bw* inexactement

onnavolgbaar inimitable

onneembaar imprenable, ⟨van hindernis⟩ infranchissable

onnodig I *bn* inutile ★ *dat is ~* ce n'est pas la peine ★ ~ *te zeggen dat ...* inutile de dire que ... **II** *bw* inutilement ★ ~ *veel* plus qu'il n'en faut

onnoemelijk I *bn, onuitsprekelijk groot of veel* immense **II** *bw* infiniment ★ ~ *veel boeken* énormément de livres

onnozel I *bn* ❶ *argeloos* innocent ❷ *dom* niais, nigaud, inform bébête ★ *~e hals* niais *m*, benêt *m* ❸ *onbeduidend* misérable ★ *een paar ~e centen* quelques malheureux cents **II** *bw, dom* niaisement

onofficieel officieux [v: officieuse]

onomkeerbaar irréversible

onomstotelijk I *bn* irréfutable, incontestable ★ ~ *bewijs* preuve *v* irréfutable **II** *bw* irréfutablement

onomwonden I *bn* franc [v: franche] **II** *bw* franchement, crûment, sans ambages ★ *iem. ~ de waarheid zeggen* dire ses quatre vérités à qn

onontbeerlijk indispensable

onontkoombaar inévitable, inéluctable

onontwarbaar inextricable

onooglijk ★ *er ~ uitzien* ne pas payer de mine

onopgemerkt I *bn* inaperçu **II** *bw* ★ *iets ~ voorbij laten gaan* ne pas marquer le coup ★ ~ *blijven* passer inaperçu

onopgesmukt sans apprêt, sans fard

onophoudelijk I *bn* continuel [v: continuelle], incessant **II** *bw* continuellement, sans cesse

onoplettend inattentif [v: inattentive], distrait

onoplettendheid inattention *v*, distraction *v*

onoplosbaar insoluble

onoprecht peu sincère, faux [v: fausse], dissimulé

onopvallend I *bn* qui passe inaperçu, ⟨bescheiden⟩ discret [v: discrète], ⟨onbeduidend⟩ insignifiant ★ *een ~ persoon* une personne qui passe inaperçu **II** *bw* sans être aperçu, ⟨van personen⟩ sans se faire remarquer, ⟨bescheiden⟩ discrètement ★ ~ *weggaan* partir discrètement, inform filer en douce

onopzettelijk I *bn* involontaire **II** *bw* involontairement, sans (le) faire exprès

onovergankelijk I *bn* intransitif [v: intransitive] **II** *bw* intransitivement

onoverkomelijk insurmontable

onovertroffen inégalé

onoverwinnelijk invincible

onoverzichtelijk I *bn* peu clair, embrouillé ★ *een ~ schema* un schéma peu clair ★ *een ~e bocht* un virage sans visibilité **II** *bw* d'une façon peu claire / embrouillée

onpaar BN *oneven* impair

onpartijdig impartial [m mv: impartiaux]

onpas → **pas**

onpasselijk indisposé ★ ~ *worden* se sentir mal ★ ~ *zijn* avoir mal au cœur ★ *ik word er ~ van* cela m'écœure

onpeilbaar ❶ *ondoorgrondelijk* insondable ★ *hij heeft een ~ karakter* c'est une personnage impénétrable ❷ *grondeloos* immensurable ★ *onpeilbare diepte* profondeur *v* immensurable

onpersoonlijk I *bn* impersonnel [v: impersonelle] **II** *bw* impersonnellement

onplezierig désagréable

onpraktisch ❶ *niet goed bruikbaar* peu pratique ❷ *stuntelig* qui manque de sens pratique

onraad danger *m* ★ ~ *bespeuren* flairer le danger ★ *er dreigt ~* il y a du péril

onrecht injustice *v*, tort *m* ★ *ten ~e* à tort ★ *iem. ~ doen* faire (du) tort à qn

onrechtmatig I *bn* jur illégitime ★ *~e daad* acte *m* illicite **II** *bw* jur injustement

onrechtstreeks I *bn*, BN *indirect* indirect **II** *bw*, BN *indirect* indirectement

onrechtvaardig I *bn* jur injuste **II** *bw* jur injustement

onredelijk ❶ *irrationeel* déraisonnable ★ *een ~e angst* une peur déraisonnable ❷ *onbillijk* injustifié ★ *een ~e eis* une exigence exagérée

onregelmatig I *bn* irrégulier [v: irrégulière] ★ *~e werktijden* horaires *m mv* irréguliers **II** *bw* irrégulièrement

onregelmatigheid ❶ *het onregelmatig zijn* irrégularité *v* ❷ *iets onregelmatigs* irrégularité *v* ★ *er zitten onregelmatigheden in het patroon* le dessin présente des irrégularités ❸ *fraude* irrégularité *v* ★ *er zijn onregelmatigheden in de boekhouding voorgekomen* il y a eu des irrégularités dans la comptabilité

onregelmatigheidstoeslag supplément *m* de salaire pour horaire irrégulier

onreglementair non réglementaire

onrein impur

onrendabel non rentable

onrijp ❶ *niet rijp* vert, pas mûr ❷ *onervaren* immature
onroerend immobilier [v: immobilière], jur immeuble ★ *~e goederen* biens *m mv* immobiliers
onroerendezaakbelasting taxe *v* foncière
onrust ❶ *beroering* agitation *v* ★ *~ stoken* semer le trouble / la perturbation ❷ *gemis van rust* agitation *v*, nervosité *v* ★ *een constant gevoel van ~* un état permanent de nervosité
onrustbarend I *bn* inquiétant, alarmant II *bw* d'une façon inquiétante / alarmante
onrustig I *bn* ❶ *met veel beweging* agité ★ *een ~e zee* une mer agitée ❷ *ongedurig* agité, ⟨nerveus⟩ nerveux [v: nerveuse], ⟨van een kind⟩ turbulent, remuant II *bw* ★ *~ slapen* dormir d'un sommeil agité
onruststoker agitateur *m* [v: agitatrice], fauteur *m* de troubles, meneur *m*
ons I *het* cent grammes *m mv* ★ *je kan wachten tot je een ons weegt* tu peux toujours courir / attendre! II *pers vnw* nous ★ *bij ons thuis* chez nous ★ *onder ons* entre nous ★ *onder ons gezegd* (soit dit) entre nous ★ *een vriend van ons* l'un de nos amis ★ *het is van ons* c'est à nous ★ *ons kent ons* c'est la famille III *bez vnw* notre [m mv: nos] ★ *ons huis* notre maison ★ *de / het onze* le nôtre, la nôtre ★ *de onzen* les nôtres
onsamenhangend I *bn* incohérent, décousu ★ *een ~ verhaal* une histoire décousue II *bw* sans cohérence, d'une façon décousue
onschadelijk anodin, inoffensif [v: inoffensive] ★ *~ maken* mettre hors d'état de nuire, neutraliser ★ *een bom ~ maken* désamorcer une bombe
onschatbaar inestimable ★ *van onschatbare waarde* d'une valeur inestimable
onscheidbaar inséparable
onschendbaar inviolable ★ *de koning is ~* le roi est inviolable
onschuld ❶ *het niet schuldig zijn* innocence *v* ★ *zijn ~ bewijzen* s'innocenter ★ *zijn ~ betuigen* clamer son innocence ★ *ik was mijn handen in ~* je m'en lave les mains ★ *de vermoorde ~ spelen* jouer les victimes ❷ *argeloosheid* innocence *v*, ingénuité *v* ★ *in alle ~* en toute innocence
onschuldig I *bn* ❶ *niet schuldig* innocent (**aan** de) ❷ *argeloos* innocent, ingénu ❸ *onschadelijk* innocent, anodin ▼ *~ als een lam* blanc comme la neige [v: blanche ...] II *bw* innocemment
onsmakelijk ❶ *vies* peu appétissant, qui a mauvais goût ❷ *walgelijk* dégoûtant
onsportief I *bn* ❶ *geen sport beoefenend* antisportif [v: antisportive] ❷ *oneerlijk* antisportif [v: antisportive] II *bw* pas fair-play
onstandvastig I *bn* ❶ *veranderlijk* inconstant, instable ❷ *labiel* instable II *bw* avec inconstance
onsterfelijk ❶ *niet sterfelijk* immortel [v: immortelle] ❷ *eeuwigdurend* immortel [v: immortelle] ★ *zich ~ maken* s'immortaliser
onsterfelijkheid immortalité *v*
onstilbaar insatiable
onstuimig I *bn* impétueux [v: impétueuse] ★ *een ~e zee* une mer houleuse ★ *~e liefde* amour *m* ardent II *bw* impétueusement
onstuitbaar irrésistible
onsympathiek I *bn* antipathique, peu sympathique II *bw* de façon antipathique
onszelf nous-mêmes ★ *vanavond koken we voor ~* ce soir on va faire la cuisine pour nous-mêmes ★ *zo straffen wij ~* nous ne faisons que nous punir nous-mêmes
ontaard dégénéré, dénaturé ★ *een ~e vader* un père dénaturé / indigne
ontaarden *uitlopen op* dégénérer (**in** en) ★ *het feest ontaardde in een braspartij* la soirée a dégénéré en beuverie
Ontariomeer lac *m* Ontario
ontberen manquer de, être privé de ★ *iets niet kunnen ~* ne pouvoir se passer de qc
ontbering privation *v* ★ *~en lijden* endurer des privations
ontbieden appeler, convoquer
ontbijt petit-déjeuner *m* [mv: petits-déjeuners], inform petit-déj *m* ★ *aan het ~ zitten* prendre le petit-déjeuner
ontbijten prendre le petit-déjeuner
ontbijtkoek culin pain *m* d'épice
ontbijtspek bacon *m*
ontbinden ❶ *ontleden* décomposer (**in** en) ★ *in factoren ~* décomposer en facteurs ❷ *opheffen* dissoudre ★ *een huwelijk ~* dissoudre un mariage ★ *een contract ~* annuler un contrat ★ *het parlement ~* dissoudre le parlement
ontbinding ❶ *beëindiging* dissolution *v* ★ *de ~ van het parlement* la dissolution du parlement ❷ *ontleding* décomposition *v* ★ *een ~ in factoren* une décomposition en facteurs ❸ *bederf* décomposition *v* ★ *in staat van ~* en état de décomposition ★ *tot ~ overgaan* se décomposer
ontbladeringsmiddel défoliant *m*
ontbloot ❶ *naakt* dénudé, nu ★ *met ~ bovenlijf* torse nu ❷ *~ van* dénué de, dépourvu de ★ *~ zijn van* être dénué de ★ *van alle grond ~* dénué de (tout) fondement ★ *dat is niet van gevaar ~* ce n'est pas sans danger
ontbloten *bloot maken* dénuder, mettre à nu ★ *het hoofd ~* se découvrir
ontboezeming épanchement *m*
ontbossen déboiser
ontbossing déboisement *m*
ontbranden ❶ *ontvlammen* prendre feu, s'enflammer ❷ *losbarsten* s'enflammer ★ *in woede ~* avoir un accès de colère ★ *de strijd ontbrandde* la lutte a éclaté
ontbreken manquer (**aan** à), faire défaut ★ *er ~ er twee* il en manque deux ★ *er ~ verscheidene brieven* il manque plusieurs lettres ★ *het zich aan niets laten ~* ne se priver de rien ★ *het ontbreekt hem aan moed* il manque de courage, le courage lui manque ★ *de ~den* les manquants ★ *er ontbreekt iets* il manque qc ▼ *dat ontbrak er nog maar aan!* il ne manquait plus que ça!
ontcijferen déchiffrer
ontdaan consterné, défait
ontdekken découvrir, ⟨opsporen⟩ détecter, repérer ★ *ontdek de voordelen van een abonnement!* découvrez les avantages d'un abonnement! ★ *ik heb ontdekt hoe je zonder wachtwoord kunt inloggen* j'ai trouvé comment se connecter sans mot de pass
ontdekker découvreur *m*, inventeur *m* [v: inventrice]

ontdekking découverte *v*
ontdekkingsreis expédition *v*, exploration *v*
ontdekkingsreiziger explorateur *m* [v: exploratrice]
ontdoen ~ van dépouiller de, défaire de ★ *ontdaan van* privé de, dépouillé de ★ *zich van iem. ~* se débarrasser de qn ★ *zich van iets ~* se défaire de qc
ontdooien I *ov ww, ijsvrij maken* dégeler, ‹van koelkast› dégivrer, ‹van diepvries› décongeler **II** *onov ww* ❶ *smelten* fondre ❷ *minder stijf worden* se dégeler
ontduiken ❶ *zich onttrekken aan* éluder, ‹van wet› tourner ★ *de belasting ~* frauder le fisc ❷ *bukkend ontgaan* esquiver
ontegenzeglijk I *bw* incontestablement **II** *bn* incontestable
onteigenen exproprier
onteigening expropriation *v*
ontelbaar innombrable, sans nombre
ontembaar indomptable
onterecht I *bn* injuste **II** *bw* injustement
onteren déshonorer
onterven déshériter
ontevreden mécontent (**met**, **over** de) ★ *~ zijn over iets* être mécontent de qc
ontevredenheid mécontentement *m*
ontfermen [**zich ~**] ❶ **~ over** *medelijden tonen met* avoir pitié de, ‹zorgen voor› prendre soin de, s'occuper de, ‹opvangen› recueillir ★ *zich ~ over weeskinderen* recueillir des orphelins ❷ **~ over** humor *voor zijn rekening nemen* s'occuper de ★ *zal ik me dan maar ~ over het laatste gebakje?* bon, je m'occupe du dernier petit gâteau?
ontfutselen ‹wegkapen (van)› subtiliser (**aan** à), escamoter (**aan** à), ‹aftroggelen› soutirer (**aan** à), ‹loskrijgen› arracher (**aan** à)
ontgaan échapper (**aan** à)
ontgelden ★ *het moeten ~* écoper, trinquer
ontginnen ❶ agrar défricher ❷ ‹van mijn› exploiter
ontginning défrichement *m*, ‹van mijn› exploitation *v*
ontglippen ❶ *ontkomen* échapper (**aan** à) ★ *het glas ontglipte me* le verre m'a échappé, le verre m'a glissé des mains ★ *hij ontglipte me* il m'a échappé ❷ *ontgaan* échapper ★ *die opmerking ontglipte me* cette réflexion m'a échappé ★ *aan de aandacht ~* échapper à l'attention
ontgon [verl. td.] → **ontginnen**
ontgonnen I *ww* [verl. td.] → **ontginnen II** *ww* [volt. deelw.] → **ontginnen**
ontgoochelen désillusionner, désabuser
ontgoocheling désillusion *v*
ontgrendelen déverrouiller
ontgroeien dépasser ★ *de schoolbanken ontgroeid zijn* avoir passé l'âge de l'école
ontgroenen bizuter
ontgroening bizutage *m*
onthaal ❶ *ontvangst* accueil *m* ★ *een warm ~ krijgen* être accueilli chaleureusement ★ *een gunstig ~ krijgen* être accueilli favorablement ❷ BN *plaats van ontvangst* réception *v*
onthaalmoeder BN nourrice *v*
onthaasten ≈ décompresser, déstresser
onthalen ❶ *ontvangen* accueillir ★ *iem. vorstelijk ~* recevoir qn princièrement ❷ **~ op** régaler de
onthand gêné, handicapé
ontharder adoucissant *m*
ontharen épiler
ontharingscrème (crème *v*) dépilatoire *m*
ontheemd ❶ *ontworteld* dépaysé, déraciné ★ *zich ~ voelen* se sentir dépaysé ❷ *weg uit vaderland* expatrié
ontheffen ❶ *vrijstellen* délier (de), dispenser (de), décharger (de), ‹van belasting› exonérer (de) ★ *iem. van zijn plicht ~* dégager qn de son obligation ❷ *ontslaan* ★ *iem. uit zijn ambt ~* démettre / relever qn de ses fonctions, révoquer qn ★ *iem. uit de ouderlijke macht ~* retirer l'autorité parentale à qn
ontheffing ❶ *vrijstelling* dispense *v*, ‹van belasting› exonération *v* ★ *~ krijgen* obtenir une dispense ❷ *ontslag* licenciement *m*, ‹van ambt› révocation *v* ★ *~ uit de ouderlijke macht* déchéance *v* de l'autorité parentale
ontheiligen profaner
onthoofden décapiter
onthoofding décapitation *v*
onthouden I *ov ww* ❶ *niet vergeten* retenir, se rappeler, ne pas oublier ★ *iem. iets helpen ~* rappeler qc à qn ★ *ik zal het ~* j'en prends note ★ *niets kunnen ~* n'avoir aucune mémoire ❷ *niet geven* ★ *iem. iets ~* priver qn de qc **II** *wkd ww* [**zich ~**] **~ van**, s'abstenir de
onthouding ❶ *het zich onthouden* abstinence *v*, ‹van seks› continence *v* ★ *periodieke ~* continence périodique ❷ pol *blanco stem* abstention *v*
onthoudingsverschijnselen symptômes *m mv* de désintoxication
onthullen ❶ *bekendmaken* révéler, dévoiler ★ *een geheim ~* révéler un secret ❷ *inwijden* inaugurer, dévoiler ★ *een monument ~* inaugurer un monument
onthulling ❶ *bekendmaking* révélation *v* ★ *de ~ van een geheim* la révélation d'un secret ❷ ‹van standbeeld› inauguration *v*
onthutst déconcerté, ébahi
ontiegelijk vachement
ontij → **nacht**
ontijdig I *bn* inopportun **II** *bw* mal à propos
ontkennen nier ★ *het valt niet te ~ dat ...* il est indéniable que ... ★ *glashard ~ dat je het gedaan hebt* nier froidement être impliqué ★ *alles ~* nier en bloc
ontkennend I *bn* négatif [v: négative] **II** *bw* négativement ★ *~ antwoorden* répondre négativement, répondre par la négative
ontkenning ❶ *het ontkennen* négation *v*, ‹sterker› dénégation *v* ❷ taalk négation *v*
ontketenen ❶ *doen losbreken* déclencher ★ *een oorlog ~* déclencher une guerre ❷ *van ketens ontdoen* désenchaîner
ontkiemen germer
ontkleden déshabiller ★ *zich ~* se déshabiller
ontknoping dénouement *m*
ontkomen échapper (**aan** à) ★ *aan een gevaar ~* échapper à un danger ★ *daaraan valt niet te ~* (il n'y a) pas moyen d'y échapper, il n'y a pas à tortiller ★ *er was geen ~ aan* il fallait bien passer par-là ★ *ik ontkom niet aan de indruk dat ...*

inform j'ai comme l'impression que ...
ontkoppelen ❶ ‹auto› débrayer ❷ *loskoppelen* déclencher, déconnecter, ‹loshaken› décrocher ❸ *scheiden* dissocier
ontkoppeling ❶ ‹auto› débrayage *m* ❷ *het loskoppelen* déconnexion *v*
ontkrachten affaiblir, ‹ontzenuwen› infirmer
ontkroezen décrêper
ontkurken déboucher
ontladen I *ov ww* ❶ ‹van een last› décharger ★ *een vrachtauto ~* décharger un camion ❷ ‹van munitie› décharger ★ *een geweer ~* décharger un fusil ❸ ‹van elektriciteit› décharger ★ *een batterij ~* décharger une pile **II** *wkd ww* [**zich** ~] ‹m.b.t. emoties› éclater
ontlading ❶ ‹van elektriciteit› décharge *v* ❷ ‹van emoties› décharge *v*
ontlasten I *ov ww* ❶ *ontdoen van last* décharger (**van** de) ❷ *verlichten* décharger, soulager ★ *~de verklaring* témoignage *m* à décharge **II** *wkd ww* [**zich** ~] aller à la selle, déféquer
ontlasting ❶ *stoelgang* défécation *v* ❷ *uitwerpselen* selles *v mv* ★ *~ hebben* aller à la selle ❸ *het van een last ontdoen* déchargement *m* ★ *~ van de werkdruk* allègement *m* du travail
ontleden décomposer (en), anat disséquer ★ *een bloem ~* disséquer une fleur ★ *een konijn ~* disséquer un lapin ★ *een zin ~* analyser une phrase
ontleding décomposition *v*, anat dissection *v*, ‹van zinnen› analyse *v*
ontlenen ❶ **~ aan** *te danken hebben aan* emprunter à ❷ **~ aan** *overnemen uit* tirer de ❸ BN *lenen van* emprunter à
ontloken I *ww* [verl. td.] → **ontluiken II** *ww* [volt. deelw.] → **ontluiken**
ontlokken tirer (**aan** de), arracher (**aan** à)
ontlook [verl. td.] → **ontluiken**
ontlopen ❶ *mijden* fuir, éviter ★ *het gevaar ~* éviter le danger ★ *iem. ~* éviter / fuir qn ❷ *verschillen* différer ★ *zij ~ elkaar niet veel* ils se valent
ontluchten ‹van radiator› purger
ontluiken ❶ ‹bloemen› s'épanouir, éclore ★ *de bloemen ~* les fleurs éclosent ❷ fig éclore ★ *~de schoonheid* une beauté qui s'éveille ★ *~d talent* un talent naissant
ontluisteren flétrir, dégrader
ontmaagden déflorer
ontmannen châtrer, émasculer
ontmantelen démanteler
ontmaskeren démasquer
ontmijnen BN fig *conflictstof wegnemen van* désamorcer
ontmoedigen décourager
ontmoeten ❶ *leren kennen* rencontrer ★ *elkaar ~* se rencontrer ★ *waar heb jij je man ontmoet?* où as-tu connu ton mari? ❷ *tegenkomen* rencontrer ★ *ik ontmoette haar toevallig* je l'ai rencontré par hasard ★ *ik ontmoet haar regelmatig* je la vois régulièrement ❸ *een afspraak hebben* rencontrer ★ *waar zullen we elkaar ~?* où est-ce qu'on peut avoir rendez-vous?
ontmoeting *samenkomst* rencontre *v* ★ *een ~ hebben met* faire la rencontre de
ontmoetingsplaats lieu *m* de rencontre, lieu *m* de rendez-vous
ontnemen prendre, enlever ★ *iem. iets ~* enlever / prendre qc à qn ★ *iem. het bevel ~* retirer le commandement à qn
ontnuchteren ❶ *nuchter maken* dégriser ❷ fig désillusionner
ontnuchtering ❶ *het nuchter worden* dégrisement *m* ❷ fig désillusion *v*
ontoegankelijk inaccessible (**voor** à)
ontoelaatbaar inadmissible
ontoereikend insuffisant
ontoerekeningsvatbaar irresponsable
ontplofbaar explosif [v: explosive] ★ *ontplofbare stoffen* explosifs *m mv*
ontploffen exploser, éclater
ontploffing explosion *v*, ‹geluid› détonation *v* ★ *tot ~ brengen* faire exploser
ontplooien ❶ *ontvouwen* déployer ❷ *ontwikkelen* développer, ‹manifesteren› déployer ★ *zich ~* s'épanouir ★ *zijn talenten ~* déployer ses talents ★ *activiteiten ~* déployer des activités
ontplooiing ❶ *het ontvouwen* déploiement *m* ❷ *ontwikkeling* épanouissement *m*, développement *m*
ontpoppen [**zich** ~] ❶ *blijken te zijn* se révéler ★ *zich als prima kok ~* se révéler très bon cuisinier ❷ biol sortir du cocon
ontraadselen déchiffrer, ‹ophelderen› élucider
ontraden déconseiller, dissuader
ontrafelen ❶ *losmaken* effiler ❷ fig *oplossen* démêler ★ *een probleem ~* éclaircir un problème
ontredderd *verward* ‹van persoon› désemparé, en désarroi, ‹van situatie› désespéré
ontreddering ‹van persoon› désarroi *m*, ‹van situatie› confusion *v*
ontregelen dérégler
ontrieven importuner, déranger
ontroerd ému ★ *met ~e stem* d'une voix émue
ontroeren émouvoir, ‹sterk› bouleverser ★ *~d* émouvant
ontroerend émouvant, ‹sterk› bouleversant
ontroering émotion *v*
ontrollen I *ov ww, open rollen* dérouler **II** *wkd ww* [**zich** ~] ★ *een weids panorama ontrolde zich* un vaste panorama se déroulait
ontroostbaar inconsolable
ontrouw I *de* infidélité *v*, ‹overspel› adultère *m* **II** *bn* infidèle (**aan** à), ‹overspelig› adultère ★ *het vaderland ~ zijn* trahir sa patrie ★ *zijn echtgenoot ~ zijn* tromper son mari
ontroven ravir, ook fig dérober, ‹benemen› ôter
ontruimen évacuer ★ *een woning ~* évacuer une maison
ontruiming évacuation *v*
ontrukken arracher (**aan** à)
ontschepen I *ov ww, uit schip laten* débarquer **II** *onov ww, uit schip gaan* débarquer
ontschieten ❶ *ontglippen* échapper ❷ fig *ongewild ontsnappen* échapper ★ *het is mij ontschoten* ça m'échappe
ontsieren enlaidir, ‹van gezicht› défigurer
ontslaan ❶ *van werk* licencier, congédier, ‹afdanken› renvoyer, remercier, inform virer ★ *iem. op staande voet ~* licencier qn sans préavis ★ *zij is ontslagen* elle s'est fait licencier ❷ *uit verplicht verblijf* ‹uit gevangenis› libérer (de

prison), jur élargir, (uit ziekenhuis) laisser sortir ❸ *van plicht of last* dégager (**van** de), délier (**van** de), dispenser (**van** de)
ontslag ❶ *beëindiging van arbeidsovereenkomst* licenciement *m*, (wegens ontevredenheid) renvoi *m*, (verzoek van werknemer) démission *v* ★ BN *naakt* ~ licenciement sans préavis ★ *zijn* ~ *indienen* donner sa démission, démissionner ★ ~ *nemen* donner sa démission, démissionner ★ ~ *vragen* demander son congé ❷ *het vrijlaten* libération *v* ❸ *ontheffing* décharge *v* ★ ~ *van rechtsvervolging* non-lieu *m*, relaxe *v*
ontslagaanvraag (van werknemer) (lettre *v* de) démission *v*
ontslagbrief lettre *v* de licenciement, (aanvraag) lettre *v* de démission
ontslagvergoeding indemnité *v* de licenciement
ontslapen décéder, s'éteindre
ontsluieren ❶ *openbaren* dévoiler ❷ *sluier wegnemen* dévoiler
ontsluiten ❶ *openen* ouvrir ❷ fig *toegankelijk maken* ouvrir, (van gebied) désenclaver
ontsluiting ❶ *het toegankelijk maken* ouverture *v*, (van gebied) désenclavement *m* ❷ med *bij bevalling* dilatation *v*
ontsluitingswee contraction *v* de dilatation
ontsmetten désinfecter
ontsmetting désinfection *v*
ontsmettingsmiddel désinfectant *m*
ontsnappen ❶ *wegkomen* (ontkomen) échapper (**aan** à), (weggaan) s'échapper (**uit** de), (uit gevangenschap) s'évader (**uit** de) ★ *aan een gevaar* ~ échapper à un danger ❷ *ontglippen* échapper (à) ★ *het is aan mijn aandacht ontsnapt* cela m'a échappé
ontsnapping fuite *v*, (van persoon) évasion *v*
ontsnappingsclausule clause *v* échappatoire
ontspannen I *bn* détendu, décontracté **II** *ov ww* ❶ *minder strak maken* détendre, (van spieren) relâcher, relaxer ❷ *tot rust laten komen* détendre, distraire **III** *wkd ww* [**zich** ~] se détendre, se relaxer
ontspanning ❶ *het losmaken* détente *v*, (van spieren) relâchement *m*, relaxation *v* ❷ *recreatie* détente *v*, distraction *v* ❸ pol détente *v*
ontspiegeld antireflet
ontspinnen [**zich** ~] s'engager
ontsporen ❶ lett dérailler ★ *een ontspoorde trein* un train qui a déraillé, un train déraillé ❷ fig dérailler ★ *de ontspoorde jeugd* la jeunesse dévoyée
ontsporing ❶ lett déraillement *m* ❷ fig déraillement *m*, dérapage *m*
ontspringen ❶ *oorsprong hebben* prendre sa source ★ *de Rijn ontspringt op de St.-Gotthard* le Rhin prend sa source sur les flancs du Saint-Gothard ❷ *ontkomen* échapper (**aan** à) ★ *ze zullen de dans niet* ~ ils n'en réchapperons pas
ontsproot [verl. td.] → **ontspruiten**
ontsproten I *ww* [verl. td.] → **ontspruiten II** *ww* [volt. deelw.] → **ontspruiten**
ontspruiten ❶ *uitspruiten* pousser, germer ❷ *afkomstig zijn (uit)* être issu (**aan** de)
ontstaan I *het* naissance *v*, origine *v* ★ *het* ~ *van het zonnestelsel* la naissance du système solaire **II** *onov ww* naître, se former, apparaître, prendre naissance, (opkomen) s'élever, surgir, (uitbreken) se déclencher ★ *doen* ~ faire naître ★ *de brand ontstond in de kelder* l'incendie s'est déclaré dans la cave ★ *de blues ontstond in Amerika* le blues a pris naissance en Amérique ★ *er ontstond paniek* ce fut la panique ★ ~ *door* résulter de
ontstaansgeschiedenis genèse *v*
ontsteken I *ov ww, doen branden* allumer **II** *onov ww* ❶ *besmet raken* s'infecter ❷ *ontbranden* ★ *in woede* ~ se mettre en colère, inform piquer une colère
ontsteking ❶ techn (vonk / mechanisme) allumage *m* ❷ med inflammation *v*
ontsteld I *bn* consterné, bouleversé **II** *bw* d'un air consterné / bouleversé
ontstellend I *bn* effarant, effrayant ★ *een* ~ *bericht* une nouvelle bouleversante **II** *bw* terriblement ★ *een* ~ *slecht cijfer* une note lamentable
ontsteltenis *verwarring* consternation *v*, effarement *m* ★ *tot mijn* ~ à ma consternation
ontstemd ❶ muz désaccordé ❷ *slecht gehumeurd* de mauvaise humeur, contrarié
ontstemmen ❶ muz désaccorder ❷ *ergeren* mécontenter, contrarier
ontstijgen s'élever au-dessus de, fig transcender
ontstoken enflammé
onttrekken I *ov ww* ❶ *wegnemen* soustraire (**aan** à), enlever (**aan** à) ❷ *iets ergens uithalen* extraire (**aan** de) **II** *wkd ww* [**zich** ~] *zich niet houden aan* ★ *zich* ~ *aan verplichtingen* se soustraire / dérober à des obligations
onttronen détrôner
ontucht débauche *v*, (daad) acte *m* de débauche, attentat *m* à la pudeur
ontuchtig débauché
ontvallen ❶ *verloren gaan* ★ *zijn moeder is hem* ~ il a perdu sa mère ★ *de moed ontviel hem* il a perdu courage ❷ *ongewild gezegd worden* échapper (**aan** à) ★ *zich iets laten* ~ lâcher qc ★ *dat liet ik me* ~ cela m'a échappé
ontvangen ❶ *krijgen* recevoir, comm capter ★ *uw brief heb ik* ~ j'ai reçu votre lettre ★ *geld* ~ toucher de l'argent ★ *we kunnen radio 1 hier niet* ~ on ne capte pas radio 1 ici ❷ *onthalen* recevoir, accueillir ★ *iem. met open armen* ~ accueillir qn à bras ouverts ★ *iem. vriendelijk* ~ accueillir qn amicalement ★ *het boek is goed* ~ le livre a été accueilli favorablement
Ontvangenis ▾ *de onbevlekte ontvangenis* l'Immaculée Conception *v*
ontvanger ❶ *iem. die ontvangt* destinataire *m/v* ❷ *ambtenaar* receveur *m* [v: receveuse], percepteur *m* ❸ *radio* récepteur *m*
ontvangst ❶ *het krijgen* réception *v*, (van geld) perception *v* ★ *iets in* ~ *nemen* recevoir qc, (handel) prendre livraison de qc ★ *een bericht van* ~ *tekenen* signer un accusé de réception ★ *bij de* ~ *van uw brief* à la réception de votre lettre ❷ *onthaal* accueil *m* ★ *een hartelijke* ~ un accueil chaleureux ❸ comm réception *v* ❹ *inkomsten* [mv] recette *v* ★ *de* ~*en en de uitgaven* les entrées et les sorties
ontvangstbewijs reçu *m*, accusé *m* de réception

ontvangstruimte parloir *m*
ontvankelijk ❶ *openstaand* réceptif (**voor** à) [v: réceptive], sensible (**voor** à) ★ ~ *maken* sensibiliser ★ ~ *voor nieuwe ideeën* ouvert aux idées nouvelles ❷ jur recevable ★ *een eis niet ~ verklaren* déclarer une demande irrécevable ★ *zijn eis werd ~ verklaard* sa demande a été déclarée recevable
ontvellen écorcher
ontvetten I *ov ww, vet onttrekken aan* dégraisser **II** *onov ww,* fig BN *afslanken* dégraisser
ontvlambaar ❶ *brandbaar* inflammable ❷ fig *temperamentvol* ardent
ontvlammen ❶ lett s'enflammer ❷ fig s'enflammer ★ *in woede ~* piquer une colère
ontvluchten I *ov ww, vluchten voor* fuir, s'enfuir de ★ *iem. ~* fuir qn ★ *het ouderlijk huis ~* fuir la maison paternelle **II** *onov ww, ontkomen* fuir, s'enfuir, s'évader ★ *hij wist te ~* il a su s'évader
ontvoerder ravisseur *m* [v: ravisseuse]
ontvoeren enlever, kidnapper
ontvoering enlèvement *m*
ontvolken dépeupler
ontvouwen ❶ *uitvouwen* déplier, déployer ❷ *uiteenzetten* exposer, expliquer
ontvreemden dérober, détourner
ontwaken ❶ *wakker worden* s'éveiller, se réveiller ★ *doen ~* éveiller ★ *met een schok ~* se réveiller en sursaut ❷ *tot besef komen* s'éveiller
ontwapenen ❶ *van wapens ontdoen* désarmer ❷ fig *vertederen* désarmer ★ *een ~de glimlach* un sourire désarmant
ontwapening désarmement *m*
ontwaren distinguer, apercevoir, inform repérer
ontwarren ❶ *uit de war halen* démêler ❷ *ophelderen* démêler ★ *een raadsel ~* élucider une énigme
ontwennen perdre l'habitude de
ontwenning ⟨van verslaving⟩ désintoxication *v*, form désaccoutumance *v*
ontwenningskliniek clinique *v* de désintoxication
ontwenningskuur cure *v* de désintoxication
ontwenningsverschijnsel symptôme *m* de désintoxication ★ *~en vertonen* être en (état de) manque
ontwerp ❶ *voorlopig plan* projet *m* ★ *een ~ maken* concevoir / faire un projet ❷ *schets* plan *m*
ontwerpen ❶ *schetsen* dessiner, tracer le plan de ★ *kleding ~* créer de la mode ❷ *een plan maken voor iets* concevoir ★ *een wet ~* faire un projet de loi
ontwerper créateur *m* [v: créatrice]
ontwerpnota projet *m* de note
ontwijken ❶ *opzij gaan* éviter, ⟨handig⟩ esquiver ★ *een klap ~* esquiver un coup ❷ *ontlopen* éviter ★ *een vraag ~* éluder une question ★ *~d antwoord* réponse *v* évasive ★ *zij ~ elkaar* ils / elles s'évitent ★ *iemands blik ~* fuir le regard de qn
ontwikkelaar révélateur *m*
ontwikkeld ❶ *geestelijk gevormd* cultivé, instruit ❷ *economisch op niveau* développé ★ *de ~e landen* les pays développés
ontwikkelen I *ov ww* ❶ *geleidelijk vormen* développer ❷ *voortbrengen* produire ★ *warmte ~* dégager / produire de la chaleur ❸ *uitwerken* développer, élaborer ★ *deze techniek is ontwikkeld in Canada* cette technique est mise au point au Canada ★ *een theorie ~* élaborer une théorie ❹ ⟨van foto's⟩ développer **II** *wkd ww* [**zich ~**] ❶ *groeien* se développer ★ *haar borsten beginnen zich al te ~* ses seins commencent à pousser ❷ *met kennis* s'instruire, se former
ontwikkeling ❶ *groei* développement *m* ★ *tot ~ komen* se développer ❷ *verandering* évolution *v* ★ *een gunstige ~* un processus favorable ★ *een stormachtige ~ doormaken* connaître une évolution tumultueuse ★ *~en op technologisch gebied* des évolutions sur le plan technologique ★ *we wachten verdere ~en af* on attend la suite ❸ *kundigheid* culture *v* ★ *algemene ~* culture générale ❹ ⟨van foto's e.d.⟩ développement *m*
ontwikkelingsgebied *stimuleringsgebied* zone *v* sous-développée / en voie d'industrialisation
ontwikkelingshulp aide *v* au développement, coopération *v*
ontwikkelingsland pays *m* en voie de développement (PVD)
ontwikkelingspsychologie psychologie *v* génétique
ontwikkelingssamenwerking coopération *v*
ontwikkelingswerk aide *v* au développement, coopération *v*
ontwikkelingswerker coopérant *m*
ontworstelen arracher (**aan** à)
ontwortelen ❶ *met wortel uitrukken* déraciner ❷ fig *ontheemd maken* déraciner
ontwrichten ❶ med démettre, disloquer ★ *hij heeft zijn voet ontwricht* il s'est fait une entorse au pied ❷ *ontregelen* disloquer, désorganiser ★ *de economie ~* désorganiser l'économie ★ *geestelijk ontwricht* désaxé, déséquilibré
ontwrichting ❶ med désarticulation ❷ fig dislocation *v*
ontzag respect *m* (**jegens** envers, pour) ★ *iem. ~ inboezemen* imposer le respect à qn
ontzaglijk I *bn* immense, énorme ★ *een ~e blunder* une gaffe monumentale **II** *bw* formidablement, énormément ★ *het is ~ duur* c'est horriblement cher ★ *~ kwaad zijn* être fou furieux
ontzagwekkend imposant
ontzeggen I *ov ww* ❶ *niet willen geven* interdire, refuser ❷ *niet erkennen* dénier **II** *wkd ww* [**zich ~**] *zich onthouden van* se priver de, se refuser
ontzenuwen réfuter, infirmer
ontzet I *het* levée *v* d'un siège, libération *v* **II** *bn* ❶ *ontsteld* stupéfait ❷ *ontwricht* disloqué
ontzetten ❶ *ontheffen* ★ *uit de ouderlijke macht ontzet* déchu d'autorité parentale ★ *uit zijn ambt ontzet* relevé de ses fonctions ❷ *bevrijden* délivrer, libérer, faire lever un siège ❸ *verbijsteren* consterner, épouvanter ❹ *ontwrichten* disloquer
ontzettend I *bn* ❶ *vreselijk* affreux [v: affreuse], terrible, épouvantable ★ *het is ~!* c'est affreux! ❷ *geweldig* formidable, énorme ★ *~e honger hebben* avoir une faim de loup **II** *bw, in zeer hoge mate* énormément ★ *~ veel geluk hebben* avoir une chance formidable ★ *~ schrikken* avoir une peur bleue

ontzetting ❶ *ontheffing* destitution *v* ★ ~ *uit de ouderlijke macht* déchéance *v* d'autorité parentale ❷ *bevrijding* délivrance *v* ❸ *verbijstering* épouvante *v*, consternation *v* ❹ *ontwrichting* dislocation *v*
ontzien **I** *ov ww, sparen* épargner, ménager ★ *zich* ~ se ménager ★ *geen moeite* ~ ne pas ménager sa peine **II** *wkd ww* [**zich** ~] *zich sparen* ★ *zich niet* ~ ne pas se ménager, payer de sa personne ★ *zich niet* ~ *om* ne pas hésiter à
ontzuiling décloisonnement *m*
onuitputtelijk inépuisable, intarissable
onuitroeibaar indéracinable
onuitspreekbaar imprononçable
onuitsprekelijk inexprimable, indicible
onuitstaanbaar insupportable, odieux [v: odieuse]
onuitwisbaar ineffaçable
onvast **I** *bn* instable, chancelant, ⟨onzeker⟩ hésitant, incertain ★ *een* ~*e slaap* un sommeil léger ★ ~ *weer* un temps incertain ★ *met* ~*e stem* d'une voix hésitante ★ ~*e schreden* des pas mal assurés **II** *bw* ★ ~ *op de benen staan* chanceler, avoir les jambes comme du coton
onveilig peu sûr, dangereux [v: dangereuse] ★ *de buurt* ~ *maken* terroriser le quartier
onveiligheid insécurité *v*
onveranderlijk invariable, inaltérable
onverantwoord injustifiable
onverantwoordelijk **I** *bn* irresponsable **II** *bw* de manière irresponsable
onverbeterlijk **I** *bn* ❶ *niet te verbeteren* impeccable ❷ *verstokt* incorrigible, invétéré **II** *bw* à la perfection
onverbiddelijk impitoyable, inexorable
onverbloemd *recht uit het hart* franchement, crûment, sans ambages ★ *iem.* ~ *de waarheid zeggen* dire à qn ses quatre vérités
onverbrekelijk **I** *bn* indissociable **II** *bw* ★ ~ *verbonden met* indissociable de
onverdeeld ❶ *niet verdeeld* indivis ❷ *volledig* entier [v: entière] ★ *niet* ~ mitigé
onverdienstelijk ★ *niet* ~ non sans mérite
onverdraaglijk insupportable
onverdraagzaam intolérant
onverdund non dilué, pur
onverenigbaar incompatible, inconciliable
onvergankelijk impérissable
onvergeeflijk impardonnable, inexcusable
onvergelijkbaar incomparable, sans égal
onvergelijkelijk incomparable, sans égal
onvergetelijk inoubliable
onverhoeds **I** *bn* inattendu, imprévu **II** *bw* à l'improviste, au dépourvu, par surprise
onverholen **I** *bn* non déguisé, non dissimulé, ouvert ★ *met* ~ *leedvermaak* avec un malin plaisir non dissimulé **II** *bw* ouvertement, sans ambages
onverhoopt **I** *bn* inespéré ★ ~ *weerzien* des retrouvailles *v mv* inespérées **II** *bw* contre toute attente, par malheur ★ *mocht het* ~ *gaan regenen* ... si par malheur il va pleuvoir ..
onverklaarbaar inexplicable
onverkort **I** *bn, niet ingekort* entier [v: entière], intégral [m mv: intégraux] ★ ~*e versie* version *v* intégrale **II** *bw, niet verminderd* intégralement ★ *deze maatregel is* ~ *van kracht* cette mesure reste intégralement en vigueur
onverkwikkelijk fâcheux [v: fâcheuse]
onvermijdelijk inévitable, inéluctable ★ *een* ~ *gevolg* une conséquence inévitable
onverminderd **I** *bn* entier [v: entière] ★ *met* ~ *enthousiasme* avec un enthousiasme sans faille **II** *bw* ★ *dat geldt* ~ *voor* ça vaut tout aussi bien pour ★ *deze bepaling blijft* ~ *van kracht* cette disposition est toujours en vigueur **III** *vz* sans préjudice de, sous réserve de ★ ~ *zijn recht op ...* sans préjudice de son droit à ...
onvermoeibaar **I** *bn* infatigable **II** *bw* inlassablement
onvermogen ❶ *onmacht* impuissance *v* ❷ *het niet kunnen betalen* insolvabilité *v* ★ *in staat van* ~ en état d'indigence ★ *bewijs van* ~ certificat *m* d'indigence
onvermurwbaar intraitable, inexorable
onverricht ★ ~*er zake terugkeren* revenir bredouille
onversaagd intrépide
onverschillig **I** *bn* ❶ *geen verschil uitmakend* indifférent ★ *het is me* ~ cela m'est égal ❷ *ongeïnteresseerd* indifférent (**voor** à) ★ ~ *laten* laisser froid **II** *bw* ❶ *geen verschil uitmakend* indifféremment ★ ~ *wie* n'importe qui ★ ~ *wat* n'importe quoi ★ *geef me een boek,* ~ *welk* donnez-moi un livre quelconque ❷ *ongeïnteresseerd* ★ ~ *kijken* avoir un air indifférent
onverschilligheid indifférence *v*
onverschrokken hardi, intrépide
onverslijtbaar inusable
onversneden pur, non coupé
onverstaanbaar **I** *bn* incompréhensible, inintelligible **II** *bw* ★ ~ *spreken* parler de manière incompréhensible
onverstandig **I** *bn* déraisonnable, inintelligent, imprudent **II** *bw* inintelligemment, imprudemment
onverstoorbaar **I** *bn, niet te storen* imperturbable **II** *bw* stoïquement
onverteerbaar indigeste
onvertogen indécent ▼ *geen* ~ *woord zeggen* ne pas tenir des propos déplacés
onvervaard hardi, intrépide
onvervalst authentique, véritable, vrai, pur, inform vrai de vrai, pur sucre
onvervreemdbaar inaliénable
onverwacht **I** *bn* inattendu, inopiné, imprévu ★ ~ *bezoek* visite *v* inattendue, visite surprise **II** *bw* inopinément
onverwachts à l'improviste, tout à coup, inopinément
onverwoestbaar indestructible
onverzadigbaar insatiable
onverzadigd ❶ *niet voldaan* inassouvi ❷ scheik non saturé ★ ~ *vetzuur* acide *m* gras non saturé ★ *meervoudig* ~ polyinsaturé
onverzettelijk **I** *bn* intransigeant, inébranlable **II** *bw* avec intransigeance
onverzoenlijk implacable, irréconciliable
onverzorgd ❶ *slordig* peu soigné, négligé ★ *een* ~ *uiterlijk* une apparence peu soignée ❷ *zonder verzorging* sans soins, à l'abandon, ⟨behoeftig⟩ sans ressources ★ ~ *achterblijven* rester sans

ressources
onvindbaar introuvable
onvoldaan ❶ *onbevredigd* peu satisfait, mécontent ★ *een ~ gevoel* un sentiment d'insatisfaction ❷ *niet betaald* impayé, non réglé
onvoldoende I *bn* insuffisant **II** *bw* insuffisamment **III** *de* note *v* en dessous de la moyenne
onvolkomen ❶ *onvolledig* imparfait ❷ *onvolmaakt* imparfait
onvolkomenheid ❶ *gebrek* imperfection *v* ❷ *tekortkoming* imperfection *v*
onvolledig I *bn, niet compleet* incomplet [v: incomplète] **II** *bw* incomplètement
onvolprezen au-dessus de tout éloge
onvoltooid ❶ *onaf* inachevé ❷ taalk imperfectif [v: imperfective]
onvolwaardig *niet volwaardig* déficient
onvolwassen immature
onvoorspelbaar imprévisible
onvoorstelbaar inimaginable, incroyable, inform pas possible
onvoorwaardelijk I *bn* ❶ *zonder voorwaarden te stellen* inconditionnel [v: inconditionnelle] ★ *~e trouw* fidélité *v* absolue / inconditionnelle ★ *een ~e overgave* une reddition sans conditions ❷ jur ferme ★ *een ~e gevangenisstraf* une peine de prison ferme **II** *bw* sans conditions, ⟨volledig⟩ sans réserve, absolument ★ *twee jaar ~* deux ans (de prison) ferme
onvoorzichtig I *bn* imprudent **II** *bw* imprudemment
onvoorzichtigheid imprudence *v*
onvoorzien *onvoorspelbaar* imprévu ★ *behoudens ~e omstandigheden* sauf imprévu
onvrede ❶ *onbehagen* mécontentement *m*, malaise *m* ★ *een gevoel van ~ hebben* avoir un sentiment de malaise ❷ *ruzie* discorde *v* ★ *in ~ leven* être en brouille
onvriendelijk I *bn* hostile, désagréable **II** *bw* désagréablement, avec hostilité
onvrijwillig involontaire, forcé
onvruchtbaar ❶ *steriel* stérile ❷ *niets opleverend* infertile, stérile ★ *onvruchtbare grond* terre *v* aride / infertile
onvruchtbaarheid stérilité *v*, infécondité *v*
onwaar *niet waar* faux [v: fausse]
onwaarachtig I *bn* ❶ *niet echt* faux [v: fausse] ❷ *onoprecht* peu sincère, factice **II** *bw* sans sincérité
onwaardig ❶ *iets niet waard zijnd* indigne ★ *iemands vriendschap ~ zijn* être indigne de l'amitié de qn ★ *hij is je vertrouwen ~* il ne mérite pas ta confiance ❷ *verachtelijk* indigne
onwaarheid contrevérité *v*
onwaarschijnlijk I *bn* ❶ *niet waarschijnlijk* improbable ❷ *ongeloofwaardig* invraisemblable **II** *bw* incroyablement
onwankelbaar inébranlable
onweer orage *m* ▼ *zijn gezicht staat op ~* son regard est à l'orage
onweerlegbaar irréfutable, incontestable
onweersbui (pluie *v* d')orage *m*
onweerstaanbaar irrésistible
onweersvliegje moucheron *m*
onweerswolk nuage *m* orageux
onwel indisposé ★ *zich ~ voelen* se sentir mal, avoir un malaise
onwelkom ★ *~ zijn* être importun ★ *een kop koffie zou niet ~ zijn* un café ferait du bien
onwelwillend désobligeant, malveillant
onwennig I *bn* désorienté, dépaysé **II** *bw* mal à l'aise ★ *zich nog wat ~ voelen* se sentir encore un peu dépaysé
onweren ★ *het onweert* il fait de l'orage
onwerkelijk irréel [v: irréelle]
onwetend ❶ *onkundig* ignorant ❷ *niet op de hoogte* ★ *van iets ~ zijn* ignorer qc, être ignorant de qc
onwetendheid ❶ *onkunde* ignorance *v* ❷ *het onbekend zijn met iets* ignorance *v* ★ *in zijn ~* dans son ignorance
onwettig *in strijd met de wet* illégal [m mv: illégaux] illicite ★ *~ kind* enfant naturel / illégitime
onwezenlijk I *bn* irréel [v: irréelle] ★ *een ~ gevoel hebben* se sentir tout chose **II** *bw* ★ *~ mooi* d'une beauté incroyable
onwijs I *bn, dwaas* insensé, sot [v: sotte] **II** *bw, in hoge mate* vachement, trop ★ *~ gaaf* terrible, le pied
onwil mauvaise volonté *v*
onwillekeurig I *bn* involontaire **II** *bw* involontairement
onwillig I *bn* indocile, récalcitrant, ⟨ongenegen⟩ peu disposé (**om** à) ★ *een ~ paard* un cheval récalcitrant **II** *bw* à contrecœur, de mauvaise volonté
onwrikbaar *onomstotelijk* ferme, inébranlable
onyx onyx *m*
onzacht I *bn* rude, dur ★ *op ~e wijze* brutalement **II** *bw* rudement, durement
onzalig fâcheux [v: fâcheuse], funeste ★ *~e gedachte* fâcheuse idée *v*
onze → **ons**
onzedelijk immoral [m mv: immoraux]
onzedig I *bn* indécent **II** *bw* indécemment
onzeker I *bn* ❶ *niet vaststaand* incertain ★ *in het ~e verkeren* être dans l'incertitude / dans le doute ★ *iem. in het ~e laten* laisser qn dans l'incertitude / dans le doute ❷ *onvast* incertain, précaire ❸ *niet zelfverzekerd* incertain, mal assuré **II** *bw* avec incertitude
onzekerheid ❶ *twijfel* incertitude *v* ❷ *iets wat betwijfeld wordt* incertitude *v*
onzelfzuchtig désintéressé
Onze-Lieve-Heer le bon Dieu, le Christ ▼ *~ heeft rare kostgangers* il faut de tout pour faire un monde
Onze-Lieve-Heer-Hemelvaart BN Ascension *v*, jour *m* de l'Ascension
onzerzijds de notre part, de notre côté
Onzevader Notre Père *m*, ⟨r.-k.⟩ Pater *m* [mv: id.]
onzichtbaar invisible
onzijdig ❶ *neutraal* neutre ❷ taalk neutre
onzin ❶ *dwaasheid* absurdité *v* ★ *dat zou ~ zijn* ce serait absurde ❷ *dwaze taal* absurdité *v*, non-sens *m* ★ *~ uitslaan* dire des bêtises / n'importe quoi, divaguer, radoter
onzindelijk I *bn* ❶ *niet zindelijk* ★ *het kind is nog ~* l'enfant n'est pas encore propre ❷ *vies* sale, malpropre ❸ *niet ethisch* malpropre **II** *bw*

malproprement
onzinnig I *bn* absurde, inepte, insensé II *bw* d'une manière insensée, absurdement
onzorgvuldig I *bn* négligent II *bw* négligemment
onzuiver I *bn* ❶ *vermengd of vervuild* impur ❷ *onoprecht* faux [v: fausse] ❸ muz *vals* faux [v: fausse] ❹ *onnauwkeurig* ⟨van meting⟩ imprécis ❺ *bruto* brut II *bw*, muz *vals* ★ ~ *zingen* chanter faux
oog ❶ *gezichtsorgaan* œil *m* [m mv: yeux] ★ *blauwe ogen hebben* avoir les yeux bleus ★ *blauw oog* œil poché, inform coquart *m* ★ *iem. een blauw oog slaan* pocher l'œil à qn ★ *blind aan één oog* borgne ★ *met mijn eigen ogen* de mes (propres) yeux ★ *met het blote oog* à l'œil nu ★ *de ogen neerslaan* baisser les yeux ★ *zijn ogen bederven* se gâter la vue ★ *zijn ogen niet kunnen geloven* ne pas en croire ses yeux ★ *goed uit zijn ogen kijken* garder les yeux ouverts ★ *met de ogen rollen* rouler les yeux ★ *slechte ogen hebben* avoir une mauvaise vue ★ *zijn ogen niet (kunnen) afhouden van* ne pas quitter des yeux ★ *zonder met zijn ogen te knipperen* sans broncher ★ *met de ogen staan te knipperen* en rester baba ★ *om zijn mooie blauwe ogen* pour ses beaux yeux ★ *oog om oog, tand om tand* œil pour œil, dent pour dent, la loi du talion ★ *de ogen sluiten voor* fermer les yeux sur ★ *zijn ogen uitkijken* se rincer l'œil ★ *met andere ogen* d'un autre œil ★ *iets met een half oog zien* entrevoir qc, voir qc d'un œil distrait ★ *iets met lede ogen aanzien* voir qc d'un mauvais œil ★ *iem. met schele ogen aankijken* regarder qn de travers, envier qn ★ *zijn oog is groter dan zijn maag* il a les yeux plus grands que le ventre ★ *ik heb geen ogen in mijn rug!* je n'ai pas des yeux derrière la tête / dans le dos! ★ *het oog van de meester maakt het paard vet* l'œil du maître engraisse le cheval ★ *onder vier ogen* en tête à tête, entre quatre yeux ★ *grote ogen / ogen als schoteltjes opzetten* ouvrir de grands yeux / des yeux ronds / des yeux comme des soucoupes ★ *een open oog hebben voor iets* être ouvert / sensible à qc ★ *iem. de ogen uitsteken (met iets)* inform en mettre plein la vue à qn ▾ *een oogje dichtdoen / dichtknijpen* fermer l'œil (sur qc) ▾ *heb je geen ogen in je hoofd?* t'as pas les yeux en face des trous? ▾ *schele ogen geven* faire des jaloux ▾ *geen oog dichtdoen* ne pas fermer l'œil (de la nuit) œil *m*, regard *m*, vue *v* ★ *in het oog krijgen* apercevoir ★ *in het oog houden* avoir l'œil sur, surveiller ★ *onder vier ogen* en tête-à-tête ★ *het oog op iets laten vallen* porter son regard / les yeux sur qc, ⟨keuze⟩ jeter son dévolu sur qc ★ *oog hebben voor iets* avoir l'œil pour qc ★ *ga uit mijn ogen!* hors de ma vue! ★ *uit het oog verliezen* perdre de vue ★ *voor mijn ogen* sous mes yeux ★ *zover het oog reikt* à perte de vue ★ *een oogje in het zeil houden* veiller au grain ★ *een oogje op iets houden* avoir à l'œil qc, surveiller qc ★ *in mijn ogen* à mes yeux ★ *oog in oog met* face à face avec ★ *in het oog lopen* se faire remarquer ★ *in het oog springen / vallen* sauter aux yeux, être manifeste, être tape-à-l'œil ★ *met het oog op* en vue de, dans l'intention de ★ *iem. naar de ogen zien* ramper devant qn ★ *onder ogen brengen* faire observer ★ *iem. onder de ogen komen* se présenter devant qn ★ *onder ogen zien* regarder en face ★ *op het oog hebben* avoir en vue, viser ★ *op het oog schatten* juger à vue d'œil ★ *uit het oog, uit het hart* loin des yeux, loin du cœur ★ *iets voor ogen houden* avoir présent à l'esprit qc ★ *een oogje op iem. hebben* avoir des vues sur qn ❷ *gat* œil *m* ★ *het oog van de naald* le chas, l'œil de l'aiguille ★ *door het oog van de naald kruipen* l'échapper belle ❸ *stip op dobbelsteen* point ★ *hoge ogen gooien* être bien placé
oogappel ❶ *deel van oog* prunelle *v* ❷ *lieveling* chéri *m* [v: chérie] ★ *zij is mijn* ~ elle est ma chouchoute
oogarts ophtalmologue *m/v*, inform ophtalmo *m/v*
oogbal globe *m* oculaire
oogcontact échange(s) *m (mv)* de regards
oogdruppels gouttes *v mv* pour les yeux
ooggetuige témoin *m* oculaire
ooggetuigenverslag attestation *v* d'un témoin oculaire
oogheelkunde ophtalmologie *v*
oogheelkundig ophtalmologique
ooghoek coin *m* de l'œil
oogholte orbite *v*
ooghoogte ★ *op* ~ à hauteur d'yeux
oogje → **oog**
oogkas orbite *v*
oogklep œillère *v* ▾ ~*pen voor hebben* avoir des œillères
ooglid paupière *v*
ooglijderskliniek clinique *v* ophtalmologique
oogluikend ▾ *iets* ~ *toelaten* fermer les yeux sur qc
oogmerk intention *v* ★ *met het* ~ *om* dans l'intention de
oogmeting med examen *m* de la vue
oogontsteking med ophtalmie *v*
oogopslag coup *m* d'œil ★ *met één* ~ d'un coup d'œil
oogpotlood crayon *m* pour les yeux
oogpunt point *m* de vue ★ *uit dat* ~ de ce point de vue ★ *uit het* ~ *van* du point de vue de
oogschaduw fard *m* / ombre *v* à paupières
oogst ❶ *het oogsten* récolte *v*, ⟨graan⟩ moisson *v*, ⟨pluk⟩ cueillette *v* ★ *de* ~ *is begonnen* la récolte a commencé ❷ *opbrengst* récolte *v*, ⟨wijndruiven⟩ vendange *v* ★ *een mislukte* ~ une mauvaise récolte ★ *een overvloedige* ~ une récolte abondante ★ *de* ~ *binnenhalen* récolter ★ *de* ~ *aan nieuwe artikelen* la récolte de nouveaux articles
oogsten ❶ *binnenhalen* récolter, faire la récolte de, ⟨van graan⟩ moissonner ❷ *verwerven* récolter, recueillir ★ *succes* ~ remporter du succès
oogstrelend éblouissant, enchanteur [v: enchanteresse]
oogverblindend aveuglant, éblouissant
oogwenk *ogenblikje* ★ *in een* ~ en un clin d'œil
oogwit blanc *m* de l'œil
oogzenuw nerf *m* optique
ooi brebis *v*
ooievaar cigogne *v* ▾ *in de* ~ *geloven* croire que les enfants naissent dans les choux

ooit jamais, un jour ★ *heb je ooit zoiets gezien?* as-tu jamais vu ça? ★ *belangrijker dan ooit* plus important que jamais ★ *ben je ooit bij mij thuis geweest?* tu es déjà venu chez moi? ★ *misschien gaan we ooit nog eens trouwen* peut-être un jour on va se marier ★ *ik heb hem ooit gezien* je l'ai vu un jour ▾ *wel heb ik ooit!* ça alors!

ook ❶ *eveneens* aussi, ⟨ontkennend⟩ non plus ★ *zij hebben nu ook biologie, net als wij* eux aussi ont des cours de biologie maintenant, tout comme nous ★ *ik ook* moi aussi ★ *ik ook niet* moi non plus ★ *hij gaat er ook niet naar toe* il n'y va pas non plus ❷ *zelfs* même ★ *ook al* même si, quoique [+ subj.], bien que [+ subj.] ★ *ook dat nog!* il ne manquait plus que ça! ★ *ook al schreeuw je* tu as beau crier ❸ *misschien* peut-être, par hasard ★ *weet u ook ...?* savez-vous (peut-être) ...? ❹ ⟨als versterking⟩ vraiment ★ *wie dan ook* quiconque, qui que ce soit ★ *hoe het ook zij* quoi qu'il en soit ★ *hoe heet hij ook weer?* comment s'appelle-t-il déjà? ❺ *immers* aussi ★ *hij is altijd opgeruimd; zij houdt dan ook veel van hem* il est toujours gai; aussi l'aime-t-elle beaucoup ❻ ⟨zonder betekenis⟩ ★ *dat is waar ook* tiens, c'est vrai ça, j'y pense

oom oncle *m*, jeugdt tonton *m* ▾ *de hoge omes* les grands manitous, les grosses légumes, les gros bonnets

oor ❶ *gehoororgaan* oreille *v* ★ *zijn oren laten uitspuiten* se faire déboucher les oreilles ★ *nog niet droog achter de oren zijn* être jeunot ★ *zich iets goed in zijn oren knopen* prendre bonne note de qc, inform se mettre qc dans le crâne ★ *met de oren staan te klapperen* en rester baba ★ *met een half oor luisteren* n'écouter que d'une oreille ★ BN *op (zijn) beide oren slapen* dormir sur les deux oreilles ★ *het is op een oor na gevild* c'est comme si s'était fait ★ *ter ore komen* arriver aux oreilles ★ *tot over de oren in het werk zitten* être débordé de travail ★ *tot over de oren verliefd* follement / foudingue amoureux ★ *het zit tussen de oren* c'est dans la /sa tête ★ *iem. een oor aannaaien* couillonner qn ★ *zijn oren niet (kunnen) geloven* ne pas en croire ses oreilles ★ *hij heeft er wel oren naar* il ne dit pas non ★ *het oor laten hangen naar* tendre l'oreille à ★ *een open oor hebben voor* prêter une oreille attentive à ★ *dat gaat het ene oor in en het andere oor uit* cela entre par une oreille et sort par l'autre ★ *iem. de oren van het hoofd kletsen* / BN *zagen* casser les oreilles à qn ★ *de oren spitsen* tendre l'oreille ★ *een en al oor zijn* écouter de toutes ses oreilles ★ *iem. de oren wassen* laver la tête à qn, passer un savon à qn ❷ *handvat* anse *v*, oreille *v*

oorarts otorhinolaryngologiste *m/v*, inform ORL *m/v*

oorbel boucle *v* d'oreille, ⟨hanger⟩ pendant *m*

oord *plaats, streek* endroit *m*, lieu *m* [m mv: lieux], site *m*, ⟨streek⟩ région *v*

oordeel ❶ *mening* opinion *v*, avis *m* ★ *naar mijn ~* à mon avis, d'après moi ★ *ik ben van ~ dat* je suis d'avis que ★ *zijn ~ geven* donner son opinion ★ *zich een ~ vormen* se faire une opinion ❷ *beslissing* jugement *m*, sentence *v* ★ *een ~ vellen* rendre un jugement ★ *een ~ uitspreken* porter un jugement ★ rel *het laatste Oordeel* le jugement dernier ❸ *inzicht* jugement *m*, bon sens *m* ★ *een gezond ~* un jugement sain

oordelen juger (**over** de; **naar** sur) ★ *te ~ naar* à en juger d'après / par ★ *te ~ naar zijn woorden* à l'en croire

oordopje boule *v* Quies

oordruppels gouttes *v mv* pour les oreilles

oorhanger pendant *m* d'oreille

oorkonde diplôme *m*, document *m*, acte *m*, ⟨oude stukken⟩ charte *v*

oorlel bout *m* / lobe *m* de l'oreille

oorlog guerre *v* ★ *een bloedige ~* une guerre sanglante ★ *~ voeren met* faire la guerre à ★ *~ voeren* faire la guerre ★ *de ~ verklaren* déclarer la guerre ★ *in staat van ~ (met)* en guerre (avec) ▾ *de Koude Oorlog* la guerre froide

oorlogsbodem navire *m* de guerre

oorlogscorrespondent correspondant *m* de guerre

oorlogseconomie économie *v* de guerre

oorlogsfilm film *m* de guerre

oorlogsheld héros *m* de guerre [v: héroïne ...]

oorlogsindustrie industrie *v* de guerre

oorlogsinvalide invalide *m/v* de guerre

oorlogsmisdadiger criminel *m* de guerre [v: criminelle ...]

oorlogsmonument monument *m* aux morts

oorlogspad ▾ *op het ~ zijn* être sur le sentier de la guerre

oorlogsschip navire *m* / vaisseau *m* de guerre [m mv: vaisseaux ...]

oorlogsslachtoffer victime *v* de (la) guerre

oorlogsverklaring déclaration *v* de guerre

oorlogszuchtig **I** *bn* belliqueux [v: belliqueuse] **II** *bw* va-t-en-guerre [onver.]

oorlogvoering ★ *bacteriologische ~* guerre *v* bactériologique

oormerk marque *v* à l'oreille

oorontsteking otite *v*

oorpijn mal *m* aux oreilles

oorschelp pavillon *m*

oorsmeer cérumen *m*

oorsprong ❶ *begin* origine *v* ★ *zijn ~ vinden in* avoir son origine dans ❷ *afkomst* origine *v* ★ *van ~* d'origine ★ *van Spaanse ~* d'origine espagnole

oorspronkelijk **I** *bn* ❶ *aanvankelijk* original [m mv: originaux] primitif [v: primitive], originel [v: originelle] ★ *de ~e tekst* l'original ★ *de ~e betekenis* le sens originel ★ *~e bewoners* la population indigène ❷ *origineel* original **II** *bw* ❶ *aanvankelijk* à l'origine, initialement ❷ *origineel* d'une manière originale

oortelefoon écouteur *m*, ⟨dopje⟩ oreillette *v*

oorverdovend assourdissant

oorvijg gifle *v* ★ *een ~ geven* gifler

oorwurm perce-oreille *m* [m mv: perce-oreilles] ▾ *een gezicht als een oorworm* une mine allongée

oorzaak cause *v* ★ *zonder aanwijsbare ~ raakten ze in paniek* sans raisons apparentes ils ont paniqué ★ *~ en gevolg* la cause et l'effet ★ *door onbekende ~ is brand ontstaan* pour une cause inconnue, un incendie s'est déclaré ★ *kleine oorzaken hebben grote gevolgen* à petite cause grands effets

oorzakelijk causal [m mv: causals / causaux] ★ *~ verband* rapport *m* de cause à effet

oost est ★ *oost west, thuis best* ≈ rien de tel que d'être chez soi
Oost Est *m*
Oostblok gesch pays *m mv* de l'Est
Oost-Duits gesch est-allemand
Oost-Duitse gesch Allemande *v* de l'Est
Oost-Duitser gesch Allemand *m* de l'Est
Oost-Duitsland gesch l'Allemagne *v* de l'Est ★ *in ~* en Allemagne de l'Est
oostelijk I *bn, uit / van het oosten* de l'est, ⟨van gebied⟩ oriental [m mv: orientaux] ★ *~ van* à l'est de ★ *~e wind* vent *m* d'est ★ *naar het oosten* vers l'est ★ *in ~e richting* vers l'est **II** *bw, naar het oosten* vers l'est
oosten ❶ *windstreek* est *m* ★ *ten ~ van* à l'est de ★ *op het ~ liggen* être exposé à l'est ❷ *gebied* l'Orient *m* ★ *het ~ van Frankrijk* l'est de la France, l'Est ★ *het Nabije Oosten* le Proche-Orient ★ *het Midden-Oosten* le Moyen Orient ★ *het Verre Oosten* l'Extrême-Orient
Oostende Ostende *m*
Oostenrijk l'Autriche *v* ★ *in ~* en Autriche
Oostenrijker *bewoner* Autrichien *m*
Oostenrijks autrichien [v: autrichienne]
Oostenrijkse Autrichienne *v*
oostenwind vent *m* d'est
oosterbuur voisin *m* de l'est
oosterlengte longitude *v* est
oosterling Oriental *m* [m mv: Orientaux]
oosters d'Orient, oriental [m mv: orientaux]
Oost-Europa l'Europe *v* de l'Est ★ *in ~* en Europe de l'Est
Oost-Europees de l'Europe de l'Est
Oost-Indisch ▾ *~ doof zijn* faire la sourde oreille
oostkust côte *v* orientale / est
Oost-Vlaams de la Flandre-Orientale
Oost-Vlaanderen la Flandre-Orientale
oostwaarts vers l'est
Oostzee (mer *v*) Baltique *v*
ootje ▾ *iem. in het ~ nemen* mener qn en bateau
ootmoedig I *bn* humble **II** *bw* humblement
op I *vz* ❶ *boven(op) zijnd* sur ★ *op het dak zitten* être assis sur le toit ★ *op de fiets* à / en bicyclette ★ *op zee* en mer ❷ *in* dans ★ *op straat* dans la rue ★ *op zijn kamer* dans sa chambre ★ *op school* à l'école ❸ *bovenop komend* ★ *op het dak klimmen* monter sur le toit ❹ *tegen* ★ *op het raam tikken* taper à la fenêtre ❺ *verwijderd van* à ★ *op drie kilometer afstand* à trois kilomètres ❻ *tijdens* ★ *op dat moment* à ce moment ★ *op dit moment* en ce moment ★ *op maandag* le lundi ★ *op zekere dag* un jour ★ *op 1 augustus* le premier août ❼ *volgens een bepaalde manier* ★ *op z'n Frans* à la française ❽ *uitgezonderd* ★ *op één euro na* à un euro près ★ *allen op één na* tous sauf un ★ *op twee na de grootste* le plus grand à deux près ❾ *met* ★ *op gas koken* cuisiner au gaz ★ *op waterstof lopen* marcher à l'hydrogène ❿ *gericht naar* ★ *op het noorden* exposé au nord ▾ *één op de tien* un sur dix ▾ *op z'n laatst* au plus tard **II** *bw* ❶ *omhoog* en haut ★ *op en neer gaan* monter et descendre ❷ *verbruikt* usé ★ *op kunnen* pouvoir finir ★ *het water is op* il n'y a plus d'eau ★ *mijn geduld is op* ma patience est à bout, je suis à bout de patience ★ *op is op* fini, c'est fini ★ fig *het kan niet op!* c'est l'abondance!, inform c'est le pied! ❸ *uitgeput* épuisé ★ *hij was helemaal op* il était à bout de forces ❹ *uit bed* levé, debout ▾ *tegen iem. op kunnen* valoir qn, pouvoir se mesurer à qn
opa pépé *m*, papi *m*, papy *m*
opaal opale *v*
opbaren mettre en bière ★ *opgebaard liggen* être exposé
opbellen appeler, téléphoner à, inform passer un coup de fil à
opbergen ranger
opbergsysteem système *m* de classement
opbeuren ❶ *optillen* soulever ❷ *opvrolijken* remonter le moral de, réconforter ★ *~d* réconfortant
opbiechten confesser, avouer
opbieden surenchérir ★ *tegen iem. ~* enchérir sur qn
opbinden ⟨van planten⟩ accoler, ⟨van bomen, heesters⟩ palisser ★ *het haar ~* relever les cheveux
opblaasbaar gonflable ★ *een opblaasbare boot* un canot pneumatique
opblaaspop poupée *v* gonflable
opblazen ❶ *laten ontploffen* faire sauter ❷ *lucht erin blazen* gonfler ❸ *sterk overdrijven* gonfler, grossir
opblijven veiller (tard) ★ *de hele nacht ~* passer une nuit blanche
opbloei épanouissement *m*, (nouvel) essor *m*
opbloeien s'épanouir
opbod *het opbieden* enchère *v* ★ *bij ~ verkopen* vendre aux enchères
opboksen se débattre contre
opborrelen bouillonner, ook fig jaillir
opbouw ❶ *het opbouwen* construction *v*, ook fig édification *v* ★ *in ~* en construction ❷ *samenstelling* structure *v*, ⟨indeling⟩ agencement *m* ❸ *bouw erbovenop* superstructure *v*
opbouwen ❶ *bouwen* construire, édifier, monter ★ *de kermis ~* installer la fête foraine ❷ *tot stand brengen* créer, édifier, établir ★ *pensioen ~* cotiser pour sa retraite ★ *een nieuw bestaan ~* refaire sa vie
opbouwend constructif [v: constructive]
opbouwwerk ≈ travail *m* socio-éducatif
opbranden I *ov ww, branden* brûler **II** *onov ww* ❶ *verbranden* brûler entièrement, être consumé par le feu, ⟨langzaam⟩ se consumer ❷ *uitgeput raken* ★ *hij was op zijn vijftigste helemaal opgebrand* à cinquante ans il était au bout du rouleau
opbreken I *ov ww* ❶ *openbreken* ★ *een straat ~* dépaver une rue ❷ *afbreken* démonter ★ *het kamp ~* lever le camp ★ *het beleg ~* lever le siège **II** *onov ww* ❶ *vertrekken* plier bagage, lever le camp, partir, décamper ❷ *slecht bekomen* ★ *dat zal hem ~* il le paiera cher
opbrengen ❶ *opleveren* rapporter, produire, rendre ★ *veel ~* être d'un bon rapport, rapporter beaucoup ★ *de oogst heeft weinig opgebracht* le rendement de la récolte a été faible ❷ *betalen* payer ★ *dat kan ik niet ~* c'est au-dessus de mes moyens ❸ ★ *de moed ~* avoir / trouver le courage ❹ *aanbrengen* appliquer ❺ *als overtreder meevoeren* emmener (au poste de police)

opbrengst rapport *m*, produit *m*, rendement *m*, ‹recette› recette *v* ★ *de ~ van de veiling was lager dan verwacht* la vente aux enchères a rapporté moins que prévu ★ *netto ~* produit net
opdagen paraître, inform se pointer ★ *niet komen ~* ne pas se présenter, ‹bij afspraak› poser un lapin (à qn)
opdat afin de [+ inf.], pour que [+ subj.], afin que [+ subj.], pour [+ inf.]
opdienen servir
opdiepen ❶ *tevoorschijn halen* sortir ❷ *opduiken* déterrer, dénicher
opdirken fagoter, affubler ★ *zich ~* se pomponner
opdissen *vertellen* débiter
opdoeken I *ov ww, opheffen* liquider ★ *de zaak ~* fermer boutique **II** *onov ww, weggaan* plier bagage
opdoemen surgir, émerger
opdoen ❶ *aanbrengen* mettre ❷ *opzetten* mettre ❸ *verkrijgen* acquérir ★ *ervaring ~* acquérir de l'expérience ★ *inspiratie ~* chercher de l'inspiration ★ *nieuwe kracht ~* reprendre des forces, se retremper ❹ *oplopen* attraper
opdoffen I *ov ww* fagoter, affubler **II** *wkd ww* [**zich** ~] se pomponner
opdoffer baffe *v*, beigne *v*
opdonder ❶ *stomp* baffe *v* ❷ *tegenslag* sale coup *m*
opdonderen foutre le camp, dégager
opdondertje *klein persoon* demi-portion *v* [v mv: demi-portions]
opdraaien ~ voor, ★ *voor iets ~* faire les frais de qc ★ *zij moet ervoor ~* c'est elle qui écope ★ *iem. voor iets laten ~* coller qc à qn
opdracht ❶ *taak* mission *v*, charge *v*, mandat *m*, ‹order› ook comp commande *v*, ‹bij aanbesteding› marché *m* ★ *iem. ~ geven om* charger qn de ★ *de ~ hebben om* être chargé de, avoir charge de ★ *de ~ krijgen om* recevoir pour mission de ★ *een ~ uitvoeren* accomplir une mission ★ *in ~ van* sur l'ordre de ❷ *opdracht in boek* dédicace *v*
opdrachtgever ‹lastgever› mandant *m*, ‹afnemer› client *m*, ‹geldschieter› commanditaire *m/v*
opdragen ❶ *opdracht geven tot* charger ★ *iem. ~ iets te doen* charger qn de faire qc ★ *iem. iets ~* charger qn de qc ❷ **~ aan** *aanbieden aan* dédicacer à ★ *een boek ~ aan iem.* dédicacer un livre à qn
opdraven *op bevel komen* ★ *iem. laten ~* convoquer qn, appeler qn ★ *komen ~* s'amener, débarquer, se pointer
opdreunen ânonner, psalmodier
opdrijven ❶ *voortdrijven* conduire, ‹opjagen› traquer ★ *het vee ~* conduire le bétail ★ *het wild ~* traquer le gibier ❷ *doen stijgen* faire grimper / monter, gonfler ★ *de prijzen ~* faire monter les prix
opdringen I *ov ww*, **~ aan** *opleggen aan*, imposer (**aan** à) **II** *wkd ww* [**zich** ~] ❶ *contact zoeken* s'imposer (**aan** à) ❷ BN *dringend nodig zijn* s'imposer **III** *onov ww, naar voren dringen* pousser
opdringerig envahissant, inform collant
opdrinken boire, ‹ledigen› vider
opdrogen I *ov ww, droogmaken* sécher **II** *onov ww, droog worden* sécher, ‹van bron› (se) tarir ★ *nooit ~d* intarissable
opdruk surcharge *v*, ‹op kleding› impression *v*
opdrukken I *ov ww, op iets drukken* imprimer, ‹stempelen› estampiller **II** *wkd ww* [**zich** ~] sport faire des pompes
opduikelen dénicher, dégoter, inform pêcher
opduiken I *ov ww, vinden* pêcher **II** *onov ww* ❶ *boven water komen* émerger, ‹van onderzeeër› faire surface ❷ *tevoorschijn komen* surgir, jaillir ★ *uit het niets ~* tomber du ciel
opduvel baffe *v*, beigne *v* ★ *iem. een ~ geven* donner une baffe à qn ★ *hij heeft een ~ gekregen* il a reçu une beigne
opduvelen foutre le camp, dégager
OPEC *Organisatie van olie-exporterende landen* OPEP *v*, Organisation *v* des pays exportateurs de pétrole
opeen l'un sur l'autre, l'un contre l'autre
opeenhoping entassement *m*, accumulation *v* ★ *een ~ van functies* un cumul de fonctions
opeens tout à coup
opeenstapeling entassement *m*, accumulation *v*
opeenvolgend successif [v: successive]
opeenvolging série *v*, succession *v*, suite *v* ★ *een ~ van ongelukken* une série d'accidents
opeisen exiger, réclamer, revendiquer ★ *een aanslag ~* revendiquer un attentat ★ *de verantwoordelijkheid ~* revendiquer la responsabilité
open ❶ *niet afgesloten* ouvert ★ *half open* entrouvert ★ *wijd open* béant ★ *open en bloot* au vu et au su de tout le monde ❷ *leeg, niet ingevuld* libre ★ *een open plek in een bos* une clairière ★ *een open sollicitatie* une candidature spontanée ★ *dat is een open vraag* c'est un point d'interrogation, la question reste en suspens ★ *een film met een open einde* un film à fin ouverte ★ *de betrekking is nog open* le poste est encore vacant ❸ *openhartig* ouvert, franc [v: franche] ★ *hij vertelde heel open over zijn drugsverleden* il s'est livré sans détour sur son passé de toxicomane ★ *een open gezicht* un visage ouvert / franc ❹ *toegankelijk* ouvert (**voor** à) ★ *open tot vijf uur* ouverture *v* jusqu'à 17 h ★ *een open competitie* une compétition open ★ *open dag* journée *v* portes ouvertes
openbaar I *bn* public [v: publique] ★ *~ onderwijs* enseignement *m* public / laïque ★ *het ~ vervoer* les transports en commun ★ *de openbare weg* la voie publique ★ *in het ~* en public, sur la place publique ★ *de openbare orde* l'ordre *m* public ★ *~ maken* publier, divulguer **II** *bw* publiquement, en public
openbaarheid publicité *v*
openbaren I *ov ww* révéler, dévoiler ★ *een geheim ~* révéler un secret **II** *wkd ww* [**zich** ~] se manifester
openbaring ❶ *het openbaar maken* révélation *v* ★ *de Openbaring van Johannes* l'Apocalypse *v* ❷ *iets nieuws* révélation *v* ★ *dat was een ~ voor mij* cela a été une révélation pour moi
openblijven rester ouvert
openbreken ❶ *openen* forcer, ‹van straat›

dépaver ★ breek me de bek niet open! tu parles! ❷ wijzigen ★ een contract ~ renégocier un contrat
opendeurdag BN journée v portes ouvertes
opendoen ouvrir
openen I ov ww ❶ openmaken ouvrir ★ open het doosje heel voorzichtig! ouvrir la boîte avec précaution! ❷ (laten) beginnen ouvrir ★ een zaak ~ ouvrir un commerce ★ de vergadering ~ ouvrir la séance **II** onov ww, opengaan s'ouvrir
opener ‹voor een blik› ouvre-boîtes m [mv: id.], ‹voor een fles› décapsuleur m
opengaan s'ouvrir, ‹van bloem› s'épanouir, ‹van abces› crever
openhartig I bn franc [v: franche], ouvert **II** bw franchement, à cœur ouvert
openhartoperatie opération v à cœur ouvert
openheid ouverture v, franchise v
openhouden ❶ niet dicht laten gaan tenir ouvert, garder ouvert ★ zij hield de deur voor me open elle a tenu la porte pour moi ❷ vrijhouden réserver ★ de mogelijkheid ~ om laisser la possibilité ouverte de
opening ❶ het openen ouverture v ★ ~ van zaken geven s'expliquer ❷ gat trou m, orifice m, ‹in muur› jour m ★ een smalle ~ in de schutting un interstice dans la clôture ❸ begin ouverture v, ‹inwijding› inauguration v ★ de ~ van het nieuwe seizoen l'ouverture de la nouvelle saison ★ feestelijke ~ inauguration
openingskoers econ cours m d'ouverture
openingstijd heure(s) v (mv) d'ouverture
openingstijden heures v mv d'ouverture, horaires m mv ★ wat zijn de ~ van de supermarkt? quelles sont les heures d'ouverture du supermarché?
openingszet premier coup m
openlaten ❶ open laten staan laisser ouvert ❷ oningevuld laten laisser en blanc ❸ fig oningevuld laten laisser ouvert ★ de vraag ~ laisser la question en suspens
openleggen ❶ open neerleggen ouvrir ★ een boek ~ ouvrir un livre ❷ toegankelijk maken ouvrir ★ een terrein ~ ouvrir un terrain
openlijk I bn ouvert, ‹verklaard› déclaré ★ ~e kritiek critique v ouverte **II** bw ouvertement, ‹publiekelijk› publiquement ★ het probleem werd ~ besproken on a parlé ouvertement du problème
openlucht ★ in de ~ en plein air
openluchtbad piscine v en plein air
openluchtconcert concert m en plein air
openluchtmuseum musée m de plein air
openmaken openen ouvrir
openslaand ★ ~e deuren des portes-fenêtres
opensperren ouvrir tout grand, ‹van ogen› écarquiller
openspringen s'ouvrir brusquement, ‹van de huid› (se) gercer
openstaan ❶ niet gesloten zijn être ouvert ❷ nog te betalen être impayé, ne pas être réglé ❸ niet vervuld zijn être libre, être vacant ❹ ~ **voor** toegankelijk zijn voor ★ ~ voor kritiek être ouvert à la critique
openstellen ouvrir
op-en-top jusqu'au bout des ongles ★ hij is ~ Engelsman il est anglais jusqu'au bout des ongles
openvallen ❶ opengaan s'ouvrir ❷ vacant raken se libérer
openzetten ouvrir
opera ❶ drama opéra m ❷ gebouw opéra m ❸ gezelschap opéra m
operabel opérable
operateur opérateur m [v: opératrice]
operatie ❶ chirurgisch ingreep opération v ★ een ~ ondergaan se faire opérer ★ een ~ uitvoeren opérer ❷ krijgsverrichtingen opération v ★ een militaire ~ une opération militaire ❸ groot plan opération v ★ een ~ opzetten lancer une opération ★ een ~ leiden mener une opération
operatief I bn opératoire, chirurgical [m mv: chirurgicaux] ★ een operatieve ingreep une intervention chirurgicale **II** bw en opérant ★ ~ verwijderen pratiquer l'ablation de, enlever
operatiekamer salle v d'opération
operatietafel table v d'opération, inform billard m
operatiezuster infirmière v au bloc opératoire
operationeel opérationnel [v: opérationnelle]
operator ❶ persoon opérateur m [v: opératrice] ❷ wisk opérateur m
operazangeres cantatrice v
opereren I ov ww med opérer ★ geopereerd worden aan se faire opérer de, être opéré de ★ zij is geopereerd aan de blindedarm elle s'est fait opérer de l'appendicite **II** onov ww, handelen opérer ★ op een bepaald gebied ~ oeuvrer dans un certain domaine ★ mil de commando's opereerden in het geheim les commandos ont mené des opérations secrètes
operette opérette v
opeten ❶ eten manger, avaler, croquer ★ kun je die visjes ook ~? ça se mange, ces petits poissons? ★ met huid en haar ~ avaler tout cru, dévorer ★ een kind om op te eten un enfant joli à croquer ★ ik eet je niet op, hoor! je ne te mangerai pas! ❷ verkwisten ★ zijn eigen kapitaal ~ manger son capital
opfleuren I ov ww, vrolijker maken aviver, ragaillardir ★ het huis ~ égayer la maison **II** onov ww, vrolijker worden se remettre, se ragaillardir ★ hij fleurde ineens helemaal op du coup il a retrouvé le moral
opflikkeren ❶ helderder flikkeren flamber ❷ opduvelen foutre le camp
opfokken ❶ grootbrengen élever ❷ boos maken provoquer, exciter ★ opgefokt zijn être tout excité, être exaspéré ★ laat je toch niet ~ ne te laisse pas monter
opfrissen I ov ww ❶ lett fris maken rafraîchir ★ zich ~ se rafraîchir ❷ fig activeren rafraîchir ★ zijn geheugen ~ rafraîchir sa mémoire **II** onov ww, fris worden se rafraîchir
opgaan ❶ omhooggaan s'élever, ‹van zon› se lever ★ het ~ van het doek le lever du rideau ★ het ~ van de zon le lever du soleil ★ in ~de lijn en s'améliorant ★ de trap ~ monter l'escalier ★ er gaan stemmen op des voix se lèvent ❷ gaan naar ★ een weg ~ prendre un chemin ❸ geheel opraken se consommer, s'épuiser, finir ★ de wijn was helemaal opgegaan il ne restait rien du vin ❹ juist zijn tenir debout, valoir, ‹van deling› être

sans reste ★ *dat argument gaat niet op* cet argument ne tient pas debout ❺ ~ **voor** *examen doen* se présenter (à un examen), passer (un examen) ★ *morgen gaat hij op voor zijn rijexamen* demain il passe son permis ❻ ~ **in** être absorbé dans / par, se perdre dans ★ *geheel in zijn werk ~* être absorbé par son travail ★ *in elkaar ~* fusionner, se fondre

opgang ❶ *het opgaan* montée *v*, ⟨van zon⟩ lever *m* ❷ *trap* escalier *m* ★ *vrije ~* entrée *v* indépendante ▾ *~ maken* être en vogue, avoir du succès

opgave, opgaaf ❶ *vraagstuk* problème *m*, exercice *m*, sujet *m* ❷ *taak* tâche *v*, épreuve *v*, ⟨huiswerk⟩ devoir *m* ★ *voor een moeilijke ~ staan* être confronté à une tâche difficile ★ *het was een hele ~* c'était toute une affaire ❸ *vermelding* déclaration *v*, ⟨overzicht⟩ relevé *m* ★ *zonder ~ van redenen* sans motivation ❹ *het stoppen met iets* abandon *m*

opgeblazen ❶ *gezwollen* enflé, ⟨pafferig⟩ bouffi ★ *~ wangen* des joues enflées ★ *ik heb een ~ gevoel* je me sens tout gonflé ❷ *verwaand* suffisant, enflé ★ *wat een ~ ventje!* quel frimeur, celui-là

opgefokt *opgewonden* exaspéré

opgelaten mal à l'aise, embarrassé (**met** de)

opgeld *winst veilinghouder* prime *v* ▾ *~ doen* être en vogue

opgelucht I *bn* soulagé ★ *~ ademhalen* pousser un soupir de soulagement **II** *bw* avec soulagement

opgeruimd I *bn* ❶ *netjes* rangé ★ *~ staat netjes!* bon débarras! ❷ *vrolijk* enjoué, gai **II** *bw* de bonne humeur

opgeschoten grand, ⟨slungelig⟩ dégingandé ★ *een ~ jongen* un adolescent

opgeschroefd ampoulé ★ *~e verwachtingen* des espérances démesurées

opgesmukt tarabiscoté, ⟨gekunsteld⟩ enjolivé ★ *een ~ verhaal* un récit enjolivé

opgetogen enchanté, ravi (**over** de)

opgeven I *ov ww* ❶ *prijsgeven* renoncer à, abandonner, inform laisser tomber ★ *hij geeft niet op* il n'en démord pas ★ *de moed ~* perdre courage ★ *een zieke ~* condamner un malade ★ *het ~* renoncer, lâcher prise, sport abandonner ★ *ik geef het op!* je baisse les bras!, ⟨bij raadsel⟩ je donne ma langue au chat! ❷ *melden* donner, indiquer, ⟨aangeven⟩ déclarer ★ *zijn naam ~* donner / décliner son nom ★ *zijn inkomen bij de belastingdienst ~* déclarer ses revenus au fisc ★ *als reden ~* donner comme raison ❸ *aanmelden* présenter, (faire) inscrire à ★ *de hele klas gaf zich op voor de excursie* toute la classe s'est inscrit pour l'excursion ★ *zijn kind ~ voor zwemles* inscrire son enfant aux cours de natation ❹ *opdragen* poser, donner ★ *sommen ~* faire faire des problèmes ★ *huiswerk ~* donner des devoirs ★ *raadsels ~* (pro)poser des énigmes ❺ *braken* rendre ★ *bloed ~* cracher du sang **II** *onov ww* ★ *hoog ~ van iem.* faire l'éloge de qn

opgewassen ▾ *~ zijn tegen* ⟨iemand⟩ pouvoir se mesurer à, ⟨iets⟩ être à la hauteur (de la tâche), pouvoir faire face à ▾ *~ zijn tegen elkaar* se valoir

opgewekt I *bn* gai, enjoué, de bonne humeur **II** *bw* gaiement, avec enjouement

opgewonden I *bn* ⟨zenuwachtig⟩ excité, agité, nerveux [v: nerveuse], ⟨driftig⟩ excité ★ *een ~ discussie* une discussion enflammée ★ *een ~ standje zijn* être (une) soupe au lait ★ ⟨zin in seks⟩ *~ raken* être excité **II** *bw* d'une manière agitée

opgooien lancer (en l'air) ★ *een munt ~* jouer à pile ou face ★ *een balletje over iets ~* lancer un ballon d'essai à propos de qc

opgraven déterrer, ⟨van lijk⟩ exhumer

opgraving déterrement *m*, ⟨van lijk⟩ exhumation *v*, ⟨archeologie⟩ fouille(s) *v (mv)*, ⟨plaats⟩ site *m* archéologique

opgroeien grandir, pousser

ophaalbrug pont-levis *m* [m mv: ponts-levis]

ophalen ❶ *naar boven halen* lever, monter, hisser ★ *de netten ~* retirer les filets ★ *zijn schouders ~* hausser les épaules ★ *zijn neus ~ voor iets* dédaigner qc ★ fig *herinneringen ~* évoquer des souvenirs ★ fig *oude herinneringen ~* ressusciter de vieux souvenirs ❷ *inzamelen* collecter ★ *geld ~* faire une collecte ★ *huisvuil ~* ramasser les ordures ménagères ❸ *afhalen* (aller) chercher ★ *kom me bij het station ~* viens me chercher à la gare ❹ *verbeteren* reprendre ★ *ik wil mijn wiskunde ~* je veux reprendre mes maths ★ *rapportcijfers ~* améliorer ses notes

ophanden ★ *~ zijn* être proche, approcher

ophangen I *ov ww* ❶ *erop / eraan hangen* accrocher, suspendre ★ *de was ~* étendre le linge ★ *gordijnen ~* poser des rideaux ❷ *aan de galg hangen* pendre ❸ *opdissen* raconter, sortir **II** *onov ww, telefoongesprek beëindigen* raccrocher

ophanging ❶ techn suspension *v* ❷ *straf* pendaison *v*

ophebben ❶ *dragen* porter ★ *een hoed ~* porter un chapeau ❷ *genuttigd hebben* ⟨van voedsel⟩ avoir mangé, ⟨van drank⟩ avoir bu ★ *een glaasje te veel ~* avoir un coup dans le nez ❸ ~ **met** ★ *weinig ~ met iem.* peu apprécier qn, inform ne pas sentir qn

ophef bruit *m* ★ *veel ~ over iets maken* faire grand bruit de qc ★ *met veel ~* à grand bruit / fracas ★ *zonder ~* discrètement, inform sans faire des vagues

opheffen ❶ *optillen* lever, fig relever ❷ *beëindigen* lever, clore ★ *de zitting ~* lever la séance ★ *de blokkade ~* lever le blocus ❸ *tenietdoen* supprimer, abolir ★ *elkaar ~* se neutraliser, se compenser

opheffing suppression *v*, annulation *v*, abolition *v*, ⟨beëindiging⟩ levée *v* ★ *wegens ~ van de zaak* pour cause de cessation de commerce, pour cause de liquidation

opheffingsuitverkoop vente *v* de liquidation

ophefmakend BN *geruchtmakend* retentissant

ophelderen I *ov ww, toelichten* éclaircir ★ *een zaak ~* éclaircir une affaire ★ *de zaak is opgehelderd* l'affaire est tirée au clair **II** *onov ww, weer helder worden* s'éclaircir

opheldering ❶ *opklaring* éclaircissement *m* ❷ *uitleg* éclaircissement *m* ★ *iem. ~ geven* donner des éclaircissements / explications à qn ★ *iem. ~ vragen over iets* demander des explications à qn sur qc

op

ophemelen porter aux nues, exalter, aduler
ophijsen lever, hisser, ⟨van broek⟩ remonter
ophitsen exciter, provoquer, inciter (**tot** à), monter (**tegen** contre) ★ *de menigte ~* ameuter la foule
ophoepelen ficher le camp, dégager
ophoesten ❶ *spuwen* cracher, dégurgiter ★ *slijm ~* cracher des glaires ❷ *tevoorschijn toveren* cracher ★ *jaartallen ~* débiter des dates historiques
ophogen rehausser, ⟨van terrein⟩ remblayer
ophokken confiner
ophopen I *ov ww* entasser **II** *wkd ww* [**zich ~**] s'accumuler
ophouden I *ov ww* ❶ *omhoog houden* tenir levé, ⟨ondersteunen⟩ soutenir, supporter ★ *de hand ~* lever la main, fig faire la manche ❷ *hooghouden* garder, sauver ★ *zijn reputatie ~* soutenir sa réputation ★ *zijn stand ~* tenir son rang ❸ *op het lichaam houden* garder ❹ *tegenhouden* retenir, ⟨vertragen⟩ retarder ★ *ik zal u niet langer ~* je ne vous retiens pas **II** *onov ww, stoppen* finir (**met**, **te** de), (s')arrêter (**met**, **te** de), cesser (**met**, **te** de) ★ *zonder ~* sans cesse ★ *hou op!* arrête! ★ *ermee ~* arrêter, ⟨het opgeven⟩ lâcher prise, inform décrocher, ⟨het begeven⟩ lâcher ★ *hij weet van geen ~* il n'arrête pas **III** *wkd ww* [**zich ~**] ❶ *zijn* se trouver, ⟨verblijven⟩ séjourner ❷ ~ **met zich** *bezighouden met* ⟨iets⟩ s'occuper de, ⟨iemand⟩ frayer avec
opiaat opiacé *m*
opinie opinion *v* ★ *publieke ~* opinion publique
opinieblad magazine *m* d'opinion
opinieonderzoek sondage *m* (d'opinion)
opium opium *m* ★ *~ schuiven* fumer de l'opium
opjagen ❶ *van personen* presser, bousculer ★ *iem. ~* presser qn ★ *jaag me niet zo op!* fiche-moi la paix!, inform lâche-moi les baskets! ❷ *van prijzen* faire monter ★ *de prijzen ~* faire monter les prix
opjutten pousser (**tot** à), monter (**tegen** contre)
opkalefateren retaper
opkijken ❶ *omhoogkijken* lever les yeux (**van** de) ❷ *verbaasd zijn* être surpris (**over** par) ★ *zij keek er vreemd van op* elle a ouvert de grands yeux, elle n'en revenait pas ★ *daar zal hij van ~* il va être étonné ❸ ~ **tegen** ★ *tegen iets ~* appréhender (de faire) qc ★ *tegen iem. ~* respecter qn, admirer qn
opkikkeren I *ov ww, doen opfleuren* ravigoter ★ *een kop koffie zal je ~* une tasse de café te fera du bien **II** *onov ww, opfleuren* se requinquer ★ *daar zul je van ~* ça va te requinquer
opkikkertje ❶ *iets dat opkikkert* remontant *m* ❷ *borrel* (petit) remontant *m*
opklapbaar pliant, escamotable
opklapbed lit *m* escamotable
opklappen replier (vers le haut)
opklaren s'éclaircir
opklaring ⟨van de lucht⟩ éclaircie *v*
opklimmen ❶ *omhoog klimmen* escalader, grimper, gravir ★ *tegen een helling ~* gravir une pente ★ *~de reeks* progression *v* croissante ❷ *in rang stijgen* monter (en grade) ★ *~ tot* s'élever au rang / grade de ★ *tot afdelingschef ~* être promu chef de service ★ *van onderaf aan ~* gravir les échelons
opkloppen ❶ *doen rijzen* battre, ⟨van slagroom⟩ fouetter ❷ *overdrijven* gonfler, monter en épingle, ⟨mooier maken⟩ faire mousser, ⟨erger maken⟩ dramatiser ★ *een opgeklopt verhaal* une histoire exagérée
opknapbeurt remise *v* en état
opknappen I *ov ww* ❶ *in goede staat brengen* arranger, retaper, ⟨van gevels⟩ ravaler ❷ *verrichten* régler ★ *dat zal hij wel ~* il va arranger ça ★ *een vies karwei ~* se taper un sale petit boulot **II** *onov ww, beter worden* se remettre (**van** de) ★ *~ van een ziekte* se remettre d'une maladie ★ *je zult ervan ~* ça te fera du bien **III** *wkd ww* [**zich ~**] *zich netjes maken* se rafraîchir
opknopen pendre ★ *zich ~* se pendre
opkomen ❶ *ontstaan* naître ❷ *omhoogkomen* monter, se lever, ⟨ontkiemen⟩ germer, ⟨uitgroeien⟩ pousser ★ *de zon komt op* le soleil se lève ★ *de ~de zon* le soleil levant ★ *~d tij* marée montante ❸ *verschijnen* apparaître, venir, ⟨opdagen⟩ se pointer, ⟨eraan komen⟩ s'annoncer, ⟨zich melden⟩ se présenter ★ *kom maar op!* je t'attends! ❹ *in gedachten komen* passer par la tête, venir (à l'esprit) ❺ *op toneel komen* entrer en scène ❻ ~ **tegen** s'élever contre, s'opposer à ❼ ~ **voor** défendre, ⟨ijveren⟩ militer pour ★ *voor zichzelf ~* ne pas se laisser faire, se faire valoir ▼ *kom op!* allez!
opkomst ❶ *het groeien* montée *v*, ascension *v*, progrès *m* ★ *in ~ zijn* être en pleine croissance ★ *een stad in ~* une ville en plein développement ❷ *het verschijnen* assistance *v*, ⟨toeloop⟩ affluence *v*, ⟨bij verkiezingen⟩ participation *v* ★ *hoge ~* ⟨bij verkiezingen⟩ participation *v* élevée, taux *m* élevé de participation
opkopen acheter (en masse), accaparer
opkoper revendeur *m* [v: revendeuse], brocanteur *m* [v: brocanteuse]
opkrabbelen ❶ *krabbelend opstaan* se mettre debout avec difficulté ❷ *zich herstellen* se remettre lentement
opkrassen ficher le camp, dégager, filer
opkrikken ❶ *met een krik omhoogbrengen* soulever avec un cric ❷ fig *opvijzelen* rehausser, inform booster ★ *de verkoopcijfers ~* booster les ventes
opkroppen refouler, ravaler, contenir
oplaadbaar rechargeable
oplaaien flamber, ook fig s'enflammer, jaillir ★ *de strijd laaide op* les combats s'intensifiaient
opladen recharger ★ *een batterij ~* recharger une pile ★ *een accu ~* recharger une batterie ★ *je mobiele telefoon ~* recharger son portable ★ fig *zich ~* recharger ses accus
oplader elek chargeur *m*
oplage tirage *m* ★ *een ~ hebben van* tirer à
oplappen rafistoler, retaper, ⟨verstellen⟩ rapiécer
oplaten ⟨van vlieger⟩ lancer, ⟨van ballon / duiven⟩ lâcher ★ *een vlieger ~* lancer un cerf-volant
oplawaai baffe *v*, beigne *v*
oplazeren foutre le camp, dégager
opleggen ❶ *verplichten tot* imposer, ⟨van straf⟩ infliger ★ *iem. het zwijgen ~* imposer le silence à qn ★ *zich beperkingen ~* se fixer des limites, se limiter ❷ *op iets plaatsen* mettre, appliquer ★ *de*

op

handen ~ rel imposer les mains ★ *het er dik* ~ en rajouter, en faire des kilos ★ *een opgelegde kans* une occasion en or ❸ scheepv immobiliser
oplegger semi-remorque *v* [v mv: semi-remorques] ★ *truck met* ~ semi-remorque
opleiden former ★ ~ *voor* préparer à
opleiding formation *v*, études *v mv* ★ *een* ~ *volgen* suivre un cours, suivre une formation ★ *een* ~ *tot vertaler* une formation à la traduction ★ *in* ~ *zijn* être en formation
opleidingscentrum centre *m* de formation
opleidingsinstituut institut *m* (de formation)
oplepelen ❶ *opeten* manger avec une cuillère ❷ *vlot opzeggen* réciter, débiter
opletten faire attention, être attentif [v: être attentive] ★ *opgelet!* attention!
oplettend I *bn* attentif [v: attentive] **II** *bw* attentivement
opleuken égayer
opleven renaître, revivre ★ *weer doen* ~ ranimer, relancer
opleveren ❶ *verschaffen* produire, apporter ★ *winst* ~ être profitable ★ *gevaar* ~ présenter un danger ★ *problemen* ~ causer des problèmes ★ *niets* ~ ne rien donner, n'aboutir à rien ★ *veel* ~ rapporter gros ★ *wat levert het mij op?* qu'est-ce que ça me rapporte? ❷ *afleveren* livrer ★ *een huis* ~ livrer une maison
oplevering réception *v* (des travaux)
opleving reprise *v*, renouveau *m*, second souffle *m*
oplichten I *ov ww* ❶ *optillen* (sou)lever ❷ *bedriegen* escroquer, rouler, inform arnaquer **II** *onov ww, helder worden* s'éclaircir
oplichter escroc *m*, inform arnaqueur *m*
oplichterij escroquerie *v*, inform arnaque *m*
oplichting ❶ *bedrog* escroquerie *v* ❷ *het optillen* soulèvement *m*
oploop rassemblement *m*, attroupement *m*
oplopen I *ov ww, ongewild krijgen* attraper, ⟨van letsel⟩ recevoir, ⟨van schade⟩ subir, ⟨op de hals halen⟩ encourir ★ *een verkoudheid* ~ attraper un rhume ★ *we hebben een flinke achterstand opgelopen* on a pris pas mal de retard **II** *onov ww* ❶ *gaan* ★ *met iem.* ~ faire un bout de chemin avec qn ★ *tegen iets* ~ ⟨toevallig tegenkomen⟩ tomber sur qc ★ BN *hoog* ~ *met iem.* faire grand cas de qn ❷ *naar boven lopen* monter ❸ *naar boven gaan* monter ❹ *toenemen* augmenter, s'élever ★ *dat begint op te lopen* ça commence à chiffrer ★ *de ruzie loopt hoog op* la querelle s'envenime
oplosbaar ❶ *in iets op te lossen* soluble ❷ *op te helderen* soluble, résoluble
oploskoffie café *m* soluble
oplosmiddel solvant *m*
oplossen I *ov ww* ❶ *in vloeistof* dissoudre ★ *een tablet* ~ *in water* dissoudre un cachet dans de l'eau ❷ *de uitkomst vinden* résoudre, ⟨regelen⟩ régler, arranger ★ *een probleem* ~ résoudre un problème ★ *alle moeilijkheden lijken nu opgelost* toutes les difficultés semblent être résolues maintenant **II** *onov ww* ❶ *in vloeistof* se dissoudre ★ *suiker lost in water op* le sucre se dissout dans l'eau ❷ *verdwijnen* disparaître, ⟨van mist⟩ se dissiper, ⟨uiteengaan⟩ se disperser ★ *(zich) in het niets* ~ s'envoler (en fumée), s'évanouir ★ *om negen uur zijn de meeste files opgelost* vers neuf heures les embouteillages sont largement dissipés
oplossing ❶ *uitkomst* solution *v* ★ *een creatieve* ~ *aandragen* proposer une solution créatrice ★ *structurele* ~*en zoeken* chercher des solution structurelles ❷ scheik solution *v* ★ *een sterk verdunde* ~ une solution très diluée
opluchten *verlichten* soulager ★ *opgelucht ademhalen* pousser un soupir de soulagement
opluchting soulagement *m*
opluisteren donner de l'éclat à, rehausser (l'éclat de)
opmaak ❶ *lay-out* mise *v* en page(s) ❷ *cosmetica* maquillage *m*
opmaat ❶ muz anacrouse *v* ❷ *begin* amorce *v*
opmaken ❶ *verbruiken* finir, manger, ⟨van voorraad⟩ épuiser, ⟨van geld⟩ dépenser, ⟨verkwisten⟩ dilapider ❷ *in orde maken* faire, ⟨garneren⟩ garnir ★ *een bed* ~ faire un lit ★ *zijn haar* ~ se coiffer, s'arranger les cheveux ★ *zich* ~ *om / voor* s'apprêter à ❸ *concluderen* conclure (**uit** de), déduire (**uit** de) ★ *daaruit maak ik op dat* j'en déduis que ❹ *cosmetica opdoen* maquiller ★ *zich* ~ se maquiller ❺ *typografisch indelen* mettre en page(s), monter ❻ *opstellen* dresser, établir, faire ★ *een lijst* ~ établir une liste ★ *een proces-verbaal* ~ dresser un procès-verbal
opmars ❶ *het opmarcheren* avance *v*, marche *v* ❷ *vooruitgang* poussée *v* ★ *in* ~ *zijn* être en progression
opmerkelijk remarquable, étonnant ★ *een* ~*e prestatie* une performance remarquable ★ *een hoogst* ~ *verschijnsel* un phénomène tout à fait singulier
opmerken ❶ *zien* remarquer, observer ★ *iem.* ~ *op een feestje* remarquer qn pendant une soirée ★ *niet opgemerkt worden* passer inaperçu ❷ *zeggen* faire observer, faire remarquer ★ *opgemerkt dient te worden dat* il faut signaler que ★ *terloops* ~ dire en passant
opmerking observation *v*, remarque *v*, réflexion *v* ★ *een beledigende* ~ *maken* faire une réflexion désobligeante ★ *op- en aanmerkingen* observations
opmerkingsgave don *m* / esprit *m* d'observation
opmerkzaam I *bn* attentif [v: attentive] ★ ~ *zijn* être attentif ★ *iem.* ~ *maken op iets* signaler qc à qn, faire observer qc à qn **II** *bw* attentivement
opmeten mesurer, ⟨van land⟩ arpenter
opmonteren ragaillardir, remonter le moral à
opnaaien ❶ *vastnaaien* coudre (sur) ❷ *opjutten* ★ *laat je niet* ~ ne te laisse pas monter
opname ❶ *in een ziekenhuis* admission *v*, hospitalisation *v* ★ ~ *in een psychiatrische inrichting* placement *m* dans un hôpital psychiatrique ❷ *registratie* ⟨op band / schijf⟩ enregistrement *m*, ⟨foto- / filmopname⟩ prise *v* (de vue), ⟨draaien van film⟩ tournage *m* ❸ *plaatsing in boek, krant* insertion *v*
opnemen ❶ lett *oppakken* prendre, ⟨wegnemen⟩ enlever ★ *weer* ~ reprendre ❷ fig *opvatten* ★ *de conversatie weer* ~ reprendre la conversation

❸ *telefoon beantwoorden* répondre (au téléphone), décrocher ★ *er wordt niet opgenomen* on ne répond pas ❹ *bespreken* ★ *ik zal het met hem* ~ je lui en toucherai un mot ❺ *van tegoed halen* prendre ★ *geld* ~ prendre / retirer de l'argent ★ *een vrije dag* ~ poser un jour de congé ❻ *aanvaarden* prendre ★ *iets hoog* ~ prendre mal qc, prendre de travers qc ★ *ernstig* ~ prendre au sérieux prendre, recueillir, admettre, ⟨invoegen⟩ insérer (**in** dans), ⟨integreren⟩ incorporer (**in** dans), intégrer (**in** dans) ★ *in een ziekenhuis opgenomen worden* être hospitalisé ★ *in een kring worden opgenomen* être admis dans un cercle ❼ *absorberen* absorber, ⟨verwerken⟩ assimiler ★ *deze doekjes nemen heel veel water op* ces chiffons sont très absorbants ★ *alcohol wordt snel opgenomen in het bloed* l'alcool est rapidement absorbé dans le sang ❽ *bekijken* examiner, ⟨monsterend aankijken⟩ mesurer du regard, toiser ★ *iets goed in zich* ~ prendre bonne note de qc ❾ audio-vis *vastleggen* enregistrer tourner un film ★ *vogelgeluiden* ~ enregistrer le chant des oiseaux ❿ *noteren* prendre ★ *de schade* ~ constater l'ampleur des dégâts ★ *bestellingen* ~ prendre les commandes *11meten* mesurer, ⟨van land⟩ arpenter, ⟨van meter⟩ relever, faire le relevé de, ⟨klokken⟩ chronométrer ★ *de temperatuur* ~ prendre la température *12partij kiezen* ★ *het voor iem.* ~ prendre parti pour qn, défendre qn ★ *het tegen iem.* ~ se mesurer à qn, s'attaquer à qn

opnieuw ❶ *nog eens* de nouveau ★ *ik zou het gewoon* ~ *proberen* allez, essaye encore une fois ★ *je moet* ~ *het wachtwoord intikken* il faut retaper le mot de passe ❷ *van voren af aan* à nouveau ★ ~ *beginnen* recommencer ★ *alles moet* ~ tout est à refaire

op

opnoemen citer, nommer ▼ *... (en) noem maar op* et j'en passe!

opoe mémé *v*, mamie *v*

opofferen sacrifier (**aan** à) ★ *zich* ~ *voor* se sacrifier pour

opoffering sacrifice *m*

opofferingsgezind qui a l'esprit de sacrifice

oponthoud ❶ *vertraging* contretemps *m* ★ ~ *hebben* avoir du retard ★ *zonder* ~ sans contretemps ❷ *verblijf* séjour *m*

oppakken ❶ *optillen* ramasser ★ *iets van de grond* ~ ramasser qc (par terre) ★ fig *de draad weer* ~ reprendre le fil ★ *hij pakt de nieuwe lesstof gemakkelijk op* il a des facilités pour assimiler les nouvelle matières ❷ *arresteren* arrêter, inform pincer

oppas *oppasser* garde *m*, ⟨kinderoppas⟩ nourrice *v*

oppassen ❶ *opletten* faire attention (**voor** à), se méfier (**voor** de) ★ *pas op!* attention!, inform fais gaffe! ★ *pas goed op je zelf* prends soin de toi ❷ *zorgen voor* garder (qn), ⟨babysitten⟩ faire du baby-sitting

oppasser ❶ *toezichthouder* garde *m* ❷ *verzorger* ⟨van dieren⟩ gardien *m* [v: gardienne]

oppeppen regonfler, booster

oppepper stimulant *m*, remontant *m*

opperbest I *bn* excellent II *bw* à merveille

opperbevel haut commandement *m*

opperbevelhebber commandant *m* en chef

opperen ⟨uiten⟩ avancer, ⟨voorstellen⟩ proposer

oppergezag autorité *v* suprême, souveraineté *v*

opperhoofd chef *m*

opperhuid épiderme *m*

oppermachtig tout-puissant, souverain

opperrabbijn grand rabin *m*

opperst suprême ★ *het ~e genot* le délice suprême ★ *~e verwarring* confusion *v* totale

oppervlak surface *v*

oppervlakkig I *bn* ook fig superficiel [v: superficielle] II *bw* superficiellement, (tout) en surface ★ ~ *behandelen* traiter sommairement ★ ~ *kennen* connaître vaguement

oppervlakte ❶ *bovenkant* surface *v* ★ *aan de* ~ *komen* faire surface ❷ *afmeting in vierkante meters* superficie *v*, surface *v*, wisk aire *v* ★ *de tuin heeft een* ~ *van vijftig vierkante meter* la superficie du jardin est de 50 mètres carrés

oppervlaktemaat mesure *v* de superficie

oppervlaktewater eaux *v mv* de surface

Opperwezen être *m* suprême

oppeuzelen grignoter

oppiepen biper

oppikken ❶ *met snavel pakken* picorer ❷ *meenemen* cueillir, ⟨aan boord⟩ repêcher ❸ *leren* apprendre

oppoetsen ❶ lett astiquer ❷ fig rafraîchir, dépoussiérer ★ *zijn imago* ~ redorer son image de marque

oppompen ❶ *vol lucht pompen* gonfler ★ *een band* ~ gonfler un pneu ❷ *omhoog pompen* pomper ★ *water uit de grond* ~ pomper de l'eau

opponent opposant *m*, adversaire *m/v*

opponeren I *ov ww, plaatsen tegenover* opposer (**tegen** à) II *onov ww, zich verzetten* s'opposer (**tegen** à)

opporren ❶ *aansporen* pousser (**tot** à), secouer, inform booster ❷ *doen opvlammen* attiser ★ *het vuur* ~ attiser / pousser le feu

opportunisme opportunisme *m*

opportunist opportuniste *m/v*

opportunistisch I *bn* opportuniste II *bw* avec opportunisme

opportuun opportun ★ *niet* ~ inopportun

oppositie opposition *v* ★ ~ *voeren* faire de l'opposition

oppositieleider chef *m* de l'opposition

oppositiepartij parti *m* de l'opposition

oppotten amasser, entasser, thésauriser ★ *geld* ~ amasser de l'argent

oprakelen ❶ *vuur opstoken* attiser ❷ *ophalen* ranimer, remuer ★ *het verleden* ~ remuer le passé

opraken s'épuiser

oprapen ramasser ★ *dat ligt voor het* ~ il n'y a qu'à se baisser pour le(s) ramasser

oprecht I *bn* sincère, franc [v: franche] II *bw* sincèrement

oprechtheid sincérité *v*, franchise *v*

oprichten ❶ *overeind zetten* dresser, relever ★ *er wordt een standbeeld voor hem opgericht* on va ériger une statue pour lui ★ *zich* ~ se dresser, se relever ❷ *stichten* établir, fonder ★ *een vereniging* ~ fonder une association

oprichter fondateur *m* [v: fondatrice]

oprichting ❶ *stichting* fondation *v*, création *v* ★ *de ~ van een school* la fondation d'une école ★ *in ~* en cours de fondation ❷ *bouw* construction *v*, élévation *v* ★ *de ~ van een monument* l'érection / l'élévation *v* d'un monument
oprijden ❶ *rijdend opgaan* monter, ‹weg inslaan› prendre, emprunter, s'engager dans / sur ★ *de snelweg ~* s'engager sur l'autoroute ★ *een berg ~* monter une montagne ❷ **~ tegen** heurter ★ *tegen elkaar ~* se heurter ★ *tegen een boom ~* rentrer dans un arbre, percuter un arbre
oprijlaan allée *v*
oprijzen se lever, fig surgir
oprisping renvoi *m*, régurgitation *v*, ‹boer› rot *m*
oprit entrée *v*, ‹hellend› rampe *v*, ‹van autoweg› bretelle *v* (d'accès)
oproep appel *m* (**aan**, **tot** à), ‹convocatie› convocation *v* ★ *een ~ richten tot* lancer un appel à
oproepen ❶ *verzoeken te komen* appeler, ‹bijeenroepen› convoquer, ‹dagvaarden› citer ★ *iem. ~ voor militaire dienst* appeler qn sous les drapeaux ★ *sollicitanten ~ voor een gesprek* convoquer / inviter des candidats pour un entretien ❷ *verzoeken te doen* appeler (à), ‹aanzetten tot› inciter (à) ★ *~ tot staking* lancer un appel à la grève ❸ *doen verschijnen* ★ *data ~* rappeler / sortir des données ❹ *voor de geest halen* évoquer, ‹opwerpen› soulever ★ *herinneringen ~* rappeler des souvenirs
oproepkracht ≈ free-lance *m/v* [m mv: free-lances]
oproer ❶ *opstand* rébellion *v*, révolte *v*, émeute *v* ★ *in ~ komen* se révolter ★ *in ~ brengen* pousser à la révolte ★ *~ kraaien* inciter à la révolte ★ *een ~ neerslaan* écraser / réprimer une révolte ❷ *heftige beroering* agitation *v*, commotion *v*
oproerkraaier agitateur *m* [v: agitatrice]
oproerpolitie brigade *v* antiémeute, ‹ME› CRS *v mv*, Compagnies *v mv* républicaines de sécurité
oprollen I *ov ww* ❶ *in elkaar rollen* (en)rouler ❷ *onschadelijk maken* démanteler II *wkd ww* [**zich ~**] se mettre en boule
oprotpremie chèque-départ *m*
oprotten foutre le camp, dégager
opruien ameuter (**tegen** contre) ★ *~ tot* inciter à ★ *~de taal* propos *m mv* subversifs
opruimen ❶ *wegruimen* enlever, se débarrasser de ❷ *netjes maken* ranger, mettre de l'ordre dans ★ *de huiskamer ~* ranger la salle de séjour ★ *een kamer ~* faire une chambre ★ *opgeruimd staat netjes* ook fig bon débarras! ❸ *uitverkopen* solder, liquider
opruiming ❶ *uitverkoop* soldes *m mv*, liquidation *v* ★ *~ houden* faire des soldes ★ *in de ~* en solde ❷ *het opruimen* rangement *m*, déblaiement *m* ★ *~ houden onder* donner un coup de balai à
opruimingsuitverkoop soldes *m mv*
oprukken progresser, marcher (**naar** sur; **tegen** contre)
opscharrelen *vinden* dénicher, dégoter
opschepen **~ met**, ★ *iem. met iets ~* mettre qc sur les bras de qn, coller qc (sur le dos) à qn ★ *ermee opgescheept zitten* l'avoir sur les bras
opscheplepel louche *v*
opscheppen I *ov ww, scheppend opdoen* servir ★ *soep ~* servir la soupe ★ *ze liggen voor het ~* il y en a à la pelle ★ *geld voor het ~ hebben* rouler sur l'or II *onov ww, pochen* se vanter (**over** de) ★ *over iets ~* se vanter de qc
opschepper vantard *m* [v: vantarde], fanfaron *m* [v: fanfaronne]
opschepperig I *bn* fanfaron [v: fanfaronne] II *bw* avec fanfaronnade
opschepperij vantardise *v*, fanfaronnade *v*, bluff *m*
opschieten ❶ *zich haasten* se dépêcher, faire vite ★ *schiet op!* dépêche-toi!, ‹loop heen!› va te faire voir! ❷ *vorderen* avancer, faire des progrès ★ *het schiet niet op* ça piétine ★ *daar schiet ik niets mee op* cela ne m'avance pas, inform ça me fait une belle jambe ❸ **~ met** *omgaan met* s'entendre avec ★ *goed met elkaar kunnen ~* s'entendre bien
opschik parure *v*
opschikken I *ov ww* ❶ *in orde brengen* arranger ❷ *versieren* parer (**met** de) II *onov ww, opschuiven* se serrer
opschonen nettoyer
opschorten suspendre
opschrift ❶ *tekst ergens op* inscription *v*, ‹van munt› légende *v*, ‹op bordje› écriteau *m* [m mv: écriteaux] ❷ *titel* titre *m*, en-tête *m* [m mv: en-têtes]
opschrijven écrire, noter ★ *ten dode opgeschreven zijn* être un homme mort / en sursis
opschrikken I *ov ww, doen schrikken* effaroucher II *onov ww, van schrik opspringen* sursauter
opschroeven ❶ *verhogen* gonfler ❷ *overdrijven* gonfler ★ *opgeschroefd van stijl / houding* guindé ❸ *iets ergens op schroeven* visser
opschrokken *onbeheerst opeten* dévorer
opschudden *schuddend ordenen* secouer
opschudding agitation *v*, tumulte *m*, émoi *m* ★ *in ~ brengen* mettre en émoi
opschuiven I *ov ww* ❶ *verder schuiven* pousser ❷ *uitstellen* remettre II *onov ww, plaats maken* se serrer, ook fig bouger
opslaan I *ov ww* ❶ *bewaren* stocker ❷ comp mémoriser, sauvegarder ❸ *omhoog slaan* lancer, ‹van kleding› relever, ‹van ogen› lever ❹ *opzetten* ‹van kamp / tent› dresser, monter ❺ *openslaan* ouvrir ❻ *verhogen* augmenter II *onov ww, duurder worden* augmenter
opslag ❶ *loonsverhoging* augmentation *v* ★ *iem. ~ geven* augmenter qn ❷ *berging* stockage *m*, ‹bewaarplaats› entrepôt *m*, comp mémorisation *v* ❸ sport service *m*
opslagcapaciteit capacité *v* de stockage
opslagmedium comp support *m* d'information
opslagplaats dépôt *m*, entrepôt *m*
opslagruimte dépôt *m*, entrepôt *m*
opslagtank réservoir *m*
opslobberen laper
opslokken gober, engloutir, absorber
opslorpen ❶ *in beslag nemen* absorber ★ *door je bezigheden opgeslorpt worden* être absorbé par ses activités ❷ *slurpend opdrinken* gober
opsluiten I *ov ww* enfermer ★ *iem. in zijn kamer ~* enfermer qn dans sa chambre ★ *eenzaam ~* mettre au secret II *wkd ww* [**zich ~**] ook fig s'enfermer ★ *hij heeft zich in zijn kamer*

opgesloten il s'est enfermé dans sa chambre
opsluiting emprisonnement *m*, détention *v* ★ *eenzame* ~ isolement *m* cellulaire
opsmuk ❶ *versiering* parure *v* ❷ *poespas* ★ *zonder* ~ sans apprêt
opsmukken enjoliver
opsnijden *opscheppen* se vanter
opsnorren dénicher
opsnuiven respirer, renifler
opsodemieteren foutre le camp, dégager
opsommen énumérer
opsomming énumération *v*
opsparen *bijeen sparen* mettre de côté, économiser
opspelden épingler
opspelen *tekeergaan* s'emporter ★ *mijn maag speelt op* mon estomac proteste
opsporen découvrir, déceler, détecter
opsporing recherche *v*, dépistage *m* ★ ~ *verzocht* avis *m* de recherche
opsporingsambtenaar officier *m* de la police judiciaire
opsporingsbericht avis *m* de recherche
opsporingsbevel jur avis *m* de recherche
opsporingsdienst ⟨recherche⟩ police *v* judiciaire
opspraak blâme *m* ★ *in* ~ *brengen* compromettre ★ *in* ~ *raken* être compromis, défrayer la chronique, faire jaser
opspringen *in de hoogte springen* ⟨van persoon⟩ sursauter, sauter en l'air, ⟨van bal⟩ rebondir ★ ~ *van vreugde* bondir de joie
opspuiten ❶ lett *opwerpen* projeter ★ *zand* ~ pomper du sable ❷ fig *met botox bewerken* gonfler
opstaan ❶ *gaan staan* se lever, se mettre debout ★ *van tafel* ~ se lever de table, sortir de table ★ *een profeet is opgestaan* un prophète s'est manifesté ★ *uit de dood* ~ ressusciter ★ *een ~d boordje* un col droit ★ *opgestaan, plaats vergaan* qui va à la chasse perd sa place ❷ *uit bed komen* se lever ★ *bij het* ~ au lever ★ *... dan moet je vroeger* ~ ce n'est pas (pour) demain que ... ❸ *in opstand komen* se révolter, se rebeller (**tegen** contre) ❹ *op het vuur staan* être sur le feu
opstal bâtisse *v*, construction *v*
opstand *verzet* révolte *v*, rébellion *v* ★ *in* ~ *komen tegen* se révolter contre ★ *een* ~ *neerslaan* écraser / étouffer / réprimer une révolte
opstandeling révolté *m*, rebelle *m/v*, insurgé *m*
opstandig révolté, ⟨weerspannig⟩ rebelle ★ *het ~e volk* le peuple en révolte ★ *een* ~ *karakter* un caractère rebelle
opstanding résurrection *v*
opstapelen I *ov ww* entasser, empiler ★ *de borden* ~ empiler des assiettes **II** *wkd ww* [**zich** ~] s'accumuler ★ *de problemen stapelden zich op* les problèmes s'accumulaient
opstapje ❶ *trede* marche *v* ★ *denk om het ~!* attention à la marche! ❷ fig *middel om hogerop te komen* marchepied *m*, tremplin *m* ★ *die baan is een* ~ *naar het directeurschap* ce poste sert de marchepied pour obtenir le poste de directeur
opstappen ❶ *weggaan* s'en aller, partir, ⟨ontslag nemen⟩ démissionner ❷ *op bus, tram of metro* monter ❸ *op fiets* monter ❹ BN *meelopen in een betoging* descendre dans la rue
opstarten mettre en marche, (faire) démarrer
opsteken I *ov ww* ❶ *omhoogsteken* lever ★ *een paraplu* ~ ouvrir un parapluie ★ *de hand* ~ lever la main ★ *opgestoken haar* cheveux *m mv* relevés ❷ *aansteken* allumer ❸ *te weten komen* apprendre (**van** de) **II** *onov ww, gaan waaien* se lever
opsteker *meevaller* aubaine *v*
opstel article *m*, essai *m*, ⟨op school⟩ rédaction *v*
opstellen I *ov ww* ❶ *plaatsen* placer, disposer, ⟨voor de (wed)strijd⟩ aligner, ⟨als basisspeler⟩ titulariser ★ *hij werd opgesteld als verdediger* il était aligné en défense ★ *zich verdekt* ~ se mettre en embuscade ❷ *ontwerpen* ébaucher, former, dresser, ⟨op schrift⟩ rédiger, établir ★ *een contract* ~ rédiger un contrat **II** *wkd ww* [**zich** ~] *standpunt innemen* ★ *zich afwachtend* ~ être / rester dans l'expectative
opstelling ❶ *plaatsing* disposition *v*, placement *m*, ⟨slagorde⟩ formation *v*, sport composition *v*, sélection *v* ❷ *houding* attitude *v*, ⟨stellingname⟩ prise *v* de position
opstijgen ❶ *omhoogstijgen* s'élever, monter, ⟨van vliegtuig⟩ décoller ❷ *te paard klimmen* monter
opstoken *van mensen* monter (**tegen** contre)
opstootje bagarre *v*, rixe *v*
opstopping obstruction *v*, ⟨in het verkeer⟩ embouteillage *m*, bouchon *m*
opstrijken ❶ *innen* empocher ❷ *omhoogstrijken* retrousser
opstropen retrousser
opsturen envoyer, expédier
optakelen *met takels ophijsen* treuiller
optater baffe *v*, beigne *v* ★ *iem. een* ~ *geven* flanquer une baffe à qn
optekenen noter
optellen additionner (**bij** à), ⟨opsommen⟩ énumérer
optelling addition *v*
optelsom addition *v*, somme *v*
opteren ~ **voor** opter pour
opticien ❶ *persoon* opticien *m* [v: opticienne] ❷ *winkel* opticien *m*
optie ❶ *keuzemogelijkheid* option (**op** sur) *v* ❷ econ option *v* ❸ BN onderw *vakkenpakket* ≈ ensemble *m* de matières
optiebeurs marché *m* des options (négociables)
optiek *zienswijze* optique *v* ★ *vanuit deze* ~ (vu) sous cet angle
optillen soulever
optimaal I *bn* optimal [m mv: optimaux] optimum **II** *bw* de façon optimale
optimaliseren optimiser, optimaliser
optimisme optimisme *m*
optimist optimiste *m/v*
optimistisch I *bn* optimiste **II** *bw* avec optimisme
optioneel optionnel [v: optionnelle]
optisch optique ★ ~ *bedrog* illusion *v* d'optique
optocht cortège *m*, défilé *m*
optometrie optométrie *v*
optornen ~ **tegen** faire face à, lutter contre
optreden I *het* ❶ *uitvoering* représentation *v*, prestation *v* ★ *een* ~ *voor kinderen verzorgen* créer un spectacle pour enfants ❷ *handelwijze*

op

façon *v* de faire, ⟨tussenkomst⟩ intervention *v* ★ *dankzij doortastend ~ van de rector* grâce à l'intervention énergique du proviseur **II** *onov ww* ❶ *performen* se produire, ⟨een rol spelen⟩ jouer (un rôle) (**in** dans), paraître (**in** dans) ★ *ze treedt vooral op in musicals* elle se produit surtout dans des comédies musicales ★ *voor het eerst ~* faire ses débuts ★ *~ als* jouer le rôle de ★ *~ voor de televisie* passer à la télévision ❷ *gebeuren* se manifester, intervenir ❸ *ingrijpen* passer à l'action, agir, intervenir ★ *voorzichtig ~* agir avec prudence ★ *~ tegen* agir contre ★ *als getuige ~* comparaître comme témoin, porter témoignage ★ *als tussenpersoon ~* servir d'intermédiaire ★ *doortastend ~* intervenir avec fermeté ★ *voor iem. ~* agir au nom de qn

optrekje pied-à-terre *m* [mv: id.]

optrekken I *ov ww* ❶ *omhoogtrekken* tirer, lever, ⟨hijsen⟩ hisser ★ *zijn wenkbrauwen ~* hausser les sourcils ▾ *zich aan iem. ~* s'inspirer de qn ❷ *verhogen* élever, augmenter ❸ *opbouwen* élever, dresser ★ *een omheining ~* élever une clôture ★ *uit baksteen opgetrokken* construit de briques **II** *onov ww* ❶ *accelereren* accélérer, ⟨van vliegtuig⟩ cabrer ★ *deze wagen trekt goed op* cette voiture a de bonnes reprises ❷ *opstijgen* ⟨van mist⟩ se dissiper ❸ *oprukken* marcher (**naar**, **tegen** sur) ❹ *omgaan met* être avec, ⟨zich bezighouden met⟩ s'occuper de

optrommelen mobiliser, mettre à contribution

optuigen ❶ *van tuig voorzien* ⟨van paard⟩ harnacher, ⟨van boot⟩ gréer ❷ *versieren* décorer, ⟨opdirken⟩ attifer ★ *de kerstboom ~* décorer le sapin

optutten pomponner ★ *zich ~* se pomponner

opus œuvre *v*, muz opus *m*

opvallen se faire remarquer, frapper (les yeux)

opvallend I *bn, in het oog lopend* remarquable, frappant, ⟨opzichtig⟩ voyant ★ *een ~e kleur* une couleur voyante ★ *~e verschillen* des différences *v mv* saisissantes **II** *bw* remarquablement, de manière frappante, ostensiblement

opvang accueil *m*

opvangcentrum, **opvanghuis** centre *m* d'accueil

opvangen ❶ *vangen* attraper, saisir, ⟨onderscheppen⟩ intercepter ❷ *vergaren* recueillir, capter ❸ *waarnemen* percevoir, ⟨horen⟩ saisir, entendre, ⟨van signaal / zender⟩ capter ❹ *ondervangen* parer à, ⟨tegenhouden⟩ parer ❺ *helpen* accueillir, encadrer

opvarende passager *m* [v: passagère]

opvatten ❶ *beoordelen* prendre, entendre ★ *iets goed ~* prendre bien qc ★ *iets letterlijk ~* prendre qc au pied de la lettre ★ *iets verkeerd ~* prendre mal qc ★ *iets te licht ~* prendre qc à la légère ★ *als men het zo opvat* vu sous ce jour ❷ *weer beginnen met* entamer ★ *een studie weer ~* reprendre une étude ★ *de draad van het verhaal weer ~* reprendre le fil de l'histoire ❸ *gaan koesteren* concevoir ★ *liefde ~ voor iem.* se prendre d'amour pour qn ★ *een plan ~* concevoir un projet

opvatting (point *m* de) vue *v*, opinion *v* ★ *over godsdienst houden wij er uiteenlopende ~en op na* nos opinions sur la religion divergent ★ *achterhaalde ~en* idées *v mv* dépassées ★ *ruim van ~ zijn* avoir les idées larges, être large d'esprit ★ *bepaalde ~en huldigen* avoir certains opinions

opvijzelen ❶ *opkrikken* soulever (avec vérin / au cric) ❷ *verbeteren* relever, rehausser ★ *zijn imago ~* redorer son image de marque ★ *zijn zelfvertrouwen wat ~* booster la confiance en soi ★ *het moreel ~* regonfler le moral

opvissen ❶ *uit water halen* repêcher ❷ fig *tevoorschijn halen* pêcher

opvlammen *branden* s'enflammer, ⟨feller⟩ flamber

opvliegen ❶ *opstuiven* ★ *hij vloog op uit zijn stoel* il a sauté de son siège ★ *de trap ~* monter l'escalier quatre à quatre ★ *vlieg op!* va te faire voir! ❷ *omhoogvliegen* s'envoler ★ *de vogel vloog op* l'oiseau s'est envolé ❸ *driftig worden* s'emporter

opvliegend emporté, coléreux [v: coléreuse]

opvlieger bouffée *v* de chaleur, vapeurs *v mv*

opvoeden éduquer, ⟨grootbrengen⟩ élever ★ *goed opgevoed* bien élevé

opvoeder ❶ *iem. die een kind onderhoudt* éducateur *m* [v: éducatrice] ❷ BN *begeleider in kindertehuis of internaat* éducateur *m* [v: éducatrice]

opvoeding éducation *v* ★ *lichamelijke ~* éducation physique

opvoedingsgesticht maison *v* d'éducation, centre *m* éducatif

opvoedkunde pédagogie *v*

opvoedkundig I *bn* pédagogique **II** *bw* pédagogiquement

opvoeren ❶ *vertonen* donner, représenter, jouer ★ *een stuk ~* jouer une pièce ❷ *aanvoeren* produire ★ *een post ~* créer un poste ★ *een aftrekpost ~* déduire une charge déductible ❸ *groter / krachtiger maken* intensifier, ⟨verhogen⟩ augmenter, élever ★ *de productie ~* intensifier la production ★ *een brommer ~* gonfler une mobylette ★ *de prijs ~* augmenter le prix

opvoering ❶ *vertoning* représentation *v* ❷ *vermeerdering* intensification *v*, augmentation *v*

opvolgen I *ov ww, gevolg geven aan* ⟨raad⟩ suivre, ⟨regel⟩ observer, ⟨bevel⟩ obéir à **II** *onov ww, volgen op* ⟨iets⟩ suivre, ⟨iemand⟩ succéder à ★ *elkaar ~* se succéder

opvolger successeur *m*

opvolging ❶ *het volgen op / na* succession *v* ❷ BN *voortgangsbewaking* suivi *m*

opvouwbaar pliant, repliable

opvouwen (re)plier

opvragen réclamer, ⟨van geld⟩ retirer, ⟨van gegevens⟩ rechercher

opvreten I *ov ww, opeten* dévorer **II** *wkd ww* [**zich ~**] *verteerd worden* ★ *zich van nijd ~* être dévoré / rongé d'envie

opvrijen ❶ *vleien* draguer ❷ *seksueel prikkelen* exciter

opvrolijken égayer, ⟨opmonteren⟩ ragaillardir

opvullen ⟨vullen⟩ remplir, ⟨dichtstoppen⟩ boucher, ⟨volstoppen⟩ (rem)bourrer

opwaaien *omhoog gaan* être emporté par le

vent, s'envoler
opwaarderen *hoger waarderen* réévaluer
opwaarts I *bn* ascendant, vers le haut ★ *~e druk* force *v* ascensionnelle, portance *v* ★ *~e beweging* mouvement *m* vert le haut ★ *in ~e lijn* en ligne ascendante **II** *bw* vers le haut
opwachten attendre
opwachting ★ *zijn ~ bij iem. maken* rendre visite à qn
opwarmen I *ov ww, (opnieuw) verwarmen* réchauffer **II** *onov ww, warm worden* chauffer **III** *wkd ww* [**zich** ~] sport s'échauffer
opwegen ~ **tegen** équivaloir à, valoir ★ *tegen elkaar ~* se compenser ★ *ze wegen tegen elkaar op* ils se valent
opwekken ❶ *doen ontstaan* ‹van gevoelens› éveiller, susciter, ‹prikkelen› exciter, ‹uitlokken› provoquer, ‹van energie› produire, générer ★ *een bevalling ~* déclencher / provoquer un accouchement ★ *de eetlust ~* éveiller l'appétit ★ *iemands belangstelling ~* susciter l'intérêt de qn ★ *argwaan ~* éveiller les soupçons ❷ *doen herleven* réveiller, ranimer ★ *iem. uit de dood ~* ressusciter qn
opwekkend ❶ *opvrolijkend* divertissant, ‹opbeurend› réconfortant ★ *~e muziek* de la musique entraînante ❷ *stimulerend* stimulant ★ *een ~ middel* un stimulant
opwellen ook fig jaillir, sourdre ★ *tranen welden in haar ogen op* elle avait les larmes aux yeux
opwelling mouvement *m*, impulsion *v*, élan *m*, ‹vlaag› accès *m* ★ *in een ~ van woede* dans un accès de colère
opwerken I *wkd ww* [**zich** ~] *carrière maken* s'élever (à la force du poignet) ★ *zich ~ tot ...* s'élever au poste de ... **II** *ov ww, door bewerken verbeteren* retaper, ‹bijwerken› peaufiner, ‹van splijtstof› retraiter ★ *een oude tafel ~* retaper une vieille table
opwerkingsfabriek usine *v* de retraitement
opwerpen I *ov ww* ❶ *opperen* soulever, ‹aanvoeren› objecter (**tegen** à, contre), avancer ❷ *omhoog werpen* lancer, jeter en l'air ❸ *aanleggen* élever, dresser **II** *wkd ww* [**zich** ~] ★ *zich ~ als* s'instituer, s'ériger en, se présenter comme
opwinden I *ov ww* ❶ ‹van een mechaniek› remonter ❷ ‹van wol, garen of touw› bobiner ❸ *heftige gevoelens veroorzaken* exciter **II** *wkd ww* [**zich** ~] *kwaad worden* s'énerver, s'exciter ★ *zich ~ over* s'énerver contre ★ *wind je niet op!* ne t'en fais pas!, du calme!
opwindend excitant
opwinding excitation *v*, agitation *v*
opzadelen ❶ *zadel opdoen* seller ❷ *opschepen* ★ *iem. met iets ~* refiler / coller qc à qn
opzeg ▾ BN *zijn ~ krijgen* être licencié
opzeggen ❶ *voordragen* dire, réciter ❷ *beëindigen* ‹van verbintenis› résilier, ‹ontslaan› donner son congé à ★ *een abonnement ~* se désabonner, se désinscrire ★ *lidmaatschap ~* se désaffilier ★ *iem. de huur ~* donner congé à qn ★ *(zijn baan) ~* donner sa démission
opzegtermijn délai *m* de préavis
opzet ❶ *plan* projet *m*, ‹ontwerp› plan *m* (général), ‹stramien› trame *v* ★ *in de oorspronkelijke ~ zou ...* le projet initial était de ... ❷ *bedoeling* dessein *m*, intention *v* ★ *met ~* exprès, délibérément ★ *dat is niet met ~ gebeurd* ce n'était pas intentionnel ★ *zonder ~* sans le vouloir, involontairement ★ *boze ~* acte *m* de malveillance, jur dol *m*
opzettelijk I *bn* volontaire, intentionnel [v: intentionelle] ★ *een ~e belediging* une insulte délibérée **II** *bw* exprès, délibérément ★ *niet ~* involontairement
opzetten I *ov ww* ❶ *beginnen* monter, commencer ★ *een zaak ~* monter une affaire ★ *een winkel ~* mettre sur pied un magasin ★ *een huishouden ~* monter son ménage ★ *iets groots ~* organiser qc en grand ❷ *overeind zetten* relever, remonter, ‹plaatsen› mettre, monter, dresser ★ *zijn kraag ~* relever son col ★ *een tent ~* monter une tente ❸ ‹van dode dieren› empailler ★ *een opgezette uil* un hibou empaillé ❹ *ophitsen* monter (**tegen** contre), dresser (**tegen** contre) ★ *mensen tegen elkaar ~* monter l'un contre l'autre ❺ *op het vuur zetten* mettre (à cuire) ★ *water ~* faire chauffer de l'eau ❻ *opdoen* mettre ★ *eerst even mijn bril ~* le temps de mettre mes lunettes ★ *zijn hoed ~* mettre son chapeau ▾ *zet hem op!* vas-y! **II** *onov ww, zwellen* enfler ★ *een opgezet gezicht* un visage bouffi surgir, se préparer, ‹van personen› arriver ★ *de wind komt ~* le vent se lève ★ *er komt onweer ~* un orage se prépare ★ *er komt mist ~* le brouillard se lève
opzicht égard *m*, rapport *m* ★ *in dit ~* à cet égard, sous ce rapport ★ *in ieder ~* à tous les points de vue ★ *in zeker ~* dans / en un sens ★ *in politiek ~* sur le plan politique ★ *ten ~e van* à l'égard de
opzichter *toezichthouder* surveillant *m* [v: surveillante], contrôleur *m* [v: contrôleuse], ‹werkbaas› chef *m* de chantier, conducteur *m* des travaux
opzichtig I *bn* voyant, tape-à-l'œil [onver.], ‹van kleur› criard ★ *~e kleuren* des couleurs *v mv* criardes **II** *bw* d'une façon voyante ★ *~ gekleed gaan* porter des habits voyants
opzichzelfstaand isolé ★ *een ~ geval* un cas isolé
opzien I *onov ww* ❶ *omhoog kijken* lever les yeux ❷ ~ **tegen** *vrezen* appréhender ❸ ~ **tegen** *bewonderen* admirer, respecter ❹ ~ **van** *verbaasd zijn over* être surpris par ★ *vreemd ~ van iets* ouvrir de grands yeux devant qc **II** *het* ★ *~ baren* faire sensation, faire du bruit
opzienbarend retentissant, sensationnel [v: sensationnelle]
opziener surveillant *m* [v: surveillante], contrôleur *m* [v: contrôleuse]
opzij ❶ *naar de zijkant* de côté, ‹uit de weg› à l'écart ★ *~!* laisse passer!, du large!, inform pousse-toi! ★ *~ gaan voor iem.* faire place à qn ★ *~ zetten* écarter ★ *iets ~ leggen* mettre qc de côté ★ *~ schuiven* écarter ❷ *terzijde* au côté ★ *van ~* de côté ★ *een foto van ~* une photo de profil ★ *~ van de weg* au bord de la route, à côté de la route
opzijleggen mettre de côté
opzitten ❶ *overeind zitten* être assis, ‹van hond› faire le beau ❷ *opblijven* veiller ★ *de hele nacht ~* veiller toute la nuit ▾ *er zit niets anders op* il faut

op

en passer par là ▾ *dat zit er weer op!* voilà qui est fait!, ça y est! ▾ *er zit wat voor je op* tu vas en prendre pour ton grade, ça va barder
opzoeken ❶ *zoeken* (re)chercher ❷ *bezoeken* aller voir, passer chez ★ *iem. gaan ~* passer voir qn
opzouten I *onov ww, opdonderen* ficher le camp, dégager ★ inform *~, jij!* casse-toi!, dégage! **II** *ov ww, in het zout leggen* saler, ⟨bewaren⟩ conserver
opzuigen ❶ *absorberen* absorber ❷ *naar boven zuigen* aspirer, ⟨likkend⟩ sucer
opzwellen ❶ *zwellen* (s')enfler, (se) gonfler ❷ *omhoogkomen* monter ★ *de rivier zwelt op* le fleuve est en crue
opzwepen ❶ fig *aanvuren* exciter ★ *~de muziek* de la musique lancinante ❷ *voortdrijven* fouetter
OR *ondernemingsraad* CE *m*, comité *m* d'entreprise
oraal I *bn* ❶ *mondeling* oral [m mv: oraux] ★ *orale geschiedenis* histoire *v* orale ❷ *m.b.t. de mond* oral [m mv: oraux] **II** *bw, door de mond* par voie orale ★ *medicijnen ~ toedienen* administrer des médicaments par voie orale
orakel oracle *m*
orang-oetang orang-outan *m* [m mv: orangs-outans]
oranje I *bn* orange, orangé **II** *het, kleur* orange *m*
Oranje I *de, lid van het Oranjehuis* membre *m* de la Maison d'Orange **II** *het* ❶ *vorstenhuis* Maison *v* d'Orange ❷ *nationale sportploeg* équipe *v* nationale néerlandaise
oranjebitter bitter *m* orangé
oratie *redevoering* discours *m* ★ *een ~ houden* prononcer un discours
oratorium *cantate* oratorio *m*
orchidee orchidée *v*
orde ❶ *geregelde toestand* ordre *m* ★ *de gevestigde orde* l'ordre établi ★ *de openbare orde* l'ordre public ★ *orde houden* maintenir l'ordre, ⟨in de klas⟩ tenir sa classe ★ *de orde herstellen* rétablir l'ordre ★ *iem. tot de orde roepen* rappeler qn à l'ordre ★ *in orde zijn* être réglé ★ *in orde!* d'accord! ★ *het is in orde* ça y est ★ *het is nog niet helemaal in orde* ce n'est pas encore ça ★ *zijn haar in orde brengen* arranger ses cheveux ★ *in orde komen* s'arranger ★ *het komt wel in orde* ça s'arrangera ★ *iets in orde maken* régler qc, mettre en ordre qc ★ *orde op zaken stellen* mettre de l'ordre dans une affaire / dans le désordre ❷ *gang van zaken* ordre *m* ★ *een kwestie aan de orde stellen* soulever un problème, mettre qc sur le tapis ★ *aan de orde van de dag zijn* être d'actualité, être à l'ordre du jour ❸ *klasse* ordre *m* ★ *in de orde van grootte van* de l'ordre de ★ *van de eerste orde* de premier ordre ❹ *genootschap* ordre *m* ★ *een beschouwende orde* un ordre contemplatif ★ *geestelijke orde* ordre religieux ❺ biol ordre *m* ★ *de orde van de roofdieren* l'ordre des carnassiers
ordedienst service *m* d'ordre
ordelievend qui aime l'ordre
ordelijk I *bn* ordonné **II** *bw* ❶ *gerangschikt* en ordre ❷ *geregeld* de façon systématique
ordenen mettre de l'ordre dans, ranger, ⟨indelen⟩ classer, ⟨inrichten⟩ organiser
ordening ⟨rangschikking⟩ rangement *m*, ⟨inrichting⟩ organisation *v*, disposition *v*, ⟨regeling⟩ règlement *m* ★ *ruimtelijke ~* aménagement *m* du territoire
ordentelijk I *bn* ❶ *fatsoenlijk* convenable, correct, inform réglo ❷ *redelijk* raisonnable **II** *bw* ❶ *fatsoenlijk* convenablement, comme il faut ❷ *redelijk* raisonnablement
order ❶ *bevel* ordre *m* (**tot** de) ★ *tot nader ~* jusqu'à nouvel ordre ★ *tot uw ~s* à vos ordres ❷ *bestelling* commande *v*, ordre *m* ★ *een ~ plaatsen* passer une commande
orderportefeuille carnet *m* de commandes
ordeverstoorder perturbateur *m* [v: perturbatrice]
ordinair ❶ *gewoon* ordinaire ❷ *onbeschaafd* vulgaire
ordner classeur *m*
oregano culin origan *m*
oreren ❶ *redevoering houden* prononcer un discours ❷ *hoogdravend praten* pérorer
orgaan ❶ *lichaamsdeel* organe *m* ★ *je organen beschikbaar stellen voor transplantatie* faire don des ses organes ❷ *afdeling, instelling* organe *m*, organisme *m*
orgaandonatie don *m* d'organes
organisatie ❶ *het organiseren* organisation *v* ★ *de leraar muziek doet de ~ van de musical* le professeur de musique met sur pied la comédie musicale ❷ *georganiseerd verband* organisation *v*, organisme *m* ★ *een internationale ~* un organisme international ★ *hij was lid van een criminele ~* il était membre d'une organisation criminelle
organisatieadviseur conseiller *m* d'organisation
organisator organisateur *m* [v: organisatrice]
organisatorisch I *bn* d'organisation ★ *~e fout* erreur *v* d'organisation ★ *een ~ talent* un don de l'organisation **II** *bw* sur le plan de l'organisation
organisch I *bn* organique **II** *bw* organiquement
organiseren ❶ *regelen* organiser ★ *zich ~* s'organiser ★ *het verzet ~* organiser la résistance ❷ *opzetten* organiser, mettre sur pied ★ *een schoolfeest ~* organiser une fête scolaire
organisme ❶ *levend wezen* organisme *m* ❷ *systematisch samenstel* organisme *m*
organist organiste *m/v*
organizer assistant *m* personnel, organiseur *m*
organogram *organisatieschema* organigramme *m*
orgasme orgasme *m*
orgel ❶ *toetsinstrument* orgue *m*, ⟨kerkorgel⟩ (grandes) orgues *v mv* ★ *op het ~ spelen* jouer de l'orgue ❷ *draaiorgel* orgue *m* de Barbarie
orgelbouwer facteur *m* d'orgues
orgelman joueur *m* d'orgue (de Barbarie)
orgelpijp tuyau *m* d'orgue [m mv: tuyaux ...]
orgelpunt BN fig *hoogtepunt* point *m* d'orgue
orgie orgie *v*
Oriënt l'Orient *m*
oriëntaals oriental [m mv: orientaux]
oriëntalist orientaliste *m/v*
oriëntatie orientation *v* ★ *ter ~* à titre d'information
oriëntatievermogen sens *m* de l'orientation
oriënteren I *wkd ww* [**zich ~**] *informeren* s'orienter (**op** vers, sur) **II** *ov ww, positie bepalen*

orienter (**op** vers, sur) ▾ *links georiënteerd zijn* être de gauche, être de tendance socialiste
origami origami *m*
originaliteit originalité *v*
origine origine *v* ★ *zij is van Spaanse ~* elle est d'origine espagnole
origineel I *bn* ❶ *oorspronkelijk* original [m mv: originaux] ❷ *apart* original [m mv: originaux] **II** *bw* avec originalité **III** *het* original *m* [m mv: originaux]
orka orque *m*, épaulard *m*
orkaan ouragan *m*
Orkaden → **Orkneyeilanden**
orkest orchestre *m*
orkestbak (fosse *v* d')orchestre *m*
orkestraal orchestral [m mv: orchestraux]
orkestratie orchestration *v*
Orkneyeilanden Orcades *v mv*
ornaat ★ *in vol ~* en costume d'apparat, fig en grande pompe
ornament ornement *m*
ornithologie ornithologie *v*
ornitholoog ornithologue *m/v*
orthodontie orthodontie *v*
orthodontist orthodontiste *m/v*
orthodox orthodoxe
orthopedagogiek orthopédagogie *v*
orthopedie orthopédie *v*
orthopedisch orthopédique ★ *~ chirurg* chirurgien *m* orthopédiste
orthopedist orthopédiste *m/v*
os bœuf *m* ▾ BN *van de os op de ezel springen* passer du coq à l'âne
Oslo Oslo *m*
Osloos osloïte
osmose osmose *v*
ossenhaas filet *m* de bœuf
ossenstaartsoep culin consommé *m* de queue de bœuf
osteoporose ostéoporose *v*
otter loutre *v*
oubollig ringard
oud ❶ *niet jong* vieux [v: vieille] [vóór klinker of stomme h: vieil], ⟨bejaard⟩ âgé ★ *oude mensen* des vieux ★ *een oude man* un vieil homme, un vieux, un vieillard ★ *oud maken* vieillir ★ *oud worden* vieillir, ⟨lang leven⟩ vivre vieux ★ *een dagje ouder worden* se faire vieux, ne plus être tout jeune ★ *hij zal niet oud worden* il ne fera pas de vieux os ★ *ouden van dagen* personnes *v mv* âgées, le troisième âge ❷ *niet nieuw* vieux [v: vieille] [vóór klinker of stomme h: vieil] ★ *een oud huis* une vieille maison ★ *oude rommel* vieilleries *v mv* ★ *oud worden* vieillir ❸ *van zekere leeftijd* âgé (de) ★ *hoe oud is hij?* quel âge a-t-il? ★ *hij is 20 jaar oud* il a 20 ans, il est âgé de 20 ans ★ *hij is vijf jaar ouder dan ik* il a cinq ans de plus que moi, il est mon aîné de cinq ans ★ *ze zijn even oud* ils ont le même âge ★ *mijn oudste broer* mon frère aîné ★ *te oud zijn om* avoir passé l'âge de ★ *oud genoeg zijn om* être en âge de ★ *ik ben oud en wijs genoeg* iron je suis majeur et vacciné ancien [v: ancienne] ★ *de oude zijn* être le / la même ★ *weer de oude zijn* avoir repris du poil de la bête ★ *bij het oude laten* laisser en l'état ★ *alles blijft bij het oude* il n'y a rien de changé ★ *naar oud gebruik* selon l'ancienne coutume ❹ *uit klassieke oudheid* antique, classique ★ *oude talen* langues *v mv* classiques ★ *de Ouden* les Anciens ancien [v: ancienne] ★ *een oude bekende* une vieille connaissance ★ *een oude vriend* un vieil ami, un ami de longue date ▾ *oud en nieuw vieren* réveillonner
oud- *voormalig* ancien [v: ancienne], ex- ★ *oud-leerling* ancien élève
oudbakken *niet vers* rassis
oudedagsvoorziening prévoyance *v* vieillesse, retraite *v*
oudejaarsavond réveillon *m* du nouvel an
oudejaarsnacht nuit *v* de la Saint-Sylvestre
ouder parent *m* ★ *zijn ~s* ses parents ★ *zijn biologische ~s wonen in Brazilië* ses parents biologiques vivent au Brésil ★ *een alleenstaande ~* un parent isolé
ouderavond, BN **oudercontact** onderw réunion *v* de parents d'élèves
oudercommissie comité *m* de parents d'élèves
oudercontact BN onderw *ouderavond* réunion *v* de parents d'élèves
ouderdom ❶ *leeftijd* âge *m* ★ *de ~ van een fossiel bepalen* déterminer l'âge d'un fossile ❷ *hoge leeftijd* âge *m* avancé, vieillesse *v* ★ *van ~ sterven* mourir de vieillesse
ouderdomsdeken BN *nestor* doyen *m*
ouderdomskwaal infirmité *v* de vieillesse
ouderdomspensioen (pension *v* de) retraite *v*
ouderdomsverschijnsel signe *m* de vieillesse
oudere senior *m/v* ★ *~n* personnes *v mv* âgées ★ *wandelvakantie voor ~n* vacances *v mv* pédestres pour le troisième âge
ouderejaars onderw ancien *m* [v: ancienne]
ouderlijk paternel [v: paternelle], des parents, jur parental [m mv: parentaux] ★ *~ gezag* autorité *v* parentale
ouderling ancien *m* [v: ancienne]
ouderraad comité *m* de parents d'élèves
ouderschap parentalité *v*
ouderschapsverlof congé *m* parental
ouderwets I *bn* ❶ *uit de mode* démodé, vieux jeu [onver.], vieillot [v: vieillotte], ⟨achterhaald⟩ dépassé ❷ *degelijk* bon [v: bonne] **II** *bw, uit de mode* comme dans le temps
oudgediende ❶ *ex-militair* vétéran *m* ❷ *oude rot* vieux routier *m*
Oudgrieks I *het, taal* grec *m* ancien **II** *bn, m.b.t. taal* en grec ancien
oudheid *ver verleden* antiquité *v* ★ *uit de ~* de l'antiquité
oudheidkunde archéologie *v*
oudheidkundig archéologique
oudheidkundige archéologue *m/v*
oudjaar Saint-Sylvestre *v*, la veille du jour de l'an ★ *~ vieren* réveillonner
oudje vieux *m* [v: vieille]
oudoom grand-oncle *m* [m mv: grands-oncles]
oudsher ▾ *van ~* de tout temps, depuis toujours
oudste aîné *m* [v: aînée], le plus âgé *m* [v: la plus âgée], ⟨in rang⟩ ancien *m* [v: ancienne]
oudtante grand-tante *v* [v mv: grand(s)-tantes]
oudtestamentisch de l'Ancien Testament
outcast paria *m*
outdoor- de plein air ★ *outdoorsport* sport *m* de

plein air
outfit tenue *v*
outlet magasin *m* d'usine
outplacement reclassement *m* externe, outplacement *m*, plan *m* de réinsertion
output output *m*, sortie *v*
outsider intrus *m*, sport outsider *m*
ouverture ❶ muz *eerste deel* ouverture *v* ❷ fig *begin* ouverture *v*
ouvreuse ouvreuse *v*
ouwehoer casse-pieds *m/v* [mv: id.]
ouwehoeren radoter
ouwel *baksel* pain *m* azyme
ouwelijk vieillot [v: vieillotte] ★ *~ aandoen* faire vieux
ouwelui ★ inform *mijn ~* les vieux
ov *openbaar vervoer* transports *m mv* en commun
ovaal I *het* ovale *m* **II** *bn* ovale **III** *bw* en ovale
ovatie ovation *v* ★ *een staande ~* une ovation debout ★ *iem. een ~ brengen* faire une ovation à qn, ovationner qn
ov-chipkaart carte *v* à puce pour les transports en commun, ‹in Parijs› passe *m* Navigo
oven four *m*, techn fourneau *m* [m mv: fourneaux]
ovenschaal plat *m* qui va au four
ovenschotel culin plat *m* cuit au four
ovenvast résistant à la chaleur
ovenwant gant *m* de cuisine
over I *vz* ❶ *bovenlangs* au dessus de, sur ★ *over de muur* par-dessus le mur, ‹klimmend› en franchissant le mur ★ *over de heg heen gooien* jeter par-dessus la haie ❷ *op en erlangs* ★ *over de brug rijden* traverser le pont ★ *zij liep de gang over* elle traversa le couloir ★ *een jas over iets heen aantrekken* mettre un pardessus sur qc ❸ *aan de andere kant van* de l'autre côté de ★ *over de grens* au-delà de la frontière ❹ *via* par ★ *ik rijd over Utrecht* je passe par Utrecht ★ *over land en zee* sur terre et sur mer ❺ *na* dans, au bout de ★ *over een week* d'ici une semaine, dans une semaine ★ *het is vijf over tien* il est dix heures cinq ★ *het is over tienen* il est dix heures passées ❻ *meer / langer dan* plus de ★ *het is over de 40 graden* il fait plus de 40 degrés ★ *hij is over de dertig* il a passé la trentaine ❼ *betreffende* sur, concernant ★ *een film over Elvis* un film sur Elvis ▾ *iets vreemds over zich hebben* avoir qc de bizarre, avoir un air bizarre **II** *bw* ❶ *aan de overkant* passé ❷ *bevorderd* ★ *ik ben over naar de volgende klas* je passe (dans la classe supérieure) ❸ *voorbij, afgelopen* passé, fini ★ *en nu is het over!* fini!, assez! ❹ *resterend* de reste ★ *hoeveel is er nog over?* combien en reste-t-il (encore)? ❺ sport *boven het doel* par-dessus ▾ *over en weer* de part et d'autre, réciproquement ▾ *bewijzen te over* des preuves en abondance, des preuves à foison, les preuves ne manquent pas
overal ❶ *op alle plaatsen* partout ★ *~ lag afval* il y avait des ordures partout ★ *zo'n beetje ~* un peu partout ★ *van ~* de toutes parts ★ *~ en nergens* par-ci par-là ❷ *alles* ★ *dat jongetje zit ~ aan* ce petit garçon touche à tout ★ *hij weet ~ van* il est au courant de tout ★ *~ in geïnteresseerd zijn* s'intéresser à tout
overall combinaison *v*, bleu *m* (de travail)
overbekend archiconnu
overbelasten surcharger
overbelasting surcharge *v*
overbelichten ❶ audio-vis surexposer ❷ *te sterk benadrukken* trop accentuer
overbemesting abus *m* d'engrais
overbesteding excès *m* de dépenses
overbevissing surpêche *v*
overbevolking surpopulation *v*
overbevolkt surpeuplé
overbezet surchargé
overblijflokaal cantine *v*, permanence *v*
overblijfsel *het overgeblevene* reste *m*, ‹van vroeger› vestige(s) *m (mv)*
overblijven ❶ *resteren* rester ★ *er bleef geen eten meer over* il ne restait rien à manger ❷ *op school blijven* être en demi-pension, manger à la cantine
overbluffen ❶ *overdonderen* épater ❷ *verwarren* troubler, déconcerter
overbodig superflu, de trop, ‹onnodig› inutile ★ *~ zijn* être superflu, être de trop ★ *het is ~ te zeggen* c'est inutile de dire, (il n'est) pas besoin de dire ★ *~ maken* rendre inutile / superflu
overbo̲eken *te vol boeken* surbooker
o̲verboeken ❶ *boeken* transférer ❷ *gireren* virer
overboord par-dessus bord ★ *~ gooien* larguer, fig laisser tomber ▾ *er is nog geen man ~* il n'y a pas mort d'homme
overbrengen ❶ *verplaatsen* transférer, ‹vervoeren› transporter, ‹van boekhoudpost› reporter ❷ *meedelen* transmettre (**aan** à) ★ *de groeten ~ van ...* transmettre les amitiés de ... ❸ *doorgeven* transmettre ★ *een ziekte ~* transmettre / passer une maladie ❹ *omzetten* transposer (**in** en), ‹vertalen› traduire (**in** en) ★ *in een andere taal ~* traduire dans une autre lanque
overbrenging ❶ *het overbrengen* transfert *m*, ‹overdracht› transmission *v* ❷ techn transmission *v*
overbrieven rapporter
overbruggen ❶ *met brug overspannen* jeter un pont sur ❷ fig *ondervangen* ★ *een periode ~* faire la soudure ★ *een afstand ~* franchir une distance ★ *een kloof ~* combler un abîme ★ *tegenstellingen ~* rapprocher / concilier des oppositions
overbrugging fig soudure *v*, ‹tussentijd› intérim *m*
overbruggingsregeling mesure *v* de transition
overbuur voisin *m* d'en face, ‹aan tafel› vis-à-vis *m* [mv: id.]
overcapaciteit surcapacité *v*
overcompleet de trop, surnuméraire ★ *wegens ~* cause double emploi
overdaad excès *m*, profusion *v* ▾ *~ schaadt* l'excès en tout est un défaut
overdadig I *bn* excessif [v: excessive] **II** *bw* excessivement
overdag pendant la journée, ‹bij daglicht› le jour
overdekken ❶ *iets geheel bedekken* recouvrir ❷ *van een dak voorzien* (re)couvrir
overdekt couvert
overdenken réfléchir à / sur, méditer
overdenking réflexion *v*, méditation *v*
overdoen ❶ *opnieuw doen* refaire, recommencer ★ *een examen ~* repasser un examen ★ *dat doen*

we nog eens over! on remet ça! ❷ *verkopen* vendre, céder, ‹afschuiven› refiler
overdonderen époustoufler, interloquer
overdosis surdose *v*, ‹van drugs› inform overdose *v*
overdraagbaar ❶ *over te dragen* transmissible ❷ med transmissible ★ *seksueel overdraagbare aandoeningen* maladies *v mv* sexuellement transmissibles
overdraagbaarheid transmissibilité *v*
overdracht transmission *v*, transfert *m*, ‹van bevoegdheden› délégation *v*, passation *v*, ‹van recht› cession *v*
overdrachtelijk I *bn* figuré ★ *de ~e betekenis* le sens figuré ★ *in ~e zin* au (sens) figuré **II** *bw* au figuré
overdrachtsbelasting impôt *m* sur le transfert
overdragen ❶ *doorgeven* transmettre, passer ★ *een ziekte ~* transmettre une maladie ★ *kennis ~* transmettre des connaissances ❷ *overgeven aan* remettre à, ‹van bevoegdheden› déléguer à, transmettre à, ‹van recht› céder à ★ *zijn ambt ~* transmettre ses fonctions ★ *verantwoordelijkheden ~* transmettre des responsabilités ★ *een verdachte ~ aan de politie* remettre un suspect entre les mains de la police
overdreven I *bn* exagéré **II** *bw* à l'excès ★ *wat doe je toch ~!* vraiment tu exagères!
overdrijven passer
overdrijven exagérer, inform pousser, en rajouter
overdrijving exagération *v*
overdrive surmultiplication *v*, overdrive *m* ★ *in ~* en cinquième
overdruk ❶ *extra afdruk* tirage *m* à part ❷ *overgedrukte tekst* surcharge *v* ❸ natk surpression *v*
overdrukken ❶ *opnieuw drukken* réimprimer ❷ *ergens overheen drukken* imprimer
overduidelijk I *bn* évident, clair et net **II** *bw* de toute évidence
overdwars I *bn* transversal [m mv: transversaux] ★ *~e doorsnee* coupe *v* transversale **II** *bw* en travers, transversalement ★ *~ snijden* couper en travers
overeenkomen I *ov ww, afspreken* convenir (de), se mettre d'accord sur ★ *~ met iem. dat ...* convenir avec qn que... ★ *de overeengekomen prijs* le prix convenu ★ *nader overeen te komen* à débattre **II** *onov ww* ❶ *overeenstemmen* ‹gelijk zijn› correspondre (**met** à), ‹bij elkaar passen› s'accorder (**met** avec) ❷ *~* **met** BN *het goed kunnen vinden met* s'entendre (bien) avec
overeenkomst ❶ *gelijkenis* ressemblance *v* ★ *punten van ~ vertonen* avoir des points communs ★ *~ vertonen* se ressembler ★ *geen enkele ~ vertonen* ne se ressembler en rien ★ *een treffende ~* une ressemblance frappante ★ *in ~ daarmee* conformément à cela ❷ *afspraak* convention *v*, accord *m*, contrat *m* ★ *een ~ sluiten* conclure / passer un accord ★ *we hebben een mondelinge ~* nous avons un accord verbal ★ *volgens ~* comme convenu
overeenkomstig I *bn, gelijk* correspondant (**aan** à), analogue (**aan** à) ★ *~e cijfers* des chiffres correspondants **II** *vz, in overeenstemming met* conformément à, selon ★ *~ de feiten* conformément aux faits ★ *~ onze afspraak* comme convenu
overeenstemmen ❶ *gelijkenis vertonen* correspondre (**met** à), s'accorder (**met** avec), concorder (**met** avec) ★ *dat stemt niet met de feiten overeen* cela ne correspond pas aux faits ❷ *hetzelfde menen* être d'accord ★ *zij stemmen in dat opzicht overeen* sur ce point ils sont d'accord
overeenstemming ❶ *gelijkenis* concordance *v* ★ *in ~ brengen met* faire accorder avec, mettre en harmonie avec ★ *niet in ~ met de feiten zijn* ne pas correspondre aux faits ★ *in ~ met* en harmonie avec ❷ *eensgezindheid, harmonie* accord *m*, entente *v*, concordance *v* ★ *tot ~ komen* s'entendre, se mettre d'accord
overeind ❶ *rechtop* debout ★ *~ zetten* mettre debout, dresser ★ *~ komen* se (re)dresser, se mettre debout ★ *~ staan* être debout ★ *iem. ~ helpen* ook fig remettre qn sur pied ★ *~ gaan zitten* se dresser ★ *~ blijven* fig se maintenir ★ *~ krabbelen* se hisser, fig se remettre ★ fig *dat houdt hem ~* ça lui permet de tenir ❷ *van kracht* ★ *de afspraak blijft ~* ce qu'on a convenu tient toujours
overerven I *ov ww, meekrijgen* hériter (**van** de) ★ *die kwaal heeft hij van zijn vader overgeërfd* il a hérité cette maladie de son père **II** *onov ww, overgaan op* être transmis (à)
overgaan ❶ *gaan over iets heen* passer, traverser ❷ *veranderen* passer (à), changer (en) ★ *de teleurstelling ging over in blijdschap* la déception faisait place à la joie ★ *op een ander medicijn ~* changer de médicament ★ *op een ander onderwerp ~* changer de sujet ★ *~ tot* ‹gaan uitvoeren› passer à, procéder à, ‹zich aansluiten bij› se rallier à, ‹zich bekeren tot› se convertir à ★ *tot iets anders ~* passer à autre chose ★ *tot de aanval ~* passer à l'offensive ★ *tot actie ~* passer aux actes, agir ★ *tot geweld ~* recourir à la violence ★ *tot bederf ~* tomber en pourriture, pourrir ★ *van het ene naar het andere onderwerp ~* changer de sujet ❸ *van bezitter veranderen* ★ *in andere handen ~* changer de mains ❹ *voorbijgaan* passer ★ *het gaat wel over* ça passera ❺ *bevorderd worden* ★ *naar de vierde ~* passer en troisième ❻ *rinkelen* ‹van telefoon› sonner, ‹van bel› retentir ★ *de telefoon gaat over* le téléphone sonne
overgang ❶ *het overgaan* passage *m* ❷ *tussenfase* transition *v*, changement *m* ❸ *menopauze* ménopause *v* ❹ *oversteekplaats* passage *m*
overgangsfase phase *v* transitoire / de transition / intermédiaire
overgangsmaatregel mesure *v* transitoire / de transition
overgangsperiode période *v* de transition
overgankelijk I *bn* transitif [v: transitive] ★ *de ~e werkwoorden* les verbes transitifs **II** *bw* transitivement
overgave ❶ *capitulatie* capitulation *v*, ‹v.e. stad› reddition *v* ❷ *toewijding* dévouement *m*
overgeven I *ov ww, overhandigen* remettre, passer **II** *onov ww, braken* vomir ★ *moeten ~* avoir envie de vomir **III** *wkd ww* [**zich** ~] ❶ *capituleren* se rendre ❷ *~* **aan** *zich wijden aan*

OV

s'adonner à, se livrer à ❸ ~ **aan** *onbeheerst omgaan met* s'adonner à
overgevoelig ❶ *allergisch* hypersensible (**voor** à) ★ *ik ben ~ voor parfum* je suis hypersensible aux parfums ❷ *zeer gevoelig* hypersensible ★ *een ~ kind* un enfant hypersensible
overgewicht excédent *m* (de poids)
overgieten *in iets anders gieten* transvaser ★ *een fles wijn ~ in een karaf* transvaser le vin de la bouteille dans une carafe, décanter le vin dans une carafe
overgieten ❶ *gietend bedekken* arroser ❷ fig *geheel bedekken* ★ *met licht ~* baigner / inonder de lumière
overgooier (robe *v*) chasuble *v*
overgordijn doubles rideaux *m mv*
overgrootmoeder arrière-grand-mère *v* [v mv: arrière-grands-mères]
overgrootvader arrière-grand-père *m* [m mv: arrière-grands-pères]
overhaast I *bn* précipité, hâtif [v: hâtive] ★ *een ~e beslissing* une décision hâtive **II** *bw* précipitamment, avec précipitation
overhaasten précipiter ★ *zich ~* se précipiter
overhalen ❶ *trekken aan* tirer sur ★ *de trekker ~* presser la détente ★ *een hendel ~* pousser / tirer une manette ❷ *overreden* décider (à), convaincre (de), persuader (de)
overhand ▾ *de ~ krijgen* prendre le dessus, l'emporter ▾ *de ~ hebben* avoir le dessus, l'emporter
overhandigen remettre
overhangen ❶ *over iets hangen* surplomber, pencher ★ *een ~de rots* un rocher en surplomb ❷ *scheef hangen* ★ *een ~de muur* un mur qui surplombe / s'incline
overheadkosten frais *m mv* généraux
overheadprojector rétroprojecteur *m*
overhebben ❶ *overhouden* avoir de reste, avoir en trop ★ *hij heeft geen geld meer over* il ne lui reste plus d'argent ★ *ik heb niets meer over* il ne me reste plus rien ❷ *willen missen* donner (**voor** pour) ★ *veel voor iem. ~* s'imposer des sacrifices pour qn ★ *niets voor iem. ~* ne faire aucun effort pour qn ★ *dat heb ik er wel voor over* ça vaut la peine pour moi ★ *ik zou er een lief ding voor ~ om* je donnerais beaucoup / cher pour ...
overheen ❶ *over iets* sur, par-dessus ★ *ergens ~ stappen* enjamber qc, fig passer sur qc ★ *leg er een doek ~* mets un morceau de tissu dessus ★ *het gaat er ~!* ça déborde! ★ *ergens ~ lezen* manquer un passage ★ *er ~ praten* éluder le sujet ★ *daar groeit hij wel ~* ça passera avec l'âge ★ fig *zich ergens ~ zetten* prendre son parti de qc ★ fig *ergens ~ komen* se remettre de qc ❷ *voorbij* ★ *er gingen jaren ~ voordat ...* les années ont passé avant que ... ★ *daar kunnen nog jaren ~ gaan* cela pourrait prendre des années
overheersen ❶ *heersen over* dominer ❷ *domineren* dominer ★ *de knoflooksmaak overheerst* l'ail domine (trop)
overheersing ❶ *heerschappij* domination *v* ❷ *dominantie* prédominance *v*
overheid autorités *v mv*, pouvoirs *m mv* publics ★ *plaatselijke ~* administration *v* communale ★ *lagere ~* collectivité *v* locale ★ *bij de ~ werken* travailler dans la fonction publique ★ *is dat wel een taak voor de ~?* c'est bien aux pouvoirs publics de s'en charger?
overheidsbedrijf entreprise *v* publique
overheidsdienst Administration *v*, fonction *v* publique ★ *in ~ zijn* être dans la fonction publique
overheidsuitgaven dépenses *v mv* publiques
overhellen ❶ *hellen* pencher, s'incliner, scheepv donner de la bande ★ *een ~de rots* un rocher en surplomb ❷ *neigen (naar, tot)* incliner à, pencher pour
overhemd chemise *v*
overhevelen ❶ *m.b.t. vloeistoffen* transvaser ❷ *overplaatsen* transférer ★ *bevoegdheden ~* transférer des compétences ★ *het geld werd naar een ander rekeningnummer overgeheveld* l'argent a été transféré sur un autre compte
overhoop sens dessus dessous
overhoopgooien mettre sens dessus dessous, bouleverser
overhoophalen ❶ lett *door de war halen* mettre sens dessus dessous, mettre en désordre ❷ fig *verstoren* remuer, retourner
overhoopliggen ❶ *in de war liggen* être sens dessus dessous ★ *de hele kamer lag overhoop* la pièce était en pagaille ❷ *onenigheid hebben* être en bisbille ★ *~ met iem.* être en bisbille avec qn
overhoopschieten flinguer
overhoren onderw interroger ★ *schriftelijk ~* donner une interrogation écrite
overhoring interrogation *v* ★ *schriftelijke ~* interrogation écrite ★ *mondelinge ~* interrogation orale
overhouden I *ov ww* ❶ *als overschot hebben* avoir de reste, avoir en trop ❷ *in leven houden* garder, conserver **II** *onov ww* ▾ *het houdt niet over* ça peut aller, sans plus
overig ‹overblijvend› restant, ‹ander› autre ★ *de ~e studenten* les autres étudiants ★ *de ~e mensen* les autres ★ *voor het ~e* pour le reste
overigens *trouwens* d'ailleurs, du reste
overijld précipité
Overijssel l'Overijssel *m*
Overijssels de l'Overijssel
overijverig ★ *~ zijn* faire du zèle
overjaars BN *verouderd* suranné
overjarig ❶ *meer dan één jaar oud* ‹van planten› vivace ❷ *verouderd* suranné ❸ *achterstallig* arriéré
overjas pardessus *m*
overkant côté *m* opposé, autre côté ★ *aan de ~ (van)* de l'autre côté (de) ★ *het huis aan de ~* la maison d'en face
overkapping toiture *v*
overkill capacité *v* de surextermination ★ *een ~ aan keuzemogelijkheden* une kyrielle de possibilités, l'embarras *m* du choix
overkoepelen fig coiffer ★ *~de organisatie* organisme *m* coordonnateur
overkoken déborder
overkomelijk surmontable
overkomen arriver à ★ *ik wist niet wat mij overkwam* je ne savais pas ce qu'il m'arrivait ★ *dat kan iedereen ~* ça peut arriver à tout le monde

overkomen ❶ *bovenlangs komen* passer ❷ *van elders komen* venir ★ *met kerst komt mijn moeder over* à Noël ma mère viendra ❸ *begrepen worden* ★ *de boodschap komt niet over / is goed overgekomen* le message ne passe pas / est reçu cinq sur cinq ❹ *indruk wekken* ★ *intelligent ~* avoir l'air intelligent
overladen transborder
overladen I *bn, overstelpt* surchargé ★ *met werk ~ zijn* être débordé de travail **II** *ov ww* ❶ *te vol laden* surcharger ❷ *overstelpen* combler (**met** de), couvrir (**met** de)
overlangs I *bn* longitudinal [m mv: longitudinaux] **II** *bw* dans le sens de la longueur
overlappen chevaucher ★ *elkaar ~* se chevaucher
overlast gêne *v*, ‹geluidsoverlast e.d.› nuisance(s) *v (mv)* ★ *~ bezorgen* déranger ★ *~ van iets ondervinden* être gêné par qc
overlaten ❶ *laten zorgen voor* laisser (**aan** à) ★ *laat dat maar aan mij over!* je m'en charge! ★ *ik laat dat aan u over* je m'en remets à vous ★ *aan zijn lot ~* abandonner (à son sort) ★ *niets aan het toeval ~* ne laisser rien au hasard ❷ *doen overblijven* laisser ★ *laat wat eten voor je broer over* laisse de quoi manger à ton frère ★ *te wensen ~* laisser à désirer ❸ *erover laten gaan* faire passer
overleden décédé, défunt ★ *haar ~ man* son défunt mari
overledene mort *m* [v: morte], défunt *m* [v: défunte]
overleg ❶ *beraadslaging* concertation *v* ★ *in ~ met* de concert avec, en accord avec ★ *in onderling ~* d'un commun accord ★ *~ plegen met iem.* délibérer avec qn ★ *~ plegen* se concerter ❷ *bedachtzaamheid* réflexion *v*, délibération *v* ★ *met ~ te werk gaan* agir avec discernement
overleggen *tonen* produire, présenter ★ *om me te legitimeren heb ik mijn paspoort overgelegd* j'ai justifié de mon identité en présentant mon passeport
overleggen délibérer (**met** avec; **over** sur) ★ *iets met iem. ~* consulter qn sur qc ★ *met elkaar ~* se concerter, se consulter ★ *heb je dit niet eerst overlegd met je mentor?* tu n'as pas consulté ton tuteur d'abord?
overlegorgaan organe *m* consultatif
overleven ❶ *blijven leven* survivre à ★ *een ramp ~* survivre à une catastrophe ❷ *langer leven* survivre à ★ *hij heeft zijn kinderen overleefd* il a survécu à ses enfants
overlevende survivant *m* [v: survivante], ‹van ramp› rescapé *m* [v: rescapée]
overleveren ❶ *doorgeven* transmettre ★ *mondeling overgeleverde verhalen* des histoires transmises oralement ❷ *overdragen* remettre (à), ‹prijsgeven› livrer (à), abandonner (à) ★ *iem. aan de politie ~* livrer qn à la police ★ *overgeleverd zijn aan* être livré à, être à la merci de ★ *aan zijn lot overgeleverd zijn* être abandonné à son sort
overlevering fig *het doorgeven* tradition *v*
overlevingskans chance *v* de survie
overlevingstocht randonnée *v* de survie
overlezen ❶ *opnieuw lezen* relire ❷ *doorlezen* parcourir
overlijden I *onov ww* décéder, mourir ★ *aan kanker ~* mourir d'un cancer **II** *het* décès *m*
overlijdensadvertentie faire-part *m* de décès
overlijdensakte acte *m* de décès
overlijdensbericht ★ *de ~en lezen* lire la rubrique nécrologique
overlijdensverzekering assurance *v* décès
overloop palier *m*
overlopen ❶ *overstromen* déborder ❷ *lopen over* marcher sur, traverser ❸ *naar andere partij gaan* passer ★ *~ naar de vijand* passer à l'ennemi ❹ BN *vluchtig bekijken* survoler ❺ *~* **van** fig *(te) veel hebben van* déborder de ★ *~ van energie* avoir un trop-plein d'énergie ▼ *in elkaar ~* se fondre
overloper transfuge *m/v*
overmaat excès *m* ▼ *tot ~ van ramp* pour comble de malheur
overmacht ❶ *grotere macht* suprématie *v*, ‹m.b.t. aantal› supériorité *v* numérique ★ *voor de ~ zwichten* succomber sous le nombre ❷ *wat je niet kunt voorzien* force *v* majeure
overmaken ❶ *opnieuw maken* refaire ❷ *overschrijven* virer ★ *geld ~ op een andere bankrekening* virer / transférer de l'argent sur un autre compte
overmannen s'emparer de, vaincre, accabler ★ *door slaap overmand* succombé au sommeil ★ *door vermoeidheid overmand* accablé de fatigue
overmatig I *bn, buitensporig* démesuré, excessif [v: excessive] ★ *een ~ drankgebruik* un abus d'alcool **II** *bw, buitensporig* démesurément, excessivement ★ *~ drinken* abuser de l'alcool
overmeesteren s'emparer de, envahir, ‹bedwingen› maîtriser
overmoed bravade *v*, ‹roekeloosheid› témérité *v*
overmoedig I *bn* téméraire **II** *bw* avec témérité, témérairement
overmorgen après-demain
overnachten passer la nuit
overnachting nuit *v*, ‹in hotel› nuitée *v*
overname ‹koop› rachat *m*, ‹van inboedel› reprise *v*, ‹van bedrijf› prise *v* de contrôle ★ *ter ~ aangeboden* à céder ★ *vijandige ~* OPA *v* (inamicale / sauvage), raid *m* boursier
overnemen ❶ *op zich nemen* assumer, prendre (sur soi) ★ *zij nam taken over van haar zieke collega* elle a assuré le suivi des tâches de son collègue malade ★ *de macht ~* prendre le pouvoir, s'emparer du pouvoir ★ *de leiding ~* prendre la tête ❷ *kopen* reprendre, acheter ★ *een zaak ~* reprendre une affaire ❸ *navolgen* reprendre, adopter ★ *een gewoonte ~* adopter une habitude ❹ *kopiëren* copier ★ *~ uit* emprunter à ★ *alle kranten hebben dit bericht overgenomen* tous les journaux ont repris cette nouvelle
overnieuw de nouveau ★ *~ beginnen* recommencer
overpad → **recht**
overpeinzen méditer (sur), réfléchir sur
overpeinzing méditation *v*, réflexion *v*
overplaatsen déplacer, ‹v. werknemer› muter
overplaatsing déplacement *m*, ‹werknemer› mutation *v*

OV

overproductie surproduction *v*
overreden décider (à), convaincre (de), persuader (de)
overredingskracht pouvoir *m* de persuasion
overrijden *rijden over* écraser, ‹v. persoon› renverser
overrompelen ‹overweldigen› prendre par surprise, fig prendre au dépourvu, prendre de court
overrulen *autoritair terzijde schuiven* ‹herroepen› annuler, ‹verwerpen› rejeter ★ *hij wordt overruled door de voorzitter* la décision du président a prévalu contre lui
overschaduwen ❶ *schaduw werpen op* ombrager ❷ *overtreffen* faire de l'ombre à, éclipser ❸ *een negatieve invloed hebben op* gâcher
overschakelen ❶ techn *andere verbinding maken* commuter ❷ *in andere versnelling gaan* changer de vitesse ★ ~ *naar de derde versnelling* passer en / la troisième ❸ fig *veranderen* changer ★ ~ *op gas* passer au gaz
overschatten surestimer
overschieten I *ov ww* sport ★ *de bal* ~ ‹over het doel› tirer le ballon au-dessus (du but), ‹overspelen› passer le ballon **II** *onov ww, resteren* rester, être de reste
overschoen caoutchouc *m*
overschot ❶ *teveel* excédent *m*, surplus *m* ❷ *restant* reste *m*, résidu *m*, ‹op rekening› solde *m* ★ *het stoffelijk* ~ la dépouille (mortelle)
overschreeuwen crier plus fort que ★ *zich* ~ forcer sa voix
overschrijden ❶ *stappen over* franchir ❷ *te buiten gaan* dépasser, excéder ★ *de snelheidslimiet* ~ dépasser la limitation de vitesse ★ *de grenzen van het fatsoen* ~ dépasser les bornes de la décence
overschrijven comp écraser
overschrijven ❶ *naschrijven* (re)copier (**van** sur) ❷ *op andere naam zetten* transférer ❸ *overboeken* virer
overschrijving ❶ *het overboeken* virement *m*, ‹opdracht› ordre *m* de virement ❷ *het op andere naam zetten* transfert *m* ❸ *overgeboekt bedrag* virement *m*
oversized surdimensionné
overslaan I *ov ww* ❶ *laten voorbijgaan* sauter, ‹weglaten› omettre, passer, ‹laten voorbijgaan› laisser passer, manquer, ‹iemand› oublier ★ *een klas* ~ sauter une classe ★ *jij moet een beurt* ~ tu dois laisser passer un tour ★ *een bladzijde* ~ sauter une page ❷ *overladen* transborder **II** *onov ww* ❶ *op iets anders overgaan* se communiquer (à), s'étendre (à) ★ *de vlammen sloegen op het andere huis over* le feu a gagné l'autre maison ❷ *uitschieten* basculer, ‹van golven› déferler ★ *met ~de stem* la voix cassée ❸ *snel veranderen* ★ *zijn liefde sloeg over in haat* son amour s'est transformé en haine
overslag ❶ *omgeslagen rand* rabat *m*, ‹aan kledingstuk› revers *m* ❷ *het overslaan van goederen* transbordement *m*
overslagbedrijf entreprise *v* de transbordement
overslaghaven port *m* de transbordement
overspannen I *bn* ❶ *te gespannen* stressé, ‹van verwachtingen› démesuré ❷ *overwerkt* surmené **II** *ov ww* ❶ *te sterk spannen* tendre trop fort ❷ *overdekken* couvrir, ‹met een brug› enjamber, franchir
overspannenheid surmenage *m*
overspanning ❶ *spanwijdte* portée *v* ❷ bouw travée *v* ❸ *spanning* surexcitation *v* ❹ *stress* surmenage *m*
overspel adultère *m* ★ ~ *plegen* commettre l'adultère, être adultère
overspelen *overtreffen* surpasser, éclipser
overspelen ❶ *opnieuw spelen* rejouer ❷ sport passer ★ *de bal* ~ passer le ballon
overspelig adultère
overspoelen inonder, submerger (**met** de)
overspringen ❶ *over iets heen springen* sauter ❷ *overgaan* sauter ★ *op een ander onderwerp* ~ passer à un autre sujet ❸ *vooruitsteken* faire (un) ressaut
overstaan ▾ *ten* ~ *van* devant, jur par-devant ▾ *ten* ~ *van een notaris* par-devant notaire
overstag ★ lett ~ *gaan* virer de bord ★ fig ~ *gaan* virer de bord
overstappen ❶ *van vervoermiddel wisselen* changer, prendre la correspondance, ‹van trein› changer de train, ‹van metro› changer de ligne ★ *moet ik* ~ *naar Arnhem?* il faut changer pour Arnhem? ❷ fig *wisselen* passer (**op** à) ★ *op een ander onderwerp* ~ changer de sujet, passer à un autre sujet
overste ❶ mil lieutenant-colonel *m* [m mv: lieutenants-colonels] ❷ rel supérieur *m* [v: supérieure]
oversteek traversée *v*
oversteekplaats ‹voor voetgangers› passage *m* pour piétons
oversteken I *ov ww, ruilen* échanger, passer ★ *gelijk* ~*!* donnant donnant! **II** *onov ww, naar overkant gaan* traverser, ‹over water› faire la traversée ★ *de straat* ~ traverser la rue, changer de trottoir ★ *~d wild* passage *m* d'animaux sauvages
overstelpen accabler (**met** de), couvrir (**met** de) ★ *overstelpt met werk* débordé (de travail) ★ *door vragen overstelpt worden* être submergé de questions
overstemmen ❶ *meer geluid maken* couvrir, dominer, ‹iemand› couvrir la voix de ❷ *door meer stemmen verslaan* mettre en minorité
overstromen *overlopen* déborder, ‹van rivier› sortir de son lit
overstromen ❶ *onder water zetten* inonder ★ *door de orkaan is het gebied overstroomd* l'ouragan a inondé la région ❷ *overstelpen* inonder (**met** de) ★ *de stad werd overstroomd door toeristen* la ville a été envahie par les touristes
overstroming inondation *v*, ‹van rivier› débordement *m*
overstuur survirage *m*
overstuur *van streek* déconcerté, bouleversé, retourné
overtekenen ❶ *natekenen* copier, ‹calqueren› (dé)calquer ❷ *opnieuw tekenen* dessiner de nouveau
overtekenen dépasser le montant de, plus que couvrir / souscrire

overtocht passage *m*, ⟨over zee⟩ traversée *v*

overtollig ⟨overbodig⟩ superflu, de trop, ⟨meer dan nodig⟩ excédentaire

overtreden enfreindre, contrevenir à

overtreder contrevenant *m* [v: contrevenante]

overtreding infraction *v* (**van** à), contravention *v*, sport faute *v* ★ *in ~ zijn* être en infraction

overtreffen l'emporter sur, surpasser (**in** en), ⟨iets⟩ dépasser ★ *zichzelf ~* se surpasser ★ *dat overtreft alles* c'est le comble ▾ *~de trap* superlatif *m*

overtrek housse *v*

overtrekken **I** *ov ww* ❶ *overtekenen* repasser, ⟨met overtrekpapier⟩ calquer ❷ *oversteken* passer, traverser **II** *onov ww, voorbijgaan* passer

overtrekken *bekleden / bedekken* recouvrir (**met** de)

overtrekpapier (papier *m*) calque *m*

overtroeven *een hogere troef spelen* surcouper

overtroeven damer le pion à ★ *trachten elkaar te ~* renchérir l'un sur l'autre

overtrokken ⟨v. reactie⟩ exagéré

overtuigen convaincre (**van** de) ★ *zich ~ van...* s'assurer que... ★ *ik ben ervan overtuigd* j'en suis convaincu / persuadé

overtuigend **I** *bn* convaincant, persuasif [v: persuasive] **II** *bw* de façon convaincante

overtuiging *mening* conviction *v* ★ *in de ~ dat* persuadé que ★ *godsdienstige ~* convictions religieuses

overtuigingskracht force *v* de persuasion

overuur heure *v* supplémentaire

overvaart traversée *v*

overval attaque *v*, ⟨gewapend⟩ attaque *v* à main armée, hold-up *m*, inform braquage *m*

overvalcommando brigade *v* d'assaut

overvallen ❶ *aanvallen* attaquer, ⟨gewapend⟩ inform braquer ★ *een bank ~* braquer une banque ❷ *verrassen* surprendre, prendre au dépourvu, ⟨overrompelen⟩ prendre de court, ⟨overmannen⟩ envahir ★ *iem. ~ met een vraag* prendre qn au dépourvu en posant une question ★ *door angst ~ worden* être pris de peur

overvaller agresseur *m*, inform braqueur *m*

overvalwagen car *m* / fourgon *m* de police

overvaren ❶ *varend brengen* faire traverser ❷ *varend oversteken* traverser

oververhit ❶ *te veel verhit* surchauffé ❷ *te fel, gespannen* surchauffé ★ *de gemoederen raakten ~* les esprits se sont échauffés

oververmoeid éreinté, épuisé

oververtegenwoordigd surreprésenté

overvleugelen éclipser, surpasser

overvliegen **I** *ov ww, per vliegtuig brengen* transporter par avion **II** *onov ww, vliegen over* survoler

overvloed abondance *v*, profusion *v* ★ *in ~* à profusion, en abondance ★ *een ~ hebben aan iets* avoir qc en abondance ★ *ten ~e* en outre

overvloedig **I** *bn* abondant ★ *~ zijn* abonder ★ *een ~e maaltijd* un repas copieux **II** *bw* abondamment, copieusement

overvloeien ❶ *overstromen* déborder ❷ *in elkaar overlopen* se fondre ❸ *~* **van** abonder en, déborder de

overvoeren gaver, fig saturer

overvol plein à craquer, archiplein, ⟨drukbezet⟩ surchargé ★ *een ~ programma* un programme surchargé

overwaaien ❶ *voorbijgaan* passer ❷ *ergens anders vandaan komen* arriver, être importé

overwaarderen surévaluer, survaloriser

overweg ▾ *~ kunnen met iets* savoir manier qc ▾ *~ kunnen met iem.* s'entendre avec qn ▾ *goed ~ kunnen met iets* savoir s'y prendre

overweg passage *m* à niveau

overwegen **I** *ov ww, nadenken over* considérer, ⟨erover denken (om)⟩ envisager (de) **II** *onov ww, het belangrijkst zijn* prévaloir, l'emporter

overwegend **I** *bn, doorslaggevend* déterminant, ⟨gewichtiger⟩ prépondérant ★ *van ~ belang* primordial **II** *bw* essentiellement ★ *~ zonnig* ensoleillé la plupart du temps

overweging *overdenking* considération *v* ★ *iem. iets in ~ geven* soumettre qc à qn ★ *in ~ nemen* prendre en considération

overweldigen ❶ *overmeesteren* envahir, s'emparer de ❷ *overstelpen* envahir, accabler ★ *hij werd door emoties overweldigd* il était envahi par l'émotion

overweldigend **I** *bn* écrasant, ⟨verbluffend⟩ époustouflant ★ *een ~e indruk op iem. maken* époustoufler qn **II** *bw* extrêmement

overwerk heures *v mv* supplémentaires

overwerken [**zich ~**] se surmener

overwerken faire des heures supplémentaires

overwerkt surmené

overwicht ❶ *overgewicht* excédent *m* (de poids) ❷ *macht* supériorité *v*, prépondérance *v*, ⟨gezag (over)⟩ autorité *v* (sur), ⟨invloed (op)⟩ ascendant *m* (sur) ★ *~ hebben op* avoir de l'ascendant sur ★ *een natuurlijk ~ hebben op* avoir une autorité naturelle sur

overwinnaar vainqueur *m*

overwinnen ❶ *verslaan* vaincre, l'emporter sur ❷ *te boven komen* surmonter, vaincre

overwinning victoire *v* ★ *een verdiende ~ behalen* remporter une victoire méritée ★ *de ~ op de Fransen* la victoire sur les Français

overwinningsroes griserie *v* du succès

overwinteren hiverner, ⟨winterslaap houden⟩ hiberner

overwintering hivernage *m*

overwoekeren envahir

overzees d'outre-mer ★ *de Franse ~e gebiedsdelen* les DOM-TOM

overzetten ❶ *naar overkant brengen* passer ❷ *vertalen* traduire (**in** en)

overzicht ❶ *het overzien* vue *v* générale / d'ensemble ★ sport *~ hebben* avoir le coup d'œil ❷ *samenvatting* aperçu *m*, ⟨staat⟩ relevé *m*, ⟨tabel⟩ tableau *m* ★ *kort ~* résumé *m*, sommaire *m* ★ *een globaal ~ geven* faire un tour d'horizon, brosser un tableau, faire le point

overzichtelijk clair, bien ordonné

overzichtstentoonstelling rétrospective *v*

overzien revoir, repasser, ⟨vluchtig⟩ parcourir

overzien embrasser du regard, ⟨uitkijken over⟩ plonger sur ★ *vanaf die heuvel kan men de hele stad ~* de cette colline on plonge sur toute la ville ★ *een situatie overzien* évaluer une situation ★ *de gevolgen zijn niet te ~* les conséquences sont

incalculables
overzijde côté *m* opposé, autre côté
ov-jaarkaart *openbaarvervoerkaart* ≈ carte *v* annuelle des transports publics
ovulatie ovulation *v*
ovuleren ovuler
oxidatie oxydation *v*
oxide scheik oxyde *m*
oxideren *roesten* s'oxyder
ozon ozone *m*
ozonlaag couche *v* d'ozone

P

p p *m* ★ *de p van Pieter* P comme Pierre
P2P econ *Peer to Peer* P2P
pa papa *m*
paaien I *ov ww, voor zich winnen* enjôler, amadouer, bercer (**met** de) ★ *iem. met mooie beloften ~* bercer qn de promesses **II** *onov ww, paren* frayer
paaitijd (saison *v* du) frai *m*
paal ❶ *lang voorwerp* poteau *m* [mv: poteaux], ⟨puntig⟩ pieu *m* [mv: pieux], ⟨klein⟩ piquet *m* ★ *paal en perk stellen aan iets* juguler qc, inform mettre le holà à qc ★ *dat staat als een paal boven water* c'est sûr et certain ★ *voor paal staan* être là comme un con ★ *iem. voor paal zetten* se foutre de la gueule de qn ❷ *stijve penis* trique *v*
paalsteek nœud *m* de chaise
paar I *het* ❶ *twee dingen* paire *v* ★ *een paar sokken* une paire de chaussettes ★ BN *dat is een ander paar mouwen* c'est une autre paire de manches ❷ *twee mensen* couple *m* ★ *het jonge paar* le jeune couple ❸ *klein aantal* ★ *een paar dagen* quelques jours **II** *bn*, BN *even* pair ★ *pare nummers rechts, onpare links* les numéros pairs à droite, les numéros impairs à gauche
paard ❶ *dier* cheval *m* [m mv: chevaux] ★ *te ~* à cheval ★ *te ~ stijgen* se mettre en selle ★ *een ~ berijden* monter un cheval ★ *het ~ achter de wagen spannen* mettre la charrue devant les bœufs ★ *op het verkeerde ~ wedden* miser sur le mauvais cheval ★ *op twee ~en wedden* jouer sur les deux tableaux ★ *over het ~ getild zijn* avoir la grosse tête ★ *het beste ~ van stal zijn* être le meilleur élément ★ *het beste ~ struikelt wel eens* ≈ ça peut arriver aux meilleurs ★ *werken als een ~* travailler comme un forçat ★ *een gegeven ~ moet men niet in de bek kijken* à cheval donné on ne regarde pas la bouche ❷ *schaakstuk* cavalier *m* ❸ *turntoestel* cheval *m* d'arçons
paardenbloem pissenlit *m*
paardenkracht cheval-vapeur *m* [m mv: chevaux-vapeur] ★ *van 100 pk* de 100 cv
paardenmiddel remède *m* de cheval, grands moyens *m mv*
paardenrennen courses *v mv* de chevaux
paardensport sport *m* hippique, hippisme *m*
paardensprong ❶ ⟨schaakterm⟩ marche *v* du cavalier ❷ *sprong van een paard* saut *m* d'un cheval
paardenstaart ❶ *staart van paard* queue *v* de cheval ❷ *haardracht* queue *v* de cheval
paardenstal écurie *v*
paardenvijg crottin *m* de cheval
paardjerijden jeugdt faire du dada
paardrijden monter à cheval, sport faire du cheval / de l'équitation ★ *graag ~* aimer le cheval
paarlemoer → **parelmoer**
paars I *bn* violet [v: violette] **II** *het* violet *m*
paarsblauw (bleu) pervenche
paarsgewijs (deux) par deux, par paires, par couples
paarsrood pourpre
paartijd rut *m*, ⟨van vogels⟩ pariade *v*

paasbest ▾ *op zijn ~* sur son trente et un
paasdag ★ *eerste ~* Jour *m* / dimanche *m* de Pâques ★ *tweede ~* lundi de Pâques
paasei œuf *m* de Pâques
Paaseiland île *v* de Pâques
paasfeest fête *v* de Pâques ★ *vrolijk ~* joyeuses Pâques
paashaas ≈ (les) cloches *v mv*, ‹regionaal› lapin *m* de Pâques
paasvakantie onderw vacances *v mv* de Pâques
pabo *Pedagogische Academie voor het Basisonderwijs* ≈ Institut *m* universitaire de formation des maîtres (UFM)
pacemaker stimulateur *m* cardiaque, pacemaker *m*
pacht ❶ *huurovereenkomst* bail *m* [m mv: baux], fermage *m* ★ *in ~ geven* donner à bail ❷ *pachtgeld* fermage *m*
pachten *huren* prendre à bail / à ferme, ‹van recht› louer
pachter ‹boer› fermier *m* [v: fermière], ‹uitbater› tenancier *m* [v: tenancière]
pachtgrond fermage *m*
pachtovereenkomst contrat *m* (de) bail
pacificatie pacification *v*
pacifisme pacifisme *m*
pacifist pacifiste *m/v*
pacifistisch pacifiste
pact pacte *m*
pad I *de, dier* crapaud *m* ★ BN *een pad in iemands korf zetten* mettre des bâtons dans les roues de qn **II** *het, weg* sentier *m*, ook fig chemin *m* ★ *een pad inslaan* prendre un sentier ★ *een pad volgen* suivre un sentier ★ *dit paadje loopt naar de vijver* ce sentier mène au bassin ★ *op pad zijn* être en route ★ *op pad gaan* se mettre en route ★ fig *op het goede pad brengen* remettre sur le droit chemin ★ fig *het verkeerde pad opgaan* sortir du droit chemin, mal tourner ★ fig *op het rechte pad blijven* rester dans le droit chemin ★ fig *van het rechte pad afdwalen* sortir du droit chemin, mal tourner

pa

paddenstoel ❶ *zwam* champignon *m* ★ *eetbare ~* champignon comestible ★ *giftige ~* champignon vénéneux ★ *als ~en uit de grond schieten* pousser comme des champignons ❷ *wegwijzer* ≈ borne *v* de signalisation pour pistes cyclables
paddo champignon *m* hallucinogène
padvinder scout *m* [v: scoute]
padvinderij scoutisme *m*
paella paella *v*
paf ▾ *paf staan* rester ébahi / interloqué ▾ *ik sta paf!* j'en reste baba!
paffen ❶ *roken* fumer (comme un pompier) ❷ *schieten* tirer
pafferig gonflé, ‹van gezicht› bouffi, empâté
pagaai pagaie *v*
page *ridderdienaar* page *m*
pagekapsel I *het* , **pagekop II** *de* coupe *v* à la Jeanne d'Arc
pageview www page *v* vue, pageview *m*
pagina page *v*
paginagroot (de) pleine page
pagineren paginer
paginering pagination *v*
pagode pagode *v*
pais ▾ *alles was pais en vree* le calme régnait
pak ❶ *verpakking* paquet *m* ★ *een pak appelsap* une brique de jus de pomme ★ *een pak waspoeder* un paquet de lessive ❷ *bundel* ★ *een pak kranten* un paquet de journaux ★ *bij de pakken neerzitten* baisser les bras ★ BN *met pak en zak* tout équipé, prêt à partir, avec armes et bagages ❸ *hoeveelheid* ★ *een pak sneeuw* un paquet de neige ★ *een pak rammel / ransel / slaag* une raclée, une fessée ★ *een pak slaag krijgen* prendre une raclée ★ *dat is een pak van mijn hart* cela me soulage ❹ *kostuum* costume *m*, inform costard *m*, ‹duikerpak enz.› combinaison *v* ★ *keurig in het pak* en costume-cravate → **pakje**
pakbon fiche *v* de colisage
pakezel *lastdier* âne *m* / mule *v* de bât
pakhuis entrepôt *m*, magasin *m* ★ *in een ~ opslaan* entreposer
pakijs banquise *v*
Pakistaan Pakistanais *m*
Pakistaans pakistanais
Pakistaanse Pakistanaise *v*
Pakistan le Pakistan ★ *in ~* au Pakistan
pakje ❶ *verpakking* ★ *~ sigaretten* paquet *m* de cigarettes ❷ *pakket* paquet *m*, ‹post› colis *m*
pakkans ≈ risque *m* d'être pris
pakken I *ov ww* ❶ *ter hand nemen* prendre ★ *even mijn pen ~* attends, je prends mon stylo ★ *iets uit de kast ~* prendre qc dans l'armoire ❷ *grijpen* prendre, saisir, attraper ★ *te ~ krijgen* ‹bemachtigen› mettre la main sur, ‹klem zetten; inrekenen› coincer, pincer, ‹telefonisch› joindre ★ *pak maar!* attrape! ★ *hij pakte me bij de arm* il m'a pris par le bras ★ *het (flink, erg) te ~ hebben* ‹van ziekte, verliefdheid› être pincé ❸ *vangen* attraper, inform pincer ★ *gepakt worden voor te hard rijden* se faire pincer pour excès de vitesse ★ *de verkeerde te ~ hebben* se tromper de personne ★ *iem. op iets ~* coincer qn sur qc ★ *iem. ~ op het bezit van drugs* arrêter qn pour possession de drogues ★ *iem. te ~ nemen* ‹beetnemen› avoir qn, ‹hard aanpakken› malmener qn ★ *zich te ~ laten nemen* se faire avoir ❹ *inpakken* emballer, ‹proppen› entasser ★ *zijn koffers ~* faire ses valises ★ *zijn boeltje ~* plier bagage ★ *als haringen in een ton gepakt* serrés comme des harengs ❺ *boeien* passionner, captiver ★ *het boek pakte hem* il était captivé par le livre ❻ *gebruiken* prendre, inform se payer ★ *we ~ er nog eentje!* on remet ça! **II** *onov ww, houvast vinden* prendre ★ *deze inkt pakt niet op dit papier* l'encre ne prend pas sur ce papier ★ *de schroef pakt niet* la vis ne prend pas
pakkend ‹boeiend› captivant, passionnant, ‹wervend› (r)accrocheur [v: (r)accrocheuse]
pakkerd grosse bise *v*
pakket paquet *m*, ‹post› colis *m* ★ *een ~ maatregelen* un ensemble / paquet de mesures
pakketpost ❶ *pakket* colis *m* postal ❷ *postafdeling* service *m* des colis postaux
pakking ❶ *afsluitmateriaal* joint *m* (d'étanchéité), garniture *v* ❷ *cosmetische crème* masque *m*
pakpapier papier *m* d'emballage, ‹sterk› kraft *m*
paksoi paksoy *m*
pakweg ★ *~ duizend euro* dans les mille euros, quelque mille euros

pal I *de* arrêt *m*, ⟨van tandrad⟩ cliquet *m* II *bw* ❶ *precies* juste ★ *pal oost* plein est ❷ *onwrikbaar* ferme, fermement ★ *pal staan* tenir ferme, ne pas lâcher pied ★ *pal staan voor iets* défendre qc de pied ferme
Palau Palau *m mv*
paleis palais *m*
paleoceen paléocène *m*
paleografie paléographie *v*
paleontologie paléontologie *v*
Palestijn Palestinien *m*
Palestijns palestinien [v: palestinienne]
Palestijnse Palestinienne *v*
Palestina la Palestine ★ *in ~* en Palestine
palet ❶ kunst *mengbord* palette *v* ❷ BN sport *bat* raquette *v* de ping-pong, batte *v*
palindroom palindrome *m*
paling anguille *v*
palissade palissade *v*
palissander palissandre *m*
pallet palette *v*
palm ❶ *handpalm* paume *v* ❷ *boom* palmier *m* ★ *de palm wegdragen* remporter la palme
palmboom palmier *m*
palmolie huile *v* de palme
Palmpasen les Rameaux *m mv*, Pâques *v mv* fleuries
palmtak palme *v*
palmtop comp assistant *m* personnel
pamflet pamphlet *m*, form libelle *m*
pampa pampa *v*
pampus ▾ *voor ~ liggen* être K.-O.
pan ❶ *kookpan* casserole *v*, ⟨bakpan⟩ poêle *v*, ⟨stoofpan⟩ cocotte *v*, ⟨groot⟩ cuiseur *m* ★ *in de pan hakken* tailler en pièces, mettre en charpie ★ *het swingt de pan uit* ça swingue fort ★ *het rijst de pan uit* ça monte en flèche, ça flambe ❷ *dakpan* tuile *v* ★ *onder de pannen zijn* être casé ★ *de pannen van het dak spelen* faire des étincelles / merveilles
panacee panacée *v*
Panama le Panamá ★ *in ~* au Panamá
Panamakanaal canal *m* de Panamá
Panamees I *bn* panaméen [v: panaméenne] II *de* Panaméen *m*
pan-Amerikaans panaméricain
Panamese Panaméenne *v*
pancreas pancréas *m*
pand ❶ *gebouw* immeuble *m*, maison *v* ★ *een monumentaal pand* un bâtiment monumental ★ *er staan veel panden leeg* il y a beaucoup de bâtiments inoccupés ❷ *onderpand* gage *m* ★ *een pand inlossen* retirer un gage ★ *in pand geven* donner en gage ★ *in pand nemen* prendre en gage ★ *op pand lenen* prêter sur gage ❸ *slip van jas* pan *m* ★ *een zwarte jas met lange panden* un manteau noir à larges pans
panda panda *m*
pandbrief obligation *v* hypothécaire
pandemonium bruit *m* infernal
pandverbeuren jouer aux gages
paneel *omlijst vak* panneau *m* [m mv: panneaux]
paneermeel chapelure *v*, panure *v*
panel panel *m*, ⟨discussie⟩ réunion-débat *v* [v mv: réunions-débats], colloque *m*
panellid panéliste *m/v*
paneren paner
panfluit flûte *v* de Pan
paniek panique *v* ★ *in ~ raken* paniquer, s'affoler ★ *in ~* pris de panique ★ *geen ~!* pas d'affolement!
paniekerig paniqué, affolé, ⟨dramatiserend⟩ alarmiste
paniekvoetbal ❶ *voetbal* ≈ jeu *m* désorganisé ❷ *gedrag* panique *v* générale, déroute *v*
paniekzaaier alarmiste *m/v*
panikeren BN *in paniek raken* paniquer
panisch I *bn* ★ *een ~e angst* une peur panique ★ *~ zijn voor iets* avoir une peur bleue de qc II *bw* ★ *~ reageren* avoir une réaction de panique, s'affoler
panklaar ❶ *gereed voor de pan* prêt-à-cuire ❷ *direct toepasbaar* tout fait [v: toute faite] ★ *geen panklare oplossing hebben* ne pas avoir de solution toute prête
panna voetb petit pont *m*
panne panne *v* ★ *~ hebben* tomber en panne
pannendak toit *m* de tuiles
pannenkoek culin crêpe *v*
pannenlap poignée *v* (pour casserole)
pannenset lot *m* de casseroles
pannenspons éponge *v* (métallique)
panorama panorama *m*
pantalon pantalon *m*
panter panthère *v*
pantheïsme panthéisme *m*
pantoffel pantoufle *v*, charentaise *v*
pantoffelheld ❶ *angsthaas* poltron *m* [v: poltronne] ❷ *man onder de plak* mari *m* soumis
pantomime pantomime *v*
pantser ❶ *stalen bescherming* blindage *m*, ⟨harnas⟩ armure *v*, scheepv cuirasse *v* ❷ *huidlaag* carapace *v*
pantseren I *ov ww* blinder, scheepv cuirasser II *wkd ww* [**zich ~**] ★ *zich ~ tegen* s'armer contre, inform se blinder contre
pantserglas verre *m* anti-balles / pare-balles
pantsertroepen troupes *v mv* blindées
pantservoertuig (engin *m* / véhicule *m*) blindé *m*
panty collant(s) *m (mv)*
pap ❶ *voedsel* bouillie *v* ★ *geen pap meer kunnen zeggen* ⟨volgegeten⟩ être calé ★ *ik lust er wel pap van* j'en raffole ★ BN *iets zo beu zijn als koude pap* être dégoûté de qc, être las de qc ★ BN *niets in de pap te brokken hebben* ne pas avoir voix au chapitre ★ BN *iets in de pap te brokken hebben* avoir son mot à dire ★ BN *veel in de pap te brokken hebben* avoir beaucoup de poids ❷ *mengsel* ⟨stijfsel⟩ colle *v*, ⟨voor stoffen⟩ apprêt *m*, med cataplasme *m* ❸ *papa* papa *m*
papa papa *m*
papaja papaye *v*
paparazzo paparazzo *m* [m mv: paparazzi]
papaver pavot *m*, ⟨klaproos⟩ coquelicot *m*
papegaai perroquet *m*
paper *essay* exposé *m*, article *m*
paperassen paperasse(s) *v (mv)*
paperback livre *m* broché
paperclip trombone *m*
papeterie ❶ *waren* articles *m mv* de papeterie ❷ *winkel* papeterie *v*

pa

papier I *het* [gmv] *materiaal* papier *m* ★ *heb je pen en ~ bij de hand?* tu as de quoi écrire? ★ *geschept ~* papier à la cuve ★ *de krant ligt al bij het oud ~* le journal a déjà été jeté aux vieux papiers ★ *op ~ zetten* mettre par écrit ★ fig *op ~* sur le papier ★ *alleen nog maar op ~ bestaan* n'exister qu'à l'état de projet **II** *het* [mv: +en] *document* ★ *~en* papiers *m mv* ★ *dat loopt in de ~en* ça chiffre ★ BN *in slechte ~en zitten* être dans la dèche, être mal barré ★ *goede ~en hebben* être bien placé ★ *het ~ is geduldig* le papier souffre tout
papieren ❶ *van papier* de / en papier ★ *~ servetten* serviettes *v mv* en papier ❷ *in theorie* sur le papier ★ *~ maatregelen* des mesures *v mv* qui n'existent que sur le papier
papiergeld papier-monnaie *m*
papier-maché papier *m* mâché
papierversnipperaar déchiqueteuse *v*
papierwinkel ❶ *winkel* papeterie *v* ❷ form *bureaucratische rompslomp* paperasserie *v*
papil papille *v*
papillot papillote *v*
papkind enfant *m* à sa maman
paplepel ▾ *iets met de ~ ingegoten krijgen* sucer qc avec le lait
Papoea-Nieuw-Guinea la Papouasie-Nouvelle-Guinée
pappa papa *m*
pappen apprêter ▾ *~ en nathouden* ≈ faire du replâtrage
pappenheimer ▾ *ik ken mijn ~s* je connais mon monde
papperig ❶ *papachtig* pâteux [v: pâteuse] ❷ ‹van mensen› *dik* empâté
paprika ❶ *vrucht* poivron *m* ★ *rode / groene / gele ~* poivron rouge / vert / jaune ❷ culin *specerij* paprika *m*
paprikapoeder culin paprika *m*
papyrus papyrus *m*
papyrusrol (rouleau *m* de) papyrus *m* [m mv: rouleaux ...]
papzak patapouf *m*
para mil para *m*
paraaf paraphe *m*
paraat prêt, disponible, ‹inzetbaar› opérationnel [v: opérationnelle], ‹bij gevaar› en (état d')alerte, prêt à intervenir ★ *parate kennis* ≈ connaissances *v mv* actives
parabel parabole *v*
parabool parabole *v*
paracetamol paracétamol *m*
parachute parachute *m*
parachuteren ❶ *aan parachute neerlaten* parachuter ❷ *buitenstaander aanstellen* parachuter
parachutespringen faire du parachutisme
parachutist parachutiste *m/v*
parade *defilé* parade *v*, mil revue *v*, défilé *m*
paradepaard fleuron *m*, orgueil *m*
paraderen ❶ *parade houden* parader ❷ *pronken* se pavaner
paradijs paradis *m* ▾ *aards ~* paradis terrestre
paradijselijk paradisiaque
paradijsvogel paradisier *m*
paradox paradoxe *m*
paradoxaal paradoxal [m mv: paradoxaux]
paraferen parapher
parafernalia accessoires *m mv*
paraffine paraffine *v*
parafrase paraphrase *v*
parafraseren paraphraser
paragnost voyant *m* [v: voyante]
paragraaf paragraphe *m*
Paraguay le Paraguay ★ *in ~* au Paraguay
Paraguayaans paraguayen [v: paraguayenne]
parallel I *de* ❶ wisk parallèle *v* ❷ geogr parallèle *m* ❸ fig *vergelijking* parallèle *m* ★ *een ~ trekken tussen* établir un parallèle entre **II** *bn, evenwijdig* parallèle (**met** à)
parallellie parallélisme *m*
parallellogram parallélogramme *m*
parallelweg route *v* / chemin *m* parallèle
Paralympics Jeux *m mv* olympiques handisports / pour handicapés
paramedisch paramédical [m mv: paramédicaux] ★ *~e beroepen* professions *v mv* paramédicales
parameter paramètre *m*
paramilitair paramilitaire
paranimf ≈ personne *v* qui accompagne celle / celui qui soutient une thèse
paranoia paranoïa *v*
paranoïde paranoïaque, inform parano
paranoot noix *v* du Brésil
paranormaal paranormal [m mv: paranormaux] ★ *paranormale gaven* dons *m mv* métapsychiques
parapenten faire du parapente
paraplu parapluie *m* ★ *zijn ~ opsteken* ouvrir son parapluie
paraplubak porte-parapluie *m* [mv: porte-parapluies]
parapsychologie parapsychologie *v*
parasiet ❶ biol parasite *m* ❷ fig *nietsnut* parasite *m*
parasiteren vivre en parasite, faire du parasitisme ★ *~ op* parasiter
parasol parasol *m*
parastatale BN *semioverheidsinstelling* organisme *m* semi-public, BelgFr parastatal *m* [mv: parastataux]
paratroepen paras *m mv*
paratyfus paratyphoïde *v*
parcours parcours *m*
pardon I *het, vergeving* pardon *m* ★ *zonder ~* sans merci ★ *generaal ~* amnistie *v* générale **II** *tussenw* pardon, excuse(z)-moi
parel ❶ *kraal* perle *v* ❷ *kostbaar iets, iem.* perle *v* ★ *een ~ aan zijn kroon* son plus beau fleuron ★ *~s voor de zwijnen werpen* jeter des perles aux cochons / pourceaux
parelduiker ❶ *persoon* pêcheur *m* de perles ❷ *vogel* plongeon *m* arctique
parelen *druppels vormen* perler ★ *het zweet parelde op zijn voorhoofd* la sueur perlait sur son front
parelhoen pintade *v*
parelmoer nacre *v*
parelmoeren de nacre, nacré
pareloester huître *v* perlière
parelsnoer collier *m* de perles
parelwit blanc nacré

paren I *ov ww, koppelen* joindre (**aan** à), unir (**aan** à) ★ *gepaard gaan met* s'accompagner de **II** *onov ww, copuleren* s'accoupler (**met** à), copuler (**met** avec)
pareren parer
parfum *reukwater* parfum *m*
parfumeren parfumer
parfumerie parfumerie *v*
pari econ ★ *beneden pari* au-dessous du pair ★ *boven pari* au-dessus du pair ★ *a pari staan* être au pair
paria paria *m*
parig deux à deux, géminé
Parijs I *het, stad* Paris *m* **II** *bn, m.b.t. Parijs* parisien [v: parisienne]
paring accouplement *m*
paringsdrift rut *m*, chaleur *v*
pariteit ❶ *gelijkheid* parité *v* **❷** econ parité *v*
park *grote tuin* parc *m* ★ *in het park mag je niet skaten* il est interdit de faire du skate dans le parc ★ *nationaal park* parc national
parka parka *m/v*
parkeerautomaat horodateur *m*
parkeerbon p.-v. *m*, ⟨onder ruitenwisser⟩ papillon *m*
parkeergarage parking *m*
parkeergelegenheid ❶ *parkeerterrein* parking *m* **❷** *parkeerplaats* place *v* de stationnement
parkeerhaven baie *v*, ⟨langs autoweg⟩ refuge *m*
parkeerklem sabot *m* (de Denver)
parkeerlicht feu *m* de stationnement, veilleuses *v mv*
parkeermeter parcmètre *m*
parkeerplaats ❶ *vak voor één voertuig* place *v* de stationnement **❷** *terrein voor meer voertuigen* parking *m*, parc *m* de stationnement
parkeerpolitie contractuel *m* [v: contractuelle]
parkeerschijf disque *m* de stationnement
parkeerterrein parking *m*, parc *m* de stationnement
parkeervak place *v* de stationnement
parkeerverbod interdiction *v* de stationner
parkeervergunning permis *m* de stationnement
parkeerwachter contractuel *m* [v: contractuelle]
parkeren I *ov ww* garer ★ *een auto ~* garer une voiture **II** *onov ww* se garer ★ *dubbel ~* stationner / se garer en double file ★ *het fout ~* le stationnement gênant ★ *verboden te ~* stationnement interdit ★ *geparkeerd staan* être garé / stationné
parket ❶ *houten vloer* parquet *m* **❷** jur *Openbaar Ministerie* parquet *m* **❸** *rang in theater* orchestre *m* ▾ *in een moeilijk / lastig ~ zitten* être dans le pétrin / dans de beaux draps
parketvloer parquet *m*
parketwacht jur police *v* du parquet / de l'audience
parkiet perruche *v*
parking BN *parkeerplaats* parking *m*, parc *m* de stationnement
parkinson parkinson *m*
parkoers parcours *m*
parkwachter gardien *m* de parc [v: gardienne ...]
parlement parlement *m*
parlementair ❶ *m.b.t. parlement* parlementaire **❷** *beleefd* parlementaire
parlementariër parlementaire *m/v*, député *m/v*
parlementsgebouw parlement *m*
parlementslid membre *m* du parlement, parlementaire *m/v*
parlementsverkiezingen (élections *v mv*) législatives *v mv*
parmantig I *bn* ⟨fier⟩ assuré, ⟨kek⟩ pimpant **II** *bw* d'un air assuré
Parmezaans ★ *~e kaas* du parmesan
parochiaal paroissial [m mv: paroissiaux]
parochiaan paroissien *m* [v: paroissienne]
parochie paroisse *v* ▾ *voor eigen ~ preken* prêcher pour sa paroisse / pour son saint
parodie parodie *v* (**op** de)
parodiëren parodier
parool ❶ *wachtwoord* mot *m* d'ordre **❷** *leus* devise *v* ★ *oppassen luidt het ~* il s'agit de faire attention
part *deel* part *v*, portion *v*, ⟨van vrucht⟩ quartier *m* ▾ *voor mijn part* pour ma part ★ *ik heb er part noch deel aan* je n'y suis pour rien ▾ *mijn geheugen speelt me parten* ma mémoire me joue des tours
parterre ❶ *begane grond* rez-de-chaussée *m* [mv: id.] **❷** *rang in schouwburg* parterre *m*
participant participant *m*
participatie participation *v*
participeren participer (**in** à)
particulier I *de* particulier *m* ★ *de groothandel levert niet aan ~en* le grossiste ne vend pas aux particuliers ★ *als ~* en simple particulier **II** *bn* privé, particulier [v: particulière], individuel [v: individuelle] ★ *een ~e school* une école libre / privée ★ *in de ~e sector* dans le secteur privé ★ *~ initiatief* initiative *v* privée **III** *bw* en privé
partieel I *bn* partiel [v: partielle] **II** *bw* partiellement
partij ❶ *groep* partie *v*, ⟨politiek⟩ parti *m* ★ *de politieke ~en* les partis politiques ★ *boven de ~en staan* être au-dessus des partis ★ *~ kiezen voor iem.* prendre parti pour qn **❷** jur partie *v* ★ *de eisende ~* la partie civile ★ *zich (BN burgerlijk) ~ stellen* se constituer partie civile **❸** *huwelijkspartner* parti *m* ★ *zij is een goede ~* elle est un beau parti **❹** *hoeveelheid* lot *m* ★ *~ goederen* lot de marchandises **❺** sport partie *v* ★ *een ~tje tennis* une partie de tennis ★ *een ~ schaak* une partie d'échecs **❻** *feest* soirée *v*, partie *v* ★ *een ~tje geven* organiser une soirée **❼** muz partie *v* ▾ *~ trekken van* tirer parti de ▾ *goed ~ geven* (bien) se défendre ▾ *zijn ~ meeblazen* y mettre du sien, être au rendez-vous ▾ *geen ~ zijn voor iem.* ne pas faire le poids contre qn ▾ *van de ~ zijn* être de la partie
partijbestuur bureau *m* / comité *m* directeur du parti
partijbons inform dinosaure *m*
partijdig I *bn* partial [m mv: partiaux] partisan **II** *bw* avec partialité
partijganger partisan *m* [v: partisane]
partijleider chef *m* de parti
partijlid adhérent *m* [v: adhérente] ★ *actief ~* militant *m*
partijpolitiek politique *v* du parti, politique *v* d'un parti, min politique *v* politicienne

pa

partijtop responsables *m mv* du parti
partikel particule *v*
partituur partition *v*
partizaan partisan *m*
partner ❶ *deelgenoot* partenaire *m/v* ★ *sociale ~s* partenaires *m mv* sociaux ❷ *levensgezel* partenaire *m/v*, compagnon *m*, compagne *v* ★ *een vaste ~* fiancé *m* [v: fiancée]
partnerregistratie enregistrement *m* du PACS
partnerschap ❶ *samenlevingsvorm* ★ *geregistreerd ~* PACS *m*, pacs *m*, pacte *m* civil de solidarité ❷ econ partenariat *m*
parttime à temps partiel ★ *~ werken* travailler à temps partiel / à mi-temps
parttimebaan emploi *m* à temps partiel
parttimer employé *m* à temps partiel, travailleur *m* à mi-temps
partydrug drogue *v* festive
partytent tente *v* / chapiteau *m* de réception, barnum *m*
pas I *de* ❶ *stap* pas *m* ★ *met grote passen* à grands pas ★ *iem. de pas afsnijden* couper le chemin à qn ★ *zijn pas versnellen* allonger / presser le pas ★ *de pas inhouden* ralentir le pas ★ *pas op de plaats maken* piétiner sur place ★ *de pas markeren* ook fig marquer le pas ★ *in de pas lopen* marcher au pas ❷ *paspoort* passeport *m* ★ *een pas aanvragen* faire une demande de passeport ❸ *ander legitimatiebewijs* ⟨pasje⟩ carte *v*, permis *m*, ⟨chip- / magneetkaart⟩ badge *m* ★ *elke bezoeker krijgt een pasje* chaque visiteur reçoit un badge ❹ *weg door gebergte* col *m* **II** *het* ★ *goed van pas komen* tomber à pic / à point (nommé), venir juste à propos, servir ★ *iets te pas brengen* amener qc sur le tapis ★ *te pas en te onpas* à tout propos, à tort et à travers ★ *(niet) van pas* (mal) à propos ★ *eraan te pas komen* ⟨ingrijpen⟩ intervenir ★ *er niet aan te pas komen* être dépassé par les événements **III** *bw* ❶ *nog maar net* à l'instant, à peine, tout juste, ⟨onlangs⟩ récemment ★ *pas geverfd* peinture *v* fraîche ★ *ik ben pas aangekomen* je viens d'arriver ★ *pas geplukt* frais cueilli ★ *pas verschenen* vient de paraître ❷ *niet meer / eerder / verder dan* ne ... que, seulement ★ *we hebben pas één les gehad* nous n'avons eu qu'une leçon ★ *zij komt pas om zes uur* elle n'arrive qu'à six heures, elle n'arrive pas avant six heures ❸ *in hoge mate* ★ *dat is pas leuk* voilà qui est drôle
Pascha rel Pâque *v*
pascontrole contrôle *m* des passeports
Pasen ⟨christelijk⟩ Pâques *v mv / m*, ⟨joods⟩ Pâque *v* ★ *met ~* à Pâques ★ *Beloken ~* (dimanche *m* de) Quasimodo *v*
pasfoto photo *v* d'identité
pasgeboren nouveau-né [m mv: nouveau-nés] [v: nouveau-née]
pasgetrouwd qui vient de se marier ★ *het ~e stel* les jeunes / nouveaux mariés
pasje → **pas**
paskamer cabine *v* d'essayage
pasklaar (taillé) sur mesure, ajusté, fig tout prêt [m mv: tout prêts] [v: toute prête] ★ *~ gemaakt* taillé sur mesure ★ *een pasklare oplossing* une solution toute faite
pasmunt (petite) monnaie *v*

pa

paspoort passeport *m*
paspoortcontrole contrôle *m* des passeports
paspoortnummer numéro *m* du passeport *m*
paspop mannequin *m*
pass sport passe *v*
passaat (vent *m*) alizé *m*
passaatwind (vent *m*) alizé *m*
passage ❶ *doorgang* passage *m* ❷ *deel van tekst* passage *m* ❸ *winkelgalerij* galerie *v* (marchande) ❹ *overtocht* passage *m*
passagier ⟨trein, bus⟩ voyageur *m* [v: voyageuse], ⟨boot, vliegtuig⟩ passager *m* [v: passagère] ★ *een blinde ~* un voyageur clandestin
passagieren inform tirer une bordée
passagiersschip paquebot *m*
passagiersvliegtuig avion *m* de ligne
passant *voorbijganger* passant *m* [v: passante]
passé dépassé
passen[1] [pààssen] sport *een pass geven* faire une passe, passer
passen[2] **I** *ov ww* ❶ *juiste maat proberen* essayer ★ *een jurk ~* essayer une robe ❷ *afpassen* mesurer, ajuster, ⟨ineenvoegen⟩ emboîter ❸ *exact betalen* faire l'appoint ★ *wacht even, ik kan het wel ~* attends, je peux faire l'appoint **II** *onov ww* ❶ *op maat zijn* aller (bien) ★ *dat past precies* ça me / te / lui va comme un gant ★ *in elkaar ~* s'emboîter, se joindre ★ *die jas past me goed* ce manteau me va bien ★ *~ in* aller / (r)entrer dans ❷ *gelegen komen* convenir ★ *wanneer past het je?* quelle date te convient? ❸ *fatsoenlijk zijn* être convenable, convenir ❹ *beurt overslaan* passer ★ *ik pas* je passe ★ *daar pas ik voor!* je n'y tiens pas!, pas question! ❺ *~* **bij** cadrer avec, aller avec ★ *goed bij elkaar ~* aller bien ensemble ❻ *~* **op** ⟨zorgen voor⟩ s'occuper de, ⟨bewaken⟩ garder, surveiller ★ *op zijn woorden ~* se surveiller ★ *op het huis ~* garder la maison ★ *pas op het opstapje* attention à la marche! ★ *op de baby ~* faire du baby-sitting
passend I *bn* convenable, approprié ★ *~ maken* ajuster ★ *een ~e betrekking* un poste convenable ★ *~e maatregelen* mesures *v mv* adéquates ★ *~e uitdrukking* expression *v* appropriée ★ *~ bij* assorti à ★ *bij elkaar ~e kleren* des vêtements qui vont bien ensemble ★ *bij elkaar ~e kleuren* des couleurs assorties **II** *bw* convenablement
passe-partout ❶ *omlijsting* passe-partout *m* [mv: id.] ❷ *toegangskaart* forfait *m*
passer compas *m*
passerdoos boîte *v* de compas
passeren I *ov ww* ❶ *gaan langs* passer (devant), ⟨inhalen⟩ dépasser, doubler ★ *mag ik even ~?* je peux passer s'il vous plaît? ❷ *gaan door / over* passer, franchir ★ *we ~ de grens* on franchit la frontière ★ *hij is de 60 gepasseerd* il a (dé)passé la soixantaine ❸ *overslaan* tenir à l'écart, oublier ★ *haar collega werd gepasseerd* son collègue n'a rien obtenu ★ *zich gepasseerd voelen* se sentir frustré ❹ jur *bekrachtigen* établir, dresser ★ *een akte ~* établir / dresser un acte **II** *onov ww, gebeuren* se passer ★ *iets niet laten ~* ne pas laisser passer qc
passie ❶ *hartstocht* passion *v* (**voor** de) ❷ *het lijden van Christus* Passion *v*
passiebloem passiflore *v*, fleur *v* de la passion

passief I *bn* passif [v: passive] **II** *bw* passivement **III** *het* ❶ taalk passif *m* ❷ handel passif *m*
passievrucht fruit *v* de la passion
passiva econ passif *m*, masse *v* passive
passiviteit passivité *v*
passpiegel glace *v*, psyché *v*
password mot *m* de passe, code *m* d'accès
pasta I *de* [mv: +'s] *mengsel* pâte *v* **II** *de* [mv: paste] culin *Italiaanse deegwaar* pâtes *v mv* (alimentaires)
pastei pâté *m*, ⟨pasteitje⟩ bouchée *v*
pastel ❶ *kleurstof* pastel *m* ❷ *pasteltekening* pastel *m*
pasteltint ton *m* pastel
pasteuriseren pasteuriser
pastiche pastiche *m*
pastille pastille *v*
pastinaak panais *m*
pastoor rel curé *m*
pastor rel pasteur *m*
pastoraal ❶ rel pastoral [m mv: pastoraux] ★ *~ werk* travail *m* pastoral ❷ *herderlijk* pastoral ★ *pastorale gedichten* poèmes *m mv* pastoraux, bucoliques *v mv*
pastoraat ❶ *pastoorschap* pastorat *m* ❷ *zielzorg* pastorat *m*
pastorale pastorale *v*
pastorie presbytère *m*
pasvorm coupe *v*, façon *v*
paswoord BN *wachtwoord* mot *m* de passe
pat *schaakterm* pat ★ *pat staan* être pat
Patagonië la Patagonie
patat frites *v mv* ★ *~ met (mayonaise)* frites mayonnaise
patatkraam friterie *v*
patchwork patchwork *m*
paté pâté *m*
patent I *het* brevet *m* (d'invention) ★ fig *daar heeft hij het ~ op* c'est sa spécialité **II** *bn* excellent, superbe **III** *bw* à merveille, très bien
patentbloem fleur *v* de farine
patenteren ❶ *patent verlenen* breveter ★ *gepatenteerd* fig patenté ❷ *patent nemen* faire breveter
pater père *m*, ⟨aanspreking⟩ mon père, ⟨met naam⟩ le révérend père *m*
paternalisme paternalisme *m*
paternalistisch paternaliste
pathetisch pathétique
pathologie pathologie *v*
pathologisch pathologique
patholoog-anatoom pathologiste *m/v*, ⟨van politie⟩ médecin *m* légiste
pathos pathétique *m*, form pathos *m*
patience réussite *v* ★ *~ spelen* faire une réussite
patiënt malade *m/v*, ⟨bij operatie / onderzoek⟩ patient *m* [v: patiente] ★ *na de behandeling mag de ~ meteen naar huis* immédiatement après le traitement, le patient peut rentrer chez lui ★ *~ zijn van* être soigné par, être client de ★ *volgende ~!* au suivant!
patiëntendossier med dossier *m* médical ★ *elektronisch ~* dossier médical informatisé
patio patio *m*
patisserie pâtisserie *v*
patriarch patriarche *m*
patriarchaal patriarcal [m mv: patriarcaux]
patriarchaat patriarcat *m*
patriciër patricien *m* [v: patricienne]
patrijs *vogel* perdrix *v*
patrijspoort hublot *m*
patriot patriote *m/v*
patriottisch patriotique, patriote
patriottisme patriotisme *m*
patronaal BN *van de werkgevers* patronal [m mv: patronaux]
patronaat ❶ *beschermheerschap* patronage *m* ❷ BN *de gezamenlijke werkgevers* patronat *m*
patroon I *de* ❶ *beschermheer* patron *m* ❷ BN *baas* patron *m* ❸ *huls met lading* cartouche *v* **II** *het* ❶ *model* patron *m*, modèle *m* ❷ *dessin* motif *m*, dessin *m* ❸ *wijze* ⟨van gedrag⟩ mode *m*, type *m*, form schème *m*, ⟨van ordening⟩ schéma *m*
patroonheilige patron *m* [v: patronne]
patroonhuls douille *v*
patrouille ❶ *verkenning* patrouille *v* ★ *op ~* en patrouille ❷ *troepenafdeling* patrouille *v*
patrouilleauto voiture *v* de patrouille / de police
patrouilleboot patrouilleur *m*
patrouilleren patrouiller
patser frimeur *m*
patstelling ❶ *stelling in schaakspel* pat *m* ❷ *impasse* impasse *v*
pauk timbale *v*
paukenist timbalier *m*
paus *geestelijk leider* pape *m*, souverain *m* pontife ▾ *roomser dan de paus zijn* être plus royaliste que le roi
pauselijk papal [m mv: papaux] pontifical [m mv: pontificaux] ★ *~e zegen* bénédiction *v* apostolique
pausmobiel papamobile *v*
pauw paon *m* ▾ *zo trots als een pauw* fier comme un coq / pou
pauze pause *v*, ⟨lespauze⟩ récréation *v*, ⟨bij voorstelling⟩ entracte *m* ★ *de kantine is alleen open tijdens de grote ~* la cantine n'est ouverte que pendant la grande pause ★ *in de ~ ging de helft van het publiek weg* à l'entracte la moitié du public a quitté la salle
pauzeren faire une / la pause
pauzetoets touche *v* de pause / d'interruption
paviljoen pavillon *m*
pc *personal computer* PC *m*
pdf comp PDF *m* [mv: id.]
pecannoot pécan *m*
pech ❶ *tegenspoed* malchance *v* ★ *pech hebben* manquer de chance ★ *pech gehad* pas de chance!, tant pis!, inform manque de pot! ❷ *panne* panne *v* ★ *pech hebben* tomber en panne
pechlamp lampe *v* de secours
pechvogel malchanceux *m* [v: malchanceuse]
pectine pectine *v*
pedaal pédale *v* ▾ BN *de pedalen verliezen* perdre les pédales
pedaalemmer poubelle *v* à pédale
pedagogie pédagogie *v*
pedagogiek pédagogique *v*
pedagogisch pédagogique
pedagoog *opvoedkundige* pédagogue *m/v*

pedant I *bn* pédant **II** *bw* d'un air suffisant / présomptueux
pedanterie pédanterie *v*
peddel pagaie *v*
peddelen ❶ *roeien* pagayer ❷ *fietsen* pédaler
pedel appariteur *m*
pediatrie pédiatrie *v*
pedicure ❶ *persoon* pédicure *m/v* ❷ *behandeling* pédicurie *v*
pedofiel I *de* pédophile *m/v* **II** *bn* pédophile
pedofilie pédophilie *v*
pee ▾ *(er) de pee in hebben* être en ronge, l'avoir mauvaise
peeling peeling *m*, gommage *m*
peen carotte *v*
peepshow peepshow *m*
peer ❶ *vrucht* poire *v* ★ *met de gebakken peren zitten* en être pour ses frais ❷ *boom* poirier *m* ❸ *lamp* ampoule *v* ❹ *vent* type *m* ★ *je vader is een geschikte peer* ton père est un type bien
peervormig en poire, piriforme
pees *deel van spier* tendon *m*
peeskamertje chambre *v* (dans une maison) de passe
peesontsteking tendinite *v*
peetoom parrain *m*
peettante marraine *v*
peetvader ❶ *peter* parrain *m* ❷ *geestelijke vader* père *m* spirituel
pegel ❶ *ijskegel* glaçon *m* ❷ *hard schot* boulet *m* (de canon)
peignoir peignoir *m*
peil ❶ lett *gemeten stand* niveau *m* ★ *beneden peil* au-dessous du niveau ★ *op peil brengen* mettre à niveau ❷ fig *geestelijk, moreel niveau* niveau *m* ★ *dat is beneden alle peil* c'est au-dessous de tout, c'est minable ★ *op hoger peil brengen* élever le niveau de ▾ *er is geen peil op te trekken* on ne sait pas à quoi s'en tenir
peildatum date *v* repère
peilen ❶ *bepalen* ‹van diepte› sonder, ‹in vat› jauger, ‹van plaats› repérer ❷ fig *doorgronden* sonder, scruter ★ *de stemming ~* prendre la température
peilglas ≈ éprouvette *v*
peiling ‹van diepte› sondage *m*, ‹in vat› jaugeage *m*, ‹van plaats› repérage *m* ▾ *in de ~ hebben* avoir l'œil sur, ‹iem. doorhebben› voir venir
peillood (plomb *m* de) sonde *v*
peilloos sans fond, insondable
peilstok jauge *v*
peinzen songer (**over** à), réfléchir (**over** à / sur), méditer (**over** sur) ★ *zich suf ~* se creuser la tête ★ *~d* pensif [v: pensive] absorbé dans ses pensées ▾ *ik peins er niet over!* pas question!
pek poix *v*, brai *m*
pekel ❶ *oplossing* saumure *v* ❷ *strooizout* sel *m* (de déneigement)
pekelen ❶ *van voedsel* saumurer, saler ❷ *van wegen* saler
pekelvlees salé *m*, ‹plakjes› petit salé *m*
pekinees pékinois *m*
Pekinees I *de, bewoner* Pékinois *m* **II** *bn* pékinois
Pekinese *bewoner* Pékinoise *v*
Peking Pékin *m*
pekingeend canard *m* mandarin
Pekings → **Pekinees**
pelgrim pèlerin *m*
pelgrimage pèlerinage *m*
pelgrimsoord lieu *m* de pèlerinage *m*
pelikaan pélican *m*
pellen peler, éplucher, ‹van ei› écaler, peler, ‹van garnaal› décortiquer, éplucher, ‹van graan› écorcer, ‹van noot› décortiquer
peloton ❶ mil peloton *m* ❷ sport peloton *m*
pels ❶ *vacht* peau *v* ❷ *bont* fourrure *v*
pelsdier animal *m* à fourrure [m mv: animaux ...]
pelsjager chasseur *m* de fourrures, trappeur *m*
pen ❶ *schrijfpen* stylo *m* ★ *de pen opnemen* prendre la plume ★ *in de pen klimmen* prendre la plume ★ *het zit in de pen* c'est en préparation ★ *dat is met geen pen te beschrijven* cela défie toute description ★ *heel wat pennen in beweging brengen* faire couler beaucoup d'encre ❷ *pin* tenon *m*, cheville *v*, ‹spie› clavette *v*, goupille *v* ❸ *breipen* aiguille *v* (à tricoter)
penalty penalty *m* [m mv: penalties / penaltys]
penaltystip point *m* de penalty / de réparation
penarie ▾ *in de ~ zitten* être dans la dèche, être mal barré
pendant pendant *m* ★ *een ~ zijn van* faire pendant à
pendel ❶ *het pendelen* navette *v* ❷ *wichelslinger* pendule *m*
pendelaar personne *v* qui fait la navette
pendelbus navette *v*
pendeldienst navette *v*
pendelen faire la navette
pendule pendule *v*
penetrant pénétrant
penetratie pénétration *v*
penetreren pénétrer dans
penibel pénible
penicilline pénicilline *v*
penis pénis *m*
penitentiair pénitentiaire
penitentie pénitence *v*
pennen *schrijven* griffonner, ‹schaakspel› clouer
pennenbak plumier *m* de bureau
pennenstreek trait *m* / coup *m* de plume
pennenvrucht ouvrage *m*, production *v* littéraire
pennenzak BN *etui* trousse *v*
penning ❶ *plaatje* médaille *v* ★ *de hond heeft een ~ aan zijn halsband* le chien porte une médaille sur son collier ❷ *munt* pièce *v*, gesch denier *m*, ‹voor automaat› jeton *m* ★ *op de ~ zijn* être près de ses sous ★ *tot de laatste ~* jusqu'au dernier sou
penningmeester trésorier *m* [v: trésorière]
penopauze andropause *v*
penoze pègre *v*, milieu *m*
pens ❶ *buik* ook fig panse *v*, cul tripe(s) *v (mv)* ❷ *voormaag* panse *v* ❸ BN culin *bloedworst* boudin *m* (noir)
penseel pinceau *m* [m mv: pinceaux]
penseelstreek coup *m* de pinceau, touche *v*
pensioen (pension *v* de) retraite *v* ★ *aanvullend ~* retraite complémentaire ★ *vervroegd ~* retraite anticipée, préretraite *v* ★ *met ~ gaan* prendre sa retraite ★ *met ~ zijn* être retraité, être à la retraite
pensioenbreuk ≈ dévalorisation *v* de la retraite

pe

(par suite de rupture de carrière)
pensioenfonds caisse *v* de retraite
pensioengat ≈ manque *m* / déficit *m* de points de retraite
pensioengerechtigd jur ★ *~e leeftijd* âge *m* de la retraite
pensioenpremie cotisation *v* à la caisse de retraite
pension ❶ *kosthuis* pension *v* ❷ *verzorging* pension *v* ★ *in ~ zijn bij* être en pension chez
pensionaat pensionnat *m*
pensioneren mettre à la retraite ★ *gepensioneerd* en retraite, retraité
pensionering mise *v* / départ *m* à la retraite
pensionhouder patron *m* d'une pension [v: patronne ...]
pentagram pentacle *m*
pentatlon pentathlon *m*
penthouse penthouse *m*, attique *m*
pep ❶ *fut* punch *m* ❷ *pepmiddel* stimulant *m*
peper ❶ culin *specerij* poivre *m* ★ *~ en zout* poivre et sel ❷ culin *vrucht* piment *m* ★ *Spaanse ~* piment *m* ★ *rode ~* piment rouge ★ *groene ~* piment vert
peperbus poivrier *m*, poivrière *v*
peperduur hors de prix
peperen poivrer ★ *een gepeperde rekening* une note salée
peper-en-zoutkleurig poivre et sel [onver.]
peper-en-zoutstel salière *v* poivrière
peperkoek BN culin *ontbijtkoek* pain *m* d'épice
peperkorrel grain *m* de poivre
pepermolen moulin *m* à poivre
pepermunt ❶ culin *snoepgoed* bonbons *m mv* à la menthe ❷ *plant* menthe *v* poivrée → **pepermuntje**
pepermuntje culin *snoepje* bonbon *m* à la menthe
pepernoot culin ≈ nonnette *v*
pepmiddel stimulant *m*, énergisant *m*
pepperspray gaz *m* poivre
peppil stimulant *m*
peptalk ≈ encouragements *m mv*
per ❶ *vanaf* à partir de ★ *per 1 augustus* à partir du premier août, au premier août ❷ *door middel van* en, par ★ *de uitnodigingen zijn per e-mail verstuurd* les invitations ont été envoyées par e-mail ★ *per fiets* en vélo ★ *per boot* en bateau ★ *per trein* en train ★ *per vliegtuig* en avion ★ *iets per vliegtuig versturen* envoyer qc par avion ❸ *bij een hoeveelheid van* par, à ★ *per stuk* (la) pièce ★ *per kilo* pro Kilo, le kilo ★ *per dag* par jour ★ *per vierkante meter* au mètre carré ★ *honderd kilometer per uur* cent kilomètres à l'heure
perceel ❶ *stuk land* parcelle *v* ★ *in percelen verdelen* parcelliser ★ *een ~ grond* une parcelle de terrain ❷ *pand* immeuble *m*
percent → **procent**
percentage pourcentage *m*, taux *m* ★ *~ geslaagden* taux *m* de réussites
percentsgewijs en pourcentage
perceptie perception *v*
percolator percolateur *m*
percussie percussion *v*
percussionist percussionniste *m/v*
perenboom poirier *m*
perensap culin jus *m* de poire
perfect parfait, excellent
perfectie perfection *v*
perfectioneren perfectionner, sophistiquer
perfectionist perfectionniste *m/v*
perforatie perforation *v*, ⟨van scheurblad⟩ pointillé *m*
perforator perforeuse *v*
perforeren perforer
pergola pergola *v*
perifeer périphérique
periferie périphérie *v*
perikelen péripéties *v mv*, ennuis *m mv* ★ *amoureuze ~* tribulations *v mv* sentimentales
periode période *v* ★ *gedurende een ~ van drie maanden* pendant une période de trois mois
periodiek I *de/het, tijdschrift* périodique *m* **II** *bn* périodique ★ *~ systeem* classification *v* périodique **III** *bw* périodiquement
periscoop périscope *m*
peristaltisch péristaltique ★ *~e beweging* péristaltisme *m*
perk ❶ *bloembed* parterre *m* de fleurs, plate-bande *v* [v mv: plates-bandes], ⟨border⟩ massif *m* ❷ fig *begrenzing* limite *v*, borne *v* ★ *binnen de perken blijven* être raisonnable ★ *de perken te buiten gaan* dépasser les bornes, passer toute mesure
perkament parchemin *m*
perm permien *m*
permafrost permafrost *m*
permanent I *het* permanente *v* ★ *een ~ laten zetten* se faire faire une permanente **II** *bn* permanent, continu, fixe **III** *bw* en permanence
permanenten permanenter ★ *zich laten ~* se faire faire une permanente
permeabel perméable
permissie permission *v* ★ *~ vragen om* demander la permission de ★ *met ~* avec votre permission
permissief permissif [v: permissive]
permitteren permettre ★ *zich ~* se permettre
peroxide peroxyde *m*
perpetuum mobile (machine *v* à) mouvement *m* perpétuel
perplex perplexe ★ *~ staan* rester ébahi / interloqué
perron quai *m*
pers ❶ *toestel om te persen* presse *v*, ⟨wijnpers⟩ pressoir *m* ★ *een hydraulische pers* une presse hydraulique ❷ *drukpers* presse *v* ★ *het boek is ter perse* le livre est sous presse ❸ *nieuwsbladen en journalisten* presse *v* ★ *een goede pers hebben* avoir bonne presse ★ *de pers halen* faire parler de soi dans la presse ★ *de schrijvende pers* la presse écrite ❹ *tapijt* tapis *m* persan ❺ *kat* chat *m* persan
Pers Persan *m*
persagentschap agence *v* de presse
persbericht ❶ *bericht aan de pers* communiqué *m* de presse ❷ *bericht in de pers* dépêche *v*
persbureau agence *v* de presse
perschef attaché *m* de presse [v: attachée ...]
persconferentie conférence *v* de presse
per se à tout prix, absolument ★ *iets ~ willen doen* vouloir faire qc absolument, insister pour faire qc ★ *dat hoeft niet ~ waar te zijn* ce n'est pas

forcément vrai
persen I *ov ww* ❶ *krachtig drukken* presser, ⟨samendrukken⟩ comprimer ★ *zich in een broek* ~ se boudiner dans un pantalon ❷ *uitpersen* presser ★ *olie* ~ extraire de l'huile ❸ *gladstrijken* repasser à la vapeur, ⟨stomen⟩ presser II *onov ww, drukken* pousser
persfotograaf photographe *m/v* de presse, photojournaliste *m/v*
persiflage persiflage *m*
perskaart carte *v* de presse
persklaar bon à tirer [v: bonne à tirer]
personage ❶ *rol, figuur* personnage *m* ❷ *persoon* personnage *m*
personalia coordonnées *v mv*, jur identité *v*
personaliteit BN *vip* personnalité *v*
personeel I *het* personnel *m*, employés *m mv*, ⟨bestand⟩ effectifs *m mv* ★ *gebrek aan* ~ manque *m* de personnel ★ ~ *gevraagd* offres *v mv* d'emploi ★ *het onderwijzend* ~ le corps enseignant II *bn, persoonlijk* personnel [v: personnelle]
personeelsadvertentie ⟨gevraagd⟩ offre *v* d'emploi, ⟨aangeboden⟩ demande *v* d'emploi
personeelsafdeling direction *v* des ressources humaines (DRH)
personeelsbeleid gestion *v* du personnel
personeelschef chef *m* du personnel, directeur *m* des ressources humaines (DRH)
personeelslid membre *m* du personnel
personeelsstop arrêt *m* de l'embauchage
personeelszaken *afdeling* direction *v* des ressources humaines (DRH)
personenauto voiture *v*, voiture de tourisme
personenlift ascenseur *m*
personenvervoer transport *m* de voyageurs
personificatie personnification *v*
personifiëren personnifier, incarner
persoon ❶ *individu* personne *v*, personnage *m* ★ *reserveren voor vier personen* réserver pour quatre personnes ★ *in eigen* ~ en personne ★ *per* ~ par personne ★ *mijn ~tje* ma petite personne ❷ taalk personne *v* ★ *in de eerste* ~ *enkelvoud* à la première personne du singulier
persoonlijk I *bn, m.b.t. individu* personnel [v: personnelle], individuel [v: individuelle] ★ *~e vrijheid* liberté *v* individuelle ★ *om ~e redenen* pour des raisons de convenance personnelle ★ *strikt* ~ strictement privé ★ ~ *worden* viser la personne II *bw* personnellement, en personne ★ *de rector reikt* ~ *de diploma's uit* le proviseur lui-même remettra les diplômes
persoonlijkheid ❶ *aard* personnalité *v* ★ *een sterke* ~ une forte personnalité ❷ *persoon* personnalité *v* ★ *een grote* ~ une grande figure
persoonsbewijs carte *v* d'identité
persoonsgebonden personnalisé
persoonsregister registre *m* d'état civil
persoonsregistratie enregistrement *m* d'état civil
persoonsverheerlijking culte *m* de la personnalité
persoonsvorm verbe *m* conjugué
perspectief I *het* ❶ *vooruitzicht* perspective *v* ❷ *oogpunt* perspective *v* II *de, uitbeelding in plat vlak* perspective *v*
perspectivisch I *bn* de perspective II *bw* en perspective
perspex I *het* plexiglas *m* II *bn* en plexiglas
perssinaasappel orange *v* à presser / à jus
persvoorlichter attaché *m* de presse [v: attachée ...]
persvrijheid liberté *v* de la presse
pertinent I *bn* incontestable, évident II *bw* formellement ★ *dat is* ~ *gelogen* c'est un mensonge flagrant, c'est complètement faux ★ *ik weet het* ~ *zeker* j'en suis sûr et certain
Peru le Pérou ★ *in Peru* au Pérou
Peruaan Péruvien *m*
Peruaans péruvien [v: péruvienne]
Peruaanse Péruvienne *v*
pervers I *bn* pervers II *bw* avec perversité
perversie perversion *v*
Perzië la Perse ★ *in* ~ en Perse
perzik ❶ *vrucht* pêche *v* ❷ *boom* pêcher *m*
perzikhuid peau *v* de pêche
Perzisch persan
Perzische Persane *v*
Perzische Golf golfe *m* Persique, Golfe *m*
pessarium diaphragme *m*
pessimisme pessimisme *m*
pessimist pessimiste *m/v*
pessimistisch I *bn* pessimiste II *bw* avec pessimisme
pest ❶ *ziekte* peste *v* ★ *met de pest besmet* pestiféré ❷ *iets schadelijks* peste *v* ★ *dat is de pest voor* ... ça fout en l'air ... ▼ *de pest hebben aan* haïr comme la peste, ⟨iemand⟩ ne pas pouvoir sa(c)quer ▼ *(er) de pest in hebben* être en rogne, l'avoir mauvaise
pest- fichu, sale ★ *pestweer* temps *m* pourri, sale temps ★ *pestding* saleté *v*
pestbui humeur *v* massacrante
pesten enquiquiner, ⟨van leraar⟩ chahuter
pestepidemie (épidémie *v* de) peste *v*
pesterij ❶ *getreiter* tracasserie *v*, vexation *v* ❷ *peststreek* sale coup *m*
pesthumeur rogne *v* ★ *een* ~ *hebben* être en rogne
pesticide pesticide *m*
pestkop taquin *m*, (petite) peste *v*
pesto culin pesto *m*
pet I *de* casquette *v*, mil képi *m* ★ *dat gaat boven mijn pet* cela me dépasse ★ *er met de pet naar gooien* bâcler qc, faire qc à la va-comme-je-te-pousse ★ *geen hoge pet ophebben van iets* ne pas avoir une haute opinion de qc ★ *ik kan er met mijn pet niet bij* cela me dépasse ★ *zijn pet staat verkeerd* il est de mauvais poil ★ *met de pet rondgaan* faire la quête ★ *dat is huilen met de pet op* c'est lamentable ★ *iets onder de pet houden* passer qc sous silence ★ *daar neem ik mijn petje voor af!* (je tire mon) chapeau!, chapeau bas! ★ *twee petten op hebben* avoir une double casquette II *bn* ★ *dat is pet* c'est nul
petekind filleul *m* [v: filleule]
peter parrain *m*
peterschap BN *financiële ondersteuning* parrainage *m*
peterselie culin persil *m*
petfles bouteille *v* PET
petieterig riquiqui, petiot

pe

petitfour petit-four *m*
petitie pétition *v* ★ *een ~ ondertekenen* signer une pétition ★ *een ~ aanbieden aan iem.* adresser une pétition à qn
petrochemie pétrochimie *v*
petrochemisch pétrochimique
petroleum pétrole *m*
petroleumlamp lampe *v* à pétrole
pets claque *v*
petticoat jupon *m*
petunia pétunia *m*
peuk ❶ *stompje sigaret* mégot *m* ❷ inform *sigaret* clope *m/v*
peul ❶ *peulvrucht* gousse *v*, ‹dop› cosse *v* ❷ *soort erwt* (pois *m*) mange-tout *m* [mv: id.] ▾ *lust je nog peultjes?* ça te la coupe!
peulenschil ❶ *schil van peul* cosse *v* ❷ *kleinigheid* bagatelle *v* ★ *dat is geen ~* ce n'est pas de la tarte, ce n'est pas de la rigolade
peulvrucht ❶ *erwt, boon* gousse *v*, légume *m* ★ *~en* légumes *m mv* secs ❷ *plant* ★ *~en* (plantes *v mv*) légumineuses *v mv*
peut *terpentine* white spirit *m*
peuter tout-petit *m* [m mv: tout-petits]
peuteren ❶ *pulken* farfouiller ★ *in je neus ~* se curer le nez ❷ *friemelen* tripoter ★ *aan iets ~* tripoter qc, ‹afwerken› fignoler qc
peuterig *klein* minuscule
peuterleidster puéricultrice *v*
peuterspeelzaal, BN **peutertuin** jardin *m* d'enfants, garderie *v*
peuzelen savourer, grignoter
pezen ❶ *hard rijden* foncer ❷ *hard werken* trimer
pezig ❶ *met krachtige pezen* musclé ★ *een ~e man* un homme musclé ❷ *taai* tendineux [v: tendineuse] ★ *~ vlees* de la viande tendineuse
pfeiffer mononucléose *v* infectieuse
pH pH *m*
phishing comp hameçonnage *m*, phishing *m*
photoshoppen travailler avec Photoshop®
pi pi *m*
pianissimo pianissimo
pianist pianiste *m/v*
piano I *de* piano *m* **II** *bw* muz piano
pianoconcert ❶ *muziekstuk* concerto *m* pour piano ❷ *uitvoering* récital *m* de piano
pianoles leçon *v* de piano
pianostemmer accordeur *m* de pianos
pias bouffon *m*, pitre *m* ★ *de pias uithangen* faire le clown
Picardië la Picardie
piccalilly piccalilli *m*, pickles *m mv*
piccolo ❶ *fluit* piccolo *m* ❷ *bediende* groom *m*, chasseur *m* ❸ BN culin *hard puntbroodje* ≈ petit pain *m*
picknick pique-nique *m* [m mv: pique-niques]
picknicken pique-niquer
pick-up ❶ *kleine open vrachtauto* pick-up *m* [mv: id.] ❷ *platenspeler* tourne-disque *m* [m mv: tourne-disques]
pico bello impec
pictogram pictogramme *m*
picture ▾ *in de ~ zijn* être en vue
piëdestal piédestal *m*, socle *m*
pief type *m* ★ *een hoge pief* un gros bonnet
piek ❶ *bergtop* pic *m* ❷ *hoogtepunt* sommet *m*, pointe *v* ★ *pieken en dalen* des hauts et des bas ❸ *haarlok* mèche *v* rebelle, épi *m* ❹ *kerstversiering* pointe *v*
pieken ❶ *goed presteren* atteindre un niveau maximum ❷ *van haar* être hérissé
piekeraar anxieux *m* [v: anxieuse]
piekeren ruminer ★ *over iets ~* ruminer qc ★ *zich suf ~* se creuser (la tête) ▾ *ik pieker er niet over* pas question
piekfijn impeccable, inform impec, ‹fraai› pimpant ★ *~ gekleed* bien sapé
piekhaar cheveux *m mv* hérissés
piekuur heure *v* de pointe
pielen *aanrommelen* bricoler
piemel zizi *m*, quéquette *v*
pienter éveillé, futé
piep I *de* ‹bliep› bip *m* **II** *tussenw* cui-cui
piepen I *ov ww* ★ *'m ~* se casser ★ *dat is zo gepiept* c'est l'affaire d'une seconde ★ *het is gepiept* ça y est, c'est dans la poche **II** *onov ww* ❶ *geluid maken* ‹van dieren› pousser des petits cris, couiner, ‹van vogels› pépier, piailler, ‹van apparaat› faire bip, ‹knarsen› grincer, gémir ★ *een ~de ademhaling* une respiration sifflante ★ *~de stem* voix *v* grêle ❷ *klagen* geindre, pleurnicher ★ *dan zal je wel anders ~* ça te fera changer de ton ❸ *zich even vertonen* pointer ❹ BN *gluren* épier, guetter
pieper ❶ *aardappel* patate *v* ❷ *apparaatje* bip *m*
piepjong tout jeune, jeunet [v: jeunette]
piepklein minuscule, petiot
piepkuiken poussin *m*
piepschuim polystyrène *m* (expansé)
pieptoon bip *m*
piepzak ▾ *in de ~ zitten* avoir la trouille, flipper
pier ❶ *worm* ver *m* de terre, ‹aas› asticot *m* ★ *zo dood als een pier* raide mort ★ *de kwaaie pier zijn* être le souffre-douleur ❷ *wandeldam* jetée *v* ❸ *loopbrug* jetée *v*
piercing piercing *m*
pierenbad pataugeoire *v*
pierewaaien faire la fête / la java
pies pisse *v*
piesen pisser
piet ❶ *vent* ★ *een hoge piet* un gros bonnet, une grosse légume ★ *een saaie piet* un bonnet de nuit ★ *een hele piet* un crack ★ *zich een hele piet voelen* se croire qc, inform se la jouer ❷ *vogel* piaf, ‹kanarie› canari *m* ❸ *luis* pou *m* [mv: poux]
Piet Pierre *m* ▾ *voor Piet Snot staan* avoir l'air d'un imbécile ▾ *Zwarte Piet* le père Fouettard
piëteit piété *v* ★ *uit ~* par piété
pietepeuterig ❶ *klein* minuscule ❷ *pietluttig* pointilleux [v: pointilleuse]
pietje-precies fignoleur *m*, tatillon *m*
pietlut chicanier *m* [v: chicanière], tatillon *m* [v: tatillonne]
pietluttig I *bn* chicanier [v: chicanière] **II** *bw* en chicanant
pigment pigment *m*
pigmentvlek tache *v* pigmentée
pij froc *m*
pijl *projectiel* flèche *v*, ‹pijltje› fléchette *v* ★ *pijl en boog* arc *m* et flèche(s) ▾ *als een pijl uit de boog* comme une flèche, en flèche ▾ *meer pijlen op zijn boog hebben* avoir plusieurs cordes à son arc

pijler ook fig pilier *m*, ‹van brug› pile *v*

pijlkruid sagette *v*, flèche *v* d'eau

pijlsnel (rapide) comme une flèche, en flèche

pijltjestoets touche *v* fléchée

pijlvormig sagittal [m mv: sagittaux]

pijn ❶ *lichamelijk lijden* mal *m*, douleur *v*, jeugdt bobo *m* ★ *chronische pijn* douleur *v* persistante ★ *pijn doen* faire mal ★ *iem. pijn doen* faire mal à qn ★ *pijn in de buik hebben* avoir mal au ventre ★ *een zeurende pijn* une douleur sourde / diffuse ★ *pijn lijden* souffrir ★ *ik heb pijn aan ...* j'ai mal à ... ★ *pijn in de keel hebben* avoir mal à la gorge ★ *wie mooi wil zijn, moet pijn lijden* il faut souffrir pour être beau / belle ★ *met pijn in het hart* avec chagrin ★ *met pijn en moeite* avec bien du mal, à grand-peine ❷ *verdriet* douleur *v* ★ *iem. pijn doen* faire de la peine à qn

pijnappel pomme *v* de pin

pijnappelklier épiphyse *v*

pijnbank gesch chevalet *m* ▾ *iem. op de ~ leggen* mettre qn au supplice

pijnbestrijding soins *m mv* palliatifs

pijnboom pin *m*

pijnboompit pignon *m* de pin

pijngrens seuil *m* de tolérance à la douleur

pijnigen martyriser, torturer, fig tourmenter

pijnlijk I *bn* ❶ *wat pijn doet* douloureux [v: douloureuse] ❷ *onaangenaam* pénible II *bw* péniblement, douloureusement ★ *~ nauwgezet* scrupuleusement

pijnloos indolore, sans douleur

pijnprikkel sensation *v* de douleur

pijnpunt ❶ *pijnlijke plek* point *m* névralgique ❷ fig *discussiepunt* point *m* névralgique

pijnscheut élancement *m*, point *m*

pijnstillend calmant, sédatif [v: sédative] ★ *een ~ middel* un calmant

pijnstiller calmant *m*

pijp ❶ *buis* tuyau *m* [m mv: tuyaux], tube *m*, ‹van leiding› conduit *m*, ‹van schoorsteen› cheminée *v*, ‹staafje› bâton *m* ★ *de pijp uitgaan* casser sa pipe ❷ *broekspijp* jambe *v* ❸ *rookgerei* pipe *v* ★ *pijp roken* fumer la pipe ★ *een pijp stoppen* bourrer une pipe ★ *aan zijn pijp trekken* tirer sur sa pipe ★ fig *een zware pijp roken* en voir de dures ★ *de pijp aan Maarten geven* décrocher, flancher ❹ → **pijpje**

pijpen *fellatio bedrijven* faire / tailler une pipe à ▾ *naar iemands ~ dansen* se laisser mener par qn, faire les quatre volontés de qn

pijpenkrul anglaise *v*

pijpenla fig *smal gebouw* (pièce *v* en) boyau *m*

pijpensteel tuyau *m* de pipe ▾ *het regent pijpenstelen* il pleut des cordes

pijpje *pilsflesje* canette *v*

pijpleiding ‹pijplijn› pipeline *m*, ‹olieleiding› oléoduc *m*, ‹gasleiding› gazoduc *m*, ‹buizenstelsel› canalisations *v mv*, ‹van machine› tuyauterie *v*

pijpsleutel *gereedschap* clé *v* à pipe

pik ❶ *penis* bite *v* ★ *op zijn pik getrapt zijn* être piqué au vif ❷ *houweel* pioche *v* ▾ *de pik hebben op* avoir une dent contre, en avoir après

pikant ❶ *scherp* piquant, épicé, relevé ★ *een ~e saus* une sauce piquante / relevée ❷ *gewaagd* croustillant, salé, corsé ★ *~e details* détails *m mv* croustillants

pikdonker I *het* obscurité *v* complète II *bn* tout noir, noir comme dans un four

pikeren *beledigen* vexer

piket piquet *m*

pikeur piqueur *m*

pikhouweel pic *m*, pioche *v*

pikkedonker I *het* obscurité *v* complète ★ *in het ~* dans l'obscurité la plus totale II *bn* noir comme dans un four ★ *het was ~* il faisait noir comme dans un four

pikken ❶ *stelen* piquer, chiper ❷ *pakken* se taper ★ *eruit ~* ‹kiezen› choisir, ‹zien› repérer ❸ *prikken, steken* piquer, ‹met snavel› picorer, becqueter ❹ *dulden* accepter

pikorde ≈ hiérarchie *v*

pikzwart (noir) comme du jais

pil ❶ *geneesmiddel* comprimé *m*, cachet *m* ★ *dat is een bittere pil* c'est dur à avaler, la pilule est dure à avaler ★ *de pil vergulden* dorer la pilule ❷ *anticonceptiepil* pilule *v* ★ *de pil slikken* prendre la pilule ❸ *dik boek* pavé *m*

pilaar pilier *m*, colonne *v*

pilav (riz *m*) pilaf *m*

pillendoos boîte *v* à / de comprimés

piloot pilote *m/v* ★ *automatische ~* pilote automatique

pils bière *v* (blonde) ★ *één pils!* un demi!, inform une mousse!

pimpelen picoler

pimpelmees mésange *v* bleue

pimpelpaars ≈ violet [v: violette]

pimpen pimper, enjoliver

pin I *de* ❶ *staafje* cheville *v*, ‹scharnierpin› clavette *v*, ‹houten pin› tenon *m* ❷ *pinnig mens* ▾ BN *met iets voor de pinnen komen* mettre qc sur le tapis, sortir qc II *afk, persoonlijk identificatienummer* code *m* secret / confidentiel

pinapparaat lecteur *m* de cartes bancaires

pinautomaat *betaalautomaat* point *m* (d')argent, distributeur *m* de billets (de banque)

pincet pincette *v*

pincode code *m* secret / confidentiel

pinda cacahuète *v*

pindakaas culin beurre *m* de cacahuètes

pindasaus culin sauce *v* cacahuète

pineut ▾ *de ~ zijn* être le dindon de la farce, trinquer

pingelaar sport dribbleur *m*

pingelen ❶ *afdingen* chipoter, marchander ❷ *pianospelen* ★ *op de piano ~* pianoter ❸ voetb dribbler ❹ *tikken van motor* cogner

pingpongbal balle *v* de ping-pong

pingpongen jouer au ping-pong

pingpongtafel table *v* de ping-pong

pinguïn manchot *m*, ‹oneigenlijk› pingouin *m*

pink ❶ *vinger* petit doigt *m* ❷ *kalf* génisse *v* (d'un an) ▾ *bij de pinken zijn* être dégourdi

pinken BN *knipogen* cligner des yeux

pinksterbloem cardamine *v*

pinksterdag ★ *eerste ~* dimanche *m* de la Pentecôte ★ *tweede ~* lundi *m* de Pentecôte

Pinksteren Pentecôte *v* ★ *met ~* à la Pentecôte

pinkstermaandag lundi *m* de Pentecôte

pinkstervakantie onderw vacances *v mv* de Pentecôte

pinnen ❶ *betalen* payer par carte bancaire, ⟨intoetsen⟩ composer le code confidentiel ❷ *geld opnemen* (re)tirer de l'argent ❸ *vastpennen* goupiller
pinnig ❶ *vinnig* acrimonieux [v: acrimonieuse] ❷ *gierig* pingre, radin
pinpas carte *v* bancaire, carte *v* bleue
pint BN demi *m*
pin-up pin-up *v*
pioen pivoine *v* ▾ *een hoofd als een ~ hebben* être rouge comme une pivoine
pioenroos pivoine *v*
pion *speelfiguurtje* pion *m*
pionier pionnier *m* [v: pionnière]
pionieren faire un travail de pionnier
pioniersgeest esprit *m* innovateur / de pionnier
pionierswerk travail *m* de pionnier [m mv: travaux ...]
pipet pipette *v*
pips pâlot [v: pâlotte]
piraat ❶ *zeerover* pirate *m* ❷ *zender* radio *v* / émetteur *m* pirate
piramide pyramide *v*
piramidevormig pyramidal [m mv: pyramidaux]
piranha piranha *m*
piratenzender radio *v* / émetteur *m* pirate
piraterij piraterie *v*
pirouette pirouette *v*
pis pisse *v*
pisang banane *v* ★ *een rare ~* un drôle de type, un drôle de coco ★ *de ~ zijn* être le dindon de la farce
pisbak pissotière *v*
pisnijdig furax
pispaal souffre-douleur *m* [mv: souffre-douleur(s)]
pispot pot *m* de chambre
pissebed cloporte *m*
pissen pisser
pissig de mauvais poil, remonté
pistache *noot* pistache *v*
pistachenoot noix *v* de pistache
piste piste *v*
pistolet petit pain *m*
piston ❶ *muziekinstrument* piston *m* ❷ techn *zuiger* piston *m*
pistool pistolet *m* ▾ *iem. het ~ op de borst zetten* mettre qn au pied du mur
pistoolschot coup *m* de pistolet
pit ❶ *kern van vrucht* ⟨van appel e.d.⟩ pépin *m*, ⟨van kers, perzik, pruim⟩ noyau *m* [mv: noyaux] ❷ *elan* sève *v*, piment *m* ★ *er zit pit in die vent* ce mec a du sang dans les veines, ce mec a du peps / du punch ❸ *brander* feu *m* [mv: feux] ★ *iets op een laag pitje zetten* mettre qc en veilleuse ❹ *lont* mèche *v*
pitabroodje culin pita *m*
pitbull pitbull *m*
pitcher sport lanceur *m*
pitje → **pit**
pitloos sans pépins
pitriet rotin *m*
pits sport *reparatieplaats* stands *m mv* (de ravitaillement), paddocks *m mv*
pitstop, pitsstop sport arrêt *m* aux stands
pitten **I** *ov ww, van pit ontdoen* ⟨van aardappels⟩ enlever les yeux, éplucher **II** *onov ww, slapen* roupiller ★ *gaan ~* se pieuter
pittig **I** *bn* ❶ *pikant van smaak* piquant, épicé, relevé ❷ *met energie* vif [v: vive] ★ *een ~e meid* une fille qui a du peps ❸ *flink, stevig* corsé ★ *een ~e rekening* une note salée ★ *een ~e discussie* une discussion animée ★ *een ~ examen* un examen costaud **II** *bw* avec énergie
pittoresk pittoresque
pixel comp pixel *m*
pizza pizza *v*
pizzakoerier livreur *m* de pizzas
pizzeria pizzeria *v*
plaag ❶ *onheil* fléau *m* [mv: fléaux], plaie *v* ★ *plastic tassen zijn een ~ voor het milieu* les sacs en plastique sont un fléau environnemental ❷ *ziekte* épidémie *v*
plaaggeest peste *v*, enquiquineur *m* [v: enquiquineuse]
plaagstoot geste *m* de provocation, provoc *v* ★ *een ~ uitdelen* faire de la provoc, provoquer
plaagziek taquin, tracassier [v: tracassière]
plaaster BN *gips* plâtre *m*
plaat ❶ *plat, hard stuk* plaque *v*, ⟨staalplaat⟩ tôle *v*, ⟨van steen⟩ tablette *v*, ⟨van hout⟩ panneau *m* ★ *de ~ poetsen* décamper, se tirer ❷ *prent* image *v*, ⟨van plaatdrukkerij⟩ planche *v*, ⟨gravure⟩ estampe *v*, gravure *v* ❸ *grammofoonplaat* disque *m* ★ *een ~ opzetten* mettre un disque ★ *een ~ draaien* passer un disque ❹ *zandbank* banc *m* de sable → **plaatje**
plaatijzer tôle *v*
plaatje ❶ *afbeelding* image *v* ❷ *iets moois* beauté *v* ★ *het is een ~* c'est de toute beauté
plaatopname enregistrement *m* d'un disque
plaats ❶ *ruimte waar iemand / iets zich bevindt* lieu *m* [mv: lieux], endroit *m*, place *v* ★ *de ~ van de misdaad* les lieux du crime ★ *de ~ van handeling* le lieu de l'action, ⟨toneel⟩ la scène ★ *de ~ bepalen van* localiser, repérer ★ *op de ~ rust!* repos! ★ *ter ~e* sur place, sur les lieux ★ *van zijn ~ gaan* quitter sa place ★ *niet van zijn ~ komen* ne pas bouger ★ *van ~ wisselen* changer de place ★ BN *ter ~e trappelen* piétiner sur place ❷ *ruimte die iemand / iets inneemt* place *v*, espace *m* ★ *een ~ bespreken* réserver une place ★ *zijn er nog ~en?* est-ce qu'il reste des places? ★ *veel ~ innemen* prendre beaucoup de place ❸ *woonplaats* localité *v*, ⟨gemeente⟩ commune *v* ★ *de dichtstbijzijnde grote ~ is Alkmaar* la ville la plus proche est Alkmaar ★ *een ~je met 5000 inwoners* un village de 5000 habitants ❹ *functie* place *v*, situation *v* ❺ *positie* position *v* ★ *in jouw ~* à ta place ★ *in de ~ komen van* remplacer, se substituer à ★ *zijn ~ niet weten* ne pas connaître sa place ★ *in de eerste ~* (tout) d'abord, premièrement ★ *in ~ van* au lieu de ★ *iem. op zijn ~ zetten* ook fig remettre qn à sa place ★ *iets een ~ geven* caser qc
plaatsbepaling localisation *v*, repérage *m*
plaatsbespreking réservation *v*, location *v*
plaatsbewijs billet *m*, ticket *m*
plaatselijk **I** *bn, ter plaatse* local [m mv: locaux] ★ *aankomst ~e tijd 08.00 uur* arrivée à 08.00 heures, heure locale ★ *het ~ nieuwsblad* le journal local ★ *onder ~e verdoving* sous anesthésie locale **II** *bw* ❶ *ter plaatse* sur place

❷ *hier en daar* localement, par endroits ★ *bewolkt met ~ een bui* ciel couvert et averses locales
plaatsen I *ov ww* ❶ *een plaats geven* placer, ‹zetten› mettre, poser, installer, ‹posteren› poster, ‹van artikel› placer, (faire) insérer ★ *een advertentie ~* insérer une annonce ★ *op elkaar ~* superposer ★ sport *geplaatste speler* tête *v* de série ★ *jezelf buitenspel ~* se mettre hors jeu ★ *dit kan ik niet ~* j'ai du mal à saisir cela ❷ *opgeven* ★ *orders ~* passer des commandes **II** *wkd ww* [**zich ~**] sport se qualifier ★ *zich ~ voor de finale* se qualifier pour la finale
plaatsgebrek manque *m* de place
plaatshebben avoir lieu
plaatsing ❶ *het plaatsen* mise *v* en place, ‹in de krant› insertion *v*, ‹installatie› pose *v*, installation *v*, ‹in inrichting› placement *m* ❷ *belegging* placement *m* ❸ *klassering* classement *m*, ‹kwalificatie› qualification *v*
plaatsmaken ★ *~ voor iem.* faire de la place pour qn
plaatsnaam nom *m* de lieu
plaatsnemen prendre place
plaatsruimte espace *m*, place *v*
plaatsvervangend remplaçant, ‹tussentijds› intérimaire ★ *~ lid* (membre *m*) suppléant *m*
plaatsvervanger remplaçant *m*, suppléant *m*
plaatsvinden avoir lieu ★ *de diploma-uitreiking vindt plaats in de aula* la remise des diplômes aura lieu à l'auditorium
plaatwerk ❶ *boek* livre *m* illustré / d'images ❷ *plaatmetaal* tôlerie *v*
placebo placebo *m*, placébo *m*
placebo-effect effet *m* placebo
placemat set *m* de table
placenta placenta *m*
placht [verl. td.] → **plegen**
plachten [verl. td.] → **plegen**
pladijs BN *schol* carrelet *m*
plafond ❶ *kamerplafond* plafond *m* ❷ fig *bovengrens* plafond *m* ★ *hij heeft zijn ~ bereikt* il a atteint ses limites ★ *aan zijn ~ zitten* plafonner
plafonneren BN *aan een maximum koppelen* plafonner
plafonnière plafonnier *m*
plag motte *v*, plaque *v*
plagen ❶ *pesten* taquiner, embêter ★ *iem. ~ met iets* taquiner qn à propos de qc ❷ *hinderen* tourmenter, tracasser ★ *door muggen geplaagd* tourmenté par les moustiques ★ *door schuldgevoel geplaagd* hanté par un sentiment de culpabilité
plagerig I *bn* taquin, moqueur [v: moqueuse] **II** *bw* en se moquant, par taquinerie
plagerij taquinerie *v*
plagiaat plagiat *m*
plagiëren plagier
plaid plaid *m*
plak ❶ *schijf* tranche *v*, ‹rond› rondelle *v*, ‹van chocola› plaque *v*, tablette *v* ★ *onder de plak zitten van* être sous la férule de ❷ *medaille* médaille *v* ❸ *tandaanslag* plaque *v* dentaire
plakband scotch *m*, ruban *m* adhésif
plakboek cahier *m*, album *m* (de découpages)
plakkaat ❶ *aanplakbiljet* affiche *v* ❷ *vlek, klodder* tache *v* ★ *een ~ verf* une éclaboussure de peinture
plakkaatverf gouache *v*
plakken I *ov ww, lijmen* coller **II** *onov ww* ❶ *kleven* coller (**aan** à) ❷ *lang blijven* s'éterniser, prendre racine
plakker ❶ *sticker* autocollant *m* ❷ *iem. die iets aanplakt* colleur *m* ❸ *iem. die lang blijft* pot *m* de colle, crampon *m*
plakkerig collant, poisseux [v: poisseuse], gluant
plakplaatje image *v* à coller
plakplastic plastique *m* adhésif
plaksel colle *v*
plakstift bâton(net) *m* de colle
plamuren enduire
plamuur enduit *m*
plamuurmes couteau *m* à enduire
plan ❶ *voornemen, bedoeling* projet *m* ★ *van plan zijn om...* avoir l'intention de..., envisager de..., avoir prévu de..., se débrouiller ❷ *ontwerp, uitgewerkt idee* plan *m*, projet *m* ★ *plannen maken* faire des projets ★ *volgens plan* comme prévu ★ *sociaal plan* plan social ★ *concrete plannen uitwerken* élaborer des projets concrets ❸ BN *plattegrond* plan *m* ★ *een plan van de binnenstad* un plan du centre-ville ❹ *niveau* plan *m* ★ *van het tweede plan* de second plan
planbureau bureau *m* / commissariat *m* du Plan
planeconomie économie *v* planifiée
planeet planète *v*
planetarium planétarium *m*
planetenstelsel système *m* planétaire
planetoïde planétoïde *m*, astéroïde *m*
plank *stuk hout* planche *v*, ‹schap› rayon *m* ▾ fig *op de ~en* sur les planches ▾ *van de bovenste ~* de premier ordre ▾ *een ~ voor zijn kop hebben* être bouché (à l'émeri) ▾ BN *de ~ maken* ‹op de rug drijven› faire la planche, ‹op de rug drijven› auf dem Rücken treiben, ‹op de rug drijven› float on one's back ▾ *de ~ misslaan* être à côté de la plaque, se gourer
plankenkoorts trac *m* ★ *~ hebben* avoir le trac
plankgas à pleins gaz
plankier plancher *m*
plankton plancton *m*
plankzeilen faire de la planche à voile
planmatig systématique, méthodique, planifié
plannen projeter, prévoir, programmer, econ planifier, ‹indelen› organiser ★ *(zijn bezigheden) ~* s'organiser
planning planning *m*, econ planification *v*
planologie aménagement *m* du territoire
planologisch concernant l'aménagement, ‹van stad› urbaniste
planoloog aménageur *m* [v: aménageuse], ‹van stad› urbaniste *m/v*
plant plante *v* ★ *vaste ~* (plante *v*) vivace *v*
plantaardig végétal [m mv: végétaux]
plantage plantation *v*
planten ❶ *in de grond zetten* planter ❷ *stevig neerzetten* planter ★ *zij plantte haar voeten op de grond* elle planta ses pieds dans le sol
plantenbak bac *m* à plantes
planteneter herbivore *m*
plantengroei ❶ *aanwezigheid van planten* végétation *v* ❷ *groei van planten* pousse *v* (des plantes)

pl

plantenrijk règne *m* végétal
planter ❶ *eigenaar van plantage* planteur *m* ❷ *iem. die plant* cultivateur *m*
plantkunde botanique *v*
plantkundig botanique
plantsoen jardin *m* public, ‹op plein› square *m*
plaque *tandplaque* plaque *v* dentaire
plaquette plaquette *v*
plas ❶ *plens* mare *v* ★ *een plas bloed* une mare de sang ❷ *regenplas* flaque *v* ❸ *watervlakte* lac *m*, ‹meertje› étang *m*, ‹poel› mare *v* ❹ *urine* ★ *een plasje doen* faire pipi
plasma plasma *m*
plasmascherm écran *m* plasma
plaspauze pause *v* / arrêt *m* pipi
plaspil diurétique *m*
plassen ❶ *urineren* uriner, jeugdt faire pipi ★ *in bed ~* faire pipi au lit ❷ *spatten* patauger, barboter
plasser jeugdt zizi *m*
plastic **I** *het* plastique *m* **II** *bn* en (matière) plastique ★ *~ zak* sac *m* en plastique
plasticsoep soupe *v* de plastique
plastiek **I** *de* ❶ *kunst* plastique *v* ❷ *voorwerp* plastique *v* **II** *het*, BN *plastic* plastique *m*
plastieken BN en plastique
plastificeren plastifier
plastisch **I** *bn* ❶ *vormgevend* plastique ❷ *beeldend* imagé **II** *bw* ★ *~ uitgedrukt* dans un langage imagé / évocateur
plat **I** *bn* ❶ *vlak, ondiep* plat ★ *platte neus* nez *m* aplati / épaté ★ *plat worden* s'aplatir ★ *zo plat als een dubbeltje* plat comme une galette ★ *plat bord* assiette *v* plate ★ *een plat vlak* un plan ❷ *platvloers* grossier [v: grossière], ‹v. taal› bas [v: basse] ❸ *niet in bedrijf* paralysé ❹ *dialectisch* argotique, populaire, ‹van het platteland› patois ▾ *een zaal plat krijgen* conquérir une salle / le public **II** *bw* ❶ *vlak, uitgestrekt* à plat ★ *plat neerleggen* poser à plat ★ *plat op zijn buik* à plat ventre ❷ *dialectisch* ★ *plat praten* parler argot, ‹onbeschaafd› avoir un accent populaire **III** *het* ❶ *plat vlak* plat *m*, ‹plateau› plateau *m* [mv: plateaux] ★ *continentaal plat* plateau continental, plate-forme *v* continentale ★ *vals plat* faux plat ❷ *plat dak* (toit *m* en) terrasse *v*, plate-forme *v* [mv: plates-formes]
plataan platane *m*
platbodem bateau *m* (à fond) plat [mv: bateaux...], barge *v*
platbranden réduire en cendres
platdrukken écraser, aplatir
plateau ❶ *hoogvlakte* plateau *m* [m mv: plateaux] ❷ *presenteerblad* plateau *m* [m mv: plateaux]
plateauzool semelle *v* compensée
platenbon chèque *m* disque(s)
platenmaatschappij maison *v* de disques
platenspeler tourne-disque *m* [mv: tourne-disques]
platenzaak magasin *m* de disques, disquaire *m/v*
plateservice plateau-repas *m*
platform plate-forme *v* [mv: plates-formes]
platgaan ❶ *gaan slapen* se pieuter ❷ *stil komen te liggen* être paralysé, ‹crashen› planter
platina **I** *het* platine *m* **II** *bn* de / en platine
platinablond (blond) platine, platiné
platje ❶ *luis* morpion *m* ❷ *terras* toit *m* en terrasse
platleggen ❶ *plat neerleggen* mettre à plat ★ *iem. ~* étendre qn ❷ *stilleggen* paralyser ★ *de spoorwegen ~* paralyser les chemins de fer
platliggen ❶ *uitgestrekt liggen* être allongé, ‹ziek op bed› être alité ★ *~ van het lachen* être écroulé ❷ *stilliggen door staking* être paralysé ★ *tijdens de staking lag het hele land plat* la grève a paralysé tout le pays
platonisch ‹van liefde› platonique ★ *~e liefde* amour *m* platonique
platslaan aplatir, écraser
platspuiten matraquer de piqûres calmantes
plattegrond *kaart* plan *m*
plattekaas BN culin *kwark* fromage *m* blanc
platteland campagne *v* ★ *op het ~* à la campagne
plattelander campagnard *m* [v: campagnarde]
plattelandsbevolking population *v* rurale
plattelandsgemeente commune *v* rurale
platvis poisson *m* plat
platvloers de bas étage
platvoet pied *m* plat
platweg *ronduit* carrément, simplement, comme ça
platzak fauché, à sec, raide
plausibel plausible
plaveien paver
plaveisel pavé *m*
plavuis dalle *v*, carreau *m* [mv: carreaux]
playback play-back *m*, form présonorisation *v*
playbacken faire du play-back, chanter en play-back
playboy play-boy *m* [m mv: play-boys]
plecht *verhoogd dek* gaillard *m*
plechtig **I** *bn* solennel [v: solennelle] ★ *een ~e gebeurtenis* une cérémonie **II** *bw* solennellement ★ *~ beloven* promettre solennellement
plechtigheid ❶ *ceremonie* cérémonie *v* ★ *een ~ bijwonen* assister à une cérémonie ❷ *stemmigheid* solennité *v*
plechtstatig cérémonieux [v: cérémonieuse]
plectrum plectre *m*, médiator *m*
plee chiottes *v mv* ★ *op de plee* aux chiottes
pleegde [verl. td.] → **plegen**
pleegden [verl. td.] → **plegen**
pleeggezin famille *v* adoptive / d'accueil
pleegkind enfant *m* adoptif
pleegmoeder mère *v* adoptive
pleegouders parents *m mv* adoptifs
pleegvader père *m* adoptif
pleepapier PQ *m*, papier *m* cul
plegen **I** *ov ww* [o.v.t.: pleegde; volt. deelw.: gepleegd] *uitvoeren* commettre, faire ★ *een moord ~* commettre un meurtre ★ *zelfmoord ~* se suicider ★ *overleg ~* se concerter **II** *onov ww* [o.v.t.: placht; geen volt. deelw.] ~ **te** avoir l'habitude de, avoir coutume de ★ *zij pleegt dat zo te doen* c'est sa façon de faire
pleidooi plaidoyer *m*, jur plaidoirie *v* ★ *een ~ houden (voor)* plaider (pour)
plein place *v*, ‹voorplein› esplanade *v*, ‹met plantsoen› square *m*
pleinvrees agoraphobie *v*
pleister **I** *de, verband* sparadrap *m* ★ *als ~ op de*

wond en guise de consolation ★ BN *dat is een ~ op een houten been* c'est un emplâtre sur une jambe de bois **II** *het, kalkmengsel* plâtre *m*
pleisteren *plamuren* plâtrer, crépir
pleisterplaats étape *v*, halte *v*
pleisterwerk plâtrage *m*, stucage *m*, ‹ruwe pleisterlaag› crépi *m*
pleistoceen pléistocène *m*
pleit ❶ *geschil* procès *m* ★ *het ~ winnen* avoir / obtenir gain de cause ★ *het ~ is beslecht* la question a été tranchée ❷ *pleidooi* plaidoyer *m*
pleitbezorger avocat *m* [v: avocate]
pleiten I *ov ww, bepleiten* plaider ★ *vrijspraak ~* plaider non coupable **II** *onov ww* ❶ *een pleidooi houden* plaider ★ *~ voor iets* plaider pour qc ❷ *positief getuigen* plaider ★ *dat pleit voor hem* cela plaide en sa faveur ★ *dat pleit niet voor hem* cela joue contre lui
pleiter *advocaat* avocat *m* [v: avocate], défenseur *m*
plek ❶ *plaats* endroit *m* ★ *mijn favoriete plek in de klas is links vooraan* ma place favorite en classe est devant à gauche ★ *zoek maar een plekje voor je tent* va chercher un emplacement pour ta tente ★ *blauwe plek* bleu *m* ★ *zwakke plek* point *m* faible ★ *een kale plek* un endroit usé / élimé ★ *gevoelige plek* point *m* sensible ★ *ter plekke* sur place ★ *een rustig plekje* un coin tranquille ★ *ergens zijn plekje vinden* faire son trou quelque part ★ fig *iets een plek geven* assumer qc ❷ *vlek* tache *v* ★ *met plekjes* piqué
plenair plénier [v: plénière] ★ *~e zitting* séance *v* plénière
plens giclée *v*
plensbui averse *v*
plensregen pluie *v* torrentielle, averse *v*
plenzen I *ov ww, uitstorten* verser (à flots) **II** *onp ww, regenen* pleuvoir à verse
pleonasme pléonasme *m*
pletten ‹verbrijzelen› broyer, écraser, ‹plat maken› aplatir, ‹van metalen› laminer ★ *het ~* laminage *m*
pletter ▼ *zich te ~ vervelen* s'ennuyer à mourir ▼ *te ~ vallen* s'écraser
pleuren flanquer
pleuris pleurésie *v* ▼ *zich de ~ schrikken* avoir une peur bleue ▼ *krijg de ~!* va te faire foutre! ▼ *...de ~* ...à mort
plexiglas plexiglas *m*
plezant BN *plezierig, aangenaam* plaisant, agréable
plezier plaisir *m* ★ *~ hebben / maken* s'amuser ★ *~ hebben in* prendre plaisir à ★ *dat doet me ~* cela me fait plaisir ★ *veel ~!* amuse-toi bien! ★ *met veel ~* avec joie ★ *iem. ~ doen* faire plaisir à qn ★ *daar heb ik veel ~ van nut* cela m'est bien utile
plezieren faire plaisir à
plezierig *aangenaam* agréable, plaisant
plezierjacht bateau *m* de plaisance [m mv: bateaux ...]
plezierreis voyage *m* d'agrément
pleziervaartuig bateau *m* de plaisance
plicht devoir *m*, ‹verplichting› obligation *v* ★ *heilige ~* devoir *m* sacro-saint ★ *het is zijn ~ te* il est de son devoir de ★ *zijn ~ verzaken* manquer à son devoir ★ *zijn ~ doen* faire / remplir son devoir ▼ *de ~ roept* le devoir m'appelle
plichtmatig par devoir, sans conviction ★ *~ bezoek* visite *v* de politesse
plichtpleging cérémonie *v*, formalité *v* ★ *zonder ~en* sans façons
plichtsbesef sens *m* du devoir
plichtsbetrachting observation *v* du devoir, dévouement *m*
plichtsgetrouw, BN **plichtsbewust** consciencieux [v: consciencieuse]
plichtsverzuim manquement *m* au devoir, form prévarication *v*
plint ❶ *sierlat* plinthe *v* ❷ BN sport *kast (gymnastiektoestel)* plinth *m*
plissé plissé *m*
plisseren plisser
PLO *Palestinian Liberation Organization* OLP *v*, Organisation *v* de libération de la Palestine
ploeg ❶ *landbouwwerktuig* charrue *v* ❷ *groep mensen* équipe *v* ★ *in ~en werken* travailler en équipe ★ *de nationale ~* l'équipe nationale
ploegbaas chef *m* d'équipe
ploegen I *ov ww, met ploeg omwerken* labourer ★ *het land ~* labourer la terre **II** *onov ww, voortzwoegen* avancer avec peine ★ *door het zand ~* avancer péniblement dans le sable
ploegendienst travail *m* en équipe, travail posté ★ *in ~ werken* travailler en équipe
ploegenstelsel système *m* du travail en équipe
ploegentijdrit contre-la-montre *m* par équipes
ploeggenoot coéquipier *m* [v: coéquipière]
ploert *schoft* canaille *v*, salaud *m* ▼ *de koperen ~* le soleil de plomb
ploertendoder casse-tête *m* [mv: id.], matraque *v*
ploertenstreek tour *m* de cochon
ploeteraar bûcheur *m* [v: bûcheuse]
ploeteren *zwoegen* trimer, besogner, inform galérer, ramer, ‹(aan)modderen› patauger
plof pouf *m*
ploffen I *ov ww, doen vallen* flanquer, balancer **II** *onov ww* ❶ *vallen* tomber lourdement, ‹zich laten vallen› s'écraser, s'affaler ❷ *ontploffen* éclater
plofkip ≈ poulet *m* élevé aux protéines
plomberen plomber, obturer
plomp I *de* flotte *v* ★ *in de ~ vallen* tomber dans la flotte **II** *bn* lourd, grossier [v: grossière] **III** *bw* grossièrement, lourdement
plompverloren comme ça, carrément, ‹ronduit› de but en blanc
plons ❶ *geluid* plouf *m* ❷ *plens* giclée *v*
plonzen faire un plongeon
plooi pli *m* ★ *de ~en van een rok* les plis d'une jupe ★ *in ~en vallen* faire des plis ★ *zijn gezicht in de ~ trekken* composer son visage, garder son sérieux ★ *uit de ~ komen* se dérider, se dégeler ★ *niet uit de ~ raken* ne pas se dérider ★ *de ~en gladstrijken* arrondir les angles, faire du peaufinage
plooibaar ❶ *soepel* pliable ❷ fig *meegaand* souple, flexible, accommodant
plooien ❶ *plooien maken* plisser ❷ BN *vouwen* plier ❸ fig *schikken* arranger ★ *zich ~ naar* se plier à ★ *het zo weten te ~ dat ...* s'arranger pour que ...

pl

plooirok jupe *v* plissée / à plis
ploos [verl. td.] → **pluizen**
plot intrigue *v*
plots tout à coup, soudain
plotseling I *bn* soudain, brusque ★ *een ~e dood* un décès inopiné **II** *bw* soudain(ement), subitement, tout à coup ★ *~ wakker worden* se réveiller en sursaut ★ *zeer ~* brusquement
plotsklaps tout à coup
plotter traceur *m*
plozen [verl. td.] → **pluizen**
pluche peluche *v*
plug ❶ *schroefhulsje* cheville *v* **❷** *stekkertje* fiche *v* **❸** *stop* bouchon *m*, tampon *m*
pluggen ❶ *met een plug afsluiten* tamponner **❷** *promoten* promouvoir, inform matraquer
plug-in comp module *m* d'extension, plug-in *m* [mv: id.]
pluim ❶ *vogelveer* plume *v* ★ BN *(van zijn) ~en laten* y laisser des plumes **❷** *pluimbos* plumet *m*, panache *m* **❸** *compliment* ★ *iem. een ~ geven* faire un compliment à qn ★ *een ~pje krijgen* se faire complimenter
pluimage → **vogel**
pluimen inform BN *beroven* plumer
pluimgewicht BN sport *bokser* poids *m* plume
pluimvee volaille *v*
pluimveehouderij ❶ *het fokken* aviculture *v* **❷** *bedrijf* établissement *m* avicole
pluis I *de* ‹vlokje› peluche *v*, flocon *m*, ‹haartje› poil *m*, ‹rafels› effilochures *v mv* **II** *bn* ★ *het is niet ~* c'est un peu louche, ce n'est pas très net
pluishaar duvet *m*, cheveux *m mv* pelucheux
pluizen I *ov ww, uitrafelen* effilocher ★ *touw ~* décommettre des cordes **II** *onov ww, gaan rafelen* boulocher, pelucher ★ *deze trui pluist heel erg* ce pull est très pelucheux
pluizig pelucheux [v: pelucheuse]
pluk ❶ *bosje* touffe *v* **❷** *oogst* cueillette *v*, ‹van druiven› vendange *v*
plukken I *ov ww* **❶** *oogsten* cueillir, ‹verzamelen› ramasser **❷** *grijpen* attraper **❸** *van veren ontdoen* plumer **❹** *bezit afpakken* plumer **II** *onov ww, peuteren* ★ *aan iets ~* tripoter qc
plumeau plumeau *m* [m mv: plumeaux]
plumpudding (plum-)pudding *m*
plunderaar pilleur *m* [v: pilleuse], pillard *m*
plunderen piller, saccager, fig dépouiller, ‹leegplunderen› dévaliser
plundering pillage *m*, saccage *m*, mise *v* à sac
plunje frusques *v mv*
plunjezak sac *m* de marin / de soldat
pluralis pluriel *m* ★ *~ majestatis* pluriel de majesté
pluriform multiforme
plus I *de/het* **❶** *plusteken* plus *m* ★ *in de plus staan* être en excédent **❷** *waardering* plus *m* **II** *bw* **❶** *boven nul* plus **❷** *met minimaal het genoemde getal* plus ★ *vijfenzestig plus* (de) plus de soixante-cinq ans **III** *voegw* plus ★ *twee plus drie is vijf* deux plus trois font cinq
plusminus environ, à peu près
pluspool pôle *m* positif
pluspunt plus *m*, bon point *m*, élément *m* positif, ‹voordeel› avantage *m*, atout *m*
plusteken (signe *m*) plus *m*
plutonium plutonium *m*
PMS *Premenstrueel Syndroom* syndrome *m* prémenstruel
pneumatisch pneumatique
po pot *m* de chambre
pochen se vanter (**op** de), fanfaronner
pocheren pocher
pochet pochette *v*
pocket *boek* livre *m* de poche, poche *m* ★ *als ~ verkrijgbaar* disponible en poche
pocketboek livre *m* de poche, poche *m*
pocketcamera appareil *m* photo de poche
podcast media www podcast *m*
podium estrade *v*, sport podium *m*, ‹toneel› scène *v*
podoloog podologue *m/v*
poedel *hond* caniche *m*
poedelen *baden* barboter, patauger
poedelnaakt tout nu [v: toute nue], nu comme un ver
poedelprijs prix *m* de consolation
poeder I *de/het, stof, gruis* poudre *v* ★ *tot ~ maken* réduire en poudre, pulvériser **II** *de* med poudre *v*
poederblusser extincteur *m* à poudre
poederdoos poudrier *m*
poederen poudrer
poederkoffie café *m* en poudre
poedermelk culin lait *m* en poudre
poedersneeuw (neige *v*) poudreuse *v*
poedersuiker sucre *m* glace
poef *zitkussen* pouf *m*
poeha esbroufe *v*, chichis *m mv* ★ *~ maken* faire de l'esbroufe ★ *met veel ~* à grand bruit
poel ❶ *plas* mare *v* **❷** *broeiplaats* ★ *een poel van verderf* un lieu de perdition ★ *een poel van ellende* un gouffre de malheurs
poelet dés *m mv* de viande
poelier marchand *m* de volailles (et de gibier)
poema puma *m*
poen fric *m*, pognon *m*
poenig frimeur [v: frimeuse], tape-à-l'œil [onver.]
poep merde *v*, (de la) crotte *v*, jeugdt caca *m* ★ *ik zal je eens een poepje laten ruiken!* tu vas voir ce que tu vas voir!
poepen inform chier, jeugdt faire caca
Poerim rel Pourim *m*, Purim *m*
poes ❶ *kat* chat *m* [v: chatte] ★ *mis poes!* raté!, faux! ★ *dat is niet voor de poes* ce n'est pas de la bibine ★ *hij is niet voor de poes* c'est un sacré client **❷** *vagina* chatte *v*
poesiealbum cahier *m* de poésies
poeslief doucereux [v: doucereuse] ★ *~ doen* être tout sucre tout miel
poespas cérémonies *v mv*, chichis *m mv* ★ *laat al die ~ maar zitten* (ne fais) pas tant de chichis
poesta puszta *v*
poet *geldbuit* magot *m* ▼ *de poet is binnen* on a ramassé le magot
poëtisch I *bn* poétique **II** *bw* poétiquement
poets *grap* ★ *iem. een ~ bakken* jouer un tour à qn ★ BN *~ wederom ~* prêté pour un rendu
poetsdoek chiffon *m*
poetsen ❶ *glimmend wrijven* frotter, ‹met schoensmeer› cirer, ‹van metaal› fourbir, ‹v. meubels› astiquer ★ *schoenen ~* cirer des

po

chaussures ★ *zilver(werk)* ~ faire reluire l'argenterie ❷ *reinigen* nettoyer, ⟨van schoenen⟩ décrotter ★ *zijn tanden* ~ se laver les dents
poetskatoen bourre *v* de coton
poetsvrouw BN femme *v* de ménage
poezenluik chatière *v*
poëzie poésie *v*
poëziealbum cahier *m* de poésies
poëziebundel recueil *m* de poèmes
pof ▾ *op de pof kopen* acheter à crédit
pofbroek pantalon *m* bouffant
poffen ❶ *in schil gaar stoven* griller (dans les cendres) ★ *gepofte kastanje* marron *m* chaud / grillé ★ *gepofte aardappels* pommes *v mv* de terre au four ❷ *op de pof kopen* acheter à crédit ❸ *op de pof verkopen* vendre à crédit
poffertje ≈ blini *m* sucré, merveille *v*
pofmouw manche *v* bouffante / ballon
pogen tenter (de), chercher (à)
poging tentative *v*, effort *m* ★ ~ *tot moord* tentative d'assassinat ★ *een* ~ *wagen* essayer, inform tenter le coup ★ *verwoede ~en ondernemen om* s'efforcer de
pogoën faire le / un pogo
pogrom pogrom(e) *m*
pointer pointer *m*
pok *litteken* marque *v* de variole
pokdalig grêlé, variolé
poken ★ *in het vuur* ~ attiser le feu, tisonner
poker poker *m*
pokeren jouer au poker
pokerface visage *m* impassible
pokken med variole *v*, petite vérole *v*
pokken- merdique ★ *pokkenweer* temps *m* de chien
pokkenprik vaccin *m* antivariolique
pokkenweer temps *m* de chien
pol motte *v*
polair polaire
polarisatie polarisation *v*, pol bipolarisation *v*
polariseren polariser
polariteit polarité *v*
polder polder *m*
poldermodel ≈ modèle *m* polder
polemiek polémique *v*
polemisch polémique
polemiseren polémiquer
Polen la Pologne ★ *in* ~ en Pologne
poliep ❶ *dier* polype *m* ❷ med polype *m*
polijsten ❶ *glad maken* polir ❷ *verfijnen* polir
polikliniek policlinique *v*
poliklinisch ambulatoire
polio polio *v*
poliovaccin vaccin *m* antipolio(myélitique)
polis police *v* (d'assurance) ★ *een* ~ *afsluiten* souscrire à une police
polisvoorwaarden clauses *v mv*
politicologie polit(ic)ologie *v*
politicoloog polit(ic)ologue *m/v*
politicus homme *m* / femme *v* politique, min politicien *m* [v: politicienne]
politie police *v* ★ *geheime* ~ police secrète ★ *de* ~ *bellen* ⟨bij onheil⟩ appeler police-secours ★ *aangifte van iets doen bij de* ~ porter plainte, déposer une plainte
politieagent agent *m* de police
politieauto voiture *v* de police
politiebericht avis *m* de recherche
politiebureau bureau *m* de police [m mv: bureaux ...], commissariat *m*, poste *m*
politiek I *de* ❶ *officieel beleid* politique *v* ★ *binnenlandse* ~ politique intérieure ★ *in de* ~ *gaan* entrer en politique ❷ *tactiek* politique *v* ★ *hij voerde een* ~ *van verdeel en heers* il a mené une politique de diviser pour mieux régner **II** *bn* ❶ *met betrekking tot overheidsbeleid* politique ★ *de ~e agenda* l'ordre *m* du jour politique ★ *~e gevangenen* prisonniers *m mv* politiques ❷ *tactisch* politique ★ *zijn promotie was een ~e beslissing* sa promotion était une décision politique **III** *bw* politiquement ★ ~ *correct* politiquement correct
politiemacht forces *v mv* de l'ordre
politieman policier *m* [v: policière]
politieoptreden action *v* policière, intervention *v* de la police
politiepenning ≈ carte *v* d'agent de police
politierechter jur ≈ tribunal *m* de police
politiestaat état *m* policier
politieverordening ⟨in gemeente⟩ arrêté *m* municipal
politiseren politiser
polka polka *v*
pollen pollen *m*
pollepel *platte houten lepel* cuillère *v* en bois
polo I *het, balspel voor ruiters* polo *m* **II** *de, shirt* polo *m*
polohemd polo *m*
polonaise *optocht* ≈ farandole *v* ★ *aan mijn lijf geen* ~ très peu pour moi, je ne marche pas
poloshirt polo *m*
pols ❶ *polsgewricht* poignet *m* ★ *uit de losse pols* au pied levé, comme ça ❷ *polsslag* pouls *m* ★ *iem. de pols voelen* prendre le pouls de qn ★ *een snelle pols* un pouls rapide ★ *een zwakke pols* un pouls faible
polsen pressentir (**over** sur), tâter, sonder
polsgewricht poignet *m*
polshorloge montre-bracelet *v* [v mv: montres-bracelets]
polsslag pulsation *v*, ⟨hartslag⟩ pouls *m*
polsstok perche *v*
polsstokhoogspringen sauter à la perche
polsstokhoogspringer perchiste *m/v*
polyamide polyamide *m*
polyester polyester *m* ★ *van* ~ en polyester
polyfoon polyphonique
polygaam polygame
polygamie polygamie *v*
polygoon polygone *m*
polymeer I *het* polymère *m* **II** *bn* polymère
Polynesië la Polynésie
Polynesisch polynésien [v: polynésienne]
polytheïsme polythéisme *m*
pomp ❶ *werktuig* pompe *v*, ⟨opblaaspomp⟩ gonfleur *m* ★ *loop naar de pomp!* va te faire voir! ❷ *tankstation* pompe *v*
pompaf BN *bekaf* claqué, BelgFr pompé
pompbediende pompiste *m/v*
pompelmoes *vrucht* pamplemousse *m*
pompen pomper ▾ ~ *of verzuipen* ça passe ou ça casse

po

pompeus ⟨bombastisch⟩ pompeux [v: pompeuse], ⟨pralerig⟩ somptueux [v: somptueuse]
pomphouder pompiste *m/v*
pompoen citrouille *v*, potiron *m*
pompon pompon *m*
pompstation ❶ *tankstation* station *v* d'essence ❷ *gebouw voor watervoorziening* station *v* de pompage ❸ BN *gemaal* pompe *v* d'épuisement
poncho poncho *m*
pond ❶ *munteenheid* livre *v* ★ *pond sterling* livre sterling ❷ *gewichtseenheid* livre *v* ★ *per pond verkopen* vendre à la livre ★ *het volle pond betalen* payer le plein tarif ★ *het volle pond eisen* réclamer son dû
ponem gueule *v*
poneren avancer, proposer ★ *~ dat* poser que
ponsen perforer
ponskaart carte *v* perforée
pont bac *m*
pontificaal ❶ *pauselijk* pontifical [m mv: pontificaux] ❷ fig *pompeus* avec ostentation
ponton ponton *m*
pony ❶ *dier* poney *m* ❷ *haardracht* frange *v*
pooier maquereau *m* [m mv: maquereaux]
pook ❶ *vuurpook* tisonnier *m* ❷ *versnellingshendel* levier *m*, ⟨van videospel⟩ manette *v*
pool[1] ❶ *uiteinde* pôle *m* ❷ *vezeluiteinde* poils *m mv*
pool[2] [poel] ❶ *wedspel* (concours *m* de) pronostics *m mv* ❷ *samenwerkingsvorm* pool *m*
Pool *bewoner* Polonais *m*
poolbeer ours *m* polaire
poolcirkel cercle *m* polaire
poolen ❶ *carpoolen* faire du covoiturage ❷ *poolbiljarten* faire du billard américain
poolexpeditie expédition *v* polaire
poolgebied région *v* polaire
poolhond chien *m* esquimau, husky *m*
poolkap calotte *v* glaciaire
poolklimaat climat *m* polaire
poolreiziger explorateur *m* des régions polaires [v: exploratrice ...]
Pools I *bn, m.b.t. Polen* polonais **II** *het, taal* polonais *m*
Poolse Polonaise *v*
poolshoogte ▾ *~ nemen* prendre le vent, aller se rendre compte sur place
Poolster étoile *v* polaire
poolstreek région *v* polaire
poolzee mer *v* polaire
poon grondin *m*
poort ❶ *ingang* porte *v*, portail *m*, comp port *m* ❷ *doorgang* porte *v* ★ *zijn ~en sluiten (voor)* fermer ses portes (pour)
poorten voetb faire un petit pont
poortwachter huissier *m*, gardien *m*
poos moment *m*, laps *m* de temps ★ *een hele poos* un bon moment, un bon bout de temps ★ *een poosje* un moment, quelque temps
poot ❶ *ledemaat van dier* patte *v* ❷ inform *been, hand, voet* patte *v* ★ *met hangende pootjes* la queue basse ★ *op hoge poten* furibond ★ *op zijn achterste poten gaan staan* monter sur ses grands chevaux ★ *op zijn pootjes terechtkomen* retomber sur ses pattes, rentrer dans l'ordre ★ *iets op poten zetten* mettre qc sur pied ★ *zijn poot stijf houden* ne pas céder ★ *iem. een poot uitdraaien* délester qn ❸ *steunend onderdeel* pied *m* ★ *de poten onder iemands stoel wegzagen* saper la position de qn ❹ *handtekening* ★ *zijn poot zetten* signer ❺ plat *homo* pédé *m*
pootaardappel pomme *v* de terre de semence
pootgoed (jeunes) plants *m mv*
pootjebaden barboter
pootjehaken ❶ lett faire un croche-pied à ❷ fig faire un croc-en-jambe à
pootmachine planteuse *v*
pop I *de* [mv: +pen] ❶ *speelgoed* poupée *v*, ⟨marionet⟩ marionnette *v* ★ *toen had je de poppen aan het dansen* et voilà les histoires ❷ *larve* chrysalide *v* **II** *de* [gmv] *popmuziek* (musique *v*) pop *v*
popartiest artiste *m/v* pop
popblad revue *v* pop
popconcert concert *m* pop
popcorn pop(-)corn *m*
popelen ★ *~ van verlangen om* brûler du désir de (faire qc) ★ *~ (van ongeduld)* brûler / piaffer (d'impatience) ★ *zitten te ~ om weg te gaan* trépigner / brûler d'impatience avant de partir
popfestival festival *m* de pop
popgroep groupe *m* pop
popidool idole *v* pop
popmuziek (musique *v*) pop *v*
poppenhuis maison *v* de poupée
poppenkast ❶ *poppenspel* guignol *m*, marionnettes *v mv* ❷ *overdreven gedoe* guignol *m*, comédie *v*
poppenspel théâtre *m* de marionnettes
poppenspeler marionnettiste *m/v*
poppentheater ❶ *spelers en poppen* théâtre *m* de marionnettes ❷ *voorstelling* théâtre *m* de marionnettes
poppenwagen landau *m* de poupée
popperig *als van een pop* de poupée, ⟨v. gezicht⟩ poupin, ⟨liefjes⟩ mignonnet [v: mignonnette]
popsong chanson *v* pop
popster vedette *v* pop
populair I *bn* ❶ *geliefd* populaire ★ *een ~ tv-programma* une émission populaire ★ *razend ~* énormément populaire ❷ *begrijpelijk* ★ *de ~e versie van haar proefschrift* la version vulgarisée de sa thèse **II** *bw* populairement
populairwetenschappelijk vulgarisateur [v: vulgarisatrice]
populariseren vulgariser
populariteit (cote *v* de) popularité *v*
populatie population *v*
populier peuplier *m*
populist populiste *m/v*
populistisch populiste
popzender station *v* pop
por bourrade *v*, coup *m* (de coude)
poreus poreux [v: poreuse]
porie pore *m*, plantk stomate *m*
porno porno *m*
pornoblad revue *v* porno
pornofilm film *m* porno, film classé X
pornografie pornographie *v*
pornografisch pornographique

porren I *ov ww* ❶ *aanzetten* pousser (**tot** à) ★ *wel voor iets te ~ zijn* être partant pour qc ❷ *duwen* donner un coup à **II** *onov ww, poken* fourgonner, tisonner
porselein porcelaine *v*
porseleinen en / de porcelaine
port I *de, drank* porto *m* ★ *witte port* du porto blanc **II** *het, porto* port *m* ★ *port betaald* port payé
portaal ❶ *hal* porche *m* ❷ *overloop* palier *m* ❸ *brugconstructie* portique *m*
portable portatif [v: portative], portable
portal portail *m*
portee portée *v*
portefeuille ❶ *portemonnee* portefeuille *m* ❷ *opbergmap* carton *m* ❸ *taak* portefeuille *m* ★ *een ~ aanvaarden* accepter un poste ministériel ★ *minister zonder ~* ministre *m* délégué / sans portefeuille
portemonnee porte-monnaie *m* [mv: porte-monnaie(s)]
portfolio portfolio *m*
portie portion *v*, part *v*, fig dose *v* ▾ *geef mijn ~ maar aan Fikkie* j'ai déjà donné ▾ *de legitieme ~* la part légitime, la réserve légale
portiek *open buitenportaal* porche *m*
portier I *de, persoon* concierge *m/v*, portier *m* **II** *het, deur* portière *v*
porto ❶ *frankeerbedrag* port *m*, affranchissement *m* ❷ BN culin *portwijn* porto *m*
portofoon talkie-walkie *m* [m mv: talkies-walkies]
Porto Ricaan Portoricain *m*
Porto Ricaans portoricain
Porto Ricaanse Portoricaine *v*
Porto Rico le Portorico
portret ❶ *afbeelding* portrait *m* ❷ *persoon* numéro *m* ★ *een lastig ~* un enquiquineur ★ *een fraai ~* un sacré numéro
portretfotografie portrait *m*
portretschilder portraitiste *m/v*
portrettengalerij galerie *v* de portraits
portretteren faire le portrait de ★ *de geportretteerde* la personne portraiturée
Portugal le Portugal ★ *in ~* au Portugal
Portugees I *bn, m.b.t. Portugal* portugais **II** *de, bewoner* Portugais *m* **III** *het, taal* portugais *m*
Portugese Portugaise *v*
portvrij franco, franc de port
pose pose *v* ★ *een pose aannemen* prendre une pose
poseren poser (**voor** devant, pour)
positie ❶ *houding, ligging* position *v* ❷ *betrekking* situation *v* ★ *een leidende ~ bij de politie* une fonction importante dans la police ★ *een hoge ~* une situation haut placée ❸ *toestand* condition *v*, situation *v* ★ *de ~ van de vrouw* la condition de la femme ★ *een gunstige ~* une situation favorable ★ *in een moeilijke ~ zitten* être en mauvaise posture
positief I *bn, groter dan nul* positif [v: positive] ★ *een ~ getal* un nombre positif positif [v: positive] ★ *~ advies* avis *m* favorable ★ *een ~ antwoord* une réponse *v* affirmative ★ *positieve kritiek* critique(s) constructive(s) ★ *positieve discriminatie* discrimination *v* positive **II** *bw* positivement ★ *ergens ~ tegenover staan* être favorable à qc **III** *het, fotoafdruk* positif *m*
positiejurk robe *v* de grossesse
positiekleding vêtements *m mv* de grossesse
positiespel sport jeu *m* de position
positieven ▾ *weer bij zijn ~ komen* reprendre ses esprits
positioneren econ positionner
positionering positionnement *m*
positivist positiviste *m/v*
positivo ≈ quelqu'un qui positive
post I *de* [gmv] ❶ *poststukken* courrier *m* ★ *uitgaande post* courrier *m* sortant ❷ *postdienst* poste *v* ★ *op de post doen* mettre à la poste ★ *per post* par la poste ★ *per kerende post* par retour du courrier **II** *de* [mv: +en] ❶ *(schild)wacht* poste *m* ★ *(kranig) op zijn post blijven* être fidèle au poste ★ *op post staan* occuper son poste ❷ *betrekking* poste *m*, emploi *m*, place *v*, fonction *v* ★ *een hoge post innemen* être haut placé ★ *een post bekleden* occuper un poste ❸ *deur- / raamstijl* montant *m*, jambage *m* ❹ *onderdeel begroting* poste *m* ★ *de post 'onvoorzien'* le poste 'imprévu'
postadres adresse *v* (postale)
postagentschap agence *v* postale
postbeambte postier *m* [v: postière]
postbestelling distribution *v* du courrier
postbode facteur *m* [v: factrice]
postbus boîte *v* postale
postcode code *m* postal [m mv: codes postaux]
postdoctoraal postuniversitaire
postduif pigeon *m* voyageur
postelein pourpier *m*
posten[1] I *ov ww, op de post doen* poster, mettre à la poste **II** *onov ww* ❶ *op wacht staan* monter la garde ❷ *als staker actief zijn* faire le piquet de grève
posten[2] [poos-] [www poster
poster [pooster] *affiche* poster *m*
posteren poster ★ *zich ~* se poster
poste restante (en) poste-restante
posterijen postes *v mv*
postgiro chèques *m mv* postaux
postkaart BN *ansichtkaart* carte *v* postale
postkamer service *m* de tri
postkantoor bureau *m* de poste [m mv: bureaux ...], poste *v*
postmerk cachet *m* de la poste ★ *datum ~* date *v* de la poste
postnummer BN *postcode* code *m* postal [mv: codes postaux]
postorderbedrijf entreprise *v* de vente par correspondance, vépéciste *m/v*
postpakket colis *m* (postal) [m mv: ... postaux]
postpapier papier *m* à lettres
postrekening BN *girorekening* CCP *m* (compte-chèques postal)
postscriptum postscriptum *m*
poststempel cachet *m* de la poste
poststuk envoi *m* postal [m mv: envois postaux]
posttrein train *m* postal, train-poste *m* [m mv: trains-poste]
postuum I *bn* posthume **II** *bw* à titre posthume ★ *deze gedichten zijn ~ uitgegeven* ces poèmes ont paru après la mort de l'auteur
postuur taille *v* ★ *een flink ~* une belle prestance

postvak ❶ *open postbak* casier *m* ❷ comp *postbus* corbeille *v* ★ *~ IN* corbeille d'arrivée ★ *~ UIT* corbeille de départ
postvatten s'établir
postwissel mandat *m*
postzegel timbre *m*
postzegelautomaat distributeur *m* de timbres
pot ❶ *vaatwerk* pot *m*, ⟨kookpot⟩ marmite *v* ★ *zijn eigen potje koken* faire sa popote ★ *het is één pot nat* c'est bonnet blanc et blanc bonnet ★ *eten wat de pot schaft* manger à la fortune du pot, manger à la bonne franquette ★ *de pot verwijt de ketel dat hij zwart ziet* la pelle se moque du fourgon ★ *jongens van de gestampte pot* des gars sympa, des gars comme ça ★ BN *niet veel potten gebroken hebben* ne pas avoir fait des merveilles ★ BN *met de gebroken potten zitten* en être pour ses frais ★ BN *rond de pot draaien* tourner autour du pot ★ BN *tussen pot en pint* entre la poire et le fromage ❷ *po* pot *m* de chambre ★ *naast de pot piesen* aller voir ailleurs, donner un coup de canif dans le contrat ★ *je kan de pot op* je t'emmerde ❸ *lesbienne* gouine *v* ❹ *spelinzet* enjeu *m*, poule *v*, cagnotte *v* ★ *de pot spekken* remplir la caisse ❺ inform *marihuana* herbe *v* → **potje**
potaarde terreau *m*
potdicht fermé hermétiquement, ⟨verstopt⟩ bouché
poten *planten* planter
potenrammen casser du pédé
potenrammer casseur *m* de pédé
potent viril
potentaat potentat *m*
potentie ❶ *vermogen om iets te worden / doen* puissance *v* ❷ *seksueel vermogen* puissance *v* sexuelle
potentieel **I** *het* potentiel *m* **II** *bn* potentiel [v: potentielle], en puissance
potgrond terreau *m*
potig costaud, inform baraqué, balèze
potje ❶ *kleine pot* petit pot *m* ★ *op ieder ~ past wel een deksel* ≈ chacun trouve chaussure à son pied ★ *er een ~ van maken* faire n'importe quoi ★ *kleine ~s hebben grote oren* petit chaudron, grandes oreilles ★ *bij iem. een ~ kunnen breken* être dans les petits papiers de qn ★ BN *het ~ gedekt houden* garder le silence ❷ *partijtje* partie *v* ★ *een ~ voetballen* jouer une partie de foot ★ *een ~ huilen* pleurer un bon coup
potjeslatijn charabia *m*
potkachel poêle *m*
potlood *schrijfgerei* crayon *m*
potplant plante *v* en pot
potpourri ❶ *geurende bloemblaadjes* pot-pourri *m* [mv: pots-pourris] ❷ muz pot-pourri *m*
potsierlijk **I** *bn* grotesque **II** *bw* d'une manière grotesque
potten ❶ *sparen* amasser ★ *het ~* thésaurisation *v* ❷ *in potten doen* mettre en pot
pottenbakker potier *m* [v: potière]
pottenbakkerij poterie *v*
pottenbakkersschijf tour *m* de potier
pottenkijker fouineur *m* [v: fouineuse], témoin *m* indésirable
potverteren manger la cagnotte, brûler la chandelle par les deux bouts
potvis cachalot *m*
poule *ingedeelde groep* poule *v*
pousseren ❶ *vooruithelpen* pousser, appuyer ❷ *onder de aandacht brengen* promouvoir ★ *iem. ~* donner un coup de pousse à qn
pover pauvre, piètre, médiocre, ⟨gering⟩ dérisoire ★ *een ~ figuur slaan* faire piètre figure
povertjes pauvrement, mal
poweryoga poweryoga *m*
pr *public relations* relations *v mv* publiques, communication *v*
Praag Prague *v*
Praags prag(u)ois
praal apparat *m*, faste *m*, magnificence *v*, pompe *v* ★ *met grote ~* pompeusement
praalwagen char *m*
praam gabare *v*
praat ❶ propos *m* ★ *iem. aan de ~ houden* tenir la jambe à qn ★ *de auto weer aan de ~ krijgen* parvenir à mettre en marche la voiture ★ *aan de ~ raken met iem.* entrer en conversation avec qn ★ *veel ~s hebben* inform la ramener, être fort en gueule ❷ → **praatje**
praatbarak BN humor *theekransje* ≈ cercle *m* de bavards
praatgraag bavard
praatgroep groupe *m* de discussion
praatje ❶ *gesprekje* causette *v* ★ *een ~ met iem. maken*, BN *een ~ met iem. slaan* faire un brin de causette avec qn ❷ *voordracht* causerie *v* ❸ *gerucht* bruit *m*, racontar *m*, on-dit *m* [mv: id.] ★ *dat geeft maar ~s* ça fait jaser ❹ *kletspraatje* bavardage *m* ★ *... en geen ~s!* ... et pas de discussions! ★ *~s hebben* inform la ramener, être fort en gueule ★ *~s verkopen* raconter des salades ★ *~s vullen geen gaatjes* inform cause toujours
praatjesmaker baratineur *m* [v: baratineuse], beau parleur *m*
praatpaal ❶ *telefoon* borne *v* d'appel ❷ *persoon* confident [v: confidente]
praatprogramma talk-show *m*
praatstoel ▾ *hij zit op z'n ~* le voilà lancé
praatziek bavard
pracht ❶ *schoonheid* splendeur *v*, ⟨praal⟩ pompe *v* ★ *met ~ en praal* en grande pompe ❷ *prachtig exemplaar* splendeur *v* ★ *een ~ van een auto* une voiture superbe
prachtexemplaar perle *v*, splendeur *v*
prachtig **I** *bn* magnifique, superbe, splendide ★ *een ~ gebouw* un bâtiment magnifique ★ *een ~e gelegenheid* une excellente occasion **II** *bw* magnifiquement, à merveille ★ *hij kan ~ tekenen* il fait des dessins magnifiques
practical joke farce *v*
practicum travaux *m mv* pratiques, T.P. *m mv*
pragmaticus homme *m* / femme *v* pragmatique
pragmatisch pragmatique
prairie prairie *v*
prak fricot *m* ▾ *in de prak rijden* bousiller
prakken écraser (avec une fourchette)
prakkiseren gamberger, ruminer ★ *ik prakkiseer er niet over!* pas question! ★ *ik prakkiseer me suf* je me creuse la tête
praktijk ❶ *toepassing* pratique *v* ★ *in de ~* dans la pratique, en réalité, à l'usage, ⟨in feite⟩ en

pratique ★ *in ~ brengen* mettre en pratique / en application ★ *dat leert men in de ~* ça s'apprend sur le tas ★ *het viel in de ~ nogal tegen* en réalité ce n'était pas si facile que ça ❷ *beroepswerkzaamheid* cabinet *m* ★ *een ~ tijdelijk waarnemen* assurer le remplacement temporaire dans un cabinet ★ *hij runt een ~ voor fysiotherapie* il gère un cabinet de kinésithérapie ❸ *manier van doen* ★ *kwade ~en* des pratiques condamnables, de fâcheux agissements / procédés

praktijkervaring (expérience *v*) pratique *v*

praktijkgericht pratique

praktijkjaar stage *m* pratique d'un an

praktijkvoorbeeld exemple *m* tiré de la pratique

praktisch I *bn* ❶ *(als) in de praktijk* pratique ★ *een cursus met veel ~e oefeningen* une formation ponctuée d'exercices pratiques ❷ *handig* pratique ★ *een ~e oplossing voor het probleem* une solution pratique du problème ★ *~ (ingesteld) zijn* avoir le sens pratique **II** *bw, vrijwel* pratiquement ★ *~ niemand* quasiment personne ★ *het is ~ windstil* il n'y a presque pas de vent

praktiseren ❶ ⟨van vrije beroepen⟩ exercer ★ *~d geneesheer* praticien *m* ❷ ⟨van religie⟩ pratiquer ★ *~d* pratiquant

pralen ⟨prijken⟩ briller, ⟨pronken⟩ parader ★ *~ met* faire étalage de

praline praline *v*, chocolat *m*

pramen BN *aansporen* pousser (**tot** à) ▾ BN *zich niet laten ~* ne pas se faire prier

prat ▾ *prat gaan op iets* se targuer de qc

praten parler (**met** à; **over** de), ⟨kletsen⟩ causer, bavarder ★ *hun dochtertje kan al ~* leur petite fille sait déjà parler ★ *maar laten ~* laisser dire ★ *praat me er niet van!* ne m'en parle pas! ★ *in zichzelf ~* parler tout seul, monologuer ★ *iem. iets uit het hoofd ~* dissuader qn de faire qc, ôter qc de la tête de qn ★ *met hem valt niet te ~* il ne veut pas entendre raison ★ *zich eruit ~* s'en tirer ★ *over politiek ~* parler politique ★ *daar valt over te ~* ça se discute ★ *hij praat maar door!* c'est un moulin à paroles ★ *langs elkaar heen ~* parler sans s'écouter, mener un dialogue de sourds ★ *~ als Brugman* avoir la langue bien pendue ★ *jij hebt mooi / makkelijk ~* c'est facile à dire

prater causeur *m* [v: causeuse]

pr-bureau agence *v* de communication

pre avantage *m*, atout *m*, plus *m*

precair précaire

precedent jur précédent *m* ★ *een ~ scheppen* créer un précédent

precederen précéder

precies I *bn* ❶ *exact* précis, exact, juste ★ *de precieze cijfers zijn nog niet bekend* les chiffres exacts ne sont pas encore connus ★ *het zijn er tien, om ~ te zijn* il y en a dix, pour être précis ❷ *zorgvuldig* précis ★ *heel ~ omschrijven* définir avec précision ★ *akelig ~* minutieux [v: minutieuse] **II** *bw* ★ *hij is ~ zijn broer* c'est son frère tout craché ★ *~ op tijd komen* arriver à l'heure juste, arriver pile ★ *~ in het midden* en plein milieu ★ *om tien uur ~* à dix heures précises / pile ★ *~ 5 jaar geleden* il y a exactement 5 ans ★ *niet ~ weten* ne pas savoir au juste ★ *~ zoals* tout comme ★ *~ goed* exactement ce qu'il faut ★ *~ zoals hij zei* tout comme il disait ★ *~!* exactement!

preciseren préciser, expliciter

precisie précision *v*, exactitude *v*, minutie *v*

precisiebom bombe *v* de précision

precisie-instrument instrument *m* de précision

predestinatie prédestination *v*

predicaat ❶ taalk prédicat *m*, attribut *m* ❷ *benaming* appellation *v*

predicatief taalk prédicatif [v: prédicative]

predikant ⟨protestants⟩ pasteur *m*, ⟨r.-k.⟩ prédicateur *m* [v: prédicatrice]

prediken prêcher

prediker *predikant* prêcheur *m* [v: prêcheuse]

Prediker *Bijbelboek* l'Ecclésiaste *m*

prednison prednisone *v*

preek sermon *m* ★ *een ~ houden* prononcer un sermon ★ *iem. een ~ geven* sermonner qn

preekstoel chaire *v* ▾ *op de ~* en chaire

prees [verl. td.] → **prijzen**

prefab préfabriqué

prefect ❶ pol *hoofd van een departement* préfet *m* [v: préfète] ❷ BN onderw *rector* préfet *m*

preferent privilégié ★ *~e aandelen* actions privilégiées

preferentie préférence *v*, priorité *v*

prefereren préférer (**boven** à)

pregnant I *bn* extensif [v: extensive] **II** *bw* par extension

prehistorie préhistoire *v*

prehistorisch ❶ *uit de prehistorie* préhistorique ❷ *ouderwets* préhistorique

prei poireau *m* [m mv: poireaux]

preken ❶ rel prêcher ❷ fig sermonner

prelaat prélat *m*

prelude prélude *m*

prematuur prématuré

premetro BN transp *soort metro* prémétro *m*, métro *m* leger

premie ❶ *beloning* prime *v* ❷ *verzekeringspremie* prime *v*, ⟨v. sociale verzekering⟩ cotisation *v* ★ *sociale ~* cotisation sociale

premiejager gesch chasseur *m* de primes

premiekoopwoning ≈ logement *m* dont la construction est subventionnée

premier premier ministre *m*

première première *v* ★ *in ~ gaan* passer en première

premierschap fonction *v* de premier ministre

prenataal prénatal [m mv: prénatals]

prent ❶ *afbeelding* image *v*, gravure *v* ❷ *pootafdruk* empreinte *v* ❸ *bekeuring* prune *v*

prentbriefkaart carte *v* postale

prenten ook fig graver, ⟨op stof⟩ imprimer ★ *iets in het geheugen ~* graver qc dans la mémoire

prentenboek livre *m* d'images

preoccupatie préoccupation *v*

prepaid comm prépayé

preparaat préparation *v*

preparatie *het prepareren* préparation *v*

prepareren ❶ *voorbereiden* préparer ★ *zich ~ voor / op* se préparer à ❷ *dieren opzetten* naturaliser

prepay → **prepaid**

prepensioen préretraite *v*, BelgFr prépension *v*

prepositie préposition *v*
prepuberteit préadolescence *v*
prescriptie prescription *v*
present I *het* cadeau *m* [m mv: cadeaux] **II** *bn* présent (**bij** à)
presentabel présentable
presentatie présentation *v*
presentator présentateur *m* [v: présentatrice], animateur *m* [v: animatrice]
presenteerblad plateau *m* [m mv: plateaux] ▾ *op een presenteerblaadje* sur un plateau
presenteren ❶ *aanbieden* présenter ★ *we ~ trots ons nieuwe logo* nous sommes fiers de présenter notre nouveau logo ★ *het rapport is gisteren aan de Kamer gepresenteerd* hier le rapport a été présenté à l'Assemblée ★ *de jongeren van nu krijgen later de rekening gepresenteerd* les jeunes d'aujourd'hui en feront les frais plus tard ★ *presenteer ... geweer* presentez ... armes ❷ *als presentator begeleiden* présenter, animer ★ *een tv-quiz ~* animer un jeu télévisé
presentexemplaar spécimen *m*
presentie présence *v*
presentielijst feuille *v* de présence
preses président *m* [v: présidente]
president ❶ *staatshoofd* président *m* ★ *de ~ van Frankrijk* le président français ❷ *voorzitter* président *m* ★ *de ~ van de rechtbank* le président du tribunal
president-commissaris président *m* du conseil d'administration
president-directeur président-directeur *m* général, PDG *m*
presidentieel présidentiel [v: présidentielle]
presidentschap présidence *v*
presidentskandidaat candidat *m* à la présidence
presidentsverkiezing (élections *v mv*) présidentielles *v mv*
presideren présider
presidium ❶ *voorzitterschap* présidence *v* ★ *onder ~ van* sous la présidence de ❷ *college van (onder)voorzitters* présidence *v*
pressen presser, contraindre
presse-papier presse-papier *m* [mv: presse-papier(s)]
pressie pression *v*, contrainte *v*, sport pressing *m* ★ *~ uitoefenen op* faire pression sur
pressiegroep groupe *m* de pression
pressiemiddel moyen *m* de pression
prestatie performance *v* ★ *een geweldige ~* un tour de force, un exploit ★ *een ~ leveren* réaliser une performance ★ *het elftal heeft een schitterende ~ neergezet* l'équipe a réalisé une très belle performance ★ *dat is een hele ~!* c'est un vrai exploit!
prestatiedwang esprit *m* de compétition
prestatievermogen performances *v mv*
presteren réussir, réaliser, jur s'acquitter (d'un engagement) ★ *niet veel ~* obtenir des résultats médiocres ★ *het ~ om* trouver moyen à ★ *goed ~* être performant
prestige prestige *m* ★ *zijn ~ ophouden* garder son prestige
prestigekwestie question *v* de prestige
prestigeobject œuvre *v* de prestige
prestigieus prestigieux [v: prestigieuse]
pret ❶ plaisir *m*, inform rigolade *v* ★ *pret maken* s'amuser ★ *pret hebben* s'amuser ★ *dat mag de pret niet drukken* c'est pas grave, peu importe, tant pis ★ *het is uit met de pret!* la fête est finie! ❷ → **pretje**
pretenderen prétendre ★ *hij pretendeert alles te weten* il prétend tout savoir
pretentie prétention *v* ★ *veel ~s hebben* être prétentieux
pretentieloos sans prétention
pretentieus prétentieux [v: prétentieuse]
pretje plaisir *m*, partie *v* de plaisir ▾ *dat is (bepaald) geen ~* ce n'est pas la joie, ce n'est pas une partie de plaisir
pretogen regard *m* pétillant
pretpakket inform onderw ≈ filière *v* facile
pretpark parc *m* d'attractions / de loisirs
prettig I *bn* agréable ★ *iets ~ vinden* aimer qc ★ *~e vakantie!* bonnes vacances! ★ *~e kerstdagen!* joyeux Noël! **II** *bw* agréablement, bien
preuts pudibond, bégueule, form prude
prevaleren prévaloir, l'emporter (**boven** sur)
prevelen marmotter, murmurer
preventie prévention *v*
preventief I *bn* préventif [v: préventive] ★ *preventieve maatregelen* mesures *v mv* préventives **II** *bw* préventivement
prezen [verl. td.] → **prijzen**
prieel tonnelle *v*, berceau *m* [m mv: berceaux]
priegelen ≈ fignoler
priegelwerk travail *m* minutieux
priem poinçon *m*, alêne *v*
priemen percer ▾ *~de blik* regard *m* perçant
priemgetal nombre *m* premier
priester prêtre *m* [v: prêtresse]
priesterschap sacerdoce *m*
priesterwijding ordination *v*
prietpraat verbiage *m*, bavardage *m*
prijken briller, ressortir ★ *op zijn hoed prijkte een veer* son chapeau était orné d'une plume
prijs ❶ *koopsom* prix *m* ★ *vaste ~* prix fixe ★ *in ~ stijgen* augmenter de prix ★ *onder de ~* au-dessous du prix ★ *tegen de ~ van* au prix de ★ *het ontbijt is bij de ~ inbegrepen* le petit-déjeuner est inclus dans le prix ★ *tot elke ~* coûte que coûte, à tout prix ★ *voor de halve ~* à moitié prix ★ *voor een zacht ~je* à bas prix ★ *voor geen ~* pour rien au monde ★ *de ~ van de roem* le prix / la rançon de la célébrité ★ *iets op ~ stellen* apprécier qc ★ *als u daar ~ op stelt* si vous y tenez ❷ *beloning* prix *m* ★ *de tweede ~ winnen met poolen* gagner le second prix au billard américain ★ *de eerste ~* le grand / premier prix, ⟨loterij⟩ le gros lot ★ *Grote Prijs* Grand Prix ★ *in de prijzen vallen* avoir un prix ★ *de ~ voor de beste regie* le prix de la meilleure mise en scène ★ *een ~ op iemands hoofd zetten / stellen* mettre à prix la tête de qn
prijsbewust qui regarde les prix, averti
prijscompensatie indexation *v* des salaires
prijsde [verl. td.] → **prijzen**
prijsden [verl. td.] → **prijzen**
prijsgeven céder, ⟨opgeven⟩ abandonner, ⟨(over)geven⟩ livrer
prijskaartje étiquette *v*

prijsklasse catégorie *v*, gamme *v* ★ *auto's in een hoge ~* des voitures haut de gamme
prijslijst liste *v* des prix
prijsmaatregel réglementation *v* des prix
prijsopgave devis *m*
prijspeil indice *m* des prix
prijsstijging hausse *v* des prix
prijsstop blocage *m* / gel *m* des prix
prijsuitreiking distribution *v* des prix
prijsvechter *bedrijf dat met prijzen stunt* hard-discounter *m*
prijsvraag concours *m* ★ *een ~ uitschrijven* organiser un concours
prijzen I *ov ww* [o.v.t.: prees; volt. deelw.: geprezen] *loven* louer ★ *zich gelukkig ~* se féliciter ★ *~de woorden* propos *m mv* élogieux **II** *ov ww* [o.v.t.: prijsde; volt. deelw.: geprijsd] *van prijs voorzien* marquer / afficher le prix de, étiqueter
prijzengeld dotation *v*
prijzenoorlog guerre *v* des prix
prijzenslag bataille *v* des prix
prijzenswaardig louable
prijzig cher [v: chère], coûteux [v: coûteuse]
prik ❶ *steek* piqûre *v* ❷ *injectie* piqûre *v* ❸ *limonade* boisson *v* gazeuse, soda *m* ★ *water zonder prik* de l'eau plate ★ *met prik* gazeux [v: gazeuse] ★ *water met prik* de l'eau qui pique ▾ *dat is vaste prik!* c'est réglé comme une horloge!, à coup sûr!
prikactie grève *v* perlée / ponctuelle
prikbord tableau *m* d'affichage [m mv: tableaux ...]
prikje → **prik** ▾ *iets voor een ~ kopen* acheter qc pour trois fois rien
prikkel ❶ *stekel* piquant *m*, ⟨doorn⟩ épine *v* ❷ *aansporing* incitation *v*, stimulant *m* ❸ *prikkeling* picotement *m*, biol stimulus *m*
prikkelbaar irritable, susceptible, irascible
prikkeldraad fil *m* de fer barbelé ★ *achter ~* derrière les barbelés
prikkelen I *onov ww, steken* piquer, picoter ★ *deze trui prikkelt* ce pull me gratte / pique ★ *mijn keel prikkelt* j'ai la gorge irritée **II** *ov ww* ❶ *irriteren* agacer, énerver ❷ *stimuleren* stimuler, inciter (**tot** à), ⟨fysiek⟩ exciter ★ *iem. ~ tot* inciter qn à ★ *iemands nieuwsgierigheid ~* exciter la curiosité de qn ★ *de zintuigen ~* exciter les sens ★ *~de lectuur* littérature *v* érotique / excitante
prikkeling ❶ *stimulans* excitation *v* ❷ *irritatie* irritation *v*
prikken I *ov ww* ❶ *steken* piquer, ⟨opprikken⟩ épingler, fixer ★ *gaatjes ~ in* percer, perforer, trouer ❷ *injectie geven* faire une piqûre à ❸ *vaststellen* ★ *een datum ~* fixer une date **II** *onov ww, prikkelen* piquer
prikkertje bâtonnet *m*
prikklok pointeuse *v*
prikpil piqûre *v* contraceptive
pril frais (éclos) [v: fraîche (éclose)], naissant ★ *de prille jeugd* la plus tendre enfance, la première jeunesse
prima I *bn, uitstekend* excellent, épatant ★ *een ~ idee* une excellente idée ★ *van ~ kwaliteit* de très bonne qualité, de première qualité ★ *het bevalt me hier ~* je me plais très bien ici ★ *het is ~* c'est très bien, c'est parfait **II** *tussenw* très bien, parfait
primaat I *de* ❶ *geestelijke* primat *m* ❷ *zoogdier* primate *m* **II** *het, oppergezag* primauté *v*
prima ballerina étoile *v*
prima donna prima donna *v*, fig diva *v*
primair I *bn* ⟨eerst⟩ primaire, ⟨voornaamst⟩ principal [m mv: principaux], premier [v: première] ★ *~ getal* nombre *m* premier ★ *~e kleur* couleur *v* primaire ★ *~e levensbehoeften* articles *m mv* de première nécessité ★ *~ onderwijs* enseignement *m* primaire ★ *de ~e sector* le secteur primaire **II** *bw* ★ *~ reageren* réagir spontanément
primetime heures *v mv* de grande audience
primeur primeur *v*, ⟨nieuwtje⟩ scoop *m*
primitief I *bn* primitif [v: primitive], ⟨sober⟩ rudimentaire **II** *bw* primitivement
primordiaal BN *doorslaggevend* primordial [m mv: primordiaux]
primula primevère *v*
primus *kooktoestel* réchaud *m* à pétrole
principe principe *m* ★ *uit ~* par principe ★ *in ~* en principe, a priori
principeakkoord accord *m* de principe
principebesluit décision *v* de principe
principieel I *bn* de principe, de fond ★ *een principiële kwestie* une question de principe ★ *principiële dienstweigeraar* objecteur *m* de conscience ★ *om principiële redenen* pour des raisons de principe **II** *bw* ⟨uit principe⟩ par principe
prins prince *m* ★ *~ van den bloede* prince du sang ▾ *doen alsof men van de ~ geen kwaad weet* faire l'innocent ▾ *de ~ op het witte paard* le prince charmant
prinselijk princier [v: princière] ★ *het ~ paar* le couple princier
prinses princesse *v*
prinsessenboon haricot *m* vert
prins-gemaal prince *m* consort
prinsheerlijk princièrement
Prinsjesdag ≈ jour *m* de l'ouverture de la session parlementaire
print ❶ *computeruitdraai* sortie *v* (papier), listing *m*, ⟨vel⟩ copie *v*, document *m* ❷ *afdruk* épreuve *v*
printen imprimer
printer imprimante *v*
prior prieur *m*
prioriteit priorité *v*
prisma prisme *m*
privaat privé
privaatrecht jur droit *m* privé
privacy intimité *v*, vie *v* privée
privatiseren privatiser
privé I *bn* privé, personnel [v: personnelle] **II** *bw* en privé ★ *mag ik u even ~ spreken?* puis-je vous parler en particulier?
privéaangelegenheid affaire *v* privée
privéadres adresse *v* personnelle
privésfeer vie *v* privée, intimité *v*
privéstrand plage *v* privée
privilege privilège *m*
prk BN *postrekening* CCP *m* (compte-chèques postal)
pro pour *m* ★ *het pro en contra* le pour et le

contre
pro- pro- ★ *pro-Amerikaans* pro(-)américain
proactief proactif [v: proactive]
probaat efficace
probatie BN jur *proeftijd* probation *v*
probeersel (coup *m* d')essai *m*
proberen ❶ *een poging doen* essayer, tenter ★ *~ (om) te* essayer de, tenter de, chercher à ★ *laat mij het eens ~* laisse-moi essayer un peu ❷ *uitproberen* ★ *u moet die wijn eens ~* faudrait déguster ce vin
probleem ❶ *moeilijkheid* problème *m* ★ *dat is een ~* ça pose un problème ★ *de technische problemen lossen we wel op* pour tout problème technique, on trouvera une solution ★ *hij heeft problemen met zijn ouders* il a maille à partir avec ses parents ★ *geen ~!* pas de problème! ❷ *gesteld vraagstuk* problème *m* ★ *een natuurkundig ~* un problème de physique
probleemgeval cas *m* (problématique)
probleemgezin famille *v* à problèmes
probleemkind enfant *m/v* à problèmes
probleemloos sans problème(s), sans difficultés
probleemstelling problématique *v*
probleemwijk quartier *m* sensible
problematiek problématique *v*
problematisch problématique
procedé procédé *m*
procederen faire un procès (**à** tegen), plaider (**contre** tegen) ★ *gaan ~* intenter un procès
procedure ❶ *werkwijze* procédure *v* ★ *dat is een omslachtige ~* c'est une procédure compliquée ❷ jur *proces* procédure *v* ★ *gerechtelijke ~* procédure judiciaire ★ *een ~ aanspannen tegen* engager une procédure contre
procedureel procédural [m mv: procéduraux]
procent pour cent ★ *vijf ~* cinq pour cent ★ *tegen vier ~* à quatre pour cent ★ *(voor) honderd ~* à cent pour cent
procentueel (exprimé) en pourcentage
proces ❶ *wijze waarop iets verloopt* processus *m* ★ *een chemisch ~* une opération chimique ★ *een echtscheiding is een pijnlijk ~* le divorce est un processus pénible ❷ *rechtszaak* procès *m* ★ *een ~ aanspannen tegen iem.* faire / intenter un procès à qn ★ *met iem. in ~ liggen* être en procès avec qn
procesgang déroulement *m* du procès
procesoperator mécanicien *m* de commande [v: mécanicienne ...]
processie procession *v*
processor processeur *m*
proces-verbaal ❶ *bekeuring* procès-verbal *m* [mv: procès-verbaux], contravention *v* ★ *een ~ krijgen* attraper une contravention / un P.-V. ★ *~ opmaken tegen iem.* verbaliser contre qn, inform donner un P.-V. à qn ❷ *verslag* procès-verbal *m* [mv: procès-verbaux]
procesvoering procédure *v*
proclamatie ❶ *bekendmaking* proclamation *v* ❷ BN sport *bekendmaking van de uitslag* proclamation *v*
proclameren proclamer
procuratiehouder fondé *m* de pouvoir
procureur jur avoué *m* ★ BN *Procureur des Konings* procureur *m* (de la République)
procureur-generaal procureur *m* général
pro Deo bénévolement, gratuitement
pro-Deoadvocaat avocat *m* commis (d'office)
producent producteur *m* [v: productrice], fabricant *m*
producer producteur *m* [v: productrice]
produceren *voortbrengen* produire ★ *duurzaam ~* produire de façon durable ★ *grote hoeveelheden afval ~* produire une grande quantité de déchets
product ❶ *voortbrengsel* produit *m* ★ *een ~ op de markt brengen* lancer un produit ★ *biologische ~en* produits biologiques ★ *bruto nationaal ~* produit national brut ★ *bruto binnenlands ~* produit intérieur brut ★ *hij is een ~ van zijn tijd* il est un enfant de son temps ❷ wisk produit *m* ★ *8 is het ~ van 2 maal 4* 8 est le produit de 2 par 4
productie ❶ *het maken* production *v* ★ *de ~ opvoeren* augmenter la production ★ *iets in ~ nemen* mettre qc en production ❷ *wat gemaakt is* production *v* ★ *een audiovisuele ~* une production audiovisuelle
productiecapaciteit capacité *v* de production
productief fécond, productif [v: productive] ★ *~ maken* exploiter, mettre en valeur, faire valoir ★ *~ zijn* rapporter
productiekosten coût *m* de production
productielijn chaîne *v* de production
productiemiddel moyen *m* de production
productieproces processus *m* de production
productiviteit productivité *v*
productmanager chef *m* de produit
productschap ≈ interprofession *v* (d'une filière)
proef ❶ *onderzoek, het proberen* essai *m* ★ *op de ~ stellen* mettre à l'épreuve ★ *de ~ doorstaan* résister à l'épreuve, faire ses preuves ★ *bij wijze van ~* à titre d'essai ★ *een ~ nemen* faire un essai ★ *iem. zwaar op de ~ stellen* mettre qn à rude épreuve ★ *iemands geduld op de ~ stellen* mettre la patience de qn à l'épreuve ★ *de ~ op de som nemen* faire l'expérience / la preuve ★ *op ~* à l'essai, à titre d'essai ❷ *wetenschappelijk experiment* expérience *v* ★ *chemische proeven* des expériences chimiques ★ *proeven nemen* faire des expériences ❸ *bewijs* preuve *v* ★ *een proeve van bekwaamheid afleggen* faire un test d'aptitude, fig faire ses preuves
proefabonnement abonnement *m* d'essai
proefballon ❶ aardk *ballon* ballon *m* d'essai ❷ fig *stemmingspeiling* ★ *een ~ oplaten* lancer un ballon d'essai
proefboring sondage *m*
proefdier animal *m* de laboratoire [m mv: animaux ...], cobaye *m*
proefdraaien faire des essais
proefdruk épreuve *v*
proefkonijn ❶ lett *proefdier* animal *m* de laboratoire ❷ fig cobaye *m* ★ *als ~ dienen* servir de cobaye
proefneming essai *m*, ⟨wetenschap⟩ expérience *v*, expérimentation *v*
proefnummer (numéro *m*) spécimen *m*
proefondervindelijk ❶ *empirisch* empirique ★ *iets ~ bewijzen* prouver qc empiriquement / expérimentalement ❷ *experimenteel* expérimental [m mv: expérimentaux]
proefperiode période *v* d'essai

proefpersoon sujet *m* (d'expérience)
proefrit essai *m* ★ *een ~ maken met een auto* essayer une voiture
proefschrift thèse *v* (de doctorat) ★ *een ~ verdedigen* soutenir sa thèse
proefstuk ▼ BN *niet aan zijn ~ toe zijn* avoir fait ses preuves
proefterrein terrain *m* d'essai
proeftijd ❶ *uitprobeertijd* période *v* d'essai ★ *iem. aanstellen met een ~ van één jaar* engager qn avec une période d'essai de douze mois ❷ jur sursis *m* avec mise à l'épreuve, période *v* de probation ★ *hij ging binnen zijn ~ weer de fout in* malgré son sursis, il a récidivé
proefverlof jur mise *v* en liberté conditionnelle
proefvertaling ‹op school› version *v*, ‹voor uitgever› essai *m* de traduction
proefvlucht vol *m* d'essai
proefwerk interrogation *v* écrite, contrôle *m*
proesten ❶ *niezen* éternuer ❷ *snuiven* s'ébrouer ❸ *lachen* pouffer (de rire)
proeve form → **proef**
proeven ❶ *proberen hoe iets smaakt* goûter, ‹v. drank› déguster ★ *~ van* ook fig goûter à / de ★ *wijn ~* déguster du vin ★ fig *sfeer ~* savourer l'ambiance ❷ *de smaak van iets voelen* sentir ★ *ik proef de knoflook in dit gerecht* je sens le goût d'ail dans ce plat
prof ❶ *hoogleraar* prof *m* ❷ *professional* pro *m/v*
profaan profane
profclub club *m* de (joueurs) professionnels
profeet prophète *m/v*
professie ❶ *beroep* profession *v* ★ *van ~* de son état ❷ *belijdenis* profession *v*
professional professionnel *m* [v: professionnelle], inform pro *m/v*
professionalisering professionnalisation *v*
professioneel I *bn, vakkundig* professionnel [v: professionnelle] **II** *bw* de manière professionnelle, en professionnel
professor professeur *m* (de faculté)
profeteren prophétiser
profetie *voorspelling* prophétie *v*
profetisch I *bn* prophétique **II** *bw* en prophète, prophétiquement
proficiat toutes mes félicitations!
profiel ❶ *zijaanzicht* profil *m* ★ *in ~* de profil ❷ *typering* profil *m* ❸ ‹op band, zool› profil *m*
profielband pneu *m* à profil / à sculptures
profielschets profil *m*, portrait-robot *m*
profieltekening profil *m*
profielzool semelle *v* à relief
profijt profit *m*, avantage *m*, bénéfice *m* ★ *~ trekken van* tirer profit de
profijtbeginsel ≈ principe *m* de non-gratuité
profijtelijk profitable
profileren ❶ *karakteriseren* définir ★ *zich ~ als* s'affirmer comme ★ *zich ~* s'affirmer, se démarquer ❷ *profiel aanbrengen* profiler
profiteren profiter (**van** de), tirer profit (**van** de) ★ *van de gelegenheid ~* profiter de l'occasion
profiteur profiteur *m* [v: profiteuse]
profspeler joueur *m* professionnel [v: joueuse professionnelle], inform pro *m/v*
profvoetballer footballeur *m* professionnel
prognose pronostic *m*, prévision *v*
program programme *m*
programma ❶ *geheel van activiteiten* programme *m* ★ *een druk ~ hebben* avoir un emploi du temps chargé ★ *wat staat er op het ~?* quel est le programme? ❷ *uitzending* émission *v* ★ *om half negen begint mijn favoriete ~* mon émission préférée commence à vingt heures trente ❸ comp programme *m* ★ *het ~ loopt steeds vast* le programme se bloque tout le temps ❹ pol programme *m* ★ *ik ben wel lid van de partij, maar het ~ heb ik nooit gelezen* même si je suis membre du parti, je n'ai jamais lu le programme
programmablad magazine *m* de radio et de télévision
programmaboekje programme *m*
programmakiezer techn programmateur *m*
programmamaker réalisateur *m* (d'émissions) [v: réalisatrice ...]
programmatuur logiciel *m*
programmeertaal langage *m* de programmation
programmeren ❶ comp programmer ❷ *een programma opstellen voor* programmer
programmering programmation *v*
programmeur programmeur *m* [v: programmeuse]
progressie ❶ *vooruitgang* progression *v* ❷ *toename* progressivité *v*
progressief ❶ *voortgaand* progressif [v: progressive] ❷ *vooruitstrevend* progressiste
prohibitie prohibition *v*
project projet *m* ★ *het ~ wordt in twee fases uitgevoerd* le projet sera réalisé en deux phases / temps
projecteren ❶ *van dia's en films* projeter ❷ *van gevoelens en gedachten* projeter (**op** sur) ❸ *van driedimensionale figuren* projeter ❹ *plannen* projeter
projectie projection *v*
projectiel projectile *m* ★ *geleid ~* engin téléguidé *m*, missile *m* ▼ *ongeleid ~* fig électron *m* libre
projectiescherm écran *m* de projection
projectleider responsable *m/v* d'un projet
projectmanager responsable *m/v* d'un projet
projectmatig thématique, par projets
projectontwikkelaar bouw promoteur *m* (immobilier)
projector projecteur *m*
proleet mufle *m*, goujat *m*, plouc *m*
proletariaat prolétariat *m*
proletariër prolétaire *m/v*, inform prolo *m*
proletarisch prolétaire, inform prolo
prolongatie prolongation *v*
prolongeren prolonger, econ proroger
proloog prologue *m*
promenade promenade *v*
promenadedek pont-promenade *m* [m mv: ponts-promenades]
promesse econ billet *m* à ordre
promillage proportion *v* pour mille, ‹alcoholspiegel› alcoolémie *v*
promille pour mille
prominent de premier plan, éminent
promiscue I *bn* ≈ à partenaires multiples **II** *bw* ≈ en changeant souvent de partenaire

pr

promiscuïteit liberté *v* sexuelle
promoten promotionner, promouvoir
promotie ❶ *bevordering* promotion *v*, avancement *m* ★ ~ *maken* avancer, monter en grade ★ BN *sociale* ~ ≈ recyclage *m*, BelgFr promotion sociale ❷ *behalen van doctorsgraad* soutenance *v* de thèse, doctorat *m* ❸ BN *reclame* promotion *v* ★ *in* ~ *zijn* être en promotion
promotiewedstrijd match *m* de barrage / pour la montée
promotor ❶ *belangenbehartiger* promoteur *m* [v: promotrice], sport manager *m* ❷ *hoogleraar* directeur *m* de thèse ❸ BN bouw *projectontwikkelaar* promoteur *m* (immobilier)
promovendus soutenant *m* de thèse
promoveren ❶ *een klasse stijgen* monter ★ *naar de eredivisie* ~ monter en première division ★ *gepromoveerd zijn tot chef* être promu chef ❷ onderw *doctorstitel verwerven* passer son doctorat, soutenir sa thèse, être reçu docteur ★ *zij is gepromoveerd* elle a été reçue docteur
prompt I *bn* rapide, form prompt ★ *een* ~ *antwoord* une réponse prompte ★ *een ~e bediening* un service rapide **II** *bw* avec promptitude, aussitôt, inform aussi sec ★ ~ *op tijd* à l'heure exacte
pronken *zich trots vertonen* parader, se pavaner ★ ~ *met* faire étalage de, exhiber ★ ~ *als een pauw* faire la roue
pronkjuweel ❶ *heel mooi juweel* joyau *m* [m mv: joyaux] ❷ fig perle *v*
pronkstuk fig (le plus beau) fleuron *m*
prooi proie *v* ★ *ten* ~ *aan* en proie à
proost à votre santé, à la vôtre
proosten trinquer (**op** à)
prop ❶ *samengedrukte bol* tampon *m*, ⟨van papier⟩ boulette *v*, ⟨in mond⟩ bâillon *m*, ⟨in oor⟩ bouchon *m* ★ *prop papier* boulette de papier ★ *een prop in de keel hebben* avoir une boule dans la gorge, avoir la gorge serrée ❷ *persoon* [vooral verkleinwoord] boulot *m* [v: boulotte], ⟨dikke meid⟩ inform boudin *m* ▼ *met iets op de proppen komen* mettre qc sur le tapis, sortir qc
propaan propane *m*
propaangas propane *m*
propaganda propagande *v*
propagandafilm film *m* de propagande
propageren propager, prôner
propedeuse ≈ premier cycle *m*
propeller hélice *v*
propellervliegtuig avion *m* à hélice(s)
proper propre
proportie proportion *v* ★ *in* ~ *met* en proportion avec ★ *buiten alle* ~ hors de proportion, démesuré ★ *naar* ~ en proportion, proportionnellement ★ *een zaak tot zijn normale ~s terugbrengen* ramener qc à ses justes proportions ★ *enorme ~s aannemen* prendre des dimensions énormes
proportioneel proportionnel [v: proportionnelle]
propositie ❶ *voorstel* proposition *v* ❷ *stelling* proposition *v*
proppen tasser, ⟨volproppen⟩ bourrer, ⟨stoppen⟩ fourrer (**in** dans) ★ *zijn eten naar binnen* ~ engloutir sa nourriture, se gaver
propvol plein à craquer, archiplein, ⟨afgeladen⟩ bondé
prosecco prosecco *m*
prospectie BN econ *marktonderzoek* prospection *v*
prospectus prospectus *m*
prostaat prostate *v*
prostituee prostituée *v*
prostitueren *aan prostitutie overgeven* prostituer ★ *zich* ~ se prostituer
prostitutie prostitution *v*
protectie *bescherming* protection *v*
protectiegeld taxe *v* (versée aux racketteurs)
protectionisme protectionnisme *m*
protectoraat protectorat *m*
protegé protégé *m* [v: protégée]
proteïne protéine *v*
protest protestation *v* ★ ~ *aantekenen tegen* protester contre ★ *onder* ~ en protestant ★ ~ *uitlokken* provoquer des protestations ★ *de film leidde tot een storm van* ~ le film a provoqué une tempête de protestations
protestactie action *v* revendicative
protestant I *de* protestant *m* [v: protestante] **II** *bn* protestant
protestantisme protestantisme *m*
protestants protestant
protestbeweging mouvement *m* contestataire
protesteren protester (**tegen** contre), pol contester
protestmars marche *v* de protestation
protestsong chanson *v* contestataire
prothese prothèse *v*
protocol ❶ *regels bij diplomatiek verkeer* protocole *m* ★ *volgens* ~ selon le protocole ❷ *letterlijk verslag* protocole *m*
protocollair protocolaire
proton I *het* natk proton *m* **II** *de*, BN econ *elektronische portemonnee* (carte *v*) moneo *m*
protonkaart BN econ *elektronische portemonnee* (carte *v*) moneo *m*
protoplasma protoplasme *m*
prototype ❶ *oorspronkelijk model* prototype *m* ❷ *typisch voorbeeld* ★ *hij is het* ~ *van een geleerde* c'est le type même du savant
protserig clinquant, tape-à-l'œil [onver.]
Provençaals provençal [m mv: provençaux]
Provence la Provence
proviand provisions *v mv* (de bouche) ★ ~ *inslaan* se ravitailler
provider www fournisseur *m* (d'accès)
provinciaal I *bn* ❶ *van de provincie* provincial [m mv: provinciaux] ❷ *kleinburgerlijk* provincial [m mv: provinciaux] **II** *de, bewoner van het platteland* ook min provincial *m* [m mv: provinciaux] [v: provinciale]
provincie ❶ *gewest* province *v* ★ *de Verenigde Provinciën* les Provinces-Unies ❷ *platteland* province *v* ★ *iem. uit de* ~ provincial *m* [v: provinciale]
provinciehuis siège *m* des États provinciaux
provincieraad BN pol *provinciaal bestuur* Conseil *m* provincial
provisie ❶ *commissieloon* commission *v*, ⟨van makelaar⟩ courtage *m* ★ *op ~basis* à la commission ❷ *voorraad* provisions *v mv*

pr

provisiekast garde-manger *m* [mv: id.]
provisorisch I *bn* provisoire **II** *bw* provisoirement
provitamine provitamine *v*
provo provo *m*
provocateur provocateur *m* [v: provocatrice]
provocatie provocation *v*, inform provoc *v*
provoceren provoquer
prowesters pro-occidental [m mv: pro-occidentaux]
proza prose *v* ★ *in ~* en prose
prozaïsch prosaïque, terre à terre
pruik ❶ *nephaar* perruque *v* ❷ *haardos* tignasse *v*
pruikentijd époque *v* du rococo
pruilen bouder, faire la tête, faire la moue
pruillip moue *v*, lippe *v* ★ *een ~ trekken* faire la moue
pruim ❶ *vrucht* prune *v* ★ *gedroogde ~* pruneau *m* ❷ *boom* prunier *m*
pruimen ❶ *tabak kauwen* chiquer ❷ *verdragen* piffer ★ *niet te ~* inform dégueulasse ★ *ik kan die vent niet ~* je ne peux pas piffer ce type-là
pruimenboom, BN **pruimelaar** prunier *m*
pruimenmond bouche *v* en cul-de-poule
pruimtabak tabac *m* à chiquer
Pruisen la Prusse
Pruisisch *m.b.t. Pruisen* prussien [v: prussienne]
prul ❶ *ding* babiole *v*, broutille *v* ★ *prul van een roman* un torchon ❷ *mens* nullité *v*, minus *m*
prullaria camelote *v*, pacotille *v*
prullenbak corbeille *v* à papier
prullenmand corbeille *v* à papier ★ *goed voor de ~* bon à jeter (à la poubelle / au rancart)
prulschrijver plumitif *m*
prut I *de* gadoue *v* ★ *in de prut zitten* être embourbé, être dans le pétrin **II** *bn* minable
prutje cul tambouille *v*
prutsen I *ov ww* ★ *iets in elkaar ~* bricoler qc **II** *onov ww* ❶ *knutselen* ★ *aan iets ~* bricoler qc ❷ *klungelen* bricoler
prutser *klungelaar* bousilleur *m* [v: bousilleuse]
prutswerk ❶ *knoeiwerk* bousillage *m*, travail *m* bâclé ❷ *peuterwerk* bricolage *m*
pruttelen ❶ *koken* mijoter ❷ *mopperen* bougonner
PS *Post Scriptum* P.-S., post-scriptum *m*
psalm psaume *m*
psalmboek livre *m* de psaumes, psautier *m*
pseudo- pseud(o)- ★ *pseudowetenschappelijk* pseudoscientifique
pseudoniem pseudonyme *m*, nom *m* de plume
psoriasis psoriasis *m*
pst psitt!
psyche psyché *v*, psychisme *m*
psychedelisch psychédélique
psychiater psychiatre *m/v*, inform psy *m/v*
psychiatrie psychiatrie *v*
psychiatrisch psychiatrique
psychisch psychique, mental [m mv: mentaux]
psychoanalyse psychanalyse *v*
psycholinguïstiek psycholinguistique *v*
psychologie psychologie *v*
psychologisch psychologique ★ *~e test* test *m* de personnalité
psycholoog psychologue *m/v*
psychopaat psychopathe *m/v*, déséquilibré *m*
psychose psychose *v*
psychosomatisch psychosomatique
psychotherapie psychothérapie *v*
psychotisch psychotique
puber adolescent *m* [v: adolescente]
puberaal (d')adolescent, form pubertaire
puberen être à l'âge ingrat, avoir des crises d'adolescence
puberteit adolescence *v*, puberté *v*
publicatie ❶ *het publiceren* publication *v* ❷ *uitgegeven werk* publication *v*
publiceren *openbaar maken* rendre public, ‹uitgeven› publier
publicist ≈ essayiste *m/v*
publicitair publicitaire, ‹via de media› médiatique
publiciteit ❶ *openbare kennis* publicité *v* ★ *in de ~ brengen* rendre public, mettre au grand jour ❷ BN *reclame* publicité *v*, inform pub *v*
publiciteitscampagne campagne *v* de publicité
publiciteitsstunt coup *m* publicitaire / médiatique
public relations relations *v mv* publiques, communication *v* ★ *afdeling ~* service *m* (de la) communication
publiek I *het* public *m*, ‹aanwezigen› assistance *v*, ‹in theater› salle *v* ★ *veel ~ trekken met een show* attirer beacoup de monde avec un spectacle ★ *het grote ~* le grand public ★ *op een breed ~ mikken* s'adresser à un vaste / large public, ratisser large **II** *bn* public [v: publique] ★ *de ~e opinie beïnvloeden* influencer l'opinion publique ★ *de ~e sector* le secteur public
publiekelijk publiquement, en public
publieksfilm film *m* grand public / tous publics
publieksgericht orienté vers le grand public
publiekstrekker ★ *een ~ zijn* attirer les foules, inform faire un tabac
puck sport palet *m*
pudding pudding *m*
puddingbroodje culin petit pain *m* fourré
puddingvorm moule *m*
Puerto Ricaans → **Porto Ricaans**
Puerto Rico → **Porto Rico**
puf ★ *ik heb geen puf meer* je suis à plat ★ *ergens de puf niet meer voor hebben* ne plus avoir la force de faire qc
puffen haleter ★ *het is hier om te ~* on étouffe ici
pui *gevel* façade *v*, ‹van winkel› devanture *v*
puikje (la) fine fleur, (le) fin du fin, ‹chic› gratin *m*
puilen saillir ★ *de ogen puilden hem uit het hoofd* les yeux lui sortaient de la tête
puin *losse stenen* ‹ingestort› décombres *m mv*, débris *m mv*, ‹neergestort› éboulis *m*, ‹uitgegraven› déblais *m mv*, ‹bouwafval› gravats *m mv* ★ *puin ruimen* déblayer le terrain, fig remettre de l'ordre ★ *onder het puin bedolven* enseveli sous les décombres ★ *verboden puin te storten!* décharge interdite ★ *in puin liggen / vallen* être / tomber en ruine ▼ *in puin rijden* bousiller
puinhoop ❶ *warboel* pagaille *v* ★ *je kamer is een grote ~!* quelle pagaille, ta chambre! ❷ *hoop puin* (tas *m* de) décombres *m mv*, ruine *v*
puist bouton *m*, med pustule *v*

pr

puistenkop boutonneux *m* [v: boutonneuse], humor calculatrice *v*
puk *klein persoon* demi-portion *v* [mv: demi-portions], ‹kind› petit bout *m* de chou
pukkel ❶ *puist* bouton *m* ❷ *tas* sacoche *v*
pul chope *v*
pulken tripoter ★ *aan zijn trui ~* tripoter son pull ★ *in de neus ~* se curer le nez
pulli pull *m* à col montant
pullover pull *m*, pull-over *m* [m mv: pull-overs]
pulp ❶ *brij* pulpe *v* ❷ *slecht product* ‹boek› torchon *m*, ‹lectuur› littérature *v* de gare
pulseren être en pulsation, vibrer, ‹kloppen› battre
pulver poudre *v*
pummel butor *m*, goujat *m*, malotru *m*, rustre *m*
pump escarpin *m*
punaise punaise *v*
punch punch *m*
punctie ponction *v*
punctueel I *bn* ponctuel [v: ponctuelle], réglé comme une horloge **II** *bw* ponctuellement
punk ❶ *subcultuur* mouvement *m* punk ❷ *punker* punk *m/v*
punker punk *m/v*
punkkapsel coiffure *v* punk
punniken ❶ *frunniken* tripoter ❷ *breien* faire du tricotin
punt I *de* ❶ *uiteinde* bout *m*, ‹spits› pointe *v*, ‹hoekpunt› coin *m* ★ *de punt van een servet* un coin de serviette ★ *een punt slijpen aan een potlood* tailler un crayon ❷ *stip* point *m*, ‹aan het eind v.e. zin› point *m* final ★ *dubbele punt* deux-points *m* [mv: id.] ★ *... punt com ...* point com ★ *punt erachter!* point final! ★ *punt, uit!* un point c'est tout! ★ *een punt achter iets zetten* en finir avec qc ▾ BN *iets op punt stellen* mettre qc au point ▾ BN *op punt staan* être au point → **puntje II** *het* ❶ *plaats* point *m* ❷ *onderdeel, kwestie* point *m* ★ *geen punt!* pas de problème! ★ *punt voor punt* point par point ★ *een punt maken van iets* faire (tout) un problème de qc ❸ *moment* point *m* ★ *het dode punt* le point mort ★ *op het punt staan om iets te doen* être sur le point de faire qc ❹ *waarderingseenheid* point *m* ★ *op punten winnen* gagner aux points ★ *de punten delen* faire match nul
puntbaard barbe *v* en pointe
puntbroodje culin ≈ petit pain *m*
punten ❶ *een punt maken aan* tailler ❷ *bijpunten* ‹v. haar› couper les pointes de ★ *het haar laten ~* se faire rafraîchir les cheveux
puntenrijbewijs permis *m* à points
puntenslijper taille-crayon *m* [m mv: taille-crayons]
punter ❶ *boot* barge *v* ❷ sport pointe *v*
puntgaaf parfait, inform impec
punthoofd ▾ *ik krijg er een ~ van* ça me rend dingue, ça me tape sur le système
puntig ❶ *spits* aigu [v: aiguë], pointu, en pointe ❷ *kernachtig* concis, ‹snedig› sagace
puntje ‹broodje›, ▾ *als ~ bij paaltje komt* le moment venu, en fin de compte ▾ *de ~s op de i zetten* mettre les points sur les i ▾ *in de ~s* dans les détails, à la perfection ▾ *daar kun je een ~ aan zuigen* prends-en de la graine ▾ *~ ~ ~* points de suspension
puntkomma point-virgule *m* [mv: points-virgules]
puntmuts bonnet *m* à pointe
puntschoen chaussure *v* à bout pointu
puntsgewijs point par point
puntzak cornet *m*
pupil ❶ *oogpupil* pupille *v* ❷ *leerling* poulain *m* ❸ *pleegkind* pupille *m/v* ❹ sport poussin *m*
puppy chiot *m*
puree purée *v* ▾ *in de ~ zitten* être dans le pétrin
pureren écraser en purée
purgeermiddel purge *v*, laxatif *m*
purisme purisme *m*
purist puriste *m/v*
puritein puritain *m* [v: puritaine]
puriteins puritain
purper pourpre, pourpré
purperrood pourpre
purser ‹in vliegtuig› chef *m* de cabine, scheepv commissaire *m* (de bord)
pus pus *m*
pushen ❶ *aanzetten* pousser ❷ *promoten* promouvoir
push-up sport traction *v* ★ *~s doen* inform faire des pompes
push-up-bh push-up *m*
put *gat* ‹bouw- / waterput› puits *m*, ‹kuil› trou *m*, creux *m*, fosse *v* ★ BN *septische put* fosse *v* septique ★ *een put graven* creuser un puits ▾ *in de put zitten* avoir le moral à zéro ▾ *een bodemloze put* un gouffre ▾ BN *in het putje van de winter* au cœur de l'hiver, en plein hiver
putsch putsch *m*, coup *m* d'État
putten ❶ *water ophalen* puiser (**uit** dans) ❷ **~ uit** fig *ontlenen aan* puiser dans ★ *uit eigen ervaring ~* puiser dans son expérience, puiser dans sa propre expérience ★ *ergens inspiratie uit ~* trouver son inspiration dans qc
puur I *bn* ❶ *zuiver* ‹ook van alcoholische dranken› pur, ‹naturel› nature ❷ *louter* pur ★ *uit pure nieuwsgierigheid* par pure curiosité ★ *dat is puur toeval* c'est un pur hasard **II** *bw* purement
puzzel ❶ *legpuzzel* puzzle *m* ❷ *probleem* casse-tête *m* [mv: id.]
puzzelaar ‹v. kruiswoordpuzzels› cruciverbiste *m/v*
puzzelen ❶ *puzzels oplossen* faire des puzzles, ‹kruiswoordpuzzels› faire des mots croisés ❷ *diep nadenken* se casser la tête
puzzelrit rallye *m*
puzzelwoordenboek dictionnaire *m* de mots croisés
pvc PVC *m*
pygmee pygmée *m/v*
pyjama pyjama *m* ★ *in ~* en pyjama
pyjamabroek pantalon *m* de pyjama
pyjamajas veste *v* de pyjama
pylon cône *m*
Pyreneeën (les) Pyrénées *v mv*
pyromaan pyromane *m/v*
pyrrusoverwinning ≈ succès *m* en apparence
python python *m*

Q

q q *m* ★ *de q van Québec* Q comme Quintal
Qatar le Qatar ★ *in ~* au Qatar
qua en ce qui concerne ★ *qua grootte valt het mee* pour la taille, ça passe
quad *vierwielig motorrijtuig* quad *m*
quarantaine quarantaine *v* ★ *iem. in ~ plaatsen* mettre qn en quarantaine
quartair I *bn* quaternaire ★ *~ gesteente* formation *v* quaternaire ★ *de ~e sector* le secteur quaternaire **II** *het, periode* (ère *v*) quaternaire *m*
quasi BN *bijna, vrijwel* quasiment
quasi- faux [v: fausse], pseudo- ★ *hij deed quasiongeïnteresseerd* il jouait l'indifférence ★ *quasiwetenschappelijk* pseudoscientifique ★ *quasibescheiden* faussement modeste
quatre-mains I *het* morceau *m* à quatre mains [mv: morceaux...] **II** *bn* ★ *(à) ~* à quatre mains
querulant form quérulent *m*, inform râleur *m*
questionnaire questionnaire *m*
quiche quiche *v*
quickscan quickscan *m*
quickstep fox-trot *m*
quitte quitte ★ *we zijn ~* nous sommes quittes ★ *~ spelen* jouer quitte ★ *~ of dubbel* quitte ou double
qui-vive ▾ *op zijn ~ zijn* être sur le qui-vive
quiz quiz *m*, jeu *m* (de questions-réponses) [mv: jeux ...]
quizmaster animateur *m* (du jeu / quiz) [v: animatrice]
quota quote-part *v* [mv: quotes-parts], quota *m*
quote ❶ *quota* quote-part *v* [mv: quotes-parts] ❷ *citaat* citation *v*
quoteren ❶ *limiteren* répartir par quotes-parts ❷ BN onderw *beoordelen* coter
quotiënt quotient *m*
quotum quote-part *v* [mv: quotes-parts]

q

R

r r *m* ★ *de r van Rudolf* R comme Roger
ra vergue *v*
raad ❶ *advies* avis *m*, conseil *m* ★ *met raad en daad bijstaan* apporter aide et conseil (à) ★ *te rade gaan bij iem.* consulter qn ★ *iem. raad geven* conseiller qn ★ *iemands raad opvolgen* suivre les conseils de qn ★ *raad vragen* demander conseil ★ *goede raad was duur* que faire?, on ne savait plus sur quel pied danser ❷ *oplossing* ★ *er wel raad op weten* savoir comment s'y prendre ★ *zich geen raad weten met iets* ne savoir que faire de qc ★ *ten einde raad zijn* ne savoir à quel saint se vouer ★ *ten einde raad* en désespoir de cause ★ *met voorbedachten rade* prémédité, avec préméditation ★ *komt tijd, komt raad* qui vivra verra ❸ *adviserend college* conseil *m* ★ *de burgemeester is de voorzitter van de raad* le maire préside le conseil (municipal) ★ *de Hoge Raad* la Cour de Cassation ★ *de Raad van State* le Conseil d'Etat ★ *raad van bestuur* conseil d'administration ★ *raad van commissarissen* conseil de surveillance ★ *Sociaal-Economische Raad* Conseil économique et social
raadde [verl. td.] → **raden**
raadden [verl. td.] → **raden**
raadgever conseiller *m* [v: conseillère]
raadgeving ❶ *advies* conseil *m*, avis *m* ★ *op ~ van* sur le(s) conseil(s) de ❷ *het geven van raad* conseil *m*, avis *m*
raadhuis mairie *v*, hôtel *m* de ville
raadplegen consulter ★ *een arts ~* consulter / voir un médecin
raadsbesluit arrêté *m* municipal
raadscommissie commission *v* municipale
raadsel ❶ *iets onbegrijpelijks* énigme *v*, mystère *m* ★ *een ~ oplossen* déchiffrer une énigme, éclaircir un mystère ★ *het ~ oplossen* trouver le mot de l'énigme ★ *het is me een ~* c'est un mystère pour moi ★ *voor een ~ staan* se trouver devant une énigme ❷ *opgave* énigme *v*, ⟨raadseltje⟩ devinette *v* ★ *een ~ opgeven* (pro)poser une énigme
raadselachtig I *bn* énigmatique, mystérieux [v: mystérieuse] **II** *bw* mystérieusement
raadsheer ❶ *rechter* conseiller *m* ❷ *schaakstuk* fou *m*
raadslid conseiller *m* municipal
raadsman ❶ *raadgever* conseiller *m* ❷ *advocaat* avocat *m*
raadszitting réunion *v* du conseil
raadzaal salle *v* du conseil
raadzaam opportun ★ *~ achten* juger opportun ★ *het is ~ niet te veel te eten* il est prudent de manger avec modération
raaf (grand) corbeau *m* [mv: (grands) corbeaux] ▾ *een witte raaf* un merle blanc
raak I *bn* ❶ *doel treffend* ★ *een rake klap* un coup bien envoyé ★ *die klap was raak* ce coup a porté ★ *het schot is raak* c'est dans le mille ❷ *gevat* juste, pertinent ★ *een raak antwoord* une riposte ★ *die was raak!* bien envoyé!, dans le mille! **II** *bw* ❶ *doel treffend* ★ *raak schieten* marquer ★ *raak*

slaan taper dans le mille ❷ *gevat* avec justesse ★ *iem. raak typeren* caractériser qn avec justesse ▼ *maar wat raak praten* dire n'importe quoi
raaklijn tangente *v*
raakpunt point *m* de contact
raakvlak ❶ wisk plan *m* tangent ❷ *gemeenschappelijk gebied* point(s) *m (mv)* commun(s), interface *v* ★ *veel ~ken hebben met* avoir beaucoup de points communs avec
raam ❶ *venster* fenêtre *v*, ⟨ruit⟩ vitre *v* ★ *dubbel raam* doubles-vitrages *m mv* ★ *uit het raam kijken* regarder par la fenêtre ★ *voor het raam* à la fenêtre ❷ *lijst* châssis *m* ❸ *kader* cadre *m*
raamkozijn châssis *m*
raamprostitutie prostitution *v* en vitrine
raamsponning coulisse *v*
raamvertelling récit *m* à tiroirs
raamwerk ❶ *houtwerk* châssis *m*, ⟨omlijsting⟩ cadre *m* ❷ fig *globale opzet* plan *m* général
raamwet loi-cadre *v* [mv: lois-cadres]
raap *eetbare knol* navet *m* ▼ *recht voor zijn raap* sans mâcher ses mots, à l'emporte-pièce
raapstelen pousses *v mv* de navettes
raar I *bn* bizarre, étrange ★ *een rare vent* un drôle de type ★ *ik voel me zo raar* je me sens tout chose ★ *raar maar waar!* étrange mais vrai! II *bw* étrangement ★ *daar keek hij raar van op* il n'en revenait pas
raaskallen délirer, dérailler ★ *jij staat te ~!* tu dis n'importe quoi!
raat rayon *m*
rabarber rhubarbe *v*
rabat *korting* réduction *v*, rabais *m*
rabbijn rabbin *m*
rabiës rage *v*
race course *v* ▼ *race tegen de klok* course contre la montre
racebaan circuit *m*, piste *v*
racefiets vélo *m* de course
racen ❶ *aan een race deelnemen* courir ❷ fig *zeer snel gaan* aller vite, inform foncer ★ *we moesten ~ om op tijd te zijn* on a dû foncer pour ne pas arriver en retard
racewagen voiture *v* de course
raciaal racial [m mv: raciaux]
racisme racisme *m*
racist raciste *m/v*
racistisch raciste
racket raquette *v* (de tennis)
raclette raclette *v*
rad I *het* roue *v* ★ *iem. een rad voor ogen draaien* leurrer qn ★ *rad van avontuur* roue de la fortune II *bn* ★ *rad van tong zijn* avoir la langue bien pendue
radar radar *m*
radarantenne antenne *v* radar
radarinstallatie équipement *m* radar
radarscherm écran *m* radar
radarsignaal signal *m* radar
radarvliegtuig avion *m* radar
radbraken ❶ *martelen* gesch rouer ❷ *slecht uitspreken* baragouiner, écorcher ▼ *geradbraakt zijn* être éreinté / courbaturé
raddraaier meneur *m* [v: meneuse]
radeermesje grattoir *m*
radeloos désespéré, éperdu, affolé
radeloosheid désespoir *m*, affolement *m*
raden ❶ *gissen* deviner ★ *goed ~* deviner ★ *goed ge~!* tu y es! ★ *mis ~* donner une mauvaise réponse ★ *je raadt het nooit* je te le donne en mille ★ *dat laat zich ~* ça se devine ★ BN *het ~ hebben naar iets* se perdre en conjectures ❷ *raad geven* conseiller ★ *dat is je ge~ ook!* il y a intérêt!
raderboot bateau *m* à aubes [mv: bateaux ...]
raderen ❶ *graveren* graver ❷ *afkrabben* gratter
radertje rouage *m*
raderwerk engrenage *m*, ⟨gangwerk⟩ mouvement *m*, fig rouages *m mv*
radiaal I *de* radian *m* II *bn* radial [m mv: radiaux]
radiaalband pneu *m* à carcasse radiale
radiateur radiateur *m*
radiator radiateur *m*
radicaal I *de* radical *m* [mv: radicaux] II *bn* ❶ *grondig* radical [m mv: radicaux] ★ *radicale maatregelen* des mesures radicales ❷ *strevend naar hervormingen* radical ★ *een ~ standpunt* un point de vue radical III *bw* radicalement
radicalisme radicalisme *m*
radijs radis *m*
radio (poste *m* de) radio *v* ★ *de ~ aanzetten* allumer / mettre la radio ★ *de ~ uitzetten* éteindre la radio ★ *op de ~* à la radio
radioactief radioactif [v: radioactive] ★ *radioactieve neerslag* retombées *v mv* radioactives
radioactiviteit radioactivité *v*
radiobesturing radioguidage *m*
radiografie radiographie *v*
radiografisch I *bn* radiographique II *bw* par radiographie
radiojournaal journal *m* parlé
radiologie radiologie *v*
radioloog radiologue *m/v*
radio-omroep radiodiffusion *v*
radioprogramma émission *v* (de) radio
radioscopie radioscopie *v*, radio *v*
radiostation station *v* de radio(diffusion)
radiotherapie radiothérapie *v*
radiotoespraak allocution *v* radiodiffusée
radiotoestel (poste *m* de) radio *v*
radio-uitzending émission *v* radio(phonique)
radioverslaggever radioreporter *m*
radiowekker radio-réveil *m* [mv: radios-réveils]
radiozender émetteur *m* (de radio)
radium radium *m*
radius rayon *m*
radler panaché *m*
radslag roue *v* ★ *een ~ maken* faire la roue
rafel effilochure *v*
rafelen I *onov ww, losraken* s'effiler ★ *het tapijt rafelt* le tapis s'effiloche II *ov ww, losmaken* effiler
rafelig éraillé, effiloché
raffia raphia *m*
raffinaderij raffinerie *v*
raffinement raffinement *m*
raffineren raffiner
raften sport rafting *m*
rag toile *v* (d'araignée)
rage manie *v*, (grande) mode *v* ★ *een rage zijn* faire fureur
ragebol ❶ *borstel* tête-de-loup *v*

[mv: têtes-de-loup] ❷ *haardos* tignasse *v*
ragfijn ténu, fig subtile
raggen gigoter
ragout ragoût *m*
ragtime ragtime *m*
rai muz raï *m*
rail ❶ *spoorstaaf* rail *m* ★ *per rail* par rail ★ fig *op de rails zetten* mettre sur pied ❷ *gordijnroede* coulisse *v*
railvervoer transport *m* par rail ★ *rail-routevervoer* ferroutage *m*
rakelings ★ ~ *langs iets gaan* effleurer / frôler qc
raken I *ov ww* ❶ *aanraken* toucher, wisk être tangent à ★ *de bal raakte het net* la balle a touché le filet ❷ *treffen* toucher, atteindre ★ *er is gelukkig niemand geraakt* heureusement, personne n'a été touché ❸ *ontroeren* émouvoir, toucher ★ *het raakt me niet* cela ne me touche en rien ★ *het heeft mij diep geraakt* je suis profondément touché ▼ *'m (flink)* ~ lever le coude **II** *kww, geraken* devenir, tomber ★ *er zijn drie passagiers gewond geraakt* trois passagers ont été blessés ★ *aan de drank* ~ s'adonner à la boisson, devenir alcoolique ★ *verliefd* ~ *op* tomber amoureux de ★ *uit de mode* ~ passer de mode ★ *van zijn stuk* ~ perdre contenance ★ *slaags* ~ en venir aux mains ★ *in brand* ~ prendre feu ★ *gewond* ~ être blessé ★ *in onbruik* ~ tomber en désuétude ★ *van de weg* ~ sortir de la route ★ *verstopt* ~ se boucher ★ *achterop* ~ prendre du retard ★ *in gesprek* ~ entrer en conversation ★ *in een impasse* ~ tomber dans une impasse ★ *uit de impasse* ~ (se) sortir de l'impasse ★ *uit vorm* ~ perdre sa forme
raket *projectiel* fusée *v*, ⟨geleid⟩ missile *m*
raketaanval attaque *v* de missiles
raketbasis base *v* de lancement
raketinstallatie lance-roquettes *m*, lance-missiles *m*
raketsla roquette *v*
raketwerper lance-fusées *m* [mv: id.], lance-roquettes *m* [mv: id.]
rakker garnement *m* ★ *een rooie* ~ un rouge
rally ❶ *wedstrijd* rallye *m* ❷ *slagenwisseling* ⟨tennis⟩ échange *m* (de balles)
ram bélier *m*
Ram *dierenriemteken* Bélier *m*
RAM comp mémoire *v* vive, RAM *v*
ramadan ramadan *m*
rambam ▼ *krijg de ~!* va te faire foutre! ▼ *zich het ~ werken* travailler comme un fou
ramen estimer, évaluer (**op** à)
raming estimation *v*, évaluation *v*, ⟨van kosten⟩ devis *m*
ramkraak cambriolage *m* avec voiture-bélier
rammel → **pak**
rammelaar ❶ *speelgoed* hochet *m* ❷ *mannetjeskonijn* bouquin *m*
rammelen I *ov ww, door elkaar schudden* secouer **II** *onov ww* ❶ *geluid maken* faire du bruit ★ ~ *van de honger* mourir de faim ❷ *gebrekkig in elkaar zitten* être boiteux / décousu [v: ... boiteuse] ★ *dat verhaal rammelt aan alle kanten* cette histoire ne tient pas debout
rammeling BN *pak rammel* raclée *v*
rammelkast ❶ *voertuig* guimbarde *v*, (vieux) clou *m* ❷ *piano* chaudron *m*
rammen ❶ *botsen tegen* heurter, tamponner, emboutir ❷ *beuken tegen* enfoncer, cogner ★ *iem. in elkaar* ~ tabasser qn
rammenas raifort *m*, radis *m* noir
ramp catastrophe *v*, calamité *v*, désastre *m* ★ *tot overmaat van ramp* pour comble de malheur ★ *de slachtoffers van een ramp* les sinistrés ★ *dat is geen ramp* ce n'est pas dramatique
rampbestrijding ≈ organisation *v* des secours
rampenplan ⟨in Frankrijk⟩ plan *m* ORSEC
rampgebied région *v* / zone *v* sinistrée
rampjaar année *v* catastrophique
rampspoed adversité *v*, infortune *v*
ramptoerisme ≈ badauderie *v*, sensationnalisme *m*
ramptoerist ≈ badaud *m*
rampzalig I *bn* désastreux [v: désastreuse], néfaste ★ ~ *jaar* année *v* catastrophique ★ *een ~e beslissing* une décision néfaste **II** *bw* fatalement
ramsj ❶ *handel* vente *v* de surplus ❷ *restanten* surplus *m*, invendus *m mv*
ranch ranch *m* [mv: ranch(e)s]
rancune rancune *v* ★ *sans* ~ sans rancune
rancuneus I *bn* rancunier [v: rancunière] **II** *bw* avec rancune
rand ❶ *buitenste gedeelte* bord *m*, ⟨zoom⟩ bordure *v*, lisière *v*, ⟨opstaand⟩ rebord *m*, ⟨v. stad e.d.⟩ périphérie *v* ★ *aan de rand van de stad* à la périphérie de la ville ★ *aan de rand van het water* au bord de l'eau ❷ *bovenste gedeelte* bord *m* ★ *scherpe rand* arête *v* ★ *over de rand lopen* déborder ★ *tot de rand (gevuld)* à ras bord(s) ★ *op de rand van* au bord de, à la limite de ★ *het is op het randje* c'est limite
randaarde techn prise *v* de terre
randapparatuur (appareillage *m*) périphérique *m*
randfiguur marginal *m* [m mv: marginaux] [v: marginale]
randgebied ❶ aardk confins *m mv*, périphérie *v* ❷ fig frange *v*
randgemeente commune *v* de banlieue ★ *de ~n* la banlieue
randgroep groupe *m* marginal
randgroepjongere jeune *m* marginal, zonard *m*
randschrift ⟨v. munt⟩ légende *v*
randstad ≈ conurbation *v*
Randstad le Randstad, région *v* de conurbation de l'ouest des Pays-Bas
randstedelijk de la conurbation
randverschijnsel épiphénomène *m*
randvoorwaarde condition *v* annexe
rang ⟨in hiërarchie⟩ rang *m*, mil grade *m*, ⟨maatschappelijke stand⟩ condition *v*, classe *v*, ⟨in theater⟩ rang *m* ★ *de rang van generaal* le grade de général ★ *in rang opklimmen* monter en grade ★ *mensen van alle rangen en standen* des gens de tous les milieux ★ *op de eerste rang* au premier rang
rangeerder wagonnier *m*
rangeerterrein gare *v* / voies *v mv* de triage
rangeren I *ov ww* trier **II** *onov ww* se garer
ranglijst classement *m*
rangnummer numéro *m* d'ordre
rangorde ordre *m*, hiérarchie *v*

rangschikken ❶ *ordenen* ranger, arranger ★ *alfabetisch ~* ranger alphabétiquement ❷ *indelen* classer (**bij** parmi) ★ *~ naar grootte* classer par ordre de grandeur ★ *~ onder* compter parmi, mettre au nombre de
rangschikking ❶ *ordening* rangement *m*, classification *v* ❷ *indeling* classement *m*, ordre *m*, hiérarchie *v*
rangtelwoord (nombre *m*) ordinal *m* [mv: (nombres) ordinaux]
rank I *de* vrille *v*, ⟨van wijnstok⟩ sarment *m*, pampre *m*, ⟨stengel⟩ tige *v* **II** *bn* frêle, svelte, gracile
ranonkel renoncule *v*
ransel *knapzak* sac *m*
ranselen tabasser
ransuil hibou *m* moyen-duc
rantsoen ration *v* ★ *op ~ stellen* rationner
rantsoeneren rationner
ranzig ❶ *bedorven* rance ★ *~ worden* rancir ❷ *vunzig* louche
rap[1] *snel* agile, leste, rapide
rap[2] [rep] muz rap *m*
rapen ramasser
rapgroep muz groupe *m* (de) rap
rapmuziek muz rap *m*
rappen muz faire du rap, raper, rapper
rapper muz rap(p)eur *m* [v: rap(p)euse]
rapport ❶ *verslag* rapport *m*, compte *m* (rendu) ★ *een ~ uitbrengen over* faire un rapport sur ❷ *cijferlijst* bulletin *m* (de notes) ★ *een slecht ~ hebben* avoir de mauvaises notes ★ *vrijdag worden de ~en uitgedeeld* vendredi, c'est la remise des bulletins
rapportage compte *m* rendu
rapportcijfer note *v*
rapporteren ❶ *melden* rapporter ❷ *verslag uitbrengen* rapporter
rapsodie r(h)apsodie *v*
rariteit curiosité *v*
rariteitenkabinet cabinet *m* de curiosités
ras I *het* race *v* ★ *van edel ras* de race ★ *iem. van gemengd ras* un métis, une métisse **II** *bn, snel* agile, leste, rapide ★ *met rasse schreden* à grands pas
rasartiest artiste-né *m* [v: artiste-née]
rasecht ❶ *raszuiver* de race, racé, ⟨van paard⟩ pur sang ❷ *echt* vrai ★ *een ~e toneelspeler* un vrai comédien
rasegoïst vrai égoïste *m*
rashond chien *m* de race
rasp *keukengereedschap* râpe *v*
raspen râper ★ *geraspte kaas* du fromage râpé
rassendiscriminatie discrimination *v* raciale
rassenhaat haine *v* raciale, racisme *m*
rassenintegratie intégration *v* raciale
rassenkwestie question *v* raciale
rassenonlusten troubles *m mv* raciaux
rassenscheiding ségrégation *v* raciale
rasta ❶ *persoon* rasta *m* ❷ *beweging* rasta *m*
rastafari rastafari *m/v*
rastakapsel dreadlocks *v mv*, rastas *m mv*
raster I *de/het, netwerk* trame *v* **II** *de, hekwerk* grillage *m*, treillage *m*
rasterwerk grillage *m*
raszuiver de race (pure)
rat rat *m*
rataplan ▾ *de hele ~* tout le bataclan
ratatouille ❶ *gerecht* ratatouille *v* ❷ *mengelmoes* salmigondis *m*
ratel ❶ *instrument* crécelle *v* ❷ *mond* clapet *m* ★ *hou je ~!* ferme ton clapet! ❸ *persoon* moulin *m* à paroles
ratelaar ❶ *boom* tremble *m* ❷ *babbelaar* moulin *m* à paroles
ratelen ❶ *geluid maken* cliqueter, ⟨knetteren⟩ crépiter, ⟨rommelen⟩ rouler ❷ *druk praten* jacasser
ratelslang serpent *m* à sonnette(s), crotale *m*
ratificatie ratification *v*
ratificeren ratifier
ratio ❶ *rede* raison *v* ❷ *verhouding* ratio *m*, raison *v*
rationaliseren rationaliser
rationalisme rationalisme *m*
rationalistisch rationaliste
rationeel I *bn* rationnel [v: rationnelle] **II** *bw* rationnellement
ratjetoe ❶ *allegaartje* salmigondis *m* ❷ *stamppot* ratatouille *v*
rato ▾ *naar rato van,* BN *a rato van* au prorata de, à raison de, proportionnellement à
rats ▾ *in de rats zitten* avoir la trouille
rattengif raticide *m*, ⟨rattenkruit⟩ mort-aux-rats *v*
rauw ❶ culin *ongekookt* cru ❷ *schor* rauque ❸ *ontveld* écorché ❹ *grof* brutal [m mv: brutaux]
rauwkost crudités *v mv*
rauwmelks culin au / de lait cru
ravage dégâts *m mv* ★ *een ~ aanrichten* provoquer de grands dégâts
ravenzwart noir comme jais
ravigotesaus culin sauce *v* ravigote
ravijn *afgrond* ravin *m*, précipice *m*
ravioli raviolis *m mv*
ravotten batifoler, folâtrer, s'ébattre
rayon I *het, werkgebied* rayon *m* **II** *het, kunstzijde* rayonne *v*
rayonchef chef *m* de rayon
razen ❶ *tekeergaan* se démener, tempêter, ⟨tieren⟩ fulminer ❷ *snel bewegen* foncer ★ *de storm raast over het land* la tempête fait rage dans le pays
razend I *bn* ❶ *woedend, boos* enragé, furieux [v: furieuse] ★ *als een ~e* comme un forcené ★ *~ worden* sortir de ses gonds ★ *het is om ~ te worden* c'est rageant ★ *iem. ~ maken* mettre qn hors de soi ❷ *hevig* énorme ★ *~e honger* une faim de loup **II** *bw* furieusement ★ *het ~ druk hebben* être débordé ★ *~ verliefd zijn op iem.* aimer qn éperdument, aimer qn à la folie
razendsnel (rapide) comme une flèche, en flèche
razernij fureur *v*, rage *v*, ⟨krankzinnigheid⟩ délire *m* ★ *iem. tot ~ brengen* mettre qn en rage
razzia rafle *v* ★ *een ~ houden onder* faire une rafle chez / parmi
re ré *m*
reactie ❶ *tegenactie* réaction *v* ★ *in ~ op* en réponse à ★ *de eerste ~s waren erg emotioneel* les premières réactions étaient pleines d'émotion ★ *hij wilde vooral ~s uitlokken* il a surtout voulu provoquer des réactions ★ *onze act riep veel*

enthousiaste ~s op notre numéro a suscité beaucoup de réactions d'enthousiasme ❷ scheik réaction *v* ★ *roest is een ~ tussen ijzer en zuurstof* la rouille est une réaction entre le fer et l'oxygène
reactiesnelheid vitesse *v* de réaction
reactievermogen (bons) réflexes *m mv*
reactionair réactionnaire
reactor réacteur *m*
reactorcentrale centrale *v* nucléaire
reactorvat cuve *v* de réacteur
reader *bundel* recueil *m* d'articles
reageerbuis éprouvette *v*
reageerbuisbaby bébé-éprouvette *m* [mv: bébés-éprouvette(s)]
reageerbuisbevruchting fécondation *v* in vitro
reageren ❶ *reactie vertonen* réagir (**op** à) ★ *~ op een advertentie* répondre à une annonce ★ *verontwaardigd ~* réagir avec indignation ★ *hij reageert altijd afwijzend als je hem iets vraagt* quand on lui demande qc, il répond toujours par la négative ❷ scheik réagir ★ *deze twee stoffen ~ met elkaar* les deux substances réagissent ensemble, les deux substances entrent en réaction
realisatie réalisation *v*
realiseerbaar réalisable
realiseren I *ov ww* réaliser ★ *de verbouwing is binnen drie weken gerealiseerd* la rénovation s'est effectuée en trois semaines ★ *we hebben een omzetgroei van dertig procent gerealiseerd* on a réalisé une hausse du chiffre d'affaires de trente pour cent **II** *wkd ww* [**zich ~**] se rendre compte (de / que) ★ *realiseer je je wel hoe gevaarlijk dit is?* tu te rends compte du danger que cela représente?
realisering ❶ *verwezenlijking* réalisation *v* ❷ *besef* prise *v* de conscience
realisme réalisme *m*
realist réaliste *m/v*
realistisch I *bn* réaliste ★ *een ~ weergave* une reproduction réaliste ★ *~ zijn* être réaliste **II** *bw* avec réalisme
realiteit réalité *v*
realiteitszin sens *m* des réalités
reality-tv télé(-)réalité *v*
reanimatie réanimation *v*
reanimeren réanimer
rebel rebelle *m/v*, insurgé *m*
rebellenleger armée *v* rebelle
rebellenleider chef *m* des rebelles
rebelleren se rebeller, se révolter
rebellie ❶ *opstand* rébellion *v* ❷ *opstandigheid* rébellion *v*
rebels rebelle, récalcitrant
rebound sport rebond *m*
rebus rébus *m*
recalcitrant récalcitrant
recapituleren récapituler, résumer
recensent critique *m/v*
recenseren faire la critique de
recensie compte *m* rendu, critique *v*
recensie-exemplaar exemplaire *m* de presse
recent I *bn* récent ★ *je moet de meest ~e druk hebben* il te faut l'édition la plus récente ★ *van ~e datum* de fraîche date ★ *een voorbeeld uit het ~e verleden* un exemple du passé récent **II** *bw* récemment ★ *dit boek is ~ verschenen* ce livre vient de paraître
recentelijk récemment
recept ❶ *keukenrecept* recette *v* ★ *een lekker ~* une bonne recette ❷ *doktersrecept* ordonnance *v* ★ *een ~ uitschrijven* rédiger une ordonnance ★ *alleen op ~ verkrijgbaar* délivré sur ordonnance
receptie ❶ *ontvangst* réception *v* ★ *staande ~* réception *v* ★ *een ~ houden* donner une réception ❷ *plaats van ontvangst* réception *v* ★ *zich melden bij de ~* se présenter à la réception
receptief réceptif (**voor** à) [v: réceptive]
receptionist réceptionniste *m/v*
reces vacances *v mv* parlementaires ★ *op / met ~ gaan* aller / partir en vacances parlementaires
recessie récession *v*
rechaud réchaud *m*
recherche *politieafdeling* police *v* judiciaire
rechercheur officier *m* de la police judiciaire
recht I *het* ❶ jur *overheidsvoorschriften* droit *m* ★ *administratief ~* droit administratif ★ *burgerlijk ~* droit civil ★ *ongeschreven ~* droit coutumier ★ *publiek ~* droit public ★ *zakelijk ~* droit réel ❷ jur *rechtsgeleerdheid* ★ *~en studeren* faire du droit, faire des études de droit ★ *student in de ~en* étudiant *m* en droit ❸ jur *rechtspleging* justice *v* ★ *iem. in ~e aanspreken* citer qn en justice ❹ jur *gerechtigheid* justice *v* ★ *zich ~ verschaffen* se faire justice ★ *in ~e* en justice, juridiquement ★ *iem. ~ doen* rendre justice à qn ★ *~ doen aan iets* respecter qc ★ *het ~ in eigen hand nemen* se faire justice ❺ jur *bevoegdheid, aanspraak* droit *m* (**op** à; **om**, **van** de) ★ *verworven ~en* des droits acquis ★ *met ~* à juste titre ★ *met het volste ~* de son plein droit ★ *met welk ~?* de quel droit? ★ *zijn ~en doen gelden* faire valoir ses droits ★ *in zijn ~en hersteld* rétabli dans ses droits ★ *het ~ van de sterkste* la loi / droit du plus fort ★ *~ van opstal* droit de superficie ★ *~ van overpad* droit de passage ★ *~ van spreken hebben* avoir son mot à dire ★ *de ~en van de mens* les droits de l'homme ★ *dat is zijn goed ~* c'est son (bon) droit ★ *in zijn ~ staan* être dans son droit ★ *tot zijn ~ komen* être mis en valeur ❻ *belasting* droit *m* ★ *~en heffen* lever des droits ★ *vrij van ~en* exempt de droits ★ *ingaande ~en* droits d'entrée **II** *bn* ❶ *niet gebogen* droit ★ *~ maken* rectifier ★ *een ~e lijn* une ligne droite ❷ *loodrecht* droit ★ *een ~e hoek* un angle droit bon [v: bonne] **III** *bw* ❶ *niet gebogen* droit, ⟨precies⟩ juste ★ *~ afgaan op* aller droit sur ★ *~ tegenover* juste en face de ★ *ze komt ~ op ons af* elle nous vient droit dessus ★ *~ op het doel af gaan* aller droit au but ❷ BN *rechtop, loodrecht* debout
rechtbank ❶ jur *college van rechters* tribunal *m* [mv: tribunaux] ★ *voor de ~* devant le tribunal ★ *voor de ~ brengen* porter devant les tribunaux ★ BN *correctionele ~* tribunal correctionnel ★ BN *~ van eerste aanleg* tribunal *m* de grande instance ❷ jur *gerechtsgebouw* tribunal *m* [mv: tribunaux]
rechtbreien fig *weer in orde maken* arranger
rechtdoor tout droit
rechtdoorzee franc [v: franche], droit ▼ *~ zijn*

re

être (un homme) droit, être (une femme) droite
rechteloos jur sans droit(s)
rechten redresser ★ *zijn rug* ~ se redresser
rechtens jur de droit
rechtenstudie jur études *v mv* de droit
rechter I *de* jur juge *m/v* ★ *voor de* ~ *verschijnen* comparaître (devant le juge) ★ *naar de* ~ *stappen* aller devant les tribunaux ★ *eigen* ~ *spelen* se faire justice ★ ~ *van instructie* juge d'instruction **II** *bn* de droite, ⟨van lichaamsdeel⟩ droit ★ *de* ~ *voet* le pied droit
rechter-commissaris jur juge *m/v* d'instruction
rechterhand ❶ *hand van de rechterarm* (main *v*) droite *v* ★ *aan uw* ~ à (votre) droite ❷ *voornaamste helper* bras *m* droit ★ *iemands* ~ *zijn* être le bras droit de qn
rechterkant côté *m* droit ★ *aan de* ~ sur le côté droit
rechterlijk jur judiciaire ★ ~*e macht* justice *v*, ⟨stand⟩ magistrature *v*
rechtervleugel ❶ dierk aile *v* droite ❷ pol aile *v* droite
rechtgeaard ❶ *met een eerlijk karakter* honnête ❷ *rasecht* vrai
rechthebbende jur ayant *m* droit
rechthoek rectangle *m*
rechthoekig I *bn* ❶ *met rechthoekige vorm* rectangulaire ❷ wisk *met rechte hoeken* rectangle **II** *bw* à angle droit
rechtlijnig I *bn* ❶ wisk rectiligne ❷ *consequent* linéaire, droit ★ ~ *betoog* un raisonnement linéaire **II** *bw* en ligne droite ★ ~ *denken* raisonner linéairement
rechtmatig I *bn* jur légitime ★ *de* ~*e erfgenaam* l'héritier légitime **II** *bw* jur légitimement
rechtop droit, ⟨overeind⟩ debout ★ *zit* ~ tiens-toi droit
rechtopstaand dressé (debout), droit ★ *met* ~*e haren* les cheveux hérissés
rechts I *bn* ❶ *aan de rechterkant* de droite ★ ~ *van* à (la) droite de ❷ *rechtshandig* droitier [v: droitière] ❸ pol de droite ★ ~ *zijn* être à droite ★ *een* ~*e partij* un parti de droite **II** *bw* ❶ *aan de rechterkant* à droite ★ ~ *houden* tenir sa droite ❷ *rechtshandig* ★ ~ *schrijven* être droitier ❸ pol ★ ~ *stemmen* voter à droite **III** *het* ❶ *de rechterkant* droite *v* ★ ~ *heeft voorrang* priorité à droite ❷ pol (la) droite ★ *op* ~ *stemmen* voter à droite ★ ~ *heeft de meerderheid* la droite est majoritaire
rechtsaf à droite ★ ~ *gaan* prendre / tourner à droite
rechtsback sport arrière *m* droit
rechtsbeginsel jur principe *m* de droit
rechtsbevoegdheid jur capacité *v* juridique
rechtsbijstand jur aide *v* / assistance *v* judiciaire
rechtsbuiten sport ailier *m* droit
rechtschapen honnête, droit, intègre
rechtsdraaiend scheik dextrogyre
rechts-extremistisch d'extrême droite
rechtsgang jur procédure *v*
rechtsgebied ❶ jur *rechterlijke macht* juridiction *v* ❷ jur *arrondissement* ressort *m*
rechtsgeding jur procès *m*
rechtsgeldig jur valide
rechtsgeleerde jur juriste *m/v*
rechtsgeleerdheid jur droit *m*
rechtsgelijkheid jur égalité *v* devant la loi
rechtsgevoel jur sens *m* de la justice
rechtsgrond jur titre *m*
rechtshandeling jur acte *m* juridique
rechtshandig droitier [v: droitière]
rechtshulp jur aide *v* / assistance *v* judiciaire
rechtskracht jur force *v* de droit / de loi
rechtsom à droite
rechtsomkeert ▼ ~ *maken* faire demi-tour ▼ ~*!* demi-tour à droite!
rechtsorde jur ordre *m* juridique
rechtspersoon jur personne *v* civile / morale
rechtspleging jur procédure *v*
rechtspositie jur condition *v* juridique
rechtspraak ❶ jur *rechtspleging* justice *v*, juridiction *v* ❷ jur *jurisprudentie* jurisprudence *v*
rechtspreken ❶ jur *rechtspraak uitoefenen* rendre la justice, juger ❷ jur *een uitspraak doen* statuer
rechts-radicaal radical de droite
rechtsstaat jur pol État *m* de droit
rechtsstelsel jur système *m* juridique
rechtstaan inform BN *opstaan* se lever, se mettre debout
rechtstandig I *bn* perpendiculaire **II** *bw* perpendiculairement, d'aplomb
rechtstreeks I *bn* direct ★ ~*e uitzending* émission *v* en direct ★ *een* ~*e verbinding met de trein* une correspondance directe avec le train **II** *bw* directement, ⟨regelrecht⟩ tout droit ★ *zij ging* ~ *naar de kroeg* elle allait tout droit au bistrot
rechtsvervolging jur poursuite *v* judiciaire ★ *iem. van* ~ *ontslaan* relaxer qn
rechtsvordering ❶ jur *vordering* action *v* (**tot** en) ★ *een* ~ *tegen iem. instellen* intenter une action contre qn ❷ jur *procesrecht* procédure *v* ★ *Wetboek van Burgerlijke Rechtsvordering* code *m* de procédure civile
rechtswetenschap jur (science *v* du) droit *m*
rechtswinkel jur maison *v* de la justice et du droit
rechtszaak jur procès *m*, cause *v*
rechtszaal jur salle *v* d'audience
rechtszekerheid jur sécurité *v* juridique
rechtszitting jur audience *v*
rechttoe ▼ ~, *rechtaan* tout droit, directement
rechtuit ❶ *rechtdoor* tout droit ❷ *ronduit* franchement
rechtvaardig I *bn* jur juste, équitable ★ *streng maar* ~ sévère mais juste ★ ~*e* juste *m* **II** *bw* jur avec justice, équitablement
rechtvaardigen justifier ★ *gerechtvaardigd* légitime
rechtvaardigheid justice *v*, équité *v*
rechtzetten ❶ *overeind zetten* redresser, ⟨in goede stand⟩ rajuster ❷ *corrigeren* rectifier, (re)mettre au point
rechtzinnig orthodoxe
recidive ❶ ⟨bij misdaad⟩ récidive *v* ❷ ⟨bij ziekte⟩ récidive *v*
recidivist récidiviste *m/v*, repris *m* de justice
recital récital *m* [mv: récitals]
reciteren réciter, ⟨van verzen⟩ dire
reclame ❶ *publiciteit* publicité *v*, inform pub *v* ★ ~ *maken voor* faire de la publicité pour ★ *in de*

re

~ *zijn* être en promotion ★ *misleidende ~* publicité mensongère ❷ *bezwaar* réclamation *v*
reclameblok ⟨radio, tv⟩ page *v* de publicité
reclameboodschap message *m* publicitaire
reclamebord panneau *m* publicitaire [mv: panneaux publicitaires]
reclamebureau agence *v* publicitaire, inform agence *v* de pub
reclamecampagne campagne *v* de publicité
reclame-inkomsten revenus *m mv* publicitaires
reclameren I *ov ww, terugvorderen* réclamer ★ *een bedrag ~* réclamer une somme d'argent **II** *onov ww, klagen over* réclamer (**over** au sujet de)
reclamespot spot *m* publicitaire
reclamestunt coup *m* de pub(licité)
reclamevliegtuig avion *m* publicitaire
reclamezendtijd écran *m* publicitaire
reclamezuil colonne-affiches *v* [mv: colonnes-affiches], colonne *v* Morris
reclasseren réinsérer, réadapter
reclassering réinsertion *v* sociale, aide *v* postpénitentiaire
reclasseringsambtenaar responsable *m/v* de la réinsertion
reconstructie reconstruction *v*, ⟨m.b.t. gebeurtenis⟩ reconstitution *v*
reconstrueren ❶ *herbouwen* reconstruire ★ *een tempel ~* reconstruire un temple ❷ *nagaan hoe iets is gebeurd* reconstituer ★ *een misdaad ~* reconstituer un délit
reconversie BN *herstructurering* reconversion *v*
record¹ [rekòr] record *m* ★ *een ~ vestigen* établir un record ★ *een ~ houden* détenir un record ★ *een ~ breken* battre un record
record² comp enregistrement *m*
recordaantal nombre *m* record
recordbedrag somme *v* record
recorder magnétophone *m*, ⟨video⟩ magnétoscope *m*
recordhouder détenteur *m* d'un record [v: détentrice ...]
recordpoging tentative *v* de record
recordtijd ★ *in ~* en un temps record
recordvangst capture *v* record, prise *v* record
recreant vacancier *m* [v: vacancière]
recreatie récréation *v*, ⟨vrijetijdsbesteding⟩ loisirs *m mv*
recreatief récréatif [v: récréative]
recreatiegebied ≈ zone *v* de détente / de loisirs
recreatiepark parc *m* de loisirs
recreatiesport sport *m* amateur
recreatiezaal salle *v* de récréation / de loisirs
recreëren *zich vermaken* se divertir
rectificatie rectification *v*
rectificeren rectifier
rector ❶ onderw *voorzitter van universiteit* recteur *m* ★ *~ magnificus* président *m* d'Université ❷ onderw *hoofd van school* directeur *m*, ⟨van lyceum⟩ proviseur *m*
rectrix directrice *v*
reçu reçu *m*, récépissé *m*
recuperatie BN *recycling* récupération *v*
recupereren I *ov ww* ❶ *herstellen* récupérer ❷ BN *recyclen* récupérer **II** *onov ww, zich herstellen* récupérer

re

recyclebaar recyclable
recyclen, BN **recycleren** recycler
recycling recyclage *m*
redacteur rédacteur *m* [v: rédactrice]
redactie ❶ *de redacteuren* rédaction *v* ❷ *het redigeren* rédaction *v*
redactiebureau (bureau *m* de) rédaction *v*
redactioneel rédactionnel [v: rédactionnelle] ★ *~ hoofdartikel* éditorial *m*
reddeloos I *bn* désespéré, perdu **II** *bw* irrémédiablement ★ *~ verloren* perdu
redden I *ov ww* ❶ *in veiligheid brengen* sauver (**uit, van** de) ★ *ze werden gered door een vissersboot* ils ont été sauvés par un bateau de pêche ★ *~ wat er te ~ valt* sauver les meubles ★ *niet meer te ~* humor irrécupérable ❷ *voor elkaar krijgen* ★ *dat red je nooit alleen!* tu n'y arriveras jamais tout seul ★ *het ~* s'en sortir ★ *met dat geld kan hij het ~* cet argent lui suffira **II** *wkd ww* [**zich ~**] s'en sortir, se débrouiller ★ *zich ~ in het Spaans* se débrouiller en espagnol ★ *zich eruit ~* se tirer d'affaire ★ *zich goed kunnen ~* savoir se débrouiller ★ *zich weten te ~ in* se défendre en ★ *redde wie zich ~ kan!* sauve qui peut!
redder ❶ *iem. die redt* sauveteur *m* ★ *~ in nood* sauveur *m* ❷ rel *verlosser* sauveur *m*
redderen ranger, mettre en ordre
redding ❶ *het redden* secours *m*, ⟨v. schipbreukelingen⟩ sauvetage *m* ❷ rel *verlossing* délivrance *v*, ⟨heil⟩ salut *m*
reddingsactie opération *v* de sauvetage
reddingsboei bouée *v* de sauvetage
reddingsboot canot *m* de sauvetage
reddingsbrigade brigade *v* / équipe *v* de sauvetage
reddingsoperatie opération *v* de sauvetage
reddingsvest gilet *m* de sauvetage
reddingswerk sauvetage *m*
reddingswerker sauveteur *m*
reddingswerkzaamheden opérations *v mv* de sauvetage
reddingswezen sauvetage *m*
rede ❶ *toespraak* discours *m*, ⟨kort⟩ allocution *v* ★ *een rede houden* faire un discours ❷ *het spreken* discours *m* ★ *iem. in de rede vallen* interrompre qn, couper la parole à qn ★ taalk *de directe rede* le discours direct ★ taalk *de indirecte rede* le discours indirect ❸ *verstand* raison *v* ★ *iem. tot rede brengen* ramener qn à la raison ★ *naar rede luisteren* entendre raison ❹ *ankerplaats* rade *v* ★ *op de rede* en rade
redekundig taalk ★ *~e ontleding* analyse *v* logique
redelijk I *bn* ❶ *billijk* raisonnable ★ *een ~e prijs* un prix raisonnable ❷ *niet slecht* raisonnable, passable ★ *de patiënt maakt het ~* le malade va plutôt bien ★ *een ~e opbrengst* un rendement convenable **II** *bw* ❶ *met verstand* raisonnablement ★ *denk nou eens ~ na!* réfléchi un peu! ❷ *billijk* raisonnablement ★ *iem. ~ behandelen* traiter qn correctement ❸ *niet slecht* raisonnablement, passablement, assez bien ★ *hij heeft het tentamen ~ gemaakt* son examen s'est pas trop mal passé ❹ *tamelijk* passablement, assez ★ *het is ~ ver* c'est assez loin
redelijkerwijs ❶ *logisch beschouwd*

raisonnablement ❷ *met recht* raisonnablement
redelijkheid ❶ *verstandigheid* raison *v*, bon sens *m* ★ *in alle ~* en toute logique ❷ *billijkheid* équité *v*
reden **I** *de* raison *v* ★ *om die ~* pour cette raison ★ *de ~ waarom* la raison pour laquelle ★ *dat is de ~ waarom* voilà pourquoi ★ *er is ~ om* il y a lieu de ★ *er is alle ~ om te geloven* tout porte à croire ★ *geen ~ tot klagen hebben* ne pas avoir à se plaindre ★ *~ te meer* raison de plus ★ *zonder geldige ~* sans motif valable ★ *met ~* avec juste raison ★ *met ~en omkleed* motivé ★ *om ~ van* en raison de ★ *~ van bestaan* raison d'être ★ *~ geven tot* donner lieu à **II** *ww* [verl. td.] → **rijden**
redenaar orateur *m* [v: oratrice]
redenatie raisonnement *m*
redeneren ❶ *gevolgtrekkingen maken* raisonner ★ *logisch ~* suivre un raisonnement logique ❷ *stellig spreken* argumenter ★ *ze zaten druk te ~* ils avaient une discussion très animée
redenering ❶ *gedachtegang* raisonnement *m* ★ *een logische ~* un raisonnement logique ❷ *betoog* argumentation *v* ★ *ellenlange ~en* discours *m mv* interminables
reder armateur *m*
rederij *onderneming* armateur *m*, compagnie *v* maritime
redetwist controverse *v*, débat *m*, discussion *v*
redetwisten argumenter, discuter
redevoering discours *m*, ⟨kort⟩ allocution *v* ★ *een ~ houden* faire / prononcer un discours
redigeren rédiger
redmiddel expédient *m*, ressource *v* ★ *laatste ~* dernier recours *m*, pis-aller *m*
reduceren *verminderen* réduire (**tot** à)
reductie réduction *v*
reductieprijs rabais *m*
redundant redondant
ree dierk chevreuil *m*, ⟨wijfje⟩ chevrette *v*
reebruin fauve
reed [verl. td.] → **rijden**
reeds déjà ★ *nu ~* déjà, d'ores et déjà ★ *zoals ~ eerder vermeld* comme déjà mentionné
reëel **I** *bn* ❶ *werkelijk* réel [v: réelle] ❷ *realistisch* réaliste **II** *bw* ❶ *werkelijk* réellement ❷ *realistisch* avec réalisme
reeg [verl. td.] → **rijgen**
reeks ❶ *serie* série *v*, suite *v*, ⟨boekenreeks⟩ collection *v* ★ *een ~ oefeningen* une série / suite d'exercices ★ *een ~ ongevallen* une série d'accidents ★ *een hele ~ maatregelen nemen* prendre toute une série de mesures ❷ wisk progression *v* ★ *meetkundige ~* progression géométrique ★ *rekenkundige ~* progression arithmétique
reep ❶ *strook* bande *v* ★ *een reep papier* une bande de papier ❷ *lekkernij* barre *v* ★ *een reep chocolade* une barre de chocolat
rees [verl. td.] → **rijzen**
reet **I** *de* ❶ *spleet* fente *v*, fissure *v*, ⟨tussen planken e.d.⟩ interstice *m* ❷ *achterwerk* cul *m* ★ *lik mijn reet!* mon cul! ★ *geen reet* que dalle **II** *ww* [verl. td.] → **rijten**
referaat ❶ *voordracht* exposé *m* ❷ *verslag* compte *m* rendu
referendaris BN ≈ (haut) fonctionnaire *m*
referendum référendum *m*
referent ❶ *spreker* intervenant *m* ❷ *verslaggever* rapporteur *m*
referentie ❶ *verwijzing* référence *v* ★ *onder ~ aan* en référence à ❷ *opgave van personen* référence(s) *v (mv)* ★ *iem. als ~ opgeven* citer qn comme référence ★ *goede ~s hebben* avoir de bonnes références
referentiekader cadre *m* de référence
referentiepunt point *m* de référence
refereren ❶ **~ aan** *verwijzen naar* se référer à ❷ *verslag uitbrengen* rapporter
referte référence *v* ★ *onder ~ aan* me référant à
reflectant intéressé *m* [v: intéressée], candidat *m*
reflecteren **I** *ov ww, weerkaatsen* réfléchir, refléter **II** *onov ww*, **~ op** *reageren op* ⟨m.b.t. advertentie⟩ répondre à, ⟨m.b.t. een baan⟩ postuler
reflectie ❶ *weerkaatsing* réflexion *v* ❷ *het nadenken* réflexion *v*
reflector réflecteur *m*, ⟨op fiets⟩ cataphote *m*
reflex *reactie* réflexe *m*
reflexief taalk réfléchi ★ *~ voornaamwoord* pronom *m* réfléchi
reformatie ❶ *hervorming* réforme *v* ❷ rel *hervorming* Réformation *v*
reformatorisch réformateur [v: réformatrice]
reformeren réformer
reformisme réformisme *m*
reformvoeding ≈ alimentation *v* diététique / bio
reformwinkel ≈ magasin *m* diététique / bio
refrein refrain *m*
refter ❶ rel réfectoire *m* ❷ BN *eetzaal* ⟨school⟩ réfectoire *m*, ⟨bedrijf, school⟩ cantine *v*
regatta régates *v mv*
regeerakkoord programme *m* de gouvernement
regeerperiode législature *v*, ⟨v. vorst⟩ règne *m*
regel ❶ *tekstregel* ligne *v* ★ *op een nieuwe ~ beginnen* aller à la ligne ★ *de derde ~ van onder* la troisième ligne d'en bas ★ *tussen de ~s door lezen* lire entre les lignes ❷ *voorschrift* règle *v* ★ *zich aan de ~s houden* observer les règles ★ *in strijd met de ~s* contraire au règlement ★ *de ~s van het spel* la règle du jeu ★ *gulden ~* règle d'or ★ *volgens de ~en der kunst* dans les règles de l'art ★ *geen ~ zonder uitzondering* il n'y a pas de règle sans exception, c'est l'exception qui confirme la règle ❸ *gewoonte* règle *v* ★ *in de ~* en règle générale, en général
regelaar ❶ *organisator* organisateur *m* [v: organisatrice] ❷ *deel van werktuig* régulateur *m*
regelafstand interligne *m*
regelbaar réglable
regelen ❶ *in orde brengen* régler, arranger ★ *het verkeer ~* régler la circulation ★ *hij kon toch nog vier kaartjes ~ voor het festival* finalement il a réussi à se procurer quatre billets du festival ★ *als alles geregeld is* quand tout est réglé, quand nous serons organisés ★ *tot in de puntjes geregeld* organisé dans les détails ★ *zijn zaken ~* s'organiser ❷ *bepalen* ⟨door reglement⟩ réglementer, régler, ⟨vastleggen⟩ fixer ★ *geregeld bij de wet* prévu par la loi

regelgeving *stellen van regels* réglementation *v*
regeling ❶ *geheel van regels* règlement *m*, ⟨voorzieningen⟩ dispositions *v mv* ★ *de bestaande ~ geldt alleen voor minderjarigen* les dispositions actuelles s'appliquent seulement aux mineurs ❷ *schikking* arrangement *m* ★ *een ~ treffen* faire un arrangement
regelkamer salle *v* de contrôle / de régulation
regelmaat régularité *v* ★ *met de ~ van de klok* avec une régularité métronomique, coup sur coup
regelmatig I *bn* régulier [v: régulière] ★ *een ~ handschrift* une écriture régulière ★ *haar hartslag is snel, maar ~* son pouls est rapide mais régulier **II** *bw* régulièrement ★ *hij komt ~ langs* il passe régulièrement
regelneef ≈ caporal *m*
regelrecht I *bn* ❶ *rechtstreeks* direct ❷ *ronduit* ★ *een ~e ramp* un vrai désastre **II** *bw* tout droit, directement ★ *~ afstammen van* descendre en droite ligne de
regen I *de* ❶ *neerslag* pluie *v*, inform flotte *v* ★ *zure ~* pluies *v mv* acides ★ *in de ~* sous la pluie ★ *in de stromende ~* sous des trombes d'eau ★ *van de ~ in de drup komen* aller de mal en pis ★ *na ~ komt zonneschijn* après la pluie le beau temps ❷ *grote hoeveelheid* pluie *v*, flot *m* ★ *een ~ van kogels* une rafale de balles **II** *ww* [verl. td.] → **rijgen**
regenachtig pluvieux [v: pluvieuse] ★ *het is ~ weer* le temps est à la pluie
regenboog arc-en-ciel *m* [mv: arcs-en-ciel]
regenboogtrui maillot *m* arc-en-ciel
regenboogvlies iris *m*
regenbroek pantalon *m* imperméable
regenbui averse *v* ★ *~tje* petite pluie *v*
regendruppel goutte *v* de pluie
regenen ❶ *vallen van regen* pleuvoir ★ *het regent (dat het giet)* il pleut (à verse) ★ *het heeft geregend* il a plu ❷ *veel voorkomen* pleuvoir ★ *het regende (granaat)scherven* il pleuvait des éclats (d'obus)
regenereren régénérer
regenfront front *m* de pluie
regenjas imperméable *m*, inform imper *m*
regenkleding vêtements *m mv* de pluie
regenmeter pluviomètre *m*
regenpak combinaison *v* imperméable / pluie
regenpijp tuyau *m* d'écoulement [mv: tuyaux ...], descente *v*
regenseizoen saison *v* des pluies
regent ❶ *rijksbestuurder* régent *m* [v: régente] ❷ *van een instelling* régent *m* [v: régente]
regentijd saison *v* des pluies
regenton citerne *v*
regenval (chutes *v mv* de) pluie *v*, ⟨hoeveelheid⟩ précipitations *v mv*, pluviosité *v*
regenvlaag ondée *v* (passagère)
regenwater eau(x) *v (mv)* de pluie
regenworm ver *m* de terre
regenwoud forêt *v* équatoriale
regenzone zone *v* pluvieuse
regeren I *ov ww* ❶ *besturen* gouverner, diriger ❷ *beheersen* dominer **II** *onov ww, land besturen* gouverner, ⟨door vorst⟩ régner (**over** sur)
regering ❶ *het regeren* gouvernement *m*, ⟨van vorst⟩ règne *m* ★ *aan de ~ komen* ⟨van vorst⟩ monter sur le trône, ⟨van kabinet⟩ arriver au pouvoir ★ *de ~ aanvaarden* prendre la tête du gouvernement ★ *onder de ~ van* sous le règne de ❷ *landsbestuur* gouvernement *m* ★ *een ~ vormen* former un gouvernement ★ *een ~ ten val brengen* faire tomber un gouvernement
regeringsbesluit décision *v* gouvernementale
regeringscoalitie coalition *v* gouvernementale
regeringsdelegatie délégation *v* gouvernementale
regeringsfunctionaris fonctionnaire *m* d'État
regeringskringen milieux *m mv* proches du gouvernement
regeringsleger armée *v* du gouvernement
regeringsleider chef *m* de / du gouvernement
regeringspartij parti *m* au pouvoir, parti de la majorité
regeringstroepen troupes *v mv* gouvernementales
regeringsverklaring déclaration *v* de politique générale
regeringsvorm régime *m*
reggae reggae *m*
regie ⟨van toneelstuk⟩ mise *v* en scène, ⟨van film⟩ réalisation *v* ★ *onder de ~ van* sous la direction de ★ *wie heeft de ~ gevoerd van ...* qui a dirigé la mise en scène / la réalisation de ...
regieassistent assistant à la mise en scène
regiekamer régie *v*
regime ❶ *staatsbestel* régime *m* ❷ *leefregels* régime *m*
regiment régiment *m*
regio région *v* ★ *in de noordelijke ~'s van Italië* dans les régions du nord de l'Italie ★ *in de ~* dans la région ★ *in deze ~nen* dans ces parages ★ *in de hogere ~nen* ⟨in de hogere sociale kringen⟩ dans le grand monde ★ *in hogere ~nen verkeren* ⟨wegdromen⟩ planer
regiogebonden régional [m mv: régionaux]
regiokorps ≈ police *v* départementale
regionaal régional [m mv: régionaux] ★ *een regionale krant* un journal régional
regisseren mettre en scène, ⟨van film⟩ réaliser
regisseur ⟨van toneelstuk⟩ metteur *m* en scène, ⟨van film⟩ réalisateur *m* [v: réalisatrice]
register ❶ *lijst* registre *m* ★ *iem. in het ~ inschrijven* enregistrer qn ★ *de ~s van de burgerlijke stand* les registres d'état civil ❷ *inhoudsopgave* table *v* des matières, index *m* ❸ taalk *taalsoort, stijl* registre *m* ❹ muz *orgelpijpen* registre *m* ★ *alle ~s opentrekken* jouer le grand jeu, inform mettre le paquet
registeraccountant expert-comptable *m* [mv: experts-comptables]
registratie ❶ *het inschrijven* enregistrement *m* ❷ *het opnemen van beeld of geluid* enregistrement *m*
registratiebewijs document *m* d'enregistrement
registratienummer *in register genoteerd nummer* numéro *m* d'enregistrement / d'immatriculation
registratieplicht obligation *v* d'enregistrement
registratierecht jur droit *m* d'enregistrement
registratiewet loi *v* sur l'enregistrement
registreren ❶ *inschrijven* enregistrer ❷ *geluid of*

beeld opnemen enregistrer ❸ *waarnemen* enregistrer
reglement règlement *m* ★ ~ *van orde* règlement d'ordre intérieur
reglementair I *bn* réglementaire, régulier [v: régulière] ★ *niet* ~ non réglementaire **II** *bw* réglementairement
reglementeren réglementer
regressie régression *v*
regressief régressif [v: régressive]
reguleren régulariser
regulering régularisation *v*
regulier régulier [v: régulière]
rehabilitatie réhabilitation *v*
rehabiliteren réhabiliter
rei *koor(zang)* chœur *m*
reiger héron *m* ★ *blauwe* ~ héron cendré
reiken I *ov ww, aanreiken* tendre ★ *elkaar de hand* ~ se donner la main **II** *onov ww* ❶ *zover komen* aller / s'étendre (**tot** jusqu'à), atteindre (**tot** à), ⟨omhoog⟩ s'élever (**tot** jusqu'à), ⟨reikwijdte hebben⟩ porter ★ *het water reikte hem tot het middel* l'eau lui venait jusqu'à la ceinture ★ *zo ver het oog reikt* à perte de vue ❷ *hand uitstrekken* tendre la main (**naar** à, vers)
reikhalzen ★ *ergens ~d naar uitzien* attendre qc avec impatience
reikwijdte ❶ lett *bereik* portée *v* ★ *de* ~ *van een geweer* la portée d'un fusil ❷ fig *implicatie* portée *v* ★ *de* ~ *van een maatregel* la portée d'une mesure
reilen ▾ *het* ~ *en zeilen* le train(-train) ▾ *zoals het reilt en zeilt* tel quel [v: telle quelle]
rein ❶ *schoon* propre ❷ *zuiver* pur ★ *een rein geweten* une conscience tranquille ★ *een reine ziel* une âme pure ★ *dat is je reinste onzin* c'est une pure idiotie, cela ne rime à rien ★ *in het reine brengen* tirer au clair ★ *met zichzelf in het reine komen* se réconcilier avec soi-même
reïncarnatie réincarnation *v*
reïncarneren se réincarner
reinigen nettoyer ★ *chemisch* ~ nettoyer à sec
reiniging nettoyage *m*
reinigingscrème crème *v* démaquillante
reinigingsdienst voirie *v*
re-integratie réinsertion *v*, réintégration *v*
reis voyage *m* ★ *goede reis!* bon voyage! ★ *tijdens een reisje naar Parijs* lors d'une virée à Paris ★ *op reis* en voyage, en route, ⟨dienstreis⟩ en déplacement ★ *op reis gaan* aller / partir en voyage ★ *een reis maken* faire un voyage ★ *een reis om de wereld maken* faire le tour du monde ★ *enkele reis* aller *m* (simple) ▾ BN *van een kale reis thuiskomen* rentrer tout penaud
reisbeschrijving itinéraire *m*
reisbureau agence *v* de voyages
reisgenoot compagnon *m* de voyage [v: compagne ...]
reisgezelschap groupe *m* de touristes (en voyage organisé), compagnie *v*
reisgids ❶ *boek* guide *m* ❷ *persoon* guide *m*
reiskosten frais *m mv* de voyage, ⟨voor beroep⟩ frais de déplacement ★ *vergoeding van* ~ remboursement *m* des frais de déplacement ★ *reis- en verblijfskosten* frais de déplacement (et de séjour)
reiskostenvergoeding indemnité *v* de déplacement
reisleider guide *m*
reislustig qui aime voyager
reisorganisatie organisation *v* de voyages
reistijd durée *v* du voyage
reisverslag compte *m* rendu de voyage
reisverzekering assurance *v* voyage
reiswekker réveil *m* de voyage
reiswieg couffin *m*
reisziekte mal *m* des transports / de route
reizen *een reis maken* voyager, faire un voyage ★ *heen en weer* ~ faire la navette ★ ~ *naar Utrecht* aller à Utrecht ★ *veel* ~ voir du pays ★ *~d* ambulant, itinérant
reiziger *iem. die reist* voyageur *m* [v: voyageuse]
rek I *de, elasticiteit* élasticité *v*, fig marge *v* ★ *de rek is eruit* cela a perdu son élasticité, fig nous n'avons plus de marge **II** *het* ❶ *opbergrek* étagère *v*, ⟨met vakjes⟩ casier *m*, ⟨voor fietsen, geweer, pijpen e.d.⟩ râtelier *m*, ⟨droogrek⟩ égouttoir *m*, ⟨voor was⟩ séchoir *m* ❷ *gymrek* barre *v* fixe
rekbaar ook fig élastique, extensible
rekbaarheid élasticité *v*
rekel ❶ *deugniet* garnement *m*, garce *v* ❷ *mannetjesdier* mâle *m*
rekenaar calculateur *m* [v: calculatrice]
rekenen I *ov ww* ❶ *tellen* compter ❷ *als betaling vragen* compter ★ *wat rekent u voor die groente?* combien demandez-vous pour ces légumes? ★ *te veel* ~ *voor* compter trop cher ❸ *in aanmerking nemen* tenir compte de ★ *reken maar van yes!* à coup sûr!, et comment! ❹ ~ **tot** *achten* considérer, estimer ★ *iem. tot zijn vrienden* ~ compter qn parmi ses amis / au nombre de ses amis **II** *onov ww* ❶ *cijferen* calculer ★ *te* ~ *vanaf 1 april* à compter du premier avril ★ *uit het hoofd* ~ calculer de tête, faire du calcul mental ★ *goed / slecht in* ~ bon / mauvais en calcul ❷ ~ **op** compter sur ★ *op haar kun je niet* ~ on ne peut pas compter sur elle ★ *ik reken erop dat je komt* je compte sur ta présence
rekenfout erreur *v* de calcul
Rekenhof BN Cour *v* des Comptes
rekening ❶ *op papier* facture *v*, note *v*, ⟨in restaurant⟩ addition *v* ★ *een* ~ *schrijven* établir une facture ★ *in* ~ *brengen* compter, facturer ★ *om de* ~ *vragen* demander l'addition ★ *voor* ~ *van* pour le compte de, au frais de ★ *op* ~ *kopen* acheter à crédit ❷ *op een bank* compte *m* ★ *lopende* ~ compte courant ★ *op mijn* ~ sur mon compte ★ *een* ~ *openen bij een bank* ouvrir un compte bancaire ❸ fig *verantwoording* ★ *voor zijn* ~ *nemen* se charger de ★ *voor eigen* ~ à son compte, à ses risques et périls ❹ fig *geschil* ★ *een* ~ *te vereffenen hebben met* avoir un compte à régler avec ▾ ~ *houden met* tenir compte de, compter avec
rekeningafschrift relevé *m* de compte
rekening-courant compte *m* courant
rekeninghouder titulaire *m/v* de compte
rekeningnummer numéro *m* de compte
rekeningrijden ≈ télépéage *m*
rekeninguittreksel BN relevé *m* de compte
Rekenkamer Cour *v* des Comptes
rekenkunde arithmétique *v*

rekenkundig arithmétique
rekenles leçon *v* de calcul
rekenliniaal règle *v* à calcul
rekenmachine calculatrice *v*, ‹klein formaat› calculette *v*
rekenschap compte *m* ★ *~ moeten afleggen* avoir à rendre des comptes ★ *zich ~ geven van* se rendre compte de
rekensom ‹opgave› problème *m*, ‹berekening› calcul *m*
rekest requête *v*, pétition *v* ★ *een ~ indienen* présenter une requête ▼ *nul op het ~ krijgen* essuyer un refus
rekken I *ov ww* ❶ *langer maken* étirer, allonger ★ *de armen ~* s'étirer les bras ★ *zich ~* s'étirer ❷ *de duur verlengen* tirer en longueur, faire durer ★ *de tijd ~* chercher à gagner du temps ★ *een proces ~* faire durer un procès **II** *onov ww, elastisch zijn* s'étirer ★ *deze stof rekt goed* ce tissu est bien élastique
rekruteren recruter
rekruut recrue *v*
rekstok barre *v* fixe
rekverband bandage *m* élastique
rekwireren requérir, réquisitionner
rekwisiet accessoire *m*
rel *ordeverstoring* bagarre *v*, rixe *v* ★ *een rel schoppen* ‹opstootje› provoquer une bagarre, ‹schandaal› faire un scandale ★ *relletje* bagarre *v* ★ *relletjes* troubles *m mv*
relaas récit *m*, histoire *v* ★ *een ~ opmaken* rédiger un rapport ★ *~ doen van* raconter
relais ❶ elek techn relais *m* ❷ BN media *herhaalde uitzending* ★ *in uitgesteld ~* en différé
relateren relier (**aan** à)
relatie ❶ *tussen mensen* relation *v*, ‹liefdesverhouding› liaison *v* ★ *~s aanknopen* nouer des relations ★ *de ~ verbreken* rompre (la relation) ★ *~s onderhouden met* entretenir des relations avec ★ *goede ~s hebben* avoir des relations ❷ *tussen dingen* rapport *m*, relation *v* ★ *de ~ tussen roken en kanker* le lien / rapport entre fumer et le cancer ★ *in ~ staan tot* être en relation avec
relatief I *bn* relatif [v: relative] ★ *een ~ begrip* une notion relative **II** *bw* relativement ★ *hij is nog ~ jong* il est relativement jeune
relatiegeschenk cadeau *m* publicitaire [mv: cadeaux publicitaires]
relatietherapie thérapie *v* relationnelle
relationeel relationnel [v: relationnelle]
relativeren relativiser
relativeringsvermogen capacité *v* de relativiser
relativiteit relativité *v*
relativiteitstheorie théorie *v* de la relativité
relaxed ❶ *ontspannen* relaxé, décontracté ❷ jeugdt *aangenaam* cool
relaxen se relaxer, déstresser, se décontracter
relevant pertinent ★ *dat is niet ~* c'est hors (de) sujet ★ *~ voor* d'importance pour
relevantie pertinence *v*
reliëf ❶ *verhevenheid* relief *m* ★ *~ aan iets geven* donner du relief à qc ★ *in ~* en relief ❷ *beeldhouwwerk* relief *m*
reliek relique *v*
religie religion *v*
religieus religieux [v: religieuse]
relikwie relique *v*
reling rambarde *v*, bastingage *m*
relschopper fauteur *m* de troubles, sport hooligan *m*
rem ❶ *toestel om te remmen* frein *m* ★ *op de rem trappen* donner un coup de frein ★ *aan de rem trekken* ook fig donner un coup de frein, freiner, freiner ★ BN *de remmen dichtgooien* bloquer les freins ❷ fig *belemmering* ★ *alle remmen losgooien* ne plus se retenir
remafstand distance *v* d'arrêt
rembekrachtiging freins *m mv* assistés, assistance *v* au freinage
remblok ‹van fiets› patin *m*, ‹van auto› plaquette *v*
rembours *betaling bij aflevering* ★ *onder ~ versturen* envoyer contre remboursement
remedial teacher professeur *m* de remédiation
remedie remède *m* (**tegen** contre, à)
remgeld BN *eigen risico* ticket *m* modérateur
remigrant émigré *m* qui retourne dans son pays d'origine
remigratie retour *m* au pays d'origine
remigreren retourner au pays d'origine
remise ❶ *loods* dépôt *m* ❷ *onbesliste partij* partie *v* nulle ★ *~ spelen* faire partie nulle
remix remix *m*
remixen remixer
remkabel techn transp câble *m* de frein
remleiding circuit *m* de freinage
remlicht (feu *m* de) stop *m* [mv: feux ...]
remmen I *onov ww, afremmen* freiner ★ *plotseling ~* donner un coup de frein **II** *ov ww, belemmeren* freiner, ‹breidelen› enrayer, psych inhiber ★ *ontwikkelingen ~* freiner des développements ★ *een ~de factor* une entrave
remming inhibition *v*
remonstrants arminien [v: arminienne]
remouladesaus culin (sauce *v*) remoulade *v*
rempedaal pédale *v* de frein
remproef *test van de remmen* épreuve *v* de freinage
remschijf disque *m* de frein
remslaap sommeil *m* paradoxal
remspoor ❶ *wielspoor* trace *v* de freinage ❷ *poepspoor* trace *v* de caca
remvloeistof liquide *m* de frein
remvoering garniture *v* de frein
remweg distance *v* de freinage / d'arrêt
ren ❶ *kippenren* parquet *m* ❷ *snelle loop* course *v* ★ *in volle ren* au galop
renaissance gesch *periode* Renaissance *v*
renbaan piste *v*, champ *m* de course(s)
rendabel rentable, profitable ★ *~ maken* rentabiliser
rendement ❶ *nuttig effect* rendement *m* ❷ *opbrengst* rendement *m* ★ *effecten met een hoog ~* titres *m mv* à haut rendement
renderen rapporter
rendez-vous rendez-vous *m* [mv: id.] ★ *een ~ hebben* avoir un rendez-vous (amoureux)
rendier renne *m*
rennen courir ★ *zij rende het huis uit* elle a foncé dehors
renner coureur *m* [v: coureuse]

rennersveld sport coureurs *m mv*
renovatie rénovation *v*, réhabilitation *v*
renoveren rénover, réhabiliter
renpaard cheval *m* de course [mv: chevaux ...]
rensport courses *v mv* de chevaux
renstal écurie *v*
rentabiliteit rentabilité *v*
rente ⟨uitkering⟩ rente *v*, ⟨interest⟩ intérêt(s) *m (mv)* ★ *samengestelde ~* intérêts composés / cumulés ★ *tegen 8% ~* à 8% d'intérêt ★ *~ opleveren* rapporter des intérêts
renteaftrek intérêts *m mv* déductibles
rentedaling baisse *v* des intérêts
rentedragend *rente opleverend* productif d'intérêts [v: productive ...], à intérêts
rentegevend productif d'intérêts [v: productive ...]
renteloos ❶ *rentevrij* sans intérêt(s) ❷ *geen rente opleverend* improductif [v: improductive] ★ *~ kapitaal* capital *m* improductif / mort
rentenier rentier *m* [v: rentière]
rentenieren ❶ *van zijn rente leven* vivre de ses rentes ❷ iron *niets uitvoeren* mener une vie de rentier
rentepercentage taux *m* d'intérêt
rentestijging hausse *v* des intérêts
renteverhoging augmentation *v* de l'intérêt
renteverlaging réduction *v* des intérêts
rentevoet taux *m* d'intérêt
rentmeester ❶ *financieel beheerder* administrateur *m* ❷ *landgoedbeheerder* intendant *m*
rentree rentrée *v* ★ *zijn ~ maken* faire son come-back
renvooieren jur renvoyer
reorganisatie réorganisation *v*
reorganiseren réorganiser
rep ▾ *in rep en roer brengen* mettre en émoi ▾ *in rep en roer zijn* être en émoi
reparateur réparateur *m* [v: réparatrice]
reparatie réparation *v*, ⟨v. kleding⟩ raccommodage *m* ★ *in ~ zijn* être en réparation
reparatiekosten coût *m* de réparation
repareren réparer, ⟨v. kleding⟩ raccommoder
repatriant rapatrié *m* [v: rapatriée]
repatriëren rapatrier
repatriëring rapatriement *m*
repercussie répercussion *v*
repertoire répertoire *m*
repeteergeweer fusil *m* à répétition
repeteerwekker réveil *m* à répétition
repeteren I *ov ww* ❶ *herhalen* répéter, ⟨leerstof nazien⟩ réviser ❷ *instuderen* répéter **II** *onov ww, zich herhalen* ★ *een ~d motief* un motif répétitif ★ *een ~de breuk* une fraction périodique
repetitie ❶ *herhaling* répétition *v* ❷ *oefening voor een opvoering* répétition *v* ★ *generale ~* répétition générale, générale *v* ❸ *proefwerk* interrogation *v* écrite, contrôle *m*
repetitor *bij studenten* répétiteur *m* [v: répétitrice]
replica réplique *v*
repliceren répliquer
repliek ❶ *weerwoord* réplique *v*, riposte *v* ★ *iem. van ~ dienen* répliquer ❷ jur réplique *v*
reply réponse *v*
replyen répondre
reportage reportage *m*
reportagewagen car *m* de reportage
reporter reporter *m*
reppen I *onov ww, spreken* ★ *met geen woord ~ over iets* ne (pas) souffler mot de qc **II** *wkd ww* [**zich** ~] *zich haasten* se dépêcher
represaille représailles *v mv* ★ *~s nemen tegen* user de représailles contre
represaillemaatregel représailles *v mv*
representant ❶ *vertegenwoordiger* représentant *m* [v: représentante] ❷ *van een stroming* représentant *m*
representatie ❶ *vertegenwoordiging* représentation *v* ❷ *stijlvol optreden namens bedrijf* représentation *v*
representatief représentatif [v: représentative] ★ *~ voor zijn oeuvre* représentatif de son œuvre
representatiekosten frais *m* de représentation
representeren représenter
repressie répression *v*
repressief répressif [v: répressive]
reprise reprise *v*
repro reproduction *v*, copie *v*
reproduceren reproduire
reproductie reproduction *v*
reproductievermogen faculté *v* de reproduction
reptiel reptile *m*
republiek république *v*
republikein républicain *m* [v: républicaine]
republikeins républicain
reputatie réputation *v*, renommée *v* ★ *een goede ~ hebben* avoir (une) bonne réputation ★ *zijn ~ te grabbel gooien* ternir sa réputation ★ *dat is hij aan zijn ~ verplicht* réputation oblige ★ *zijn ~ waarmaken* faire honneur à sa réputation
requiem requiem *m* [mv: id.]
requisitoir ❶ jur réquisitoire *m* ❷ *betoog* réquisitoire *m*
research recherche(s) *v (mv)*
resem BN *serie* série *v*
reservaat réserve *v*
reserve ❶ *noodvoorraad* réserve(s) *v (mv)* ★ *in ~ houden* tenir en réserve ★ *zijn ~s aanspreken* puiser dans ses réserves ❷ *plaatsvervanger* remplaçant *m* [v: remplaçante] ❸ *voorbehoud* réserve *v* ★ *zonder ~s aannemen* accepter sans réserves ★ *zijn ~s hebben omtrent iets* avoir des réserves sur qc
reserve- de réserve ★ *reservebestand* fichier *m* de sauvegarde
reserveband pneu *m* de rechange
reservebank banc *m* des remplaçants / de touche
reservekopie comp sauvegarde *v*
reserveonderdeel pièce *v* de rechange
reserveren ❶ *bespreken* réserver ★ *een hotelkamer ~* réserver une chambre d'hôtel ❷ *in reserve houden* réserver ★ *een geldbedrag ~ voor* set aside / reserve an amount of money, affecter une somme à
reservering réservation *v*
reservespeler remplaçant *m* [v: remplaçante]
reservewiel roue *v* de secours
reservist réserviste *m/v*

re

reservoir réservoir *m*, récipient *m*
reset comp réinitialisation *v*
resetten réinitialiser
resident résident *m*
residentie résidence *v*
residentieel ❶ lett résidentiel [v: résidentielle] ❷ fig BN *exclusief (m.b.t. woonwijken)* résidentiel [v: résidentielle]
resideren résider
residu résidu *m*
resigneren I *onov ww, ambt neerleggen* résigner **II** *wkd ww* [**zich ~**] *berusten* se résigner (à)
resistent résistant (**tegen** à)
resistentie résistance *v*
resolutie ❶ *besluit* résolution *v* ★ *een ~ indienen* déposer une résolution ★ *een ~ aannemen* adopter une résolution ❷ techn définition *v*, comp résolution *v*
resoluut résolu
resonantie résonance *v*
resoneren *klinken* résonner
resort *vakantieverblijf* resort *m*, station *v* (touristique)
respect respect *m* ★ *met alle ~* sauf votre respect ★ *uit ~ voor* par égard pour
respectabel respectable ★ *een ~e leeftijd* un âge respectable
respecteren ❶ *achten* respecter ★ *zichzelf ~* se respecter ❷ *naleven* respecter ★ *wetten ~* respecter / observer les lois
respectievelijk I *bn* respectif [v: respective] **II** *bw* respectivement
respectvol respectueux [v: respectueuse]
respijt *uitstel* répit *m* ★ *een paar dagen ~* quelques jours de répit ★ *zonder ~* sans répit ★ *iem. ~ verlenen* accorder un répit à qn
respondent *geënquêteerde* personne *v* interrogée
respons réaction(s) *v (mv)*, ⟨weerklank⟩ écho(s) *m (mv)*
ressort *ambtsgebied* ressort *m*
ressorteren ~ onder relever de, ressortir à, être du ressort de
rest reste *m* ★ *de stoffelijke resten* la dépouille mortelle ★ *voor de rest* à part cela ★ *voor de rest kan het mij niet schelen* et puis je m'en moque ★ *voor de rest was de film best aardig* pour le reste, le film était pas mal → **restje**
restafval ordures *v mv* résiduelles
restant restant *m*, reste *m* ★ *het ~ van de oplage* le reste du tirage ★ *~en* econ fins *v mv* de série
restaurant restaurant *m*, inform resto *m*
restaurateur ❶ *hersteller* restaurateur *m* [v: restauratrice] ❷ *restauranthouder* restaurateur *m* [v: restauratrice]
restauratie ❶ *het herstellen* restauration *v* ❷ *eetgelegenheid* ⟨op station⟩ buffet *m* (de gare)
restauratiewagon wagon-restaurant *m* [mv: wagons-restaurants]
restaureren restaurer, remettre à neuf
resten rester ★ *rest mij nu nog te zeggen dat ...* il me reste encore à dire que ... ★ *rest mij slechts te ...* il ne me reste plus qu'à ...
resteren rester ★ *het ~de bedrag* la somme restante
restitueren restituer
restitutie restitution *v*
restje reste *m*, ⟨eten⟩ rab(iot) *m* ★ *een ~* des restes, ⟨bodempje⟩ un fond *m*
restrictie restriction *v*
restwaarde valeur *v* résiduelle
restylen restyler, relooker
restzetel siège *m* restant
resultaat *gevolg* résultat *m* ★ *als / tot ~ hebben* avoir pour résultat ★ *de onderhandelingen hebben tot geen enkel ~ geleid* les négociations n'ont pas abouti ★ *~ opleveren* être fructueux ★ *zonder ~ blijven* ne pas aboutir, échouer
resulteren ❶ **~ uit** résulter de ❷ **~ in** avoir pour résultat, aboutir à
resumé résumé *m*
resumeren résumer ★ *~d* en résumé
resusaap rhésus *m*
resusfactor (facteur *m*) rhésus *m*
resusnegatief rhésus *m* négatif, Rh *m* négatif
resuspositief rhésus *m* positif
reten [verl. td.] → **rijten**
retorica *welsprekendheid* rhétorique *v*
retoriek *retorica* rhétorique *v*
retorisch oratoire ★ *een ~e vraag* une question rhétorique
retort cornue *v*
retoucheren ❶ *bijwerken* retoucher ❷ BN ⟨kleding⟩ *verstellen* retoucher
retour I *bw* ★ *~ afzender* retour à l'expéditeur ★ *~ zenden* retourner **II** *de/het, kaartje* (billet *m*) aller et retour *m* ★ *een ~tje Utrecht* un aller et retour pour Utrecht ▾ *op zijn ~ zijn* être sur le retour, être sur son déclin
retourbiljet (billet *m*) aller et retour *m*
retourenvelop enveloppe-réponse *v* [mv: enveloppes-réponses]
retourneren retourner
retourticket (billet *m*) aller et retour *m*
retourtje → **retour**
retourvlucht ❶ *vlucht heen en weer* vol *m* aller et retour ❷ *terugreis* vol *m* de retour
retourvracht fret *m* de retour
retraite *afzondering* retraite *v* ★ *8 dagen in ~ zijn* faire huit jours de retraite
retributie redevance *v*
retriever retriever *m*
retro rétro
retrospectie rétrospective *v*
retrospectief I *het* rétrospective *v* **II** *bn* rétrospectif [v: rétrospective]
retrostijl style *m* rétro
return ❶ sport *tennisslag* renvoi *m*, ⟨v. service⟩ retour *m* de service ❷ *wedstrijd* match *m* retour ❸ comp retour *m*
returnwedstrijd match *m* retour
reu chien *m* (mâle)
reuk ❶ *zintuig* odorat *m* ★ *een scherpe reuk hebben* avoir le nez fin ❷ *geur* odeur *v*, ⟨aangenaam⟩ parfum *m* ★ *wat een verschrikkelijke reuk hangt hier!* il y a une odeur infecte ici! ★ *in een kwade reuk staan* avoir (une) mauvaise réputation
reukloos inodore
reukorgaan organe *m* olfactif
reukzin odorat *m*, sens *m* olfactif
reukzintuig sens *m* olfactif
reuma rhumatisme *m*
reumatiek rhumatisme *m* ★ *aan ~ lijden* souffrir

de rhumatismes
reumatisch rhumatismal [m mv: rhumatismaux] ‹lijdend aan reuma› rhumatisant, souffrant de rhumatismes
reumatologie rhumatologie *v*
reumatoloog rhumatologue *m/v*
reünie réunion *v*
reünist participant *m* à une réunion d'anciens
reuring remue-ménage *m* ★ *voor ~ zorgen* créer du remue-ménage
reus géant *m* [v: géante], colosse *m*, ‹in sprookjes› ogre *m* [v: ogresse]
reusachtig I *bn* ❶ *zeer groot* gigantesque, colossal [m mv: colossaux] géant ★ *een ~ gebouw* un bâtiment colossal ❷ *geweldig* formidable ★ *een ~ idee* une idée formidable **II** *bw* énormément ★ *een ~ leuk feest* une fête formidable
reut ★ *de hele reut* tout le bazar
reutelen râler
reuze super
reuze- *in hoge mate* terriblement, drôlement ★ *reuzeleuk* drôlement chouette
reuzel saindoux *m*
reuzen- *zeer groot* énorme, d'enfer ★ *reuzenhonger* faim *v* de loup
reuzenrad grande roue *v*
reuzenschildpad tortue *v* géante
revalidatie rééducation *v*
revalidatiearts médecin *m* rééducateur
revalidatiecentrum centre *m* de rééducation
revalideren I *ov ww, weer valide maken* rééduquer **II** *onov ww, weer valide worden* faire de la rééducation
revanche revanche *v* ★ *iem. ~ geven* donner sa revanche à qn ★ *~ nemen op* prendre sa revanche sur
revancheren [**zich** ~] prendre sa revanche (**op** sur)
revanchewedstrijd (match *m* de) revanche *v*
reveille mil *weksignaal* réveil *m*
reven ariser ★ *de zeilen ~* ariser les voiles
revers *omslag van jasje* revers *m*
reviseren réviser
revisie ❶ *herziening* révision *v* ❷ *controlebeurt* révision *v*
revisor BN *bedrijfsrevisor* audit *m*
revitalisatie revitalisation *v*
revival réveil *m*
revolutie révolution *v* ★ *fluwelen / seksuele / industriële / groene ~* révolution de velours / sexuelle / industrielle / verte ★ *de Franse Revolutie* la Révolution française ★ *de Russische Revolutie* la Révolution russe / d'Octobre
revolutionair I *bn* ❶ *van / als een revolutie* révolutionnaire ❷ *opzienbarend* révolutionnaire **II** *de, persoon* révolutionnaire *m/v*
revolver revolver *m*
revolverheld as *m* / héros *m* de la gâchette
revue revue *v* ▼ *iets de ~ laten passeren* passer en revue qc
revueartiest artiste *m/v* de variété / de music-hall
Reykjavik Reykjavik *m*
Reykjaviks reykjavikois
rezen [verl. td.] → **rijzen**
riant ❶ *aanzienlijk groot* très confortable ★ *een ~ salaris* un salaire confortable ★ *een ~e villa* une villa volumineuse ★ *een ~e woonkamer* un séjour spacieux ❷ *prachtig* très agréable ★ *~ gelegen* très bien situé ★ *een ~ uitzicht* une vue magnifique
rib ❶ *bot* côte *v* ★ *zwevende ribben* côtes flottantes ★ *dat is een rib uit mijn lijf* c'est une sacrée ponction ★ *je kunt haar ribben tellen* on lui voit les côtes ❷ *balk* solive *v* ❸ wisk arête *v*, ‹ribbel› côte *v*
ribbel côte *v*, ‹groefje› rainure *v*, strie *v*
ribbenkast thorax *m*, inform coffre *m*
ribbroek pantalon *m* en velours côtelé
ribes ribésiée *v*
ribfluweel velours *m* côtelé / à côtes
ribkarbonade côte *v* d'échine
riblap *vlees* (morceau *m* de) poitrine *v*
ribstof tissu *m* côtelé
richel *rand* rebord *m*, ‹strook› bande *v*
richten I *ov ww* ❶ *mikken* ‹instellen op een doel› orienter (**op** vers), ‹door wijzen› pointer (**op** sur), ‹v. blik, kijker, vuurwapen› braquer (**op** sur), ‹in richting doen gaan› diriger (**naar** vers), ‹wenden› tourner (**naar** vers) ★ *een wapen op iem. ~* braquer une arme sur qn ★ *gericht zijn op* être orienté vers, ‹beogen› viser ★ *zijn aandacht ~ op* se concentrer sur ★ *de blik ~ op* fixer le regard sur ★ *kritiek ~ op* porter ses critiques sur ★ *zijn opmerkzaamheid op iets ~* fixer son attention sur qc ❷ *sturen* adresser (**naar** à) ★ *een brief ~ aan* adresser une lettre à ★ *het woord tot iem. ~* adresser la parole à qn, s'adresser à qn ★ *een oproep ~ tot* lancer un appel à ❸ *in een rechte lijn doen staan* aligner **II** *wkd ww* [**zich** ~] ❶ **~ op** *zich concentreren op* se concentrer sur ❷ **~ tot** *zich wenden tot* s'adresser à ❸ **~ naar** *afstemmen op* se régler sur, se conformer à ★ *zich steeds naar de nieuwste trend ~* toujours suivre les dernières tendances
richtgetal indice *m*
richting ❶ *bepaalde kant* direction *v*, sens *m* ★ *in de ~ van* en direction de, vers ★ *in omgekeerde ~* en sens inverse ★ *tegen de ~ in* à contresens ★ *van ~ veranderen* changer de direction, se rabattre ★ *~ aangeven* mettre son clignotant ★ *zij is ~ het station gelopen* elle s'est rendue à la gare ★ *welke ~ heb je gekozen na je propedeuse?* quelle filière tu as choisi après le premier cycle? ★ BN *enkele ~* sens *m* unique ❷ *gezindheid* tendance *v* ★ *de moderne ~ in de muziek* les tendances modernes de la musique
richtingaanwijzer clignotant *m*
richtinggevoel sens *m* de l'orientation
richtlijn directive *v* ★ *~en geven* donner des directives
richtprijs prix *m* indicatif / conseillé
richtpunt point *m* de repère
richtsnoer règle *v*, norme *v* ★ *tot ~ dienen* servir de guide ★ *iets als ~ nemen* se laisser guider par qc
ridder *lid van de ridderstand* chevalier *m* ★ *tot ~ slaan* adouber
ridderen ❶ *tot ridder slaan* adouber ❷ *decoreren* décorer ★ *geridderd worden* se faire décorer, recevoir une décoration
ridderepos chanson *v* de geste
ridderlijk I *bn* ❶ *als een ridder* chevaleresque

❷ *van een ridder* de chevalier **II** *bw* ❶ *als een ridder* en chevalier ★ *zich ~ gedragen* agir en chevalier ❷ *eerlijk* franchement ★ *ergens ~ voor uitkomen* admettre ouvertement qc, ne pas s'en cacher
ridderorde ❶ *onderscheiding* décoration *v*, plaque *v* ❷ *groep ridders* ordre *m* de chevalerie
ridderslag accolade *v*, adoubement *m* ★ *iem. de ~ geven* adouber qn
ridderspoor dauphinelle *v*
ridderstand chevalerie *v*
riddertijd époque *v* de la chevalerie
ridderzaal grande salle *v*, salle *v* d'honneur, ⟨in Den Haag⟩ Salle *v* des Chevaliers
ridicuul ridicule
riedel ritournelle *v*, refrain *m*
riek fourche *v* (à fumier)
rieken ❶ *geur afgeven* sentir ★ *kwalijk ~* sentir mauvais ❷ ~ **naar** sentir ★ *dat riekt naar bedrog* ça sent la supercherie
riem ❶ *band* ⟨band⟩ lanière *v*, ⟨om middel⟩ ceinture *v*, ⟨van hond⟩ laisse *v*, ⟨draagriem⟩ bandoulière *v*, ⟨drijfriem⟩ courroie *v* ★ *de riem aanhalen* serrer la ceinture ❷ *veiligheidsgordel* ceinture *v* (de sécurité) ❸ *roeispaan* rame *v* il nous faut employer les moyens du bord
riep [verl. td.] → **roepen**
riepen [verl. td.] → **roepen**
riet ❶ *grassoort* roseau *m*, ⟨dakbedekking⟩ chaume *m* ★ *beven als een riet* trembler comme une feuille ❷ muz anche *v*
rietdekker chaumier *m*
rieten de roseau, ⟨v. dak⟩ de chaume, ⟨v. mand⟩ de jonc, ⟨v. stoel⟩ canné
rietgors bruant *m* des roseaux
rietje *limonaderietje* paille *v*
rietkraag bordure *v* de roseaux
rietstengel canne *v*, jonc *m*, hampe *v*
rietsuiker sucre *m* de canne
rif récif *m*, écueil *m*
Riga Riga *m*
Rigaas rigois
rigide rigide
rigoureus I *bn* rigoureux [v: rigoureuse] ★ *rigoureuze maatregelen* mesures *v mv* draconiennes **II** *bw* rigoureusement
rij suite *v*, série *v* ❶ *volgorde* suite *v* ★ *op rij* de suite ★ *op de rij af* à tour de rôle ★ *alles op een rijtje zetten* faire le point, mettre les pendules à l'heure ★ *hij heeft ze niet allemaal op een rijtje* il a une case en moins, il est marteau ❷ *reeks in rechte lijn* rangée *v*, ⟨opstelling⟩ rang *m*, ⟨achter elkaar⟩ file *v* ★ *rij van wachtenden* file *v* d'attente, queue *v* ★ *rij aan rij* en rangs ★ *een rij bomen* une rangée d'arbres ★ *de rijen sluiten* serrer les rangs ★ *in de rij gaan staan* se mettre à la queue, emprunter la queue ★ *in de rij staan* être en rang(s), ⟨van wachtenden⟩ faire la queue ★ *op een rij* aligné ★ *op de eerste rij zitten* être au premier rang
rijbaan ⟨weg⟩ chaussée *v*, ⟨rijstrook⟩ voie *v*
rijbevoegdheid permis *m* de conduire
rijbewijs permis *m* de conduire ★ *in het bezit van het ~* titulaire du permis de conduire ★ *zijn ~ halen* passer son permis ★ *~ voor bromfietsen* permis de conduire cyclomoteur
rijbroek culotte *v* de cheval
rijden ❶ *besturen* conduire ★ *ondersteboven ~* renverser ❷ *vervoeren* transporter *zich voortbewegen* ⟨in / van voertuig⟩ rouler, ⟨op rijdier⟩ monter ★ *met de auto ~* rouler en voiture, conduire une voiture ★ *de wagen rijdt prettig* la voiture est agréable à conduire ★ *rechts ~* rouler à droite ★ *achteruit ~* faire marche arrière ★ *honderd kilometer per uur ~* faire cent kilomètres à l'heure ★ *100 ~* faire du cent à l'heure ★ *verkeerd ~* se tromper de chemin ★ *op benzine ~* rouler à l'essence ★ *het is twee uur ~* c'est à deux heures de route / de voiture ★ *door een stoplicht ~* brûler / griller le feu (rouge)
rijdier monture *v*
rijervaring expérience *v* de la conduite
rijexamen examen *m* du permis de conduire ★ *~ doen* passer son permis (de conduire)
rijgedrag tenue *v* de route, ⟨bestuurder⟩ comportement *m* au volant
rijgen ❶ *aan een snoer doen* enfiler ★ *kralen ~* enfiler des perles ★ *aan het spit ~* embrocher ❷ *dichtmaken* lacer ❸ *naaien* faufiler
rijglaars brodequin *m*, bottine *v* à lacets
rijgnaald passe-lacet *m* [mv: passe-lacets]
rijgsnoer lacet *m*
rijinstructeur moniteur *m* [v: monitrice]
rijk I *het* ❶ *staat* État *m*, ⟨keizer- / wereldrijk⟩ empire *m* ★ *het Derde Rijk* le troisième Reich ★ *het Heilige Roomse Rijk* le Saint Empire Romain (germanique) ❷ fig *gebied* domaine *m*, monde *m* ★ *het rijk alleen hebben* avoir le champ libre, être seul **II** *bn* ❶ *financieel vermogend* riche ★ *rijk maken* enrichir ★ *rijk worden* faire fortune ★ *een rijke stinkerd* un richard ★ *stinkend rijk zijn* rouler sur l'or ★ *de rijken* les riches ★ *de zeer rijken* les grandes fortunes ❷ *overvloedig* abondant, riche ★ *een rijke oogst* une belle récolte ★ *een rijke verbeelding* une imagination fertile ★ *een rijke woordenschat* un vocabulaire riche ★ *rijk aan vitaminen* riche en vitamines **III** *bw* richement
rijkaard inform richard *m*
rijkdom I *de* [gmv] ❶ *het rijk zijn* richesse *v* ★ *in ~ baden* nager dans la prospérité ❷ *overvloed* richesse *v* ★ *een ~ van / aan* une richesse de **II** *de* [mv: +men] *kostbaar bezit* richesse *v* ★ *natuurlijke ~men* ressources naturelles
rijke ★ *de ~n* les riches
rijkelijk I *bn, overvloedig* abondant, ample, royal, ⟨van eten⟩ copieux [v: copieuse] ★ *een ~e fooi* un pourboire généreux **II** *bw* ❶ *overvloedig* abondamment, amplement, royalement ★ *hij werd ~ beloond* il a été récompensé largement ❷ *in ruime mate* largement, ⟨te veel⟩ tôt, plutôt
rijkelui riches *m mv*
rijkeluiskind gosse *m/v* de riches
rijksacademie ≈ école *v* nationale
rijksambtenaar fonctionnaire *m/v* (d'État)
rijksarchief archives *v mv* nationales
rijksbegroting budget *m* national
rijksbijdrage subvention *v* de l'État
rijksdienst ★ *in ~ zijn* être fonctionnaire de l'État
rijksgenoot ≈ concitoyen *m*
rijksinstituut institut *m* national
Rijksluchtvaartdienst service *m* national de la navigation aérienne

rijksmunt *instelling* (Hôtel *m* de la) Monnaie *v*
rijksmuseum musée *m* national
rijksoverheid (administration *v* d')État *m*
rijkspolitie police *v* nationale
rijksuniversiteit université *v* de l'État
Rijksvoorlichtingsdienst service *m* d'information et de diffusion du gouvernement
rijkswacht BN gendarmerie *v*
rijkswachter BN gendarme *m/v*
Rijkswaterstaat ≈ Ponts et Chaussées *m mv*
rijksweg route *v* nationale
rijkunst ⟨op paard⟩ équitation *v*
rijlaars botte *v* d'équitation
rijles ⟨van paard⟩ leçon *v* d'équitation, ⟨van auto⟩ leçon *v* de conduite
rijm ❶ *het rijmen* rime *v* ★ *gepaard rijm* rime(s) plate(s) ★ *op rijm* en vers, rimé ★ *op rijm zetten* mettre en vers ❷ *versregel* vers *m*
rijmelaar rimeur *m* [v: rimeuse]
rijmelarij vers *m mv* de mirliton
rijmen I *ov ww, in overeenstemming brengen* concilier (avec) II *onov ww* ❶ *rijmen maken* faire des vers ❷ *rijm hebben* rimer (**op** avec) ★ *op elkaar ~* rimer ensemble ❸ *overeenstemmen (met)* cadrer (avec), concorder (avec)
rijmpje couplet *m*
rijmschema ordre *m* de rimes
rijmwoordenboek dictionnaire *m* de rimes
Rijn Rhin *m*
rijnaak chaland *m*, péniche *v*
rijnwijn culin vin *m* du Rhin
rijp I *bn* ❶ *volgroeid* mûr, ⟨van kaas / wijn⟩ fait ★ *rijp fruit* des fruits mûrs ★ *rijp worden* mûrir, se faire ★ *een rijpe vrouw* une femme mûre ❷ *goed overdacht* mûr ★ *na rijp beraad* après mûre réflexion ❸ *geschikt* mûr (**pour** voor) ★ *de tijd is rijp voor actie* il est temps d'agir ★ *die auto is rijp voor de sloop* cette voiture est bonne pour la casse II *de* gelée *v* blanche, givre *m*
rijpaard monture *v*
rijpen I *onov ww, rijp worden* mûrir ★ *de druiven ~ al* les raisins mûrissent déjà ★ *mijn plan is aan het ~* mon projet est en train de mûrir II *ov ww, rijp doen worden* mûrir, faire mûrir ★ *de zon rijpt de vruchten* le soleil fait mûrir les fruits III *onp ww, rijp vertonen* ★ *het heeft gerijpt* il y a de la gelée blanche
rijpheid maturité *v*
rijping maturation *v*, mûrissement *m*
rijpingsproces processus *m* de maturation
rijproef épreuve *v* de conduite
rijrichting sens *m* de la circulation, ⟨in trein e.d.⟩ sens *m* de la marche
rijs ❶ *rijshout* osier *m* ❷ *twijg* brindille *v*
rijschool ❶ *autorijschool* auto-école *v* [mv: auto-écoles] ❷ *manege* manège *m*
rijschoolhouder gérant *m* d'une auto-école
Rijsel Lille *v*
Rijsels lillois
rijshout osier *m*
rijst riz *m* ★ *ongepelde ~* riz complet, riz non décortiqué
rijstbouw riziculture *v*
rijstebrij riz *m* au lait
rijstepap riz *m* au lait
rijstevlaai culin ≈ tarte *v* au riz
rijstijl (style *m* de) conduite *v*
rijstpapier papier *m* de riz
rijstrook transp voie *v*, file *v*, couloir *m* ★ *van ~ veranderen* déboîter ★ *weg met twee rijstroken* chaussée *v* à deux voies
rijsttafel ≈ spécialité *v* indonésienne / chinoise à base de riz
rijstveld rizière *v*
rijten déchirer ★ *aan stukken ~* déchirer
rijtjeshuis ≈ maison *v* mitoyenne
rijtoer promenade *v*
rijtuig ❶ *koets* voiture *v* ❷ *wagon* wagon *m*
rijvaardigheid conduite *v*, aptitude *v* à conduire
rijvak BN transp *rijstrook* voie *v*, file *v*, couloir *m*
rijverbod interdiction *v* de conduire
rijvlak ⟨loopvlak⟩ chape *v*
rijweg chaussée *v* ★ *afgesloten ~* rue *v* barrée
rijwiel bicyclette *v*, vélo *m*
rijwielhandel magasin *m* de bicyclettes
rijwielpad piste *v* cyclable
rijwielstalling garage *m* à vélos
rijzen ❶ *omhoogkomen* monter, s'élever, se lever, ⟨v. deeg⟩ lever ★ *het deeg laten ~* faire lever la pâte ★ *de zon rijst aan de horizon* le soleil se lève à l'horizon ★ *het water rijst* l'eau monte ★ *het ~* ⟨van deeg⟩ le levage, ⟨van water⟩ la crue ★ *de ~de zon* le soleil levant ★ *de kosten ~ de pan uit* les frais s'envolent ❷ *ontstaan* naître, se produire ★ *de vraag rijst of ...* il se pose la question si ... ★ *er ~ (opeens) moeilijkheden* des difficultés surgissent
rijzig de haute taille, élancé
rijzweep cravache *v*
riksja pousse-pousse *m* [mv: id.], cyclo-pousse *m* [mv: id.]
rillen frissonner, grelotter ★ *~ van de kou* trembler de froid
rillerig grelottant
rilling frisson *m* ★ *koude ~en hebben* avoir des frissons ★ *de (koude) ~en bezorgen* donner le frisson, faire froid dans le dos
rimboe ❶ *wildernis* brousse *v*, jungle *v* ❷ *afgelegen gebied* cambrousse *v* ★ *ergens in de ~ wonen* habiter dans un bled (paumé)
rimpel ❶ *plooi* ride *v* ★ *~s in het voorhoofd trekken* froncer les sourcils ★ *~s krijgen* se rider ❷ *golving op water* ride *v*
rimpelen I *ov ww, in rimpels trekken* ⟨van gezicht⟩ rider, ⟨fronsen⟩ froncer, ⟨van stof⟩ plisser II *onov ww, rimpels krijgen* se rider, ⟨van stof⟩ se plisser
rimpelig ridé ★ *~ worden* se rider
rimpeling plissement *m*, ⟨golfje⟩ ride *v*, frisson *m*
rimpelloos lisse
ring ❶ *sieraad* bague *v*, ⟨trouwring⟩ alliance *v* ❷ *cirkelvormig ding* anneau *m* [mv: anneaux] ★ *de ringen van een boom* les cernes d'un arbre ★ *turnoefeningen aan de ringen* exercices sur les anneaux ★ *om door een ringetje te halen* impeccable, inform nickel ❸ *boksring* ring *m* ★ *in de ring stappen* monter sur le ring ★ *in de ring* sur le ring ❹ *ringweg* (boulevard *m*) périphérique *m*, rocade *v*, BelgFr ring *m*
ringbaard (barbe *v* en) collier *m*
ringband classeur *m* (à anneaux)
ringdijk digue *v* de ceinture

ri

ringeloren *op de kop zitten* ★ *zich laten ~* se laisser mener par le bout du nez
ringen ⟨van vogels⟩ baguer, ⟨van vee⟩ boucler
ringlijn ligne *v* circulaire, ligne de ceinture
ringslang couleuvre *v* à collier
ringsleutel clé *v* à douille
ringsteken courir la bague
ringtoon sonnerie *v*
ringvinger (doigt *m*) annulaire *m*
ringweg (boulevard *m*) périphérique *m*, rocade *v*, BelgFr ring *m*
ringwerpen lancer des anneaux
ringworm ❶ biol annélide *m* ❷ med herpès *m* circiné
rinkelen tinter, ⟨van telefoon⟩ sonner, ⟨rammelen⟩ cliqueter ★ *de ruiten doen ~* faire trembler les vitres
rins aigrelet [v: aigrelette]
Rio de Janeiro Rio *m* de Janeiro
riolering *rioolstelsel* (système *m* d')égouts *m mv*
rioleringssysteem système *m* d'égouts
riool égout *m* ★ *open ~* égout à ciel ouvert
rioolbelasting redevance *v* d'assainissement
riooljournalistiek presse *v* à scandale
rippen comp ripper
ris ❶ *hoeveelheid* tas *m* ❷ *aaneengeregen voorwerpen* chapelet *m* ★ *een ris knoflook* une tresse d'ail
risee risée *v*
risico risque *m* ★ *eigen ~* ⟨verzekering⟩ franchise *v* ★ *op eigen ~* à ses risques et périls ★ *het ~ lopen dat* risquer que [+ subj.] ★ *~ lopen* courir des risques ★ *~'s nemen* prendre des risques
risicodragend à risque(s)
risicofactor (facteur *m* de) risque *m*
risicogroep groupe *m* à risque(s)
risicowedstrijd sport match *m* à risque(s)
riskant risqué, à risque(s)
riskeren *wagen* risquer ★ *veel ~* risquer gros ★ BN *het riskeert te gaan regenen* la pluie menace
risotto risotto *m*
rit ❶ *tocht* trajet *m*, ⟨uitstapje⟩ promenade *v*, tour *m* ★ *hoe laat gaat de laatste rit met de metro?* le dernier métro est à quelle heure? ★ *een ritje maken* faire une promenade ★ *dat is nog een hele rit* ça fait encore un bon bout de chemin ❷ sport *etappe* étape *v*
rite rite *m*
ritme rythme *m*
ritmebox boîte *v* à rythmes
ritmeester chef *m* d'escadron, capitaine *m/v*
ritmesectie section *v* rythmique
ritmisch rythmique
rits ❶ *ritssluiting* fermeture *v* éclair ★ *kun je mijn rits even dichtdoen?* tu pourrais fermer ma fermeture éclair? ❷ *reeks* série *v* ★ *een hele rits* un tas (de), une foule (de)
ritselaar débrouillard *m*
ritselen I *ov ww, regelen* arranger, goupiller ★ *kun jij dat niet even voor mij ~?* tu pourrais m'arranger cela? **II** *onov ww, geluid maken* bruire, frémir, murmurer, ⟨van stof⟩ froufrouter ★ *het ~ van papier* le froissement du papier ★ *de bladeren ~ door de wind* le vent fait bruire les feuilles
ritsen I *ov ww, inkepen* marquer **II** *onov ww, invoegen* ≈ s'engager à tour de rôle
ritssluiting fermeture *v* éclair, BN tirette *v*
ritueel I *het* rituel *m*, rite *m* **II** *bn* rituel [v: rituelle] **III** *bw* rituellement
ritus rite *m*
ritzege victoire *v* d'une manche, ⟨wielrennen⟩ victoire d'étape
rivaal rival *m* [mv: rivaux]
rivaliseren rivaliser ★ *~de groeperingen* factions *v mv* rivales
rivaliteit rivalité *v*
rivier rivière *v*, ⟨die in zee uitmondt⟩ fleuve *m* ★ *aan de ~* sur la rivière, au bord de la rivière ★ *de ~ de Rijn* le Rhin
Rivièra ⟨in Frankrijk⟩ Côte *v* d'Azur
rivierafzetting sédiments *m mv* fluviatiles
rivierbedding lit *m* fluvial
rivierdelta delta *m* d'un fleuve
rivierklei argile *v* fluviale
rivierkreeft écrevisse *v*
rivierlandschap paysage *m* fluvial
riviermond embouchure *v*
rivierpolitie police *v* fluviale
rivierslib limon *m* fluviatile
riviertak bras *m* de rivière
roadie roadie *m/v*
roadmovie road movie *m*
rob *zeehond* phoque *m*
robbedoes petit diable *m*
robijn rubis *m*
robot robot *m*
robotfoto BN jur *montagefoto* photo-robot *v* [mv: photos-robots]
robotica robotique *v*
robuust robuste
ROC *Regionaal Opleidingscentrum* ≈ établissement d'enseignement professionnel et d'enseignement pour adultes
rochel ❶ *fluim* crachat *m* ❷ *reutel* râle *m*
rochelen ❶ *fluim opgeven* cracher ❷ *reutelen* râler
rock rock *m*
rockgroep groupe *m* (de) rock
rockmuziek musique *v* rock
rock-'n-roll rock and roll *m*
rockopera opéra *m* rock
rococo (style *m*) rococo *m*
rococostijl style *m* rococo
roddel ragot(s) *m (mv)*, racontar(s) *m (mv)* ★ *~ en achterklap* commérages *m mv*
roddelaar commère *v*, ⟨kwaadspreker⟩ mauvaise langue *v*
roddelblad journal *m* à sensation, magazine *m* people
roddelcircuit téléphone *m* arabe, chronique *v* scandaleuse
roddelen jaser, cancaner, faire les commères ★ *~ over iem.* jaser sur qn
roddelpers presse *v* à sensation, presse *v* people
roddelpraat ragots *m mv*, commérages *m mv*
roddelrubriek chronique *v* des potins
rodehond rubéole *v*
rodelbaan piste *v* de luge
rodelen faire de la luge, luger
rodeo rodéo *m*
Rode Zee mer *v* Rouge

rododendron rhododendron *m*
roebel rouble *m*
roede ❶ *strafwerktuig* verge *v* ❷ *staaf* tringle *v* ❸ *penis* verge *v*
roedel harde *v*, ‹v. wolven› bande *v* ★ *een ~ herten* une harde de cerfs
roeiboot canot *m*, barque *v* (à rames)
roeien ramer, sport faire de l'aviron ★ *~d* à la rame
roeier rameur *m* [v: rameuse]
roeiriem rame *v*, aviron *m*
roeispaan rame *v*, aviron *m*
roeivereniging club *m* d'aviron
roeiwedstrijd régates *v mv* (à l'aviron)
roek freux *m*
roekeloos I *bn* téméraire, imprudent ★ *~ gedrag* comportement *m* imprudent **II** *bw* témérairement, imprudemment ★ *~ te werk gaan* agir sans réfléchir
roekoeën roucouler
roem ❶ *eer* gloire *v* ★ *met roem overladen* couvert de gloire ★ *roem vergaren* devenir célèbre ❷ *kaartencombinatie* ≈ séquence *v*
Roemeen *bewoner* Roumain *m*
Roemeens I *bn, m.b.t. Roemenië* roumain **II** *het, taal* roumain *m*
Roemeense Roumaine *v*
roemen louer, faire l'éloge de, vanter ★ *iemands moed ~* louer le courage de qn
Roemenië la Roumanie ★ *in ~* en Roumanie
roemer (verre *m*) ballon *m*
roemloos sans gloire
roemrijk glorieux [v: glorieuse]
roemrucht fameux [v: fameuse]
roep ❶ *het roepen* appel *m*, ‹van dieren› cri *m* ★ *de roep van een vogel* le cri d'un oiseau ❷ *dringend verzoek* revendication *v* (**om** de) ★ *de roep om beter onderwijs* les revendications sur la qualité de l'enseignement
roepen I *ov ww* ❶ ‹iets› *schreeuwen* crier ★ *schande ~ over iets* crier au scandale à propos de qc ❷ ‹iemand› *laten komen* appeler ★ *er een vakman bij ~* faire venir un professionnel ★ *een dokter ~* faire venir un médecin ★ *als ge~ komen* tomber bien, tomber à point ★ *daartoe voel ik mij niet ge~* ça ne me tente pas ❸ *in genoemde toestand brengen* ★ *iets in het leven ~* mettre qc sur pied ★ *iem. tot de orde ~* rappeler qn à l'ordre **II** *onov ww* ❶ *schreeuwen* crier ★ *naar iem. ~* appeler qn ❷ *~* **om** ★ *om wraak ~* crier vengeance ★ *om iets ~* réclamer qc
roepia roupie *v*
roeping *voorbestemming* vocation *v* (**tot, voor** de) ★ *hij heeft zijn ~ gemist* il a manqué sa vocation
roepnaam prénom *m* usuel ★ *mijn ~ is ...* on m'appelle ...
roer gouvernail *m*, ‹roerpen› barre *v* ★ *aan het roer staan* ook fig tenir la barre, fig être aux commandes ★ *naar het roer luisteren* gouverner ▼ *het roer omgooien* virer de bord, changer de cap ▼ *zijn roer recht houden* ne pas flancher
roerbakken faire cuire en touillant
roerdomp butor *m*
roerei œuf *m* brouillé
roeren I *ov ww* ❶ *mengen* remuer, agiter, inform touiller ★ *suiker in een kop koffie ~* remuer le café (pour faire fondre le sucre) ★ *de soep ~* mélanger la soupe ❷ *in beweging brengen* remuer ★ *hij weet zijn mond te ~* il a la langue bien pendue ❸ *ontroeren* émouvoir, toucher ★ *tot tranen geroerd* ému jusqu'aux larmes **II** *onov ww, draaiend bewegen* remuer (qc) **III** *wkd ww* [**zich ~**] ❶ *in beweging komen* bouger ❷ fig *in verzet komen* remuer
roerend I *bn* ❶ *vervoerbaar* meuble, mobilier [v: mobilière] ★ *~e goederen* biens *m mv* meubles ❷ *van feestdagen* mobile ❸ *ontroerend* touchant, émouvant **II** *bw* ★ *het ~ eens zijn* être parfaitement d'accord
roerig ❶ *beweeglijk* vif [v: vive], remuant, turbulent ★ *de kinderen zijn erg ~* les enfants sont remuants ❷ *oproerig* agité ★ *het zijn ~e tijden* les temps sont agités ★ *een ~e jeugd* la jeunesse rebelle
roerloos I *bn* immobile ★ *~ van schrik* pétrifié (par la peur) **II** *bw* sans bouger ★ *~ blijven staan* reter planté sur place, rester sans bouger
roersel *emotie* mouvement *m* (de l'âme) ★ *de diepste ~en van de ziel* les mouvements les plus profonds de l'âme
roerstaafje spatule *v*, inform touillette *v*
roes ❶ *bedwelming* ivresse *v*, enivrement *m* ★ *zijn roes uitslapen* cuver son vin ❷ *opgewondenheid* ivresse *v* ★ *in een roes van overwinning* dans l'ivresse de la victoire
roest *gevolg van oxidatie* rouille *v* ★ *door ~ aangevreten* rongé par la rouille
roestbestendig antirouille
roestbruin rouille, brun rougeâtre
roesten (se) rouiller, s'oxyder
roestig rouillé
roestkleurig rouille
roestvrij inoxydable ★ *~ staal* inox *m*
roestwerend antirouille
roet suie *v* ▼ *roet in het eten gooien* jouer les trouble-fêtes
roetaanslag dépôt *m* de suie
roetfilter filtre *m* à suie
roetsjen dévaler (de)
roetzwart noir comme du charbon
roezemoezen *dof gonzen* faire du brouhaha
roffel *reeks slagen* roulement *m* (de tambour)
roffelen *een roffel slaan* ‹v. trommel› rouler, ‹op trommel› battre un roulement, fig tambouriner
rog raie *v*
rogge seigle *m*
roggebrood culin pain *m* noir, pain de seigle
rok ❶ *dameskleding* jupe *v* ❷ *herenkostuum* habit *m*, frac *m* ★ *in rok* en habit
rokade roque *m* ★ *lange ~* grand roque ★ *korte ~* petit roque
roken I *ww* ❶ *tabak gebruiken* fumer ❷ culin *in de rook hangen* fumer ★ *gerookte ham* jambon *m* fumé **II** *ww* [verl. td.] → **rieken**
roker fumeur *m* [v: fumeuse]
rokeren roquer
rokerig ❶ *met rook* enfumé ★ *een ~e ruimte* une pièce / salle enfumée ❷ *naar rook smakend* qui a un goût de fumée
rokershoest toux *v* des fumeurs
rokkenjager coureur *m* (de jupons)

rol ❶ *opgerold iets* rouleau *m* [mv: rouleaux] ★ *een rol behang* un rouleau de papier peint ❷ *cilindervormig voorwerp* cylindre *m* ★ *een rol drop* un rouleau de bonbons à la réglisse ★ *rolletje* rouleau *m* [mv: rouleaux], ⟨fotorol⟩ pellicule *v*, ⟨onder meubel⟩ roulette *v* ❸ *personage* rôle *m* ★ *een klein rolletje in een tv-serie* un petit rôle dans un feuilleton télévisé ★ *een rol bezetten* tenir un rôle ★ *in zijn rol blijven* ne pas sortir de son rôle ❹ *functie* rôle *m* ★ *een rol spelen* jouer un rôle ★ *een belangrijke rol spelen* jouer un rôle important ★ *geld speelt geen rol* l'argent ne compte pas ★ *dat speelt geen enkele rol* cela n'a aucune importance ★ *de rollen zijn omgekeerd* les rôles sont renversés ★ *zijn rol is uitgespeeld* il est fini ❺ *register* rôle *m* ★ jur *een zaak op de rol plaatsen* mettre une affaire au rôle ▼ *aan de rol zijn* faire la noce, ⟨van zeelui⟩ tirer une bordée ▼ *het loopt op rolletjes* ça va / marche comme sur des roulettes

rolberoerte ★ *zich een ~ lachen* se tordre de rire

rolbevestigend qui confirme les rôles stéréotypés

rolbezetting distribution *v* (des rôles)

rolconflict conflit *m* de rôle

roldoorbrekend qui bouleverse les rôles stéréotypés

rolgordijn store *m* (à enrouleur)

rolkoffer valise *v* à roulettes

rolkussen traversin *m*, inform polochon *m*

rollade roulade *v*, épaule *v* roulée

rollator déambulateur *m*

rollebollen ❶ *over de kop rollen* faire des roulades, s'ébattre ❷ *seks hebben* faire une partie de jambes en l'air

rollen I *ov ww* ❶ *voortbewegen* rouler ❷ *met een rol pletten* rouler ❸ *oprollen* (en)rouler ★ *een sjekkie ~* rouler une cigarette ❹ *bestelen* subtiliser ★ *iemands zakken ~* faire les poches à qn **II** *onov ww* ❶ *zich voortbewegen* rouler, ⟨vallen⟩ tomber, ⟨tuimelen⟩ dégringoler ★ *die bal rolt niet goed* ce ballon ne roule pas bien ★ *zij rolden al vechtend over de grond* ils se roulaient par terre en se bagarrant ★ *van de trap ~* dégringoler dans l'escalier ★ *er ~ koppen* des têtes tombent ❷ *van geluid* rouler, gronder ★ *een ~de r* un r roulé ★ *~de donder* le tonnerre qui gronde, déclencher l'affaire, être le déclic, se tirer bien d'affaire, tomber dans qc

rollenspel jeu *m* de rôle(s)

roller ❶ *golf* rouleau *m* [mv: rouleaux] ❷ *geluid* roulement *m*, ⟨v. vogel⟩ roulade *v*

rolluik store *m*

rolmops rollmops *m*

rolpatroon comportement *m* stéréotypé

rolprent film *m*

rolschaats patin *m* à roulettes, roller *m*

rolschaatsen faire du patin à roulettes

rolstoel fauteuil *m* roulant

roltrap escalator *m*, escalier *m* mécanique

rolverdeling ❶ *rolbezetting* distribution *v* (des rôles) ❷ *taakverdeling* répartition *v* des rôles

rolwisseling échange *m* / permutation *v* de rôles

ROM ROM *m*

romaans arch kunst roman

Romaans taalk roman ★ *~e talen* langues *v mv* romanes

roman roman *m*

romance romance *v*

romanesco romanesco *m*

romanpersonage personnage *m* de roman

romanticus romantique *m/v*

romantiek ❶ kunst *stroming* romantisme *m* ❷ *sfeer* romantisme *m*

romantisch ❶ *m.b.t. stroming* romantique ❷ *m.b.t. gevoel* romantique

romantiseren romancer

Rome Rome *v*

Romein ❶ *bewoner van de stad Rome* Romain *m* ❷ gesch Romain *m*

Romeins ❶ *m.b.t. stad* romain ❷ gesch romain

Romeinse ❶ *bewoonster van stad* Romaine *v* ❷ gesch Romaine *v*

römertopf cocotte *v* en terre, römertopf *m*

romig crémeux [v: crémeuse]

rommel ❶ *wanorde* pagaille *v*, bazar *m*, chantier *m*, chienlit *m* ★ *wat een ~ is het hier!* quel chantier! ★ *~ maken* mettre la pagaille ❷ *waardeloze prullen* camelote *v*, pacotille *v* ★ *oude ~* bric-à-brac *m*, vieilleries *v mv* ★ *de hele ~* tout le bazar

rommelen ❶ *dof rollend klinken* gronder, ⟨van maag⟩ gargouiller ❷ *ordeloos zoeken* farfouiller, trifouiller ❸ *prutsen* bricoler ★ *hij rommelt maar wat aan* il fait n'importe quoi ❹ *oneerlijk handelen* magouiller ★ *hij heeft met de belastingen gerommeld* il a trafiqué ses feuilles d'impôt

rommelig désordonné, en désordre ★ *een ~ artikel* un article décousu

rommelkamer débarras *m*

rommelmarkt (marché *m* aux) puces *v mv*

romp ❶ *lijf* tronc *m*, torse *m* ❷ *casco* carcasse *v*, charpente *v*, ⟨v. schip⟩ coque *v*, ⟨v. vliegtuig⟩ fuselage *m*

rompertje barboteuse *v*

rompslomp tracas *m (mv)*, tracasseries *v mv* ★ *papieren ~* de la paperasserie

rond I *bn, bol- / cirkelvormig* rond ★ *ronde vormen* des formes rondes ★ *rond maken* arrondir ⟨van getallen⟩ rond, ⟨van gebeurtenis⟩ conclu ★ *een rond getal* un chiffre rond ★ *de zaak is rond* l'affaire est bouclée / conclue **II** *bw* ★ *de wereld rond* autour du monde ★ *hij kwam er rond voor uit* il ne s'en cachait pas **III** *vz* ❶ *om(heen)* autour de ★ *rond het huis* autour de la maison ❷ *ongeveer op de tijd / plaats van* vers, autour de, environ ★ *rond zes uur* vers six heures ★ *rond het jaar 2000* vers l'an 2000 ★ *rond Utrecht* aux alentours d'Utrecht ★ *rond de twintig mensen* environ vingt personnes ★ *rond de 3 weken* quelque trois semaines, dans les trois semaines ★ *hij is rond de veertig* il a la quarantaine **IV** *het rond m* ★ *in het rond draaien* tourner en rond ★ *in het rond kijken* regarder autour de soi → **rondje**

rondbazuinen claironner, crier sur les toits

rondborstig *openhartig* franc [v: franche], rond

rondbrengen distribuer ★ *de postbode brengt de brieven rond* le facteur distribue le courrier

rondcirkelen orbiter, ⟨m.b.t. vliegtuig⟩ évoluer dans le ciel

ro

ronddelen distribuer
ronddolen errer
ronddraaien I *ov ww, draaien* faire tourner, ‹om as› faire pivoter **II** *onov ww* ❶ *draaiend rondgaan* tourner (en rond), ‹om as› pivoter, ‹op tenen› pirouetter ❷ *zich bewegen rondom* tourner autour (de)
ronddwalen errer ★ *zijn ogen laten* ~ promener ses regards (sur qc)
ronde ❶ *rondgang* ‹v. wachter› ronde *v*, ‹v. postbode› tournée *v*, ‹v. dokter› visites *v mv* ★ *de* ~ *doen* faire sa ronde ★ *het gerucht doet de* ~ *dat* le bruit court que ❷ *deel van wedstrijd* manche *v*, ‹boksen› round *m*, reprise *v* ❸ *wielerwedstrijd* tour *m* ★ *de* ~ *van Frankrijk* le Tour de France ❹ *wedstrijdtraject* tour *m* ★ *een* ~ *voorsprong hebben* avoir un tour d'avance
rondedans ronde *v*
ronden ❶ *omvaren* doubler ★ *een kaap* ~ doubler un cap ❷ *rond maken* arrondir
rondetafelconferentie table *v* ronde
rondgaan ❶ *bewegen* circuler, ‹v. blik, vingers› se promener ★ *zijn ogen ging rond* il promenait ses regards ★ *het gerucht ging rond* le bruit a couru ❷ *langsgaan* faire le tour de ★ *zij ging de kring rond* elle faisait le tour ★ *met koffie* ~ servir le café ★ *de chips laten* ~ faire passer les chips
rondgang tour *m*, tournée *v*
rondhangen traîner
rondhout rondin *m*
ronding rondeur *v*
rondje ❶ *cirkeltje* rond *m* ❷ *rondgang* tour *m* ★ *een* ~ *lopen* faire un tour ❸ *drankje* tournée *v* ★ *een* ~ *geven* payer une tournée ★ ~ *van de zaak* tournée du patron ❹ *keer dat men iets doet* tour *m*
rondkijken regarder autour de soi
rondkomen joindre les deux bouts ★ ~ *van* s'en sortir avec, vivre de ★ *daar kun je niet van* ~ ça (ne) nourrit pas son homme
rondleiden promener, guider
rondleiding visite *v* guidée
rondlopen ❶ lett *lopen* se promener, déambuler ★ *de misdadiger loopt vrij rond* le criminel court toujours ❷ ~ **met** fig *bezig zijn met* ★ *met een plan* ~ avoir un projet en tête
rondneuzen fureter, fouiner
rondo rondeau *m* [mv: rondeaux]
rondom I *vz* ❶ *om ... heen* autour de ★ ~ *het vuur* autour du feu ❷ *in de buurt van* aux alentours de **II** *bw, eromheen* autour
rondpunt BN *rotonde* rond-point *m* [mv: ronds-points]
rondreis tour *m*, voyage *m* ★ ~ *door Azië* tour d'Asie
rondreizen parcourir du pays, voyager, inform rouler sa bosse ★ ~*d* ‹ambulant› ambulant, itinérant
rondrijden *toeren* faire un tour
rondrit tour *m*, circuit *m*
rondscharrelen ❶ *rondlopen* traîner ❷ *rondneuzen* fureter ❸ *rommelen* bricoler
rondschrijven (lettre *v*) circulaire *v*
rondslingeren *slordig liggen* traîner ★ *laten* ~ laisser traîner
rondsnuffelen ❶ *van dieren* flairer (partout) ❷ *van mensen* fureter, fouiner ★ *in iemands kamer* ~ fouiner dans la chambre de qn
rondstrooien ❶ *om zich heen strooien* répandre ❷ *verspreiden* répandre ★ *een gerucht* ~ répandre un bruit
rondte ★ *in de* ~ ‹in een kring› en rond, ‹in de omtrek› à la ronde ★ *in de* ~ *kijken* regarder autour de soi ★ *in de* ~ *draaien* tourner
rondtrekken voyager ★ *zij trekt de wereld rond* elle fait le tour du monde
ronduit franchement, de but en blanc ★ ~ *zeggen waar het op staat* ne pas mâcher ses mots
rondvaart promenade *v* / tour *m* en bateau
rondvaartboot bateau-mouche *m* [mv: bateaux-mouches]
rondvertellen colporter, répandre
rondvliegen ❶ *in kring vliegen* voler en rond ❷ *alle kanten opvliegen* voler dans tous les sens
rondvlucht tour *m* en avion
rondvraag tour *m* de table
rondwandelen se promener, déambuler
rondweg (boulevard *m*) périphérique *m*, rocade *v*, BelgFr ring *m*
rondzwerven ❶ *zwerven* vagabonder, errer ★ *hij heeft overal op de wereld rondgezworven* il a parcouru le monde ❷ *rondslingeren* traîner ★ *zijn kleren zwerven overal rond* ses vêtements traînent partout
ronken ❶ *ronkend geluid maken* ronfler, ‹v. motor ook› vrombir ★ *de auto vertrok met luid ~de motor* la voiture a démarré, le moteur vrombissant ❷ *snurken* ronfler, ‹maffen› roupiller ★ *mijn broer ligt nog te* ~ mon frère roupille encore
ronselaar recruteur *m*, inform racoleur *m*
ronselen recruter, ‹als lid› embrigader
röntgenfoto radiographie *v*, radio *v* ★ *een* ~ *maken van* radiographier
röntgenstralen rayons *m mv* X
rood I *bn* ❶ *kleur* rouge, ‹v. hoofdhaar› roux [v: rousse] ★ *rood worden* rougir ★ *rood aanlopen* devenir / voir rouge ★ *het licht sprong op rood* le feu passait au rouge ★ *het (stoplicht) is rood* c'est au rouge ★ *door rood rijden* passer au rouge, griller le feu (rouge) ★ *rood staan* être à découvert, être dans le rouge ★ *over de rooie gaan* péter les plombs ❷ pol rouge **II** *het* ❶ *kleur* rouge *m* ❷ pol ★ *rood heeft de motie verworpen* les rouges ont rejeté la motion
roodbaars grand sébaste *m*
roodbont pie-rouge [onver.]
roodborstje rouge-gorge *m* [mv: rouges-gorges]
roodbruin rouge brun
roodgloeiend (chauffé au) rouge ▼ *de telefoon staat* ~ ça sonne sans cesse, ‹van centrale› le standard va exploser
roodharig roux [v: rousse]
roodhuid peau-rouge *m* [mv: peaux-rouges]
Roodkapje le petit Chaperon Rouge
roodvonk scarlatine *v*
roof I *de* [gmv] *diefstal* vol *m*, form rapine(s) *v (mv)*, ‹(struik)roverij› brigandage *m*, ‹plundering› pillage *m*, ‹schaking› rapt *m* ★ *op roof uitgaan* piller **II** *de* [mv: roven] *wondkorstje* croûte *v*
roofbouw ❶ *overdadige landbouw* épuisement *m* des sols ❷ *uitputtend gebruik* ★ ~ *plegen op zijn*

lichaam miner / ruiner sa santé, brûler la chandelle par les deux bouts
roofdier carnassier *m*, prédateur *m*
roofmoord crime *m* crapuleux, meutre *m* pour vol
roofoverval attaque *v* / vol *m* à main armée, ‹van bank› hold-up *m*, inform braquage *m* ★ *een ~ op een bank plegen* braquer une banque
rooftocht razzia *v*
roofvis poisson *m* carnassier, poisson de proie
roofvogel rapace *m*
roofzucht rapacité *v*
rooien ❶ *uitgraven* arracher, ‹van boom› déraciner ★ *aardappels ~* arracher des pommes de terre ★ *een bos ~* défricher un bois ❷ *klaarspelen* venir à bout de ★ *het (kunnen) ~* y arriver, s'en sortir ★ *het met iem. kunnen ~* s'entendre avec qn ★ *het niet kunnen ~* ne pas s'en sortir
rook I *de* fumée *v* ▾ *in rook opgaan* partir en fumée ▾ *onder de rook van de stad* aux portes de la ville ▾ *geen rook zonder vuur* il n'y a pas de fumée sans feu ▾ *het ziet er blauw van de rook* il y a une fumée à couper au couteau **II** *ww* [verl. td.] → **rieken III** *ww* [verl. td.] → **ruiken**
rookbom grenade *v* fumigène
rookcoupé compartiment *m* (pour) fumeurs
rookdetector détecteur *m* de fumée
rookglas verre *m* fumé
rookgordijn rideau *m* de fumée ▾ *een ~ leggen* déployer un rideau de fumée
rookhol tabagie *v*
rookmelder détecteur *m* de fumée
rookpluim panache *m* de fumée
rookschade dégâts *m mv* causés par la fumée
rookverbod interdiction *v* de fumer
rookverslaving tabagisme *m*, tabacomanie *v*
rookvlees viande *v* fumée
rookvrij ★ *een ~ restaurant* un restaurant non-fumeurs
rookwolk nuage *m* de fumée
rookworst culin saucisse *v* fumée
rookzone zone *v* / espace *m* fumeurs
room crème *v* ★ *zure room* crème fraîche ★ *de room van de melk scheppen* écrémer le lait
roomboter culin beurre *m*
roomijs crème *v* glacée
roomkaas culin fromage *m* à la crème
roomkleurig crème [onver.]
roomklopper fouet *m*
roomkwark culin double-crème *m*, ‹in kuipje› petit-suisse *m*
rooms *katholiek* catholique → **paus**
roomservice service *m* d'étage, service des chambres
rooms-katholiek I *bn, m.b.t. het geloof* catholique **II** *de, gelovige* catholique *m/v*
roomsoes chou *m* à la crème [mv: choux ...]
roomwit crème [onver.]
roos I *de* [mv: rozen] ❶ *bloem* rose *v*, ‹struik› rosier *m* ★ *het leven gaat niet over rozen* tout n'est pas rose dans la vie ★ *slapen als een roos*, BN *op rozen slapen* dormir comme un ange / comme une marmotte ★ *op rozen zitten* être (couché) sur des roses / sur un lit de roses ★ *geen roos zonder doornen* pas de roses sans épines ❷ sport *middelpunt van schietschijf* blanc *m*, mouche *v*, mille *m* ★ *in de roos schieten* ook fig mettre dans le mille, faire mouche ★ *een schot in de roos* ook fig un coup dans le mille **II** *de* [gmv] med *huidschilfers* pellicules *v mv*
rooskleurig rose ★ *alles ~ inzien* voir tout en rose ★ *~ voorstellen* colorer (en rose)
rooster ❶ *raster* grille *v*, ‹roosterwerk› grillage *m*, ‹braadrooster› gril *m* ★ BN *iem. op de ~ leggen* mettre qn sur la sellette ❷ *schema* schéma *m*, ‹dienstrooster› horaire *m*, ‹werkrooster› emploi *m* du temps ★ *een ~ opstellen* établir un horaire
roosteren *op / met een rooster blakeren* griller, rôtir ★ *geroosterd brood* pain *m* grillé, toast *m*
roosvenster rosace *v*
roots racines *v mv*
ros I *het* form coursier *m*, ‹knol› canasson *m* ▾ *stalen ros* bécane *v* **II** *bn* roux [v: rousse] ★ *ros haar* des cheveux roux ▾ *de rosse buurt* le quartier chaud / rouge
rosbief rosbif *m*
rosé culin (vin *m*) rosé *m*
roskammen *van paarden* étriller
rossen I *ov ww, roskammen* étriller **II** *onov ww, wild rijden* rouler à tombeau ouvert
rossig roussâtre, roux [v: rousse]
rösti rösti *m*, roesti *m*
rot I *de* ★ *een oude rot* un vieux routier **II** *het* ❶ *rotting* pourriture *v*, ‹rotte plek› pourri *m* ❷ *rij manschappen* file *v* ★ *opstellen in rotten van twee* mettre en ligne sur deux rangs **III** *bn* ❶ *bedorven, verrot* pourri ★ *rot fruit* des fruits pourris ★ *rot hout* du bois pourri ★ *rotte kies* dent *v* cariée ❷ *ellendig* sale ★ *doe niet zo rot* ne sois pas chiant ★ *zich rot voelen* être mal (foutu) **IV** *bw* ★ *ik ben me rot geschrokken* j'ai eu une peur bleue ★ *zich rot werken* se tuer au travail ★ *zich rot lachen* se tordre de rire, se bidonner
rot- *ellendig* sale, fichu ★ *rotweer* sale temps, temps pourri
rotan I *de/het* rotin *m* **II** *bn* de / en rotin
Rotary Rotary *m*
rotatie rotation *v*
rotatiepers rotative *v*
rotding saleté *v*
roteren tourner ★ *~d* rotatif [v: rotative]
rotgang ★ *met een ~* à fond la caisse
rotgans bernache *v* (cravant)
rothumeur humeur *v* massacrante
rotisserie rôtisserie *v*
rotje pétard *m* ★ *zich een ~ schrikken* avoir une peur bleue
rotjoch sale gosse *m*
rotonde *verkeersplein* rond-point *m* [mv: ronds-points]
rotor rotor *m*
rots rocher *m*, roc *m*, ‹materiaal› roche *v* ▾ *een rots in de branding* un roc, un pilier
rotsachtig rocheux [v: rocheuse], rocailleux [v: rocailleuse]
rotsblok bloc *m* de rocher
rotspartij *groep rotsblokken* massif *m* rocheux
rotstreek crasse *v*, vacherie *v*, sale tour *m*
rotstuin (jardin *m* de) rocaille *v*
Rots van Gibraltar rocher *m* de Gibraltar
rotsvast ❶ *onbeweeglijk* inébranlable ❷ fig

ro

onwankelbaar inébranlable ★ *een ~ vertrouwen in iem. hebben* avoir une confiance inébranlable en qn
rotswand paroi *v* rocheuse
rotswol BN *steenwol* laine *v* de roche
rotten pourrir, se putréfier, ⟨van fruit⟩ se gâter
Rotterdam Rotterdam *m*
Rotterdammer Rotterdamois *m*
Rotterdams rotterdamois
Rotterdamse Rotterdamoise *v*
rottig *ellendig* emmerdant, chiant ★ *iets ~s* une saloperie
rottigheid *narigheid* emmerdement *m* ▾ *~ uithalen* faire des conneries
rotting ❶ *bederf* pourriture *v*, putréfaction *v* ❷ *stok* rotin *m*, canne *v*
rottweiler rottweiler *m*
rotweer sale temps *m*
rotzooi ❶ *waardeloze rommel* saleté *v*, merde *v* ★ *~ verkopen* vendre de la camelote ❷ *wanorde* bordel *m*, foutoir *m*, pagaille *v* ★ *het is hier een ~* quelle pagaille ici!
rotzooien ❶ *rommelig te werk gaan* cochonner, bricoler ★ *hij rotzooit maar wat aan* il fait n'importe quoi ❷ *scharrelen* fricoter ★ *hij heeft met iem. van zijn werk lopen ~* il a fricoté avec un(e) de ses collègues
rouge rouge *m* ★ *~ gebruiken* mettre du rouge
roulatie circulation *v* ★ *in ~ brengen* mettre en circulation ★ *uit de ~* retiré de la circulation, fig hors service, H.S.
roulatiesysteem (système *m* de) roulement *m*
rouleren ❶ *in omloop zijn* être en circulation ★ *er ~ valse bankbiljetten* des faux billets sont en circulation ❷ *afwisselen* se relayer (par rotation) ★ *het voorzitterschap rouleert* la présidence est tournante, la présidence est assurée par roulement
roulette roulette *v*
route itinéraire *m* ★ *alternatieve ~* itinéraire *m* bis ★ *dat ligt niet op mijn ~* ce n'est pas sur mon chemin
routebeschrijving itinéraire *m*
routekaart carte *v* de route
routeplanner comp (système *m* de) navigation *v* routière
router comp routeur *m*
routine ❶ *geoefendheid* routine *v* ★ *~ hebben in* s'y connaître en ★ *gebrek aan ~* manque *m* de savoir-faire ❷ *sleur* routine *v* ★ *de dagelijkse ~* le train-train quotidien
routineklus boulot *m* de routine
routinematig de façon routinière
routineonderzoek enquête *v* de routine
routineus routinier [v: routinière]
routinier ❶ *ervaren persoon* vieux routier *m* ❷ *gewoontemens* routinier *m* [v: routinière]
rouw deuil *m* ★ *de rouw aannemen* prendre le deuil ★ *in de rouw zijn* être en deuil ★ *in de rouw zijn om iem.* porter le deuil de qn
rouwadvertentie faire-part *m* de décès [mv: id.]
rouwband ⟨om de arm⟩ brassard *m* de deuil
rouwbeklag condoléances *v mv* ★ *zijn ~ betuigen* présenter ses condoléances
rouwbrief faire-part *m* de décès [mv: id.]
rouwcentrum funérarium *m*
rouwdienst service *m* funèbre
rouwen ❶ *treuren* ★ *om iem. ~* pleurer qn ❷ *in de rouw zijn* être en deuil (**om** de) ❸ *berouwen* ★ *dat zal je ~* tu t'en repentiras
rouwig ★ *hij is er niet ~ om* il n'en est pas fâché
rouwkaart faire-part *m* de décès [mv: id.]
rouwkamer chambre *v* mortuaire, dépositoire *m*
rouwmis messe *v* de requiem
rouwproces travail *m* du deuil
rouwrand ❶ *rand rond rouwbrief* bord *m* / cadre *m* noir ❷ *vuile nagelrand* ★ *je hebt ~en aan je nagels* tu as les ongles en deuil
rouwstoet convoi *m* / cortège *m* funèbre
rouwverwerking travail *m* de deuil
roux roux *m*
roven I *ov ww* dérober, voler, ⟨wegvoeren⟩ enlever, ravir II *onov ww* piller
rover brigand *m*, bandit *m*, voleur *m*, ⟨op zee⟩ pirate *m* ★ *~tje spelen* jouer aux bandits
roversbende bande *v* de voleurs
rovershol repaire *m* de brigands
royaal I *bn* ❶ *gul* généreux [v: généreuse] ❷ *ruim* grand, ample ★ *een ~ inkomen* un revenu confortable ★ *een royale zege* une victoire nette II *bw* ❶ *gul* généreusement ❷ *ruim* amplement, large, largement ★ *~ leven* vivre largement
royalist royaliste *m/v*
royalty I *de* [mv: +'s] *percentage* royalties *v mv*, ⟨van schrijver⟩ droits *m mv* d'auteur ★ *~'s krijgen* toucher des royalties / des droits d'auteur II *de* [gmv] *geheel van koninklijke personen* personnages *m mv* royaux
royeren rayer, radier
roze I *bn* rose II *het* rose *m*
rozemarijn romarin *m*
rozenbottel gratte-cul *m* [mv: gratte-cul(s)], fruit *m* d'églantier
rozengeur ▾ *het is niet altijd ~ en maneschijn* tout n'est pas rose dans ce monde
rozenkrans *gebed / bidsnoer* rosaire *m*, ⟨rozenhoedje⟩ chapelet *m* ★ *zijn ~ bidden* dire son rosaire, égrener son chapelet
rozenstruik rosier *m*
rozet ❶ *versiering* rosette *v*, bouw rosace *v* ❷ *diamant* rose *v*
rozig ❶ *rooskleurig* rose ❷ *slaperig* ≈ étourdi
rozijn raisin *m* sec
RSI *repetitive strain injury* TMS *m (mv)*, troubles musculo-squelettiques
rubber [gmv] caoutchouc *m*
rubberboom arbre *m* à caoutchouc
rubberboot canot *m* pneumatique
rubberlaars botte *v* de / en caoutchouc
rubberplantage plantation *v* de caoutchouc
rubberzool semelle *v* de caoutchouc
rubriceren *indelen* catégoriser, ⟨in rubriek⟩ classer
rubriek ❶ *categorie* catégorie *v*, rubrique *v* ❷ *vast stuk in krant* rubrique *v*
ruche ruche *v*
ruchtbaar ★ *~ worden* s'ébruiter ★ *~ maken* divulguer
ruchtbaarheid publicité *v* ★ *~ geven aan* divulguer, ébruiter, rendre public
rücksichtslos impitoyable, sans scrupules
rucola roquette *v*

rudiment rudiment *m*
rudimentair rudimentaire, primitif [v: primitive]
rug ❶ *lichaamsdeel* dos *m* ★ *hoge rug* dos courbé / voûté ★ *een hoge rug opzetten* faire le gros dos ★ *holle rug* taille *v* cambrée ★ *open rug* spina-bifida *m* ★ *met de rug leunen tegen* s'adosser à ★ *door zijn rug gaan* se faire un tour de reins ★ *met de handen op de rug* les mains dans le dos ★ *een brede rug hebben* avoir bon dos ★ *dat is achter de rug* c'est fini, voilà qui est fait / derrière nous ★ *een examen achter de rug hebben* être débarrassé d'un examen ★ *achter mijn rug (om)* à mon insu, dans / derrière mon dos ★ *met de rug tegen de muur staan* être au pied du mur ★ vulg *je kunt mijn rug op!* va te faire foutre! ★ *iets op iemands rug schuiven* mettre qc sur le dos de qn ★ *over de rug van de anderen* sur le dos des autres ★ *iem. de rug toekeren* tourner le dos à qn ❷ *achterzijde* dos *m*, ⟨leuning⟩ dos *m*, dossier *m*
rugby rugby *m*
rugbyen jouer au rugby
rugbyspeler sport rugbyman *m* [mv: rugbymans, rugbymen]
rugcrawl sport dos *m* crawlé
rugdekking couverture *v* des arrières, fig soutien *m* ★ *iem. ~ geven* couvrir qn
ruggelings ❶ *achterwaarts* en arrière, ⟨achterover⟩ à la renverse ❷ *rug aan rug* dos à dos ❸ *op de rug* sur le dos
ruggengraat ❶ *wervelkolom* épine *v* dorsale, colonne *v* vertébrale, échine *v* ❷ *wilskracht* (force *v* de) caractère *m* ★ *~ hebben* ne pas fléchir ★ *geen ~ hebben* être une chiffe molle ★ *~ tonen* faire preuve de volonté
ruggenmerg moelle *v* épinière
ruggenprik ponction *v* lombaire, ⟨verdoving⟩ péridurale *v*
ruggensteun ❶ *steun in de rug* appui *m* ❷ *hulp* appui *m*, soutien *m* ★ *iem. ~ geven* soutenir qn
ruggenwervel vertèbre *v* dorsale
ruggespraak concertation *v* ★ *~ houden met* consulter
rugklachten maux *m mv* de dos
rugletsel lésion *v* dorsale, lésion au dos
rugleuning dossier *m*, dos *m*
rugnummer dossard *m*
rugpijn mal *m* de dos ★ *~ hebben* avoir mal au dos, ⟨laag⟩ avoir mal aux reins
rugslag sport nage *v* sur le dos
rugsluiting fermeture *v* au dos
rugvin nageoire *v* dorsale
rugzak sac *m* à dos
rugzakje fig *toeslag om zelf zorg in te kopen* ≈ allocation d'éducation spéciale
rugzijde dos *m*, ⟨van blad⟩ verso *m*
rui mue *v* ★ *in de rui zijn* muer
ruien muer
ruif râtelier *m*
ruig ❶ *borstelig* velu, ⟨ruigharig⟩ hirsute ★ *een ruige baard* une barbe hirsute ❷ *wild, ruw* rude ★ *ruig terrein* terrain *m* rugueux ★ *ruige taal* propos *m mv* grossiers ★ *ruige kerel* rustre *m* ★ *een ruig feest* une fête à tout casser
ruigharig hirsute
ruiken I *ov ww* ❶ *met reukzin waarnemen* sentir ★ *ik ruik iets aangebrands* ça sent le brûlé ❷ *bespeuren* flairer ★ *kon ik dat ~?* comment pouvais-je le deviner? ★ *zijn kans ~* voir sa chance **II** *onov ww* ❶ *geuren* sentir ★ *lekker ~* sentir bon ★ *vies ~* sentir mauvais, sentir ★ *naar tabak ~* sentir le tabac ★ *dat ruikt naar chantage* ça sent le chantage ❷ *~* **aan** *geur opnemen van* sentir
ruiker bouquet *m*
ruil échange *m*, troc *m* ★ *een goede ruil doen* gagner au change ★ *in ruil voor* en échange de ★ *in ruil geven* donner en échange
ruilbeurs bourse *v* d'échange
ruilen *inwisselen* échanger (**tegen**, **voor** contre, pour), faire l'échange de, ⟨omruilen⟩ changer (**voor** pour) ★ *met iem. van plaats ~* changer de place avec qn
ruilhandel troc *m*
ruilhart cœur *m* transplanté, cœur de donneur
ruilmiddel instrument *m* / moyen *m* d'échange
ruilverkaveling remembrement *m*
ruilvoet taux *m* de change
ruilwaarde valeur *v* d'échange
ruim I *bn* ❶ *wijd, open, vrij* large, ample ★ *deze jas is te ruim* ce manteau est trop ample ★ *een ruim uitzicht* une vue étendue ❷ *veel ruimte biedend* spacieux [v: spacieuse] ★ *een ruim huis* une maison spacieuse ❸ *uitgebreid* large, étendu, ⟨omvangrijk⟩ vaste ★ *een ruime keuze* un grand choix ★ *op ruime schaal* à grande échelle ★ *in ruime zin* au sens large ❹ *meer dan voldoende* ample, large ★ *een ruime beloning* une récompense généreuse ★ *een ruim inkomen* de larges revenus ★ *het niet ruim hebben* vivre petitement, ne pas rouler sur l'or ❺ *onbekrompen* large ★ *ruim van opvatting* large d'esprit ★ *ruime blik* des idées larges **II** *bw* ❶ *op ruime wijze* largement ★ *ruim meten* mesurer large ★ *ruim wonen* vivre au large ★ *ruim(er) ademhalen* respirer ❷ *meer dan* plus de ★ *ruim de helft* plus de la moitié ★ *ruim een uur* plus d'une heure, une bonne heure ★ *het is ruim voldoende* c'est largement suffisant **III** *het* scheepv cale *v*, soute *v*
ruimdenkend large d'esprit
ruimen I *ov ww* ❶ *leegmaken* vider, évacuer ❷ *opruimen* dégager, ⟨uit de weg ruimen⟩ éliminer ★ *puin ~* déblayer le terrain ★ *sneeuw ~* balayer la neige ★ *een misverstand uit de weg ~* dissiper un malentendu ❸ *verlaten* ★ *het veld ~* abandonner le terrain **II** *onov ww, draaien van de wind* tourner
ruimhartig généreux [v: généreuse]
ruimschoots largement ★ *~ voldoende* amplement suffisant ★ *~ de tijd hebben* avoir tout le temps
ruimte ❶ *plaats* place *v*, espace *m*, ⟨uitgestrektheid⟩ étendue *v* ★ *~ maken* faire place ★ *~ maken voor* faire place à ★ *dat weinig ~ inneemt* qui ne prend pas beaucoup de place, peu encombrant ★ *iem. de ~ geven* laisser du champ à qn ❷ *vertrek, kamer* pièce *v*, ⟨zaal⟩ salle *v* ★ *een besloten ~* un espace clos ❸ *het onbegrensde, heelal* espace *m* ★ *in de ~ praten* parler dans le vide
ruimtecapsule capsule *v* spatiale

ru

ruimtegebrek manque *m* de place
ruimtelaboratorium laboratoire *m* spatial
ruimtelijk *de ruimte betreffend* spatial [m mv: spatiaux] ★ *~e ordening* aménagement *m* du territoire ★ *~ inzicht* intelligence *v* spatiale
ruimtereis voyage *m* spatial
ruimteschip vaisseau *m* spatial [mv: vaisseaux spatiaux]
ruimtestation station *v* spatiale / orbitale
ruimtevaarder astronaute *m/v*, cosmonaute *m/v*
ruimtevaart ⟨verkeer⟩ navigation *v* spatiale, ⟨wetenschap⟩ astronautique *v*
ruimtevaarttechniek technologie *v* aérospatiale
ruimtevaartuig vaisseau *m* spatial [mv: vaisseaux spatiaux]
ruimteveer navette *v* spatiale
ruimtevlucht vol *m* spatial
ruimtevrees agoraphobie *v*
ruimtewagen *ruime auto* monospace *m*, ⟨klein⟩ compact *m*, minispace *m*
ruin hongre *m*
ruïne ruine(s) *v (mv)*
ruïneren ❶ *verwoesten* ruiner ★ *zij heeft haar gezondheid geruïneerd* elle a ruiné sa santé ❷ *tot armoede brengen* ruiner ★ *iem. ~* ruiner qn
ruis ❶ *storing* parasites *m mv* ❷ med souffle *m*
ruisen murmurer, bruire, ⟨van blad, stof⟩ frémir
ruit ❶ *vensterglas* vitre *v*, carreau *m* [mv: carreaux] ★ *zijn eigen ruiten ingooien* gâter son affaire, se desservir ❷ *motief* carreau *m*, ⟨op speelbord⟩ case *v* ❸ wisk losange *m*
ruiten I *de* carreau *m* **II** *bn* ⟨van stof⟩ à carreaux, ⟨van papier⟩ quadrillé ★ *~ stof* tissu *m* à carreaux
ruitenaas as *m* de carreau
ruitenboer valet *m* de carreau
ruitenheer roi *m* de carreau
ruitensproeier lave-glace *m* [mv: lave-glaces]
ruitenvrouw dame *v* de carreau
ruitenwisser essuie-glace *m* [mv: essuie-glaces]
ruiter cavalier *m* [v: cavalière]
ruiterij cavalerie *v*
ruiterlijk I *bn* franc [v: franche] **II** *bw* franchement, carrément ★ *ergens ~ voor uitkomen* ne pas s'en cacher
ruiterpad piste *v* /allée *v* cavalière
ruitjespapier papier *m* quadrillé, papier à carreaux
ruitjesstof étoffe *v* à carreaux
ruk ❶ *beweging* coup *m*, à-coup *m* ★ *een ruk aan het stuur geven* donner un coup de volant ❷ *lange tijd* ★ *in één ruk* d'un seul coup ★ *een hele ruk* ⟨afstand⟩ un bout de chemin, ⟨tijd⟩ un bout de temps ▾ pol *ruk naar rechts* poussée *v* à droite
rukken I *ov ww, met een ruk trekken* arracher ★ *hij rukte het boek uit haar handen* il a arraché le livre de ses mains ★ *iets aan flarden ~* déchirer qc **II** *onov ww* ❶ *hard trekken* tirer (fort) (**aan** sur) ❷ *masturberen* se branler
rukwind rafale *v*
rul ⟨v. grond⟩ meuble ★ *het rulle zand* le sable fin / poudreux
rum rhum *m*
rumba rumba *v*
rumboon culin chocolat *m* au rhum
rum-cola coca *m* au rhum
rummikub Rummikub *m*
rumoer ❶ *lawaai* bruit *m* ❷ *ophef* bruit *m*
rumoerig ❶ *lawaaiig* bruyant ❷ *onstuimig* agité
run ❶ *wedstrijd* course *v* ❷ *stormloop* ⟨stormloop⟩ ruée *v* (**op** sur) ★ *een run op een artikel* une ruée sur un article
rund ❶ *dier* bœuf *m* ★ *bloeden als een rund* saigner comme un boeuf ❷ *stommeling* imbécile *m*
rundergehakt hachis *m* de bœuf
runderlapje tranche *v* de bœuf
rundvee bovins *m mv*
rundvlees bœuf *m*
rune rune *v*
runenteken rune *v*
runnen gérer
rups chenille *v*
rupsband chenille *v*
rupsvoertuig véhicule *m* à chenilles
Rus Russe *m*
rush ❶ *stormloop* rush *m*, ruée *v* ❷ *film* rush *m*
Rusland la Russie ★ *in ~* en Russie
Russin Russe *v*
Russisch I *bn* russe **II** *het* russe *m*
rust ❶ *inactiviteit* repos *m* ★ *rust nemen* se reposer ★ *zichzelf geen rust gunnen* ne s'accorder aucun répit ★ *in ruste* ⟨die niet meer werkt⟩ à la retraite, en retraite ★ *zich ter ruste leggen* se coucher ★ *rust roest* ≈ qui n'avance pas recule ❷ *kalmte, vrede* paix *v*, calme *m*, tranquillité *v*, sérénité *v* ★ *in alle rust* très calmement, ⟨nadenkend⟩ à tête reposée ★ *iem. met rust laten* laisser qn tranquille ★ *laat me met rust!* laisse-moi tranquille!, inform fiche-moi la paix! ★ *tot rust brengen* apaiser ★ *tot rust komen* se calmer, s'apaiser ★ *de rust herstellen* rétablir le calme ❸ muz pause *v*, silence *m* ★ *halve rust* demi-pause *v* ★ *kwart rust* soupir *m* ★ *maat rust* mesure *v* de silence ❹ sport mi-temps *v* ★ *vóór de rust* avant la mi-temps ★ *na de rust* après la mi-temps
rustdag jour *m* de repos
rusteloos I *bn* agité ★ *een ~ leven leiden* mener une vie agitée ★ *~ persoon* (un) nerveux, (une) nerveuse **II** *bw* sans relâche ★ *~ heen en weer lopen* faire les cent pas
rusten ❶ *uitrusten* se reposer ★ *ik zal niet ~ voordat* je n'aurai (pas) de cesse que ... ne [+ subj.] ❷ *begraven liggen* reposer ★ *rust zacht* repose en paix ★ *hier rust ...* ici repose..., ci-gît... ❸ *liggen op* reposer (**op** sur), ⟨drukken⟩ presser (**op** sur), ⟨v. blik, hand⟩ être posé (**op** sur), fig ⟨tot last zijn⟩ incomber (**op** à) ★ *zijn hand rustte op haar schouder* sa main était posé sur son épaule ★ *zijn ogen laten ~ op* fixer son regard sur ★ *waarop rust die balk?* cette poutre repose sur quoi? ★ *er rust een zware verantwoordelijkheid op hem* une lourde responsabilité pèse sur lui ❹ *ongemoeid blijven* ★ *iets laten ~* laisser une affaire (de côté / en sommeil)
rustgevend ❶ *kalmerend* calmant, apaisant, reposant ★ *een ~e atmosfeer* une ambiance apaisante ❷ *geruststellend* rassurant ★ *~e woorden* des propos *m mv* rassurants
rusthuis maison *v* de repos
rustiek ❶ *landelijk* rustique ★ *een ~e omgeving* un

ru

cadre rustique ❷ *als in natuurtoestand* rustique ★ *~e meubelen* mobilier *m* rustique
rustig calme, tranquille ★ *zich ~ houden* se tenir tranquille ★ *~ worden* se calmer ★ *de wind is nu weer ~* le vent s'est calmé ★ *~e kleuren* des couleurs reposantes calmement, tranquillement, paisiblement ★ *~ aan* ⟨geleidelijk⟩ doucement ★ *~ aan!* ⟨doe kalm!⟩ du calme!
rustoord lieu *m* de repos
rustpensioen BN (pension *v* de) retraite *v*
rustplaats ❶ *plaats om even te rusten* halte *v* ❷ *graf* ★ *de laatste ~* la dernière demeure
rustpunt ❶ *toevluchtsoord* refuge *m* ❷ *pauze* pause *v* ❸ *steunpunt* point *m* d'appui
ruststand ❶ sport score *m* à la mi-temps ❷ *rustpositie* position *v* de repos
rustverstoorder perturbateur *m* [v: perturbatrice]
ruw I *bn* ❶ *oneffen* rugueux [v: rugueuse], ⟨van huid / stof⟩ rêche ★ *een ruwe huid* une peau rêche ★ *ruw terrein* terrain *m* rugueux ❷ *onbewerkt* brut, cru ★ *ruwe suiker* du sucre non raffiné ★ *ruwe olie* du (pétrole brut *m* ❸ *onbeschaafd* grossier [v: grossière] ★ *ruwe manieren* des manières frustes / grossières ★ *ruwe taal* des propos grossiers ★ *ruwe kerels* des rustres ❹ *wild, woest* rude, brutal [m mv: brutaux] ★ *een ruw klimaat* un climat rude / rigoureux ★ *een ruwe zee* une mer houleuse ★ *ruw spel* un jeu brutal ❺ *globaal* grossier [v: grossière] ★ *een ruwe schatting* une évaluation globale, une approximation ★ *een ruwe schets* une ébauche **II** *bw* rudement, grossièrement ★ *ruw geschat* approximativement ★ *iem. ruw bejegenen / behandelen* rudoyer qn, malmener qn
ruwharig à poil dur
ruwweg grosso modo, grossièrement
ruzie querelle *v*, dispute *v* ★ *huiselijke ~* une querelle domestique ★ *knallende ~* engueulade *v* ★ *~ hebben* se disputer ★ *~ hebben met de buren* être fâché avec les voisins ★ *een ~ bijleggen* se réconcilier ★ *~ zoeken met iem.* chercher querelle à qn, chercher qn
ruzieachtig *twistziek* querelleur [v: querelleuse]
ruziemaken se disputer (**met** avec)
ruziemaker querelleur *m* [v: querelleuse], inform bagarreur [v: bagarreuse]
ruziën se disputer, ⟨kibbelen⟩ se chamailler
ruziezoeker, ruzieschopper chamailleur *m* [v: chamailleuse], querelleur *m* [v: querelleuse], inform bagarreur [v: bagarreuse]
RVD *Rijksvoorlichtingsdienst* Service *m* d'information du gouvernement
rvs ❶ *roestvrij staal* [als zn] inox *m* ❷ *roestvrijstalen* [als bn] inox [onver.]
Rwanda le Rwanda ★ *in ~* au Rwanda
Rwandees rwandais

S

s s *m* ★ *de s van Simon* S comme Suzanne
saai ennuyeux [v: ennuyeuse], monotone, fade ★ *wat een saaie boel!* quelle barbe!, c'est mort! ★ *vreselijk saai* ennuyeux comme la pluie, inform assommant, rasant
saaiheid ennui *m*
saamhorigheid solidarité *v*, cohésion *v*
Saba Saba *m*
Sabaans sabais
sabbat sabbat *m* ★ *de ~ houden* observer le sabbat
sabbatsjaar ❶ rel *zevende (rust)jaar* année *v* sabbatique ❷ *verlofperiode* année *v* sabbatique
sabbelen ★ *~ op* suçoter
sabel I *de, slagwapen* sabre *m* ★ *met de blanke ~* le sabre nu / au clair **II** *het, bont* zibeline *v*
sabotage sabotage *m* ★ *~ plegen* commettre un acte de sabotage
saboteren saboter
saboteur saboteur *m* [v: saboteuse]
sacharine saccharine *v*
sacraal sacral [m mv: sacraux] sacré
sacrament sacrement *m* ★ *de laatste ~en* les derniers sacrements ★ *de ~en toedienen aan iem.* administrer les sacrements à qn
sacristie sacristie *v*
sadisme sadisme *m*
sadist sadique *m/v*
sadistisch sadique
sadomasochisme sadomasochisme *m*
safari safari *m* ★ *op ~ gaan* faire un safari
safaripark parc *m* animalier
safe I *de* coffre-fort *m* [mv: coffres-forts], ⟨kluis⟩ coffre *m* **II** *bn* sûr ★ *op safe spelen* jouer serré
safe sex rapports *m mv* protégés
saffier saphir *m*
saffraan safran *m*
sage légende *v*, mythe *m*
Sahara Sahara *m*
Sahel Sahel *m*
saillant saillant
sake *rijstwijn* saké *m*
sakkeren BN *mopperen* râler
Saksen Saxe *v*
Saksisch saxon [v: saxonne]
salade culin salade *v* ★ *gemengde ~* salade niçoise
salamander salamandre *v*
salami salami *m*
salamitactiek tactique *v* du grignotage
salariëren salarier
salariëring rémunération *v*
salaris salaire *m*
salarisadministratie administration *v* des salaires
salarisschaal échelle *v* des salaires
saldo solde *m* ★ *batig ~* solde positif / créditeur ★ *nadelig ~* solde débiteur, déficit *m* ★ *een voordelig ~ aanwijzen* se solder par un excédent ★ *per ~* en solde ▼ fig *per ~* tout compte fait
sales ventes *v mv*
salesmanager directeur *m* commercial, chef *m* des ventes

salespromotion promotion *v* des ventes
salie culin sauge *v*
salmiak sel *m* ammoniac
salmonella salmonelle *v*, ‹infectie› salmonellose *v*
Salomonseilanden îles *v mv* Salomon
salomonsoordeel jugement *m* de Salomon
salon ❶ *kamer* salon *m* ❷ *bijeenkomst* salon *m* ★ *literaire* ~ salon littéraire ❸ BN *meubels* (ensemble *m* de) salon *m* ❹ BN *woonkamer* (salle *v* de) séjour *m*, salon *m*, living *m*
salonboot bateau-salon *m* [m mv: bateaux-salons]
salonfähig présentable, sortable
salontafel table *v* de salon
saloondeuren portes *v mv* de saloon
salpeter salpêtre *m*
salpeterzuur acide *m* azotique / nitrique
salsa salsa *v*
salto saut *m* ★ ~ *mortale* saut de la mort, saut périlleux
salueren saluer, mil faire le salut militaire
saluut salut *m*
saluutschot salve *v* d'honneur
Salvadoriaan Salvadorien *m*
Salvadoriaans salvadorien [v: salvadorienne]
Salvadoriaanse Salvadorienne *v*
salvo ❶ *serie schoten* salve *v* ★ *een* ~ *afvuren* tirer une salve ❷ fig *stortvloed* volée *v* ★ *een* ~ *van verwijten* une volée de reproches
Samaritaan ★ *de barmhartige* ~ le bon Samaritain
samba samba *v*
sambabal maraca *m*
sambal purée *v* de piment
samen ❶ *met elkaar* ensemble, ‹met zijn tweeën› à deux, tous les deux ★ ~ *naar huis fietsen* rentrer ensemble en vélo ★ ~ *met* avec ★ *we zijn het* ~ *eens* nous sommes d'accord ★ *iets* ~ *(met iemand) doen* faire qc ensemble, faire qc (en liaison) avec qn ★ *iets* ~ *hebben* partager qc ❷ *bijeen* ensemble ❸ *bij elkaar gerekend* au total, en tout ★ *dat is dan* ~ *€ 24,50* le tout fait € 24,50
samendrukken serrer, comprimer
samengaan ❶ *gepaard gaan* aller de pair (**met** avec) ❷ *fuseren* fusionner ❸ *bij elkaar passen* aller ensemble, se marier (avec), être compatible (avec)
samengesteld composé, ‹complex› complexe
samenhang *verband* lien *m*, rapport *m*, liaison *v*, ‹van tekst› cohérence *v*, ‹context› contexte *m*, ‹cohesie› cohésion *v* ★ *gebrek aan* ~ incohérence *v* ★ *de dingen in hun* ~ *zien* faire la synthèse ★ *zonder* ~ décousu, incohérent
samenhangen *in verband tot elkaar staan* se tenir, être lié ★ ~ *met* être lié à, être en rapport avec ★ ~*d* cohérent ★ ~*d met* connexe à
samenkomen se réunir, se rejoindre
samenkomst rencontre *v*
samenleven vivre ensemble
samenleving ❶ *maatschappij* société *v* ❷ *het samenleven* vie *v* en commun
samenlevingscontract pacte *m* civil de solidarité, Pacs *m*
samenloop ❶ *plaats van vereniging* jonction *v* ❷ *gelijktijdigheid* ★ ~ *van omstandigheden* concours *m* de circonstances, coïncidence *v*
samenpakken [**zich** ~] s'entasser
samenraapsel ramassis *m*, méli-mélo *m* [mv: mélis-mélos], pêle-mêle *m* [mv: id.], fatras *m*
samenscholen s'attrouper
samenscholing ❶ *het samenscholen* attroupement *m* ❷ *groep mensen* attroupement *m*
samensmelten I *onov ww, versmelten* (se) fondre, ‹fuseren› fusionner **II** *ov ww, doen samengaan* (faire) fondre ensemble (**tot** en)
samenspannen conspirer, comploter
samenspel ❶ sport jeu *m* d'ensemble ❷ fig *samenwerking* interaction *v*
samenspraak dialogue *m* ★ *in* ~ *met* en concertation avec
samenstel ❶ *geheel* système *m*, ensemble *m* ❷ *bouw* composition *v*, construction *v*
samenstellen construire, constituer, ‹van teksten› rédiger, composer ★ ~*d deel* composante *v* ★ *samengesteld uit* composé de
samensteller ❶ *maker* réalisateur *m* [v: réalisatrice] ❷ *redacteur* rédacteur *m* [v: rédactrice]
samenstelling ❶ *het samenstellen* composition *v*, constitution *v* ❷ *opbouw* composition *v* ★ *de* ~ *van de gemeenteraad* la composition du conseil municipal ★ *de chemische* ~ la composition chimique ❸ taalk *meerledig woord* composé *m*
samenstromen ❶ *samenkomen* affluer, s'attrouper ❷ *samenvloeien* confluer
samentrekken I *ov ww* ❶ *samenvoegen* contracter, ‹v. troepen e.d.› concentrer, amasser ★ *zich* ~ se contracter ❷ taalk contracter **II** *onov ww, ineenkrimpen* ‹van spieren› se contracter
samentrekking *het ineenkrimpen* contraction *v*
samenvallen ❶ *tegelijk gebeuren* coïncider (**met** avec) ★ *die twee gebeurtenissen vallen samen* les deux événements coïncident ❷ *één worden* se confondre ★ *de lichtstralen vallen samen* les rayons de lumière convergent
samenvatten résumer ★ ~*d* en résumé
samenvatting résumé *m*, synthèse *v*
samenvoegen réunir, joindre, techn assembler
samenwerken coopérer, collaborer (**met** avec), ‹bijdragen› concourir (**aan** à), contribuer (**aan** à) ★ *nauw* ~ *met je collega's* travailler en étroite collaboration avec ses collègues
samenwerking coopération *v*, collaboration *v* ★ *in* ~ *met* en collaboration avec ★ *de onderlinge* ~ *tussen leerlingen bevorderen* favoriser la coopération entre les élèves
samenwerkingsverband (structure *v* de) coopération *v*, groupement *m*, partenariat *m*
samenwonen vivre ensemble
samenzang chant *m* en chœur
samenzijn ≈ réunion *v*
samenzweerder conspirateur *m* [v: conspiratrice], comploteur *m* [v: comploteuse]
samenzweren conspirer, comploter
samenzwering conspiration *v*, complot *m*
Samoa Samoa *v*
Samoaans samoan
samoerai samouraï *m*
sample échantillon *m*, sample *m*
samplen échantillonner

sampler muz sampler *m*
samsam ▾ *~ doen* faire / partager moitié-moitié
sanatorium sanatorium *m*
sanctie sanction *v* ★ *~s toepassen* prendre des sanctions ★ *er staat een ~ op* c'est passible de sanctions
sanctioneren *goedkeuren* sanctionner
sandaal sandale *v*
sandelhout santal *m*
sandwich ❶ culin *dubbele, belegde boterham* sandwich *m* [mv: sandwich(e)s] ❷ BN culin *zoet, zacht broodje* ≈ petit pain *m*, BN sandwich *m*
saneren assainir, ⟨renoveren⟩ réhabiliter ★ *een bedrijf ~* redresser une entreprise ★ *een terrein ~* assainir un terrain
sanering assainissement *m*, ⟨renovatie⟩ réhabilitation
San Francisco San Francisco *m*
sanitair **I** *het* sanitaire(s) *m (mv)* **II** *bn* sanitaire ★ *~e voorzieningen* équipement *m* sanitaire
sanitatie ≈ équipement *m* sanitaire
San Marinees **I** *bn* saint-marinais **II** *de* Saint-Marinais *m*
San Marinese Saint-Marinaise *v*
San Marino Saint-Marin *m*
sanseveria sansevière *v*
Sanskriet sanscrit *m*
sant ▾ BN *niemand is sant in eigen land* nul n'est prophète dans son pays
santé à votre santé!, à la vôtre!
santenkraam ▾ *de hele ~* tout le bazar / tremblement
Saoedi-Arabië l'Arabie *v* saoudite ★ *in ~* en Arabie saoudite
Saoedisch *m.b.t. Saoedi-Arabië* saoudien [v: saoudienne]
sap ❶ plantk culin jus *m* ❷ plantk *ondrinkbaar vocht van planten* sève *v*, suc *m*
sapje jus *m* de fruits
sappelen ramer, trimer
sappig ❶ *vol sap* juteux [v: juteuse], succulent ❷ fig *smeuïg* savoureux [v: savoureuse], ⟨van taal⟩ truculent ★ *een ~ verhaal* une histoire savoureuse
Sarajevo Sarajevo *m*
sarcasme sarcasme *m*
sarcast personne *v* sarcastique
sarcastisch **I** *bn* sarcastique **II** *bw* sur un ton sarcastique, sarcastiquement
sarcofaag sarcophage *m*
Sardijns sarde
sardine sardine *v*
Sardinië la Sardaigne ★ *in ~* en Sardaigne
sardonisch **I** *bn* sardonique ★ *een ~ lachje* un sourire sardonique **II** *bw* sardoniquement
sarong sarong *m*
sarren faire enrager, harceler, agacer
sas ▾ *in zijn sas zijn* boire du petit-lait
Satan rel Satan *m*
satanisch satanique, démoniaque
saté ≈ brochette *v*
satelliet ❶ *hemellichaam* satellite *m* ❷ *kunstmaan* satellite *m*
satellietfoto photo *v* satellite
satellietstaat (pays *m*) satellite *m*
satellietverbinding liaison *v* (par) satellite
sater satyre *m*
satéstokje ≈ brochette *v*
satijn satin *m*
satire satire *v*
satirisch satirique
Saturnus Saturne *m*
saucijs saucisse *v*
saucijzenbroodje culin ≈ friand *m*
sauna sauna *m*
saus culin sauce *v*
sausen badigeonner
sauteren faire sauter
savanne savane *v*
saven comp sauvegarder
Savoie la Savoie
savooiekool chou *m* de Milan
saxofonist saxophoniste *m/v*
saxofoon, inform **sax** saxophone *m*, inform saxo *m*
S-bocht virage *m* en S
scala gamme *v*, éventail *m*
scalp scalp *m*
scalpel scalpel *m*, bistouri *m*
scalperen scalper
scampi culin scampi *m mv*
scan scanning *m*, scan *m*
scanderen scander
Scandinavië la Scandinavie ★ *in ~* en Scandinavie
Scandinaviër Scandinave *m*
Scandinavisch scandinave
Scandinavische Scandinave *v*
scannen scanner, passer au scanner
scanner scanner *m*
scarabee scarabée *m*
scartaansluiting prise *v* péritel
scenario ❶ audio-vis media *draaiboek* scénario *m* ❷ *plan* scénario *m*
scenarioschrijver scénariste *m/v*
scene *sociale groep* scène *v*, monde *m*
scène ❶ ton *tafereel* scène *v* ★ *in ~ zetten* mettre en scène ❷ *ophef* ★ *een ~ maken* faire une scène
scepsis scepticisme *m*
scepter sceptre *m* ▾ *de ~ zwaaien* régner
scepticisme scepticisme *m*
scepticus sceptique *m/v*
sceptisch sceptique ★ *er ~ tegenover staan* rester sceptique (là-dessus)
schaaf ❶ *gereedschap* rabot *m* ❷ *keukengerei* râpe *v*
schaafsel copeaux *m mv*, raclures *v mv*
schaafwond écorchure *v*
schaak **I** *het* échecs *m mv* **II** *bw* échec ★ *~ zetten* faire échec à ★ *~ staan* être (en) échec **III** *tussenw* échec (au roi)!
schaakbord échiquier *m*
schaakcomputer jeu *m* d'échecs électronique
schaakklok pendule *v* d'échecs, chronomètre *m*
schaakmat échec et mat ★ fig *iem. ~ zetten* coincer qn, faire échec à qn ★ *~ zetten* faire mat à ★ *~ staan* être mat
schaakspel ❶ *spel* jeu d'échecs ❷ *bord met stukken* jeu d'échecs
schaakstuk pièce *v* (d'échecs)
schaaktoernooi tournoi *m* d'échecs
schaal ❶ *schotel* plat *m*, ⟨kom⟩ coupe *v*, saladier

m ★ *een ~tje appelmoes* un bol de compote de pommes ❷ *omhulsel* ⟨dop⟩ coque *v*, coquille *v*, ⟨pantser⟩ carapace *v* ❸ *schaalverdeling* échelle *v* ★ *de ~ van Richter* l'échelle de Richter ❹ *grootteverhouding* échelle *v* ★ *glijdende ~* échelle mobile ★ *op een ~ van 1 op 100* à l'échelle de 1 / 100 ★ *op grote ~* en grand, sur une vaste / grande échelle ★ *operaties op grote ~* opérations à grande échelle ★ *op ~ tekenen* dessiner à l'échelle ❺ *weegtoestel* balance *v* ★ *veel gewicht in de ~ leggen* peser lourd dans la balance ★ *de ~ doen doorslaan* faire pencher la balance

schaaldier crustacé *m*

schaalmodel modèle *m* réduit, maquette *v*

schaalverdeling graduation *v* ★ *met ~* gradué

schaalvergroting agrandissement *m* à l'échelle, fig expansion *v*

schaalverkleining réduction *v* à l'échelle

schaambeen pubis *m*

schaamdeel sexe *m*, parties *v mv* génitales

schaamhaar poils *m mv* du pubis

schaamlip lèvre *v* ★ *grote ~pen* grandes lèvres ★ *kleine ~pen* petites lèvres

schaamluis pou *m* du pubis, inform morpion *m*

schaamrood lett fig rouge *m* de la honte ★ *iem. het ~ op de kaken jagen* faire rougir qn jusqu'aux oreilles

schaamstreek pubis *m*

schaamte honte *v* ★ *uit valse ~* par fausse honte ★ *plaatsvervangende ~ voelen* avoir honte pour qn / pour les autres

schaamtegevoel pudeur *v*, sentiment *m* de honte

schaamteloos I *bn* éhonté, ⟨brutaal⟩ impertinent, insolent **II** *bw* sans se gêner, sans vergogne, impudemment

schaap ❶ *dier* mouton *m* ★ *een kudde schapen* un troupeau de moutons ★ *als er één ~ over de dam is, volgen er meer* ≈ suivre comme un mouton ★ *zijn ~jes op het droge hebben* être à l'abri (du besoin) ★ *~ met vijf poten* mouton à cinq pattes ❷ fig *persoon* ★ *arm ~!* le pauvre malheureux!, ⟨kind⟩ pauvre gosse! ★ *het verloren ~* la brebis égarée ★ *het zwarte ~* la brebis galeuse

schaapachtig I *bn* niais **II** *bw* d'un air niais ★ *~ lachen* rire niaisement

schaapherder berger *m* [v: bergère]

schaapskooi bergerie *v*

schaar ❶ *om te knippen* (paire *v* de) ciseaux *m mv*, ⟨voor metaal⟩ cisailles *v mv* ❷ *van kreeft, krab* pince *v* ★ *de scharen van een krab* les pinces d'un crabe ❸ *ploegschaar* soc *m*

schaarbeweging sport *schijnbeweging* double passement *m* de jambe

schaars I *bn* rare, ⟨karig⟩ pauvre, maigre ★ *zijn ~e vrije tijd* ses rares moments de loisir **II** *bw* pauvrement, mal ★ *~ gekleed* légèrement vêtu ★ *~ verlicht* mal éclairé

schaarste pénurie *v*, rareté *v*, manque *m*

schaats patin *m* (à glace) ▾ *een scheve ~ rijden* faire un faux pas

schaatsbaan patinoire *v*

schaatsen faire du patin(age), patiner

schaatser patineur *m* [v: patineuse]

schaatswedstrijd match *m* de patinage

schacht ❶ *steel* tige *v*, ⟨heft⟩ manche *v*, ⟨v. lans / pijl⟩ hampe *v*, ⟨v. zuil⟩ fût *m*, tronc *m* ❷ *koker* ⟨v. lift⟩ cage *v*, ⟨v. mijn⟩ puits *m* ❸ BN onderw *eerstejaars* bleu *m*

schade ❶ *beschadiging* dégât(s) *m (mv)*, dommage(s) *m (mv)*, ⟨schadegeval voor verzekering⟩ sinistre *m* ★ *materiële ~*, BN *stoffelijke ~* dégâts matériels ★ *~ aanrichten* faire / causer des dégâts, endommager qc ★ *iem. de ~ vergoeden* dédommager qn ★ *de ~ beperken* limiter les dégâts, inform sauver les meubles ❷ *nadeel* préjudice *m*, tort *m* ★ *~ berokkenen / toebrengen aan* faire (du) tort à, nuire à ★ *zijn ~ inhalen* se rattraper ★ *door ~ en schande wijs worden* apprendre qc à ses dépens ▾ humor *hoeveel bedraagt de ~?* je vous dois combien?

schadeclaim demande *v* en dommages-intérêts

schadeformulier constat *m* d'accident

schadelijk I *bn* nuisible (**voor** à), nocif [v: nocive], ⟨verderfelijk⟩ pernicieux [v: pernicieuse] ★ *~ zijn voor* nuire à ★ *~ voor de gezondheid* qui nuit à la santé **II** *bw* d'une manière nuisible, désavantageusement

schadeloos intact, ⟨m.b.t. personen⟩ indemne

schadeloosstellen dédommager, indemniser

schadeloosstelling dédommagement *m*, indemnisation *v*

schaden nuire à, faire du tort à, porter préjudice à

schadeplichtig tenu de dommages-intérêts

schadepost pertes *v mv*, dépense *v* imprévue

schadevergoeding indemnisation *v*, indemnité *v*, dédommagement *m* ★ *eis tot ~* demande *v* en dommages-intérêts ★ *als ~* à titre d'indemnité

schadeverzekering assurance *v* dommage

schadevrij sans accident ★ *~ autorijden* rouler sans avoir eu d'accident

schaduw *donkerte* ombre *v*, ⟨lommer⟩ ombrage *m* ★ *in de ~* à l'ombre ▾ *in de ~ stellen* effacer, éclipser ▾ *een ~ werpen op* jeter une ombre sur ▾ *niet in iemands ~ kunnen staan* ne pas arriver à la cheville de qn ▾ *zijn ~en vooruitwerpen* se laisser présager

schaduwbeeld ❶ *silhouet* silhouette *v* ❷ *schaduw* ombre *v*

schaduwen ❶ *volgen* filer, prendre en filature ❷ *schaduw aanbrengen* ombrer

schaduwrijk ombragé, ombreux [v: ombreuse]

schaduwzijde ❶ *zijde zonder licht* côté *m* à l'ombre ❷ fig *nadeel* envers *m* (du décor), inconvénient *m*

schaft pause *v*, casse-croûte *m* [mv: casse-croûte(s)]

schaften faire la pause, ⟨eten⟩ casser la croûte ★ inform *niets met iem. te ~ willen hebben* ne vouloir rien avoir à faire avec qn

schafttijd pause *v* (de midi)

schakel ❶ lett chaînon *m*, maillon *m* ❷ fig chaînon *m*, lien *m* ★ *ontbrekende ~* chaînon *m* manquant ★ *de zwakke ~* la faille

schakelaar interrupteur *m*, commutateur *m*, ⟨automatische⟩ disjoncteur *m*

schakelarmband gourmette *v*

schakelbord tableau *m* de distribution

schakelen I *ov ww* ❶ *tot keten maken* enchaîner ❷ *elektrisch verbinden* connecter **II** *onov ww, in*

versnelling zetten passer ses vitesses, changer de vitesse ★ *het* ~ le changement de vitesse ★ *naar de tweede versnelling* ~ passer en seconde, passer la seconde
schakeling *wijze van schakelen* connexion *v*, ‹circuit› circuit *m*
schakelkast boîte *v* de disjoncteur(s)
schakelklas onderw classe *v* de transition, classe passerelle
schakelklok minuterie *v*
schakelwoning maison *v* couplée
schaken I *onov ww, schaak spelen* jouer aux échecs ★ *een potje* ~ jouer une partie d'échecs **II** *ov ww, ontvoeren* enlever, ravir
schaker ❶ *schaakspeler* joueur *m* d'échecs [v: joueuse ...] **❷** *ontvoerder* ravisseur *m* [v: ravisseuse]
schakeren *afwisselen* faire alterner, varier
schakering ❶ *kleurnuance* variété *v*, nuance(s) *v (mv)* **❷** *verscheidenheid* diversité *v*
schaking enlèvement *m*
schaliegas gaz *m* de schiste
schalks I *bn* coquin, malicieux [v: malicieuse] ★ *een ~e blik* un regard malicieux **II** *bw* ★ ~ *lachen* avoir un sourire malicieux
schallen retentir, sonner ★ *het* ~ le son
schamel pauvre, misérable, pitoyable
schamen [**zich** ~] avoir honte, rougir (**om**, **over** de) ★ *schaam je!* tu n'as pas honte! ★ *zich diep* ~ mourir de honte
schampen érafler, effleurer
schamper I *bn* narquois ★ *een ~e opmerking* une remarque narquoise, une vanne **II** *bw* narquoisement
schamperen railler, ricaner
schampschot éraflure *v*
schandaal scandale *m*, ‹schande› honte *v* ★ ~ *maken* faire scandale ★ *wat een ~!* la honte!
schandaalblad journal *m* à scandale, torchon *m*
schandaalpers presse *v* à scandale / à sensation
schandalig scandaleux [v: scandaleuse]
schanddaad infamie *v*, ignominie *v*
schande *oneer* honte *v*, déshonneur *m* ★ *iem. te* ~ *maken* faire honte à qn ★ *het is een ~!* c'est une honte!, la honte! ★ *het is geen* ~ *om* il n'y a pas honte à ★ *er* ~ *van spreken* crier au scandale ★ *tot mijn* ~ à ma honte
schandelijk I *bn* scandaleux [v: scandaleuse], honteux [v: honteuse] infâme **II** *bw* scandaleusement, honteusement
schandknaap giton *m*
schandpaal ▾ *iem. aan de* ~ *nagelen* mettre qn au pilori, stigmatiser qn
schandvlek souillure *v*, flétrissure *v*
schans ❶ mil *bolwerk* fortification *v* **❷** sport *skischans* tremplin *m*
schansspringen faire du saut au tremplin
schap rayon *m*, étagère *v*
schapenbout culin gigot *m* de mouton
schapenfokkerij ❶ *het fokken* élevage *m* de moutons **❷** *bedrijf* élevage *m* de moutons
schapenkaas culin (fromage *m* de) brebis *m*
schapenscheerder tondeur *m* de moutons
schapenvacht peau *v* de mouton
schapenvlees mouton *m*, ‹aan spit› méchoui *m*
schapenwolken moutons *m mv*
schappelijk raisonnable, ‹ordentelijk› réglo
schar limande *v*
schare foule *v*
scharen I *ov ww, groeperen* réunir, ranger, rassembler ★ *zich achter iem.* ~ se ranger du côté de qn **II** *onov ww, bewegen als een schaar* ‹van voertuig› se mettre en travers
scharminkel squelette *m*
scharnier charnière *v*
scharnieren pivoter, s'articuler (**om** sur)
scharniergewricht articulation *v* semi-mobile
scharrel ❶ *het scharrelen* ★ *aan de* ~ *zijn* draguer **❷** *persoon* flirt *m*
scharrelaar ❶ *iem. zonder vast beroep* touche-à-tout *m* [mv: id.], bricoleur *m* **❷** *versierder* coureur *m*
scharrelei œuf *m* fermier
scharrelen I *ov ww, bijeenbrengen* ★ *zijn kostje bij elkaar* ~ vivre d'expédients **II** *onov ww* **❶** *vrijblijvend klussen* bricoler, s'occuper ★ *hij scharrelt de hele dag in de tuin* toute la journée il s'occupe dans le jardin **❷** *in iets handelen* bricoler **❸** *flirten* flirter **❹** *van kippen* picorer
scharrelkip poulet *m* fermier
scharrelvlees ≈ viande *v* bio
schat ❶ *kostbaar bezit* trésor *m* ★ *~ten verdienen* amasser des richesses, gagner des fortunes **❷** *lief persoon* trésor *m* **❸** *overvloed* trésor *m*
schatbewaarder BN *penningmeester* trésorier *m* [v: trésorière]
schateren rire aux éclats, éclater de rire
schaterlach éclat *m* de rire
schaterlachen rire aux éclats
schatgraver chercheur *m* de trésors
schatkamer ❶ lett trésor *m* **❷** fig trésor *m*
schatkist ❶ *staatskas* Trésor *m* (public), finances *v mv* publiques **❷** *geldkist* coffre *m*
schatplichtig tributaire (**aan** de)
schatrijk richissime
schattebout ★ *~!* mon trésor!, mon chouchou!
schatten ❶ *taxeren* estimer (**op** à), évaluer (**op** à), apprécier ★ *hoe oud schat je hem?* quel âge lui donnes-tu? ★ *te hoog* ~ surévaluer ★ *ruw geschat* approximativement, par approximation ★ *geschatte waarde* valeur *v* estimée **❷** *achten* estimer, apprécier ★ *naar waarde* ~ estimer à sa juste valeur
schattig adorable, joli (comme tout), mignon [v: mignonne] ★ *een* ~ *meisje* une fille adorable
schatting évaluation *v*, estimation *v*, appréciation *v* ★ *een ruwe* ~ une approximation ★ *naar* ~ d'après les estimations, approximativement
schaven I *ov ww* **❶** *verwonden* écorcher, érafler **❷** *in schijfjes snijden* ★ *kaas* ~ racler le fromage **❸** *glad maken* raboter **II** *onov ww, verfijnen* peaufiner, polir ★ *aan een tekst* ~ peaufiner un texte
schavot échafaud *m*
schavuit scélérat *m*
schede ❶ *omhulsel* fourreau *m* [mv: fourreaux], gaine *v* ★ *het zwaard in de* ~ *steken* rengainer l'épée, remettre l'épée au fourreau ★ *uit de* ~ *halen* dégainer **❷** *vagina* vagin *m*
schedel ❶ *hersenpan* crâne *m* **❷** *doodshoofd* tête *v* de mort

schedelbasisfractuur fracture *v* (de la base) du crâne
schedelbeen os *m* crânien
scheden uit [verl. td.] → **uitscheiden**
scheed uit [verl. td.] → **uitscheiden**
scheef I *bn* ❶ *niet recht* oblique, ⟨hellend⟩ penché, incliné, ⟨verrwrongen⟩ tordu ★ *scheve toren* tour *v* penchée ❷ *verkeerd* faux [v: fausse] **II** *bw, niet recht* obliquement, de / en biais, de travers ★ *~ zitten* être de travers, fig clocher ★ *iem. ~ aankijken* regarder qn de travers
scheefgroeien aller de travers, dévier
scheefhangen pencher
scheeflopen fig tourner mal, aller foirer
scheefslaan BN *stelen* escamoter
scheefstaan être de travers, ⟨niet loodrecht⟩ ne pas être d'aplomb
scheeftrekken lett se gauchir
scheefwonen avoir des revenus trop élevés par rapport au loyer de son logement
scheel louche, inform bigleux [v: bigleuse]
scheelzien loucher, inform bigler ★ *~ van de honger* avoir l'estomac sur les talons
scheen I *de* tibia *m* ▾ *tegen de schenen trappen* piquer (au vif) **II** *ww* [verl. td.] → **schijnen**
scheenbeen tibia *m*
scheenbeschermer protège-tibia *m* [m mv: protège-tibias]
scheep ▾ lett *~ gaan* (s')embarquer ▾ fig BN *~ gaan met iem.* faire affaire avec qn
scheepsarts médecin *m* de bord
scheepsbeschuit biscuit *m*
scheepsbouw construction *v* navale
scheepsbouwindustrie industrie *v* navale
scheepshelling cale *v* de construction, dock *m*
scheepshuid bordages *m mv*
scheepshut cabine *v*
scheepsjongen mousse *m*
scheepsjournaal journal *m* de bord [m mv: journaux ...]
scheepslading cargaison *v*, chargement *m*
scheepsramp catastrophe *v* maritime
scheepsrecht jur , ▾ *driemaal is ~* jamais deux sans trois
scheepsruim cale *v*
scheepswerf chantier *m* naval
scheepvaart navigation *v*
scheepvaartroute route *v* maritime
scheepvaartverkeer ⟨over zee⟩ trafic *m* maritime, ⟨over binnenwateren⟩ trafic *m* fluvial
scheerapparaat rasoir *m* (électrique)
scheercrème crème *v* à raser
scheerde [verl. td.] → **scheren**
scheerden [verl. td.] → **scheren**
scheerkop tête *v* (de rasage)
scheerkwast blaireau *m* [m mv: blaireaux]
scheerlijn corde *v*
scheermes rasoir *m*
scheermesje lame *v* de rasoir
scheerschuim crème *v* à raser
scheerspiegel miroir *m* (à barbe)
scheerwol laine *v* vierge
scheerzeep savon *m* à raser / à barbe
scheet I *de* ❶ *wind* pet *m* ★ *een ~ laten* péter, lâcher un pet ★ *hij maakt van een ~ een donderslag* il en fait des kilos ❷ *koosnaam* (petit) bout *m* de chou ★ *ah, wat een ~je!* le petit bout de chou! **II** *ww* [verl. td.] → **schijten**
scheidbaar séparable, taalk à particule séparable
scheidde [verl. td.] → **scheiden**
scheidden [verl. td.] → **scheiden**
scheidden uit [verl. td.] → **uitscheiden**
scheidde uit [verl. td.] → **uitscheiden**
scheiden I *ov ww, eenheid verbreken* séparer (**van** de), fig dissocier (**van** de), ⟨verdelen⟩ diviser ★ *een boedel ~* procéder à la séparation des biens ★ *het hoofd van de romp ~* décapiter ★ *ge~ slapen* faire chambre à part **II** *onov ww* ❶ *uiteengaan* se séparer, ⟨zich losmaken⟩ se séparer (**van** de), se détacher (**van** de) ★ *hier ~ onze wegen* nos chemins se séparent ici ★ *~ doet lijden* partir c'est mourir un peu ❷ *weggaan* ★ *de ~de voorzitter* le président sortant ❸ *huwelijk ontbinden* divorcer (**van** avec, d'avec, de) ★ *zij gaan ~* ils vont divorcer ★ *ge~ zijn* être divorcé ★ *ge~ van tafel en bed* en séparation de corps ★ *zich laten ~* demander le divorce
scheiding ❶ *splitsing* séparation *v*, fig dissociation *v* ★ *~ van kerk en staat* laïcité ❷ *grens* ligne *v* de séparation / de partage, ⟨schot / wand⟩ cloison *v* ❸ *lijn in haar* raie *v* ❹ *echtscheiding* divorce *m* ★ *~ van tafel en bed* séparation *v* de corps ★ *in ~ liggen* être en instance de divorce
scheidslijn ligne *v* de démarcation / de partage
scheidsmuur ❶ lett cloison *v* ❷ fig barrière *v*
scheidsrechter sport arbitre *m/v*
scheikunde chimie *v*
scheikundeles onderw cours *m* de chimie
scheikundig chimique
schel I *bn, hard en fel* ⟨van geluid⟩ aigu [v: aiguë], perçant, ⟨van licht⟩ cru, ⟨van kleur⟩ criard **II** *bw, hard en fel* ⟨van geluid⟩ d'une façon perçante, ⟨van licht⟩ crûment, ⟨van kleur⟩ d'une façon criarde ★ *~ klinken* être perçant ★ *~ schreeuwen* pousser un cri perçant ★ *~ verlichten* éclairer d'une lumière crue **III** *de, bel* sonnette *v* ▾ *de ~len vielen hem van de ogen* les écailles lui sont tombées des yeux, inform ça a fait tilt
Schelde Escaut *m*
schelden pester (**op** contre), jurer (**op** contre) ★ *iem. de huid vol ~* traiter qn de tous les noms
scheldkanonnade bordée *v* d'injures
scheldpartij inform engueulade *v*
scheldwoord insulte *v*, gros mot *m*, injure *v*
schelen ❶ *onderling verschillen* différer ★ *ze ~ drie jaar* ils ont trois ans de différence ★ *dat scheelt een paar uur* ça fait une différence de quelques heures ❷ *uitmaken* faire une différence ★ *het kan me niets ~* je m'en moque, ça m'est bien égal, inform je m'en fous ★ *het scheelt veel wie het zegt* tout dépend de qui le dit ★ *het scheelde weinig of hij viel* il a failli tomber, un peu plus il tombait ★ *het kan niet ~* peu importe ★ *het scheelt een slok op een borrel* ça fait une sacrée différence ★ *het scheelde maar een haar of...* il s'en est fallu d'un poil que... [+ subj.] ★ *dat scheelde niet veel* c'était limite / tangent, c'était tout juste ❸ *mankeren* manquer ★ *wat scheelt je?* il y a qc qui ne va pas? ★ *wat scheelt eraan?* qu'est-ce qui vous arrive?

schelm ❶ *deugniet* garnement *m* ❷ *schurk* filou *m*, voyou *m*
schelp *schaal van weekdier* coquille *v*, coquillage *m* ▾ BN *in zijn ~ kruipen* rentrer dans sa coquille ▾ BN *uit zijn ~ komen* sortir de sa coquille
schelpdier coquillage *m*
schelvis aiglefin *m*
schema ❶ *model* schéma *m* ❷ *tijdsplanning* programme *m*, horaire *m* ★ *achterliggen op ~* avoir pris du retard sur le planning
schematisch I *bn* schématique **II** *bw* d'une manière schématique, schématiquement
schemer pénombre *v*
schemerdonker pénombre *v*
schemerduister crépuscule *m*
schemeren I *onov ww, vaag te zien zijn* ★ *het schemert me voor de ogen* j'ai comme un voile devant les yeux, ma vue se brouille ★ *er schemert mij zoiets voor de geest* j'en ai un vague souvenir **II** *onp ww, schemerig zijn* ('s ochtends) commencer à faire jour, ('s avonds) commencer à faire nuit
schemerig ❶ *halfduister* obscur, (van daglicht) crépusculaire ❷ *vaag* vague, brumeux [v: brumeuse]
schemering demi-jour *m*, pénombre *v*, (v. avond) crépuscule *m*, (v. ochtend) aube *v*, demi-jour *m* ★ *in de ~* au crépuscule, entre chien et loup, ('s ochtends) à l'aube ★ *de ~ valt* le soir / la nuit tombe
schemerlamp lampe *v*, (staand) lampadaire *m*
schemertoestand fig état *m* second
schenden ❶ *beschadigen* abîmer, mutiler ❷ *onteren* porter atteinte à, déshonorer, (ontwijden) violer, profaner ★ *een graf ~* profaner une tombe ❸ *overtreden* violer, transgresser ★ *de wet ~* violer la loi
schending violation *v*, (inbreuk) atteinte *v* (**van** à), (ontwijding) profanation *v*
schenen [verl. td.] → **schijnen**
schenkel ❶ *been van dier* jarret *m* ❷ *been van mens* cuisse *v*
schenken ❶ *geven* offrir (**aan** à), donner (**aan** à), (verlenen) accorder (**aan** à) ❷ *verlenen* accorder (à) ★ *aandacht ~ aan* prêter attention à ❸ *besparen* faire grâce de ❹ *gieten* verser, (serveren) servir, (volschenken) remplir
schenking don *m*, donation *v* ★ *een ~ doen* faire un don ★ BN *~ onder levenden* donation entre vifs
schenkingsrecht jur taxe *v* sur les donations
schennis ❶ *schending* violation *v*, (vergrijp) outrage *m* ★ *openbare ~ van de eerbaarheid* outrage *m* public à la pudeur ★ *~ plegen* faire acte de violation ❷ rel profanation *v*
schep ❶ *gereedschap* pelle *v* ❷ *een schep vol* pelletée *v*, (lepel) cuillerée *v* ★ *een ~je suiker* une cuillerée de sucre ★ *een ~ geld* (grote hoeveelheid) un paquet d'argent ★ *er nog een ~je bovenop doen* en rajouter
schepen BN *wethouder* adjoint *m* (au maire), BelgFr échevin *m* [v: échevine]
schepencollege BN le maire et ses adjoints, BelgFr collège *m* échevinal
scheper BN (chien *m* de) berger *m*
schepijs ≈ glace *v* en boules
schepnet épuisette *v*, truble *m*
scheppen ❶ *opscheppen*[o.v.t.: schepte; volt. deelw.: geschept] prendre, (erin / erop doen) mettre ★ *zand in een kruiwagen ~* mettre du sable dans une brouette ★ *door een auto geschept worden* être fauché par une voiture ❷ *putten*[o.v.t.: schepte; volt. deelw.: geschept] puiser (dans), trouver (dans) ★ *vreugde ~ in* trouver du plaisir dans, prendre plaisir à ★ *adem ~* reprendre haleine ❸ *creëren*[o.v.t.: schiep; volt. deelw.: geschapen] créer ★ *orde ~ in* . mettre de l'ordre dans.. ★ *God schiep de mens* Dieu a créé l'homme ★ *~d* créateur [v: créatrice] ★ *geschapen zijn voor* être fait pour
schepper créateur *m* [v: créatrice]
schepping création *v*
scheppingsverhaal récit *m* de la création
scheprad roue *v* à aubes
schepsel créature *v*
schepte [verl. td.] → **scheppen**
schepten [verl. td.] → **scheppen**
scheren I *ov ww* [o.v.t.: schoor; volt. deelw.: geschoren] raser, (van dieren) tondre ★ *schapen ~* tondre des moutons ★ *zich ~* se raser ★ *glad ~* raser de près ★ *pas geschoren* rasé de frais **II** *onov ww* [o.v.t.: scheerde; volt. deelw.: gescheerd] ★ *~ langs* effleurer, friser, raser ★ *door de lucht ~* fendre l'air
scherf éclat *m*, (van fles / pot) tesson *m* ★ *aan scherven vallen* tomber en (mille) morceaux
schering (v. weefsel) chaîne *v* ▾ *dat is ~ en inslag* cela est monnaie courante
scherm ❶ *afscheiding* écran *m* ★ *achter de ~en* dans les coulisses ★ *een kijkje achter de ~en nemen* jeter un coup d'œil dans les coulisses ❷ *beeldscherm* écran *m*
schermen I *het* escrime *v* **II** *onov ww* ❶ sport faire de l'escrime ★ *~ op de floret* faire du fleuret ❷ *proberen te dreigen* ★ *~ met* brandir ★ *~ met maatregelen* brandir des mesures ★ *~ met woorden* faire de grandes phrases
schermutseling *klein gevecht* escarmouche *v*, accrochage *m*
scherp I *bn* ❶ *puntig* aigu [v: aiguë], pointu ★ *~e stekels* épines *v mv* piquantes ❷ *goed snijdend* coupant, tranchant, (geslepen) bien affilé ★ *een heel ~ zakmes* un canif très tranchant ❸ *hoekig* ★ *~e hoek* angle *m* aigu ★ *~e bocht* virage *m* serré ★ *de bocht ~ nemen* prendre le virage à la corde ❹ *vinnig* aigre, tranchant, (van woord) acerbe, mordant ★ *op ~e toon* d'un ton tranchant ★ *een ~ antwoord* une réponse mordante ❺ *scherpzinnig* subtil, fin ★ *~ verstand* intelligence *v* pénétrante, esprit *m* fin ❻ *met fijn onderscheidingsvermogen* perspicace ★ *~ gehoor hebben* avoir l'oreille fine ★ *~ horen* avoir l'oreille fine ★ *~ luisteren* écouter attentivement ★ *een ~e blik hebben* avoir des yeux d'aigle ★ *~ aankijken* regarder fixement / entre les deux yeux ❼ *streng* sévère ★ *~e kritiek* critique *v* acerbe ★ *een ~e veroordeling* une condamnation sévère ★ *iem. ~ in de gaten houden* surveiller qn de près ★ *~ bewaken* surveiller de près ❽ *duidelijk uitkomend* net [v: nette], distinct, précis ★ *een ~ beeld* une image nette ★ *een ~ contrast* un contraste frappant ★ *~ stellen* mettre au point, régler ★ *~e trekken* traits

m mv accusés ★ *zich ~ aftekenen* se dessiner nettement ❾ *bijtend* ⟨van geur⟩ pénétrant, ⟨van smaak⟩ fort, piquant, ⟨van licht⟩ cru, ⟨van geluid⟩ aigu, perçant, ⟨van kou, vorst⟩ mordant ★ *~e koude* un froid mordant ★ *een ~e stem* une voix aiguë ★ *~e wind* vent *m* cinglant ★ *een ~e smaak* un goût piquant ★ *een ~e geur* une odeur pénétrante ❿ *weinig marge latend* ★ *~e prijzen* des prix serrés ★ *~ geprijsd* calculé au plus juste **II** *het* ❶ *scherpe kant* fil *m*, tranchant *m* ★ *op het ~ van de snede* sur le fil du rasoir ❷ *munitie* ★ *met ~ schieten* tirer à balles (réelles) ▼ *op ~ staan* être affûté / d'attaque

scherpen ❶ lett *scherper maken* aiguiser, affûter ❷ fig *verbeteren* aiguiser

scherpomlijnd à contours précis

scherprechter bourreau *m* [m mv: bourreaux]

scherpschutter tireur *m* d'élite

scherpslijper tatillon *m* [v: tatillonne]

scherpte ❶ *puntigheid* tranchant *m* ❷ *duidelijkheid* netteté *v* ❸ *fijn onderscheidingsvermogen* perspicacité *v* ❹ *bitsheid* aigreur *v*, virulence *v* ❺ *strengheid* sévérité *v*

scherpzinnig I *bn* perspicace, sagace ★ *een ~e opmerking* une remarque judicieuse **II** *bw* avec perspicacité, subtilement

scherts plaisanterie *v*, raillerie *v*

schertsen plaisanter, badiner

schertsend I *bn* badin **II** *bw* pour rire, par plaisanterie, en plaisantant

schertsfiguur guignol *m*, inform gugusse *m*

schertsvertoning comédie *v*, mascarade *v*

scheten [verl. td.] → **schijten**

schets ❶ *tekening* esquisse *v*, ébauche *v*, croquis *m* ❷ *korte beschrijving* aperçu *m*

schetsblok bloc *m* à croquis

schetsboek album *m* à dessin

schetsen ❶ *tekenen* esquisser, ébaucher, croquer ❷ *beschrijven* dépeindre ★ *wie schetst mijn verbazing?* pour une surprise, c'était une surprise!

schetsmatig (esquissé) à grands traits

schetteren retentir

scheur ❶ *spleet* crevasse *v*, fente *v*, ⟨in glas⟩ fêlure *v*, ⟨in muur⟩ lézarde *v*, fissure *v*, ⟨in papier⟩ déchirure *v*, ⟨winkelhaak⟩ accroc *m* ★ *een ~ in de broek* un accroc au pantalon ❷ *mond* gueule *v* ★ *je ~ opentrekken* ouvrir sa grande gueule

scheurbuik scorbut *m*

scheuren I *ov ww, scheuren maken* déchirer, ⟨van muur⟩ fendre, fissurer, lézarder, ⟨afscheuren⟩ détacher, ⟨rukken⟩ arracher ★ *in stukken ~* déchirer **II** *onov ww* ❶ *een scheur krijgen* se déchirer, ⟨van muur⟩ se fendre, se lézarder, ⟨van grond⟩ se crevasser, ⟨knappen⟩ craquer ❷ *hard rijden* rouler plein gaz, foncer

scheuring ❶ *het scheuren* déchirement *m*, ⟨van muur⟩ fissuration *v* ❷ *splitsing* schisme *m*, scission *v*

scheurkalender éphéméride *v*

scheut ❶ *hoeveelheid vloeistof* coup *m* ❷ *steek* élancement *m*, point *m* ❸ *nieuw takje* pousse *v*, rejeton *m*

scheutig I *bn* large, généreux [v: généreuse] ★ *niet ~ met complimentjes* avare de compliments ▼ BN *niet ~ zijn op* ne pas être tenté par **II** *bw* généreusement

schicht *bliksemflits* éclair *m*

schichtig ⟨van mens⟩ farouche, ⟨van paard e.d.⟩ ombrageux [v: ombrageuse] ★ *~ worden* s'effaroucher

schiep [verl. td.] → **scheppen**

schiepen [verl. td.] → **scheppen**

schiereiland presqu'île *v*, ⟨groot⟩ péninsule *v*

schietbaan (champ *m* de) tir *m*

schieten I *ov ww* ❶ *doden of verwonden* ⟨treffen⟩ toucher, ⟨doden⟩ tuer ★ *iem. overhoop ~* descendre qn, inform flinguer qn ★ *zich voor het hoofd ~* se brûler la cervelle ★ *iem. in de arm ~* tirer / toucher qn dans le bras ★ *ik kan hem wel ~* je le tuerais ❷ *in een richting doen gaan* tirer ★ *pijlen ~* lancer des flèches ★ *de bal naast het doel ~* tirer à côté (du but), manquer le but ★ *de bal over het doel ~* tirer au-dessus (du but) ★ *zijn ogen schoten vuur* ses yeux lançaient des éclairs ❸ plantk *uitlopen* ★ *wortel ~* prendre racine ★ *knop ~* bourgeonner ★ *zaad ~* monter en graine **II** *onov ww* ❶ *vuren* tirer (**op** sur) ★ *op de vijand ~* tirer sur l'ennemi ★ *erop los ~* tirer dessus ★ *raak ~* tirer dans le mille ★ *mis ~* manquer le but ★ *gericht ~* viser ★ *sta of ik schiet!* halte ou je tire! ★ *om op te ~* odieux [v: odieuse] ❷ *snel bewegen* filer, ⟨afvliegen (op)⟩ s'élancer (**naar** sur), inform foncer (**naar** sur), ⟨glippen⟩ glisser ★ *in de kleren ~* enfiler ses vêtements ★ *voorover ~* être projeté (en avant) ★ *omhoog ~* s'élancer, ⟨van prijzen⟩ flamber ★ fig *iets laten ~* laisser tomber qc ❸ *snel groeien* monter (en graine), pousser (vite) ❹ *plotseling opkomen* ★ *het schoot hem door het hoofd dat* cela lui a traversé l'esprit que ★ *te binnen ~* revenir (à l'esprit) ★ *haar ogen schoten vol tranen* ses yeux se sont remplis de larmes ❺ sport tirer ★ *naast ~* tirer à côte (du but), manquer le but

schietgat meurtrière *v*

schietgebed oraison *v* jaculatoire

schietlood fil *m* à plomb

schietpartij fusillade *v*

schietschijf cible *v*

schietstoel siège *m* éjectable

schiettent (stand *m* de) tir *m*

schiften I *ov ww, van elkaar scheiden* trier, faire le tri de ★ *ik moet ~ wat weg kan en wat ik wil houden* je dois faire le tri de ce que je veux garder et de ce que je ne veux plus **II** *onov ww, klonteren* tourner, se cailler

schifting *selectie* triage *m*, tri *m*, sélection *v*

schijf ❶ *platrond voorwerp* disque *m*, ⟨van pottenbakker⟩ tour *m*, ⟨plak⟩ tranche *v*, ⟨plakje⟩ rondelle *v*, ⟨schietschijf⟩ cible *v*, ⟨damschijf⟩ pion *m* ❷ comp disque *m* ★ *de harde ~* le disque dur ❸ *belastingschijf* tranche *v* ▼ *over veel schijven lopen* passer par beaucoup de rouages / d'intermédiaires

schijfrem frein *m* à disque

schijn ❶ *(valse) indruk* apparence *v* ★ *schone ~* clinquant *m*, (un) miroir aux alouettes ★ *de ~ hebben van* avoir l'air de ★ *naar de ~ beoordelen* juger sur les apparences ★ *de ~ ophouden* sauver les apparences ★ *voor de ~* pour la façade ★ *in ~* en apparence ★ *~ bedriegt* les apparences sont trompeuses ★ *hij heeft de ~ tegen zich* les

SC

apparences sont contre lui ❷ *waarschijnlijkheid* ★ *naar alle ~* selon toute apparence ❸ *heel weinig* ★ *geen ~ van kans hebben* ne pas avoir l'ombre d'une chance
schijnaanval mil fausse attaque *v*
schijnbaar I *bw, blijkbaar* apparemment, ‹in schijn› en apparence **II** *bn, niet werkelijk* apparent
schijnbeweging feinte *v*
schijndood I *de* mort *v* apparente **II** *bn* mort en apparence ★ *~ zijn* être mort en apparence, avoir l'air mort
schijnen ❶ *stralen* luire, briller ★ *de zon schijnt* il fait (du) soleil ★ *de maan schijnt* il fait clair de lune ★ *de zon schijnt in mijn kamer* le soleil donne dans ma chambre ❷ *lijken* paraître, sembler, avoir l'air de ★ *naar het schijnt* à ce qu'il paraît ★ *hij schijnt ziek te zijn* il paraît qu'il est malade
schijngestalte apparence *v*, ‹van maan› phase *v*
schijnheilig hypocrite ★ *~ persoon* hypocrite *m/v*, inform faux jeton *m*
schijnhuwelijk mariage *m* blanc
schijnproces simulacre *m* de procès
schijnsel lueur *v*, ‹v. maan› clair *m*
schijntje soupçon *m* ★ *voor een ~* pour trois fois rien
schijnvertoning comédie *v*, farce *v*
schijnwerper projecteur *m* ▼ *in de ~s* sous les (feux des) projecteurs
schijnzwanger souffrant d'une grossesse nerveuse
schijt merde *v* ▼ *~ hebben aan* se foutre de
schijten chier
schijterig trouillard
schijtluis trouillard *m*, poule *v* mouillée
schik ❶ *tevredenheid* contentement *m* ★ *in zijn ~ zijn* boire du petit-lait, ‹zeer› jubiler ★ *in zijn ~ zijn met* être ravi de ❷ *plezier* plaisir *m* ★ *veel ~ hebben* bien s'amuser ★ *~ hebben in* prendre plaisir à
schikgodin Parque *v*
schikken I *ov ww* ❶ *goed plaatsen* arranger, mettre en ordre ★ *bloemen ~* faire une composition florale ❷ *regelen* arranger ★ *het zo ~ dat* s'arranger pour **II** *onov ww, gelegen komen* arranger, convenir ★ *als het u schikt* si cela vous arrange / convient ★ *slecht ~* mal tomber ★ *het schikt hem niet* cela ne lui convient pas **III** *wkd ww* [**zich ~**] *zich niet verzetten* se résigner (**in** à) ★ *zich ~ naar* s'accommoder de, s'adapter à, se régler sur ★ *zich naar de regels ~* s'accommoder des règles ★ *zich naar iemands wensen ~* se conformer aux souhaits de qn ★ *zich in zijn lot ~* se résigner
schikking ❶ *ordening* arrangement *m* ❷ *overeenkomst* arrangement *m*, jur transaction *v* ★ *tot een ~ komen* s'arranger ★ *minnelijke ~* arrangement à l'amiable
schil peau *v* [mv: peaux], pelure *v*, ‹van citroen› zeste *m*, ‹bast› écorce *v*, ‹laag› couche *v* ★ *de ~len* les épluchures ★ *in de ~ gekookt* en robe des champs
schild ❶ mil *beschermingsplaat* bouclier *m* ★ *ze voeren iets in hun ~* ils mijotent / manigancent qc ❷ dierk *dekschild* carapace *v*

schilder ❶ *huisschilder* peintre *m* (en bâtiment) ❷ *kunstschilder* (artiste *m/v*) peintre *m*
schilderachtig *pittoresk* pittoresque
schilderen I *ov ww* ❶ *met verf bestrijken* peindre ❷ *in verf afbeelden* peindre **II** *onov ww, kunstschilder zijn* peindre
schilderij tableau *m* [m mv: tableaux], peinture *v*
schildering ❶ *schilderij* peinture *v* ❷ *beschrijving* portrait *m*
schilderkunst peinture *v*
schildersbedrijf ❶ *bedrijf* entreprise *v* de peinture en bâtiment ❷ *vak* peinture *v* en bâtiment
schildersezel chevalet *m*
schildertechniek techniques *v mv* picturales
schilderwerk *het geschilderde* peinture *v*
schildklier (glande *v*) thyroïde *v*
schildknaap écuyer *m*
schildpad tortue *v*
schildwacht sentinelle *v*
schilfer écaille *v*, ‹van hoofdhuid› pellicule *v*
schilferen s'écailler
schilferig écailleux [v: écailleuse], ‹v. hoofdhuid› pelliculeux [v: pelliculeuse]
schillen *van schil ontdoen* éplucher, peler
schilmesje éplucheur *m*
schim ❶ *schaduwbeeld* ombre *v* ★ *zij is nog maar een ~ van zichzelf* elle n'est plus que l'ombre d'elle-même ❷ *vage gedaante* ombre *v* ❸ *geest* ombre *v*, spectre *m*, fantôme *m*
schimmel ❶ *paard* cheval *m* blanc ❷ *zwam* champignon *m* ❸ *uitslag* moisissure *v*, moisi *m*, med mycose *v*
schimmelen (se) moisir
schimmelig ❶ *beschimmeld* moisi ❷ *schimmelachtig* comme moisi
schimmelkaas culin fromage *m* fermenté
schimmenrijk enfers *m mv*
schimmenspel ombres *v mv* chinoises, fig fantasmagorie *v*
schimmig nébuleux [v: nébuleuse]
schimpen ★ *~ op* dénigrer
schimpscheut sarcasme *m*, trait *m*, pique *v*
schip ❶ *vaartuig* bateau *m* [m mv: bateaux], ‹groot› navire *m*, bâtiment *m*, gesch vaisseau *m* [m mv: vaisseaux] ★ *zijn schepen achter zich verbranden* brûler les ponts derrière soi ★ *schoon ~ maken* faire place nette, faire table rase ★ *het ~ ingaan* échouer ★ *we zien wel waar het ~ strandt* vogue la galère! ❷ *beuk van kerk* nef *v*
schipbreuk naufrage *m* ★ *~ lijden* ook fig faire naufrage, fig échouer
schipbreukeling naufragé *m*
schipper commandant *m*, capitaine *m/v*
schipperen *compromissen doen* biaiser, louvoyer, transiger (**met** avec, sur)
schipperstrui pull *m* marin
schisma schisme *m*
schitteren ❶ *fel schijnen* briller ★ *de sneeuw schittert in de zon* la neige brille / scintille au soleil ❷ *uitblinken* briller ★ *~ door afwezigheid* briller par son absence
schitterend I *bn* ❶ *glinsterend* brillant, éclatant ❷ *prachtig* éblouissant **II** *bw* brillamment, splendidement
schittering ❶ *het schitteren* éclat *m* ❷ *pracht*

éclat *m*, splendeur *v*
schizofreen schizophrène
schizofrenie schizophrénie *v*
schlager tube *m*
schlemiel ❶ *sul* cruche *v* ❷ *pechvogel* lo(o)ser *m*
schmink maquillage *m*, fard *m*
schminken maquiller
schnabbel à-côté *m* [m mv: à-côtés]
schnabbelen se faire des à-côtés, ⟨van artiesten⟩ inform cachetonner
schnitzel escalope *v*
schoeisel chaussure(s) *v (mv)*
schoen *schoeisel* chaussure *v* ★ *hoge ~* chaussure montante, bottine *v* ★ *zijn ~en aantrekken* se chausser ★ *zijn ~en uittrekken* se déchausser ▾ *iem. iets in de ~en schuiven* mettre qc sur le dos de qn ▾ *in iemands ~en staan* être à la place de qn ▾ BN *recht in zijn ~en staan* être droit dans ses bottes ▾ *stevig in zijn ~en staan* être droit dans ses bottes ▾ BN *in nauwe ~tjes zitten* être dans ses petits souliers ▾ *naast zijn ~en lopen* ne plus se sentir ▾ *de stoute ~en aantrekken* prendre son courage à deux mains ▾ *daar wringt de ~* c'est là que le bât blesse ▾ *weten waar hem de ~ wringt* savoir où se trouve la difficulté ▾ *wie de ~ past, trekke hem aan* qui se sent morveux se mouche, ≈ à bon entendeur, salut!
schoenborstel brosse *v* à chaussures
schoencrème cirage *m*
schoenendoos boîte *v* à chaussures
schoenenwinkel magasin *m* de chaussures
schoener schooner *m*
schoenlepel chausse-pied *m* [m mv: chausse-pieds]
schoenmaat pointure *v*
schoenmaker cordonnier *m*
schoenpoetser cireur *m*
schoensmeer cirage *m*
schoenveter lacet *m*
schoenzool semelle *v*
schoep *schepbord op waterrad* pale *v*, aube *v*
schoffel sarcloir *m*, binette *v*
schoffelen ❶ *bewerken met schoffel* sarcler, biner ❷ sport matraquer
schofferen *beledigen* offenser, outrager
schoffie (petit) voyou *m*
schoft ❶ *schurk* salaud *m* ❷ *schouder van dier* garrot *m*
schoftenstreek vacherie *v*, tour *m* de cochon
schofterig dégueulasse
schok ❶ *stoot* choc *m*, heurt *m*, secousse *v* ❷ *stroomstoot* décharge *v* ❸ *emotionele gebeurtenis* choc *m*
schokbestendig antichoc [onver.]
schokbeton béton *m* vibré
schokbreker amortisseur *m*
schokdemper amortisseur *m*
schokeffect effet *m* de choc
schokgolf onde *v* de choc
schokken I *ov ww, heftig beroeren* choquer, bouleverser, ⟨doen wankelen⟩ ébranler ★ *het heeft mij zeer geschokt* cela m'a bouleversé **II** *onov ww, schudden* tressauter, cahoter ★ *hij schokte met zijn schouders* il a haussé les épaules
schokkend choquant, bouleversant
schokschouderen hausser les épaules
schoksgewijs par à-coups, par saccades
schol ❶ *vis* carrelet *m* ❷ *ijsschots* glaçon *m* ❸ geol plaque *v*
schold [verl. td.] → **schelden**
scholden [verl. td.] → **schelden**
scholekster huîtrier *m* pie
scholen I *ov ww, opleiden* former ★ *geschoolde arbeider* ouvrier *m* qualifié **II** *onov ww,* ⟨van vissen⟩ *samenscholen* former un banc, former des bancs **III** *ww* [verl. td.] → **schuilen**
scholengemeenschap groupe *m* scolaire
scholier écolier *m* [v: écolière], ⟨op middelbare school⟩ lycéen *m* [v: lycéenne], collégien *m* [v: collégienne]
scholing formation *v*, instruction *v*
schommel ❶ *speeltuig* balançoire *v* ❷ *dik mens* (grosse) dondon *v*
schommelen ❶ *op een schommel spelen* se balancer ❷ *heen en weer bewegen* balancer ★ *de boot schommelt heen en weer* le bateau est en train de rouler ❸ *fluctueren* fluctuer
schommeling fluctuation *v*
schommelstoel fauteuil *m* à bascule, berceuse *v*, rocking-chair *m*
schond [verl. td.] → **schenden**
schonden [verl. td.] → **schenden**
schonk [verl. td.] → **schenken**
schonken [verl. td.] → **schenken**
schoof I *de* gerbe *v* **II** *ww* [verl. td.] → **schuiven**
schooien mendier
schooier ❶ *zwerver* va-nu-pieds *m/v* [mv: id.] ❷ *schoft* voyou *m*
school I *de* ❶ onderw *onderwijsinstelling* école *v* ★ *lagere ~* école primaire ★ *middelbare ~* école secondaire ★ *openbare ~* école publique ★ *particuliere ~* école laïque ★ BN *sociale ~* école de service social école à forte concentration d'enfants issus de l'immigration, BelgFr école *v* de concentration ★ *bijzondere ~* école libre ★ *hogere ~* école supérieure ★ *naar ~ gaan* aller à l'école ★ *van ~ halen* retirer de l'école ★ *~ hebben* avoir cours, avoir classe ★ *op ~* à l'école, en classe ★ *de ~ verzuimen* manquer les cours, ⟨spijbelen⟩ faire l'école buissonnière ❷ kunst *richting* école *v* ★ *hij is een schilder van de Vlaamse ~* c'est un peintre de l'école flamande ★ *~ maken* faire école ❸ *groep vissen* banc *m* (de poissons) ★ *een ~ haringen* un banc de harengs ▾ *uit de ~ klappen* bavarder, inform vendre la mèche gaffer **II** *ww* [verl. td.] → **schuilen**
schoolagenda onderw agenda *m* (scolaire)
schoolarts onderw med médecin *m* scolaire
schoolbank banc *m* d'école
schoolbezoek scolarisation *v*, scolarité *v*
schoolblijven être en retenue, être retenu, inform être collé ★ *een uur moeten ~* inform avoir une heure de colle
schoolboek livre *m* / manuel *m* scolaire
schoolbord tableau *m* (noir) [mv: tableaux] ★ *elektronisch ~* tableau *m* (blanc) interactif
schoolbus car *m* de ramassage scolaire
schooldag jour *m* de classe
schooldecaan conseiller *m* (principal) d'éducation (CPE)
schoolgaand d'âge scolaire, scolarisé
schoolgeld frais *m mv* de scolarité

schoolhoofd directeur *m* d'école [v: directrice ...]
schooljaar année *v* scolaire ★ *begin van het ~* rentrée *v* (scolaire)
schooljeugd scolaires *m mv*, écoliers *m mv*, population *v* scolaire, ‹op middelbare school› lycéens *m mv*
schooljuffrouw maîtresse *v*
schoolklas onderw classe *v*
schoolkrant journal *m* de l'école [m mv: journaux ...]
schoollokaal (salle *v* de) classe *v*
schoolmeester ❶ *leerkracht* maître *m* d'école, professeur *m* des écoles, instituteur *m* ❷ *schoolmeesterachtig type* pédant *m*, cuistre *m* ★ *de ~ uithangen* faire la leçon aux autres
schoolplein cour *v* de récréation
schoolreis voyage *m* / sortie *v* scolaire
schools ❶ *zoals op school* scolaire ❷ fig *niet zelfstandig* scolaire, académique
schoolslag sport brasse *v*
schooltas cartable *m*
schooltijd ❶ *lestijd* heures *v mv* de cours / de classe, classe *v* ★ *onder ~* pendant la classe ★ *buiten ~* après la classe ❷ *schooljaren* (années *v mv* de) scolarité *v* ★ *een fijne ~ hebben* passer une scolarité heureuse
schooluitval onderw décrochage *m* / rupture *v* scolaire, échec *m* scolaire
schoolvakantie onderw vacances *v mv* scolaires
schoolvereniging ❶ *vereniging die school opricht* ≈ association *v* qui gère un établissement scolaire ❷ *scholierenvereniging* club *m* scolaire
schoolverlater onderw ≈ jeune bachelier *m* ★ *vroegtijdige ~* déscolarisé *m* [v: déscolarisée], décrocheur *m* [v: décrocheuse]
schoolverzuim absentéisme *m* scolaire
schoolvoorbeeld exemple *m* type, modèle *m*
schoolziek ≈ qui simule une maladie
schoolzwemmen natation *v* scolaire
schoon I *bn* ❶ *niet vuil* propre ★ *schone kleren aantrekken* se changer ★ *~ water* de l'eau propre ❷ BN *mooi* beau [m mv: beaux] [v: belle] [vóór klinker of stomme h: bel] ★ *de schone slaapster* la Belle au bois dormant ❸ *netto* net [v: nette] ★ *15 euro ~ per uur verdienen* gagner 15 euros net l'heure **II** *bw, helemaal* ★ *het is ~ op* il n'en reste rien **III** *het* beauté *v* ★ *vrouwelijk ~* la beauté de la femme
schoonbroer BN beau-frère *m* [mv: beaux-frères]
schoondochter belle-fille *v* [mv: belles-filles]
schoonfamilie belle-famille *v* [mv: belles-familles]
schoonheid beauté *v* ▼ BN *in ~ eindigen* finir en beauté
schoonheidsfout petit défaut *m*, imperfection *v*
schoonheidsideaal beauté *v* idéale
schoonheidskoningin reine *v* de beauté
schoonheidssalon salon *m* de beauté
schoonheidsslaapje petit somme *m*
schoonheidsspecialiste esthéticienne *v*
schoonheidsvlekje grain *m* de beauté
schoonheidswedstrijd concours *m* de beauté
schoonhouden tenir propre, nettoyer
schoonmaak nettoyage *m* ★ *grote ~* grand nettoyage
schoonmaakbedrijf entreprise *v* de nettoyage
schoonmaakdoek chiffon *m*
schoonmaakwoede manie *v* du nettoyage
schoonmaken ❶ *reinigen* nettoyer ★ *het huis ~* nettoyer la maison ★ *zijn nagels ~* se curer les ongles ❷ culin *het niet-eetbare wegnemen* ‹groente› éplucher, ‹vis, slachtdier› vider
schoonmaker nettoyeur *m* [v: nettoyeuse]
schoonmoeder belle-mère *v* [v mv: belles-mères]
schoonouders beaux-parents *m mv*
schoonrijden patinage *m* artistique
schoonschrift calligraphie *v*
schoonschrijven calligraphier
schoonspringen plongeon *m* acrobatique
schoonvader beau-père *m* [m mv: beaux-pères]
schoonzoon gendre *m*
schoonzuster, inform **schoonzus** belle-sœur *v* [mv: belles-sœurs]
schoor [verl. td.] → **scheren**
schoorsteen cheminée *v* ▼ *daar van kan de ~ niet roken* ça ne nourrit pas son homme
schoorsteenmantel (dessus *m* de) cheminée *v*
schoorsteenveger ramoneur *m*
schoorvoetend I *bn* hésitant **II** *bw* avec réticence, traînant les pieds ★ *iets ~ bekennen* reconnaître qc avec réticence ★ *~ iets doen* hésiter à faire qc
schoot I *de* ❶ *bovendijen* genoux *m mv* ★ *op iemands ~* sur les genoux de qn ★ *het hoofd in de ~ leggen* baisser les bras ★ *dat krijgt hij in de ~ geworpen* ça lui tombe du ciel ❷ *deel kledingstuk* creux *m* ❸ scheepv écoute *v* ❹ fig *binnenste* sein *m*, giron *m* ★ *in de ~ van het gezin* dans le giron familial **II** *ww* [verl. td.] → **schieten**
schoothondje ≈ bichon *m* [v: bichonne]
schootsafstand portée *v* ★ *op ~* à portée
schootsveld champ *m* de tir
schop ❶ *trap* coup *m* de pied ★ *iem. een ~ geven* donner un coup de pied à qn ★ sport *vrije ~* coup franc ❷ *spade* pelle *v*, bêche *v* ▼ *op de ~ gaan* être remanié
schoppen I *ov ww* donner des coups de pied à ★ *hij zal het ver ~* il ira loin **II** *onov ww* donner des coups de pied à ★ *tegen een bal ~* taper / donner un coup de pied dans un ballon **III** *de* ‹in spel› pique *m*
schoppenaas as *m* de pique
schopstoel ▼ *op de ~ zitten* être sur un siège éjectable
schor I *bn* enroué, rauque ★ *~ zijn* être enroué ★ *~re stem* voix *v* enrouée / rauque **II** *bw* d'une voix enrouée
schorem racaille *v*
schoren I *ov ww* étayer **II** *ww* [verl. td.] → **scheren**
schorpioen *dier* scorpion *m*
Schorpioen *dierenriemteken* Scorpion *m*
schors écorce *v*
schorsen ❶ *buiten dienst stellen* suspendre ★ *hij is voor drie wedstrijden geschorst* il a été suspendu pour trois matchs ★ *de leerling is geschorst* l'élève a été suspendu ❷ *tijdelijk opheffen* suspendre ★ *de vergadering wordt geschorst* la séance est suspendue
schorseneer salsifis *m* noir
schorsing ❶ *tijdelijke uitsluiting* suspension *v*

SC

❷ *uitstel* suspension *v*
schort tablier *m*
schorten *haperen* manquer ★ *wat schort er aan?* qu'est-ce qui ne va pas? ★ *er schort iets aan* ça ne va pas, ça ne tourne pas rond ★ *het schort hun aan goede wil* ils manquent de bonne volonté
schot ❶ *het schieten* ⟨v. vuurwapen⟩ coup *m* (de feu), ⟨knal⟩ détonation *v* ★ *een ~ lossen* tirer ★ *onder ~ hebben* avoir à portée de fusil ★ *iem. onder ~ hebben* avoir l'arme braquée sur qn ★ *buiten ~ blijven* rester hors d'atteinte, rester à l'abri /à l'écart ❷ sport tir *m* ❸ *vaart* progrès *m* ★ *er zit geen ~ in het werk* le travail n'avance pas ★ *er ~ achter zetten* activer / expédier les choses ❹ *tussenschot* cloison *v*, séparation *v*
Schot Écossais *m*
schotel ❶ *schaal* plat *m*, ⟨bij kopje⟩ soucoupe *v* ★ *kop en ~* tasse et soucoupe ❷ culin *gerecht* plat *m* ▾ *vliegende ~* soucoupe *v* volante, ovni *m*
schotelantenne antenne *v* parabolique, parabole *v*
schoteldoek BN *vaatdoek* torchon *m*
schotelvod BN *vaatdoek* torchon *m*
schoten [verl. td.] → **schieten**
schotenwisseling échange *m* de coups de feu, fusillade *v*
Schotland l'Écosse *v* ★ *in ~* en Écosse
schots I *de* glaçon *m* ★ *~en* glaces *v mv* flottantes **II** *bw* ★ *~ en scheef* tout de travers, en vrac
Schots écossais
schotschrift libelle *m*
Schotse Écossaise *v*
schotwond blessure *v* de balle
schouder épaule *v* ★ *de ~s ophalen* hausser les épaules ★ *over zijn ~* par-dessus l'épaule ▾ *brede ~s hebben* avoir bon dos, avoir le dos large ▾ *de ~s eronder zetten* s'y mettre ▾ *~ aan ~* (au) coude à coude
schouderband *band aan kledingstuk* bretelle *v*, ⟨van hemd⟩ épaulette *v*
schouderblad omoplate *v*
schoudergewricht articulation *v* scapulo-humérale
schouderhoogte hauteur *v* d'épaule
schouderklopje tape *v* (amicale) dans le dos
schouderophalen haussement *m* d'épaules
schoudertas sac *m* à bandoulière, sacoche *v*
schoudervulling épaulette *v*
schout ❶ gesch bailli *m* ❷ *dijkgraaf* ≈ surintendant *m* des digues
schout-bij-nacht contre-amiral *m* [mv: contre-amiraux]
schouw ❶ *stookplaats* cheminée *v* ❷ BN *schoorsteen* cheminée *v*
schouwburg théâtre *m*
schouwen ❶ ⟨dijken, een lijk e.d.⟩ inspecter ★ *een lijk ~* autopsier un cadavre ❷ mil inspecter
schouwspel spectacle *m*, scène *v*
schoven [verl. td.] → **schuiven**
schraag chevalet *m*, tréteau *m* [mv: tréteaux]
schraal I *bn* ❶ ⟨van huid⟩ rêche ★ *schrale handen* des mains rêches ❷ ⟨van weer, wind⟩ âpre ❸ *onvruchtbaar* aride ❹ *mager* maigre, chiche ★ *dat is schrale kost* c'est une nourriture chiche ★ *~ maal* repas *m* frugal ★ *een schrale troost* une faible / maigre / piètre consolation *v* **II** *bw* maigrement, pauvrement
schraalhans grigou *m* ▾ *daar is ~ keukenmeester* on n'y mange pas à sa faim
schraapzucht rapacité *v*, avidité *v*
schragen soutenir, étayer
schram *wondje* égratignure *v*, éraflure *v*
schrammen égratigner, écorcher
schrander I *bn* intelligent, ⟨pienter⟩ éveillé, futé **II** *bw* intelligemment
schransen bâfrer, bouffer
schrap I *bw* ★ *zich ~ zetten* se raidir, s'arc-bouter ★ *zet je ~!* cramponne-toi!, tiens-toi bien! ★ *~ staan* ne pas lâcher pied **II** *de* trait *m*, barre *v* ★ *een ~ halen door iets* barrer qc
schrapen ❶ *afkrabben* gratter, racler ★ *wortels ~* gratter des carottes ❷ *met de keel* ★ *zijn keel ~* s'éclaircir la voix ❸ *verzamelen* amasser ★ *geld bij elkaar ~* amasser de l'argent
schraper ❶ *schraapijzer* racloir *m* ❷ *persoon* grippe-sou *m* [m mv: grippe-sou(s)]
schrappen ❶ *schrapen* gratter, racler ★ *aardappels ~* gratter des pommes de terre ★ *een vis ~* écailler un poisson ❷ *doorhalen* rayer, barrer, biffer ★ *een stuk tekst ~* raturer / supprimer un passage ★ *hij werd van de lijst geschrapt* il a été rayé de la liste ★ *banen ~* supprimer des emplois ★ BN *~ wat niet past* rayer les mentions inutiles
schrede *pas* pas *m*, enjambée *v* ★ *met rasse ~n* à grands pas ▾ *op zijn ~n terugkeren* revenir sur ses pas
schreden [verl. td.] → **schrijden**
schreed [verl. td.] → **schrijden**
schreef I *de* trait *m*, barre *v*, empattement *m* ▾ *over de ~ gaan* dépasser les bornes **II** *ww* [verl. td.] → **schrijven**
schreeuw cri *m* ★ *een ~ geven* pousser un cri
schreeuwen I *ov ww, iets hard roepen* crier, ⟨brullen⟩ hurler, inform gueuler **II** *onov ww* ❶ *hard roepen* crier ❷ *huilen* hurler ❸ *~ om* réclamer ★ *om hulp ~* crier au secours ★ *dit schreeuwt om wraak* ça crie vengeance
schreeuwend I *bn* criant, fig flagrant, ⟨v. kleur⟩ criard ★ *~e kleuren* couleurs *v mv* criardes **II** *bw* ★ *~ duur* horriblement cher, hors de prix
schreeuwerig ❶ *schreeuwend* criard, inform braillard ★ *een ~e stem* une voix criarde ❷ *opzichtig* criard, ⟨v. tekst / reclame⟩ tapageur [v: tapageuse] ★ *~e kleuren* couleurs *v mv* criardes
schreeuwlelijk gueulard *m*, braillard *m*
schreien pleurer
schreven [verl. td.] → **schrijven**
schriel I *bn* ❶ *mager* grêle ❷ *gierig* chiche **II** *bw* chichement
schrift ❶ *schrijfboek* cahier *m* ❷ *(manier van) schrijven* écriture *v* ★ *iets op ~ stellen* mettre qc par écrit
Schrift ▾ *de Heilige ~* l'Ecriture sainte
schriftelijk I *bn* écrit ★ *~ onderwijs* enseignement *m* par correspondance ★ *~ werk* un travail écrit, une interrogation écrite **II** *bw* par écrit ★ *iets ~ vastleggen* coucher qc par écrit **III** *het* écrit *m*
Schriftgeleerde exégète *m*, gesch scribe *m*
schrijden marcher (à pas comptés), avancer
schrijfbehoeften fournitures *v mv* de bureau

schrijfblok bloc-notes *m* [m mv: blocs-notes]

schrijfmachine machine *v* à écrire

schrijfmap nécessaire *m* de correspondance

schrijfpapier papier *m* à lettres

schrijfster auteur *m*, auteure *v*, femme *v* écrivain, écrivaine *v*

schrijftaal langue *v* écrite

schrijfvaardigheid expression *v* écrite

schrijfwijze **❶** *spelling* orthographe *v* **❷** *handschrift* écriture *v*

schrijlings à califourchon, à cheval (**op** sur) ★ *~ zitten op* être à cheval sur, chevaucher

schrijnen brûler, ‹van wond› cuire

schrijnend cuisant, poignant

schrijnwerker **❶** *meubelmaker* ébéniste *m*, menuisier *m* **❷** BN *timmerman* menuisier *m*

schrijven **I** *ov ww* **❶** *tekst noteren* écrire ★ *iem. een brief ~* écrire une lettre à qn **❷** *spellen* écrire ★ *hoe schrijf je dat?* ça s'écrit comment? **II** *onov ww, tekst noteren* écrire ★ *met de hand geschreven* manuscrit ★ *duidelijk ~* écrire lisiblement ★ *op een advertentie ~* répondre à une annonce ★ *dik ~* écrire gros ★ *fijn ~* écrire fin ★ *met pen ~* écrire au stylo **III** *het, brief* courrier *m* ★ *begeleidend ~* lettre jointe

schrijver écrivain *m*, auteur *m*

schrijverschap métier *m* d'écrivain

schrik **❶** *plotseling angstgevoel* peur *v*, effroi *m*, ‹sterker› frayeur *v* ★ *iem. ~ aanjagen* faire peur à qn, effrayer qn ★ *iem. de ~ op het lijf jagen* faire une peur bleue à qn, effrayer qn ★ *van de ~ bekomen* se remettre de sa frayeur ★ *met de ~ vrijkomen* en être quitte pour la peur, avoir (eu) plus de peur que de mal ★ *tot mijn ~* à mon grand effroi **❷** *angstaanjagend iets / iemand* ★ *de ~ zijn van* être la terreur de

schrikaanjagend effrayant, terrifiant

schrikachtig peureux [v: peureuse], ‹van paard› ombrageux [v: ombrageuse], ‹schichtig› farouche

schrikbarend **I** *bn* terrible, effrayant **II** *bw* terriblement ★ *~ hoge kosten* frais *m mv* exorbitants

schrikbeeld cauchemar *m*

schrikbewind terreur *v* ★ *een ~ voeren* faire régner la terreur

schrikdraad fil *m* électrifié

schrikkeldag jour *m* intercalaire

schrikkeljaar année *v* bissextile

schrikkelmaand mois *m* de février

schrikken **❶** *schrik krijgen* s'effrayer, prendre peur (**van** de), ‹opschrikken› sursauter ★ *wakker ~* se réveiller en sursaut ★ *ik schrok me dood* j'étais mort de frayeur, j'ai eu une de ces peurs / une peur bleue ★ *aan het ~ maken* faire peur à, effrayer **❷** *plotseling afgekoeld worden* ★ *eieren (laten) ~* plonger les œufs dans l'eau froide

schrikreactie réaction *v* de peur

schril **❶** *schel* perçant, strident, aigu [v: aiguë] **❷** *scherp afstekend* criard, voyant ★ *een ~ contrast* un contraste criant

schrobben frotter, laver à grande eau

schrobber balai-brosse *m* [m mv: balais-brosses]

schrobbering réprimande *v*, semonce *v*

schroef **❶** *pin met schroefdraad* vis *v* ★ *de ~ losdraaien* desserrer la vis ★ *een ~ aandraaien* serrer une vis ★ *alles staat op losse schroeven* tout est remis en question, tout est compromis **❷** *propeller* hélice *v*

schroefas arbre *m* d'hélice

schroefdeksel couvercle *m* à vis

schroefdop bouchon *m* à vis

schroefdraad filet *m* (de vis)

schroeien **I** *ov ww, oppervlak verbranden* roussir, ‹blakeren› flamber, brûler **II** *onov ww, aan oppervlakte branden* roussir

schroeiplek brûlure *v*

schroeven visser ★ *uit elkaar ~* dévisser ★ *vaster ~* serrer le(s) vis

schroevendraaier tournevis *m*

schrok [verl. td.] → **schrikken**

schrokken **I** *ov ww* ★ *zijn eten naar binnen ~* se goinfrer **II** *ww* [verl. td.] → **schrikken**

schrokop goinfre *m/v*, glouton *m* [v: gloutonne]

schromelijk **I** *bn* énorme, terrible **II** *bw* énormément, terriblement ★ *zich ~ vergissen* se tromper lourdement ★ *~ overdreven* largement exagéré

schromen **❶** *aarzelen* hésiter ★ *niet ~ te* ne pas hésiter à, être prêt à **❷** *duchten* craindre ★ *geen gevaar ~* mépriser le danger

schrompelen se recroqueviller, se ratatiner

schroom hésitation *v*, appréhension *v*, ‹vrees› crainte *v* ★ *zijn ~ overwinnen* surmonter sa timidité

schroot **I** *het, metaalafval* ferraille *v* **II** *de, dunne lat* latte *v*, frisette *v*

schroothandel commerce *m* de la ferraille, ferrailleur *m*

schroothoop (tas *m* de) ferraille *v* ★ *rijp voor de ~* bon pour la casse

schub écaille *v*

schubachtig écailleux [v: écailleuse]

schubdier pangolin *m*

schuchter **I** *bn* timide **II** *bw* timidement

schuddebuiken rire à ventre déboutonné

schudden **I** *ov ww, bewegen* agiter, secouer, ‹van hoofd› hocher ★ *de kaarten ~* battre les cartes ★ *nee ~* faire non de la tête ★ *~ voor het gebruik* agiter avant l'usage ★ *iem. wakker ~* fig secouer qn ★ *elkaar de hand ~* se serrer la main ★ *iem. de hand ~* serrer la main à qn ▾ *dat kun je wel ~!* tu peux te l'accrocher! **II** *onov ww, bewogen worden* être secoué / agité ★ *doen ~* ook fig ébranler ★ *het huis schudde door de aardbeving* la maison fut secouée par le tremblement de terre ★ *~ van het lachen* se tordre de rire

schuier brosse *v*

schuif **❶** *grendel* verrou *m*, ‹knip› targette *v* **❷** *klep* coulisse *v*, vanne *v*, ‹v. haard› trappe *v*, ‹schot› panneau *m* coulissant ▾ BN *in de bovenste ~ liggen bij iem.* être dans les bonnes grâces de qn, être dans les petits papiers de qn

schuifdak toit *m* ouvrant

schuifdeur porte *v* coulissante / à coulisse

schuifelen **❶** *voortbewegen* avancer en glissant, glisser, ‹sloffen› traîner les pieds, ‹v. menigte› piétiner **❷** *dansen* danser le slow

schuifladder échelle *v* coulissante

schuifpui baie *v* vitrée (coulissante)

schuifraam ‹verticaal schuivend› fenêtre *v* à guillotine, ‹horizontaal› fenêtre *v* à glissière,

fenêtre *v* à coulisse
schuiftrombone trombone *m* à coulisse
schuiftrompet trompette *v* à coulisse
schuifwand cloison *v* coulissante
schuiladres cachette *v*, inform planque *v*
schuilen ❶ *beschutting zoeken* s'abriter, se mettre à l'abri (**voor** de) ❷ *zich verbergen* se cacher ❸ *te vinden zijn* être, résider ★ *daar schuilt wat achter* cela cache qc
schuilgaan ❶ *zich verbergen* se cacher ❷ *verscholen zijn* se cacher, disparaître ★ *~ achter* se cacher derrière
schuilhok BN *bus- / tramhokje* abri *m*
schuilhouden [**zich ~**] se cacher, ‹zich gedeisd houden› garder un profil bas
schuilhut cabane *v*, ‹in bergen› refuge *m*
schuilkelder abri *m*
schuilnaam pseudonyme *m*
schuilplaats cachette *v*, abri *m*, inform planque *v*
schuim ❶ *blaasjes* écume *v*, ‹van drank, zeep› mousse *v* ★ *eiwit tot ~ kloppen* battre les blancs d'oeufs en neige ❷ *gebak* meringue *v*
schuimbad bain *m* moussant
schuimbekken écumer (**van** de) ★ *~d* la bouche écumeuse
schuimblusser extincteur *m* (à mousse carbonique)
schuimen *schuim vormen* écumer, ‹v. drank, zeep› mousser ★ *~d* écumeux [v: écumeuse] mousseux [v: mousseuse]
schuimgebakje meringue *v*
schuimig mousseux [v: mousseuse], ‹van zee, rivier› écumeux [v: écumeuse]
schuimkop ★ *bedekt met ~pen* moutonneux [v: moutonneuse]
schuimkraag (faux) col *m*
schuimpje meringue *v*
schuimplastic mousse *v* plastique
schuimrubber caoutchouc *m* mousse
schuimspaan écumoire *v*
schuin I *bn* ❶ *scheef* oblique, ‹hellend› penché, incliné ★ *met ~e blik* d'un regard de côté / en coin ★ *een ~e muur* un mur penché ★ *het ~e vlak* le plan incliné ❷ *dubbelzinnig* leste, grivois ★ *een ~e mop* une plaisanterie grivoise **II** *bw* ❶ *scheef* de / en biais, de travers, obliquement ★ *~ afsnijden* couper en biseau ★ *~ oversteken* traverser en diagonale ★ *~ lopen* aller en biais ★ *~ aflopen* être en pente ★ *~ afslaan naar rechts* obliquer à droite ★ *hij woont hier ~ tegenover* il habite presque en face ❷ *gedurfd-grappig* de façon grivoise / scabreuse
schuins I *bn* oblique, ‹hellend› en pente **II** *bw* obliquement ★ *~ toelopen* se rétrécir ★ *iem. ~ aankijken* regarder qn de côté
schuinschrift écriture *v* anglaise / couchée
schuinsmarcheerder bambocheur *m*
schuinte ❶ *schuine richting* biais *m* ★ *in de ~* dans le biais ❷ *helling* inclinaison *v*, pente *v*
schuit ❶ *boot* bateau *m* [mv: bateaux], ‹plat› barge *v*, min rafiot *m* ❷ *grote schoen* (gros) godillot *m*
schuitje ❶ *bootje* ★ *in hetzelfde ~ zitten* être logé à la même enseigne ❷ *van ballon* nacelle *v*
schuiven I *ov ww* ❶ *duwen* pousser, (faire) glisser ★ *dichterbij ~* rapprocher ❷ *dokken* casquer ★ *wat schuift het?* ça paie combien? **II** *onov ww, schuivend bewegen* (se) glisser, ‹langs gleuf› coulisser ★ *dichterbij ~* se rapprocher, rapprocher sa chaise ★ *in elkaar ~* s'emboîter ★ *laat hem maar ~* il se débrouille
schuiver *glijpartij* glissade *v*, ‹slip› dérapage *m* ★ *een ~ maken* faire une glissade, faire un dérapage
schuld ❶ *verantwoordelijkheid* faute *v*, tort *m*, ‹schuldigheid› culpabilité *v* ★ *het is mijn ~* c'est (de) ma faute ★ *het is zijn ~ niet* ce n'est pas (de) sa faute, il n'y est pour rien ★ *wiens ~ is het?* à qui la faute? ★ *iem. ergens de ~ van geven* imputer qc à qn, rejeter la faute de qc sur qn ★ *de ~ krijgen* se faire accuser, inform porter le chapeau ★ *de ~ op iem. schuiven* rejeter la faute sur qn ★ *de ~ bij zichzelf zoeken* s'en prendre à soi-même, faire son auto-critique ★ *eigen ~, dikke bult!* bien fait (pour toi / lui / eux)! ★ *~ bekennen* avouer sa faute, faire son mea-culpa, jur plaider coupable ★ *~ belijden* s'avouer coupable, avouer ★ *vergeef ons onze ~en* pardonnez-nous nos offenses ★ *dood door ~* homicide *m* involontaire ❷ *nog te betalen bedrag* dette *v* ★ *~en maken* s'endetter ★ *bij iem. in de ~ staan* être en dette avec qn ★ *diep in de ~en zitten* être criblé de dettes ★ *je ~en afbetalen* s'acquitter de ses dettes
schuldbekentenis ❶ *bekennen van schuld* aveu *m* [m mv: aveux] ❷ ‹van nog te betalen bedrag› reconnaissance *v* de dette
schuldbesef sentiment *m* de culpabilité
schuldbewust conscient de sa faute, contrit
schuldeiser créancier *m* [v: créancière]
schuldenaar débiteur *m* [v: débitrice]
schuldenlast endettement *m*
schuldgevoel sentiment *m* de culpabilité ★ *iem. een ~ geven* culpabiliser qn
schuldig ❶ *schuld hebbend* coupable (**aan** de) ★ *zich ~ maken aan iets* se rendre coupable de qc ★ *~ bevonden* jugé / reconnu coupable ★ *zich ~ voelen* culpabiliser ❷ *verschuldigd* redevable ★ *iem. iets ~ zijn* devoir qc à qn ★ *hoeveel ben ik u ~?* je vous dois combien? ★ *ik ben hem geld ~* je lui dois de l'argent ★ *het antwoord ~ moeten blijven* ne savoir que répondre
schuldige coupable *m/v*
schuldvereffening compensation *v*
schuldvraag question *v* de la culpabilité
schulp ▾ *in zijn ~ kruipen* rentrer dans sa coquille ▾ *uit zijn ~ kruipen* sortir de sa coquille
schunnig cochon [v: cochonne], ordurier [v: ordurière] ★ *~e taal uitslaan* dire des saletés ★ *een ~e streek* un tour de cochon
schuren I *ov ww* ❶ *glad maken* frotter, ‹met schuurpapier› poncer ❷ BN *schrobben* laver à grande eau **II** *onov ww, schuiven* frotter (contre)
schurft gale *v* ▾ *de ~ hebben aan* ne pas pouvoir sacquer
schurftig ❶ *aan schurft lijdend* galeux [v: galeuse] ❷ *smerig* galeux [v: galeuse] ★ *een ~e streek* un tour de cochon
schurk bandit *m*, brigand *m*, humor filou *m*, voyou *m*
schurkachtig canaille, de / en voyou ★ *een ~e streek* un tour pendable / de cochon

schurkenstaat État-voyou *m* [m mv: États-voyous]
schurkenstreek tour *m* pendable / de cochon
schut ❶ *stuw, dam* écluse *v* ❷ *schot, scherm* cloison *v* ▾ *voor ~ staan* avoir l'air idiot ▾ *iem. voor ~ zetten* ridiculiser qn, bafouer qn
schutblad ❶ plantk bractée *v* ❷ *blad in boek* page *v* de garde
schutkleur couleur *v* de camouflage
schutsluis écluse *v* à sas
schutspatroon patron *m* [v: patronne]
schutten *sluizen* écluser
schutter *iem. die schiet* tireur *m* [v: tireuse], sport buteur *m*
schutteren cafouiller, patauger
schutterig I *bn* godiche **II** *bw* gauchement
schutterij association *v* de tir, gesch milice *v*
schuttersput trou *m* individuel
schutting clôture *v* (en bois)
schuttingtaal langage *m* grossier / ordurier
schuttingwoord gros mot *m*, mot grossier
schuur remise *v*, hangar *m*, ⟨bij boerderij⟩ grange *v*, ⟨klein⟩ appentis *m*
schuurmachine ponceuse *v*
schuurmiddel abrasif *m*
schuurpapier papier *m* émeri / de verre
schuurpoeder poudre *v* à récurer
schuurspons ❶ *voor afwas* éponge *v* grattante ❷ *om te schuren* tampon *m* à récurer
schuw I *bn* farouche, sauvage ★ *~ worden* s'effaroucher **II** *bw* d'un air farouche
schuwen éviter, craindre ★ *hij schuwt geen enkel middel* tous les moyens lui sont bons
schuwheid timidité *v*, sauvagerie *v*
schwalbe sport plongeon *m*
schwung élan *m*, entrain *m*, dynamisme *m*
sciencefiction science-fiction *v*
sclerose sclérose *v*
scoliose scoliose *v*
scoop scoop *m*
scooter scooter *m*
scootmobiel scooter *m* (électrique) médical
score score *m*
scorebord tableau *m* d'affichage
scoren I *ov ww* ❶ sport *doelpunt maken* marquer (un point / un but) ★ *zij scoorde het enige doelpunt* elle a marqué le seul but ❷ inform *te pakken krijgen* se payer, choper **II** *onov ww, resultaat behalen* ★ *hoog ~* obtenir un bon résultat
scoreverloop déroulement *m* du score
scout ❶ *padvinder* scout *m* ❷ *talentenjager* repéreur *m* de talents
scouting ❶ *padvinderij* scoutisme *m* ❷ *zoeken naar talenten* repérage *m* de (nouveaux) talents
scrabbelen jouer au scrabble
scrabble scrabble *m*
scratchen scratcher
screenen passer au crible, med faire passer un test de dépistage
screensaver comp économiseur *m* d'écran, écran *m* de veille
script script *m*
scriptie onderw mémoire *m*
scriptiebegeleider directeur *m* de mémoire
scrollen comp faire défiler

SC

scrotum scrotum *m*
scrupule scrupule *m* ★ *zonder ~s* sans scrupule(s)
scrupuleus scrupuleux [v: scrupuleuse]
sculptuur sculpture *v*
seance séance *v*
sec I *bn* sec [v: sèche] **II** *bw* sèchement ★ *een verhaal sec vertellen* raconter une histoire sans fioritures ★ *sec bekeken* considéré en soi
secondair → **secundair**
secondant ⟨bij duel⟩ témoin *m*
seconde seconde *v*
seconderen *bijstaan* seconder
secondewijzer trotteuse *v*
second opinion deuxième avis *m* (médical)
secreet *gemeen persoon* ⟨man⟩ fumier *m*, ⟨vrouw⟩ garce *v*
secretaire secrétaire *m*
secretaresse secrétaire *v*
secretariaat secrétariat *m*
secretarie secrétariat *m*
secretaris ❶ admin secrétaire *m* ❷ *ambtenaar* secrétaire *m*
secretaris-generaal *hoofd van organisatie* secrétaire *m* général [m mv: secrétaires généraux] [v: secrétaire générale]
sectair BN *sektarisch* sectaire
sectie ❶ *afdeling* section *v* ❷ *autopsie* autopsie *v*
sector secteur *m* ★ *primaire ~* secteur primaire ★ *vrije ~* privé *m*
secularisatie sécularisation *v*
seculier séculier [v: séculière]
secundair secondaire ★ *de ~e sector* le secteur secondaire
secuur I *bn* minutieux [v: minutieuse], précis ★ *zij is heel ~ in dat soort dingen* elle est très méticuleuse là-dessus ★ *een ~ werkje* un travail de précision **II** *bw* minutieusement, sûrement
sedert depuis ★ *~ een week* depuis une semaine
sedertdien depuis (lors)
sediment ❶ *afzettingsgesteente* sédiment *m* ❷ *bezinksel van vloeistof* sédiment *m*
sedimentatie sédimentation *v*
seffens BN *dadelijk* tout à l'heure, tout de suite
segment segment *m*
segmentatie segmentation *v*
segregatie *afzondering* ségrégation *v*
sein ❶ *teken* signal *m* (**tot** de) [mv: signaux], signe *m* ★ *een sein geven* faire un signe ★ *een sein negeren* ignorer un signal ★ *iem. een seintje geven* prévenir qn, ⟨hint⟩ tuyauter qn ❷ *voorwerp waarmee men seint* signal *m* ★ *het sein staat op veilig* le signal est au vert
seinen faire des signaux
seinpaal sémaphore *m*
seinsleutel manipulateur *m*
seismisch sismique
seismograaf sismographe *m*
seismologisch sismique
seismoloog s(é)ismologue *m/v*
seizoen ❶ *jaargetijde* saison *v* ★ *de 4 ~en* les quatre saisons ❷ *deel van het jaar* saison *v* ★ *laat in het ~* dans l'arrière-saison ★ *midden in het ~* en pleine saison ★ *buiten het ~* hors saison
seizoenarbeid travail *m* saisonnier
seizoenarbeider saisonnier *m* [v: saisonnière]
seizoenopruiming soldes *m mv* des fins de série

seizoenskaart carte *v* pour la saison
seizoenwerkloosheid chômage *m* saisonnier
seks sexe *m* ★ *seks hebben met* avoir des rapports (sexuels) avec, inform coucher avec
seksbioscoop cinéma *m* porno
seksbom bombe *v* sexuelle
sekse sexe *m*
seksen *seks hebben* faire l'amour, inform baiser
seksisme sexisme *m*
seksist sexiste *m/v*
seksistisch I *bn* sexiste **II** *bw* de façon sexiste
seksleven vie *v* sexuelle
sekslijn téléphone *m* rose
seksmaniak obsédé *m* sexuel
seksshop sex-shop *m* [mv: sex-shops]
sekssymbool sex-symbol *m*
seksualiteit sexualité *v*
seksueel I *bn* sexuel [v: sexuelle] ★ *seksuele voorlichting* éducation *v* sexuelle **II** *bw* sexuellement
seksuoloog sexologue *m/v*
sektarisch sectaire
sekte secte *v*
selderij, **selderie** , BN **selder** céleri *m*
select choisi
selecteren sélectionner
selectie ❶ *het uitkiezen* sélection *v* ★ *een ~ maken* faire une sélection, faire un tri ★ *natuurlijke ~* sélection naturelle ★ *een strenge ~* une sélection sévère ★ *een scherpe ~ toepassen* trier sur le volet **❷** *wat uitgekozen is* sélection *v* ★ *nationale ~* sélection nationale ★ *opgenomen worden in de ~* être sélectionné
selectief sélectif [v: sélective]
selectiewedstrijd éliminatoire *v*
selfie selfie *m* ★ *een ~ maken* faire un selfie
semafoon sémaphone *m*
semantiek sémantique *v*
semester semestre *m*
semi- semi- ★ *semiwetenschappelijk* semi-scientifique
semiautomatisch semi-automatique
Semiet *lid van volk* Sémite *m/v*
seminaar séminaire *m*
seminar séminaire *m*
seminarie ❶ rel séminaire *m* **❷** BN *seminar* séminaire *m*
seminarium séminaire *m*
semioverheidsbedrijf entreprise *v* semi-publique
semipermeabel semi-perméable
semiprof semi-professionnel *m* [m mv: semi-professionnels] [v: semi-professionnelle]
Semitisch sémite, ‹v. taal› sémitique
senaat ❶ *bestuurslichaam* onderw ≈ bureau *m* [mv: bureaux] **❷** *Eerste Kamer van een parlement* sénat *m*
senator pol sénateur *m* [v: sénatrice]
Senegal le Sénégal ★ *in ~* au Sénégal
Senegalees sénégalais
seniel sénile, inform gâteux [v: gâteuse] ★ *~e aftakeling* démence *v* sénile
senior I *bn* père ★ *de heer Cools ~* M. Cools père **II** *de* senior *m*, sénior *m*
seniorenelftal équipe *v* senior
seniorenflat résidence *v* pour personnes âgées
seniorenkaart carte *v* sénior
seniorenpas carte *v* sénior
sensatie ❶ *opschudding* sensation *v* ★ *~ veroorzaken* faire sensation **❷** *gewaarwording* sensation *v* ★ *een vreemde ~* une drôle de sensation
sensatieblad journal *m* à sensation [m mv: journaux ...]
sensatiepers presse *v* à scandale
sensatiezucht sensationnalisme *m*
sensationeel sensationnel [v: sensationnelle]
sensibel sensible
sensibiliseren BN sensibiliser
sensibiliteit sensibilité *v*
sensitief sensitif [v: sensitive]
sensor capteur *m*, détecteur *m*, palpeur *m*
sensualiteit sensualité *v*
sensueel I *bn* sensuel [v: sensuelle] **II** *bw* sensuellement
sentiment sentiment *m*
sentimentaliteit sentimentalité *v*
sentimenteel sentimental [m mv: sentimentaux]
separaat séparé ★ *per separate post* sous pli séparé
separatisme séparatisme *m*
separatist séparatiste *m/v*
separatistisch séparatiste
sepia sépia *v*
seponeren classer (sans suite)
september septembre *m*
septet muz septuor *m*
septic tank fosse *v* septique
septisch septique
sequentie séquence *v*
SER *Sociaal-Economische Raad* Conseil *m* économique et social
sereen I *bn* serein **II** *bw* sereinement
serenade sérénade *v*
sergeant sergent *m*
sergeant-majoor sergent-major *m* [m mv: sergents-majors]
serie ❶ *reeks* série *v*, ‹op tv› feuilleton *m*, ‹boekenreeks› collection *v* ★ *in ~ geschakeld* monté en série ★ ‹van producten› *in ~ gefabriceerd* fabriqué en série **❷** *groot aantal* série *v* ★ *een hele ~ dietstallen* toute une série de vols **❸** sport série *v*
serieel sériel [v: sérielle]
seriemoordenaar tueur *m* en série
serienummer numéro *m* de série
serieproductie production *v* en série
serieus sérieux [v: sérieuse] ★ *een serieuze student* un étudiant consciencieux ★ *iem. ~ nemen* prendre qn au sérieux ★ *een taak ~ opvatten* prendre une tâche au sérieux ★ *~?* sérieusement? ★ *een serieuze bedreiging vormen* être une menace sérieuse
sering lilas *m* ★ *witte ~* lilas blanc
seropositief séropositif [v: séropositive]
serotonine med sérotonine *v*
serpent ❶ min *persoon* serpent *m* **❷** *slang* serpent *m*
serpentine serpentin *m*
serre ❶ *broeikas* serre *v* (chaude) **❷** *glazen veranda* véranda *v*

serum sérum *m*
SERV BN *Sociaal-Economische Raad voor Vlaanderen* Conseil *m* socioéconomique pour la Flandre
serveerster serveuse *v*
server comp serveur *m*
serveren ❶ *opdienen* servir ❷ sport servir
servet serviette *v* (de table)
servetring rond *m* de serviette
service ❶ *diensten* service *m* ★ *~ verlenen* assurer un service après-vente ★ *~ inbegrepen* service compris ❷ sport service *m*, mise *v* en jeu
servicebeurt ⟨v. auto e.d.⟩ révision *v*
serviceflat foyer-logement *m* [m mv: foyers-logements], appartement *m* dans une résidence-service
servicekosten ≈ charges *v mv*
servicestation station-service *v* [v mv: stations-service]
Servië la Serbie ★ *in ~* en Serbie
serviel servile
Serviër *bewoner* Serbe *m*
servies service *m*
serviesgoed vaisselle *v*
servieskast vaisselier *m*
Servisch I *bn, m.b.t. Servië* serbe **II** *het, taal* serbe *m*
Servische Serbe *v*
Servo-Kroatisch serbo-croate
sesam ❶ *gewas* sésame *m* ❷ *sesamzaad* graine *v* de sésame
sesamzaad graine *v* de sésame
sessie séance *v*, session *v*
set ❶ *stel* jeu *m* [mv: jeux] ❷ sport manche *v*, set *m* ★ *de eerste set winnen* gagner la première manche ❸ *filmdecor* plateau *m* ★ *op de set* sur le plateau
setpoint balle *v* de set
settelen [zich ~] s'installer, s'établir ★ *gesetteld zijn* être en place, être bien établi, inform être casé
setter setter *m*
setting cadre *m*, décor *m*
set-up sport passe *v* d'attaque
Sevilla Séville *v*
sexappeal sex-appeal *m*
sexshop sex-shop *m* [mv: sex-shops]
sextant sextant *m*
sextet muz sextuor *m*
sexy sexy [onver.]
Seychellen Seychelles *v mv* ★ *op de ~* aux Seychelles
sfeer ❶ *stemming* atmosphère *v*, ambiance *v* ★ *er heerste een gespannen ~* l'atmosphère était tendue ★ *er heerst hier een goede ~* il y a une bonne ambiance ici ❷ *domein* domaine *m* ★ *problemen in de persoonlijke ~* problèmes *m mv* sur le plan personnel ★ *in de criminele ~ trekken* criminaliser ▾ *in hoger sferen zijn* planer (dans les hautes sphères)
sfeerverlichting lumière *v* d'ambiance
sfeervol où il y a de l'ambiance
sfinx sphinx *m*
's-Gravenhage → **Den Haag**
shag tabac *m* (à rouler) ★ *shag roken* fumer des roulés

shake shake *m*
shampoo shampo(o)ing *m*
shampooën shampooiner, shampouiner
Shanghai → **Sjanghai**
shareware comp shareware *m*, partagiciel *m*
shawl → **sjaal**
sheet transparent *m*
sheriff shérif *m*
sherry sherry *m*, xérès *m*
's-Hertogenbosch → **Den Bosch**
Shetlandeilanden îles *v mv* Shetland ★ *op de ~* aux îles Shetland
shifttoets touche *v* Majuscule
shiitake shiitake *m*
shirt chemise *v*, sport maillot *m*
shirtreclame publicité *v* sur maillots
shish kebab culin chiche-kebab *m* [mv: chiche-kebabs]
shit I *de* ❶ *rotzooi* merde *v* ❷ *hasj* shit *m* **II** *tussenw* merde
shoarma ≈ chiche-kebab *m* [mv: chiche-kebabs]
shock choc *m* ★ *in een ~ zijn* être en état de choc
shockproof antichoc
shocktherapie traitement *m* de choc
shocktoestand état *m* de choc
shoppen faire du shopping
shortcut comp raccourci *m*
shorts short *m*
shorttrack short-track *m*
shorttrackschaatsen, **shorttracken** sport pratiquer le short-track
shot ❶ *filmopname* prise *v* de vue ❷ *injectie* shoot *m*
shotten BN *voetballen* faire du foot
shovel pelleteuse *v*
show ❶ *voorstelling* spectacle *m*, show *m* ★ *voor de show* pour la galerie / la façade, inform pour la frime ★ *hij voert zijn show op* iron il fait son numéro ★ *de show stelen* tenir la vedette ❷ *tentoonstelling* présentation *v*
showbink frimeur *m*
showbusiness show-business *m*
showen présenter
showroom salle *v* d'exposition
shuttle ❶ sport volant *m* ❷ *ruimteveer* navette *v* ❸ *bus, trein* navette *v*
si muz si *m*
siamees *kat* siamois *m*
Siberië la Sibérie ★ *in ~* en Sibérie
Siberisch *m.b.t. Siberië* sibérien [v: sibérienne]
sic sic!
Siciliaans sicilien [v: sicilienne]
Sicilië la Sicile ★ *op ~* en Sicile
sidderaal anguille *v* électrique
sidderen frémir, trembler
siddering frémissement *m*
sidderrog torpille *v*
sidebar comp barre *v* latérale
sier parure *v* ★ *voor de sier* décoratif [v: décorative] pour faire joli ▾ *goede sier maken* s'en donner
sieraad ❶ *juweel* bijou *m* [m mv: bijoux], ook fig joyau [m mv: joyaux] ❷ *opschik* ornement *m*, parure *v*
sieren ❶ *tooien* orner, parer ❷ *tot eer strekken* honorer ★ *dat siert haar* c'est tout à son honneur

se

siergewas plante *v* ornementale
sierheester arbuste *m* ornemental
sierlijk I *bn* élégant, gracieux [v: gracieuse] **II** *bw* élégamment, gracieusement
Sierra Leone la Sierra Leone ★ *in* ~ en Sierra Leone
Sierra Leoons sierra-léonais
sierspeld broche *v*, barrette *v*
sierstrip bande *v* décorative, ⟨auto⟩ enjoliveur *m*
siësta sieste *v* ★ ~ *houden* faire la sieste
sifon ❶ *spuitfles* siphon *m* **❷** *afvoerbuis* siphon *m*
sigaar cigare *m* ▼ *de* ~ *zijn* être chocolat
sigarenwinkel (bureau *m* de) tabac *m*
sigaret cigarette *v*
sigarettenautomaat distributeur *m* de cigarettes
sightseeën faire du tourisme
signaal *sein* signal *m* [m mv: signaux], ⟨teken⟩ signe *m*, ⟨waarschuwing⟩ avertissement *m*
signalement signalement *m*
signaleren ❶ *attenderen op* signaler **❷** *opmerken* signaler
signalisatie BN *bewegwijzering* signalisation *v*
signatuur ❶ *handtekening* signature *v* **❷** *kenmerk* inspiration *v*, orientation *v*, tendance *v*
signeren signer, ⟨met opdracht⟩ dédicacer
significant significatif [v: significative]
sijpelen suinter
sijs tarin *m* (des aulnes)
sik ❶ *baard* barbiche *v*, bouc *m* la barbe! **❷** *geit* chèvre *v*
sikkel ❶ *mes* faucille *v* **❷** *maangestalte* croissant *m*
sikkelvormig en croissant
sikkeneurig grincheux [v: grincheuse]
silhouet silhouette *v*
silicon silicone *v*
siliconenkit lut *m* de silicone
silo silo *m*
sim comp *subscriber identity module* SIM *m*
simkaart carte *v* SIM
simlock simlock *m*
simlockvrij désimlocké ★ *een telefoon* ~ *maken* désimlocker un portable
simpel ❶ *eenvoudig* simple **❷** *onnozel* simple (d'esprit), simplet [v: simplette]
simpelweg (tout) simplement
simplificeren simplifier
simplistisch simpliste, réducteur [v: réductrice]
simulant simulateur *m* [v: simulatrice]
simulatie simulation *v*
simulator simulateur *m*
simuleren *nabootsen* simuler
simultaan I *bn* simultané **II** *bw* simultanément ★ ~ *vertalen* traduire en simultané
sinaasappel orange *v*, ⟨boom⟩ oranger *m*
sinaasappelhuid peau *v* d'orange, cellulite *v*
sinaasappelsap culin jus *m* d'orange
Sinaï ⟨schiereiland, woestijn⟩ le Sinaï
sinas orangeade *v*
sinds I *vz* depuis ★ ~ *een week* depuis une semaine **II** *voegw* depuis que ★ ~ *zij weg is...* depuis qu'elle est partie...
sindsdien depuis, form depuis lors
sinecure sinécure *v* ▼ *dat is geen* ~ ce n'est pas une sinécure
Singapore Singapour *v*
singel ❶ *stadsgracht* canal *m* [m mv: canaux] **❷** *weg* quai *m*
single ❶ muz *geluidsdrager met korte speeltijd* quarante-cinq tours *m* **❷** *alleenstaande* personne *v* seule, solo *m/v* **❸** sport *enkelspel* simple *m*
sinister sinistre
sinoloog sinologue *m/v*
sint saint *m* [v: sainte] ★ *Sint-Nicolaas* saint Nicolas
sint-bernardshond, sint-bernard saint-bernard *m* [mv: id.]
sintelbaan (piste *v*) cendrée *v*
sinterklaas *feest* Saint-Nicolas *v*
Sinterklaas *heilige* saint Nicolas *m*
sinterklaasavond veille *v* de la Saint-Nicolas
Sint-Eustatius Saint-Eustache *m*
sint-janskruid millepertuis *m*, herbe *v* de Saint-Jean
sint-juttemis ▼ *met* ~ à la saint-glinglin
Sint-Maarten ❶ *feestdag* Saint-Martin *v* **❷** *heilige* le saint Martin **❸** aardk Saint-Martin *m*
Sint-Petersburg aardk Saint-Pétersbourg *m*
Sint-Petersburgs pétersbourgeois
sinus sinus *m*
sinusoïde sinusoïde *v*
sip I *bn* déçu **II** *bw* ★ *sip kijken* être tout penaud, faire triste mine
sire sire *m*
sirene sirène *v*
sirocco sirocco *m*
siroop sirop *m*
sisal sisal *m*
sissen I *ov ww, sissend zeggen* siffler ★ *iem. iets in het oor* ~ siffler qc à l'oreille de qn **II** *onov ww, sissend geluid maken* siffler, ⟨v. stoom⟩ chuinter
sisser ≈ pétard *m* ▼ *met een* ~ *aflopen* se terminer en queue de poisson
sitar sitar *m*
site comp *locatie op internet* site *m*
situatie situation *v* ★ *onze financiële* ~ *is moeilijk* notre situation financière est difficile ★ *een uitzichtloze* ~ une situation sans issue ★ *de* ~ *meester zijn* être maître de la situation
situatieschets aperçu *m* de la situation
situatietekening plan *m*, ⟨v. gebouw⟩ plan *m* (de) masse
situeren situer, placer ▼ *goed gesitueerd* ⟨welgesteld⟩ aisé
sixtijns ★ *Sixtijnse Kapel* Chapelle *v* Sixtine
sjaal châle *m*, écharpe *v*, ⟨van dunne stof⟩ foulard *m*
sjabloon pochoir *m*, ook fig poncif *m*
sjacheraar traficoteur *m*
sjacheren traficoter, marchander
sjah shah *m*
sjalot échalote *v*
Sjanghai Shanghai *m*
sjans ▼ ~ *hebben (bij)* avoir le ticket / une touche (avec)
sjansen draguer
sjasliek culin chachlik *m*
sjees *rijtuig* cabriolet *m*
sjeik cheik(h) *m*
sjekkie roulé *m*
sjerp écharpe *v*
sjezen ❶ *hard gaan* filer **❷** *niet slagen* être collé

★ *een gesjeesde student* un (étudiant) décrocheur, un étudiant en échec
sjiiet chiite *m/v*
sjiitisch chiite
sjilpen gazouiller, pépier
sjirpen chanter ★ *het ~ van de krekels* le cricri des cigales
sjoege ▾ *ergens geen ~ van hebben* ne rien piger à qc ▾ *geen ~ geven* ne pas piper (mot)
sjoelbak ≈ jeu *m* de palets, billard *m* hollandais
sjoelen ≈ jouer aux palets
sjoemelen magouiller, ⟨vals spelen⟩ tricher
sjofel miteux [v: miteuse], minable
sjokken traîner les pieds ★ *de trap op ~* se traîner en haut d'un escalier
sjorren ❶ *vastbinden* attacher, amarrer ❷ *trekken* traîner, ⟨rukken⟩ tirer
sjotten BN inform *voetballen* jouer au foot
sjouw *karwei* ★ *het is een hele ~* c'est tout un boulot ▾ *op ~* en vadrouille
sjouwen I *ov ww, dragen* trimballer, traîner **II** *onov ww, rondzwerven* se trimballer ★ *we sjouwden door de stad* on s'est trimballé en ville
ska ska *m*
Skagerrak Skagerrak *m*
skai skaï *m*
skateboard skate(board) *m*, planche *v* à roulettes
skaten faire du skate / skating
skater skateur *m* [v: skateuse]
skeeler roller *m*
skeeleren faire du roller
skelet *geraamte* squelette *m*
skeletbouw construction *v* en ossature
skelter kart *m*
sketch sketch *m* [m mv: sketch(e)s]
ski ski *m* ★ *op ski's* en skis
skibril lunettes *v* de ski
skiën faire du ski, skier
skiër skieur *m*
skiester skieuse *v*
skiff skif(f) *m*
ski-jack anorak *m*
skileraar moniteur *m* de ski [v: monitrice ...]
skiles leçons *v mv* de ski
skilift téléski *m*
skinhead skinhead *m*, crâne *m* rasé
skipak combinaison *v* de ski
skipas forfait *m* (de ski)
skippybal ballon *m* sauteur
skischans tremplin *m*
skischoen chaussure *v* de ski
skispringen faire du saut à skis
skistok bâton *m* de ski
ski-uitrusting équipement *m* de ski
skivakantie vacances *v mv* de neige
Skopje
skybox loge *v* VIP
skyline skyline *m*, profil *m* (des gratte-ciel)
skypen comm comp téléphoner via Skype
sla ❶ *groente* salade *v*, plantk laitue *v* ❷ culin *gerecht* salade *v* ★ *sla aanmaken* assaisonner la salade
slaaf esclave *m/v*
slaafs I *bn* servile **II** *bw* servilement
slaags ▾ *~ raken* en venir aux mains, mil engager le combat ▾ *~ zijn* se battre
slaan I *ov ww* ❶ *slagen geven* frapper, battre, ⟨hard⟩ cogner ★ *iem. om de oren ~* gifler qn ★ *een spijker in de muur ~* enfoncer / planter un clou dans le mur ★ *iem. in elkaar ~* tabasser qn ★ *met een stok ~* donner des coups de bâton ★ *iets kort en klein ~* réduire qc en miettes ★ *iem. bont en blauw ~* tabasser qn ★ *iem. een blauw oog ~* pocher un œil à qn ❷ *in een toestand of positie brengen* ★ *de armen over elkaar ~* croiser les bras ★ *de benen over elkaar ~* croiser les jambes ★ *de arm om iemands middel ~* passer le bras autour de la taille de qn ★ *een touw ~ om* nouer une corde autour de ❸ *verslaan* battre, vaincre ❹ *van het speelbord nemen* prendre ★ *een pion ~* prendre un pion, jeter un pont ★ *een put ~* creuser un puits ★ *munten ~* battre monnaie ▾ *hij is er niet weg te ~* il s'est incrusté, il est indéboulonnable ▾ *dat slaat alles* c'est le comble / le bouquet ▾ *zich ergens doorheen ~* s'en tirer, se débrouiller ▾ *zich door het leven ~* survivre (tant bien que mal) ▾ *naar binnen ~* avaler ▾ *ergens geld uit ~* tirer / se faire de l'argent de qc **II** *onov ww* ❶ *een slaande beweging maken* taper ★ *met de vleugels ~* battre des ailes ★ *naar iets ~* lancer un coup à qc ★ *naar de bal ~* tenter de frapper la balle ★ *erop los ~* taper dessus, taper dans le tas ★ *tegen elkaar ~* se heurter ★ *met de deur ~* claquer la porte ★ *de golven ~ over het dek* les vagues déferlent sur le pont ❷ *kloppen* battre ❸ *geluid maken* sonner, ⟨van vogel⟩ chanter ★ *het slaat drie uur* trois heures sonnent ❹ *in een toestand komen* ★ *op de vlucht ~* prendre la fuite ★ *over de kop ~* faire un tonneau ★ *op hol ~* prendre le mors aux dents ❺ *~* **op** se rapporter à, concerner ★ *dat slaat nergens op* ça ne rime à rien ★ *dat slaat op mij* c'est de moi qu'il s'agit ▾ *aan het rekenen ~* se mettre à calculer
slaand battant, ⟨van klok⟩ sonnant ★ *~e ruzie* bagarre *v*
slaap ❶ *rust* sommeil *m* ★ *diepe ~* un sommeil profond ★ *vaste ~* sommeil profond ★ *in de ~* pendant le sommeil, en dormant ★ *in ~ brengen* endormir ★ *in ~ sukkelen* s'assoupir ★ *iem. in ~ sussen* endormir qn ★ *in ~ vallen* s'endormir ★ jeugdt *~jes doen* faire dodo ★ *iem. uit de ~ houden* empêcher qn de dormir ❷ *vermoeidheid* sommeil *m* ★ *~ hebben* avoir sommeil ★ *omvallen van de ~* dormir debout ❸ *oogvuil* chassie *v* ❹ *zijkant van hoofd* tempe *v*
slaapbank canapé-lit *m* [m mv: canapés-lits]
slaapcoupé (compartiment *m* à) couchettes *v mv*
slaapdrank potion *v* soporifique
slaapdronken (encore) engourdi de sommeil, comateux [v: comateuse]
slaapgebrek manque *m* de sommeil
slaapgelegenheid hébergement *m*
slaapkamer chambre *v* (à coucher)
slaapkamergeheimen secrets d'alcôve
slaapkleed BN inform *nachthemd* chemise *v* de nuit
slaapkop *langslaper* dormeur *m* [v: dormeuse]
slaapliedje berceuse *v*
slaapmiddel somnifère *m*
slaapmutsje ≈ petit verre *m* avant de se coucher
slaapogen yeux *m mv* lourds de sommeil

slaappil somnifère *m*

slaapplaats lit *m*, ‹in trein› couchette *v*

slaapstad ville-dortoir *v* [v mv: villes-dortoirs]

slaapstoornis troubles *m mv* du sommeil

slaaptrein train-couchettes *m*

slaapverwekkend ❶ *slaperig makend* soporifique ❷ *saai* endormant ★ *een ~ boek* un livre insipide

slaapwandelaar somnambule *m/v*

slaapwandelen **I** *onov ww* être somnambule **II** *het* somnambulisme *m*

slaapzaal dortoir *m*

slaapzak sac *m* de couchage, ‹met dons› duvet *m*

slaatje culin salade *v* ▾ *ergens een ~ uit slaan* faire son profit de qc

slabbetje bavette *v*, bavoir *m*

slacht *het slachten* abattage *m*

slachtbank ▾ *naar de ~ geleid worden* être conduit à l'abattoir

slachten ❶ *doden van vee* abattre ❷ *vermoorden* massacrer

slachter tueur *m*

slachthuis abattoir *m*

slachting ❶ *bloedbad* boucherie *v*, tuerie *v*, carnage *m* ★ *een ~ aanrichten* faire un carnage ❷ *het slachten* abattage *m*

slachtoffer victime *v*, ‹van bedrog› dupe *v*, ‹van ongeval› accidenté *m*, ‹van ramp› sinistré *m* ★ *de aardbeving heeft zeven ~s geëist* le tremblement de terre a fait sept victimes ★ *het ~ worden van seksueel geweld* être victime de violences sexuelles

slachtofferhulp aide *v* aux victimes

slachtpartij carnage *m*, tuerie *v*

slachtvee animaux *m mv* de boucherie

slag **I** *de* ❶ *klap* coup *m*, ‹op wang› gifle *v* ★ *met één slag* d'un seul coup ★ *zonder slag of stoot* sans coup férir ★ *op slag* sur le coup ★ *op slag van* sur le coup de ★ *op slag dood zijn* être mort sur le coup ★ *een slag in het gezicht* une gifle ★ *een slag in de lucht* / BN *een slag in het water* un coup d'épée dans l'eau ★ *een (goede) slag slaan* réussir un (bon / gros) coup ★ *een slag slaan naar iets* deviner (au hasard) qc ❷ *geluid* coup *m* ❸ *keer dat iets slaat* coup *m*, ‹van hart, vleugel› battement *m*, ‹v. vogel› chant *m* ★ *op slag van twaalven* sur le coup de midi / minuit ❹ *tegenslag* coup *m* (dur), ‹verlies› perte *v* ★ *een gevoelige slag toebrengen* porter un rude coup ❺ *veldslag* bataille *v* ★ *de slag om Arnhem* la bataille d'Arnhem ★ *slag leveren* livrer bataille ★ *de slag bij Verdun* la bataille de Verdun ★ BN *zijn slag thuishalen* réussir son coup ❻ *golving* ‹van water› houle *v*, ‹in haar› ondulation *v*, cran *m* ★ *een slag in je haar* un cran dans les cheveux ★ *er zit een slag in het wiel* la roue est tordue ❼ *draaiing* tour *m* ❽ *handigheid* tour *m* de main ★ *de slag van iets te pakken hebben* avoir le coup de qc ★ *de slag van iets te pakken krijgen* attraper le coup de qc ★ *de slag van iets kwijtraken* perdre la main ★ *iets met de Franse slag doen* faire qc à la va-comme-je-te-pousse, bâcler qc ★ *iem. van slag brengen* perturber qn ★ *van slag zijn* être perturbé ❾ *ronde van kaartspel* pli *m*, levée *v* ★ *alle slagen halen* réaliser toutes les levées ★ *aan slag komen* prendre la main ★ *aan slag zijn* avoir la main ★ *een slag aftroeven* couper une levée ❿ *haal, streek* coup *m*, ‹zwemslag› brasse *v*, ‹soort zwemslag› nage *v* ★ *vrije slag* nage libre ▾ *aan de slag gaan* se mettre au travail, s'y mettre ▾ BN *zich goed uit de slag trekken* se tirer d'affaire, bien s'en sortir ▾ *een slag om de arm houden* se ménager une porte de sortie **II** *het, soort* espèce *v*, genre *m* ★ *mensen van hetzelfde slag* des gens de la même espèce / trempe ★ *een slag groter* un peu plus grand ★ *een slag kleiner* un peu plus petit ★ *van allerlei slag* de tout poil ★ *een raar slag mensen* de drôles de gens

slagader ook fig artère *v*

slagboom *afsluitboom* barrière *v*

slagen ❶ *succes hebben* réussir ★ *erin ~ om* réussir à, arriver à, parvenir à ★ *een geslaagd feest* une fête réussie ★ *in iets ~* réussir qc ★ *er niet in ~ te /om ...* ne pas arriver à ★ *in die winkel ben ik geslaagd* dans ce magasin j'ai trouvé mon bonheur ★ *de operatie is geslaagd* l'opération a réussi ❷ *goede uitslag behalen* être reçu (à un examen), réussir (à un examen) ★ *geslaagd zijn* être reçu ★ *hij is geslaagd voor Engels* il a réussi l'examen d'anglais

slagenwisseling sport échange *m* de balles, rallye *m*

slager boucher *m* [v: bouchère], ‹v. varkensvlees› charcutier *m* [v: charcutière]

slagerij boucherie *v*, ‹v. varkensvlees› charcuterie *v*

slaggitaar guitare *v* rythmique

slaghoedje amorce *v*, détonateur *m*

slaghout sport batte *v*

slaginstrument instrument *m* de percussion

slagkracht combativité *v*

slaglinie ordre *m* de bataille

slagorde ordre *m* de bataille

slagpen dierk *vleugelveer* rémige *v*

slagpin percuteur *m*

slagregen pluie *v* battante, averse *v*

slagroom crème *v* fouettée, crême Chantilly

slagroomtaart culin gâteau *m* à la crème

slagschip cuirassé *m*

slagtand défense *v*

slagvaardig ❶ *strijdvaardig* combatif [v: combative] ❷ *doortastend* énergique

slagveld champ *m* de bataille

slagwerk ❶ muz instruments *m mv* à percussion ❷ *deel uurwerk* sonnerie *v*

slagwerker muz percussionniste *m/v*

slagzij bande *v* ★ *~ maken* donner de la bande

slagzin slogan *m*

slak ❶ *weekdier* escargot *m*, ‹naakt› limace *v*, ‹met huis ook› colimaçon *m* ★ *zo traag als een slak* comme une tortue ★ *op alle slakken zout leggen* chercher la petite bête ❷ *sintel* ‹v. metaal, lava› scories *v mv*

slaken *uiten* pousser ★ *een kreet ~* pousser un cri ★ *zuchten ~* pousser des soupirs

slakkengang ★ *met een ~* à pas de tortue

slakkenhuis ❶ *huis van slak* coquille *v* ❷ *gehoorgang* limaçon *m*

slalom slalom *m*

slampamper flemmard *m* [v: flemmarde]

slang¹ [sleng] taalk *groepstaal* argot *m*

slang² ❶ *dier* serpent *m* ❷ *buis* tuyau *m*

sl

[m mv: tuyaux]
slangenbezweerder charmeur *m* de serpents
slangengif venin *m* de serpent
slangenleer peau *v* de serpent
slangenmens contorsionniste *m/v*
slank mince, svelte ★ *~ maken* amincir ★ *~ makend* amincissant ★ *~er worden* s'amincir ★ *~ zijn* avoir la taille fine / mince ★ *aan de ~e lijn doen* faire un régime
slaolie huile *v* de table
slap I *bn* ❶ *niet stijf* flasque, mou [v: molle] [vóór klinker of stomme h: mol] ★ *slap worden* s'amollir ❷ *niet strak* lâche, relâché, détendu ★ *slappe band* pneu *m* dégonflé ❸ *zwak, niet sterk* faible, mou ❹ *niet pittig* léger [v: légère], faible, ⟨waterig⟩ dilué, ⟨smakeloos⟩ fade ❺ *niet doortastend* mou, faible, molasse ★ *slappe houding* laxisme *m* ❻ *inhoudsloos* ★ *slap geklets* des bavardages (insignifiants), papotage *m* ❼ *niet druk* ★ *de beurs is slap* la bourse est faible **II** *bw* mollement
slapeloos sans (trouver le) sommeil ★ *een slapeloze nacht* une nuit blanche
slapeloosheid insomnie *v* ★ *aan ~ lijden* être insomniaque
slapen ❶ *in slaap zijn* dormir ★ *gaan ~* aller se coucher ★ *vast ~* avoir le sommeil profond, dormir à poings fermés / sur les deux oreilles ★ *hij kan niet ~ van de zorgen* les soucis lui font perdre le sommeil ★ *~ als een roos* dormir comme une souche ★ *slaap lekker!* dors bien! ★ *ik zal er een nachtje over ~* la nuit portera conseil ★ *~de rijk worden* faire fortune en dormant ❷ fig *suffen* dormir ❸ *tintelen* ⟨van ledematen⟩ être engourdi ★ *mijn arm slaapt* j'ai le bras engourdi ❹ *~* **met** *vrijen met* coucher avec
slaper ❶ *iem. die slaapt* dormeur *m* [v: dormeuse] ❷ *gast* hôte *m/v*
slaperig ❶ *slaap hebbend* somnolent ❷ *suf* endormi, somnolent ★ *een ~ stadje* une petite ville endormie
slapie voisin *m* de lit [v: voisine de lit]
slapjanus mollusque *m*, chiffe *v* molle, mollasson *m*
slapjes I *bn* ❶ *niet fit* faible ★ *zich ~ voelen* inform se sentir flagada ❷ *niet doortastend* mou [v: molle] **II** *bw* ❶ *niet fit* faiblement ❷ *niet doortastend* ★ *~ optreden* agir mollement
slappeling chiffe *v* molle, mollusque *m*, mollasson *m*
slapstick slapstick *m*
slapte faiblesse *v*, ⟨weekheid⟩ mollesse *v*, handel malaise *m*
slasaus (sauce *v*) vinaigrette *v*
slash typ slash *m*, (barre *v*) oblique *v*
slavenarbeid ❶ *werk van slaven* travail *m* d'esclave ❷ *zwaar werk* travail *m* de forçat
slavenarmband bracelet *m* d'esclave
slavendrijver meneur *m* d'esclaves
slavenhandel trafic *m* / traite *v* des esclaves
slavenhandelaar négrier *m*
slavernij esclavage *m* ★ *afschaffing van de ~* l'abolition *v* de l'esclavage
slavin esclave *v* ★ *handel in blanke ~nen* traite *v* des blanches
slavink ≈ paupiette *v*
Slavisch slave
slavist slaviste *m/v*
slavistiek slavistique *v*
slecht I *bn* ❶ *van geringe kwaliteit* mauvais ★ *een ~ cijfer voor wiskunde* une mauvaise note en maths ★ *~er* pire ★ *het ~st* le pire ★ *~er worden* se dégrader, se détériorer, se gâter ★ *een ~e uitspraak hebben* prononcer mal ★ *niet ~!* pas mal! ❷ *ongunstig* mauvais ★ *dat is ~ voor de gezondheid* ça nuit la santé ★ *~ weer* du mauvais temps ★ *het weer wordt ~er* le temps se gâte ★ *~ nieuws* une mauvaise nouvelle ❸ *moreel slecht* mauvais, méchant ★ *door en door ~* foncièrement mauvais ★ *zich op het ~e pad begeven* s'engager sur la mauvaise voie, mal tourner ★ *een ~e keus maken* faire un mauvais choix ★ *een ~ karakter hebben* avoir mauvais caractère **II** *bw* ❶ *van geringe kwaliteit* mal ★ *~ slapen* mal dormir ❷ *ongunstig* mal ★ *dat loopt ~ af* ça va mal se terminer ★ *het gaat ~ met de zieke* l'état du malade s'aggrave ★ *het ~ maken* aller / se porter mal ★ *het ~ treffen* ne pas avoir de chance ★ *dat ziet er ~ uit* ça s'annonce mal ❸ *moreel laag* mal ★ *zich ~ gedragen* se comporter mal ❹ *weinig* ★ *~ bezocht* peu fréquenté ❺ *bezwaarlijk* difficilement
slechten ❶ *slopen* démolir, raser ❷ *effen maken* aplanir
slechterik méchant *m*
slechtgezind BN de mauvaise humeur
slechtheid ⟨van kwaliteit⟩ mauvaise qualité *v*, ⟨verdorvenheid⟩ méchanceté *v*, perversité *v*
slechthorend malentendant
slechts seulement, ne ... que, ⟨uitsluitend⟩ uniquement ★ *het doet zich ~ zelden voor* cela n'arrive que rarement ★ *nog ~* ne ... plus que ★ *niet ~* ne ... pas que ★ *het is ~ een kwestie van tijd* ce n'est qu'une question de temps ★ *er zijn nog ~ enkele kaarten* il ne reste que quelques billets
slechtvalk faucon *m* pèlerin
slechtziend malvoyant, qui a la vue faible
slede → **slee**
sledehond chien *m* de traîneau
slee ❶ *glijdend voertuig* traîneau *m* [m mv: traîneaux], ⟨klein⟩ luge *v* ❷ *onderstel* chariot *m* ❸ *grote auto* grosse cylindrée *v*, inform grosse bagnole *v*
sleedoorn prunellier *m*
sleeën faire de la luge
sleehak semelle *v* compensée
sleep I *de* ❶ *deel van gewaad* traîne *v* ❷ *gevolg* suite *v*, train *m* ★ *een ~ kinderen* une ribambelle d'enfants ❸ *vaar- / voertuig* ⟨auto⟩ voiture *v* en remorque, ⟨schepen⟩ bateau *m* en remorque **II** *ww* [verl. td.] → **slijpen**
sleepboot remorqueur *m*
sleepdienst ❶ *het slepen* remorquage *m* ❷ *onderneming* service *m* de remorquage
sleep-in sleep-in *m*
sleepkabel transp câble *m* de remorque
sleeplift remonte-pente *m* [m mv: remonte-pentes]
sleepnet traîne *v*, chalut *m*
sleeptouw (câble *m* de) remorque *v* ★ *op ~ nemen* prendre en remorque ▼ *iem. op ~ nemen*

entraîner qn
sleepvaart remorquage *m*
sleepwagen dépanneuse *v*
sleet [verl. td.] → **slijten**
sleets ❶ *versleten* usé ★ *~e schoenen* chaussures *v mv* éculées / usées ❷ *slordig* ★ *zij is erg ~* elle use tout ce qu'elle porte
slempen *zuipen* ripailler, faire bombance, s'empiffrer
slenk *geul* fossé *m*, effondrement *m*
slenteren flâner, ⟨verveeld⟩ traîner ★ *over straat ~* se balader dans les rues, battre le pavé
slepen I *ov ww, voortslepen* traîner, tirer, ⟨met sleeptouw⟩ remorquer ★ *dat is er met de haren bij gesleept* c'est tiré par les cheveux ★ *iem. erdoorheen ~* tirer qn d'affaire ★ *iets eruit ~* en tirer qc, décrocher qc ★ *iem. voor de rechter ~* traîner qn devant le juge **II** *onov ww* ❶ *over de grond gaan* traîner (par terre) ★ *een ~de gang* une démarche en traînant les pieds ★ *~ met* traîner ❷ *traag verlopen* traîner (en longueur) ★ *een ~de ziekte* une maladie chronique ★ *de tijd sleept voort* le temps ne passe pas ★ *een zaak ~de houden* faire traîner une affaire **III** *ww* [verl. td.] → **slijpen**
slet salope *v*
sleten [verl. td.] → **slijten**
sleuf ❶ *groef* rainure *v*, cannelure *v*, ⟨geleidend⟩ coulisse *v* ❷ *opening* fente *v*
sleur routine *v*, train-train *m* ★ *de ~ doorbreken* sortir de l'ornière / de la routine ★ *de dagelijkse ~* le train-train quotidien
sleuren I *ov ww, voortslepen* traîner ★ *iem. uit zijn bed ~* extirper qn de son lit **II** *onov ww, traag voortgaan* traîner
sleutel ❶ *werktuig dat slot opent* clé *v*, clef *v* ❷ *gereedschap* clé *v*, clef *v* ★ *Engelse ~* clé anglaise / universelle ❸ fig *middel tot oplossing* clé *v* (**tot** de), clef *v* ❹ muz clé *v*, clef *v*
sleutelbeen clavicule *v*
sleutelbloem primevère *v*
sleutelbos trousseau *m* de clefs
sleutelen ❶ lett *repareren* ★ *aan iets ~* bricoler qc ★ *aan een oude auto ~* bricoler une vieille voiture ★ *aan deze tekst moeten we nog wat ~* il faudra peaufiner un peu ce texte ❷ fig *klooien* ★ *aan iets ~* bricoler qc
sleutelfiguur personnage(-)clé *m* [m mv: personnages(-)clés]
sleutelfunctie fonction(-)clé *v*
sleutelgat trou *m* de serrure
sleutelgeld reprise *v*, pas-de-porte *m*
sleutelhanger porte-clé *m* [mv: porte-clés]
sleutelpositie position(-)clé *v*
sleutelring porte-clé *m* [mv: porte-clés]
sleutelrol rôle(-)clé *m*
sleutelwoord mot(-)clé *m*
slib ❶ *bezinksel* boue *v* ❷ *slijk* vase *v*, limon *m*
slibberig *glibberig* glissant
sliding ❶ *glijbeweging* glissade *v*, ⟨tackle⟩ tacle *m* ❷ *roeibankje* banc *m* de nage
sliep [verl. td.] → **slapen**
sliepen [verl. td.] → **slapen**
sliert ❶ *lange rij* file *v*, ⟨heleboel⟩ une kyrielle / ribambelle (de) ★ *een lange ~ auto's* toute une file de voitures ★ *een ~ kinderen* une flopée d'enfants ❷ *neerhangend iets* filet *m*, ⟨haar⟩ mèche *v* ★ *een ~ haar* une mèche qui pendouille ❸ *lange slungel* perche *v*
slijk boue *v* ▼ *iem. door het ~ halen* traîner qn dans la boue ▼ *het ~ der aarde* le vil métal, le lucre
slijm ❶ *mondvocht* glaire *v*, med mucosité *v* ❷ *huidvocht* bave *v*
slijmbal ≈ lécheur *m* [v: lécheuse]
slijmbeurs bourse *v* synoviale
slijmen *aanpappen* faire de la lèche, fayoter ★ *zit niet zo te ~!* arrête de fayoter!
slijmerd lèche-cul *m* [mv: lèche-culs]
slijmerig ❶ *slijmachtig* glaireux [v: glaireuse], muqueux [v: muqueuse], ⟨kleverig⟩ visqueux [v: visqueuse] ❷ *vleierig* fayot ★ *een ~e vent* un fayot
slijmjurk lèche-cul *m* [mv: lèche-culs]
slijmlaag couche *v* muqueuse
slijmvlies muqueuse *v*
slijpen ❶ *scherp maken* aiguiser, affûter, ⟨v. potlood⟩ tailler ❷ *polijsten* polir, ⟨van diamant⟩ tailler
slijper *persoon* émouleur *m*, ⟨m.b.t. diamanten⟩ tailleur *m*
slijpsteen pierre *v* à aiguiser
slijtage usure *v*
slijtageslag guerre *v* d'usure
slijten I *ov ww* ❶ *verslijten* user ❷ *tijd doorbrengen* passer ★ *z'n laatste dagen in de bergen ~* finir ses jours à la montagne ❸ *verkopen* débiter, ⟨aan de man brengen⟩ écouler **II** *onov ww* ❶ *achteruitgaan* s'user ❷ *overgaan* ★ *dat zal wel ~* ça passera
slijter *drankverkoper* débitant *m* de boissons
slijterij magasin *m* de vins et spiritueux
slijtplek endroit *m* usé
slijtvast inusable, résistant à l'usure
slik ❶ *slijk* boue *v* ❷ *aangeslibde grond* vase *v*
slikken ❶ *doorslikken* avaler, prendre ★ *medicijnen ~* prendre des médicaments ❷ *aanvaarden* avaler, accepter ★ *hij moet heel wat ~* il en voit de toutes les couleurs ★ *hij slikt alles wat hem verteld wordt* il gobe tout ce qu'on lui dit ★ *dat was even ~ voor hem* c'était dur à avaler pour lui ★ *het is ~ of stikken* c'est à prendre ou à laisser
slikreflex réflexe *m* de déglutition
slim I *bn, vindingrijk* malin [v: maligne], fin, ⟨pienter⟩ éveillé, ⟨vernuftig⟩ ingénieux [v: ingénieuse], ⟨gewiekst⟩ futé, ⟨sluw⟩ rusé ★ *een slimme vent* un malin ★ *dat is niet erg slim van hem* ce n'est pas bien malin de sa part ★ *hij was zo slim om* il a eu l'intelligence de ★ *iem. te slim af zijn* mettre qn dans sa poche, avoir qn ★ *iem. te slim af willen zijn* jouer au plus fin avec qn ★ *hij is niet één van de slimsten* il n'est pas futé, il n'a pas inventé la poudre **II** *bw, vindingrijk* astucieusement, ⟨listig⟩ d'un air malin
slimheid ❶ *het slim zijn* finesse *v*, intelligence *v*, ⟨sluwheid⟩ ruse *v* ❷ *slimme zet* astuce *v*
slimmerd malin *m*, finaud *m*, futé *m*, fine mouche *v*
slimmerik finaud *m*, malin *m*, futé *m*, iron gros malin *m*
slinger ❶ *zwaai* oscillation *v* ★ *iets een ~ geven* lancer qc ❷ *versiering* guirlande *v* ❸ *zwengel*

sl

manivelle *v* ★ *de ~ van een oude auto* la manivelle d'une vieille voiture ❹ *deel van klok* pendule *m* ❺ *werptuig* fronde *v* ❻ *bocht* sinuosité *m*, lacet *m*
slingeraap atèle *m*
slingeren I *ov ww, met een zwaai gooien* lancer, jeter ★ *zijn schooltas in een hoek ~* balancer son cartable dans un coin ★ *uit de auto geslingerd worden* être éjecté / projeté hors de la voiture ★ *iem. iets naar het hoofd ~* jeter / lancer qc à la tête de qn ★ *iem. op de bon ~* coller un p.-v. à qn ★ *tussen hoop en vrees heen en weer geslingerd worden* balancer / être ballotté entre l'espoir et la crainte **II** *onov ww* ❶ *zwaaien* osciller, se balancer ❷ *zigzaggen* zigzaguer, ⟨kronkelen⟩ serpenter ★ *een ~d pad* un sentier sinueux ❸ *ordeloos liggen* traîner ★ *overal slingerden oude kranten* des vieux journaux traînaient partout **III** *wkd ww* [**zich ~**] *zich kronkelen* serpenter, ⟨om iets heen⟩ s'enrouler (autour de)
slingerplant plante *v* volubile
slingerweg chemin *m* tortueux / sinueux
slinken diminuer
slinks I *bn* sournois ★ *op een ~e manier* par des voies détournées ★ *~e streek* ruse *v*, subterfuge *m* **II** *bw* sournoisement
slip ❶ *afhangend deel* pan *m*, ⟨van jas⟩ basque *v* ❷ *onderbroek* slip *m* ❸ *glijpartij* dérapage *m* ★ *in een slip raken* déraper
slipcursus cours *m* de dérapage
slipgevaar ⟨opschrift⟩ chaussée *v* glissante
slip-over débardeur *m*
slippen ❶ *uitglijden* glisser, ⟨van voertuig⟩ déraper ★ *de auto slipte en raakte van de weg af* la voiture a dérapé et est sortie de la route ★ *leren ~* faire un cours de dérapage ❷ *glippen* se glisser, se faufiler ★ *naar binnen ~* se glisser à l'intérieur
slipper sandale *v*, ⟨slof⟩ babouche *v*
slippertje ★ *een ~ maken* avoir une aventure (sans lendemain)
slipstream aspiration *v*, sillage *m*
slissen zézayer, chuinter
slobberen I *ov ww, slurpen* ⟨van dieren⟩ laper, ⟨van mensen⟩ lamper **II** *onov ww, flodderig zitten* flotter ★ *de trui slobberde om haar lijf* le pull flottait autour de son corps
slobbertrui pull *m* flottant
sloddervos négligent *m* [v: négligente], brouillon *m* [v: brouillonne]
sloeber *stakker* (pauvre) bougre *m*
sloef ★ BN *onder de ~ liggen van iem.* être sous la férule de qn
sloeg [verl. td.] → **slaan**
sloegen [verl. td.] → **slaan**
sloep ❶ *kleine boot* chaloupe *v* ❷ *reddingsboot* embarcation *v*, chaloupe *v* de sauvetage
sloerie salope *v*
slof ❶ *pantoffel* chausson *m*, babouche *v*, savate *v* ★ *op zijn sloffen* les doigts dans le nez ★ *uit zijn slof schieten* se laisser aller, ⟨boos⟩ sortir de ses gonds ★ *het vuur uit zijn sloffen lopen* se mettre en quatre ❷ *pak sigaretten* cartouche *v*
sloffen traîner les pieds ▾ *de zaken laten ~* négliger / laisser faire les choses
slogan slogan *m*
slok ❶ *het slikken* gorgée *v*, trait *m*, coup *m* ★ *een slok wijn nemen* prendre / boire une gorgée de vin ★ *kleine slokjes nemen* boire à petits traits / à petites gorgées ★ *in één slok* d'un trait, inform cul sec ★ *dat scheelt een slok op een borrel* ça fait une sacrée différence ❷ *borreltje* (petit) verre *m*, coup *m*, goutte *v* ★ *een slokje op hebben* avoir un coup dans le nez
slokdarm oesophage *m*
slokken engloutir
slokop goinfre *m/v*, glouton *m* [v: gloutonne]
slome mollasson *m*, limace *v*
slonk [verl. td.] → **slinken**
slonken [verl. td.] → **slinken**
slons souillon *v*
slonzig I *bn* débraillé, négligé ★ *een ~ uiterlijk* une apparence débraillée **II** *bw* négligemment
sloof boniche *v*, bobonne *v*, conchita *v*
sloom I *bn* indolent, mollasse, somnolent, ⟨lijzig⟩ traînant, ⟨traag⟩ lent ★ *een slome duikelaar* un mollasson, une limace **II** *bw* lentement, mollement
sloop I *de* ❶ *het slopen* démolition *v* ❷ *sloperij* casse *v* ★ *de auto naar de ~ brengen* mettre la voiture à la casse **II** *het* taie *v* d'oreiller **III** *ww* [verl. td.] → **sluipen**
sloopauto voiture *v* bonne pour la casse
sloopkogel boulet *m* de démolition
slooppand bâtiment *m* à démolir
sloopwerken chantier *m* de démolition
sloot I *de* ❶ *waterloop* fossé *m* ★ *met de hakken over de ~ geslaagd zijn* être reçu de justesse (à un examen) ★ *niet in zeven sloten tegelijk lopen* (savoir) se débrouiller ❷ *hoeveelheid* ★ *een ~ koffie* des quantités *v mv* de café **II** *ww* [verl. td.] → **sluiten**
slootjespringen sauter les fossés
slootwater ❶ *water in sloot* eau *v* de fossé ❷ *slap drankje* lavasse *v*, ⟨koffie⟩ jus *m* de chaussettes
slop *steegje* impasse *v* ★ *in het slop raken* être dans une impasse, s'enliser ★ *uit het slop halen* sortir de l'impasse
slopen I *ov ww* ❶ *afbreken* démolir, ⟨slechten⟩ raser ❷ *uitputten* épuiser ★ *een ~de ziekte* une maladie épuisante ★ *~d werk* un travail épuisant **II** *ww* [verl. td.] → **sluipen**
sloper démolisseur *m*
sloperij chantier *m* de démolition, ⟨voor auto's⟩ casse *v*
slopestyle sport slopestyle *m*
sloppenwijk bidonville *m*
slordig I *bn* ❶ *niet netjes* peu soigné, ⟨van uiterlijk⟩ débraillé, négligé, ⟨v. persoon⟩ négligent, nonchalant ★ *~ zijn op zichzelf* se négliger ★ *~ werk* travail *m* bâclé / torché ★ *een ~e gewoonte* une négligence par habitude ❷ *ongeveer* environ ★ *het kost een ~e twee miljoen* ça coûte dans les deux millions, ça coûte quelque deux millions ★ *een ~e duit* une coquette somme **II** *bw* négligemment, avec négligence ★ *~ schrijven* avoir une écriture peu soignée
slordigheid ❶ *het slordig-zijn* négligence *v*, nonchalance *v* ❷ *iets slordigs* négligence *v*
slot ❶ *sluiting* serrure *v*, ⟨van boek, halsketting e.d.⟩ fermoir *m*, ⟨hangslot⟩ cadenas *m* ★ *op slot*

doen fermer à clef ★ *een fiets op slot zetten* fermer l'antivol d'un vélo ★ *het slot was geforceerd* on avait forcé la serrure ★ *iem. achter slot en grendel zetten* mettre qn sous les verrous, écrouer qn ❷ *einde* fin *v*, conclusion *v*, ⟨van muziekstuk⟩ finale *m* ★ *aan het slot van de uitzending* à la fin de l'émission ★ *tot slot* pour finir ★ *tot slot zal ik* ... je finirai par ... ★ *ten slotte* finalement, enfin ★ *per slot van rekening* au bout de compte, tout compte fait ❸ *kasteel* château *m* ★ *een middeleeuws slot* un chateau médiéval

slotakkoord muz accord *m* final

slotakte ton muz dernier acte *m*

slotbijeenkomst réunion *v* finale

sloten [verl. td.] → **sluiten**

slotenmaker serrurier *m*

slotfase phase *v* finale

slotgracht douve *v*

slotkoers cours *m* de clôture

slotopmerking remarque *v* finale

slotsom conclusion *v* ★ *tot de ~ komen dat* en arriver à la conclusion que

slotverklaring déclaration *v* finale

slotwoord ❶ *afsluitende woorden* allocution *v* de clôture ❷ *epiloog* épilogue *m*

slotzin dernière phrase *v*

Sloveen *bewoner* Slovène *m*

Sloveens I *bn, m.b.t. Slovenië* slovène **II** *het, taal* slovène *m*

Sloveense Slovène *v*

sloven besogner, peiner

Slovenië la Slovénie *v* ★ *in ~* en Slovénie

Slowaak *bewoner* Slovaque *m*

Slowaaks I *bn, m.b.t. Slowakije* slovaque **II** *het, taal* slovaque *m*

Slowaakse Slovaque *v*

Slowakije la Slovaquie ★ *in ~* en Slovaquie

slow motion ralenti *m* ★ *in ~* au ralenti

sluier ook fig voile *m* ▾ *een tipje van de ~ oplichten* soulever un coin du voile

sluierbewolking ciel *m* voilé

sluieren voiler

sluik ⟨van haar⟩ plat, lisse, raide

sluikhandel contrebande *v*

sluikreclame publicité *v* clandestine

sluikstorten BN *clandestien afval lozen* dépôt *m* sauvage de déchets

sluimer somnolence *v*

sluimeren ❶ *licht slapen* sommeiller ❷ fig *(nog) niet actief zijn* sommeiller ★ *een ~de ziekte* une maladie latente

sluimering assoupissement *m*, somnolence *v*

sluipen ❶ *stil lopen* se glisser, ⟨glippen⟩ se faufiler, ⟨rondsluipen⟩ rôder ★ *naar boven ~* monter furtivement ❷ fig *ongemerkt opkomen* se glisser ★ *er is een fout in de berekening geslopen* il s'est glissé une faute dans le calcul ★ *~de ziekte* maladie *v* insidieuse

sluipmoord ≈ assassinat *m*

sluipmoordenaar ≈ assassin *m*

sluiproute ≈ chemin *m* détourné

sluipschutter tireur *m* embusqué / isolé, sniper *m*

sluipverkeer ≈ circulation *v* par des chemins détournés

sluipweg ❶ *stille weg* chemin *m* détourné ❷ *oneerlijk middel* détour *m*, voie *v* détournée ★ *langs allerlei ~getjes* par des voies détournées

sluis *waterkering* écluse *v*

sluisdeur porte *v* d'écluse

sluisgeld droits *m mv* d'éclusage

sluiswachter éclusier *m* [v: éclusière]

sluiten I *ov ww* ❶ *dichtdoen* fermer ★ *de deur ~* fermer la porte ❷ *opbergen* enfermer ★ *iem. in de armen ~* serrer qn dans ses bras ❸ *beëindigen* arrêter, terminer ★ *een debat ~* clore un débat ★ *een vergadering ~* lever une séance ❹ *aangaan* conclure ★ *een akkoord ~* passer un accord ★ *een contract ~* passer un contrat ★ *vriendschap ~ met* se lier d'amitié avec ★ *vrede ~* faire / conclure la paix **II** *onov ww* ❶ *kloppen* ★ *een ~de begroting* un budget en équilibre ★ *~de redenering* raisonnement *m* qui tient ❷ *dichtgaan* fermer ★ *de deur sluit automatisch* c'est une porte à fermeture automatique ★ *de winkel sluit om 16 uur* le magasin ferme à 16 heures ❸ *ten einde lopen* (se) terminer ★ *bij het ~ van de beurs* à la fermeture de la Bourse

sluiter fotogr obturateur *m*

sluitertijd vitesse *v* d'obturation

sluiting ❶ *het dichtdoen* fermeture *v* ❷ *het beëindigen* ⟨van vergadering⟩ clôture *v* / levée *v* (de séance) ❸ *iets dat afsluit* fermeture *v*, ⟨van tas, halsketting e.d.⟩ fermoir *m*

sluitingstijd heure *v* de fermeture

sluitpost ❶ econ *afsluitende post* poste *m* d'ajustement ★ *~ op de begroting* poste d'ajustement budgétaire ❷ fig ★ *als ~ dienen* servir de variable d'ajustement (budgétaire), être la dernière des priorités

sluitspier sphincter *m*

sluitstuk ❶ *voorwerp* culasse *v* ❷ *slotstuk* finale *m*

sluizen ❶ scheepv écluser ❷ *overbrengen* transférer ★ *iem. ergens naar binnen ~* faire entrer qn en douce ★ *geld naar een rekening in het buitenland ~* transférer des fonds vers un compte étranger, expatrier des capitaux

slungel (grande) perche *v*

slungelig dégingandé

slurf ❶ *lange snuit* trompe *v* ❷ *flexibele buis* tuyau *m*, ⟨aviobrug⟩ passerelle *v* télescopique

slurpen boire en faisant du bruit, ⟨opslorpen⟩ ook fig bouffer ★ *deze auto slurpt benzine* cette voiture bouffe de l'essence

sluw I *bn* rusé ★ *sluw als een vos* rusé comme un renard **II** *bw* avec ruse

sluwheid ruse *v*

SM *sadomasochisme* SM *m*

smaad diffamation *v*, propos *m mv* diffamatoires

smaak ❶ *zintuig* goût *m* ❷ *trek, eetlust* ★ *met ~ eten* manger avec appétit, se régaler ★ *de ~ van iets te pakken krijgen* prendre goût à qc ❸ *wat men proeft* goût *m*, ⟨lekkere smaak⟩ saveur *v*, ⟨v. ijs e.d.⟩ parfum *m* ★ *iets op ~ brengen* assaisonner qc ❹ *schoonheidszin* goût *m* ★ *~ hebben* avoir du goût, avoir bon goût ★ *naar mijn ~* à mon goût ❺ *voorkeur* ★ *in de ~ vallen bij* plaire à ★ *over ~ valt niet te twisten* des goûts et des couleurs on ne discute pas ★ *smaken verschillen* (à) chacun son goût, tous les goûts sont dans la nature

smaakje ❶ *bijsmaak* petit goût *m* ★ *er zit een ~*

aan ça a un drôle de goût ❷ *smaakstof* aromatisant *m*
smaakmaker ❶ *smaakstof* aromatisant *m* ❷ *trendsetter* personne *v* qui donne le ton
smaakpapil papille *v* gustative
smaakstof aromatisant *m*
smaakvol I *bn* de (bon) goût, élégant ★ *een ~le inrichting* un aménagement de meilleur goût **II** *bw* avec goût
smaakzin goût *m*
smachten ❶ *verlangen* aspirer (**naar** après), être assoiffé (**naar** de), form soupirer (**naar** après) ★ *zij smachtte naar liefde* elle soupira après l'amour ❷ *kwijnen* se consumer, form languir ★ *~ van de dorst* mourir de soif
smachtend I *bn, verlangend* langoureux [v: langoureuse] ★ *~e blikken* regards *m mv* langoureux **II** *bw* langoureusement, languissamment
smadelijk I *bn* honteux [v: honteuse] **II** *bw* honteusement
smak ❶ *harde val, klap, slag* ⟨klap⟩ choc *m*, coup *m*, ⟨geluid⟩ boum *m*, ⟨val⟩ lourde chute *v* ★ *een harde smak maken* se casser la figure ❷ *smakkend geluid* bruit *m* (de bouche), ⟨zoen⟩ grosse bise *v* ★ *iem. een smak geven* faire une grosse bise à qn ❸ *grote hoeveelheid* paquet *m* ★ *een smak geld* un paquet de fric
smakelijk I *bn, lekker* savoureux [v: savoureuse], appétissant **II** *bw* ❶ *lekker* délicieusement ★ *~ eten!* bon appétit! ❷ *smeuïg* ★ *~ lachen* rire de bon cœur
smakeloos I *bn* ❶ lett de mauvais goût ❷ fig de mauvais goût **II** *bw* sans goût
smaken I *ov ww, genieten* goûter, éprouver ★ *het genoegen ~ om* avoir le plaisir de **II** *onov ww* ❶ *smaak hebben* avoir du goût ★ *aangebrand ~* avoir un goût de brûlé ★ *zoet ~* avoir un goût sucré ★ *het zich goed laten ~* manger de bon appétit ★ *naar citroen ~* avoir un goût de citron ★ *dat smaakt naar meer* ça a un (petit) goût de revenez-y ❷ *lekkere smaak hebben* plaire ★ *het heeft me goed gesmaakt* j'ai bien mangé, c'était bon ★ *smaakt het?* c'est bon? ★ *het smaakt mij niet* je ne le trouve pas bon
smakken I *ov ww, smijten* balancer, flanquer (par terre) **II** *onov ww* ❶ *vallen* tomber lourdement ★ *~ tegen* heurter ❷ *hoorbaar eten* faire du bruit en mangeant
smal étroit ★ *smaller worden* se rétrécir
smaldeel escadre *v*, flottille *v*
smalen ★ *~ op* dénigrer
smalend I *bn* dédaigneux [v: dédaigneuse] **II** *bw* avec mépris
smaragd émeraude *v*
smart ❶ *leed* peine *v*, douleur *v*, souffrance *v* ★ *gedeelde ~ is halve ~* ≈ peine partagée est divisée, douleur partagée est mieux supportée ❷ *verlangen* ★ *met ~ wachten op* attendre avec impatience
smartboard tableau *m* blanc interactif, TBI *m*
smartcard carte *v* à puce
smartdrug nootropique *m*
smartelijk I *bn* douloureux [v: douloureuse] **II** *bw* douloureusement
smartengeld réparation *v* pour préjudice moral
smartlap chanson *v* mélo
smartphone smartphone *m*, form téléphone *m* intelligent
smash sport smash *m* [m mv: smash(e)s]
smashen sport smasher
smeden ❶ *bewerken* forger ❷ *uitdenken* forger, ⟨beramen⟩ tramer ★ *een plan ~* forger un plan ★ *een complot ~* tramer un complot
smederij forge *v*
smeedijzer fer *m* forgé
smeedwerk ferronnerie *v*
smeekbede supplication *v*
smeer ❶ *smeersel* graisse *v* ❷ *vuil* crasse *v*
smeerbaar tartinable
smeerboel saleté *v*, crasse *v*
smeergeld pots-de-vin *m mv*
smeerkaas culin fromage *m* fondu
smeerlap ❶ *viezerik* cochon *m* ❷ *gemeen persoon* saligaud *m*
smeerlapperij ❶ *viezigheid* cochonnerie *v* ❷ *gemeenheid* saloperie *v*
smeerolie huile *v* de graissage
smeerpijp *smeerpoets* cochon *m* [v: cochonne]
smeerpoets cochon *m*
smeersel onguent *m*
smeet [verl. td.] → **smijten**
smeken supplier (**te** de) ★ *om iets ~* implorer qc ★ *~de blik* regard *m* suppliant ★ *ik smeek het je* je t'en supplie
smeltbaar fusible
smelten I *ov ww, vloeibaar maken* (faire) fondre ★ *de boter ~* faire fondre le beurre **II** *onov ww, vloeibaar worden* ook fig fondre ★ *de sneeuw smelt* la neige fond ★ *het deed mijn hart ~* cela m'a fait fondre
smeltkroes ❶ *kroes* creuset *v* ❷ fig *divers geheel* creuset *m*, melting-pot *m* [m mv: melting-pots]
smeltpunt point *m* de fusion
smeltwater eaux *v mv* de fonte
smeren ❶ *uitstrijken* étendre, étaler ★ *boter op een boterham ~* beurrer une tartine ★ *crème op de huid ~* mettre / étaler de la crème sur la peau ★ *een boterham ~* ⟨met boter en beleg⟩ faire une tartine ❷ *invetten* graisser, lubrifier, ⟨met olie⟩ huiler ★ *de zuigers van een auto ~* huiler les pistons d'une voiture ★ *zich de keel ~* s'humecter le gosier ★ *het gaat / loopt gesmeerd* ça marche comme sur des roulettes, inform ça baigne dans l'huile ★ *'m ~* filer, se tirer
smerig I *bn, vuil* sale, crasseux [v: crasseuse], inform dégueulasse **II** *bw, vuil* salement
smeris flic *m*
smet ❶ *vlek* tache *v* ❷ *schandvlek* tache *v*, souillure *v* ★ *een smet werpen op* entacher, noircir ★ *een smet op iemands naam werpen* ternir le blason de qn
smeten [verl. td.] → **smijten**
smetteloos I *bn* ❶ lett propre, sans tache ❷ fig impeccable **II** *bw* lett ★ *~ wit* d'un blanc impeccable
smetvrees phobie *v* des germes
smeuïg ❶ *zacht* onctueux [v: onctueuse] ❷ *smakelijk, levendig* savoureux [v: savoureuse] ★ *een ~ verhaal* une histoire savoureuse
smeulen ❶ *gloeien* couver (sous la cendre) ★ *het kampvuur smeulde nog* le feu de camp couvait

encore sous la cendre ❷ fig *broeien* couver ★ *~de haat* la haine qui couve, la haine sous-jacente
smid forgeron *m*
smidse forge *v*
smiecht *gemenerik* crapule *v*
smiezen ▾ *iem. in de ~ hebben* avoir qn dans le collimateur ▾ *iets in de ~ hebben* piger qc
smijten flanquer, ficher ▾ *met geld ~* claquer du fric ▾ *met zijn krachten ~* gaspiller ses forces
smikkelen ★ *~ van iets* se régaler de qc
smiley smiley *m*, form frimousse *v*
smoel ❶ *gezicht* gueule *v* ★ *iem. op zijn ~ slaan* casser la gueule à qn ★ *leuk ~tje* bonne bouille *v*, jolie frimousse *v* ❷ *mond* gueule *v* ★ *een grote ~ opzetten* avoir une grande gueule ★ *hou je ~* ta gueule, ferme-la
smoes prétexte *m*, faux-fuyant *m* [m mv: faux-fuyants] ★ *~jes verkopen* raconter des salades
smoezelig sali, défraîchi
smoezen ❶ *zacht, stiekem praten* faire des messes basses ★ *met elkaar ~* se parler à voix basse, chuchoter ❷ *roddelen* jaser ★ *er wordt over je gesmoesd* on raconte des tas de choses sur toi
smog smog *m*
smogalarm alerte *v* au smog
smoking smoking *m* ★ *in ~* en smoking
smokkel contrebande *v*, trafic *m*
smokkelaar contrebandier *m* [v: contrebandière], ⟨v. mensen⟩ passeur *m*
smokkelarij contrebande *v*, trafic *m*
smokkelen I *ov ww, geheim transporteren* passer en contrebande / fraude, faire du trafic de ★ *drugs ~* faire du trafic de drogue **II** *onov ww, niet eerlijk doen* tricher ★ *met zijn leeftijd ~* tricher sur son âge
smokkelhandel contrebande *v*
smokkelroute route *v* de contrebande
smokkelwaar (marchandises *v mv* de) contrebande *v*
smolt [verl. td.] → **smelten**
smolten [verl. td.] → **smelten**
smoor ▾ *de ~ hebben aan* détester ▾ *er de ~ in hebben* l'avoir mauvaise
smoorheet étouffant, suffocant
smoorverliefd éperdument / follement amoureux (**op** de) [v: ... amoureuse], inform toqué (**op** de) ★ *~ zijn op iem.* être fou de qn
smoothie culin smoothie *m*
smoren I *ov ww* ❶ *verstikken* étouffer ★ *gesmoord gelach* rires *m mv* étouffés ❷ *gaar laten worden* braiser, étuver **II** *onov ww, stikken* étouffer
smoushond griffon *m*
smoutbol BN *oliebol* ≈ beignet *m*
sms-bericht (message *m*) SMS *m*, texto *m*
sms'en envoyer un / des SMS, inform texter, textoter
sms'je (message *m*) SMS *m*, texto *m*
smullen ❶ *heerlijk eten* se régaler (**van** de) ★ *van de taart ~* savourer le gâteau ❷ fig *genieten* se régaler (de) ★ *we smulden van het hilarische verhaal* on s'est régalé de l'histoire hilarante
smulpaap gourmand *m* [v: gourmande]
smurf schtroumpf *m*
smurrie crasse *v*, ⟨van modder⟩ gadoue *v*
snaaien ❶ *inpikken* chiper, faucher ❷ *snoepen, eten* grignoter
snaar *dun koord* corde *v* ▾ *de gevoelige ~ raken* toucher la corde sensible
snaarinstrument instrument *m* à cordes
snack de quoi grignoter, produit *m* de grignotage, coupe-faim *m* [mv: id.]
snackbar snack *m*, snack-bar *m* [m mv: snack-bars]
snacken grignoter
snakken ~ **naar** aspirer à, inform mourir d'envie de
snappen[1] ❶ *begrijpen* piger, y voir clair ★ *snap je?* tu piges?, pigé? ★ *ik snap het* j'y suis ★ *ik snap er niets van* je n'y pige rien, ça me dépasse ❷ *betrappen* choper, pincer, piquer ★ *hij werd gesnapt toen hij spiekte* il s'est fait piquer en copiant
snappen[2] [sneppen] envoyer un snap
snars ▾ *geen ~* que dalle
snater bec *m* ★ *hou je ~!* ferme ta boîte!
snateren ❶ *kwaken* ⟨van gans⟩ cacarder, ⟨van eend⟩ cancaner ❷ *kwebbelen* jacasser
snauw coup *m* de bec
snauwen I *ov ww, op bijtende wijze toevoegen* gueuler **II** *onov ww, bits spreken* gueuler ★ *tegen iem. ~* rabrouer qn
snauwerig hargneux [v: hargneuse]
snavel ❶ *vogelbek* bec *m* ❷ *mond* bec *m* ★ *houd je ~!* ferme ta boîte!
snede → **snee**
sneden [verl. td.] → **snijden**
snee ❶ *insnijding* incision *v*, ⟨diep⟩ entaille *v*, ⟨snijwond⟩ coupure *v*, ⟨in gezicht ook⟩ estafilade *v* ❷ *plak* tranche *v* ★ *een sneetje brood* une tranche de pain ★ *in sneden snijden* couper en tranches ❸ *scherpe kant* tranchant *m* ❹ *snijvlak* section *v* ★ *goud op snee* doré sur tranche
sneed [verl. td.] → **snijden**
sneer vanne *v*
sneeren lancer des vannes
sneeuw neige *v* ★ *eeuwige ~* les neiges éternelles ★ *natte ~* neige fondante, neige qui ne tient pas (sur le sol) ★ *verse (poeder)~* poudreuse *v* ▾ *verdwijnen als ~ voor de zon* disparaître comme neige au soleil ▾ BN *zwarte ~ zien* en voir de toutes les couleurs
sneeuwbal boule *v* de neige
sneeuwbaleffect ★ *een ~ hebben* faire boule de neige
sneeuwballengevecht combat *m* de boules de neige
sneeuwblind ébloui par la neige
sneeuwbril ≈ lunettes *v mv* de ski
sneeuwbui chute *v* de neige
sneeuwen neiger ★ *het sneeuwt* il neige ★ *het gaat ~* il va neiger
sneeuwgrens limite *v* des neiges
sneeuwjacht tourmente *v* de neige
sneeuwkanon canon *m* à neige
sneeuwketting chaîne *v* (à neige)
sneeuwklas BN onderw classe *v* de neige
sneeuwklokje perce-neige *m* [mv: id.]
sneeuwman bonhomme *m* de neige ★ *de verschrikkelijke ~* l'abominable homme des neiges
sneeuwploeg ❶ *machine* chasse-neige *m*

[mv: id.] ❷ *positie van de ski's* chasse-neige *m*
sneeuwpop bonhomme *m* de neige
sneeuwruimen déneiger
sneeuwschuiver ❶ *schop* pelle *v* (à neige) ❷ *auto* chasse-neige *m* [mv: id.]
sneeuwstorm tempête *v* de neige
sneeuwuil harfang *m*
sneeuwval *neerslag* chute *v* de neige ★ *zware ~* forte chute de neige
sneeuwvlok flocon *m* de neige
sneeuwvrij désenneigé ★ *~ maken* déneiger
sneeuwwit blanc comme (la) neige, neigeux [v: neigeuse]
Sneeuwwitje Blanche-Neige *v*
sneeuwzeker ‹v. gebied› skiable
snel I *bn* ❶ *vlug* rapide ★ *de snelle groei van het aantal studenten* la croissance rapide du nombre d'étudiants ★ *sneller dan het geluid* supersonique ★ *iem. te snel af zijn* prendre qn de vitesse ❷ *modern* branché ★ *een snelle jongen* un gars branché **II** *bw, vlug* vite, rapidement ★ *niet zo snel* pas trop vite ★ *sneller gaan* accélérer ★ *we werden snel geholpen* le service était rapide ★ *hij wordt snel kwaad* il se vexe pour un rien
snelbinder tendeur *m*
snelbuffet snack *m*, self-service *m*
snelbus bus *m* rapide
snelheid ❶ *het snel gaan* rapidité *v* ★ *~ van spreken* volubilité *v* ❷ *vaart* vitesse *v* ★ *op volle ~* à toute vitesse ★ *met een ~ van 100 km per uur* à une allure de 100 km par heure ★ *de ~ verhogen* accélérer ★ *~ verminderen* ralentir ★ *hoge ~* grande vitesse
snelheidsbegrenzer limitateur *m* de vitesse
snelheidsbeperking limitation *v* de vitesse
snelheidscontrole contrôle *m* de vitesse
snelheidsduivel fou *m* du volant
snelheidslimiet limitation *v* de vitesse
snelheidsovertreding excès *m* de vitesse
snelkookpan cocotte-minute *v* [v mv: cocottes-minutes]
snelkookrijst riz *m* à cuisson rapide
snelkoppeling comp (lien *m* de) raccourci *m*
snellekweekreactor surrégénérateur *m*
snellen courir, s'élancer, se précipiter ★ *te hulp ~* courir à l'aide
snelrecht jur procédure *v* expéditive
snelschaken jouer une partie d'échecs rapide
sneltoets comp raccourci *m* clavier
sneltram tram(way) *m* rapide
sneltrein train *m* express *m*, (train *m*) rapide *m*, train *m* direct
sneltreinvaart ★ *in ~* à toute allure
snelverband pansement *m* de secours
snelverkeer circulation *v* rapide
snelvuur rafale *v*
snelvuurwapen mitrailleuse *v*
snelwandelen faire de la marche
snelweg autoroute *v*
snerpen ❶ *schril klinken* percer (les oreilles) ★ *een ~d geluid* un bruit perçant / strident ❷ *striemen* cingler ★ *een ~de kou* un froid cinglant
snert ❶ *erwtensoep* soupe *v* aux pois ❷ *troep* camelote *v*
snert- fichu ★ *snertweer* sale temps *m*, temps pourri

sneu fâcheux [v: fâcheuse] ★ *wat sneu* comme c'est dommage
sneuvelen ❶ *omkomen* mourir (à la guerre), périr (au combat) ★ *veel soldaten zijn gesneuveld* de nombreux soldats ont péri ❷ *stukgaan* se casser ★ *er is een vaas gesneuveld* un vase s'est cassé
snibbig I *bn* aigre, hargneux [v: hargneuse] ★ *een ~e oude vrouw* une vieille dame hargneuse **II** *bw* hargneusement
sniffen ❶ *bij verkoudheden e.d.* renifler ❷ *zacht huilen* pleurnicher
snijbloem fleur *v* coupée
snijboon ❶ *groente* haricot *m* mange-tout ❷ inform *persoon* ★ *een rare ~* un drôle de coco
snijbrander chalumeau *m* (autogène)
snijdbaar sécable
snijden I *ov ww* ❶ *af- / uitsnijden* couper ★ *in stukken ~* couper en morceaux ★ *in plakken ~* couper en tranches ★ *fijn ~* couper menu ★ *bloemen ~* couper des fleurs ★ *zich in de vinger ~* se couper le doigt ★ *de spanning was te ~* l'atmosphère était à couper au couteau ❷ *een snijpunt hebben* couper ★ *de straten ~ elkaar bij het plein* les rues se croisent sur la place ❸ ‹verkeer› faire une queue de poisson à ❹ ‹kaartspel› couper **II** *onov ww* ❶ *kerven* couper, découper ★ *flink ~ in de uitgaven* faire une coupe sombre dans les dépenses ❷ *scherp zijn* ★ *het mes snijdt slecht* le couteau coupe mal ❸ *snijdbaar zijn* ★ *oud brood snijdt gemakkelijk* le vieux pain se coupe facilement ❹ *pijn veroorzaken* couper, cingler
snijdend *doordringend* aigu [v: aiguë], perçant ★ *een ~e wind* un vent âpre
snijmachine coupeuse *v*
snijplank planche *v* à découper
snijpunt (point *m* d')intersection *v*
snijroos rose *v* coupée
snijtafel table *v* de dissection, ‹operatietafel› inform billard *m*
snijtand incisive *v*
snijvlak ❶ *snijdend deel* tranchant *m* ❷ *doorsnede* (plan *m* d')intersection *v*
snijwerk *kunstwerk* sculpture *v*
snijwond coupure *v*, ‹diep› entaille *v*
snik I *de* sanglot *m* ★ *in snikken uitbarsten* éclater en sanglots ★ *de laatste snik geven* rendre son dernier soupir ★ *tot de laatste snik* jusqu'au dernier soupir **II** *bn* ★ *niet goed snik zijn* être cinglé
snikheet caniculaire ★ *het is ~* il fait une chaleur étouffante
snikken sangloter
snip *vogel* bécasse *v*
snipper *reepje* rognure *v*, ‹schilletje› zeste *m*
snipperdag jour *m* de congé ★ *een ~ opnemen* prendre un jour, ‹tussen twee vrije dagen› faire le pont
snipperen couper en petits morceaux ★ *papier ~* couper du papier en petits morceaux
snipverkouden très enrhumé
snit coupe *v*, façon *v*
snob snob *m/v*
snobisme snobisme *m*
snobistisch snob ★ *nogal ~* snobinard

snoeien ❶ *afknippen* tailler ❷ *inkorten* ★ *~ in een begroting* rogner sur un budget
snoeimes serpe *v*, ⟨op stok⟩ ébranchoir *m*
snoeischaar sécateur *m*
snoek *vis* brochet *m*
snoekbaars sandre *m/v*
snoekduik plongeon *m*
snoep bonbons *m mv*, friandises *v mv* → **snoepje**
snoepautomaat distributeur *m* de bonbons
snoepen ❶ *snoep eten* manger des sucreries, grignoter des friandises ★ *~ is slecht voor je tanden* les bonbons abîment les dents ❷ *eten* ★ *van iets ~* goûter (en cachette) à qc
snoeper ❶ *iem. die snoept* amateur *m* de sucreries ❷ *flirt* coureur *m* (de jupons) ★ *ouwe ~* vieux vicelard *m*
snoepgoed bonbons *m mv*, friandises *v mv*
snoepje *snoepgoed* bonbon *m*
snoeplust gourmandise *v*
snoepreisje voyage *m* aux frais de la princesse
snoer ❶ *koord* cordon *m*, ⟨vissnoer⟩ ligne *v* ★ *elektrisch ~* fil *m* électrique ❷ *streng* collier *m* ★ *een ~ parels* un collier de perles
snoeren lacer, ⟨v. parels⟩ enfiler
snoerloos sans fil
snoes chou *m* [m mv: choux], amour *m*
snoeshaan hurluberlu *m* ★ *vreemde ~* un drôle de type / de zèbre
snoet museau *m* [m mv: museaux], mufle *m*, ⟨gezicht⟩ gueule *v* ★ *een leuk ~je* une bonne bouille, une jolie frimousse
snoeven se vanter, fanfaronner ★ *~ op* se vanter de
snoever fanfaron *m* [v: fanfaronne], vantard *m* [v: vantarde]
snoezig mignon [v: mignonne], adorable, joli (comme tout)
snol pute *v*
snood odieux [v: odieuse], vil ★ *snode plannen* de noirs desseins
snoodaard scélérat *m*
snoof [verl. td.] → **snuiven**
snooker snooker *m*
snookeren *spel* jouer au snooker
snoot [verl. td.] → **snuiten**
snor moustache *v*, ⟨van dier⟩ moustaches *v mv* ★ *met een snor* moustachu ▾ *zijn snor drukken* filer (en douce) ▾ *dat zit wel snor* c'est dans la poche
snorder maraudeur *m*
snorfiets cyclomoteur *m*
snorhaar ❶ *haar van snor* poil *m* de moustache ❷ *tasthaar bij zoogdieren* moustache *v*
snorkel tuba *m*
snorkelen faire de la plongée avec un tuba
snorren ronfler, ⟨ook v. kat⟩ ronronner, ⟨gonzen⟩ bourdonner, ⟨ronken⟩ vrombir
snot *neusslijm* morve *v*
snotaap *kwajongen* morveux *m* [v: morveuse]
snoten [verl. td.] → **snuiten**
snotneus ❶ *loopneus* nez *m* qui coule ❷ *snotaap* morveux *m* [v: morveuse]
snottebel chandelle *v*
snotteren ❶ *neus ophalen* renifler ★ *ze loopt de hele dag te ~* elle passe la journée à renifler ❷ *huilen* pleurnicher
snotverkouden ★ *~ zijn* avoir la reniflette
snoven [verl. td.] → **snuiven**
snowboard snowboard *m*, surf *m* des neiges
snowboarden faire du snowboard, surfer
snowboot après-ski *m* [mv: après-ski(s)]
snuffelaar fouineur *m* [v: fouineuse]
snuffelen ❶ *ruiken* flairer ★ *de hond loopt te ~* le chien flaire un peu partout ❷ *speuren* fouiller, fureter, inform fouiner ★ *in boeken zitten te ~* avoir le nez dans les livres
snuffen renifler
snufferd ❶ *neus* pif *m* ★ *het staat vlak voor je ~!* c'est sous ton nez! ❷ *gezicht* figure *v*, inform gueule ★ *op zijn ~ vallen* se casser la figure
snufje ❶ *klein beetje* ★ *een ~ zout* une pincée de sel ❷ *nieuwigheidje* gadget *m* ★ *het nieuwste ~* le dernier cri
snugger futé, malin [v: maligne] ★ *hij is niet al te ~* il n'est pas très malin, il n'a pas inventé la poudre
snuifje *klein beetje* pincée *v*
snuisteren BN *nieuwsgierig doorkijken* fouiner
snuisterij bibelot *m*, babiole *v*
snuit ❶ *deel van kop* museau *m* [m mv: museaux], mufle *m*, ⟨van varken⟩ groin *m* ❷ *gezicht* gueule *v* ★ *een leuk ~je* une bonne bouille, une jolie frimousse
snuiten moucher ★ *zijn neus ~* se moucher
snuiter *kwibus* hurluberlu *m*, individu *m*, type *m* ★ *een rare ~* un drôle d'oiseau / de zèbre
snuiven **I** *ov ww, tabak / cocaïne gebruiken* priser, sniffer **II** *onov ww, ademen* respirer bruyamment, ⟨van paard⟩ s'ébrouer, ⟨van dieren⟩ renâcler
snurken ronfler ★ *~ als een os* ronfler comme une forge
s.o. onderw *schriftelijke overhoring* IE *v*, interrogation *v* écrite
soa *seksueel overdraagbare aandoening* MST *v*, maladie *v* sexuellement transmissible, IST *v*, infection [v] sexuellement transmissible
soap ⟨tv⟩ soap(-opéra) *m*
sober **I** *bn* sobre ★ *een ~e maaltijd* un repas frugal ★ *een ~e stijl* un style sobre **II** *bw* sobrement
sociaal ❶ *in groepsverband levend* social [m mv: sociaux] ★ *honden zijn sociale wezens* le chien est un animal sociable ★ *sociale controle* contrôle *m* social ★ *sociale media* médias *m mv* sociaux ❷ *maatschappelijk* social [m mv: sociaux] ★ *~ werker* assistant *m* social ★ *sociale lasten* charges *v mv* sociales ★ *sociale voorzieningen* sécurité *v* sociale ❸ *welwillend* sociable ★ *je ~ opstellen* se montrer sociable
sociaal-cultureel socioculturel [v: socioculturelle]
sociaaldemocraat social-démocrate *m/v* [m mv: sociaux-démocrates]
sociaaleconomisch socioéconomique
socialezekerheidsstelsel régime *m* de la Sécurité sociale
socialiseren socialiser
socialisme socialisme *m*
socialist socialiste *m/v*
socialistisch socialiste
social media médias *m mv* sociaux
sociëteit ❶ *vereniging* cercle *m*, club *m*

❷ *verenigingsgebouw* cercle *m*, club *m* ★ *naar de ~ gaan* aller au club
society haute société *v*
sociologie sociologie *v*
sociologisch sociologique
socioloog sociologue *m/v*
soda ❶ *natriumcarbonaat* soude *v* ❷ *sodawater* soda *m*
sodawater soda *m*
sodemieter ▾ *als de ~* illico ▾ *ergens geen ~ van begrijpen* n'y piger que dalle ▾ *iem. op zijn ~ geven* en foutre sur la gueule à qn
sodemieteren I *ov ww, gooien* flanquer **II** *onov ww* ❶ *vallen* dégringoler ❷ *donderjagen* foutre le bordel
sodomie sodomie *v*
soebatten ≈ supplier, insister
Soedan le Soudan ★ *in ~* au Soudan
Soedanees soudanais
soelaas soulagement *m* ★ *~ bieden* soulager
soenniet sunnite *m/v*
soep culin potage *m*, ‹dik› soupe *v*, ‹helder› consommé *m* ▾ *in de soep zitten* être dans le pétrin ▾ BN *tussen de soep en de patatten* entre la poire et le fromage, entre deux portes ▾ *dat is linke soep* c'est casse-gueule ▾ *het is niet veel soeps* ce n'est pas grand-chose, ce n'est pas fameux ▾ *de soep wordt niet zo heet gegeten als ze wordt opgediend* ce n'est pas aussi grave que ça en a l'air
soepballetje culin ≈ boulette *v* de viande
soepbord assiette *v* creuse
soepel I *bn* ❶ *buigzaam* souple, flexible ❷ *niet koppig* souple, flexible **II** *bw* ❶ *buigzaam* avec souplesse ❷ *niet koppig* avec souplesse ★ *zich ~ opstellen* faire preuve de souplesse ❸ *makkelijk* aisément ★ *~(tjes) verlopen* marcher comme sur des roulettes
soepgroente herbes *v mv* potagères
soepjurk robe *v* sac
soepkom bol *m*
soeplepel ❶ *opscheplepel* louche *v* ❷ BN *eetlepel* cuillère *v* (à soupe), ‹inhoudsmaat› cuillerée *v*
soeps → **soep**
soepstengel culin gressin *m*
soes *gebakje* chou *m* (à la crème) [m mv: choux ...]
soesa tracas *m (mv)*, tintouin *m* ★ *een hoop ~* bien du tracas
soeverein I *de* souverain *m* **II** *bn* souverain ★ *~e lidstaat* État *m* membre souverain
soevereiniteit souveraineté *v*
soezen *dommelen* ‹suffen› somnoler, ‹mijmeren› rêvasser
soezerig somnolent
sof fiasco *m*
sofa canapé *m*, sofa *m*
Sofia Sofia *v*
sofinummer *(tegenwoordig: burgerservicenummer)* ‹fiscaal› numéro *m* fiscal, ‹sociaal› numéro de Sécurité sociale → **burgerservicenummer**
soft mollasse
softbal sport softball *m*
softballen sport jouer au soft-ball
softdrug drogue *v* douce
softijs glace *v* à l'italienne
software logiciel *m* ★ *educatieve ~* didacticiel *m*
softwarepakket progiciel *m*
softwareprogramma logiciel *m*
soja soja *m*
sojaboon graine *v* de soja
sojamelk lait *m* de soja
sojasaus culin sauce *v* de soja
sok ❶ *kous* chaussette *v*, ‹sokje› socquette *v* ★ *een paar sokken* une paire de chaussettes ★ *ouwe sok* ‹spaarkous› bas *m* de laine, ‹oude man› vieux chnoque *m* ★ *iem. van de sokken rijden* tailler un short à qn ❷ *van paard* balzane *v* ❸ *onderdeel van een buis* manchon *m*
sokkel socle *m*
sol *muzieknoot* sol *m*
solair solaire
solarium solarium *m*
soldaat soldat *m* ★ *gewoon ~* simple soldat ★ *de onbekende ~* le Soldat inconnu ▾ *een fles ~ maken* faire un sort à une bouteille
soldeer soudure *v*
soldeerbout fer *m* à souder
soldeersel soudure *v*
solden BN *uitverkoop* soldes *m mv*
solderen souder
soldij solde *v*
soleren se produire en soliste, fig œuvrer en solitaire, faire cavalier seul
solidair solidaire ★ *zich ~ verklaren met* se solidariser avec
solidariteit solidarité *v* (**met** avec)
solide I *bn* solide ★ *een ~ constructie* une construction solide ★ *een ~ onderneming* une entreprise solide **II** *bw* solidement
soliditeit solidité *v*
solist ❶ muz soliste *m/v* ❷ fig *individualist* individualiste *m/v*
solitair I *de* solitaire *m/v* **II** *bn* solitaire
sollen ~ **met** se jouer de ★ *(niet) met zich laten ~* (ne pas) se laisser faire
sollicitant candidat *m* [v: candidate], postulant *m* [v: postulante]
sollicitatie candidature *v* ★ *open ~* candidature spontanée
sollicitatiebrief lettre *v* de candidature / motivation
sollicitatiegesprek entretien *m* d'embauche
sollicitatieplicht obligation *v* de chercher un emploi
sollicitatieprocedure procédure *v* d'embauche
solliciteren ❶ *naar baan dingen* poser sa candidature, se proposer ★ *~ naar een baan* poser sa candidature à un poste, postuler un emploi ❷ ~ **naar** fig *vragen om* ★ *hij solliciteert naar een pak slaag* il cherche une paire de claques
solo I *de* solo *m* **II** *bw* en solo ★ *solo zingen* chanter en solo, chanter un solo ★ *solo spelen* jouer en solo, jouer un solo ★ *solo vliegen* voler en solo, voler en solitaire
solocarrière muz carrière *v* en soliste
Solomoneilanden îles *v mv* Salomon
solopartij solo *m*
soloplaat disque *m* (en) solo
solovlucht vol *m* en solo / en solitaire

solozanger (chanteur *m*) soliste *m/v*
solutie ❶ *contactlijm* dissolution *v* ❷ scheik *oplossing* solution *v*
solvabel solvable
solvabiliteit solvabilité *v*
som ❶ *uitkomst* somme *v*, total *m* ❷ *bedrag* ★ *een som geld* une somme d'argent ❸ wisk ⟨vraagstuk⟩ problème *m* ★ *sommen maken* faire des calculs, calculer
Somalië la Somalie ★ *in ~* en Somalie
Somalisch somalien [v: somalienne]
somatisch somatique
somber ❶ *donker* sombre ★ *~e kleur* couleur *v* sombre ❷ *bedrukt* morne, triste, sombre ★ *~ kijken* avoir l'air sombre ★ *alles ~ inzien* voir tout en noir
somma somme *v*, montant *m*
sommeren *bevelen* sommer, mettre en demeure ★ *~ tot betaling* sommer de payer ★ *de politie sommeerde hem te stoppen* la police l'a sommé de s'arrêter
sommige certains, quelques ★ *in ~ gevallen werd geweld gebruikt* il y a eu quelques cas de violence ★ *~ dingen kun je nu eenmaal niet veranderen* il y a des choses que l'on ne peut pas changer ★ *~n* quelques-uns ★ *~ mensen begrijpen nergens iets van* il y a des gens qui ne comprennent rien
soms ❶ *nu en dan* quelquefois, parfois ❷ *misschien* peut-être ★ *weet jij soms of* saurais-tu (par hasard) si
sonar sonar *m*
sonate sonate *v*
sonde ❶ *peilstift* sonde *v* ❷ *meettoestel* sonde *v*
song chanson *v*
songtekst paroles *v mv*
sonisch sonore, sonique
sonnet sonnet *m*
sonoor sonore
soort ❶ *groep* genre *m*, sorte *v* ★ *in zijn ~* dans / en son genre ★ *allerlei ~en...* toutes sortes de ... ★ *~ bij ~ leggen* trier, classer ★ *~ zoekt ~* qui se ressemble s'assemble ❷ biol espèce *v* ❸ *iets dat lijkt op het genoemde* espèce *v*, sorte *v* ★ *een ~ ei* une sorte d'oeuf ★ *dat ~ dingen* ce genre de choses ★ *een ~ mantel* une espèce de manteau
soortelijk spécifique ★ *het ~ gewicht* le poids spécifique
soortement espèce *v* de ★ *een ~ van kraan* une espèce de robinet
soortgelijk pareil [v: pareille], similaire
soortgenoot congénère *m/v*
soortnaam nom *m* générique
soos amicale *v*, club *m*
sop eau *v* savonneuse, ⟨waswater⟩ lessive *v* ▼ *het ruime sop kiezen* prendre le large ▼ *het sop is de kool niet waard* le jeu ne vaut pas la chandelle ▼ *iem. in zijn sop laten gaar koken* laisser cuire qn dans son jus
soppen ❶ *reinigen* lessiver ★ *de keuken ~* lessiver la cuisine ❷ *indopen* tremper ★ *een koekje in de thee ~* tremper un biscuit dans son thé
sopraan ❶ *stem* soprano *m* ❷ *zangeres* soprano *v*, soprane *v*
sorbet coupe *v* glacée, sorbet *m*
sorbitol sorbitol *m*
sores embêtements *m mv*, tracas *m mv*
sorry pardon, excusez-moi
sorteermachine trieuse *v*
sorteren trier, faire le tri (de) ▼ *effect ~* faire son effet
sortering ❶ *verscheidenheid* assortiment *m* ★ *een ruime ~* un grand choix ❷ *het sorteren* triage *m*, tri *m*
SOS *Save Our Souls* SOS *m*
soufflé soufflé *m*
souffleren souffler
souffleur souffleur *m* [v: souffleuse]
soul soul *m*
soundtrack bande *v* sonore
souper souper *m*
souperen souper
souplesse souplesse *v*
souschef sous-chef *m* [m mv: sous-chefs]
souteneur souteneur *m*, inform maquereau *m* [mv: maquereaux]
souterrain sous-sol *m* [m mv: sous-sols]
souvenir souvenir *m*
souvenirwinkel magasin *m* de souvenirs
sovjet soviet *m*
Sovjet-Unie l'Union *v* soviétique
sowieso de toute manière, forcément
spa ❶ ® *mineraalwater* eau *v* minérale ❷ *spade* bêche *v*
spaak I *de* rayon *m* ★ *iem. een ~ in het wiel steken* mettre des bâtons dans les roues de qn **II** *bw* ★ *~ lopen* mal tourner, échouer
spaakbeen radius *m*
spaan ❶ *spaander* copeau *m* [m mv: copeaux] ★ *geen ~ heel laten van* réduire en miettes, démolir ❷ *schuimspaan* spatule *v*
spaander copeau *m* [m mv: copeaux]
spaanplaat (panneau *m* d')aggloméré *m*, panneau de particules
Spaans I *bn, m.b.t. Spanje* espagnol ★ *het ~ benauwd hebben* avoir les jetons **II** *het, taal* espagnol *m*
Spaanse Espagnole *v*
Spaanstalig de langue espagnole, hispanophone
spaarbank caisse *v* d'épargne
spaarbankboekje livret *m* d'épargne
spaarbekken réservoir *m*, bassin *m* d'épargne
spaarbrander brûleur *m* à économiseur
spaarbrief bon *m* d'épargne
spaarcenten inform pécule *m*, petit magot *m*
spaardeposito dépôt *m* d'épargne
spaarder épargnant *m* [v: épargnante]
spaargeld économies *v mv*, inform cagnotte *v*, pécule *m*, bas *m* de laine
spaarlamp ampoule *v* basse consommation, ampoule *v* à économie d'énergie
spaarpot ❶ *busje* tirelire *v* ❷ *spaargeld* économies *v mv*, inform pécule *m* ★ *een ~je aanleggen* se constituer un petit pécule
spaarrekening compte-épargne *m*
spaarvarken tirelire *v*
spaarzaam I *bn* ❶ *zuinig* économe (**met** de) ★ *hij is ~ met woorden* il est peu causant ❷ *schaars* rare, ⟨karig⟩ pauvre, chiche ★ *spaarzame verlichting* lumière *v* indigente **II** *bw* ❶ *zuinig* de façon économe ★ *~ omgaan met* être économe de ❷ *schaars* pauvrement, chichement, mal ★ *de kamer is ~ verlicht* la pièce est mal éclairé

sp

spaarzegel timbre-épargne *m* [m mv: timbres-épargne]
spaceshuttle navette *v* spaciale
spade bêche *v*
spagaat grand écart *m* ★ *een ~ maken* ook fig faire le grand écart
spaghetti spaghettis *m mv*
spaghettibandje bretelle *v* spaghetti
spalk attelle *v*, éclisse *v*
spalken *verbinden* med éclisser
spam comp *e-mail* spam *m*, Can pourriel *m*
span ❶ *trekdieren* attelage *m* ❷ fig *stel* couple *m* ★ *een aardig span* un couple sympathique
spandoek banderole *v*
spaniël épagneul *m*
Spanjaard *bewoner* Espagnol *m*
Spanje l'Espagne *v* ★ *in ~* en Espagne
spankracht ❶ *veerkracht* élasticité *v* ❷ *kracht* force *v* expansive, ⟨van spier⟩ tonicité *v*, fig vigueur *v*
spannen I *ov ww* ❶ *onder spanning zetten* tendre, ⟨van geweer⟩ armer ❷ *m.b.t. een gespan* atteler **II** *onov ww, te strak zitten* serrer, coller **III** *onp ww, kritiek zijn* ★ *het zal erom ~* ça sera juste
spannend ❶ ⟨boeiend⟩ passionnant, captivant, ⟨onzeker⟩ chaud ★ *een ~e tv-serie* un feuilleton passionnant ❷ BN *strak, nauw* collant
spanning ❶ *het strak getrokken zijn* tension *v* ❷ *druk* natk pression *v* ★ *je banden op ~ brengen* ajuster la pression des pneus ❸ elek tension *v* ★ *staat er ~ op deze draad?* est-ce que ce fil est sous tension? ★ *een ~ van 230 volt* une tension de 230 volts ❹ psych tension *v*, ⟨onzekerheid⟩ suspense *m* ★ *in ~ zitten* être anxieux ★ *de ~ is te snijden* l'atmosphère est à couper au couteau
spanningsboog arc *m* de tension
spanningshaard foyer *m* de tension
spanningsveld ❶ elek champ *m* électrique ❷ fig zone *v* de tension
spanningzoeker détecteur *m* de tension
spanwijdte ❶ *afstand tussen twee steunpunten* portée *v* ❷ *vleugelbreedte* envergure *v*
spar *boom* sapin *m*
sparappel pomme *v* de pin
sparen ❶ *geld niet uitgeven* épargner, économiser ❷ *verzamelen* collectionner ❸ *ontzien* ménager ★ *zich ~* se ménager ★ *gespaard blijven van* être préservé de
sparren sport ≈ s'entraîner
sparringpartner sparring-partner *m* [m mv: sparring-partners]
Spartaans I *bn, streng* spartiate **II** *bw, streng* à la spartiate
spartelen gigoter, remuer, ⟨van vis⟩ frétiller
spasme spasme *m*, convulsion *v*
spastisch ❶ *verkrampt* spastique, spasmodique ❷ fig ★ *doe niet zo ~!* relaxe!
spat éclaboussure *v* ▼ *spatjes hebben* faire des chichis
spatader med varice *v*
spatbord garde-boue *m* [mv: id.], ⟨van auto⟩ aile *v*
spatel spatule *v*
spatie espace *v*
spatiebalk comp barre *v* d'espacement
spatiëren espacer
spatiëring espacement *m*
spatlap pare-boue *m* [mv: id.]
spatten I *ov ww, bespatten* éclabousser, ⟨bevlekken⟩ tacher (**met** de) ★ *zij spatte water in mijn gezicht* elle a éclaboussé d'eau mon visage **II** *onov ww, spetteren* jaillir, rejaillir, gicler, ⟨van pen⟩ cracher ★ *de modder spatte op mijn jas* mon manteau était éclaboussé de boue ★ *uit elkaar ~* éclater
spawater® (eau *v* de) Spa *m*
speaker ❶ *luidspreker* haut-parleur *m* [m mv: haut-parleurs] ❷ *commentator* speaker *m*
specerij épice *v*
specht pic *m* ★ *groene ~* pivert *m* ★ *zwarte ~* pic noir ★ *bonte ~* épeiche *v*
speciaal I *bn* spécial [m mv: spéciaux] particulier [v: particulière] ★ *~ geval* cas *m* particulier / spécial ★ *nasi ~* ≈ riz *m* sauté spécial **II** *bw* spécialement, particulièrement ★ *ik ben ~ wat eerder gekomen* j'ai fait en sorte de venir plus tôt
speciaalzaak magasin *m* spécialisé
special émission *v* spéciale
specialisatie spécialisation *v*
specialisatiejaar BN onderw année *v* de spécialisation
specialiseren [**zich ~**] se spécialiser (**in** dans, en)
specialisme spécialité *v*
specialist ❶ *deskundige* spécialiste *m/v* ❷ med *arts* (médecin *m*) spécialiste *m/v*
specialistisch spécialiste, spécialisé
specialiteit spécialité *v*
specie *mortel* mortier *m*
specificatie spécification *v*
specificeren spécifier, détailler
specifiek I *bn* spécifique ★ *~ zijn voor* être propre à ★ *in ~e gevallen* dans des cas précis **II** *bw* spécifiquement, ⟨uitdrukkelijk⟩ explicitement, expressément ★ *ergens ~ op wijzen* signaler qc expressément
specimen spécimen *m*
spectaculair spectaculaire
spectrum ❶ natk spectre *m* ❷ *gevarieerde reeks* gamme *v*
speculaas spéculo(o)s *m*
speculaasje culin spéculo(o)s *m*
speculant spéculateur *m* [v: spéculatrice]
speculatie spéculation *v*
speculatief I *bn* spéculatif [v: spéculative] **II** *bw* d'une manière spéculative
speculeren ❶ *gissingen doen* faire des spéculations ❷ handel faire des spéculations, spéculer ❸ *~* **op** *rekenen op* spéculer sur
speech discours *m*, speech *m* ★ *een ~ afsteken* faire un discours, inform faire un laïus
speechen faire un discours
speedboot canot *m* motonautique
speeddaten rendez-vous *m* express, speed-dating *m*
speeksel salive *v*
speekselklier glande *v* salivaire
speelautomaat machine *v* à sous
speelbal ❶ *bal* balle *v* (de jeu), ballon *m* ❷ *slachtoffer* jouet *m*, marionnette *v* ★ *~ zijn* être une marionnette
speelbank maison *v* de jeu, tripot *m*
speelbord tableau *m* [mv: tableaux], ⟨dambord⟩

damier *m*, ⟨schaakbord⟩ échiquier *m*
speeldoos boîte *v* à musique
speelfilm long métrage *m*, (grand) film *m*
speelgoed jouets *m mv* ★ *stuk ~* jouet *m*
speelgoedafdeling rayon *m* des jouets
speelgoedautootje petit auto *m* jouet
speelgoedbeer ours *m* en peluche, jeugdt nounours *m*
speelgoedbeest peluche *v*
speelgoedwinkel magasin *m* de jouets
speelhal hall *m* de jeux
speelhelft ❶ *helft van veld* moitié *v* du terrain ❷ *helft speelduur* mi-temps *v* [mv: id.]
speelhol tripot *m*
speelkaart carte *v* (à jouer)
speelkameraad camarade *m/v* de jeu
speelkwartier récréation *v*
speelplaats terrain *m* de jeu, ⟨op school⟩ cour *v* (de récréation)
speelplein BN *speelplaats* cour *v* (de récréation)
speelruimte ❶ *handelingsvrijheid* liberté *v*, champ *m* / marge *v* (de manœuvre) ★ *niet veel ~ hebben* avoir une marge de manœuvre réduite ❷ *speling* techn jeu *m*
speels ❶ *dartel* folâtre, ⟨graag spelend⟩ joueur [v: joueuse] ★ *~ als jonge honden* joueur(s) comme un chiot ❷ *luchtig* léger [v: légère], frivole ★ *hij heeft een ~e manier van doen* il a son côté joueur
speelschuld dette *v* de jeu
speeltafel table *v* de jeu, inform tapis *m* (vert)
speelterrein terrain *m* de jeu
speeltijd ❶ sport durée *v* du match ❷ BN *speelkwartier* récréation *v*
speeltje joujou *m* [m mv: joujoux]
speeltoestel, BN **speeltuig** *klimtoestel* jeu *m* extérieur (à grimper) [mv: jeux extérieurs ...]
speeltuin aire *v* / terrain *m* de jeux
speelvogel BN *speels kind* enfant *m* joueur, BelgFr jouette *v*
speelzaal salle *v* de jeu
speen I *de* ❶ *fopspeen* tétine *v* ❷ *tepel* tétine *v* **II** *het*, BN *aambeien* hémorroïdes *v mv*
speenkruid fausse renoncule *v*
speenvarken cochon *m* de lait ★ *gillen als een mager ~* crier comme un putois
speer ❶ *lans* lance *v* ❷ sport javelot
speerpunt ❶ *punt van speer* fer *m* de lance ❷ *belangrijke zaak* fer *m* de lance
speerwerpen (lancer *m* du) javelot *m*
speerwerper lanceur *m* de javelot [v: lanceuse ...]
speet [verl. td.] → **spijten**
spek culin lard *m*, ⟨dobbelsteentje⟩ lardon *m* ▼ *voor spek en bonen meedoen* compter pour du beurre ▼ BN *het spek aan zijn benen hebben* être le dindon de la farce ▼ *dat is geen spekje voor jouw bekje* ce n'est pas pour ton nez
spekglad très glissant, comme une patinoire
spekken fig engraisser
spekkie culin guimauve *v*
speklap tranche *v* de lard
spektakel ❶ *iets bijzonders* spectacle *m* ★ *dat koninklijk huwelijk was een groots ~* ce mariage royal offrait un spectacle somptueux ❷ *lawaai* tapage *m*, vacarme *m* ★ *~ maken* faire du tapage
spekvet graisse *v* de lard
spekzool semelle *v* de crêpe
spel ❶ *speelbenodigdheden* jeu *m* [mv: jeux] ★ *een spel kaarten* un jeu de cartes ❷ *bezigheid ter ontspanning* jeu *m* [mv: jeux], ⟨wedstrijd⟩ match *m*, partie *v* ★ *op het spel zetten* mettre en jeu, risquer, jouer ★ *alles op het spel zetten* risquer le tout pour le tout ★ *er staat veel op het spel* l'enjeu est de taille ★ *zijn leven staat op het spel* il y va de sa vie ★ *zijn eer staat op het spel* il y va de son honneur ★ *het spel is uit* la plaisanterie est finie ★ *een spelletje met iem. spelen* se jouer de qn ★ *vrij spel hebben* avoir les mains libres ★ *iem. vrij spel laten* laisser le champ libre à qn ★ *vrij spel laten aan* donner libre cours à ★ *hoog spel spelen* jouer gros ★ *in het spel zijn* être en jeu ★ *er is een vrouw in het spel* il y a une femme en jeu ★ *ongelukkig in het spel, gelukkig in de liefde* heureux au jeu, malheureux en amour ❸ *toneel- / muziekstuk* pièce *v* ❹ *speelwijze* jeu *m*, muz interprétation *v* ★ *aanvallend spel* jeu offensif ★ *goed spel te zien geven* donner une bonne performance ★ *stil spel* jeu muet, jeu de scène ❺ *handelwijze* ★ *dat is geen eerlijk spel* c'est de la triche ★ *eerlijk spel* du fair-play ★ *vals spel* tricherie v, inform triche *v* → **spelletje**
spelbederf antijeu *m*
spelbepaler meneur *m* de jeu
spelbreker trouble-fête *m/v* [mv: trouble-fête(s)], rabat-joie *m* [mv: id.]
spelcomputer console *v* de jeux
speld ❶ *naaigerei* épingle *v* ★ *je kon een ~ horen vallen* on aurait entendu voler une mouche ★ *er is geen ~ tussen te krijgen* il n'y a rien à redire (à cela) ★ *een ~ in een hooiberg zoeken* chercher une aiguille dans une botte de foin ❷ *haarspeld* barrette *v* ❸ *broche* broche *v* → **speldje**
spelden épingler
speldenknop tête *v* d'épingle
speldenkussen pelote *v* à épingles
speldenprik ❶ *prik met speld* coup *m* d'épingle ❷ *hatelijkheid* pique *v*
speldje badge *m*, ⟨onderscheiding⟩ insigne *m*
spelelement élément *m* ludique
spelen I *ov ww* ❶ *zich vermaken (met)* jouer ★ *buiten ~* jouer dehors ★ *een spel ~* jouer à un jeu ★ *vals ~* tricher ★ *soldaatje ~* jouer aux soldats ❷ *wedstrijd aangaan* ★ *een wedstrijd ~* jouer / disputer un match ★ *een partijtje schaak ~* jouer une partie d'échecs ❸ muz jouer ★ *vals ~* jouer faux ★ *viool ~* jouer du violon ❹ *verplaatsen* ★ *de bal ~* jouer le ballon ★ *een kaart ~* jouer une carte ❺ ton *als acteur uitvoeren* jouer ★ *de rol ~ van ...* jouer le rôle de ... ★ *een koning ~* jouer le roi ❻ ton *opvoeren* jouer ❼ *zich voordoen als* ★ *voor eigen rechter ~* se faire justice ★ *de baas ~ over iem.* commander qn ❽ *aanpakken* ★ *het slim ~* s'y prendre habilement **II** *onov ww* ❶ *luchtig bewegen* ★ *die gedachte blijft me door het hoofd ~* cette idée me trotte par la tête ❷ *zich afspelen* se passer, avoir lieu ★ *het stuk speelt in Utrecht* la scène se passe à Utrecht ❸ *van invloed zijn* jouer ❹ **~ om** *kansspel spelen* jouer ❺ **~ met** *luchtig behandelen* jouer avec ★ *met zijn gezondheid ~* jouer avec sa santé ★ *zij laten niet met zich ~* ils se ne laissent pas faire ❻ **~ op** jouer sur ★ *op safe*

~ jouer serré ★ *op het publiek* ~ jouer pour la galerie ❼ ~ **voor** *zich voordoen als* jouer ★ *voor heks* ~ jouer la sorcière
spelenderwijs en (se) jouant, par jeu, ⟨gemakkelijk⟩ avec aisance ★ ~ *leren* apprendre en jouant
speleoloog spéléologue *m/v*
speler joueur *m* [v: joueuse], ⟨acteur⟩ acteur *m* [v: actrice]
spelevaren se promener en bateau
spelfout faute *v* d'orthographe
speling ❶ *tussenruimte* jeu *m* ❷ *marge* marge *v*, ⟨m.b.t. tijd⟩ battement *m* ❸ *gril* jeu *m* [m mv: jeux], caprice *m* ★ *een* ~ *van het lot* le jeu du destin ★ *een* ~ *van de natuur* un caprice de la natue
spelleider animateur *m* [v: animatrice]
spellen ❶ *correct schrijven* orthographier ★ *hoe spel je dat woord?* comment s'écrit / s'orthographie ce mot? ★ *je hebt dat woord verkeerd gespeld* tu as fait une faute d'orthographe ❷ *letter voor letter noemen* épeler ★ *kun je dat voor me* ~? tu peux m'épeler ce mot?
spelletje jeu *m*, partie *v*
spelling orthographe *v*
spellingchecker correcteur *m* / vérificateur *m* orthographique
spellinggids guide *m* d'orthographe
spellingshervorming réforme *v* de l'orthographe
spelmaker meneur *m* de jeu
spelonderbreking temps *m* mort, arrêt *m* de jeu
spelonk caverne *v*
spelregel règle *v* du jeu ★ *zich aan de* ~*s houden* respecter les règles du jeu
spelverdeler meneur *m* de jeu
spencer spencer *m*
spenderen dépenser (**aan** à), ⟨steken (in)⟩ mettre (à)
spenen sevrer ▾ *gespeend van* dénué de, dépourvu de
sperma sperme *m*
spermabank banque *v* de sperme
spermadonor donneur *m* de sperme
spermatozoïde spermatozoïde *m*
spertijd couvre-feu *m* [m mv: couvre-feux]
spervuur tir *m* de barrage, rideau *m* de feu
sperwer épervier *m*
sperzieboon haricot *m* vert
spetter ❶ *spat* éclaboussure *v* ❷ inform *mooi persoon* ⟨man⟩ beau mec *m*, ⟨vrouw⟩ belle nana *v*
spetteren éclabousser
speurder enquêteur *m* [v: enquêtrice], détective *m*
speuren I *ov ww*, *bespeuren* s'apercevoir de, découvrir, discerner **II** *onov ww* ❶ *opsporingswerk doen* enquêter, faire des recherches ❷ *onderzoekend kijken* ★ ~ *naar een parkeerplaats* chercher une place de stationnement
speurhond ook fig limier *m*
speurneus ❶ *fijne neus* nez *m* fin ❷ *persoon* limier *m*
speurtocht recherches *v mv*, ⟨verkenning⟩ exploration *v*
speurwerk *nasporingen* recherches *v mv*
speurzin flair *m*
spichtig ❶ *toelopend, spits* effilé ★ ~ *riet* des roseaux effilés ❷ *mager* grêle ★ *een* ~ *meisje* une jeune fille grêle
spie ❶ *wig* coin *m* ❷ *pen* clavette *v*, goupille *v*
spieden épier, guetter, espionner
spiegel miroir *m*, glace *v*, ⟨van auto⟩ rétroviseur *m* ★ *in de* ~ *kijken* se regarder dans la glace ★ *iem. een* ~ *voorhouden* tendre un miroir à qn
spiegelbeeld ❶ *weerkaatsing* image *v* (réfléchie), reflet *m* ❷ *omgekeerd beeld* image *v* inverse ★ *in* ~ à l'envers
spiegelei œuf *m* sur le plat
spiegelen I *onov ww*, *weerkaatsen* miroiter **II** *wkd ww* [**zich** ~] ~ **aan** ★ *zich aan iem.* ~ prendre exemple sur qn
spiegelglad lisse comme un miroir ★ *de straat is* ~ la rue est une vraie patinoire
spiegeling ❶ *het spiegelen* reflet *m*, réflexion *v*, ⟨glinstering⟩ miroitement *m* ❷ *spiegelbeeld* reflet *m*
spiegelreflexcamera (appareil *m*) reflex *m*
spiegelruit glace *v*
spiegelschrift écriture *v* spéculaire / en miroir
spiekbriefje antisèche *v*
spieken tricher, ⟨afkijken⟩ copier (**bij** sur), inform pomper (**bij** sur)
spier muscle *m* ★ *hij vertrok geen* ~ il n'a pas sourcillé ★ *dwarsgestreepte* ~ muscle strié
spierbal muscle *m*, ⟨v. arm⟩ biceps *m* ★ *zijn* ~*len laten zien* gonfler ses muscles
spierbundel faisceau *m* musculaire, fig paquet *m* de muscles
spiering éperlan *m* ▾ *een* ~ *uitwerpen om een kabeljauw te vangen* donner un œuf pour avoir un bœuf
spierkracht force *v* musculaire
spiernaakt tout nu, inform à poil
spierpijn courbatures *v mv*, med myalgie *v*
spierweefsel tissu *m* musculaire
spierwit blanc comme (la) neige [v: blanche ...], ⟨lijkbleek⟩ blême, livide
spies ❶ *speer* épieu *m* [m mv: épieux], pique *v* ❷ *grillpen* brochette *v*
spietsen empaler, embrocher
spijbelaar élève *m/v* qui sèche un cours
spijbelen sécher (un cours), faire l'école buissonnière
spijker clou *m* ★ *een* ~ *inslaan* enfoncer / planter un clou ▾ ~*s met koppen slaan* ne pas faire les choses à moitié ▾ *de* ~ *op de kop slaan* mettre le doigt dessus ▾ ~*s op laag water zoeken* chercher midi à quatorze heures
spijkerbroek jean(s) *m (mv)*, blue-jean *m*
spijkeren clouer
spijkerhard ❶ lett dur comme (le) fer ❷ fig implacable ★ *ze stelden zich* ~ *op* ils étaient intransigeants
spijkerjasje, **spijkerjack** blouson *m* en jean
spijkerschrift écriture *v* cunéiforme
spijkerstof jean *m*
spijl barreau *m* [m mv: barreaux], barre *v*
spijs ❶ *gerecht* mets *m* ❷ *vulling* pâte *v*
spijskaart carte *v*, menu *m*

sp

spijsvertering digestion *v*
spijsverteringskanaal tube *m* digestif
spijsverteringssysteem appareil *m* digestif
spijswet loi *v* alimentaire
spijt ⟨berouw⟩ regret *m*, remords *m*, ⟨verdriet⟩ chagrin *m* ★ *~ hebben van iets* regretter qc ★ *tot mijn ~* à mon grand regret ▾ BN *tot ~ van wie het benijdt* quoi qu'on en pense
spijten ★ *het spijt me* je suis désolé ★ *het spijt me dat ik u stoor* (je suis) désolé de vous déranger ★ *het zal je ~* tu le regretteras
spijtig fâcheux [v: fâcheuse], dommage
spijts BN *ondanks* en dépit de, malgré
spijzen BN fig *spekken* engraisser
spikes ❶ *schoenen* (chaussures *v mv* à) pointes *v mv* ❷ *op motor- en autobanden* clous *m mv*
spikkel tache *v*, moucheture *v*
spiksplinternieuw flambant neuf [v: flambant neuve]
spil ❶ techn *as* pivot *m*, axe *m* ❷ *middelpunt* pivot *m* ★ *de spil waar alles om draait* la pièce maîtresse
spilkoers cours *m* moyen, taux-pivot *m*
spillebeen I *de, persoon* personne *v* aux jambes fuselées **II** *het, been* allumette *v*
spilziek dépensier [v: dépensière]
spin *dier* araignée *v*
spinazie épinards *m mv*
spindoctor conseiller *m* en communication
spinet épinette *v*
spinnen I *ov ww* [o.v.t.: spon; volt. deelw.: gesponnen] ❶ *tot garen maken* filer ❷ biol ★ *de spin spint zijn web* l'araignée file / tisse sa toile **II** *onov ww* [o.v.t.: spinde; volt. deelw.: gespind] *snorren* ronronner
spinnenweb toile *v* d'araignée
spinnerij filature *v*
spinnewiel rouet *m*
spinnijdig furieux [v: furieuse], furibond
spin-off econ dérivé *m*, retombée *v*
spinrag toile *v* d'araignée
spint I *de, mijt* araignée *v* rouge **II** *het, hout* aubier *m*
spion espion *m* [v: espionne]
spionage espionnage *m*
spionagesatelliet satellite *m* espion
spioneren espionner
spionkop BN *fanatieke supportersmenigte* kop *m*
spiraal ❶ *schroeflijn* spirale *v* ❷ *voorwerp* spirale *v* ❸ fig *escalatie* spirale *v*
spiraalmatras matelas *m* à ressorts, ⟨springbox⟩ sommier *m* à ressorts
spiraaltje stérilet *m*
spiraalvormig en spirale
spirit allant *m*, dynamisme *m*, punch *m*
spiritisme spiritisme *m*
spiritualiën spiritueux *m mv*
spiritueel spirituel [v: spirituelle]
spiritus alcool *m* (à brûler)
spiritusbrander réchaud *m* à alcool
spit ❶ *braadpen* broche *v* ★ *aan het spit rijgen* embrocher ❷ med lumbago *m*
spits I *de* ❶ *top* pointe *v*, ⟨bergtop ook⟩ pic *m*, aiguille *v*, ⟨torenspits ook⟩ flèche *v*, aiguille *v* ★ *op de ~ drijven* pousser à outrance ★ *de ~ afbijten* essuyer les plâtres ❷ *spitsuur* heures *v mv* de pointe / d'affluence ❸ sport ligne *v* d'attaque, ⟨spitsspeler⟩ avant *m*, attaquant [v: attaquante] ❹ *voorhoede* tête *v* **II** *bn* ❶ *puntig* pointu, aigu [v: aiguë], en pointe ★ *~ toelopen* se terminer en pointe ❷ *slim* perspicace
Spitsbergen le Spitzberg
spitsen *puntig maken* pointer, ook fig aiguiser ★ *de oren ~* tendre / dresser l'oreille ▾ *gespitst zijn op* être attentif à
spitsheid ook fig acuité *v*
spitskool chou *m* pointu [mv: choux pointus]
spitsmuis musaraigne *v*
spitsstrook voie *v* utilisable aux heures de pointe
spitsuur heures *v mv* de pointe / d'affluence ★ *tijdens de spitsuren* aux heures de pointe
spitsvondig ingénieux [v: ingénieuse], subtil
spitten ❶ *graven* bêcher, creuser ❷ fig *zoeken* creuser
spitzen (chaussons *m mv* à) pointes *v mv*
spleet I *de* fente *v*, crevasse *v*, ⟨in muur⟩ lézarde *v* **II** *ww* [verl. td.] → **splijten**
spleetoog I *de,* min *persoon* chinetoque *m/v* **II** *het, oog* œil *m* bridé [mv: yeux bridés]
spleten [verl. td.] → **splijten**
splijten I *ov ww, uit elkaar doen scheuren* fendre, ⟨van atoom⟩ fissionner, ⟨van diamant⟩ cliver **II** *onov ww, een scheur krijgen* se fendre ★ *gespleten persoonlijkheid* dédoublement *m* (de la personnalité)
splijting *het splijten* scission *v*, fissuration *v*, ⟨van atoom⟩ fission *v*, ⟨van diamant⟩ clivage *m*
splijtstof combustible *m* nucléaire
splijtzwam *oorzaak van verdeeldheid* pomme *v* de discorde
splinter écharde *v*, éclat *m* ★ *ik heb een ~ in mijn vinger* j'ai une écharde dans le doigt
splinteren *tot splinters breken* se fendre en éclats
splintergroep groupuscule *m*
splinternieuw flambant neuf [v: flambant neuve], tout neuf [v: toute neuve]
split fente *v*
spliterwt pois *m* cassé
splitpen goupille *v* fendue
splitrok jupe *v* fendue
splitsen *delen* séparer, diviser, ⟨in tweeën⟩ dédoubler, scheik décomposer, ⟨van atoom⟩ fissionner ★ *de weg splitst zich* la route bifurque
splitsing ❶ *scheuring* division *v*, ⟨door onenigheid⟩ scission *v*, ⟨in tweeën⟩ dédoublement *m* ❷ *plaats van splitsing* bifurcation *v* ❸ scheik décomposition *v*, ⟨van atoom⟩ fission *v*
spoed *haast* hâte *v* ★ *met ~* vite ★ *~ maken* se dépêcher, se presser ★ *er ~ achter zetten* activer / presser l'affaire ▾ *haastige ~ is zelden goed* ≈ qui va doucement va loin
spoedarts urgentiste *m/v*
spoedbehandeling traitement *m* d'urgence
spoedbestelling *bezorging* (distribution *v*) exprès *m*
spoedcursus cours *m* accéléré, stage *m* intensif
spoedeisend urgent ★ *~e hulp* (service *m* des) urgences *v mv*
spoeden [**zich ~**] se rendre en hâte
spoedgeval cas *m* d'urgence, med urgence *v*

★ BN *(dienst)* ~*len* service *m* des urgences
spoedig I *bn* rapide, prompt ★ *een ~ antwoord* une réponse rapide / prompte **II** *bw* bientôt, rapidement, vite ★ *zo ~ mogelijk* le plus vite possible ★ *ik kom ~ terug* je reviens bientôt ★ *ten ~ste* au plus tôt, form dans les plus brefs délais
spoedoperatie opération *v* d'urgence
spoedopname hospitalisation *v* d'urgence
spoedoverleg consultation *v* d'urgence
spoel bobine *v*, ⟨schietspoel⟩ navette *v*
spoelbak ⟨v. gootsteen⟩ (bac *m* d')évier *m*
spoelen I *ov ww* ❶ *reinigen* rincer, laver ❷ *opwinden* bobiner **II** *onov ww* ❶ *stromen* couler ❷ *meegevoerd worden* être emporté
spoeling rinçage *m*, lavage *m*, ⟨v. wc⟩ chasse *v* d'eau, ⟨kleurspoeling⟩ teinture *v* ≈ chacun veut sa part du gâteau
spoelwater eau *v* de vaisselle
spoelworm ascaride *m*
spogen [verl. td.] → **spugen**
spoiler spoiler *m*
spoken I *onov ww* ❶ *rondwaren als een spook* errer, hanter (les lieux) ❷ *van gedachten* ★ *er spookte van alles door zijn hoofd* tant de pensées lui hantaient (l'esprit) **II** *onp ww, door spoken bezocht worden* ★ *het spookt op zolder* il y a des fantômes dans le grenier, le grenier est hanté ★ fig *het spookt op zee* la mer est déchaînée
spon [verl. td.] → **spinnen**
sponde *bed* couche *v*
sponnen [verl. td.] → **spinnen**
sponning rainure *v*, coulisse *v*
spons *voorwerp* éponge *v* ▼ BN *de ~ halen over iets* passer l'éponge sur qc
sponsen éponger ★ *het ~* l'épongeage *m*
sponsor sponsor *m*, form parraineur *m*
sponsoren sponsoriser, form parrainer
sponsoring sponsoring *m*, sponsorisation *v*, form parrainage *m*
spontaan I *bn* spontané **II** *bw* spontanément
spontaniteit spontanéité *v*
sponzig spongieux [v: spongieuse]
spoog [verl. td.] → **spugen**
spook ❶ *geest* fantôme *m*, revenant *m* ❷ fig *schrikbeeld* spectre *m* ★ *spoken zien* inform se faire un film (dans la tête) ❸ *akelig mens* chipie *v*
spookachtig effrayant, ⟨als van een spook⟩ fantomatique
spookbeeld spectre *m*, hantise *v*
spookhuis ❶ *huis* maison *v* hantée ❷ *kermisattractie* château *m* hanté
spookrijder chauffard *m* circulant à contresens
spookschip vaisseau *m* fantôme [mv: vaisseaux ...]
spookstad ville *v* fantôme
spookverhaal histoire *v* de revenants
spoor I *het* ❶ *afdruk* trace *v*, ⟨voetafdruk⟩ empreinte *v*, ⟨van wild, crimineel⟩ piste *v*, ⟨van wagen⟩ ornière *v* ★ *sporen achterlaten* laisser des traces ★ *iem. op het ~ zijn* être sur la piste / la trace de qn, avoir dépisté qn ★ *een ~ volgen* suivre une piste ★ *het ~ bijster zijn* avoir perdu la piste, fig s'être égaré ★ *de sporen uitwissen* brouiller les pistes ★ *op het goede ~ zitten* être sur la bonne piste ★ *op het verkeerde ~ zitten* être sur une fausse piste ❷ *overblijfsel* vestige *m* ★ *sporen van een beschaving* des vestiges d'une civilisation ❸ fig *teken* trace *v* ★ *zonder een ~ van twijfel* sans l'ombre d'un doute ★ *de sporen dragen van* porter les marques de ★ *geen ~ van* pas l'ombre de ❹ *spoorweg* voie *v* (ferrée), chemin *m* de fer ★ *uit het goede ~ raken* quitter le droit chemin, dérailler ★ *op een dood ~ zitten* être dans une impasse ❺ *spoorbedrijf* chemins *m mv* de fer ★ *per ~* par rail ❻ *geluidsstrook* piste *v* **II** *de* ❶ *uitsteeksel rijlaars* éperon *m* ★ *een paard de sporen geven* éperonner / talonner un cheval ★ *zijn sporen verdiend hebben* avoir fait ses preuves ❷ plantk spore *v* ❸ *hoornige uitwas* ergot *m*
spoorbaan voie *v* ferrée
spoorbiels traverse *v*
spoorboekje indicateur *m* (des chemins de fer)
spoorboom barrière *v* (d'un passage à niveau)
spoorbrug pont *m* de chemin de fer
spoorlijn ligne *v* de chemin de fer
spoorloos sans (laisser de) traces ★ *~ verdwenen* inform disparu dans la nature
spoorslags à bride abattue
spoorweg voie *v* ferrée, chemin *m* de fer ★ *de ~en* les chemins de fer, ⟨in Frankrijk⟩ la SNCF
spoorwegmaatschappij compagnie *v* ferroviaire
spoorwegnet réseau *m* ferroviaire / ferré
spoorwegovergang passage *m* à niveau
spoorwegpersoneel cheminots *m mv*
spoorwegstaking grève *v* des cheminots
spoorwegverbinding liaison *v* ferroviaire
spoorzoeken dépistage *m*, ⟨als spel⟩ jeu *m* de piste
spoorzoekertje recr jeu *m* de piste
spoot [verl. td.] → **spuiten**
sporadisch I *bn* sporadique **II** *bw* sporadiquement ★ *~ voorkomen* être rarissime
spore spore *v*
sporen ❶ *met de trein reizen* voyager en train ❷ *in hetzelfde spoor lopen* ★ *deze auto spoort niet goed* les roues de cette voiture sont mal alignées ❸ *overeenkomen* cadrer (**met** avec) ❹ *psychisch in orde zijn* ★ *die spoort niet* c'est un détraqué
sporenelement oligoélément *m*
sporenplant cryptogame *m/v*
sport ❶ *lichaamsoefening* sport *m* ★ *aan ~ doen* pratiquer un sport, faire du sport ★ *worstelen is weer een olympische ~* la lutte est redevenue une discipline olympique ❷ *trede* échelon *m* ★ *de onderste ~ van de ladder* le dernier échelon de l'échelle
sportacademie académie *v* des sports
sportaccommodatie sport équipement(s) *m (mv)* sportif(s)
sportauto voiture *v* de sport
sportbond sport fédération *v* sportive
sportclub sport association *v* sportive, club *m* sportif
sportdag sport journée *v* (de) sport
sportduiken sport plongée *v*
sporten faire du sport
sporter sport sportif *m* [v: sportive]
sportevenement sport rencontre *v* / manifestation *v* sportive
sportfiets sport vélo *m* de sport

sp

sporthal sport salle *v* omnisports
sportief I *bn* ❶ *sport betreffend* sportif [v: sportive] ❷ *sportlievend* sportif [v: sportive] ❸ *eerlijk* chic [onver.], fair-play [onver.] **II** *bw* ❶ *de sport betreffend* d'une manière sportive ❷ *eerlijk* sportivement ❸ *informeel* ★ *~ gekleed zijn* être habillé sport
sportieveling sport sportif *m* [v: sportive]
sportiviteit ❶ sport sportivité *v* ❷ *eerlijkheid* esprit *m* sportif, fair-play *m*
sportjournalist sport journaliste *m/v* sportif
sportkleding sport vêtements *m mv* / tenue *v* de sport
sportman sportif *m*
sportpark complexe *m* sportif
sportschool *fitnesscentrum* centre *m* de (re)mise en forme / de fitness, espace-forme *m*, club *m* de gym
sportuitzending sport émission *v* sportive
sportveld sport terrain *m* de sport
sportvissen pratiquer la pêche sportive
sportvisserij pêche *v* sportive
sportvliegen aviation *v* de tourisme
sportvliegtuig avion *m* de tourisme
sportvrouw sport sportive *v*
sportwagen voiture *v* de sport
sportwedstrijd sport épreuve *v* sportive
sportzaak sport magasin *m* de sport
sportzaal sport salle *v* omnisports
spot ❶ *het spotten* moquerie *v*, raillerie *v* ★ *de spot drijven met* se moquer de, tourner en dérision ❷ *reclame* spot *m* (publicitaire) ❸ *lamp* spot *m*
spoten [verl. td.] → **spuiten**
spotgoedkoop très bon marché, donné
spotlight (lumière *v* des) projecteurs *m mv*
spotnaam sobriquet *m*
spotprent caricature *v*
spotprijs prix *m* choc / dérisoire / sacrifié
spotten I *onov ww, schertsen* railler ★ *~de lach* rire *m* moqueur / railleur / narquois ★ *~ met iets* se moquer de qc ★ *hij laat niet met zich ~* il ne se laisse pas faire ★ *daar valt niet mee te ~* on ne plaisante pas avec ça, inform ça ne rigole pas **II** *ov ww, lokaliseren* repérer ★ *vliegtuigen ~* observer les avions
spotter *bespotter* moqueur *m* [v: moqueuse]
spotvogel ❶ *vogel* moqueur *m* ❷ *persoon* moqueur *m* [v: moqueuse], railleur *m* [v: railleuse]
spouw vide *m*
spouwmuur mur *m* creux
spraak *vermogen om te spreken* parole *v* ★ *zijn ~ verliezen* perdre la parole (façon *v* de) parler *m*, ⟨taal⟩ langage *m* ★ *iets ter sprake brengen* évoquer qc, mettre qc sur le tapis ★ *ter sprake komen* être évoqué ★ *er is sprake van* il est question de, il s'agit de ★ *geen sprake van!* (il n'en est) pas question!, (c'est) hors de question!
spraakcentrum centre *m* de la parole
spraakgebrek défaut *m* d'élocution
spraakgebruik usage *m*
spraakherkenning comp reconnaissance *v* vocale
spraakkunst grammaire *v*
spraakles cours *m* d'orthophonie
spraakmakend *ophef makend* retentissant ★ *een ~ programma* une émission qui a beaucoup fait parler d'elle
spraakstoornis trouble *m* de la parole
spraakvermogen (faculté *v* de la) parole *v*
spraakverwarring confusion *v* des langues ▼ *een Babylonische ~* une tour de Babel
spraakwaterval moulin *m* à paroles
spraakzaam loquace, inform bavard
sprak [verl. td.] → **spreken**
sprake → **spraak**
sprakeloos ★ *~ staan* rester bouche bée, rester ébahi / interdit
spraken [verl. td.] → **spreken**
sprankelen ❶ *schitteren* étinceler ★ *~de ogen* yeux *m mv* étincelants ❷ fig pétiller, étinceler ★ *een ~de jongeman* un jeune homme fringant ★ *~d van geest* à l'esprit pétillant
sprankje brin *m* ★ *een ~ hoop* une lueur d'espoir
spray spray *m*
sprayen vaporiser
spreadsheet comp tableur *m*
spreekbeurt conférence *v*, ⟨op school⟩ exposé *m* ★ *een ~ houden* faire une conférence / un exposé
spreekbuis *vertolker* porte-parole *m/v* [mv: id.]
spreekgestoelte tribune *v*, ⟨katheder⟩ chaire *v*
spreekkamer cabinet *m* (de consultation), ⟨in gesloten inrichtingen⟩ parloir *m*
spreekkoor chœur *m* ★ *spreekkoren aanheffen* scander des slogans
spreekstalmeester Monsieur Loyal *m*
spreektaal langue *v* parlée
spreektijd temps *m* de parole
spreekuur (heures *v mv* de) consultation *v* ★ *~ houden* recevoir, ⟨van arts⟩ consulter
spreekvaardigheid expression *v* orale, élocution *v*
spreekverbod interdiction *v* de parler
spreekwoord proverbe *m*
spreekwoordelijk proverbial [m mv: proverbiaux] ★ *~ worden* passer en proverbe
spreeuw étourneau *m* [m mv: étourneaux]
sprei couvre-lit *m* [m mv: couvre-lits], dessus-de-lit *m* [mv: id.]
spreiden ❶ *uitspreiden* étaler, étendre ★ *iets ten toon ~* étaler qc ❷ *verdelen over* répartir sur, ⟨in tijd⟩ échelonner sur, étaler sur ❸ *uit elkaar plaatsen* ★ *de benen ~* écarter les jambes
spreiding ❶ *het spreiden* étalement *m*, ⟨van de benen⟩ écartement *m* ❷ *verdeling* ⟨in tijd⟩ étalement *m*, ⟨in tijd⟩ échelonnement *m*, ⟨van afstand⟩ écart *m*, ⟨decentralisatie⟩ déconcentration *v* ★ *~ van de vakantie* étalement des vacances
spreidlicht lumière *v* des projecteurs
spreidsprong saut *m* écarté
spreidstand jambes *v mv* écartées
spreidzit grand écart *m*
spreken I *ov ww* ❶ *zeggen* dire ★ *de waarheid ~* dire la vérité ❷ *gesprek hebben met* parler à ★ *iem. ~* parler à qn ★ *kan ik mijnheer A. ~?* pourrais-je parler à Monsieur A.? ★ *elkaar ~* se parler, s'adresser la parole, se voir ★ *we ~ elkaar nog wel!* ⟨dreigend⟩ tu auras de mes nouvelles! ★ *iem. te ~ vragen* demander (à parler) qn ❸ *taal beheersen* ★ *Frans ~* parler français **II** *onov ww*

❶ *praten* parler (**met** à; **over**, **van** de) ★ *duidelijk ~* bien articuler ★ *om met X te ~...* comme l'a dit X... ★ *met wie spreek ik?* ⟨aan de telefoon⟩ qui est à l'appareil?, c'est de la part de qui? ★ *~ over iets* parler de qc ★ *over politiek ~* parler politique ★ *over tennis gesproken* à propos de tennis ★ *van zich doen ~* faire parler de soi ★ *om maar niet te ~ van...* sans parler de... ★ *tot de verbeelding ~* parler à l'imagination ★ *de goeden niet te na gesproken* les bons éléments mis à part ★ *niet te ~ zijn over* être mécontent de ★ *ergens goed over te ~ zijn* être très satisfait de qc ★ *bij wijze van ~* façon de parler, pour ainsi dire ★ *~ is zilver, zwijgen is goud* la parole est d'argent et le silence est d'or ❷ *duidelijk worden* ★ *uit haar ogen spreekt liefde* ses yeux expriment de l'amour ★ *dat spreekt vanzelf, dat spreekt voor zich* cela va de soi, cela va sans dire, c'est évident ★ *de feiten ~ voor zichzelf* les chiffres sont éloquents

sprekend I *bn* ❶ *met spraak* parlant ★ *een ~e film* un film parlant ❷ *treffend, duidelijk* frappant ★ *een ~e gelijkenis* une ressemblance frappante ★ *een ~ portret* un portrait parlant ★ *een ~ bewijs* une preuve évidente ❸ *met veel expressie* ★ *~e kleuren* des couleurs *v mv* vives ★ *~e ogen* des yeux *m mv* expressifs **II** *bw* exactement ★ *hij lijkt ~ op zijn vader* c'est tout le portrait de son père ★ *dat lijkt ~* c'est très ressemblant

spreker ❶ *iem. die het woord voert* orateur *m* [v: oratrice], ⟨op lezing⟩ conférencier *m* [v: conférencière], ⟨in debat⟩ intervenant *m* [v: intervenante] ★ *hij is een goed ~* il parle bien, il a le don de la parole ★ *de vorige ~* l'intervenant précédent ❷ *iem. die een taal spreekt* locuteur *m* [v: locutrice]

sprenkelen *uitgieten* asperger, arroser

spreuk dicton *m*, maxime *v*

spriet ❶ *halm* brin *m* ❷ *haarpiek* épi *m* ❸ *voelhoorn* antenne *v* ❹ *dun meisje* perche *v*

sprietig ⟨spichtig⟩ maigrichon [v: maigrichonne], ⟨v. haar⟩ rebelle

springbak sport fosse *v* (de réception)

springbok *antilope* springbok *m*

springbox sommier *m* à ressorts

springconcours jumping *m*

springen ❶ *zich in de lucht verheffen* sauter, ⟨opspringen⟩ bondir, ⟨van vloeistof⟩ jaillir ★ *~ over* sauter ★ *over een sloot ~* sauter un fossé ★ *in het water ~* se jeter à l'eau ★ *uit bed ~* sauter à bas de son lit ★ *op de fiets ~* enfourcher son vélo ★ *staan te ~ om te ...* bondir / brûler d'impatience de ★ *zitten te ~ om* manquer horriblement de ★ *je kunt hoog of laag ~* il n'y a pas à tortiller ❷ *zich plotseling bewegen* ★ *op groen ~* passer au vert ❸ *barsten, ontploffen* éclater, sauter, ⟨kloven krijgen⟩ se gercer, se crevasser ★ *het glas is gesprongen* le verre a éclaté ★ *er is een snaar gesprongen* une corde s'est cassée ★ *een rotsblok laten ~* faire sauter un bloc de rocher ★ *mijn band is gesprongen* mon pneu a crevé ★ *op ~ staan* (être en train de) craquer, ⟨hoge nood hebben⟩ avoir un besoin pressant ❹ *bankroet gaan* faire faillite, sauter ★ *de bank staat op ~* la banque est au bord de la faillite ❺ *uitsteken* saillir ★ *de voorkamer springt naar binnen* la pièce donnant sur la rue est en retrait

springerig sautillant ★ *~ haar* des cheveux *m mv* rebelles

spring-in-'t-veld enfant *m* espiègle, enfant qui a la bougeotte

springlading charge *v* explosive

springlevend bien vivant

springmatras ⟨springbox⟩ sommier *m* à ressorts

springpaard *dier* sauteur *m*

springplank ook fig tremplin *m*

springschans tremplin *m*

springstof explosif *m*

springstok perche *v*

springtij grande marée *v*

springtouw corde *v* à sauter

springuur BN onderw heure *v* creuse

springveer ressort *m*

springvloed grande marée *v*

sprinkhaan sauterelle *v*

sprinkhanenplaag invasion *v* de sauterelles

sprinkler sprinkler *m*

sprint sprint *m*

sprinten sprinter

sprinter ❶ *persoon* sprinteur *m*, sprinter *m* [v: sprinteuse] ❷ *trein* train *m* express (régional)

sproeien *besproeien* arroser

sproeier ⟨toestel⟩ arroseur *m*, ⟨verstuiver⟩ pulvérisateur *m*, ⟨ruitensproeier⟩ lave-glace *m* [mv: lave-glaces], ⟨kop van gieter / douche⟩ pomme *v*, techn gicleur *m*

sproeikop pomme *v*

sproeivliegtuig avion *m* d'arrosage

sproet tache *v* de rousseur

sprokkelen ❶ *hout verzamelen* ramasser (du bois mort) ❷ fig glaner ★ *informatie bij elkaar ~* glaner des informations

sprokkelhout bois *m* mort

sprong I *de, het springen* saut *m*, bond *m* ★ *met een ~* d'un bond ▾ *rare ~en maken* faire des folies ▾ *een ~ in het duister doen* faire un saut dans l'inconnu ▾ *de ~ wagen* faire le saut, franchir le pas ▾ *een grote ~ voorwaarts* un grand bond en avant **II** *ww* [verl. td.] → **springen**

sprongen [verl. td.] → **springen**

sprongsgewijs par bonds, par à-coups

sprookje ❶ *vertelling* conte *m* de fées ★ *het ~ van Roodkapje* l'histoire du petit Chaperon Rouge ❷ fig *verzinsel* conte *m* bleu

sprookjesachtig féerique, fabuleux [v: fabuleuse]

sprookjesboek livre *m* de contes

sprookjesfiguur personnage *m* de conte

sprookjesprins prince *m* charmant

sprookjesprinses princesse *v* de conte de fées

sprookjeswereld pays *m* des merveilles

sproot [verl. td.] → **spruiten**

sprot sprat *m*

sproten [verl. td.] → **spruiten**

spruit ❶ *groente* ★ *~jes* choux *m mv* de Bruxelles ❷ *uitloper* jet *m*, pousse *v* ❸ *kind* rejeton *m*

spruiten ❶ *loten krijgen* donner des rejets ❷ *voortkomen uit* être issu (**uit** de)

spruitstuk embranchement *m*

spruw med muguet *m*

spugen ❶ *speeksel uitspugen* cracher ❷ *braken* vomir

spuien ❶ *lozen* évacuer, ⟨v. koopwaar⟩ écouler

sp

★ *overtollig water* ~ évacuer des eaux superflues ❷ *uiten* exprimer, ⟨tentoonspreiden⟩ étaler ★ *kritiek* ~ formuler des critiques
spuigat déversoir *m*, ⟨van schip⟩ dalot *m* ▾ *dat loopt de ~en uit* cela dépasse les bornes
spuit ❶ *werktuig* tuyau *m* (d'arrosage) [mv: tuyaux ...], ⟨brandspuit⟩ lance *v* (d'incendie), ⟨verf e.d.⟩ pistolet *m* ★ ~ *elf geeft óók modder!* il / elle ramène sa fraise! ❷ *injectiespuit* seringue *v*, ⟨injectie⟩ piqûre *v* ★ *iem. een ~je geven* faire une piqûre à qn ★ *de hond een ~je laten geven* faire piquer le chien
spuitbus bombe *v* (aérosol)
spuiten I *ov ww* ❶ *naar buiten persen* lancer, ⟨verstuiven⟩ vaporiser ❷ *bespuiten* arroser, ⟨lakken⟩ peindre au pistolet ❸ *injecteren* injecter **II** *onov ww* ❶ *tevoorschijn komen* jaillir, gicler ❷ *drugs gebruiken* se piquer, se shooter
spuiter ❶ *spuitende opening of bron* puits *m* en éruption ❷ *druggebruiker* junkie *m*
spuitfles siphon *m*
spuitgast soldat *m* du feu
spul *goedje* chose *v*, inform truc *m* ★ *dit is goed spul* c'est du bon ★ *gebruik er niet te veel van, het is duur spul!* n'en prend pas trop, c'est du cher! affaires *v mv*, ⟨plunje⟩ frusques *v mv*, ⟨boel⟩ bazar *m* ★ *zijn spullen pakken* prendre ses cliques et ses claques ★ *ruim je spullen op!* range tes affaires! ▾ *het jonge spul* les gosses, la jeunesse
spurt sprint *m*
spurten sprinter, foncer
sputteren ❶ *pruttelen, spetteren* crachoter ❷ *morren* râler, rouspéter ❸ BN econ *stagneren* stagner
sputum expectorations *v mv*
spuug salive *v*, ⟨uitgespuugd⟩ crachat *m*
spuuglelijk laid à faire peur
spuugzat ▾ *iets ~ zijn* en avoir ras le bol de qc
spuwen ❶ *spugen* cracher ★ *iem. in zijn gezicht ~* cracher à la figure de qn ❷ *uitbraken* vomir ★ *de vulkaan spuwt lava* le volcan crache de la lave
spyware comp logiciel *m* espion, spyware *m*
squadron escadron *m*
squash squash *m*
squashbaan salle *v* de squash
squashen faire du squash, jouer au squash
squasher joueur *m* de squash [v: joueuse...]
Sri Lanka le Sri Lanka ★ *in ~* au Sri Lanka
Sri Lankaans sri lankais
sst chut!
staaf barre *v*, lingot *m* ★ *een ~ goud* un lingot d'or
staafdiagram histogramme *m*, diagramme *m* en bâtons
staaflantaarn (lampe *v*) torche *v*
staak ❶ *stok* perche *v*, bâton *m*, ⟨bonenstaak⟩ rame *v* ❷ *persoon* perche *v*
staakt-het-vuren cessez-le-feu *m*
staal I *het* [gmv] *materiaal* acier *m* ★ *roestvrij ~* inox *m* ★ *zo hard als ~* dur comme (le) fer **II** *het* [mv: stalen] *monster* échantillon *m*, fig spécimen *m* ★ *een sterk ~tje* un tour de force ★ *een fraai ~tje van* un bel exemple de ★ *dat is een knap ~tje!* c'est un exploit / une prouesse! ★ *een ~tje van moed ten beste geven* faire une belle preuve de courage
staalarbeider sidérurgiste *m/v*
staalblauw bleu (d')acier
staalborstel brosse *v* métallique
staaldraad fil *m* d'acier
staalindustrie sidérurgie *v*
staalkaart ❶ *kaart met stalen* carte *v* d'echantillons ❷ fig *divers geheel* éventail *m*
staalpil comprimé *m* de fer
staalwol paille *v* de fer
staan ❶ *rechtop staan* être debout, se tenir debout ★ *je kunt er ~* ⟨in water⟩ il y a pied ★ *blijven ~* rester debout, ⟨niet omvallen⟩ tenir tout seul ★ *gaan ~* se lever, se mettre debout ★ *op een tafel gaan ~* monter sur une table ★ *tegen de muur gaan ~* s'appuyer contre le mur ★ *daarmee staat of valt alles* tout est là, c'est primordial / décisif ★ *ze ziet me niet ~* pour elle je n'existe pas ★ *eraan gaan ~* s'y mettre ★ *ga er maar aan ~!* (il) faut le faire! ❷ *stilstaan* rester immobile ★ *blijven ~* s'arrêter, s'immobiliser, ne plus bouger, faire halte ★ *sta of ik schiet!* halte ou je tire! ★ *tot ~ brengen* arrêter ★ *tot ~ komen* s'arrêter ❸ *opgetekend zijn* être écrit, être inscrit, être marqué ★ *het staat in de krant* c'est dans le journal ★ *haar naam staat op de lijst* son nom figure sur la liste ❹ *passen* aller (à) ★ *die hoed staat je goed* ce chapeau te va bien ★ *dat staat netjes* ça fait soigné ★ iron *dat staat je mooi / netjes!* c'est du beau / du joli!, en voilà du propre! ❺ *aanwijzen* ★ *de teller staat op honderd* le compteur indique 100 ❻ *onaangeroerd blijven* ★ *alles laten ~* tout laisser là ★ *laat dat ~* laissez cela ★ *zijn eten laten ~* ne pas toucher à son repas ★ *zijn baard laten ~* laisser pousser sa barbe ❼ *(gesteld) zijn* être, se trouver ★ *hoe staat het ermee?* comment ça va? ★ *zoals de zaken nu ~* au point où en sont les choses ★ *er slecht voor ~* être en mauvaise posture ★ *hij staat er goed voor* ça marche bien pour lui ★ *er goed bij ~* prospérer, inform bien profiter ★ *in brand ~* être en feu, être en flammes ★ *erboven ~* être au-dessus de cela ★ *achter iem. ~* soutenir qn ★ *erbuiten ~* n'y être pour rien ★ *zeggen waar het op staat* dire la chose toute crue, appeler un chat un chat ★ *weten waar je staat* savoir où est sa place ★ *hoe sta je ertegenover?* qu'en penses-tu? ★ *argwanend ~ tegenover* se méfier de ★ *te gebeuren ~* se préparer ★ *wat mij te doen staat* ce que j'ai à faire, ce qu'il me reste à faire ★ *laat ~ dat* sans parler de..., (et) encore moins... ★ *je staat me zeer na* tu m'est très cher ❽ *verdedigen* ★ *voor zijn overtuigingen ~* défendre ses convictions ❾ *betekenen* ★ *m staat voor mannelijk* m signifie masculin ★ *waar staat dat symbool voor?* à quoi correspond ce symbole? ❿ *geëist of gegeven worden voor* ★ *er staat vijf jaar op* c'est passible de cinq ans de prison ★ *er staat een beloning op* il y a une récompense à la clé *11bezig zijn,* ★ ~ *te kijken* être en train de regarder ★ ~ *te wachten* être là à attendre *12op het punt staan om,* ★ *op instorten ~* menacer ruine *13~* **tot** *zich verhouden tot,* ★ *2 staat tot 4 als 5 tot 10* 2 est à 4 ce que 5 est à 10 *14~* **op** *eisen,* ★ *erop ~ dat* exiger que, insister pour que, tenir à ce que [+ subj.] ★ *wij ~ erop dat je komt* nous tenons à ce que tu viennes *15~* **voor** *geconfronteerd worden*

met, ★ *er alleen voor* ~ se retrouver seul, devoir se débrouiller tout seul ★ *voor een moeilijke opgave* ~ être confronté à une tâche difficile
staand debout, droit ▾ *iem. ~e houden* arrêter qn ▾ *zich ~e houden* se maintenir, tenir bon ▾ *iets ~e houden* maintenir qc
staander *steunpaal* montant *m*
staanplaats ❶ *plaats waar men moet staan* place *v* debout ❷ *standplaats* place *v*
staar cataracte *v* ★ *groene* ~ glaucome *m*
staart ❶ biol queue *v* ★ *met de ~ tussen de benen* la queue basse, la queue entre les jambes ❷ *haarstreng* queue *v* ❸ *uiteinde* queue *v* ❹ *nasleep* queue *v* ❺ *restantje* ★ *een ~je wijn* un fond de vin
staartbeen coccyx *m*
staartdeling division *v* ★ *een ~ maken* poser une division
staartklok horloge *v* à caisse allongée
staartstuk ❶ *achterstuk* queue *v* ❷ *vlees van de staart* culotte *v*
staartvin nageoire *v* caudale
staat ❶ *toestand* état *m* ★ *burgerlijke* ~ état *m* civil ★ *echtelijke / huwelijkse* ~ état *m* marié ★ ~ *van beleg* état de siège ★ *in goede* ~ en (bon) état ★ *in kennelijke* ~ en état d'ébriété ★ *iem. in ~ van beschuldiging stellen* mettre qn en accusation ★ *in vloeibare* ~ à l'état liquide ★ *in alle staten zijn* être dans tous ses états ❷ *rijk* État *m* ★ *de Verenigde Staten van Amerika* les États-Unis de l'Amérique ★ *Kerkelijke Staat* États *m mv* pontificaux ★ *in ~ zijn om / te* être à même de, être en état / mesure de ★ *niet in ~ zijn om / te* être dans l'impossibilité de ★ *tot alles in ~ zijn* être capable de tout ★ *in ~ stellen om* permettre de ❸ *lijst* état *m*, liste *v* ★ ~ *van dienst* état de service(s) ▾ ~ *maken op* compter sur
staatkunde *wetenschap* politique *v*
staatkundig politique
staatsbedrijf entreprise *v* publique
staatsbelang intérêt *m* de l'État
staatsbestel ❶ *bestuur* régime *m* ❷ *inrichting* régime *m*
staatsbezoek visite *v* officielle
Staatsblad ≈ Journal *m* officiel
Staatsbosbeheer (Administration *v* des) Eaux et Forêts *v mv*
staatsburger citoyen *m* [v: citoyenne]
staatsburgerschap nationalité *v*
Staatscourant ≈ Journal *m* officiel
staatsdrukkerij Imprimerie *v* Nationale
staatsexamen onderw examen *m* d'État
staatsgeheim secret *m* d'État
staatsgreep coup *m* d'État, putsch *m*
staatshoofd chef *m* de l'État
staatsie cérémonie *v*, pompe *v*
staatsieportret photo *v* officielle
staatsinrichting ❶ *staatsbestuur* institutions *v mv* politiques ❷ *leervak* ≈ instruction *v* civique
staatskas trésor *m* public, Trésor *m*
staatslening emprunt *m* d'État
staatsloterij loterie *v* nationale
staatsman homme *m* d'État
staatsorgaan organe *m* de l'État
staatsrecht jur droit *m* constitutionnel
staatsrechtelijk jur de droit constitutionnel
staatsschuld dette *v* publique
staatssecretaris secrétaire *m/v* d'État
staatsvorm régime *m*
stabiel stable
stabilisatie stabilisation *v*
stabilisator stabilisateur *m*
stabiliseren stabiliser
stabiliteit stabilité *v*
stacaravan mobile-home *m* [mv: mobile-homes]
stad ❶ *woonplaats* ville *v*, gesch cité *v* ★ *de stad Utrecht* la ville d'Utrecht ★ *de stad in gaan* aller en ville ★ *in de stad wonen* habiter la ville ★ *stad en land aflopen voor iets* (par)courir le pays pour qc ❷ *stadsbevolking* ville ★ *de hele stad weet 't* toute la ville est au courant
stadgenoot concitoyen *m* [v: concitoyenne]
stadhouder gesch stathouder *m*
stadhuis hôtel *m* de ville, mairie *v*
stadion stade *m*
stadium stade *m*, phase *v*
stads urbain, citadin
stadsbeeld paysage *m* urbain
stadsbestuur municipalité *v*
stadsbus autobus *m*
stadsgezicht ❶ *uitzicht* vue *v* de la ville ❷ *afbeelding* vue *v* d'une ville
stadskern centre-ville *m* [m mv: centres-villes]
stadslicht feu(x) *m (mv)* de stationnement
stadsmens citadin *m* [v: citadine]
stadsmuur muraille *v*
stadsplattegrond plan *v* de ville
stadsrecht jur charte *v* d'affranchissement
stadsreiniging voirie *v* (urbaine)
stadsschouwburg théâtre *m* municipal
stadsvernieuwing rénovation *v* urbaine
stadswacht garde *v* municipale
staf ❶ *stok* bâton *m*, ⟨v. bisschop⟩ crosse *v* ★ *de staf van Sinterklaas* la crosse de Saint-Nicolas ★ *de staf breken over* condamner ❷ *leiding* direction *v*, staff *m*, cadres *m mv*, mil état-major *m* [mv: états-majors] ★ *de wetenschappelijke staf* le corps universitaire
stafchef chef *m* d'état-major
staffunctie fonction *v* de cadre
stafkaart carte *v* d'état-major
staflid membre *m* de la direction
stafylokok staphylocoque *m*
stag étai *m*
stage stage *m* ★ ~ *lopen* faire un stage
stagebegeleider directeur *m* / maître *m* de stage
stagediven stage-diving *m*
stageld location *v* d'emplacement
stageplaats place *v* de stagiaire
stagiair stagiaire *m/v*
stagnatie stagnation *v*
stagneren stagner
sta-in-de-weg obstacle *m*, quelque chose / quelqu'un d'encombrant
stak [verl. td.] → **steken**
staken **I** *ov ww, ophouden met* cesser ★ *de betalingen* ~ suspendre les payements ★ *de arbeid* ~ cesser le travail **II** *onov ww* ❶ *werk neerleggen* faire grève ★ *er wordt gestaakt* il y a grève ★ *gaan* ~ se mettre en grève ❷ ⟨van stemmen⟩ ★ *de stemmen* ~ il y a partage (des voix) **III** *ww* [verl.

st

td.] → **steken**
staker gréviste *m/v*
staking ❶ *werkstaking* grève *v* ★ *in ~ gaan* se mettre en grève ★ *in ~ zijn* être en grève ★ *een ~ afkondigen* lancer un préavis de grève ★ *een onaangekondigde ~* une grève surprise ★ *wilde ~* grève sauvage ❷ *het ophouden met iets* arrêt *m*, cessation *v* ★ *~ van betaling* cessation *v* / suspension *v* de paiements ❸ ‹van stemmen› partage *m* (des voix)
stakingsbreker briseur *m* de grève, jaune *m*
stakingsgolf vague *v* de grèves
stakingsrecht jur droit *m* de grève
stakker malheureux *m* [v: malheureuse]
stal I *de, hok voor vee* étable *v*, ‹paardenstal› écurie *v* ★ *op stal* à l'étable ▾ *iets van stal halen* ressortir qc ▾ *ik ruik de stal!* ça sent l'écurie! **II** *ww* [verl. td.] → **stelen**
stalactiet stalactite *v*
stalagmiet stalagmite *v*
stalen I *bn* ❶ *van staal* d'acier, en acier ❷ *zeer sterk* d'acier, de fer ★ *~ zenuwen* nerfs *m mv* d'acier ★ *met een ~ gezicht* sans sourciller, impassible **II** *ww* [verl. td.] → **stelen**
stalinisme stalinisme *m*
stalken ≈ harceler
stalker ≈ harceleur *m* [v: harceleuse]
stalknecht garçon *m* d'écurie
stallen rentrer, ‹voertuig ook› garer
stalles (fauteuils *m mv* d')orchestre *m*
stalletje *kraampje* étal *m* [m mv: étals], éventaire *m*
stalling ❶ *bewaarplaats* garage *m* ❷ *het stallen* garage *m*, ‹van vee› mise *v* à l'écurie
stam ❶ *boomstam* tronc *m* ❷ *volksstam* tribu *v* ❸ *geslacht* souche *v*, biol phylum *m* ❹ taalk racine *v*, ‹van werkwoord› radical *m* [m mv: radicaux]
stamboek ‹van rasdieren› pedigree *m*, ‹van paarden› stud-book *m* [mv: stud-books], ‹van personen› registre *m* généalogique
stamboekvee bétail *m* de race
stamboom arbre *m* généalogique
stamboomonderzoek recherches *v mv* généalogiques
stamcafé café *m* / bistro(t) *m* habituel
stamcel biol cellule *v* souche [mv: cellules souches]
stamelen I *ov ww, hakkelend zeggen* balbutier, bégayer **II** *onov ww, gebrekkig spreken* balbutier, bégayer
stamgast habitué *m* [v: habituée], inform pilier *m*
stamhoofd chef *m* de tribu
stamhouder héritier *m* du nom
stamkaart *kaart met persoonlijke gegevens* fiche *v* signalétique
stamkroeg café *m* / bistro(t) *m* habituel
stammen ❶ **~ uit** *dateren van* dater de, remonter à ★ *dit stamt uit de dertiende eeuw* cela remonte au treizième siècle ❷ **~ van** *voortkomen uit* provenir de, descendre de, être issu de ★ *~ van een grote familie* être issu d'une grande famille
stammenoorlog guerre *v* tribale
stampei, stampij tapage *m*, (grand) bruit *m* ★ *~ over iets maken* faire toute une histoire de qc
stampen I *ov ww* ❶ *fijnmaken* écraser, piler, broyer ★ *door elkaar ~* concasser ★ *iem. in elkaar ~* casser la gueule à qn ❷ *vast samendrukken* tasser, damer ★ *iets uit de grond ~* créer qc de toutes pièces ❸ *van buiten leren* ★ *een les erin ~* bûcher une leçon ★ *iem. iets in zijn kop ~* fourrer qc dans la tête de qn **II** *onov ww* ❶ *dreunend stoten* trépider, ‹v. schip› tanguer ❷ *stampvoeten* frapper du pied, trépigner
stamper ❶ techn *werktuig* pilon *m* ❷ plantk pistil *m*
stamppot culin ≈ ratatouille *v* aux pommes de terre, ‹stoofpot› potée *v*
stampvoeten frapper du pied, trépigner, ‹van de kou› battre la semelle
stampvol plein à craquer / comme un œuf, archiplein
stamtafel table *v* des habitués
stamvader aïeul *m* [m mv: aïeux]
stamverwant congénère
stand[1] ❶ *houding* position *v*, ‹ligging› situation *v* ★ *zet de mixer in de laagste ~* mettez le mixeur à la petite vitesse ★ *verticale ~* position *v* verticale ★ *~ van de zon* position *v* du soleil ★ *de ~en van de maan* les phases de la lune ❷ *maatschappelijke rang* condition *v*, rang *m*, situation *v*, ‹klasse› classe *v* ★ *de hogere ~en* les classes supérieures ★ *de derde ~* le tiers (état) ★ *huwelijk beneden zijn ~* mésalliance *v* ★ *boven zijn ~ leven* vivre au-dessus de ses moyens ★ *op ~ wonen* habiter un quartier chic ★ *(een heer) van ~* (un homme) distingué, (un homme) de haute volée ★ *zijn ~ ophouden* tenir son rang ❸ *bestaan* ★ *in ~ blijven* se maintenir, subsister ★ *in ~ houden* maintenir, conserver ★ *tot ~ brengen* effectuer, réaliser, mettre sur pied ★ *tot ~ komen* se faire, se réaliser ❹ *toestand* état *m* ★ *bij deze ~ van zaken* dans l'état actuel des choses ★ *de burgerlijke ~* l'état *m* civil ❺ *hoogte, meterstand* ‹v. meter› chiffre *m*, ‹gehalte› taux *m*, ‹koers› cote *v*, ‹peil› niveau *m* [mv: niveaux] ★ *de ~ van de barometer* ce qu'indique le baromètre ❻ *score* score *m*, marque *v* ★ *de ~ is 2-0 voor Utrecht* le score est de deux à zéro pour Utrecht, Utrecht mène par deux à zéro ★ *wat is de ~?* quelle est la marque? → **standje**
stand[2] [stend] *kraam* stand *m* ★ *al onze brochures vindt u in onze ~* toutes nos brochures sont disponibles dans notre stand
standaard I *de* ❶ *maatstaf* norme *v*, critère *m*, ‹peil› niveau ❷ *houder* support *m* ❸ *vaandel* étendard *m* ❹ *muntstandaard* étalon *m* ★ *de gouden ~* l'étalon-or **II** *bw* ★ *dat wordt ~ meegeleverd* c'est de série
standaardafwijking écart-type *m*
standaardformaat format *m* standard
standaardisatie standardisation *v*
standaardiseren standardiser, normaliser
standaardwerk ouvrage *m* de base
standbeeld statue *v*
stand-by ‹paraat› disponible, prêt à intervenir, ‹v. nachtdienst e.d.› de permanence, d'astreinte, ‹in wachtstand› en mode d'attente / de veille
standhouden ❶ *blijven bestaan* durer, subsister ★ *deze traditie houdt stand* cette tradition

subsiste ❷ *niet wijken* résister, tenir bon ★ ~ *tegen* résister à
stand-in doublure *v*
standing standing *m*, classe *v*
standje ❶ *berisping* réprimande *v* ★ *iem. een ~ geven* réprimander qn ★ *een ~ krijgen* se faire réprimander ❷ *houding* position *v* ▾ *een opgewonden ~* (une) soupe au lait
standlicht BN *stadslicht* feu *m* de stationnement
standplaats ❶ *plaats voor voertuigen* emplacement *m* ★ ~ *voor taxi's* station *v* de taxis ❷ *plaats op markt of kermis* emplacement *m* ❸ *plaats van werk* poste *m*
standpunt point *m* de vue ★ *een ~ innemen* adopter un point de vue ★ *een ~ herzien* changer d'avis ★ *vanuit dit ~* de ce point de vue, dans cette optique ★ *op het ~ staan dat ...* être d'avis que ...
standrecht jur loi *v* martiale
stand-upcomedy stand-up comedy *v*, stand-up *m*
standvastig I *bn* ❶ *onveranderlijk* tenace, persistant ❷ *volhardend* tenace **II** *bw* tenacement, avec ténacité
standwerker camelot *m*
stang *staaf* barre *v*, tige *v* ▾ *iem. op ~ jagen* chambrer qn
stangen chambrer
stank mauvaise odeur *v*, puanteur *v* ▾ ~ *voor dank krijgen* être payé d'ingratitude
stanleymes cutter *m*
stansen perforer
stap ❶ *pas* pas *m* ★ *een stap doen* faire un pas ★ *geen stap vooruit komen* ne pas avancer d'un pouce ★ *op stap gaan* aller en vadrouille ★ *stap voor stap* pas à pas ★ *met grote stappen* à grandes enjambées ★ fig *een stapje terug doen* reculer (d'un cran), prendre du recul ❷ *actie, maatregel* démarche *v* ★ *stappen ondernemen* faire des démarches ★ *een stap in de goede richting doen* faire un pas dans la bonne direction ★ *de beslissende stap doen* franchir / sauter le pas ★ *de eerste stap doen* faire le premier pas ★ BN *op zijn stappen terugkeren* revenir sur ses pas
stapel I *de* ❶ *hoop* tas *m*, pile *v* ★ *een ~ boeken* une pile de livres ❷ scheepv *stellage* cale *v* ★ *het schip loopt van ~* le navire est lancé ★ *een schip van ~ doen lopen* lancer un navire ★ *op ~ staan* être projeté, ⟨ophanden⟩ être imminent ★ *iets op ~ zetten* mettre qc en chantier ★ *te hard van ~ lopen* aller trop vite (en besogne) ★ *alles liep vlot van ~* tout s'est bien déroulé **II** *bn* fou à lier [v: folle ...], dingue ★ *ergens ~ op zijn* être fou de qc ★ *zij is ~ op hem* elle est folle de lui
stapelbed lits *m mv* superposés
stapelen empiler, entasser
stapelgek ❶ *krankzinnig* fou à lier [v: folle ...], dingue ★ *het is om ~ van te worden* c'est affolant ❷ ~ **op** *verzot op* fou de [v: folle de] ★ ~ *op iem. zijn* être fou / folle de qn
stapelwolk cumulus *m*
stappen ❶ *lopen* marcher, ⟨stapvoets gaan⟩ aller au pas, ⟨in- / opstappen⟩ monter, ⟨af- / uitstappen⟩ descendre ★ fig *ergens overheen ~* passer sur qc ❷ *uitgaan* sortir
stapsgewijs pas à pas, par étapes
stapvoets au pas
star I *bn* ❶ *stijf* fixe ❷ fig *rigide* rigide **II** *bw* ❶ *stijf* fixement ❷ fig *rigide* avec rigidité
staren regarder dans le vide ★ ~ *naar* fixer (du regard), regarder fixement ▾ *zich blind ~ op* s'aveugler sur, ne voir que
start ❶ *moment van aanvang* démarrage *m*, sport départ *m*, luchtv décollage *m* ★ *valse ~* faux départ ★ *vliegende ~* départ lancé ❷ *plaats van vertrek* départ *m* ★ *van ~ gaan* prendre le départ, démarrer ★ *aan de ~* au départ
startbaan piste *v* de décollage / d'envol
startbewijs sport licence *v*
startblok starting-block *m* [mv: starting-blocks], bloc *m* de départ
starten I *ov ww* ❶ *in gang zetten* mettre en marche, (faire) démarrer ★ *de motor ~* (faire) démarrer le moteur ❷ *beginnen te doen* ★ *een project ~* mettre un projet en route **II** *onov ww* ❶ *op gang komen* démarrer ★ *de auto wil niet ~* la voiture ne veut pas démarrer ❷ *beginnen* ★ *de wedstrijd start om negen uur* le match commence à neuf heures ❸ *vertrekken* partir, démarrer, luchtv décoller
starter ❶ *beginner* ⟨op arbeidsmarkt⟩ nouvel arrivant *m* [v: nouvelle arrivante], ⟨op woningmarkt⟩ primoaccédant *m* [v: primoaccédante], ⟨ondernemer⟩ start-up *v* [mv: id.] ❷ sport *official* starter *m* ❸ techn démarreur *m*
startgeld prime *v* de participation
startkabel techn transp câble *m* de démarrage
startkapitaal capital *m* de départ
startklaar prêt (à partir)
startmotor démarreur *m*
startnummer dossard *m*
startonderbreker antidémarrage *m*
startpagina comp page *v* de démarrage
startschot signal *m* du départ ★ *het ~ lossen* donner le départ
startsein signal *m* du départ
statenbond confédération *v*
Staten-Generaal États-Généraux *m mv*, parlement *m*
statie *afbeelding uit de kruisweg* station *v*
statief statif *m*, audio-vis pied *m*
statiegeld consigne *v* ★ *zonder ~* non consigné
statig I *bn* ⟨fier⟩ majestueux [v: majestueuse], ⟨plechtig⟩ solennel [v: solennelle] ★ *een ~ huis* une maison imposante **II** *bw* majestueusement, solennellement
station ❶ *spoorweghalte* gare *v* ★ *centraal ~* gare centrale ❷ *zender* station *v*
stationair *stilstaand* stationnaire ★ ~ *draaien* tourner à vide
stationcar break *m*
stationeren I *ov ww, plaatsen* placer **II** *onov ww*, BN *kort parkeren* stationner
stationschef chef *m* de gare
stationshal hall *m*, salle *v* des pas perdus
stationsplein place *v* de la gare
stationsrestauratie buffet *m* (de gare)
statisch statique
statisticus statisticien *m* [v: statisticienne]
statistiek ❶ *wetenschap* statistique *v* ❷ *tabel* statistique *v*

st

statistisch statistique
status ❶ *sociale positie* standing *m*, position *v* sociale, ⟨prestige⟩ prestige *m* ❷ *officiële positie* état *m*, jur statut *m* ★ *hij heeft de ~ van vluchteling* il a le statut de réfugié ❸ med ★ *de ~ van een patiënt* le dossier médical d'un malade
statusbalk comp barre *v* d'état
status-quo statu quo *m*
statussymbool signe *m* extérieur de richesse
statutair statutaire
statuut statut *m* ★ *volgens de statuten* selon les statuts
stavast ▾ *een man van ~* un homme résolu, un roc
staven appuyer, étayer (**met** de) ★ *iets met bewijzen ~* démontrer qc preuves à l'appui
staving ★ *ter ~ aanhalen* alléguer ★ *ter ~* à l'appui
stayer coureur *m* de fond [v: coureuse ...], ⟨in wielersport⟩ stayer *m*
steak bifteck *m*, steak *m*
stedelijk ❶ *m.b.t. de stad* municipal [m mv: municipaux] ★ *het ~ museum* le musée municipal ❷ *van de steden* urbain ★ *de ~e bevolking* la population urbaine
stedeling citadin *m* [v: citadine]
stedenbouw urbanisme *m*
stedenbouwkunde urbanisme *m*
steeds ❶ *telkens opnieuw* toujours, tout le temps ★ *~ als* chaque fois que ★ *de pijn kwam ~ terug* la douleur revenait tout le temps ❷ *altijd* toujours, tout le temps, sans cesse ★ *ze is ~ in gesprek* elle est toujours en ligne ★ *nog ~* toujours ★ *~ beter* de mieux en mieux ★ *~ meer* de plus en plus ★ *~ sneller* de plus en plus vite
steef [verl. td.] → **stijven**
steeg I *de* ruelle *v* ★ *een blinde ~* une impasse **II** *ww* [verl. td.] → **stijgen**
steek ❶ *stoot met iets scherps* coup *m*, ⟨van insect⟩ piqûre *v* ★ *iem. een ~ onder water geven* lancer une pique / vanne à qn ❷ *pijnscheut* point *m*, élancement *m* ★ *een ~ in de zij* un point de côté ❸ *lus, maas* point *m*, ⟨breisteek⟩ maille *v* ★ *een ~ laten vallen* laisser tomber une maille, fig faire une gaffe ★ *een ~ ophalen* relever une maille ★ *er is een ~je aan hem los* il a une case en moins ❹ *hoed* bicorne *m*, ⟨driekant⟩ tricorne *m* ❺ *platte po* bassin *m* (hygiénique) ▾ *iem. in de ~ laten* abandonner qn, laisser tomber qn ▾ *mijn geheugen laat me in de ~* j'ai la mémoire qui flanche ▾ *geen ~* que dalle ▾ *geen ~ begrijpen* n'y voir que du feu ▾ *geen ~ uitvoeren* se tourner les pouces ▾ *ik zie geen ~* je n'y vois goutte ▾ *het kan me geen ~ schelen* je m'en fous ▾ *~ houden* tenir debout
steekhoudend qui tient debout, pertinent
steekpartij bagarre *v* au couteau
steekpenningen pots-de-vin *m mv*
steekproef *test* sondage *m*, ⟨testgroep⟩ échantillon *m*
steeksleutel clé *v* plate
steekspel ❶ *riddertoernooi* joute *v* ❷ fig *strijd* joute *v* ★ *politiek ~* joute politique
steekvlam jet *m* de flamme, ⟨v. snijbrander⟩ flamme *v* de chalumeau
steekvlieg taon *m*
steekwapen arme *v* blanche, arme à pointe
steekwond coup *m* de couteau
steekwoord mot-clé *m* [m mv: mots-clés]
steekzak poche *v* sans rabat
steel ❶ *stengel* ⟨van plant⟩ tige *v*, ⟨van bloem⟩ pédoncule *m*, ⟨van vrucht⟩ queue *v*, ⟨v. blad⟩ pétiole *m* ❷ *handvat* manche *m*, ⟨van pan⟩ queue *v*, ⟨van pijp⟩ tuyau *m*
steelband [stielbend] steel-band *m* [m mv: steel-bands]
steelpan casserole *v* à manche
steels I *bn* furtif [v: furtive] ★ *~e blikken* regards *m mv* furtifs, regards en coin **II** *bw* furtivement
steen I *de* ❶ *stuk steen* pierre *v*, ⟨klein⟩ caillou *m* [mv: cailloux] ★ *met stenen gooien* lancer des pierres ★ *de ~ der wijzen* la pierre philosophale ★ *de ~ des aanstoots* la pierre d'achoppement ★ *de eerste ~ werpen* jeter la première pierre ★ *zijn ~tje bijdragen* apporter sa pierre à l'édifice, y mettre du sien ★ BN *het vriest stenen uit de grond* il gèle à pierre fendre ❷ *bouwsteen* pierre *v*, ⟨baksteen⟩ brique *v*, ⟨straatsteen⟩ pavé *m* ★ *de eerste ~ leggen* poser la première pierre ★ *geen ~ op de andere laten* ne pas laisser pierre sur pierre ★ *de onderste ~ zal boven komen* toute l'affaire sera tirée au clair ❸ *speelstuk* ⟨damsteen⟩ pion *m*, ⟨dominosteen⟩ domino *m* **II** *het, gesteente* pierre *v*, roche *v* ★ *~ en been klagen* se lamenter
steenarend aigle *m* royal
steenbok *dier* bouquetin *m*
Steenbok *dierenriemteken* Capricorne *m*
Steenbokskeerkring tropique *m* du Capricorne
steendruk *lithografie* lithographie *v*
steengoed I *het* grès *m* **II** *bn* super (bien)
steengrillen cul faire des grillades sur pierre
steengroeve carrière *v*
steenhard dur comme (le) fer / (la) pierre
steenhouwer tailleur *m* de pierre(s)
steenkool houille *v*, charbon *m* ★ *witte ~* houille blanche
steenkoolengels de l' anglais *m* estropié
steenkoolindustrie industrie *v* houillère
steenkoolmijn houillère *v*
steenkoud ❶ *zeer koud* glacial [m mv: glacials / glaciaux] ❷ fig *ongevoelig* de glace, glacial
steenmarter fouine *v*
steenpuist furoncle *m*
steenrijk richissime, qui roule sur l'or
steenslag ❶ *wegmateriaal* pierraille *v*, gravillon *m* ❷ *vallend gesteente* éboulis *m*
steentijd âge *m* de pierre
steenuil (chouette *v*) chevêche *v*
steenweg BN chaussée *v*
steenwol bouw laine *v* de roche
steenworp ▾ *op een ~* à un jet de pierre, à deux pas
steeplechase steeple(-chase) *m*, course *v* d'obstacles
steevast à tous les coups, immanquablement
steg → **heg**
stegen [verl. td.] → **stijgen**
steiger ❶ *werkstellage* échafaudage *m* ★ *in de ~s staan* être en chantier ❷ *aanlegplaats* débarcadère *m* ★ *aan de ~ liggen* être amarré au débarcadère
steigeren ❶ *op achterste benen gaan staan* se cabrer ❷ fig *protesteren* se cabrer

steil I *bn* ❶ *sterk hellend* raide, escarpé, à pic, abrupt ★ *een ~e trap* un escalier raide ❷ *sluik* ⟨v. haar⟩ plat, lisse, raide ❸ *star* rigide ★ *~ in de leer* pur et dur **II** *bw, sterk hellend* à pic, (en pente) raide ★ *~ omhooggaan* grimper
steilschrift écriture *v* droite
steilte ❶ *het steil zijn* raideur *v* ❷ *helling* pente *v* forte, à-pic *m*
stek ❶ *plantendeel* bouture *v*, ⟨jonge plant⟩ plant *m* ❷ *vaste plek* coin *m*
stekeblind myope comme une taupe
stekel piquant *m*, épine *v* ▾ fig *zijn ~s opzetten* se hérisser
stekelbaars épinoche *v*
stekelhaar (cheveux *m mv* en) brosse *v*
stekelig I *bn* ❶ *met stekels* piquant, épineux [v: épineuse], ⟨borstelig⟩ hérissé ❷ *bits* acerbe, mordant **II** *bw* d'un ton acerbe
stekelvarken porc-épic *m* [m mv: porcs-épics]
steken I *ov ww* ❶ *treffen* blesser, ⟨prikken⟩ piquer ★ *ik ben gestoken door een bij* je me suis fait piquer par une abeille ❷ *grieven* blesser ★ *dat steekt me* ça me blesse ❸ *erin of erop plaatsen* mettre, ⟨diep⟩ enfoncer, ⟨inbrengen⟩ introduire, ⟨neerplanten⟩ planter ★ *de stekker in het stopcontact ~* brancher la prise ★ *in zijn zak ~* se mettre dans la poche ★ *het zwaard in de schede ~* mettre l'épée au fourreau ★ *geld ~ in* mettre de l'argent à ★ *in het zwart gestoken* habillé de / en noir ★ *ergens een stokje voor ~* mettre le holà à qc ❹ *in bepaalde toestand brengen* mettre ★ *in brand ~* mettre le feu à, incendier ★ *zich in de schulden ~* s'endetter ❺ *uitspitten* enlever à la bêche ★ *asperges ~* récolter des asperges ★ *turf ~* extraire la tourbe **II** *onov ww* ❶ *pijnlijk zijn* piquer, ⟨branden⟩ cuire ★ *de wond steekt* la plaie pique ★ *een ~de pijn* une douleur lancinante ❷ *iets scherps stoten, plaatsen* ★ *met een mes naar iem. ~* donner un coup de couteau à qn ❸ *vastzitten* ★ *blijven ~* ⟨knel zitten⟩ être coincé, ⟨niet verdergaan⟩ en rester là ★ *daar steekt geen kwaad in* il n'y a pas de mal là-dedans ★ *daar steekt iets achter* ça cache qc, il y a qc là-dessous
stekken bouturer
stekker elek fiche *v* (mâle), prise *v* (mâle) ★ *de ~ in het stopcontact steken* brancher la prise ▾ fig *de ~ eruit trekken* débrancher / arrêter la machine
stekkerdoos elek prise *v* multiple
stel ❶ *aantal* ⟨dingen⟩ collection *v*, série *v*, ⟨personen⟩ bande *v* ★ *een heel stel boeken* un tas de livres ★ *een stelletje idioten* une bande d'idiots ❷ *set* ensemble *m*, assortiment *m*, jeu *m* [mv: jeux] ❸ *paar geliefden* couple *m* ▾ *op stel en sprong* sur-le-champ, inform illico (presto)
stelen voler (**van** à) ★ *mijn fiets is gestolen* on (m')a volé mon vélo ▾ *om te ~* (joli) à croquer ▾ *dat kan me gestolen worden* je m'en moque ▾ *~ als de raven* être voleur comme une pie
stellage ❶ *steiger* échafaudage *m* ❷ *opbergruimte* rayonnage *m*
stellen ❶ *zetten, plaatsen* mettre, poser ★ *op de voorgrond ~* mettre en évidence ★ *op één lijn ~* mettre sur le même plan ❷ *in toestand / positie brengen* mettre, ⟨in juiste stand⟩ régler ★ *beschikbaar ~* mettre à la disposition, rendre disponible ★ *aan de orde ~* soulever ★ *buiten werking ~* mettre hors (de) service, arrêter ★ *iem. in staat ~ om* permettre à qn de ★ *zich kandidaat ~* se porter candidat, poser sa candidature ★ *in kennis ~ van* informer de ★ *op prijs ~* apprécier ★ *zich een doel ~* se donner / fixer un objectif ★ *iem. in de gelegenheid ~* mettre qn en mesure ★ *iem. in vrijheid ~* libérer qn ★ *het is slecht met hem gesteld* il va mal, il se porte mal ❸ *genoegen nemen* ★ *het moeten ~ zonder* devoir se passer de ★ *je zult het ermee moeten ~* il te faudra faire avec ★ *hij heeft heel wat met haar te ~* elle lui donne du fil à retordre ❹ *veronderstellen* mettre, supposer ★ *stel dat het waar is* mettons / supposons que ce soit vrai ❺ *doen, uiten* ⟨v. eis, probleem, vraag⟩ poser, ⟨op schrift stellen⟩ rédiger, ⟨beweren⟩ poser, affirmer ★ *een vraag ~* poser une question ★ *eisen ~* poser des conditions ★ *een daad ~* faire un geste, agir ❻ *vaststellen* mettre, fixer ★ *prioriteiten ~* fixer des priorités ★ *als regel ~* poser comme règle ★ *een diagnose ~* faire un diagnostic ★ *iets ~ op* estimer qc à
stellig I *bn* ferme, ⟨beslist⟩ catégorique **II** *bw, zeker* certainement, ⟨vast⟩ fermement, ⟨beslist⟩ catégoriquement ★ *ten ~ste* formellement
stelligheid fermeté *v*, assurance *v* ★ *iets met ~ beweren* affirmer qc catégoriquement / formellement
stelling ❶ *bewering* thèse *v*, proposition *v*, wisk théorème *m* ★ *een ~ poneren* avancer une thèse ★ *een ~ verdedigen* soutenir une thèse ★ *een ~ weerleggen* réfuter une thèse ★ *een ~ onderbouwen* étayer une thèse ❷ *stellage* rayonnage *m* ❸ *opstelling van leger* position *v* ★ *de beschieting van de vijandelijke ~en* le bombardement des positions ennemies ★ *het geschut in ~ brengen* faire donner l'artillerie ★ *~ nemen tegen* prendre position contre ❹ *steiger* échafaudage *m*
stellingname prise *v* de position
stelpen étancher
stelplaats BN dépôt *m*
stelregel règle *v* de conduite, principe *m*, maxime *v*
stelschroef vis *v* de réglage
stelsel système *m*, ⟨regime⟩ régime *m*
stelselmatig I *bn* systématique, méthodique **II** *bw* systématiquement
stelt ❶ *loopstok* échasse *v* ★ *op ~en lopen* marcher sur des échasses ❷ *been* canne *v* ★ *lange ~en hebben* être monté sur des échasses ▾ *op ~en staan* être en émoi ▾ *de boel op ~en zetten* semer la pagaille
steltlopen marcher / monter sur des échasses
steltloper *waadvogel* échassier *m*
stem ❶ *stemgeluid* voix *v* ★ *een stem als een klok* une voix sonore ★ *met luide stem* à haute voix ★ *met halfluide stem* à mi-voix ★ *met zachte stem* d'une voix douce ★ *goed bij stem zijn* être en voix ★ *zijn stem verliezen* perdre la voix ★ *zijn stem verheffen* élever la voix ★ *zijn stem tegen iem. verheffen* s'élever contre qn ★ *met gedempte stem spreken* parler à voix basse ★ *zijn stem breekt / wisselt* sa voix mue, il mue ❷ *keuze bij stemming* voix *v*, vote *m*, suffrage *m* ★ *blanco stem* bulletin *m* blanc ★ *een stem voor* une voix pour ★ *een*

stem tegen une voix contre ★ *de stemmen tellen* dépouiller le scrutin ★ *zijn stem uitbrengen* voter ★ *zijn stem uitbrengen op* voter pour ★ *met algemene stemmen* à l'unanimité ★ *het aantal uitgebrachte stemmen* les suffrages exprimés ★ *de meeste stemmen gelden* la majorité des voix l'emporte / décide ★ *een stem in het kapittel hebben* avoir voix au chapitre ❸ muz voix *v* ★ *tweede stem* deuxième voix ★ *de eerste stem zingen* chanter la première voix

stemadvies consigne *v* de vote

stemband corde *v* vocale

stembiljet bulletin *m* de vote

stembuiging intonation *v*, inflexion *v*

stembureau bureau *m* de vote [m mv: bureaux ...]

stembus urne *v* ▾ *naar de ~ gaan* aller aux urnes

stemgedrag comportement *m* électoral

stemgeluid voix *v*, timbre *m*

stemgerechtigd jur ayant le droit de vote ★ *de ~e leeftijd* l'âge *m* de voter

stemhebbend taalk sonore

stemhokje isoloir *m*

stemlokaal bureau *m* de vote [m mv: bureaux ...]

stemmen I *ov ww* ❶ *in zekere stemming brengen* disposer, rendre ★ *iem. gunstig ~* disposer favorablement qn ★ *dat stemt tot nadenken* cela donne à réfléchir ★ *het stemt mij tevreden* cela me rend content ★ *een vast gestemde markt* un marché à tendance ferme ★ *goed gestemd* de bonne humeur ❷ muz accorder ★ *het orkest is nog aan het ~* l'orchestre est en train de s'accorder **II** *onov ww, stem uitbrengen* voter ★ *(er)voor ~* voter pour ★ *op iem. ~* voter (pour) qn ★ *~ over iets* voter qc ★ *met de voeten ~* voter avec les pieds

stemmenwinst gain *m* électoral, gain de voix

stemmer ❶ *kiezer* votant *m* ❷ muz accordeur *m* [v: accordeuse]

stemmig I *bn, ingetogen* sobre, discret [v: discrète] ★ *~e muziek* une musique sobre **II** *bw* sobrement, discrètement

stemming ❶ *het stemmen* scrutin *m*, vote *m* ★ *in ~ brengen* mettre aux voix, voter ★ *bij de eerste ~* au premier tour de scrutin ★ *tot ~ overgaan* procéder au vote ★ *zich van ~ onthouden* s'abstenir ❷ *gemoedstoestand* humeur *v*, moral *m*, état *m* d'esprit ★ *in de ~ zijn om* être d'humeur à ★ *in goede ~* de bonne humeur ★ *~ maken voor* faire de la propagande pour ★ *~ maken tegen* faire de la propagande contre ❸ *sfeer* ambiance *v*, atmosphère *v*, handel tendance *v* (du marché) ★ *de ~ peilen* prendre la température ★ *de ~ erin brengen* mettre de l'ambiance

stemmingmakerij manipulation *v* de l'opinion

stempel ❶ *instrument om afdruk te maken* poinçon *m*, estampe *v*, estampilleuse *v* ❷ *afdruk* cachet *m*, sceau *m* [mv: sceaux], tampon *m*, timbre *m* ★ *een ~ zetten* tamponner ★ *ergens zijn ~ op drukken* marquer qc de son empreinte ★ *het ~ van iem. dragen* porter la griffe de qn ★ *van de oude ~* de la vieille école ❸ plantk stigmate *m*

stempelautomaat composteur *m*

stempelen *een stempel drukken* tamponner, timbrer, ⟨afstempelen⟩ estampiller, ⟨v. postzegel⟩ oblitérer, ⟨van reisbiljet⟩ composter

stempelkussen tampon *m* encreur

stemplicht vote *m* obligatoire

stemrecht jur droit *m* de vote

stemvee ≈ troupeau *m* électoral

stemverheffing élévation *v* de la voix

stemvork diapason *m*

stencil polycopié *m*, polycopie *v*

stencilen polycopier

stenen de / en pierre, fig de pierre ★ *een ~ pijp* une pipe en terre cuite ★ *~ pot* pot *m* de grès

stengel ❶ plantk tige *v* ❷ *koekje* ★ *zoute ~* bâtonnet salé

stengun mitraillette *v*

stenigen lapider

stennis boucan *m* ★ *~ maken* faire du boucan

steno sténo *v*

stenograferen sténographier

stenografie sténographie *v*, ⟨stuk⟩ sténogramme *m*

stenografisch sténographique, en sténo

step *autoped* trottinette *v*

steppe steppe *v*

steppen *step rijden* faire de la trottinette

ster ❶ *hemellichaam* étoile *v* ★ *vallende ster* étoile filante ★ *met sterren bezaaid* étoilé, constellé d'étoiles ★ *de sterren van de hemel spelen* faire des étincelles / merveilles ★ BN *tegen de sterren op* comme ce n'est pas permis ❷ *figuur* étoile *v* ❸ *beroemdheid* vedette *v*, ⟨van film⟩ star *v*, étoile *v* ★ *rijzende ster* étoile montante ★ *er is een nieuwe ster aan het firmament* une étoile est née ★ *zijn ster is verbleekt* c'est un has been ❹ → **sterretje**

STER *Stichting Etherreclame* ≈ RFP *v*, Régie *v* française de la publicité

sterallures airs *m mv* de star

stereo ❶ *geluidsinstallatie* stéréo *v* ❷ *ruimtelijke weergave* stéréo *v* ★ *in ~* (en) stéréo

stereofonisch stéréophonique

stereo-installatie chaîne *v* stéréo

stereometrie stéréométrie *v*

stereotiep stéréotypé

stereotoren rack *m* stéréo

stereotype stéréotype *m*

sterfbed lit *m* de mort

sterfdag jour *m* du décès

sterfelijk mortel [v: mortelle]

sterfgeval décès *m* ★ *wegens ~* pour cause de décès

sterfhuis maison *v* mortuaire

sterfhuisconstructie ≈ coquille *v* vide

sterfte *totaal aantal sterfgevallen* mortalité *v*

sterftecijfer (taux *m* de) mortalité *v*

sterfteoverschot excédent *m* des décès

steriel ❶ biol *onvruchtbaar* stérile ❷ med *vrij van ziektekiemen* stérile ❸ fig *doods* stérile

sterilisatie stérilisation *v*

steriliseren ❶ *van ziektekiemen ontdoen* stériliser ❷ med *onvruchtbaar maken* stériliser ❸ BN *conserveren* mettre en conserve

sterk I *bn* ❶ *krachtig* fort, vigoureux [v: vigoureuse], ⟨machtig⟩ grand, puissant ★ *de ~ste man van de wereld* l'homme le plus fort du monde ★ *zo ~ als een beer* fort comme un bœuf, balèze ★ *tien man ~* fort de dix hommes ★ *de ~e man* l'homme fort ❷ *stevig* solide, robuste ★ *een*

~e ketting une chaîne solide ★ *het ~e geslacht* le sexe fort ★ *dat is niet haar ~e kant* ce n'est pas son point fort ★ *een ~ gestel* une robuste constitution ❸ *hevig* fort, violent, intense ★ *~e toename* forte augmentation *v* ❹ *bekwaam* fort (**in** en) ★ *ze is ~ in wiskunde* elle est forte en maths ★ *daar is hij niet ~ in* ce n'est pas son (point) fort ❺ *geconcentreerd* concentré, ‹van reuk / smaak› fort ★ *een ~e oplossing* une solution concentrée ★ *de koffie is te ~* le café est trop fort / serré ★ *op ~ water* dans le formol ❻ *moeilijk te geloven* (un peu) fort / rude ★ *een ~ verhaal vertellen* raconter une histoire raide ★ *dat is ~* c'est un peu fort ★ *~er nog ...* qui plus est ... ❼ taalk ★ *~e werkwoorden* des verbes irréguliers **II** *bw* fortement, très, ‹stevig› solidement ★ *hij was ~ vermagerd* il était très amaigri ★ *iets ~ overdrijven* beaucoup exagérer qc ★ *~ staan* être en bonne posture ★ *ik maak me ~ dat ...* j'ai l'intime conviction que ... ★ *hij maakt zich ~ dat te bewijzen* il se fait fort de prouver cela

sterkedrank culin boissons *v mv* spiritueuses

sterken ❶ lett *sterker maken* fortifier, consolider ❷ fig *bevestigen* raffermir, remonter, conforter (**in** dans) ★ *iem. in zijn mening ~* conforter qn dans son opinion

sterkers cresson *m*

sterkte I *de* ❶ *kracht* force *v*, puissance *v* ★ *op volle ~* les effectifs au complet ❷ *stevigheid* solidité *v*, résistance *v* ❸ *geestkracht* force *v* ★ *iem. ~ wensen* souhaiter bon courage à qn ❹ *intensiteit* force *v*, puissance *v*, intensité *v* ★ *de ~ van het licht* l'intensité de la lumière ❺ *geconcentreerdheid* concentration *v* **II** *tussenw* bon courage!

stern *vogel* sterne *v*

steroïden stéroïdes *m mv*

sterrenbeeld ❶ *groep sterren* constellation *v* ❷ *astrologisch teken* signe *m* ★ *wat is jouw ~?* tu es de quel signe?

sterrenhemel ciel *m* (étoilé), cieux *m mv*

sterrenkijker *instrument* télescope *m*

sterrenkunde astronomie *v*

sterrenregen pluie *v* d'étoiles

sterrenstelsel système *m* stellaire, galaxie *v*

sterrenwacht observatoire *m*

sterrenwichelaar astrologue *m/v*

sterretje ❶ *klein hemellichaam* ★ *~s zien* voir trente-six chandelles ❷ *teken* * astérisque *v* ❸ *vuurwerk* cierge *m* magique

sterveling mortel *m* [v: mortelle] ★ *de gewone ~* le commun des mortels ★ *er was geen ~* il n'y avait pas âme qui vive

sterven I *onov ww* ❶ *doodgaan* mourir (**aan**, **van** de), form décéder ★ *gestorven aan kanker* mort d'un cancer ★ *op ~ liggen* agoniser, être à l'agonie, être à l'article de la mort, être mourant / moribond ★ *~ aan* mourir de ★ *sterf!* tu peux crever! ★ *op ~ na dood* moribond ❷ *creperen* crever (**van** de) ★ *~ van de honger* crever de faim **II** *onp ww, wemelen* être bourré (**van** de) ★ *het sterft er van het ongedierte* c'est infesté de bestioles

stervensbegeleiding accompagnement *m* de fin de vie

stervenskoud ★ *het is ~* il fait un froid de canard

stethoscoop stéthoscope *m*

steun ❶ *stut* support *m*, appui *m*, soutien *m* ❷ *hulp* appui *m*, réconfort *m*, soutien *m* ★ *financiële ~ toezeggen* promettre un soutien financier ★ *~ zoeken* chercher de l'appui ★ *~ verlenen aan iem.* soutenir qn, apporter son soutien à qn ★ *iem. tot ~ zijn* être l'appui de qn ★ *iem. een ~tje in de rug geven* appuyer qn ❸ *uitkering* ≈ aide *v* sociale ★ *~ trekken* toucher une allocation

steunbalk techn racinal *m* [mv: racinaux]

steunbeer contrefort *m*

steunbetuiging preuve *v* d'appui

steunen I *ov ww* ❶ *ondersteunen* soutenir, ‹schoren› étayer, appuyer ★ *vier pijlers ~ de brug* le pont repose sur quatre piles ❷ *helpen* soutenir, appuyer ★ *iem. financieel ~* soutenir qn financièrement ★ *een voorstel ~* appuyer une proposition **II** *onov ww* ❶ *leunen* reposer (**op** sur), ook fig s'appuyer (**op** sur) ★ *het tafelblad steunt op drie poten* le dessus repose sur trois pieds ★ *het merk steunt op twee pijlers: prijs en kwaliteit* la marque s'appuie sur deux piliers: prix et qualité ❷ *kreunen* gémir ★ *~d en kreunend kwam hij overeind* il se levait en gémissant

steunfonds fonds *m* de secours

steunfraude fraude *v* à la sécurité sociale

steunkous bas *m* à varices

steunpilaar ❶ *pilaar* pilier *m* ❷ *persoon* pilier *m* ★ *de ~ van de familie* le pilier de la famille

steunpunt ❶ *punt waarop iets steunt* point *m* d'appui ❷ *plaats waar men hulp verleent* base *v*

steuntrekker allocataire *m/v*

steunzender réémetteur *m*

steunzool semelle *v* orthopédique

steur esturgeon *m*

steven I *de* ‹voor› étrave *v*, ‹achter› étambot *m* ▾ *de ~ wenden naar* mettre le cap sur **II** *ww* [verl. td.] → **stijven**

stevenen ❶ *koers zetten* mettre le cap (sur) ❷ *stappen naar* aller droit à

stevig I *bn* ❶ *solide* solide, inform costaud ★ *deze stof is niet erg ~* cette étoffe n'est pas très résistante ★ *een ~e knoop* un noeud solide ❷ *krachtig* fort, robuste, vigoureux [v: vigoureuse] ★ *~e kost* un repas substantiel ★ *een ~e bries* un vent fort **II** *bw* solidement, fermement ★ *houd me ~ vast* tiens-moi bien ★ *~ drinken* avoir une bonne descente

steward steward *m*

stewardess hôtesse *v* de l'air

stichtelijk I *bn* édifiant, ‹vroom› pieux [v: pieuse] ★ *een ~ lied* un chant pieux ▾ *dank je ~!* merci, non! **II** *bw* de manière édifiante, ‹vroom› pieusement

stichten ❶ *laten ontstaan* fonder, créer, établir ★ *een gezin ~* fonder une famille ❷ *veroorzaken* causer, provoquer ★ *vrede ~* établir la paix ★ *kwaad ~* faire du mal ★ *onheil ~* semer le malheur

stichter ❶ *oprichter* fondateur *m* [v: fondatrice] ❷ *aanstichter* fauteur *m*

stichting fondation *v organisatie* fondation *v* ★ *een ~ oprichten* établir une fondation

stick *hockeystick* sport crosse *v*

sticker autocollant *m*, sticker *m*

stickie joint *m*
stiefbroer ‹van vaderszijde› fils *m* du beau-père, ‹van moederszijde› fils *m* de la belle-mère
stiefdochter belle-fille *v* [v mv: belles-filles]
stiefkind enfant *m/v* d'un autre lit
stiefmoeder belle-mère *v* [v mv: belles-mères]
stiefmoederlijk ▼ ~ *behandeld* traité en parent pauvre ▼ ~ *bedeeld* inform pas gâté
stiefouder ★ ~*s* beaux-parents *m mv*
stiefvader beau-père *m* [m mv: beaux-pères]
stiefzoon beau-fils *m* [m mv: beaux-fils]
stiefzuster, inform **stiefzus** ‹v. vaderszijde› fille *v* du beau-père, ‹v. moederszijde› fille *v* de la belle-mère
stiekem I *bn* secret [v: secrète], ‹achterbaks› sournois ★ ~ *gedoe* sournoiserie *v* **II** *bw* en cachette, en catimini, ‹achterbaks› sournoisement ★ ~ *weggaan* partir en catimini, s'esquiver
stiekemerd sournois *m* [v: sournoise]
stiel BN *beroep* profession *v*, ‹ambacht› métier *m* ▼ BN *twaalf ~en, dertien ongelukken* ≈ il collectionne les échecs professionnels
stier *dier* taureau *m* [m mv: taureaux]
Stier *dierenriemteken* Taureau *m*
stierengevecht corrida *v*
stierennek *(persoon met) dikke nek* cou *m* de taureau
stierenvechten tauromachie *v*
stierenvechter torero *m*, toréador *m*
stierf [verl. td.] → **sterven**
stierlijk vachement ★ *zich ~ vervelen* s'ennuyer à mourir
stierven [verl. td.] → **sterven**
stift ❶ *staafje* goujon *m*, broche *v*, goupille *v* ❷ *viltstift* feutre *m*
stiften sport faire une pichenette, piquer le ballon
stifttand dent *v* à pivot / à tenon
stigma *merkteken* stigmate *m*
stigmatiseren stigmatiser
stijf ❶ *niet soepel* raide, rigide ★ *stijve nek* torticolis *m* ★ *zo ~ als een plank* raide comme un manche à balai ★ ~ *worden* se raidir ★ ~ *van de kou* transi de froid ★ ~ *van angst* transi de peur ★ *een stijve hebben* bander ❷ *stevig* épais [v: épaisse] ❸ *niet spontaan* raide, coincé, pincé ❹ *houterig* gauche, maladroit ▼ ~ *staan van* ‹wemelen› être bourré de
stijfde [verl. td.] → **stijven**
stijfden [verl. td.] → **stijven**
stijfkop entêté *m* [v: entêtée], tête *v* de mule
stijfkoppig obstiné, têtu
stijfsel amidon *m*, ‹in papvorm› colle *v* d'amidon
stijgbeugel étrier *m*
stijgen ❶ *omhooggaan* monter ❷ *toenemen* augmenter, être en hausse ★ *met ~de verbazing* avec un étonnement grandissant ★ *snel ~* grimper ★ *in iemands achting ~* monter dans l'estime de qn
stijging ❶ *het omhooggaan* montée *v*, ‹van water› crue *v* ❷ *toename* ‹van prijzen› hausse *v*
stijl ❶ *van spreken, schrijven, kunst* style *m* ★ ... *nieuwe ~* ... nouvelle formule ❷ *handelwijze* style *m* ★ *in / met ~* avec style ★ *dat is geen ~* ça fait mauvais genre ★ *dat is niet hun / onze ~* ce n'est pas le genre de la maison ❸ *deur- / raampost* montant *m*, jambage *m*
stijlbreuk rupture *v* de style
stijldansen danse *v* de salon
stijlfiguur figure *v* de style / de rhétorique
stijlkamer salon *m* de style
stijlloos ❶ *zonder (goede) stijl* sans caractère ❷ *ongepast* inconvenant, sans classe
stijlperiode époque *v*
stijlvol I *bn* de bon goût, de caractère, ‹van persoon› stylé ★ *een ~ afscheid* un adieu en bonne et due forme **II** *bw* avec goût, ‹keurig› avec élégance ★ ~ *ingericht* aménagé avec goût
stijven I *ov ww, met stijfsel behandelen,* [o.v.t.: steef; volt. deelw.: gesteven] amidonner, empeser ★ *gesteven boord* col *m* empesé **II** *ov ww, sterken,* [o.v.t.: stijfde; volt. deelw.: gestijfd] raffermir (**in** dans), renforcer (**in** dans) ★ *iem. in zijn opvattingen ~* raffermir qn dans ses convictions
stikdonker I *bn* tout noir ★ *het is ~* il fait noir comme dans un four **II** *het* ★ *in het ~* dans l'obscurité totale
stikheet caniculaire ★ *het is ~* il fait une chaleur étouffante
stikken I *ov ww, naaien* piquer **II** *onov ww* ❶ *het benauwd krijgen* étouffer, suffoquer, être asphyxié ★ ~ *van de hitte* crever de chaleur ★ ~ *van het lachen* se tordre de rire ★ ~ *van woede* être furibond ❷ *sterven* ★ *iem. laten ~* laisser tomber qn ❸ *in overvloed hebben* ★ ~ *van het werk* être débordé de travail **III** *onp ww, wemelen* être bourré de
stiksel piqûre *v*, ‹als versiering› surpiqûre *v*
stikstof azote *m*
stikstofdioxide dioxyde *m* azoté
stil I *bn* ❶ *zonder geluid* silencieux [v: silencieuse] ★ *je moet stil zijn* silence! ★ *het werd stil* il se fit un silence ★ *ik ben er stil van* j'en reste interdit ★ *in stille overpeinzing* recueilli ★ *een stille tocht* une procession silencieuse ❷ *rustig* tranquille, calme ★ *een stille landweg* un chemin peu fréquenté ★ *de stille uren* les heures creuses ❸ *verborgen* secret [v: secrète] ★ *een stille hoop hebben* avoir un espoir secret ★ *een stille drinker* un buveur solitaire ★ *een stille aanbidder* un amoureux inavoué ★ *stille armoede* misère *v* cachée, ≈ pauvres *m mv* honteux ★ *stille reserves* réserves *v mv* occultes **II** *bw* ❶ *zonder geluid* silencieusement ❷ *rustig* tranquillement, doucement ★ *stil gaan leven* se retirer (des affaires), inform aller planter ses choux ❸ *heimelijk* secrètement, en secret **III** *tussenw* ★ *stil!* silence!, chut!
stilaan peu à peu, petit à petit
stileren ❶ *in goede stijlvorm schrijven* rédiger ★ *goed ~* bien formuler ❷ *een tekening vereenvoudigd uitbeelden* styliser
stiletto couteau *m* à cran d'arrêt
stilhouden I *ov ww* ❶ *verzwijgen* tenir secret, taire ❷ *rustig houden* tenir tranquille **II** *onov ww, stoppen* s'arrêter
stilist styliste *m/v*
stilistisch stylistique
stille ❶ *zwijgzaam persoon* taciturne *m/v* ❷ *rechercheur* policier *m* en civil

st

stilleggen arrêter, ‹lamleggen› paralyser ★ *het verkeer ~* paralyser la circulation
stillen *doen verminderen* assouvir, ‹bedaren› apaiser ★ *zijn honger ~* assouvir / apaiser sa faim ★ *zijn dorst ~* se désaltérer, étancher sa soif ★ *de pijn ~* apaiser la douleur
Stille Oceaan, Stille Zuidzee (océan *m*) Pacifique *m*
stilletjes ❶ *zachtjes* doucement ★ *hij zat ~ te huilen* il pleurait doucement ❷ *ongestoord* tranquillement ★ *laat haar maar ~ haar gang gaan* laisse-la faire ❸ *heimelijk* en cachette, en catimini, discrètement ★ *~ weggaan* partir discrètement / en catimini
stilleven nature *v* morte
stilliggen ❶ *niet bewegen* être couché (sans bouger) ❷ *buiten werking zijn* chômer, être immobilisé, ‹platliggen› être paralysé ★ *het werk ligt stil* le travail est arrêté
stilstaan ❶ *niet bewegen* rester immobile, ne pas bouger ★ *blijven ~* s'arrêter ★ *~d water* eaux *v mv* stagnantes ★ *~d beeld* arrêt *m* sur image ❷ *stagneren* ne pas avancer ★ *bijna ~* piétiner ❸ *niet functioneren* être arrêté, ne pas marcher ❹ *~* **bij** ★ *ik heb er niet bij stilgestaan* cela ne m'est pas venu à l'esprit ★ *(lang) blijven ~ bij iets* s'attarder à / sur qc ★ *daar staat mijn verstand bij stil* ça me dépasse
stilstand ❶ *beweginglooshei d* immobilité *v* ★ *tot ~ brengen* arrêter ★ *tot ~ komen* s'arrêter, ‹van voertuig› s'immobiliser ❷ fig *stagnatie* arrêt *m*, stagnation *v* ★ *~ is achteruitgang* qui n'avance pas recule
stilte ❶ *geluidloosheid* silence *m* ★ *~!* silence! ★ *doodse ~* silence *m* de mort ★ *er heerst een diepe ~* il règne un silence profond ★ *er viel een doodse ~* il se fit un silence de mort / de cathédrale ★ *in ~* discrètement, en secret ★ *de ~ verbreken* rompre le silence ★ *een ogenblik ~ in acht nemen* observer une minute de silence, se recueillir ★ *een pijnlijke ~ veroorzaken* jeter un froid ❷ *rust* calme *m* ★ *de ~ voor de storm* le calme avant la tempête ★ *hij is in alle ~ vertrokken* il est parti tout discrètement ★ *de begrafenis heeft in ~ plaats gevonden* l'enterrement a eu lieu dans la plus stricte intimité
stilvallen ❶ *tot stilstand komen* s'arrêter, ‹lamgelegd worden› être paralysé ❷ *geen geluid maken* se taire
stilzetten arrêter
stilzitten ❶ *rustig zitten* ne pas bouger, rester tranquille ★ *hij kan niet ~* il ne tient pas en place, inform il a la bougeotte, il a le feu dans les fesses ❷ *niet bedrijvig zijn* rester inactif, rester les bras croisés ★ *wij hebben niet stilgezeten* on n'a pas chômé
stilzwijgen I *het* silence *m*, mutisme *m* ★ *het ~ verbreken* rompre le silence, sortir de son silence ★ *het ~ bewaren (over)* garder le silence (sur) ★ *iem. het ~ opleggen* imposer le silence à qn **II** *onov ww* se taire
stilzwijgend I *bn* ‹zwijgend› silencieux [v: silencieuse], ‹impliciet› tacite ★ *een ~e overeenkomst* un accord tacite **II** *bw* ‹zwijgend› en silence, ‹impliciet› tacitement ★ *iets ~ aannemen* sous-entendre qc ★ *~ bedoelen* impliquer ★ *~ voorbijgaan aan iets* passer qc sous silence
stimulans stimulant *m*, incitation *v*
stimuleren stimuler, encourager
stimuleringsmaatregel mesure *v* de revitalisation
stinkbom boule *v* puante
stinkdier mouffette *v*
stinken *vies ruiken* sentir mauvais, puer ★ *naar drank ~* sentir / puer l'alcool ★ *~de voeten hebben* sentir / puer des pieds ▾ *erin ~* se faire avoir ▾ *hij is ~d rijk* c'est un richard, il roule sur l'or
stip ❶ *punt* point *m* ❷ *vlekje* pois *m*
stipendium *beurs* bourse *v* (d'études)
stippel point *m*, ‹op stof› pois *m*, ‹vlekje› moucheture *v*
stippelen *uit stippels samenstellen* pointiller
stippellijn (ligne *v* en) pointillé *m*
stipt I *bn* exact, ponctuel [v: ponctuelle] **II** *bw* exactement, ponctuellement, ‹strikt› rigoureusement ★ *zij is altijd ~ op tijd* elle est toujours exactement à l'heure, elle est ponctuelle ★ *~ betalen* payer ponctuellement
stiptheidsactie grève *v* du zèle, opération *v* escargot
stock BN *voorraad* stock *m* ★ *in ~ hebben* avoir en stock
stockeren BN *als voorraad aanleggen* stocker
Stockholm Stockholm *m*
Stockholms stockholmois
stoefen BN se vanter (**op** de)
stoeien ❶ *ravotten* batifoler, folâtrer, ‹rollebollen› s'ébattre ❷ *speels omgaan* ★ *~ met een idee* jouer avec une idée
stoel *zitmeubel* chaise *v* ★ *luie ~* (fauteuil *m*) relax *m* ★ *elektrische ~* chaise électrique ▾ *de Heilige Stoel* le Saint-Siège ▾ *iets niet onder ~en of banken steken* ne pas faire mystère de qc ▾ *van zijn ~ vallen van verbazing* tomber à la renverse ▾ *voor ~en en banken praten* gaspiller / perdre sa salive
stoelen *~* **op** reposer sur
stoelendans ook fig chaises *v mv* musicales, fig valse *v*
stoelgang selles *v mv* ★ *~ hebben* aller à la selle
stoelpoot pied *m* de chaise
stoeltjeslift télésiège *m*
stoemp BN culin ratatouille *v* aux pommes de terre, potée *v*
stoep ❶ *trottoir* trottoir *m* ★ *op de ~ lopen* marcher sur le trottoir ❷ *stenen opstapje* perron *m* ★ *hij stond plotseling op de ~* le voilà qui se pointe à la porte ★ *zijn eigen ~ schoonvegen* balayer devant sa porte
stoeprand bordure *v* du trottoir
stoer I *bn* ‹flink› ≈ dur, ‹fors› carré, costaud ★ *een ~e bink* un gros bras, un gaillard ★ *een ~e meid* une fille qui a du peps ★ *een ~e jas* un blouson sport **II** *bw* avec dureté ★ *~ doen* jouer les durs, frimer ★ *er ~ bij lopen* rouler les mécaniques
stoet cortège *m*, procession *v* ★ *een ~ mensen* un cortège de gens
stoeterij haras *m*
stoethaspel cloche *v*, empoté *m* [v: empotée], manche *v*
stof I *de* ❶ *materie* matière *v*, substance *v* ★ *een chemische stof* une substance chimique ★ *het*

st

bevat kankerverwekkende stoffen cela contient des substances carcinogènes ★ *vaste stoffen* des (corps) solides ❷ *weefsel* étoffe *v*, tissu *m* ★ *stof om gordijnen van te maken* un tissu pour faire des rideaux ❸ *onderwerp* matière *v*, sujet *m* ★ *een overzicht met alle stof voor de eindtoets* un sommaire des matières de l'épreuve finale ★ *stof geven tot* prêter à, donner lieu à ★ *kort van stof zijn* être bref, être peu loquace ★ *lang van stof zijn* être long / prolixe **II** *het* poussière *v* ★ *stof afnemen* dépoussiérer ★ *tot stof vergaan* tomber en poussière ★ *een dot stof* un mouton ★ *veel stof doen opwaaien* faire beaucoup de bruit ★ *in het stof bijten* mordre la poussière

stofbril lunettes *v mv* de protection

stofdoek chiffon *m* (à poussière)

stoffeerder ❶ *iem. die meubels met stof bekleedt* tapissier *m* [v: tapissière] ❷ *iem. die vertrekken van meubels e.d. voorziet* décorateur *m* [v: décoratrice]

stoffelijk matériel [v: matérielle] ★ *het ~ overschot* la dépouille, le corps

stoffen I *bn* de / en tissu, en étoffe **II** *ov ww, stof afnemen* dépoussiérer

stoffer balayette *v* ★ *~ en blik* pelle *v* et balayette

stofferen ❶ *bekleden* recouvrir ❷ *inrichten* ≈ meubler, décorer

stoffering ❶ *het stofferen* ≈ ameublement *m* ❷ *tapijt, gordijnen* moquette *v* et rideaux

stoffig ❶ *vol stof* poussiéreux [v: poussiéreuse] ❷ *saai* poussiéreux [v: poussiéreuse]

stofjas blouse *v*

stoflong silicose *v*

stofmasker masque *m* antipoussière

stofnaam nom *m* de matière

stofnest nid *m* à poussière

stofregen *vallend stof* pluie *v* de poussière

stofvrij *zonder stof* sans poussière

stofwisseling métabolisme *m*

stofwisselingsziekte maladie *v* métabolique

stofwolk nuage *m* de poussière

stofzuigen passer l'aspirateur, ⟨iets⟩ passer à l'aspirateur ★ *het tapijt ~* passer le tapis à l'aspirateur

stofzuiger aspirateur *m*

stoïcijns I *bn, onaangedaan* stoïque ★ *met een ~e blik* d'un regard stoïque **II** *bw* stoïquement

stok ❶ *stuk hout* bâton *m*, ⟨klein⟩ bout *m* de bois, baguette *v* ★ *het met iem. aan de stok hebben* être aux prises avec qn ★ *van zijn stokje gaan* tomber dans les pommes ★ *een stok achter de deur* un moyen de pression ★ *ergens een stokje voor steken* mettre le holà à qc ★ *op stok gaan* (se) percher ★ *een stok om de hond te slaan* un prétexte ★ BN *stokken in de wielen steken* mettre des bâtons dans les roues ❷ *stel kaarten* talon *m*

stokbrood culin baguette *v*, ⟨dun⟩ ficelle *v*

stokdoof sourd comme un pot

stoken I *ov ww* ❶ *doen branden* ★ *kolen ~* se chauffer au charbon ★ *een vuurtje ~* faire / allumer un feu ★ *een ketel ~* chauffer une chaudière ❷ *distilleren* distiller ❸ *aanwakkeren* fomenter ★ *onrust ~* semer le trouble ❹ *reinigen* ★ *zijn tanden ~* se curer les dents **II** *onov ww* ❶ *vuur branden* chauffer ❷ *opruien* intriguer

stoker ❶ *machinestoker* chauffeur *m* ❷ *distilleerder* distillateur *m*, bouilleur *m* ❸ *opruier* fauteur *m* de troubles [v: fautrice ...]

stokerij distillerie *v*

stokken s'arrêter, ⟨bij praten⟩ rester court, ⟨haperen⟩ bafouiller ★ *het gesprek stokte* la conversation tombait à plat ★ *zijn adem stokte* le souffle lui manquait

stokoud fort âgé

stokpaardje *lievelingsonderwerp* dada *m*, cheval *m* de bataille ▾ *zijn ~ berijden* enfourcher son dada

stokroos ❶ *plant* rose *v* trémière ❷ *stamroos* rose *v* sur tige

stokstijf I *bn* immobile **II** *bw* ★ *~ blijven staan* rester planté / cloué (sur place)

stokvis culin morue *v* séchée

stol ≈ gros pain *m* aux raisins

stola étole *v*

stollen se coaguler, se figer, prendre ★ *doen ~* coaguler ▾ *het bloed stolde hem in de aderen van schrik* son sang se glaçait dans les veines

stollingsgesteente roche *v* endogène

stollingspunt point *m* de coagulation

stolp ❶ *glazen deksel* cloche *v* ❷ *stolpboerderij* ferme *v* au toit en croupe

stolpboerderij ferme *v* au toit en croupe

stolsel grumeau *m* [mv: grumeaux], ⟨van bloed⟩ caillot *m*

stom ❶ *dom* bête, idiot, inform con [v: conne] ★ *stomme ezel* crétin *m*, andouille *v* ★ *het is stom geluk* c'est un pur hasard ❷ *gek, vervelend* ★ *stom werk verrichten* faire un travail ennuyeux ★ *wat een stomme broek!* il est débile, ce pantalon! ❸ *zonder spraakvermogen* muet [v: muette] ★ *stom van verbazing* stupéfait ★ *de stomme film* le cinéma muet ★ *een stomme film* un film muet ★ *een stomme rol* un rôle muet ★ *geen stom woord zeggen* ne pas desserrer les dents

stoma med stomie *v*

stomdronken ivre mort

stomen I *ov ww* ❶ *gaar maken* faire cuire à la vapeur, étuver ★ *gestoomde aardappels* pommes *v mv* vapeur ❷ *reinigen* nettoyer à sec **II** *onov ww* ❶ *dampen* fumer, faire / jeter de la vapeur ❷ *varen* naviguer

stomerij pressing *m*

stomheid ❶ *het niet kunnen spreken* mutité *v* ★ *met ~ geslagen* stupéfait ❷ *stommiteit* stupidité *v*

stomkop imbécile *m/v*

stommelen ≈ faire un bruit sourd

stommeling *stommerik* imbécile *m/v*

stommetje ▾ *~ spelen* faire le muet

stommiteit ❶ *het stom zijn* stupidité *v* ❷ *stomme daad* gaffe *v*, inform connerie *v*

stomp I *de* ❶ *vuistslag* coup *m* de poing, bourrade *v* ★ *iem. een ~ geven* donner un coup de poing à qn ❷ *overblijfsel* bout *m*, ⟨moot⟩ tronçon *m*, ⟨van arm / been / tak⟩ moignon *m*, ⟨van boom, tand⟩ chicot *m*, ⟨van stronk⟩ souche *v* ★ *een ~je kaars* un bout de bougie **II** *bn, niet scherp* émoussé, ⟨van hoek⟩ obtus ★ *een ~ voorwerp* un objet émoussé ★ *een ~ mes* un couteau émoussé ★ *een ~e hoek* un angle obtus ★ *een ~e neus* un nez aplati / épaté

stompen donner des coups de poing à, battre

stompzinnig stupide
stomverbaasd stupéfait
stomvervelend ❶ *heel onaangenaam* gonflant ❷ *heel saai* barbant, assommant, rasant ★ *wat een ~e vent!* qu'est-ce qu'il est rasant, ce type!
stomweg tout bêtement
stond [verl. td.] → **staan**
stonden [verl. td.] → **staan**
stoned défoncé, camé
stonk [verl. td.] → **stinken**
stonken [verl. td.] → **stinken**
stoof [verl. td.] → **stuiven**
stoofkarbonade BN culin *gestoofd rundvleesgerecht* carbonnades *v mv* flamandes
stoofpeer poire *v* à cuire
stoofpot cocotte *v*, ‹gerecht› potée *v*
stoofschotel culin potée *v*
stookolie mazout *m*, gazole *m*, fuel *m*
stoom vapeur *v* ★ ~ *afblazen* évacuer la vapeur, fig se défouler, décompresser
stoombad bain *m* de vapeur, hammam *m*
stoomboot (bateau *m* à) vapeur *m* [m mv: bateaux ...]
stoomcursus cours *m* accéléré, stage *m* intensif
stoomketel chaudière *v*
stoomlocomotief locomotive *v* à vapeur
stoommachine machine *v* à vapeur
stoompan autocuiseur *m*
stoomschip (bateau *m* à) vapeur *m* [m mv: bateaux ...]
stoomstrijkijzer fer *m* à vapeur
stoornis med *gebrek* trouble *m*
stoorzender ❶ *zender* brouilleur *m* ❷ fig *persoon* gêneur *m* [v: gêneuse]
stoot ❶ *plotse beweging* coup *m*, ‹schok› heurt *m*, choc *m*, à-coup *m*, ‹degenstoot› botte *v* ❷ *duw* coup *m*, poussée *v* ★ *hij kan wel tegen een ~je* il est dur au mal, fig il se défend ★ *de ~ tot iets geven* donner le branle / l'impulsion à qc, initier qc ❸ *flinke hoeveelheid* paquet *m* ★ *een ~ boeken* un paquet de livres ❹ *knappe meid* bombe *v*, canon *m*
stootblok heurtoir *m*, butoir *m*
stootkussen ❶ *buffer* butoir *m*, tampon *m* ❷ scheepv bourrelet *m*
stootte [verl. td.] → **stoten**
stootten [verl. td.] → **stoten**
stoottroepen troupes *v mv* de choc
stootvast antichoc
stop I *de* ❶ *oponthoud* arrêt *m*, pause *v* ★ *sanitaire stop* arrêt *m* pipi, pause *v* pipi ❷ *stopzetting* arrêt *m*, ‹bevriezing› blocage *m* ❸ *iets dat afsluit* tampon *m*, ‹op fles› bouchon *m* ❹ *zekering* plomb *m*, fusible *m* ★ *de stoppen zijn doorgeslagen* les plombs ont sauté ★ fig *de stoppen zijn bij hem doorgeslagen* il a pété les plombs ❺ *verstelde plek* reprise *v* **II** *tussenw* ❶ *houd op* assez!, ça suffit!, arrête! ❷ *sta stil* halte!
stopbord stop *m*, panneau *m* 'stop'
stopcontact prise *v* électrique, prise de courant ★ *in het ~ steken* brancher
stopfles bocal *m* [m mv: bocaux], flacon *m*
stoplap *nietszeggend woord* cheville *v*
stoplicht feu *m* (rouge) ★ *het ~ staat op groen* le feu est au vert ★ *door het (rode) ~ rijden* griller le feu
stopnaald aiguille *v* à repriser
stoppel ❶ *baardhaar* poil *m* (de barbe) ❷ *halm* chaume *m*
stoppelbaard barbe *v* de deux / trois jours
stoppen I *ov ww* ❶ *tot stilstand brengen* stopper, arrêter ★ *een ~d middel* un astringent ★ *een bloeding ~* stopper une hémorragie ★ *het verkeer ~* interrompre la circulation ★ *zij was gewoon niet te ~* il n'y avait pas moyen de l'arrêter ★ *de bal ~* amortir / bloquer le ballon ❷ *dichtmaken* fermer, ‹v. gat, lek› boucher, ‹opvullen› remplir, ‹v. pijp› bourrer, ‹v. kledingstuk› repriser, ‹v. ruit› mastiquer ★ *een lek ~* boucher une fuite ❸ *induwen* mettre, ‹haastig / slordig› fourrer, ‹(toe)schuiven› glisser ★ *stop je boeken in je tas* mets tes livres dans ton cartable ★ *iets in je mond ~* se mettre qc dans la bouche ★ *iets in een kast ~* mettre / ranger qc dans un placard ★ *iem. in bed ~* mettre qn au lit **II** *onov ww* ❶ *ophouden* (s')arrêter (**met** de), cesser (**met** de) ★ *~ met roken* cesser de fumer ❷ *halt houden* s'arrêter, stopper
stopplaats arrêt *m*, halte *v*
stopstreep ligne *v* d'arrêt
stopteken signal *m* d'arrêt [m mv: signaux ...]
stoptrein (train *m*) omnibus *m*
stopverbod arrêt *m* interdit
stopverf mastic *m* (de vitrier)
stopwatch chronomètre *m*, inform chrono *m*
stopwoord tic *m* de langage, mot *m* favori
stopzetten arrêter, stopper, ‹sluiten› fermer
storen I *ov ww* ❶ *hinderen* déranger, gêner ★ *ik stoor toch niet?* je (ne) dérange (pas)? ❷ ‹van radio of televisie› brouiller **II** *wkd ww* [**zich** ~] *zich ergeren* ★ *zich ~ aan iets* se formaliser de qc ★ *zich niet ~ aan* se moquer de ★ *stoor je niet aan hem* ne l'écoute pas
storend gênant
storing ❶ *ongewenste onderbreking* interruption *v*, dérangement *m*, ‹defect› panne *v*, ‹v. radiocommunicatie› brouillage *m*, ‹ruis› parasites *m mv* ★ *technische ~* incident *m* technique ★ *een ~ in het elektriciteitsnet* une panne de secteur / de courant, une coupure ❷ *meteorologische depressie* dépression *v* ★ *atmosferische ~* perturbation *v* atmosphérique
storm ❶ *harde wind* tempête *v* ★ *de ~ gaat liggen* la tempête se calme ★ *de ~ brak los* la tempête s'est déchaînée ❷ fig *opwinding* tempête *v*, orage *m* ★ *een ~ van kritiek* une tempête de critiques ★ *een ~ in een glas water* une tempête dans un verre d'eau ★ *er is ~ op til* il y a de l'orage dans l'air
stormachtig ❶ *met storm* orageux [v: orageuse] ★ *~ weer* du temps orageux ❷ fig *onstuimig* houleux [v: houleuse] ‹uitbundig› frénétique, ‹v. ontwikkeling› tumultueux [v: tumultueuse] ★ *een ~ applaus* un tonnerre d'applaudissements ★ *een ~e verhouding* une relation orageuse
stormbaan parcours *m* du combattant
stormbal cône *m* de tempête
stormen I *onov ww, voorwaarts snellen* s'élancer, se précipiter ★ *naar buiten ~* sortir précipitamment ★ *naar binnen ~* entrer en coup de vent ★ *op iem. af ~* se précipiter sur qn **II** *onp*

ww, zeer hard waaien ★ *het stormt* il y a une tempête, la tempête souffle
stormenderhand d'assaut ★ ~ *innemen* prendre d'assaut
stormlamp lampe-tempête *v*
stormloop ❶ *aanval* assaut *m* ❷ fig *run* ruée *v* (**op** sur)
stormlopen I *onov ww, aanval doen* donner l'assaut (**op** à) **II** *onp ww, toestromen* ★ *het loopt storm* c'est la cohue, il y a foule
stormram bélier *m*
stormvloed raz-de-marée *m*
stormvogel pétrel *m*
stortbad BN douche *v*
stortbak *van wc* réservoir *m* de chasse
stortbui averse *v*, inform douche *v*
storten I *ov ww* ❶ *doen vallen* déverser, ⟨(ver)gieten⟩ verser, fig plonger ★ *beton* ~ couler du béton ★ *verboden vuilnis te* ~ défense *v* de déposer des ordures ★ *iem. in het ongeluk* ~ plonger qn dans le malheur ❷ *geld overmaken* verser, virer **II** *onov ww, vallen* tomber, se précipiter ★ *in een ravijn* ~ se précipiter dans un ravin ★ *in elkaar* ~ s'effondrer **III** *wkd ww* [**zich** ~] *doen vallen* ★ *zich* ~ *op* se jeter / se précipiter sur ★ *zich* ~ *in* fig se lancer / se plonger dans
storting ❶ *het overmaken* ⟨v. geld⟩ versement *m* ❷ *het doen vallen* ⟨van afval⟩ décharge *v*
stortingsbewijs récépissé *m* de versement
stortkoker ⟨voor vuil⟩ vide-ordures *m* [mv: id.]
stortplaats décharge *v*
stortregen pluie *v* torrentielle, averse *v*
stortregenen pleuvoir à verse
stortvloed ❶ *vloedstroom* torrent *m* ❷ fig *overstelpend aantal* torrent *m*, flot *m* ★ *een* ~ *van woorden* un flot de paroles ★ *een* ~ *van tranen* un torrent de larmes
stortzee paquet *m* de mer
stoten I *ov ww* ❶ *krachtig duwen* bousculer, pousser, heurter, ⟨insteken⟩ enfoncer ★ *zijn hoofd* ~ se cogner la tête, fig se casser le nez ★ *zich* ~ *aan* se cogner à / contre, fig s'offusquer de ❷ *verwijderen* ★ *uit de partij* ~ expulser du parti ★ *uit zijn functie* ~ démettre de sa fonction **II** *onov ww* ❶ *botsen* se heurter ★ ~ *tegen* se heurter à, heurter ★ ~ *op* se heurter à, buter sur, ⟨aantreffen⟩ tomber sur ★ *tegen elkaar* ~ s'entrechoquer ❷ *schokken* ⟨van auto⟩ cahoter
stotteraar bègue *m/v*
stotteren I *onov ww, hortend spreken* bégayer **II** *het* bégaiement *m*
stout ❶ *ondeugend* méchant, vilain ❷ *stoutmoedig* audacieux [v: audacieuse], hardi
stouterd petit vilain *m* [v: petite vilaine]
stoutmoedig audacieux [v: audacieuse], hardi
stouwen ❶ *bergen* entasser, scheepv arrimer ❷ *verorberen* engouffrer
stoven I *ov ww* étuver, cuire à l'étuvée, ⟨smoren⟩ braiser, ⟨zacht⟩ (faire) mijoter ★ *groente* ~ faire mijoter des légumes **II** *onov ww* mijoter **III** *ww* [verl. td.] → **stuiven**
stoverij BN culin *gestoofd rundvleesgerecht* ≈ carbonnades *v mv* flamandes
straal I *de* ❶ *stroom vloeistof* jet *m* ★ *een* ~ *water* un jet d'eau ★ ~*tje* filet *m* ❷ *lichtbundel* rayon *m* ★ *een* ~ *licht* un trait de lumière ❸ *lijn in cirkel* rayon *m* ★ *in een* ~ *van 2 km* dans un rayon de 2 km **II** *bw, volkomen* carrément
straalaandrijving propulsion *v* par réaction
straalbezopen complètement bourré
straaljager chasseur *m* à réaction
straalkachel radiateur *m* électrique
straalmotor moteur *m* à réaction
straalverbinding radiocommunication *v*
straalvliegtuig avion *m* à réaction, jet *m*
straat ❶ *weg* rue *v* ★ ~*je* ruelle *v* ★ *doodlopende* ~ rue *v* sans issue, impasse *v*, cul-de-sac *m* ★ *op* ~ dans la rue ★ *een* ~ *inslaan* emprunter une rue ★ *een* ~*je omlopen* faire un petit tour ★ *de* ~ *opgaan* ⟨betogen⟩ descendre dans la rue ★ *op* ~ *staan* être sur le pavé ★ *op* ~ *zetten* mettre sur le pavé ★ *dat past (precies) in mijn* ~*je* ça m'arrange ★ BN *zo oud zijn als de* ~ être vieux comme le monde ★ BN *het is een* ~*je zonder eind* on n'en verra jamais la fin, ça s'éternise ❷ *zee-engte* détroit *m* ★ *de Straat van Gibraltar* le détroit de Gibraltar
straatarm très pauvre, inform fauché comme les blés
straatartiest artiste *m/v* de rue
straatbeeld aspect *m* de la rue
straatgevecht combat *m* de rue
straathond ❶ *zwerfhond* chien *m* errant ❷ *niet-rashond* (chien *m*) bâtard *m*
straatjongen gamin *m* des rues, jeune *m* qui traîne dans la rue
straatlantaarn réverbère *m*
straatmeubilair mobilier *m* urbain
straatnaam nom *m* d'une rue
straatprostitutie prostitution *v* sur la voie publique
straatroof vol *m* à la tire
Straatsburg Strasbourg *m*
Straatsburgs strasbourgeois
straatsteen pavé *m* ▾ *iets aan de straatstenen niet kwijt kunnen* ne pas trouver preneur pour qc
Straat van Dover
Straat van Gibraltar détroit *m* de Gibraltar
straatveger balayeur *m* [v: balayeuse], ⟨machine⟩ balayeuse *v*
straatventer marchand *m* ambulant, camelot *m*
straatverlichting éclairage *m* public / des rues
straatvuil ordures *v mv*
straatwaarde valeur *v* marchande / à la revente
straatweg chaussée *v*, route *v* pavée
straf I *de* punition *v*, jur peine *v*, sanction *v* ★ *voor* ~ en / pour punition ★ *op* ~*fe van* sous peine de ★ ~ *hebben* être puni ★ *een* ~ *opleggen* infliger une peine ★ *alternatieve* ~ peine de substitution ★ *een* ~ *kwijtschelden* lever une punition ★ *een* ~ *uitzitten* purger sa peine **II** *bn* ❶ *sterk* fort ★ *in een* ~ *tempo* à vive allure ★ *er stond een* ~*fe wind* il y avait un vent fort ❷ *streng* sévère
strafbaar passible d'une peine ★ *iets* ~ *stellen* pénaliser qc ★ ~ *feit* délit *m*
strafbal coup *m* franc / de pénalité
strafbepaling clause *v* / disposition *v* pénale
strafblad ★ *blanco* ~ casier *m* judiciaire vierge
strafexpeditie expédition *v* punitive
straffen punir
strafhof jur ★ *Internationaal Strafhof* Cour *v* Pénale Internationale

st

strafinrichting établissement *m* pénitentiaire
strafkamer (chambre *v*) correctionnelle *v*
strafkamp camp *m* pénitentiaire
strafkolonie bagne *m*
strafmaat (montant *m* de la) peine *v* ★ *de hoogste ~* la plus lourde peine
strafmaatregel sanction *v*
strafpleiter avocat *m* plaidant
strafport surtaxe *v* ★ *met ~ belast* surtaxé
strafproces procédure *v* pénale
strafpunt (point *m* de) pénalité *v* ★ *~en krijgen* être pénalisé
strafrecht jur droit *m* pénal ★ *het wetboek van ~* le code pénal
strafrechtelijk jur pénal [m mv: pénaux]
strafrechter jur juge *m* (pénal)
strafregel ligne *v* à copier
strafregister casier *m* judiciaire
strafschop penalty *m* [mv: penalties / penaltys] ★ *een ~ nemen* tirer un penalty ★ *een ~ benutten* transformer un penalty
strafschopgebied surface *v* de réparation
strafvervolging poursuites *v mv* judiciaires
strafwerk punition *v*
strafwet loi *v* pénale
strafworp jet *m* franc
strafzaak affaire *v* criminelle
straighten *ontkroezen* décrêper
strak I *bn* ❶ *gespannen* tendu, raide, ⟨nauw⟩ serré ★ *een ~ke broek* un pantalon serré ❷ *star* rigide, ⟨v. blik⟩ fixe, ⟨uitdrukkingsloos⟩ impassible ❸ *sober* austère, sévère **II** *bw* ❶ *aangespannen* ★ *~ aanhalen* (res)serrer ★ *iem. ~ houden* tenir la bride (haute) à qn ❷ *star* ★ *iem. ~ aankijken* fixer qn des yeux, regarder qn fixement ★ *~ voor zich uitkijken* regarder droit devant soi
strakblauw azuré
straks ❶ *dadelijk* tout à l'heure ★ *tot ~* à tout à l'heure ★ *~ gaan ze nog beweren dat ...* encore un peu et on va nous affirmer que ... ❷ *zo-even* tout à l'heure ★ *ik heb hem daar ~ nog gezien* je l'ai vu il y a un instant
stralen ❶ *stralen uitzenden* briller, rayonner ❷ *er blij uitzien* rayonner (**van** de) ★ *~ van geluk* rayonner de bonheur
stralend rayonnant, radieux [v: radieuse] ★ *~ van vreugde* rayonnant de joie ★ *~ weer* du grand beau temps
stralenkrans auréole *v*, nimbe *m*
straling rayonnement *m*, natk radiation *v* ★ *ultraviolette ~* rayonnement ultraviolet
stralingsdosis dose *v* d'irradiation
stram I *bn* raide **II** *bw* avec raideur
stramien ❶ fig *patroon* trame *v* ★ *volgens een vast ~* d'une manière invariable, invariablement ❷ lett *weefsel* canevas *m*
strand plage *v* ★ *op het ~* à la plage ★ *naar het ~ gaan* aller à la plage
stranden ❶ *aanspoelen* échouer ❷ fig *blijven steken* échouer (**op** devant) ★ *de reizigers zijn gestrand in Frankfurt* les voyageurs sont restés en rade à Francfort ★ *een gestrand huwelijk* un mariage qui a échoué
strandhuisje cabanon *m* de plage
strandjutter pilleur *m* / ramasseur *m* d'épaves
strandpaviljoen pavillon *m* de plage
strandstoel transat *m*
strandwacht surveillant *m* de plage [v: surveillante ...]
strapless sans bretelles ★ *~ jurk* robe *v* bustier
strateeg stratège *m*
strategie ❶ *krijgskunde* stratégie *v* ❷ *tactiek* stratégie *v*
strategisch stratégique
stratenmaker paveur *m*
stratenplan *plattegrond* plan *m* de ville
stratosfeer[1] stratosphère *v*
stratosfeer[2] stratosphère *v*
stream stream *m*
streamen comp faire du streaming, écouter / regarder en streaming ★ *Ik wil proberen films te ~ naar mijn pc* je veux essayer de regarder des films en streaming sur mon PC
streaming en streaming ★ *~ radio luisteren* écouter la radio en streaming
streber arriviste *m/v*
streden [verl. td.] → **strijden**
streed [verl. td.] → **strijden**
streefcijfer ≈ objectif *m*
streefdatum date *v* prévue
streefgetal chiffre *m* à atteindre, objectif *m*
streefgewicht poids *m* idéal
streek I *de* ❶ *daad* tour *m*, coup *m*, ⟨poets⟩ farce *v* ★ *een domme ~* une bêtise ★ *een gemene ~* un vilain tour ★ *iem. een ~ leveren* jouer un tour à qn ★ *streken uithalen* faire des siennes ❷ *beweging* coup *m*, ⟨met pen⟩ trait *m*, ⟨met penseel ook⟩ touche *v*, ⟨met strijkstok⟩ coup *m* d'archet ❸ *gebied* région *v*, contrée *v* ❹ *kompasrichting* rhumb *m*, aire *v* de vent ★ *op ~ zijn* être en train ★ *van ~ (gebracht) zijn* être décontenancé / bouleversé ★ *mijn maag is van ~* j'ai l'estomac dérangé **II** *ww* [verl. td.] → **strijken**
streekbus car *m* (régional)
streekgebonden purement régional
streekgenoot compatriote *m/v*
streekroman roman *m* régionaliste
streektaal dialecte *m*
streekvervoer transports *m mv* régionaux
streep ❶ *lijn* ligne *v*, trait *m*, ⟨strook⟩ bande *v* ★ *een ~ halen door iets* rayer qc, fig passer l'éponge sur qc ★ *doorgetrokken ~* ligne continue ★ *onderbroken ~* ligne discontinue ★ *met strepen* rayé ★ *een trui met strepen* un pull rayé ★ *dat is een ~ door de rekening* c'est un mécompte, inform c'est un sale coup ★ *ergens een ~ onder zetten* tirer un trait sur qc ★ *op zijn strepen staan* jouer de son autorité ★ *iem. over de ~ trekken* convaincre qn, gagner qn à sa cause ★ *een ~je voor hebben (op)* être préféré (à), être mieux placé (que) ❷ *onderscheidingsteken* galon *m*
streepjescode code *m* à barres, code-barres *m*
streepjespak costume *m* rayé
streken [verl. td.] → **strijken**
strekken I *ov ww, uitrekken* allonger, étendre ★ *de benen ~* se dégourdir / dérouiller les jambes **II** *onov ww* ❶ *reiken* s'étendre, aller ★ *zover strekt zijn invloed* son influence s'étend jusque-là ❷ *genoeg zijn* ★ *zolang de voorraad strekt* jusqu'à l'épuisement des stocks ❸ *~ tot* servir à, tendre à ★ *tot eer ~* faire honneur à ★ *ervaring strekt tot aanbeveling* expérience appréciée ★ *tot voordeel*

~ *van* profiter à
strekkend → **meter**
strekking *bedoeling* portée *v*, tendance *v*, teneur *v*
strekspier (muscle *m*) extenseur *m*
strelen ❶ *aaien* caresser ❷ *aangenaam aandoen* flatter, chatouiller ★ *dat streelt de tong* ça flatte le palais ★ *zich ~ met de gedachte dat* se bercer de l'idée que
streling ❶ *aai* caresse *v* ❷ fig *iets aangenaams* flatterie *v* ★ *een ~ voor het oog* un régal pour les yeux
stremmen I *ov ww* ❶ *stijf maken* cailler ❷ *belemmeren* gêner, encombrer **II** *onov ww, stijf worden* se cailler
stremming ❶ *het stremmen* caillage *m* ❷ *stagnatie* encombrement *m*, obstruction *v* ★ *een ~ van het verkeer* un encombrement de la circulation
stremsel coagulant *m*
streng I *bn* ❶ *hard* sévère, rigoureux [v: rigoureuse] ★ *een ~e leraar* un professeur sévère ★ *~e eisen stellen aan* être exigeant sur ★ *onder ~e bewaking* sous haute surveillance, étroitement surveillé ★ *zeer ~e straf* punition *v* très sévère ★ *op ~ dieet* au régime strict ❷ *koud* rigoureux [v: rigoureuse], rude ★ *een ~e winter* un hiver rigoureux ★ *~e vorst* forte gelée *v* **II** *bw, hard* rigoureusement, sévèrement ★ *ten ~ste verboden* formellement / strictement interdit ★ *~ verboden toegang* entrée strictement interdite ★ *~ de regels in acht nemen* observer strictement les règles ★ *~ geheim houden* garder dans le plus grand secret ★ *~ gelovig* très orthodoxe ★ *~ optreden* faire preuve de sévérité **III** *de* ❶ *bundel* ‹v. garen› écheveau *m* [mv: écheveaux], ‹v. franje / haar› torsade *v*, ‹v. kabel› toron *m*, ‹rist› chapelet *m* ★ *een ~ knoflook* une tresse d'ails ❷ *koord, snoer* cordon *m*
strepen rayer, strier, ‹van licht› zébrer
streptokok med streptocoque *m*
stress stress *m*
stressbestendig insensible au stress, à toute épreuve
stressen stresser
stresssituatie situation *v* stressante
stretch stretch *m*
stretcher lit *m* de camp
streven I *het* ❶ *doel* aspiration *v* (**naar** à), ambition *v* ★ *een loffelijk ~* un effort louable ❷ *inspanning* effort(s) *m (mv)*, recherche *v* ★ *ons gezamenlijk ~ naar verbetering* nos efforts conjugués pour améliorer la situation **II** *onov ww*, ~ **naar** aspirer à, (re)chercher, ‹najagen› ambitionner ★ *naar onafhankelijkheid ~* aspirer à l'indépendance ★ *ernaar ~ om* s'efforcer de, tâcher de, viser à
striae med vergetures *v mv*
striem marque *v*, strie *v*
striemen ❶ *striemen toebrengen* cingler, fouetter ❷ *gevoelig treffen* cingler ★ *~de regen* une pluie battante ★ *~de woorden* paroles *v mv* cinglantes
strijd ❶ *gevecht* lutte *v*, combat *m* ★ *een innerlijke ~* une lutte intérieure ★ *de ~ om de macht* la lutte pour le pouvoir ★ *~ om het bestaan* lutte pour la (sur)vie, biol concurrence *v* vitale ★ *een ~ op leven en dood* une lutte à mort ★ *ten ~e trekken* partir à la guerre, fig partir en guerre, monter en ligne ★ *de ~ opgeven* abandonner la lutte ★ *de ~ met iem. aanbinden* engager le combat contre qn ★ *~ voeren tegen* lutter contre ★ *in het heetst van de ~* au plus chaud du combat ★ *in ~ zijn met* être contraire à, aller à l'encontre de ❷ *wedstrijd* lutte *v*, compétition *v* ❸ *onenigheid* dispute *v*, querelle *v*
strijdbaar ‹militant› combatif [v: combative], ‹weerbaar› valide
strijdbijl hache *v* de guerre ▼ *de ~ begraven* enterrer la hache de guerre
strijden ❶ *vechten* lutter, combattre, se battre ★ *~ ten gunste van* se battre pour ❷ *wedijveren* concourir (**om** pour), rivaliser (**met** avec) ❸ *twisten* disputer (**over** de, sur) ❹ *strijdig zijn* être contraire (**met** à)
strijder ❶ *krijgsman* combattant *m* [v: combattante] ❷ *voorvechter* militant *m* [v: militante]
strijdgewoel mêlée *v*
strijdig ❶ *in strijd* ★ *~ met* contraire à, opposé à ❷ *tegenstrijdig* contradictoire ★ *~e belangen* intérêts *m mv* opposés, conflit *m* d'intérêts
strijdkrachten forces *v mv* (armées)
strijdkreet cri *m* de guerre
strijdlust combativité *v*
strijdlustig combatif [v: combative]
strijdmacht force *v* (armée)
strijdperk ❶ *arena* gesch lice *v*, arène *v* ★ *in het ~ treden (met)* entrer en lice (contre) ❷ *slagveld* champ *m* de bataille
strijdtoneel théâtre *m* des opérations
strijdvaardig prêt au combat
strijkbout fer *m* à repasser
strijken I *ov ww* ❶ *met een strijkijzer gladmaken* repasser ❷ *neerhalen* (a)baisser, scheepv amener, ‹v. mast / zeil ook› caler, ‹v. sloep› mettre à la mer ★ *de zeilen ~* amener les voiles ★ *de vlag ~* baisser le pavillon ★ *de mast ~* caler le mât ❸ *uitsmeren* étaler (**over** sur) **II** *onov ww* ❶ *vegen, aaien* glisser, passer ★ *met de hand ergens over ~* passer / promener la main sur qc ❷ *gaan langs* ★ *~ langs / over* effleurer, frôler, raser ❸ *ervandoor gaan* ★ *gaan ~ met* décrocher, emporter, récolter, s'adjuger ★ *met de winst gaan ~* décrocher la timbale, emporter le morceau
strijker *bespeler van strijkinstrument* ★ *de ~s* muz les cordes *v mv*
strijkijzer fer *m* à repasser
strijkinstrument instrument *m* à cordes
strijkje petit orchestre *m* (à cordes)
strijkkwartet quatuor *m* à cordes
strijklicht lumière *v* rasante
strijkorkest orchestre *m* à cordes
strijkplank planche *v* à repasser
strijkstok muz archet *m* ▼ *aan de ~ blijven hangen* être perdu en ligne
strik ❶ *knoop* nœud *m*, ‹schuifknoop› nœud coulant ★ *een ~ in je veters maken* nouer ses lacets ❷ *valstrik* lacet *m*, collet *m*, ook fig piège *m* ★ *iem. een ~ spannen* tendre un piège à qn
strikje *vlinderdasje* nœud *m* papillon
strikken ❶ *knopen* faire un nœud à, nouer ❷ *vangen* piéger ❸ *overhalen* piéger, ‹ronselen›

embrigader
strikt I *bn* strict, rigoureux [v: rigoureuse] ★ *onder ~e geheimhouding* dans le plus grand secret **II** *bw* strictement, rigoureusement ★ *~ verboden* formellement / strictement interdit ★ *~ genomen* strictement parlant ★ *het ~ noodzakelijke* le strict nécessaire
strikvraag question *v* piège, inform colle *v*
string string *m*
stringent péremptoire, contraignant
strip ❶ *stripverhaal* bande *v* dessinée, BD *v* **❷** *strook* bande *v*, ⟨doordrukstrip⟩ plaquette *v*
stripboek album *m* de bandes dessinées, BD *v*
stripfiguur personnage *m* de bande dessinée
strippen I *onov ww, een striptease uitvoeren* faire un (numéro de) strip-tease **II** *ov ww, ontdoen van het overtollige* dénuder ★ *een huis ~* ne laisser que les quatre murs d'une maison
strippenkaart ≈ carte *v* multizones
stripper *persoon die striptease uitvoert* strip(-)teaseur *m*
strippoker strip-poker *m*
striptease strip(-)tease *m*
stripteasedanseres strip(-)teaseuse *v*
striptekenaar dessinateur *m* de bandes dessinées [v: dessinatrice ...]
stripverhaal bande *v* dessinée, BD *v*
stro paille *v*, ⟨in stal⟩ litière *v*, ⟨op dak⟩ chaume *m* ★ *strootje* (brin *m* de) paille *v* ▼ *strootje trekken* tirer à la courte paille
strobloem immortelle *v*
strobreed ▼ *iem. geen ~ in de weg leggen* laisser à qn la liberté d'agir ▼ *geen ~ wijken* ne pas céder d'un pouce
stroef ❶ *ruw* rude **❷** *moeizaam verlopend* laborieux [v: laborieuse] **❸** *moeilijk bewegend* grippé, coincé, ⟨stijf⟩ raide
strofe strophe *v*
strohalm brin *m* de paille, fig planche *v* de salut ▼ *zich aan een ~ vastklampen* se raccrocher à un ultime espoir
strohoed chapeau *m* de paille [m mv: chapeaux ...]
strokarton carton-paille *m*
stroken cadrer (avec), concorder (avec) ★ *dat strookt niet met de waarheid* cela n'est pas conforme à la vérité
stroman homme *m* de paille
stromen ⟨van water⟩ couler, ⟨volop⟩ couler à flots, ruisseler, ⟨rondstromen⟩ circuler, ⟨toestromen⟩ affluer (**naar** vers), ⟨uitstromen⟩ se déverser, ⟨v. gas⟩ s'échapper, ⟨opspuiten⟩ jaillir ★ *~d water* eau *v* courante ★ *in de ~de regen* sous des trombes d'eau
stroming ❶ *het stromen* courant *m* ★ *een sterke ~ in de rivier* un courant important dans le fleuve **❷** *denkwijze* courant *m* ★ *een politieke ~* un courant politique
strompelen marcher d'un pas chancelant
stronk ⟨van kool⟩ trognon *m*, ⟨van boom⟩ souche *v*
stront ❶ *poep* merde *v* **❷** *ruzie, gedoe* merde *v*, emmerdements *m mv* ★ *~ krijgen met iem.* avoir des emmerdes avec qn ★ *in de ~ zitten* être dans la merde ★ *er is ~ aan de knikker* il y a des emmerdements
stronteigenwijs cabochard
strontium strontium *m*
strontje ⟨aan ooglid⟩ orgelet *m*
strontvervelend (super-)chiant
strooibiljet tract *m*
strooien I *bn* de / en paille ★ *~ hoed* chapeau *m* de paille **II** *ov ww* répandre, éparpiller ★ *in het rond ~* éparpiller
strooiveld aire *v* de dispersion
strooiwagen saleuse *v*
strooiweide BN *strooiveld* aire *v* de dispersion
strooizout sel *m* (de salage)
strook bande *v*, ⟨scheurstrook⟩ souche *v*, talon *m*, ⟨van rok⟩ volant *m*
stroom ❶ *elektriciteit* courant *m*, inform jus *m* ★ *de ~ uitschakelen* couper le courant ★ *op ~ werken* fonctionner sur (le) secteur ★ *onder ~ staan* être sous tension ★ *de ~ valt uit* il y a une panne de secteur **❷** *bewegende vloeistof* flot *m*, ⟨stroming⟩ courant *m* ★ *een ~ lava* une coulée de lave ★ *bij stromen* à flots ★ *met de ~ meegaan* ook fig suivre le courant ★ *tegen de ~ ingaan* remonter le courant, fig aller à contre-courant **❸** *rivier* cours *m* d'eau ★ *~pje* ruisselet *m* **❹** *een grote menigte of hoeveelheid* flot *m* ★ *een ~ van protesten* un flot de protestations
stroomafwaarts I *bn* en aval (**van** de) **II** *bw* en aval, dans le sens du courant ★ *~ varen* descendre le fleuve
stroomgebied bassin *m*
stroomlijn profil *m* aérodynamique
stroomlijnen ❶ techn caréner ★ *een gestroomlijnde auto* une voiture aérodynamique **❷** fig rationaliser ★ *bedrijfsprocessen ~* huiler les rouages de l'entreprise
stroomopwaarts I *bn* en amont (**van** de) **II** *bw* en amont, à contre-courant ★ *~ gaan* remonter le courant
stroomsterkte intensité *v* du courant
stroomstoot décharge *v* électrique
stroomstoring panne *v* de courant / de secteur
stroomverbruik consommation *v* d'électricité
stroomversnelling ❶ *versnelling van stroom* rapide *m* **❷** *versnelling van ontwikkeling* accélération *v* ★ *in een ~ raken* s'accélérer
stroop culin sirop *m*, ⟨stroopsuiker⟩ mélasse *v* ▼ *iem. ~ om de mond smeren,* BN *iem. ~ aan de baard smeren* passer la brosse à reluire à qn, passer la pommade à qn
strooplikker lèche-bottes *m/v* [mv: id.], fayot *m*
strooptocht pillage *m*
stroopwafel culin gaufrette *v* à la mélasse
strop ❶ *lus* corde *v* ★ *zichzelf de ~ omdoen* se mettre la corde au cou **❷** *tegenvaller* tuile *v*, ⟨financieel⟩ perte *v* **❸** BN *val(strik)* piège *m*
stropdas cravate *v*
stropen ❶ *jagen* braconner **❷** *villen* écorcher
stroper ❶ *wildstroper* braconnier *m* [v: braconnière] **❷** *rover* maraudeur *m*
stroperig ❶ *als stroop* sirupeux [v: sirupeuse] ★ *~e vloeistof* liquide *m* sirupeux **❷** *lijmerig* mielleux [v: mielleuse] ★ *~e woorden* paroles *v mv* mielleuses
stroperij ❶ *wildstroperij* braconnage *m* **❷** *strooptocht* pillage *m*
strot gosier *m*, gorge *v* ★ *iem. de ~ afsnijden*

égorger qn ★ *iem. naar de ~ vliegen* sauter à la gorge de qn ★ *iem. bij de ~ grijpen* prendre qn à la gorge ★ *ik kan het niet door de ~ krijgen* c'est dur à avaler ★ *dat komt me de ~ uit* j'en ai ras le bol
strottenhoofd larynx *m*
strubbeling ❶ *moeilijkheid* pépin *m*, embêtement *m* ❷ *onenigheid* frottement *m*
structureel I *bn* structurel [v: structurelle] ★ *structurele veranderingen* changements *m mv* structurels **II** *bw* structurellement
structureren structurer
structuur structure *v*, organisation *v* ★ *binnen de bestaande economische structuren* dans les structures économiques actuelles ★ *de moleculaire ~ van een eiwit* la structure moléculaire des protéines
structuurverf peinture *v* à relief
struif *inhoud van ei* liquide *m* d'œuf
struik ❶ *plant* arbuste *m*, buisson *m* ❷ *krop* botte *v*
struikelblok obstacle *m*, pierre *v* d'achoppement
struikelen ❶ *bijna vallen* trébucher (**over** sur) ❷ *problemen hebben met* ★ *over zijn woorden ~* trébucher sur les mots ❸ *misstap doen* faire un faux pas ❹ *positie verliezen* trébucher (**over** sur) ❺ *veel aantreffen* ★ *je struikelt erover* il y en a partout
struikelsteen BN *struikelblok* pierre *v* d'achoppement
struikgewas broussailles *v mv*
struikrover brigand *m*
struis vigoureux [v: vigoureuse], robuste
struisvogel autruche *v*
struisvogelpolitiek politique *v* de l'autruche
struma goitre *m*
strychnine strychnine *v*
stuc stuc *m*
stucwerk stucage *m*
studeerkamer bureau *m* [m mv: bureaux]
student étudiant *m* [v: étudiante]
studentencorps ≈ corporation *v* d'étudiants
studentendecaan conseiller *m* d'orientation
studentenflat résidence *v* universitaire, foyer *m* d'étudiants
studentenhaver ≈ mélange *m* de graines grillées et raisins, ≈ mendiant *m*
studentenstad ville *v* universitaire
studentenstop numerus *m* clausus
studententijd (années *v mv* d')études *v mv*
studentenvereniging association *v* d'étudiants
studentikoos estudiantin
studeren I *ov ww* ❶ *studie volgen* faire des études de, étudier ★ *Frans ~* faire des études de français, faire du français ★ *rechten ~* faire du droit, faire des études de droit ❷ *zich oefenen in* étudier ★ *piano ~* étudier le piano **II** *onov ww* ❶ *student zijn* étudier, faire des études ❷ *leren* étudier ★ *voor een examen ~* préparer un examen, réviser avant un examen ★ *hard ~ voor een tentamen* bûcher pour un examen ❸ ~ **op** étudier, réfléchir à ★ *op iets ~* étudier qc
studie ❶ *bestudering* étude *v* ★ *een ~ van iets maken* examiner qc ★ *iets in ~ nemen* mettre qc à l'étude ❷ *opleiding* études *v mv* ★ *een ~ volgen* faire des études ★ *een universitaire ~* des études universitaires ❸ *onderzoeksverslag* étude *v* ★ *een gedegen ~ over klimaatverandering* une étude approfondie des changements climatiques ❹ kunst *schets* étude *v*
studieadviseur conseiller *m* d'études [v: conseillère ...]
studiebegeleiding onderw encadrement *m* des études
studiebeurs bourse *v* d'études
studieboek livre *m* d'étude, manuel *m*
studiebureau BN *adviesbureau* bureau *m* d'étude(s) [mv: bureaux ...]
studiefinanciering (plan *m* de) financement *m* des études
studiegenoot camarade *m/v* d'études / de fac
studiegids guide *m* de l'étudiant
studiehoofd tête *v*
studiehuis onderw ≈ second cycle *m*
studiejaar ❶ *cursusjaar* année *v* d'étude, année universitaire ❷ *lichting* promotion *v* ★ *hij is van mijn ~* c'est un camarade de fac / de promotion
studiepunt ≈ unité *v* de valeur, UV *v*
studiereis voyage *m* d'études
studierichting filière *v*, orientation *v*
studieschuld ≈ endettement *m* d'un étudiant boursier
studietijd études *v mv*
studietoelage bourse *v* d'études
studieverlof congé-formation *m*
studiezaal salle *v* d'études
studio ❶ *opnameruimte voor radio, tv, film* studio *m* ❷ *eenkamerflat* studio *m*
stuff came *v*, camelote *v*
stug ❶ *onbuigzaam* raide, rigide ❷ *stuurs* rébarbatif [v: rébarbative], revêche ❸ *volhardend* acharné ❹ *ongeloofwaardig* (un peu) fort
stuifmeel pollen *m*
stuifsneeuw (neige *v*) poudreuse *v*
stuifzand sables *m mv* mouvants
stuip *krampaanval* spasme *m*, convulsion *v* ▼ *iem. de ~en op het lijf jagen* ficher / flanquer la trouille à qn
stuiptrekken avoir des convulsions
stuiptrekking *krampachtige beweging* convulsion *v*, ook fig soubresaut *m*
stuit coccyx *m* ★ *op je ~je vallen* tomber sur le coccyx
stuitbeen coccyx *m*
stuiten I *ov ww, tegenhouden* arrêter, ⟨beteugelen⟩ enrayer, réprimer ★ *niet te ~* irrésistible **II** *onov ww* ❶ *kaatsen* rebondir ❷ ~ **op** se heurter à, buter sur ★ *~ op verzet* rencontrer de la résistance
stuitend choquant, révoltant, répugnant
stuiter ≈ calot *m*
stuiteren ❶ *knikkeren* jouer aux billes ❷ *stuiten* rebondir
stuitje → **stuit**
stuitligging (présentation *v* par le) siège *m*
stuiven I *onov ww* ❶ *opwaaien* s'envoler en poussière ★ *het zand stuift in mijn gezicht* je me prends le sable en pleine figure ❷ *snel gaan* filer **II** *onp ww* faire de la poussière ▼ BN *het zal er ~* ça va barder
stuiver *muntstuk* pièce *v* de 5 centimes, fig sou *m*

stuivertje-wisselen ❶ *kinderspel* jouer aux quatre coins ❷ *elkaars plaats innemen* chassé-croisé *m*
stuk I *het* ❶ *gedeelte* morceau *m* [mv: morceaux], ⟨stukje⟩ fragment *m*, ⟨eindje⟩ bout *m* ★ *een stuk zeep* un (bout de) savon ★ *ingezet stuk* pièce *v* rapportée ★ *stuk grond* morceau de terre ★ *aan stukken slaan* mettre en morceaux, briser ★ *in stukken snijden* couper en morceaux ★ *aan stukken scheuren* déchirer (en morceaux) ★ *een stuk zetten in* mettre une pièce à, rapiécer ★ *uit één stuk* tout d'une pièce ★ *aan één stuk door* d'affilée, sans répit ★ *dat de stukken eraf vliegen* frénétiquement ★ *een man uit één stuk* un homme entier, un homme tout d'une pièce ★ *een stout stukje* un exploit, une prouesse ★ *stukje bij beetje* petit à petit ★ *bij stukjes en beetjes vertellen* raconter par petits morceaux ★ BN *dat kost stukken van mensen* c'est une sacrée ponction ❷ *hoeveelheid* ★ *dat is een heel stuk beter* c'est beaucoup / nettement mieux ★ *op geen stukken na* il s'en faut de beaucoup, loin de là ★ BN *een stuk in de nacht* au petit matin ❸ *exemplaar* pièce *v* ★ *tien stuks vee* dix têtes de bétail ★ *stuk geschut* pièce (d'artillerie) ★ *een stuk of honderd* une centaine, dans les cent ★ *een stuk of wat* quelques ★ *100 euro per stuk* cent euros (la) pièce / l'unité ★ *per stuk betalen* payer à la pièce ★ *stuk voor stuk* un à un, l'un après l'autre ❹ *geschrift* pièce *v*, document *m*, écrit *m*, ⟨artikel⟩ article *m* ★ *ingezonden stuk* courrier *m* d'un lecteur ★ *de stukken voor de vergadering* les documents de réunion ★ *stukje* petit article *m* ❺ *kunstwerk* œuvre *v*, muz morceau *m*, pièce *v*, ⟨toneelstuk⟩ pièce *v* ★ *een stuk voor piano en harp* une pièce pour piano et harpe ★ *een stuk van Vondel* une pièce de Vondel ❻ *poststuk* envoi *m* postal ★ *een aangetekend stuk* un recommandé ❼ *schaakstuk* pièce *v* ❽ *aandeel* titre *m* ❾ *postuur* ★ *klein van stuk* petit de taille ❿ *standpunt* ★ *op zijn stuk blijven staan* camper / rester sur ses positions ★ *hij blijft op zijn stuk staan* il persiste (et signe) ★ *iem. van zijn stuk brengen* déconcerter qn ★ BN *zeker zijn van zijn stuk* être sûr de son fait *11aantrekkelijk man of vrouw,* ★ *lekker stuk* canon *m* *12*min *mens,* ★ *stuk onbenul* espèce *v* d'imbécile ★ *lui stuk vreten* (espèce *v* de) glandeur *m* ▾ *een stuk in zijn kraag hebben* avoir pris une cuite **II** *bn* cassé, ⟨beschadigd⟩ abîmé, ⟨gescheurd⟩ déchiré, ⟨defect⟩ en panne, ⟨met gaten⟩ troué ★ *mijn fiets is stuk* mon vélo est (tombé) en panne ★ *alle ruiten zijn stuk* toutes les vitres sont cassées
stukadoor plâtrier *m*, plafonneur *m*, stucateur *m*
stukadoren plâtrer, plafonner
stuken stuquer, plâtrer
stukgoed marchandises *v mv* diverses
stukje → **stuk**
stukloon salaire *m* à la pièce / aux pièces ★ *op ~ werken* travailler auc pièces
stuklopen I *ov ww, slijten* user en marchant ★ *zijn schoenen ~* user ses chaussures **II** *onov ww, mislukken* échouer (**op** sur) ★ *daarop is hun huwelijk stukgelopen* c'est pourquoi leur mariage a échoué
stukmaken casser, abîmer
stukslaan I *ov ww* ❶ *stukmaken* briser, casser ❷ *verkwisten* ★ *geld ~* claquer de l'argent **II** *onov ww, stukgaan* se casser
stukwerk travail *m* à la pièce / aux pièces
stulp *huisje* cabane *v*
stumper *stakker* pauvre type *m* ★ *'n arme ~* un pauvre diable
stumperen patauger
stunt exploit *m*, coup *m*, ⟨filmstunt⟩ cascade *v* ★ *een ~ uithalen* faire un exploit, ⟨in media⟩ faire un coup
stuntel cloche *v*, empoté *m* [v: empotée], manche *m*
stuntelen patauger, inform s'y prendre comme un pied
stuntelig godiche, empoté, comme un pied
stunten faire un exploit, ⟨in media⟩ faire un coup, ⟨met prijzen⟩ casser les prix, ⟨in film⟩ cascader
stuntman cascadeur *m*
stuntprijs prix-choc *m* [mv: id.]
stuntteam équipe *v* de cascadeurs
stuntvliegen faire de l'acrobatie aérienne
stuntvrouw cascadeuse *v*
stuntwerk ⟨in film⟩ cascades *v mv*
stupide stupide
sturen ❶ *van een voertuig* conduire, manœuvrer, ⟨van vliegtuig, raceauto⟩ piloter ❷ *zenden* envoyer, ⟨van post⟩ adresser, ⟨wegsturen⟩ renvoyer ★ *iem. een brief ~* envoyer une lettre à qn ★ *geld ~* envoyer de l'argent ★ *hij is van school gestuurd* il s'est fait renvoyer de l'école ★ *iem. om een boodschap ~* envoyer qn faire une commission ❸ *van machines* commander ▾ *in de war ~* embrouiller
stut ❶ *balk* étai *m*, support *m* ❷ fig *steun* soutien *m*, support *m*
stutten ook fig étayer, épauler ★ *het ~* l'étayage *m*
stuur volant *m*, ⟨van boot⟩ gouvernail *m*, ⟨van fiets⟩ guidon *m* ★ *achter het ~ zitten* être au volant
stuurbekrachtiging direction *v* assistée
stuurboord tribord *m* ★ *aan ~* à tribord
stuurgroep groupe *m* de coordination
stuurhuis poste *m* de commande
stuurhut poste *m* de commande, cabine *v*
stuurknuppel levier *m* de commande, manche *m* (à balai)
stuurloos I *bn* désemparé ★ fig *een ~ schip* un bateau à la dérive **II** *bw* à la dérive ★ *~ ronddrijven* flotter à la dérive
stuurman ❶ *iem. die een schip bestuurt* timonier *m*, sport barreur *m* ★ *de beste stuurlui staan aan wal* la critique est aisée et l'art est difficile ❷ *scheepsofficier* (capitaine *m/v* en) second *m* ★ *eerste ~* second *m*
stuurmanskunst ❶ scheepv (art *m* de la) navigation *v* ❷ *omzichtig beleid* art *m* de manœuvrer, habileté *v*
stuurs renfrogné, bourru, revêche
stuurslot antivol *m*
stuurwiel volant *m*
stuw barrage *m*
stuwdam barrage *m*
stuwen ❶ *voortduwen* pousser, techn propulser

st

★ *~de kracht* moteur *m* ❷ *stouwen* arrimer ❸ *water keren* refouler
stuwing ❶ *het stuwen* arrimage *m* ❷ med congestion *v*
stuwkracht ❶ techn force *v* de propulsion, poussée *v* ❷ fig dynamisme *m*
stuwmeer lac *m* de retenue
stuwraket fusée *v* propulsive, booster *m*
stylen créer un style / un look
stylo BN *vulpen* stylo *m*
subcultuur sous-culture *v* [v mv: sous-cultures]
subiet ❶ *dadelijk* tout de suite ★ *daarna werd de campagne ~ gestaakt* du coup on a arrêté la campagne ❷ *beslist* absolument ★ *dat loopt ~ in de soep* ça va mal tourner, c'est sûr et certain
subject sujet *m*
subjectief I *bn* subjectif [v: subjective] ★ *een ~ oordeel* un jugement subjectif II *bw* subjectivement
subjectiviteit subjectivité *v*
subliem I *bn, groots* sublime II *bw* d'une façon sublime
subsidie subvention *v* ★ *~ aanvragen* demander une subvention
subsidiëren subventionner
substantie substance *v*
substantieel I *bn* ❶ *wezenlijk* substantiel [v: substantielle] ❷ *voedzaam* substantiel [v: substantielle] II *bw* substantiellement
substantief substantif *m*
substitueren substituer
substitutie substitution *v*
substituut I *de, plaatsvervanger* suppléant *m* [v: suppléante] II *het, vervangmiddel* substitut *m*
subtiel I *bn* subtil ★ *een ~ verschil* une différence subtile II *bw* subtilement
subtop (le) second plan *m*
subtropisch subtropical [m mv: subtropicaux]
succes *gunstig resultaat* succès *m*, réussite *v* ★ *~!* bonne chance! ★ *je broer ~ wensen met zijn examen* souhaiter à son frère bonne chance pour son examen ★ *een doorslaand ~* une réussite éclatante ★ *met wisselend ~* avec un succès inégal ★ *~ hebben* avoir du succès, réussir
succesnummer succès *m*, muz tube *m*
successie ❶ *erfenis* succession *v* ❷ *erfopvolging* succession *v* ❸ *opeenvolging* succession *v*
successierecht jur droit *m* de succession
successievelijk successivement
succesvol I *bn* qui a du succès, ⟨geslaagd⟩ réussi, couronné de succès ★ *een ~ zakenman* un homme d'affaires réussi II *bw* avec succès
sudden death sport mort *v* subite
sudderen mijoter, mitonner
sudderlap tranche *v* de bœuf à mijoter
sudoku sudoku *m*
suède I *het* daim *m* II *bn* en daim
Suezkanaal canal *m* de Suez
suf I *bn* ❶ *duf* abruti, inform vaseux [v: vaseuse] ❷ *onnadenkend* bête, stupide II *bw* ★ *zich suf piekeren* se creuser la tête
suffen rêvasser
sufferd abruti *m*, nouille *v*
suffig à moitié endormi
suffix suffixe *m*
suggereren suggérer
suggestie ❶ *voorstel* suggestion *v* ★ *een ~ doen* faire une suggestion ★ *openstaan voor ~s* être ouvert aux suggestions ❷ *gewekte indruk* suggestion *v* ★ *de ~ wekken dat* suggérer que
suggestief *suggestie inhoudend* suggestif [v: suggestive]
suïcidaal suicidaire
suïcide suicide *m*
suiker ❶ *zoetstof* sucre *m* ★ *wil je ~ in je koffie?* tu veux du sucre dans ton café? ★ *bruine ~* cassonade *v* ★ *~ doen in* sucrer ❷ *suikerziekte* diabète *m* ★ *hij heeft ~* il a le diabète, il est diabétique
suikerbiet betterave *v* sucrière / à sucre
suikerboon BN dragée *v*
Suikerfeest fête *v* de la fin du ramadan, Aïd *m* el Fitr, Aïd *m* el-Séghir
suikergoed confiserie *v*, sucrerie *v*
suikerklontje morceau *m* de sucre [m mv: morceaux ...]
suikermeloen sucrin *m*
suikeroom oncle *m* d'Amérique
suikerpatiënt diabétique *m/v*
suikerpot sucrier *m*
suikerraffinaderij raffinerie *v* de sucre
suikerriet canne *v* à sucre
suikerspin barbe *v* à papa
suikertante tante *v* à héritage
suikervrij sans sucre
suikerzakje sachet *m* de sucre
suikerziekte diabète *m* ★ *hij lijdt aan ~* il est diabétique
suikerzoet ❶ *zoet als suiker* tout sucré ❷ *overdreven lief* doucereux [v: doucereuse]
suite ❶ *kamers* (pièces *v mv* en) enfilade *v*, ⟨in hotel⟩ suite *v* ❷ muz suite *v*
suizebollen être étourdi, être groggy
suizen ❶ *geluid maken* bruire, frémir, murmurer, ⟨zoemen⟩ siffler, ⟨v. oren⟩ bourdonner, siffler, tinter ❷ *snel bewegen* ★ *voorbij ~* filer / passer à toute allure
sujet individu *m*, type *m* ★ *een onbetrouwbaar ~* un type peu fiable
sukade cédrat *m* confit
sukkel andouille *v*, cloche *v*
sukkeldrafje petit trot *m*
sukkelen ❶ *sjokken* (se) traîner ❷ *ziekelijk zijn* traîner une maladie, être patraque ★ *met zijn gezondheid ~* avoir des problèmes de santé ★ *met zijn knie ~* souffrir du genou ▼ *in slaap ~* s'assoupir
sukkelgangetje petit train-train *m*
sukkelstraatje ▼ BN *in een ~ verzeild zijn geraakt* être en perte de vitesse
sul ❶ *sukkel* benêt *m* ❷ *goedzak* bonne poire *v*
sulfaat sulfate *m*
sulfiet sulfite *m*
sullig ❶ *dom* nigaud, niais ❷ *goeiig* bonasse
sultan sultan *m* [v: sultane]
summier ❶ *gering* petit ★ *een ~ verschil* une légère différence ❷ *bondig* sommaire ★ *een ~ overzicht* un résumé, un sommaire
summum comble *m* ★ *dat is het ~!* c'est le comble!
sumoworstelaar lutteur *m* de sumo, sumotori *m*

sumoworstelen ★ *het* ~ le sumo
super I *bn* extra, super ★ *de vakantie was* ~ les vacances étaient super ★ ~ *de luxe* super, classe **II** *de* super *m*
superbenzine super(carburant) *m*
supercup sport supercoupe *v*
supergeleider superconducteur *m*
superieur I *bn* ❶ *hoger geplaatst, meerwaardig* supérieur (**aan** à) ❷ *voortreffelijk* supérieur **II** *de* supérieur *m*
superioriteit supériorité *v*
supermacht superpuissance *v*
supermarkt supermarché *m*, grande surface *v*
supermens surhomme *m*
supersonisch supersonique
supertanker superpétrolier *m*
supervisie supervision *v*
supervisor superviseur *m*
supplement ❶ *bijvoegsel* supplément *m* ❷ wisk supplément *m*
suppoost gardien *m* [v: gardienne]
supporter supporter *m* [v: supportrice]
surfen ❶ sport *over golven glijden* surfer ❷ sport *windsurfen* faire de la planche à voile ❸ comp *sites bezoeken* surfer, naviguer
surfer surfeur *m* [v: surfeuse], ‹windsurfer› (véli)planchiste *m/v*
surfpak combinaison *v* de surf
surfplank planche *v*, surf *m*, ‹zeilplank› planche *v* à voile
Surinaams surinamien [v: surinamienne]
Surinaamse Surinamienne *v*
Suriname le Surinam ★ *in* ~ au Surinam
Surinamer *bewoner* Surinamien *m*
surplus surplus *m*, excédent *m*
surprise paquet *m* surprise
surrealisme surréalisme *m*
surrealistisch surréaliste
surrogaat succédané *m*, ersatz *m*
surseance ★ ~ *van betaling* sursis *m* de paiement
surveillance surveillance *v*
surveillancewagen voiture *v* de police
surveillant surveillant *m* [v: surveillante], ‹op school› pion *m* [v: pionne]
surveilleren surveiller, assurer la surveillance
survival ★ *op* ~ *gaan* faire un stage de survie
sushi sushi *m*
suspense suspense *m*
sussen apaiser
SUV transp ≈ quatre-quatre *m/v*, SUV *m*
s.v.p. *s'il vous plaît* S.V.P., s'il vous plaît
Swaziland le Swaziland ★ *in* ~ au Swaziland
sweater sweat(er) *m*, pull *m*
swingen ❶ *dansen* swinguer ❷ fig *bruisend zijn* swinguer ★ *het swingt de pan uit!* ça swingue à mort! ★ *een ~d feest* une soirée pétillante
swipen comp balayer
switchen ❶ *van plaats wisselen* changer de place ❷ *overgaan op iets anders* passer à autre chose ★ *zij switchte naar een andere studie* elle a changé d'orientation
Sydney Sydney *m*
syfilis syphilis *v*
syllabe syllabe *v*
syllabus ≈ résumé *m*
symbiose symbiose *v*
symboliek ❶ *het symbolische* symbolisme *m* ❷ *leer van de symbolen* symbolique *v*
symbolisch symbolique
symboliseren symboliser
symbool symbole *m*
symfonie symphonie *v*
symfonieorkest orchestre *m* symphonique
symmetrie symétrie *v*
symmetrisch symétrique
sympathie sympathie *v*
sympathiek sympathique, inform sympa
sympathisant sympathisant *m*
sympathiseren sympathiser (**met** avec)
symposium symposium *m*, colloque *m*
symptomatisch symptomatique (**voor** de)
symptoom symptôme *m*
symptoombestrijding traitement *m* symptomatique
synagoge synagogue *v*
synchroniseren synchroniser
synchroon synchrone
syndicaal BN *vakbonds-* syndical [m mv: syndicaux]
syndicaat *kartel* syndicat *m*
syndroom med syndrome *m* ★ ~ *van Down* trisomie *v* (21)
synergie synergie *v*
synode synode *m*
synoniem I *het* synonyme *m* **II** *bn* synonyme (**met** de)
synopsis synopsis *v*
syntaxis syntaxe *v*
synthese synthèse *v*
synthesizer synthétiseur *m*
synthetisch synthétique, de synthèse
Syrië la Syrie ★ *in* ~ en Syrie
Syrisch syrien [v: syrienne]
systeem *geordend geheel* système *m* ★ *het huidige* ~ *is te complex* le système actuel est trop complexe ★ *het kapitalistische* ~ le régime capitaliste
systeemanalist analyste(-programmeur) *m*
systeembeheerder systémicien *m* [v: systémicienne]
systeembouw préfabrication *v*
systeemeisen comp exigences *v mv* du système
systeemkaart fiche *v*
systeemontwerper analyste(-programmeur) *m*
systematiek ❶ *ordening* systématique *v* ❷ *leer van de systemen* systématique *v*
systematisch I *bn* systématique, méthodique **II** *bw* systématiquement ★ ~ *te werk gaan* procéder méthodiquement
systematiseren systématiser

T

t t *m* ★ *de t van Theodoor* T comme Thérèse
Taag Tage *m*
taai I *bn* ❶ *stevig en buigzaam* dur ★ *taai vlees* de la viande coriace / dure ★ *taai als leer* dur comme de la semelle ❷ *dikvloeibaar* épais [v: épaisse], visqueux [v: visqueuse] ❸ *volhardend* tenace, coriace ★ *een taaie zijn* avoir la peau dure ★ *houd je taai!* tiens bon!, courage! ❹ *vervelend, moeilijk* aride, rébarbatif [v: rébarbative] ★ *het is taaie kost* c'est indigeste **II** *bw* avec ténacité
taaiheid ❶ *stevigheid* dureté *v* ❷ *stroperigheid* épaisseur *v*, viscosité *v* ❸ *volharding* ténacité *v* ❹ *saaiheid* aridité *v*
taaislijmziekte mucoviscidose *v*
taaitaai ≈ pain *m* d'épices
taak tâche *v*, ⟨functie⟩ mission *v* ★ *niet tegen zijn taak opgewassen zijn* ne pas être à la hauteur de sa tâche ★ *een taak op zich nemen* se charger d'une tâche ★ *iem. een taak opleggen* charger qn d'une tâche ★ *zich tot taak stellen (om)* se donner pour mission (de) ★ onderw *een taak voor wiskunde* un devoir de vacances de math
taakbalk comp barre *v* des tâches
taakomschrijving profil *m* de la fonction
taakstraf TIG *m*, travail *m* d'intérêt général
taakverdeling répartition *v* des tâches
taal ❶ *taalsysteem* langue *v* ★ *dode taal* langue morte ★ *Italiaanse taal* la langue italienne ★ *levende talen* langues vivantes ★ *tweede taal* seconde langue ★ *oude talen* langues anciennes ★ *vreemde taal* langue étrangère ★ *een taal beheersen* maîtriser / posséder une langue ★ *hij zwijgt in alle talen* il est muet comme la tombe ❷ *tekensysteem* langage *m* ★ *de taal van het lichaam* le langage du corps ★ *de taal der liefde* le langage de l'amour ❸ *woorden, taalgebruik* langage *m*, propos *m mv* ★ *grove taal uitslaan* tenir des propos grossiers ★ *alledaagse taal* langage courant ★ *de gesproken taal* la langue parlée ★ *ambtelijke taal* jargon *m* officiel ★ *duidelijke taal spreken* être éloquent ★ *taal noch teken geven* ne pas donner signe de vie
taalachterstand retard *m* linguistique
taalbarrière barrière *v* linguistique
taalbeheersing ❶ *taalvaardigheid* connaissances *v mv* / maîtrise *v* de la langue ❷ taalk *vakgebied* maîtrise *v* de la langue
taaleigen idiome *m*
taalfamilie famille *v* de langues
taalfout faute *v* (de langage / de grammaire)
taalgebied ❶ *regio* région *v* linguistique ★ *het Nederlandse ~* la communauté néerlandophone, la néerlandophonie ❷ *onderwerp* domaine *m* linguistique ★ *onderzoek op ~* recherche *v* linguistique
taalgebruik langage *m* ★ *correct ~* (le bon) usage
taalgeschiedenis histoire *v* des langues
taalgevoel sens *m* de la langue
taalgrens frontière *v* linguistique
taalkamp BN séjour *m* linguistique
taalkunde linguistique *v*
taalkundig linguistique ★ *een ~e ontleding* une analyse grammaticale
taalkundige linguiste *m/v*
taallab, taallabo BN *talenpracticum* laboratoire *m* de langues
taalles cours *m* de langue
taalonderwijs onderw enseignement *m* des langues
taalstrijd querelles *v mv* linguistiques
taalvaardigheid connaissances *v mv* / maîtrise *v* de la langue
taalverarming appauvrissement *m* de la langue
taalverwerving acquisition *v* d'une langue
taalwetenschap linguistique *v*, philologie *v*
taart ❶ culin *gebak* ⟨met cakedeeg⟩ gâteau *m* [mv: gâteaux], ⟨met taartdeeg⟩ tarte *v* ★ *een stuk ~* une part de gâteau ❷ min *vrouw* rombière *v*
taartbodem fond *m* de tarte
taartje culin ⟨gebakje⟩ gâteau *m* [mv: gâteaux], pâtisserie *v*
taartpunt ❶ *stuk gebak* part *v* de gâteau ❷ *deel uit cirkel* camembert *m*
taartschep pelle *v* à gâteau
taartvorkje fourchette *v* à gâteaux
taartvorm moule *m* à tarte
tab *tabulator* tab *v*, comp onglet *m*
tabak tabac *m* ★ *lichte / zware ~* tabac blond / brun ★ *er ~ van hebben* en avoir marre
tabaksaccijns impôt *m* sur le tabac
tabaksdoos tabatière *v*
tabaksindustrie industrie *v* du tabac
tabaksplant (pied *m* de) tabac *m*
tabasco cul tabasco *m*
tabbaard houppelande *v*, robe *v*
tabblad ❶ admin (fiche *v*) intercalaire *m*, onglet *m* ❷ comp onglet *m*
tabee salut
tabel tableau *m* [mv: tableaux], table *v* ★ *chronologische ~len* tables chronologiques
tabernakel tabernacle *m*
tableau ❶ *schilderij, tafereel* tableau *m* [mv: tableaux] ❷ *schaal* plateau *m* [mv: plateaux]
tablet[1] ❶ *plak* tablette *v* ★ *een ~ chocola* une plaque de chocolat ❷ *pil* comprimé *m*
tablet[2]**, tabletcomputer** tablette *v*
tabletvorm med ★ *in ~* en comprimés
tabloid tabloïd *m*
taboe I *het* tabou *m* ★ *een ~ doorbreken* lever un tabou / un interdit ★ *daar rust een ~ op* c'est entouré d'un tabou, c'est un tabou **II** *bn* tabou ★ *iets ~ verklaren* déclarer qc tabou ★ *dat onderwerp is ~* c'est un sujet tabou
taboesfeer ★ *iets uit de ~ halen* lever un tabou
tabouleh taboulé *m*
tabulator tabulateur *m*
tachograaf tachygraphe *m*
tachtig quatre-vingts [zonder s als het een nummer aanduidt], Zwit huitante, octante ★ *~ jaar (oud) zijn* avoir quatre-vingts ans ★ *bladzijde ~* page quatre-vingt
tachtiger I *de* octogénaire *m/v* **II** *bn* ★ *in de ~ jaren* dans les années quatre-vingts
tachtigjarig ❶ *tachtig jaar oud* octogénaire ★ *een ~e man* un octogénaire ❷ *tachtig jaar durend* de quatre-vingts ans ★ *de Tachtigjarige Oorlog* la guerre de Quatre-vingts ans

tachtigste ❶ quatre-vingtième ❷ → **vierde, veertigste**
tachymeter tachéomètre *m*
tackelen tacler ★ *een probleem* ~ s'attaquer à un problème
tackle tacle *m*
taco cul taco *m*
tact tact *m*, délicatesse *v* ★ *tact hebben* avoir du tact ★ *met tact te werk gaan* s'y prendre avec tact, s'y prendre délicatement
tacticus tacticien *m* [v: tacticienne]
tactiek tactique *v*
tactisch tactique, ⟨met tact⟩ avec tact ★ *iets ~ aanpakken* agir avec tact
tactloos sans tact ★ *hij is ~* il manque de délicatesse / tact
tactvol I *bn* plein de tact / délicatesse **II** *bw* avec tact, délicatement ★ ~ *te werk gaan* s'y prendre avec tact
Tadzjikistan le Tadjikistan ★ *in* ~ au Tadjikistan
taekwondo taekwondo *m*
tafel ❶ *meubel* table *v* ★ *de ~ dekken* mettre la table ★ *het avondeten staat op ~* le dîner est servi ★ *aan ~ gaan* se mettre à table ★ *aan ~ zitten* être à table ★ *van ~ gaan* sortir de table, se lever de table ★ *de ~ afruimen* débarrasser la table ★ *om de ~ gaan zitten* entamer des pourparlers ★ *een bedrag onder de ~* un dessous-de-table ★ *een voorstel van / onder ~ vegen* balayer une proposition ★ *ter ~ brengen* mettre sur le tapis ❷ wisk *tabel* table *v* ★ *de ~ van vijf* la table de cinq ★ ~ *van vermenigvuldiging* table de multiplication ❸ *plaat met inscriptie* plaque *v* ★ *de stenen ~en* les tables de la loi
tafelblad dessus *m* d'une table, plateau *m*
tafeldame voisine *v* de table
tafelen être à table, dîner
tafelheer voisin *m* de table
tafelkleed tapis *m* de table, ⟨laken⟩ nappe *v*
tafelklem attache-nappe *m* [mv: attache-nappes]
tafellaken nappe *v*
tafellinnen linge *m* de table
tafelmanieren façon *v* de se tenir à table ★ *deze kinderen hebben goede ~* ces enfants savent se tenir à table ★ *hij heeft geen ~* il ne sait pas se tenir à table
tafelpoot pied *m* de table
tafelrede discours *m* de banquet ★ *een ~ houden* faire un discours de banquet
tafelschikking disposition *v* / plan *m* de table
tafeltennis tennis *m* de table, ping-pong *m*
tafeltennissen jouer au tennis de table
tafeltje-dek-je *organisatie die maaltijden aan huis brengt* service *m* de repas à domicile
tafelvoetbal baby-foot *m* ★ ~ *spelen* jouer au baby-foot
tafelwijn culin vin *m* de table
tafelzilver argenterie *v*
tafereel scène *v*, tableau *m* [mv: tableaux]
tagliatelle tagliatelles *v mv*
Tahiti Tahiti *v*
Tahitiaans tahitien [v: tahitienne]
tahoe tofu *m*
taille taille *v*
tailleren resserrer à la taille, cintrer
Taiwan Taïwan *v* ★ *op ~* à Taïwan
Taiwanees taïwanais
tajine culin *pot* tajine *m*
tak ❶ *loot* branche *v*, ⟨kleiner⟩ rameau *m* [mv: rameaux] ★ *wandelende tak* phasme *m* ❷ *vertakking* branche *v*, (em)branchement *m*, ⟨v. gewei⟩ andouiller *m* ★ *een tak van een rivier* un affluent d'un fleuve ❸ *afdeling* branche *v*, ⟨v. sport, wetenschap⟩ discipline *v* ★ *een tak van de familie* une branche de la famille ★ *tak van industrie* branche de l'industrie ★ *tak van dienst* service *m* ★ *een tak van sport* une discipline sportive
takel palan *m* ★ *in de ~s hangen* être palanqué
takelen hisser, guinder, treuiller ★ *een auto uit de sloot ~* sortir une voiture du fossé
takelwagen dépanneuse *v*
takenpakket ensemble *m* de tâches
takke- foutu, sale, de merde ★ *takkeweer* temps *m* de chien
takkenbos fagot *m*
takkeweer temps *m* de chien
takkewijf emmerdeuse *v*, chipie *v*
taks ❶ *hoeveelheid* portion *v*, dose *v* ★ *boven zijn taks* éméché ❷ *dashond* basset *m* ❸ BN *belasting* taxe *v*
taksvrij BN *belastingvrij* hors taxe(s)
tal ★ *tal van* (bon) nombre de ★ *tal van ideeën* de nombreuses idées
talen *verlangen naar* ★ *niet ~ naar* faire peu de cas de
talenkennis connaissances *v mv* des langues
talenknobbel don *m* / bosse *v* des langues
talenpracticum laboratoire *m* de langues
talenstudie études *v mv* de langues
talent ❶ *begaafdheid* talent *m* (**voor** pour) ★ ~ *voor muziek hebben* avoir du talent pour la musique, être doué pour la musique ★ *met zijn ~en woekeren* exercer ses talents ★ *zonder ~* sans talent ★ *een vrouw van / met veel ~en* une femme de grand talent ★ *een verborgen ~* un talent caché ❷ *begaafd persoon* ★ *een jong ~* un jeune espoir / talent ★ *een onbekend ~* un talent inconnu
talentenjacht repérage *m* de (nouveaux) talents
talentvol I *bn* talentueux [v: talentueuse], de (grand) talent **II** *bw* talentueusement
talg ❶ *huidsmeer* sébum *m* ❷ *dierlijk vet* suif *m*
talgklier glande *v* sébacée
talisman talisman *m*, amulette *v*
talk ❶ *delfstof* talc *m* ❷ *vet* sébum *m*
talkpoeder talc *m*
talkshow talk-show *m* [mv: talk-shows]
Tallinn Tallinn *m*
Tallinns tallinnais
talloos innombrable, sans nombre
Talmoed talmud *m*
talrijk nombreux [v: nombreuse]
talud talus *m*
tam I *bn* ❶ *niet wild* apprivoisé, ⟨van huisdier⟩ domestique ★ *tam maken* apprivoiser, domestiquer ❷ *gekweekt* cultivé ❸ *saai* mou [v: molle] [vóór klinker of stomme h: mol], terne ★ *een tam feestje* une soirée qui manque d'entrain ★ *het was een tamme boel* c'était rasant **II** *bw* mollement
tamarinde tamarin *m*, ⟨boom⟩ tamarinier *m*

tamboer tambour *m*
tamboerijn tambourin *m*
tamelijk assez ★ *~ goed* assez / plutôt bien ★ *~ veel...* pas mal de...
Tamil Tamoul *m*
tampon tampon *m* ★ *een ~ inbrengen* mettre / introduire un tampon
tamtam ❶ *getrommel* tam-tam *m* ❷ fig *ophef* tam-tam *m* ★ *met veel ~* à grand fracas
tand ❶ *gebitselement* dent *v* ★ *tanden krijgen* faire ses dents ★ *zijn tanden poetsen* se laver les dents ★ *een tand trekken* arracher une dent ★ *de tand des tijds* les outrages *m mv* / l'épreuve *v* du temps ★ *iem. aan de tand voelen* mettre qn sur la sellette, inform cuisiner qn ★ *met lange tanden eten* manger du bout des dents ★ *tot de tanden gewapend* armé jusqu'aux dents ★ *zijn tanden op iets stukbijten* se casser les dents sur qc ★ *zijn tanden zetten in iets* s'attaquer à qc ★ *de tanden op elkaar zetten* serrer les dents ★ *zijn tanden laten zien* montrer les dents ❷ *puntig uitsteeksel* dent *v* ★ *de tanden van een kam* les dents d'un peigne ★ *de tanden van een zaag* les dents d'une scie ★ *een tandje bijzetten,* BN *een tandje bijsteken* fig monter d'un cran ★ *een tandje terugschakelen* fig baisser d'un cran
tandarts dentiste *m/v*
tandartsassistente assistante *v* dentaire
tandbederf carie *v* (dentaire)
tandbeen dentine *v*
tandem *rijwiel* tandem *m*
tandenborstel brosse *v* à dents
tandenknarsen grincer des dents
tandenstoker cure-dent *m* [mv: cure-dents]
tandglazuur émail *m* des dents
tandheelkunde chirurgie *v* dentaire, dentisterie *v*
tandpasta (pâte *v*) dentifrice *m*
tandplaque plaque *v* dentaire
tandrad pignon *m*, roue *v* dentée
tandsteen tartre *m*
tandtechnicus prothésiste *m/v* dentaire
tandvlees gencive *v* ★ *op zijn ~ lopen* être au bout du rouleau
tandvleesontsteking gingivite *v*
tandwiel roue *v* dentée
tandzijde fil *m* dentaire
tanen I *ov ww, vaalgeel kleuren* tanner ★ *getaande huid* une peau basanée **II** *onov ww* ❶ *vaal worden* se ternir, perdre de son éclat ❷ *afnemen* décliner ★ *zijn roem was ~de* sa gloire était déclinante
tang ❶ *gereedschap* pince(s) *v (mv)*, ‹klein› pincettes *v mv*, ‹nijptang› tenailles *v mv* ★ *dat slaat als een tang op een varken* ça ne rime à rien, il n'y a aucun rapport ★ *iem. in de tang nemen* prendre qn en tenaille(s) ★ *je zou hem met geen tang aanpakken* il n'est pas à prendre avec des pincettes ❷ *schaar van dier* pince *v* ❸ *vrouw* chipie *v* ★ *ouwe tang* vieille peau *v*
tanga (slip *m*) tanga *m*
tangens tangente *v* ★ *de ~ van een hoek berekenen* calculer la tangente d'un angle
Tanger Tanger *m*
tango tango *m*
tanig tanné, ‹van huid ook› hâlé, basané
tank ❶ *reservoir* citerne *v*, ‹ook v. voertuig› réservoir *m* ★ *een volle tank* le réservoir plein ★ *de tank volgooien* faire le plein ❷ *pantservoertuig* char *m* (d'assaut)
tankauto camion-citerne [mv: camions-citernes]
tankbataljon bataillon *m* de chars / de blindés
tanken ❶ *brandstof innemen* prendre de l'essence ★ *benzine ~* prendre de l'essence ★ *vol ~* faire le plein ❷ *drinken* se désaltérer
tanker pétrolier *m*
tankschip navire-citerne *m* [mv: navires-citernes]
tankstation station *v* d'essence
tannine tan(n)in *m*
tantaluskwelling supplice *m* de Tantale
tante ❶ *familielid* tante *v*, jeugdt tata *v* ★ *je ~!* et ta sœur! ❷ *vrouw* bonne femme *v* ★ *een lastige ~* une enquiquineuse ★ *een stevige ~* une dondon
tantième tantième *m*
Tanzania la Tanzanie ★ *in ~* en Tanzanie
Tanzaniaans tanzanien [v: tanzanienne]
tap ❶ *pin, bout* pivot *m*, tampon *m* ❷ *kraan* robinet *m* ★ *bier van de tap* bière *v* pression ❸ *bar* ★ *achter de tap staan* tenir le bar
tapas cul tapas *v mv*
tapbier culin bière *v* pression
tapdansen faire des claquettes ★ *het ~* les claquettes *v mv*
tape ❶ *plakband* ruban *m* adhésif, scotch *m*, med bande *v* (élastique) ❷ *magneetband* bande *v* magnétique, ‹video› bande vidéo
tapenade tapenade *v*
tapijt ❶ *vloerkleed* tapis *m* ★ *een vliegend ~* un tapis volant ★ *vast ~* moquette *v* ★ *iets onder het ~ vegen* escamoter qc, balayer qc ❷ *wandkleed* tapisserie *v*, Wandteppich *m*
tapijtreiniger shampooineuse *v*
tapioca tapioca *m*
tapkast comptoir *m*, bar *m*, inform zinc *m*
tappen[1] [teppen] *tapdansen* faire des claquettes
tappen[2] ❶ *uit vat schenken* tirer ★ *bier ~* tirer de la bière ★ *wijn ~* tirer du vin ★ *op flessen ~* mettre en bouteilles ★ fig *moppen ~* débiter / raconter des blagues ★ humor *flappen ~* ‹geld uit pinautomaat› retirer du fric (du distributeur automatique) ❷ *aftappen* ‹v. boom› saigner
tapperij débit *m* de boissons
taps I *bn* conique **II** *bw* en cône ★ *taps toelopen* se terminer en cône ★ *taps toelopend* effilé
taptoe ❶ *signaal* extinction *v* des feux ★ *~ blazen* sonner l'extinction des feux ❷ *parade* parade *v* / défilé *m* de fanfares militaires
tapverbod interdiction *v* de servir des boissons alcoolisées
tapvergunning licence *v* de débit de boissons
tarantula biol tarentule *v*
tarbot turbot *m*
tarief ❶ *prijs* tarif *m* ★ *het ~ vaststellen voor* tarifer ★ *het volle ~ berekenen* appliquer le plein tarif ★ *speciaal ~* tarif spécial ★ *tegen gereduceerd ~* à tarif réduit ❷ *invoerrechten* tarifs *m mv*
tariefgroep tranche *v* d'imposition
tarievenoorlog guerre *v* des tarifs
tarot tarot *m*
tarotkaart tarot *m*
tarra tare *v*
tartaar *vlees* (steak *m*) tartare *m*

tarten ❶ *trotseren, uitdagen* défier, braver, ‹tergend› provoquer, narguer ★ *het noodlot ~* défier le sort ❷ *overtreffen* dépasser ★ *dat tart elke beschrijving* c'est indescriptible, ça dépasse l'imagination
tarwe froment *m*, blé *m* ★ *harde ~* blé *m* dur
tarwebloem fleur *v* de farine
tarwebrood culin pain *m* de froment
tarwemeel farine *v* de froment / de blé
tas *draagzak met hengsels* sac *m*, sacoche *v*, ‹schooltas› cartable *m* ★ *plastic tas* sac en plastique
taser pistolet *m* Taser
tasjesdief voleur *m* à la tire [v: voleuse ...]
tasjesroof vol *m* à l'arraché / à la tire
Tasmaans tasmanien [v: tasmanienne]
Tasmanië Tasmanie *v*
tast toucher *m* ★ *op de tast* à tâtons, à l'aveuglette ★ *op de tast zijn weg zoeken* aller à tâtons
tastbaar ❶ *voelbaar* palpable, tangible ★ *de tastbare wereld* le monde sensible ❷ *duidelijk* évident, manifeste, tangible ★ *tastbare resultaten* des résultats concrets ★ *~ bewijs* des preuves tangibles
tasten *zoekend bewegen* tâtonner ★ *naar iets ~* chercher qc à tâtons ★ *in het duister ~* nager (en plein mystère), tâtonner ★ *zij heeft diep in de buidel getast* elle a dépensé sans compter
tastzin toucher *m*
tateren BN *kwebbelen* papoter
tatoeage tatouage *m*
tatoeëren tatouer
tattoo tatouage *m*
taugé germes *m mv* de soja
taupe taupe
tautologie tautologie *v*
t.a.v. ❶ *ten aanzien van* à l'égard de ❷ *ter attentie van* à l'attention de
taveerne taverne *v*, auberge *v*
taxateur expert *m* ★ *beëdigd ~* expert assermenté
taxatie estimation *v*, ‹door een taxateur› expertise *v* ★ *een ~ laten uitvoeren* faire faire une expertise
taxatierapport (rapport *m* d')expertise *v*
taxeren *waarde schatten* expertiser, évaluer (**op** à) ★ *te hoog ~* surévaluer ★ *te laag ~* sous-évaluer ★ *een schilderij ~* expertiser un tableau ★ *getaxeerde waarde* valeur *v* estimée ★ *iem. ~* prendre les dimensions de qn, jauger qn
taxfree hors taxe(s)
taxfreewinkel boutique *v* hors taxes
taxi taxi *m* ★ *een taxi nemen* prendre un taxi ★ *een taxi aanroepen* héler un taxi
taxicentrale compagnie *v* de taxis
taxichauffeur chauffeur *m* de taxi
taxidermie taxidermie *v*
taxiën rouler ★ *het vliegtuig taxiede over de landingsbaan* l'avion roulait sur la piste d'atterrissage
taximeter taximètre *m*, compteur *m*
taxionderneming entreprise *v* de taxis
taxistandplaats station *v* de taxis
taxonomie taxinomie *v*, taxonomie *v*
taxus if *m*
TB *terabyte* To *m*, téraoctet *m*
tbc *tuberculose* tuberculose *v* ★ *open tbc* tuberculose ouverte
T-biljet demande *v* de restitution du trop-perçu d'impôt
tbs jur *terbeschikkingstelling (aan de regering)* → **terbeschikkingstelling**
t.b.v. ❶ *ten bate van* au profit de ❷ *ten behoeve van* au profit de
te I *vz* ❶ *in, op* à ★ *te Utrecht* à Utrecht ❷ [+ inf.] à, ‹om te› de ★ *iets te zeggen hebben* avoir qc à dire ★ *het is moeilijk te verstaan* c'est difficile à comprendre ★ *zonder iets te zeggen* sans rien dire ★ *ik ben blij je te zien* je suis content de te voir ★ *lopen te fluiten* (être en train de) siffler **II** *bw, meer ... dan wenselijk enz.* trop ★ *te veel* trop ★ *te groot* trop grand ★ *te mooi om waar te zijn* trop beau pour être vrai
teak *hout* te(c)k *m*
teakhout te(c)k *m*
teakolie huile *v* pour teck
team équipe *v* ★ *in een team werken* travailler en équipe
teambuilding renforcement *m* de la cohésion d'équipe, team building *m*
teamgeest esprit *m* d'équipe
teamspeler joueur *m* d'équipe [v: joueuse...]
teamsport sport *m* d'équipe
teamverband ★ *in ~ werken* travailler en équipe
teamwork travail *m* d'équipe / en équipe
techneut ≈ mécano *m*
technicus technicien *m* [v: technicienne]
techniek ❶ *vaardigheid, methode* technique *v* ★ *de ~ van een violist* la technique d'un violoniste ❷ *toegepaste exacte wetenschap* technique *v*, technologie *v* ★ *de ~ staat voor niets* rien n'arrête la technologie
technisch I *bn* technique ★ *hij is erg ~* techniquement, il est très fort ★ *~e term* terme *m* technique ★ *een ~e storing* un incident technique ★ gesch *hogere ~e school (hts)* école *v* technique supérieure ★ *~e hogeschool* école *v* polytechnique ★ *~ directeur* directeur *m* technique ★ *zijn uitleg was veel te ~* son explication était beaucoup trop technique **II** *bw* techniquement ★ *~ onmogelijk* techniquement impossible
techno muz techno *v*
technocratie technocratie *v*
technologie technologie *v* ★ *geavanceerde ~* technologie de pointe
technologisch technologique
teckel teckel *m*, basset *m* allemand
tectyl (pâte *v*) antirouille *m*
tectyleren traiter avec un produit anticorrosion
teddybeer ours *m* en peluche, jeugdt nounours *m*
teder I *bn* tendre **II** *bw* tendrement
tederheid tendresse *v*
teef ❶ *dier* chienne *v* ❷ min *vrouw* chienne *v*, salope *v*
teek tique *v*
teelaarde ❶ *humusrijke aarde* terreau *m* ❷ *bovenste akkerlaag* terre *v* franche
teelbal testicule *m*
teelt ❶ *het telen* ‹van planten› culture *v*, ‹van dieren› élevage *m* ❷ *het geteelde* culture *v* ★ *eigen ~* produits *m mv* du jardin
teen ❶ *deel van voet* orteil *m*, doigt *m* (de pied)

ta

★ *de tenen* les doigts de pied ★ *grote teen* le gros orteil ★ *kleine teen* le petit orteil ★ *van top tot teen* des pieds à la tête ★ *op zijn tenen lopen* marcher sur la pointe des pieds, fig avoir du mal à suivre ★ *iem. op de tenen trappen* froisser qn ★ *hij is gauw op zijn tenen getrapt* il est très susceptible ★ *met gekromde tenen naar iets luisteren* écouter en rongeant son frein ★ *lange tenen hebben* être susceptible ❷ *deel van kous / schoen* bout *m*, pointe *v* ❸ *twijg* brin *m* d'osier ❹ *stukje knoflook* ★ *een teentje knoflook* une gousse d'ail

teenager adolescent *m* [v: adolescente]

teenkootje anat phalange *v*

teenslipper tong *v*

teer I *de/het* goudron *m* **II** *bn* ❶ *broos* fragile, frêle ★ *een tere huid* une peau délicate ❷ fig *gevoelig* délicat ★ *een teer punt* une question délicate **III** *bw* ★ *teer bemind* bien-aimé, chéri

teergevoelig sensible

teerling BN *dobbelsteen* dé *m* ★ fig *de ~ is geworpen* les dés sont jetés

teflon téflon *m*

tegel carreau *m* [mv: carreaux], ⟨vloertegel ook⟩ dalle *v* ★ *~s zetten* poser des carreaux, poser le carrelage

tegelijk en même temps (**met** que), simultanément ★ *allemaal ~* tous ensemble / à la fois

tegelijkertijd en même temps, simultanément

tegellijm colle *v* à carreaux

tegelvloer carrelage *m*, carreau *m*

tegelwerk ❶ *de tegels* carrelage *m*, ⟨vloer⟩ dallage *m* ❷ *het tegelen* carrelage *m*

tegelzetter carreleur *m*

tegemoet à la rencontre ★ *zij liep hem ~* elle allait au-devant de lui ★ *iem. ~ gaan* aller à la rencontre de qn ★ *zijn dood ~ gaan* courir à la mort, aller au-devant de la mort

tegemoetkomen ★ fig *iem. ~* faire des concessions à qn ★ *~ aan* aller dans le sens de, faire la part de, répondre à ★ *~ in de kosten* intervenir / subvenir aux frais

tegemoetkoming ❶ *bijdrage* ⟨in de schade⟩ indemnité *v*, ⟨in de kosten⟩ aide *v* financière, subside *m* ★ *~ in de reiskosten* intervention *v* dans les frais de voyage ❷ *concessie* concession *v*

tegemoettreden ❶ *iem. tegemoet lopen* aller au-devant de ❷ *aan iemands wensen tegemoet komen* aller au-devant des désirs de

tegemoetzien ★ *iets ~* ⟨afwachten⟩ attendre qc, ⟨voor ogen hebben⟩ envisager qc

tegen I *vz* ❶ *in aanraking met* contre ★ *het staat ~ de muur* c'est placé contre le mur ❷ *in tegengestelde richting* contre ★ *~ het verkeer in* à contresens ❸ *ter bestrijding van* contre ★ *een vaccin ~ aids* un vaccin antisida ❹ *ongunstig gezind jegens* contre, défavorable à, hostile à ★ *iets ~ iem. hebben* avoir une dent contre qn ★ *niets hebben ~...* n'avoir rien contre... ★ *fel ~ iets zijn* être violemment opposé à qc ❺ *in strijd met* contraire à ★ *~ de regels* contraire aux règles ★ *~ mijn principes* contre mes principes ❻ *gericht aan* à ★ *dat moet je niet ~ hem zeggen!* ne le lui dit pas! ❼ *ten opzichte van* envers, à ★ *hij doet altijd erg aardig ~ mij* il est toujours très gentil avec moi ❽ *bijna* vers ★ *~ middernacht* vers minuit ★ *hij is ~ de vijftig* il approche de la cinquantaine ❾ *in ruil voor* contre ★ *~ 10 % rente* à 10% d'intérêt ▾ *ergens ~ kunnen* supporter qc ▾ *tien ~ één dat ...* dix contre un que ... **II** *bw, afkeurend* contre ★ *~ zijn* être contre ★ *ik heb er niets (op) ~* je n'ai rien contre, je n'y vois pas d'inconvénient **III** *het* (le) contre *m*

tegenaan contre ★ *ergens toevallig ~ lopen* tomber sur qc ★ *er (flink) ~ gaan* en mettre un (bon) coup

tegenaanval contre-attaque *v* [mv: contre-attaques] ★ *een ~ doen* contre-attaquer

tegenactie contre-offensive *v* [mv: contre-offensives]

tegenargument objection *v*

tegenbeeld ❶ *tegenstelling* contraste *m* ❷ *tegenhanger* pendant *m*

tegenbericht ★ *behoudens ~* sauf avis contraire

tegenbeweging *tegengestelde beweging* mouvement *m* opposé, réaction *v*

tegenbezoek ★ *iem. een ~ brengen* rendre sa visite à qn

tegenbod contre-offre*v* [mv: contre-offres]

tegencultuur contre-culture *v* [mv: contre-cultures]

tegendeel contraire *m*, opposé *m* ★ *het ~ is waar* c'est tout le contraire ★ *het ~ beweren* soutenir le contraire ★ *tot het ~ is bewezen* jusqu'à preuve du contraire

tegendraads *in de contramine* contrariant ★ *~ gedrag vertonen* nager à contre-courant ★ *altijd ~ zijn* avoir l'esprit contrariant / de contradiction

tegendruk contre-pression *v* ★ *~ geven* exercer une contre-pression

tegengaan combattre

tegengas ★ *~ geven* donner un coup de frein

tegengesteld I *bn* contraire, opposé ★ *in ~e richting* en sens contraire **II** *bw* en sens inverse, en sens contraire

tegengestelde contraire *m*

tegengif antidote *m* (**tegen** contre)

tegenhanger pendant *m*, ⟨collega⟩ homologue *m/v* ★ *iemands ~ zijn* faire pendant à qn

tegenhebben être désavantagé par ★ *hij heeft alles tegen* rien ne va pour lui ★ *ze heeft haar leeftijd tegen* elle est desservie par son âge

tegenhouden ❶ *beletten voort te gaan* arrêter, retenir ★ *de leerlingen bij de deur ~* empêcher les élèves d'entrer ❷ *verhinderen* empêcher

tegenin ★ *ergens ~ gaan* s'opposer à qc

tegenkandidaat challenge(u)r *m*

tegenkanting BN *tegenwerking* opposition *v*, résistance *v*

tegenkomen rencontrer

tegenlicht contre-jour *m* ★ *bij ~* à contre-jour

tegenligger véhicule *m* venant en sens inverse, ⟨schip⟩ navire *m* à contrebord

tegenlopen marcher mal, aller mal ★ *alles liep hem tegen* rien n'allait pour lui

tegennatuurlijk contre nature

tegenoffensief contre-offensive *v* [mv: contre-offensives]

tegenop ★ *daar kan ik niet ~* c'est trop (fort) pour moi

tegenover en face de, face à ★ ~ *het station* en face de la gare ★ *hij woont hier* ~ il habite en face ❶ *in tegenstelling tot* ★ *licht* ~ *donker* clair en contraste avec obscur ★ *daar staat* ~, *dat ...* en revanche ..., par contre ... ★ fig *zij staan lijnrecht* ~ *elkaar* ils sont diamétralement opposés (l'un à l'autre) ❷ *ten opzichte van* à l'égard de, envers ★ *hoe sta jij daar* ~? qu'en penses-tu? ❸ *als compensatie* ★ *wat staat er* ~? qu'est-ce qu'il y a en contrepartie?
tegenovergesteld ❶ *juist andersom* contraire, opposé ★ *het* ~*e* le contraire, l'inverse *m* ★ *precies het* ~*e beweren* soutenir tout le contraire ★ *in het* ~*e geval* dans le cas contraire ❷ *tegenover liggend* opposé ★ ~*e hoeken* angles *m mv* opposés
tegenoverstellen ❶ *vergelijken* opposer ❷ *compenseren* proposer en échange ★ *hij kan hier niets* ~ il n'a rien à proposer en échange
tegenpartij adversaire *m/v*, jur partie *v* adverse
tegenpool pôle *m* opposé, fig opposé *m* ★ *wij zijn elkaars tegenpolen* nous somme tout l'opposé l'un de l'autre
tegenprestatie contrepartie *v* ★ *een* ~ *leveren* fournir une contrepartie ★ *als* ~ *voor* en contrepartie de
tegenslag contretemps *m*, revers *m* (de fortune) ★ ~ *hebben* essuyer des revers
tegenspartelen *spartelend verzetten* se débattre, se cabrer
tegenspel ★ *goed* ~ *bieden* bien se défendre
tegenspeler ❶ *acteur* partenaire *m/v* ❷ *tegenstander* adversaire *m/v*
tegenspoed malchance *v*, adversité *v* ★ *in voor- en* ~ pour le meilleur et pour le pire ★ ~ *hebben* subir des revers
tegenspraak ❶ *het tegenspreken* objection *v* ★ *geen* ~ *dulden* ne pas accepter / admettre la contradiction ★ *dat duldt geen* ~ c'est incontestable ❷ *tegenstrijdigheid* contradiction *v* ★ *in* ~ *zijn met* être en contradiction avec ★ *innerlijke* ~ contradiction dans les termes
tegensprekelijk BN *tegenstrijdig* contradictoire
tegenspreken ❶ *verzet uiten* contredire ❷ *bestrijden* contester, démentir ★ *een bericht* ~ démentir une nouvelle ❸ *tegenstrijdig zijn* contredire ★ *die dingen spreken elkaar tegen* ces choses sont contradictoires
tegensputteren rouspéter
tegenstaan dégoûter, répugner à ★ *zijn gedrag staat me tegen* son comportement me répugne
tegenstand résistance *v*, opposition *v* ★ ~ *bieden aan* opposer de la résistance contre, résister ★ ~ *ondervinden* rencontrer de l'opposition
tegenstander adversaire *m/v*, ⟨niet-voorstander⟩ opposant *m* (**van** à) [v: opposante] ★ *een geduchte* ~ un adversaire redoutable, un rude adversaire
tegensteken BN *tegenstaan* dégoûter
tegenstelling contraste *m*, opposition *v*, antithèse *v* ★ *in* ~ *met* contrairement à, par opposition à ★ *in* ~ *zijn met* contraster avec ★ *een* ~ *vormen met* contraster avec ★ *de* ~ *tussen* le contraste entre ★ *onoverbrugbare* ~*en* des différences insurmontables
tegenstemmen voter contre
tegenstribbelen résister, regimber, se cabrer
tegenstrijdig contradictoire ★ ~ *zijn* se contredire ★ ~*e belangen* des intérêts *m mv* divergents
tegenstrijdigheid ❶ *iets tegenstrijdigs* contradiction *v* ❷ *het tegenstrijdig zijn* contradiction *v*
tegenvallen être décevant, décevoir ★ *het resultaat valt tegen* le résultat est décevant ★ *dat valt me tegen* je suis déçu ★ *je valt me tegen* tu me déçois
tegenvaller déception *v*, inform tuile *v* ★ *een lelijke* ~ un sale coup (pour la fanfare)
tegenvoeter ❶ *persoon* antipode *m* ❷ *tegenpool* opposé *m*
tegenvoorbeeld contre-exemple *m* [mv: contre-exemples]
tegenvoorstel contre-proposition *v* [mv: contre-propositions]
tegenwaarde équivalent *m*
tegenwerken contrarier, faire obstacle à ★ *iem. in zijn plannen* ~ contrarier les projets de qn
tegenwerking opposition *v* ★ *veel* ~ *ondervinden* rencontrer une forte opposition
tegenwerpen objecter
tegenwerping objection *v* ★ ~*en maken* faire des objections
tegenwicht ❶ *gewicht* contrepoids *m* ❷ fig *compensatie* compensation *v* ★ *een* ~ *vormen tegen* compenser, contrebalancer
tegenwind vent *m* contraire / en face ★ ~ *hebben* avoir le vent en face
tegenwoordig I *bn* ❶ *huidig* actuel [v: actuelle] ★ *de* ~*e tijd* le présent ❷ *aanwezig* présent ★ ~ *zijn bij* assister à, être présent à **II** *bw* actuellement, de nos jours ★ *hij werkt* ~ à présent il a du travail ★ *de jeugd van* ~ les jeunes d'aujourd'hui
tegenwoordigheid présence *v* ★ *in* ~ *van* en présence de, devant ★ *in mijn* ~ devant moi, en ma présence ★ ~ *van geest* la présence d'esprit
tegenzet riposte *v* ★ *een* ~ *doen* riposter
tegenzin répugnance *v* ★ *met* ~ à contrecœur ★ *met frisse* ~ bon gré mal gré
tegenzitten être défavorable (à) ★ *het zit hem tegen* il n'a pas de chance ★ *alles zit hem tegen* rien ne va pour lui ★ *dat zit lelijk tegen* c'est un sale coup
tegoed ❶ avoir *m*, crédit *m* ★ *van iemands* ~ *aftrekken* réduire sur l'avoir de qn ★ *een* ~ *opvragen* réclamer un crédit ❷ *krediet* ★ *ik heb nog 100 euro van je* ~ tu me dois (encore) 100 euros ★ *dat houden we nog* ~ c'est encore à venir, ça n'est que partie remise
tegoedbon avoir *m*
Teheraans téhéranais
Teheran Téhéran *m*
tehuis *instelling* foyer *m*, maison *v* ★ ~ *voor ouden van dagen* maison de retraite ★ ~ *voor daklozen* refuge *m* pour sans-abri
teil bassine *v*
teint teint *m* ★ *een lichte* ~ un teint clair ★ *een donkere* ~ un teint foncé ★ *een frisse* ~ un teint frais
teisteren ravager, affliger, infester ★ *het geteisterde gebied* la zone sinistrée
teistering fléau *m*
tekeergaan se démener, ⟨uitvaren⟩ fulminer ★ ~

als een gek se démener comme un beau diable ★ ~ *tegen iem. over iets* fulminer contre qn sur qc

teken ❶ *aanduiding, symbool* signe *m* ★ *in het ~ staan van* être placé sous le signe de ❷ *blijk, kenmerk* signe *m* ★ *de ~en des tijds* les signes des temps ★ *een ~ geven om* faire signe de ★ *een ~ van leven geven* donner signe de vie ★ *ten ~ van* en signe de ❸ *voorteken* signe *m*, présage *m* ★ *het is een veeg ~* c'est mauvais signe, c'est de mauvais augure

tekenaar dessinateur *m* [v: dessinatrice] ★ *technisch ~* dessinateur industriel

tekenbevoegdheid econ habilité *v* à signer

tekendoos boîte *v* à dessin

tekenen ❶ *afbeelden* dessiner ★ *naar het leven ~* dessiner d'après nature ★ *een fraai getekende vacht* un poil / une robe d'un beau dessin ❷ *ondertekenen* signer ★ *voor ontvangst ~* signer à la réception ★ *voor gezien ~* viser ★ *daar zou ik zo voor ~!* je ne demande pas mieux! ❸ *kenschetsen* peindre ★ *dat tekent hem* on le reconnaît bien là, c'est bien lui ★ *hij is een getekend man* il est stigmatisé ★ *een door vermoeidheid getekend gezicht* un visage marqué par la fatigue, des traits tirés

tekenend caractéristique (**voor** de) ★ *dat is ~ voor hem* c'est bien lui

tekenfilm dessin *m* animé

tekening ❶ *afbeelding* dessin *m* ★ *technische ~* dessin industriel ❷ *ondertekening* signature *v* ★ *ter ~* à la signature ❸ *patroon* dessin *m* ★ fig *er begint ~ in te komen* ça commence à prendre forme

tekenkunst (art *m* du) dessin *m*

tekenles cours *m* / leçon *v* de dessin

tekenpapier papier *m* à dessin

tekentafel table *v* à dessin

tekort *gebrek* manque *m* (**aan** de), ‹schaarste› pénurie *v*, med carence *v*, déficience *v*, econ déficit *m*, découvert *m* ★ *er is een groot ~ aan woningen* il y a une pénurie de logements ★ *~ aan arbeidskrachten* pénurie de main-d'oeuvre ★ *een ~ aan personeel hebben* manquer de personnel ★ *~ aan slaap* manque de sommeil ★ *een nijpend ~ aan* une pénurie de ★ *~ op de begroting* déficit budgétaire ★ *een ~ dekken* combler un déficit

tekortdoen faire tort à, frustrer ★ *iem. ~* faire (du) tort à qn ★ *zichzelf ~* se faire du tort à soi-même

tekortkomen manquer (de) ★ *hij komt 10 euro tekort* il lui manque 10 euros ★ *er is 10 euro tekort* il (nous) manque 10 euros ★ *hij komt niets tekort* il ne manque de rien ★ *tijd ~ om* manquer de temps pour

tekortkoming faute *v*, défaut *m*

tekortschieten ★ *~ in* manquer à, faillir à

tekst texte *m*, muz paroles *v mv* ★ *geschreven ~* texte écrit ★ *in ~ en beeld* en texte et en images ★ *~ en uitleg geven* (tout) expliquer

tekstanalyse analyse *v* de texte

tekstballon bulle *v*

tekstbericht texto *m*

teksteditie édition *v* d'un texte

teksthaak crochet *m*

tekstschrijver muz parolier *m*, [v: parolière] film scénariste *m/v*, ‹van reclame› rédacteur *m* publicitaire [v: rédactrice...]

tekstuitgave édition *v* d'un texte

tekstverklaring commentaire *m*, exégèse *v*

tekstverwerken ★ *het ~* le traitement de texte

tekstverwerker ❶ *computer* (machine *v* de) traitement *m* de texte ❷ *programma* (programme *m* de) traitement *m* de texte

tel ❶ *het tellen* compte *m* ★ *de tel kwijt zijn* se tromper en comptant ❷ *moment* seconde *v*, muz temps *m* ❸ *aanzien* ★ *erg in tel zijn* avoir la cote, être en vue ★ BN *van geen tel zijn* ne pas compter

Tel Aviv Tel-Aviv *m*

telebankieren faire des opérations télébancaires / en ligne

telecard BN *telefoonkaart* télécarte *v*

telecommunicatie télécommunication(s) *v (mv)*, télécom(s) *v (mv)*

telefoneren *bellen* téléphoner (à), appeler, inform passer un coup de fil (à) ★ *met iem. ~* téléphoner à qn, être en ligne avec qn ★ *~ voor rekening van de opgeroepene* téléphoner en PCV

telefonie ❶ *elektrische overbrenging van geluid* téléphonie *v* ★ *mobiele ~* téléphonie mobile ❷ *telefoonwezen* service *m* du téléphone

telefonisch I *bn* téléphonique **II** *bw* par téléphone ★ *~ bereikbaar zijn* être joignable par téléphone ★ *zoals ~ is overeengekomen* comme convenu par téléphone

telefonist standardiste *m/v*

telefoon ❶ *toestel* téléphone *m* ★ *mobiele ~* (téléphone) portable *m*, mobile *m* ★ *de ~ gaat* le téléphone sonne ★ *de ~ aannemen* prendre la communication ★ *de ~ opnemen* décrocher ★ *de ~ neerleggen* raccrocher ★ *per ~* par téléphone ❷ *gesprek* appel *m* téléphonique ★ *er is ~ voor je* on te demande au téléphone ★ *~ verwachten* attendre un coup de fil → **telefoontje**

telefoonboek annuaire *m* téléphonique, bottin *m*

telefoonbotje inform petit juif *m*

telefooncel cabine *v* téléphonique

telefooncentrale central *m*, ‹in bedrijven› standard *m*

telefoondistrict circonscription *v* téléphonique

telefoongesprek conversation *v* téléphonique ★ *interlokaal ~* communication *v* interurbaine ★ *~ voor rekening van de opgeroepene* communication *v* en PCV

telefoonkaart carte *v* de téléphone, télécarte *v*

telefoonklapper répertoire *m* téléphonique

telefoonnet réseau *m* téléphonique [mv: réseaux ...]

telefoonnummer numéro *m* de téléphone ★ *een ~ draaien* composer / faire un numéro ★ *kosteloos ~* numéro vert ★ *een geheim ~ hebben* être sur la liste rouge

telefoontik unité *v*

telefoontje *telefoongesprek* coup *m* de fil / de téléphone ★ *een ~ plegen* passer un coup de fil

telefoontoestel téléphone *m*, appareil *m*

telefoonverkeer trafic *m* téléphonique

telegraaf télégraphe *m*

telegraferen télégraphier

telegram télégramme *m*

telegramstijl style *m* télégraphique ★ *in ~ schrijven* écrire en abrégé

telekinese télékinésie *v*

telelens téléobjectif *m*

telemarketing téléprospection *v*, télémarketing *m*

telen ❶ *kweken* cultiver ❷ *fokken* élever

telepathie télépathie *v*

telepathisch **I** *bn* télépathique **II** *bw* par la télépathie

telescoop télescope *m*

teleshoppen téléshopping *m*, téléachat *m*

teletekst télétexte *m*

teleurstellen décevoir, frustrer (**in** dans) ★ *teleurgesteld in / over* déçu par / de ★ *iem. in zijn hoop ~* décevoir les espérances de qn

teleurstellend décevant

teleurstelling déception *v* ★ *hij kan zijn ~ niet verbergen* il n'arrive pas à dissimuler sa déception

televisie ❶ *toestel* téléviseur *m*, (poste *m* de) télévision *v*, inform télé *v* ★ *de ~ aanzetten* allumer la télé ★ *de ~ uitzetten* éteindre la télé ★ *(naar de) ~ kijken* regarder la télé ★ *op de ~ komen* passer à la télé(vision) ★ *wat is er vanavond op de ~?* il y a quoi à la télé ce soir? ❷ *het uitzenden per televisie* télévision *v*, inform télé *v* ★ *commerciële ~* télévision commerciale, chaînes *v mv* privées ★ *digitale ~* télévision numérique terrestre, TNT

televisiebewerking adaptation *v* pour la télévision

televisiedrama dramatique *v*

televisiefilm téléfilm *m*

televisiejournaal journal *m* télévisé [mv: journaux télévisés]

televisiekijken regarder la télé

televisieomroep chaîne *v* de télévision

televisieopname enregistrement *m* d'une émission de télévision

televisieprogramma programme *m* de télévision, ⟨uitzending⟩ émission *v* (de télévision)

televisiereclame publicité *v* télévisée

televisiereportage téléreportage *m*

televisiescherm écran *m* de télévision

televisieserie série *v* télévisée, feuilleton *m*

televisiespel ❶ *spel op de televisie* jeu *m* télévisé [mv: jeux ...] ❷ *toneelstuk* dramatique *v*

televisiestation station *v* de télévision, ⟨net⟩ chaîne *v* cathodique / de télévision

televisietoestel téléviseur *m*, (poste *m* de) télévision *v*

televisie-uitzending émission *v* télévisée

telewerk télétravail *m*

telewerken pratiquer le télétravail

telexbericht télex *m*

telfout erreur *v* de calcul

telg rejeton *m*

telgang amble *m* ★ *in ~ lopen* aller l'amble

telkens ❶ *elke keer* à chaque instant ★ *~ als ...* chaque fois que ... ❷ *alsmaar* tout le temps, constamment ★ *ik moet ~ niezen* j'éternue tout le temps

tellen **I** *ov ww* ❶ *aantal bepalen* compter ★ *de stemmen ~* compter les votes, dépouiller le scrutin ★ *zijn geld ~* compter son argent ★ *erbij ~* ajouter ❷ *aantal hebben* compter ★ *het land telt 40 miljoen inwoners* ce pays compte 40 millions d'habitants ❸ *rekenen tot* ★ *ik tel hem onder mijn vrienden* je le compte parmi mes amis **II** *onov ww* ❶ *getallen noemen* compter ★ *hij keek of hij niet tot tien kon ~* il avait l'air d'un imbécile ★ *op zijn ~ passen* faire attention ❷ *van belang zijn, gelden* compter ★ *een mensenleven telt daar niet* on y fait peu de cas d'une vie humaine ★ *dat telt niet* cela ne compte pas ★ *dat telt voor tien punten* cela compte pour dix points

teller ❶ *apparaat* compteur *m* ❷ wisk numérateur *m*

telling (dé)compte *m*, comptage *m*

teloorgaan se perdre

teloorgang perte *v*, ruine *v*, naufrage *m*

telraam boulier *m*

telwoord numéral *m* [mv: numéraux] ★ *bepaald ~* numéral ★ *onbepaald ~* adjectif *m* indéfini

temeer ★ *~ omdat* d'autant plus que

temen ❶ *lijzig spreken* parler sur un ton geignard, rabâcher ❷ *talmen* traîner

temmen ❶ *van wilde dieren* dompter, apprivoiser, ⟨africhten⟩ dresser ★ *een leeuw ~* dompter un lion ❷ *van mensen en zaken* refréner ★ *zijn hartstochten ~* refréner ses passions

tempé pâte *v* (fermentée) de soja

tempel temple *m*

temperament tempérament *m* ★ *een flegmatisch ~* un tempérament flegmatique

temperamentvol fougueux [v: fougueuse]

temperaturen prendre la température de

temperatuur température *v* ★ *iemands ~ opnemen* prendre la température de qn ★ *op ~ brengen* réchauffer

temperatuurdaling baisse *v* de la température

temperatuurschommeling variation *v* de la température

temperatuurstijging hausse *v* de la température

temperatuurverschil écart *m* de température

temperen *matigen* modérer, tempérer, ⟨lenigen⟩ soulager ★ *iemands enthousiasme ~* modérer l'enthousiasme de qn ★ *het licht ~* baisser la lumière ★ *getemperd licht* lumière *v* douce / d'ambiance

tempo ❶ muz *snelheid* tempo *m*, mouvement *m* ❷ *vaart* rythme *m*, cadence *v*, allure *v* ★ *het ~ aangeven* marquer le rythme ★ *het ~ opvoeren* accélérer, passer à une vitesse supérieure ★ *in hoog ~ uitvoeren* exécuter à vive allure ★ *~ maken* inform mettre le turbo ★ *~!* plus vite!, inform et que ça saute!

tempowisseling changement *m* de rythme

tempura cul tempura *v*

ten ⟨o.a.⟩ *in het, in de,* → **te**

tenaamstellen désigner nominativement

tenaamstelling désignation *v* nominative

tendens tendance *v* ★ *de ~ bestaat om ...* il y a une tendance à...

tendentieus **I** *bn* tendancieux [v: tendancieuse], orienté ★ *tendentieuze berichtgeving* information *v* tendancieuse **II** *bw* tendancieusement

teneinde afin de [+ inf.]

tenenkaas crasse *v* entre les orteils

teneur esprit *m*, intention *v*, sens *m*

tengel ❶ *vinger* patte *v* ★ *blijf daar met je ~s af* bas les pattes! ❷ *lat* latte *v*
tenger gracile, ⟨broos⟩ délicat, frêle
tenietdoen annihiler, anéantir, ⟨ongeldig maken⟩ annuler
tenlastelegging ❶ *het ten laste leggen* inculpation *v* ❷ *beschuldiging in de dagvaarding* chef *m* d'accusation
tenminste *althans* (tout) au moins, du moins
ten minste *minimaal*, → **minst**
tennis tennis *m* ★ *~ spelen* jouer au tennis ★ *een partijtje ~* une partie de tennis
tennisarm tennis-elbow *m*
tennisbaan court *m* de tennis ★ *overdekte ~* tennis *m* couvert
tennisbal balle *v* de tennis
tennisracket raquette *v* de tennis
tennisschoen chaussure *v* de tennis ★ *~en* tennis *m mv*
tennissen jouer au tennis
tennisser joueur *m* de tennis [v: joueuse ...]
tennisspeelster joueuse *v* de tennis
tennisspeler joueur *m* de tennis
tenor ténor *m*
tenorsaxofoon saxophone *m* ténor
tensiemeter med tensiomètre *m*
tenslotte *welbeschouwd* en somme, après tout ★ *hij kon het ~ niet weten* après tout il ne pouvait pas le savoir
ten slotte *uiteindelijk*, → **slot**
tent ❶ *onderdak van doek* tente *v*, ⟨kermistent⟩ baraque *v* ★ *een tent opzetten* monter une tente ★ *in een tent* sous une tente ★ *iem. uit zijn tent lokken* provoquer qn, faire sortir qn de sa réserve ★ *ergens zijn tenten opslaan* se fixer quelque part ❷ *openbare gelegenheid* boîte *v*, ⟨eethuis⟩ bistrot *m* ★ *een gezellige tent* une boîte sympa ★ *het publiek brak de tent af* le public était déchaîné ★ *de tent sluiten* fermer boutique
tentakel tentacule *v*
tentamen onderw (examen *m*) partiel *m* ★ *~ doen* passer un partiel ★ *voor een ~ slagen* réussir un partiel ★ *voor een ~ zakken* échouer à un partiel
tentamenperiode onderw session *v* d'examens
tentamineren faire passer un partiel
tentdoek toile *v* de tente
tentenkamp campement *m*, camp *m*
tentharing piquet *m*
tentoonspreiden faire étalage de, étaler
tentoonstellen exposer
tentoonstelling exposition *v* ★ *naar een ~ gaan* aller voir une exposition
tentstok mât *m* de tente
tentzeil *linnen* toile *v* de tente
tenue tenue *v* ★ *in groot ~* en grande tenue
tenuitvoerlegging exécution *v*
tenzij à moins que ... ne [+ subj.] ★ *ik ben thuis, ~ ik werk* je suis chez moi, à moins que je ne travaille
tepel bout *m* du sein, mamelon *m*
tepelkloven crevasses *v mv* du sein
tequila tequila *m*, téquila
ter *verkorte vorm van 'te der'*, → **te**
teraardebestelling *begrafenis* inhumation *v*
terabyte téraoctet *m*
terbeschikkingstelling jur mise *v* sous protection judiciaire, tutelle *v* pénale
terdege (bel et) bien ★ *ik besef ~ dat het gevaarlijk is* je réalise très bien que c'est dangereux ★ *iets ~ voorbereiden* préparer qc sérieusement ★ *iem. ~ de waarheid zeggen* dire à qn ses quatre vérités
terecht I *bn* juste, justifié ★ *een ~e vraag* une question pertinente ★ *een ~ verwijt* un reproche justifié / fondé **II** *bw* ❶ *met recht* à juste titre ★ *~ of ten onrechte* à tort ou à raison ★ *hij heeft ~ gewonnen* il a mérité sa victoire ★ *en ~!* et pour cause!, il y a de quoi! ❷ *teruggevonden* retrouvé ★ *mijn agenda is ~* on a retrouvé mon agenda
terechtbrengen *in orde brengen* arranger ★ *er niet veel van ~* s'y prendre mal, inform s'y prendre comme un pied, se planter
terechtkomen ❶ *belanden* atterrir, tomber ❷ *teruggevonden worden* être retrouvé ❸ *in orde komen* s'arranger ★ *daar komt niets van terecht* cela n'aboutit à rien ★ *er komt niets van hem terecht* il n'est bon à rien ★ *wat moet er van hem ~?* que deviendra-t-il? ★ *hij zal wel ~* il fera son chemin ★ *alles komt op zijn pootjes terecht* tout finit par s'arranger
terechtkunnen ★ *zouden we nog ergens ~?* et si on trouve porte close? ★ *met Engels kun je overal terecht* avec l'anglais, on se débrouille partout ★ *daar kun je terecht* c'est la bonne adresse ★ *nergens ~* se casser le nez partout
terechtstaan jur comparaître ★ *~ voor moord* passer en justice pour meurtre
terechtstellen jur exécuter
terechtstelling jur exécution *v*
terechtwijzen réprimander, reprendre
terechtwijzing réprimande *v* ★ *iem. een ~ geven* réprimander qn
terechtzitting jur audience *v* ★ *ter ~ verschijnen* comparaître
teren I *ov ww, met teer insmeren* goudronner **II** *onov ww*, *~* **op** ⟨iets⟩ vivre de, ⟨iemand⟩ parasiter ★ *op iemands kosten ~* vivre aux crochets de qn ★ *op oude roem ~* vivre sur sa gloire passée
tergen *uitdagen* agacer, narguer
tergend provocant ★ *~ langzaam* d'une lenteur désespérante
tering ★ *krijg de ~!* va te faire foutre! ▼ *de ~ naar de nering zetten* vivre selon ses moyens
tering- foutu, sale, de merde ★ *teringweer* temps *m* de merde
terloops I *bn* (fait) en passant ★ *een ~e opmerking* une remarque faite en passant **II** *bw* en passant, incidemment ★ *~ iets opmerken* remarquer qc en passant ★ *iets ~ aanroeren* aborder qc en passant ★ *iem. ~ groeten* saluer qn en passant
term ❶ *begrip, woord* terme *m* ★ *in bedekte termen* à mots couverts ★ *de geijkte term* l'expression *v* consacrée ★ *in termen van* en termes de ★ *niet in de termen vallen* ne pas remplir les conditions voulues ❷ *reden* motif *m* ★ *er zijn termen aanwezig om* il y a lieu de ❸ wisk terme *m* ★ *de termen van een vergelijking* les termes d'une équation
termiet termite *m*
termijn ❶ *tijdvak, tijdslimiet* délai *m*, terme *m*, échéance *v* ★ *binnen de gestelde ~* dans le délai

fixé, dans les délais (prévus) ★ *op ~* à terme ★ *op korte ~* à court terme ★ *op lange ~* à long terme ★ *een ~ stellen* fixer un délai ★ *de ~ is verstreken* le délai a expiré ★ *de ~ in acht nemen* respecter le délai ★ *voor onbepaalde ~* à durée indéterminée ★ *uiterste ~* date *v* butoir / limite, échéance *v* ❷ *deel van schuld* terme *m* ★ *in ~en betalen* payer par traites / par versements échelonnés

termijnbetaling paiement *m* échelonné ★ *kopen op ~* acheter à crédit

termijnhandel marché *m* à terme

terminaal terminal [m mv: terminaux] ★ *terminale fase* phase *v* terminale ★ *terminale patiënt* mourant *m* ★ *terminale zorg* accompagnement *m* de fin de vie

terminal ❶ *aankomst-, vertrekpunt* terminal *m* [mv: terminaux], ⟨van luchthaven ook⟩ aérogare *v* ❷ *computer* terminal *m* [mv: terminaux]

terminologie terminologie *v*

ternauwernood à peine, de justesse ★ *hij is ~ aan de dood ontsnapt* il a échappé de justesse à la mort, il a frôlé la mort

terneergeslagen abattu, affligé

terp tertre *m*

terpentijn (essence *v* de) térébenthine *v*

terpentine white-spirit *m*

terracotta I *de/het, materiaal* terre *v* cuite **II** *bn, materiaal* en terre cuite

terrarium terrarium *m*

terras ❶ *zitgelegenheid buiten café* terrasse *v* ★ *ze zat aan een van de tafeltjes van het café~* elle était assise à une des tables de la terrasse de café ❷ *balkon* terrasse *v* ❸ *bergterras* terrasse *v*

terrasverwarmer chauffage *m* de terrasse

terrein ❶ *grond* terrain *m*, ⟨locatie⟩ site *m* ★ *braakliggend ~* terrain en friche ★ *afgesloten ~* enclos *m* ★ *eigen ~* propriété *v* privée ★ *verboden ~* domaine *m* privé ★ *het ~ verkennen* reconnaître le terrain ❷ *gebied, sfeer* domaine *m* ★ *op politiek ~* sur le plan politique ★ *op bekend ~* en pays de connaissance ★ *dat valt buiten mijn ~* ce n'est pas de mon domaine ★ *dat is mijn ~!* c'est de mon domaine!, c'est ma chasse gardée! ★ *zijn ~ afbakenen* délimiter son domaine ★ *zich op gevaarlijk ~ bevinden* se trouver sur un terrain glissant ★ *~ winnen* gagner du terrain ★ *~ verliezen* perdre du terrain

terreinfiets vélo *m* tout-terrain, VTT *m*

terreinwagen véhicule *m* tout-terrain, quatre-quatre *m/v*

terreinwinst ★ *~ boeken* gagner du terrain

terreur terreur *v* ★ *~ uitoefenen* exercer la terreur

terreuraanslag attentat *m* terroriste

terreurdaad acte *m* de terrorisme

terreurorganisatie organisation *v* terroriste

terriër terrier *m* [v: terrière]

terrine terrine *v*, ⟨voor soep⟩ soupière *v*

territoriaal territorial [m mv: territoriaux] ★ *territoriale wateren* les eaux *v mv* territoriales

territorium territoire *m*

territoriumdrift instinct *m* territorial

terroriseren terroriser

terrorisme terrorisme *m*

terrorist terroriste *m/v*

terroristisch terroriste ★ *een ~e aanslag* un attentat terroriste

tersluiks furtivement, à la dérobée ★ *~ een blik werpen* jeter un regard furtif

terstond aussitôt, tout de suite

tertiair I *bn* tertiaire ★ *de ~e sector* le secteur tertiaire **II** *het, periode* tertiaire *m*

terts tierce *v* ★ *kleine ~* tierce mineure ★ *grote ~* tierce majeure

terug ❶ *naar vorige plaats* de retour ★ *~ zijn* être de retour, être revenu ★ *ik ben zo dadelijk ~* je reviens tout de suite ★ *de reis ~* le (voyage de) retour ★ *heen en ~* aller et retour ★ *~ van weggeweest* de retour ★ *~ van vakantie zijn* être rentré des vacances ★ *~ bij / naar af* retour à la case départ, la boucle (est) bouclée ❷ *achteruit* en arrière ★ *een stap ~* un pas en arrière ★ fig *je kunt nu niet meer ~* (il n'y a) plus moyen d'y échapper ❸ *weer* de retour ★ *iets weer ~ hebben* avoir récupéré qc ★ *geld ~* remboursez ★ *ik heb niet van 10 euro ~* je n'ai pas la monnaie de 10 euros ★ fig *daar had hij niet van ~* ça lui a cloué le bec ❹ *geleden* il y a ★ *drie jaar ~* il y trois années ❺ BN *nog eens* de nouveau

terugbellen rappeler

terugbetalen rembourser, rendre

terugblik (vue *v*) rétrospective *v*, retour *m* en arrière

terugblikken regarder en arrière ★ *op iets ~* revenir sur qc

terugbrengen ❶ *weer op zijn plaats brengen* ⟨iets⟩ rapporter, ⟨iemand⟩ ramener, reconduire ❷ *weer in toestand brengen* ramener ★ *in de oude / oorspronkelijke staat ~* reconstituer ❸ *herleiden* ramener (**tot** à) ❹ *reduceren* réduire (**tot** à) ★ *tot de helft ~* réduire de moitié

terugdeinzen *terugschrikken* reculer (**voor** devant) ★ *voor niets ~* ne reculer devant rien

terugdenken ~ aan se rappeler, se souvenir de ★ *dat doet mij ~ aan...* cela me rappelle...

terugdoen ❶ *doen als reactie* faire en retour ★ *je mag er wel eens iets voor ~* tu pourrais faire qc en retour ★ *als je hem slaat, doet hij niets terug* il ne riposte pas quand on le frappe ★ *doe je de groeten terug?* tu lui rends son bonjour? ❷ *terugzetten* remettre

terugdraaien ❶ *achteruitdraaien* tourner en sens contraire ★ *de klok ~* revenir en arrière ❷ *ongedaan maken* annuler ★ *een maatregel ~* annuler une mesure

terugdringen ❶ *achteruitduwen* refouler, repousser ★ *tranen ~* refouler ses larmes ❷ fig *verminderen* diminuer ★ *de politie wil het aantal overvallen ~* la police veut réduire le nombre d'attaques

terugfluiten fig *tot de orde roepen* rappeler à l'ordre ★ *de directie heeft hem teruggefloten* la direction l'a rappelé à l'ordre

teruggaan ⟨terugkeren⟩ retourner (**naar** à), ⟨in tijd / naar oorsprong⟩ remonter (**naar** à), ⟨achteruitgaan⟩ reculer ★ *naar huis ~* rentrer (chez soi) ★ *~ in de tijd* remonter dans le temps ★ *~ tot 1900* remonter à l'an 1900

teruggang *verval* baisse *v*, recul *m*

teruggave restitution *v*

teruggetrokken retiré, en reclus ★ *een ~ leven leiden* mener une vie isolée

teruggeven rendre ★ *kunt u van 100 euro ~?* vous pouvez rendre la monnaie de 100 euros?
teruggooien renvoyer
teruggrijpen ★ ~ *op* se baser sur, revenir à
terughalen ❶ *terugnemen* ‹iets› récupérer, ‹iemand› ramener ❷ *terugtrekken* retirer ❸ *herinneren* se rappeler
terughoudend réservé, distant
terugkeer retour *m*, ‹huiswaarts› rentrée *v* ★ *bij zijn ~* à son retour
terugkeren ❶ *teruggaan* retourner (**naar** à), revenir ★ ~ *naar zijn vaderland* retourner dans son pays ★ *naar huis ~* rentrer (chez soi) ❷ *gebeuren* revenir ★ *steeds ~d* récurrent, répétitif [v: répétitive]
terugkomen ❶ *terugkeren* revenir ❷ ~ **op** revenir à / sur ★ ~ *op een onderwerp* revenir sur un sujet ★ *daar komen we later op terug* on reviendra là-dessus ❸ ~ **van** revenir de / sur ★ ~ *van een besluit* revenir sur une décision
terugkomst retour *m* ★ *bij haar ~* à son retour
terugkoppelen ❶ *voorleggen voor overleg* ≈ retransmettre ❷ techn rétrograder
terugkoppeling *(van informatie)* feed-back *m* [mv: id.], rétroaction *v*
terugkrabbelen faire marche arrière, inform se dégonfler
terugkrijgen recevoir en retour, ‹v. bezit› récupérer ★ *ik krijg nog 10 euro van je terug* tu me dois encore 10 euros
terugleggen ❶ *op oude plaats leggen* remettre ❷ sport ★ *de bal op iem. ~* renvoyer le ballon à qn
terugloop *achteruitgang* recul *m*
teruglopen ❶ *lopen* ‹achteruit› reculer ❷ *verminderen* baisser, diminuer, reculer ★ *de belangstelling loopt terug* l'intérêt diminue ★ *de temperatuur loopt terug* la température est en baisse
terugnemen ❶ *weer nemen* reprendre ❷ *intrekken* retirer ★ *zijn woorden ~* se rétracter ★ *gas ~* lever le pied
terugreis retour *m* ★ *op de ~ naar* en rentrant à / en ★ *de ~ aanvaarden* prendre le chemin du retour
terugroepen ❶ *terug laten komen* rappeler ★ *een ambassadeur ~* rappeler un ambassadeur ❷ *antwoorden* répondre
terugronde BN sport *tweede helft van de competitie* match(e)s *m mv* retour
terugschrikken reculer (**voor** devant) ★ *nergens voor ~* ne reculer devant rien ★ *er niet voor ~ om* ne pas hésiter à
terugschroeven ❶ *reduceren* réduire ★ *de salarissen ~* diminuer les salaires ❷ *ongedaan maken* annuler ★ *een maatregel ~* annuler une mesure
terugslaan I *ov ww* ❶ *naar zender slaan* renvoyer ❷ *terugdrijven* repousser ★ *de vijand ~* repousser l'ennemi ❸ *omslaan* rabattre ★ *de deken ~* rabattre la couverture **II** *onov ww* ❶ *slaag beantwoorden* rendre le coup / les coups ❷ fig *tegenaanval doen* contre-attaquer, riposter ❸ *zich krachtig terug bewegen* rebondir ❹ ~ **op** se rapporter à
terugslag ❶ *terugstoot* choc *m* (en retour), ‹v. vuurwapen› recul *m* ❷ *nadelig gevolg* contrecoup *m*, répercussion *v*
terugspelen ❶ sport renvoyer ❷ *retourneren* retourner ❸ *nog eens afspelen* repasser
terugspoelen rembobiner
terugsturen renvoyer
terugtocht ❶ *aftocht* retraite *v* ❷ *reis terug* retour *m*
terugtrappen I *onov ww,* ‹op fiets› pédaler en arrière **II** *ov ww, een trap beantwoorden* rendre un coup de pied (à)
terugtraprem frein *m* à rétropédalage
terugtreden ❶ *zich terugtrekken* se retirer ❷ *aftreden* se retirer, démissionner ★ *als lid ~* renoncer à sa qualité de membre
terugtrekken I *ov ww* ❶ *achteruit doen gaan* retirer ❷ *doen terugkeren* retirer ★ *zijn troepen ~* replier ses troupes ❸ *intrekken* retirer ★ *een belofte ~* revenir sur une promesse **II** *onov ww, achteruitgaan* se retirer, se replier **III** *wkd ww* [**zich ~**] ❶ *zich afzonderen* se retirer ★ *zich in zijn kamer ~* se retirer dans sa chambre ❷ *zijn positie opgeven* se désister
terugval rechute *v*
terugvallen ❶ *minder presteren* être en perte de vitesse ❷ ~ **in** *weer vervallen in* retomber dans ★ ~ *in oude gewoontes* retomber dans ses vieilles habitudes ❸ ~ **op** se rabattre sur ★ ~ *op vrienden* se rabattre sur ses amis
terugverdienen récupérer
terugverlangen I *onov ww, verlangen* ★ ~ *naar iets* regretter qc, avoir la nostalgie de qc ★ ~ *naar vroeger* regretter le passé **II** *ov ww, terugvragen* réclamer
terugvinden ❶ *vinden* retrouver ❷ *tegenkomen* retrouver
terugvoeren ❶ *terugleiden* ramener (**naar** à) ★ *dat voert ons terug naar de jaren zestig* cela nous ramène aux années soixante ❷ *als oorzaak aanwijzen* imputer (**op** à), attribuer (à) ★ *dit is terug te voeren op verkeerd beleid* cela est dû à la mauvaise gestion
terugvorderen réclamer
terugweg retour *m* ★ *op de ~* sur le chemin du retour ★ *de ~ is afgesneden* on ne peut pas revenir en arrière, on a atteint le point de non-retour
terugwerkend ★ *met ~e kracht* à effet rétroactif
terugwinnen ❶ *weer in bezit krijgen* récupérer ❷ *recyclen* récupérer
terugzakken ❶ *naar beneden zakken* retomber, s'affaisser ❷ *dalen in niveau* être en perte de vitesse
terugzien I *ov ww, weerzien* revoir ★ *volgende week zien we elkaar terug* on se reverra la semaine prochaine ★ *dat zie je nooit meer terug* tu n'en verras jamais la couleur **II** *onov ww, terugblikken* regarder derrière soi ★ *op een rijk leven ~* se remémorer une vie opulente
terwijl ❶ *gedurende* pendant que, tandis que ★ *ik las ~ ik at* j'ai lu en mangeant ❷ *ofschoon* alors que ★ *hij werkt vandaag over en dat ~ hij niet lekker is* il fait des heures supplémentaires aujourd'hui alors qu'il ne se sent pas bien
terzijde I *bw, naar / aan de zijkant, naar opzij* ‹naar de zijkant› de côté, ‹aan de zijkant› à côté

★ *van* ~ de côté, fig indirectement ★ ~ *laten* laisser de côté, omettre ★ ~ *leggen* mettre de côté ★ *dit* ~ soit dit en passant ★ *iem.* ~ *nemen* prendre qn à part ★ *iem.* ~ *staan* assister qn, seconder qn **II** *het, opmerking* remarque v faite en passant
test test *m* ★ *psychologische test* test psychologique ★ *iem. een test afnemen* faire passer un test à qn
testament *laatste wil* testament *m* ★ *zijn* ~ *maken* faire son testament ★ *iets bij* ~ *bepalen* disposer qc par testament ★ *iem. in zijn* ~ *zetten* mettre qn sur son testament
Testament *Bijbeldeel* ★ *het Oude* ~ l'Ancien Testament ★ *het Nieuwe* ~ le Nouveau Testament
testamentair I *bn* testamentaire ★ *~e beschikking* disposition *v* testamentaire **II** *bw* par testament
testauto voiture *v* d'essai
testbaan piste *v* d'essai
testbeeld mire *v* (de réglage)
testcase test *m*
testen tester ★ *iemands kennis* ~ tester les connaissances de qn ★ *iem.* ~ *op doping* effectuer un contrôle antidopage sur qn
testikel testicule *m*
testimonium attestation *v*, certificat *m*
testosteron testostérone *v*
testpiloot pilote *m/v* d'essai
testrijder pilote *m/v* d'essai
testvlucht vol *m* d'essai
tetanus tétanos *m*
tetanusprik vaccin *m* antitétanique
tête-à-tête tête-à-tête *m* [mv: id.]
tetteren ❶ *toeteren* claironner ❷ *kwebbelen* jacasser ❸ *zuipen* pinter
teug bouffée *v*, ⟨slok⟩ gorgée *v* ★ *met kleine teugen* à petites gorgées ★ *in één teug* d'un (seul) trait, inform cul sec ★ *met volle teugen* à pleins poumons, fig pleinement
teugel bride *v* ★ *de ~s in handen hebben* être aux commandes ★ *de ~s vieren* lâcher la bride ★ *iem. de vrije* ~ *laten* lâcher la bride à qn ★ *de* ~ *strak houden* tenir la bride haute
teut I *de, treuzelaar* limace *v* **II** *bn* pompette ★ *teut zijn* être pompette
teuten *treuzelen* traînasser
Teutonen Teutons *m mv*
Teutoons teuton [v: teutonne]
teveel excès *m* (**aan** de) → **veel**
tevens ❶ *ook* aussi, également ★ *zij is zangeres en* ~ *componiste* elle est aussi bien chanteuse que compositrice ❷ *tegelijkertijd* en même temps, à la fois ★ *zij keek tv en las* ~ *de krant* en lisant le journal elle regardait la télé
tevergeefs I *bn* vain ★ *al mijn pogingen waren* ~ tous mes efforts étaient vains **II** *bw* en vain, vainement ★ ~ *zoeken* chercher en vain
tevoorschijn ★ ~ *halen* sortir (**uit** de) ★ ~ *komen* se montrer, apparaître, sortir (**uit** de)
tevoren avant ★ *van* ~ à l'avance, d'avance ★ *kort* ~ peu avant
tevreden content, satisfait (**met**, **over** de) ★ *met weinig* ~ *zijn* se contenter de peu
tevredenheid satisfaction *v*, contentement *m* ★ *er is reden tot* ~ il y a de bonnes raisons d'être satisfait ★ *tot ieders* ~ à la satisfaction générale
tevredenstellen satisfaire ★ *zich* ~ *met* se contenter de
tewaterlating mise *v* à l'eau, lancement *m*
teweegbrengen provoquer, causer, donner lieu à
tewerkstellen ❶ *aan het werk zetten* employer ❷ BN *in dienst nemen* embaucher
tewerkstelling BN *werkgelegenheid* emploi *m*
textiel I *de/het* textile *m* ★ *hij zit in de* ~ il travaille dans le textile **II** *bn* textile
textielarbeider ouvrier *m* (du) textile [v: ouvrière ...]
textielindustrie (industrie *v*) textile *m*
textuur texture *v*
tezamen ensemble ★ *alles* ~ *(genomen)* somme toute
tft-scherm écran *m* TFT
tgv *train à grande vitesse* TGV *m*
t.g.v. ❶ *ten gevolge van* par suite de ❷ *ter gelegenheid van* à l'occasion de ❸ *ten gunste van* au profit de
Thai, Thailander Thaïlandais *m*
Thailand la Thaïlande ★ *in* ~ en Thaïlande
Thais thaïlandais
Thaise, Thai Thaïlandaise *v*
thans ❶ *nu* maintenant ❷ *tegenwoordig* à présent, à l'heure actuelle
theater ❶ *gebouw* théâtre *m*, ⟨filmzaal⟩ salle *v* ❷ *toneelkunst* théâtre *m* ★ ~ *maken* faire du théâtre ❸ *aanstellerij* cinéma *m* ★ *wat een ~!* quel cinéma!, quel cirque!
theaterbezoek sortie *v* au théâtre
theatersport match *m* d'improvisation théâtrale
theatervoorstelling représentation *v* théâtrale
theatraal I *bn* ❶ *het toneel betreffend* théâtral [m mv: théâtraux] ❷ *overdreven* théâtral [m mv: théâtraux] **II** *bw* théâtralement
thee culin thé *m*, ⟨struik⟩ théier *m* ★ *groene thee* thé vert ★ *sterke / slappe thee* thé fort / léger ★ *thee drinken* prendre le thé ★ *thee zetten* faire du thé ★ *iem. op de thee vragen* iniviter qn à prendre le thé
theeblad ❶ *theeblaadje* feuille *v* de thé ❷ *dienblad* plateau *m* à thé [mv: plateaux ...]
theedoek torchon *m*
thee-ei boule *v* à thé
theeglas verre *m* à thé
theekransje humor *groepje kletsende mensen* ≈ cercle *m* de bavards
theelepel ❶ *lepeltje* cuiller *v* à thé ❷ *hoeveelheid* petite cuillère *v*
theelichtje chauffe-théière *m* [mv: chauffe-théières]
Theems Tamise *v*
theemuts couvre-théière *m* [mv: couvre-théières]
theepauze heure *v* du thé / du goûter
theepot théière *v*
theeservies service *m* à thé
theevisite thé *m*
theewater ★ *het* ~ *opzetten* faire chauffer l'eau pour le thé ★ *boven zijn* ~ *zijn* être pompette
theezakje sachet *m* de thé
theezeefje passe-thé *m* [mv: id.]
theïne théine *v*
thema ❶ *onderwerp* thème *m* ❷ *oefening* thème *m* ❸ muz thème *m*

themanummer numéro *m* spécial
themapark parc *m* thématique
thematiek thématique *v*
thematisch I *bn* thématique **II** *bw* par sujet ★ *~ geordend* classé par sujet
theologie théologie *v*
theologisch théologique
theoloog *godgeleerde* théologien *m* [v: théologienne]
theoreticus théoricien *m* [v: théoricienne]
theoretisch I *bn* théorique ★ *~ examen* (examen *m* de) théorie *v* ★ *de ~e mechanica* la mécanique rationnelle **II** *bw* théoriquement ★ *het is ~ onmogelijk* théoriquement c'est impossible
theoretiseren théoriser, spéculer
theorie théorie *v* ★ *in ~* en théorie
theorie-examen (examen *m* de) théorie *v*
theorievorming élaboration *v* de théories
therapeut thérapeute *m/v*
therapeutisch thérapeutique
therapie thérapie *v* ★ *manuele ~* thérapie manuelle
thermen thermes *m mv*
thermiek ascendance *v* thermique
thermisch thermique
thermodynamica thermodynamique *v*
thermometer thermomètre *m*
thermosfles thermos *m/v*
thermoskan carafe *v* / verseuse *v* isotherme
thermostaat thermostat *m*
thesaurus *woordenlijst* thésaurus *m*
these thèse *v*
thinner scheik diluant *m*
thora *exemplaar van de Thora* thora *v*, torah *v*
Thora *heilig geschrift* thora *v*, torah *v*
thriller thriller *m*, ⟨film⟩ film *m* à suspense
thuis I *bw* ❶ *in huis* à la maison, chez soi ★ *bij ons ~* chez nous ★ *niemand ~ vinden* trouver porte close ★ *zich niet ~ voelen* se sentir dépaysé, ne pas se plaire ★ *is X ~?* X est là? ★ *altijd ~ zitten* être casanier ★ *doe of je ~ bent* fais comme chez toi ★ *wel ~!* bon retour! ★ *niet ~ geven* ⟨niet reageren⟩ se dérober, ⟨nee verkopen⟩ ne pas satisfaire la demande ★ sport *~ spelen* jouer sur son terrain ❷ *op de hoogte* ★ *goed ~ zijn in iets* s'y connaître en qc **II** *het* chez-soi *m*, foyer *m* ★ *geen ~ hebben* ne pas avoir de chez-soi
thuisadres domicile *m*
thuisbankieren faire des opérations télébancaires, faire des opérations en ligne / à distance
thuisbasis point *m* d'attache
thuisbezorgen livrer à domicile
thuisblijven rester à la maison, rester chez soi
thuisblijver ★ *de ~s hebben altijd ongelijk* les absents ont toujours tort
thuisbrengen ❶ *naar huis brengen* ramener chez lui ❷ *plaatsen* remettre, identifier ★ *ik kan hem niet ~* je n'arrive pas à le situer
thuisclub équipe *v* qui reçoit
thuisfluiter sport arbitre *m/v* qui avantage l'équipe qui reçoit
thuisfront *de mensen thuis* ★ *bericht krijgen van het ~* avoir des nouvelles des siens / de chez soi
thuishaven ❶ lett port *m* d'attache ❷ fig point *m* d'attache
thuishoren ★ *niet ~ in* ne pas avoir sa place dans
thuishulp aide *v* à domicile
thuiskomen ❶ lett rentrer (chez soi) ❷ *~* **van** fig BN *opgeven* revenir de ★ *daar ben ik van thuisgekomen* j'en suis revenu
thuiskomst retour *m*
thuisland homeland *m*
thuismarkt marché *m* intérieur
thuismatch BN sport match *m* à domicile, ⟨na uitwedstrijd⟩ match *m* retour
thuisreis (voyage *m* de) retour *m* ★ *op de ~* sur le chemin de retour, en rentrant
thuisspelen sport jouer à domicile
thuisvoordeel sport avantage *m* de jouer à domicile
thuiswedstrijd sport match *m* à domicile, ⟨na uitwedstrijd⟩ match *m* retour
thuiswerker travailleur *m* à domicile [v: travailleuse...]
thuiswonend qui habite chez ses parents, résidant au domicile parental
thuiszorg soins *m mv* à domicile
ti muz si *m*
tiara tiare *v*
Tibet le Tibet ★ *in ~* au Tibet
Tibetaan Tibétain *m*
Tibetaans tibétain
Tibetaanse Tibétaine *v*
tic ❶ *zenuwtrek* tic *m* ❷ *aanwensel* manie *v* ❸ *scheutje sterke drank* goutte *v* ★ *cola-tic* ⟨met rum⟩ rhum-coca *m*
ticket billet *m*, ticket *m*
tiebreak sport jeu *m* décisif
tien I *telw* dix ★ *wij hebben plezier voor tien* on a du plaisir pour dix ★ fig *niet tot tien kunnen tellen* ne pas avoir inventé le fil à couper le beurre **II** *de* dix *m* ★ *een tien halen voor Engels* avoir un dix sur vingt en anglais
tiende dixième → **vierde**
tienduizend dix mille → **vier**
tienduizendste dix millième → **vierde**
tiener moins *m/v* de vingt ans, ado *m/v*
tieneridool idole *v* des jeunes
tienkamp décathlon *m*
tienrittenkaart carnet *m* / carte *v* de dix voyages
tiental dizaine *v* ★ *~len boeken* des dizaines de livres
tientallen → **tiental**
tientje *bankbiljet* billet *m* de dix (euros)
tieren ❶ *tekeergaan* tempêter ★ *hij liep te razen en te ~* il n'a cessé de tempêter ❷ *gedijen* prospérer ★ *het onkruid tiert welig* les mauvaises herbes foisonnent / prospèrent
tierig I *bn* ❶ *goed gedijend* vigoureux [v: vigoureuse], bien portant ❷ *opgewekt* plein d'entrain **II** *bw, goed gedijend* vigoureusement
tiet nichon *m*, néné *m*, lolo *m*
tig trente-six ★ *tig keer* cent fois
tigste énième
tij marée *v* ★ *afgaand tij* marée descendante, reflux ★ *hoog tij* marée haute ★ *laag tij* marée basse ★ *opkomend tij* marée montante *v*, flux *m* ★ *het tij keert* fig le vent tourne ★ *het tij is gunstig* toutes les conditions sont réunies ★ *het tij keren* retourner la situation

tijd ❶ *tijdsduur* temps *m* ★ *een tijdje* un moment, quelque temps ★ *geruime tijd* (assez) longtemps, un certain temps ★ *de hele tijd* tout le temps ★ *een hele tijd* un bon moment, un bon bout de temps ★ *lange tijd* longtemps ★ *binnen afzienbare tijd* dans un avenir assez proche ★ *binnen de gestelde tijd* dans le délai fixé, dans les délais (prévus) ★ *in minder dan geen tijd* en moins de deux / de rien ★ *in een uur tijd* en l'espace d'une heure ★ *in korte tijd* en peu de temps ★ *in / sinds tijden* depuis bien longtemps ★ *met de tijd* avec le temps ★ *na korte tijd* au bout d'un certain temps ★ *korte tijd daarna* peu (de temps) après ★ *voor onbepaalde tijd* à durée indéterminée, ‹van uitstel› sine die ★ *waar blijft de tijd!* comme le temps passe!, ça ne me / nous rajeunit pas! ★ *de tijd dringt* le temps presse, il y a urgence ★ *iem. de tijd gunnen om* laisser à qn le temps de ★ *we hebben alle tijd* nous avons tout notre temps ★ *dat heeft de tijd* cela ne presse pas ★ *geen tijd hebben* ne pas avoir le temps ★ *nog juist de tijd hebben om* avoir tout juste le temps de ★ *tijd kosten* prendre du temps ★ *zijn tijd verdoen* perdre son temps ★ *de tijd verdrijven* passer le temps ★ *tijd winnen* gagner du temps ★ *de tijd vliegt* le temps passe vite ★ *sinds onheuglijke tijden* de temps immémorial ★ *hij heeft zijn (beste) tijd gehad* il a fait son temps ★ *vrije tijd* loisirs *m mv*, temps *m* libre ★ *uw tijd gaat nu in!* top chrono! ★ *zijn tijd uitdienen* faire son temps ★ jur *zijn tijd uitzitten* purger sa peine ★ *de tijd doden* tuer le temps ★ *het zal mijn tijd wel duren* cela durera bien autant que moi ★ *de tijd heelt alle wonden* le temps panse les plaies, le temps guérit les douleurs ★ *de tijd zal het leren* qui vivra verra ★ *tijd is geld* le temps c'est de l'argent ❷ *tijdvak, periode* temps *m*, période *v* ★ *de goede oude tijd* le bon (vieux) temps ★ *de laatste tijd* ces derniers temps ★ *slappe tijd* morte-saison *v* ★ *dat is verleden tijd* c'est du passé ★ *voorbije tijden* des temps révolus ★ *vroeger tijd* le temps passé ★ *de tijden van weleer* le temps jadis ★ *de tijd van de aardbeien* la saison des fraises ★ *de tijd van de impressionistische kunst* l'époque de l'art impressionniste ★ *in mijn tijd* de mon temps ★ *in deze tijd* à l'heure actuelle ★ *in tijd van oorlog* en temps de guerre ★ *in oeroude tijden* aux temps immémoriaux ★ *in lang vervlogen tijden* à une époque bien reculée ★ *na die tijd* passé ce temps ★ *ten tijde van* du temps de, à l'époque de ★ *van vroeger tijd* d'une autre époque ★ *het is warm voor de tijd van het jaar* il fait chaud pour la saison ★ *zijn tijd ver vooruit zijn* être en avance sur son temps ★ *andere tijden, andere zeden* autres temps, autres mœurs ★ *met zijn tijd meegaan* vivre avec son temps, être de son temps ★ *uit de tijd zijn* être démodé, être dépassé ★ *bij de tijd blijven* se mettre à l'heure ★ *bij de tijd zijn* être éveillé / dans le coup ❸ *tijdstip* heure *v* ★ *plaatselijke tijd* heure locale ★ *bij tijden* de temps en temps, à ses heures ★ *op tijd* à l'heure ★ *precies op tijd* à l'heure juste ★ *alles op zijn tijd* chaque chose en son temps, il y a un temps pour tout ★ *ik houd van een biertje op zijn tijd* j'aime bien boire une bière de temps en temps ★ *nog net op tijd* de justesse ★ *op vaste / gezette tijden* à heure fixe ★ *op tijd zijn* être à l'heure, être à temps ★ *10 minuten over tijd zijn* être en retard de 10 minutes ★ *te allen tijde* de tout temps, à tout moment ★ *te gelegener tijd* en temps utile ★ *tegen die tijd* d'ici là ★ *van tijd tot tijd* de temps en temps, de temps à autre ★ *er zal een tijd komen, dat* l'heure viendra où ★ *de tijd vragen* demander l'heure ★ *het werd tijd!* ce n'est pas trop tôt! ★ *het wordt tijd dat ...* il est temps de..., il est temps que... [+ subj.] ★ *het is tijd (om ...)* c'est l'heure (de...) ★ *het is hoog tijd om ...* il est grand temps de... ★ *het is hoog tijd dat ...* il est grand temps que... ★ *er is een tijd van komen en er is een tijd van gaan* il n'y a si bonne compagnie qui ne se quitte ★ *zij is over tijd* elle a un retard de règles ★ *komt tijd, komt raad* qui vivra verra ★ BN *op tijd en stond* en temps opportun / utile ❹ taalk temps *m* ★ *tegenwoordige tijd* présent *m* ★ *onvoltooid tegenwoordige tijd* présent *m* ★ *onvoltooid tegenwoordig toekomende tijd* futur *m* simple ★ *onvoltooid verleden tijd* imparfait *m* ★ *toekomende tijd* futur *m* ★ *verleden tijd* passé *m*

tijdbom bombe *v* à retardement

tijdelijk I *bn* ❶ *voorlopig* temporaire, provisoire, ‹v. functie / werk› intérimaire ★ *~ personeel* du personnel intérimaire ★ *een ~e baan* un poste temporaire ★ *een ~e oplossing* une solution provisoire ❷ *aan tijd gebonden* temporel [v: temporelle] ★ *het ~e met het eeuwige verwisselen* passer de vie à trépas **II** *bw* ❶ *voorlopig* temporairement ❷ *vergankelijk* temporellement

tijdens pendant ★ *~ de les* pendant le cours

tijdgebonden indissociable de son époque

tijdgebrek manque *m* de temps

tijdgeest esprit *m* du temps, esprit de l'époque

tijdgenoot contemporain *m* [v: contemporaine]

tijdig I *bn* arrivé à temps, opportun ★ *~e hulp* un secours prompt **II** *bw* à temps ★ *~ betalen* payer à temps

tijding nouvelle *v*

tijdloos intemporel [v: intemporelle], ‹niet modegevoelig› indémodable

tijdmechanisme minuterie *v*

tijdmelding horloge *v* parlante

tijdnood manque *m* de temps ★ *we komen in ~* nous sommes pris de court

tijdperk époque *v*, âge *m*, ère *v* ★ *het stenen ~* l'âge de pierre ★ *het ~ van de Franse revolutie* l'époque de la révolution française

tijdrekening chronologie *v* ★ *de joodse ~* le calendrier israélite ★ *de christelijke ~* l'ère chrétienne *v*

tijdrekken chercher à gagner du temps

tijdrit course *v* contre la montre, contre-la-montre *m* [mv: id.]

tijdrovend long [v: longue], qui prend beaucoup de temps

tijdsbeeld tableau *m* d'une époque

tijdsbestek laps *m* de temps

tijdschakelaar minuterie *v*, temporisateur *m*

tijdschema horaire *m*, emploi *m* du temps, calendrier *m* ★ *een strak ~* un emploi du temps serré

tijdschrift magazine *m*, périodique *m*, revue *v*

tijdsduur durée *v*

ti

tijdsein signal *m* horaire [mv: signaux...], top *m*
tijdslimiet limite *v* de temps, délai *m* ★ *een ~ verbinden aan iets* fixer un délai pour qc
tijdslot serrure *v* à minuterie
tijdspanne espace *m* de temps, période *v*
tijdstip moment *m*, heure *v*
tijdsverloop espace *m* de temps, période *v* ★ *na een ~ van twee jaar* au bout de deux ans
tijdvak époque *v*, âge *m*, ère *v*
tijdverdrijf passe-temps *m*, divertissement *m* ★ *uit ~* pour passer le temps
tijdverlies perte *v* de temps
tijdverspilling gaspillage *m* / perte *v* de temps
tijdzone fuseau *m* horaire [mv: fuseaux...]
tijger tigre *m*
tijgerbrood culin pain *m* tigré
tijgeren ≈ ramper
tijgerhaai requin-tigre *m*, requins-tigres
tijgerin tigresse *v*
tijgervel peau *v* de tigre
tijk coutil *m*
tijm culin thym *m*
tik I *de* ❶ *lichte klap* tape *v* ★ *tik om de oren* gifle *v* ❷ *geluid* coup *m* sec → **tikje II** *tussenw* ★ *tik, jij bent hem* touché, c'est toi le chat
tikfout faute *v* de frappe
tikje *beetje* petit peu *m*, brin *m* ★ *met een ~ rum* avec un soupçon de rhum
tikkeltje brin *m* ★ *een ~ te veel op hebben* être pompette ★ *een ~ mosterd* une pointe de moutarde ★ *een ~ groter* un tantinet plus grand
tikken I *ov ww* ❶ *kloppen* taper ★ *iem. op zijn schouder ~* taper sur l'épaule de qn ★ fig *iem. op de vingers ~* rappeler qn à l'ordre ❷ ⟨bij tikkertje⟩ *aanraken* toucher ❸ *typen* taper (à la machine) ★ *een brief ~* taper une lettre **II** *onov ww, geluid geven* taper, ⟨van klok⟩ faire tic-tac
tikkertje ★ *~ spelen* jouer à chat
til ❶ *duiventil* pigeonnier *m* ❷ *het tillen* soulèvement *m* ▾ *er is iets op til* il se prépare qc ▾ *er is onweer op til* il y a de l'orage dans l'air, le temps est à l'orage
tilde tilde *m*
tillen ❶ *omhoog heffen* (sou)lever ★ *aan deze koffers til je je een breuk!* faut être costaud pour soulever ces valises! ★ *zwaar ~ aan* faire grand cas de, prendre au tragique ❷ *afzetten* rouler ★ *iem. voor honderd euro ~* arnaquer qn de cent euros
tilt tilt *m* ★ *op tilt slaan* faire tilt, fig péter les plombs
timbaal timbale *v*
timbre timbre *m*
timen ❶ *klokken* chronométrer ❷ *op geschikt moment doen* programmer, minuter ★ *goed getimed* bien à propos ★ *slecht getimed* mal à propos
time-out time-out *m*, temps *m* mort
timer minuteur *m*
timesharing temps *m* partagé, time-sharing *m*
timide timide
timing timing *m* ★ *een perfecte ~* un timing parfait
timmeren I *ov ww* ❶ *bouwen met hout* faire de la charpenterie, construire en bois ❷ *slaan* cogner ★ *iem. in elkaar ~* tabasser qn **II** *onov ww* ❶ *met hout werken* faire de la charpenterie ★ *hij kan goed ~* il est bon menuisier ❷ *slaan* cogner ★ *hij timmerde erop los* il a tapé dessus
timmergereedschap outils *m mv* de menuisier
timmerhout bois *m* de construction
timmerman menuisier *m*, ⟨voor grof werk⟩ charpentier *m*
timmerwerf chantier *m* de charpentier
timmerwerk ❶ *resultaat* menuiserie *v*, ⟨grof⟩ charpenterie *v* ❷ *handeling* menuiserie *v*, ⟨grof⟩ charpenterie *v*
tin étain *m*
tinctuur teinture *v*
tinerts minerai *m* d'étain
tingelen *klingelen* tinter
tinkelen ⟨tingelen⟩ tinter, ⟨twinkelen⟩ scintiller
tinnen d'étain, en étain
tint ❶ *kleur* ton *m*, teinte *v* ❷ fig *sfeer* touche *v* ★ *persoonlijk tintje* note *v* personnelle ★ *een feestelijk tintje* un air de fête
tintelen ❶ *prikkelen* avoir des picotements ★ *mijn vingers ~* j'ai des picotements dans les doigts ★ *mijn benen ~* j'ai des picotements / fourmis dans les jambes ★ *een ~d gevoel* un picotement ❷ *twinkelen* étinceler, scintiller ★ *haar ogen ~ van vreugde* ses yeux pétillent de joie
tinteling ❶ *prikkelend gevoel* picotement *m*, ⟨in de vingers⟩ onglée *v* ❷ *fonkeling* scintillement *m*
tip ❶ *uiterste punt* bout *m*, pointe *v* ★ *een tipje van de sluier oplichten* soulever un coin du voile ❷ *hint* indication *v*, inform tuyau *m* [mv: tuyaux] ★ *valse tip* tuyau crevé ★ *de politie kreeg tien tips binnen* la police a obtenu une dizaine de tuyaux ❸ *advies* conseil *m*, inform tuyau *m* ★ *een goeie tip geven* donner un bon tuyau ★ *een tip om verbranding te voorkomen* un conseil pour éviter les brûlures ❹ *fooi* pourboire *m*
tipgeld commission *v*
tipgever tuyauteur *m* [v: tuyauteuse], ⟨van politie⟩ indicateur *m* [v: indicatrice], inform indic *m/v*
tippelaarster racoleuse *v*
tippelen ❶ *lopen* trottiner ★ fig *erin ~* donner / tomber dans le panneau, se faire avoir ❷ *prostitutie bedrijven* faire le trottoir
tippelverbod interdiction *v* de racoler sur la voie publique
tippelzone zone *v* de racolage
tippen I *ov ww* ❶ *hint geven* tuyauter, inform mettre au parfum ★ *de politie ~* renseigner la police ❷ *aanduiden* ★ *als winnaar ~* pronostiquer la victoire de, donner gagnant ❸ *fooi geven* ★ *een serveerster ~* donner un pourboire à une serveuse **II** *onov ww, even aanraken* ★ *~ aan* effleurer ★ *jij kan niet aan hem ~* tu n'arrives pas à sa cheville ★ *dit kan er niet aan ~* ceci n'est rien auprès de cela
tipsy pompette
tiptoets touche *v* à effleurement
tirade tirade *v*
tiramisu cul tiramisu *m*
tiran tyran *m*
Tirana Tirana *v*
tirannie tyrannie *v*
tiranniek tyrannique
tiranniseren tyranniser

Tirol Tyrol *m* ★ *in ~* au Tyrol
Tirools tyrolien [v: tyrolienne]
tissue *zakdoekje* mouchoir *m* en papier, kleenex *m*
titan titan *m*
titanenstrijd combat *m* titanesque
titanium titane *m*
titel ❶ *benaming* titre *m* ★ *het boek is uitgegeven onder een andere ~* le livre est paru sous un autre titre ❷ *waardigheid* titre *m* ★ *academische ~* grade *m* / titre *m* universitaire ★ *een ~ voeren* porter un titre ★ *op persoonlijke ~* à titre personnel ★ BN *ten ~ van* à titre de
titelblad (page *v* de) titre *m*
titelgevecht match *m* de championnat
titelhouder tenant *m* du titre [v: tenante...]
titelkandidaat prétendant *m* au titre
titelrol ❶ *hoofdrol* rôle-titre *m* [mv: rôles-titres] ❷ *naam- / titellijst* générique *m*
titelsong chanson *v* titre
titelverdediger tenant *m* du titre [v: tenante...]
titularis ❶ BN onderw *klassenleraar* professeur *m* principal, BelgFr titulaire *m/v* (de classe) ❷ BN sport *vaste speler* titulaire *m/v* ❸ BN *rekeninghouder* titulaire *m/v* (de compte)
titulatuur ❶ *titels* titulature *v* ❷ *betiteling* qualification *v*
tja ma foi, ouais
tjalk galiote *v*
tjaptjoi cul chop *m* suey
tjee oh là là!
tjilpen pépier, gazouiller
tjokvol bondé, comble
t.k.a. *te koop aangeboden* A.V., à vendre
T-kruising croisement *m* en T
tl-buis (tube *m* au) néon *m*
t.n.v. *ten name van* au nom de
t.o. *tegenover* en face de
toast *brood* toast *m*
toasten *brood roosteren* griller
toaster grille-pain *m* [mv: id.]
toastje toast *m* ★ *een ~ met zalm* un canapé au saumon
tobbe baquet *m*, cuve *v*
tobben ❶ *piekeren* se faire du souci, se tracasser (**over** pour) ❷ *sukkelen* avoir des problèmes / soucis (**met** de) ★ *met zijn gezondheid ~* avoir des soucis de santé ❸ *zwoegen* peiner
tobber anxieux *m* [v: anxieuse]
tobberig bileux [v: bileuse]
toch ❶ *desondanks* cependant, pourtant, tout de même, quand même ★ *en toch heeft hij geen gelijk* et pourtant il n'a pas raison ★ *het is hem toch nog gelukt* finalement il a réussi ★ *en toch* et pourtant ★ *ik doe het toch!* je le ferai quand même! ★ *hij zal toch moeten beslissen* de toute façon il devra prendre sa décision ❷ *bij vraag om bevestiging* non? ★ *je weet toch dat hij weg is?* tu sais qu'il est parti, non? ★ *je bent toch niet ook nog eens een keer ziek?* tu n'es pas malade, au moins? ★ *je neemt er toch zeker geen zes?!* tu ne vas quand même pas en prendre six, j'espère! ★ *dat kun je toch niet willen?* est-ce bien raisonnable? ❸ *immers* en effet, de toute façon ★ *ik zeg het je toch* puisque je te le dis ★ *toch heeft hij zijn plicht gedaan* de toute façon, il a fait son devoir ★ *het is toch al te laat* de toute façon, il est déjà trop tard ❹ *als nadruk* donc ★ *kom toch hier!* viens donc ici! ★ *wat doe je toch?* qu'est-ce que tu es en train de faire au juste? ★ *wat heeft hij toch?* mais qu'est-ce qu'il lui arrive? ★ *hou toch eens op!* arrête donc! ❺ *als wens* au fond ★ *vertel me toch eens* raconte-moi un peu ❻ *nu eenmaal* de toute façon
tocht ❶ *luchtstroom* courant *m* d'air ★ *op de ~ zitten* être dans un courant d'air ★ fig *op de ~ staan* être précaire / menacé ❷ *reis* voyage *m*, ⟨dagtocht⟩ excursion *v*, promenade *v*, ⟨zwerf- / trektocht⟩ randonnée *v*, ⟨rondgang⟩ tournée *v* ★ *een ~ maken* faire un voyage ★ *een ~je met de auto maken* faire une promenade en voiture
tochtdeur contre-porte *v* [mv: contre-portes]
tochten ★ *het tocht hier* il y a un courant d'air ici
tochtgat ❶ *gat waardoor het tocht* trou *m* à courants d'air, ⟨aangebracht trekgat⟩ ventouse *v* ❷ *plaats, ruimte* trou *m* à courants d'air
tochtig ❶ *met veel tocht* exposé aux courants d'air ★ *een ~ huis* une maison pleine de courants d'air ❷ *bronstig* en chaleur
tochtlat *tochtwerende lat* bourrelet *m*
tochtstrip bourrelet *m* (adhésif)
tochtwerend contre les courants d'air
toe vers ★ *tot hier toe* jusqu'ici ★ *tot het eind toe* jusqu'au bout ★ *tot drie keer toe* par trois fois ★ *waar wil je naar toe?* où veux-tu en venir? ★ *naar het oosten toe* vers l'est ★ *waar moet dat naar toe?* où allons-nous? ★ *dat is tot daaraan toe, maar ...* ça passe encore, mais... ❶ *erbij* en plus ★ *ook al kreeg ik geld toe* à aucun prix ★ *er is fruit toe* il y a des fruits comme dessert ❷ reg *dicht* fermé ❸ *aan toe* ★ *daar ben ik nog niet aan toe* je n'en suis pas encore là ★ *ik ben toe aan een borrel* j'ai besoin d'un petit verre ★ *niet weten waar men aan toe is* ne pas savoir à quoi s'en tenir ★ *zij is er slecht aan toe* elle va mal ★ *ik kom er niet toe* je ne puis m'y résoudre allons! ★ *toe maar!* ⟨verontwaardigd⟩ eh bien alors!, ⟨aanmoedigend⟩ vas-y!, ⟨verbaasd⟩ rien que ça! ★ *toe nou!* allez!, mais enfin!
toebedelen attribuer (**aan** à)
toebehoren I *het* accessoires *m mv* **II** *onov ww*, **~ aan** appartenir à
toebereiden préparer ★ *eten ~* préparer à manger
toebrengen infliger, donner ★ *iem. een klap ~* porter un coup à qn ★ *een wond ~* blesser ★ *schade ~* nuire (à)
toeclip cale-pied *m* [mv: cale-pied(s)]
toedekken ★ *warm ~* border chaudement
toedeloe ciao
toedichten attribuer (**aan** à)
toedienen *geven* administrer, donner (**aan** à) ★ *een geneesmiddel ~* administrer un médicament
toedoen intervention *v*, concours *m* ★ *buiten mijn ~* sans que j'y sois pour rien ★ *door ~ van* grâce à l'intervention de, ⟨schuld⟩ à cause de
toedracht circonstances *v mv* ★ *de ~ van de zaak* le déroulement de l'affaire ★ *de ware ~* le fin mot (de l'histoire)
toedragen porter (à) ★ *iem. een warm hart ~* vouloir du bien à qn ★ *iem. haat ~* avoir /

éprouver de la haine pour qn
toe-eigenen [**zich** ~] s'approprier, s'adjuger
toef ⟨plukje⟩ touffe *v*, ⟨beetje⟩ brin *m* ★ *een toefje slagroom* une rosette de chantilly
toegaan *gebeuren* se passer ★ *het gaat er daar vreemd aan toe* il se passe des drôles de choses là-bas
toegang ❶ *mogelijkheid tot toegang* accès *m* (**tot** à) ★ ⟨opschrift⟩ *verboden* ~ entrée *v* interdite ★ *vrije* ~ entrée *v* libre ★ ~ *hebben tot* avoir accès à ★ *iem.* ~ *verlenen tot* admettre qn à / dans ★ *zich* ~ *verschaffen* s'introduire ❷ *ingang* entrée *v*
toegangsbewijs billet *m* d'entrée, ticket *m*
toegangscode code *m* d'accès, ⟨v. deur⟩ digicode *m*
toegangsexamen BN onderw *toelatingsexamen* examen *m* d'admission / d'entrée
toegangsnummer ★ ⟨telefoon⟩ *internationaal* ~ indicatif *m* international
toegangsprijs entrée *v*, prix *m* d'entrée
toegangsweg voie *v* d'accès
toegankelijk ❶ *te bereiken, opengesteld* accessible (**voor** à) ★ *het terrein was moeilijk* ~ c'était un terrain d'accès difficile ★ ~ *voor publiek* ouvert au public ❷ fig *open* accessible, ouvert ★ ~ *voor nieuwe ideeën* ouvert aux idées nouvelles ★ *zij is helemaal niet* ~ elle est inaccessible
toegedaan ❶ *aanhangend* partisan de ★ *de mening* ~ *zijn dat ...* être d'avis que ... ★ *een principe* ~ *zijn* adhérer à un principe, avoir pour principe ... ❷ *gunstig gezind* attaché à, dévoué à ★ *iem.* ~ *zijn* être attaché à qn
toegeeflijk I *bn* indulgent ★ ~ *zijn tegenover kinderen* être indulgent avec les enfants **II** *bw* avec indulgence
toegenegen affectionné, dévoué ★ *iem.* ~ *zijn* affectionner qn
toegepast appliqué
toegeven I *ov ww* ❶ *extra geven* donner en plus ❷ *erkennen* admettre ★ *toegegeven!* d'accord, soit **II** *onov ww* ❶ *inschikkelijk zijn* se montrer accommodant / conciliant ★ *van geen* ~ *willen weten* être intransigeant ★ *over en weer wat* ~ couper la poire en deux ❷ *geen weerstand bieden* céder (**aan** à) ★ *hij gaf toe aan zijn verlangens* il a cédé à ses désirs ★ *elkaar (in) niets* ~ se valoir, ne se le céder en rien
toegevend ❶ *meegaand* indulgent ❷ taalk ★ ~*e zin* proposition *v* concessive
toegevendheid indulgence *v*
toegewijd dévoué
toegift extra *m*, muz bis *m* ★ *een* ~ *geven* jouer un morceau supplémentaire
toehappen ❶ *happen* mordre ❷ fig *ingaan op* marcher, ⟨bij buitenkansje⟩ saisir l'occasion
toehoorder *luisteraar* auditeur *m* [v: auditrice] ★ *de* ~*s* l'auditoire *m*
toejuichen ❶ *juichend begroeten* applaudir ★ *een zanger* ~ applaudir un chanteur ❷ *goedkeuren* applaudir à ★ *een maatregel* ~ applaudir à une mesure
toekan toucan *m*
toekennen ❶ *verlenen* accorder, ⟨v. bedrag⟩ allouer, ⟨v. macht, recht⟩ conférer, ⟨v. prijs⟩ décerner ★ *een prijs* ~ *aan iem.* décerner un prix à qn ★ *een premie* ~ *aan iem.* allouer / donner une prime à qn ★ *iem. een voorrecht* ~ accorder un privilège à qn ❷ *erkennen* attribuer, reconnaître ★ *waarde* ~ *aan iets* accorder de la valeur à qc
toekijken regarder ★ *oplettend* ~ regarder attentivement
toeknikken faire un signe de tête à
toekomen ❶ *naderen* ★ *op iem.* ~ s'avancer vers qn ❷ *gezonden worden* ★ *bijgaand doen wij u onze documentatie* ~ par la présente, nous vous faisons parvenir la documentation ❸ ~ **aan** *toebehoren aan* revenir à ★ *ieder wat hem toekomt* à chacun son dû ❹ ~ **aan** *tijd vinden voor* ★ *ergens aan* ~ (en) arriver à qc, trouver le temps de faire qc ❺ ~ **met** s'en sortir avec, joindre les deux bouts avec ★ *daar kom ik niet mee toe* cela ne me suffit pas
toekomst avenir *m* ★ *in de* ~ à l'avenir ★ *in de naaste* ~ dans un avenir proche, dans un proche avenir ★ *in de nabije* ~ dans un avenir proche ★ *de* ~ *voorspellen* prédire l'avenir
toekomstig futur, ⟨komend⟩ à venir
toekomstmuziek rêves *m mv* ★ *dat is* ~ inform c'est pas pour demain
toekomstperspectief perspectives *v mv*
toekomstvisie vision *v* de l'avenir
toelaatbaar admissible ★ *niet* ~ inadmissible
toelachen ❶ *lachen tegen* sourire à ❷ fig *gunstig gezind zijn* sourire à ★ *het geluk lacht hem toe* la chance lui sourit
toelage ❶ *toeslag* rallonge *v* ❷ *geldelijke uitkering* allocation *v* ❸ BN *subsidie* subvention *v*
toelaten ❶ *binnenlaten* admettre ❷ *accepteren* accepter ❸ *goedvinden* permettre, autoriser, ⟨dulden⟩ admettre ★ *de toegelaten snelheid* la vitesse autorisée ❹ BN *in staat stellen* permettre
toelating ❶ *het goedvinden* permission *v* ❷ *het accepteren* admission *v*
toelatingseis condition *v* d'admission
toelatingsexamen onderw examen *m* d'admission / d'entrée
toelatingsnorm condition *v* d'admission
toelatingsprocedure procédure *v* d'admission
toeleggen I *ov ww*, ~ **op** *bijbetalen aan*, ajouter ★ *er geld op toe moeten leggen* en être de sa poche **II** *wkd ww* [**zich** ~] ~ **op** *zich wijden aan* se consacrer à
toeleverancier fournisseur *m*, sous-traitant *m*
toeleveren fournir
toelichten expliquer, éclaircir, commenter
toelichting éclaircissement *m*, explication *v*
toeloop affluence *v* ★ *grote* ~ *hebben* être très couru
toelopen ❶ *komen aanlopen* s'approcher, ⟨toesnellen⟩ accourir, ⟨samenstromen⟩ affluer ★ *op iem.* ~ s'avancer vers qn ★ *het volk kwam toegelopen* les gens affluaient ❷ *uitlopen* ★ *spits* ~ se terminer en pointe
toemaatje BN (petit) extra *m*
toen I *bw* ❶ *vervolgens* puis, alors ❷ *in die tijd* alors, à l'époque ★ *van toen af (aan)* dès lors **II** *voegw* lorsque, quand ★ *juist toen hij wegging* comme il sortait
toenadering rapprochement *m* ★ ~ *zoeken tot* chercher à se rapprocher de, faire des avances à

toenaderingspoging avances *v mv*
toename augmentation *v*, accroissement *m*
toendra toundra *v*
toenemen augmenter, croître, s'accroître, ⟨verhevigen⟩ s'intensifier, redoubler ★ *de werkloosheid neemt toe* le chômage s'accroît ★ *de bevolking neemt toe* il y a une croissance démographique ★ *in omvang ~* prendre de l'ampleur ★ *in ~de mate* de plus en plus
toenmaals à l'époque, alors
toenmalig d'alors, de l'époque ★ *de ~e minister* le ministre de lépoque
toepasbaar applicable
toepasselijk ❶ *passend* approprié, bien placé ★ *een ~ cadeau* un cadeau approprié ❷ *van kracht* applicable (**op** à)
toepassen appliquer (**op** à)
toepassing application *v* ★ *in ~ brengen* mettre en pratique ★ *van ~ zijn op* s'appliquer à ★ *doorhalen wat niet van ~ is* rayer les mentions inutiles
toer ❶ *omwenteling* tour *m*, révolution *v* ★ *op volle toeren draaien* ook fig marcher à plein régime ★ *een motor op toeren laten komen* faire prendre des tours au moteur ★ *over zijn toeren zijn* criser, être retourné ❷ *reis* tour *m*, excursion *v* ❸ *kunstje* tour *m* (d'adresse) ★ *acrobatische toeren* acrobaties *v mv* ★ *halsbrekende toeren uithalen* jouer les casse-cou ★ *dat is een hele toer* c'est tout un travail ❹ *reeks breisteken* rang *m*
toerbeurt tour *m* ★ *bij ~* à tour de rôle
toereikend suffisant ★ *~ zijn* suffire
toerekeningsvatbaar responsable (de ses actes)
toeren faire une promenade / un tour, ⟨op tournee⟩ être en tournée ★ *een eindje ~ met de auto* faire une promenade en voiture
toerental régime *m* ★ *te hoog ~* surrégime
toerenteller compte-tours *m* [mv: id.]
toerfiets randonneuse *v*
toerisme tourisme *m*
toerist touriste *m/v*
toeristenbelasting taxe *v* de séjour
toeristenkaart *reisdocument* ≈ carte *v* d'identité
toeristenklasse classe *v* touriste
toeristenmenu menu *m* touristique
toeristensector industrie *v* du tourisme
toeristisch touristique
toermalijn tourmaline *v*
toernooi tournoi *m*
toeroepen ★ *iem. iets ~* crier qc à qn
toertocht randonnée *v* (récréative)
toerusten équiper (**met** de) ★ *toegerust zijn met* être armé / équipé de
toeschietelijk accommodant, bienveillant ★ *niet erg ~ zijn* être peu liant
toeschieten accourir, s'élancer
toeschijnen sembler, paraître ★ *het schijnt me toe* il me semble
toeschouwer spectateur *m* [v: spectatrice]
toeschrijven ❶ *toekennen* attribuer (à) ★ *men schrijft dit werk aan Jeroen Bosch toe* cet œuvre est attribué à Jérôme Bosch ❷ *wijten* imputer (à) ★ *het ongeluk is toe te schrijven aan het slechte weer* l'accident est imputable au mauvais temps
toeslaan *zijn slag slaan* frapper
toeslag supplément *m*, ⟨heffing⟩ surtaxe *v*

toesnellen accourir, s'élancer
toespelen envoyer, passer ★ *elkaar de bal ~* se passer le ballon, fig renvoyer l'ascenseur ★ *informatie ~* faire passer de l'information
toespeling allusion *v* ★ *een ~ maken op* faire allusion à ★ *een bedekte ~* un sous-entendu
toespitsen ❶ *concentreren op* focaliser (**op** sur), diriger (**op** sur) ★ *zich ~ op* se focaliser sur ❷ *op de spits drijven* envenimer ★ *met die opmerking spitste hij het conflict toe* en disant cela il a envenimé le conflit
toespraak discours *m*, ⟨kort⟩ allocution *v* ★ *een ~ houden* faire / prononcer un discours
toespreken adresser la parole à, s'adresser à ★ *ik zal hen ernstig ~* je leur dirai deux mots
toestaan permettre ★ *zwemmen niet toegestaan* baignade *v* interdite
toestand ❶ *situatie* situation *v*, ⟨gesteldheid⟩ état *m*, condition *v* ★ *hoe is de ~ nu?* comment est la situation actuelle? ★ *de ~ van de wegen* l'état des routes ★ *de politieke ~* la situation politique ★ *in goede ~* en bonne condition ★ *in een slechte ~* en mauvais état ❷ *gedoe* histoire *v* ★ *wat een ~!* quelle histoire!
toesteken I *ov ww, aanreiken* tendre ★ *iem. de hand ~* tendre la main à qn ★ *de helpende hand ~* donner un coup de main II *onov ww, steken* porter un coup
toestel ❶ *apparaat* appareil *m*, ⟨radio, tv⟩ poste *m*, ⟨van gymnastiek⟩ agrès *m mv* ❷ *vliegtuig* avion *m*, appareil *m*
toestemmen consentir (**in** à)
toestemming permission *v*, consentement *m* ★ *met ~ van* autorisé par ★ *zonder mijn ~* sans ma permission ★ *~ geven voor* autoriser ★ *~ krijgen* avoir la permission
toestoppen ❶ *geven* glisser (dans la main de) ★ *zij stopte hem tien euro toe* elle lui a glissé dix euros ❷ *toedekken* couvrir, ⟨instoppen⟩ border ★ *de kinderen lekker ~* bien border les enfants
toestromen affluer, se rendre en foule
toet *gezicht* frimousse *v*
toetakelen ❶ *ruw aanpakken* malmener, inform abîmer ★ *iem. lelijk ~* salement amocher qn ❷ *opdirken* accoutrer, inform fagoter ★ *zich ~* se fagoter
toetasten *zich bedienen* se servir ★ *tast toe!* sers-toi!, servez-vous!
toeten ▼ *hij weet van ~ noch blazen* il ne sait rien de rien
toeter I *de* ❶ *blaasinstrument* corne *v* ★ *met alle ~s en bellen* et tout le tralala ❷ *claxon* klaxon *m* II *bn, dronken* beurré
toeteren I *ov ww, hard zeggen* claironner II *onov ww* ❶ *op een toeter blazen* corner ❷ *claxonneren* klaxonner, donner des coups de klaxon
toetje *dessert* dessert *m*
toetreden ~ **tot** adhérer à ★ *zij is toegetreden tot de raad* elle est devenue membre du conseil
toetreding adhésion *v*, affiliation *v* (**tot** à)
toets ❶ *test* test *m*, épreuve *v*, ⟨op school⟩ interrogation *v* ★ *afsluitende ~* épreuve finale ★ *iets aan een ~ onderwerpen* tester qc ★ *de ~ der kritiek kunnen doorstaan* soutenir l'épreuve ❷ *druktoets* touche *v* ★ *de ~en van een piano* les touches d'un piano, le clavier d'un piano ★ *een ~*

aanslaan frapper une touche
toetsen *op de proef stellen, nagaan* examiner, tester ★ *aan de praktijk* ~ vérifier en pratique / par les faits
toetsenbord clavier *m*
toetsenist claviériste *m/v*
toetsing test *m*, vérification *v* ★ ~ *van een theorie aan de feiten* vérification d'une théorie par les faits ★ ~ *aan de grondwet* contrôle *m* de la constitutionnalité
toetssteen pierre *v* de touche
toeval ❶ *omstandigheid* hasard *m* ★ *een gelukkig* ~ un coup de chance / de hasard ★ *het is stom* ~ c'est un pur hasard ★ *niets aan het* ~ *overlaten* ne rien laisser au hasard ★ *bij* ~ par hasard ★ *het* ~ *wil dat* le hasard veut que ❷ med attaque *v*, crise *v* (d'épilepsie)
toevallen ❶ *dichtvallen* se fermer ★ *de deur viel toe* la porte s'est fermée ❷ *ten deel vallen* échoir (**aan** à)
toevallig I *bn* dû au hasard [v: due...], accidentel [v: accidentelle], fortuit **II** *bw* ❶ *bij toeval* par hasard ❷ *misschien* par hasard ❸ *omdat het nu eenmaal zo is* ★ *daar heb je* ~ *niets mee te maken* il se trouve que cela ne te regarde pas
toevalstreffer ❶ lett but *m* marqué par hasard ❷ fig hasard *m*, inform coup *m* de bol
toeven séjourner, demeurer ★ *het is hier goed* ~ on est bien ici
toeverlaat refuge *m* ★ *zij is mijn steun en* ~ elle est ma providence
toevertrouwen ❶ *in vertrouwen overlaten aan* confier (à) ★ *iem. iets* ~ confier qc à qn ★ *dat kun je hem wel* ~ compte sur lui! ❷ *in vertrouwen zeggen* confier (à) ★ *iem. een geheim* ~ confier un secret à qn
toevloed affluence *v*, afflux *m*, flot *m*
toevlucht recours *m* ★ *(je)* ~ *nemen tot* recourir à, avoir recours à
toevluchtsoord refuge *m*, asile *m*
toevoegen ❶ *erbij doen* ajouter (à) ★ *zout* ~ ajouter du sel ★ *daar heb ik niets aan toe te voegen* je n'ai rien à ajouter ❷ *zeggen tegen* adresser, lancer ★ *iem. beledigingen* ~ lancer des insultes à qn
toevoeging ❶ *het toevoegen* addition *v*, adjonction *v* ❷ *toevoegsel* additif *m* ★ *zonder kunstmatige ~en* sans additifs artificiels
toevoer ⟨van gas, water⟩ amenée *v*, ⟨van waren⟩ arrivage *m*, alimentation *v*
toevoerkanaal canal *m* d'adduction / d'amenée
toewensen souhaiter (à)
toewijding ❶ *zorg* dévouement *m* ❷ *vroomheid* consécration *v*
toewijzen ❶ *toekennen* attribuer (à), accorder (à), ⟨gunnen⟩ adjuger (à), ⟨bestemmen⟩ affecter (à), assigner (à) ★ *de kinderen worden aan de moeder toegewezen* la garde des enfants est attribuée à la mère ❷ *tot rechtmatig verklaren* ★ *een eis* ~ accorder une demande
toezeggen promettre ★ *iem. iets* ~ promettre qc à qn
toezegging promesse *v*
toezenden envoyer, expédier, faire parvenir
toezicht surveillance *v* ★ *de raad van* ~ le conseil de surveillance ★ *onder* ~ *staan* être surveillé, être sous surveillance ★ ~ *houden op* surveiller ★ *onder* ~ *van* sous la surveillance de
toezien ❶ *toekijken* regarder ★ *machteloos* ~ *hoe iets gebeurt* assister impuissant à une scène ❷ *toezicht houden* surveiller ★ ~ *op* surveiller ★ *erop* ~ *dat...* veiller à ce que...
tof *leuk* chouette, chic [onver.], sympa, cool ★ *een toffe jongen* un gars sympa
toffee caramel *m*
tofoe tofu *m*
toga ❶ *ambtsgewaad* robe *v* ❷ *Romeins kledingstuk* toge *v*
Togo le Togo ★ *in Togo* au Togo
Togolees togolais
toilet ❶ *wc* toilettes *v mv* ★ *naar het* ~ *gaan* aller aux toilettes ★ *chemisch* ~ W.-C. *m* chimiques ★ *openbaar* ~ toilettes publiques ❷ *kleding* toilette *v* ❸ *het zich optutten* toilette *v* ★ ~ *maken* faire sa toilette
toiletartikelen articles *m mv* de toilette
toiletjuffrouw dame *v* des lavabos, inform madame *v* pipi
toiletpapier papier *m* toilette
toiletpot cuvette *v*
toiletreiniger détergent *m* pour toilettes
toiletrol rouleau *m* de papier toilette [mv: rouleaux...]
toilettafel coiffeuse *v*
toilettas trousse *v* de toilette
toiletverfrisser désodorisant *m* W.-C.
toiletzeep savon *m* de toilette
toitoitoi bonne chance!, inform merde!
tok cot cot
Tokio Tokyo *m*
Tokioos tokyote
tokkelen *spelen instrument* ★ *op de harp* ~ pincer / jouer de la harpe ★ *een liedje* ~ jouer un air
tokkelinstrument instrument *m* à cordes pincées
toko ❶ *winkel* bazar *m* ❷ inform *bedrijf* boîte *v*
tol ❶ *speelgoed* toupie *v* ❷ *tolgeld* péage *m*, fig prix *m* (à payer), rançon *v* ★ *tol heffen* percevoir un péage ★ *tol betalen* payer un péage ★ *de oorlog eist zijn tol* c'est la rançon de la guerre
tolerant tolérant
tolerantie ❶ *verdraagzaamheid* tolérance *v* ❷ *toegestane afwijking* tolérance *v*
tolereren tolérer
tolgeld péage *m*
tolheffing perception *v* de / du péage
tolhuis (poste *m* de) péage *m*
tolk ook fig interprète *m/v*
tolken servir d'interprète, traduire
tolk-vertaler traducteur-interprète *m* [m mv: traducteurs-interprètes] [v: traductrice-interprète]
tollen ❶ *met een tol spelen* jouer à la toupie ❷ *ronddraaien* tourner (comme une toupie) ★ *mijn hoofd tol ervan* la tête m'en tourne ★ ~ *van vermoeidheid* tomber de fatigue
toltunnel tunnel *m* à péage
tolvrij exempt de péage
tolweg (auto)route *v* à péage
tomaat ❶ *vrucht* tomate *v* ❷ *plant* tomate *v*
tomahawk tomahawk *m*, tomawak *m*

tomatenketchup ketchup *m*
tomatenpuree concentré *m* de tomates
tomatensap culin jus *m* de tomate
tomatensoep culin potage *m* aux tomates
tombe tombeau *m* [mv: tombeaux]
tompoes millefeuille *m*
ton ❶ *vat* tonneau *m* [mv: tonneaux] ★ *zo rond als een tonnetje* rondelet [v: rondelette] ❷ *boei* balise *v* ❸ *gewicht* tonne *v* ❹ *hoeveelheid geld* 100.000 euros *m mv*, inform dix briques *v mv* ❺ *inhoudsmaat* tonneau *m* [mv: tonneaux] ★ *een schip van 10.000 ton* un bateau de 10.000 tonneaux
tondeuse tondeuse *v*
toneel ❶ *dramatische kunst* théâtre *m*, ⟨aanstellerij⟩ cirque *m* ★ *bij het ~ gaan* aller faire du théâtre ★ *bij het ~ zijn* faire du théâtre ❷ *deel van bedrijf* scène *v* ❸ *podium* scène *v*, ⟨plaats van handeling⟩ théâtre *m* ★ *van het ~ verdwijnen* quitter la scène, disparaître (de la circulation) ★ *ten tonele verschijnen* entrer en scène, faire son apparition ★ *het ~ van de strijd* le théâtre des opérations ❹ *tafereel* scène *v*
toneelgezelschap troupe *v*, compagnie *v*
toneelgroep groupe *m* théatral
toneelkijker jumelles *v mv*, lorgnette *v*
toneelknecht machiniste *m/v*
toneelmeester régisseur *m* [v: régisseuse]
toneelschool onderw école *v* d'art dramatique, conservatoire *m*
toneelschrijver auteur *m* dramatique, dramaturge *m/v*
toneelspel ❶ *het spelen* jeu *m* ❷ *stuk* pièce *v* (de théâtre) ❸ *aanstellerij* cirque *m*
toneelspelen ❶ *acteren* faire du théâtre ❷ *zich aanstellen* jouer la comédie, faire du cinéma
toneelspeler ❶ *acteur* acteur *m* [v: actrice] ❷ *aansteller* comédien *m* [v: comédienne]
toneelstuk pièce *v* de théâtre
toneelvereniging cercle *m* dramatique
tonen I *ov ww, laten zien* montrer, faire voir ★ ~ *wat men kan* donner toute sa mesure ★ *belangstelling ~* manifester son intérêt **II** *onov ww, eruitzien* faire un effet **III** *wkd ww* [**zich** ~] *betonen* se montrer ★ *zich ergens toe in staat ~* se montrer capable de qc
toner comp toner *m*
tong ❶ anat langue *v* ★ *een beslagen tong* une langue chargée ★ *met de tong uit de bek* au bout du rouleau ★ *het smelt op de tong* ça fond dans la bouche ★ *zijn tong uitsteken tegen iem.* tirer la langue à qn ★ *boze tongen beweren* les mauvaises langues prétendent ★ *een scherpe tong hebben* avoir la langue acérée ★ *met een dubbele / dikke tong spreken* avoir la langue pâteuse ★ *met gespleten tong spreken* tenir un double langage ★ *het ligt me op de tong* je l'ai sur le bout de la langue ★ *zich op de tong bijten* se mordre la langue ★ *hij gaat over de tong* il fait les frais de la conversation, il défraye la chronique ★ *rad / rap van tong zijn* avoir la langue bien pendue ★ BN *zijn tong ingeslikt hebben* avoir avalé sa langue ★ *de tongen kwamen los* les langues se déliaient ❷ cul *orgaan als vleesgerecht* langue *v* ❸ *vis* sole *v*
tongen ★ ~ *met iem.* rouler une pelle à qn, inform galocher
tongfilet filet *m* de sole
tongriem ★ *goed van de ~ gesneden zijn* avoir la langue bien pendue
tongval ❶ *accent* accent *m* ❷ *dialect* patois *m*
tongzoen baiser *m* langue en bouche, inform pelle *v*, patin *m*, galoche *v* ★ *iem. een ~ geven* rouler une pelle a qn
tongzoenen se rouler une pelle, inform galocher
tonic tonic *m*
tonicum tonique *m*
tonijn thon *m*
tonisch tonique
tonnage *inhoud, grootte van een schip* tonnage *m*
tonnetjerond rondelet [v: rondelette]
tonsuur tonsure *v*
tonus tonus *m*
toog ❶ *priestertoga* soutane *v* ❷ *tapkast* comptoir *m*, inform zinc *m* ❸ BN *balie* comptoir *m*
tooi parure *v*
tooien parer (**met** de)
toom bride *v* ★ *in toom houden* refréner, contenir
toon ❶ *klank* ton *m*, muz son *m* ★ *de hoge tonen* les sons aigus, l'aigu ★ *de lage tonen* les sons graves ★ *zuivere tonen* des tons purs / justes ★ *valse toon* un ton faux ★ *uit de toon vallen* détonner ★ *de toon aangeven* ook fig donner le ton ❷ *klankkleur* timbre *m* ★ *mooi van toon zijn* avoir un beau timbre ❸ *stembuiging* ton *m* ★ *iets op gedempte toon zeggen* dire qc à mi-voix ★ *op zachte toon* d'une voix douce ★ *de toon van haar stem* le timbre de sa voix ★ *op barse toon* d'un ton sec ★ *de juiste toon vinden / treffen* trouver le ton juste, être dans la note ★ *een andere toon aanslaan* changer de ton ★ *een hoge toon aanslaan* le prendre de haut si tu le prends sur ce ton ★ *iem. een toontje lager laten zingen* faire baisser le ton à qn, obliger qn d'en rabattre ❹ *kleurschakering* ton *m*
toonaangevend qui donne le ton, influent
toonaard ton *m* ★ *in alle ~en* sur tous les tons
toonbaar présentable
toonbank comptoir *m* ★ *achter de ~ staan* être derrière le comptoir ★ *onder de ~ verkopen* vendre sous le manteau ★ *over de ~ gaan* se vendre
toonbeeld modèle *m* ★ *een ~ van geduld* un modèle de patience
toonder ★ *aan ~* au porteur
toonhoogte ton *m*
toonkunst musique *v*
toonladder gamme *v* ★ *~s spelen* faire des gammes
toonloos ❶ taalk atone ❷ *zonder veel klank* ★ *toonloze stem* voix *v* blanche / monotone / terne
toonsoort ton *m*, mode *m*
toonvast qui tient le ton
toonzaal salle *v* d'exposition
toorn courroux *m*, colère *v* ★ *in ~ ontsteken* se mettre en colère
toorts *fakkel* torche *v*, flambeau *m* [mv: flambeaux]
toost *heildronk* toast *m* ★ *een toast uitbrengen op* porter un toast à, trinquer à la santé de
toosten porter un toast ★ *~ op* porter un toast à,

trinquer à la santé de
top I *de* ❶ lett *(hoogste) punt* sommet *m*, ⟨kruin⟩ cime *v*, ⟨van gebouw⟩ faîte *m*, ⟨van vinger⟩ bout *m* ★ *de hoogste toppen van de Alpen* les points *m mv* culminants des Alpes ★ *de vlag in top* pavillon *m* haut, pavillon à bloc ★ *van top tot teen* des pieds à la tête ❷ fig *hoogtepunt* sommet *m*, ⟨toppunt⟩ comble *m* ★ *aan de top staan* être au sommet ★ *de onbeschaamdheid ten top* le comble d'insolence ★ *ten top stijgen* arriver à son comble, atteindre son apogée ★ *iets ten top voeren* pousser qc à l'extrême ★ BN *hoge toppen scheren* voler haut, atteindre des sommets ❸ *de besten; hoogste leiding* élite *v*, ⟨van instelling⟩ direction *v*, mil état-major *m*, ⟨leiders⟩ sommités *v mv*, dirigeants *m mv* ★ *de top tien* le top dix, le top-dix ★ *de top van de partij* les dirigeants du parti ❹ *topconferentie* sommet *m* ❺ *kledingstuk*→ **topje II** *tussenw* tope
topaas topaze *v*
topambtenaar haut fonctionnaire *m*
topberaad réunion *v* / concertation *v* au sommet
topclub club *m* vedette, club de premier plan
topconditie superforme *v*
topconferentie (conférence *v* au) sommet *m*
top-down top-down
topdrukte affluence *v* record
topfunctie haute fonction *v*
topfunctionaris haut fonctionnaire *m*
tophit tube *m*
topjaar année *v* record
topje *kledingstuk* haut *m*, débardeur *m*, top *m* ▾ *het ~ van de ijsberg* la partie visible de l'iceberg
topklasse classe *v* supérieure
topless seins nus
topman grand patron *m*
topniveau top-niveau *m*, inform top *m*
topografie topographie *v*
topografisch topographique
topontmoeting (rencontre *v* au) sommet *m*
topoverleg réunion *v* / concertation *v* au sommet
topper ⟨groot succes⟩ succès *m*, ⟨film (enz.)⟩ film *m* (etc.) à succès, ⟨topfiguur⟩ grand *m*, ⟨hoogtepunt⟩ grand moment *m*, temps *m* fort, ⟨wedstrijd⟩ match *m* phare
topping nappage *m*
topprestatie performance *v*, exploit *m*
toppunt ❶ *hoogste punt* sommet *m* ❷ fig *uiterste* apogée *v*, summum *m*, comble *m* ★ *dat is het ~!* c'est le comble! ★ *het ~ van geluk* le comble du bonheur ★ *het ~ van dwaasheid* le comble de la bêtise ★ *op het ~ van* à l'apogée de
topscore score *m* record
topscorer meilleur buteur *m*
topsnelheid vitesse *v* de pointe
topspin lift *m* ★ *~ geven aan een bal* lifter une balle
topsport sport *m* de haute compétition, sport de haut niveau
topvorm superforme *v* ★ *in ~* en pleine forme, au meilleur de sa forme, au top
topzwaar trop chargé en hauteur
tor coléoptère *m*, inform scarabée *m*
toren ❶ *bouwwerk* tour *v*, ⟨van kerk⟩ clocher *m* ★ *de scheve ~ van Pisa* la tour penchée de Pise ★ *de ~ van Babel* la tour de Babel ★ *hoog van de ~ blazen* avoir la grosse tête ❷ *schaakstuk* tour *v*
torenflat tour *v*
torenhoog colossal [m mv: colossaux] ★ *~ tegen iem. opkijken* être en admiration devant qn ★ *~ uitsteken boven* dominer
torenklok ❶ *uurwerk* horloge *v* ❷ *luiklok* cloche *v*
torenspits flèche *v*
torenvalk (faucon *m*) crécerelle *v*
tornado tornade *v*
tornen I *ov ww, losmaken* découdre, défaire **II** *onov ww*, *~* **aan** ★ *daar valt niet aan te ~* on ne peut rien y changer, il n'y a pas à tortiller
torpederen ❶ lett mil torpiller ❷ fig torpiller ★ *een plan ~* torpiller un projet
torpedo torpille *v*
torpedoboot torpilleur *m*
torpedojager contre-torpilleur *m* [mv: contre-torpilleurs]
torsen coltiner, fig être accablé par
torsie torsion *v*
torso ❶ *romp* torse *m* ❷ *beeld* torse *m*
tortelduif tourterelle *v* ★ fig *~jes* tourtereaux *m mv*
tortilla tortilla *v*
Toscaans toscan
toss coup *m* de pile ou face
tossen jouer à pile ou face
tosti croque-monsieur *m* [mv: id.]
tosti-ijzer grille-pain *m* croque-monsieur [mv: grille-pain(s)...]
tot I *vz* ❶ *een grens aanduidend* jusqu'à, jusque ★ *tot 1 mei* jusqu'au premier mai ★ *tot en met maandag* jusqu'à lundi inclus ★ *van uur tot uur* d'heure en heure ★ *de bus gaat tot Utrecht* le bus va jusqu'à Utrecht ★ *tot hier* jusqu'ici ★ *tot daar* jusque-là ★ *tot tien tellen* compter jusqu'à dix ★ *tot driemaal toe* à trois reprises, par trois fois ★ *tot en met bladzijde 80* jusqu'à la page 80 incluse ★ *dat is (nog) tot daar aan toe* passe encore ★ *tot morgen!* à demain! ❷ *gericht naar* à ★ *hij sprak tot de menigte* il s'est adressé à la foule ❸ *als / voor* ★ *hij volgt een opleiding tot arts* il suit une formation de médecin ★ *hij werd tot chef benoemd* il a été nommé chef ❹ *met als resultaat of doel* ★ *tot mijn verbazing* à mon étonnement ★ *tot beter begrip* pour une meilleure compréhension **II** *voegw, totdat* jusqu'à ce que [+ subj.] ★ *ik wachtte tot het donker werd* j'ai attendu jusqu'à ce que la nuit tombait
totaal I *bn* total [m mv: totaux] **II** *bw* totalement, complètement **III** *het* total *m* [mv: totaux] ★ *in ~* au total
totaalbedrag total *m* [mv: totaux], somme *v* totale
totaalbeeld vue *v* d'ensemble
totaalvoetbal football *m* total
totalisator totalisateur *m*, ⟨bij paardenrennen⟩ PMU *m*, pari *m* mutuel urbain
totalitair totalitaire
totaliteit totalité *v* ★ *in zijn ~* dans sa totalité
total loss bon pour la casse [v: bonne...] ★ *een auto ~ rijden* inform bousiller une voiture ★ *~ verklaren* déclarer épave

totdat jusqu'à ce que [+ subj.]
totempaal mât *m* totémique
toto ⟨paardensport⟩ tiercé *m*, ⟨voetbal⟩ loto *m* sportif
totstandkoming réalisation *v*
touché touché
toucheren ❶ *(aan)raken* toucher ❷ inform *ontvangen* toucher ❸ med *inwendig onderzoeken* toucher
touchscreen écran *m* tactile
touperen crêper
toupet postiche *m*
touringcar (auto)car *m*
tournedos tournedos *m*
tournee tournée *v* ★ *op ~* en tournée ★ *een ~ maken door / in...* faire une tournée en...
tourniquet ❶ *draaiende toegang* tourniquet *m* ❷ med *knelband* tourniquet *m*
touroperator voyagiste *m/v*, tour-opérateur *m* [mv: tour-opérateurs]
touw corde *v* ★ *touwtje* ficelle *v*, cordon *m* ★ *aan de touwtjes trekken* tirer les ficelles ★ *de touwtjes in handen hebben* tenir les rênes ★ *daar is geen touw aan vast te knopen* on s'y perd ★ *in touw zijn* être occupé ★ *iets op touw zetten* organiser qc, entreprendre qc
touwklimmen grimper à la corde
touwladder échelle *v* de corde
touwtje → **touw**
touwtjespringen sauter à la corde
touwtrekken ❶ sport lutte *v* / tir *m* à la corde ❷ fig tiraillements *m mv*
touwtrekkerij *machtsstrijd* tiraillements *m mv*
touwwerk cordage *m*
t.o.v. ❶ *ten opzichte van* à l'égard de ❷ *ten overstaan van* en présence de, ⟨bij notaris⟩ par-devant
tovenaar sorcier *m* [v: sorcière], magicien *m* [v: magicienne], enchanteur [v: enchanteresse]
tovenarij magie *v*, ⟨hekserij⟩ sorcellerie *v*
toverdrank potion *v* magique
toveren I *ov ww, met magische kracht bewerken* ★ *iets tevoorschijn ~* faire sortir qc comme par magie II *onov ww, magische kracht gebruiken* faire de la magie ★ *ik kan niet ~!* je ne suis pas magicien!
toverformule formule *v* magique
toverheks sorcière *v*
toverij magie *v*, ⟨hekserij⟩ sorcellerie *v*
toverkracht vertu *v* magique
toverkunst magie *v*, ⟨goocheltruc⟩ tour *m* de magie
toverslag coup *m* de baguette ★ *als bij ~* comme par magie
toverspreuk formule *v* magique
toverstaf baguette *v* magique
toxicologie toxicologie *v*
toxicoloog toxicologue *m/v*
toxine toxine *v*
toxisch toxique
traag I *bn* ❶ *langzaam* lent ★ *~ als een slak* comme une tortue ★ *~ van begrip zijn* avoir l'esprit lent ❷ natk inerte II *bw, (te) langzaam* lentement
traagheid ❶ *het langzaam zijn* lenteur *v* ❷ natk inertie *v*

to

traan ❶ *oogvocht* larme *v* ★ *in tranen uitbarsten* fondre en larmes, éclater en sanglots ★ *in tranen zijn* être (tout) en larmes ★ *met tranen in de ogen* les larmes aux yeux ★ *tot tranen geroerd* ému (jusqu') aux larmes ★ *de tranen sprongen in haar ogen* les larmes lui montaient aux yeux ★ *een ~ wegpinken* essuyer une larme ★ *zich tranen lachen* rire aux larmes ★ *tranen met tuiten huilen* pleurer à chaudes larmes ★ *ik zal er geen ~ om laten* pour ça, je ne verserai pas une larme ❷ *olie* huile *v* de poisson
traanbuis conduit *m* lacrymal
traangas gaz *m* lacrymogène
traangasgranaat grenade *v* lacrymogène
traanklier glande *v* lacrymale
tracé tracé *m*
traceren rechercher (les traces de)
trachten chercher à, tâcher de, tenter de ★ *iets ~ te vergeten* chercher à oublier qc
track *op cd e.d.* piste *v*
tractie traction *v*
tractor tracteur *m*
trad [verl. td.] → **treden**
traden [verl. td.] → **treden**
traditie tradition *v* ★ *van de ~ afwijken* déroger à la tradition ★ *volgens de ~* comme le veut la tradition, par tradition
traditiegetrouw fidèle à la tradition, par tradition
traditioneel I *bn* traditionnel [v: traditionnelle] ★ *een traditionele plechtigheid* une cérémonie traditionnelle ★ *de traditionele rolverdeling* la répartition traditionnelle des rôles II *bw* traditionnellement
trafiek BN *smokkel*, [in samenstellingen] trafic *m* ★ *drugs~* trafic de drogue
trafo inform elek transformateur *m*
tragedie ❶ *treurspel* tragédie *v* ❷ *gebeurtenis* tragédie *v*
tragiek ❶ *het tragische* tragique *m* ★ *de ~ van het leven* le caractère tragique de la vie ❷ *leer van de tragedie* genre *m* tragique
tragikomedie tragi-comédie *v* [mv: tragi-comédies]
tragikomisch tragi-comique
tragisch I *bn* tragique ★ *een ~ ongeval* un accident tragique ★ *het ~e* le tragique II *bw* tragiquement ★ *~ doen over iets* dramatiser qc
trailer ❶ *aanhangwagen* semi-remorque *v* [mv: semi-remorques] ❷ film *reclame voor film* bande-annonce *v* [mv: bandes-annonces]
trainen I *ov ww* ❶ *coachen* entraîner ★ *een elftal ~* entraîner une équipe ★ *een hond ~ tot blindengeleidehond* dresser un chien d'aveugle ❷ *oefenen* ★ *zijn backhand ~* travailler son revers II *onov ww, zich oefenen* s'entraîner III *wkd ww* [zich ~] ★ *zich ~ in iets* s'entraîner à qc
trainer entraîneur *m* [v: entraîneuse]
traineren *vertragen* traîner (en longueur)
training entraînement *m* ★ *in ~* en période d'entraînement
trainingsbroek pantalon *m* de survêtement
trainingspak survêtement *m*, jogging *m*
traiteur traiteur *m*
traject trajet *m*, parcours *m* ★ *een ~ afleggen* parcourir un trajet

traktaat traité *m*
traktatie régal *m* [mv: régals] ★ *wat een ~!* quel régal!
trakteren I *ov ww, onthalen op* ★ *iem. op iets ~* payer qc à qn ★ *ik trakteer je op een drankje* je te paye un verre **II** *onov ww, rondje geven* ★ *ik trakteer!* c'est moi qui paye!
tralie barreau *m* [mv: barreaux] ★ *achter de ~s* sous les barreaux / verrous
traliehek grille *v*
tram tramway *m*, inform tram *m* ★ *in de tram stappen* monter dans le tram ★ *uit de tram stappen* descendre du tram ★ *met de tram gaan* prendre le tram
trambestuurder conducteur *m* de tramway
tramhalte arrêt *m* du tramway ★ *vaste ~* arrêt obligatoire
tramkaartje ticket *m* de tramway
trammelant histoires *v mv* ★ *~ maken / schoppen* faire des histoires
trampoline trampoline *m*
trampolinespringen faire du trampoline
tramrail rail *m* de tramway
trance[1] [traNs] *vervoering* transe *v* ★ *in ~ raken* entrer en transe
trance[2] [trèns] muz *soort house* techno *v* trance
tranen larmoyer
tranendal vallée *v* de larmes ★ *het aardse ~* la vallée des larmes
tranquillizer tranquillisant *m*, calmant *m*
trans galerie *v*, déambulatoire *m*
transactie *handelsovereenkomst* transaction *v* ★ *tot een ~ komen* conclure un marché
trans-Atlantisch transatlantique
transcendent transcendant
transcendentaal transcendantal [m mv: transcendantaux]
transcontinentaal transcontinental [m mv: transcontinentaux]
transcriberen transcrire
transcriptie transcription *v*
transfer ❶ *overdracht* transfert *m*, transfert *m* **❷** sport transfert *m*
transferium parc-relais *m* [mv: parcs-relais]
transfermarkt mercato *m*
transformatie transformation *v*
transformator transformateur *m*
transformatorhuisje poste *m* de transformation
transformeren transformer
transfusie transfusion *v*
transgeen transgénique
transistor elek transistor *m*
transit transit *m*
transitief transitif [v: transitive]
transito transit *m*
transitohaven port *m* de transit
transitorium locaux *m mv* provisoires
transitvisum visa *m* de transit
transmissie transmission *v*
transmitter med (neuro)transmetteur *m*
transparant I *bn* transparent ★ *~e kleuren* couleurs *v mv* translucides ★ *~e boekhouding* comptabilité *v* transparente **II** *het* transparent *m*
transpiratie ❶ *het zweten* transpiration *v* **❷** *zweet* transpiration *v*
transpireren transpirer
transplantatie transplantation *v*, greffe *v*
transplanteren transplanter, greffer
transponder transpondeur *m*
transport ❶ *vervoer* transport *m* ★ *op ~ stellen* déporter ★ *~ van gevangenen* convoi *m* de prisonniers **❷** admin report *m*
transportband tapis *m* roulant
transportbedrijf entreprise *v* de transports
transporteren ❶ *vervoeren* transporter **❷** admin reporter
transportkosten frais *m mv* de transport
transportonderneming entreprise *v* de transports
transseksueel I *de* transsexuel *m* [v: transsexuelle] **II** *bn* transsexuel [v: transsexuelle]
Transsylvanië la Transylvanie
Transvaal le Transvaal
trant genre *m*, style *m*, manière *v* ★ *in de ~ van* à la manière de, dans le style de ★ *iets in die ~* qc dans ce genre-là
trap ❶ *beweging met been* coup *m* de pied ★ sport *vrije trap* coup *m* franc ★ *een trap na geven* donner le coup de pied de l'âne **❷** *constructie met treden* escalier *m*, ⟨ladder⟩ échelle *v*, ⟨keukentrap⟩ escabeau *m* [mv: escabeaux] ★ *de trap op- / afhollen* monter / descendre l'escalier quatre à quatre ★ *op de trap* dans l'escalier ★ *van de trap vallen* tomber dans l'escalier ★ *trappen klimmen* gravir des marches ★ *trappen lopen* faire des escaliers, gravir des marches **❸** *graad* degré *m* ★ *trappen van vergelijking* degrés de comparaison ★ *stellende trap* positif *m* ★ *vergrotende trap* comparatif *m* ★ *overtreffende trap* superlatif *m* ★ *een hoge trap van ontwikkeling* un haut degré de développement
trapeze trapèze *m*
trapezewerker trapéziste *m/v*
trapezium trapèze *m*
trapezoïde trapézoïde *m*
trapgat jour *m* d'escalier
trapgevel pignon *m* à redans
trapleuning rampe *v*
traplift monte-escalier *m* [mv: monte-escaliers]
traploper chemin *m* d'escalier
trappelen trépigner, piétiner, ⟨van paard⟩ piaffer, ⟨met de benen spartelen⟩ gigoter ★ *~ van plezier* gigoter de plaisir ★ *ze trappelt van ongeduld* elle piaffe d'impatience ★ *ik sta te ~ om te beginnen* ça me démange de commencer
trappelzak gigoteuse *v*
trappen I *ov ww, schoppen* donner des coups de pied à ★ *een bal ~* frapper le ballon (du pied) ★ *iem. eruit ~* virer qn ★ *lol ~* se marrer ★ *herrie ~* faire du tapage **II** *onov ww* **❶** *voet neerzetten, drukken* ★ *~ op* marcher sur, ⟨indrukken⟩ appuyer sur ★ fig *erin ~* se faire avoir, marcher **❷** *schoppen* taper dans **❸** *fietsen* pédaler
trappenhuis cage *v* d'escalier
trapper ❶ *pedaal* pédale *v* **❷** *schoen* pompe *v*
trappist trappiste *m*
trapportaal palier *m*
trapsgewijs I *bn* graduel [v: graduelle] ★ *een trapsgewijze toename* un accroissement graduel **II** *bw* graduellement ★ *~ opklimmend* par paliers

traptrede marche *v* d'escalier
trauma traumatisme *m* ★ *ergens een ~ aan overhouden* être traumatisé par qc
traumahelikopter med hélicoptère *m* du SAMU
traumateam équipe *v* médicale d'urgence
traumatisch traumatique, psych traumatisant
traumatologie traumatologie *v*
traumatoloog traumatologiste *m/v*
travellercheque traveller's chèque *m*
traverse ❶ *dwarsverbinding* traverse *v* ❷ *zijwaartse sprong* travers *m*
travestie travestissement *m*
travestiet travesti *m*, inform travelo *m*
trawler chalutier *m*
tray plateau *m* [mv: plateaux]
trechter entonnoir *m*, ⟨bomtrechter⟩ cratère *m*
tred démarche *v*, allure *v* ★ *gelijke tred houden met iets* aller de pair avec qc ★ *zijn tred versnellen* presser le pas
trede *deel van trap* marche *v*, ⟨van ladder⟩ échelon *m*
treden *stappen* marcher ★ *in werking ~* entrer en vigueur, prendre effet ★ *in details ~* entrer dans les détails ★ *in dienst ~* entrer en fonction(s) ★ *buiten de oevers ~* sortir de son lit
tredmolen *sleur* train-train *m* ★ *in de ~ lopen* suivre son train-train (habituel)
tree → **trede**
treeplank marchepied *m*
treffen I *ov ww* ❶ *raken* atteindre, toucher ★ *doel ~* atteindre la cible, ⟨scoren⟩ marquer (un but) ★ *dodelijk getroffen* mortellement atteint ★ *de kogel trof hem* la balle l'a atteint / touché ★ *door de bliksem getroffen* frappé par la foudre ❷ *overkómen* toucher, frapper ★ *de getroffen gebieden* les zone sinistrées ❸ *ontroeren* toucher, émouvoir ★ *zijn woorden troffen me diep* j'étais très ému par ses paroles ★ *diep getroffen* profondément affecté ❹ *aantreffen* rencontrer, ⟨vinden⟩ trouver ★ *waar ~ we elkaar?* où est-ce qu'on peut avoir rendez-vous? ❺ *opvallen* frapper ❻ *tot stand brengen* ★ *maatregelen ~* prendre des mesures ❼ *ervaren, tegenkomen* ★ *het getroffen hebben* avoir de la chance ★ *het slecht ~* ne pas avoir de chance, être mal loti ❽ *aangaan* concerner ★ *mij treft geen blaam* je n'y suis pour rien ★ *hem treft geen schuld* ce n'est pas (de) sa faute ❾ *gelijken* ★ *een goed getroffen portret* un portrait bien réussi **II** *onp ww, gelegen komen* ★ *dat treft goed* ça tombe bien ★ *dat treft slecht* ça tombe mal **III** *het, gevecht* rencontre *v*
treffend ❶ *opvallend* frappant ❷ *ontroerend* touchant ★ *~e woorden* paroles *v mv* touchantes
treffer ❶ *raak schot* coup *m* réussi, ⟨doelpunt⟩ but *m* ❷ *gelukje* (coup *m* de) chance *v*
trefpunt *ontmoetingspunt* rendez-vous *m* [mv: id.], point *m* de rencontre
trefwoord *zoekwoord in naslagwerk* entrée *v*
trefzeker *doelgericht* précis, qui va droit au but
trein *spoortrein* train *m* ★ *met de ~ gaan* aller en train, prendre le train ★ *de ~ halen* avoir son train ★ *de ~ missen* manquer / rater le train ★ *lopen als een ~* marcher comme sur des roulettes
treinkaartje billet *m* de train
treinongeluk accident *m* de chemin de fer
treinreis voyage *m* en train
treinreiziger voyageur *m* par chemin de fer
treinstaking grève *v* des cheminots
treinstation gare *v*
treinstel rame *v*
treintaxi ≈ taxi *m* pour usagers du rail
treinverbinding liaison *v* ferroviaire
treinverkeer trafic *m* ferroviaire
treiteraar tourmenteur *m* [v: tourmenteuse]
treiteren agacer, enquiquiner, inform asticoter
trek ❶ *het trekken* coup *m*, ⟨aan sigaret⟩ bouffée *v*, inform taffe *v* ★ *een trek van zijn pijp nemen* tirer sur sa pipe ❷ *luchtstroom* courant *m* d'air, ⟨in schoorsteen⟩ tirage *m*, appel *m* d'air ★ *er is geen trek in de kachel* le poêle ne tire pas ❸ *verhuizing* migration *v* ★ *trek naar de grote steden* exode *m* rural ❹ *karaktertrek, gelaatstrek* trait *m* ★ *dat is een naar trekje van hem* c'est un trait désagréable de sa personne ★ *grove trekken* des traits grossiers ❺ *lijn* trait *m* ★ *iets in grote trekken vertellen* raconter qc dans les grandes lignes ❻ *zin (in eten)* envie *v* (**in** de), ⟨eetlust⟩ appétit *m* ★ *trek hebben* avoir faim ★ *ergens trek in hebben* avoir envie de qc ★ *lekkere trek hebben* avoir envie de manger qc de bon ★ *aan zijn trekken komen* y trouver son compte ★ *niet aan zijn trekken komen* rester sur sa faim ★ *in trek zijn* être recherché, être en vogue ▼ *zijn trekken thuiskrijgen* recevoir la monnaie de sa pièce
trekdier animal *m* de trait [mv: animaux...]
trekhaak crochet *m* (de remorque / d'attelage) ★ *een auto met ~* voiture *v* avec crochet
trekharmonica accordéon *m*
trekken I *ov ww* ❶ *naar zich toehalen* tirer ★ *iem. aan zijn mouw ~* tirer qn par la manche ★ *iem. aan zijn haar ~* tirer les cheveux à qn ★ *iem. uit het water ~* retirer / sortir qn de l'eau ★ *van elkaar ~* séparer ★ *zijn wapen (uit de schede) ~* dégainer ❷ *uittrekken* arracher, extraire ★ *een kies ~* extraire une dent ❸ *slepen* tirer, tracter ❹ *aantrekken* attirer ★ *de aandacht ~* attirer l'attention ★ *volle zalen ~* faire salle comble ★ *verre reizen ~ mij niet* les voyages lointains ne me séduisent pas ❺ *afleiden* tirer ★ *een conclusie ~* tirer une conclusion ❻ *krijgen* toucher ★ *een uitkering ~* toucher une allocation ★ *voordeel ~ uit iets* tirer profit de qc, profiter de qc ❼ *aftreksel maken* infuser ★ *bouillon ~* faire un bouillon ▼ *iets niet ~* ne pas / plus supporter qc ▼ *ik trek dit niet!* je ne tiens pas le coup!, c'est trop! **II** *onov ww* ❶ *naar zich toehalen* tirer ★ *~ aan* tirer (sur) ★ *aan de bel ~* tirer la sonnette ★ *aan een koord ~* tirer sur une corde ★ *er flink aan ~* redoubler d'efforts ★ *er wordt erg aan hem getrokken* il est très sollicité ❷ *gaan* (s'en) aller, ⟨migreren⟩ migrer, ⟨rondreizen⟩ voyager, ⟨op trektocht⟩ faire une randonnée ★ *door de wereld ~* parcourir le monde ★ ⟨bv. van water in hout⟩ *~ in* pénétrer dans ★ *~ naar* s'en aller vers ❸ *gaan wonen* ★ *in een nieuw huis ~* s'installer dans une nouvelle maison ❹ *beweging maken* ★ *met zijn been ~* tirer / traîner la jambe droite ❺ *luchtstroom doorlaten* tirer ★ *de kachel trekt goed* le poêle tire bien ★ *het trekt hier* il y a un courant d'air ici ❻ *tot aftreksel worden* infuser ★ *de thee laten ~* faire infuser le thé

trekker ❶ tractor tracteur m ❷ onderdeel van vuurwapen détente v, gâchette v ★ de ~ overhalen appuyer sur la gâchette ❸ reiziger randonneur m [v: randonneuse]
trekking ❶ resultaat loten tirage m ★ de ~ van de lotto le tirage du loto ❷ verkrampte beweging contraction v
trekkingslijst liste v du tirage
trekkracht force v de traction
trekpleister ❶ med vésicatoire m ❷ attractie (pôle m d')attraction v
trektocht randonnée v ★ op ~ gaan partir en randonnée
trekvogel oiseau m migrateur [mv: oiseaux...]
trekzalf pommade v désinfectante
trema tréma m
trend ❶ ontwikkeling tendance v ❷ mode mode v ★ een ~ zetten lancer une mode
trendgevoelig sensible à la mode, branché
trendsetter personne v qui donne le ton
trendvolger ❶ iem. met een bepaald loon ≈ assimilé m ❷ iem. die de mode volgt suiveur m de mode(s), fashion victime v
trendwatcher chasseur m / suiveur m de tendances, tendanceur m [v: tendanceuse]
trendy tendance, à la mode, branché
treuren treurig zijn être triste ★ ~ om pleurer
treurig I bn ❶ verdrietig triste ❷ bedroevend attristant, ⟨erbarmelijk⟩ déplorable ★ het is diep ~ c'est lamentable, c'est navrant II bw ❶ verdrietig tristement, avec tristesse ❷ bedroevend, erbarmelijk déplorablement
treurmars marche v funèbre
treurmuziek musique v funèbre
treurspel tragédie v
treurwilg saule m pleureur
treuzelaar traînard m [v: traînarde]
treuzelen traînasser ★ ~ met een karwei faire traîner un travail en longueur
triade triade v
triangel triangle m
triatleet triathlète m/v, triathlonien m [v: triathlonienne]
triatlon sport triathlon m
tribunaal tribunal m [mv: tribunaux]
tribune tribune v, gradins m mv
triceps (muscle m) triceps m
tricot ❶ materiaal tricot m ❷ kleding maillot m
triest triste ★ diep ~ lamentable
trigonometrie trigonométrie v
triljoen trillion m
trillen ❶ natk heen en weer gaand bewegen vibrer, osciller ❷ beven trembler, frémir ★ ~ van angst trembler de peur ★ ~ van woede trembler de colère ★ staan te ~ op zijn benen avoir les jambes qui flageolent
triller muz trille m, trémolo m ★ een dubbele ~ un double trille
trilling ❶ het beven tremblement m ★ met een ~ in zijn stem la voix tremblante ❷ natk heen- en weergaande beweging vibration v, oscillation v ★ elektrische ~en vibrations électriques
trilogie trilogie v
trimaran trimaran m
trimbaan parcours-santé m [mv: id.]
trimester trimestre m
trimestrieel BN driemaandelijks trimestriel [v: trimestrielle]
trimmen I ov ww, haar knippen toiletter II onov ww, zich fit houden faire du footing, faire du jogging
trimmer sport joggeur m
trimsalon salon m de toilettage
trimster joggeuse v
Trinidad en Tobago Trinité-et-Tobago v
trio trio m ★ een triootje maken faire une partouze à trois
triomf triomphe m ★ een ~ vieren remporter un triomphe ★ een ~ behalen triompher
triomfantelijk I bn triomphant ★ met een ~ gezicht d'un air triomphant II bw triomphalement, en triomphe ★ hij lachte ~ il se mit à rire triomphalement
triomfboog arc m de triomphe
triomferen triompher (**over** de)
triomfkreet cri m de triomphe
triomfpoort arc m de triomphe
triomftocht marche v / entrée v triomphale
triool muz triolet m
trioseks partouze v à trois
trip ❶ uitstapje excursion v ❷ effect van drugs trip m
triplex I het contreplaqué m II bn en contreplaqué
Tripoli Tripoli m
trippelen trottiner
trippen ❶ trippelen trottiner ❷ onder invloed van drugs zijn faire un trip
triviaal trivial [m mv: triviaux] banal [m mv: banals] ★ een triviale opmerking une remarque triviale
troebel trouble ★ ~ worden se troubler ★ in ~ water vissen pêcher en eau trouble
troef ❶ kaart atout m ★ ~ bekennen fournir de l'atout ❷ fig sterk argument atout m, carte v de maîtresse ★ zijn laatste ~ uitspelen jouer sa dernière carte ★ sterke troeven in handen hebben avoir de bons atouts
troefkaart atout m
troela gourde v
troep ❶ rommel pagaille v, ⟨flut⟩ camelote v ★ vieze ~ saleté v ❷ groep troupe v, ⟨wilde dieren⟩ horde v, ⟨stel⟩ bande v ❸ → **troepen**
troepen mil troupes v mv
troepenconcentratie concentration v de(s) troupes
troepenmacht forces v mv militaires
troeteldier ⟨knuffel⟩ peluche v, ⟨beer⟩ nounours m
troetelkind chouchou m [v: chouchoute]
troetelnaam petit nom m (affectueux)
troeven jouer un atout
trof [verl. td.] → **treffen**
trofee trophée m
troffel truelle v
troffen [verl. td.] → **treffen**
trog ❶ bak auge v ❷ geogr fosse v (abyssale)
Trojaans troyen [v: troyenne], de Troie
Troje Troie v
trok [verl. td.] → **trekken**
trokken [verl. td.] → **trekken**
trol troll m

tr

trolleybus trolleybus *m*
trom tambour *m* ★ *met slaande trom* tambour battant ★ *de grote / Turkse trom* la grosse caisse ★ *met stille trom* sans tambour ni trompette ★ *de trom slaan / roeren* battre le tambour
trombone trombone *m*
trombonist trombone *m*
trombose thrombose *v*
trombosedienst service *m* de thrombose
tromgeroffel roulement *m* de tambour
trommel ❶ *doos* boîte *v* (en fer blanc) ❷ *trom* tambour *m* ❸ *cilinder* tambour *m*, ⟨klein⟩ barillet *m*
trommelaar tambour *m*
trommeldroger essoreuse *v*
trommelen ❶ *op de trom slaan* battre du tambour ❷ *geluid maken* tambouriner ★ *met de vingers ~* tapoter
trommelrem frein *m* à tambour ★ *een fiets met ~men* un vélo aux freins à tambour
trommelvlies tympan *m*
trompet *blaasinstrument* trompette *v* ★ *~ spelen* jouer de la trompette
trompetgeschal fanfare *v*, mil sonnerie *v*
trompetten ❶ *de trompet blazen* jouer de la trompette ❷ *luid verkondigen* claironner ❸ ⟨van olifant⟩ barrir
trompetteren jouer de la trompette, ⟨van olifant⟩ barrir
trompettist trompettiste *m/v*
tronen I *onov ww, heersen* trôner **II** *ov ww, meetronen* entraîner ★ *iem. ergens heen ~* entraîner qn quelque part
tronie gueule *v*, trogne *v*
troon trône *m* ★ *de ~ bestijgen* monter sur le trône
troonopvolger héritier *m* du trône [v: héritière...]
troonopvolging succession *v* au trône
troonrede discours *m* du trône
troonsafstand abdication *v* ★ *~ doen* abdiquer
troonsbestijging avènement *m* / accession *v* au trône
troonzaal salle *v* du trône
troost consolation *v*, réconfort *m* ★ *een schrale ~* une faible / piètre consolation ★ *~ vinden in* trouver une consolation dans
troosteloos désolé, maussade ★ *een ~ uitzicht* une vue désolée
troosten consoler, réconforter ★ *~d* réconfortant
troostfinale, BN **troosting** sport *wedstrijd om derde of vierde plaats* petite finale *v*
troostprijs prix *m* / lot *m* de consolation
tropen tropiques *m mv*, régions *v mv* tropicales ★ *in de ~* sous les tropiques
tropenhelm casque *m* colonial
tropenjaren ≈ fig années *v mv* éprouvantes
tropenklimaat climat *m* tropical
tropenkolder folie *v* des tropiques
tropenpak costume *m* colonial
tropenrooster horaires *v mv* canicule
tropisch I *bn* tropical [m mv: tropicaux] ★ *een ~e ziekte* une maladie des tropiques ★ *het ~ regenwoud* la forêt tropicale **II** *bw* ★ *~ heet* d'une chaleur tropicale
tros ❶ scheepv *kabel* aussière *v* ★ *de trossen losgooien* larguer les amarres ❷ *bloeiwijze* grappe *v*, ⟨van bananen⟩ régime *m* ★ *een tros druiven* une grappe de raisins ★ *een tros bananen* un régime de bananes
trots I *de* ❶ *tevredenheid* fierté *v* ❷ *hoogmoed* orgueil *m*, amour-propre *m* ❸ *dat waarover men tevreden is* orgueil *m*, fierté *v* ★ *hij is onze ~* il est notre fierté **II** *bn* ❶ *tevreden* fier (**op** de) [v: fière] ★ *~ zijn op iets* être fier de qc ❷ *hoogmoedig* orgueilleux [v: orgueilleuse], hautain ❸ *indrukwekkend, statig* superbe, majestueux [v: majestueuse] **III** *bw* orgueilleusement, avec fierté
trotseren braver, défier ★ *de storm ~* braver la tempête
trottoir trottoir *m*
trottoirband bordure *v*
troubadour troubadour *m*
trouw I *de* ❶ *het trouw zijn* fidélité *v*, loyauté *v* ★ *~ zweren aan iem.* faire serment d'allégeance à qn ★ *te goeder ~* de bonne foi ★ *te kwader ~* de mauvaise foi ❷ BN *bruiloft* mariage *m*, ⟨feest⟩ noces *v mv* **II** *bn* ❶ *getrouw* fidèle (**aan** à, **jegens** envers), ⟨loyaal⟩ loyal [m mv: loyaux] ★ *zijn vrienden ~ blijven* rester fidèle à ses amis ★ *~ aan zijn beginselen zijn* être fidèle à ses principes, être à cheval sur ses principes ❷ *geregeld* fidèle, assidu ★ *een ~e klant* un habitué **III** *bw, getrouw* fidèlement, loyalement
trouwakte acte *m* de mariage
trouwboekje ≈ livret *m* de famille, ⟨in België⟩ livret *m* de mariage
trouwdag ❶ *bruiloftsdag* mariage *m* ❷ *verjaardag* anniversaire *m* de mariage
trouwen I *ov ww* ❶ *tot echtgenoot nemen* épouser, se marier avec ❷ *in de echt verbinden* marier, unir **II** *onov ww, huwen* se marier ★ *voor de wet ~* se marier civilement ★ *met iem. ~* épouser qn ★ *met iem. getrouwd zijn* être marié (avec qn) ★ *zo zijn we niet getrouwd!* ce n'était pas convenu
trouwens d'ailleurs ★ *ik kon ~ toch niet komen* de toute façon, je ne pouvais pas venir ★ *ken je hem ~?* au fait, tu le connais?
trouwerij noce(s) *v (mv)*
trouwfoto photo *v* de mariage
trouwjurk robe *v* de mariée
trouwkaart faire-part *m* de mariage [mv: id.]
trouwpartij noce(s) *v (mv)*
trouwplannen projets *m mv* matrimoniaux
trouwplechtigheid cérémonie *v* du mariage
trouwring alliance *v*
truc truc *m*, ⟨kunstje⟩ tour *m* ★ *een gemene truc uithalen* jouer un sale tour
trucage truquage *m* ★ *~s* effets *m mv* spéciaux
trucfilm film *m* à effets spéciaux
truck camion *m*, ⟨open⟩ truc(k) *m*, ⟨zwaar⟩ poids *m* lourd ★ *~ met oplegger* camion-remorque *m* [mv: camions-remorques]
trucker routier *m*
truffel ❶ *zwam* truffe *v* ❷ *bonbon* truffe *v*
trui pull *m* ★ sport *de gele trui* le maillot jaune
trukendoos boîte *v* à malice ★ *zijn ~ opentrekken* ouvrir sa boîte à malice
trust trust *m*
trustee trustee *m*

trut ⟨rotmens⟩ conne *v*, chieuse *v*, ⟨tut⟩ gourde *v* ★ *stijve trut* chochotte *v*
truttig *stijf* cloche ★ *~ staan* faire ringard
truweel BN *troffel* truelle *v*
try-out ≈ essai *m*
tsaar tsar *m*
tsarina tsarine *v*
tseetseevlieg (mouche *v*) tsé-tsé *v*
T-shirt tee-shirt *m* [mv: tee-shirts]
Tsjaad le Tchad ★ *in ~* au Tchad
Tsjech Tchèque *m*
Tsjechië République *v* tchèque
Tsjechisch **I** *bn, m.b.t. Tsjechië* tchèque **II** *het, taal* tchèque *m*
Tsjechische Tchèque *v*
Tsjecho-Slowaaks *m.b.t. Tsjecho-Slowakije* tchécoslovaque
Tsjecho-Slowakije la Tchécoslovaquie ★ *in ~* en Tchécoslovaquie
tsjilpen gazouiller, pépier
tsjirpen chanter ★ *het ~ van de krekels* le cricri des cigales
tso BN onderw *technisch secundair onderwijs* enseignement *m* secondaire technique
tsunami aardk tsunami *m*
TU *Technische Universiteit* École *v* polytechnique
tuba tuba *m* ★ *tuba spelen* jouer du tuba
tube[1] *verpakking* tube *m* ★ *een tube verf* un tube de peinture
tube[2] [tjoeb] *fietsband* boyau *m* [mv: boyaux]
tuberculeus tuberculeux [v: tuberculeuse]
tuberculose tuberculose *v*
tucht discipline *v* ★ *de ~ handhaven* maintenir la discipline
tuchtcollege conseil *m* de discipline, conseil de l'ordre
tuchtcommissie conseil *m* de discipline
tuchtigen corriger, châtier
tuchtmaatregel mesure *v* disciplinaire
tuchtraad conseil *m* de discipline
tuchtrecht jur droit *m* disciplinaire
tuchtschool ≈ école *v* pénitentiaire
tuffen ⟨geluid⟩ faire teuf-teuf, ⟨rijden⟩ rouler
tuig ❶ *touwwerk* harnais *m*, scheepv gréement *m* ❷ *gespuis* racaille *v* ★ *tuig van de richel* de la racaille
tuigage gréement *m*
tuigje harnais *m* de sécurité
tuil *bos bloemen* gerbe *v*, bouquet *m*
tuimelaar ❶ *speelgoed* culbuto *m* ❷ *dolfijn* dauphin *m* souffleur ❸ *draaibare zeepflacon* (flacon *m*) verseur *m* ❹ *hefboom* culbuteur *m*
tuimelen ❶ *vallen* tomber ❷ *buitelen* faire la culbute
tuimeling culbute *v* ★ *een ~ maken* faire la culbute
tuimelraam fenêtre basculante / pivotante
tuin jardin *m* ★ *botanische tuin* jardin botanique, jardin des plantes ★ *iem. om de tuin leiden* faire marcher qn
tuinaarde terreau *m*
tuinarchitect (jardinier *m*) paysagiste *m/v*
tuinboon fève *v*
tuinbouw horticulture *v*, ⟨van groente⟩ culture *v* maraîchère
tuinbouwgebied région *v* horticole
tuinbouwschool onderw école *v* d'horticulture
tuinbroek salopette *v*
tuincentrum jardinerie *v*, centre *m* jardinier
tuinder maraîcher *m* [v: maraîchère]
tuinderij ❶ *tuinbouwbedrijf* maraîchage *m* ❷ *bedrijf van een kweker* exploitation *m* maraîchère
tuindorp cité-jardin *v* [mv: cités-jardins]
tuinfeest garden-party *v* [mv: garden-parties]
tuingereedschap outils *m mv* de jardinage
tuinhek grille *v*
tuinhuis pavillon *m*
tuinier jardinier *m* [v: jardinière]
tuinieren jardiner, faire du jardinage
tuinkabouter nain *m* de jardin
tuinkers cresson *m*
tuinkruid culin ★ *~en* fines herbes *v mv*
tuinman jardinier *m* [v: jardinière]
tuinmeubel meuble *m* de jardin
tuinpad allée *v* de jardin
tuinslang tuyau *m* d'arrosage [mv: tuyaux...]
tuinstoel chaise *v* de jardin
tuit ❶ *schenktuit* bec *m* (verseur) ❷ *spits toelopend einde* pointe *v*
tuiten **I** *ov ww, tot tuit maken* pointer ★ *de lippen ~* avancer les lèvres **II** *onov ww, suizen* ★ *mijn oren ~* les oreilles me tintent / sonnent
tuk ~ **op** avide de ★ *tuk zijn op* raffoler de ▾ *iem. tuk hebben* faire marcher qn ▾ *tuk hebben* avoir une touche
tukje somme *m* ★ *een ~ doen* faire un petit somme
tulband ❶ *hoofddeksel* turban *m* ❷ *cake* ≈ kouglof *m*
tule tulle *m*
tulp tulipe *v*
tulpenbol oignon *m* / bulbe *m* de tulipe
tumor tumeur *v* ★ *goedaardige / kwaadaardige ~* tumeur bénigne / maligne
tumult tumulte *m*
tumultueus tumultueux [v: tumultueuse]
tune indicatif *m*
tuner tuner *m*
tuner-versterker ampli-tuner *m* [mv: ampli-tuners]
Tunesië la Tunisie ★ *in ~* en Tunisie
Tunesisch tunisien [v: tunisienne]
tuniek ❶ *bloes* tunique *v* ❷ *uniformjas* tunique *v*
Tunis Tunis *m*
tunnel tunnel *m*, ⟨in de stad⟩ passage *m* souterrain ★ *door een ~ rijden* passer sous un tunnel
tunneltent tente-tunnel *v* [mv: tentes-tunnels]
turbine turbine *v*
turbo ❶ *krachtversterker* turbo *m* ❷ *auto* turbo *v*
turbo- turbo- ★ *turbostofzuiger* aspirateur *m* turbo
turbulent turbulent
turbulentie ❶ *luchtwerveling* turbulence *v* ★ *het vliegtuig had last van ~* l'avion était gêné par des turbulences ❷ fig *onrust* turbulence *v*
tureluurs ★ *ik word er ~ van* ça me rend dingue
turen ★ *~ naar* regarder fixement ★ *hij tuurde naar de horizon* il scrutait l'horizon ★ *in de verte ~* regarder au loin ★ *zitten te ~* regarder dans le vide

turf ❶ *veen* tourbe *v* ★ *turf steken* tourber ★ *een turf* une motte de tourbe ★ *drie turven hoog* haut comme trois pommes ❷ *dik boek* pavé *m*
turfaarde sol *m* tourbeux
turfmolm poussier *m* de tourbe / de mottes
Turijn Turin *m*
turk ★ BN *jonge turk* jeune loup *m*
Turk *bewoner* Turc *m*
Turkije la Turquie ★ *in* ~ en Turquie
Turkmenistan le Turkménistan ★ *in* ~ au Turkménistan
turkoois turquoise *v*
Turks I *bn, m.b.t. Turkije* turc [v: turque] **II** *het, taal* turc *m*
Turkse Turque *v*
turnen ❶ *oefeningen doen* faire de la gymnastique ❷ BN onderw *gymles* faire de la gymnastique
turner gymnaste *m*
turnster sport gymnaste *v*
turnvereniging club *m* de gymnastique
turnzaal BN sport gymnase *m*, salle *v* de gym
turquoise turquoise
turven cocher, pointer
tussen ❶ *begrensd door, beperkt tot* entre ★ ~ *de auto's door* entre les voitures ★ ~ *nu en 6 uur* entre maintenant et six heures ★ *een contract* ~ *twee partijen* un contrat entre deux partis ★ ~ *ons* entre nous ★ *ervan* ~ *gaan* se sauver ★ *hij werd er* ~ *genomen* on l'a mené en bateau ★ *er is iets* ~ *gekomen* il y a eu un contretemps / un incident ❷ *te midden van* parmi, au milieu de ★ ~ *de omstanders* au milieu des spectateurs
tussenbalans bilan *m* provisoire
tussenbeide *tussen* entre les deux ★ ~ *komen* intervenir, s'interposer
tussendeur porte *v* de communication
tussendoor entre (les deux), à travers ★ *dat kan ik er wel* ~ *doen* je le ferai entre-temps
tussendoortje *hapje* coupe-faim *m* [mv: id.] ★ ~*s eten* grignoter
tussenfase phase *v* intermédiaire
tussengelegen intermédiaire
tussengerecht culin entremets *m*
tussenhandel (commerce *m* de) demi-gros *m*
tussenin entre les deux
tussenkomen ❶ BN *financieel bijdragen* intervenir ❷ BN *bemiddelen* intervenir
tussenkomst ❶ *interventie* intervention *v* ★ *door* ~ *van* par l'intermédiaire de, par le canal de ❷ BN *financiële bijdrage* intervention *v* ❸ BN pol *interruptie* interruption *v*
tussenlanding escale *v* ★ *een* ~ *maken in Nederland* faire escale aux Pays-Bas
tussenmuur ‹tussen twee huizen› mur *m* mitoyen, ‹binnen huis› mur *m* porteur
tussenpersoon intermédiaire *m/v* ★ *via een* ~ par personne interposée
tussenpoos intervalle *m* ★ *bij tussenpozen* par intervalles ★ *met lange tussenpozen* à longs intervalles ★ *zonder* ~ sans discontinuer
tussenruimte intervalle *m*, écart *m* ★ *met een* ~ *van 3 of 4 weken* à 3 ou 4 semaines d'intervalle ★ *met (flinke)* ~*n* bien espacé
tussenschot cloison *v*
tussensprint accélération *v*, sprint *m*
tussenstand score *m* provisoire
tussenstation ❶ *station* gare *v* intermédiaire ❷ *fase* phase *v* intermédiaire
tussenstop escale *v*
tussentijd intervalle *m*, distance *v* ★ *in de* ~ en attendant, d'ici là
tussentijds I *bn* intérimaire, ‹vervroegd› anticipé ★ ~*e landing* escale *v* ★ *een* ~*e verkiezing* une (élection) partielle ★ ~ *ontslag* licenciement *m* anticipé **II** *bw* entre-temps ★ *we houden* ~ *wel telefonische contact, goed?* entre-temps on gardera le contact par téléphone, d'accord?
tussenuit ★ *er steekt een papiertje* ~ il y a un papier qui dépasse ★ *er* ~ *gaan / knijpen* s'éclipser ★ *er* ~ *gaan* changer d'air
tussenuur onderw heure *v* creuse
tussenvoegen intercaler
tussenwand cloison *v*
tussenweg compromis *m*, moyen terme *m*
tussenwerpsel interjection *v*
tut gourde *v*
tutoyeren tutoyer ★ *het* ~ le tutoiement
tutten traînasser
tuttifrutti tutti frutti *m*
tuttig tarte, cloche
tuttut tout doux
tuurlijk tu penses!
tv télé *v*, TV *v*, inform téloche *v* ★ *tv kijken* regarder la télé
tv-gids magazine *m* (de) télé
tv-omroep chaîne *v* de télé
tv-presentator présentateur *m* de télé [v: présentatrice...]
tv-programma programme *m* de télé, ‹uitzending› émission *v* de télé
tv-uitzending émission *v* de télé
twaalf douze ★ *om* ~ *uur 's middags* à midi ★ *om* ~ *uur 's nachts* à minuit ★ fig *het is vijf voor* ~ il est moins cinq
twaalfde douzième → **vierde**
twaalftal douzaine *v*
twaalfuurtje déjeuner *m*, casse-croûte *m* [mv: casse-croûte(s)]
twee I *telw* deux ★ *iets in tweeën breken* casser qc en deux **II** *de, getal* deux *m*
tweebaansweg route *v* à deux voies
tweecomponentenlijm colle *v* à deux composants
tweed I *het* tweed *m* **II** *bn* de tweed ★ *een* ~ *jasje* une veste de / en tweed
tweede deuxième, second ★ *ten* ~ deuxièmement ★ *een* ~ *Rembrandt* un nouveau Rembrandt
tweedegraads de second degré ★ ~ *verbranding* brûlurev du second degré
tweedehands d'occasion ★ ~ *auto* voiture *v* d'occasion
tweedejaars I *de* étudiant *m* de deuxième année **II** *bn* de deuxième année
Tweede Kamerlid député *m* [v: députée]
Tweede Kamerverkiezingen (élections *v mv*) législatives *v mv*
tweedekansonderwijs BN onderw ≈ enseignement *m* secondaire des adultes
tweedelig en deux pièces / parties, ‹v. boeken› en deux volumes, wisk binaire ★ ~ *dameskostuum / badpak* deux-pièces *m* [onver.]

★ *~e roman* roman *m* en deux volumes
tweedelijns ★ ~ *gezondheidszorg* médecine *v* spécialisée
tweedeling dichotomie *v* ★ *sociale* ~ fracture *v* sociale
tweederangs inférieur, de second ordre ★ ~ *burgers* des citoyens *m mv* de second rang
tweedracht discorde *v*, désunion *v* ★ ~ *zaaien* semer la discorde ★ *in* ~ *leven* vivre dans la désunion
tweeduizend deux mille → **vier**
twee-eiig bivitellin
tweeërlei de deux sortes ★ *zijn verhaal is voor* ~ *uitleg vatbaar* son histoire est ambiguë
tweegevecht combat *m* singulier, duel *m*
tweehonderd deux cent → **vier**
tweehoog au deuxième (étage)
tweekamerflat deux-pièces *m* [mv: id.], F2 *m*
tweeklank taalk diphtongue *v*
tweekwartsmaat deux-quatre *m* [mv: id.]
tweeledig ❶ *uit twee delen / leden bestaand* double ★ *een ~e term* un binôme ❷ *dubbelzinnig* ambigu [v: ambiguë], équivoque ★ *iets* ~ *opvatten* interpréter qc de deux façons
tweeling ❶ *twee kinderen* jumeaux *m mv*, jumelles *v mv* ★ *eeneiige* ~ des vrais jumeaux ★ *twee-eiige* ~ des faux jumeaux ★ *Siamese* ~ frères siamois, soeurs siamoises ❷ *één van tweeling* jumeau *m* [v: jumelle]
tweelingbroer (frère *m*) jumeau *m* [mv: jumeaux]
Tweelingen *dierenriemteken* Gémeaux *m mv*
tweelingzuster, inform **tweelingzus** (sœur *v*) jumelle *v*
tweemaal deux fois ★ ~ *zoveel* deux fois plus ★ *zich iets geen* ~ *laten zeggen* ne pas se faire prier
tweemaster deux-mâts *m* [mv: id.]
twee-onder-een-kapwoning maisons *v mv* jumelées
tweepartijenstelsel bipartisme *m*
tweepersoonsbed lit *m* à deux places
tweepits à deux feux ★ *een* ~ *gastoestel* gazinière *v* à deux feux
tweerichtingsverkeer circulation *v* dans les deux sens
tweeslachtig ❶ *hermafrodiet* hermaphrodite, bisexué ❷ *amfibisch* amphibie ★ *een kikker is een* ~ *dier* la grenouille est un amphibie ❸ *ambivalent* ambivalent, double
tweespalt discorde *v*
tweespraak dialogue *m*
tweesprong bifurcation *v* ★ *op een* ~ *staan* être à la croisée des chemins
tweestemmig à deux voix ★ *een* ~ *lied* un duo
tweestrijd combat *m* intérieur ★ *in* ~ *staan* hésiter, balancer
tweet tweet *m*
tweetal paire *v*, ⟨mensen⟩ couple *m* ★ *een* ~ *dagen* deux jours
tweetalig bilingue
tweeverdieners ménage *m* / foyer *m* à deux revenus
tweevoud double *m* ★ *in* ~ en double (exemplaire)
tweewieler deux-roues *m* [mv: id.]
tweezijdig I *bn* bilatéral [m mv: bilatéraux] ★ ~ *bedrukt papier* du papier imprimé recto verso **II** *bw* bilatéralement ★ ~ *kopiëren* photocopier recto verso
tweezitsbank deux-places *m* [mv: id.]
twijfel doute *m* ★ *dat is aan* ~ *onderhevig* c'est sujet à des doutes, c'est douteux ★ *boven alle* ~ *verheven* hors de doute ★ *in* ~ *staan* être dans le doute, douter ★ *iets in* ~ *trekken* mettre qc en doute / question ★ *zonder* ~ sans aucun doute ★ *er bestaat niet de geringste* ~ il n'y a pas l'ombre d'un doute ★ *er blijft* ~ *bestaan* un doute plane ★ *z'n* ~ *hebben (over)* avoir des doutes (sur) ★ *het lijdt geen* ~ *dat* nul doute que [+ subj.] ★ *dat lijdt geen* ~ ça ne fait aucun doute ★ *de ~s wegnemen* dissiper / lever le doute
twijfelaar ❶ *iem. die twijfelt* douteur *m* [v: douteuse], ⟨scepticus⟩ sceptique *m/v* ❷ *bed* ≈ lit *m* étroit pour deux
twijfelachtig ❶ *onzeker* incertain, douteux [v: douteuse] ★ *zijn komst is* ~ sa venue est incertaine ❷ *verdacht* douteux [v: douteuse] ★ *een ~e reputatie* une réputation douteuse
twijfelen ❶ *onzeker zijn* hésiter ★ *ik twijfel of ik zal gaan* j'hésite à y aller ❷ ~ **aan** douter de ★ *eraan* ~ *of* douter que [+ subj.] ★ *ik twijfel aan zijn oprechtheid* je doute de sa sincérité ★ *ik twijfel eraan* j'ai des doutes ★ *daar twijfel ik niet aan* je n'ai aucun doute là-dessus ★ *daar valt niet aan te* ~ c'est hors de doute
twijfelgeval cas *m* limite, cas douteux
twijg rameau *m* [mv: rameaux], scion *m*
twinkelen scintiller
twinkeling scintillement *m*
twintig vingt → **vier, veertig**
twintiger moins *m/v* de trente ans
twintigje ❶ *briefje van twintig* billet *m* de vingt (euros) ❷ *muntje van twintig (cent)* pièce *v* de vingt cents
twintigste vingtième
twist ❶ *onenigheid, ruzie* dispute *v*, querelle *v*, altercation *v*, ⟨onenigheid⟩ discorde *v* ★ ~ *zaaien* semer la zizanie ★ ~ *zoeken met* chercher querelle à ❷ *dans* twist *m*
twistappel pomme *v* de discorde
twisten ❶ *redetwisten, ruziën* se quereller, se disputer, ⟨redetwisten⟩ disputer (**over** de) ★ *daarover valt te* ~ ça se discute ❷ *dansen* twister
twistgesprek discussion *v*, dispute *v*
twistpunt (point *m* en) litige *m*, point *m* litigieux
twistziek chamailleur [v: chamailleuse]
twitteren tweeter
t.w.v. *ter waarde van* d'une valeur de
tycoon magnat *m*
tyfoon typhon *m*
tyfus ⟨vlektyfus⟩ typhus *m*, ⟨buiktyfus⟩ (fièvre *v*) typhoïde *v*
type ❶ *soort* type *m* ★ *welk type auto is dat?* c'est quel type de voiture? ❷ *persoon* type *m*, individu *m* ★ *wat een type!* quel personnage! ★ *jij bent mijn type niet* tu n'es pas mon genre ★ *typetjes uitbeelden* représenter des personnages-types
typediploma diplôme *m* de dactylo
typefout faute *v* de frappe
typemachine machine *v* à écrire

typen taper (à la machine), ‹formeel› dactylographier ★ *het* ~ la dactylographie
typeren caractériser
typerend caractéristique (**voor** de)
typesnelheid vitesse *v* de frappe
typevaardigheid vitesse *v* de frappe
typisch I *bn* ❶ *typerend* typique, caractéristique ❷ *eigenaardig* curieux [v: curieuse], drôle (de) ★ *wat een ~e opmerking* quelle drôle de réflexion **II** *bw* ❶ *typerend* typiquement ★ *dat is ~ Jan* c'est bien (de) Jean ❷ *eigenaardig* curieusement
typist dactylo(graphe) *m/v*
typografie typographie *v*
typologie typologie *v*
tyrannosaurus tyrannosaure *m*
Tyrrheense Zee mer *v* Tyrrhénienne
t.z.t. *tezijnertijd* en temps utile

U

u I *de* u *m* ★ *de u van Utrecht* U comme Ursule **II** *pers vnw* ❶ form vous ★ *als ik u was* si j'étais vous, à votre place ★ *je moet u tegen hem zeggen* il te faut le vouvoyer ★ *een honger waar je u tegen zegt* une faim extraordinaire ❷ BN *jij* ‹onderwerp› tu, ‹beklemtoond› toi ❸ BN *jou* te, ‹voor klinker› t', ‹met nadruk / na vz› toi **III** *wkd vnw* -
überhaupt absolument, d'abord ★ *hij is er ~ niet toe in staat* il n'en est absolument pas capable
U-bocht courbe *v* en U
UEFA UEFA *v*
UEFA-cup coupe *v* de l'UEFA
ufo *unidentified flying object* ovni *m*, objet *m* volant non identifié
ui oignon *m*
uienbrood culin pain *m* à l'oignon
uiensoep culin soupe *v* à l'oignon
uier mamelle *v*
uierzalf crème *v* à la glycérine
uilenbal pelote *v* (de régurgitation)
uilskuiken *domoor* gros bêta *m*, (gros) malin *m*
uiltje *nachtvlinder*, ▾ *een ~ knappen* faire un somme
uit I *vz* ❶ *weg van, buiten* ★ *iets uit het raam gooien* jeter qc par la fenêtre ★ *het hotel ligt een kilometer uit het centrum* l'hôtel se trouve à un kilomètre du centre ❷ *vanuit, afkomstig van* de ★ *ik kom uit Nederland* je viens des Pays-Bas ★ *het vliegtuig uit Ghana* l'avion en provenance du Ghana ★ *uit welk boek heb je dat?* de quel livre tiens-tu cela? ❸ *door, om* par ★ *uit jaloezie* par jalousie **II** *bw* ❶ *(naar) buiten* ★ *de stad uit gaan* quitter la ville ★ *ik kom er wel uit* ce n'est pas la peine de me raccompagner, fig je vais m'en sortir ❷ *beëindigd* fini ★ *het verhaal is uit* c'est la fin de l'histoire ★ *het is uit tussen hen* c'est fini entre eux deux ★ *de school is uit* l'école est finie ★ *ik heb mijn boek uit* j'ai fini mon livre ★ *het is uit met hem* il est fini ★ *nu is het uit!* fini!, assez! ★ *en daarmee uit!* un point, c'est tout! ❸ *niet populair meer* démodé, ringard, out ★ *hoge hakken zijn uit* les talons hauts sont démodés ❹ *niet brandend* éteint ★ *de kaars is uit* la bougie est éteinte ❺ *gepubliceerd* sorti ★ *haar boek is uit* son livre est sorti ❻ *buiten de deur* ★ *FC Utrecht speelt uit* FC Utrecht joue à l'extérieur ★ *hij is met haar uit geweest* il est sorti avec elle ★ *uit en thuis* aller et retour ★ *er even uit moeten* avoir besoin de changer d'air ❼ sport *buiten de lijnen* ★ *de bal is uit* la balle est sortie, ‹voetbal› il y a touche ❽ BN *leeg* vide ▾ *uit zijn op iets* viser qc, chercher qc ▾ *ik kan er niet over uit* je n'en reviens pas
uitademen ❶ *adem uitblazen* expirer ❷ *uitwasemen* exhaler ★ *de stad ademt een gezellige sfeer uit* la ville respire une atmosphère bien sympathique
uitbaggeren draguer, fig curer
uitbakken (bien) faire revenir
uitbalanceren ❶ *in evenwicht brengen* équilibrer ❷ fig *goed over nadenken* ★ *een uitgebalanceerde maaltijd* un repas équilibré

uitbannen ❶ *verbannen* bannir ❷ *uitdrijven* chasser, ⟨v. duivel⟩ exorciser ★ *de duivel ~* exorciser le démon
uitbarsten ❶ *exploderen* exploser, éclater, ⟨van vulkaan⟩ être en éruption ❷ fig *zich fel uiten* exploser ★ *in tranen ~* fondre en larmes ★ *in lachen ~* éclater de rire
uitbarsting ❶ *het uitbarsten* explosion *v*, ⟨van vulkaan⟩ éruption *v* ❷ *uiting* explosion *v* ★ *een ~ van woede* un accès de rage ★ *tot een ~ komen* finir par exploser
uitbaten ❶ *exploiteren, beheren* exploiter ★ *een café ~* tenir un café ❷ *uitbuiten* exploiter
uitbater exploitant *m*
uitbeelden représenter ★ *een rol in een film ~* interpréter un rôle dans un film
uitbeelding ❶ *afbeelding, beschrijving, enz.* représentation *v* ❷ *vertolking in een rol* interprétation *v*
uitbenen ❶ *van botten ontdoen* désosser ❷ fig *exploiteren* exploiter
uitbesteden ❶ *van werk* confier (**aan** à), ⟨onderaanbesteden⟩ sous-traiter ❷ *van kind* mettre en pension ★ *de kinderen ~* mettre les enfants ailleurs
uitbetalen payer, ⟨via storting⟩ verser
uitbetaling paiement *m*, versement *m*
uitbijten corroder
uitblazen I *ov ww* ❶ *uitademen* souffler ❷ *doven* souffler II *onov ww, op adem komen* reprendre haleine, respirer, fig décompresser
uitblijven *niet gebeuren* ne pas se produire, ne pas arriver ★ *niet ~* ne pas se faire attendre ★ *dat kon niet ~* ça n'a pas manqué, c'était écrit, inform c'était obligatoire
uitblinken briller ★ *~ in* exceller à / dans / en ★ *~ boven* surpasser ★ *~ door behendigheid* être d'une adresse remarquable
uitblinker as *m*, inform crack *m*
uitbloeien se faner ★ *uitgebloeide rozen* des roses fanées
uitbollen I *onov ww,* BN *vaart minderen, uitrijden* lever le pied II *ov ww,* BN *afbouwen, verminderen* lever le pied
uitbotten bourgeonner
uitbouw ❶ *het uitbreiden* agrandissement *m* ❷ fig *het verder ontwikkelen* développement *m* ❸ *aangebouwd deel* saillie *v*
uitbouwen ❶ *uitbreiden* agrandir, élargir ★ *de keuken ~* agrandir la cuisine ❷ *verder ontwikkelen* développer ★ *een redenering ~* déveloper un raisonnement
uitbraak ⟨ontsnapping⟩ évasion *v*, ⟨v. epidemie⟩ apparition *v*
uitbraakpoging tentative *v* d'évasion
uitbraken ❶ *door braken uitspuwen* vomir ★ *zijn eten ~* vomir (ce qu'on a mangé) ★ *de vulkaan braakt vuur uit* le volcan crache du feu ❷ *uitslaan* vomir, cracher ★ *onzin ~* débiter des absurdités
uitbranden I *onov ww, door vuur verwoest worden* brûler, être ravagé par le feu ★ *het gebouw is uitgebrand* la maison a complètement brulé II *ov ww, een wond reinigen* cautériser
uitbrander savon *m*, réprimande *v* ★ *iem. een ~ geven* passer un savon à qn ★ *een ~ krijgen* se faire réprimander
uitbreiden I *ov ww, vergroten* élargir, développer, agrandir ★ *zijn kennis over een onderwerp ~* approfondir ses connaissances sur un sujet ★ *het spoorwegnet ~* développer le réseau ferroviaire II *onov ww, uitbouwen, groter worden* ★ *dat bedrijf gaat ~* cette entreprise va agrandir III *wkd ww* [**zich ~**] *zich uitstrekken* s'étendre, se développer, ⟨zich verbreiden⟩ se propager ★ *de gifwolk breidt zich uit* le nuage toxique se propage
uitbreiding ❶ *het uitbreiden* extension *v*, développement *m*, expansion *v*, ⟨verbreiding⟩ propagation *v* ❷ *toegevoegd deel* extension *v*
uitbreidingsplan plan *m* d'extension, ⟨v. stad⟩ plan *m* local d'urbanisme
uitbreken I *ov ww, door breken losmaken* enlever, ⟨van muur⟩ démolir ★ *de kamer ~* agrandir la pièce II *onov ww* ❶ *ontsnappen* s'échapper ★ *hij probeerde uit te breken* il a fait une tentative d'évasion ★ fig *breek er eens even uit!* prend un peu d'air! ❷ *uitbarsten* éclater, ⟨van ziekte, brand⟩ se déclarer ★ *er zijn rellen uitgebroken* des bagarres ont éclaté ★ *er brak brand uit* un incendie s'est déclaré ★ *het zweet brak hem uit* il en avait des sueurs froides
uitbrengen ❶ *uiten* émettre, ⟨van woorden⟩ prononcer, proférer ★ *hij kon geen woord ~* il n'a pas pu prononcer un seul mot, il est resté bouche bée ❷ *kenbaar maken* ★ *verslag ~* faire un compte rendu ★ *een offerte / rapport ~* faire une offre / un rapport ★ *een toost ~ op iem.* porter un toast à qn ★ *zijn stem ~ op ...* voter pour ... ❸ *op de markt brengen* lancer (sur le marché), sortir ★ *een boek ~* publier / sortir un livre
uitbroeden ❶ *eieren doen uitkomen* faire éclore ❷ *beramen* couver, mijoter ★ *een plan ~* couver un projet
uitbuiten ❶ *misbruiken* exploiter ★ *iem. ~* exploiter qn ❷ *ten volle benutten* ★ *een gelegenheid ~* profiter d'une occasion
uitbuiter exploiteur [v: exploiteuse]
uitbuiting exploitation *v*
uitbundig I *bn* exubérant, enthousiaste II *bw* avec exubérance, avec enthousiasme ★ *~ lachen* rire aux éclats ★ *iem. ~ prijzen* encenser qn
uitbundigheid exubérance *v*
uitchecken ⟨op vliegveld⟩ passer le contrôle, ⟨in hotel⟩ régler sa note
uitdagen défier (**tot** à), provoquer ★ *iem. tot een duel ~* provoquer qn en duel
uitdagend I *bn* provocant, provocateur [v: provocatrice] ★ *een ~e blik* un regard provocant, un regard de défi ★ *een ~e baan* un emploi plein de défis II *bw* d'une manière provocante ★ *zich ~ kleden* s'habiller de façon provocante
uitdager ⟨tegenstander⟩ challenger *m*
uitdaging défi *m*, pari *m* ★ *de ~ aannemen* relever le défi
uitdelen distribuer ★ *orders ~* donner des ordres ★ *klappen ~* donner des gifles
uitdenken concevoir, imaginer ★ *een plan ~* concevoir un projet
uitdeuken débosseler
uitdienen faire son temps

uitdiepen ❶ *dieper maken* creuser, approfondir ★ *een kanaal ~* approfondir un canal ❷ fig *grondig uitwerken* creuser, approfondir ★ *een kwestie ~* creuser une question
uitdijen s'amplifier, gonfler ★ *het ~d heelal* l'univers en expansion ★ *een ~de stad* une ville tentaculaire
uitdoen ❶ *uittrekken* enlever, ôter ★ *zijn kleren ~* se déshabiller ❷ *uitdoven* éteindre ★ *het licht ~* éteindre la lumière
uitdokteren concocter
uitdossen attifer, affubler ★ *zich ~* s'attifer
uitdraai comp sortie *v* (papier), listage *m* ★ *een ~ maken* faire une sortie papier
uitdraaien I *ov ww* ❶ *uitdoen* éteindre, fermer ❷ *printen* imprimer **II** *onov ww,* ~ **op** aboutir à, finir par ★ *op niets ~* n'aboutir à rien ★ *op een mislukking ~* se solder par un échec ★ *het zal erop ~ dat* au bout du compte on verra que...
uitdragen *verbreiden* répandre ★ *een geloof ~* propager une foi / religion
uitdrager brocanteur *m* [v: brocanteuse]
uitdragerij brocante *v*
uitdrijven chasser, ⟨van duivel⟩ exorciser
uitdrogen I *onov ww, droog worden* se dessécher, ⟨van bron⟩ se tarir, ⟨van lichaam⟩ se déshydrater **II** *ov ww, droog maken* dessécher
uitdroging dessèchement *m*, med déshydratation *v*
uitdrukkelijk I *bn* explicite, formel [v: formelle], jur exprès [v: expresse] ★ *op ~ verzoek* sur demande explicite **II** *bw* explicitement, formellement, expressément ★ *zij heeft ~ gezegd, dat...* elle a explicitement dit que...
uitdrukken ❶ *uiten* exprimer ★ *zich ~ (in)* s'exprimer (en) ★ *om het zacht uit te drukken* c'est le moins que l'on puisse dire ★ *in getallen ~* exprimer en chiffres ★ *in dollars uitgedrukt* exprimé en dollars ❷ *door drukken leegmaken, uitdoven* ⟨leegmaken⟩ presser, ⟨doven⟩ écraser ★ *een sigaret ~* écraser une cigarette ★ *de tandpasta ~* presser le dentifrice hors du tube ★ *een puistje ~* écraser un bouton
uitdrukking ❶ *uiting* expression *v* ★ *~ geven aan* exprimer ★ *tot ~ komen in* trouver son expression dans, se traduire dans ❷ *gelaatsuitdrukking* expression *v* ❸ *zegswijze* expression *v*, locution *v* ★ *vaste ~* locution *v* figée
uitduiden expliquer, ⟨aangeven⟩ indiquer
uitdunnen *dunner maken* éclaircir ★ *het haar laten ~* se faire désépaissir les cheveux
uiteen séparément
uiteenbarsten éclater
uiteendrijven disperser
uiteengaan se séparer, ⟨zich verspreiden⟩ se disperser
uiteenlopen ❶ *niet dezelfde kant uitlopen* diverger ❷ *verschillen* diverger ★ *daarover lopen de meningen uiteen* les opinions divergent sur ce point
uiteenvallen se décomposer
uiteenzetten *uitleggen* exposer, expliquer
uiteenzetting exposé *m* ★ *een duidelijke ~ van het probleem* un exposé clair du problème
uiteinde ❶ *uiterste einde* bout *m*, extrémité *v* ❷ *afloop* fin *v* ★ *een zalig ~ en een goed begin* bonnes fêtes (de fin d'année)
uiteindelijk I *bn* final [m mv: finals / finaux] **II** *bw* finalement, en fin de compte
uiten I *ov ww, uitdrukken* exprimer, ⟨uitspreken⟩ émettre, prononcer ★ *zijn vreugde ~* exprimer sa joie **II** *wkd ww* [**zich** ~] ❶ *zich uitdrukken* s'exprimer ★ *hij heeft de behoefte zich te ~* il a besoin de s'exprimer ❷ *tot uitdrukking komen* se manifester ★ *dit uit zich in...* cela se manifeste par...
uitentreuren ⟨onophoudelijk⟩ continuellement, ⟨tot vervelens toe⟩ à satiété
uiteraard évidemment, bien entendu
uiterlijk I *bn, van buiten* extérieur ★ *~e kenmerken* signes *m mv* extérieurs ★ *de ~e schijn* les apparences *v mv* **II** *bw* ❶ *van buiten* extérieurement ★ *~ was zij rustig* extérieurement elle était tranquille ❷ *op zijn laatst* au plus tard ★ *insturen kan tot ~ maandag aanstaande* envoi jusqu'au lundi prochain au plus tard **III** *het, voorkomen* apparence *v*, physique *m*, mine *v* ★ *naar zijn ~ te oordelen* vu son apparence
uitermate extrêmement
uiterst I *bn* ❶ *het meest verwijderd* extrême ★ *het ~e puntje* le bout ❷ *grootst, hoogst* ★ *zijn ~e best doen* faire tout son possible ★ *met ~e krachtsinspanning* de toutes ses forces ★ *in het ~e geval* à la rigueur, à la limite ❸ *laatst* dernier [v: dernière] ★ *de ~e wilsbeschikking* le dernières volontés ★ *een ~e poging* un ultime effort ★ *~e datum* date *v* limite **II** *bw* extrêmement ★ *~ belangrijk* primordial [m mv: primordiaux] ★ *~ zeldzaam* rarissime
uiterste *extreem* extrême *m*, extrémité *v* ★ *het ~ wagen* tenter l'impossible ★ *de ~n raken elkaar* les extrêmes se touchent ★ *van het ene ~ in het andere vallen* aller d'un extrême à l'autre ★ *tot het ~ drijven* pousser à bout ★ *tot het ~ gaan* aller jusqu'au bout
uiterwaard franc-bord *m* [mv: francs-bords]
uitfluiten siffler, huer
uitgaan ❶ *weggaan* sortir de, quitter ★ *de kamer ~* sortir de la pièce ❷ *gaan stappen* sortir ★ *met een meisje ~* sortir avec une fille ❸ *op weg gaan* partir ★ *op avontuur ~* aller à l'aventure, chercher l'aventure ❹ *leegstromen* ★ *de school gaat om twaalf uur uit* à midi c'est la sortie de l'école ❺ *doven* s'éteindre ★ *het licht gaat uit* la lumière s'éteint ❻ *uitgetrokken kunnen worden* ★ *deze laarzen gaan moeilijk uit* ces bottes s'enlèvent difficilement ❼ ~ **naar** *gericht zijn op* ★ *mijn gevoelens gaan uit naar* tous mes sentiments vont vers ❽ taalk ~ **op** *eindigen op* se terminer en / par ★ *werkwoorden die ~ op -er* des verbes qui se terminent en -er ❾ ~ **van** *komen van* émaner de ★ *er gaat een goede invloed van hem uit* il a une bonne influence ★ *er gaat niets van hem uit* il ne fait aucune preuve d'initiative ★ *het initiatief gaat uit van* l'initiative vient de ❿ ~ **van** *als uitgangspunt nemen* partir de ★ *~ van de veronderstelling dat* partir de l'hypothèse que ★ *ervan ~ dat* partir du principe que
uitgaansavond soirée *v* de sortie
uitgaanscentrum ⟨v. stad⟩ quartier *m* animé
uitgaansgelegenheid lieu *m* de sortie [mv: lieux...]

uitgaanskleding tenue *v* habillée
uitgaansleven possibilités *v mv* de sortie, vie *v* nocturne
uitgaansverbod ⟨avondklok⟩ couvre-feu *m* ★ *een ~ uitvaardigen* décréter le couvre-feu
uitgang ❶ *doorgang* sortie *v*, issue *v* ❷ taalk terminaison *v*, désinence *v*
uitgangspositie point *m* de départ
uitgangspunt point *m* de départ ★ *als ~ nemen* prendre comme point de départ
uitgave ❶ *besteding* dépense *v* ★ *onvoorziene ~n* dépenses imprévues ❷ *publicatie* édition *v* ★ *een herziene ~* une édition revue et corrigée ❸ BN *keer dat iets georganiseerd wordt* édition *v*
uitgebalanceerd équilibré
uitgeblust fig éteint, épuisé
uitgebreid I *bn, ruim, groot* ⟨veelomvattend⟩ étendu, vaste, ⟨uitvoerig⟩ détaillé ★ *een ~e kennis van iets hebben* avoir des connaissances étendues en matière de qc ★ *een ~ overzicht* un exposé détaillé ★ *~e landgoederen* de vastes propriétés **II** *bw* amplement ★ *iets ~ behandelen* traiter qc dans le détail
uitgehongerd affamé
uitgekiend étudié, calculé
uitgekookt rusé, roublard
uitgelaten très gai, exubérant ★ *~ van blijdschap* fou de joie, ravi
uitgeleefd décrépit
uitgeleide ★ *iem. ~ doen* raccompagner qn
uitgelezen de choix, choisi
uitgemaakt décidé, réglé ★ *dat is een ~e zaak* ça ne fait pas un pli ★ *dat is nog lang niet ~* rien n'est joué
uitgemergeld épuisé, fig étique, famélique
uitgeput ❶ *doodmoe* épuisé, exténué, à bout de forces ★ *helemaal ~ zijn* être vidé ❷ *verbruikt* épuisé, à bout ★ *de voorraad raakt ~* le stock s'épuise
uitgerekend I *bn* ❶ *berekenend* intéressé, calculateur [v: calculatrice] ❷ *zwangerschap* à terme **II** *bw, precies* justement ★ *~ hij moest dat zeggen* il a fallu que ce soit lui qui le dise
uitgescheden [volt. deelw.] → **uitscheiden**
uitgescheiden [volt. deelw.] → **uitscheiden**
uitgeslapen *pienter* éveillé, déluré
uitgesloten exclu ★ *het is ~ dat hij vandaag naar huis komt* c'est exclu qu'il rentre aujourd'hui
uitgesproken I *bn* net [v: nette] ★ *een ~ mening hebben* avoir une opinion tranchée ★ *een ~ persoonlijkheid* une personnalité affirmée ★ *een ~ voorkeur* un goût prononcé **II** *bw* nettement
uitgestorven ❶ *niet meer bestaand* disparu ★ *~ diersoorten* espèces *v mv* animales disparues / éteintes ❷ fig *verlaten* désert ★ *~ straten* des rues désertes
uitgestreken impassible ★ *met een ~ gezicht* sans sourciller
uitgestrekt étendu, vaste
uitgestrektheid *omvang* étendue *v*
uitgeteerd décharné
uitgeteld ❶ *bij boksen* K.-O. ❷ *uitgeput* nase, K.-O.
uitgeven I *ov ww* ❶ *besteden* dépenser (**aan** à) ❷ *publiceren* éditer, publier ★ *een tijdschrift ~* publier un magazine ❸ *in omloop brengen* émettre ★ *aandelen ~* émettre des actions **II** *wkd ww* [**zich ~**] **~ voor** se faire passer pour
uitgever ❶ *iem. die boeken uitgeeft* éditeur *m* [v: éditrice] ❷ *uitgeverij* maison *v* d'édition
uitgeverij maison *v* d'édition
uitgewerkt ❶ *niet langer effect hebben* qui n'a plus d'effet ★ *een ~e vulkaan* un volcan éteint ★ *de verdoving is ~* l'anesthésie n'agit plus ❷ *vervolledigd* élaboré ★ *een ~ plan* un projet détaillé
uitgewoond délabré
uitgezakt avachi
uitgezocht excellent, de choix
uitgezonderd sauf, excepté, à part ★ *niemand ~* tout le monde sans exception ★ *~ mijn vader* à part mon père
uitgifte ❶ *het uitgeven* émission *v* ❷ *verstrekking* distribution *v*
uitgiftekoers cours *m* d'émission
uitglijden ❶ *door glijden vallen* glisser (**over** sur) ❷ *een misstap begaan* faire un faux pas
uitglijder bévue *v*, gaffe *v*, dérapage *m*
uitgooien ❶ sport *als keeper de bal gooien* lancer ❷ *werpen uit* jeter ★ *de schipper gooide het anker uit* le capitaine a jeté l'ancre
uitgraven *opgraven* déterrer
uitgroeien ❶ *uitkomen boven* dépasser ★ *boven anderen ~* dépasser les autres ❷ *~* **tot** se développer en ★ *het familiebedrijf is uitgegroeid tot een groot concern* l'entreprise familiale est devenue un groupe important ★ *tot een onbeheersbaar probleem ~* devenir un problème impossible à gérer
uitgummen gommer
uithaal ❶ *beweging* coup *m* ★ *de poes deed een ~ naar de kater* la chatte a donné un coup de patte au chat ❷ *vinnige opmerking* coup *m* de griffe, coup de patte ❸ *langgerekte toon* tenue *v* ★ *het lied eindigt met een lange ~* la chanson se termine par une note tenue
uithalen I *ov ww* ❶ *uitnemen, weghalen* enlever, retirer ★ *breiwerk ~* défaire un tricot ★ *er ~ wat erin zit* en tirer le maximum ★ *het haalt niets uit* cela reste sans effet, cela ne sert à rien ❷ *uitspoken* faire, inform fabriquer ★ *streken ~* faire des siennes ★ *wat heb je nu weer uitgehaald?* qu'est-ce que tu as fabriqué encore? **II** *onov ww* ❶ *arm / been uitslaan* donner un coup ❷ fig *uitvaren* fulminer (**tegen** contre)
uithangbord enseigne *v*
uithangen I *ov ww* ❶ *buiten ophangen* ⟨van vlag⟩ arborer, ⟨van wasgoed⟩ étendre ❷ *zich gedragen als* ★ *de held ~* jouer les héros ★ *de clown ~* faire le pitre ★ *de grote meneer ~* faire l'important **II** *onov ww* ❶ *breeduit hangen* être étendu ★ *de vlag hangt uit* le drapeau est hissé ❷ *verblijven* se cacher, inform être fourré ★ *waar zou zij ~?* où est-ce qu'elle est fourrée?
uitheems étranger [v: étrangère], exotique
uithoek recoin *m*, fig coin *m* perdu, trou *m* ★ *in een ~ van het land* dans un coin perdu du pays ★ *in een ~ wonen* habiter dans un trou ★ *tot in de verste ~en* dans tous les coins et recoins
uithollen ❶ *hol maken* creuser, évider ★ *een pompoen ~* évider une citrouille ❷ *ontkrachten* saper, éroder ★ *de democratie ~* saper la démocratie

uitholling creusement *m*, ⟨holte⟩ creux *m*, fig érosion *v* ★ *~ overdwars* cassis *m* ★ fig *de ~ van de gezondheidszorg* l'érosion de la santé publique
uithongeren affamer
uithoren ❶ *uitvragen* interroger, inform cuisiner ★ *iem. ~ over iets* interroger qn sur qc ❷ *tot einde luisteren* écouter jusqu'au bout
uithouden *volhouden* supporter ★ *het ~* tenir (le coup) ★ *hij houdt het niet meer uit* il n'en peut plus ★ *niet om uit te houden* insupportable
uithoudingsvermogen endurance *v* ★ *een groot ~ hebben* avoir beaucoup de résistance
uithuilen pleurer un bon coup ★ *bij iem. ~* se faire consoler par qn ★ *~ en opnieuw beginnen* recommencer à zéro
uithuizig (souvent) absent, de sortie ★ *hij is ~* il n'est pas chez lui ★ *zij is vaak ~* elle est souvent (de) sortie
uithuwelijken donner en mariage, marier
uiting ❶ *het uiten* expression *v*, manifestation *v* ★ *~ geven aan zijn gevoelens* exprimer ses sentiments ★ *tot ~ komen in* se manifester par ❷ *wat geuit wordt* manifestation *v* ★ *~ van medeleven* témoignage *m* de sympathie
uitje *uitstapje* sortie *v*, inform virée *v*
uitjouwen huer, conspuer
uitkafferen engueuler
uitkammen ❶ *uit de knoop kammen* ★ *de haren uitkamen* démêler les cheveux ❷ fig *doorzoeken* ratisser, passer au peigne fin ★ *de buurt ~* passer le quartier au peigne fin
uitkeren verser, ⟨van dividend⟩ distribuer
uitkering ❶ *het uitkeren* versement *m*, ⟨van dividend⟩ distribution *v* ❷ *geldsom* ⟨toelage⟩ allocation *v*, ⟨vergoeding⟩ indemnité *v*, ⟨pensioen⟩ pension *v* ★ *sociale ~* prestation *v* sociale
uitkeringsfraude recours *m* abusif aux prestations
uitkeringsgerechtigd jur allocataire, ayant droit à une prestation
uitkeringsgerechtigde jur allocataire *m/v*
uitkeringstrekker allocataire *m/v*, prestataire *m/v*
uitkienen goupiller, calculer ★ *het zo ~ dat* s'arranger pour que, faire en sorte que
uitkiezen choisir ★ *met zorg ~* trier sur le volet
uitkijk ❶ *uitkijkpost* poste *m* d'observation ★ *op de ~ staan* faire le guet ❷ *persoon* guetteur *m*
uitkijken ❶ *uitzicht geven op* donner sur, ⟨in de diepte⟩ plonger sur ★ *deze kamer kijkt uit op de tuin* cette pièce donne sur le jardin ★ *wij kijken op zee uit* nous avons vue sur la mer ❷ *oppassen* faire attention (**voor** à), se méfier (**voor** de) ★ *kijk uit!* attention!, inform fais gaffe! ★ *je moet goed ~* fais bien attention ★ *ik kijk wel uit!* très peu pour moi! ❸ *zoeken* guetter ★ *naar een baan ~* être à la recherche d'un emploi ★ *naar iem. ~* guetter qn ❹ *verlangen naar* guetter ★ *naar de vakantie ~* attendre les vacances avec impatience ❺ *klaar zijn met kijken* ★ *ik ben erop uitgekeken* cela ne m'intéresse plus
uitkijkpost poste *m* d'observation
uitkijktoren tour *v* d'observation, ⟨van gevangenenkamp⟩ mirador *m*
uitklapbaar dépliant
uitklappen I *ov ww, naar buiten opendoen* déplier **II** *onov ww, naar buiten opengaan* se déplier
uitklaren dédouaner
uitklaring econ dédouanement *m*
uitkleden ❶ *ontkleden* déshabiller ★ *zich ~* se déshabiller ❷ *arm maken* dépouiller ★ *iem. tot op het hemd ~* plumer qn
uitkloppen *kloppend schoonmaken* battre, secouer, ⟨van pijp⟩ vider ★ *help je even met dekens ~?* tu me donnes un coup de main pour secouer les couvertures?
uitknijpen presser, ⟨van puist⟩ écraser ★ *een citroen ~* presser un citron ★ fig *iem. ~* presser qn comme un citron
uitknippen ❶ *met schaar uitnemen* découper ★ *een krantenartikel ~* découper un article de journal ★ *plaatjes van een popster ~* découper des images d'une vedette pop ❷ *uitschakelen* ★ *het licht ~* éteindre la lumière
uitkomen ❶ *tevoorschijn komen* sortir ★ *de knoppen komen uit* les bourgeons commencent à éclore ★ *de eitjes komen uit* les œufs éclosent ★ *wanneer komt haar roman uit?* quand est-ce que son roman va sortir / paraître? ★ *het geheim kwam uit* le secret s'est ébruité ★ *in deze jurk kwam haar figuur goed uit* cette robe mettait son physique en évidence ★ *mijn stem kwam niet boven het lawaai uit* le vacarme couvrit le son de ma voix ★ *voor zijn mening ~* exprimer son opinion ★ *er rond voor ~ dat ...* ne pas s'en cacher que ... ❷ *terechtkomen* arriver ★ *we kwamen uit in het centrum* on à atteint le centre ★ *de straat komt uit op een drukke weg* la rue débouche sur une route passante ★ *deze deur komt uit op het balkon* cette porte donne sur le balcon ❸ *(als) resultaat hebben* se réaliser ★ *dat komt goedkoper uit* cela revient moins cher ★ *mijn wens kwam uit* mon désir s'est réalisé ★ *de berekening komt uit* le calcul est exact ★ *hij komt niet uit met zijn salaris* son salaire ne lui suffit pas ❹ sport *spelen* ★ *~ tegen FC Utrecht* jouer contre le FC Utrecht ★ *zij komt uit voor Nederland* elle évolue dans l'équipe des Pays-Bas ❺ *gelegen komen* convenir ★ *dat komt goed uit* cela tombe bien / à pic ★ *dat komt me niet goed uit* cela ne me convient pas, cela ne m'arrange pas
uitkomst ❶ *resultaat* résultat *m*, issue *v* ❷ *oplossing* issue *v*, solution *v* ★ *~ bieden* apporter une solution
uitkopen *afkopen* racheter la part de, désintéresser ★ *zich ~* payer un dédit ★ *zijn compagnon ~* désintéresser son associé
uitkotsen dégobiller, ook fig vomir
uitkramen cracher ★ *onzin ~* débiter des absurdités, dire n'importe quoi
uitkristalliseren ❶ *kristalliseren* se cristalliser ❷ fig *vorm krijgen* se cristalliser
uitlaat (tuyau *m* d')échappement *m* [mv: tuyaux ...]
uitlaatgas gaz *m* d'échappement
uitlaatklep ❶ techn soupape *v* d'échappement ❷ fig exutoire *m*
uitlachen se moquer de ★ *uitgelachen worden* se faire rire au nez ★ *iem. in zijn gezicht ~* rire au nez de qn

uitladen décharger
uitlaten I *ov ww, naar buiten laten gaan* ⟨bezoek⟩ raccompagner à la porte, reconduire, ⟨dier⟩ sortir, promener ★ *de hond ~* sortir le chien ★ *iem. ~* reconduire qn **II** *wkd ww* [**zich ~**] **~ over** se prononcer sur ★ *zich zeer gunstig over iem. ~* ne dire que du bien de qn ★ *zich prijzend ~ over* parler avec éloge de ★ *daar wil ik mij niet over ~* je préfère ne rien dire à ce sujet, je ne veut pas m'étendre sur ce sujet
uitlating déclaration *v*, ⟨oneliner⟩ petite phrase *v* ★ *hij deed racistische ~en* il s'est exprimé en termes racistes
uitleentermijn durée *v* du prêt
uitleg ❶ *verklaring* explication *v* ★ *een ~ geven aan iem.* expliquer qc à qn ★ *een nadere ~ geven* donner des précisions ❷ *interpretatie* interprétation *v* ★ *dit is voor velerlei ~ vatbaar* plusieurs interprétations sont possibles ★ *dit is voor tweeërlei ~ vatbaar* c'est ambigu ★ *een verkeerde ~* une interprétation erronée
uitlegbaar explicable
uitleggen ❶ *verklaren* expliquer ❷ *interpreteren* interpréter ★ *verkeerd ~* mal interpréter ❸ *uitspreiden* étendre, étaler ★ *de rode loper ~* dérouler le tapis rouge ❹ handw élargir ★ *een zoom ~* rallonger un ourlet
uitlekken ❶ *bekend worden* s'ébruiter, filtrer, transpirer ★ *nieuws laten ~* faire filtrer des informations ❷ *uitdruipen* s'égoutter ★ *de sla laten ~* laisser (s')égoutter la salade
uitlenen prêter (**aan** à)
uitleven [**zich ~**] se défouler, s'éclater ★ *zich in zijn werk ~* s'éclater dans son travail
uitleveren extrader ★ *aan justitie ~* extrader pour être jugé
uitlevering extradition *v*
uitleveringsverdrag traité *m* d'extradition
uitleveringsverzoek demande *v* d'extradition
uitlezen ❶ *tot aan het eind lezen* ★ *een boek ~* finir un livre ❷ comp lire
uitlichten ❶ film éclairer ❷ fig lever, relever
uitlijnen aligner, ⟨van auto⟩ équilibrer
uitloggen comp se déconnecter
uitlokken *provoceren* ⟨iets⟩ provoquer, ⟨iemand⟩ amener, inviter (**tot** à) ★ *kritiek ~* provoquer des critiques
uitlokking ook jur provocation *v*
uitloop ❶ *het weggaan* ★ *rond vijf uur is er op kantoor een ware ~* vers cinq heures le bureau se vide quasiment ❷ *marge* marge *v* ★ *een ~ van drie weken* une marge de trois semaines ❸ *extra ruimte* ★ *de kippen hier hebben een vrije ~* les poules sont élevées en libre parcours ici ❹ *monding* bouche *v*
uitlopen I *ov ww* ❶ *tot het einde lopen* ★ *een wedstrijd ~* terminer une course ❷ *ruimer maken* ★ *schoenen ~* assouplir des chaussures **II** *onov ww* ❶ *lopend uitgaan* sortir de ★ *zij liep de straat uit* elle est allée jusqu'au bout de la rue ★ *zij liep de kamer uit* elle est sortie de la pièce ★ *de keeper liep uit* le gardien est sorti ❷ *uitkomen* déboucher (**in, op** dans, sur), ⟨uitmonden⟩ se jeter (**in** dans) ★ *in een punt ~* se terminer en pointe ★ *wijd ~* s'évaser ❸ plantk *gaan groeien* bourgeonner, ⟨kiemen⟩ germer ❹ *vlekkerig worden* s'écouler ❺ *voorsprong nemen* prendre de l'avance (**op** sur), se détacher (**op** de) ★ *hij liep tot vijf minuten uit* il a pris cinq minutes d'avance ❻ *langer duren* se prolonger ★ *de vergadering liep een uur uit* la réunion s'est prolongée d'une heure ❼ **~ op** *leiden tot* aboutir à ★ *het liep op niets uit* cela n'a pas abouti, cela n'a mené à rien
uitloper ❶ *uitgroeisel* jet *m*, pousse *v* ❷ *randgebergte* contrefort *m*
uitloten ❶ *lotnummer trekken* tirer au sort ★ *deze nummers zijn uitgeloot* ces numéros sont sortis ❷ *uitsluiten door loting* exclure par tirage au sort
uitloting tirage *m* au sort
uitloven proposer, offrir ★ *een beloning ~* promettre une récompense
uitluiden sonner la fin de ★ *iem. ~* dire adieu à qn ★ *het oude jaar ~* enterrer la vieille année
uitmaken ❶ *beslissen* décider ★ *een uitgemaakte zaak* un fai établi ★ *maak dat samen maar uit* arrangez-vous entres vous ❷ *vormen* former, constituer ★ *dit schilderij maakt deel uit van een collectie* ce tableau fait partie d'une collection ★ *deze heren maken het bestuur uit* ces messieurs constituent le conseil d'administration ❸ *betekenen* faire, avoir de l'importance ★ *dat maakt niets uit* ça ne fait rien ★ *dat maakt hem niets uit* ça lui est égal ★ *wat maakt dat uit?* qu'est-ce que ça fait?, quelle importance? ❹ *doven* éteindre ★ *zijn sigaret ~* éteindre sa cigarette ❺ *doen ophouden* ⟨van verkering⟩ rompre, en finir avec ★ *hij heeft het uitgemaakt met zijn vriendin* il a rompu avec sa copine ❻ **~ voor** traiter de ★ *iem. ~ voor alles wat lelijk is* traiter qn de tous les noms ★ *iem. voor leugenaar ~* traiter qn de menteur
uitmelken ❶ fig *eindeloos behandelen* épuiser ★ *een onderwerp ~* épuiser un sujet ❷ fig *armer maken* saigner à blanc, ⟨uitbuiten⟩ exploiter
uitmesten fig nettoyer à fond
uitmeten ❶ *maat nemen van* mesurer ❷ *uitvoerig noemen* ★ *iets breed ~* s'étendre sur qc
uitmonden se jeter (**in** dans), fig aboutir (**in** à) ★ *in chaos ~* aboutir au chaos
uitmoorden massacrer
uitmunten exceller ★ *boven anderen ~* exceller entre tous
uitmuntend I *bn* excellent **II** *bw* brillamment
uitneembaar amovible, démontable
uitnemend I *bn* excellent **II** *bw* excellemment, brillamment
uitnodigen ❶ *vragen te komen, mee te gaan* inviter, convier ★ *iem. op een feest ~* inviter qn à une fête ★ *een dame voor een dans ~* inviter une dame à danser ❷ *verlokken* inviter, inciter ★ *dit mooie weer nodigt uit tot zwemmen* ce beau temps invite à la baignade
uitnodiging invitation *v* ★ *op ~ van* à / sur l'invitation de ★ *een ~ afslaan* refuser une invitation ★ *een ~ aanvaarden* accepter une invitation
uitoefenen ❶ *bedrijven* exercer, pratiquer ★ *een beroep ~* exercer une profession ❷ *doen gelden* exercer ★ *druk ~ op* faire pression sur, exercer une pression sur ★ *gezag ~* exercer son autorité ★ *invloed ~ op* influer ★ *kritiek ~ op* critiquer

uitpakken I *ov ww, uit verpakking halen* déballer ★ *een cadeau* ~ déballer un cadeau ★ *goederen* ~ déballer des marchandises ★ *een koffer* ~ défaire une valise II *onov ww* ❶ *aflopen* tourner, finir ★ *verkeerd* ~ tourner mal ❷ *gul zijn* se mettre en frais (y) mettre le paquet pour le mariage ❸ *tekeergaan* fulminer ★ ~ *tegen iem.* donner son paquet à qn
uitpersen ❶ *leegpersen* presser ★ *een sinaasappel* ~ presser une orange ❷ *uitbuiten* pressurer, exploiter
uitpluizen ❶ fig *uitzoeken* éplucher, dépouiller ★ *de zaak grondig* ~ passer l'affaire au crible ❷ *uitrafelen* effilocher ★ *touw uitrafelen* effilocher la corde
uitpraten I *ov ww, oplossen* régler ★ *het* ~ *met iem.* s'expliquer avec qn II *onov ww, ten einde praten* ★ *iem. niet laten* ~ interrompre qn ★ *laat hem* ~ laisse-le finir ★ *niet uitgepraat raken over* ne pas tarir sur ★ *we raakten niet uitgepraat* on a discuté sans fin ★ *ik ben uitgepraat* je n'ai plus rien à dire
uitprinten imprimer, lister
uitproberen essayer, tester
uitpuffen souffler
uitpuilen se gonfler, sortir ★ ~*de ogen* des yeux exorbités / qui sortent de la tête ★ *mijn zakken puilen uit* mes poches sont gonflées
uitputten ❶ *moe maken* épuiser ★ *zich* ~ s'épuiser ★ *zich* ~ *in verontschuldigingen* se confondre en excuses ❷ *opmaken* épuiser ★ *de mogelijkheden* ~ épuiser les possibilités ★ *de voedselvoorraad* ~ épuiser les provisions
uitputting *het moe maken / zijn* épuisement *m*
uitputtingsslag ❶ mil *gevecht* guerre *v* d'usure ❷ fig *uitputtende bezigheid* guerre *v* d'usure
uitpuzzelen tirer au clair
uitrangeren ook fig mettre sur une voie de garage, fig mettre au placard
uitrazen se calmer ★ *laat hem maar even* ~ laisse le se défouler
uitreiken remettre, form délivrer, ‹v. prijs› distribuer
uitreiking remise *v*, ‹v. prijs› distribution *v*
uitreisvisum visa *m* de sortie
uitrekenen calculer
uitrekken étirer, allonger ★ *zich* ~ s'étirer
uitrichten faire ★ *ik kon niets* ~ je ne pouvais rien faire
uitrijden I *ov ww* ❶ *tot het einde toe rijden* aller jusqu'au bout de ★ *een wedstrijd* ~ terminer une course ❷ *rijdend verspreiden* ★ *mest* ~ épandre le fumier II *onov ww, rijdend uitgaan* sortir de
uitrijstrook bretelle *v* de sortie
uitrijverbod interdiction *v* d'épandage
uitrijzen s'élever (**boven** au-dessus de) ★ *de hoog boven de stad* ~*de toren* la tour qui domine la ville
uitrit sortie *v*
uitroeien exterminer ★ *met wortel en tak* ~ extirper
uitroeiing extermination *v*
uitroep cri *m*, exclamation *v*
uitroepen ❶ *roepend zeggen* crier, s'écrier, s'exclamer ★ *'lieve hemel', riep hij uit* "mon Dieu!", s'écria-t-il ❷ *aankondigen dat iets begonnen is* proclamer ★ *een staking* ~ lancer un préavis de grève ❸ *zeggen dat iem. iets is* proclamer ★ *tot koning* ~ proclamer roi
uitroepteken point *m* d'exclamation
uitroken ❶ *verdrijven* enfumer ❷ *met rook reinigen* fumiger
uitruimen vider
uitrukken I *ov ww, los trekken* arracher ★ *zich de haren* ~ s'arracher les cheveux II *onov ww, erop uitgaan* se mettre en marche, ‹van brandweer e.d.› sortir ★ *het legerkorps is uitgerukt* le corps d'armée s'est mis en marche
uitrusten I *ov ww, toerusten* équiper (**met** de), munir (**met** de) ★ *deze auto is uitgerust met een katalysator* cette voiture est munie d'un pot catalytique ★ *uitgerust met* équipé de II *onov ww, rusten* se reposer
uitrusting équipement *m*
uitschakelen ❶ *buiten werking stellen* débrancher, déconnecter, ‹v. stroom› couper ★ *de motor* ~ arrêter le moteur, couper le contact ❷ *elimineren* éliminer ★ *een tegenstander* ~ éliminer un adversaire
uitschakeling ❶ *het buiten werking stellen* débranchement *m*, déconnexion *v* ❷ *het elimineren* élimination *v*
uitscheiden I *ov ww* [o.v.t.: scheidde uit; volt. deelw.: uitgescheiden] *afscheiden* excréter, ‹van vocht› sécréter, éliminer II *onov ww* [o.v.t.: scheidde uit, scheed uit; volt. deelw.: uitgescheiden, uitgescheden] *ophouden* (s')arrêter ★ *schei uit!* arrête!, assez! [+ inf.], arrêter de ★ ~ *met praten* arrêter de parler ★ *schei uit met die flauwekul!* arrête tes conneries!
uitscheiding excrétion *v*, élimination *v*
uitscheidingsorgaan organe *m* excréteur
uitschelden injurier, insulter ★ *iem. voor leugenaar* ~ traiter qn de menteur
uitschieten I *onov ww* ❶ *onbeheerst bewegen* déraper, glisser ★ *zijn mes schoot uit* son couteau a glissé ★ *zijn hand schoot uit* il a fait un faux mouvement de la main ❷ *uitspruiten* pousser, ‹kiemen› germer ❸ *heftig uitvallen* ★ *tegen iem.* ~ faire une sortie contre qn II *ov ww, haastig uittrekken* enlever rapidement
uitschieter pointe *v*, point *m* fort
uitschijnen ▾ BN *(aan) iem. iets laten* ~ laisser entendre qc à qn
uitschot rebut *m*
uitschrijven ❶ *uitwerken* écrire, ‹overschrijven› (re)copier ★ *dictaat* ~ recopier ses notes ❷ *invullen, ondertekenen* rédiger ★ *een cheque* ~ faire / établir un chèque ❸ *afkondigen* annoncer ★ *een lening* ~ lancer un emprunt ★ *een prijsvraag* ~ organiser un concours ★ *een vergadering* ~ convoquer une assemblée ★ *verkiezingen* ~ organiser des élections ❹ *schrappen* rayer ★ *als lid uitgeschreven worden* être radié de la liste des membres
uitschudden ❶ *schoonschudden* secouer ★ *de dekens* ~ secouer les couvertures ❷ fig *beroven* dépouiller ★ *iem.* ~ dépouiller qn
uitschuifbaar escamotable, ‹v. ladder› coulissant, ‹telescopisch› télescopique ★ *uitschuifbare tafel* table *v* à rallonges

ui

uitschuifladder échelle *v* coulissante
uitschuiven ❶ *naar buiten schuiven* pousser ★ *een lade* ~ ouvrir un tiroir ❷ *vergroten* (r)allonger, tirer ★ *een tafel* ~ (r)allonger une table
uitschuiver BN dérapage *m*
uitserveren
uitslaan I *ov ww* ❶ *uitkloppen* secouer ★ *een stofdoek* ~ secouer un chiffon ❷ *wegslaan* battre ★ *iem. een tand* ~ casser une dent à qn ❸ *plat maken* ★ *metaal* ~ battre du métal ★ *een deuk* ~ débosseler ❹ *naar buiten bewegen* ouvrir, ⟨van armen⟩ étendre, ⟨van kaart⟩ déplier, ⟨van klauwen⟩ sortir ★ *de vleugels* ~ déployer les ailes, fig prendre sa volée ❺ *uitkramen* débiter ★ *onzin* ~ débiter des absurdités ★ *grove taal* ~ tenir des propos grossiers **II** *onov ww* ❶ *naar buiten komen* jaillir ★ *~de brand* feu *m* qui gagne / se propage, flammes *v mv* qui jaillissent ❷ *uitslag krijgen* ⟨vocht⟩ suinter, ⟨schimmel⟩ moisir ★ *de muur was groen uitgeslagen* le mur était moisi / salpêtré
uitslaapkamer med salle *v* de réveil / de réanimation
uitslag ❶ *plek* ⟨schimmel⟩ moisissure *v*, ⟨vocht⟩ suintement *m*, ⟨van huid⟩ éruption *v*, ⟨puistjes⟩ boutons *m mv* ★ ~ *aan het plafond* de la moisissure au plafond ❷ *afloop* résultat *m* ★ *de* ~ *van de verkiezing bekendmaken* annoncer les résultats des élections ★ *de* ~ *van het examen* le résultat de l'examen
uitslapen faire la grasse matinée ★ *goed uitgeslapen* bien reposé ★ *zijn roes* ~ cuver son vin
uitsloven [**zich** ~] ⟨moeite doen⟩ se donner beaucoup de mal, ⟨overdreven⟩ faire du zèle, ⟨dik doen⟩ frimer
uitslover personne *v* qui fait du zèle, fayot *m*
uitsluiten ❶ *buitensluiten* exclure (**van** de) ★ *van verdere deelname uitgesloten* exclu de la compétition ❷ *onmogelijk achten* exclure ★ *dat is uitgesloten!* c'est (tout à fait) exclu! ❸ *onmogelijk maken* exclure ★ *het een sluit het ander niet uit* l'un n'exclut pas l'autre
uitsluitend exclusivement, uniquement
uitsluiting exclusion *v*, exception *v* ★ *met* ~ *van* à l'exception de
uitsluitsel *beslissend antwoord* réponse *v* définitive ★ *iem.* ~ *geven over* fixer qn sur
uitsmeren ❶ *smerend uitspreiden* étaler (**over** sur) ★ *de boter* ~ *over de boterham* beurrer la tartine ❷ *verdelen* étaler (**over** sur), répartir ★ *over twee jaar* ~ étaler sur deux ans
uitsmijter ❶ *persoon* videur *m* ❷ *gerecht* omschr des œufs *m mv* sur le plat (et jambon etc.) ❸ *slotnummer* bouquet *m* final
uitsnijden ❶ *wegsnijden* (dé)couper, med exciser ★ *een laag uitgesneden jurk* une robe échancrée ★ *een (diep) uitgesneden hals* un décolleté ❷ *door snijden vormen* ★ *in hout* ~ découper en bois
uitspannen ❶ *uitstrekken* (é)tendre ❷ *uit gareel losmaken* dételer
uitspanning *herberg* café *m*, relais *m*
uitspansel firmament *m*
uitsparen ❶ *open laten* ménager, réserver ★ *een opening* ~ ménager une ouverture ❷ *besparen* économiser ★ *geld* ~ économiser de l'argent
uitsparing ❶ *besparing* économie *v* ❷ *opengelaten plek* marge *v*
uitspatting excès *m*, débauche *v*
uitspelen ❶ *tot het eind spelen* finir, terminer ★ *zijn rol is uitgespeeld* il est fini ❷ *in het spel brengen* jouer ★ *een troef* ~ jouer atout, fig jouer une carte maîtresse ❸ *manipuleren* ★ *twee mensen tegen elkaar* ~ monter deux personnes l'un contre l'autre
uitsplitsen ❶ *selecteren* répartir ★ *naar leeftijd* ~ répartir par tranches d'âge ❷ *ontleden* diviser (**in** en), ventiler ★ *een bedrag* ~ ventiler un total
uitspoelen rincer, ⟨wassen⟩ laver
uitspoken fabriquer ★ *wat heb je uitgespookt?* qu'est-ce que tu as fabriqué?
uitspraak ❶ *wijze van uitspreken* prononciation *v*, ⟨articulatie⟩ articulation *v* ❷ *bewering, mening* propos *m mv*, mot *m* ★ *een* ~ *doen* se prononcer ❸ jur verdict *m*, sentence *v* ★ ~ *doen (over)* rendre son jugement (sur), statuer (sur) ★ ~ *doen in een zaak* se prononcer sur une affaire ★ *een* ~ *doen in een geschil* trancher un litige ★ ~ *doen in kort geding* juger en référé
uitspreiden étendre, ⟨van vleugels⟩ déployer, ⟨van benen⟩ écarter ★ *het zaad over het grasveld* ~ épandre les graines sur le gazon
uitspreken I *ov ww* ❶ *sprekend uiten* exprimer ★ *de wens* ~ *dat* émettre la vœu que ❷ *articuleren* prononcer, articuler ★ *duidelijk* ~ bien articuler ★ *hoe spreek je dat uit?* comment ça se prononce? ❸ *bekendmaken* prononcer ★ *een vonnis* ~ prononcer une sentence ★ *zijn veto over iets* ~ opposer son veto à qc **II** *onov ww, ten einde spreken* finir (de parler) **III** *wkd ww* [**zich** ~] se prononcer (**over** sur; **tegen** contre)
uitspringen ❶ *uitsteken* avancer, saillir ★ wisk *een* ~*de hoek* un angle saillant ❷ *opvallen* se distinguer, émerger du lot, sortir de la masse ★ *haar presentatie sprong eruit* sa présentation s'est distinguée
uitspugen cracher
uitspuiten ⟨van oren⟩ déboucher
uitspuwen cracher
uitstaan I *ov ww, dulden* souffrir, supporter ★ *iem. niet kunnen* ~ ne pas pouvoir sentir qn **II** *onov ww* ❶ *uitsteken* faire saillie ★ *hij heeft ~de oren* il a les oreilles décollées ❷ *uitgeleend zijn* ★ *geld hebben* ~ avoir de l'argent placé ★ ~ *tegen 8%* être placé à 8% ★ *~de schuld* dette *v* active ★ *~d geld* argent *m* placé (à intérêt) ❸ *te maken hebben* ★ *daarmee heb ik niets uit te staan* je n'y suis pour rien ★ BN *geen ~s hebben met* ne pas avoir à faire à
uitstalkast vitrine *v*
uitstallen étaler
uitstalling étalage *m*
uitstalraam BN vitrine *v*
uitstapje *pleziertochtje* excursion *v*, tour *m*
uitstappen descendre (**uit** de) ▼ *er* ~ quitter la scène
uitsteeksel saillie *v*, pointe *v*
uitstek ▼ *bij* ~ par excellence
uitsteken I *ov ww* ❶ *naar buiten, naar voren steken* tendre, ⟨uitstrekken⟩ étendre ★ *de vlag* ~ arborer le drapeau ★ *zijn hand* ~ *naar iem.* tendre la main à qn ❷ *eruit steken* couper ★ *iem. de ogen* ~ crever les yeux à qn, fig en mettre

ui

plein la vue à qn **II** *onov ww* ❶ *naar buiten / vooruit steken* saillir, déborder ★ *~de jukbeenderen* des pommettes saillantes ❷ *~* **boven** ★ *hoog ~ boven* ook fig dépasser de loin
uitstekend *naar buiten stekend* saillant
uitstekend **I** *bn, heel goed* excellent ★ *een ~ idee* une excellente idée **II** *bw* excellemment ★ *hoe maak je 't? - ~!* ça va? - très bien! ★ *zich ~ amuseren* prendre du bon temps
uitstel ⟨opschorting⟩ ajournement *m*, report *m* (**tot** à), ⟨respijt⟩ délai *m* ★ *~ van betaling* sursis *m*, jur atermoiement *m* ★ *~ van executie* délai de grâce, fig sursis ★ *~ verlenen* donner un délai ★ *~ vragen* demander un délai ★ *dat kan geen ~ lijden / dulden* cela ne souffre aucun délai ★ *van ~ komt afstel* ≈ ne remets pas au lendemain ce que tu peux faire le jour même ★ *~ is geen afstel* ce n'est que partie remise
uitstellen différer, remettre (**tot** à) ★ *tot nader order ~* remettre jusqu'à nouvel ordre
uitsterven être en voie de disparition ★ *de olifant wordt met ~ bedreigd* l'éléphant est menacé d'extinction
uitstijgen ❶ *uitstappen* descendre ❷ *~* **boven** dépasser ★ *ver ~ boven het gemiddelde niveau* dépasser de loin la moyenne
uitstippelen tracer, jalonner, fig définir ★ *een route ~* jalonner un itinéraire ★ *een plan ~* définir un projet
uitstoot *wat wordt uitgestoten* émission *v*, rejet *m*
uitstorten ❶ *legen* (dé)verser ❷ *uiten* ★ *zijn hart ~ bij iem.* ouvrir son cœur à qn
uitstoten ❶ *stotend verwijderen* sortir (en poussant), casser ❷ *uiten* pousser ★ *kreten ~* pousser des cris ❸ *verstoten* expulser, rejeter (**uit** de) ★ *haar vrienden hebben haar uitgestoten* elle a été rejetée par ses amis ❹ *lozen* rejeter, émettre
uitstralen **I** *ov ww* ❶ *als stralen uitzenden* émettre, dégager ★ *warmte ~* dégager de la chaleur ❷ fig *een bepaalde indruk maken* respirer ★ *hij straalt autoriteit uit* il respire l'autorité **II** *onov ww, als stralen uitgaan van* rayonner, ⟨v. licht, warmte⟩ irradier
uitstraling ❶ natk rayonnement *m* ❷ fig aura *v*, présence *v* ★ *zij heeft een warme ~* elle a une personnalité chaleureuse
uitstrekken **I** *ov ww* ❶ *voluit strekken* étendre ★ *zijn benen ~* étendre les jambes ❷ *doen gelden* étendre ★ *zijn invloed verder ~* étendre son influence **II** *wkd ww* [**zich ~**] ❶ *bepaalde oppervlakte innemen* s'étendre (**over** sur) ★ *de vlakte strekt zich uit zover het oog reikt* la plaine s'étend jusqu'à l'horizon ❷ *gelden* s'étendre ★ *de wet strekt zich uit tot ...* la loi s'étend (jusqu')à... ❸ *languit gaan liggen* s'étendre ★ *zich op de bank ~* s'étendre / s'allonger sur le canapé
uitstrijken ❶ *uitsmeren* étaler ★ *de verf ~* étaler la peinture ❷ *verdelen* étaler ★ *de betaling over twee maanden ~* étaler le paiement sur deux mois
uitstrijkje med frottis *m*
uitstromen ❶ *naar buiten stromen* s'écouler, ⟨van gas⟩ s'échapper ❷ *uitmonden* se jeter (dans)
uitstroming écoulement *m*, ⟨van gas⟩ fuite *v*
uitstrooien ❶ *strooien* épandre ❷ *overal vertellen* répandre
uitstulping bosse *v*, protubérance *v*, med hernie *v*
uitsturen envoyer, ⟨wegsturen⟩ expulser ★ *iem. de klas ~* expulser qn du cours / de la classe ★ *iem. op verkenning ~* envoyer qn en reconnaissance
uittekenen dessiner ★ *ik kan hem wel ~* je le connais comme si je l'avais fait
uittesten tester
uittikken taper à la machine
uittocht exode *m*
uittrap sport coup *m* de pied de but
uittreden *ophouden lid / werknemer te zijn* se retirer, ⟨van priester⟩ se défroquer ★ *vervroegd ~* partir en préretraite
uittreding départ *m*, ⟨uit functie⟩ démission *v* ★ *vervroegde ~* (départ *m* en) préretraite *v*
uittrekken **I** *ov ww* ❶ *uitdoen* enlever ★ *zijn schoenen ~* enlever ses chaussures, se déchausser ❷ *verwijderen* arracher, retirer ★ *onkruid ~* arracher des mauvaises herbes ❸ *naar buiten trekken* tirer ★ *een lade ~* ouvrir / tirer un tiroir ★ *de tafel ~* (r)allonger la table ❹ *bestemmen* destiner (**voor** à), affecter (**voor** à) ★ *tijd ~ voor* réserver du temps à / pour **II** *onov ww, weggaan* ★ *erop ~ om...* partir pour...
uittreksel ❶ *certificaat* extrait *m* ★ *~ uit het geboorteregister* extrait de naissance ❷ *samenvatting* extrait *m*, résumé *m* ❸ BN *dagafschrift* relevé *m* de compte
uittypen taper
uitvaagsel rebut *m*, lie *v* (de la société)
uitvaardigen décréter, ⟨v. arrestatiebevel, verbod⟩ lancer, ⟨v. wet⟩ promulguer
uitvaart obsèques *v mv*
uitvaartcentrum funérarium *m*
uitvaartdienst service *m* funèbre
uitvaartstoet cortège *m* funèbre
uitvaartverzekering assurance *v* obsèques
uitval ❶ *het wegvallen* ⟨v. stroom⟩ panne *v* (de courant) ★ *er is veel ~ in deze studierichting* le taux d'échec dans cette filière est très élevé ❷ *het loslaten* ⟨v. haar⟩ chute *v* ❸ *boze uiting* sortie *v*, apostrophe *v* ❹ sport attaque *v*, ⟨counter⟩ contre *m* ❺ mil percée *v*
uitvallen ❶ *wegvallen* sport abandonner ★ *de trein van 8.03 uur is uitgevallen* le train de 8h.03 a été supprimé ★ *de stroom is uitgevallen* il y a une panne de courant ❷ *loslaten* tomber ★ *mijn haar valt uit* je perd mes cheveux ❸ *boos spreken* faire une sortie (**tegen** contre) ❹ sport ⟨counteren⟩ faire un contre ❺ mil faire une percée ❻ *als resultaat hebben* ★ *goed ~* réussir, bien tourner ★ *slecht ~* mal réussir / tourner ★ *het viel in ons voordeel uit* ça tournait à notre avantage ★ *hij is niet bang uitgevallen* il n'a pas froid aux yeux ★ *hij is lui uitgevallen* il est plutôt paresseux ★ *hij is somber uitgevallen* il est d'un naturel triste
uitvalsbasis ❶ *uitgangspunt* base *v* de départ ❷ mil base *v* d'opérations
uitvalsweg route *v* de sortie
uitvaren ❶ *naar buiten varen* prendre le large, appareiller ❷ *boos uitvallen* fulminer (**tegen** contre)
uitvechten ≈ régler, vider ★ *iets ~ voor de rechtbank* vider un différend devant le tribunal

ui

★ *laat ze dat maar onderling* ~ qu'ils s'expliquent entre eux
uitvegen ❶ *schoonvegen* balayer ★ *het portiek* ~ balayer le porche ❷ *uitwissen* effacer
uitvergroten agrandir
uitvergroting agrandissement *m*
uitverkocht épuisé, complet [v: complète] ★ *het boek is* ~ ce livre est épuisé ★ *de voorstelling is* ~ le théâtre affiche complet, on joue à guichets fermés ★ *een ~e zaal* une salle comble
uitverkoop soldes *m mv* ★ *in de* ~ en solde, soldé
uitverkoren élu, rel prédestiné
uitverkorene élu *m* [v: élue]
uitvinden ❶ *uitdenken* inventer ★ *wie heeft de auto uitgevonden?* qui a inventé l'automobile? ❷ *te weten komen* découvrir
uitvinder inventeur *m* [v: inventrice]
uitvinding invention *v*
uitvissen tirer au clair
uitvlakken effacer ▾ *dat moet je niet* ~ ce n'est pas rien
uitvliegen ❶ *wegvliegen* s'envoler ❷ BN *tekeergaan* fulminer (**tegen** contre)
uitvloeisel conséquence *v*, résultat *m*, suite *v*
uitvlooien éplucher
uitvlucht échappatoire *v*, prétexte *m*, faux-fuyant *m* [mv: faux-fuyants] ★ *~en zoeken* chercher des excuses
uitvoegen déboîter
uitvoegstrook bande *v* de ralentissement
uitvoer ❶ *uitvoering* ★ *ten ~ brengen* mettre à exécution, réaliser ❷ *export* exportation *v* ❸ comp sortie *v*
uitvoerbaar faisable, réalisable
uitvoerbelasting taxe *v* à l'exportation
uitvoerder réalisateur *m* [v: réalisatrice], exécutant *m* [v: exécutante]
uitvoerdocumenten documents *m mv* d'exportation
uitvoeren ❶ *exporteren* exporter ❷ *volbrengen* effectuer, exécuter, ⟨vervullen⟩ accomplir ★ *een opdracht* ~ accomplir une mission ★ *een plan* ~ réaliser un projet (pouvoir *m*) exécutif *m* ❸ *vervaardigen* faire, fabriquer, façonner ★ *een goed uitgevoerd boek* un livre bien fait ❹ *vertonen* représenter, ⟨ten gehore brengen⟩ exécuter ★ *~d kunstenaar* interprète *m/v* ❺ *verrichten* faire, inform fabriquer ★ *wat zou hij nu weer ~?* qu'est-ce qu'il invente encore? ★ *hij voert geen klap uit* il se tourne les pouces, il ne fout rien du tout
uitvoerig I *bn* détaillé, circonstancié ★ ~ *verslag* rapport *m* détaillé ★ *te ~ zijn* se perdre dans les détails **II** *bw* amplement, en détai ★ ~ *vertellen* raconter en détail ★ ~ *ingaan op* s'attarder sur
uitvoering ❶ *het uitvoeren* exécution *v*, réalisation *v*, mise *v* en œuvre ★ *in* ~ en cours de réalisation ★ *werk in ~!* travaux *m mv* ★ ~ *geven aan een plan* mettre un projet à exécution ❷ *manier waarop iets gemaakt is* présentation *v*, ⟨van auto e.d.⟩ modèle *m*, ⟨van boek⟩ version *v* ★ *in luxe* ~ modèle luxe ❸ *voordracht* ⟨m.b.t. toneel⟩ représentation *v*, ⟨van muziek⟩ exécution *v*
uitvoerrecht droit *m* d'exportation
uitvoervergunning licence *v* d'exportation
uitvogelen tirer au clair
uitvouwbaar dépliant
uitvouwen déplier
uitvragen *uithoren* questionner, interroger ★ *de arrestant werd uitgevraagd over de diefstal* on a interrogé le prévenu sur le vol
uitvreten ❶ *uitspoken* fabriquer, foutre, trafiquer ❷ *op iemands kosten leven* parasiter sur, vivre aux crochets de
uitvreter pique-assiette *m/v* [mv: id.]
uitwaaien ❶ *doven* être éteint / soufflé par le vent ★ *de kaars waaide uit* la bougie était éteinte par le vent ❷ *frisse neus halen* ≈ prendre l'air
uitwas ❶ *uitgroeisel* excroissance *v*, protubérance *v* ❷ *verkeerde ontwikkeling* excès *m* ★ *de ~sen van onze welvaartstaat* les excès de notre État-providence
uitwassen laver
uitwedstrijd match *m* en déplacement
uitweg ❶ *uitkomst* issue *v* ★ *ik zie geen andere ~ meer* je ne vois pas d'autre issue ❷ *uitgang* issue *v*
uitweiden ★ ~ *over* discourir sur, s'étendre sur
uitweiding digression *v*
uitwendig I *bn* externe, extérieur ★ *voor ~ gebruik* à usage externe ★ *het ~e* l'extérieur *m* **II** *bw* extérieurement
uitwerken I *ov ww* ❶ *vervolledigen* développer, élaborer, ⟨v. plan⟩ mettre au point ★ *een voorstel* ~ élaborer une proposition ★ *aantekeningen* ~ mettre des notes au propre ❷ *oplossen* résoudre ★ *een vraagstuk* ~ résoudre un problème ★ *sommen* ~ faire des calculs **II** *onov ww* ❶ *effect verliezen* ★ *uitgewerkt zijn* n'avoir plus d'effet ❷ *effect hebben* faire un effet
uitwerking ❶ *effect* effet *m*, ⟨krachtig⟩ impact *m* (**op** sur) ★ *een ~ hebben op* avoir son effet sur ★ *zijn ~ missen* ne pas produire l'effet désiré ★ *deze woorden misten hun ~ niet* ses propos ont fait mouche ★ *zonder* ~ inopérant ❷ *verdere bewerking* développement *m*, élaboration *v* ★ *de ~ van een idee* l'élaboration d'une idée
uitwerpen éjecter, jeter
uitwerpselen excréments *m mv*
uitwijkeling BN *emigrant* émigré *m* [v: émigrée]
uitwijken ❶ *opzij gaan* s'écarter, ⟨zwenken⟩ faire un écart ★ ~ *voor de bal* éviter le ballonn ★ ~ *naar rechts* ⟨van auto⟩ se déporter à droite ❷ *vluchten* s'exiler (**naar** à, en), s'expatrier ❸ BN *emigreren* émigrer (**naar** en, dans)
uitwijking
uitwijkmanoeuvre embardée *v*, fig dérobade *v*
uitwijkmogelijkheid ❶ *mogelijkheid om iets te voorkomen* échappatoire *v*, porte *v* de sortie ❷ *alternatief* alternative *v*, solution *v* de remplacement
uitwijzen ❶ *aantonen* (dé)montrer ★ *de praktijk wijst uit dat ...* la pratique nous montre que... ❷ *verdrijven* expulser ★ *asielzoekers* ~ expulser des demandeurs d'asile
uitwijzing expulsion *v*
uitwisbaar effaçable
uitwisselen échanger ★ *gegevens* ~ échanger des données
uitwisseling échange *m* ★ ~ *van gevangenen* échange de prisonniers

uitwisselingsproject projet *m* d'échange
uitwisselingsverdrag jur traité *m* d'échange
uitwissen *verwijderen* effacer ★ *sporen ~* erracer des traces ★ *een nare herinnering ~* effacer un mauvais souvenir
uitwonen détériorer ★ *hij heeft het huis helemaal uitgewoond* il a complètement dégradé la maison
uitwonend *niet thuiswonend* externe, ‹niet bij ouders wonend› qui n'habite pas chez ses parents
uitworp ❶ *uitstoot* émission *v* ❷ sport remise *v* en jeu, dégagement *m*
uitwrijven ❶ *schoonwissen* astiquer ❷ *door wrijven verspreiden* étendre ★ *die poetspommade moet je wel goed ~* il faut bien étaler la pâte à polir ★ *zich de ogen ~* se frotter les yeux, fig ouvrir de grands yeux
uitwringen essorer, tordre
uitwuiven ≈ dire au revoir (de la main)
uitzaaien I *ov ww, verspreiden* semer **II** *wkd ww* [**zich ~**] med métastaser ★ *het kankergezwel heeft zich uitgezaaid* la tumeur a métastasé
uitzaaiing med métastase *v*
uitzakken *naar beneden zakken* s'affaisser ★ *uitgezakt in een luie stoel* avachi dans un fauteuil
uitzendbureau agence *v* d'intérim
uitzenden ❶ media diffuser, (re)transmettre ★ *een programma ~* diffuser une émission ★ *een SOS-bericht ~* lancer un SOS ★ *uitgezonden door de televisie* télédiffusé ★ *een concert over de radio ~* radiodiffuser un concert ❷ *met opdracht wegsturen* envoyer, ‹detacheren› détacher ★ *een arts naar een ontwikkelingsland ~* envoyer un médecin dans un pays en voie de développement
uitzending *radio- / tv-programma* émission *v* ★ *in de ~ zijn* être sur l'antenne ★ *in de ~ komen* passer à l'antenne
uitzendkracht intérimaire *m/v*
uitzendwerk travail *m* intérimaire ★ *~ doen* faire de l'intérim
uitzet ‹van bruid› trousseau *m*, ‹van kind› layette *v*
uitzetten I *ov ww* ❶ *buiten werking stellen* éteindre ★ *de tv ~* éteindre la télé ❷ *wegsturen* expulser ★ *iem. (het land) ~* expulser qn ★ *iem. uit de partij zetten* exclure qn du parti ❸ *uitstippelen* tracer, jalonner ★ *een wandelroute ~ door het bos* jalonner un itinéraire dans la forêt ❹ *plaatsen* disposer ★ *wachtposten ~* poster des sentinelles ★ *geld ~* placer de l'argent **II** *onov ww, toenemen in omvang* se gonfler, se dilater ★ *door hitte ~* se dilater sous l'effet de la chaleur
uitzetting ❶ *lengte- / volumetoename* dilatation *v*, ‹expansie› expansion *v* ❷ *verwijdering* expulsion *v*
uitzicht ❶ *het uitzien* vue *v* ★ *iemands ~ belemmeren* boucher la vue à qn ❷ *vergezicht* vue *v* ★ *~ hebben op* avoir vue sur ★ *een kamer met ~ op de zee* une pièce avec vue sur la mer ★ *de keuken biedt ~ op de tuin* la cuisine donne sur le jardin ★ *vrij ~* vue dégagée, ‹blijvend› vue imprenable ❸ *vooruitzicht* perspective *v* ★ *~ bieden op een interessante loopbaan* promettre une carrière intéressante
uitzichtloos sans issue
uitzichtloosheid situation *v* sans issue
uitzichtspunt point *m* de vue
uitzichttoren belvédère *m*
uitzieken ★ *je moet wel ~* prend ton temps pour te rétablir ★ *een griepje ~* laisser la grippe suivre son cours
uitzien ❶ **~ naar** *op zoek gaan naar* ★ *naar een baan ~* être à la recherche d'un emploi ❷ **~ naar** *verlangen naar* ★ *naar de vakantie ~* attendre les vacances avec impatience ❸ **~ op** *zicht geven op* donner sur ★ *de kamer ziet uit op de tuin* la chambre donne sur le jardin ★ *de vensters zien uit op de tuin* les fenêtres donnent sur le jardin ❹ **~ over** *kijken naar* avoir vue sur, plonger sur
uitzingen ★ *het kunnen ~* pouvoir tenir
uitzinnig I *bn* forcené, hors de soi ★ *een ~ publiek* une audience en délire ★ *~ van vreugde zijn* être fou de joie ★ *~ van woede zijn* être fou de rage **II** *bw* comme un forcené
uitzinnigheid frénésie
uitzitten attendre la fin de ★ *zijn straf ~* purger sa peine
uitzoeken ❶ *kiezen* choisir ★ *je hebt het voor het ~* tu n'as que l'embarras du choix ❷ *sorteren* trier ★ *ik moet die stapel brieven nog ~* il faut que je trie toutes ses lettres ❸ *te weten komen* tirer au clair ★ *een zaak ~* tirer une affaire au clair ★ *ze zoeken het maar uit* qu'ils se débrouillent! ★ *iets tot op de bodem ~* examiner qc à fond
uitzonderen excepter
uitzondering exception *v* (**op** à) ★ *bij ~* à titre exceptionnel, exceptionnellement ★ *bij hoge ~* très exceptionnellement ★ *met ~ van* à l'exception de ★ *op enkele ~en na* à quelques exceptions près ★ *een ~ vormen* échapper à la règle ★ *de ~ bevestigt de regel* l'exception confirme la règle
uitzonderingsgeval cas *m* exceptionnel
uitzonderingspositie ★ *een ~ innemen* se trouver dans une situation exceptionnelle
uitzonderlijk I *bn, bijzonder* exceptionnel [v: exceptionnelle] **II** *bw* ❶ *bijzonder* exceptionnellement ❷ BN *bij uitzondering* à titre exceptionnel, exceptionnellement
uitzoomen zoomer en plan général
uitzuigen ❶ *leegzuigen* sucer, ‹met stofzuiger› passer l'aspirateur (dans) ★ *de auto ~* passer l'aspirateur dans la voiture ★ *een insectenbeet ~* sucer la piqûre d'un insecte ❷ *uitbuiten* exploiter ★ *arbeiders ~* exploiter les ouvriers
uitzuiger exploiteur *m* [v: exploiteuse]
uitzwaaien ≈ dire au revoir (de la main)
uitzwermen ook fig essaimer, ‹van personen› fig se disperser
uitzweten suer ★ *de muren zweten vocht uit* les murs suintent ★ *een verkoudheid ~* guérir un rhume en transpirant
uk petit bout *m* d'homme, petit bout de chou
ukelele ukulélé *m*
ukkepuk moucheron *m*
ultiem ultime
ultimatum ultimatum *m* ★ *een ~ stellen* lancer un ultimatum
ultra- ultra- ★ *ultramodern* ultramoderne

★ *ultrarechts* d'extrême droite
ultraviolet ultraviolet [v: ultraviolette]
umlaut umlaut *m*
unaniem I *bn* unanime ★ *een ~ besluit* une décision prise à l'unanimité **II** *bw* à l'unanimité ★ *~ afwijzen* rejeter à l'unanimité
undercover secret [v: secrète]
undercoveragent agent *m* secret
underdog plus faible *m/v*, sport outsider *m*
understatement litote *v*
Unesco UNESCO *v*
unfair ‹onbillijk› injuste, ‹onsportief› pas fair-play
uni uni ★ *een uni T-shirt* un tee-shirt uni
Unicef UNICEF *m*
unicum chose *v* unique, cas *m* unique
unie union *v* ★ *de Europese Unie* l'Union européenne
unief BN inform onderw fac *v*
uniek ❶ *enig, waarvan geen tweede bestaat* unique ★ *een ~ exemplaar* un exemplaire unique ❷ *heel bijzonder, onvergelijkbaar* unique, exceptionnel [v: exceptionnelle] ★ *een ~e belevenis* une expérience exceptionnelle
uniform I *het* uniforme *m* **II** *bn* uniforme
uniformeren uniformiser
uniformiteit *eenvormigheid* uniformité *v*
unilateraal I *bn* unilatéral [m mv: unilatéraux] ★ *een unilaterale overeenkomst* un contrat unilatéral **II** *bw* unilatéralement
uniseks unisexe
unisono à l'unisson
unit ❶ *(maat)eenheid* unité *v* ❷ *afdeling* unité *v* ★ *kantoorunit* service *m* (administratif)
unitair BN *eenheids-* ★ *het ~e België* la Belgique unitaire
universeel I *bn* universel [v: universelle] ★ *een ~ verschijnsel* un phénomène universel ★ *~ erfgenaam* légataire *m* universel **II** *bw* universellement
universitair universitaire ★ *een ~e opleiding volgen* suivre une formation universitaire
universiteit université *v* ★ *Technische Universiteit* École *v* des arts et métiers, École *v* polytechnique
universiteitsbibliotheek bibliothèque *v* universitaire
universiteitsgebouw bâtiment *m* universitaire
universiteitsraad conseil *m* de l'université
universiteitsstad ville *v* universitaire
universum univers *m*
unzippen comp décompacter
update comp mise *v* à jour, ‹versie› dernière version *v*
updaten mettre à jour, actualiser
upgrade comp optimisation *v*, extension *v*
upgraden comp mettre à niveau, optimiser
upload téléchargement *m* (en amont)
uploaden www télécharger (en amont), mettre en ligne
uppercut uppercut *m*
uppie ▾ *in mijn ~* tout seul
ups en downs des hauts et des bas
up-to-date à jour ★ *zij is ~* elle est à la page ★ *~ brengen* mettre à jour
uranium uranium *m*
Uranus sterrenk Uranus
urban *levensstijl* urbain, urban
urbanisatie urbanisation *v*
urbaniseren urbaniser
ure → **uur**
urenlang I *bn* (pendant) de longues heures **II** *bw* (pendant) de longues heures, des heures durant ★ *we moesten ~ wachten* on a dû attendre des heures durant
urgent I *bn* urgent **II** *bw* d'urgence
urgentie urgence *v*
urgentieverklaring attestation *v* d'urgence
urinaal urinal *m* [mv: urinaux]
urine urine *v*
urinebuis med urètre *m*
urineleider med uretère *m*
urineonderzoek analyse *v* d'urine
urineren uriner
urinewegen anat voies *v mv* urinaires
urinoir urinoir *m*
URL www *uniform resource locator* (adresse *v*) URL *m*
urn urne *v*
urologie urologie *v*
uroloog urologue *m/v*
uroscopie uroscopie *v*
Uruguay l'Uruguay *m* ★ *in ~* en Uruguay
Uruguayaan Uruguayen *m*
Uruguayaans uruguayen [v: uruguayenne]
Uruguayaanse Uruguayenne *v*
USA *United States of America*, → **VS, VSA**
USB comp *Universal Serial Bus* USB *m*
usb-stick comp clé *v* USB
user comp utilisateur *m* [v: utilisatrice]
userinterface comp interface *v* utilisateur
USSR *Unie van Socialistische Sovjetrepublieken* URSS *v*, Union *v* des Républiques Socialistes Soviétiques
Utopia Utopie *v*
utopie utopie *v*
utopisch utopique
Utrecht ❶ *stad* Utrecht *m* ❷ *provincie* province *v* d'Utrecht
Utrechter Utrechtois *m*
Utrechts utrechtois
Utrechtse Utrechtoise *v*
uur ❶ *tijdmaat* heure *v* ★ *in de kleine uurtjes* au petit matin ★ *anderhalf uur* une heure et demie ★ *een half uur* une demi-heure ★ *het is tien uur* il est dix heures ★ *uren en uren* des heures durant ★ *na een uur* au bout d'une heure ★ *om zes uur* à six heures ★ *om twaalf uur 's nachts* à minuit ★ *om het uur* toutes les heures ★ *op de hele en halve uren* toutes les heures et demi-heures ★ *over een uur* dans une heure ★ *15 euro per uur* 15 euros (à) l'heure ★ BN *uur op uur* d'heure en heure ★ *te elfder ure* au dernier moment ★ *zijn laatste uur heeft geslagen* sa dernière heure a sonné ★ *het uur van de waarheid heeft geslagen* c'est l'heure de la vérité ★ *een uur in de wind stinken* puer comme c'est pas permis ❷ onderw *lesuur* heure *v* de cours ★ *wij hebben vandaag het tweede uur Engels* aujourd'hui à la deuxième heure on a cours d'anglais
uurloon salaire *m* horaire
uurrooster ❶ BN *dienstregeling* horaire *m*, ‹boekje› indicateur *m* ❷ BN *les-, werkrooster* emploi *m* du temps

uurwerk ❶ *klok* horloge *v* ❷ *mechaniek* mécanisme *m*
uurwijzer petite aiguille *v*
uv *ultraviolet* UV
uv-licht lumière *v* UV
U-vormig en U
uw votre [mv: vos] ★ *de / het uwe* le vôtre, la vôtre ★ *uw zoon* votre fils ★ *uw zonen* vos fils ★ *de uwen* les vôtres
uwerzijds de votre part
UWV econ *Uitvoeringsinstituut Werknemersverzekeringen* ≈ UNEDIC *v*, Union *v* Nationale pour l'Emploi dans l'Industrie et le Commerce
uzelf vous-même
uzi uzi *m*

V

v v *m* ★ *de v van Victor* V comme Victor
vaag vague, flou, indistinct, fig vague ★ *vage omtrekken* des contours indéfinis / vagues ★ *vage beloften* vagues promesses ★ *zich iets vaag herinneren* se souvenir vaguement de qc ★ *ik heb zo'n vaag vermoeden dat* j'ai l'obscur / le vague pressentiment que
vaak souvent ★ *hoe vaak* combien de fois ★ *dat heeft hij vaker gedaan* il n'en est pas à son début
vaal terne, ‹verkleurd› passé, décoloré, ‹vaalbleek› blême, livide ★ *een vale huid* une peau livide ★ *een vale spijkerbroek* un jean délavé
vaandel drapeau *m* [mv: drapeaux], mil enseigne *v*, étendard *m* ★ *onder het ~ van* sous la bannière de
vaandrig aspirant *m*
vaantje ❶ *vlaggetje* fanion *m* ❷ *windwijzer* girouette *v* ▾ BN *naar de ~s gaan* être foutu
vaar ▾ BN *vaar noch vrees kennen* ne craindre ni Dieu ni diable
vaarbewijs permis *m* de navigation
vaarboom gaffe *v*
vaardig adroit, habile ▾ *de geest werd ~ over hem* il était inspiré
vaardigheid *kunde* adresse *v*, habileté *v*, aptitude *v* ★ *~ krijgen* acquérir des facilités ★ *sociale vaardigheden* aptitudes sociales
vaargeul chenal *m* [m mv: chenaux]
vaarroute route *v* (de navigation)
vaars génisse *v*
vaart ❶ *snelheid* allure *v*, vitesse *v* ★ *~ hebben* aller bon train ★ *~ minderen* ralentir ★ *~ vermeerderen* prendre de l'élan ★ *in volle ~* à toute allure ★ fig *~ achter iets zetten* accélérer qc, faire avancer qc ★ *het zal zo'n ~ niet lopen* cela s'arrangera ❷ *het varen* navigation *v* ★ *de grote ~* la navigation au long cours ★ *de wilde ~* le tramping ★ *uit de ~ nemen* désarmer ❸ *kanaal* canal *m* [mv: canaux]
vaartuig navire *m*, bateau *m* [m mv: bateaux]
vaarwater *waterweg* eau *v* navigable ▾ *in iemands ~ zitten* naviguer dans les eaux de qn
vaarwel **I** *tussenw* adieu **II** *het* adieu *m* [mv: adieux] ★ ‹personen› *~ zeggen* dire adieu à ★ fig *iets ~ zeggen* tirer sa révérence à qc, quitter qc
vaas vase *m*
vaat vaisselle *v* ★ *de vaat doen* faire la vaisselle
vaatbundel fibre *v* vasculaire
vaatdoek torchon *m* ▾ *zo slap als een ~ zijn* être tout en coton
vaatje → **vat**
vaatwasmachine, **vaatwasser** lave-vaisselle *m* [mv: id.]
vaatwerk *keukenvaatwerk* vaisselle *v*
vaatziekte maladie *v* vasculaire
vacant vacant ★ *een ~e zetel* une vacance
vacature poste *m* vacant
vacaturebank bourse *v* de l'emploi
vacaturestop gel *m* de l'embauche
vaccin vaccin *m*
vaccinatie vaccination *v*
vaccineren vacciner

vacht pelage *m*, poil *m*, ⟨v. schaap⟩ toison *v*, ⟨pels⟩ fourrure *v*
vacuüm ❶ *luchtledige ruimte* vide *m* ★ *~ verpakt* emballé sous vide ❷ fig *leemte* vide *m* ★ *in een ~ terechtkomen* se retrouver dans un vide
vacuümpomp pompe *v* à vide
vacuümverpakking emballage *m* sous vide
vadem toise *v*
vademecum vade-mecum *m* [mv: id.]
vader ❶ *ouder* père *m* ★ *van ~ op zoon* de père en fils ★ *zo ~, zo zoon* tel père, tel fils ❷ *vaderfiguur* ★ *de Heilige Vader* le Saint-Père ❸ *grondlegger* père *m* ★ *geestelijke ~* auteur *m*, initiateur *m*
Vaderdag fête *v* des pères
vaderfiguur figure *v* de père
vaderland patrie *v* ★ *het ~ verlaten* s'expatrier ★ *naar het ~ terugzenden* rapatrier ★ *tweede ~* pays *m* d'adoption
vaderlands ❶ *van het vaderland* national [m mv: nationaux] ★ *de ~e geschiedenis* l'histoire *v* nationale ★ *de ~e bodem* le sol national ❷ *patriottisch* patriotique ★ *~ gevoel* sentiment *m* patriotique
vaderlandsliefde patriotisme *m*
vaderlandslievend patriotique
vaderlijk I *bn* paternel [v: paternelle] ★ *het ~ gezag* l'autorité *v* paternelle **II** *bw* paternellement
vaderschap paternité *v*
vaderskant ▾ *van ~* (du côté) paternel
vadsig avachi
Vaduz
vagebond vagabond *m*
vagelijk vaguement
vagevuur purgatoire *m*
vagina vagin *m*
vaginaal vaginal [m mv: vaginaux]
vak ❶ *deel van vlak* compartiment *m*, ⟨v. muur⟩ pan *m*, ⟨v. zoldering⟩ caisson *m* ❷ *hokje, afdeling* case *v* ❸ *beroep* métier *m* ★ *zijn vak verstaan* connaître son métier ★ *het is zijn vak* il est du métier ❹ *leervak* matière *v*, discipline *v*
vakantie onderw vacances *v mv* ★ *de grote ~* les grandes vacances ★ *met / op ~ gaan* partir en vacances ★ *met / op ~ zijn* être en vacances ★ *~ hebben* être en vacances ★ *~ nemen* prendre des vacances
vakantieadres adresse *v* de vacances
vakantiebestemming destination *v* pour les vacances
vakantieboerderij gîte *m* rural
vakantiedag jour *m* de congé / de vacances
vakantieganger vacancier *m* [v: vacancière]
vakantiegeld indemnité *v* de congés payés
vakantiehuis maison *v* de vacances
vakantiekolonie colonie *v* de vacances
vakantieoord villégiature *v*
vakantiespreiding étalement *m* des vacances
vakantiestemming ambiance *v* de vacances
vakantietijd période *v* des vacances
vakantiewerk travail *m* / job *m* de vacances
vakbekwaam qualifié ★ *~ zijn* avoir du métier
vakbeurs salon *m*
vakbeweging ❶ *vakbonden* syndicats *m mv* ❷ *streven v.d. vakbonden* mouvement *m* syndical, syndicalisme *m*
vakblad revue *v* spécialisée
vakbond syndicat *m*
vakbondsleider leader *m* syndical
vakcentrale centrale *v* syndicale
vakdiploma certificat *m* d'aptitude professionnelle, C.A.P. *m*
vakgebied discipline *v*, branche *v*
vakgenoot collègue *m/v*, ⟨bij vrij beroep⟩ confrère *m*
vakgroep ⟨van universiteit⟩ unité *v* de formation et de recherche, UFR *v*
vakidioot ≈ polard *m* [v: polarde]
vakjargon jargon *m*, argot *m* de métier
vakkennis connaissances *v mv* professionnelles
vakkenpakket ≈ ensemble *m* de matières
vakkenvullen réassortir les gondoles
vakkenvuller gondolier *m* [v: gondolière]
vakkundig I *bn* expert, compétent ★ *~ advies* avis *m* d'expert(s) ★ *onder ~e leiding* dirigé par les experts **II** *bw* de façon professionnelle
vakliteratuur littérature *v* spécialisée
vakman spécialiste *m*, inform pro *m*
vakmanschap compétence *v*, métier *m*
vakonderwijs onderw enseignement *m* professionnel
vakopleiding formation *v* professionnelle
vakorganisatie organisation *v* syndicale
vakpers presse *v* spécialisée
vaktaal jargon *m*, vocabulaire *m* spécialisé / technique
vaktechnisch technique, spécialisé
vakterm terme *m* technique
vakvereniging syndicat *m*
vakvrouw spécialiste *v*
vakwerk ❶ *werk van een vakman* travail *m* de professionnel ★ *~ afleveren* faire du beau travail ❷ *wandconstructie* colombage *m* ★ *~huizen* maisons *v* à colombages
vakwerkbouw construction *v* à colombage
val ❶ *het vallen* chute *v* ★ *vrije val* chute libre ★ *ten val komen* faire une chute ❷ fig *daling* chute *v* ❸ *ondergang* chute *v* ★ *ten val brengen* faire tomber, renverser ❹ *vangtoestel, hinderlaag* piège *m* ★ *iem. in de val lokken* piéger qn ★ *in de val lopen* donner dans le piège, être pris au piège ★ *een val opzetten voor iem.* tendre un piège à qn
valavond BN *zonsondergang* coucher *m* du soleil
Valentijnsdag Saint-Valentin *v*
valeriaan valériane *v*
Valetta
valhelm casque *m*
valide ❶ *geldig* valide ★ *een ~ argument* un argument valide ❷ *gezond* valide
validiteit *geldigheid* validité *v*
valies BN valise *v*
valium valium *m*
valk faucon *m*
valkenier fauconnier *m*
valkenjacht fauconnerie *v*
valkuil trappe *v*, fig piège *m*
vallei vallée *v*
vallen ❶ *neervallen* tomber ★ *over iets ~* trébucher sur qc ★ *er valt sneeuw* il neige, il tombe de la neige ★ *van zijn fiets ~* faire une chute de vélo ★ *met ~ en opstaan* avec des hauts et des bas

★ *iem. laten* ~ lâcher qn, laisser tomber qn ❷ *neerhangen* (re)tomber ❸ fig *ten val komen* tomber ❹ *sneuvelen* tomber, périr ❺ *plaatsvinden* tomber ★ *er viel een schot* un coup de feu partit ★ *er vielen woorden* ils ont eu des mots ★ *er viel een stilte* il y eut un silence ★ *de beslissing is ge~* la décision est prise ★ *er zijn drie doden ge~* il y a eu trois morts, trois personnes ont été tuées ★ *de nacht valt* la nuit tombe ★ *bij het ~ van de avond* à la tombée de la nuit, à la nuit tombante ★ *mijn verjaardag valt op een zondag* mon anniversaire tombe un dimanche ❻ fig *in toestand raken, terechtkomen* tomber ★ *de verdenkingen zijn op mij ge~* les soupçons se sont portés sur moi ★ *uit elkaar ~* se décomposer, ‹stukvallen› tomber en morceaux ❼ *zijn, uitwerking hebben* être, tomber ★ *het valt hem zwaar om* il lui en coûte de, il lui est pénible de ★ *de tijd valt mij lang* le temps me dure ★ *goed ~* être bien reçu, plaire ★ *de opmerking viel verkeerd* la remarque n'était pas appréciée ❽ *mogelijk zijn* ★ *er valt hier niets te doen* il n'y a rien à faire ici ❾ *behoren* relever (**onder** de), être du ressort (**onder** de) ❿ ~ **op** *leuk vinden* avoir un faible pour, inform flasher sur ★ *hij valt op je* tu lui plais *11~* **over** fig *moeilijk doen over* s'offusquer de

vallicht jour *m*
valluik trappe *v*
valoriseren BN *benutten* valoriser
valpartij chute(s) *v (mv)*
valreep échelle *v* ▾ *op de ~* au (tout) dernier moment, in extremis
vals ❶ *onzuiver van toon* faux [v: fausse] ❷ *nagemaakt* faux [v: fausse] ❸ *onjuist* faux [v: fausse] ★ *vals spel* tricherie *v*, inform triche *v* ★ *vals spelen* tricher ❹ *gemeen* méchant ★ *zo vals als een kat* mauvais comme une teigne
valsaard ‹verrader› judas *m*, ‹huichelaar› faux jeton *m*, ‹valsspeler› tricheur *m*, ‹gemenerik› crapule *v*
valscherm parachute *m*
valselijk faussement
valsemunter faux-monnayeur *m* [m mv: faux-monnayeurs]
valserik ‹gemenerik› salaud *m*, ‹hypocriet› faux-jeton *m* [mv: faux-jetons]
valsheid fausseté *v* ★ ~ *in geschrifte* faux *m* en écriture, faux et usage de faux
valstrik piège *m* ★ *een ~ spannen* tendre un piège
valuta *betaalmiddel* monnaie *v* ★ *harde ~* monnaie forte
valutahandel marché *m* des devises
valutakoers taux *m* de change
valwind vent *m* rabattant
vamp vamp *v*
vampier vampire *m*
van ❶ *vanaf, uit* ‹plaats› de ★ *de appel valt van de boom* la pomme tombe de l'arbre ★ *vertrekken van het station* partir de la gare ★ *van het platteland komen* être / venir de la campagne → **boven** ‹enz.› ❷ *begonnen op / in* ‹vroeger› de ★ *van 1914 tot 1918* de 1914 à 1918 ★ *de trein van 6 over 9* le train de neuf heures six ★ *van uur tot uur* d'heure en heure ★ *van de week hadden we een vrije dag* cette semaine on a eu une journée de libre ❸ *beginnend op / in* ‹toekomst› ★ *van de week krijgen we een overhoring* cette semaine on aura une interrogation ❹ *in bezit van, behorend bij* de, à ★ *de fiets van mijn zus* le vélo de ma sœur ★ *de fiets is van mijn zus* le vélo est à ma soeur ★ *van wie is die fiets?* à qui appartient ce vélo? ★ *een vriend van mij* un de mes amis ★ *van de politie zijn* être de / dans la police ❺ *gemaakt door* de ★ *een opera van Mozart* un opéra de Mozart ❻ *afkomstig van* de ★ *ik heb een brief van hem gekregen* j'ai reçu une lettre de sa part ❼ *bestaande uit* de, en ★ *van goud* d'or, en or ❽ *als gevolg van* ★ *beven van schrik* trembler de peur ❾ *door, middels, via* ★ *dat heb ik van mijn leraar gehoord* je l'ai appris de / par mon prof ★ *hij werd er rijk van* cela l'a rendu riche ★ *daar word je sterk van* cela fortifie ★ *leven van de visvangst* vivre de la pêche ❿ *gebeurend met / aan* de ★ *het dorsen van graan* le battage du blé ★ *het vangen van vogels* la capture d'oiseaux *11gebeurend door* ★ *het zingen van vogels* le chant des oiseaux *12uit het geheel,* en ★ *zij nam er wat van* elle en prit qc *13wat betreft* de ★ *dokter van beroep* docteur de sa profession ★ *klein van postuur* de petite taille ▾ *dat zijn van die moeilijke vragen* en voilà des questions difficiles ▾ *een briefje van honderd* un billet de cent ▾ *dat is lief van je* c'est gentil de ta part ▾ *ik geloof van wel* je crois que oui ▾ *hij zegt van niet* il dit que non ▾ *negen van de tien keer* neuf fois sur dix
vanaf ❶ *daarvandaan* de, depuis ★ ~ *het dak* depuis le toit ❷ *met ingang van* à partir de, dès ★ ~ *vandaag* dès aujourd'hui ★ ~ *daar wordt het moeilijk* à partir de là, cela commence à être difficile
vanavond ce soir
vanbinnen à l'intérieur, au(-)dedans, intérieurement
vanboven de haut, (d')en haut, du dessus
vanbuiten ❶ *van de buitenzijde af* de l'extérieur ❷ *aan de buitenzijde* à l'extérieur ❸ *uit het hoofd geleerd* ★ *iets ~ kennen* connaître qc par cœur ★ *iets ~ leren* apprendre qc par cœur
vandaag aujourd'hui ★ *wat is het ~?* quel jour sommes-nous? ★ ~ *over een week* (d')aujourd'hui en huit ▾ ~ *of morgen* un de ces jours ▾ *dat is niet van ~ of gisteren* ça ne date pas d'hier
vandaal vandale *m/v*
vandaan ★ *hier ~ is het niet te zien* d'ici on ne peut pas le voir ★ *waar ~?* d'où? ★ *daar ~* de là ★ *waar haal je het ~?* où as-tu trouvé cela?, ça sort d'où?
vandaar ❶ *daarvandaan* de là ❷ *daarom* ★ ~ *dat hij zo rijk is!* c'est pourquoi il est si riche! ★ ~*!* ceci explique cela
vandalisme vandalisme *m*
vandoen BN *nodig* ★ *iets ~ hebben* avoir besoin de qc
vangarm tentacule *m*
vangbal balle *v* attrapée de volée
vangen ❶ *grijpen* attraper ★ *een vis ~* attraper un poisson ★ *wind ~* prendre du vent ★ *twee zaken onder één noemer ~* classer deux chose dans la même catégorie ❷ *verdienen* toucher ★ *ergens veel voor ~* toucher gros pour qc
vangnet *veiligheidsnet* filet *m* (de sécurité) ★ *sociaal ~* filet social

vangrail glissière *v* de sécurité
vangst ❶ *het vangen* prise *v*, capture *v* ★ *de ~ van haring* la pêche au hareng ❷ *wat gevangen is* prise *v*, ⟨v. vis⟩ pêche *v* ★ *de politie heeft een goede ~ gedaan* la police a réussi un beau coup de filet
vangzeil toile *v* de sauvetage
vanille vanille *v*
vanille-ijs glace *v* à la vanille
vanillestokje gousse *v* de vanille
vanillesuiker sucre *m* vanillé
vanillevla culin crème *v* à la vanille
vanjewelste d'importance, de taille ▾ *een herrie ~* un de ces chahuts
vanmiddag cet après-midi
vanmorgen ce matin
vannacht cette nuit
vanochtend ce matin
vanouds depuis longtemps ★ *als ~* comme d'habitude, comme toujours
vanuit ❶ *uit a naar b* de, depuis ★ *~ het raam keek ze naar beneden* de la fenêtre elle regardait en bas ❷ *op grond van* ★ *dat doet hij ~ zijn overtuiging* il le fait par conviction
vanwaar ❶ *waarvandaan* d'où ★ *~ kom je?* tu viens d'où? ❷ *waarom* pourquoi ★ *~ al die drukte?* pourquoi toutes ces histoires?
vanwege à cause de ★ *~ het slechte weer* à cause du mauvais temps
vanzelf ❶ *uit eigen beweging* de soi, tout seul, ⟨automatisch⟩ automatiquement ★ *dat gaat ~ over* ça va passer tout seul ★ *de rest ging ~* après ça allait tout seul ❷ *vanzelfsprekend* ★ *dat spreekt ~* ça va de soi, ça va sans dire
vanzelfsprekend I *bn* évident ★ *dat is ~* cela va de soi ★ *het is ~ dat ...* c'est évident que ..., inutile de dire que ... ★ *iets als ~ beschouwen* trouver que qc va de soi **II** *bw* de toute évidence, évidemment
vanzelfsprekendheid évidence *v*
varaan varan *m*
varen I *onov ww* ❶ *per vaartuig gaan* aller en bateau, naviguer ❷ *gaan* ★ *ergens wel bij ~* trouver son compte à qc ★ *er wel bij ~* s'en trouver bien ★ *iets laten ~* renoncer à qc, abandonner qc **II** *de* fougère *v*
varia varia *m mv*
variabel variable
variabele variable *v*
variant variante *v*
variatie ⟨afwisseling⟩ variation *v*, ⟨verscheidenheid⟩ variété *v* ★ *voor de ~* pour changer ★ muz *een ~ op een thema* une variation sur un thème ★ *~ in onze voeding* variation de notre alimentation
variëren I *onov ww, onderling verschillen* varier ★ *de prijzen ~ sterk* les prix varient fortement **II** *ov ww, variatie aanbrengen* varier
variëteit *verscheidenheid* variété *v*
varken ❶ *dier* porc *m*, cochon *m* ★ *hij zal dat ~tje wel wassen* il s'en charge ❷ min *persoon* cochon *m*, porc *m* ★ *wat ben jij een vies ~!* espèce de cochon! ★ *lui ~* feignant *m*
varkensmesterij *bedrijf* porcherie *v*
varkenspest peste *v* porcine
varkensvlees (viande *v* de) porc *m*
varkensvoer fig mangeaille *v*, cochonnerie *v*
vaseline vaseline *v*
vast I *bn* ❶ *niet beweegbaar* fixe ❷ *stevig* solide, ⟨niet week⟩ consistant, ⟨dicht⟩ compact ★ *vaste stoffen* des (corps) solides *m mv* ★ *vast voedsel* aliments *m mv* solides ❸ *onveranderlijk* fixe ★ *zijn vaste leverancier* son fournisseur attitré ★ *vaste halte* arrêt *m* obligatoire ★ *een vaste aanstelling* une titularisation ★ *een vaste aanstelling hebben* avoir un CDI (contrat à durée indéterminée) ★ *voor een vast bedrag* à forfait ❹ *stabiel* stable ★ *een vaste ligging op de weg* une bonne tenue de route ★ *vast slapen* dormir profondément ❺ *concreet* concret [v: concrète] ★ *vaste vorm aannemen* prendre forme, se concrétiser ❻ *stellig* ferme ★ *het vaste voornemen hebben om* avoir la ferme intention de ★ *een vaste koop sluiten* acheter ferme **II** *bw* ❶ *alvast* déjà, en attendant ❷ *stellig* certainement, sûrement ★ *vast en zeker* sûr et certain
vastberaden I *bn* résolu, ferme, déterminé ★ *op ~ toon* d'un ton ferme **II** *bw* résolument, avec fermeté ★ *zij ging ~ op haar doel af* elle allait droit au but
vastberadenheid, **vastbeslotenheid** détermination *v*, résolution *v*, fermeté *v*
vastbesloten résolu ★ *~ om* résolu à
vastbijten [zich ~]~ **in** s'accrocher à
vastbinden attacher
vasteland ❶ *vaste wal* terre *v* ferme ❷ *continent* continent *m*
vasten I *onov ww* jeûner ★ *het ~* le jeûne **II** *de, vastentijd* carême *m*
Vastenavond mardi *m* gras
vastenmaand ⟨christelijk⟩ mois *m* du Carême, ⟨islamitisch⟩ ramadan *m*
vastentijd carême *m*
vastgoed immobilier *m*, biens *m mv* immeubles
vastgrijpen saisir, s'accrocher à
vastgroeien ⟨aan elkaar groeien⟩ s'attacher
vasthechten attacher, fixer, ⟨met lijm⟩ coller
vastheid *stevigheid* fermeté *v*, solidité *v*
vasthouden I *ov ww* ❶ *niet loslaten* tenir, fig retenir ★ *zich stevig ~ aan* s'accrocher à ★ *hou je vast!* ook fig tiens-toi bien! ❷ *bewaren* garder, conserver **II** *onov ww*, ~ **aan** persister dans, s'en tenir à
vasthoudend tenace, persévérant
vastigheid sûreté *v*
vastketenen enchaîner
vastklampen [zich ~]~ **aan** se cramponner à
vastklemmen I *ov ww, vastzetten* coincer, serrer **II** *wkd ww* [zich ~] *zich vasthouden* se cramponner (à)
vastknopen nouer, ⟨dichtknopen⟩ boutonner, ⟨vastmaken⟩ attacher (**aan** à), fig rattacher (**aan** à)
vastleggen ❶ *vastmaken* attacher ❷ *bepalen* fixer, ⟨bedingen⟩ stipuler ❸ *registreren* enregistrer ❹ econ *beleggen* immobiliser ★ *zich ~ op* s'engager à
vastliggen ❶ *vastgebonden zijn* être attaché, ⟨geblokkeerd⟩ être bloqué ★ *de hond ligt vast* le chien est à l'attache ❷ *vastgesteld zijn* être fixé ★ *de datum ligt vast* la date est fixée
vastlopen ❶ *vastraken* se coincer, se bloquer, techn (se) gripper, ⟨v. schip⟩ s'échouer, ⟨in

va

modder e.d.› s'enliser ★ *het kopieerapparaat liep vast* la photocopieuse s'est bloquée ❷ *in impasse raken* être dans une impasse ★ *de onderhandelingen zijn vastgelopen* les négociations sont dans une impasse
vastmaken ❶ *bevestigen* attacher (**aan** à) ★ *de gordel* ~ attacher la ceinture ❷ BN *op slot doen* fermer (à clef)
vastomlijnd bien défini, bien déterminé
vastpakken saisir, prendre
vastpinnen goupiller ▼ *iem. op iets* ~ prendre qn au mot
vastplakken coller (à, sur)
vastpraten I *ov ww* ★ *iem.* ~ mettre qn au pied du mur, inform coincer qn **II** *wkd ww* [**zich** ~] s'enferrer
vastprikken attacher (à), fixer (sur)
vastrecht jur forfait *m*
vastroesten ❶ lett se rouiller ❷ fig ‹afstompen› s'encroûter ★ *in zijn gewoontes vastgeroest zijn* être esclave de ses habitudes ★ *vastgeroest in zijn vooroordelen* prisonnier de ses préjugés ★ *vastgeroeste vooroordelen* préjugés *m mv* enracinés
vastschroeven visser
vastspelden épingler, fixer (avec une épingle)
vaststaan être certain, être sûr ★ *mijn besluit staat vast!* ma décision est prise! ★ *het staat vast dat* il est acquis que ★ ~ *als een huis* être sûr et certain ★ *de datum staat vast* la date est fixée ★ *een ~d feit* un fait acquis
vaststaand certain, acquis ★ *een* ~ *feit* un fait acquis
vaststellen ❶ *bepalen* déterminer, fixer, établir ★ *een datum* ~ fixer une date ★ *de prijzen* ~ fixer les prix ❷ *constateren* constater, établir ★ *er werd vastgesteld dat ...* on a constaté que ...
vastzetten ❶ *doen vastzitten* fixer, bloquer, ‹klemzetten› coincer ★ *zich* ~ s'incruster ❷ *gevangenzetten* écrouer ❸ *beleggen* immobiliser
vastzitten ❶ *bevestigd zijn* être fixé, ‹aan iets› être attaché (à) ❷ *gebonden zijn* être tenu (**aan** à) ★ *alles wat daaraan vastzit* tout ce que cela comporte / entraîne ❸ *klem zitten* être coincé ❹ *gevangenzitten* être écroué ★ *voor tien maanden* ~ en avoir pour dix mois
vat I *de, greep* ook fig prise *v* (**op** sur), fig emprise *v* (**op** sur) **II** *het* ❶ *ton* tonneau *m* [mv: tonneaux], fût *m*, ‹voor olie› baril *m*, ‹bak› récipient *m*, vase *m* ★ *bier van het vat* bière *v* (à la) pression ★ *communicerende vaten* vases communicants ★ *uit een ander vaatje tappen* changer de ton / de registre ★ *wat in een goed vat zit, verzuurt niet* ce n'est que partie remise ‹leeghoofd› baudruche *v* ❷ anat *bloedvat* vaisseau *m* [mv: vaisseaux]
vatbaar ❶ *ontvankelijk* sensible (**voor** à), réceptif (**voor** à) [v: réceptive], ‹geneigd› prédisposé (**tot** à), ‹geschikt› susceptible (**voor** à) ★ *voor rede* ~ *zijn* être raisonnable ★ *niet voor rede* ~ *zijn* ne pas entendre raison ★ *niet voor herhaling* ~ à ne pas recommencer ★ *voor verbetering* ~ améliorable ❷ *zwak van gestel* (de santé) fragile ★ *zij is* ~ *voor kou* elle est sensible au froid ★ ~ *maken* prédisposer
Vaticaan (le) Vatican *m*
Vaticaanstad cité *v* du Vatican
vatten ❶ *grijpen* prendre, saisir ❷ *begrijpen* saisir, inform piger ❸ *omsluiten met* encadrer, ‹van edelsteen› sertir, monter ❹ BN jur *aanhangig maken* saisir le tribunal de, intenter
vazal vassal *m* [m mv: vassaux]
vazalstaat (pays *m*) satellite *m*
vbo *voorbereidend beroepsonderwijs* ≈ enseignement *m* professionnel préparatoire
vechten *strijden* se battre (**met** avec; **om** pour), ‹knokken› se bagarrer ★ *tegen de tranen* ~ lutter contre les larmes
vechter lutteur *m* [v: lutteuse], fig battant *m* [v: battante]
vechtersbaas bagarreur *m*, inform baroudeur *m*
vechtjas bagarreur *m* [v: bagarreuse]
vechtlust combativité *v*
vechtpartij bagarre *v*, rixe *v*
vechtsport sport *m* de combat
vector vecteur *m*
vedergewicht I *het,* sport *klasse* poids *m* plume **II** *de,* sport *bokser* poids *m* plume
vederlicht léger comme une plume [v: légère ...]
vedette vedette *v*
vee bétail *m*, bestiaux *m mv* ★ *groot / klein vee* gros / menu bétail ★ *100 stuks vee* cent bêtes *v mv*
veearts vétérinaire *m/v*
veedrijver conducteur *m* / gardien *m* de bestiaux
veeg I *de* ❶ *het vegen* coup *m*, ‹met borstel› coup *m* de brosse ❷ *vlek* tache *v*, trace *v* ★ *iem. een veeg uit de pan geven* lancer une vanne à qn ❸ *oorveeg* gifle *v* **II** *bn* → **lijf, teken**
veegmachine balayeuse *v*
veehandel commerce *m* de bestiaux
veehandelaar marchand *m* de bestiaux
veehouder éleveur *m* [v: éleveuse]
veehouderij ❶ *het houden van vee* élevage *m* (de bétail) ❷ *bedrijf dat vee houdt* élevage *m* (de bétail)
veel I *bw* ❶ *in ruime mate* beaucoup ★ *veel van elkaar houden* s'aimer beaucoup ★ *veel meer* beaucoup plus ❷ *vaak* souvent, fréquemment ★ *heel veel reizen* voyager énormément **II** *telw* beaucoup de, ‹heleboel› un tas de ★ *velen* ‹veel mensen› beaucoup de gens, bien des gens ★ *veel te veel rijst* beaucoup trop de riz ★ *mijn vele vrienden* mes nombreux amis ★ *een glaasje te veel* un verre de trop ★ *zij waren met velen* ils étaient nombreux
veelal souvent, généralement
veelbelovend prometteur [v: prometteuse], qui promet
veelbesproken fameux [v: fameuse]
veelbetekenend significatif [v: significative] ★ *~e glimlach* sourire *m* de connivence, sourire complice
veelbewogen mouvementé, agité
veeleer plutôt
veeleisend exigeant, difficile
veelgevraagd fort demandé, prisé, ‹v. persoon› très sollicité
veelheid multitude *v* ★ *een* ~ *aan vragen* des tas de questions
veelhoek polygone *m*

veelkleurig polychrome, bigarré, multicolore
veelomvattend vaste, complexe
veelpleger jur multirécidiviste *m/v*
veelsoortig multiple, divers
veelstemmig à plusieurs voix, muz polyphonique
veeltalig polyglotte, plurilingue
veelvlak polyèdre *m*
veelvormig polymorphe
veelvoud multiple *m* ★ *het kleinste gemene ~* le plus petit commun multiple
veelvoudig multiple ★ *~ kampioen* multiple champion *m*
veelvraat ⟨gulzigaard⟩ glouton *m* [v: gloutonne]
veelvuldig I *bn, meermaals voorkomend* multiple, fréquent ★ *~ gebruik* usage *m* fréquent **II** *bw, vaak* fréquemment, souvent ★ *~ voorkomen* arriver fréquemment
veelzeggend éloquent, significatif [v: significative], qui en dit long
veelzijdig fig *gevarieerd* varié, multiple, ⟨veelomvattend⟩ vaste, ⟨allround⟩ polyvalent, ⟨alomvattend⟩ universel [v: universelle] ★ *zij is een ~ talent* elle a des talents multiples
veemarkt marché *m* aux bestiaux
veen ❶ *grondsoort* tourbe *v* ❷ *turfland* sol *m* tourbeux, ⟨gebied⟩ tourbière *v*
veenbes canneberge *v*
veengrond *grondsoort* sol *m* tourbeux
veer I *de* ❶ *van vogel* plume *v* ★ *met andermans veren pronken* se parer des plumes du paon ★ *vroeg uit de veren zijn* s'être levé de bonne heure, être matinal ★ *een veer (moeten) laten* y laisser des plumes ❷ techn ressort *m* **II** *het* ❶ *veerboot* bac *m* ❷ *overzetplaats* passage *m*
veerboot bac *m*, ⟨groot⟩ ferry *m* [m mv: ferrys / ferries]
veerdienst service *m* de bac, ⟨groot⟩ ferry *m*
veerkracht ❶ *elasticiteit* élasticité *v* ❷ *wilskracht* ressort *m* ★ *~ hebben* avoir du ressort
veerkrachtig ❶ *elastisch* élastique, ⟨soepel⟩ souple ★ *een ~e tred* un pas souple ❷ *wilskrachtig* qui a du ressort ★ *een ~ persoon* qn qui a du ressort
veerman passeur *m*
veerpont bac *m*
veertien quatorze ★ *~ dagen geleden* il y a quinze jours → **vier**
veertiende quatorzième → **vierde**
veertig quarante ★ *de jaren ~* les années quarante ★ *in de ~ zijn* avoir une quarantaine d'années, avoir la quarantaine passée ★ *de ~ naderen* approcher de la quarantaine, aller sur ses quarante ans → **vier**
veertiger quadragénaire *m/v*
veertigste quarantième → **vierde**
veestapel cheptel *m*
veeteelt élevage *m*
veevoeder fourrage *m*
veewagen bétaillère *v*
vega inform *vegetarisch* végétarien [v: végétarienne]
veganisme végétalisme *m*, véganisme *m*
vegen I *ov ww, vegend reinigen* ⟨met bezem⟩ balayer, ⟨wegwissen⟩ essuyer ★ *zijn voeten ~* s'essuyer les pieds ★ *de schoorsteen ~* ramoner la cheminée ★ *een voorstel van tafel ~* balayer une proposition **II** *onov ww, strijken (met)* passer, glisser ★ *met de hand over zijn mond ~* se passer la main sur la bouche
veger ❶ *borstel* brosse *v*, ⟨stoffer⟩ balayette *v* ★ *~ en blik* balayette et pelle ❷ *persoon* balayeur *m* [v: balayeuse]
vegetariër végétarien *m* [v: végétarienne]
vegetarisch végétarien [v: végétarienne]
vegetarisme végétarisme *m*
vegetatie végétation *v*
vegetatief végétatif [v: végétative]
vegeteren ❶ *leven als een plant* végéter ❷ **~ op** *leven ten koste van* parasiter
vehikel véhicule *m*, inform bagnole *v*
veilen vendre aux enchères
veilig ❶ *vrij van gevaar* sûr, sauf [v: sauve], ⟨geborgen⟩ à l'abri ★ *~ voor* à l'abri de ★ *~ zijn voor* être à l'abri de ★ *de weg is ~* la voie est libre ★ *~ opbergen* mettre en lieu sûr ❷ *zonder risico* ★ *~ verkeer* sécurité *v* routière ★ *~ vrijen* avoir des rapports protégés
veiligheid sécurité *v* ★ *in ~ brengen* mettre en sécurité / à l'abri / en lieu sûr ★ *voor de ~* par (mesure de) précaution
veiligheidsdienst service *m* de sécurité ★ *de binnenlandse ~* la sûreté nationale
veiligheidseis norme *v* de sécurité
veiligheidsglas verre *m* de sécurité
veiligheidsgordel ceinture *v* de sécurité
veiligheidshalve par (mesure de) précaution
veiligheidsklep ook fig soupape *v* de sûreté
Veiligheidsraad Conseil *m* de Sécurité
veiligheidsriem ceinture *v* de sécurité
veiligheidsspeld épingle *v* de nourrice / de sûreté
veiligstellen mettre en sécurité, ⟨waarborgen⟩ assurer, protéger, sauvegarder
veiling vente *v* publique, vente aux enchères ★ *in ~ brengen* mettre aux enchères
veilinggebouw hôtel *m* des ventes
veilinghal salle *v* des ventes
veilingklok cadran *m*
veilingmeester commissaire-priseur *m* [mv: commissaires-priseurs]
veinzen feindre, simuler ★ *verbazing ~* faire semblant d'être étonné
vel ❶ *huid* peau *v* [mv: peaux] ★ *hij steekt niet goed in zijn vel* il n'est pas bien dans sa peau ★ *hij is vel over been* c'est un sac d'os ★ *iem. het vel over de oren halen* saigner qn à blanc ★ *uit zijn vel springen* sortir de ses gonds ❷ *vlies* peau *v* ❸ *blad papier* feuille *v* ★ *los vel* feuille *v* mobile
veld ❶ *vlakte* campagne *v*, champ(s) *m (mv)*, ⟨akker⟩ champ *m* ★ *in het vrije veld* en rase campagne ❷ *slagveld* ★ *veld winnen* gagner du terrain ★ *te velde trekken tegen* partir en guerre contre ★ *het veld van eer* le champ d'honneur ★ *uit het veld geslagen* décontenancé ★ *het veld ruimen (voor)* céder la place (à) ❸ *speelterrein* terrain *m* ★ *van het veld sturen* expulser ❹ *vakje* case *v* ★ *de velden van een schaakbord* les cases d'un échiquier ❺ *vakgebied* terrain *m* ★ *in het veld* sur le terrain ❻ *krachtveld* champ *m*
veldbed lit *m* de camp
veldbloem fleur *v* des champs

veldboeket bouquet *m* champêtre
veldfles gourde *v*
veldheer général *m* [m mv: généraux]
veldhospitaal hôpital *m* mobile [m mv: hôpitaux mobiles]
veldloop cross *m*
veldmaarschalk ≈ maréchal *m* [m mv: maréchaux]
veldmuis campagnol *m*, mulot *m*
veldonderzoek recherches *v mv* sur le terrain
veldsla mâche *v*
veldslag bataille *v* ★ *~ leveren* livrer bataille
veldsport sport *m* de plein air
veldtocht campagne *v*
veldwerk onderw travail *m* / recherches *v mv* sur le terrain
velen *verdragen* supporter
velerlei toutes sortes de, multiples
velg jante *v*
velgrem frein *m* à patins
vellen ❶ *doen vallen* abattre ❷ *doden* ★ *geveld door de griep* cloué au lit par la grippe ❸ *uitspreken* prononcer ★ *een oordeel ~ over* juger ★ *een vonnis ~* rendre un jugement, juger
velo BN inform *fiets* vélo *m*
velours velours *m*
ven étang *m*
vendetta vendetta *v*
Venetiaans vénitien [v: vénitienne]
Venetië Venise *v*
Venezolaan Vénézuélien *m*
Venezolaans vénézuélien [v: vénézuélienne]
Venezolaanse Vénézuélienne *v*
Venezuela le Vénézuéla ★ *in ~* au Vénézuéla
venijn venin *m* ★ *het ~ zit in de staart* ≈ il y a un os
venijnig venimeux [v: venimeuse] ★ *~ antwoorden* répondre hargneusement ★ *het is ~ koud* il fait rudement froid
venkel fenouil *m*
vennoot associé *m* [v: associée] ★ *stille ~* (associé *m*) commanditaire *m*
vennootschap société *v* ★ *~ onder firma* société en nom collectif ★ *besloten ~* société à responsabilité limitée, SARL *v* ★ *commanditaire ~* société en commandite ★ *naamloze ~* société anonyme, SA *v*
vennootschapsbelasting impôt *m* sur les sociétés
venster fenêtre *v*, ⟨glasruit⟩ vitre *v*
vensterbank appui *m*, ⟨buiten⟩ rebord *m*
vensterenvelop enveloppe *v* à fenêtre
vensterglas verre *m* à vitre
vent type *m*, mec *m* ★ *een aardige vent* un chic type ★ *een slimme vent* un rusé
venten colporter
venter colporteur *m* [v: colporteuse], marchand *m* ambulant
ventiel valve *v*, muz piston *m*
ventieldop capuchon *m* de valve
ventilatie ventilation *v*
ventilator ventilateur *m*
ventileren ❶ *lucht verversen* aérer ★ *een kamer ~* aérer une pièce ❷ *uiten* exprimer, manifester ★ *een mening ~* exprimer une opinion
ventweg contre-allée *v* [v mv: contre-allées]

Venus ❶ *planeet* Vénus *v* ❷ *godin* Vénus *v*
venusheuvel mont *m* de Vénus
ver I *bn* lointain, éloigné ★ *een ver familielid* un parent éloigné ★ *een verre reis* un long voyage **II** *bw* ❶ *afgelegen* ⟨ver weg⟩ loin (**van** de), ⟨veruit⟩ de loin ★ *van ver* de loin ★ *hoe ver is het van hier tot Utrecht?* combien y a-t-il d'ici à Utrecht? ★ *tot hoe ver?* jusqu'où? ★ *zich verre houden van* garder ses distances avec, se tenir à l'écart de ❷ *gevorderd, in hoge mate* ★ *hoe ver zijn we?* où en sommes-nous? ★ *dan ben ik nog even ver* ça ne m'avance pas ★ *ver uit elkaar* bien écarté ★ *het ver brengen / schoppen* aller loin ★ *te ver gaan* aller trop loin, dépasser les bornes ★ *verre van dat* loin de là ★ *hij is verre van dom* il est loin d'être bête
veraangenamen rendre plus agréable
verabsoluteren absolutiser
verachtelijk I *bn* ❶ *verachting verdienend* méprisable, abject ❷ *verachting tonend* dédaigneux [v: dédaigneuse] **II** *bw, verachting tonend* avec mépris
verachten mépriser
verachting mépris *m*, dédain *m*
verademing soulagement *m*
veraf loin
verafgelegen éloigné, écarté
verafgoden idolâtrer
verafschuwen détester, avoir horreur de
veralgemenen généraliser
veramerikanisering américanisation *v*
veranda véranda *v*
veranderen I *ov ww, wijzigen* changer, modifier, ⟨omvormen⟩ transformer (**in** en) ★ *iets ~ aan* changer qc à, modifier ★ *dat verandert de zaak* ça change tout ★ *dat verandert niets aan het feit dat ...* cela n'enlève rien au fait que ... ★ *ingrijpend ~* bouleverser **II** *onov ww, anders worden* changer (**van** de), ⟨zich omvormen⟩ se transformer (**in** en) ★ *van mening ~* changer d'avis ★ *de tijden ~* les temps changent
verandering ❶ *het anders worden* changement *m*, ⟨omvorming⟩ transformation *v* ★ *daar moet ~ in komen* il faut que ça change ★ *een ~ teweegbrengen* produire un changement ★ *voor de ~* pour changer ❷ *wijziging* modification *v* ★ *~en aanbrengen* apporter des modifications
veranderlijk changeant, variable
verankeren ❶ lett ancrer ❷ fig ancrer ★ *de vrijheid van meningsuiting ligt in de grondwet verankerd* la liberté d'expression est ancrée dans la constitution
verantwoord ❶ *verdedigbaar* raisonnable, sensé ★ *pedagogisch ~* pédagogique ❷ *weloverwogen* raisonnable, sensé, fondé ★ *een ~e keuze* un choix bien fondé ★ *~e voeding* un régime bien équilibré
verantwoordelijk ❶ *aansprakelijk* responsable (**voor** de) ★ *iem. voor iets ~ stellen* rendre qn responsable de qc ★ *voor iets ~ zijn* être responsable de qc ❷ *belangrijk* ★ *~ werk* travail *m* à responsabilité
verantwoordelijke BN *leidinggevende* responsable *m/v*
verantwoordelijkheid responsabilité *v* (**voor** de) ★ *zijn ~ nemen* assumer sa responsabilité ★ *op*

ve

eigen ~ à ses risques et périls
verantwoordelijkheidsgevoel sens *m* de la responsabilité
verantwoorden I *ov ww* justifier ★ *een beslissing ~* justifier une décision **II** *wkd ww* [**zich ~**] se justifier, rendre des comptes ★ *zich voor iets ~* se justifier de qc, rendre des comptes sur qc ★ *zich ~ tegenover iem.* se justifier devant qn, rendre des comptes à qn
verantwoording ❶ *rechtvaardiging* justification *v* ★ *iem. ter ~ roepen* demander des comptes à qn ★ *ik ben u geen ~ schuldig* je n'ai pas de comptes à vous rendre ❷ *verantwoordelijkheid* responsabilité *v* ★ *op eigen ~* à ses risques et périls ★ *de ~ op zich nemen* assumer la responsabilité ★ *iets voor zijn ~ nemen* prendre qc à son compte
verarmen I *ov ww, armer maken* appauvrir **II** *onov ww, armer worden* s'appauvrir
verarming appauvrissement *m*
verassen incinérer
verbaal verbal [m mv: verbaux] ★ *~ begaafd* éloquent, inform ayant de la tchatche
verbaasd étonné (**over** de, par), surpris
verbaliseren ❶ *proces-verbaal opmaken van* verbaliser ❷ *proces-verbaal opmaken tegen* verbaliser contre
verband ❶ *zwachtel* pansement *m*, bandage *m* ★ *een ~ aanleggen* faire un pansement ❷ *samenhang* rapport *m*, relation *v* ★ *oorzakelijk ~* rapport de cause à effet ★ *in ~ met de regen* en raison de la pluie ★ *in breder ~* dans un cadre plus large ★ *uit zijn ~ gerukt* fig isolé de son contexte ★ *~ houden met* se rattacher à, être lié à ★ *een ~ leggen tussen* établir un rapport entre
verbanddoos trousse *v* de secours
verbande [verl. td.] → **verbannen**
verbanden [verl. td.] → **verbannen**
verbandgaas compresse *v* de gaze
verbandtrommel trousse *v* de secours
verbannen ❶ *uitwijzen* bannir, exiler ★ *iem. naar Siberië ~* exiler qn en Sibérie ❷ *uitbannen* bannir, reléguer ★ *uit zijn gedachten ~* bannir / chasser de son esprit
verbanning bannissement *m*, ⟨ballingschap⟩ exil *m*
verbanningsoord lieu *m* d'exil
verbasteren *vervormen* corrompre, altérer
verbastering altération *v*, déformation *v*
verbazen étonner, surprendre ★ *zich ~ over* s'étonner de
verbazend I *bn* étonnant, surprenant ★ *het resultaat was ~* le résultat était surprenant **II** *bw* étonnamment ★ *dat is ~ knap* c'est prodigieux
verbazing étonnement *m*, surprise *v* ★ *tot mijn ~* à mon étonnement ★ *tot ieders ~* à la surprise générale ★ *tot mijn stomme ~* à mon grand étonnement ★ *~ wekken* surprendre ▾ *van de ene ~ in de andere vallen* aller de surprise en surprise
verbazingwekkend I *bn* étonnant **II** *bw* étonnamment
verbeelden I *ov ww, uitbeelden* représenter **II** *wkd ww* [**zich ~**] *zich inbeelden* s'imaginer ★ *verbeeld je!* imagine-toi!, tu te rends compte! ★ *hij verbeeldt zich dat hij belangrijk is* il se croit important ★ *wat verbeeld jij je wel?* pour qui tu te prends? ★ *dat verbeeld je je slechts* tu te fais des idées
verbeelding ❶ *inbeelding* imagination *v* ❷ *fantasie* imagination *v* ★ *tot de ~ spreken* parler à l'imagination ❸ *verwaandheid* présomption *v* ★ *veel ~ hebben* se croire qc
verbeeldingskracht imagination *v*
verbergen cacher, ⟨verhullen⟩ dissimuler
verbeten ❶ *fel* acharné ❷ ⟨van gelaatstrek⟩ crispé ❸ ⟨van emoties⟩ contenu ★ *~ woede* une rage contenue
verbeteren I *ov ww* ❶ *de kwaliteit verhogen* améliorer, perfectionner ❷ *herstellen* rectifier, ⟨corrigeren⟩ corriger, ⟨terechtwijzen⟩ reprendre ❸ *overtreffen* améliorer ★ *wie verbetert me dat?* qui fait mieux? **II** *onov ww, beter worden* s'améliorer
verbetering ❶ *het beter maken* amélioration *v* ★ *voor ~ vatbaar* améliorable ❷ *vooruitgang* amélioration *v* ❸ *correctie* correction *v* ★ *~en aanbrengen* apporter / faire des corrections
verbeurd ▾ *~ verklaren* confisquer
verbeurdverklaring confiscation *v*, saisie *v*
verbeuren perdre
verbieden interdire ★ *verboden te roken* défense *v* de fumer ★ *verboden toegang* entrée *v* interdite ★ *verboden te zwemmen* baignade *v* interdite
verbijsteren stupéfier ★ *verbijsterd* stupéfait ★ *~d* stupéfiant
verbijsterend stupéfiant
verbijstering stupéfaction *v*, stupeur *v* ★ *tot mijn ~* à ma grande stupéfaction
verbijten I *ov ww* réprimer, contenir ★ *de pijn ~* supporter la douleur sans broncher **II** *wkd ww* [**zich ~**] se contenir, ronger son frein ★ *zich ~ van woede* se mordre les lèvres de colère
verbinden ❶ *koppelen* (re)lier (**aan** à), (r)attacher (**aan** à) ★ *er zijn bezwaren aan verbonden* ça entraîne des inconvénients, il y a des inconvénients ❷ *verenigen* unir, combiner ★ *zich ~* s'allier ★ *zich verbonden voelen (met)* se sentir uni (avec) ❸ *telefonisch aansluiten* mettre en communication ★ *wilt u mij ~ met ...?* voulez-vous me passer ...? ★ *ben ik verbonden met ...?* je suis bien chez ...? ★ *(u bent / ik ben) verkeerd verbonden!* c'est une erreur (de numéro)! ❹ *verplichten* engager (**tot** à) ★ *~d* obligatoire ❺ *omzwachtelen* ⟨iets⟩ panser, bander, ⟨iemand⟩ faire un pansement à ★ *een hand ~* bander une main ★ *een wond ~* panser une blessure ❻ scheik ★ *deze stoffen ~ zich niet met elkaar* ces substances ne se combinent pas
verbinding ❶ *samenvoeging* jonction *v*, association *v*, techn assemblage *m* ❷ *aansluiting* liaison *v*, communication *v* ❸ *contact* relation *v*, contact *m*, ⟨v. telefoon⟩ communication *v* ★ *~ krijgen* entrer en communication ★ *in ~ staan met* être en contact avec, communiquer avec ★ *zich in ~ stellen met* se mettre en contact avec ❹ scheik composé *m*, combinaison *v*
verbindingsdienst service *m* de transmissions
verbindingskanaal canal *m* de raccordement
verbindingsstreepje trait *m* d'union
verbindingsstuk raccord *m*
verbindingsteken trait *m* d'union, muz liaison *v*

verbindingstroepen service *m* de transmissions
verbindingsweg voie *v* de communication
verbintenis obligation *v*, engagement *m*, ⟨huwelijk⟩ union *v*, alliance *v* ★ *een ~ aangaan* s'engager
verbitterd ❶ *vol wrok* amer [v: amère], aigri ★ *~ zijn over iets* être rempli d'amertume par qc ❷ *grimmig* acharné ★ *~e gevechten* combats *m mv* acharnés
verbitteren aigrir
verbleken ❶ *bleek worden* pâlir, blêmir, ⟨van kleur⟩ passer ★ *van schrik ~* pâlir d'effroi ★ *de kleuren ~ in de was* les couleurs passent au lavage ❷ *vervagen* s'estomper ★ *die herinnering is verbleekt* ce souvenir s'est estompé ▼ *~ bij* n'être rien à côté de, pâlir devant
verblijden réjouir ★ *zich ~ over* se réjouir de
verblijf ❶ *het verblijven* séjour *m* ★ *een langdurig ~* un long séjour ❷ *verblijfplaats* demeure *v*, ⟨onderkomen⟩ logement *m* ★ BN *tweede ~* résidence *v* secondaire
verblijfkosten frais *m mv* de séjour
verblijfplaats résidence *v*, domicile *m* ★ *~ onbekend* domicile inconnu
verblijfsduur durée *v* du séjour
verblijfsvergunning permis *m* de séjour
verblijven demeurer, ⟨tijdelijk⟩ séjourner
verblinden ❶ *blind maken* aveugler, éblouir ★ *verblind worden door het felle zonlicht* être ébloui par le soleil ❷ fig *begoochelen* aveugler, éblouir ★ *door woede verblind* pris d'une colère aveugle
verbloemen dissimuler, voiler ★ *de waarheid ~* déguiser la vérité ★ *iets niet kunnen ~* ne pas (pouvoir) dissimuler qc
verbluffend stupéfiant
verbluft ébahi, stupéfait
verbod interdiction *v* ★ *een ~ opleggen* interdire (de faire qc)
verboden défendu, interdit ★ *~ te kamperen* camping interdit
verbodsbepaling clause *v* prohibitive
verbodsbord panneau *m* d'interdiction [m mv: panneaux ...]
verbolgen vexé (**over** de)
verbond ❶ *verenigde groep* ligue *v*, union *v*, ⟨vereniging⟩ association *v* ❷ *verdrag* alliance *v*, pacte *m* ★ *een ~ sluiten* conclure une alliance, s'allier
verbondenheid solidarité *v*, liens *m mv*
verborgen ❶ *aan het gezicht onttrokken* caché, dissimulé ❷ *niet openbaar, niet algemeen bekend* caché ★ *~ talenten* talents *m mv* cachés
verbouwen ❶ *veranderen* transformer, rénover ★ *wij laten ons huis ~* on fait rénover la maison ❷ *telen* cultiver ★ *graan ~* cultiver des céréales
verbouwereerd ahuri
verbouwing travaux *m mv* (de transformation), rénovation *v* ★ *we zitten in een ~* nous sommes en pleins travaux
verbranden **I** *ov ww, door vuur* brûler, ⟨verassen⟩ incinérer, ⟨verkolen⟩ calciner, carboniser, ⟨verteren⟩ consumer ★ *ik heb mijn vinger verbrand* j'ai brûlé mon doigt ★ *onvolledig verbrande gassen* des gaz formés par une combustion incomplète ★ *levend ~* brûler vif **II** *onov ww* ❶ *door vuur* être brûlé, se consumer ❷ *door de zon* ★ *verbrand zijn* avoir pris un coup de soleil, ⟨gebruind⟩ être bronzé
verbranding ❶ *het verbranden* ⟨vernietiging⟩ destruction *v* par le feu, ⟨van doden⟩ incinération *v*, ⟨verwonding⟩ brûlure *v* ❷ scheik combustion *v*
verbrandingsmotor moteur *m* à combustion
verbrassen gaspiller, dilapider
verbreden élargir ★ *de weg ~* élargir la route ★ *zijn kennis ~* approfondir ses connaissances ★ *zijn blik ~* élargir son horizon
verbreding élargissement *m*
verbreiden **I** *ov ww, verspreiden* répandre, propager, ⟨ruchtbaar maken⟩ divulguer ★ *een gerucht ~* répandre un bruit ★ *wijd verbreid* largement / très répandu **II** *wkd ww* [**zich ~**] se répandre ★ *het nieuws verbreidde zich snel* la nouvelle s'est vite répandue
verbreiding propagation *v*, ⟨omvang⟩ extension *v*
verbreken ❶ *niet nakomen* annuler, rompre, ⟨schenden⟩ violer ★ *een belofte ~* manquer à sa promesse, ne pas tenir parole ★ *een verdrag ~* rompre un traité ❷ *af- / stukbreken* rompre, ⟨van verbinding⟩ couper ★ *de relatie ~* rompre ★ *de* ⟨telefonische⟩ *verbinding is verbroken* la communication est coupée
verbreking rupture *v*
verbrijzelen broyer, briser, écraser
verbrijzeling broyage *m*, écrasement *m*
verbroederen **I** *ov ww, verenigen* unir **II** *wkd ww* [**zich ~**] fraterniser (**met** avec)
verbroedering fraternisation *v*
verbrokkelen **I** *ov ww, in stukjes splitsen* morceler **II** *onov ww, in stukjes uiteenvallen* s'effriter
verbrokkeling morcellement *m*, effritement *m*
verbruien gâcher ★ *je hebt het bij mij verbruid* je ne veux plus entendre parler de toi
verbruik consommation *v*
verbruiken ❶ *opmaken* consommer ★ *deze auto verbruikt veel benzine* cette voiture consomme beaucoup (d'essence) ❷ *verspillen* gaspiller ★ *je tijd ~* gaspiller son temps
verbruiksartikel article *m* de consommation
verbruiksbelasting droit *m* / taxe *v* de consommation
verbruiksgoederen biens *m mv* de consommation
verbruikszaal, **verbruikzaal** BN *eetzaal* ≈ salle *v* de café
verbuigen ❶ *ombuigen* (re)courber, tordre ★ *een wiel ~* voiler une roue ❷ taalk décliner
verbuiging ❶ *ombuiging* torsion *v* ❷ taalk déclinaison *v*
verchromen chromer
vercommercialiseren **I** *ov ww, commercieel maken* commercialiser **II** *onov ww, commercieel worden* se commercialiser
verdacht ❶ *onbetrouwbaar* suspect, douteux [v: douteuse] ★ *een ~ persoon* un individu suspect ❷ *onder verdenking* suspect ★ *~ worden van* être soupçonné de ★ *iem. ~ maken* rendre qn suspect ❸ *~* **op** préparé à ★ *ik was er op ~* je m'y attendais

verdachte ⟨wie verdacht wordt⟩ suspect *m* [v: suspecte], ⟨beklaagde⟩ prévenu *m* [v: prévenue], accusé *m* [v: accusée]
verdachtenbank banc *m* des accusés
verdachtmaking insinuation *v*
verdagen ajourner (**tot** à)
verdampen *tot damp worden* s'évaporer
verdamping évaporation *v*
verdedigbaar ❶ *te verdedigen* défendable ★ *een verdedigbare stelling* une thèse défendable ❷ *te rechtvaardigen* défendable, soutenable ★ *zijn gedrag is niet* ~ son comportement est injustifiable
verdedigen ❶ *beschermen* défendre ★ *het doel* ~ défendre le but, être gardien de but ★ *zich* ~ *tegen iem.* se défendre face à qn ❷ *zich inzetten voor* défendre ★ *iemands belangen* ~ défendre les intérêts de qn ★ *een zaak* ~ plaider une cause ★ *zijn gedrag is niet te* ~ son comportement est injustifiable
verdediger ❶ *beschermer* défenseur *m* ❷ sport arrière *m*
verdediging ❶ *het verdedigen* défense *v* ❷ jur défense *v* ❸ sport défense *v*
verdedigingslinie ligne *v* de défense
verdeelcentrum centre *m* de distribution
verdeeld partagé, divisé ★ *de meningen zijn* ~ les avis sont partagés
verdeeldheid *onenigheid* discorde *v*, division *v* ★ ~ *zaaien* semer la discorde
verdeelsleutel clé *v* de répartition
verdeelstekker elek multiprise *v*
verdekt caché ★ *zich* ~ *opstellen* se mettre en embuscade
verdelen ❶ *splitsen* diviser (**in** en) ❷ *uitdelen* partager (**onder** entre) ★ *iets onder elkaar* ~ se partager qc ★ *de rollen* ~ distribuer les rôles ❸ *spreiden* répartir (**over** sur), échelonner (**over** sur), ⟨omslaan⟩ répartir (**over** entre) ★ *tekst* ~ *over twee pagina's* répartir le texte sur deux pages ❹ *tweedracht zaaien* diviser ★ *verdeel en heers* diviser pour régner
verdeler BN *dealer* concessionnaire *m/v*
verdelgen détruire, exterminer
verdelgingsmiddel ⟨tegen insecten⟩ insecticide *m*, ⟨tegen onkruid⟩ désherbant *m*, herbicide *m*
verdeling ❶ *splitsing* division *v* ❷ *het uitdelen* distribution *v*, partage *m*, répartition *v*
verdenken soupçonner, suspecter (**van** de) ★ *iem. van diefstal* ~ soupçonner qn de vol
verdenking soupçon(s) *m (mv)*, suspicion *v* ★ *boven iedere* ~ *verheven zijn* être au-dessus de tout soupçon ★ *onder* ~ *staan van diefstal* être soupçonné de vol
verder I *bn* ❶ *overig* autre, ⟨nader⟩ ultérieur ★ *zijn ~e leven* le reste de sa vie ★ *~e bijzonderheden* autres détails, détails complémentaires ❷ *verder weg* plus éloigné **II** *bw* ❶ *na het genoemde* plus loin, ⟨vervolgens⟩ après, ensuite ★ *daar kom je niet veel* ~ *mee* cela ne t'avancera guère ★ *een paar straten* ~ quelques rues plus loin ★ *hoe ging het* ~? et ensuite? ★ ~ *deed hij niets meer* après il ne faisait plus rien ❷ *boven op het genoemde* en outre, de plus, pour le reste ★ ~ *is het erg praktisch* en outre c'est très pratique ★ ~ *geen nieuws* pour le reste rien de nouveau ★ ~ *is het noodzakelijk dat ...* d'ailleurs il est nécessaire que ... ★ *wat gebeurt er* ~? à part cela, qu'est-ce qu'il va se passer? ★ ~ *nog iets?* et avec ça? ❸ ⟨bij voortzetting handeling⟩ ★ ~ *werken* continuer à travailler ★ *gaat u* ~ continuez ★ *en zo* ~ et ainsi de suite ★ *ik kan niet* ~ je suis bloqué ★ *zo kunnen we niet* ~ on ne peut pas continuer comme ça
verderf perte *v*, ruine *v*, ⟨zedelijk⟩ perdition *v* ★ *iem. in het* ~ *storten* perdre qn
verderfelijk pernicieux [v: pernicieuse]
verderop plus loin ★ *een stukje* ~ un peu plus loin
verdichten ❶ *condenseren* condenser ❷ *verzinnen* inventer
verdichtsel fiction *v*, invention *v*
verdienen ❶ *waard zijn* mériter (**te** de) ★ *hij verdient niet beter* il n'a que ce qu'il mérite ★ *zijn verdiende loon!* bien fait pour lui! ★ *waar heb ik dit aan verdiend?* qu'est-ce que j'ai fait pour mériter ça? ★ *waar heeft zij dat aan verdiend?* qu'est-ce qu'elle a fait pour être récompensée de la sorte? ❷ *als loon / winst krijgen* gagner ★ *geld* ~ gagner de l'argent ★ *aan iets* ~ faire des bénéfices sur qc ★ *er wat bij* ~ arrondir ses fins de mois
verdienste ❶ *loon* salaire *m*, gain *m* ★ *weinig ~n hebben* avoir peu de revenus ❷ *wat waardering verdient* mérite *m* ★ *dat is geen* ~ ce n'est pas un mérite ★ *naar* ~ selon ses mérites
verdienstelijk méritoire ★ *een* ~ *man* un homme de mérite ★ *zich* ~ *maken* se rendre utile
verdiepen I *ov ww, dieper maken* approfondir ★ *een gracht* ~ approfondir un canal **II** *wkd ww* [**zich** ~] *bestuderen* ★ *zich* ~ *in* se plonger dans, s'absorber dans
verdieping *etage* étage *m* ★ *op de derde* ~ au troisième ★ *op de hoogste* ~ au dernier étage
verdikking enflure *v*
verdisconteren ❶ handel escompter ❷ *incalculeren* escompter
verdoemen damner, rel réprouver
verdoemenis damnation *v*, rel réprobation *v*
verdoen gaspiller
verdoezelen *verbloemen* dissimuler
verdomd I *bn* maudit, sacré, sale **II** *bw* rudement, vachement **III** *tussenw* putain!
verdomhoekje ▼ *in het* ~ *zitten* écoper
verdomme merde!, nom de Dieu!
verdommen ❶ *vertikken* refuser net ★ *het* ~ ne pas marcher ★ *ik verdom het* je ne marche pas, très peu pour moi ❷ *schelen* ★ *het kan me niets* ~ je m'en fous ★ *wat kan het* ~? qu'est-ce que ça peut foutre?
verdonkeremanen subtiliser
verdorie zut (alors)!, mince (alors)!
verdorren *dor worden* se dessécher, sécher
verdorven perverti, pervers, dépravé
verdoven med anesthésier, endormir, insensibiliser, ⟨versuft maken⟩ engourdir, étourdir ★ *een patiënt* ~ anesthésier un malade ★ *plaatselijk* ~ anesthésier localement ★ *~de middelen* la drogue, les stupéfiants ★ *de klap verdoofde hem* le coup l'a étourdi ★ *het verdriet heeft hem verdoofd* il a été hébété de chagrin
verdoving ❶ *narcose* anesthésie *v* ★ *plaatselijke* ~

anesthésie locale ❷ *gevoelloosheid* insensibilité *v*, engourdissement *m*
verdovingsmiddel anesthésique *m*, narcotique *m*
verdraagzaam tolérant
verdraagzaamheid tolérance *v*
verdraaid I *bn, vervelend* sacré **II** *bw* sacrément **III** *tussenw* zut (alors)!, mince (alors)!
verdraaien ❶ *anders draaien* tourner, ‹verwringen› forcer, tordre ★ *zijn arm* ~ se tordre le bras ❷ *fout weergeven* déformer, dénaturer, altérer, ‹v. handschrift, stem› contrefaire ★ *iemands woorden* ~ dénaturer les paroles de qn ★ *de feiten* ~ déformer les faits
verdraaiing ❶ *foute weergave* altération *v*, déformation *v* ❷ *het verdraaien* torsion *v*
verdrag traité *m* ★ *een* ~ *sluiten* conclure un traité ★ *een* ~ *opzeggen* dénoncer un traité
verdragen ❶ *dulden / doorstaan* supporter ★ *ik kan haar niet langer* ~ je ne la supporte plus ★ *dat kan ik van hem* ~ je lui passe cela ★ *hij kan een grapje* ~ il comprend / entend la plaisanterie ❷ *gebruiken zonder er last van te hebben* supporter, tolérer ★ *zij verdraagt geen alcohol* elle ne supporte pas l'alcool ★ *mijn maag verdraagt het niet* mon estomac ne le supporte pas ★ *hij verdraagt de hitte slecht* il supporte mal la chaleur
verdriet chagrin *m*, peine *v* ★ *iem.* ~ *doen* faire de la peine à qn
verdrietig *bedroefd* triste ★ ~ *worden* s'affliger
verdrievoudigen tripler
verdrijven ❶ *verjagen* chasser ★ *de zon verdrijft de mist* le soleil dissipe le brouillard ★ *de vijand* ~ chasser l'ennemi ❷ *verdringen* chasser ★ *de tijd* ~ tuer le temps
verdringen I *ov ww* ❶ *wegduwen* pousser, bousculer ❷ *plaats innemen* évincer, supplanter ❸ *onderdrukken* psych refouler **II** *wkd ww* [**zich** ~] *samendrommen* se bousculer
verdringing psych refoulement *m*
verdrinken I *ov ww* ❶ *doen omkomen* ook fig noyer ❷ *wegdrinken* ★ *zijn verdriet* ~ noyer son chagrin **II** *onov ww* ❶ *omkomen* se noyer ❷ ~ **in** fig être perdu dans
verdrinking ★ *dood door* ~ noyade *v*
verdrinkingsdood noyade *v*
verdrogen *droog worden* se dessécher
verdrukken opprimer
verdrukking oppression *v* ★ *in de* ~ *komen* être coincé, fig être compromis ★ *tegen de* ~ *in* contre vents et marées
verdubbelen I *ov ww, tweemaal zo groot maken* doubler, fig redoubler **II** *onov ww, tweemaal zo groot worden* (re)doubler ★ *het aantal studenten is verdubbeld* le nombre d'étudiants a doublé
verdubbeling (re)doublement *m*
verduidelijken éclaircir, préciser
verduidelijking éclaircissement *m*, précision *v* ★ *ter* ~ pour plus de clarté
verduisteren I *ov ww* ❶ *donker maken* obscurcir, assombrir ❷ *stelen* détourner **II** *onov ww, donker worden* s'obscurcir, ‹van hemellichaam› s'éclipser
verduistering ❶ *eclips* éclipse *v* ❷ *het donker maken* obscurcissement *m*, mil black-out *m* ❸ *het stelen* détournement *m*
verdunnen ‹aanlengen› délayer, diluer, ‹van gas› raréfier
verdunner diluant *m*
verdunning ‹van vloeistof› dilution *m*, ‹van gassen› raréfaction *v*
verduren endurer, souffrir ★ *het hard / zwaar te* ~ *hebben* en voir des vertes et des pas mûres
verduurzamen conserver
verdwaasd égaré
verdwalen se perdre, s'égarer ★ *verdwaalde kogel* balle *v* perdue
verdween [verl. td.] → **verdwijnen**
verdwenen I *ww* [verl. td.] → **verdwijnen II** *ww* [volt. deelw.] → **verdwijnen**
verdwijnen disparaître ★ *in het niets* ~ se volatiliser ★ *verdwijn!* va-t'en! ★ *hij is verdwenen* il a disparu
verdwijning disparition *v*
verdwijnpunt point *m* de fuite
veredelen agrar indus améliorer, ‹v. grondstof› transformer
vereenvoudigen simplifier, wisk réduire
vereenvoudiging simplification *v*
vereenzaamd esseulé, solitaire, isolé
vereenzamen s'isoler
vereenzelvigen identifier ★ *zich* ~ *met* s'identifier avec / à
vereenzelviging identification *v*
vereeuwigen *portretteren* immortaliser
vereffenen ❶ *betalen* acquitter ★ *een rekening* ~ solder un compte ★ *een schuld* ~ acquitter une dette ❷ *bijleggen* régler ★ *met iem. iets te* ~ *hebben* avoir un compte à régler avec qn
vereisen exiger, demander, nécessiter ★ *de vereiste diploma's* les diplômes requis
vereiste condition *v* (requise), exigence *v*, ‹norm› règle *v* ★ *aan alle* ~*n voldoen* remplir toutes les conditions ★ *eerste* ~ condition préalable
veren I *onov ww* être élastique / souple, ‹terugveren› faire ressort, ‹opveren› se redresser (en sursaut) ★ *goed* ~*d* bien suspendu **II** *bn* de / en plumes ★ *een* ~ *matras* un matelas de / en plumes
verenigbaar compatible (**met** avec)
verenigd uni → **Verenigde Arabische Emiraten, Verenigde Naties, Verenigde Staten van Amerika, Verenigd Koninkrijk**
Verenigde Arabische Emiraten Émirats *m mv* arabes unis
Verenigde Naties (Organisation *v* des) Nations *v mv* unies, ONU *v*
Verenigde Staten van Amerika États-Unis *m mv* ★ *in de Verenigde Staten* aux États-Unis
Verenigd Koninkrijk Royaume-Uni *m*
verenigen ❶ *samenvoegen* réunir, unir, joindre ★ *zich* ~ s'unir ★ *het nuttige met het aangename* ~ joindre l'utile à l'agréable ❷ *overeenbrengen* accorder, concilier (**met** avec) ★ *zich* ~ *met* adhérer à ★ *daarmee kan ik me* ~ là, je suis d'accord ★ *dit is niet te* ~ *met* c'est inconciliable avec
vereniging ❶ *club* association *v*, société *v* ★ *lid van een* ~ *worden* adhérer à une association ★ BN econ ~ *zonder winstoogmerk* Association sans but lucratif, ASBL *v* ❷ *het verenigen* union *v*, réunion

v ★ *recht van ~* liberté *v* de réunion (et d'association)

verenigingsleven vie *v* associative

vereren ❶ *eer bewijzen* honorer (**met** de) ★ *iem. met een bezoek ~* honorer qn de sa visite ❷ *aanbidden* vénérer, adorer ★ *een heilige ~* vénérer un saint

verergeren I *onov ww, erger worden* s'aggraver ★ *de toestand verergert met de dag* la situation va de mal en pis **II** *ov ww, erger maken* aggraver

verergering aggravation *v*, détérioration *v*

verering vénération *v*

verf peinture *v*, ⟨voor stof⟩ teinture *v* ★ *in de verf zetten* donner une couche de peinture, ook fig mettre en couleur ★ *de verf is nog nat* la peinture est toute fraîche ★ fig BN *iets in de verf zetten* accentuer qc ★ *niet uit de verf komen* être sans relief, ne pas ressortir → **verfje**

verfbad bain *m* de teinture

verfdoos boîte *v* de couleurs

verfijnd raffiné

verfijnen raffiner ★ *verfijnd* raffiné

verfijning raffinement *m*

verfilmen porter à l'écran

verfilming *verfilmde versie* adaptation *v* cinématographique

verfje couche *v* de peinture

verfkwast brosse *v*, ⟨penseel⟩ pinceau *m* [m mv: pinceaux]

verflauwen faiblir, ⟨vervagen⟩ s'estomper

verfoeien détester

verfoeilijk détestable, abominable

verfomfaaien *uit model brengen* chiffonner, froisser ★ *er verfomfaaid uitzien* avoir l'air chiffonné

verfraaien embellir, enjoliver

verfraaiing embellissement *m*, enjolivement *m*

verfrissen *opfrissen* rafraîchir

verfrissend ook fig rafraîchissant

verfrissing rafraîchissement *m*

verfroller rouleau *m* à peinture [m mv: rouleaux ...]

verfrommelen friper, froisser

verfspuit pistolet *m*

verfstof ❶ *grondstof* matière *v* colorante ❷ *verf* colorant *m*

verftube tube *m* à peinture

verfverdunner diluant *m*

verfwinkel magasin *m* de peintures

vergaan ❶ *ten onder gaan* périr ★ *het schip is ~* le bateau a coulé / sombré, le bateau a fait naufrage ★ *~ van angst* être mort de peur ★ *ik verga van de dorst* je meurs de soif ★ *ik verga van de honger* inform je crève de faim ★ *hij vergaat van de kou* il meurt de froid ❷ *verteren* pourrir ★ *tot stof ~* tomber en poussière ❸ *eindigen* passer ★ *hoe is het hem ~?* qu'est-ce qu'il est devenu? ★ *het lachen zal je ~* l'envie de rire te passera ★ *de lust is mij ~* l'envie m'en est passée, je n'en ai plus envie ★ *horen en zien vergaat je* il fait un bruit assourdissant

vergaand extrême

vergaarbak fig *verzamelplaats* dépotoir *m*

vergaderen *bijeenkomen* se réunir, être en réunion

vergadering réunion *v*, assemblée *v*, ⟨zitting⟩ séance *v* ★ *algemene ~* assemblée générale ★ *een ~ bijeenroepen / beleggen* convoquer une réunion ★ *in ~ zijn* être en réunion ★ *de ~ openen / sluiten* ouvrir / clore la réunion

vergaderzaal salle *v* de réunion

vergallen gâcher, empoisonner

vergalopperen [**zich ~**] gaffer

vergankelijk éphémère

vergankelijkheid précarité *v*

vergapen [**zich ~**] s'émerveiller (**aan** de)

vergaren accumuler, amasser ★ *roem ~* acquérir de la gloire

vergassen ❶ *in gas omzetten* gazéifier ❷ *met gas doden* gazer

vergasten régaler (**aan**, **op** de)

vergat [verl. td.] → **vergeten**

vergaten [verl. td.] → **vergeten**

vergeeflijk *te vergeven* pardonnable

vergeefs I *bn* inutile, vain ★ *~e moeite* peine *v* perdue **II** *bw* inutilement, vainement, en vain ★ *je komt ~* tu es venu pour rien

vergeetachtig distrait ★ *~ worden* perdre la mémoire

vergeetboek ▼ *in het ~ raken* tomber dans l'oubli

vergeethoek ▼ *in de ~ raken* tomber dans l'oubli

vergeet-mij-niet plantk myosotis *m*

vergelden payer ▼ *kwaad met goed ~* rendre le bien pour le mal

vergelding revanche *v*, vengeance *v*

vergeldingsmaatregel représailles *v mv*, jur (mesure *v* de) rétorsion *v*

vergelen jaunir ★ *het ~* le jaunissement

vergelijk arrangement *m*, compromis *m* ★ *tot een ~ komen* aboutir à un compromis

vergelijkbaar comparable (**met** à)

vergelijken comparer (**met** à) ★ *vergelijk blz. 8* confer / cf. p. 8 ★ *vergeleken bij / met* en comparaison de, par rapport à

vergelijkenderwijs comparativement, par comparaison

vergelijking ❶ *het vergelijken* comparaison *v* ★ *in ~ met* en comparaison de, par rapport à ★ *ter ~* à titre de comparaison ★ *een ~ trekken* établir un parallèle (entre) ❷ wisk équation *v*

vergemakkelijken faciliter, simplifier

vergen exiger, demander ★ *te veel ~ van* abuser de

vergenoegd content, satisfait, réjoui

vergenoegen contenter (**met** de)

vergetelheid oubli *m* ★ *aan de ~ ontrukken* tirer de l'oubli ★ *in ~ raken* tomber dans l'oubli

vergeten I *ov ww* oublier ★ *ik ben glad ~ hem te bellen* j'ai complètement oublié de l'appeler ★ *ik ben ~ hoe zij heet* j'ai oublié son nom ★ *(en) niet te ~* sans oublier ★ *voor ik het vergeet ...* avant que je n'oublie ... ▼ *vergeet het maar!* inform tu peux te l'accrocher! **II** *ww* [volt. deelw.] → **vergeten** ★ *~ groenten* légumes *m mv* oubliés

vergeven ❶ *vergiffenis schenken* pardonner ★ *iem. iets ~* pardonner qc à qn, pardonner qn ★ *vergeef me!* pardonnez-moi!, excusez-moi!, pardon! ★ *~ en vergeten* on a passé l'éponge, c'est du passé ❷ *weggeven* donner, distribuer ★ *er is een baantje te ~* il y a un poste à pourvoir ▼ *~ zijn van* être infesté de

vergevensgezind clément, indulgent

ve

vergeving *het vergiffenis schenken* pardon *m* ★ *iem. om ~ vragen* demander pardon à qn
vergevorderd avancé ★ *op ~e leeftijd* à un âge avancé
vergewissen [**zich** ~] s'assurer (**van** de) ★ *zich ervan ~ dat...* s'assurer que... [+ ind.]
vergezellen *begeleiden* accompagner ★ *vergezeld van / door* accompagné de
vergezicht vue *v*, perspective *v*, panorama *m*
vergezocht (trop) recherché, tiré par les cheveux
vergiet ook fig passoire *v*
vergif poison *m* ▾ *daar kun je ~ op innemen* j'en donnerais ma tête à couper
vergiffenis pardon *m*, rel absolution *v*, rémission *v* ★ *iem. ~ schenken* pardonner à qn ★ *~ vragen* demander pardon
vergiftig ‹van dier› venimeux [v: venimeuse], ‹van plant› vénéneux [v: vénéneuse], ‹van stof› toxique
vergiftigen ❶ *iets giftig maken* ook fig empoisonner ★ *het voedsel is vergiftigd* la nourriture est empoisonnée ★ *de grond is hier vergiftigd* le sol est empoisonné ici ★ *de sfeer ~* envenimer l'ambiance ❷ *met gif doden* ★ *iem. ~* empoisonner qn
vergiftiging empoisonnement *m*, intoxication *v*
vergissen [**zich** ~] se tromper (**in** sur; **omtrent** de) ★ *als ik me niet vergis* sauf erreur de ma part ★ *ik had me in het adres vergist* je me suis trompé d'adresse ▾ *~ is menselijk* l'erreur est humaine
vergissing erreur *v* ★ *bij ~* par erreur, ‹per ongeluk› par mégarde
vergoeden ❶ *terugbetalen* rembourser, ‹schadeloosstellen› indemniser, dédommager ★ *de onkosten ~* rembourser les frais ★ *de schade ~* dédommager (qn) ❷ *als beloning / compensatie geven* compenser, réparer ★ *de (werk)uren ~* payer les heures de travail ★ *dat vergoedt veel* cela compense (beaucoup)
vergoeding ❶ *schadeloosstelling* réparation *v*, dédommagement *m*, indemnité *v*, ‹compensatie› compensation *v* ★ *~ voor reiskosten* indemnité de frais de déplacement ❷ *beloning* rémunération *v* ★ *tegen ~* moyennant rétribution ★ *tegen een ~ van ...* moyennant une rémunération de ...
vergoelijken excuser, minimiser
vergokken perdre au jeu
vergooien I *ov ww* gaspiller, gâcher **II** *wkd ww* [**zich** ~] s'avilir
vergrendelen verrouiller
vergrijp faute *v*, jur délit *m* ★ *een ~ tegen* une atteinte à
vergrijpen [**zich** ~] ~ **aan** *(seksueel) geweld aandoen* attenter à, violer
vergrijzen vieillir
vergrijzing vieillissement *m*
vergroeien ❶ *krom groeien* se déformer, dévier ❷ *aaneengroeien* se souder (**met** à) ❸ fig *nauw verbonden raken* ★ *hij is helemaal met zijn werk vergroeid* il ne fait qu'un avec son entreprise
vergrootglas loupe *v*
vergroten ❶ *groter maken* agrandir, ‹aandikken› grossir ★ *een foto ~* agrandir une photo ❷ *vermeerderen* augmenter ★ *zijn kennis ~* approfondir ses connaissances ★ *zijn kapitaal ~* augmenter son capital
vergroting ❶ *het groter maken* agrandissement *m* ❷ *vermeerdering* augmentation *v* ❸ *foto* agrandissement *m*
vergruizen broyer, écraser
verguizen vilipender
verguld ❶ *bedekt met bladgoud* doré ★ *~ op snee* doré sur tranche ★ *~ zilver* vermeil *m* ❷ *blij* ravi ★ *~ met* enchanté de ★ *~ zijn met* être ravi de
vergulden ❶ *bedekken met bladgoud* dorer ❷ *blij maken* ravir
vergunnen accorder, permettre ★ *dat was hem niet vergund* ça ne lui a pas été donné
vergunning *machtiging* autorisation *v*, permission *v*, ‹bewijs› permis *m*, ‹van onderneming› concession *v*
verhaal ❶ *vertelling* histoire *v*, récit *m*, ‹verhaaltje› conte *m*, form narration *v* ★ *een waar gebeurd ~* une histoire véridique ★ *kort ~* nouvelle *v* ★ *een ~ vertellen* raconter une histoire ★ *om een lang ~ kort te maken* bref, en un mot ❷ *vergoeding* jur recours *m* ★ *~ halen op iem.* avoir recours contre qn ★ *~ halen* demander réparation ▾ *op ~ komen* se remettre
verhaallijn trame *v*, histoire *v*
verhalen ❶ *vertellen* raconter ❷ *verhaal halen* répercuter (**op** sur) ★ *de schade op iem. ~* se faire indemniser par qn
verhalend narratif [v: narrative]
verhandelen *handelen in* négocier, vendre
verhandeling ❶ *opstel* dissertation *v*, ‹mondeling› discours *m*, conférence *v* ❷ *handel* négociation *v*
verhangen I *ov ww* déplacer ★ *we hebben het schilderij ~* on a déplacé le tableau **II** *wkd ww* [**zich** ~] se pendre ★ *hij heeft zich ~* il s'est pendu
verhapstukken goupiller, régler
verhard ❶ *hard geworden* durci ★ *een ~e weg* une route revêtue ❷ *ongevoelig* (en)durci ★ *~e standpunten* positions *v mv* durcies
verharden I *ov ww* ❶ *hard maken* durcir, ‹van weg› revêtir ❷ *ongevoelig maken* endurcir **II** *onov ww* ❶ *hard worden* durcir ❷ *ongevoelig worden* s'endurcir, se durcir ★ *de maatschappij verhardt* la société se durcit
verharen perdre ses poils, ‹tijdens rui› muer
verhaspelen défigurer, ‹van woorden› baragouiner, écorcher ★ *een naam ~* écorcher un nom
verheerlijken *loven* glorifier, exalter ▾ *een verheerlijkte blik* un air ravi
verheerlijking glorification *v*, exaltation *v*
verheffen I *ov ww* ❶ *in hogere positie brengen* lever, dresser, relever ★ *zijn stem ~* élever la voix ★ *in de adelstand ~* anoblir ★ *tot regel ~* ériger en règle ❷ wisk élever (**tot** à) ★ *tot de tweede macht ~* élever au carré ★ *tot de derde macht ~* élever au cube ★ *tot de vierde macht ~* élever à la puissance quatre **II** *wkd ww* [**zich** ~] *verrijzen* s'élever
verhelderen I *ov ww, helder maken* éclaircir ★ *zijn uitleg zal de zaak ~* ses précisions sauront éclaircir la question ★ *~d werken* rendre les choses plus clair **II** *onov ww, helder worden* s'éclaircir
verhelen cacher, dissimuler
verhelpen remédier à ★ *dat is niet meer te ~* il n'y a plus rien à faire

verhemelte *gehemelte* palais *m*
verheugd content, heureux [v: heureuse]
verheugen I *ov ww, blij maken* faire plaisir à, réjouir ★ *het verheugt mij dat* je me réjouis que, je suis heureux que **II** *wkd ww* [**zich** ~] *zich verblijden* se réjouir (**over** de) ★ *zich ~ op* se réjouir (d'avance) de, attendre avec impatience
verheugend réjouissant ★ *een ~ feit* un fait mémorable ★ *~ nieuws* une bonne nouvelle
verheven élevé, ⟨hoogstaand⟩ élevé, sublime ★ *hij voelt zich boven iedereen ~* il se croit supérieur à tout le monde ★ *boven iets ~ zijn* être au-dessus de qc ★ *het ~e* le sublime ★ *~ stijl* style *m* soutenu
verhevigen I *ov ww, heviger maken* intensifier **II** *onov ww, heviger worden* s'intensifier
verheviging intensification *v*
verhinderen empêcher ★ *iem. ~ iets te doen* empêcher qn de faire qc ★ *ik ben verhinderd (te komen)* j'ai un empêchement
verhindering empêchement *m* ★ *bij ~* en cas d'empêchement ★ *bericht van ~ sturen* se faire excuser
verhit ❶ *verwarmd* chauffé ❷ fig *opgewonden* échauffé, exalté ★ *een ~te discussie* une discussion enflammée ★ *de gemoederen raakten ~* les esprits étaient échauffés
verhitten ❶ *heet maken* (faire) chauffer ★ *olie ~* chauffer de l'huile ❷ *opwinden* échauffer ★ *de gemoederen ~* échauffer les esprits ★ *verhit raken* s'échauffer
verhitting chauffage *m*, fig échauffement *m*
verhoeden prévenir ★ *God verhoede me ervoor* Dieu m'en préserve
verhogen ❶ *hoger maken* (re)hausser, muz élever ★ *een pad ~* rehausser une allée ❷ *vermeerderen* augmenter, relever, ⟨v. prijs, bedrag, aantal⟩ majorer ★ *het ~ van de prijzen* l'augmentation *v* des prix ❸ *versterken* accroître, intensifier ★ *verhoogde bloeddruk* hypertension *v*
verhoging ❶ *het ophogen* rehaussement *m*, élévation *v* ❷ *vermeerdering* augmentation *v*, ⟨van prijs, bedrag, aantal⟩ majoration *v* ❸ *verhoogde plaats* hauteur *v*, ⟨in zaal⟩ estrade *v* ❹ *lichte koorts* température *v* ★ *~ hebben* faire de la température
verholen *verborgen* caché, furtif [v: furtive], dissimulé ★ *nauw ~* à peine dissimulé
verhongeren mourir de faim ★ *iem. laten ~* laisser mourir de faim qn
verhongering inanition *v*
verhoor interrogatoire *m*, ⟨van getuigen⟩ audition *v* ★ *iem. een ~ afnemen* soumettre qn à un interrogatoire, interroger qn
verhoren ❶ *ondervragen* interroger, ⟨v. getuige⟩ entendre ★ *de politie verhoort de verdachte* la police interroge le suspect ❷ *inwilligen* entendre, exaucer ★ *God verhoorde zijn gebed* Dieu a exaucé sa prière
verhouden [**zich** ~] ★ *X verhoudt zich tot Y als 1 tot 2* X est à Y ce que 1 est à 2, X est égal à la moitié de Y ★ *zich ~ als X tot Y* avoir un rapport de X à Y ★ *hoe ~ die twee zich tot elkaar?* quel est le rapport entre les deux?
verhouding ❶ *relatie* rapport *m*, relation *v* ★ *in vriendschappelijke ~ staan tot* entretenir des relations amicales avec ❷ *liefdesrelatie* liaison *v* ❸ *evenredigheid* proportion *v* ★ *in ~ tot* par rapport à ★ *naar ~* proportionnellement, toute(s) proportion(s) gardée(s) ★ *in ~ tot / naar ~ van* en proportion de, au prorata de ❹ *betrekking van grootheden onderling* rapport *m*
verhoudingsgewijs relativement
verhuiskaart avis *m* de changement d'adresse
verhuiswagen voiture *v* de déménagement
verhuizen I *onov ww, elders gaan wonen* déménager ★ *~ naar een andere stad* s'installer dans une autre ville **II** *ov ww, inboedel overbrengen* déménager ★ *vandaag ga ik mijn broer ~* aujourd'hui j'aide au déménagement de mon frère
verhuizer déménageur *m*
verhuizing déménagement *m*
verhullen cacher, déguiser, dissimuler
verhuren louer
verhuur location *v*
verhuurbedrijf entreprise *v* de location
verhuurder loueur *m* [v: loueuse], ⟨huisbaas⟩ propriétaire *m/v*, jur bailleur *m*
verificatie vérification *v*
verifiëren vérifier ★ *niet te ~* invérifiable
verijdelen déjouer
vering ❶ *het veren* suspension *v* ❷ *verend gestel* suspension *v*, ⟨van bed⟩ sommier *m*
verjaardag anniversaire *m*
verjaardagscadeau cadeau *m* d'anniversaire [m mv: cadeaux ...]
verjaardagsfeest fête *v* d'anniversaire
verjaardagskalender ≈ calendrier *m* des anniversaires
verjagen chasser, ⟨verdrijven⟩ expulser
verjaging mise *v* en fuite, expulsion *v*
verjaren ❶ jur *ongeldig worden* se prescrire ★ *het misdrijf is verjaard* le crime est prescrit ★ *het is verjaard* c'est prescrit, il y a prescription ❷ *jarig zijn* célébrer son anniversaire
verjaring *het ongeldig worden* jur prescription *v*
verjaringstermijn délai *m* de prescription
verjongen *jonger maken* rajeunir
verjonging rajeunissement *m*
verkalken *kalkachtig worden* se calcifier, med, ook fig se scléroser
verkalking calcification *v*, med, ook fig sclérose *v*
verkapt déguisé, larvé ★ *een ~e vorm van racisme en discriminatie* une forme déguisée de racisme et de discrimination
verkassen bouger, se barrer
verkavelen lotir, diviser en lots
verkaveling lotissement *m*, ook fig morcellement *m*
verkeer ❶ *voertuigen, personen* circulation *v*, trafic *m*, ⟨transport⟩ transports *m mv* ★ *het ~ regelen* régler la circulation ★ *doorgaand ~* ⟨op verkeersbord⟩ toutes directions *v mv* ★ *Veilig Verkeer Nederland* ≈ Prévention *v* routière ★ *vrij ~ tussen landen* libre circulation entre les pays ❷ *sociale omgang* fréquentation *v*, rapports *m mv*, form commerce *m* ★ *seksueel ~* rapports sexuels ★ *maatschappelijk ~* relations *v mv* sociales
verkeerd faux [v: fausse], mauvais, incorrect [bijw], mal ★ *de ~e weg nemen* se tromper de

chemin ★ *het ~e nummer draaien* se tromper de numéro, faire un faux numéro ★ *hij was ~ in de oorlog* il a collaboré, inform il était collabo ★ *iets ~ aanpakken* s'y prendre mal ★ *~ aflopen* finir / tourner mal ★ *een ~e beweging* un faux mouvement ★ *aan de ~e kant* du mauvais côté ★ *je hebt de ~e voor je* tu te trompes de personne, inform tu te trompes d'adresse ★ *je trui zit ~ om* ton pull est à l'envers ★ *alles loopt ~* tout tourne mal ★ *~ aansluiten* donner le mauvais numéro ★ *~ verstaan* mal comprendre, comprendre de travers ★ *er ~ aan doen om* avoir tort de, être mal avisé / inspiré de ★ *je hebt er ~ aan gedaan niet te komen* tu as eu tort de ne pas venir ★ *~ antwoorden* répondre de travers ★ *je hebt het glad ~* tu as tout faux

verkeersader artère *v*, axe *m* routier

verkeersagent agent *m* de la circulation

verkeersbelasting BN *wegenbelasting* ≈ taxe *v* routière, BN taxe de roulage

verkeersbord panneau *m* de signalisation [m mv: panneaux ...]

verkeerscentrale centre *m* de contrôle routier

verkeersdiploma attestation *v* scolaire de sécurité routière

verkeersdrempel ralentisseur *m*, dos *m* d'âne

verkeersinformatie *centrale* information(s) *v (mv)* routière(s)

verkeersknooppunt nœud *m* routier

verkeersleider contrôleur *m* de la navigation aérienne, aiguilleur *m* du ciel

verkeerslicht feu *m* (de signalisation) [m mv: feux ...]

verkeersongeval accident *m* de la route

verkeersopstopping bouchon *m*, embouteillage *m*

verkeersovertreder contrevenant *m* de la circulation

verkeersovertreding infraction *v* au Code de la route

verkeersplein rond-point *m* [m mv: ronds-points]

verkeerspolitie police *v* routière

verkeersregel ★ *de ~s* le code de la route

verkeersreglement code *m* de la route

verkeersslachtoffer victime *v* de la route

verkeerstoren tour *v* de contrôle

verkeersveiligheid sécurité *v* routière

verkeersvlieger pilote *m* de ligne

verkeersvliegtuig avion *m* de ligne

verkeersweg route *v*

verkeerszuil borne *v* (de signalisation)

verkennen reconnaître, explorer

verkenner ❶ *verspieder* éclaireur *m* ❷ *padvinder* (jeune) scout *m*

verkenning reconnaissance *v*, exploration *v* ★ *op ~* en reconnaissance

verkenningstocht mission *v* de reconnaissance

verkenningsvliegtuig avion *m* de reconnaissance

verkeren ❶ *zich bevinden* être, se trouver ★ *in gevaar ~* être en danger ★ *in slechte staat ~* être en mauvais état ❷ *omgang hebben met* fréquenter ★ *in hogere kringen ~* fréquenter la haute société ❸ *veranderen* ★ *het kan ~* le monde change, il ne faut jurer de rien

verkering ★ *~ hebben* avoir un petit ami / une petite amie ★ *vaste ~ hebben* avoir une relation solide ★ *~ hebben met* sortir avec

verkerven BN *verbruien* gâcher ★ *je hebt het bij mij verkorven* je ne veux plus entendre parler de toi

verkiesbaar éligible ★ *zich ~ stellen* se présenter aux élections

verkieslijk préférable (**boven** à)

verkiezen ❶ *liever willen* préférer (**boven** à), aimer mieux, choisir de, vouloir ★ *te ~ boven* préférable à ❷ *door stemmen aanwijzen* élire ★ *iem. tot voorzitter ~* élire qn président

verkiezing élection *v* ★ *~en houden* procéder à des élections ★ *algemene ~en* élections générales ★ *getrapte ~en* élections indirectes ★ *vervroegde ~en* élections anticipées ★ *de ~ van miss Universe* l'élection de Miss Monde

verkiezingscampagne campagne *v* électorale

verkiezingsstrijd bataille *v* électorale

verkiezingsuitslag résultat *m* des élections / du scrutin

verkijken **I** *ov ww, voorbij laten gaan* ★ *de kans is verkeken* l'occasion est perdue **II** *wkd ww* [**zich ~**] *verkeerd beoordelen* ★ *zich op iets ~* mal juger de qc ★ *zich op iem. ~* mal juger qn

verkikkerd ▾ *~ zijn op* être toqué de

verklaarbaar explicable ★ *dat is ~* cela s'explique

verklappen trahir ★ *een geheim ~* révéler / trahir un secret

verklaren **I** *ov ww* ❶ *kenbaar maken* déclarer ★ *de oorlog ~ aan* déclarer la guerre à ★ *iem. schuldig ~* déclarer qn coupable ★ *hij heeft verklaard dat* il a affirmé / déclaré que ★ *iem. gek ~* traiter qn de fou ★ *een verklaard tegenstander* un opposant déclaré ❷ *uitleggen* expliquer, ‹duiden› interpréter ★ *~de aantekeningen* notes *v mv* explicatives **II** *wkd ww* [**zich ~**] se déclarer, s'expliquer ★ *verklaar je nader* explique-toi

verklaring ❶ *uitleg* explication *v* ❷ *mededeling* déclaration *v* ★ *een ~ afleggen* faire une déclaration ❸ jur *getuigenis* attestation *v*, déposition *v* ❹ med *attest* certificat *m*, attestation *v*

verkleden ❶ *omkleden* changer ★ *zich ~* se changer ❷ *vermommen* déguiser ★ *zich ~ als* se déguiser en

verkleinen ❶ *kleiner maken* réduire ★ *de afbeelding ~* réduire l'image ❷ *verminderen* réduire, amoindrir ★ *het risico ~* réduire le risque

verkleining *het kleiner maken* réduction *v*, ook fig diminution *v*

verkleinvorm taalk diminutif *m*

verkleinwoord diminutif *m*

verkleumd engourdi (par le froid), transi (de froid)

verkleumen être transi (de froid)

verkleuren ❶ *van kleur veranderen* changer de couleur ★ *in de herfst ~ de bladeren* en automne, les feuilles changent de couleur ★ *zij verkleurde toen hij dat zei* quand il a dit ça, elle était blême ❷ *kleur verliezen* se décolorer, déteindre, pâlir ★ *de was is verkleurd* le linge est décoloré

verklikken dénoncer, ‹iets› rapporter, ‹iemand› inform moucharder

verklikker ❶ *verrader* dénonciateur *m*

[v: dénonciatrice], rapporteur *m* [v: rapporteuse], ⟨v. politie⟩ inform indic *m*, ⟨verlinker⟩ balance *v* ❷ *toestel* détecteur *m*, ⟨lampje⟩ (lampe *v*) témoin *m*
verknallen bousiller, foutre en l'air
verkneukelen [**zich** ~] jubiler
verknippen ❶ *verkeerd knippen* abîmer en coupant ❷ *in stukken knippen* découper
verknipt toqué, cinglé
verknocht attaché (**aan** à)
verknoeien ❶ *verspillen* gaspiller ★ *tijd* ~ gaspiller / perdre son temps ❷ *bederven* gâcher, gâter ★ *de zaak* ~ tout gâcher
verkoelen I *ov ww, koel maken* rafraîchir, ook fig refroidir ★ *deze crème verkoelt de huid* c'est une crème rafraîchissante ★ *~d* rafraîchissant **II** *onov ww, koel worden* se rafraîchir, ook fig se refroidir
verkoeling ❶ lett refroidissement *m* ❷ fig refroidissement *m* ★ *de* ~ *van de diplomatieke betrekkingen* le refroidissement des relations diplomatiques
verkoeverkamer med salle *v* de réveil / de réanimation
verkolen I *ov ww, tot kool maken* carboniser **II** *onov ww, tot kool worden* se carboniser
verkommeren dépérir
verkondigen ❶ *aankondigen* annoncer ★ *een theorie* ~ avancer une théorie ★ *lopen* ~ *dat* proclamer que ❷ rel prêcher ★ *het evangelie* ~ prêcher l'Évangile
verkondiging rel prédication *v*
verkoop vente *v*
verkoopbaar ook fig vendable ★ *dat plan is niet* ~ ce projet ne passera pas
verkoopcijfers chiffre *m* d'affaires
verkoopleider chef *m* des ventes, directeur *m* commercial
verkooppraatje ★ *~s houden* faire l'article, sortir l'argumentaire (de vente)
verkoopprijs prix *m* de vente
verkooppunt point *m* de vente
verkoopster vendeuse *v*
verkopen ❶ *tegen betaling leveren* vendre ★ *iets voor 50 euro* ~ vendre qc 50 euros ★ *zichzelf (goed) weten te* ~ savoir se faire valoir ★ *toen ik haar zag, was ik verkocht* du moment que je l'ai vu, j'ai craqué ❷ *vertellen* débiter, dire ★ *leugens* ~ débiter des mensonges ★ *onzin* ~ dire n'importe quoi ❸ *geven* administrer, donner ★ *een trap* ~ donner un coup de pied se vendre
verkoper vendeur *m*
verkoping vente *v* ★ *openbare* ~ vente publique
verkorten raccourcir, fig abréger
verkorting raccourcissement, abrègement *m*
verkouden enrhumé ★ ~ *worden* s'enrhumer, attraper un rhume
verkoudheid rhume *m* ★ *een* ~ *oplopen* attraper un rhume
verkrachten ❶ ⟨iemand⟩ violer ★ *een vrouw* ~ violer une femme, abuser d'une femme ❷ ⟨iets⟩ violer ★ *de wet* ~ violer la loi ★ *de slechte zanger verkrachtte het lied* le mauvais chanteur a massacré la chanson
verkrachter violeur *m*
verkrachting ❶ *van iem.* viol *m* ❷ *van iets* violation *v*
verkrampen se contracter, ook fig se crisper
verkrampt contracté, ook fig crispé
verkreukelen *in elkaar frommelen* froisser, chiffonner
verkrijgbaar en vente, disponible ★ *moeilijk* ~ dur à trouver ★ *dat boek is niet langer* ~ ce livre est épuisé
verkrijgen obtenir, avoir, ⟨verwerven⟩ acquérir
verkromming med courbement *m*, med déviation *v*
verkroppen avaler, digérer ★ *ik kan dat niet* ~ c'est dur à avaler, ça me reste en travers de la gorge
verkruimelen I *ov ww, tot kruimels maken* émietter **II** *onov ww, tot kruimels worden* s'émietter
verkwanselen ⟨verspillen⟩ galvauder, ⟨versjacheren⟩ brader
verkwikken *fit maken* rafraîchir, réconforter
verkwikkend rafraîchissant
verkwisten gaspiller, dilapider
verkwistend gaspilleur [v: gaspilleuse]
verkwisting gaspillage *v*, dissipation *m*
verlagen ❶ *lager maken* abaisser, ⟨verminderen⟩ baisser, diminuer, réduire, ⟨in rang⟩ dégrader ❷ *vernederen* avilir, (r)abaisser, dégrader ★ *zich* ~ *(tot)* s'abaisser (à)
verlaging ❶ *het verlagen* abaissement *m*, ⟨vermindering⟩ baisse *v*, réduction *v* ❷ *vernedering* dégradation *v*
verlakken rouler, duper
verlakker arnaqueur *m* [v: arnaqueuse]
verlakkerij arnaque *v*
verlamd ook fig paralysé ★ ~ *raken* être paralysé ★ *halfzijdig* ~ hémiplégique ★ ~ *zijn van de schrik* être paralysé de peur
verlammen ❶ med *lam maken* paralyser ★ ~*d* paralysant ❷ fig *stilleggen* paralyser ★ *het verkeer* ~ paralyser la circulation
verlamming ❶ *het verlammen* paralysie *v* ❷ *lamheid* paralysie *v* ★ *eenzijdige* ~ hémiplégie *v*
verlangen I *ov ww* ⟨willen⟩ désirer, ⟨eisen⟩ demander, exiger (**van** de), réclamer ★ *discipline van iem.* ~ exiger la discipline de qn **II** *onov ww,* ~ **naar** désirer, souhaiter, aspirer à ★ *ik verlang naar je komst* j'attends avec impatience que tu viennes ★ *ik verlang ernaar hem weer te zien* j'ai envie de le revoir, il me tarde de le revoir ★ *~d uitzien naar* attendre avec impatience **III** *het* désir *m* (**naar**, **om** de), souhait *m*, envie *v* ★ *op* ~ *van* à la demande de
verlanglijst liste *v* (de cadeaux), ⟨v. bruidspaar⟩ liste de mariage
verlaten I *bn* ❶ *in de steek gelaten* abandonné, délaissé ❷ *afgelegen* abandonné, désert **II** *ov ww* ❶ *weggaan* quitter ❷ *in de steek laten* abandonner, délaisser **III** *wkd ww* [**zich** ~] ❶ *te laat komen* se retarder, s'attarder ❷ ~ **op** *vertrouwen op* se reposer sur, se fier à
verlatenheid solitude *v*, désolation *v*
verlatingsangst crainte *v* de se voir abandonné ★ *lijdend aan* ~ abandonnique
verleden I *het* ❶ *tijd van vroeger* passé *m* ★ *in het* ~ par le passé, dans le temps ★ *in een grijs* ~ à une époque bien reculée ❷ *persoonlijke achtergrond* ★ *iem. met een* ~ qn qui a un passé

II *bn* ❶ *vorig* passé, dernier [v: dernière] ★ *~ zondag* dimanche dernier ★ *~ week* la semaine dernière ❷ *afgelopen, voorbij* ★ taalk *de onvoltooid ~ tijd* l'imparfait *m* ★ *dat is ~ tijd* c'est du passé
verlegen ❶ *schuchter* timide ★ *~ tegenover de vrouwen zijn* être timide avec les femmes ❷ *geen raad wetend* gêné, embarrassé ★ *~ zijn met* ne savoir que faire de ★ *hij is ~ met zijn figuur* il est embarrassé de sa personne ❸ *~* **om** ★ *ergens om ~ zitten* être en mal de qc ★ *nooit om een antwoord ~ zitten* avoir réponse à tout ★ *zij zit altijd om geld ~* elle est toujours à court (d'argent)
verlegenheid ❶ *het verlegen zijn* timidité *v* ❷ *moeilijkheid* gêne *v*, embarras *m* ★ *iem. in ~ brengen* embarrasser qn ★ *in ~ zijn* se trouver dans l'embarras
verleggen déplacer ★ *zijn grenzen ~* se dépasser
verleidelijk séduisant, tentant ★ *een ~e vrouw* une femme séduisante ★ *een ~ aanbod* une proposition séduisante / tentante
verleiden ❶ *verlokken* séduire, tenter ★ *~ tot iets* inciter à faire qc ★ *zich laten ~ tot* se laisser séduire / tenter par ★ *hij laat zich niet ~ tot een uitspraak* impossible de lui arracher une déclaration ❷ *tot geslachtsgemeenschap brengen* séduire ★ *Casanova was een meester in het ~* Casanova, grand séducteur
verleider séducteur *m* [v: séductrice]
verleiding tentation *v*, ⟨m.b.t. liefde⟩ séduction *v* ★ *voor de ~ bezwijken* céder à la tentation
verlekkerd I *bn* gourmand (**op** de), friand (**op** de) **II** *bw* ★ *~ kijken* jeter des regards gourmands, se rincer l'œil
verlekkeren [**zich ~**] allécher
verlenen *geven* donner, ⟨toekennen⟩ accorder, attribuer ★ *hulp ~* apporter / prêter de l'aide ★ *toestemming ~* accorder / donner son consentement
verlengde prolongement *m* ★ *in het ~ liggen van* prolonger
verlengen ❶ *langer maken* (r)allonger ★ *een jurk ~* rallonger une robe ❷ *langer laten duren* prolonger, ⟨v. geldigheidsduur⟩ renouveler, ⟨v. huurcontract⟩ reconduire ★ *zijn paspoort ~* faire renouveler son passeport ★ *een abonnement ~* renouveler un abonnement
verlenging ❶ *het verlengen* (r)allongement *m*, ⟨v. weg⟩ prolongement *m*, ⟨in tijd⟩ prolongation *v*, ⟨v. geldigheidsduur⟩ renouvellement *m* ★ *de ~ van het contract* le renouvellement du contrat ❷ sport *extra speeltijd* prolongations *v mv*
verlengsnoer rallonge *v*
verlengstuk ❶ lett rallonge *v* ❷ fig appendice *m*
verlept flétri, fané
verleren oublier, perdre la main de ★ *ik heb het verleerd* je ne sais plus comment ça se fait
verlevendigen *levendig maken* vivifier, (r)animer, ⟨van kleur⟩ (r)aviver
verlichten ❶ *beschijnen* éclairer, illuminer ❷ *minder zwaar maken* alléger, ⟨opluchten⟩ soulager, ⟨vergemakkelijken⟩ faciliter ★ *een last ~* faciliter une tâche ★ *pijn ~* atténuer la douleur
verlichting ❶ *iets dat licht geeft* éclairage *m*, illumination *v* ❷ *vermindering* ⟨van iets vervelends, pijnlijks⟩ allègement *m* ❸ *opluchting* soulagement *m* ★ *een zucht van ~* un soupir de soulagement ❹ gesch onderw (les) lumières *v mv*
verlichtingspaal BN *lantaarnpaal* réverbère *m*
verliefd I *bn, liefde voelend* amoureux (**op** de) [v: amoureuse ...], form épris (de) ★ *~ worden op* tomber amoureux de ★ *ik ben ~ op je* je suis amoureux de toi **II** *bw* amoureusement ★ *iem. ~ aankijken* faire les yeux doux à qn
verliefdheid ≈ amours *m mv*
verlies ❶ *het verliezen* perte *v* ★ *een ~ lijden* subir une perte ★ *niet tegen zijn ~ kunnen* être mauvais joueur / perdant ❷ *het verlorene* perte *v* ★ *het ~ aan mensenlevens* la perte en vies humaines ★ *met ~* à perte ★ *~ maken op* perdre sur ★ *zware verliezen lijden* essuyer de lourdes pertes
verliesgevend déficitaire
verliespost econ poste *m* déficitaire
verliezen I *ov ww* ❶ *niet winnen* perdre ★ *(het) ~ van* être battu par ❷ *kwijtraken* perdre ★ *zijn geduld ~* perdre patience ★ *niets te ~ hebben* n'avoir rien à perdre ❸ *nadeel lijden* perdre ★ *~ op* perdre sur ★ *ik verlies erop* j'y perds **II** *wkd ww* [**zich ~**] *~* **in** se perdre en
verliezer perdant *m* [v: perdante]
verlinken balancer
verloederen se dégrader
verloedering dégradation *v*, détérioration *v*
verlof ❶ *vrijstelling* congé *m*, mil permission *v* ★ *betaald ~* congé payé ★ *onbetaald ~*, BN *~ zonder wedde* congé sans solde ★ *buitengewoon ~* congé exceptionnel ★ BN *penitentiair ~* mise *v* en liberté conditionnelle ★ *met ~ gaan* partir en congé ★ *met groot ~ zijn* être démobilisé ❷ *vergunning* permission *v*, autorisation *v* ★ *iem. ~ geven iets te doen* donner la permission à qn de faire qc ★ *~ hebben om* avoir la permission de
verlofdag jour *m* de congé
verlokken attirer, séduire, tenter ★ *~ tot* inciter à, inviter à
verlokking attrait *m*
verloochenen renier, désavouer
verloochening reniement *m*, désaveu *m*
verloofd fiancé
verloofde fiancé *m* [v: fiancée]
verloop ❶ *ontwikkeling* évolution *v*, marche *v*, progrès *m* ★ *het ~ van de ziekte* l'évolution de la maladie ❷ *het voorbijgaan* déroulement *m*, cours *m* ★ *na ~ van tijd* au bout d'un certain temps ❸ *het komen en gaan* mouvement *m*, ⟨m.b.t. afvloeiing⟩ départs *m mv* ★ *natuurlijk ~* rotation *v* naturelle
verloopstekker elek fiche *v* de raccordement
verloopstuk pièce *v* de réduction
verloor [verl. td.] → **verliezen**
verlopen I *bn* ❶ *ongeldig* périmé ❷ *verloederd* débauché **II** *onov ww* ❶ *voorbijgaan* s'écouler, passer ❷ *zich afspelen* marcher, suivre son cours ★ *kalm ~* se dérouler dans le calme ❸ *ongeldig worden* expirer ❹ *minder worden, veranderen* ★ *het tij verloopt* la marée perd
verloren I *bn* ❶ *kwijt* perdu ★ *~ gaan* se perdre ★ *daar gaat niets aan ~* on n'y perd rien ★ BN *~ lopen* se perdre, s'égarer ❷ *reddeloos* perdu ❸ *nutteloos* perdu ★ *~ moeite* peine *v* perdue

ve

II *ww* [verl. td.] → **verliezen III** *ww* [volt. deelw.] → **verliezen**
verloskamer salle *v* d'accouchement
verloskunde obstétrique *v*
verloskundige ⟨kraamhulp⟩ accoucheur *m* [v: accoucheuse], ⟨arts⟩ obstétricien [v: obstétricienne]
verlossen ❶ *bevrijden* délivrer (**van** de) ★ *iem. uit zijn lijden ~* abréger les souffrances de qn ★ *het ~de woord* le fin mot ❷ *helpen bevallen* accoucher
verlosser *bevrijder* sauveur
Verlosser *Christus* Rédempteur *m*, Sauveur *m*
verlossing ❶ *bevrijding* délivrance *v*, rel rédemption *v* ❷ *bevalling* accouchement *m*
verloten tirer au sort pour
verloting tirage *m* au sort
verloven [**zich ~**] se fiancer (**met** avec)
verloving fiançailles *v mv*
verlovingsring bague *v* de fiançailles
verluiden ▾ *naar verluidt* à ce qu'on dit ▾ *ik heb horen ~ dat...* j'ai entendu dire que...
verlustigen [**zich ~**]**~ aan/in** se délecter à
vermaak amusement *m*, plaisir *m*, divertissement *m* ★ *~ scheppen in* se plaire à
vermaard célèbre, fameux [v: fameuse]
vermageren *magerder worden* maigrir
vermagering amaigrissement *m*
vermageringskuur régime *m* (amaigrissant)
vermakelijk amusant, inform rigolo, [v: rigolote] drôle
vermaken ❶ *amuseren* amuser, divertir ★ *zich ~* s'amuser ❷ *veranderen* refaire ❸ *bij testament schenken* léguer
vermalen moudre, broyer
vermanen réprimander, ⟨manen⟩ exhorter (**tot** à)
vermaning réprimande *v*
vermannen [**zich ~**] se ressaisir
vermeend prétendu, supposé, soi-disant
vermeerderen *doen toenemen* augmenter
vermeerdering augmentation *v*, accroissement *m*, biol propagation *v*, multiplication *v*
vermelden mentionner, signaler
vermelding mention *v* ★ *eervolle ~* mention honorable ★ *de simpele ~* le simple énoncé ★ *onder ~ van* en mentionnant
vermengen I *ov ww* mélanger, mêler (**met** à, avec), ⟨met water⟩ couper ★ *wijn met water ~* couper le vin **II** *wkd ww* [**zich ~**] se mêler
vermenging mélange *m*
vermenigvuldigen I *ov ww* ❶ *vermeerderen* multiplier ★ *een tekst ~* multiplier les exemplaires d'un texte ❷ wisk multiplier (**met** par) ★ *een getal met 5 ~* multplier un nombre par 5 **II** *wkd ww* [**zich ~**] se multiplier
vermenigvuldiging multiplication *v*
vermetel I *bn* téméraire **II** *bw* audacieusement
vermicelli vermicelle *m*
vermijdbaar évitable
vermijden ❶ *uit de weg gaan* éviter ★ *een gevaar ~* éviter un danger ★ *iemands gezelschap ~* éviter qn ❷ *voorkomen* éviter ★ *dat is niet te ~* c'est inévitable
vermiljoen vermillon
verminderen I *ov ww, minder maken* diminuer, réduire (**met** de) ★ *snelheid ~* ralentir ★ *de pijn ~* atténuer la douleur ★ *het elektriciteitsverbruik ~* réduire la consommation d'électricité ★ *de straf werd verminderd* la peine a été réduite **II** *onov ww, minder worden* diminuer, décroître, baisser ★ *met 10% ~* baisser de 10% ★ *in waarde ~* perdre de sa valeur ★ *verminderde weerstand* résistance *v* diminuée
vermindering ❶ *het minder worden of maken* diminution *v*, réduction *v* ❷ BN econ *reductie* réduction *v*
verminken ❶ lett *lichamelijk schenden* mutiler, ⟨van gezicht⟩ défigurer ❷ fig *beschadigen* mutiler, massacrer ★ *een kunstwerk ~* mutiler une œuvre d'art
verminking ook fig mutilation *v*, défiguration *v*
vermissen ★ *vermist worden* manquer, ⟨van personen⟩ être porté disparu ★ *vermist* disparu
vermissing disparition *v*
vermiste disparu *m* [v: disparue]
vermits BN attendu que, comme
vermoedelijk I *bn* probable ★ *de ~e dader* l'auteur présumé ★ *een ~e erfgenaam* un héritier présomptif **II** *bw* probablement ★ *zij is ~ naar huis gegaan* probablement elle est rentrée
vermoeden I *het* ⟨veronderstelling⟩ supposition *v*, ⟨voorgevoel⟩ pressentiment *m*, ⟨gedachte⟩ soupçon *m*, jur présomption *v* ★ *het ~ hebben dat* supposer que ★ *geen flauw ~ hebben* ne pas avoir le moindre soupçon ★ *ik heb zo'n ~ dat ...* j'ai comme le pressentiment que ... ★ *ik had er al zo'n ~ van* je m'en doutais **II** *ov ww* ❶ *gissen, denken* supposer, présumer ★ *ik vermoed dat hij ziek is* je suppose qu'il est malade ❷ *bedacht zijn op* soupçonner, se douter de ★ *dat vermoedde ik al* je m'en doutais
vermoeid fatigué
vermoeidheid fatigue *v*, form lassitude *v*
vermoeidheidsverschijnsel signe *m* de fatigue
vermoeien fatiguer, form lasser ★ *zich ~* se fatiguer
vermoeiend fatigant
vermogen I *het* ❶ *capaciteit van zaken* puissance *v* ★ *geleidend ~* conductibilité *v* ★ *het nuttig ~* le rendement ❷ *capaciteit van mensen* capacité *v* (**om** de), ⟨krachten⟩ forces *v mv* ★ *verstandelijke ~s* facultés *v mv* intellectuelles ❸ *macht* pouvoir *m* ★ *ik zal alles doen wat in mijn ~ ligt* je ferai tout mon possible, je ferai tout ce qui est en mon pouvoir ❹ *bezit* fortune *v*, biens *m mv* ★ *het nationaal ~* le patrimoine national, la richesse nationale ★ *vreemd ~* fonds *m mv* d'emprunt ★ *het kost een ~* ça coûte une fortune ★ *eigen ~* fonds *m mv* propres **II** *ov ww, in staat zijn* pouvoir ★ *niets ~* être impuissant
vermogend ❶ *rijk* fortuné ❷ *invloedrijk* puissant
vermogensbelasting impôt *m* sur la fortune
vermolmd vermoulu
vermommen *verkleden* déguiser (**als** en) ★ *zich ~ als* se déguiser en
vermomming déguisement *m*
vermoorden *doden* assassiner, tuer, fig massacrer
vermorzelen écraser
vermorzeling écrasement *m*
vermout culin vermouth *m*

vermurwen fléchir ★ *zich laten* ~ s'amadouer ★ *niet te* ~ intraitable
vernachelen inform *bedriegen* avoir, rouler
vernauwen rétrécir
vernauwing rétrécissement *m*
vernederen humilier ★ *~d* humiliant
vernedering humiliation *v*
vernederlandsen I *ov ww, een Nederlands karakter geven* adapter au néerlandais **II** *onov ww, Nederlandse gewoonten aannemen* s'adapter aux mœurs néerlandaises
vernemen apprendre (**van** par, de)
vernielen détruire, ravager, démolir, ⟨beschadigen⟩ dégrader
vernieling ❶ *het vernielen* destruction *v* ★ *in de ~ geraakt* déglingué ❷ *wat vernield is* dégâts *m mv*, ravages *m mv* ★ *~en aanrichten* causer des dégâts
vernielzucht rage *v* destructrice, vandalisme *m*
vernietigen ❶ *verwoesten* détruire, anéantir ❷ *nietig verklaren* annuler ★ *een vonnis* ~ casser un arrêt
vernietigend destructeur [v: destructrice] ★ *een ~e blik* un regard foudroyant / noir ★ *~e kritiek* une critique impitoyable
vernietiging ❶ *het verwoesten* destruction *v* ❷ *nietigverklaring* annulation *v*
vernietigingskamp camp *m* d'extermination
vernieuwen ❶ *opknappen* remettre à neuf, rénover ❷ *vervangen* changer
vernieuwend innovateur [v: innovatrice]
vernikkelen I *ov ww, met nikkel bedekken* nickeler **II** *onov ww, verkleumen* cailler ★ ~ *van de kou* peler de froid
vernis ❶ *blanke lak* vernis *m* ❷ fig vernis *m*
vernissen vernir, ⟨glazuren⟩ vernisser
vernoemen ❶ *als naam geven* ★ *vernoemd zijn naar iem.* porter le nom de qn ❷ BN *vermelden* mentionner
vernuft ingéniosité *v*, génie *m*
vernuftig ❶ ⟨van mensen⟩ ingénieux [v: ingénieuse] ❷ ⟨van dingen⟩ ingénieux [v: ingénieuse] ★ *een ~ apparaat* un engin ingénieux
veronachtzamen *verwaarlozen* négliger
veronderstellen supposer ★ *verondersteld dat ...* supposons que ... [+ subj.]
veronderstelling supposition *v* ★ *in de ~ dat ...* en supposant que ... ★ *van de ~ uitgaan dat ...* partir de l'hypothèse que ...
verongelijkt I *bn* dépité, vexé ★ *zich ~ voelen* être tout dépité ★ *een ~ gezicht trekken* avoir un air dépité **II** *bw* d'un air dépité ★ *~ kijken* avoir un air dépité
verongelukken *een ongeluk krijgen* s'écraser, ⟨van persoon⟩ se tuer dans un accident ★ *een verongelukte auto* une voiture accidentée
verontreinigen salir, ⟨van milieu⟩ polluer
verontreiniging ⟨van milieu⟩ pollution *v*
verontrusten inquiéter, alarmer
verontrustend inquiétant, alarmant
verontrusting inquiétude *v*, préoccupation *v*
verontschuldigen I *ov ww* excuser ★ *zich laten* ~ se faire excuser ▼ BN *verontschuldigd zijn* ⟨afwezig met kennisgeving⟩ être excusé **II** *wkd ww* [**zich** ~] s'excuser (**voor** de)
verontschuldiging excuse(s) *v (mv)* ★ *zijn ~en aanbieden* présenter des excuses ★ *tot iemands* ~ à la décharge de qn
verontwaardigd I *bn* indigné ★ *diep ~ over* outré de **II** *bw* d'une façon indignée ★ *~ kijken* avoir un air indigné
verontwaardigen indigner ★ *zich ~ over iets* s'indigner de qc
verontwaardiging indignation *v*
veroordeelde condamné *m* [v: condamnée]
veroordelen ❶ *afkeuren* condamner, désapprouver ★ *iemands gedrag* ~ désapprouver le comportement de qn ❷ *vonnissen* condamner (**tot** à; **wegens** pour) ★ *iem. ~ tot een jaar gevangenisstraf* condamner qn à un an de prison ★ *iem. ter dood* ~ condamner qn à mort ★ *iem. in de kosten* ~ condamner qn aux dépens
veroordeling ❶ *afkeuring* condamnation *v* ❷ *vonnis* condamnation *v*
veroorloven permettre ★ *zich de weelde ~ van* s'offrir le luxe de ★ *zich ~ om* se permettre de ★ *hij kan het zich ~!* il (en) a les moyens!
veroorzaken causer, provoquer ★ *een ongeluk* ~ causer un accident
verorberen savourer, ⟨gulzig⟩ avaler, dévorer
verordenen *gelasten* décréter, ordonner
verordening arrêté *m*, règlement *m*
verouderen I *onov ww* ❶ *ouder worden* vieillir ★ *hij is erg verouderd* il a pris un coup de vieux ❷ *ouderwets worden* être dépassé, vieillir **II** *ov ww, ouder maken* vieillir
veroudering ❶ ⟨van mensen⟩ vieillissement *m* ❷ ⟨van dingen⟩ obsolescence *v*
veroveraar conquérant *m* [v: conquérante], ⟨in de liefde⟩ tombeur *m*
veroveren conquérir, ⟨bemachtigen⟩ s'emparer de
verovering conquête *v*
verpachten donner à bail, louer, ⟨agrarisch⟩ donner à ferme, affermer
verpakken ❶ lett emballer ❷ fig enrober ★ *zijn kritiek ~ in mooie woorden* enrober sa critique
verpakking ❶ *materiaal* emballage *m* ❷ *het verpakken* emballage *m*
verpakkingsmateriaal matériaux *m mv* d'emballage
verpanden *belenen* mettre en gage, engager ★ *je hart aan iem.* ~ être épris de qn
verpatsen bazarder
verpauperen se paupériser
verpersoonlijking personnification *v*
verpesten pourrir, empoisonner, inform foutre en l'air
verpieteren *verkommeren* dépérir, s'étioler
verpinken BN *knipperen met de ogen* cligner, battre des paupières ▼ BN *zonder* ~ sans broncher, sans sourciller
verplaatsen I *ov ww, elders plaatsen* déplacer, ⟨overbrengen⟩ transférer, ⟨overplanten⟩ transplanter **II** *wkd ww* [**zich** ~] ❶ *zich voortbewegen* se déplacer ❷ ~ **in** ★ *zich in iem.* ~ se mettre à la place de qn
verplaatsing ❶ *het verplaatsen* déplacement *m*, ⟨overbrenging⟩ transfert *m* ❷ BN *dienstreis* déplacement *m*
verplaatsingskosten ❶ BN *reiskosten* frais *m mv*

de déplacement ❷ BN *voorrijkosten* frais *m mv* de déplacement
verplanten transplanter
verpleegdag journée *v* d'hospitalisation
verpleeghuis maison *v* médicalisée, maison de santé
verpleeghulp aide-soignant *m* [v: aide-soignante] [m mv: aides-soignants]
verpleegkundige infirmier *m* [v: infirmière]
verpleegster infirmière *v*
verplegen soigner
verpleger infirmier *m*
verpleging soins *m mv* (médicaux) ★ *in de ~ werken* être infirmier / infirmière
verpletteren ❶ *vermorzelen* écraser ❷ *overweldigen* foudroyer, terrasser ★ *een ~de nederlaag* une défaite écrasante
verplettering ook fig écrasement *m*
verplicht ❶ *voorgeschreven* obligatoire ★ *avondkleding ~* la tenue de soirée est de rigueur ★ *~ verzekerd* au régime obligatoire, assujetti à la Sécurité sociale ★ sport *~e figuren* figures *v mv* imposées ❷ *genoodzaakt* obligé ★ *~ zijn om* être obligé / dans l'obligation de ★ *dat ben je aan jezelf / je stand ~* tu te dois de le faire, ta position t'y oblige ❸ *dankbaar* ★ *ik ben u zeer ~* je vous suis très obligé
verplichten ❶ *plicht opleggen* obliger ★ *dat verplicht hem tot niets* cela ne l'engage à rien ★ *zich ~ tot / te* s'engager à ❷ *noodzaken tot dankbaarheid* ★ *ik ben u zeer verplicht* je vous suis très obligé
verplichting ❶ *wat moet, noodzaak* engagement *m*, obligation *v* ★ *een ~ aangaan* s'engager ★ *zijn ~en nakomen* faire face à ses obligations ★ *zonder ~ uwerzijds* sans aucun engagement de votre part ★ *morele ~* obligation morale ★ *zonder enige ~* sans engagement ❷ *noodzaak tot dankbaarheid* ★ *dat schept ~en* cela crée des obligations
verpoppen [**zich ~**] se chrysalider
verpoten transplanter
verpotten rempoter
verpozen [**zich ~**] se délasser, se reposer
verprutsen gaspiller, gâcher
verpulveren I *ov ww, tot pulver maken* pulvériser **II** *onov ww, tot pulver worden* pulvériser
verraad trahison *v* ★ *~ plegen jegens iem.* trahir qn
verraden ❶ *openbaar maken* trahir ★ *een geheim ~* trahir un secret ❷ *niet trouw zijn aan* trahir ★ *iem. ~ aan de politie* dénoncer qn à la police ❸ fig *kenbaar maken* trahir, révéler ★ *haar accent verried haar afkomst* son accent trahit son origine
verrader traître *m* [v: traîtresse]
verraderlijk ❶ *als verrader* traître [v: traîtresse] ★ *~ aanvallen* attaquer traîtreusement, attaquer en traître ❷ *onverwacht gevaarlijk* traître ★ *een ~e bocht* un virage traître
verramsjen liquider
verrassen ❶ *verbazen* surprendre ★ *onaangenaam verrast* désagréablement surpris ❷ *verblijden* surprendre ★ *blij verrast (over)* agréablement surpris (de) ❸ *betrappen* surprendre
verrassend surprenant, étonnant
verrassing ❶ *het verbazen* surprise *v* ★ *bij ~* par surprise ★ *tot mijn grote ~* à ma grande surprise ❷ *iets dat verbaast* surprise *v* ★ *onaangename ~* mauvaise surprise ★ *is me dat een ~!* pour une surprise, c'est une surprise! ★ *voor een ~ zorgen* créer la surprise
verrassingsaanval attaque-surprise *v* [v mv: attaques-surprise]
verrassingspakket pochette-surprise *v*
verre → **ver**
verregaand extrême
verregenen être gâté par la pluie
verreikend d'une grande portée, ⟨v.e. gevolg⟩ lourd de conséquences ★ *deze maatregel zal ~e gevolgen hebben* cette mesure sera lourde de conséquences
verrek merde, zut
verrekenen I *ov ww* régler ★ *dat ~ we later wel* on fera le compte plus tard ★ *te ~ met* à déduire de, à valoir sur **II** *wkd ww* [**zich ~**] faire une erreur de calcul
verrekijker jumelles *v mv*, ⟨voor één oog⟩ lunette *v*
verrekken I *ov ww, te ver rekken* se froisser, ⟨verstuiken⟩ se fouler ★ *een spier ~* se froisser un muscle **II** *onov ww, creperen* crever ★ *~ van de honger* crever de faim ★ *verrek toch!* va te faire foutre! ▾ *het kan me niet ~* je m'en fous
verrekking froissement *m*, ⟨verstuiking⟩ entorse *v*
Verre Oosten Extrême-Orient *m*
verreweg de beaucoup, de loin ★ *hij is ~ de beste* il est de loin le meilleur ★ *~ de meesten* la grande majorité
verrichten faire, exécuter, effectuer ★ *een onderzoek ~* mener une enquête ★ *wonderen ~* faire des miracles
verrichting ❶ *handeling* activité *v* ★ *de dagelijkse ~en* les activités journalières ❷ *uitvoering* exécution *v*
verrijden ❶ *rijdend verplaatsen* déplacer ❷ *aan rijden besteden* dépenser ❸ sport courir
verrijken *rijker doen worden* ook fig enrichir ★ *zich ~* s'enrichir
verrijking enrichissement *m*
verrijzen ❶ *oprijzen* se lever ★ *de zon verrees boven de horizon* le soleil se levait à l'horizon ❷ *opstaan* se lever ★ *uit de dood ~* ressusciter (des morts)
verrijzenis résurrection *v*
verroeren bouger, remuer ★ *zich ~* bouger
verroest I *bn* rouillé **II** *tussenw* inform zut!
verroesten rouiller, se rouiller
verrot ❶ *rot geworden* pourri ❷ *vervloekt* pourri ★ *die ~te auto* cette voiture pourrie ▾ *iem. ~ slaan* casser la figure à qn
verrotten pourrir ▾ *het kan me niets ~* je m'en fous
verrotting pourriture *v*, fig pourrissement *m*
verruilen échanger (**voor** contre), troquer
verruimen ❶ lett élargir ❷ fig élargir, étendre ★ *zijn blik ~* élargir son horizon
verruiming ❶ lett élargissement *m* ❷ fig élargissement *m*
verrukkelijk ravissant, délicieux [v: délicieuse] ★ *een ~ schouwspel* un spectacle magnifique

ve

★ *een ~e taart* un gâteau délicieux
verrukken ravir, enchanter ★ *verrukt over* ravi de
verrukking ravissement *m*
vers I *bn* frais [v: fraîche] ★ *verse eieren* des oeufs frais ★ *vers in het geheugen liggen* être tout frais dans la mémoire **II** *het* ❶ *dichtregel* vers *m* ❷ *strofe* couplet *m* ★ *dat is vers twee* c'est une autre affaire ❸ *gedicht* poème *m* ❹ *passage in Bijbel* verset *m*
versagen perdre courage
verschaffen procurer, fournir ★ *zich toegang ~* s'introduire
verschaffing fourniture *v*
verschalen s'éventer ★ *verschaald bier* bière *v* plate
verschalken ❶ *opeten* avaler ★ *een visje ~* avaler un poisson ❷ *te slim af zijn* tromper ★ *zich laten ~* se faire avoir
verschansen [**zich ~**] se retrancher
verschansing ❶ *bolwerk* mil retranchement *m* ❷ *reling* bastingage *m*
verscheidene plusieurs ★ *~ malen* à plusieurs reprises ★ *~ gevallen* plusieurs cas
verscheidenheid diversité *v*, variété *v* ★ *een grote ~ aan voorstellen* une grande variété de propositions
verschepen ❶ *per schip verzenden* transporter par bateau ★ *goederen ~* transporter des marchandises par bateau ❷ *overladen* transborder
verscheping ❶ *verzending* transport *m* par bateau ❷ *het overladen* transbordement *m*
verscherpen ❶ *aanscherpen* aiguiser, ⟨versterken⟩ renforcer ★ *het toezicht ~* renforcer la surveillance ★ *maatregelen ~* renforcer les mesures ❷ *verergeren* aggraver, envenimer, exacerber ★ *dat verscherpte het conflict* cela a envenimé le conflit
verscherping ❶ *het aanscherpen* renforcement *m* ★ *~ van maatregelen* renforcement des mesures ❷ *verergering* aggravation *v* ★ *~ van het conflict* escalade *v* du conflit
verscheuren ❶ *scheuren* déchirer ❷ *in verdeeldheid brengen* déchirer ★ *door twijfels verscheurd* déchiré par le doute ❸ *verslinden* dévorer ★ *~d dier* carnassier *m*, bête *v* féroce
verschiet avenir *m*, perspective *v* ★ *dat ligt nog in het ~* ce n'est pas pour demain ★ *in het ~* en perspective ★ *iets in het ~ hebben* avoir qc en perspective / en vue
verschieten I *ov ww, verbruiken* tirer ★ *hij heeft al zijn kruit verschoten* il a brûlé ses dernières cartouches **II** *onov ww, verbleken* ⟨van dingen⟩ passer, déteindre, se faner, ⟨van personen⟩ pâlir, blêmir ★ *de gordijnen zijn verschoten door de felle zon* les rideaux se sont décolorés au soleil ★ *hij verschoot toen hij haar zag binnenkomen* quand il l'a vu entrer, il était blême
verschijnen ❶ *zich vertonen* apparaître ❷ *komen opdagen* se présenter, jur comparaître ★ *voor de rechter ~* comparaître (devant le juge) ❸ *gepubliceerd worden* paraître, sortir ★ *zojuist verschenen* vient de paraître
verschijning ❶ *het verschijnen* apparition *v*, jur comparution *v*, ⟨van boek⟩ parution *v*, sortie *v* ❷ *persoon* ★ *zij is een elegante ~* c'est une figure élégante, c'est une personne d'apparence élégante ❸ *geestverschijning* apparition *v*
verschijnsel ❶ *fenomeen* phénomène *m* ★ *dat is een normaal ~* c'est un phénomène courant ❷ *symptoom* symptôme *m* ★ *koorts en hoofdpijn zijn ~en van griep* la fièvre et le mal de tête sont des symptômes de grippe
verschil ❶ *onderscheid* différence *v*, ⟨afwijking⟩ écart *m*, ⟨ongelijkheid⟩ disparité *v*, divergence *v*, ⟨in afstand, tijd⟩ décalage *m* ★ *~ van mening* différend *m* ★ *~ in leeftijd* différence d'âge ★ *geen ~ maken tussen* ne pas distinguer ★ *dat is een ~ als van dag en nacht* c'est le jour et la nuit ★ *er is een wereld van ~ (tussen)* il y a un monde (entre) ❷ wisk différence *v* ★ *het ~ delen* inform couper la poire en deux
verschillen différer (**van** de) ★ *van mening ~ met iem.* ne pas être d'accord avec qn ★ *zij ~ maar drie jaar* ils n'ont que trois ans d'écart
verschillend ❶ *anders* différent, distinct ★ *er ~e opvattingen op na houden* avoir des avis partagés, avoir des opinions divergentes ★ *dat is ~* c'est différent ★ *~ van grootte* de différentes tailles ★ *totaal ~* radicalement différent ❷ *meer* ⟨dan één⟩ plusieurs ★ *~e mensen hebben het gezien* cela, plusieurs gens l'ont vu
verschilpunt différence *v*
verschimmelen moisir
verscholen caché
verschonen ❶ *schone luier aandoen* changer ❷ *schoon beddengoed aanbrengen* changer ★ *het bed ~* changer les draps ❸ *vrijwaren* ★ *iem. van iets verschoond doen blijven* épargner qc à qn
verschoning ❶ *schoon (onder)goed* (linge *m* de) rechange *m* ❷ *verontschuldiging* excuse(s) *v (mv)*, jur exemption *v*
verschoppeling paria *m*
verschralen se détériorer
verschrijving lapsus *m* calami
verschrikkelijk I *bn, schrikbarend* terrible ★ *een ~ lawaai* un bruit infernal ★ *wat ~!* quelle horreur! **II** *bw, in hoge maat* ⟨negatief⟩ terriblement, ⟨positief⟩ drôlement ★ *een ~ leuke meid* une fille super chouette ★ *~ moeilijk* terriblement compliqué ★ *~ slecht* lamentable, minable
verschrikking horreur *v*
verschroeien I *ov ww, schroeien* brûler, roussir ★ *tactiek van de verschroeide aarde* tactique *v* / politique *v* de la terre brûlée **II** *onov ww, verschroeid worden* être brûlé
verschrompelen ❶ *ineenschrompelen* se recroqueviller, se ratatiner ★ *een verschrompeld oud vrouwtje* une vieille femme ratatinée ❷ *rimpelig worden* se ratatiner, se racornir ★ *een verschrompelde appel* une pomme ratatinée
verschuilen [**zich ~**] se cacher
verschuiven I *ov ww* ❶ *verplaatsen* déplacer ★ *het bed ~* déplacer le lit ❷ *uitstellen* remettre, reporter ★ *een afspraak ~* remettre un rendez-vous **II** *onov ww, zich verplaatsen* se déplacer
verschuiving ❶ *verplaatsing* déplacement *m*, ook fig glissement *m* ★ *~ naar links* glissement vers la gauche ❷ *uitstel* ajournement *m*, report *m* ★ *~ van de deadline* report de la date butoir
verschuldigd ❶ *te betalen* dû [v: due] ★ *het ~e*

(bedrag) ce qui est dû, le dû ★ *hoeveel ben ik je ~?* je te dois combien? ❷ *verplicht* obligé ★ *iem. iets ~ zijn* devoir qc à qn
versheid fraîcheur *v*
versie version *v*
versierder *verleider* inform dragueur *m* [v: dragueuse]
versieren ❶ *verfraaien* décorer, orner ❷ *voor elkaar krijgen* arranger ★ *het ~ om...* se débrouiller pour... ❸ *verleiden* inform draguer
versiering ❶ *het versieren* décoration *v*, ornementation *v* ★ *ter ~* pour l'ornement ❷ *decoratie* ornement *m*, décoration *v* ★ *~en aanbrengen* mettre des décorations
versimpelen simplifier
versjacheren bazarder
versjouwen coltiner
versjteren inform gâcher
verslaafd dépendant (**aan** de), inform accro ★ *~ zijn aan drugs* être drogué, être toxicomane ★ *~ zijn aan de televisie* être accro à la télé
verslaafde intoxiqué *m* [v: intoxiquée], ‹aan drugs› drogué *m* [v: droguée], toxicomane *m/v*, inform accro *m/v*
verslaan ❶ *overwinnen* battre, vaincre ★ *de tegenstander ~* battre l'adversaire ❷ *verslag geven* ‹door journalist› couvrir ★ *een wedstrijd ~* couvrir un match
verslag ❶ *rapport* rapport *m*, compte *m* rendu ★ *tussentijds ~* rapport provisoire ❷ *journalistiek bericht, reportage* reportage *m* ★ *rechtstreeks ~* reportage en direct ★ *~ doen van* couvrir
verslagen ❶ *overwonnen* vaincu, battu ❷ *terneergeslagen* abattu, consterné ★ *hij maakt een ~ indruk* il a l'air abattu
verslaggever reporter *m*, ‹correspondent› correspondant *m* [v: correspondante] ★ *speciale ~* envoyé *m* spécial [m mv: envoyés spéciaux] [v: envoyée spéciale]
verslaggeving reportage *m*
verslapen I *wkd ww* [**zich ~**] *te lang slapen* ne pas se réveiller (le matin), inform avoir une panne d'oreiller / de réveil ★ *ik heb mij een uur ~* je me suis réveillé une heure trop tard **II** *ov ww, slapend doorbrengen* ★ *zijn tijd ~* passer son temps à dormir
verslappen ❶ *minder sterk worden* se relâcher, se ramollir ★ *zijn spieren zijn verslapt* ses muscles se sont ramollis ❷ *minder intensief worden* se relâcher, s'affaiblir ★ *de aandacht verslapte* l'attention s'est relâchée
verslavend qui rend dépendant, qui a l'effet d'une drogue
verslaving dépendance *v*, addiction *v*, ‹aan drugs ook› toxicomanie *v*
verslavingszorg med aide *v* aux toxicomanes
verslechteren *slechter worden* empirer, se détériorer
verslechtering aggravation *v*, dégradation *v*
verslepen traîner, ‹met sleeptouw› remorquer
versleten *afgesleten* usé ★ *tot op de draad ~* usé jusqu'à la corde, râpé ★ *~ hakken* talons *m mv* éculés / usés
versleutelen coder
verslijten I *ov ww* ❶ *doen slijten* user ❷ **~ voor** prendre pour **II** *onov ww, slijten* s'user
verslikken [**zich ~**] ❶ *fout slikken* avaler de travers ★ *zich ~ in iets* avaler qc de travers ★ *hij heeft zich verslikt* il a avalé de travers ❷ fig *moeite hebben met* trébucher sur, se méprendre sur ★ *zich in een opdracht ~* se méprendre sur une commande
verslinden dévorer ▼ *met de ogen ~* dévorer des yeux
verslingerd ~ aan épris de, entiché de
versloffen ★ *iets laten ~* négliger qc, laisser faire qc
verslond [verl. td.] → **verslinden**
verslonden I *ww* [verl. td.] → **verslinden II** *ww* [volt. deelw.] → **verslinden**
verslonzen négliger
versmachten ‹kwijnen› languir, ‹omkomen› mourir (de) ★ *~ van de dorst* mourir de soif
versmaden dédaigner ★ *dat is niet te ~* cela ne se refuse pas, inform je / on ne crache pas dessus
versmallen I *ov ww* rétrécir **II** *onov ww, smaller worden* se rétrécir
versmalling rétrécissement *m*
versmelten I *ov ww* natk faire un alliage de, indus fondre, fig fusionner **II** *onov ww* natk fondre, fig se fondre
versmelting fusion *v*
versnapering friandise *v*
versnellen I *ov ww, de snelheid verhogen van* accélérer ★ *zijn pas ~* accélérer / allonger le pas **II** *onov ww, sneller gaan* accélérer ★ *de trein versnelde* le train a accéléré
versnelling ❶ *het versnellen* accélération *v* ❷ *mechanisme* ‹van fiets› dérailleur *m*, ‹van auto› (changement *m* de) vitesse *v* ★ *naar de tweede ~ schakelen* passer en seconde, passer la seconde
versnellingsbak boîte *v* de vitesses
versnijden ❶ *vermengen* couper ★ *cocaïne ~* couper la cocaïne ★ *wijn ~* couper le vin ❷ *kapotsnijden* (dé)couper
versnipperen I *ov ww* ❶ *in snippers snijden* couper en petits morceaux, ‹verbrokkelen› morceler ❷ *te klein verdelen* éparpiller, disperser ★ *zijn krachten ~* éparpiller ses forces **II** *onov ww, in stukjes uiteenvallen* s'éparpiller, se morceler
versnippering ‹verbrokkeling› fig morcellement *m*, émiettement *m*
versoberen I *onov ww, soberder worden* se modérer, se restreindre **II** *ov ww, soberder maken* restreindre
versobering austérité *v*
versoepelen I *ov ww, soepeler maken* assouplir ★ *ze hebben de regels versoepeld* la réglementation a été assouplie **II** *onov ww, soepeler worden* s'assouplir ★ *ik hoop dat de wetgeving versoepelt* j'espère que la législation sera assouplie
versoepeling assouplissement *m*
versomberen assombrir
verspelen ❶ *spelend verliezen* perdre (au jeu), jouer ★ *zijn geld ~* jouer son argent ❷ *kwijtraken* perdre, ‹verkwanselen› galvauder ★ *zijn kansen ~* gâcher ses chances
verspenen repiquer
versperren barrer, bloquer, obstruer ★ *iem. de weg ~* barrer la route à qn
versperring ❶ *het versperren* barrage *m*

❷ *barricade* barrage *m*, barricade *v*
verspillen gaspiller, ⟨v. geld⟩ dilapider
verspilling gaspillage *m*, dissipation *v*
versplinteren **I** *ov ww, tot splinters maken* fracasser, fig faire éclater ★ *de bliksem versplinterde de boom* la foudre a fracassé l'arbre **II** *onov ww, tot splinters worden* voler en éclats, fig éclater ★ *het glas versplinterde* le verre a volé en éclats
versplintering fig fractionnement *m*
verspreid dispersé, épars
verspreiden **I** *ov ww* ❶ *uiteen doen gaan* disperser ★ *de groep leerlingen ~* disperser le groupe d'élèves ❷ *verbreiden* répandre, propager, ⟨uitdelen⟩ distribuer, diffuser ★ *folders ~* distribuer des dépliants ★ *warmte ~* diffuser de la chaleur ★ *een gerucht ~* répandre un bruit **II** *wkd ww* [**zich ~**] ⟨verbreiden⟩ se répandre, se propager, ⟨uiteengaan⟩ se disperser ★ *de menigte verspreidde zich* la foule s'est dispersée ★ *de ziekte heeft zich verspreid* la maladie s'est propagée
verspreiding ❶ *het uiteen doen gaan* dispersion *v* ❷ *het verbreiden* diffusion *v*, propagation *v*, distribution *v*
verspreken [**zich ~**] ❶ *per ongeluk zeggen* se trahir ★ *hij had zich bijna versproken* il a failli se trahir ❷ *klanken verwisselen* faire un lapsus
verspreking lapsus *m*
verspringen sauter en longueur ★ *het vérspringen* le saut *m* longueur
verspringen ❶ *van plaats veranderen* se déplacer, ⟨v. beelden⟩ sauter ❷ *niet in één lijn liggen* être décalé
versregel vers *m*
verstaan ❶ *horen* entendre ❷ *begrijpen* comprendre ★ *Frans ~* comprendre le français ★ *te ~ geven* faire comprendre, laisser entendre ★ *wel te ~* bien entendu ❸ *beheersen* s'y connaître en ★ *zijn vak ~* connaître son métier ❹ **~ onder** entendre par
verstaanbaar ❶ *duidelijk hoorbaar* distinct, audible ❷ *begrijpelijk* intelligible, compréhensible
verstaander ▾ *een goede ~ heeft maar een half woord nodig* à bon entendeur, salut!
verstand ❶ *intellect, begrip* intelligence *v*, ⟨rede⟩ raison *v*, ⟨begrip⟩ entendement *m* ★ *het gezond ~* le bon sens, le sens commun ★ *iem. iets aan het ~ brengen* faire comprendre qc à qn ★ *bij zijn volle ~ zijn* avoir toute sa tête ★ *daar kan ik met mijn ~ niet bij* cela me dépasse ★ *dat gaat mijn ~ te boven* cela me dépasse, cela dépasse l'entendement ★ *gebruik je ~* réfléchis ★ *een goed ~ hebben* avoir de la tête ★ *weinig ~ hebben* être une petite tête ★ *het ~ komt met de jaren* la sagesse vient avec l'âge ★ *zijn ~ verliezen* perdre la raison / tête ❷ *kennis van zaken* ★ *~ hebben van* s'y connaître en ★ *ik heb er geen ~ van* je ne m'y connais pas ▾ *met dien ~e, dat ...* à condition que... [+ subj.]
verstandelijk **I** *bn* intellectuel [v: intellectuelle] ★ *~e vermogens* facultés *v mv* intellectuelles **II** *bw* intellectuellement ★ *iets ~ beredeneren* raisonner qc
verstandhouding entente *v*, intelligence *v* ★ *een blik van ~* un regard de connivence, un regard complice ★ *in goede ~ leven met* être en bons termes avec
verstandig ⟨verstand hebbend⟩ intelligent, raisonnable, ⟨doordacht⟩ raisonnable, ⟨raadzaam⟩ sage, prudent ★ *~ handelen* s'y prendre intelligemment ★ *hij was zo ~ om* il a eu la sagesse de
verstandshuwelijk mariage *m* de raison
verstandskies dent *v* de sagesse
verstandsverbijstering aberration *v*, folie *v* ★ *een vlaag van ~* un moment d'aberration, un accès de folie
verstappen [**zich ~**] faire un faux pas
verstarren se figer ★ *~d* paralysant
verstarring fig sclérose *v*, immobilisme *m*
verstedelijken ★ *verstedelijkt gebied* région urbanisée *v*
verstedelijking urbanisation *v*
verstek ❶ jur contumace *v*, défaut *m* ★ *bij ~* par contumace ❷ techn onglet *m* ★ *in ~ zagen* scier en onglet ▾ *~ laten gaan* déclarer forfait, faire défection
verstekbak boîte *v* à onglets
verstekeling passager *m* / voyageur *m* clandestin
verstelbaar réglable
versteld perplexe, interdit ★ *~ staan* rester interloqué ★ *~ doen staan* interloquer ★ *daar sta ik ~ van* je n'en reviens pas
verstellen ❶ *anders stellen* régler ★ *je kunt de rugleuning van de stoel ~* le dossier est réglable ❷ *herstellen* raccommoder, réparer ★ *ik wil die broek laten ~* je veux faire raccommoder ce pantalon
verstelwerk raccommodage *m*
verstenen ❶ *tot steen worden* se pétrifier ❷ *ongevoelig worden* s'endurcir ★ *versteend van schrik* pétrifié, paralysé ★ *versteend van de kou* transi de froid
versterken ❶ *sterker maken* renforcer, ⟨v. geluid⟩ amplifier, ⟨v. kleur⟩ intensifier, scheik concentrer ★ *het geluid ~* amplifier le son. ★ *~d middel* fortifiant *m* ★ *de politie met twintig man ~* renforcer de vingt hommes les effectifs de la police ★ *de inwendige mens ~* se restaurer ❷ *van vestingwerken voorzien* fortifier ★ *een stad ~* fortifier une ville
versterker audio-vis amplificateur *m*, inform ampli *m*
versterking ❶ *het sterker maken* ook fig renforcement *m*, ⟨van geluid⟩ amplification *v* ❷ *middel dat versterkt* renfort *m*, med fortifiant *m*, tonifiant *m* ❸ *hulp* renfort(s) *m (mv)* ❹ *fortificatie* fortification *v*
verstevigen renforcer, consolider
versteviging renforcement *m*, consolidation *v*
verstijven *stijf worden* se raidir, ⟨v. ledematen⟩ s'engourdir, ⟨v. schrik⟩ se pétrifier ★ *verstijfd van kou* transi (de froid)
verstikken **I** *onov ww, door stikken omkomen* s'étouffer, suffoquer **II** *ov ww, doen stikken* étouffer, ⟨door gas⟩ asphyxier ★ *~d* étouffant ★ *met verstikte stem* d'une voix étranglée
verstikking étouffement *m*, asphyxie *v*
verstikkingsdood mort *v* par asphyxie
verstild apaisé

verstoken I *bn* ★ ~ *van* dénué de, privé de, dépourvu de II *ov ww, stokend verbruiken* brûler, consommer ★ *we* ~ *iedere maand voor honderd euro* on dépense 100 euros par mois pour le chauffage
verstokt endurci, invétéré, pur et dur ★ *een* ~*e vrijgezel* un célibataire endurci
verstommen *sprakeloos worden* se taire ★ *plotseling verstomde hij* il s'est tu brusquement ★ *het geroezemoes verstomde* le brouhaha cessa ★ *iem. doen* ~ faire taire qn ★ *verstomd staan* en rester coi / stupéfait
verstomming ▾ BN *met* ~ *geslagen* stupéfait
verstoord *boos* agacé, irrité
verstoppen ❶ *verbergen* cacher ★ *zich* ~ se cacher ❷ *dichtstoppen* boucher ★ *het verkeer zit verstopt* la circulation est perturbée ★ *mijn neus is verstopt* j'ai le nez bouché
verstoppertje ★ ~ *spelen* jouer à cache-cache
verstopping ❶ *het verstopt zijn* obstruction *v* ❷ *van de ontlasting* constipation *v*
verstoren *onderbreken* perturber, troubler
verstoring perturbation *v*, med trouble *m*
verstoten rejeter, ⟨v. vrouw⟩ répudier
verstoting répudiation *v*
verstouwen ❶ *eten* avaler ❷ fig *verduren* digérer ★ *hij heeft heel wat te* ~ *gehad in zijn leven* il en a vu de toutes les couleurs
verstrakken *strakker worden* se durcir, se raidir
verstrekken fournir, procurer ★ *inlichtingen* ~ fournir / donner des renseignements
verstrekkend lourd de conséquences
verstrekking distribution *v*
verstrijken ⟨van termijn⟩ expirer, ⟨van tijd⟩ s'écouler
verstrikken fig prendre au piège ★ *verstrikt raken in* fig s'empêtrer dans, s'enferrer dans
verstrooid distrait
verstrooien ❶ *verspreiden* disperser, éparpiller ❷ *afleiding bezorgen* distraire
verstrooiing ❶ *verspreiding* dispersion *v*, natk diffusion *v* ❷ *geestelijke afleiding* distraction *v*
verstuiken se donner une entorse à, se fouler ★ *zijn voet* ~ se fouler le pied
verstuiking entorse *v*, foulure *v*
verstuiven I *ov ww, doen vervliegen* pulvériser, vaporiser II *onov ww, vervliegen* être emporté par le vent
verstuiver vaporisateur *m*, atomiseur *m*
verstuiving ❶ *het verstuiven* vaporisation *v* ❷ *terrein* sables *m mv* mouvants
versturen envoyer
versuffen I *ov ww* abrutir II *onov ww* s'abrutir
versuft hébété, abruti, inform dans les vapes
versuftheid abrutissement *m*, hébètement
versukkeling ▾ *in de* ~ *raken* dépérir, être en perte de vitesse
versus versus, face à ★ *de staat* ~ *X* l'État versus X
versvoet pied *m*
vertaalbureau bureau *m* de traduction [m mv: bureaux ...]
vertakken [**zich** ~] se ramifier ★ *zich* ~ *in* se ramifier en ★ *een vertakte organisatie* une organisation ramifiée
vertakking ❶ *het vertakken* ramification *v* ❷ *zijtak* (em)branchement *m*, branche *v*
vertalen ❶ *in andere taal weergeven* traduire (**in** en; **uit** de) ❷ *anders weergeven* traduire
vertaler traducteur *m* [v: traductrice]
vertaling traduction *v*
verte lointain *m* ★ *uit de* ~ de loin ★ *(heel) in de* ~ (tout) au loin ▾ *in de verste* ~ *niet* pas le moins du monde
vertederen *teder maken* attendrir ★ ~*d* attendrissant
vertedering attendrissement *m*
verteerbaar lett digestible ★ *licht* ~ facile à digérer ★ *een onverteerbare situatie* une situation inacceptable
vertegenwoordigen ❶ *waarde hebben van* représenter ★ *de verzameling vertegenwoordigt een grote waarde* la collection représente une valeur considérable ❷ *handelen namens* représenter
vertegenwoordiger ❶ *afgevaardigde* représentant *m* [v: représentante] ★ *een* ~ *van de bewoners* un représentant des habitants ❷ *handelsagent* représentant *m* ★ *een* ~ *in cosmetica* un représentant en produits de beauté
vertegenwoordiging ❶ *vertegenwoordigers* représentation *v* ❷ *het vertegenwoordigen* représentation *v*
vertekenen déformer, fausser ★ *een vertekend beeld* une image faussée / déformée
vertellen *mondeling mededelen* dire, ⟨van verhaal⟩ raconter ★ *een verhaal* ~ raconter une histoire ★ *iem. een nieuwtje* ~ apprendre une nouvelle à qn ★ *zal ik je eens wat* ~*?* tu sais quoi? ★ *niet verder* ~*!* (motus et) bouche cousue! ★ *verder* ~ répéter, ⟨verklappen⟩ rapporter ★ *ik heb me laten* ~ *dat* on m'a dit que ★ *hij heeft hier niets te* ~ ce n'est pas lui qui commande ici ★ *dat hoef je mij niet te* ~*!* tu parles! ★ *je kan me nog meer* ~*!* à d'autres!, mon œil! [**zich** ~] *verkeerd tellen* se tromper (en comptant)
verteller conteur *m* [v: conteuse], ⟨in boek⟩ narrateur *m* [v: narratrice]
vertelling *verhaal* récit *m*, conte *m*, form narration *v*, ⟨vertelsel⟩ conte *m*
verteren I *ov ww* ❶ *voedsel afbreken* digérer ❷ *verbruiken* consommer, manger ❸ *doen vergaan* ⟨door vuur⟩ consumer, ⟨door roest⟩ ronger ★ *verteerd worden door spijtgevoelens* être rongé par le remords ❹ *verkroppen* digérer II *onov ww, afgebroken worden* ⟨van voedsel⟩ se digérer, ⟨van metaal⟩ se corroder ★ *plastic verteert niet* le plastic n'est pas biodégradable
vertering ❶ *spijsvertering* digestion *v* ❷ *consumptie* consommation *v*
verticaal I *bn* vertical [m mv: verticaux] II *de* verticale *v*
vertier distraction(s) *v (mv)* ★ *zijn* ~ *elders zoeken* aller voir ailleurs ★ *er is hier niet veel* ~ c'est peu animé ici
vertikken *weigeren* ★ *het* ~ ne pas marcher
vertillen [**zich** ~] ❶ *te zwaar tillen* se donner un tour de reins ❷ fig *te hoog grijpen* ★ *zich aan iets* ~ viser trop haut
vertoeven séjourner, demeurer
vertolken ❶ *spelen* interpréter, exécuter ★ *een rol* ~ interpréter un rôle ❷ *weergeven* exprimer, traduire ★ *iemands gevoelens* ~ exprimer les

sentiments de qn
vertolking ❶ *het spelen* interprétation *v* ❷ *het weergeven* interprétation
vertonen I *ov ww* ❶ *doen blijken* montrer, présenter ★ *dat is nog nooit vertoond* c'est du jamais vu, c'est inédit ★ *gebreken ~* présenter des défauts ★ *zij vertoonde geen spoor van emotie* elle ne montrait aucun signe d'émotion ❷ *laten zien, weergeven* représenter, jouer, ⟨v. film⟩ projeter, passer, ⟨tentoonstellen⟩ exposer ★ *een film ~* projeter un filme ★ *vertoond worden* ⟨van film⟩ passer **II** *wkd ww* [**zich** ~] *zich laten zien* se montrer, se présenter
vertoning ❶ *voorstelling* ⟨op toneel⟩ représentation *v*, film projection *v* ❷ *schouwspel* spectacle *m* ★ *een malle ~* un drôle de spectacle
vertoon ❶ *het vertonen* présentation *v* ★ *op ~ van* sur présentation de ❷ *tentoonspreiding* étalage *m* ★ *uiterlijk ~* parade *v* ★ *met veel ~* avec ostentation
vertoornd contrarié
vertragen ❶ *trager maken* ralentir ★ *in vertraagd tempo* au ralenti ❷ *uitstellen* retarder ★ *een vertraagde trein* un train retardé
vertraging ❶ *oponthoud* retard *m* ★ *~ hebben* prendre du retard ★ *een uur ~ hebben* avoir une heure de retard ❷ *het vertragen* ralentissement *m*
vertrappen ❶ *stuk-, doodtrappen* piétiner ★ *bloemen ~* piétiner des fleurs ❷ *schenden* piétiner
vertrek ❶ *het vertrekken* départ *m* ★ *bij zijn ~* à son départ ★ *plaats van ~* lieu *m* de départ ❷ *kamer* pièce *v* ★ *een huis met veertien ~ken* une maison de quatorze pièces
vertrekhal hall *m* de départ
vertrekken I *onov ww, weggaan* partir ★ *~ uit* quitter ★ *van een bepaald idee ~* partir d'une certaine idée **II** *ov ww, anders trekken* tordre ★ *zijn gezicht ~* faire la grimace
vertrekpunt ook fig point *m* de départ
vertreksein signal *m* du départ
vertrektijd heure *v* du départ
vertroebelen ❶ lett troubler ❷ fig brouiller ★ *deze cijfers ~ de zaak* ces chiffres brouillent l'affaire
vertroetelen choyer, chouchouter, dorloter
vertroosting consolation *v*
vertrouwd ❶ *bekend* familier [v: familière], ⟨intiem bekend⟩ intime ★ *een ~e omgeving* un entourage familier ★ *met iets ~ zijn* connaître bien qc ★ *zich ~ maken met iets* se familiariser avec qc ★ *het voelt ~* on ne se sent pas dépaysé ❷ *betrouwbaar* sûr, de confiance ★ *een ~e vriend* un ami de confiance
vertrouwelijk ❶ *familiair* familier [v: familière], ⟨intiem⟩ intime ★ *~ omgaan met iem.* être intime avec qn ❷ *in geheim* confidentiel [v: confidentielle] ★ *~e mededeling* confidence *v* ★ *strikt ~* strictement confidentiel
vertrouweling confident *m* [v: confidente]
vertrouwen I *het* confiance *v* (**in** en) ★ *blind ~* confiance aveugle ★ *in ~* confidentiellement ★ *in het volste ~* en toute confiance ★ *iem. in ~ nemen* mettre qn dans la confidence ★ *(te) goed van ~* crédule ★ *~ hebben in* ⟨iemand⟩ faire confiance à, ⟨iets⟩ avoir confiance en ★ *~ wekken* inspirer confiance **II** *ov ww, betrouwbaar achten* se fier à ★ *ik vertrouw hem niet zo* il ne m'inspire pas confiance ★ *te ~ zijn* être digne de foi ★ *het niet ~* se méfier **III** *onov ww, ~* **op** avoir confiance en, se fier à, compter sur ★ *ik vertrouw erop dat ...* j'aime à croire que ...
vertrouwensarts médecin *m* de confiance
vertrouwenskwestie question *v* de confiance
vertrouwensman homme *m* de confiance
vertrouwenspositie poste *m* de confiance
vertwijfeld désespéré ★ *een ~e blik* un regard désespéré
vertwijfeling désespoir *m*
veruit de loin, de beaucoup ★ *~ de beste zijn* être de loin le meilleur
vervaard effrayé ★ *zij is voor geen kleintje ~* elle n'a pas froid aux yeux
vervaardigen faire, fabriquer, confectionner
vervaardiging fabrication *v*, confection *v*
vervaarlijk redoutable
vervagen s'estomper ★ *doen ~* estomper
verval ❶ *achteruitgang* déclin *m*, ⟨van gebouw⟩ délabrement *m* ★ *in ~ raken* tomber en ruine, fig être sur son déclin ★ *~ van krachten* déperdition *v* de forces ❷ *hoogteverschil* pente *v*, chute *v*
vervaldatum échéance *v*
vervallen I *onov ww* ❶ *bouwvallig worden* se délabrer ❷ *achteruitgaan* se détériorer, se dégrader ❸ *niet meer gelden* être supprimé, ⟨verstrijken⟩ expirer ★ *heel zijn redenering vervalt* tout son raisonnement tombe ❹ *~* **aan** *in eigendom overgaan op* revenir à, échoir à ❺ *geraken, komen* tomber (**in** dans), ⟨opnieuw⟩ retomber (**in** dans) ★ *tot armoede ~* être réduit à la pauvreté **II** *bn* ❶ *bouwvallig* délabré, ⟨afgeleefd⟩ décrépit ❷ *niet meer geldig* aboli, supprimé, ⟨verstreken⟩ échu, ⟨verlopen⟩ périmé ★ *~ verklaard van de troon* déchu du trône
vervalsen ❶ *namaken* falsifier, contrefaire, fausser, ⟨onherkenbaar maken⟩ maquiller ★ *een handtekening ~* contrefaire une signature ❷ *oneerlijk veranderen* trafiquer, truquer ★ *de geschiedenis ~* falsifier l'histoire ★ *de feiten ~* déformer les faits
vervalser faussaire *m/v*
vervalsing ❶ *het vervalsen* falsification *v*, altération *v* ❷ *het vervalste* contrefaçon *v*, faux *m*
vervangen ❶ *in plaats komen van* remplacer (**door** par) ★ *hij vervangt zijn zieke collega* il remplace son collègue malade ★ *elkaar ~* se relayer ★ *~d* substitutif [v: substitutive] ❷ *in plaats stellen van* substituer ★ *een onderdeel van de motor ~* changer une pièce du moteur ★ *het ene woord door het andere ~* substituer un mot à un autre
vervanger remplaçant *m* [v: remplaçante]
vervanging remplacement *m*, substitution *v* ★ *ter ~ van* pour remplacer, à la place de
vervangingsinkomen BN ≈ *uitkering* prestation *v* sociale, BN revenu *m* de remplacement
vervangstuk BN *reserveonderdeel* pièce *v* de rechange
vervatten contenir ★ *in deze termen vervat* conçu en ces termes
verve ▾ *met ~* avec verve

verveeld I *bn* d'ennui ★ *een ~e uitdrukking* une expression indifférente **II** *bw* l'air ennuyé ★ *~ toekijken* regarder d'un air indifférent ★ BN *~ zitten met iets* être bien ennuyé / embarrassé de qc
vervelen I *ov ww, niet boeien* ennuyer, fatiguer ★ *tot ~s toe* à satiété ★ *tot ~s toe herhalen* rabâcher, ressasser **II** *wkd ww* [**zich** ~] *verveling voelen* s'ennuyer, inform s'embêter ★ *zich stierlijk ~* s'ennuyer à mourir
vervelend ❶ *naar* désagréable, ⟨hinderlijk⟩ contrariant, embarrassant, fâcheux [v: fâcheuse], inform embêtant ★ *wat een ~e vent!* il est agaçant, ce type! ★ *~ doen* être désagréable, embêter le monde ★ *wat ~!* c'est contrariant! ★ *het erg ~ vinden* être très ennuyé ★ *dat is een ~e geschiedenis* c'est une fâcheuse histoire ❷ *saai* ennuyeux [v: ennuyeuse] ★ *wat is deze lezing ~!* ennuyeuse, cette conférence!
verveling ennui *m*
vervellen peler, ⟨van dieren⟩ changer de peau, muer ★ *mijn neus is aan het ~* j'ai le nez qui pèle
verveloos en manque de peinture
verven ❶ *schilderen* peindre ★ *pas geverfd!* peinture fraîche! ★ *blauw ~* peindre en bleu ❷ *kleuren* teindre ★ *zijn haar ~* se teindre les cheveux
verversen ❶ *vervangen* renouveler ★ *olie ~* vidanger ★ *de lucht ~* aérer ❷ BN *schone luier aandoen* changer ★ *de baby ~* changer le bébé
verversing ❶ *het verversen* renouvellement *m* ❷ *eten of drinken* rafraîchissement *m*
verviervoudigen quadrupler
vervilten se feutrer
vervlaamsen flamandiser
vervlakken I *ov ww* ❶ *vlak maken* niveler ❷ *verflauwen* émousser **II** *onov ww* ❶ *vlak worden* se niveler ❷ *verflauwen* s'émousser
vervliegen ❶ *vervluchtigen* s'évaporer, se volatiliser ★ *alcohol vervliegt snel* l'alcool s'évapore facilement ❷ *verdwijnen* s'envoler ★ *alle hoop is vervlogen* l'espoir s'est évanoui ★ *vervlogen hoop* espoir *m* perdu ★ *de vervlogen jaren* les années *v mv* passées
vervloeken maudire
vervloeking malédiction *v*, ⟨banvloek⟩ anathème *m*
vervluchtigen se volatiliser
vervoegen I *ov ww* taalk conjuguer **II** *wkd ww* [**zich** ~] *zich melden* ★ *zich bij iem. ~* s'adresser à qn
vervoeging taalk conjugaison *v*
vervoer transport *m* ★ *openbaar ~* transports *m mv* en commun
vervoerbewijs titre *m* de transport
vervoerder transporteur *m*
vervoeren transporter ★ *goederen ~* transporter des marchandises
vervoering exaltation *v*, extase *v* ★ *in ~* transporté (de joie), en extase ★ *in ~ raken (over)* s'exalter, s'extasier (devant, sur)
vervoermiddel moyen *m* de transport
vervolg *voortzetting* suite *v* suite à ▼ *in het ~* désormais, dorénavant
vervolgblad page *v* suivante
vervolgen ❶ *voortzetten* poursuivre, continuer ★ *wordt vervolgd* à suivre ❷ *achtervolgen* poursuivre, ⟨wegens overtuiging⟩ persécuter ❸ jur poursuivre (en justice)
vervolgens ensuite, puis
vervolging ❶ *het opgejaagd worden* poursuite *v*, ⟨wegens overtuiging⟩ persécution *v* ❷ *rechtsvervolging* poursuites *v mv* ★ *een ~ instellen tegen* engager des poursuites contre
vervolgonderwijs onderw enseignement *m* secondaire
vervolgverhaal feuilleton *m*
vervolmaken I *ov ww, perfectioneren* perfectionner, parfaire **II** *wkd vnw,* BN *zich laten bijscholen* se perfectionner
vervolmaking ❶ *perfectionering* perfectionnement *m* ❷ BN *bijscholing* perfectionnement *m*
vervormen I *ov ww, een andere vorm geven* transformer, ⟨misvormen⟩ déformer ★ *het geluid ~* distordre le son **II** *onov ww, een verkeerde vorm krijgen* se déformer ★ *mijn fiets is helemaal vervormd door de val* mon vélo est tout tordu suite à la chute
vervorming transformation *v*, ⟨misvorming⟩ déformation *v*, ⟨van geluid⟩ distorsion *v*
vervreemden I *onov ww, geestelijk verwijderd raken* ★ *~ van* s'éloigner de, se détacher de, devenir étranger à ★ *zij raakte vervreemd van haar broers* elle s'est éloignée de ses frères **II** *ov ww* ❶ *vreemd maken* aliéner ★ *zich van iem. ~* s'éloigner de qn ❷ *in andere handen brengen* aliéner ★ *goederen ~* aliéner des biens
vervreemding aliénation *v*
vervroegen avancer, anticiper ★ *vervroegde verkiezingen* élections *v mv* anticipées
vervuilen I *ov ww, vuilmaken* polluer ★ *het milieu ~* polluer l'environnement ★ *~d* polluant **II** *onov ww, vuil worden* s'encrasser, ⟨van milieu⟩ se polluer ★ *het grondwater vervuilt* les eaux souterraines se polluent
vervuiler pollueur *m* [v: pollueuse] ★ *de ~ betaalt* pollueur payeur
vervuiling pollution *v*
vervullen ❶ *doordringen* remplir ★ *vervuld van* rempli de, plein de ❷ *verwezenlijken* accomplir, réaliser ★ *zijn taak ~* remplir sa tâche ★ *iemands wensen ~* réaliser les désirs de qn ❸ *bezetten* remplir ★ *een ambt ~* remplir une fonction
vervulling *verwezenlijking* accomplissement *m*, réalisation *v* ★ *in ~ gaan* se réaliser
verwaand I *bn* présomptueux [v: présomptueuse], suffisant ★ *een ~e kwast* un prétentieux, un pédant **II** *bw* avec suffisance ★ *kijk niet zo ~!* arrête ton air prétentieux!
verwaardigen ★ *iem. met geen blik ~* ne pas accorder un regard à qn ★ *zich niet ~ iem. te groeten* ne pas daigner saluer qn
verwaarlozen négliger ★ *te ~* négligeable
verwaarlozing négligence *v*
verwachten ❶ *rekenen op* s'attendre à, attendre, ⟨hopen op⟩ espérer ★ *ik verwacht dat* je m'attends à ce que [+ subj.] ★ *dat had ik (al) verwacht* je m'y attendais ★ *dat was te ~* il fallait s'y attendre ★ *het valt te ~ dat* on peut s'attendre à ce que [+ subj.], tout annonce que ★ *zoals te ~ was* comme on pouvait s'y attendre ★ *veel ~ van*

ve

attendre beaucoup de ★ *zoiets had ik niet van je verwacht* je ne t'aurais pas cru capable de cela ★ *bezoek* ~ attendre du monde ★ *eerder dan verwacht* plus tôt que prévu ❷ *zwanger zijn van* ★ *een baby* ~ attendre un bébé
verwachting attente *v*, espérances *v mv* ★ *boven* ~ au-delà des prévisions ★ *boven mijn* ~ au-delà de mes espérances ★ *in gespannen* ~ avec une impatience fébrile ★ *naar* ~ comme prévu ★ *tegen alle* ~ *in* contre toute attente ★ *dat overtreft mijn stoutste ~en* cela dépasse toutes mes prévisions ▾ *in (blijde)* ~ *zijn* attendre un bébé, attendre un heureux événement
verwachtingspatroon attentes *v mv*, pronostic *m*
verwant I *de* parent *m* ★ *de naaste ~en* les proches parents **II** *bn* ❶ *familie zijnd* parent ★ ~ *zijn met* être apparenté à, être parent de ❷ *nauw verbonden* ★ ~ *zijn aan* être proche de, être voisin de
verwantschap ❶ *het verwant zijn* parenté *v* ❷ *overeenkomst* affinité *v*, rapport *m*
verward ❶ *door elkaar* en désordre, emmêlé, ⟨warrig⟩ confus, embrouillé ★ ~ *raken in* s'embrouiller dans ❷ *onduidelijk* confus ❸ *van streek* embarrassé, troublé
verwarmen chauffer, ⟨opwarmen⟩ réchauffer
verwarming ❶ *installatie* chauffage *m* ★ *centrale* ~ chauffage central ❷ *het verwarmen* chauffage *m*
verwarmingselement élément *m* de chauffage
verwarmingsketel chaudière *v*
verwarren ❶ lett ⟨iets⟩ *in de war brengen* embrouiller, emmêler ❷ fig ⟨iemand⟩ *in verlegenheid brengen* troubler, embarrasser ★ *~d* troublant ❸ ~ **met** confondre avec
verwarring confusion *v* ★ *in* ~ *brengen* embrouiller, ⟨in verlegenheid⟩ troubler, embarrasser
verwateren ❶ *waterig worden* se diluer ❷ *verflauwen* se relâcher, se refroidir ★ *die vriendschap is erg verwaterd* l'amitié s'est effritée
verwedden *inzetten bij wedden* parier ★ *zijn kop eronder* ~ en donner sa tête à couper
verweer défense *v*
verweerd rongé par le temps, ⟨van gezicht⟩ buriné, ⟨van steen⟩ effrité, ⟨van spiegel⟩ piqué
verweerschrift défense *v*, apologie *v*
verweken se ramollir
verwekken ❶ *door bevruchting doen ontstaan* engendrer ★ *een kind* ~ faire un enfant ❷ *veroorzaken* causer, provoquer, susciter ★ *opschudding* ~ provoquer de l'émoi
verwekker ❶ *vader* procréateur *m*, humor géniteur *m* ❷ *veroorzaker* auteur *m*, ⟨van ziekte⟩ agent *m*
verwelken se faner, ook fig se flétrir ★ *verwelkte rozen* roses *v mv* fanées ★ *verwelkte schoonheid* beauté *v* flétrie
verwelkomen souhaiter la bienvenue à, accueillir
verwelkoming bienvenue *v*
verwend gâté
verwennen ❶ *bederven* gâter ★ *een verwend kind* un enfant gâté ❷ *vertroetelen* dorloter, gâter ★ *zichzelf* ~ se dorloter ★ *zich laten* ~ se faire dorloter
verwennerij gâterie *v*
verwensen maudire
verwensing juron *m*
verweren I *wkd ww* [**zich** ~] *verdedigen* se défendre **II** *onov ww, aangetast worden* être rongé par les intempéries, ⟨van gesteente⟩ s'effriter
verwerkelijken *tot werkelijkheid maken* réaliser
verwerken ❶ *bewerken* traiter, ⟨omzetten⟩ transformer (**tot** en) ★ *de (les)stof* ~ assimiler la matière ❷ *gebruiken in* incorporer (à, dans) ❸ psych *omgaan met* digérer, assumer ★ *hij kan zijn scheiding moeilijk* ~ il vit mal son divorce ★ *rouw* ~ faire le travail de deuil
verwerking ❶ ⟨van teksten, gegevens⟩ traitement *m* ❷ psych assimilation *v*, acceptation *v* ★ ~ *van een trauma* assimilation d'un traumatisme
verwerkingseenheid unité *v* de traitement
verwerpelijk blâmable, condamnable
verwerpen ⟨afwijzen⟩ rejeter, repousser, ⟨afkeuren⟩ condamner ★ *een wetsvoorstel* ~ repousser une proposition de loi
verwerping rejet *m*
verwerven acquérir, ⟨behalen⟩ gagner ★ *verworven rechten* droits *m mv* acquis ★ *het* ~ l'acquisition *v*
verwerving acquisition *v*
verwesteren s'occidentaliser
verweven ❶ fig *doen samenhangen* imbriquer, entremêler ★ *de feiten zijn nauw met elkaar* ~ les faits sont étroitement imbriqués ❷ *wevend verwerken* tisser
verwezenlijken réaliser
verwezenlijking réalisation *v*
verwijden élargir, med dilater
verwijderd éloigné, distant (**van** de)
verwijderen I *ov ww* ❶ *weghalen* enlever, ⟨wegsturen⟩ renvoyer, ⟨eruit zetten⟩ expulser, déloger ★ *vlekken* ~ enlever des taches ★ *een leerling van school* ~ renvoyer un élève ★ *een speler van het veld* ~ expulser un joueur ❷ *afzonderen* éloigner **II** *wkd ww* [**zich** ~] *weggaan* s'éloigner ★ *zich even* ~ aller au petit coin
verwijdering ❶ *het verwijderen* éloignement *m*, enlèvement *m*, écartement *m* ❷ ⟨van liefde, vriendschap⟩ *afstand* distance *v* ★ *er ontstond een* ~ *tussen hen* ils se sont détachés l'un de l'autre
verwijderingsbijdrage écoparticipation *v*
verwijding élargissement *m*, med dilatation *v*
verwijfd efféminé
verwijlinterest BN econ *rente* intérêts *m mv* moratoires
verwijsbriefje ≈ lettre *v* d'introduction (du médecin référent)
verwijt reproche *m* ★ *iem. een* ~ *maken over iets* reprocher qc à qn ★ *hem treft geen* ~ il n'a rien à se reprocher
verwijten reprocher ★ *iem. iets* ~ reprocher qc à qn ★ *ik heb me niets te* ~ je n'ai rien à me reprocher
verwijzen renvoyer (**naar** à)
verwijzing ❶ *het verwijzen* renvoi *m*, référence *v* ★ *onder* ~ *naar* en se référant à ❷ *wat verwijst* renvoi *m*

ve

verwikkelen impliquer (**in** dans)
verwikkeling ❶ *moeilijkheid* complication *v*, ‹wederwaardigheid› péripétie *v* ★ *er traden ~en op* il y a eu des complications ❷ *plot* intrigue *v* ❸ BN med *complicatie* complication *v*
verwilderd ❶ *wild geworden* ‹van dier› redevenu sauvage, ‹van grond› inculte ★ *een ~e tuin* un jardin laissé à l'abandon ❷ fig *uit zijn fatsoen* ébouriffé ❸ *woest* hagard ★ *een ~e blik* un regard hagard
verwilderen ❶ *wild worden* ‹van dieren› devenir sauvage, ‹van grond› tomber en friche ❷ *bandeloos worden* s'abrutir
verwisselbaar interchangeable, permutable
verwisselen ❶ *verruilen* (é)changer (**voor** contre), ‹veranderen› changer ★ *van plaats ~* changer de place ★ *een autoband ~* changer un pneu de voiture ❷ *verwarren* confondre ★ *iem. met zijn broer ~* prendre qn pour son frère
verwisseling changement *m*, ‹ruil› échange *m*, ‹vervanging› substitution *v*, ‹verwarring› quiproquo *m*
verwittigen ❶ *op de hoogte brengen* informer (**van** de) ★ *iem. van iets ~* informer qn de qc ❷ BN *waarschuwen* avertir, prévenir ★ *ik verwittig je maar één keer!* je te préviens une seule fois!
verwoed acharné, passionné, fervent ★ *~e gevechten* des combats *m mv* acharnés ★ *een ~ postzegelverzamelaar* un passionné de la philatélie ★ *een ~e poging wagen* faire des efforts effrénés
verwoesten détruire, ravager ★ *~d* dévastateur [v: dévastatrice]
verwoesting destruction *v*, ravage(s) *m (mv)*
verwonden blesser
verwonderen I *ov ww* étonner, surprendre ★ *het verwondert me dat* cela m'étonne que [+ subj.] ★ *dat verwondert mij niet* cela ne m'étonne pas ★ *het is niet te ~ dat* ce n'est pas étonnant que **II** *wkd ww* [**zich ~**] ★ *zich ~ over* s'étonner de
verwondering étonnement *m*, surprise *v* ★ *tot zijn ~ ...* à sa (grande) surprise ...
verwonderlijk ❶ *verbazend* étonnant ❷ *merkwaardig* bizarre
verwonding ❶ *het verwonden* fait *m* de blesser (qn) ❷ *wond* blessure *v* ★ *aan zijn ~en bezwijken* succomber à ses blessures ★ *zware ~en oplopen* être grièvement blessé
verwoorden formuler, exprimer
verworden dégénérer (**tot** en), se gâter
verworvenheid acquis *m*
verwringen tordre, forcer
verwurging étranglement *m*
verzachten adoucir, modérer, ‹lenigen› soulager, lénifier ★ *~de omstandigheden* circonstances *v mv* atténuantes
verzachting adoucissement *m*, ‹verlichting› soulagement *m*
verzadigen ❶ *volop bevredigen* rassasier (**met** de), assouvir ★ *ik ben verzadigd* je suis rassasié ★ *de markt is verzadigd* le marché est saturé ★ *niet te ~* insatiable ❷ scheik saturer
verzadiging ❶ *bevrediging* rassasiement *m* ❷ scheik saturation *v*
verzadigingspunt point *m* de saturation
verzaken ❶ *niet nakomen* renier ★ *zijn plicht ~* manquer à son devoir ❷ *een verkeerde kaart opgooien* renoncer ★ *schoppen ~* renoncer à pique
verzakken s'affaisser ★ *de vloer is aan het ~* le sol est en train de s'affaisser
verzakking ❶ *het lager zakken* affaissement *m* ❷ med prolapsus *m*
verzamelaar collectionneur *m* [v: collectionneuse]
verzamelband reliure *v*
verzamel-cd CD *m* de compilation
verzamelen ❶ *bijeenbrengen* rassembler ★ *materiaal ~* rassembler du matériel ★ *moed ~* rassembler son courage ★ *rijkdommen ~* amasser des richesses ★ *zijn gedachten ~* rassembler ses idées ❷ *verzameling aanleggen* collectionner ★ *postzegels ~* collectionner des timbres, se rassembler
verzameling ❶ *het verzamelen* rassemblement *m* ❷ *collectie* collection *v*, ‹bloemlezing› recueil *m* ❸ wisk ensemble *m*
verzamelnaam collectif *m*
verzamelplaats rendez-vous *m*
verzamelpunt point *m* de rencontre
verzamelstaat état *m* récapitulatif
verzanden ❶ *vol zand raken* s'ensabler ★ *de haven is verzand* le port s'est ensablé ❷ fig *vastlopen* s'enliser ★ *~ in details* s'enliser dans les détails
verzegelen cacheter, jur sceller
verzegeling cachetage *m*, jur apposition *v* des scellés
verzeilen *terechtkomen* ★ *ergens verzeild raken* atterrir quelque part, échouer quelque part, se trouver quelque part
verzekeraar *assuradeur* assureur *m*
verzekerd ❶ *overtuigd* assuré, certain, sûr ★ *succes ~!* succès *m* garanti! ★ *van iets ~ zijn* être sûr et certain de qc ❷ *gedekt* assuré ★ *~ zijn tegen brand* être assuré contre l'incendie ★ *verplicht ~* assuré social ★ *vrijwillig ~* assuré volontaire
verzekerde assuré *m* [v: assurée]
verzekeren I *ov ww* ❶ *garanderen* assurer ★ *iem. iets ~* assurer qc à qn, assurer qn de qc ★ *dat verzeker ik je!* je te le garantis!, inform je te le promets! ★ *van iets verzekerd zijn* être sûr de qc ❷ *een verzekering afsluiten* assurer ★ *zijn huis ~* faire assurer sa maison ★ *zich ~ tegen brand* s'assurer contre l'incendie **II** *wkd ww* [**zich ~**] *zich overtuigen* ★ *zich ~ van iets* s'assurer de qc
verzekering ❶ *assurantie* assurance *v* ★ *sociale ~en* assurance sociale ★ *aanvullende ~* couverture *v* complémentaire ★ BN *familiale ~* assurance responsabilité civile ★ *een ~ afsluiten* contracter une assurance, s'assurer ❷ *verzekeringsmaatschappij* compagnie *v* d'assurances ★ *dat krijgt hij terug van de ~* l'assurance le lui remboursera ❸ *garantie* assurance *v* ★ *ik geef u de ~ dat ...* je vous assure / promets que ...
verzekeringsagent agent *m* d'assurances
verzekeringsinspecteur inspecteur *m* d'assurances
verzekeringsmaatschappij compagnie *v* d'assurances

verzekeringspapieren papiers *m mv* d'assurance
verzekeringsplichtig assujetti à l'assurance / à la Sécurité sociale
verzekeringspolis police *v* d'assurance
verzekeringspremie prime *v* d'assurance
verzelfstandiging émancipation *v*, autonomisation *v*
verzenden envoyer, expédier
verzending envoi *m*, expédition *v*
verzendkosten frais *m mv* d'expédition
verzengen brûler, roussir ★ *~d* torride
verzet ❶ *tegenstand* opposition *v*, résistance *v* ★ *lijdelijk ~* résistance passive ★ *in ~ komen tegen* s'opposer à, s'insurger contre ★ *~ aantekenen tegen* faire opposition à ★ *~ plegen* résister ❷ *verzetsbeweging* Résistance *v* ★ *hij heeft in het ~ gezeten* il a fait de la résistance ❸ *fietsversnelling* braquet *m*
verzetje détente *v*, distraction *v*, délassement *m*
verzetsbeweging Résistance *v*, ⟨in Frankrijk⟩ maquis *m*
verzetshaard foyer *m* / poche *v* de résistance
verzetsstrijder résistant *m* [v: résistante]
verzetten **I** *ov ww* ❶ *van plaats veranderen* déplacer ★ *geen voet ~* ne pas bouger ❷ *van tijd veranderen* remettre (**tot** à) ★ *de klok ~* décaler l'heure ★ *een afspraak ~* remettre un rendez-vous à plus tard ❸ *verrichten* ★ *veel werk ~* abattre de la besogne **II** *wkd ww* [**zich ~**] *weerstand bieden* s'opposer (**tegen** à), résister (à)
verzieken gâcher, pourrir
verziend presbyte
verziendheid presbytie *v*
verzilveren ❶ *met zilver bedekken* argenter ★ *verzilverd* (en) plaqué argent ❷ *innen* encaisser ★ *een cheque ~* toucher un chèque
verzinken **I** *ov ww* ❶ *diep inslaan* enfoncer, ⟨diep inbrengen⟩ noyer ★ *de schroeven ~* noyer les vis ❷ *met een zinklaag bedekken* galvaniser **II** *onov ww, verdiept raken* (se) plonger ★ *in gedachten verzonken* plongé /absorbé dans ses pensées
verzinnen ❶ *fantaseren* imaginer ★ *smoesjes ~* chercher des prétextes ★ *hoe verzin je het!* tu n'y penses pas! ❷ *als oplossing bedenken* inventer ★ *er iets op ~* trouver une solution
verzinsel fiction *v*, invention *v*, mythe *m*
verzitten *anders gaan zitten* changer de position
verzoek ❶ *vraag* demande *v* (**om** de) ★ *op ~* sur (simple) demande ★ *op ~ van* à / sur la demande de ★ *een ~ doen* faire une demande, demander qc ★ *een ~ inwilligen* accéder à une demande, agréer une demande ★ *een ~ om stilte* une demande de silence ★ *een ~ om gratie* un recours en grâce ★ *op algemeen ~* à la demande générale ★ *dringend ~* demande pressante ★ *ik heb een ~ aan je* je veux te demander une faveur ❷ *verzoekschrift* requête *v* ★ *een ~ indienen* adresser une requête
verzoeken ❶ *vragen* prier, demander, form solliciter ★ *iem. om iets ~* demander qc à qn ★ *iem. ~ het pand te verlaten* prier qn de quitter les lieux ★ *u wordt verzocht niet te roken* on est prié de ne pas fumer, ⟨opschrift⟩ prière de ne pas fumer ★ *dringend ~* prier instamment ❷ *uitnodigen* inviter (à), prier (de) ★ *mag ik u ~ mee te komen* suivez-moi, s'il vous plaît ❸ *op de proef stellen* tenter ★ *de goden ~* tenter Dieu
verzoeking tentation *v* ★ *in ~ brengen* tenter
verzoeknummer numéro *m* / titre *m* demandé par le public
verzoekschrift requête *v*, pétition *v*
verzoendag ▾ *Grote Verzoendag* (jour *m* du) Grand Pardon *m*, fête *v* de l'Expiation
verzoenen ❶ *goedmaken* réconcilier ★ *zich met iem. ~* se réconcilier avec qn ★ *zich met elkaar ~* se réconcilier, faire la paix ★ *~d* conciliant ❷ *vrede doen hebben* réconcilier ★ *zich ergens mee ~* se résigner à qc
verzoening réconciliation *v*
verzolen ressemeler
verzorgd soigné
verzorgen ❶ *zorg dragen voor* prendre soin de, ⟨verplegen⟩ soigner ★ *een zieke ~* soigner un malade ★ *zijn nagels ~* se soigner / se faire les ongles ❷ *regelen* ★ *ik verzorg de koffie* je m'occupe du café ★ *een reis ~* organiser un voyage
verzorger ⟨verpleger⟩ garde-malade *m/v* [mv: gardes-malades], ⟨van dieren⟩ gardien *m* [v: gardienne], sport soigneur *m*
verzorging ⟨van mensen en dieren⟩ soins *m mv*
verzorgingsflat résidence *v* médicalisée
verzorgingsstaat État-providence *m*
verzorgingstehuis maison *v* médicalisée, maison de santé
verzot fou de [v: folle de], passionné de, avide de
verzuchten soupirer
verzuchting soupir *m*, gémissement *m*
verzuiling compartimentage *m*
verzuim ❶ *nalatigheid* négligence *v*, omission *v*, jur défaut *m* ★ *zonder ~* sans tarder ★ *een ~ herstellen* réparer un oubli ❷ *het wegblijven* absentéisme *m* ★ *het ~ in dat bedrijf is erg hoog* l'absentéisme est important dans cette entreprise
verzuimen ❶ *nalaten* négliger, omettre, ⟨van gelegenheid⟩ manquer ★ *zijn plicht ~* manquer à son devoir ★ *~ om een rekening te betalen* omettre de régler une facture ❷ *niet opdagen* manquer ★ *lessen ~* manquer la classe, ⟨spijbelen⟩ sécher les cours
verzuipen **I** *ov ww* ❶ *doen verdrinken* noyer ❷ *uitgeven aan drank* boire ❸ techn noyer **II** *onov ww, verdrinken* se noyer ★ *in het werk ~* être submergé de travail
verzuren **I** *ov ww* ❶ *zuur maken* aigrir ❷ *moeilijk maken* gâcher **II** *onov ww, zuur worden* s'aigrir
verzuring acidification *v*
verzwakken **I** *ov ww, zwakker maken* affaiblir, ⟨afzwakken⟩ atténuer **II** *onov ww, zwakker worden* s'affaiblir ★ *hij is de laatste maanden erg verzwakt* ses forces ont beaucoup faibli ces derniers mois
verzwakking affaiblissement *m*
verzwaren ❶ *zwaarder maken* alourdir ★ *met lood verzwaard* alourdi de plomb ★ *de dijken ~* renforcer les digues ❷ *vergroten* aggraver, alourdir ★ *een straf ~* alourdir une peine ★ *een diefstal met ~de omstandigheden* un vol qualifié ★ *~de omstandigheden* circonstances *v mv* aggravantes ★ *de lasten ~* alourdir les charges

verzwaring alourdissement *m*, fig renforcement *m*
verzwelgen engloutir
verzwijgen taire, cacher ★ *iets voor iem.* ~ cacher qc à qn
verzwikken se fouler, se faire une entorse à ★ *zijn enkel* ~ se fouler la cheville
vesper ❶ *gebed* vêpres *v mv* ❷ *avonddienst* vêpres *v mv*
vest ❶ *trui* gilet *m*, ⟨hooggesloten⟩ cardigan *m* ❷ *deel van pak* gilet *m* ❸ BN *jasje* ⟨van dameskostuum⟩ haut *m* ❹ BN *colbert* veste *v*
vestibule vestibule *m*, hall *m*
vestigen ❶ *richten* fixer (**op** sur) ★ *de aandacht op iets* ~ attirer l'attention sur qc ★ *zijn hoop* ~ *op* mettre son espoir en ★ *zijn blik* ~ *op* fixer les yeux sur ❷ *tot stand brengen* établir, ⟨stichten⟩ fonder, ⟨instellen⟩ instaurer ★ *een record* ~ établir un record ❸ *vastleggen* établir ★ *een gevestigde orde* un ordre établi ★ *gevestigde reputatie* réputation *v* bien assise ❹ *een vaste plaats geven* établir, installer ★ *zich* ~ s'établir, s'installer, ⟨van bedrijf⟩ s'implanter ★ *gevestigd zijn te ...* être domicilié à..., ⟨van bedrijf⟩ avoir son siège à ...
vestiging ❶ *het vestigen* établissement *m* ❷ *nederzetting* implantation *v* ★ *een nagebouwde* ~ *van Vikingen* une implantation reconstituée des Vikings ❸ *filiaal* succursale *v*, établissement *m* ★ *deze zaak heeft* ~*en door het hele land* cette entreprise a des succursales dans tout le pays
vestigingsvergunning autorisation *v* d'implantation
vesting forteresse *v*
vestingstad ville *v* fortifiée
vestingwerk fortification *v*
vet I *het* graisse *v*, ⟨aan vlees⟩ gras *m* ★ *vetten* ⟨vetstoffen⟩ lipides *m mv*, scheik corps *m mv* gras ★ *plantaardig vet* graisse végétale ★ *op zijn vet teren* vivre de sa graisse ★ *iem. zijn vet geven* dire à qn son fait ★ *iem. in zijn eigen vet laten gaar koken* laisser mijoter qn (dans son jus) **II** *bn* ❶ *met veel vet* gras [v: grasse] ❷ *bevuild met vet* graisseux [v: graisseuse], ⟨m.b.t. olie⟩ huileux [v: huileuse] ❸ *dik* gras [v: grasse], ⟨fors⟩ gros [v: grosse] ★ *vet worden* s'engraisser ❹ *vruchtbaar* gras [v: grasse], fertile ❺ drukk ★ *vet gedrukt* (en) gras ❻ inform *geweldig* terrible, grave, trop **III** *tussenw, geweldig* cool
vetarm maigre, allégé
vetbult med lipome *m*
vete brouille *v*, inimitié *v*, haine *v* (atavique)
veter lacet *m* ★ *zijn* ~*s strikken* nouer ses lacets
veteraan vétéran *m*
veteranenziekte med maladie *v* du légionnaire, légionellose *v*
veterinair I *de* dierk vétérinaire *m/v* **II** *bn* dierk vétérinaire
vetgehalte (teneur *v* en) matières *v mv* grasses
vetjes BN drukk *vet gedrukt* (en) gras
vetkuif banane *v*
vetkussen bourrelet *m* (de graisse)
vetmesten engraisser, ⟨van gevogelte⟩ gaver
veto veto *m* ★ *zijn veto uitspreken over* mettre / opposer son veto à
vetoogje rond *m* de graisse
vetorecht jur droit *m* de veto
vetplant plante *v* grasse
vetpot ▾ *het is geen* ~ ce n'est pas le Pérou, ce n'est pas la richesse
vetpuistje bouton *m* d'acné
vetrand gras *m*
vetrijk gras [v: grasse]
vetrol bourrelet *m*
vettig gras [v: grasse], graisseux [v: graisseuse]
vettigheid graisse *v*
vetvlek tache *v* de graisse
vetvrij ❶ *geen vet opnemend* ⟨van papier⟩ sulfurisé ❷ *geen vet bevattend* sans matières grasses
vetzak gros patapouf *m*
vetzucht adipose *v*, obésité *v*
vetzuur acide *m* gras ★ *meervoudig onverzadigde vetzuren* polyinsaturés *m mv*
veulen poulain *m*
vezel fibre *v*, ⟨in vlees⟩ filandre *v* ★ ~*tje* fibrille *v*
vezelig fibreux [v: fibreuse]
V-hals encolure *v* en V
via ❶ *over, langs* (en passant) par, via ★ *via de tuin* en passant par le jardin ★ *hij vliegt via Londen* son avion fait escale à Londres ❷ *door bemiddeling van* par (l'intermédiaire de) ★ *via mijn oom* par mon oncle ★ *via via* par personne(s) interposée(s), par un tiers
viaduct viaduc *m*
viagra® viagra *m*
vibrafoon vibraphone *m*
vibratie vibration *v*
vibrato vibrato *m*
vibrator vibromasseur *m*
vibreren *trillen* vibrer, ⟨van stem⟩ faire un trémolo
vicaris vicaire *m*
vice vice ★ *vicevoorzitter* vice président *m*
vice versa vice versa
vicieus vicieux [v: vicieuse] ★ *een vicieuze cirkel* un cercle vicieux
Victoriameer lac *m* Victoria
Victoriawatervallen chutes *v mv* Victoria
victorie victoire *v* ★ ~ *kraaien* crier victoire
video ❶ *videoband* cassette *v* vidéo ❷ *videorecorder* magnétoscope *m*
videoband bande *v* vidéo
videobewaking vidéosurveillance *v*
videocamera caméscope *m*
videoclip vidéoclip *m*
videogame jeu *m* vidéo [m mv: jeux...]
videotheek vidéothèque *v*
vief I *bn* vif [v: vive] ★ *een vief kereltje* un petit gars vif **II** *bw* vivement
viel [verl. td.] → **vallen**
vielen [verl. td.] → **vallen**
vier I *telw* quatre ★ *het is kwart voor vier* il est quatre heures moins le quart ★ *het is bij / tegen vieren* il est près de quatre heures ★ *het is vier uur* il est quatre heures ★ *om vier uur* à quatre heures ★ *na vieren* passé quatre heures ★ *het is na / over vieren* il est quatre heures passées ★ *het is kwart over vier* il est quatre heures et quart ★ *vier mei* le quatre mai ★ *een dag of vier* une quatuor (de jours) ★ *in vieren* en quatre (morceaux) ★ *met z'n vieren* à quatre ★ *we zijn met z'n vieren* nous sommes quatre ★ *om de vier dagen* tous les quatre jours ★ *vandaag over vier*

dagen dans quatre jours ★ *vier aan vier* quatre par quatre ★ *ruiten vier* le quatre de carreau **II** *de* ❶ *getal* quatre *m* ❷ onderw *schoolcijfer* ★ *een vier halen voor wiskunde* avoir un quatre (sur dix) en maths, avoir un huit (sur vingt) en maths
vierbaansweg route *v* à quatre voies
vierdaagse recr ≈ (les) Quatres Jours *m mv*
vierde quatrième ★ *de ~ mei* le quatre mai ★ *in de ~ eeuw* au IVème siècle ★ *op zijn ~* ⟨levensjaar⟩ à quatre ans ★ *ten ~* quatrièmement ★ *de ~ verdieping* le quatrième (étage) ★ *een ~ (deel)* un quart ★ *drie ~ (deel)* (les) trois quarts
vieren ❶ *gedenken* fêter, célébrer ★ fig BN *iem. ~* fêter qn ❷ *vereren* célébrer ❸ *laten schieten* lâcher, filer
vierendelen écarteler
vierhoek quadrilatère *m*
viering *het vieren* célébration *v*
vierkant I *het, figuur* carré *m* **II** *bn* ❶ *met vier kanten* carré ❷ *in het kwadraat* ★ *vijf ~e meter* cinq mètres carrés ❸ *hoekig* carré **III** *bw, volkomen, faliekant* carrément ★ *hij werd ~ uitgelachen* on lui a ri au nez ▼ BN *het draait ~* ça ne tourne pas rond
vierkantsvergelijking wisk équation *v* du second degré
vierkantswortel wisk racine *v* carrée
vierkwartsmaat mesure *v* à quatre temps
vierling ❶ *vier kinderen samen* quadruplés *m mv* [v mv: quadruplées] ❷ *één kind* l'un des quadruplés
viermotorig quadrimoteur
viersprong carrefour *m*
viertal ★ *het ~ kwam binnen* les quatre sont entrés
viervoeter quadrupède *m*
viervoud *viermaal zo groot* quadruple *m*
vierwielaandrijving ★ *auto met ~* voiture *v* à quatre roues motrices, quatre-quatre *m/v*, 4 x 4 *m/v*
Vierwoudstedenmeer lac *m* des Quatre-Cantons
vies I *bn* ❶ *vuil* sale, ⟨smerig⟩ crasseux [v: crasseuse] ❷ *onsmakelijk* dégoûtant ★ *een vieze smaak* un goût infect ★ *vies smaken* être infect ★ *vieze luchtjes* mauvaises odeurs *v mv* ★ *vies ruiken* puer ❸ *afkerig* ★ *vies zijn van iets* être dégoûté de qc, détester qc ★ *ik ben daar niet vies van* ça ne me déplaît pas, je ne crache pas dessus ★ *hij is niet vies van geweld* il ne craint pas (de recourir à) la violence ★ *een vies gezicht trekken* faire le dégoûté ❹ *onfatsoenlijk* sale, ordurier [v: ordurière] ★ *een vieze mop* une plaisanterie leste ❺ *slecht* sale, mauvais ★ *vies weer* sale temps *m* **II** *bw, in hoge mate, erg* ★ *er vies bij zijn* être cuit
viespeuk cochon *m* [v: cochonne], saligaud *m*
Vietnam le Vietnam, le Viêt-nam ★ *in ~* au Vietnam
Vietnamees I *bn, m.b.t. Vietnam* vietnamien [v: vietnamienne] **II** *de, bewoner* Vietnamien *m* **III** *het, taal* vietnamien *m*
Vietnamese Vietnamienne *v*
viezerik, viezerd ❶ *onhygiënisch persoon* cochon *m* [v: cochonne], saligaud *m* ❷ min *iem. die vies doet* saligaud *m*

viezigheid saleté *v*
vignet ❶ *merkteken* vignette *v* ❷ *sticker* vignette *v* ★ *in Zwitserland is een ~ voor de autosnelweg verplicht* en Suisse une vignette est obligatoire pour circuler sur les autoroutes
vijand ennemi *m* [v: ennemie]
vijandelijk ennemi
vijandelijkheid hostilité *v*
vijandig hostile (**jegens** à)
vijandigheid ❶ *het vijandig zijn* hostilité *v*, animosité *v* ❷ *vijandige daad* ★ *vijandigheden* hostilités *v mv*
vijandschap inimitié *v*, hostilité *v*
vijf I *telw* cinq ★ *geef me de vijf!* serre-moi la pince! ★ *hij heeft ze niet alle vijf op een rijtje* il a une case en moins → **vier II** *de* ❶ *getal* cinq *m* ★ *na veel vijven en zessen* après maintes palabres ❷ onderw *schoolcijfer* cinq (sur dix), dix (sur vingt) ★ *ik had een vijf voor biologie* j'ai eu un cinq sur dix en biologie
vijfde cinquième ★ *Karel de Vijfde* Charles Quint ★ *een ~* un cinquième → **vierde**
vijfdeursauto voiture *v* (à) cinq portes
vijfenzestigpluskaart ≈ carte *v* senior
vijfenzestigplusser personne *v* du troisième âge
vijfhoek pentagone *m*
vijfjarenplan plan *m* quinquennal [m mv: plans quinquennaux]
vijfje *bankbiljet* billet *m* de cinq (euros)
vijfkamp pentathlon *m*
vijfling ❶ *vijf kinderen samen* quintuplés *m mv* [v mv: quintuplées] ❷ *één kind* l'un des quintuplés
vijftien quinze ★ *er waren ~ deelnemers* il y avait quinze participants ★ *jij bent nummer ~* tu es le numéro quinze → **vier**
vijftiende quinzième ★ *Lodewijk de Vijftiende* Louis Quinze → **vierde**
vijftig cinquante ★ *dat kost ~ euro* ça coûte cinquante euros ★ *de jaren ~ van de vorige eeuw* les années cinquante du siècle passé → **vier, veertig**
vijftiger I *de* quinquagénaire *m/v* **II** *bn* ★ *de ~ jaren* les années cinquante
vijftigste cinquantième → **vierde, veertigste**
vijfvlak pentaèdre *m*
vijfvoud quintuple *m*
vijg *vrucht* figue *v* ▼ BN *het zijn vijgen na Pasen* cela arrive après la bataille ▼ BN *zo plat als een vijg* plat comme une galette
vijgenblad feuille *v* de figuier
vijgenboom figuier *m*
vijl lime *v*
vijlen limer, fig ciseler ★ *het ~* limage *m*
vijlsel limaille *v*
vijver étang *m*, ⟨plas⟩ mare *v* ★ *~tje* bassin *m*
vijzel ❶ *vat* mortier *m* ❷ *krik* vérin *m*
vijzelen soulever (au vérin / au cric)
Viking viking *m*
villa villa *v*
villawijk quartier *m* chic / résidentiel
villen *huid afstropen* écorcher
Vilnius Vilnius *m*
vilt feutre *m*
vilten de feutre

viltje *bierviltje* carton *m*
viltstift feutre *m*, crayon-feutre *m* [mv: crayons-feutres]
vin *zwemorgaan* nageoire *v* ▾ *geen vin verroeren* ne pas bouger
vinaigrette vinaigrette *v*
vinden I *ov ww* ❶ *aantreffen* trouver ★ *ik kan het niet ~* je ne le trouve pas ★ *ergens te ~ zijn* se trouver quelque part ★ *voor iets te ~ zijn* être partant pour qc ★ *ik weet je nog wel te ~!* je t'aurai!, tu entendras parler de moi! ❷ *bedenken* trouver ★ *er iets op ~* trouver une solution ❸ *van mening zijn* trouver ★ *ik vind er niets aan* cela ne m'emballe pas, cela ne me dit rien ★ *wat vind je ervan?* qu'est-ce que tu en penses? ★ *hoe vind je het?* qu'est-ce que tu en penses? ★ *~ dat ...* trouver que ... [+ ind.], être d'avis que... ★ *het nodig ~ om ...* croire / juger nécessaire de ... ★ *ik vind het niet erg om met z'n drieën te gaan* cela ne me gêne pas d'y aller à trois ★ *ik vind van wel* je pense que oui **II** *onov ww* ❶ *het eens worden* ★ *zich ergens in kunnen ~* se retrouver dans qc ❷ *graag omgaan met* ★ *het (goed) met iem. kunnen ~* s'entendre (bien) avec qn ★ *het niet met iem. kunnen ~* s'entendre mal avec qn
vindersloon récompense *v*
vinding ❶ *het vinden* découverte *v* ❷ *uitvinding* invention *v*
vindingrijk inventif [v: inventive], ingénieux [v: ingénieuse]
vindplaats lieu *m* de découverte [m mv: lieux ...], ‹van erts› gisement *m*, ‹van dier› habitat *m*, ‹opgraving› site *m*, ‹bron› source *v*
Vinex-locatie ≈ ZAC *v*, zone *v* d'aménagement concerté
Vinex-wijk ≈ nouveau quartier *m* urbain
ving [verl. td.] → **vangen**
vingen [verl. td.] → **vangen**
vinger doigt *m* ★ *zijn ~ opsteken* lever le doigt ▾ *lange ~ koekje* boudoir *m* ▾ *iets door de ~s zien* fermer les yeux sur qc ▾ *zich in de ~s snijden* se brûler les doigts ▾ *iem. met de ~ nawijzen* montrer qn du doigt ▾ BN *iem. met de ~ wijzen* montrer qn du doigt ▾ *met de natte ~* au jugé, au pif ▾ BN *met zijn ~s draaien* se tourner les pouces ▾ *zij kan hem om haar ~ winden* elle le mène par le (bout du) nez ▾ *dat kun je op je ~s natellen* c'est obligatoire ▾ *iem. op de ~s kijken* surveiller qn de près, être sur le dos de qn ▾ *iem. op de ~s tikken* rappeler qn à l'ordre ▾ *op de ~s van een hand te tellen zijn* se compter sur les doigts de la main ▾ *zijn ~s erbij aflikken* s'en lécher les doigts ▾ *als je hem een ~ geeft, neemt hij de hele hand* quand on lui donne la main il prend le bras ▾ *groene ~s hebben* avoir les main vertes / les doigts verts ▾ *lange ~s hebben* être voleur comme une pie ▾ *een ~ in de pap hebben* avoir son mot à dire ▾ *de ~ aan de pols houden* suivre les choses de près ▾ *de ~ op de zere plek leggen* mettre le doigt sur la plaie ▾ *geen ~ uitsteken* ne pas remuer le petit doigt
vingerafdruk empreinte *v* digitale
vingerdoekje serviette *v* (à thé)
vingeren toucher, tripoter
vingerhoed dé *m* (à coudre)
vingerhoedskruid digitale *v*
vingerkootje phalange *v*
vingeroefening ❶ *training* exercice *m* d'assouplissement (des doigts) ❷ fig *vaardigheidsoefening* coup *m* d'essai
vingertop bout *m* du doigt
vingervlug ★ *~ zijn* être agile des doigts
vingerwijzing indication *v*, indice *m*
vingerzetting doigté *m*
vink ❶ *vogel* pinson *m* ❷ *vleeslapje* ★ *blinde vink* paupiette *v*
vinkenslag ▾ BN *op ~ zitten* être aux aguets, guetter sa chance
vinkentouw ▾ *op het ~ zitten* être aux aguets
vinnig ❶ *bits* aigre, mordant ★ *een ~ antwoord* une réponse sèche ❷ *hevig* ‹van kou› âpre, mordant
vintage I *bn* vintage, d'époque **II** *de* vintage *m*
vinvis ★ *blauwe ~* baleine *v* bleue, rorqual *m*
vinyl vinyle *m*
violet violet [v: violette]
violist violoniste *m/v*
viool muz violon *m* ★ *eerste ~* premier violon ★ fig *de eerste ~ spelen* tenir le haut du pavé ★ fig *de tweede ~ spelen* passer au second plan ★ BN fig *de violen stemmen* accorder les violons → **viooltje**
vioolconcert concerto *m* pour violon
vioolkist étui *m* à violon
vioolsleutel *muzieksleutel* clé *v* de sol
viooltje violette *v*
vip VIP *m*
viriel viril
virtual reality comp réalité *v* virtuelle
virtueel virtuel [v: virtuelle]
virtuoos I *de* virtuose *m/v* **II** *bn* de virtuose **III** *bw* avec virtuosité
virtuositeit virtuosité *v*
virus virus *m*
virusdrager porteur *m* de virus
virusziekte maladie *v* virale, maladie à virus
vis *waterdier* poisson *m* ★ *vliegende vis* poisson volant ★ *vis wil zwemmen* poisson sans boisson est poison ★ *zo gezond zijn als een vis* se porter comme un charme ★ *zich als een vis op het droge voelen* inform être paumé ★ *zich als een vis in het water voelen* être dans son élément ★ *iem. voor rotte vis uitmaken* traiter qn de tous les noms
visafslag criée *v*
visagist visagiste *m/v*
visakte permis *m* de pêche
visarend balbuzard *m*, aigle *m* pêcheur
visboer ❶ *persoon* poissonnier *m* [v: poissonnière] ❷ *winkel* poissonnerie *v*
visburger sandwich au poisson *m*
viscose viscose *v*
viscositeit viscosité *v*
viseren BN *het gemunt hebben op* viser
visgerecht plat *m* de poisson
visgraat ❶ *skeletdeel* arête *v* ❷ *motief in textiel* chevrons *m mv*, ‹weefsel› tissu *m* à chevrons
vishaak hameçon *m*
visie ❶ *zienswijze* vision *v* ★ *hij heeft een andere ~ op de zaak* il a un autre point de vue ★ *hij is een man met ~* c'est un homme qui voit loin ❷ *inzage* examen *m* ★ *ter ~* à consulter
visioen vision *v*
visionair I *bn* visionnaire **II** *de* visionnaire *m/v*

visioneren BN *keuren* ⟨bv. films, voor leeftijd⟩ visionner
visitatie ❶ *onderzoek* visite *v* ❷ *bezoek* visitation *v*
visite ❶ *bezoek* visite *v* ★ *op ~ gaan bij iem.* aller voir qn ★ *op ~ zijn* être en visite ❷ *bezoekers* visite *v* ★ *~ hebben* avoir du monde
visitekaartje carte *v* de visite
visiteren fouiller, visiter
visrestaurant restaurant *m* de poisson
visrijk poissonneux [v: poissonneuse]
visschotel ❶ culin *gerecht* plat *m* de poisson ❷ *schaal* plat *m* à poisson
visseizoen saison *v* de la pêche
vissen ❶ *vis vangen* pêcher ★ *gaan ~* aller à la pêche ★ *op baars ~* pêcher la perche ❷ *trachten te krijgen* quêter, quémander ★ *naar een complimentje ~* rechercher les compliments ★ *bij iem. naar iets ~* chercher à apprendre qc de qn
Vissen *dierenriemteken* Poissons *m mv*
vissenkom bocal *m* à poissons [mv: bocaux ...]
visser pêcheur *m* [v: pêcheuse], ⟨op zee⟩ marin *m* pêcheur
visserij pêche *v*
vissersboot bateau *m* pêcheur / de pêche [m mv: bateaux ...]
visserslatijn ≈ fanfaronnades *v mv* de pêcheur
vissersvloot flottille *v* de pêche
vissnoer ligne *v*
visstand population *v* piscicole
visstick bâtonnet *m* de poisson
vistuig matériel *m* de pêche
visualisatie visualisation *v*
visualiseren *veraanschouwelijken* visualiser
visueel visuel [v: visuelle] ★ *~ ingesteld zijn* être visuel
visum *doorreisvergunning* visa *m*
visumplicht visa *m* obligatoire
visvangst pêche *v*
visvergunning permis *m* de pêche
visvijver vivier *m*
viswater pêcherie *v*
viswijf marchande *v* de poisson
vitaal ❶ *wezenlijk* vital [m mv: vitaux] ★ *van ~ belang* d'une importance vitale, primordial [m mv: primordiaux] ★ *vitale levensfuncties* fonctions *v mv* vitales ❷ *levenskrachtig* vif [v: vive], plein de vitalité ★ *zij is nog erg ~ voor haar leeftijd* elle est encore verte pour son âge
vitaliteit vitalité *v*
vitamine vitamine *v* ★ *~ C* vitamine C
vitaminegebrek carence *v* en vitamines
vitaminepreparaat préparation *v* / comprimé *m* de vitamines
vitaminerijk riche en vitamines
vitrage ❶ *gordijn* rideau *m* (transparent), voilage *m* ❷ *stof* tissu *m* pour voilages
vitrine ❶ *glazen kast* vitrine *v* ❷ *etalage* vitrine *v*
vitten chicaner, ergoter (**op** sur)
vivisectie vivisection *v*
vizier ❶ *kijkspleet in helm* visière *v* ★ *met open ~* à visage découvert ❷ *richtmiddel* viseur *m* ★ *iem. in het ~ hebben* avoir qn dans le collimateur ★ *iem. in het ~ krijgen* repérer qn
vizierlijn ligne *v* de mire
vj *videojockey* VJ *m*, vidéojockey *m*
vla ❶ culin *nagerecht* ≈ crème *v* anglaise, crème dessert ❷ culin *vlaai* ≈ tarte *v*
vlaag ❶ *windstoot* rafale *v*, bourrasque *v* ❷ *uitbarsting* accès *m* ★ *bij vlagen* par à-coups ★ *in een ~ van verstandsverbijstering* dans un moment d'aberration, dans un accès de folie ★ *in een ~ van woede* dans un accès de colère
vlaai ≈ tarte *v*
Vlaams I *bn, m.b.t. Vlaanderen* flamand **II** *het, taal* flamand *m*
Vlaams-Brabant le Brabant flamand
Vlaams-Brabants du Brabant flamand
Vlaamse Flamande *v*
Vlaanderen la Flandre ★ *in ~* en Flandre
vlag drapeau *m* [mv: drapeaux], ⟨van schip⟩ pavillon *m* ★ *met vlaggen versieren* pavoiser ★ *onder goedkope vlag varen* porter pavillon de complaisance ★ *de vlag uitsteken* arborer le drapeau ★ *de Nederlandse vlag voeren* battre pavillon néerlandais ▾ *dat staat als een vlag op een modderschuit* ≈ ça jure ▾ *met vlag en wimpel* haut la main ▾ *de vlag dekt de lading* le pavillon couvre la marchandise ▾ *kijken hoe de vlag erbij hangt* prendre la température
vlaggen pavoiser, arborer le(s) drapeau(x), sport lever le drapeau
vlaggenmast mât *m* de pavillon
vlaggenschip vaisseau *m* amiral [mv: vaisseaux amiraux], fig fleuron *m*
vlaggenstok hampe *v*
vlagvertoon présence *v* du pavillon, fig ostentation *v*
vlak I *het* ❶ *platte zijde, oppervlak* (sur)face *v*, plat *m*, wisk plan *m* ★ *plat vlak* plan *m*, surface plane ★ *een gebogen vlak* un plan courbe ★ *een hellend vlak* un plan incliné ★ *op een hellend vlak raken / zijn* glisser / être sur une mauvaise pente ❷ *gebied* plan *m* ★ *op sociaal vlak* sur le plan social **II** *bn* ❶ *plat* plat, wisk plan ★ *vlak maken* aplanir ★ *de vlakke hand* le plat de la main ★ *de vlakke meetkunde* la géométrie plane ★ *in het vlakke veld* en rase campagne ★ *de vlakke kant* ⟨van mes⟩ le plat ❷ *zonder nuance* plat **III** *bw, recht* juste ★ *vlak achter* juste derrière ★ *vlak bij (iets)* tout près de, à deux pas de ★ *vlak tegenover het gemeentehuis* juste en face de la mairie
vlakaf BN *onverbloemd* carrément
vlakbij tout près, à deux pas
vlakgom gomme *v*
vlakte plaine *v* ▾ *zich op de ~ houden* rester dans le vague ▾ *iem. tegen de ~ slaan* terrasser qn
vlaktemaat mesure *v* de superficie
vlakverdeling division *v* d'une surface
vlam ❶ *vuur* flamme *v* ★ *in vlammen opgaan* partir en flammes, se consumer ★ *vlam vatten* prendre feu, s'enflammer ★ *de vlam sloeg in de pan* le torchon a brûlé ❷ *geliefde* ★ *een oude vlam van me* l'une de mes anciennes amours ❸ *tekening in hout* veine *v*
Vlaming Flamand *m*
vlammen ❶ *vlammen vertonen* flamber ★ *een ~d vuur* un feu flambant ❷ *fonkelen* flamboyer ★ *haar ogen vlamden van woede* ses yeux flamboyaient de colère ★ *~d protest* protestation *v* violente ★ *~d betoog* discours *m* enflammé
vlammenwerper lance-flammes *m* [mv: id.]
vlammenzee mer *v* de feu

vlamverdeler diffuseur *m*, brûleur *m*
vlas lin *m*
vlasblond (blond) filasse
vlassen I *bn, van vlas* de / en lin **II** *onov ww,* ~ **op** ★ ~ *op iets* guetter qc, guigner qc
vlecht natte *v*, tresse *v*
vlechten tresser, natter ★ *manden* ~ tresser des paniers
vlechtwerk tressages *m mv*
vleermuis chauve-souris *v* [v mv: chauves-souris]
vlees ❶ *weefsel* chair *v* ★ *diep in het* ~ *snijden* couper dans le vif ★ *wild* ~ fongosité *v* ▼ *mijn eigen* ~ *en bloed* la chair de ma chair ▼ *iem. van* ~ *en bloed* un être charnel ▼ *goed in het* ~ *zitten* être (bien) en chair ▼ *in eigen* ~ *snijden* gâter son affaire, se desservir ❷ culin viande *v* ★ *rood* ~ viande rouge ▼ ~ *noch vis* ni chair ni poisson, mi-figue, mi-raisin ▼ *weten wat voor* ~ *je in de kuip hebt* connaître son bonhomme, savoir à qui on a affaire
vleesboom myome *m*
vleesetend carnivore ★ ~ *dier* carnivore *m/v*
vleeseter biol carnivore *m/v*
vleesgerecht culin plat *m* de viande
vleeskleurig couleur chair, incarnat
vleesmes couteau *m* à découper [mv: couteaux ...], coutelas *m*
vleesmolen hachoir *m*
vleestomaat tomate *v* charnue
vleesvervanger culin succédané *m* / ersatz *m* de viande
vleesvork grande fourchette *v*
vleeswaren charcuterie *v*
vleeswond plaie *v*
vleet *haringnet,* ▼ *bij de* ~ à foison, en quantité, à la pelle
vlegel ❶ *baldadige jongen* garnement *m* ❷ *dorsvlegel* fléau *m* [mv: fléaux]
vleien ❶ *overdreven prijzen* flatter (**met** de) ★ *iem.* ~ flatter qn ★ *ik voelde me gevleid* je me sentais flatté ❷ ~ **met** *hoopvol stemmen met* ★ *zich* ~ *met* se bercer de
vleiend I *bn* flatteur [v: flatteuse] ★ ~*e woorden* paroles *v mv* flatteuses **II** *bw* flatteusement
vleier flatteur *m* [v: flatteuse]
vleierij flatterie *v*
vlek ❶ *vuile plek* tache *v* ★ *vlekken verwijderen* détacher ★ *een overhemd vol vlekken* une chemise tachée ❷ *anders gekleurde plek* tache *v* ★ *een hond met vlekken* un chien tacheté ▼ *blinde vlek* point *m* aveugle ▼ *ergens een blinde vlek voor hebben* être aveugle à qc ▼ *dat is zijn blinde vlek* il est aveugle à cela, il s'aveugle là-dessus
vlekkeloos ❶ *zonder vlek* immaculé, sans tache ❷ fig impeccable ★ *de vertaling is niet* ~ la traduction n'est pas parfaite ★ ~ *verlopen* se dérouler sans le moindre accroc
vlekken ❶ *vlekken maken* tacher ★ *de pen vlekt* le stylo bave ❷ *vlekken krijgen* se tacher ★ *een wit tafellaken vlekt gemakkelijk* une nappe blanche se salit / tache vite
vlekkenmiddel détachant *m*
vlekkerig I *bn* taché **II** *bw* avec des taches
vlektyfus typhus *m* exanthématique
vlerk ❶ *vleugel* aile *v* ❷ *vlegel* mufle *m*
vleselijk ❶ *lichamelijk* en chair et en os ❷ fig *zinnelijk* charnel [v: charnelle]
vleug ❶ sens *m* du poil ★ *tegen de* ~ à contre-poil ❷ → **vleugje**
vleugel ❶ *vliegorgaan* aile *v* ★ *met de* ~*s klappen* battre des ailes ★ *de* ~*s uitslaan* déployer les ailes, fig prendre sa volée ★ *iem.* ~*s geven* donner des ailes à qn ★ *onder iemands* ~*s* sous l'aile de qn ❷ *deel van vliegtuig* aile *v* ❸ *deel van gebouw* aile *v* ❹ *zijlinie* ook pol aile *v* ★ *de linker*~ *van de christendemocraten* l'aile gauche des démocrates-chrétiens ❺ *piano* piano *m* à queue
vleugellam ★ ~ *zijn* ook fig battre de l'aile
vleugelmoer écrou *m* à oreilles
vleugelspeler ailier *m*
vleugelverdediger arrière *m* latéral
vleugje ⟨vlaagje⟩ bouffée *v*, ⟨glimp⟩ lueur *v*, ⟨ietsje⟩ brin *m*, ombre *v*, soupçon *m* ★ *een* ~ *parfum* un soupçon de parfum ★ *een* ~ *hoop* l'ombre d'un espoir
vlezig charnu
vlieg mouche *v* ▼ *iem. een* ~ *afvangen* souffler qc à qn ▼ *twee* ~*en in één klap slaan* faire d'une pierre deux coups, faire coup double ▼ *hij zou geen* ~ *kwaad doen* il ne ferait pas de mal à une mouche
vliegangst peur *v* de monter en avion
vliegas escarbille *v*
vliegbasis base *v* aérienne
vliegbrevet brevet *m* de pilote
vliegdekschip porte-avion *m* [mv: porte-avions]
vliegen I *ov ww* ❶ *besturen* piloter ❷ *vervoeren* transporter par avion **II** *onov ww* ❶ *door de lucht bewegen* voler, ⟨van kogels⟩ siffler ★ *hij ziet ze* ~ il débloque ★ *de vogel is gevlogen* l'oiseau s'est envolé ❷ *met het vliegtuig gaan* prendre l'avion, aller en avion ★ *blind* ~ voler sans visibilité / sans guidage ★ *over een stad* ~ survoler une ville ❸ *snellen* courir ★ *iem. om de hals* ~ se jeter au cou de qn ★ *erin* ~ marcher ★ *eruit* ~ se faire virer ❹ *snel voorbijgaan* s'envoler, passer vite
vliegenier aviateur *m* [v: aviatrice]
vliegenmepper tapette *v*
vliegenraam BN moustiquaire *v*
vliegensvlug en deux temps, trois mouvements
vliegenvanger *kleefstrook* papier *m* tue-mouche
vliegenzwam amanite *v* tue-mouche
vlieger ❶ *speelgoed* cerf-volant *m* [mv: cerfs-volants] ★ *een* ~ *oplaten* lancer un cerf-volant ★ *die* ~ *gaat niet op* cela ne marche pas ❷ *piloot* pilote *m*, aviateur *m* [v: aviatrice]
vliegeren jouer au cerf-volant
vlieggewicht sport *klasse* poids *m* mouche
vliegramp catastrophe *v* aérienne
vliegshow meeting *m* aérien
vliegtuig avion *m* ★ *per* ~ par avion
vliegtuigbouw construction *v* aéronautique
vliegtuigkaping détournement *m* d'avion
vlieguur heure *v* de vol
vliegveld aéroport *m*, ⟨klein⟩ aérodrome *m*
vliegverbinding liaison *v* aérienne
vliegverkeer trafic *m* aérien
vliegwiel volant *m*
vlier sureau *m* [m mv: sureaux]
vlierbes baie *v* de sureau
vliering soupente *v*
vlies ❶ *dun laagje, velletje* pellicule *v*, peau *v* ❷ biol membrane *v*

vlijen poser (doucement) ★ *zich tegen iem. aan ~* se blottir contre qn
vlijmscherp ❶ *goed snijdend* tranchant ★ *een ~ mes* un couteau bien tranchant ❷ fig acerbe ★ *een ~e opmerking* une remarque incisive
vlijt zèle *m*, application *v*, assiduité *v*
vlijtig I *bn* appliqué, zélé, assidu ★ *een ~e leerling* un élève appliqué ▼ *een ~ liesje* une impatiente **II** *bw* avec zèle / application, assidûment
vlinder papillon *m*
vlinderdas nœud *m* papillon
vlindernet filet *m* à papillons
vlinderslag sport (brasse *v*) papillon *m*
Vlissingen Flessingue *v*
vlizotrap escalier *m* escamotable
vlo puce *v*
vlocht [verl. td.] → **vlechten**
vlochten [verl. td.] → **vlechten**
vloed ❶ *hoogtij* marée *v* haute, ‹opkomend› marée montante ★ *het is ~* la marée est haute ❷ *overweldigende massa* flot *m*, flux *m* ★ *een ~ van woorden* un flux de paroles ❸ med pertes *v mv* ★ *witte ~* pertes blanches, leucorrhée *v*
vloedgolf ❶ *grote golf* raz-de-marée *m* [mv: id.] ❷ *grote hoeveelheid* raz-de-marée *m* [mv: id.] ★ *een ~ van kritiek* un flot de critiques
vloedlijn courbe *v* cotidale
vloei (papier *m*) buvard *m*, ‹voor shag› papier *m* à cigarettes → **vloeitje**
vloeibaar liquide ★ *~ gas* gaz *m* liquéfié ★ *~ worden* se liquéfier
vloeien ❶ *stromen* couler, s'écouler ★ *de woorden ~ uit zijn pen* il laisse courir sa plume ★ *in elkaar ~* se fondre ❷ *vaginaal bloeden* avoir des pertes de sang
vloeiend I *bn* fluide, ‹van stijl› coulant ★ *in één ~e beweging* d'un seul mouvement souple **II** *bw* ★ *~ in elkaar overgaan* se fondre ★ *hij spreekt ~ Frans* il parle couramment le français
vloeipapier (papier *m*) buvard *m*, ‹voor shag› papier *m* à cigarettes
vloeistof liquide *m*, natk fluide *m*
vloeitje *sigarettenpapier* papier *m* (à cigarettes), (feuille *v* de) papier *m*
vloek ❶ *vervloeking* malédiction *v*, ‹godslastering› blasphème *m* ★ *er rust een ~ op dit huis* cette maison est maudite ❷ *scheldwoord* juron *m* ★ *in een ~ en een zucht* en un tour de main ❸ *iets rampzaligs* fléau *m*
vloeken ❶ *krachttermen uiten* jurer, ‹m.b.t. religie› blasphémer ★ *~ op* pester contre ❷ *schril afsteken* jurer (**met** avec) ★ *die kleuren ~ met elkaar* ces couleurs jurent entre elles
vloer sol *m*, ‹van hout› plancher *m* ▼ *veel bij iem. over de ~ komen* fréquenter qn ▼ *de ~ met iem. aanvegen* ne faire qu'une bouchée de qn
vloerbedekking revêtement *m* de sol ★ *vaste ~* moquette *v*
vloeren terrasser, tomber
vloerkleed tapis *m*, ‹vast› moquette *v*
vloermat paillasson *m*, natte *v*
vloerwisser, **vloertrekker** essuie-sol *m* [mv: essuie-sols]
vlog vlog *m*
vlogen [verl. td.] → **vliegen**
vloggen vloguer
vlok flocon *m*, ‹stofdot› mouton *m*, ‹pluisje› peluche *v*
vlokkentest biopsie *v* du chorion
vlokkig floconneux [v: floconneuse]
vlonder ❶ *slootplank* passerelle *v* ❷ *losse vloer* caillebotis *m*, plancher *m*
vloog [verl. td.] → **vliegen**
vlooien épucer
vlooienband collier *m* anti-puces
vlooienmarkt (marché *m* aux) puces *v mv*
vloot ❶ *groep schepen* flotte *v* ❷ *groep vliegtuigen* flotte *v*
vlootbasis base *v* navale
vlootschouw revue *v* navale
vlot I *het* radeau *m* [mv: radeaux] **II** *bn* ❶ *snel* prompt, rapide ★ *een zaak vlot afwikkelen* expédier (promptement / rondement) une affaire ★ *vlot afgehandeld* expédié ★ *alles is vlot gegaan* tout s'est déroulé sans encombre ❷ *gemakkelijk* aisé, facile ★ *vlot praten* parler avec aisance ❸ *ongedwongen* décontracté, détaché ❹ *drijvend* à flot ★ *vlot trekken* remettre à flot, renflouer
vlotten *vlot verlopen* marcher, aller bon train, bien avancer ▼ *~d kapitaal* capital *m* flottant
vlotter flotteur *m*
vlucht ❶ *het ontvluchten* fuite *v* ★ *~ vooruit* fuite en avant ★ *overhaaste ~* déroute *v* ★ *op de ~ jagen* mettre en fuite ★ *op de ~ slaan* prendre la fuite ★ *~ uit de werkelijkheid* évasion *v* ❷ *het vliegen* vol *m* ★ *in de ~* au vol ★ *een hoge ~ nemen* prendre son envol, prendre un grand essor ❸ *vliegtocht* vol *m* ❹ *troep vogels* vol *m*, volée *v* ★ *een ~ regenwulpen* un vol de courlis
vluchteling fuyard *m*, fugitif *m* [v: fugitive], pol réfugié *m* (politique) [v: réfugiée]
vluchtelingenkamp camp *m* de réfugiés
vluchten ❶ *ontvluchten* fuir (**voor** devant), s'enfuir ★ *het land uit ~* s'enfuir du pays, fuir le pays ❷ fig *toevlucht zoeken* fuir ★ *~ voor de werkelijkheid* fuir les réalités, s'évader du réel
vluchthaven *toevluchtsoord* refuge *m*
vluchtheuvel refuge *m*, passage *m* surélevé
vluchthuis BN *blijf-van-mijn-lijfhuis* maison-refuge *v*
vluchtig ❶ ‹m.b.t. (vloei)stoffen› volatil ❷ *snel en oppervlakkig* rapide, sommaire ★ *iets ~ doorzien* parcourir qc (rapidement) ★ *iets ~ onderzoeken* examiner qc sommairement / superficiellement ❸ *voorbijgaand* passager [v: passagère], fugace ★ *hoe ~ is het geluk!* le bonheur est éphémère!
vluchtleider luchtv directeur *m* de vol
vluchtleiding luchtv direction *v* du vol
vluchtnummer luchtv numéro *m* de vol
vluchtrecorder luchtv enregistreur *m* de vol
vluchtschema luchtv plan *m* de vol
vluchtstrook bande *v* d'arrêt d'urgence
vlug rapide ★ *vlug ter been* ingambe ★ *vlug van begrip zijn* avoir l'esprit vif ★ *iem. te vlug af zijn* prendre qn de vitesse ★ *vlug spreken* parler vite / rapidement ★ *en vlug (een beetje)!* au trot! ★ *ik kom vlug* je viendrai bientôt
vluggertje ❶ *vrijpartij* ★ *een ~ maken* tirer un coup ❷ *dam- of schaakpartij* blitz *m*
vlugschrift tract *m*
vlugzout sel *m* volatil

vmbo *voorbereidend middelbaar beroepsonderwijs* ≈ bac *m* pro(fessionnel)
VN *Verenigde Naties* ONU *v* (Organisation des Nations unies) ★ *een resolutie van de VN* une résolution de l'ONU
vocaal I *de* voyelle *v* **II** *bn* vocal [m mv: vocaux]
vocabulaire *woordenschat* vocabulaire *m*
vocalist chanteur *m* [v: chanteuse]
vocht I *het* ❶ *vloeistof* liquide *m* ★ *je moet ervoor zorgen dat je voldoende ~ binnenkrijgt* il est important de se désaltérer ❷ *vochtigheid* humidité *v* ★ *de muur is gaan schimmelen door het ~* le mur est moisi par l'humidité **II** *ww* [verl. td.] → **vechten**
vochten [verl. td.] → **vechten**
vochtgehalte teneur *v* en humidité
vochtig humide, ⟨klam⟩ moite
vochtigheid ❶ *het vochtig zijn* humidité *v* ❷ *vochtgehalte* humidité *v*
vochtigheidsmeter hygromètre *m*
vochtvrij ❶ *zonder vocht* ★ *~ bewaren* conserver à l'abri de l'humidité ❷ *vochtwerend* hydrofuge
vod ❶ *oude lap* chiffon *m*, loque *v* ★ *iem. achter de vodden zitten* talonner qn ❷ *prul* torchon *m* ★ *een vodje papier* un chiffon de papier ❸ BN *schoonmaakdoekje* chiffon *m*
voddenbaal *mens,* ▼ *eruitzien als een ~* être ficelé comme un sac
voddenboer chiffonnier *m*
voeden I *ov ww* ❶ *voedsel geven* ook fig nourrir, alimenter, ⟨zogen⟩ allaiter ★ *zich ~ met* se nourrir de ❷ *van toevoer voorzien* alimenter **II** *onov ww, voedzaam zijn* être nourrissant
voeder nourriture *v*, pâture *v*, fourrage *m*
voederbak mangeoire *v*, ⟨kom⟩ écuelle *v*
voederen nourrir, donner à manger à
voeding ❶ *voedsel geven* alimentation *v*, nutrition *v*, ⟨van zuigeling⟩ tétée *v* ❷ *voedsel* nourriture *v* ★ *slechte ~* malnutrition *v* ★ *~ geven aan geruchten* nourrir des rumeurs ❸ techn alimentation *v*
voedingsbodem ❶ lett bouillon *m* de culture ❷ fig bouillon *m* de culture
voedingsleer diététique *v*
voedingsmiddel aliment *m*, produit *m* alimentaire
voedingspatroon habitudes *v mv* alimentaires
voedingsstof substance *v* nutritive, nutriment *m*
voedingssupplement complément *m* alimentaire
voedingswaarde valeur *v* nutritive
voedsel ❶ *voeding* nourriture *v*, ⟨voer⟩ pâture *v* ★ *vast ~* aliments *m mv* solides ❷ fig nourriture *v* ★ *~ geven aan* alimenter ★ *geestelijk ~* nourriture spirituelle
voedselbank banque *v* alimentaire, ≈ resto *m* du cœur
voedselhulp aide *v* alimentaire
voedselpakket colis *m* alimentaire
voedselrijk riche en aliments, biol eutrophique
voedselvergiftiging intoxication *v* alimentaire
voedselvoorziening ravitaillement *m*
voedster *mens* nourrice *v*
voedzaam nourrissant, nutritif [v: nutritive], ⟨degelijk⟩ substantiel [v: substantielle]
voeg joint *m* ▼ *uit zijn voegen gerukt* disloqué ▼ *in zijn voegen kraken* craquer de partout
voege ▼ BN *in ~ zijn* être en vigueur
voegen I *ov ww* ❶ *verbinden, verenigen* joindre, assembler, ⟨toevoegen⟩ ajouter (à), joindre (à) ★ *zich ~ bij iem.* rejoindre qn ★ *de daad bij het woord ~* joindre le geste à la parole ❷ *met specie opvullen* lier, jointoyer **II** *wkd ww* [**zich ~**] **~ naar** *schikken in* s'accommoder de
voegijzer fiche *v*
voegwoord conjonction *v*
voelbaar ❶ *merkbaar* sensible ★ *de spanning was ~* la tension était sensible ❷ *tastbaar* palpable
voelen I *ov ww* ❶ *gewaarworden* sentir, ⟨innerlijk⟩ ressentir, éprouver ❷ *aanvoelen, begrijpen* sentir, comprendre ❸ *bevoelen* palper, tâter, toucher ❹ **~ voor** être attiré par ★ *hij voelt er weinig voor* cela ne lui dit rien **II** *onov ww* ❶ *aanvoelen* ★ *het voelt zacht* c'est doux au toucher ❷ *tasten* ★ *naar iets ~* chercher qc à tâtons **III** *wkd ww* [**zich ~**] se sentir ★ *ik voel me uitstekend* je me sens en pleine forme ★ *zich heel wat ~* se croire qc
voelhoorn ⟨van insecten⟩ antenne *v*, ⟨van slakken⟩ tentacule *m*, corne *v* ▼ *zijn ~s uitsteken* tâter le terrain
voeling contact *m* ★ *~ hebben met iem.* être en contact avec qn ★ *~ houden* garder le contact ★ *~ krijgen met iem.* entrer en contact avec qn
voelspriet ⟨van insecten⟩ antenne *v*, ⟨van slakken⟩ tentacule *m*, corne *v*
voer I *het* nourriture *v*, fourrage *m*, pâture *v* **II** *ww* [verl. td.] → **varen**
voeren I *ov ww* ❶ *voeden* nourrir, donner à manger à ★ *de varkens ~* donner à manger aux cochons ❷ *leiden* conduire, mener, ⟨brengen⟩ amener ❸ *van voering voorzien* doubler, ⟨met bont e.d.⟩ fourrer ❹ *dragen, hebben, houden* ★ *een titel ~* porter un titre ★ *oorlog ~* faire la guerre ★ *het woord ~* avoir la parole **II** *ww* [verl. td.] → **varen**
voering doublure *v*
voerman charretier *m* [v: charretière]
voertaal langue *v* véhiculaire
voertuig véhicule *m*
voet ❶ *lichaamsdeel* pied *m* ★ *voetje voor voetje* pied à pied, pas à pas ★ *op blote voeten* pieds nus ★ *te voet* à pied ★ *geen voet verzetten* ne pas bouger ★ *voet aan wal zetten* mettre pied à terre ★ *de zaal aan zijn voeten krijgen* conquérir la salle / le public ★ *iets met voeten treden* fouler qc aux pieds, piétiner qc ★ BN *met een zware voet rijden* rouler à toute allure ★ BN *met iemands voeten spelen* se jouer de qn ★ *onder de voet gelopen worden* être piétiné, fig être écrasé ★ *op vrije voeten stellen* mettre en liberté ★ *op staande voet* sur-le-champ, ⟨bij ontslag⟩ sans préavis ★ *op de voet volgen* suivre de près ★ *dat is hem ten voeten uit* c'est lui tout craché ★ *uit de voeten kunnen met iets* savoir manier qc, savoir s'y prendre ★ *niet uit de voeten kunnen met* être fâché avec ★ *zich uit de voeten maken* se sauver, filer ★ *iem. voor de voeten lopen* être dans les jambes de qn ★ *iem. iets voor de voeten werpen* jeter qc au nez / à la face de qn ★ *voet bij stuk houden* tenir bon, camper / rester sur ses positions, persister (et signer) ★ *vaste voet krijgen* s'installer, prendre pied contrecarrer qn mettre

des bâtons dans les roues à qn ★ *veel voeten in de aarde hebben* être toute une affaire ★ *een voet tussen de deur krijgen* s'insinuer ★ *een wit voetje bij iem. hebben*, BN *een voetje voor hebben bij iem.* être dans les petits papiers de qn ❷ *basis, onderste deel* pied *m*, base *v* ★ *belastingvrije voet* abattement *m* à la base ★ *aan de voet van* au pied de ❸ *wijze, grondslag* base *v*, pied *m* ★ *op goede voet staan met iem.* être en bons termes avec qn ★ *op gespannen voet met iem. staan* avoir des rapports tendus avec qn ★ *op voet van gelijkheid* sur (un) pied d'égalité, d'égal à égal ★ *op voet van oorlog* sur le pied de guerre ★ *op bescheiden voet leven* vivre modestement ★ *op grote voet leven* mener grand train ★ *op dezelfde voet* sur le même pied ❹ *lengtemaat* pied *m*

voetafdruk empreinte *v* (du pied) ★ *ecologische ~* empreinte écologique

voetangel fig piège *m* ▾ *~s en klemmen* pièges

voetbad bain *m* de pieds

voetbal I *de, bal* ballon *m* (de football) II *het, spel* football *m*, inform foot *m* ★ *~ kijken* regarder le foot

voetbalclub club *m* de foot(ball)

voetbalelftal équipe *v* de foot(ball)

voetbalknie méniscite *v*

voetballen jouer au foot(ball)

voetballer footballeur *m* [v: footballeuse], joueur *m* de foot(ball) [v: joueuse...]

voetbalschoen chaussure *v* de foot(ball)

voetbalveld terrain *m* de foot(ball)

voetbalwedstrijd match *m* de foot(ball)

voetenbank tabouret *m*, petit banc *m*

voeteneinde pied *m* (du lit)

voetganger piéton *m* [v: piétonne]

voetgangersbrug passerelle *v* pour piétons

voetgangersgebied zone *v* piétonnière / piétonne

voetgangersoversteekplaats passage *m* (pour) piétons

voetgangerstunnel passage *m* souterrain

voetlicht rampe *v* ▾ *voor het ~ brengen* mettre pleins feux sur, mettre en évidence ▾ *over het ~ komen* passer (la rampe)

voetnoot *noot onderaan bladzijde* note *v* en bas de page, fig remarque *v*

voetpad ❶ *paadje* sentier *m* ❷ *trottoir* trottoir *m*

voetreis voyage *m* à pied, randonnée *v*

voetspoor trace *v* ▾ *in iemands voetsporen treden* marcher sur les traces de qn

voetstap ❶ *stap* pas *m* ★ *bij elke ~* à chaque pas ★ *ik hoor ~pen naderen* j'entends des pas ❷ *spoor* trace *v* de pas ★ *in iemands ~pen treden* marcher sur les traces de qn

voetsteun repose-pied *m* [mv: repose-pieds]

voetstoots comme ça ★ *iets ~ aannemen* accepter qc immédiatement / les yeux fermés

voetstuk socle *m*, ook fig piédestal *m* ▾ *iem. op een ~ plaatsen* mettre qn sur un piédestal ▾ *van zijn ~ vallen* tomber de haut ▾ *iem. van zijn ~ stoten* faire tomber qn de son piédestal

voettocht randonnée *v* (pédestre)

voetveeg souffre-douleur *m* [mv: souffre-douleur(s)] ★ *iemands ~ zijn* être le paillasson de qn

voetvolk ❶ mil *infanterie* infanterie *v* ❷ fig *gewone volk* piétaille *v*

voetzoeker ≈ pétard *m*

voetzool plante *v* du pied

vogel oiseau *m* [mv: oiseaux] ★ *zo vrij als een ~ in de lucht* libre comme l'air, libre de ses mouvements ★ *beter één ~ in de hand dan tien in de lucht* un tiens vaut mieux que deux tu l'auras ★ *de ~ is gevlogen* l'oiseau s'est envolé ★ *~s van diverse pluimage* des gens de tous poils ★ *een vreemde ~* un type bizarre ★ *een vroege ~* lève-tôt *m/v* [onver.]

vogelaar ❶ *vogelvanger* oiseleur *m* ❷ *vogelliefhebber* ornithologue *m/v* amateur

vogelgriep grippe *v* aviaire

vogelkooi cage *v*, ‹groot› volière *v*

vogelnest nid *m* (d'oiseau)

vogelpik BN *darts* (jeu *m* de) fléchettes *v mv*

vogelsoort espèce *v* d'oiseau

vogelspin mygale *v*

vogelstand faune *v* ailée, ‹m.b.t. aantal› population *v* ailée

vogeltrek migration *v* des oiseaux

vogelverschrikker épouvantail *m*

vogelvlucht *perspectief*, ▾ *in ~* ‹perspectief› à vol d'oiseau, ‹van film› en plongée, ‹globaal› globalement

vogelvrij ★ *~ verklaren* mettre hors la loi, proscrire ★ *een ~ verklaarde* un hors-la-loi

Vogezen Vosges *v mv*

voicemail boîte *v* / messagerie *v* vocale

voice-over voix *v* off

voile ‹sluier› voilette *v*

vol ❶ *geheel gevuld* plein, ‹gevuld› rempli, ‹boordevol› comble, ‹van hotel e.d.› complet [v: complète] ★ *vol!* complet! ★ *vol met / van* plein de ★ *vol maken* remplir ★ *vol worden* se remplir ★ *het is er vol* ‹druk› il y a foule ★ *ik zit vol* je suis gavé ★ *vol zitten met* ‹wemelen› fourmiller de ★ *een volle zaal* une salle comble ❷ *vervuld* ★ *vol hoop zijn* être plein d'espoir ★ *vol vertrouwen* en toute confiance ★ *iedereen is er vol van* tout le monde en parle ★ *hij is er vol van* il ne pense qu'à ça ❸ *intens* ‹van kleur› franc [v: franche], ‹van geluid› plein ★ *in het volste vertrouwen* en toute confiance ❹ *bedekt* plein (de), couvert (de) ★ *vol (met) vlekken* (re)couvert de taches ❺ *volledig* entier [v: entière] ★ *een volle maand* tout un mois ★ *ten volle* pleinement, entièrement ★ *iem. voor vol aanzien* prendre qn au sérieux ❻ *rond, bol* rond ★ *met volle zeilen* à pleines voiles

volautomatisch entièrement automatique

volbloed I *de* pur-sang *m* [mv: id.] II *bn, raszuiver* de race (pure), ‹van paarden› de pur sang, fig pur sang

volbrengen accomplir ★ *een taak ~* s'acquitter d'une tâche

voldaan ❶ *tevreden* content (de), satisfait (de) ★ *een ~ gevoel* un sentiment de satisfaction ❷ *betaald* payé, acquitté, ‹onder rekening› pour acquit ★ *de rekening is ~* la facture est payée ★ *voor ~ tekenen* acquitter

voldoen I *ov ww, betalen* payer, acquitter, régler ★ *een rekening ~* acquitter une facture II *onov ww* ❶ *bevredigen* satisfaire, donner satisfaction ❷ **~ aan** satisfaire (à), remplir, répondre à ★ *aan* *de verwachtingen* ~ répondre à l'attente ★ ~ *aan de voorwaarden* répondre aux conditions, remplir les conditions

voldoende I *bn* ❶ *bevredigend* suffisant, ‹als rapport- / examencijfer› passable ❷ *genoeg* suffisant ★ *dat is* ~ cela suffit, c'est assez **II** *bw, genoeg* suffisamment ★ ~ *voorbereid* suffisamment preparé **III** *de, schoolcijfer* moyenne *v* ★ *een* ~ *voor wiskunde* la moyenne en maths ★ *een dikke* ~ une note au-dessus de la moyenne

voldoening ❶ *tevredenheid* satisfaction *v* ★ ~ *in iets vinden* prendre plaisir à (faire) qc ★ ~ *schenken* procurer de la satisfaction ★ *dat geeft mij* ~ cela me donne satisfaction ❷ *betaling* acquittement *m*, paiement *m*

voldongen → **feit**

voldragen biol né à terme ★ *een* ~ *kind* un enfant né à terme

volgauto ❶ *begeleidende auto* voiture *v* d'escorte ❷ sport voiture *v* suiveuse

volgeboekt complet [v: complète]

volgeling disciple *m/v*, adepte *m/v*

volgen I *ov ww* ❶ *achternagaan* suivre ★ *iem. op de voet* ~ suivre qn de près ★ *met de blik* ~ suivre du regard ❷ *handelen naar* suivre, observer ★ *een bepaalde tactiek* ~ adopter une certaine tactique ★ *iemands voorbeeld* ~ suivre l'exemple de qn ❸ *bijwonen, bijhouden* suivre ★ *een cursus* ~ suivre un cours ❹ *begrijpen* suivre ★ *ik kan je niet* ~ je ne te suis pas ★ *ik kan het niet meer* ~ je suis dépassé / largué, je ne suis plus ❺ BN *begeleiden* suivre **II** *onov ww* ❶ *erna komen* suivre ★ *wie volgt?* au suivant! ★ ~ *op* succéder à ★ *hij liet erop* ~ il ajouta ★ *als volgt* comme suit ❷ ~ **uit** résulter de, ressortir de ★ *daaruit volgt dat* il en résulte que

volgend suivant, ‹aanstaand› prochain ★ *de* ~*e dag* le lendemain ★ *de* ~*e dagen* les jours d'après ★ ~ *jaar* l'année prochaine ★ ~*e week* la semaine prochaine ★ *de* ~*e keer* la prochaine fois ★ *ik zou graag het* ~*e bestellen* je voudrais commander ce qui suit ★ *het* ~*e huis in de straat* la maison suivante dans la rue ★ *wie is de* ~*e?* qui est le suivant?

volgens ❶ *naar mening van* selon, d'après ★ ~ *mij* selon moi ❷ *overeenkomstig* conforme à ★ ~ *het contract* aux termes du contrat ★ ~ *afspraak* comme convenu ★ *alles verloopt* ~ *plan* tout va comme prévu

volger ❶ *iem. die volgt* suiveur *m* [v: suiveuse] ❷ *op sociale media* suiveur [v: suiveuse]

volgnummer numéro *m* d'ordre

volgooien remplir, ‹dichtgooien› combler, ‹van benzinetank› faire le plein

volgorde ordre *m* ★ *in* ~ *leggen* classer, ranger ★ *in* ~ *van aankomst* par ordre d'arrivée ★ *in alfabetische* ~ par ordre alphabétique ★ *in willekeurige / verkeerde* ~ dans le désordre

volgroeid ‹rijp› mûr, ‹volwassen› adulte

volgwagen ❶ *begeleidende auto* voiture *v* d'escorte ❷ sport voiture *v* de suiveur

volgzaam docile

volharden persévérer, persister (**in** dans)

volhardend persévérant, persistant

volharding persévérance *v*

volhouden I *ov ww* ❶ *niet opgeven* continuer, ‹van inspanning› soutenir ★ *ik houd het niet meer vol, ik geef het op* je ne tiens plus le coup, je baisse les bras ❷ *blijven beweren* maintenir ★ *hardnekkig* ~ persister à dire **II** *onov ww, doorgaan* tenir (bon), ‹doorzetten› s'accrocher ★ *nog even* ~*!* encore un petit effort!

volière volière *v*

volk ❶ *natie* peuple *m* ❷ *bevolking* peuple *m* ★ *hij begaf zich onder het volk* il s'est mêlé au peuple ❸ *lagere klassen* peuple *m* ❹ *menigte* foule *v* ★ *er was veel volk* il y avait beaucoup de monde ❺ *soort mensen* gens *m mv* ★ *het gewone volk* le (bas) peuple ★ *het jonge volkje* la jeunesse ★ *goed volk* de braves gens ❻ *groep insecten* ★ *een bijenvolk* une ruche ❼ *bezoek* ★ *volk!* il y a qn?

Volkenbond gesch Société *v* des Nations

volkenkunde ethnologie *v*

volkenkundig ethnologique

volkenmoord génocide *m*

volkenrecht jur droit *m* international public

volkomen I *bn* complet [v: complète], entier [v: entière] **II** *bw* parfaitement, complètement, entièrement ★ *zich* ~ *op zijn gemak voelen* se sentir parfaitement à l'aise ★ *je hebt* ~ *gelijk* tu as parfaitement raison ★ *ik ben het er* ~ *mee eens* je suis entièrement d'accord

volkorenbrood culin pain *m* complet

volks populaire, ‹ordinair› peuple [onver.], inform popu

volksaard caractère *m* national

volksbuurt quartier *m* populaire

volksdans danse *v* folklorique

volksdansen faire de la danse folklorique

volksfeest fête *v* populaire

volksgeloof croyance *v* populaire

volksgezondheid santé *v* publique

volkshuisvesting logement *m*

volksjongen fils *m* du peuple

volkslied ❶ *officieel nationaal lied* hymne *m* national ❷ *overgeleverd lied* chant *m* populaire

volksmenner démagogue *m/v*

volksmond ★ *in de* ~ populairement

volksmuziek musique *v* populaire

volksrepubliek république *v* populaire

volksstam ❶ *volk* tribu *v* ❷ *menigte* tribu *v* ★ *er zijn hele* ~*men die* il y a des tas de gens qui

volksstemming référendum *m*

volkstaal *informele taal* langue *v* populaire

volkstelling recensement *m*

volkstoneel théâtre *m* populaire

volkstuin jardin *m* ouvrier

volksuniversiteit université *v* populaire

volksverhuizing ❶ *het trekken van een volk* migration *v* (des peuples) ★ gesch *de grote* ~ les grandes invasions ❷ fig grandes migrations *v mv*

volksverlakkerij arnaque *v*

volksvermaak divertissement *m* populaire

volksvertegenwoordiger député *m*

volksvertegenwoordiging *parlement* parlement *m*

volksverzekering assurance(s) *v (mv)* sociale(s)

volksvijand ennemi *m* public

volksvrouw femme *v* du peuple

volkswijsheid sagesse *v* populaire

volledig I *bn* complet [v: complète], ⟨onverkort⟩ intégral [m mv: intégraux], entier [v: entière] ★ *de ~e naam* le nom entier ★ *de ~e werken van Multatuli* les œuvres complètes de Multatuli ★ *onder ~e narcose* sous anesthésie générale **II** *bw* complètement, entièrement ★ *de stad was ~ verwoest* la ville était complètement détruite
volledigheidshalve pour être complet [v: ... complète]
volleerd *geschoold* expert, qualifié, fig accompli
volley sport volée *v*
volleybal I *de, bal* ballon *m* de volley **II** *het, spel* volley(-ball) *m*
volleyballen jouer au volley(-ball)
vollopen se remplir
volmaakt I *bn* parfait ★ *niemand is ~* personne n'est parfaite **II** *bw* parfaitement ★ *~ gelukkig zijn* être parfaitement heureux
volmacht *opdracht tot handelen* plein(s) pouvoir(s) *m (mv)*, procuration *v* ★ *bij ~* par procuration ★ *iem. blanco ~ geven* donner carte blanche à qn
volmaken parfaire
volmondig I *bn* franc ★ *een ~ 'ja'* un oui sans réserve **II** *bw* franchement ★ *iets ~ toegeven* reconnaître qc sans réserve
volop ⟨rijkelijk⟩ en abondance, ⟨geheel⟩ pleinement
volpension pension *v* complète
volproppen bourrer
volslagen I *bn* complet [v: complète], total [m mv: totaux] ★ *dat is ~ onzin* c'est n'importe quoi **II** *bw* complètement, totalement
volslank bien en chair
volstaan ❶ *voldoende zijn* suffire ★ *dat volstaat* cela suffit **❷** ~ **met** se contenter de ★ *laat ik ~ met te zeggen...* il suffit de dire...
volstoppen bourrer
volstrekt I *bn, absoluut* absolu **II** *bw, beslist* absolument
volt volt *m*
voltage voltage *m*
voltallig au (grand) complet
voltigeren faire de la voltige
voltijdbaan emploi *m* à plein temps
voltijder travailleur *m* à plein temps
voltijds, voltijd à plein temps
voltooien achever, terminer
voltooiing achèvement *m*
voltreffer ❶ lett coup *m* dans le mille ★ *een ~ krijgen* être atteint de plein fouet **❷** fig coup *m* dans le mille
voltrekken I *ov ww* exécuter, accomplir ★ *een vonnis ~* exécuter une sentence ★ *een huwelijk ~* célébrer un mariage **II** *wkd ww* [**zich ~**] s'accomplir, se faire ★ *er heeft zich een ramp voltrokken* une catastrophe a eu lieu
voltrekking exécution *v*, ⟨van huwelijk⟩ célébration *v*
voluit à plein, ⟨geschreven⟩ en toutes lettres ▼ *~ gaan* y aller (à fond)
volume ❶ *inhoud* volume *m* **❷** *geluidssterkte* volume *m*
volumewagen BN transp monospace *m*
volumineus volumineux [v: volumineuse]
voluptueus voluptueux [v: voluptueuse]
volvet gras [v: grasse]
volvoeren exécuter, accomplir
volwaardig à part entière, ⟨van voedsel⟩ complet [v: complète]
volwassen adulte, ⟨rijp⟩ mature
volwassene adulte *m/v*
volwasseneneducatie éducation *v* permanente
volwassenheid âge *m* adulte, maturité *v*
volzet BN *vol* complet [v: complète] ★ *de camping was ~* le camping était complet
volzin phrase *v*
vond [verl. td.] → **vinden**
vondeling enfant *m* abandonné ★ *te ~ leggen* abandonner
vonden [verl. td.] → **vinden**
vondst ❶ *het vinden* découverte *v* **❷** *het gevondene* objet *m* trouvé **❸** *bedenksel* trouvaille *v*
vonk ❶ *gloeiend deeltje* étincelle *v* **❷** fig *gevoelsflits* étincelle *v* ★ *de vonk sprong over* le courant passait
vonken jeter des étincelles, faire jaillir des étincelles
vonnis form sentence *v*, ⟨van lagere instantie⟩ jugement *m*, ⟨uitspraak⟩ verdict *m* ★ *een ~ vellen* rendre un jugement, juger
vonnissen juger
voodoo vaudou *m*
voogd tuteur *m* [v: tutrice]
voogdij tutelle *v* ★ *onder ~* sous tutelle
voor I *vz* **❶** *aan de voorkant van* devant ★ *voor het huis* devant la maison **❷** *naar voren* ★ *voor zich uit kijken* regarder devant soi ★ *iets voor zich houden* garder qc pour soi, taire qc **❸** *eerder dan* avant ★ *voor 1992* avant 1992 ★ *voor de oorlog* avant la guerre ★ *het is vijf voor acht* il est huit heures moins cinq ★ *wat deed je hiervoor?* que faisais-tu avant? **❹** *gedurende* pour ★ *hij gaat voor een jaar weg* il part pour un an ★ *voor zijn leven verminkt* mutilé pour la vie **❺** *in tegenwoordigheid van* devant **❻** *jegens* pour ★ *achting hebben voor iem.* avoir de l'estime pour qn **❼** *in ruil voor* pour ★ *voor vijf euro* pour cinq euros **❽** *wat ... betreft* pour ★ *niet slecht voor een beginner* pas mal pour un débutant ★ *wat is dit voor een hond?* c'est quoi comme chien? ★ *een 7 voor Engels* un 7 (sur 10) en anglais ★ *dat is net iets voor hem* ⟨typisch⟩ c'est bien lui! ★ *ik voor mij* (quant à) moi **❾** *ten bate / behoeve van* pour ★ *voor het goede doel* pour la bonne cause ★ *ik deed het voor jou* je l'ai fait pour toi ★ *voor de lol* pour rigoler **❿** *gunstig gestemd* pour ★ *ik ben voor het plan* je suis pour le projet, je suis en faveur du projet **II** *voegw* ★ *ik zie je nog wel voor ik vertrek* je passerai te voir avant de partir, je passerai te voir avant que je parte **III** *bw* **❶** *aan de voorkant* devant ★ *hij woont voor* il habite sur le devant (de la maison) ★ *van voor naar achter* d'avant en arrière ★ *voor in het boek* au début du livre ★ *voor je uit* devant toi ★ *voor in de zaal* devant dans la salle, à l'avant de la salle **❷** *met voorsprong* ★ *voor zijn* avoir de l'avance ★ *iem. voor zijn* devancer qn **❸** *aan het begin van* ★ *hij was voor in de dertig* il avait une trentaine d'années **❹** *gunstig gestemd* pour ★ *voor zijn* être pour **❺** *eerder, voorafgaand* ★ *het is mama voor en*

mama na c'est maman par-ci, maman par-là **IV** *de* sillon *m* ★ *voren trekken* tracer des sillons **V** *het* pour *m* ★ *de voors en tegens* les pours et les contres

vooraan en avant, ⟨voorop⟩ devant, en tête ★ *~ staan* être placé en tête

vooraanstaand éminent, de premier plan

vooraanzicht vue *v* de face

vooraf d'abord, au préalable, avant

voorafgaan ~ aan précéder

voorafje hors-d'œuvre *m* [mv: id.]

vooral surtout ★ *doe dat ~ niet* ne le fait surtout pas

vooralsnog pour le moment

voorarrest détention *v* provisoire, garde *v* à vue

vooravond ❶ *begin van de avond* ★ *in de ~* en début de soirée ❷ *avond voor iets* veille *v* ★ *de ~ van het feest* la veille de la fête ❸ *korte tijd tevoren* ★ *aan de ~ staan van* être à la veille de ★ *aan de ~ van de verkiezingen* à la veille des élections

voorbaat ▼ *bij ~* d'avance ▼ *bij ~ dank* merci d'avance, form agréez mes remerciements anticipés

voorbarig I *bn* prématuré ★ *een ~e conclusie* une conclusion hâtive **II** *bw* prématurément

voorbeeld ❶ *iets ter navolging* exemple *m*, modèle *m* ★ *naar het ~ van* à l'instar de ★ *een ~ nemen aan iem.* prendre exemple sur qn ★ *daar kun je een ~ aan nemen!* prends-en de la graine! ★ *het goede ~ geven* donner l'exemple ★ *tot ~ nemen* prendre en exemple, s'inspirer de ★ *een lichtend ~* un exemple édifiant / éclatant ★ *een ~ stellen* faire un exemple ★ *om een ~ te stellen* pour faire un exemple, pour l'exemple ❷ *iets ter illustratie* exemple *m* ★ *laat ik je een ~ geven* prenons un exemple

voorbeeldig I *bn* exemplaire ★ *een ~e leerling* un élève modèle ★ *haar gedrag is ~* son comportement est exemplaire **II** *bw* à merveille

voorbehoedmiddel contraceptif *m*

voorbehoud réserve *v*, restriction *v* ★ *onder ~ dat* à condition que ★ *een ~ maken* faire des réserves ★ *onder ~* sous toutes réserves

voorbehouden ❶ réserver ★ *wijzigingen ~* sauf changements ★ *alle rechten ~* tous droits réservés ★ *vergissingen ~* sauf erreur ❷ BN *reserveren* réserver

voorbereiden préparer (**op** à) ★ *~d* préparatoire ★ *op het ergste voorbereid zijn* s'attendre au pire

voorbereiding préparation *v* (**op** à) ★ *in ~* en (voie de) préparation ★ *~en treffen* faire des préparatifs

voorbeschikken prédestiner (**tot** à)

voorbeschikking prédestination *v*

voorbeschouwing pronostic *m*

voorbespreking réunion *v* préparatoire

voorbestemmen prédestiner (**tot**, **voor** à)

voorbij I *vz* ❶ *langs* devant ❷ *verder dan* après ★ *het kruispunt ~* après le carrefour ★ *zijn we Utrecht al ~?* est-ce qu'on a déjà dépassé Utrecht? **II** *bn, afgelopen* passé, fini, ⟨verstreken⟩ révolu **III** *bw* ❶ *afgelopen* ★ *de vakantie is ~* les vacances sont terminées ★ *de winter is ~* c'est la fin de l'hiver ❷ *verder dan* ★ *laat me ~!* laisse-moi passer! ★ *de troepen marcheren ~* les troupes défilent

voorbijgaan ❶ *passeren* passer, ⟨inhalen⟩ doubler ★ *in het ~* en passant ★ *een huis ~* passer devant une maison ★ *het ~* le passage ❷ *verstrijken* passer ★ *een kans voorbij laten gaan* laisser passer une occasion ❸ **~ aan** négliger, ⟨expres⟩ passer sous silence, passer outre à ★ *dat ging aan mij voorbij* cela m'a échappé

voorbijgaand passager [v: passagère]

voorbijganger passant *m* [v: passante]

voorbijgestreefd BN *achterhaald* dépassé

voorbijkomen passer ★ *hij kwam voorbij* il est passé

voorbijlopen passer ★ *hij liep me voorbij zonder te groeten* il m'a passé sans me saluer

voorbijpraten → **mond**

voorbijsteken BN *voorbijgaan* doubler, dépasser

voorbijstreven dépasser

voorbijvliegen ❶ *vlug voorbijkomen* passer en trombe ★ *hij kwam met een rotvaart voorbijgevlogen* il est passé à fond de train ❷ *snel verstrijken* s'envoler, fuir ★ *de tijd vliegt voorbij* le temps s'envole

voorbijzien négliger

voorbode signe *m* avant-coureur

voordat avant que [+ subj.], avant de [+inf.]

voordeel ❶ *wat gunstig is* avantage *m*, ⟨nut⟩ intérêt *m* ★ *de voor- en de nadelen* les avantages et les inconvénients, le pour et le contre ★ *in het ~ ten opzichte van* avantagé par rapport à ★ *in iemands ~ werken* travailler pour qn ★ *dat zou in het ~ van de tegenpartij werken* cela servirait les intérêts de la partie adverse ★ *ten voordele van* en faveur de ❷ *winst* bénéfice *m*, profit *m* ★ *zijn ~ doen met* tirer profit de, profiter de, trouver son compte à ★ *ten voordele van* au bénéfice de ★ *iem. het ~ van de twijfel gunnen* laisser / accorder le bénéfice du doute à qn ❸ sport avantage *m*

voordek avant-pont *m*

voordelig avantageux [v: avantageuse]

voordeur porte *v* d'entrée

voordeurdeler ≈ personne *v* vivant sous le même toit, cohabitant *m*

voordien auparavant

voordoen I *ov ww* ❶ *als voorbeeld doen* ★ *iem. iets ~* montrer qc à qn ❷ *aandoen* mettre **II** *wkd ww* [**zich ~**] ❶ *zich gedragen* ★ *zich ~ als* se faire passer pour ★ *zich slim ~* se vouloir malin ❷ *plaatsvinden* arriver, se présenter, se produire ★ *als het geval zich voordoet* le cas échéant

voordracht ❶ *het voordragen* récitation *v*, muz interprétation *v* ❷ *nominatie* liste *v* de candidats, ⟨aanbeveling⟩ proposition *v* ★ *op ~ van* sur (la) proposition de ❸ *lezing* conférence *v* ★ *een ~ houden over* donner une conférence sur

voordragen ❶ *ten gehore brengen* réciter ★ *een gedicht ~* réciter un poème ❷ *aanbevelen* proposer ★ *Harry werd als presidentskandidaat voorgedragen* Harry a été proposé comme candidat à la présidence

voordringen passer devant (les autres), inform griller la queue

vooreerst ❶ *voorlopig* pour le moment ❷ BN *ten eerste* premièrement, tout d'abord

voorfilm ≈ court-métrage *m*

voorgaan ❶ *voor iem. gaan* précéder, passer devant ★ *gaat u voor* après vous ★ *dames gaan voor* honneur aux dames ❷ *voorrang hebben* avoir la priorité, passer avant ❸ *het voorbeeld geven* donner l'exemple ❹ rel conduire le service
voorgaand précédent, dernier [v: dernière]
voorgaande BN jur *precedent* précédent *m*
voorganger ❶ *iem. die men opvolgt* prédécesseur *m* ❷ rel pasteur *m*, officiant *m*
voorgeleiden faire comparaître, amener
voorgerecht culin entrée *v*
voorgeschiedenis *het voorafgaande* historique *m*, ⟨van persoon⟩ antécédents *m mv*
voorgeslacht ancêtres *m mv*
voorgevel ❶ *gevel* façade *v* ❷ *boezem* balcon *m*
voorgeven *voorwenden* prétendre
voorgevoel pressentiment *m* ★ *een ~ hebben van* pressentir ★ *angstig ~* appréhension *v*
voorgoed définitivement
voorgrond premier plan *m* ★ *op de ~ plaatsen* faire ressortir, mettre en évidence, mettre au premier plan ★ *op de ~ treden* s'imposer, occuper le devant de la scène ★ *zich op de ~ dringen* se mettre en avant
voorhamer frappe-devant *m* [mv: id.]
voorhand avant-main *v* ★ *op ~* d'avance ▼ *op de ~ zitten* ⟨kaartspel⟩ avoir la main
voorhanden disponible, existant
voorhebben ❶ *voor zich hebben* avoir affaire à ★ *u heeft de verkeerde voor!* vous me prenez pour un autre! ❷ *van plan zijn* se proposer de ★ *het goed ~ met* vouloir du bien à ❸ *als voordeel hebben* avoir un avantage (**op** sur) ❹ *dragen* porter ▼ BN *het goed ~* ⟨het goed weten⟩ être correct se tromper
voorheen autrefois, jadis, anciennement
voorheffing econ ★ BN *onroerende ~* taxe *v* foncière
voorhistorisch ❶ *prehistorisch* préhistorique ❷ *ouderwets* préhistorique
voorhoede avant-garde *v* [v mv: avant-gardes], sport ligne *v* d'attaque
voorhoedespeler sport avant *m*
voorhoofd front *m*
voorhoofdsholte sinus *m* frontal
voorhoofdsholteontsteking sinusite *v*
voorhouden ❶ *voor iem. houden* tendre, présenter ★ *iem. een spiegel ~* tendre un miroir à qn ❷ *wijzen op* faire remarquer, rappeler, signaler ★ *iem. ~ dat* rappeler à qn que ★ *iem. de noodzaak van iets ~* faire remarquer à qn la nécessité de
voorhuid prépuce *m*
voorin à l'avant, devant, ⟨van boek⟩ au début
vooringenomen prévenu ★ *~ zijn tegen iem.* avoir un parti-pris contre qn
voorjaar printemps *m* ★ *in het ~* au printemps
voorjaarsmoeheid fatigue *v* de printemps
voorkamer pièce *v* donnant sur la rue
voorkant (côté *m*) devant *m*, ⟨van gebouw⟩ façade *v*, ⟨van blad papier⟩ recto *m* ★ *aan de ~* (sur le) devant, au recto
voorkauwen ❶ lett mâcher ❷ fig ★ *iem. iets ~* mâcher qc à qn ★ *ik moest hem alles ~* il m'a fallu tout lui mâcher
voorkennis connaissance *v* préalable ★ *zonder zijn ~* à son insu ★ *misbruik van ~* jur délit *m* d'initié
voorkeur préférence *v* (**voor** pour; **boven** sur) ★ *bij ~* de préférence ★ *de ~ geven aan* préférer ★ *de ~ verdienen (boven)* être préférable (à)
voorkeursbehandeling traitement *m* préférentiel, régime *m* de faveur
voorkeurspelling orthographe *v* recommandée
voorkeurstem vote *m* préférentiel
voorkoken ❶ *in kleine kring voorbereiden* manigancer ❷ *vooraf koken* précuire
voorkomen I *het, uiterlijk* aspect *m*, extérieur *m*, ⟨van mensen⟩ air *m* **II** *onov ww* ❶ *gebeuren* arriver, se passer ★ *dat zijn dingen die weleens ~* ça arrive ❷ *te vinden zijn* se trouver ★ *bijna niet meer ~* se faire rare ★ *zijn naam komt op de lijst voor* son nom figure sur la liste ❸ jur passer (devant le juge), être jugé, ⟨van persoon ook⟩ comparaître ❹ *toeschijnen* sembler ★ *het komt me voor* il me semble ★ *het komt mij bekend voor* cela me rappelle qc ★ *het doen ~ alsof* faire croire que ❺ *komen, verschijnen* ★ *een taxi laten ~* faire venir un taxi, commander un taxi
voorkomen prévenir, éviter ★ *een ramp proberen te ~* tenter d'éviter une catastrophe ★ *~ is beter dan genezen* mieux vaut prévenir que guérir
voorkomend *gebeurend*, → **geval**
voorkomend *attent* empressé, prévenant
voorlaatst avant-dernier [v: avant-dernière]
voorlangs (en passant) devant
voorleggen ❶ *ter beoordeling geven* soumettre ★ *iem. een vraag ~* soumettre une question à qn ❷ BN *overleggen* produire, présenter
voorleiden amener, faire comparaître
voorletter initiale *v*
voorlezen ★ *iem. iets ~* lire qc à qn, faire la lecture de qc à qn
voorlichten informer, renseigner
voorlichting instruction *v*, information *v*, ⟨voor beroeps- / schoolkeuze⟩ orientation *v* ★ *seksuele ~* éducation *v* sexuelle
voorlichtingsdienst service *m* d'information
voorliefde prédilection *v* (**voor** pour)
voorliegen mentir ★ *iem. (iets) ~* mentir à qn
voorliggen ❶ *verder zijn* avoir de l'avance ★ *hij ligt ver voor* il est loin devant ❷ *aan de voorkant liggen* être situé devant
voorlijk précoce
voorlopen ❶ *voorop lopen* marcher en tête ❷ *te snel gaan* avancer ★ *10 minuten ~* avancer de 10 minutes
voorloper précurseur *m*
voorlopig I *bn* provisoire ★ *een ~ verslag* un rapport provisoire ★ *~e hechtenis* détention *v* provisoire **II** *bw* ⟨tijdelijk⟩ à titre provisoire, ⟨vooralsnog⟩ pour l'instant ★ *~ blijft hij een weekje thuis* en attendant il restera chez lui pendant une semaine ★ *~ niet* pas de si tôt
voormalig ancien [v: ancienne] ★ *de ~e president van de VS* l'ex-président des É.U. ★ *de ~e Sovjet-Unie* l'ex-URSS
voorman ❶ *ploegbaas* contremaître *m* ❷ *leider* chef *m* de file
voormiddag ❶ *ochtend* matin *m*, matinée *v* ❷ *deel van middag* début *m* de l'après-midi
voorn gardon *m*

VO

voornaam prénom *m*
voornaam ❶ *eminent* distingué ★ *een voorname gast* un invité de marque ❷ *belangrijk* important, d'importance ★ *dat is het ~ste* c'est le principal, c'est l'essentiel ★ *~st* principal [m mv: principaux]
voornaamwoord pronom *m* ★ *aanwijzend ~* pronom démonstratif ★ *onbepaald ~* pronom indéfini ★ *persoonlijk ~* pronom personnel
voornaamwoordelijk pronominal [m mv: pronominaux]
voornamelijk principalement, notamment ★ *ik ben ~ geïnteresseerd in ...* je m'intéresse principalement à / aux ...
voornemen I *het* intention *v*, projet *m* ★ *het ~ hebben om* avoir l'intention de, se proposer de ★ *goede ~s maken* prendre de bonnes résolutions **II** *wkd ww* [**zich ~**] se proposer de ★ *zich vast ~ om* faire vœu de ★ *de voorgenomen reis* le voyage prévu / envisagé
voornemens ★ *~ zijn om ...* avoir l'intention de ...
voornoemd précité, susdit
vooronder cale *v* avant
vooronderstellen (pré)supposer
vooronderstelling (pré)supposition *v*
vooronderzoek enquête *v* préliminaire, jur instruction *v*
vooroordeel préjugé *m* (**tegen** contre; **omtrent** sur)
vooroorlogs d'avant-guerre ★ *~e tijd* avant-guerre *m*
voorop ❶ *aan de voorkant* sur le devant ❷ *aan het hoofd* en tête, devant ❸ *eerst* en premier lieu
vooropgezet préconçu
vooropleiding formation *v* (préalable)
vooroplopen ❶ *aan het hoofd lopen* marcher en tête ★ *hij liep voorop in de demonstratie* il marchait en tête de la manifestation ❷ *voorbeeld geven* donner le ton ★ *zij liepen voorop in de hervormingen* ils étaient à la pointe des réformes
vooropstellen mettre en avant, poser comme principe ★ *vooropgesteld dat* pourvu que [+ subj.]
voorouder ancêtre *m* ★ *~s* ancêtres, aïeux *m mv*
voorover en avant ★ *met het hoofd ~* la tête la première
voorpagina première page *v* ★ *op de ~ (van de krant)* à la une
voorpaginanieuws ★ *~ zijn* faire la une des journaux
voorplecht gaillard *m* d'avant
voorpoot patte *v* de devant
voorportaal vestibule *m*, ⟨van kerk⟩ porche *m*
voorpost avant-poste *m* [m mv: avant-postes]
voorpret joie *v* anticipée
voorproefje avant-goût *m* [m mv: avant-goûts], inform acompte *m*
voorprogramma avant-programme *m*
voorprogrammeren préprogrammer
voorpublicatie prépublication *v*
voorraad provision *v*, ⟨reserve⟩ réserve *v*, ⟨handel⟩ stock *m* ★ *door de ~ heen zijn* être en rupture de stock ★ *in / op ~ hebben* avoir en stock, avoir en magasin ★ *uit ~ leverbaar* disponible en stock ★ *zolang de ~ strekt* jusqu'à l'épuisement des stocks ★ *~ aanleggen van* s'approvisionner en
voorraadkast garde-manger *m* [mv: id.]
voorraadschuur grenier *m*
voorradig en magasin, en stock, disponible
voorrang priorité *v* (**boven**, **op** sur) ★ *~ hebben* avoir la priorité, être prioritaire ★ *~ verlenen* donner / laisser la priorité, ⟨in verkeer⟩ céder le passage ★ *iem. ~ verlenen* céder le passage à qn ★ *om de ~ strijden* rivaliser ★ *bij ~* en priorité
voorrangsbord signal *m* de priorité [m mv: signaux ...]
voorrangskruising passage *m* protégé
voorrangsweg route *v* / voie *v* prioritaire
voorrecht *privilege* privilège *m*, prérogative *v*
voorrijkosten frais *m mv* de déplacement
voorronde éliminatoire *v*
voorruit pare-brise *m* [mv: id.]
voorschieten avancer
voorschoot tablier *m* ▾ BN *dat is maar een ~ groot* c'est grand comme un mouchoir de poche
voorschot avance *v*, ⟨aanbetaling⟩ acompte *m*
voorschotelen ❶ *opdienen* servir ★ *de kok schotelde ons iets lekkers voor* le cuisinier nous a servi qc de bon ❷ *vertellen* sortir, débiter ★ *hij schotelde ons zijn plannen voor* il nous a présenté ses projets
voorschrift ❶ *het voorschrijven* prescription *v* ★ *op ~ van de dokter* sur prescription, sur ordonnance ❷ *regel* règle *v* ★ *overeenkomstig de wettelijke ~en* conforme à la loi ★ *zich aan de ~en houden* respecter les règles
voorschrijven *verordenen* ordonner, prescrire, ⟨opleggen⟩ imposer ★ *voorgeschreven* prescrit, réglementaire
voorseizoen avant-saison *v*
voorselectie présélection *v*
voorsmaakje BN avant-goût *m*
voorsnijden découper
voorsorteren *rijstrook kiezen* déboîter ★ *links ~* serrer à gauche
voorspel ❶ *inleiding* prélude *m*, ⟨van toneelstuk⟩ prologue *m* ❷ fig *voorafgaand stadium* prélude *m* ❸ *liefdesspel* préliminaires *v mv*
voorspelbaar prévisible
voorspellen ❶ *voorspelling doen* ⟨voorzeggen⟩ prédire, ⟨voorzien⟩ prévoir ★ *de toekomst ~* prédire l'avenir ★ *het weer ~* prévoir le temps ❷ *beloven* présager, promettre ★ *niets goeds ~* n'augurer rien de bon
voorspelling prédiction *v*, ⟨prognose⟩ pronostic *m*, ⟨van weer⟩ prévision *v*
voorspiegelen ★ *iem. iets ~* faire miroiter qc à qn, illusionner qn
voorspoed prospérité *v* ★ *in voor- en tegenspoed* pour le meilleur et pour le pire
voorspoedig sans problèmes, heureux [v: heureuse], ⟨welvarend⟩ prospère ★ *een ~e reis!* bon voyage! ★ *alles verliep ~* tout s'est bien passé
voorspraak ❶ *bemiddeling* ★ *op ~ van* grâce à l'intervention de, par l'intercession de ❷ *persoon* défenseur *m* ★ *iemands ~ zijn bij* intercéder pour qn auprès de
voorsprong ❶ lett avance *v* ★ *een ~ hebben op iem.* avoir de l'avance sur qn ★ *een ~ van een uur* une heure d'avance ❷ fig *voordeel* avantage *m* (**op** sur) ★ *een goede opleiding geeft je een ~ in je*

carrière
voorstaan ❶ *voorstander zijn* défendre, soutenir ❷ *voorsprong hebben* mener ★ *met 3-0 ~* mener par trois buts à zéro ★ *~ op* devancer ❸ *voor iets staan* ★ *de auto staat voor* la voiture est là ❹ *in het geheugen zijn* être présent à l'esprit ▾ *zich laten ~ op* se prévaloir de ▾ *er goed ~* se porter bien, être en bonne posture ▾ *hij staat er goed voor* ça marche bien pour lui
voorstad ville *v* de banlieue ★ *de voorsteden van Parijs* la banlieue parisienne ★ *de voorsteden* la banlieue
voorstadium stade *m* préliminaire
voorstander partisan *m* [v: partisane]
voorsteken BN *voordringen* passer avant son tour, inform griller la queue
voorstel *plan* proposition *v* ★ *op ~ van* sur (la) proposition de ★ *een ~ doen* faire / avancer une proposition
voorstellen I *ov ww* ❶ *presenteren* présenter (**aan** à) ★ *mag ik me even ~?* je me présente ..., permettez que je me présente ★ *mag ik u ~* permettez-moi de vous présenter ❷ *als plan opperen* proposer ❸ *verbeelden* représenter ★ *gunstig ~* montrer sous un jour favorable ❹ *betekenen* vouloir dire ★ *het stelt niets voor* c'est trois fois rien ★ *hij stelt niets voor* il compte pour du beurre **II** *wkd ww* [**zich ~**] ❶ *zich indenken* se figurer, s'imaginer ★ *stel je voor!* imagine!, ‹welnee› penses-tu! ❷ *van plan zijn* se proposer de
voorstelling ❶ *vertoning* représentation *v*, spectacle *m*, ‹van film› séance *v* ❷ *afbeelding* représentation *v* ❸ *denkbeeld* idée *v*, image *v* ★ *een negatieve ~ van zaken geven* présenter les choses sous un faux jour
voorstellingsvermogen imagination *v*
voorstemmen voter pour
voorsteven étrave *v*, proue *v*
voorstudie ❶ *voorafgaande studie* étude *v* préparatoire ❷ *schets* étude *v*
voorstuk partie *v* antérieure, devant *m*
voort *voorwaarts* en avant, plus loin ★ *met deze voorraad kunnen we nog wel even ~* ce stock nous suffira encore un bon moment
voortaan désormais, à l'avenir, dorénavant
voortand incisive *v*
voortbestaan ‹van iets› continuité *v*, ‹van iem.› survie *v*
voortbewegen propulser ★ *zich ~* se mouvoir, se déplacer
voortborduren ~ op broder sur, épiloguer sur
voortbrengen *doen ontstaan* créer, ‹verwekken› engendrer, ‹opleveren› produire
voortbrengsel produit *m*
voortduren continuer, durer
voortdurend I *bn* continuel [v: continuelle], permanent ★ *een ~e bedreiging* une menace permanente ★ *een ~e aandacht* une attention soutenue **II** *bw* continuellement, sans cesse ★ *het regent ~* il pleut sans cesse
voorteken présage *m*, signe *m* avant-coureur ★ *dat is een goed ~* c'est de bon augure
voortent auvent *m*
voortgaan avancer ★ *~ met iets* continuer qc
voortgang ❶ *voortzetting* continuation *v* ★ *de ~ van het werk* la continuation du travail ❷ *vooruitgang* progrès *m*, progression *v* ★ *~ boeken / maken* avancer
voorthelpen aider, soutenir, pousser
voortijdig prématuré
voortkomen ❶ *ontstaan uit* découler (**uit** de), résulter (**uit** de) ★ *het een komt uit het ander voort* d'une chose en vient une autre ❷ *afkomstig zijn* être issu (**uit** de) ★ *hij komt voort uit het arbeidersmilieu* il est issu de la classe ouvrière
voortleven survivre, fig rester (vivant), se survivre ★ *~ in de herinnering* rester dans le mémoire
voortmaken se dépêcher
voortouw ▾ *het ~ nemen* prendre les devants
voortplanten [**zich ~**] ❶ *zich vermenigvuldigen* se reproduire ★ *konijnen planten zich snel voort* les lapins se reproduisent rapidement ❷ *verspreiden* se propager ★ *licht plant zich voort in golven* la lumière se propage sous forme d'ondes
voortplanting ❶ biol *vermenigvuldiging* reproduction *v* ❷ natk *verbreiding* propagation *v*
voortreffelijk I *bn* excellent, supérieur ★ *hij is een ~ schaker* il est très bon joueur d'échecs **II** *bw* excellemment, à merveille ★ *hij kookt ~* il est très bon cuisinier
voortrekken favoriser (**boven** par rapport à)
voortrekker pionnier *m* [v: pionnière]
voorts ensuite, en outre, de plus
voortschrijden avancer, progresser
voortslepen traîner ★ *zich ~* fig traîner
voortspruiten ★ *~ uit* être issu de, fig résulter de
voortstuwen propulser
voortstuwing propulsion *v*
voorttrekken I *ov ww, slepen* tirer, traîner **II** *onov ww, verder gaan* poursuivre son chemin
voortuin jardin *m* de devant
voortvarend I *bn* énergique, expéditif [v: expéditive] ★ *zij is heel erg ~* elle est pleine d'allant **II** *bw* énergiquement, avec volontarisme ★ *(al te) ~ te werk gaan* aller (un peu) vite en besogne
voortvloeien ★ *~ uit* résulter de
voortvluchtig fugitif [v: fugitive], en fuite, inform en cavale ★ *de dader is ~* le malfaiteur court toujours
voortwoekeren gagner du terrain, se propager, proliférer
voortzetten continuer, poursuivre ★ *voortgezet onderwijs* enseignement *m* secondaire
voortzetting continuation *v*, poursuite *v*
vooruit I *bw* ❶ *verder* en avant ★ *ik rijd liever ~* je préfère être assis dans le sens de la marche ★ *iem. ~ zijn* devancer qn ★ *recht ~* tout droit ★ *zijn tijd ~ zijn* être en avance sur son temps ❷ *van tevoren* d'avance, par avance ❸ *naar voren gericht* en avant **II** *tussenw* allez!, allons!, ‹hup!› vas-y! ★ *~ dan maar!* bon, d'accord!
vooruitbetalen payer d'avance
vooruitbetaling paiement *m* anticipé / préalable
vooruitblik pronostic *m*
vooruitdenken prévoir
vooruitgaan ❶ *voorwaarts gaan* ‹ook v. promotie› avancer ❷ *vorderingen maken* faire des progrès, ‹beter worden› s'améliorer, ‹van

VO

zieke⟩ aller mieux ★ *erop ~* y gagner ★ *met sprongen ~* progresser à grands pas ❸ *van tevoren gaan* partir d'avance
vooruitgang *vordering* progrès *m*, ⟨stap vooruit⟩ fig avancée *v*, ⟨verbetering⟩ amélioration *v* ★ *~ boeken* faire des progrès
vooruithelpen aider, soutenir, pousser
vooruitkijken prévoir
vooruitkomen ❶ *naar voren gaan* avancer ❷ *vorderen* faire des progrès ★ *in de wereld ~* faire son chemin
vooruitlopen ❶ *voorop lopen* précéder ★ *alvast ~* partir en avant ❷ **op** anticiper sur, devancer ★ *op de dingen ~* anticiper les choses ★ *je moet niet op de zaken ~* il ne faut pas brûler les étapes
vooruitstrevend ⟨gezindheid⟩ progressiste, ⟨van methode⟩ avancé
vooruitzicht perspective *v* (**op** de), ⟨van opleiding⟩ débouché(s) *m (mv)* ★ *zonder ~en* sans espérances, sans avenir ★ *in het ~ stellen* promettre, faire espérer ★ *in het ~ hebben* avoir en perspective / en vue ★ *met een beloning in het ~* (avec) une récompense à la clé
vooruitzien *zien naar het toekomstige* être prévoyant, anticiper ★ *ver ~* voir loin
vooruitziend prévoyant ★ *een ~e blik hebben* être prévoyant
voorvader ancêtre *m* ★ *~en* ancêtres, aïeux *m mv*
voorval événement *m*, incident *m*
voorvallen arriver, se passer, ⟨plots⟩ survenir
voorvechter champion *m* [v: championne]
voorverkiezing pol (élections *v mv*) primaires *v mv*
voorverkoop prévente *v*
voorverpakt préemballé
voorvertoning avant-première *v*
voorverwarmen préchauffer
voorvoegsel préfixe *m*
voorvoelen pressentir
voorwaarde condition *v* ★ *voldoen aan de ~n* remplir les conditions ★ *trouwen onder huwelijkse ~n* se marier sous le régime de la séparation (de biens) ★ *onder ~ van* sous réserve de ★ *op ~ dat* à condition de [+ inf.], à condition que [+ subj.] ★ *~n stellen* poser des conditions
voorwaardelijk I *bn, onder bepaalde voorwaarde* conditionnel [v: conditionnelle], ⟨van invrijheidstelling⟩ sur parole, ⟨van veroordeling⟩ avec sursis ★ *~e veroordeling* condamnation *v* avec sursis **II** *bw* conditionnellement ★ *zes maanden ~* six mois avec sursis
voorwaarts I *bn* en avant ★ *in ~e richting* en avant **II** *bw* en avant ★ *een stap ~ maken* faire un pas en avant
voorwas prélavage *m*
voorwenden feindre, simuler ★ *~ te* faire semblant de
voorwendsel prétexte *m* ★ *onder ~ van* sous prétexte de
voorwerk ❶ *voorafgaand werk* préparatifs *m mv* ❷ *deel van boek* pages *v mv* préliminaires
voorwerp ❶ *ding* objet *m* ★ *gevonden ~en* objets trouvés ❷ fig *onderwerp* ★ *~ van discussie* objet d'une discussion ❸ taalk complément *m* (d'objet) ★ *lijdend ~* complément (d'objet) direct ★ *meewerkend ~* complément (d'objet) indirect
voorwiel roue *v* avant
voorwielaandrijving traction *v* avant, roues *v mv* avant motrices
voorwoord avant-propos *m* [mv: id.], préface *v*
voorzanger chantre *m*
voorzeggen *het antwoord geven* souffler
voorzeggen *voorspellen* prédire
voorzet ❶ *slag, worp, trap* centre *m* ★ *een ~ geven* faire un centre, centrer (le ballon), fig faire une suggestion ❷ *eerste zet in bord- of kaartspel* trait *m*
voorzetsel préposition *v*
voorzetten I *ov ww* ❶ *plaatsen voor* mettre, ⟨opdienen⟩ servir ❷ *vooruit zetten* avancer **II** *onov ww* sport centrer (le ballon)
voorzichtig I *bn* prudent ★ *heel ~ zijn* être très prudent ★ *~ zijn met* manier avec précaution ★ *je kunt niet ~ genoeg zijn* deux précautions valent mieux qu'une ★ *wees ~* méfie-toi, sois prudent, attention **II** *bw* prudemment, avec précaution ★ *~ te werk gaan* y aller doucement ★ *dat is ~ uitgedrukt* je pèse mes mots!
voorzichtigheid prudence *v* ▼ *~ is de moeder van de porseleinkast* prudence est mère de sûreté
voorzichtigheidshalve par (mesure de) précaution
voorzien ❶ *zien aankomen* s'attendre à, prévoir ★ *het was te ~* c'était prévisible ❷ *~* **in** *zorgen voor* pourvoir à, ⟨verhelpen⟩ remédier à, ⟨in behoefte⟩ satisfaire à, ⟨ondervangen⟩ parer à ★ *in een behoefte ~* répondre à un besoin ★ *in eigen behoeften ~* se suffire ★ *de wet heeft daarin ~* c'est prévu par la loi ❸ *verschaffen* pourvoir (**van** de), ⟨uitrusten⟩ munir (**van** de), équiper (**van** de) ★ *goed ~* bien pourvu / garni ★ *ik ben al ~* je suis servi ★ *~ van een handtekening* revêtu d'une signature ★ *van alle gemakken ~* tout confort ❹ BN *bepalen* prévoir ▼ *het op iem. ~ hebben* avoir une dent contre qn ▼ *het niet op iem. ~ hebben* se méfier de qn, inform ne pas sentir qn
voorzienigheid providence *v* ★ *door de ~ beschikt* providentiel [v: providentielle]
voorziening ❶ *het voorzien* approvisionnement *m* ❷ *faciliteit* équipement *m* ★ *sociale ~en* sécurité *v* sociale ❸ *maatregel* disposition *v* ★ *~en treffen* prendre des dispositions
voorzijde *voorkant* (côté *m*) devant *m*, ⟨van huis⟩ façade *v*, ⟨van papier⟩ recto *m* ★ *aan de ~* (sur le) devant, au recto
voorzitten présider
voorzitter président *m* [v: présidente] ★ *de ~ opent de vergadering* le président ouvre la réunion
voorzitterschap présidence *v*
voorzorg précaution *v* ★ *uit ~* par mesure de précaution
voorzorgsmaatregel mesure *v* de précaution
voos creux [v: creuse]
vorderen I *ov ww, opeisen* demander, exiger, ⟨door overheid⟩ réquisitionner ★ *geld ~* exiger de l'argent **II** *onov ww, vorderingen maken* avancer, progresser ★ *het werk vordert gestaag* le travail avance au jour le jour ★ *hoever ben je met het werk gevorderd?* où en es-tu avec ton travail? ★ *op gevorderde leeftijd* d'un âge certain
vordering ❶ *vooruitgang* progrès *m* ★ *~en maken*

faire des progrès ❷ *eis* ⟨door overheid⟩ réquisition *v*, ⟨rechtsvordering⟩ action *v* ❸ *te vorderen bedrag* créance *v* ★ *een ~ op iem. hebben* avoir une créance à faire valoir contre qn

voren ❶ *eerder* ★ *van ~ af aan beginnen* recommencer (de plus belle), repartir à zéro ❷ *aan de voorkant* ★ *naar ~* en avant ★ *van ~* (par-)devant, en face, ⟨frontaal⟩ de front ★ *van ~ gezien* vu de front ★ *van ~ naar achteren* d'avant en arrière ★ *naar ~ brengen* ook fig avancer ★ *naar ~ komen* avancer, fig se manifester, fig ressortir

vorig ❶ *direct voorafgaand* dernier [v: dernière], passé ★ *~ jaar* l'année passée ★ *~e week* la semaine dernière ★ *~e keer* l'autre fois ★ *de ~e dag* la veille ★ *de ~e avond* la veille au soir ★ *~e week woensdag* mercredi la semaine dernière ❷ *vroeger* précédent ★ *haar ~e vriendje* son petit copain d'avant ★ *de ~e eigenaar* le propriétaire précédent

vork ❶ *deel van bestek* fourchette *v* ❷ *vorkvormig deel* fourche *v* ▼ *weten hoe de vork in de steel zit* savoir ce qu'il en est

vorkheftruck chariot *m* élévateur (à fourche)

vorm ❶ *gedaante* forme *v* ★ *in de vorm van* sous (la) forme de ★ *ovaal van vorm* de forme ovale, en ovale ★ *zonder vorm van proces* sans autre forme de procès ★ *vaste vorm aannemen* prendre forme / corps, se concrétiser ★ *vorm geven aan* façonner ❷ *gietvorm* moule *m* ★ *iets in een andere vorm gieten* adapter qc ❸ *conditie* forme *v* ★ *in vorm* en forme ★ *in blakende vorm zijn* être en pleine forme, inform avoir la pêche ★ *uit vorm raken* perdre sa forme ❹ *omgangsvormen* forme *v* ★ *voor de vorm* pour la forme, ⟨als formaliteit⟩ de pure forme ★ *volgens de vorm* dans les formes, ⟨van document⟩ en (bonne et) due forme ❺ taalk voix *v* ★ *de lijdende vorm* la voix passive ★ *de bedrijvende vorm* la voix active

vormelijk I *bn* formaliste ★ *hij is altijd zo ~* il est toujours très formaliste **II** *bw* cérémonieusement

vormen ❶ *vorm geven* former, façonner, modeler ★ *fraai gevormd* bien fait ❷ *vorm hebben van* former ❸ *doen ontstaan* former, constituer ★ *zich een oordeel ~ over iets* se faire une opinion sur qc ❹ *zijn* constituer, former ❺ *opvoeden* former

vormfout vice *m* de forme

vormgever designer *m*, styliste *m/v*

vormgeving façonnage *m*, modelage *m* ★ *industriële ~* design *m*

vorming ❶ *het vormen* formation *v*, constitution *v* ❷ *geestelijke ontwikkeling* formation *v*, éducation *v*

vormingswerk formation *v* socioculturelle

vormingswerker éducateur *m* [v: éducatrice]

vormleer théorie *v* de la forme, taalk morphologie *v*

vormsel rel confirmation *v*

vormvast indéformable

vorsen faire des recherches ★ *~de blik* regard *m* scrutateur

vorst ❶ *staatshoofd* souverain *m* [v: souveraine] ❷ *het vriezen* gelée *v*, gel *m* ★ *strenge ~* forte gelée ★ *vijf graden ~* moins cinq (degrés) ★ *~ aan de grond* gelée au sol

vorstelijk I *bn* ❶ *(als) van een vorst* princier [v: princière] ❷ fig *groot* ★ *een ~e beloning* une récompense royale **II** *bw* princièrement

vorstendom principauté *v*

vorstenhuis dynastie *v*

vorstschade dégâts *m mv* causés par le gel

vorstverlet chômage *m* technique pour cause de gelée

vorstvrij à l'abri du gel

vos ❶ *roofdier* renard *m* [v: renarde] ★ *jonge vos* renardeau *m* [m mv: renardeaux] ★ *een vos verliest wel zijn haren maar niet zijn streken* le renard mourra dans sa peau ❷ *paard* alezan *m* ❸ *sluwe vent* ★ *een sluwe vos* un fin renard

vossenjacht ❶ *jacht* chasse *v* au renard ❷ *spel* jeu *m* de piste

voucher voucher *m*

vousvoyeren vouvoyer

vouw pli *m*, ⟨ezelsoor⟩ corne *v*

vouwblad dépliant *m*

vouwcaravan caravane *v* pliante

vouwdeur porte *v* (en) accordéon

vouwen plier ★ *de handen ~* joindre les mains

vouwfiets vélo *m* pliant

vouwstoel fauteuil *m* pliant

voyeur voyeur *m* [v: voyeuse]

voyeurisme voyeurisme *m*

vozen baiser

vraag ❶ *verzoek om antwoord* question *v* ★ *een ~ stellen* poser une question ❷ *kwestie* question *v* ★ *het is de ~ of* la question est de savoir si, reste à savoir si ★ *dat is nog maar de ~* cela reste à savoir ★ *dat is een open ~* la question reste entière / en suspens, c'est un point d'interrogation ★ BN *iets in ~ stellen* mettre qc en question ❸ *kooplust* demande *v* (**naar** de) ★ *~ en aanbod* l'offre et la demande ★ *er is veel ~ naar dat artikel* c'est un article très demandé / recherché

vraagbaak ❶ *persoon* encyclopédie *v* vivante, oracle *m* ❷ *boek* répertoire *m*

vraaggesprek interview *v*

vraagprijs prix *m* demandé, prix à débattre

vraagstelling ≈ énoncé *m*

vraagstuk ❶ *probleem* problème *m* ★ *het ~ van de werkeloosheid* le problème du chômage ❷ *opgave* problème *m* ★ *wat is de oplossing van dat ~?* quelle est la solution de ce problème?

vraagteken *leesteken* point *m* d'interrogation

vraatzucht gloutonnerie *v*, voracité *v*

vraatzuchtig glouton [v: gloutonne], goulu

vracht ❶ *lading* charge *v*, cargaison *v*, chargement *m* ❷ *last* fardeau *m*, charge *v* ❸ *grote massa* masse *v* (de), tas *m* (de) ★ *een ~ boeken* un tas de livres ❹ *vervoerprijs* fret *m*

vrachtauto camion *m*, ⟨zwaar⟩ poids *m* lourd

vrachtbrief lettre *v* de voiture / de transport, scheepv connaissement *m*

vrachtgoed marchandises *v mv*

vrachtrijder camionneur *m* [v: camionneuse]

vrachtruimte soute *v*

vrachtschip cargo *m*

vrachtvaart transport *m* par eau

vrachtverkeer ❶ *verkeer* ⟨auto's⟩ poids *m mv* lourds ★ *er zat veel ~ op de weg* il y avait beaucoup de poids lourds sur la route ❷ *vervoer* transport *m* de marchandises

vrachtvervoer transport *m* de marchandises

VO

vrachtvliegtuig avion-cargo *m* [m mv: avions-cargos]
vrachtwagen camion *m*, ⟨zwaar⟩ poids *m* lourd, ⟨open⟩ truc(k) *m* ★ *een ~ met oplegger* une semi-remorque
vrachtwagenchauffeur camionneur *m* [v: camionneuse], ⟨trucker⟩ routier *m*
vragen I *ov ww* ❶ *vraag stellen* demander (**aan** à) ★ *iets ~ aan iem.* demander qc à qn ★ *nou vraag ik je!* je te / vous demande un peu! ★ *als je het mij vraagt* à mon avis ❷ *verzoeken* demander, prier ★ *iem. ~ iets te doen* prier qn de faire qc ❸ *verlangen* demander, prier ★ *dat is te veel gevraagd* c'est trop demandé ★ *gevraagd: secretaresse* on demande une secrétaire ❹ *uitnodigen* inviter ★ *iem. te eten ~* inviter qn à manger **II** *onov ww* ❶ *~* **naar** s'informer de ★ *naar iem. ~* demander des nouvelles de qn, ⟨te spreken vragen⟩ demander qn ❷ *~* **om** demander ★ *je hebt erom gevraagd!* tu l'as cherché!
vragenderwijs en posant des questions
vragenlijst questionnaire *m*
vragenuurtje questions *v mv* (orales)
vrat [verl. td.] → **vreten**
vraten [verl. td.] → **vreten**
vrede ❶ *tijd zonder oorlog* paix *v* ★ *~ sluiten* faire la paix ★ *~ stichten* faire la paix ❷ *rust* paix *v* ★ *~ hebben met iets*, BN *~ nemen met iets* s'accommoder de qc ★ *ik heb er ~ mee*, BN *ik neem er ~ mee* ça me va ★ *om de lieve ~* pour avoir la paix ★ *hij ruste in ~* qu'il repose en paix, paix à ses cendres
vredegerecht BN jur *laagste burgerlijke rechtbank* tribunal *m* d'instance [mv: tribunaux ...], BelgFr justice *v* de paix
vredelievend pacifique
vrederechter BN jur *laagste burgerlijke rechter* juge *m/v* d'instance, BelgFr juge de paix
vredesbeweging mouvement *m* pacifiste
vredesmacht force *v* de maintien de la paix, force d'interposition
vredesnaam ▾ *in ~* au nom du ciel ▾ *in ~, dan ga ik wel* d'accord, puisqu'on ne peut pas faire autrement, je m'en vais
vredesoverleg pourparlers *m mv* de paix
vredespijp calumet *m* de la paix
vredestichter réconciliateur *m* [v: réconciliatrice]
vredestijd ★ *in ~* en temps de paix
vredesverdrag traité *m* de paix
vredig paisible
vree [verl. td.] → **vrijen**
vreedzaam pacifique
vreeën [verl. td.] → **vrijen**
vreemd ❶ *niet-eigen* étrange ❷ *uitheems* étranger [v: étrangère] ★ *een ~e taal* une langue étrangère ❸ *niet bekend* étranger [v: étrangère] ★ *~ zijn aan* être étranger à ★ *ik ben hier ~* je ne suis pas d'ici ❹ *ongewoon* étrange, singulier [v: singulière], ⟨raar⟩ bizarre ★ *iets ~ vinden* s'étonner de qc ★ *~ genoeg* curieusement ★ *het kan ~ lopen* tout finit par arriver
vreemde étranger *m* [v: étrangère] ★ *hij was een ~ voor haar gebleven* il restait un inconnu pour elle ★ *dat heeft hij van geen ~* il a de qui tenir, il a été à bonne école ★ *in den ~* à l'étranger
vreemdeling ❶ *onbekende* étranger *m* [v: étrangère] ❷ *buitenlander* étranger *m* [v: étrangère]
vreemdelingendienst service *m* des étrangers
vreemdelingenhaat xénophobie *v*
vreemdelingenlegioen Légion *v* étrangère
vreemdelingenpolitie police *v* des étrangers
vreemdelingenverkeer tourisme *m*
vreemdgaan aller voir ailleurs, découcher, ⟨vaak⟩ coucher à droite et à gauche
vreemdsoortig bizarre, inform bizarroïde
vrees *angst* crainte *v* (**voor** de), peur *v* (**voor** de) ★ *uit ~ voor* par peur de, de crainte de ★ *zonder ~ of blaam* sans peur et sans reproche ★ *iem. ~ aanjagen* faire peur à qn ★ *~ koesteren voor* avoir peur de
vreesachtig craintif [v: craintive], peureux [v: peureuse], timoré
vreetzak goinfre *m*
vrek avare *m/v*
vrekkig avare
vreselijk I *bn, afschuwelijk* terrible ★ *hij had een ~e dorst* il avait une soif terrible **II** *bw, in hoge mate* terriblement ★ *we hebben ~ gelachen* on a rigolé comme des fous
vreten I *ov ww* ❶ *gulzig eten* bouffer ★ *het is niet te ~* c'est dégueulasse ★ *zich vol ~* se gaver ❷ *verbruiken* bouffer ❸ *accepteren* gober **II** *onov ww, knagen* rogner ★ *het verdriet vreet aan hem* il est rongé par le chagrin **III** *het* bouffe *v*
vreugde joie *v* ★ *tot mijn grote ~* à ma grande joie
vreugdekreet cri *m* de joie
vreugdevuur feu *m* de joie [m mv: feux ...]
vrezen I *ov ww, bang zijn voor* craindre, redouter ★ *ik vrees dat het te laat is* je crains qu'il ne soit trop tard ★ *het ergste ~* craindre le pire ★ *ik vrees van wel* je crains que oui ★ *ik vrees van niet* je crains que non ★ *ik heb niets te ~* je n'ai rien à craindre **II** *onov ww, ~* **voor** craindre pour ★ *~ voor het leven van iem.* craindre pour la vie de qn
vriend ❶ *kameraad* ami *m*, inform copain *m* ★ *mijn beste ~* mon meilleur ami ★ *dikke ~en zijn* être très amis, inform être amis comme cochons ★ *~en voor het leven* des amis pour la vie ★ *kwade ~en zijn* être brouillés ★ *een ~ van mij* un de mes amis ★ *goede ~en worden met* se lier d'amitié avec ★ *iem. te ~ houden* rester en bons termes avec qn ★ *even goeie ~en* sans rancune, ça n'empêche pas les sentiments ❷ *geliefde* (petit) ami *m*, inform copain *m* ★ *een vaste ~ hebben* avoir un (petit) ami ❸ *liefhebber* ami *m* ❹ *als aanspreking* mon cher
vriendelijk I *bn* gentil [v: gentille], aimable, inform sympa ★ *dat is erg ~ van u* vous êtes trop gentil ★ *zou je zo ~ willen zijn om ...* voudrais-tu ... ★ *(met) ~e groeten* bien à vous ★ *~ tegen iem.* aimable avec qn ★ *een ~ stadje* une charmante petite ville ★ *een ~e aanblik* un aspect riant **II** *bw* gentiment ★ *iem. ~ ontvangen* faire bon accueil à qn ★ *~ bedankt* mille fois merci
vriendelijkheid amabilité *v*, gentillesse *v*
vriendendienst service *m* d'ami
vriendenkring cercle *m* d'amis, proches *m mv*

vriendenprijsje prix *m* d'ami
vriendin ❶ *kameraad* amie *v*, inform copine *v* ★ *dikke ~nen* de grandes amies ❷ *geliefde* (petite) amie *v*, inform copine *v* ★ *een vaste ~ hebben* avoir une (petite) amie
vriendjespolitiek favoritisme *m*, copinage *m*
vriendschap amitié *v* ★ *~ sluiten met* se lier d'amitié avec
vriendschappelijk I *bn* amical [m mv: amicaux] ★ *op ~e voet staan* entretenir des rapports amicaux ★ *~e wedstrijd* match *m* amical **II** *bw* amicalement ★ *~ met elkaar omgaan* entretenir des rapports amicaux
vriendschapsband lien *m* d'amitié
vriesdrogen lyophiliser
vrieskast congélateur *m* (armoire)
vrieskist congélateur *m* (bahut)
vrieskou froid *m* glacial
vriespunt zéro degré *m*
vriesvak congélateur *m*
vriesweer gel *m*
vriezen geler ★ *het vriest vijf graden* il fait moins cinq ▼ *het vriest dat het kraakt* il gèle à pierre fendre, inform ça pince dur ▼ *het kan ~ of dooien* c'est selon
vriezer congélateur *m*
vrij I *bn* ❶ *in vrijheid* libre ★ *de dader loopt nog vrij rond* le malfaiteur court toujours ❷ *ongebonden, onbeperkt* libre ★ *ik ben vrij in mijn doen en laten* je suis libre de mes mouvements ❸ *zonder werk / school* libre ★ *vrij hebben / zijn* être en congé ★ *een paar dagen vrij nemen* prendre quelques jours de congé ★ *ik heb vrij* je suis libre, ‹van dienst› je ne suis pas de service, ‹van school› je n'ai pas de classe / cours ★ *vrije tijd* temps *m* libre, loisirs *m mv* ❹ *onbezet* libre, disponible ❺ *stoutmoedig* franc [v: franche], sans gêne ★ *ik ben zo vrij om ...* je me permets de ... ❻ *gratis* libre, gratuit ★ *vrij entree* entrée *v* libre ❼ *niet getrouw* libre ★ *een vrije vertaling* une traduction libre ★ *vrij naar W.F. Hermans* pour citer librement W.F. Hermans ❽ ~ **van** libre de, ‹zonder› sans, ‹vrijgesteld van› exonéré de ★ *vrij van zorgen* à l'abri des soucis **II** *bw, tamelijk* assez, plutôt ★ *vrij veel* pas mal de **III** *de* ★ *(een auto) in z'n vrij zetten* mettre (le moteur) au point mort
-vrij ★ *loodvrij* sans plomb
vrijaf congé ★ *~ geven* donner un congé ★ *~ hebben* être en congé, être de repos ★ *een dag ~ nemen* prendre un jour de congé / de libre
vrijage amours *v mv*, flirt *m*
vrijblijvend sans engagement ★ *~e offerte* offre *v* sans engagement ★ *een ~ antwoord* une réponse qui n'engage à rien
vrijbrief ❶ lett pleins pouvoirs *m mv* ❷ fig carte *v* blanche, min passe-droit *m*
vrijbuiter ❶ *zeerover* flibustier *m* ❷ fig *avonturier* aventurier *m*
vrijdag vendredi *m* ★ *op ~ gaan we altijd naar de markt* le vendredi on va toujours au marché ★ *'s ~s* le vendredi ★ *~ de dertiende* vendredi treize ★ *Goede Vrijdag* le vendredi saint
vrijdagavond vendredi *m* soir
vrijdagmiddag vendredi *m* après-midi
vrijdagmorgen, **vrijdagochtend** vendredi *m* matin
vrijdagnacht vendredi *m* nuit
vrijdags I *bw* le vendredi **II** *bn* du vendredi ★ *zijn ~e uitje* sa sortie du vendredi
vrijde [verl. td.] → **vrijen**
vrijden [verl. td.] → **vrijen**
vrijdenker libre-penseur *m* [m mv: libres-penseurs]
vrijelijk librement
vrijen ❶ *liefkozen* s'embrasser, inform se faire des mamours ❷ *geslachtsgemeenschap hebben* faire l'amour (**met** avec), coucher (**met** avec) ★ *veilig ~* avoir des rapports protégés
vrijer amoureux *m*, inform jules *m*
vrijetijdsbesteding loisirs *m mv*, occupation *v*
vrijetijdskleding tenue *v* décontractée
vrijgeleide ❶ *escorte* escorte *v* ★ *onder ~* sous escorte ❷ *vrije doorgang* sauf-conduit *m* ★ *iem. een ~ geven* délivrer un sauf-conduit à qn
vrijgeven I *ov ww, niet meer blokkeren* libérer, débloquer ★ *voor publicatie ~* autoriser la publication / sortie de **II** *onov ww, vrijaf geven* donner un congé (**aan** à)
vrijgevig généreux [v: généreuse], large ★ *~ zijn met* être prodigue de
vrijgevochten affranchi, anarchiste
vrijgezel I *de* célibataire *m/v* ★ *een verstokte ~* un célibataire endurci **II** *bn* ★ *~ zijn* être célibataire
vrijhandel libre-échange *m*
vrijhandelszone zone *v* de libre-échange
vrijhaven port *m* franc
vrijheid liberté *v* ★ *in ~ stellen* libérer, mettre en liberté ★ *de ~ geven* rendre la liberté ★ *in ~ leven* vivre en liberté ★ *~ van meningsuiting* liberté d'expression ★ *de ~ nemen om* se permettre de ★ *dichterlijke ~* licence *v* poétique ★ *de vrijheden van de adel* les privilèges de la noblesse ★ *~, blijheid* ≈ laisser faire
vrijheidlievend amoureux de la liberté [v: amoureuse ...]
Vrijheidsbeeld Statue *v* de la Liberté
vrijheidsberoving séquestration *v*
vrijheidsbeweging mouvement *m* de libération
vrijheidsstrijder combattant *m* pour la liberté
vrijhouden ❶ *onbezet houden* ★ *de ingang ~* tenir dégagé l'entrée ★ *je moet zondag ~* fais en sorte d'être libre ce dimanche ★ *tijd ~* réserver du temps ❷ *betalen voor* payer pour ★ *ik houd je vanavond vrij* ce soir je t'invite
vrijkaart place *v* gratuite
vrijkomen ❶ *vrijgelaten worden* être libéré, être relâché ❷ *beschikbaar komen* se libérer ❸ *zich afscheiden* se dégager ❹ *van iets afkomen* ★ *met de schrik ~* en être quitte pour la peur
vrijlaten ❶ *de vrijheid geven* mettre en liberté, libérer ❷ *onbezet houden* laisser libre, ‹blanco laten› laisser en blanc ❸ *niet verplichten* laisser libre
vrijlating libération *v*, mise *v* en liberté
vrijloop ★ *in de ~* au point mort
vrijmaken ❶ *bevrijden van last of verplichting* libérer, ‹van gezag, onderdrukking› affranchir, émanciper ★ *zich ~ van* se libérer de ★ *kun jij je vandaag ~?* tu peux te libérer aujourd'hui? ★ *tijd ~ voor* réserver du temps pour ❷ *leegmaken* ‹van ruimte› dégager ★ *de weg ~ voor* ouvrir la voie à

vrijmetselaar franc-maçon *m* [m mv: francs-maçons]
vrijmetselarij franc-maçonnerie *v*
vrijmoedig I *bn* franc [v: franche] **II** *bw* franchement, avec franchise ★ *~ spreken* s'exprimer librement
vrijplaats refuge *m*
vrijpleiten disculper, laver (**van** de) ★ *het ~* la disculpation ★ *niet vrij te pleiten van* entaché de
vrijpostig I *bn* ⟨onbeschaamd⟩ impertinent, ⟨ongegeneerd⟩ effronté, désinvolte **II** *bw* ★ *~ antwoorden* répondre avec désinvolture
vrijschop BN sport *vrije schop* coup *m* franc
vrijspraak acquittement *m* ★ *~ krijgen* être acquitté
vrijspreken acquitter
vrijstaan ❶ *geoorloofd zijn* ★ *het staat u vrij ...* libre à vous de..., vous pouvez ... si vous le voulez **❷** *los staan* être indépendant, sport être démarqué ★ *een ~d huis* une maison isolée / individuelle
vrijstaand ⟨van huis⟩, isolé, sport démarqué ★ *een ~ huis* une maison isolée / individuelle
vrijstaat état *m* libre
vrijstellen dispenser (**van** de), exempter (**van** de), ⟨van belasting⟩ exonérer (**van** de)
vrijstelling dispense *v*, exemption *v*, ⟨van belasting⟩ exonération *v*
vrijster ▾ *een oude ~* une vieille fille
vrijuit franchement, librement, sans détour ★ *~ spreken* parler librement ▾ *~ gaan* ⟨schuldeloos⟩ ne pas être en cause, ⟨straffeloos⟩ jouir de l'impunité
vrijwaren garantir (**tegen**, **voor** de), préserver (**tegen**, **voor** de) ★ *gevrijwaard van* à l'abri de, préservé de
vrijwaring garantie *v*
vrijwel à peu près, presque, quasiment
vrijwillig I *bn* volontaire, ⟨belangeloos⟩ bénévole ★ *een ~e bijdrage* une contribution bénévole ★ *op ~e basis* bénévolement **II** *bw* volontairement, de plein gré ★ *ze ging ~ met hem mee* elle l'a suivi de son plein gré
vrijwilliger volontaire *m/v*, ⟨bij sociaal werk⟩ bénévole *m/v*
vrijwilligerswerk bénévolat *m*
vrijzinnig ❶ *vrijdenkend* libéral [m mv: libéraux] **❷** BN *ongelovig* laïque, athée
vroedvrouw sage-femme *v* [v mv: sages-femmes]
vroeg I *bn* **❶** *aan het begin* ⟨in de ochtend⟩ matinal [m mv: matinaux] ★ *een uur te ~* une heure à l'avance ★ *in de ~e morgen* au petit matin, tôt le matin **❷** *eerder dan normaal* précoce, ⟨voortijdig⟩ prématuré ★ *een ~e dood* une mort prématurée **❸** *in een ver verleden* ★ *de ~ste bewoners van ons land* les premiers habitants de notre pays **II** *bw* **❶** *op vroeg tijdstip* de bonne heure, tôt ★ *op zijn ~st*, BN *ten ~ste* au plus tôt ★ *~ opstaan* se lever tôt, être matinal ★ *~ of laat* tôt ou tard **❷** *eerder dan normaal* prématurément ★ *~ oud* vieux avant l'âge **III** *ww* [verl. td.] → **vragen**
vroegboekkorting réduction *v* pour réservation rapide
vroegen [verl. td.] → **vragen**
vroeger I *bn* ⟨ouder⟩ antérieur (**dan** à), ⟨voormalig⟩ ancien [v: ancienne], ex-, ⟨van eertijds⟩ d'autrefois, form d'antan ★ *zijn ~e vrouw* son ex-femme, son ex ★ *in ~ dagen* autrefois, dans le passé **II** *bw* **❶** *eerder* plus tôt **❷** *in het verleden* autrefois, jadis, dans le temps
vroegrijp précoce
vroegte ★ *in alle ~* au petit matin
vroegtijdig matinal [m mv: matinaux] ⟨voortijdig⟩ précoce, prématuré ★ *~ vertrekken* partir de bonne heure ★ *een ~e dood* une mort prématurée
vrolijk ❶ *blij* joyeux [v: joyeuse], gai ★ *een ~e meid* une fille gaie ★ *zich ~ maken over* s'amuser de, se moquer de **❷** *aangenaam stemmend* gai ★ *een ~e boel* une ambiance allègre
vrolijkheid gaieté *v*
vroom ook fig pieux [v: pieuse] ★ *vrome boeken* des livres pieux / de piété ★ *een vrome wens* une (douce) illusion
vroor [verl. td.] → **vriezen**
vroren [verl. td.] → **vriezen**
vrouw ❶ *vrouwelijk persoon* femme *v* ★ *de ~ des huizes* la maîtresse de maison **❷** *echtgenote* femme *v*, épouse *v* **❸** *speelkaart* dame *v* → **vrouwtje**
vrouwelijk I *bn* ook taalk féminin, ⟨van planten, dieren⟩ femelle ★ *een ~e arts* une femme médecin ★ *~e charme* charme féminin ★ *het ~ geslacht* le sexe féminin, taalk le genre féminin **II** *bw* comme une femme
vrouwenarts gynécologue *m/v*
vrouwenbesnijdenis excision *v*
vrouwenbeweging mouvement *m* féministe
vrouwenblad magazine *m* féminin
vrouwencondoom préservatif *m* féminin
vrouwenemancipatie émancipation *v* de la femme
vrouwenhater misogyne *m/v*
vrouwenkiesrecht jur pol suffrage *m* féminin
vrouwonvriendelijk misogyne, inform miso
vrouwtje ❶ *(kleine) vrouw* (petite) femme *v*, bonne femme *v* ★ *achter de ~s aan zitten* courir le jupon **❷** *vrouwelijk dier* femelle *v* **❸** *bazin (van huisdier)* maîtresse *v*
vrouwvriendelijk qui respecte les femmes
vrucht ❶ *van plant* fruit *m* ★ *~ dragen* donner (des fruits) ★ *de verboden ~* le fruit défendu **❷** *ongeboren kind / jong* foetus *m* **❸** fig *resultaat* fruit *m*, retombées *v mv* ★ *de ~en plukken van* recueillir le fruit de ★ *~(en) afwerpen* porter ses fruits
vruchtafdrijving avortement *m*
vruchtbaar ❶ *in staat tot voortplanting* fécond **❷** *vruchten voortbrengend* fertile, fécond **❸** *veel voortbrengend* fertile, fécond, ⟨zeer⟩ prolifique, ⟨lonend⟩ fructueux [v: fructueuse] ★ *een ~ schrijver* un auteur fécond
vruchtbaarheid fertilité *v*, fécondité *v*
vruchtbeginsel ovaire *m*
vruchtboom arbre *m* fruitier
vruchtdragend biol fructifère
vruchteloos I *bn* infructueux [v: infructueuse], inutile, vain ★ *een vruchteloze poging* un vain effort ★ *~ blijven* ne pas aboutir **II** *bw* inutilement
vruchtensap culin jus *m* de fruits

vruchtgebruik usufruit *m*
vruchtvlees pulpe *v*, chair *v*
vruchtvlies amnios *m*
vruchtwater liquide *m* amniotique, eaux *v mv*
vruchtwaterpunctie amniocentèse *v*
VS É.-U. *m mv*, États-Unis *m mv*
VSA USA *m mv*
V-snaar courroie *v* (trapézoïdale)
V-teken V *m* de la victoire
vuil **I** *het* ❶ *viezigheid* saleté *v*, crasse *v* ❷ *afval* ordures *v mv* ★ *verboden vuil te storten* défense *v* de déposer des ordures ★ *als een stuk vuil behandeld worden* se faire traiter comme un malpropre **II** *bn* ❶ *niet schoon* sale, ⟨smerig⟩ crasseux [v: crasseuse] ★ *vuile was* linge *m* sale ★ *vuil werk* travail *m* salissant ★ *zijn handen vuil maken* se salir les mains ★ *het vuile werk opknappen* faire le sale boulot ★ *geen woorden vuil maken aan* ne pas perdre sa salive à ❷ *vulgair* sale, obscène ★ *vuile taal uitslaan* dire des saletés ❸ *gemeen, oneerlijk* sale ★ *een vuil zaakje* une sale histoire ★ *vuil geld* argent *m* sale ❹ *bruto* brut
vuilak ❶ *viezerik* salopard *m* ❷ *gemenerik* salopard *m*
vuilbekken dire des grossièretés
vuilblik BN *stofblik* pelle *v* (à poussière)
vuiligheid ❶ *vuil* saleté *v*, crasse *v* ❷ *obsceniteit* obscénités *v mv*
vuilnis ordures *v mv*
vuilnisbak poubelle *v* ★ *in de ~ gooien* jeter à la poubelle
vuilnisbakkenras bâtard *m*
vuilnisbelt décharge *v*, ook fig dépotoir *m*
vuilnisemmer poubelle *v*
vuilnisman éboueur *m*
vuilniswagen camion *m* / benne *v* à ordures
vuilniszak sac *m* poubelle
vuilstortplaats décharge *v*
vuiltje (grain *m* de) poussière *v*, impureté *v* ★ *geen ~ aan de lucht* tout va pour le mieux (dans le meilleur des mondes) ★ *alsof er geen ~ aan de lucht was* comme si de rien n'était
vuilverbranding ❶ *proces* incinération *v* d'ordures ❷ *installatie* incinérateur *m*
vuist poing *m* ★ *de ~en ballen* serrer les poings ▾ *in zijn ~je lachen* rire dans sa barbe, rire sous cape ▾ *met ijzeren ~* d'une main de fer ▾ *met de ~ op tafel slaan* taper du poing sur la table ▾ *op de ~ gaan met iem.* en venir aux mains avec qn ▾ *uit het ~je eten* manger sur le pouce ▾ BN *recht voor de ~* sans mâcher ses mots, à l'emporte-pièce ▾ *voor de ~ weg* à l'improviste ▾ *geen ~ kunnen maken* ne pas faire le poids
vuistregel règle *v* pratique / générale
vuistslag coup *m* de poing
vulgair vulgaire, grossier [v: grossière]
vulkaan volcan *m*
vulkanisch aardk volcanique
vullen remplir (**met** de), ⟨van kies⟩ plomber, ⟨van gerecht⟩ farcir, ⟨van bonbon⟩ fourrer, ⟨dichtstoppen⟩ boucher, ⟨volstoppen⟩ (rem)bourrer ★ *een emmer ~ met water* remplir un seau d'eau ★ *zijn benzinetank ~* faire le plein d'essence ★ *een gat ~* boucher un trou ★ *haar ogen vulden zich met tranen* les larmes lui montaient aux yeux ★ *dit eten vult niet* ce plat n'est pas bourratif ★ *goed gevuld* plein, ⟨mollig⟩ rondelet [v: rondelette], ⟨welvoorzien⟩ bien garni ★ fig *zijn zakken ~* se remplir les poches
vulling ❶ *vulsel* ⟨van gerecht⟩ farce *v* ❷ *vulling in kies* amalgame *m* ❸ *penpatroon* cartouche *v* ★ *met losse ~* rechargeable, à cartouches
vulpen stylo *m*
vulpotlood portemine *m*
vulsel rembourrage *m*, bourre *v*
vulva vulve *v*
vunzig ordurier [v: ordurière]
vuren **I** *bn* en bois blanc **II** *onov ww, schieten* faire feu, tirer (**op** sur) ★ *~ op iem.* tirer sur qn ★ *het ~* feu *m*, tirs *m mv*
vurenhout épicéa *m*, inform sapin *m*, bois *m* blanc
vurig ❶ *gloeiend* ardent ★ *~e kolen* charbons *m mv* incandescents ❷ *hartstochtelijk* ardent, passionné ★ *een ~ aanhanger* un fervent adepte ★ *een ~e wens* un voeu très cher ★ *een ~ gebed* une prière fervente ★ *een ~ paard* un cheval fougueux
VUT *Vervroegde Uittreding* préretraite *v*, retraite *v* anticipée ★ *met de VUT gaan* partir en préretraite
vuur ❶ *brand* feu *m* [mv: feux] ★ *een vuur aanleggen* faire du feu ★ *vuur slaan* battre le briquet ★ lett *vuur spuwen* jeter feu et flammes ★ *op een zacht vuur* à petit feu ★ *een kop als vuur krijgen* piquer un fard ★ *ik ga voor hem door het vuur* je me jetterai dans le feu pour lui ★ *in vuur en vlam staan* être tout feu tout flamme(s) ★ *met vuur spelen* jouer avec le feu ★ *iets te vuur en te zwaard verdedigen* défendre qc bec et ongles ★ *tussen twee vuren zitten* être (pris) entre deux feux ★ *iets uit het vuur slepen* décrocher qc de haute lutte ★ *ik heb wel voor hetere vuren gestaan* j'en ai vu (bien) d'autres ★ *iem. het vuur na aan de schenen leggen* mettre qn au pied du mur ★ *zich het vuur uit de sloffen lopen voor* se mettre en quatre pour ★ fig BN *vuur vatten* faire de son mieux ❷ *het schieten* feu *m* ★ *(zwaar) onder vuur liggen* fig se faire éreinter ★ *onder vuur nemen* ouvrir le feu sur ❸ *hevigheid, hartstocht* feu *m*, ardeur *v* ★ *het heilige vuur* le feu sacré ★ *in het vuur van de strijd* dans le feu de l'action → **vuurtje**
vuurbol globe *m* / boule *v* de feu
vuurdoop baptême *m* du feu ★ *de ~ ondergaan* recevoir le baptême du feu
vuurdoorn buisson *m* ardent
vuurgevecht fusillade *v*
vuurhaard ❶ *stookplaats* foyer *m* ❷ *kern van brand* foyer *m*
vuurkorf brasero *m*
Vuurland Terre *v* de Feu
vuurlinie ligne *v* de feu
vuurpeloton peloton *m* d'exécution
vuurpijl fusée *v*, sport chandelle *v* ▾ *de klap op de ~* le bouquet (final)
vuurproef fig épreuve *v* du feu ★ *de ~ doorstaan* soutenir l'épreuve
vuurrood rouge vif ★ *~ worden* ⟨van gezicht⟩ devenir cramoisi / tout rouge, inform piquer un fard
vuurspuwend ignivome, qui crache du feu ★ *een*

~*e berg* un volcan
vuursteen **I** *de* pierre *v* à feu / à briquet **II** *het* silex *m*
vuurtje *iets om mee aan te steken* ★ *heb je een ~ voor mij?* t'as du feu? ▾ *zich als een lopend ~ verspreiden* se répandre comme une traînée de poudre
vuurtoren *lichtbaken* phare *m*
vuurvast résistant au feu, réfractaire, ⟨ovenvast⟩ qui va au four
vuurvliegje ver *m* luisant, lampyr *m*
vuurvreter ❶ *circusartiest* cracheur *m* de feu ❷ *vechtjas* dur *m* à cuire
vuurwapen arme *v* à feu
vuurwerk feu *m* d'artifice ★ ~ *afsteken* faire / tirer un feu d'artifice
vuurzee mer *v* de feu
VVV *Vereniging voor Vreemdelingenverkeer* syndicat *m* d'initiative, ⟨kantoor⟩ office *m* du tourisme
vwo *voorbereidend wetenschappelijk onderwijs* ≈ enseignement *m* du second degré
vzw BN econ *vereniging zonder winstoogmerk* ASBL *v*, association *v* sans but lucratif

W

w w *m* ★ *de w van Willem* W comme William
WA *Wettelijke Aansprakelijkheid* responsabilité *v* civile
waadvogel échasse *v*
waaghals téméraire *m/v*, casse-cou *m* [mv: id.]
waaghalzerij témérité *v*
waagschaal ▾ *(alles) in de ~ stellen* risquer (le tout pour le tout)
waagstuk coup *m* risqué / d'audace
waaien **I** *onp ww* ★ *het waait* il fait du vent, il y a du vent **II** *onov ww* ❶ *wapperen* flotter, ⟨vliegen⟩ voler ★ *laat maar ~!* laisse tomber! ★ *de boel laten ~* laisser aller (les choses) ❷ *blazen* ⟨van wind⟩ souffler
waaier éventail *m*
waakhond chien *m* de garde, fig cerbère *m*
waaks vigilant
waakvlam veilleuse *v*
waakzaam vigilant ★ ~ *blijven* ne pas baisser la garde
waakzaamheid vigilance *v*
Waal ❶ *rivier* Waal *m* ❷ *bewoner* Wallon *m*
Waals wallon [v: wallonne]
Waalse Wallonne *v*
waan illusion *v*, erreur *v* ★ *in de waan brengen* faire croire ★ *in de waan verkeren dat* s'imaginer que ★ *uit de waan helpen* détromper
waanidee illusion *v*, idée *v* fausse
waanvoorstelling hallucination *v*
waanwereld monde *m* illusoire
waanzin ❶ *krankzinnigheid* folie *v* ❷ *onzin* folie *v* ★ *je reinste ~* une pure idiotie
waanzinnig **I** *bn* fou [v: folle] [vóór klinker of stomme h: fol] ★ *een ~ plan* un projet fou **II** *bw, verschrikkelijk* follement ★ *ik heb het ~ druk* je suis complètement débordé ★ ~ *moeilijk* horriblement compliqué
waar **I** *bn* ❶ *niet gelogen* vrai, véritable ★ *eerlijk waar!* c'est la vérité vraie! ★ *niet waar!* ce n'est pas vrai!, c'est faux! ★ *er is niets van waar* il n'en est rien ★ *er zit iets waars in* il y a du vrai là-dedans ★ *dat is waar ook* au fait (j'y pense) ★ *dat is je ware* il n'y a rien de tel ❷ ⟨versterkend⟩ *echt, groot* vrai, véritable **II** *bw* ❶ *vragend* où ★ *waar is hier ergens het station?* c'est par où, la gare? ❷ *betrekkelijk* où ★ *waar hij ook is* où qu'il soit **III** *de* marchandise *v*, ⟨eetwaar⟩ denrée *v* ★ *waren* marchandises ★ *waar voor zijn geld krijgen* en avoir pour son argent, ne pas être volé
waaraan ❶ *vragend* à quoi ★ ~ *denk je?* à quoi penses-tu? ★ ~ *heeft hij dat te danken?* qu'a-t-il fait pour mériter cela? ❷ *betrekkelijk* auquel [m mv: auxquels] [v: à laquelle] [v mv: auxquelles] ★ *de gevaren ~ hij zich blootstelt* les dangers auxquels il s'expose
waarachter ❶ *vragend* derrière quoi ❷ *betrekkelijk* derrière lequel [m mv: ... lesquels] [v: ... laquelle] [v mv: ... lesquelles] ★ *dit is een deur ~ een trap naar boven is* c'est une porte derrière laquelle se trouve un escalier qui monte
waarachtig **I** *bn, waar* vrai, véritable **II** *bw*

wa

vraiment, véritablement ★ *~!* vraiment!, ma foi!, décidément!
waarbij ❶ *vragend* près de quoi ★ *wat hoort ~?* quoi appartient à quoi? ❷ *betrekkelijk* près duquel [m mv: ... desquels] [v: ... de laquelle] [v mv: ... desquelles] ★ *het ongeval ~ hij om het leven kwam* l'accident dans lequel il a trouvé la mort ★ *het punt ~ we gebleven zijn* le point où nous sommes restés ★ *~ nog komt dat ...* à quoi il faut ajouter que...
waarborg ❶ *onderpand* caution *v* ❷ BN *borgsom* caution *v* ❸ *garantie* garantie *v*
waarborgen garantir, ⟨veiligstellen⟩ sauvegarder
waarborgfonds fonds *m* de garantie
waarborgsom caution *v*
waard I *bn* ❶ *met een bepaalde waarde* de la valeur de, ⟨waardig⟩ digne ★ *twintig euro ~ zijn* valoir vingt euros ★ *het zou hem heel wat ~ zijn geweest om* il aurait payé cher pour ★ *dat is niets ~* ça ne vaut rien, inform ça ne vaut pas un clou ★ *het is de moeite niet ~* ça ne vaut pas la peine ★ *hij is het ~* il le mérite ★ *hij is haar niet ~* il est indigne d'elle ❷ *dierbaar* ★ *~e vriend* cher ami! **II** *de, herbergier* aubergiste *m/v*, patron *m* ★ *buiten de ~ rekenen* faire un mauvais calcul ★ *zo de ~ is, vertrouwt hij zijn gasten* on mesure les autres à son aune
waarde ❶ *bezitswaarde* valeur *v* ★ *in ~ achteruitgaan* perdre de sa valeur, se déprécier ★ *in ~ stijgen* prendre de la valeur ★ *ter ~ van* du montant de, s'élevant à ★ *van gelijke ~* équivalent ❷ *belang* valeur *v* ★ *van nul en generlei ~* d'aucune valeur, nul (et non avenu) ★ *~ hechten aan* attacher de la valeur à, tenir à ★ *iem. in zijn ~ laten* respecter l'intégrité de qn ❸ *moreel uitgangspunt* ★ *normen en ~n* normes et valeurs ❹ *(gemeten) grootte, kracht, hoeveelheid* valeur *v*
waardebepaling taxation *v* (de la valeur)
waardebon bon *m*
waardedaling dépréciation *v*
waardeloos ❶ *zonder waarde* sans valeur ★ *waardeloze spullen / troep* de la camelote ❷ *slecht* nul [v: nulle], minable ★ *een waardeloze film* un film nul, un navet
waardeoordeel jugement *m* de valeur
waardepapier valeurs *v mv*
waarderen ❶ *op prijs stellen* apprécier ★ *iem. ~* estimer qn ★ *iets ~ in iem.* apprécier qc en qn ❷ *waarde bepalen* apprécier, estimer, évaluer ★ *te hoog ~* surévaluer ★ *te laag ~* sous-évaluer
waardering ❶ *waardebepaling* appréciation *v* ❷ *erkenning* appréciation *v*, estime *v* ★ *weinig ~ hebben voor* peu apprécier ★ *veel ~ hebben voor* très apprécier ★ *uit ~ voor* par estime pour
waardestijging plus-value *v* [v mv: plus-values]
waardevast à valeur stable, ⟨geïndexeerd⟩ indexé
waardevermeerdering plus-value *v* [v mv: plus-values]
waardevermindering dépréciation *v*
waardevol précieux [v: précieuse], de valeur
waardig ❶ *eerbiedwaardig* digne ★ *een ~e heer* un homme distingué ★ *~ sterven* mourir dignement ★ *iem. ~ behandelen* traiter qn dignement / avec dignité ❷ *waard* digne de ★ *iem. geen blik ~ keuren* ne pas daigner regarder qn, ignorer superbement qn ★ *iets ~ zijn* être digne de qc, mériter qc
waardigheid ❶ *eigenwaarde* dignité *v* ★ *beneden mijn ~* indigne de moi ❷ *ambt* dignité *v* ★ *in zijn ~ van burgemeester* en sa qualité de maire
waardin patronne *v*
waardoor ❶ *vragend* ⟨middels⟩ par quoi, ⟨waarlangs⟩ par où ❷ *betrekkelijk* par lequel [m mv: par lesquels] [v: par laquelle] [v mv: par lesquelles] ★ *de deur ~ hij naar binnen kwam* la porte par laquelle il est entré
waarheen ❶ *vragend* (par) où ★ *~ ga je?* tu vas où? ★ *~ voert dit alles?* ça mène où, tout ça? ❷ *betrekkelijk* où ★ *~ je ook gaat* où que vous alliez
waarheid vérité *v* ★ *de volle ~* toute la vérité ★ *bezijden de ~* loin de la vérité ★ *naar ~* véridiquement ★ *om je de ~ te zeggen ...* à vrai dire ... ★ *de ~ spreken / zeggen* dire la vérité ★ *een ~ als een koe* une évidence, un truisme ★ *de ~ ligt in het midden* la vérité est entre les deux ★ *iem. flink de ~ zeggen* dire à qn ses quatre vérités
waarheidsgehalte véracité *v*
waarheidsgetrouw véridique, fidèle
waarin ❶ *vragend* en quoi, où ★ *~ onderscheidt hij zich?* il se distingue en quoi? ❷ *betrekkelijk* où, en quoi ★ *het huis ~ hij is geboren* la maison dans laquelle il est né, sa maison de naissance
waarlangs ❶ *vragend* par où ❷ *betrekkelijk* par où ★ *de rivier ~ we liepen* le canal que nous avons longé
waarlijk vraiment, véritablement
waarmaken I *ov ww, verwezenlijken* accomplir, réaliser, ⟨bewijzen⟩ prouver ★ *een belofte ~* réaliser une promesse **II** *wkd ww* [**zich ~**] *bewijzen* faire ses preuves
waarmee ❶ *vragend* avec quoi ★ *~ kan ik u van dienst zijn?* en quoi puis-je vous être utile? ❷ *betrekkelijk* avec lequel [m mv: ... lesquels] [v: ... laquelle] [v mv: ... lesquelles]
waarmerk empreinte *v*, marque *v*
waarmerken certifier, authentifier
waarna ❶ *vragend* après quoi ❷ *betrekkelijk* après quoi
waarnaar ❶ *vragend* vers quoi, où ★ *~ ruikt het?* ça sent comment? ❷ *betrekkelijk* vers quoi, vers / sur lequel [m mv: ... lesquels] [v: ... laquelle] [v mv: ... lesquelles] ★ *het doel ~ wij streven* le but qu'on poursuit ★ *de man ~ zij keek* l'homme qu'elle regardait
waarnaast I *vr vnw* à côté de quoi **II** *betr vnw* à côté duquel [v: ...de laquelle]
waarneembaar perceptible, sensible
waarnemen ❶ *opmerken* (a)percevoir, observer ❷ *benutten* profiter de ★ *zijn kans ~* saisir l'occasion ❸ *vervangen* remplir ★ *het voorzitterschap ~* assurer la présidence ★ *iemands zaken ~* prendre soin des affaires de qn ★ *een functie voor iem. ~* remplacer / suppléer qn, assurer l'intérim de qn
waarnemend suppléant, intérimaire
waarnemer ❶ *iem. die waarneemt* observateur *m* [v: observatrice] ❷ *vervanger* intérimaire *m/v*, remplaçant *m* [v: remplaçante]
waarneming ❶ *perceptie* observation *v*,

perception *v* ❷ *vervanging* remplacement *m*, suppléance *v*
waarnemingspost poste *m* d'observation
waarnemingsvermogen perception *v*
waarom I *bw* ❶ *vragend* pourquoi ❷ *betrekkelijk* pour lequel [v: pour laquelle] ★ *de reden* ~ la raison pourquoi / pour laquelle **II** *het* pourquoi *m* ★ *het hoe en* ~ *is niet duidelijk* le pourquoi et le comment sont peu clairs
waaronder ❶ *vragend* sous quoi ❷ *betrekkelijk* ⟨onder welk⟩ sous lequel [m mv: ...lesquels] [v: ... laquelle] [v mv: ...lesquelles], ⟨tussen welke⟩ parmi lesquels, dont ★ *de deken* ~ *ik slaap* la couverture sous laquelle je dors ★ *er waren tien deelnemers,* ~ *een Italiaan* il y avait dix participants, dont un Italien
waarop ❶ *vragend* sur quoi, où ★ ~ *wachten we nog?* qu'est-ce qu'on attend? ❷ *betrekkelijk* où, sur quoi, sur lequel [m mv: sur lesquels] [v: sur laquelle] [v mv: sur lesquelles] ★ ~ *hij de deur sloot* sur quoi il ferma la porte
waarover ❶ *betrekkelijk* ⟨m.b.t. onderwerp⟩ dont, ⟨m.b.t. plaats⟩ sur lequel [m mv: sur lesquels] [v: sur laquelle] [v mv: sur lesquelles] ❷ *vragend* ⟨m.b.t. onderwerp⟩ de quoi, ⟨m.b.t. plaats⟩ sur quoi
waarschijnlijk I *bn, vermoedelijk* probable, vraisemblable ★ *niet* ~ peu probable **II** *bw* probablement
waarschijnlijkheid probabilité *v* ★ *naar alle* ~ selon toute probabilité
waarschuwen ❶ *vertellen, laten weten* prévenir, ⟨alarmeren⟩ alerter ★ *waarschuw me als ze er zijn* préviens-moi quand ils seront là ★ *de politie* ~ prévenir / alerter la police ❷ *vertellen dat iets gevaarlijk is* avertir (**voor** de), prévenir (**voor** de), mettre en garde (**voor** contre) ★ *een gewaarschuwd man telt voor twee* un homme averti en vaut deux ❸ *streng toespreken* prévenir, avertir ★ *ik waarschuw je!* je te préviens!
waarschuwing avertissement *m* ★ *zonder voorafgaande* ~ sans prévenir, sans préavis
waarschuwingsbord panneau *m* avertisseur
waarschuwingsschot tir *m* de sommation
waarschuwingsteken signal *m* de danger
waartegen ❶ *vragend* contre quoi ❷ *betrekkelijk* contre lequel [m mv: ... lesquels] [v: ... laquelle] [v mv: ... lesquelles]
waartoe ❶ *vragend* à quoi, pourquoi ❷ *betrekkelijk* à quoi, où
waartussen I *vr vnw* entre quoi **II** *betr vnw* entre / parmi lesquels [v: ... lesquelles]
waaruit ❶ *vragend* d'où, de quoi ❷ *betrekkelijk* d'où, dont
waarvan ❶ *vragend* de quoi ❷ *betrekkelijk* dont
waarvandaan d'où, de quel côté?
waarvoor ❶ *vragend* à quoi, ⟨waarom⟩ pourquoi ❷ *betrekkelijk* pour lequel [m mv: ... lesquels] [v: ... laquelle] [v mv: ... lesquelles]
waarzeggen dire la bonne aventure, prédire l'avenir
waarzegger diseur *m* de bonne aventure [v: diseuse ...], voyant *m* [v: voyante]
waas ❶ *nevelige sluier* voile *m* ★ *een waas van tranen* un voile de larmes ★ *met een waas bedekken* embuer ❷ fig ★ *in een waas van geheimzinnigheid gehuld* enveloppé de mystère
wacht ❶ *het moeten waken* garde *v*, scheepv quart *m* ★ *de* ~ *betrekken* monter la garde ★ *de* ~ *hebben,* BN *van* ~ *zijn* être de garde, assurer / monter la garde, scheepv être de quart ★ *op* ~ *staan* assurer la garde ❷ *één persoon* garde *m*, ⟨schildwacht⟩ sentinelle *v* ❸ *geheel van wachters* garde *v* ★ *de* ~ *aflossen* relever la garde ❹ *afwachting* ★ *iem. in de* ~ *zetten* ⟨aan telefoon⟩ mettre qn en attente ▾ *in de* ~ *slepen* décrocher, (r)emporter ▾ *iem. de* ~ *aanzeggen* mettre qn en garde, préaviser qn
wachtdag jour *m* d'attente
wachtdienst ❶ *waakdienst* (service *m* de) garde *v* ❷ BN *onregelmatige dienst* (service *m* de) garde *v* ★ ~ *hebben* être de garde
wachten I *onov ww* ❶ *in afwachting zijn* attendre ★ *iem. laten* ~ faire patienter qn ★ *op zich laten* ~ se faire attendre, tarder à venir ★ ~ *op* attendre ★ *het* ~ *(op)* l'attente *v* (de) ★ *wacht tot hij komt* attends qu'il vienne ★ *wacht maar!* attends (un peu)!, attends voir! ★ *dan kun je lang* ~ tu peux toujours courir / attendre ❷ *in het vooruitzicht staan* attendre ★ *er staat hem wat te* ~*!* ça va être sa fête! ★ *wat ons te* ~ *staat* ce qui nous attend ❸ *nog niet beginnen* attendre ★ *met iets* ~ remettre qc ★ *wacht even* un instant, attends (un peu) **II** *wkd ww* [**zich** ~] se garder ★ *wacht u voor de hond* chien méchant!
wachter gardien *m* [v: gardienne], garde *m*
wachtgeld traitement *m* de disponibilité ★ *iem. op* ~ *stellen* mettre qn en disponibilité
wachthuisje ❶ *schildwachthuisje* guérite *v* ❷ *bus- / tramhokje* abri *m*
wachtkamer salle *v* d'attente, antichambre *v*
wachtlijst liste *v* d'attente
wachtmeester ⟨van politie⟩ brigadier *m*
wachtpost ❶ *persoon* garde *m*, ⟨schildwacht⟩ sentinelle *v* ❷ *plaats* poste *m* de garde
wachtruimte salle *v* d'attente, antichambre *v*
wachttijd (temps *m* d')attente *v*
wachtwoord *herkenningswoord* mot *m* de passe
wachtzaal BN salle *v* d'attente
wad gué *m*, ⟨in zee⟩ bas-fond *m* [m mv: bas-fonds]
Waddeneiland île *v* de la Frise
Waddenzee mer *v* des Wadden
waden passer à gué ★ *door het slijk* ~ patauger dans la boue
wadjan, wadjang wok *m*
wadlopen traverser à gué (les Wadden)
waf ouah, ouaf
wafel gaufre *v*
wafelijzer gaufrier *m*
wafelpatroon dessin *m* gaufré, nid-d'abeilles *m*
waffel ▾ *houd je* ~*!* ferme ta boîte!
wagen I *de* ❶ *kar* chariot *m* ★ BN *de* ~ *aan het rollen brengen* mettre l'affaire en route ❷ *auto* voiture *v*, inform bagnole *v* ★ *een snelle* ~ une voiture rapide ❸ *wagon* wagon *m* **II** *ov ww, durven, riskeren* ⟨durven⟩ oser (faire), se risquer dans, aventurer, ⟨riskeren⟩ risquer ★ *het* ~ *om* avoir l'audace de ★ *waag het eens!* ose / essaie un peu! ★ *het erop* ~ tenter / risquer le coup ★ *daar waag ik mij niet aan / in* je ne m'y risquerai pas ★ *wie niet waagt, die niet wint* qui ne risque rien n'a rien

wagenpark parc *m* automobile
wagenwijd ★ *~ open* grand(e) ouvert(e)
wagenziek qui a le mal de la route / des transports
waggelen chanceler, tituber
wagon wagon *m*
wajangpop marionnette *v* wayang
wak ≈ trou *m* dans la glace
wake veille *v*
waken ❶ *wakker blijven* veiller ★ *~ bij een zieke* veiller un malade ❷ *beschermend toezien* veiller ★ *~ over* veiller sur ★ *over iem. ~* veiller sur qn ★ *ervoor ~ dat...*, BN *erover ~ dat...* veiller à ce que... ★ *~ tegen* prendre garde à
waker veilleur *m* [v: veilleuse]
wakker *niet slapend* réveillé, ook fig éveillé ★ *~ worden* se réveiller, fig s'éveiller ★ *~ maken* réveiller, fig éveiller ★ *~ schrikken* se réveiller en sursaut ★ *~ schudden* fig secouer ▾ *daar lig ik niet ~ van* ça ne m'empêche pas de dormir
wal ❶ *waterkant* terre *v* (ferme) ★ *aan wal* à terre, ‹van schip› à quai ★ *aan wal gaan* débarquer ★ *van wal steken* se lancer ★ *van de wal in de sloot raken* tomber d'un mal dans un pire ★ *tussen de wal en het schip vallen* se trouver entre deux chaises ❷ *muur* rempart *m* ★ *de Amsterdamse wallen* le quartier rouge d'Amsterdam ★ *van twee walletjes eten* manger à deux râteliers ❸ *onder ogen* cerne *m* ★ *wallen onder de ogen hebben* avoir des poches sous les yeux
waldhoorn cor *m*, trompe *v*
Wales le pays de Galles ★ *in ~* au pays de Galles
walgelijk dégoûtant, écœurant
walgen être écœuré (**van** de) ★ *ik walg ervan* cela me dégoûte, cela me soulève le cœur ★ *tot ~s toe* jusqu'à la nausée ★ *ik walg van je* tu me dégoûtes
walging dégoût *m*, nausée *v*
walhalla fig paradis *m*
Walhalla myth Walhalla *m*
walkietalkie talkie-walkie *m*
wallingant BN pol *Waal die streeft naar autonomie voor Wallonië* wallingant *m* [v: wallingante]
Wallonië la Wallonie ★ *in ~* en Wallonie
walm fumée *v*, vapeur *v*
walmen fumer
walnoot ❶ *vrucht* noix *v* ❷ *boom* noyer *m*
walrus morse *m*
wals ❶ *dans* valse *v* ❷ *pletmachine* laminoir *m*, ‹voor wegen› rouleau *m* compresseur
walsen I *ov ww, pletten* laminer **II** *onov ww, dansen* valser
walserij laminoir *m*
walvis baleine *v*
walvisvaarder baleinier *m*
wanbedrijf BN jur *misdrijf of zware overtreding* ≈ délit *m*
wanbegrip incompréhension *v*
wanbeheer mauvaise gestion *v*
wanbeleid mauvaise gestion *v*, mauvaise politique *v*
wanbetaler mauvais payeur *m*
wand *muur* paroi *v*, ‹tussenwand› cloison *v*, ‹muur› mur *m*
wandaad méfait *m*
wandel ★ *aan de ~ zijn* se promener
wandelaar promeneur *m* [v: promeneuse], ‹op voettocht› randonneur *m* [v: randonneuse]
wandelen se promener, inform se balader ★ *gaan ~* aller se promener ★ *~d* ambulant ▾ BN *iem. ~ sturen* envoyer promener qn
wandelgang couloir *m*
wandeling promenade *v*, inform balade *v* ▾ *in de ~* communément
wandelkaart topoguide *m*, guide *m* des sentiers (de grande randonnée)
wandelpad sentier *m*
wandelpas pas *m* de route
wandelroute circuit *m* (pédestre)
wandelschoen chaussure *v* de marche
wandelsport marche *v*, ‹jogging› footing *m*
wandelstok canne *v*
wandeltocht randonnée *v* (à pied)
wandelwagen poussette *v*
wandkleed tapisserie *v*
wandluis punaise *v*
wandmeubel meuble *m* mural
wandrek sport espalier *m*
wandschildering peinture *v* murale
wanen croire ★ *zich ~* se croire
wang joue *v*
wangedrag mauvaise conduite *v*, form inconduite *v*
wangedrocht monstre *m*
wanhoop désespoir *m* ★ *iem. tot ~ brengen* désespérer qn
wanhoopsdaad acte *m* désespéré
wanhoopskreet cri *m* de désespoir
wanhopen désespérer (**aan** de)
wanhopig I *bn* désespéré ★ *~ maken* mettre / réduire au désespoir ★ *het is om ~ van te worden* c'est désespérant **II** *bw* désespérément ★ *~ naar iets op zoek zijn* chercher qc désespérément ★ *~ verliefd* éperdument amoureux
wankel ❶ *onvast* chancelant, ‹van meubels› branlant, bancal [m mv: bancals] ★ *een ~e tafel* une table bancale ★ *~ op de benen staan* chanceler ❷ *ongewis* incertain, précaire ★ *een ~ evenwicht* un équilibre instable ★ *~e gezondheid* santé *v* précaire
wankelen ❶ *onvast gaan / staan* chanceler, vaciller ★ *de tafel wankelt* la table est bancale ❷ fig *instabiel zijn* chanceler, vaciller ★ *~d geloof* foi *v* chancelante ★ *~ in zijn geloof* avoir la foi chancelante ★ *aan het ~ brengen* ébranler
wankelmoedig irrésolu, indécis
wanklank ❶ lett note *v* discordante, dissonance *v* ❷ fig fausse note *v*
wanneer quand ★ *~ was de slag bij Waterloo?* quand a eu lieu la bataille de Waterloo? ❶ *op het moment dat* quand, lorsque ❷ *in het geval dat* si
wanorde désordre *m*, confusion *v*, chaos *m*
wanordelijk I *bn* désordonné **II** *bw* en désordre
wanprestatie ❶ *slechte prestatie* piètre performance *v* ❷ jur non-exécution *v*
wanproduct mauvais produit *m*
wansmaak mauvais goût *m*
wanstaltig monstrueux [v: monstrueuse], hideux [v: hideuse]

want **I** *de, handschoen* moufle *v* ★ *een paar warme wanten* une pair de moufles chaudes **II** *het* ❶ *scheepstouwen* manœuvres *v mv* ★ *staand en lopend want* les manoeuvres dormantes et les manoeuvres courantes ❷ *visnetten* filets *m mv* ▾ *van wanten weten* assurer, se défendre **III** *voegw* parce que, car ★ *ik kom niet want ik heb geen tijd* je ne viens pas parce que je n'ai pas le temps
wantoestand situation *v* intolérable, abus *m*
wantrouwen **I** *het* méfiance *v*, ‹achterdocht› suspicion *v* (**jegens** à l'égard de) ★ ~ *wekken* éveiller la méfiance **II** *ov ww* se méfier de
wantrouwig **I** *bn* méfiant, soupçonneux [v: soupçonneuse] **II** *bw* avec méfiance
wants hétéroptère *m*
wanverhouding disproportion *v*
WAO *Wet op de Arbeidsongeschiktheidsverzekering* ≈ loi *v* sur l'assurance incapacité de travail ★ *in de WAO zitten* toucher une allocation de l'assurance incapacité de travail
wapen ❶ *strijdmiddel* arme *v* ★ *te ~!* aux armes! ★ *de ~s neerleggen* déposer les armes ★ *de ~s opnemen* prendre les armes ★ *onder de ~s roepen* appeler sous les drapeaux ❷ *wapenschild* armes *v mv*, armoiries *v mv*
wapenarsenaal arsenal *m* [m mv: arsenaux]
wapenbeheersing contrôle *m* des armements
wapenbezit port *m* / détention *v* d'armes
wapenembargo embargo *m* sur l'exportation des armes
wapenen ❶ *bewapenen* armer ★ *zich ~ tegen* s'armer contre ★ *zich ~ met* s'armer de ❷ fig *versterken* armer ★ *gewapend beton* béton armé ★ *zich ~ tegen de kou* se protéger du froid
wapenfeit ❶ *oorlogsdaad* fait *m* d'armes ❷ *roemrijke daad* exploit *m*
wapengeweld force *v* des armes
wapenhandel *handel* vente *v* d'armes, min ‹illegaal› trafic *m* d'armes
wapenhandelaar armurier *m*
wapenrusting armure *v*, panoplie *v*
wapenschild écu *m*, blason *m*
wapenschouw revue *v*, parade *v*
wapenspreuk devise *v*
wapenstilstand armistice *m*, ook fig trêve *v*
wapenstok matraque *v*
wapentuig armement *m*, armes *v mv*
wapenvergunning permis *m* de port d'armes
wapenwedloop course *v* aux armements
wapperen flotter (au vent)
war ▾ psych *in de war zijn* être confus / troublé ▾ psych *iem. in de war brengen* dérouter qn, troubler qn ▾ psych *in de war raken* s'embrouiller ▾ *in de war zijn* ‹ongeordend› être en désordre, être emmêlé ▾ *in de war raken* ‹ongeordend› s'emmêler ▾ *iets in de war sturen* embrouiller qc ▾ *uit de war halen* démêler
warboel chaos *m*, fouillis *m*, embrouille *v*
warempel ma foi
waren **I** *de mv* → **waar** **II** *ww* [verl. td.] → **wezen** **III** *ww* [verl. td.] → **zijn**
warenhuis grand magasin *m*
warenwet ≈ Code *m* de la consommation
warhoofd (esprit *m*) brouillon *m*
warm ❶ *met hoge temperatuur* chaud ★ *het is warm* il fait chaud ★ *ik heb het warm* j'ai chaud ★ *warm maken* (faire) chauffer ★ *warm houden* tenir au chaud ★ *warm eten* manger chaud ★ *warm gekleed* habillé chaudement ★ *het ging er warm toe* ça a chauffé ★ *je bent warm* tu brûles ★ *de warme bakker* le boulanger artisan ❷ *hartelijk* chaleureux [v: chaleureuse], chaud ★ *warm aanbevolen* vivement recommandé ❸ *enthousiast* chaud ★ *ik word er niet warm of koud van* ça ne me fait ni chaud ni froid ❹ *zacht, aangenaam* chaud, agréable ★ *warme kleuren* colris *m mv* chauds ❺ *m.b.t. seks* ★ *de warme buurt* le quartier chaud
warmbloedig ❶ biol à sang chaud ❷ *vurig* ardent, vif [v: vive]
warmdraaien ❶ *op juiste temperatuur komen* chauffer ❷ fig *zich op iets voorbereiden* s'échauffer ★ *voor iets ~* se préparer à qc
warmen *warm maken* chauffer ★ *zich ~* se réchauffer
warming-up sport échauffement *m*
warmlopen ❶ sport s'échauffer ★ *het ~* l'échauffement *m* ❷ *warm worden* chauffer ❸ *enthousiast worden* s'emballer (**voor** pour)
warmpjes ▾ *er ~ bij zitten* avoir du foin dans ses bottes, avoir de quoi, ne pas manquer d'argent
warmte ❶ *(hoge) temperatuur* chaleur *v* ❷ *hartelijkheid* chaleur *v* ★ *zij straalt ~ uit* elle a l'air chaleureux
warmtebron source *v* de chaleur
warmtegeleider conducteur *m*
warmwaterbron source *v* thermale
warmwaterkraan robinet *m* d'eau chaude
warrelen tourbillonner
warrig embrouillé, confus
wars ~ **van**, ★ *wars zijn van* répugner à
Warschau Varsovie *v*
Warschaus varsovien [v: varsovienne]
wartaal radotage *m* ★ ~ *uitslaan* délirer
warwinkel embrouillamini *m*
was **I** *de* ❶ *het wassen* lessive *v* ★ *de was doen* faire la lessive ★ *iets in de was doen* mettre qc à laver ★ *een wasje doen* faire une tournée de lessive ★ *krimpen in de was* rétrécir au lavage ❷ *wasgoed* linge *m* ★ *bonte was* linge de couleur ★ *men moet de vuile was niet buiten hangen* il faut laver son linge sale en famille **II** *de/het, vettige stof* cire *v* ★ *in de was zetten* cirer ★ *goed in de slappe was zitten* rouler sur l'or **III** *ww* [verl. td.] → **wezen** **IV** *ww* [verl. td.] → **zijn**
wasautomaat machine *v* à laver
wasbak lavabo *m*
wasbeer raton *m* laveur
wasbenzine white-spirit *m*
wasbord *wasplank* planche *v* à laver
wasdom croissance *v* ★ *tot volle ~ komen* venir à maturité
wasdroger sèche-linge *m* [mv: id.]
wasecht lavable, lessivable, grand teint, bon teint
wasem buée *v* ★ *met ~ bedekt* embué
wasemen dégager de la vapeur
wasemkap hotte *v* (aspirante)
wasgelegenheid salle *v* d'eau
wasgoed linge *m*
washandje gant *m* (de toilette)

wasinrichting laverie *v*
wasknijper pince *v* à linge
waslijn corde *v* à linge
waslijst *lange lijst* liste *v*, série *v*, kyrielle *v*
wasmachine machine *v* à laver
wasmand panier *m* à linge
wasmiddel lessive *v*, techn détergent *m*
waspoeder lessive *v* en poudre
wasprogramma programme *m* de lavage
wassen I *ov ww* [o.v.t.: waste; volt. deelw.: gewassen] *reinigen* laver ★ *zich ~* se laver ★ *zijn handen ~* se laver les mains **II** *onov ww* [o.v.t.: wies; volt. deelw.: gewassen] *toenemen* croître ★ *~de maan* croissant *m* ★ *~d water* crue *v* **III** *bn, van was* de / en cire ★ *een ~ neus* ⟨formaliteit⟩ une simple formalité, ⟨schijn⟩ de la frime
wassenbeeldenmuseum musée *m* /cabinet *m* de cires
wasserette laverie *v* (automatique)
wasserij blanchisserie *v*
wasstraat station *v* / portique *m* de lavage
wastafel lavabo *m*
waste [verl. td.] → **wassen**
wasten [verl. td.] → **wassen**
wastobbe cuvier *m*
wasverzachter adoucissant *m*, assouplissant *m*
wat I *bw* ❶ *een beetje* un peu ★ *wat langzaam* un peu lent ❷ *erg* très ★ *ze zijn wat blij!* ils sont tout contents, ils sont contents comme tout **II** *vr vnw* ❶ ★ *wat nu?* et maintenant? ❷ *bijvoeglijk* quel [v: quelle], quelle sorte de ★ *wat voor boek is dat?* quel est ce livre?, c'est quoi comme livre? ❸ *welk(e) ding(en)* ⟨als lijdend voorwerp⟩ (qu'est-ce) que ...?, ⟨als onderwerp⟩ qu'est-ce qui ...? ★ *wat zeg je?* qu'est-ce que tu dis? ★ *wat doe je?* que fais-tu? ★ *wát dan?* peut-on savoir? ★ *wat dán?* que faire alors? ★ *wat is dat?* qu'est-ce que c'est (que ça)? ★ *wat zou dat?* (et puis) après?, qu'est-ce que cela fait? ❹ *indirect vragend* ce qui, ce que, quel [v: quelle] ★ *hij vraagt wat ze zegt* il demande ce qu'elle dit ❺ *uitroep* quoi **III** *betr vnw* ⟨als onderwerp⟩ ce qui, ⟨als lijdend voorwerp⟩ ce que ★ *(alles) wat hij heeft* (tout) ce qu'il a ★ *wat ik nodig heb* ce dont j'ai besoin ★ *wat erger is* qui pis est **IV** *onb vnw* ❶ ★ *wat dan ook* quoi que ce soit ★ *wat ... dan ook* quoi que [+ subj.] ★ *wat voor voorwaarden hij ook stelt* quelles que soient ses conditions ★ *wat brood* un peu de pain ❷ *iets* ★ *heel wat werk* bien du travail, pas mal de travail ★ *wat nieuws* qc de nouveau ★ *zo makkelijk als wat* facile comme tout ★ *het is me wat!* c'est un monde! ★ *voor wat hoort wat* donnant, donnant, rien pour rien **V** *uitr vnw* ★ *wat is het koud!* comme il fait froid! ★ *wat mooi!* que c'est beau! ★ *wat een mensen!* que de monde!, quel monde! ★ *wat een pech!* quel malheur! ★ *och wat!* allons donc! ★ *wat heeft hij geschreeuwd!* ce qu'il a crié! ★ *wat zijn ze goed geweest!* inform qu'est-ce qu'ils ont été bien!
water ❶ *vloeistof* eau *v* ★ *koolzuurhoudend ~*, BN *bruisend ~* eau gazeuse ★ BN *plat ~* eau plate ★ *stromend ~*, BN *lopend ~* eau courante ★ *zoet ~* eau douce ★ *zout ~* eau salée ★ *op ~ en brood* au pain sec et à l'eau ★ *op ~ en brood zitten* être au pain sec ★ *planten ~ geven* arroser les plantes ★ *als ~ en vuur zijn* être comme chien et chat ★ *~ bij de wijn doen* mettre de l'eau dans son vin ★ *~ naar de zee dragen* porter de l'eau à la mer / à la rivière cours *m* d'eau, ⟨zee⟩ mer *v* ★ *territoriale ~en* les eaux territoriales ★ *stille ~s hebben diepe gronden* il faut se méfier de l'eau qui dort ❷ *het water zelf van een rivier, meer etc.* eau *v* ★ *hoog ~* marée *v* haute ★ *het schip maakt ~* le navire fait eau ★ *stilstaand ~* eau stagnante ★ *weer boven ~ komen* refaire surface, res(s)urgir ★ *onder ~ staan* être inondé ★ *onder ~ zetten* inonder ★ *over (het) ~ vervoeren* cheminer par voie d'eau ★ *te ~* à l'eau ★ *te ~ laten* mettre à l'eau, lancer ★ *het ~ staat hem tot de lippen* il est au bord du gouffre ★ *er moet nog veel ~ door de Rijn (enz.) stromen* il passera bien de l'eau sous le(s) pont(s) ★ *in het ~ vallen* tomber à l'eau ❸ *lichaamsvocht* ★ *het ~ loopt me ervan in de mond* l'eau m'en vient à la bouche ★ *ik voel het aan mijn ~* c'est mon petit doigt qui me le dit ★ BN *~ en bloed zweten* suer sang et eau ❹ *helderheid* ★ *van het zuiverste ~* de la plus belle eau
waterachtig liquide, humide
waterafstotend hydrofuge
waterballet ❶ *ballet* ballet *m* nautique ❷ *gespetter* barbotage *m*
waterbed matelas *m* d'eau
waterbekken bassin *m*
waterbestendig résistant à l'eau
waterbloem fleur *v* aquatique
waterbouwkunde (architecture *v*) hydraulique *v*
waterdamp vapeur *v* d'eau
waterdicht ❶ *niet waterdoorlatend* étanche, ⟨van kleding⟩ imperméable ★ *~ maken* étancher ❷ *onweerlegbaar* ★ *een ~ alibi* un alibi en béton
waterdier animal *m* aquatique [m mv: animaux aquatiques]
waterdruk pression *v* de l'eau
waterdruppel goutte *v* d'eau
wateren *urineren* uriner
waterfiets pédalo *m*
waterfietsen faire du pédalo
watergekoeld à refroidissement par eau
waterglas *drinkglas* verre *m* à eau
watergolf mise *v* en plis, brushing *m*
watergolven ★ *haar haar laten ~* se faire faire une permanente
watergruwel ≈ bouillie *v* de gruau au jus de groseille
waterhardheid dureté *v* de l'eau
waterhoen poule *v* d'eau
waterhond ★ *Portugese ~* chien *m* d'eau portugais
waterhoofd ❶ med hydrocéphalie *v* ❷ fig *dik hoofd* ★ *met een ~* hypertrophié
waterhuishouding ≈ équilibre *m* hydrique / hydraulique
waterig ❶ *met veel water* flottard ★ *~e soep* inform de la lavasse ❷ fig *slap* fade, insipide ★ *een ~ zonnetje* un soleil pâle
waterijsje glace *v* à l'eau
watering BN *waterschap* ≈ syndicat *m* d'administration des eaux et des digues, BN wateringue *v*
waterjuffer libellule *v*

waterkanon canon *m* à eau
waterkant bord *m* de l'eau, berge *v*
waterkering barrage *m*, ⟨dijk⟩ digue *v*
waterkers cresson *m*
waterkoeling refroidissement *m* par eau
waterkoker bouilloire *v*
waterkraan robinet *m* à eau
waterkracht énergie *v* hydraulique
waterkrachtcentrale centrale *v* hydroélectrique
waterlanders larmes *v mv*
waterleiding conduite *v* d'eau
waterleidingbedrijf service *m* / compagnie *v* des eaux
waterlelie nénuphar *m*
waterlijn *lijn van waterniveau* ligne *v* de flottaison
waterloo ▾ *zijn ~ vinden* ≈ essuyer un échec cuisant, échouer ▾ *het was zijn ~* ≈ c'était la bérézina
Waterman *dierenriemteken* Verseau *m*
watermeloen pastèque *v*
watermerk filigrane *m*
watermolen moulin *m* à eau
wateroppervlak surface *v* de l'eau
wateroverlast inondations *v mv*
waterpas I *bn* de niveau, horizontal [m mv: horizontaux] ★ *~ maken* niveler **II** *het* niveau *m* [mv: niveaux], nivelle *v*
waterpeil niveau *m* de l'eau
waterpijp narguilé *m*, narghilé *m*, chicha *v*
waterpistool pistolet *m* à eau
waterplant plante *v* aquatique
waterpokken varicelle *v*
waterpolitie police *v* fluviale
waterpolo water-polo *m*
waterpomptang pince *v* multiprise
waterproof imperméable, waterproof [onver.]
waterput puits *m*
waterrad roue *v* hydraulique
waterrat ❶ *dier* rat *m* d'eau ❷ *persoon* vrai poisson *m*
waterreservoir réservoir *m* d'eau
waterrijk riche en eau, ⟨van gebied⟩ riche en eaux
waterschade dégâts *m mv* des eaux
waterschap ≈ syndicat *m* / district *m* d'administration des eaux et des digues
waterscheiding ligne *v* de partage des eaux
waterschuw qui craint l'eau, hydrophobe
waterscooter scooter *m* des mers, jet-ski *m* [mv: jet-skis]
waterski ski *m* nautique
waterskiën faire du ski nautique
waterslang ❶ *dier* serpent *m* d'eau ❷ *gereedschap* tuyau *m* à eau [m mv: tuyaux ...]
watersnip bécassine *v* des marais
watersnood inondations *v mv*
waterspiegel ❶ *oppervlakte* surface *v* de l'eau ❷ *peil* niveau *m* de l'eau
watersport sport(s) *m (mv)* nautique(s), nautisme *m*, ⟨pleziervaart⟩ navigation *v* de plaisance
waterstaat ❶ *watergesteldheid* état *m* des eaux ❷ *dienst* ≈ Ponts et Chaussées *m mv*
waterstand niveau *m* des eaux ★ *hoge ~* crue *v* ★ *kritieke ~* cote *v* d'alerte
waterstof hydrogène *m*
waterstofbom bombe *v* H / à hydrogène
waterstofperoxide eau *v* oxygénée
waterstraal jet *m* d'eau
watertanden ★ *het is om van te ~* cela donne l'eau à la bouche
watertaxi canot-taxi *m* [m mv: canots-taxis]
watertoren château *m* d'eau [m mv: châteaux ...]
watertrappen, watertrappelen nager debout, nager sur place
waterval cascade *v*, chute *v* d'eau
waterverf peinture *v* à l'eau ★ *met ~ schilderen* peindre à l'aquarelle
waterverontreiniging pollution *v* des eaux
watervliegtuig hydravion *m*
watervlug comme du vif-argent
watervogel oiseau *m* aquatique [m mv: oiseaux aquatiques]
watervrees hydrophobie *v*
waterweg voie *v* navigable, route *v* d'eau
waterwerk ❶ *geheel van fonteinen* eaux *v mv* ❷ *bouwwerk in het water* construction *v* hydraulique
waterwingebied région *v* de captage d'eau
waterzooi BN culin waterzooi *m*, waterzoï *m*
waterzuiveringsinstallatie station *v* d'épuration
watje ❶ *propje watten* tampon *m* d'ouate, (bout *m* de) coton *m* ❷ *persoon* chiffe *v* molle ★ *wat ben je toch een ~!* tu es une vraie poule mouillée!
watt watt *m*
wattage puissance *v* en watts
watten I *de mv* (de la) ouate *v*, ⟨voor lichaamsverzorging⟩ (du) coton ★ *iem. in de ~ leggen* choyer qn **II** *bn* de coton, d'ouate
wattenstaafje coton-tige *m* [m mv: cotons-tiges]
watteren ouater
wauw ouah
wauwelen radoter
wave ola *v*
WA-verzekering assurance *v* responsabilité civile
waxen ⟨ontharen met was⟩ épiler à la cire, ⟨van ski's⟩ farter
waxinelichtje bougie *v* (à) chauffe-plat
wazig ❶ *vaag* vague, flou, ⟨nevelig⟩ vaporeux [v: vaporeuse] ★ *een ~e foto* une photo floue ★ *ik zie ~* je ne vois pas clair ❷ *suf* vaseux [v: vaseuse] ★ *~ kijken* avoir un regard hébété
wc W.-C. *m mv*, toilettes *v mv*
wc-borstel brosse *v* / balayette *v* W.-C.
wc-bril lunette *v* (de W.-C.)
wc-papier papier *m* hygiénique / toilette
wc-pot cuvette *v*
wc-rol rouleau *m* de papier toilette [m mv: rouleaux ...]
we ★ *laten we gaan* allons-y → **wij**
web ❶ *spinnenweb* toile *v* (d'araignée) ❷ *netwerk* tissu *m* ❸ comp *internet* Web *m*, Toile *v*
webadres comp adresse *v* Web
webcam comp webcam *v*
webdesign création *v* de sites internet, webdesign *m*
weblog comp carnet *m* Web, weblog *m*, blog *m*
webmaster comp webmestre *m/v*, webmaster

m/v
webpagina comp page *v* Web
website comp site *m* Web / Internet
wecken mettre en conserve
weckfles bocal *m* à conserves [m mv: bocaux ...]
wedde BN *loon* traitement *m*, salaire *m*
wedden parier ★ *ik wed dat je het niet kunt* je te défie de faire cela ★ *om iets ~* parier qc ★ *~ dat* inform chiche que ★ *~ op* parier sur, jouer ★ *ik wed van niet!* je (te) parie que non!
weddenschap pari *m* ★ *een ~ aangaan* faire un pari ★ *een ~ aannemen* tenir un pari
werderdienst service *m* en retour ★ *een ~ bewijzen* inform renvoyer l'ascenseur ★ *tot ~ bereid* à charge de revanche
wedergeboorte ❶ *reïncarnatie* réincarnation *v*, form régénération *v* ❷ fig *herleving* renaissance *v*
wederhelft (ma chère) moitié *v*
wederhoor › **hoor**
wederkerend ⟨van voornaamwoord⟩ réfléchi, ⟨van werkwoord⟩ pronominal [m mv: pronominaux]
wederkerig I *bn* mutuel [v: mutuelle], ook taalk réciproque ★ *de liefde is ~* l'amour est réciproque ★ *het ~ voornaamwoord* le pronom réciproque **II** *bw* mutuellement, réciproquement
wederom de nouveau
wederopbouw reconstruction *v*
wederopstanding rel résurrection *v*
wederrechtelijk I *bn* jur illégitime ★ *~e toe-eigening* usurpation *v* **II** *bw* jur injustement ★ *zich ~ iets toe-eigenen* usurper qc
wederverkoper revendeur *m* [v: revendeuse]
wedervraag question *v* en retour
wederzien → **weerzien**
wederzijds mutuel [v: mutuelle], réciproque
wedijver émulation *v*, rivalité *v*, (esprit *m* de) compétition *v*
wedijveren rivaliser (**met** avec; **in** de)
wedje pari *m*
wedloop course *v* ★ *~ met de tijd* course contre la montre
wedren course *v*
wedstrijd compétition *v*, épreuve *v*, ⟨match⟩ match *m*, ⟨wedren⟩ course *v*, ⟨concours⟩ concours *m*
wedstrijdleiding arbitrage *m*
wedstrijdsport sport *m* de compétition
weduwe veuve *v*
weduwepensioen pension *v* de veuve / de réversion
weduwnaar veuf *m*
wee I *de/het* douleur *v*, ⟨barenswee⟩ contractions *v* ★ *weeën* douleurs, contractions ★ *de weeën zijn begonnen* les contractions ont commencé **II** *bn* douceâtre, écœurant ★ *een weeë lucht* une odeur douceâtre ★ *een wee gevoel hebben* avoir mal au cœur
weefde [verl. td.] → **weven**
weefden [verl. td.] → **weven**
weefgetouw métier *m* (à tisser)
weefsel ❶ *stof* tissu *m* ❷ biol tissu *m* ❸ fig tissu *m*
weegbrug pont-bascule *m* [m mv: ponts-bascules]
weegs ▾ *zijns ~ gaan* aller son chemin
weegschaal balance *v*, ⟨voor personen⟩ pèse-personne *m* [m mv: pèse-personnes]
Weegschaal *dierenriemteken* Balance *v*
weeïg douceâtre
week I *de* ❶ *zeven dagen* semaine *v* ★ *de Goede / Stille Week* la semaine sainte ★ *door de week* en semaine, pendant la semaine ★ *over een week* dans huit jours ★ *over twee weken* dans une quinzaine ★ *morgen over een week* demain en huit ★ *van de week* cette semaine ❷ *het weken* ★ *in de week leggen / zetten* mettre à tremper **II** *bn* ❶ *zacht van materie* mou [v: molle] [vóór klinker of stomme h: mol], tendre ★ *week maken* ramollir ★ *weekijzer* fer *m* doux ❷ *zacht van karakter* tendre ★ *week worden* s'attendrir ❸ *zwak, slap* mou, faible ★ *een week ventje* un type faible **III** *ww* [verl. td.] → **wijken**
weekblad hebdomadaire *m*
weekdag BN *werkdag* jour *m* ouvrable
weekdier mollusque *m*
weekeinde, **weekend** week-end *m* [m mv: week-ends] ★ *prettig weekend!* bon week-end!
weekenddienst service *m* de garde
weekendretour billet *m* fin de semaine
weekendtas sac *m* de voyage
weekhartig sensible, tendre
weeklagen se lamenter, se plaindre
weekloon semaine *v*
weekoverzicht bulletin *m* hebdomadaire
weelde ❶ *overvloed* profusion *v* ★ *een ~ aan kleuren* une profusion de couleurs ❷ *luxe* luxe *m*, ⟨rijkdom⟩ richesse(s) *v (mv)* ★ *in ~ leven* vivre dans le luxe ★ *dat is geen overbodige ~* ce n'est pas du luxe
weelderig ❶ *overvloedig* luxuriant ★ *haar ~e vormen* ses formes *v mv* opulentes ★ *~ haar* cheveux *m mv* abondants ❷ *luxueus* luxueux [v: luxueuse], somptueux [v: somptueuse] ★ *~ leventje* une vie de luxe
weemoed mélancolie *v*
weemoedig mélancolique
Weens viennois
weer I *het, weersgesteldheid* temps *m* ★ *mooi weer* du beau temps ★ *zwaar weer* gros temps ★ *het is mooi weer* il fait beau ★ *aan weer en wind blootgesteld* exposé aux intempéries ★ *wat is het voor weer?* quel temps fait-il? ★ *weer of geen weer* qu'il pleuve ou qu'il vente, par tous les temps ★ *mooi weer spelen* être tout sucre tout miel ★ BN *het mooie weer maken* ⟨populair zijn⟩ faire la pluie et le beau temps ★ *het weer zit in de spiegel* le miroir est piqué **II** *bw* ❶ *opnieuw* de nouveau, à nouveau, encore ★ *wat nu weer?* quoi encore? ★ *hoe heet hij ook weer?* comment s'appelle-t-il déjà? ❷ *terug* ★ *over en weer* de part et d'autre, réciproquement **III** *de* ★ *druk in de weer zijn* s'affairer, s'agiter, être très occupé ★ *in de weer zijn met* s'affairer à (faire qc) ★ *vroeg in de weer zijn* être matinal [m mv: être matinaux] ★ *altijd in de weer zijn* être toujours sur la brèche ★ *zich te weer stellen* résister (**tegen** à)
weerbaar en état de se défendre, ⟨strijdbaar⟩ valide
weerballon ballon-sonde *m* [mv: ballons-sondes]
weerbarstig ❶ *koppig* récalcitrant, rebelle ★ *een*

~ *karakter* un caractère récalcitrant ❷ *stijf en stug* rigide ★ ~ *haar* des cheveux rebelles
weerbericht bulletin *m* météo(rologique), inform météo *v*
weerga égal *m* [m mv: égaux] [v: égale], pareil *m* [v: pareille] ▾ *zonder ~* sans pareil, sans égal ▾ *als de ~* illico
weergalmen résonner, retentir (**van** de)
weergaloos sans égal, sans pareil, incomparable
weergave ❶ *representatie* reproduction *v* ❷ *vertolking* représentation *v*
weergeven ❶ *reproduceren* reproduire ❷ *vertolken* rendre, refléter ★ *iemands woorden onjuist ~* déformer les paroles de qn ★ *die foto geeft de situatie goed weer* cette photo reflète bien la situation
weerhaak barbelure *v*, ⟨klein⟩ barbillon *m* ★ *van weerhaken voorzien* barbelé
weerhaan ❶ lett girouette *v* ❷ fig girouette *v*
weerhouden ❶ *beletten* retenir ★ ~ *van* dissuader de ❷ BN *bezighouden* retenir ❸ BN *in overweging nemen* retenir
weerhuisje ≈ hygromètre *m*
weerkaart carte *v* météorologique
weerkaatsen I *ov ww, terugkaatsen* renvoyer, répercuter ★ *licht ~* réfléchir la lumière II *onov ww, teruggekaatst worden* être renvoyé, se réfléchir ★ *het geluid weerkaatst tegen de muur* le son est renvoyé par le mur
weerklank ❶ *echo* écho *m* ❷ *instemming* ★ ~ *vinden* trouver des échos, être bien reçu
weerklinken résonner, retentir
weerkunde météorologie *v*
weerkundige météorologue *m/v*
weerleggen réfuter, démentir
weerlegging réfutation *v*
weerlicht éclairs *m mv* (de chaleur) ▾ *als de ~* illico
weerlichten faire des éclairs ★ *het weerlichtte* il faisait des éclairs
weerloos sans défense
weermacht forces *v mv* armées
weerman monsieur *m* Météo
weerom de retour, ⟨opnieuw⟩ de nouveau
weeromstuit ▾ *van de ~* par contrecoup, inform du coup
weeroverzicht bulletin *m* météorologique
weersatelliet satellite *m* météorologique
weerschijn reflets *m mv*, ⟨glans⟩ chatoiement *m*
weerschijnen refléter la lumière
weersgesteldheid conditions *v mv* atmosphériques
weerskanten ★ *aan ~* des deux côtés, de part et d'autre ★ *van ~* des deux côtés, de part et d'autre
weerslag contrecoup *m*, répercussion *v* ★ *zijn ~ hebben op* se répercuter sur
weerspannig I *bn* récalcitrant, rebelle ★ *een ~ paard* un cheval rétif II *bw* en rebelle
weerspiegelen *een spiegelbeeld geven van* refléter
weerspiegeling reflet *m*
weerspreken contredire
weerspreuk dicton *m* météorologique
weerstaan résister à
weerstand ❶ *tegenstand* résistance *v* ★ ~ *bieden* résister, tenir tête ★ ~ *bieden aan* résister à, opposer de la résistance à ★ *de weg van de minste ~ kiezen* choisir la solution de facilité, céder à la facilité ❷ elek résistance *v*
weerstandsvermogen (force *v* de) résistance *v*
weerstation station *v* météorologique
weersverbetering amélioration *v* du temps, remise *v* au beau
weersverwachting prévisions *v mv* météorologiques, inform météo *v*
weersvoorspelling bulletin *m* météorologique, inform météo *v*
weerszijden ▾ *aan ~* des deux côtés, de part et d'autre ▾ *van ~* des deux côtés, de part et d'autre
weerwil ▾ *in ~ van* en dépit de, malgré
weerwolf loup-garou *m* [m mv: loups-garous]
weerwoord réponse *v*, réplique *v*
weerzien I *het* retrouvailles *v mv* ★ *tot ~s* au revoir II *ov ww* revoir
weerzin aversion *v*, répugnance *v* (**tegen** pour)
weerzinwekkend répugnant, repoussant
wees I *de* orphelin *m* [v: orpheline] ★ *halve wees* orphelin de père / de mère II *ww* [verl. td.] → **wijzen**
Weesgegroet ave *m*
weeshuis orphelinat *m*
weeskind orphelin *m* [v: orpheline]
weet I *de* ▾ *aan de weet komen* apprendre ▾ *geen weet hebben van* ne pas se rendre compte de, ignorer ▾ *het is maar een weet* il suffit de le savoir II *ww* [verl. td.] → **wijten**
weetal monsieur *m* / madame *v* Je-sais-tout
weetgierig curieux [v: curieuse]
weg I *de* ❶ *straat* chemin *m*, voie *v*, ⟨groot⟩ route *v*, ⟨rijweg⟩ chaussée *v* ★ *eigen weg* voie privée ★ *de grote weg* la route principale ★ *kortere weg* raccourci *m* ★ *de openbare weg* la voie publique ★ *aan de weg* au bord de la route ★ *altijd op de weg zitten* être toujours par voies et par chemins ★ *goed op de weg liggen* avoir une bonne tenue de route ★ *van de weg afraken* faire une sortie de route, inform se planter ★ *zo oud als de weg naar Rome* vieux comme le monde ★ *aan de weg timmeren* se faire remarquer ★ *alle wegen leiden naar Rome* tous les chemins mènent à Rome ❷ *traject* trajet *m*, parcours *m*, route *v*, chemin *m* ★ *de weg kwijt zijn* être perdu ★ *de weg vragen* demander son chemin ★ *de weg wijzen* indiquer le chemin ★ *de weg naar Utrecht* la route d'Utrecht ★ *op weg zijn naar* être en route pour ★ *zich op weg begeven naar* se mettre en route pour ★ *naar de bekende weg vragen* faire l'ignorant ❸ fig *(levens)loop* ★ *zijn eigen weg gaan* en faire à sa guise, vivre sa vie ★ *iem. op weg helpen* mettre qn sur la (bonne) voie ★ *het ligt niet op mijn weg om* ce n'est pas à moi de ★ *zij zijn goed op weg om te...* ils sont en passe de ... ★ *op de goede weg zijn* être bien parti / sur la bonne voie ★ *op de verkeerde weg zijn* faire fausse route ★ *een lange weg te gaan hebben* avoir un bon bout de chemin à faire ❹ *doortocht* chemin *m*, passage *m* ★ *iem. iets in de weg leggen* entraver les projets de qn, contrarier qn ★ *iem. in de weg lopen* être dans les jambes de qn ★ *in de weg staan* être encombrant, fig faire obstacle (à) ★ *dat zit hem in de weg* c'est ce qui le contrarie ★ *uit de weg!* dégagez!, écartez-vous!,

poussez-vous! ★ *uit de weg gaan voor* éviter ★ *uit de weg ruimen* ⟨van misverstand⟩ dissiper, ⟨van moeilijkheid⟩ lever ★ *iem. uit de weg ruimen* éliminer qn, liquider qn ❺ *manier, middel* voie *v*, moyen *m* ★ *langs diplomatieke weg* par la voie diplomatique ★ *de koninklijke weg* la voie royale ★ *de weg van de minste weerstand kiezen* choisir la solution de facilité, céder à la facilité **II** *bw* ❶ *afwezig* parti ★ *ga weg daar!* éloignez-vous de là!, inform décampez! ★ *ik moet weg* je dois partir, il faut que je m'en aille ★ *weg met X!* à bas X! ★ *weg ermee!* enlevez-moi ça! ★ *hij is niet weg te krijgen* on n'arrive pas à le déloger, ⟨van gast⟩ il s'incruste ★ *alles moet weg!* tout doit disparaître! ❷ *zoek* perdu, disparu ★ *het is weg* cela n'y est plus, cela a disparu ❸ ~ **van** fou de [v: folle] [vóór klinker of stomme h: fol] ★ *hij is weg van haar* il est fou d'elle ▾ *hij heeft veel weg van zijn moeder* il tient beaucoup de sa mère, on dirait sa mère ▾ *dat is nooit weg* ça peut toujours servir, iron ça ne gâte rien ▾ *een eind weg kletsen* radoter (à tout-va) ▾ *weg weten met iets* savoir que faire de qc, savoir comment s'y prendre avec qc

wegaanduiding ⟨bewegwijzering⟩ fléchage *m*, ⟨routebeschrijving⟩ itinéraire *m*

wegbenen s'en aller à grands pas

wegbereider initiateur *m* [v: initiatrice], pionnier *m* [v: pionnière], précurseur

wegbergen ranger, enfermer

wegblazen souffler

wegblijven ❶ *niet komen* ne pas venir ★ *van school* ~ manquer la classe ❷ *niet terugkomen* ne pas revenir ★ *lang* ~ tarder à revenir ★ *ik zal niet lang* ~ je n'en ai pas pour longtemps ★ *de pijn bleef weg* il n'y avait plus de douleur

wegbonjouren envoyer promener, éconduire

wegbranden I *ov ww, verbranden* brûler, med cautériser **II** *onov ww, verbrand worden* brûler ▾ *ergens niet weg te branden zijn* s'enraciner / s'encruster quelque part ▾ *ze is er niet weg te branden* elle y a pris racine

wegbreken démolir, abattre

wegbrengen ❶ *vervoeren* (em)porter, ⟨van mensen⟩ (em)mener ★ *iets* ~ *naar het postkantoor* apporter qc au bureau de poste ❷ *vergezellen* reconduire, accompagner ★ *iem. een eindje* ~ faire un bout de chemin avec qn

wegcijferen I *ov ww, wegredeneren* écarter, ignorer, nier ★ *dat is niet weg te cijferen* il faut en tenir compte **II** *wkd ww* [**zich** ~] *op de achtergrond stellen* ★ *zichzelf* ~ s'effacer

wegcode BN *verkeersreglement* code *m* de la route

wegdek revêtement *m* ★ *slecht* ~ chaussée *v* déformée

wegdenken faire abstraction de ★ *dat is niet meer weg te denken* on ne peut plus s'en passer, c'est incontournable

wegdoen ❶ *niet langer houden* se débarrasser de, se défaire de ★ *kleren* ~ se défaire de vêtements ❷ *opbergen* ranger

wegdoezelen s'assoupir

wegdommelen s'assoupir

wegdragen ❶ *naar elders dragen* emporter ❷ *verwerven* ★ *de goedkeuring* ~ *van* être approuvé par

wegdrijven I *ov ww, verdrijven* chasser, repousser **II** *onov ww, zich drijvend verwijderen* être emporté par le courant ★ *de boot dreef weg* le bateau allait à la dérive ★ *de wolken drijven weg* les nuages s'éloignent

wegdrukken refouler

wegduiken se tapir ★ *weggedoken* tapi

wegduwen repousser

wegebben s'affaiblir, s'amoindrir

wegen I *ov ww, gewicht bepalen* peser ★ *zijn woorden* ~ peser ses mots ★ *gewogen en te licht bevonden* ne pas faire le poids **II** *onov ww, genoemde gewicht hebben* peser ★ *zwaar* ~ peser lourd, fig peser dans la balance

wegenatlas atlas *m* routier

wegenbelasting ≈ taxe *v* routière

wegenbouw construction *v* de(s) routes

wegenkaart carte *v* routière

wegennet réseau *m* routier

wegens pour cause de ★ *gesloten* ~ *vakantie* fermeture pour cause de vacances

wegenwacht *dienst* ≈ service *m* de l'autoroute

weg- en waterbouw génie *m* civil

weggaan s'en aller, partir ★ *van iem.* ~ quitter qn ★ *ga weg!* ⟨nee toch⟩ c'est pas vrai!

weggebruiker usager *m* de la route

weggeven ❶ *cadeau doen* donner ❷ *ten beste geven* faire une démonstration de ★ *een show* ~ faire son numéro

weggevertje (petit) cadeau *m* [mv: (petits) cadeaux]

wegglippen s'esquiver

weggooiartikel article *m* jetable

weggooien *wegdoen* jeter ★ *weggegooid geld* gaspillage *m*

weggooiverpakking emballage *m* perdu

weggrissen arracher, inform rafler

weghalen ❶ *wegnemen* retirer (**van** de), enlever (**van** à) ❷ *stelen* enlever

weghelft côté *m* de la route

wegjagen chasser

wegkapen ⟨inpikken⟩ chiper, ⟨afsnoepen⟩ souffler

wegkomen partir ★ *maak dat je wegkomt!* va-t'en!, inform fiche-moi le camp!, casse-toi!, file! ★ *goed* ~ *bij iets* l'échapper belle

wegkruipen *zich verstoppen* se cacher, se tapir, ⟨ineenduiken⟩ se blottir, ⟨zich nestelen (in)⟩ se fourrer (dans)

wegkwijnen dépérir, se consumer, s'étioler

weglaten omettre, passer, ⟨overslaan⟩ sauter, ⟨schrappen⟩ supprimer, taalk élider

wegleggen ❶ *terzijde leggen* (dé)poser, ⟨opbergen⟩ ranger ❷ *sparen* mettre de côté, réserver ❸ *bestemmen* ★ *dat is niet voor iedereen weggelegd* ce n'est pas réservé / donné à tout le monde

wegleiden emmener

wegligging tenue *v* de route, adhérence *v*

weglopen ❶ *weggaan* s'en aller, partir ★ *uit een vergadering* ~ quitter une réunion ★ *dat loopt niet weg!* il n'y a pas le feu ★ *zo uit een western weggelopen* sorti tout droit d'un western ❷ *wegstromen* s'écouler ❸ *van huis wegvluchten* fuguer, faire une fugue ❹ ~ **met** *dol zijn op* s'engouer de

wegmaken ❶ *zoekmaken* égarer ❷ *onder narcose brengen* endormir
wegmarkering signalisation *v* routière
wegmoffelen escamoter
wegnemen ❶ *weghalen* enlever, ‹van gevoelens› dissiper, lever ❷ *doen verdwijnen* éliminer ★ *dat neemt niet weg dat ...* cela n'empêche pas que ❸ *stelen* prendre, dérober
wegomlegging déviation *v*, route *v* déviée
wegpesten ≈ pousser vers la sortie, chasser (par harcèlement)
wegpiraat chauffard *m*
wegpromoveren catapulter
wegraken ❶ *zoek raken* se perdre, s'égarer ❷ *buiten bewustzijn raken* s'évanouir
wegrennen partir en courant
wegrestaurant restoroute *m*
wegrijden *weggaan* partir, ‹van voertuig› démarrer
wegroepen appeler (ailleurs)
wegrotten pourrir
wegrukken arracher
wegscheren I *ov ww, scherend verwijderen* tondre **II** *wkd ww* [**zich** ~] *opkrassen* décamper, dégager, filer ★ *scheer je weg!* dégage!
wegschieten filer, partir
wegschrijven *gegevens opslaan* sauvegarder
wegslaan I *ov ww, verwijderen* ★ *ergens niet weg te slaan zijn* s'enraciner / s'incruster quelque part ★ *hij is niet bij zijn vriendin weg te slaan* il a pris racine chez sa copine **II** *onov ww, verwijderd worden* ★ *de dijk werd weggeslagen* la digue a été emportée par les eaux
wegslepen entraîner, ‹van auto› remorquer
wegslikken ❶ *doorslikken* avaler ❷ fig *verwerken* ★ *even iets moeten ~* devoir respirer un bon coup
wegsluipen s'esquiver
wegsmelten fondre
wegsmijten jeter, inform balancer
wegspoelen I *ov ww, verwijderen* enlever à l'eau **II** *onov ww, meegevoerd worden* être emporté par l'eau
wegstemmen rejeter, ‹v. persoon› blackbouler, ‹overstemmen› mettre en minorité
wegsterven *gaandeweg onhoorbaar worden* mourir, s'affaiblir
wegstoppen ❶ *verbergen* cacher, ‹frommelen› fourrer ❷ psych *verdringen* refouler
wegstrepen rayer ★ *die twee zaken kun je tegen elkaar ~* les deux choses se compensent / se neutralisent
wegsturen ❶ *wegzenden* renvoyer ❷ *verzenden* expédier, envoyer
wegteren se consumer, dépérir
wegtoveren faire disparaître comme par magie
wegtransport transport(s) *m (mv)* routier(s)
wegtreiteren ≈ pousser vers la sortie, chasser (par harcèlement)
wegtrekken I *ov ww* retirer, tirer, éloigner **II** *onov ww* ❶ *weggaan* partir, s'éloigner ❷ *verdwijnen* se dissiper ▼ *wit ~* blêmir, devenir tout pâle
wegvagen balayer
wegvallen ❶ *onbedoeld wegraken* être supprimé ★ *in deze zin is een woord weggevallen* un mot a été omis dans cette phrase ❷ *niet meer beschikbaar zijn* ★ *deze mogelijkheid valt weg* cette possibilité n'existera plus ★ *tegen elkaar ~* se compenser ❸ *niet meer doorkomen* ★ *de druk viel weg* il y avait une chute de pression ★ *het geluid viel weg* il y avait une coupure de son
wegverkeer circulation *v* (routière), trafic *m*
wegversmalling rétrécissement *m* de la route
wegversperring *barricade* barrage *m* (de la route)
wegvervoer transport(s) *m (mv)* routier(s)
wegvliegen ❶ *vliegend weggaan* ook fig s'envoler ❷ *goed verkocht worden* se vendre comme des petits pains
wegvoeren emporter, emmener
wegwaaien I *ov ww, wegvoeren* emporter **II** *onov ww, weggevoerd worden* s'envoler, être emporté par le vent
wegwerken éliminer, ‹afvoeren› évacuer, ‹van bezoeker› expédier, ‹uit functie› évincer, pousser vers la sortie
wegwerker cantonnier *m*
wegwerp- jetable ★ *wegwerpartikel* article *m* jetable ★ *wegwerpverpakking* emballage *m* perdu
wegwerpen jeter
wegwerpmaatschappij société *v* de prêt-à-jeter / de gaspillage / de consommation
wegwezen filer, dégager ★ *~ jullie!* dégagez! ▼ *terug van weggeweest* de retour
wegwijs au courant ★ *~ maken* instruire, mettre au courant ★ *~ worden* s'orienter
wegwijzer ❶ *wegaanduiding* poteau *m* indicateur [m mv: poteaux ...] ❷ *gids* guide *m*
wegwuiven faire peu de cas de, balayer ★ *bezwaren ~* écarter des objections d'un geste de la main
wegzakken ❶ *inzakken* s'affaisser ❷ *versuffen* s'assoupir
wegzetten ❶ *terzijde zetten* mettre de côté ❷ *wegbergen* ranger
wei ❶ *weiland* pré *m*, prairie *v*, ‹voor vee› pâturage *m* ❷ *melkwei* petit-lait *m* ❸ med *bloedwei* sérum *m*
weide pré *m*, prairie *v*, ‹voor vee› pâturage *m*
weidebloem fleur *v* des prairies / des prés
weiden I *ov ww, laten grazen* faire paître **II** *onov ww, grazen* paître
weids somptueux [v: somptueuse], ‹v. gebaar› ample, large
weifelaar indécis *m* [v: indécise]
weifelachtig indécis, irrésolu
weifelen hésiter, être indécis ★ *hij weifelde even* il eut un moment d'hésitation
weifeling hésitation(s) *v (mv)*
weigeraar récalcitrant *m*
weigeren I *ov ww, zeggen dat men iets niet wil* refuser **II** *onov ww, het niet doen* refuser, ‹van rem e.d.› lâcher, inform flancher, ‹van paard› se dérober, ‹van vuurwapen› rater
weigering refus *m*
weiland pré *m*, prairie *v*, ‹voor vee› pâturage *m*
weinig I *telw* peu ★ *~ boeken* peu de livres ★ *veel te ~* beaucoup trop peu ★ *ik heb er drie te ~* j'en ai trois en moins ★ *er is iem. te ~* il manque qn ★ *~ invloed hebben* avoir peu d'influence ★ *het ~e dat ik bezit* le peu que j'ai ★ *de ~e bezoekers* les rares visiteurs, les quelques visiteurs **II** *bw* ❶ *in*

geringe mate peu, ne ... guère ❷ *zelden* rarement ★ *ze gaat ~ naar haar ouders* elle ne va pas souvent chez ses parents

wekelijks I *bn* hebdomadaire ★ *dit tijdschrift verschijnt ~* c'est une revue hebdomadaire ★ *aantal ~e lesuren* nombre *m* d'heures par semaine II *bw* ❶ *elke week* chaque semaine, hebdomadairement ❷ *per week* par semaine

weken I *ov ww* (laisser) tremper, mettre à tremper II *ww* [verl. td.] → **wijken**

wekenlang I *bw* (pendant) des semaines entières II *bn* qui dure des semaines

wekken ❶ *wakker maken* réveiller ❷ *opwekken* éveiller, susciter ★ *argwaan ~* éveiller les soupçons

wekker réveil *m*

wekkerradio radio-réveil *m* [m mv: radios-réveils]

wel I *bw* ❶ *goed* bien ★ *als ik het wel heb* si je ne me trompe ★ *ik mag hem wel* je l'aime bien ★ *alles wel* tout va bien ★ *laten we wel wezen!* soyons clairs! ★ *wel thuis* bon retour ❷ *tegenover niet* si ★ *ik wel!* moi, si!, moi, oui! ★ *ik denk van wel* je pense que si / oui ★ *vandaag niet, maar morgen wel* pas aujourd'hui, mais demain ★ *wel of niet* oui ou non ❸ *tamelijk* assez, plutôt ❹ *waarschijnlijk* ★ *je zult wel moe zijn* tu dois être fatigué ★ *het zal wel (niet)* sans doute (que non) ❺ *vragend* ★ *ik spreek toch wel met meneer B.?* c'est bien à Monsieur B. que je parle? ★ *zal hij nog wel komen?* tu penses qu'il viendra encore? ★ *weet hij wel dat ...?* sait-il seulement que ...? ❻ *minstens* bien ★ *het zijn er wel honderd* il y en a bien une centaine ❼ *versterkend* ★ *welnee!* mais non! ★ *en wel hierom* et cela pour cette raison ★ *toch wel* que si ★ *dat mag men wel zeggen* c'est le cas de le dire ★ *ik zou weleens willen weten* je voudrais bien savoir ❽ *weliswaar* ★ *het is wel niet veel, maar ...* c'est vrai que c'est peu, mais ... II *tussenw* eh (bien) ★ *wel, wel!* tiens, tiens! III *het, voorspoed* ★ *het wel en wee* les aléas *m mv*

welbehagen *genoegen* bien-être *m*, satisfaction *v*

welbekend (bien) connu, notoire

welbemind bien-aimé

welbeschouwd au fond ★ *alles ~* tout bien considéré

welbespraakt éloquent, form disert

welbesteed bien employé, ⟨van tijdsduur⟩ bien rempli

welbevinden bien-être *m*

welbewust I *bn* conscient, délibéré, voulu II *bw* sciemment, en connaissance de cause, délibérément

weldaad ❶ *goede daad* bienfait *m* ❷ *genot* bienfait *m*

weldadig salutaire, bienfaisant

weldenkend bien-pensant

weldoen faire le bien, faire la charité

weldoener bienfaiteur *m* [v: bienfaitrice]

weldoordacht longuement réfléchi / mûri

weldoorvoed bien nourri

weldra bientôt, sous peu, prochainement

weleens ⟨in vraag⟩ jamais, ⟨in bevestiging⟩ quelquefois, parfois ★ *ik zou ~ willen weten* je voudrais bien savoir

weleer ★ *van ~* d'antan

weleerwaard révérend ★ *zijne ~e* révérend père *m*

welfare ⟨welzijn⟩ bien-être *m*, ⟨hulp⟩ ≈ aide *v* sociale

welgemanierd poli, bien élevé, courtois

welgemeend ❶ *oprecht* sincère ❷ *goed bedoeld* bien senti

welgemoed gai, de bonne humeur

welgesteld aisé, cossu

welgeteld en tout (et pour tout)

welgevallen I *het* gré *m* ★ *naar ~* à son / votre gré ★ *met ~* avec complaisance II *onv ww* ★ *zich iets laten ~* tolérer qc

welgevallig agréable

welgezind favorable (**jegens** à), bien intentionné (**jegens** envers)

welig I *bn* dru, abondant, ⟨van plantengroei⟩ luxuriant II *bw* abondamment ★ *~ tieren* foisonner

welingelicht bien informé ★ *uit ~e bron* de source certaine

weliswaar il est vrai, certes, ...

welk I *vr vnw* quel [v: quelle], ⟨zelfstandig⟩ lequel [m mv: lesquels] [v: laquelle] [v mv: lesquelles] ★ *welk land?* quel pays? ★ *welke van de twee?* lequel des deux? II *betr vnw* lequel, ⟨zelfstandig⟩ qui, que III *onb vnw* ★ *welk boek je ook kiest* quel que soit le livre de ton choix, quelque livre que tu choisisses ★ *welk boek je ook koopt, ik zal het betalen* quel que soit le livre de ton choix, je te le paierai, quelque livre que tu choisisses, je te le paierai

welkom I *tussenw* bienvenu II *bn* ❶ bienvenu ★ *iem. ~ heten* souhaiter la bienvenue à qn ★ *~ zijn* être le bienvenu / la bienvenue / les bienvenu(e)s ❷ *prettig* bienvenu, agréable III *het* bienvenue *v*, accueil *m*

welkomstwoord mot *m* de bienvenue

wellen I *ov ww, weken* macérer II *onov ww, opborrelen* jaillir

welles (mais) si!

welletjes ▾ *zo / nu is het ~* ça suffit

wellevend I *bn* courtois II *bw* courtoisement

wellicht peut-être

wellness bien-être *m*

welluidend I *bn* mélodieux [v: mélodieuse], harmonieux [v: harmonieuse] II *bw* mélodieusement, harmonieusement

wellust volupté *v*, form lascivité *v*

wellustig voluptueux [v: voluptueuse], form lascif [v: lascive]

welnee mais non!, penses-tu!

welnemen permission *v* ★ *met uw ~* si vous le permettez, avec votre permission

welnu eh bien!, ⟨nu dan⟩ or

welopgevoed bien élevé

weloverwogen réfléchi, ⟨opzettelijk⟩ délibéré

welp ❶ *dier* ⟨van leeuw⟩ lionceau *m* [m mv: lionceaux], ⟨van beer⟩ ourson *m* ❷ *padvinder* louveteau *m* [m mv: louveteaux]

welriekend odorant, odoriférant, parfumé

Welsh taalk gallois *m*

welslagen réussite *v*, succès *m*

welsprekend éloquent

welsprekendheid *vaardigheid* éloquence *v*

welstand ❶ *welvaart* aisance *v* ❷ *gezondheid*

bonne santé *v* ★ *in blakende ~* respirant la santé

weltergewicht sport *klasse* poids *m* welter / mi-moyen

welterusten bonne nuit

welteverstaan bien entendu

welvaart prospérité *v*

welvaartsmaatschappij société *v* d'abondance

welvaartsstaat État-providence *m*

welvaren ⟨welzijn⟩ bien-être *m*, ⟨voorspoed⟩ prospérité *v*, ⟨gezondheid⟩ bonne santé *v* ▾ *eruitzien als Hollands ~* respirer la santé

welvarend ⟨voorspoedig⟩ prospère, ⟨gezond⟩ en bonne santé

welven [**zich ~**] *boogvormig zijn* se voûter ★ *gewelfd* voûté, arqué

welverdiend bien mérité

welverzorgd soigné

welving courbe *v*, galbe *m*, rondeur *v*

welwillend I *bn* bienveillant ★ *met ~e medewerking van* avec le gracieux concours de **II** *bw* avec bienveillance

welzijn ❶ *welbevinden* bien-être *m* ★ *het algemeen ~* le bien commun / public **❷** *gezondheid* (bonne) santé *v*

welzijnswerk aide *v* sociale

welzijnswerker assistant *m* social

welzijnszorg aide *v* sociale

wemelen ~ van fourmiller de, grouiller de

wendbaar manœuvrable

wenden I *ov ww, keren* tourner ★ *zich niet kunnen ~ of keren* être coincé / serré ★ *hoe je het ook wendt of keert* on peut tourner et retourner la question **II** *wkd ww* [**zich ~**] **~ tot** s'adresser à

wending tournure *v*, ⟨ommekeer⟩ tournant *m* ★ *het gesprek een andere ~ geven* détourner la conversation ★ *een (andere) ~ nemen* prendre une nouvelle tournure, tourner ★ *een gunstige ~ nemen* prendre une bonne tournure

wenen pleurer

Wenen Vienne *v*

wenk ❶ *gebaar* signe *m* ★ *iem. een wenk geven om* faire signe à qn de ★ *iem. op zijn wenken bedienen* servir qn au doigt et à l'œil **❷** *aanwijzing* indication *v*, conseil *m* (pratique), ⟨hint⟩ suggestion *v* ★ *een stille wenk* une invite discrète, inform un appel du pied

wenkbrauw sourcil *m* ▾ *op zijn ~en lopen* être au bout du rouleau

wenkbrauwpotlood crayon *m* à sourcils

wenken faire signe (**naar** à)

wennen I *ov ww, vertrouwd maken (met)* habituer (à), accoutumer (à) **II** *onov ww, vertrouwd raken (met)* s'habituer (à), se faire (à) ★ *het went wel* tu t'y feras, on s'y fait ★ *ik ben eraan gewend* j'ai l'habitude ★ *ergens ~* s'acclimater quelque part, inform faire son trou quelque part

wens ❶ *verlangen* désir *m*, souhait *m* ★ *naar wens* à souhait ★ *een wens doen* faire un vœu (il ne faut pas) prendre ses désirs pour des réalités **❷** *gelukwens* vœu *m* [mv: voeux] ★ *mijn beste wensen* (mes) meilleurs vœux, tous mes vœux

wensdroom rêve *m*, ⟨illusie⟩ fantasme *m*

wenselijk ❶ *te wensen* désirable **❷** *raadzaam* souhaitable

wensen ❶ *verlangen* désirer, souhaiter, vouloir ★ *~ dat* souhaiter que ★ *niets te ~ overlaten* ne laisser rien à désirer **❷** *toewensen* souhaiter

wenskaart carte *v* de vœux

wentelen I *ov ww, laten draaien* rouler, tourner **II** *onov ww, draaien* pivoter, tourner

wentelteefje pain *m* perdu

wenteltrap escalier *m* en colimaçon / à vis

werd [verl. td.] → **worden**

werden [verl. td.] → **worden**

wereld ❶ *planeet aarde* monde *m*, terre *v* ★ *een reis om de ~ maken* faire le tour du monde ★ *op de ~* au monde ★ *ter ~ brengen* mettre au monde ★ *ter ~ komen* venir au monde ★ *voor niets ter ~* pour rien au monde **❷** *samenleving, mensen* monde *m*, ⟨leefwereld⟩ univers *m* ★ *de derde ~* le tiers(-)monde ★ *de (grote) boze ~* le monde hostile ★ *de Oude Wereld* l'Ancien Monde ★ *de Nieuwe Wereld* le Nouveau Monde ★ *de ~ van de insecten* l'univers des insectes ★ *de ~ van de kunstenaars* le monde des artistes ★ *niets ter ~* rien au monde ★ *de wijde ~ in trekken* partir au loin ★ *uit de ~ helpen* mettre fin à, dissiper ★ *naar de andere ~ helpen* expédier dans l'autre monde ★ *de andere ~* l'au-delà ★ *de omgekeerde ~* le monde à l'envers ★ *zo gaat het in de ~* ainsi va le monde ★ *weten wat er in de ~ te koop is* avoir l'expérience du monde → **wereldje**

wereldatlas atlas *m* universel / du monde

Wereldbank Banque *v* mondiale

wereldbeeld vision *v* du monde

wereldbeker coupe *v* du monde

wereldberoemd mondialement connu

wereldbeschouwing *wereldbeeld* conception *v* du monde

wereldbevolking population *v* mondiale

wereldbol globe *m* (terrestre)

wereldburger citoyen *m* du monde [v: citoyenne ...], cosmopolite *m/v*

wereldcup coupe *v* du monde

werelddeel partie *v* du monde, continent *m*

wereldeconomie économie *v* mondiale

wereldgeschiedenis histoire *v* universelle

Wereldhandelsorganisatie Organisation *v* mondiale du commerce (OMC)

wereldje petit monde *m*, ⟨scene⟩ scène *v*, ⟨jetset⟩ humor (les) people ★ *in een klein ~ leven* vivre dans un univers restreint / dans sa bulle / dans son cocon

wereldkaart mappemonde *v*

wereldkampioen champion *m* du monde [v: championne ...]

wereldkampioenschap championnat *m* du monde, ⟨bij voetbal⟩ coupe *v* du monde, mondial *m*

wereldklok horloge *v* universelle

wereldkundig ★ *~ maken* divulguer, ébruiter, rendre public ★ *~ worden* s'ébruiter

wereldlijk séculier [v: séculière], profane, de ce monde ★ *het ~ gezag* le pouvoir temporel

wereldliteratuur littérature *v* universelle

wereldmacht puissance *v* mondiale

wereldmuziek muz musiques *v mv* du monde

wereldnaam renommée *v* mondiale

wereldnieuws nouvelle *v* d'importance mondiale

Wereldomroep ≈ Radio *v* France internationale

wereldontvanger récepteur *m* universel

we

wereldoorlog guerre *v* mondiale
wereldpremière première *v* mondiale
wereldranglijst palmarès *m* mondial
wereldrecord record *m* mondial [mv: records mondiaux]
wereldreis tour *m* du monde
wereldreiziger globe-trotter *m* [mv: globe-trotters]
wereldrijk empire *m*
werelds ❶ *aards* temporel [v: temporelle] ❷ *mondain* mondain
wereldschokkend bouleversant (le monde entier)
wereldstad métropole *v*
wereldtaal langue *v* universelle
wereldtentoonstelling exposition *v* universelle
wereldtitel titre *m* de champion du monde
wereldverbeteraar redresseur *m* de torts
wereldvrede paix *v* universelle
wereldvreemd coupé de la réalité, inform déphasé
wereldwijd I *bn* mondial [m mv: mondiaux] planétaire **II** *bw* mondialement
wereldwijs ≈ qui a l'expérience du monde
wereldwinkel magasin *m* du tiers-monde
wereldwonder merveille *v* du monde
wereldzee océan *m*
weren I *ov ww, weghouden* repousser, fermer la porte à **II** *wkd ww* [**zich** ~] *zich verdedigen* ook fig se défendre
werf ❶ scheepv chantier *m* ❷ BN *bouwterrein* chantier *m*
werk ❶ *arbeid* travail *m* [mv: travaux], ⟨moeilijk⟩ labeur *m*, ⟨bezigheid⟩ besogne *v*, inform boulot *m* ★ *aangenomen werk* travail *m* à forfait ★ *maatschappelijk werk* aide *v* / assistance *v* sociale ★ *publieke werken* travaux publics ★ *schriftelijk werk* travaux écrits ★ *werk in uitvoering* travaux ★ *aan het werk!* au travail!, inform au boulot! ★ *aan het werk gaan* se mettre au travail ★ *lang werk hebben om* mettre beaucoup de temps à ★ *drie maanden werk hebben* en avoir pour trois mois ★ *hoe gaat dat in z'n werk?* comment ça marche / ça se fait? ★ *alles in het werk stellen om* mettre tout en œuvre pour ★ *te werk gaan* procéder, opérer, s'y prendre ★ *werk maken van iets* s'occuper de qc, ⟨naar de politie gaan⟩ porter plainte ★ *er is werk aan de winkel* il y a du pain sur la planche ★ *dat is geen werk!* ce n'est pas du jeu!, ça fait mauvais genre! ★ *dat is het betere werk* voilà du beau travail ❷ *baan* travail *m*, emploi *m*, inform boulot *m* ★ *los werk* travail occasionnel ★ *veel mensen aan het werk hebben* employer beaucoup de monde ★ *er is geen werk in die bedrijfstak* il n'y a pas d'embauche dans cette branche ❸ *product* travail *m*, ⟨boekwerk⟩ ouvrage *m* ★ *de verzamelde werken van X* les œuvres *v mv* complètes de X ★ min *werkje* opuscule *m* ★ *half werk* bricolage *m*, travail bâclé ❹ *daad* ★ *goede werken* bonnes œuvres *v mv* ★ *dat is het werk van ...* c'est l'œuvre de ... ❺ → **werkje**
werkbalk comp barre *v* d'outils
werkbank établi *m*, banc *m*
werkbespreking réunion *v* de travail
werkbezoek visite *v* de travail

we

werkbij (abeille *v*) ouvrière *v*
werkboek cahier *m* d'exercices
werkcollege travaux *m mv* dirigés (TD)
werkdag ❶ *dag dat men werkt* jour *m* ouvrable ❷ *werkduur* journée *v* (de travail)
werkdruk contraintes *v mv* du travail, ⟨overbelasting⟩ surmenage *m*
werkelijk I *bn* réel [v: réelle], véritable ★ *in ~e dienst* dans le service actif **II** *bw* vraiment, réellement, effectivement
werkelijkheid réalité *v* ★ *in ~* en fait
werkelijkheidszin sens *m* de la réalité
werkeloos ❶ *inactief* ★ *~ toezien* rester les bras croisés ❷ *die geen werk heeft*→ **werkloos**
werken I *onov ww* ❶ *werk doen* travailler, inform bosser ★ *hard ~* travailler dur ★ *~ aan* travailler à, ⟨bijwerken⟩ travailler ★ *er wordt aan gewerkt* on s'en occupe ★ *~ voor een examen* préparer un examen ❷ *functioneren* fonctionner, inform marcher ★ *een ~de vulkaan* un volcan (qui est) en activité ★ *die klok werkt op batterijen* c'est une horloge (qui marche) à piles ❸ *uitwerking hebben* agir (**op** sur), faire son effet (sur), ⟨doeltreffend⟩ être efficace ★ *op de verbeelding ~* frapper l'imagination ★ *op iemands gevoel ~* prendre qn par les (bons) sentiments ❹ *beroep uitoefenen* travailler ★ *niet ~* chômer ★ *werk ze!* travaille bien! ❺ *van stoffen, materialen* ⟨van hout enz.⟩ travailler, ⟨van lading⟩ bouger **II** *ov ww, in genoemde toestand brengen* ★ *iets naar binnen ~* avaler qc ★ *zich ergens doorheen ~* (en) venir à bout de qc ★ *iem. eruit ~* pousser qn vers la sortie, évincer qn
werker travailleur *m*
werkervaring expérience *v* professionnelle
werkezel bosseur *m* [v: bosseuse], ⟨m.b.t. zwaar werk⟩ bourreau *m* de travail [m mv: bourreaux ...]
werkgeheugen comp mémoire *v* vive
werkgelegenheid emploi *m* ★ *volledige ~* plein-emploi ★ *schaarse ~* sous-emploi
werkgever employeur *m* [v: employeuse], patron *m* [v: patronne] ★ *de ~s* le patronat
werkgeversbijdrage cotisation *v* patronale
werkgroep groupe *m* de travail
werking ❶ *het functioneren* fonctionnement *m* ★ *buiten ~ stellen* arrêter, mettre hors (de) service ★ *in ~ stellen* mettre en marche ★ *in ~ treden* entrer en vigueur, prendre effet ★ *in volle ~* en pleine activité ❷ *effect* action *v*, effet *m* ❸ BN *activiteiten* activité *v*
werkingskosten BN *exploitatiekosten* frais *m mv* d'exploitation
werkje ❶ *klusje* boulot *m* ❷ *dessin in textiel* motif *m*
werkkamer bureau *m* [m mv: bureaux]
werkkamp ❶ *activiteitenkamp* camp *m* de travail ❷ *strafkamp* camp *m* de travail
werkkapitaal fonds *m* de roulement
werkkleding tenue *v* de travail
werkklimaat ambiance *v* de travail
werkkracht ❶ *werknemer* ouvrier *m* [v: ouvrière] ★ *~en* main-d'œuvre *v* ★ *het tekort aan ~en* la pénurie de main-d'œuvre ❷ *arbeidsvermogen* capacité *v* de travail, activité *v*
werkkring emploi *m*

werkloos *zonder baan* en / au chômage, sans travail / emploi → **werkeloos**
werkloosheid chômage *m*
werkloosheidscijfer taux *m* de chômage
werkloosheidsuitkering allocation *v* de chômage ★ *~en* Assedic *v mv* ★ *een ~ krijgen* toucher les Assedic
werkloze chômeur *m* [v: chômeuse], sans-travail *m/v* [mv: id.] ★ *langdurig ~* chômeur de longue durée
werklunch déjeuner *m* de travail
werklust zèle *m*
werkmaatschappij *onderdeel van maatschappij* filiale *v*
werkman ouvrier *m*
werknemer employé *m* [v: employée], salarié *m* [v: salariée] ★ *de ~s* le salariat
werknemersbijdrage cotisation *v* salariale
werkomstandigheden conditions *v mv* de travail
werkonbekwaam BN inapte au travail
werkonderbreking arrêt *m* du travail, débrayage m
werkoverleg réunion *v* de travail
werkplaats atelier *m* ★ *sociale ~* centre *m* / établissement *m* d'aide par le travail
werkplan plan *m* de travail
werkplek lieu *m* de travail [m mv: lieux ...]
werkploeg équipe *v* (de travail)
werkrooster emploi *m* du temps
werkschuw fainéant
werksfeer ambiance *v* de travail
werkstaking grève *v*
werkster ❶ *schoonmaakster* femme *v* de ménage ❷ dierk *insect* ouvrière *v* ▼ *maatschappelijk ~* assistante *v* sociale
werkstudent étudiant et salarié *m*
werkstuk ❶ *vervaardigd stuk werk* pièce *v*, œuvre *v* ❷ *scriptie* exposé *m*, dissertation *v*
werktafel bureau *m* [m mv: bureaux], table *v* de travail, ⟨werkbank⟩ établi *m*
werktekening épure *v*, descriptif *m*
werktempo rythme *m* de travail
werkterrein ❶ *werkplaats* chantier *m* ❷ fig *terrein van werkzaamheid* champ *m* / sphère *v* d'activité, domaine *m*
werktijd durée *v* du travail, temps *m* de travail ★ *~en* horaires *m mv*
werktijdverkorting réduction *v* du temps de travail (RTT), ⟨als bedrijfsmaatregel⟩ chômage *m* technique
werktuig outil *m*, instrument *m*
werktuigbouwkunde (construction *v*) mécanique *v*
werktuigbouwkundig mécanique, ⟨van ingenieur⟩ mécanicien
werktuiglijk I *bn* automatique, machinal [m mv: machinaux] II *bw* automatiquement, machinalement
werkvergunning permis *m* / carte *v* de travail
werkverschaffing ≈ création *v* d'emplois ★ *dat is pure ~* c'est payer les gens pour ne rien faire
werkverslaafde drogué *m* du travail
werkvloer ❶ *werkplek* (le) terrain ❷ *het personeel* (les) ouvriers *m mv*, (la) base
werkvrouw BN *schoonmaakster* femme *v* de ménage
werkweek ❶ *deel van de week* semaine *v* de travail ★ *een driedaagse ~* une semaine de trois jours ❷ *werkkamp voor scholieren* ≈ classe *v* de découverte
werkwijze méthode *v*, procédé *m*
werkwillige non-gréviste *m/v*, inform jaune *m/v*
werkwoord verbe *m*
werkwoordsvorm forme *v* verbale
werkzaam ❶ *actief* actif [v: active] ❷ *uitwerking hebbend* efficace ❸ *in dienst* en fonction ★ *~ bij* attaché à, employé à ★ *ergens ~ zijn* travailler quelque part
werkzaamheden ❶ *werk* activités *v mv* ❷ *verplichtingen* ★ *hij heeft ~ elders* il a des occupations ailleurs
werkzoekende demandeur *m* d'emploi [v: demandeuse ...]
werpanker ancre *v* à jet
werpen ❶ *gooien* jeter, lancer ★ *zich in de strijd ~* s'engager dans la lutte ★ *zich ~ op* se jeter sur ★ *zich ter aarde ~* se prosterner ❷ *baren* mettre bas
werper lanceur *m* [v: lanceuse]
werphengel canne *v* à lancer
wervel vertèbre *v*
wervelen tournoyer, tourbillonner
wervelend ★ *een ~e show* un spectacle étourdissant
wervelkolom med colonne *v* vertébrale
wervelstorm cyclone *m*, tornade *v*
wervelwind tourbillon *m*, fig ouragan *m*, trombe *v*
werven ❶ *in dienst nemen* recruter ❷ *trachten te winnen* recruter ★ *stemmen ~* briguer les suffrages ★ *~de tekst* texte *m* (r)accrocheur
werving recrutement *m*
wervingsactie campagne *v* de recrutement
wesp guêpe *v*
wespennest ook fig guêpier *m*
wespentaille taille *v* de guêpe
west I *bn* ouest ★ *de wind is west* le vent vient de l'ouest II *de* occident *m*, ouest *m*
West-Duits ouest-allemand
West-Duitse Allemande *v* de l'Ouest
West-Duitser Allemand *m* de l'Ouest
West-Duitsland gesch l'Allemagne *v* de l'Ouest ★ *in ~* en Allemagne de l'Ouest
westelijk *uit / van het westen* (d')ouest, ⟨van gebied⟩ occidental [m mv: occidentaux]
Westelijke Jordaanoever la Cisjordanie
Westelijke Sahara Sahara *m* occidental
westen ❶ *windstreek* ouest *m* ★ *een raam op het ~* une fenêtre exposée à l'ouest ★ *op het ~ liggen* être exposé à l'ouest ★ *ten ~ van* à l'ouest de ❷ *gebied* ★ *het ~ van Frankrijk* l'ouest de la France ▼ *buiten ~* sans connaissance, inform K.-O. ▼ *buiten ~ raken* inform tomber dans les pommes
Westen *gebied* Occident *m* ▼ *het Wilde ~* le Far West
westenwind vent *m* d'ouest
westerbuur voisin *m* d'ouest
westerlengte longitude *v* ouest
westerling occidental *m* [m mv: occidentaux]
western western *m*
westers occidental [m mv: occidentaux]

d'Occident
westerstorm tempête *v* de l'ouest
West-Europa l'Europe *v* occidentale ★ *in ~* en Europe occidentale
West-Europeaan Européen *m* de l'Ouest
West-Europees de l'Europe occidentale
West-Europese Européenne *v* de l'Ouest
westkant côté *m* ouest
westkust côte *v* occidentale / ouest
West-Vlaams de la Flandre-Occidentale
West-Vlaanderen la Flandre-Occidentale
West-Vlaming West-Flandrien *m* [v: West-Flandrienne]
westwaarts vers l'ouest
wet ❶ *strikte regel* loi *v* ★ *bij de wet verboden* interdit par la loi ★ *bij de wet bepaald* prévu par la loi ★ *niet volgens de wet* contraire à la loi ★ *ieder wordt geacht de wet te kennen* nul n'est censé ignorer la loi ★ *iem. de wet voorschrijven* faire la loi à qn ★ *boven de wet staan* être au-dessus de la loi ★ *een wet van Meden en Perzen* une loi immuable ❷ *wetmatigheid* loi *v* ★ *de wet van de zwaartekracht* la loi de la pesanteur ★ *de wet van vraag en aanbod* la loi du marché ★ *de wet van Archimedes* le principe d'Archimède
wetboek code *m* ★ *Burgerlijk Wetboek* code civil ★ *Wetboek van Koophandel* code de commerce ★ *Wetboek van Strafrecht* code pénal
weten I *ov ww* ❶ *kennis / besef hebben van* savoir ★ *zeker ~!* pour sûr! ★ *ik weet het* je sais ★ *te ~ ...* à savoir ... ★ *te ~ komen* apprendre, découvrir ★ *ik weet zeker dat* je suis sûr que ★ *er iets op ~* avoir (trouvé) une solution ★ *er niets meer op ~* être au bout de son latin ★ *er alles van ~* s'y connaître ★ *iets ~ van computers* s'y connaître en ordinateurs ★ *er meer van ~* en savoir plus long ★ *hij weet daar niets van* il n'en sait rien ★ *het beter willen ~ dan* vouloir en remontrer à ★ *je weet het maar nooit* on ne sait jamais ★ *hij vertrekt morgen, moet je ~* il partira demain, tu sais ★ *hij wil het niet ~* il s'en cache ★ *niet dat ik weet* pas que je sache ★ *hij weet heel goed dat ...* il n'est pas sans savoir que ... ★ *ik kan het ~* je suis payé pour le savoir ★ *u moet ~ dat ...* sachez que ... ★ *wat niet weet, wat niet deert* moins j'en sais, mieux je me porte, ni vu ni connu ★ *weet ik veel!* qu'est-ce que j'en sais, moi! ★ *dat moet jij zelf maar ~* c'est ton affaire ★ *zij wil niets van hem ~* elle ne veut pas de lui ★ *niets willen ~ van* ne vouloir entendre parler de ★ *hij heeft het ge~!* mal lui a pris! ❷ **~ te** réussir à, ‹kunnen› savoir ★ *~ te ontkomen* réussir à s'échapper **II** *het* connaissance *v* ★ *bij mijn ~* autant que je (le) sache ★ *buiten mijn ~* à mon insu ★ *buiten ~ van* à l'insu de ★ *naar mijn beste ~* pour autant que je sache ★ *tegen beter ~ in* contre toute évidence **III** *ww* [verl. td.] → **wijten**
wetens → **willens**
wetenschap ❶ *het weten* connaissance *v* ❷ *kennis en onderzoek van werkelijkheid* science *v* ★ *sociale ~pen* sciences sociales
wetenschappelijk scientifique
wetenschapper *geleerde* scientifique *m/v*
wetenswaardig intéressant, curieux [v: curieuse]
wetenswaardigheid curiosité *v*, chose *v* intéressante

wetgevend législatif [v: législative]
wetgever législateur *m*
wetgeving législation *v*
wethouder adjoint *m* (au maire), ‹in België / Nederland› échevin *m*
wetlook look *m* brillant
wetmatig conforme aux lois (de la science), invariable, systématique
wetmatigheid ❶ *regelmatigheid* régularité *v* ❷ *verschijnsel* loi *v* / principe *m* invariable
wetsartikel article *m* de loi
wetsbepaling disposition *v* légale
wetsherziening révision *v* d'une loi
wetsontwerp projet *m* de loi
wetsovertreding infraction *v* à la loi, jur contravention *v*
wetsuit combinaison *v* étanche / de plongée
wetsvoorstel proposition *v* de loi
wetswinkel maison *v* de la justice et du droit
wettelijk I *bn* légal [m mv: légaux] **II** *bw* légalement
wetten aiguiser, affiler
wettig I *bn* ‹legaal› légal [m mv: légaux], ‹legitiem› légitime **II** *bw* légalement, légitimement
wettigen ❶ *wettig maken* légaliser, ‹van kind› légitimer ❷ *rechtvaardigen* légitimer ★ *gewettigd zijn* être légitime
weven tisser
wever tisserand *m*, tisseur *m* [v: tisseuse]
weverij tissage *m*
wezel belette *v* ▼ *zo bang zijn als een ~* être peureux comme un lièvre
wezen I *het* ❶ *schepsel* être *m*, créature *v*, individu *m* ❷ *essentie* essence *v*, essentiel *m*, fond *m* ★ *in ~* au fond ★ *uit zijn diepste ~* du plus profond de lui **II** *onov ww* être ★ *wij zijn ~ dansen* nous avons été danser ★ *hij mag er ~* il n'est pas mal **III** *ww* [verl. td.] → **wijzen**
wezenlijk ❶ *essentieel* essentiel [v: essentielle] ❷ *werkelijk bestaand* réel [v: réelle]
wezenloos égaré, hagard ★ *~ kijken* avoir le regard vide, avoir l'air égaré ★ *zij is zich ~ geschrokken* elle a eu une de ces peurs
WGO *Wereldgezondheidsorganisatie* OMS *v*, Organisation *v* Mondiale de la Santé
whatsappen envoyer des messages WhatsApp
whiplash med coup *m* du lapin
whisky culin whisky *m*
whizzkid petit génie *m*
wichelroede baguette *v* de sourcier
wicht ❶ *meisje* gamine *v*, min morveuse *v* ❷ *kind* inform mioche *m/v*
wie I *vr vnw* ‹als onderwerp› (qui est-ce) qui?, ‹als lijdend voorwerp› (qui est-ce) que? **II** *betr vnw* ‹als onderwerp of na voorzetsel› qui, ‹als lijdend voorwerp› que, ‹degene die› celui qui [m mv: ceux qui] [v: celle qui] ★ *van wie* ‹wiens, wier› dont ★ *de vrouw aan wie ik de sleutel heb gegeven* la femme à qui j'ai donné la clé ★ *de jongen over wie ik het heb* le garçon dont je parle **III** *onb vnw* ★ *wie ... ook* qui que ce soit qui [+ subj.]
wiebelen ❶ *schommelen* se balancer ❷ *onvast staan* chanceler, vaciller
wiebelig vacillant

wieden ⟨van tuin e.d.⟩ désherber, ⟨schoffelen⟩ sarcler, ⟨van onkruid⟩ arracher
wiedes ▾ *dat is nogal ~!* c'est évident!
wiedeweerga ▾ *als de ~* illico presto
wieg berceau *m* [mv: berceaux] ▾ *ik ben in de wieg gelegd voor leraar* je suis fait pour être professeur ▾ *ik ben in de wieg gelegd voor die baan* je suis fait pour ce job
wiegelied berceuse *v*
wiegen I *ov ww, schommelen* bercer **II** *onov ww, deinen* (se) balancer, être bercé ★ *met zijn heupen ~* balancer les hanches
wiegendood mort *v* subite du nourrisson
wiek ❶ *vleugel* aile *v* ★ *in zijn wiek geschoten zijn* être piqué au vif, être vexé **❷** *molenwiek* aile *v* **❸** BN *kaarsenpit* mèche *v*
wiel roue *v*, ⟨wieltje⟩ roulette *v* ▾ *iem. in de wielen rijden* contrarier qn ▾ *opnieuw het wiel uitvinden* ≈ découvrir l'Amérique ▾ *het vijfde wiel aan de wagen* la cinquième roue du carrosse
wieldop enjoliveur *m*
wielerbaan vélodrome *m*
wielerkoers course *v* cycliste
wielerploeg équipe *v* de coureurs cyclistes
wielerronde tour *m* cycliste
wielersport cyclisme *m*
wielewaal loriot *m*
wielklem sabot *m* (de Denver)
wielophanging suspension *v*
wielrennen I *het* cyclisme *m* **II** *onov ww* faire du cyclisme
wielrenner coureur *m* (cycliste) [v: coureuse]
wielrijder cycliste *m/v*
wienerschnitzel escalope *v* panée
wiens dont
wier I *het* plantk algue(s) *v (mv)* **II** *betr vnw, van wie* dont
wierf [verl. td.] → **werven**
wierook encens *m* ★ *~ toezwaaien* encenser
wierookvat encensoir *m*
wierp [verl. td.] → **werpen**
wierpen [verl. td.] → **werpen**
wierven [verl. td.] → **werven**
wies [verl. td.] → **wassen**
wiesen [verl. td.] → **wassen**
wiet herbe *v*
wig cale *v*, coin *m* ▾ *een wig drijven tussen* semer la discorde entre
wigwam wigwam *m*
wij nous [mv], inform on [ev] ★ *wij Fransen* nous autres Français
wijd I *bn, ruim* ample, large, spacieux [v: spacieuse] ★ *een wijd uitzicht* une vaste perspective ★ *wijder maken* élargir **II** *bw* largement, ⟨ver⟩ loin ★ *z'n ogen wijd openen* écarquiller les yeux, ouvrir les yeux tout grand ★ *wijd open* grand ouvert [v: grande ouverte] béant ★ *wijd uit elkaar* écarté ★ *wijd uitlopen* s'évaser ★ *wijd en zijd* partout
wijdbeens les jambes écartées
wijden ❶ *inzegenen* consacrer ★ *iem. tot priester ~* ordonner qn prêtre **❷** *~* **aan** consacrer à, vouer à ★ *zich ~ aan* se consacrer à
wijdlopig diffus, prolixe
wijdte largeur *v*, ampleur *v*, ⟨afstand⟩ espace *m*
wijduit écarté
wijdverbreid (largement) répandu
wijdvertakt ramifié, tentaculaire
wijf bonne femme *v* ★ *lelijk / akelig wijf* salope *v* ★ *mooi wijf* belle nana *v* ★ *oud wijf* vieille peau *v*, ⟨zeur⟩ scie *v*
wijfje biol femelle *v*
wijk ❶ *stadsdeel* quartier *m* **❷** *rayon* secteur *m* ▾ *de wijk nemen naar* se réfugier à
wijkagent agent *m* de quartier, agent de proximité
wijkcentrum centre *m* socioculturel
wijken ❶ *zich terugtrekken* se retirer, ⟨zwichten⟩ céder, ⟨vluchten⟩ fuir ★ *~ voor* céder à ★ *voor iem. ~* céder le pas à qn **❷** *verdwijnen* ★ *het gevaar is geweken* le danger est écarté / passé
wijkgebouw centre *m* socioculturel
wijkplaats asile *m*, refuge *m*, abri *m*
wijkraad ≈ conseil *m* consultatif de quartier
wijkvereniging *vereniging van buurtbewoners* association *v* de quartier
wijkverpleging soins *m mv* à domicile
wijkwinkel commerce *m* de proximité
wijlen feu ★ *~ mijn vader* feu mon père, mon défunt père
wijn culin vin *m*, inform pinard *m* ★ *open wijn* vin en carafe ★ *een glas rode wijn* un verre de rouge ★ *goede wijn behoeft geen krans* à bon vin point d'enseigne ★ *oude wijn in nieuwe zakken* faire du neuf avec du vieux → **wijntje**
wijnazijn culin vinaigre *m* de vin
wijnboer vigneron *m* [v: vigneronne], viticulteur [v: viticultrice]
wijnbouw viticulture *v*
wijnbouwer viticulteur *m* [v: viticultrice], vigneron *m* [v: vigneronne]
wijnfles bouteille *v* à vin
wijngaard vignoble *m*, vigne *v*
wijnglas verre *m* à vin
wijnhandel ❶ *winkel* marchand *m* de vins **❷** *bedrijfstak* commerce *m* du vin
wijnjaar millésime *m*, année *v*
wijnkaart carte *v* des vins
wijnkelder cave *v* (à vin)
wijnoogst vendange *v*
wijnpers pressoir *m*
wijnproeverij dégustation *v* (de vin)
wijnrank pampre *m*, treille *v*
wijnrek porte-bouteille *m* [mv: porte-bouteilles]
wijnrood lie-de-vin [onver.], bordeaux [onver.]
wijnstok vigne *v*, cep *m* de vigne
wijnstreek région *v* viticole
wijntje culin *glas wijn* verre *m* de vin ★ *een lekker ~* un bon petit vin ▾ *van ~ en trijntje houden* ≈ aimer la bouteille et les filles
wijnvat fût *m*
wijnvlek ❶ *vlek door wijn* tache *v* de vin **❷** *huidvlek* tache *v* de vin
wijs I *bn* sage ★ *wijzer worden* s'assagir ★ *hij zal wel wijzer zijn* il s'en gardera bien ★ *wees wijzer!* ne fait pas l'idiot! ★ *wijze mensen* (comité *m* des) sages *m mv* ★ *ik kan er niet wijs uit worden* je m'y perds, je n'y vois pas clair ★ *hij is niet goed wijs* il est fou, inform il est toqué / dingue ★ *daar word ik niet wijzer van* cela ne m'avance pas **II** *de* **❶** *melodie* air *m*, mélodie *v* ★ *van de wijs brengen* dérouter, troubler ★ *van de wijs raken* sortir du

wi

ton, fig s'embrouiller ❷ *manier* façon v, manière v ❸ taalk mode m ★ *aantonende wijs* indicatif m ★ *aanvoegende wijs* subjonctif m ★ *gebiedende wijs* impératif m ★ *onbepaalde wijs* infinitif m ★ *voorwaardelijke wijs* conditionnel m
wijsbegeerte philosophie v
wijselijk prudemment ★ ~ *zwijgen* avoir la sagesse de se taire
wijsgeer philosophe m/v
wijsgerig philosophique
wijsheid sagesse v ▾ *de ~ in pacht hebben* avoir la science infuse
wijsheidstand BN *verstandskies* dent v de sagesse
wijsmaken faire croire, en faire accroire à (quelqu'un) ★ *laten we elkaar niets ~* appelons un chat un chat ★ *hij laat zich alles ~* inform il gobe tout ★ *zichzelf iets ~* s'illusionner ▾ *maak dat een ander maar wijs!* à d'autres!
wijsneus pédant m [v: pédante], donneur m de leçons
wijsvinger index m
wijten imputer (**aan** à) ★ *te ~ hebben aan* devoir à ★ *te ~ zijn aan* être dû à [v: due] ★ *je hebt het aan jezelf te ~* il faut t'en prendre à toi-même
wijting merlan m
wijwater eau v bénite
wijze ❶ *manier* façon v, manière v ★ *op deze ~* de cette façon ★ *bij ~ van* en guise de ★ *bij ~ van spreken* façon de parler, pour ainsi dire ★ *bij ~ van proef* à titre d'essai ❷ *persoon* sage m ★ *de Wijzen uit het Oosten* les Rois mages
wijzelf nous-mêmes
wijzen I *ov ww* ❶ *laten zien* indiquer, montrer ❷ *attenderen* ★ *iem. op iets ~* signaler / faire remarquer qc à qn, attirer l'attention de qn sur qc ❸ *uitspreken* ★ *een vonnis ~* prononcer / rendre un jugement **II** *onov ww* ❶ *aanwijzen* ★ *~ naar* indiquer ★ *naar iem. ~* montrer qn du doigt ❷ *doen vermoeden* ★ *alles wijst erop dat ...* tout porte à croire que ...
wijzer aiguille v ▾ *met de ~s van de klok mee* dans le sens des aiguilles
wijzerplaat cadran m
wijzigen modifier, changer
wijziging modification v
wikkel bande v (enveloppe)
wikkelen ❶ *inwikkelen* envelopper, enrouler ❷ *raken in* engager, ⟨verwikkelen⟩ impliquer
wikkelrok jupe v portefeuille
wikken ★ ~ *en wegen* peser (le pour et le contre) ★ *na lang ~ en wegen* après mûre réflexion
wil volonté v (**tot, om** de) ★ *een ijzeren wil* une volonté de fer ★ *vrije wil* libre arbitre m ★ *buiten zijn wil* malgré lui, à son corps défendant ★ *naar zijn wil* selon sa volonté ★ *tegen wil en dank* bon gré mal gré ★ *uit vrije wil* de bon gré, volontairement ★ *zijn goede wil tonen* faire acte de bonne volonté, y mettre du sien ★ *zijn eigen wil hebben* savoir ce qu'on veut ▾ *laatste wil* dernière(s) volonté(s) v (mv) ▾ *iem. ter wille zijn* complaire à qn, ⟨gunst bewijzen⟩ faire une fleur à qn ▾ *ter / om wille van ...* pour (l'amour de) ... ▾ *zijn wil is wet* il souffle le chaud et le froid ▾ *er is voor elk wat wils* il y en a pour tous les goûts ▾ *waar een wil is, is een weg* vouloir, c'est pouvoir

wild I *bn* ❶ *niet tam* sauvage, ⟨van dier ook⟩ féroce, farouche ★ *wilde dieren* fauves m mv, bêtes v mv fauves / féroces ❷ *ongecultiveerd* sauvage ❸ *onbeheerst* non contrôlé ★ *wilde staking* grève v sauvage ★ *in het wilde weg* au hasard, à tout-va ❹ *dol, uitbundig* impétueux [v: impétueuse], fougueux [v: fougueuse], ⟨verwoed⟩ effréné, frénétique ★ *een wilde vlucht* une fuite désordonnée ★ *wild op iets zijn* raffoler de qc **II** *het* ❶ *dieren* gibier m ★ *groot wild* gros gibier ★ *klein wild* menu gibier ★ *aangeschoten wild* canard m boiteux ❷ *natuurstaat* ★ *in het wild* à l'état sauvage
wildbraad gibier m, venaison v
wilde sauvage m/v ★ *als een ~* comme un forcené
wildebeest gnou m
wildebras enfant m turbulent, petit diable m
wildernis ❶ *wilde natuur* brousse v ❷ fig *woestenij* désert m
wildgroei ❶ *ongecontroleerde groei* prolifération v ❷ fig prolifération v
wildkamperen camping m sauvage
wildpark parc m zoologique
wildplassen uriner sur la voie publique
wildreservaat réserve v zoologique
wildstand population v (du gibier)
wildviaduct passerelle v à gibier
wildvreemd tout à fait inconnu
wildwaterbaan rapide(s) m (mv), eaux vives v mv
wildwatervaren rafting m
wildwestavontuur aventure v du Far West
wildwestfilm western m
wilg saule m ▾ *... aan de wilgen hangen* raccrocher ...
willekeur ❶ *goeddunken* bon plaisir m ★ *naar ~* à volonté, à discrétion ❷ *eigenmachtigheid* arbitraire m
willekeurig ❶ *onverschillig welk* quelconque, arbitraire ❷ *naar willekeur* arbitraire
willen I *ov ww* ❶ *de wil hebben* vouloir ★ *wat wilt u van haar?* que lui voulez-vous? ★ *ik wil het niet hebben* je n'en veux pas, je ne le veux pas ❷ *wensen* vouloir ★ *wat wil je nog meer?* que demande le peuple? ★ *liever ~* aimer mieux, préférer ★ *ik wou dat ik het betalen kon* si seulement j'avais le moyens ★ *dat zou je wel ~!* compte là-dessus! ❸ *bereid zijn* vouloir ★ *dat wil er bij mij niet in* je refuse de le croire ★ *ik wil aannemen dat* je suis prêt à croire que ★ *hij wil er niet aan* il n'en veut pas ❹ *lukken* marcher ★ *het wil niet* ça ne marche pas ❺ *mogelijk zijn* ★ *het wil weleens lukken* ça peut marcher, ça marche parfois ❻ *gebeuren, voorbestemd zijn* ★ *het toeval wil dat ...* le hasard a voulu que ... **II** *hww, bevel* ★ *wil je dat weleens laten?!* as-tu bientôt fini!
willens ★ ~ *en wetens* de propos délibéré, sciemment ▾ BN ~ *nillens* bon gré mal gré
willig ❶ *bereid* complaisant, (bien) disposé ❷ *volgzaam* docile
willoos sans volonté, form veule
wilsbeschikking ★ *laatste ~* dernières volontés v mv
wilskracht (force v de) volonté v
wilsovereenstemming entente v
wilsuiting acte m de volonté

wi

wimpel banderole *v*
wimper cil *m*
wind ❶ *luchtstroom* vent *m* ★ *tegen de wind in* contre le vent ★ *uit de wind* à l'abri du vent ★ *de wind mee hebben* avoir le vent arrière, avoir le vent dans le dos ★ *de wind tegen hebben* avoir le vent contraire, avoir le vent de / en face ★ *er staat een felle wind* il fait un vent à décorner les bœufs ★ *met alle winden meedraaien* tourner à tous les vents, être une girouette ★ *in de wind slaan* négliger, faire fi de ★ *wie wind zaait, zal storm oogsten* qui sème le vent, récolte la tempête ★ *de wind van voren krijgen* en prendre pour son grade ★ *de wind eronder hebben* régner (en maître) ★ *het gaat hem voor de wind* il a le vent en poupe ★ *als de wind* plus vite que le vent ★ *iem. de wind uit de zeilen nemen* couper l'herbe sous le(s) pied(s) de qn ★ *van de wind kan men niet leven* on ne vit pas de l'air du temps ★ *kijken hoe de wind waait* prendre le vent ★ *een frisse wind laten waaien door* dépoussiérer, ouvrir les fenêtres de ❷ *scheet* pet *m* ★ *winden laten* péter
windbuil fanfaron *m*
windbuks carabine *v* à air comprimé
windei ▾ *dat zal je geen ~eren leggen* c'est tout bénef pour toi
winden *wikkelen* enrouler ★ *van een klos ~* débobiner ★ *een doek om de hand ~* envelopper la main d'un linge ★ *op een klos ~* bobiner
windenergie énergie *v* éolienne
winderig ❶ *met veel wind* venteux [v: venteuse], exposé au vent ★ *het is ~* il y a du vent ❷ *winden latend* flatulent
windhond lévrier *m* [v: levrette]
windhoos tourbillon *m*, trombe *v*, tornade *v*
windjack anorak *m*, blouson *m*
windkracht force *v* du vent ★ *~ 10* force 10
windmolen ❶ moulin *m* à vent ❷ *turbine* éolienne *v* ▾ *tegen ~s vechten* se battre contre des moulins à vent
windrichting direction *v* du vent
windroos rose *v* des vents, cadran *m*
windscherm pare-vent *m* [mv: id.]
windstil calme, ⟨luw⟩ abrité
windstilte calme *m* ★ *volkomen ~* calme plat
windstoot coup *m* de vent, rafale *v*
windstreek aire *v* de vent ★ *de vier windstreken* les quatre points cardinaux, les quatre vents
windsurfen faire de la planche à voile
windtunnel soufflerie *v* / tunnel *m* aérodynamique
windvaan girouette *v*, scheepv penon *m*
windvlaag rafale *v*
windwijzer girouette *v*
wingebied région *v* / zone *v* d'extraction
wingerd vigne *v* ★ *wilde ~* vigne vierge
wingewest pays *m* conquis, gesch province v
winkel magasin *m*, boutique *v* ★ *een ~ hebben* tenir un commerce ★ *op de ~ letten* faire tourner la boîte
winkelbediende vendeur *m* [v: vendeuse]
winkelbedrijf chaîne *v* de magasins, (magasin *m*) succursaliste *m*
winkelcentrum centre *m* commercial [m mv: centres commerciaux]
winkeldiefstal vol *m* à l'étalage
winkelen faire du shopping
winkelgalerij galerie *v* marchande
winkelhaak ❶ *scheur* accroc *m* ❷ *gereedschap* équerre *v*
winkelier commerçant *m* [v: commerçante]
winkeljuffrouw vendeuse *v*
winkelkarretje caddie *m*
winkelketen chaîne *v* de magasins, (magasin *m*) succursaliste *m*
winkelpand commerce *m*
winkelpersoneel employés *m mv* de magasin
winkelprijs prix *m* de détail
winkelpromenade galerie *v* marchande
winkelruit vitrine *v* (de magasin)
winkelsluitingswet loi *v* sur la fermeture des magasins
winkelstraat rue *v* commerçante
winkelwaarde prix *m* de vente
winkelwagen ❶ *boodschappenwagentje* caddie *m* ❷ *rijdende winkel* camion *m* supérette
winnaar gagnant *m* [v: gagnante]
winnen ❶ *de beste zijn* gagner ★ *~ met 3-2* gagner par trois à deux ★ *het van iem. ~* l'emporter sur qn ★ *op punten ~* gagner aux points ★ *zich gewonnen geven* se rendre ❷ *behalen, door inspanning krijgen* gagner ★ *een prijs ~* remporter un prix ★ *een zaak ~* avoir / obtenir gain de cause ★ *wat wint u erbij?* qu'est-ce que vous y gagnez? ★ *iem. voor zich ~* gagner qn à sa cause ★ *gewonnen zijn voor* être acquis à ★ *zo gewonnen zo geronnen* tout passe, tout lasse, tout casse ❸ *besparen* gagner ★ *tijd ~* gagner du temps ❹ *ergens uit halen* extraire ★ *erts ~* extraire du minerai ❺ *toenemen in* ★ *terrein / veld ~ op* gagner du terrain sur
winning extraction *v*
winst bénéfice *m*, profit *m*, sport victoire *v*, ⟨spel⟩ gain *m* ★ *~ maken* réaliser des bénéfices ★ *met ~* à profit ★ *tel uit je ~!* c'est tout bénef!, iron la belle affaire!
winstaandeel part *v* de bénéfice, tantième *m*
winstbejag appât *m* / soif *v* du gain
winstdeling intéressement *m* (aux bénéfices)
winstderving manque *m* à gagner
winst-en-verliesrekening compte *m* de pertes et profits
winstgevend lucratif [v: lucrative], profitable
winstmarge marge *v* bénéficiaire
winstoogmerk but *m* lucratif ★ *zonder ~* à but non lucratif
winstpercentage ❶ *wat als winst overblijft* marge *v* bénéficiaire ❷ *percentage v.d. winst* dividende *m*
winstpunt ❶ sport *gewonnen punt* point *m* ❷ *pluspunt* bon point *m*
winstwaarschuwing econ avertissement *m* sur les résultats / profits
winter hiver *m* ★ *in de ~* en hiver, l'hiver ★ *van de ~* cet hiver ★ *een strenge ~* un hiver rigoureux
winterband pneu *m* hiver
winterdag jour *m* d'hiver
winterdijk digue *v* maîtresse
winteren ★ *het wintert* il fait un temps d'hiver
wintergast ❶ *vogel* hivernant *m* ❷ *persoon* hivernant *m*

winterhanden engelures *v mv* aux mains
winterhard vivace
winterkleding vêtements *m mv* d'hiver
winterkoninkje *vogel* troglodyte *m*, roitelet *m*
winters d'hiver, hivernal [m mv: hivernaux]
winterslaap sommeil *m* hibernal, hibernation *v* ★ ~ *houden* hiberner
Winterspelen ★ *Olympische* ~ jeux *m mv* olympiques d'hiver
wintersport *sport* sport(s) *m (mv)* d'hiver
wintersportcentrum station *v* de sports d'hiver
wintersportplaats station *v* de ski
wintersportvakantie vacances *v mv* de neige
wintertenen engelures *v mv* aux orteils
wintertijd ❶ *tijdregeling* heure *v* d'hiver ❷ *seizoen* saison *v* d'hiver
winteruur BN *wintertijdregeling* heure *v* d'hiver
wintervoeten engelures *v mv* aux pieds
winterweer temps *m* hivernal
winterwortel carotte *v*
win-winsituatie situation *v* / opération *v* gagnant-gagnant
wip ❶ *sprongetje* bond *m*, saut *m* ★ *in een wip* en un clin d'œil ❷ *speeltuig* balançoire *v* ★ fig *op de wip zitten* ‹de doorslag kunnen geven› faire pencher la balance, ‹ontslagen dreigen te worden› avoir un emploi précaire ❸ inform *vrijpartij* coup *m* ★ *een wip maken* tirer un / son coup, baiser
wipkip ≈ animal *m* sur ressort [mv: animaux...]
wipneus nez *m* retroussé
wippen I *ov ww, ontslaan, afzetten* faire sauter, déboulonner **II** *onov ww* ❶ *met sprongetjes bewegen* sautiller, ‹schommelen› se balancer ★ *met zijn stoel* ~ se balancer sur sa chaise ★ *even binnen* ~ *(bij)* faire un saut (chez) ❷ *spelen op de wip* faire de la balançoire ❸ *vrijen* baiser
wipstoel chaise *v* à bascule ▾ *op de* ~ *zitten* être menacé de licenciement
wipwap tapecul *m*
wirwar enchevêtrement *m*
wis ▾ *wis en waarachtig* à coup sûr
wisent bison *m* d'Europe
wishful thinking ★ *dat is* ~ c'est prendre ses désirs pour la réalité
wiskunde mathématiques *v mv*, inform maths *v mv* ★ *hogere* ~ hautes mathématiques, fig du chinois ★ *wis- en natuurkunde* sciences *v mv* physiques et mathématiques
wiskundeknobbel bosse *v* des maths
wiskundeleraar professeur *m* de mathématiques, inform prof *m* de maths
wiskundig mathématique
wiskundige mathématicien *m* [v: mathématicienne]
wispelturig I *bn* capricieux [v: capricieuse] **II** *bw* capricieusement
wissel ❶ *spoorwissel* aiguillage *m* ❷ handel lettre *v* de change, traite *v* ❸ sport ▾ *een* ~ *trekken op iem.* tirer une traite sur qn ▾ *een* ~ *trekken op de toekomst* hypothéquer / compromettre l'avenir
wisselautomaat changeur *m* de monnaie
wisselbad bains *m mv* alternants
wisselbeker coupe *v* (du challenge)
wisselen ❶ *veranderen* changer ★ *van plaats* ~ changer de place ★ *van tanden* ~ perdre ses dents de lait ★ *met ~d succes* avec un succès inégal ❷ *uitwisselen* échanger ★ *brieven* ~ *met* entretenir une correspondance avec ★ *van gedachten* ~ échanger des points de vue ❸ *geld ruilen* changer (**in** en), ‹kleinmaken› faire la monnaie de ★ *ik kan niet* ~ je ne peux pas vous rendre la monnaie ★ *een euro* ~ faire la monnaie sur un euro
wisselgeld (petite) monnaie *v*
wisselgesprek comm double appel *m*
wisseling changement *m*, ‹afwisseling› alternance *v*, ‹ruil› échange *m*
wisselkantoor bureau *m* de change [m mv: bureaux ...]
wisselkoers (taux *m* de) change *m*
wissellijst cadre *m* amovible
wisselmarkt marché *m* des changes
wisseloplossing BN *alternatieve oplossing* solution *v* de remplacement
wisselslag sport quatre nages *v mv*
wisselspeler remplaçant *m*
wisselstroom courant *m* alternatif
wisselstuk BN *reserveonderdeel* pièce *v* de rechange
wisseltruc ≈ arnaque *v* (au change)
wisselvallig variable, changeant
wisselwerking interaction *v*
wissen effacer, ‹afvegen› essuyer
wissewasje bagatelle *v*, rien *m*
wist [verl. td.] → **weten**
wisten [verl. td.] → **weten**
wit I *bn* ❶ *niet zwart* blanc [v: blanche] ★ *zo wit als sneeuw* blanc comme la neige ❷ *bleek* pâle, blême **II** *het* ❶ *kleur* blanc *m* ★ *wit speelt* les Blancs jouent ★ *in het wit gekleed* habillé en blanc ❷ *iets wat wit is* blanc *m*, blancheur *v* ★ *het wit van een ei* le blanc d'un oeuf ★ *het wit van de ogen* le blanc des yeux ❸ *witbrood* ★ *een halfje gesneden wit* un demi-pain de mie en tranches
witbier culin (bière *v*) blanche *v*
witboek livre *m* blanc
witbrood culin pain *m* blanc, pain de mie
witgoed blanc *m*
witgoud or *m* blanc, ‹platina› platine *m*
witheet ❶ *witgloeiend* chauffé à blanc ❷ fig *woedend* furibond
witjes pâlot [v: pâlotte]
witkalk badigeon *m*, blanc *m* de chaux
witlof endives *v mv*
Wit-Rus Biélorusse *m*
Wit-Rusland la Biélorussie ★ *in* ~ en Biélorussie
Wit-Russisch biélorusse
Wit-Russische Biélorusse *v*
witteboordencriminaliteit délinquance *v* en col blanc
wittebrood culin pain *m* blanc, pain de mie
wittebroodsweken lune *v* de miel
witten *wit schilderen* badigeonner, blanchir (à la chaux)
Witte Zee mer *v* Blanche
witvis able *m*
witwassen blanchir ★ *het* ~ blanchiment *m* (d'argent)
WK *Wereldkampioenschap* championnat *m* du monde, ‹voetbal› coupe *v* du monde, mondial *m*
wodka culin vodka *v*

woede fureur *v*, rage *v*, colère *v* ★ *blind van ~ zijn* être fou de rage [v: folle ...]
woedeaanval accès *m* de fureur / de rage, (crise *v* de) colère *v*
woeden sévir, faire rage
woedend I *bn* furieux (**op** contre; **over** de) [v: furieuse] ★ *~ maken* mettre en rage ★ *~ worden* se mettre en colère **II** *bw* furieusement
woede-uitbarsting accès *m* de fureur / de rage
woef ouaf, ouah
woei [verl. td.] → **waaien**
woeien [verl. td.] → **waaien**
woekeraar usurier *m* [v: usurière]
woekeren ❶ *woeker drijven* pratiquer l'usure ❷ *wild groeien* proliférer, pulluler ★ *~d onkruid* mauvaises herbes *v mv* envahissantes ❸ *~* **met** faire valoir, mettre à profit
woekering *wildgroei* prolifération *v*
woekerprijs prix *m* abusif
woekerrente usure *v*, taux *m* usuraire
woelen ❶ *onrustig bewegen* s'agiter, remuer ★ *in bed ~* se tourner et se retourner ★ *zich bloot ~* se découvrir ❷ *wroeten* fouiller ★ *~ in* fouir, remuer
woelig agité, remuant, turbulent, mouvementé ★ *een ~e straat* une rue animée
woensdag mercredi *m* ★ *op ~* le mercredi ★ *'s ~s* le mercredi
woensdagavond mercredi *m* soir
woensdagmiddag mercredi *m* après-midi
woensdagmorgen, **woensdagochtend** mercredi *m* matin
woensdagnacht mercredi *m* nuit
woensdags I *bn* du mercredi **II** *bw* le mercredi
woerd canard *m* (mâle)
woest ❶ *woedend* furieux [v: furieuse], furibond ★ *~ maken* rendre fou de rage ★ *~ worden* voir rouge ❷ *wild* sauvage, farouche ❸ *ongecultiveerd* sauvage ★ *~e grond* terres *v mv* incultes / désertes, ⟨in stad⟩ terrain *m* vague
woesteling brute *v*
woestenij désert *m*
woestijn désert *m*
woestijnklimaat climat *m* désertique
wogen [verl. td.] → **wegen**
wok wok *m*
wol laine *v* ▾ *door de wol geverfd zijn* être chevronné ▾ *onder de wol kruipen* se mettre au lit, inform se pieuter
wolf loup *m* ★ lett *jonge wolf* louveteau *m* ▾ *een wolf in schaapskleren* un loup déguisé en agneau, un faux tendre ▾ BN fig *jonge wolf* jeune loup
wolfraam tungstène *m*
wolfshond chien-loup *m* [m mv: chiens-loups]
wolk ❶ *dampmassa* nuage *m*, ⟨alleen in uitdrukkingen⟩ nue *v* ★ *in de wolken zijn* être aux anges ❷ fig ★ *een wolkje melk* un soupçon de lait, un nuage de lait ★ *een wolk van een baby* un bébé qui se porte comme un charme
wolkbreuk pluie *v* torrentielle, trombe *v* d'eau
wolkeloos sans nuage(s), form serein
wolkendek couche *v* / plafond *m* de nuages
wolkenhemel ciel *m* nuageux
wolkenkrabber gratte-ciel *m* [mv: id.]
wollen de / en laine ★ *~ goed* lainages *m mv*
wollig ❶ *als / van wol* laineux [v: laineuse], ⟨pluizig⟩ pelucheux [v: pelucheuse] ❷ fig *vaag* vaseux [v: vaseuse] ★ *~ taalgebruik* langue *v* de bois
wolvin louve *v*
won [verl. td.] → **winnen**
wond I *de* blessure *v*, ⟨groot⟩ plaie *v* ★ *een open wond* une plaie vive ▾ *zijn wonden likken* panser ses plaies ▾ *oude wonden openrijten* rouvrir une plaie **II** *ww* [verl. td.] → **winden**
wonden [verl. td.] → **winden**
wonder ❶ *iets buitengewoons* merveille *v*, prodige *m* ★ *het is een ~ dat ...* c'est un miracle que... [+ subj.] ★ *het is geen ~ dat...* ce n'est pas étonnant que... [+ subj.] ★ *dat mag een ~ heten* ça tient du miracle ★ *de ~en zijn de wereld nog niet uit* tout peut arriver ★ *~ boven ~* (comme) par miracle, miraculeusement ❷ rel *mirakel* miracle *m* ★ *~en verrichten* faire / opérer des miracles
wonderbaarlijk étonnant, miraculeux [v: miraculeuse]
wonderdokter charlatan *m*
wonderkind (enfant *m*) prodige *m*
wonderkruid herbe *v* qui fait des miracles
wonderlamp lampe *v* magique
wonderland pays *m* des merveilles
wonderlijk curieux [v: curieuse], singulier [v: singulière], bizarre
wondermiddel panacée *v*
wonderschoon superbe, splendide
wonderwel on ne peut mieux
wondkoorts fièvre *v* traumatique
wondzalf pommade *v* cicatrisante
wonen habiter, ⟨tijdelijk⟩ loger ★ *in de stad ~* habiter la ville ★ *ruimer gaan ~* s'agrandir
woning maison *v*, habitation *v*, logement *m*, jur domicile *m*
woningaanbod offre *v* de logements
woningbouwvereniging société *v* de construction (et d'exploitation) de logements
woninginrichting ❶ *het inrichten* aménagement *m* ❷ *benodigdheden* ≈ intérieur *m*
woningnood crise *v* du logement
woningzoekende demandeur *m* de logement
wonnen [verl. td.] → **winnen**
woofer caisson *m* de basse(s), woofer *m*
woog [verl. td.] → **wegen**
woonachtig demeurant (à), domicilié (à)
woonblok bloc *m* d'habitations, ⟨woningcomplex⟩ grand ensemble *m*
woonboot péniche *v* (aménagée)
woonerf ≈ rue *v* à priorité piétonne
woongemeenschap communauté *v* (d'habitation)
woonhuis maison *v* d'habitation
woonkamer (salle *v* de) séjour *m*, living *m*, salon *m*
woonkazerne caserne *v*, cage *v* à lapins
woonkeuken cuisine-séjour *v* [v mv: cuisines-séjour]
woonlaag étage *m*
woonlasten charges *v mv* d'habitation
woonplaats domicile *m* ★ *zonder vaste woon- of verblijfplaats* sans domicile (ni résidence) fixe
woonruimte *ruimte om te bewonen* logement *m*
woonwagen roulotte *v*
woonwagenbewoner nomade *m/v*
woonwagenkamp campement *m* de gens du

voyage
woon-werkverkeer déplacement *m* domicile-lieu de travail, navette *v*
woonwijk quartier *m* d'habitations, ‹luxer› quartier résidentiel
woord ❶ *taaleenheid, dat wat gezegd wordt* mot *m*, ‹term› terme *m*, ‹in zin› parole *v* ★ *~en bezigen* tenir des propos ★ *~ voor ~* mot à mot, ‹letterlijk› textuellement ★ *met andere ~en* en d'autres termes, autrement dit ★ *in één ~* bref, en un mot ★ *geen ~ zeggen* ne souffler mot ★ *onder ~en brengen* exprimer ★ *gevleugeld ~* mot *m* historique ★ *aan een half ~ genoeg hebben* entendre à demi-mot ★ *niet uit zijn ~en kunnen komen* bafouiller ★ BN *geen gebenedijd ~* pas un traître mot ★ *geen ~en maar daden* (passons) aux actes! ★ *een aardig ~je Frans spreken* se débrouiller en français ★ *er geen goed ~ voor overhebben* le condamner vivement ★ *ik heb er geen ~en voor!* je n'ai pas de mots pour le qualifier, j'en reste coi ★ *~en met iem. hebben* avoir des mots avec qn ★ *je haalt me de ~en uit de mond* j'allais le dire ★ *het hoge ~ is eruit* le (grand) mot est lâché ★ *zijn ~en op een goudschaaltje wegen* peser ses mots, peser chaque mot ❷ *erewoord* parole *v* ★ *iem. aan zijn ~ houden* prendre qn au mot ★ *op mijn ~ (van eer)* parole d'honneur ★ *op zijn ~ geloven* croire sur parole ★ *een man van zijn ~* un homme de parole ★ *zijn ~ breken* manquer à sa parole, ne pas tenir sa parole ★ *ik geef u mijn ~* je vous donne ma parole ★ *zijn ~ gestand doen* tenir parole, tenir sa promesse ★ *zijn ~ houden* tenir parole ❸ *het spreken* parole *v* ★ *er geen ~ tussen krijgen* ne pas pouvoir placer un mot ★ *het ~ vragen* demander la parole ★ *het ~ geven* passer la parole ★ *het ~ nemen* prendre la parole ★ *het ~ hebben* avoir la parole ★ *het ~ voeren* avoir la parole ★ *iem. te ~ staan* ‹ontvangen› recevoir qn, ‹luisteren› écouter qn ★ *het vrije ~* la libre expression ★ *hij heeft het hoogste ~* on n'entend que lui ★ *een goed ~je doen voor* intercéder pour ❹ *Bijbel* ★ *het Woord Gods* la parole de Dieu
woordbeeld graphie *v*
woordblind dyslexique
woordbreuk rupture *v* de parole / de promesse
woordelijk I *bn* ‹letterlijk› textuel [v: textuelle], ‹woord voor woord› mot à mot, inform texto **II** *bw* textuellement
woordenboek dictionnaire *m*, inform dico *m*
woordenlijst vocabulaire *m*, lexique *m*, ‹verklarend› glossaire *m*
woordenschat vocabulaire *m*
woordenstrijd dispute *v*
woordenvloed, **woordenstroom** flux *m* de paroles
woordenwisseling altercation *v*
woordgebruik usage *m* (des mots)
woordkeus choix *m* des mots
woordsoort catégorie *v* grammaticale
woordspeling jeu *m* de mots [m mv: jeux ...], calembour *m*
woordvoerder porte-parole *m/v* [mv: id.]
woordvolgorde ordre *m* des mots
worden I *hww* être ★ *er wordt gebeld* on sonne ★ *hij wordt bedreigd* il est menacé **II** *kww* devenir [met bn], se faire, ‹bij promotie› passer ★ *kwaad ~* se mettre en colère ★ *het wordt laat* il se fait tard ★ *ziek ~* tomber malade ★ *erger ~* empirer ★ *het begint warm te ~* il commence à faire chaud ★ *hij moet soldaat ~* il doit être soldat ★ *anders ~* changer ★ *hij is maar dertig ge~* il n'a vécu que trente ans ★ *hij wordt morgen tien jaar* demain il aura dix ans ★ *wat zal er van hen ~?* que deviendront-ils? ★ *oud ~* se faire vieux
wording genèse *v*, formation *v*, naissance *v* ★ *in ~* (à l'état) naissant, en voie de formation
workaholic drogué *m* / forcené *m* du travail
workshop atelier *m*
worm ❶ *pier* ver *m* ❷ *made* ver *m*
wormenkuur med cure *v* de vermifuge
wormstekig piqué des vers, ‹van vrucht› véreux [v: véreuse], ‹van hout› vermoulu
wormvirus comp ver *m*
worp ❶ *gooi* jet *m*, ‹met dobbelsteen› coup *m*, sport lancer *m* ★ *een vrije worp* un lancer franc ❷ *nest jongen* portée *v*
worst culin ‹dik› saucisson *m*, ‹dun› saucisse *v*, ‹van orgaanvlees› andouille *v* ▾ *het zal me ~ wezen* (qu'est-ce que) je m'en fous!
worstelaar lutteur *m* [v: lutteuse]
worstelen I *onov ww* ❶ sport lutter ❷ *vechten* lutter ★ *~ met* fig lutter contre, se débattre contre / avec ★ *zich ergens doorheen ~* venir péniblement à bout de qc **II** *het* sport lutte *v*
worsteling lutte *v*
worstenbroodje culin friand *m*
wortel ❶ *plantenorgaan* racine *v* ★ *~ schieten* prendre racine, ook fig s'enraciner ❷ *groente* carotte *v* ❸ *tandwortel* racine *v* ❹ *oorsprong* racine *v* ❺ wisk racine *v* ★ *de ~ trekken uit* extraire la racine (carrée) de ▾ *met ~ en tak uitroeien* extirper (jusqu'à la racine)
wortelen ❶ *wortel schieten* prendre racine, s'enraciner ❷ *oorsprong vinden* être enraciné (**in** dans) ★ *een diep geworteld wantrouwen* une méfiance profondément enracinée
wortelkanaal canal *m* dentaire
wortelteken radical *m* [m mv: radicaux]
worteltrekken ★ *het ~* extraction *v* de la racine
wou [verl. td.] → **willen**
woud forêt *v* ★ *van het woud* forestier [v: forestière]
woudloper trappeur *m*
would-be soi-disant
wouw *vogel* milan *m*
woven [verl. td.] → **wuiven**
wow oh là là!
wraak vengeance *v*, fig revanche *v* ★ *~ nemen op iem. voor iets* se venger de qc sur qn ▾ *~ is zoet* la vengeance est un plat qui se mange froid
wraakactie représailles *v mv*
wraakgevoel esprit *m* de vengeance, rancœur *v*
wraaklust soif *v* de vengeance
wraakneming vengeance *v*
wraakoefening vengeance *v*
wraakzuchtig vindicatif [v: vindicative]
wrak I *het* ❶ *resten* épave *v* ❷ *persoon* épave *v*, loque *v* **II** *bn* délabré
wraken jur récuser
wrakhout débris *m* de bois, épave *v*
wrakkig délabré

wrakstuk ★ *~ken* débris *m mv*
wrang ❶ *zuur* âpre ★ *~e wijn* un vin rude / âpre / râpeux ❷ *bitter* fig amer [v: amère]
wrap culin wrap *m*
wrat verrue *v*
wrattenzwijn phacochère *m*
wreed I *bn* cruel [v: cruelle], féroce **II** *bw* cruellement, férocement
wreedaard brute *v*
wreedheid I *de* [gmv] *het wreed zijn* cruauté *v* **II** *de* [mv: -heden] *wrede daad* cruauté *v*
wreef I *de* cou-de-pied *m* [m mv: cous-de-pied] **II** *ww* [verl. td.] → **wrijven**
wreken I *ov ww* venger **II** *wkd ww* [**zich ~**] ❶ *wraak nemen* se venger ★ *zich op iem. ~ over iets* se venger de qc sur qn ❷ *opbreken* ★ *dat zal zich later ~* ça se paiera un jour
wrevel *wrok* amertume *v*, dépit *m*, rancœur *v*
wrevelig I *bn* dépité, grincheux [v: grincheuse], hargneux [v: hargneuse] **II** *bw* hargneusement
wreven [verl. td.] → **wrijven**
wriemelen ❶ *peuteren* tripoter, patouiller ❷ *krioelen* fourmiller
wrijfpaal pieu *m* à frotter [m mv: pieux ...]
wrijven *strijken* frotter ★ *zich in de handen ~* se frotter les mains ★ *fijn ~* broyer
wrijving ❶ *het wrijven* frottement *m*, friction *v* ❷ *onenigheid* friction *v*
wrikken *heen en weer bewegen* ★ *(aan) iets ~* remuer qc
wringen I *ov ww, draaiend persen* tordre ★ *de handen ~* se tordre les mains **II** *onov ww, knellen* serrer ▼ *er wringt iets* il y a qc qui cloche **III** *wkd ww* [**zich ~**] **~ door** se faufiler par
wroeging remords *m*
wroeten ❶ *(zoekend) graven* creuser, ⟨van dieren⟩ fouir, ⟨snuffelen⟩ (far)fouiller (**in** dans) ❷ BN *zwoegen* peiner, inform trimer
wrok rancœur *v*, rancune *v*, ressentiment *m* (**jegens** contre) ★ *een wrok tegen iem. koesteren* avoir une dent contre qn
wrokkig rancunier [v: rancunière]
wrong I *de* chignon *m* **II** *ww* [verl. td.] → **wringen**
wrongel caillé *m*, caillebotte *v*
wrongen [verl. td.] → **wringen**
wuft frivole, versatile
wuifde [verl. td.] → **wuiven**
wuifden [verl. td.] → **wuiven**
wuiven ❶ *heen en weer bewegen* s'agiter, se balancer ★ *~ met iets* agiter qc ❷ *groeten* saluer de la main, ⟨als teken⟩ faire signe (de la main)
wulp courlis *m*
wulps I *bn* lascif [v: lascive], lubrique **II** *bw* lascivement, voluptueusement
wurgen étrangler
wurggreep ❶ cravate *v*, ⟨judo⟩ étranglement *m* ❷ fig étau *m* (serré)
wurgslang constricteur *m*
wurm ❶ *worm* ver *m* ❷ *kind* bout *m* de chou ★ *dat arme wurm!* le pauvre petit!
wurmen ★ *erin ~* fourrer dedans ★ *zich ~ door* se faufiler dans ★ *zich ~ uit* s'extirper de
WW *werkloosheidswet* ≈ loi *v* sur l'assurance chômage ★ *in de WW zitten* toucher une allocation chômage, toucher les Assedic, être chômeur, être au chômage
www comp *world wide web* WWW *m*
wysiwyg *what you see is what you get* tel-tel, tel écran, tel écrit

X

x *letter* x *m* ★ *de x van Xantippe* X comme Xavier
x-as axe *m* des x, abscisse *v*
X-benen jambes *v mv* cagneuses, jambes en X
X-chromosoom chromosome *m* X
xenofobie xénophobie *v*
xenofoob I *de* xénophobe *m/v* **II** *bn* xénophobe
XL *extra large* XL
xtc ecstasy *v*
xylofoon xylophone *m*

Y

y y *m* ★ *de y van Ypsilon* Y comme Yvonne
yahtzee yahtzee *m*, yam's *m*
yahtzeeën jouer au yahtzee
yang yang *m*
yankee yankee *m*, Ricain *m*
y-as axe *m* des y, ordonnée *v*
Y-chromosoom chromosome *m* Y
yell cri *m* (d'encouragement), ‹leus› slogan *m*
yen yen *m*
yin yin *m*
yoga yoga *m*
yoghurt culin yaourt *m*
yogi yogi *m*
ypsilon upsilon *m*
yucca yucca *m*
yuppie yuppie *m*

Z

z z *m* ★ *de z van Zacharias* Z comme Zoé
zaad ❶ *kiem* semence *v*, ⟨van planten⟩ graine(s) *v (mv)*, ⟨zaadje⟩ graine *v* ★ *op zwart zaad zitten*, BN *op droog zaad zitten* être raide, être fauché ❷ *sperma* sperme *m*
zaadbal testicule *m*
zaadbank *spermabank* banque *v* du sperme
zaadcel spermatozoïde *m*
zaaddodend spermaticide
zaaddonor donneur *m* de sperme
zaaddoos capsule *v*
zaadlob cotylédon *m*
zaadlozing éjaculation *v*
zaag *gereedschap* scie *v* ▼ *zingende zaag* scie musicale
zaagbank chevalet *m* (de scieur), ⟨mechanisch⟩ scie *v* mécanique
zaagblad lame *v* de scie
zaagmachine scieuse *v*
zaagmolen scierie *v*
zaagsel sciure *v* ★ fig *hij heeft ~ in zijn hoofd* il n'a rien dans le crâne
zaagvis (poisson *m*) scie *v*
zaaibed semis *m*
zaaien ook fig semer ★ *paniek ~* jeter / semer la panique ★ *tweedracht ~* semer la discorde ★ *dun gezaaid zijn* être plutôt rare ★ *wie zaait zal oogsten* on récolte ce qu'on a semé
zaaier semeur *m* [v: semeuse]
zaaigoed semence *v*
zaaimachine semoir *m*
zaak ❶ *ding, voorwerp* chose *v*, objet *m* ★ *allerlei zaken van weinig waarde* toutes sortes de choses de peu de valeur ❷ *handel, bedrijf, winkel* affaire *v*, ⟨winkel⟩ (fonds *m* de) commerce *m* ★ *voor zaken op reis gaan* faire un voyage d'affaires ★ *goede zaken doen* faire de bonnes affaires ★ *een zaak opzetten* monter une affaire ★ *ik ben op de zaak* je suis à mon travail ❸ *onderwerp, kwestie, aangelegenheid* affaire *v*, choses *v mv* ★ *bemoei je met je eigen zaken* de quoi on se mêle? ★ *dat is zijn zaak* c'est son affaire, cela le regarde ★ *de gang van zaken* le cours des événements ★ *orde op zaken stellen* mettre de l'ordre dans une affaire ★ *zeker van zijn zaak zijn* être sûr de son fait ★ *dat doet niets ter zake* c'est sans importance, c'est hors (de) sujet ★ *ter zake komen* en venir au fait ★ *gemene zaak met iem. maken* faire cause commune avec qn, être de connivence avec qn ★ *het is voor de goede zaak* c'est pour la bonne cause ★ *onverrichter zake terugkeren* revenir bredouille ❹ *rechtszaak* affaire *v*, cause *v*, cas *m* ★ *de zaak komt morgen voor* l'affaire passera demain devant le juge ★ *een zaak verdedigen* plaider une cause ★ *er een zaak van maken* aller devant les tribunaux, intenter un procès
zaakgelastigde chargé *m* d'affaires, ⟨met volmacht⟩ plénipotentiaire *m/v*
zaakvoerder BN *bedrijfsleider* gérant *m* (d'affaires) [v: gérante...]
zaakwaarnemer agent *m*
zaal salle *v* ★ *een volle zaal* une salle comble ★ *volle zalen trekken* faire salle comble ★ *op zaal liggen* être en salle commune
zaalsport sport *m* en salle
zaalvoetbal football *m* en salle
zaalwachter gardien *m* [v: gardienne]
zacht I *bn* ❶ *niet hard, week* mou [v: molle] [vóór klinker of stomme h: mol], tendre ★ *een ~ ei* un œuf à la coque ★ *~ brood* du pain tendre ★ *een ~ bed* un lit mou ★ *~ maken* adoucir, ramollir ★ *lekker ~* moelleux [v: moelleuse] mollet [v: mollette] douillet [v: douillette] ❷ *niet ruw* doux [v: douce] ★ *~e haren* des cheveux doux ★ *~ als zijde* soyeux [v: soyeuse] ★ *een ~ tapijt* un tapis moelleux ★ *~e huid* peau *v* douce ★ *~ aanvoelen* être doux au toucher ❸ *niet luid of fel* doux [v: douce] ★ *met ~e stem* à voix basse ★ *~e kleuren* des couleurs tendres ❹ *zachtmoedig* tendre ★ *hij heeft een ~ karakter* il a un caractère doux ★ *een halve ~e* une chiffe molle ❺ *gematigd* doux [v: douce] ★ *het is ~ weer* il fait doux ★ *~ klimaat* climat *m* doux ★ *~e wind* vent *m* faible ★ *~e helling* pente *v* douce ★ *~e landing* atterrissage *m* en douceur ★ *een ~e tik* un petit coup ★ *een ~ prijsje* un prix d'ami ★ *een ~e dood* une mort douce ★ *met ~e hand* avec douceur ★ *op een ~ vuurtje* à petit feu **II** *bw* ❶ *niet luid* bas, sans bruit ★ *~ praten* parler à voix basse ★ *~er praten* baisser la voix ★ *het geluid ~er zetten* baisser le volume (du son) ❷ *niet snel* doucement ★ *~ lopen* marcher doucement / lentement ★ *~er gaan rijden* ralentir ❸ *gematigd* doucement, ⟨met zachtheid⟩ avec douceur ★ *~ aanraken* effleurer ★ *iem. ~ behandelen* traiter qn avec douceur ★ *op z'n ~st genomen / gezegd* ... pour ne pas dire plus ★ *slaap ~!* dors bien!
zachtaardig I *bn* doux [v: douce] ★ *een ~ karakter hebben* avoir un caractère doux **II** *bw* avec douceur
zachtboard panneau *m* de fibres (souple)
zachtgroen vert pâle, vert tendre
zachtheid douceur *v*, ⟨van weer⟩ clémence *v*
zachtjes ❶ *niet luid* ★ *~!* doucement! ★ *(heel) ~ spreken* parler (tout) bas, parler à voix basse ❷ *niet snel* ★ *~ lopen* marcher doucement ★ *~ aan!* doucement!, inform mollo! ❸ *gematigd* ★ *dat is nog ~ uitgedrukt* le mot est faible, c'est le moins qu'on puisse dire, (et) je pèse mes mots ★ *~ wakker maken* réveiller en douceur ❹ → **zacht**
zachtjesaan doucement, petit à petit ★ *we moeten ~ vertrekken* il va être temps de partir
zachtmoedig I *bn* doux [v: douce] **II** *bw* avec douceur
zachtzinnig I *bn* doux [v: douce] **II** *bw* avec douceur ★ *niet ~ te werk gaan* ne pas faire dans la dentelle, ne pas être tendre
zadel selle *v* ★ *iem. in het ~ helpen* mettre qn en selle ★ *vast in het ~ zitten* être bien en selle ★ *iem. uit het ~ lichten* évincer qn
zadeldek couverture *v* de selle
zadelen seller, ⟨van lastdier⟩ bâter
zadelpijn ≈ mal *m* aux fesses
zadeltas sacoche *v*
zag [verl. td.] → **zien**
zagen I *ov ww* scier **II** *ww* [verl. td.] → **zien**

zagerij scierie *v*
Zagreb Zagreb *m*
Zagrebs zagrébois
Zaïre le Zaïre ★ *in ~* au Zaïre
Zaïrees zaïrois
zak ❶ *verpakking* sac *m* ★ *een papieren zak* un sachet ★ *een plastic zak* un sac en plastic ★ *een zak aardappelen* un sac de pommes de terre ★ *geen zak* que dalle ★ *het kan me geen zak schelen* je m'en fous royalement ★ *in zak en as zitten* être au trente-sixième dessus ★ *de zak krijgen* se faire virer ★ BN *in het zakje blazen* ⟨alcoholtest⟩ souffler dans le ballon ❷ *bergplek in kleding* poche *v* ★ *in zijn zak steken* empocher ★ *op zak hebben* avoir en poche, avoir sur soi ★ *op iemands zak leven* vivre aux crochets de qn, parasiter qn ★ *uit eigen zak betalen* payer de sa poche ★ *iem. geld uit de zak kloppen* soutirer de l'argent à qn, délester qn (d'une somme) ★ *zijn zakken vullen* se remplir les poches, s'en mettre plein les poches ★ *iem. in zijn zak hebben* mettre qn dans sa poche ★ *die kan je in je zak steken!* et toc! ❸ *balzak* bourse *v* ❹ min *persoon* con *m* ★ *een ouwe zak* un vieux chnoque ❺ *gat in tafel bij poolbiljart en snooker* trou *m*, blouse *v*
zakagenda agenda *m* de poche
zakbijbel bible *v* de poche
zakboekje carnet *m*, calepin *m*
zakcentje argent *m* de poche
zakdoek mouchoir *m* ★ *papieren ~je* mouchoir *m* en papier, kleenex *m* ▼ *~je leggen* ≈ jouer à cache-tampon
zakelijk I *bn* ❶ *betrekking hebbende op een zaak of zaken* commercial [m mv: commerciaux] d'affaires ★ *een ~e bijeenkomst* une réunion d'affaires ★ *een goed ~ inzicht hebben* avoir le sens des affaires ❷ *zich tot de zaken, de feiten bepalend* rationnel [v: rationnelle], pratique, pragmatique, ⟨van stijl⟩ concis, sobre ★ *~ blijven* s'en tenir aux faits **II** *bw* ❶ *m.b.t. zaak of zaken* professionnellement ❷ *zich tot de zaken, de feiten bepalend* objectivement
zakelijkheid pragmatisme, esprit *m* réaliste
zakenadres adresse *v* du bureau, adresse *v* de travail
zakenbespreking discussion *v* d'affaires
zakencentrum centre *m* d'affaires
zakencijfer BN *omzetcijfer* chiffre *m* d'affaires
zakendiner dîner *m* d'affaires
zakendoen ★ *~ met* être en relation d'affaires avec
zakenleven (monde / milieu *m* des) affaires *v mv*
zakenlunch déjeuner *m* d'affaires
zakenman homme *m* d'affaires
zakenreis voyage *m* d'affaires
zakenrelatie relation *v* d'affaires
zakenvrouw femme *v* d'affaires
zakenwereld (monde / milieu *m* des) affaires *v mv*
zakformaat format *m* de poche
zakgeld argent *m* de poche
zakken I *onov ww* ❶ *dalen, lager of minder worden* ⟨dalen⟩ descendre, ⟨lager / minder worden⟩ baisser ★ *zich aan een touw laten ~* descendre à une corde ★ *in elkaar ~* s'affaisser ★ *in de modder ~* s'enfoncer dans la boue ★ *het doek laten ~* faire tomber le rideau ★ *de moed laten ~* perdre courage ★ *de prijzen zijn gezakt* les prix ont baissé ★ *de dollar is gezakt* le taux du dollar a baissé ❷ onderw *niet slagen* échouer (**voor** à), inform être recalé ★ *iem. laten ~ voor een examen* coller qn **II** *ov ww*, BN onderw *niet laten slagen* coller
zakkenrollen pratiquer le vol à la tire
zakkenroller pickpocket *m*, voleur *m* à la tire ★ *pas op voor ~s!* méfiez-vous des pickpockets!
zakkenvuller profiteur *m* [v: profiteuse]
zaklamp lampe *v* de poche, torche *v*
zaklantaarn lampe *v* de poche, torche *v*
zaklopen faire une course en sac
zakmes canif *m*
zalf crème *v*, pommade *v*, onguent *m*
zalig I *bn* ❶ rel *eeuwig gelukkig* bienheureux [v: bienheureuse] ★ *~ verklaren* béatifier ❷ *gelukkig, wat geluk brengt* ★ *een ~ Nieuwjaar* bonne année ❸ *heerlijk* délicieux [v: délicieuse], divin, sublime ★ *zich ~ voelen* être comblé **II** *bw*, *heerlijk* divinement
zaligheid ❶ rel béatitude *v*, salut *m* ★ *de eeuwige ~* le salut éternel ▼ BN *iem. zijn ~ geven* dire à qn ses quatre vérités ❷ *hoogste geluk* félicité *v* ❸ *iets heerlijks* délice *m*
zaligmakend qui assure le salut, béatifique
zaligverklaring rel béatification *v*
zalm saumon *m*
zalmforel truite *v* saumonée
zalmkleurig saumon [onver.]
zalmsalade culin salade *v* de saumon
zalven ❶ *met zalf bestrijken* oindre ❷ *wijden* oindre ★ *tot koning ~* sacrer roi
zalvend I *bn* onctueux [v: onctueuse] ★ *~e woorden* des paroles pleines d'onction **II** *bw* ★ *~ spreken* parler avec onction
Zambia la Zambie ★ *in ~* en Zambie
Zambiaans zambien [v: zambienne]
zand sable *m* ★ *zand erover!* on passe l'éponge!, n'en parlons plus! ★ *iem. zand in de ogen strooien* jeter de la poudre aux yeux de qn ★ *in het zand bijten* mordre la poussière ★ *als los zand aan elkaar hangen* être décousu, n'avoir ni queue ni tête
zandafgraving ❶ *plaats* sablière *v*, carrière *v* de sable ❷ *het afgraven* extraction *v* de sable
zandbak bac *m* à sable ★ *in de ~ spelen* jouer dans le bac à sable
zandbank banc *m* de sable
zandbodem fond *m* sablonneux
zanderig sableux [v: sableuse], sablonneux [v: sablonneuse]
zandgebak sablé *m*
zandgeel (couleur de) sable [onver.]
zandgrond terrain *m* sablonneux ★ ⟨gebied⟩ *~en* sables *m mv*
zandkasteel château *m* de sable
zandkleurig couleur de sable
zandkoekje culin sablé *m*
zandloper sablier *m*
zandpad sentier *m* / chemin *m* sablonneux
zandplaat banc *m* de sable
zandsteen grès *m*
zandstorm tempête *v* de sable
zandstralen sabler

zandstrand plage *v* de sable
zandverstuiving sables *m mv* mouvants
zandvlakte sables *m mv*
zandweg chemin *m* sablonneux
zandzak sac *m* de sable
zang ❶ *het zingen* chant *m* ❷ *gezang* chant *m* ★ *veel noten op zijn zang hebben* être fort exigeant
zangbundel recueil *m* de chants
zanger *iem. die zingt* chanteur *m* [v: chanteuse]
zangeres chanteuse *v*, ⟨van opera e.d.⟩ cantatrice *v*
zangerig I *bn* chantant, mélodieux [v: mélodieuse] **II** *bw* mélodieusement
zangkoor chœur *m*
zangles cours *m* de chant
zanglijster grive *v* (musicienne)
zangstem *stem* voix *v* (musicale)
zangvereniging chorale *v*
zangvogel oiseau *m* chanteur [mv: oiseaux chanteurs]
zanik raseur *m* [v: raseuse]
zaniken rabâcher ★ *hij zanikt altijd over ...* il radote toujours... ★ *zanik niet zo!* tu me casses les pieds! ★ *over iets ~* rabâcher qc ★ *tegen iem. ~ om* casser les pieds à qn pour
zappen *tv-zenders bekijken* zapper
zat I *bn* ❶ *dronken* soûl ❷ *verzadigd* rassasié ★ *zich zat eten* manger à sa faim ❸ *beu* ★ *ik ben het zat* j'en ai assez, inform j'en ai marre **II** *bw, in overvloed* plus qu'il n'en faut, largement assez ★ *hij heeft geld zat* il a plein d'argent ★ *er is tijd zat* on a tout le temps **III** *ww* [verl. td.] → **zitten**
zaten [verl. td.] → **zitten**
zaterdag samedi *m* ★ *'s ~s* le samedi ★ *Stille Zaterdag* le samedi saint
zaterdagavond samedi *m* soir
zaterdagmiddag samedi *m* après-midi
zaterdagmorgen, **zaterdagochtend** samedi *m* matin
zaterdagnacht samedi *m* nuit
zaterdags I *bw* le samedi **II** *bn* du samedi
zatlap soûlard *m*
ze ❶ *onderwerp* ⟨v ev⟩ elle, ⟨m mv⟩ ils, ⟨v mv⟩ elles ❷ *onbepaald voornaamwoord* on ★ *ze zeggen* on dit ❸ *lijdend voorwerp* ⟨ev⟩ la, ⟨mv⟩ les ❹ *meewerkend voorwerp* leur
zebra *dier* zèbre *m*
zebrapad passage *m* clouté, passage *m* (pour) piétons
zede ❶ *zedelijk gedrag* ★ *zeden* mœurs *v mv* ★ *de goede zeden* les bonnes mœurs ★ *losse zeden* des mœurs légères ★ *een vrouw van lichte zeden* une femme de mœurs faciles ★ *strijdig met de goede zeden* contraire aux bonnes mœurs ❷ *gewoonte* coutume *v*, usage *m* ★ *zeden en gewoonten* us et coutumes
zedelijk moral [m mv: moraux]
zedelijkheid moralité *v*
zedeloos immoral [m mv: immoraux]
zedendelict attentat *m* aux mœurs
zedendelinquent ≈ auteur *m* d'un attentat aux mœurs
zedenleer BN onderw *schoolvak* morale *v*
zedenmeester moralisateur *m* [v: moralisatrice]
zedenmisdrijf attentat / outrage *m* à la pudeur
zedenpolitie ≈ brigade *v* des mœurs
zedenpreek sermon *m* ★ *een ~ houden tegen iem.* faire la morale à qn
zedenschandaal affaire *v* de mœurs
zedenwet loi *v* morale
zedig I *bn* décent, pudique **II** *bw* avec décence
zee ❶ *zoutwatermassa* mer *v* ★ *aan zee* au bord de la mer ★ *op zee* sur mer ★ *over zee* par mer, par voie maritime ★ *in open / volle zee* en pleine mer, sur la haute mer, au large ★ *zee kiezen* prendre la mer ★ *recht door zee gaan* aller droit au but ★ *in zee gaan met iem.* faire affaire avec qn ★ *geen zee gaat hem te hoog* il ne recule devant rien ❷ *grote hoeveelheid* flot *m*, mer *v* ★ *een zee van licht* un flot de lumière ★ *een zee van tranen* un flot / torrent de larmes ★ *een zee van woorden* un flot de paroles ★ *zeeën van tijd* un océan de temps
zeeaal congre *m*
zeeanemoon anémone *v* de mer
zeearend aigle *m* de mer, orfraie *v*
zeearm bras *m* de mer
zeebaars bar *m*
zeebanket *vis en schaaldieren* fruits *m mv* de mer
zeebenen ★ fig *~ hebben* avoir le pied marin
zeebeving séisme *m* sous-marin
zeebodem fond *m* de la mer
zeebonk loup *m* de mer
zeeduivel dierk lotte *v* de mer, baudroie *v*
zee-egel oursin *m*
zee-engte détroit *m*
zeef ⟨grof⟩ crible *m*, ⟨fijn⟩ tamis *m*, ⟨in de keuken⟩ passoire *v* ★ fig *zo lek als een zeef zijn* être une vraie passoire
zeefauna faune *v* maritime
zeefdruk sérigraphie *v*
zeegang houle *v*
zeegat chenal *m* [mv: chenaux], passe *v* ★ *het ~ uitgaan* prendre la mer
zeegevecht combat *m* naval
zeegezicht ❶ *uitzicht* vue *v* sur la mer ❷ *schilderij* marine *v*
zeegras zostère *v*
zeegroen vert de mer [onver.], glauque
zeehaven port *m* maritime
zeehond phoque *m*
zeehondencrèche refuge *m* pour phoques
zeehoofd jetée *v*, môle *m*
zeek [verl. td.] → **zeiken**
zeekaart carte *v* marine
zeeklas BN onderw classe *v* de mer
zeeklimaat climat *m* maritime
zeekoe vache *v* marine, lamentin *m*
zeekreeft homard *m*
zeel ▼ BN *aan één / hetzelfde zeel trekken* agir de concert
Zeeland la Zélande
zeeleeuw otarie *v*, lion *m* de mer
zeelucht air *m* de la mer
zeem I *de* peau *v* de chamois **II** *het* chamois *m*
zeemacht *marine* forces *v mv* navales
zeeman marin *m* ★ *zeelieden* marins *m mv*
zeemeermin sirène *v*
zeemeeuw mouette *v* ★ *de grote ~* le goéland
zeemijl mille *m* (marin)
zeemlap peau *v* de chamois

zeemleer peau *v* de chamois
zeemleren en peau de chamois
zeemogendheid puissance *v* maritime
zeen tendon *m*, nerf *m*
zeeniveau niveau *m* de la mer
zeeolifant éléphant *m* de mer
zeeoorlog guerre *v* navale
zeep savon *m* ★ *groene zeep,* BN *bruine zeep* savon noir ★ *een zeepje* une savonnette ▾ *iem. om zeep helpen* trucider qn ▾ *iets om zeep helpen* bousiller qc
zeepaardje hippocampe *m*
zeepbakje porte-savon *m* [mv: porte-savons]
zeepbel bulle *v* de savon, fig bulle *v* ★ *als een ~ uit elkaar spatten* éclater comme une bulle (de savon)
zeepdoos boîte *v* à savon
zeeppoeder lessive *v* en poudre
zeepsop eau *v* savonneuse
zeer I *bw* très, fort, beaucoup ★ *zeer mooi* très beau ★ *we verheugen ons zeer op jouw komst* nous sommes ravis de ta venue ★ *hij heeft zeer veel voor ons gedaan* il a vraiment fait beaucoup pour nous ★ *maar al te zeer* que trop ★ *dank u zeer!* merci beaucoup! **II** *bn* qui fait mal, douloureux [v: douloureuse] ★ *zere vinger* doigt *m* qui fait mal **III** *het, pijn* mal *m*, douleur *v*, jeugdt bobo *m* ★ *de wond doet zeer* la plaie fait mal ★ *je doet me zeer* tu me fais mal ★ *oud zeer doen herleven* raviver une plaie
zeeramp catastrophe *v* maritime
zeerecht jur droit *m* maritime
zeereis voyage *m* par mer, traversée *v*
zeerob ❶ *dier* phoque *m* ❷ *persoon* loup *m* de mer
zeerover pirate *m*, corsaire *m*
zeeschip navire *m*
zeeschuim écume *v* (de mer)
zeeslag bataille *v* navale
zeeslang serpent *m* marin
zeesleper remorqueur *m* de haute mer
zeespiegel niveau *m* de la mer ★ *boven de ~* au-dessus du niveau de la mer
zeester étoile *v* de mer
zeestraat détroit *m*
zeestroming courant *m* marin / maritime
zeetong sole *v*
Zeeuw Zélandais *m*
Zeeuws zélandais
Zeeuwse Zélandaise *v*
zeevaarder marin *m*, navigateur *m*
zeevaart navigation *v* (maritime)
zeevaartschool onderw école *v* de navigation ★ *hogere ~* école supérieure maritime
zeevarend navigateur [v: navigatrice]
zeeverkenner scout *m* marin
zeevis poisson *m* de mer
zeevisserij pêche *v* en mer
zeevruchten fruits *m mv* de mer
zeewaardig en état de naviguer ★ *~ jacht* yacht *m* qui tient la mer
zeewaarts vers la mer
zeewater eau *v* de mer
zeeweg voie *v* maritime
zeewering digue *v*, ouvrage *m* de défense contre la mer
zeewier algue *v* marine
zeewind vent *m* de mer, vent *m* du large
zeezeilen faire de la voile en mer
zeeziek ★ *~ zijn* avoir le mal de mer
zeeziekte mal *m* de mer
zeezout sel *m* marin
zege victoire *v*, triomphe *m* ★ *de zege behalen op* remporter la victoire sur
zegekrans couronne *v* triomphale
zegel I *de, plakzegel* timbre *m* ★ *~tjes sparen* collectionner des timbres-prime **II** *het* ❶ *zegelafdruk* cachet *m*, sceau *m* [mv: sceaux], jur ⟨bij beslag⟩ scellés *m mv* ★ *het ~ verbreken* lever les scellés ❷ *stempel* cachet *m*, sceau *m*
zegelring chevalière *v*
zegen ❶ rel bénédiction *v* ★ *de ~ geven* donner la bénédiction, bénir ★ *zijn ~ eraan geven* donner sa bénédiction ★ *nou, mijn ~ heb je!* bonne chance alors! ★ *er rust geen ~ op* c'est maudit ★ *op hoop van ~* à la grâce de Dieu ❷ *weldaad* bienfait *m*
zegenen ❶ rel *de zegen geven* bénir ★ *gezegend* béni, ⟨gelukkig⟩ heureux [v: heureuse] ★ *God zegene u* (que) Dieu vous bénisse ❷ *begunstigen* bénir ★ *gezegend zijn met* jouir de, être doté de, être doué de
zegening ❶ *het zegenen* bénédiction *v* ❷ *voorspoed, weldaad* bienfait *m*
zegenrijk bienfaisant, heureux [v: heureuse]
zegepalm palme *v*
zegepraal triomphe *m*, victoire *v*
zegeteken trophée *m*
zegetocht marche *v* triomphale, triomphe *m*
zegevieren triompher ★ *~ over* triompher de, vaincre
zeggen I *ov ww* ❶ *in woorden uitspreken* dire ★ *wat zegt u?* vous dites?, pardon? ★ *zo gezegd, zo gedaan* aussitôt dit, aussitôt fait ★ *zeg dat wel!* tu l'as dit!, c'est le cas de le dire! ★ *dat is niet gezegd* ce n'est pas dit ★ *wie zal het ~?* qui sait?, va savoir! ★ *eens gezegd, blijft gezegd* ce qui est dit est dit ★ *beter gezegd* pour mieux dire ★ *eerlijk gezegd* à vrai dire ★ *bij zichzelf ~* se dire ★ *daar is alles mee gezegd* c'est tout dire ★ *naar men zegt* à ce qu'on dit, d'après ce qu'on dit ★ *om zo te ~* pour ainsi dire ★ *onder ons gezegd* soit dit entre nous ★ *hoe zal ik het ~?* comment dire? ★ *wat je zegt, ben je zelf!* c'est le premier qui le dit qui l'est!, toi-même! ★ *~ en doen zijn twee* il y a loin du dire au faire ❷ *schriftelijk mededelen* ★ *de wet zegt* la loi dit / stipule ❸ *oordelen, menen* dire ★ *wat zegt u daarvan?* qu'est-ce que vous en dites / pensez? ★ *zeg nou zelf!* vrai ou faux?, tu vois bien! ★ *al zeg ik het zelf* sans me vanter ★ *je zou ~ dat het suiker was* on dirait du sucre ❹ *bevelen, inbrengen* dire ★ *jij hebt hier niets te ~* tu n'as pas d'ordres à donner ici ★ *daar heb ik niets over te ~* ce n'est pas mon rayon ★ *veel te ~ hebben* avoir son mot à dire ★ *houdt u dat voor gezegd!* que ça soit clair! ❺ *aanmerken, verwijten* dire ★ *daar valt niets tegen te ~* il n'y a rien à redire (à cela) ★ *er is veel voor te ~* il y a de bons arguments pour cela ★ *hij heeft op alles wat te ~* il trouve à redire à tout ❻ *betekenen* dire ★ *dat wil ~* cela veut dire, c'est-à-dire ★ *hij keurde het goed, en dat zegt wat* il était d'accord et cela en

dit long ★ *dat zegt niets* cela ne prouve rien ❼ *veronderstellen* ★ *laten we ~ dat* disons que **II** *het* dires *m mv* ★ *naar / volgens zijn ~* à ce qu'il dit, selon ses dires ★ *naar het ~ van* au(x) dire(s) de ★ *ik heb het hier voor het ~* c'est moi qui commande!

zeggenschap pouvoir *m* ★ *~ over iets hebben* avoir son mot à dire sur qc, avoir voix au chapitre ★ *daar heb ik geen ~ over* ce n'est pas mon rayon

zeggingskracht éloquence *v*

zegje ★ *zijn ~ zeggen / doen* placer son mot

zegsman informateur *m* [v: informatrice] ★ *wie is uw ~?* de qui tenez-vous cela?

zegswijze locution *v*, expression *v*

zei [verl. td.] → **zeggen**

zeiden [verl. td.] → **zeggen**

zeiken I *onov ww* ❶ *plassen* pisser ❷ *zeuren* emmerder (le monde) ★ *iem. aan zijn kop ~* casser les pieds à qn ★ *zeik niet zo!* tu me les casses!, tu me fais chier! **II** *onp ww, regenen* pleuvoir comme vache qui pisse

zeikerd emmerdeur *m* [v: emmerdeuse]

zeiknat trempé comme une soupe

zeil [mv: +en] ❶ scheepv voile *v* ★ *met volle zeilen* à pleines voiles, toutes voiles dehors ★ *de zeilen hijsen* hisser les voiles ★ *de zeilen strijken* amener les voiles ★ *onder zeil gaan* mettre les voiles, fig s'endormir ★ *alle zeilen bijzetten* ook fig mettre toutes voiles dehors ❷ *dekzeil* bâche *v* ❸ *vloerbedekking* linoléum *m*

zeilboot bateau *m* à voiles [mv: bateaux ...], ⟨groot⟩ voilier *m*

zeildoek toile *v* cirée, ⟨van boot⟩ toile *v*

zeilen ❶ *varen* naviguer, faire voile, ⟨als sport⟩ faire de la voile ★ *~ naar* naviguer vers ❷ *vliegen* voler, filer

zeiler skipper *m*, ⟨pleziervaarder⟩ plaisancier *m*

zeiljacht voilier *m*

zeilkamp stage *m* de voile

zeilmaker voilier *m*

zeilplank planche *v* à voile

zeilschip navire *m* à voiles, voilier *m*

zeilschool école *v* de voile

zeilsport voile *v*, yachting *m*

zeilvliegen deltaplane *m*, ⟨parapente⟩ parapente *m*

zeilwedstrijd régate(s) *v (mv)*

zeis faux *v*

zeken [verl. td.] → **zeiken**

zeker I *bn* ❶ *veilig* sûr ★ *het ~e voor het on~e nemen* prendre ses précautions, éviter les mauvaises surprises ❷ *vaststaand* certain ★ *zoveel is ~ dat* toujours est-il que ★ *zo ~ als wat* sûr et certain ★ *dat is lang niet ~* rien n'est moins sûr ★ BN *~ en vast* sûr et certain ❸ *overtuigd* certain, sûr, assuré ★ *er ~ van zijn dat* être convaincu que ★ *ik ben er ~ van* j'en suis sûr ★ *~ van zichzelf* sûr de soi ❹ *stellig* certain ★ *ik weet het ~* j'en suis sûr ★ *ik weet ~ dat* je suis sûr que ★ *ik weet het nog niet ~* je suis encore dans le doute ★ *~ weten!* sûr et certain! ❺ *niet nader genoemd* certain ★ *tot op ~e hoogte* jusqu'à un certain point ★ *een ~e De Vries* un certain De Vries, un nommé De Vries ★ *een ~ iem.* la personne que vous savez, qn ★ *een ~ iets* un je ne sais quoi **II** *bw* ❶ *stellig* certainement ★ *dat is ~ niet gemakkelijk* ce ne doit pas être facile ❷ *denkelijk* sans doute ★ *je weet het ~ al* sans doute tu es au courant? ❸ *minstens* au moins

zekeren ⟨borgen⟩ verrouiller

zekerheid ❶ *het zeker zijn* certitude *v*, ⟨van toon⟩ assurance *v* ★ *~ hebben* en être sûr ❷ *veiligheid* sécurité *v*, sûreté *v* ★ *voor alle ~* à tout hasard, pour plus de sûreté, par précaution ★ *de sociale ~* la sécurité sociale ❸ *waarborg* garantie *v*, caution *v*

zekerheidshalve pour plus de sûreté

zekering fusible *m*, plomb *m* ★ *de ~ is doorgebrand* le plomb a sauté

zelden rarement, peu ★ *niet ~* (assez) souvent ★ *~ of nooit* rarement ou pas du tout ★ *het komt ~ voor dat* il est rare que [+subj.]

zeldzaam I *bn* ❶ *schaars* rare ★ *een zeldzame plant* une plante rare ★ *buitengewoon ~ zijn* être rarissime ★ *~ worden* se faire rare ❷ *uitzonderlijk* singulier [v: singulière] **II** *bw* ❶ *zelden* rarement ❷ *uitzonderlijk* remarquablement

zeldzaamheid I *de* [gmv] *het zeldzaam zijn* rareté *v* **II** *de* [mv: -heden] *iets zeldzaams* rareté *v*, denrée *v* rare

zelf même ★ *de directeur zelf* le directeur en personne ★ *het boek zelf* le livre en lui-même ★ *de boerderij zelf* la ferme elle-même ★ *zij is de vriendelijkheid zelf* elle est la gentillesse même / en personne ★ *zelf zien* voir par soi-même ★ *zij doet het zelf* elle le fait elle-même, elle le fait toute seule ★ *gemakkelijk zelf te leggen* facile à poser soi-même ★ *zij hebben het zelf gedaan* ils l'ont fait eux-mêmes

zelfanalyse introspection *v*

zelfbediening libre service *m*, ⟨restaurant, winkel⟩ self(-service) *m*

zelfbedrog illusion *v*

zelfbeeld image *v* de soi(-même)

zelfbeheersing maîtrise *v* de soi ★ *zijn ~ verliezen* perdre son sang-froid, perdre son contrôle ★ *~ tonen* se maîtriser ★ *zijn ~ terugvinden* se reprendre

zelfbehoud ★ *drang tot ~* l'instinct *m* de conservation ★ *hij doet het uit ~* il le fait pour ne pas aller à sa perte ★ *uit ~* pour sauver sa peau

zelfbeklag apitoiement *m* sur soi-même

zelfbeschikking autodétermination *v*

zelfbeschikkingsrecht jur droit *m* d'autodétermination

zelfbestuiving autofécondation *v*

zelfbestuur autonomie *v*

zelfbevrediging *masturbatie* masturbation *v*

zelfbewust I *bn* assuré, sûr de soi **II** *bw* avec assurance

zelfbewustzijn conscience *v* (de soi)

zelfcensuur autocensure *v*

zelfde même ★ *van het ~!* (vous) de même! ★ *deze ~ man* ce même homme

zelfdiscipline autodiscipline *v*

zelfdoding mort *v* volontaire, suicide *m*

zelfgekozen de son choix, ⟨zelfbenoemd⟩ autoproclamé

zelfgemaakt (fait) maison

zelfgenoegzaam suffisant

zelfhulp effort *m* personnel, inform débrouille *v*

zelfhulpgroep groupe *m* d'entraide
zelfingenomen prétentieux [v: prétentieuse], présomptueux [v: présomptueuse]
zelfkant ❶ *buitenkant van stof* lisière *v* ❷ *dubieus grensgebied* marge *v* ★ *aan de ~ van de samenleving* en marge de la société
zelfkastijding mortification *v*
zelfkennis connaissance *v* de soi
zelfklevend autoadhésif [v: autoadhésive], autocollant
zelfklever BN *sticker* autocollant *m*
zelfkritiek autocritique *v*
zelfmedelijden apitoiement *m* sur soi-même
zelfmedicatie automédication *v*
zelfmoord suicide *m* ★ *~ plegen* se suicider
zelfmoordactie opération *v* kamikaze / suicide
zelfmoordenaar suicidé *m* [v: suicidée]
zelfmoordneiging tendance *v* suicidaire
zelfmoordpoging tentative *v* de suicide
zelfontbranding combustion *v* spontanée
zelfontplooiing épanouissement *m*
zelfontspanner déclencheur *m* automatique
zelfopoffering sacrifice *m*, abnégation *v*
zelfoverschatting présomption *v* ★ *lijden aan ~* être présomptueux
zelfoverwinning victoire *v* sur soi-même
zelfportret autoportrait *m*
zelfredzaam autonome, inform débrouillard ★ *~ zijn* se débrouiller
zelfredzaamheid autonomie *v* (sociale)
zelfreinigend autonettoyant
zelfrespect amour-propre *m*
zelfrijzend levant, fermentant ★ *~ bakmeel* farine *v* levante / fermentante
zelfs même ★ *~ als* même si ★ *~ mijnheer Hermans* même monsieur Hermans ★ *~ niet* même pas ★ *ja ~* et même
zelfspot autodérision *v*
zelfstandig I *bn* indépendant, autonome **II** *bw* de façon autonome, librement, par soi-même ★ *~ werken* travailler à son compte ★ *de leerlingen werken ~ onder toezicht van een docent* ★ taalk *~ gebruikt* substantivé
zelfstandige ★ *kleine ~* travailleur *m* indépendant, ⟨middenstander⟩ petit commerçant *m* ★ *~ zonder personeel* ≈ auto-entrepreneur *m* [mv: auto-entrepreneurs]
zelfstandigheid *onafhankelijkheid* indépendance *v*, autonomie *v*
zelfstudie formation *v* d'autodidacte, travail *m* individuel ★ *per week tien uur ~* dix heures par semaine de travail individuel
zelfverdediging autodéfense *v*, ⟨noodweer⟩ légitime défense v ★ *uit ~* en état de légitime défense
zelfverloochening abnégation *v*
zelfverminking automutilation *v*
zelfvernietiging autodestruction *v*
zelfvertrouwen confiance *v* (en soi), assurance *v* ★ *vol ~ zijn* être sûr de soi ★ *gebrek aan ~* manque *m* de confiance
zelfverwijt remords *m*
zelfverzekerd sûr de soi, plein d'assurance
zelfvoldaan satisfait de soi-même, suffisant
zelfwerkzaam autonome
zelfwerkzaamheid effort *m* personnel
zelfzucht égoïsme *m* ★ *uit ~* par égoïsme
zelfzuchtig égoïste
zelve → **zelf**
zemel *vlies van graankorrel* son *m* ★ *voor een goede stoelgang kun je veel ~en eten* manger beaucoup de son peut faciliter les selles
zemelaar radoteur *m* [v: radoteuse]
zemelen I *onov ww* radoter **II** *de mv* → **zemel**
zemen I *bn* en peau de chamois ★ *~ lap* peau *v* de chamois **II** *ov ww* nettoyer / frotter avec une peau de chamois
zen zen *m*
zenboeddhisme bouddhisme *m* zen
zendamateur radioamateur *m*, ⟨bakkenist⟩ cibiste *m/v*
zendapparatuur (poste *m*) émetteur *m*
zendeling missionnaire *m/v*
zenden envoyer, expédier
zender *zendstation* (poste *m*) émetteur *m*, ⟨radio- / televisienet⟩ chaîne *v* ★ *op welke ~ komt die film?* le film passe sur quelle chaîne?
zendgemachtigde ≈ titulaire *m* d'une (radio)fréquence
zending ❶ *het zenden* envoi *m*, expédition *v* ❷ *het gezondene* envoi *m* ❸ rel *missie* mission *v*
zendingswerk œuvre *v* missionnaire
zendinstallatie (poste *m*) émetteur *m*
zendmast pylône *m* d'antenne
zendpiraat émetteur *m* / station *v* pirate
zendstation station *v*, (poste *m*) émetteur *m*
zendtijd ⟨duur⟩ temps *m* d'antenne, ⟨beschikbare tijd⟩ créneau *m* [mv: créneaux]
zendvergunning autorisation *v* d'émettre
zenuw ❶ *zenuwvezel* nerf *m* ❷ *gesteldheid* [als mv] nerfs *m mv* ★ *in de ~en zitten* être tout tendu ★ *dat werkt op mijn ~en* ça me porte sur les nerfs, c'est énervant, inform ça me tape sur le système ★ *het op zijn ~en krijgen* piquer une crise de nerfs ★ *op zijn van de ~en* être à bout de nerfs ★ *zijn ~en begaven het* il a craqué ★ *stalen ~en* des nerfs d'acier ★ *krijg de ~en!* va te faire foutre!
zenuwaandoening affection *v* nerveuse
zenuwachtig I *bn* nerveux [v: nerveuse], ⟨onrustig⟩ agité ★ *dat maakt me ~* cela me porte sur les nerfs **II** *bw* nerveusement
zenuwarts neurologue *m/v*
zenuwbehandeling dévitalisation *v*
zenuwcel neurone *m*
zenuwcentrum ook fig centre *m* nerveux
zenuwenoorlog guerre *v* des nerfs
zenuwgas gaz *m* neurotoxique
zenuwgestel ❶ *zenuwstelsel* système *m* nerveux ❷ *psychische gesteldheid* nerfs *m mv*
zenuwinzinking dépression *v* nerveuse
zenuwlijder ❶ *zenuwpatiënt* névrosé *m* [v: névrosée] ❷ *zenuwachtig persoon* nerveux *m* [v: nerveuse], min casse-pied *m/v* [mv: id.]
zenuwontsteking névrite *v*
zenuwpees fig paquet *m* de nerfs
zenuwpijn névralgie *v*
zenuwslopend exaspérant
zenuwstelsel système *m* nerveux
zenuwtoeval crise *v* de nerfs
zenuwtrekje tic *m* nerveux, manie *v*
zenuwziek névrosé
zenuwziekte névrose *v*

zepig savonneux [v: savonneuse]
zeppelin zeppelin *m*
zerk pierre *v* tombale
zes I *telw* six → **vier II** *de* ❶ *getal* six *m* ★ *van zessen klaar zijn* être futé ❷ onderw *schoolcijfer* six (sur dix), douze (sur vingt), ⟨voldoende⟩ moyenne *v*
zesdaags de six jours
zesde sixième → **vierde**
zeshoek hexagone *m*
zestien seize → **vier**
zestiende seizième → **vierde**
zestig soixante → **vier, veertig**
zestiger sexagénaire *m/v*
zestigste soixantième → **vierde, veertigste**
zet ❶ *zet in spel* coup *m* ★ *een zet doen* jouer un coup ★ *jij bent aan zet* c'est à toi de jouer ❷ *duw* coup *m* ★ *iem. een zetje geven* pousser qn, fig donner un coup de pouce à qn ❸ *daad* coup *m* ★ *een geniale zet* un coup de maître ★ *een domme zet* une gaffe ★ *een slimme zet doen* se montrer malin → **strijk-en-zet**
zetbaas ❶ *beheerder* gérant *m* ❷ *stroman* homme *m* de paille
zetel ❶ BN *stoel* siège *m* ❷ *vestigingsplaats* siège *m* ★ ~ *van de regering* siège du gouvernement ★ BN *maatschappelijke* ~ siège *m* (social) [mv: sièges sociaux] ❸ pol siège *m* ★ *een* ~ *in het parlement* un siège au parlement ★ ~*s behalen* obtenir des sièges
zetelen ❶ *gevestigd zijn* siéger, avoir son siège ❷ ~ **in** BN *deel uitmaken van* siéger dans
zetelverdeling répartition *v* des sièges
zetelwinst gain *m* en nombre de sièges
zetfout faute *v* typographique, coquille *v*
zetmachine machine *v* à composer
zetmeel amidon *m*, fécule *v*
zetpil suppositoire *m*
zetsel composition *v*
zetten I *ov ww* ❶ *plaatsen* mettre, poser, placer ★ *rechtop* ~ dresser ★ *iets in elkaar* ~ ook fig monter qc ★ *zijn handtekening* ~ mettre sa signature, signer ★ *een diamant* ~ sertir un diamant ★ *de wekker* ~ mettre le réveil ★ *iem. gevangen*~ écrouer qn ★ *iets op de grond* ~ poser qc par terre ★ *zijn geld* ~ *op …* ⟨verwedden⟩ miser sur … ★ *alles* ~ *op …* tout miser sur… ★ *iem. uit het land* ~ expulser qn ★ *in de zon* ~ exposer au soleil ★ *een artikel in de krant laten* ~ insérer un article dans le journal ★ *er een punt achter* ~ en finir avec ★ *onder water* ~ inonder ★ *het geluid zachter* ~ baisser le son ★ *iem. aan het werk* ~ mettre qn au travail ❷ ⟨schaken⟩ ⟨dammen⟩ *een stuk verplaatsen* jouer (un coup) ★ *zwart moet* ~ les Noirs jouent ❸ med ⟨van breuk⟩ réduire ★ *een gebroken been* ~ réduire une fracture de jambe ❹ *bereiden* faire, préparer ★ *koffie*~ faire du café ★ *thee*~ faire du thé ❺ *gereedmaken voor druk* composer ❻ *arrangeren* arranger ★ *een gedicht op muziek* ~ mettre un poème en musique ❼ *verdragen, uitstaan* ★ *ik kan hem niet* ~ je ne peux pas le sentir ★ *hij kan het niet* ~ *dat …* il ne supporte pas que … ❽ *beginnen te* ★ *het op een lopen* ~ prendre ses jambes à son cou ★ *het op een huilen* ~ se mettre à pleurer ❾ *trekken* ★ *een zuur gezicht* ~ prendre un air pincé, faire une mine allongée **II** *wkd ww* [**zich** ~] *beginnen met* se mettre à ★ *zich aan het werk* ~ se mettre au travail ▾ *zich over iets heen* ~ faire son deuil de qc
zetter compositeur *m*
zetterij atelier *m* de composition
zetwerk composition *v*
zeug truie *v*
zeulen ★ ~ *met* traîner, inform trimbal(l)er
zeur scie *v*, raseur *m* [v: raseuse], casse-pieds *m/v* [mv: id.]
zeurderig rasant, ⟨dreinerig⟩ geignard
zeuren *zaniken* rabâcher, radoter, être rasant ★ *zeur niet zo!* tu me casses les pieds! ★ *hou op met* ~! arrête de radoter ★ *een* ~*de hoofdpijn* un mal de tête lancinant
zeurkous, zeurpiet scie *v*, raseur *m* [v: raseuse], casse-pieds *m/v* [mv: id.]
zeven I *telw* sept → **vier II** *de* ❶ *getal* sept *m* ❷ onderw *schoolcijfer* sept (sur dix), quatorze (sur vingt) **III** *ov ww* tamiser, ⟨in de keuken⟩ passer (au tamis)
zevende septième → **vierde**
zevenklapper ≈ pétard *m*
zeventien dix-sept → **vier**
zeventiende dix-septième → **vierde**
zeventig soixante-dix, BelgFr septante → **vier, veertig**
zeventiger septuagénaire *m/v*
zeventigste soixante-dixième → **vierde, veertigste**
zeveren ❶ *zeuren, wauwelen* radoter ❷ BN *kwijlen* baver
zich se, ⟨beklemtoond⟩ soi, ⟨2e persoon, beleefdheidsvorm⟩ vous ★ *zich amuseren* s'amuser ★ *zich wassen* se laver ★ *zij vergist zich* elle se trompe ★ *u vergist zich* vous vous trompez ★ *iets bij zich hebben* avoir qc sur soi ★ *op zich* en soi
zicht ❶ *het zien* vue *v*, ⟨zichtbaarheid⟩ visibilité *v* ★ *het* ~ *is minder dan 50 meter* la visibilité est de moins de 50 mètres ★ *het* ~ *belemmeren* couper la vue ★ *in* ~ en vue ★ *in* ~ *komen* (ap)paraître ★ *het einde is in* ~ la fin est proche ★ *uit het* ~ hors de vue ★ ~ *hebben op een nieuwe baan* avoir un nouvel emploi en perspective ★ *in het* ~ *van de haven schipbreuk lijden* faire naufrage au port ❷ *inzicht* idées *v mv* ★ *daar heb ik geen* ~ *op* je ne m'y connais pas ❸ *beoordeling* vue *v* ★ *boeken op* ~ *hebben* avoir reçu des livres à titre d'essai
zichtbaar I *bn* visible ★ ~ *worden* (ap)paraître **II** *bw* visiblement ★ *hij was* ~ *verrast* il était manifestement surpris
zichtrekening BN *rekening-courant* compte *m* à vue, compte courant
zichzelf soi-même, ⟨met wederkerend ww⟩ se ★ ~ *ontzien* se ménager ★ *zij is niet meer* ~ elle n'est plus elle-même ★ ~ *blijven* rester (égal à) soi-même ★ *bij* ~ *zeggen* se dire (tout bas) ★ *buiten* ~ hors de soi ★ *in* ~ *praten* parler tout seul ★ *op* ~ en soi ★ *op* ~ *gaan wonen* s'installer ★ *op* ~ *zijn* ⟨eenzelvig⟩ être sauvage ★ *tot* ~ *komen* se ressaisir, reprendre ses esprits ★ *uit* ~ spontanément, par lui-même ★ *voor* ~ *beginnen* se mettre à son compte
ziedaar voilà
zieden I *ov ww, laten koken* faire bouillir **II** *onov*

ww ❶ *koken* bouillir ❷ fig *boos zijn* être furibond
ziedend *woedend* ★ ~ *zijn* être furibond
ziehier voici
ziek ❶ *niet gezond* malade ★ *ziek worden* tomber malade ★ *ernstig ziek zijn* être gravement malade ★ *zich ziek melden* se (faire) porter malade, inform se porter pâle ★ *zich ziek lachen* se tordre de rire ★ *ik word er ziek van* ça me rend malade ★ *een zieke aardappel* une pomme de terre atteinte par une maladie ❷ *morbide, pervers* malsain, morbide ★ *hij heeft een zieke geest* il a l'esprit malsain
ziekbed ❶ *bed van een zieke* ★ *bij het ~* au chevet du malade ★ *aan het ~ van* au chevet de ❷ fig *ziekte* ★ *na een langdurig ~* après une longue maladie
zieke malade *m/v*
ziekelijk ❶ *telkens ziek* maladif [v: maladive] ❷ *abnormaal* maladif, malsain, ⟨macaber⟩ morbide
zieken être enquiquinant, embêter le monde
ziekenauto ambulance *v*
ziekenbezoek visite *v* (à domicile)
ziekenboeg infirmerie *v*
ziekenfonds caisse *v* d'assurance maladie, ⟨verplicht⟩ (caisse *v* de) Sécurité *v* sociale
ziekenhuis hôpital *m* [mv: hôpitaux] ★ *academisch ~*, BN *universitair ~* centre *m* hospitalo-universitaire ★ *in het ~ liggen* être hospitalisé ★ *in het ~ opnemen* hospitaliser
ziekenhuisbacterie med bactérie *v* des hôpitaux
ziekenhuisopname hospitalisation *v*
ziekenverpleger infirmier *m* [v: infirmière]
ziekenverzorger aide-soignant *m* [v: aide-soignante]
ziekenwagen ambulance *v*
ziekenzaal salle *v* commune
ziekenzorg soins *m mv* dispensés aux malades
ziekjes un peu malade, patraque, mal fichu
ziekmakend ❶ *ziekte veroorzakend* pathogène ❷ *walging inboezemend* dégoûtant, répugnant
ziekmelding ≈ arrêt *m* de travail
ziekte maladie *v* ★ *vallende ~* épilepsie *v* ★ *besmettelijke ~* maladie contagieuse ★ *Engelse ~* rachitisme *m* ★ *~ van Creutzfeldt-Jakob* maladie de Creutzfeldt-Jakob ★ *~ van Hodgkin* maladie de Hodgkin ★ *~ van Lyme* maladie de Lyme ★ *~ van Parkinson* maladie de Parkinson ★ *~ van Pfeiffer* mononucléose *v* infectieuse ★ *aan een ~ lijden* souffrir d'une maladie ★ *wegens ~* pour cause de maladie ★ *een ~ oplopen* attraper une maladie
ziektebeeld syndrome *m*
ziektegeschiedenis antécédents *m mv*
ziektekiem germe *m* pathogène
ziektekosten frais *m mv* médicaux
ziektekostenverzekering assurance *v* maladie
ziekteleer pathologie *v*
ziekteverlof congé-maladie *m*, arrêt *m* de travail ★ *met ~ gaan* partir en congé-maladie ★ *met ~ sturen* arrêter
ziekteverschijnsel symptôme *m*
ziekteverwekkend pathogène
ziekteverwekker agent *m* pathogène
ziekteverzuim absentéisme *m* (pour cause de maladie)
ziektewet ★ *in de ~ lopen* ≈ être en arrêt-maladie
ziel ❶ *geest* âme *v* ★ *iets met hart en ziel doen* faire qc de tout son cœur, se donner corps et âme ★ *dat snijdt me door de ziel* ça me fend l'âme / le cœur ★ *iem. op zijn ziel trappen* vexer qn ★ *zijn ziel blootleggen* mettre son cœur à nu ★ *ter ziele gaan* rendre l'âme ★ *ter ziele zijn* avoir rendu l'âme ★ *met zijn ziel onder de arm lopen* tourner en rond, être comme une âme en peine ❷ *persoon* âme *v* ★ *een bevolking van honderd zielen* une population de cent âmes ★ *er was geen levende ziel* il n'y avait pas âme qui vive, il n'y avait pas un chat ★ *arme ziel!* le / la pauvre! ★ *hoe meer zielen, hoe meer vreugd* plus on est de fous, plus on rit ❸ *bezieling* âme *v* ★ *de ziel van de firma* l'âme de la firme
zielenheil salut *m* de l'âme
zielenpiet pauvre type *m*
zielenpoot pauvre type *m*
zielenroerselen mouvements *m mv* de l'âme
zielenrust paix *v*, sérénité *v*
zielig **I** *bn* triste, malheureux [v: malheureuse], misérable ★ *wat ~!* c'est malheureux! ★ *~ zijn* faire pitié ★ *een ~ verhaal* une histoire triste **II** *bw* à faire pitié
zielloos ❶ *zonder innerlijke waarde* sans âme ❷ *levenloos* inanimé
zielsbedroefd profondément affligé ★ *~ zijn* avoir la mort dans l'âme
zielsblij ravi
zielsgelukkig ravi, comblé
zielsgraag de tout son cœur
zielsveel de tout son cœur ★ *~ van iem. houden* aimer qn à la passion
zielsverlangen désir *m* ardent
zielsverwant **I** *de* âme *v* sœur **II** *bn* âme sœur
zieltogen agoniser, être à l'agonie ★ *~d* agonisant, moribond
zielzorg travail *m* pastoral
zien **I** *ov ww* ❶ *waarnemen* voir ★ *ik zie een toren in de verte* au loin je vois une tour ★ *moet je dat zien!* regarde-moi ça ★ *dat moet ik nog zien!* il faut voir ★ *zo te zien* apparemment ★ *te zien zijn* être visible, se voir ★ *dat kun je niet aan hem zien* il n'en a pas l'air ★ *laten zien* montrer, faire voir ★ *zich laten zien* se montrer, faire une apparition ★ *ik zie je liever gaan dan komen* moins je te vois, mieux je me porte ★ *ik zie je nog wel* à plus ★ *tot ziens* au revoir ★ *wat ziet ze in hem?* qu'est-ce qu'elle lui trouve? ★ *ik zie niets in het voorstel* cette proposition ne me dit rien ★ *ik zie me al!* je m'y vois! ★ *dan zul je eens wat zien* tu vas voir (ce que tu vas voir) ★ *mij niet gezien!* très peu pour moi!, je ne marche pas! ★ *het voor gezien houden* le tenir pour vu, s'en lasser ★ *ik zou graag zien dat u mijn brief snel beantwoordt* j'aimerais que vous répondiez bientôt à ma lettre ★ BN *dat zie je van hier* cela va de soi, cela va sans dire, c'est évident ❷ *nadenken, overwegen* voir ★ *we zullen zien!* on verra ★ *je ziet maar* débrouille-toi ★ *wettelijk gezien* du point de vue légal ❸ *inzien* voir ★ *zie je nu wel* tu vois?, la preuve! ❹ *proberen* tâcher, essayer ★ *zie maar dat je het voor elkaar krijgt* débrouille-toi ❺ *uitstaan* ★ *ik kan hem niet zien* je ne peux pas le sentir ★ BN *ik zie u graag*

je vous aime bien **II** *onov ww* ❶ *kunnen zien* voir ★ *slecht zien* avoir une mauvaise vue ★ *goed zien* avoir une bonne vue ★ *scherp zien* avoir la vue perçante ❷ *eruitzien* avoir l'air de ★ *hij ziet bleek* il est pâle
zienderogen à vue d'œil, visiblement
ziener voyant *m* [v: voyante], ⟨profeet⟩ prophète *m/v*, fig visionnaire *m/v*
ziens ★ *tot ~* au revoir
zienswijze point *m* de vue, opinion *v* ★ *ik ben een andere ~ toegedaan* ce n'est pas mon point de vue
zier ★ *geen zier* que dalle ★ *het kan me geen zier schelen* je m'en tape
ziezo voilà!, ça y est! ★ *~, dat is klaar!* voilà qui est fait!, une bonne chose de faite!
ziften I *ov ww, zeven* tamiser **II** *onov ww, vitten* chicaner
zigeuner tzigane *m/v*, gitan *m* [v: gitane]
zigeunerbestaan ook fig vie *v* de bohème
zigeunerkamp camp *m* de gitans
zigeunerkoning roi *m* tzigane
zigeunermuziek musique *v* tzigane
zigeunerorkest orchestre *m* tzigane
zigzag I *de* zigzag *m* **II** *bw* en zigzag ★ *~ lopen* zigzaguer
zigzaggen zigzaguer
zigzagsteek point *m* zigzag
zij I *de* ❶ *kant* côté *m*, flanc *m* ★ *zij aan zij* côte à côte, coude à coude ★ *op zijn rechterzij slapen* dormir sur le côté droit ★ *met de handen in de zij* les mains sur les hanches ❷ *vrouwelijk wezen* fille *v*, ⟨van dier⟩ femelle *v* ★ *is het een hij of een zij?* c'est un garçon ou une fille? **II** *pers vnw* ❶ *enkelvoud* elle ❷ *meervoud* ils [v mv: elles] ★ *zij die* ceux qui
zijaanzicht vue *v* de côté
zijbeuk nef *v* latérale
zijde I *de* [mv: +s, +n] ❶ *zijkant* côté *m* ★ *aan beide ~n* des deux côtés ★ *aan deze ~* de ce côté ❷ *kant, partij* côté *m* ★ *iemands ~ kiezen* se ranger du côté de qn ★ *het gelijk aan zijn ~ hebben* avoir le droit de son côté ★ *van betrouwbare ~ vernemen* apprendre de source sûre **II** *de* [gmv] *stof* soie *v*
zijdeachtig soyeux [v: soyeuse]
zijdeglans brillant *m* de la soie
zijdelings I *bn* ❶ *van de zijkant* latéral [m mv: latéraux] ★ *~e blik* regard *m* en coin ❷ fig *indirect* indirect ★ *een ~e toespeling* une allusion déguisée **II** *bw* ❶ *van de zijkant* de côté ❷ fig *indirect* indirectement ★ *dat heeft er ~ mee te maken* il y a un rapport indirect avec
zijden de soie
zijderups ver *m* à soie
zijdeur porte *v* latérale
zijdevlinder bombyx *m*
zijgang couloir *m* latéral
zijgebouw annexe *v*, aile *v*
zijgevel façade *v* latérale
zijingang entrée *v* latérale
zijinstromer onderw *beginnend leraar* ≈ entrant *m* indirect
zijkamer pièce *v* annexe
zijkant côté *m*, ⟨van schip, berg⟩ flanc *m* ★ *aan de ~* à côté
zijligging position *v* latérale ★ *stabiele ~* position latérale stable
zijlijn ❶ *vertakking* embranchement *m* ❷ sport (ligne *v* de) touche *v* ★ *de bal ging over de ~* il y avait touche ★ ook fig *zijn vader stond aan de ~* son père est resté sur la touche
zijlinie ligne *v* collatérale
zijn I *onov ww* ❶ *bestaan* être ★ *er is / zijn* il y a ★ *dat is zo!* c'est vrai ★ *er was eens ...* il était une fois... ★ *ik ben het* c'est moi ★ *er zijn er veel die* il y en a beaucoup qui ★ *het kan zijn dat* il se peut que [+ subj.] ★ *als het ware* pour ainsi dire ★ *hij is niet meer* il n'est plus ❷ *een bezigheid uitoefenen* ★ *hij is aan het lezen* il est en train de lire ❸ *zich bevinden* être ★ *daar is hij!* le voilà ★ *zij zijn er* ils y sont ★ *er is nog wat brood* il reste un peu de pain ❹ *gebeuren, plaatsvinden* y avoir, être ★ *er zal een optocht zijn* il y aura un défilé ★ *het was in 1960* c'était en 1960 ★ *wat is er?* qu'y a-t-il?, qu'est-ce qu'il y a? ★ *het zij zo* soit ❺ *behoren tot* être à / de ★ *dat is van mij* c'est à moi, cela m'appartient ❻ *schelen aan* ★ *wat is er?* qu'est-ce qu'il y a? ★ *er is iets (mis)* il y a qc (qui cloche) **II** *hww* être, ⟨soms⟩ avoir ★ *ik ben weggegaan* je suis parti ★ *hij is gestraft* il a été puni **III** *kww, in hoedanigheid / toestand zijn* être, ⟨weersgesteldheid⟩ faire ★ *hij is twintig jaar* il a vingt ans ★ *het is (vandaag) maandag* nous sommes lundi ★ *het is warm / mooi weer* il fait chaud / beau ★ *tweemaal twee is vier* deux et deux font quatre ★ *het is van hout* c'est en bois ★ *hoe is het met hem?* comment va-t-il? ★ *hoe het ook zij* quoi qu'il en soit, de toute façon ★ *zij het ook dat* quoique [+ subj.] ★ *het is met hem als met mij* il en est de lui comme de moi ★ *wees voorzichtig* sois prudent ★ *wees niet bang* n'aie pas peur ★ *dat is niet te doen* ce n'est pas faisable ★ *dat huis is te koop* cette maison est à vendre ★ *dat is dan tien euro* ça fait donc dix euros **IV** *bez vnw* son, ⟨voor vrouwelijk zn⟩ sa, ⟨voor zn meervoud⟩ ses ★ *het is zijn leven* c'est sa vie (à lui) ★ *het is zijn vak* c'est son métier ★ *zijn dochters* ses filles ★ *zijn handen wassen* se laver les mains ★ *zijn arm breken* se casser le bras ★ *de / het zijne* le sien, la sienne ★ *jouw broer en de zijne* ton frère et le sien ★ *een denkbeeld tot het zijne maken* faire sienne une idée ★ *ieder het zijne* à chacun son dû **V** *het* être *m*, existence *v* ★ *de bron van het zijn* la source de l'être
zijnerzijds de son côté, de sa part
zijpad sentier *m* de traverse ★ fig *zich op een ~ begeven* s'égarer
zijrivier affluent *m*
zijspan side-car *m* [mv: side-cars] ★ *motor met ~* side-car *m* [mv: side-cars]
zijspiegel rétroviseur *m* extérieur
zijspoor ook fig voie *v* de garage
zijsprong ❶ lett écart *m* ❷ fig écart *m*
zijstraat rue *v* latérale ★ fig *om maar een ~ te noemen* je ne donne qu'un exemple
zijtak ❶ *aftakking* branche *v*, ⟨van rivier⟩ bras *m* ❷ *zijlinie van familie* branche *v* latérale
zijvleugel aile *v*, ⟨zijpaneel⟩ volet *m*
zijwaarts I *bn* de côté, latéral [m mv: latéraux] **II** *bw* de côté ★ *~ van* à côté de
zijweg ❶ lett chemin *m* de traverse ❷ fig détour *m* ★ *~en bewandelen* prendre des chemins

détournés
zijwind vent *m* de travers
zijzelf ❶ [enkelvoud] elle-même ★ *~ zal het moeten doen* c'est à elle-même de le faire ❷ [meervoud] eux-mêmes ★ *~ zullen het moeten doen* c'est à eux-mêmes de le faire
zilt salin ★ *het zilte nat* les flots (amers)
ziltig salin, saumâtre
zilver ❶ *metaal* argent *m* ★ *spreken is ~, zwijgen is goud* la parole est d'argent, le silence est d'or ❷ *zilverwerk* argenterie *v*
zilverachtig argenté, ⟨van geluid⟩ argentin
zilverberk bouleau *m* verruqueux [mv: bouleaux...]
zilveren ❶ *van zilver* d'argent, en argent ★ *een ~ medaille* une médaille d'argent ❷ *als van zilver* ⟨van kleur⟩ argenté, ⟨van geluid⟩ argentin ▼ *de ~ bruiloft* les noces *v mv* d'argent
zilverkleurig argenté
zilvermeeuw goéland *m* argenté
zilverpapier papier *m* d'argent
zilverpopulier peuplier *m* blanc
zilverreiger aigrette *v*
zilversmid orfèvre *m*
zilverspar sapin *m* argenté
zilveruitje ≈ petit oignon *m* (en saumure)
zilververf peinture *v* argent
zilvervliesrijst riz *m* complet
zilvervos ❶ *dier* renard *m* argenté ❷ *bont* renard *m* argenté
zilverwerk argenterie *v*
Zimbabwaans zimbabwéen [v: zimbabwéenne]
Zimbabwe le Zimbabwe ★ *in ~* au Zimbabwe
zin ❶ *betekenis, nut, doel* sens *m* ★ *de zin van het leven* le sens de la vie ★ *in de ruimste zin van het woord* au sens le plus large du mot ★ *in eigenlijke zin* au sens propre ★ *in figuurlijke zin* au sens figuré ★ *in zekere zin* en quelque sorte ★ *in die zin* dans ce sens, en ce sens ★ *het heeft geen zin* cela ne sert à rien ❷ *wil* envie *v* (**in** de), ⟨wens⟩ goût *m* (**in** à) ★ *heb je zin in koffie?* tu veux du café?, ça te dit, un café? ★ *hij heeft geen zin om te komen* il n'a pas envie de venir ★ *ik heb er zin in* j'en ai envie, cela me dit, je suis tenté ★ *ik heb er geen zin in* j'en ai pas envie, ça ne me dit rien ★ *het naar zijn zin hebben* se plaire ★ *het iem. naar de zin maken* être aux petits soins pour qn ★ *is het naar uw zin?* ça vous plaît? ★ *iets tegen zijn zin doen* faire qc à contrecœur, faire qc contre son gré ★ *iemands zin doen* faire les volontés de qn ★ *zijn eigen zin doen* n'en faire qu'à sa tête, faire ses (quatre) volontés ★ *iem. zijn zin geven* céder devant qn ★ *zijn zin krijgen* avoir / obtenir ce qu'on veut, iron être servi ★ *kwaad in de zin hebben* vouloir du mal ❸ *zintuig, geestelijke vermogens* sens *m* ★ *zin voor het schone* sens esthétique, sens du beau ★ *bij zinnen zijn* être conscient ★ *niet bij zinnen zijn* avoir perdu la tête ★ *weer bij zinnen komen* reprendre ses sens ★ *zijn zinnen op iets zetten* jeter son dévolu sur qc ★ *zijn zinnen verzetten* distraire l'esprit ❹ taalk *volzin* phrase *v*
zindelijk ❶ *het toilet gebruikend* propre ❷ *schoon* propre
zinderen vibrer
zingen chanter ★ *een lied ~* chanter une chanson ★ *het ~* le chant
zingeving signification *v*
zink zinc *m*
zinken I *onov ww* couler ★ *een schip tot ~ brengen* couler un navire ★ fig *diep gezonken zijn* être tombé bien bas ★ fig *de moed zonk mij in de schoenen* j'ai perdu courage **II** *bn, van zink* de zinc, en zinc
zinklood *lood aan visnet* plomb *m*
zinkput puisard *m*
zinkstuk fascinage *m*
zinkzalf pommade *v* à l'oxyde de zinc
zinloos inutile, vain, dénué de sens ★ *~ geweld* violence *v* gratuite
zinnebeeld symbole *m*
zinnebeeldig symbolique, allégorique
zinnelijk sensuel [v: sensuelle] ★ *~e liefde* amour *m* charnel
zinnen ❶ *bevallen*[o.v.t.: zinde; volt. deelw.: gezind] plaire ★ *dat plan zint me niet* ce projet ne me plaît pas ❷ **~ op**[o.v.t.: zon; volt. deelw.: gezonnen] méditer, préparer ★ *op wraak ~* méditer sa vengeance
zinnenprikkelend érotique
zinnens ★ BN *van ~ zijn om...* avoir l'intention de..., envisager de..., avoir prévu de...
zinnig sensé, raisonnable ★ *geen ~ mens...* aucun être sensé...
zinsbegoocheling illusion *v* (des sens)
zinsbouw construction *v* de la phrase
zinsconstructie construction *v* de la phrase
zinsdeel partie *v* de la phrase, syntagme *m*
zinsnede proposition *v*
zinsontleding analyse *v* (logique)
zinspelen ★ *~ op* faire allusion à
zinspeling allusion *v*
zinspreuk maxime *v*, devise *v*
zinsverband contexte *m*
zinswending tournure *v*
zintuig sens *m* ★ *het zesde ~* le sixième sens
zintuiglijk sensoriel [v: sensorielle], par les sens ★ *~e waarneming* perception *v* (au niveau sensoriel)
zinvol sensé, judicieux [v: judicieuse]
zionisme sionisme *m*
zionist sioniste *m/v*
zionistisch sioniste
zippen comp compacter, compresser, zipper
zirkonium zirconium *m*
zirkoon zircon *m*
zit ★ *een hele zit* une longue séance ★ BN onderw *tweede zit* (examen *m*) de rattrapage *m*
zitbad baignoire *v* sabot
zitbank banc *m*
zitdag BN ≈ *spreekuur* permanence *v* ★ *~ houden* recevoir
zitelement chauffeuse *v*
zithoek coin *m* salon
zitje ❶ *zitplek* coin *m* ❷ *(kinder)stoeltje* siège *m* ❸ BN pol *zetel* siège *m*
zitkamer (salle *v* de) séjour *m*, living *m*, salon *m*
zitkuil fosse *v* salon
zitkussen coussin *m*
zitplaats place *v* assise, ⟨zitting⟩ siège *m*
zitstaking BN grève *v* sur le tas
zitten ❶ *gezeten zijn* être assis ★ *gaat u ~*

asseyez-vous ★ *gaan* ~ s'asseoir, ‹van vogel› se poser ★ *blijft u* ~ restez assis ★ *iem. laten* ~ abandonner qn, inform planter qn ★ *hij zal het daarbij niet laten* ~ il ne s'en tiendra pas là ★ *het er lelijk bij laten* ~ faire piètre figure ★ *dat laat ik niet op mij* ~ je ne me laisse pas faire ★ *hij zit er behoorlijk mee in zijn maag* il est bien ennuyé de cela ★ *aan tafel* ~ être à table ★ *ik zie het / hem niet* ~ je ne le sens pas ★ *de leerling bleef* ~ l'élève a redoublé sa classe ★ *ik zit te lezen* je suis en train de lire ★ ~ *te wachten* être là à attendre ★ *zit niet zo te wiebelen!* arrête de te balancer! ❷ *zich bevinden, zijn* être, se trouver ★ *in de gevangenis* ~ être en prison ★ *onder de vlekken* ~ être couvert de taches ★ *de sleutel in het slot laten* ~ laisser la clef dans la serrure ★ *hoe zit dat?* comment ça se fait? ★ *hoe zit het met ...?* qu'en est-il de ...? ★ *dat zit wel goed* il n'y a pas de soucis ★ *zo zit dat* c'est ainsi, c'est comme ça ★ *daar zit hem de moeilijkheid* voilà le problème ★ *daar zit wat (waars) in* il y a du vrai là-dedans ★ *er zit niets anders op* il faut en passer par là, il n'y a rien à faire ★ *er goed bij* ~ avoir de quoi ★ *dat zit erin* c'est possible, c'est à attendre ★ *het zit hem hierin* cela tient à ce que ★ *voor een examen* ~ préparer un examen ★ *waar zit hij nu weer?* où est-il fourré? ★ *op school* ~ aller / être à l'école ★ *het zit in de familie* c'est un trait de famille ★ *in de schulden* ~ être endetté ★ *ze zijn met die goederen blijven* ~ ces articles leur sont restés sur les bras ★ *zij is met drie kinderen blijven* ~ elle est restée avec trois enfants sur les bras ★ *ik zie het niet meer* ~ je ne sais plus où j'en suis, je n'en peux plus ★ *daar zit ik niet mee* je m'en fiche ★ *laat maar* ~ laisse tomber, ‹tegen ober› c'est bon ★ *in het bestuur* ~ être membre de la direction ★ *in het parlement* ~ être membre du parlement ★ *die zit!* sport c'est (un) but!, fig touché!, et toc! ★ *het zit me tot hier!* j'en ai jusque-là! ★ *daar zit iets achter* il y a qc là-dessous ★ *ziezo, dat zit erop!* ça y est, voilà qui est fait ★ *achter iemand / iets aan* ~ poursuivre qn / qc, courir après qn / qc ❸ *bevestigd zijn* ★ *het blijft niet* ~ ça ne tient pas ★ *stevig in elkaar* ~ être solide ★ *dat zit goed in elkaar* c'est bien fait ❹ *gevangen zitten* faire de la prison ★ *hij heeft 2 jaar gezeten* il a fait 2 ans (de taule) ❺ ‹van kleding› *passen* aller ★ *de jurk zit goed* cette robe me va bien ❻ ~ **op** *beoefenen* faire ★ *op ballet* ~ faire de la danse classique ★ *op voetbal* ~ faire du foot, toucher (à) qc

zittenblijver redoublant *m* [v: redoublante]

zittend ❶ *waarbij men veel zit* sédentaire ★ *een* ~ *leven* une vie sédentaire ★ ~ *werk* travail *m* sédentaire ❷ *die nu in functie is* en exercice ★ *de* ~*e bestuursleden* les membres du bureau

zittijd BN onderw *examenperiode* session *v* (d'examens)

zitting ❶ *deel van stoel* siège *m* ❷ *vergadering* séance *v*, ‹periode› session *v*, ‹van rechtbank› audience *v* ★ ~ *houden* tenir séance, siéger ❸ *positie als lid* ★ ~ *hebben in* faire partie de ★ *hij heeft* ~ *in het bestuur* il est membre du bureau ★ ~ *nemen in* entrer à / dans

zitvlak derrière *m*

zitvlees ★ *geen* ~ *hebben* avoir la bougeotte

zitzak poire *v*

zo ❶ *op deze wijze* ainsi, de la sorte, inform comme ça ★ *dat is zo* c'est vrai ★ *goed zo?* ça ira comme ça? ★ *het zij zo!* soit! ★ *in zo'n geval* en tel cas ★ *och, zo gaat het in het leven* c'est la vie! ❷ *in die mate* aussi, si, ‹zozeer› si, tellement, à ce point ★ *hij is zo rijk dat hij alles kan kopen* il est si riche qu'il peut tout acheter ❸ *in hoge mate, heel erg* ★ *ik ben er zo blij mee* ça me fait tellement plaisir ❹ *dadelijk, onmiddellijk* aussitôt ★ *ik kom zo* j'arrive (dans un instant) ★ *hij zal hier zo zijn* il arrive tout de suite ★ *zo van de universiteit* frais émoulu de l'université ❺ *ongeveer* ★ *zo rond de kerst* autour de Noël **I** *tussenw* ★ *zo?* tiens!, ah bon? ★ *zo!* voilà! ★ *zo, ben je daar* ah, te voilà! ★ *hoe dat zo?* comment ça? ★ *zomaar* comme ça **II** *voegw* ❶ *indien, als* si ★ *zo nodig* au besoin ★ *zo mogelijk* si possible ★ *zo ja* si oui ★ *zo niet* sinon ❷ *zoals* comme ★ *zo vader, zo zoon* tel père, tel fils

zoab *zeer open asfaltbeton* enrobé *m* (bitumineux) drainant

zoal entre autres, en fait ★ *waar ben je zoal mee bezig?* de quoi tu t'occupes en fait?

zoals comme, tel (que) ★ *precies* ~ tout comme ★ ~ *gewoonlijk* comme d'habitude ★ *het is gegaan* ~ *ik gedacht had* ça s'est passé comme prévu ★ *mensen* ~ *hij* des gens comme lui ★ *veel dieren,* ~ *paarden en koeien* ... beaucoup d'animaux, tels les chevaux, les vaches...

zocht [verl. td.] → **zoeken**

zochten [verl. td.] → **zoeken**

zodanig I *bw* tellement, à tel point ★ *zij heeft mij* ~ *beledigd dat...* elle m'a tellement insulté que... **II** *aanw vnw* tel [v: telle], pareil [v: pareille], semblable ★ *als* ~ en tant que tel [v: en tant que telle]

zodat si bien que, de sorte que

zode (motte *v* de) gazon *m* ★ *met zoden beleggen* gazonner ★ fig *onder de (groene) zoden liggen* être mort et enterré ★ fig *dat zet geen zoden aan de dijk* ça ne casse pas des briques

zodiak zodiaque *m*

zodoende de cette manière, ainsi ★ *hij is ziek en* ~ *komt hij niet* comme il est malade, il ne vient pas

zodra aussitôt que, dès que ★ ~ *het bedrag ontvangen is* une fois le montant reçu ★ ~ *hij hem zag, ging hij naar hem toe* dès qu'il l'a vu, il s'est approché de lui

zoef zoum

zoek introuvable, ‹spoorloos› inform disparu dans la nature ★ *het is zoek* c'est introuvable, c'est égaré ★ *op zoek naar* à la recherche de ★ *op zoek gaan* aller / partir à la recherche ★ *zoekraken* s'égarer, se perdre

zoekactie recherches *v mv*

zoekbrengen ★ *tijd* ~ passer son temps

zoeken *trachten te vinden* chercher ★ *paddenstoelen* ~ aller aux champignons ★ *werk* ~ chercher du travail ★ *hij wordt door de politie gezocht* il est recherché (par la police) ★ *een oplossing is ver te* ~ ce n'est pas pour demain qu'on trouvera une solution ★ *ergens iets achter* ~ croire qu'il y a qc là-dessous ★ *overal iets achter* ~ voir malice à tout ★ *dat had ik niet achter hem*

gezocht je ne l'en croyais pas capable ★ *je hebt hier niets te ~* tu n'as rien à faire ici ★ *hij wist niet waar hij het ~ moest* il ne savait pas à quel saint se vouer ★ *~ naar woorden* chercher ses mots
zoeker ❶ *persoon* chercheur *m* ❷ *venster van camera* viseur *m*
zoekertje BN *kleine advertentie* petite annonce *v*
zoeklicht projecteur *m*
zoekmachine, **zoekengine** www moteur *m* de recherche
zoekmaken égarer, perdre, inform paumer
zoekopdracht comp commande *v* de recherche
zoekplaatje devinette *v*
zoektocht quête *v* (**naar** de)
zoel ❶ *aangenaam warm* tiède ★ *een zoele wind* un vent tiède ❷ *drukkend warm* lourd, étouffant
Zoeloe *bewoner* Zoulou *m* [v: Zouloue]
zoemen vrombir, bourdonner
zoemer vibreur *m*
zoemtoon signal *m* sonore [mv: signaux sonores]
zoen baiser *m*, inform bise *v*, ‹zoentje› bisou *m* ★ *een dikke zoen* une grosse bise ★ *een zoen geven* faire la bise
zoenen embrasser ★ *elkaar ~* s'embrasser, inform se faire la bise ★ *om te ~* mignon (comme tout)
zoenlippen bouche *v* sensuelle
zoenoffer sacrifice *m* expiatoire
zoet I *bn* ❶ *zoet smakend* sucré, ‹van water› doux [v: douce] ❷ *zacht, liefelijk* suave ★ *zoete dromen* de beaux rêves ❸ *braaf* sage ★ *een zoet kind* un enfant sage ★ *iem. zoet houden met* bercer qn de **II** *het* ★ *ik hou niet van zoet* je n'aime pas le sucré
zoetekauw amateur *m* de sucreries
zoeten sucrer
zoethoudertje os *m* à ronger
zoethout réglisse *v* ★ *een stuk ~* un bâton de réglisse
zoetig douceâtre
zoetigheid *snoep* sucreries *v mv*
zoetje édulcorant *m*, sucrette *v* ★ *~ voor in de koffie* une sucrette pour mettre dans le café
zoetjesaan doucement
zoetmiddel édulcorant *m*
zoetsappig I *bn* ❶ *zonder pit* insipide, fade ❷ *overdreven aardig* mielleux [v: mielleuse], doucereux [v: doucereuse] **II** *bw* ❶ *zonder pit* d'une façon insipide ❷ *overdreven aardig* ★ *hij deed erg ~* il était tout sucre tout miel
zoetstof édulcorant *m*
zoetwaren sucreries *v mv*
zoetwateraquarium aquarium *m* d'eau douce
zoetwaterfauna faune *v* d'eau douce
zoetwaterflora flore *v* d'eau douce
zoetwatervis poisson *m* d'eau douce
zoetzuur I *het* pickles *m mv* ★ *in ~ ingelegd* conservé dans du vinaigre **II** *bn* aigre-doux [v: aigre-douce]
zoeven filer, ‹suizend› siffler ★ *voorbij ~* passer en trombe
zo-even tout à l'heure, à l'instant ★ *hij is ~ vertrokken* il vient de partir ★ *~ was hij nog hier* il y a un instant, il était encore là
zog ❶ *kielzog* sillage *m*, remous *m* ❷ *moedermelk* lait *m* maternel
zogeheten ‹in schijn› soi-disant [onver.], appelé
zogen I *ov ww* allaiter ★ *het ~* l'allaitement *m* **II** *ww* [verl. td.] → **zuigen**
zogenaamd I *bn* ❶ *zogeheten* dit ❷ *quasi-* prétendu, soi-disant [onver.] ★ *dit ~e meesterwerk is puur plagiaat* ce prétendu chef-d'œuvre est un plagiat pur et simple **II** *bw* soi-disant ★ *hij was ~ ziek* il était soi-disant malade
zogenoemd appelé
zogezegd ❶ *om zo te zeggen* pour ainsi dire ❷ *nagenoeg* quasiment
zoiets (une) chose pareille, quelque chose dans ce genre, quelque chose comme ça ★ *~ doe je niet* ça ne se fait pas ★ *~ heb ik nog nooit gezien* je n'ai jamais vu une chose pareille ★ *ik heb ~ gehoord* j'en ai entendu parler ★ *...of ~* ...ou qc comme ça ★ *~ als ...* dans le genre de ...
zojuist tout à l'heure, à l'instant ★ *hij is ~ weggegaan* il vient de partir
zolang I *bw* en attendant ★ *blijf hier maar ~* en attendant, tu peux rester ici ★ *tot ~* pendant ce temps **II** *voegw* tant que, aussi longtemps que ★ *~ als* tant que ★ *ik blijf hier ~ het regent* tant qu'il pleut, je reste ici ★ *voor ~ het duurt* tant que ça dure
zolder grenier *m* ★ *op ~* au grenier
zolderetage étage *m* mansardé
zoldering plafond *m*
zolderkamer (chambre *v* en) mansarde *v*
zolderluik trappe *v*
zoldertrap escalier *m* du grenier
zolderverdieping étage *m* mansardé
zomaar ❶ *zonder aanleiding* comme ça ★ *~ voor de grap* juste pour rire ❷ *zonder beperkingen* comme ça ★ *dat gaat ~ niet!* ça ne se passe pas comme ça!, ça ne va pas!
zombie zombie *m*, zombi *m*
zomen ourler
zomer été *m* ★ *'s ~s* en été, l'été ★ *hartje ~* en plein été ★ *~ en winter* hiver comme été ★ *van de ~* cet été
zomerachtig d'été, estival [m mv: estivaux]
zomeravond soir *m* d'été
zomerbed aardk lit *m* d'été
zomerdienstregeling horaire *m* d'été
zomerdijk digue *v* d'été
zomeren ★ *het zomert* il fait un temps d'été
zomerfeest fête *v* d'été
zomergast ❶ biol *vogel* estivant *m* ❷ recr *persoon* estivant *m* [v: estivante]
zomerjas manteau *m* d'été [mv: lmanteaux...]
zomerjurk robe *v* d'été
zomerkleding vêtements *m mv* d'été
zomerkleed *van dieren* ‹vacht› toison *m* d'été, ‹veren› plumage *m* d'été
zomermaand mois *m* d'été
zomerreces pol vacances *v mv* parlementaires
zomers d'été, estival [m mv: estivaux] ★ *een ~ jurkje* une robe estivale ★ *op zijn ~ gekleed zijn* être en tenue estivale
zomerseizoen (saison *v* d')été *m*
Zomerspelen ★ *Olympische ~* jeux *m mv* olympiques d'été
zomersport sport *m* d'été
zomersproet tache *v* de rousseur
zomertijd ❶ *tijdregeling* heure *v* d'été ❷ *seizoen* été *m*

zomeruur BN *zomertijdregeling* heure *v* d'été
zomervakantie onderw vacances *v mv* d'été, grandes vacances *v mv*
zomerweer temps *m* estival / d'été
zomerzon soleil *m* d'été
zomin ★ *(net)* ~ *als* pas plus que
zompig marécageux [v: marécageuse]
zon I *de* soleil *m* ★ *in de zon* au soleil ★ *in de zon liggen bakken* lézarder ★ *in de volle zon* en plein soleil ★ *uit de zon* à l'abri du soleil ★ *de zon breekt door* le soleil perce ★ *de zon schijnt* il fait (du) soleil ★ *er is niets nieuws onder de zon* il n'y a rien de nouveau sous le soleil ★ *voor niets gaat de zon op* on n'a rien pour rien ★ *een plek onder de zon hebben* avoir sa place au soleil ★ *hij kan de zon niet in het water zien schijnen* il est mesquin → **zonnetje II** *ww* [verl. td.] → **zinnen**
zo'n ❶ *zo één* (un) tel [v: (une) telle], pareil [v: pareille], ⟨voor bijvoeglijk nw. of bijwoord⟩ si ★ *op zo'n manier* de telle façon ★ *zo'n blij kind* un enfant si heureux ★ *ik had zo'n pijn, dat pijnstillers niet meer hielpen* j'avais tellement mal que les calmants n'avait plus d'effet ★ *zo'n jurk bedoel ik* voilà la robe que j'ai en vue ★ *zo'n fiets wil ik ook* je veux un vélo pareil **❷** *ongeveer* quelque [onver.] ★ *zo'n beetje* à peu près ★ *zo'n 1000* quelque 1000 ★ *zo'n twee uur* dans les deux heures
zonaanbidder amoureux *m* du soleil
zond [verl. td.] → **zenden**
zondaar pécheur *m* [v: pécheresse]
zondag dimanche *m* ★ *op zon- en feestdagen* les dimanches et jours fériés ★ *'s ~s* le dimanche
zondagavond dimanche *m* soir
zondagmiddag dimanche *m* après-midi
zondagmorgen, **zondagochtend** dimanche *m* matin
zondagnacht dimanche *m* nuit
zondags I *bn* du dimanche, rel dominical [m mv: dominicaux] ★ *op zijn ~ gekleed* endimanché, habillé en dimanche **II** *bw* le dimanche
zondagsdienst ❶ *kerkdienst* service *m* dominical **❷** *dienstregeling openbaar vervoer* horaire *m* / service *m* du dimanche **❸** *werk op zondag* ★ ~ *hebben* être de garde le dimanche
zondagskind *gelukskind* ★ *een ~ zijn* être né coiffé
zondagskrant journal *m* du dimanche [mv: journaux ...]
zondagsrijder conducteur *m* du dimanche
zondagsrust repos *m* dominical
zondagsschilder peintre *m* du dimanche
zondagsschool rel école *v* du dimanche
zonde ❶ *slechte daad* péché *m* ★ *dagelijkse ~* péché véniel ★ *een ~ begaan* pécher ★ *zijn ~n overdenken* réfléchir sur ses péchés ★ *kleine ~* peccadille *v* **❷** *betreurenswaardigheid* ★ *het is ~ van het geld* quelle perte d'argent ★ *het is ~* c'est dommage ★ *wat ~!* (quel) dommage!
zondebok fig bouc *m* émissaire, souffre-douleur *m* [mv: souffre-douleur(s)] ★ *iem. als ~ aanwijzen* désigner qn comme bouc émissaire
zonden [verl. td.] → **zenden**
zonder ❶ *niet met* sans ★ *een cd ~ een doosje* un CD sans pochette ★ *zij kunnen niet ~ elkaar* ils ne peuvent pas se passer l'un de l'autre ★ *~ geld zitten* être en panne d'argent **❷** ~ **te** sans ★ *hij stak de straat over ~ te kijken* il a traversé la rue sans regarder ★ *~ iets te zeggen* sans rien dire **❸** ~ **dat** sans (que) [+ subj.] ★ *~ dat hij het wist* à son insu
zonderling I *bn* bizarre, singulier [v: singulière] **II** *de* excentrique *m/v*
zondeval rel chute *v*, péché *m* originel
zondig enclin au péché, ⟨verdorven⟩ vicieux [v: vicieuse] ★ *een ~ mens* un pécheur ★ *een ~ leven leiden* vivre dans le péché
zondigen pécher (**tegen** contre) ★ *tegen de regels ~* pécher contre les règles
zondvloed déluge *m* ★ fig *na ons de ~* après nous le déluge
zone zone *v* ★ BN *groene zone* zone verte
zoneclips éclipse *v* du soleil
zonet tout à l'heure, à l'instant ★ *hij is ~ vertrokken* il vient de partir
zong [verl. td.] → **zingen**
zongen [verl. td.] → **zingen**
zonk [verl. td.] → **zinken**
zonkant côté *m* ensoleillé
zonken [verl. td.] → **zinken**
zonkracht *schaal voor UV-straling in zonlicht* indice *m* UV
zonlicht lumière *v* du soleil
zonnebad ❶ *het zonnebaden* bain *m* de soleil **❷** *plaats* solarium *m*
zonnebaden prendre un bain de soleil, bronzer
zonnebank solarium *m*
zonnebloem tournesol *m*
zonnebloemolie huile *v* de tournesol
zonnebrand coup *m* de soleil
zonnebrandcrème crème *v* solaire
zonnebrandolie huile *v* solaire
zonnebril lunettes *v mv* de soleil
zonnecel cellule *v* solaire, photocellule *v*
zonnecollector capteur *m* solaire
zonnedek pont *m* supérieur
zonne-energie énergie *v* solaire
zonnehoed chapeau *m* de soleil [mv: chapeaux...]
zonneklaar clair comme le jour, évident, aveuglant
zonneklep ❶ *klep van pet* visière *v* **❷** *klep in auto* pare-soleil *m* [mv: id.]
zonneklopper BN *zonnebader* amoureux *m* du soleil, bronzeur *m* [v: bronzeuse]
Zonnekoning gesch Roi-Soleil *m*
zonnen I *onov ww* prendre un bain de soleil, bronzer **II** *ww* [verl. td.] → **zinnen**
zonnepaneel capteur *m* solaire, panneau *m* solaire [mv: panneaux solaires]
zonnescherm *markies* store *m*
zonneschijn soleil *m* ★ *in de ~* au soleil
zonnesteek, BN **zonneslag** coup *m* de soleil, insolation *v*
zonnestelsel système *m* solaire
zonnestraal rayon *m* de soleil
zonnestudio centre *m* / studio *m* de bronzage
zonneterras terrasse *v* ensoleillée
zonnetje *zon* soleil *m* ★ *een waterig ~* un soleil pâle ★ fig *iem. in het ~ zetten* mettre pleins feux sur qn ★ fig *zij is het ~ in huis* elle est notre rayon

de soleil
zonnevlek tache *v* solaire
zonnewijzer cadran *m* solaire
zonnig ❶ *met veel zon* ensoleillé ★ *het is ~* il fait du soleil ★ *~e dag* journée *v* ensoleillée ★ *~ weer* temps *m* clair ❷ *opgewekt, blij* radieux [v: radieuse] ★ *een ~ humeur* une humeur radieuse ★ *~e toekomst* avenir *m* souriant ★ *alles van de ~e kant bekijken* voir tout en rose
zonovergoten inondé de soleil
zonsondergang coucher *m* du soleil ★ *bij / tegen ~* au coucher du soleil
zonsopgang lever *m* du soleil ★ *bij ~* au lever du soleil
zonsverduistering éclipse *v* de soleil
zonvakantie vacances *v mv* au soleil
zonwering store *m*
zonzijde ❶ *zonkant* côté *m* exposé au soleil ★ *aan de ~* exposé au soleil ❷ *gunstig aspect* bon côté *m* ★ *zoek de ~* il faut voir le bon côté des choses
zoo zoo *m*
zoog [verl. td.] → **zuigen**
zoogdier mammifère *m*
zooi ❶ *flinke hoeveelheid* tas *m* (de), flopée *v* (de) ★ *een hele zooi kranten* un tas de journaux ★ *de hele zooi* tout le bazar ❷ *troep* foutoir *m*, pagaille *v* ★ *het is daar een zooi* c'est le foutoir là-bas
zool ❶ *ondervlak van voet* plante *v* du pied ❷ *ondervlak van schoen* semelle *v* ▼ *halve zool* imbécile *m/v*
zoölogie zoologie *v*
zoöloog zoologiste *m/v*
zoom ❶ *omgenaaide rand* ourlet *m* ❷ *buitenrand* lisière *v*, bordure *v* ★ *de zoom van het bos* la lisière du bois
zoomen zoomer
zoomlens zoom *m*
zoomnaad couture *v* d'ourlet
zoomobjectief zoom *m*
zoon fils *m* ★ *van vader op zoon* de père en fils ★ *de verloren zoon* l'enfant *m* prodigue
zoonlief fiston *m*, (mon) garçon *m*
zoop [verl. td.] → **zuipen**
zootje *rommeltje* foutoir *m*, ramassis *m* ★ *het hele ~* tout le bazar ★ *wat een ~!* quelle pagaille! ★ *een ~ ongeregeld* un méli-mélo
zopas tout à l'heure, à l'instant
zopen [verl. td.] → **zuipen**
zorg ❶ *bezorgdheid* souci *m*, inquiétude *v* ★ *zich zorgen maken om* se faire du souci pour ★ *maak je geen zorgen* ne t'en fais pas ★ *dat is een hele zorg voor haar* ça lui donne beaucoup de souci ★ *het zal mij een zorg zijn* c'est le dernier de mes soucis ★ *dat is van later zorg* on verra ça plus tard ★ *geen zorgen voor de dag van morgen* à chaque jour suffit sa peine ❷ *verzorging* soin *m* ★ *zorg dragen voor* prendre soin de, s'occuper de ★ *zorg besteden aan* apporter beaucoup de soin à, soigner qc ★ *met zorg* soigneusement ★ BN med *eerste zorgen* premiers soins ★ BN med *intensieve zorgen* soins intensifs ❸ *zorgsector* ≈ santé *v* publique ★ *hij werkt al jaren in de zorg* ça fait des années qu'il travaille dans la santé publique
zorgelijk ❶ *vol ongerustheid* soucieux [v: soucieuse] ★ *een ~ gezicht* un air préoccupé ★ *een ~ karakter* un caractère anxieux ❷ *onrustbarend* préoccupant, inquiétant ★ *een ~e ontwikkeling* un développement inquiétant
zorgeloos I *bn* insouciant **II** *bw* avec insouciance
zorgen ❶ *doen wat nodig is* s'occuper (de), se charger (de) ★ *zorg dat je benzine hebt* arrange-toi pour avoir de l'essence ★ *zorg dat hij het krijgt* fais en sorte qu'il le reçoive ★ *ik zorg wel voor het eten* je m'occuperai du repas ★ *voor de toekomst ~* se préoccuper de l'avenir ★ *daar zorg ik voor* je m'en occupe, je m'en charge ★ *daar moeten zij voor ~* c'est leur affaire ❷ **~ voor** *verzorging geven* s'occuper de, prendre soin de ★ *ik zorg wel voor de katten* je m'occuperai des chats ★ *voor zichzelf (kunnen) ~* pourvoir à ses besoins ★ *hij kan wel voor zichzelf ~* inform il se débrouille tout seul
zorgenkind ❶ *kind* enfant *m/v* à problèmes ❷ *kwestie* gros souci *m*
zorgpas carte *v* vitale
zorgsector ≈ santé *v* publique
zorgverlener ❶ *zorginstelling* établissement *m* de santé ❷ *persoon* professionel *m* de santé
zorgverlof ≈ congé *m* de solidarité familiale
zorgverzekeraar (organisme *m* d')assurance *v* maladie
zorgvuldig I *bn* soigné, ⟨m.b.t. mensen⟩ soigneux [v: soigneuse], consciencieux [v: consciencieuse] **II** *bw* soigneusement
zorgwekkend préoccupant, inquiétant
zorgzaam I *bn* attentif [v: attentive] **II** *bw* attentivement
zot I *de* sot *m* **II** *bn* sot [v: sotte] ★ *dat is toch al te zot!* c'est de la folie!
zou [verl. td.] → **zullen**
zouden [verl. td.] → **zullen**
zout I *bn* salé ★ fig *heb je het ooit zo zout gegeten?* c'est le comble!, c'est le bouquet! **II** *het* ❶ *keukenzout* sel *m* ★ *in het zout leggen* saler ★ *iets met een korreltje zout nemen* ne pas prendre qc au sérieux ★ *dat is het zout in de pap* c'est ce qui donne la saveur ★ *op alle slakken zout leggen* chercher la petite bête ❷ scheik sel *m*
zoutachtig salé, salin
zoutarm pauvre en sel
zouten ❶ *zout maken* saler ❷ *inzouten* saler
zoutig salé
zoutje biscuit *m* apéritif
zoutkoepel dôme *m* de sel
zoutkorrel grain *m* de sel
zoutloos sans sel
zoutoplossing solution *v* saline
zoutpan aardk saline *v*
zoutvaatje salière *v*
zoutvlakte désert *m* de sel
zoutwateraquarium aquarium *m* d'eau de mer
zoutzak ❶ *zak* sac *m* de sel ❷ *persoon* gros tas *m* ★ *er als een ~ bij zitten* être affalé (dans un fauteuil)
zoutzuur I *het* acide *m* chlorhydrique **II** *bn* ★ *zoutzure kalk* chlorure *m* de chaux
zoveel I *telw* tant, tellement ★ *~ bloemen, dat* tant de fleurs que ★ *~ (als) mogelijk* autant que possible ★ *net ~ als* autant que ★ *tweemaal ~* deux fois plus ★ *de trein van 9 uur ~* le train de 9 heures et quelque ★ *~ is zeker, dat ...* toujours est-il que ... ★ *uit het jaar ~* de telle et telle année

II *bw* autant, tant ★ ~ *te beter* tant mieux ★ ~ *te meer, omdat* d'autant plus que
zoveelste énième ★ *de ~ keer* la énième fois ★ *het is de ~ juni* on est tel et tel jour, le mois de juillet
zover ★ *als het ~ is* le moment venu ★ *in ~re dat ...* dans la mesure où ... ★ *tot ~* jusque-là ★ *voor ~ ik weet* autant que je sache ★ *voor ~ mogelijk* dans la mesure du possible ★ ~ *gaan dat* aller jusqu'à [+ inf.] ★ ~ *komen dat* en arriver au point de / que ★ *ik ben ~* je suis prêt ★ *ben je ~?* tu es prêt? ★ *het is ~* ça y est ★ ~ *zijn we nog niet* on n'en est pas encore là
zoverre → **zover**
zowaar décidément, ma foi ★ ~, *je gaat mee!* dis donc, tu viens avec nous!
zowat à peu près, quasiment ★ ~ *niemand* quasiment personne
zowel ★ ~ *X als Y* aussi bien X que Y, (à la fois) X et Y ★ *hij is ~ oud als arm* il est vieux et pauvre en plus ★ *het één ~ als het ander* l'un comme l'autre
z.o.z. *zie ommezijde* t.s.v.p., tournez s'il vous plaît
zozeer tellement, tant ★ *niet ~ om ... als wel* (non) pas tant pour ... que pour ★ ~ *zelfs dat* à tel point que ★ *ben je moe? dat niet ~* est-tu fatigué? pas spécialement / tellement
zozo comme ci comme ça, sans plus ★ *ik vind het maar zozo* je le trouve pas terrible ★ *het is maar zozo* ce n'est pas fameux, ça peut aller
zucht ❶ *uitademing* soupir *m* ★ *een ~ van verlichting slaken* pousser un soupir de soulagement ❷ *drang* désir *m* (**naar** de), goût *m* (de) ★ ~ *naar avontuur* goût de l'aventure ★ *de ~ tot zelfbehoud* l'instinct *m* de conservation ★ *de ~ om te behagen* le désir de plaire
zuchten ❶ *uitademen* soupirer ★ fig *het volk zucht onder het juk van de vijand* la population gémit sous le joug de l'ennemi ❷ *smachten* aspirer (à)
zuchtje ⟨zacht briesje⟩ souffle *m* (de vent)
zuid sud ★ *de wind is zuid* le vent vient du sud
Zuid-Afrika l'Afrique *v* du Sud ★ *in ~* en Afrique du Sud
Zuid-Afrikaan Sud-Africain *m*
Zuid-Afrikaans sud-africain
Zuid-Afrikaanse Sud-Africaine *v*
Zuid-Amerika l'Amérique *v* du Sud ★ *in ~* en Amérique du Sud
Zuid-Amerikaan Sud-Américain *m*
Zuid-Amerikaans sud-américain
Zuid-Amerikaanse Sud-Américaine *v*
Zuid-Chinese Zee mer *v* de Chine Méridionale
zuidelijk I *bn, uit / van het zuiden* du sud, méridional [m mv: méridionaux] ★ ~ *van* au sud de ★ *in ~e richting* vers le sud **II** *bw, naar het zuiden* vers le sud
Zuidelijke IJszee océan *m* Antarctique
zuiden ❶ *windstreek* sud *m* ★ *kamers op het ~ hebben* avoir des pièces exposées au sud ★ *op het ~ liggen* être exposé au sud ★ *ten ~ van* au sud de ❷ *gebied* ★ *het ~ van Italië* le sud d'Italie ★ *in het ~ van Frankrijk* dans le Midi
zuidenwind vent *m* du sud
zuiderbreedte latitude *v* sud
zuiderbuur voisin *m* du sud
zuiderkeerkring tropique *m* du Capricorne
zuiderlicht aurore *v* australe
zuiderling habitant *m* d'un pays du Sud, ⟨in Frankrijk⟩ ≈ méditerranéen *m*
zuiders BN *zuidelijk* du sud
Zuid-Europa l'Europe *v* du Sud ★ *in ~* en Europe du Sud, dans l'Europe du Sud
Zuid-Europees sud-européen [v: sud-européenne]
Zuid-Holland la Hollande-Méridionale
Zuid-Hollands de la Hollande-Méridionale
Zuid-Korea la Corée du Sud ★ *in ~* en Corée du Sud
Zuid-Koreaans sud-coréen [v: sud-coréenne]
zuidkust côte *v* sud, côte *v* méridionale
Zuid-Molukken Moluques *v mv* du Sud
Zuid-Molukker Sud-Moluquois *m*
Zuid-Moluks sud-moluquois
zuidoost du sud-est
Zuidoost-Aziatisch du Sud-Est asiatique
Zuidoost-Azië l'Asie *v* du Sud-Est
zuidoosten sud-est *m*
zuidpool ❶ *zuidelijke streken van een planeet* l'Antarctique *v* ❷ *minpool van magneet* pôle *m* sud
Zuidpool pôle *m* Sud
zuidpoolcirkel cercle *m* polaire antarctique
Zuidpoolexpeditie expédition *v* antarctique
zuidpoolgebied région(s) *v (mv)* antarctique(s)
Zuid-Soedan (le) Soudan du Sud, (le) Sud-Soudan
zuidvrucht fruit *m* subtropical, fruit *m* exotique
zuidwaarts vers le sud
zuidwest du sud-ouest
zuidwesten sud-ouest *m*
zuidwester ❶ *wind* suroît *m* ❷ *hoed* suroît *m*
Zuidzee → **Stille Oceaan**
zuigeling nourrisson *m*
zuigelingenzorg ≈ puériculture *v*
zuigen I *ov ww* ❶ *opzuigen* sucer, ⟨aan borst⟩ téter, ⟨opnemen⟩ absorber ★ *de pomp zuigt lucht naar binnen* la pompe aspire de l'air ★ *limonade door een rietje ~* aspirer de la limonade avec une paille ❷ *stofzuigen* passer l'aspirateur (dans) ★ *ik heb de gang gezogen* j'ai passé le couloir à l'aspirateur **II** *onov ww* ❶ *sabbelen* sucer ★ *op een snoepje ~* sucer un bonbon ★ *op zijn duim ~* sucer son pouce ❷ *treiteren* charrier, pousser (qn) à bout
zuiger ❶ *deel van motor* piston *m* ❷ *baggermolen* drague *v*
zuigfles biberon *m*
zuigkracht *zuigvermogen* force *v* aspiratrice, fig attirance *v*
zuignap ventouse *v*
zuigtablet pastille *v* à sucer
zuigzoen suçon *m*
zuil ❶ *pilaar* colonne *v* ❷ fig *waarop iets steunt* pilier *m* ❸ *maatschappelijke groepering* ≈ communauté *v*
zuilengalerij colonnade *v*
zuinig I *bn* ❶ *die weinig geld uitgeeft of weinig gebruikt* économe ★ *zij is heel ~* elle est très économe ★ ~ *zijn met iets* être avare de qc ★ ~ *met woorden* chiche de paroles ★ *en niet zo ~ ook* et comment ★ *zij is ~ op haar nieuwe fiets* elle ménage son nouveau vélo ★ fig *een ~ lachje* un

sourire pincé ❷ *die niet veel verbruikt* économique ★ *een ~e auto* une voiture économique ★ *~ in het gebruik* économique à la consommation **II** *bw* ❶ *weinig geld gebruikend* économiquement ★ *~ leven* vivre chichement ★ fig *~ kijken* avoir un air pincé ❷ *niet veel verbruikend* ★ *deze auto rijdt ~* cette voiture consomme peu (de carburant), c'est une voiture économique

zuinigheid économie *v*, ⟨karigheid⟩ parcimonie *v* ★ *uit ~* par souci d'économie

zuipen I *ov ww* ❶ *onmatig drinken* picoler ❷ fig *veel verbruiken* bouffer **II** *onov ww, veel alcohol drinken* picoler, lever le coude, ⟨zich bezatten⟩ se bourrer

zuiplap soûlard *m* [v: soûlarde]

zuipschuit soûlard *m* [v: soûlarde]

zuivel laitage(s) *m (mv)*, produits *m mv* laitiers

zuivelfabriek laiterie *v* ★ *coöperatieve ~* laiterie coopérative

zuivelindustrie industrie *v* laitière

zuivelproduct produit *m* laitier

zuiver I *bn* ❶ *ongemengd* pur ★ *~ goud* de l'or pur ★ *van ~ wol* en pure laine ★ *~ water* de l'eau pure ❷ *oprecht* pur, net [v: nette] ★ *een ~ geweten hebben* avoir la conscience nette ❸ *zonder fouten of afwijkingen* juste, correct ★ *dat is geen ~e zaak* il y a du louche là-dedans ❹ *louter* ★ *de ~e waarheid* la vérité pure et simple ❺ *netto* net [v: nette] ★ *de ~e winst* le bénéfice net ★ *het ~e inkomen* les revenus nets **II** *bw* ❶ *louter* purement, uniquement ★ *het is ~ toeval* c'est un pur hasard ★ *~ en alleen* purement et simplement ❷ *juist* correctement ★ *~ zingen* chanter juste ★ *~ klinken* avoir un son pur

zuiveren ❶ *zuiver maken, reinigen* nettoyer (**van** de), ⟨van vloeistof⟩ épurer ★ *water ~* épurer de l'eau ★ *iem. van alle blaam ~* laver qn de tout soupçon, blanchir / innocenter qn ❷ *ontdoen* ⟨van tegenstanders⟩ épurer (**van** de), purger (**van** de) ★ *de partij ~* purger le parti

zuivering ❶ *het reinigen* purification *v*, épuration *v* ❷ euf *eliminatie van tegenstanders* purge *v* ★ *etnische ~* purification *v* ethnique

zuiveringsactie épuration *v*

zuiveringsinstallatie station *v* d'épuration

zuiveringszout bicarbonate *m* de soude

zulk I *bw, dermate* si, tellement ★ *zulke mooie bloemen* de si belles fleurs ★ *het is zulk mooi weer!* il fait si beau! **II** *aanw vnw* ❶ *zodanig* tel [v: telle], pareil [v: pareille] ★ *zulk een man* un tel homme ❷ *zo groot* ★ *je kunt er zúlke vissen vangen* on peut y pêcher des poissons comme ça

zulks une chose pareille, cela

zullen ❶ *toekomst uitdrukkend* ★ *ik zal het je zeggen* je te le dirai, ⟨dadelijk⟩ je vais te le dire ★ *we ~ wel zien* on verra ★ *hij zou juist vertrekken toen* il allait partir lorsque ❷ *houding van de spreker uitdrukkend* ★ *hij zal zich wel vergist hebben* il a dû se tromper ★ *het zal wel waar zijn* je te crois ★ *het zal je maar gebeuren!* imagine-toi que ça t'arrive!, tu te rends compte! ★ *ik zou het doen als ik jou was* si j'étais toi, je le ferais ★ *hier zou ik wel willen wonen* j'aimerais bien habiter ici ★ *hij zou een moord gepleegd hebben* il aurait commis un meurtre ★ *wat zou dat?* et puis après? ❸ *mogen / moeten* ★ *gij zult niet doden* tu ne tueras pas ★ *jullie ~ gehoorzamen!* vous obéirez!, vous allez / devez obéir!

zult fromage *m* de tête ★ *zure zult* museau au vinaigre

zurig acidulé, aigrelet [v: aigrelette]

zuring oseille *v*

zus I *de,* inform *zuster* sœur *v* **II** *bw* ainsi ★ *zus en zo* ceci et cela ★ *zus of zo (op de een of andere manier)* d'une façon ou d'une autre ★ *nu eens zus, dan weer zo* tantôt ci, tantôt ça

zuster ❶ *zus* sœur *v* ★ inform *je ~!* et ta sœur! ❷ *verpleegster* infirmière *v* ❸ rel *non* sœur *v*, inform bonne sœur

zusterlijk I *bn* entre sœurs **II** *bw* comme des sœurs, en sœurs

zustermaatschappij société *v* sœur

zusterorganisatie organisation *v* sœur

zusterstad ville *v* jumelée

zustervereniging association *v* sœur

zuur I *bn* ❶ scheik *acide* ★ *zure regen* pluies *v mv* acides ❷ *smaak of geur* aigre, acide ★ *zure melk* du lait tourné ★ *zuur worden* tourner (à l'aigre) ★ *de melk is zuur geworden* le lait a tourné ★ *een zure smaak* un goût acide ❸ *onvriendelijk, onaangenaam* dur, pénible, ⟨nors⟩ renfrogné, contrarié ★ *een zuur gezicht trekken* faire une mine allongée ★ *iem. het leven zuur maken* rendre la vie dure à qn ★ *dat is zuur voor je* c'est dur pour toi **II** *bw* ❶ *zurig van smaak of geur* ★ *zuur smaken* avoir un goût acide ★ *zuur ruiken* avoir une odeur acide ❷ *onvriendelijk, onaangenaam* ★ *zuur kijken* faire une mine allongée ★ *dat zal hem zuur opbreken* il le paiera cher **III** *het* ❶ scheik acide *m* ❷ culin vinaigre *m* ★ *in het zuur* au vinaigre, ⟨van haring, rolmops⟩ mariné ★ *augurken in het zuur* des cornichons au vinaigre ❸ *maagzuur* aigreurs *v mv* d'estomac

zuurdesem levain *m*

zuurdesembrood pain *m* au levain

zuurgraad acidité *v*

zuurkool choucroute *v*

zuurpruim pisse-vinaigre *m* [mv: id.]

zuurstof oxygène *m*

zuurstofapparaat masque *m* à oxygène

zuurstofcilinder bouteille *v* d'oxygène

zuurstoffles bouteille *v* d'oxygène

zuurstofgebrek manque *m* d'oxygène

zuurstofmasker masque *m* à oxygène

zuurstofopname absorption *v* d'oxygène

zuurstoftekort manque *m* d'oxygène

zuurstok sucre *m* d'orge

zuurtje bonbon *m* acidulé

zuurverdiend péniblement gagné

zuurwaren pickles *m mv*

zuurzoet aigre-doux [v: aigre-douce] ★ *een ~ gezicht zetten* avoir un air mi-figue, mi-raisin

zwaai tour *m*, fig virage *m* ★ *een ~ met de arm* un tour de bras

zwaaideur porte *v* battante

zwaaien ❶ *heen en weer bewegen* s'agiter ★ *met een vlag ~* agiter / brandir un drapeau ★ *met zijn armen ~* agiter les bras ★ *~de bomen* des arbres qui s'agitent ★ fig *er zwaait wat* ça va barder ❷ *groeten* saluer (de la main) ★ *naar iem. ~* saluer qn (de la main) ❸ *zwenken, slingeren* tourner, zigzaguer, ⟨wankelen⟩ tituber ★ *de dronkenlap zwaaide over de weg* l'ivrogne zigzaguait dans la rue

zwaailicht gyrophare *m*

zwaan cygne *m*

zwaantje BN motard *m*

zwaar I *bn* ❶ *veel wegend* lourd, pesant ★ *hoe ~ is dat?* ça pèse combien? ★ *een zware last* une charge lourde ★ *wat het ~st is, moet het ~st wegen* ≈ il faut bien trancher ★ fig *~ op de hand* d'une nature sombre, pas gai ❷ *omvangrijk, sterk, fors* gros [v: grosse] ★ *de zware industrie* l'industrie *v* lourde ★ *zware jongens* des truands *m mv* ❸ *moeilijk* dur ★ *~ werk* travail *m* dur / pénible, travail de force ★ *een zware strijd* un violent combat ★ *zware bevalling* accouchement *m* difficile ❹ *ernstig* grave ★ *een zware straf* une peine sévère ❺ *hevig* ★ *een zware bui* une forte averse ★ *een zware roker* un gros fumeur ❻ *krachtig van smaak of substantie* fort ★ *zware tabak* du tabac fort ❼ *moeilijk te verteren* ★ *zware kost* nourriture *v* bourrative ❽ *laag klinkend* grave ★ *een zware stem* une voix grave **II** *bw* ❶ *veel wegend* ★ *~ wegen* peser lourd ★ *~ op de maag liggen* rester sur l'estomac ❷ *hevig* lourdement, fortement ★ *~ beledigd* très vexé ★ *~ straffen* punir sévèrement ❸ *moeizaam* péniblement ★ *het valt me ~* ça me pèse, c'est pénible

zwaarbeladen lourdement chargé

zwaarbewapend armé jusqu'aux dents

zwaarbewolkt chargé de nuages

zwaard ❶ *wapen* épée *v* ★ *het is een tweesnijdend ~* c'est (une arme) à double tranchant ❷ scheepv *deel van boot* dérive *v*

zwaardvechter gladiateur *m*

zwaardvis espadon *m*

zwaargebouwd de forte carrure, inform baraqué

zwaargeschapen ❶ *van man* bien membré ❷ *van vrouw* plantureuse

zwaargewapend armé jusqu'aux dents

zwaargewicht I *de/het* ❶ *sporter* poids *m* lourd ❷ *belangrijk persoon* grosse pointure *v* **II** *het,* sport *gewichtsklasse* poids *m mv* lourds

zwaargewond grièvement blessé

zwaargewonde grand blessé *m*

zwaarlijvig corpulent, obèse

zwaarmoedig I *bn* mélancolique **II** *bw* avec mélancolie

zwaarte ❶ *gewicht* poids *m*, pesanteur *v* ❷ fig *graad, ernst* gravité *v* ❸ *gevoel van drukking* pesanteur *v*

zwaartekracht gravitation *v*, pesanteur *v*

zwaartelijn médiane *v*

zwaartepunt ❶ natk centre *m* de gravité, wisk barycentre *m* ❷ fig *hoofdzaak* (l')essentiel *m*

zwaartillend sombre ★ *~ zijn* voir tout en noir

zwaarwegend ook fig de poids ★ *een ~ argument* un argument de poids

zwaarwichtig I *bn* pédant, avec gravité **II** *bw* avec gravité

zwabber balai *m* à franges

zwabberen *schoonmaken* nettoyer avec un balai à franges

zwachtel bandage *m*

zwachtelen bander, panser

zwager beau-frère *m* [mv: beaux-frères], inform beauf *m*

zwak ❶ *niet krachtig* faible ★ *een zwakke gezondheid hebben* avoir une santé délicate ★ *een zwak geheugen hebben* avoir mauvaise mémoire ★ *het zwakke geslacht* le sexe faible ★ *zwak worden* s'affaiblir ★ *zijn zwakke punt* son point faible ★ *een zwak moment* un moment de faiblesse ❷ taalk ★ *zwakke werkwoorden* des verbes réguliers ❶ *imperfectie* point *m* faible ❷ *voorliefde* faible *m* ★ *een zwak hebben voor* avoir un faible pour

zwakbegaafd peu doué

zwakheid faiblesse *v*

zwakjes I *bn* faiblard ★ *hij is nog ~* il est encore faiblard **II** *bw* faiblement ★ *de zieke voelde zich wat ~* le malade est un peu flagada ★ *dat is nog ~ uitgedrukt* le mot est faible

zwakkeling faible *m/v*

zwakstroom courant *m* basse tension

zwakte faiblesse *v*

zwaktebod signe *m* de faiblesse

zwakzinnig handicapé mental ★ *een ~e* un handicapé mental

zwakzinnigenzorg soins *m mv* aux handicapés mentaux

zwalken, BN **zwalpen** bourlinguer, rouler sa bosse ★ *de dronkaard zwalkte over straat* l'ivrogne avançait en zigzaguant

zwaluw hirondelle *v* ★ *één ~ maakt nog geen zomer* une hirondelle ne fait pas le printemps

zwaluwstaart *houtverbinding* queue *v* d'aronde, adent *m*

zwam champignon *m*

zwammen parler pour ne rien dire

zwanenhals *afvoerbuis* col-de-cygne *m* [mv: cols-de-cygne]

zwanenzang chant *m* du cygne

zwang ★ *in ~ zijn* être en vogue, être à la mode ★ *in ~ komen* entrer dans l'usage, s'instaurer

zwanger enceinte ★ *een ~e vrouw* une femme enceinte ★ *vijf maanden ~* enceinte de 5 mois ★ *~ maken* mettre enceinte ★ *~ raken* tomber enceinte ★ *ze is ~ van hem* elle est enceinte de lui ★ fig *~ gaan van* être gros de, être lourd de

zwangerschap grossesse *v* ★ *ongewenste ~* grossesse non désirée

zwangerschapsafbreking interruption *v* (volontaire) de grossesse, IVG *v*

zwangerschapsgymnastiek gymnastique *v* prénatale

zwangerschapsstriemen vergetures *v mv*

zwangerschapstest test *m* de grossesse

zwangerschapsverlof congé *m* de maternité

zwanzen ❶ BN inform *onzin kletsen* déconner, BelgFr zwanzer ❷ BN *grappen maken* plaisanter, inform rigoler

zwart I *bn* ❶ *niet wit* noir ★ *~ worden* (se) noircir ★ *het ziet er ~ van de mensen* c'est noir de monde, il y a foule ★ *het staat ~ op wit* c'est noir sur blanc ❷ *somber* noir ★ *een ~e bladzijde in de geschiedenis* une page noire de l'histoire ★ *alles ~ inzien* voir tout en noir ❸ *clandestien* noir ★ *~ geld* de l'argent noir ★ *~e handel* le marché noir ★ *~ betalen* payer au noir **II** *het* noir *m* ★ *in het ~*

gekleed (habillé) en noir, vêtu de noir
zwartboek livre *m* noir
zwartbont pie [onver.]
zwartbruin noiraud
zwarte noir *m* [v: noire], inform black *m/v*
zwartekousenkerk Église *v* protestante orthodoxe
zwartepiet *kaart* mistigri *m*, pouilleux *m* ★ ook fig *iem. de ~ toespelen* refiler le bébé à qn
zwartepieten *kaartspel spelen* jouer au mistigri
Zwarte Zee mer *v* Noire
zwartgallig sombre, mélancolique, noir
zwartgeldcircuit circuit *m* de l'argent sale
zwarthandelaar trafiquant *m*
zwartkijken ❶ *pessimistisch zijn* broyer du noir ❷ *zonder kijkgeld* ne pas payer pas la redevance (télé)
zwartkijker ❶ *pessimist* broyeur *m* de noir [v: broyeuse ...] ❷ *zonder kijkgeld* téléspectateur *m* qui ne paie pas la redevance (télé)
zwartmaken *belasteren* noircir, salir
zwart-op-wit *salmiakpoeder* ≈ réglisse *m* en poudre
zwartrijden *reizen zonder betalen* voyager sans billet
zwartrijder voyageur *m* sans billet
zwartwerken travailler au noir
zwartwerker travailleur *m* clandestin, travailleur *m* au noir
zwart-wit- ❶ *met beeld in zwart en wit* en noir et blanc ❷ *ongenuanceerd* sans nuance(s), absolu, catégorique, manichéiste
zwart-wit ❶ *in zwart en wit* en noir et blanc ❷ *ongenuanceerd* absolu, catégorique ★ *~ denken* avoir des idées catégoriques
zwart-witafdruk épreuve *v* (en) noir et blanc
zwart-witfilm film *m* (en) noir et blanc
zwart-witfoto photo *v* (en) noir et blanc
zwavel soufre *m* ★ *met ~ behandelen* sulfurer
zwaveldioxide dioxyde *m* de soufre
zwavelzuur I *het* acide *m* sulfurique **II** *bn* sulfaté
Zweden la Suède ★ *in ~* en Suède
Zweed Suédois *m*
Zweeds I *bn, m.b.t. Zweden* suédois **II** *het, taal* suédois *m*
Zweedse Suédoise *v*
zweefbrug pont *m* suspendu
zweefclub club *m* de vol à voile
zweefduik plongeon *m*
zweefmolen chaises *v mv* volantes
zweefsport vol *m* à voile
zweeftrein aérotrain *m*
zweefvliegen faire du vol à voile
zweefvliegtuig planeur *m*
zweefvlucht vol *m* plané
zweeg [verl. td.] → **zwijgen**
zweem ombre *v*, trace *v*, brin *m* ★ *met een ~ van humor* avec un zeste d'humour ★ *geen ~ van twijfel* pas l'ombre d'un doute
zweep fouet *m* ★ fig *de ~ erover leggen* fouetter ★ fig *het klappen van de ~ kennen* savoir comment s'y prendre, connaître la musique
zweepslag ❶ *slag met zweep* coup *m* de fouet ❷ med *in kuitspier* claquage *m*
zweer ulcère *m*, ⟨abces⟩ abcès *m*, ⟨zweertje⟩ pustule *v*
zweerde [verl. td.] → **zweren**
zweerden [verl. td.] → **zweren**
zweet *transpiratie* sueur *v*, transpiration *v* ★ *baden in het ~* être en nage ★ *zich in het ~ werken* se mettre en sueur ★ *het koude ~ brak me uit* j'en avais des sueurs froides ▼ rel *in het ~ zijns aanschijns* à la sueur de son front
zweetband bandeau *m* [mv: bandeaux]
zweetdruppel goutte *v* de sueur
zweethanden mains *v mv* moites
zweetkakkies inform pieds *m mv* qui puent
zweetklier glande *v* sudoripare
zweetlucht odeur *v* de sueur
zweetvlek tache *v* de sueur
zweetvoeten ★ *~ hebben* transpirer des pieds
zwegen [verl. td.] → **zwijgen**
zwelgen I *ov ww, gulzig eten / drinken* engloutir **II** *onov ww,* ~ **in** se vautrer dans, s'enivrer de ★ *in weelde ~* nager dans l'opulence ★ *zij zwelgt in zelfmedelijden* elle se complaît dans son rôle de victime
zwellen *in volume toenemen* gonfler, ⟨ook van geluid⟩ enfler ★ *gezwollen ogen* yeux *m mv* bouffis, yeux enflés ★ fig *~ van trots* s'enfler de fierté
zwellichaam corps *m* caverneux
zwelling ❶ *het zwellen* enflure *v* ❷ *gezwollen plek* enflure *v*
zwemabonnement abonnement *m* à la piscine
zwembad piscine *v* ★ *overdekt ~* piscine couverte
zwembandje humor *vetrolletje* poignée *v* d'amour
zwembroek maillot *m* de bain
zwemdiploma brevet *m* de natation
zwemen ★ *~ naar* tendre vers, friser ★ *naar rood ~* tirer sur le rouge
zwemleraar moniteur *m* de natation [v: monitrice ...]
zwemmen ook fig nager, ⟨baden⟩ se baigner ★ *aan ~ doen* faire de la natation ★ *~d* à la nage ★ *het ~* nage *v*, ⟨zwemsport⟩ natation *v*, ⟨baden⟩ baignade *v* ★ *over een rivier ~* traverser un fleuve à la nage ★ *~ in het geld* rouler sur l'or ★ *iem. laten ~* laisser mijoter qn
zwemmer nageur *m* [v: nageuse]
zwemmerseczeem mycose *v* des pieds
zwempak maillot *m* de bain
zwemsport natation *v*
zwemtas sac *m* de piscine
zwemvest gilet *m* de sauvetage
zwemvin palme *v*
zwemvlies ❶ *vlies* palmure *v* ❷ *schoeisel* palme *v*
zwemvogel palmipède *m*
zwemwedstrijd épreuve *v* de natation
zwendel escroquerie *v*, inform arnaque *m*
zwendelaar escroc *m*, inform arnaqueur *m*
zwendelarij escroquerie *v*, inform arnaque *m*
zwendelen trafiquer, inform arnaquer
zwengel *slinger* manivelle *v*, ⟨van pomp⟩ bras *m*
zwenken *van richting veranderen* tourner, virer ★ *naar links ~* virer à gauche
zwenkwiel roulette *v* pivotante
zwepen fouetter
zweren I *ov ww* [o.v.t.: zwoer; volt. deelw.: gezworen] ❶ *eed doen* jurer ★ *ik zweer het* je le jure, juré ★ *op de Bijbel ~* jurer sur la bible ★ *~ bij*

alles wat heilig is jurer ses grands dieux ★ *ik heb gezworen dat nooit meer te kopen* j'ai juré de ne plus jamais acheter cela ★ *ik zou toch ~ dat ...* j'en jurerais que... ❷ fig ~ **bij** *vertrouwen op* ne jurer que par **II** *onov ww* [o.v.t.: zweerde, zwoor; volt. deelw.: gezworen] *ontstoken zijn* suppurer ★ *~de vinger* un doigt infecté
zwerfafval détritus *m mv* non ramassés
zwerfhond chien *m* errant
zwerfkat chat *m* errant
zwerfkei bloc *m* erratique
zwerfster vagabonde *v*
zwerftocht pérégrination *v*, errance *v*
zwerm ❶ *troep* nuée *v*, ⟨van vogels⟩ volée *v* ★ *~ bijen* essaim *m* ❷ fig *heleboel* tas *m* (de), foule *v* (de)
zwermen ❶ *rondvliegen* se déployer, ⟨van bijen⟩ essaimer ❷ fig *hinderlijk rondhangen* se ruer, affluer ★ *om iem. heen ~* s'empresser autour de qn
zwerven ❶ *ronddwalen* errer, vagabonder, rôder ★ *het ~* le vagabondage ★ *een ~d bestaan* une vie de nomade ❷ *rondslingeren* traîner
zwerver *landloper* vagabond *m*, ⟨dakloze⟩ clochard *m*
zweten ❶ *transpireren* suer, transpirer ★ *op iets ~* peiner sur qc ❷ *vocht uitslaan* suinter ★ *de kaas ligt te ~* le fromage suinte
zweterig moite, suant
zwetsen *dom kletsen* radoter, dire n'importe quoi
zweven ❶ *vrij hangen* flotter, planer ★ *de ballon zweeft in de lucht* le ballon flotte dans l'air ★ *~d* ⟨van plafond, vloer⟩ suspendu ★ *tussen leven en dood ~* être entre la vie et la mort ★ *tussen hoop en vrees ~* être ballotté entre la crainte et l'espoir ★ *er zweeft mij iets van voor de geest* je m'en souviens vaguement ★ *~de kiezers* électorat *m* flottant ❷ *licht lopen* marcher d'un pas léger, marcher d'un pas aérien ★ *ze zweefde door de kamer* elle marchait dans la pièce d'un pas aérien
zweverig ❶ *vaag* vague, confus, nébuleux [v: nébuleuse], ⟨warrig⟩ fumeux [v: fumeuse] ❷ *duizelig* pris de vertige ★ *zich ~ voelen* avoir la tête qui tourne
zwezerik ris *m* (de veau)
zwichten céder (**voor** à, devant) ★ *voor iemands argumenten ~* se rendre aux arguments de qn ★ *voor de verleiding ~* succomber à la tentation
zwiepen ❶ *doorbuigen* faire ressort, balancer ★ *de takken zwiepten in de wind* les branches s'agitaient dans le vent ❷ *krachtig raken* fouetter ★ *de takken ~ in zijn gezicht* les branches fouettent son visage
zwier ❶ *zwaai* virement *m* ★ fig *aan de ~ gaan*, BN *op de ~ gaan* faire la noce ❷ *gratie* élégance *v*, grâce *v* ★ *met ~* avec grace
zwieren *slingerend draaien* tournoyer ★ *over het ijs ~* tournoyer sur la glace ★ *dronken over straat ~* tituber dans la rue en état d'ivresse
zwierf [verl. td.] → **zwerven**
zwierig élégant, gracieux [v: gracieuse] ★ *~ gekleed zijn* être vêtu élégamment
zwierven [verl. td.] → **zwerven**
zwijgen I *onov ww* ❶ *niet spreken* se taire ★ *om maar te ~ van...* sans parler de ... ★ *zwijg!* tais-toi!, silence! ★ *over iets ~* passer qc sous silence ★ *iem. tot ~ brengen* réduire qn au silence ★ *doen ~* faire taire ★ *wie zwijgt, stemt toe* qui ne dit mot, consent ★ *~ als het graf* / BN *als vermoord* être muet comme une tombe ❷ fig *niet weerklinken* se taire ★ *daarover zwijgt de tekst* le texte reste muet là-dessus **II** *het* silence *m* ★ *iem. het ~ opleggen* imposer le silence à qn ★ *er het ~ toe doen* garder le silence, (préférer) se taire
zwijggeld prix *m* du silence ★ *iem. ~ betalen* acheter le silence de qn
zwijgplicht devoir *m* de réserve, ⟨in maffiose kringen⟩ loi *v* du silence, omerta *v* ★ *iem. de ~ opleggen* imposer le silence à qn
zwijgzaam taciturne, peu loquace
zwijm ★ *in ~ liggen* être évanoui ★ *in ~ vallen* s'évanouir
zwijmelen s'extasier ★ *doen ~* enivrer
zwijn ❶ *dier* porc *m* ★ *een wild ~* un sanglier ❷ *persoon* porc *m*
zwijnen avoir du pot
zwijnenstal ❶ lett porcherie *v* ❷ fig taudis *m*
zwijnerij *vuiligheid* cochonnerie *v*
zwik bazar *m*, fourbi *m* ★ *de hele zwik* tout le bazar
zwikken *verstuikt raken* se tordre, se faire une entorse
Zwitser Suisse *m*
Zwitserland la Suisse ★ *in ~* en Suisse
Zwitsers I *bn, m.b.t. Zwitserland* suisse **II** *het, taal* suisse *m* (allemand)
Zwitserse Suisse *v*, Suissesse *v*
zwoegen peiner (**op** sur), inform trimer
zwoeger bosseur *m* [v: bosseuse]
zwoel ❶ *drukkend warm* lourd, étouffant ★ *een ~e zomeravond* une soirée d'été accablante ❷ *sensueel* sensuel [v: sensuelle], chaud ★ *een ~e sfeer* une ambiance torride
zwoer [verl. td.] → **zweren**
zwoerd couenne *v*
zwoeren [verl. td.] → **zweren**
zwol [verl. td.] → **zwellen**
zwolg [verl. td.] → **zwelgen**
zwolgen [verl. td.] → **zwelgen**
zwollen [verl. td.] → **zwellen**
zwom [verl. td.] → **zwemmen**
zwommen [verl. td.] → **zwemmen**
zwoor [verl. td.] → **zweren**
zworen [verl. td.] → **zweren**
zzp'er *zelfstandige zonder personeel* ≈ auto-entrepreneur *m* [mv: auto-entrepreneurs]

Grammatica

Waar doe je het voor?

Grammatica is een verzameling taalregels. Die regels vertellen je niet hoe je een taal *moet* gebruiken. Ze vertellen je *hoe een taal in elkaar zit.* Meestal houden mensen zich ook aan die regels en dat maakt het gemakkelijker elkaar te begrijpen.
Je kunt zeggen

Hun heb er uit der eigen niks an gedaan!

en dan begrijpen de meeste mensen wel wat je bedoelt ook al is het niet volgens alle regels.
Maar als je zegt

Gisteren zal ik waarschuwen hun te meer doen wat.

dan kloppen er zoveel regels niet dat waarschijnlijk niemand begrijpt wat je bedoelt.
Dus als je weet hoe een taal in elkaar zit, kun je ook duidelijker vertellen wat je bedoelt en beter begrijpen wat een ander jou vertelt.

Twee soorten regels

Je hebt twee manieren om te vertellen hoe een taal in elkaar zit. Daardoor zijn er ook twee soorten regels. Gelukkig zijn die regels niet moeilijk, want ze vertellen eigenlijk alleen maar hoe de meeste mensen de taal gebruiken. Kortom, ze zitten in het alledaagse taalgebruik.

1 zinsontleden

Je kijkt naar een zin en snijdt hem in stukjes om te zien hoe hij in elkaar zit. Welke rol speelt elk stukje in die zin? Elk verschillend stukje geef je een andere naam.

onderwerp	gezegde	meewerkend voorwerp	lijdend voorwerp
Ik	*gaf*	*mijn vriendin*	*een schitterende bos bloemen*
Mijn buurman	*vertelde*		*een mooi verhaal*

Zinsontleden wordt ook wel 'redekundig ontleden' genoemd.

2 woordbenoemen

Je begint met de losse woorden van een zin. Bij elk woord bekijk je wat voor soort woord het is. Elke soort geef je een andere naam. Er zijn tien woordsoorten:

Woordbenoemen wordt ook wel 'taalkundig ontleden' genoemd.

1	zelfstandige naamwoorden	Mijn *computer* is kapotgegaan.
2	lidwoorden	Alle gegevens op *de* harde schijf zijn verdwenen.
3	bijvoeglijke naamwoorden	Wat een *afgrijselijke* situatie!
4	telwoorden	En ik had juist *twee* documenten opgeslagen.
5	voornaamwoorden	Dus *je* begrijpt, *ik* baal verschrikkelijk.
6	werkwoorden	Voortaan *maak* ik overal een back-up van.
7	bijwoorden	Dat werkt *beter*.
8	voorzetsels	Maar doe dat dan niet *op* de harde schijf.
9	voegwoorden	Zo dom ben ik niet, *want* dan kan het weer misgaan.
10	tussenwerpsels	*Ach*, wat een ramp is zo'n computer eigenlijk.

Prisma basisgrammatica

In deze grammatica leer je op beide manieren naar de Franse taal kijken. Je begint met de voornaamste woordsoorten, vervolgens komen de andere woordsoorten aan de orde en tussendoor worden de zinsdelen behandeld. .

1 Het zelfstandig naamwoord. (*le substantif*, *le nom*)

We worden omringd door mensen, dieren, planten en dingen. De woorden die deze mensen, dieren, planten en dingen aanduiden noemen we zelfstandige naamwoorden. Enkele voorbeelden: mevrouw, Fransman, paard, boom, boek. Ook zaken die je niet kunt zien horen daarbij: overtuiging, fantasie, waarheid. Je kunt er een lidwoord voor zetten, bijvoorbeeld: de mevrouw, de Fransman, het paard, een boom.
Ook eigennamen zijn zelfstandige naamwoorden: *Charles, Paris.*

a Mannelijk en vrouwelijk (*masculin* en *féminin*)

1 In het Frans heb je mannelijke woorden en vrouwelijke woorden, voor zowel mensen, dieren, planten als dingen. Een onzijdig woord (*het* meisje) bestaat niet in het Frans.
Er bestaat geen regel waarmee je kunt uitzoeken of een woord mannelijk of vrouwelijk is. Als je niet weet of een woord mannelijk of vrouwelijk is, kun je dat opzoeken in het woordenboek. Er staat altijd een **m** (mannelijk/*masculin*) achter en een **v** (vrouwelijk) of een **f** (*féminin*). De meeste woorden gebruik je zo vaak dat je er niet meer over hoeft na te denken of ze mannelijk of vrouwelijk zijn.

2 In een aantal gevallen maak je een zelfstandig naamwoord vrouwelijk door een **e** achter het mannelijk te plaatsen. Dan gaat het om mensen:
Anglais (Engelsman) wordt
*Anglais***e** (Engelse),
ami (vriend) wordt
*ami***e** (vriendin).

Als er daardoor iets verandert in het woord geeft het woordenboek dat ook aan:
lycéen (scholier op een lycée)
*lycéen***ne** (scholiere)

Je kunt niet zeggen dat een **e** aan het eind van een woord aangeeft dat het woord vrouwelijk is.
Bijvoorbeeld, mannelijk zijn: *homme, livre, problème, groupe, singe*
Er zijn ook zelfstandige naamwoorden die vrouwelijk én mannelijk kunnen zijn maar een verschillende betekenis hebben: *livre* (m) = boek, *livre* (v) = pond; *tour* (m) = ronde, *tour* (v) = toren
Zelfstandige naamwoorden die mannelijk zijn en op een **e** eindigen hebben dezelfde vorm in het vrouwelijk :
élève (m) leerling en
élève (f) leerlinge
journaliste (m) journalist en
journaliste (f) journaliste
Sommige zelfstandige naamwoorden hebben in het Nederlands wel een bepaalde vorm voor het vrouwelijk maar in het Frans niet:
leraar én lerares
professeur
schrijver én schrijfster
écrivain
Raadpleeg bij twijfel altijd je woordenboek.

b Enkelvoud en meervoud (*singulier* en *pluriel*)

1 De regel is: meervoud = enkelvoud + s
livre (boek) wordt *livres* (boeken)
photo (foto) wordt *photos* (foto's)
Deze meervouds-s spreek je niet uit.

2 In sommige gevallen gebruikt het Frans bij mannelijke woorden een x in plaats van een s .

De meest voorkomende gevallen zijn:

Regel	Enkelvoud	Meervoud
ail → aux	travail (werk)	travaux (werken)
al → aux	cheval (paard)	chevaux (paarden)
au → aux	cadeau (cadeau)	cadeaux (cadeaus)
eu → eux	neveu (neef)	neveux (neven)
ou → oux	bijou (juweel)	bijoux (juwelen)

Er zijn hierop uitzonderingen:
festival — *festivals*,
fou (gek) — *fous* (gekken)
Kijk daarom bij twijfel in je woordenboek.

3 Als het mannelijk enkelvoud op een s, z of x eindigt, blijft het meervoud hetzelfde:
autobus — *autobus*
prix (prijs) — *prix*
nez (neus) — *nez*

4 Speciale vormen voor het meervoud:
oeil (oog) — *yeux*
madame (mevrouw) — *mesdames*
monsieur (meneer) — *messieurs*
mademoiselle (juffrouw) — *mesdemoiselles*

5 Familienamen en merknamen behouden hun naam in het meervoud zonder s, in tegenstelling tot het Nederlands:
de Mitterrands (de familie Mitterrand)
les Mitterrand
Afkortingen hebben ook geen s in het meervoud:
1 CD — *2 CD* — twee cd's

6 Sommige woorden staan in het Nederlands in het enkelvoud maar in het Frans in het meervoud:
vakantie — *vacances*
huiswerk — *devoirs*
wiskunde — *maths*
bril — *lunettes*

7 Een hoofdletter of een kleine letter?
Net als in het Nederlands:
een hoofdletter bij personen, aardrijkskundige namen (*la France*) en inwoners van steden en landen (*le Parisien, le Français*).
Anders dan in het Nederlands:
een hoofdletter bij de aanhef in officiële brieven: *Monsieur*; *Madame*; *Mademoiselle*.
Bij talen krijg je een kleine letter: *parler français* (Frans spreken). Zie hoofdstuk 6 Het bijvoeglijk naamwoord.

2 Het lidwoord (*l'article*)

De meeste zelfstandige naamwoorden worden in het Nederlands óf met **de** óf met **het** gecombineerd: de kamer, het lokaal. **De** en **het** zijn lidwoorden. Daarnaast kennen we nog een lidwoord: **een**.

Een is een **onbepaald lidwoord**. Dat wil zeggen dat we **een** gebruiken als we iets of iemand voor het eerst tegen iemand anders noemen. Het is dan nog niet bepaald over wie of waarover het gaat. **Het** en **de** zijn bepaalde lidwoorden. Die gebruiken we als de ander al weet over wie of waarover het gaat.

Het Frans kent drie soorten lidwoorden:
A het onbepaald lidwoord (*l'article indéfini*)
B het bepaald lidwoord (*l'article défini*)
C het delend lidwoord (*l'article partitif*)

a Het onbepaald lidwoord (*l'article indéfini*)

1. In het Frans heb je de volgende vormen:

enkelvoud mannelijk:	***un***	***un*** *garçon*	een jongen
enkelvoud vrouwelijk:	***une***	***une*** *fille*	een meisje
meervoud mannelijk en vrouwelijk:	***des***	***des*** *garçons* ***des*** *filles*	jongens meisjes

Het Nederlands heeft dus in het meervoud géén lidwoord, het Frans wel: ***des***.

Bijvoorbeeld: boeken (onbepaald welke en wat voor boeken): ***des*** *livres*

b Het bepaald lidwoord (*l'article défini*)

1 In het Frans heb je de volgende vormen:

Enkelvoud:			
voor een mannelijk woord dat begint met een medeklinker:	***le***	***le*** *garçon* ***le*** *livre*	de jongen het boek
voor een vrouwelijk woord dat begint met een medeklinker:	***la***	***la*** *fille* ***la*** *voiture*	het meisje de auto
voor een mannelijk én vrouwelijk woord dat begint met een klinker of een stomme* h:	***l'***	***l'****ami* ***l'****école* ***l'****hôtel*	de vriend de school het hotel
Meervoud:			
voor alle mannelijke en vrouwelijke woorden:	***les***	***les*** *garçons* ***les*** *filles* ***les*** *amis* ***les*** *hôtels*	de jongens de meisjes de vrienden de hotels

* Een 'stomme' h is een h die je niet uitspreekt. Zie ook hieronder bij 4.
De apostrof vervangt de *e* of de *a* in *le* of *la*.

2 Soms heb je in het Nederlands géén lidwoord maar in het Frans wel het bepaald lidwoord, bijvoorbeeld voor namen van landen, streken en werelddelen:
Vrouwelijk zijn die landen die eindigen op een *e*:
Frankrijk - ***la** France*
Afrika - ***l'**Afrique*
Mannelijk zijn die landen die niet eindigen op een *e*:
Portugal - ***le** Portugal*
Canada - ***le** Canada*
Meervoud zijn sommige landen:
Nederland - ***les** Pays-Bas*
de VS - ***les** États-Unis*

3 Samengestelde vormen die je krijgt als je **de** of **à** met het bepaald lidwoord combineert.

de + bepaald lidwoord:		
de + la	*la voiture **de la** directrice*	de auto van de directrice
de + l'	*la porte **de l'**école*	de deur van de school
de + le wordt ***du***	*le livre **du** professeur*	het boek van de leraar
de + les wordt ***des***	*la chambre **des** enfants*	de kamer van de kinderen

à + bepaald lidwoord :		
à + la	*Je vais **à la** pharmacie*	Ik ga naar de apotheek
à + l'	*Je vais **à l'**hôtel*	Ik ga naar het hotel
à + le wordt ***au***	*Je vais **au** marché*	Ik ga naar de markt
à + les wordt ***aux***	*Je vais **aux** Pays-Bas*	Ik ga naar Nederland

Als je het voorzetsel **de** of **à** combineert met een land, dan gelden de volgende regels:
Als **de** 'uit' betekent en het land vrouwelijk is, dan laat je **la** weg:
*Il vient **d'**Angleterre.*
Hij komt uit Engeland.
Als het land mannelijk is blijft het lidwoord wél behouden:
*la reine **du** Danemark*
de koningin van Denemarken

- *En* of *à*: als je wilt zeggen 'naar' of 'in' een land, dan gebruik je:

En + vrouwelijke landen	*Je vais en Espagne.*	Ik ga naar Spanje.
Au + mannelijke landen	*Elle va au Danemark.*	Zij gaat naar Denemarken.
Aux + landen in het meervoud	*Il est aux États-Unis.*	Hij is in de Verenigde Staten.

Maar als een mannelijk land met een klinker begint krijg je *en* in plaats van *au*:
en Iraq - in Irak

4 Let op de letter **h**:
Je spreekt in het Frans de letter **h** niet uit. Er is echter een verschil tussen de 'stomme h' (*le h muet*) en de 'aangeblazen h' (*le h aspiré*), een verschil dat merkbaar is in de uitspraak.

De stomme h maakt een verbinding mogelijk tussen het lidwoord en het zelfstandig naamwoord:
le hôtel / la heure wordt:
l'hôtel / l'heure
(spreek uit: 'lôtel', 'leur')
les hôtels / les heures blijft
les hôtels / les heures
(spreek uit: 'lezzôtel', 'lezzeur')

De aangeblazen h maakt géén verbinding mogelijk tussen het lidwoord en het zelfstandig naamwoord:
la Hollande - Holland blijft :
la Hollande (spreek uit : 'la Olland')
les Hollandais - de Hollanders blijft :
les Hollandais
(spreek uit : 'lè Ollandè')

Zeg dus nooit 'l'Hollande' of 'lezzollandais'!
Je Prisma woordenboek geeft de *h aspiré* aan met een streepje: *(le) haricot vert.*

c Het delend lidwoord (l'article partitif)

1 Als je in het Nederlands praat over 'brood', 'wijn' of 'auto's', dan gebruik je géén lidwoord.

Het Frans gebruikt in deze gevallen het zogenaamde delend lidwoord voor een zelfstandig naamwoord. Daarmee vertel je dat het om een onbepaalde hoeveelheid of een onbepaald deel van een groter geheel gaat. In het Frans krijg je:

Enkelvoud:		
voor een mannelijk woord dat begint met een medeklinker:	***du*** *pain* ***du*** *vin*	(onbekend hoeveel) brood ***du*** (onbekend hoeveel) wijn
voor een vrouwelijk woord dat begint met een medeklinker: ***de la***	***de la*** *bière* ***de la*** *viande*	(onbekend hoeveel) bier (onbekend hoeveel) vlees
voor een mannelijk én vrouwelijk woord dat begint met een klinker/ een stomme h: ***de l'***	***de l'****eau* ***de l'****argent* ***de l'****huile*	(onbekend hoeveel) water (onbekend hoeveel) geld (onbekend hoeveel) olie

Meervoud:		
Voor alle mannelijk en	**des** *hommes*	(onbekend hoeveel) mannen
vrouwelijke woorden: **des**	**des** *femmes*	(onbekend hoeveel) vrouwen

Het meervoud is hetzelfde als het meervoud van het onbepaald lidwoord *un / une:*

Onbepaald lidwoord:	*des livres*	(onbepaald welke en wat voor) boeken
Delend lidwoord:	*des livres*	(onbepaald hoeveel) boeken

2 Dikwijls kun je wél iets over de hoeveelheid zeggen, bijvoorbeeld 'een beetje brood', 'veel wijn', 'een kilo vlees' of een 'kopje koffie'. In dat geval gebruik je in het Frans alleen maar: **de**.
Ook als je wilt zeggen 'géén bier' of 'géén vrienden meer' gebruik je het woordje **de**. Bij de ontkenning weet je immers ook om hoeveel 'bier' of 'vrienden' het gaat, namelijk 0.
Het maakt niet uit of het woord waarover iets wordt gezegd in het enkelvoud staat ('veel brood') of in het meervoud ('geen vrienden'); je krijgt altijd **de** of **d'** voor een klinker of een stomme h.

assez **de** *bière*	genoeg bier	*pas* **d'***eau*	geen water
beaucoup **de** *pain*	veel brood	*pas* **d'***amies*	geen vriendinnen
un litre **de** *vin*	een liter wijn	*peu* **de** *viande*	weinig vlees
une tasse **de** *café*	een kopje koffie	*un peu* **d'***argent*	een beetje geld

3 Veel voorkomende uitzonderingen op het delend lidwoord **du, de la**, **de l'**, **des**:

- Sommige uitdrukkingen met het werkwoord *avoir* (hebben) krijgen géén delend lidwoord:
  Il a raison.
  Hij heeft gelijk.
  Il a sommeil.
  Hij heeft slaap.
- Als het voorzetsel **de** vast bij een werkwoord hoort, bijvoorbeeld in *parler de* (praten over), dan valt het delend lidwoord ook weg:
  Hij praat altijd over geld.
  Il parle toujours **d'***argent.*
- In uitspraken die een algemene waarheid weergeven: geen delend maar een bepaald lidwoord:
  Le français n'est pas difficile.
  Frans is niet moeilijk.
- Je hebt ook geen delend lidwoord na werkwoorden zoals *aimer* (houden van), *adorer* (dol zijn op), *détester* (een hekel hebben aan), *préférer* (de voorkeur geven aan) en de ontkenningen van die werkwoorden. Daar gebruik je een bepaald lidwoord. Je zegt: *je veux du café* (ik wil koffie), maar:
  J'aime **le** *café.*
  Ik houd van (alle) koffie.
  Je préfère **le** *français*
  Ik heb liever Frans.

Maar: bij het werkwoord *être* (zijn) krijg je het delend lidwoord **du**, **de la**, **de l'**, **des** of het onbepaald lidwoord **un**, **une**, **des** , ook bij de ontkenning:

Ce ne sont pas **des** *tomates, ce sont* **des** *aubergines.*
Dit zijn geen tomaten, dit zijn aubergines.
Ce n'est pas **de l'***argent, c'est* **de l'***or.*
Dit is geen zilver, dit is goud.

3 Het persoonlijk voornaamwoord (*le pronom*)

Woorden als **zij**, **jullie** en **hem** noemen niet zelf iemand of iets. Ze staan in de plaats van wie of wat al eerder genoemd is of al bekend is. Deze voornaamwoorden noemen we **persoonlijke voornaamwoorden**, omdat ze meestal personen aanduiden. Alleen **het** duidt meestal niet op personen maar op dingen. De persoonlijke voornaamwoorden als onderwerp in het Nederlands zijn: **ik**, **jij/je**, **hij**, **zij/ze**, **wij**, **jullie**, **u**, **zij/ze** en soms **het**.

1 In het Frans heb je de volgende vormen:

	1e persoon		2e persoon		3e persoon		
Enkelvoud	*je*	ik	*tu*	jij	*il* *elle*	hij zij	mannelijk vrouwelijk
Meervoud	*nous*	wij	*vous*	u jullie	*ils* *elles*	zij zij	mannelijk vrouwelijk

2 ***Je*** wordt ***j'*** voor een werkwoord dat begint met een klinker of een stomme h.
J'arrive. - Ik kom eraan.
J'habite ici. - Ik woon hier.

3 ***Tu*** (jij) of ***vous*** (u)?
Tu zegt men tegen familie, vrienden en goede kennissen en ***vous*** tegen iemand die dat niet is.

4 ***On*** (men) is een onbepaald voornaamwoord. Zie hoofdstuk 22. In het Frans wordt het zeer vaak gebruikt als onderwerp in de zin in plaats van de persoonlijke voornaamwoorden: *tu, nous, vous* en *ils/elles*.
On parle français ici.
Hier spreken ze Frans.
Alors on sort?
Zullen we uitgaan?
Alors, Pierre, on est content du résultat?
En Piet, ben je tevreden over het resultaat?
Achter *on* staat het werkwoord altijd in de derde persoon enkelvoud zoals na *il* en *elle*.

5 Elk zelfstandig naamwoord dat onderwerp is in de zin kun je vervangen door ***il***, ***elle***, ***ils*** of ***elles***.

L'homme,	*il est là*
La plante,	*elle est verte*
Les livres,	*ils sont difficiles*
Les plantes,	*elles sont vertes*

Als je meerdere woorden vervangt en één daarvan is mannelijk, dan vervang je de hele groep door ***ils***:
Pierre et toutes ses amies, ils sont là.

6 In het Nederlands kan **het** ook onderwerp zijn in de zin.

- In het Frans gebruik je ***ce*** of ***c'*** (voor een klinker) als je naar iemand of iets verwijst:
  Voilà Pierre, c'est un ami, c'est un Belge.
  Het is een vriend, het is een Belg.
  Pierre et Luc, ce sont des amis, ce sont des Belges.
  Het zijn vrienden, het zijn Belgen.
- Je gebruikt ***il*** bij uitdrukkingen om bijvoorbeeld het weer en de tijd aan te geven:
  Il pleut. Het regent.
  Il fait mauvais (temps). Het is slecht weer.
  Il est deux heures. Het is twee uur.

7 In het Nederlands kun je het persoonlijk voornaamwoord nadruk geven:' *ik* ben het',' *jij* praat te veel','*zij* gaan weg'.
In het Frans is dat onmogelijk. Het Frans heeft speciale beklemtoonde vormen: ***moi*** (voor *je*), ***toi*** (voor *tu*), ***lui*** (voor *il*), ***elle, nous, vous, eux*** (voor *ils*), ***elles.***

Deze vormen gebruik je:

- om het onderwerp extra nadruk te geven:
  Moi, je parle. *Ik* praat!
  Eux, ils gagnent. *Zij* winnen!
- los, zonder werkwoord:
  (*Qui parle?) Toi*? (Wie praat?) Jij?
  Non, lui! Nee, hij!
- bij het werkwoord *être* (zijn): je krijgt *c'est* of *ce sont* en daarachter de beklemtoonde vorm:

Enkelvoud		**Meervoud**	
C'est moi (qui parle).	Ik ben het (die praat).	*C'est nous!*	Wij zijn het!
C'est toi!	Jij bent het!	*C'est vous!*	Jullie zijn het! U bent het!
C'est lui!	Hij is het!	*Ce sont eux / elles!*	Zij zijn het!
C'est elle!	Zij is het!	*(C'est eux / elles!)*	(In minder formeel taalgebruik

4 Het werkwoord (*le verbe*)

De regelmatige werkwoorden in de tegenwoordige tijd (*le présent*)

Een werkwoord zegt wat het onderwerp doet en geeft aan in welke tijd iets gebeurt. Bijvoorbeeld: 'de man loopt hard': 'loopt' geeft aan wat de man doet en staat in de tegenwoordige tijd. De vorm van een werkwoord zegt je ook wie iets doet, bijvoorbeeld 'loopt' hoort bij 'de man/hij' en 'lopen' hoort bij 'wij/jullie/zij'.
In het Frans eindigen de meeste werkwoorden op -*ER*, -*IR* of -*RE*.

1 De regelmatige werkwoorden op -*ER* in de *présent*.
Als het hele werkwoord (*l'infinitif*) op -*ER* eindigt, vorm je de tegenwoordige tijd als volgt: je neemt het hele werkwoord, bijvoorbeeld ***parler*** (spreken). Je laat de uitgang -*ER* weg, dan houd je de stam over ***parl-*** en achter die stam zet je de volgende uitgangen: **-e**, **-es**, **-e**, **-ons**, **-ez**, **-ent**.

Een werkwoord zoals ***parler*** wordt dan als volgt vervoegd:

je **parle**	ik spreek
tu **parles**	jij spreekt
il **parle**	hij spreekt
elle **parle**	zij spreekt
nous **parlons**	wij spreken
vous **parlez**	jullie spreken/u spreekt
ils **parlent**	zij spreken
elles **parlent**	zij spreken

Kijk voor bijzondere gevallen, de onregelmatigheden bij de werkwoorden op -*ER*, naar hoofdstuk 9.

2 De regelmatige werkwoorden op -*IR* in de *présent*.
Voorbeeld: ***finir*** (beëindigen). Van het hele werkwoord laat je de uitgang -*IR* weg en achter de stam zet je de volgende uitgangen: ***-is***, ***-is***, ***-it***,- ***issons***, ***-issez***, ***-issent***.

Een werkwoord zoals *finir* wordt dan als volgt vervoegd:

je ***finis***	*nous* ***finissons***
tu ***finis***	*vous* ***finissez***
il ***finit***	*ils* ***finissent***
elle ***finit***	*elles* ***finissent***

3 De regelmatige werkwoorden op -*RE* in de *présent*.
Voorbeeld: ***attendre*** (wachten op). Van het hele werkwoord laat je de uitgang -*RE* weg en achter de stam zet je de volgende uitgangen: ***-s***, ***-s***, **—**, ***-ons***, ***-ez***, ***-ent***.

Een werkwoord zoals *attendre* wordt dan als volgt vervoegd:

j'***attends***	nous ***attendons***
tu ***attends***	vous ***attendez***
il ***attend***	ils ***attendent***
elle ***attend***	elles ***attendent***

5 De onregelmatige werkwoorden *Être, Avoir, Faire, Aller* en *Il y a* in de tegenwoordige tijd

Er is geen regel waarmee je deze werkwoordsvormen kunt maken. Je moet ze uit je hoofd leren.

1 Het werkwoord ***Être*** (zijn).

Enkelvoud

*Je **suis** français(e)*
*Tu **es***
*Il **est***
*Elle **est***

Meervoud

*Nous **sommes** français(es)*
*Vous **êtes***
*Ils **sont***
*Elles **sont***

Als het onderwerp **het** is krijg je : ***c'est****....* of ***ce sont****....*

Pierre, c'est un bon copain.
Pierre et Luc, ce sont des copains.

2 Het werkwoord ***Avoir*** (hebben).

Enkelvoud

***J'ai** faim*
*Tu **as***
*Il **a***
*Elle **a***

Meervoud

*Nous **avons** faim*
*Vous **avez***
*Ils **ont***
*Elles **ont***

In de uitdrukking *il y a* is **a** een vorm van *avoir*.
Als het gaat om de leeftijd gebruik je in het Nederlands het werkwoord 'zijn' maar in het Frans *avoir*.

Tu as quel âge?
Hoe oud ben je?('welke leeftijd heb je?')
J'ai 14 ans.
Ik ben 14 (jaar).

3 Het werkwoord ***Faire*** (doen, maken).

Enkelvoud

*Je **fais** la cuisine*
*Tu **fais***
*Il **fait***
*Elle **fait***

Meervoud

*Nous **faisons** la cuisine*
*Vous **faites***
*Ils **font***
*Elles **font***

Je gebruikt het werkwoord *faire* veel bij:

- sporten: *faire* + delend lidwoord + de sport.
  Je fais du sport.
  Ik sport.
  Elle fait de la natation.
  Zij zwemt.
- het huishouden: *faire* + bepaald lidwoord + activiteit.
  Je fais les courses.
  Ik doe boodschappen.
- talen (als vak):
  Tu fais quoi? Tu fais anglais?
  Wat doe je? Doe je Engels?
- het weer:
  Il fait beau / mauvais.
  Het is mooi / slecht (weer).

4 Het werkwoord ***Aller*** (gaan).

Enkelvoud

*Je **vais** en France*

*Tu **vas***

*Il **va***

*Elle **va***

Meervoud

*Nous **allons** en France*

*Vous **allez***

*Ils **vont***

*Elles **vont***

Als het onderwerp **het** is gebruik je ***ça***:

Ça va (bien).

Het gaat (goed).

Het werkwoord *aller* kan ook 'zullen' betekenen. Daarachter zet je dan een heel werkwoord:

Demain je vais partir.

Morgen zal ik vertrekken; morgen vertrek ik.

Zie verder hoofdstuk 8 Hulpwerkwoorden en de *futur proche*.

5 De uitdrukking ***Il y a*** (er is / er zijn).

Voor het Nederlands **Er** is (enkelvoud) en **Er** zijn (meervoud) heb je één uitdrukking in het Frans: ***il y a.***

Qu'est-ce qu'il y a dans la rue?

Wat is er in de straat?

Dans la chambre il y a un lit et une armoire.

In de kamer staat een bed en een kast.

Dans l'armoire il y a des robes.

Er hangen / zijn jurken in de kast.

Let goed op het verschil tussen *il y a* en het werkwoord *être.*

Onbepaald:

Dans la chambre il y a une table et des chaises.

Er staan stoelen en een tafel.

Sur la table il y a du riz et de la farine.

Er staan rijst en meel op de tafel.

Bepaald:

La table et les chaises sont dans la chambre.

De tafel en de stoelen zijn in de kamer.

La farine est sur la table.

Het meel staat op de tafel.

6 Het bijvoeglijk naamwoord (*l'adjectif*)

Vaak staat tussen een lidwoord en een zelfstandig naamwoord een woord, dat een kenmerk noemt van de persoon, het dier, of het ding, bijvoorbeeld: de **fraaie** hoes van een **mooie** cd.
De woorden **fraai** en **mooi** zijn bijvoeglijke naamwoorden. Ze 'voegen' iets 'bij' aan de betekenis van personen, dieren, planten en dingen.

Het bijvoeglijk naamwoord in het Frans past zich aan aan het zelfstandig naamwoord en heeft dan ook verschillende vormen voor het mannelijk en het vrouwelijk, voor het enkelvoud en het meervoud.

1 Het mannelijk en het vrouwelijk (le *masculin* / le *féminin*).
Algemene regel: **het vrouwelijk** = **het mannelijk** + **e**.
Le garçon est grand De jongen is groot
La fille est *grande* Het meisje is groot

Bijzondere regels:		
-a → *-a*	*sympa-sympa*	aardig
-e → *-e*	*jeune-jeune*	jong
-x → *-se*	*heureux-heureuse*	gelukkig
-f → *-ve*	*sportif-sportive*	sportief
-c → *-que*	*turc-turque*	Turks
-as → *-asse*	*bas-basse*	laag
-el → *-elle*	*réel-réelle*	werkelijk
-en → *-enne*	*italien-italienne*	Italiaans
-er → *-ère*	*premier-première*	eerste
-et → *-ette*	*coquet-coquette*	koket
-on → *-onne*	*bon-bonne*	goed
-eil → *-eille*	*pareil-pareille*	(der)gelijk

Uitzonderingen, aparte vormen:

beau-belle	mooi
blanc-blanche	wit
bref-brève	kort
complet-complète	volledig
concret-concrète	concreet
discret-discrète	bescheiden
doux-douce	zacht
épais-épaisse	dik
faux-fausse	vals
favori-favorite	lievelings-
fou-folle	gek
frais-fraîche	vers, fris
franc-franche	eerlijk
gentil-gentille	lief
grec-grecque	Grieks
gros-grosse	dik
inquiet-inquiète	ongerust
long-longue	lang
mou-molle	zacht
nouveau-nouvelle	nieuw
sec-sèche	droog
sot-sotte	dwaas
vieux-vieille	oud

2 Het meervoud (*le pluriel*).
Algemene regel: **meervoud** = **enkelvoud** + *s.*
Mannelijk: *un grand garçon*
- *deux* grands *garçons*
Vrouwelijk: *une grande fille*
- *deux grandes filles*

Bijzondere regels voor het mannelijk:		
-s → *-s*	*français-français*	Frans
-x → *-x*	*doux-doux*	zacht
-al → *aux*	*original-originaux*	origineel
-eau → *-eaux*	*beau-beaux*	mooi

Uitzonderingen:

banal-banals	banaal, gewoon
final-finals	laatst
fatal-fatals	noodlottig
naval-navals	scheeps-

3 *Beau*, *nouveau* en *vieux* worden *bel*, *nouvel* en *vieil* in het mannelijk enkelvoud voor een klinker of een stomme h:
Un bel homme, *un nouvel appartement,* *un vieil homme*

4 Het bijvoeglijk naamwoord richt zich dus naar het zelfstandig naamwoord. Let daarbij op het volgende:
- Als het bijvoeglijk naamwoord betrekking heeft op *on* past het zich aan de persoon aan die *on* vervangt:
  (*Nous*), *on est pressés* / *on est sportifs.*
  We zijn gehaast / we zijn sportief.
- Als het bijvoeglijk naamwoord betrekking heeft op meerdere zelfstandige naamwoorden, dan geldt:
  Mannelijk + vrouwelijk = mannelijk meervoud
  Le garçon et ses 5 amies (, ils) sont contents.

5 De plaats van het bijvoeglijk naamwoord.
Als je een bijvoeglijk naamwoord en een zelfstandig naamwoord in combinatie met elkaar gebruikt, staat in het Nederlands over het algemeen het bijvoeglijk naamwoord vóór het zelfstandig naamwoord: 'een interessante film'. In het Frans gelden de volgende regels:
A De meeste bijvoeglijke naamwoorden staan achter het zelfstandig naamwoord:
C'est un film intéressant.
Het is een interessante film.
B De volgende bijvoeglijke naamwoorden komen vóór het zelfstandig naamwoord te staan:

autre	ander
beau	mooi
bon	goed
dernier	laatste
gentil	vriendelijk
grand	groot
gros	dik
haut	hoog
jeune	jong
joli	leuk
long	lang
mauvais	slecht
meilleur	beter
nouveau	nieuw
petit	klein
premier	eerste
vieux	oud

C'est un beau film américain.
Het is een mooie Amerikaanse film.

7 De woordvolgorde (*l'ordre des mots*)

a De bevestigende zin (*la phrase affirmative*)

In 'ik spreek Frans' of 'Piet geeft zijn vriendin een cadeau' is er sprake van een mededeling, een bevestiging van een feit. In het Frans heeft de bevestiging een vaste volgorde:

(Bijwoordelijke bepaling)	Onderwerp	Het hele gezegde	Lijdend voorwerp	Meewerkend voorwerp	(Bijwoordelijke bepaling)
	Je	*parle*	*français*		
	Tu	*fais*	*la cuisine*		
(*aujourd'hui*)	*Pierre*	*donne*	*un cadeau*	*à son amie*	(*aujourd'hui*)
(vandaag)	*Il*	*a donné*			(*ce matin*)
(*ce matin*)		(heeft gegeven)			*à la maison*
(vanochtend)		*veut donner*			(thuis)
		(wil geven)			

Opmerkingen:

- Bijwoordelijke bepalingen: over het algemeen achteraan.
- Bepalingen van tijd: of aan het begin of aan het eind.
- Combinaties van bepalingen van plaats en tijd: bij voorkeur eerst de plaats, dan de tijd.
- Als de bepaling aan het begin staat verandert de volgorde in het Frans niet, terwijl het Nederlands het onderwerp en het werkwoord omdraait:
  Aujourd'hui Pierre donne un cadeau à son amie.
  Vandaag geeft Piet zijn vriendin een cadeau.
- Als de bijwoordelijke bepaling maar één bijwoord is, verandert de plaats. Zie hoofdstuk 20.
- Net als in het Nederlands kun je het lijdend voorwerp bepalen door de vraag te stellen: 'wat + gezegde + onderwerp?':
  Wat geeft Piet? *Een cadeau.*
  Pierre, qu'est-ce qu'il donne? Un cadeau.
- In het Nederlands bepaal je het **lijdend voorwerp** door de vraag te stellen: 'aan wie of voor wie + gezegde + onderwerp + lijdend voorwerp?'. In het Frans is het **meewerkend** voorwerp alleen : **à + persoon.**
  Aan wie geeft Piet een cadeau?
  Aan zijn vriendin.
  A qui est-ce que Pierre donne un cadeau?
  À son amie.
- Als je het lijdend voorwerp en / of het meewerkend voorwerp vervangt door een persoonlijk voornaamwoord verandert de plaats. Zie hoofdstuk 12.
- Voor de plaats van de woordjes *en* en *y*: zie hoofdstuk 13.
- Wat betreft het gezegde: voor de andere tijden en de hulpwerkwoorden, zie hoofdstukken 8 en 16.

b De vragende zin (*la phrase interrogative*)

Als de vraag over de hele zin gaat heeft het Frans drie manieren om een zin vragend te maken:

1 **De volgorde van de bevestiging + ?.**
Tu fais la cuisine aujourd'hui?
Het is de meest gebruikelijke manier in de spreektaal (je laat merken dat het een vraag is en geen bevestiging doordat je stem omhoog gaat aan het eind van de zin). Maar ook in de schrijftaal wordt deze manier vaak gebruikt (daar maakt het vraagteken wel duidelijk dat het om een vraag gaat).

2 **Est-ce que + de volgorde van de bevestiging + ?.**
Je stelt daarmee met iets meer nadruk een vraag. Met - staat het vanaf het begin van de zin vast dat het om een vraag gaat.
Est-ce que tu fais la cuisine aujourd'hui?
Est-ce que Pierre donne son cadeau aujourd'hui?

3 **De inversie.**
Je draait onderwerp en persoonsvorm om en zet een verbindingsstreepje ertussen. Dit doe je als het onderwerp een persoonlijk voornaamwoord is. Als het onderwerp een zelfstandig naamwoord is, herhaal je het door *il*, *elle*, *ils* of *elles* en zet je een verbindings-t als het werkwoord op een klinker eindigt:
Pierre, donne-t-il son cadeau?

Uitzondering:

- Korte zinnen als: *Où est Pierre?*
  Waar is Piet?
- Met het onderwerp: geen inversie maar de manieren 1 en 2.

Als je de vraag over een gedeelte van de zin gaat, zoals 'wie doet dat' en 'waarom doe je dat', dan is het vragend voornaamwoord van belang. Zie hoofdstuk 23.

c De ontkennende zin (*la phrase négative*)

Een ontkennende zin is bijvoorbeeld 'jij kookt niet vandaag'. In het Frans maak je een ontkennende zin door ***ne*** vóór de persoonsvorm te zetten en ***pas*** er direct achter.

***niet* = *ne* + *de werkwoordsvorm die je vervoegt* + *pas*.**
Tu ne fais pas la cuisine aujourd'hui.
Jij kookt vandaag niet.
Pierre ne donne pas son cadeau aujourd'hui.
Piet geeft zijn cadeau niet vandaag

Deze volgorde geldt ook voor de andere ontkenningen. Daarin vervang je *pas* door het tweede gedeelte.

ne ... aucun(e)	geen enkele
ne ... pas encore	nog niet
ne ... guère	nauwelijks
ne ... pas non plus	ook niet
ne ... jamais	nooit
ne ... personne	niemand
ne ... jamais rien	nooit iets
ne ... plus	niet meer
ni ... ni ... ni ...	noch ... .noch
ne ... plus rien	niets meer
ne ... nulle part	nergens
ne ... que	slechts, alleen maar
ne ... pas du tout	helemaal niet
ne ... rien	niets

Deze regel geldt altijd behalve als de ontkenning op een heel werkwoord slaat:
Je demande de ne pas faire cela / de ne pas venir.
Ik vraag dat niet te doen / niet te komen.

Het woordje *ne* wordt soms in de spreektaal weggelaten.
Tu sais? Non, je sais pas.
Ik weet het niet.

Een zin kan natuurlijk én vragend én ontkennend zijn. Als je dan een bevestigend antwoord wilt geven zeg je ***si*** in plaats van *oui*.
*Tu n'es pas sportif? **Si**, je suis sportif!*
Ja, jazeker, ik ben (wel) sportief!

d De nadruk-constructie (*la périphrase grammaticale*)

In het Nederlands kun je zeggen: 'ík kook' en 'záterdag kook ik'. In het Frans kan dat niet: dan moet je de speciale constructie met ***c'est* ... *qui* / *c'est* ... *que*** gebruiken.
Als de nadruk op het onderwerp valt zet je het onderwerp tussen *c'est* en *qui*.

C'est moi qui fais la cuisine aujourd'hui.
Ík kook vandaag.

In het zinnetje achter *qui* past het werkwoord zich dus aan het onderwerp aan.
Als de nadruk op een ander zinsdeel valt zet je dat zinsdeel tussen *c'est* en *que*.

C'est samedi que je fais la cuisine.
Záterdag kook ik.

8 De hulpwerkwoorden (*les auxiliaires*) *aller*, *devoir*, *pouvoir*, *savoir* en *vouloir* in de tegenwoordige tijd

Een werkwoord dat in z'n eentje de gebeurtenis uitdrukt is een **zelfstandig werkwoord**: ik **werk**. Daarnaast heb je hulpwerkwoorden. Als het goed is doen die precies wat ze moeten doen: ze helpen. Waarmee helpen ze?
Samen met het zelfstandig werkwoord maken ze duidelijk wanneer iets gebeurt: We **zullen** zien. /Ik **had** het al gezien.
Daarnaast zijn er hulpwerkwoorden die aangeven of iets kan / mag / moet gebeuren, of dat je wilt dat er iets gebeurt.

In het Frans zijn *être* en *avoir* hulpwerkwoorden waarachter een voltooid deelwoord komt. Zie hoofdstuk 16. De overige hulpwerkwoorden komen hier aan de orde. Deze hebben het hele werkwoord achter zich.

1 ***Aller*** (gaan, zullen)
Ik zal vertrekken
Je ***vais*** *partir*
Tu ***vas*** *partir*
Il | elle ***va*** *partir*
Nous ***allons*** *partir*
Vous ***allez*** *partir*
Ils | elles ***vont*** *partir*

Aller + hele werkwoord noem je de *futur proche*: het geeft een nabije toekomst aan. In het Nederlands kun je zeggen 'morgen vertrek ik', maar in het Frans gebruik je voor de toekomst de *futur proche* of de gewone *futur*. Zie hoofdstuk 18.

Ontkenning:
Je ne vais pas partir aujourd'hui.
Ik zal vandaag niet vertrekken.

2 ***Devoir*** (moeten)
Ik moet vertrekken
Je ***dois*** *partir*
Tu ***dois*** *partir*
Il / elle ***doit*** *partir*
Nous ***devons*** *partir*
Vous ***devez*** *partir*
Ils / elles ***doivent*** *partir*
Ontkenning:
Nous ne devons pas partir.
Wij moeten niet vertrekken.

3 ***Pouvoir*** (kunnen, mogen)
Ik kan/mag vertrekken
Je ***peux*** *partir*
Tu ***peux*** *partir*
Il / elle ***peut*** *partir*
Nous ***pouvons*** *partir*
Vous ***pouvez*** *partir*
Ils / elles ***peuvent*** *partir*
Ontkenning:
Il ne peut pas partir.
Hij kan / mag niet vertrekken.

4 ***Savoir*** (weten, kennen, kunnen)
Ik kan Frans spreken
Je ***sais*** *parler français*
Tu ***sais*** *parler français*
Il / elle ***sait*** *parler français*
Nous ***savons*** *parler français*
Vous ***savez*** *parler français*
Ils / elles ***savent*** *parler français*
Ontkenning:
Elle ne sait pas parler grec.
Zij kan geen Grieks spreken.

Verschil tussen ***pouvoir*** en ***savoir*** + hele werkwoord:

Pouvoir = de mogelijkheid, de gelegenheid of de toestemming hebben:

Après l'accident je ne peux pas encore marcher.

Na het ongeluk kan / mag ik nog niet lopen.

En France je peux parler français.

In Frankrijk kan ik Frans spreken.

Savoir = weten, kunnen, geleerd hebben, aanleg hebben voor.

Un petit bébé ne sait pas encore marcher.

Een kleine baby kan nog niet lopen.

Je suis bon en français, je sais parler bien français.

Ik ben goed in Frans, ik kan goed Frans spreken.

5 ***Vouloir*** (willen)

Ik wil Frans spreken

Je ***veux*** *parler français*

Tu ***veux*** *parler français*

Il / elle ***veut*** *parler français*

Nous ***voulons*** *parler français*

Vous ***voulez*** *parler français*

Ils / elles ***veulent*** *parler français*

Ontkenning:

Je ne veux pas partir.

Ik wil niet vertrekken.

Deze vijf werkwoorden kunnen ook zelfstandige werkwoorden zijn, bijvoorbeeld:

Je veux du thé.

Ik wil thee.

9 Onregelmatigheden bij de werkwoorden op *-ER* en *-IR*

1 De werkwoorden op *–ER*

Werkwoorden	Regels	Voorbeelden	Nederlands
Op -stomme *e* + medeklinker +*er*	stomme *e* → *è* als de nadruk erop valt Maar: verdubbeling van de *t* of de *l*	*acheter: j'achète* *nous achetons* *jeter: je jette* *nous jetons* *appeler: j'appelle* *nous appelons*	kopen gooien roepen, noemen
Op -*ger*	*g* → *ge* voor een a of een o	*manger: je mange* *nous mangeons*	eten
Op -*cer*	*c* → *ç* voor een a en een o	*commencer:* *je commence* *nous commençons*	beginnen
Op -*é* + medeklinker + *er*	*é* → *è* als de nadruk erop valt	*préférer: je préfère* *nous préférons*	de voorkeur geven aan
Op -*ayer*, -*oyer*, -*uyer*	*y* → *i* als de nadruk erop valt	*payer: je paie* *nous payons* *essuyer: j'essuie* *nous essuyons*	betalen (schoon)vegen

2 De werkwoorden op *–IR*

Ouvrir (openen) wordt vervoegd als een werkwoord op *-ER*.

j'ouvre
tu ouvres
il / elle ouvre
nous ouvrons
vous ouvrez
ils / elles ouvrent

Op dezelfde manier vervoeg je: *couvrir* (bedekken), *découvrir* (ontdekken), *offrir* (aanbieden), *souffrir* (lijden).

3 Een aparte groep van werkwoorden op *–IR*

partir	(vertrekken)
je pars	*nous partons*
tu pars	*vous partez*
il /elle part	*ils / elles partent*
servir	(bedienen)
je sers	*nous servons*
tu sers	*vous servez*
il /elle sert	*ils /elles servent*

Op dezelfde wijze vervoeg je: *dormir* (slapen), *mentir* (liegen), *sentir* (voelen, ruiken), *sortir* (uitgaan).

10 Het wederkerend werkwoord (*le verbe pronominal*) en het onpersoonlijk werkwoord (*le verbe impersonnel*) in de tegenwoordige tijd (*le présent*)

a Het wederkend werkwoord (*le verbe pronominal*)

Wederkerende voornaamwoorden slaan vrijwel altijd terug op het onderwerp, bijvoorbeeld: Ik vergis **me** nooit. In het Nederlands heb je de volgende wederkerende voornaamwoorden: me, je, zich, ons, je, zich.
'Zich vergissen' is een wederkerend werkwoord.

In het Frans wordt een wederkerend werkwoord als volgt vervoegd:

***se** laver*	(zich wassen)
*je **me** lave*	ik was me
*tu **te** laves*	jij wast je
*il/elle **se** lave*	hij/zij wast zich
*nous **nous** lavons*	wij wassen ons
*vous **vous** lavez*	jullie wassen je
*ils/elles **se** lavent*	zij wassen zich

Me, te, se + klinker of *h* worden: *m',t', s'*.

Het wederkerend voornaamwoord staat op de normale plaats, net als een persoonlijk voornaamwoord dat lijdend voorwerp is.
Ontkenning:

Je ne me lave pas.	Ik was me niet.

Vraag:

Ne se lave-t-il pas?	Wast hij zich niet?

Na hulpwerkwoord:
Je (ne) veux (pas) me laver.
Ik wil me (niet) wassen.
Vous (ne) voulez (pas) vous laver?
Willen jullie je (niet) wassen?
Voor de gebiedende wijs: zie hoofdstuk 19.
Een aantal Franse wederkerende werkwoorden is in het Nederlands niet wederkerend.

se réveiller	wakker worden,
se lever	opstaan

Voor 'elkaar' gebruikt het Frans ook het wederkerend werkwoord.

s'écrire	elkaar schrijven,
se battre	elkaar slaan, vechten

Je voegt eventueel ***l'un l'autre*** **(elkaar)** eraan toe voor de duidelijkheid:

Ils se blessent.	Zij verwonden zich.
Ils se blessent l'un l'autre.	Ze verwonden elkaar.

b Het onpersoonlijk werkwoord (*le verbe impersonnel*)

In 'het regent' is 'het' een onbepaald voornaamwoord en het werkwoord erachter een onpersoonlijk werkwoord.
In het Frans is het onderwerp ***il***, onpersoonlijk in het enkelvoud, net als het werkwoord.

1 ***Il y a*** *Il y a beaucoup de monde ici.*
Er zijn hier veel mensen.
(zie ook hoofdstuk 5):
- Ontkenning: regelmatig
Il n'y a pas de touristes.
Er zijn geen toeristen.
- Na een hulpwerkwoord
Il peut y avoir des touristes.
Er kunnen toeristen zijn.
- Met een tijd
Il y a deux minutes.
Twee minuten geleden.

2 ***Il fait***... en enkele uitdrukkingen om het weer aan te geven:

Quel temps fait-il?
Wat voor weer is het?

Il fait beau.	Het is mooi weer.
Il fait mauvais.	Het is slecht weer.
Il fait du soleil.	Het is zonnig.
Il fait clair.	Het is helder.
Il gèle.	Het vriest.
Il fait froid.	Het is koud.
Il fait de l'orage.	Het onweert.
Il pleut.	Het regent.
Il fait du brouillard.	Het mist.
Il fait chaud.	Het is warm.
Il fait nuit.	Het is nacht.
Il fait du vent.	Het waait.
Il fait 3 degrés.	Het is 3 graden
Il neige.	Het sneeuwt.
Il fait jour.	Het is dag.

3 ***Il faut***

- **A + héél werkwoord = moeten, nodig zijn**
  Il faut partir.
  Men moet/ je moet vertrekken.
- **B + zelfstandig naamwoord = nodig zijn**
  Il faut une clé.
  Er is een sleutel nodig.

Let op het verschil met het Nederlands:

A Nederlands: onderwerp + moeten + héél werkwoord
Frans: ***il* + meewerkend voorwerp + *faut* + héél werkwoord**

- *Je dois partir*
  Il ***me*** *faut partir*
  Ik moet vertrekken
- *Tu dois partir*
  Il ***te*** *faut partir*
  Jij moet vertrekken
- *Il doit partir*
  Il ***lui*** *faut partir*
  Hij moet vertrekken
- *Elle doit partir*
  Il ***lui*** *faut partir*
  Zij moet vertrekken
- *On doit partir*
  Il faut partir
  Je moet/men moet vertrekken
- *Nous devons partir*
  Il ***nous*** *faut partir*
  Wij moeten vertrekken
- *Vous devez partir*
  Il ***vous*** *faut partir*
  Jullie moeten/u moet vertrekken
- *Ils doivent partir*
  Il ***leur*** *faut partir*
  Zij moeten vertrekken
- *Elles doivent partir*
  Il ***leur*** *faut partir*

B Nederlands: onderwerp + nodig hebben + zelfstandig naamwoord
Frans: ***il* + meewerkend voorwerp +*faut* +zelfstandig naamwoord**

J'ai besoin d'un portable.
= Il me faut un portable.
Ik heb een mobiel nodig.
Ils ont besoin d'un portable.
= Il leur faut un portable.
Zij hebben een mobiel nodig.

4 Veel uitdrukkingen zijn onpersoonlijk in het Frans én het Nederlands:

- *Il vaut mieux*
  het is beter
- *Il arrive (beaucoup d'accidents ici*)
  Er gebeuren...
- *Il s'agit de...*
  het gaat om...
- *Il reste (deux personnes*)
  Er blijven over...
- *Il est important / urgent que...*
  Het is belangrijk / dringend dat...

11 Onregelmatige werkwoorden op *-IR*, *-RE* en *-OIR* in de tegenwoordige tijd (*le présent*)

1 Werkwoorden op *-IR*			net zo gaan:
venir komen	***je viens*** ***tu viens*** ***il/elle vient***	***nous venons*** ***vous venez*** ***ils/elles viennent***	*devenir* worden *maintenir* handhaven *obtenir* verkrijgen *revenir* terugkomen *se souvenir de* zich herinneren *tenir* (vast)houden
courir rennen	***je cours*** ***tu cours*** ***il/elle court***	***nous courons*** ***vous courez*** ***ils/elles courent***	*parcourir* doorkruisen *secourir* te hulp snellen
2 Werkwoorden op *-RE*			net zo gaan:
prendre nemen	***je prends*** ***tu prends*** ***il/elle prend***	***nous prenons*** ***vous prenez*** ***ils/elles prennent***	*apprendre* leren *comprendre* begrijpen *entreprendre* ondernemen
vivre leven	***je vis*** ***tu vis*** ***il/elle vit***	***nous vivons*** ***vous vivez*** ***ils/elles vivent***	*suivre* volgen *poursuivre* achtervolgen *survivre* overleven
mettre neerleggen, neerzetten	***je mets*** ***tu mets*** ***il/elle met***	***nous mettons*** ***vous mettez*** ***ils/elles mettent***	*admettre* toestaan *battre* (ver)slaan *combattre* bestrijden *permettre* toestaan *promettre* beloven *soumettre* onderwerpen
boire drinken	***je bois*** ***tu bois*** ***il/elle boit***	***nous buvons*** ***vous buvez*** ***ils/elles boivent***	
conduire leiden, (be)sturen	***je conduis*** ***tu conduis*** ***il/elle conduit***	***nous conduisons*** ***vous conduisez*** ***ils/elles conduisent***	*construire* bouwen *introduire* inleiden *traduire* vertalen
connaître kennen	***je connais*** ***tu connais*** ***il/elle connaît***	***nous connaissons*** ***vous connaissez*** ***ils/elles connaissent***	*apparaître* verschijnen *disparaître* verdwijnen *paraître* schijnen,lijken *reconnaître* her-/er-/verkennen

dire zeggen	***je dis*** ***tu dis*** ***il/elle dit***	***nous disons*** ***vous dites*** ***ils/elles disent***	*contredire* tegenspreken* *interdire* verbieden* *lire* lezen*
écrire schrijven	***j' écris*** ***tu écris*** ***il/elle écrit***	***nous écrivons*** ***vous écrivez*** ***ils/elles écrivent***	*décrire* beschrijven *inscrire* inschrijven *prescrire* voorschrijven
croire geloven	***je crois*** ***tu crois*** ***il/elle croit***	***nous croyons*** ***vous croyez*** ***ils/elles croient***	
rire lachen	***je ris*** ***tu ris*** ***il/elle rit***	***nous rions*** ***vous riez*** ***ils/elles rient***	*sourire* glimlachen
plaire bevallen	***je plais*** ***tu plais*** ***il/elle plaît***	***nous plaisons*** ***vous plaisez*** ***ils/elles plaisent***	*déplaire* niet bevallen *se plaire* het naar de zin hebben
craindre vrezen	***je crains*** ***tu crains*** ***il/elle craint***	***nous craignons*** ***vous craignez*** ***ils/elles craignent***	*atteindre* bereiken *contraindre* dwingen *se plaindre* klagen *rejoindre* zich weer voegen bij

* Maar: *vous lisez / contredisez / interdisez*

3 Werkwoorden op -*OIR*		net zo gaan:	
recevoir ontvangen	***je reçois*** ***tu reçois*** ***il/elle reçoit***	***nous recevons*** ***vous recevez*** ***ils/elles reçoivent***	*apercevoir* opmerken *concevoir* opvatten *décevoir* teleurstellen
voir zien	***je vois*** ***tu vois*** ***il/elle voit***	***nous voyons*** ***vous voyez*** ***ils/elles voient***	*prévoir voorzien* *revoir terugzien*

Zie voor de andere onregelmatige werkwoorden de lijst met onregelmatige werkwoorden achter in dit boek.

- *connaître* en *plaire*: alleen het accent ^ op een *i* voor een *t*.
- *recevoir*: ç alleen voor een o en een u.
- *plaire*: behagen, bevallen. De volgorde in het Frans is: **onderwerp + meewerkend voorwerp + *plaire***

S'il vous plaît.
Alstublieft.
Le livre me plaît.
Het boek bevalt me, ik vind het boek leuk.
Les voitures leur plaisent.
De auto's bevallen hun, zij vinden de auto's leuk.

12 Het persoonlijk voornaamwoord als lijdend voorwerp en meewerkend voorwerp

Woorden als **zij**, **jullie** en **hem** noemen niet zelf iemand of iets. Ze staan in de plaats van wie of wat al eerder genoemd is of al bekend is. Deze voornaamwoorden noemen we **persoonlijke voornaamwoorden**, omdat ze meestal personen aanduiden. Alleen **het** duidt meestal niet op personen maar op dingen. 'Piet geeft het cadeau aan zijn vriendin'. Je kunt ook zeggen:' Piet geeft **het** aan **haar**'.'Het' vervangt 'het cadeau' en is lijdend voorwerp, 'haar' vervangt 'zijn vriendin' en is meewerkend voorwerp. In het Nederlands zijn de persoonlijke voornaamwoorden als lijdend voorwerp én meewerkend voorwerp hetzelfde: **mij (me), jou (je), hem, haar, het, ons, jullie, u, hen, hun.**

1 In het Frans heb je verschillende vormen.

Enkelvoud	Lijdend voorwerp	Meewerkend voorwerp	Betekenis
1e persoon	*Pierre* ***me*** *cherche*	*Pierre* ***me*** *donne la clé*	mij
2e persoon	*Il* ***te*** *cherche*	*Il* ***te*** *donne la clé*	jou
3e persoon mannelijk vrouwelijk	*Je* ***le*** *cherche* *Je* ***la*** *cherche*	*Je* ***lui*** *donne la clé* *Je* ***lui*** *donne la clé*	hem / het haar
Meervoud			
1e persoon	*Il* ***nous*** *cherche*	*Il* ***nous*** *donne la clé*	ons
2e persoon	*Il* ***vous*** *cherche*	*Il* ***vous*** *donne la clé*	jullie / U
3e persoon mannelijk vrouwelijk	*Il* ***les*** *cherche* *Il* ***les*** *cherche*	*Il* ***leur*** *donne la clé* *Il* ***leur*** *donne la clé*	hen, hun

Me, te, le en *la* worden *m', t', l'* en *l'* voor een klinker of een stomme h. De andere vormen blijven zo.

il m'écrit hij schrijft mij,
je l'aide ik help hem / haar

2 Elk zelfstandig naamwoord dat **lijdend voorwerp** is in de zin, zowel personen als zaken, kun je vervangen door *le, la, l'* of *les*:
Je félicite Pierre = je le félicite
j'aime le français = je l'aime
Je félicite Anne = je la félicite
j'aime la salade = je l'aime
Je félicite Pierre et Anne = je les félicite
j'aime les frites = je les aime

Le kan ook een hele zin vervangen:
Tu sais que je vais partir? (Weet je dat ik ga vertrekken?) - *Oui, je le sais.* (Ja, ik weet het.)

3 Elk zelfstandig naamwoord dat **meewerkend voorwerp** is in de zin en dat betrekking heeft op een persoon kun je vervangen door *lui* of *leur*:
Je téléphone à Pierre = je lui téléphone
je téléphone à Anne = je lui téléphone
Je téléphone aux garçons = je leur téléphone
je téléphone aux filles = je leur téléphone
à + persoon wordt dus vervangen door een bovengenoemd persoonlijk voornaamwoord, behalve na de volgende werkwoorden:
s'adresser à (zich richten tot)
penser à (denken aan)
avoir affaire à (te maken hebben met)
se présenter à (zich voorstellen aan)
s'intéresser à (zich interesseren voor)
tenir à (gesteld zijn op)
Bij deze werkwoorden krijg je de beklemtoonde vorm: *à moi, à toi* enzovoort. Zie ook hoofdstuk 3.
Il s'intéresse à moi.
Hij heeft interesse voor mij.
Je pense à elle.
Ik denk aan haar.
Verwar dit *leur* niet met het bezittelijk voornaamwoord:
Je leur téléphone.
Ik bel hen op.
maar:
C'est leur téléphone.
Het is hun telefoon.

4 **De plaats** van het persoonlijk voornaamwoord als lijdend voorwerp en meewerkend voorwerp:
- vóór de persoonsvorm als er sprake is van één werkwoord zoals hierboven, ook in de *passé composé*. Zie hoofdstuk 16.
- vóór het hele werkwoord als er sprake is van: (hulp)werkwoord + heel werkwoord.

Je veux féliciter Pierre.
Je veux le féliciter.
Ik wil hem geluk wensen.
Tu dois parler aux enfants.
Tu dois leur parler.
Je moet met ze praten.
- in de gebiedende wijs is de plaats anders. Zie hoofdstuk 19.

5 **De ontkenning.** Eerst zet je het persoonlijk voornaamwoord op de juiste plaats, daarna zet je de ontkenning rondom de persoonsvorm:
Je ne félicite pas Pierre.
Je ne le félicite pas.
Ik wens hem geen geluk.
Je ne veux pas féliciter Pierre.
Je ne veux pas le féliciter.
Ik wil hem niet feliciteren.

6 Als je twee persoonlijke voornaamwoorden gebruikt is de volgorde:
eerst *me / te / nous / vous*
daarna *le / la / les*
en dan *lui / leur.*
Il me montre la Tour Eiffel.
Il me la montre.
Hij laat me die zien.
Je veux poser la question à Pierre.
Je veux la lui poser.
Ik wil hem die stellen.

13 De voornaamwoorden *en* en *y*

In het Nederlands kun je in plaats van 'ik heb twee boeken nodig' ook zeggen: 'ik heb er twee nodig' en in plaats van 'ik ga naar Parijs' kun je ook zeggen: 'ik ga erheen'. Daarvoor heb je in het Frans de voornaamwoorden ***en*** en ***y***.

1 *en*

De plaats van ***en*** is regelmatig, zoals die van een persoonlijk voornaamwoord dat lijdend voorwerp is.

A ***en*** vervangt: **voorzetsel *de* + naam van zaken**

Il vient de Paris.
Il en vient.
Hij komt er vandaan.
Je veux parler de mes vacances.
Je veux en parler.
Ik wil erover praten.
Maar: als het gaat om een naam van een **persoon**, dan gebruik je:
De* + beklemtoonde vorm van het persoonlijk voornaamwoord (*moi, toi, enzovoort)
Je parle de mon copain.
Je parle de lui.
Ik praat over hem.

B ***en*** vervangt: **delend lidwoord + zelfstandig naamwoord (zaken én personen)**

Het delend lidwoord is onbekend in het Nederlands, de vervanging daarvan door *en* is dan ook niet goed te vertalen. Zie hoofdstuk 2.
Tu veux du café?
Tu en veux?
Wil je 'die','er wat van'?
Tu veux acheter des pommes?
Tu veux en acheter?
Wil je 'er wat van' kopen?

C **Bij getallen** vervangt ***en*** het **zelfstandig naamwoord,** bij **woorden van hoeveelheid** vervangt het ***de* + zelfstandig naamwoord**. Beide bij zaken én personen.

Tu as un portable?
Tu en as un?
Heb je er één?
J'ai beaucoup d'amis.
J'en ai beaucoup.
Ik heb er veel.
In combinatie met een ander persoonlijk voornaamwoord: *en* komt daarachter.
Je veux parler à mon ami de nos vacances.
Je veux lui en parler.
Ontkenning: zet eerst *en* op de juiste plaats, zet daarna de ontkenning rondom de persoonsvorm.
Je ne veux pas trois pommes.
Je n'en veux pas trois.
Je ne veux pas acheter deux kilos de pommes.
Je ne veux pas en acheter deux kilos.

2 *y*

Het woordje ***y*** vervangt: **alle voorzetsels (behalve *de*) + namen van zaken.**
De plaats van *y* is regelmatig, zoals die van een persoonlijk voornaamwoord dat lijdend voorwerp is.

Elle est seule dans la classe.
Elle y est seule.
Ze is er alleen.
Je réponds à ta lettre.
J'y réponds.
Ik geef er antwoord op.

Maar: ***à* + persoon = *lui*, *leur*** (zie meewerkend voorwerp, hoofdstuk 12)

Je réponds à ton ami.
Je lui réponds.
Ik geef hem antwoord.

In combinatie met een ander persoonlijk voornaamwoord: eerst *y*, dan *en*.

Il y a trois professeurs ici.
Il y en a trois ici.
Er zijn er hier drie.

Ontkenning: dezelfde regel als voor *en*.

14 Het aanwijzend voornaamwoord (*le pronom démonstratif*)

Bij aanwijzende voornaamwoorden zou je je vinger kunnen uitsteken om te laten zien wie of wat je bedoelt: **Deze** auto is van **die** mensen daar.

In het Nederlands heb je aanwijzende voornaamwoorden 'dit, dat, deze, die'.
In 'dit boek' is 'dit' een aanwijzend voornaamwoord dat bijvoeglijk is gebruikt en in 'dat van jou' is 'dat' een aanwijzend voornaamwoord dat zelfstandig is gebruikt.
Het Frans heeft hetzelfde onderscheid tussen bijvoeglijk en zelfstandig gebruik.

1 Het aanwijzend voornaamwoord bijvoeglijk gebruikt (*l'adjectif démonstratif*)

Enkelvoud	+ mannelijk woord dat begint met medeklinker	***Ce*** *garçon*	Deze / die jongen
	+ mannelijk woord dat begint met klinker / stomme h	***Cet*** *ami* ***Cet*** *homme*	Deze / die vriend Deze / die man
	+ vrouwelijk woord	***Cette*** *femme* ***Cette*** *amie*	Deze / die vrouw Deze / die vriendin
Meervoud	+ alle mannelijk en vrouwelijke woorden	***Ces*** *amis* ***Ces*** *femmes*	Deze / die vrienden Deze / die vrouwen

Het onderscheid tussen 'deze jongen en 'die jongen' maak je als volgt:
met -***ci***: *ce garçon-ci,* deze jongen (hier), laatstgenoemde.
met -***là***: *ce garçon-là,* deze jongen (daar), eerstgenoemde.

2 Het aanwijzend voornaamwoord zelfstandig gebruikt (*le pronom démonstratif*)

A De onveranderlijke vormen:
ce (*c'*), ***ceci***, ***cela*** (***ça***)
het, dit, dat.

- *ce + être*:
  C'est vrai. Het is waar.
- voor het nadrukkelijk onderscheid tussen dit en dat:
  ceci en ***cela***
  Ceci est faux. Dit (hier) is fout
  Cela est vrai. Dat (daar) is waar.
- Vaak staat ***ça*** in plaats van *cela*:
  (Comment) ça va? (Hoe) gaat het?

B De veranderlijke vormen:
celui mannelijk enkelvoud
celle vrouwelijk enkelvoud
ceux mannelijk meervoud
celles vrouwelijk meervoud

Deze gebruik je:

- met het voorzetsel ***de***:
  Cette école, c'est celle de Marie.
  Die school, dat is die van Marie.
- met -***ci*** of -***là***:
  Deux portables: veux-tu celui-ci ou celui-là? ...
  Wil je deze of die?

15 Het bezittelijk voornaamwoord (*le pronom possessif*)

Bezittelijke voornaamwoorden geven aan wie de bezitter is van de zaak of de persoon die erachter staat: Dat is **jouw** tas en dit is de **mijne**.
In 'jouw tas' is 'jouw' een bezittelijk voornaamwoord dat bijvoeglijk is gebruikt. Het zegt iets van een zelfstandig naamwoord. In 'dit is de mijne' is 'de mijne' een bezittelijk voornaamwoord dat zelfstandig is gebruikt.
In het Frans heb je hetzelfde onderscheid.

a Het bezittelijk voornaamwoord bijvoeglijk gebruikt (*l'adjectif possessif*)

In het Frans past het bezittelijk voornaamwoord zich aan het zelfstandig naamwoord dat erachter staat aan. In het enkelvoud heeft het aparte vormen voor het mannelijk en het vrouwelijk.
In het meervoud is het bezittelijk voornaamwoord voor het mannelijk en het vrouwelijk hetzelfde.

Enkelvoud mannelijk	Enkelvoud vrouwelijk	Meervoud mannelijk / vrouwelijk	
J'ai un livre: c'est ***mon*** *livre*	*une clé: c'est* ***ma*** *clé*	*des livres / des clés: ce sont* ***mes*** *livres /* ***mes*** *clés*	mijn
tu as un livre: c'est ***ton*** *livre*	*une clé: c'est* ***ta*** *clé*	*des livres / des clés: ce sont* ***tes*** *livres /* ***tes*** *clés*	jouw
il a un livre: c'est ***son*** *livre*	*une clé: c'est* ***sa*** *clé*	*des livres / des clés: ce sont* ***ses*** *livres /* ***ses*** *clés*	zijn
elle a un livre: c'est ***son*** *livre*	*une clé: c'est* ***sa*** *clé*	*des livres / des clés: ce sont* ***ses*** *livres /* ***ses*** *clés*	haar
nous avons un livre: c'est ***notre*** *livre*	*une clé: c'est* ***notre*** *clé*	*des livres / des clés: ce sont* ***nos*** *livres /* ***nos*** *clés*	onze
vous avez un livre: c'est ***votre*** *livre*	*une clé: c'est* ***votre*** *clé*	*des livres / des clés: ce sont* ***vos*** *livres /* ***vos*** *clés*	jullie/ uw
ils ont un livre: c'est ***leur*** *livre*	*une clé: c'est* ***leur*** *clé*	*des livres / des clés: ce sont* ***leurs*** *livres /* ***leurs*** *clés*	hun
elles ont un livre: c'est ***leur*** *livre*	*une clé: c'est* ***leur*** *clé*	*des livres / des clés: ce sont* ***leurs*** *livres /* ***leurs*** *clés*	hun

- Kijk in het Frans voor de uitgang altijd naar het zelfstandig naamwoord dat erbij hoort en niet naar de 'bezitter' zoals in het Nederlands.

Il a une clé: c'est sa clé.
Het is zijn sleutel.
Elle a un ami: c'est son ami.
Het is haar vriend.

- Voor een klinker of een stomme h krijg je in het vrouwelijk enkelvoud geen *ma*, *ta* en *sa* maar **mon**, **ton** en **son**:
  amie: *C'est ma petite amie.*
  maar: *C'est mon amie.*
  adresse: *C'est sa propre adresse.*
  maar: *C'est son adresse actuelle.*
- Om extra nadruk of om duidelijkheid te geven kun je in het Frans toevoegen: **à moi, à toi, à lui, à elle, à nous, à vous, à eux, à elles.**
  ma clé à moi. *mijn* sleutel
  son livre à lui *zijn* boek
  son livre à elle *haar* boek
- Als je delen van het lichaam aanduidt en het duidelijk is wie de bezitter is, gebruikt het Frans het bepaald lidwoord:
  Hij breekt zijn arm.
  Il se casse le bras.
  Zij heeft pijn aan haar arm.
  Elle a mal au bras.

b Het bezittelijk voornaamwoord zelfstandig gebruikt (*le pronom possessif*)

	Enkelvoud mannelijk	Enkelvoud vrouwelijk	Meervoud		
			mannelijk	vrouwelijk	
livre / clé	**le mien**	**la mienne**	**les miens**	**les miennes**	de mijne
livre / clé	**le tien**	**la tienne**	**les tiens**	**les tiennes**	de jouwe
livre / clé	**le sien**	**la sienne**	**les siens**	**les siennes**	de zijne/hare
livre / clé	**le nôtre**	**la nôtre**	**les nôtres**	**les nôtres**	de onze
livre / clé	**le vôtre**	**la vôtre**	**les vôtres**	**les vôtres**	de uwe/die van jullie
livre / clé	**le leur**	**la leur**	**les leurs**	**les leurs**	de hunne/hare

In plaats van deze vormen kun je ook in het Frans gebruiken: *à moi*, *à toi*, enzovoort.

Le livre: c'est le tien, il est à toi.
... het is het jouwe, het is van jou.
Les clés: ce sont les leurs, elles sont à eux.
... het zijn de hunne, ze zijn van hen.

16 De voltooid tegenwoordige tijd (*le passé composé*)

Als je zegt: 'ik heb het boek gelezen' dan bedoel je dat het lezen van het boek voltooid is op het moment van spreken: het boek is nu uit. Het gezegde 'heb gelezen' staat in de voltooid tegenwoordige tijd.

Het Frans gebruikt dan de ***passé composé***: *passé* = verleden tijd en *composé* = samengesteld, namelijk uit **hulpwerkwoord *avoir* of *être* + voltooid deelwoord.**

1 Je vervoegt ***avoir*** en zet daarachter het voltooid deelwoord van het werkwoord.
De regelmatige werkwoorden op ***-ER*** hebben een voltooid deelwoord dat eindigt op ***-é***: ***parlé***
De regelmatige wekwoorden op ***-IR*** hebben een voltooid deelwoord dat eindigt op ***-i***: ***fini***
De regelmatige werkwoorden op ***-RE*** hebben een voltooid deelwoord dat eindigt op **u: *attendu***

Parler	Finir	Attendre
j'ai parlé ik heb gesproken	***j'ai fini*** ik heb beëindigd	***j'ai attendu*** ik heb gewacht
tu as parlé	***tu as fini***	***tu as attendu***
il/elle a parlé	***il/elle a fini***	***il/elle a attendu***
nous avons parlé	***nous avons fini***	***nous avons attendu***
vous avez parlé	***vous avez fini***	***vous avez attendu***
ils/elles ont parlé	***ils/elles ont fini***	***ils/elles ont attendu***

Een persoonlijk voornaamwoord als lijdend voorwerp of meewerkend voorwerp zet je vóór de persoonsvorm:

J'ai parlé aux enfants. =
Je **leur** *ai parlé.*
Il a fini le travail. =
Il **l'**a *fini.*

Ontkenning: regelmatig rond de persoonsvorm:

Je n'ai pas parlé aux enfants. =
Je ne leur ai pas parlé.
Il n'a pas fini le travail. =
Il ne l'a pas fini.

Het voltooid deelwoord dat met *avoir* wordt vervoegd verandert niet, behalve als het **lijdend voorwerp** (*le, la, les*) ervóór staat, dan richt het voltooid deelwoord zich naar dat lijdend voorwerp:

Vrouwelijk:

J'ai fini ma thèse. =
*Je l'ai fini***e**.
J'ai entendu les filles. =
*Je les ai entendu***es**.

Mannelijk meervoud:

Elle a vu les garçons. =
*Elle les a vu***s**.

Na een meewerkend voorwerp is er geen verandering:

*Les garçons, je les ai attendu***s**. maar:
Les garçons, je leur ai téléphoné.

Er zijn veel werkwoorden met een **onregelmatig voltooid deelwoord**. De belangrijkste zijn:

	volt. deelw.
avoir	*eu*
être	*été*
faire	*fait*
il faut	*fallu*
apprendre	*appris*
comprendre	*compris*
mettre	*mis*
prendre	*pris*
devoir	*dû*
pouvoir	*pu*
recevoir	*reçu*
savoir	*su*
vouloir	*voulu*
dire	*dit*
écrire	*écrit*
couvrir	*couvert*
ouvrir	*ouvert*
offrir	*offert*
souffrir	*souffert*
boire	*bu*
connaître	*connu*
croire	*cru*
lire	*lu*
voir	*vu*

Zie verder de lijst met onregelmatige werkwoorden achter in dit boek.

2 Sommige werkwoorden worden vervoegd met *être*. Dat zijn **alle wederkerende werkwoorden** en de volgende werkwoorden:

op -*ER*	volt. deelw.	
aller	*allé*	gaan
arriver	*arrivé*	aankomen
entrer	*entré*	binnen komen
monter	*monté*	naar boven gaan, instappen
passer	*passé*	voorbij gaan
rentrer	*rentré*	thuiskomen
rester	*resté*	blijven
retourner	*retourné*	terugkeren
tomber	*tombé*	vallen
op -*IR*		
devenir	*devenu*	worden
mourir	*mort*	sterven
partir	*parti*	vertrekken
repartir	*reparti*	weer vertrekken
revenir	*revenu*	terugkomen
sortir	*sorti*	uitgaan
venir	*venu*	komen
op -RE		
descendre	*descendu*	naar beneden gaan, uitstappen
naître	*né*	geboren worden

Het voltooid deelwoord vervoegd met **être** verandert wel. Het richt zich naar het onderwerp en krijgt dan een extra **-e**, **-s** of **-es** , net als een bijvoeglijk naamwoord.

Persoon mannelijk / vrouwelijk	***Se laver*** zich wassen	***Sortir*** uitgaan
1e persoon m / v	***Je me suis lavé(e)***	***Je suis sorti(e)***
2e persoon m / v	***Tu t'es lavé(e)***	***Tu es sorti(e)***
3e persoon m	***Il s'est lavé***	***Il est sorti***
3e persoon v	***Elle s'est lavée***	***Elle est sortie***
1e persoon m / v	***Nous nous sommes lavé(e)s***	***Nous sommes sorti(e)s***
2e persoon m / v u m / v jullie	***Vous vous êtes lavé(e)*** ***Vous vous êtes lavé(e)s***	***Vous êtes sorti(e)*** ***Vous êtes sorti(e)s***
3e persoon m v	***Ils se sont lavés*** ***Elles se sont lavées***	***Ils sont sortis*** ***Elles sont sorties***

Ontkenning: regelmatig rondom de persoonsvorm.

Je ne me suis pas lavé(e).
Ik heb me niet gewassen.
Elles ne sont pas sorties.
Zij zijn niet uitgegaan.

Van bovengenoemde werkwoorden moet je uit je hoofd leren dat ze met *être* worden vervoegd. Je kunt niet als regel nemen dat 'zijn' in het Nederlands vertaald wordt met *être* in het Frans.

Er zijn veel werkwoorden in het Nederlands die met 'zijn' worden vervoegd terwijl het Franse werkwoord met *avoir* gaat:

Il a commencé. Hij is begonnen.
Elles ont été. Ze zijn geweest.

Bovengenoemde werkwoorden die met *être* worden vervoegd hebben in die betekenis géén lijdend voorwerp bij zich, ze zijn 'onovergankelijk'. Maar bij sommige werkwoorden daarvan is het wel mogelijk een lijdend voorwerp te zetten, ze hebben dan een andere betekenis en worden met *avoir* vervoegd: *descendre* (naar beneden brengen), *monter* (naar boven brengen), *passer* (over...heengaan, doorbrengen), *rentrer* (naar binnen brengen), *retourner* (overhoop halen), *sortir* (naar buiten brengen).

Il est passé à 6 heures.
Hij is om 6 uur voorbij gekomen.
Il a passé une bonne soirée.
Hij heeft een goede avond doorgebracht.
Elle est sortie à Montmartre.
Zij is in Montmartre uitgegaan.
Elle a sorti le vélo du garage.
Ze heeft de fiets uit de garage gehaald.

17 De onvoltooid verleden tijd (*l'imparfait*) en het verschil met de *passé composé*

'Gisteren las ik een boek': je bedoelt: 'ik was een boek aan het lezen, ik had het boek nog niet uit', het lezen was nog onvoltooid. 'Las' is de onvoltooid verleden tijd.

In het Frans noem je die tijd: ***l'imparfait***.
Vorming: je neemt de 1e persoon meervoud van de tegenwoordige tijd van een werkwoord, haalt *-ons* eraf en zet achter de stam de uitgangen: ***-ais, -ais,-ait, -ions, -iez, -aient***.

Parler	***Finir***	***Attendre***
je parlais ik sprak	***je finissais*** ik beëindigde	***j' attendais*** ik wachtte op
tu parlais	***tu finissais***	***tu attendais***
il /elle/ on parlait	***il /elle on finissait***	***il/ elle/on attendait***
nous parlions	***nous finissions***	***nous attendions***
vous parliez	***vous finissiez***	***vous attendiez***
ils/elles parlaient	***ils/elles finissaient***	***ils /elles attendaient***

De enige onregelmatige werkwoordsstam is ***être***. De uitgangen zijn altijd regelmatig.

j'étais ik was
nous étions wij waren

Bijzonderheden:

- de werkwoorden op ***-cer***: ***c + a → ç +a***
  j'avançais ik ging vooruit
- de werkwoorden op ***-ger***: ***g + a → g + e + a***
  je *mangeais* ik at

Gebruik:

De onvoltooid verleden tijd in het Nederlands en de *imparfait* in het Frans komen vaak overeen maar: wanneer je een ***verhaal*** vertelt van wat er in het verleden gebeurde gebruik je in het Nederlands veel vaker de onvoltooid verleden tijd dan in het Frans. Het Frans maakt een duidelijk onderscheid tussen:

Passé composé	Imparfait
1 voor de handelingen die maar **één keer** of een enkele keer plaatsvonden.	1 om een **gewoonte**, een herhaling van handelingen in het verleden uit te drukken.
À l'âge de 2 ans j'ai fait ma première course.	*Quand j'étais petit je faisais toujours des courses.*
..heb ik m'n eerste (berg)tocht gemaakt/ maakte ik..	Toen ik klein was maakte ik altijd (berg) tochten.
2 voor handelingen die **voltooid** zijn, waarvan het wel duidelijk is hoe lang ze duurden.	2 om een handeling uit te drukken die **onvoltooid** is, waarvan niet duidelijk is hoe lang die duurde.
Hier j'ai lu mon roman en deux heures.	*Hier je lisais mon roman pendant des heures.*
Gisteren heb ik m'n roman in twee uur gelezen (het boek is uit).	Gisteren was ik uren lang m'n boek aan het lezen.
3 voor **handelingen** (lang of kort) **die de loop van het verhaal bepalen** en elkaar opvolgen.	3 om een **toestand** te beschrijven in het verleden.
Ce matin je me suis levé à 5 heures, je me suis habillé, j'ai pris mon petit déjeuner et je suis parti...	*Quand j'étais petit enfant j'habitais en Suisse.*
Vanochtend stond ik om 5 uur op, kleedde ik me aan, nam ik m'n ontbijt en ging ik weg...	*...pendant qu'il faisait encore nuit et que mes enfants dormaient encore parce que c'étaient les vacances.*
	....terwijl het nog nacht was en m'n kinderen nog sliepen omdat het vakantie was.

De voltooid verleden tijd (***le plusqueparfait***) vorm je met de ***imparfait* van *avoir* of *être* + voltooid deelwoord**

J'avais parlé.	Ik had gesproken.
J'étais parti.	Ik was vertrokken.

18 De toekomende tijden: de *futur* en de *conditionnel*

'Ik zal het boek lezen' betekent dat je het boek in de toekomst (morgen of volgend jaar) zal lezen. De zin staat in de onvoltooid tegenwoordig toekomende tijd. In het Frans: ***le futur***.
'Ik zou het boek lezen maar...' betekent dat je het eigenlijk zou gaan lezen. Maar er is een omstandigheid of voorwaarde waardoor het misschien wel/niet gebeurt. De zin staat in de onvoltooid verleden toekomende tijd. In het Frans: ***le futur du passé***, ook wel ***le conditionnel*** genoemd omdat er altijd sprake is van zo'n omstandigheid of voorwaarde, een *condition*.

1 De *futur (simple)*

Naast de *futur proche* (zie hoofdstuk 8) gebruikt het Frans ook de algemene toekomende tijd: de *futur* (*simple*).
Vorming: **hele werkwoord + de uitgangen -*ai*, -*as*, -*a*, -*ons*, -*ez*, -*ont*.**

Parler	Finir	Attendre
je parlerai ik zal spreken	***je finirai*** ik zal beëindigen	***j'attendrai*** ik zal wachten op
tu parleras	***tu finiras***	***tu attendras***
il /elle parlera	***il /elle finira***	***il /elle attendra***
nous parlerons	***nous finirons***	***nous attendrons***
vous parlerez	***vous finirez***	***vous attendrez***
ils / elles parleront	***ils /elles finiront***	***ils /elles attendront***

De stomme **e** van de werkwoorden op *-RE* valt weg: *entendre, j'entendrai*
Ontkenning: regelmatig: *Je ne finirai pas le travail* (Ik zal het werk niet afmaken).
De stam van de *futur* is vaak onregelmatig, de uitgangen zijn altijd regelmatig:

Aller	***j'irai***
Avoir	***j'aurai***
Devoir	***je devrai***
Envoyer	***j'enverrai***
Être	***je serai***
Faire	***je ferai***
Il faut	***il faudra***
Savoir	***je saurai***
Venir	***je viendrai***
Voir	***je verrai***
Vouloir	***je voudrai***

De kleine onregelmatigheden bij de werkwoorden op *-ER* (zie hoofdstuk 9) gelden voor alle personen van de *futur*:
je me lèverai / nous nous lèverons
ik zal opstaan / wij zullen opstaan
Zie verder de lijst met onregelmatige werkwoorden achterin.

2 De *conditionnel*

Vorming: **hele werkwoord + de uitgangen *-ais, -ais, -ait, -ions, -iez, -aient.***

Parler	*Finir*	*Attendre*
je parlerais ik zou spreken	***je finirais*** ik zou beëindigen	***j'attendrais*** ik zou wachten op
tu parlerais	***tu finirais***	***tu attendrais***
il /elle parlerait	***il /elle finirait***	***il /elle attendrait***
nous parlerions	***nous finirions***	***nous attendrions***
vous parleriez	***vous finiriez***	***vous attendriez***
ils /elles parleraient	***ils /elles finiraient***	***ils /elles attendraient***

De onregelmatigheden zijn dezelfde als bij de *futur*: *je me lèverais* ik zou opstaan; *j'irais* ik zou gaan.

3 Gebruik van de *futur*

De *futur* gebruik je altijd in de hoofdzin om aan te geven dat iets echt zal gebeuren.
Met een bijzin:

- ***si + présent* in de bijzin, *futur* in de hoofdzin:**
  Si je ***suis*** *chez toi, on sortira.*
  Als ik straks bij je ben zullen we uitgaan.
- ***quand + futur* in de bijzin, *futur* in de hoofdzin:**
  Quand je ***serai*** *chez toi, on sortira.*
  Wanneer ik straks bij je ben /zal zijn, dan gaan we uit / zullen we uitgaan.

4 Gebruik van de *conditionnel*

De *conditionnel* gebruik je altijd in de hoofdzin om aan te geven dat iets alleen onder een bepaalde voorwaarde zal gebeuren.
Met een bijzin:

- ***si + imparfait* in de bijzin, *conditionnel* in de hoofdzin:**
  Si j'avais un million, j'achèterais tout.
  Als ik een miljoen had/ zou hebben, dan kocht ik alles/ zou ik alles kopen.

Verder gebruikt het Frans vaak de *conditionnel* om beleefd iets te vragen:

Je voudrais un pastis.
Ik zou graag een pastis willen.
Sauriez-vous /pourriez-vous me dire...?
Zou u mij kunnen zeggen...

19 De gebiedende wijs (*l'impératif*)

Een bevel is een gebiedende wijs: Schiet op!
Dikwijls gaat het om situaties waarin snel gehandeld moet worden. Bevelen zijn dus kort en omdat duidelijk is dat jij het bevel geeft en aan wie, wordt er geen persoon bij vermeld.

1 Je maakt de gebiedende wijs in het Frans als volgt:

enkelvoud:	meervoud:	meervoud:
je-vorm zonder je	*vous-vorm zonder vous*	*nous-vorm zonder nous*
Parle! - Spreek!	***Parlez!*** - Jullie moeten / u moet spreken!	***Parlons!*** - Laten wij spreken!
Finis! - Beëindig!	***Finissez!*** - Jullie moeten / u moet beëindigen!	***Finissons!*** - Laten we beëindigen!
Attends! - Wacht!	***Attendez!*** - Jullie moeten / u moet wachten!	***Attendons!*** - Laten we wachten!
Uitzondering: *aller: va!*		

2 Een persoonlijk voornaamwoord als lijdend voorwerp of meewerkend voorwerp, *en* of *y* :

- **achter** de persoonsvorm verbonden door een verbindingsstreepje
- *me* wordt ***moi***
  Regarde-moi!
  Kijk me aan!
  Regarde le professeur! Regarde-le!
  Kijk naar hem!
- Gebiedende wijs enkelvoud van de werkwoorden op *–ER*: een extra ***s*** als *en* of *y* erachter komt.
  Parle de tes vacances! Parles-en!
  Praat erover!
- Ontkenning: eerst het voornaamwoord voor de persoonsvorm, dan de ontkenning er omheen.
  Ne me regarde pas! Kijk me niet aan!
  Ne le regarde pas! Kijk hem niet aan!

3 Wederkerende werkwoorden.

- het wederkerend voornaamwoord **achter** de persoonsvorm, verbonden door een streepje
- *te* wordt ***toi***
  Lève-toi! Sta op!
  Levez-vous! Jullie moeten staan!
  Levons-nous! Laten we opstaan!
  Assieds-toi! Ga zitten!
  Asseyez-vous! Gaat (u) zitten!
  Asseyons-nous! Laten we gaan zitten!
- Ontkenning: *te*, *vous* en *nous* op de regelmatige plaats: vóór de persoonsvorm
  Ne te lève pas! Sta niet op!
  Ne vous levez pas! U moet niet opstaan!
  Ne t'assieds pas! Ga niet zitten!

20 Het bijwoord (*l'adverbe*)

Bijwoorden zeggen iets over de omstandigheden waaronder de gebeurtenis van een zin zich afspeelt: Gisteren hebben we **heerlijk** gebarbecued. Ze kunnen ook iets zeggen over een bijvoeglijk naamwoord: Het was **bijzonder** leuk, of over een ander bijwoord: We hebben **erg** lekker gegeten.
Maar bijwoorden zeggen nooit iets over een zelfstandig naamwoord. Dat doet een bijvoeglijk naamwoord.

1 **In het Frans veranderen bijwoorden niet, waar ze ook in de zin staan.**
De vorming van het bijwoord gaat als volgt:
bijwoord = vrouwelijk bijvoeglijk naamwoord + *ment*
bv.nw. *heureux* → *heureuse* →
heureusement gelukkig
bv.nw. *doux* → *douce* →
doucement zacht
uitzonderingen:
-***e*** valt weg als bijvoeglijk naamwoord op een klinker eindigt

absolu – absolument	absoluut
poli – poliment	beleefd
vrai – vraiment	waar
maar: *gai – gaiement*	vrolijk

- ***ement* → *ément***

énorme – énormément	enorm
précis – précisément	precies

- ***ant* → *amment***

constant – constamment	constant

- ***ent* → *emment***

évident – évidemment	duidelijk
maar:	
lent – lentement	langzaam

bon – ***bien***	goed
bref – ***brièvement***	kort
gentil – ***gentiment***	aardig
grave – ***grièvement***	ernstig
long – ***longtemps***	lang
mauvais – ***mal***	slecht
meilleur – ***mieux***	beter

2 Enkele bijvoeglijke naamwoorden worden als bijwoord gebruikt in bepaalde uitdrukkingen.
parler ***bas, haut, fort***:
zachtjes, luid, hard praten
coûter/payer ***cher***
veel kosten/voor iets betalen
sentir ***bon, mauvais***
lekker, slecht ruiken
travailler ***dur***
hard werken

3 Van sommige bijvoeglijke naamwoorden kun je géén bijwoord maken in het Frans. Vaak gaat het dan om een bepaalde manier van kijken of praten.
Dan gebruik je:
***de façon / d'une façon, d'une manière, d'un air, d'un ton* + bijvoeglijk naamwoord**
Il parle d'un ton fâché.
Hij praat boos.
Elle regarde d'un air triste.
Ze kijkt droevig.
('*fâchément*' / '*tristement*' is onmogelijk)

4 ***Bien*, *mal*, *mieux*** vind je ook waar je een bijvoeglijk naamwoord zou verwachten, bijvoorbeeld na *être*:
On est bien / mieux ici.
We zitten hier goed / beter.
Ce n'est pas mal.
Het is niet slecht.

5 ***Vite*** (snel): naast *rapidement* vind je ook *vite*. Het woordje *vite* bestaat alleen als bijwoord.

6 **Speciale gevallen**:
- **zeer / erg / veel + werkwoord: *beaucoup***
  Elle s'entraîne beaucoup.
  Zij traint veel.
- **zeer / erg + bijvoeglijk naamwoord: *très, bien***
  Il est très /bien /sportif.
  Hij is erg sportief.
- **zeer / erg + bijwoord: *très, bien***
  Il y va très/ bien souvent.
  Hij gaat er erg vaak heen.
  Maar: 'heel erg veel' is nooit 'très beaucoup', zeg dan: *beaucoup, vraiment beaucoup* of *énormément*.
- **te veel: *trop***
  trop souvent
  te vaak

7 De **plaats** van het bijwoord.
- bij **één werkwoord** zet je het bijwoord erachter.
  Ils jouent bien / sportivement.
  Ze spelen goed / sportief.
- met de ***passé composé*** en bij een **hulpwerkwoord** + **heel werkwoord**:
  Korte bijwoorden, van 1 of 2 lettergrepen, zet je **achter de persoonsvorm**:
  assez genoeg
  déjà al, reeds
  mal slecht
  bien goed
  mieux beter
  presque bijna
  donc dus
  souvent vaak
  toujours altijd
  même zelfs
  très erg
  Ils ont bien joué.
  Ze hebben goed gespeeld.
  Langere bijwoorden zet je **achteraan**:
  Ils ont joué sportivement.
  Ze hebben sportief gespeeld.
  Ils ont su se défendre courageusement.
  Ze hebben zich moedig weten te verdedigen.
- met een **bijvoeglijk naamwoord** of een ander **bijwoord** zet je het bijwoord **ervoor**:
  Zidane est un très bon joueur.
  Zidane is een heel goede speler.
  Zidane joue merveilleusement bien.
  Zidane speelt wonderlijk goed.
- als het bijwoord op een **hele zin** slaat: helemaal **vooraan**:
  Heureusement, tout s'est bien passé.
  Gelukkig is alles goed verlopen.

Voor de bijwoorden: zie ook hoofdstuk 21 De trappen van vergelijking.

21 De trappen van vergelijking (*les degrés de comparaison*)

In 'die flat is hoger' en 'Jan loopt harder' staan 'hoger' en 'harder' in de vergrotende trap. De overtreffende trap is dan 'die flat is het hoogst' en 'Jan loopt het hardst'.

In het Frans noemen we de vergrotende trap ***le comparatif*** en de overtreffende trap ***le superlatif***.

a De vergrotende trap: *Le comparatif*

A Vergelijking met een bijvoeglijk naamwoord of een bijwoord			
+ : plus ... que	*Il est **plus** petit **que...***	*Il va **plus** vite **que** Jean*	kleiner / sneller dan...
-: moins ... que	*Il est **moins** petit **que...***	*Il va **moins** vite **que** lui*	minder klein / minder snel dan...
= : aussi ... que	*Il est **aussi** petit **que...***	*Il va **aussi** vite **que** moi*	even klein / snel als ...
B Vergelijking met een werkwoord of met een zelfstandig naamwoord			
+ : plus ... que	*Il boit **plus que** moi*	*Il boit **plus** de vin **que..***	meer / meer wijn dan...
-: moins ... que	*Il boit **moins que** moi*	*Il boit **moins** de vin **que***	minder / minder wijn dan
= : autant ... que	*Il boit **autant que** moi*	*Il boit **autant** de vin **que** ...*	evenveel / even veel wijn als...

Als je alleen maar iets zegt over de hoeveelheid of over de intensiteit zonder dat je vergelijkt:

- **meer dan + telwoord**:
  *J'ai **plus de** 100 euros.*
  Ik heb meer dan 100 euro.
- **minder dan + telwoord**:
  *Elle a **moins de** 13 ans.*
  Zij is jonger dan 13.
- **zoveel** + werkwoord + dat:
  *Il travaille **tellement/tant que...***
  Hij werkt zoveel dat ...
- **zoveel** + zelfst. naamw. + dat:
  *Il a **tant/tellement** d'argent **que**...*
  Hij heeft zoveel geld dat ...
- **zoveel** + bijv. naamw. + dat:
  *Il est **si/tellement** rapide **qu'**il a gagné*
  Hij is zo snel dat hij ...
- **zoveel** + bijwoord + dat:
  *Il court **si/tellement** vite **qu'**il a gagné.*
  Hij rent zo hard dat hij ...

Steeds meer:
*Il travaille **de plus en plus**.*
*Il gagne **de plus en plus** d'argent.*
Steeds minder:
*Il travaille **de moins en moins**.*
*Il gagne **de moins en moins** d'argent.*

b De overtreffende trap: *Le superlatif*

Vorming:

- ***le, la, les* + *plus* of *moins* + bijvoeglijk naamwoord**
  Jean est le plus petit = le moins grand de la classe.
  Jan is de kleinste van de klas.
  Anne est la plus petite = la moins grande de la classe.
  Anne is de kleinste van de klas.
  Ces filles sont les plus petites de la classe.
  Deze meisjes zijn de kleinste ...
- ***le* + *plus* of *moins* + bijwoord**
  Il court le plus vite de l'équipe.
  Hij rent het hardst van de ploeg.
- **alleen met een werkwoord: *le plus* of *le moins***
  Elles travaillent le plus / le moins.
  Zij werken het meest / het minst.

De plaats van de *superlatif*:

Als het bijvoeglijk naamwoord normaal **vóór** het zelfstandig naamwoord staat: **de *superlatif* ook ervóór**:
Il est le plus petit garçon de la classe.
Hij is de kleinste jongen van de klas.

Als het bijvoeglijk naamwoord normaal **achter** het zelfstandig naamwoord staat: **de *superlatif* erachter**:
Il est le garçon le moins sportif de la classe.
Hij is de minst sportieve jongen ...

3 Speciale vormen van *bon* - *bien*.

Bijvoeglijk naamwoord:

bon(s) – meilleur(s) – le(s) meilleur(s) (m)
bonne(s) – meilleure(s) – la / les meilleure(s) (v)
goed – beter – de beste
Ils sont meilleurs que nous.
Zij zijn beter dan wij.
Ils sont les meilleurs (joueurs) de notre équipe.
Zij zijn de besten (de beste spelers) van onze ploeg.

Bijwoord:

bien – mieux – le mieux
goed – beter – het best
Elle joue mieux que Pierre.
Zij speelt beter dan Pierre.
Elle joue le mieux de toutes.
Zij speelt het beste van allemaal.

22 Het onbepaald voornaamwoord (*pronom indéfini*)

Soms vertel je niet over een bepaald persoon of ding, maar blijft het een beetje vaag over wie of wat je het hebt: **Men** is er niet voor. **Alles** zit tegen. Er ging **iets** mis. **Iemand** zei.... Die woorden noemen we onbepaalde voornaamwoorden.

De onbepaalde voornaamwoorden in het Frans zijn:

1 ***aucun*** **- geen enkele, geen een**
Onderwerp ***aucun(e) ne ...***
Aucun ami n'est là. Geen enkele vriend is er.
Aucun de mes amis n'est là.
Geen enkele van mijn vrienden is er.
Lijdend voorwerp ***ne*** ... ***aucun(e)***
Je ne vois aucun ami.
Ik zie geen enkele vriend.
Je ne vois aucun de mes amis.
Ik zie geen enkele van mijn vrienden

In de *passé composé* en na een hulpwerkwoord: *aucun* naar achteren.
Je ne veux voir aucun de mes amis.
Ik wil geen enkele van mijn vrienden zien.

2 ***autre*** **- ander, anders**
un autre(ami)
een ander(e vriend)
autre chose
iets anders

3 ***certain*** **- (een) zekere, sommige(n)**
un certain Dupont
een zekere Dupont
certains élèves
sommige leerlingen

4 ***chacun/ chaque*** **- elk**
chaque enfant
elk kind
chacune des filles
elk van de meisjes

5 ***différent*** **- verschillend**
J'ai différents amis.
Ik heb verschillende vrienden.

6 ***même*** **- dezelfde, hetzelfde, zelf**
la même chose
hetzelfde
ce livre, j'ai le même
ik heb hetzelfde
moi-même, toi-même, lui-même
ikzelf, jijzelf, hijzelf
chacun pour soi-même
ieder voor zich(zelf)

7 ***n'importe...*** **- maakt niet uit...**
n'importe quel prix
maakt niet uit welke prijs
n'importe qui
maakt niet uit wie

8 ***on*** **- men**
On dit cela.
Dat zegt men.

9 ***personne*** **- niemand**
Onderwerp
personne ne...
Personne n'a téléphoné.
Niemand heeft gebeld.
Lijdend voorwerp
ne ... personne
Je ne vois personne.
Ik zie niemand.
Meewerkend voorwerp
ne ... à personne
Je ne parle à personne.
Ik spreek niemand.
In *passé composé* en na hulpwerkwoord: *personne* helemaal achteraan.
Elle n'a voulu parler à personne.
Ze heeft met niemand willen praten.

10 ***plusieurs*** **- verscheidene(n)**
J'ai invité plusieurs amis.
Ik heb verscheidene vrienden uitgenodigd.

11 ***quelque*** **- een of andere, enkele(n)**
quelques garçons
enkele jongens
quelqu'un **- iemand,** ***quelque chose*** **- iets,** ***quelques- un(e)s*** **- enkelen, sommigen**

12 ***rien*** **- niets**
Onderwerp
rien ne ...
Rien n'est sûr. Niets is zeker.
Lijdend voorwerp
ne ... rien
Elle n'a rien fait. Ze heeft niets gedaan.

13 ***tout***
tout **= alles**
Vous avez tout donné?
Heeft u alles gegeven?
tout à fait
helemaal
pas du tout
helemaal niet
rien du tout
helemaal niets
tous **= allen** (m)
Tous sont venus.
Ze zijn allemaal gekomen.
toutes **= allen** (v)
Toutes sont venues.
Ze zijn allemaal gekomen.
tout(e) **+ zelfstandig naamwoord = elk**
tout homme
elk mens
de toute façon/en tout cas
in elk geval
tout(e) **+** ***le, la*** **of voornaamwoord + zelfstandig naamwoord = heel, geheel**
tout le monde
iedereen
toute son oeuvre
heel haar / zijn werk
tous / toutes **+** ***les*** **of voornaamwoord + zelfstandig naamwoord = alle**
tous les garcons
alle jongens
toutes ses copines
al zijn / haar vriendinnen
tous les dimanches
alle zondagen = elke zondag

23 Het vragend voornaamwoord (*le pronom interrogatif*) en andere vraagwoorden

Met wie vraag je in het Nederlands naar mensen, met wat naar dingen. Met welk(e) kan je naar allebei vragen: Van wie heb je dat gehoord? Wat hebben ze precies verteld? En over welke zaken / mensen hebben ze het nog meer gehad? Het zijn vragende voornaamwoorden.

Het Frans kent de volgende vragende voornaamwoorden:

1 Het vragend voornaamwoord zelfstandig gebruikt (*le pronom interrogatif*)

Wie? Onderwerp		Wat? Onderwerp	
***Qui est-ce qui** est venu?*	Wie is gekomen?	***Qu'est-ce qui** te plaît ?*	Wat bevalt je?
Wie? Lijdend voorwerp		**Wat? Lijdend voorwerp**	
***Qui** as-tu vu?* ***Qui est-ce que** tu as vu?* *Tu as vu **qui**?*	Wie heb je gezien?	***Que** fais-tu?* ***Qu'est-ce que** tu fais?* *Tu fais **quoi**?*	Wat doe je?
Wie? Na een voorzetsel		**Wat? Na een voorzetsel**	
*Avec **qui** voyages-tu?* *Avec **qui** est-ce que tu voyages?* *Tu voyages avec **qui**?*	Met wie reis je?	*De **quoi** parles-tu?* *De **quoi** est-ce que tu parles?* *Tu parles de **quoi**?*	Waarover praat je?

Wie? onderwerp: ***Qui est-ce qui***?, heel vaak afgekort tot ***Qui***:
Qui est venu?

Wat? onderwerp: ***Qu'est-ce qui***?, heel zelden afgekort tot ***Que:***
Que se passe-t-il?
Wat gebeurt er?

Als het vraagwoord niet het onderwerp is zijn er drie manieren om een vraag te maken:

- **kort vraagwoord + werkwoord + onderwerp**
- **vraagwoord + *est-ce que* + onderwerp + werkwoord**
- **gewoon de bevestigende zin + vraagwoord**. Deze heeft de voorkeur in de spreektaal.

Welke?: ***lequel, laquelle, lesquels, lesquelles***, voor personen of zaken die net genoemd zijn
Voici deux livres. Lequel des deux veux-tu?
Welke van de twee wil je?
Voilà beaucoup de voitures. Laquelle / lesquelles veux-tu?
Welke wil je?

2 Het vragend voornaamwoord bijvoeglijk gebruikt (*l'adjectif interrogatif*)
Vormen: ***quel, quelle, quels, quelles***.
Quel âge as-tu?
Hoe oud ben je?
Quelle heure est-il?
Hoe laat is het?
Quel temps fait-il?
Wat voor weer is het?
Tu prends quelle clé?
Welke sleutel neem je?
Wat + werkwoord 'zijn' + zelfstandig naamwoord = *quel* + *être* + zelfstandig naamwoord
Wat (=welk) is jouw niveau?
***Quel** est ton niveau?*
Wat (=welke) zijn uw voorwaarden?
***Quelles** sont vos conditions?*

3 Bij de vraagwoorden *à quelle heure* (hoe laat?), ***combien*** (hoeveel?), ***comment*** (hoe?), ***où*** (waar?), ***pourquoi*** (waarom?), ***quand*** (wanneer?) heb je dezelfde drie mogelijkheden als hierboven vermeld:
Waar woont u?:
Où habitez-vous?
Où est-ce que vous habitez?
Vous habitez où?

4 Hierboven gaat het telkens om een directe vraag die je aan iemand stelt, bijvoorbeeld: *Qui est venu?*
Je praat over een **indirecte vraag** als je bijvoorbeeld zegt: ik vraag u / ik weet niet / zeg me wie er komt.
Het vraagwoord is dan hetzelfde als in de directe vraag behalve:

- *qu'est-ce qui* wordt: ***ce qui***:
  *Je te demande **ce qui** te plaît.*
  Ik vraag je **wat** je bevalt.
- *qu'est- ce que* wordt: ***ce que***:
  *Dis-moi **ce que** tu fais.*
  Zeg me **wat** je doet.

24 Het betrekkelijk voornaamwoord (*le pronom relatif*)

In 'De jongen **die** daar loopt, ken ik' is 'die daar loopt' een bijzin bij de hoofdzin 'De jongen ken ik.' In 'Maar het meisje met **wie** hij hand in hand loopt, ken ik niet' is 'met wie hij hand in hand loopt' ook zo'n bijzin. Dit zijn bijzinnen zonder voegwoord die altijd beginnen met een woord (of met twee woordjes zoals 'met wie') dat terugslaat op een woord in de hoofdzin. De woorden waarop het begin van de bijzinnen terugslaat, zijn zelfstandige naamwoorden. Daarom noemen we ze betrekkelijke voornaamwoorden want ze hebben betrekking op het voorafgaande zelfstandig naamwoord.

De vormen in het Frans zijn de volgende:

Onderwerp in de bijzin: na personen én zaken *qui*

*L'homme **qui** marche là est mon oncle.*
De man die daar loopt is mijn oom.

Lijdend voorwerp in de bijzin: na personen én zaken *que* / *qu'*

*L'homme **que** tu vois là est mon oncle.*
De man die je daar ziet is mijn oom.

Voorzetsel *de* + '*qui* / *qu'*' in de bijzin: na personen én zaken *dont*

*L'homme **dont** je parle est mon oncle.*
De man over wie ik praat is mijn oom.
*Le livre **dont** tu parles est très beau.*
Het boek waarover je praat is heel mooi.

Ander voorzetsel dan *de*: na personen dat voorzetsel + *qui*

*L'homme **à qui** je téléphone est mon oncle.*
De man die ik bel is mijn oom.

Ander voorzetsel dan *de*: na zaken dat voorzetsel + *lequel, laquelle, lesquels, lesquelles*

*L'entreprise **à laquelle** je téléphone est française.*
De onderneming die ik bel is Frans.

- *à + lequel* ➔ *auquel*
  à + lesquels/lesquelles ➔ *auxquels/auxquelles*
- waarin/waarheen/waarop: *où*
  le jour où je suis parti
  de dag waarop ik vertrokken ben
- wie: als 'wie' eigenlijk een samentrekking is van 'hij/degene/zij die', dan gebruik je *celui, celle, ceux, celles qui* of *que:*
  Ceux qui sont absents ne seront pas informés.
  Wie er niet is, zal niet geïnformeerd worden.
- wat: als 'wat' eigenlijk een samentrekking is van 'dat wat', dan gebruik je als onderwerp *ce qui* en als lijdend voorwerp *ce que:*
  Ce qui est beau à Paris, c'est le Louvre.
  Wat mooi is in Parijs, is het Louvre.
  Ce que tu dis là, ce n'est pas vrai.
  Wat je daar zegt is niet waar.

25 Het telwoord en de klok

'Twee' geeft een aantal aan en is een hoofdtelwoord, 'tweede' geeft een plaats in een rij aan en is een rangtelwoord.
Het Frans kent hetzelfde onderscheid in telwoorden.

a Het hoofdtelwoord *(l'adjectif numéral cardinal)*

0 zéro
1 un(e)
2 deux
3 trois
4 quatre
5 cinq
6 six
7 sept
8 huit
9 neuf
10 dix
11 onze
12 douze
13 treize
14 quatorze
15 quinze
16 seize
17 dix-sept
18 dix-huit
19 dix-neuf
20 vingt
21 vingt et un(e)
22 vingt-deux
23 vingt-trois
24 vingt-quatre
25 vingt-cinq
26 vingt-six
27 vingt-sept
28 vingt-huit
29 vingt-neuf
30 trente
31 trente et un(e)
32 trente-deux
33 trente-trois
40 quarante
50 cinquante
60 soixante
70 soixante-dix
71 soixante et onze
72 soixante-douze
73 soixante-treize
74 soixante-quatorze
75 soixante-quinze
76 soixante-seize
77 soixante-dix-sept
78 soixante-dix-huit
79 soixante-dix-neuf
80 quatre-vingts
81 quatre-vingt-un
82 quatre-vingt-deux
83 quatre-vingt-trois
84 quatre-vingt-quatre
85 quatre-vingt-cinq
86 quatre-vingt-six
87 quatre-vingt-sept
88 quatre-vingt-huit
89 quatre-vingt-neuf
90 quatre-vingt-dix
91 quatre-vingt-onze
92 quatre-vingt-douze
93 quatre-vingt-treize
94 quatre-vingt-quatorze
95 quatre-vingt-quinze
96 quatre-vingt-seize
97 quatre-vingt-dix-sept
98 quatre-vingt-dix-huit
99 quatre-vingt-dix-neuf
100 cent
101 cent un(e)
102 cent deux
200 deux cents
201 deux cent un(e)
300 trois cents
400 quatre cents
500 cinq cents
600 six cents
700 sept cents
800 huit cents
900 neuf cents
1000 mille
2000 deux mille
2000000 deux millions
1000000000 un milliard

- bij 1, 21, 31, enzovoort kan er ook het vrouwelijk staan:
  101 vrouwen *cent et une femmes*
- bij 21, 31, 41, 51, 61, 71: tiental + *et un*; bij 101, 201: honderdtal + *un* zonder *et*
- bij alle andere getallencombinaties: een verbindingsstreepje
- bij *quatre-vingts* en de honderdtallen een ***s*** voor het meervoud alleen als er geen getal meer volgt.
- *mille* krijgt geen *s* in het meervoud; *million* / *milliard* krijgt dat wel.

b Het rangtelwoord (*l'adjectif numéral ordinal*)

Vorming: hoofdtelwoord + **-ième**, behalve: *premier* / *première*:
1e *premier*
2e *deuxième* (=*second*)
3e *troisième*
4e *quatrième*
5e *cinquième*

- Bij data in het Frans: ***le*** +hoofdtelwoord,behalve *premier*
  C'est ***le*** *premier octobre.*
  Het is 1 oktober / het is (op) de 1e oktober.
  Du *quinze septembre* ***au*** *deux octobre*
  Van de 15e september tot de 2e oktober

In combinatie met de dag wordt het: ***le*** + dag + datum
On est / nous sommes ***le*** *vendredi premier octobre.*
Het is nu vrijdag de 1e oktober.

c De klok

Om precies te vertellen hoe laat het is gebruik je in het Frans ***il est.***
Quelle heure **est**-il? Hoe laat is het?
Il est *une heure.* Het is 1 uur.
Als je de klok rond gaat moet je bij het eerste halfuur de minuten bij het uur optellen en bij het tweede halfuur moet je de minuten van het volgende uur aftrekken. ***Et*** = + en ***moins*** = -.

Als de klok op 3 uur staat (*il est trois heures*) ga je als volgt de klok rond:
3.05 *il est trois heures cinq*
3.10 *il est trois heures dix*
3.15 *il est trois heures et quart*
3.20 *il est trois heures vingt*
3.25 *il est trois heures vingt-cinq*
3.30 *il est trois heures et demie*
3.35 *il est quatre heures moins vingt-cinq*
3.40 *il est quatre heures moins vingt*
3.45 *il est quatre heures moins le quart*
3.50 *il est quatre heures moins dix*
3.55 *il est quatre heures moins cinq*
4.00 *il est quatre heures*

De andere tijden op de dag vorm je op dezelfde manier.
7.45 *il est huit heures moins le quart*
het is kwart voor acht
Maar:
12 00 's middags *il est midi* (m)
12.30 *il est midi et demi*
12.00 's nachts *il est minuit* (m)
00.30 *il est minuit et demi*
Om een duidelijk onderscheid te maken tussen 's morgens (*le matin*), 's middags (*l'après-midi*) en s'avonds (*le soir*) zet je die uitdrukkingen achter de tijd.
15.45 *il est quatre heures moins le quart de l'après-midi*
Voor de officiële ('digitale') tijd op bijvoorbeeld stations en luchthavens gebruik je de gewone telwoorden
(il est) quinze heures quarante-cinq
Als je wilt zeggen hoe laat je iets doet of hoe laat iets gebeurt, zet je het voorzetsel ***à*** vóór de tijd.
12.15 We zijn om kwart over twaalf uit / klaar. *Nous finissons à midi et quar*

Vervoeging van Franse werkwoorden

De vervoegingen van de werkwoorden *avoir* en *être* en die van de regelmatige werkwoorden (op *-er*, *-ir*, *-re* en *-(ev)oir*) zijn in hun geheel gegeven.
Van de meest voorkomende onregelmatige werkwoorden zijn alleen de *infinitif*, het *participe présent*, het *participe passé* en de onregelmatige vormen gegeven.

Van de *infinitif* (onbepaalde wijs) vormt men:
- de *futur* (onvoltooid tegenwoordige toekomende tijd) met de uitgangen: *-ai, -as, -a, -ons, -ez, -ont;*
- de *futur du passé*, ook wel *conditionnel présent* genoemd, (onvoltooid verleden toekomende tijd) met de uitgangen: *-ais, -ais, -ait, -ions, -iez, -aient.* Bij de werkwoorden op *-(ev)oir* valt hierbij de *-oi* weg en bij de werkwoorden op *-re* de slot-*e*.

Van het *participe présent* (tegenwoordig deelwoord) vormt men:
- het meervoud van de *présent* (onvoltooid tegenwoordige tijd) door *-ant* te veranderen in: *-ons, -ez, -ent.* Bij de werkwoorden op *-(ev)oir* eindigt de 3e persoon meervoud op *-oient;*
- de *imparfait* (onvoltooid verleden tijd) door *-ant* te veranderen in: *-ais, -ais, -ait, -ions, -iez, -aient.*
- de *présent du subjonctif* (onvoltooid tegenwoordige tijd van de aanvoegende wijs) door *-ant* te veranderen in: *-e, -es, -e, -ions, -iez, -ent.*

Van het *participe passé* (verleden deelwoord) vormt men:
- de *passé composé* (voltooid tegenwoordige tijd) en de *plus-que-parfait* (voltooid verleden tijd).

Van de *présent* (tegenwoordige tijd) vormt men:
- de *impératif* (gebiedende wijs) door *je*, *nous* en *vous* weg te laten.

Gebruikte afkortingen:

ns	nous
vs	vous
part.	participe
prés.	présent

Van de werkwoorden worden steeds de volgende tijden gegeven:

Infinitif	Part. prés.	Part. passé	Impératif
Présent	Imparfait	Passé simple	Passé composé Plus-que-parfait
Futur	Futur du passé	Subjonctif présent	

1.1 avoir

	hebben	hebbend	gehad	heb!
	avoir	ayant	eu	aie!
				ayons!
				ayez!
	ik heb	ik had	ik had/heb gehad	ik heb gehad
j'	ai	avais	eus	j'ai eu
tu	as	avais	eus	
il	a	avait	eut	
ns	avons	avions	eûmes	
vs	avez	aviez	eûtes	ik had gehad
ils	ont	avaient	eurent	j'avais eu
	ik zal hebben	ik zou hebben	dat ik heb/had	
j'	aurai	aurais	que j'aie	
tu	auras	aurais	que tu aies	
il	aura	aurait	qu'il ait	
ns	aurons	aurions	que ns ayons	
vs	aurez	auriez	que vs ayez	
ils	auront	auraient	qu'ils aient	

1.2 être

	zijn	zijnd	geweest	wees!
	être	étant	été	sois!
				soyons!
				soyez!
	ik ben	ik was	ik was/ben gew.	ik ben geweest
je/j'	suis	étais	fus	j'ai été
tu	es	étais	fus	
il	est	était	fut	
ns	sommes	étions	fûmes	
vs	êtes	étiez	fûtes	ik was geweest
ils	sont	étaient	furent	j'avais été
	ik zal zijn	ik zou zijn	dat ik ben/was	
je	serai	serais	que je sois	
tu	seras	serais	que tu sois	
il	sera	serait	qu'il soit	
ns	serons	serions	que ns soyons	
vs	serez	seriez	que vs soyez	
ils	seront	seraient	qu'ils soient	

1.3 Werkwoorden op -er

	chanter	chantant	chanté	chante! chantons! chantez!
je	chante	chantais	chantai	j'ai chanté
tu	chantes	chantais	chantas	
il	chante	chantait	chanta	
ns	chantons	chantions	chantâmes	
vs	chantez	chantiez	chantâtes	
ils	chantent	chantaient	chantèrent	j'avais chanté
je	chanterai	chanterais	que je chante	
tu	chanteras	chanterais	que tu chantes	
il	chantera	chanterait	qu'il chante	
ns	chanterons	chanterions	que ns chantions	
vs	chanterez	chanteriez	que vs chantiez	
ils	chanteront	chanteraient	qu'ils chantent	

1.3.1 Werkwoorden op *-cer*: *c* gevolgd door een *a* of *o* verandert in een *ç*

	placer	plaçant	placé	place! plaçons! placez!
je	place	plaçais	plaçai	j'ai placé
ns	plaçons	placions	plaçâmes	
ils	placent	plaçaient	placèrent	j'avais placé

1.3.2 Werkwoorden op *-ger*: gevolgd door een *a* of een *o* wordt de *g* gevolgd door een stomme *e*

	manger	mangeant	mangé	mange! mangeons! mangez!
je	mange	mangeais	mangeai	j'ai mangé
ns	mangeons	mangions	mangeâmes	
ils	mangent	mangeaient	mangèrent	j'avais mangé

1.3.3 Werkwoorden op *-oyer* of *-uyer*: voor een stomme *e* wordt de *y* een *i*

	nettoyer	nettoyant	nettoyé	nettoie! nettoyons! nettoyez!
je	nettoie	nettoyais	nettoyai	j'ai nettoyé
ns	nettoyons	nettoyions	nettoyâmes	
ils	nettoient	nettoyaient	nettoyèrent	j'avais nettoyé
je	nettoierai	nettoierais	que je nettoie	
ns	nettoierons	nettoierions	que ns nettoyions	
ils	nettoieront	nettoieraient	qu'ils nettoient	

1.3.4 Werkwoorden op *-ayer*: voor een stomme *e* wordt de *y* een *i* of blijft *y*

	payer	payant	payé	paie! payons! payez!
je	paie/paye	payais	payai	j'ai payé
ns	payons	payions	payâmes	
ils	paient	payaient	payèrent	j'avais payé
je	paierai	paierais	que je paie	
ns	paierons	paierions	que ns payions	
ils	paieront	paieraient	qu'ils paient	

1.3.5 Onregelmatige werkwoorden op *-er*

	acheter	achetant	acheté	achète! achetons! achetez!
j'	achète	achetais	achetai	j'ai acheté
ns	achetons	achetions	achetâmes	
ils	achètent	achetaient	achetèrent	j'avais acheté
j'	achèterai	achèterais	que j'achète	
ns	achèterons	achèterions	que ns achetions	
ils	achèteront	achèteraient	qu'ils achètent	

	aller	allant	allé	va! allons! allez!
je/j'	vais	allais	allai	je suis allé(e)
ns	allons	allions	allâmes	
ils	vont	allaient	allèrent	j'étais allé(e)
j'	irai	irais	que j'aille	
ns	irons	irions	que ns allions	
ils	iront	iraient	qu'ils aillent	

	appeler	appelant	appelé	appelle! appelons! appelez!
j'	appelle	appelais	appelai	j'ai appelé
ns	appelons	appelions	appelâmes	
ils	appellent	appelaient	appelèrent	j'avais appelé
j'	appellerai	appellerais	que j'appelle	
ns	appellerons	appellerions	que ns appelions	
ils	appelleront	appelleraient	qu'ils appellent	

	envoyer	envoyant	envoyé	envoie! envoyons! envoyez!
j'	envoie	envoyais	envoyai	j'ai envoyé
ns	envoyons	envoyions	envoyâmes	
ils	envoient	envoyaient	envoyèrent	j'avais envoyé
j'	enverrai	enverrais	que j'envoie	
ns	enverrons	enverrions	que ns envoyions	
ils	enverront	enverraient	qu'ils envoient	

	jeter	jetant	jeté	jette! jetons! jetez!
je	jette	jetais	jetai	j'ai jeté
ns	jetons	jetions	jetâmes	
ils	jettent	jetaient	jetèrent	j'avais jeté
je	jetterai	jetterais	que je jette	
ns	jetterons	jetterions	que ns jetions	
ils	jetteront	jetteraient	qu'ils jettent	

	peler	pelant	pelé	pèle! pelons! pelez!
je	pèle	pelais	pelai	j'ai pelé
ns	pelons	pelions	pelâmes	
ils	pèlent	pelaient	pelèrent	j'avais pelé
je	pèlerai	pèlerais	que je pèle	
ns	pèlerons	pèlerions	que ns pelions	
ils	pèleront	pèleraient	qu'ils pèlent	

	révéler	révélant	révélé	révèle! révélons! révélez!
je	révèle	révélais	révélai	j'ai révélé
ns	révélons	révélions	révélâmes	
ils	révèlent	révélaient	révélèrent	j'avais révélé
je	révèlerai	révèlerais	que je révèle	
ns	révèlerons	révèlerions	que ns révélions	
ils	révèleront	révèleraient	qu'ils révèlent	

	semer	semant	semé	sème! semons! semez!
je	sème	semais	semai	j'ai semé
ns	semons	semions	semâmes	
ils	sèment	semaient	semèrent	j'avais semé
je	sèmerai	sèmerais	que je sème	
ns	sèmerons	sèmerions	que ns semions	
ils	sèmeront	sèmeraient	qu'ils sèment	

1.4 Werkwoorden op -ir

1.4.1 Met regelmatige vervoeging

	finir	finissant	fini	finis! finissons! finissez!
je	finis	finissais	finis	j'ai fini
tu	finis	finissais	finis	
il	finit	finissait	finit	
ns	finissons	finissions	finîmes	
vs	finissez	finissiez	finîtes	
ils	finissent	finissaient	finirent	j'avais fini
je	finirai	finirais	que je finisse	
tu	finiras	finirais	que tu finisses	
il	finira	finirait	qu'il finisse	
ns	finirons	finirions	que ns finissions	
vs	finirez	finiriez	que vs finissiez	
ils	finiront	finiraient	qu'ils finissent	

1.4.2 Werkwoorden van de groep *couvrir, découvrir, offrir, ouvrir, souffrir*

	couvrir	couvrant	couvert	couvre! couvrons! couvrez!
je	couvre	couvrais	couvris	j'ai couvert
ns	couvrons	couvrions	couvrîmes	
ils	couvrent	couvraient	couvrirent	j'avais couvert
je	couvrirai	couvrirais	que je couvre	
tu	couvriras	couvrirais	que tu couvres	
il	couvrira	couvrirait	qu'il couvre	
ns	couvrirons	couvririons	que ns couvrions	
vs	couvrirez	couvririez	que vs couvriez	
ils	couvriront	couvriraient	qu'ils couvrent	

1.4.3 Onregelmatige werkwoorden

	acquérir	acquérant	acquis	acquiers! acquérons! acquérez!
je/j'	acquiers	acquérais	acquis	j'ai acquis
ns	acquérons	acquérions	acquîmes	
ils	acquièrent	acquéraient	acquirent	j'avais acquis
je/j'	acquerrai	acquerrais	que j'acquière	
ns	acquerrons	acquerrions	que ns acquérions	
ils	acquerront	acquerraient	qu'ils acquièrent	

	bouillir	bouillant	bouilli	-
il	bout	bouillait	bouillit	il a bouilli
ils	bouillent	bouillaient	bouillirent	il avait bouilli
	-	-	-	

	courir	courant	couru	cours! courons! courez!
je	cours	courais	courus	j'ai couru
ns	courons	courions	courûmes	
ils	courent	couraient	coururent	j'avais couru
je	courrai	courrais	que je coure	
ns	courrons	courrions	que ns courions	
ils	courront	courraient	qu'ils courent	

	cueillir	cueillant	cueilli	cueille! cueillons! cueillez!
je	cueille	cueillais	cueillis	j'ai cueilli
ns	cueillons	cueillions	cueillîmes	
ils	cueillent	cueillaient	cueillirent	j'avais cueilli
je	cueillerai	cueillerais	que je cueille	
ns	cueillerons	cueillerions	que ns cueillions	
ils	cueilleront	cueilleraient	qu'ils cueillent	

	dormir	dormant	dormi	dors! dormons! dormez!
je	dors	dormais	dormis	j'ai dormi
ns	dormons	dormions	dormîmes	
ils	dorment	dormaient	dormirent	j'avais dormi
je	dormirai	dormirais	que je dorme	
ns	dormirons	dormirions	que ns dormions	
ils	dormiront	dormiraient	qu'ils dorment	

	fuir	fuyant	fui	fuis! fuyons! fuyez!
je	fuis	fuyais	fuis	j'ai fui
ns	fuyons	fuyions	fuîmes	
ils	fuient	fuyaient	fuirent	j'avais fui
je	fuirai	fuirais	que je fuie	
ns	fuirons	fuirions	que ns fuyions	
ils	fuiront	fuiraient	qu'ils fuient	

	haïr	haïssant	haï	-
je	hais	haïssais	haïs	j'ai haï
ns	haïssons	haïssions	haïmes	
ils	haïssent	haïssaient	haïrent	j'avais haï
je	haïrais	haïrais	que je haïsse	
ns	haïrons	haïrions	que ns haïssions	
ils	haïront	haïraient	qu'ils haïssent	

	mourir	mourant	mort	-
je	meurs	mourais	mourus	je suis mort(e)
ns	mourons	mourions	mourûmes	
ils	meurent	mouraient	moururent	j'étais mort(e)
je	mourrai	mourrais	que je meure	
ns	mourrons	mourrions	que ns mourions	
ils	mourront	mourraient	qu'ils meurent	

	tenir	tenant	tenu	tiens! tenons! tenez!
je	tiens	tenais	tins	j'ai tenu
ns	tenons	tenions	tînmes	
ils	tiennent	tenaient	tinrent	j'avais tenu
je	tiendrai	tiendrais	que je tienne	
ns	tiendrons	tiendrions	que ns tenions	
ils	tiendront	tiendraient	qu'ils tiennent	

	vêtir	vêtant	vêtu	-
je	vêts	vêtais	vêtis	j'ai vêtu
ns	vêtons	vêtions	vêtîmes	
ils	vêtent	vêtaient	vêtirent	j'avais vêtu
je	vêtirai	vêtirais	que je vête	
ns	vêtirons	vêtirions	que ns vêtions	
ils	vêtiront	vêtiraient	qu'ils vêtent	

1.5 Werkwoorden op -re

1.5.1 Met regelmatige vervoegingen

	rendre	rendant	rendu	rends! rendons! rendez!
je	rends	rendais	rendis	j'ai rendu
tu	rends	rendais	rendis	
il	rend	rendait	rendit	
ns	rendons	rendions	rendîmes	
vs	rendez	rendiez	rendîtes	
ils	rendent	rendaient	rendirent	j'avais rendu
je	rendrai	rendrais	que je rende	
tu	rendras	rendrais	que tu rendes	
il	rendra	rendrait	qu'il rende	
ns	rendrons	rendrions	que ns rendions	
vs	rendrez	rendriez	que vs rendiez	
ils	rendront	rendraient	qu'ils rendent	

1.5.2 Met onregelmatige vervoegingen

	battre	battant	battu	bat! battons! battez!
je	bats	battais	battis	j'ai battu
ns	battons	battions	battîmes	
ils	battent	battaient	battirent	j'avais battu
je	battrai	battrais	que je batte	
ns	battrons	battrions	que ns battions	
ils	battront	battraient	qu'ils battent	

	boire	buvant	bu	bois! buvons! buvez!
je	bois	buvais	bus	j'ai bu
ns	buvons	buvions	bûmes	
ils	boivent	buvaient	burent	j'avais bu
je	boirai	boirais	que je boive	
ns	boirons	boirions	que ns buvions	
ils	boiront	boiraient	qu'ils boivent	

	conclure	concluant	conclu	conclus! concluons! concluez!
je	conclus	concluais	conclus	j'ai conclu
ns	concluons	concluions	conclûmes	
ils	concluent	concluaient	conclurent	j'avais conclu
je	conclurai	conclurais	que je conclue	
ns	conclurons	conclurions	que ns concluions	
ils	concluront	concluraient	qu'ils concluent	

	conduire	conduisant	conduit	conduis! conduisons! conduisez!
je	conduis	conduisais	conduisis	j'ai conduit
ns	conduisons	conduisions	conduisîmes	
ils	conduisent	conduisaient	conduisirent	j'avais conduit
je	conduirai	conduirais	que je conduise	
ns	conduirons	conduirions	que ns conduisions	
ils	conduiront	conduiraient	qu'ils conduisent	

	coudre	cousant	cousu	couds! cousons! cousez!
je	couds	cousais	cousis	j'ai cousu
ns	cousons	cousions	cousîmes	
ils	cousent	cousaient	cousirent	j'avais cousu
je	coudrai	coudrais	que je couse	
ns	coudrons	coudrions	que ns cousions	
ils	coudront	coudraient	qu'ils cousent	

	craindre	craignant	craint	crains! craignons! craignez!
je	crains	craignais	craignis	j'ai craint
ns	craignons	craignions	craignîmes	
ils	craignent	craignaient	craignirent	j'avais craint
je	craindrai	craindrais	que je craigne	
ns	craindrons	craindrions	que ns craignions	
ils	craindront	craindraient	qu'ils craignent	

	croire	croyant	cru	crois! croyons! croyez!
je	crois	croyais	crus	j'ai cru
ns	croyons	croyions	crûmes	
ils	croient	croyaient	crurent	j'avais cru
je	croirai	croirais	que je croie	
ns	croirons	croirions	que ns croyions	
ils	croiront	croiraient	qu'ils croient	

	dire	disant	dit	dis! disons! dites!
je	dis	disais	dis	j'ai dit
ns	disons	disions	dîmes	
ils	disent	disaient	dirent	j'avais dit
je	dirai	dirais	que je dise	
ns	dirons	dirions	que ns disions	
ils	diront	diraient	qu'ils disent	

	écrire	écrivant	écrit	écris!
				écrivons!
				écrivez!
j'	écris	écrivais	écrivis	j'ai écrit
ns	écrivons	écrivions	écrivîmes	
ils	écrivent	écrivaient	écrivirent	j'avais écrit
j'	écrirai	écrirais	que j'écrive	
ns	écrirons	écririons	que ns écrivions	
ils	écriront	écriraient	qu'ils écrivent	

	faire	faisant	fait	fais!
			faisons!	
			faites!	
je	fais	faisais	fis	j'ai fait
ns	faisons	faisions	fîmes	
vs	faites	faisiez	fîtes	
ils	font	faisaient	firent	j'avais fait
je	ferai	ferais	que je fasse	
ns	ferons	ferions	que ns fassions	
ils	feront	feraient	qu'ils fassent	

	lire	lisant	lu	lis!
			lisons!	
			lisez!	
je	lis	lisais	lus	j'ai lu
ns	lisons	lisions	lûmes	
ils	lisent	lisaient	lurent	j'avais lu
je	lirai	lirais	que je lise	
ns	lirons	lirions	que ns lisions	
ils	liront	liraient	qu'ils lisent	

	mettre	mettant	mis	mets!
			mettons!	
			mettez!	
je	mets	mettais	mis	j'ai mis
ns	mettons	mettions	mîmes	
ils	mettent	mettaient	mirent	j'avais mis
je	mettrai	mettrais	que je mette	
ns	mettrons	mettrions	que ns mettions	
ils	mettront	mettraient	qu'ils mettent	

	naître	naissant	né	-
je	nais	naissais	naquis	je suis né(e)
ns	naissons	naissions	naquîmes	
ils	naissent	naissaient	naquirent	j'étais né(e)
je	naîtrai	naîtrais	que je naisse	
ns	naîtrons	naîtrions	que ns naissions	
ils	naîtront	naîtraient	qu'ils naissent	

	nuire	nuisant	nui	-
je	nuis	nuisais	nuisis	j'ai nui
ns	nuisons	nuisions	nuisîmes	
ils	nuisent	nuisaient	nuisirent	j'avais nui
	-	-	-	

	paraître	paraissant	paru	-
je	parais	paraissais	parus	j'ai paru
il	paraît	paraissait	parut	
ns	paraissons	paraissions	parûmes	
ils	paraissent	paraissaient	parurent	j'avais paru
je	paraîtrai	paraîtrais	que je paraisse	
ns	paraîtrons	paraîtrions	que ns paraissions	
	ils paraîtront	paraîtraient	qu'ils paraissent	

	plaire	plaisant	plu	-
je	plais	plaisais	plus	j'ai plu
il	plaît	plaisait	plut	
ns	plaisons	plaisions	plûmes	
ils	plaisent	plaisaient	plurent	j'avais plu
je	plairai	plairais	que je plaise	
ns	plairons	plairions	que ns plaisions	
ils	plairont	plairaient	qu'ils plaisent	

	prendre	prenant	pris	prends!
			prenons!	
			prenez!	
je	prends	prenais	pris	j'ai pris
ns	prenons	prenions	prîmes	
ils	prennent	prenaient	prirent	j'avais pris
je	prendrai	prendrais	que je prenne	
ns	prendrons	prendrions	que ns prenions	
ils	prendront	prendraient	qu'ils prennent	

	résoudre	résolvant	résolu	résous! résolvons! résolvez!
je	résous	résolvais	résolus	j'ai résolu
tu	résous	résolvais	résolus	
il	résout	résolvait	résolut	
ns	résolvons	résolvions	résolûmes	
vs	résolvez	résolviez	résolûtes	
ils	résolvent	résolvaient	résolurent	j'avais résolu
je	résoudrai	résoudrais	que je résolve	
ns	résoudrons	résoudrions	que ns résolvions	
ils	résoudront	résoudraient	qu'ils résolvent	

	rire	riant	ri	ris! rions! riez!
je	ris	riais	ris	j'ai ri
ns	rions	riions	rîmes	
ils	rient	riaient	rirent	j'avais ri
je	rirai	rirais	que je rie	
ns	rirons	ririons	que ns riions	
ils	riront	riraient	qu'ils rient	

	suffire	suffisant	suffi	-
je	suffis	suffisais	suffis	j'ai suffi
ns	suffisons	suffisions	suffîmes	
ils	suffisent	suffisaient	suffirent	j'avais suffi
je	suffirai	suffirais	que je suffise	
ns	suffirons	suffirions	que ns suffisions	
ils	suffiront	suffiraient	qu'ils suffisent	

	suivre	suivant	suivi	suis! suivons! suivez!
je	suis	suivais	suivis	j'ai suivi
ns	suivons	suivions	suivîmes	
ils	suivent	suivaient	suivirent	j'avais suivi
je	suivrai	suivrais	que je suive	
ns	suivrons	suivrions	que ns suivions	
ils	suivront	suivraient	qu'ils suivent	

	vaincre	vainquant	vaincu	-
je	vaincs	vainquais	vainquis	j'ai vaincu
il	vainc	vainquait	vainquit	
ns	vainquons	vainquions	vainquîmes	
ils	vainquent	vainquaient	vainquirent	j'avais vaincu
je	vaincrai	vaincrais	que je vainque	
ns	vaincrons	vaincrions	que ns vainquions	
ils	vaincront	vaincraient	qu'ils vainquent	

	vivre	vivant	vécu	-
je	vis	vivais	vécus	j'ai vécu
ns	vivons	vivions	vécûmes	
ils	vivent	vivaient	vécurent	j'avais vécu
je	vivrai	vivrais	que je vive	
ns	vivrons	vivrions	que ns vivions	
ils	vivront	vivraient	qu'ils vivent	

1.6 Werkwoorden op -(ev)oir

1.6.1 Met regelmatige vervoegingen

	recevoir	recevant	reçu	reçois! recevons! recevez!
je	reçois	recevais	reçus	j'ai reçu
tu	reçois	recevais	reçus	
il	reçoit	recevait	reçut	
ns	recevons	recevions	reçûmes	
vs	recevez	receviez	reçûtes	
ils	reçoivent	recevaient	reçurent	j'avais reçu
je	recevrai	recevrais	que je reçoive	
tu	recevras	recevrais	que tu reçoives	
il	recevra	recevrait	qu'il reçoive	
ns	recevrons	rencevrions	que ns recevions	
vs	recevrez	recevriez	que vs receviez	
ils	recevront	recevraient	qu'ils reçoivent	

1.6.2 Met onregelmatige vervoegingen

	falloir	-	fallu	-
il	faut	fallait	fallut	il a fallu il avait fallu
il	faudra	faudrait	qu'il faille	
	pleuvoir	pleuvant	plu	-
il	pleut	pleuvait	plut	il a plu il avait plu
il	pleuvra	-	qu'il pleuve	

	pouvoir	pouvant	pu	-
je	peux	pouvais	pus	j'ai pu
ns	pouvons	pouvions	pûmes	
ils	peuvent	pouvaient	purent	j'avais pu
je	pourrai	pourrais	que je puisse	
ns	pourrons	pourrions	que ns puissions	
ils	pourront	pourraient	qu'ils puissent	

	prévoir	prévoyant	prévu	prévois! prévoyons! prévoyez!
je	prévois	prévoyais	prévis	j'ai prévu
ns	prévoyons	prévoyions	prévîmes	
ils	prévoient	prévoyaient	prévirent	j'avais prévu
je	prévoirai	prévoirais	que je prévoie	
ns	prévoirons	prévoirions	que ns prévoyions	
ils	prévoiront	prévoiraient	qu'ils prévoient	

	savoir	savant	su	sache! sachons! sachez!
je	sais	savais	sus	j'ai su
ns	savons	savions	sûmes	
ils	savent	savaient	surent	j'avais su
je	saurai	saurais	que je sache	
ns	saurons	saurions	que ns sachions	
ils	sauront	sauraient	qu'ils sachent	

	s'asseoir	s'asseyant	assis	assieds-toi! asseyons-ns! asseyez-vs!
je	m'assois	m'assoyais	m'assis	je me suis assis(e)
je	m'assieds	m'asseyais		
ns	ns asseyons	ns asseyions	ns assîmes	
ils	s'assoient	s'assoyaient		
ils	s'asseyent	s'asseyaient	s'assirent	je m'étais assis(e)
je	m'assoirai	m'assoirais	que je m'assoie	
je	m'assiérai	m'assiérais	que je m'asseye	
ns	ns assoirons	ns assoirions	que ns ns assoyions	
ns	ns assiérons	ns assiérions	que ns ns asseyions	
ils	s'assoiront	s'assoiraient	qu'ils s'assoient	
ils	s'assiéront	s'assiéraient	qu'ils s'asseyent	

	valoir	valant	valu	-
il	vaut	valait	valut	il a valu
ils	valent	valaient	valurent	il avait valu
il	vaudra	vaudrait	qu'il vaille	
ns	vaudrons	vaudrions	que ns valions	
ils	vaudront	vaudraient	qu'ils vaillent	

	voir	voyant	vu	vois! voyons! voyez!
je	vois	voyais	vis	j'ai vu
ns	voyons	voyions	vîmes	
ils	voient	voyaient	virent	j'avais vu
je	verrai	verrais	que je voie	
ns	verrons	verrions	que ns voyions	
ils	verront	verraient	qu'ils voient	

	vouloir	voulant	voulu	veuillez!
je	veux	voulais	voulus	j'ai voulu
il	veut	voulait	voulut	
ns	voulons	voulions	voulûmes	
ils	veulent	voulaient	voulurent	j'avais voulu
je	voudrai	voudrais	que je veuille	
ns	voudrons	voudrions	que ns voulions	
ils	voudront	voudraient	qu'ils veuillent	

Doe meer met Prisma

Gefeliciteerd met je aankoop. Met deze Prisma heb je een heel goed woordenboek in handen met tienduizenden trefwoorden en voorbeeldzinnen. Maar Prisma kan je nog verder helpen, met uitdagend en leuk leermateriaal. Handig als je op vakantie gaat naar Oostenrijk, als je skypet met je neefje in Australië of als je voor je tentamen Frans nog wat extra wilt leren.
Met de Prisma boeken en digitale producten ga je gericht aan de gang. Leer wat je nodig hebt, waar en wanneer het jou het beste uitkomt, op het niveau dat bij jou past.

Wil je je taalkennis breed ontwikkelen?

Met de *Zelfstudiereeks* leg je een stevig fundament. Volg het leerplan in het boek, maak de oefeningen en beluister het audiomateriaal.

Wil je je kennis breed uitbouwen, dan wil je onze *Complete Taalcursus:* een interactief taalleersysteem voor op de computer. Je gaat virtueel op reis en traint onderweg je taalvaardigheid met boeiende lessen en afwisselende oefeningen, effectief én leuk.

Wil je een specifieke vaardigheid leren?

Wil je beter leren *spreken* en *luisteren,* oefen dan met de Prisma luistercursussen op audio-cd. Train breed met de eenvoudige *Luistercursus*, of leer zakelijke gesprekken voeren met de *Businesscursus*.

Prisma heeft *Basisgrammatica's* met oefeningen en uitleg voor beginners, en voor gevorderden uitgebreide *Grammatica's* die je ook kunt gebruiken als naslagwerk.

Schrijf betere teksten: met *E-mails en brieven schrijven* heb je een praktisch hulpmiddel, met veel standaardformuleringen voor een goede zakelijke en persoonlijke correspondentie.

Prisma woordenboeken online en als app

Gebruik de pockets digitaal, als je huiswerk maakt, internet, chat of gamet: handig en snel, altijd een betrouwbare taalhulp onder je vingers.

Online: neem een abonnement en log in. Met deze heldere en actuele applicatie heb je altijd snel toegang tot de taalinformatie die je nodig hebt.

App: heb je een smartphone of tablet? Dan heb je altijd je Prisma's bij je. Zoek snel de betekenis of vertaling op die je niet weet en klik door vanaf elk woord dat je op het scherm ziet. Beschikbaar voor Apple en Android.